索引

图解最新汽车
正时校对宝典

韩旭东　主编

辽宁科学技术出版社
沈　阳

图书在版编目（CIP）数据

图解最新汽车正时校对宝典 / 韩旭东主编. —沈阳：辽宁科学技术出版社，2019. 7（2019. 10 重印）
ISBN 978-7-5591-1217-0

Ⅰ. ①图… Ⅱ. ①韩… Ⅲ. ①汽车—发动机—车辆修理—图解 Ⅳ. ①U472. 43-64

中国版本图书馆 CIP 数据核字（2019）第 122559 号

出版发行：辽宁科学技术出版社
（地址：沈阳市和平区十一纬路 25 号　邮编：110003）
印 刷 者：辽宁新华印务有限公司
经 销 者：各地新华书店
幅面尺寸：210mm×285mm
印　　张：47
字　　数：1500 千字
出版时间：2019 年 7 月第 1 版
印刷时间：2019 年 10 月第 2 次印刷
责任编辑：吕焕亮
封面设计：刘克江
责任校对：王玉宝

书　　号：ISBN 978-7-5591-1217-0
定　　价：150. 00 元

编辑电话：024-23284373
E-mail：atauto@ vip. sina. com
邮购热线：024-23284626

前　言

发动机凸轮轴链轮和曲轴链轮上都有正时标记，在进行发动机拆装和维修时必须校对正时标记，即进行正时校对，否则发动机就不能正常运行。在进行正时校对时必须按照规定一步一步操作，各个车型发动机正时校对方法不同，维修人员必须参考相关资料才能进行工作。

由于正时校对使用频率相当高且维修过程都要参考资料，因此相关书籍受到了广大维修人员的热烈欢迎。为了方便广大维修人员查找最新汽车正时校对方法，我们编写了这本《图解最新汽车正时校对宝典》。本书的特点如下：

（1）车型全。书中几乎涵盖了2016—2019年上市的最常见的汽车车型，包括19种车系和上百种车型。

（2）车型新。书中包括很多最新款车型：北京奔驰A250L（W177）、奔驰E350 COUPE（W238）、华晨宝马X1 18Li（F49）、华晨宝马118i（F52）、华晨宝马X3 xDrive 25i（G08）、华晨宝马540Li（G38）（3.0T B58B30）、奇瑞捷豹XEL、奇瑞捷豹E-PACE、捷豹F-PACE、路虎星脉、一汽奥迪Q5L、奥迪A8L（D5）、上汽大众途昂、上汽斯柯达柯米克、一汽大众探歌、一汽丰田皇冠、广汽丰田凯美瑞、雷克萨斯NX300、广汽本田冠道、东风本田思铂睿、别克GL6、雪佛兰探界者、凯迪拉克XT5、福特锐界等。

（3）实用性强。本书详细介绍正时校对方法，图文并茂，直观易懂，查找方便，实用性强。可以说，本书是一本价值很高的汽车正时校对宝典。

本书由韩旭东主编，鲁子南、胡志涛、裴海涛、路国强、王海文、孙德文、何广飞、延福标、李洪全、宁振华、钱树贵、杨正海、陈文辉、杨金和、孟研科、汪义礼、张效良、李德强、马见玲、武瑞强、赵会、徐高山、钱峰、尤淑江、钱川、陈海新、张海龙、胡正新、李辉、李德亮、徐勇、郑文资、薄令涛、白艳森、范子茜、匡运尧、李晓东、王康威、邢志盛、郑涛、陈建宏、倪红、伍小明、林可春、毛暖思、徐浩、任慧娜、郭倩、郭建宁、张晓尚、李宗尧、郭瞒、郝建薇、雷响、谷密晶参与编写。由于作者水平有限，书中难免有错误和不当之处，敬请广大读者批评指正。

编　者

目 录

第十九章　林肯车系

第一章　奔驰车系

第一节　奔驰车系

一、车型

A180（W176）（1.6L M270.910），2012—2018 年。

A200（W176）（1.6L M270.910），2012—2018 年。

A260（W176）（2.0L M270.920），2012—2018 年。

B180（W246）（1.6L M270.910），2013—2018 年。

B200（W246）（1.6L M270.910），2013—2018 年。

B260（W246）（2.0L M270.920），2013—2018 年。

CLA180（W117）（1.6L M270.910），2017—2019 年。

CLA200（W117）（1.6L M270.910），2014—2019 年。

CLA220（W117）（2.0L M270.920），2014—2019 年。

CLA260（W117）（2.0L M270.920），2014—2019 年。

CLA45 AMG（W117）（2.0L M133.980），2014—2015 年。

北京奔驰 GLA200（W156）（1.6L M270.910），2015—2019 年。

北京奔驰 GLA220（W156）（2.0L M270.920），2015—2019 年。

北京奔驰 GLA260（W156）（2.0L M270.920），2015—2019 年。

GLA45 AMG（W156）（2.0L M133.980），2014—2018 年。

（一）需要专用工具

1. 001 589 65 09 00，如图 1-1。

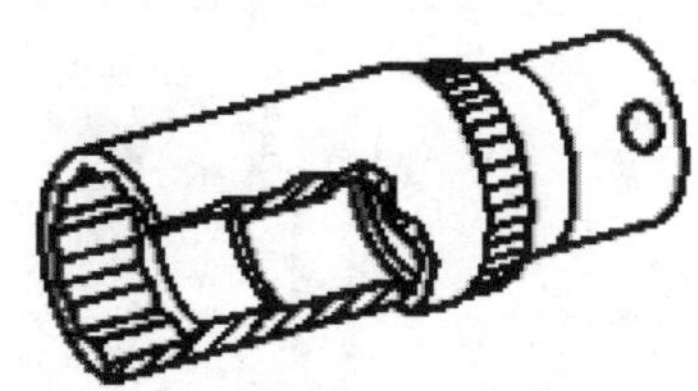

图 1-1

2. 271 589 00 10 00，如图 1-2。

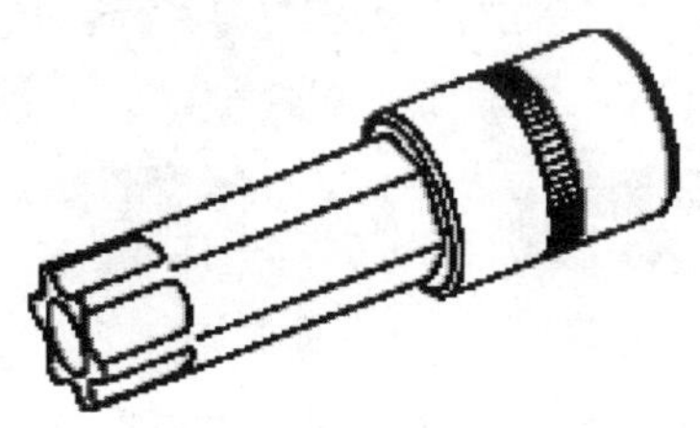

图 1-2

3. 270 589 01 61 00，如图 1-3。

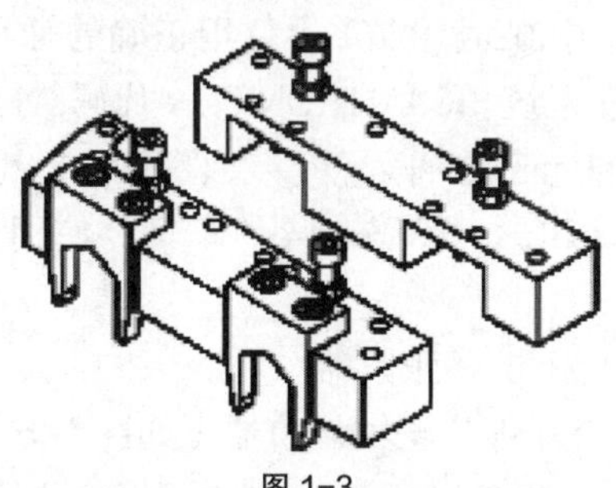

图 1-3

4. 270 589 01 07 00，如图 1-4。

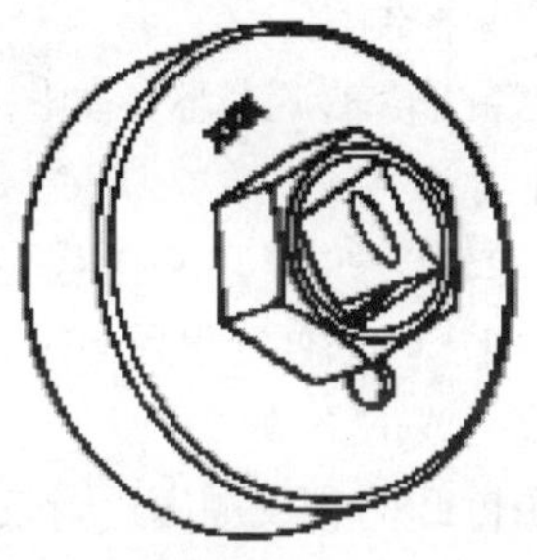

图 1-4

（二）拆卸 / 安装凸轮轴

1. 如图 1-5 为 M270 发动机。

01a- 压紧工具　02a- 固定装置　02e- 固定装置　1- 凸轮轴调节器　2- 控制阀　3- 正时链　4- 凸轮轴

图 1-5

2. 拆卸 / 安装。

（1）使用车辆举升机将车辆升起。

（2）打开右前翼子板内衬板的保养盖。

（3）通过曲轴中央螺栓沿发动机转动方向转动发动机，直到1号气缸到达点火上止点（TDC）。皮带轮/减震器上的上止点（TDC）标记必须与正时箱盖罩上的定位缘对齐。

（4）拆下发动机气缸盖罩。

（5）将凸轮轴（如图1-5中4）的压紧工具（如图1-5中01a）与凸轮轴（如图1-5中4）的固定装置（如图1-5中02a、02e）一起安装。确保在固定装置（如图1-5中02a、02e）上使用正确的轴承座。装配可变气门升程系统（CAMTRONIC）/代码A14的车辆：使用直径为29mm的插入件。未装配可变气门升程系统（CAMTRONIC）/代码A14的车辆：使用直径为26mm的插入件。

（6）拆下链条张紧器。

（7）松开各凸轮轴调节器（如图1-5中1）的控制阀（如图1-5中2）。安装：必须用机油润滑控制阀（如图1-5中2）的螺纹和螺栓头接触面。必须按照规定扭矩连续均匀地拧紧控制阀。

（8）拆下各凸轮轴调节器（如图1-5中1）的控制阀（如图1-5中2）。

（9）从凸轮轴（如图1-5中4）上拆下凸轮轴调节器（如图1-5中1）。为便于装配或分解凸轮轴调节器，必须将正时链放上或取下。

（10）按照拆卸的相反顺序进行安装。

（11）用套筒扳手通过曲轴中央螺栓沿发动机转动方向转动发动机两次，直至1号气缸再次位于点火上止点（TDC）。

（12）检查凸轮轴（如图1-5中4）的基本位置，如有必要，则进行调节。注意危险！发动机运转时，固定好车辆，以防其自行移动。汽车可能会自行启动而造成事故，运转期间，在附近工作存在导致擦伤和烧伤的危险，切忌接触高温或旋转的部件。

（13）执行发动机试运行，并检查发动机的功能性。

（三）检查凸轮轴的基本位置

1. M270凸轮轴结构图如图1-6、图1-7。

2. 拆卸/安装。

（1）拆下凸轮轴上的两个霍耳传感器。

（2）使用车辆举升机将车辆升起。

（3）打开右前翼子板内衬板的保养盖。

（4）通过曲轴中央螺栓沿发动机转动方向转动发动机，直到1号气缸到达点火上止点（TDC）。皮带轮/减震器上的上止点（TDC）标记必须与正时箱盖罩上的定位缘对齐。

（5）检查凸轮轴的基本位置。通过在气缸盖罩（如图1-6中3）的霍耳传感器开口上进行目视来检查凸轮轴的基本位置。若要检查排气凸轮轴调节，在霍耳传感器开口（图1-6）的中央必须可以看到扇形盘（如图1-6中1）扇形段的边缘（如图1-6中1a）。若要检查进气凸轮轴调节，扇形盘（如图1-7中2）的轴承狭槽（如图1-7中2a）必须位于霍耳传感器开口（如图1-7所示）的中央。如果基本设定不正确，那么设定凸轮轴的基本位置。

（6）按照拆卸的相反顺序进行安装。

（四）调节凸轮轴的基本位置

1. 如图1-8为未装配可变气门升程系统（CAMTRONIC）/代码A14的发动机。

2. 如图1-9为凸轮轴的扇形盘。

3. 如图1-10为可变气门升程系统（CAMTRONIC）/代码A14凸轮轴。

4. 拆卸。

拆下发动机气缸盖罩。

5. 调节。

（1）拆下凸轮轴调节器。

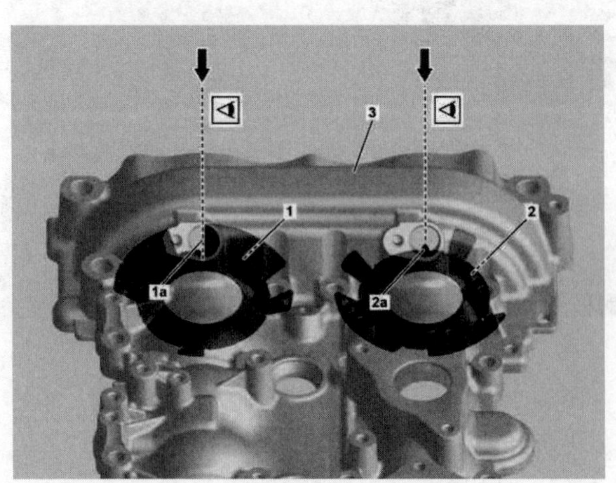

1-扇形盘　1a-边缘　2-扇形盘　2a-轴承狭槽　3-气缸盖罩

图1-6

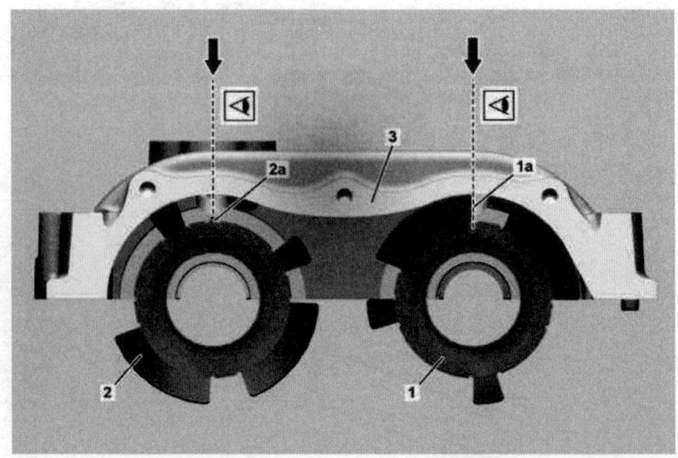

1-扇形盘　1a-边缘　2-扇形盘　2a-轴承狭槽　3-气缸盖罩

图1-7

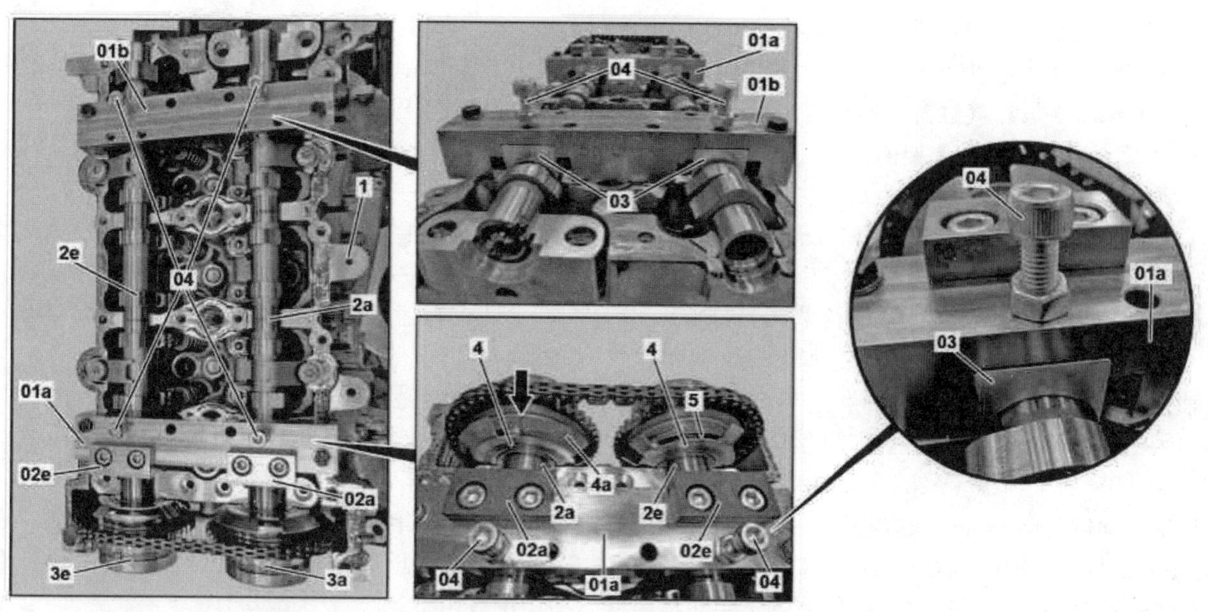

01a- 压紧工具 04- 螺钉 / 螺栓 3e- 凸轮轴调节器（进气） 01b- 压紧工具 1- 气缸盖 4- 扇形盘 02a- 支架 2a- 排气凸轮轴 4a- 扇形段 02e- 支架 2e- 进气凸轮轴 5- 轴承狭槽 03- 轴承座 3a- 凸轮轴调节器（排气）

图 1-8

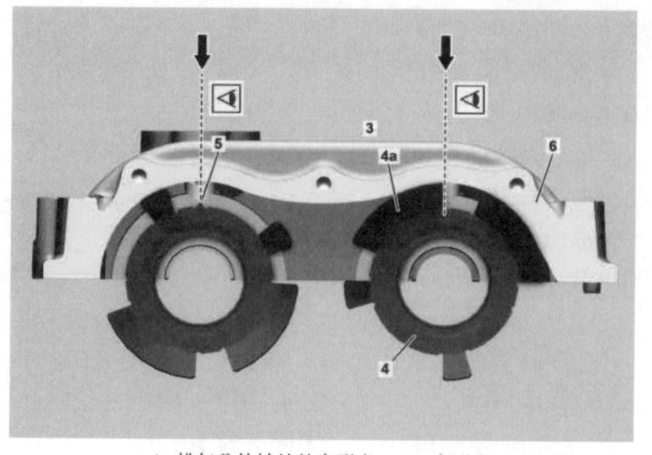

4- 排气凸轮轴处的扇形盘 4a- 扇形段
5- 进气凸轮轴上的尖端 6- 气缸盖罩

图 1-9

（2）通过曲轴中央螺栓沿发动机转动方向转动发动机，直到 1 号气缸到达点火上止点（TDC）。以下操作中要确保曲轴未被转动。皮带轮 / 减震器上的上止点（TDC）标记必须与正时箱盖罩上的定位缘对齐。

（3）将排气凸轮轴和进气凸轮轴转动到基本位置。如果排气凸轮轴上扇形盘扇形段的边缘（箭头所示）和进气凸轮轴上的尖端垂直朝上，则表明排气凸轮轴和进气凸轮轴处于基本位置。

（4）安装压紧工具。未装配可变气门升程系统（CAMTRONIC）/ 代码 A14 的车辆：使用直径为 26mm

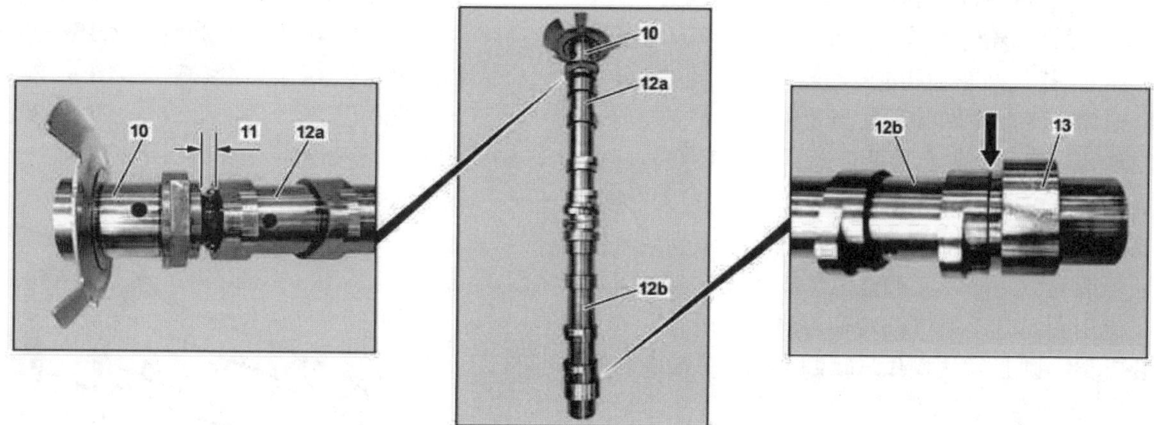

10- 托架轴 11- 间隙 12a- 前部凸轮部分 12b- 后部凸轮部分 13- 高压泵传动凸轮

图 1-10

的嵌件。装配可变气门升程系统（CAMTRONIC）/ 代码 A14 的车辆：使用直径为 29mm 的嵌件。仅将螺钉 / 螺栓拧入至轴承座平放在气缸盖上的程度。

（5）安装支架。装配支架前，排气凸轮轴和进气凸轮轴必须处于上止点（TDC），也可以将支架放置就位，并无压力地安装。不宜用支架将排气凸轮轴或进气凸轮轴固定就位，这会导致支架发生损坏并还可能导致正时不正确。只能使用套筒或将螺钉 / 螺栓（N000000005561）与盘（A6049900040）配套使用转动排气凸轮轴和进气凸轮轴，否则会损坏排气凸轮轴和进气凸轮轴。为将支架安装到压紧工具上，要使用套筒或将螺钉 / 螺栓（N000000005561）与盘（A6049900040）配套使用转动排气凸轮轴和进气凸轮轴（如有必要）。

（6）安装凸轮轴调节器，然后用手拧紧控制阀。在安装凸轮轴调节器或正时链时，确保曲轴不会转动。安装链条张紧器后先将控制阀拧紧。凸轮轴调节器必须能够自由转动到排气凸轮轴和进气凸轮轴上。

6. 安装

（1）安装链条张紧器。

（2）将凸轮轴调节器的控制阀拧紧至最终扭矩。必须用机油润滑控制阀的螺纹和螺栓头接触面。必须按照规定扭矩连续均匀地拧紧控制阀。

（3）将支架从压紧工具上分开。压紧工具安装在气缸盖上。

（4）松开压紧工具处的螺钉 / 螺栓，直至可以转动凸轮轴。压紧工具安装在气缸盖上。

7. 检验

（1）通过曲轴中央螺栓沿发动机转动方向转动发动机两圈，直到 1 号气缸到达点火上止点（TDC）。皮带轮 / 减震器上的上止点（TDC）标记必须与正时箱盖罩上的定位缘对齐。

（2）用手将螺钉 / 螺栓拧紧到压紧工具上。

（3）检查凸轮轴的基本位置，为此，将支架安装到压紧工具上。排气凸轮轴和进气凸轮轴只能用套筒转动，否则会损坏排气凸轮轴和进气凸轮轴。装配支架前，排气凸轮轴和进气凸轮轴必须处于上止点（TDC），也可以将支架放置就位，并无压力地安装。不宜用支架将排气凸轮轴或进气凸轮轴固定就位，这会导致支架发生损坏并还可能导致正时不正确。为将支架安装到压紧工具上，要使用套筒转动排气凸轮轴和进气凸轮轴。如果不能安装支架，则必须从操作步骤调节部分开始重复工作流程。

（4）拆下支架和压紧工具。

（5）安装发动机气缸盖罩。

二、车型

北京奔驰 C180L（W205）（1.6L M274.910），2014 年 9 月—2018 年。

北京奔驰 C200/C200L（W205）（2.0L M274.920），2014 年 9 月—2018 年。

北京奔驰 C260/C260L（W205）（2.0L M274.920），2014 年 9 月—2018 年。

北京奔驰 C300/C300L（W205）（2.0L M274.920），2014 年 9 月—2018 年。

北京奔驰 E200L（W213）（2.0L M274.920），2016—2018 年。

北京奔驰 E300L（W213）（2.0L M274.920），2016—2018 年。

北京奔驰 E300L 4MAIIC（W213）（2.0L M274.920），2016—2018 年。

北京奔驰 GLC200（X253）（2.0L M274.920），2016—2018 年。

北京奔驰 GLC260（X253）（2.0L M274.920），2016—2018 年。

北京奔驰 GLC300（X253）（2.0L M274.920），2016—2018 年。

福建奔驰 V260/V260L（W448）（2.0L M274.920），2016—2018 年。

福建奔驰威霆（W448）（2.0L M274.920），2016—2018 年。

C180（W205）（1.6L M274.910），2016—2018 年。

C200（W205）（2.0L M274.920），2016—2018 年。

C300（W205）（2.0L M274.920），2016—2018 年。

CLS260（C257）（2.0L M274.920），2016—2018 年。

E200（W213）（2.0L M274.920），2016—2018 年。

E300（W213）（2.0L M274.920），2016—2018 年。

SLC200（2.0L M274.920），2016—2018 年。

SLC260（2.0L M274.920），2016—2018 年。

SLC300（2.0L M274.920），2016—2018 年。

（一）需要专用工具

1. 271 589 00 10 00，如图 1-11。

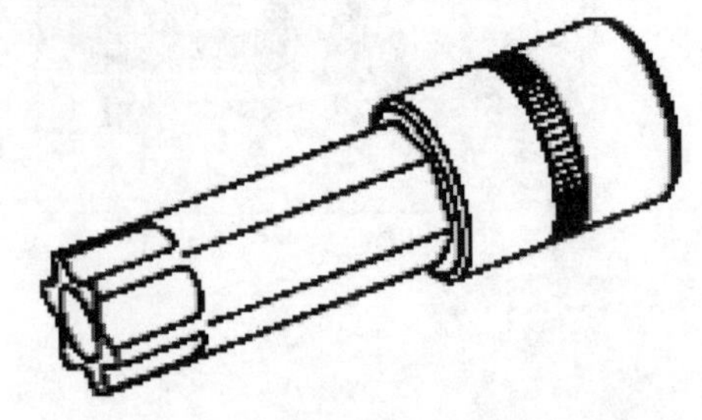

图 1-11

2. 270 589 01 61 00，如图 1–12。

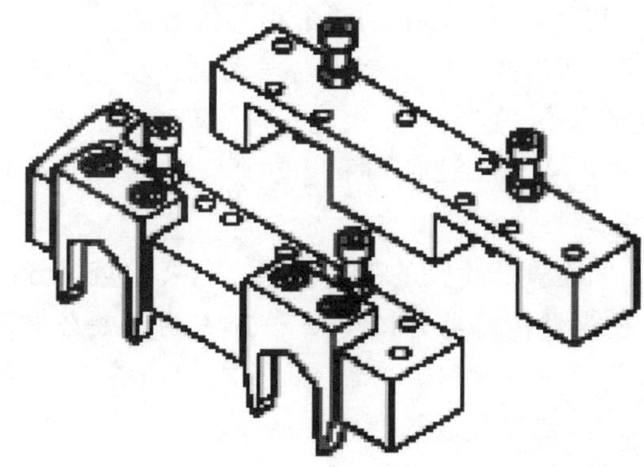

图 1–12

3. 001 589 65 09 00，如图 1–13。

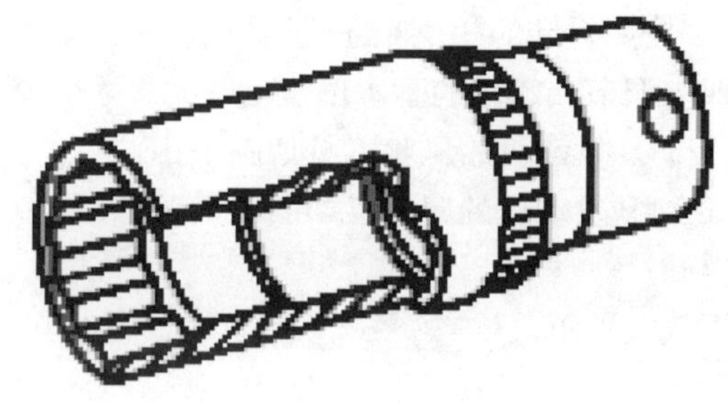

图 1–13

4. 270 589 01 07 00，如图 1–14。

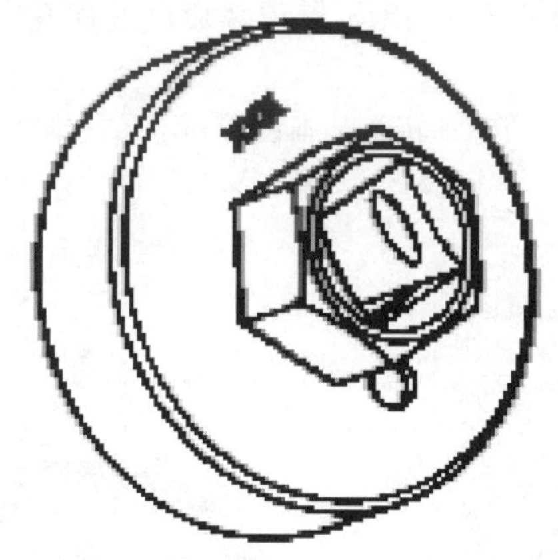

图 1–14

（二）拆卸 / 安装凸轮轴

1. M274.9 发动机结构示意图如图 1–15。

注意危险！有汽车打滑或从举升台上掉落而造成人员死亡的风险。将汽车在车辆举升机的支柱之间调准位置，并在汽车制造商规定的车辆举升机支撑点上放置 4 个支撑板。在拆卸、安装或校准发动机罩、车门、行李箱盖 / 车厢后门或滑动天窗时有轧伤或夹伤手指的风险。部件移动时，肢体不能进入机器的工作范围。

01a- 压紧工具　02a- 固定装置　02e- 固定装置
1- 凸轮轴调节器　2- 控制阀　3- 正时链　4- 凸轮轴

图 1–15

2. 拆卸 / 安装。

（1）使用车辆举升机将车辆升起。

（2）通过曲轴中央螺栓沿发动机转动方向转动发动机，直到 1 号气缸位于点火上止点（TDC）。皮带轮 / 减震器上的上止点（TDC）标记必须与正时箱盖罩上的定位缘对齐。

（3）拆下气缸盖罩。

（4）将凸轮轴（如图 1–15 中 4）的压紧工具（如图 1–15 中 01a）与凸轮轴（如图 1–15 中 4）的固定装置（如图 1–15 中 02a、02e）一起安装。

（5）拆下链条张紧器。

（6）松开各凸轮轴调节器（如图 1–15 中 1）的控制阀（如图 1–15 中 2）。安装：必须用机油润滑控制阀（如图 1–15 中 2）的螺纹和螺栓头接触面。必须按照规定扭矩连续均匀地拧紧控制阀。

（7）拆下各凸轮轴调节器（如图 1–15 中 1）的控制阀（如图 1–15 中 2）。

（8）将凸轮轴调节器（如图 1–15 中 1）从凸轮轴（如图 1–15 中 4）上拆下。为便于装配或分解凸轮轴调节器（如图 1–15 中 1），必须将正时链放上或取下。

（9）按照拆卸的相反顺序进行安装。

（10）通过曲轴中央螺栓沿发动机转动方向转动发动机两次，直至 1 号气缸位于点火上止点（TDC）。

（11）检查凸轮轴（如图 1–15 中 4）的基本位置，如有必要，则进行调节。注意危险！发动机运转时，汽车可能会自行启动而造成事故。发动机启动或运转期间，在附近工作存在导致擦伤和烧伤的风险。固定好车辆，以防其自行移动。穿上封闭且贴身的工作服。切勿接触高温或旋转的部件。

（12）执行发动机试运行，然后检查发动机的功能性。

（三）检查凸轮轴的基本位置

1. M274.9 发动机凸轮轴部分如图 1-16。

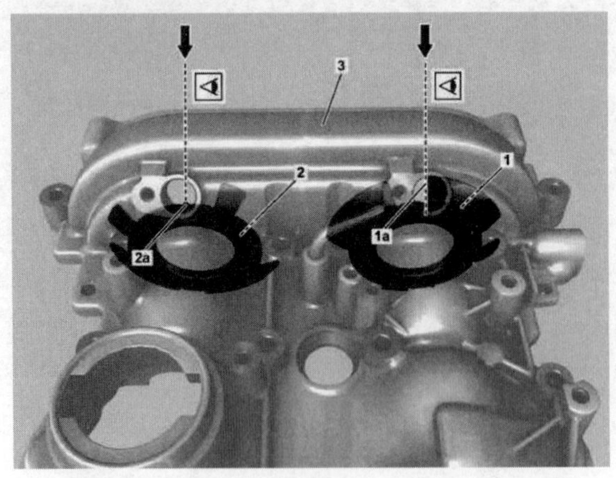

1- 扇形盘　1a- 边缘　2- 扇形盘　2a- 轴承狭槽　3- 气缸盖罩

图 1-16

2. M274.9 发动机凸轮轴扇形盘如图 1-17。

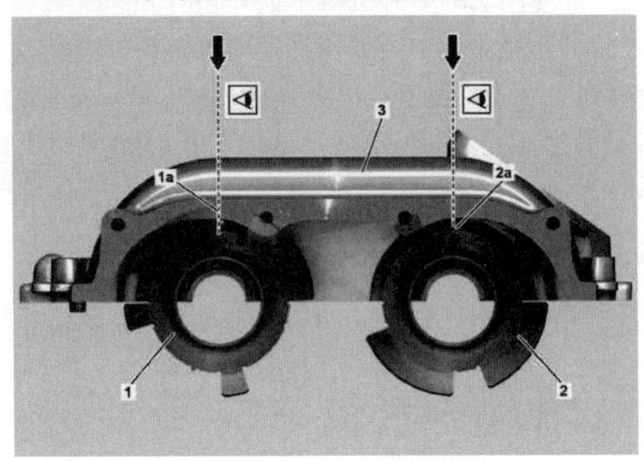

1- 扇形盘　1a- 边缘　2- 扇形盘　2a- 轴承狭槽　3- 气缸盖罩

图 1-17

3. 拆卸 / 安装。

（1）拆下凸轮轴上的两个霍耳传感器。

（2）通过曲轴中央螺栓沿发动机转动方向转动发动机，直到 1 号气缸位于点火上止点（TDC）。皮带轮 / 减震器上的上止点（TDC）标记必须与正时箱盖罩上的定位缘对齐。

（3）检查凸轮轴的基本位置。若要检查排气凸轮轴调节，在霍耳传感器开口（图 1-16）的中央必须可以看到扇形盘（如图 1-16 中 1）扇形段的边缘（如图 1-16 中 1a）。若要检查进气凸轮轴调节，扇形盘（如图 1-17 中 2）的轴承狭槽（如图 1-17 中 2a）必须位于霍耳传感器开口（图 1-17）的中央。通过在气缸盖罩（如图 1-17 中 3）的霍耳传感器开口上进行目视检查凸轮轴的基本位置。如果基本位置不正确，设置凸轮轴的基本位置。

（4）按照拆卸的相反顺序进行安装。

（四）调节凸轮轴的基本位置

1. M274.9 发动机的压紧工具如图 1-18。

2. M274.9 发动机的扇形盘如图 1-19。

3. 拆卸。

拆下气缸盖罩。

4. 调节。

（1）拆下凸轮轴调节器。

（2）通过曲轴中央螺栓沿发动机转动方向转动发动机，直到 1 号气缸位于点火上止点（TDC）。皮带轮 / 减震器上的上止点（TDC）标记必须与正时箱盖罩上的定位缘对齐。

（3）将凸轮轴转至基本位置。如果在排气凸轮轴上，

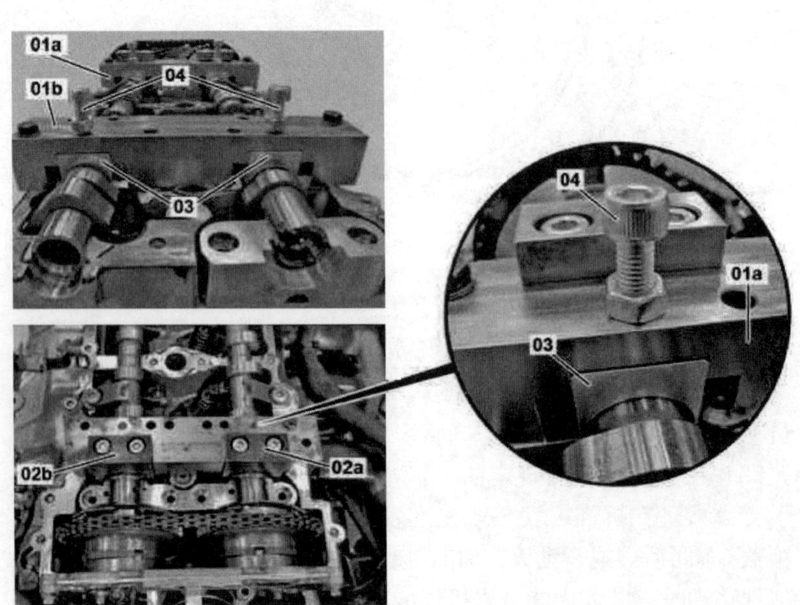

01a- 压紧工具　01b- 压紧工具　02a- 支架　02b- 支架

03- 轴承座　04- 螺钉 / 螺栓

图 1-18

扇形盘（如图 1–19 中 1）的部分扇形边缘（如图 1–19

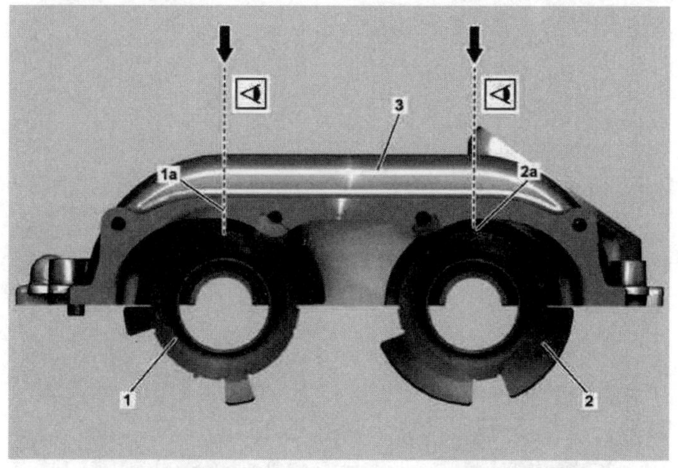

1- 扇形盘 1a- 边缘 2- 扇形盘 2a- 轴承狭槽 3- 气缸盖罩
图 1–19

中 1a）和扇形盘（如图 1–19 中 2）上的轴承狭槽（如图 1–19 中 2a）垂直向上，则凸轮轴处于基本位置。

（4）安装压紧工具（如图 1–18 中 01a、01b）。车型 205 代码 A14（Camtronic）的 M274.9 发动机：使用直径为 29mm 的嵌件；车型 205 代码 A14 除外（Camtronic）的 M274.9 发动机：使用直径为 26mm 的嵌件。在装配螺钉 / 螺栓（如图 1–18 中 04）时，将其拧入，直到轴承座（如图 1–18 中 03）与气缸盖平齐。

（5）安装支架（如图 1–18 中 02a、02b）。装配支架（如图 1–18 中 02a、02b）前，排气凸轮轴和进气凸轮轴必须处于上止点（TDC），也可以将支架（如图 1–18 中 02a、02b）放置就位，并无压力地安装。不宜用支架将排气凸轮轴或进气凸轮轴固定就位，这会导致支架（如图 1–18 中 02a、02b）发生损坏并还可能导致正时不正确。只能使用套筒或将螺钉 / 螺栓（N000000005561）与盘（A6049900040）配套使用转动排气凸轮轴和进气凸轮轴，否则会损坏排气凸轮轴和进气凸轮轴。为将支架（如图 1–18 中 02a、02e）安装到压紧工具（01a）上，要使用套筒或将螺钉 / 螺栓（N000000005561）与盘（A6049900040）配套使用转动排气凸轮轴和进气凸轮轴（如有必要）。

（6）安装凸轮轴调节器，然后用手拧紧控制阀。安装链条张紧器后先将控制阀拧紧。在安装凸轮轴调节器或正时链时，确保曲轴不会转动。

5. 安装。

（1）安装链条张紧器。

（2）将控制阀拧紧至最终扭矩。

（3）将支架（如图 1–18 中 02a、02b）从压紧工具（如图 1–18 中 01a）上分开。压紧工具（如图 1–18 中 01a、01b）安装在气缸盖上。

（4）松开压紧工具（如图 1–18 中 01a、01b）处的螺钉 / 螺栓（如图 1–18 中 04），直至可以转动凸轮轴，压紧工具（如图 1–18 中 01a、01b）安装在气缸盖上。

6. 检验。

（1）通过曲轴中央螺栓沿发动机转动方向转动发动机两圈，直到 1 号气缸到达点火上止点（TDC）。皮带轮 / 减震器上的上止点（TDC）标记必须与正时箱盖罩上的定位缘对齐。

（2）用手将螺钉 / 螺栓（如图 1–18 中 04）拧紧到压紧工具（如图 1–18 中 01a、01b）上。拧入螺钉 / 螺栓（如图 1–18 中 04），直至轴承座（如图 1–18 中 03）与气缸盖平齐。

（3）检查凸轮轴基本位置，为此，将支架（如图 1–18 中 02a、02b）安装到压紧工具（如图 1–18 中 01a）上。必须在未插入工具的情况下，用手将支架（如图 1–18 中 02a、02b）安装到凸轮轴的六角部分上，直至支架（如图 1–18 中 02a、02b）平放在压紧工具（如图 1–18 中 01a）上，否则会损坏支架（如图 1–18 中 02a、02b），从而导致正时设置不正确。如果不能安装支架（如图 1–18 中 02a、02b），则必须从操作步骤调节部分开始重复工作流程。

（4）安装气缸盖罩。

三、车型

北京奔驰 E320L（W213）（3.0L M276.823），2017—2018 年。

S320L（W222）（3.0L M276.824），2013—2018 年。

S350L（W222）（3.0L M276.824），2018—2019 年。

S400L（W222）（3.0L M276.824），2013—2017 年。

S450L（W222）（3.0L M276.824），2018—2019 年。

GLE320 4MATIC（W166）（3.0L M276.821），2015—2018 年。

GLE400 4MATIC（W166）（3.0L M276.821），2015—2018 年。

GLE450 4MATIC（W166）（3.0L M276.821），2015—2017 年。

GLE500E 4MATIC（W166）（3.0L M276.821），2015—2018 年。

GLS400 4MATIC（X166）（3.0L M276.821），2015—2018 年。

GLS320 4MATIC（X166）（3.0L M276.821），2018—2019 年。

R320 4MATIC（W251）（3.0L M276.826），2014—2018 年。

R400 4MATIC（W251）（3.0L M276.826），2014—2018 年。

SL400（W231）（3.0L M276.825），2016—2018 年。

（一）专用工具

1. 套筒 271 589 00 10 00，如图 1-20。

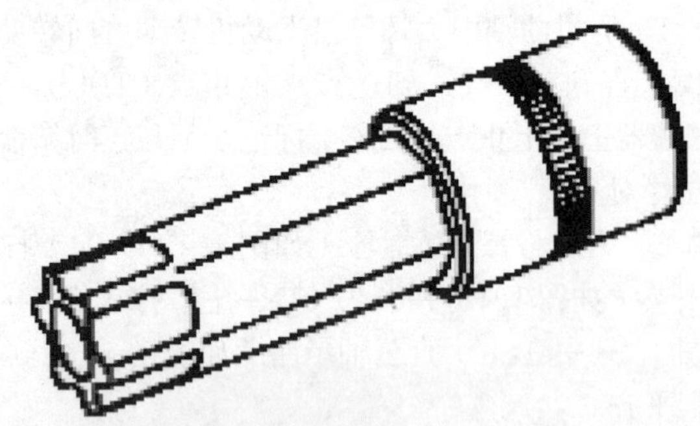

图 1-20

2. 固定装置 276 589 01 40 00，如图 1-21。

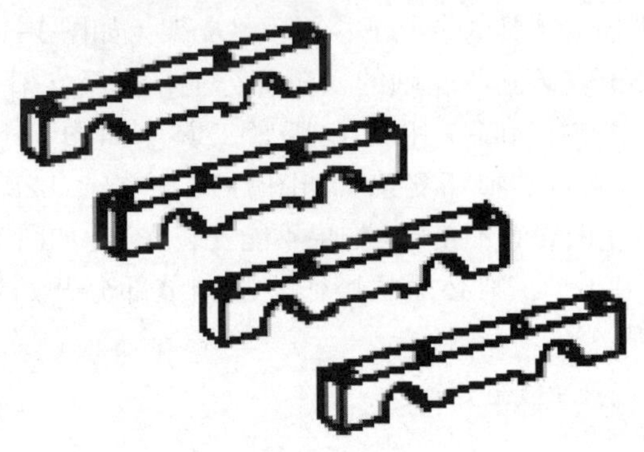

图 1-21

3. 模板 278 589 00 23 00，如图 1-22。

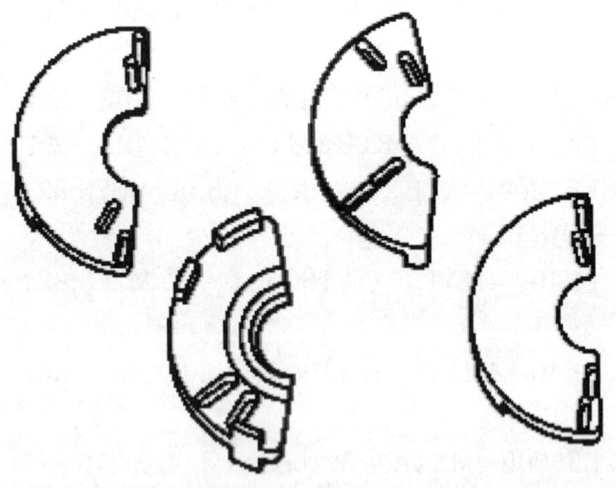

图 1-22

（二）拆卸 / 安装凸轮轴

1.M276.8 发动机（车型 W222）的左侧气缸盖如图 1-23。

2. 拆卸 / 安装方法。

注意危险！在拆卸、安装或校准发动机罩、车门、

1- 凸轮轴调节器　2- 控制阀　3- 正时链　4- 凸轮轴　5- 压紧工具

图 1-23

行李箱盖 / 车厢后门或滑动天窗时有轧伤或夹伤手指的风险。部件移动时，肢体不能进入机器的工作范围。

（1）松开增压空气冷却器，然后在保持冷却液管路连接的情况下压到前部。

（2）通过曲轴中央螺栓沿发动机运转方向将发动机转到 1 号气缸点火上止点（TDC）后 40° 曲轴转角（CA）处。

（3）拆下右侧或左侧气缸盖罩。

（4）将压紧工具（如图 1-23 中 5）安装到凸轮轴（如图 1-23 中 4）上。

（5）拆下右侧或左侧链条张紧器。

（6）松开控制阀（如图 1-23 中 2），然后拆下。要松开和拧紧控制阀（如图 1-23 中 2），必须由助手用 Torx T60 将凸轮轴（如图 1-23 中 4）在后端反向固定。安装：必须用机油润滑控制阀（如图 1-23 中 2）的螺纹和螺栓头接触面。必须按照规定扭矩连续均匀地拧紧控制阀。

（7）将凸轮轴调节器（如图 1-23 中 1）从凸轮轴（如图 1-23 中 4）上拆下。安装：凸轮轴调节器（如图 1-23 中 1）不得相互混淆。检查凸轮轴（如图 1-23 中 4）的基本位置，如有必要，则进行调节（见调节凸轮轴的基本位置）。

（8）从凸轮轴调节器（如图 1-23 中 1）上拆下正时链（如图 1-23 中 3）。安装：首先将右侧正时链（如图 1-23 中 3）安装到进气凸轮轴的凸轮轴调节器上，然后再安装到排气凸轮轴的凸轮轴调节器上。首先将左侧

正时链安装到排气凸轮轴的凸轮轴调节器上，然后再安装到进气凸轮轴的凸轮轴调节器上。

（9）按照拆卸的相反顺序进行安装。注意危险！发动机运转时，汽车可能会自行启动而造成事故。发动机启动或运转期间，在附近工作存在导致擦伤和烧伤的风险。固定好车辆，以防其自行移动。穿上封闭且贴身的工作服。切勿接触高温或旋转的部件。

（10）执行发动机试运行，并检查发动机的功能性。

（三）检查凸轮轴的基本位置

1. 带 53° 标记的 M276 发动机（图 1-24）。

2. 不带 53° 标记的 M276 发动机（图 1-25、图 1-26）。

3. 右侧气缸盖（A）和左侧气缸盖（B），如图 1-27。

4. 拆卸 / 安装方法。

（1）拆下凸轮轴上的所有霍耳传感器。

（2）检查皮带轮 / 减震器（如图 1-25 或图 1-26 中 10）上是否有 53° 标记。

（3）将 53° 标记的更换标记粘贴到皮带轮 / 减震器（如图 1-25 或图 1-26 中 10）上。皮带轮 / 减震器（如图 1-25 或图 1-26 中 10）上不带 53° 标记的发动机，将 17mm 长的胶条（如图 1-26 中 11）粘贴到皮带轮 / 减震器（如图 1-25 或图 1-26 中 10）上的 40° 标记处。胶条（如图 1-26 中 11）的末端在皮带轮 / 减震器（如图 1-25 或图 1-26 中 10）上标记出了缺失的 53° 标记。

10- 皮带轮 / 减震器　10a- 参考边（冷却液泵）

图 1-24

10- 皮带轮 / 减震器　10a- 参考边（冷却液泵）　11- 胶条（更换标记）

图 1-25

1a- 扇形段　2l- 左侧气缸盖罩　2r- 右侧气缸盖罩　10- 皮带轮 / 减震器　11- 胶条（更换标记）

图 1-26

（4）通过曲轴中央螺栓沿发动机转动方向将发动机转到 1 号气缸点火上止点（TDC）后 53° 曲轴转角处。皮带轮 / 减震器（如图 1-25 或图 1-26 中 10）上带 53° 标记的发动机，不得沿与发动机转动方向相反的方向转动

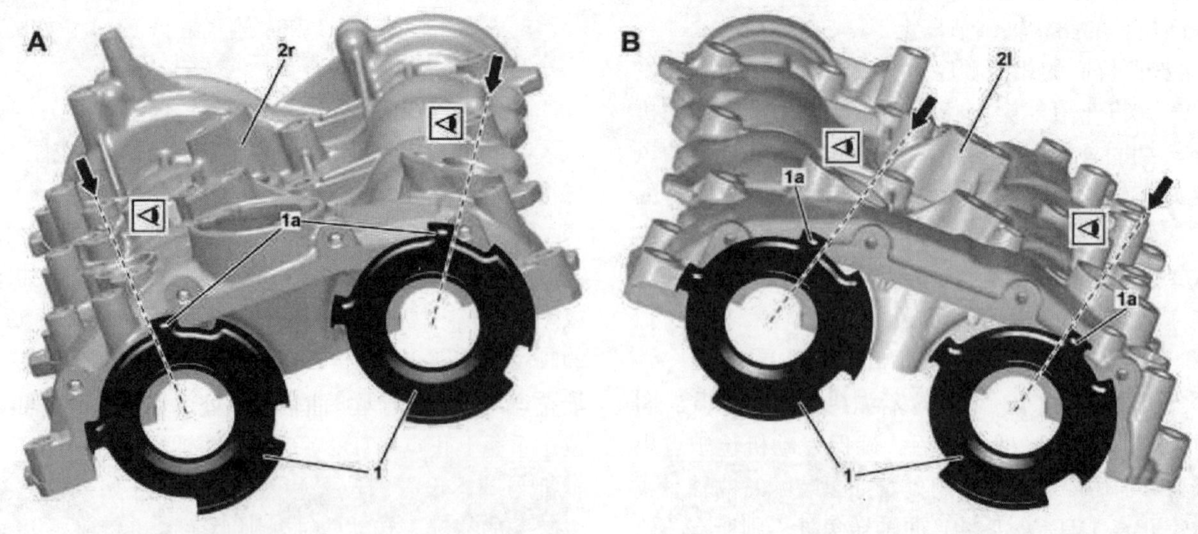

1- 扇形盘　1a- 扇形段　2l- 左侧气缸盖罩　2r- 右侧气缸盖罩

图 1-27

发动机，否则会使发动机正时链跳齿。通过曲轴沿发动机转动方向转动发动机，直至皮带轮 / 减震器（如图 1-25 或图 1-26 中 10）上的 53° 标记与参考边（如图 1-25 中 10a）对齐，参考边（如图 1-25 中 10a）位于冷却液泵上。通过曲轴中央螺栓沿发动机转动方向将发动机转到胶条（如图 1-26 中 11）末端［1 号气缸点火上止点（TDC）后 53° 曲轴转角（KW）］。皮带轮 / 减震器（如图 1-25 或图 1-26 中 10）上不带 53° 标记的发动机，不得沿与发动机转动方向相反的方向转动发动机，否则会使发动机正时链跳齿。通过曲轴沿发动机转动方向转动发动机，直至皮带轮 / 减震器（如图 1-25 或图 1-26 中 10）上的 53° 标记与参考边（如图 1-25 中 10a）对齐。参考边（如图 1-25 中 10a）位于冷却液泵上。

（5）检查凸轮轴的基本位置。通过对气缸盖罩（如图 1-27 中 2l 和 2r）上的霍耳传感器开口进行目视检查凸轮轴的基本位置。在气缸盖罩（如图 1-27 中 2l、2r）上从霍耳传感器开口的中间必须能够看到扇形盘（如图 1-27 中 1）扇形段（如图 1-27 中 1a）的边缘。如果基本设置不正确，调节凸轮轴的基本位置。

（6）按照拆卸的相反顺序进行安装。

（四）调节凸轮轴的基本位置

1. 如图 1-28 为 M278 发动机。

2. 拆卸方法。

注意危险！受伤的风险。搬运部件时会被夹住、挤压，严重时还会造成手脚骨折。搬运部件时，肢体不能进入机器的工作范围。

（1）拆下右侧气缸盖罩。

（2）拆下离心机。

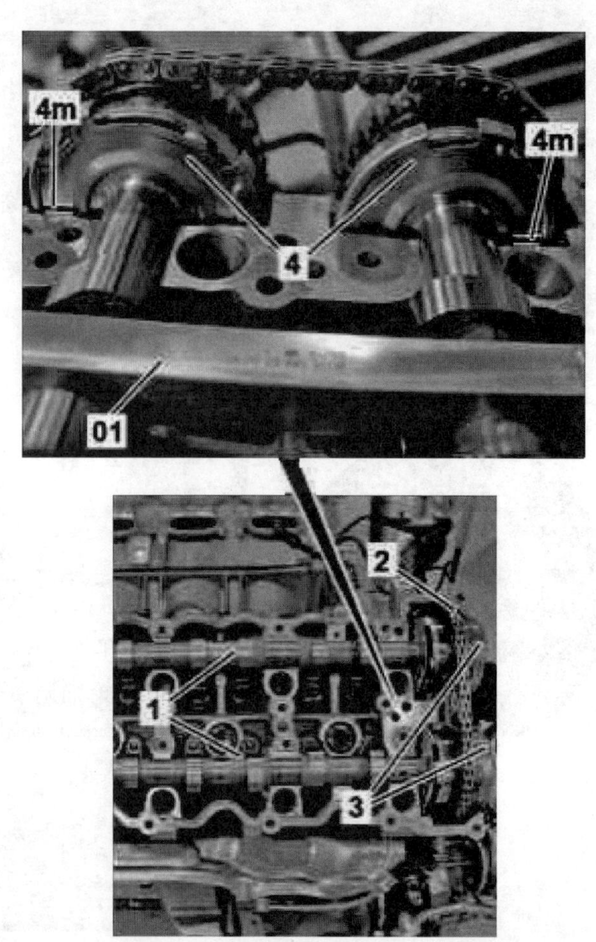

01- 压紧工具　1- 凸轮轴　2- 正时链　3- 凸轮轴调节器　4- 扇形盘　4m- 标记

图 1-28

（3）检查扇形盘（如图 1-28 中 4）上是否有标记（如图 1-28 中 4m）。

（4）拆下凸轮轴（如图 1-28 中 1）。

（5）如果扇形盘（如图 1-28 中 4）上没有标记（如图 1-28 中 4m），在扇形盘（如图 1-28 中 4）上添加标记（如图 1-28 中 4m）。

（6）安装凸轮轴（如图 1-28 中 1）。

（7）将压紧工具（如图 1-28 中 01）安装到凸轮轴（如图 1-28 中 1）上。

（8）松开增压空气冷却器，然后在保持冷却液管路连接的情况下压到前部。

（9）通过曲轴中央螺栓沿发动机运转方向将发动机转到 1 号气缸点火上止点（TDC）后 40° 曲轴转角（CKA）处。对曲轴总成执行修理作业后，确保发动机位于点火上止点（TDC）后 40° 曲轴转角处。如果装配时曲轴总成位于重叠上止点（TDC）后 40° 曲轴转角处，则所有凸轮轴（如图 1-28 中 1）都与基本设置的位置相差约 1/2 齿。如果在已拆下次级链条的情况下转动曲轴，则必须转动 720°，以便再次到达曲轴总成上正确的点火上止点（TDC）位置。

（10）拆下两个链条张紧器。拆下气缸盖罩后，可在 1 号气缸点火上止点（TDC）后 40° 曲轴转角（CA）处拆下两个链条张紧器。要拆下右侧链条张紧器，需要助手转动排气凸轮轴，以松开张紧轨。

（11）拆下右侧排气凸轮轴的凸轮轴调节器（如图 1-28 中 3）。要松开右侧凸轮轴调节器上的控制阀，必须由助手反向固定排气凸轮轴。

（12）将正时链（如图 1-28 中 2）从凸轮轴调节器（如图 1-28 中 3）上拆下。要松开张紧轨，应请助手将凸轮轴（如图 1-28 中 1）固定在基本位置。

（13）将凸轮轴（如图 1-28 中 1）转入基本位置。必须请助手使用合适的工具将凸轮轴固定在基本位置。

3. 检验方法。

（1）检查左侧气缸盖上的正时链（如图 1-28 中 2）是否正确落座。检查正时链是否靠在两个凸轮轴调节器（如图 1-28 中 3）上及是否与齿正确啮合。如果并非如此，必须转动相应的凸轮轴（如图 1-28 中 1），使正时链（如图 1-28 中 2）正确靠上。

（2）检查凸轮轴（如图 1-28 中 1）安装位置是否正确。扇形盘（如图 1-28 中 4）上的标记（如图 1-28 中 4m）必须与气缸盖的边缘对齐。

4. 安装方法。

（1）安装右侧排气凸轮轴的凸轮轴调节器（如图 1-28 中 3），执行此操作时，将正时链（如图 1-28 中 2）铺设在右侧气缸列的两个凸轮轴调节器（如图 1-28 中 3）上。要拧紧右侧凸轮轴调节器上的控制阀及要松开张紧轨时，应由助手将凸轮轴固定在其基本位置。

（2）安装两个链条张紧器。拆下气缸盖罩后，可在 1 号气缸点火上止点（TDC）后 40° 曲轴转角（CKA）处拆下两个链条张紧器。要拆下右侧链条张紧器，需要助手转动排气凸轮轴，以松开张紧轨。

（3）通过曲轴中央螺栓沿发动机转动方向转动发动机约 720°。

（4）通过曲轴中央螺栓沿发动机运转方向将发动机转到 1 号气缸点火上止点（TDC）后 40° 曲轴转角（CKA）处。对曲轴总成执行修理作业后，确保发动机位于点火上止点（TDC）后 40° 曲轴转角处。如果装配时曲轴总成位于重叠上止点（TDC）后 40° 曲轴转角处，则所有凸轮轴都与基本设置的位置相差约 1/2 齿。如果在已拆下次级链条的情况下转动曲轴，则必须转动 720°，以再次到达曲轴总成上正确的点火上止点（TDC）位置。

（5）检查发动机气门正时。发动机必须位于 1 号气缸点火上止点（TDC）后 40° 曲轴转角（CKA）处（皮带轮 / 减震器上的标记），且扇形盘（如图 1-28 中 4）上的标记（如图 1-28 中 4m）必须与气缸盖的边缘对齐。如果发动机正时不正确，再次从拆卸操作步骤（9）开始执行操作步骤。

（6）拆下凸轮轴（如图 1-28 中 1）上的压紧工具（如图 1-28 中 01）。

（7）安装增压空气冷却器。

（8）安装右侧气缸盖罩。

（9）安装离心机。

（10）执行发动机试运行，检查发动机是否正常工作及其密封性。

四、车型

S400L 混合动力（W222）（3.5L M276.9），2013—2015 年。

（一）专用工具

1. 套筒 271 589 00 10 00，如图 1-29。

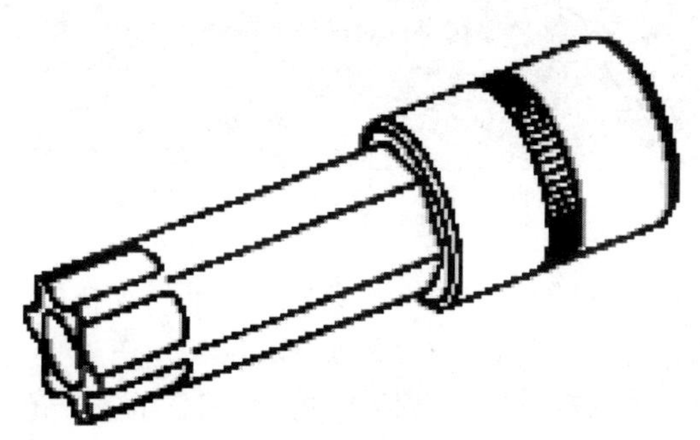

图 1-29

2. 固定装置 276 589 01 40 00，如图 1-30。

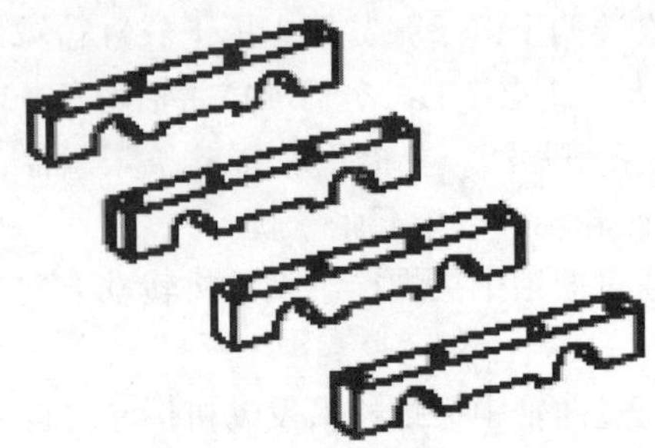
图 1-30

3. 模板 278 589 00 23 00，如图 1-31。

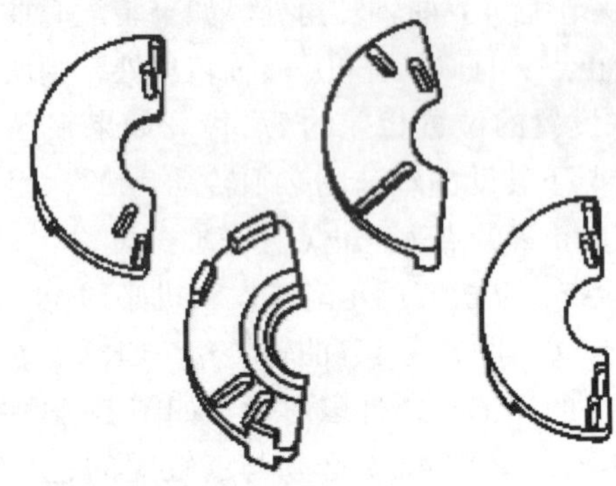
图 1-31

（二）拆卸 / 安装凸轮轴

1. M276.9 发动机右侧气缸盖如图 1-32。

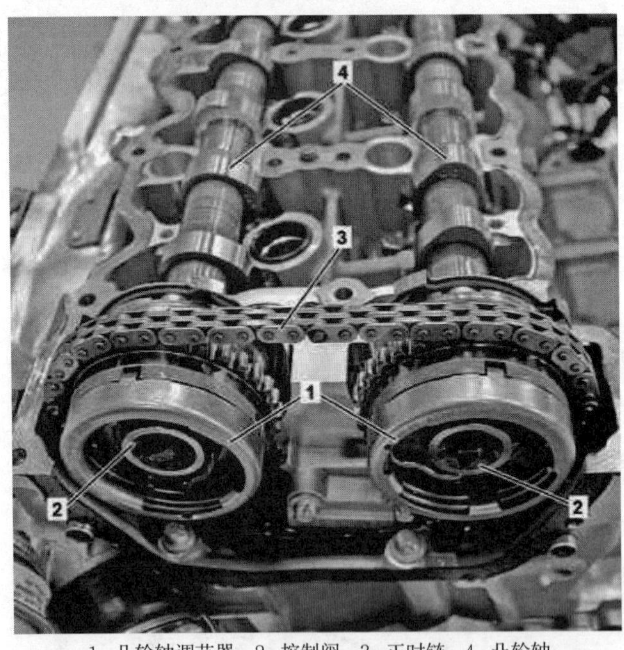

1- 凸轮轴调节器　2- 控制阀　3- 正时链　4- 凸轮轴
图 1-32

注意危险！在拆卸、安装或校准发动机罩、车门、行李箱盖 / 车厢后门或滑动天窗时有轧伤或夹伤手指的风险。部件移动时，肢体不能进入机器的工作范围。

2. 拆卸 / 安装。

（1）通过曲轴中央螺栓沿发动机转动方向将发动机转到 1 号气缸点火上止点（TDC）后 40° 曲轴转角（CA）处。

（2）拆下相应的气缸盖罩。

（3）将压紧工具安装到凸轮轴（如图 1-32 中 4）上。安装：拆下压紧工具，然后检查或设置凸轮轴（如图 1-32 中 4）的基本位置。

（4）拆下相应的链条张紧器。

（5）松开控制阀（如图 1-32 中 2），然后拆下。安装：必须用机油润滑控制阀（如图 1-32 中 2）的螺纹和螺栓头接触面。必须按照规定扭矩连续均匀地拧紧控制阀（如图 1-32 中 2）。要松开和拧紧控制阀（如图 1-32 中 2），必须由助手用 Torx T60 将凸轮轴（如图 1-32 中 4）在后端反向固定。

（6）将凸轮轴调节器（如图 1-32 中 1）从凸轮轴（如图 1-32 中 4）上拆下。安装：凸轮轴调节器（如图 1-32 中 1）不得相互混淆。如有必要，则进行标记。

（7）从凸轮轴调节器（如图 1-32 中 1）上拆下正时链（如图 1-32 中 3）。安装：首先将右侧正时链（如图 1-32 中 3）安装到进气凸轮轴的凸轮轴调节器（如图 1-32 中 1）上，然后再安装到排气凸轮轴的凸轮轴调节器（如图 1-32 中 1）上。首先将左侧正时链（如图 1-32 中 3）安装到排气凸轮轴的凸轮轴调节器（如图 1-32 中 1）上，然后再安装到进气凸轮轴的凸轮轴调节器（如图 1-32 中 1）上。

（8）按照拆卸的相反顺序进行安装。

（9）注意危险！发动机运转时，汽车可能会自行启动而造成事故。发动机启动或运转期间，在附近工作存在导致擦伤和烧伤的风险。执行发动机试运行，然后检查发动机的功能性。固定好车辆，以防其自行移动。穿上封闭且贴身的工作服。切勿接触高温或旋转的部件。

（三）检查凸轮轴的基本位置

1. 图 1-33 为带 53° 标记的发动机。

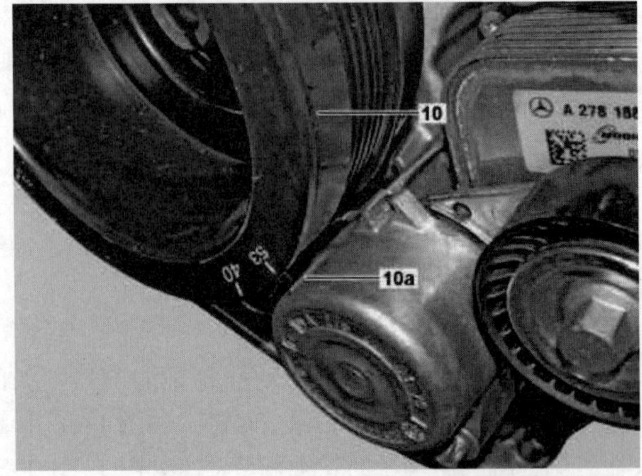

10- 皮带轮 / 减震器　10a- 定位缘（夹紧装置）
图 1-33

2. 图 1-34 为不带 53° 标记的发动机。

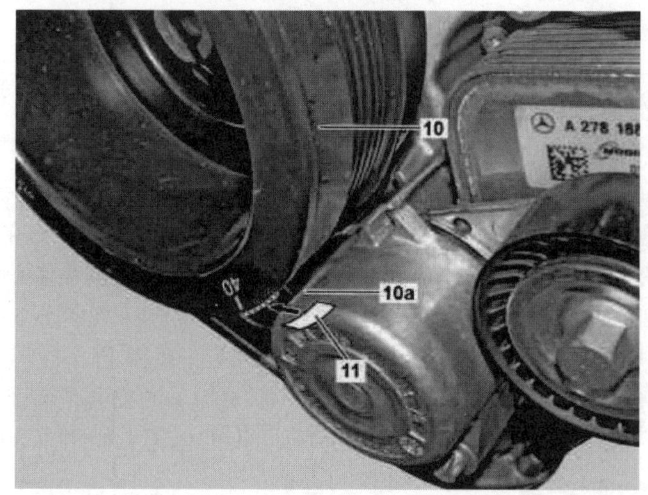

10- 皮带轮 / 减震器　10a- 定位缘（夹紧装置）　11- 胶条（更换标记）

图 1-34

3. 缸盖如图 1-35。

4. 拆卸 / 安装。

（1）拆下凸轮轴上的所有霍耳传感器。

（2）拆下发动机舱下部饰板的前部和中部。

（3）检查皮带轮 / 减震器（如图 1-33 或图 1-34 中 10）上是否有 53° 标记。

（4）将 53° 标记的更换标记粘贴到皮带轮 / 减震器（如图 1-33 或图 1-34 中 10）上。对于皮带轮 / 减震器（如图 1-33 或图 1-34 中 10）上不带 53° 标记的发动机，将 17mm 长的胶条（如图 1-34 中 11）粘贴到皮带轮 / 减震器（如图 1-33 或图 1-34 中 10）上的 40° 标记处。胶条（如图 1-34 中 11）的末端在皮带轮 / 减震器（如图 1-33 或图 1-34 中 10）上标记出了缺失的 53° 标记。

（5）通过曲轴中央螺栓沿发动机转动方向将发动机转到 1 号气缸点火上止点（TDC）后 53° 曲轴转角处。不得沿与发动机转动方向相反的方向转动发动机，否则，正时链会跳齿并导致发动机损坏。通过曲轴中央螺栓沿发动机转动方向转动发动机，直至皮带轮 / 减震器（如图 1-33 或图 1-34 中 10）上的 53° 标记与定位缘（如图 1-33 或图 1-34 中 10a）对齐。定位缘（如图 1-33 或图 1-34 中 10a）位于夹紧装置上。

（6）检查凸轮轴的基本位置。在气缸盖罩（如图 1-35 中 2l、2r）上霍耳传感器开口的中间必须能够看到扇形盘（如图 1-35 中 1）扇形段（如图 1-35 中 1a）的边缘（如图 1-35 中 A、B）。通过对气缸盖罩上的霍耳传感器开口进行目视检查凸轮轴的基本位置。如果基本设置不正确，设置凸轮轴的基本位置。

（7）按照拆卸的相反顺序进行安装。

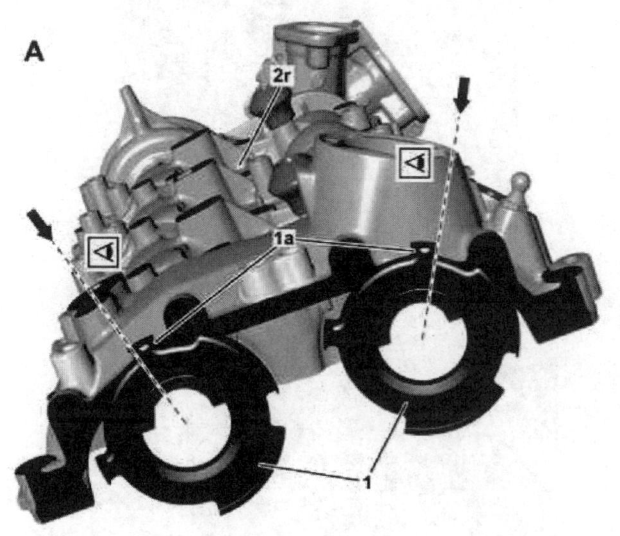

1- 扇形盘　1a- 扇形段　2l- 左侧气缸盖罩　2r- 右侧气缸盖罩

图 1-35

（四）调节凸轮轴的基本位置

1. 图 1-36 为 M278 发动机。

注意危险！受伤的风险。搬运部件时会被夹住、挤压，严重时还会造成手脚骨折。搬运部件时，肢体不能进入机器的工作范围。

2. 拆卸。

（1）拆下发动机气缸盖罩。

（2）拆下离心机。

（3）检查扇形盘（如图 1-36 中 4）上是否有标记（如图 1-36 中 4m）。

01- 压紧工具　1- 凸轮轴　2- 正时链　3- 凸轮轴调节器
4- 扇形盘　4m- 标记
图 1-36

（4）拆下凸轮轴（如图 1-36 中 1）。

（5）如果扇形盘（如图 1-36 中 4）上没有标记（如图 1-36 中 4m），在扇形盘（如图 1-36 中 4）上添加标记（如图 1-36 中 4m）。

（6）安装凸轮轴（如图 1-36 中 1）。

（7）将压紧工具（如图 1-36 中 01）安装到凸轮轴（如图 1-36 中 1）上。

（8）通过曲轴中央螺栓沿发动机运转方向将发动机转到 1 号气缸点火上止点（TDC）后 40° 曲轴转角（CKA）处。对曲轴总成执行修理作业后，确保发动机位于点火上止点（TDC）后 40° 曲轴转角处。如果装配时曲轴总成位于重叠上止点（TDC）后 40° 曲轴转角处，则所有凸轮轴（如图 1-36 中 1）都与基本设置的位置相差约 1/2 齿。如果在已拆下次级链条的情况下转动曲轴，则必须转动 720°，以再次到达曲轴总成上正确的点火上止点（TDC）位置。

（9）拆下两个链条张紧器。拆下气缸盖罩后，可在 1 号气缸点火上止点（TDC）后 40° 曲轴转角（CA）处拆下两个链条张紧器。要拆下右侧链条张紧器，需要助手转动排气凸轮轴，以松开张紧轨。

（10）拆下右侧气缸盖上的排气凸轮轴调节器（如图 1-36 中 3）。要松开和拧紧右侧凸轮轴调节器（如图 1-36 中 3）上的控制阀，必须请助手反向固定排气凸轮轴（如图 1-36 中 1）。

（11）将正时链（如图 1-36 中 2）从凸轮轴调节器（如图 1-36 中 3）上拆下。要松开张紧轨，应请助手将凸轮轴（如图 1-36 中 1）固定在基本位置。

（12）将凸轮轴（如图 1-36 中 1）转入基本位置。必须请助手使用合适的工具将凸轮轴（如图 1-36 中 1）固定在基本位置。

（13）检查左侧气缸盖上的正时链（如图 1-36 中 2）是否正确落座。检查正时链（如图 1-36 中 2）是否靠在两个凸轮轴调节器（如图 1-36 中 3）上及是否与齿正确啮合。如果并非如此，必须转动相应的凸轮轴（如图 1-36 中 1），直至正时链（如图 1-36 中 2）正确靠上。

（14）检查凸轮轴（如图 1-36 中 1）的安装位置是否正确。扇形盘（如图 1-36 中 4）上的标记（如图 1-36 中 4m）必须与两个气缸盖的边缘对准。

（15）安装右侧排气凸轮轴的凸轮轴调节器（如图 1-36 中 3），执行此操作时，将正时链（如图 1-36 中 2）铺设在右侧气缸列的两个凸轮轴调节器（如图 1-36 中 3）上。要拧紧右侧凸轮轴调节器（如图 1-36 中 3）上的控制阀及要松开张紧轨时，应请助手将凸轮轴（如图 1-36 中 1）固定在其基本位置。

3. 安装。

（1）安装两个链条张紧器。拆下气缸盖罩后，可在 1 号气缸点火上止点（TDC）后 40° 曲轴转角（CKA）处拆下两个链条张紧器。要安装右侧链条张紧器，需要助手转动排气凸轮轴，以松开张紧轨。

（2）通过曲轴中央螺栓沿发动机转动方向转动发动机约 720°。

（3）通过曲轴中央螺栓沿发动机转动方向将发动机转到 1 号气缸点火上止点（TDC）后 40° 曲轴转角处。对曲轴总成执行修理作业后，确保发动机位于点火上止点（TDC）后 40° 曲轴转角处。如果装配时曲轴总成位于重叠上止点（TDC）后 40° 曲轴转角处，则所有凸轮轴（如图 1-36 中 1）都与基本设置的位置相差约 1/2 齿。如果在已拆下次级链条的情况下转动曲轴，则必须转动 720°，以再次到达曲轴总成上正确的点火上止点（TDC）位置。

（4）检查发动机气门正时。发动机必须位于 1 号气缸点火上止点（TDC）后 40° 曲轴转角（CKA）处（皮带轮 / 减震器上的标记），且扇形盘（如图 1-36 中 4）上的标记（如图 1-36 中 4m）必须与气缸盖的边缘对齐。如果发动机正时不正确，再次从拆卸操作步骤（8）开始执行操作步骤。

（5）拆下凸轮轴（如图 1-36 中 1）上的压紧工具（如图 1-36 中 01）。

（6）安装发动机气缸盖罩。

（7）安装离心机。

（8）注意危险！发动机运转时，汽车可能会自行启动而造成事故。发动机启动或运转期间，在附近工作存在导致擦伤和烧伤的风险。执行发动机试运行，检查发动机是否正常工作及其密封性。固定好车辆，以防其自行移动。穿上封闭且贴身的工作服。切勿接触高温或旋转的部件。

五、车型

S500L（W222）（4.0L M278.910），2014—2017 年。

GLE500（W166）（4.0L M278.912），2017—2019 年。

GLS500（X166）（4.0L M278.912），2016—2019 年。

S63 AMG（W222）（4.0L M157.985），2013—2015 年。

GLE 63 4MATIC（4.0L M157.982），2017—2019 年。

GLS 63 S 4MATIC（4.0L M157.982），2016—2019 年。

（一）专用工具

1. 模板 278 589 00 23 00 如图 1–37。

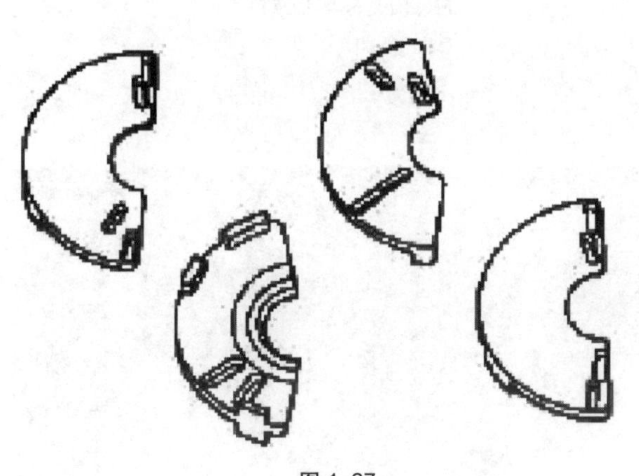

图 1–37

2. 固定装置 276 589 01 40 00，如图 1–38。

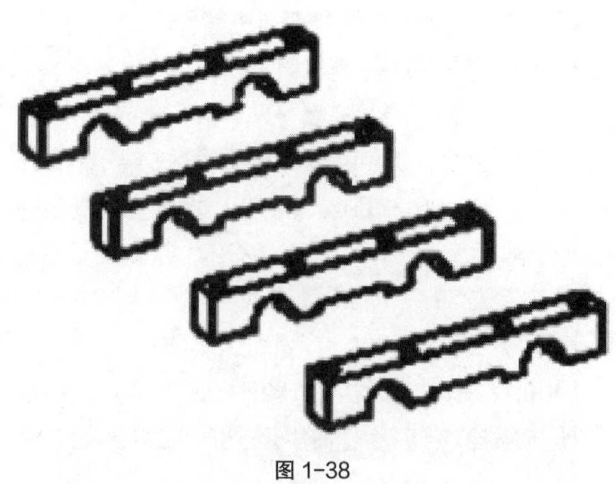

图 1–38

（二）拆卸 / 安装凸轮轴

图 1–39 为 M278 发动机。

1. 小心。

处理发动机油时有伤害皮肤和眼睛的风险。误服发动机油有中毒危险。穿戴防护手套、防护服和护目镜。切勿将发动机油注入饮料瓶中。被尖锐的汽车部件刮擦有导致受伤的风险。对带毛刺和锋利边角的车辆部件进行操作或在其附近作业时，一定要戴上防护手套，去除维修板件的毛刺。

2. 警告。

（1）受伤的风险。搬运部件时会被夹住、挤压，严重时还会造成手脚骨折。搬运部件时，肢体不得进入机械部件的工作范围。

（2）处理炽热或发光的物体时，可能导致皮肤或眼睛损伤。有必要穿戴防护手套、防护服和防护眼镜。

3. 拆卸 / 安装。

（1）关闭点火开关并将遥控钥匙存放在发射范围之

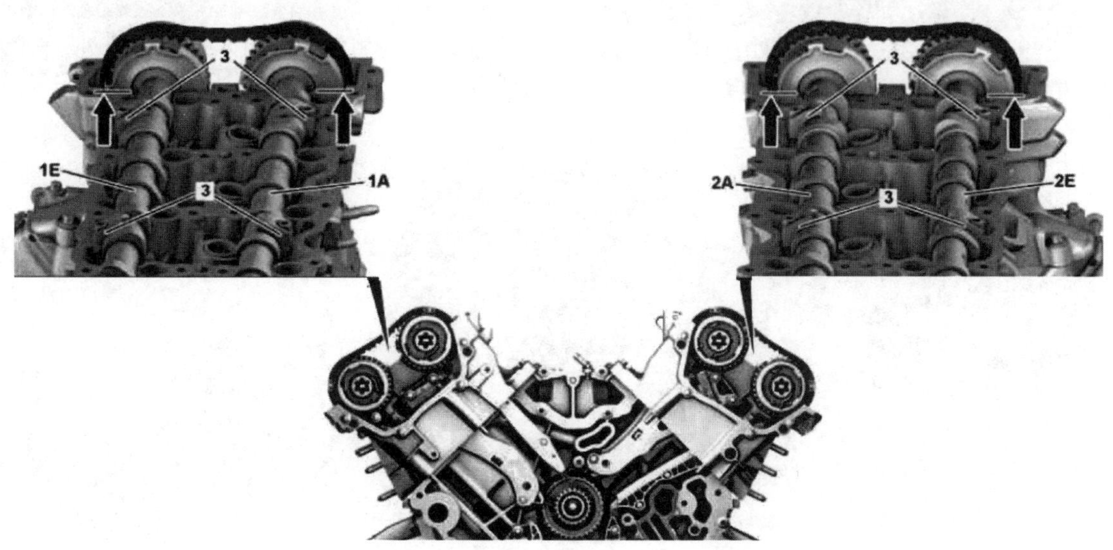

1A- 排气凸轮轴　1E- 进气凸轮轴　2A- 排气凸轮轴　2E- 进气凸轮轴　3- 副轴承盖

图 1–39

外（至少 2m）。

（2）拆下左侧或右侧链条张紧器。

（3）拆下左侧或右侧气缸盖罩。拆卸 / 安装右侧气缸盖罩：157、278 发动机属于型号 166 或 157、278 发动机属于型号 292。拆卸 / 安装右侧气缸盖罩：276 发动机属于型号 166、251、292。拆卸 / 安装左侧气缸盖罩：276 发动机属于型号 166、251、292。拆卸 / 安装左侧气缸盖罩：157、278 发动机属于型号 166 或 157、278 发动机属于型号 292。

（4）拆下副轴承盖（如图 1-39 中 3），然后安装压紧工具。螺栓（连接副轴承盖到气缸盖）扭紧力矩：第 1 级为 8N · m，第 2 级为 90°。

（5）通过曲轴中央螺栓沿发动机转动方向将发动机转到 1 号气缸点火上止点（TDC）后 40° 曲轴转角（CKA）处。

（6）拆下压紧工具。

（7）拆下右侧气缸盖处的进气凸轮轴（如图 1-39 中 1E）和排气凸轮轴（如图 1-39 中 1A）。拆卸右侧气缸盖处的凸轮轴（如图 1-39 中 1A、1E）时，首先拆下右侧气缸盖处的排气凸轮轴（如图 1-39 中 1A）。凸轮轴（如图 1-39 中 1A、1E）上的标记必须与气缸盖平面对准。安装润滑补偿元件和凸轮轴支撑点。拆下左侧气缸盖处的进气凸轮轴（如图 1-39 中 2E）和排气凸轮轴（如图 1-39 中 2A）。拆卸左侧气缸盖处的凸轮轴（如图 1-39 中 2A、2E）时，首先拆下右侧气缸盖上的进气凸轮轴（如图 1-39 中 2E）。凸轮轴（如图 1-39 中 2A、2E）上的标记必须与气缸盖平面对准。安装润滑补偿元件和凸轮轴支撑点。

（8）更换凸轮轴（如图 1-39 中 1A、1E、2A、2E）时，拆下凸轮轴调节器。

（9）如果脉冲轮上缺失颜色编码，标记凸轮轴（如图 1-39 中 1A、1E、2A、2E）的脉冲轮。

（10）检查凸轮轴（如图 1-39 中 1A、1E、2A、2E）的基本位置。

（11）按照拆卸的相反顺序进行安装。

（三）检查凸轮轴的基本位置

1. 带 53° 标记的发动机如图 1-40。

2. 不带 53° 标记的发动机如图 1-41、图 1-42。

3. 右侧气缸盖（A）/ 左侧气缸盖（B），如图 1-43。

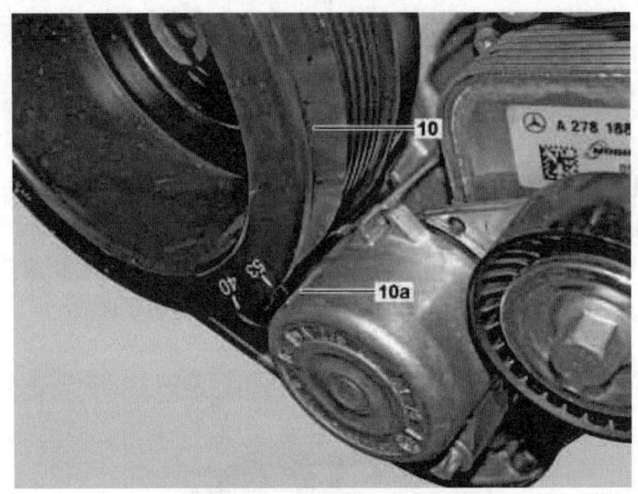

10- 皮带轮 / 减震器　10a- 定位缘（夹紧装置）

图 1-40

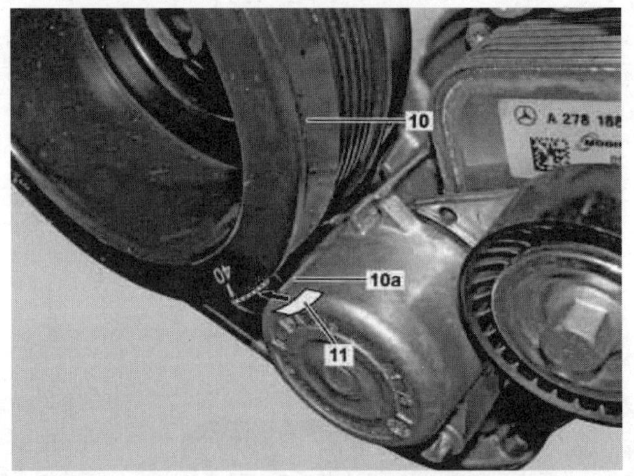

10- 皮带轮 / 减震器　10a- 定位缘（夹紧装置）　11- 胶条（更换标记）

图 1-41

1a- 扇形段　2r- 右侧气缸盖罩　2l- 左侧气缸盖罩

图 1-42

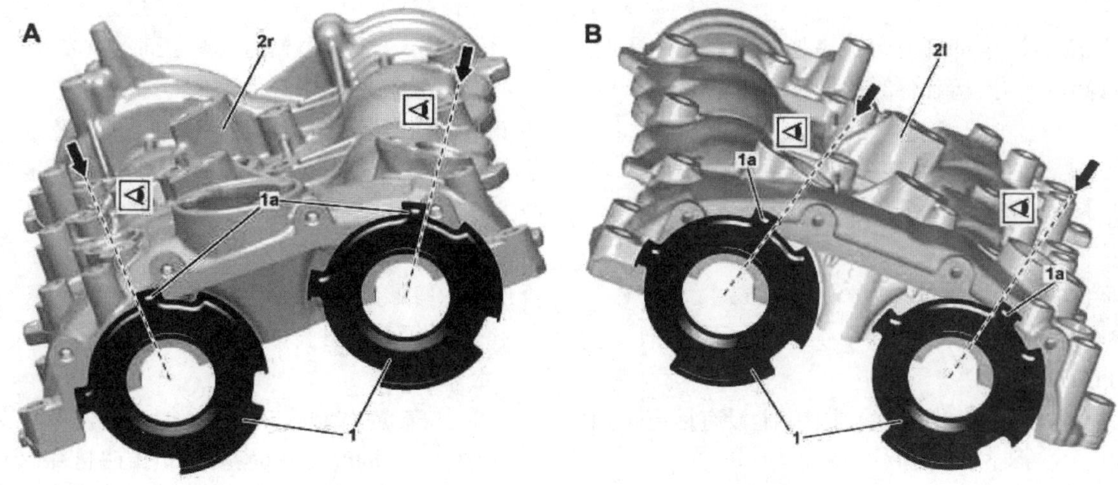

1- 扇形盘　1a- 扇形段　2l- 左侧气缸盖罩　2r- 右侧气缸盖罩

图 1-43

4. 拆卸 / 安装。

（1）拆下凸轮轴上的所有霍耳传感器。

（2）检查皮带轮 / 减震器（如图 1-40 或图 1-41 中 10）上是否有 53° 标记。

（3）将 53° 标记的胶条（如图 1-41 中 11）粘贴到皮带轮 / 减震器上。皮带轮 / 减震器上不带 53° 标记的发动机。将 17mm 长的胶条（更换标记）（如图 1-41 中 11）粘贴到皮带轮 / 减震器上的 40° 标记处。胶条（更换标记）（如图 1-41 中 11）的末端标记出皮带轮 / 减震器上缺失的 53° 标记。

（4）通过曲轴中央螺栓沿发动机转动方向将发动机转到 1 号气缸点火上止点（TDC）后 53° 曲轴转角（CKA）处。皮带轮 / 减震器上带 53° 标记的发动机，不得沿与发动机转动方向相反的方向转动发动机，否则发动机正时链可能会发生跳齿。通过曲轴中央螺栓沿发动机转动方向转动发动机，直至皮带轮 / 减震器上的 53° 标记与定位缘（夹紧装置）（如图 1-40 中 10a）对齐。定位缘（夹紧装置）（如图 1-40 中 10a）位于冷却液泵上。通过曲轴中央螺栓沿发动机转动方向将发动机转到胶条（如图 1-41 中 11）末端 [1 号气缸点火上止点（TDC）后 53° 曲轴转角（CKA）]。皮带轮 / 减震器（如图 1-41 中 10）上不带 53° 标记的发动机，不得沿与发动机转动方向相反的方向转动发动机，否则发动机正时链可能会发生跳齿。通过曲轴中央螺栓沿发动机转动方向转动发动机，直至皮带轮 / 减震器（如图 1-40 中 10）上的 53° 标记与定位缘（夹紧装置）（如图 1-40 中 10a）对齐。定位缘（夹紧装置）（如图 1-40 中 10a）位于冷却液泵上。

（5）检查凸轮轴的基本位置。通过对气缸盖罩（如图 1-42 中 2l、2r）上的霍耳传感器开口进行目视检查来检查凸轮轴的基本位置。在气缸盖罩（如图 1-43 中 2l、2r）上霍耳传感器开口的中间必须能够看到扇形盘（如图 1-43 中 1）扇形段（如图 1-43 中 1a）的边缘（如图 1-43 中 A、B）。如果基本设置不正确，设定凸轮轴的基本位置。

（6）按照拆卸的相反顺序进行安装。

（四）调节凸轮轴的基本位置

如图 1-44 为 278 发动机。

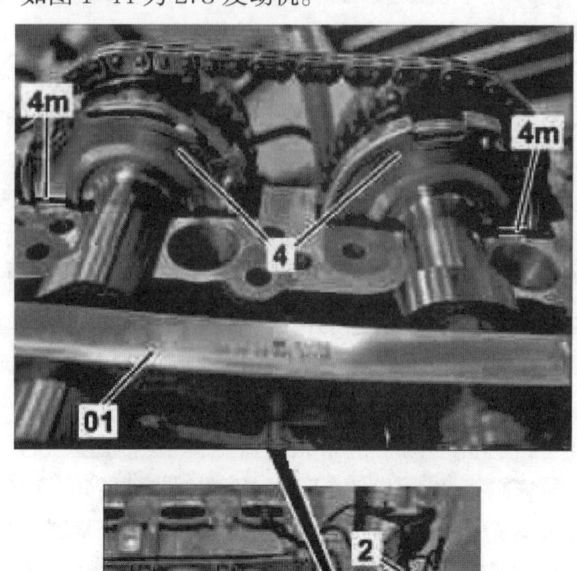

01- 压紧工具　1- 凸轮轴　2- 正时链　3- 凸轮轴调节器
4- 扇形盘　4m- 标记

图 1-44

1. 注意危险。

受伤的风险。搬运部件时会被夹住、挤压，严重时还会造成手脚骨折。搬运部件时，肢体不能进入机器的工作范围。

2. 拆卸。

（1）拆下离心机。

（2）拆下右侧气缸盖罩。

（3）拆下左侧气缸盖罩。

（4）检查扇形盘（如图 1-44 中 4）上是否有标记（如图 1-44 中 4m）。

（5）如果扇形盘（如图 1-44 中 4）上没有标记（如图 1-44 中 4m），拆下凸轮轴（如图 1-44 中 1）。

（6）如果扇形盘（如图 1-44 中 4）上没有标记（如图 1-44 中 4m），在扇形盘（如图 1-44 中 4）上添加标记（如图 1-44 中 4m）。

（7）如果扇形盘（如图 1-44 中 4）上没有标记（如图 1-44 中 4m），安装凸轮轴（如图 1-44 中 1）。

（8）将压紧工具（如图 1-44 中 01）安装到凸轮轴（如图 1-44 中 1）上。

（9）分开增压空气冷却器并将其与连接的管路和冷却液软管一起放到一旁。

（10）通过曲轴中央螺栓沿发动机运转方向将发动机转到 1 号气缸点火上止点（TDC）后 40° 曲轴转角（CKA）处。对曲轴总成执行修理作业后，确保发动机位于点火上止点（TDC）后 40° 曲轴转角处。如果装配时曲轴总成位于重叠上止点（TDC）后 40° 曲轴转角处，则所有凸轮轴（如图 1-44 中 1）都与基本设置的位置相差约 1/2 齿。如果在已拆下次级链条的情况下转动曲轴，则必须转动 720°，以再次到达曲轴总成上正确的点火上止点（TDC）位置。

（11）拆下两个链条张紧器。拆下气缸盖罩后，可在 1 号气缸点火上止点（TDC）后 40° 曲轴转角（CKA）处拆下两个链条张紧器。要拆下右侧链条张紧器，需要助手转动已拆下离心机的排气凸轮轴，以松开张紧轨。

（12）拆下右侧排气凸轮轴的凸轮轴调节器（如图 1-44 中 3）。要松开和拧紧右侧凸轮轴调节器（如图 1-44 中 3）上的控制阀，必须请助手反向固定凸轮轴（如图 1-44 中 1）。

（13）将正时链（如图 1-44 中 2）从凸轮轴调节器（如图 1-44 中 3）上拆下。要松开张紧轨，应请助手将凸轮轴（如图 1-44 中 1）固定在基本位置。

（14）将凸轮轴（如图 1-44 中 1）转入基本位置。必须请助手使用合适的工具将凸轮轴（如图 1-44 中 1）固定在基本位置。

3. 检验。

（1）检查左侧气缸盖上的正时链（如图 1-44 中 2）是否正确落座。检查正时链（如图 1-44 中 2）是否靠在两个凸轮轴调节器（如图 1-44 中 3）上及是否与齿正确啮合。如果并非如此，必须转动相应的凸轮轴（如图 1-44 中 1），直至正时链（如图 1-44 中 2）正确靠上。

（2）检查凸轮轴（如图 1-44 中 1）的安装位置是否正确。扇形盘（如图 1-44 中 4）上的标记（如图 1-44 中 4m）必须与气缸盖的边缘对准。

4. 安装。

（1）安装右侧排气凸轮轴的凸轮轴调节器（如图 1-44 中 3），同时将正时链（如图 1-44 中 2）铺设在右侧气缸列的两个凸轮轴调节器（如图 1-44 中 3）上。要拧紧右侧凸轮轴调节器（如图 1-44 中 3）上的控制阀及要松开张紧轨时，应请助手将凸轮轴（如图 1-44 中 1）固定在其基本位置。

（2）安装两个链条张紧器。拆下气缸盖罩后，可在 1 号气缸点火上止点（TDC）后 40° 曲轴转角（CKA）处安装两个链条张紧器。要拆下右侧链条张紧器，需要助手转动已拆下离心机的排气凸轮轴，以松开张紧轨。

（3）通过曲轴中央螺栓沿发动机转动方向转动发动机约 720°。

（4）通过曲轴中央螺栓沿发动机运转方向将发动机转到 1 号气缸点火上止点（TDC）后 40° 曲轴转角（CKA）处。对曲轴总成执行修理作业后，确保发动机位于点火上止点（TDC）后 40° 曲轴转角处。如果装配时曲轴总成位于重叠上止点（TDC）后 40° 曲轴转角处，则所有凸轮轴（如图 1-44 中 1）都与基本设置的位置相差约 1/2 齿。如果在已拆下次级链条的情况下转动曲轴，则必须转动 720°，以再次到达曲轴总成上正确的点火上止点（TDC）位置。

（5）检查发动机气门正时。发动机曲轴必须位于 1 号气缸点火上止点（TDC）后 40° 曲轴转角（CKA）处（皮带轮 / 减震器上的标记），且扇形盘（如图 1-44 中 4）上的标记（如图 1-44 中 4m）必须与气缸盖的边缘对齐。如果发动机正时不正确，再次从操作步骤（10）开始执行工作流程。

（6）安装增压空气冷却器。

（7）拆下凸轮轴（如图 1-44 中 1）上的压紧工具（如图 1-44 中 01）。

（8）安装左侧气缸盖罩。

（9）安装右侧气缸盖罩。

（10）安装离心机。注意危险！发动机运转时，汽车可能会自行启动而造成事故。发动机启动或运转期间，在附近工作存在导致擦伤和烧伤的风险。固定好车辆，以防其自行移动。穿上封闭且贴身的工作服，切勿接触高温或旋转的部件。

（11）执行发动机试运行，检查发动机是否正常工作及其密封性。

六、车型

迈巴赫奔驰 S560L（W222）（4.0L 176.980），2018—2019 年。

G500（W463）（4.0L 176.980），2019 年。

（一）专用工具

1. 固定装置 177 589 02 40 00，如图 1–45。

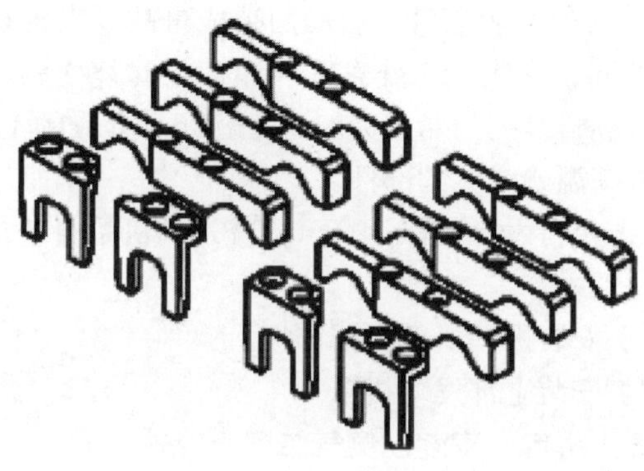

图 1–45

2. 固定装置 177 589 01 40 00，如图 1–46。

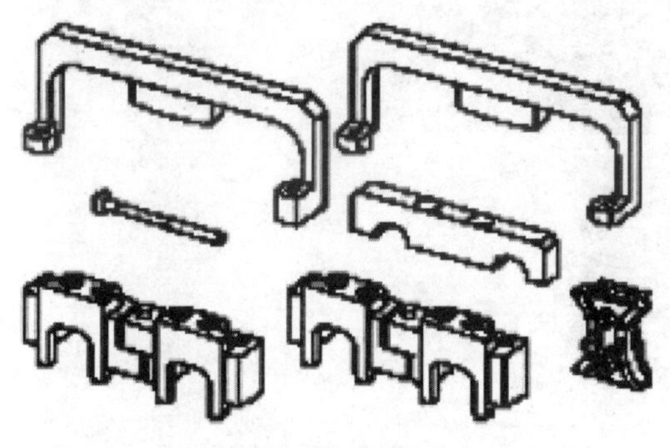

图 1–46

3. 套筒扳手 177 589 00 03 00，如图 1–47。

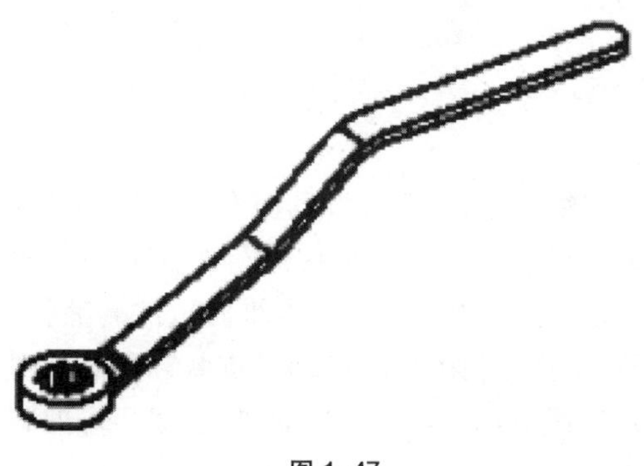

图 1–47

4. 177 589 01 21 00，如图 1–48。

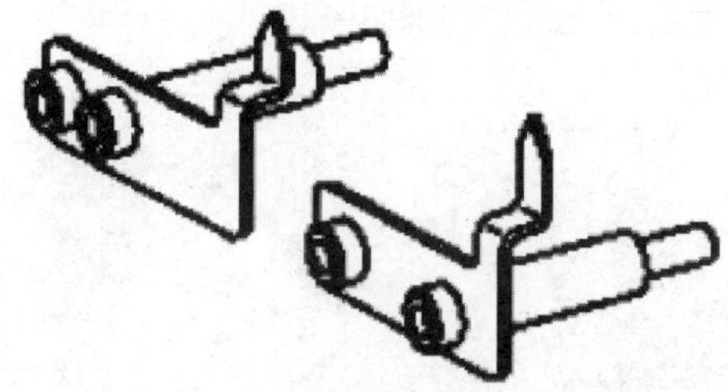

图 1–48

5. 冲子 177 589 00 15 00，如图 1–49。

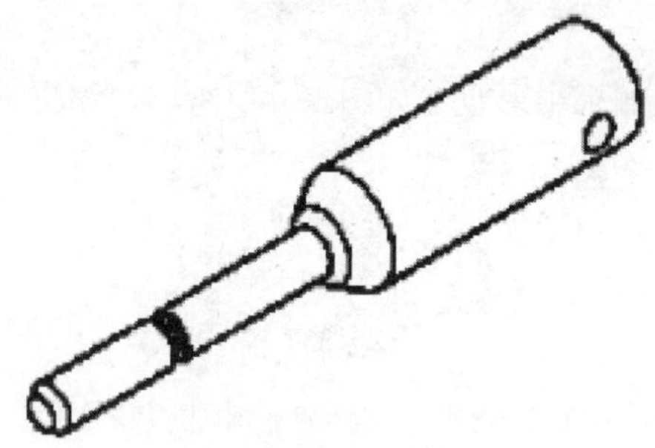

图 1–49

6. 套筒扳手头 001 589 65 09 00，如图 1–50。

图 1–50

7. 套筒 270 589 01 07 00，如图 1–51。

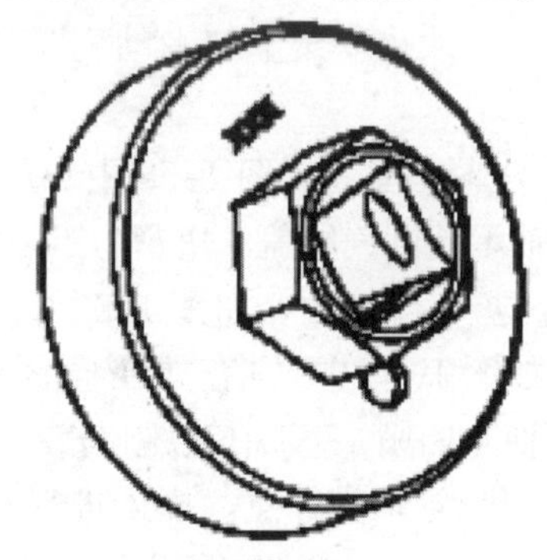

图 1–51

8. 套筒扳手头 177 589 00 09 00，如图 1–52。

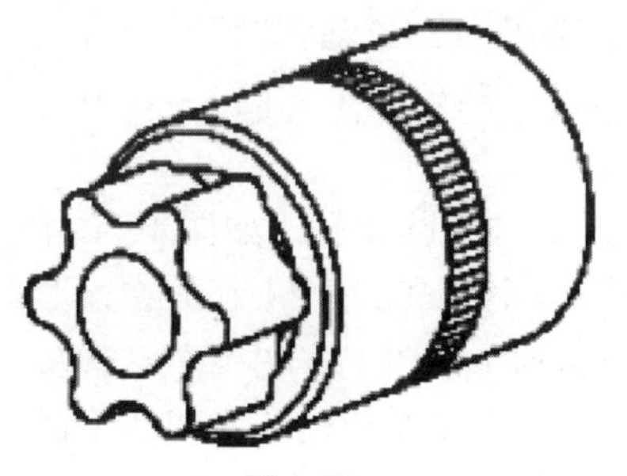

图 1–52

（二）拆卸和安装右侧气缸列凸轮轴

右侧气缸列凸轮轴如图 1-53。

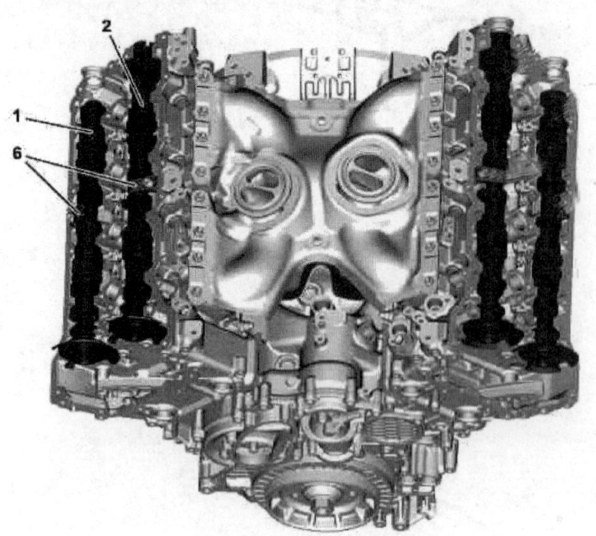

1- 进气凸轮轴　2- 排气凸轮轴　6- 压紧工具

图 1-53

1. 小心。

（1）被尖锐的汽车部件刮擦有导致受伤的风险。对带毛刺和锋利边角的车辆部件进行操作或在其附近作业时，一定要戴上防护手套，去除维修板件的毛刺。

（2）处理发动机油时有伤害皮肤和眼睛的风险。误服发动机油有中毒危险。穿戴防护手套、防护服和护目镜。切勿将发动机油注入饮料瓶中。

2. 拆卸 / 安装。

（1）拆下凸轮轴调节器和固定装置。安装：仅在完成泄漏测试之后，才可安装上部发动机罩和发动机舱底部饰板。

（2）拆下压紧工具（如图 1-53 中 6），螺钉 / 螺栓（连接凸轮轴轴承盖到气缸盖）扭紧力矩 20N · m。

（3）拆下进气凸轮轴（如图 1-53 中 1）。不要将进气凸轮轴（如图 1-53 中 1）存放在扇形盘上，否则会损坏进气凸轮轴（如图 1-53 中 1）。安装：用发动机油润滑补偿元件和凸轮轴支撑点。插入进气凸轮轴（如图 1-53 中 1）之后，进气凸轮轴（如图 1-53 中 1）的凸轮必须在 1 号气缸处向上倾斜一定角度，使进气凸轮轴（如图 1-53 中 1）和排气凸轮轴（如图 1-53 中 2）的凸轮分开，否则会损坏进气凸轮轴（如图 1-53 中 1）或排气凸轮轴（如图 1-53 中 2）。

（4）拆下排气凸轮轴（如图 1-53 中 2）。不要将排气凸轮轴（如图 1-53 中 2）存放在扇形盘上，否则会损坏排气凸轮轴（如图 1-53 中 2）。安装：用发动机油润滑补偿元件、真空泵驱动装置和凸轮轴支撑点。插入排气凸轮轴（如图 1-53 中 2）之后，排气凸轮轴（如图 1-53 中 2）的凸轮必须在 1 号气缸处向上倾斜一定角度，使进气凸轮轴（如图 1-53 中 1）和排气凸轮轴（如图 1-53 中 2）的凸轮分开，否则会损坏进气凸轮轴（如图 1-53 中 1）或排气凸轮轴（如图 1-53 中 2）。

（5）检查凸轮轴（如图 1-53 中 1、2）支撑点的直径是否磨损。凸轮轴轴颈的直径：进气门为 29.947~29.963mm，排气门为 25.947~25.963mm。凸轮轴配合轴承轴颈的直径为 31.947~31.963mm。如果磨损，更换进气凸轮轴（如图 1-53 中 1）或排气凸轮轴（如图 1-53 中 2）。

（6）按照拆卸的相反顺序进行安装。警告：发动机运转时，汽车可能会自行启动而造成事故。发动机启动或运转期间，在附近工作存在导致擦伤和烧伤的风险。固定好车辆，以防其自行移动。穿上密闭且紧身的工作服。切忌接触高温或旋转的部件。

（7）执行发动机试运行，检查发动机是否正常工作及其密封性。

（8）安装发动机舱底部饰板。

（9）安装上部发动机罩。

（三）拆卸和安装左侧气缸列凸轮轴

左侧气缸列凸轮轴如图 1-54。

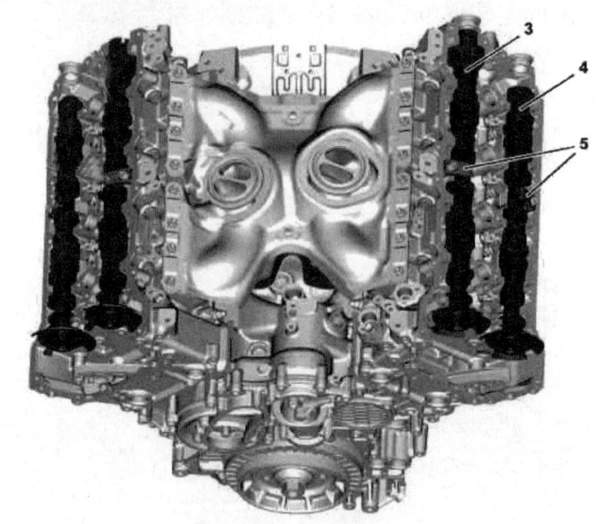

3- 排气凸轮轴　4- 进气凸轮轴　5- 压紧工具

图 1-54

1. 小心。

（1）被尖锐的汽车部件刮擦有导致受伤的风险。对带毛刺和锋利边角的车辆部件进行操作或在其附近作业时，一定要戴上防护手套，去除维修板件的毛刺。

（2）处理发动机油时有伤害皮肤和眼睛的风险。误服发动机油有中毒危险。穿戴防护手套、防护服和护目镜。切勿将发动机油注入饮料瓶中。

2. 拆卸 / 安装。

（1）拆下凸轮轴调节器和固定装置。安装：仅在完成泄漏测试之后，才可安装上部发动机罩和发动机舱底部饰板。

（2）拆下压紧工具（如图 1-54 中 5），螺钉 / 螺栓（连接凸轮轴轴承盖到气缸盖）扭紧力矩 20N・m。

（3）拆下进气凸轮轴（如图 1-54 中 4）。不要将进气凸轮轴（如图 1-54 中 4）安装到扇形盘上，否则，将会损坏进气凸轮轴（如图 1-54 中 4）。安装：用发动机油润滑补偿元件和凸轮轴支撑点。插入进气凸轮轴（如图 1-54 中 4）之后，进气凸轮轴（如图 1-54 中 4）的凸轮必须在 5 号气缸处向上倾斜一定角度，使进气凸轮轴（如图 1-54 中 4）和排气凸轮轴（如图 1-54 中 3）的凸轮对正，否则会损坏进气凸轮轴（如图 1-54 中 4）或排气凸轮轴（如图 1-54 中 3）。

（4）拆下排气凸轮轴（如图 1-54 中 3）。不要将排气凸轮轴（如图 1-54 中 3）安装到扇形盘上，否则，将会损坏排气凸轮轴（如图 1-54 中 3）。安装：用发动机油润滑补偿元件和凸轮轴支撑点。插入排气凸轮轴（如图 1-54 中 3）之后，排气凸轮轴（如图 1-54 中 3）的凸轮必须在 5 号气缸处向上倾斜一定角度，使进气凸轮轴（如图 1-54 中 4）和排气凸轮轴（如图 1-54 中 3）的凸轮对正，否则会损坏进气凸轮轴（如图 1-54 中 4）或排气凸轮轴（如图 1-54 中 3）。

（5）检查凸轮轴（如图 1-54 中 3、4）支撑点的直径是否磨损。凸轮轴轴颈的直径：进气门为 29.947~29.963mm，排气门为 25.947~25.963mm。凸轮轴配合轴承轴颈的直径为 31.947~31.963mm。如果磨损，更换进气凸轮轴（如图 1-54 中 4）或排气凸轮轴（如图 1-54 中 3）。

（6）按照拆卸的相反顺序进行安装。警告：发动机运转时，汽车可能会自行启动而造成事故。发动机启动或运转期间，在附近工作存在导致擦伤和烧伤的风险。固定好车辆，以防其自行移动。穿上密闭且紧身的工作服。切忌接触高温或旋转的部件。

（7）执行发动机试运行，检查发动机是否正常工作及其密封性。

（8）安装发动机舱底部饰板。

（9）安装上部发动机罩。

（四）检查凸轮轴的基本位置

图 1-55 为左侧气缸盖，1 号气缸点火上止点（TDC）后 53° 曲轴转角。

图 1-56 为右侧气缸盖，1 号气缸点火上止点（TDC）后 53° 曲轴转角。

图 1-57 为发动机正时标记点。

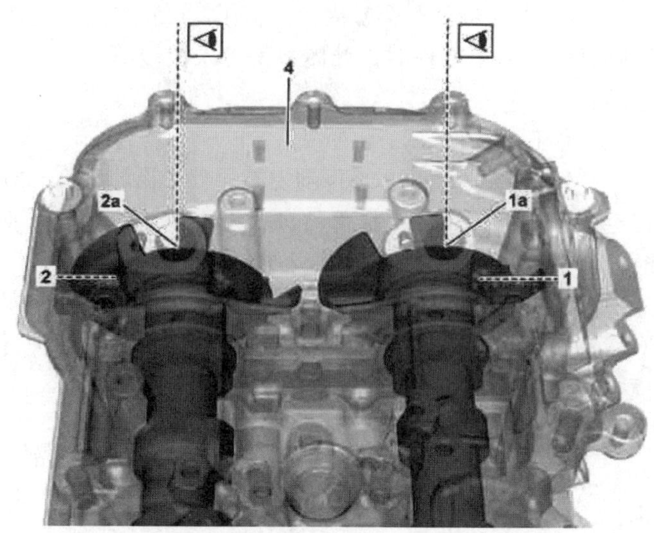

1- 扇形盘 1a- 边缘 2- 扇形盘 2a- 边缘 4- 气缸盖罩

图 1-55

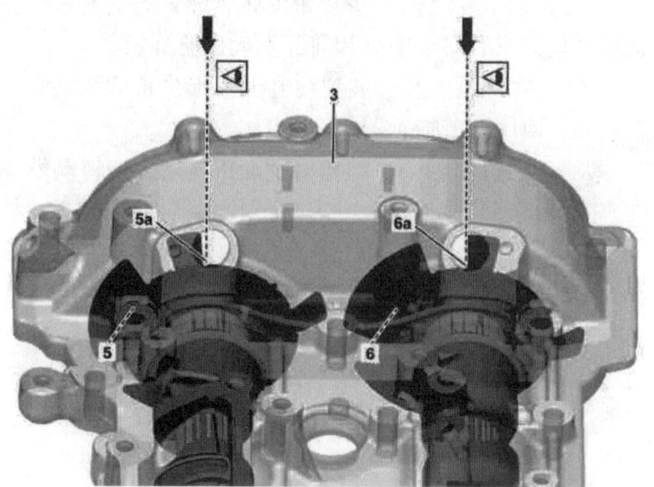

3- 气缸盖罩 5- 扇形盘 5a- 边缘 6- 扇形盘 6a- 边缘

图 1-56

9- 测量工具 18- 撑条

图 1-57

1. 警告受伤的风险。

（1）处理炽热或发光的物体时，可能导致皮肤或眼睛损伤。如有必要，穿戴防护手套、防护服和防护眼镜。

（2）搬运部件时会被夹住、挤压，严重时还会造成手脚骨折。搬运部件时，肢体不得进入机械部件的工作范围。

2. 小心。

（1）被尖锐的汽车部件刮擦有导致受伤的风险。对带毛刺和锋利边角的车辆部件进行操作或在其附近作业时，一定要戴上防护手套，去除维修板件的毛刺。

（2）处理发动机油时有伤害皮肤和眼睛的风险。误服发动机油有中毒危险。穿戴防护手套、防护服和护目镜。切勿将发动机油注入饮料瓶中。

3. 拆卸 / 安装。

（1）拆下凸轮轴位置传感器：右侧气缸列上的凸轮轴位置传感器、左侧气缸列上的凸轮轴位置传感器。安装：只有在泄漏测试完成后，才可安装上部发动机罩。

（2）拆下发电机 V 形皮带的张紧装置。安装：仅在泄漏测试完成后安装中央和前部发动机舱饰板。

（3）将测量工具安装到发电机 V 形皮带的张紧装置支架上。使用调节指示器 177 589 01 21 01。

（4）通过曲轴中央螺栓沿发动机转动方向转动发动机，直到测量工具（如图 1–57 中 9）的指针指向撑条（如图 1–57 中 18）。撑条（如图 1–57 中 18）对应 1 号气缸点火上止点（TDC）后 53° 曲轴转角。

4. 检验。

（1）检查凸轮轴的基本位置。扇形盘（如图 1–55 和图 1–56 中 1、2、5、6）部分扇形段的边缘（如图 1–55 和图 1–56 中 1a、2a、5a、6a）必须可见，大约位于凸轮轴位置传感器开口的中间。如果扇形盘（如图 1–55 和图 1–56 中 1、2、5、6）未置于中间，继续沿发动机转动方向转动发动机一整圈（360°），直到测量工具（如图 1–57 中 9）的指针指向撑条（如图 1–57 中 18）。如果扇形盘（如图 1–55 和图 1–56 中 1、2、5、6）仍未置于凸轮轴位置传感器开口的中间，设定凸轮轴的基本位置。

（2）按照拆卸的相反顺序进行安装。警告：发动机运转时，汽车可能会自行启动而造成事故。发动机启动或运转期间，在附近工作存在导致擦伤和烧伤的风险。固定好车辆，以防其自行移动。穿上密闭且紧身的工作服。切忌接触高温或旋转的部件。

（3）执行发动机试运行，检查发动机是否正常工作及其密封性。

（4）安装中央和前部发动机舱饰板。

（5）安装上部发动机罩。

（五）调节凸轮轴的基本位置

图 1–58 和图 1–59 为左侧气缸盖。

1. 警告受伤的风险。

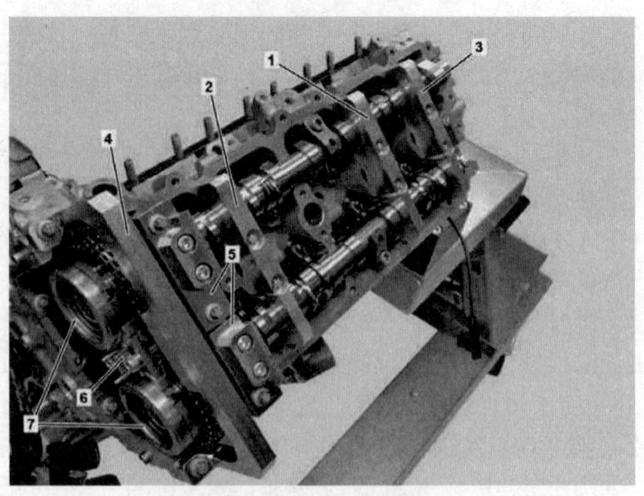

1– 支架 2– 支架 3– 支架 4– 支架 5– 校准器
6– 固定装置 7– 凸轮轴调节器

图 1–58

图 1–59

（1）处理炽热或发光的物体时，可能导致皮肤或眼睛损伤。如有必要，穿戴防护手套、防护服和防护眼镜。

（2）搬运部件时会被夹住、挤压，严重时还会造成手脚骨折。搬运部件时，肢体不得进入机械部件的工作范围。

2. 小心。

（1）被尖锐的汽车部件刮擦有导致受伤的风险。对带毛刺和锋利边角的车辆部件进行操作或在其附近作业时，一定要戴上防护手套，去除维修板件的毛刺。

（2）处理发动机油时有伤害皮肤和眼睛的风险。误服发动机油有中毒危险。穿戴防护手套、防护服和护目镜。切勿将发动机油注入饮料瓶中。

3. 拆卸。

（1）拆下气缸盖罩：左侧气缸盖罩和右侧气缸盖罩。

（2）安装支架（如图 1–58 中 1、2、3）。

（3）通过中央螺栓将发动机转动两圈，然后将发动机置于 1 号气缸的点火上止点后 40° 曲轴转角（KW）处，并用冲子进行标记。切勿沿发动机转动的相反方向转动发动机，否则会发生损坏。

（4）拆下左侧和右侧次级链条传动装置链条张紧器。拆下链条张紧器后不要转动发动机，否则会发生损坏。在不定位曲轴的情况下拆下左右两侧次级链条传动装置链条张紧器。

（5）在凸轮轴调节器（如图 1-58 中 7）之间插入固定装置（如图 1-58 中 6）并紧固。

（6）将凸轮轴调节器（如图 1-58 中 7）从凸轮轴上松开，然后用固定装置（如图 1-58 中 6）拆下。拆卸时，务必更换凸轮轴调节器（如图 1-58 中 7）及其控制阀，因为松开时会造成不可见的损坏。

（7）将凸轮轴转至基本位置。凸轮轴的位置（如图 1-59 中箭头所示）必须朝上。

（8）安装校准器（如图 1-58 中 5）。切勿用力安装校准器（如图 1-58 中 5），否则正时将关闭。不能用校准器（如图 1-58 中 5）将凸轮轴移入位，否则会损坏凸轮轴。

4. 安装。

（1）将凸轮轴调节器（如图 1-58 中 7）放到凸轮轴上，用手稍稍拧紧控制阀，然后松开 1/4 圈。

（2）安装支架（如图 1-58 中 4）。

（3）检查并确认次级链条传动装置的张紧轨落座在中央，如有必要，在中央进行定位。

（4）安装左侧和右侧的催化转换器。安装右侧次级链条传动装置链条张紧器和左侧次级链条传动装置链条张紧器。左侧和右侧次级链条传动装置链条张紧器必须在不定位曲轴的情况下安装。

（5）在凸轮轴调节器（如图 1-58 中 7）之间插入固定装置（如图 1-58 中 6）并紧固。

（6）紧固凸轮轴调节器（如图 1-58 中 7）的控制阀。

（7）拆下固定装置（如图 1-58 中 6）。

（8）拆下校准器（如图 1-58 中 5）。

（9）将冲子从皮带轮上拆下。

（10）通过中央螺栓将发动机转动两圈，然后将发动机的 1 号气缸置于 1 号气缸的点火上止点后 40° 曲轴转角（KW）处，并用冲子进行标记。切勿沿发动机转动的相反方向转动发动机，否则会发生损坏。

（11）安装校准器（如图 1-58 中 5）。切勿用力安装校准器（如图 1-58 中 5），否则正时将关闭。如果不施加压力无法安装校准器（如图 1-58 中 5），再次设定凸轮轴的基本位置。

（12）拆下校准器（如图 1-58 中 5）。

（13）拆下支架（如图 1-58 中 4）。

（14）拆下支架（如图 1-58 中 1、2、3）。

（15）将冲子从皮带轮上拆下。

（16）安装气缸盖罩：左侧气缸盖罩和右侧气缸盖罩。

七、车型

S600L（W222）（6.0L M277.980），2013—2017 年。

（一）专用工具

1. 保持架 137 589 01 40 00，如图 1-60。

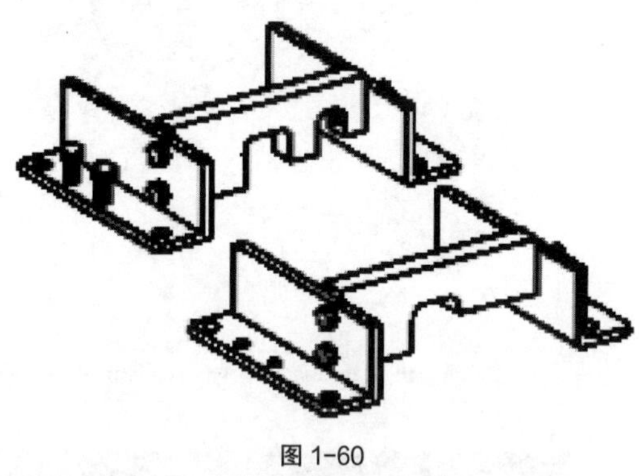

图 1-60

2. 双开口扳手 104 589 01 01 00，如图 1-61。

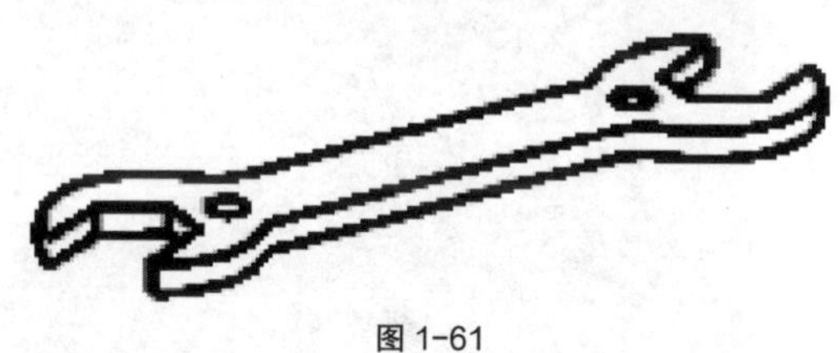

图 1-61

3. 固定装置 285 589 00 40 00，如图 1-62。

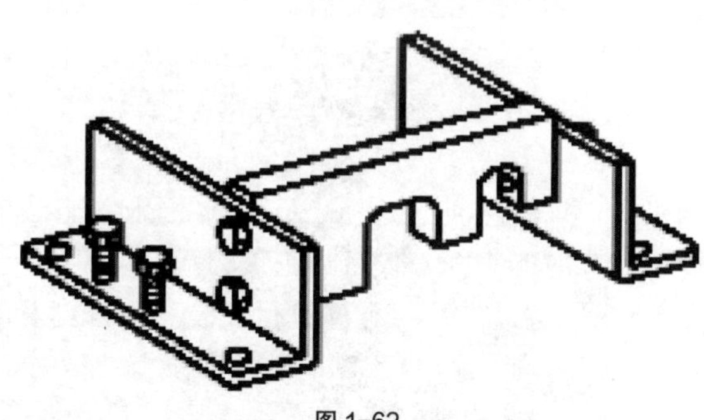

图 1-62

（二）拆卸 / 安装凸轮轴

1. 凸轮轴结构如图 1-63。

2. 正时部件位置图如图 1-64。

3. 拆卸。

（1）排放散热器中的冷却液。

（2）拆下气缸盖上的左前和右前护盖。

（3）将发动机转到 1 号气缸点火上止点（TDC）后 30° 曲轴转角（CKA）处。不得沿与发动机转动方向相反的方向转动发动机，否则正时链会跳齿，且发动机会损

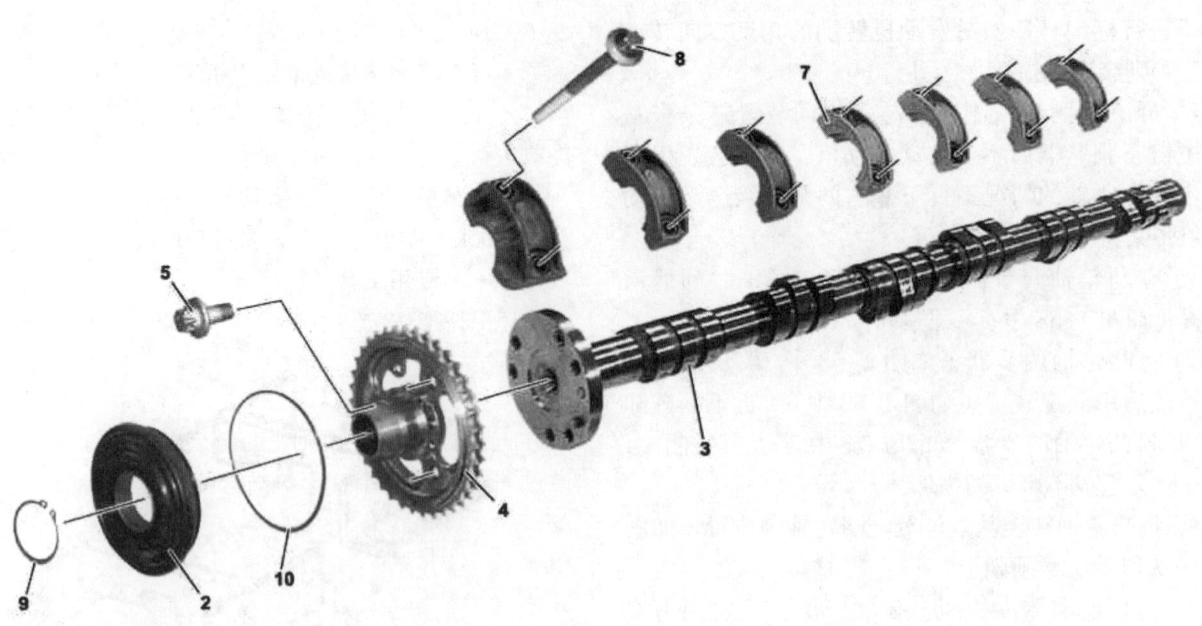

2- 离心机　3- 凸轮轴　4- 凸轮轴链轮　5- 螺钉 / 螺栓　7- 凸轮轴轴承盖　8- 螺钉 / 螺栓　9- 卡环　10-O 形环

图 1-63

1- 皮带轮 / 减震器　3- 凸轮轴　6- 固定装置　7- 凸轮轴轴承盖

图 1-64

坏。通过曲轴中央螺栓沿发动机运转方向转动发动机，直至皮带轮 / 减震器（如图 1-64 中 1）上的 30° 曲轴转角标记与正时箱盖罩上的标记（箭头所示）重合。

（4）拆下链条张紧器。

（5）拆下离心机（如图 1-63 中 2）。拆卸左侧凸轮轴链轮（如图 1-63 中 4）。

（6）松开螺钉 / 螺栓（如图 1-63 中 5）并拆下凸轮轴链轮（如图 1-63 中 4）。标记凸轮轴链轮（如图 1-63 中 4）和正时链彼此间的相对位置。固定正时链，以防止其滑落。转动凸轮轴（如图 1-63 中 3），使两个固定装置（如图 1-64 中 6）可以无张紧力地安装到气缸盖上。

（7）拆下螺钉 / 螺栓（如图 1-63 中 8）和凸轮轴轴承盖（如图 1-64 中 7），参见凸轮轴轴承盖拧松和拧紧规范。

（8）拆下凸轮轴（如图 1-64 中 3）。

4. 安装。

（1）插入凸轮轴（如图 1-64 中 3）。安装：润滑凸轮和支撑点。

（2）安装凸轮轴轴承盖（如图 1-63 中 7）并拧紧螺钉 / 螺栓（如图 1-63 中 8），参见凸轮轴轴承盖拧松和拧紧规范。

（3）调节凸轮轴（如图 1-64 中 3）的基本位置。

（4）安装凸轮轴链轮（如图 1-63 中 4）并拧紧螺钉 / 螺栓（如图 1-63 中 5）。

（5）拆下固定装置（如图 1-64 中 6）。

（6）安装离心机（如图 1-63 中 2）。安装左侧凸轮轴链轮（如图 1-64 中 4）。

（7）安装链条张紧器。

（8）检查凸轮轴（如图 1-64 中 3）的基本位置。

（9）拆下气缸盖上的左前和右前护盖。

（10）注入冷却液。

（11）检查冷却系统的密封性。

（12）注意危险！发动机运转时，汽车可能会自行启动而造成事故。发动机启动或运转期间，在附近工作存在导致擦伤和烧伤的风险。执行发动机试运行，然后检查发动机的密封性。固定好车辆，以防其自行移动。穿上封闭且贴身的工作服。切勿接触高温或旋转的部件。

（三）检查凸轮轴的基本位置

1. 正时系统部件结构图如图 1-65。

2. 拆卸 / 安装。

拆下气缸盖罩。

3. 检验。

（1）将发动机转到 1 号气缸点火上止点（TDC）后 30° 曲轴转角（CKA）处。不得沿与发动机转动方向相反的方向转动发动机，否则正时链会跳齿且发动机会损坏。通过曲轴中央螺栓沿发动机运转方向转动发动机，直至皮带轮 / 减震器（如图 1-65 中 1）上的 30° 曲轴转角标记与正时箱盖罩上的标记（箭头所示）重合。

（2）检查凸轮轴（如图 1-65 中 3）的基本位置。仅当两个固定装置（如图 1-65 中 6）可以无张紧力地安装到左侧和右侧气缸盖上时，凸轮轴（如图 1-65 中 3）的基本位置才正确。如果凸轮轴（如图 1-65 中 3）的基本位置不正确，调整凸轮轴（如图 1-65 中 3）的基本位置。

（3）按照拆卸的相反顺序进行安装。

（四）调节凸轮轴的基本位置

1. 正时系统部件图如图 1-66。

2. 凸轮轴链轮如图 1-67。

3. 拆卸。

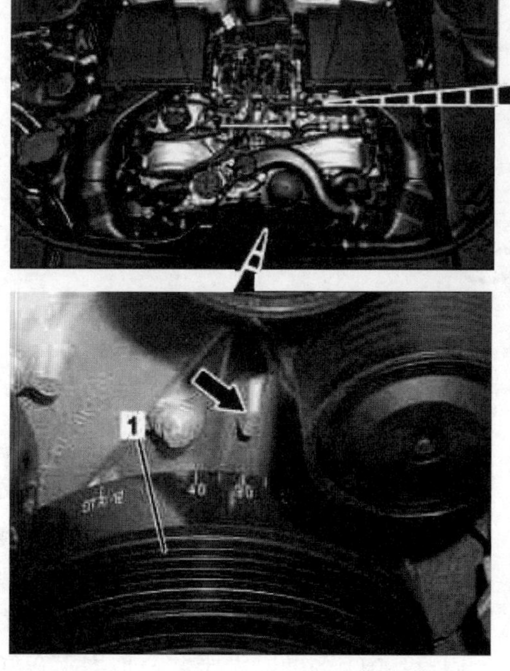

1- 皮带轮 / 减震器　3- 凸轮轴　6- 固定装置

图 1-65

1- 皮带轮 / 减震器　3- 凸轮轴　6- 固定装置　7- 凸轮轴轴承盖

图 1-66

2- 卡环　4- 离心机　5- 凸轮轴链轮　8- 凸轮轴链轮　9-O 形环　10- 螺钉 / 螺栓

图 1-67

（1）拆下气缸盖上的左前和右前护盖。

（2）将卡环（如图 1-67 中 2）从左侧凸轮轴链轮（如图 1-67 中 8）上拆下，然后拆下离心机（如图 1-67 中 4）。安装：更换 O 形环（如图 1-67 中 9）。

（3）将发动机转到 1 号气缸点火上止点（TDC）后 30° 曲轴转角（CKA）处。不得沿与发动机转动方向相反的方向转动发动机，否则正时链会跳齿且发动机会损坏。通过曲轴中央螺栓沿发动机运转方向转动发动机，直至皮带轮 / 减震器（如图 1-66 中 1）上的 30° 曲轴转角标记与正时箱盖罩上的标记（图 1-66 中箭头）重合。

（4）将凸轮轴（如图 1-66 中 3）转至基本位置并安装固定装置（如图 1-66 中 6），仅在固定装置（如图 1-66 中 6）可以无张紧力地固定在气缸盖上时，凸轮轴（如图 1-66 中 3）才处于正确的基本位置。在处于

1 号气缸点火上止点（TDC）后 30° 曲轴转角的位置时，可以在气门不接触到活塞的情况下转动凸轮轴（如图 1-66 中 3）。

（5）松开螺钉 / 螺栓（如图 1-67 中 10）。

（6）拆下固定装置（如图 1-66 中 6）。

（7）拆下链条张紧器。

（8）拆下凸轮轴链轮（如图 1-67 中 5、8）。固定正时链，以防止其滑落。

4. 安装

（1）将凸轮轴（如图 1-66 中 3）转至基本位置并安装固定装置（如图 1-66 中 6）。仅在两个固定装置（如图 1-67 中 6）可以无张紧力地固定在气缸盖上时，凸轮轴（如图 1-66 中 3）才处于正确的基本位置。在处于 1 号气缸点火上止点（TDC）后 30° 曲轴转角的位置时，可以在气门不接触到活塞的情况下转动凸轮轴（如图 1-66 中 3）。

（2）安装凸轮轴链轮（如图 1-67 中 5、8）并拧入螺钉 / 螺栓（如图 1-67 中 10）。

（3）拆下固定装置（如图 1-66 中 6）。

（4）安装链条张紧器。

（5）检查凸轮轴（如图 1-66 中 3）的基本位置。

（6）安装气缸盖上的左前和右前护盖。

八、车型

S65 AMG（W222）（6.0L M279），2013—2015 年。

（一）专用工具

1. 保持架 137 589 01 40 00，如图 1-68。

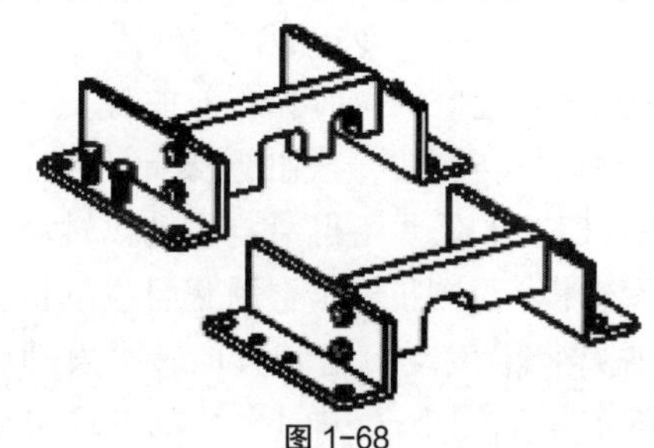

图 1-68

2. 双开口扳手 104 589 01 01 00，如图 1-69。

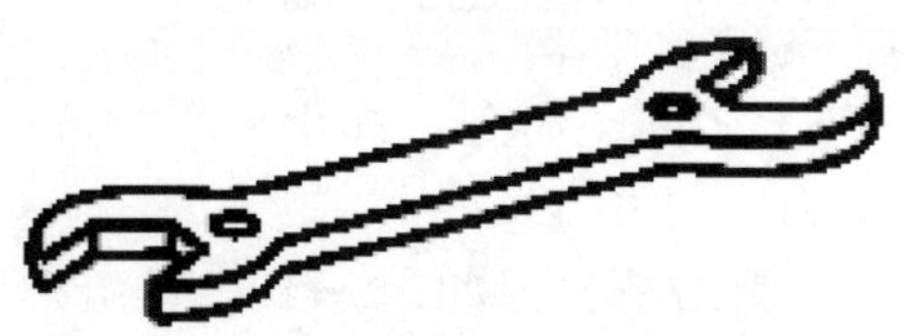

图 1-69

3. 固定装置 285 589 00 40 00，如图 1-70。

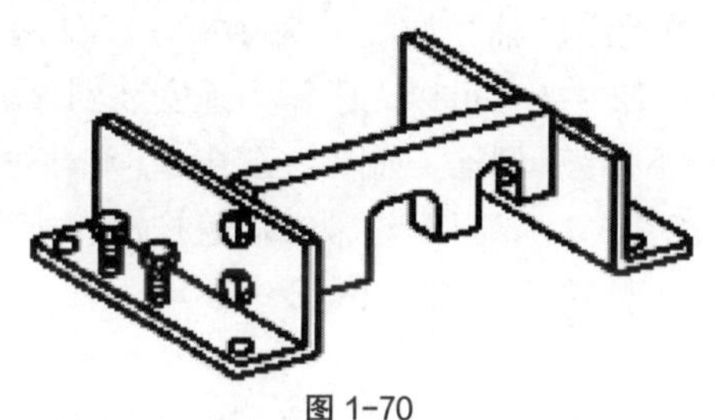

图 1-70

（二）拆卸 / 安装凸轮轴

1. 凸轮轴结构如图 1-71。

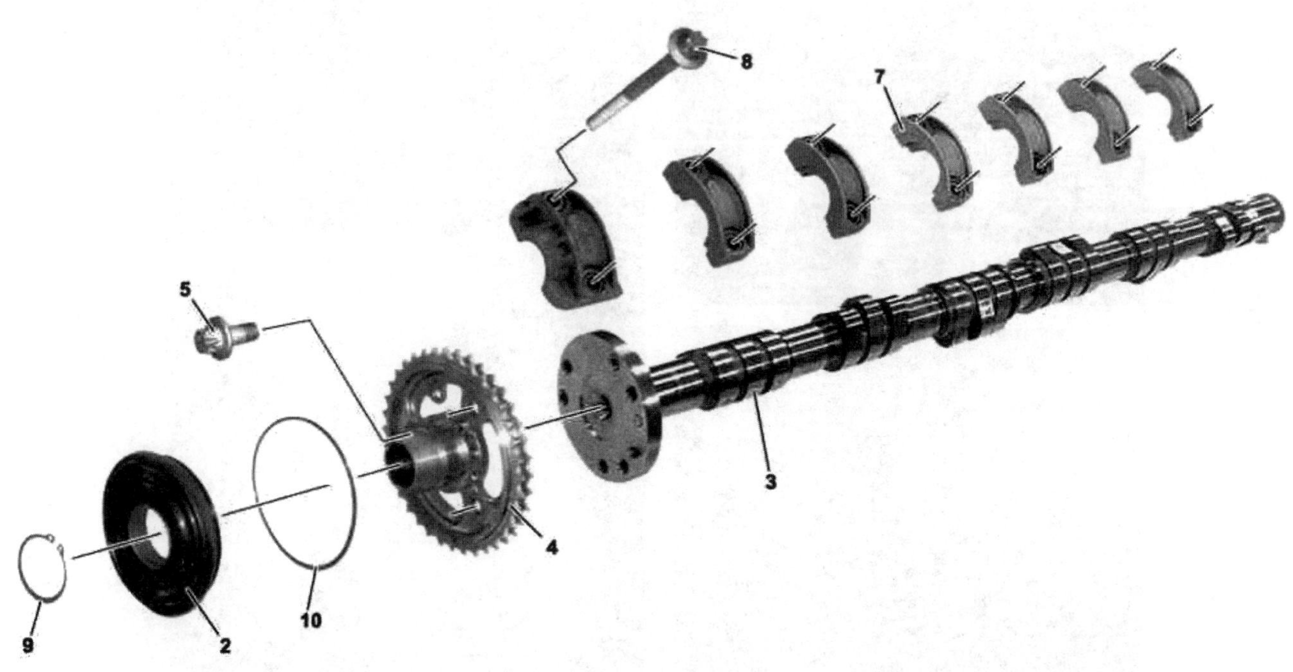

2- 离心机　3- 凸轮轴　4- 凸轮轴链轮　5- 螺钉 / 螺栓　7- 凸轮轴轴承盖　8- 螺钉 / 螺栓　9- 卡环　10-O 形环

图 1-71

2. 正时部件位置图如图 1-72。

3. 拆卸。

（1）排放散热器中的冷却液。

（2）拆下气缸盖上的左前和右前护盖。

（3）将发动机转到 1 号气缸点火上止点（TDC）后 30° 曲轴转角（CKA）处。不得沿与发动机转动方向相反的方向转动发动机，否则正时链会跳齿且发动机会损坏。通过曲轴中央螺栓沿发动机运转方向转动发动机，直至皮带轮 / 减震器（如图 1-72 中 1）上的 30° 曲轴转角标记与正时箱盖罩上的标记（箭头所示）重合。

（4）拆下链条张紧器。

（5）拆下离心机（如图 1-71 中 2）。拆卸左侧凸轮轴链轮（如图 1-71 中 4）。

（6）松开螺钉 / 螺栓（如图 1-71 中 5）并拆下凸轮轴链轮（如图 1-71 中 4）。标记凸轮轴链轮（如图 1-71 中 4）和正时链彼此间的相对位置。固定正时链，以防止其滑落。转动凸轮轴（如图 1-71 中 3），使两个固定装置（如图 1-72 中 6）可以无张紧力地安装到气缸盖上。

（7）拆下螺钉 / 螺栓（如图 1-71 中 8）和凸轮轴轴承盖（如图 1-72 中 7），参见凸轮轴轴承盖拧松和拧紧规范。

（8）拆下凸轮轴（如图 1-72 中 3）。

4. 安装。

（1）插入凸轮轴（如图 1-72 中 3）。安装：润滑凸轮和支撑点。

（2）安装凸轮轴轴承盖（如图 1-71 中 7）并拧紧螺钉 / 螺栓（如图 1-71 中 8），参见凸轮轴轴承盖拧松和拧紧规范。

（3）调节凸轮轴（如图 1-72 中 3）的基本位置。

（4）安装凸轮轴链轮（如图 1-71 中 4）并拧紧螺钉 / 螺栓（如图 1-71 中 5）。

（5）拆下固定装置（如图 1-72 中 6）。

（6）安装离心机（如图 1-71 中 2）。安装左侧凸轮轴链轮（如图 1-72 中 4）。

（7）安装链条张紧器。

（8）检查凸轮轴（如图 1-72 中 3）的基本位置。

（9）拆下气缸盖上的左前和右前护盖。

（10）注入冷却液。

（11）检查冷却系统的密封性。

（12）注意危险！发动机运转时，汽车可能会自行启动而造成事故。发动机启动或运转期间，在附近工作存在导致擦伤和烧伤的风险。执行发动机试运行，然后检查发动机的密封性。固定好车辆，以防其自行移动。穿上封闭且贴身的工作服。切勿接触高温或旋转的部件。

（三）检查凸轮轴的基本位置

1. 拆卸 / 安装。

拆下气缸盖罩。

2. 检验。

（1）将发动机转到 1 号气缸点火上止点（TDC）后

1- 皮带轮 / 减震器　3- 凸轮轴　6- 固定装置　7- 凸轮轴轴承盖

图 1-72

30° 曲轴转角（CKA）处。不得沿与发动机转动方向相反的方向转动发动机，否则正时链会跳齿且发动机会损坏。通过曲轴中央螺栓沿发动机运转方向转动发动机，直至皮带轮 / 减震器（如图 1-72 中 1）上的 30° 曲轴转角标记与正时箱盖罩上的标记（箭头所示）重合。

（2）检查凸轮轴（如图 1-72 中 3）的基本位置。仅当两个固定装置（如图 1-72 中 6）可以无张紧力地安装到左侧和右侧气缸盖上时，凸轮轴（如图 1-72 中 3）的基本位置才正确。如果凸轮轴（如图 1-72 中 3）的基本位置不正确，调整凸轮轴（如图 1-72 中 3）的基本位置。

（3）按照拆卸的相反顺序进行安装。

（四）调节凸轮轴的基本位置

1. 凸轮轴链轮如图 1-73。

2. 拆卸。

（1）拆下气缸盖上的左前和右前护盖。

（2）将卡环（如图 1-73 中 2）从左侧凸轮轴链轮（如图 1-73 中 8）上拆下，然后拆下离心机（如图 1-73 中 4）。安装：更换 O 形环（如图 1-73 中 9）。

（3）将发动机转到 1 号气缸点火上止点（TDC）后 30° 曲轴转角（CKA）处。不得沿与发动机转动方向相反的方向转动发动机，否则正时链会跳齿且发动机会损坏。通过曲轴中央螺栓沿发动机运转方向转动发动机，直至皮带轮 / 减震器（如图 1-72 中 1）上的 30° 曲轴转角标记与正时箱盖罩上的标记（箭头所示）重合。

（4）将凸轮轴（如图 1-72 中 3）转至基本位置并安装固定装置（如图 1-72 中 6），仅在两个固定装置（如图 1-72 中 6）可以无张紧力地固定在气缸盖上时，凸轮轴（如图 1-72 中 3）才处于正确的基本位置。在处于 1 号气缸点火上止点（TDC）后 30° 曲轴转角的位置时，可以在气门不接触到活塞的情况下转动凸轮轴（如图 1-72 中 3）。

（5）松开螺钉 / 螺栓（如图 1-73 中 10）。

（6）拆下固定装置（如图 1-72 中 6）。

（7）拆下链条张紧器。

（8）拆下凸轮轴链轮（如图 1-73 中 5、8）。固定正时链，以防止其滑落。

3. 安装。

（1）将凸轮轴（如图 1-72 中 3）转至基本位置并安装固定装置（如图 1-72 中 6）。仅在两个固定装置（如图 1-72 中 6）可以无张紧力地固定在气缸盖上时，凸轮轴（如图 1-72 中 3）才处于正确的基本位置。在处于 1 号气缸点火上止点（TDC）后 30° 曲轴转角的位置时，可以在气门不接触到活塞的情况下转动凸轮轴（如图 1-72 中 3）。

（2）安装凸轮轴链轮（如图 1-73 中 5、8）并拧入螺钉 / 螺栓（如图 1-73 中 10）。

（3）拆下固定装置（如图 1-72 中 6）。

（4）安装链条张紧器。

（5）检查凸轮轴（如图 1-72 中 3）的基本位置。

（6）安装气缸盖上的左前和右前护盖。

2- 卡环　4- 离心机　5- 凸轮轴链轮　8- 凸轮轴链轮　9-O 形环　10- 螺钉 / 螺栓

图 1-73

九、车型

S500L（W222）（3.0L M256.930），2018—2019 年。

（一）专用工具

1. 定位工具 256 589 00 23 00，如图 1–74。

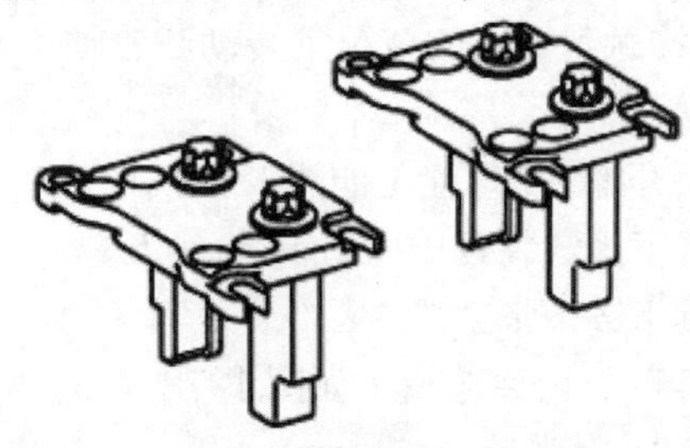

图 1–74

2. 发动机支座扳手套件 001 589 01 16 00，如图 1–75。

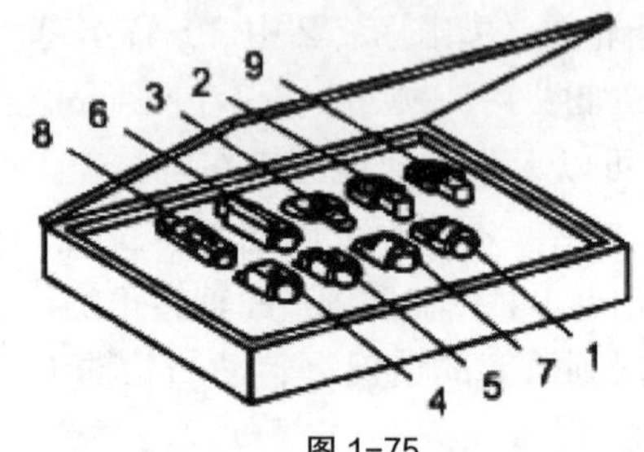

图 1–75

3. 套筒扳手 285 589 01 03 00，如图 1–76。

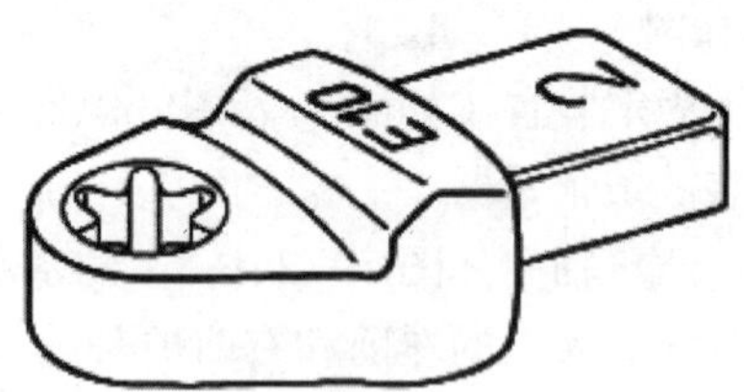

图 1–76

（二）检查凸轮轴的基本位置

256.9 发动机（W222 车型），如图 1–77。

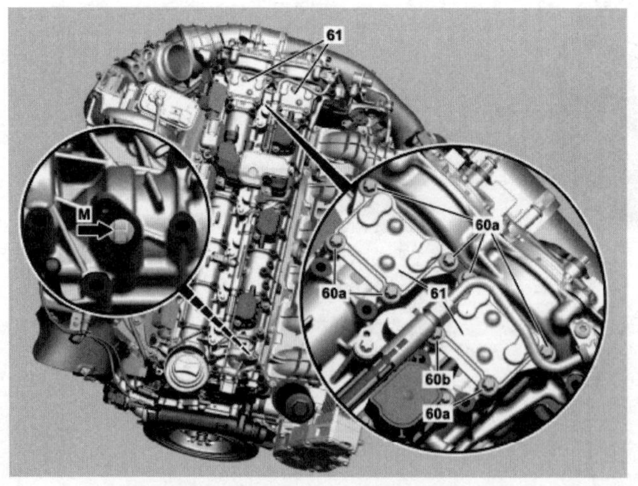

60a- 螺栓　60b- 螺栓　61- 保养盖　M- 标记

图 1–77

1. 小心。

处理发动机油时有伤害皮肤和眼睛的风险。误服发动机油有中毒危险。穿戴防护手套、防护服和护目镜。切勿将发动机油注入饮料瓶中。

2. 拆卸 / 安装。

（1）拆下排气凸轮轴的霍耳传感器。

（2）拆下进气凸轮轴的霍耳传感器。

（3）沿发动机转动方向将发动机转动至 1 号气缸点火上止点（TDC）处。如果标记（如图 1–77 中 M）不可见，则 1 号气缸的活塞未置于点火上止点（TDC）处。

（4）拆下空气滤清器下游的发动机进气道。

（5）拆下前部隔噪装置。

（6）将全负荷排气管路从油分离器上拆下。

（7）拆下后部隔噪装置。

（8）拆下螺栓（如图 1–77 中 60a）。松开和拧紧螺栓（如图 1–77 中 60a）时，不要损坏燃油高压管路，否则会出现泄漏。螺栓（连接维修盖到凸轮外壳）扭紧力矩为 8N · m。

（9）松开螺栓（如图 1–77 中 60b）。松开和拧紧螺栓（如图 1–77 中 60b）时，不要损坏燃油高压管路，否则会出现泄漏。螺栓（连接维修盖到凸轮轴外壳）扭紧力矩为 8N · m。

（10）拆下保养盖（如图 1–77 中 61）。安装：检查密封件是否正确落座，否则会损坏密封件。安装：更换密封件。

（11）将定位工具安装到检修孔中，以检查凸轮轴的基本位置。定位工具必须以拆解的方式插入检修孔中。如果无法插入定位工具，重新设定凸轮轴的基本位置。

（12）按照拆卸的相反顺序进行安装。

十、车型

北京奔驰 C260/C260L（W205）（1.5L M264.915），2018 年 9 月—2019 年。

北京奔驰 C300（W205）（2.0L M264.920），2018 年 9 月—2019 年。

奔　驰 E350 COUPE（W238）（2.0L M264.920），2017—2019 年。

CLS300（C257）（2.0L M264.920），2018—2019 年。

CLS350（C257）（2.0L M264.920），2018—2019 年。

检查凸轮轴的基本位置。

M264 发动机（238 车型），如图 1–78。

拆卸 / 安装：

（1）拆下凸轮轴上的霍耳传感器：排气凸轮轴霍耳传感器和进气凸轮轴霍耳传感器。

（2）拆下右侧增压空气管。

（3）拆下增压空气冷却器，并在保持管路连接的情况下将其放在前方。

（4）沿发动机转动方向，通过曲轴中央螺栓转动发

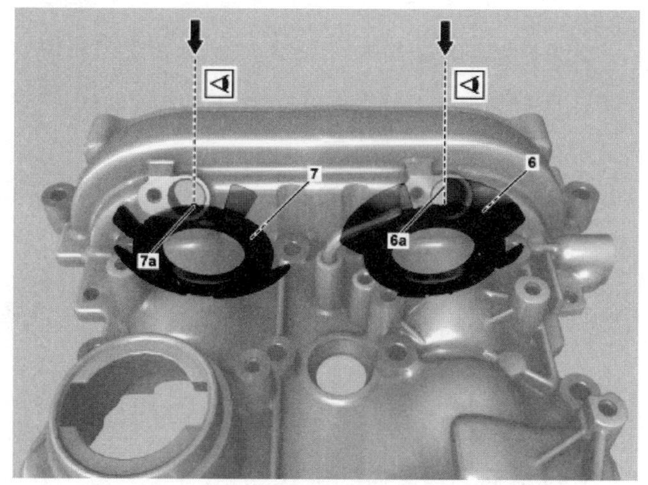

6- 脉冲轮　6a- 边缘　7- 脉冲轮　7a- 轴承狭槽
图 1-78

动机，直至到达 1 号气缸点火上止点（TDC）位置。皮带轮上的上止点标记必须与正时齿轮室盖罩上的定位缘对齐。

（5）检查凸轮轴的基本位置。检查排气凸轮轴位置时，脉冲轮（如图 1-78 中 6）的边缘（如图 1-78 中 6a）必须在霍耳传感器开口的中心处可见。检查进气凸轮轴位置时，脉冲轮（如图 1-78 中 7）的轴承狭槽（如图 1-78 中 7a）必须在霍耳传感器开口的中心处。如果基本位置不正确，设定凸轮轴的基本位置。

（6）按照拆卸的相反顺序进行安装。

十一、车型

北京奔驰 A200L（W177）（1.4L M282.914），2018 年 8 月—2019 年。

（一）专用工具

定位工具 282 589 00 23 00，如图 1-79。

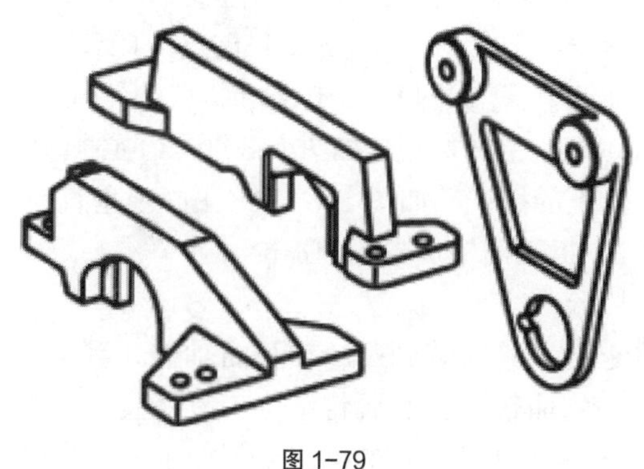
图 1-79

（二）检查凸轮轴的基本位置

M282 发动机（W177 车型），如图 1-80。

1. 小心。

（1）被尖锐的汽车部件刮擦有导致受伤的风险。对带毛刺和锋利边角的车辆部件进行操作或在其附近作业时，一定要戴上防护手套，去除维修板件的毛刺。

（2）处理发动机油时有伤害皮肤和眼睛的风险。误服发动机油有中毒危险。穿戴防护手套、防护服和护目镜。切勿将发动机油注入饮料瓶中。

2. 拆卸。

（1）拆下火花塞。

（2）拆下气缸盖罩进气口。

（3）拆下气缸盖罩出气口。

（4）将固定锁从启动机齿圈上拆下。

3- 标记　4- 标记　6- 进气凸轮轴调节器　8- 排气凸轮轴调节器
图 1-80

（5）拧入曲轴皮带轮的螺栓，直到发动机沿发动机转动方向转动。

（6）沿发动机转动方向，通过曲轴中央螺栓转动发动机，直至到达1号气缸点火上止点（TDC）位置。进气凸轮轴调节器（如图1-80中6）和排气凸轮轴调节器（如图1-80中8）上的标记（如图1-80中3）必须垂直向上。曲轴齿轮上的标记（如图1-80中4）必须垂直向下。

（7）拆下曲轴皮带轮的螺栓。

3. 检验。

将定位工具安装到凸轮轴和曲轴上。首先，将定位工具安装到曲轴上，然后将定位工具安装到凸轮轴上。如果能拆下定位工具并继续安装。如果无法安装定位工具，查找确定原因。

4. 安装。

（1）安装气缸盖罩出气口，先不要安装正时箱盖罩。

（2）安装气缸盖罩进气口。

（3）安装火花塞。

（4）检查发动机油油位，如有必要，则进行校正。警告：发动机运转时，汽车可能会自行启动而造成事故。发动机启动或运转期间，在附近工作存在导致擦伤和烧伤的风险。在操作排气系统和相关部件时有烧伤、窒息和中毒危险。吸入废气的气态和固态部分有造成窒息和中毒危险。皮肤接触废气的固态部分有造成中毒危险。

（5）执行发动机试运行，同时检查发动机是否正常工作及密封性。固定好车辆，以防其自行移动。穿上密闭且紧身的工作服，切忌接触高温或旋转的部件。警告：穿戴防护服和防护眼镜，使用排风装置。将人员撤离危险区域。

十二、车型

北京奔驰 A250L（W177）（2.0L M260.920），2018年8月—2019年。

（一）专用工具

（1）固定装置 270 589 01 61 00，如图1-81。

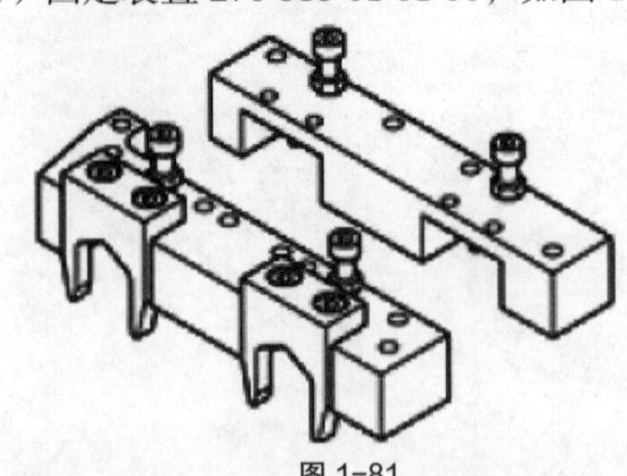

图 1-81

（2）套筒 271 589 00 10 00，如图1-82。

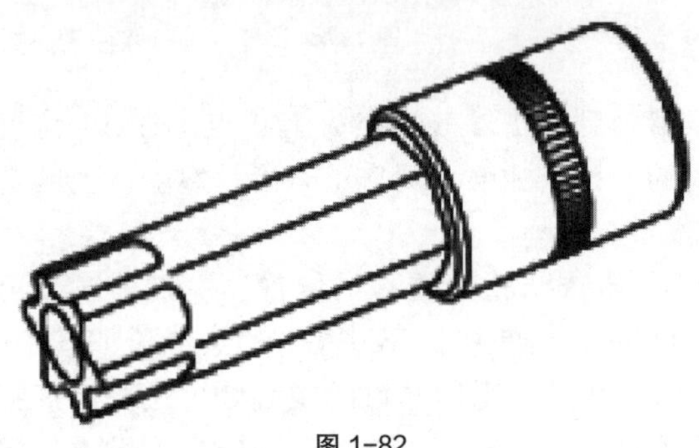

图 1-82

（二）拆卸 / 安装凸轮轴

M260 发动机（177 车型），如图1-83~图1-85。

1. 小心。

（1）被尖锐的汽车部件刮擦有导致受伤的风险。对带毛刺和锋利边角的车辆部件进行操作或在其附近作业时，一定要戴上防护手套，去除维修板件的毛刺。

（2）处理发动机油时有伤害皮肤和眼睛的风险。误服发动机油有中毒危险。穿戴防护手套、防护服和护目镜。切勿将发动机油注入饮料瓶中。

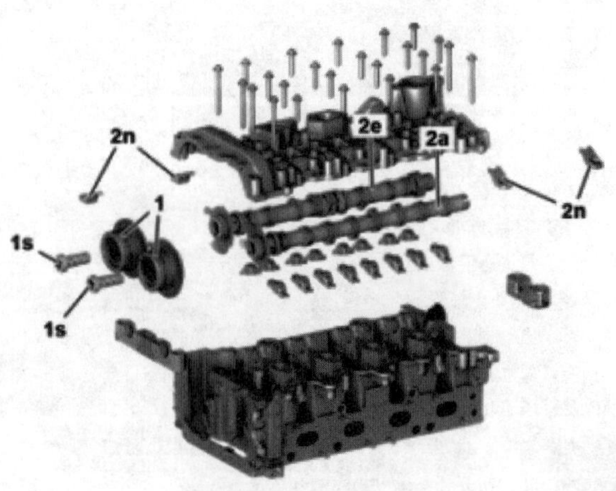

01- 压紧工具　02a- 固定装置　02e- 固定装置　1- 凸轮轴调节器　1s- 控制阀　2a- 排气凸轮轴　2e- 进气凸轮轴　2n- 压紧工具

图 1-83

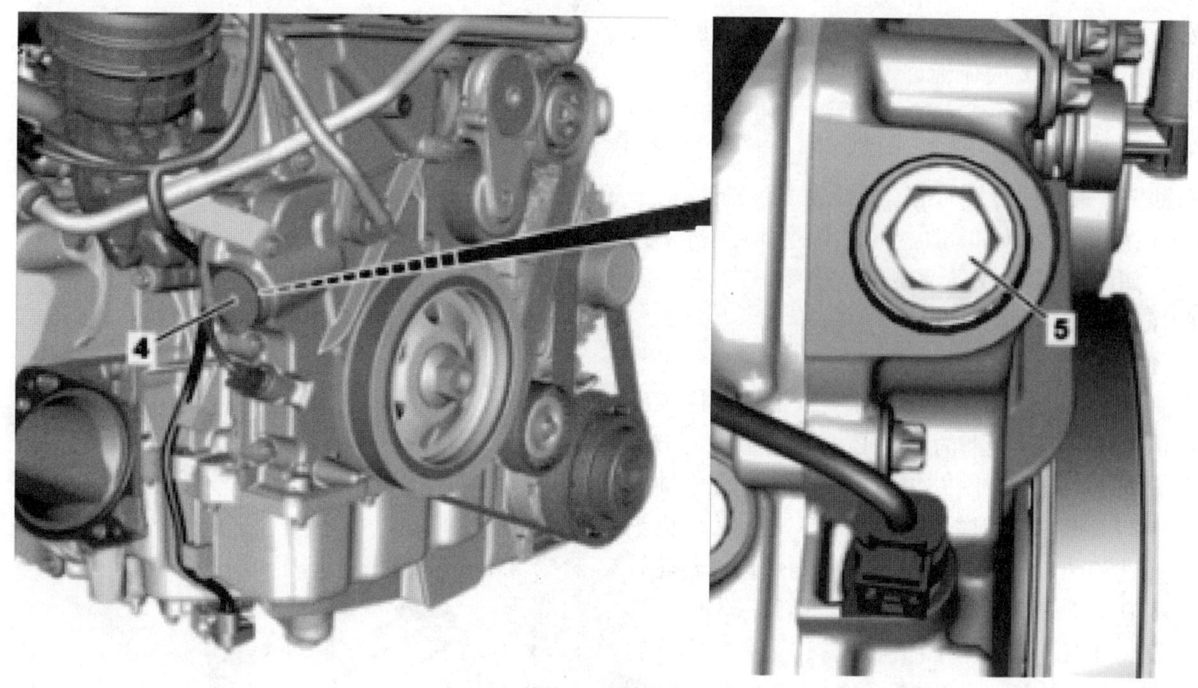

4- 护盖 5- 链条张紧器

图 1-84

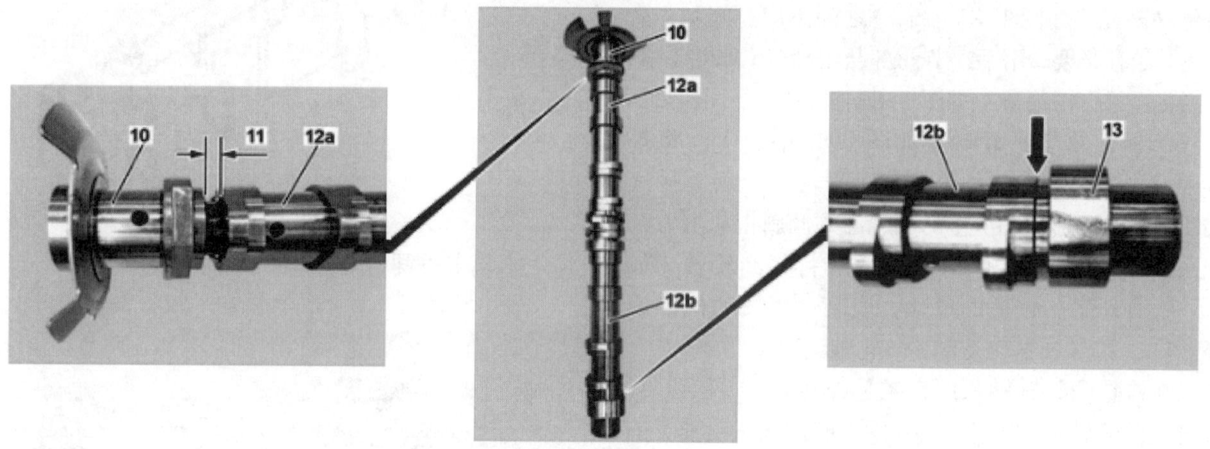

10- 托架轴 11- 间隙 12a- 前部凸轮部分 12b- 后部凸轮部分 13- 高压泵传动凸轮

图 1-85

2. 拆卸 / 安装。

（1）拆下气缸盖罩。

（2）用固定装置（如图 1-83 中 02a、02e）安装排气凸轮轴（如图 1-83 中 2a）和进气凸轮轴（如图 1-84 中 2e）的压紧工具（如图 1-83 中 01）。对于装配凸轮轴调节器（如图 1-83 中 1）的车辆，使用直径为 29mm 的嵌件。对于未装配凸轮轴调节器（如图 1-83 中 1）的车辆，使用直径为 26mm 的嵌件。确保在固定装置（如图 1-83 中 02a、02e）上使用正确的轴承座。

（3）使用合适的工具撬下护盖（如图 1-84 中 4）并拆下链条张紧器（如图 1-84 中 5）。螺钉 / 螺栓（连接链条张紧器到支架）扭紧力矩为 40N·m。

（4）松开各凸轮轴调节器（如图 1-83 中 1）的控制阀（如图 1-83 中 1s）。润滑控制阀（如图 1-83 中 1s）的螺纹和螺栓头接触面。按照规定扭矩持续均匀地紧固控制阀（如图 1-83 中 1s）。中心阀与连接脉冲轮 / 凸轮轴调节器到凸轮轴扭矩，扭紧力矩：第 1 级 18N·m，第 2 级 45°。

（5）拆下各凸轮轴调节器（如图 1-83 中 1）的控制阀（如图 1-83 中 1s）。

（6）将凸轮轴调节器（如图 1-83 中 1）从排气凸轮轴（如图 1-83 中 2a）和进气凸轮轴（如图 1-83 中 2e）上拆下。安装或拆下凸轮轴调节器（如图 1-83 中 1）时，相应放上或拆下正时链。

（7）拆下排气凸轮轴（如图 1-83 中 2a）和进气凸轮轴（如图 1-83 中 2e）的压紧工具（如图 1-83 中

2n）。安装：压紧工具（如图 1-83 中 2n）必须重新安装到相同的位置（必要时做标记），否则会损坏排气凸轮轴（如图 1-83 中 2a）和进气凸轮轴（如图 1-83 中 2e）或气缸盖。

凸轮轴压紧工具的螺栓的扭紧力矩为 28N・m。

（8）用固定装置（如图 1-83 中 02a、02e）拆下排气凸轮轴（如图 1-83 中 2a）和进气凸轮轴（如图 1-83 中 2e）的压紧工具（如图 1-83 中 01）。

（9）拆下进气凸轮轴（如图 1-83 中 2e）。将进气凸轮轴（如图 1-83 中 2e）插到 1 号气缸上后，进气凸轮轴（如图 1-83 中 2e）上的凸轮必须倾斜指向上方，否则进气凸轮轴（如图 1-83 中 2e）和排气凸轮轴如图 1-83 中 2a）存在破损的风险。安装：用发动机油润滑补偿元件和凸轮轴支撑点。安装：确保进气凸轮轴（如图 1-83 中 2e）安装在全行程位置（如图 1-83 所示）。全行程位置位于托架轴（如图 1-85 中 10）和前部凸轮部分（如图 1-85 中 12a）之间 6.5mm 宽的间隙（如图 1-85 中 11）处。后部凸轮部分（如图 1-85 中 12b）和高压泵传动凸轮（如图 1-85 中 13）之间不应有间隙（箭头所示）。如有必要，用手调节前部凸轮部分（如图 1-85 中 12a）或后部凸轮部分（如图 1-85 中 12b）。

（10）拆下排气凸轮轴（如图 1-83 中 2a）。将排气凸轮轴（如图 1-83 中 2a）插到 1 号气缸上后，排气凸轮轴（如图 1-83 中 2a）上的凸轮必须倾斜指向上方，否则进气凸轮轴（如图 1-83 中 2e）和排气凸轮轴（如图 1-83 中 2a）存在破损的风险。安装：用发动机油润滑补偿元件、真空泵驱动装置和凸轮轴支撑点。

（11）检查凸轮轴轴颈的直径是否磨损，如有必要，则更换进气凸轮轴（如图 1-83 中 2e）或排气凸轮轴（如图 1-83 中 2a）。凸轮轴配合轴承轴颈的直径标准为 31.947~31.963mm。

（12）检查进气凸轮轴（如图 1-83 中 2e）、排气凸轮轴（如图 1-83 中 2a）、气缸盖轴承以及气缸盖罩是否磨损。如果存在故障，更换凸轮轴、气缸盖罩和气缸盖。

（13）按照拆卸的相反顺序进行安装。

第二节　SMART 车系

车型：

Smart fortwo（W453）（1.0L 281.920），2018—2019 年。

Smart fortwo（W453）（0.9T 281.910），2018—2019 年。

Smart forfour（W453）（1.0L 281.920），2018—2019 年。

Smart forfour（W453）（0.9T 281.910），2018—2019 年。

（一）专用工具

1. 带附件的千分表，如图 1-86。

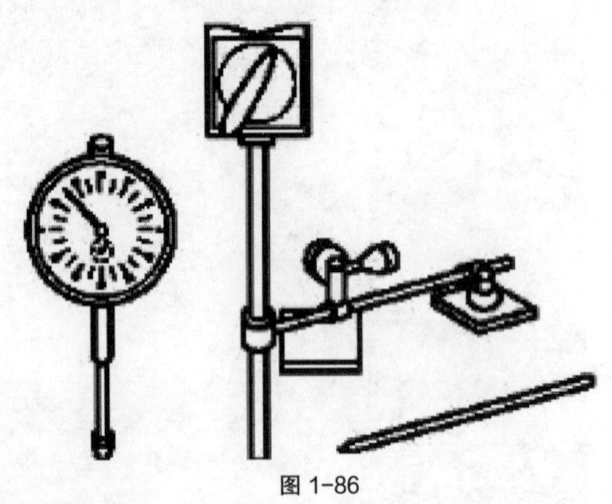

图 1-86

2. 固定装置 281 589 01 40 00，如图 1-87。

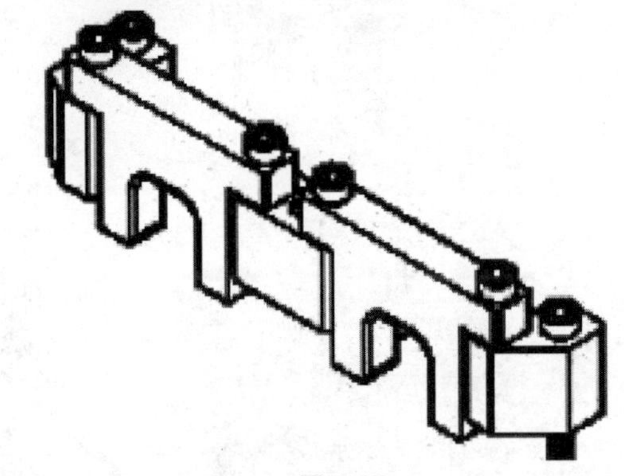

图 1-87

（二）拆卸 / 安装正时链

281 发动机（W453 车型），如图 1-88 和图 1-89。

1- 正时链　5- 凸轮轴链轮　6- 凸轮轴调节器　7- 曲轴齿轮
8- 链条张紧器　9- 张紧轨　10- 滑轨

图 1-88

1. 拆卸。

（1）拆下正时箱盖罩。

（2）拆下火花塞。

1- 正时链　2- 标记　3- 标记　4- 标记　5- 凸轮轴链轮　6- 凸轮轴调节器　7- 曲轴齿轮

图 1-89

（3）将发动机置于 1 号气缸上止点（TDC）。曲轴齿轮（如图 1-89 中 7）上的标记（如图 1-89 中 4）必须垂直向下。凸轮轴链轮（如图 1-89 中 5）上的标记（如图 1-89 中 2）与凸轮轴调节器（如图 1-89 中 6）上的标记（如图 1-89 中 3）必须朝上。

（4）拆下链条张紧器（如图 1-88 中 8）。

（5）拆下张紧轨（如图 1-88 中 9）。

（6）拆下滑轨（如图 1-88 中 10）。

（7）拆下凸轮轴链轮（如图 1-88 中 5）。

（8）将正时链（如图 1-89 中 1）从凸轮轴调节器（如图 1-89 中 6）和曲轴齿轮（如图 1-89 中 7）上拆下。

2. 安装。

（1）将正时链（如图 1-89 中 1）放置到凸轮轴调节器（如图 1-89 中 6）和曲轴齿轮（如图 1-89 中 7）上。正时链（如图 1-89 中 1）上的色码（箭头所示）必须与凸轮轴调节器（如图 1-89 中 6）上的标记（如图 1-89 中 3）和曲轴齿轮（如图 1-89 中 7）上的标记（如图 1-89 中 4）对准。

（2）安装凸轮轴链轮（如图 1-88 中 5）。

（3）安装滑轨（如图 1-88 中 10）。

（4）安装张紧轨（如图 1-88 中 9）。

（5）安装链条张紧器（如图 1-88 中 8）。

（6）安装火花塞。

（7）安装正时箱盖罩。

（三）检查发动机气门正时（图 1-90）

1. 拆卸。

（1）拆下火花塞。

（2）拆下气缸盖罩。

（3）拆下曲轴皮带轮的护盖。

（4）拆下发动机油加注口。

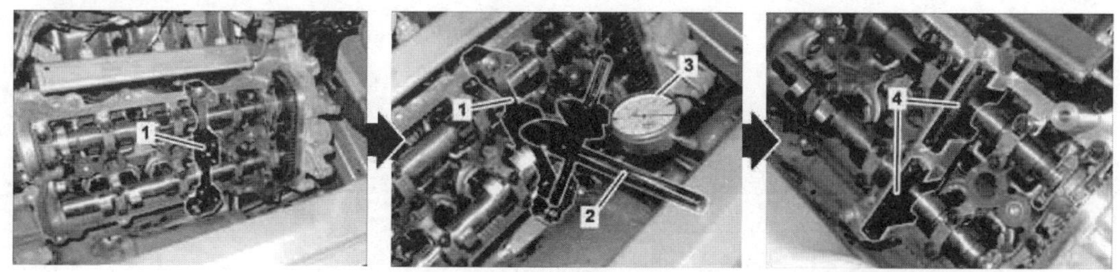

1- 固定装置　2- 支架　3- 千分表　4- 卡子

图 1-90

2. 检验。

（1）如图 1-90 所示，不用卡子（如图 1-90 中 4），用气缸盖罩的两个螺钉 / 螺栓安装固定装置（如图 1-90 中 1）。

（2）如图 1-90 所示，在固定装置（如图 1-90 中 1）上安装千分表（如图 1-90 中 3）和支架（如图 1-90 中 2）以及两个测量杆延长件，用于确定 1 号气缸上止点（TDC）。

（3）通过转动皮带轮处的曲轴将 1 号气缸的活塞置于上止点（TDC）处。

（4）将千分表（如图 1-90 中 3）连同支架（如图 1-90 中 2）一起拆下。

（5）将卡子（如图 1-90 中 4）插入固定装置（如图 1-90 中 1）中。如果卡子（如图 1-90 中 4）无法插入，拆下正时链并调节正时。

（6）将固定装置（如图 1-90 中 1）连同卡子（如图 1-90 中 4）一起拆下。

3. 清洁。

（1）清洁发动机油加注口的密封表面。

（2）清洁正时箱盖罩中的发动机油加注口孔。

4. 安装。

（1）安装发动机油加注口。

（2）安装曲轴皮带轮的护盖。

（3）安装气缸盖罩。

（4）安装火花塞。

第二章　宝马车系

第一节　宝马车系

一、车型

华晨宝马 118i（F52）（1.5T B38A15C），2017—2019 年。

华晨宝马 218i（F45）（1.5T B38A15），2016—2019 年。

华晨宝马 X1 18Li（F49）（1.5T B38A15C），2016—2019 年。

X2 sDrive 20i（F39）（1.5T B38A15），2018—2019 年。

（一）拆卸和安装或更换进气和排气调整装置

1. 需要的专用工具。

专用工具 2 358 122、11 9 340、00 9 460 和 11 6 480。

2. 需要的准备工作。

（1）拆卸气缸盖罩。

（2）检查配气相位。

（3）拆下废气触媒转换器。

3. 拆卸。

（1）注意！ VANOS 中央阀（如图 2-1 中 1）仅在已安装专用工具 2 358 122 时松开。如需正确安装，请参见维修说明检查配气相位。

图 2-1

（2）松开排气调整装置的 VANOS 中央阀（如图 2-2 中 1）。

图 2-2

（3）松开进气调整装置的 VANOS 中央阀（如图 2-3 中 1）。

图 2-3

（4）拆下专用工具 11 9 340，如图 2-4。注意！随时准备好抹布。松开螺栓连接之后，会流出少量机油。确保发动机油不会流到皮带传动机构上。

图 2-4

（5）拆下进气侧的 VANOS 中央阀（如图 2-5 中 1）。

图 2-5

（6）将进气调整装置（如图 2-6 中 1）从进气凸轮轴上拆下。将进气调整装置（如图 2-6 中 1）倾斜向下抽出。

图 2-6

（7）拆下排气侧的 VANOS 中央阀（如图 2-7 中 1）。

图 2-7

（8）将排气调整装置（如图 2-8 中 1）从排气凸轮轴上拆下。将排气调整装置（如图 2-8 中 1）倾斜向下抽出。

图 2-8

4. 安装。

（1）注意！进气和排气调整装置有混淆危险。小心发动机损坏！进气和排气调整装置是不同的。排气凸轮轴的 VANOS 标有 EX，进气凸轮轴的 VANOS 标有 IN，如图 2-9。

图 2-9

（2）将进气调整装置（如图 2-10 中 1）插入正时链（如图 2-10 中 2），并定位在进气凸轮轴（如图 2-10 中 3）上。

图 2-10

（3）拧紧进气侧的 VANOS 中央阀（如图 2-11 中 1）。

图 2-11

（4）将排气调整装置（如图 2-12 中 1）插入正时链（如图 2-12 中 2），并定位在排气凸轮轴（如图 2-12 中 3）上。

图 2-12

（5）拧紧排气侧的 VANOS 中央阀（如图 2-13 中 1）。

图 2-13

（6）将专用工具 11 9 340（如图 2-14）旋入气缸盖。用专用工具 00 9 460 将正时链预紧至 0.6N·m。

图 2-14

（7）拧紧进气调整装置 VANOS 中央阀（如图 2-15 中 1）。

图 2-15

（8）拧紧排气调整装置 VANOS 中央阀（如图 2-16 中 1）。

图 2-16

（9）去除所有专用工具。用专用工具 11 6 480 沿发动机旋转方向将发动机转动两次。注意！不要让发动机反向旋转。

（10）检查配气相位。

（11）安装废气触媒转换器。

（12）安装气缸盖罩。

（二）更换两条正时链

1. 需要的专用工具：2 357 904 和 11 4 120。

2. 需要的准备工作。

（1）拆下发动机及变速器。

（2）拆下变速器。

（3）将发动机装到装配架上。

（4）拆下飞轮。

（5）拆卸气缸盖。

（6）拆卸机油泵。

（7）拆下后部正时齿轮箱盖。

3. 拆卸。

（1）拆下油泵驱动链条（如图 2-17 中 1）。

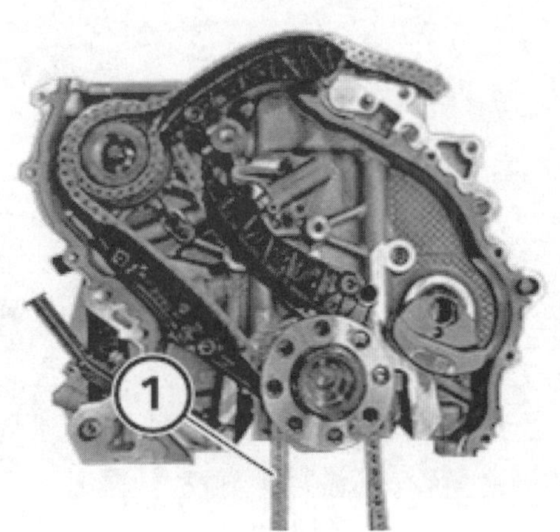

图 2-17

（2）取下凸轮轴正时链（如图 2-18 中 1）。取下承载轴销（如图 2-18 中 3）的张紧导轨（如图 2-18 中 2）。提示：承载轴销（如图 2-18 中 3）一定不要拆下。

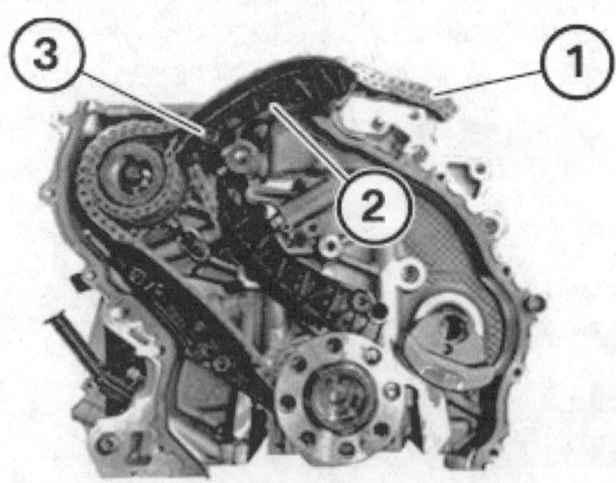

图 2-18

（3）松开链轮的中心螺栓（如图 2-19 中 1）时，必须固定曲轴。用导向销定位曲轴（参见箭头）。用螺栓（如图 2-19 中 2）将专用工具 2 357 904 定位在曲轴箱上。松开链轮的中心螺栓（如图 2-19 中 1）。

图 2-19

（4）用螺丝起子（如图 2-20 中 2）将链条张紧器的柱塞（如图 2-20 中 1）压入至极限位置并用专用工具 11 4 120 固定。松开螺栓（如图 2-20 中 3）。拆下链条张紧器。

图 2-20

（5）松开两个承载轴销（如图 2-21 中 1）。拆出导轨（如图 2-21 中 2）。松开承载轴销（如图 2-21 中 4）。拆下张紧导轨（如图 2-21 中 3）。

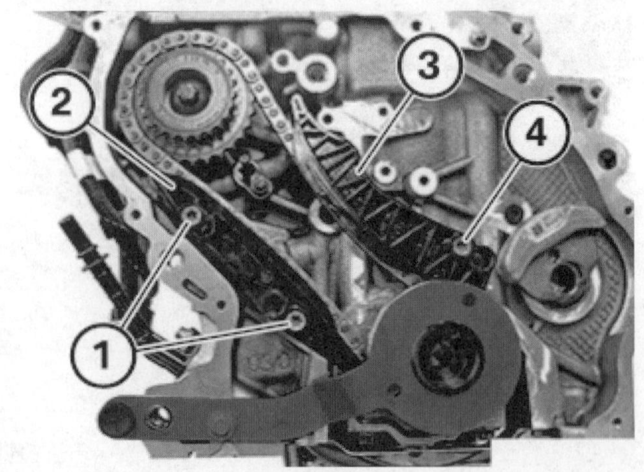

图 2-21

（6）取下螺栓和链轮（如图 2-22 中 1）。

图 2-22

（7）拆下专用工具 2 357 904。拆卸正时链（如图 2-23 中 1）。

图 2-23

4. 安装。

（1）安放正时链（如图 2-24 中 1）。用专用工具 2 357 904 定位曲轴。用螺栓（如图 2-24 中 2）将专用工具 2 357 904 固定在曲轴箱上。

图 2-24

（2）注意！清洁承载轴销的所有螺纹（如有必要，使用螺丝攻）。零件：更换承载轴销。安装链轮并拧紧螺栓。定位导轨（如图 2-25 中 2）。旋入两个承载轴销（如图 2-25 中 1）。定位张紧导轨（如图 2-25 中 3）。旋入承载轴销（如图 2-25 中 4）。

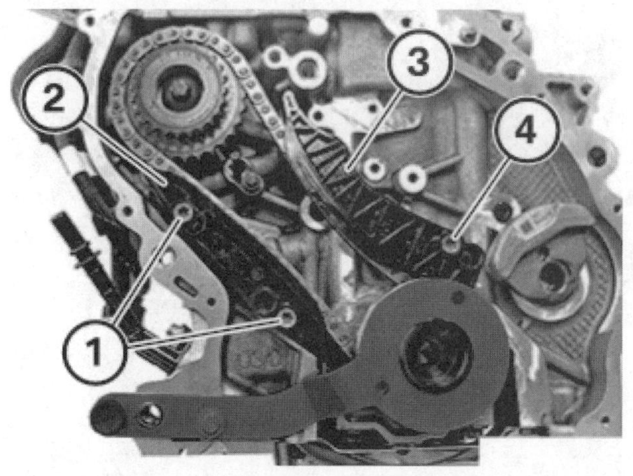

图 2-25

（3）注意！用压缩空气清洁密封面（如图 2-26 中 1）。

图 2-26

（4）安装液压链条张紧器。拧紧螺栓（如图 2-27 中 3）。用螺丝起子（如图 2-27 中 2）固定链条张紧器的柱塞（如图 2-27 中 1）。拆下专用工具 11 4 120 并缓慢移除螺丝起子（如图 2-27 中 2）。

图 2-27

（5）提示：固定链轮的中心螺栓（如图 2-28 中 1）时，曲轴必须保持固定。零件：更换中心螺栓（如图 2-28 中 1）。拧紧链轮的中心螺栓（如图 2-28 中 1）。

图 2-28

（6）安装张紧导轨（如图 2-29 中 2）与凸轮轴正时链（如图 2-29 中 1）。

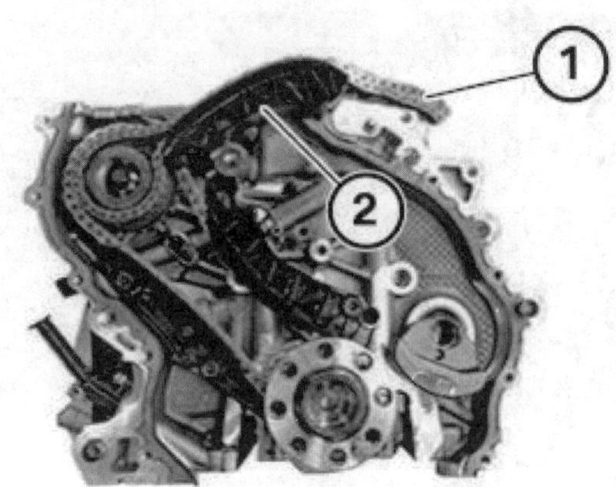

图 2-29

（7）将油泵驱动链条（如图 2-30 中 1）安装在曲轴上。

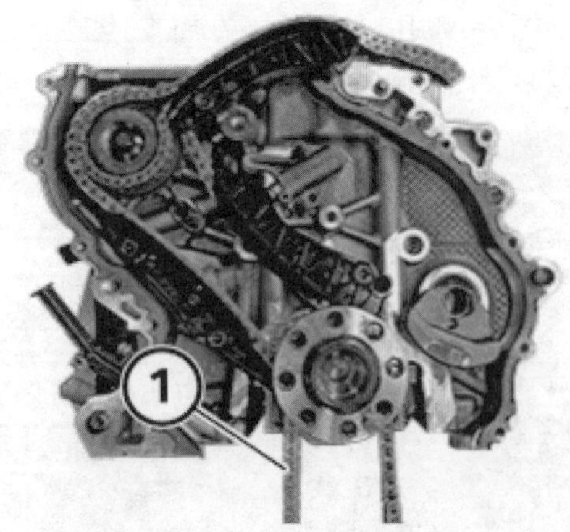

图 2-30

（8）安装后部正时齿轮箱盖。

（9）装上机油泵。

（10）装上飞轮。

（11）装上气缸盖。

（12）将发动机从装配架上拆下。

（13）装上变速器。

（14）安装发动机及变速器。

（三）检查凸轮轴的配气相位

1. 需要的专用工具。

专用工具 11 6 480、2 288 380 和 2 358 122。注意！发动机有损坏危险！务必遵守检查和调整配气相位的提示！

2. 需要的准备工作。

（1）拆下气缸盖罩。

（2）拆下火花塞。

（3）拆下右前轮罩盖。

3. 检查方法。

（1）用专用工具 11 6 480（如图 2-31）将发动机旋转到气缸 1 点火上止点位置。注意！不往回旋转发动机。

图 2-31

（2）取下油底壳上的饰盖（如图 2-32 中 1）。

图 2-32

（3）用专用工具 11 6 480 在中心螺栓处旋转发动机。注意！针对带手动变速器的车辆，标定孔前还有一个可能与标定孔混淆的孔。专用工具 2 288 380（图 2-33）必须可以推到油底壳中的凹口前。用专用工具 2 288 380 将曲轴卡在气缸 1 点火上止点位置上。

图 2-33

（4）进气和排气凸轮轴上的标记（如图 2-34 中 1）可以从上方读取。

图 2-34

（5）进气和排气凸轮轴上的平台（如图 2-35 中 1）朝上。

图 2-35

（6）第一缸排气凸轮轴（图 2-36）的凸轮向右倾斜并指向内部。

图 2-36

（7）第一缸进气凸轮轴（图 2-37）的凸轮向左倾斜。

图 2-37

（8）提示：专用工具 2 358 122（图 2-38）由多个部件构成：底架、气缸盖上的底架螺栓、固定排气凸轮轴的量规、固定进气凸轮轴的量规和底架上的量规螺栓。

图 2-38

（9）将底架（如图 2-39 中 1）用螺栓（如图 2-39 中 2）固定在气缸盖上。量规（如图 2-39 中 3）利用凹口定位在排气凸轮轴的双平面段上。量规（如图 2-39 中 3）利用螺栓（如图 2-39 中 5）固定在底架上。量规（如图 2-39 中 4）利用凹口定位在进气凸轮轴的双平面段上。量规（如图 2-39 中 4）利用螺栓（如图 2-39 中 5）固定在底架上。

图 2-39

（10）如有必要，调整配气相位。

（11）拆下所有专用工具。

（12）安装火花塞。

（13）安装气缸盖罩。

（14）安装右前轮罩盖。

（四）调整凸轮轴的配气相位

1. 需要的专用工具。

专用工具 11 9 340、00 9 460、2 358 122、2 288 380 和 11 6 480。注意！发动机有损坏危险！务必遵守配气相位检查和调整的相关提示！

2. 需要的准备工作。

（1）拆下废气触媒转换器。

（2）检查配气相位。

3. 调整方法。

（1）松开链条张紧器（如图 2-40 中 1）。注意！随时准备好抹布。松开螺栓连接之后，会流出少量机油。安装说明：在售后服务中，必须在装配链条张紧器时安装一个新密封环。

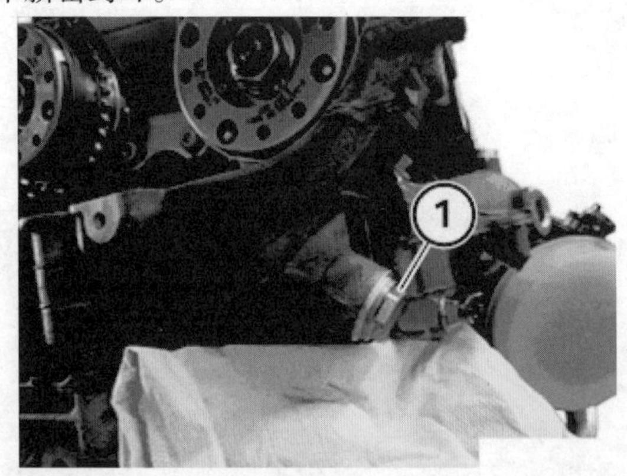

图 2-40

（2）将专用工具 11 9 340（如图 2-41）旋入气缸盖。用专用工具 00 9 460 将正时链预紧至 0.6N · m。

图 2-41

（3）提示：如果不能安装专用工具 2 358 122（如图 2-42），那么必须重新调整配气相位。用开口扳手固定在相应凸轮轴的双平面段上，松开 VANOS 中央阀（如图 2-42 中 1）。

图 2-42

（4）将两个凸轮轴旋转到位。提示：进气和排气凸轮轴上的标记（如图 2-43 中 1）可以从上方读取。

图 2-43

（5）提示：进气和排气凸轮轴上的平台（如图 2-44 中 1）朝上。

图 2-44

（6）将底架（如图 2-45 中 1）用螺栓（如图 2-45 中 2）固定在气缸盖上。量规（如图 2-45 中 3）利用凹口定位在排气凸轮轴的双平面段上。量规（如图 2-45 中 3）利用螺栓（如图 2-45 中 5）固定在底架上。量规（如图 2-45 中 4）利用凹口定位在进气凸轮轴的双平面段上。量规（如图 2-45 中 4）利用螺栓（如图 2-45 中 5）固定在底架上。

图 2-45

（7）拧紧进气调整装置 VANOS 中央阀（如图 2-46 中 1）。

图 2-46

（8）拧紧排气调整装置 VANOS 中央阀（如图 2-47 中 1）。移开专用工具 2 288 380 和 2 358 122。

图 2-47

（9）用专用工具 11 6 480（图 2-48）沿发动机旋转方向将发动机转动两次。注意！不要往回旋转发动机。

图 2-48

（10）检查凸轮轴的配气相位。

（11）安装链条张紧器活塞。

（12）安装废气触媒转换器。

（13）安装气缸盖罩。

（14）安装右前轮罩饰板。

二、车型

华晨宝马 318Li（F35）（1.5T B38B15C），2017—2019 年。

B38A15 发动机主要用于前驱平台，B38B15 发动机主要用于后驱平台，虽然参数上有点区别，但是正时校对方法基本相同，请参阅 2017—2019 年华晨宝马 118i（F52）（1.5T B38A15C）正时校对方法。

三、车型

华晨宝马 120i（F52）（2.0T B48A20C），2017—2019 年。

华晨宝马 125i（F52）（2.0T B48A20D），2017—2019 年。

华晨宝马 220i（F45）（2.0T B48A20C），2016—2019 年。

华晨宝马 X1 20Li（F49）（2.0T B48A20C），2016—2019 年。

华晨宝马 X1 25Li（F49）（2.0T B48A20D），2016—2019 年。

X2 sDrive 25i（F39）（2.0T B48A20A），2018—2019 年。

（一）拆卸和安装或更换进气和排气调整装置

1. 需要的专用工具。

专用工具 2 358 122、11 9 340、00 9 460 和 11 6 480。

2. 需要的准备工作。

（1）拆下气缸盖罩。

（2）检查配气相位。

（3）拆下废气触媒转换器。

3. 拆卸。

（1）注意！ VANOS 中央阀（如图 2-49 中 1）仅在已安装专用工具 2 358 122 时松开。如需正确安装，请参见维修说明检查配气相位。

图 2-49

（2）松开排气调整装置的 VANOS 中央阀（如图 2-50 中 1）。

图 2-50

（3）松开进气调整装置的 VANOS 中央阀。

（4）拆下专用工具 11 9 340（图 2-51），注意！随时准备好抹布。松开螺栓连接之后，会流出少量机油。确保发动机油不会流到皮带传动机构上。

图 2-51

（5）拆下进气侧的 VANOS 中央阀（如图 2-52 中 1）。

图 2-52

（6）将进气调整装置（如图 2-53 中 1）从进气凸轮轴上拆下。将进气调整装置（如图 2-53 中 1）倾斜向下抽出。

图 2-53

（7）拆下排气侧的 VANOS 中央阀（如图 2-54 中 1）。

图 2-54

（8）将排气调整装置（如图 2-55 中 1）从排气凸轮轴上拆下。将排气调整装置（如图 2-55 中 1）倾斜向下抽出。

图 2-55

4. 安装。

（1）注意！进气和排气调整装置有混淆危险。小心发动机损坏！进气和排气调整装置是不同的。排气凸轮轴的 VANOS 标有 EX，进气凸轮轴的 VANOS 标有 IN，如图 2-56。

图 2-56

（2）将进气调整装置（如图 2-57 中 1）插入正时链（如图 2-57 中 2），并定位在进气凸轮轴（如图 2-57 中 3）上。

图 2-57

（3）拧紧进气侧的 VANOS 中央阀（如图 2-58 中 1）。

图 2-58

（4）将排气调整装置（如图 2-59 中 1）插入正时链（如图 2-59 中 2），并定位在排气凸轮轴（如图 2-59 中 3）上。

图 2-59

（5）拧紧排气侧的 VANOS 中央阀（如图 2-60 中 1）。

图 2-60

（6）将专用工具 11 9 340（图 2-61）旋入气缸盖。用专用工具 00 9 460 将正时链预紧至 0.6N·m。

图 2-61

（7）拧紧进气调整装置 VANOS 中央阀（如图 2-62 中 1）。拧紧力矩：10N·m。

图 2-62

（8）拧紧排气调整装置 VANOS 中央阀（如图 2-63 中 1）。拧紧力矩：10N·m。

图 2-63

（9）去除所有专用工具。用专用工具 11 6 480（如图 2-64）沿发动机旋转方向将发动机转动两次。注意！不要让发动机反向旋转。

图 2-64

（10）检查配气相位。

（11）安装废气触媒转换器。

（12）安装气缸盖罩。

（二）更换两条正时链（B48AO0）

1. 需要的专用工具。

专用工具 2 357 904 和 11 4 120。

2. 需要的准备工作。

（1）拆下发动机及变速器。

（2）拆下变速器。

（3）将发动机装到装配架上。

（4）拆下飞轮。

（5）拆卸气缸盖。

（6）拆卸机油泵。

（7）拆下后部正时齿轮箱盖。

3. 拆卸。

（1）拆下油泵驱动链条（如图 2-65 中 1）。

图 2-65

（2）取下凸轮轴正时链（如图 2-66 中 1）。取下承载轴销（如图 2-66 中 3）的张紧导轨（如图 2-66 中 2）。提示：承载轴销（如图 2-66 中 3）一定不要拆下。

图 2-66

（3）松开链轮的中心螺栓（如图 2-67 中 1）时，必须固定曲轴。将曲轴用导向销定位。用螺栓（如图 2-67 中 2）将专用工具 2 357 904 固定在曲轴箱上。松开链轮的中心螺栓（如图 2-67 中 1）。

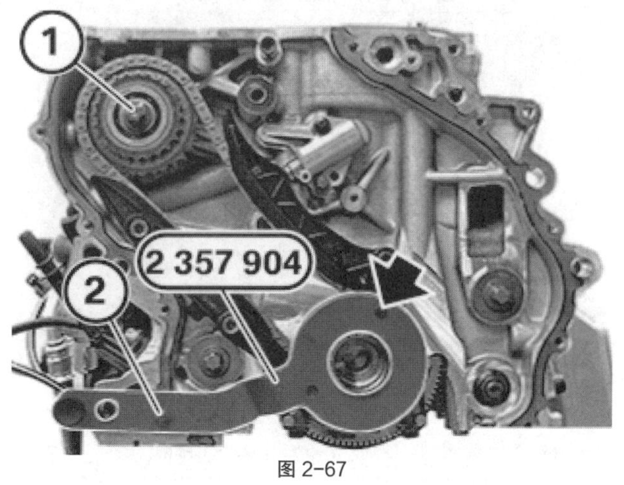

图 2-67

（4）将链条张紧器的活塞（如图 2-68 中 3）用螺丝起子（如图 2-68 中 2）压入到极限位置，并用专用工具 11 4 120 固定。松开螺栓（如图 2-68 中 1）。拆下链条张紧器。

图 2-68

（5）松开两个承载轴销（如图 2-69 中 1）。拆出导轨（如图 2-69 中 2）。松开承载轴销（如图 2-69 中 4）。拆下张紧导轨（如图 2-69 中 3）。

图 2-69

（6）松开螺栓（如图 2-70 中 1）并取下链轮（如图 2-70 中 2）。

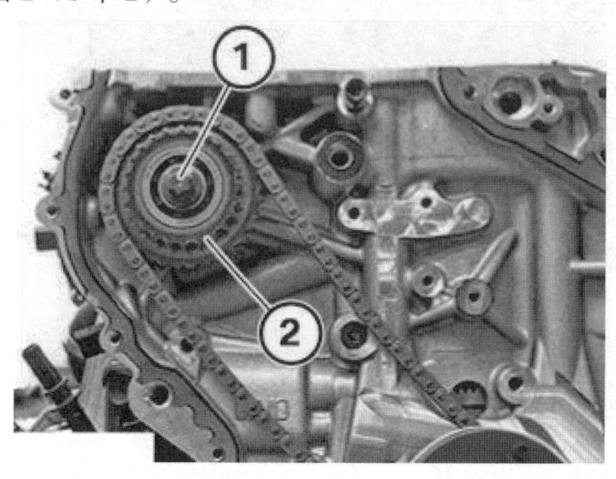

图 2-70

（7）松开螺栓（如图 2-71 中 2）并拆下专用工具 2 357 904。拆卸正时链（如图 2-71 中 1）。

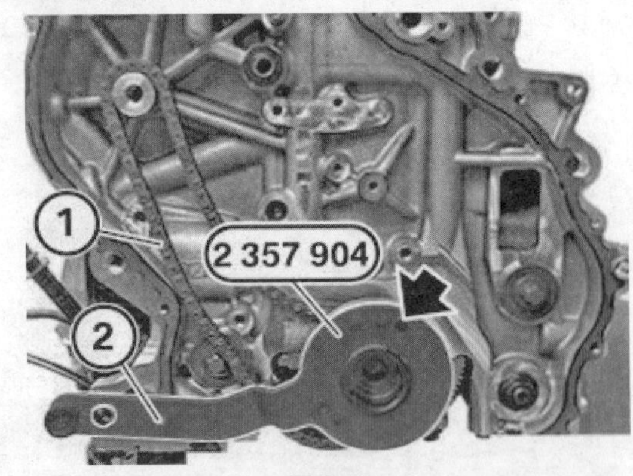

图 2-71

4. 安装。

（1）安放正时链。用专用工具 2 357 904 定位曲轴。用螺栓（如图 2-72 中 2）将专用工具 2 357 904 固定在曲轴箱上。

图 2-72

（2）注意！清洁承载轴销的所有螺纹（如有必要，使用螺丝攻）。零件：更换承载轴销。安装链轮并拧紧螺栓。定位导轨。旋入两个承载轴销。拧紧力矩：20N・m。定位张紧导轨（如图 2-73 中 3）。旋入承载轴销（如图 2-73 中 4）。拧紧力矩：20N・m。

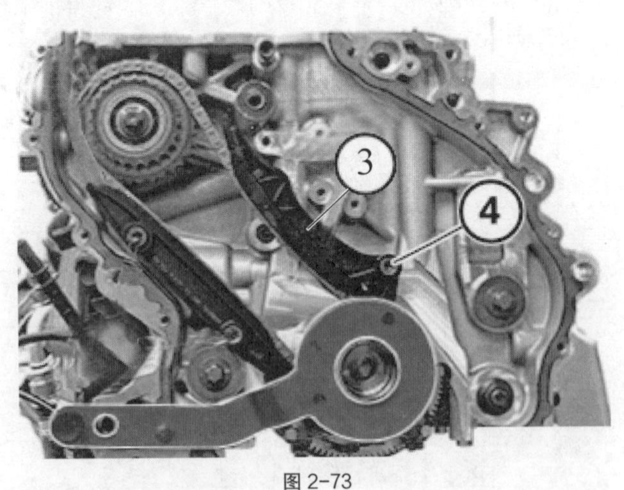

图 2-73

（3）注意！用压缩空气清洁密封面（如图 2-74 中 1）。

图 2-74

（4）安装液压链条张紧器。拧紧螺栓（如图 2-75 中 1）。拧紧力矩：10N・m。将链条张紧器的活塞（如图 2-75 中 3）用螺丝起子（如图 2-75 中 2）固定，拆下专用工具 11 4 120 并缓慢移除螺丝起子（如图 2-75 中 2）。

图 2-75

（5）提示：固定链轮的中心螺栓（如图 2-76 中 1）时，曲轴必须保持固定。零件：更换中心螺栓（如图 2-76 中 1）。拧紧链轮的中心螺栓（如图 2-76 中 1）。拧紧力矩：20N・m。

图 2-76

（6）安装张紧导轨（如图 2-77 中 2）与凸轮轴正

时链（如图 2–77 中 1）。

图 2–77

（7）将油泵驱动链条（如图 2–78 中 1）安装在曲轴上。

图 2–78

（8）安装后部正时齿轮箱盖。

（9）装上机油泵。

（10）装上飞轮。

（11）装上气缸盖

（12）将发动机从装配架上拆下。

（13）装上变速器。

（14）安装发动机及变速器。

（三）检查凸轮轴的配气相位（B48AO0）

1. 需要的专用工具。

专用工具 11 6 480、2 288 380 和 2 358 122。注意！发动机有损坏危险！必须严格遵守检查和调整配气相位提示！

2. 需要的准备工作。

（1）拆下气缸盖罩。

（2）拆下火花塞。

（3）拆下右前轮罩盖。

3. 检查方法。

（1）用专用工具 11 6 480（如图 2–79）将发动机旋转到气缸 1 点火上止点位置。注意！不要往回旋转发动机。

图 2–79

（2）取下油底壳上的饰盖（如图 2–80 中 1）。

图 2–80

（3）用专用工具 11 6 480 在中心螺栓处旋转发动机。注意！针对带手动变速器的车辆，标定孔前还有一个可能与标定孔混淆的孔。专用工具 2 288 380（图 2–81）必须滑入油底壳的曲柄。用专用工具 2 288 380 将曲轴卡在气缸 1 点火上止点位置上。

图 2–81

（4）进气和排气凸轮轴上的标记（如图 2-82 中 1）可以从上方读取。

图 2-82

（5）进气和排气凸轮轴上的平台（如图 2-83 中 1）朝上。

图 2-83

（6）第一缸排气凸轮轴（图 2-84）的凸轮向右倾斜并指向内部。

图 2-84

（7）第一缸进气凸轮轴（图 2-85）的凸轮向左倾斜。

图 2-85

（8）提示：专用工具 2 358 122（图 2-86）由多个部件构成：底架、气缸盖上的底架螺栓、固定排气凸轮轴的量规、固定进气凸轮轴的量规和底架上的量规螺栓。

图 2-86

（9）将底架（如图 2-87 中 1）用螺栓（如图 2-87 中 2）固定在气缸盖上。量规（如图 2-87 中 3）利用凹口定位在排气凸轮轴的双平面段上。量规（如图 2-87 中 3）利用螺栓（如图 2-87 中 5）固定在底架上。量规（如图 2-87 中 4）利用凹口定位在进气凸轮轴的双平面段上。量规（如图 2-87 中 4）利用螺栓（如图 2-87 中 5）固定在底架上。

图 2-87

（10）如有必要，调整配气相位。

（11）拆卸所有专用工具。

（12）安装火花塞。

（13）安装气缸盖罩。

（14）安装右前轮罩盖。

（四）调整凸轮轴的配气相位（B48AO0）

1. 需要的专用工具。

专用工具 11 9 340、00 9 460、2 358 122、2 288 380 和 11 6 480。注意！发动机有损坏危险！务必遵守配气相位检查和调整的相关提示！

2. 需要的准备工作。

（1）检查配气相位。

（2）拆下废气触媒转换器。

3. 调整方法。

（1）松开链条张紧器（如图 2-88 中 1）。注意！随时准备好抹布。松开螺栓连接之后，会流出少量机油。安装说明：在售后服务中，必须在链条张紧器装配时安装一个新密封环。

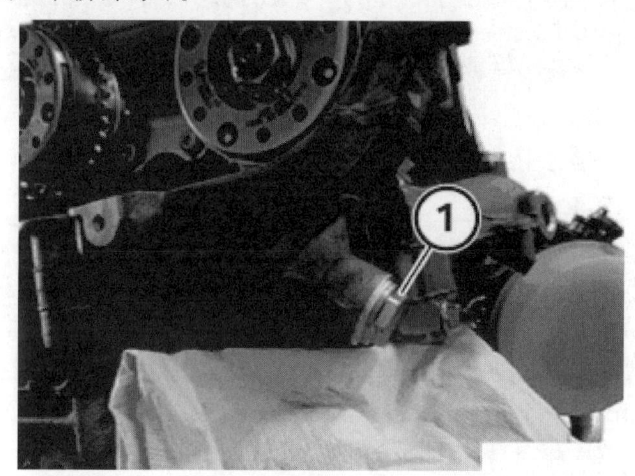

图 2-88

（2）将专用工具 11 9 340（图 2-89）旋入气缸盖。用专用工具 00 9 460 将正时链预紧至 0.6N·m。

图 2-89

（3）提示：如果不能安装专用工具 2 358 122（如图 2-90），那么必须重新调整配气相位。用开口扳手固定在相应凸轮轴的双平面段上，松开 VANOS 中央阀（如图 2-90 中 1）。

图 2-90

（4）将两个凸轮轴旋转到位。提示：进气和排气凸轮轴上的标记（如图 2-91 中 1）可以从上方读取。

图 2-91

（5）提示：进气和排气凸轮轴上的平台（如图 2-92 中 1）朝上。

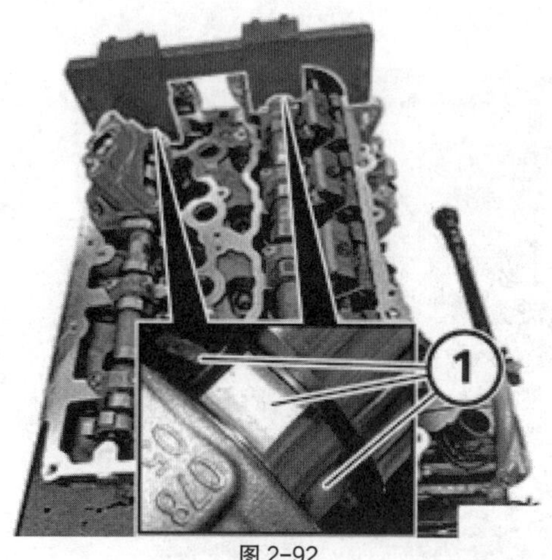

图 2-92

（6）将底架（如图 2-93 中 1）用螺栓（如图 2-93 中 2）固定在气缸盖上。量规（如图 2-93 中 3）利用凹口定位在排气凸轮轴的双平面段上。量规（如图 2-93 中

3）利用螺栓（如图 2-93 中 5）固定在底架上。量规（如图 2-93 中 4）利用凹口定位在进气凸轮轴的双平面段上。量规（如图 2-93 中 4）利用螺栓（如图 2-93 中 5）固定在底架上。

图 2-93

（7）拧紧进气调整装置 VANOS 中央阀（如图 2-94 中 1）。拧紧力矩：10N·m。

图 2-94

（8）拧紧排气调整装置 VANOS 中央阀（如图 2-95 中 1）。拧紧力矩：10N·m。

图 2-95

（9）用专用工具 11 6 480（图 2-96）沿发动机旋转方向将发动机转动两次。注意！不要往回旋转发动机。

图 2-96

（10）检查凸轮轴的配气相位。

（11）安装链条张紧器活塞。

（12）安装废气触媒转换器。

（13）安装气缸盖罩。

（14）安装右前轮罩饰板。

四、车型

华晨宝马 320Li（F35）（2.0T B48B20C），2017—2019 年。

华晨宝马 330Li（F35）（2.0T B48B20D），2017—2019 年。

华晨宝马 525Li（G38）（2.0T B48B20C），2018—2019 年。

华晨宝马 528Li（G38）（2.0T B48B20），2018 年。

华晨宝马 530Li（G38）（2.0T B48B20D），2018—2019 年。

华晨宝马 530Le（G38）（2.0T B48B20C），2018—2019 年。

华晨宝马 X3 xDrive 25i（G08）（2.0T B48B20C），2018—2019 年。

华晨宝马 X3 xDrive 28i（G08）（2.0T B48B20D），2018—2019 年。

华晨宝马 X3 xDrive 30i（G08）（2.0T B48B20D），2018—2019 年。

GT 320i（F34）（2.0T B48B20A），2017—2019 年。

GT 330i xDrive（F34）（2.0T B48B20B），2017—2019 年。

320i（F30）（2.0T B48B20A），2017—2019 年。

330i（F30）（2.0T B48B20B），2017—2019 年。

420i（F36）（2.0T B48B20A），2016—2019 年。

430i（F36）（2.0T B48B20B），2016—2019 年。

GT 630i（G32）（2.0T B48B20B），2016—2019 年。

730Li（G12）（2.0T B48B20），2016—2019 年。

B48A20C/D 发动机主要用于前驱平台，B48B20C/D

发动机主要用于后驱平台，虽然参数上有点区别，但是正时校对方法基本相同，请参阅 2017—2019 年华晨宝马 120i（F52）（2.0T B48A20C）。

五、车型

GT 550i xDrive（F07）（4.4T N63B44），2009—2016 年。

650i（F12/13）（4.4T N63B44），2013—2018 年。

750Li（F02）（4.4T N63B44），2008—2015 年。

X5 xDrive 50i（F15）（4.4T N63B44），2014—2019 年。

X6 xDrive 50i（F16）（4.4T N63B44），2015—2019 年。

（一）拆卸和安装 / 更新右侧进气和排气调整装置

1. 需要的专用工具。

专用工具 00 9 120、00 9 250、11 8 570、11 9 190、11 9 890、11 9 891、11 9 893、11 9 894 和 11 9 900。注意！关闭发动机时，进气和排气调整装置一般都锁定在起始位置。少数情况下，无法达到起始位置，而凸轮轴仍可在调整装置的调整范围内旋转。至发动机编号 20024295，如果中心螺栓的螺栓头支撑件上没有油脂，出于安全方面考虑必须更换调整装置。自发动机编号 20024296 起，中心螺栓已上油脂。

2. 需要的准备工作。

（1）读取故障码存储器的故障记忆并记录。

（2）拆下右气缸盖罩。

（3）拆下右正时齿轮箱盖。

（4）检查配气相位。

3. 拆卸方法。

（1）松开中心螺栓时，使用专用工具 11 9 890 并在凸轮轴的六角段上固定，如图 2-97。

图 2-97

（2）注意！如果不安装专用工具 11 9 890，则在松开中心螺栓时必须固定相应凸轮轴的六角段。松开进气和排气调整装置的中心螺栓（如图 2-98 中 1、2）。安装说明：松开后更换中心螺栓。

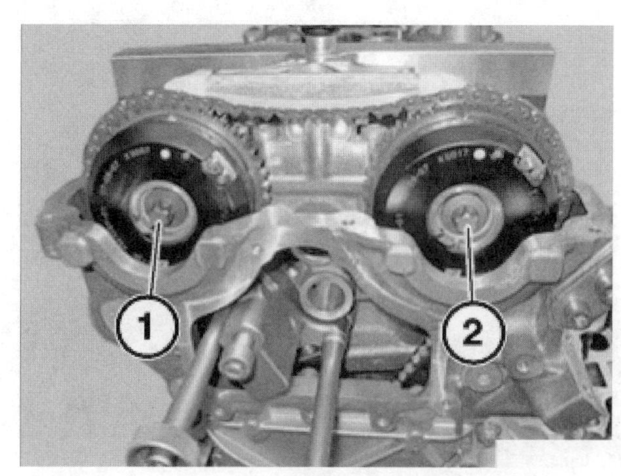

图 2-98

（3）注意！检查中心螺栓（如图 2-99 中 1）螺栓头是否有油脂（参见箭头）。如果在中心螺栓头上识别不到油脂，则出于安全方面考虑必须更换进气和排气调整装置。安装说明：在中心螺栓的接触面上涂铜涂料。

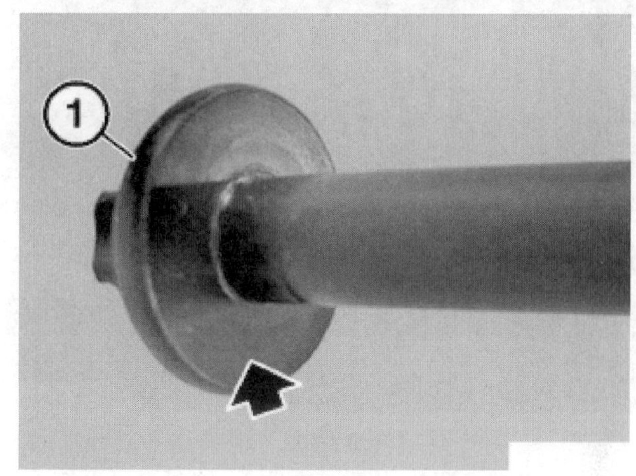

图 2-99

（4）松开内六角螺栓。通过滚花螺栓松开专用工具 11 9 900 并拆下，如图 2-100。

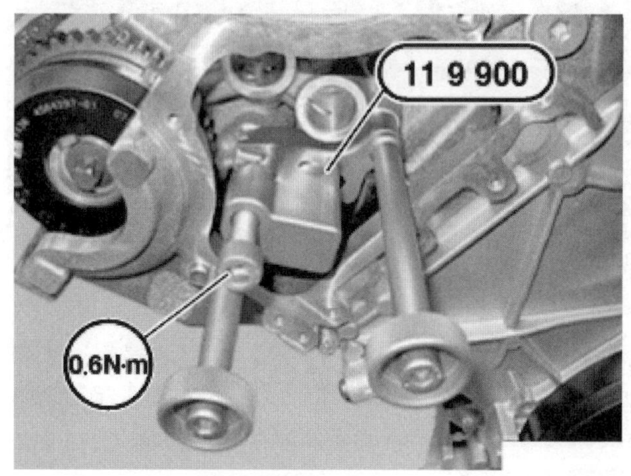

图 2-100

（5）松开螺栓（如图 2-101 中 1）。拆下上部张紧导轨（如图 2-101 中 2）。

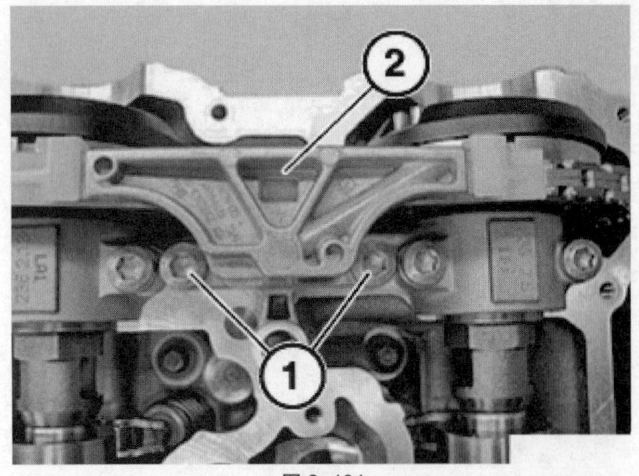

图 2-101

（6）拆下排气调整装置的中心螺栓（如图 2-102 中 1）。安装说明：松开后更换中心螺栓。

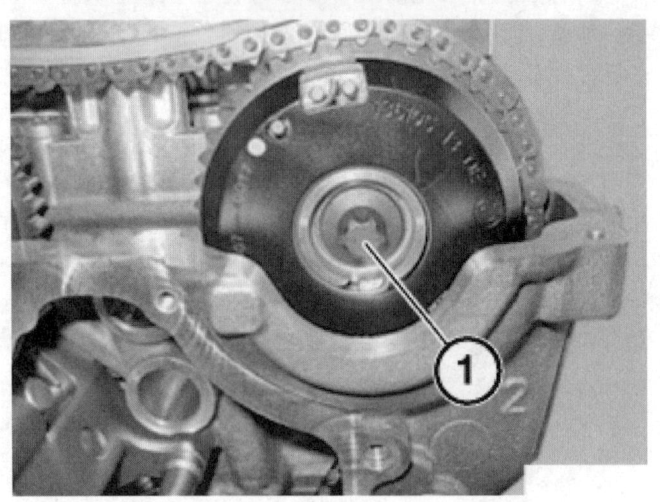

图 2-102

（7）将排气调整装置（如图 2-103 中 1）沿箭头方向从排气凸轮轴上松开。

图 2-103

（8）将排气调整装置（如图 2-104 中 2）从正时链（如图 2-104 中 1）中抽出。向上拆下排气调整装置。

图 2-104

（9）拆下进气调整装置的中心螺栓（如图 2-105 中 1）。安装说明：松开后更换中心螺栓。

图 2-105

（10）将进气调整装置（如图 2-106 中 1）沿箭头方向从进气凸轮轴上松开。

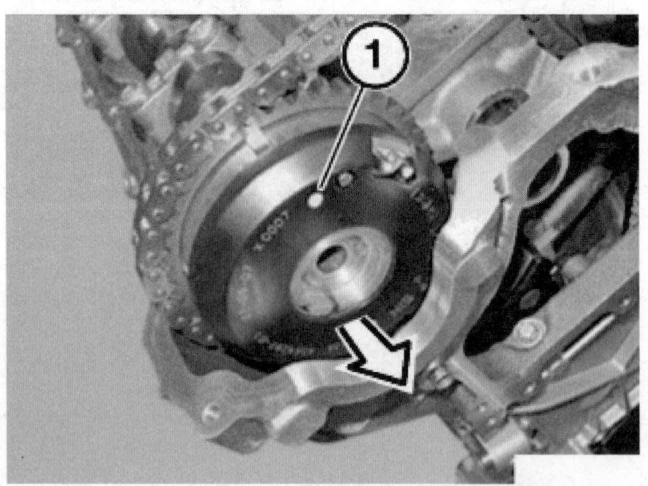

图 2-106

（11）将进气调整装置（如图 2-107 中 2）从正时链（如图 2-107 中 1）中抽出。向上拆下进气调整装置。

图 2-107

（12）注意！进气和排气调整装置是不同的，有混淆危险。混淆进气和排气调整装置将会导致发动机损坏。进气调整装置用 EIN 标明，排气调整装置用 AUS 标明，如图 2-108。

图 2-108

（13）安装说明：在中心螺栓（如图 2-109 中 1）的接触面上涂铜涂料。

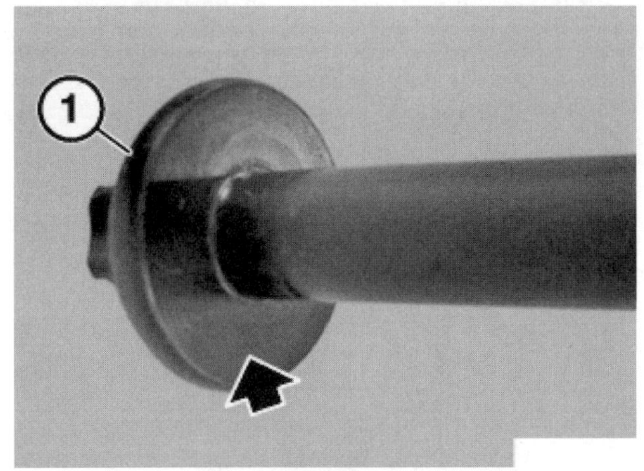

图 2-109

（14）提示：可以自由选择调整装置相对于正时链的位置。将调整装置插入正时链中，然后安装到凸轮轴上。将中心螺栓（如图 2-110 中 1、2）无间隙地装到调整装置上。将中心螺栓松开 90°。

图 2-110

（15）安放滑轨（如图 2-111 中 2）并用螺栓（如图 2-111 中 1）固定。

图 2-111

（16）准备用于固定凸轮轴的专用工具 11 9 890，如图 2-112。

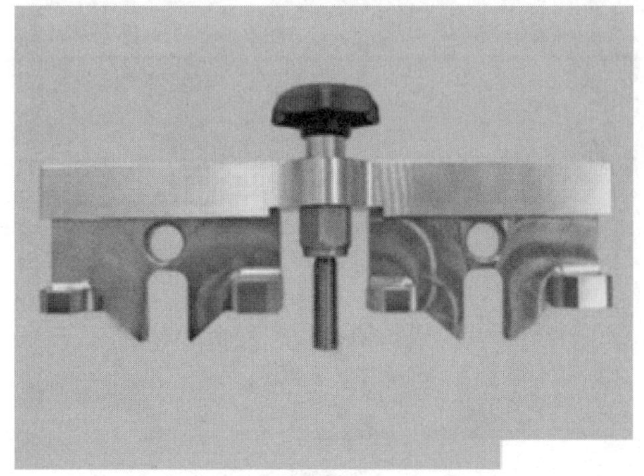

图 2-112

（17）将专用工具 11 9 893 安放到排气凸轮轴上，如图 2-113。

图 2-113

（18）将专用工具 11 9 893 安放到进气凸轮轴上，如图 2-114。安装说明：校正排气和进气凸轮轴，使专用工具 11 9 893 无间隙地安装在气缸盖上。

图 2-114

（19）将专用工具 11 9 894 旋入气缸盖中，如图 2-115。

图 2-115

（20）将专用工具 11 9 892 用专用工具 11 9 891 向下压，如图 2-116。

图 2-116

（21）旋入专用工具 11 9 900，用专用工具 11 9 900 预紧正时链。用专用工具 00 9 250 以 0.6 N・m 的力矩预紧内六角螺栓，如图 2-117。

图 2-117

（22）检查专用工具 11 9 190 和 11 8 570 的位置是否正确，如图 2-118。

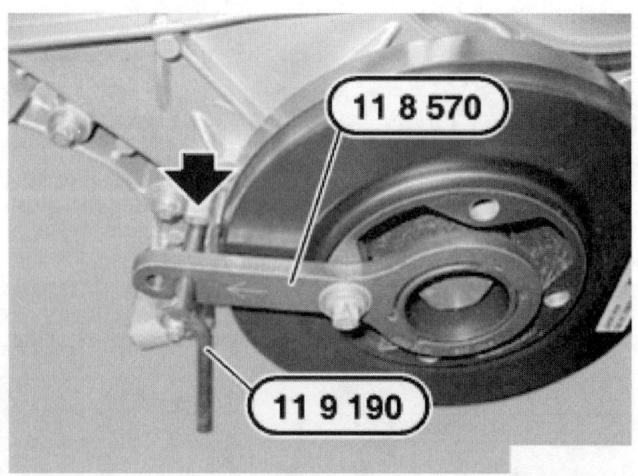

图 2-118

（23）用专用工具 00 9 120 拧紧调整装置的中心螺栓（如图 2-119 中 1、2）。

图 2-119

（24）拆卸专用工具 11 9 190 和 11 8 570，如图 2-120。两次沿旋转方向旋转发动机的中心螺栓，直至发动机重新到达气缸 1 点火上止点位置 150° 处。将专用工具 11 8 570 用一个螺栓安装在减震器上。将专用工具 11 9 190 固定在气缸 1 点火上止点位置 150° 处。

图 2-120

（25）再次检查配气相位。拆下所有专用工具。

（二）拆卸和安装 / 更新左侧进气和排气调整装置

1. 需要的专用工具。

专用工具 00 9 120、00 9 250、11 8 570、11 9 190、11 9 890、11 9 891、11 9 892、11 9 893、11 9 894 和 11 9 900。注意！关闭发动机时，进气和排气调整装置一般都锁定在起始位置。少数情况下，无法达到起始位置，而凸轮轴仍可在调整装置的调整范围内旋转。至发动机编号 20024295，如果中心螺栓的螺栓头支撑件上没有油脂，出于安全方面考虑必须更换调整装置。自发动机编号 20024296 起，中心螺栓已上油脂。

2. 需要的准备工作。

（1）读取故障码存储器的故障记忆并记录。

（2）拆下左气缸盖罩。

（3）拆下左正时齿轮箱盖。

（4）检查配气相位。

3. 拆卸方法。

（1）松开中心螺栓时，使用专用工具 11 9 890 并在凸轮轴的六角段上固定，如图 2-121。

图 2-121

（2）注意！如果不安装专用工具 11 9 890，则在松开中心螺栓时必须固定相应凸轮轴的六角段。松开进气和排气调整装置的中心螺栓（如图 2-122 中 1、2）。安装说明：松开后更换中心螺栓。

图 2-122

（3）注意！检查中心螺栓头（如图 2-123 中 1）是否有油脂（参见箭头）。如果在中心螺栓头上识别不到油脂，则出于安全方面考虑必须更换进气和排气调整装置。安装说明：在中心螺栓的接触面上涂铜涂料。

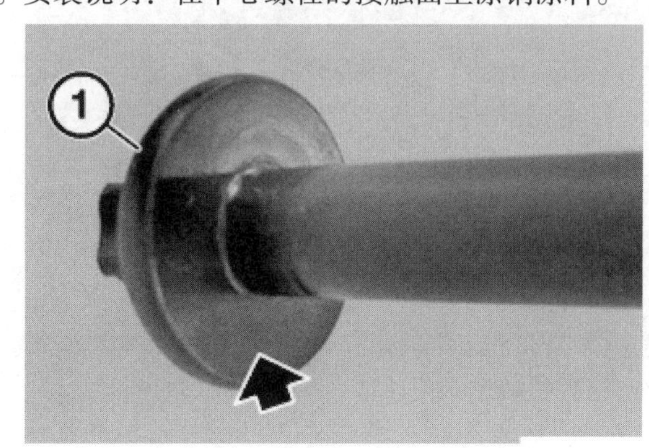

图 2-123

（4）松开内六角螺栓。通过滚花螺栓松开专用工具 11 9 900 并拆下，如图 2-124。

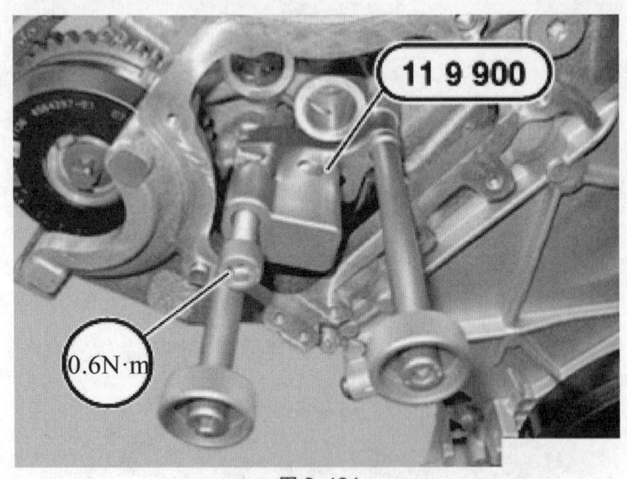

图 2-124

（5）松开螺栓（如图 2-125 中 1）。拆下上部张紧导轨（如图 2-125 中 2）。提示：为达到更好的图示效果，未画出专用工具。

图 2-125

（6）拆下进气调整装置的中心螺栓（如图 2-126 中 2）。安装说明：松开后更换中心螺栓。

图 2-126

（7）将进气调整装置（如图 2-127 中 1）沿箭头方向从进气凸轮轴上松开。

图 2-127

（8）将进气调整装置（如图 2-128 中 2）从正时链（如图 2-128 中 1）中抽出。向上拆下进气调整装置。

图 2-128

（9）拆下排气调整装置的中心螺栓（如图 2-129 中 1）。安装说明：松开后更换中心螺栓。

图 2-129

（10）将排气调整装置（如图 2-130 中 1）沿箭头方向从排气凸轮轴上松开。

图 2-130

（11）将排气调整装置（如图 2-131 中 2）从正时链（如图 2-131 中 1）中抽出。向上拆下排气调整装置（如图 2-131 中 2）。注意！进气和排气调整装置是不同的，有混淆危险。

图 2-131

（12）混淆进气和排气调整装置将会导致发动机损坏。进气调整装置用 EIN 标明，排气调整装置用 AUS 标明，如图 2-132。

图 2-132

（13）安装说明：在中心螺栓（如图 2-133 中 1）的接触面上涂铜涂料。

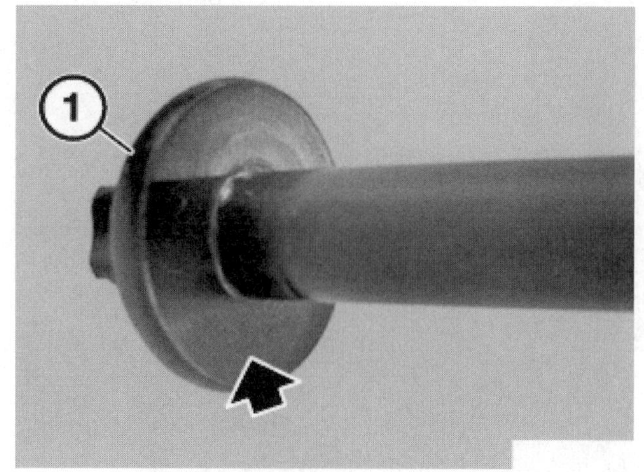

图 2-133

（14）提示：可以自由选择调整装置相对于正时链的位置。将调整装置插入正时链中，然后安装到凸轮轴上。将中心螺栓（如图 2-134 中 1、2）无间隙地装到调整装置上。将中心螺栓松开 90°。

图 2-134

（15）安放滑轨（如图 2-135 中 2）并用螺栓（如图 2-135 中 1）固定。

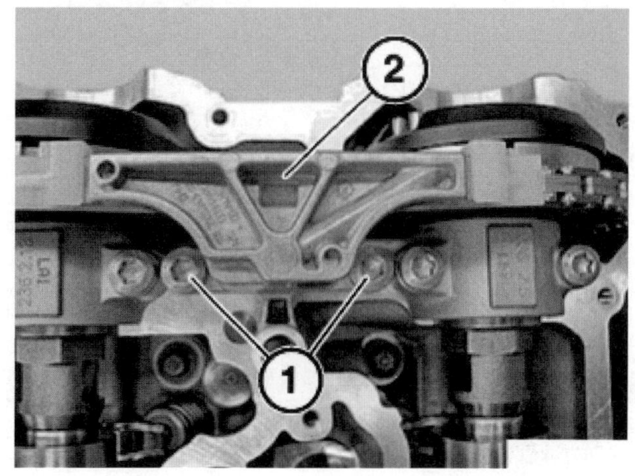

图 2-135

（16）准备用于固定凸轮轴的专用工具 11 9 890，如图 2-136。

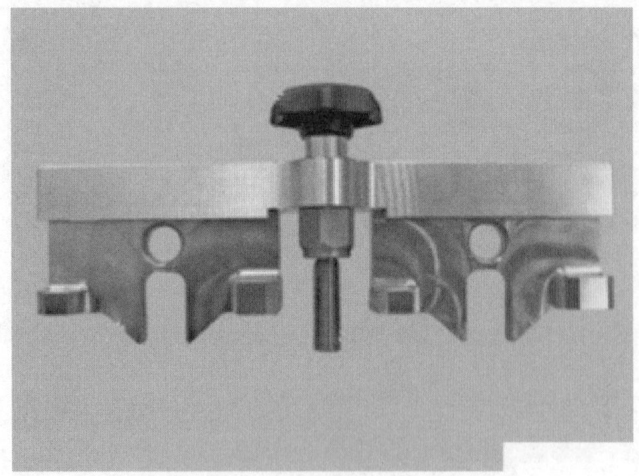

图 2-136

（17）将专用工具 11 9 893 安放到排气凸轮轴上，如图 2-137。

图 2-137

（18）将专用工具 11 9 893 安放到进气凸轮轴上，如图 2-138。

图 2-138

（19）安装说明：校正排气和进气凸轮轴，使专用工具 11 9 893 无间隙地安装在气缸盖上。将专用工具 11 9 894 旋入气缸盖中，如图 2-139。

图 2-139

（20）将专用工具 11 9 892 用专用工具 11 9 891 向下压，如图 2-140。

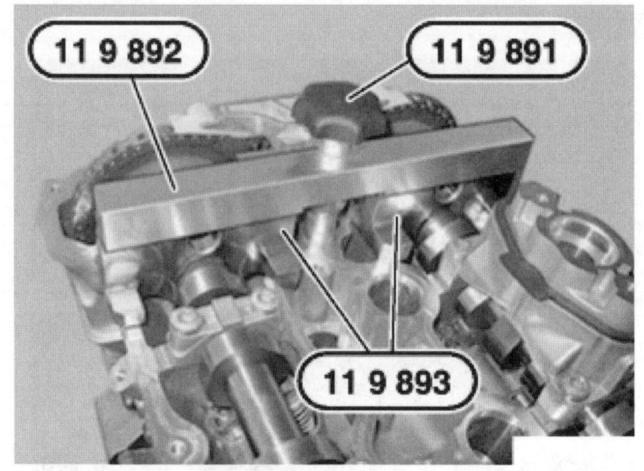

图 2-140

（21）旋入专用工具 11 9 900，用专用工具 11 9 900 预紧正时链。用专用工具 00 9 250 以 0.6N・m 的力矩预紧内六角螺栓，如图 2-141。

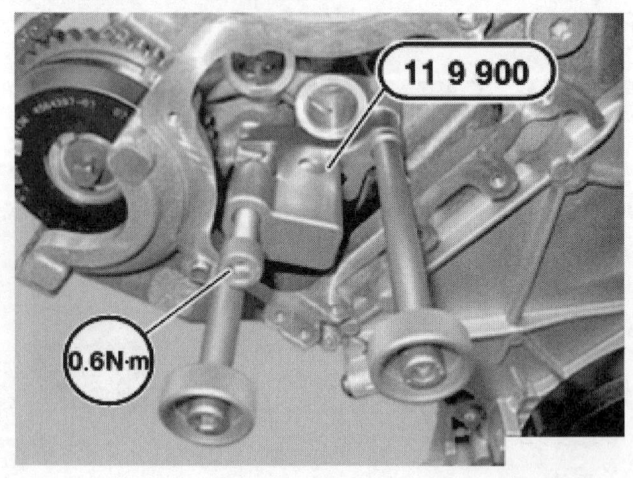

图 2-141

（22）检查专用工具 11 9 190 和 11 8 570 的位置是否正确，如图 2-142。

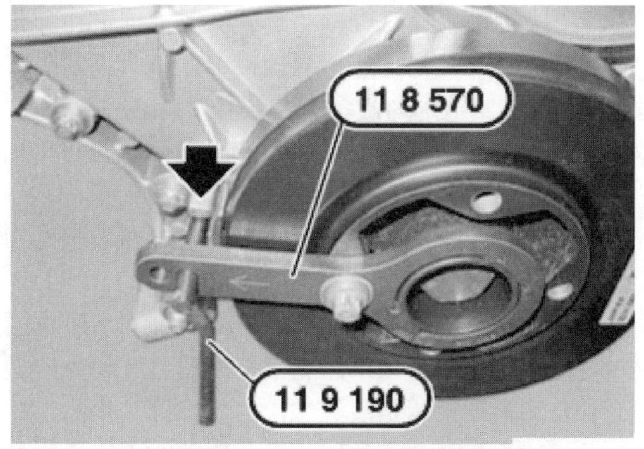

图 2-142

（23）用专用工具 00 9 120 拧紧调整装置的中心螺栓（如图 2-143 中 1、2）。

图 2-143

（24）拆卸专用工具 11 9 190 和 11 8 570，如图 2-144。两次沿旋转方向旋转发动机的中心螺栓，直至发动机重新到达气缸 1 点火上止点位置 150° 处。将专用工具 11 8 570 用一个螺栓安装在减震器上。将专用工具 11 9 190 固定在气缸 1 点火上止点位置 150° 处。

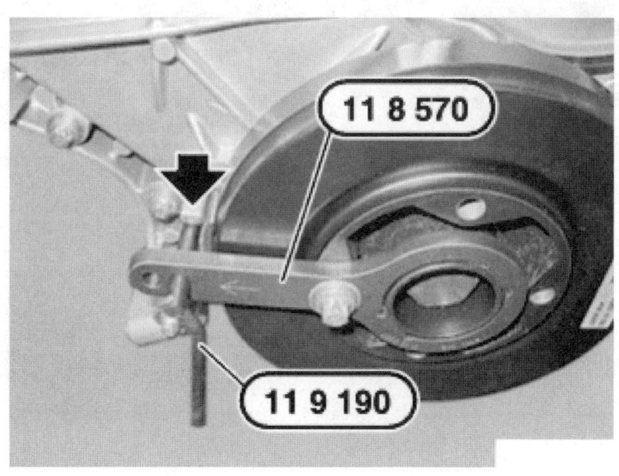

图 2-144

（25）再次检查配气相位。拆下所有专用工具。

（三）检查右侧凸轮轴的配气相位

1. 需要的专用工具。

专用工具 00 9 250、11 8 570、11 9 190、11 9 893 和 11 9 900。注意！配气相位只能用专用工具 11 9 900 检查。如果不使用专用工具 11 9 900 检查配气相位，可能导致配气相位错误。

2. 需要的准备工作。

（1）拆下右气缸盖罩。

（2）拆下集风罩及电动风扇。

（3）拆下空调器皮带轮。

（4）拆下右侧链条张紧器。

3. 拆卸方法。

（1）安装专用工具 11 9 900 代替链条张紧器，如图 2-145。用专用工具 00 9 250 以 0.6N · m 的力矩预紧内六角螺栓。

图 2-145

（2）提示：标记（MP 为安装位置）对于专用工具 11 8 570 的安装很重要，如图 2-146。MP 是 1 缸点火上止点位置前 150° 。

图 2-146

（3）将专用工具 11 8 570 通过双平面段定位在减震器上，使其能够用螺栓（如图 2–147 中 1）固定在 MP 标记处。提示：曲轴箱上的定位凹槽参见箭头。

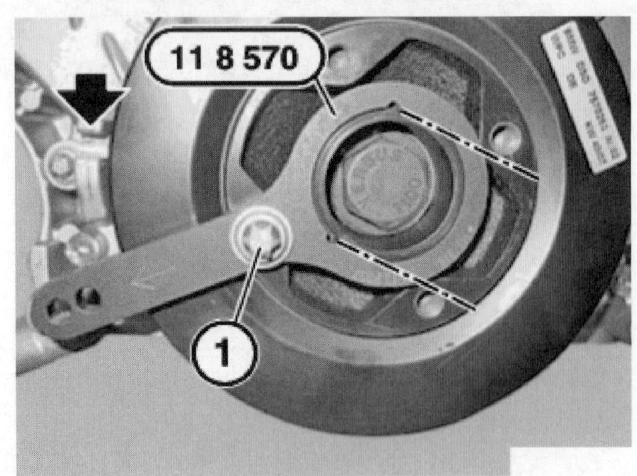

图 2–147

（4）在中心螺栓处旋转发动机。用专用工具 11 8 570 和 11 9 190 将减震器固定在 1 缸点火上止点位置前 150° 处，如图 2–148。

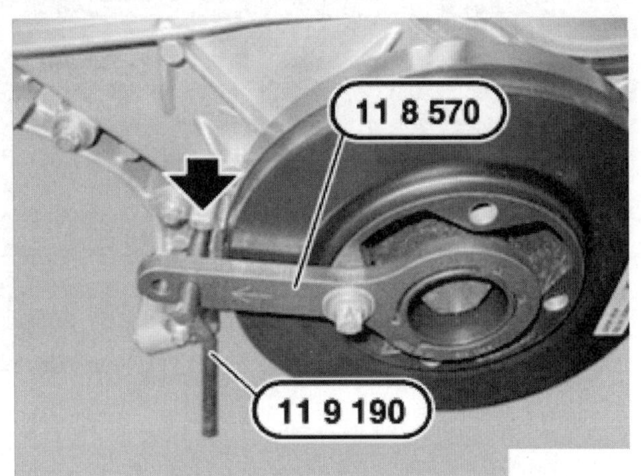

图 2–148

（5）在 1 缸点火上止点位置前 150° 处，1 缸上排气凸轮轴（如图 2–149 中 A）的凸轮轴倾斜朝上。进气凸轮轴（如图 2–149 中 E）的凸轮倾斜向下。提示：为了清楚起见，插图中不带进气和排气调整装置。注意！关闭发动机时，进气和排气调整装置一般都锁定在起始位置。少数情况下，无法达到起始位置，而凸轮轴仍可在调整装置的调整范围内旋转。为避免配气相位调整有误，必须检查调整装置的锁止件，如有必要，旋转凸轮轴进行联锁。

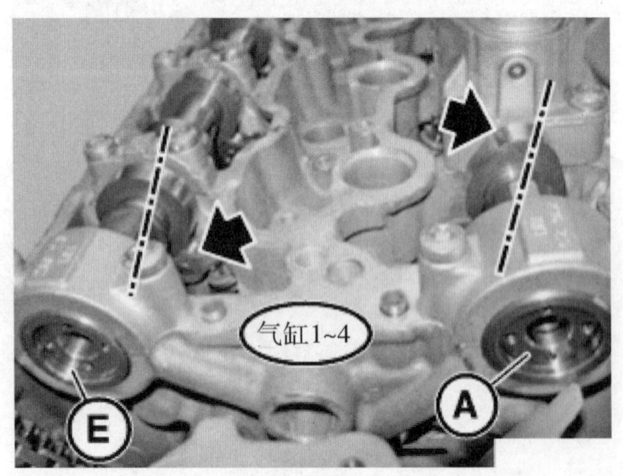

图 2–149

（6）检查进气和排气调整装置在起始位置上的锁定情况：安装在凸轮轴的六角段（如图 2–150 中 2）上，并尝试用一把开口扳手（如图 2–150 中 1）小心地逆旋转方向转动凸轮轴。如果凸轮轴与调整装置动力传递连接，则进气和排气调整装置锁定起始位置。提示：插图对应于气缸 5~8 侧。注意！如果凸轮轴的进气或排气调整装置无法如上所述进行联锁，则调整装置肯定损坏，必须更换。

图 2–150

（7）将专用工具 11 9 893 安装在排气凸轮轴上，检查配气相位调整情况，如图 2–151。提示：当专用工具 11 9 893 无间隙地安装在气缸盖上时，说明配气相位已正确调整好。

图 2–151

（8）将专用工具 11 9 893 安装在进气凸轮轴上，检查配气相位调整情况。提示：当专用工具 11 9 893 无间隙地安装在气缸盖上时，说明配气相位已正确调整好，如图 2-152。如有必要，调整右侧凸轮轴的配气相位。

图 2-152

（9）拆下所有专用工具。装配好发动机。

（四）检查左侧凸轮轴的配气相位

1. 需要的专用工具。

专用工具 00 9 250、11 8 570、11 9 190、11 9 893 和 11 9 900。注意！配气相位只能用专用工具 11 9 900 检查。如果不使用专用工具 11 9 900 检查配气相位，可能导致配气相位错误。

2. 需要的准备工作。

（1）拆下左气缸盖罩。

（2）拆下集风罩及电动风扇。

（3）拆下空调器皮带轮。

（4）拆下左侧链条张紧器。

3. 拆卸方法。

（1）安装专用工具 11 9 900 代替链条张紧器，如图 2-153。用专用工具 00 9 250 以 0.6N・m 的力矩预紧内六角螺栓。提示：插图对应于气缸 1~4。

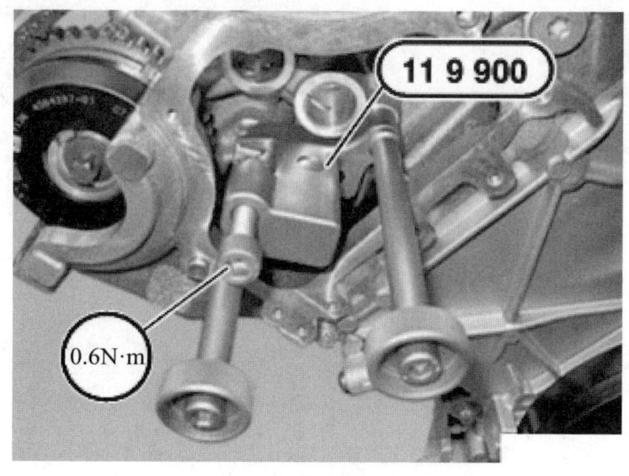

图 2-153

（2）提示：标记（MP）对于专用工具 11 8 570 的安装很重要，如图 2-154。MP 是 1 缸点火上止点位置前 150°。

图 2-154

（3）将专用工具 11 8 570 通过双平面段定位在减震器上，使其能够用螺栓（如图 2-155 中 1）固定在 MP 标记处。提示：曲轴箱上的定位凹槽参见箭头。

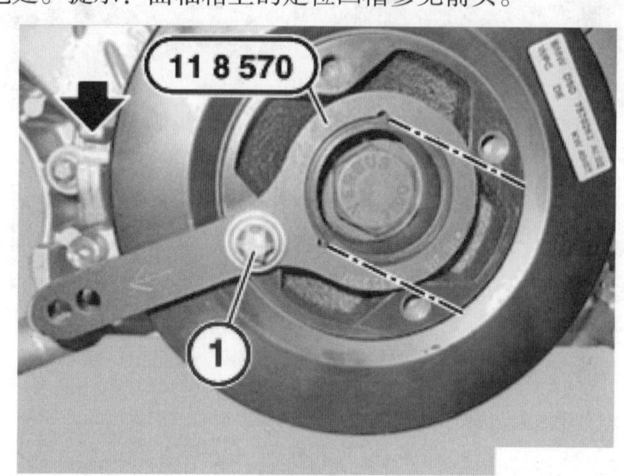

图 2-155

（4）在中心螺栓处旋转发动机。用专用工具 11 8 570 和 11 9 190 将减震器固定在 1 缸点火上止点位置前 150° 处，如图 2-156。

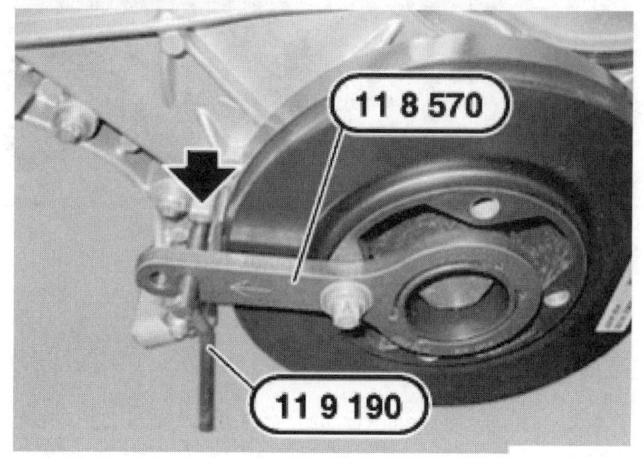

图 2-156

（5）在1缸点火上止点位置前150°处，5缸上排气凸轮轴(如图2-157中A)的凸轮倾斜朝左。进气凸轮轴(如图2-157中E)的凸轮倾斜向下。提示：为了清楚起见，插图中不带进气和排气调整装置。注意！关闭发动机时，进气和排气调整装置一般都锁定在起始位置。少数情况下，无法达到起始位置，而凸轮轴仍可在调整装置的调整范围内旋转。为避免配气相位调整有误，必须检查调整装置的锁止件，如有必要，旋转凸轮轴进行联锁。

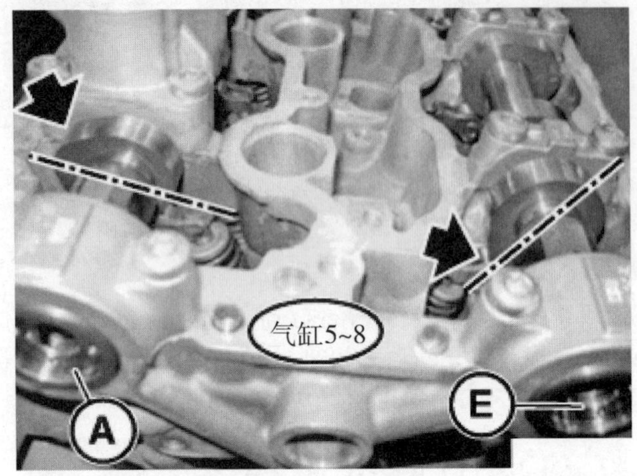

图 2-157

（6）检查进气和排气调整装置在起始位置上的锁定情况：安装在凸轮轴的六角段（如图2-158中2）上，并尝试用一把开口扳手（如图2-158中1）小心地逆旋转方向转动凸轮轴。如果凸轮轴与调整装置动力传递连接，则进气和排气调整装置锁定起始位置。注意！如果凸轮轴的进气或排气调整装置无法如上所述进行联锁，则调整装置肯定损坏，必须更换。

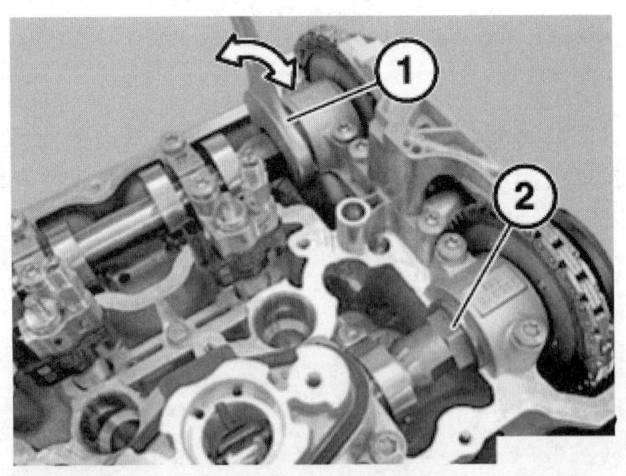

图 2-158

（7）将专用工具11 9 893安装在排气凸轮轴上，检查配气相位调整情况，如图2-159。提示：当专用工具11 9 893无间隙地安装在气缸盖上时，说明配气相位已正确调整好。

图 2-159

（8）将专用工具11 9 893安装在进气凸轮轴上，检查配气相位调整情况，如图2-160。提示：当专用工具11 9 893无间隙地安装在气缸盖上时，说明配气相位已正确调整好。如有必要，调整左侧凸轮轴的配气相位。

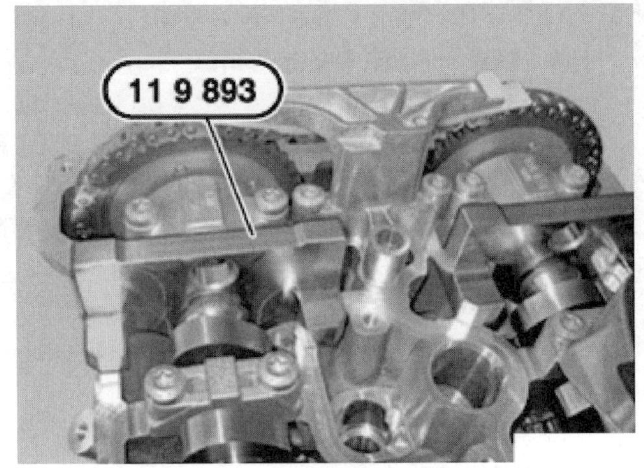

图 2-160

（9）拆下所有专用工具。装配好发动机。

（五）调整右侧凸轮轴的配气相位

1.需要的专用工具。

专用工具00 9 120、11 8 570、11 9 190、11 9 890、11 9 891、11 9 892、11 9 893和11 9 894。注意！调整装置上的中心螺栓只可用专用工具11 9 890松开。正时机构有损坏危险。如果无法安装专用工具11 9 890，则在松开中心螺栓时必须固定相应凸轮轴的六角段。

2.需要的准备工作。

（1）拆下右正时齿轮箱盖。

（2）检查右侧凸轮轴的配气相位。

3.拆卸方法。

（1）准备用于固定凸轮轴的专用工具11 9 890，如图2-161。提示：专用工具11 9 891滚花螺栓。专用工具11 9 892压板。专用工具11 9 893进气和排气凸轮轴的卡规。专用工具11 9 894定位隔块。

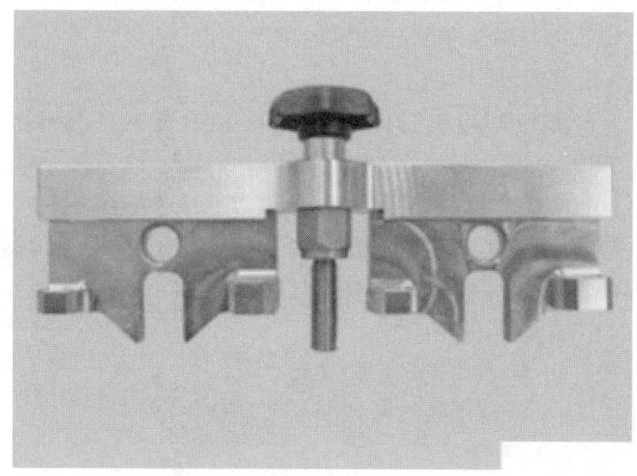

图 2-161

（2）注意！如果无法安装专用工具 11 9 890，则在松开中心螺栓时必须固定相应凸轮轴的六角段。松开进气和排气调整装置的中心螺栓（如图 2-162 中 1、2）。安装说明：松开后更换中心螺栓。

图 2-162

（3）注意！检查中心螺栓头（如图 2-163 中 1）是否有油脂（参见箭头）。如果在中心螺栓头上识别不到油脂，则出于安全方面考虑必须更换调整装置。安装说明：为新的中心螺栓在接触面上涂铜涂料。

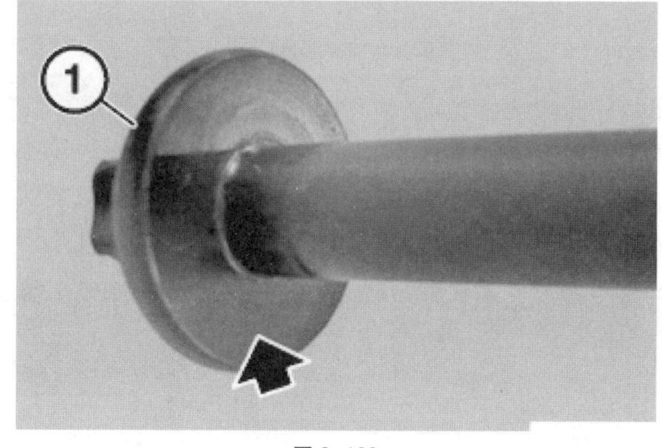

图 2-163

（4）将专用工具 11 9 893 安装到进气凸轮轴和排气凸轮轴上。专用工具 11 9 893 必须无间隙地安装在气缸盖上，如有必要，在六角段上调整凸轮轴。将专用工具 11 9 894（图 2-164）旋入气缸盖中。

图 2-164

（5）将专用工具 11 9 892 定位到专用工具 11 9 893 上，如图 2-165。用专用工具 11 9 891 固定两个专用工具 11 9 893。提示：手动拧紧专用工具 11 9 891。

图 2-165

（6）用专用工具 00 9 120 右边固定进气调整装置的中心螺栓（如图 2-166 中 1）。用专用工具 00 9 120 右边固定排气调整装置的中心螺栓（如图 2-166 中 2）。

图 2-166

（7）拆卸专用工具 11 9 190 和 11 8 570，如图 2-167。在中心螺栓上沿发动机旋转方向转动发动机两次，直至发动机重新到达气缸 1 点火上止点位置 150° 处。用专用工具 11 9 190 将减震器固定在气缸 1 点火上止点位置 150° 处。

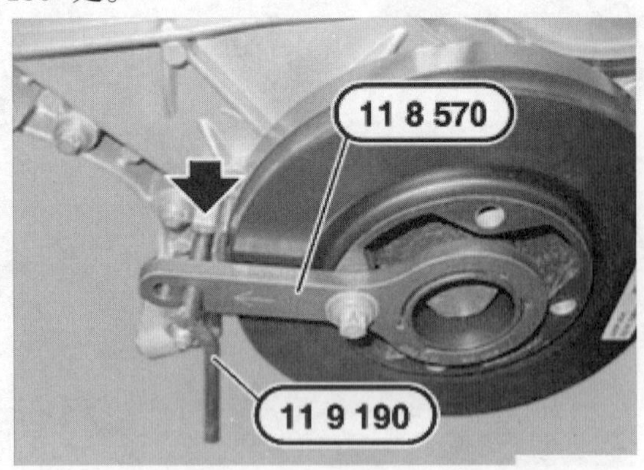

图 2-167

（8）将专用工具 11 9 893 安装在排气凸轮轴上，检查配气相位调整情况，如图 2-168。提示：当专用工具 11 9 893 无间隙地安装在气缸盖上时，说明配气相位已正确调整好。

图 2-168

（9）将专用工具 11 9 893 安装在进气凸轮轴上，检查配气相位调整情况，如图 2-169。提示：当专用工具 11 9 893 无间隙地安装在气缸盖上时，说明配气相位已正确调整好。

图 2-169

（10）拆下所有专用工具。装配好发动机。

（六）调整左侧凸轮轴的配气相位

1. 需要的专用工具。

专用工具 00 9 120、11 8 570、11 9 190、11 9 890、11 9 891、11 9 892、11 9 893 和 11 9 894。注意！调整装置上的中心螺栓只可用专用工具 11 9 890 松开。正时机构有损坏危险。如果无法安装专用工具 11 9 890，则在松开中心螺栓时必须固定相应凸轮轴的六角段。

2. 需要的准备工作。

（1）拆下左正时齿轮箱盖。

（2）检查左侧凸轮轴的配气相位。

3. 拆卸方法。

（1）准备用于固定凸轮轴的专用工具 11 9 890，如图 2-170。提示：专用工具 11 9 891 滚花螺栓。专用工具 11 9 892 压板。专用工具 11 9 893 进气和排气凸轮轴的卡规。专用工具 11 9 894 定位隔块。

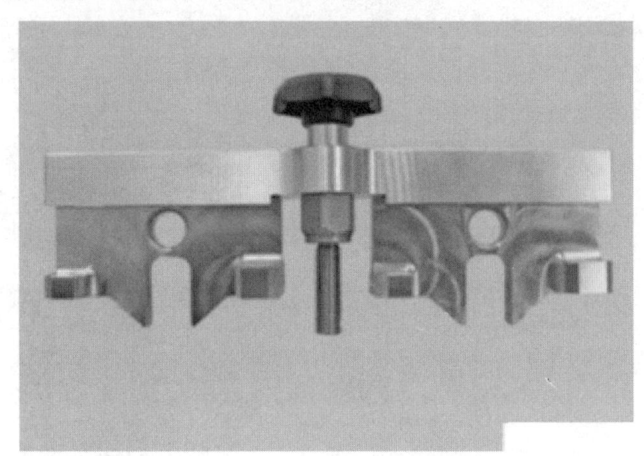

图 2-170

（2）注意！如果无法安装专用工具 11 9 890，则在松开中心螺栓时必须固定相应凸轮轴的六角段。松开进气和排气调整装置的中心螺栓（如图 2-171 中 1、2）。安装说明：松开后更换中心螺栓。

图 2-171

（3）注意！检查中心螺栓头（如图 2–172 中 1）是否有油脂（参见箭头）。如果在中心螺栓头上识别不到油脂，则出于安全方面考虑必须更换调整装置。安装说明：为新的中心螺栓在接触面上涂铜涂料。

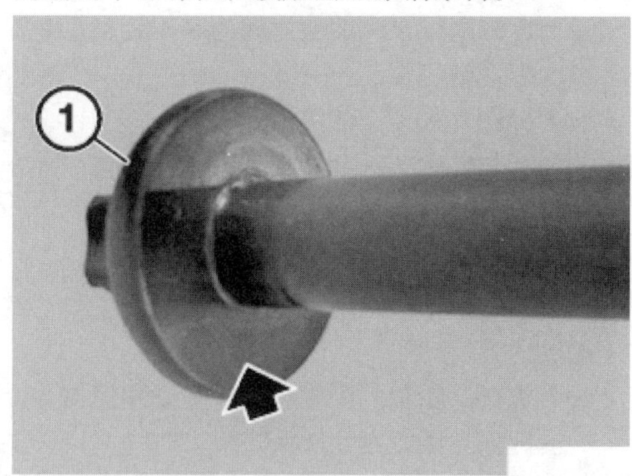

图 2–172

（4）将专用工具 11 9 893 安装到进气凸轮轴和排气凸轮轴上，如图 2–173。专用工具 11 9 893 必须无间隙地安装在气缸盖上，如有必要，在六角段上调整凸轮轴。将专用工具 11 9 894 旋入气缸盖中。

图 2–173

（5）将专用工具 11 9 892 定位到专用工具 11 9 893 上，如图 2–174。用专用工具 11 9 891 固定两个专用工具 11 9 893。提示：手动拧紧专用工具 11 9 891。

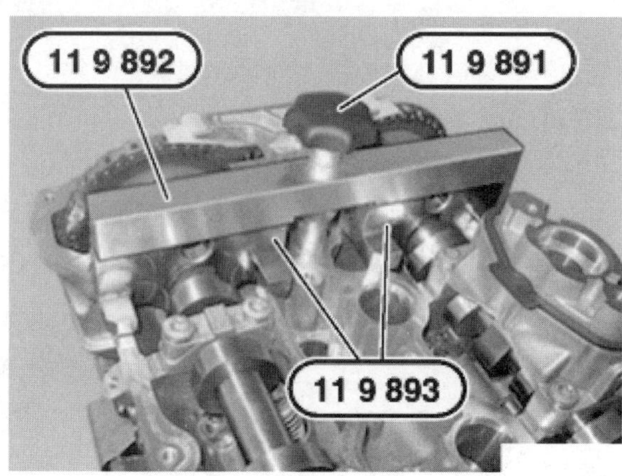

图 2–174

（6）用专用工具 00 9 120 右边固定进气调整装置的中心螺栓（如图 2–175 中 1）。用专用工具 00 9 120 右边固定排气调整装置的中心螺栓（如图 2–175 中 2）。

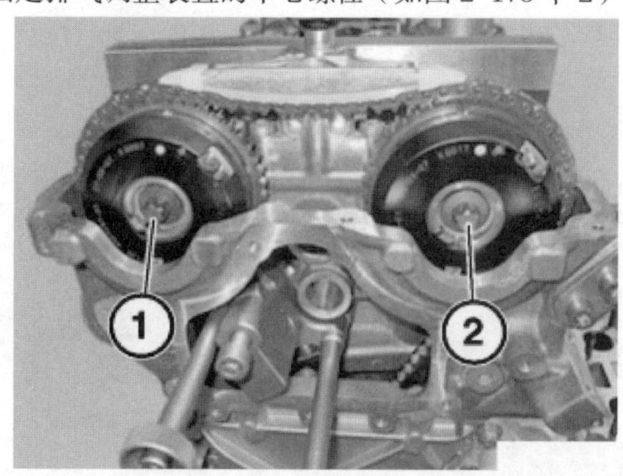

图 2–175

（7）拆卸专用工具 11 9 190 和 11 8 570，如图 2–176。在中心螺栓上沿发动机旋转方向转动发动机两次，直至发动机重新到达气缸 1 点火上止点位置 150° 处。用专用工具 11 9 190 将减震器固定在气缸 1 点火上止点位置 150° 处。

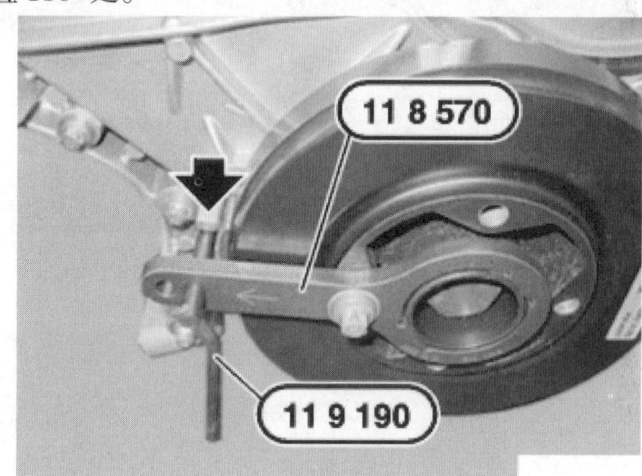

图 2–176

（8）将专用工具 11 9 893 安装在排气凸轮轴上，检查配气相位调整情况，如图 2–177。

提示：当专用工具 11 9 893 无间隙地安装在气缸盖上时，说明配气相位已正确调整好。

图 2–177

（9）将专用工具 11 9 893 安装在进气凸轮轴上，检查配气相位调整情况，如图 2-178。提示：当专用工具 11 9 893 无间隙地安装在气缸盖上时，说明配气相位已正确调整好。

图 2-178

（10）拆下所有专用工具。装配好发动机。

六、车型

宝马 740Li（G12）（3.0T B58B30），2016—2019 年。

华晨宝马 540Li（G38）（3.0T B58B30），2018—2019 年。

M140i（F20）（3.0T B58B30），2016—2019 年。

M240i（F45）（3.0T B58B30），2017—2019 年。

540Li（G30）（3.0T B58B30），2018—2019 年。

GT 640Li（G32）（3.0T B58B30），2018—2019 年。

（一）检查配气相位

1. 工作概述。

（1）断开所有蓄电池负极导线。

（2）拆下隔音板。

（3）拆下进气滤清器壳。

（4）拆卸谐振器及上部纯空气管道。

（5）拆卸中部发动机室盖板。

（6）拆下两个前端支撑杆。

（7）拆卸前部横向连接（前端支撑杆已拆卸）。

（8）拆卸后上方横向连接。

（9）拆下集风罩。

（10）拆卸后部车前盖密封件。

（11）拆下后部隔音板。

（12）拆卸左后发动机室的盖板。

（13）拆卸左侧和右侧刮水臂。

（14）拆下风窗框板盖板。

（15）拆卸减震支柱盖上的拉杆。

（16）拆下中间前围板上部总成。

（17）拆卸左右侧密封框。

（18）拆卸中部前围下部件。

（19）拆下两个执行器。

（20）拆卸前部发动机隔热隔音罩。

（21）拆下点火线圈。

（22）拆卸高压泵和油轨之间的高压管路。

（23）拆下高压泵。

（24）拆卸气缸 1~3 的喷油器。

（25）拆卸气缸 4~6 的喷油器。

（26）拆下气缸盖罩。

（27）拆下前部机组防护板。

（28）拆卸中部机组防护板。

（29）拆下启动机。

（30）检查凸轮轴的配气相位（自动变速器）。

（31）拆除专用工具 2 358 122。

（32）拆卸专用工具 2 288 380。

（33）安装启动机。

（34）安装气缸盖罩。

（35）准备喷油器。

（36）安装气缸 4~6 的喷油器。

（37）安装气缸 1~3 的喷油器。

（38）准备高压泵。

（39）安装高压泵。

（40）将高压管路安装到油轨和高压泵之间。

（41）安装点火线圈。

（42）安装前部发动机隔热隔音罩。

（43）安装两个执行器。

（44）安装中部前围下部件。

（45）安装左右侧密封框。

（46）安装中间前围板上部总成。

（47）安装减震支柱盖上的拉杆。

（48）安装风窗框板盖板。

（49）安装左侧和右侧刮水臂。

（50）安装左后发动机室的盖板。

（51）安装后部隔音板。

（52）安装后部车前盖密封件。

（53）安装集风罩。

（54）安装后上方横向连接。

（55）安装前部横向连接（前端支撑杆已拆卸）。

（56）安装两个前端支撑杆。

（57）安装中部发动机室盖板。

（58）安装谐振器及上部纯空气管道。

（59）安装进气滤清器壳。

（60）安装隔音板。

（61）安装中心机组防护板。

（62）安装前部机组底部护板。

（63）连接所有蓄电池负极导线。

2. 具体工作。

（1）断开所有蓄电池负极导线。

①断开蓄电池负极导线（发动机室），松开锁止件（如图 2–179 中 1），拆下盖板（如图 2–179 中 2）。

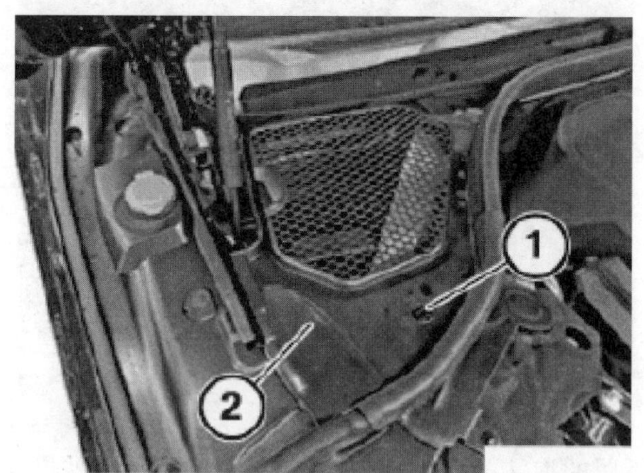

图 2–179

有损坏危险：蓄电池接线柱、安全蓄电池接线柱或智能型蓄电池传感器（IBS）损坏。蓄电池接线柱损坏可能导致车载电路功能异常或失灵。通过小心地来回移动蓄电池接线柱拔下蓄电池接线柱。不要用工具取下。松开蓄电池负极接线柱上的螺母（如图 2–180 中 1）。将蓄电池负极接线柱（如图 2–180 中 1）从蓄电池负极中拔下。将蓄电池负极导线置于一侧并固定。

图 2–180

②遮盖车辆电池。警告：蓄电池接线柱未受保护。有短路危险！火灾危险！遮盖车辆电池。如图 2–181，用专用工具 2 452 007 遮盖车辆电池。按照图 2–181 方式定位蓄电池负极导线（如图 2–181 中 1）。

③拆下行李箱底板饰件。将行李箱底板饰件（如图 2–182 中 1）用专用工具 0 494 190 （64 1 030）从后角处抬起。沿箭头方向取出行李箱底板饰件（如图 2–182 中 1）。

图 2–181

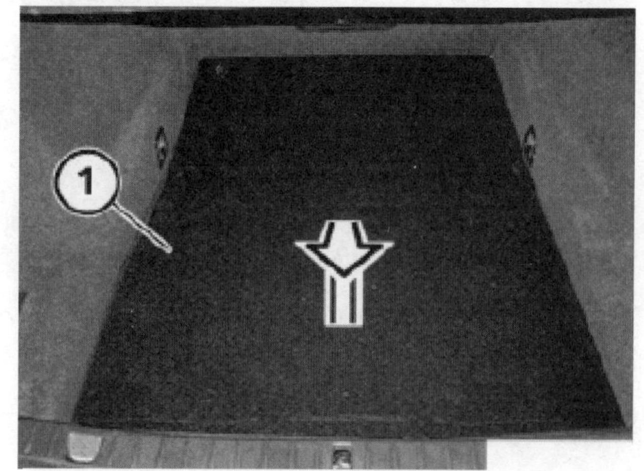

图 2–182

④拆卸储物托槽。向上取下储物托槽（如图 2–183 中 1）。

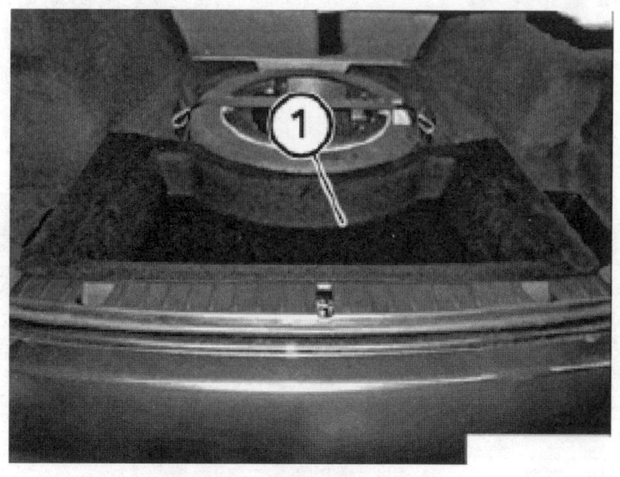

图 2–183

⑤拆卸应急备用轮胎的储物托槽。松开尼龙搭扣（如图 2–184 中 1）。将应急车轮（如图 2–184 中 2）及托垫向后上方取出。

将储物托槽（如图 2–185 中 1）向后上方取出。

⑥断开蓄电池负极导线。前提：点火开关已关闭。

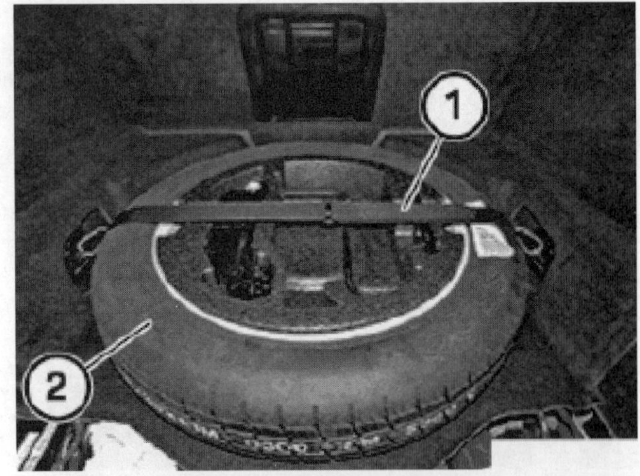

图 2-184

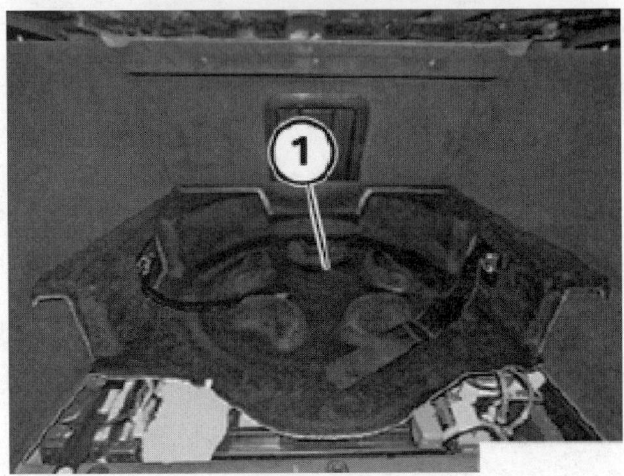

图 2-185

有损坏危险：蓄电池接线柱、安全蓄电池接线柱或智能型蓄电池传感器（IBS）损坏。蓄电池接线柱损坏可能导致车载电路功能异常或失灵。通过小心地来回移动蓄电池接线柱拔下蓄电池接线柱。不要用工具取下。松开螺母（如图 2-186 中 1）。将蓄电池负极接线柱与智能型蓄电池传感器（如图 2-186 中 2）从蓄电池负极上拔下。将蓄电池负极导线置于一侧并固定。

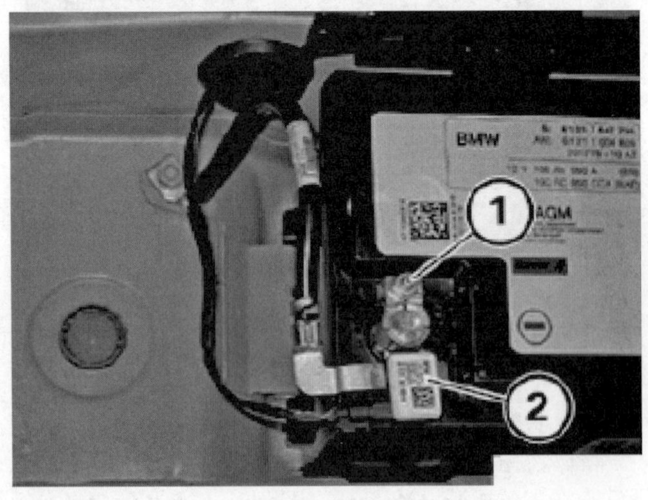

图 2-186

⑦断开主动转向系统的蓄电池负极导线。技术信息：仅在蓄电池接线柱上连接和断开蓄电池。不要脱开插头！松开螺栓（如图 2-187 中 1）。拆下支架（如图 2-187 中 2）。将分隔元件（如图 2-187 中 3）向上取出并置于一侧。

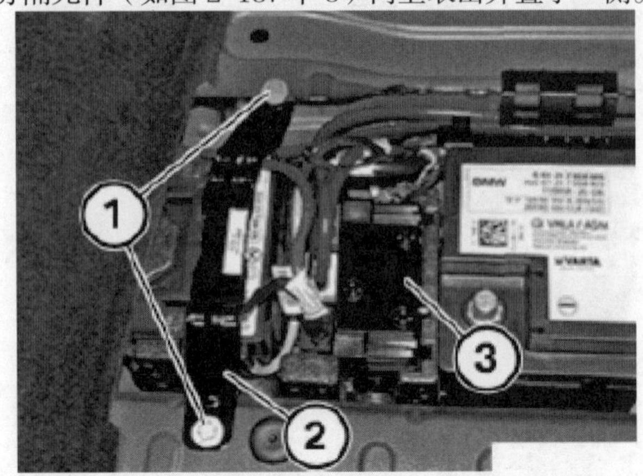

图 2-187

向上拆下分隔元件的泡沫插入件（如图 2-188 中 1）。用所属的泡沫插入件将辅助电池（如图 2-188 中 2）向右推动。

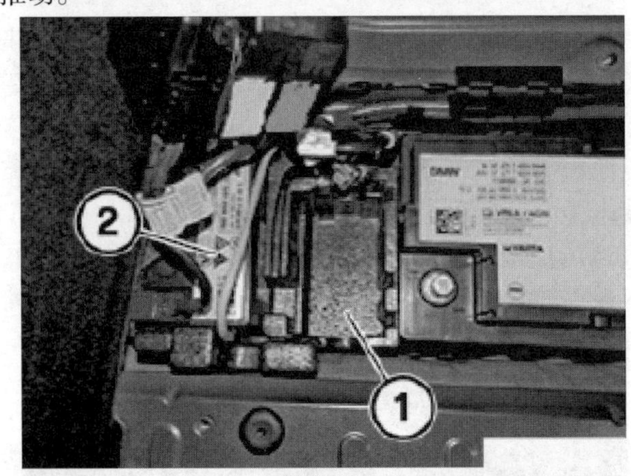

图 2-188

对于生产时间在 2016 年 7 月之后的款型，必要时松开夹子（如图 2-189 中 1）并取下盖板（如图 2-189 中 2）。可选安装饰盖。

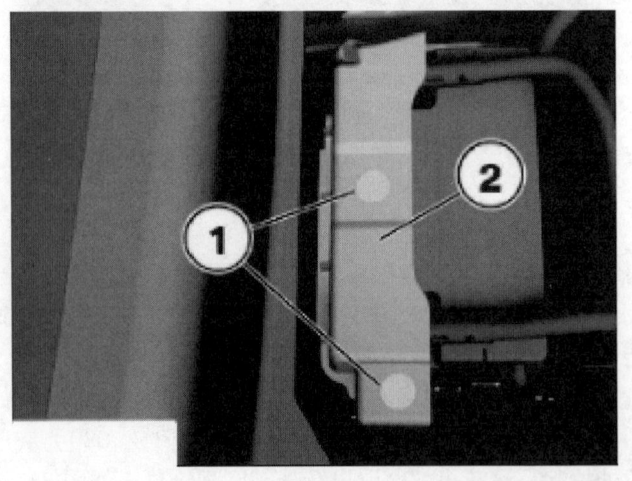

图 2-189

打开护罩（如图 2-190 中 1）。松开蓄电池负极导线上的螺栓（如图 2-190 中 2）。将蓄电池负极导线（如图 2-190 中 2）置于一侧并固定。

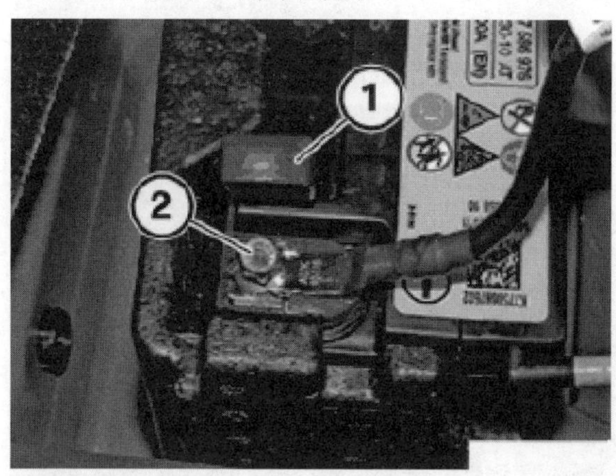

图 2-190

（2）拆下隔音板。有损坏危险：隔音板损坏。拆卸时猛烈拉扯或在安装时过度用力会导致隔音盖板断裂。小心拆卸和安装隔音盖板。依次拆卸和安装球面轴颈上的快装连接器。仅在温度 > 20℃时拆卸和安装隔音盖板。在安装时只可以用蒸馏水作为辅助工具，不可以使用润滑剂。将隔音板（如图 2-190 中 4）从标记区域的支架向上脱开。

（3）拆下进气滤清器壳。解除联锁并松开插头（如图 2-191 中 1）。松开夹箍（如图 2-191 中 2）。松开螺栓（如图 2-191 中箭头）。拆下进气滤清器壳上部分（如图 2-191 中 3）。

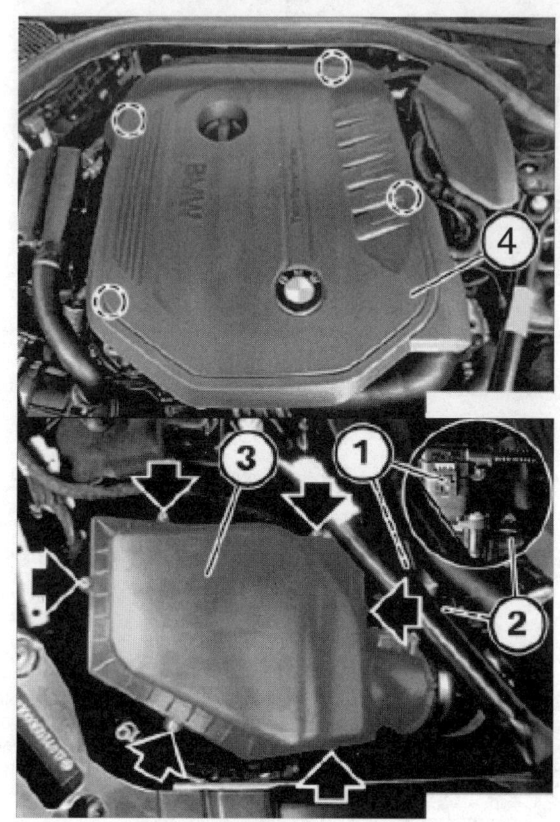

图 2-191

拆下空气滤清器滤芯（如图 2-192 中 1）。

图 2-192

松开螺栓（如图 2-193 中 1）。如果装有松脱夹子（如图 2-193 中 2），将空气滤清器壳下部件（如图 2-193 中 3）向上从橡胶支座拔出并拆下。

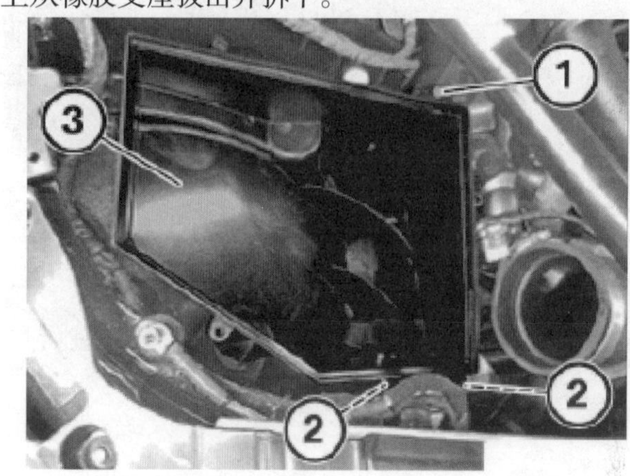

图 2-193

（4）拆卸谐振器及上部纯空气管道。松开夹箍（如图 2-194 中 1）并拔下上部纯空气管道（如图 2-194 中 2）。将谐振器（如图 2-194 中 3）向上从橡胶支座中拔下。抽出并拆卸谐振器（如图 2-194 中 3）及上部纯空气管道（如图 2-194 中 2）。

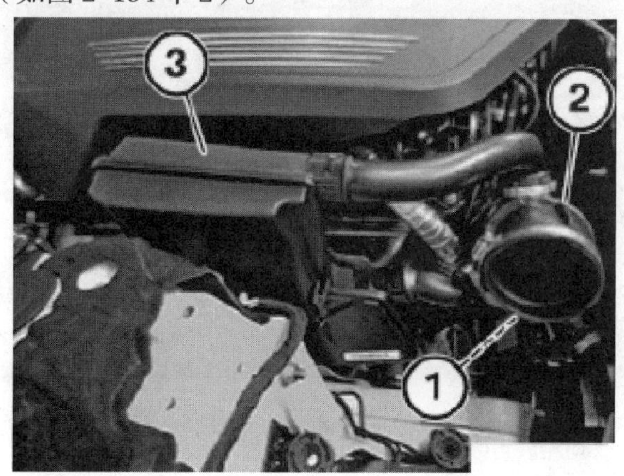

图 2-194

（5）拆卸中部发动机室盖板。松开所有膨胀铆钉（如图 2–195 中箭头）。拆下盖板（如图 2–195 中 1）。

图 2–195

（6）拆下两个前端支撑杆。注意：该说明仅以左侧部件为例。右侧的工作步骤与之相同。拆下前端支撑杆。松开螺栓（如图 2–196 中 1、2）。取下前端支撑杆（如图 2–196 中 3）。

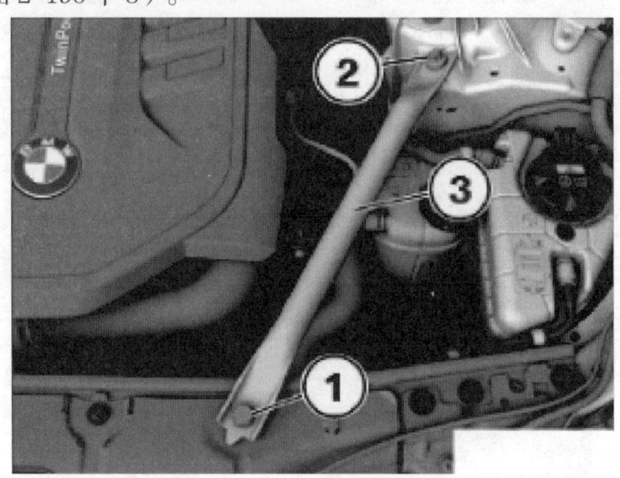

图 2–196

（7）拆卸前部横向连接（前端支撑杆已拆卸）。松开螺栓（如图 2–197 中 1）。取下拉线（如图 2–197 中 2）。将前部横向连接件（如图 2–197 中 3）向上抽出。

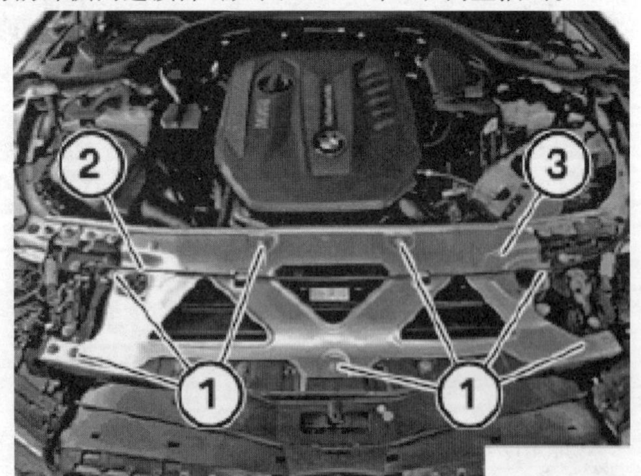

图 2–197

（8）拆卸后上方横向连接。有损坏危险：划伤。工具和边缘锋利的部件可能会导致划伤。保护工作范围。小心地操作工具和部件。松开螺栓（如图 2–198 中 1）。将左侧车前盖锁的支座（如图 2–198 中 2）稍稍抬起，并将后上部横向连接件（如图 2–198 中 3）向后抽出。将右侧车前盖锁的支座（如图 2–198 中 2）稍稍抬起，并将后上部横向连接件（如图 2–198 中 3）向后抽出并取下。

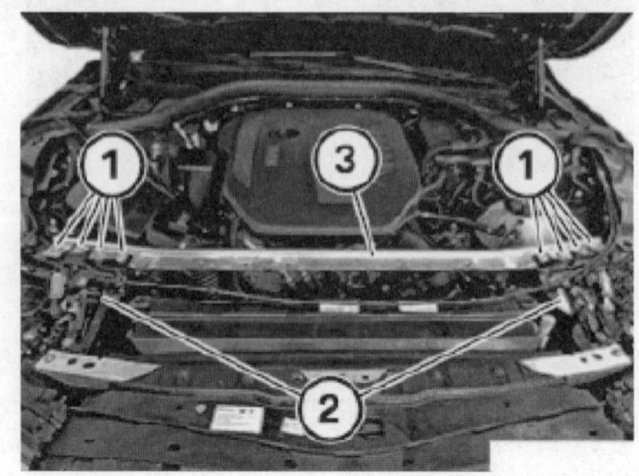

图 2–198

（9）拆下集风罩。警告：高温表面，有烫伤危险！只有当部件已冷却时，才能执行所有维修工作。松脱夹子（如图 2–199 中 1）。抽出冷却液管（如图 2–199 中 2）并放到一边。

图 2–199

解除联锁并松开插头（如图 2–200 中 1）。松开螺栓（如图 2–200 中 2）。沿箭头方向抽出并拆下集风罩（如图 2–200 中 3）。

图 2–200

（10）拆卸后部车前盖密封件。向前从支架中抽出电缆（如图 2-201 中 1）。将后部车前盖密封条（如图 2-201 中 2）向内从导向件中取下。

图 2-201

（11）拆下后部隔音板。松脱标记区域内的隔音板（如图 2-202 中 1）并向上拆卸。

图 2-202

（12）拆卸左后发动机室的盖板。松开锁止件（如图 2-203 中 1）。拆下盖板（如图 2-203 中 2）。

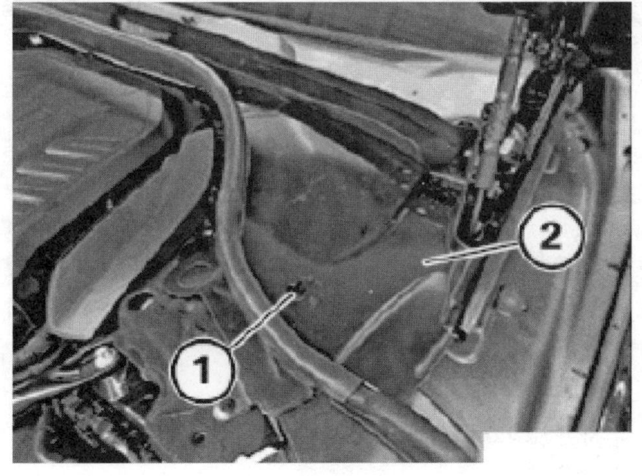

图 2-203

（13）拆卸左侧和右侧刮水臂。注意：该说明仅以左侧部件为例，右侧的工作步骤与之相同。拆卸刮水臂，拆下饰盖（如图 2-204 中 1）。松开螺母（如图 2-204 中 2）。

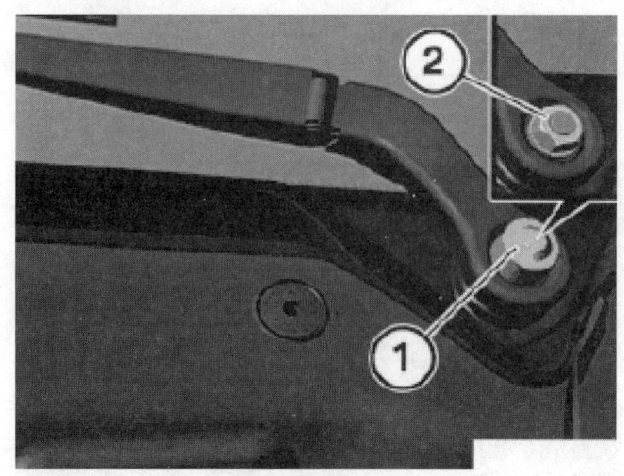

图 2-204

借助专用工具 0 493 441（61 6 060）拔下刮水臂（如图 2-205 中 1）。

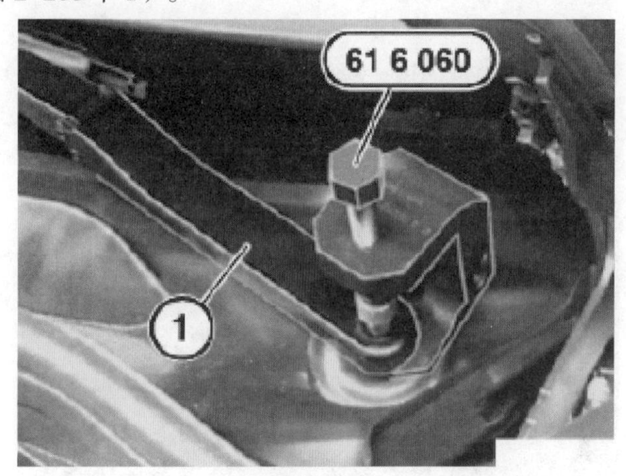

图 2-205

（14）拆下风窗框板盖板。将风窗框板盖板（如图 2-206 中 1）从卡子（如图 2-206 中 2）和（如图 2-206 中 3）中松开。从侧向开始向上拔下风窗框板盖板（如图 2-206 中 1）。

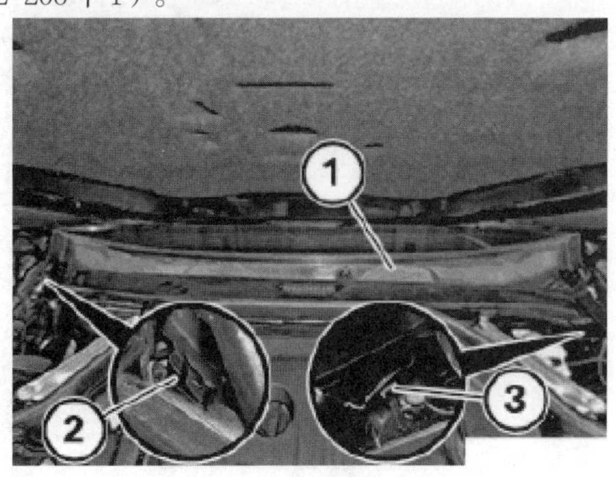

图 2-206

（15）拆卸减震支柱盖上的拉杆。技术信息：无车顶撑杆或拉杆不允许行驶。

规格 1：

松开螺栓（如图 2–207 中 1）和（如图 2–207 中 2）。将拉杆（如图 2–207 中 3）在减震支柱盖上向上拆卸。

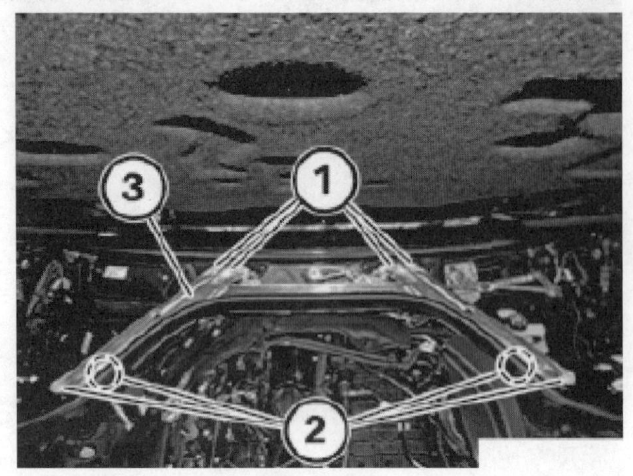

图 2–207

规格 2：

松开螺栓（如图 2–208 中 1）和（如图 2–208 中 2）。将拉杆（如图 2–208 中 3）在减震支柱盖上向上拆卸。

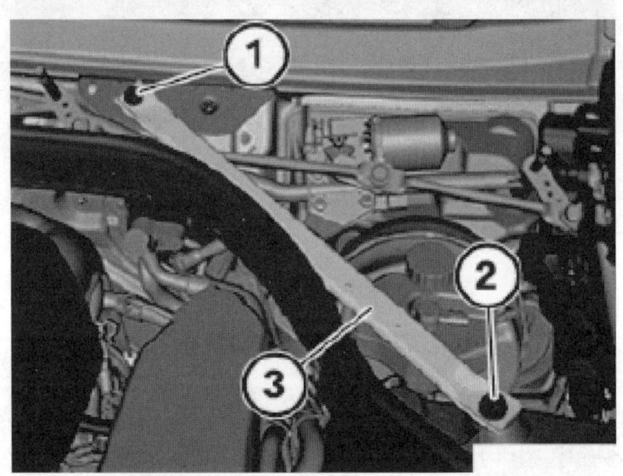

图 2–208

（16）拆下中间前围板上部总成。松开标记区域内的螺栓。拆下中间前围板上部总成（如图 2–209 中 1）。

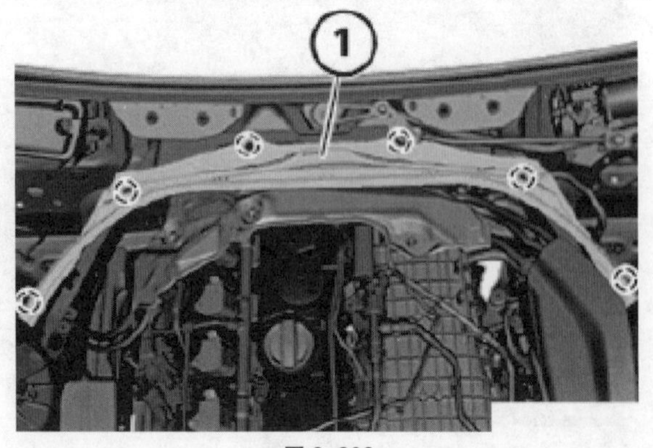

图 2–209

（17）拆卸左右侧密封框。注意：操作说明仅针对右侧部件。左侧的工作步骤与之相同。松开螺栓（如图 2–210 中 1）。松开卡子（如图 2–210 中 2）。向上抽出密封框（如图 2–210 中 3）。

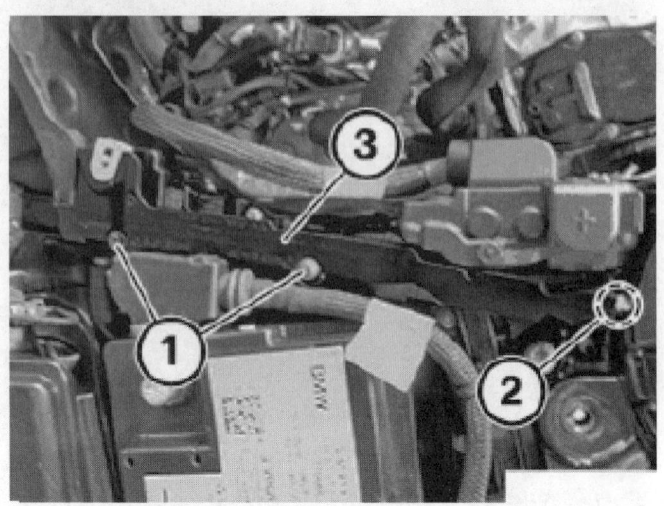

图 2–210

（18）拆卸中部前围下部件。松开螺栓（如图 2–211 中 1）。松开螺母（如图 2–211 中 2）。拆卸中部前围下部件（如图 2–211 中 3）。

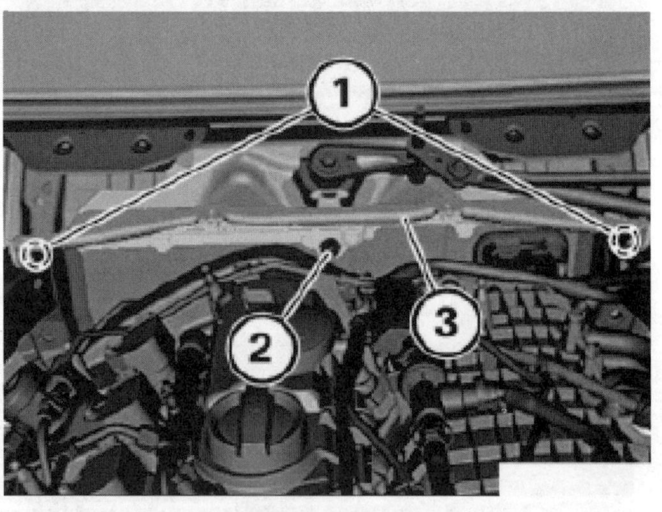

图 2–211

（19）拆下两个执行器。

有损坏危险：静电放电。电气组件损坏或毁坏。直至安装前，电气组件的原包装不得损坏。如需寄回，也只允许使用原包装。已拆卸的部件应立即进行包装。注意关于使用相应专用工具 12 7 060 的用户提示。只能接触电气元件的壳体。不得直接接触线脚和插座！穿上绝缘服和防静电鞋（带 ESD 标志）。

将专用工具 2 360 895 正确定位在进气侧执行器（如图 2–212 中 1）上。

图 2-212

将进气侧的执行器（如图 2-213 中 1）用专用工具 2 360 895 沿箭头方向转动 50° 并松开。

图 2-213

注意：插图显示发动机背面。

将专用工具 2 360 895 正确定位在排气侧执行器（如图 2-214 中 1）上。

图 2-214

将排气侧的执行器（如图 2-215 中 1）用专用工具 2 360 895 沿箭头方向转动 50° 并松开。

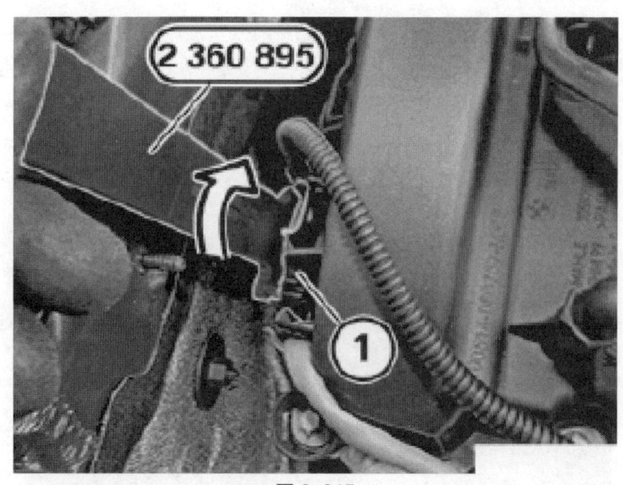

图 2-215

注意：插图显示发动机背面。

解除联锁并脱开两个插头（如图 2-216 中 1）。抽出并拆卸两个执行器。

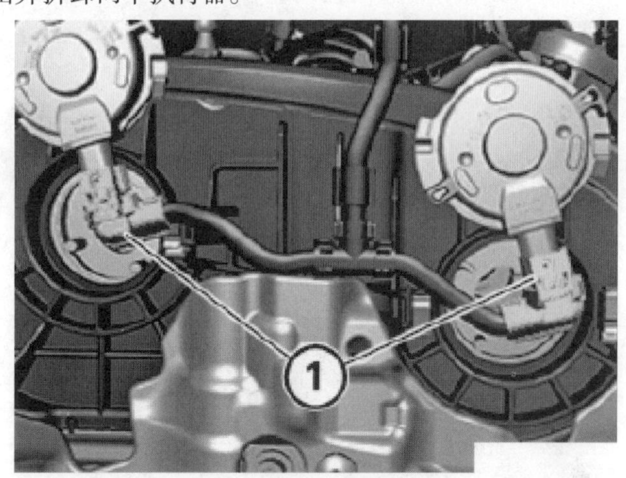

图 2-216

（20）拆卸前部发动机隔热隔音罩。解除联锁燃油箱排气管（如图 2-217 中 1），从燃油箱排气阀上拔下并在标记区域处松脱。解除联锁并拔下燃油箱排气管（如图 2-217 中 2）。

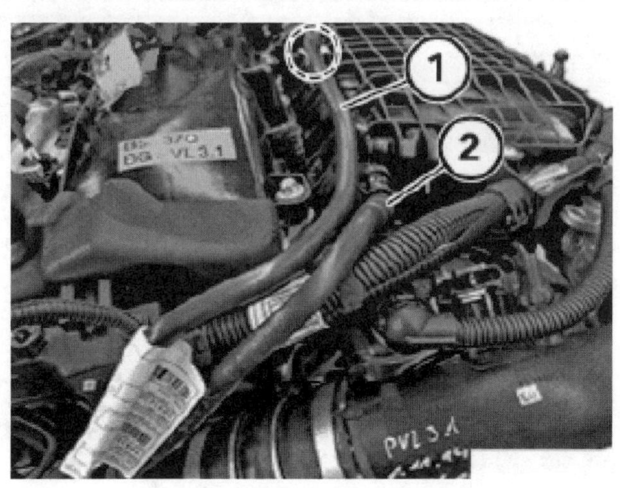

图 2-217

解除联锁并拔下插头（如图 2-218 中 1、2）。在标记区域处松脱电线束（如图 2-218 中 3），并将其置于一侧。必要时松开接地导线的螺栓。

图 2-218

小心地抽出并拆卸发动机隔热隔音罩（如图 2-219 中 1）。

图 2-219

（21）拆下点火线圈。警告：高温表面有烫伤危险！只有当部件已冷却时，才能执行所有维修工作。注意：该描述只用于一个部件。所有其他部件的工作步骤与之相同。解除联锁并松开插头（如图 2-220 中 1）。松开螺栓（如图 2-220 中 2）。抽出并拆下点火线圈（如图 2-220 中 3）。

图 2-220

（22）拆卸高压泵和油轨之间的高压管路。

受伤危险！穿戴合适的个人防护装备。在执行安装工作前，让冷却系统冷却至 40℃以下。注意气缸盖罩上的警告牌。

有损坏危险：污物或异物。污物可能导致功能异常、功能失效或不密封。注意保持绝对清洁。对部件进行保护，例如加以遮盖，以防污物进入。用密封塞密封管路接头。松开锁紧螺母（如图 2-221 中 1）。松开螺栓（如图 2-221 中 2）。抽出并拆卸高压管路（如图 2-221 中 3）。

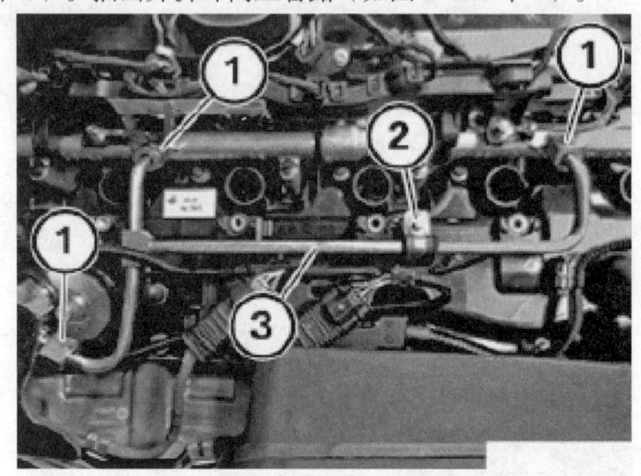

图 2-221

（23）拆下高压泵。警告：对燃油系统执行维修工作。有火灾危险！爆炸危险！当对燃油系统执行维修工作时，注意确保工作场地足够的通风，例如借助抽吸。导线敞开和接口密封闭合；将可能溢出的燃油直接于出口处接住。禁止有明火和烟雾。

有损坏危险：点火线圈损坏。点火线圈的硅胶软管不得被燃油污染，否则会导致点火线圈失灵。在燃油系统上进行作业时，用合适的物品覆盖点火线圈，必要时

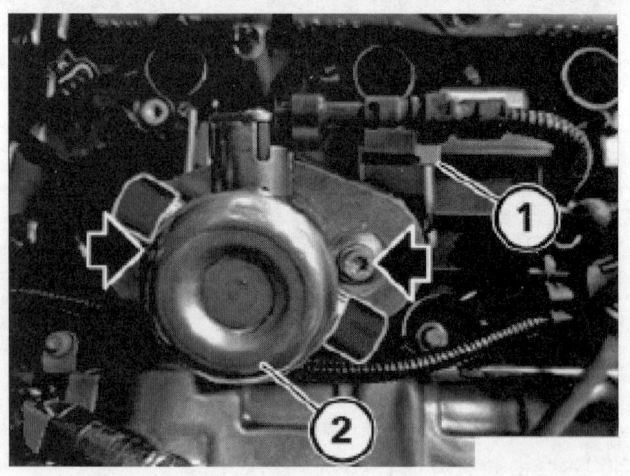

图 2-222

拆卸。不要给火花塞插头的硅树脂软管上油或上油脂。硅树脂软管涂有滑石粉，以便减小拉拔力。解除联锁并松开插头（如图2-222中1）。交替松开螺栓（如图2-222中箭头）。抽出并拆下高压泵（如图2-222中2）。在拔下高压泵（如图2-222中2）时，发动机油可能溢出，准备好抹布。

（24）拆卸气缸1~3的喷油器。有损坏危险：污物或异物可能导致功能异常、功能失效或不密封。注意保持绝对清洁。对部件进行保护，例如加以遮盖，以防污物进入。用密封塞密封管路接头。

喷油器喷口和特氟隆环损坏。喷油器喷口和特氟隆环处理不当可能会导致喷油器功能异常。避免与喷油器喷口发生机械接触。更换特氟隆环时手和作业底板必须干净且无油。不要使用润滑辅助工具，不要借助手指推上特氟隆环。

有损坏危险！喷油器损坏。过大的力作用可能会损坏喷油器，从而必须更换喷油器。最大可用13N·m的扭力运动扭转喷油器。松开螺母（如图2-223中1）。抽出接地导线（如图2-223中2）并放在一边。抽出电缆盒（如图2-223中3）并放在一边。

图2-223

将锁止件（如图2-224中1）沿向上箭头方向解除联锁。按压锁止件（如图2-224中1）并沿箭头方向松开。将插头（如图2-224中2）从喷油器上拔下。

将喷油器的所有插头（如图2-225中1）解除联锁并松开。

解除联锁并松开插头（如图2-226中1）。松开螺栓（M5×30）（如图2-226中2）。螺栓（如图2-226中2）禁止重复使用。用合适的工具盛接排出的燃油并妥善处理。

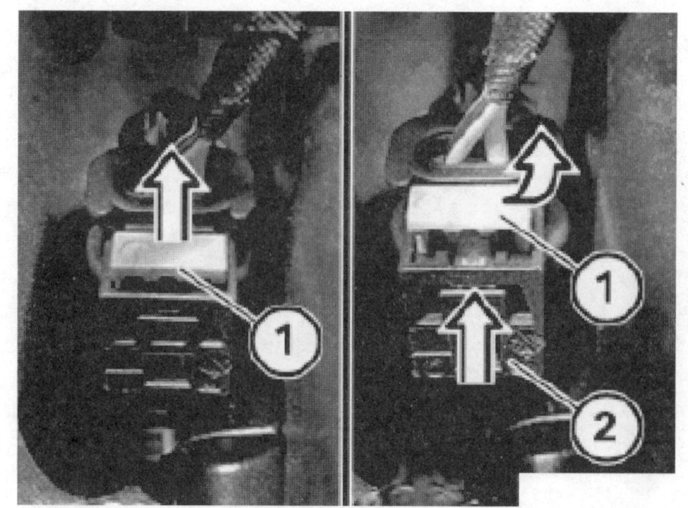

图2-224

图2-225

图2-226

松开螺栓（M6×70）（如图2-227中箭头）。螺栓（如图2-227中箭头）禁止重复使用。将油轨（如图2-227中1）向上拆卸。喷油器留在气缸盖上。

图 2-227

拆下密封件（如图 2-228 中 1）。该密封件仅在工厂内首次安装时使用，不得重复安装。

图 2-228

有损坏危险！如果超出了拉力的规定值，更新喷射装置。拆卸喷油器请使用专用工具 2 358 417。通过专用工具 2 358 417 将确保不会超出拉力。专用工具 2 358 417 由以下部分构成：

①螺纹套筒（如图 2-229 中 1）。

②拉出螺纹（左旋螺纹）（如图 2-229 中 2）。

③喷油器定位件（如图 2-229 中 3）。

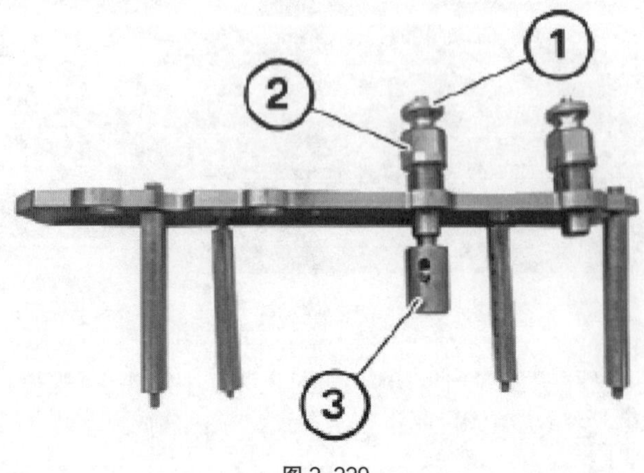

图 2-229

将喷油器（如图 2-230 中 1）的定位件从专用工具 2 358 417 上拆下。

图 2-230

压入锁止件（如图 2-231 中 1）并将螺纹套筒（如图 2-231 中 2）从专用工具 2 358 417 中拆出。

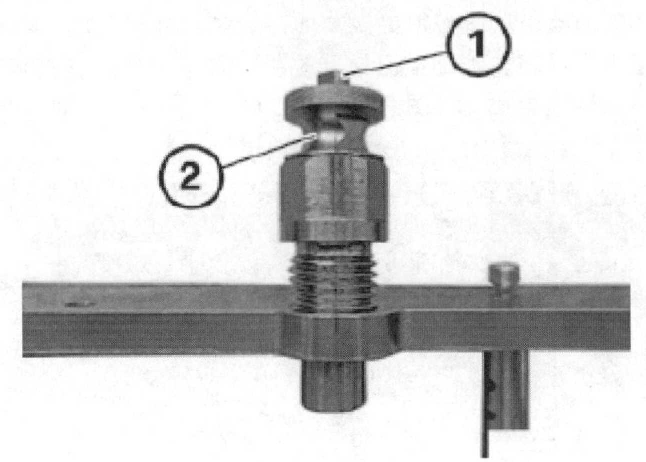

图 2-231

装上喷油器的所有定位件（如图 2-232 中 1）。如果杆（如图 2-232 中 2）在上方，则说明定位件（如图 2-232 中 1）尚未联锁。

图 2-232

将定位件（如图 2-233 中 1）转动 90° 并将杆（如图 2-233 中 2）向下锁定。

图 2-233

有损坏危险！喷油器损坏。过大的力作用可能会损坏喷油器，从而必须更换喷油器。最大可用 13N · m 的扭力运动扭转喷油器。将专用工具 2 358 417 安装到气缸盖上。手动拧紧螺栓（如图 2-234 中箭头）。

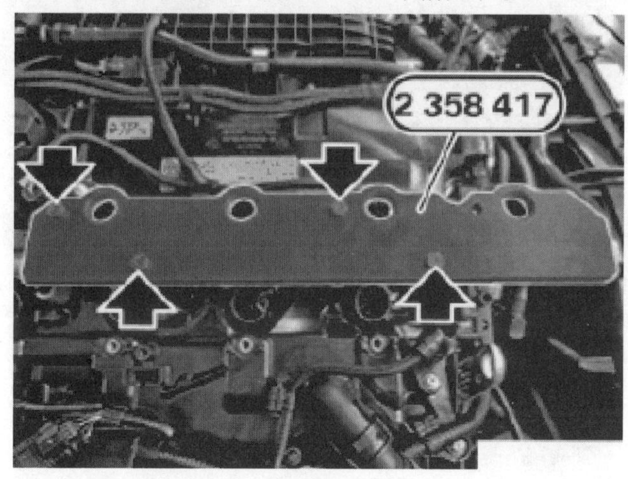

图 2-234

将拉出螺纹（如图 2-235 中 1）在专用工具 2 358 417 上完全旋入。将螺纹套筒（如图 2-235 中 1）推入，并完全旋到喷油器的定位件上。

图 2-235

在专用工具 2 358 417 上以 5N·m 的力矩拧紧螺栓（如图 2-236 中箭头）。

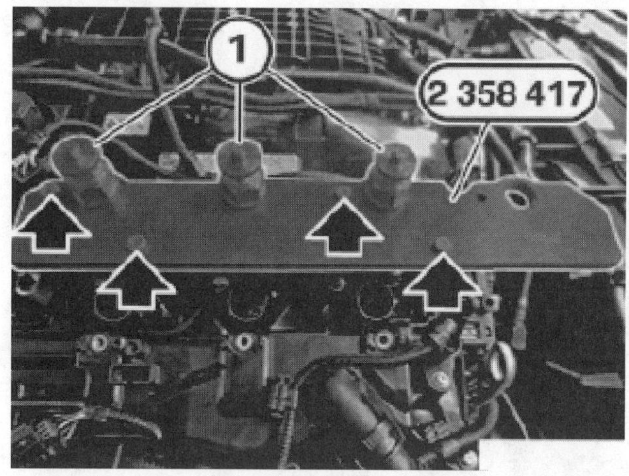

图 2-236

将扭矩扳手右旋设置为 13N · m。将扭矩扳手（如图 2-237 中 1）用专用工具 0 496 106（11 8 720）沿顺时针方向转动，直至喷油器拉出为止。单个拆卸所有喷油器。

图 2-237

在拆下专用工具 2 358 417 及喷油器之前检查是否所有喷油器都已从气缸盖中完全拉出。这可以从螺纹套管（如图 2-238 中 1）上已能看到全部螺纹看出来。松开专用工具 2 358 417 上的螺栓。

图 2-238

将专用工具 2 358 417 和喷油器（如图 2-239 中 1）一起小心地竖直向上从气缸盖上拆下。将专用工具 2 358 417 和喷油器（如图 2-239 中 1）组合在一起平放在一个干净的工作台上。

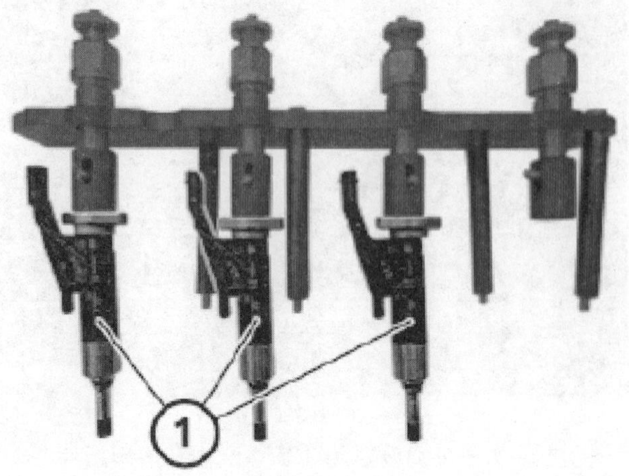

图 2-239

将定位件的锁止件（如图 2-240 中 1）向上解除联锁。

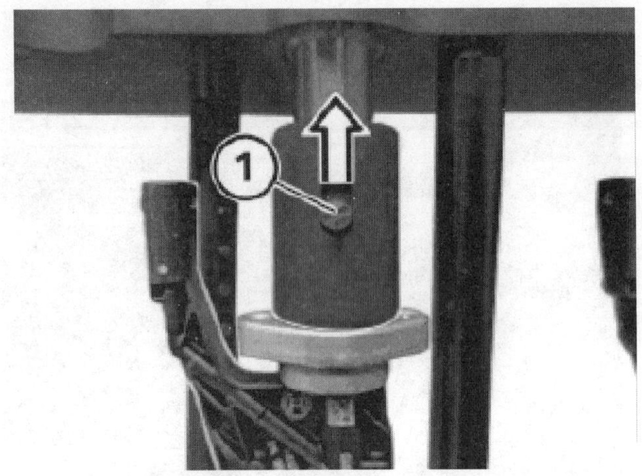

图 2-240

将已解除联锁的定位件（如图 2-241 中 1）旋转 90°。将喷油器向下松开并拆下。

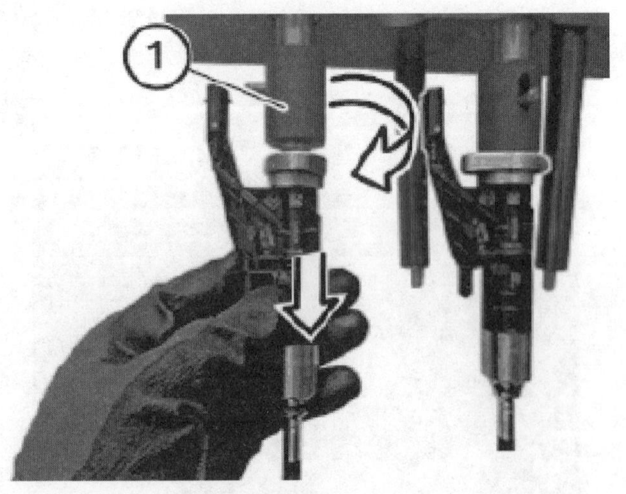

图 2-241

（25）拆卸气缸 4~6 的喷油器。松开螺母（如图 2-242 中 1）。抽出接地导线（如图 2-242 中 2）并放在一边。抽出电缆盒（如图 2-242 中 3）并放在一边。

图 2-242

将锁止件（如图 2-243 中 1）沿向上箭头方向解除联锁。按压锁止件（如图 2-243 中 1）并沿箭头方向松开。将插头（如图 2-243 中 2）从喷油器上拔下。

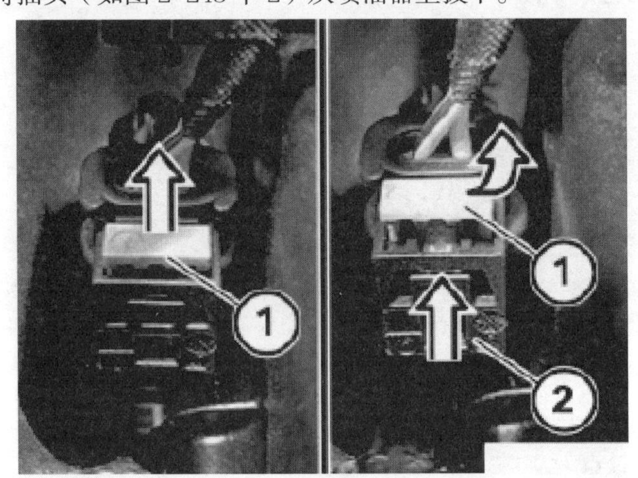

图 2-243

将喷油器的所有插头（如图 2-244 中 1）解除联锁并松开。

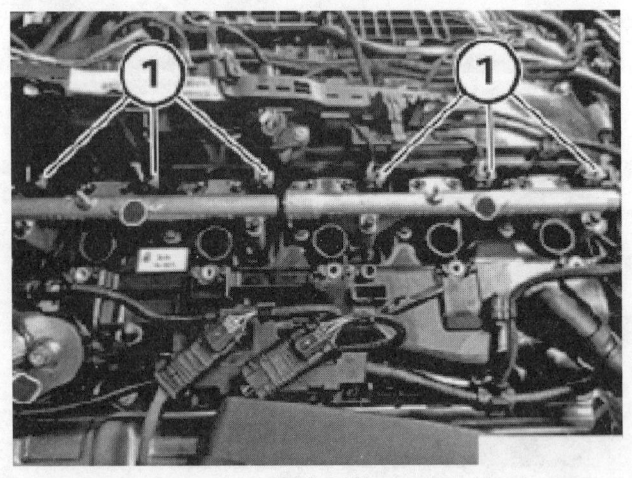

图 2-244

松开螺栓（M5×30）（如图 2-245 中 1）。螺栓（M5×30）（如图 2-245 中 1）不允许重复使用。用合适的工具盛接排出的燃油并妥善处理。

图 2-245

松开螺栓（M6×70）（如图 2-246 中箭头）。螺栓（M6×70）（如图 2-246 中箭头）不允许重复使用。将油轨（如图 2-246 中 1）向上拆卸。喷油器留在气缸盖上。

图 2-246

拆下密封件（如图 2-247 中 1）。该密封件仅在工厂内首次安装时使用，不得重复安装。

图 2-247

有损坏危险！

如果超出了拉力的规定值，更新喷射装置。拆卸喷油器请使用专用工具 2 358 417。通过专用工具 2 358 417 将确保不会超出拉力。专用工具 2 358 417 由以下部分构成：

①螺纹套筒（如图 2-248 中 1）。

②拉出螺纹（左旋螺纹）（如图 2-248 中 2）。

③喷油器的定位件（如图 2-248 中 3）。

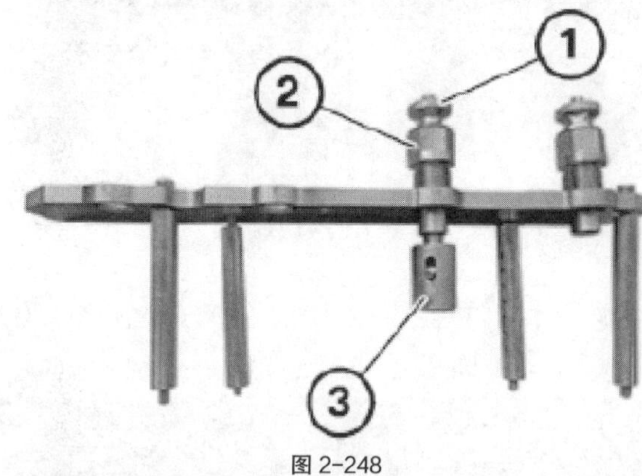

图 2-248

将喷油器（如图 2-249 中 1）的定位件从专用工具 2 358 417 上拆下。

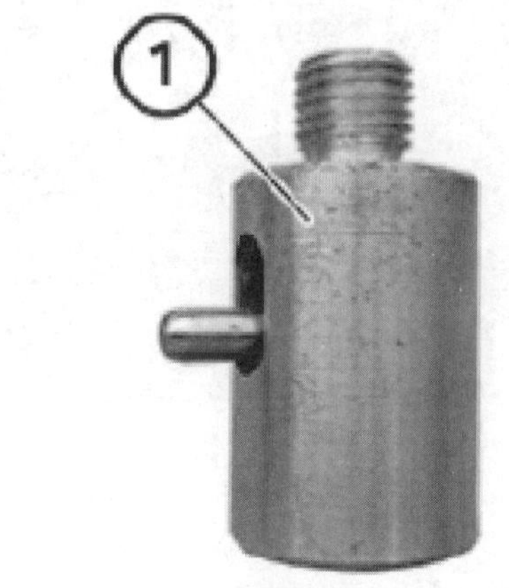

图 2-249

压入锁止件（如图 2-250 中 1）并将螺纹套筒（如图 2-250 中 2）从专用工具 2 358 417 中拆出。

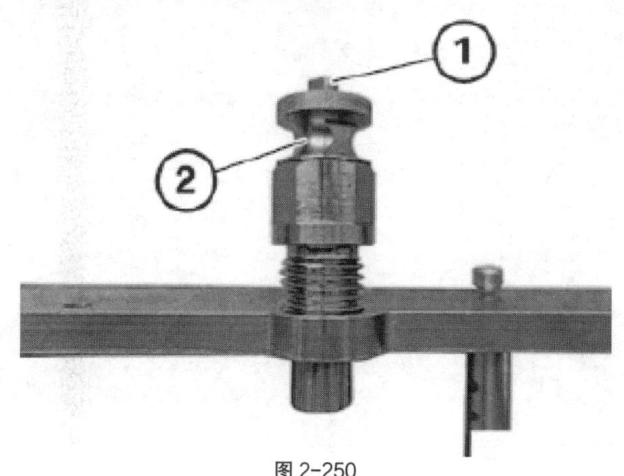

图 2-250

装上喷油器的所有定位件（如图 2-251 中 1）。如果杆（如图 2-251 中 2）在上方，则说明定位件（如图 2-251 中 1）尚未联锁。

图 2-251

将定位件（如图 2-252 中 1）转动 90° 并将杆（如图 2-252 中 2）向下锁定。

图 2-252

有损坏危险！喷油器损坏。过大的力作用可能会损坏喷油器，从而必须更换喷油器。最大可用 13N・m 的扭力运动扭转喷油器。将专用工具 2 358 417 安装到气缸盖上。手动拧紧螺栓（如图 2-253 中箭头）。

图 2-253

技术信息：套管螺纹属于左旋螺纹。将拉出螺纹（如图 2-254 中 1）在专用工具 2 358 417 上完全旋入。

图 2-254

将螺纹套筒（如图 2-255 中 1）推入，并完全旋到喷油器的定位件上。在专用工具 2 358 417 上以 5N・m 的力矩拧紧螺栓（如图 2-255 中箭头）。

图 2-255

将扭矩扳手右旋设置为 13N・m。将扭矩扳手（如图 2-256 中 1）用专用工具 0 496 106（11 8 720）沿顺时针方向转动，直至喷油器拉出为止。必须单个拆除所有喷油器。

图 2-256

在拆下专用工具 2 358 417 及喷油器之前检查是否所有喷油器都已从气缸盖中完全拉出。这可以从螺纹套管（如图 2-257 中 1）上看到全部螺纹。松开专用工具 2 358 417 上的螺栓。

图 2-257

将专用工具 2 358 417 和喷油器（如图 2-258 中 1）一起小心地竖直向上从气缸盖上拆下。将专用工具 2 358 417 和喷油器组合在一起平放在一个干净的工作台上。

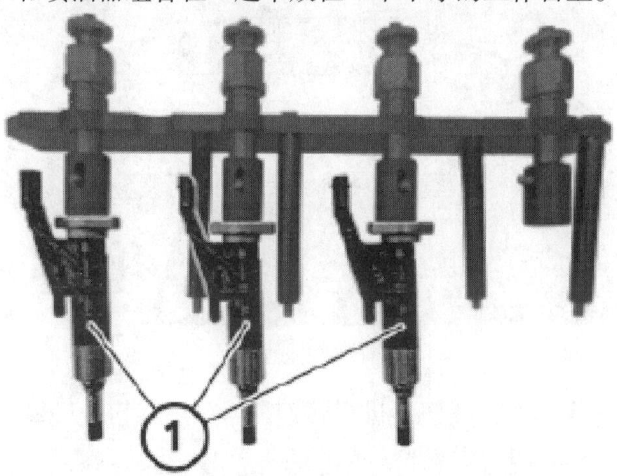

图 2-258

将定位件的锁止件（如图 2-259 中 1）向上解除联锁。

图 2-259

将已解除联锁的定位件（如图 2-260 中 1）旋转 90°。将喷油器向下松开并拆下。

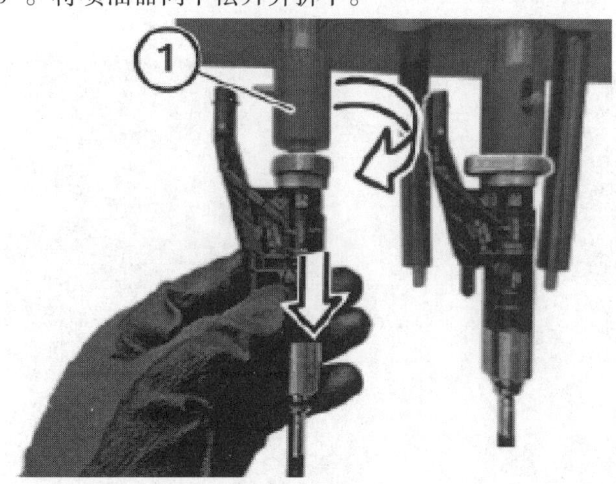

图 2-260

（26）拆下气缸盖罩。松脱发动机排气管（如图 2-261 中 1）。

图 2-261

将两个插头（如图 2-262 中 1）解除联锁，脱开并从电线束（如图 2-262 中 2）上松开。

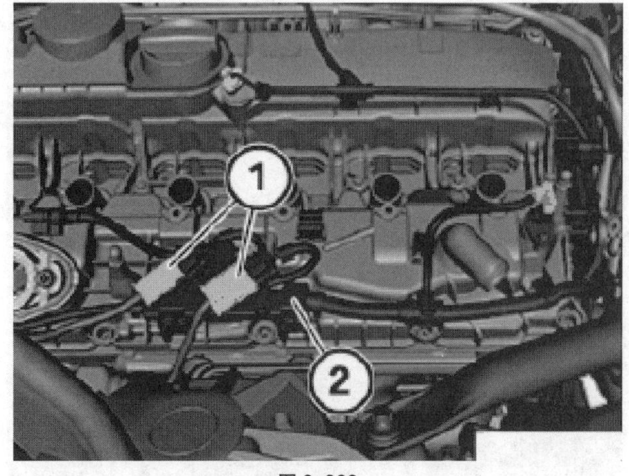

图 2-262

松开螺栓（如图 2-263 中 1）并将燃油供油管（如图 2-263 中 2）放到一边。松脱标记区域内的电线束（如

图 2-263 中 3）并置于一侧。将电线束（如图 2-263 中 4）在标记区域内松脱并放到一边。松开螺栓（如图 2-263 中 5）并将支架及蓄电池正极导线置于一侧。

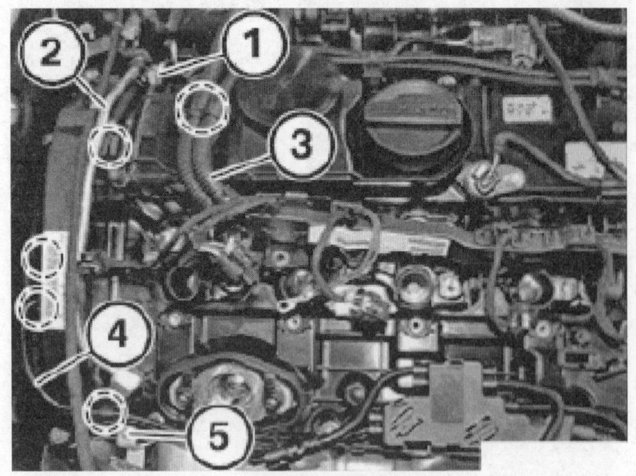

图 2-263

解除联锁并脱开插头（如图 2-264 中 1）。将电线束（如图 2-264 中 2）在标记区域内松脱并放到一边。

图 2-264

解除联锁并脱开插头（如图 2-265 中 1）。将电线束（如图 2-265 中 2、3）在标记区域内松脱并放到一边。

图 2-265

按照㉑至①的顺序松开所有螺栓，如图 2-266。拆下气缸盖罩。

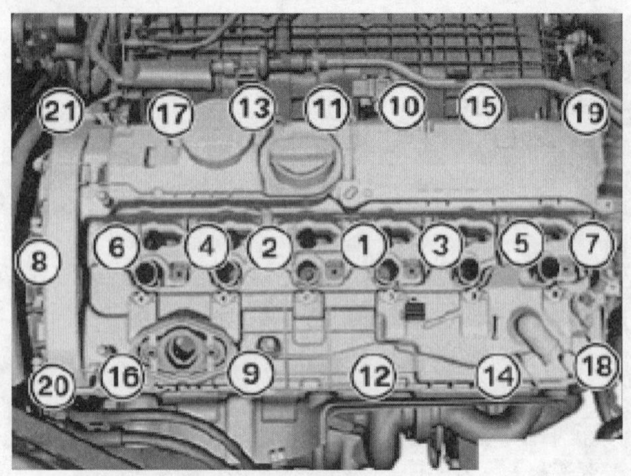

图 2-266

（27）拆下前部机组防护板。注意：为了更清楚概览，示意图中有部分部件已隐藏。松开螺栓（如图 2-267 中箭头）。抽出前部机组防护板（如图 2-267 中 1）。

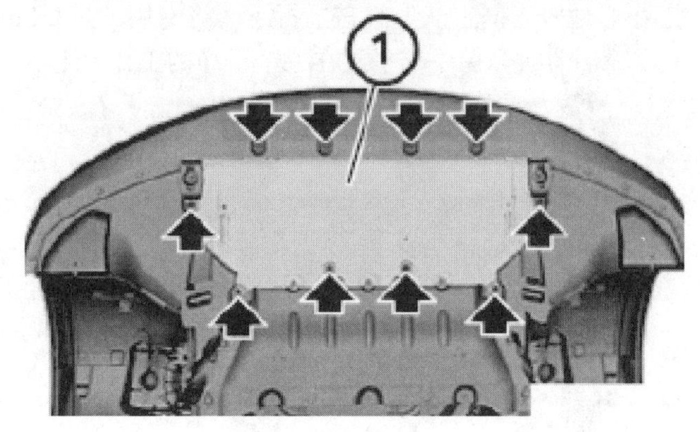

图 2-267

（28）拆卸中部机组防护板。沿虚线松开螺栓。抽出中间机组防护板（如图 2-268 中 1）。

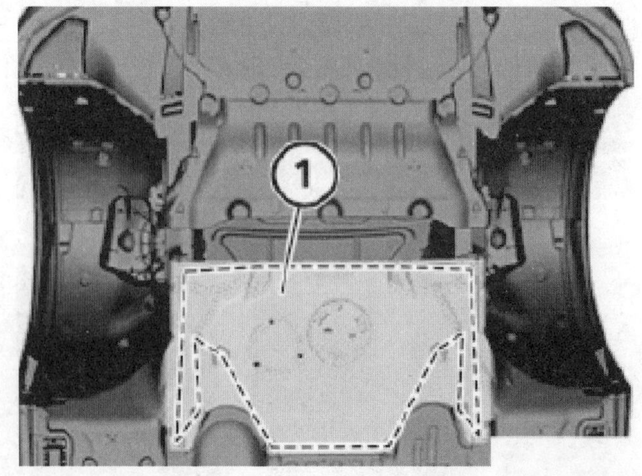

图 2-268

（29）拆下启动机。松开螺母（如图 2-269 中 1）。抽出并拆下总线端 KL.50（如图 2-269 中 2）。松开螺母（如图 2-269 中 3）。抽出并拆下蓄电池正极导线（如图 2-269 中 4）。

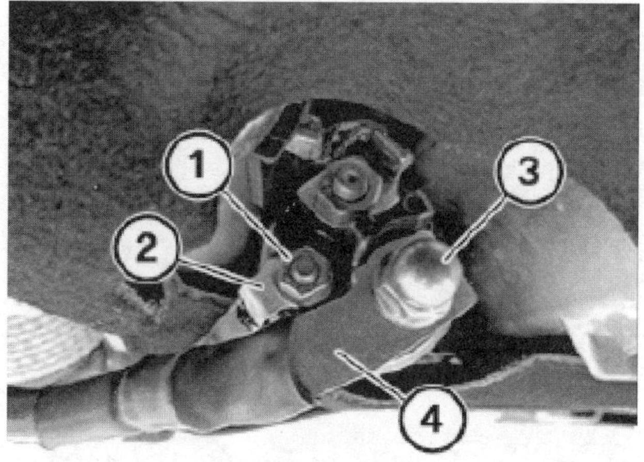

图 2-269

松开夹子（如图 2-270 中箭头）。

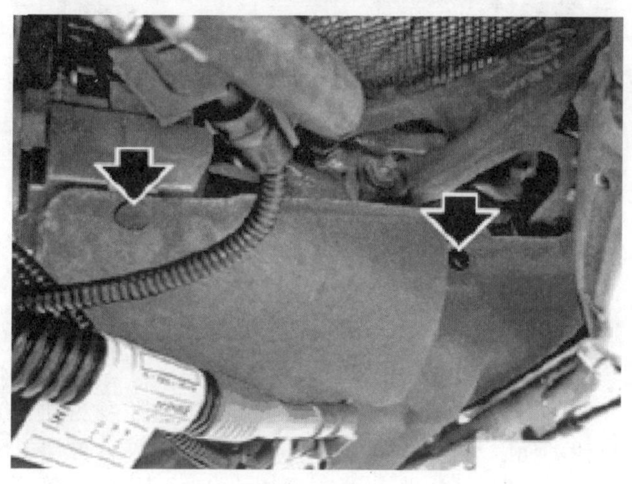

图 2-270

松开夹子（如图 2-271 中箭头）。抽出隔音装置（如图 2-271 中 1），并置于一侧。

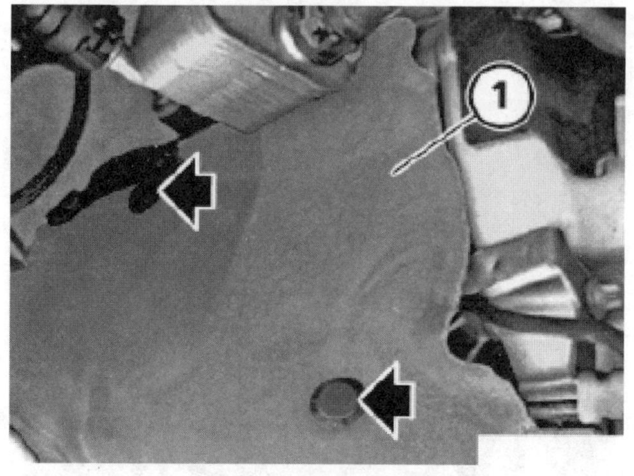

图 2-271

松开螺栓（如图 2-272 中 1）。抽出并拆下启动机（如图 2-272 中 2）。

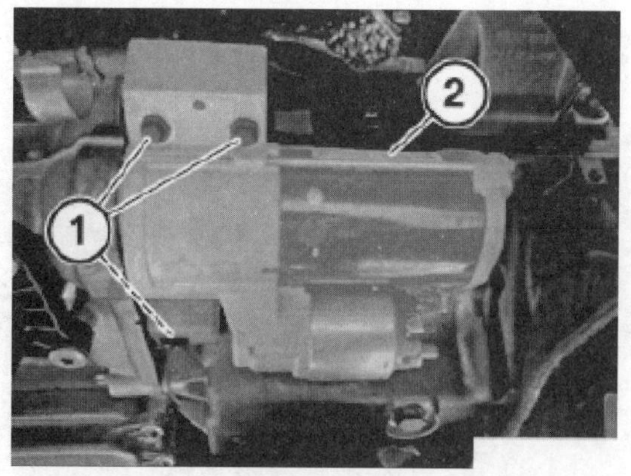

图 2-272

（30）检查凸轮轴的配气相位（自动变速器）。

有损坏危险！发动机损坏。如果用手沿错误旋转方向旋转发动机，可能损坏发动机。只能用手沿正确的旋转方向旋转发动机，沿顺时针方向面向减震器或者沿逆时针方向面向链条传动。仅当安装了后部正时链时才适用。

①将发动机用专用工具 0 493 380（11 6 480）转动至第 1 个气缸的点火上止点位置，如图 2-273。

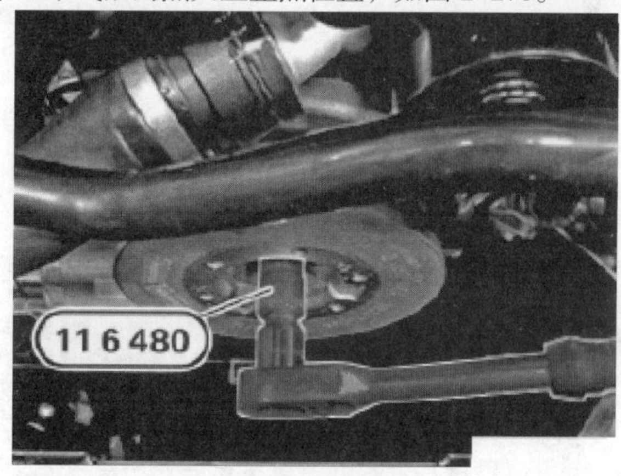

图 2-273

②将曲轴卡在第 1 个气缸的点火上止点位置（自动变速器）。装有自动变速器的车辆，将专用工具 2 365 488 定位并用相应螺栓固定。将曲轴用专用工具 2 288 380 在第 1 个气缸的点火上止点位置卡住，如图 2-274。

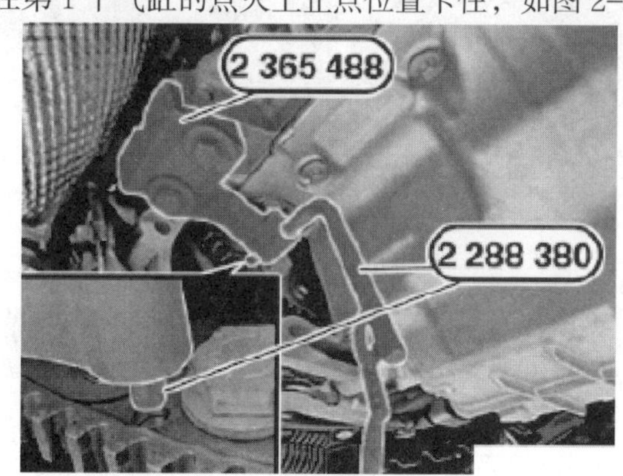

图 2-274

③检查。检查是否能从上面读取到排气凸轮轴的标记（如图 2–275 中 1）和进气凸轮轴的标记（如图 2–275 中 2）。

图 2–275

④结果。无法从上面读取到标记(如图 2–275 中 1、2）。

⑤措施。将凸轮轴转到正确的位置或者重新调整配气相位。

⑥检查。检查两个凸轮轴上 3 个加工平面（如图 2–276 中 1）里中间的 1 个加工平面。当凸轮轴扭转 180° 后（中间的平整面指向下方），也可以安装专用工具 2 358 122。

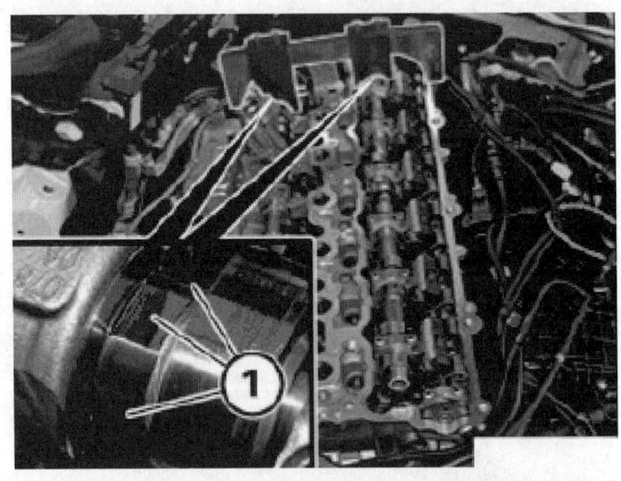

图 2–276

⑦结果。3 个削平中间的那个（如图 2–276 中 1）不朝上。

⑧措施。将凸轮轴转到正确的位置，使两个凸轮轴上 3 个削平中间的那个（如图 2–277 中 1）都朝上。检查第 1 个气缸上排气凸轮轴（如图 2–277 中 1）和进气凸轮轴（如图 2–277 中 2）的凸轮位置是否如图 2–277。

图 2–277

⑨专用工具组 2 358 122 概述（图 2–278）。

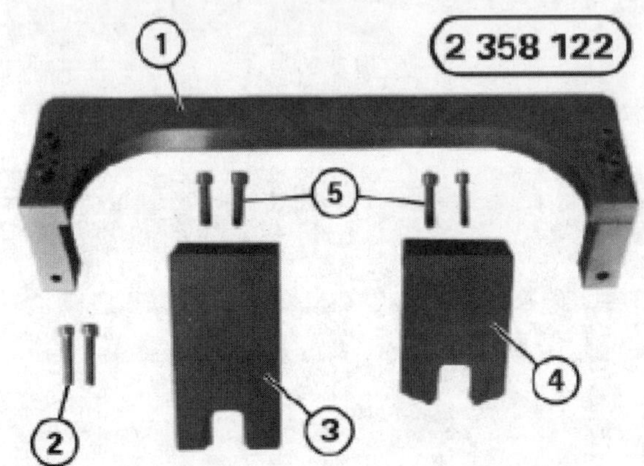

1- 底架　2- 气缸盖上底架螺栓　3- 用于固定排气凸轮轴的量规
4- 用于固定进气凸轮轴的量规　5- 底架上的量规螺栓
图 2–278

⑩将专用工具 2 358 122 的底架（如图 2–279 中 1）用螺栓（如图 2–279 中 2）固定在气缸盖上。将量规（如图 2–279 中 3）以凹口定位在排气凸轮轴上并用螺栓（如图 2–279 中 5）固定在底架（如图 2–279 中 1）上。将量规（如图 2–279 中 4）以凹口定位在进气凸轮轴上并用螺栓（如图 2–279 中 5）固定在底架（如图 2–279 中 1）上。提示：若无法安装专用工具 2 358 122，则必须重新调整配气相位。

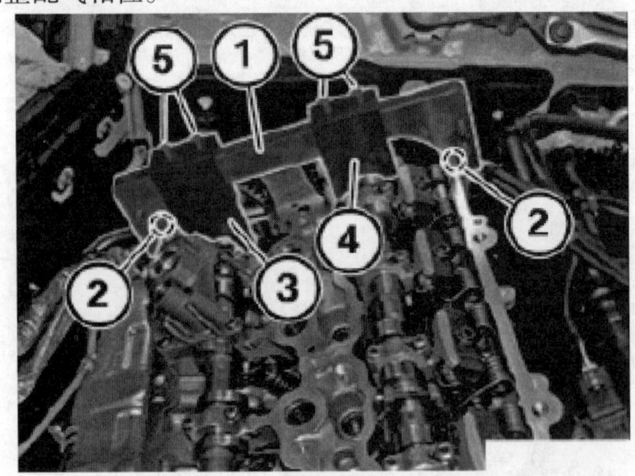

图 2–279

（31）拆除专用工具 2 358 122。

（32）拆卸专用工具 2 288 380。

（33）安装启动机。注意：不按照专业规定铺设蓄电池正极导线。短路危险！蓄电池正极导线无磨损铺设并且未夹紧。插入并安装启动机（如图 2-280 中 2）。拧紧螺栓（如图 2-280 中 1）。固定启动机装到发动机上：螺栓为 M8×60，拧紧力矩为 19N·m。

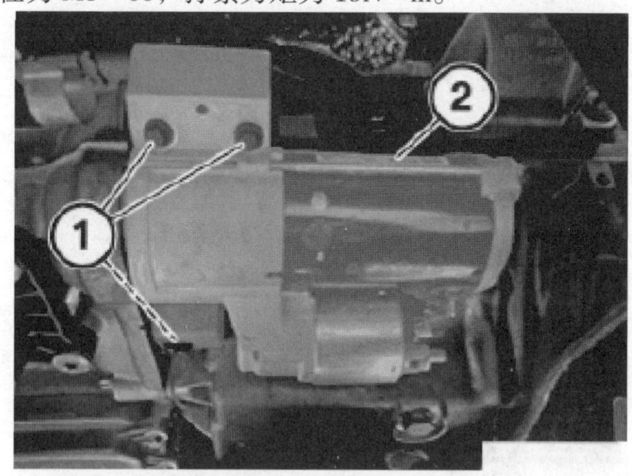

图 2-280

插入并安装隔音装置（如图 2-281 中 1）。固定夹子（如图 2-281 中箭头）。

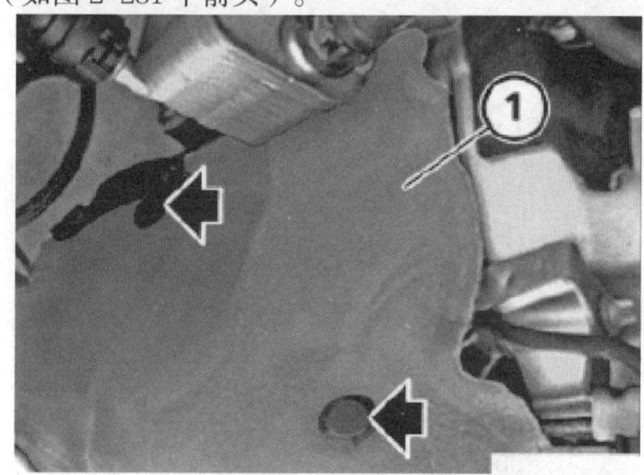

图 2-281

固定夹子（如图 2-282 中箭头）。

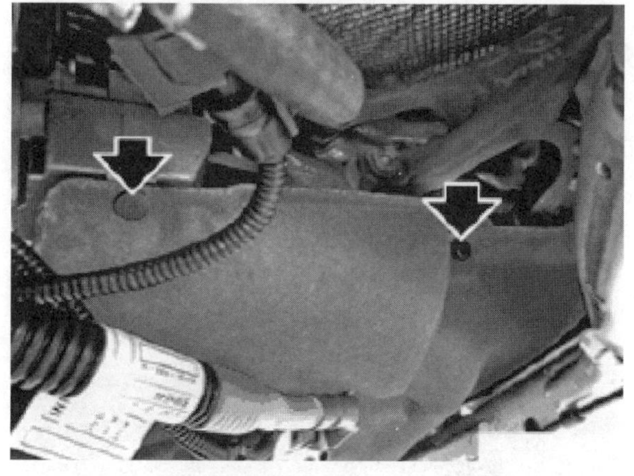
图 2-282

穿入并安装总线端 KL.50（如图 2-283 中 1）。拧紧螺母（如图 2-283 中 2）。总线端 KL.50 装到启动机：螺母 M6，拧紧力矩为 7N·m。插入并安装蓄电池正极导线（如图 2-283 中 3）。将蓄电池正极导线安装到极限位置（如图 2-283 中 4）。拧紧螺母（如图 2-283 中 5）。蓄电池正极导线连接到启动机上：固定螺帽 M8，拧紧力矩为 13.5N·m。

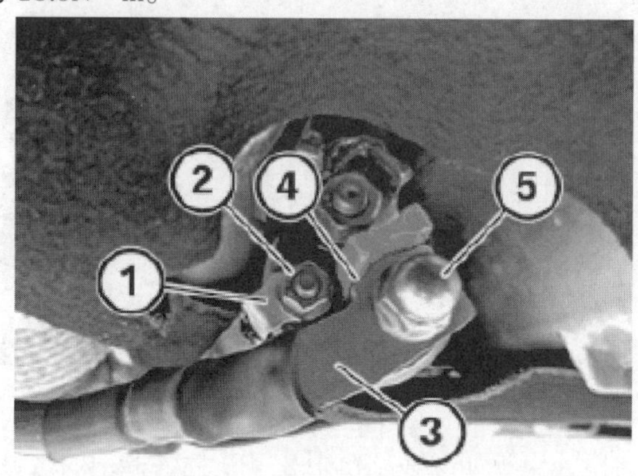

图 2-283

（34）安装气缸盖罩。更新密封件（如图 2-284 中 1）和（如图 2-284 中 2）。零件：密封件。

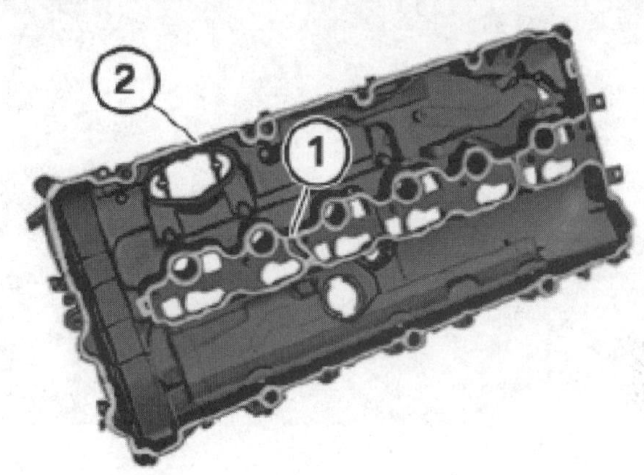

图 2-284

注意标记区域内高压泵托架（如图 2-285 中 2）上气缸盖罩（如图 2-285 中 1）的正确安装。气缸盖罩（如图 2-285 中 1）在标记区域禁止贴在高压泵托架（如图 2-285 中 2）上。

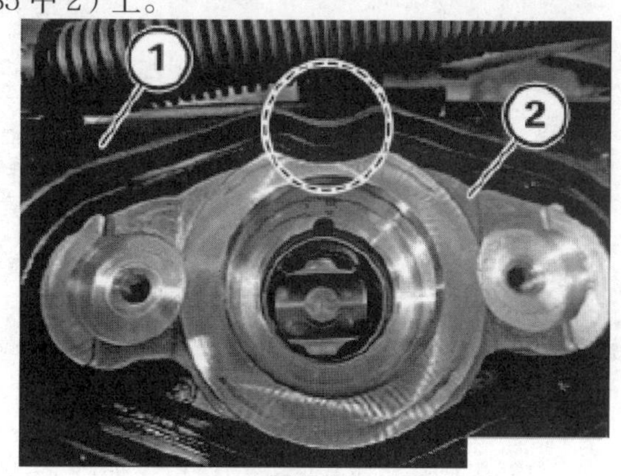

图 2-285

定位气缸盖罩。确保气缸盖罩未贴在高压泵托架上！按照①～㉑的顺序拧紧所有螺栓，如图 2-286。气缸盖罩固定在气缸盖上，螺栓 M6×27，拧紧力矩为 10N·m。

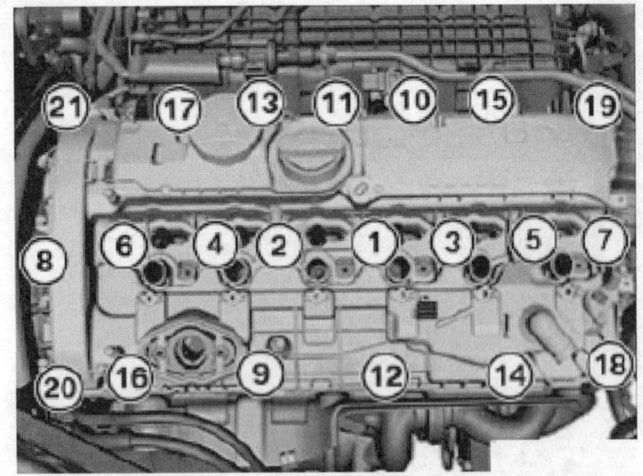

图 2-286

将电线束（如图 2-287 中 2、3）插入标记的区域内。连接插头（如图 2-287 中 1）。

图 2-287

将电线束（如图 2-288 中 2）在标记的区域内嵌入。连接插头（如图 2-288 中 1）。

图 2-288

定位蓄电池正极导线支架并用螺栓（如图 2-289 中 5）拧紧。将蓄电池正极导线支架安装到气缸盖罩上，自攻塑料螺栓 M6×18，扭紧力矩为 6.5N·m。将电线束（如图 2-289 中 1）在标记的区域内嵌入。将电线束（如图 2-289 中 3）嵌入标记区域内。正确铺设燃油供油管（如图 2-289 中 2）并用螺栓（如图 2-289 中 1）拧紧。燃油供油管安装到气缸盖罩上，自攻塑料螺栓 M6×18，扭紧力矩为 6.5N·m。

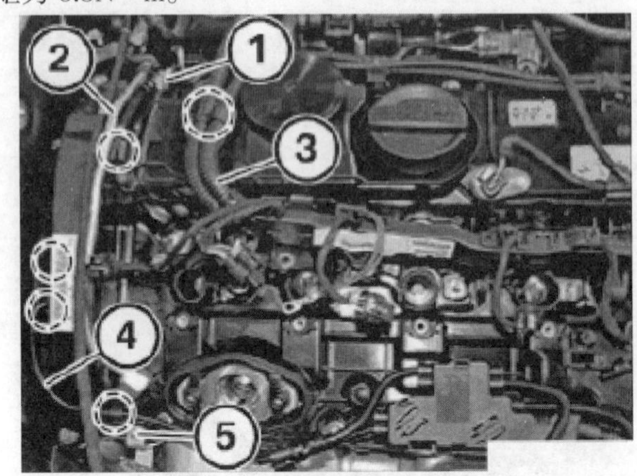

图 2-289

连接插头（如图 2-290 中 1）并在电线束（如图 2-290 中 2）上嵌入。

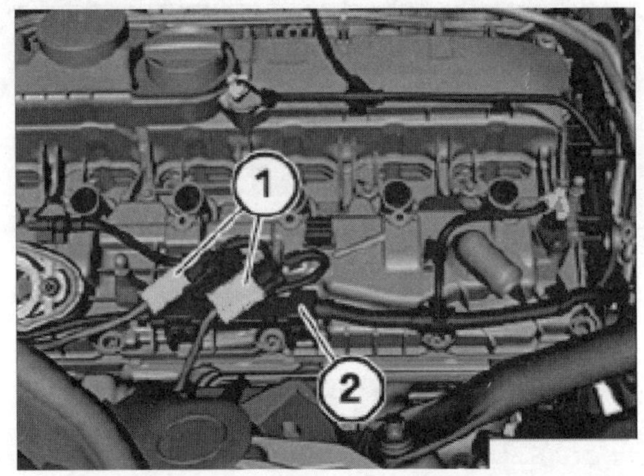

图 2-290

技术信息：卡子、导向件和固定元件不得损坏或缺失。嵌入发动机排气管（如图 2-291 中 1）。

图 2-291

（35）为安装准备喷油器。

有损坏危险！喷油器喷口和特氟隆环损坏。喷油器喷口和特氟隆环处理不当可能会导致喷油器功能异常。避免与喷油器喷口发生机械接触。更换特氟隆环时手和作业底板必须干净且无油。不要使用润滑辅助工具。不要借助手指推上特氟隆环。

技术信息：重新安装喷油器前必须更新特氟隆环。已安装过一次的特氟隆环不能再次使用。新的喷油器交货时配备新的特氟隆环。在喷油器上安装新的特氟隆环后，喷油器必须在10min内安装到气缸盖内，或者用护罩保护，否则特氟隆环会膨胀。

安装喷油器前，更新特氟隆环（如图2-292中1）。零件：特氟隆环。避免与喷油器喷口（如图2-292中2）发生机械接触。

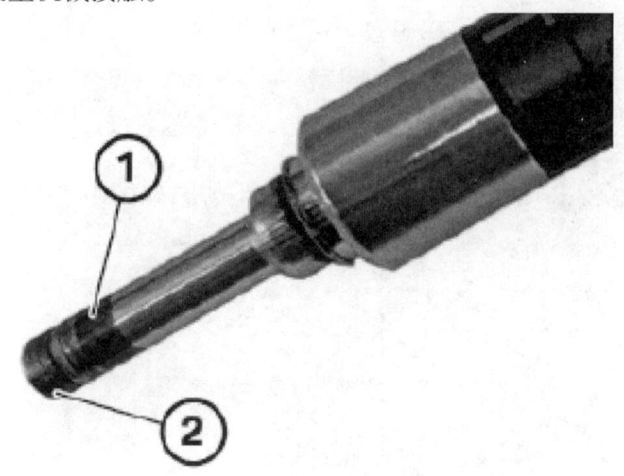

图2-292

将特氟隆环（如图2-293中2）用专用工具组0 495 756（13 0 190）中的专用工具0 495 757（13 0 191）（如图2-293中3）从喷油器（如图2-293中1）上拆下。必要时，用无绒抹布清洁喷油器的圆柱形部分。不要使用超声波或其他辅助工具。不要清洁喷油器喷口！

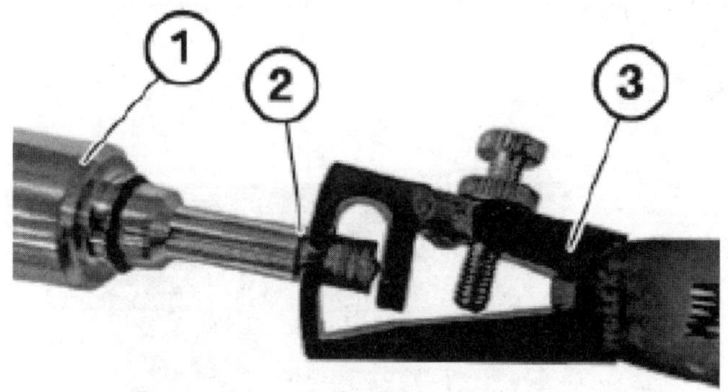

图2-293

将新的特氟隆环（如图2-294中1）推到专用工具组0 496 668（13 0 280）中的锥形装配工具0 496 771（13 0 283）（如图2-294中2）上。

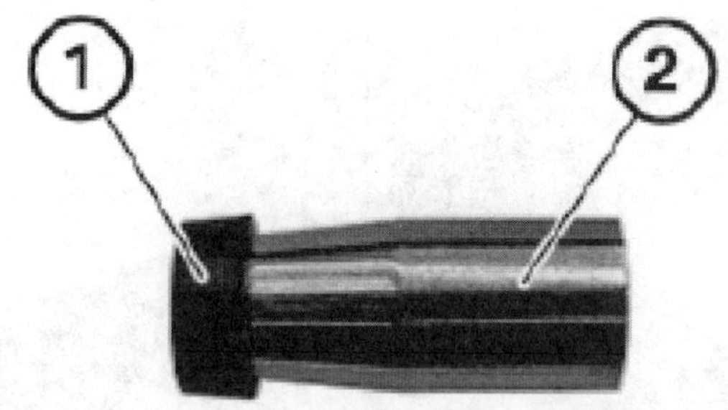

图2-294

将特氟隆环（如图2-295中1）用专用工具组0 496 668（13 0 280）中的锥形装配工具0 496 771（13 0 283）（如图2-295中2）安装到喷油器喷口（如图2-295中3）上。

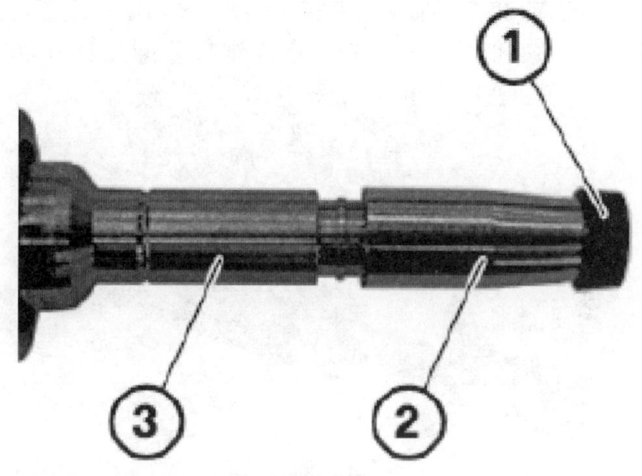

图2-295

用专用工具组0 496 668（13 0 280）中专用工具0 496 769（13 0 281）的滑动套筒（如图2-296中1）将特氟隆环（如图2-296中2）推到喷油器的凹槽（如图2-296中3）中。

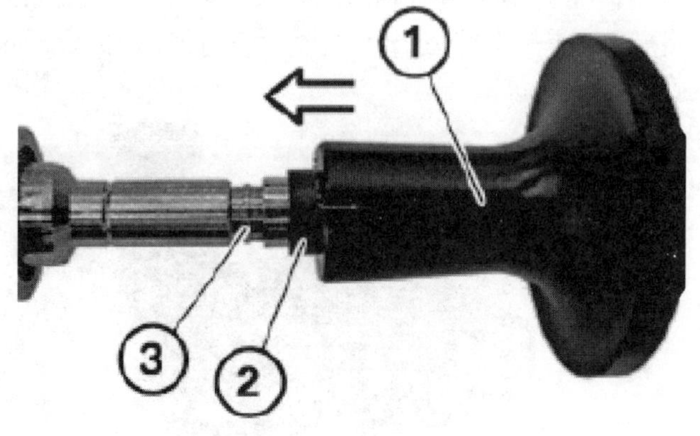

图2-296

用专用工具组0 496 668（13 0 280）中的专用工具0 496 770（13 0 282）（如图2-297中1）将已扩张的特氟隆环调整至装配尺寸。将专用工具0 496 770（13 0 282）（如图2-297中1）推至喷油器（如图2-297中2）上的极限位置。

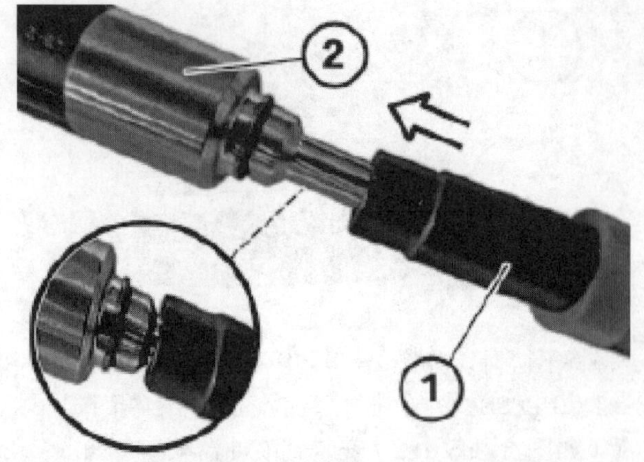

图 2-297

将滑动套筒（如图 2-298 中 1）（专用工具 0 496 770（13 0 282））向后拉，松开锥形装配工具 0 496 771（13 0 283）（如图 2-298 中 2）。

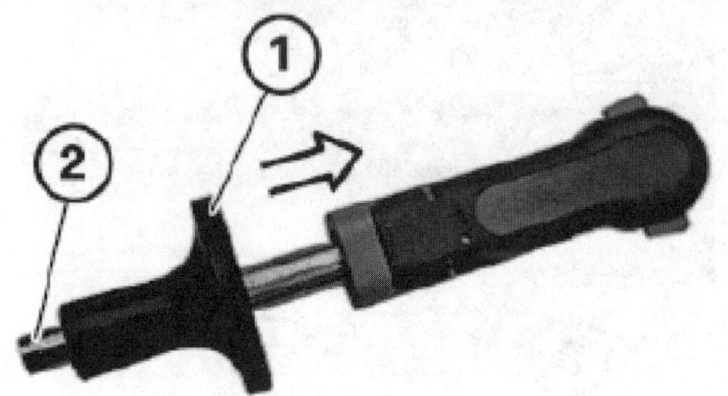

图 2-298

（36）安装气缸 4~6 的喷油器。

技术信息：在组装时务必遵守螺栓连接顺序和拧紧力矩。未遵守规定可能会导致不密封和损坏。

将支架（如图 2-299 中 1）通过插旋式连接（如图 2-299 中 2）安装在喷油器上。如果在支架（如图 2-299 中 1）上已有一个铸造凸耳，注意支架的安装位置是否正确。

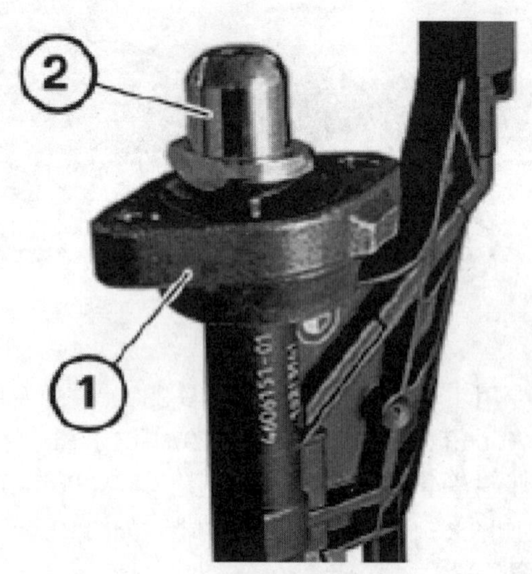

图 2-299

必要时注意铸造凸耳的位置，支架正确安装时，铸造凸耳位于后面，如图 2-300。

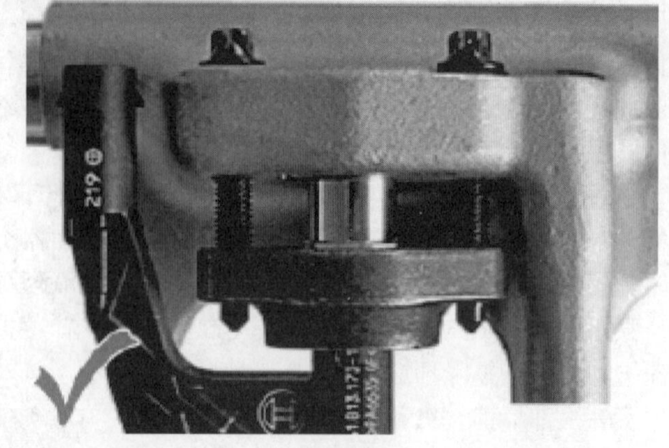

图 2-300

必要时注意铸造凸耳的位置，支架错误安装时，铸造凸耳（如图 2-301 中 1）位于前面。

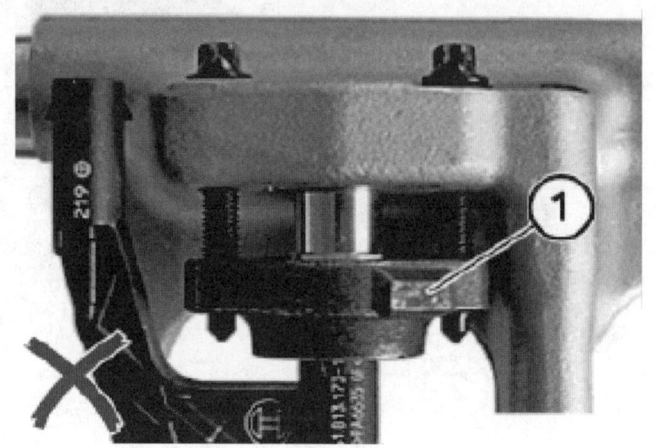

图 2-301

有损坏危险！喷油器损坏。

由于油轨和喷油器之间的距离不正确，喷油器上的焊缝可能破裂，从而必须更新喷油器。务必使用塞尺。当塞尺不能给出 8.5mm 的厚度时，更换塞尺。使用专用工具（间距量规）2 358 022（如图 2-302 中 1）。

图 2-302

更新螺栓（M5×30）。零件：螺栓（M5×30）将喷油器用支架和螺栓（M5×30）（如图 2-303 中 1）安装在油轨上。将油轨放到干净的台面上，确保喷油器在油轨上的开口指向上方。然后电气喷油器接口必须指向燃油压力传感器方向。将专用工具（间距量规）2 358 022（如图 2-303 中 2）推到支架和油轨之间的喷油器头上。注意专用工具（间距量规）2 358 022（如图 2-303 中 2）贴在固定桥上。将两个螺栓（M5×30）（如图 2-303 中 1）均匀地用手拧紧，直到专用工具（间距量规）2 358 022（如图 2-303 中 2）平整地贴在油轨和支架上。

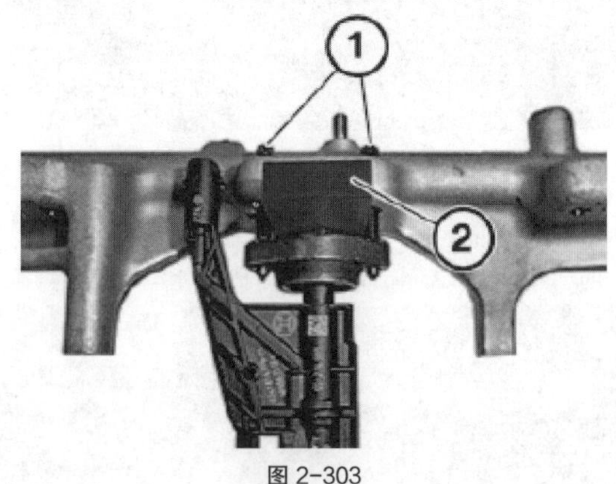

图 2-303

取下专用工具（间距量规）2 358 022（如图 2-304 中 1）。在所有喷油器上重复该工作步骤。

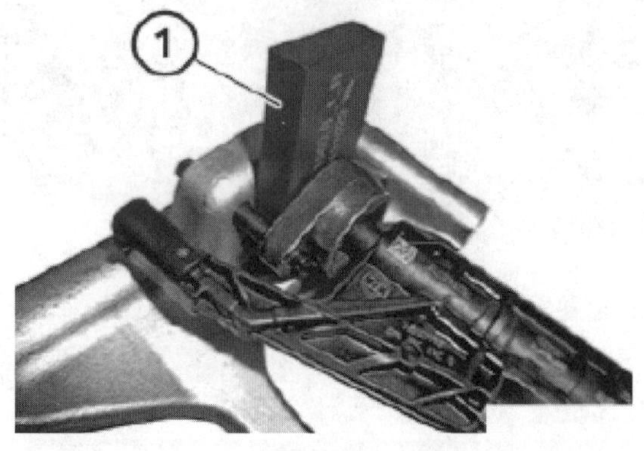

图 2-304

检查油轨上喷油器的位置是否松动。将电气喷油器接口与油轨平行对齐。喷油器必须可以自由移动，如图 2-305。

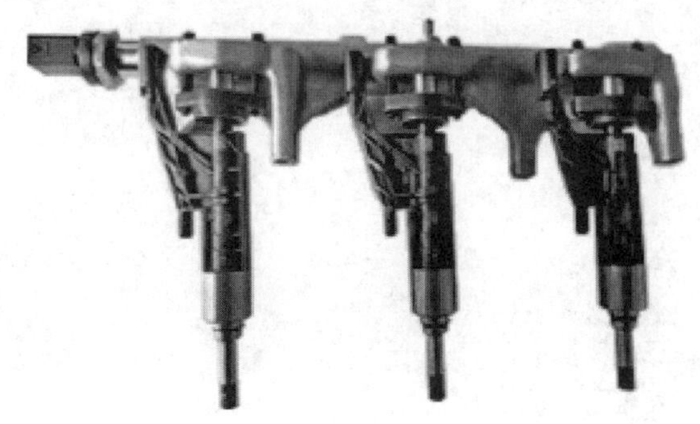

图 2-305

更新螺栓（如图 2-306 中 A~D）。零件：螺丝。将油轨（如图 2-306 中 1）及喷油器从上部插到气缸盖上。注意喷油器顶端嵌入气缸盖中为此规定的孔内。注意喷油器上的导向件要正确推入气缸盖中的导向孔内。将油轨（如图 2-306 中 1）向下按压，直至感觉到阻力；放上螺栓（M6×30）（如图 2-306 中 A、B），并用手拧紧。将扭力扳手调到 2N·m。用扭力扳手将螺栓（如图 2-306 中 A、B）分别交替拧紧 180°，直至油轨紧贴在气缸盖上。插图所示为平整地贴在气缸盖上的油轨。装入螺栓（如图 2-306 中 C、D）。

技术信息：在组装时务必遵守螺栓连接顺序和拧紧力矩。未遵守规定可能会导致不密封和损坏。将螺栓（如图 2-306 中 A）用 5N·m 扭矩拧紧。将螺栓（如图 2-306 中 D）用 5N·m 扭矩拧紧。将螺栓（如图 2-306 中 B）用 5N·m 扭矩拧紧。将螺栓（如图 2-306 中 C）用 5N·m 扭矩拧紧。

图 2-306

注意油轨（如图 2-307 中 1）平整地紧贴在气缸盖上。

图 2-307

将套筒扳手插在加长件上。禁止使用转换棘轮或扭力扳手。将螺栓（M5×30）分别成对地（如图 2-308 中 1、2，3、4，5、6）以 90° 幅度手动交替拧紧。将扭力扳手调到 5N·m。按照图 2-308 拧紧螺栓（M5×30）：

喷油器 4：将螺栓（如图 2-308 中 1）用扭力扳手以 90°±15° 的转角拧紧。将螺栓（如图 2-308 中 2）用扭力扳手以 90°±15° 的转角拧紧。针对螺栓（如图 2-308 中 1 和 2）重复工作步骤，直到两个螺栓达到 5N·m。

喷油器 5：将螺栓（如图 2-308 中 3）用扭力扳手以 90°±15° 的转角拧紧。将螺栓（如图 2-308 中 4）用扭力扳手以 90°±15° 的转角拧紧。针对螺栓（如图 2-308 中 3 和 4）重复工作步骤，直到两个螺栓达到 5N·m。

喷油器 6：将螺栓（如图 2-308 中 5）用扭力扳手以 90°±15° 的转角拧紧。将螺栓（如图 2-308 中 6）用扭力扳手以 90°±15° 的转角拧紧。针对螺栓（如图 2-308 中 5 和 6）重复工作步骤，直到两个螺栓达到 5N·m。

用垂直画线标记所有螺栓 1~6（图 2-308）。用转角拧紧螺栓。将螺栓（如图 2-308 中 1）用 90°±15° 转角拧紧。将螺栓（如图 2-308 中 2）用 90°±15° 转角拧紧。将螺栓（如图 2-308 中 3）用 90°±15° 转角拧紧。将螺栓（如图 2-308 中 4）用 90°±15° 转角拧紧。将螺栓（如图 2-308 中 5）用 90°±15° 转角拧紧。将螺栓（如图 2-308 中 6）用 90°±15° 转角拧紧。

检查是否所有螺栓（如图 2-308 中 1~6）均用 90°±15° 转角拧紧。所有标记（线）必须全部保持水平方向。

图 2-308

松开螺栓（M6×70）（如图 2-309 中 A~D）。螺栓必须强制松开。将螺栓（如图 2-309 中 A）用 5N·m 扭矩拧紧。将螺栓（如图 2-309 中 D）用 5N·m 扭矩拧紧。将螺栓（如图 2-309 中 B）用 5N·m 扭矩拧紧。将螺栓（如图 2-309 中 C）用 5N·m 扭矩拧紧。

用垂直画线标记所有螺栓（如图 2-309 中 A~D）。将螺栓（M6×70）（如图 2-309 中 A~D）以 90° 转角拧紧。

检查是否所有螺栓（如图 2-309 中 A~D）均用 90° 转角拧紧。所有标记（线）必须全部保持水平方向。

图 2-309

将所有插头（如图 2-310 中 1）连接至喷油器并锁定。必须听到所有插头（如图 2-310 中 1）嵌入的声音。

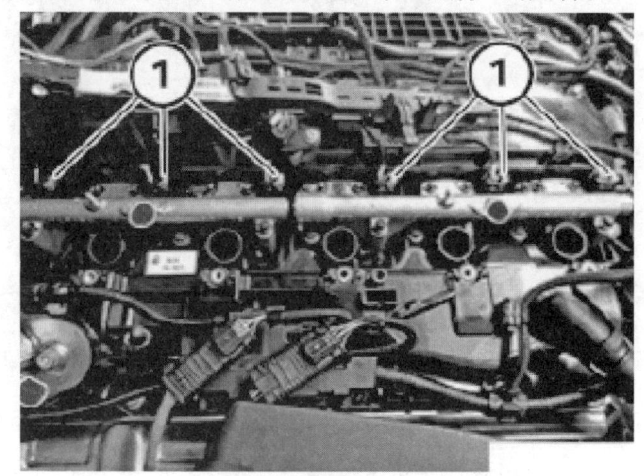

图 2-310

插入并安装电缆检查井（如图 2-311 中 3）。穿入并安装接地导线（如图 2-311 中 2）。拧紧螺母（如图 2-311 中 1）。接地导线安装到油轨上，M6 拧紧力矩为 5N·m。

图 2-311

（37）安装气缸 1~3 的喷油器。将支架（如图 2–312 中 1）通过插旋式连接（如图 2–312 中 2）安装在喷油器上。如果在支架（如图 2–312 中 1）上已有一个铸造凸耳，注意支架的安装位置是否正确。

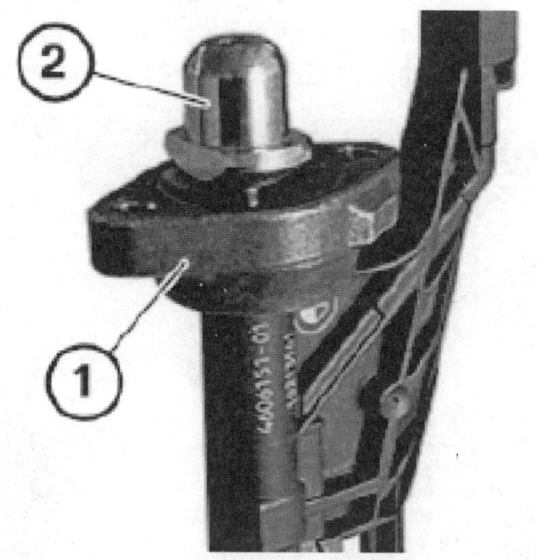

图 2–312

必要时注意铸造凸耳的位置，支架正确安装时，铸造凸耳位于后面，如图 2–313 所示。

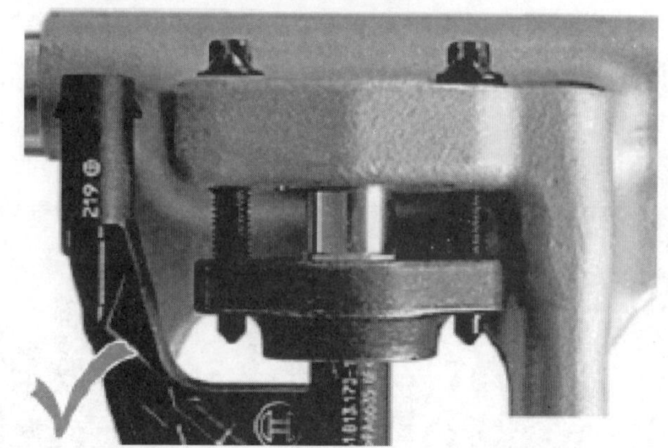

图 2–313

必要时注意铸造凸耳的位置，支架错误安装时，铸造凸耳（如图 2–314 中 1）位于前面。

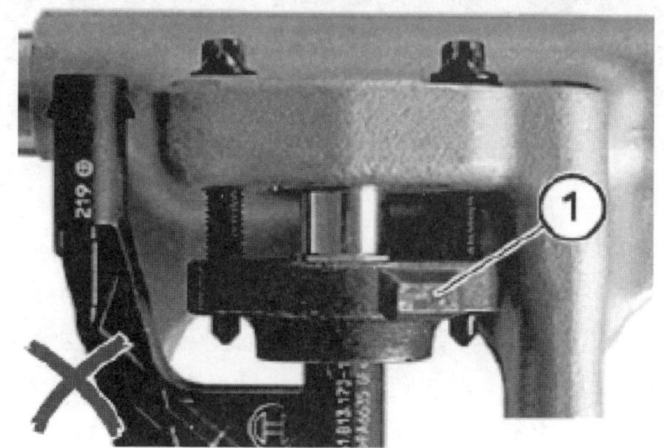

图 2–314

有损坏危险！喷油器损坏。

由于油轨和喷油器之间的距离不正确，喷油器上的焊缝可能破裂，从而必须更新喷油器。务必使用塞尺。当塞尺不能给出 8.5mm 的厚度时，更换塞尺。使用专用工具（间距量规）2 358 022（如图 2–315 中 1）。

图 2–315

更新螺栓（M5×30）。零件：螺栓（M5×30）。将喷油器用支架和螺栓（M5×30）（如图 2–316 中 1）安装在油轨上。将油轨放到干净的台面上，确保喷油器在油轨上的开口指向上方。然后电气喷油器接口必须指向燃油压力传感器方向。将专用工具（间距量规）2 358 022（2）推到支架和油轨之间的喷油器头上。注意专用工具（间距量规）2 358 022（2）贴在固定桥上。将两个螺栓（M5×30）（如图 2–316 中 1）均匀地用手拧紧，直到专用工具（间距量规）2 358 022（如图 2–316 中 2）平整地贴在油轨和支架上。

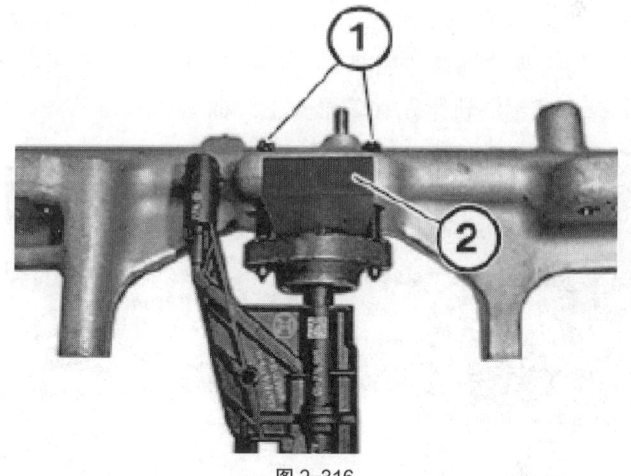

图 2–316

取下专用工具（间距量规）2 358 022（如图 2–317 中 1）。在所有喷油器上重复该工作步骤。

检查油轨上喷油器的位置是否松动。将电气喷油器接头与油轨平行对齐。喷油器必须可以自由移动，如图 2–318 所示。

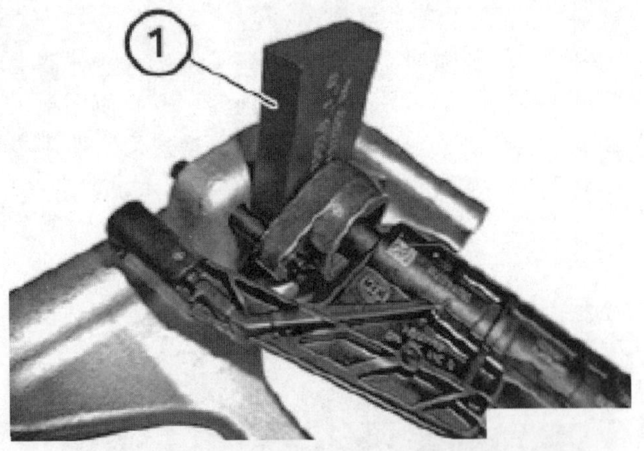

图 2-317

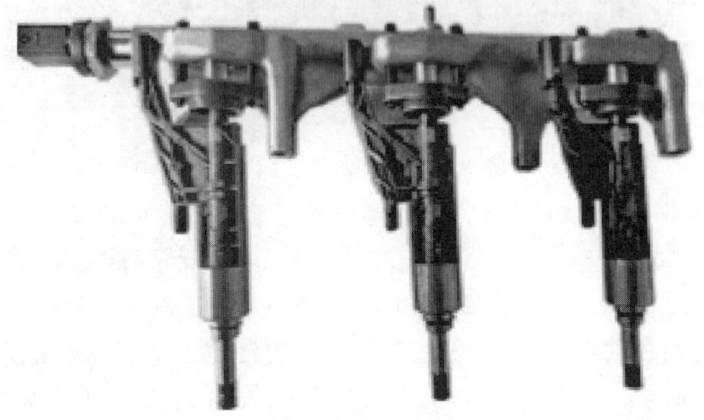

图 2-318

更新螺栓（如图 2-319 中 A~D）。零件：螺丝。将油轨（如图 2-319 中 1）及喷油器从上部插到气缸盖上。注意喷油器顶端要嵌入气缸盖中为喷油器设计的孔内。注意喷油器上的导向件要正确推入气缸盖中的导向孔内。将油轨（如图 2-319 中 1）向下按压，直至感觉到阻力；放上螺栓（M6×30）（如图 2-319 中 A、B），并用手拧紧。用扭力扳手将螺栓（如图 2-319 中 A、B）分别交替拧紧 180°，直至油轨紧贴在气缸盖上。插图所示为平整地贴在气缸盖上的油轨。装入螺栓（如图 2-319 中 C、D）。

图 2-319

将螺栓（如图 2-319 中 A）用 5N·m 扭矩拧紧。将螺栓（如图 2-319 中 D）用 5N·m 扭矩拧紧。将螺栓（如图 2-319 中 B）用 5N·m 扭矩拧紧。将螺栓（如图 2-319 中 C）用 5N·m 扭矩拧紧。连接并联锁插头（如图 2-319 中 2）。必须听到插头（如图 2-319 中 2）嵌入的声音。

注意油轨（如图 2-320 中 1）平整地紧贴在气缸盖上。

图 2-320

将套筒扳手插在加长件上。禁止使用转换棘轮或扭力扳手。将螺栓（M5×30）分别成对地（如图 2-321 中 1、2，3、4，5、6）以 90° 幅度手动交替拧紧。将扭力扳手调到 5N·m。

图 2-321

按照图 2-322 拧紧螺栓（M5×30）。

喷油器 1：将螺栓（如图 2-321 中 1）用扭力扳手以 90°±15° 的转角拧紧。将螺栓（如图 2-321 中 2）用扭力扳手以 90°±15° 的转角拧紧。针对螺栓（如图 2-321 中 1 和 2）重复工作步骤，直到两个螺栓达到 5N·m。

喷油器 2：将螺栓（如图 2-321 中 3）用扭力扳手以

90°±15° 的转角拧紧。将螺栓（如图 2-321 中 4）用扭力扳手以 90°±15° 的转角拧紧。针对螺栓（如图 2-321 中 3 和 4）重复工作步骤，直到两个螺栓达到 5N·m。

喷油器 3：将螺栓（如图 2-321 中 5）用扭力扳手以 90°±15° 的转角拧紧。将螺栓（如图 2-321 中 6）用扭力扳手以 90°±15° 的转角拧紧。针对螺栓（如图 2-321 中 5 和 6）重复工作步骤，直到两个螺栓达到 5N·m。

用画线标记所有螺栓（如图 2-321 中 1~6），用转角拧紧螺栓。将螺栓（如图 2-321 中 1）用 90°±15° 转角拧紧。将螺栓（如图 2-321 中 2）用 90°±15° 转角拧紧。将螺栓（如图 2-321 中 3）用 90°±15° 转角拧紧。将螺栓（如图 2-321 中 4）用 90°±15° 转角拧紧。将螺栓（如图 2-321 中 5）用 90°±15° 转角拧紧。将螺栓（如图 2-321 中 6）用 90°±15° 转角拧紧。

检查是否所有螺栓均用 90°±15° 转角拧紧。所有标记（线）必须全部保持水平方向。

松开螺栓（M6×70）（如图 2-322 中 A~D）。螺栓必须强制松开。将螺栓（如图 2-322 中 A~D）用 5N·m 扭矩拧紧。

用垂直画线标记所有螺栓（如图 2-322 中 A~D）。将螺栓（M6×70）（如图 2-322 中 A~D）以 90° 转角拧紧。

检查是否所有螺栓（如图 2-322 中 A~D）均用 90° 转角拧紧。所有标记（线）必须全部保持水平方向。

图 2-322

将所有插头（如图 2-323 中 1）连接至喷油器并锁定。必须听到所有插头（如图 2-323 中 1）嵌入的声音。

插入并安装电缆检查（如图 2-324 中 3）。穿入并安装接地导线（如图 2-324 中 2）。拧紧螺母（如图 2-324 中 1）。接地导线安装到油轨上，M6 拧紧力矩为 5N·m。

图 2-323

图 2-324

（38）准备高压泵安装。将高压泵驱动装置的凸轮转到下止点位置。将深度游标卡尺（如图 2-325 中 1）平放在高压泵法兰上。沿发动机旋转方向通过中心螺栓转动发动机，直至达到凸轮轴的下止点位置。深度游标卡尺（如图 2-325 中 1）位于最低位置。

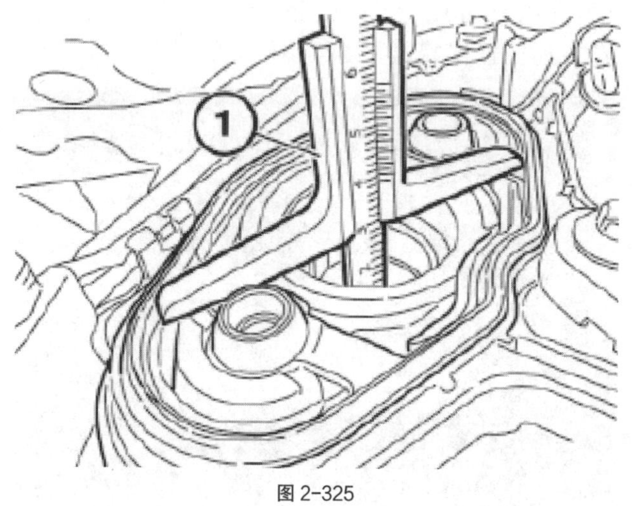

图 2-325

检查高压泵法兰的螺纹（如图 2-326 中 1）上是否

有密封剂残留物。必要时用螺纹加工刀具M6清洁螺纹（如图2-326中1）。应注意，未有污物进入到发动机内。使用合适的工具遮盖住高压泵法兰上的开口。

图2-326

更新密封件（如图2-327中1）。

图2-327

（39）安装高压泵。插入并安装高压泵（如图2-328中2）。更新螺栓（如图2-328中箭头）。定位高压泵（如图2-328中2）螺栓（箭头）并交替以90°的幅度拧紧。必须遵守规定，以免因歪斜而令柱塞折断。高压泵安装到气缸盖罩上。更换螺栓M6×25，拧紧力矩为12N·m。连接并联锁插头（如图2-328中1）。必须听到插头（如图2-328中1）嵌入的声音。

图2-328

（40）将高压管路安装到油轨和高压泵之间。插入并安装高压管路（如图2-329中3）。用手拧紧锁紧螺母（如图2-329中1）。拧紧锁紧螺母（如图2-337中1）。油轨和高压泵之间的高压管路，M14×1.5拧紧力矩为33N·m。拧紧螺栓（如图2-329中2）。燃油管路装到气缸盖罩上，M6×8拧紧力矩为6.5N·m。检查燃油系统是否密封。

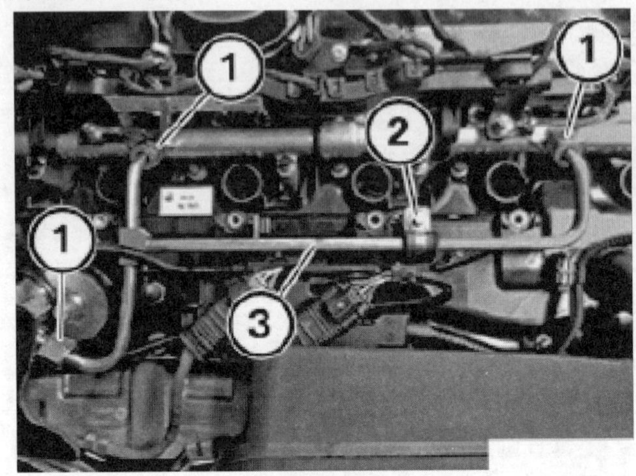

图2-329

（41）安装点火线圈。有损坏危险！点火缺火会造成废气触媒转换器损坏。未正确安装的点火线圈可能会在发动机运转时松开并由此导致点火缺火。应确保密封唇正确位于点火线圈上，以便能毫无问题地进行密封。不要挤压密封唇。注意：该描述只用于一个部件。所有其他部件的工作步骤与之相同。插入并安装点火线圈（如图2-330中3）。拧紧螺栓（如图2-330中2）。点火线圈拧紧力矩为8N·m。连接并联锁插头（如图2-330中1）。必须听到插头（如图2-330中1）嵌入的声音。

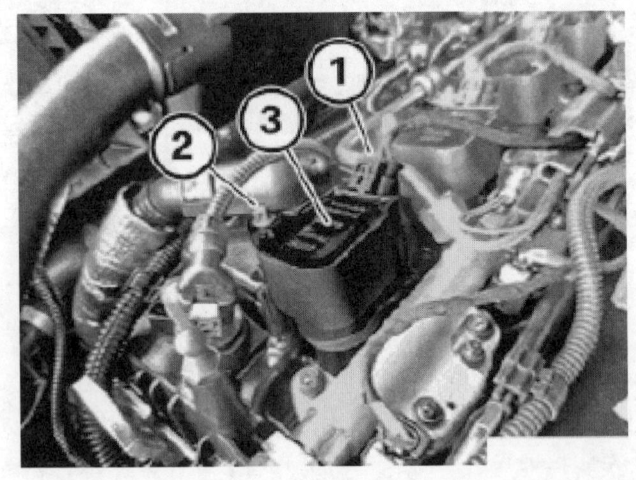

图2-330

（42）安装前部发动机隔热隔音罩。安装发动机隔热隔音罩（如图 2-331 中 1）。

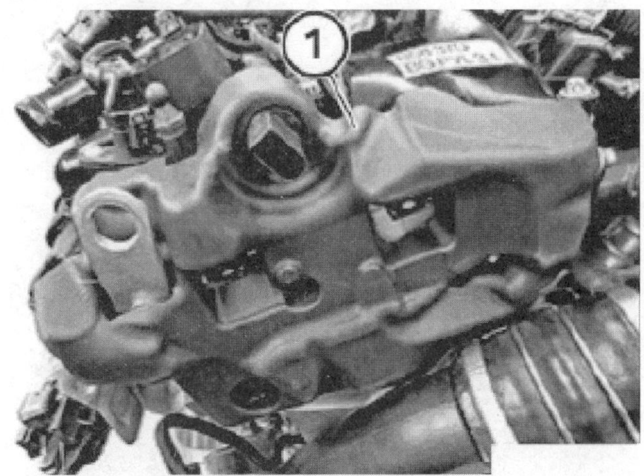

图 2-331

正确铺设电线束（如图 2-332 中 3）并嵌入标记区域内。如有必要，定位接地导线并用螺栓拧紧。前部接地导线安装到气缸盖上，M6 扭紧力矩为 8N·m。连接插头（如图 2-332 中 1、2）。

图 2-332

技术信息：注意接口的正确锁止。必须能听到锁止件嵌入的声音。将燃油箱排气管（如图 2-333 中 2）与进气集气箱相连。将燃油箱排气管（如图 2-333 中 1）与燃油箱排气阀相连并嵌入标记区域内。

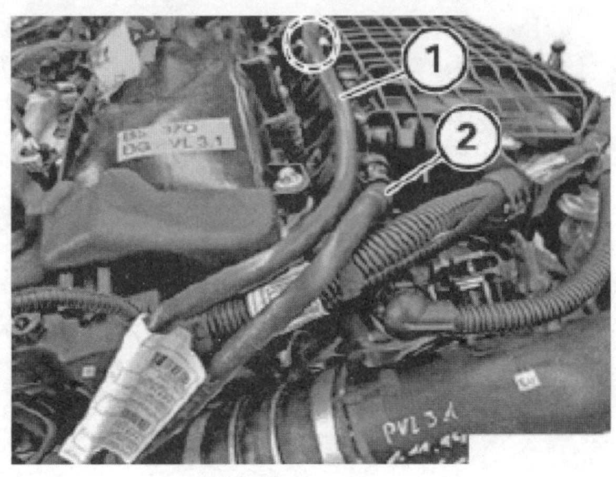

图 2-333

（43）安装两个执行器。注意：插图显示发动机背面。定位两个执行器，连接并联锁两个插头（如图 2-334 中 1）。注意要听到插头（如图 2-334 中 1）嵌入的声音。

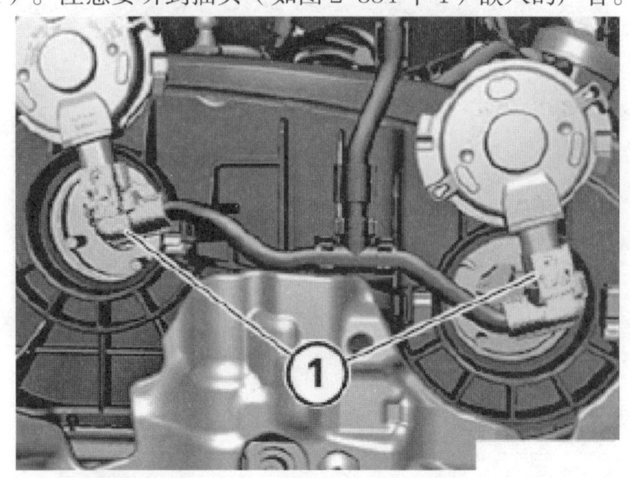

图 2-334

将专用工具 2 360 895 正确定位在排气侧执行器（如图 2-335 中 1）上。

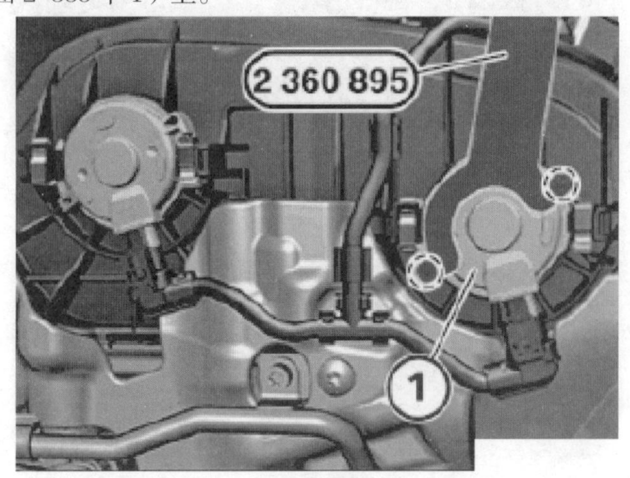

图 2-335

放置排气侧执行器并用专用工具 2 360 895 沿箭头方向旋转，直至位于夹子的极限位置，如图 2-336。

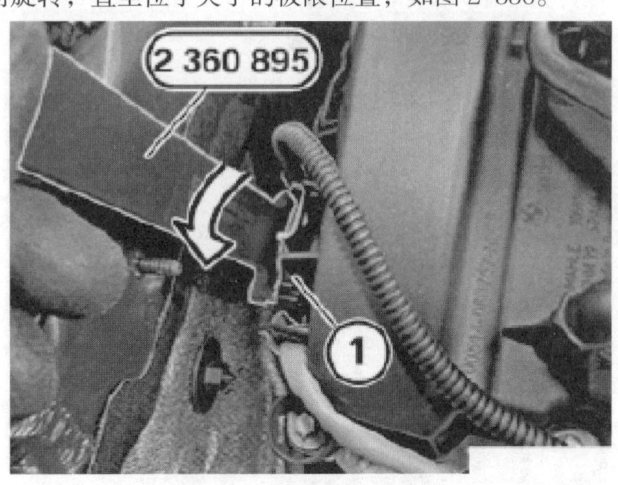

图 2-336

将专用工具 2 360 895 正确定位在进气侧执行器（如

图 2-337 中 1）上。

图 2-337

放置进气侧执行器（如图 2-338 中 1）并用专用工具 2 360 895 沿箭头方向旋转，直至位于夹子的极限位置。

图 2-338

（44）安装中间前围下部件。定位中间前围板下部（如图 2-339 中 3）。拧紧螺母（如图 2-339 中 2）和螺栓（如图 2-339 中 1）。将前围板下部安装到车身上，螺栓拧紧力矩为 2.6N・m；塑料螺母拧紧力矩为 2.6N・m。

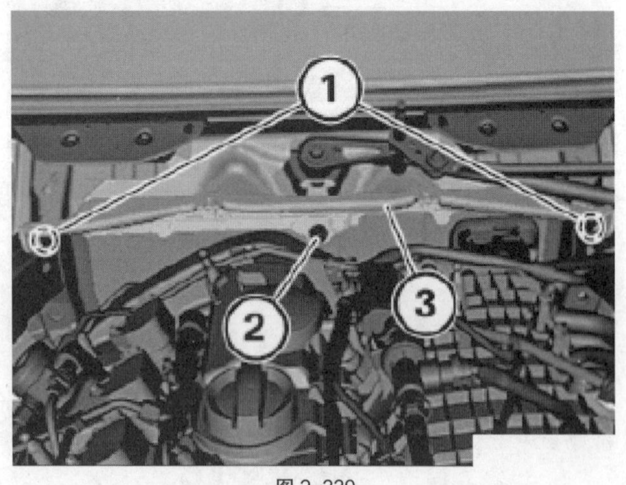

图 2-339

（45）安装左右侧密封框。注意：操作说明仅针对右侧部件。左侧的工作步骤与之相同。插入密封框（如图 2-340 中 3）。检查卡子（如图 2-340 中 2）的位置是否正确。拧紧螺栓（如图 2-340 中 1）。前部配电器密封框，螺栓 RF5×25 拧紧力矩为 2.5N・m。

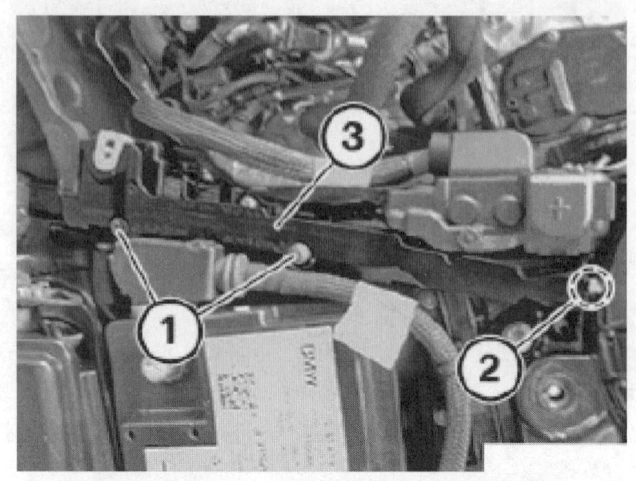

图 2-340

（46）安装中间前围板上部总成。定位中间前围板上部总成（如图 2-341 中 1）。拧紧标记区域内的螺栓。前围板上部总成安装到下部前围上，拧紧力矩：3N・m。

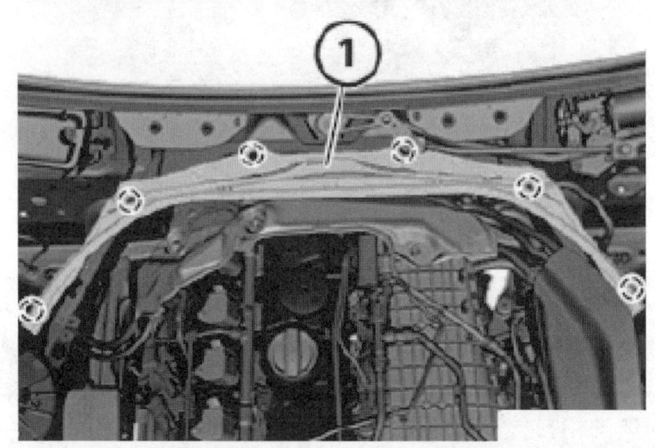

图 2-341

（47）安装减震支柱盖上的拉杆。技术信息：无车顶撑杆或拉杆不允许行驶。

规格 1：

将拉杆（如图 2-342 中 3）安装在减震支柱盖上，拧紧螺栓（如图 2-342 中 1）。拉杆装在前围上，螺栓 M10×25，拧紧力矩为 56N・m。更新螺栓（如图 2-342 中 2）。拧紧螺栓（如图 2-341 中 2）。拉杆安装到减震支柱盖上。更换螺栓，接合力矩：56N・m。旋转角：90°。

规格 2：

将拉杆（如图 2-343 中 3）安装到减震支柱盖上。

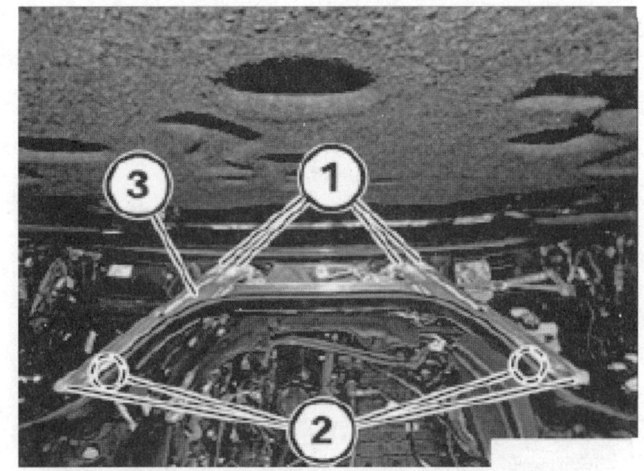

图 2-342

拧紧螺栓（如图 2-343 中 1）。拉杆装在前围上，螺栓 M10×25，拧紧力矩为 56N·m。更新螺栓并拧紧螺栓（如图 2-343 中 2）。拉杆安装到减震支柱盖上：更换螺栓。接合力矩：56N·m。旋转角：90°。

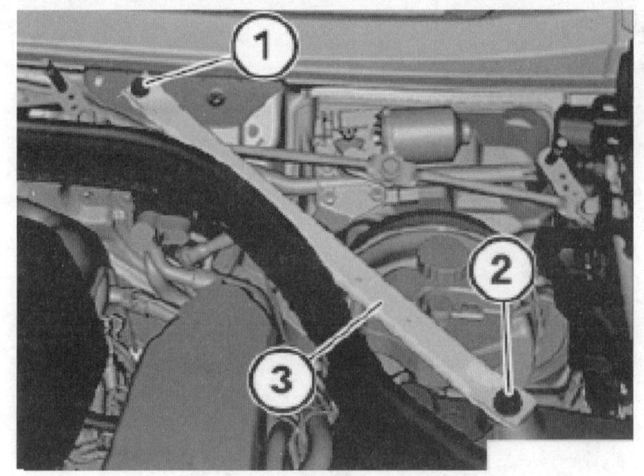

图 2-343

（48）安装风窗框板盖板。从侧向开始将风窗框板盖板（如图 2-344 中 1）压入上卡子。将风窗框板盖板（如图 2-344 中 1）嵌入卡子（如图 2-344 中 2、3）。

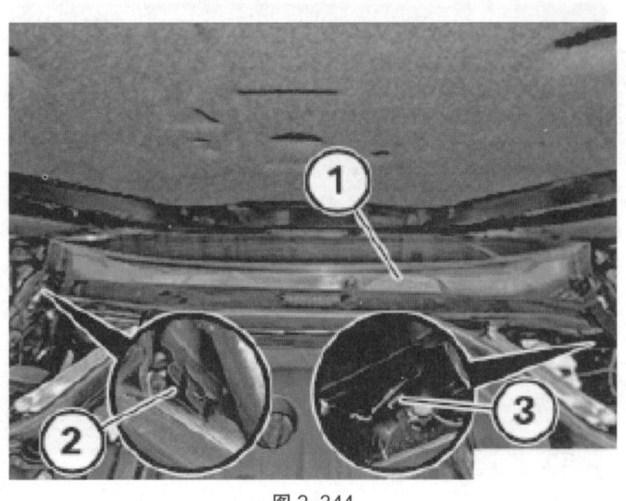

图 2-344

（49）安装左侧和右侧刮水臂。

安装刮水臂。技术信息：在装配刮水臂前，通过按下转向柱开关置于正确的转向位置。插上刮水臂（如图 2-345 中 3），将刮水臂（如图 2-345 中 2）朝着车窗玻璃边缘（如图 2-345 中 1）正确定位。车窗玻璃边缘至刮水器刮片的距离，右侧刮水臂（如图 2-345 中 A）65mm；左侧刮水臂（如图 2-345 中 B）58mm。

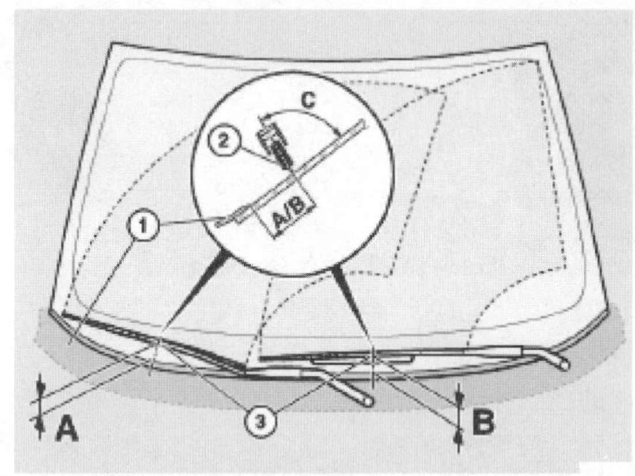

图 2-345

拧紧螺母（如图 2-346 中 2），刮水臂组合六角螺母为 35N·m，插上饰盖（如图 2-346 中 1）。

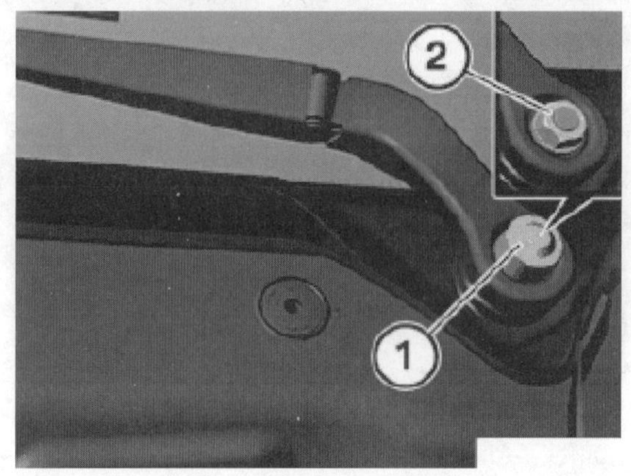

图 2-346

（50）安装左后发动机室的盖板。安装盖板（如图 2-347 中 2）。联锁锁止件（如图 2-347 中 1）。

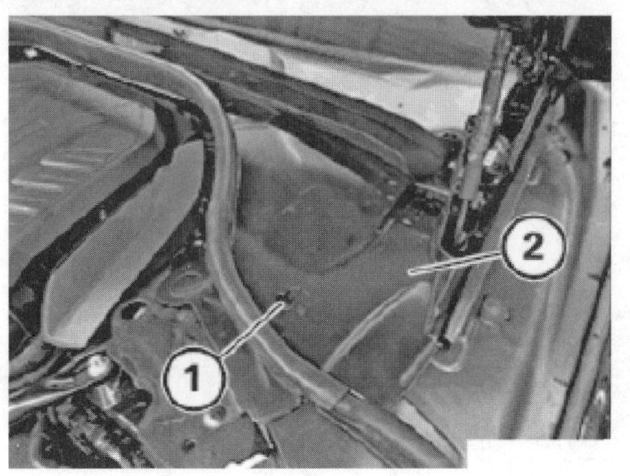

图 2-347

（51）安装后部隔音板。注意发动机背面隔音盖板（如图 2-348 中 1）的正确定位。

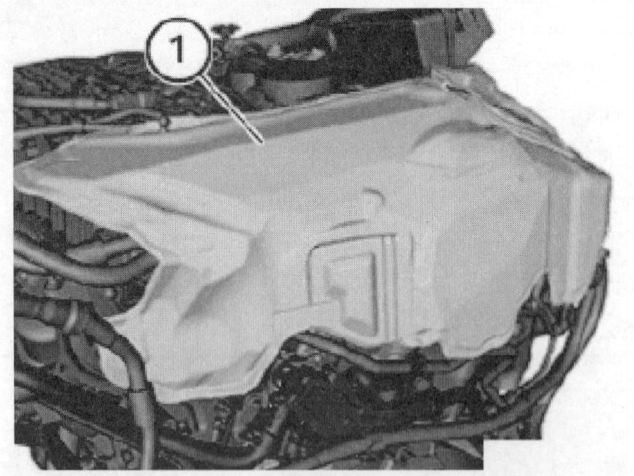

图 2-348

将隔音板（如图 2-349 中 1）从上方安装，并嵌入标记区域内。

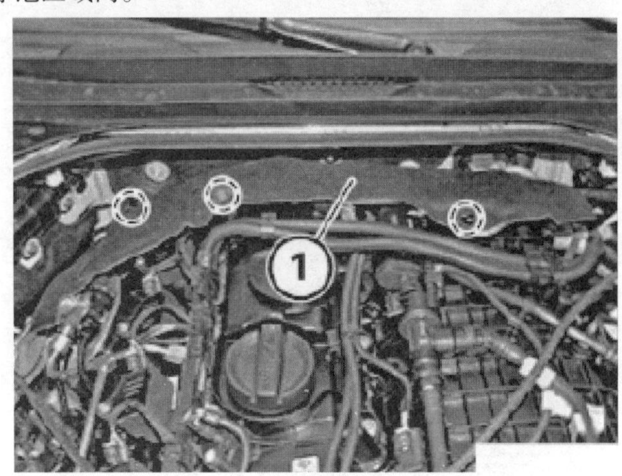

图 2-349

（52）安装后部车前盖的密封件。将后部车前盖密封条(如图 2-350 中 2)压入导向件中。将电缆(如图 2-350 中 1)穿入支架。检查后部车前盖密封条(如图 2-350 中 2)和电缆（如图 2-350 中 1）的位置是否正确。

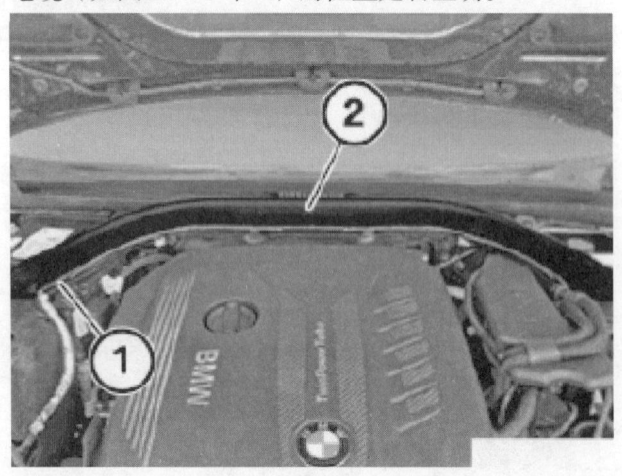

图 2-350

（53）安装集风罩。沿箭头方向插入并安装集风罩（如图 2-351 中 3）。拧紧螺栓（如图 2-351 中 2）。集风罩安装到水箱上，TS6 × 20 扭紧力矩为 6N·m。连接并联锁插头(如图 2-351 中 1)。必须听到插头(如图 2-351 中 1）嵌入的声音。

图 2-351

插入并安装冷却液管(如图 2-352 中 2),联锁夹子(如图 2-352 中 1）。必须能听到夹子（如图 2-352 中 1）嵌入的声音。

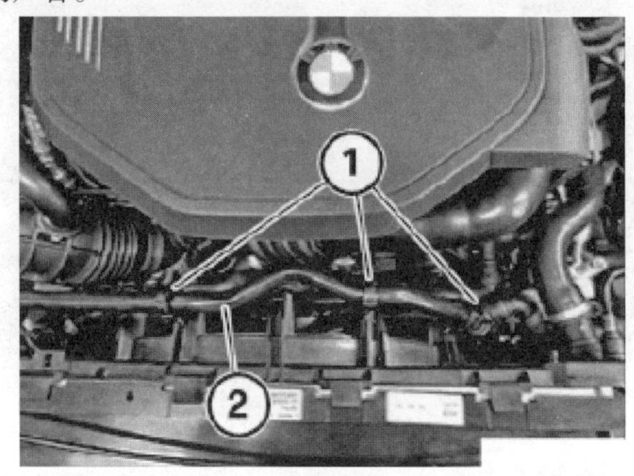

图 2-352

（54）安装后上方横向连接。有损坏危险！划伤。工具和边缘锋利的部件可能会导致划伤。保护工作范围。小心地操作工具和部件。将右侧车前盖锁的支座（如图

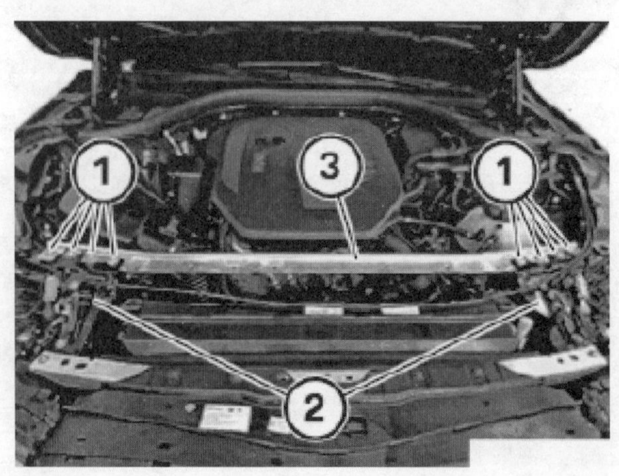

图 2-353

2-353 中 2）稍稍抬起，并将后方上部横向连接件（如图 2-353 中 3）向前插入。将左侧车前盖锁的支座（如图 2-353 中 2）稍稍抬起，并将后方上部横向连接件（如图 2-353 中 3）向前插入。拧紧螺栓（如图 2-353 中 1）。后上部横向连接件装到轮罩支撑架上：星形螺栓 M8×30，拧紧力矩：19N·m。星形螺栓 M10×40，拧紧力矩：19N·m。

（55）安装前部横向连接（前端支撑杆已拆卸）。插入前部横向连接件（如图 2-354 中 3）。嵌入拉线（如图 2-354 中 2）。拧紧螺栓（如图 2-354 中 1）。前部横向连接，螺栓拧紧力矩：11.8N·m。

图 2-354

（56）安装两个前端支撑杆。安装前端支撑板（如图 2-355 中 3）。更新螺栓（如图 2-355 中 1），拧紧螺栓（如图 2-355 中 1）。前端支撑杆装到横向连接件上。更换螺栓，接合力矩 28N·m，旋转角 90°。更新螺栓（如图 2-355 中 2），拧紧螺栓（如图 2-355 中 2）。前端支撑板，更换螺栓，接合力矩：56N·m，旋转角 90°。

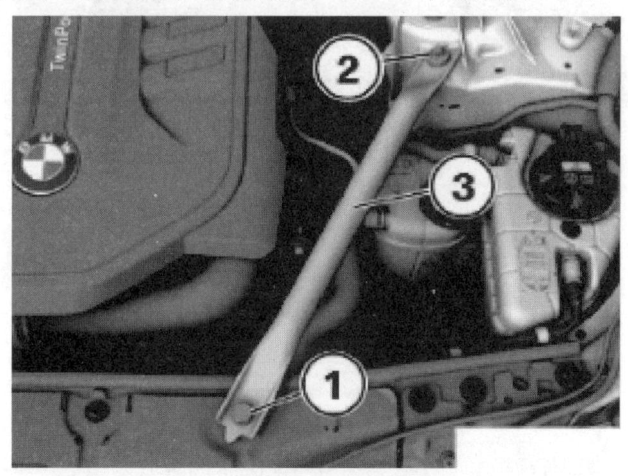

图 2-355

（57）安装中间发动机室盖板。安装盖板（如图 2-356 中 1）。安装所有膨胀铆钉（如图 2-356 中箭头）。

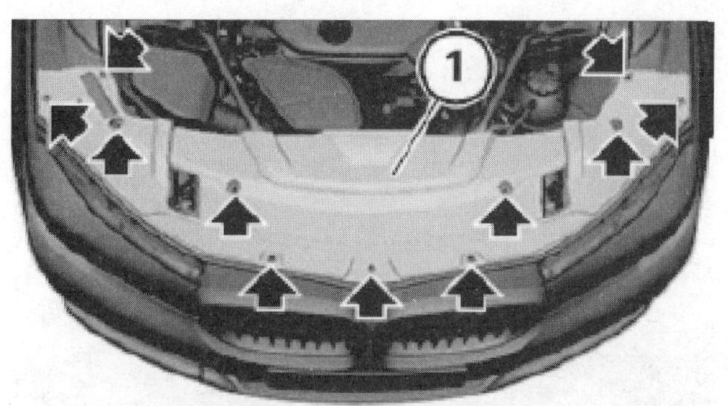

图 2-356

（58）安装谐振器及上部纯空气管道。检查橡胶支座（如图 2-357 中 1）的位置是否正确。

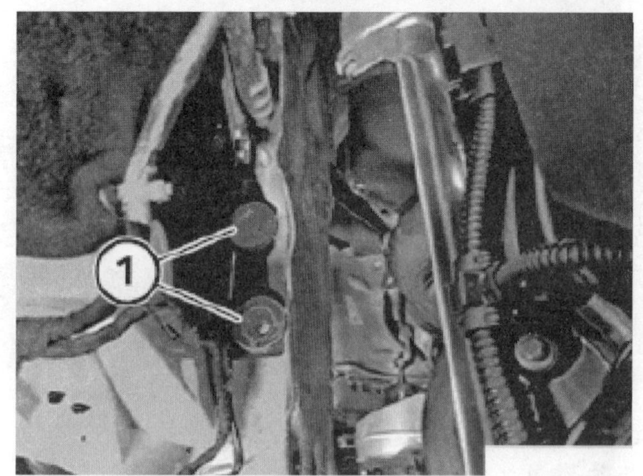

图 2-357

安装谐振器（如图 2-358 中 3）及上部纯空气管道（如图 2-358 中 2）。将谐振器（如图 2-358 中 3）压入橡胶支座。拧紧夹箍（如图 2-358 中 1）。上部纯空气管道夹箍安装在下部纯空气管道上，夹箍拧紧力矩：3N·m。

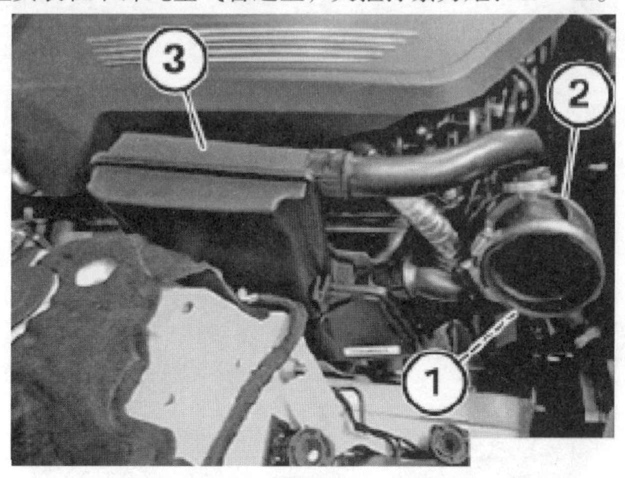

图 2-358

（59）安装进气滤清器壳。检查橡胶支座（如图 2-359 中 1）的位置是否正确。

将空气滤清器壳下部件（如图 2-360 中 3）穿入并嵌入在橡胶支座中。如果装有安装夹子（如图 2-360 中

图 2-359

2），必须听到夹子（如图 2-360 中 2）嵌入空气滤清器壳下部件（如图 2-360 中 3）的声音。拧紧螺栓（如图 2-360 中 1）。进气消音器壳装到谐振器上：TS5 × 20，拧紧力矩为 2.5N · m。

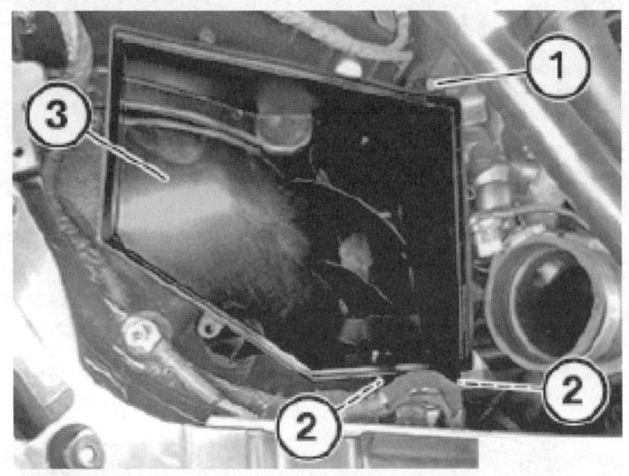

图 2-360

安装空气滤清器滤芯（如图 2-361 中 1）。

图 2-361

穿入并装上进气滤清器壳上部分（如图 2-362 中 3）。拧紧螺栓（如图 2-362 中箭头）。进气滤清器壳上部件连接到进气滤清器壳下部件上，TS5 × 20/TS5 × 26，拧紧力矩：2.5N · m。拧紧夹箍（如图 2-362 中 2）。纯空气管道装到进气滤清器壳上部分，夹箍拧紧力矩：3N · m。连接并联锁插头（如图 2-362 中 1）。必须听到插头（如图 2-362 中 1）嵌入的声音。

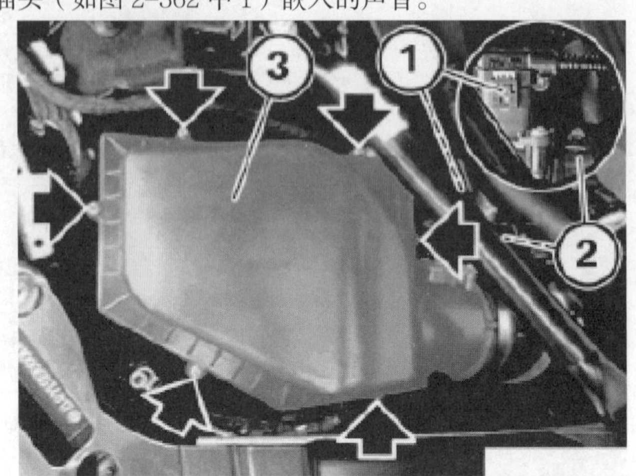

图 2-362

（60）安装隔音板。有损坏危险！隔音板损坏。拆卸时猛烈拉扯或在安装时过度用力会导致隔音盖板断裂。小心拆卸和安装隔音盖板。依次拆卸和安装球面轴颈上的快装连接器。仅在温度 > 20℃时拆卸和安装隔音盖板。在安装时只可以用蒸馏水作为辅助工具，不可以使用润滑剂。检查隔音盖板是否正确安装在所有橡胶支座（如图 2-363 中 1）上。

图 2-363

将隔音板（如图 2-364 中 1）在标记区域内嵌入支架。

（61）安装中心机组防护板。注意：为了更清楚概览，示意图中有部分部件已隐藏。插入中间机组防护板（如图 2-365 中 1）。沿虚线拧紧螺栓。机组防护板，螺栓

图 2-364

拧紧力矩：3N·m。

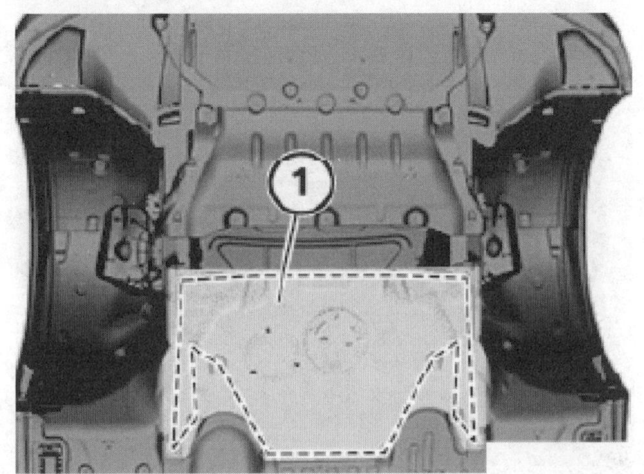

图 2-365

（62）安装前部机组底部护板。插入前部机组防护板（如图 2-366 中 1）。拧紧螺栓（如图 2-366 中箭头）。机组防护板，螺栓拧紧力矩：3N·m。

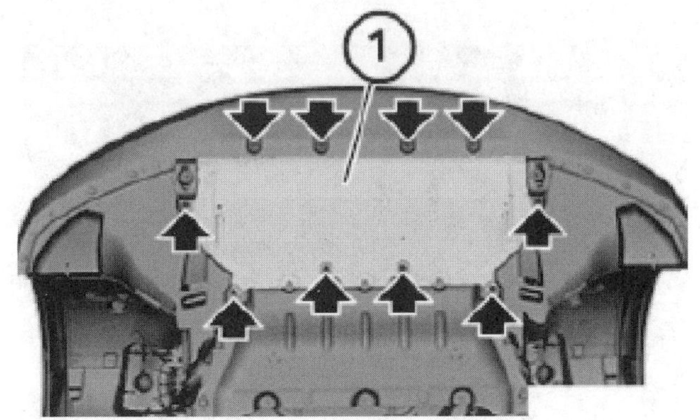

图 2-366

（63）连接所有蓄电池负极导线。

①连接主动转向系统的蓄电池负极导线。

技术信息：仅在蓄电池接线柱上连接和断开蓄电池。不要脱开插头！将蓄电池负极导线定位到负极上并用螺栓（如图 2-367 中 2）拧紧。主动转向控制的蓄电池接线柱，M6 拧紧力矩：6N·m。关闭护罩（如图 2-367 中 1）。

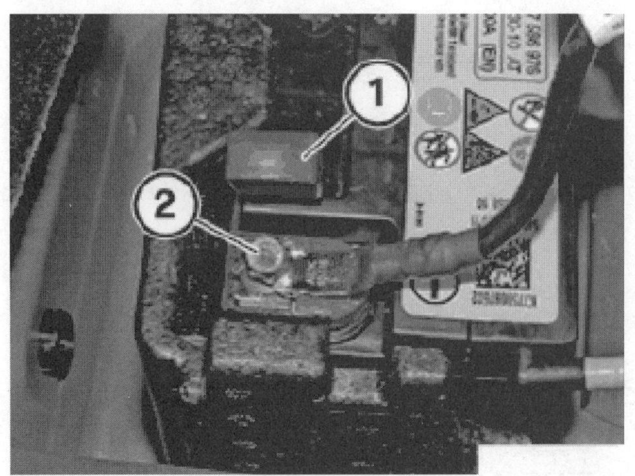

图 2-367

对于生产时间在 2016 年 7 月之后的款型，必要时定位饰盖（如图 2-368 中 2）并将其嵌入到夹子（如图 2-368 中 1）上。可选安装饰盖。

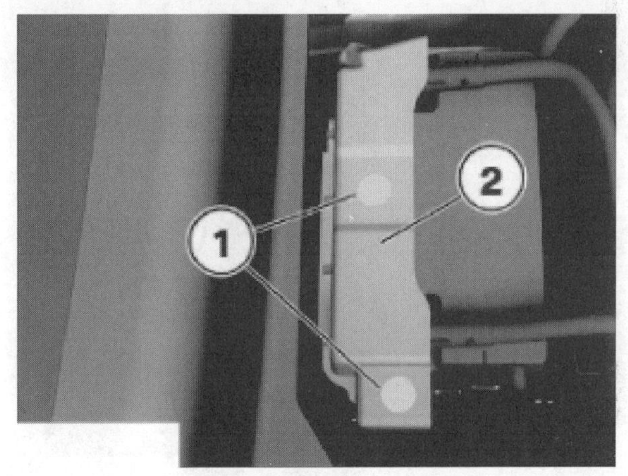

图 2-368

用所属的泡沫插入件将辅助电池（如图 2-369 中 2）向左推动。从上向下插入分隔元件的泡沫插入件（如图 2-369 中 1）。

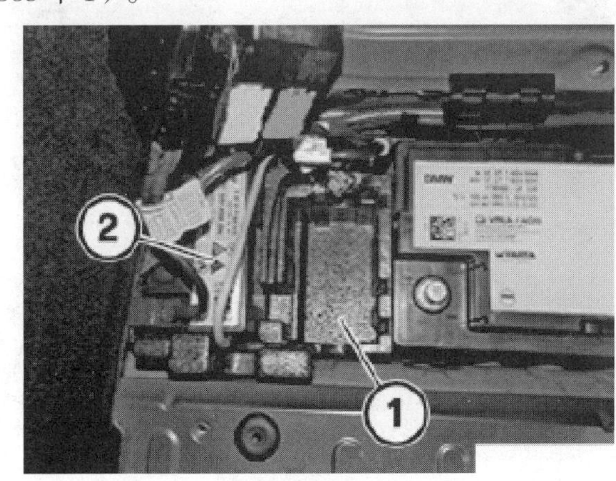

图 2-369

插入分隔元件（如图 2-370 中 3）。定位支架（如图 2-370 中 2）。拧紧螺栓（如图 2-370 中 1）。车身上的蓄电池支架（主动转向控制），六角螺栓 M6，拧紧力矩：8N·m。

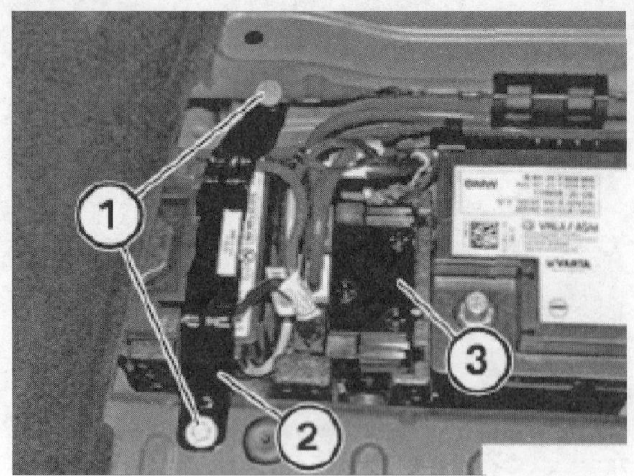

图 2-370

②连接蓄电池负极导线。将蓄电池负极接线柱（如图 2-371 中 2）定位在定位蓄电池负极上。拧紧螺母（如图 2-371 中 1）。蓄电池负极接线柱，螺母扭紧力矩：5N·m。

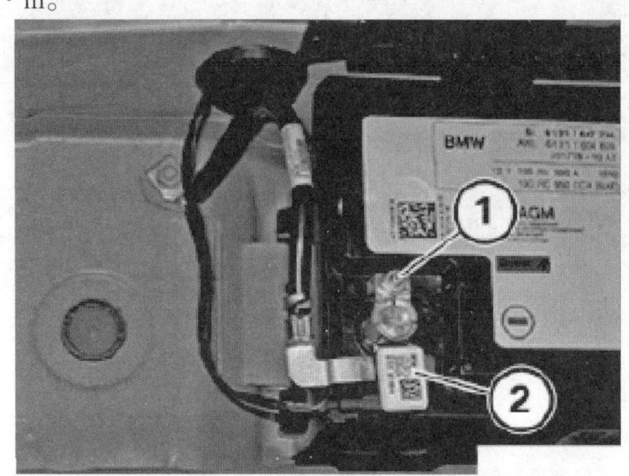

图 2-371

③安装应急备用轮胎的储物托槽。放入储物托槽（如图 2-372 中 1）。

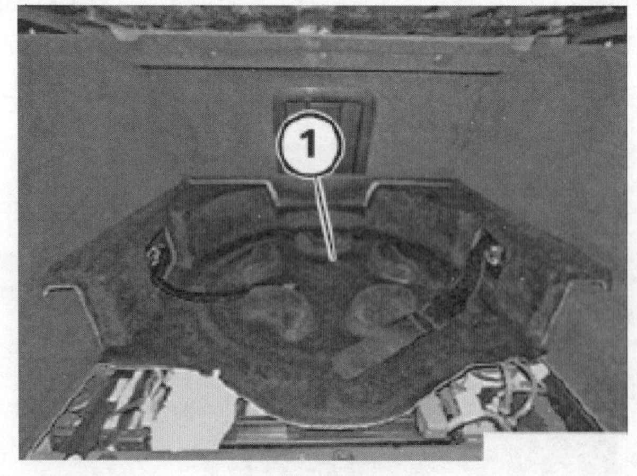

图 2-372

嵌入带托垫的应急车轮（如图 2-373 中 2）。连接尼龙搭扣（如图 2-373 中 1）。

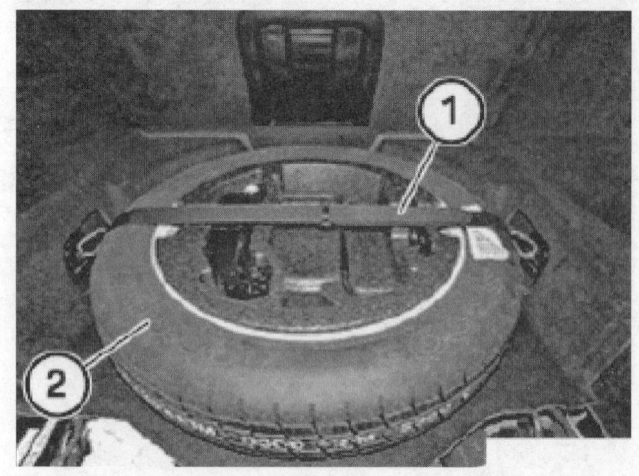

图 2-373

④安装储物托槽。向下嵌入储物托槽（如图 2-374 中 1）。

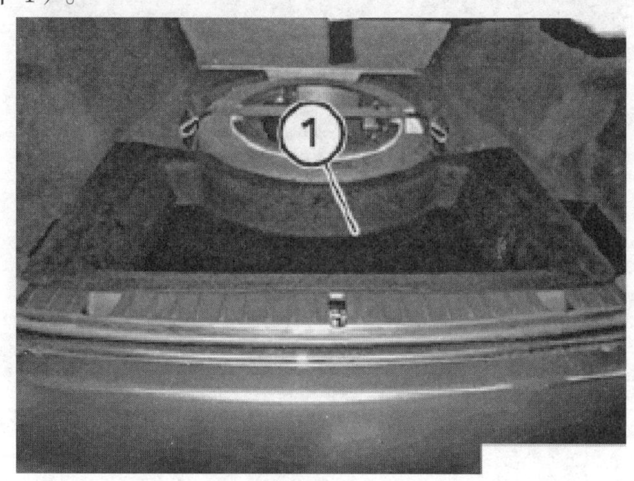

图 2-374

⑤安装行李箱底板饰件。沿箭头方向放入行李箱底板饰件（如图 2-375 中 1）。

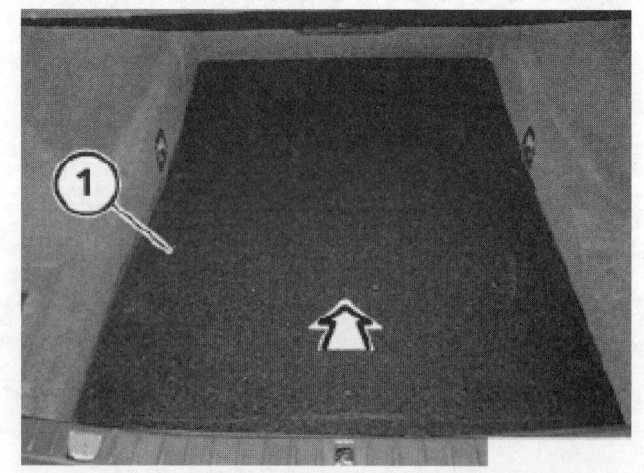

图 2-375

⑥移除车辆电池的遮盖。抬起蓄电池负极导线（如图 2-376 中 1）。去除专用工具 2 452 007。

图 2-376

⑦连接蓄电池负极导线（发动机室）。

将蓄电池负极接线柱（如图 2-377 中 1）定位在定位蓄电池负极上。将螺母拧接到蓄电池负极接线柱（如图 2-377 中 1）上。蓄电池负极接线柱：螺母扭紧力矩为 5N · m。

图 2-377

安装盖板（如图 2-378 中 2）。联锁锁止件（如图 2-378 中 1）。

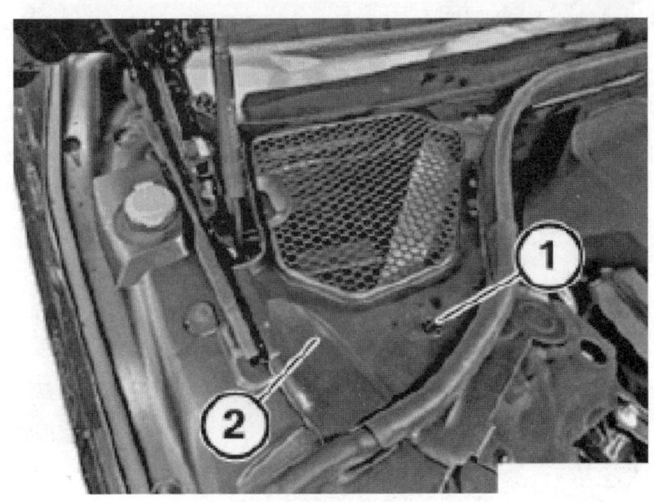

图 2-378

（二）调整凸轮轴的配气相位

1. 工作概述

（1）拆下链条张紧器。

（2）调整凸轮轴的配气相位。

（3）拆除所有专用工具。

（4）检查凸轮轴的配气相位（自动变速器）。

2. 调整凸轮轴的配气相位

（1）拆下链条张紧器。

技术信息：收集并妥善处理排出的液体。遵守当地的废弃物处理规定。提示：使用如图 2-379 的工具松开链条张紧器。

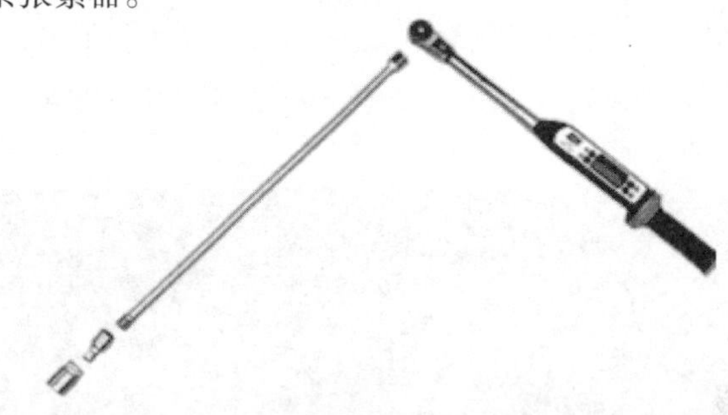
图 2-379

拆卸链条张紧器（如图 2-380 中 1）时，会流出少量发动机油，准备好抹布。将链条张紧器（如图 2-380 中 1）从下部松开。

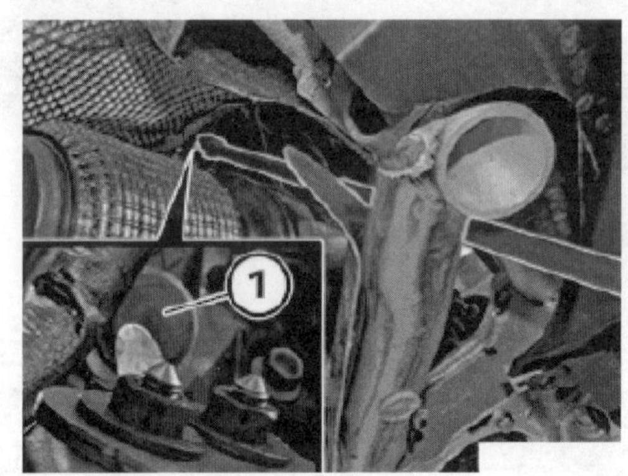

图 2-380

（2）调整凸轮轴的配气相位。

①安装新的链条张紧器。更新密封环（如图 2-381 中 1）。

图 2-381

使用如图 2-382 的工具拧紧链条张紧器。

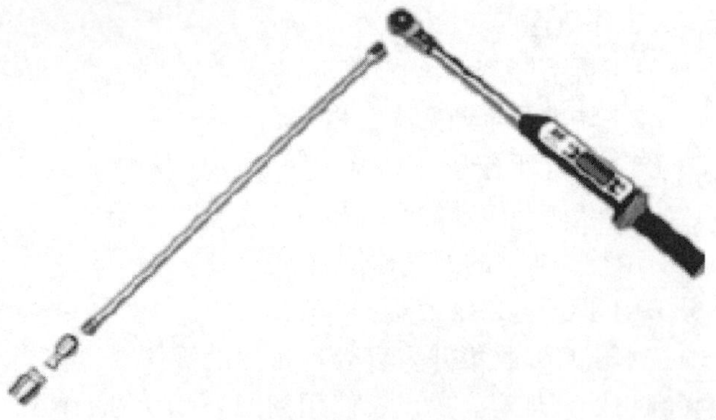

图 2-382

将链条张紧器（如图 2-383 中 1）从下部拧紧。链条张紧器安装到气缸盖上，链条张紧器柱塞 M22×1.5，接合力矩 20N·m：旋转角 25°。

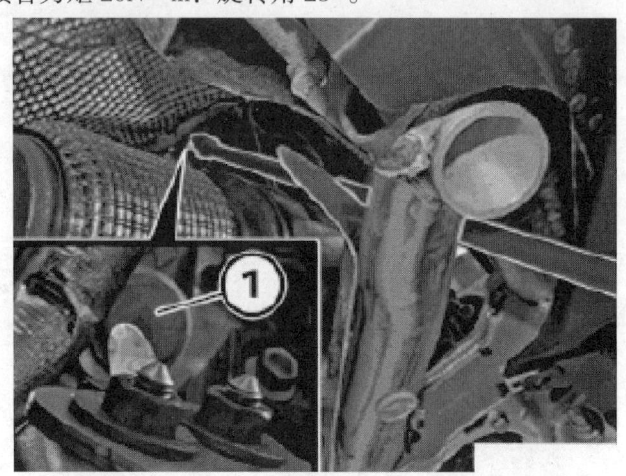

图 2-383

②专用工具组 2 358 122，如图 2-384。

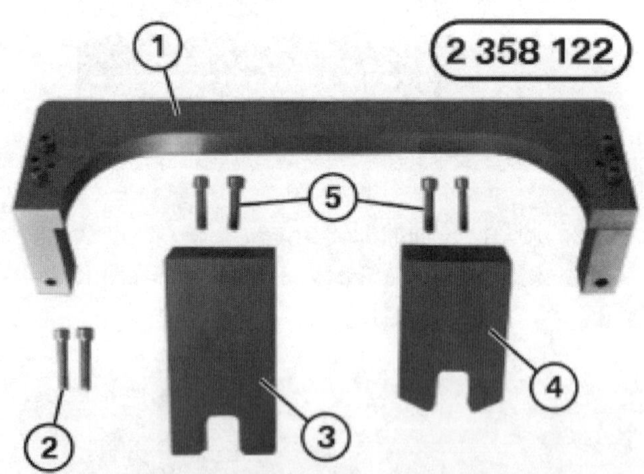

1- 底架　2- 气缸盖上底架螺栓　3- 用于固定排气凸轮轴的量规
4- 用于固定进气凸轮轴的量规　5- 底架上的量规螺栓

图 2-384

将中央阀（如图 2-385 中 1）用专用工具 0 496 855 中的转换棘轮（如图 2-385 中 2）及专用工具 2 450 487 松开。

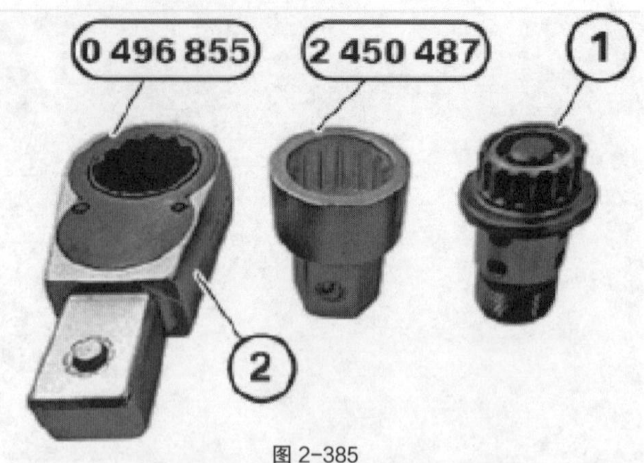

图 2-385

将中央阀（如图 2-386 中 1）用专用工具 0 496 855 松开。

图 2-386

将专用工具组 2 358 122 的底架定位在气缸盖上。必要时，用专用工具 0 493 380（11 6 480）旋转发动机的曲轴。将用于固定进气凸轮轴的量规定位在进气凸轮轴上并用螺栓固定在底架上。将进气调整装置（如图 2-387 中 1）的 VANOS 中央阀用专用工具 0 496 855 或 2 450 487 松开。

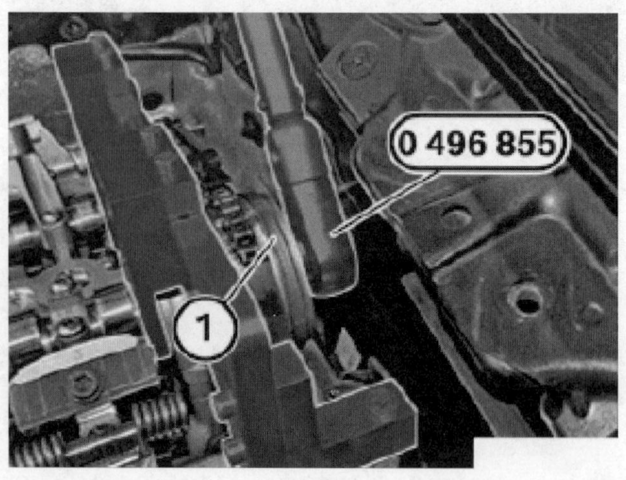

图 2-387

必要时，用专用工具 0 493 380（11 6 480）旋转发动机的曲轴。将用于固定排气凸轮轴的量规定位在排气凸轮轴上并用螺栓固定在底架上。将排气调整装置（如图 2-388 中 1）的 VANOS 中央阀用专用工具 0 496 855 或 2 450 487 松开。

图 2-388

将两个凸轮轴旋转到正确位置，确保排气凸轮轴的标记（如图 2-389 中 1）和进气凸轮轴的标记（如图 2-389 中 2）可以从上方查看。

图 2-389

两个凸轮轴上 3 个平整面（如图 2-390 中 1）的中间一个必须指向上方。

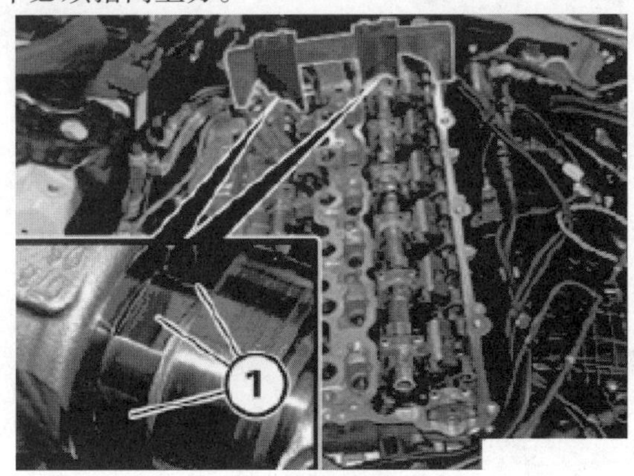

图 2-390

将量规（如图 2-391 中 3）以凹口定位在排气凸轮轴上并用螺栓（如图 2-391 中 5）固定在底架（如图 2-391 中 1）上。将量规（如图 2-391 中 4）以凹口定位在进气凸轮轴上并用螺栓（如图 2-391 中 5）固定在底架（如图 2-391 中 1）上。

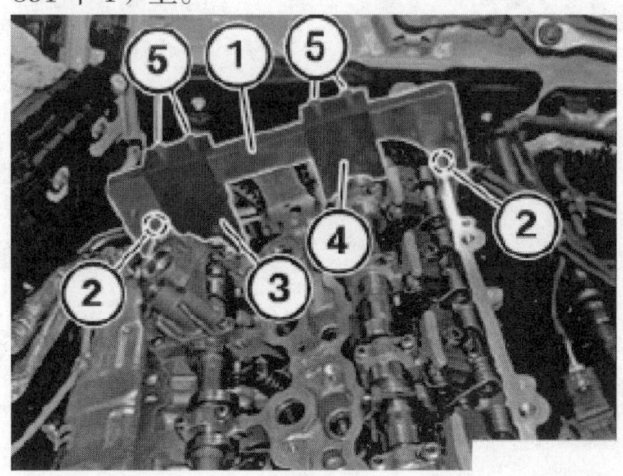

图 2-391

为了拧紧中央阀（如图 2-392 中 1）使用专用工具 0 496 855 中的转换棘轮（如图 2-392 中 2）及专用工具 2 450 487。

图 2-392

为了拧紧中央阀（如图 2-393 中 1）使用专用工具 0 496 855。

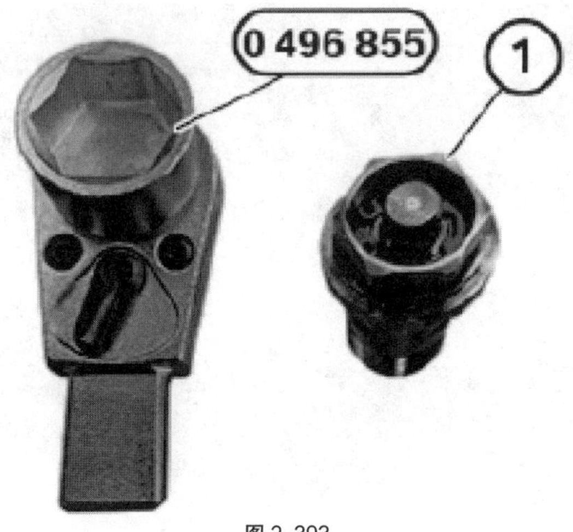

图 2-393

将进气调整装置（如图 2-394 中 1）的 VANOS 中央阀用专用工具 0 496 855 或 2 450 487 拧紧。

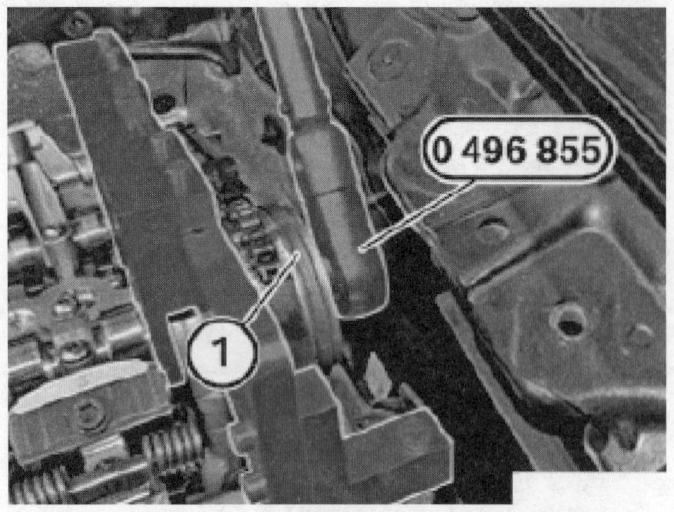

图 2-394

VANOS 中央阀装到凸轮轴上接合力矩如表 2-1。

表 2-1

M12× 1	1. 接合力矩	30N・m
	2. 接合力矩	50N・m
	第 3 转角	65°
M21×1	1. 接合力矩	10N・m
	2. 接合力矩	30N・m
	3. 接合力矩	50N・m
	4. 转角	28°
M22×1	1. 接合力矩	30N・m
	2. 接合力矩	50N・m
	第 3 转角	28°

将排气调整装置（如图 2-395 中 1）的 VANOS 中央阀用专用工具 0 496 855 或 2 450 487 拧紧。

图 2-395

VANOS 中央阀装到凸轮轴上接合力矩如表 2-2。

表 2-2

M12× 1	1. 接合力矩	30N・m
	2. 接合力矩	50N・m
	第 3 转角	65°
M21×1	1. 接合力矩	10N・m
	2. 接合力矩	30N・m
	3. 接合力矩	50N・m
	4. 转角	28°
M22×1	1. 接合力矩	30N・m
	2. 接合力矩	50N・m
	第 3 转角	28°

（3）拆除所有专用工具。

（4）检查凸轮轴的配气相位（自动变速器）。

将发动机用专用工具 0 493 380（11 6 480）转动至第 1 个气缸的点火上止点位置，如图 2-396 所示。

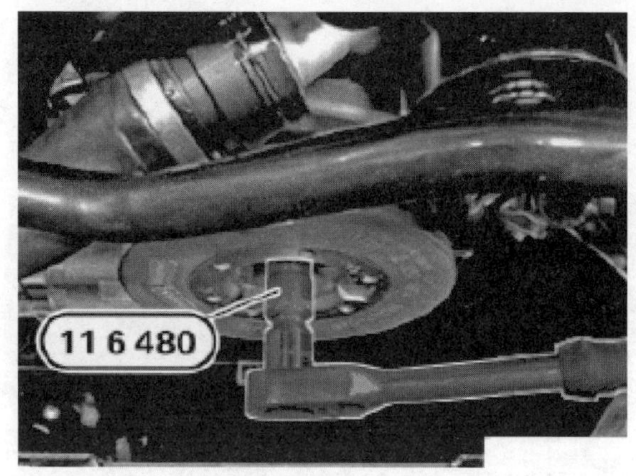

图 2-396

①将曲轴卡在第 1 个气缸的点火上止点位置（自动变速器）。

装有自动变速器的车辆：

将专用工具 2 365 488 定位并用相应螺栓固定。将曲轴用专用工具 2 288 380 在第 1 个气缸的点火上止点位置卡住，如图 2-397。

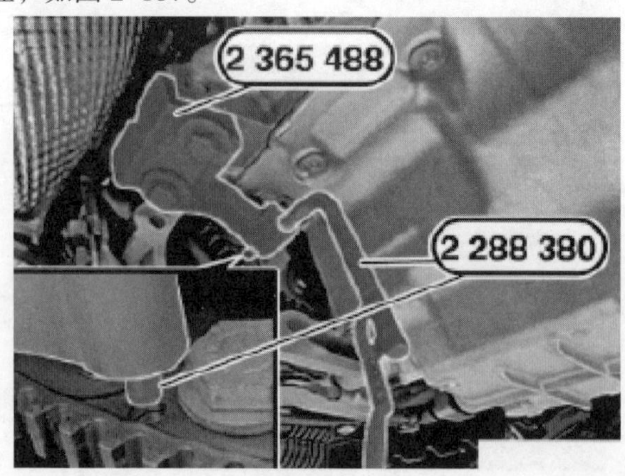

图 2-397

②检查是否能从上面读取到排气凸轮轴的标记（如图 2-398 中 1）和进气凸轮轴的标记（如图 2-398 中 2）。

图 2-398

③结果。无法从上面读取到标记（如图 2-398 中 1、2）。

④措施。将凸轮轴转到正确的位置或者重新调整配气相位。

⑤检查两个凸轮轴上 3 个加工平面（如图 2-399 中 1）里中间的一个加工平面。当凸轮轴扭转 180° 后（中间的平整面指向下方），也可以安装专用工具 2 358 122。

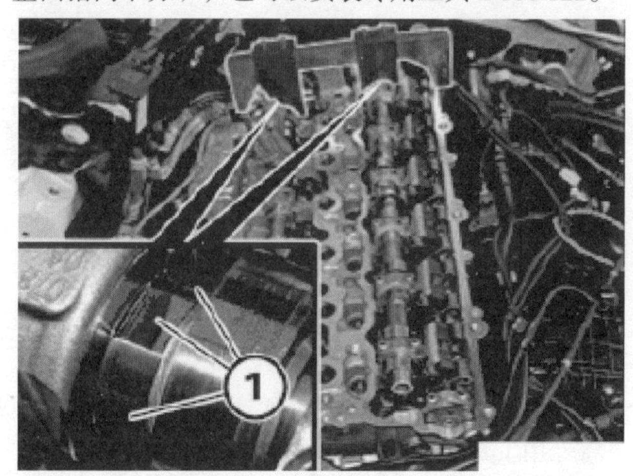

图 2-399

⑥结果。3 个削平中间的那个（如图 2-399 中 1）不朝上。

⑦措施。将凸轮轴转到正确的位置，使两个凸轮轴上 3 个削平中间的那个（如图 2-400 中 1）朝上。

检查第 1 个气缸上排气凸轮轴（如图 2-400 中 1）和进气凸轮轴（如图 2-400 中 2）的凸轮位置是否如图 2-400。

专用工具组 2 358 122，如图 2-401。

将专用工具 2 358 122 的底架（如图 2-402 中 1）用螺栓（如图 2-402 中 2）固定在气缸盖上。将量规（如图 2-402 中 3）以凹口定位在排气凸轮轴上并用螺栓（如图 2-402 中 5）固定在底架（如图 2-402 中 1）上。将量

图 2-400

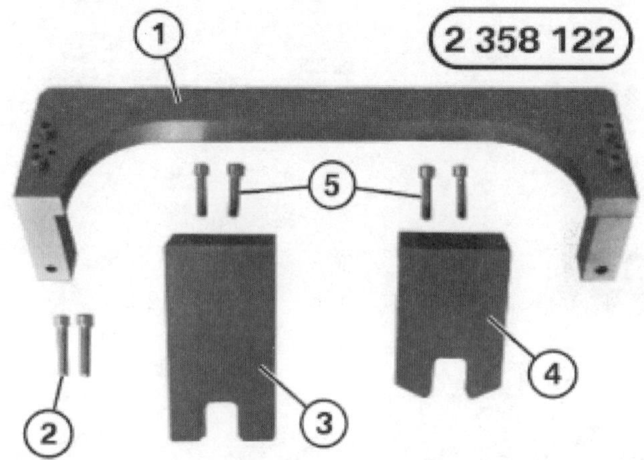

1- 底架　2- 气缸盖上底架螺栓　3- 用于固定排气凸轮轴的量规　4- 用于固定进气凸轮轴的量规　5- 底架上的量规螺栓

图 2-401

规（如图 2-402 中 4）以凹口定位在进气凸轮轴上并用螺栓（如图 2-402 中 5）固定在底架（如图 2-402 中 1）上。

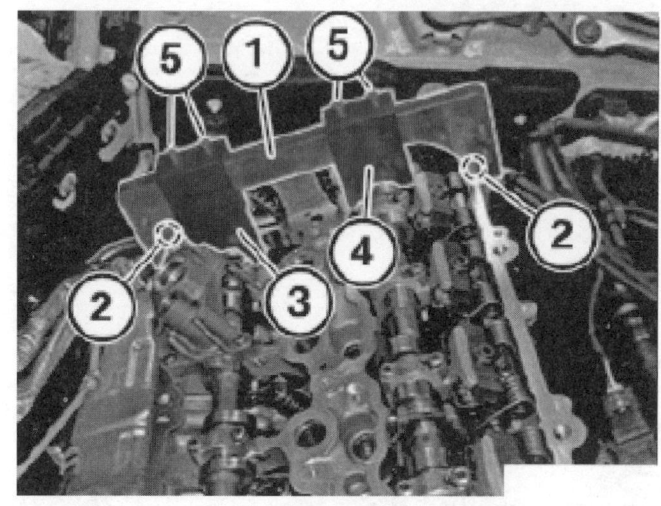

图 2-402

提示：若无法安装专用工具 2 358 122，则必须重新调整配气相位。

第二节　迷你车系

一、车型

MINI ONE（F55/F56）（1.2T B38A12A），2014—2017 年。

MINI ONE（F55/F56）（1.5T B38A15A），2018—2019 年。

MINI COOPER（F55/F56）（1.5T B38A15A），2014—2019 年。

MINI CLUBMAN COOPER（F54）（1.5T B38A15A），2016—2019 年。

MINI COUNTRYMAN COOPER（F55/F56）（1.5T B38A15A），2017—2019 年。

其正时校对方法与华晨宝马 218i（F45）（1.5T B38A15），2016—2019 年相同，请参考其内容。

二、车型

MINI COOPER S（F55/F56）（2.0T B48A20A），2015—2019 年。

MINI CLUBMAN COOPER S（F54）（2.0T B48A20A），2016—2019 年。

MINI COUNTRYMAN COOPER（F55/F56）（2.0T B48A20），2017—2019 年。

其正时校对方法与 X2 sDrive 25i（F39）（2.0T B48A20A），2018—2019 年相同，请参考其内容。

第三章　捷豹 / 路虎车系

一、车型

奇瑞捷豹 XEL（2.0T PT204），2018—2019 年。
奇瑞捷豹 XFL（2.0T PT204），2017—2019 年。
奇瑞捷豹 E-PACE（2.0T PT204），2018—2019 年。
奇瑞捷豹 XEL（2.0T PT204），2018—2019 年。
奇瑞捷豹 XFL（2.0T PT204），2017—2019 年。
捷豹 XF（2.0T PT204），2018—2019 年。
捷豹 XE（2.0T PT204），2015—2019 年。
捷豹 F-PACE（2.0T PT204），2018—2019 年。
捷豹 F-TYPE（2.0T PT204），2018—2019 年。
奇瑞路虎极光（2.0T PT204），2015—2019 年。
奇瑞路虎发现神行（2.0T PT204），2016—2019 年。
路虎星脉（2.0T PT204），2016—2019 年。
路虎发现（2.0T PT204），2016—2019 年。
路虎揽胜 P400e（2.0T PT204），2018—2019 年。
路虎揽胜运动 P400e（2.0T PT204），2018—2019 年。

（一）专用工具

1. JLR-303-1630 曲轴皮带轮锁定工具如图 3-1。

图 3-1

2. JLR-303-1636 锁定工具，可变凸轮轴正时执行器，如图 3-2。

图 3-2

（二）上部正时链条

1. 拆卸。

（1）以合适的 2 柱举升机升起并支撑车辆。

（2）断开启动蓄电池接地电缆。

（3）拆下上部正时盖。

（4）拆卸附件传动皮带。

（5）顺时针转动专用工具，直至如图 3-3 对齐正时标记。安装专用工具 JLR-303-1630。

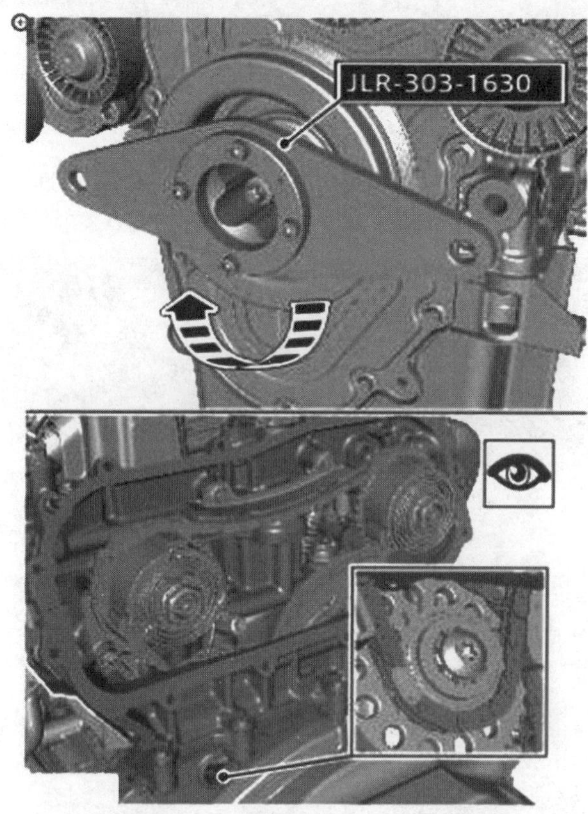

图 3-3

（6）如图 3-4 安装专用工具，然后拧紧 2 个螺栓。安装专用工具 JLR-303-1636。扭矩：13N · m。

图 3-4

（7）如图 3-5 安装专用工具，然后拧紧 2 个螺栓。

安装专用工具 JLR-303-1636。扭矩：13N·m。

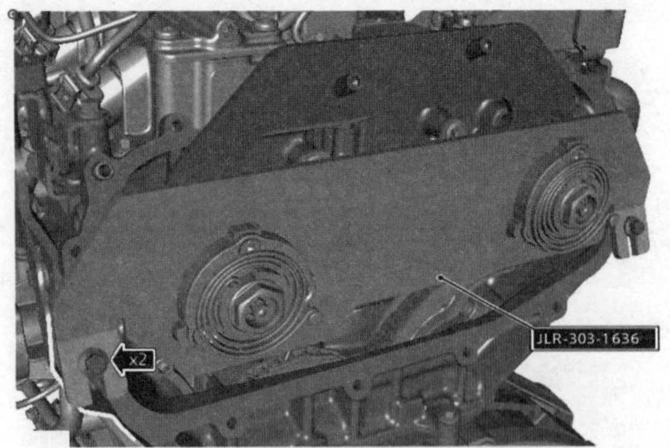

图 3-5

（8）安装专用工具的其余部件，专用工具 JLR-303-1630。使用专用工具，将曲轴锁定到位，如图 3-6。

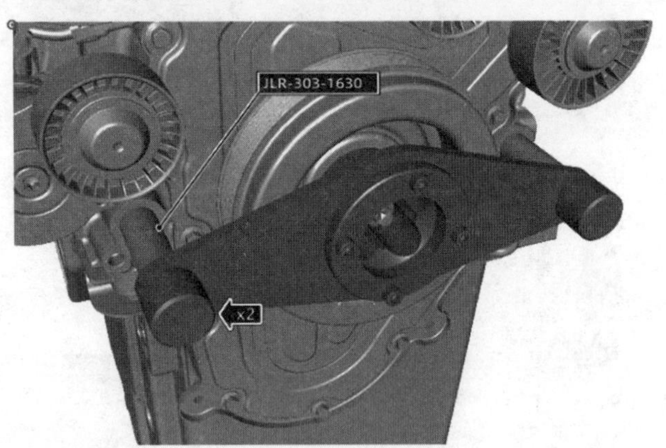

图 3-6

（9）拧松可变凸轮轴正时（VCT）螺栓，但不要完全拆下，如图 3-7。

图 3-7

（10）拆下上部正时链张紧器，如图 3-8。

（11）拆除专用工具，如图 3-9。

（12）拆下之前，请记下 VCT 所处的位置，VCT 与凸轮轴配对。如图 3-10。拆下 VCT 执行器和螺栓。每次拆下 VCT 螺栓时，都使用合适的中心冲在螺栓头上做标记。VCT 螺栓最多只能使用 3 次，达到此限制之后，必须将其拆下并丢弃。注意：VCT 螺栓最多只能使用 3 次。

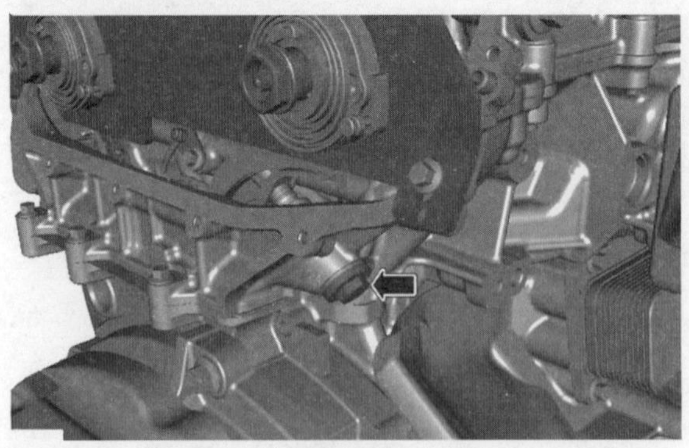

图 3-8

图 3-9

图 3-10

（13）拆下正时链导轨，如图 3-11。

图 3-11

（14）拆除左侧正时链导轨，如图 3-12。拆下正时链张紧器导轨。

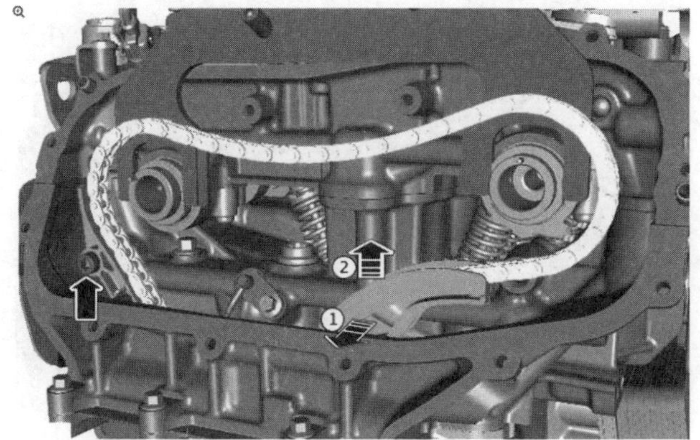

图 3-12

（15）从惰轮链轮松开正时链并拆下，如图 3-13。

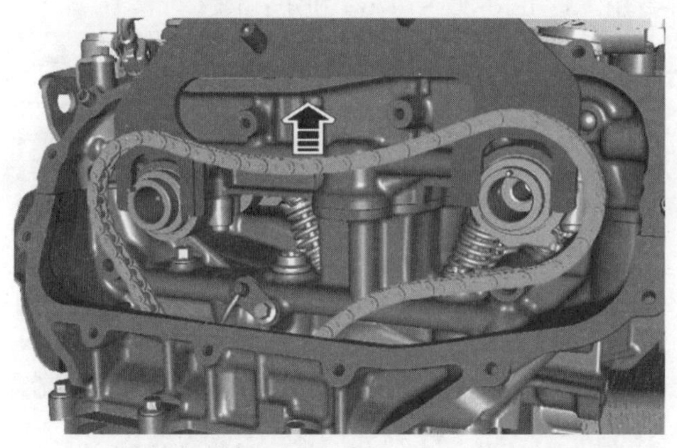

图 3-13

2. 安装。

（1）安装上部正时链。确保带有颜色的链节如图 3-14 对齐。注意：保持链条上的张力，以防止带有颜色的链节脱离链轮的位置。

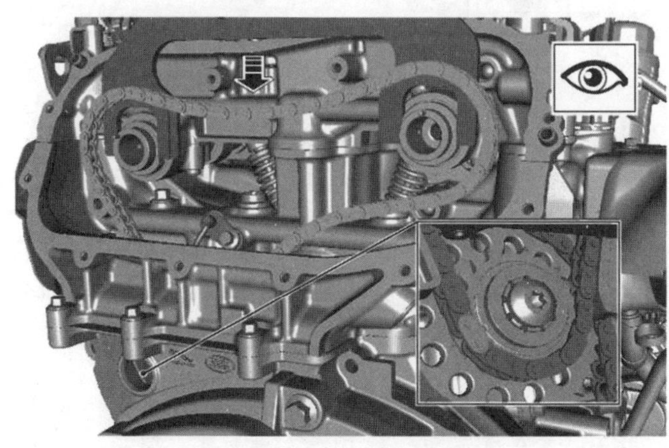

图 3-14

（2）安装新的左链导轨，并拧紧紧固螺栓。更换零部件：上部正时游导轨。扭矩：25N·m，如图 3-15。注意：保持链条上的张力，以防止带有颜色的链节脱离链轮的位置。

图 3-15

（3）确保将此部件安装到先前记下的位置。安装进气可变凸轮轴正时（VCT）执行器。确保凸轮轴定位销正确定位到 VCT 执行器中，如图 3-16。确保按图 3-16 将正时链的着色链与 VCT 执行器上的凹槽对齐，然后将螺栓拧紧至正确的扭矩。扭矩：级 1，10N·m；级 2，松开 90°。注意：VCT 螺栓最多只能使用 3 次。保持链条上的张力，以防止带有颜色的链节脱离链轮的位置。

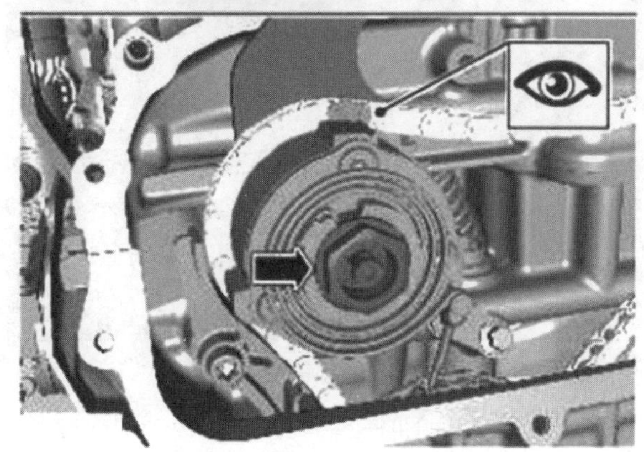

图 3-16

（4）安装新的正时链张紧器导轨，如图 3-17。更换零部件：上部正时链导轨。注意：保持链条上的张力，以防止带有颜色的链节脱离链轮的位置。

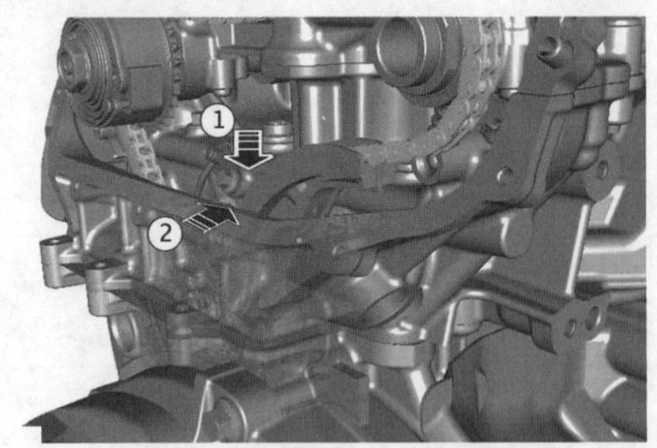

图 3-17

（5）确保将此部件安装到先前记下的位置。安装排气可变凸轮轴正时（VCT）执行器。确保凸轮轴定位销正确定位到 VCT 执行器中，如图 3-18。确保按图 3-18 将正时链的着色链与 VCT 执行器上的凹槽对齐，然后将螺栓拧紧至正确的扭矩。扭矩：级 1，10N · m；级 2，松开 90°。注意：VCT 螺栓最多只能使用 3 次。保持链条上的张力，以防止带有颜色的链节脱离链轮的位置。

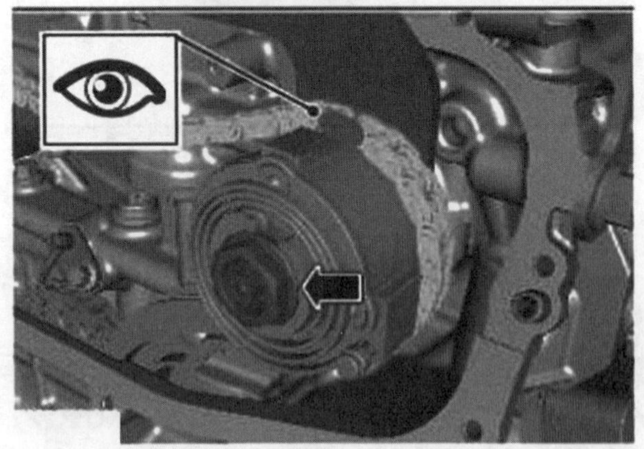

图 3-18

（6）安装新的正时链导轨，并将 2 个螺栓拧紧至正确的扭矩，如图 3-19。更换零部件：上部正时链导轨。扭矩：11N · m。注意：保持链条上的张力，以防止带有颜色的链节脱离链轮的位置。

图 3-19

（7）如图 3-20 安装专用工具，然后拧紧螺栓。安装专用工具 JLR-303-1636。扭矩：13N · m。

图 3-20

（8）安装新的正时链张紧器之前，确保棘轮卡夹位于第一个凹槽上，如图 3-21。

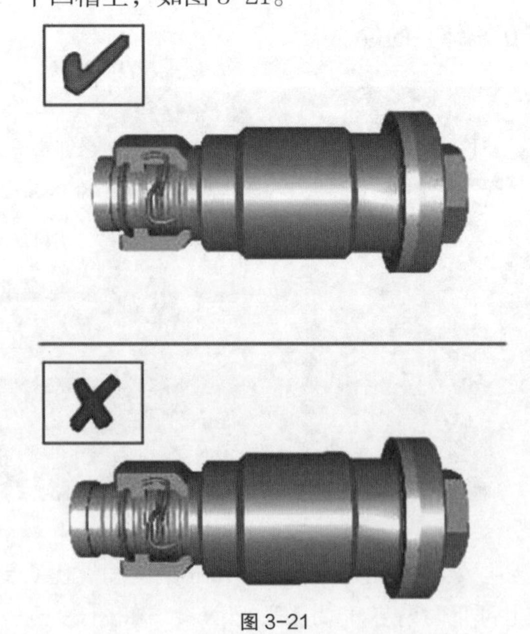

图 3-21

（9）安装正时链张紧器并拧紧至正确的扭矩，如图3-22。扭矩：55N·m。

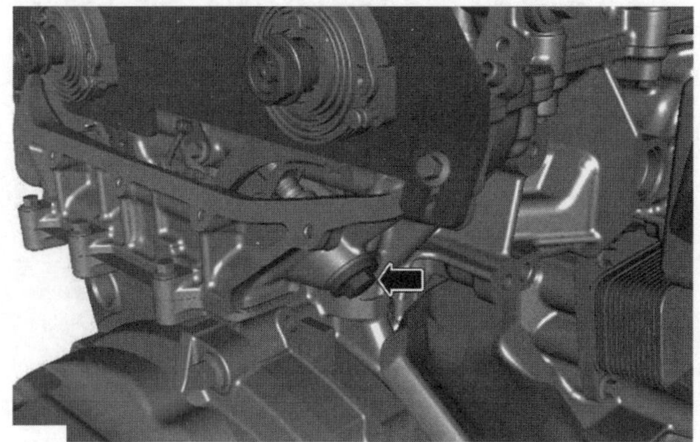

图 3-22

（10）为了正确展开正时链张紧器，推动正时链导轨，使其在如图 3-23 的位置紧靠正时链张紧器。小心：在这一阶段不要直接触摸正时链张紧器。确保正时链张紧器完全展开。

图 3-23

（11）完全拧紧 VCT 螺栓，如图 3-24。扭矩：级 1，25N·m；级 2，60°。

图 3-24

（12）拆除专用工具，如图 3-25。

图 3-25

（13）拆除专用工具，如图 3-26。

图 3-26

（14）安装上部正时盖。

（15）拆除专用工具，如图 3-27。专用工具：JLR-303-1630。

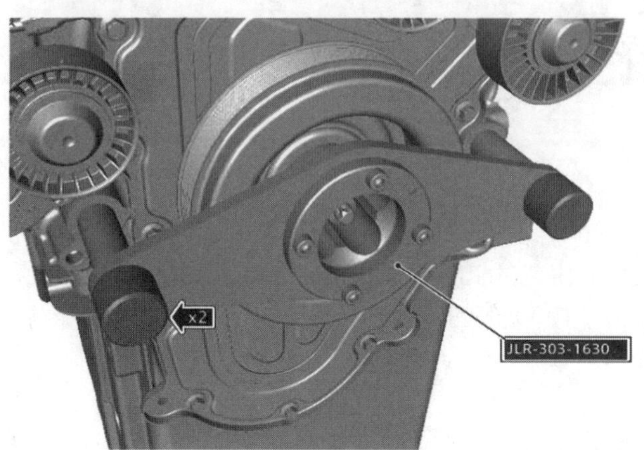

图 3-27

（16）安装附件传动皮带。

（17）连接启动蓄电池接地电缆。

（三）下部正时链系

1. 拆卸。

（1）以合适的 2 柱举升机升起并支撑车辆。

（2）断开启动蓄电池接地电缆。

（3）拆卸附件传动皮带。

（4）拆下上部正时盖。

（5）拆下下部正时盖。

（6）如图 3-28，安装专用工具。专用工具：JLR-303-1630。顺时针转动专用工具，直至对齐正时标记，如步骤（7）和（8）中所示。

图 3-28

（7）确保按图 3-29 对齐正时标记。

图 3-29

（8）确保如图 3-30 对齐正时标记。

（9）如图 3-31 安装专用工具，然后拧紧 2 个螺栓。安装专用工具 JLR-303-1636。扭矩：13N·m。

（10）如图 3-32 安装专用工具，然后拧紧 2 个螺栓。专用工具：JLR-303-1636。扭矩：13N·m。

（11）安装专用工具的其余部件，如图 3-33。专用工具：JLR-303-1630。使用专用工具，将曲轴锁定到位。

（12）拧松可变凸轮轴正时（VCT）螺栓，但不要完全拆下，如图 3-34。

（13）拆下上部正时链张紧器，如图 3-35。

（14）拆除专用工具，如图 3-36。专用工具：JLR-303-1636。

图 3-30

图 3-31

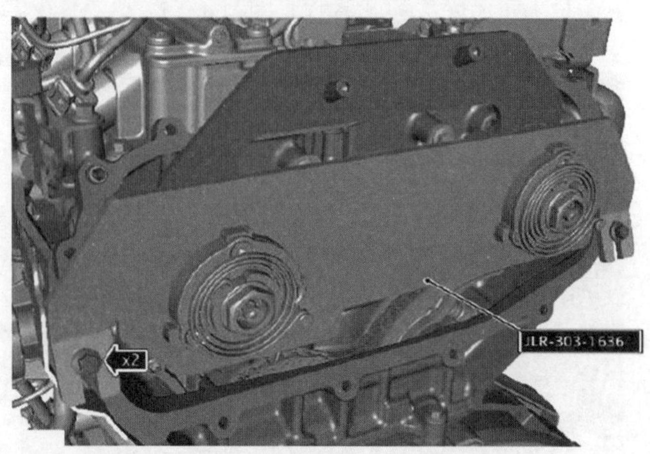

图 3-32

图 3-33

图 3-34

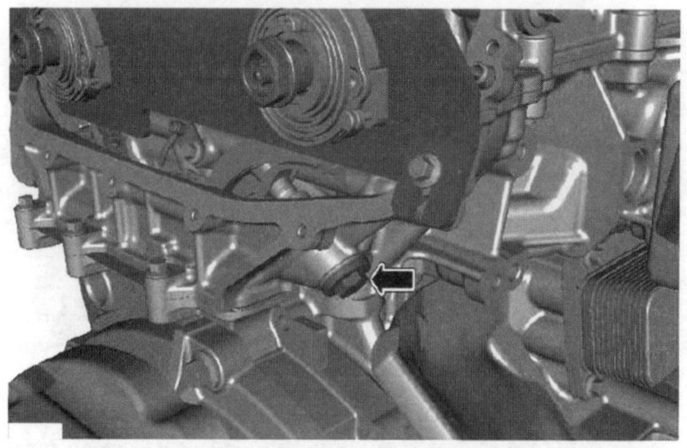

图 3-35

图 3-36

（15）拆下之前，请记下 VCT 所处的位置，VCT 与凸轮轴配对，如图 3-37。拆下 VCT 执行器和螺栓。每次拆下 VCT 螺栓时，都要使用合适的中心冲在螺栓头上做标记。VCT 螺栓最多只能使用 3 次，达到此限制之后，必须将其拆下并丢弃。

图 3-37

（16）拆下正时链导轨，如图 3-38。

图 3-38

（17）拆除左侧正时链导轨，如图 3-39。拆下正时链张紧器导轨。

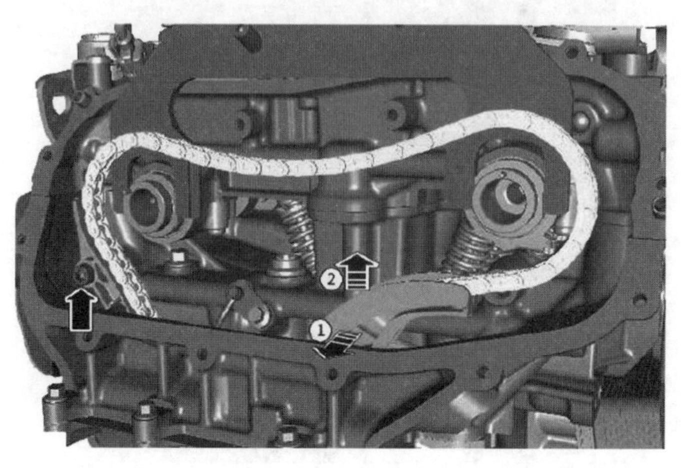

图 3-39

（18）从惰轮链轮松开正时链并拆下，如图 3-40。

图 3-40

（19）拆下正时链导轨螺栓，如图 3-41。

图 3-41

（20）卸下正时链张紧器，如图 3-42。

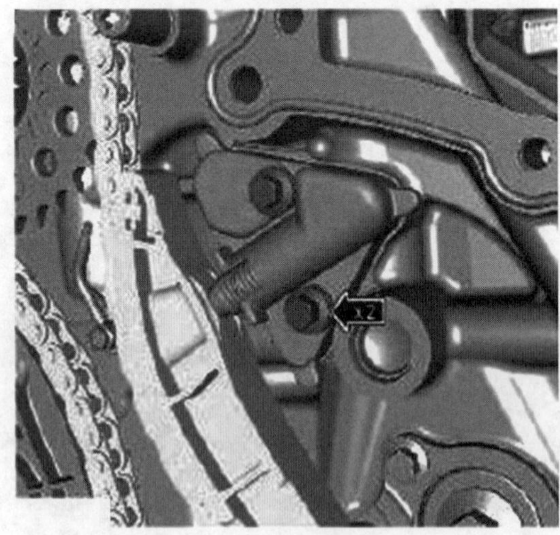

图 3-42

（21）拆下正时链张紧器导轨和螺栓，如图 3-43。

图 3-43

（22）拆下正时链导轨和螺栓，如图 3-44。

图 3-44

（23）拆下惰轮链轮，如图 3-45。

图 3-45

（24）拆下下部正时链，如图 3-46。

图 3-46

2. 安装。

（1）将正时链安装至惰轮链轮上，如图 3-47。确保带有颜色的链节如图 3-47 对齐。

（2）安装正时链和惰轮链轮，如图 3-48。确保正时标记按照步骤（3）中如图 3-49 对齐。扭矩：35N · m。

图 3-47

图 3-48

（3）确保正时标记如图 3-49 对齐。

（4）安装下部正时链导轨和螺栓。确保正时标记如图 3-50 对齐。更换零部件：下部正时链导轨。扭矩：25N · m。

（5）安装正时链张紧器导轨和螺栓，如图 3-51。更换零部件：下部正时链导轨。扭矩：11N · m。

（6）确保棘轮卡夹位于第一个凹槽中，如图 3-52。

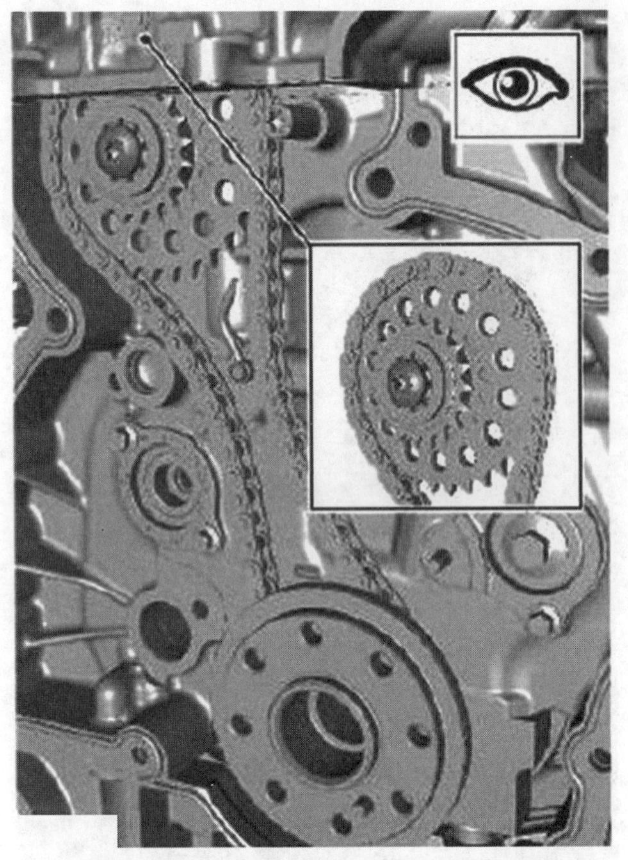

图 3-49

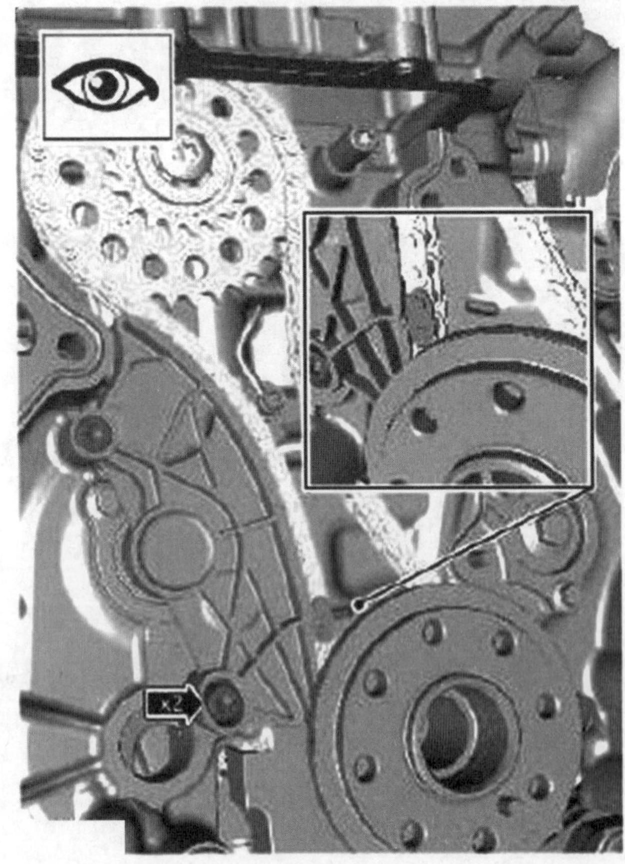

图 3-50

图 3-51

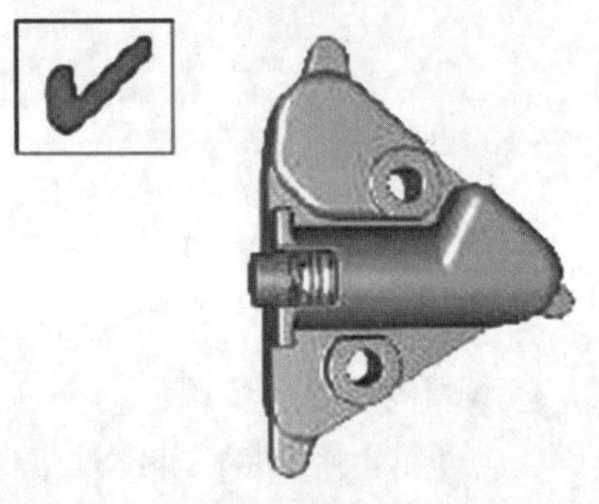

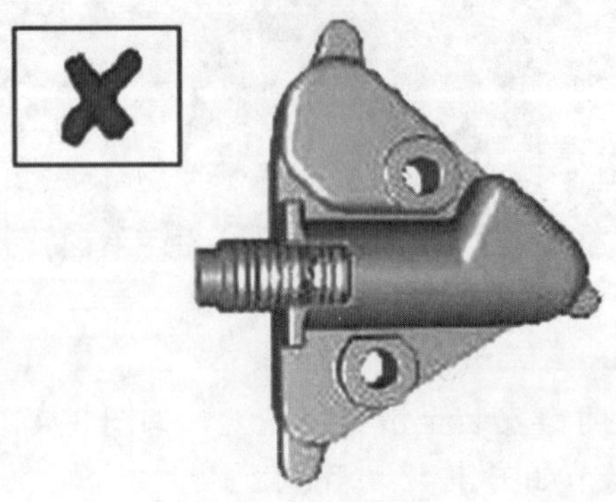

图 3-52

（7）安装下部正时链张紧器，如图 3-53。扭矩：11N·m。

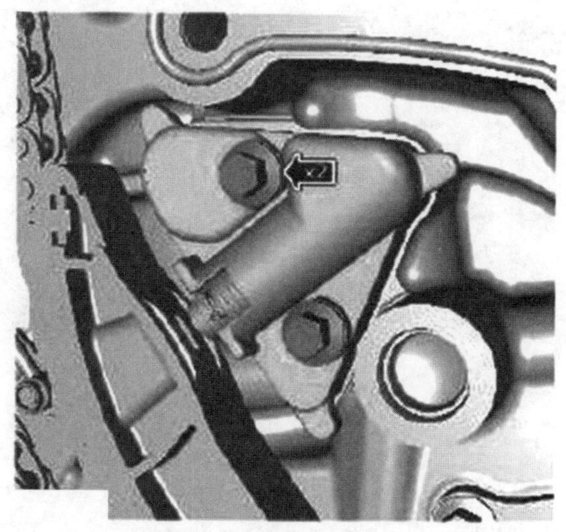

图 3-53

（8）松开下部正时链张紧器活塞，如图 3-54。

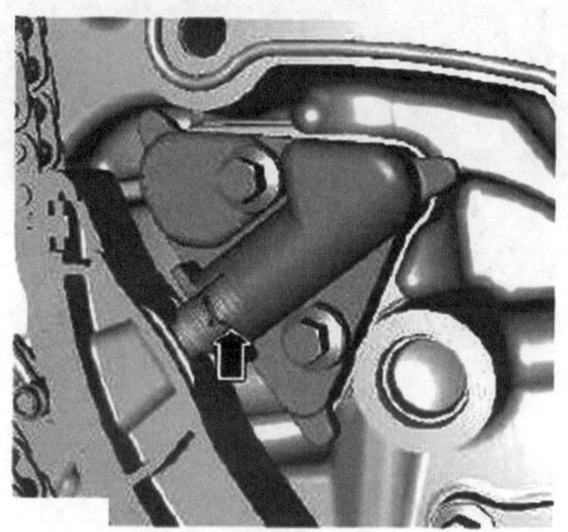

图 3-54

（9）安装上部正时链。确保带有颜色的链节如图 3-55 对齐。注意：保持链条上的张力，以防止带有颜色的链节脱离链轮的位置。

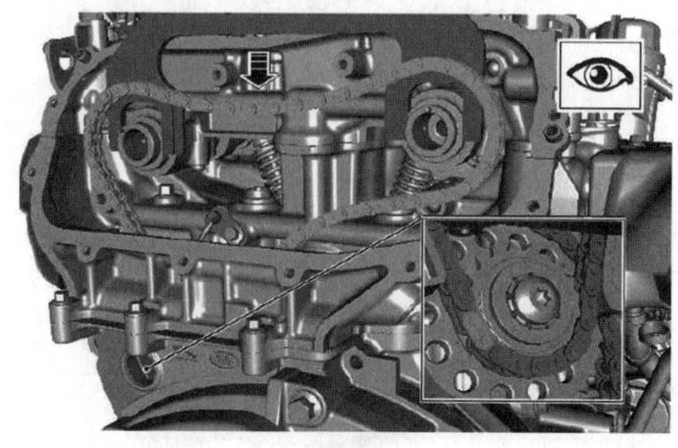

图 3-55

（10）安装新的左链导轨，并将紧固螺栓拧紧至正确的扭矩，如图 3-56。更换零部件为下部正时链导轨。扭矩：25N・m。注意：保持链条上的张力，以防止带有颜色的链节脱离链轮的位置。

图 3-56

（11）确保将此部件安装到先前记下的位置。安装进气可变凸轮轴正时（VCT）执行器。确保凸轮轴定位销正确定位到 VCT 执行器中，如图 3-57。确保正时链上的带有颜色的链节与 VCT 执行器上的凹槽对齐，如图 3-57。扭矩：级 1，10N・m；级 2，松开 90°。注意：VCT 螺栓最多只能使用 3 次。保持链条上的张力，以防止带有颜色的链节脱离链轮的位置。

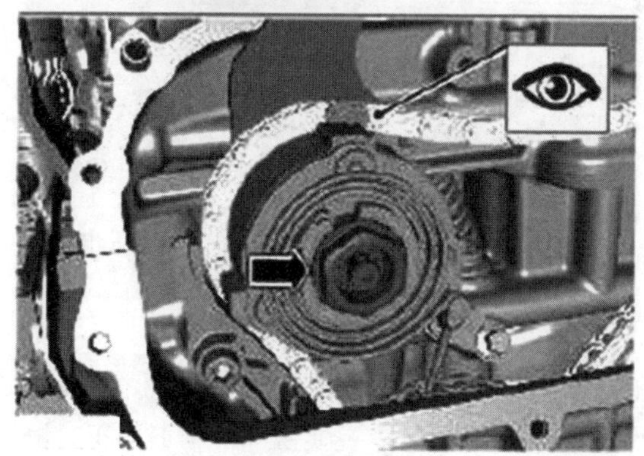

图 3-57

（12）安装新的正时链张紧器导轨，如图 3-58。更换零部件：下部正时链导轨。注意：保持链条上的张力，以防止带有颜色的链节脱离链轮的位置。

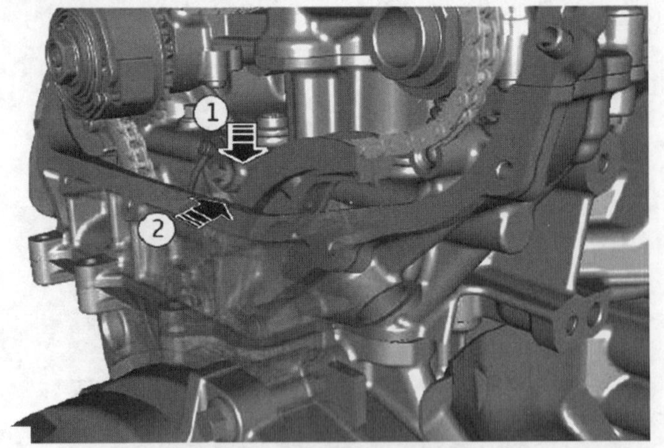

图 3-58

（13）确保将此部件安装到先前记下的位置。安装排气可变凸轮轴正时（VCT）执行器。确保凸轮轴定位销正确定位到 VCT 执行器中，如图 3-59 所示。确保正时链上的带有颜色的链节与 VCT 执行器上的凹槽对齐，如图 3-59。扭矩：级 1，10N · m；级 2，松开 90°。注意：VCT 螺栓最多只能使用 3 次。保持链条上的张力，以防止带有颜色的链节脱离链轮的位置。

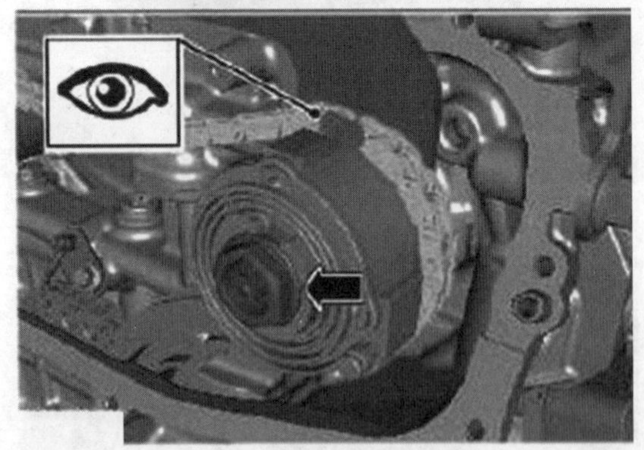

图 3-59

（14）安装新的正时链导轨，并将 2 个螺栓拧紧至正确的扭矩，如图 3-60。更换零部件：下部正时链导轨。扭矩：11N · m。注意：保持链条上的张力，以防止带有颜色的链节脱离链轮的位置。

图 3-60

（15）如图 3-61 安装专用工具，然后拧紧 2 个螺栓。专用工具 JLR-303-1636。扭矩：13N · m。

图 3-61

（16）确保棘轮卡夹位于第一个凹槽中，如图 3-62。

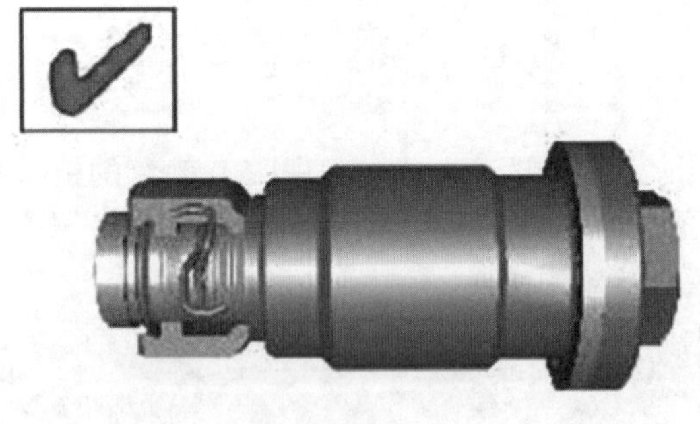

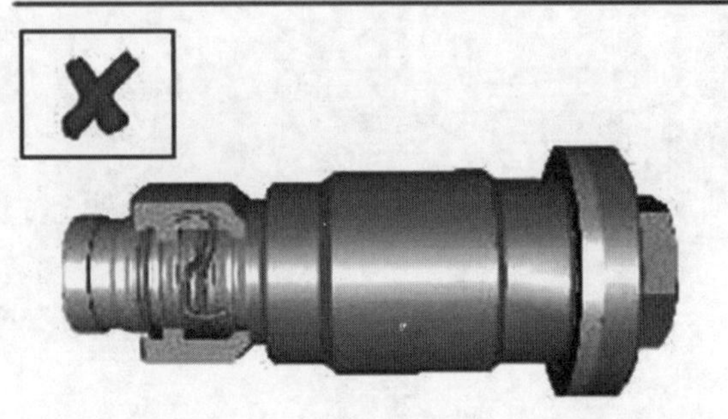

图 3-62

（17）安装正时链张紧器并拧紧至正确的扭矩，如图 3-63。扭矩：55N·m。小心：确保正时链张紧器活塞完全伸展。

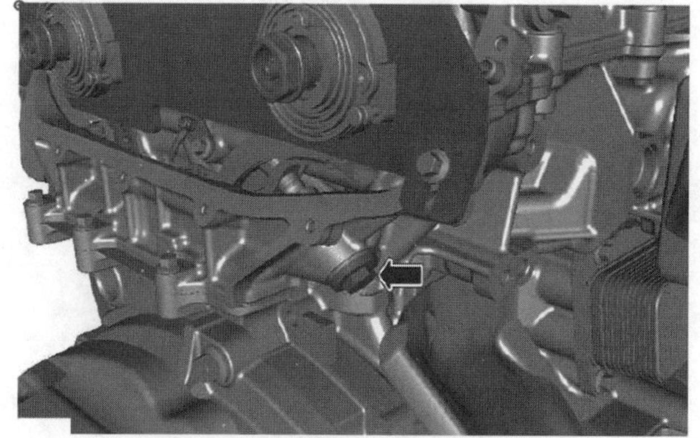

图 3-63

（18）释放次级正时链张紧器活塞，如图 3-64。

图 3-64

（19）完全拧紧 VCT 螺栓，如图 3-65。扭矩：级 1，25N·m；级 2，60°。

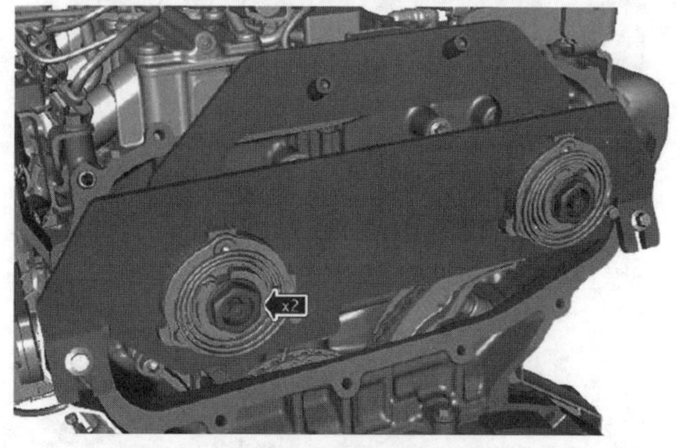

图 3-65

（20）拆除专用工具，如图 3-66。专用工具：JLR-303-1636。

图 3-66

（21）拆除专用工具，如图 3-67。

图 3-67

（22）安装上部正时盖。

（23）安装下部正时盖。

（24）拆除专用工具，如图 3-68。专用工具：JLR-303-1630。

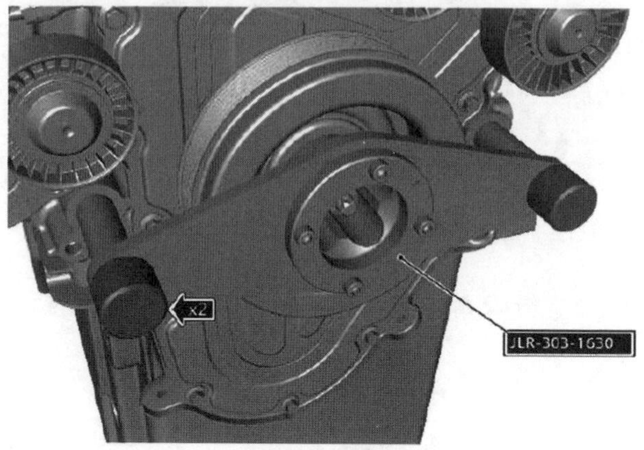

图 3-68

（25）安装附件传动皮带。

（26）连接启动蓄电池接地电缆。

二、车型

奇瑞捷豹 XFL（3.0T 306PS），2017—2019 年。

捷豹 XE（3.0T 306PS），2018—2019 年。

捷豹 XF（3.0T 306PS），2014—2019 年。

捷豹 XJL（3.0T 306PS），2013—2015 年。

捷豹 F-TYPE（3.0T 306PS），2013—2019 年。

捷豹 F-PACE（3.0T 306PS），2017—2019 年。

路虎发现（3.0T 306PS），2017—2019 年。

路虎星脉（3.0T 306PS），2017—2019 年。

路虎发现 4（L319）（Discovery 4）（3.0T 306PS），2014—2017 年。

路虎新揽胜（L405）（Rang Rover）（3.0T 306PS），2012—2019 年。

路虎揽胜新运动版（L494）（Range Rover Sport）（3.0T 306PS），2014—2019 年。

（一）正时驱动部件拆卸和安装

1. 专用工具。

（1）303-1445 正时工具（凸轮轴对齐），如图 3-69。

图 3-69

（2）303-1452 凸轮轴旋转工具，如图 3-70。

图 3-70

（3）303-1482 张紧轮工具，如图 3-71。

图 3-71

（4）JLR-303-1303 正时工具，如图 3-72。

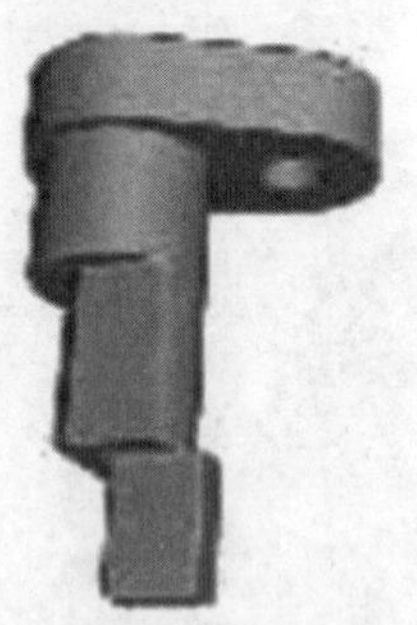

图 3-72

（5）JLR-303-1304 锁闭工具，如图 3-73。

图 3-73

2. 拆卸。

小心：检查所有正时部件磨损情况，必要时安装新的部件。注意：各说明中可能会出现某些差异，但基本信息始终是正确的。注意：为清晰起见，某些图示中可能没有显示发动机。

（1）蓄电池断开和连接。

（2）警告：确保采用车轴支架支撑车辆。抬起并支撑车辆。

（3）拆下正时盖。

（4）拆下如图 3-74 位置的部件。

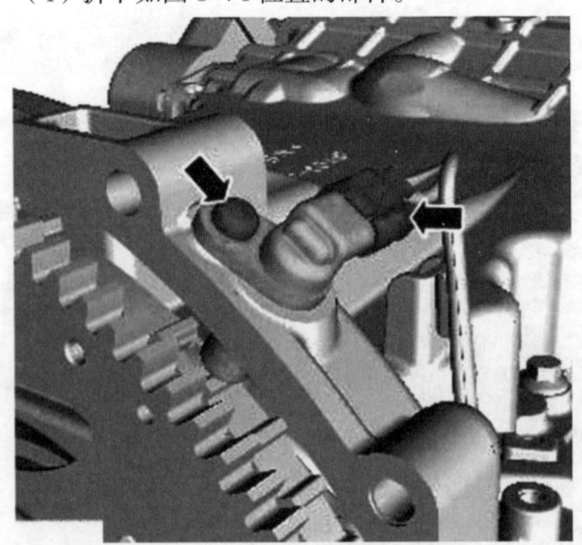

图 3-74

（5）小心：仅顺时针旋转曲轴。安装专用工具，如

图 3-75。专用工具：JLR-303-1303。

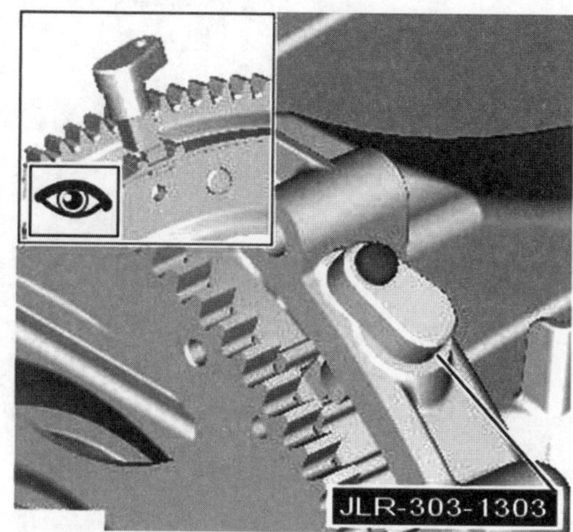

图 3-75

（6）拆卸如图 3-76 螺栓。

图 3-76

（7）拆卸箭头所示部件，如图 3-77。

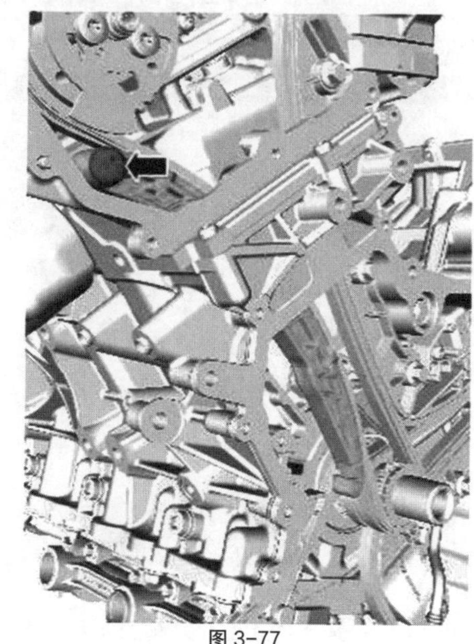

图 3-77

（8）拆卸箭头所示螺栓，如图 3-78。

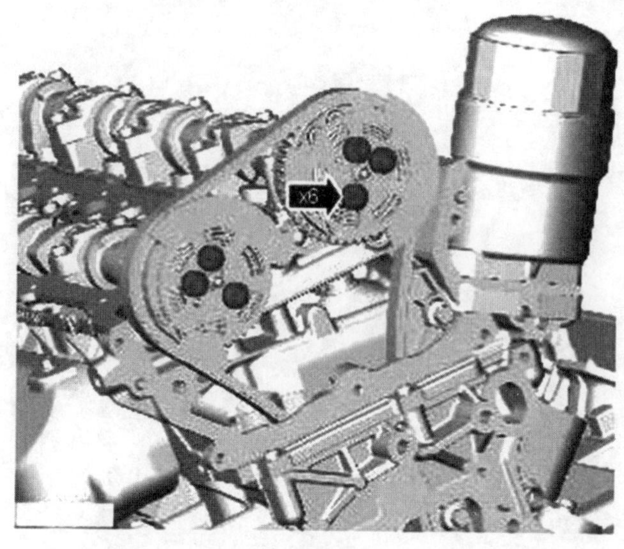

图 3-78

（9）小心：如果可变气门正时（VVT）装置受到震动或跌落，则必须更换。与可变气门正时装置一起拆下正时链条，如图 3-79。

图 3-79

（10）拆卸箭头所示部件，如图 3-80。

（11）拆卸箭头所示部件，如图 3-81。

（12）拆卸箭头所示部件，如图 3-82。

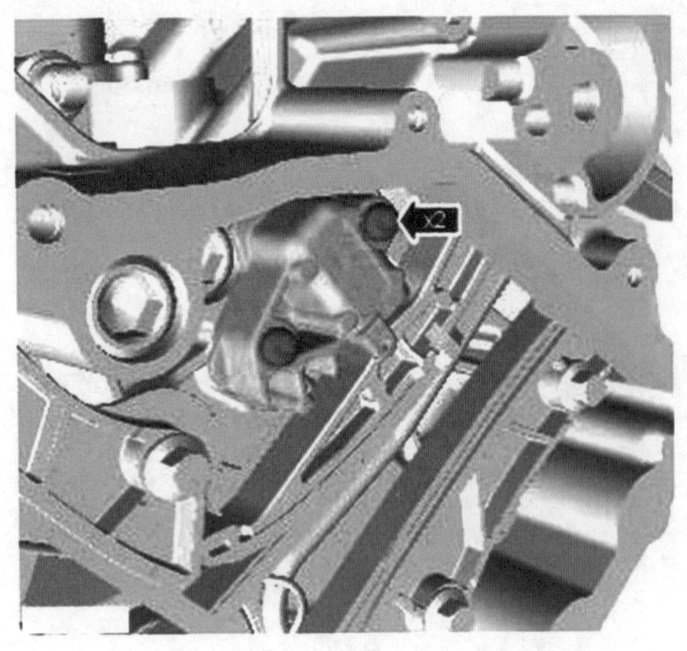

图 3-80

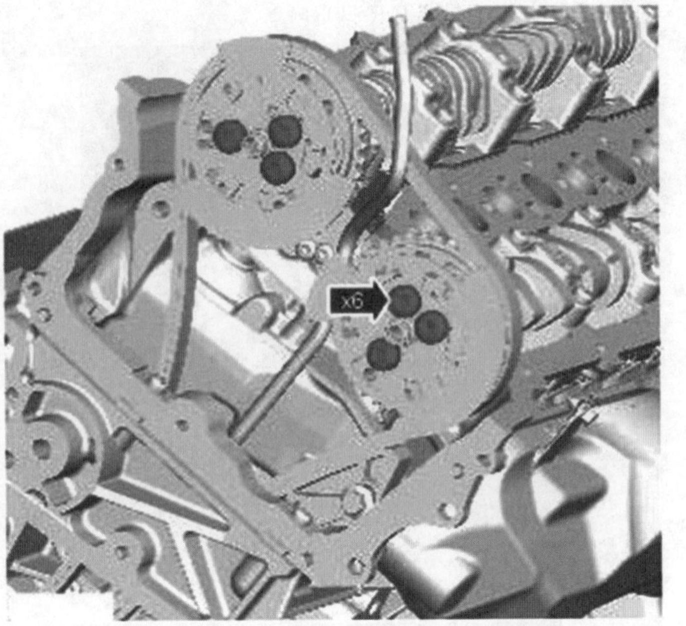

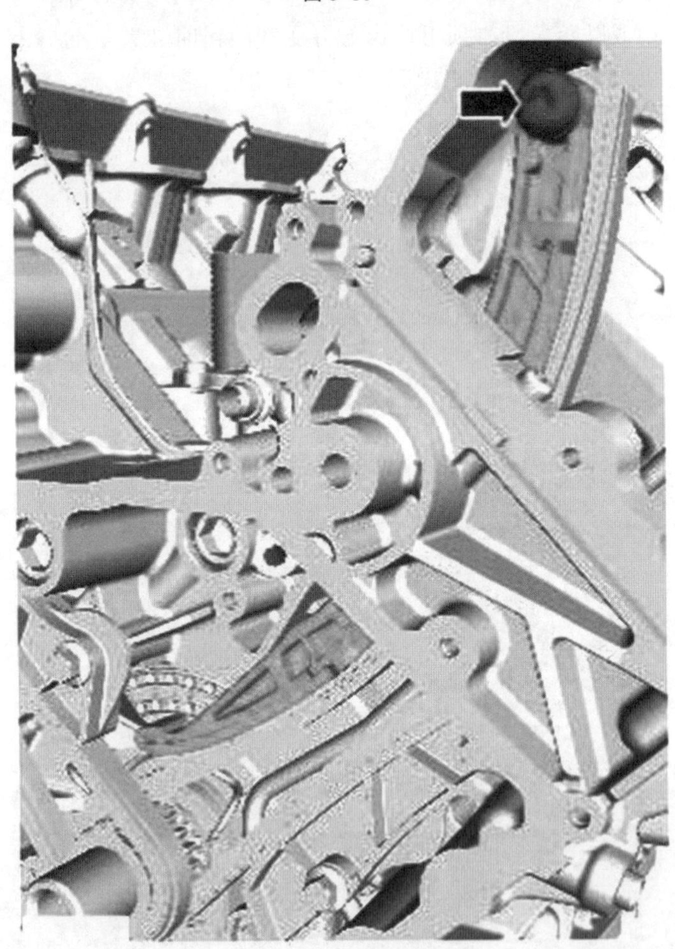

图 3-81

（13）小心：如果可变气门正时（VVT）装置受到震动或跌落，则必须更换可变气门正时装置。与可变气门正时装置一起拆下正时链条，如图 3-83。

图 3-82

图 3-83

（14）拆卸箭头所示部件，如图 3-84。

（15）小心：丢弃摩擦垫圈，如图 3-85。

3. 安装。

（1）小心：安装一个新的摩擦垫圈，如图 3-86。

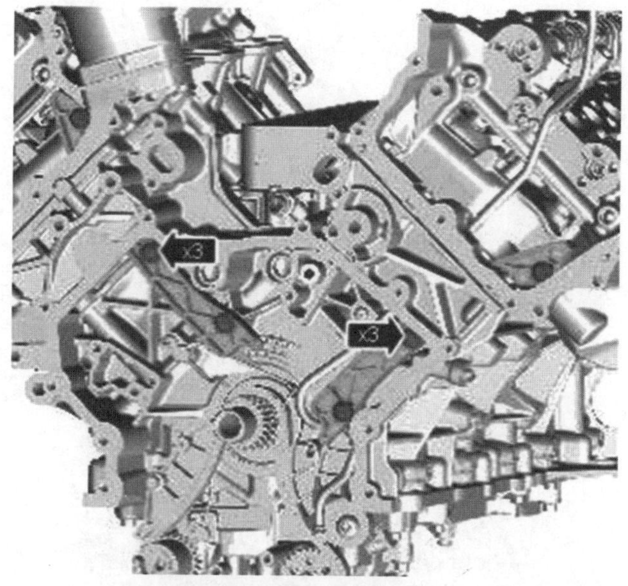

图 3-84

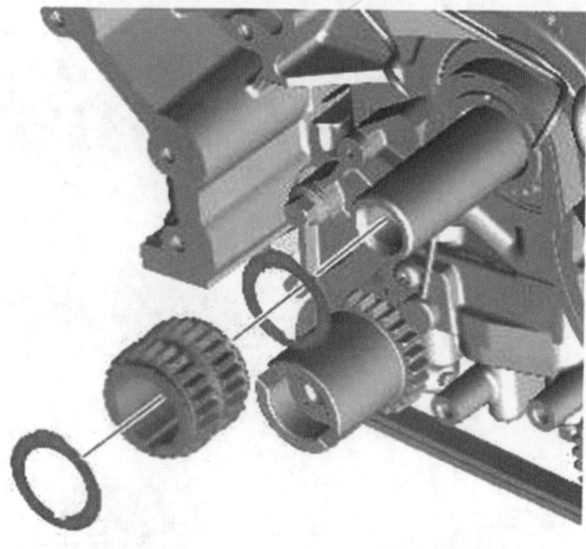
图 3-85

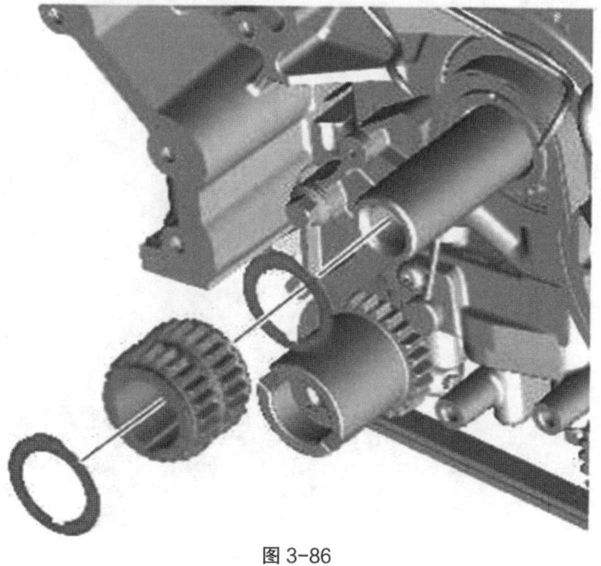
图 3-86

（2）安装箭头所示部件，如图 3-87。扭矩：12N·m。

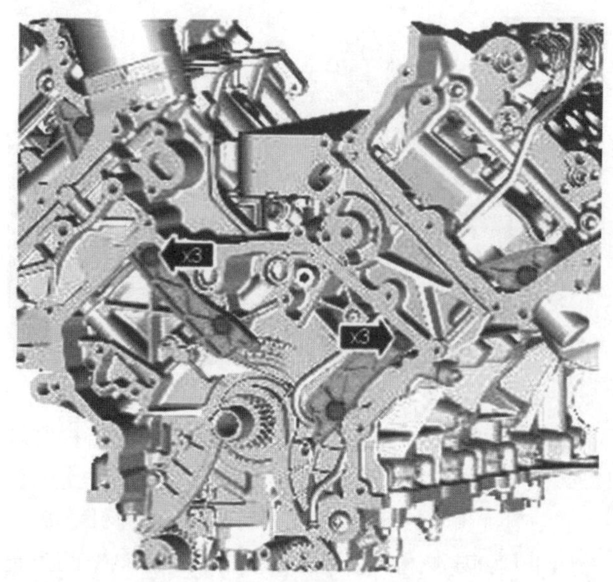

图 3-87

（3）将专用工具安装到每个凸轮轴上。专用工具：303-1452，如图 3-88。扭矩：10N·m。

图 3-88

（4）如果位置不在如图 3-89 的位置，小心旋转凸轮轴。

图 3-89

（5）将专用工具 303-1445 安装到凸轮轴的后部，确保键槽正确定位到每个凸轮轴的每个槽中，如图 3-90。

图 3-90

（6）小心：切勿过度旋转凸轮轴。用手指拧紧蝶形螺母。未能遵守这一指令可能造成元件损坏。使用合适的工具，小心顺时针滚动凸轮轴，然后逆时针滚动。旋转专用工具锁定螺母，直至凸轮轴中没有移动空间为止，如图 3-91。重复步骤（3）~（6），安装其他气缸盖上的凸轮轴。

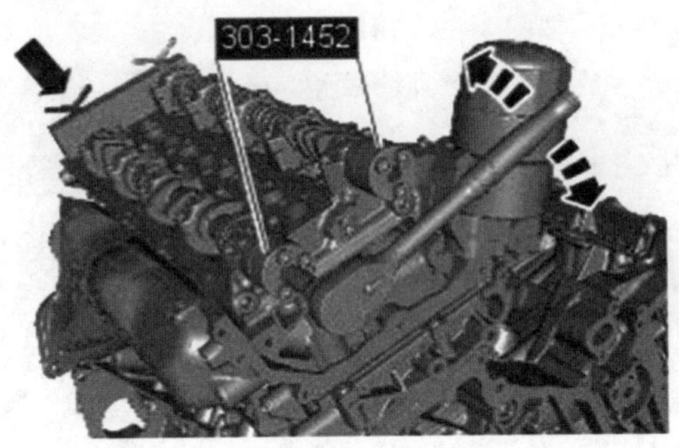

图 3-91

（7）小心：不要让凸轮轴旋转。如果可变气门正时（VVT）装置受到震动或跌落，则必须更换可变气门正时装置，如图 3-92。注意：现阶段不要拧紧。与可变气门正时（VVT）装置一起安装正时链条。

（8）确保所有正时链条的对齐标记都处在如图 3-93 的位置。

（9）安装如图 3-94 部件。扭矩：25N · m。

（10）确保张紧器活塞完全伸出。然后在安装前压下并使用手雷形销钉锁定张紧器活塞，未能遵守此说明可能会损坏发动机，如图 3-95。

（11）小心：在此阶段切勿松开正时链条张紧器锁定销，如图 3-96。扭矩：10N · m。

（12）小心：不要让凸轮轴旋转。如果可变气门正时（VVT）装置受到震动或跌落，则必须更换可变气门正时装置，如图 3-97。注意：现阶段不要拧紧。与可变气门正时装置一起安装正时链条。

图 3-92

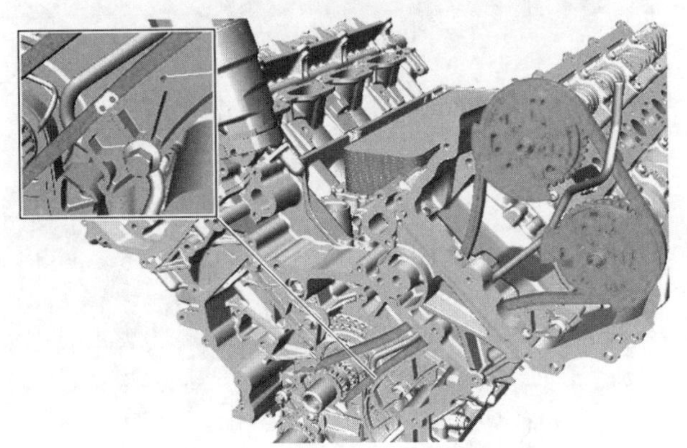

图 3-93

图 3-94

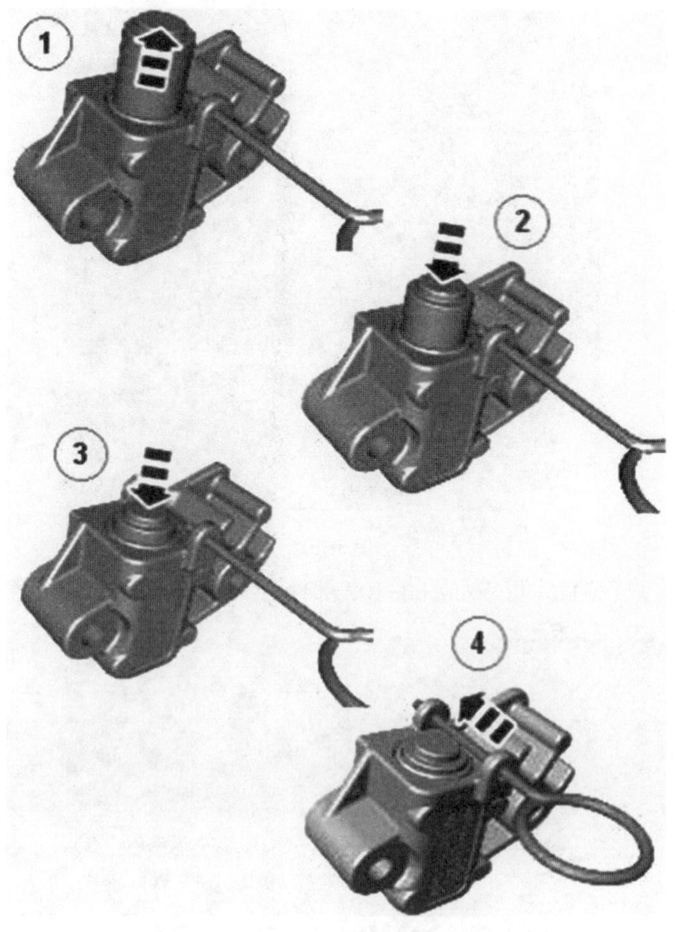

图 3-95

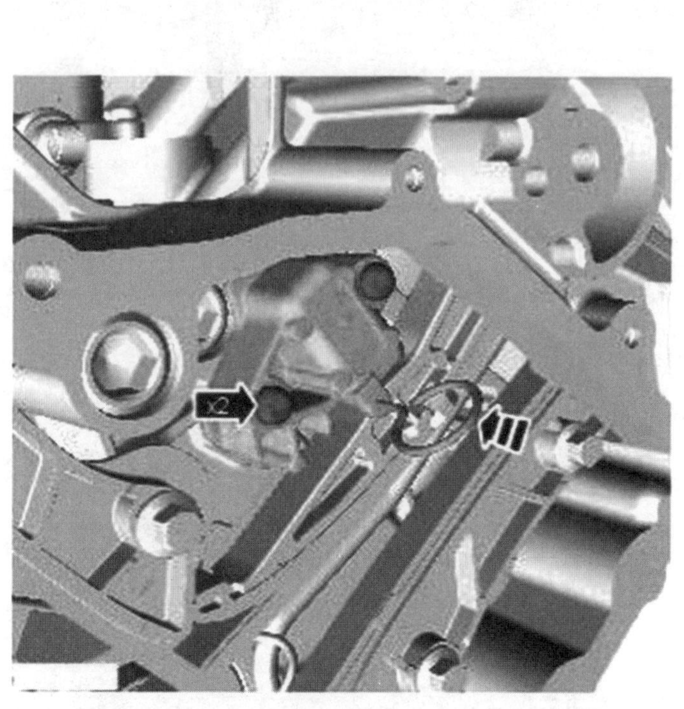

图 3-96

图 3-97

（13）确保所有正时链条的对齐标记都处在图 3-98 的位置。

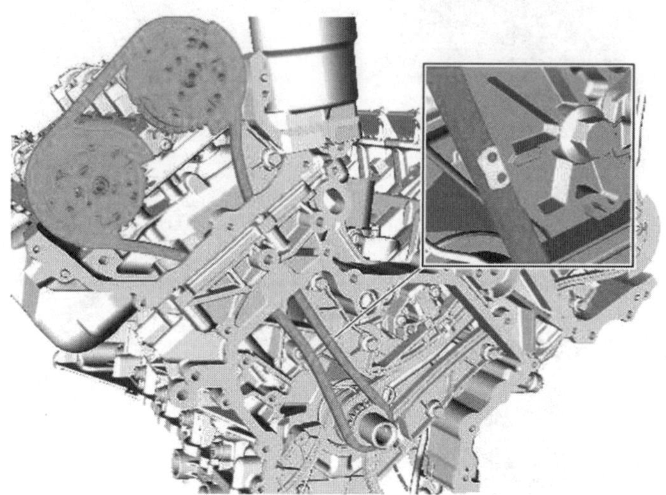

图 3-98

（14）安装如图 3-99 部件。扭矩：25N・m。

（15）确保张紧器活塞完全伸出。然后在安装前压下并使用手雷形销钉锁定张紧器活塞，未能遵守此说明可能会损坏发动机，如图 3-100。

（16）小心：在此阶段切勿松开正时链条张紧器锁定销，如图 3-101。扭矩：10N・m。

图 3-99

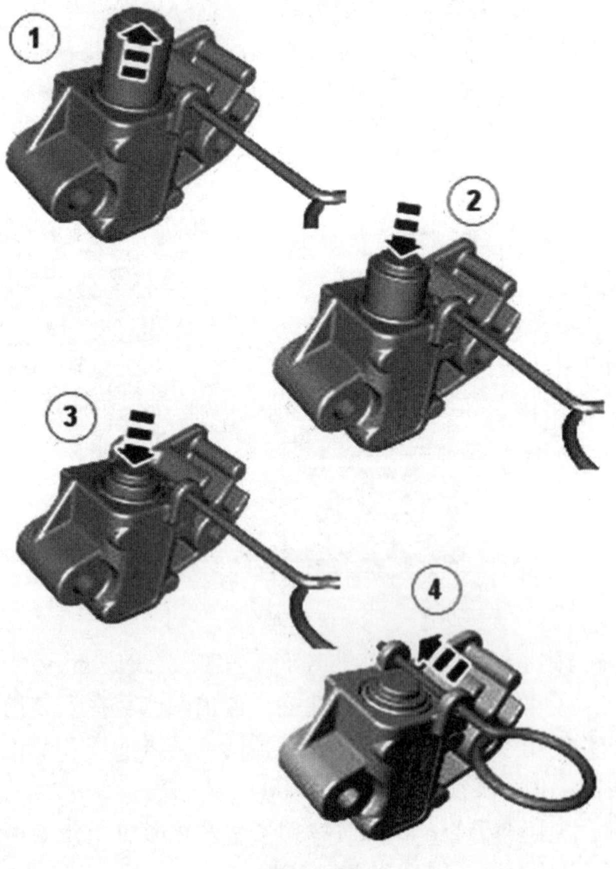

图 3-100

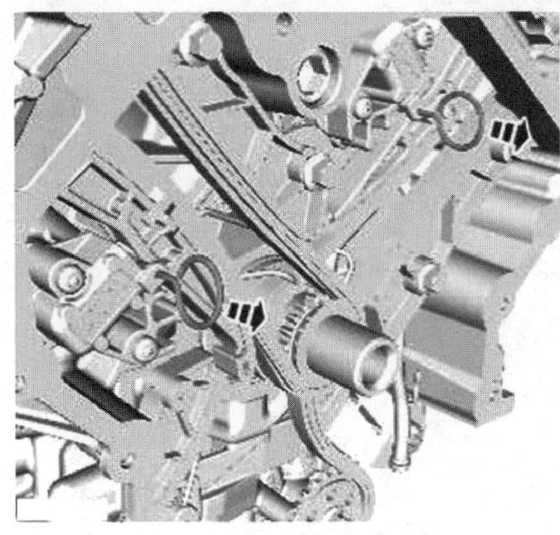

图 3-101

（17）拆下如图 3-102 部件。

图 3-102

（18）小心：切勿使用机械力。确保张紧器完全展开。

（19）松开机油吸入管并将其放在一边，如图 3-103。

图 3-103

（20）安装专用工具，如图 3-104。专用工具：303-1482。

图 3-104

（21）小心：向专用工具端部施加扭矩。确保按如图 3-105 将扭矩扳手与专用工具对齐。把扭矩扳手安装到专用工具上。扭矩：35N·m。

图 3-105

（22）小心：在拧紧可变气门正时螺栓时确保拧紧扳手不移动，如图 3-106。注意：确保首先拧紧排气可变气门正时装置螺栓。扭矩：32N·m。专用工具：303-1482。

图 3-106

（23）安装机油吸入管，如图 3-107。扭矩：10N·m。

图 3-107

（24）安装专用工具，如图 3-108。专用工具：303-1482。

图 3-108

（25）小心：向专用工具端部施加扭矩。确保按如图 3-109 将扭矩扳手与专用工具对齐。把扭矩扳手安装到专用工具上。扭矩：35N·m。

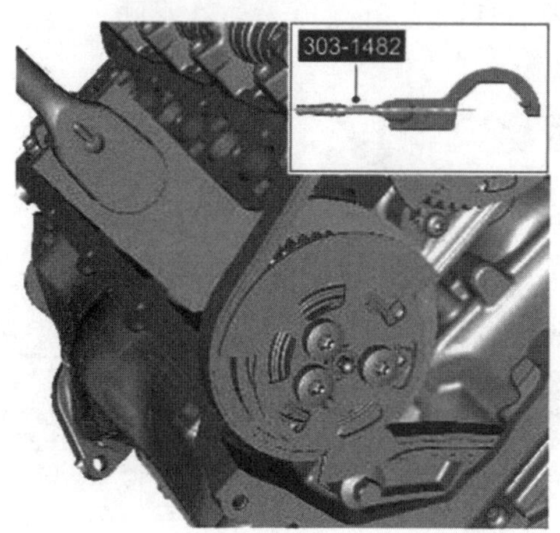

图 3-109

（26）小心：在拧紧可变气门正时螺栓时确保拧紧扳手不移动，如图 3-110。注意：确保首先拧紧进气可变气门正时装置螺栓。扭矩：32N·m。

图 3-110

（27）拆除专用工具，如图 3-111。专用工具：303-1445。

图 3-111

（28）拆除专用工具，如图 3-112。专用工具：303-1445。

图 3-112

（29）拆除专用工具，如图 3-113。专用工具：JLR-303-1303。

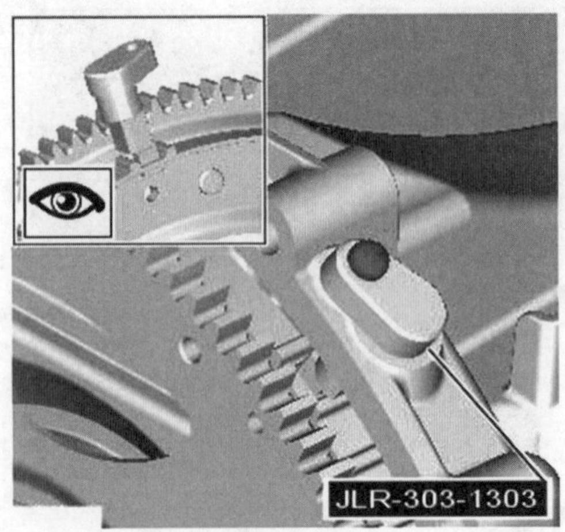

图 3-113

（30）安装专用工具，如图 3-114。专用工具：JLR-303-1304。

图 3-114

（31）小心：使用 M16 垫圈安装曲轴带轮螺栓，以防止安装过程中对曲轴造成损坏，如图 3-115。扭矩：50N·m。

图 3-115

（32）拆除专用工具，如图 3-116。专用工具：JLR-303-1304。

图 3-116

（33）顺时针旋转发动机整整两周。

（34）小心：仅顺时针旋转曲轴。安装专用工具，如图 3-117。专用工具：JLR-303-1303。

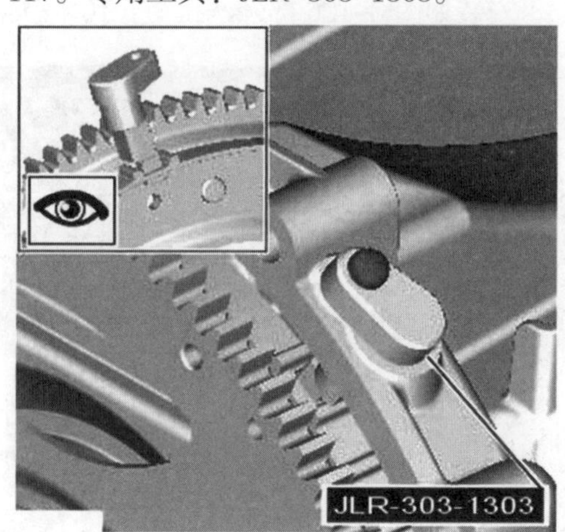

图 3-117

（35）安装专用工具，如图 3-118。专用工具：JLR-303-1304。

图 3-118

（36）安装如图 3-119 部件。

图 3-119

（37）拆除专用工具，如图 3-120。专用工具：JLR-303-1304。

图 3-120

（38）小心：如果无法安装专用工具，返回到安装步骤（22），直至正确安装专用工具 303-1445 为止。如果按指令需执行步骤（22），要确保在安装专用工具之前先松开可变气门正时装置固定螺栓。安装专用工具，如图 3-121。专用工具：303-1445。

图 3-121

（39）小心：如果无法安装专用工具，则必须重复执行正时链条安装步骤。安装专用工具，如图 3-122。专用工具：303-1445。

图 3-122

（40）拆除专用工具，如图 3-123。专用工具：303-1445。

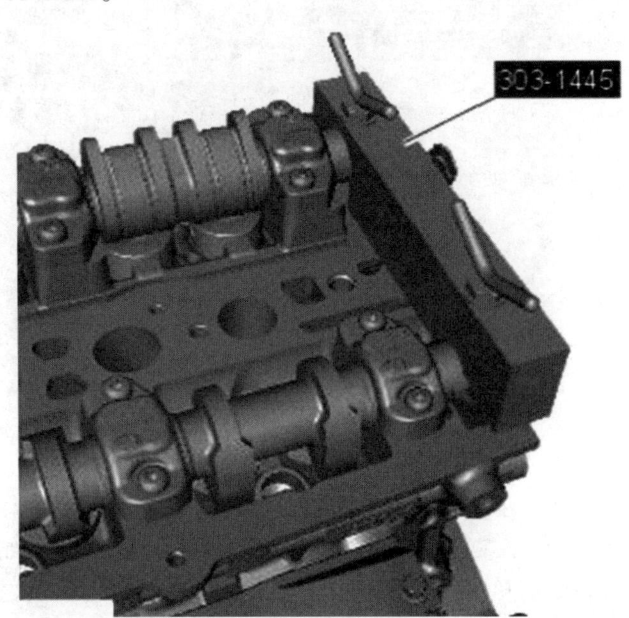

图 3-123

（41）拆除专用工具，如图 3-124。专用工具：303-1445。

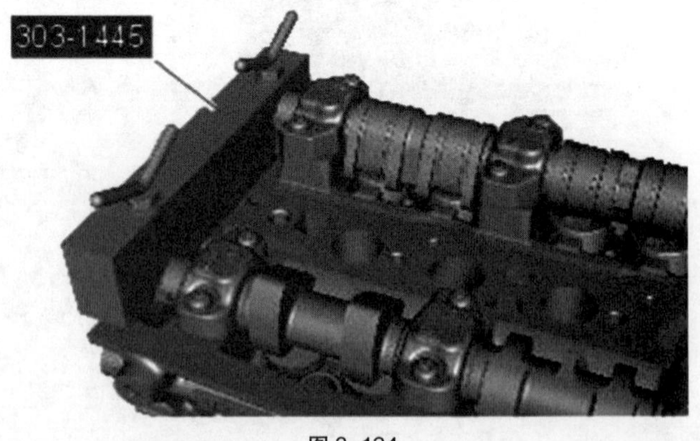

图 3-124

（42）拆除专用工具，如图 3-125。专用工具：JLR-303-1303。

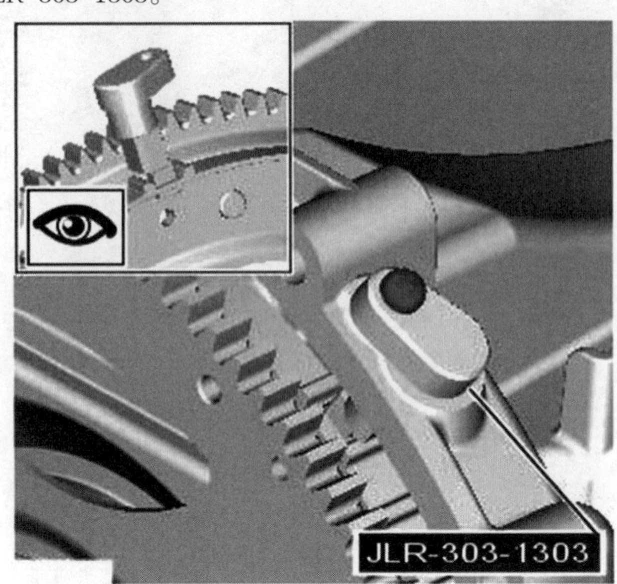

图 3-125

（43）安装如图 3-126 部件。扭矩：10N・m。

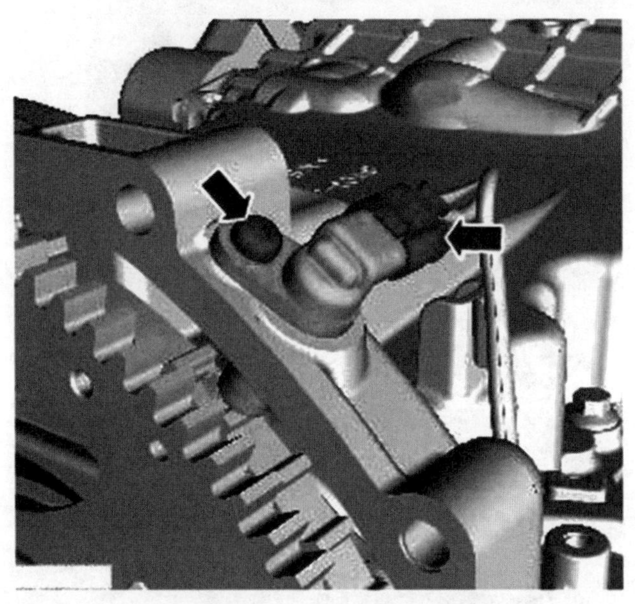

图 3-126

（44）安装正时盖。

（45）连接蓄电池接地电缆。

（二）燃油泵凸轮轴拆卸和安装

1. 拆卸。

注意：为清晰起见，某些图示中可能没有显示发动机。

（1）断开蓄电池接地电缆的连接。

（2）警告：确保采用车轴支架支撑车辆。抬起并支撑车辆。

（3）拆下油底壳延展（后轮驱动）；拆下油底壳（全轮驱动）。

（4）拆下如图 3-127 箭头所示部件。

图 3-127

（5）拆下如图 3-128 箭头所示部件。

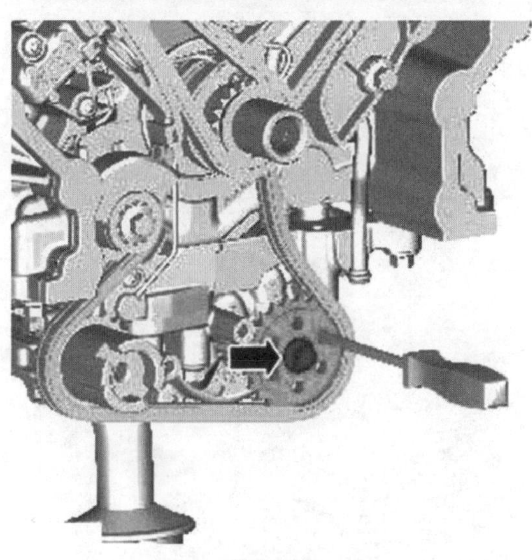

图 3-128

（6）小心：拆卸该部件时要倍加小心，以免损坏接合面，如图 3-129。

图 3-129

2. 安装

（1）小心：确保接合面干净且没有杂质。

（2）小心：请格外小心，切勿损坏啮合面。拧紧如图 3-130 箭头所示螺栓。扭矩：12N · m。

图 3-130

（3）安装如图 3-131 螺栓。扭矩：21N · m。

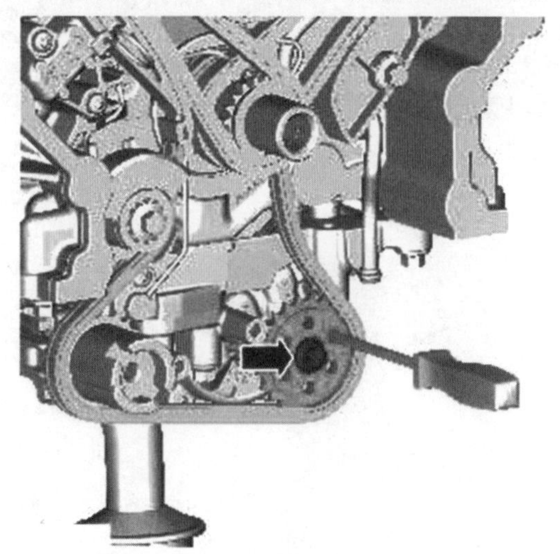

图 3-131

（4）安装下部正时链，确保有色正时链链节与燃油轨高压燃油泵凸轮轴、平衡轴和曲轴链轮标记正确对齐，如图 3-132。

图 3-132

（5）小心：确保张紧器弹簧正确定位，如图 3-133。扭矩：21N·m。

图 3-133

（6）安装油底壳延展（后轮驱动）；安装油底壳（全轮驱动）。

（7）连接蓄电池。

（三）燃油泵凸轮轴正时检查一般步骤

1. 专用工具。

（1）JLR-303-1303 正时工具，如图 3-134。

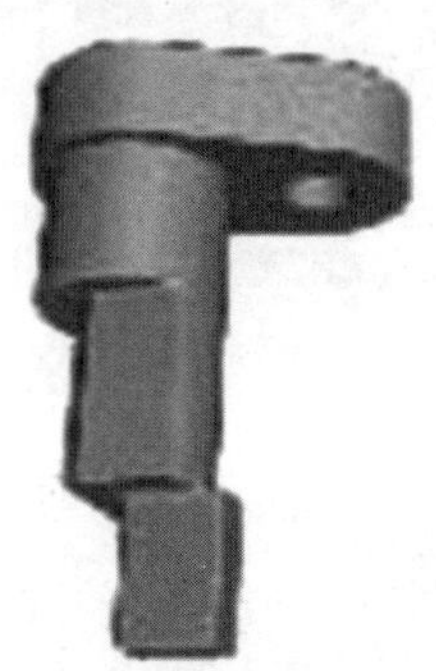

图 3-134

（2）JLR-303-1621 对齐工具，燃油泵凸轮轴正时，如图 3-135。

图 3-135

2. 检查。

（1）断开蓄电池接地电缆的连接。

（2）警告：切勿在仅靠一个千斤顶支撑的车上或车下工作。始终将车辆支撑在安全台架上。抬起并支撑车辆。

（3）拆卸空气导流板。

（4）小心：为收集漏出的机油做好准备。注意：弃用密封垫圈，如图 3-136。注意：将发动机机油收集于清洁的容器中。

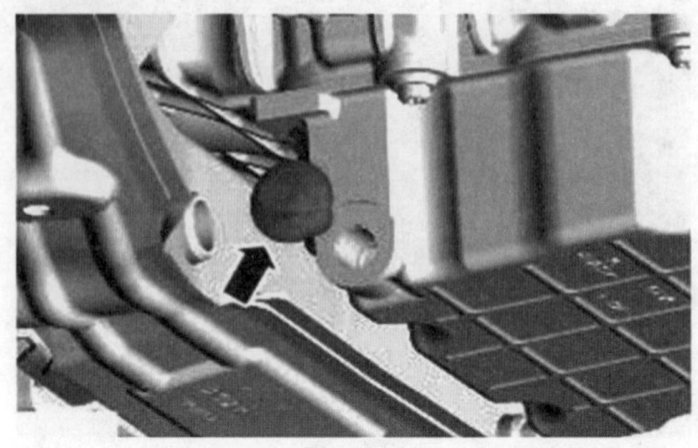

图 3-136

（5）拆卸如图 3-137 部件。

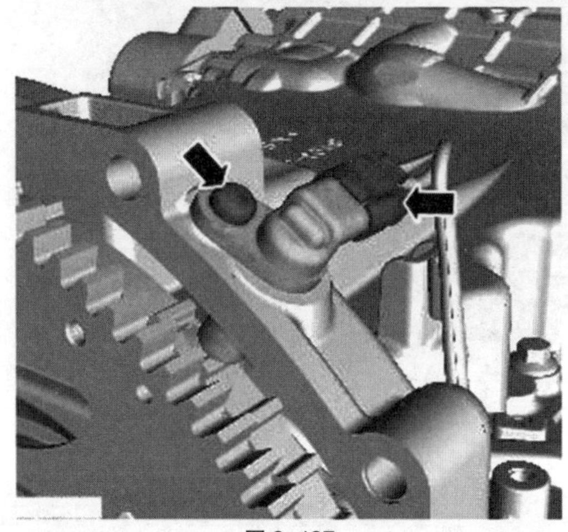

图 3-137

（6）小心：仅顺时针旋转曲轴。确保曲轴完全锁定到位，如图 3-138。专用工具：JLR-303-1303。

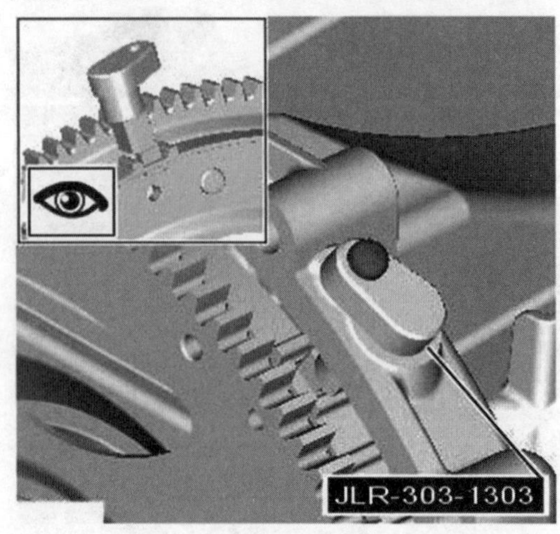

图 3-138

（7）使用合适的标识笔，标记曲轴带轮的位置，如图 3-139。

图 3-139

（8）小心：丢弃密封件，如图 3-140。

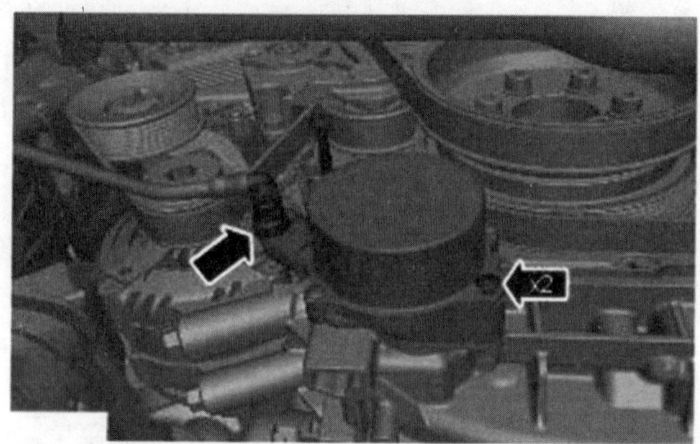

图 3-140

（9）拆下专用工具：JLR-303-1303，如图 3-141。

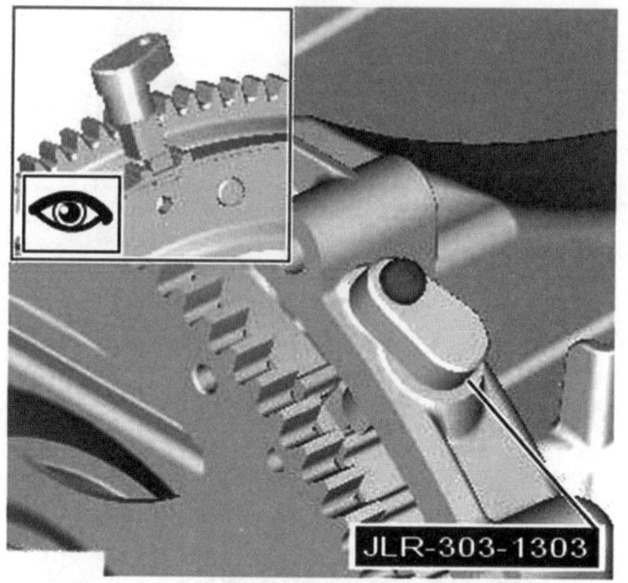

图 3-141

（10）如需要，请小心调整曲轴位置以便能正确安装专用工具，如图 3-142。专用工具：JLR-303-1621。

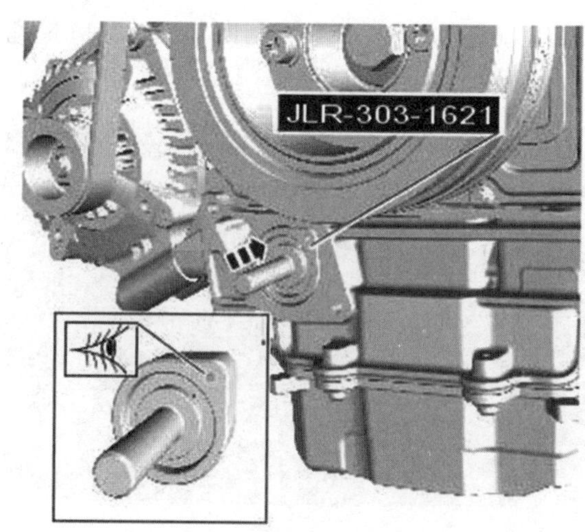

图 3-142

（11）小心：调整曲轴位置时切勿用力过大。注意：如果不能安装曲轴正时工具，则需要调整燃油泵凸轮轴正时。如需要，请小心调整曲轴位置以便能正确安装专用工具。专用工具：JLR-303-1303，如图 3-143。如果不能安装曲轴正时工具，则需要调整燃油泵凸轮轴正时。

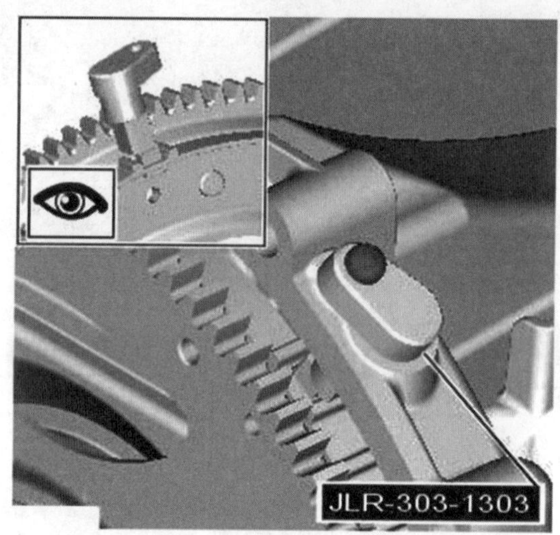

图 3-143

（12）拆下专用工具：JLR-303-1621，如图 3-144。

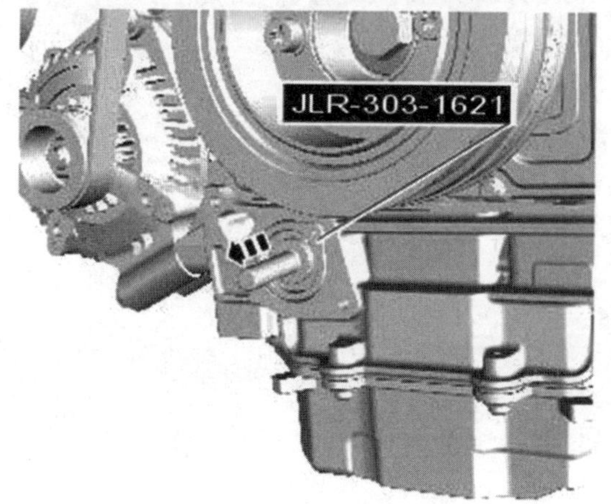

图 3-144

（13）小心：安装一个新密封圈，如图3-145。扭矩：12N·m。

图3-145

（14）拆下专用工具：JLR-303-1303，如图3-146。

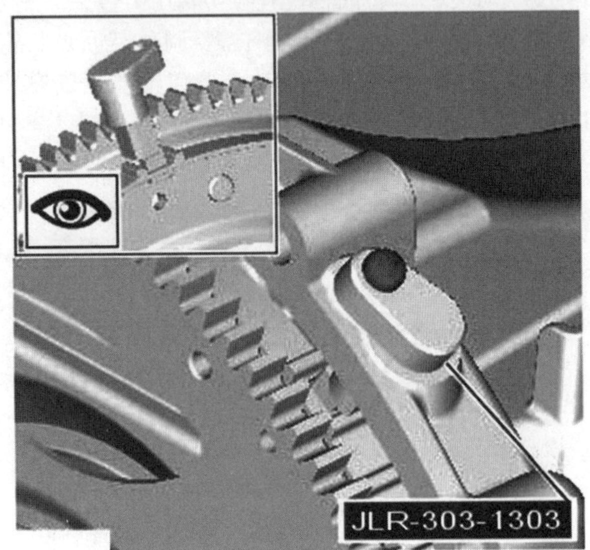

图3-146

（15）安装如图3-147部件。扭矩：10N·m。

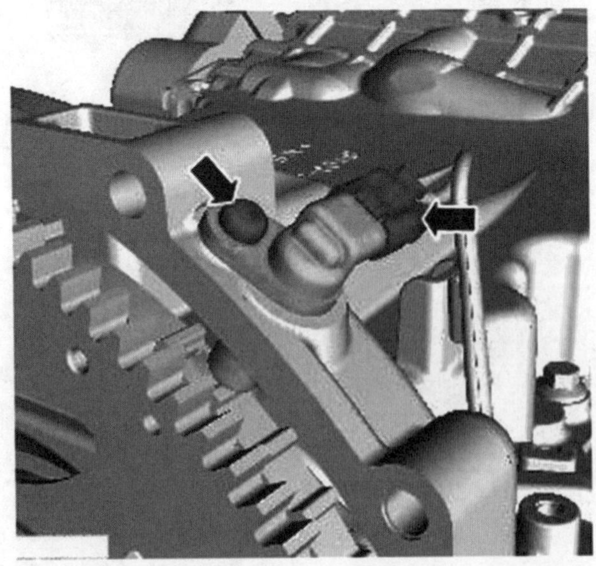

图3-147

（16）注意：安装一个新的油封垫圈，如图3-148。扭矩：24N·m。

图3-148

（17）连接蓄电池接地电缆。

（18）小心：在启动发动机前，确保在加注机油后车辆放置5min，并且发动机机油油位至少达到最低油位［通过执行步骤（9）~（16）实现］。向发动机添加机油。清理机油加注口盖区域任何残留的发动机机油。

（19）小心：确保车辆在加注机油后已放置5min。启动发动机前请执行步骤（9）~（16）。

（20）启动发动机并让其运转10min，然后关闭发动机。检查是否泄漏。

（21）小心：请确保变速杆和换挡装置位于驻车(P)位置。确保机罩打开。打开点火开关。

（22）按右侧的方向按钮，进入组合仪表菜单，如图3-149。

图3-149

（23）按下右侧的 OK（确定）按钮，如图 3-150。

图 3-150

（24）按右侧的方向按钮，进入 Oil Level Display（机油油位显示），如图 3-151。

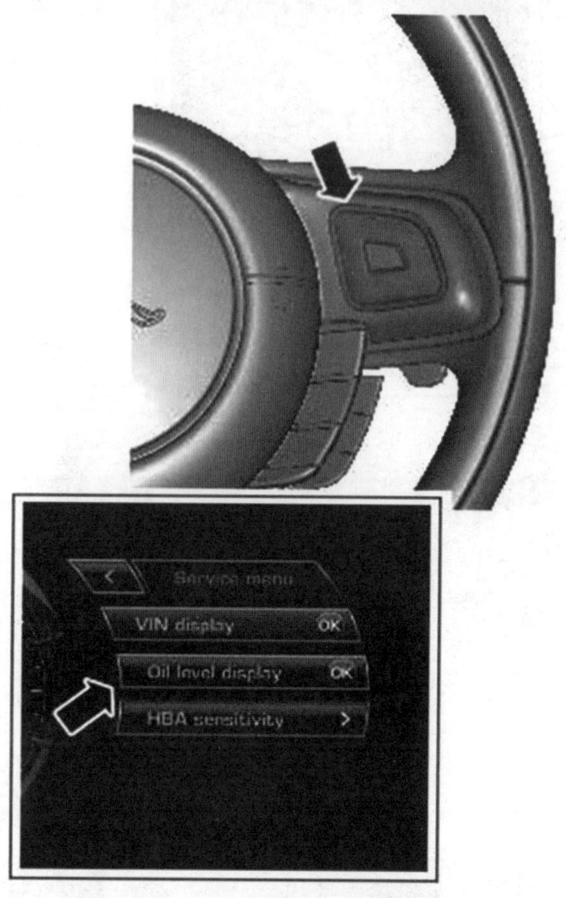

图 3-151

（25）按下右侧的 OK（确定）按钮，然后按说明执行，如图 3-152。

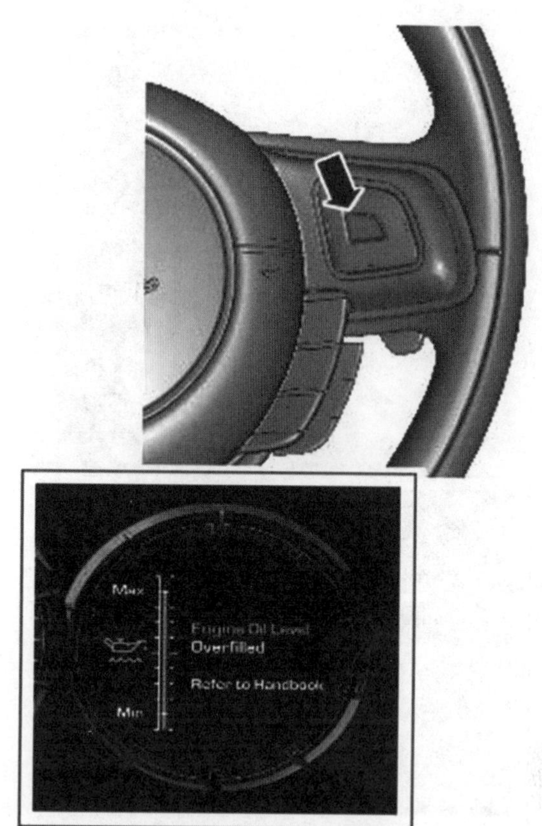

图 3-152

（26）在 2s 内按巡航取消按钮两次，如图 3-153。

图 3-153

（27）信息中心显示将会返回到行车计算机中的常规显示屏幕。按下右侧的 OK（确定）按钮，然后按说明执行。检查机油油位显示屏显示机油油位读数。只有在启动并运行发动机 10min 后如步骤（8）中所示，才能关闭发动机，然后待机 10min，从机油油位显示屏上读取读数（图 3-154），如果需要，加注发动机机油。

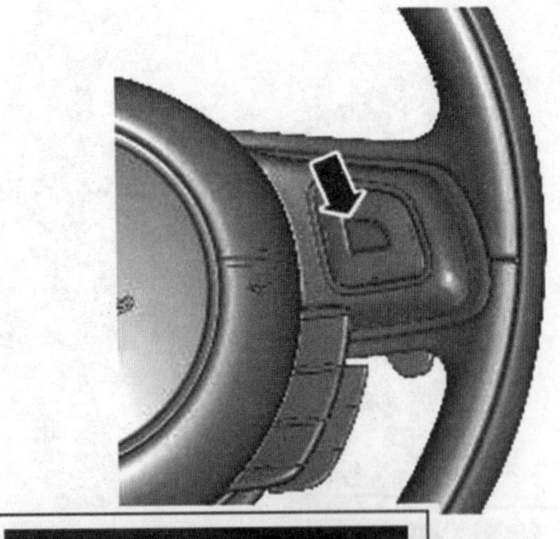

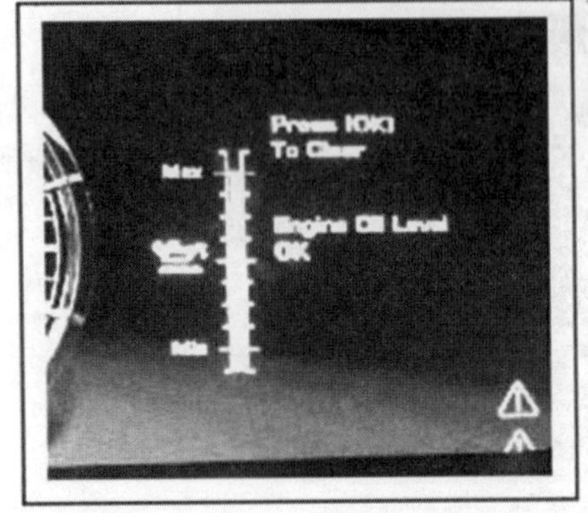

图 3-154

（28）注意：如果在上一步骤中指示需执行步骤（9）~（15），则返回步骤（8），继续执行其程序。关闭点火开关。

（29）如果又加注了机油，等待 10min，使发动机机油油位稳定。

（30）注意：以下步骤的目的是更新平均机油油位值。打开点火开关。按住巡航控制取消按钮 2s 以上，如图 3-155。

图 3-155

（31）信息中心显示将会返回到行车计算机中的常规显示屏幕。

（32）关闭点火开关。

（33）打开点火开关。

（34）按右侧的方向按钮，进入组合仪表菜单，如图 3-156。

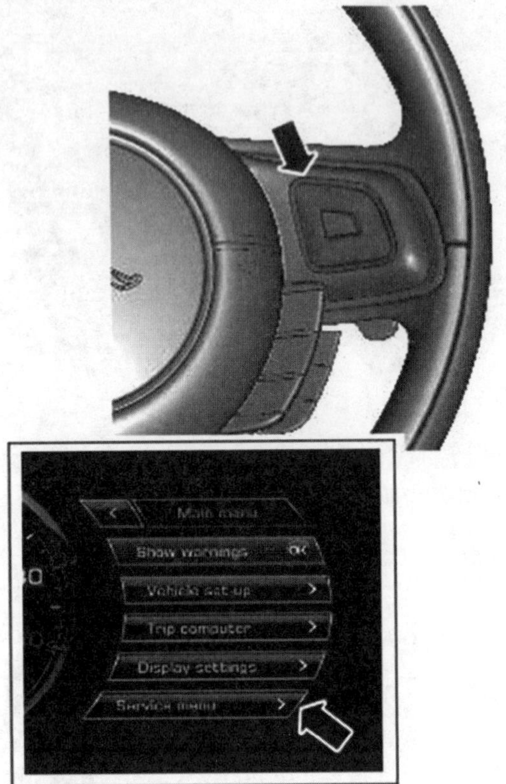

图 3-156

（35）按下右侧的 OK（确定）按钮，如图 3-157。

图 3-157

（36）按右侧的方向按钮，进入 Oil Level Display（机油油位显示），如图 3-158。

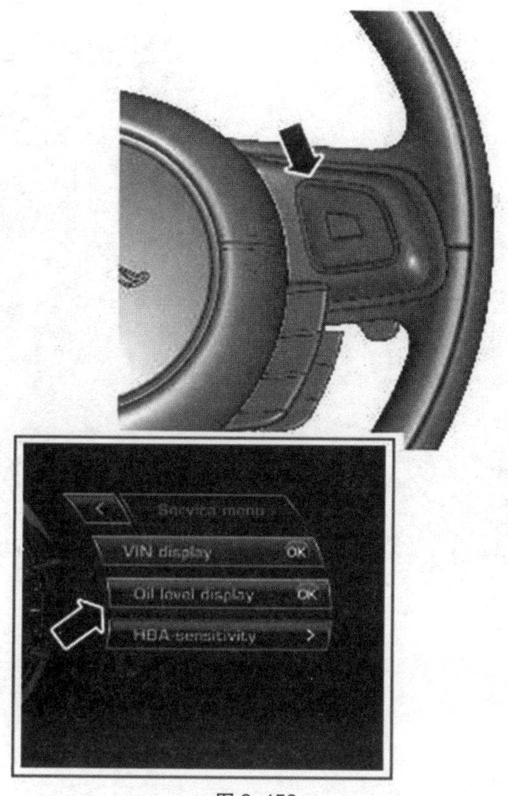

图 3-158

（37）按下右侧的 OK（确定）按钮，然后按说明执行，如图 3-159。

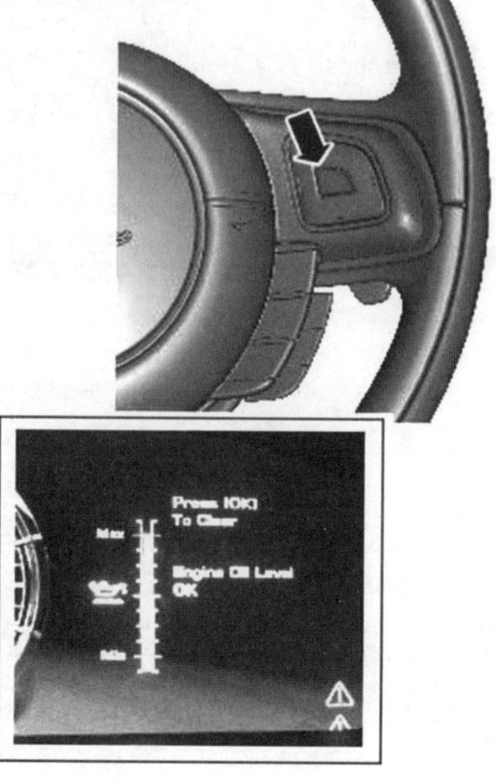

图 3-159

（38）安装空气导流板。

三、车型

捷豹 F-TYPE（5.0T 508PS），2016—2019 年。

路虎揽胜新运动版(L494)(Range Rover Sport)(5.0T 508PS)，2013—2019 年。

路 虎 新 揽 胜（L405）（Range Rover）（5.0T 508PS），2012—2016 年。

（一）燃油泵凸轮轴拆卸和安装（INA 正时驱动）

1. 拆卸方法。

注意：为清晰起见，某些图示中可能没有显示发动机。

（1）断开蓄电池接地电缆的连接。

（2）警告：确保采用车轴支架支撑好车辆。抬起并支撑车辆。

（3）拆下油底壳延展。

（4）拆下如图 3-160 部件。

图 3-160

（5）拆下如图 3-161 部件。

图 3-161

（6）拆下如图 3-162 部件。

图 3-162

（7）小心：拆卸该部件时要倍加小心，以免损坏接合面，如图 3-163。

图 3-163

2. 安装。

（1）小心：确保接合面干净且没有杂质，如图 3-164。

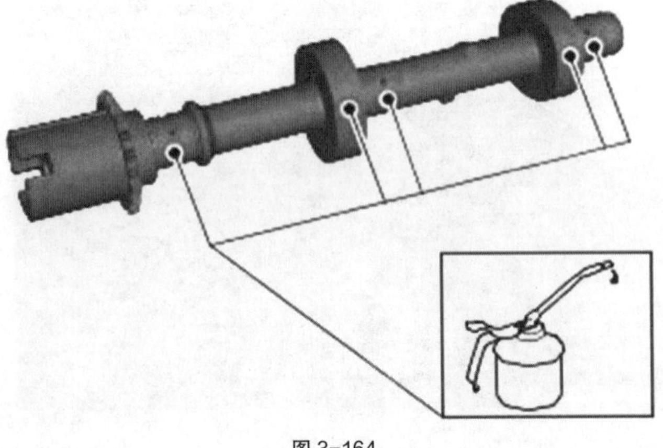

图 3-164

（2）小心：请格外小心，切勿损坏啮合面，如图 3-165。扭矩：12N · m。

图 3-165

（3）拧紧如图 3-166 螺栓。扭矩：21N · m。

图 3-166

（4）拧紧如图 3-167 螺栓。扭矩：12N · m。

图 3-167

（5）安装下部正时链，确保着色的正时链链节与燃油轨高压燃油泵凸轮轴和曲轴链轮标记正确对齐，如图 3-168。

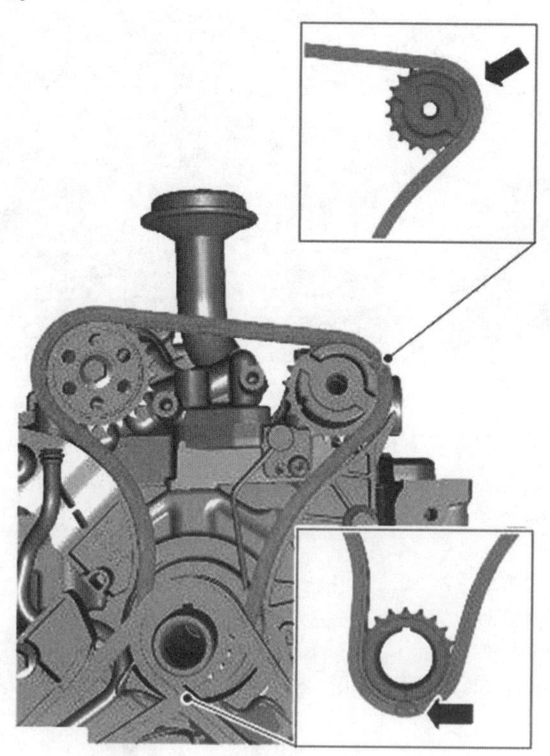

图 3-168

（6）小心：确保张紧器弹簧正确定位。扭矩：21N·m。

（7）安装油底壳延展。

（8）连接蓄电池接地电缆。

（二）燃油泵凸轮轴拆卸和安装（Tsubaki 正时驱动）

1. 拆卸方法。

注意：为清晰起见，某些图示中可能没有显示发动机。

（1）断开蓄电池接地电缆的连接。

（2）警告：确保采用车轴支架支撑好车辆。抬起并支撑车辆。

（3）拆下油底壳延展。

（4）拆下如图 3-169 部件。

图 3-169

（5）拆下如图 3-170 部件。

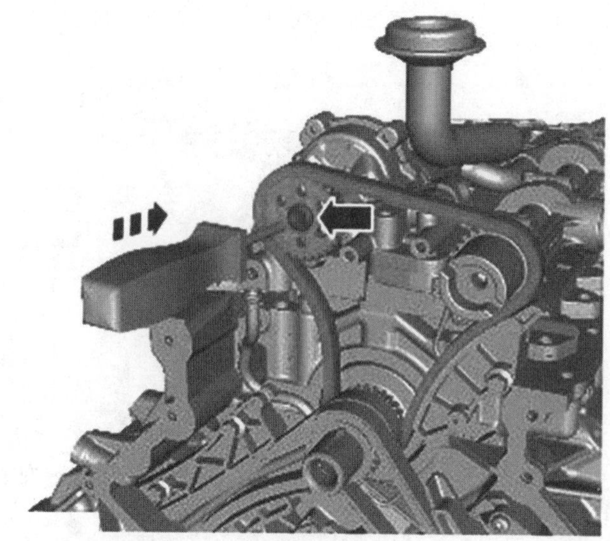

图 3-170

（6）拆下如图 3-171 部件。

图 3-171

（7）小心：拆卸该部件时要倍加小心，以免损坏接合面，如图 3-172。

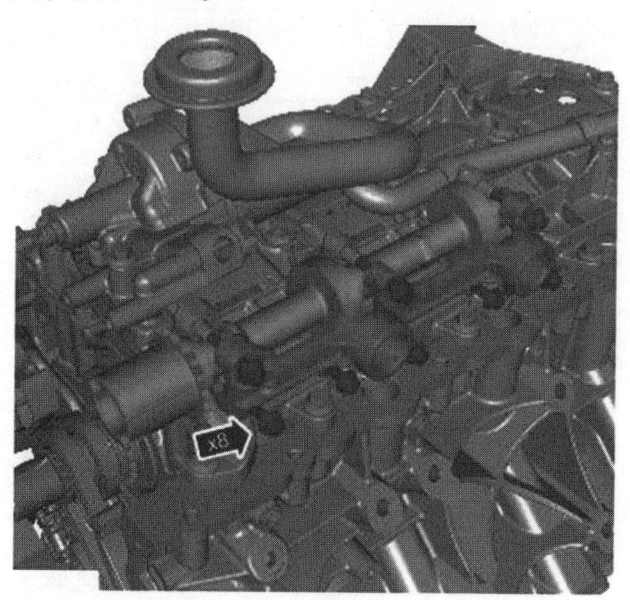

图 3-172

2. 安装方法。

（1）小心：确保接合面干净且没有杂质，如图3-173。

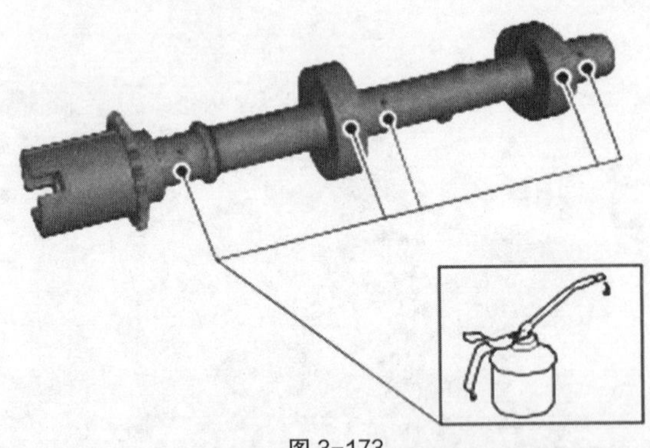

图 3-173

（2）小心：请格外小心，切勿损坏啮合面，如图3-174。扭矩：12N·m。

图 3-174

（3）拧紧如图 3-175 部件。扭矩：21N·m。

图 3-175

（4）拧紧如图 3-176 部件。扭矩：12N·m。

图 3-176

（5）安装下部正时链，确保着色的正时链链节与燃油轨高压燃油泵凸轮轴和曲轴链轮标记正确对齐，如图3-177。

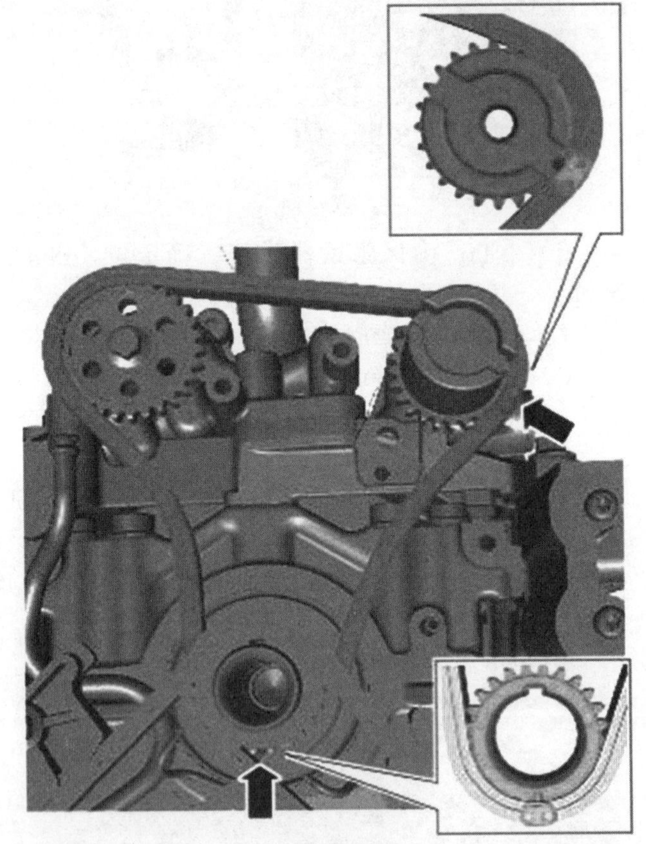

图 3-177

（6）小心：确保张紧器弹簧正确定位，如图 3-178。扭矩：21N·m。

（7）安装油底壳延展。

（8）连接蓄电池接地电缆。

（三）正时驱动部件拆卸和安装（INA 正时驱动）

1. 拆卸方法。

图 3-178

小心：检查所有正时部件磨损情况，必要时安装新的部件。注意：本程序中的拆除步骤可能包含安装细节。注意：各说明中可能会出现某些差异，但基本信息始终是正确的。

（1）断开蓄电池接地电缆的连接。

（2）警告：确保采用车轴支架支撑好车辆。抬起并支撑车辆。

（3）拆下正时盖。

（4）拆下如图 3-179 的部件。

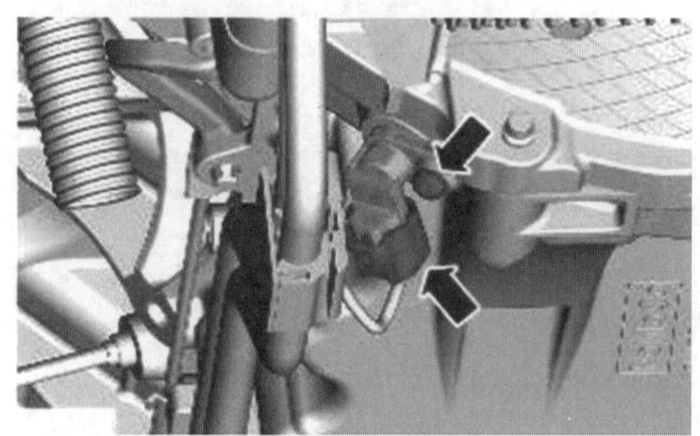

图 3-179

（5）小心：仅顺时针旋转曲轴。安装专用工具，如图 3-180。专用工具：303-1447。

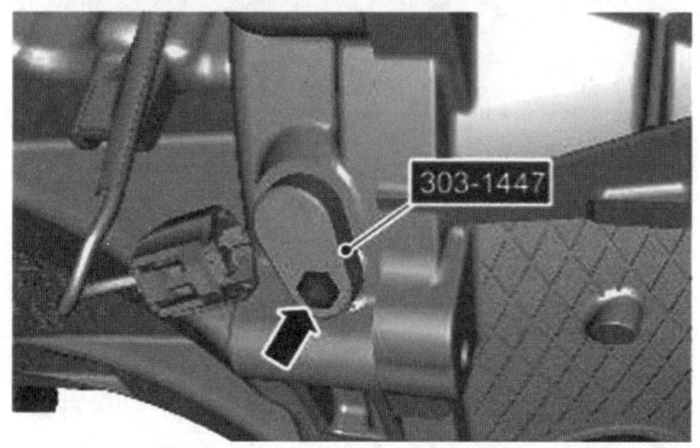

图 3-180

（6）小心：如果记下的半圆键位置是处于 9 点钟的位置，则必须安装新的挠性盘。如果半圆键处于 6 点钟位置，则继续执行下一步骤，如图 3-181。记下曲轴半圆键的位置。

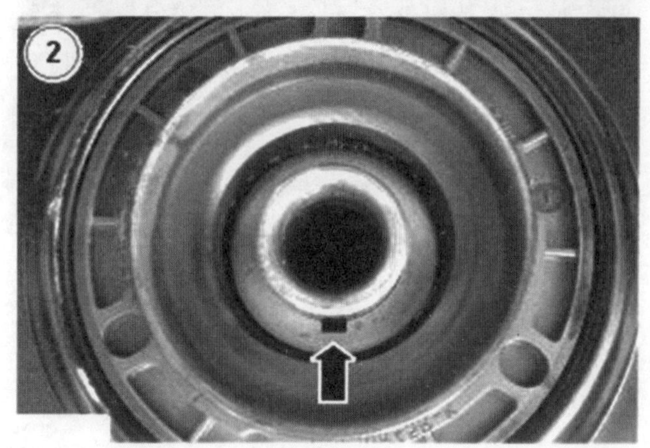

图 3-181

（7）拆下如图 3-182 的部件。

图 3-182

（8）拆下如图 3-183 的部件。

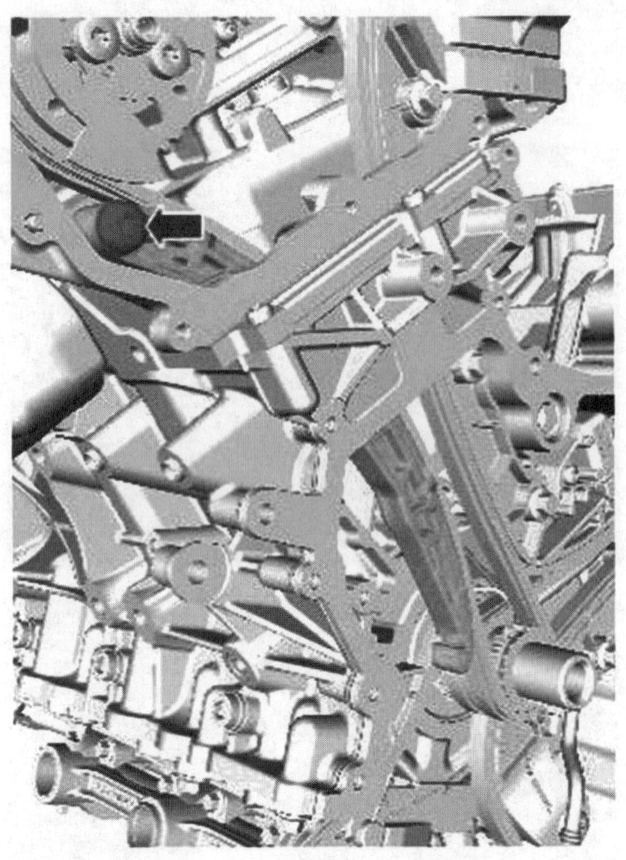
图 3-183

（9）拆下如图 3-184 的部件。

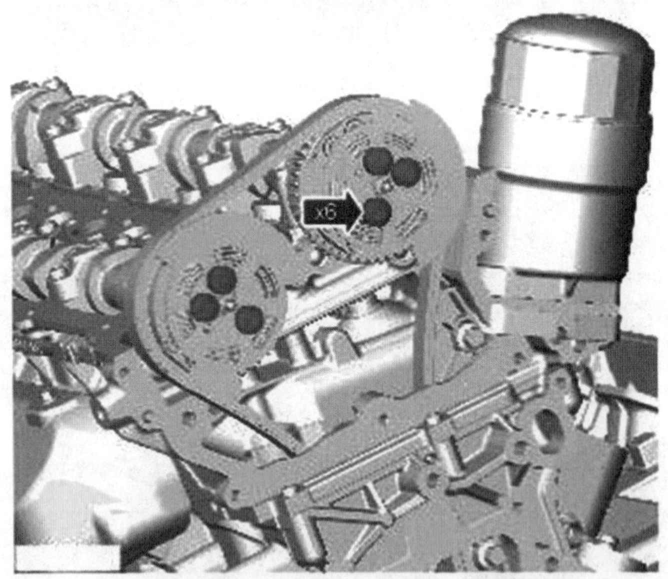

图 3-184

（10）小心：如果可变气门正时（VVT）装置受到震动或跌落，则必须更换。与可变气门正时装置一起拆下正时链条，如图 3-185。

（11）拆下如图 3-186 的部件。

图 3-185

图 3-186

（12）拆下如图 3-187 的部件。

（13）拆下如图 3-188 的部件。

（14）小心：如果可变气门正时（VVT）装置受到震动或跌落，则必须更换可变气门正时装置。与可变气门正时装置一起拆下正时链条，如图 3-189。

图 3-187

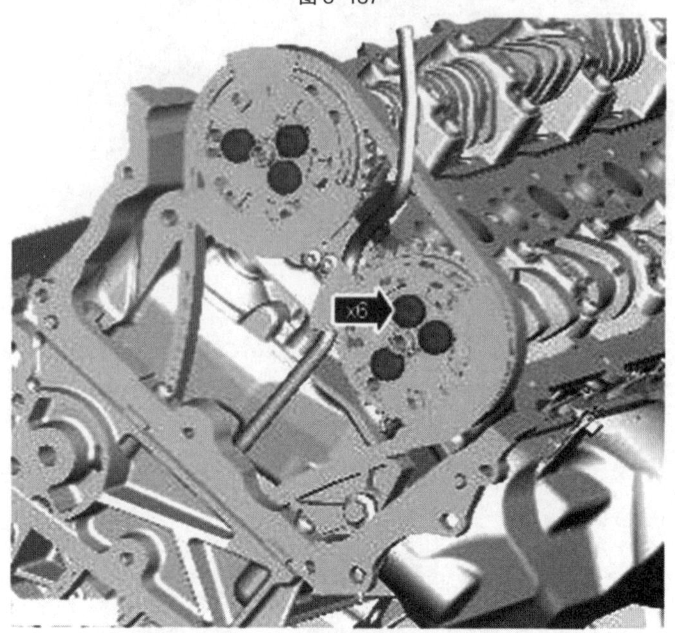

图 3-188

（15）拆下如图 3-190 的部件。

（16）小心：丢弃摩擦垫圈，如图 3-191。

2. 安装方法。

（1）小心：安装一个新的摩擦垫圈。

（2）拧紧如图 3-192、图 3-193 部件。扭矩：12N・m。

图 3-189

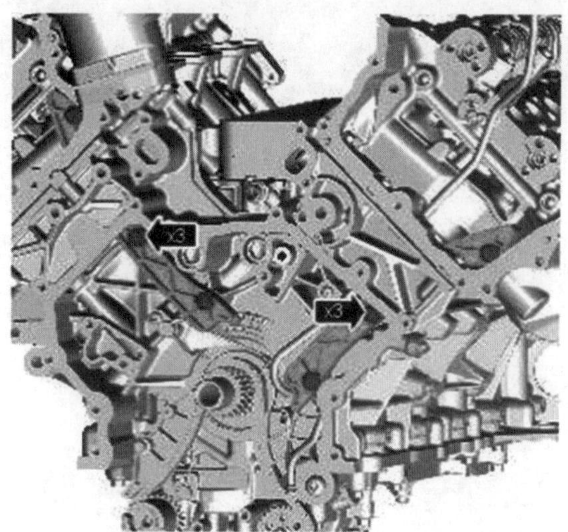

图 3-190

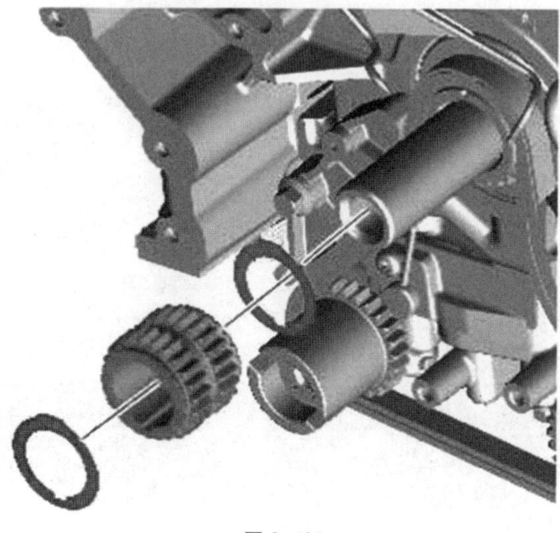

图 3-191

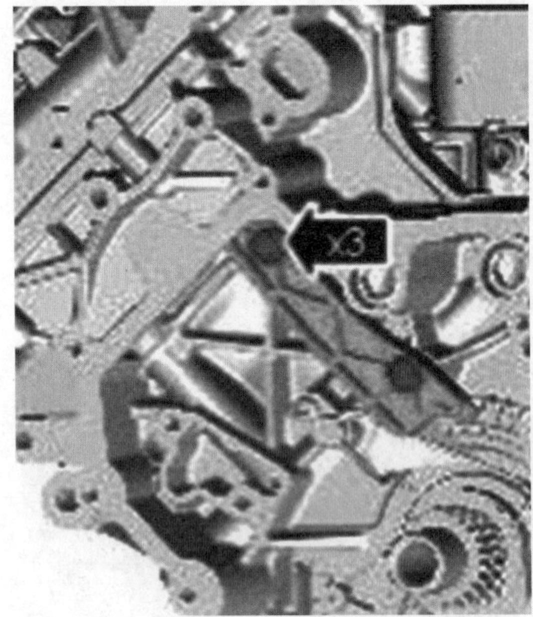

图 3-192

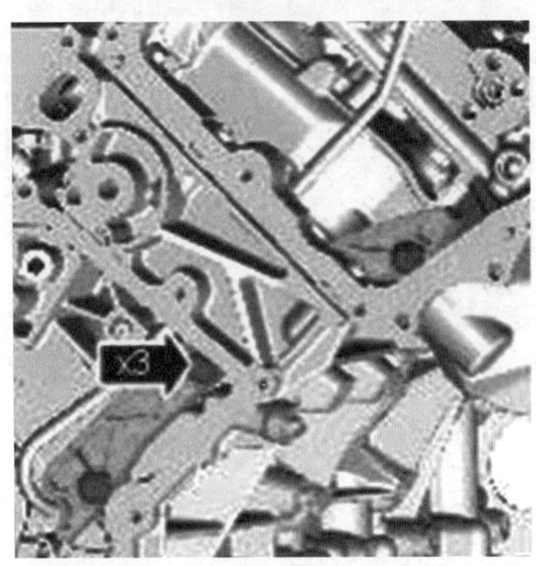

图 3-193

（3）将专用工具安装到每个凸轮轴上，如图 3-194。专用工具：303-1452。扭矩：10N·m。

图 3-194

（4）如果位置不在如图 3-195 的位置，小心旋转凸轮轴。

图 3-195

（5）将专用工具 303-1445 安装到凸轮轴的后部，确保键槽正确定位到每个凸轮轴的每个槽中，如图 3-196。

图 3-196

（6）小心：切勿过度旋转凸轮轴。用手指拧紧蝶形螺母。未能遵守这一指令可能造成元件损坏。使用合适的工具，小心顺时针滚动凸轮轴，然后逆时针滚动。旋转专用工具锁定螺母，直至凸轮轴中没有移动空间为止，如图 3-197。重复步骤（3）~（6），安装其他气缸盖上的凸轮轴。

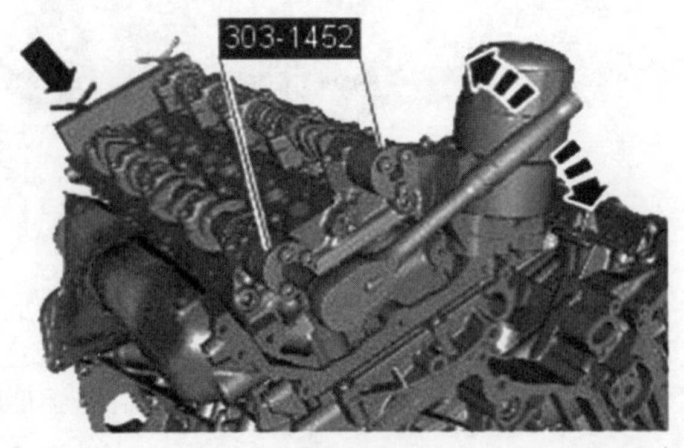

图 3-197

（7）小心：不要让凸轮轴旋转。如果可变气门正时（VVT）装置受到震动或跌落，则必须更换可变气门正时装置。注意：现阶段不要拧紧。与可变气门正时（VVT）装置一起安装正时链条，如图 3-198。

图 3-198

（8）确保所有正时链条的对齐标记都处在所示的位置，如图 3-199。

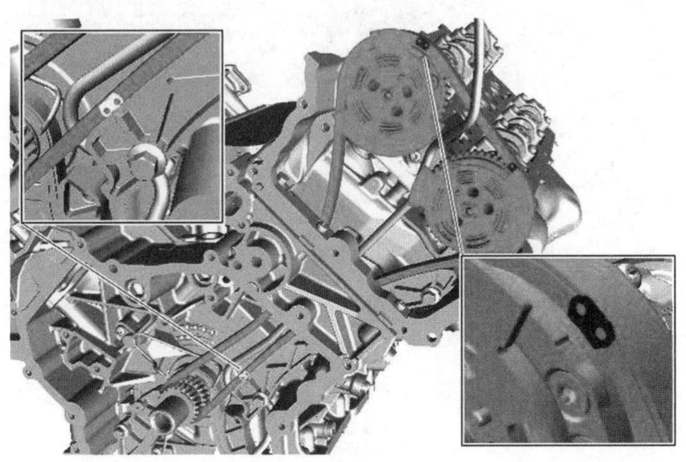

图 3-199

（9）拧紧如图 3-200 部件。扭矩：25N · m。

（10）确保张紧器活塞完全伸出。然后在安装前压下并使用手雷形销钉锁定张紧器活塞，未能遵守此说明可能会损坏发动机，如图 3-201。

图 3-200

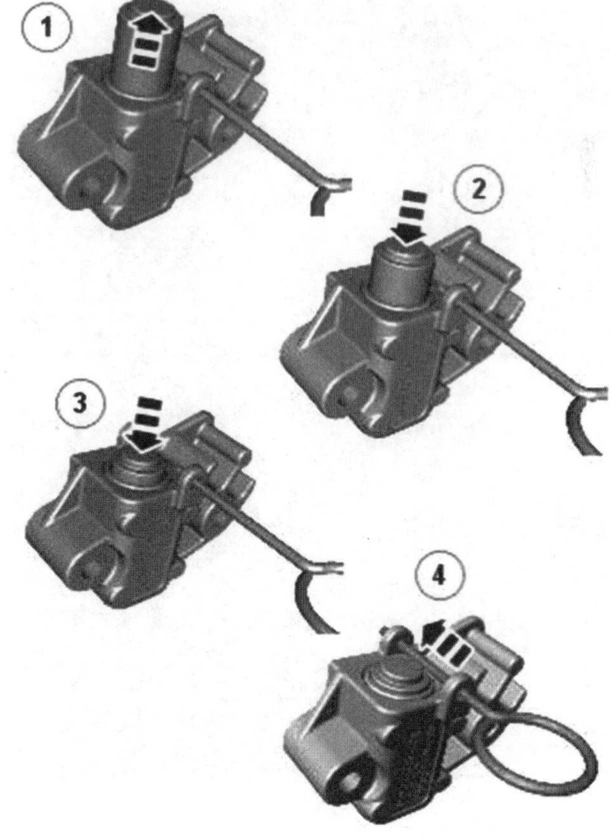

图 3-201

（11）小心：在此阶段切勿松开正时链条张紧器锁定销，如图 3-202。扭矩：10N · m。

图 3-202

（12）小心：不要让凸轮轴旋转。如果可变气门正时（VVT）装置受到震动或跌落，则必须更换可变气门正时装置。注意：现阶段不要拧紧。与可变气门正时装置一起安装正时链条，如图 3-203。

图 3-203

（13）确保所有正时链条的对齐标记都处在所示的位置，如图 3-204。

图 3-204

（14）拧紧如图 3-205 部件。扭矩：25N · m。

图 3-205

（15）确保张紧器活塞完全伸出。然后在安装前压下并使用手雷形销钉锁定张紧器活塞，未能遵守此说明可能会损坏发动机，如图 3-206。

（16）小心：在此阶段切勿松开正时链条张紧器锁定销，如图 3-207。扭矩：10N · m。

（17）安装如图 3-208 部件。

（18）小心：切勿使用机械力。确保张紧器完全展开。

（19）松开机油吸入管并将其放在一边，如图 3-209。

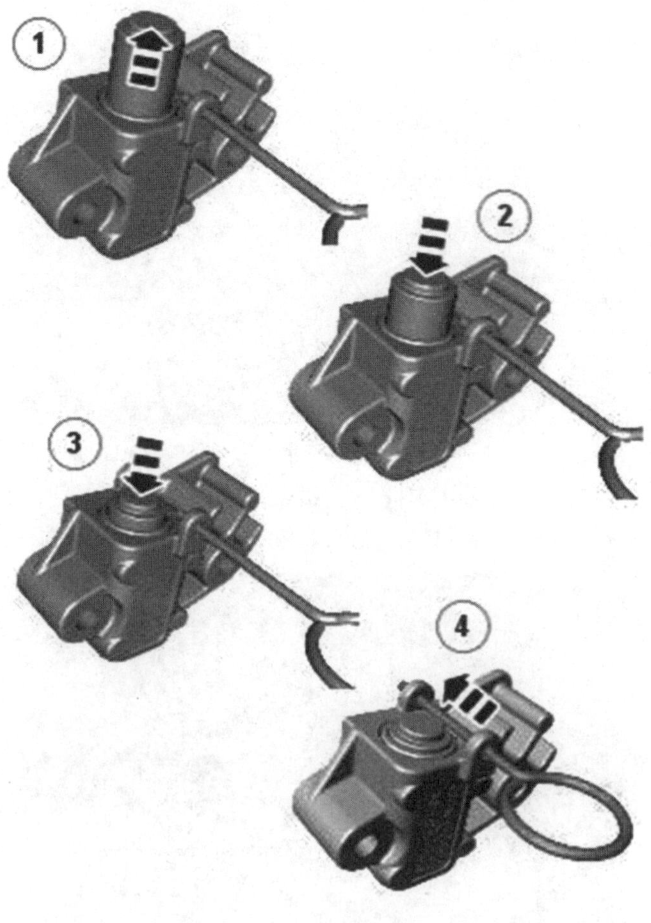

图 3-206

图 3-207

（20）安装专用工具，如图 3-210。专用工具：303-1482。

（21）小心：向专用工具端部施加扭矩。确保按如图 3-211 将扭矩扳手与专用工具对齐。把扭矩扳手安装到专用工具上。扭矩：35N·m。

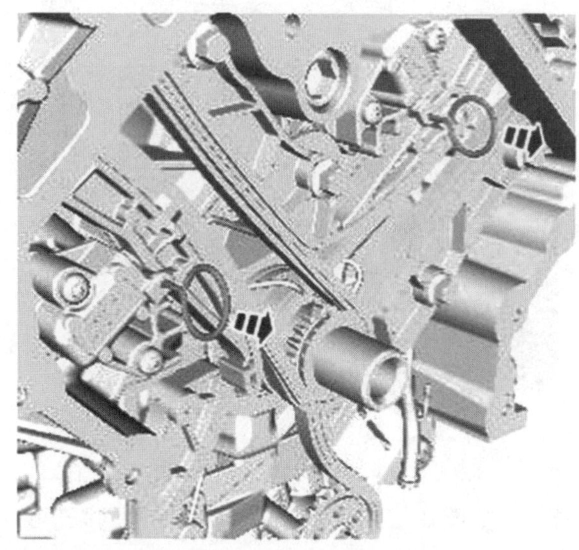
图 3-208

图 3-209

图 3-210

图 3-211

（22）小心：在拧紧可变气门正时螺栓时确保拧紧扳手不移动，如图 3-212。注意：确保首先拧紧排气可变气门正时装置螺栓。扭矩：32N · m。专用工具：303-1482。

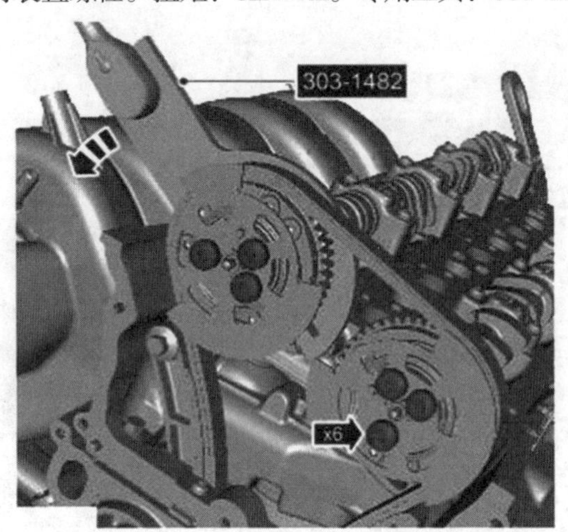

图 3-212

（23）安装机油吸入管。扭矩：10N · m。

（24）安装如图 3-213 部件。

图 3-213

（25）安装如图 3-214 部件。

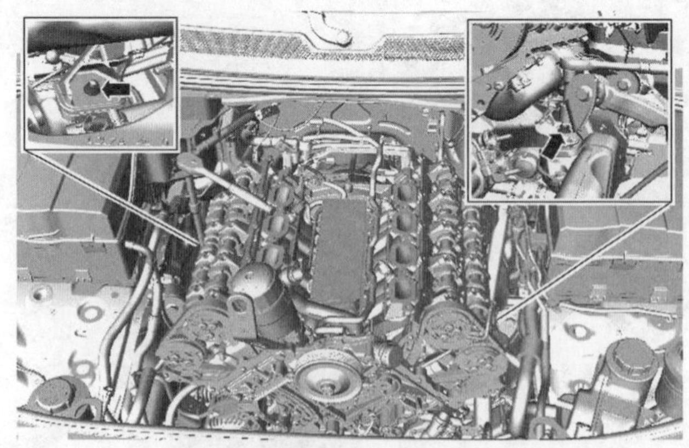
图 3-214

（26）抬起并支撑发动机，然后安装专用工具，如图 3-215。专用工具：303-1482。

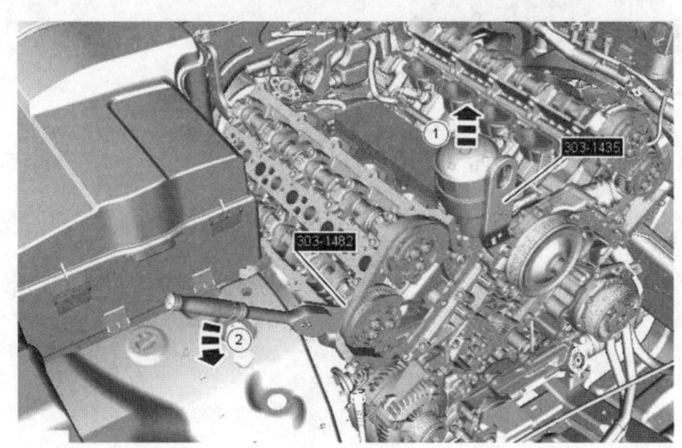

图 3-215

（27）小心：向专用工具端部施加扭矩。确保按如图 3-216 将扭矩扳手与专用工具对齐。把扭矩扳手安装到专用工具上。扭矩：35N · m。

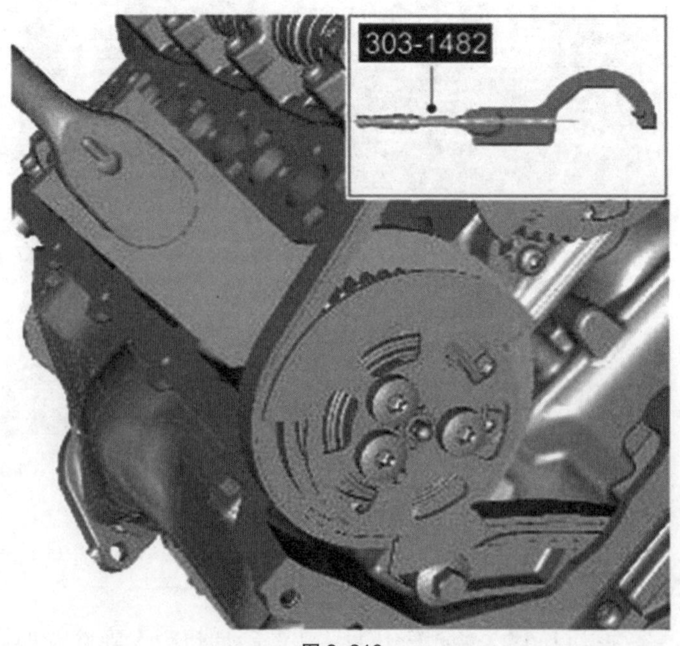

图 3-216

（28）小心：在拧紧可变气门正时螺栓时确保拧紧扳手不移动，如图 3-217。注意：确保首先拧紧进气可变气门正时装置螺栓。扭矩：32N・m。

图 3-217

（29）拆除专用工具并降低发动机，如图 3-218。专用工具：303-1482。

图 3-218

（30）拧紧如图 3-219 部件。扭矩：100N・m。

图 3-219

（31）拧紧如图 3-220 部件。扭矩：20N・m。

图 3-220

（32）拆除专用工具，如图 3-221。

图 3-221

（33）拆除专用工具，如图 3-222。

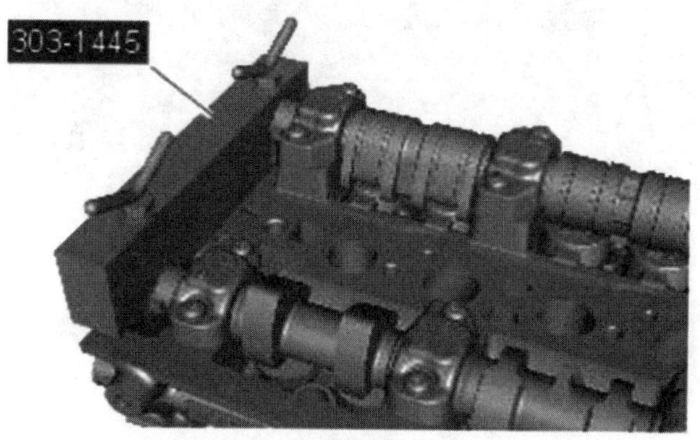

图 3-222

（34）拆除专用工具，如图 3-223。专用工具：303-1447。

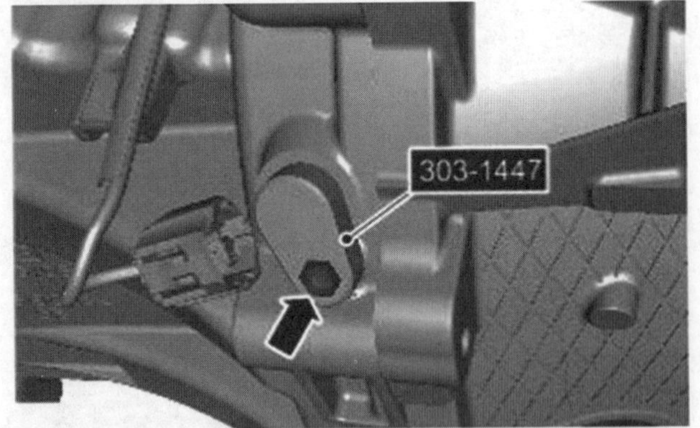

图 3-223

（35）安装专用工具，如图 3-224。专用工具：303-1448。

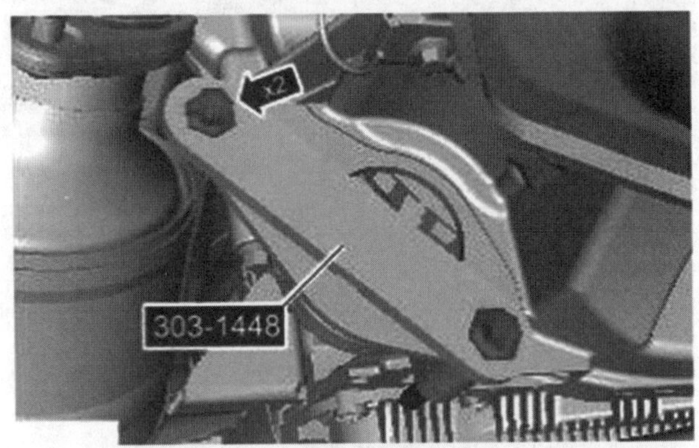

图 3-224

（36）小心：使用 M16 垫圈安装曲轴带轮螺栓（图 2-225），以防止安装过程中对曲轴造成损坏。扭矩：50N·m。

图 3-225

（37）拆除专用工具，如图 3-226。专用工具：303-1448。

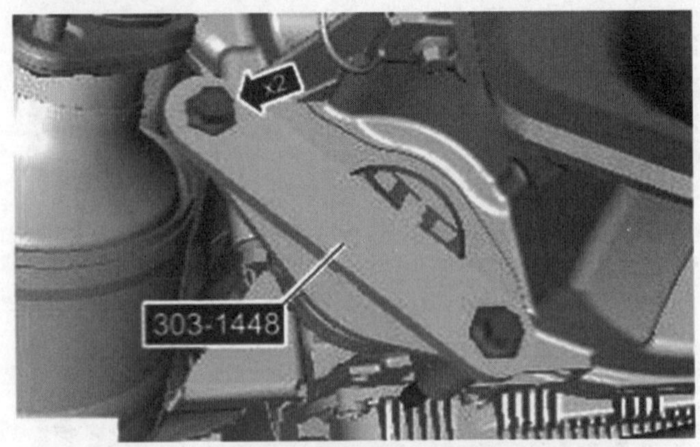

图 3-226

（38）顺时针旋转发动机整整两周。

（39）小心：仅顺时针旋转曲轴。安装专用工具，如图 3-227。专用工具：303-1447。

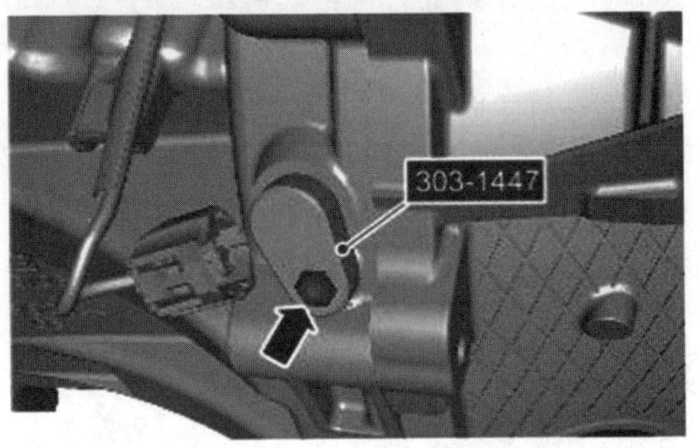

图 3-227

（40）安装专用工具，如图 3-228。专用工具：303-1448。

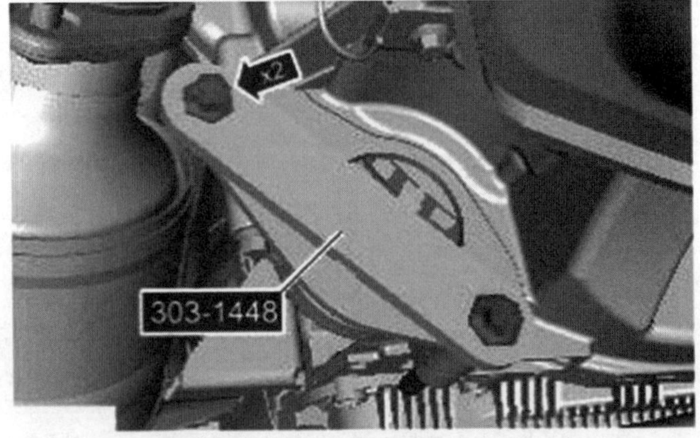

图 3-228

（41）安装如图 3-229 部件。

（42）拆除专用工具，如图 3-230。专用工具：303-1448。

图 3-229

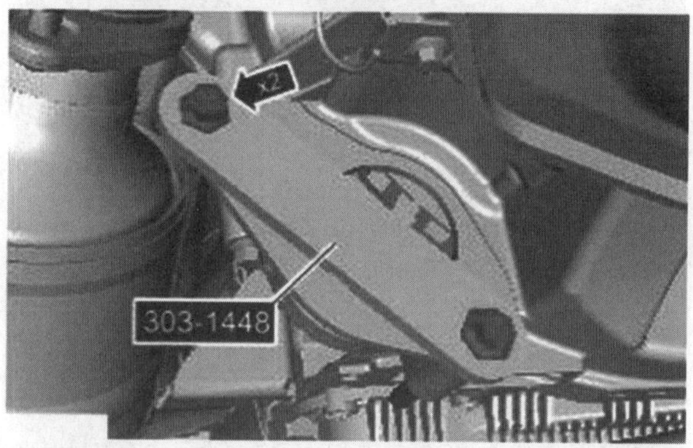

图 3-230

（43）小心：如果无法安装专用工具，返回到安装步骤（22），直至正确安装专用工具 303-1445 为止，如图 3-231。如果按指令需执行步骤（22），要确保在安装专用工具之前先松开可变气门正时装置固定螺栓。安装专用工具。专用工具：303-1445。

图 3-231

（44）小心：如果无法安装专用工具，则必须重复执行正时链条安装步骤。安装专用工具，如图 3-232。

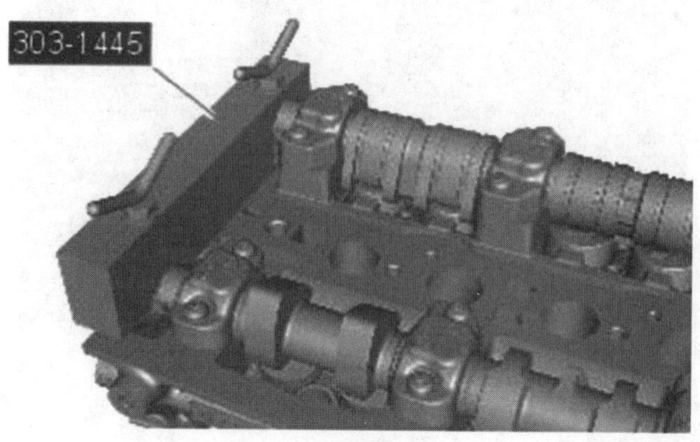

图 3-232

（45）拆除专用工具，如图 3-233。

图 3-233

（46）拆除专用工具，如图 3-234。

图 3-234

（47）拆除专用工具，如图 3-235。专用工具：303-1447。

图 3-235

（48）拧紧如图 3-236 部件。扭矩：10N·m。

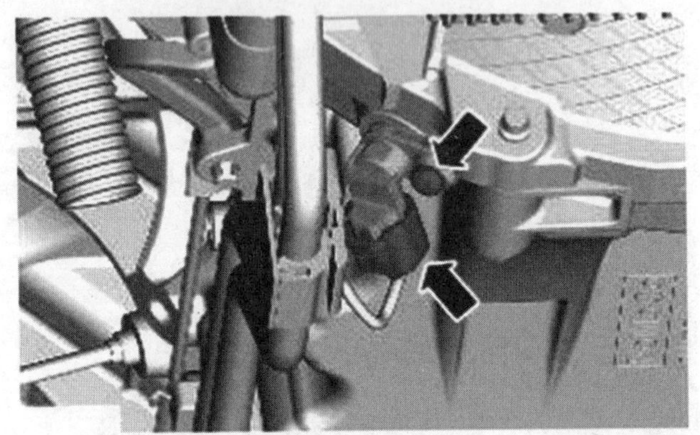
图 3-236

（49）安装正时盖。

（50）连接蓄电池接地电缆。

（四）正时驱动部件拆卸和安装（Tsubaki 正时驱动）

1. 拆卸方法。

小心：检查所有正时部件磨损情况，必要时安装新的部件。注意：图示中可能出现一些变化，但是重要信息通常是正确的。

（1）断开蓄电池接地电缆。

（2）警告：确保采用车轴支架支撑好车辆。举升并支撑好车辆。

（3）拆下如图 3-236 部件。

（4）小心：仅顺时针旋转曲轴。安装专用工具，如图 3-237。

（5）小心：如果记下的半圆键位置是处于 9 点钟的位置，则必须安装新的挠性盘。如果半圆键处于 6 点钟位置，则继续执行下一步骤，如图 3-238 和图 3-239。记下曲轴半圆键的位置。

（6）拆下正时盖。

（7）拆下如图 3-240 部件。

（8）拆下如图 3-241 部件。

（9）拆下如图 3-242 部件。

图 3-237

图 3-238

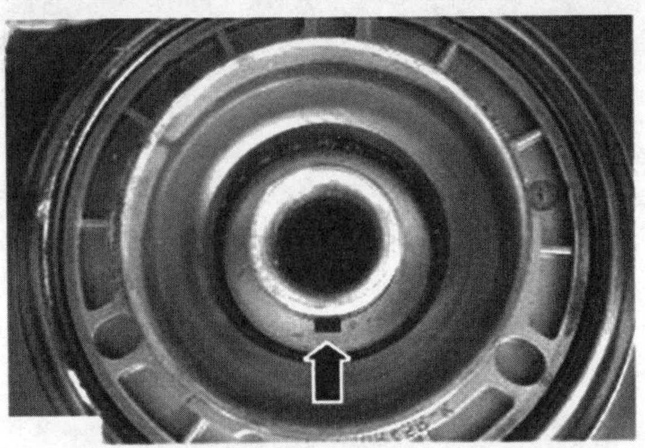
图 3-239

图 3-240

图 3-241

图 3-242

（10）小心：如果可变气门正时（VVT）装置受到震动或跌落，则必须更换。与可变气门正时装置一起拆下正时链条，如图 3-243。

图 3-243

（11）拆下如图 3-244 部件。

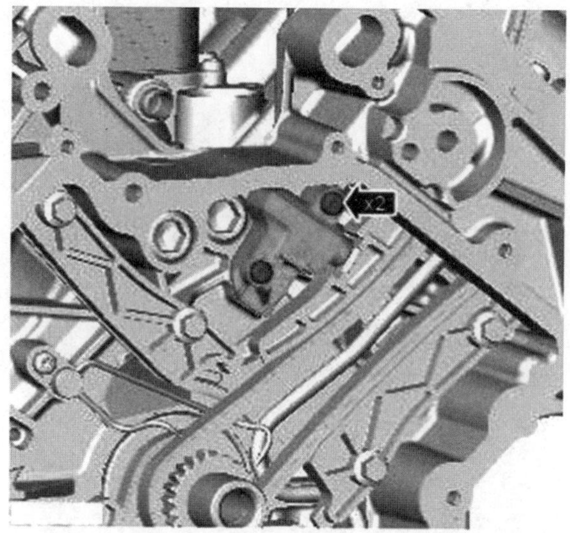

图 3-244

（12）拆下如图 3-245 部件。

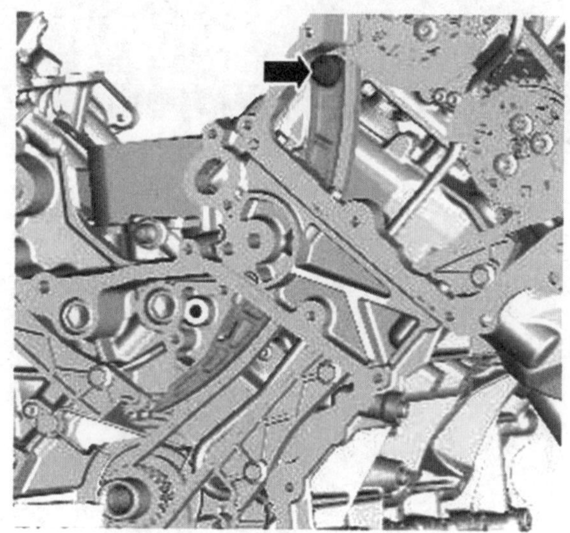
图 3-245

（13）拆下如图 3-246 部件。

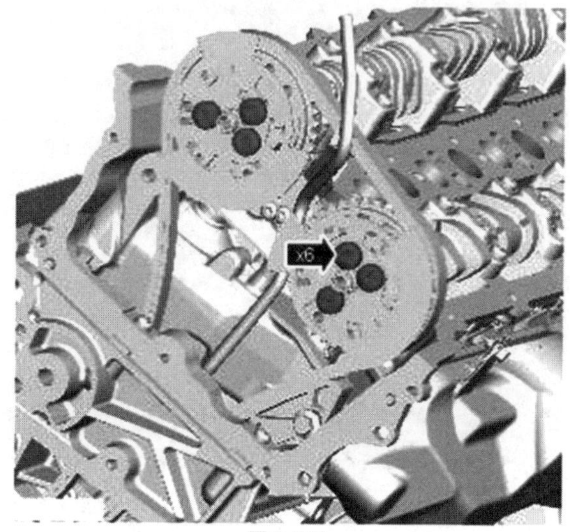

图 3-246

（14）小心：如果可变气门正时（VVT）装置受到震动或跌落，则必须更换可变气门正时装置。与可变气门正时装置一起拆下正时链条，如图 3-247。

图 3-247

（15）拆下如图 3-248 部件。

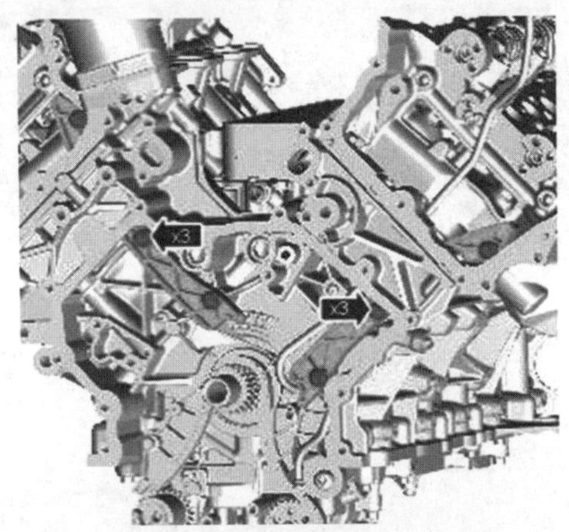

图 3-248

（16）小心：拆除摩擦垫圈，如图 3-249。

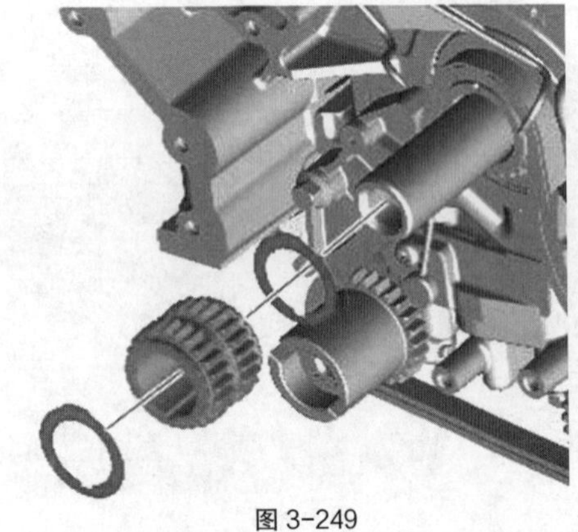

图 3-249

2. 安装方法。

（1）小心：安装新摩擦垫圈，如图 3-250。

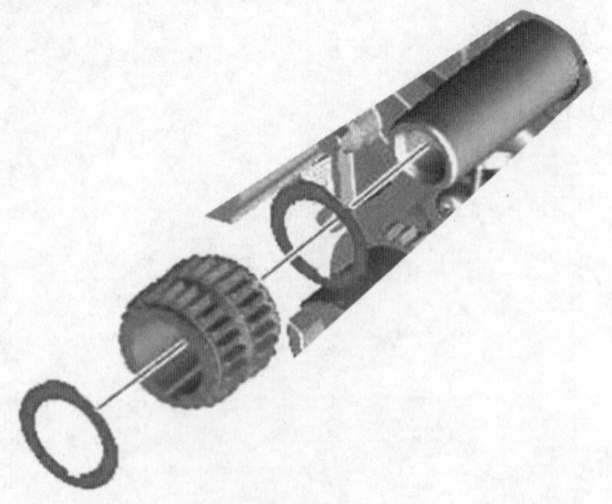

图 3-250

（2）拧紧图 3-251 部件。扭矩：12N · m。

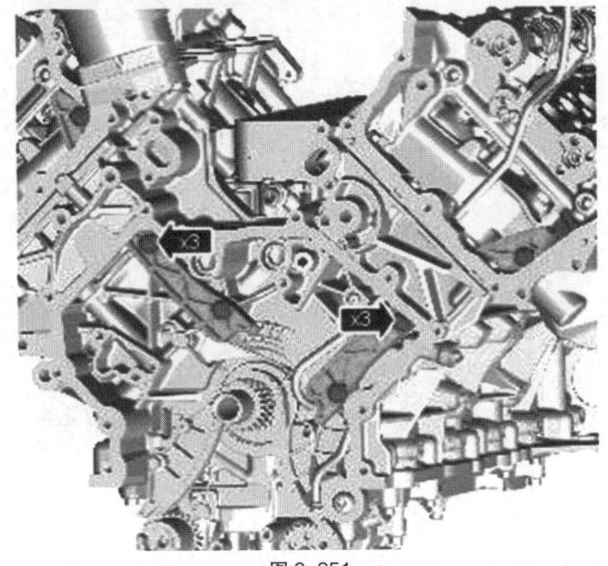

图 3-251

（3）将专用工具安装在左侧气缸组凸轮轴上，如图 3-252。专用工具：303-1452，扭矩：10N · m。

图 3-252

（4）如果位置不在如图 3-253 的位置，小心旋转凸轮轴。

图 3-253

（5）将专用工具 303-1445 安装到凸轮轴的后部，确保键槽正确定位到每个凸轮轴的每个槽中，如图 3-254。

图 3-254

（6）小心：切勿过度旋转凸轮轴。用手指拧紧蝶形螺母，如图 3-255。未能遵守这一指令可能造成部件损坏。使用合适的工具，小心顺时针滚动凸轮轴，然后逆时针滚动。用旋转专用工具锁定螺母，直至凸轮轴中没有移动空间为止。重复步骤（3）~（6），安装其他气缸盖上的凸轮轴。

图 3-255

（7）小心：不要让凸轮轴旋转。如果可变气门正时（VVT）装置受到震动或跌落，则必须更换可变气门正时装置。注意：在此阶段不要拧紧。与可变气门正时（VVT）装置一起安装正时链条，如图 3-256。

图 3-256

（8）确保所有正时链条的对齐标记都处在所示的位置，如图 3-257。

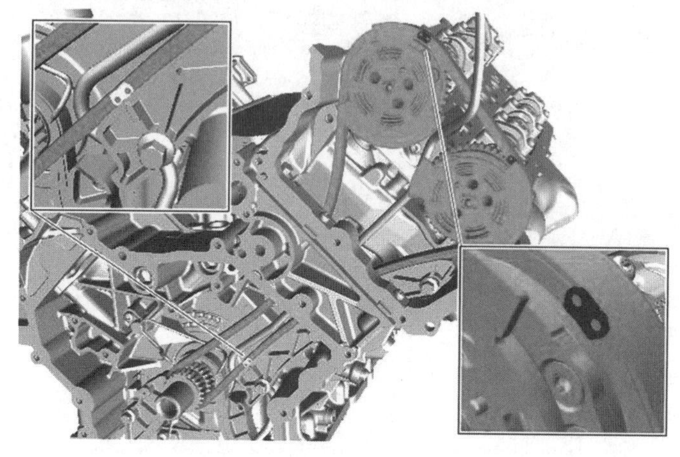

图 3-257

（9）拧紧如图 3-258 部件。扭矩：25N・m。

（10）小心：在此阶段切勿松开正时链条张紧器锁定销，如图 3-259。扭矩：10N・m。

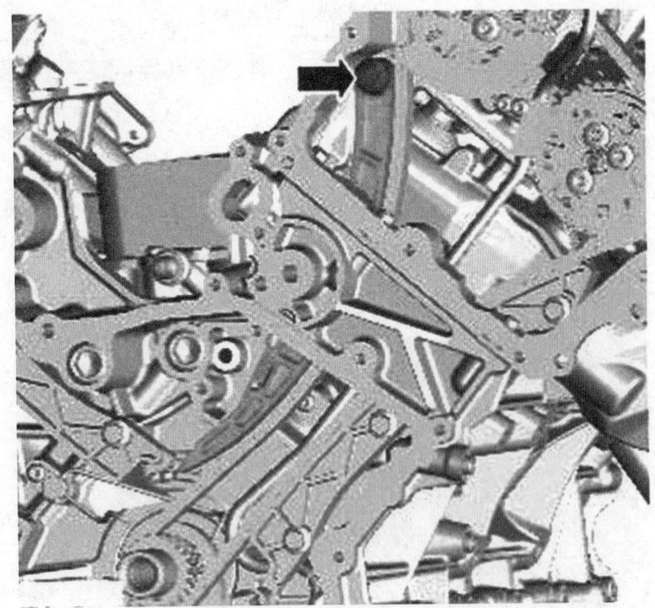

图 3-258

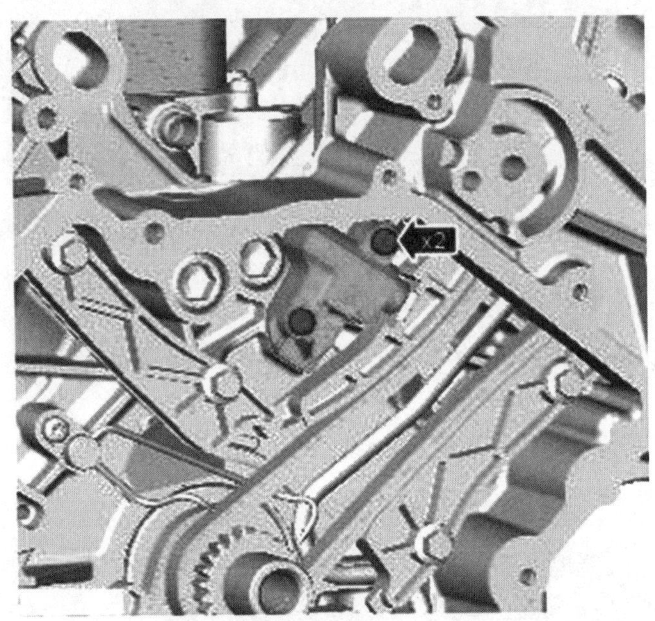

图 3-259

图 3-260

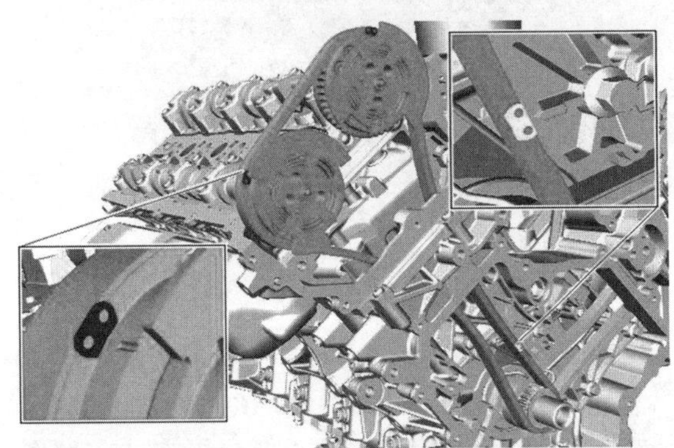

图 3-261

图 3-262

（11）小心：不要让凸轮轴旋转。如果可变气门正时（VVT）装置受到震动或跌落，则必须更换可变气门正时装置，如图 3-260。注意：在此阶段不要拧紧。与可变气门正时装置一起安装正时链条。

（12）确保所有正时链条的对齐标记都处在所示的位置，如图 3-261。

（13）拧紧如图 3-262 部件。扭矩：25N·m。

（14）小心：切勿使用机械力。确保张紧器完全展开，如图 3-263。扭矩：10N·m。

（15）小心：切勿使用机械力。确保张紧器完全展开，如图 3-264。扭矩：10N·m。

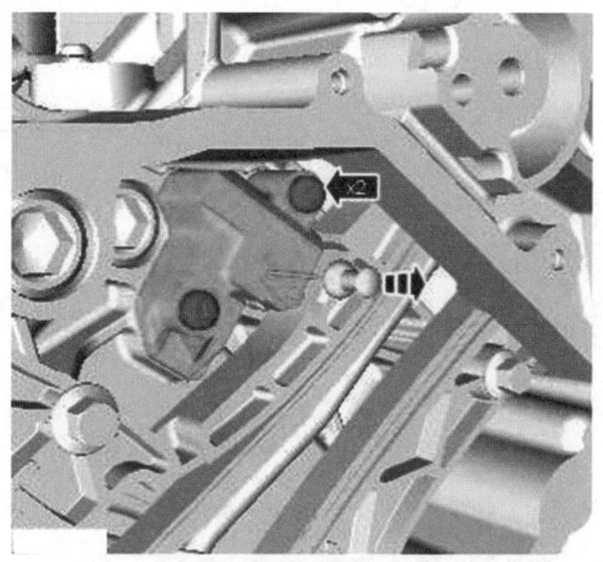

图 3-263

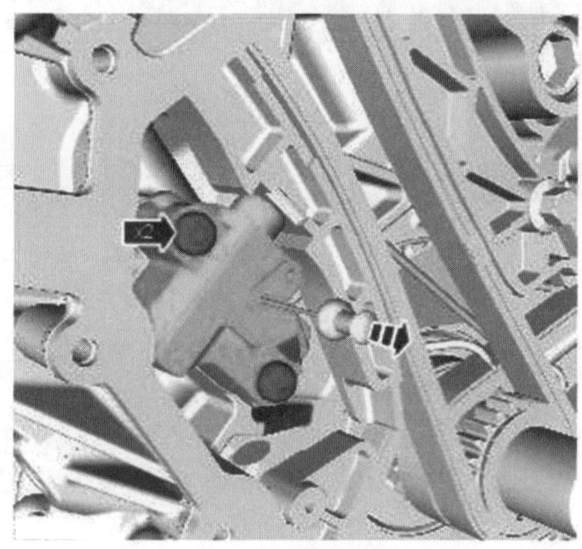

图 3-264

(16)松开机油吸入管并将其放在一边，如图3-265。

图 3-265

(17)安装专用工具，如图 3-266。专用工具：303-1482。

图 3-266

(18)小心：向专用工具端部施加扭矩。确保扭矩扳手与专用工具对齐，如图 3-267。把扭矩扳手安装到专用工具上。扭矩：35N·m。

图 3-267

(19)小心：在拧紧可变气门正时螺栓时确保拧紧扳手不移动，如图 3-268。注意：确保首先拧紧排气可变气门正时装置螺栓。扭矩：32N·m。专用工具：303-1482。

图 3-268

（20）安装机油吸入管。扭矩：10N·m。

（21）安装专用工具，如图 3-269。专用工具：303-1482。

图 3-269

（22）小心：向专用工具端部施加扭矩。确保扭矩扳手与专用工具对齐，如图 3-270。把扭矩扳手安装到专用工具上。专用工具：303-1482。扭矩：35N·m。

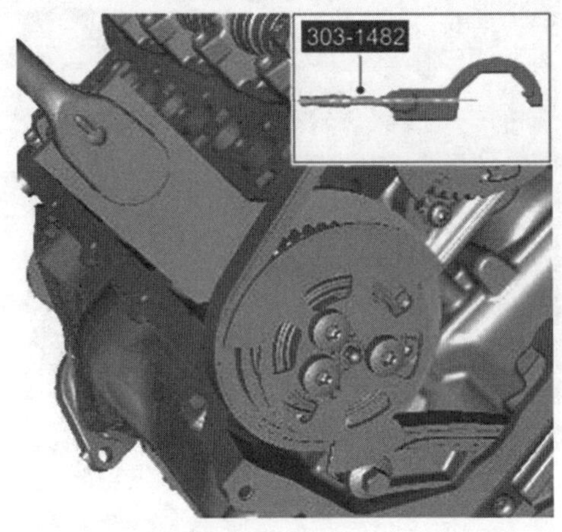

图 3-270

（23）小心：在拧紧可变气门正时螺栓时确保拧紧扳手不移动，如图 3-271。注意：确保首先拧紧进气可变气门正时装置螺栓。扭矩：32N·m。

图 3-271

（24）拆下专用工具，如图 3-272。

图 3-272

（25）拆下专用工具，如图 3-273。

图 3-273

（26）拆下专用工具，如图 3-274。专用工具：303-1447。

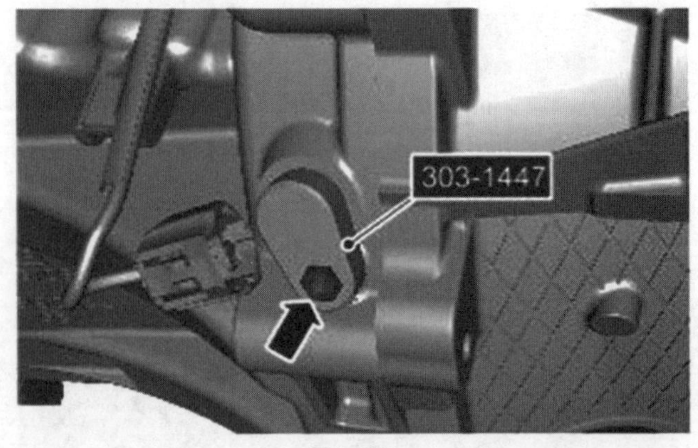

图 3-274

（27）安装专用工具，如图 3-275。专用工具：303-1448。

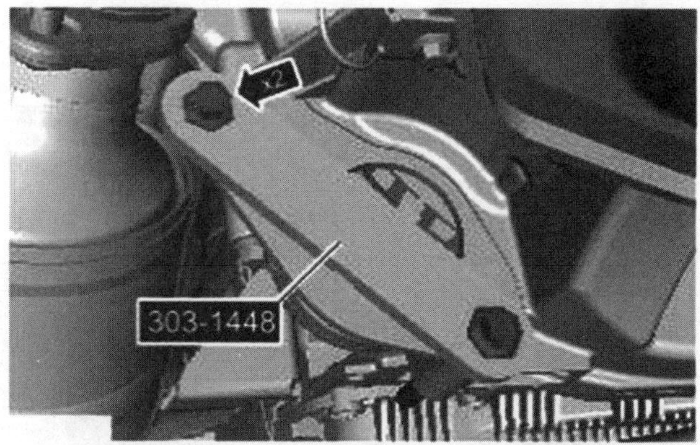

图 3-275

（28）小心：使用 M16 垫圈安装曲轴带轮螺栓，以防止安装过程中对曲轴造成损坏，如图 3-276。扭矩：50N·m。

图 3-276

（29）拆下专用工具，如图 3-277。专用工具：303-1448。

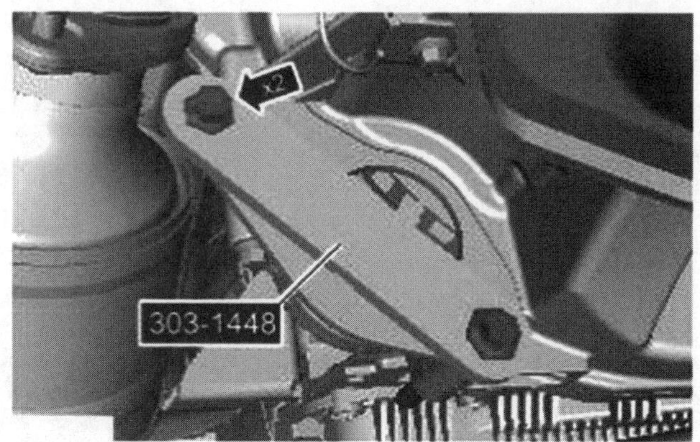

图 3-277

（30）顺时针旋转发动机整整两圈。

（31）安装专用工具，如图 3-278。专用工具：303-1448。

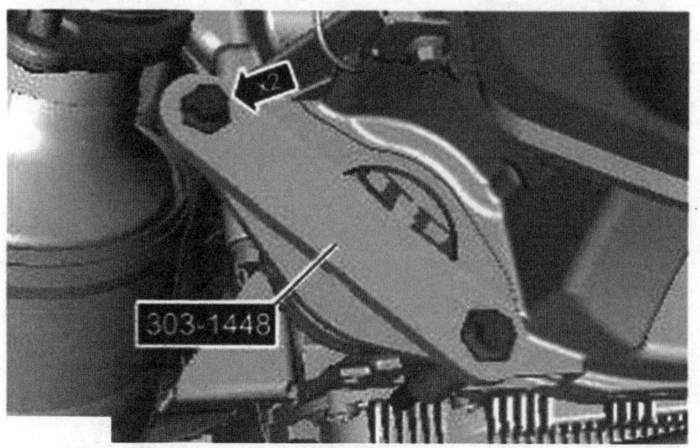

图 3-278

（32）安装如图 3-279 部件。

图 3-279

（33）拆下专用工具，如图 3-280。专用工具：303-1448。

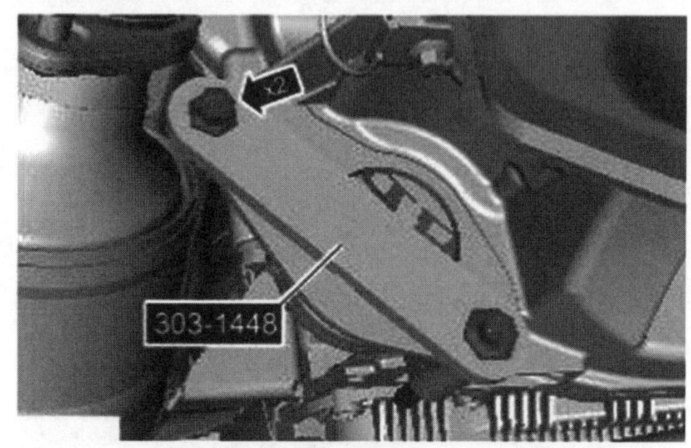

图 3-280

（34）小心：仅顺时针旋转曲轴。安装专用工具，如图 3-281。专用工具：303-1447。

图 3-281

（35）小心：如果无法安装专用工具，返回到安装步骤（22），直至正确安装专用工具 303-1445 为止，如图 3-282。如果按指令需执行步骤（22），要确保在安装专用工具之前先松开可变气门正时装置固定螺栓。安装专用工具。

图 3-282

（36）小心：如果无法安装专用工具，则必须重复执行正时链条安装步骤。安装专用工具，如图 3-283。

图 3-283

（37）拆下专用工具，如图 3-284。

图 3-284

（38）拆下专用工具，如图 3-285。专用工具：303-1445。

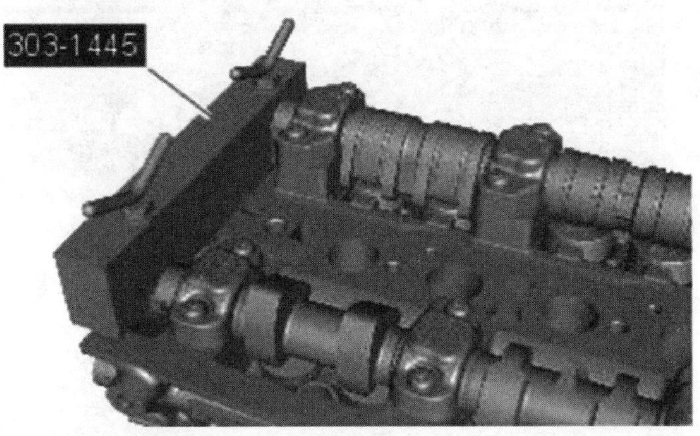

图 3-285

（39）拆下专用工具，如图 3-286。专用工具：303-1447。

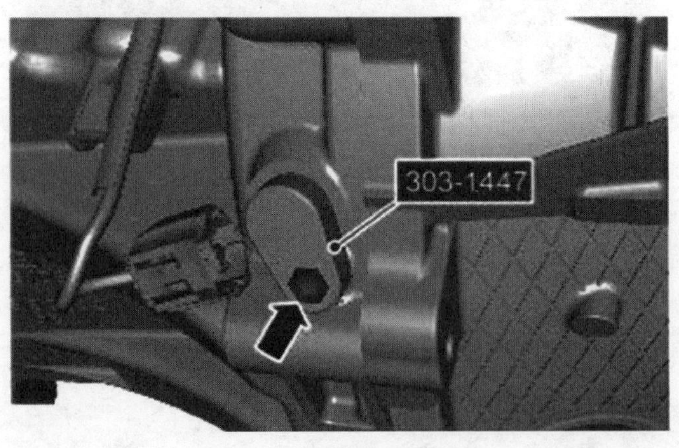

图 3-286

（40）拧紧如图 3-287 部件。扭矩：10N·m。

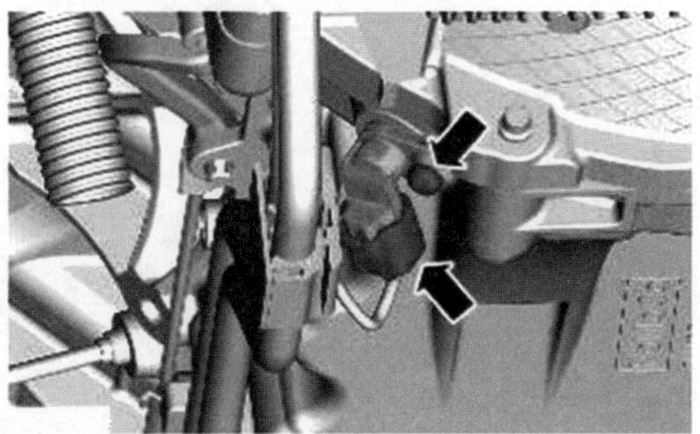

图 3-287

（41）安装正时盖。

（42）连接蓄电池接地电缆。

第四章 奥迪车系

一、车型

一汽奥迪 A4L 30TFSI（1.4T CVNA），2018—2019 年。

（一）所需专用工具

（1）扭力扳手 VAS6583，如图 4-1。

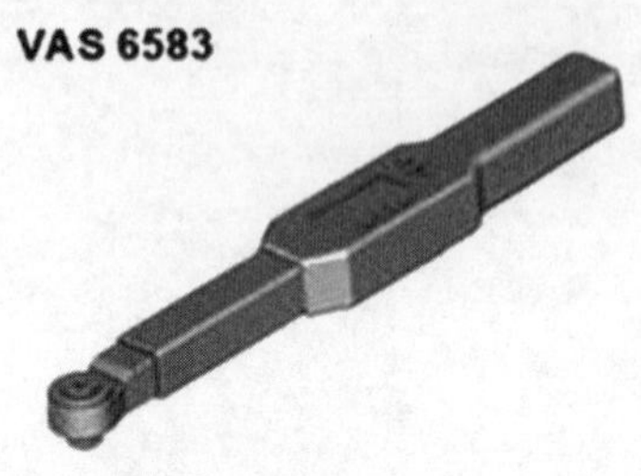

图 4-1

（2）固定架 T10172A，如图 4-2。

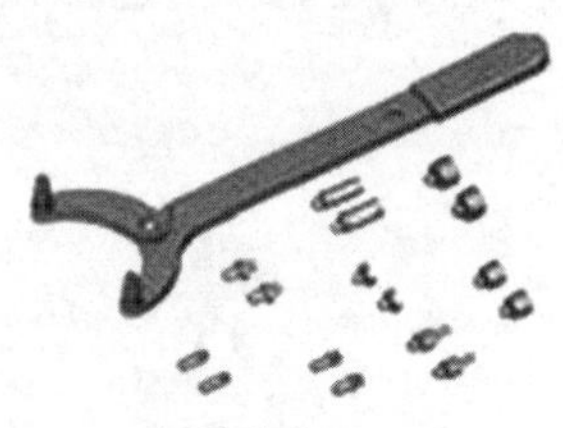

图 4-2

（3）固定螺栓 T10340，如图 4-3。

T10340

图 4-3

（4）凸轮轴固定装置 T10494，如图 4-4。

图 4-4

（5）装配工具 T10487，如图 4-5。

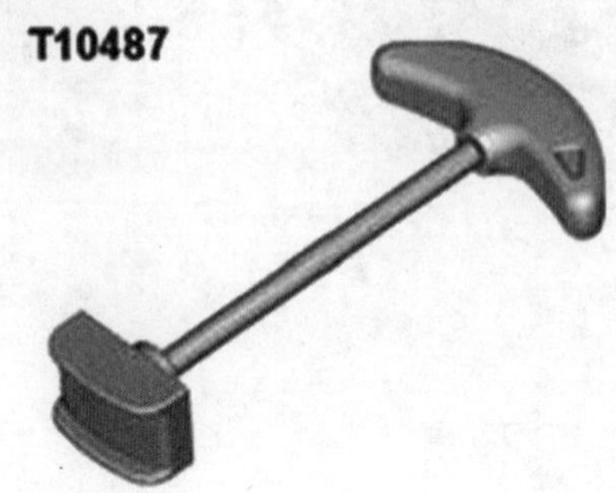

图 4-5

（6）环形扳手 T10499，如图 4-6。

图 4-6

（7）顶紧装置 T10554，如图 4-7。

图 4-7

（8）扳手 T40263，如图 4-8。

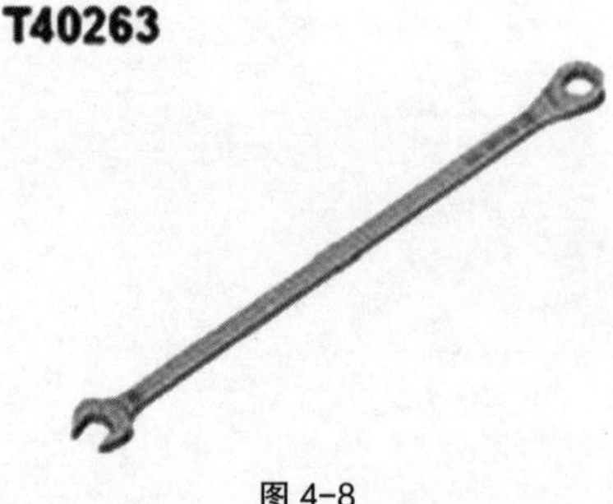

图 4-8

（9）适配接头 T40314，如图 4-9。

图 4-9

（二）拆卸正时皮带

（1）拆卸冷却液泵齿形皮带的齿形皮带护罩，如图 4-10。

图 4-10

（2）拆卸中部齿形皮带护罩，如图 4-11。

图 4-11

（3）拧出螺栓（如图 4-12 中箭头），取下端盖（如图 4-12 中 1）。

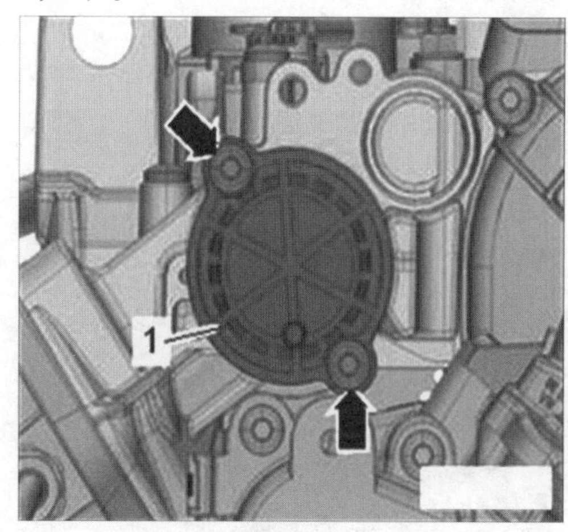

图 4-12

（4）拧出气缸体上上止点孔的螺旋塞（如图 4-13 中 2）。

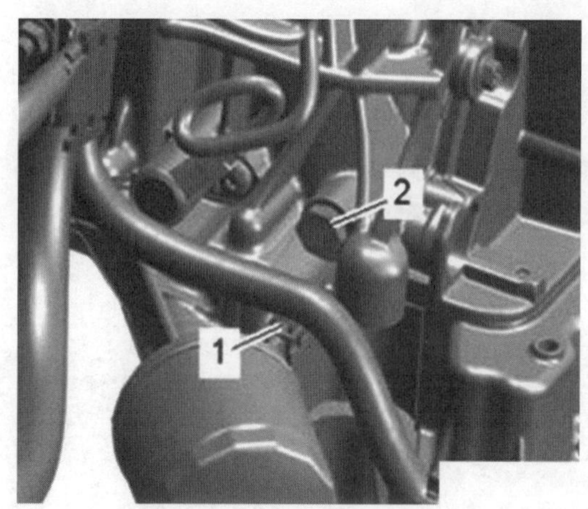

图 4-13

（5）用手将固定螺栓 T10340（如图 4-14）拧入气缸体内至螺栓头贴紧，然后用 30N · m 的力矩拧紧。如果固定螺栓 T10340 不能拧入到螺栓头贴紧，则说明曲轴未处于正确位置。在这种情况下拧出固定螺栓，然后将曲轴沿发动机转动方向继续转动 90°。

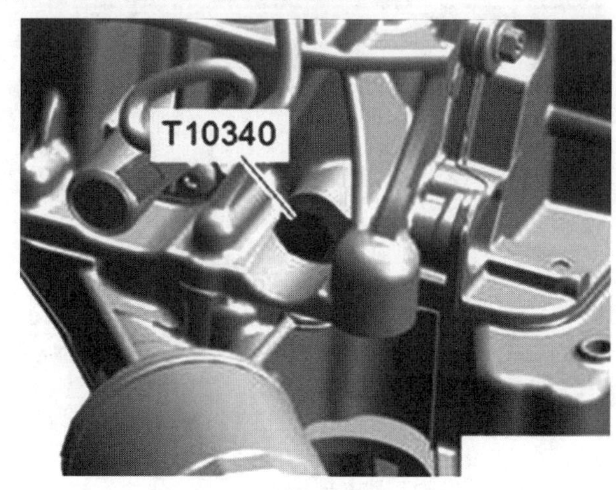

图 4-14

（6）用扳手 SW 21T40263、适配接头 T40314 和套筒扳手 SW21 将曲轴沿发动机转动方向（如图 4-15 中箭头）转动至限位位置。现在曲轴臂紧贴在固定螺栓上。

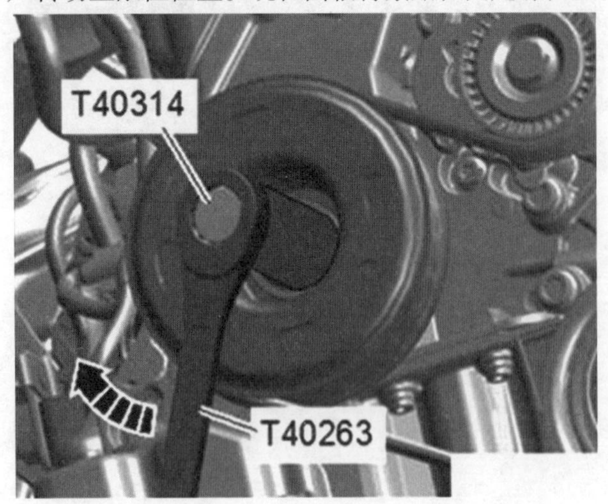

图 4-15

（7）在变速器侧两个凸轮轴处，不对称布置的凹槽现在必须朝上（如图 4-16 中箭头）。凸轮轴有一对对称布置的凹槽和一对不对称布置的凹槽。在上止点位置时，不对称布置的凹槽对必须在虚拟的水平中线之上。如果凸轮轴不处于所述位置，则拧出固定螺栓 T10340，然后继续转动曲轴一圈并使其转到上止点位置。

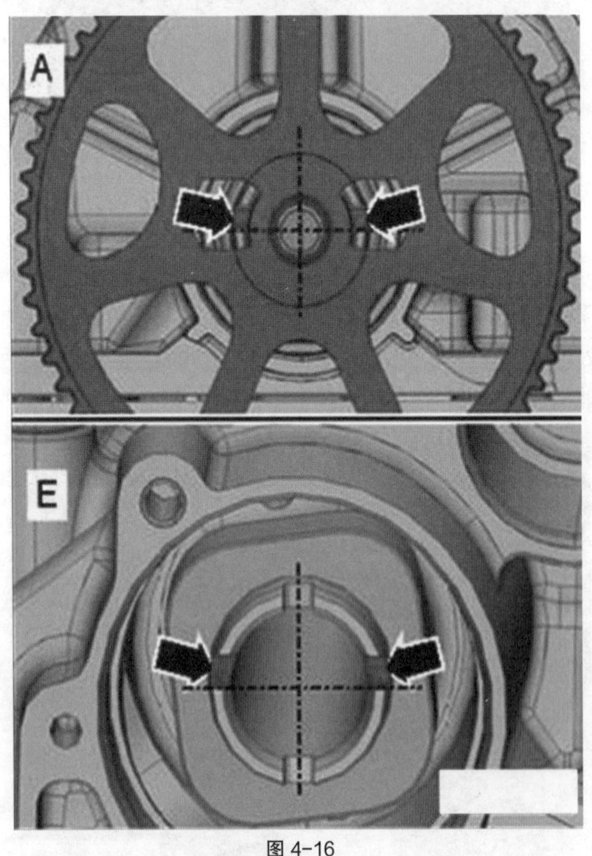

图 4-16

（8）拆卸下部齿形皮带护罩。

（9）凸轮轴固定装置 T10494 必须很容易插入。不允许通过工具敲入凸轮轴固定装置。如果凸轮轴不处于所述位置，则将凸轮轴固定装置 T10494 插入凸轮轴内至限位位置，然后用手拧紧螺栓（如图 4-17 中箭头）。

图 4-17

（10）如果无法插入凸轮轴固定装置 T10494，用装配工具 T10487 压到齿形皮带上（如图 4-18 中箭头），同时将凸轮轴固定装置 T10494 插入凸轮轴内至限位位置，然后用手拧紧螺栓。

图 4-18

（11）拧出螺栓（如图 4-19 中箭头）和螺旋塞（如图 4-19 中 2），为此使用顶紧装置 T10172A 及顶紧装置 T10554。取下密封盖（如图 4-19 中 1）。

图 4-19

（12）将螺栓（如图 4-20 中 1、2）松开约一圈，为此分别使用顶紧装置 T10172A 及顶紧装置 T10554。

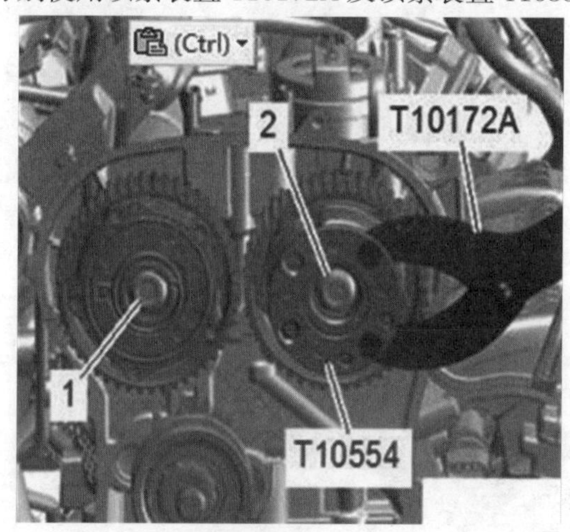

图 4-20

（13）松开螺栓（如图 4-21 中 1）。用环形扳手 SW 30 T10499 松开偏心件上的张紧辊（如图 4-21 中箭头）。取下正时皮带。

图 4-21

（14）取下曲轴正时皮带轮（如图 4-22 中 1 箭头）。

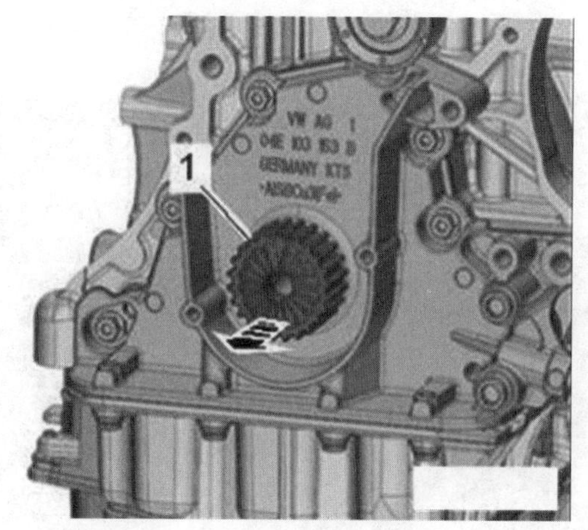

图 4-22

（三）安装正时皮带

（1）检查凸轮轴和曲轴的上止点位置。

（2）凸轮轴固定装置 T10494 已安装在凸轮轴壳体上，如图 4-23。

图 4-23

（3）固定螺栓 T10340（如图 4-24）已拧入气缸体中极限位置，并用 30N・m 的力矩拧紧。曲轴已沿发动机转动方向放置到固定螺栓 T10340 上的上止点位置。

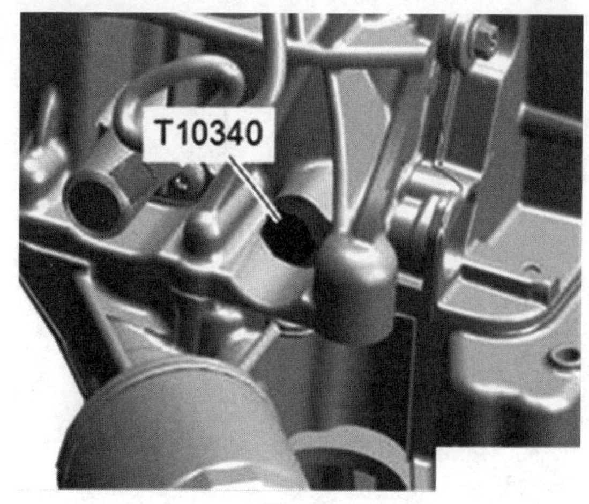

图 4-24

（4）更换凸轮轴正时齿轮螺栓（如图 4-25 中 1、2），松动时拧入。凸轮轴正时齿轮必须能在凸轮轴上转动，同时不允许倾斜。

图 4-25

（5）张紧轮的钢板凸耳（如图 4-26 中箭头）必须嵌入气缸盖的铸造凹槽中。

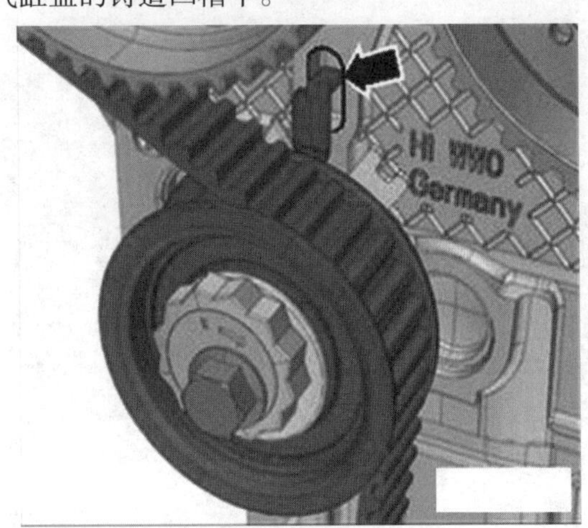
图 4-26

（6）将曲轴正时皮带轮装到曲轴上。多楔带轮与曲轴正时皮带轮之间的接触面必须无机油和油脂，曲轴正时皮带轮上的铣削面（如图 4-27 中箭头）必须靠在曲轴轴颈上的铣削面上。

图 4-27

（7）按如图 4-28 顺序安装正时皮带。

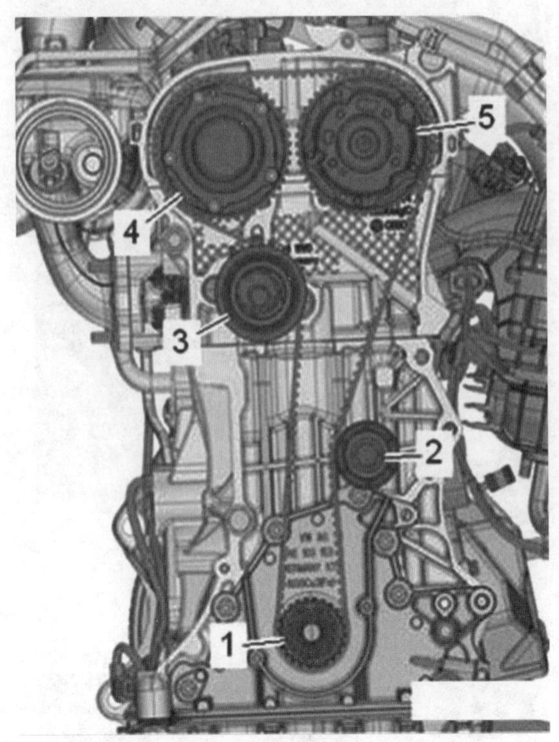

图 4-28

（8）将张紧轮的偏心件（如图 4-29 中 2）用环形扳手 SW30 T10499 向箭头方向转动，直至调节指针（如图 4-29 中 3）位于调节窗右侧约 10 mm。转回偏心件，使调节指针准确位于调节窗内。将偏心件保持在这一位置，然后拧紧螺栓（如图 4-29 中 1），为此使用扳手头 SW13 T10500 和扭矩扳手 VAS 6583。

图 4-29

（9）用 50N·m 的力矩预拧紧螺栓（如图 4-30 中 1、2），为此分别使用顶紧装置 T10172A 及顶紧装置 T10554。

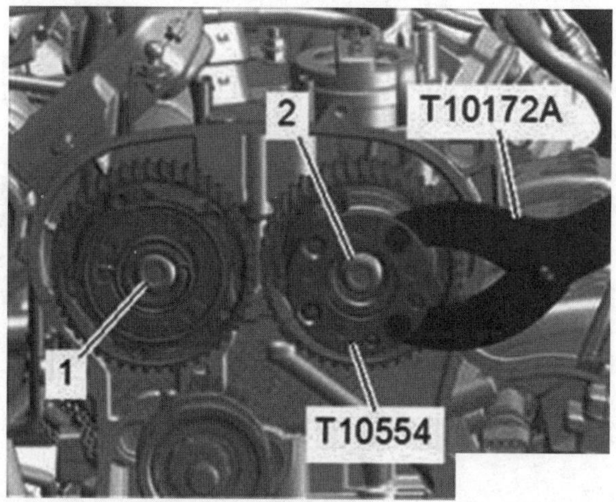

图 4-30

（10）取下曲轴和凸轮轴固定工具。

（11）用扳手 SW21 T40263、适配接头 T40314 和套筒扳手 SW21 将曲轴沿发动机转动方向箭头转动 2 圈。

（12）再次装入曲轴和凸轮轴固定工装，如能轻松装入说明配气正时安装正确。

（13）将凸轮轴正时齿轮以 50N·m+135° 的力矩紧固。注意预紧时力矩为 50N·m，只需再转 135° 即可。

（14）装复其他附件。

二、车型

一汽奥迪 A3 40TFSI（2.0T DBFB），2017—2019 年。

（一）凸轮轴正时链装配

凸轮轴正时链装配一览，如图 4-31。

（二）安装曲轴链轮位置

两面箭头必须相对，如图 4-32。

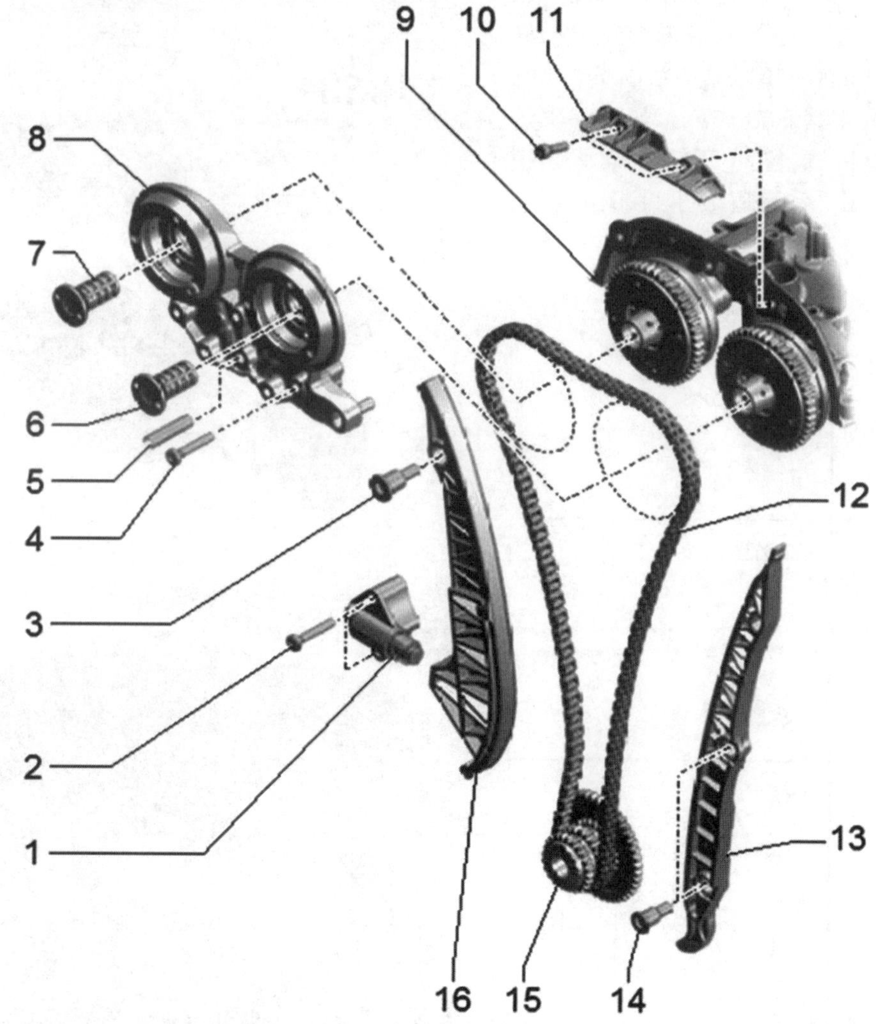

1- 右侧凸轮轴正时链的，处于弹簧压力下。拆卸前用定位工具 T40267 固定　2- 螺栓。拆卸后更换，4N·m +90°　3- 导向销，20N·m　4- 螺栓。拆卸后更换。 5- 张紧套。与紧固螺栓一同拉入气缸盖中　6- 控制阀　7- 控制阀　8- 轴承座　9- 气缸盖罩　10- 螺栓，9N·m　11- 滑轨　12- 凸轮轴正时链　13- 凸轮轴正时链滑轨　14- 导向螺栓，20N·m　15- 曲轴链轮　16. 张紧轨

图 4-31

图 4-32

（三）从凸轮轴上取下凸轮轴正时链

1. 所需要的专用工具和维修设备。

根据制造状态，装配工具 FT10352/3X/FT10352/4T、固定支架 FT10355M、定位销 T40011、装配杆 FT40243T、定位工具 T40267 和凸轮轴固定装置 T40271，如图 4-33。装配工具 FT10567X，如图 4-34。安装工具 T10531 的各部件：定位件 T10531/1、张紧销 T10531/2、旋转工具 T10531/3 和帝肩螺母 T10531/4，如图 4-35。

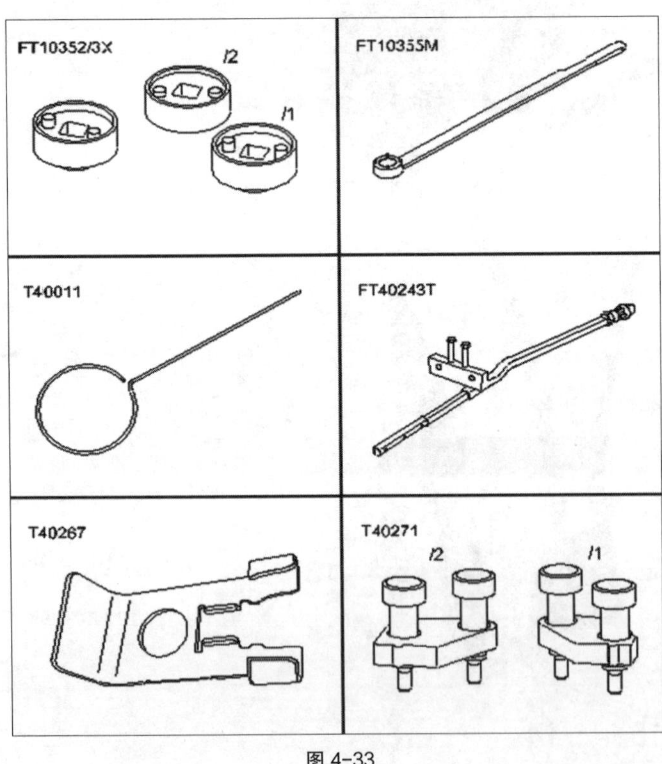

图 4-33

2. 拆卸方法。

（1）提示：控制阀为左旋螺纹。根据制造状态，可能安装了不同的控制阀。使用适当的装配工具（如图 4-36 中 1）。用装配工具 FT10352/3X/FT10352/4T 沿箭头方向拆下左右两侧的控制阀。

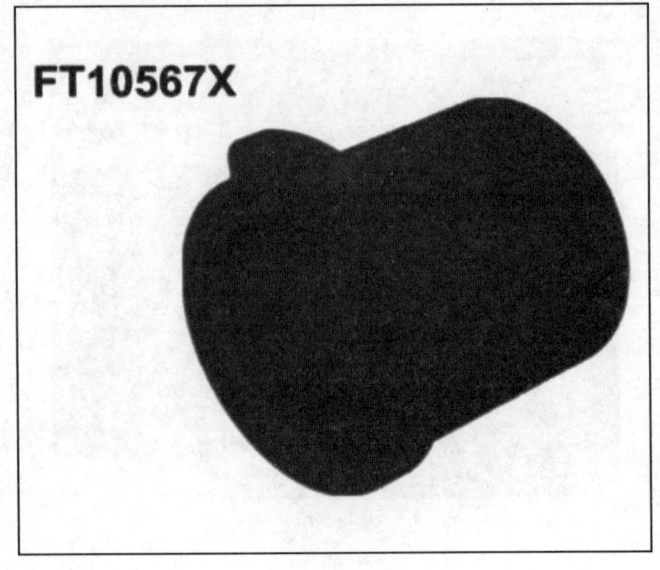

图 4-34

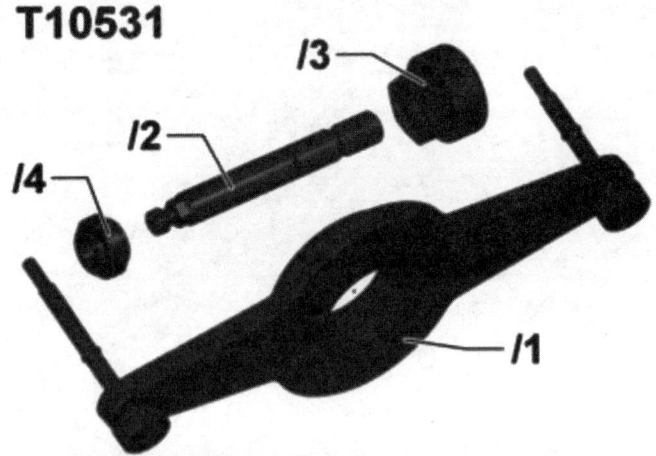

图 4-35

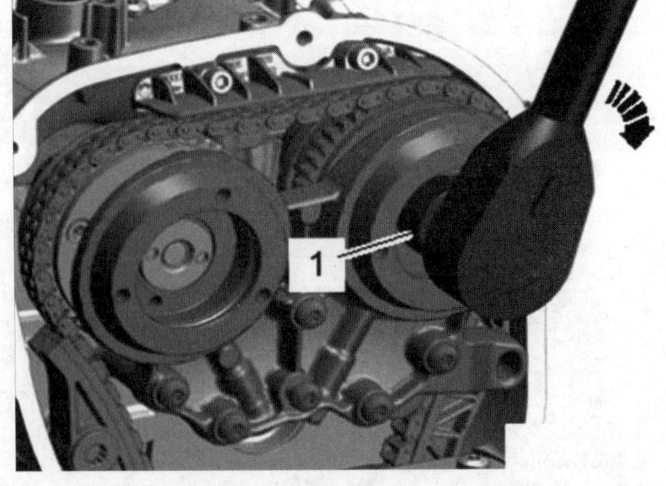

图 4-36

（2）旋出螺栓（如图 4-37 中 1~6），同时小心地拆下轴承座且不得倾斜。

图 4-37

（3）用固定支架 FT10355M 将减震器转入上止点位置，如图 4-38。凸轮轴链轮（在切口后面用圆点标记）的标记（如图 4-38 中 3）必须总是指向上方。减震器（如图 4-38 中 1）上的缺口（如图 4-38 中箭头）和正时链下方盖板上的箭头标记（如图 4-38 中 5）必须相互对着。拆卸正时链下部盖板。

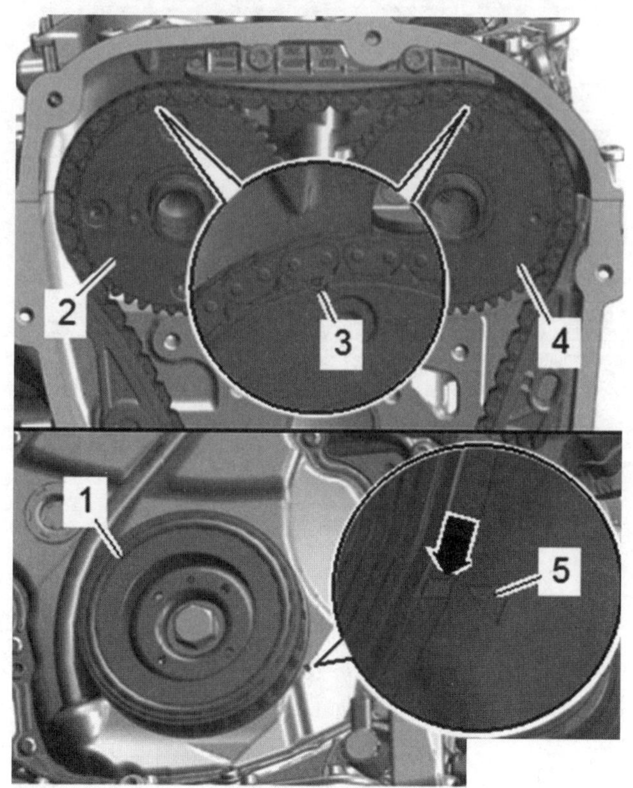

图 4-38

（4）拧出螺栓（如图 4-39 中箭头）。

（5）拧入装配杆 FT40243T（如图 4-40 中箭头）。将链条张紧器的卡环 1 压到一起并固定。将装配杆 FT40243T 缓慢地沿箭头方向按压并固定。

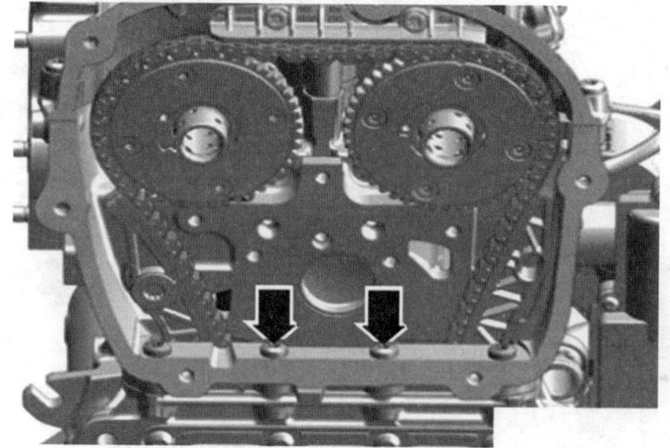

图 4-39

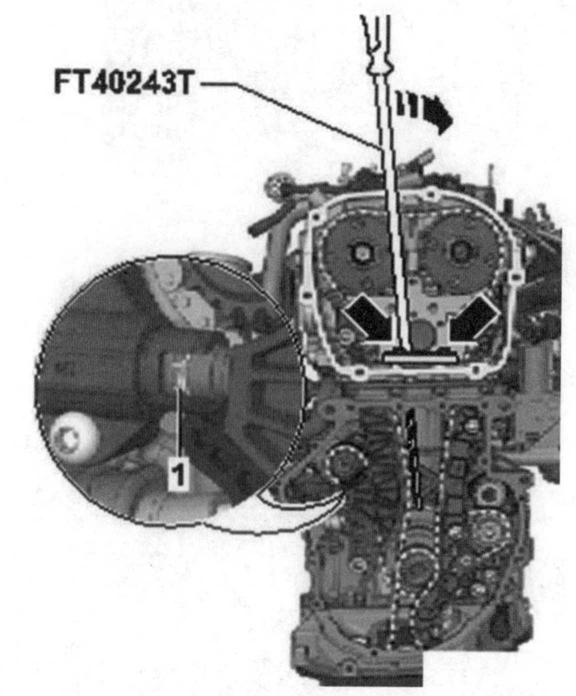

图 4-40

（6）用定位工具 T40267 固定链条张紧器。拆卸装配杆 FT40243T，如图 4-41。

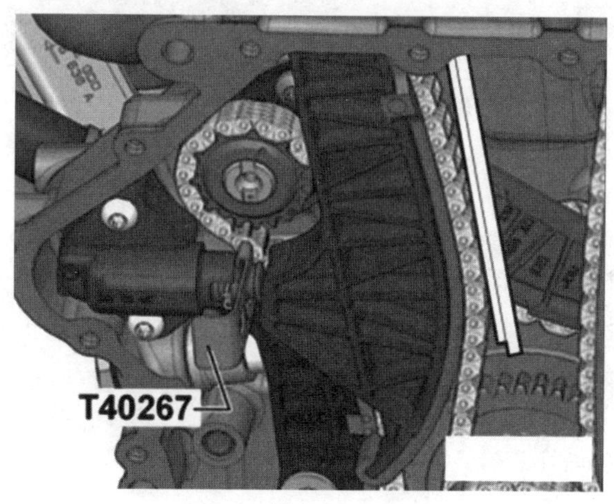

图 4-41

（7）将凸轮轴固定装置 T4027112 的 2 拧到气缸盖上，如图 4-42。沿箭头 A 方向将凸轮轴固定装置推入链轮的啮合齿中。如有必要，将进气凸轮轴用装配工具 FT10567X 的 1 来回轻微沿方向旋转（如图 4-42 中箭头 A）。

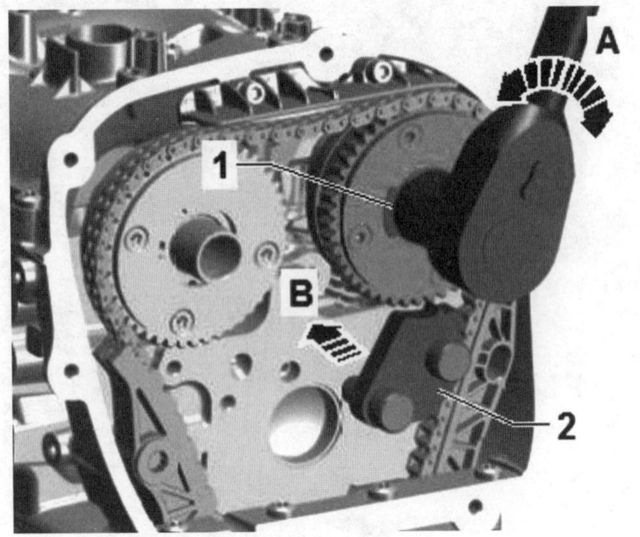

图 4-42

（8）旋出螺栓（如图 4-43 中箭头）并拆下滑轨（如图 4-43 中 1）。

图 4-43

（9）沿箭头方向按压机油泵的链条张紧器张紧卡箍并用定位销 T40011 卡住。拧出螺栓（如图 4-44 中 1）并拆下链条张紧器（如图 4-44 中 2）。将机油泵链条从曲轴链轮上拆下，向前拔出并向下放置在机油泵正时链轮上。

（10）旋出导向销（如图 4-45 中 1）并拆下滑轨（如图 4-45 中 2）。将凸轮轴正时链从凸轮轴齿轮上取下，并向下取出。

图 4-44

图 4-45

3. 安装凸轮轴正时链

（1）前提条件：曲轴处于上止点；曲轴链轮上的 V 形开口指向凸轮轴链轮之间中心的假想垂直线（如图 4-46 中箭头）。曲轴链轮已用夹紧螺栓 T10531/2 卡住。

（2）处于上止点的凸轮轴链轮用凸轮轴固定装置 T40271/1 和 T40271/2 卡住。标记（如图 4-47 中箭头）必须相对。将排气凸轮轴上的标记略微向右错位。另外，用防水笔进行标记（在切口后面用圆点标记）。正时链部分遮盖住齿轮上的标记点，如图 4-48。

图 4-46

图 4-48

(3）将带彩色链节的凸轮轴正时链（如图 4-49 中箭头）挂到凸轮轴销轴上。将凸轮轴正时链放到进气凸轮轴、排气凸轮轴和曲轴链轮上。彩色链节和正时链轮上的标记必须相互对准（如图 4-49 中箭头）。

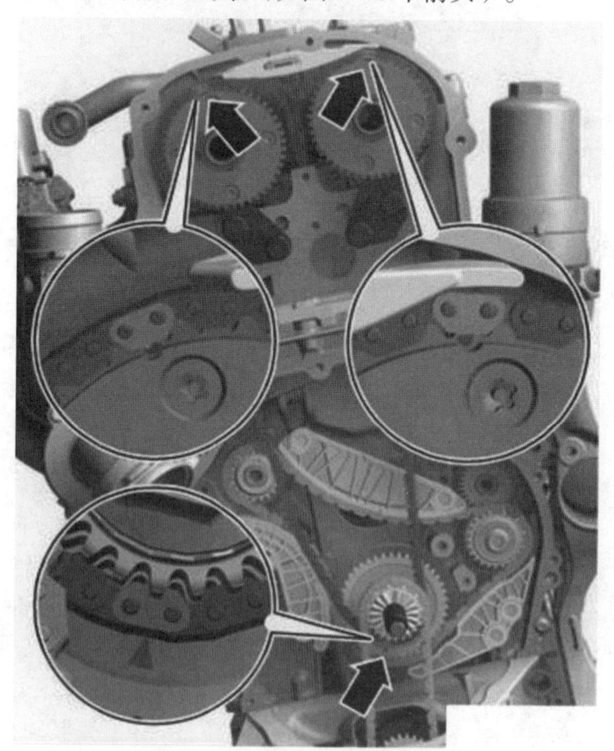
图 4-49

(4）安装滑轨（如图 4-50 中 2）并拧紧导向销（如图 4-50 中 1）。

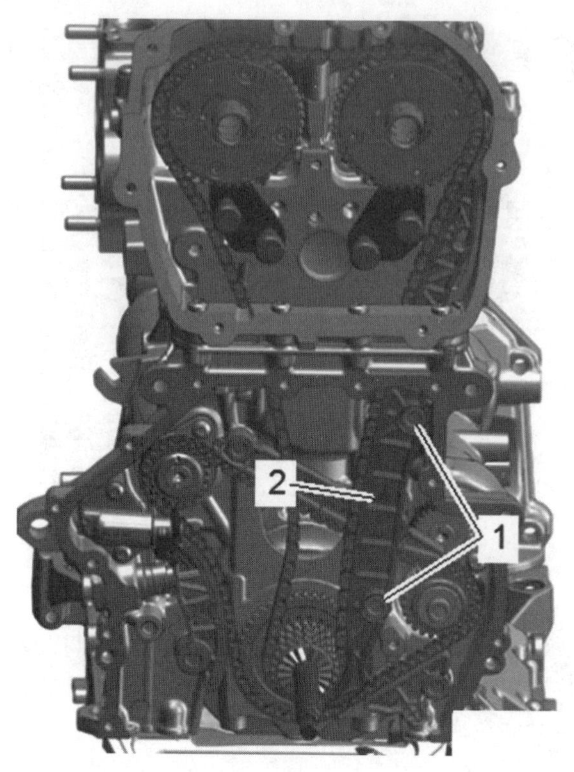

图 4-50

图 4-47

（5）安装滑轨（如图 4-51 中 1），并拧紧螺栓（如图 4-51 中箭头）。

图 4-51

（6）接下来的工作步骤需要有另一位机修工协助。用装配工具 F10567X（如图 4-52 中 4）沿箭头 A 方向降低排气凸轮轴的预应力，将凸轮轴固定装置 T40271/1（如图 4-52 中 5）从链轮的啮合齿中拉出箭头（如图 4-52 中 B）并将凸轮轴置于静止位置。将排气凸轮轴沿箭头（如图 4-52 中 C）方向转动，直到正时链紧贴到滑轨（如图 4-52 中 3）上。将凸轮轴固定在这个位置，拧上张紧轨（如图 4-52 中 2）并拧紧螺栓（如图 4-52 中 1）。提示：若凸轮轴没有固定，在安装好张紧轨之前，正时链可能会跳齿。

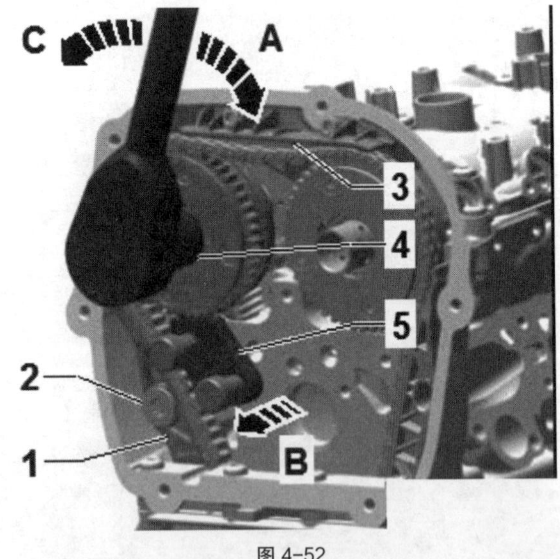

图 4-52

（7）用装配工具 F10567X（如图 4-53 中 1）沿箭头（如图 4-53 中 A）方向降低进气凸轮轴的预应力，将凸轮轴固定装置 T40271/2（如图 4-53 中 2）从链轮的啮合齿中按箭头方向拉出（如图 4-53 中 B）并将凸轮轴置于静止位置。拆卸凸轮轴固定装置 T40271/1 和 T40271/2。

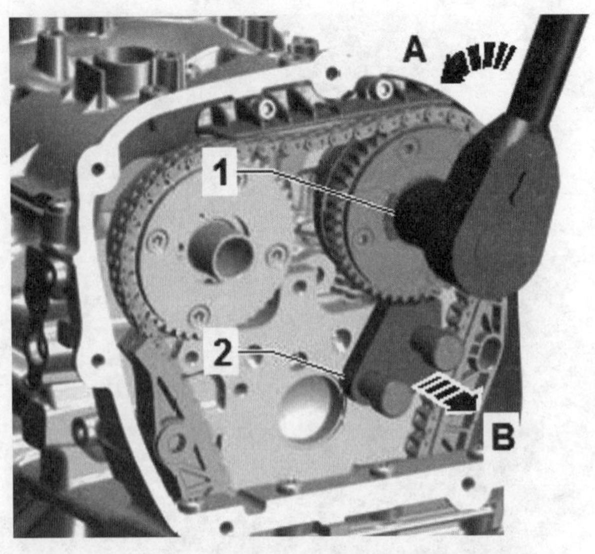

图 4-53

（8）拧入并拧紧螺栓（如图 4-54 中箭头）。

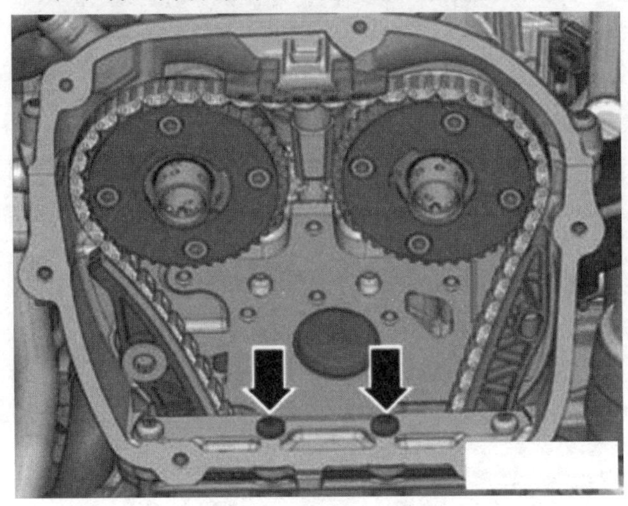

图 4-54

（9）重新使用轴承座之前必须略微回拉张紧套（如图 4-55 中 1）。张紧套必须和轴承座的气缸盖一侧齐平。用发动机机油润滑开孔（如图 4-55 中箭头）。

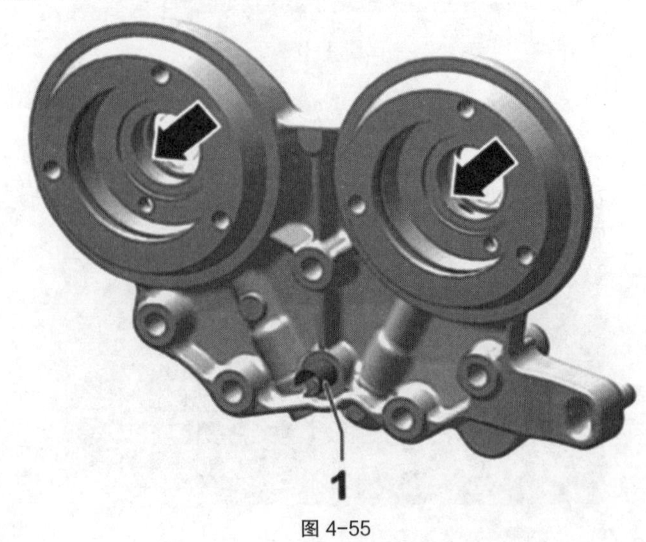

图 4-55

（10）套上轴承座，此时不得倾斜。用手拧入螺栓1~6，如图 4-56。用螺栓将张紧套拧入气缸盖中。

图 4-56

（11）取下定位工具 T40267，如图 4-57 所示。

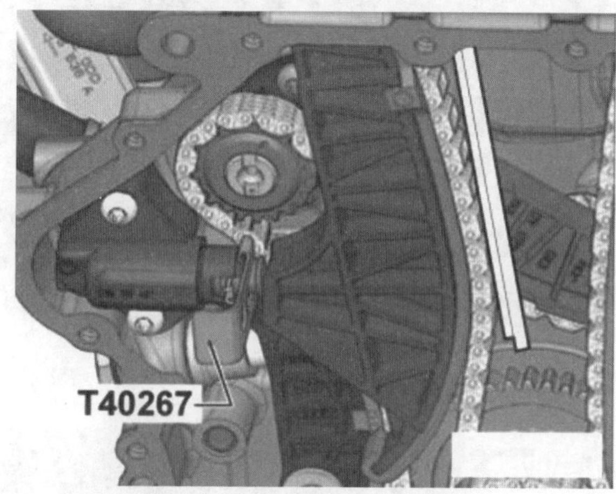

图 4-57

（12）拧紧轴承座上的螺栓。拧紧力矩和拧紧顺序。装上机油泵链条。安装链条张紧器（如图 4-58 中 2）并拧紧导向销（如图 4-58 中 1）。拆下定位销 T40011，钢丝夹必须在开口中（如图 4-58 中箭头）紧贴油底壳上部件。

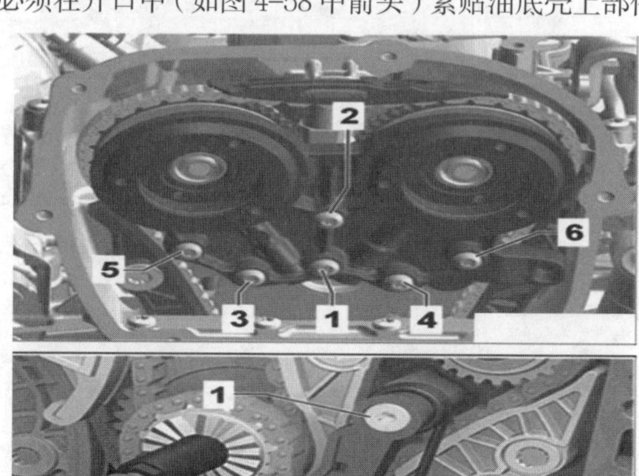

图 4-58

（13）检查设置：彩色链节和正时链轮上的标记必须相互对着（如图 4-59 中箭头）。安装控制阀。

图 4-59

（14）安装旋转工具 T10531/3 和凸肩螺母 T10531/4，如图 4-60。将发动机沿发动机转动方向旋转两次。提示：因为传动比的原因，有色的链节在发动机转动之后不再对齐。

图 4-60

（15）取下旋转工具并安装正时链下部盖板。

（16）安装减震器。

（17）安装正时链上部盖板。

（18）安装多楔带的张紧装置。

（19）安装多楔带。

（20）其他安装以相反顺序进行，安装过程中请注意以下事项：完成对链条传动装置的作业后，必须匹配发动机控制单元中的匹配值。打开点火开关并在车辆诊断测试仪上选择下列菜单项：

发动机控制单元功能；

引导型功能；

维修链条传动装置后进行匹配。

（四）拆卸和安装凸轮轴正时链

1. 拆卸。

（1）拆卸凸轮轴正时链。

前提条件：曲轴处于上止点；曲轴链轮上的 V 形开口指向凸轮轴链轮之间中心的假想垂直线箭头，如图 4-61。曲轴链轮已用夹紧螺栓 T10531/2 卡住。

图 4-61

（2）拧出螺栓（如图 4-62 中 4），取下凸轮拍正时链的链条张紧器。拆卸平衡轴驱动链的链条张紧器（如图 4-62 中 3）。旋出导向销（如图 4-62 中 1 和 5）并拆下张紧轨（如图 4-62 中 2）和滑轨（如图 4-62 中 6）。取下平衡轴驱动链。

2. 安装。

（1）安装以倒序进行，同时要注意以下几点。

前提条件：曲轴处于上止点；曲轴链轮上的 V 形开口指向凸轮轴链轮之间中心的假想垂直线箭头，如图 4-63。曲轴链轮已用夹紧螺栓 T10531/2 卡住。如图 4-64，首先在平衡轴上套上平衡轴驱动链。彩色链节和正时链轮上的标记箭头必须相对。

图 4-62

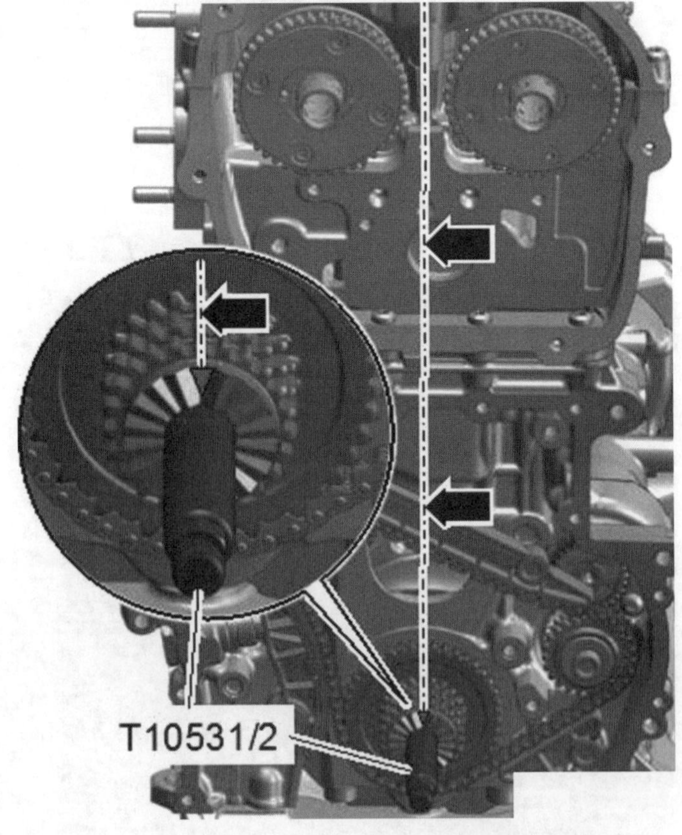

图 4-63

图 4-64

（2）安装滑轨（如图 4-65 中 1），并拧紧导向销（如图 4-65 中箭头）。

图 4-65

（3）如图 4-66，平衡轴驱动链的彩色链节（如图 4-66 中箭头）要和曲轴链轮上的标记位置一致。安装张紧轨（如图 4-66 中 2）并拧紧导向销（如图 4-66 中 1）。

（4）再次检查设置：彩色链节和正时链轮上的标记（如图 4-67 中箭头）必须相对。安装凸轮轴正时链。

（五）检查配气相位

1. 所需要的专用工具和维修设备。

图 4-66

图 4-67

（1）千分表组件，4 部分 VAS6341，如图 4-68。

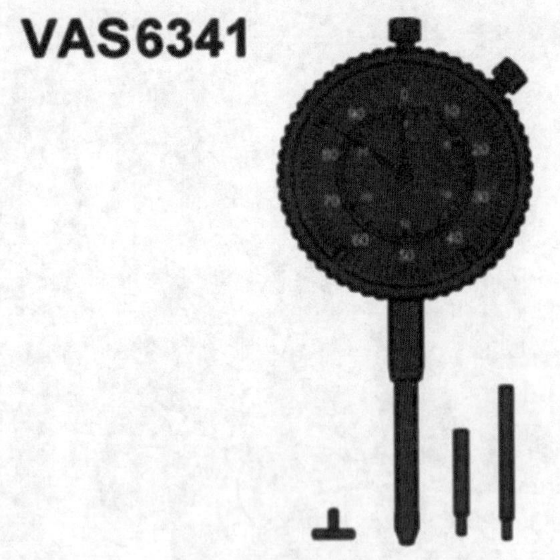

图 4-68

（2）千分表转接头 FT10170AG，如图 4-69。

图 4-69

2. 检查配气相位。

（1）拆卸正时链上部盖板。

（2）用开口宽度为 24 的套筒扳手接头沿发动机运转方向转动减震器上的曲轴，直至标记（如图 4-70 中 1、2）几乎位于上方。拆卸气缸 1 的带功率输出级的点火线圈。

图 4-70

（3）用火花塞扳 F3122 BG 拆卸气缸 1 的火花塞。将千分表转接头 FT10170AG 拧入火花塞螺纹内，直至极限位置。将千分表 VAS6341 用加强件 FT1017DAJ1G 插入到极限位置，用锁紧螺母（如图 4-71 中箭头）固定住。缓慢地沿发动机转动方向旋转曲轴直至指针达到极限。在指针达到极限部位（指针回返点）时，活塞位于上止点。

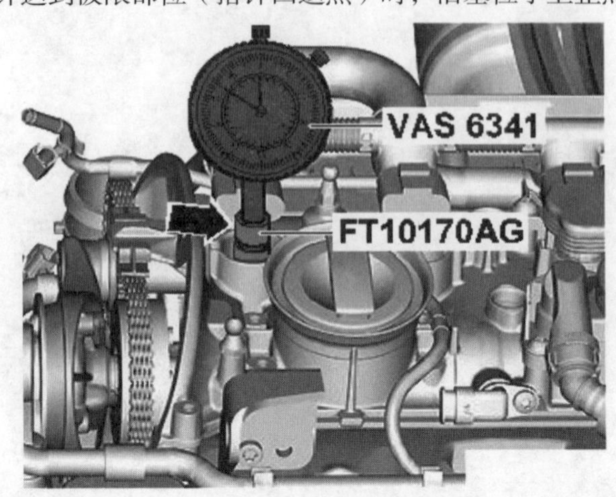

图 4-71

（4）提示：使用棘轮和套筒扳手接头 SW24 转动减震器。如果曲轴转到上止点上，则必须将曲轴再次沿发动机转动方向再次转动 2 圈。请勿逆向转动发动机。排气凸轮轴上的标记（如图 4-72 中 1）稍微向右错位。减震器缺口必须对准正时链下盖板上的标记（如图 4-72 中箭头）。凸轮轴链轮（在切口后面用圆点标记）的标记（如图 4-72 中 1）必须与气缸盖上的标记（如图 4-72 中 2、3）相对。

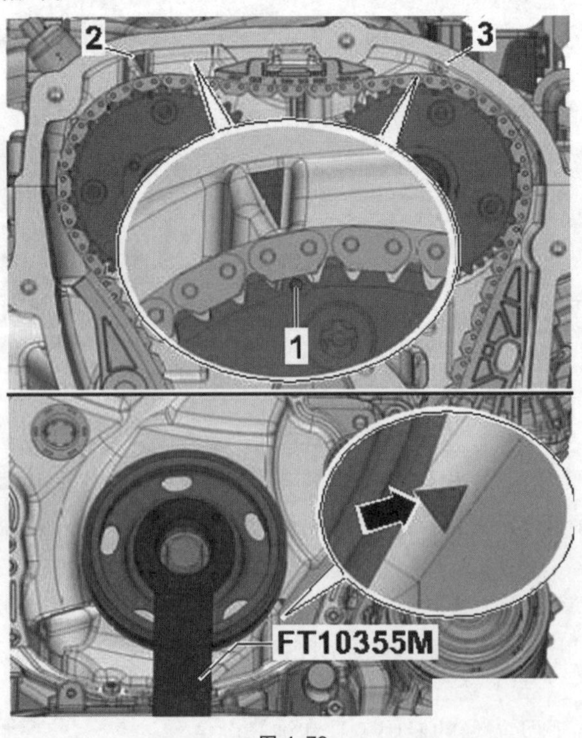

图 4-72

（5）提示：出现故障（如异响）时，如果怀疑原因在于凸轮轴正时链过长，可以如下所述检查正时链。拆卸右前轮罩板或轮罩板前部件。

（6）取下密封塞（如图 4-73 中箭头）。必须要换密封塞。沿发动机转动方向转动减震器，直至链条张紧器活塞沿箭头方向最大限度伸出。数出可见的活塞齿数。

启示：可见齿数是指位于张紧器壳体右侧的（如图 4-73 中箭头）所有的齿。如可见齿数不超过 6，则不可更换正时链。如可见齿数不少于 7，则必须更换正时链。

图 4-73

三、车型

一汽奥迪 A4L 40TFSI（2.0T CWN），2017—2019 年。

一汽奥迪 A4L 45TFSI quattro（2.0T CWP），2017—2019 年。

一汽奥迪 Q5L 40TFSI（2.0T CWN），2018—2019 年。

一汽奥迪 Q5L 45TFSI（2.0T CWP），2018—2019 年。

（一）拆卸和安装凸轮轴正时链

1. 所需要的专用工具和维修设备。

（1）装配工具 T10352，如图 4-74。

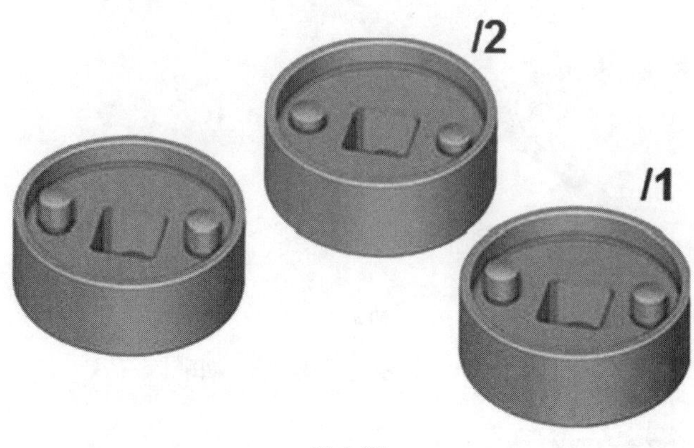

图 4-74

（2）装配工装 T10531，如图 4-75。

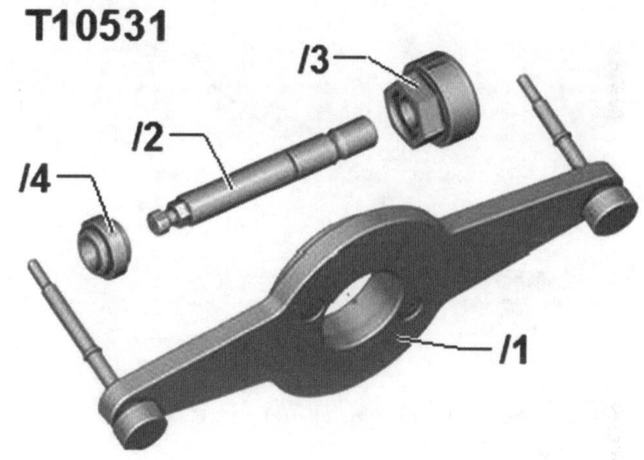

图 4-75

（3）定位销 T40011，如图 4-76。

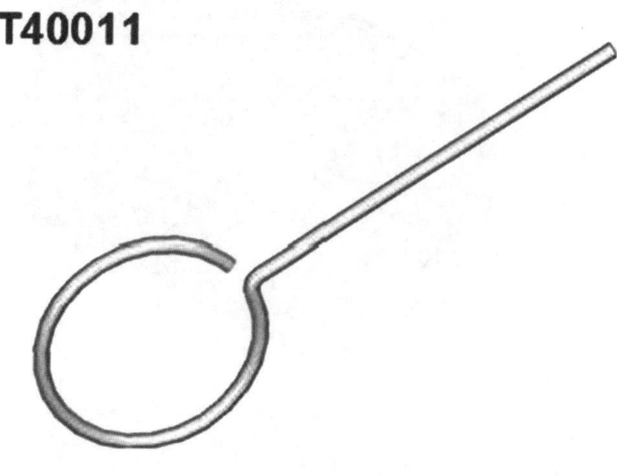

图 4-76

（4）装配杆 T40243，如图 4-77。

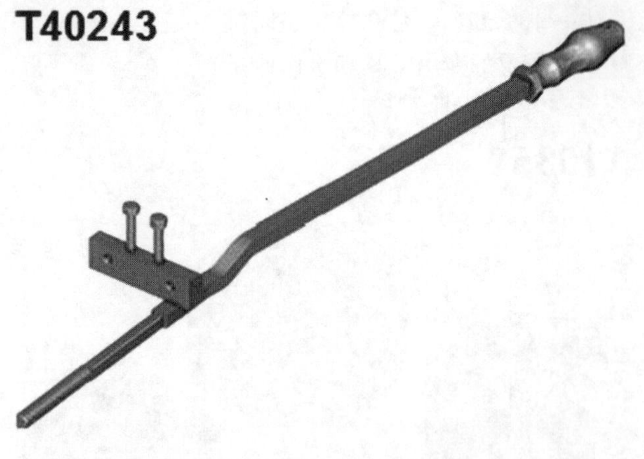

图 4-77

（5）扳手（开口度 21）T40263，如图 4-78。

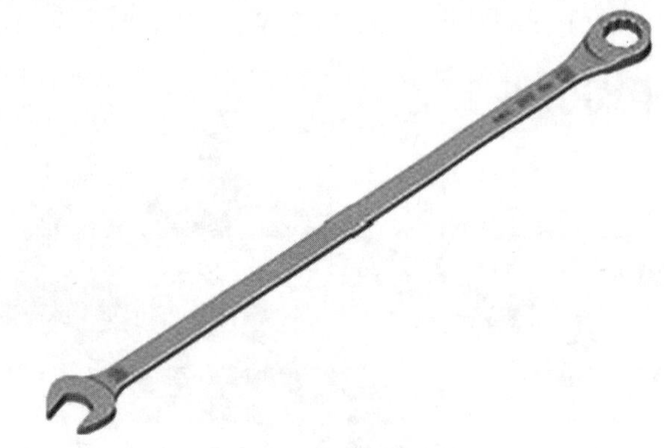

图 4-78

（6）装配工具 T40266，如图 4-79。

图 4-79

（7）装配工具 T10567，如图 4-80。

（8）插入定位工具 T40267，如图 4-81。

T10567

图 4-80

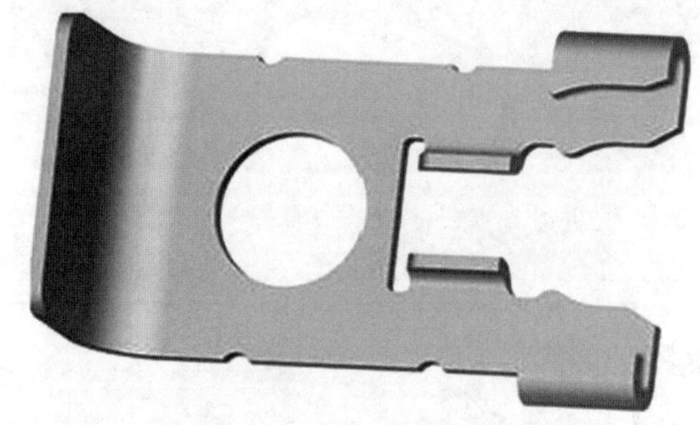

图 4-81

（9）凸轮轴固定装置 T40271，如图 4-82。

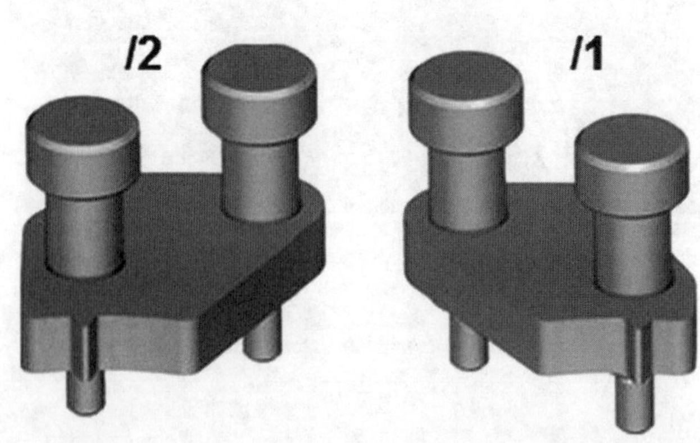

图 4-82

（10）适配器 T40314，如图 4-83。

2. 拆卸。

（1）拆卸正时链上部盖板。当心！螺纹有损坏危险。控制阀有左旋螺纹。

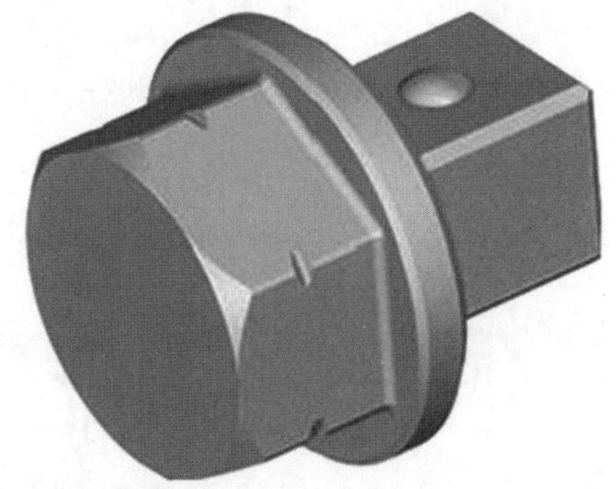

图 4-83

（2）用装配工具（如图 4-84 中 1）沿箭头方向拆卸左侧和右侧控制阀。视控制阀的制造状态而定，使用某个列出的工具：

①装配工具 T10352。

②装配工具 T10352/1。

③装配工具 T10352/2。

④装配工具 T10352/3。

⑤装配工具 T10352/4。

图 4-84

（3）为此，用扳手 SW21 T40263、适配接头 T40314 和套筒扳手 SW24 固定住减震器，如图 4-85。

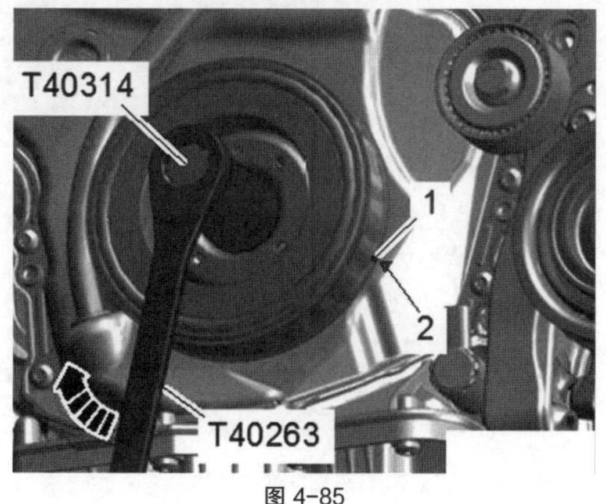

图 4-85

（4）拧出螺栓 1~6，如图 4-86。注意！轴承支架有损坏危险。小心地拔出轴承支架，此时不得歪斜。

图 4-86

（5）取下轴承支架。当心！有因凸轮轴正时链跳链导致损毁的危险。仅沿发动机转动方向箭头转动曲轴，如图 4-87。

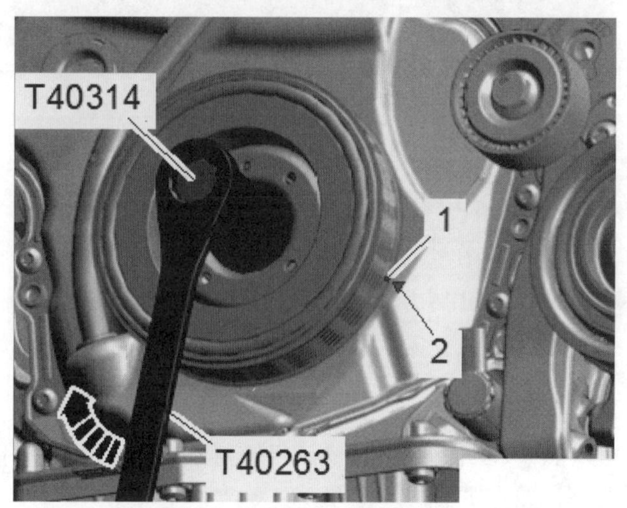

图 4-87

（6）用扳手 SW21 T40263、适配接头 T40314 和套筒扳手 SW24 转动曲轴，直至减震器位于上止点处。

（7）凸轮轴链轮（如图 4-88 中 2）的标记（如图 4-88 中 3 和 4）必须都朝上。减震器（如图 4-88 中 1）上的缺口（如图 4-88 中箭头）和正时链下部盖板上的箭头标记（如图 4-88 中 5）必须彼此对准。

（8）拆卸正时链下部盖板。

（9）再次检查上止点位置。

（10）将张紧弹簧的钢丝夹向箭头方向压，然后用定位销 T40011 锁定。拧出导向销（如图 4-89 中 1），取下链条张紧器（如图 4-89 中 2）。

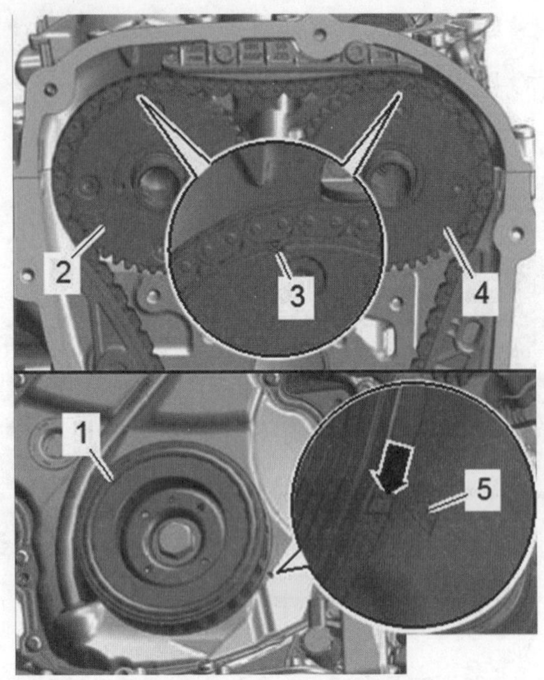

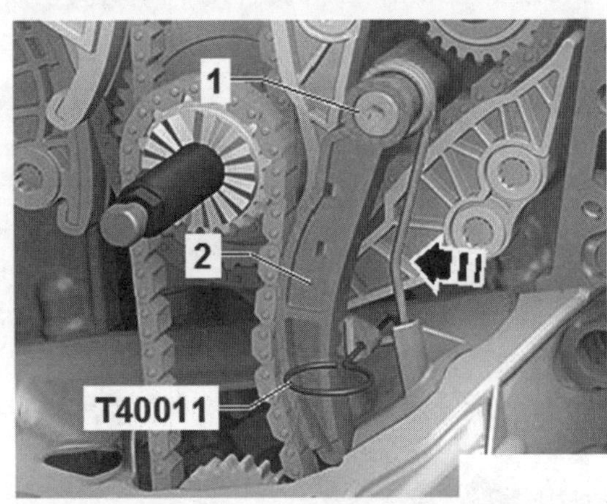

图 4-88

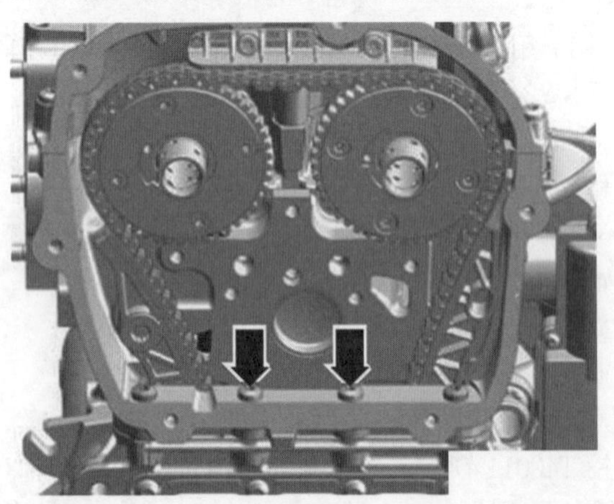

图 4-89

（11）将机油泵链条从三级链轮上取下，向前拔下并将下部放在机油泵链轮上。

（12）拧出螺栓（如图 4-90 中箭头）。

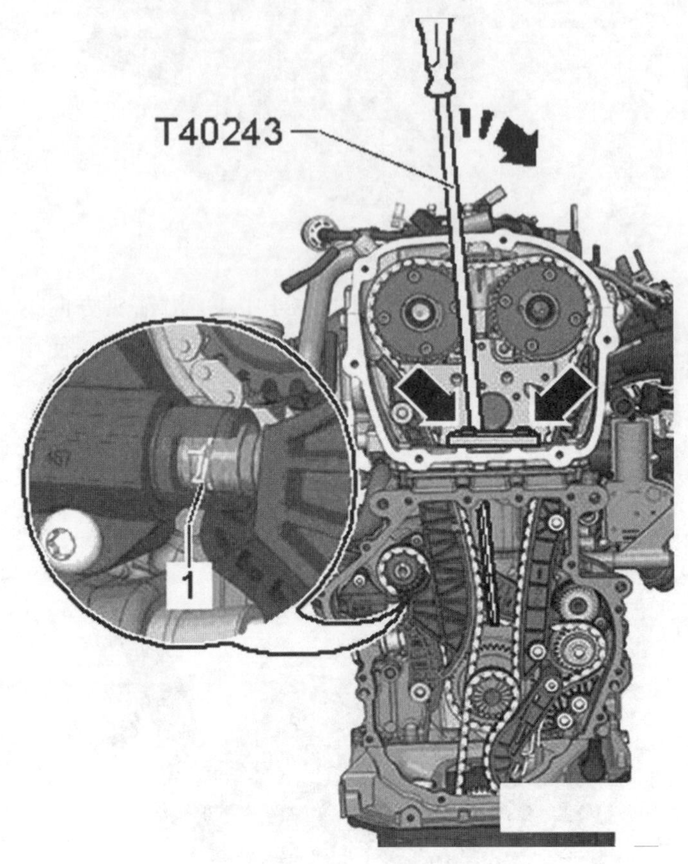
图 4-90

（13）将装配杆 T40243 拧到气缸盖上下部箭头，如图 4-91。链条张紧器的卡环（如图 4-91 中 1）压到一起并固定。装配杆 T40243 沿箭头方向缓慢地按压并固定。这样可以把链条张紧器往回推。提示：链条张紧器以油减震，因此必须缓慢地均匀用力往回推。

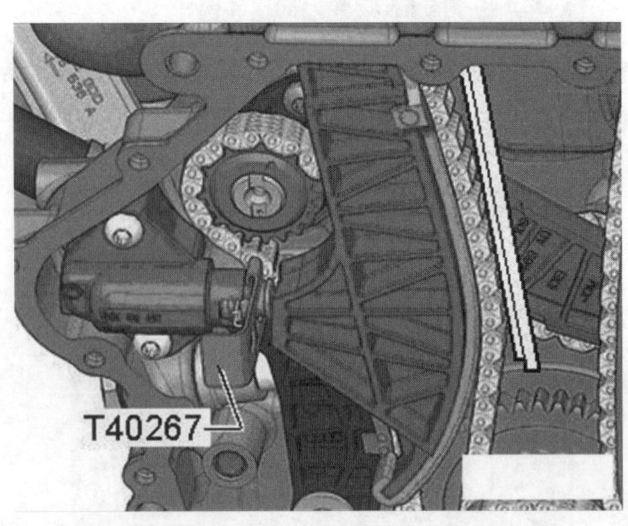

图 4-91

（14）用插入定位工具 T40267 锁定链条张紧器，如图 4-92。

图 4-92

（15）拆卸装配杆 T40243。

（16）将凸轮轴固定装置 T40271/2 拧到气缸盖上，如图 4-93。将凸轮轴固定装置推入链轮的花键内（如图 4-93 中箭头 B）。必要时为此用装配工具 T40266 或装配工具 T10567 略微来回转动进气凸轮轴（如图 4-93 中箭头 A）。

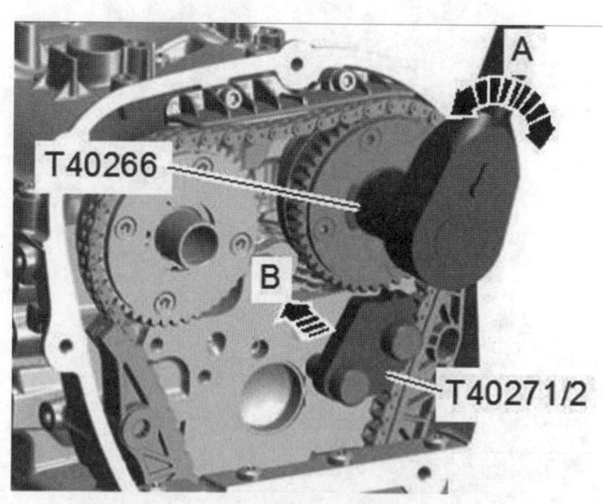

图 4-93

（17）将凸轮轴固定装置 T40271/1 拧到气缸盖上。提示：接下来的工作步骤需要有另一位机工协助。用装配工具 T40266 或装配工具 T10567 固定住排气凸轮轴。拧出导向销(如图 4-94 中 1)，向下取出张紧轨(如图 4-94 中 2)。沿顺时针继续转动排气凸轮轴（如图 4-94 中箭头 A），直至凸轮轴固定装置 T40271/1 能够推入链轮花键内（如图 4-94 中箭头 B）。

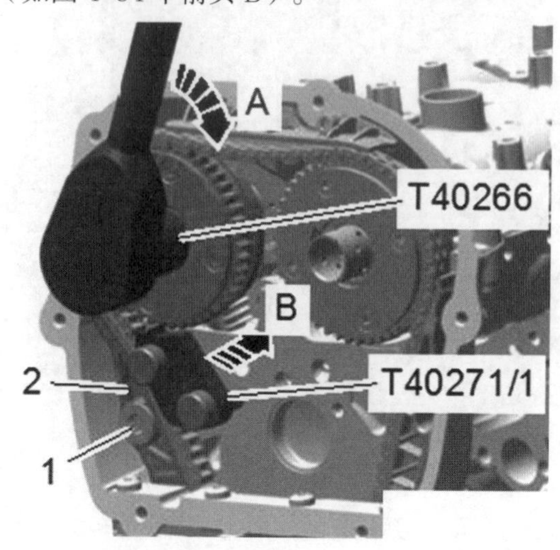

图 4-94

（18）拧出螺栓（如图 4-95 中箭头），取下滑轨（如图 4-95 中 1）。

（19）拧出导向销（如图 4-96 中 1），取下滑轨（如图 4-96 中 2）。

（20）将凸轮轴正时链从凸轮轴齿轮上取下，然后向下取出。当心！气门和活塞头有损坏的危险。如果凸轮轴正时链已拆卸，则不允许再转动曲轴。

图 4-95

图 4-96

3. 安装。

（1）前提：曲轴位于上止点；三级链轮上的 V 形开口在虚拟的垂直线（如图 4-97 中箭头）上居中位于凸轮轴链轮之间。三级链轮已用夹紧螺栓 T10531/2 锁定。

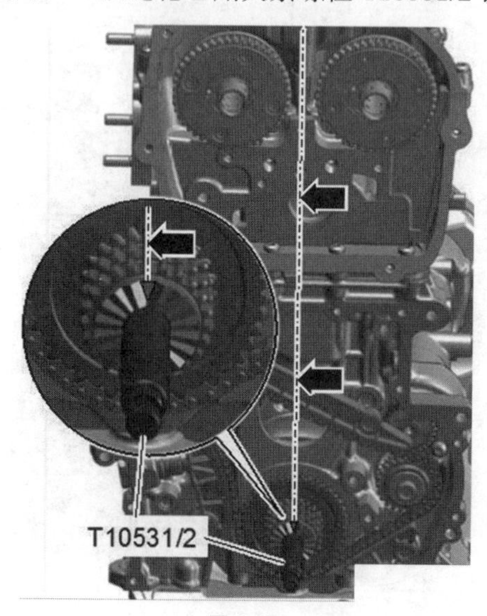

图 4-97

（2）凸轮轴链轮已用凸轮轴固定装置 T40271/1 和 T40271/2 锁定在上止点。标记箭头必须相对，如图 4-98。

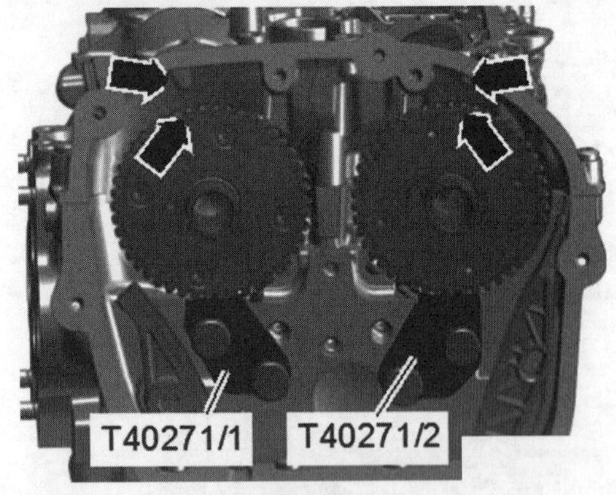

图 4-98

（3）如图 4-99，将凸轮轴正时链通过彩色链节（如图 4-99 中箭头）挂在凸轮轴轴颈上。

图 4-99

（4）将凸轮轴正时链放到进气凸轮轴、排气凸轮轴和三级链轮上。彩色链节必须对准链轮上的标记（如图 4-100 中箭头）。

图 4-100

（5）装入滑轨（如图 4-101 中 2），拧紧导向销（如图 4-101 中 1）。

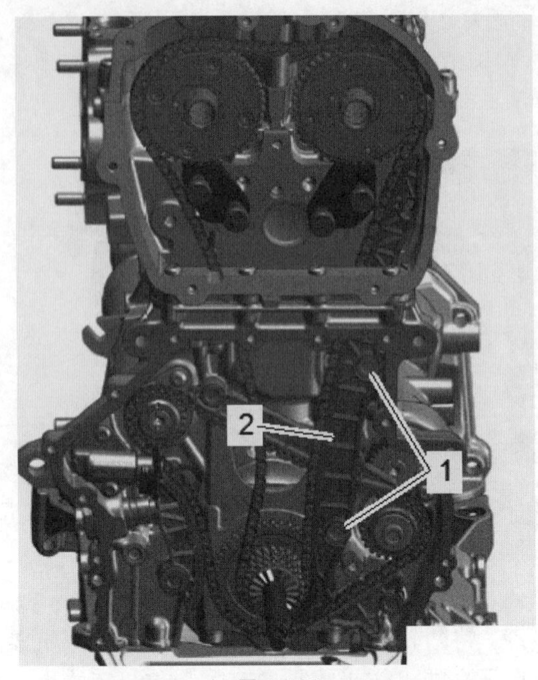

图 4-101

（6）装上滑轨（如图 4-102 中 1），并拧紧螺栓（如图 4-102 中箭头）。

图 4-102

（7）提示：接下来的工作步骤需要有另一位机工协助。用装配工具 T40266 或装配工具 T10567 向箭头方向 A 降低排气凸轮轴的预紧，然后将凸轮轴固定装置 T40271/1 从链轮啮合齿中拉出（如图 4-103 中箭头 B）。沿箭头方向 C 拧出排气凸轮轴，直至正时链紧贴滑轨（如图 4-103 中 3）。将凸轮轴固定在这个位置，装入张紧轨（如图 4-103 中 1）并拧紧导向销（如图 4-103 中 2）。拆卸凸轮轴固定装置 T40271/1。

（8）用装配工具 T40266 或装配工具 T10567 向

箭头方向 A 降低进气凸轮轴的预紧，将凸轮轴固定装置 T40271/2 从链轮啮合齿中拉出（如图 4-104 中箭头 B），然后将凸轮轴置于静止位置。拆卸凸轮轴固定装置 T40271/2。

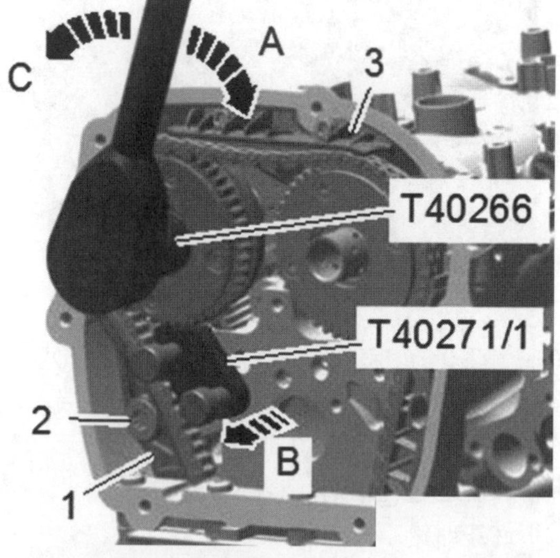

图 4-103

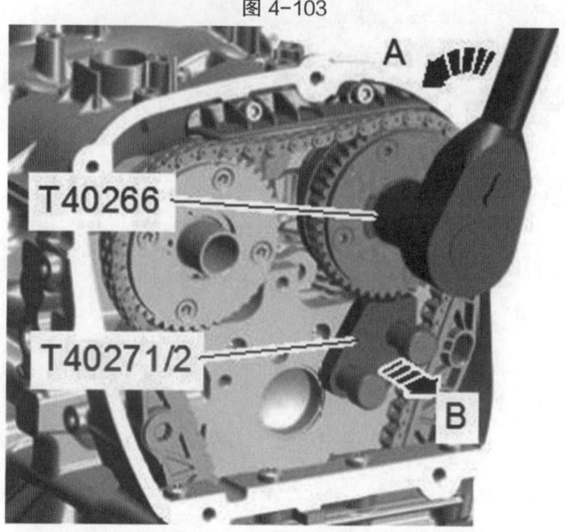

图 4-104

（9）拧入并拧紧螺栓（如图 4-105 中箭头）。

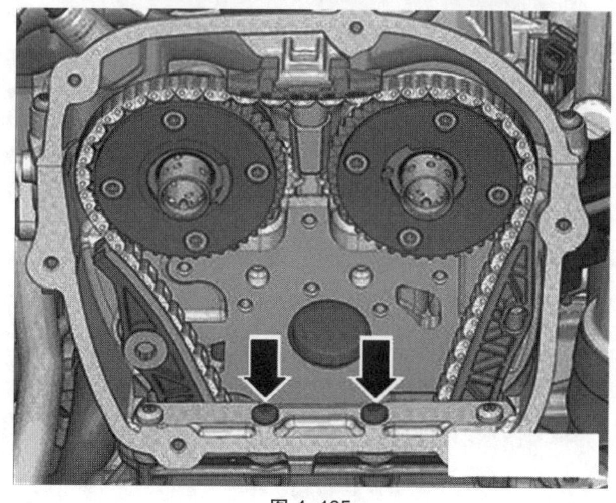

图 4-105

（10）用发动机机油浸润孔（如图 4-106 中箭头）。检查夹紧套（如图 4-106 中 1）是否已插入。注意！轴承支架有损坏危险。小心地套上轴承支架，此时不得歪斜。

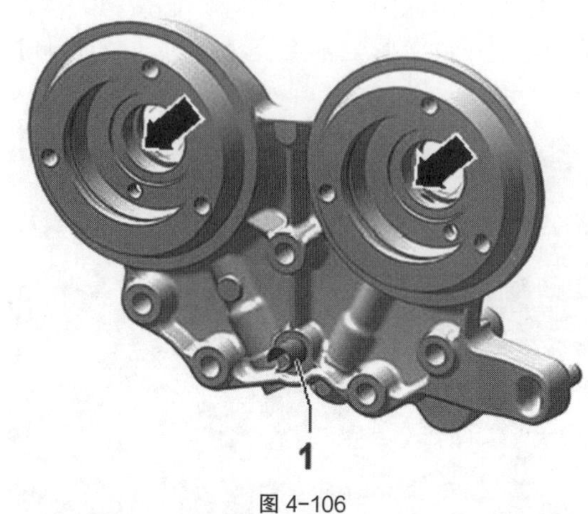

图 4-106

（11）插上轴承支架，用手拧入螺栓 1 ~ 6 拧紧，如图 4-107。

图 4-107

（12）拆除插入定位工具 T40267，如图 4-108。

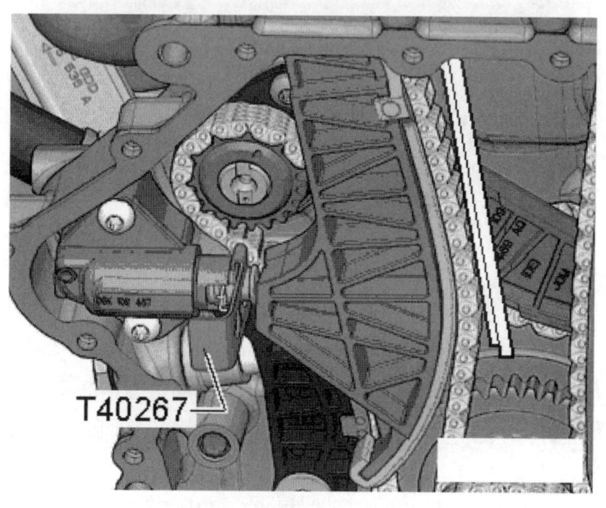

图 4-108

（13）拧紧用于轴承支架的螺栓。

（14）装上机油泵链条。

（15）装入链条张紧器（如图 4-109 中 2），拧紧导向销（如图 4-109 中 1）。拆下定位销 T40011，此时钢丝夹必须在开口中紧贴油底壳上部件（如图 4-109 中箭头）。

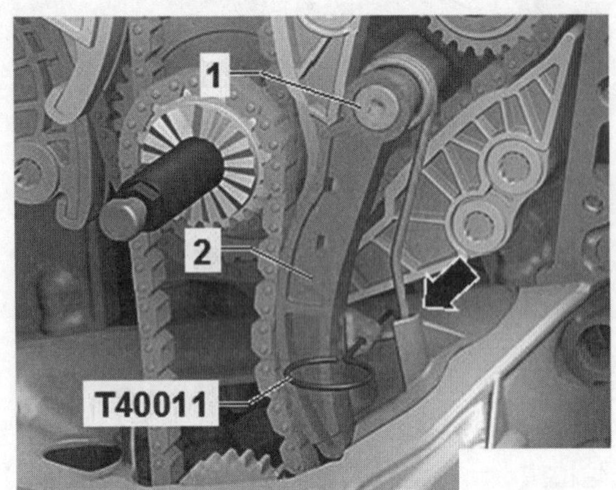

图 4-109

（16）检查调整情况：彩色链节必须对准链轮上的标记（如图 4-110 中箭头）。安装控制阀。

图 4-110

（17）当心！有因凸轮轴正时链跳链导致损毁的危险。只按发动机转动方向（顺时针）旋转曲轴。在气门机构上进行操作后，气门和活塞头有损坏的危险。为了确保气门在启动时正常入位，将发动机小心地旋转至少 2 圈。

（18）安装带肩螺母 T10531/4 和旋转工具 T10531/3，如图 4-111。

图 4-111

（19）将发动机沿发动机转动方向旋转两次。提示：因为传动比的原因，有色的链节在发动机转动之后不再对齐。

（20）拧下带肩螺母并取下旋转工具。后续安装以倒序进行，安装过程中请注意以下事项。

①拆卸正时链下部盖板。

②安装正时链上部盖板。

③如果曾在链传动机构上进行过操作，则执行在引导功能“01- 发动机机械机构功能”中列出的匹配→车辆诊断测试器。

（二）检测配气相位

1. 所需要的专用工具和维修设备。

（1）火花塞扳手 3122B，如图 4-112。

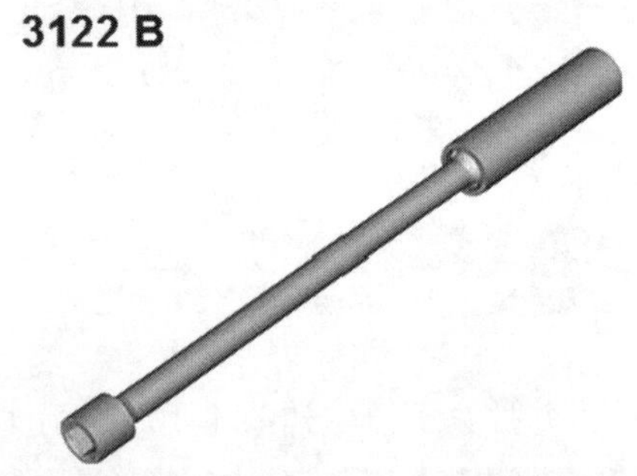

图 4-112

（2）千分表组件，4 部分 VAS6341，如图 4-113。

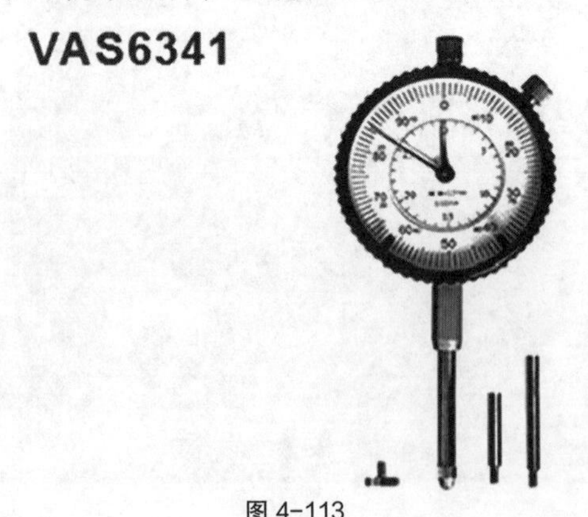

图 4-113

（3）千分表适配接头 T10170A，如图 4-114。

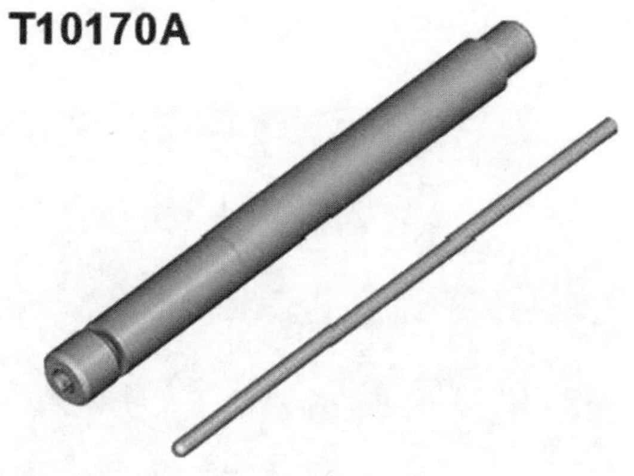

图 4-114

（4）扳手 SW21 T40263，如图 4-115。

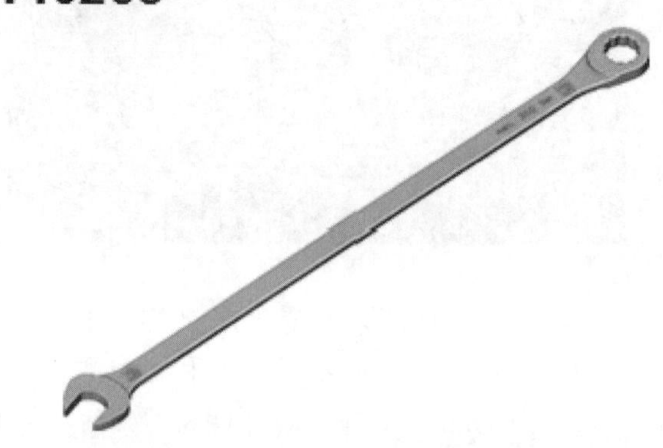

图 4-115

（5）适配器 T40314，如图 4-116 所示。

T40314

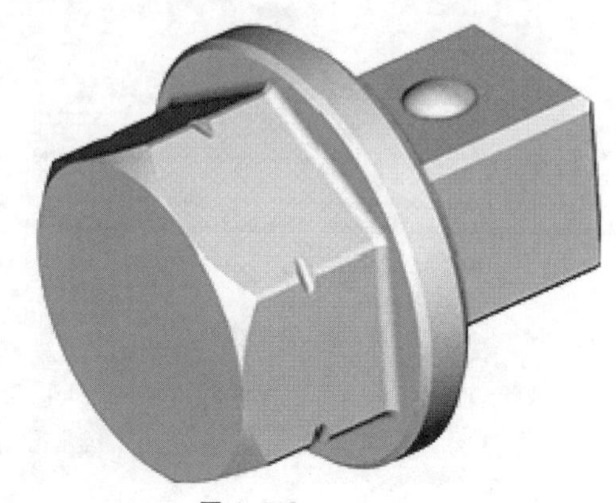

图 4-116

2. 工作步骤。

（1）拆卸正时链上部盖板。

（2）拆卸前部隔音垫用扳手 SW21 T40263、适配接头 T40314 和套筒扳手 SW24 通过减震器沿发动机运转方向转动曲轴，直到标记（如图 4-117 中箭头）几乎在上部。

（4）用火花塞扳手 3122B 拆下气缸 1 的火花塞，如图 4-118。

图 4-117

图 4-118

（5）将千分表适配接头 T10170 A 拧入火花塞螺纹内，直至极限位置。将千分表组件，4 件式 VAS6341 中的千分表和加长件 T10170A/1 插入到极限位置，用锁紧螺母（如图 4-119 中箭头）固定住。缓慢地沿发动机运转方向旋转曲轴，直至指针达到极限。在指针达到极限部位（指针回返点）时，活塞位于上止点。提示：如果曲轴转到上止点上，则必须将曲轴沿发动机运转方向再次转动 2 圈。请勿逆发动机运转方向转动发动机。在安放到减震器上时，比后续图示的顶紧装置 T10355 更好的是使用由扳手 SW21 T40263、适配接头 T40314 和套筒扳手 SW24 构成的组合。

（6）气缸盖罩上带标记。减震器缺口必须对准正时链下盖板上的标记（如图 4-120 中箭头）。凸轮轴链轮的标记（如图 4-120 中 1）必须对准气缸盖上的标记（如图 4-120 中 2、3）。

（7）气缸盖罩上不带标记。减震器上的缺口和正时链下方盖板上的标记必须相互对着（如图 4-121 中箭头）。凸轮轴链轮的标记（如图 4-121 中 1）必须指向上。

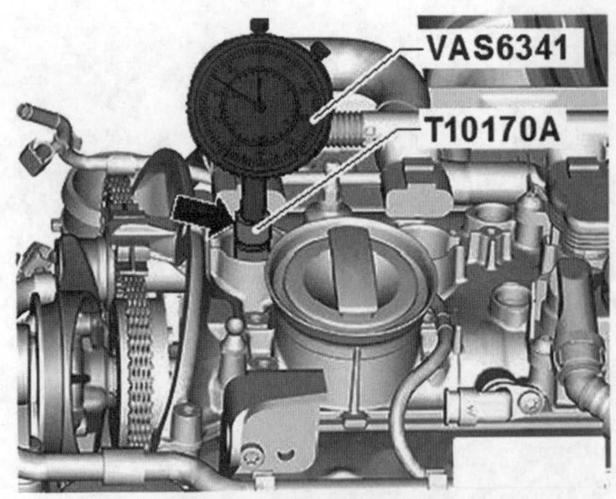

图 4-119

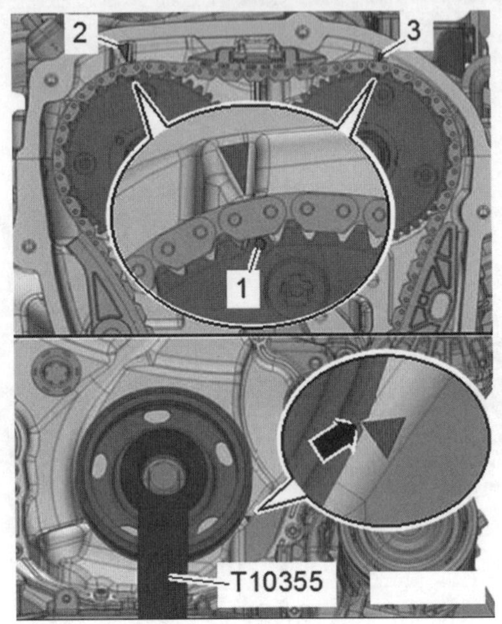

图 4-120

图 4-121

（8）测量从棱边（如图 4-122 中 1）到排气凸轮轴链轮上的标记（如图 4-122 中 2）的距离。标准值：74~77mm。

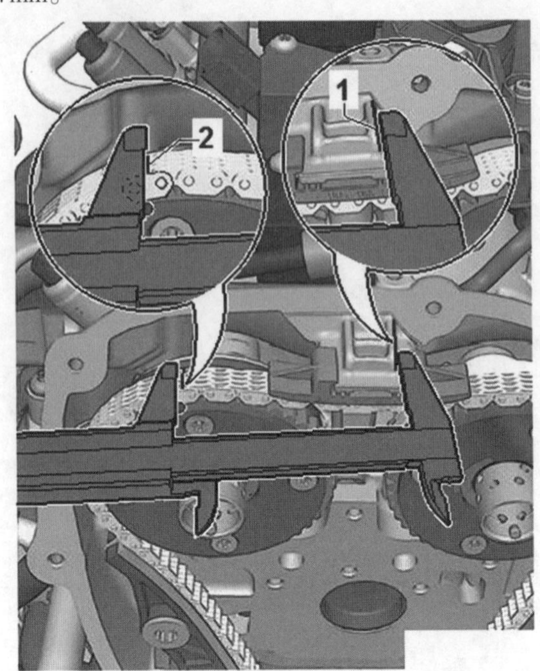

图 4-122

（9）如果已达到标准值，那么测量排气凸轮轴链轮上的标记（如图 4-123 中 3）和进气凸轮轴链轮上的标记（如图 4-123 中 4）之间的距离。标准值：124~127mm。提示：一个齿的偏差意味着和标准值偏差约 6mm。如果确认有偏差，那么必须重新铺放正时链。

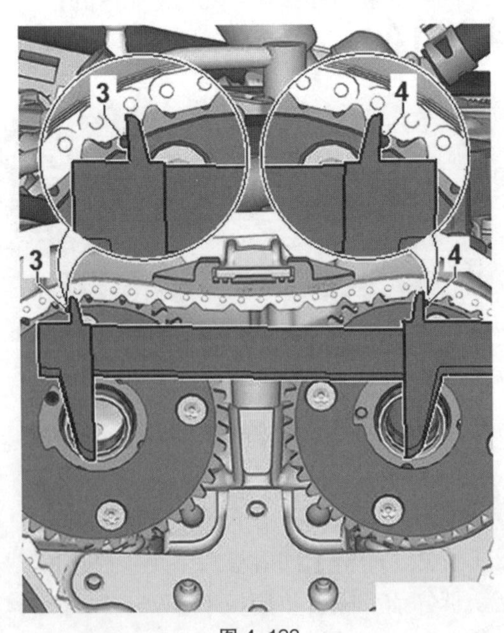

图 4-123

（三）拆卸气缸盖正时链条

1. 所需专用工具。

（1）扭力扳手，如图 4-124。

V.A.G 1331

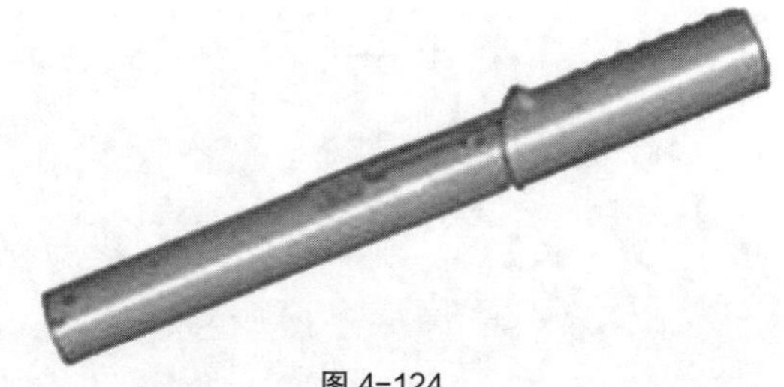

图 4-124

（2）扭力扳手，如图 4-125。

VAS 6583

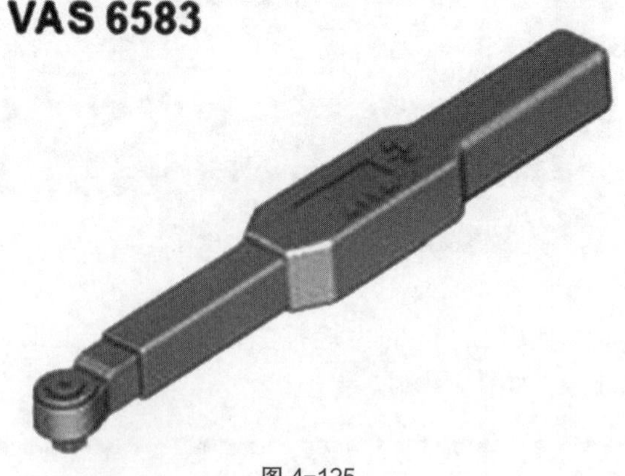

图 4-125

（3）定位销，如图 4-126。

T03006

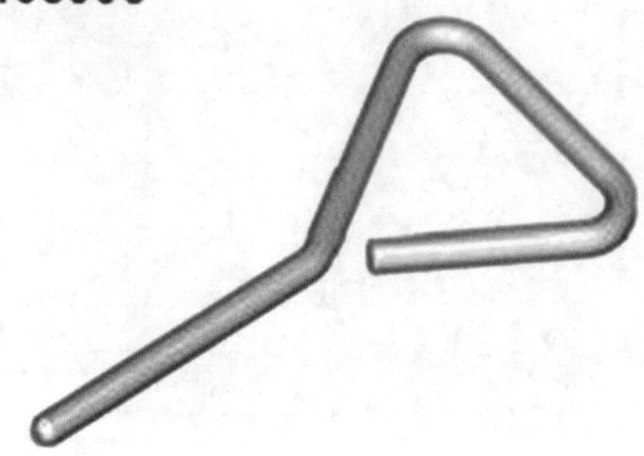

图 4-126

（4）曲轴固定螺栓，如图 4-127。

T40069

图 4-127

（5）开口扳手，如图 4-128。

T40263

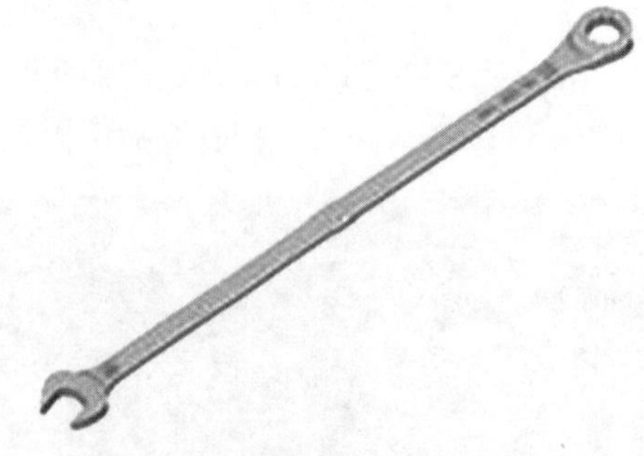

图 4-128

（6）凸轮轴固定装置，如图 4-129。

T40264

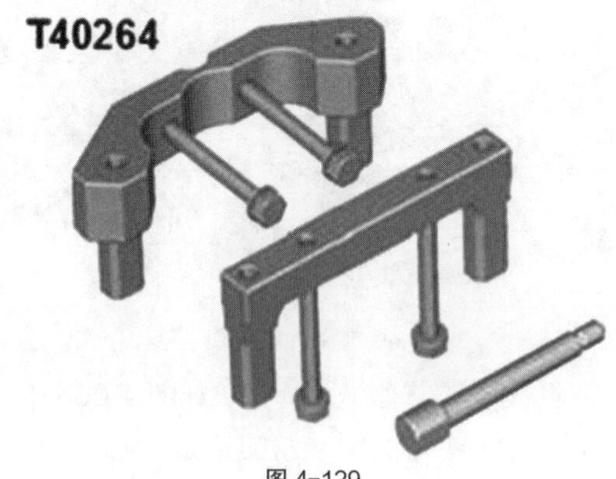

图 4-129

（7）适配接头，如图 4-130。

T40314

图 4-130

（8）凸轮轴固定装置，如图 4-131。

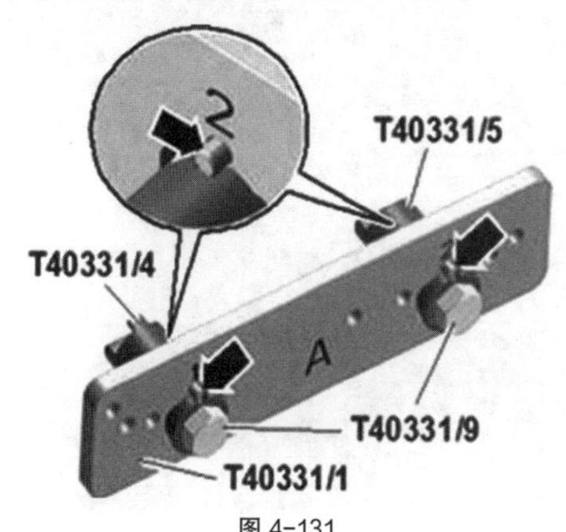

图 4-131

2. 拆卸右侧气缸盖正时链条。

（1）拆下右侧正时链条上部盖板。

（2）拆下上部空气导流管。

（3）用扳手 SW21 T40263 和适配器 T40314 转动曲轴（如图 4-132 中箭头），直到减震器位于上止点。

图 4-132

（4）凸轮轴调节器上的标记（如图 4-133 中 1 或 2）必须对准凸轮轴外壳上所涉及的铸造凸耳（如图 4-133 中箭头）。必要时继续转动曲轴一圈。

图 4-133

（5）拧出螺栓（如图 4-134 中箭头），取下密封塞（如图 4-134 中 1、2）。

图 4-134

（6）以 9N·m 的力矩拧紧凸轮轴外壳上的适配器 T40331/2，如图 4-135。

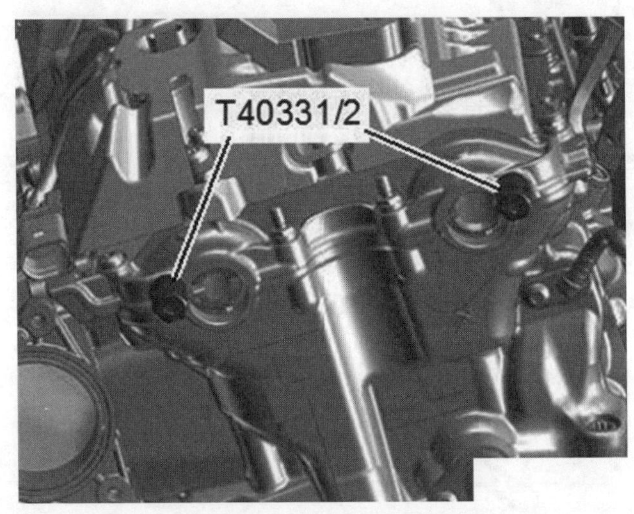

图 4-135

（7）凸轮轴固定装置 T40331/1 必须很容易插入。不允许通过冲击工具插入凸轮轴固定装置。将准备的凸轮轴固定装置 T40331/1 插入凸轮轴，直至限位位置。必要时，略微转动曲轴。如图 4-136，凸轮轴固定装置 T40331/4 卡入进气凸轮轴上的平端（如图 4-136 中 1）。如图 4-136，凸轮轴固定装置 T40331/5 卡入排气凸轮轴上非对称布置的上部凹槽（如图 4-136 中 2）中。用 9N·m 的力矩拧紧螺栓（如图 4-136 中箭头）。

（8）顶紧装置 T90001 只能在一个位置插入，为此缺口（如图 4-137 中 1）和凸轮轴调节器上的标记（如图 4-137 中 2）必须对齐。

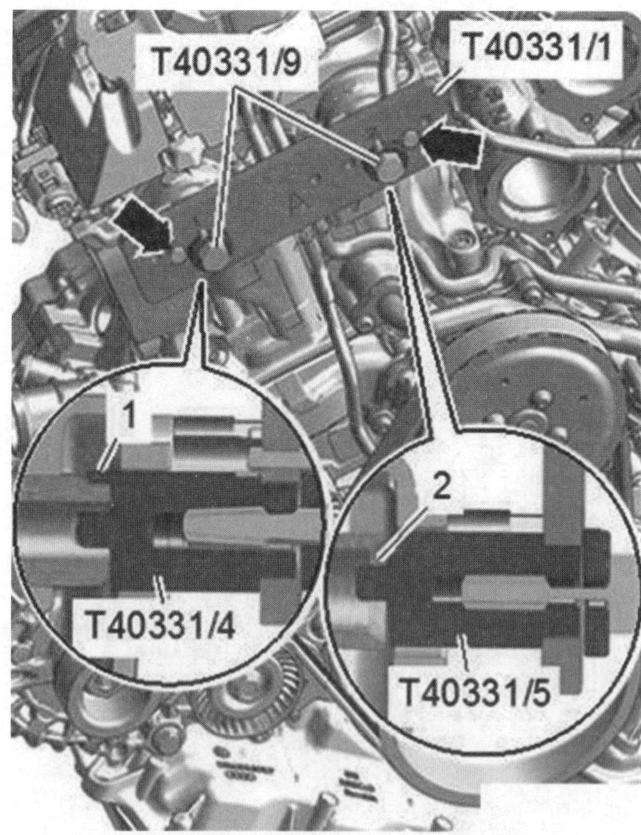

图 4-136

图 4-137

（9）为顶住所涉及的凸轮轴调节器，安放套筒头 VAS 261 001 和顶紧装置 T90001，然后将控制阀（如图 4-138 中 1）通过套筒头 E24 T90000 松开。松开凸轮轴调节器控制阀时，绝不允许将凸轮轴固定装置 T40331 作为顶紧装置使用。用颜色标记凸轮轴调节器和凸轮轴的对应关系。

（10）减震器上的缺口（如图 4-139 中 1）与皮带盘侧密封法兰上的铸造凸耳（如图 4-139 中 2）齐平。

图 4-138

图 4-139

（11）发动机安装在车辆上拆卸时的工作流程：用手将凸轮轴固定装置 T40264/3 通过减震器中的孔拧入皮带盘侧密封法兰中至紧贴，如图 4-140。如果需要，略微来回转动曲轴使固定螺栓完全居中。

图 4-140

（12）发动机已拆下的工作流程：以 20N·m 的力矩把固定螺栓 T40069 拧入孔内，如图 4-141。必要时，略微来回转动曲轴。

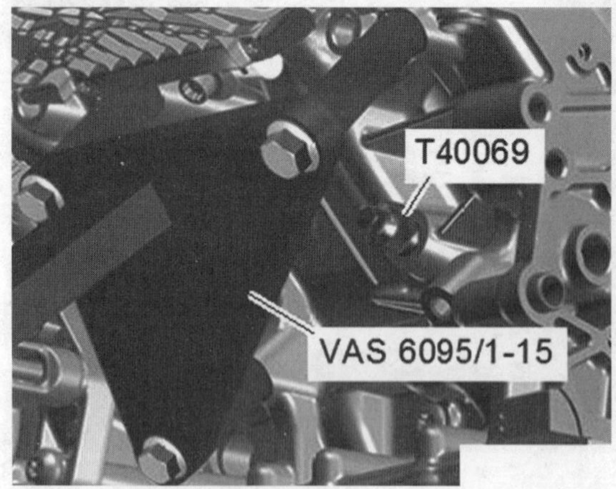

图 4-141

（13）将链条张紧器（如图 4-142 中 2）的柱塞用螺丝刀（如图 4-142 中 1）压回至限位位置（如图 4-142 中箭头），然后用定位销 T03006 卡住链条张紧器。

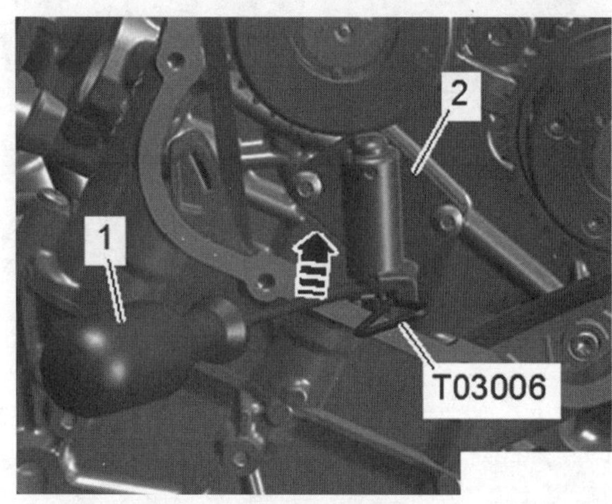

图 4-142

（14）拧出控制阀（如图 4-143 中 1、2），取下两个凸轮轴调节器。

图 4-143

3. 安装正时链条。

（1）用凸轮轴固定装置 T40264/3 或固定螺栓 T40069 将曲轴卡在上止点位置。以 9N·m 的力矩将凸轮轴固定装置 T40331/1 在凸轮轴外壳上拧紧。

（2）检查在凸轮轴调节器和凸轮轴轴端之间是否装有摩擦垫圈（金刚石垫圈）。凸轮轴调节器上的标记（如图 4-144 中 1、2）必须对准凸轮轴外壳上所涉及的铸造凸耳（如图 4-144 中箭头）。

图 4-144

（3）将凸轮轴调节器和已铺上的凸轮轴正时链置于之前描述的安装位置，此时注意拆卸时所做的标记。给控制阀（如图 4-145 中 1、2）的螺纹和螺栓头接触面上油，然后松松地拧入。两个凸轮轴调节器必须还能在凸轮轴上转动。拆除定位销 T03006。

图 4-145

（4）由另一名机械师将扭矩扳手 VAS 6583 通过套筒头 VAS 261 001 和顶紧装置 T90001 在排气凸轮轴调节器上以 30N·m 的力矩沿逆时针方向（如图 4-146 中箭头）预紧并固定。将控制阀用套筒头 E24 T90000 按如下方式拧紧，同时凸轮轴调节器继续保持预紧：进气凸轮轴上的控制阀（如图 4-146 中 2）的力矩为 30N·m；排气凸轮轴上的控制阀（如图 4-146 中 1）的力矩为 30N·m。

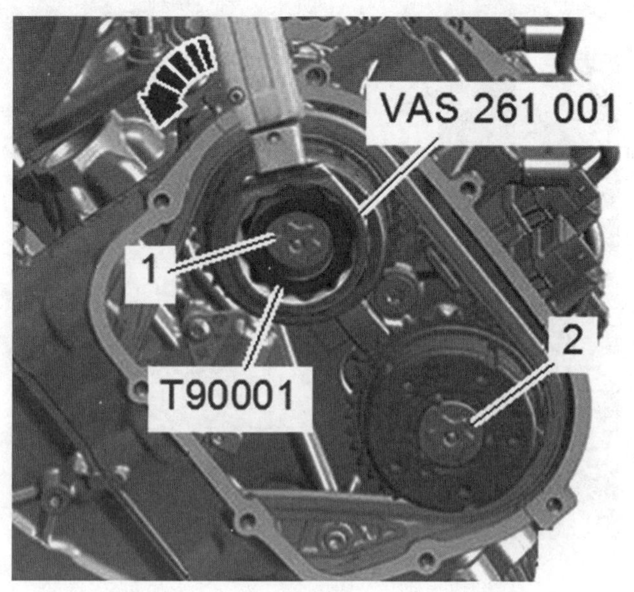

图 4-146

（5）拆除凸轮轴固定装置 T40331/1；拆除凸轮轴固定装置 T40264/3 或固定螺栓 T40069。用扳手 SW21 T40263 和适配器 T40314 转动曲轴 2 圈（如图 4-147 中箭头），直到减震器再次位于上止点。

图 4-147

（6）凸轮轴调节器上的标记（如图 4-148 中 1、2）必须对准凸轮轴外壳上所涉及的铸造凸耳（如图 4-148 中箭头）。

图 4-148

（7）减震器上的缺口（如图 4-149 中 1）与皮带盘侧密封法兰上的铸造凸耳（如图 4-149 中 2）齐平。

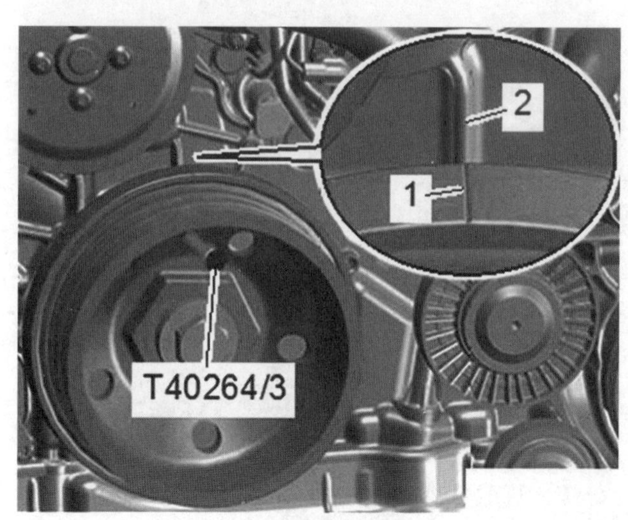

图 4-149

（8）再装入凸轮轴固定工装 T40264/3 或 T40069，由另一名机械师将扭矩扳手 VAS6583 通过套筒头 VAS 261 001 和顶紧装置 T90001 在排气凸轮轴调节器上以 30N·m 的力矩沿逆时针方向（如图 4-150 中箭头）预紧并固定。凸轮轴固定装置 T40331/1 必须很容易插入。

（9）如凸轮轴固定装置 T40331/1 不能装入，拆除凸轮轴固定装置 T40264/3 或固定螺栓 T40069。T40331/1

插入凸轮轴，直至限位位置。为此略微转动曲轴。将控制阀（如图4-151中1、2）用套筒头E24 T90000松开半圈。

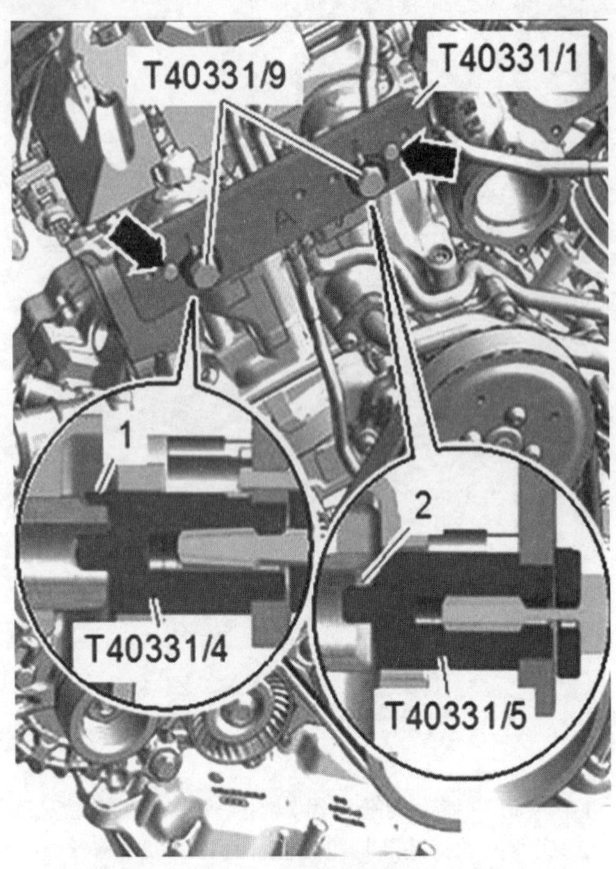

图4-150

图4-151

（10）略微来回转动曲轴使固定工装T40264/3或T40069轻松装入。

（11）如果凸轮轴固定装置T40331/1可以插入。拆除凸轮轴固定装置T40264/3或固定螺栓T40069。拆除凸轮轴固定装置T40331/1。将顶紧装置T90001和顶紧装置T90002置于排气凸轮轴调节器上。将顶紧装置顶在进气凸轮轴控制阀（如图4-152中2）上。必要时，沿顺时针略微转动曲轴（仅沿顺时针）。将控制阀（如图4-152中1）用套筒头E24 T90000继续旋转35°。将顶紧装置T90001和顶紧装置T90002置于进气凸轮轴调节器上，将顶紧装置顶在排气凸轮轴控制阀（如图4-152中1）上。必要时，沿顺时针略微转动曲轴（仅沿顺时针）。将控制阀（如图4-152中2）用套筒头E24 T90000继续旋转35°取下顶紧装置T90001和顶紧装置T90002。

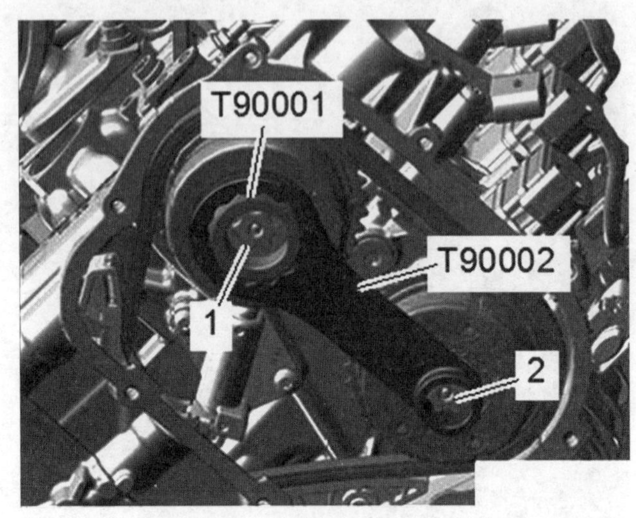

图4-152

（12）装复正时链条盖板及上部空气导流罩。

（13）拆卸左侧气缸盖上的正时链条与右侧的操作过程完全一致，在这里就不赘述了。备注：该车曲轴与次级驱动轮采用齿轮驱动，曲轴齿轮的红点对准在次级驱动齿轮两个红点之间即可，如图4-153。

图4-153

四、车型

一汽奥迪A6L TFSI（C7PA）（1.8T CYYA），2016—2019年。

（一）拆卸正时链

1.需要用到的专用工具。

（1）装配工具T10352，如图4-154。

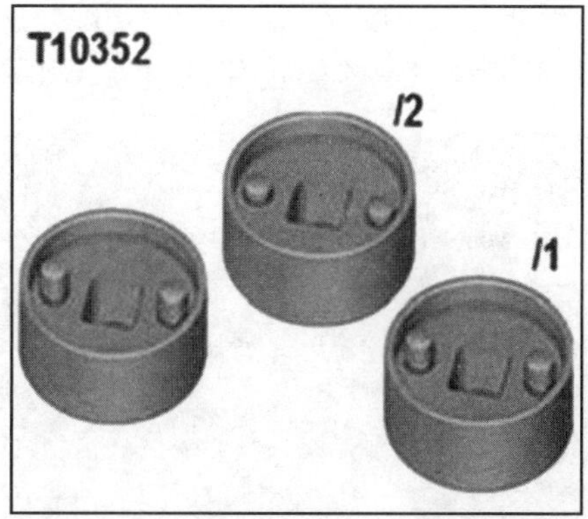

图 4-154

（2）装配工具 T10531，如图 4-155。

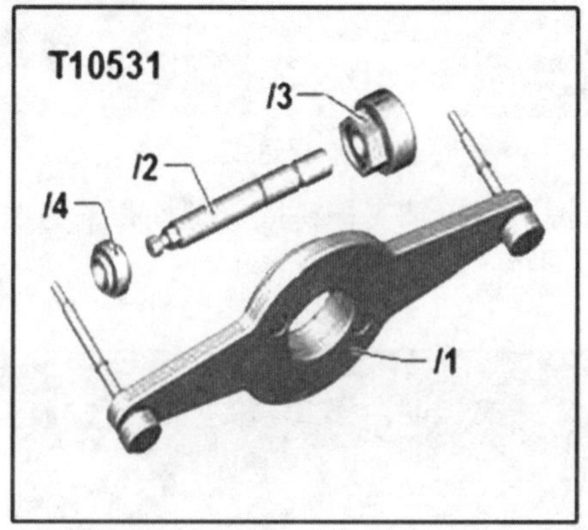

图 4-155

（3）定位销 T40011，如图 4-156。

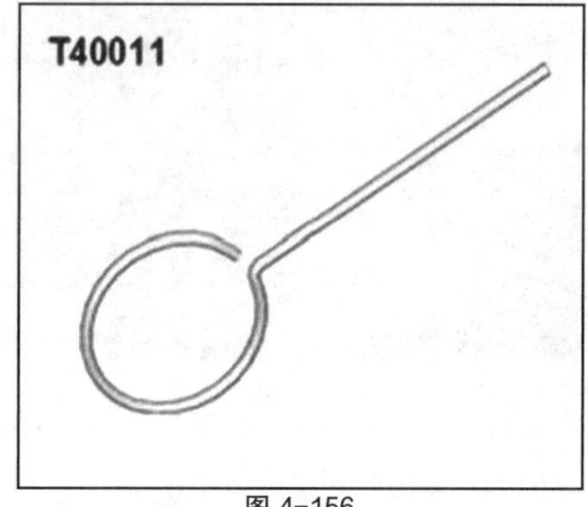

图 4-156

（4）装配杆 T40243，如图 4-157。

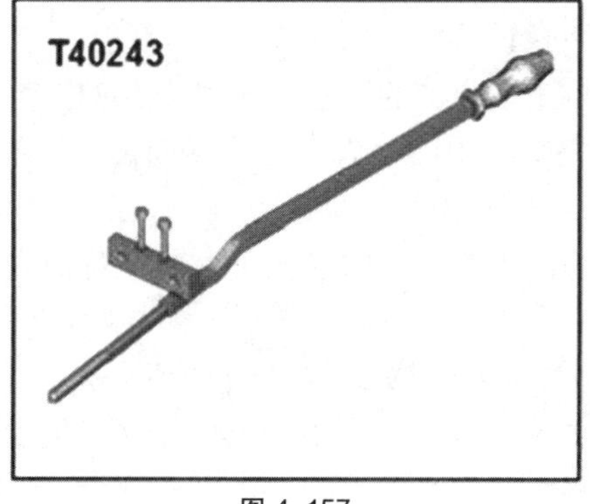

图 4-157

（5）开口扳手 T40263，如图 4-158。

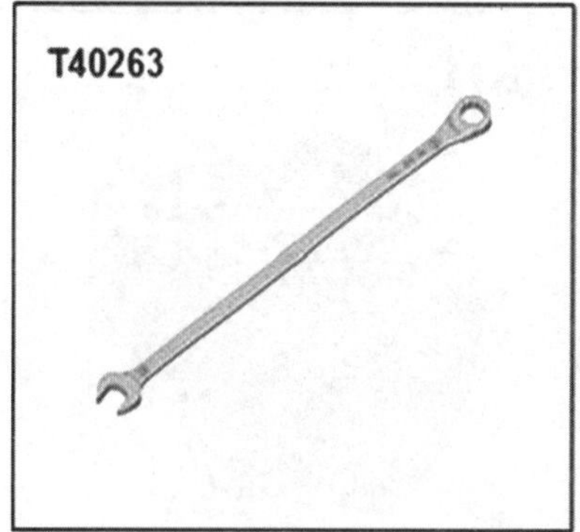

图 4-158

（6）装配工具 T40266，如图 4-159。

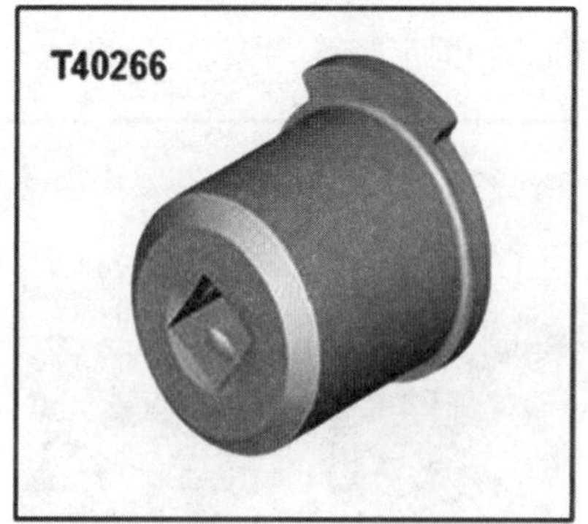

图 4-159

（7）装配工具 T10567，如图 4-160。

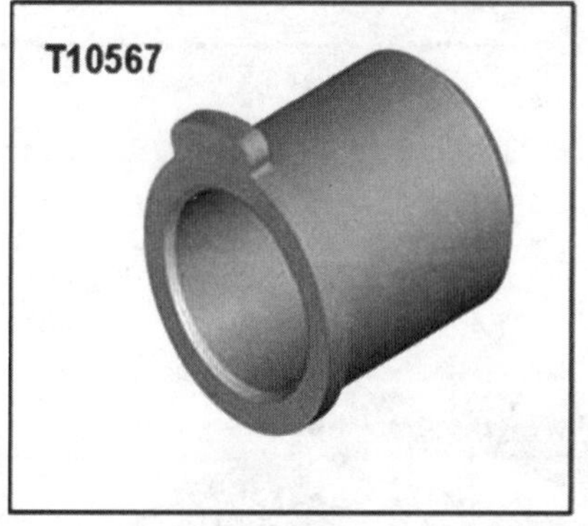

图 4-160

（8）插入定位工具 T40267，如图 4-161。

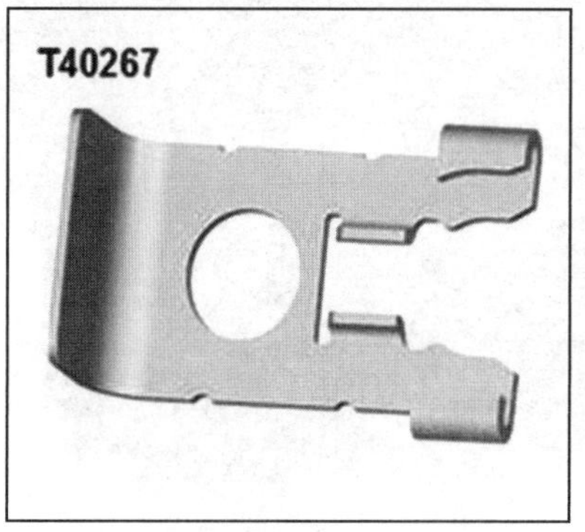

图 4-161

（9）适配器 T40314，如图 4-162。

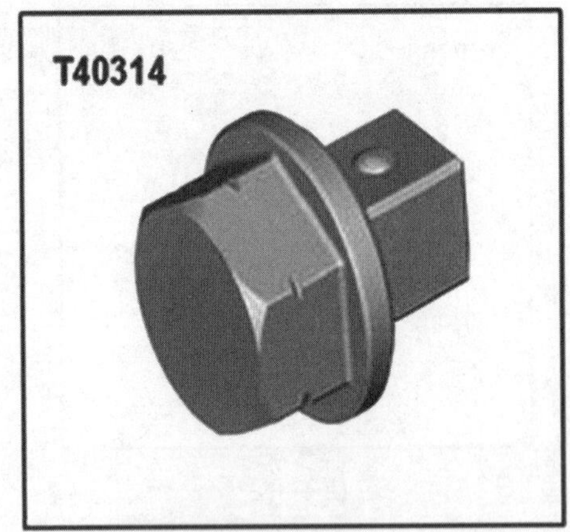

图 4-162

（10）凸轮轴固定装置 T40271，如图 4-163。

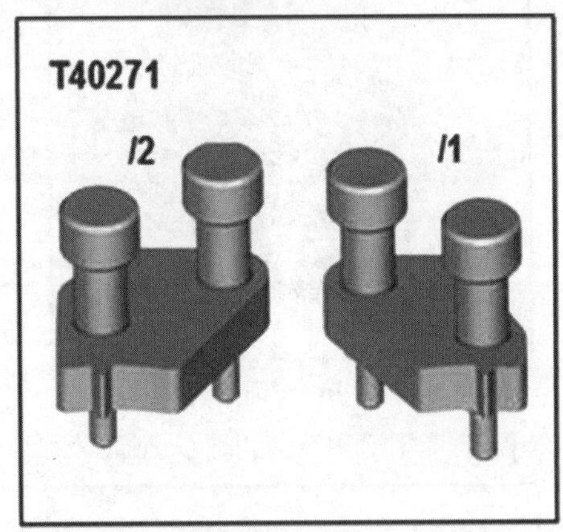

图 4-163

2. 拆卸正时链条。

（1）拆卸正时链上部盖板。

（2）拆下凸轮轴调节阀（注意该固定螺栓为左旋螺纹），如图 4-164。

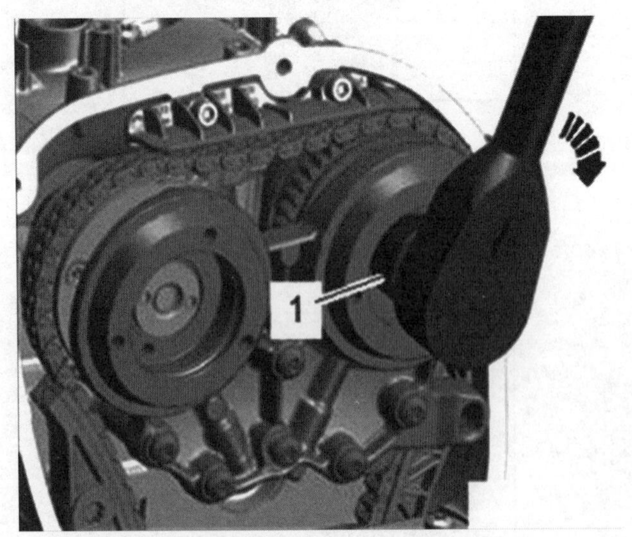

图 4-164

（3）为此，用扳手 SW 21 T40263、适配接头 T40314 和套筒扳手 SW24 固定住减震器，如图 4-165。

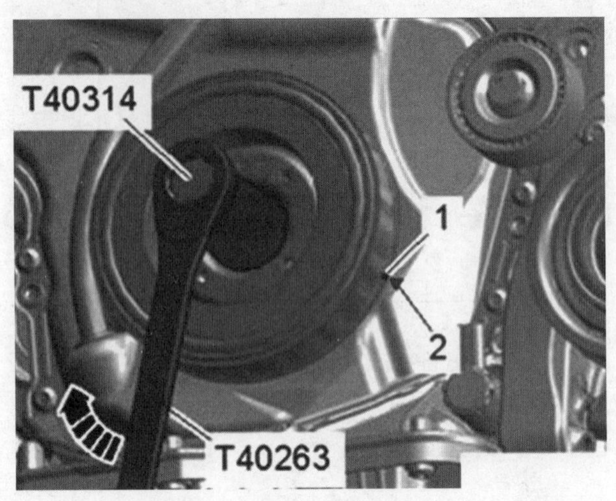

图 4-165

（4）拆下凸轮轴支撑桥固定螺栓，平稳地拿出支撑桥，如图 4-166。

图 4-166

（5）仅沿发动机转动方向转动曲轴，直至减震器位于上止点处。减震器上的缺口和正时链下方盖板上的标记必须相互对着（如图 4-167 中箭头）。凸轮轴链轮的标记（如图 4-167 中 1）必须向上。

（6）将张紧弹簧的钢丝夹向图 4-168 中箭头方向压，然后用定位销 T40011 锁定。拧出导向销（如图 4-168 中 1），取下链条张紧器（如图 4-168 中 2）。将机油泵链条从三级链轮上取下，向前拔下并将下部放在机油泵链轮上。

（7）拧出螺栓（如图 4-169 中箭头）。

（8）拧出下部正时盖板螺栓，取下正时盖板，如图 4-170。

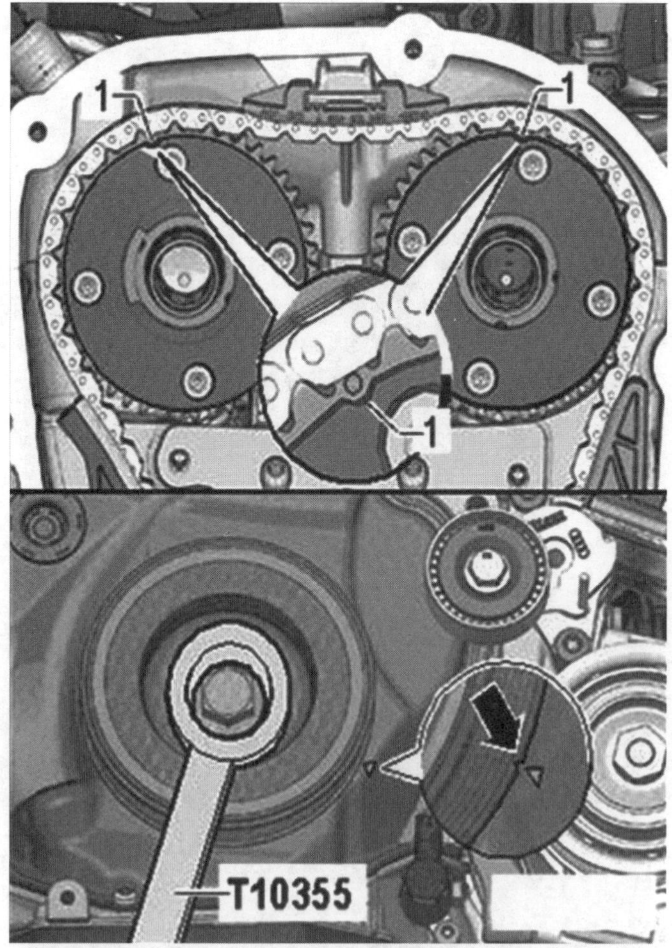

图 4-167

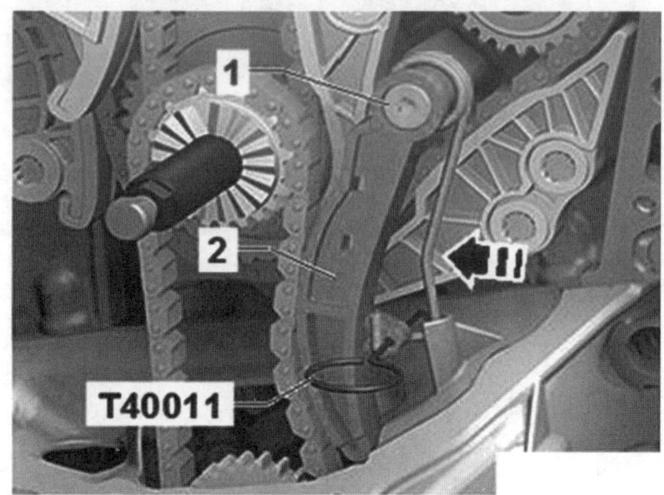

图 4-168

（9）将装配杆 T40243 拧到气缸盖上（如图 4-171 中下部箭头）。将链条张紧器的卡环（如图 4-171 中 1）压到一起并固定。将装配杆 T40243 沿箭头方向缓慢地按压并固定，这样可以把链条张紧器往回推。

（10）用插入定位工具 T40267 锁定链条张紧器。拆卸装配杆 T40243，如图 4-172。

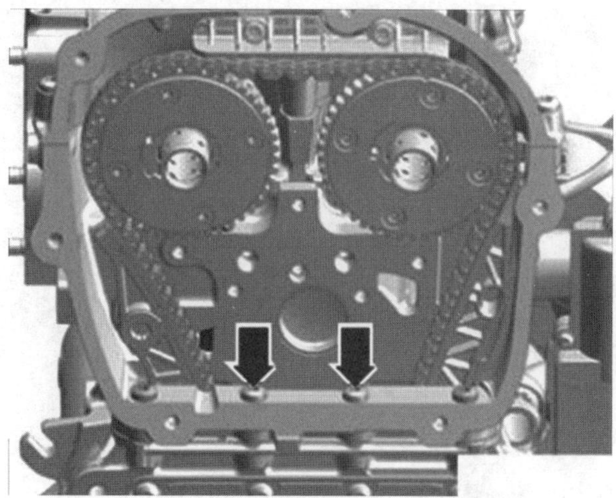

图 4-169

图 4-170

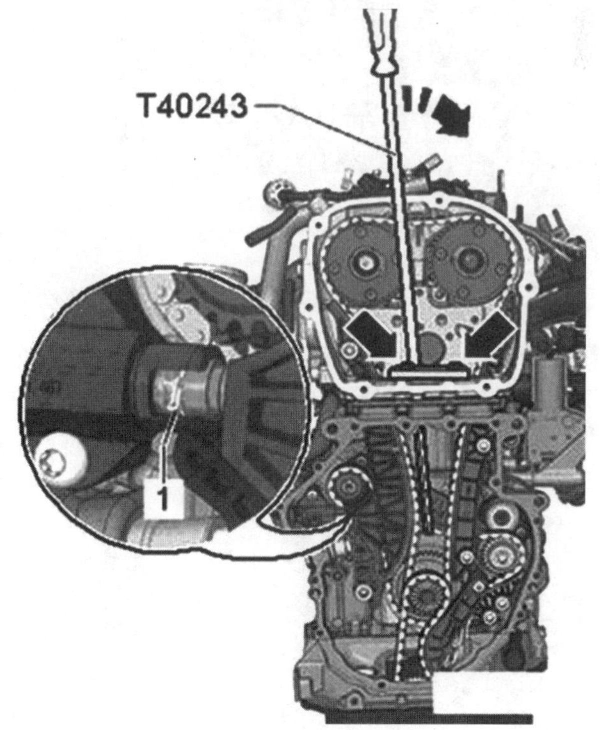

图 4-171

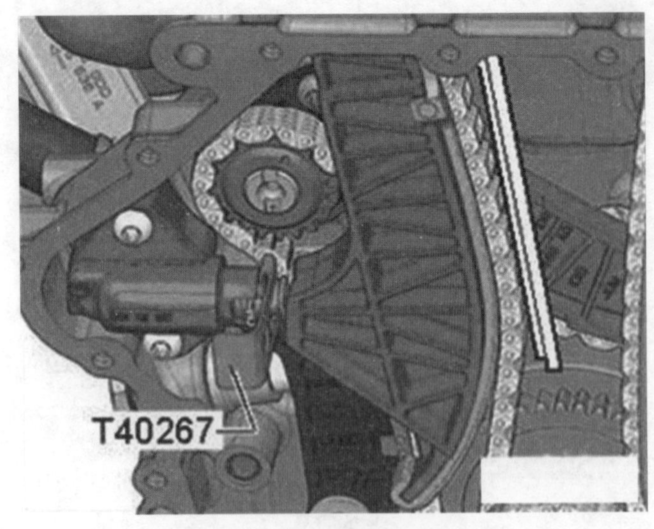

图 4-172

（11）将凸轮轴固定装置 T40271/2 拧到气缸盖上。将凸轮轴固定装置推入链轮的花键内（如图 4-173 中箭头 B），必要时为此用装配工具 T40266 或装配工具 T10567 略微来回转动进气凸轮轴（如图 4-173 中箭头 A）。将凸轮轴固定装置 T40271/1 拧到气缸盖上。

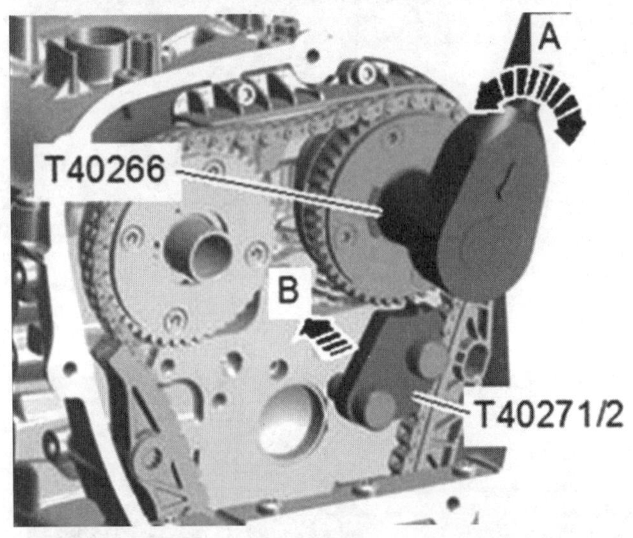

图 4-173

（12）用装配工具 T40266 或装配工具 T10567 固定住排气凸轮轴。拧出导向销（如图 4-174 中 1），向下取出张紧轨（如图 4-174 中 2）。沿顺时针继续转动排气凸轮轴（如图 4-174 中箭头 A），直至凸轮轴固定装置 T40271/1 能够推入链轮花键内（如图 4-174 中箭头 B）。

（13）拆卸滑轨（如图 4-175 中 1），为此用螺丝刀打开卡子（如图 4-175 中箭头），然后将滑轨向前推出。

（14）拧出螺栓（如图 4-176 中箭头），拆下链条张紧器（如图 4-176 中 1）。

（15）拧出螺栓（如图 4-177 中 1），拆下滑轨（如图 4-177 中 2）。

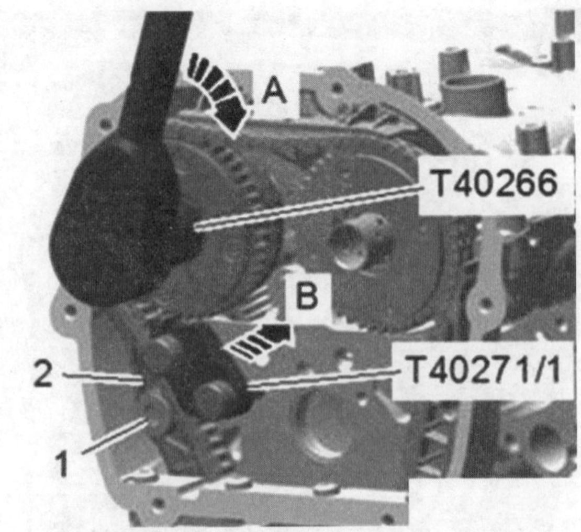

图 4-174

图 4-175

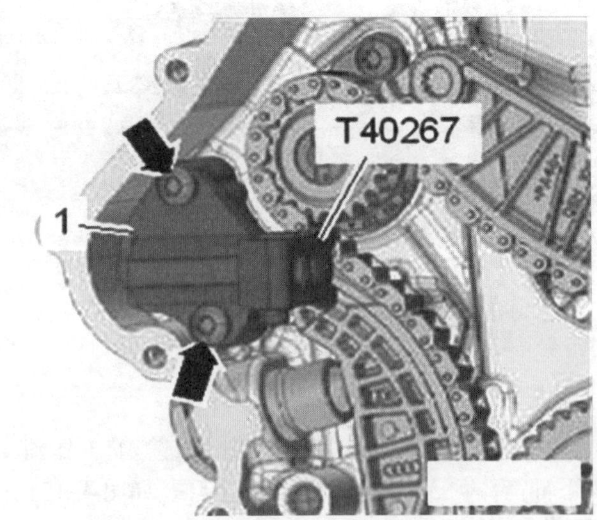

图 4-176

（16）将凸轮轴正时链从凸轮轴齿轮上取下并挂到凸轮轴的销轴上（如图 4-178 中箭头）。

图 4-177

图 4-178

（17）拆卸平衡轴正时链的链条张紧器（如图 4-179 中 1）。

（18）拧出螺栓（如图 4-180 中 1）。拆卸张紧轨（如图 4-180 中 2）、滑轨（如图 4-180 中 3、4）。

（19）松开张紧螺栓（如图 4-181 中 A），拧出张紧销（如图 4-181 中 B）。取出三级链轮，同时卸下机油泵驱动装置的正时链（图示为带发电机的汽车），取下凸轮轴正时链和平衡轴驱动链。

图 4-179

图 4-180

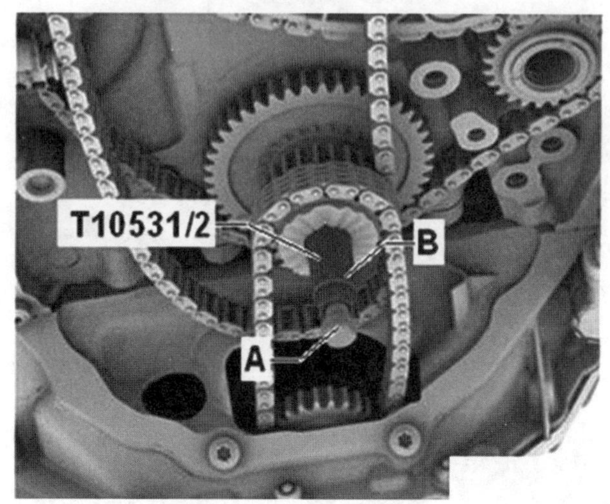

图 4-181

3. 安装正时链条。

（1）检查曲轴的上止点，曲轴的平端箭头必须水平。用防水销钉将标记标注到气缸体（如图 4-182 中 1）上。

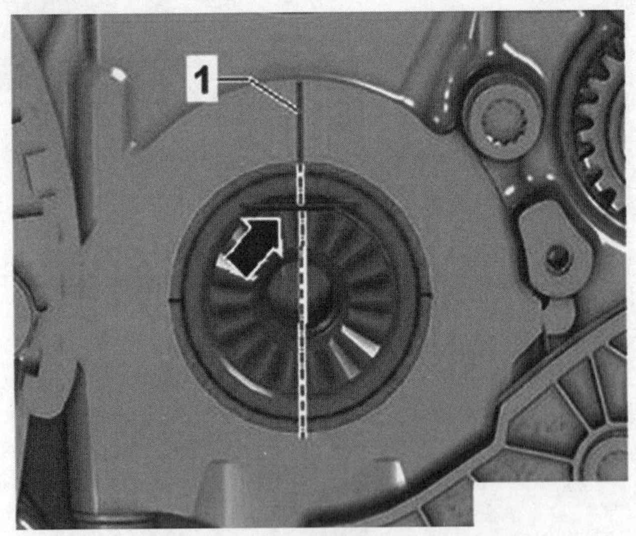

图 4-182

（2）用防水记号笔在三级链轮的齿上做标记（如图 4-183 中 2）。

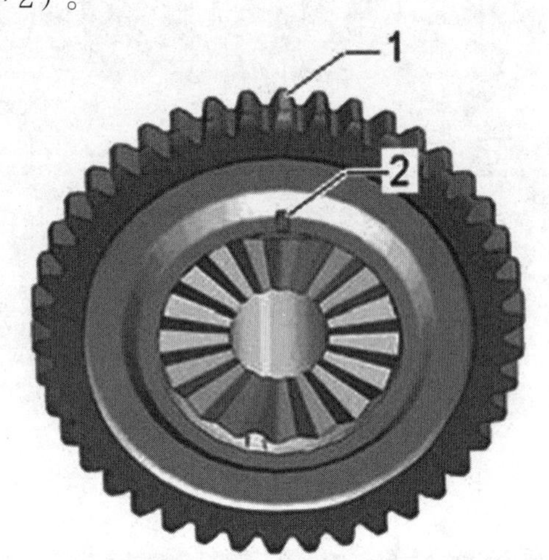

图 4-183

（3）将中间齿轮和平衡轴转至标记（如图 4-184 中箭头），螺栓（如图 4-184 中 1）不得松开。

图 4-184

（4）链条的彩色链节必须定位在链轮的标记上。无须理会可能存在的附加彩色链节的位置。放上平衡轴驱动链，将彩色链节（如图 4-185 中箭头）定位到链轮的标记上。

图 4-185

（5）安装滑轨（如图 4-186 中 1）并拧紧螺栓（如图 4-186 中箭头）。

图 4-186

（6）将带彩色链节的凸轮轴正时链挂到凸轮轴销轴上，如图 4-187。

图 4-187

（7）将机油泵驱动装置的正时链放到三级链轮上。沿箭头方向将三级链轮向发动机侧翻转并在曲轴上固定。标记（如图 4-188 中箭头）必须相对。

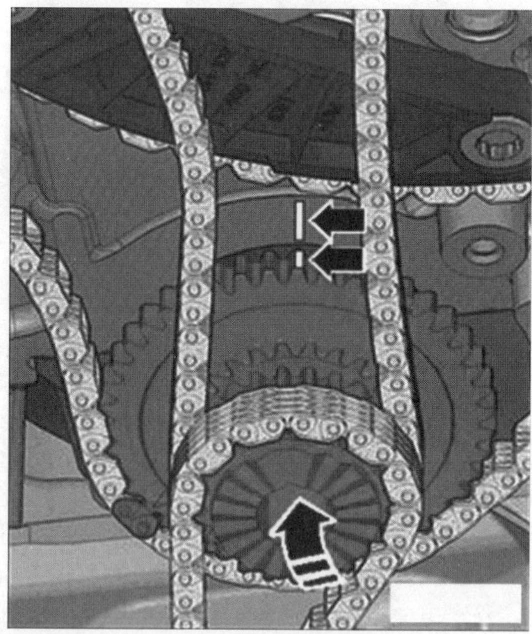

图 4-188

（8）将张紧销 T10531/2 拧入曲轴并用手拧紧（为带发电机的汽车）装上旋转工具 T10531/3。将带肩螺母 T10531/4 手动拧紧。用 SW32 的开口扳手略微来回移动旋转工具，同时再拧紧带肩螺母，直到链轮牢固地装到曲轴啮合齿上。现在才能拧紧张紧螺栓（如图 4-189 中 A）。

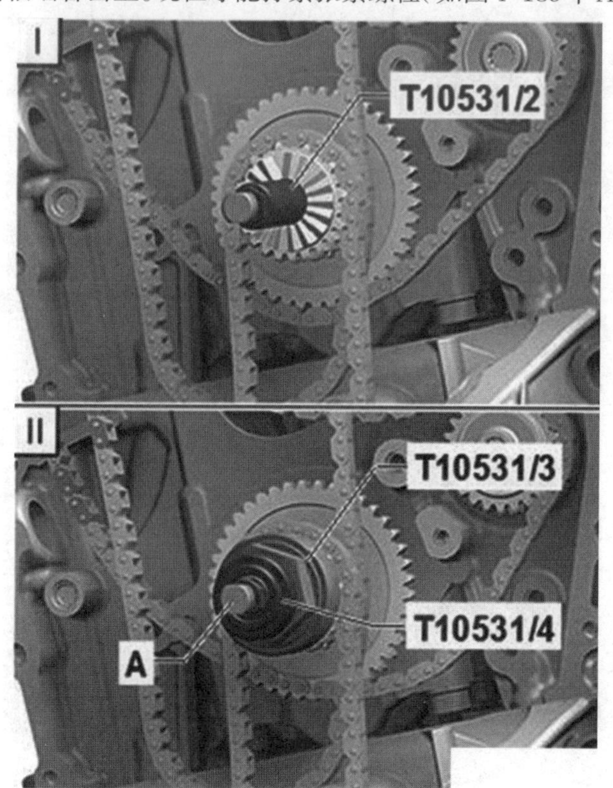

图 4-189

（9）将平衡轴驱动链的彩色链节（如图 4-190 中箭头）定位在三级链轮的标记上。安装张紧轨（如图 4-190 中 1）和滑轨（如图 4-190 中 2）。拧紧螺栓（如图 4-190 中 3）。

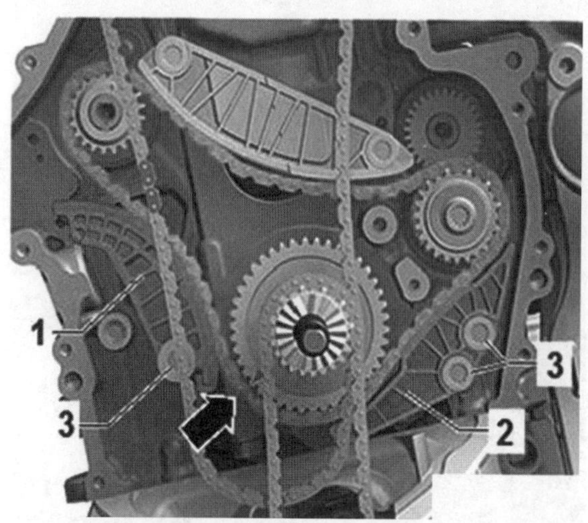

图 4-190

（10）安装链条张紧器（如图 4-191 中 1）。

图 4-191

（11）再次检查调整情况，彩色链节（如图 4-192 中箭头）必须对准链轮上的标记。

图 4-192

（12）将凸轮轴正时链放到进气凸轮轴上，排气凸轮轴放到曲轴上。将彩色链节（如图 4-193 中箭头）定位到链轮的标记上。

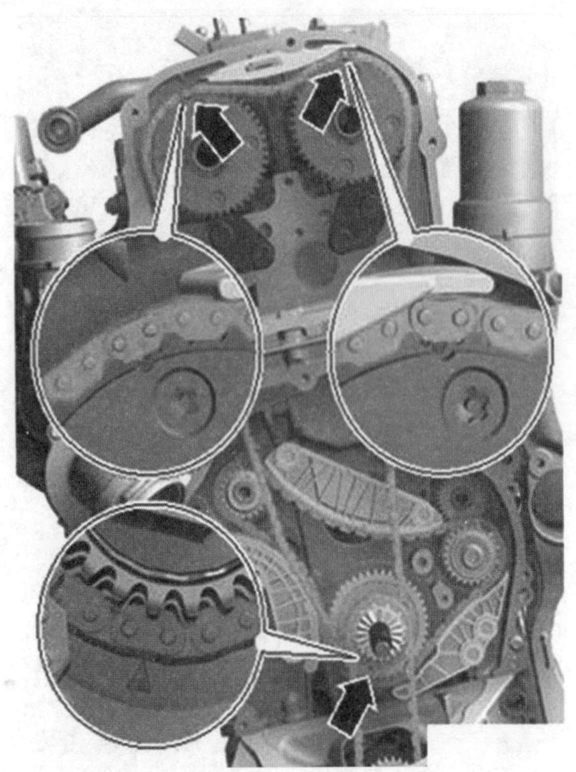

图 4-193

（13）安装滑轨（如图 4-194 中 2）并拧紧螺栓（如图 4-194 中 1）。

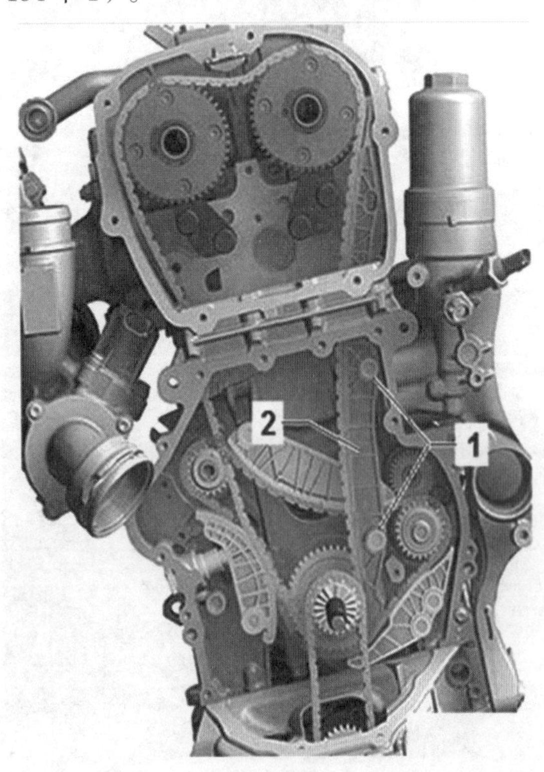

图 4-194

（14）安装上部滑轨（如图 4-195 中 1）。

图 4-195

（15）将排气凸轮轴用装配工具 T40266 沿箭头方向（如图 4-196 中 A）略微转动，并将凸轮轴固定装置 T40271/1 从链轮的啮合齿中推出（如图 4-196 中箭头方向 B）。将凸轮轴沿方向（如图 4-196 中 C）松开，直到正时链紧贴到滑轨（如图 4-196 中 1）上。将凸轮轴固定在这个位置，拧上张紧轨（如图 4-196 中 2）并拧紧螺栓（如图 4-196 中 3）。

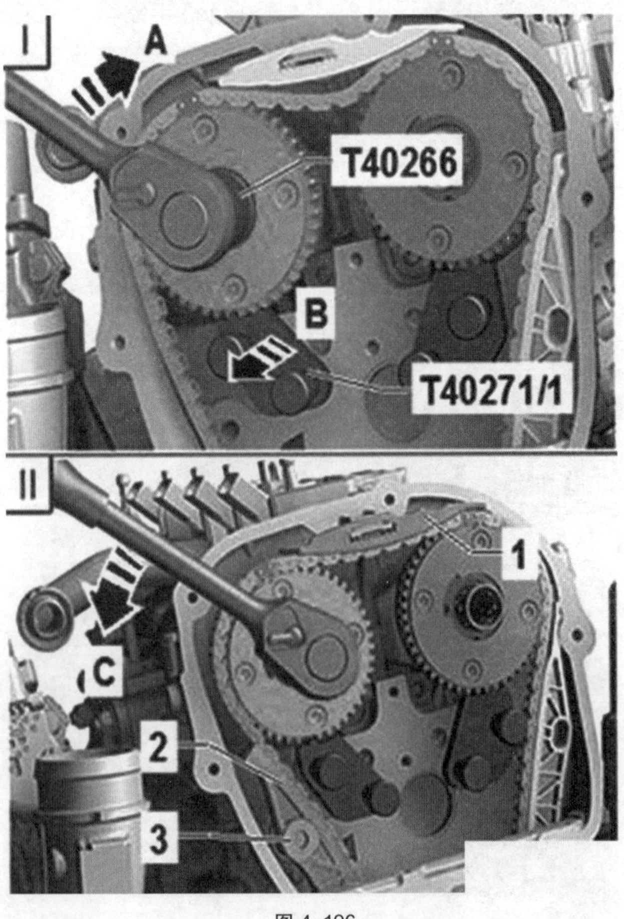

图 4-196

（16）安装链条张紧器（如图 4-197 中 1）并拧紧螺栓（如图 4-197 中箭头）。

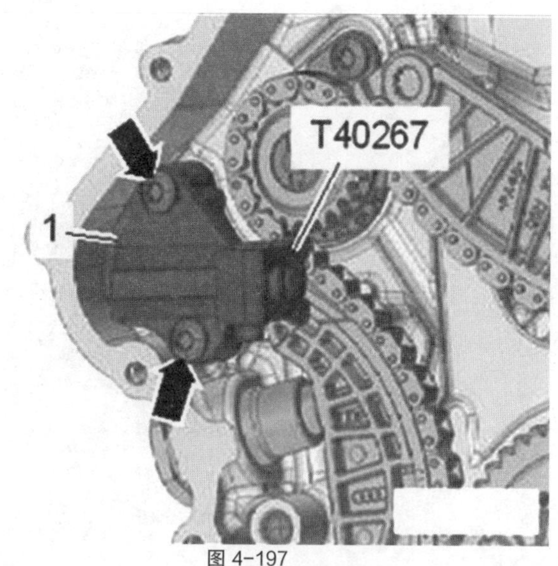

图 4-197

（17）用装配工具 T40266 沿箭头方向（如图 4-198 中 1）转动进气凸轮轴，沿箭头方向（如图 4-198 中 2）从链轮的啮合齿中推出凸轮轴固定装置 T40271/2 并松开凸轮轴。拆卸凸轮轴固定装置 T40271/2。

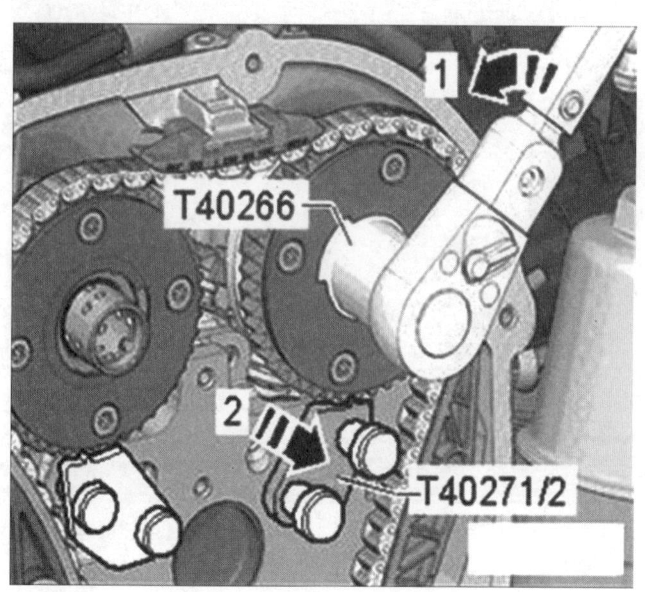

图 4-198

（18）检查调整情况，彩色链节（如图 4-199 中箭头）必须对准链轮的标记。

（19）安装链条张紧器（如图 4-200 中 2）并拧紧螺栓（如图 4-200 中 1）。去除定位销 T40011，钢丝夹必须在开口中（如图 4-200 中箭头）紧贴油底壳上部件。

（20）拧入并拧紧螺栓（如图 4-201 中箭头）。

（21）用发动机机油浸润孔（如图 4-202 中箭头）。检查夹紧套（如图 4-202 中 1）是否已插入。

图 4-199

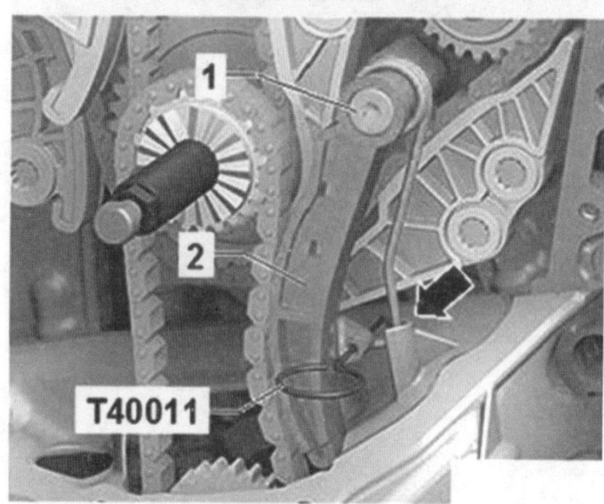

图 4-200

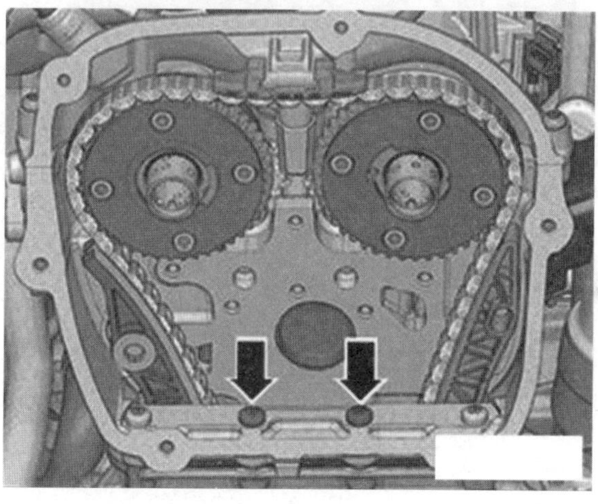

图 4-201

图 4-202

（22）套上轴承支架，将螺栓（如图 4-203 中箭头）手动拧入至贴紧。然后拧紧固定螺栓。

图 4-203

（23）拆除插入定位工具 T40267，如图 4-204，安装控制阀。

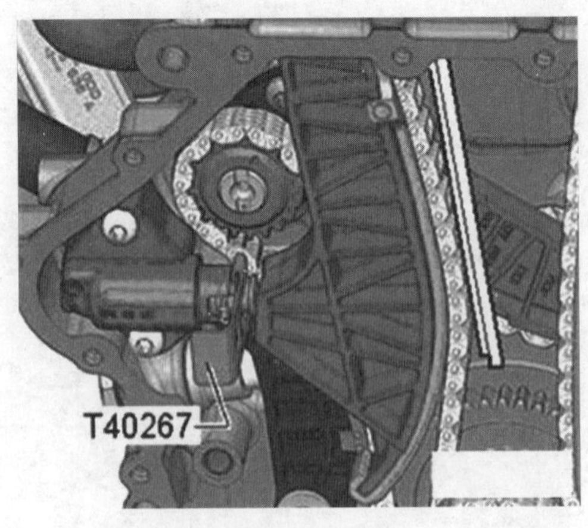

图 4-204

（24）将发动机顺时针旋转两圈，安装上下正时链条盖板。

（25）用诊断仪在发动机引导型功能里执行链条匹配测试计划。

五、车型

一汽奥迪 A3 35TFSI（1.4T CSSA），2014—2018 年。

一汽奥迪 Q3 30TFSI（1.4T CSSA），2015—2018 年。

一汽奥迪 Q2 L35TFSI（1.4T CSSA），2018—2019 年。

（一）齿形皮带装配

齿形皮带装配一览如图 4-205。

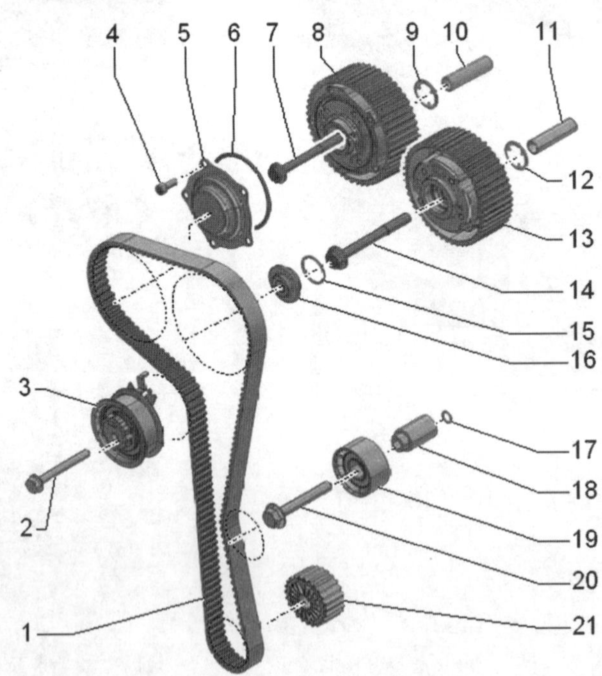

1- 齿形皮带　2- 螺栓，25N · m　3- 张紧轮　4- 螺栓，8N · m +45°　5- 封盖　6-O 形环，拆卸后更换　7- 螺栓，拆卸后更换，50N · m + 135°　8- 排气凸轮轴的凸轮轴正时齿轮，带凸轮轴调节器　9- 金刚石垫圈　10- 导向套　11- 导向套　12- 金刚石垫圈　13- 进气凸轮轴的凸轮轴正时齿轮　14- 螺栓，拆卸后更换，50N · m+135°　15-O 形环　16- 螺旋塞，20N · m　17-O 形环，防丢失装置　18- 间隔轴套　19- 导向辊　20- 螺栓，45N · m　21- 曲轴齿形带轮

图 4-205

（二）将齿形皮带从凸轮轴上取下

1. 所需要的专用工具和维修设备。

（1）扭矩扳手 VAS 6583、固定支架 T10172A/2-9、固定螺栓 T10340、固定支架 T10475、环形扳手 SW30 T10499 和扳手头 SW13 T10500，如图 4-206。

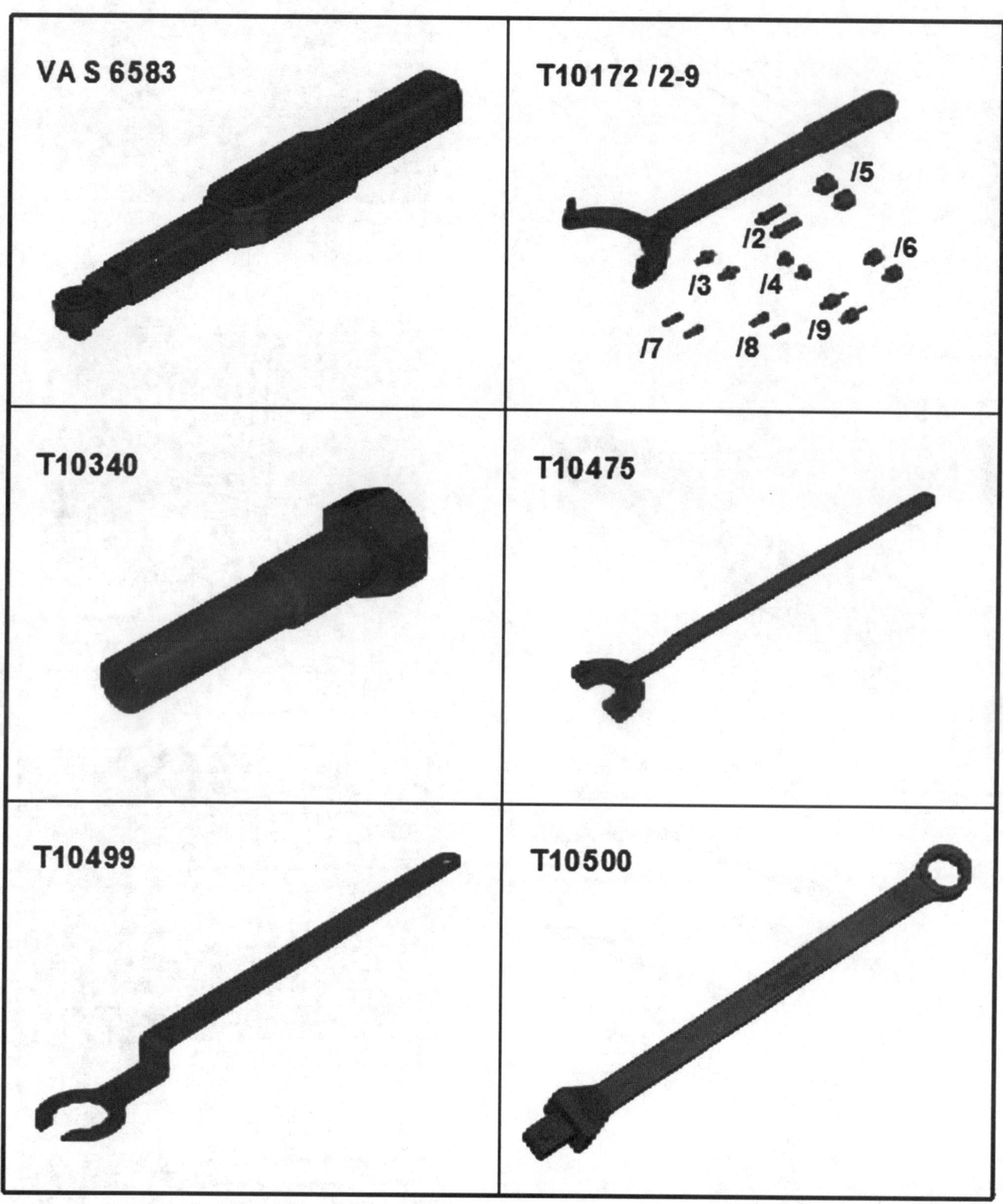

图 4-206

（2）装配工具 T10487，如图 4-207。

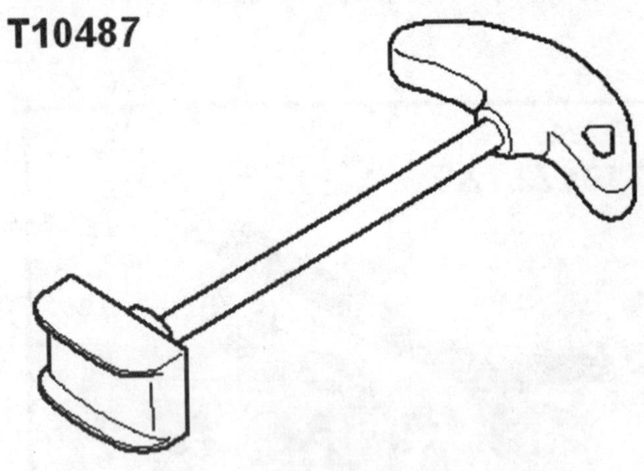

图 4-207

（3）凸轮轴固定装置 T10494，如图 4-208。

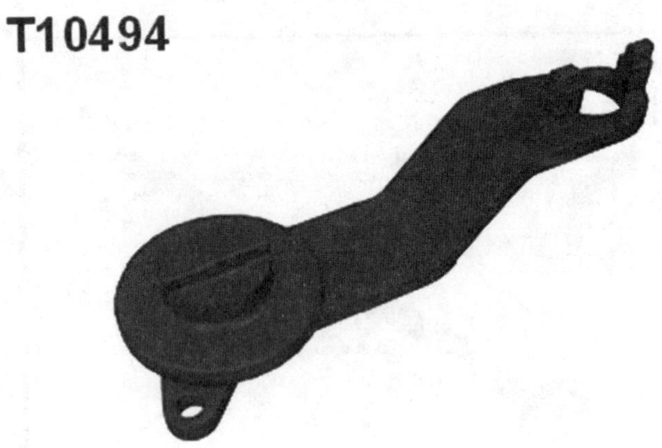

图 4-208

（4）松脱工具 T10527 和 T10527/1，如图 4-209。

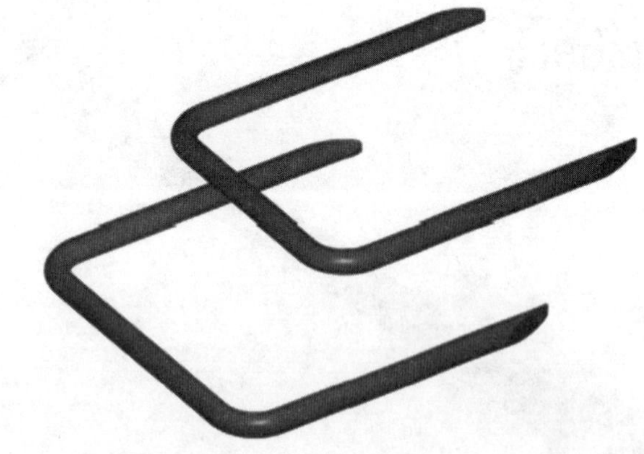

图 4-209

2. 工作步骤。

（1）拆下发动机罩。

（2）松开软管夹圈（如图 4-210 中 1、2），拆下空气导流管。

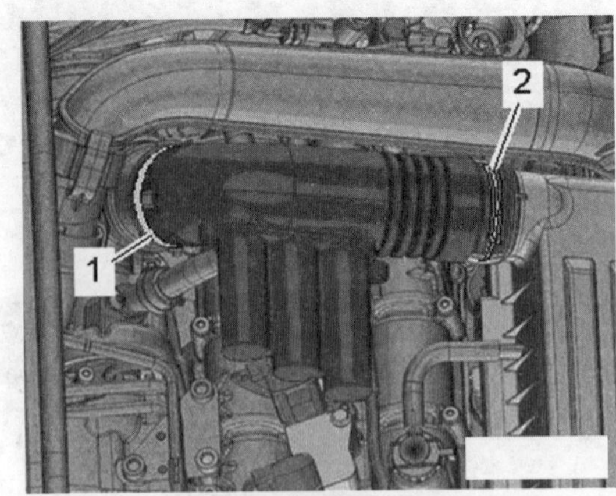

图 4-210

（3）脱开电插头（如图 4-211 中 1）。提示：无须理会箭头。

图 4-211

（4）用松脱工具 T10527 和 T10527/1 松开卡子（如图 4-212 中箭头）。取下空气导流管（如图 4-212 中 1）。

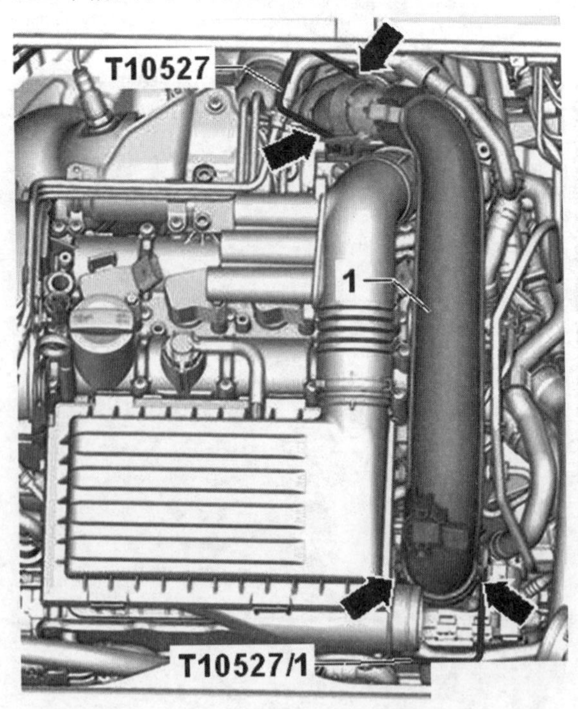

图 4-212

（5）按压解锁按钮，拆下至活性炭罐的软管（如图4-213 中 1）。拧出螺栓（如图 4-213 中箭头），取下曲轴箱排气软管。

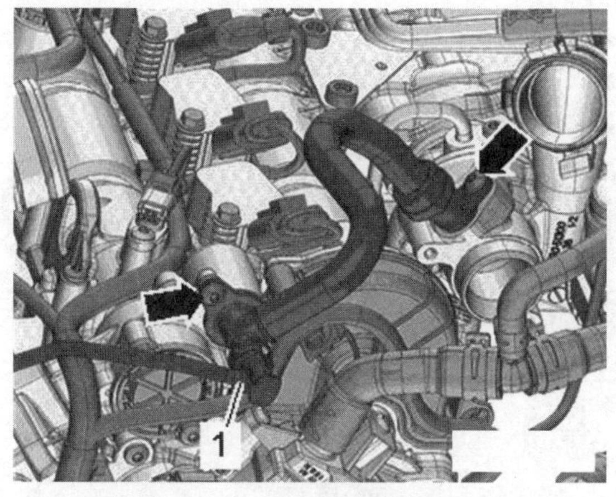

图 4-213

（6）如果已经装入了，拧出接管上的螺栓（如图4-214 中箭头）并将冷却液软管略微向前推。

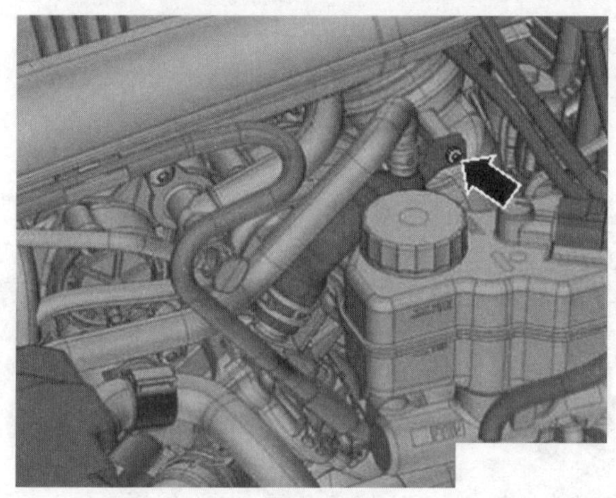

图 4-214

（7）露出电导线束（如图 4-215 中箭头）。拧出螺栓（如图 4-215 中 1、3），取下冷却液泵齿形皮带的齿形皮带护罩（如图 4-215 中 2）。

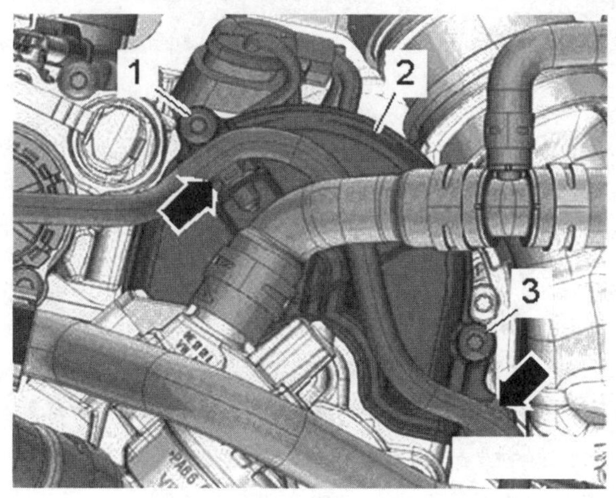

图 4-215

（8）拧出螺栓（如图 4-216 中箭头），取下端盖（如图 4-216 中 1）。

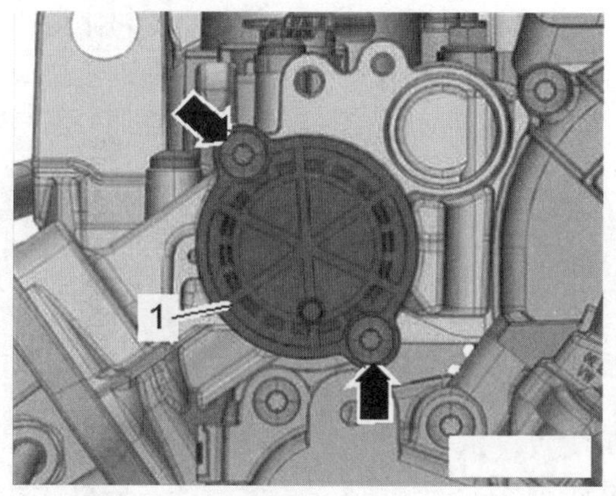

图 4-216

（9）露出支架如图 4-217 上的软管。旋出螺栓（如图 4-217 中 2）。松开夹子（如图 4-217 中箭头），取下上部齿形皮带护罩（如图 4-217 中 1）。

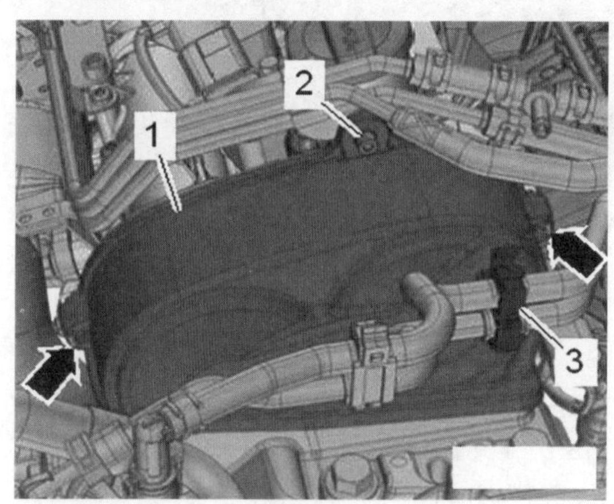

图 4-217

注意：齿形皮带沾油会有发动机损坏的危险。为收集溢出的发动机油，将一块抹布放在下面。

（10）拧出螺栓（如图 4-218 中箭头）。提示：为了拧下全部螺栓，沿发动机转动方向通过皮带盘 / 减震器转动曲轴（如图 4-218 中箭头）。

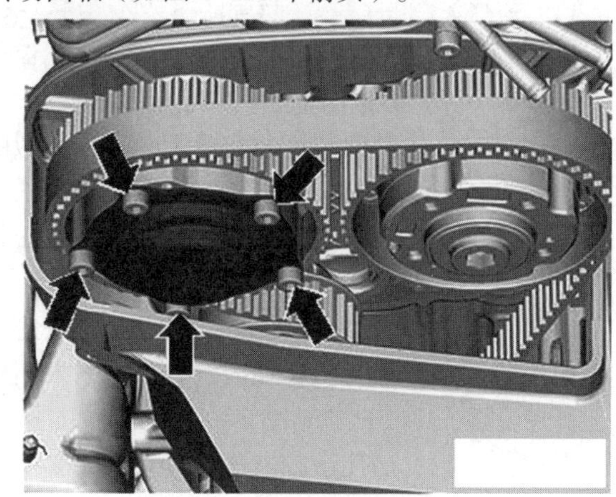

图 4-218

（11）取下排气凸轮轴的凸轮轴调节器的盖。按以下方式将曲轴转到上止点，拧出气缸体上上止点孔的螺旋塞。将固定螺栓 T10340 拧入气缸体到极限位置，并用 30N・m 的力矩拧紧，如图 4-219。沿发动机转动方向转动曲轴到限位位置。现在固定螺栓紧贴在曲轴曲柄臂上。

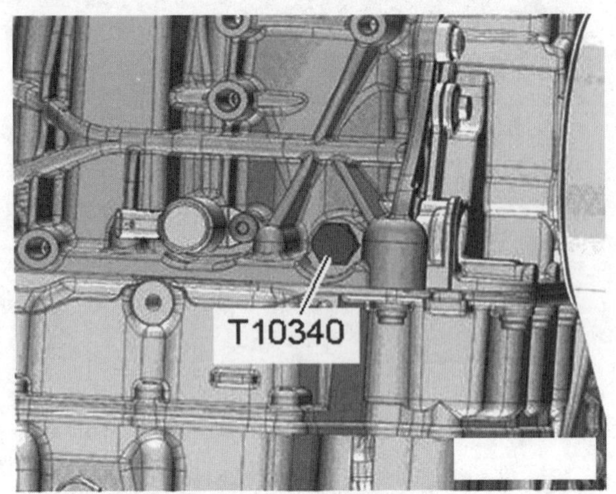

图 4-219

提示：固定螺栓 T10340 只在发动机运转方向上卡住曲轴。注意：有损坏发动机的危险。如果固定螺栓 T10340 不能拧入到极限位置，则说明曲轴未处于正确位置。

当出现这种情况时可采取下列办法：

①拧出固定螺栓。

②将曲轴沿发动机运转方向转动 90°。

③将固定螺栓 T10340 拧入气缸体到极限位置，并用 30N・m 的力矩拧紧。

④继续沿发动机转动方向转动曲轴到极限位置。

（12）如图 4-220，对于两个凸轮轴来说，现在变速器侧不对称布置的凹槽必须朝上（如图 4-220 中上部和下部箭头）。对于排气凸轮轴（如图 4-220 中 A）来说，可通过冷却液泵驱动轮内的开口接触到凹槽（如图 4-220 中上部箭头）。对于进气凸轮轴（如图 4-220 中 E）来说，可直接接触到凹槽（如图 4-220 中下部箭头）。提示：凸轮轴有一对对称布置的凹槽和一对不对称布置的凹槽。在上止点位置时，不对称布置的凹槽对必须在虚拟的水平中线之上。如果凸轮轴不处于所述位置，则拧出固定螺栓 T10340，然后继续转动曲轴一圈并使其转到上止点位置。

（13）提示：凸轮轴固定装置 T10494 必须很容易插入。不允许通过工具敲入凸轮轴固定装置。如果凸轮轴不处于所述位置，则将凸轮轴固定装置 T10494 插入凸轮轴内至限位位置，然后用手拧紧螺栓（如图 4-221 中箭头）。

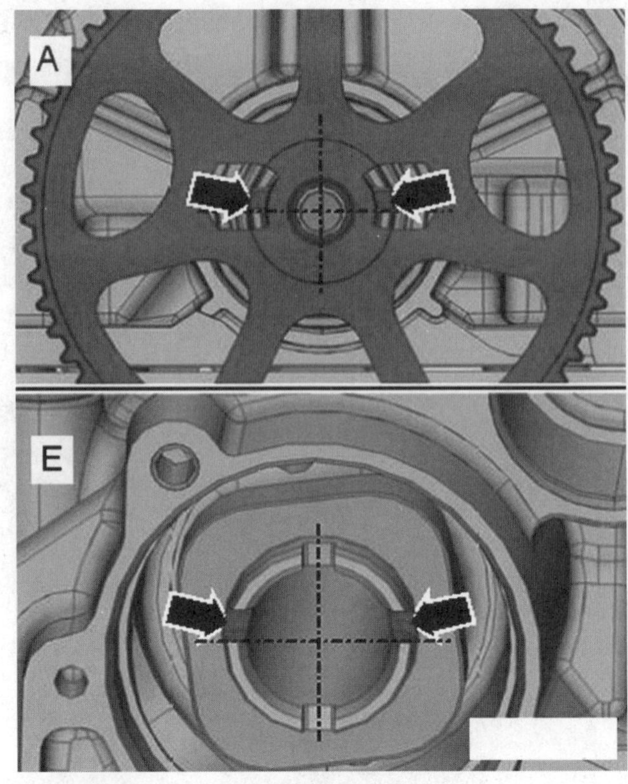

图 4-220

图 4-221

（14）提示：如果无法插入凸轮轴固定装置 T10494：用装配工具 T10487 压到齿形皮带上（如图 4-222 中箭头），同时将凸轮轴固定装置 T10494 插入凸轮轴内至限位位置，然后用手拧紧螺栓。露出支架（如图 4-222 中 3）上的软管。

（15）注意：密封面有损坏的危险。凸轮轴固定装置 T10494 不允许作为固定支架使用。拧出进气侧凸轮轴正时齿轮上的螺旋塞（如图 4-223 中 1），为此使用固定支架 T10172 A 及适配接头 T10172/1。

图 4-222

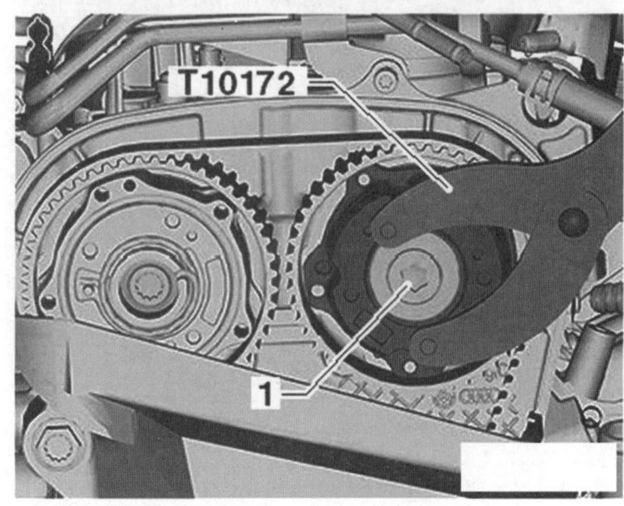

图 4-223

（16）将螺栓（如图 4-224 中 1、2）松开约一圈，为此使用固定支架 T10172 A 及适配接头 T10172/1。

（17）将开口度 30 的环形扳手 T10499 装在张紧轮的偏心轮（如图 4-225 中 2）上。将螺栓（如图 4-225 中 1）用开口度 13 的工具头 T10500 松开。用环形扳手 SW30 T10499 松开偏心件（如图 4-225 中 2）上的张紧辊。

（18）从凸轮轴齿轮上取下齿形皮带。

3. 安装（调整配气相位）。

（1）提示：更新拧紧时需要继续旋转一个角度的螺栓。损坏时更换螺旋塞的 O 形环。用标准型软管卡箍固定所有软管连接。检查凸轮轴和曲轴的上止点位置，凸轮轴固定装置 T10494 已安装在凸轮轴壳体上，如图 4-226。注意：凸轮轴有损坏的危险。凸轮轴固定装置 T10494 不允许作为固定支架使用。

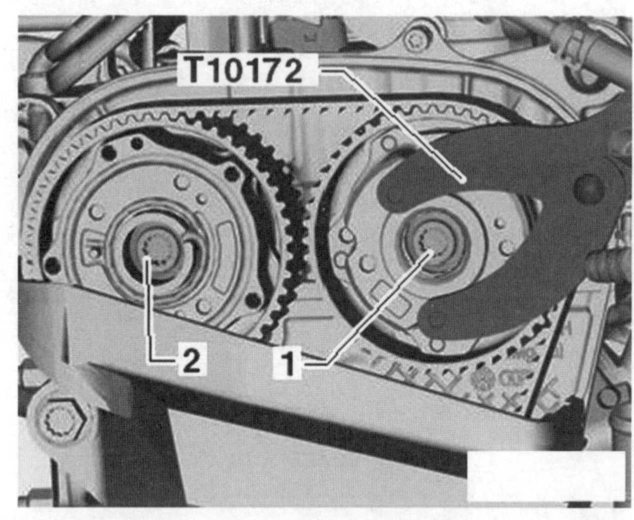

图 4-224

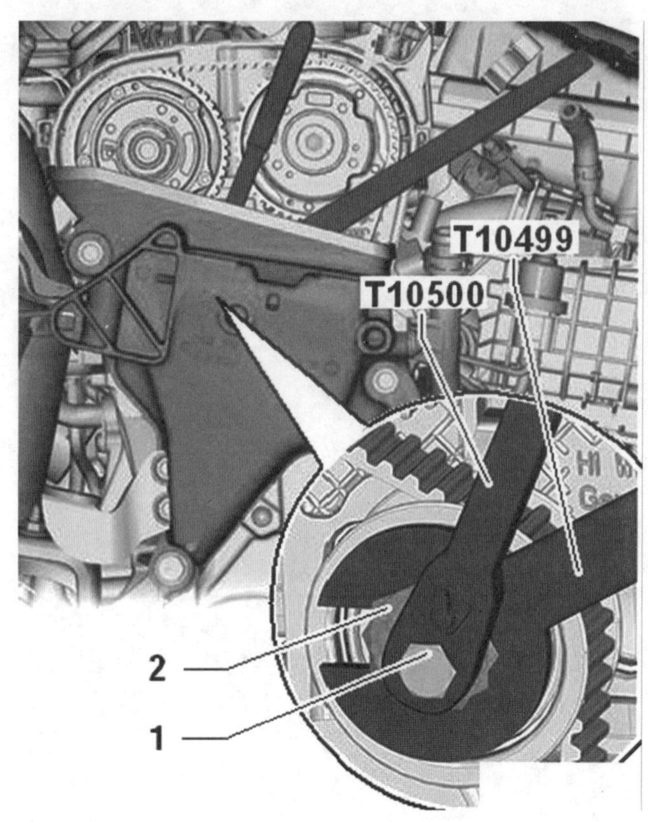

图 4-225

（2）固定螺栓 T10340 已拧入气缸体中极限位置，并用 30N・m 的力矩拧紧，如图 4-227。曲轴已沿发动机转动方向放置到固定螺栓 T10340 上的上止点位置。

（3）注意：凸轮轴有损坏的危险。凸轮轴固定装置 T10494 不允许作为固定支架使用。更换凸轮轴正时齿轮螺栓（如图 4-228 中 1、2），松动时拧入。凸轮轴正时齿轮必须能在凸轮轴上转动，同时不允许倾斜。

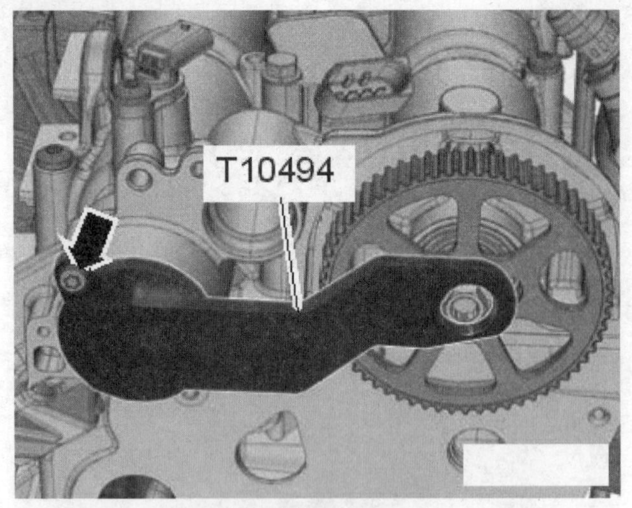

图 4-226

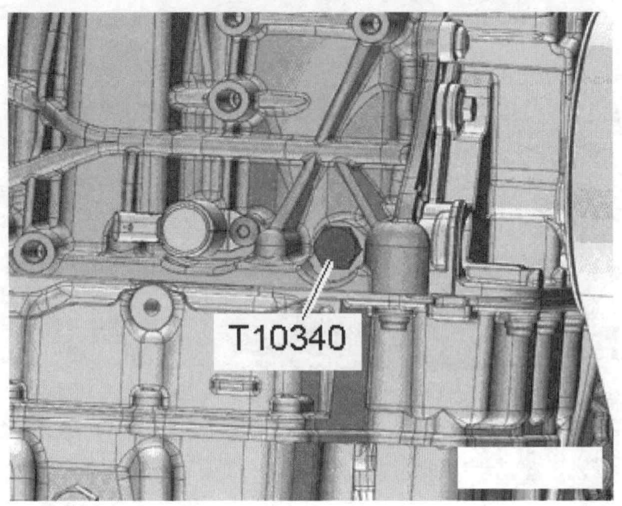

图 4-227

图 4-228

（4）张紧辊的钢板凸耳（如图 4-229 中箭头）必须嵌入气缸盖的铸造凹槽中。

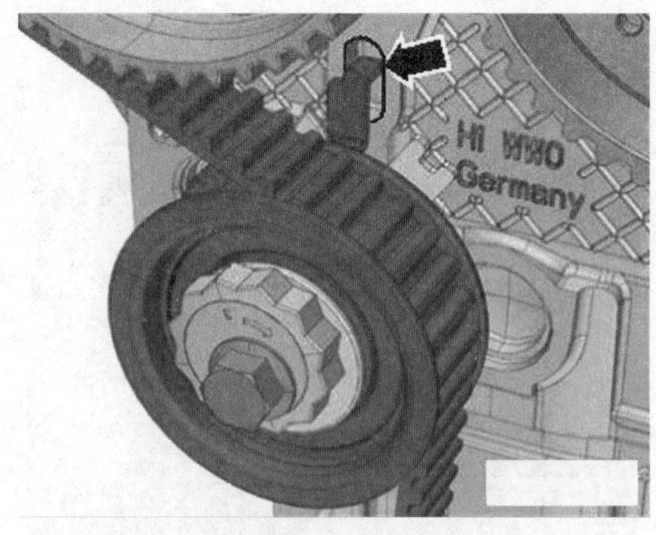

图 4-229

（5）注意安装齿形皮带的顺序：将齿形皮带向上拉，然后装在换向轮（如图 4-230 中 1）、张紧轮（如图 4-230 中 2）和凸轮轴齿轮（如图 4-230 中 3、4）上。

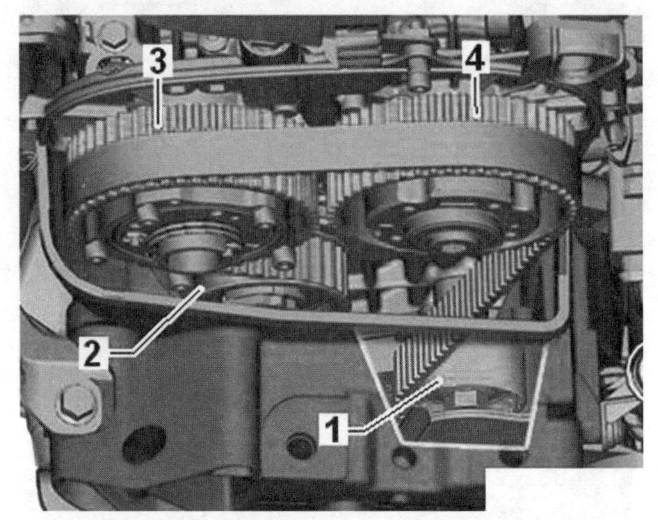

图 4-230

（6）将张紧轮的偏心轮（如图 4-231 中 2）用环形扳手 SW 30T10499 向箭头方向转动，直至调节指针（如图 4-231 中 3）位于调节窗右侧约 10mm。转回偏心轮，使调节指针准确位于调节窗内。注意：拧紧力矩错误有导致发动机损坏的危险。拧紧时必须使用扭矩扳手 VAS6583！用扭矩扳手 VAS6583 调节拧紧力矩时，必须将开口度 13 的工具头 T10500 上的规定刻度尺寸转入扭矩扳手内。使偏心轮保持在这个位置并拧紧螺栓（如图 4-231 中 1），为此使用开口度 13 的工具头 T10500 及扭矩扳手 VAS6583。提示：如果继续转动了发动机或发动机曾运行，则可能导致调节指针（如图 4-231 中 3）相对调节窗的位置略微偏离。这种情况不影响齿形皮带张紧。

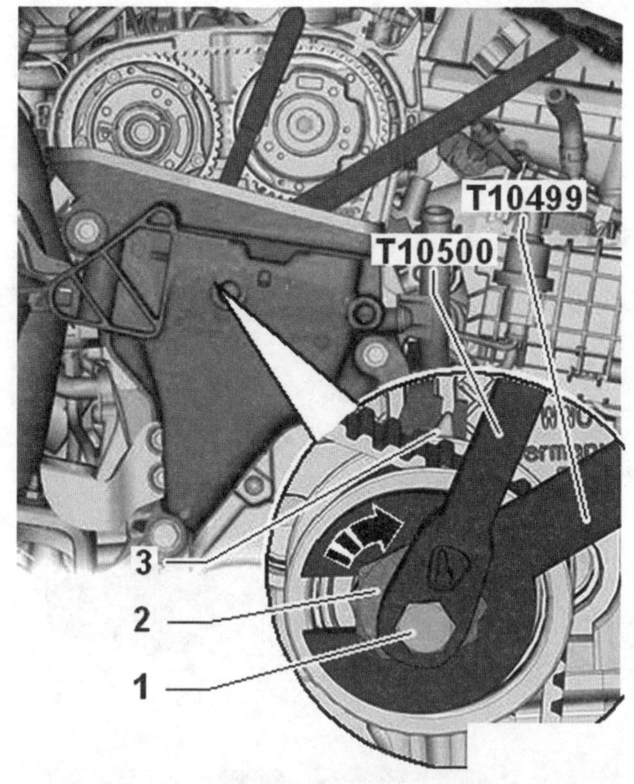

图 4-231

（7）注意：凸轮轴有损坏的危险。凸轮轴固定装置 T10494 不允许作为固定支架使用。用 50N · m 的力矩预拧紧螺栓（如图 4-232 中 1、2），为此使用固定支架 T10172 A 及适配接头 T10172/1。

图 4-232

（8）拧出固定螺栓 T10340，如图 4-233。

（9）拧出螺栓（如图 4-234 中箭头），取下凸轮轴固定装置 T10494。

4. 检查配气相位。

（1）将曲轴沿发动机转动方向转动 2 圈，如图 4-235。

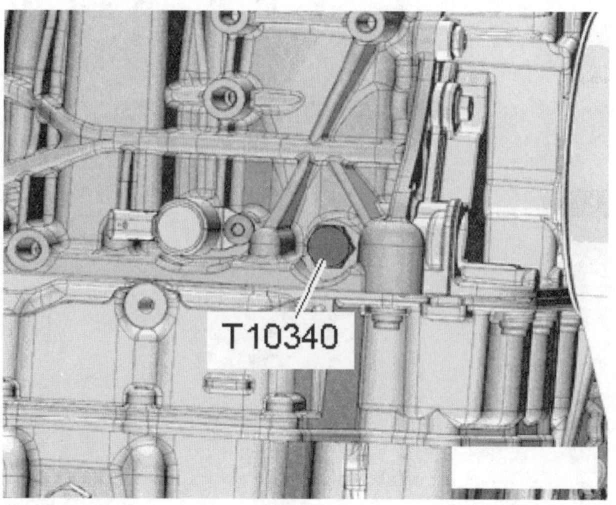

图 4-233

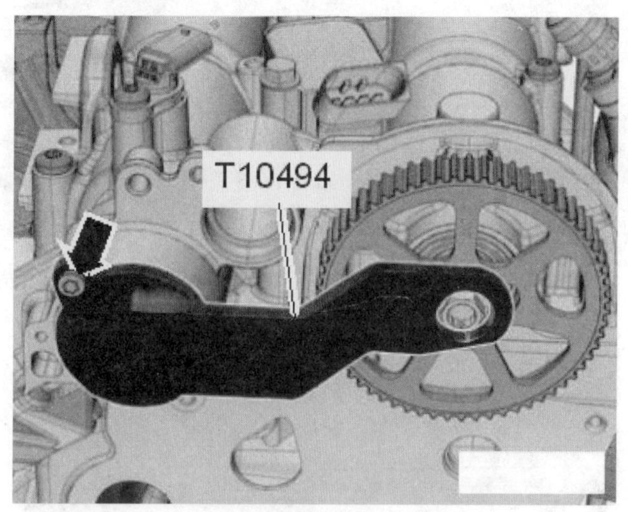

图 4-234

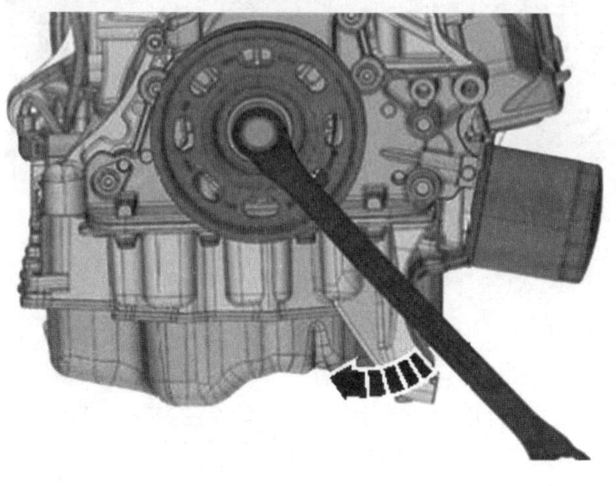

图 4-235

（2）将固定螺栓 T10340 拧入气缸体到极限位置，并用 30N · m 的力矩拧紧。继续沿发动机转动方向转动曲轴到限位位置，如图 4-236。现在曲轴臂紧贴在固定螺栓上。提示：固定螺栓 T10340 只在发动机运转方向上卡住曲轴。

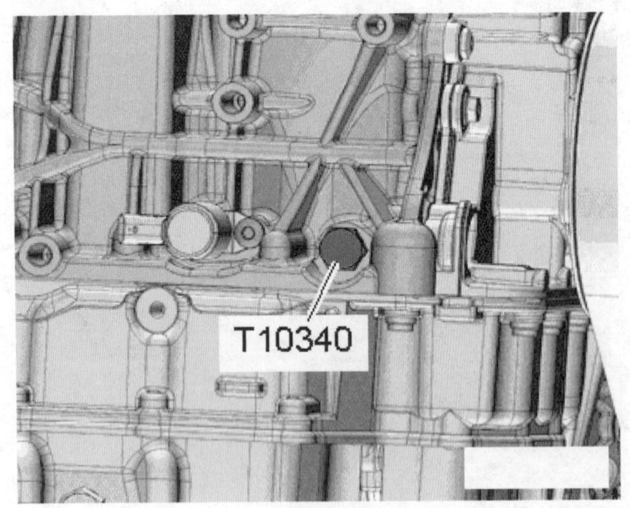

图 4-236

（3）提示：凸轮轴固定装置 T10494 必须很容易装入。不允许通过工具敲入凸轮轴固定装置。将凸轮轴固定装置 T10494 插入凸轮轴内至限位位置，然后通过螺栓（如图 4-237 中箭头）用手拧紧。

图 4-237

（4）提示：如果无法插入凸轮轴固定装置 T10494，用装配工具 T10487 压到齿形皮带上（如图 4-238 中箭头），同时将凸轮轴固定装置 T10494 插入凸轮轴内至限位位置，然后用手拧紧螺栓。如果无法装入凸轮轴固定装置 T10494，则说明配气相位不正常，再次调节配气相位。如果能够装入凸轮轴固定装置 T10494，则说明配气相位正常。

（5）拧出固定螺栓 T10340，如图 4-239。

（6）拧出螺栓（如图 4-240 中箭头），取下凸轮轴固定装置 T10494。

图 4-238

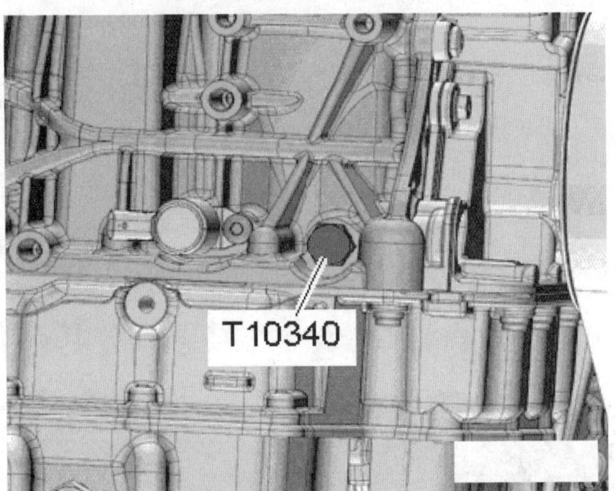

图 4-239

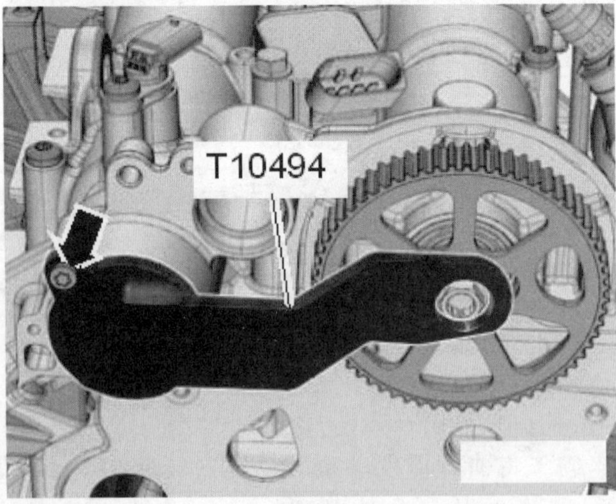

图 240

（7）用最终拧紧力矩拧紧螺栓（如图 4-241 中 1、2），为此使用固定支架 T10172 A 及适配接头 T10172/1。

图 4-241

（8）拧紧螺旋塞（如图 4-242 中 1），为此使用固定支架 T10172 A 及适配接头 T10172/1。

（9）注意：发动机有损坏的危险。最后检查是否取下了固定螺栓 T10340 和凸轮轴固定装置 T10494。

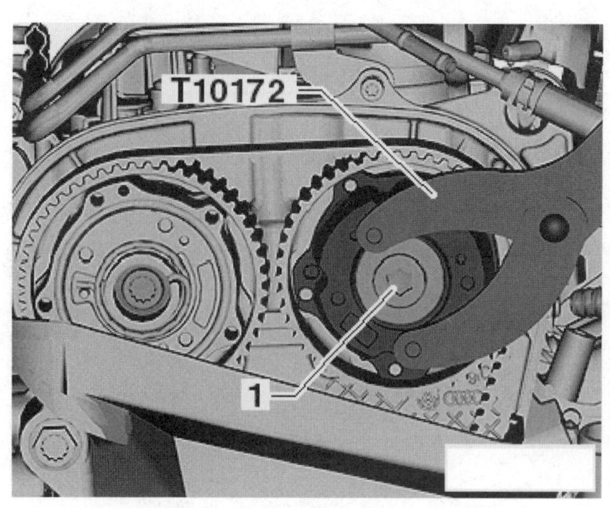

图 4-242

（10）其他组装以倒序进行，同时要按照注意事项安装发动机盖板。

（三）拆卸和安装齿形皮带

1. 所需要的专用工具和维修设备。

（1）扭矩扳手 VAS 6583、固定支架 T10172/2-9、固定螺栓 T10340、固定支架 T10475、环形扳手 SW30 T10499 和扳手头 SW13 T10500，如图 4-243。

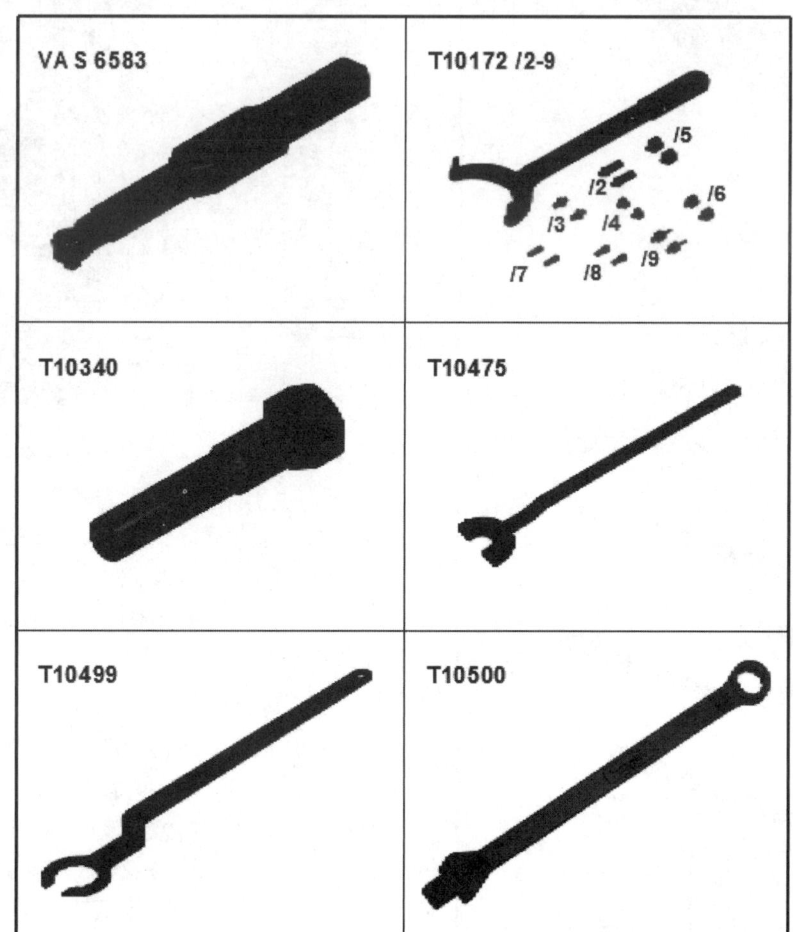

图 4-243

（2）装配工具 T10487，如图 4-244。

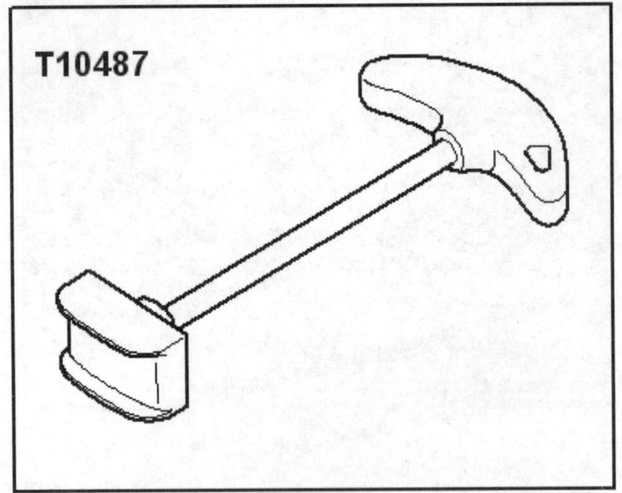

图 4-244

（3）凸轮轴固定装置 T10494，如图 4-245。

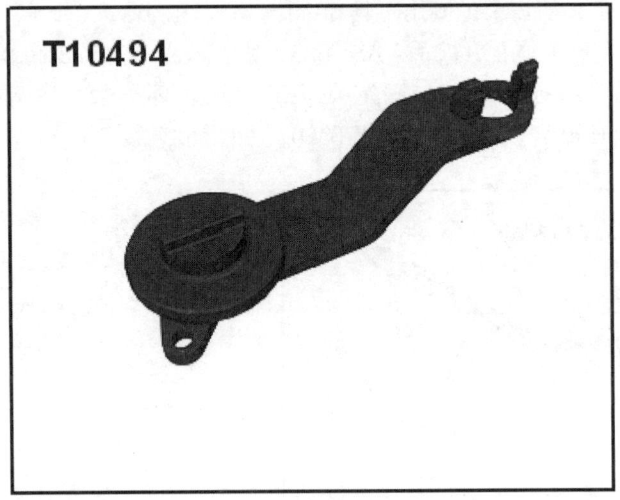

图 4-245

（4）松脱工具 T10527 和 T10527/1，如图 4-246。

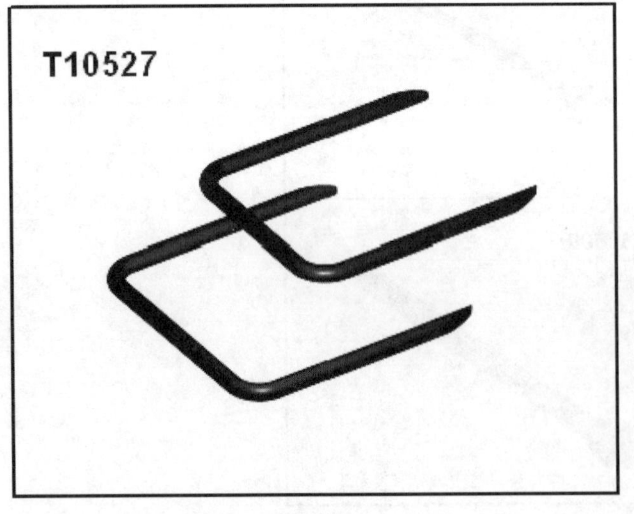

图 4-246

2. 拆卸。

（1）松开软管夹圈（如图 4-247 中 1、2），拆下空气导流管。

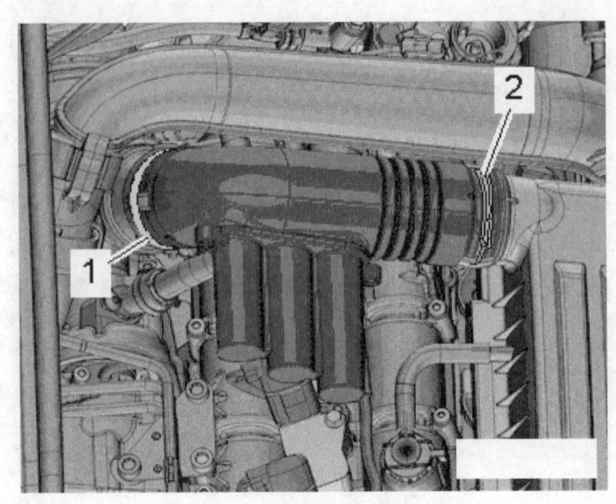

图 4-247

（2）脱开电插头（如图 4-248 中 1）。提示：无须理会箭头。

图 4-248

（3）用松脱工具 T10527 和 T10527/1 松开卡子（如图 4-249 中箭头）。取下空气导流管（如图 4-249 中 1）。

（4）按压解锁按钮，拆下至活性炭罐的软管（如图 4-250 中 1）。拧出螺栓（如图 4-250 中箭头），取下曲轴箱排气软管。

（5）如果已经装入了，拧出接管上的螺栓（如图 4-251 中箭头）并将冷却液软管略微向前推。

（6）露出电导线束（如图 4-252 中箭头）。拧出螺栓（如图 4-252 中 1、3），取下冷却液泵齿形皮带的齿形皮带护罩（如图 4-252 中 2）。

（7）拧出螺栓（如图 4-253 中箭头），取下端盖（如图 4-253 中 1）。

图 4-249

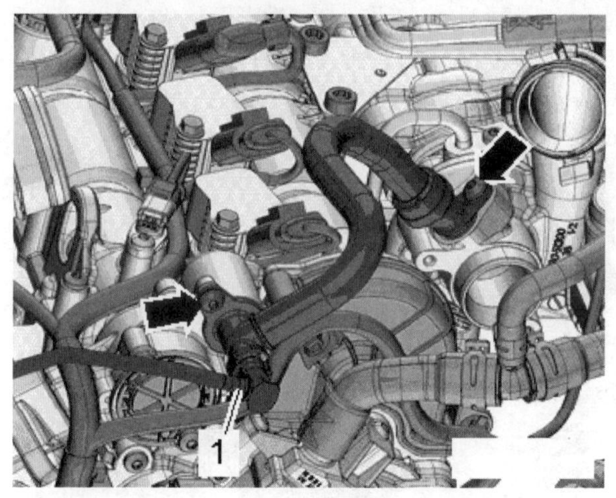

图 4-250

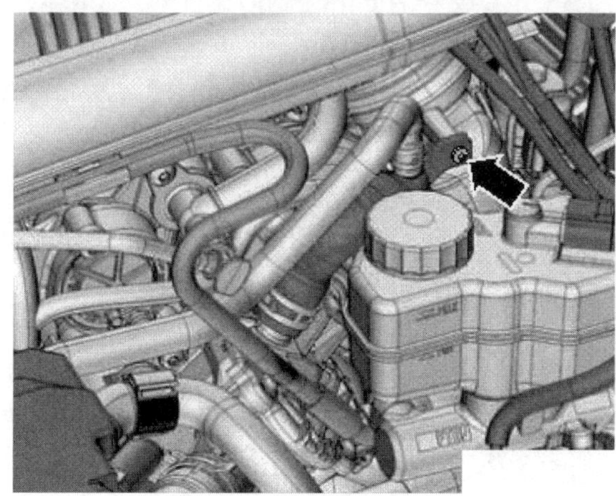
图 4-251

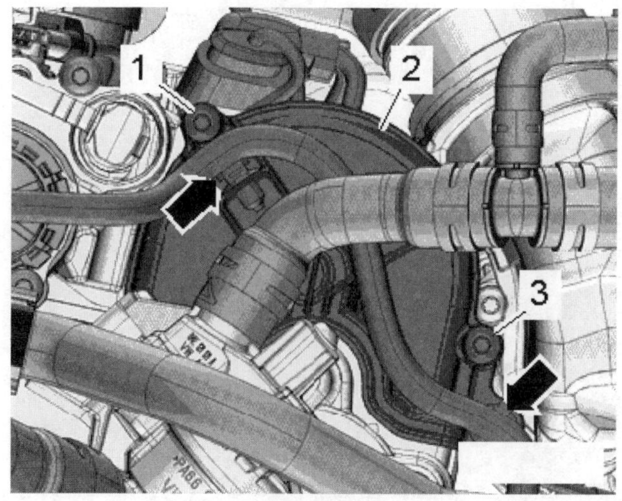

图 4-252

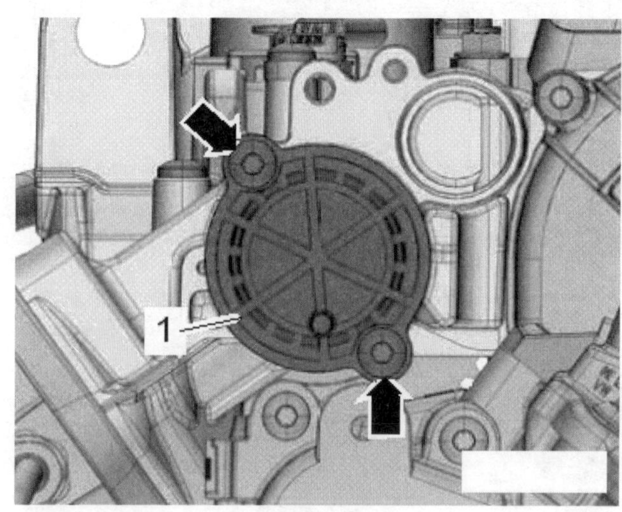

图 4-253

（8）露出支架（如图 4-254 中 3）上的软管。旋出螺栓（如图 4-254 中 2）。松开夹子（如图 4-254 中箭头），取下上部齿形皮带护罩（如图 4-254 中 1）。

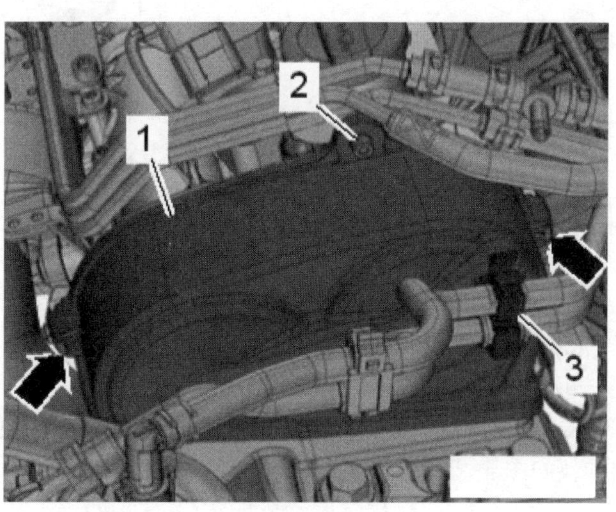

图 4-254

（9）注意：齿形皮带沾油会有发动机损坏的危险。为收集溢出的发动机油，将一块抹布放在下面。拧出螺栓（如图 4-255 中箭头）。

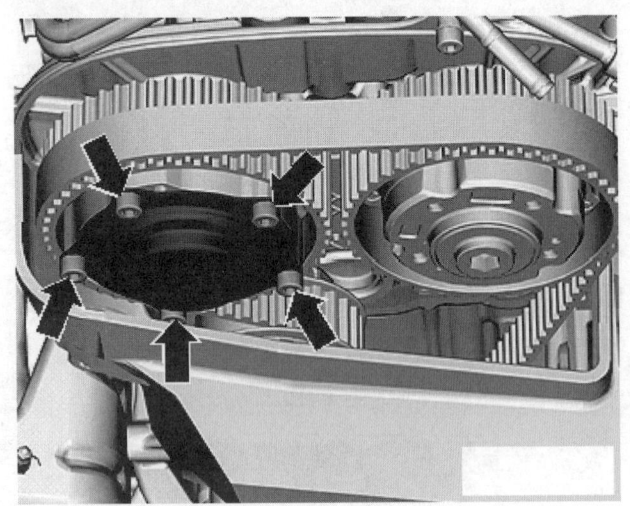
图 4-255

（10）提示：为了拧下全部螺栓，沿发动机转动方向通过皮带盘/减震器转动曲轴（如图 4-256 中箭头）。取下排气凸轮轴的凸轮轴调节器的盖。

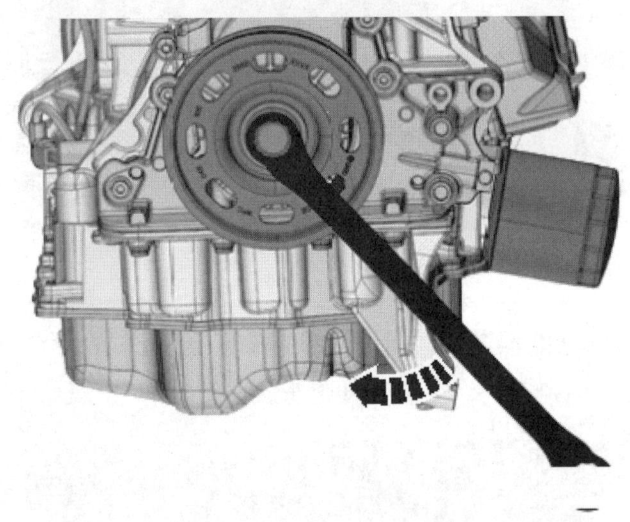
图 4-256

（11）按以下方式将曲轴转到上止点：

①拧出气缸体上上止点孔的螺旋塞。

②将固定螺栓 T10340 拧入气缸体到极限位置，并用 30N·m 的力矩拧紧。

③沿发动机转动方向转动曲轴到限位位置。

④现在固定螺栓紧贴在曲轴曲柄臂上。

提示：固定螺栓 T10340 只在发动机运转方向上卡住曲轴，如图 4-257 所示。

（12）注意：有损坏发动机的危险。如果固定螺栓 T10340不能拧入到极限位置，则说明曲轴未处于正确位置。

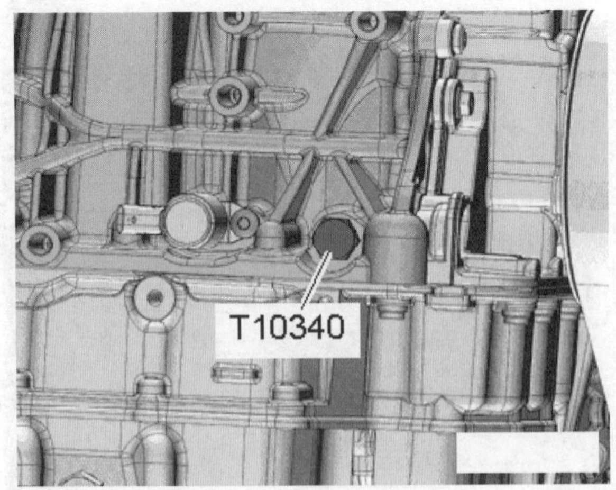

图 4-257

当出现这种情况时可采取下列办法：

①拧出固定螺栓。

②将曲轴沿发动机运转方向转动 90°。

③将固定螺栓 T10340 拧入气缸体到极限位置，并用 30N·m 的力矩拧紧。

④继续沿发动机转动方向转动曲轴到极限位置。

如图 4-258，对于两个凸轮轴来说，现在变速器侧不对称布置的凹槽必须朝上（如图 4-258 中上部和下部箭头）。对于排气凸轮轴（如图 4-258 中 A）来说，可通过冷却液泵驱动轮内的开口接触到凹槽（如图 4-258 中上部箭头）。对于进气凸轮轴（如图 4-258 中 E）来说，可直接接触到凹槽（如图 4-258 中下部箭头）。如果凸轮轴不处于所述位置，则拧出固定螺栓 T10340，然后继续转动曲轴一圈并使其转到上止点位置。

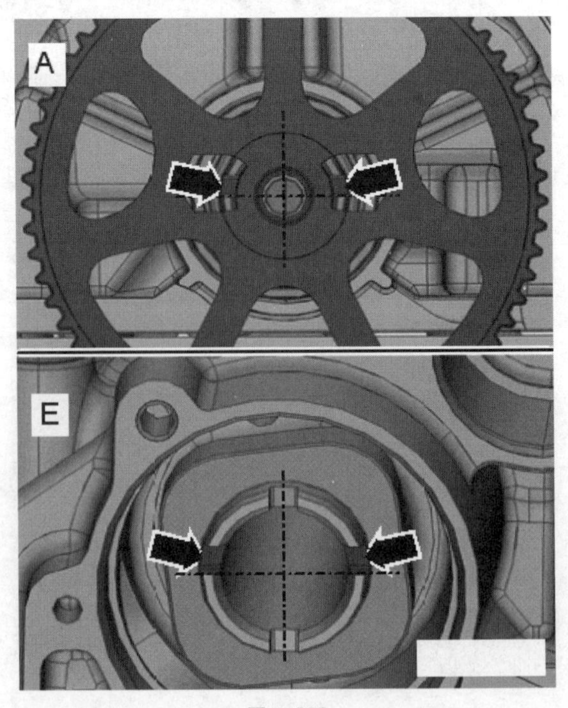

图 4-258

（13）提示：凸轮轴固定装置 T10494 必须很容易插入。不允许通过工具敲入凸轮轴固定装置。如果凸轮轴不处于所述位置，则将凸轮轴固定装置 T10494 插入凸轮轴内至限位位置，然后用手拧紧螺栓（如图 4-259 中箭头）。

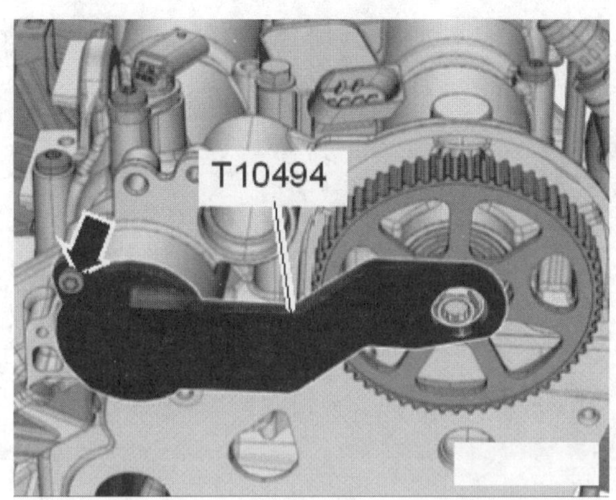

图 4-259

（14）提示：如果无法插入凸轮轴固定装置 T10494，用装配工具 T10487 压到齿形皮带上（如图 4-260 中箭头），同时将凸轮轴固定装置 T10494 插入凸轮轴内至限位位置，然后用手拧紧螺栓。

图 4-260

（15）拆卸多楔带轮。注意：密封面有损坏的危险。凸轮轴固定装置 T10494 不允许作为固定支架使用。拧出进气侧凸轮轴正时齿轮上的螺旋塞（如图 4-261 中 1），为此使用固定支架 T10172 A 及适配接头 T10172/1。

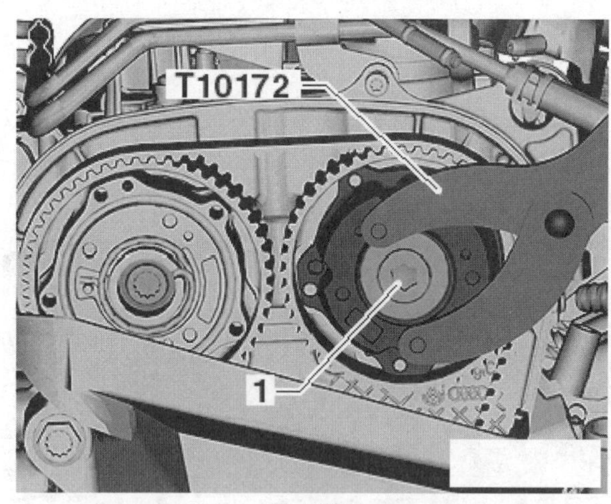

图 4-261

（16）将螺栓（如图 4-262 中 1、2）松开约一圈，为此使用固定支架 T10172 A 及适配接头 T10172/1。

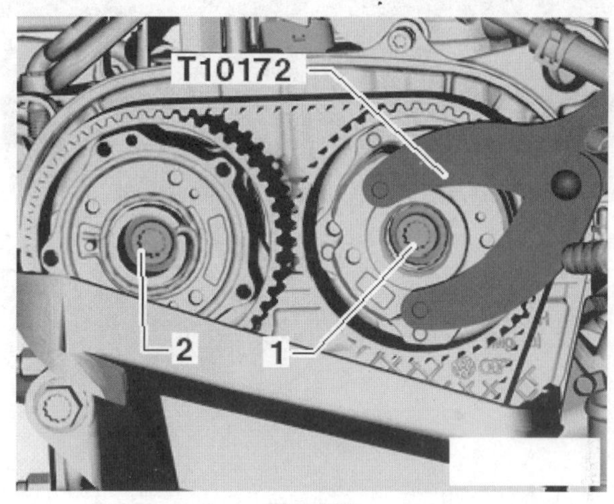

图 4-262

（17）拆卸皮带盘。

（18）拧下螺栓（如图 4-263 中箭头），取下下部齿形皮带护罩。

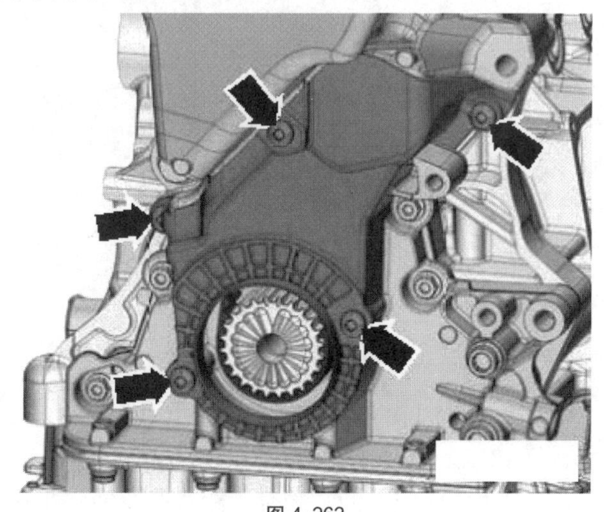

图 4-263

（19）将开口度 30 的环形扳手 T10499 装载张紧轮的偏心轮（如图 4-264 中 2）上。将螺栓（如图 4-264 中 1）用开口度 13 的工具头 T10500 松开。用环形扳手 SW30 T10499 松开偏心件（如图 4-264 中 2）上的张紧辊。注意：已使用过的齿形皮带如果颠倒了转动方向会导致损坏。在拆卸齿形皮带之前，用粉笔或记号笔记下转动方向，以方便重新安装。取下齿形皮带。

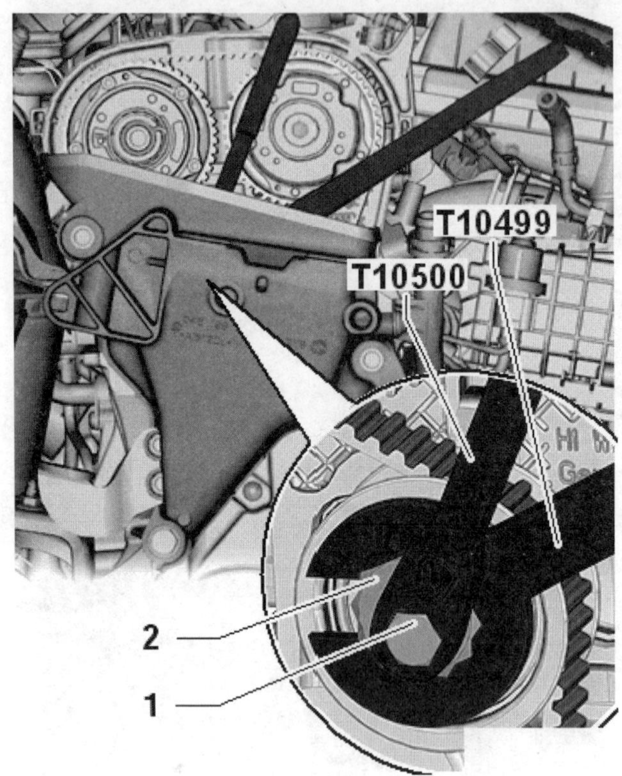

图 4-264

（20）取下曲轴正时皮带轮（如图 4-265 中 1）箭头。

图 4-265

3. 安装（调整配气相位）。

（1）提示：更新拧紧时需要继续旋转一个角度的螺栓。损坏时更换螺旋塞的 O 形环。检查凸轮轴和曲轴的上止点位置，凸轮轴固定装置 T10494 已安装在凸轮轴壳体上（如图 4-266 中箭头）。注意：凸轮轴有损坏的危险。凸轮轴固定装置 T10494 不允许作为固定支架使用。

图 4-266

（2）固定螺栓 T10340 已拧入气缸体中极限位置，并用 30N·m 的力矩拧紧，如图 4-267。曲轴已沿发动机转动方向放置到固定螺栓 T10340 上的上止点位置。

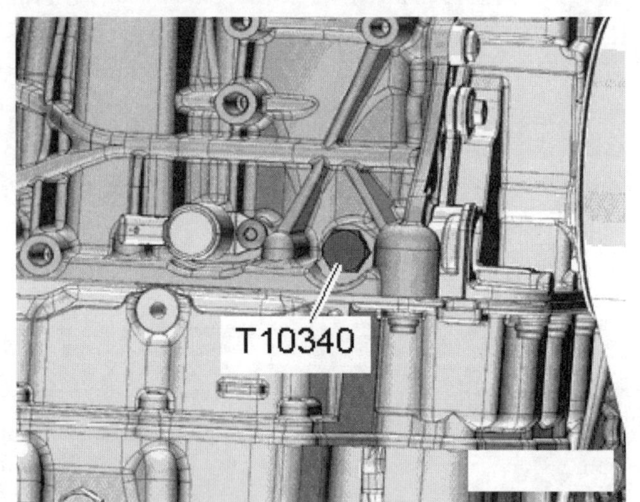

图 4-267

（3）注意：凸轮轴有损坏的危险。凸轮轴固定装置 T10494 不允许作为固定支架使用。更换凸轮轴正时齿轮螺栓（如图 4-268 中 1、2），松动时拧入。凸轮轴正时齿轮必须能在凸轮轴上转动，同时不允许倾斜。

（4）张紧辊的钢板凸耳（如图 4-269 中箭头）必须嵌入气缸盖的铸造凹槽中。

（5）将曲轴正时皮带轮装到曲轴上。多楔带轮与曲轴正时皮带轮之间的接触面必须无机油和油脂。曲轴正时皮带轮上的铣削面（如图 4-270 中箭头）必须靠在曲轴轴颈的铣削面上。

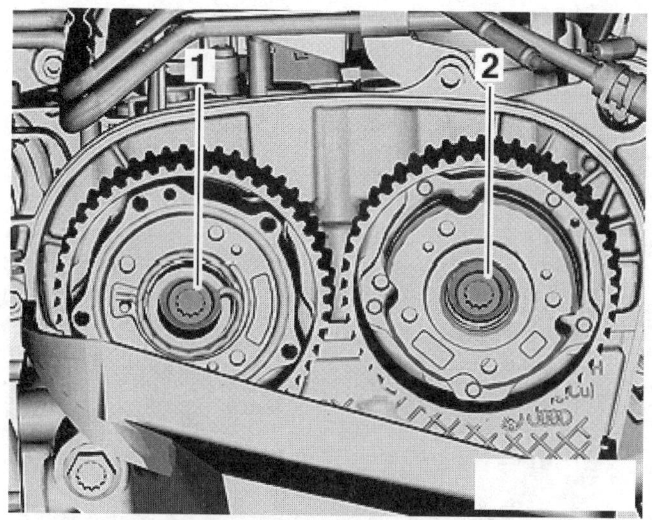

图 4-268

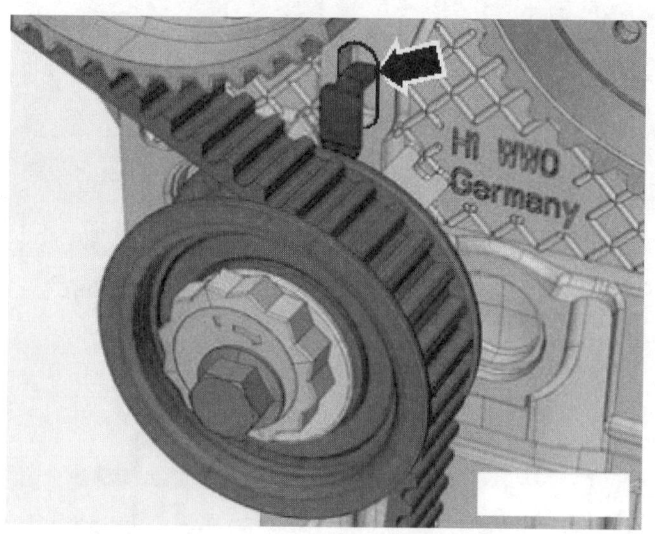

图 4-269

图 4-270

（6）按照所述顺序安装齿形皮带（如图 4-271）。

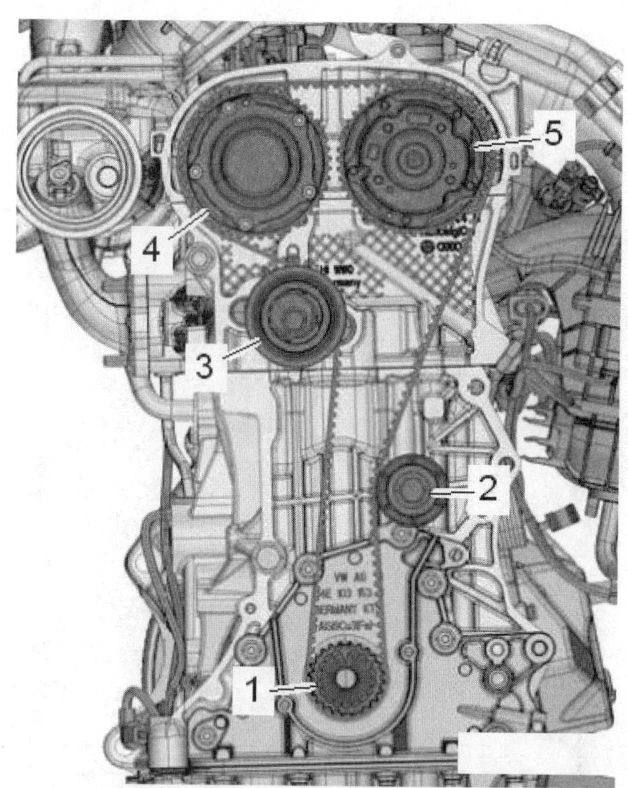

1- 曲轴齿形带轮　2- 导向辊　3- 张紧轮　4- 排气侧凸轮轴正时齿轮
5- 进气侧凸轮轴正时齿轮
图 4-271

（7）安装齿形皮带护罩下部。

（8）安装皮带盘。

（9）将张紧轮的偏心轮（如图 4-272 中 2）用环形扳手 SW30 T10499 向箭头方向转动，直至调节指针（如图 4-272 中 3）位于调节窗右侧约 10mm。转回偏心轮，使调节指针准确位于调节窗内。注意：拧紧力矩错误有导致发动机损坏的危险。拧紧时必须使用扭矩扳手 VAS 6583！在扭矩扳手 VAS 6583 上调节拧紧力矩时，必须将开口度 13 的工具头 T10500 上的规定刻度尺寸转入扭矩扳手内。使偏心轮保持在这个位置并拧紧螺栓（如图 4-272 中 1），为此使用开口度 13 的工具头 T10500 及扭矩扳手 VAS 6583。提示：如果继续转动了发动机或发动机曾运行，则可能导致调节指针（如图 4-272 中 3）相对调节窗的位置略微偏离。这种情况不影响齿形皮带张紧。

（10）注意：凸轮轴有损坏的危险。凸轮轴固定装置 T10494 不允许作为固定支架使用。

（11）用 50N · m 的力矩预拧紧螺栓（如图 4-273 中 1、2），为此使用固定支架 T10172 A 及适配接头 T10172/1。

（12）拧出固定螺栓 T10340，如图 4-274 所示。

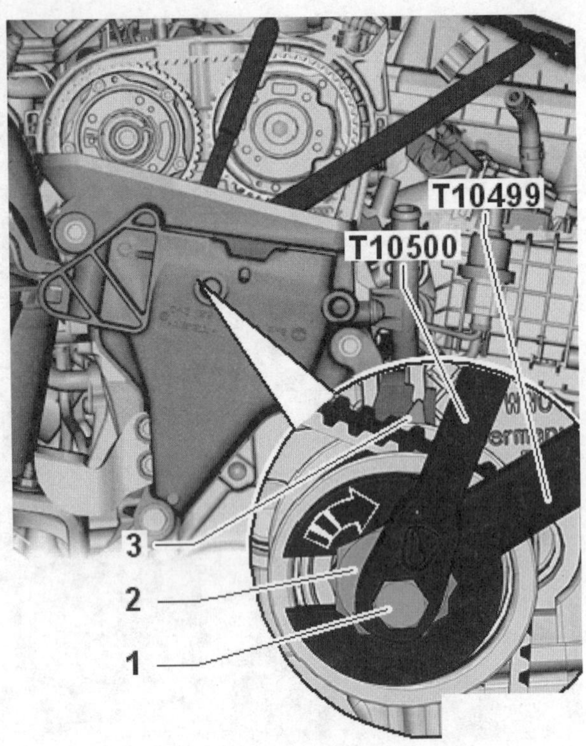

图 4-272

图 4-273

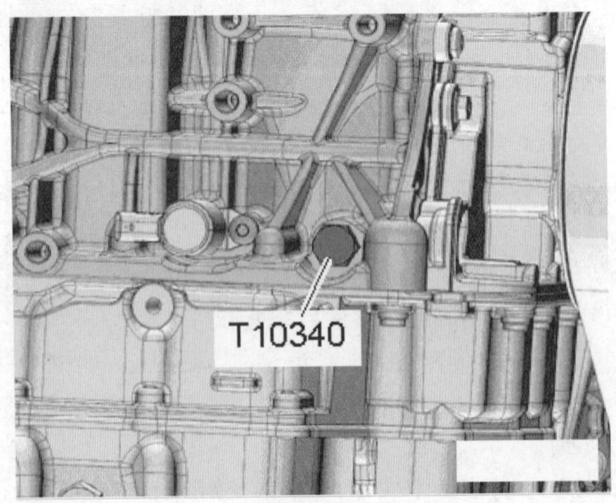

图 4-274

（13）拧出螺栓（如图 4-275 中箭头），取下凸轮轴固定装置 T10494。

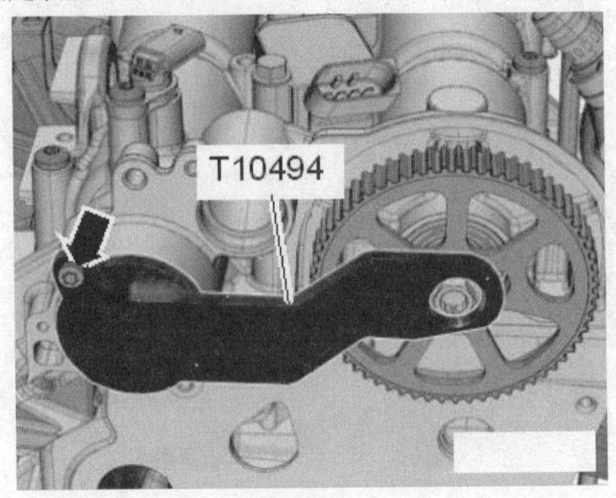

图 4-275

4. 检查配气相位。

（1）将曲轴沿发动机转动方向转动 2 圈（如图 4-276 中箭头）。

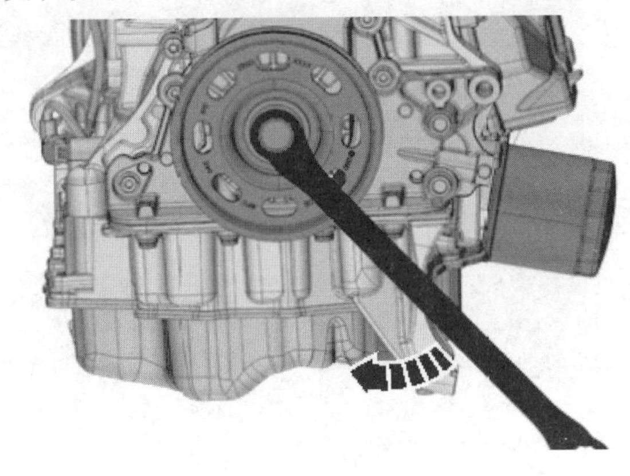
图 4-276

（2）将固定螺栓 T10340 拧入气缸体到极限位置，并用 30N · m 的力矩拧紧，如图 4-277。继续沿发动机转动方向转动曲轴到限位位置。现在固定螺栓紧贴在曲轴曲柄臂上。提示：固定螺栓 T10340 只在发动机运转方向上卡住曲轴。

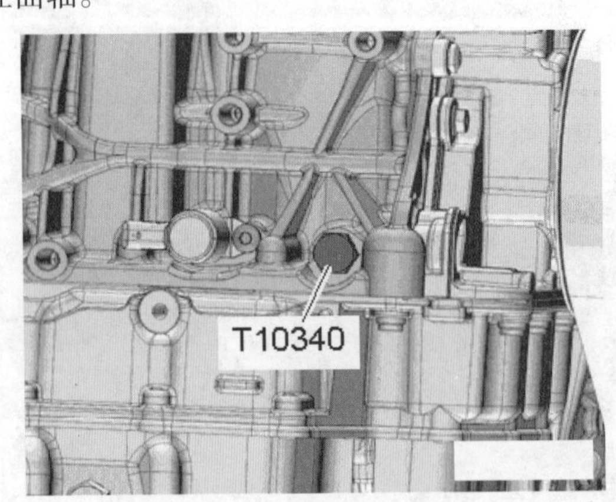

图 4-277

（3）凸轮轴固定装置 T10494 必须很容易装入，如图 4-278。不允许通过工具敲入凸轮轴固定装置。将凸轮轴固定装置 T10494 插入凸轮轴内至限位位置，然后通过螺栓（如图 4-278 中箭头）用手拧紧。

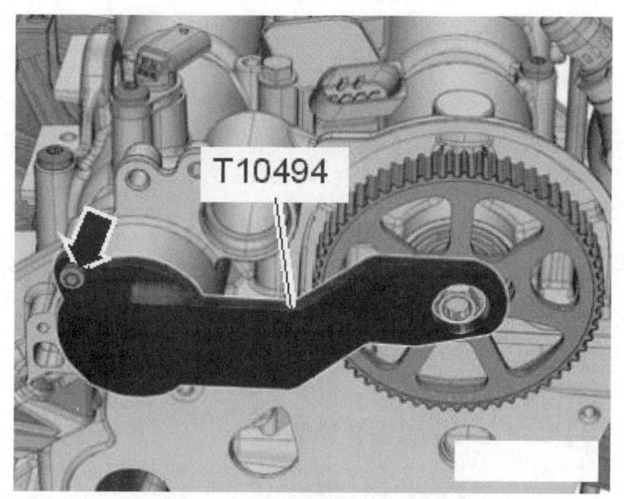

图 4-278

（4）提示：如果无法插入凸轮轴固定装置 T10494，用装配工具 T10487 压到齿形皮带上（如图 4-279 中箭头），同时将凸轮轴固定装置 T10494 插入凸轮轴内至限位位置，然后用手拧紧螺栓。如果无法装入凸轮轴固定装置 T10494，则说明配气相位不正常，再次调节配气相位。如果能够装入凸轮轴固定装置 T10494，则说明配气相位正常。

图 4-279

（5）拧出固定螺栓 T10340，如图 4-280。

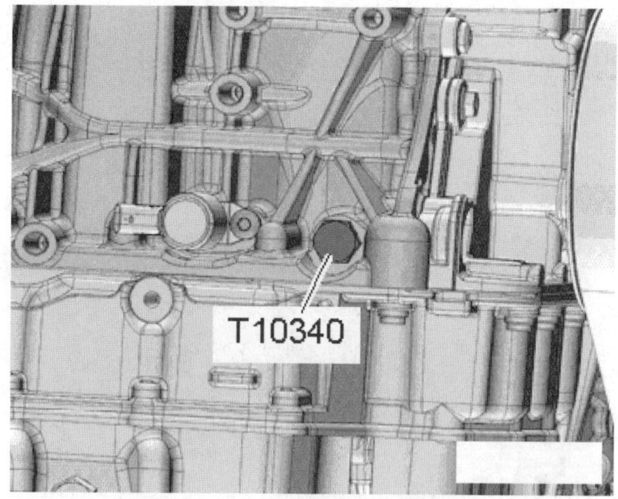

图 4-280

（6）拧出螺栓（如图 4-281 中箭头），取下凸轮轴固定装置 T10494。

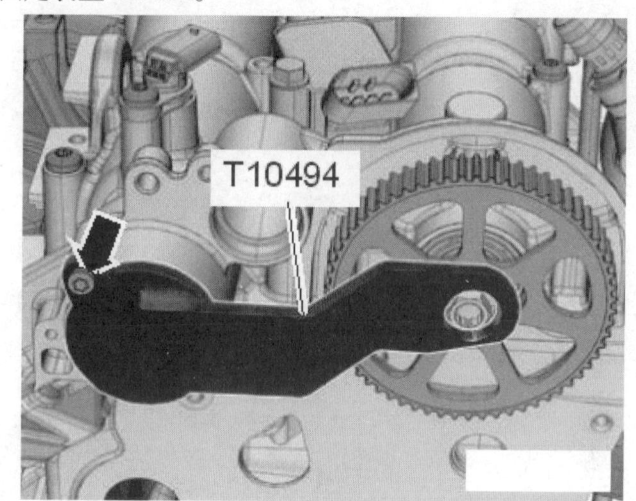

图 4-281

（7）用最终拧紧力矩拧紧螺栓（如图 4-282 中 1、2），为此使用固定支架 T10172 A 及适配接头 T10172/1。

图 4-282

（8）拧紧螺旋塞（如图 4-283 中 1），为此使用固定支架 T10172 A 及适配接头 T10172/1。注意：发动机有损坏的危险。最后检查是否取下了固定螺栓 T10340 和凸轮轴固定装置 T10494。

图 4-283

（9）其余的组装以倒序进行。

六、车型

一汽奥迪 A3 40TFSI（1.8T CUFA），2014—2016 年。
一汽奥迪 A4L 30TFSI（1.8T CCUA），2014—2016 年。
一汽奥迪 A4L 35TFSI（2.0T CUJA），2014—2016 年。
一汽奥迪 A4L 45TFSI（2.0T CUHA），2014—2016 年。
一汽奥迪 A6L 35TFSI（2.0T CUHA），2018—2019 年。
一汽奥迪 Q5 40TFSI（2.0T CUHA），2014—2018 年。
奥迪 A7 40TFSI（2.0T CYPA），2016—2018 年。
奥迪 TT 45TFSI（2.0T CHHC），2015—2018 年。
新奥迪 Q7（4M）40TFSI（2.0T CYRB），2016—2018 年。
这些发动机为 EA888 第三代发动机。

（一）凸轮轴正时链装配

凸轮轴正时链装配一览如图 4-284。

（二）三级链轮安装位置

两面（如图 4-285 中箭头）必须相对。

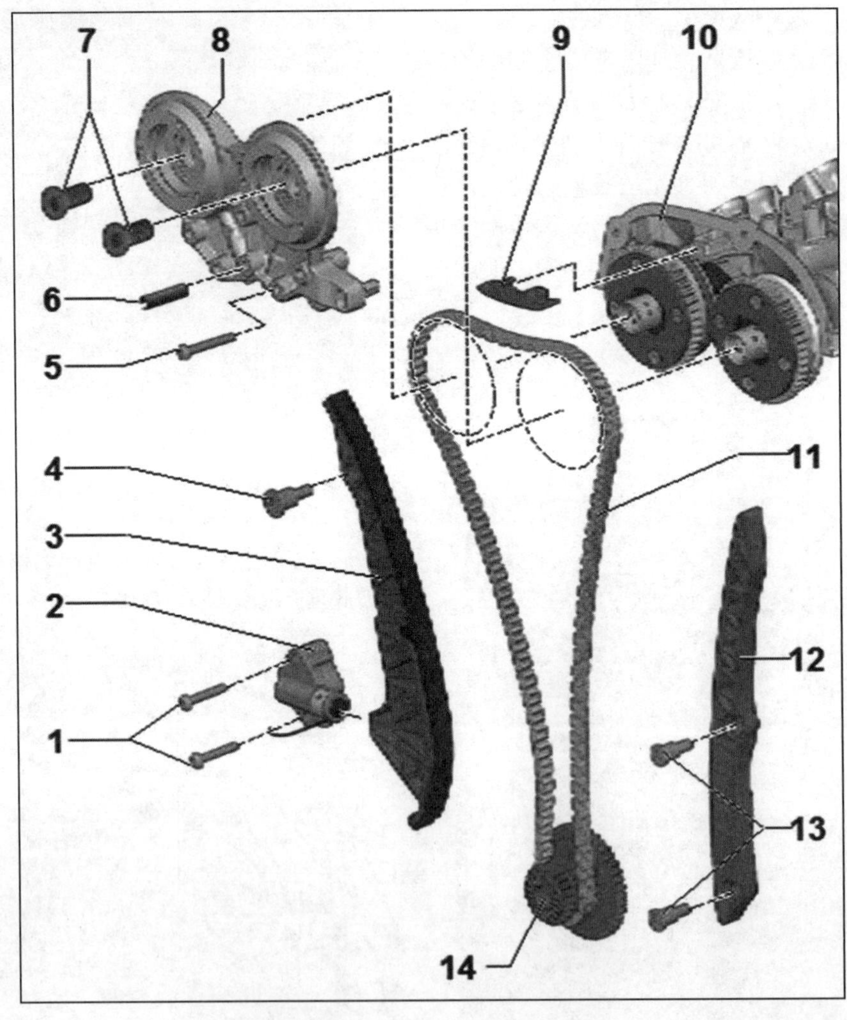

1- 螺栓。拆卸后更换，拧紧力矩 4N · m +90°　2- 链条张紧器。处于弹簧张紧状态。拆卸前用插入定位工具 T40267 固定　3- 正时链张紧轨　4- 导向销。拧紧力矩：20N · m　5- 螺栓。拆卸后更换　6- 夹紧套。根据结构情况，不是在每个轴承桥上都安装　7- 控制阀。左旋螺纹。用装配工具 T10352/2 进行拆卸，拧紧力矩：35N · m　8- 轴承桥　9- 凸轮轴正时链的滑轨　10- 凸轮轴外壳　11- 凸轮轴正时链。拆卸前，用颜色标记转动方向　12- 凸轮轴正时链的滑轨　13- 导向销。拧紧力矩：20N · m　14- 三级链轮

图 4-284

图 4-285

（三）平衡轴驱动链安装

平衡轴驱动链安装一览如图 4-286。

（四）拆卸和安装凸轮轴正时链

1. 所需要的专用工具和维修设备。

（1）拆卸工具 T10352、固定支架 T10355、定位销 T40011、装配杆 T40243、插入定位工具 T40267 和凸轮轴固定装置 T40271，如图 4-287。

（2）装配工具 T40266，如图 4-288。

（3）装配工装 T10531，如图 4-289。装配工装 T10531 的各部件：定位件 T10531/1、张紧销 T10531/2、旋转工具 T10531/3 和带肩螺母 T10531/4。

2. 拆卸。

（1）拆卸正时链上部盖板。

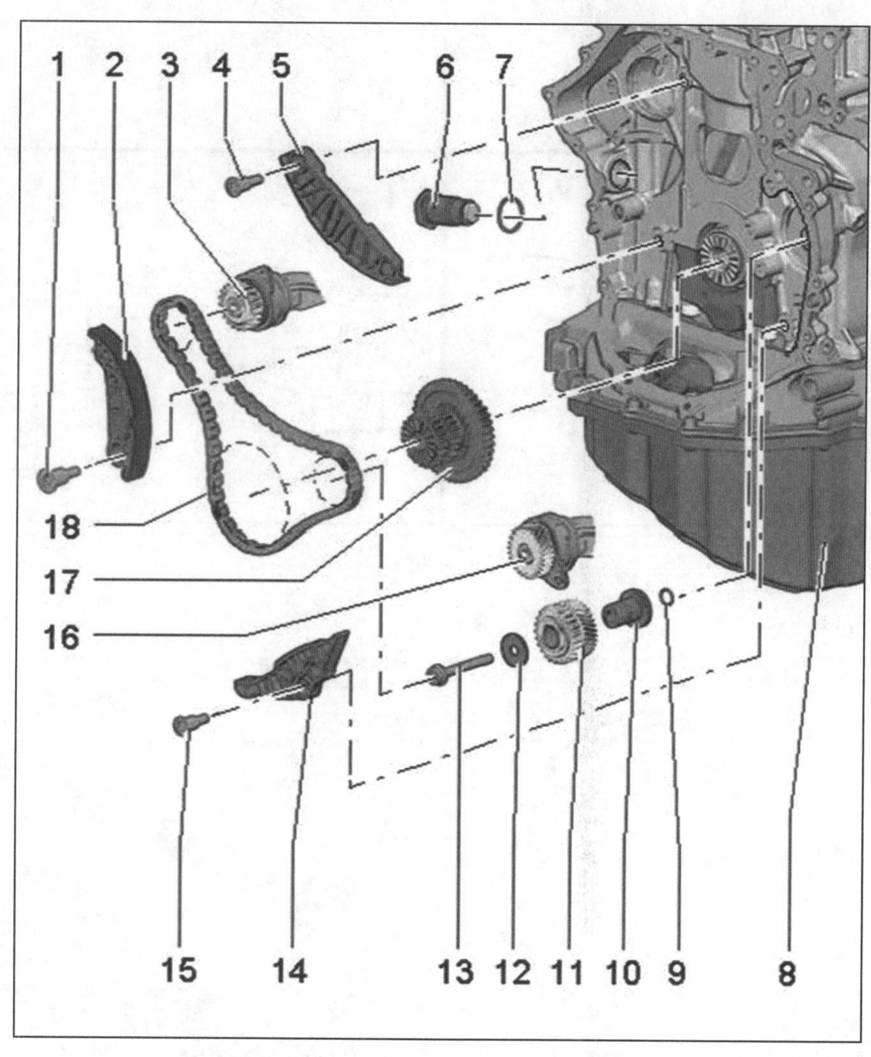

1- 导向销。拧紧力矩：20N·m　2- 张紧轨。用于正时链　3- 平衡轴。排气侧。拆卸后必须更新　4- 导向销。拧紧力矩：20N·m　5- 滑轨。用于正时链　6- 链条张紧器。涂防松剂后装入，拧紧力矩：85N·m　7- 密封环　8- 气缸体　9-O 形环。用发动机油浸润　10- 轴承螺栓。用发动机机油涂抹　11- 中间齿轮。如果螺栓松开过，则必须更换中间齿轮　12- 止推垫片　13- 螺栓。拆卸后更换。如果螺栓松开过，则必须更换中间齿轮　14- 滑轨。用于平衡轴正时链　15- 导向销。拧紧力矩：20N·m　16- 平衡轴。进气侧。拆卸后必须更新　17- 三级链轮　18- 平衡轴驱动链

图 4-286

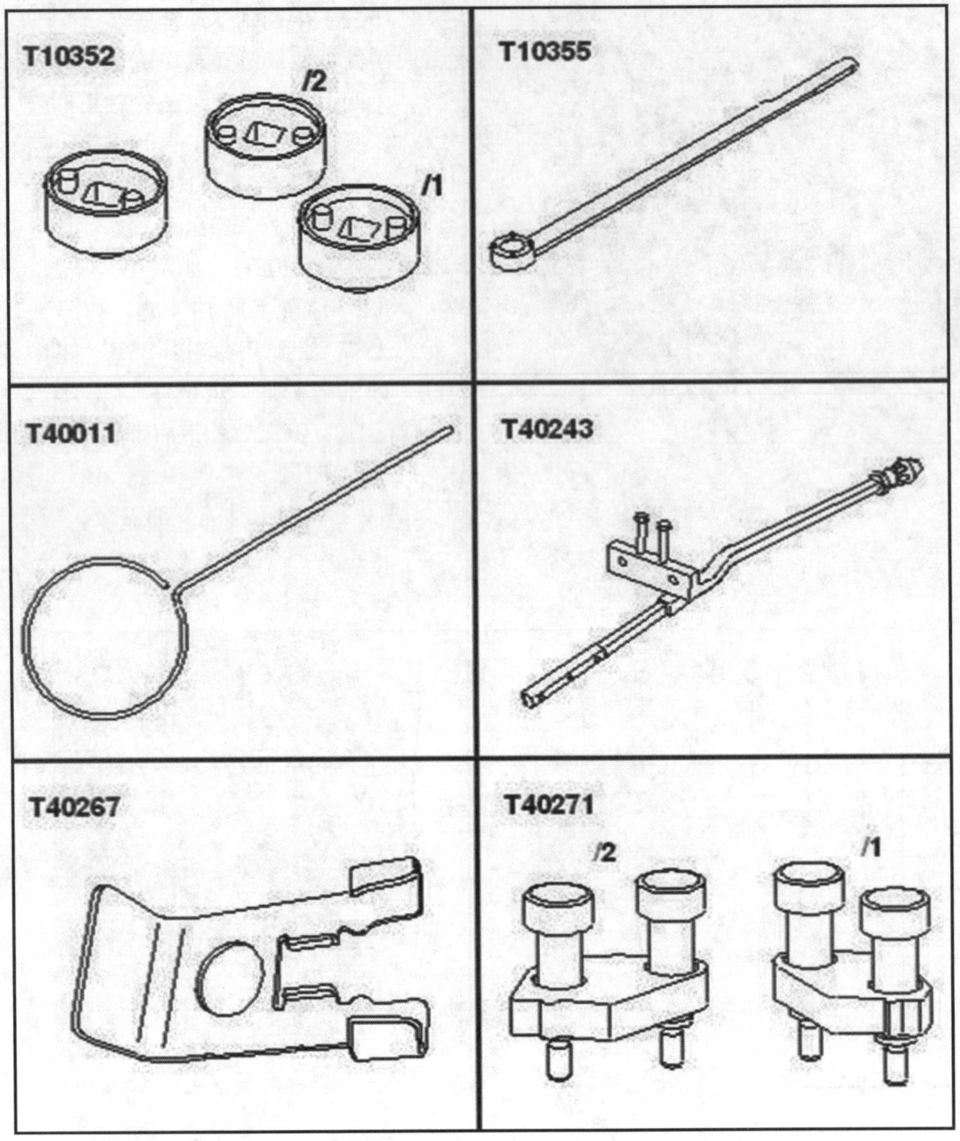

图 4-287

图 4-288

图 4-289

（2）拆卸隔音垫。

（3）当心！控制阀有左旋螺纹。用装配工具 T10352/2 沿如图 4-290 中箭头方向拆下左侧和右侧的控制阀。

图 4-290

（4）拧下螺栓如图 4-291 中箭头，取下轴承桥。

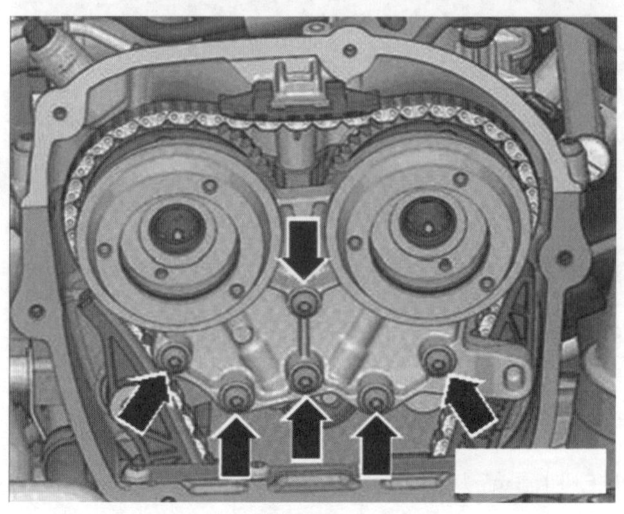

图 4-291

（5）用固定支架 T10355 将减震器转入位置“上止点”，如图 4-292。减震器缺口必须对准正时链下盖板上的标记（如图 4-292 中箭头）。凸轮轴标记（如图 4-292 中 1）必须指向上。

（6）拆卸正时链下部盖板。

（7）沿如图 4-293 中箭头方向按压机油泵的链条张紧器张紧卡箍并用定位销 T40011 卡住。拧出螺栓（如图 4-293 中 1）并拆下链条张紧器（如图 4-293 中 2）。

（8）拧出螺栓（如图 4-294 中箭头）。

（9）拧入装配杆 T40243（如图 4-295 中箭头）。压紧并固定链条张紧器的卡环（如图 4-295 中 1）。沿箭头方向缓慢地按压并固定装配杆 T40243。

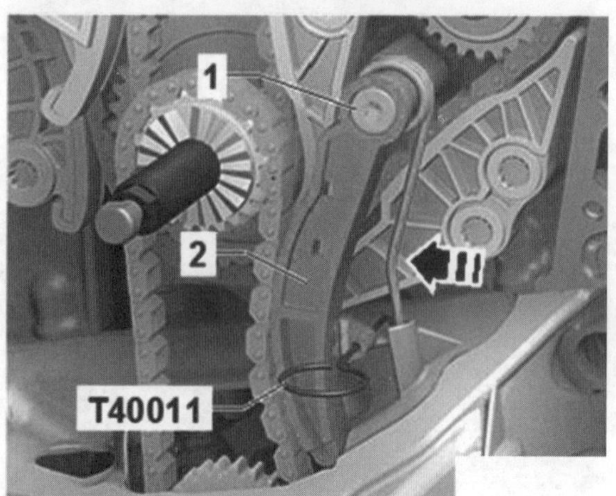

图 4-292

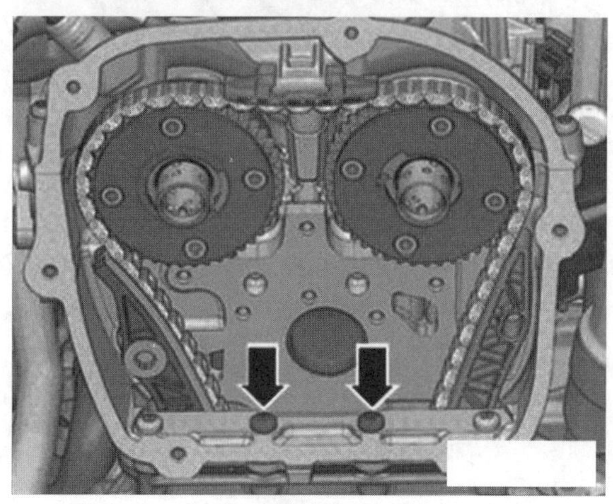

图 4-293

图 4-294

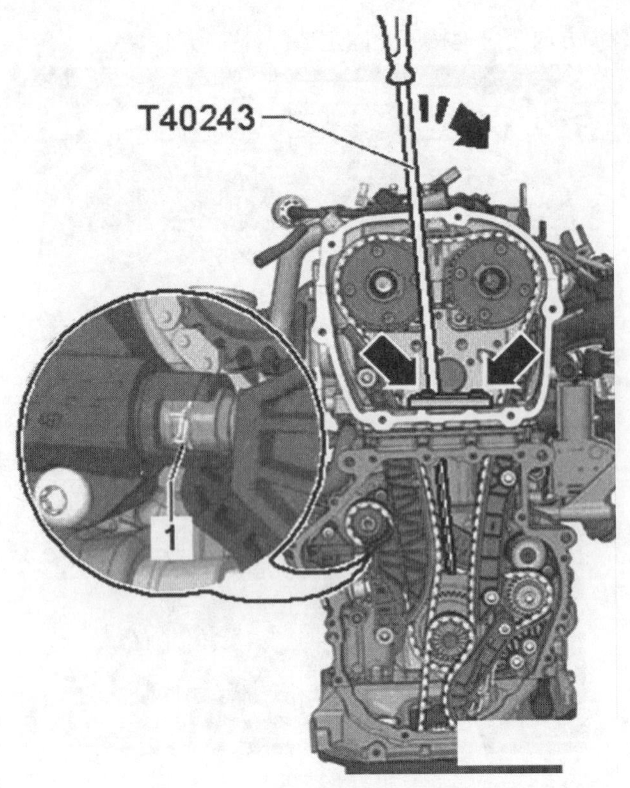

图 4-295

（10）用插入定位工具 T40267 固定链条张紧器，如图 4-296。

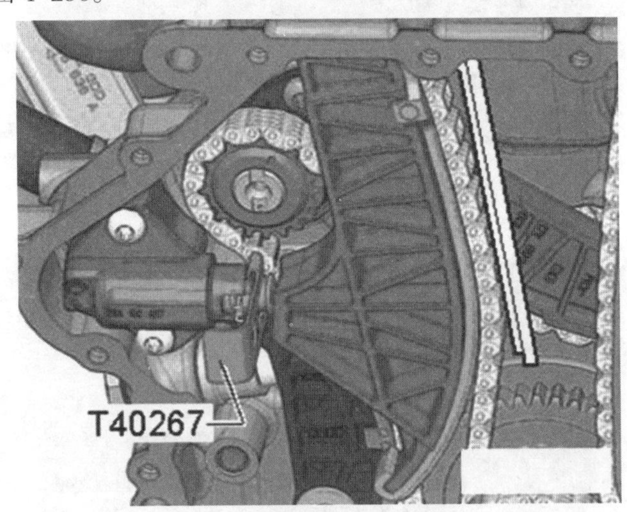

图 4-296

（11）拆卸装配杆 T40243。

（12）将凸轮轴固定装置 T40271/2 拧到气缸盖上并沿如图 4-297 中箭头方向 2 推入链轮的啮合齿中，必要时用装配工具 T40266 沿箭头方向 1 转动进气凸轮轴。将凸轮轴固定装置 T40271/1 拧到气缸盖上。

（13）接下来的工作步骤需要有另一位机械师协助。将排气凸轮轴用装配工具 T40266 沿箭头方向 A 固定。拧出螺栓（如图 4-298 中 1），将张紧轨（如图 4-298 中 2）向下推。将排气凸轮轴沿顺时针箭头方向 A 继续旋转，直到凸轮轴固定装置 T40271/1 能够推入链轮啮合齿 C 箭头方向 B。

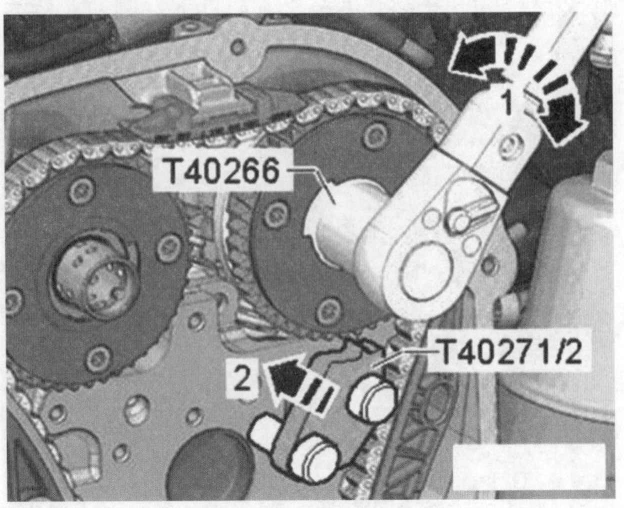

图 4-297

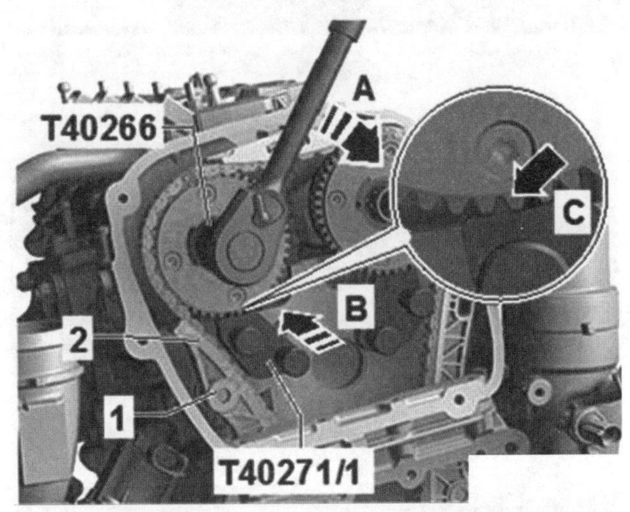

图 4-298

（14）拆卸滑轨（如图 4-299 中 1），为此用螺丝刀打开卡子箭头，然后将滑轨向前推开。

图 4-299

（15）拧下螺栓（如图 4-300 中箭头），拆下链条张紧器（如图 4-300 中 1）。

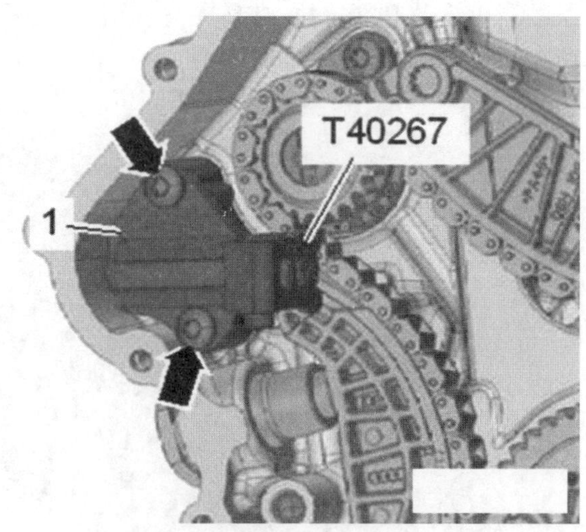

图 4-300

（16）拧出螺栓（如图 4-301 中 1），拆下滑轨（如图 4-301 中 2）。

图 4-301

（17）将凸轮轴正时链从凸轮轴齿轮上取下并挂到凸轮轴的销轴上（如图 4-302 中箭头）。

（18）拆卸平衡轴正时链的链条张紧器（如图 4-303 中 1）。

（19）拧出螺栓（如图 4-304 中 1）。拆卸张紧轨（如图 4-304 中 2）以及滑轨（如图 4-304 中 3、4）。

图 4-302

图 4-303

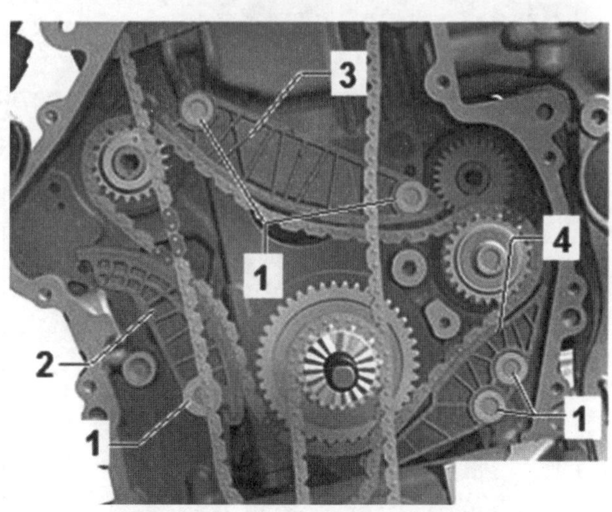

图 4-304

（20）松开夹紧螺栓（如图 4-305 中 A），拧出夹紧螺栓（如图 4-305 中 B）。取出三级链轮，同时卸下机油泵驱动装置的正时链。取下凸轮轴正时链和平衡轴驱动链。

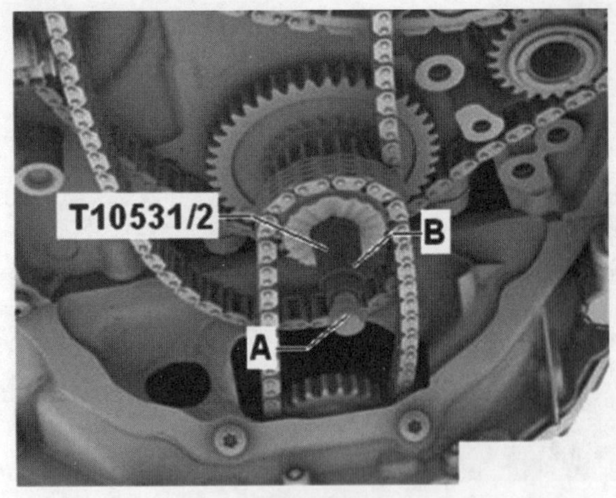

图 4-305

3. 安装。

（1）检查曲轴的上止点，曲轴的平端如图 4-306 中箭头必须水平。用防水销钉将标记标注到气缸体（如图 4-306 中 1）上。

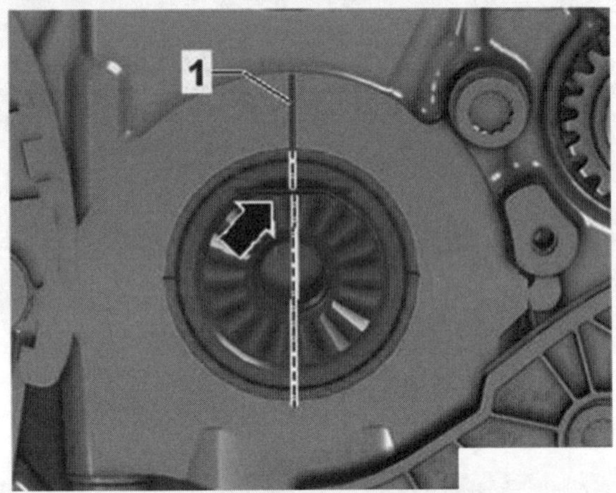

图 4-306

（2）用防水记号笔在三级链轮的齿（如图 4-307 中 1）上做标记（如图 4-307 中 2）。

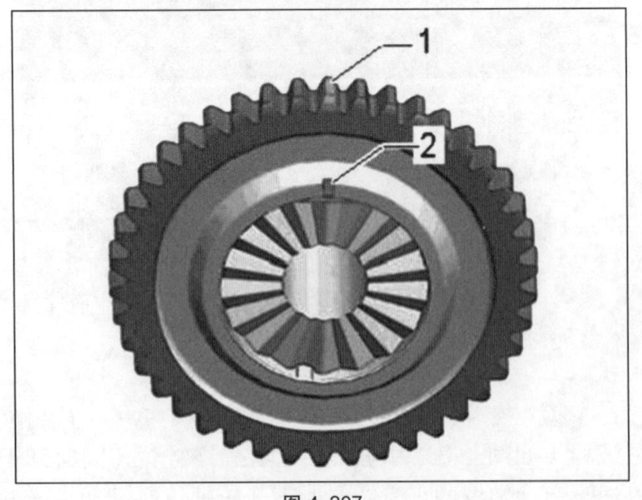

图 4-307

（3）将中间齿轮和平衡轴转至标记处（如图 4-308 中箭头），螺栓（如图 4-308 中 1）不得松开。提示：链条的彩色链节必须定位在链轮的标记上。无须理会可能存在的附加彩色链节的位置。

图 4-308

（4）放上平衡轴驱动链，将彩色链节（如图 4-309 中箭头）定位到链轮的标记上。

图 4-309

（5）安装滑轨（如图 4-310 中 1）并拧紧螺栓（如图 4-310 中箭头）。

图 4-310

（6）将带彩色链节的凸轮轴正时链（如图 4-311 中箭头）挂到凸轮轴销轴上。

图 4-311

（7）将机油泵驱动装置的正时链放到三级链轮上。沿如图 4-312 中箭头方向将三级链轮向发动机侧翻转并在曲轴上固定。标记（如图 4-312 中箭头）必须相对。将夹紧螺栓 T10531/2 拧入曲轴并用手拧紧，如图 4-313。装上旋转工具 T10531/3。用手拧上带肩螺母 T10531/4。用 SW32 的开口扳手略微来回移动旋转工具，同时再拧紧带肩螺母，直到链轮牢固地装到曲轴啮合齿上。现在才拧紧夹紧螺栓（如图 4-313 中 A）。

图 4-312

图 4-313

（8）将平衡轴驱动链的彩色链节（如图 4-314 中箭头）定位在三级链轮的标记上。安装张紧轨（如图 4-314 中 1、2）。拧紧螺栓（如图 4-314 中 3）。

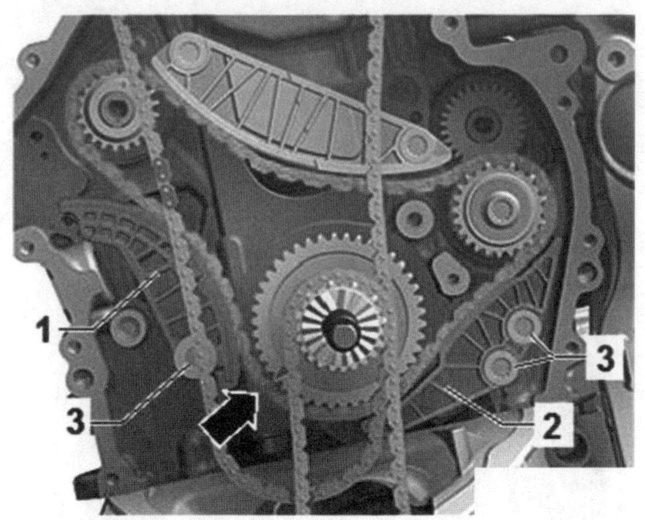

图 4-314

（9）安装链条张紧器（如图 4-315 中 1）。

（10）再次检查调整情况，彩色链节（如图 4-316 中箭头）必须对准链轮的标记。

（11）将凸轮轴正时链放到进气凸轮轴上，排气凸轮轴放到曲轴上。将彩色链节（如图 4-317 中箭头）定位到链轮的标记上。

图 4-315

图 4-316

图 4-317

（12）安装滑轨（如图 4-318 中 2）并拧紧螺栓如图 4-318 中 1）。

图 4-318

（13）安装上部滑轨（如图 4-319 中 1）。

图 4-319

（14）接下来的工作步骤需要有另一位机械师协助。将排气凸轮轴用装配工具 T40266 沿如图 4-320 中箭头方向 A 略微转动，并将凸轮轴固定装置 T40271/1 从链轮的啮合齿中推出如图 4-320 中箭头方向 B。将凸轮轴沿方向如图 4-320 中箭头 C 松开，直到正时链紧贴到滑轨（如图 4-320 中 1）上。将凸轮轴固定在这个位置，拧上张紧轨（如图 4-320 中 2）并拧紧螺栓（如图 4-320 中 3）。

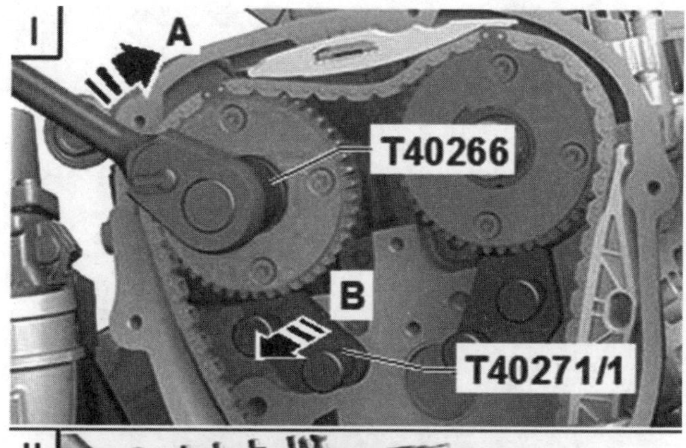

图 4-320

（15）安装链条张紧器（如图 4-321 中 1）并拧紧螺栓（如图 4-321 中箭头）。

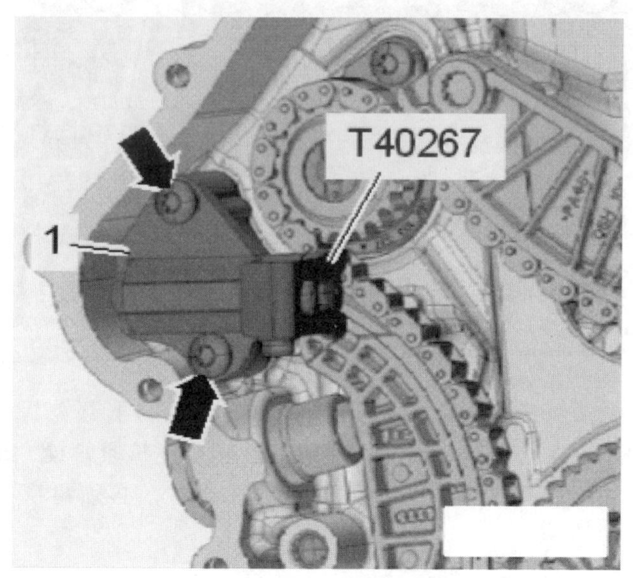

图 4-321

（16）用装配工具 T40266 沿如图 4-322 中箭头方向 1 转动进气凸轮轴，沿如图 4-322 中箭头方向 2 从链轮的啮合齿中推出凸轮轴固定装置 T40271/2 并松开凸轮轴。拆卸凸轮轴固定装置 T40271/2。

（17）检查调整情况，彩色链节（如图 4-323 中箭头）必须对准链轮的标记。

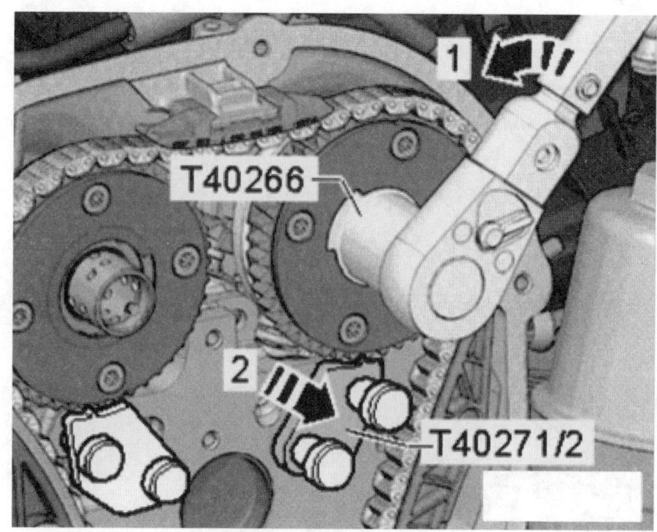

图 4-322

图 4-323

（18）安装链条张紧器（如图 4-324 中 2）并拧紧螺栓（如图 4-324 中 1）。拆下定位销 T40011，钢丝夹必须在开口中（如图 4-324 中箭头）紧贴油底壳上部件。

（19）拧入并拧紧螺栓（如图 4-325 中箭头）。

（20）用发动机机油润滑开孔（如图 4-326 中箭头）。提示：不是每个轴承桥上都装有夹紧套（如图 4-326 中 1）。

（21）套上轴承桥并用手拧紧螺栓（如图 4-327 中箭头）。

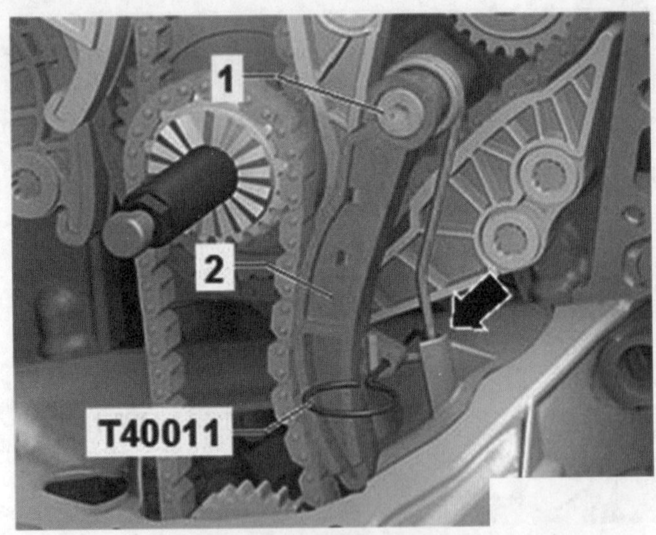

图 4-324

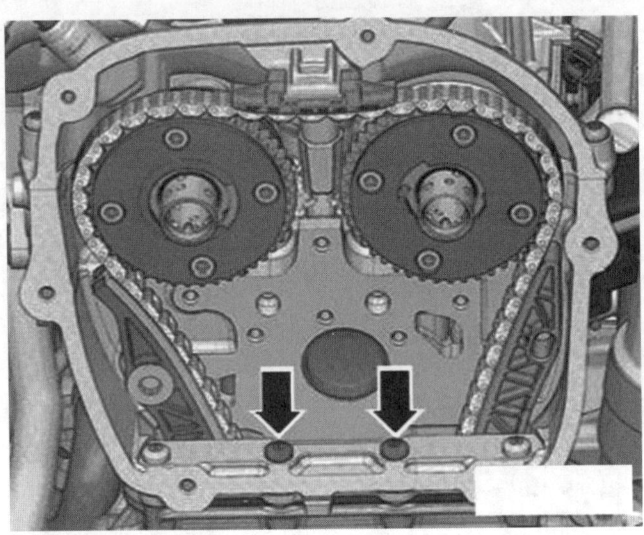

图 4-325

图 4-326

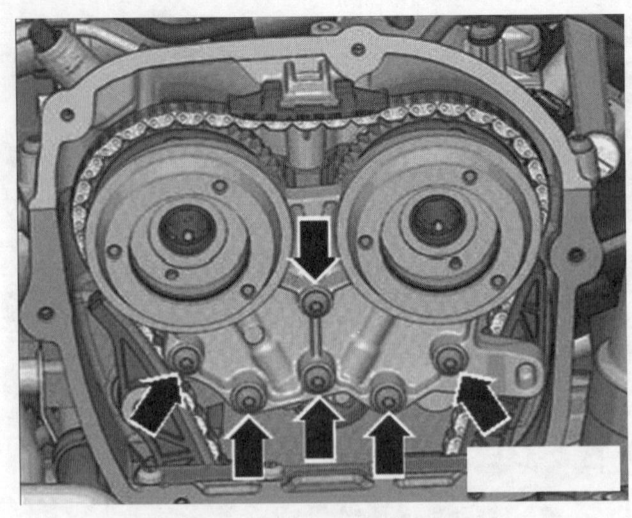

图 4-327

（22）拆除插入定位工具 T40267，如图 4-328。拧紧用于轴承桥的螺栓。安装控制阀。将发动机沿发动机转动方向旋转两次。提示：因为传动比的原因，有色的链节在发动机转动之后不再对齐。其他安装以相反顺序进行。

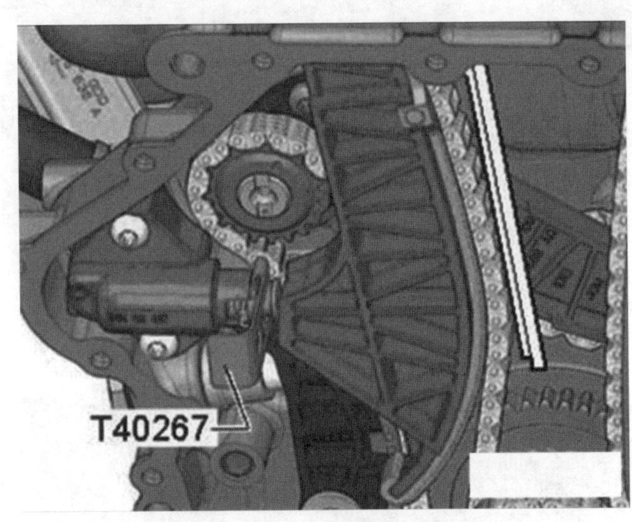

图 4-328

（23）取下旋转工具并安装正时链的下部盖板。提示：在安装减震器后才用继续旋转角度拧紧螺栓（如图 4-329 中 1 和 4）。在安装减震器时，必须再次拧出螺栓。

（24）安装减震器。

（25）安装正时链上部盖板。

（26）安装多楔带的张紧装置。

（27）安装多楔带。

（28）安装清洗液罐。

（29）在链条传动装置上操作后必须匹配发动机控制器中的学习值。

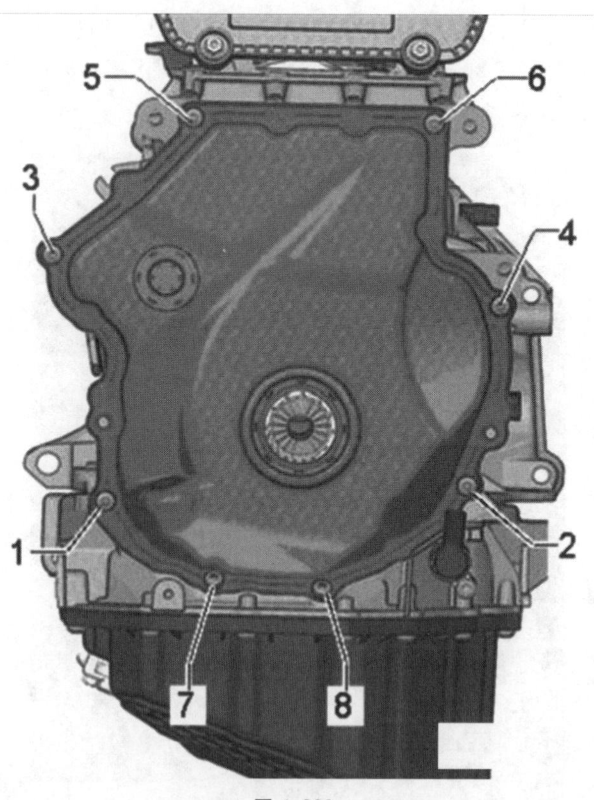

图 4-329

（五）检测配气相位

1. 所需要的专用工具和维修设备。

（1）千分表组件，4 件式 VAS 6341，如图 4-330。

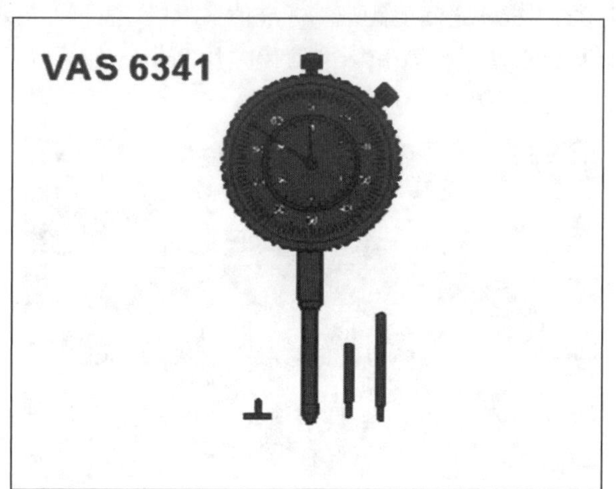

图 4-330

（2）千分表适配接头 T10170 A，如图 4-331。

2. 工作步骤。

（1）拆卸正时链上部盖板。

（2）拆卸隔音垫。

（3）使用套筒扳手的工具头 SW24 或固定支架 T10355 将减震器上的曲轴沿发动机转动方向转动，直至标记如图 4-332 中箭头几乎位于上部。将火花塞从缸 1 上拆下。

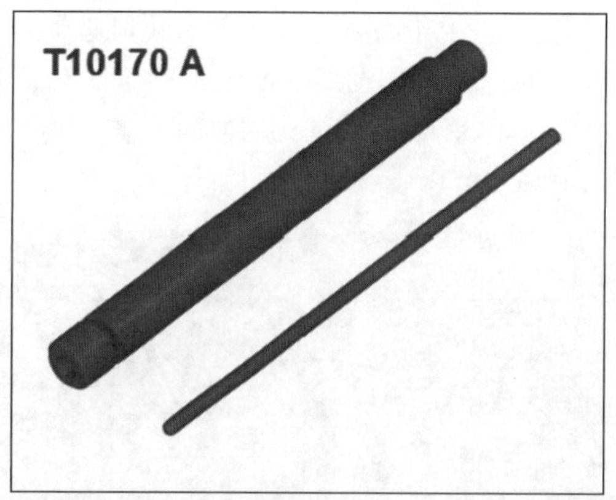

图 4-331

图 4-332

（4）将千分表适配接头 T10170 A 拧入火花塞螺纹内，直至极限位置。将千分表组件，4 件式 VAS 6341 中的千分表和加长件 T10170A/1 插入到极限位置，用锁紧螺母（如图 4-333 中箭头）固定住。沿发动机转动方向缓慢转动曲轴，直到达到最大指针偏向角。当指针到达最大偏转位置（指针的反转点）时，活塞位于上止点。提示：为转动减震器，使用棘轮和 SW24 套筒扳手的工具头或固定支架 T10355。如果曲轴转到上止点上方，则必须将曲轴再次沿发动机转动方向转动 2 圈。请勿逆发动机转动方向转动发动机。

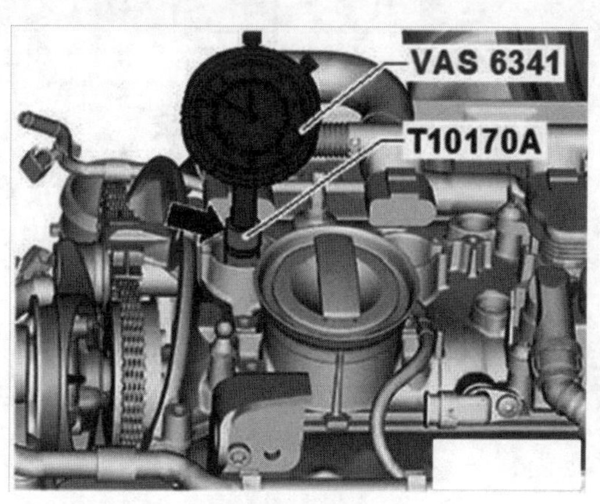

图 4-333

（5）气缸盖上带有标记。减震器缺口必须对准正时链下盖板上的标记（如图 4-334 中箭头）。凸轮轴链轮的标记（如图 4-334 中 1）必须对准气缸盖上的标记（如图 4-334 中 2、3）。

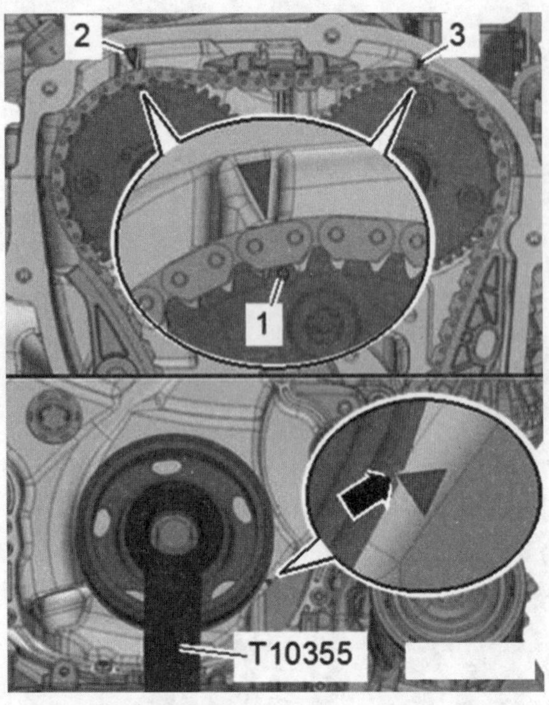

图 4-334

（6）气缸盖上不带标记。减震器上的缺口和正时链下方盖板上的标记必须相互对着（如图 4-335 中箭头）。凸轮轴链轮的标记（如图 4-335 中 1）必须指向上。

图 4-335

（7）测量从棱边（如图 4-336 中 1）到排气凸轮轴链轮上的标记（如图 4-336 中 2）的距离。标准值：74~77mm。

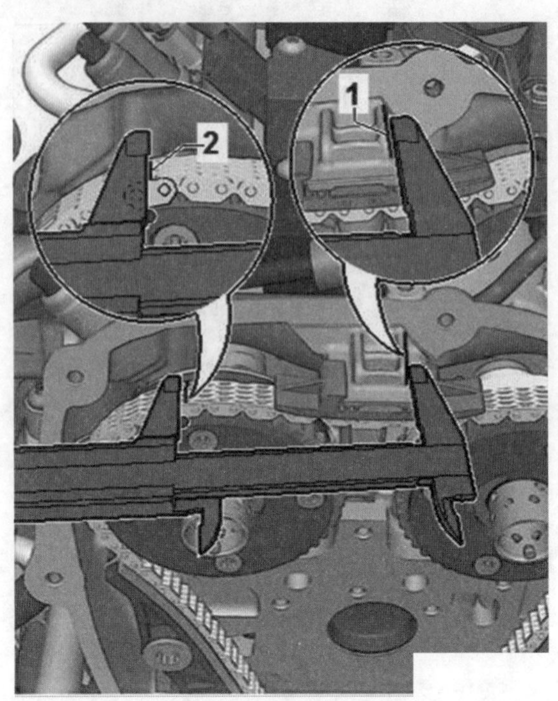

图 4-336

（8）如果已达到标准值，则测量排气凸轮轴链轮上的标记（如图 4-337 中 3）和进气凸轮轴链轮上的标记（如图 4-337 中 4）之间的距离。标准值：124~127mm。提示：一个齿的偏差意味着和标准值偏差约 6mm。如果确认有偏差，则必须重新铺放正时链。

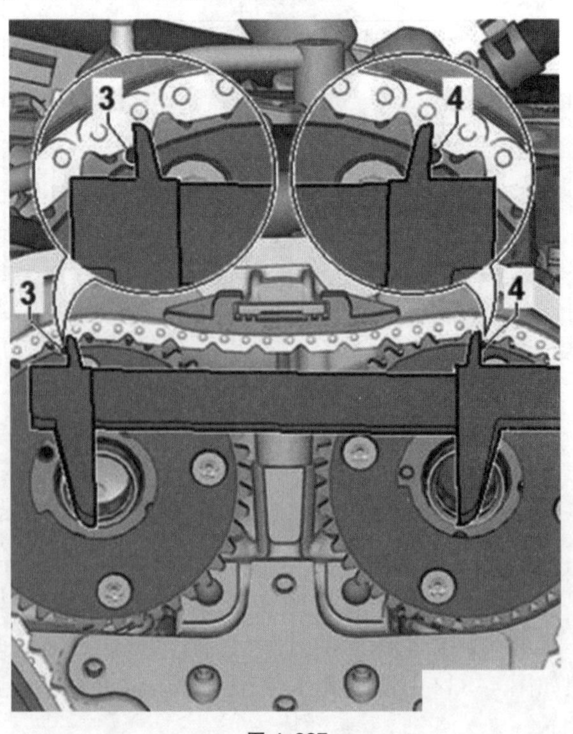

图 4-337

七、车型

一汽奥迪 A6L（C7） 30FSI（2.5L CLXB），2012—2015 年。

（一）凸轮轴正时链装配一览

1. 左侧凸轮轴正时链如图 4-338。

2. 右侧凸轮轴正时链如图 4-339。

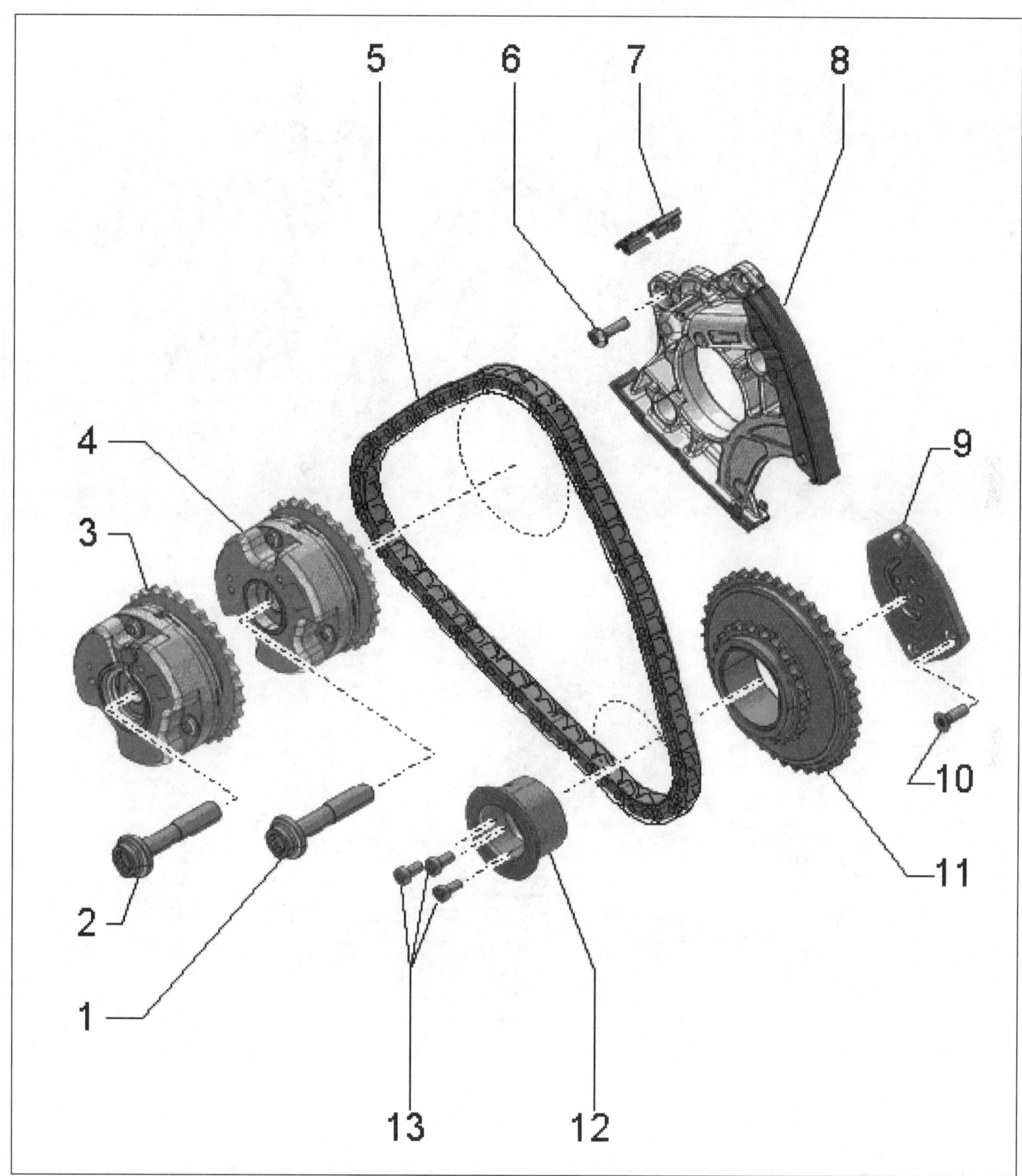

1- 螺栓。必须更换。拧紧力矩：80N · m + 90° 2- 螺栓。必须更换。拧紧力矩：80N · m + 90° 3- 凸轮轴调节器。用于排气凸轮轴。标记 “EX” 4- 凸轮轴调节器。用于进气凸轮轴。标记 “IN” 5- 左侧凸轮轴正时链。为了能够重新安装，要用颜色标出转动方向 6- 螺栓，拧紧力矩：9N · m 7- 滑块 8- 链条张紧器。用于左侧凸轮轴正时链 9- 轴承板。用于驱动链轮 10- 螺栓 11- 驱动链轮。用于左侧凸轮轴正时链 12- 轴承螺栓。用于左侧凸轮轴正时链的驱动链轮 13- 螺栓

图 4-338

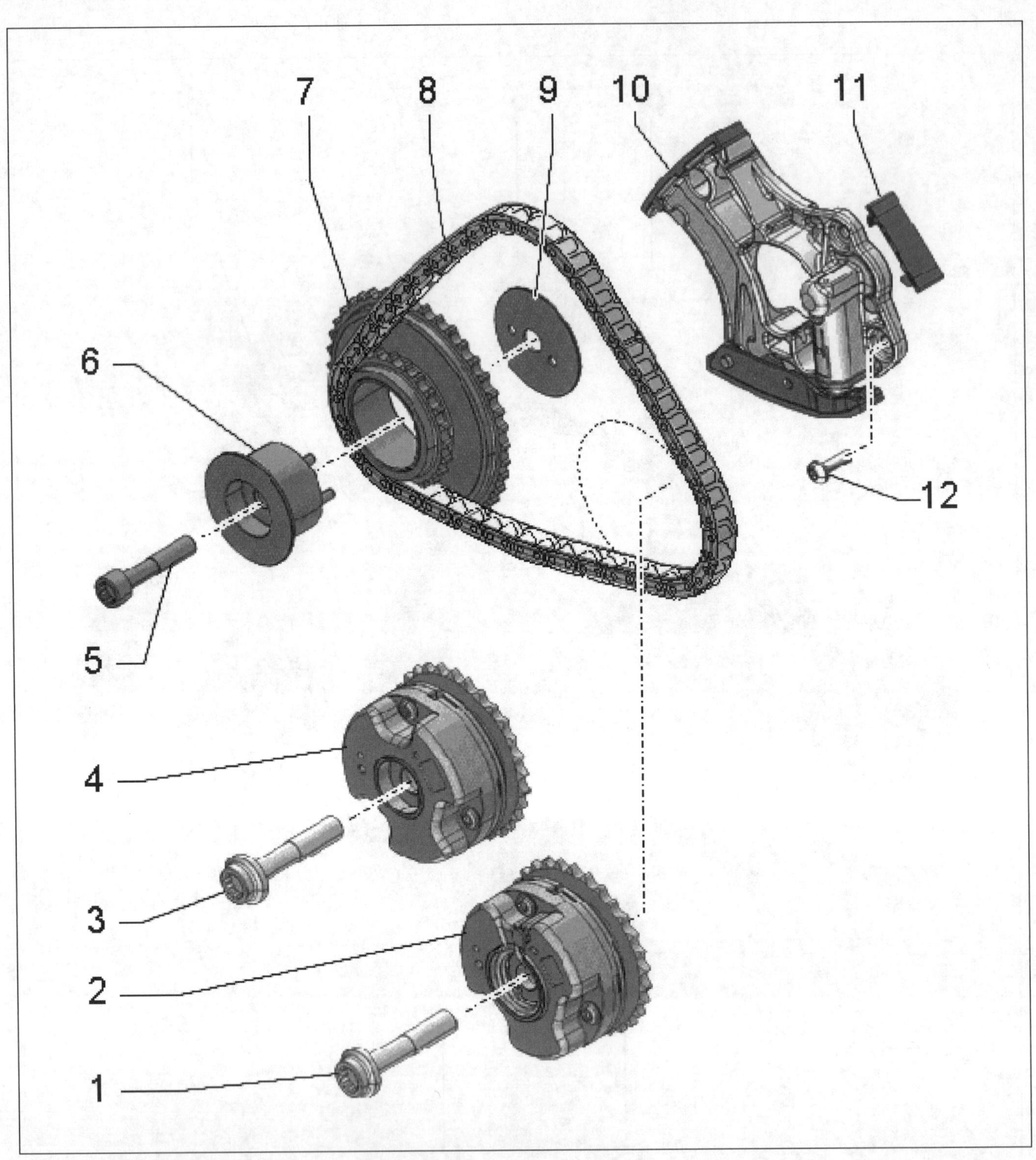

1- 螺栓。必须更换。拧紧力矩：80N·m+90°　2- 凸轮轴调节器。用于排气凸轮轴。标记“EX”　3- 螺栓。必须更换。拧紧力矩：80N·m+90°　4- 凸轮轴调节器。用于进气凸轮轴。标记“IN”　5- 螺栓　6- 轴承螺栓。用于右侧凸轮轴正时链的驱动链轮。结构不对称　7- 驱动链轮。用于右侧凸轮轴正时链　8- 右侧凸轮轴正时链。为了能够重新安装，要用颜色标出转动方向。从凸轮轴上取下　9- 止推垫片。用于右侧凸轮轴正时链的驱动链轮。结构不对称　10- 链条张紧器。用于右侧凸轮轴正时链　11- 滑块　12- 螺栓。拧紧力矩：9N·m

图 4-339

（二）从凸轮轴上取下凸轮轴正时链

1. 所需要的专用工具和维修设备。

双孔螺母扳手 3212、旧油收集和抽吸装置 V.A.G1782、工具头 T10035、固定支架 T10172 和 T10172/2、固定螺栓 T40069、2 个定位销 T40071、2 个凸轮轴固定装置 T40133、扳手 T40263 和适配接头 T40272。

2. 拆卸方法。

（1）注意！自行启动的散热器风扇有造成人身伤害的危险。即使是在点火开关已关闭的情况下，散热器风扇也可能自行启动，例如通过发动机舱内的积热效应。提示：在下面的描述中，凸轮轴正时链保留在发动机上。如果只进行某个气缸盖方面的故障，则不必取下对侧气缸盖上的正时链盖板。

（2）拆卸正时链的相关盖板。

（3）拆卸相关的气缸盖罩。

（4）拆卸隔音垫（如图 4-340 中 1、2）。

（5）将多楔带从张紧元件上取下。

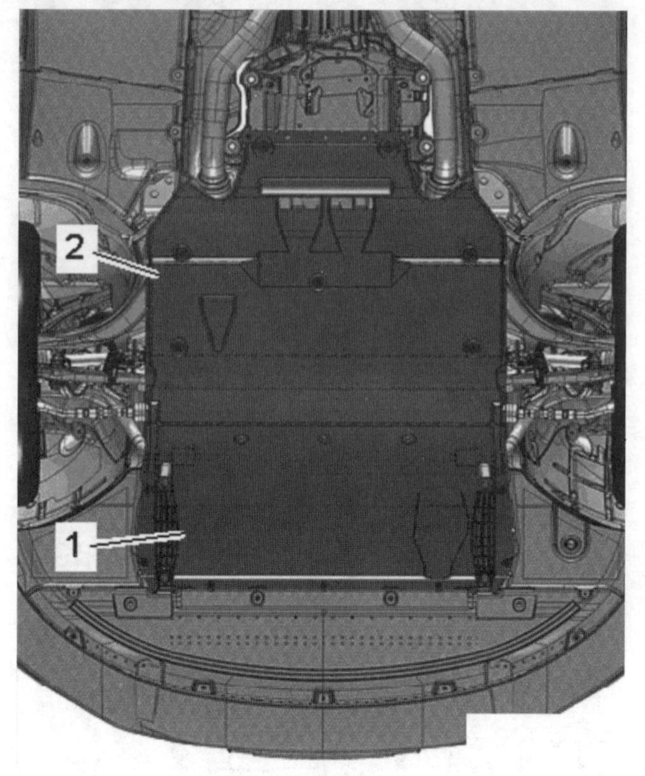

图 4-340

（6）将旧油收集和抽吸装置 V.A.G1782 置于发动机下。

（7）旋出螺栓（如图 4-341 中箭头），将发动机油散热器和相连的冷却液软管（如图 4-341 中 1、2）绑到旁边。

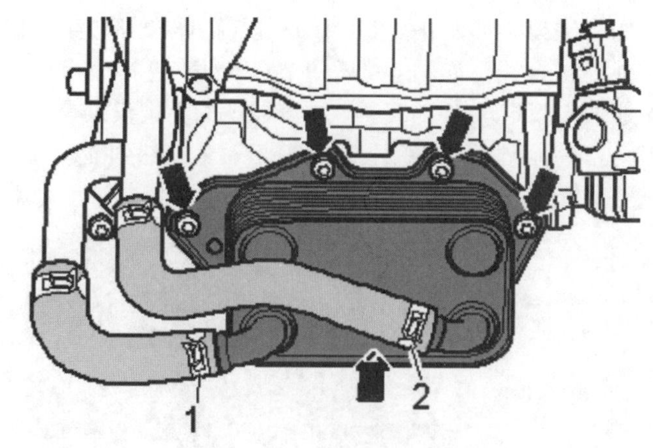

图 4-341

（8）注意：制冷剂有人身伤害危险。空调器制冷剂循环回路不允许打开。旋出空调压缩机的螺栓，如图 4-342 中箭头。

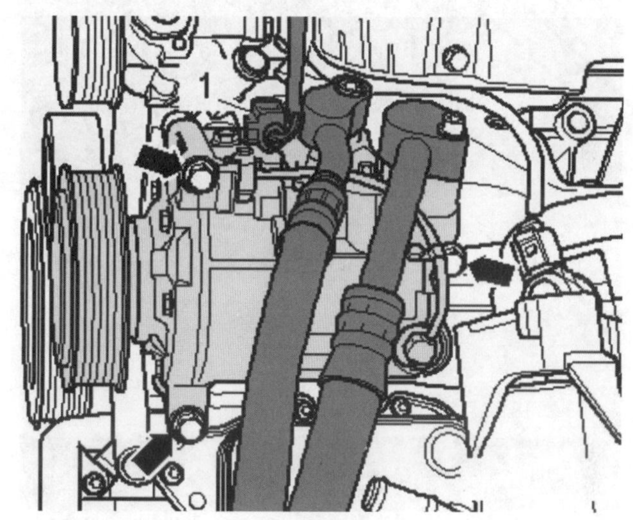

图 4-342

（9）当心！制冷剂管路和制冷剂软管有损坏的危险。不要过度拉伸、弯折或扭曲制冷剂管路和制冷剂软管。将空调压缩机从支架上取下，然后与连接在左侧纵梁上的管路一起绑在高处。

（10）将钥匙 T40263 插到适配接头 T40272 上，如图 4-343。将适配接头插到减震器螺栓上。适配接头 T40272 上的孔（如图 4-343 中箭头 A）必须在减震器上的标记（如图 4-343 中箭头 B）之间。提示：如有必要，拆卸散热器风扇控制器。用扳手 T40263 和适配接头 T40272 将曲轴沿发动机转动方向（如图 4-343 中箭头）转动到上止点。

（11）将用于上止点标记的螺旋塞（如图 4-344 中箭头）从气缸体中拧出。

（12）提示：安装好发动机后，很难找到曲轴的固定孔。因此转动发动机，使左侧（沿行驶方向）减震器上的小缺口（如图 4-345 中 1）与气缸体和梯形架之间的外壳接合线（如图 4-345 中 2）相对。这样就可以方便地拧入固定螺栓 T40069。减震器上的标记仅仅是辅助工具。只有拧入固定螺栓 T40069 后，才能达到准确的上止点位置。

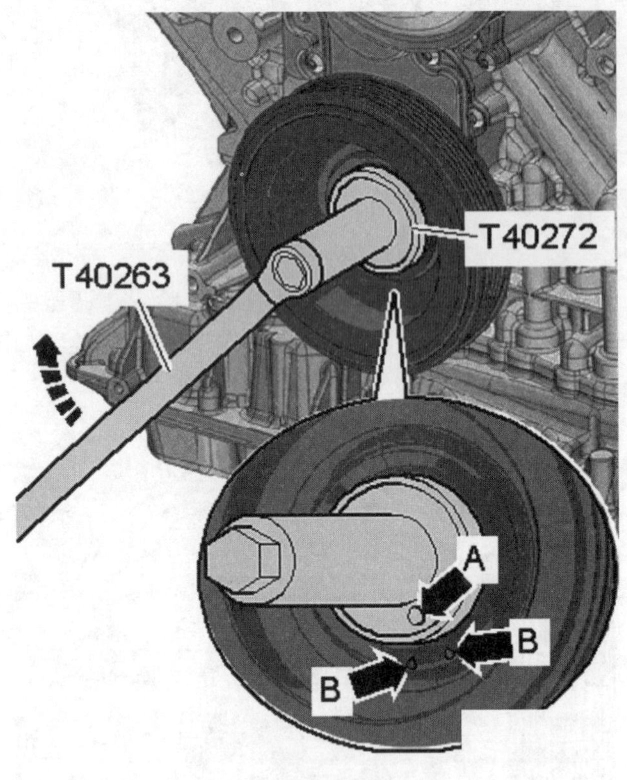

图 4-343

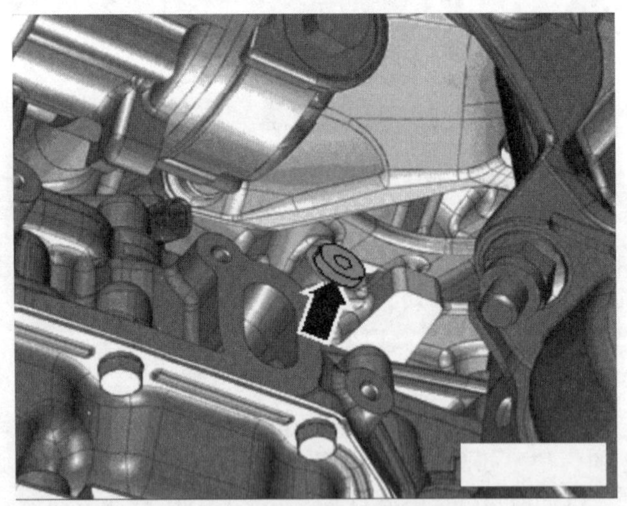

图 4-344

（13）凸轮轴里的螺纹孔（如图 4-346 中箭头）必须指向上面。

（14）以 20N·m 的力矩将固定螺栓 T40069 拧入孔中，必要时稍微来回转动曲轴，以便完全对准螺栓，如图 4-347。

图 4-345

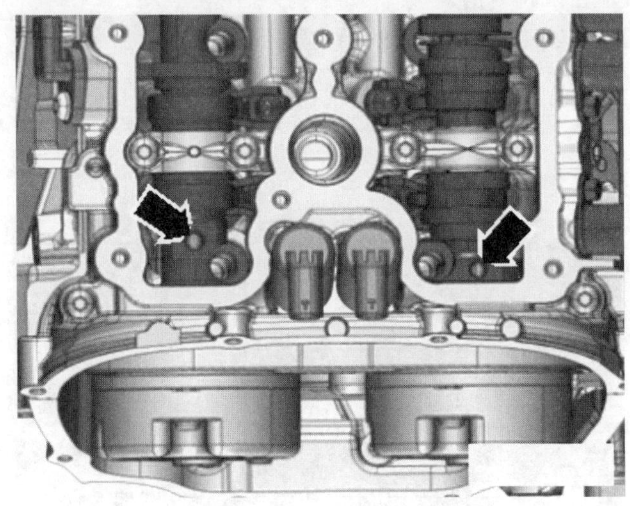

图 4-346

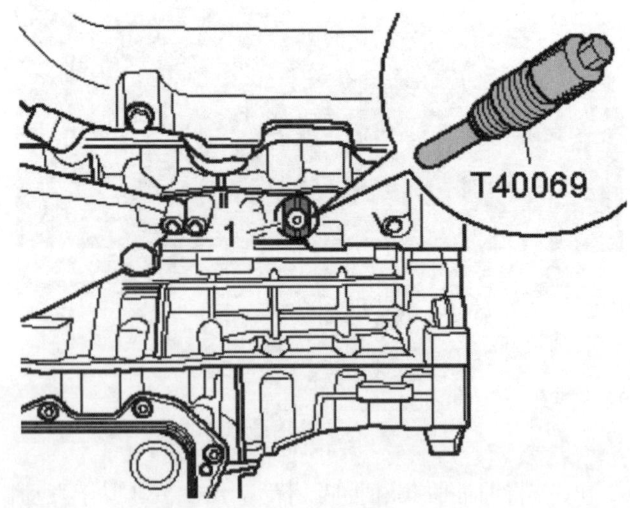

图 4-347

（15）将凸轮轴固定装置 T40133 安装到两个气缸盖上并用 25N·m 的力矩拧紧螺栓（如图 4-348 中箭头）。提示：图中是左侧气缸盖的示意图。

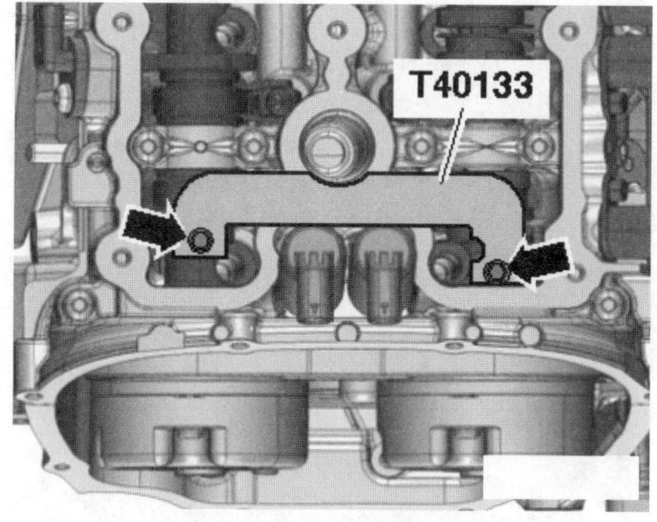

图 4-348

（16）气缸列 1（右）：用一把螺丝刀（如图 4-349 中 1）向内按压右侧凸轮轴正时链链条张紧器的滑轨到极限位置，用定位销 T40071 卡住链条张紧器。提示：链条张紧器以油减震，因此必须缓慢地均匀用力压紧。

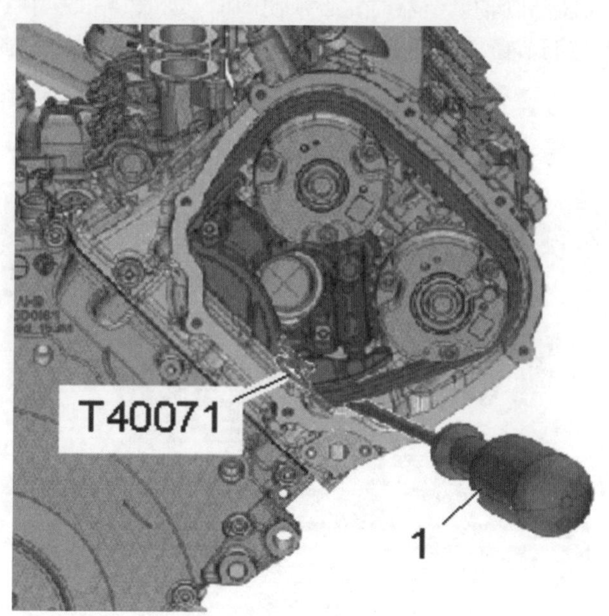

图 4-349

（17）气缸列 2（左）：用一把螺丝刀（如图 4-350 中 1）向内按压左侧凸轮轴正时链链条张紧器的滑轨到极限位置，用定位销 T40071 卡住链条张紧器。提示：链条张紧器以油减震，因此必须缓慢地均匀用力压紧。

（18）两个气缸列的后续操作：当心！凸轮轴有损坏的危险。松开凸轮轴调节器螺栓时，绝不允许将凸轮轴固定装置 T40133 用作固定支架。为固定在涉及的凸轮轴调节器上，安装扳手 T40269 并松开螺栓（如图 4-351 中 1）。用颜色标记凸轮轴调节器的安装位置，以便重新安装。

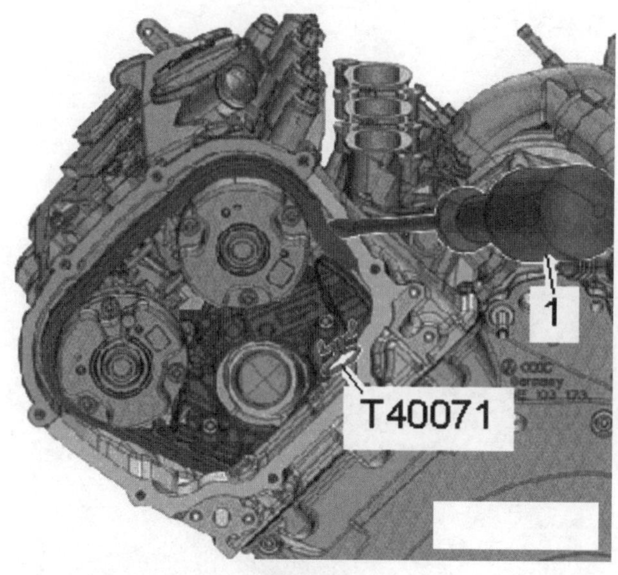

图 4-350

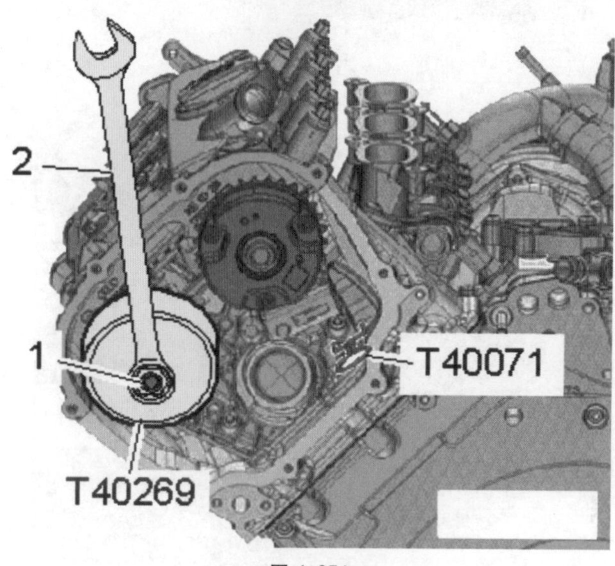

图 4-351

（19）当心！发动机有损坏的危险。为了避免小零件通过正时链箱开口意外落入发动机内，请用干净的抹布遮住开口。

（20）用颜色标记凸轮轴调节器的安装位置，以便重新安装。

（21）气缸列 1（右）：拧出螺栓（如图 4-352 中 1、2），取下两个凸轮轴调节器。

（22）气缸列 2（左）：拧出螺栓（如图 4-353 中 1、2），取下两个凸轮轴调节器。

3. 安装方法

（1）拧紧力矩。

（2）提示：更新拧紧时需要继续旋转一个角度的螺栓。当心！气门和活塞头有损坏的危险。在旋转凸轮轴时，活塞不允许停在上止点。

（3）曲轴已用固定螺栓 T40069 固定在上止点位置，

如图 4-354。

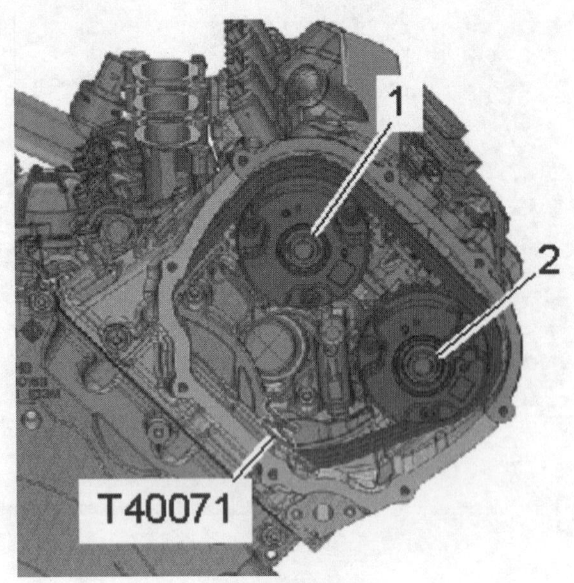

图 4-352

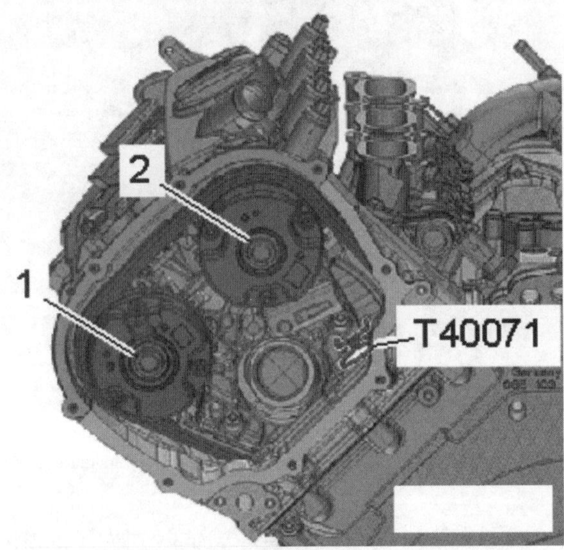

图 4-353

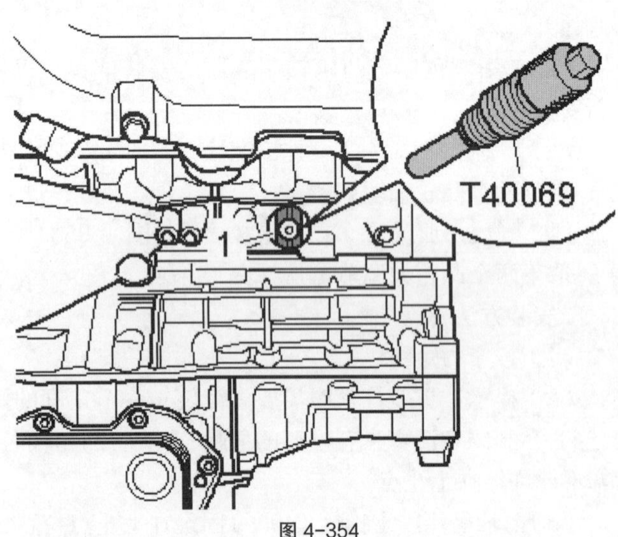

图 4-354

（4）凸轮轴固定装置 T40133 已安装在两个气缸盖上，且已用 25N·m 的力矩拧紧（如图 4-355 中箭头）。提示：图中是左侧气缸盖的示意图。

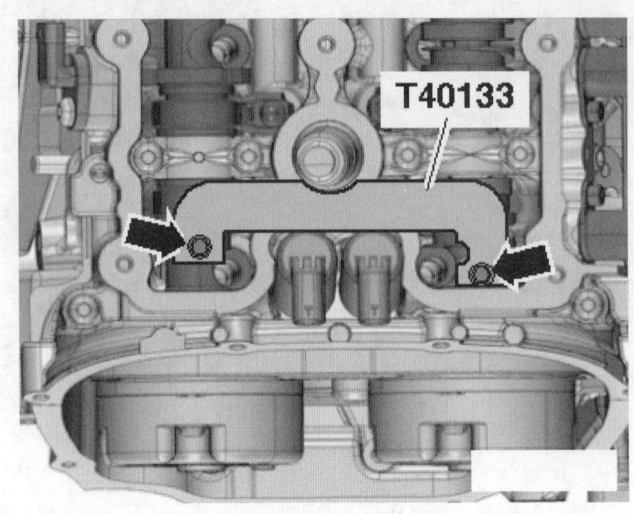

图 4-355

（5）当心！有损坏发动机的危险。在以下工作步骤中安装凸轮轴调节器时，必须使凹槽（如图 4-356 中 1、4）与调节窗口（磨削面）（如图 4-356 中 2、3）相对。

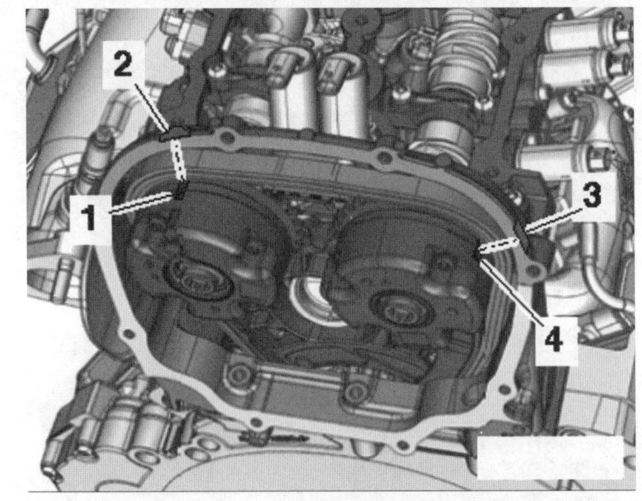

图 4-356

（6）气缸列 1（右）：按照拆卸时所做标记重新安装凸轮轴调节器。将凸轮轴正时链放到驱动链轮和凸轮轴调节器上，并松松地拧入螺栓（如图 4-357 中 1、2）。两个凸轮轴调节器必须在凸轮轴上还能旋转并且不得翻转。

（7）拆除定位销 T40071。

（8）气缸列 2（左）：按照拆卸时所做标记重新安装凸轮轴调节器。将凸轮轴正时链放到驱动链轮和凸轮轴调节器上，并松松地拧入螺栓（如图 4-358 中 1、2）。两个凸轮轴调节器必须在凸轮轴上还能旋转并且不得翻转。

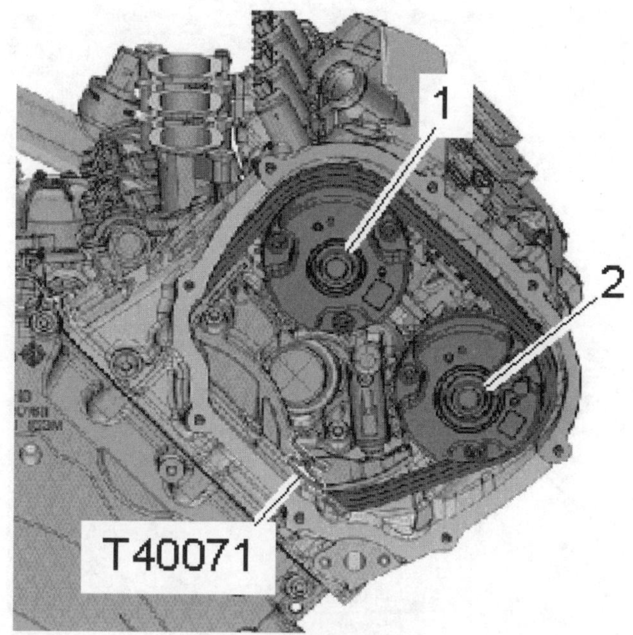

图 4-357

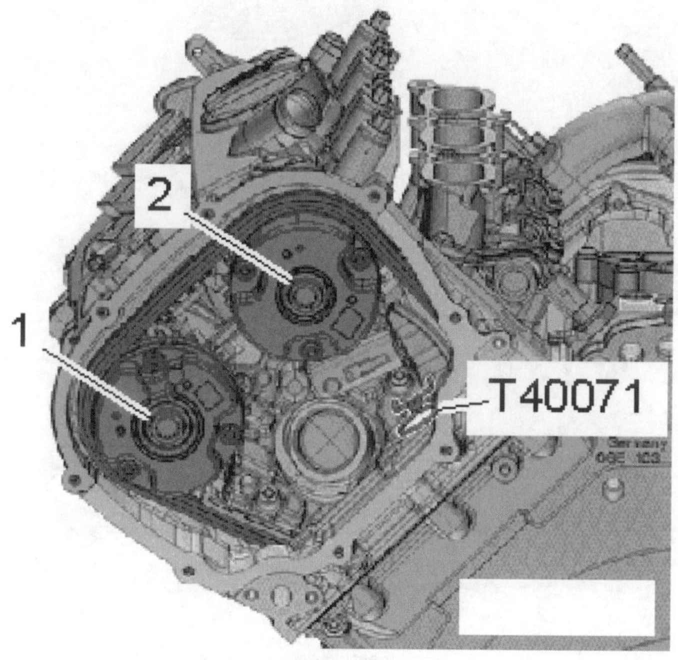

图 4-358

（9）拆除定位销 T40071。

（10）气缸列 1（右）：将扳手 T40269 装到排气凸轮轴调节器上。将扭矩扳手 V.A.G 1332 用插入工具 V.A.G1332/9 安装到扳手 T40269 上。让另一位机械师用 40N·m的力矩沿图 4-359 中箭头方向预紧凸轮轴调节器。

（11）在凸轮轴调节器仍旧保持预紧期间，按如下方式拧紧螺栓：在凸轮轴上拧紧力矩 60N·m。

（12）取下扳手 T40269。

（13）拆除凸轮轴固定装置 T40133（如图 4-360 中箭头）。提示：图中标出的是左侧气缸盖。

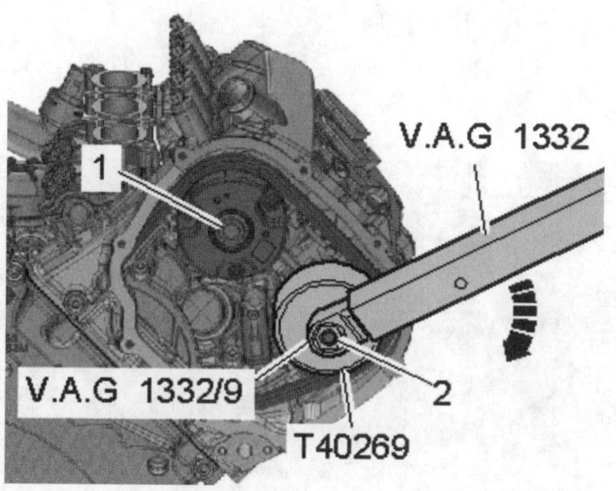

图 4-359

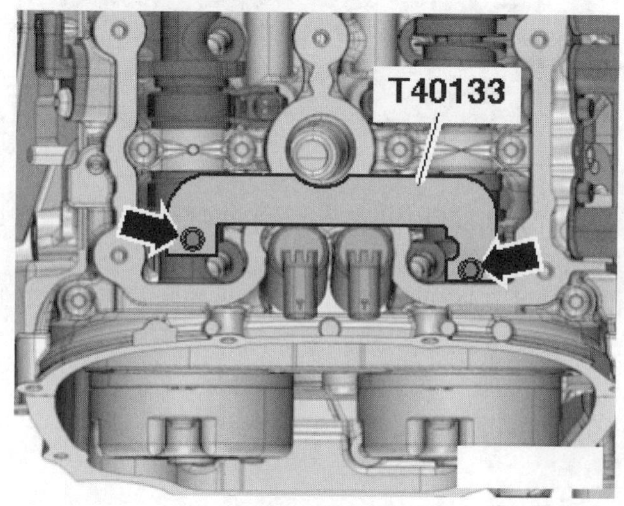

图 4-360

（14）气缸列 2（左）：将扳手 T40269 装到进气凸轮轴调节器上。将扭矩扳手 V.A.G1332 用插入工具 V.A.G1332/9 安装到扳手 T40269 上，如图 4-361。让另一位机械师用 40N·m 的力矩沿箭头方向预紧凸轮轴调节器。在凸轮轴调节器仍旧保持预紧期间，按如下方式拧紧螺栓：在凸轮轴上拧紧力矩 60N·m。

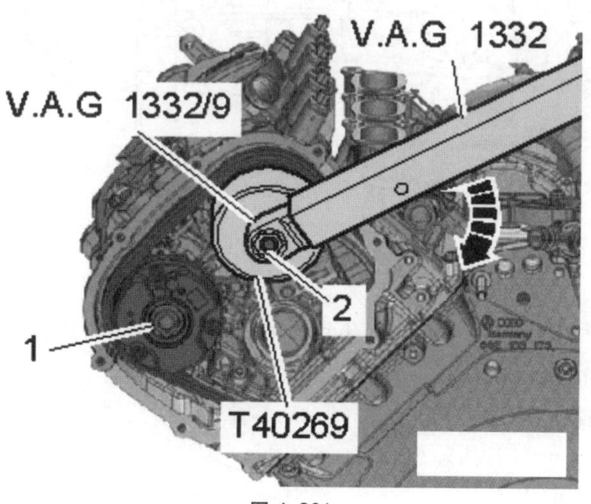

图 4-361

（15）取下扳手 T40269。

（16）拆除凸轮轴固定装置 T40133，如图 4-362 中箭头。

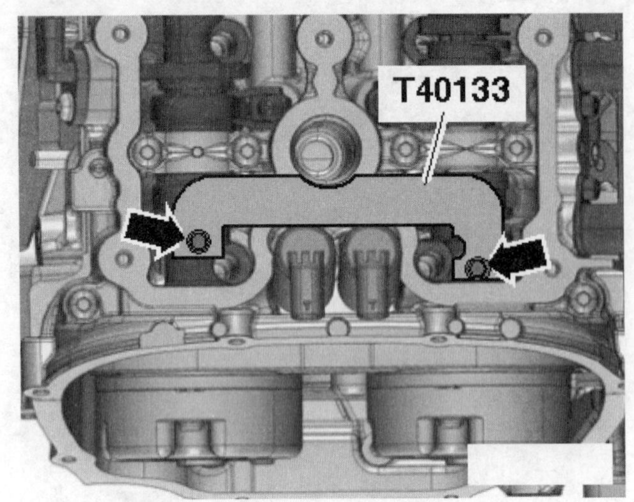

图 4-362

（17）气缸列 1（右），按要求拧紧右侧气缸盖上的凸轮轴调节器螺栓。

（18）气缸列 2（左），按要求拧紧左侧气缸盖上的凸轮轴调节器螺栓。

（19）两个气缸列的后续操作：取下固定螺栓 T40069，如图 4-363。

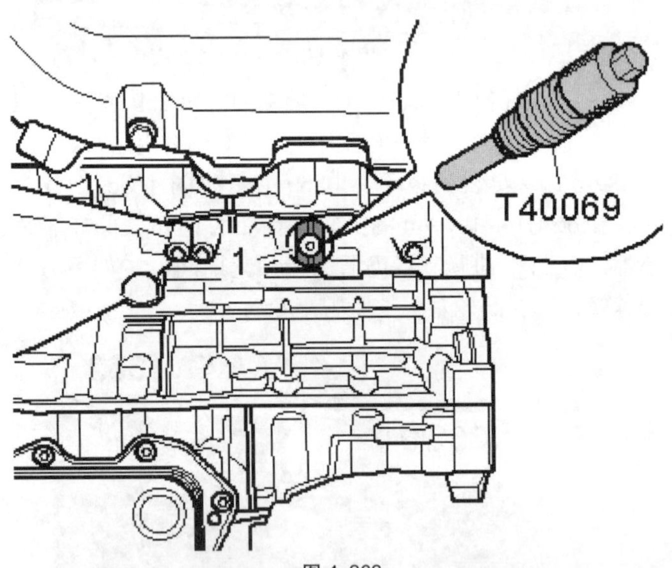

图 4-363

（20）将曲轴用扳手 T40263 和适配接头 T40272 沿发动机转动方向（如图 4-364 中箭头）转动两圈，直至曲轴重新到达上止点。提示：如果意外转过了上止点，则必须将曲轴再次转回约 30°，重新转到上止点。

（21）凸轮轴里的螺纹孔（如图 4-365 中箭头）必须指向上面。

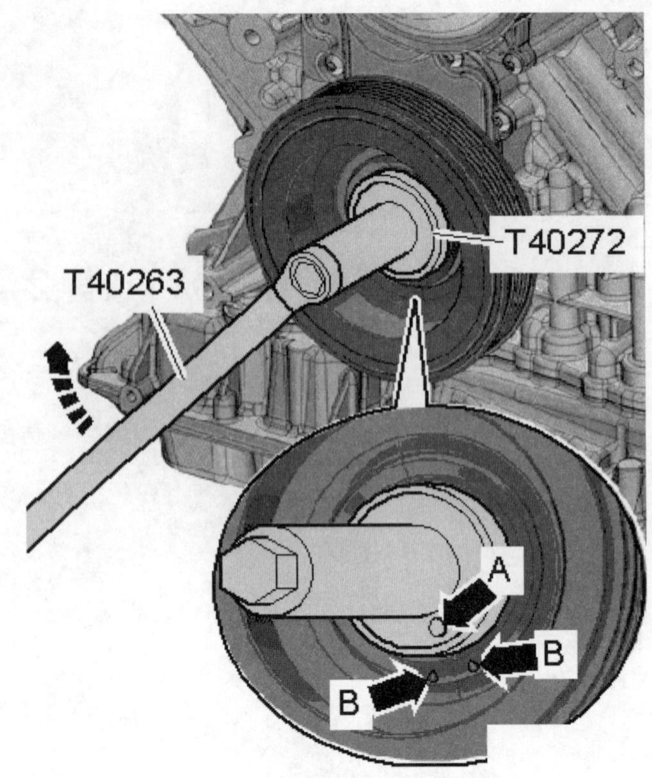

图 4-364

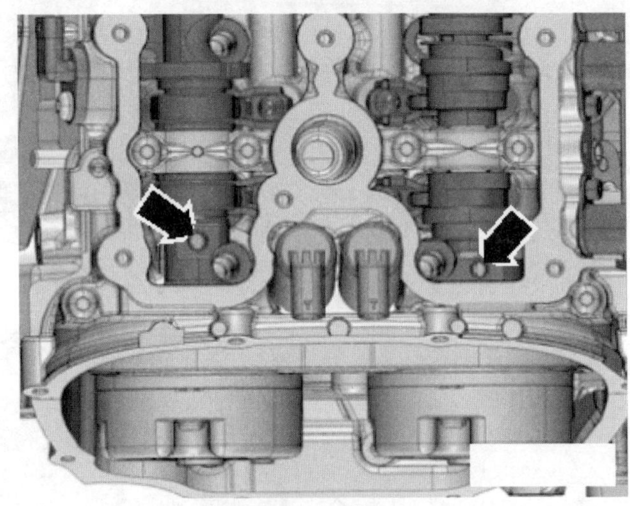

图 4-365

（22）将凸轮轴固定装置 T40133 安装到两个气缸盖上并用 25N · m 的力矩拧紧螺栓（如图 4-366 中箭头）。

（23）将固定螺栓 T40069 直接拧入孔内。固定螺栓 T40069 必须卡入曲轴（如图 4-367 中 1）的固定孔里，否则再次调整。

（24）拆除两个气缸盖上的凸轮轴固定装置。

（25）取下固定螺栓 T40069。

（26）其他安装以相反顺序进行，安装过程中请注意以下事项：

①安装作为曲轴上止点标记的螺旋塞。

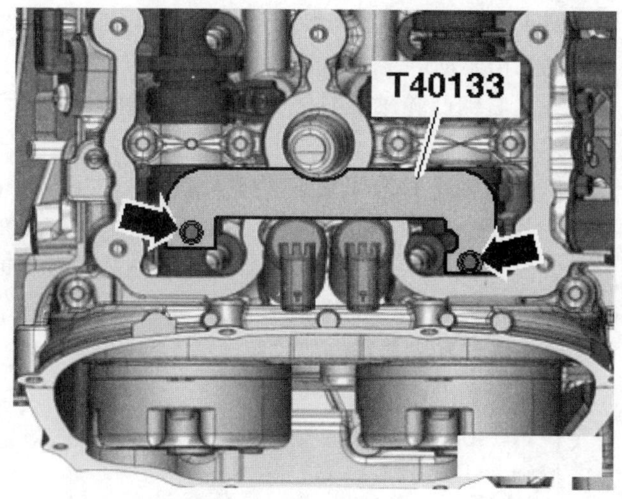

图 4-366

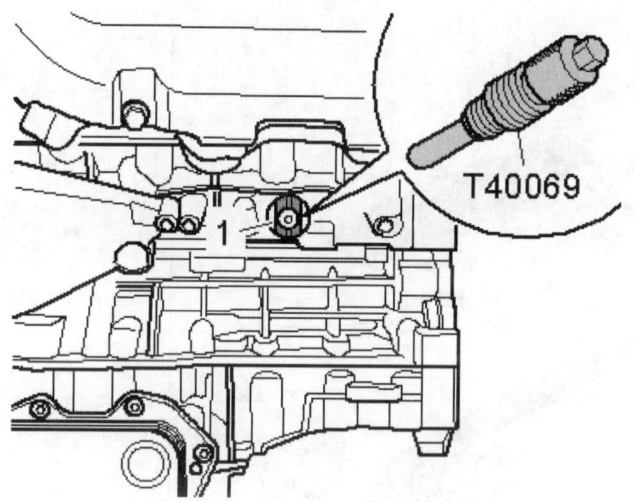

图 4-367

②安装空调压缩机。

③安装发动机油冷却器。

④安装多楔带。

⑤安装隔音垫。

⑥安装气缸盖罩。

⑦安装正时链左侧和右侧盖板。

（三）拆卸和安装凸轮轴正时链

1. 拆卸方法。

（1）变速器已拆下。

（2）拆下正时链下部盖板。

（3）将凸轮轴正时链从凸轮轴上取下。当心！对于用过的凸轮轴正时链，转动方向相反时有损坏的危险。为了便于重新安装左侧和右侧凸轮轴正时链，用彩色箭头标记记下转动方向。不得通过冲窝、刻槽等对凸轮轴正时链做标记。

（4）拆除定位销 T40071，并取下左侧凸轮轴正时链，如图 4-368。

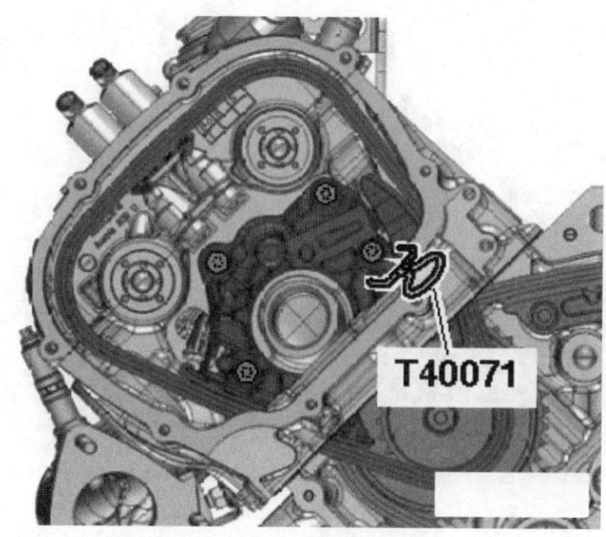

图 4-368

（5）旋出螺栓（图 4-369 中 1、2）并取下右侧链条张紧器。

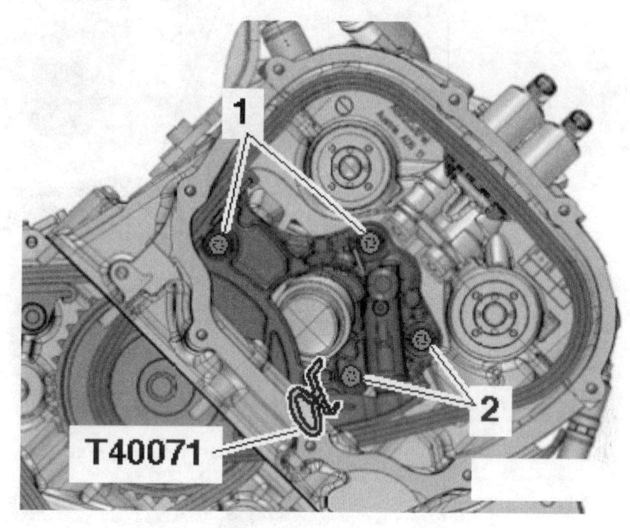

图 4-369

2. 安装方法。

（1）拧紧力矩。

（2）提示：如果张紧件已被从链条张紧器中取出，那么请注意安装位置：壳体底部的孔指向链条张紧器，活塞指向张紧轨道。更新拧紧时需要继续旋转一个角度的螺栓。当心！气门和活塞头有损坏的危险。在旋转凸轮轴时，活塞不允许停在上止点。

（3）将左侧凸轮轴正时链放到拆卸时记下的标记上。

（4）向下按压左侧凸轮轴正时链张紧器的滑轨，并用定位销 T40071 卡住链条张紧器。

（5）在右侧气缸盖上安装链条张紧器，并放上凸轮轴正时链。拧紧螺栓（如图 4-370 中 1、2）。其他安装以相反顺序进行，安装过程中请注意以下事项：将凸轮轴正时链放到凸轮轴上。安装正时链下部盖板。

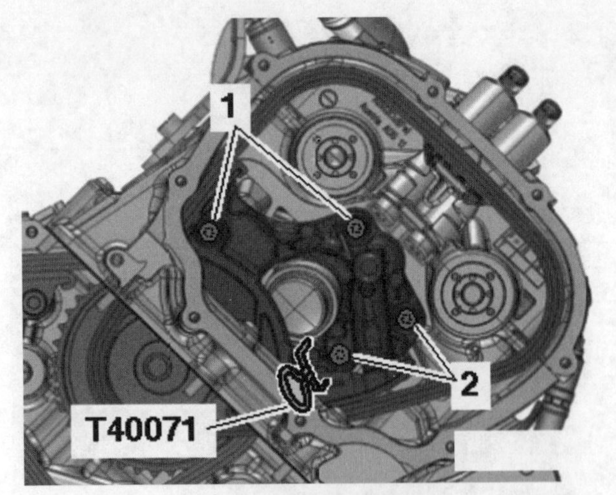

图 4-370

（四）控制机构驱动链装配

控制机构驱动链装配一览如图 4-371。

（五）右侧凸轮轴正时链驱动链轮轴承螺栓的安装位置

右侧凸轮轴正时链驱动链轮轴承销（如图 4-372 中 3）内的固定销必须卡入止推垫片（如图 4-372 中 1）的孔内和气缸体的孔内。图 4-372 中 2 为右侧凸轮轴正时链的驱动链轮。图 4-372 中 4 为螺栓。

（六）拆卸和安装控制机构驱动链

1. 所需要的专用工具。

定位销 T40071。

2. 拆卸方法。

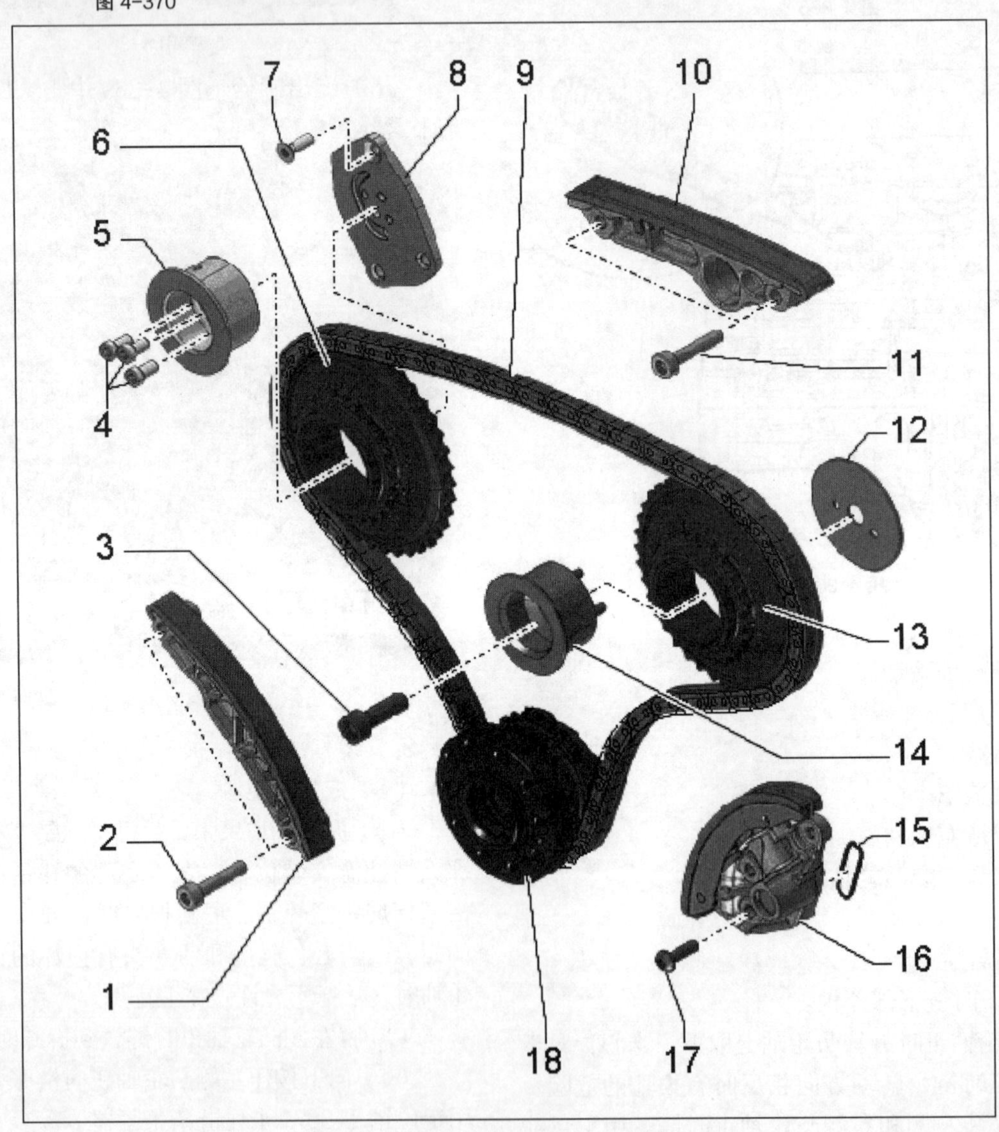

1- 滑轨　2- 螺栓。必须更换。拧紧力矩：10N · m+90°　3- 螺栓。必须更换。拧紧力矩：30N · m+90°　4- 螺栓。必须更换。拧紧力矩：5N · m+90°　5- 轴承螺栓。用于左侧凸轮轴正时链的驱动链轮　6- 驱动链轮。用于左侧凸轮轴正时链　7- 螺栓。必须更换。拧紧力矩：8N · m+45°　8- 轴承板。用于左侧凸轮轴正时链的驱动链轮。结构不对称　9- 驱动链。用于控制机构。拆卸前，用颜色标记转动方向　10- 滑轨　11- 螺栓。必须更换。拧紧力矩：10N · m+90°　12- 止推垫片。结构不对称　13- 驱动链轮。用于右侧凸轮轴正时链　14- 轴承螺栓。用于右侧凸轮轴正时链的驱动链轮。结构不对称　15- 密封环。必须更换　16- 链条张紧器　17- 螺栓。拧紧力矩：9N · m　18- 曲轴

图 4-371

图 4-372

（1）变速器已拆下。

（2）拆卸凸轮轴正时链。

（3）拆卸取力器驱动链。

（4）拧下左侧凸轮轴正时链的链条张紧器。

（5）沿箭头方向按压驱动链链条张紧器的滑轨，并用定位销 T40071 卡住链条张紧器。当心！对于用过的驱动链，转动方向相反时有损坏的危险。为重新安装驱动链，用彩色箭头标记记下转动方向。不得通过冲窝、刻槽等对驱动链做标记。旋出螺栓（如图 4-373 中 1）并取下滑轨。旋出螺栓（如图 4-373 中 2）并取下链条张紧器。取下控制机构驱动链。

3. 安装方法。

（1）安装以倒序进行，同时要注意下列事项：拧紧力矩。

（2）根据拆卸时记下的标记把控制机构驱动链放到驱动链轮上。

图 4-373

（3）安装滑轨并拧紧螺栓。

（4）安装链条张紧器并拧紧螺栓。

（5）沿箭头方向按压驱动链的链条张紧器滑轨并取下定位销 T40071。

（6）安装取力器驱动链。

（7）安装凸轮轴正时链。

（8）安装正时链下部盖板。

（七）辅助传动装置驱动链装配

辅助传动装置驱动链装配一览如图 4-374。

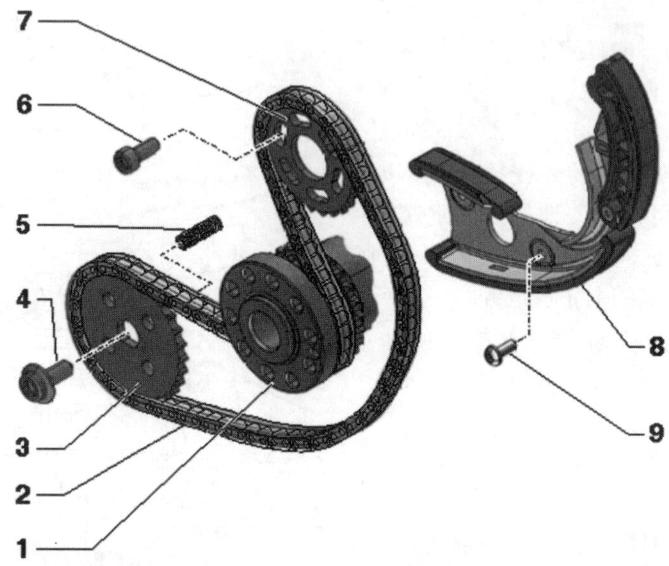

1- 曲轴　2- 驱动链。用于取力器。为了能够重新安装，要用颜色标出转动方向　3- 驱动链轮。用于机油泵。安装位置：带有字样的一侧指向发动机　4- 螺栓。必须更换。拧紧力矩：30N·m +90°　5- 压簧　6- 螺栓。必须更换。拧紧力矩：15N·m+90°　7- 平衡轴的链轮。安装位置：带有字样的一侧指向变速器　8- 链条张紧器。带滑轨　9- 螺栓。必须更换。10N·m+45°

图 4-374

（八）拆卸和安装取力器驱动链

1. 所需要的专用工具。

钥匙 T40049、固定螺栓 T40069、定位销 T40071 和固定销 T40116。

2. 拆卸方法。

（1）变速器已拆下。

（2）拆下正时链下部盖板。当心！由于螺纹过长，驱动链有损坏的危险。拧上扳手 T40049 时只允许使用螺纹最长为 22mm 的螺栓。如果只有更长的螺栓可供使用，则尽量垫上螺栓头，使剩余的螺纹长仍为 22mm。

（3）将扳手 T40049 用 2 个螺栓（如图 4-375 中箭头）安装在曲轴后部。

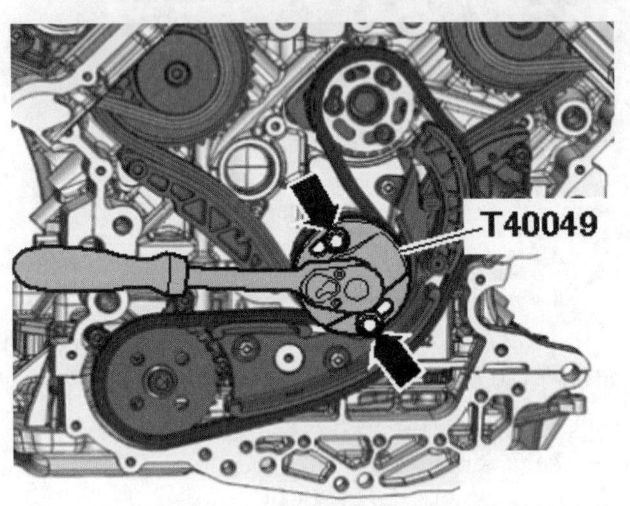

图 4-375

（4）将用于曲轴上止点标记的螺旋塞（如图 4-376 中箭头）从气缸体中拧出。

（5）将曲轴沿发动机转动方向拧到上止点。提示：安装好发动机后，很难找到曲轴的固定孔。因此转动发动机，使左侧（沿行驶方向）减震器上的小缺口（如图 4-377 中 1）与气缸体和梯形架之间的外壳接合线（如图 4-377 中 2）相对。这样就可以方便地拧入固定螺栓 T40069。减震器上的标记仅仅是辅助方式。只有拧入固定螺栓 T40069 后，才能达到准确的上止点位置。

（6）将固定螺栓 T40069 用 20N·m 的力矩拧入孔中；必要时稍微来回转动曲轴（如图 4-378 中 1），以便完全对准螺栓。

（7）沿箭头方向按压链条张紧器的滑轨并用定位销 T40071 卡住链条张紧器，如图 4-379。当心！对于用过的驱动链，转动方向相反时有损坏的危险。为重新安装驱动链，用彩色箭头标记记下转动方向。不得通过冲窝、刻槽等对驱动链做标记。旋出螺栓（如图 4-379 中 3）并取下平衡轴链轮。旋出螺栓（如图 4-379 中 1、2）并取下链条张紧器及链子。

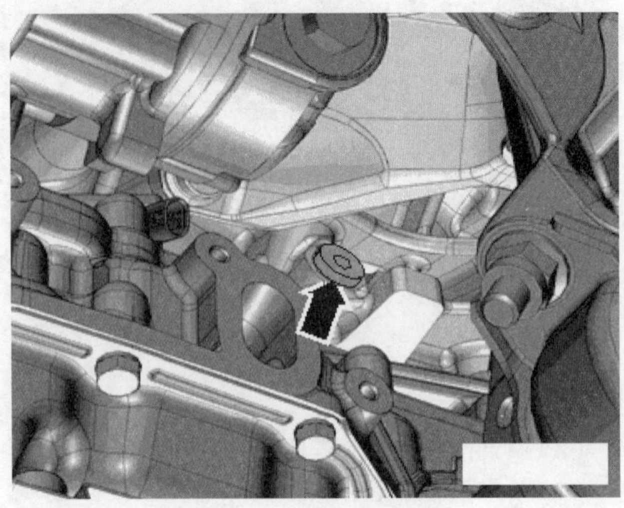

图 4-376

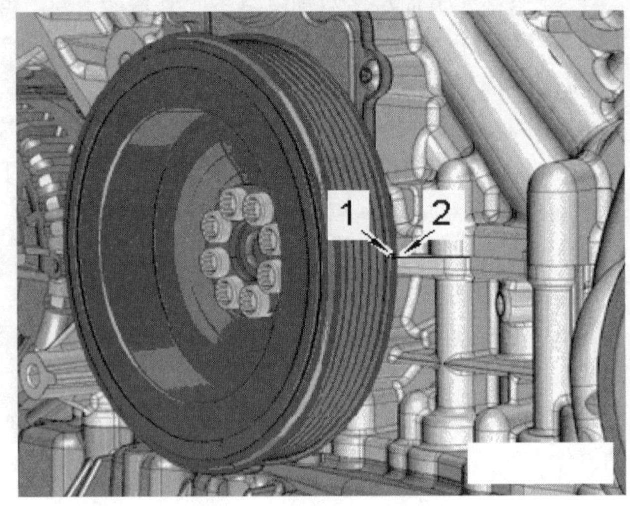

图 4-377

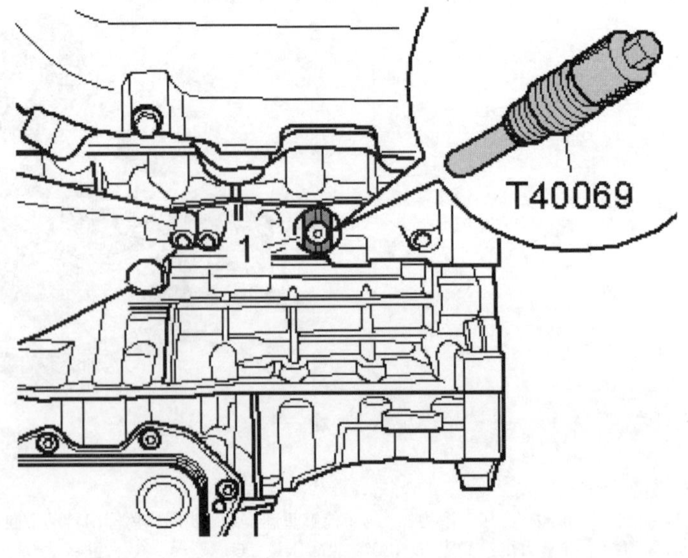

图 4-378

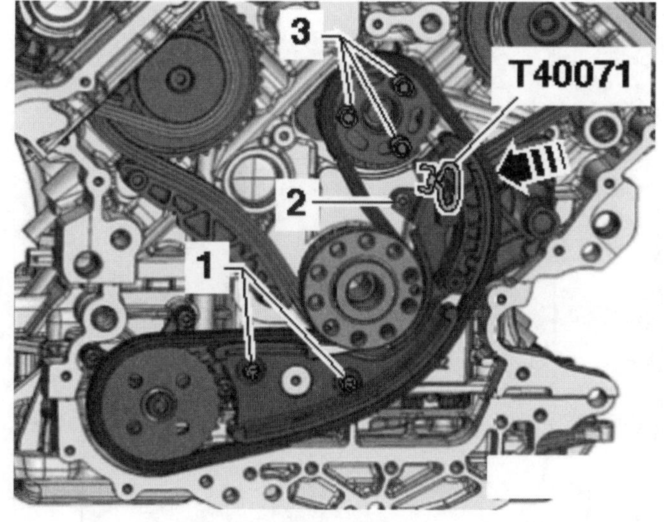

图 4-379

2. 安装。

（1）拧紧力矩。

（2）将曲轴（如图 4-380 中 1）用固定螺栓 T40069 固定在上止点位置。

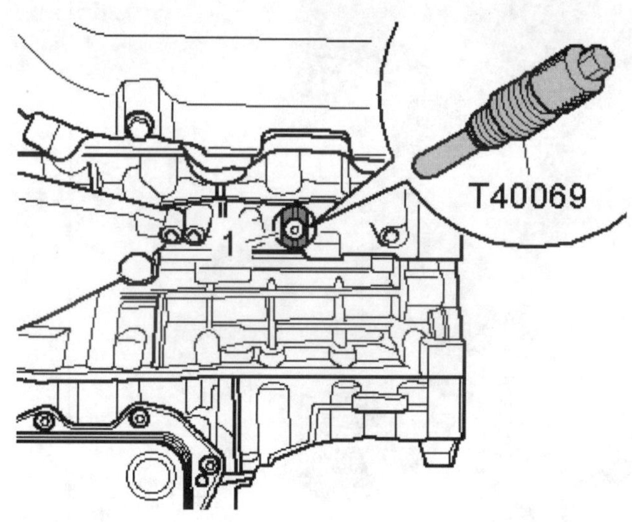

图 4-380

（3）安装链条张紧器及链条和平衡轴链轮。

（4）用固定销 T40116 将平衡轴卡在上止点位置。平衡轴链轮中的长孔必须相对于平衡轴螺纹孔处于中间位置。必要时将链条移动一个齿。

（5）拧紧链条张紧器螺栓。

（6）拧入链轮螺栓（如图 4-381 中 1），不要拧紧。链轮必须在平衡轴上还能转动并且不得翻转。松开链条张紧器时去除定位销 T40071。用螺丝刀按压链条张紧器的滑轨（如图 4-381 中箭头）并同时拧紧链轮螺栓（如图 4-381 中 1）。

（7）从平衡轴中拔出固定销 T40116。

（8）其他安装以相反顺序进行，安装过程中请注意以下事项：

①安装正时链下部盖板。

②安装作为曲轴“上止点”标记的螺旋塞。

图 4-381

八、车型

一汽奥迪 A6L 45TFSI quattro（3.0T CREC），2016—2019 年。

一汽奥迪 A6L 50TFSI quattro（3.0T CTDB），2016—2019 年。

奥迪 A7 50TFSI quattro(3.0T CREC)，2016—2019 年。

奥迪 Q7 45TFSI（3.0T CREC），2016—2019 年。

奥　迪 A8L 45TFSI quattro（3.0T CREG），2016—2018 年。

奥　迪 A6L 50TFSI quattro（3.0T CTDA），2016—2018 年。

（一）凸轮轴正时链

左侧凸轮轴正时链，如图 4-382。

右侧凸轮轴正时链，如图 4-383。

（二）正时驱动系统驱动链

正时驱动系统驱动链，如图 4-384。

右侧凸轮轴正时链驱动链轮轴承螺栓的安装位置，如图 4-385。

右侧凸轮轴正时链驱动链轮轴承销（如图 4-385 中 3）内的固定销必须卡入止推垫片（如图 4-385 中 1）的孔内和气缸体的孔内。

（三）机油泵驱动链

机油泵驱动链，如图 4-386。

（四）从凸轮轴上拆下凸轮轴正时链

1. 所需要的专用工具和维修设备。

（1）适配接头 T40058，如图 4-387。

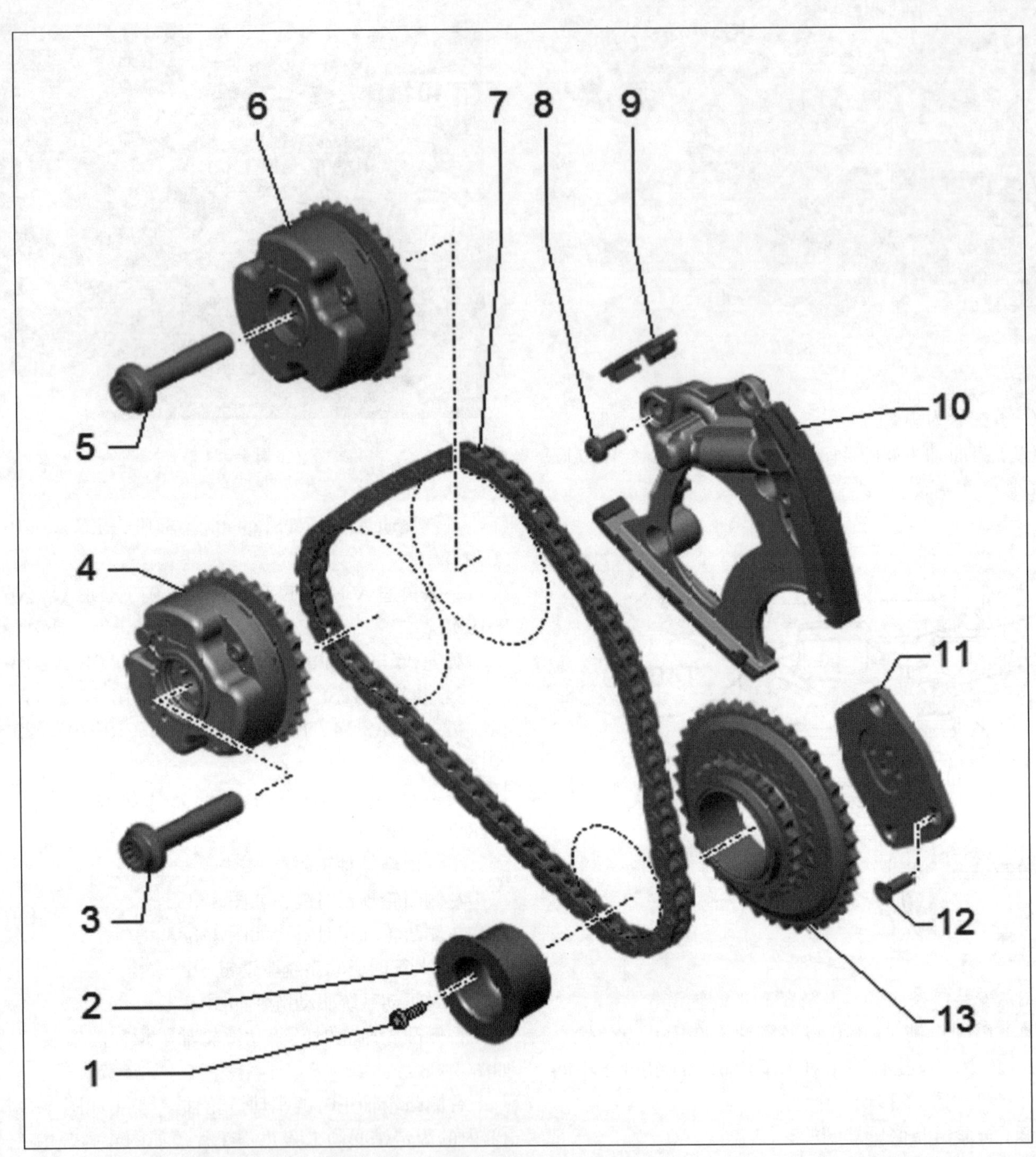

1- 螺栓　2- 轴承螺栓，用于左侧凸轮轴正时链的驱动链轮　3- 螺栓　4- 凸轮轴调节器，用于排气凸轮轴　5- 螺栓　6- 凸轮轴调节器，用于进气凸轮轴　7- 左侧凸轮轴正时链，为了能够重新安装，要用颜色标出转动方向　8- 螺栓　9- 滑块　10- 链条张紧器，用于左侧凸轮轴正时链　11- 轴承板，用于驱动链轮　12- 螺栓　13- 驱动链轮，用于左侧凸轮轴正时链

图 4-382

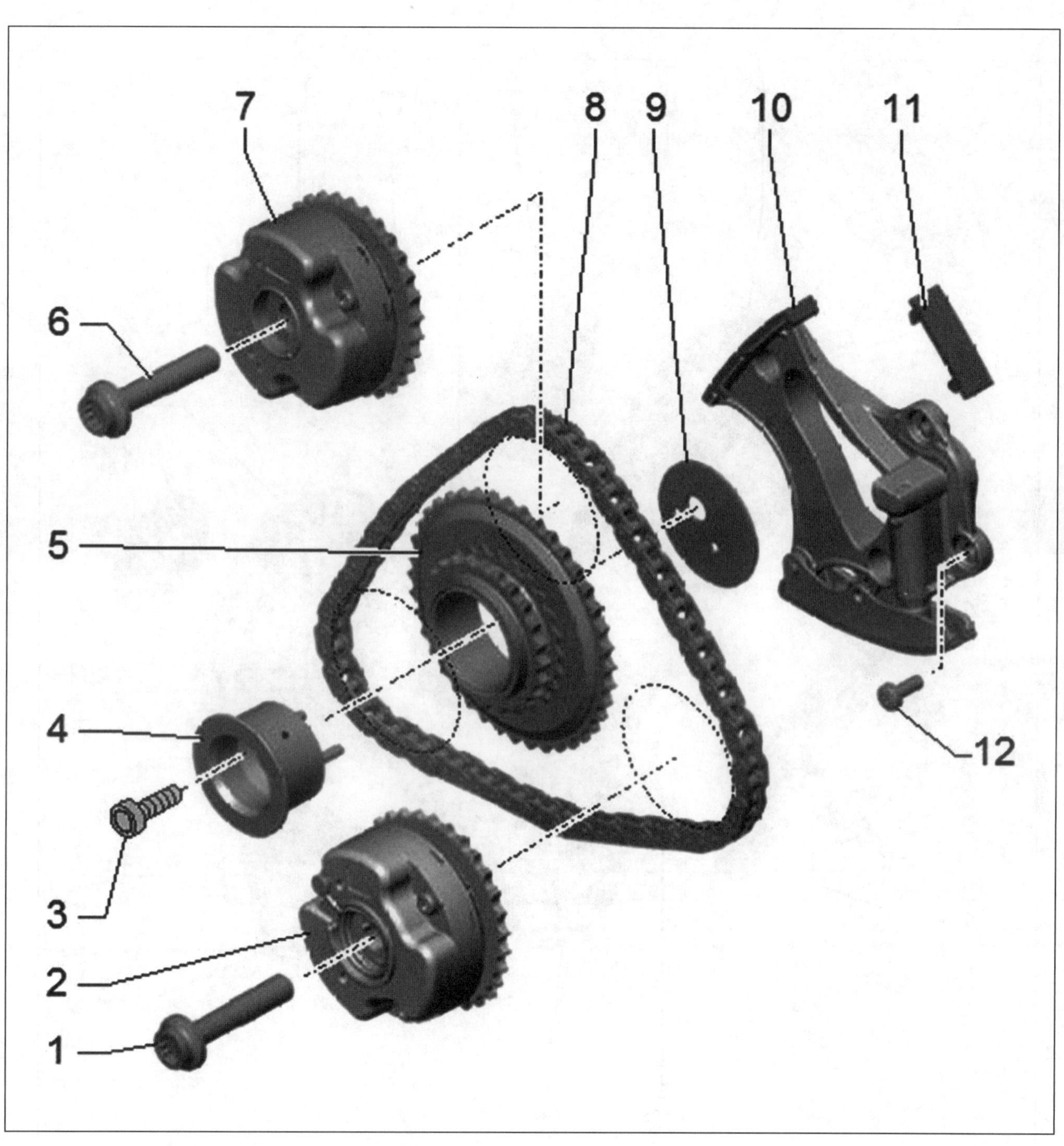

1- 螺栓　2- 凸轮轴调节器，用于排气凸轮轴　3- 螺栓　4- 轴承螺栓，用于右侧凸轮轴正时链的驱动链轮　5- 驱动链轮，用于右侧凸轮轴正时链　6- 螺栓　7- 凸轮轴调节器，用于进气凸轮轴　8- 右侧凸轮轴正时链，为了能够重新安装，要用颜色标出转动方向　9- 止推垫片，用于右侧凸轮轴正时链的驱动链轮　10- 链条张紧器，用于右侧凸轮轴正时链　11- 滑块　12- 螺栓

图 4-383

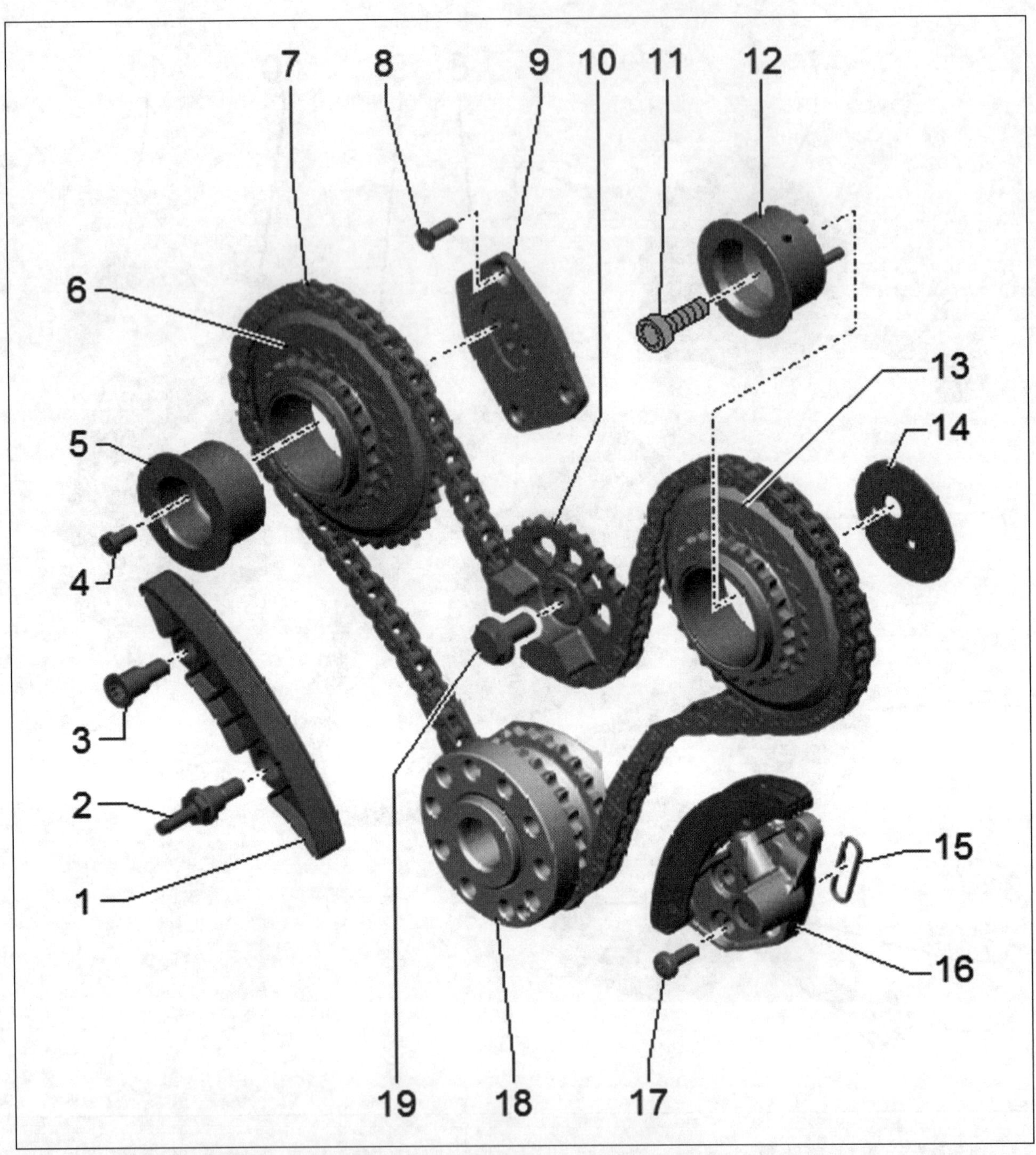

1- 滑轨　2- 螺栓　3- 螺栓　4- 螺栓　5- 轴承螺栓，用于左侧凸轮轴正时链的驱动链轮　6- 驱动链轮，用于左侧凸轮轴正时链　7- 驱动链，用于控制机构　8- 螺栓　9- 轴承板，用于左侧凸轮轴正时链的驱动链轮　10- 平衡轴的链轮，带变速器侧平衡重　11- 螺栓　12. 轴承螺栓，用于右侧凸轮轴正时链的驱动链轮　13- 驱动链轮，用于右侧凸轮轴正时链　14- 止推垫片，用于右侧凸轮轴正时链的驱动链轮　15- 密封件　16- 链条张紧器　17- 螺栓　18- 曲轴　19- 螺栓

图 4-384

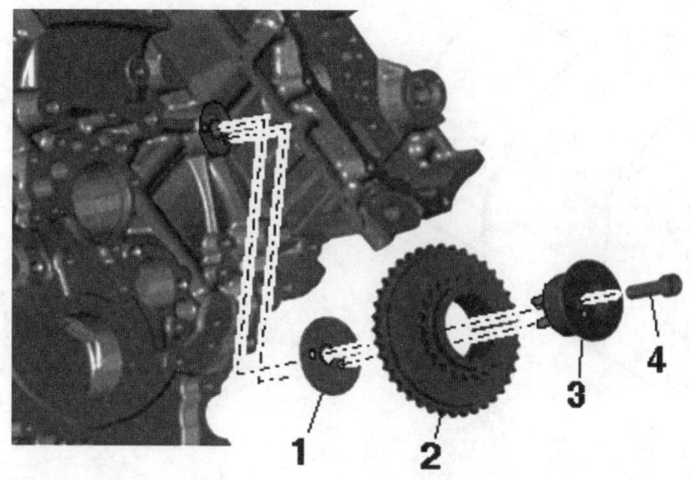

1- 止推垫片　2- 右侧凸轮轴正时链的驱动链轮　3- 右侧凸轮轴正时链驱动链轮轴承销　4- 螺栓

图 4-385

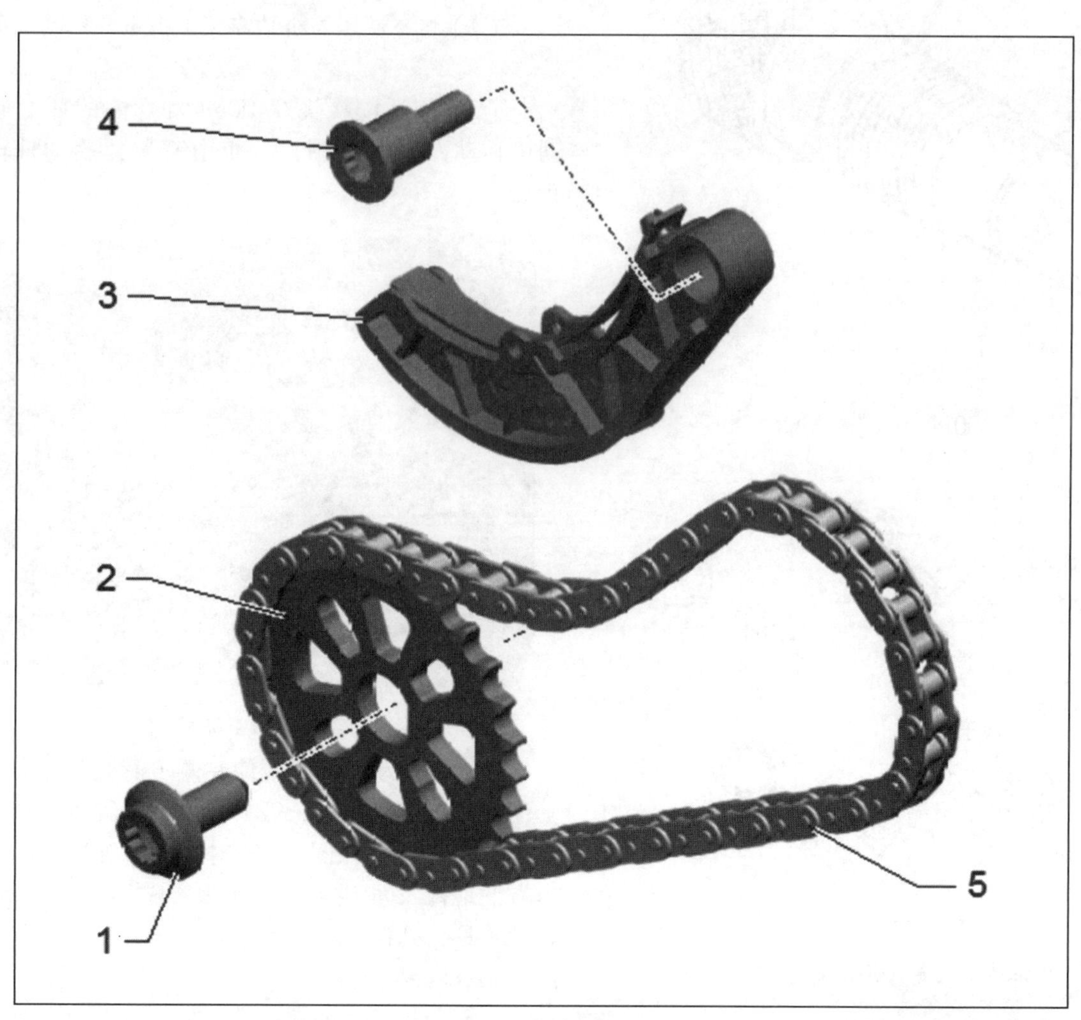

1- 螺栓　2- 驱动链轮，用于机油泵　3- 链条张紧器，带滑轨　4- 螺栓　5.驱动链，用于机油泵

图 4-386

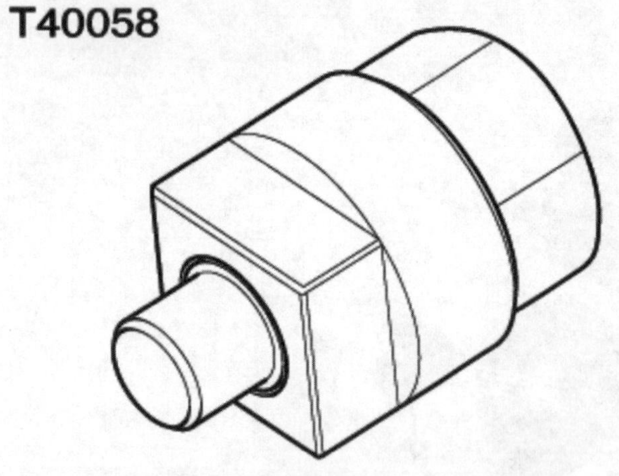

图 4-387

（2）固定螺栓 T40069，如图 4-388。

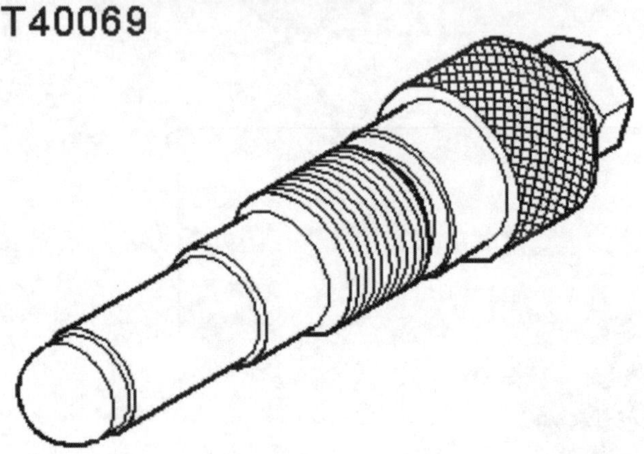

图 4-388

（3）2 个定位销 T40071，如图 4-389。

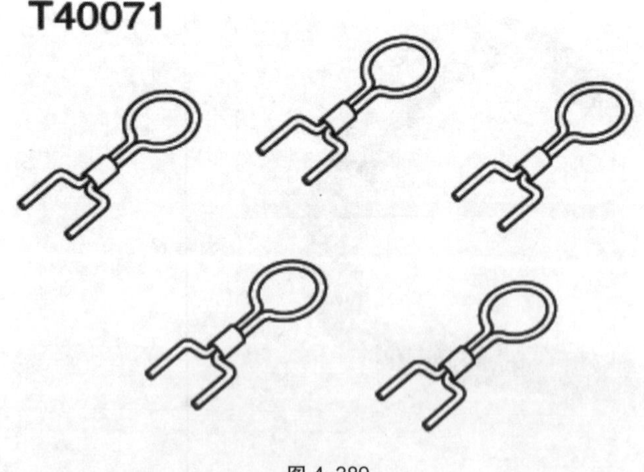

图 4-389

（4）2 个凸轮轴固定装置 T40133，如图 4-390。

2. 拆卸。

提示：在下面的描述中，凸轮轴正时链保留在发动机上。

即使您只在一个气缸盖上实施工作，但是均必须在两个气缸列上进行该工作步骤。

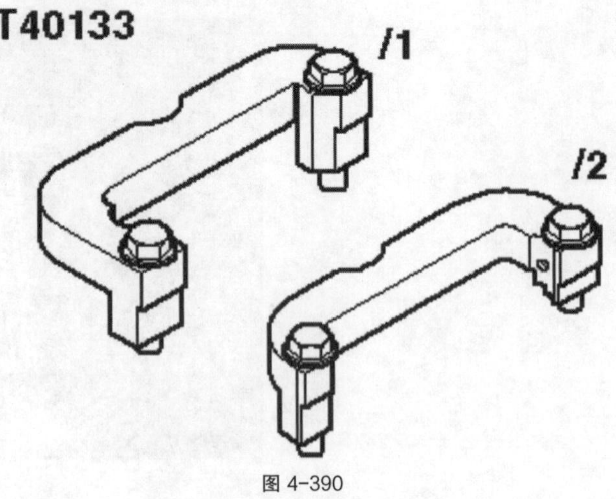

图 4-390

（1）拆卸拱顶横梁。

（2）拆卸正时链左侧和右侧盖板。

（3）拆卸左右侧气缸盖罩。

（4）将空调压缩机从支架上拆下，然后向前绑到高处。

（5）用适配接头 T40058 和弯曲的环形扳手沿发动机转动方向（如图 4-391 中箭头）将曲轴转动到上止点。

图 4-391

提示：转动发动机，使左侧（沿行驶方向）减震器上的小缺口（如图 4-392 中 1）与气缸体和梯形架之间的外壳接合线（如图 4-392 中 2）相对。这样稍后就可以方便地拧入固定螺栓 T40069。减震器上的标记仅仅是辅助工具。只有拧入固定螺栓 T40069 后，才能达到准确的上止点位置。

所有凸轮轴上的螺纹孔（如图 4-393 中箭头）都必须朝上。

提示：当凸轮轴不在所述的位置时，将曲轴继续旋转一圈，然后再次转到上止点。

图 4-392

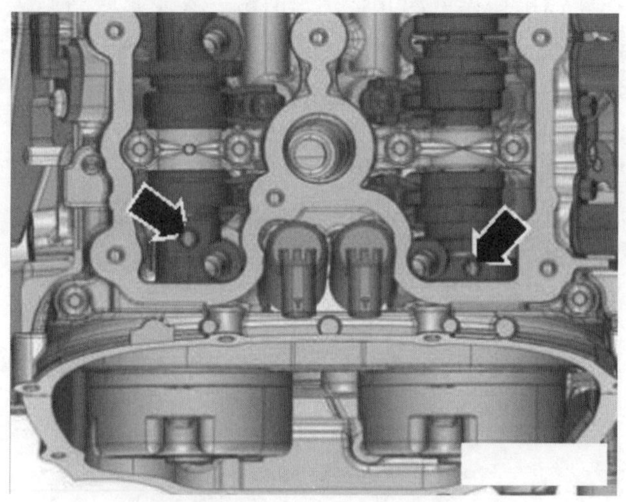
图 4-393

（6）气缸列 1（右）：将凸轮轴固定装置 T40133/1 安装到气缸盖上（如图 4-394 中箭头），然后用 25N・m 的力矩拧紧。

图 4-394

（7）气缸列 2（左）：将凸轮轴固定装置 T40133/2 安装到气缸盖上（如图 4-395 中箭头），然后用 25N・m 的力矩拧紧。

图 4-395

（8）两个气缸列的后续操作：将用于曲轴上止点标记的螺旋塞（如图 4-396 中箭头）从气缸体中拧出。

图 4-396

以 20N・m 的力矩将固定螺栓 T40069 拧入孔中，必要时稍微来回转动曲轴，以便完全对准螺栓，如图 4-397。

图 4-397

（9）气缸列 1（右）：用一把螺丝刀（如图 4-398 中 1）向内按压右侧凸轮轴正时链链条张紧器的滑轨到极限位置，用定位销 T40071 卡住链条张紧器。

图 4-398

提示：链条张紧器以油减震，因此必须缓慢地均匀用力压紧。注意：凸轮轴有损坏的危险。松开凸轮轴调节器或凸轮轴链轮螺栓时，绝不允许将凸轮轴固定装置 T40133 用作固定支架。为卡住相关的凸轮轴调节器，安装扳手 T40297 与环形扳手（如图 4-399 中 2）。松开进气侧凸轮轴调节器的螺栓（如图 4-399 中 1）。松开排气侧凸轮轴调节器螺栓（如图 4-399 中 3），为此同样要用扳手 T40297 顶住。

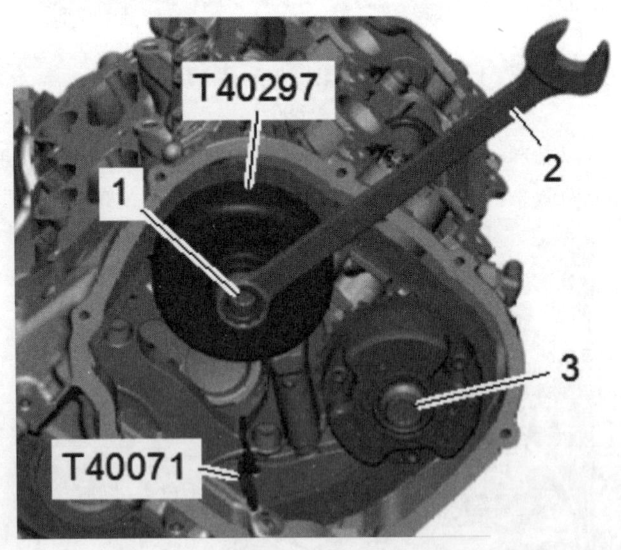

图 4-399

用颜色标记凸轮轴调节器的安装位置，以便重新安装。拧出螺栓（如图 4-400 中 1、2），取下两个凸轮轴调节器。

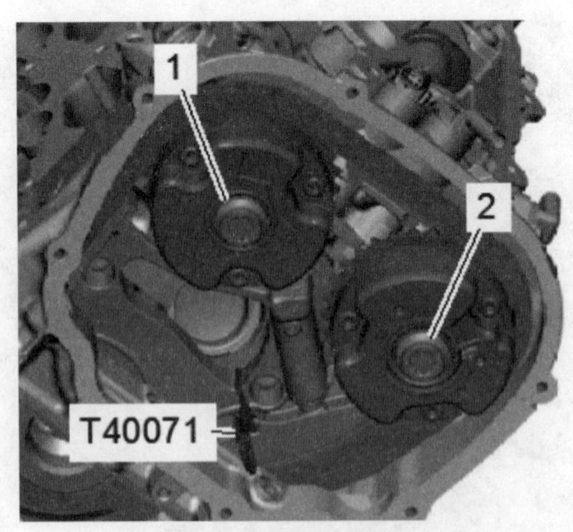

图 4-400

（10）气缸列 2（左）：用一把螺丝刀（如图 4-401 中 1）向内按压左侧凸轮轴正时链链条张紧器的滑轨到极限位置，用定位销 T40071 卡住链条张紧器。提示：链条张紧器以油减震，因此必须缓慢地均匀用力压紧。

图 4-401

为卡住相关的凸轮轴调节器，安装扳手 T40297 与环形扳手（如图 4-402 中 2）。松开排气侧凸轮轴调节器的螺栓（如图 4-402 中 1）。松开进气侧凸轮轴调节器螺栓（如图 4-402 中 3），为此同样要用扳手 T40297 顶住。

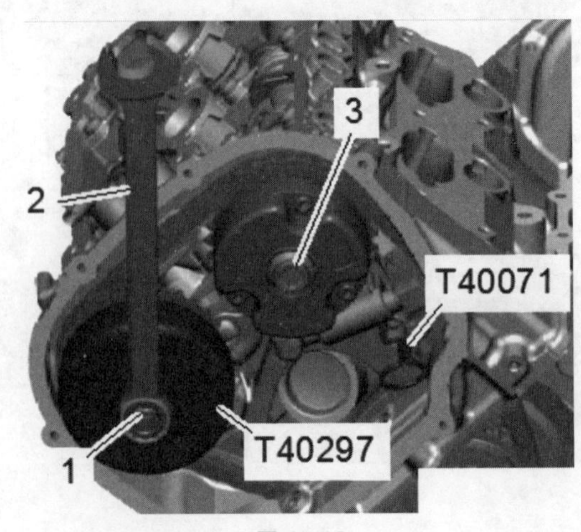

图 4-402

用颜色标记凸轮轴调节器的安装位置，以便重新安装。拧出螺栓（如图 4-403 中 1、2），取下两个凸轮轴调节器。

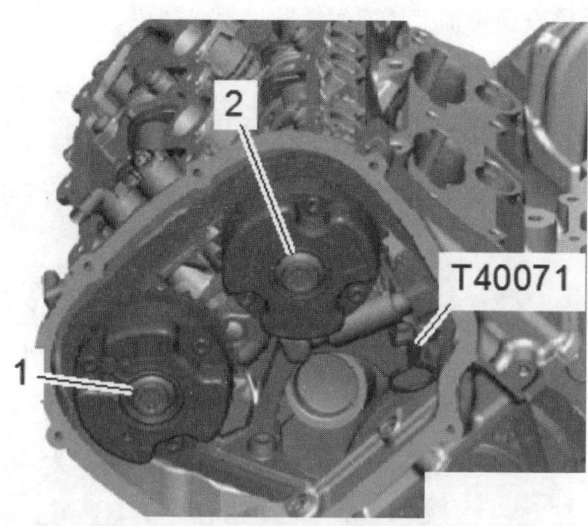

图 4-403

3. 安装

提示：拆卸后更换那些拧紧时需要继续旋转一个角度的螺栓。注意：气门和活塞头有损坏的危险。在旋转凸轮轴时，活塞不允许停在上止点。

控制机构驱动链已安装。曲轴已用固定螺栓 T40069 固定在上止点位置，如图 4-404。

图 4-404

将凸轮轴固定装置 T40133/1 在气缸列 1（右侧）上用 25N・m 的力矩拧紧（如图 4-405 中箭头）。

将凸轮轴固定装置 T40133/2 在气缸列 2（左侧）上用 25N・m 的力矩拧紧（如图 4-406 中箭头）。

（1）气缸列 1（右）：注意：有损坏发动机的危险。在执行以下工作步骤时，才允许如下所述安装凸轮轴调节器。按照拆卸时所做标记重新安装凸轮轴调节器。凸轮轴调节器内的凹槽（如图 4-407 中 1 或 4）必须正对着所涉及的调节窗口（如图 4-407 中 2 或 3）。

图 4-405

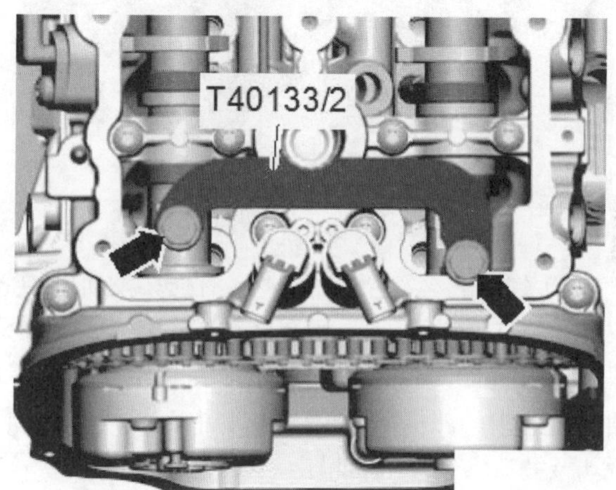

图 4-406

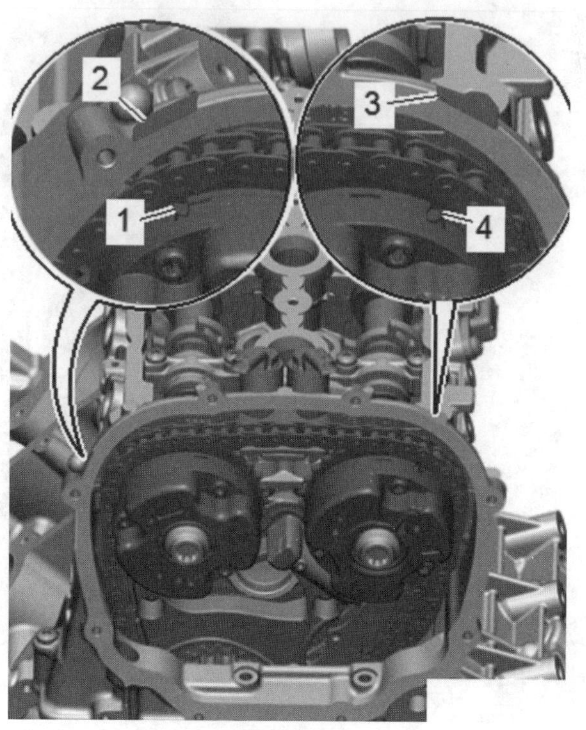

图 4-407

按照拆卸时所做标记重新安装凸轮轴调节器。将凸轮轴正时链放到驱动链轮和凸轮轴调节器上，并松松地拧入螺栓（如图 4-408 中 1、2）。两个凸轮轴调节器必须在凸轮轴上还能旋转并且不得翻转。拆除定位销 T40071。

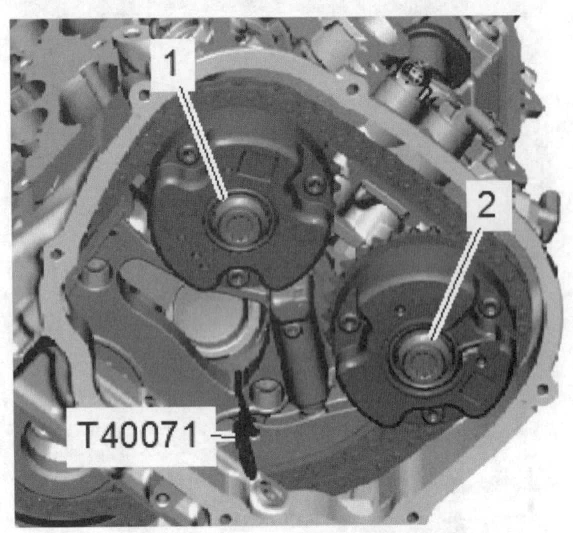

图 4-408

（2）气缸列 2（左）：注意：有损坏发动机的危险。在执行以下工作步骤时，才允许如下所述安装凸轮轴调节器。按照拆卸时所做标记重新安装凸轮轴调节器。凸轮轴调节器内的凹槽（如图 4-409 中 1 或 4）必须正对着所涉及的调节窗口（如图 4-409 中 2 或 3）。

图 4-409

按照拆卸时所做标记重新安装凸轮轴调节器。将凸轮轴正时链放到驱动链轮和凸轮轴调节器上，并松松地拧入螺栓（如图 4-410 中 1、2）。两个凸轮轴调节器必须在凸轮轴上还能旋转并且不得翻转。拆除定位销 T40071。

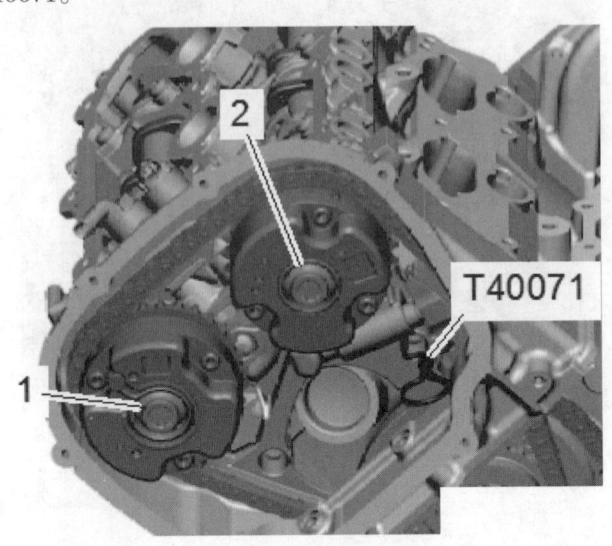

图 4-410

（3）气缸列 1（右）：将扳手 T40297 装到排气凸轮轴调节器上。将扭矩扳手 V.A.G 1332 用插入工具 V.A.G 1332/9 安装到扳手 T40297 上，如图 4-411。

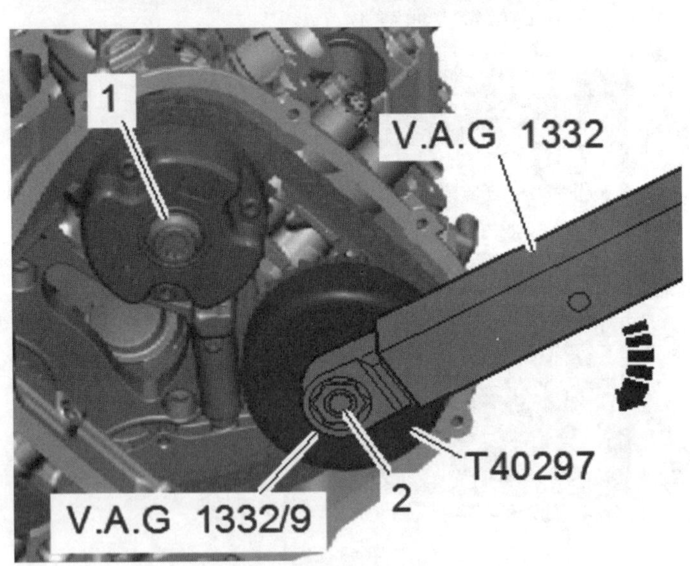

图 4-411

让另一位机械师用 40N·m 的力矩沿（如图 4-411 中箭头）预紧凸轮轴调节器。在凸轮轴调节器仍旧保持预紧期间，拧紧螺栓，凸轮轴螺栓拧紧力矩为 60N·m。取下扳手 T40297。拆除凸轮轴固定装置 T40133/1（如图 4-412 中箭头）。

（4）气缸列 2（左）：将扳手 T40297 装到进气凸轮轴调节器上。将扭矩扳手 V.A.G 1332 用插入工具

V.A.G 1332/9 安装到扳手 T40297 上。让另一位机械师用 40N·m 的力矩沿如图 4-413 中箭头方向预紧凸轮轴调节器。在凸轮轴调节器仍旧保持预紧期间，拧紧螺栓，在凸轮轴 60N·m 上。

图 4-412

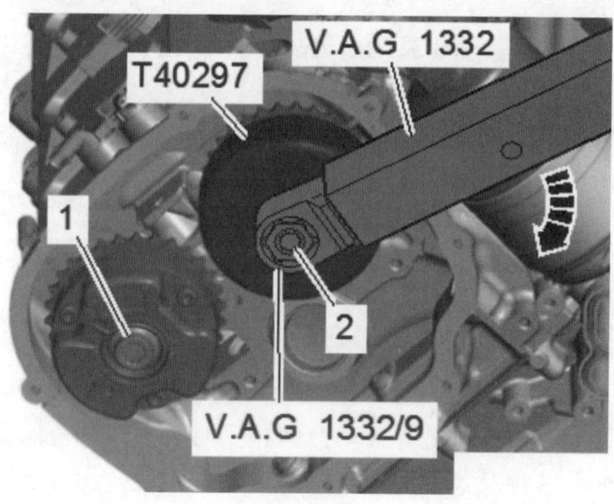

图 4-413

取下扳手 T40297。拆除凸轮轴固定装置 T40133/2（如图 4-414 中箭头）。

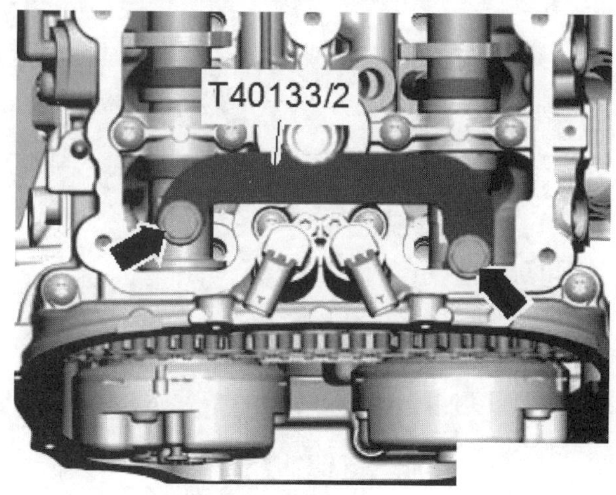

图 4-414

（5）气缸列 1（右）：拧紧右侧气缸盖上的凸轮轴调节器螺栓（如图 4-415）。

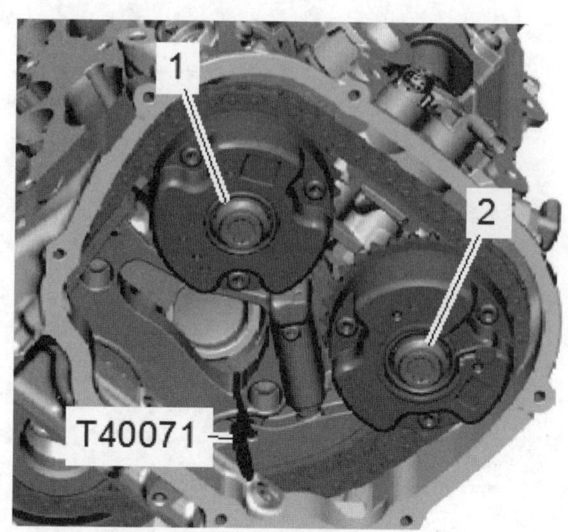

图 4-415

（6）气缸列 2（左）：拧紧左侧气缸盖上的凸轮轴调节器螺栓（如图 4-416）。

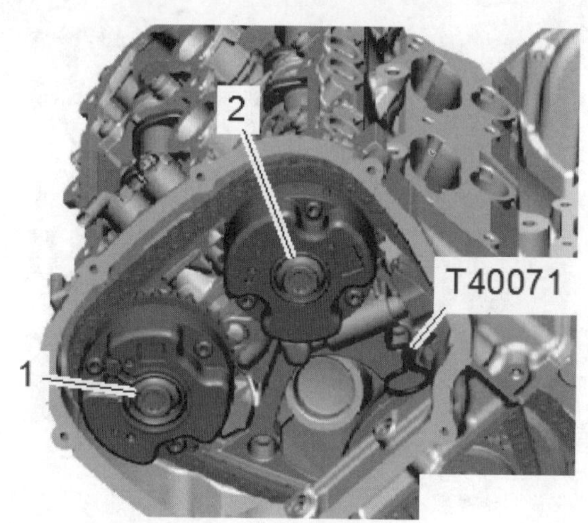

图 4-416

取下固定螺栓 T40069，如图 4-417。

图 4-417

将曲轴用适配接头 T40058 和弯曲的环形扳手沿发动机转动方向转动 2 圈（如图 4-418 中箭头），直至曲轴重新到达上止点。提示：如果意外转过了上止点，则必须将曲轴再次转回约 30°，重新转到上止点。

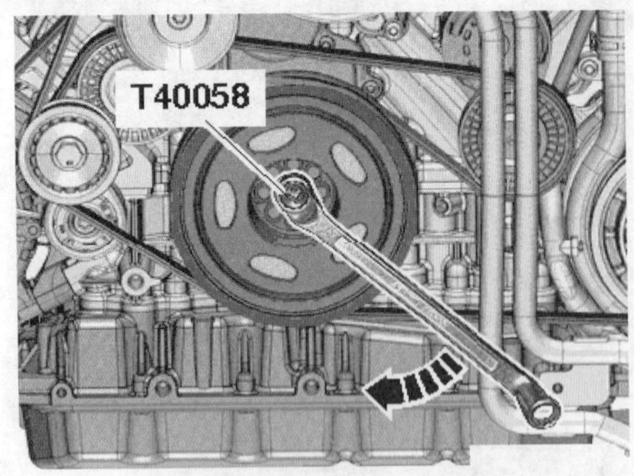

图 4-418

（7）气缸列 1（右）：将凸轮轴固定装置 T40133/1 安装在气缸盖上并拧紧（如图 4-419 中箭头）。拧紧力矩：25N·m。

图 4-419

（8）气缸列 2（左）：将凸轮轴固定装置 T40133/2 安装在气缸盖上并拧紧（如图 4-420 中箭头）。拧紧力矩：25N·m。

图 4-420

（9）两个气缸列的后续操作：将固定螺栓 T40069 直接拧入孔内，如图 4-421。

图 4-421

固定螺栓 T40069 必须卡入曲轴上的固定孔中，否则要重复调整。拆除两个气缸盖上的凸轮轴固定装置。取下固定螺栓。

其他安装以相反顺序进行，安装过程中请注意以下事项：

①安装气缸盖罩。

②安装正时链左侧和右侧盖板。

（五）拆卸和安装凸轮轴正时链

1. 拆卸。

变速器已拆卸。

（1）拆卸正时链下部盖板。

（2）从凸轮轴上取下凸轮轴正时链。注意：对于用过的凸轮轴正时链，转动方向相反时有损坏的危险。为了便于重新安装左侧和右侧凸轮轴正时链，用彩色箭头标记记下转动方向。不得通过冲窝、刻槽等对凸轮轴正时链做标记。

（3）拆除定位销 T40071，并取下左侧凸轮轴正时链，如图 4-422。

图 4-422

（4）拧出螺栓（如图 4-423 中 1、2），取下右侧链条张紧器。

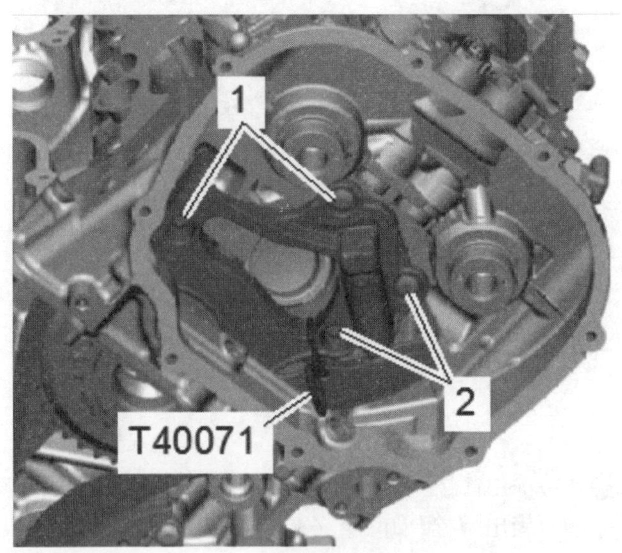

图 4-423

（5）沿箭头方向按压正时机构驱动链张紧器的滑轨，并用定位销 T40071 卡住链条张紧器。

（6）旋出驱动链轮的轴承销螺栓（如图 4-424 中 1）。

（7）拔下驱动链轮与轴承螺栓，将右侧凸轮轴正时链向上取出。

图 4-424

2. 安装。

提示：如果张紧件已被从链条张紧器中取出，那么请注意安装位置，壳体底部的孔指向链条张紧器，活塞指向张紧轨道。拆卸后更换那些拧紧时需要继续旋转一个角度的螺栓。注意：气门和活塞头有损坏的危险。在旋转凸轮轴时，活塞不允许停在上止点。

（1）按照拆卸时所做的标记将左侧凸轮轴正时链装到驱动链轮上，然后向上引到气缸盖上。

（2）向下按压左侧凸轮轴正时链张紧器的滑轨，并用定位销 T40071 卡住链条张紧器，如图 4-425。

图 4-425

（3）按照拆卸时所做的标记将右侧凸轮轴正时链装到驱动链轮上，然后向上引到气缸盖上。

（4）安装驱动链轮。

（5）拧紧驱动链轮的轴承销螺栓（如图 4-426 中 1）。

（6）拆除定位销 T40071（如图 4-426 中箭头）。

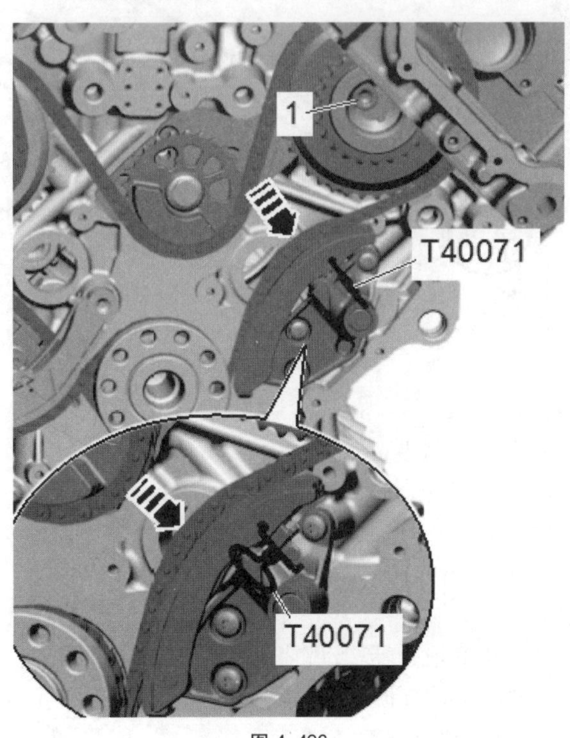

图 4-426

（7）在右侧气缸盖上装入链条张紧器。

（8）拧紧螺栓（如图 4-427 中 1、2）。

图 4-427

其他安装以相反顺序进行，安装过程中请注意以下事项：

①将凸轮轴正时链放到凸轮轴上。

②安装正时链的下部盖板。

（六）拆卸和安装控制机构驱动链

1. 所需要的专用工具和维修设备。

固定销 T40116，如图 4-428。

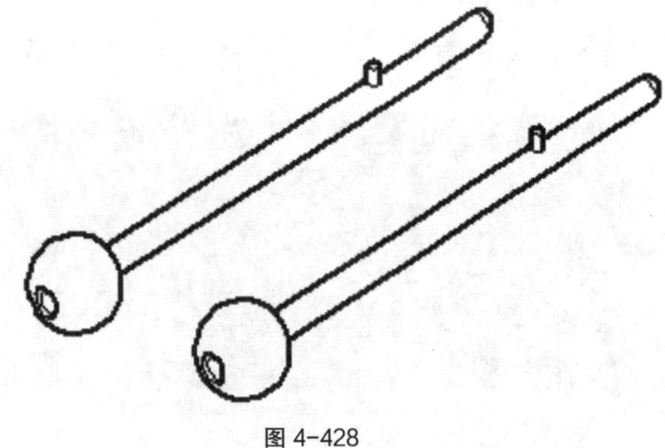

图 4-428

2. 拆卸。

变速器已拆卸。

（1）拆卸正时链下部盖板。

（2）拆卸凸轮轴正时链。

（3）拧出螺栓（如图 4-429 中 1、2），取下链条张紧器。

（4）拆卸取力器驱动链。注意：对于用过的驱动链，转动方向相反时有损坏的危险。为重新安装用颜色通过箭头标记驱动链的转动方向。

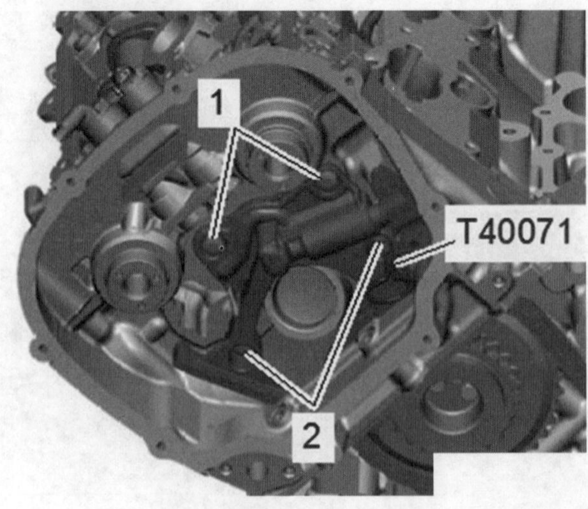

图 4-429

（5）旋出螺栓（如图 4-430 中 1）并取下滑轨。

（6）旋出螺栓（如图 4-430 中 2）并取下链条张紧器。

（7）取下控制机构驱动链。

图 4-430

3. 安装。

安装以倒序进行，同时要注意下列事项：提示：拆卸后更换那些拧紧时需要继续旋转一个角度的螺栓。曲轴已用固定螺栓 T40069 固定在上止点位置，如图 4-431。

（1）将平衡轴链轮用固定销 T40116 在上止点位置固定在链轮调节范围（如图 4-432 中箭头）内。

（2）根据拆卸时记下的标记把控制机构驱动链放到驱动链轮上。

图 4-431

图 4-432

（3）安装滑轨并拧紧螺栓（如图 4-433 中 1）。

（4）安装链条张紧器并拧紧螺栓（如图 4-433 中 2）。

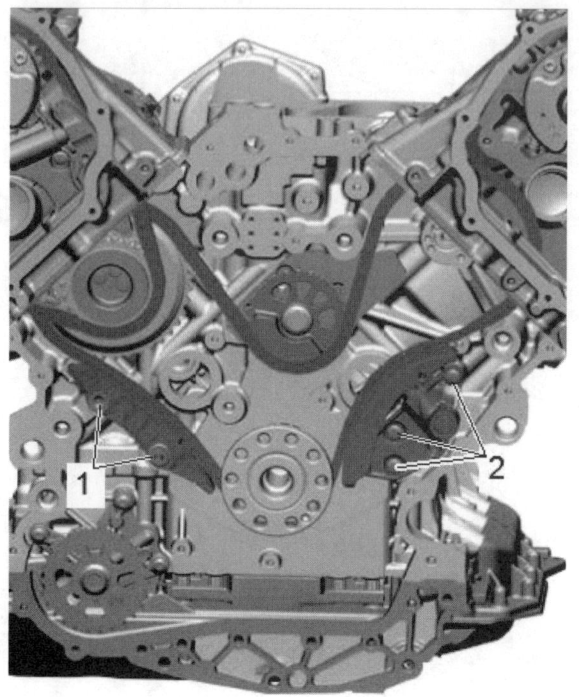

图 4-433

固定销 T40116 必须大概处于平衡轴的链轮调节范围中部（如图 4-434 中箭头）。

图 4-434

固定销绝不允许靠在左侧或右侧。必要时，将驱动链移动一个齿。

（5）安装取力器驱动链。

（6）安装凸轮轴正时链。

（7）安装正时链的下部盖板。

（七）拆卸和安装机油泵驱动链

1. 所需要的专用工具和维修设备。

定位销 T40071，如图 4-435。

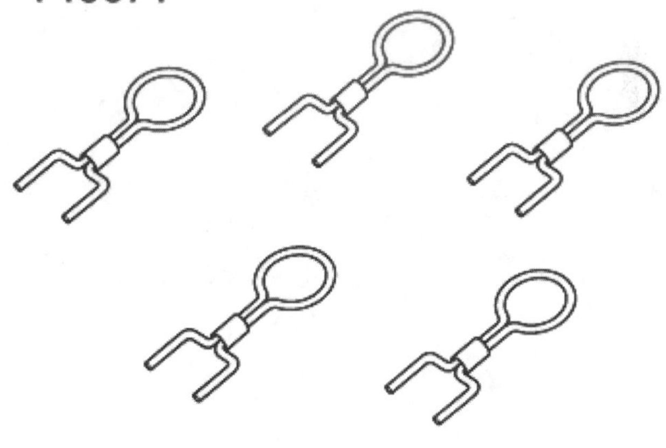

图 4-435

2. 拆卸。

变速器已拆卸。

（1）拆卸正时链下部盖板。

（2）将链条张紧器的弹簧用一个钳子向下压（如图 4-436 中箭头），并用定位销 T40071 固定住。注意！对于用过的驱动链，转动方向相反时有损坏的危险。为重新安装驱动链，用彩色箭头标记记下转动方向。不得通过冲窝、刻槽等对驱动链做标记。

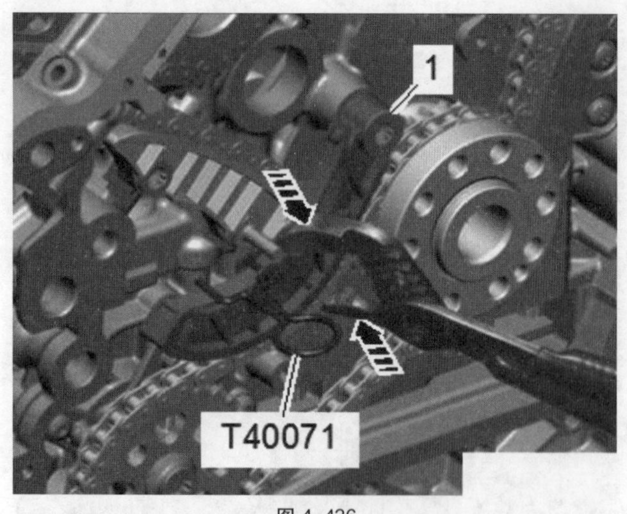

图 4-436

（3）拧出螺栓（如图 4-437 中 1），取下链条张紧器。

（4）拧出螺栓（如图 4-437 中 1），为此用一把螺丝刀（如图 4-437 中 2）固定住链轮。

（5）将驱动链和链轮取下。

图 4-437

3. 安装。

安装以倒序进行，同时要注意下列事项：安装正时链的下部盖板。

第五章　一汽大众车系

一、车型

高尔夫 180TSI（1.2T CYAA），2016—2019 年。

高尔夫嘉旅 180TSI（1.2T CYAA），2018—2019 年。

T-ROC 探歌 200TSI（1.2T CYAA），2018—2019 年。

速腾 180TSI（1.2T CYAA），2017—2019 年。

（一）检查正时

1. 所需要的专用工具和维修设备。

（1）扭力扳手 Hazet 6290-1 CT 或 V.A.G1331，如图 5-1。

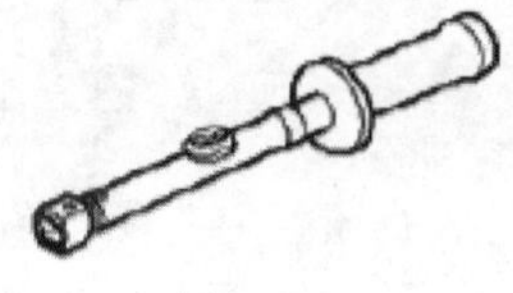

图 5-1

（2）扳手 3415 或 S 3415，如图 5-2。

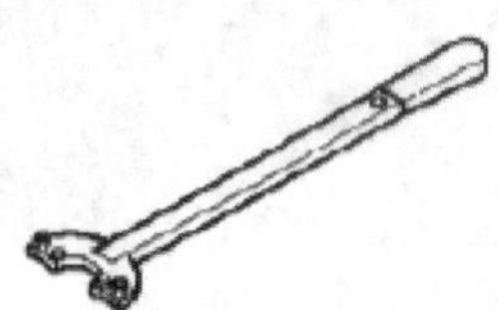

图 5-2

（3）定位销 T10340 或 CT10340，如图 5-3。

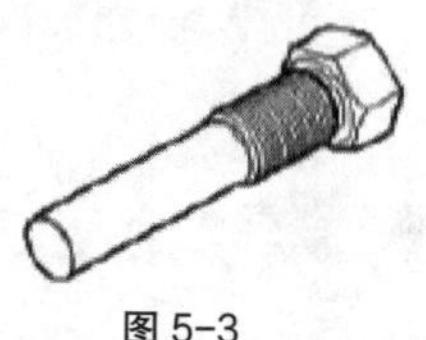

图 5-3

（4）固定工具 CT80009，如图 5-4。

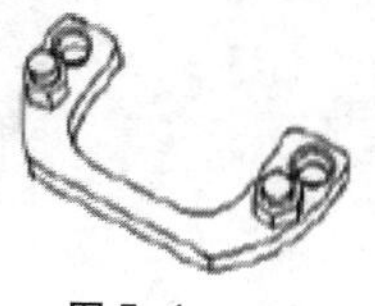

图 5-4

（5）凸轮轴固定工具 T10494，如图 5-5。

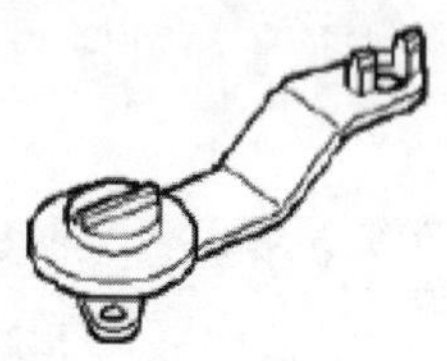

图 5-5

（6）扭力扳手 Hazet 6294-1 CT，如图 5-6。

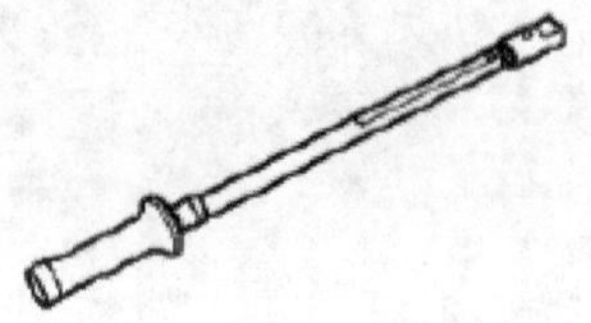

图 5-6

（7）固定工具 CT80012，如图 5-7。

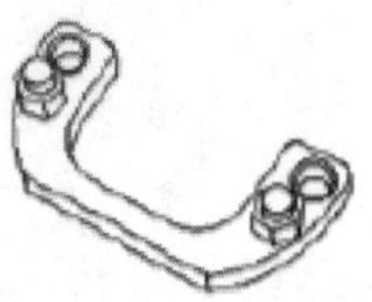

图 5-7

（8）棘轮头 Hazet 6404-1，如图 5-8。

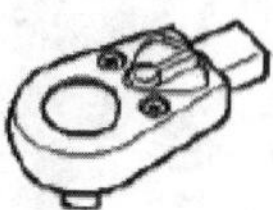

图 5-8

（9）棘轮头 Hazet 6403-1，如图 5-9。

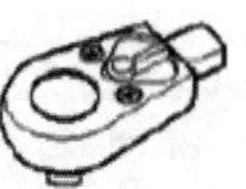

图 5-9

（10）内 12 角套筒扳手 Hazet 900Z-21，如图 5-10。

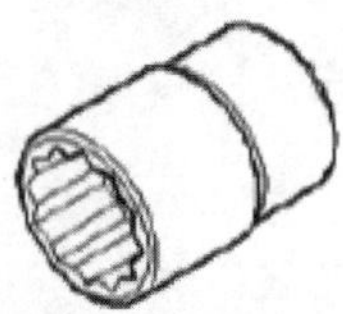

图 5-10

2. 拆卸。

（1）松开弹簧卡箍（如图 5-11 中 1、2），拆下空气导管。

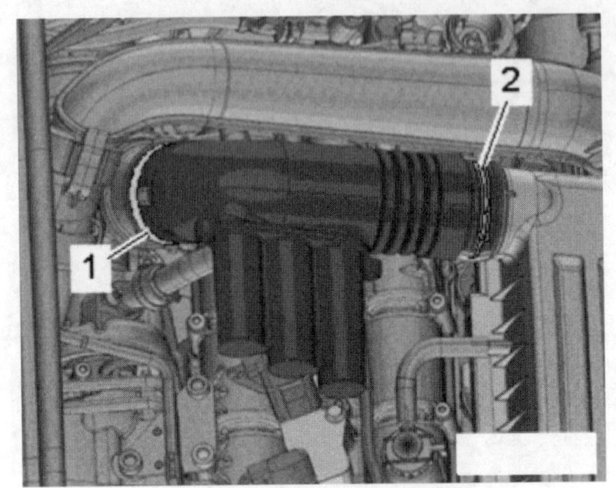

图 5-11

（2）拔下增压压力传感器 G31/ 进气温度传感器 2 G299 插头。

（3）将释放工具 CT 10527 和 CT 10527/1 插入固定夹凸耳内侧（如图 5-12 中箭头）以松开固定夹，取下进气导管（如图 5-12 中 1）。

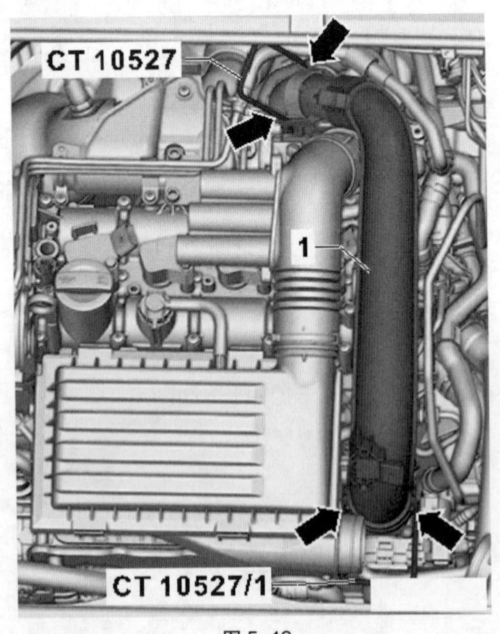

图 5-12

（4）按压开锁按钮，拔下活性炭罐电磁阀连接管（如图 5-13 中 1）。

（5）旋出螺栓（如图 5-13 中箭头），取下曲轴箱通风管。

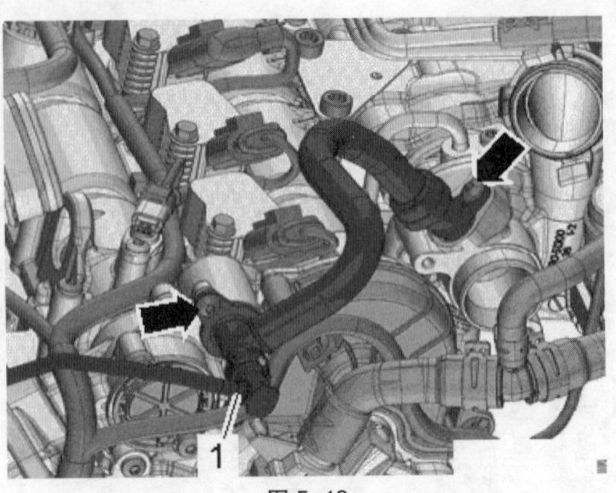

图 5-13

（6）旋出螺栓（如图 5-14 中箭头），脱开车厢蒸发器后的冷却液管。

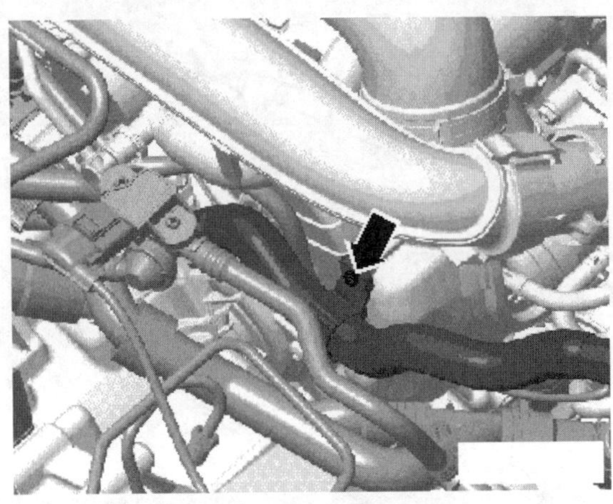

图 5-14

（7）脱开线束固定卡子（如图 5-15 中箭头）。

（8）旋出螺栓（如图 5-15 中 1、3），取下冷却液泵正时齿形皮带盖罩（如图 5-15 中 2）。

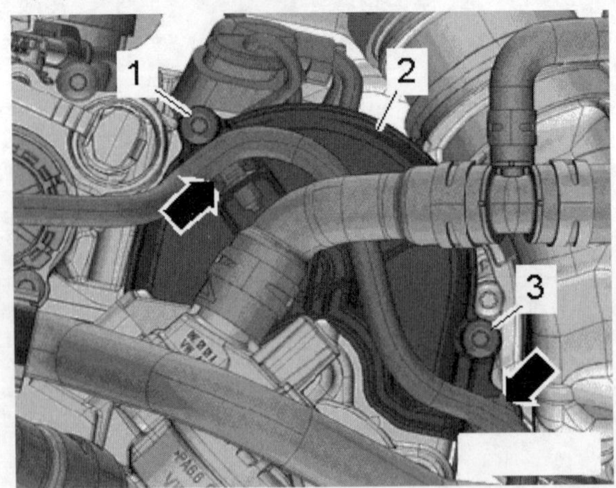

图 5-15

（9）旋出螺栓（如图 5-16 中箭头），拆下进气凸轮轴密封盖（如图 5-16 中 1）。

（10）排放冷却液。

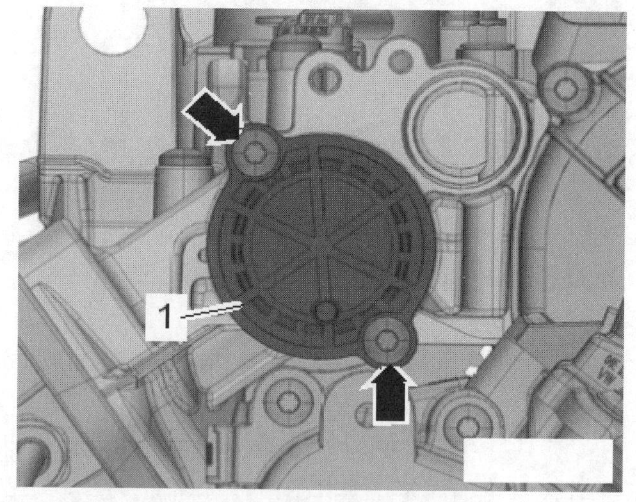

图 5-16

（11）松开弹簧卡箍，拔下软管（如图 5-17 中 1、2）。

（12）旋出螺栓 A~D，将节温器盖罩（如图 5-17 中 3）放置一旁。

将 1 缸活塞及凸轮轴调整至上止点位置。

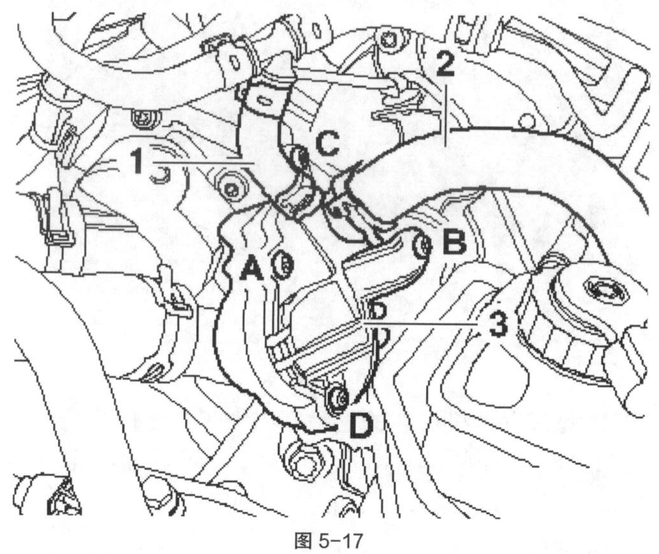

图 5-17

（13）将千分表适配器 T10170 或 T10170A 拧入火花塞中。

（14）将延长件 T10170/1 或 T10170A/1 尽可能地插入千分表 V/35.1，并使用自锁螺母（如图 5-18 中箭头）将其固定到位。

（15）缓慢地以发动机工作时曲轴运转方向旋转曲轴，直至千分表 V/35.1 指针达到最大偏转位置。一旦指针达到最大偏转位置（若继续转动曲轴，千分表将以相反的方向回转），活塞则处于 1 缸上止点。

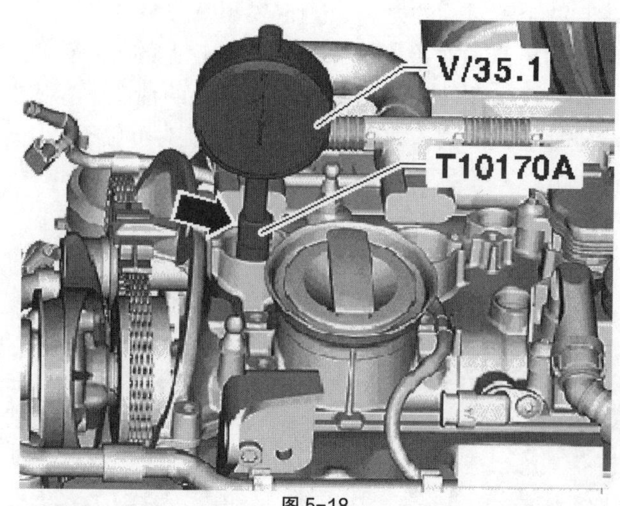

图 5-18

提示：使用扳手 3415 或 S 3415 和固定工具 CT80009 转动曲轴（图 5-19）。

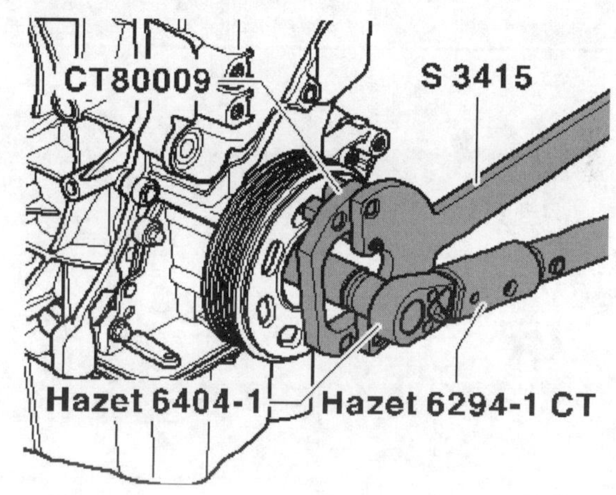

图 5-19

使用扳手 3415 或 S 3415 和固定工具 CT80012 转动曲轴（图 5-20）。

（16）此时需要检查飞轮侧凸轮轴的状态是否满足下述要求。

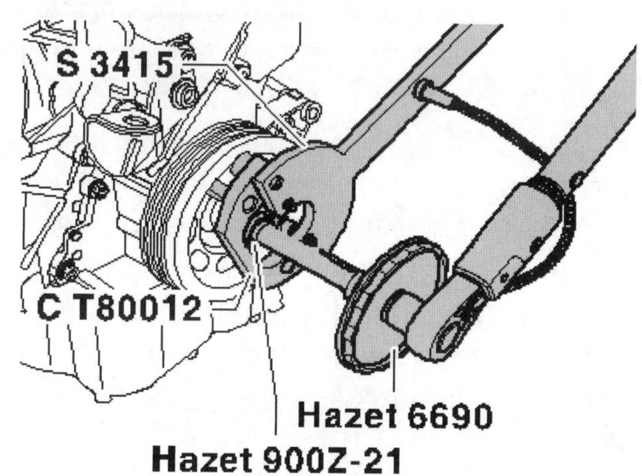

图 5-20

如图 5-21，变速器侧的两个凸轮轴上，每个凸轮轴上各有两个不对称的槽（如图 5-21 中箭头）。在排气凸轮轴上，可以通过冷却液泵齿形皮带轮上的孔看到凸轮轴上两个不对称的槽（如图 5-21 中 A 的箭头）。在进气凸轮轴上，凹槽（如图 5-21 中 E 的箭头）位于凸轮轴中部上方。

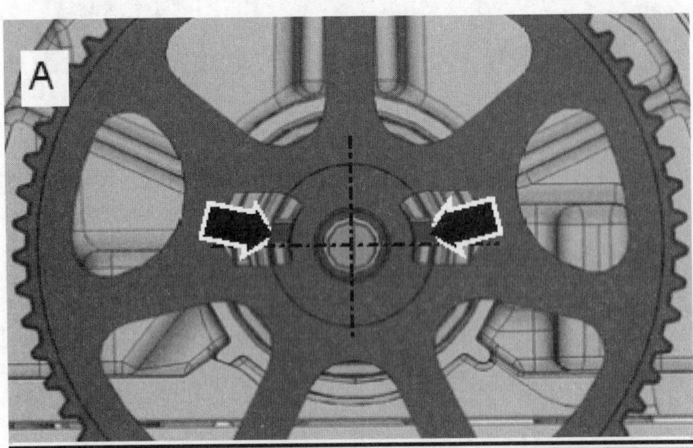

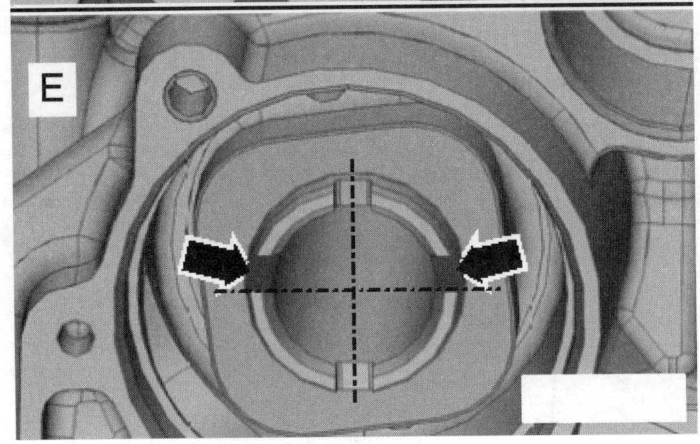

A- 排气侧　E- 进气侧
图 5-21

（17）凸轮轴位置不在描述位置时，继续转动曲轴，直至到达上止点位置要求。

（18）旋出气缸体上止点孔锁定螺栓。

（19）将定位销 T10340 或 CT10340 旋入至极限位置，并以 30N・m 的力矩拧紧，将曲轴沿发动机工作时的运转方向转至极限位置，此时定位销与曲轴臂充分接触。提示：此时定位销 T10340 或 CT10340 应该可以完全旋入至缸体。

（20）将凸轮轴固定工具 T10494 安装至凸轮轴上。提示：凸轮轴固定工具 T10494 必须能很容易放入安装位置。不能使用其他工具敲击凸轮轴固定工具，以使其能安装到位。如果凸轮轴固定工具 T10494 不能很容易地放入安装位置，用手沿图 5-22 中箭头方向按压正时齿形皮带。

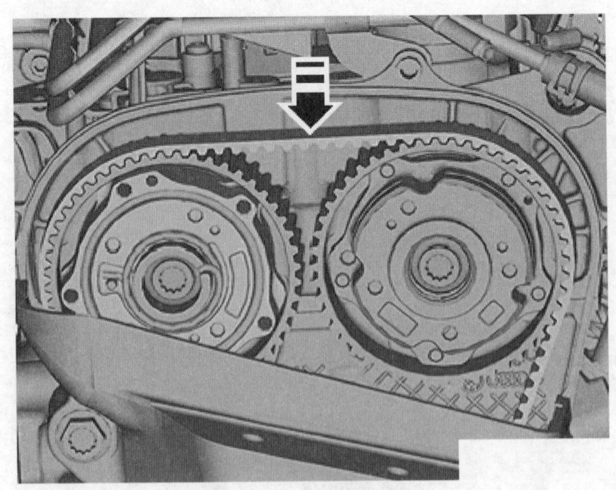

图 5-22

同时将凸轮轴固定工具 T10494 插入凸轮轴内，直至止动位置。

（21）用手拧紧螺栓（如图 5-23 中箭头）。如果无法插入凸轮轴固定工具 T10494，调整正时，取下凸轮轴上的正时齿形皮带。如果可以插入凸轮轴固定工具 T10494，正时正常。

图 5-23

注意：发动机损坏的危险。结束工作之前检查是否已经取下定位销 T10340 或 T10340 和凸轮轴固定工具 T10494。其余的安装以拆卸的相反顺序进行。

提示：

・更换采用角度控制方式拧紧的螺栓（如拧紧要求为 30N・m+ 继续旋转 90°）

・锁定螺栓和 O 形圈损坏时须及时更换。

二、车型

捷达 1.4T（1.4T CSTA），2015—2018 年。

新宝来 230TSI（1.4T CSTA），2016—2018 年。

新宝来 280TSI（1.4T CSSA），2018—2019 年。

速腾 230TSI（1.4T CSTA），2014—2017 年。

速腾 280TSI（1.4T CSSA），2015—2018 年。

迈腾 280TSI（1.4T CSSA），2017—2018 年。
高尔夫 230TSI（1.4T CSTA），2014—2018 年。
高尔夫 280TSI（1.4T CSSA），2014—2019 年。
蔚领 230TSI（1.4T CSTA），2017—2018 年。
T-ROC 探歌 230TSI（1.4T CSTA），2018—2019 年。
T-ROC 探歌 280TSI（1.4T CSSA），2018—2019 年。

（一）齿形皮带装配一览

齿形皮带装配一览如图 5-24。

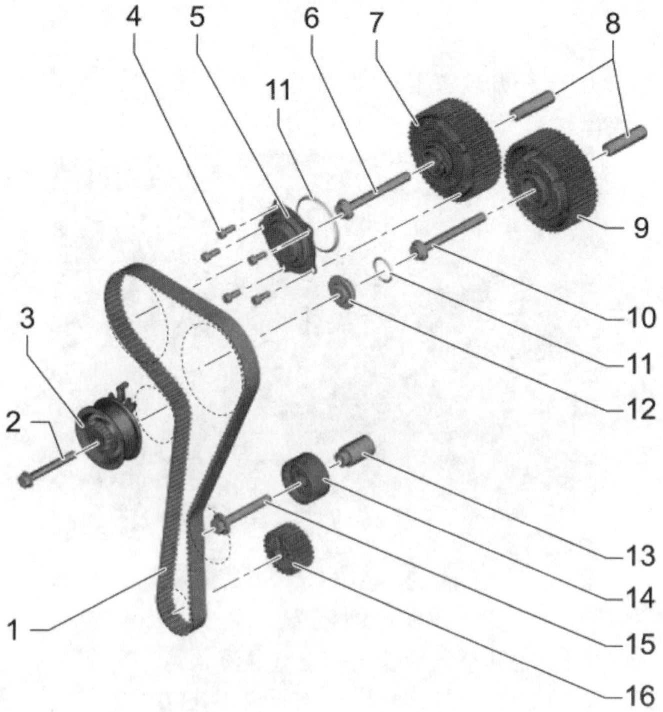

1- 齿形皮带在拆卸前先用粉笔或记号笔标记运转方向，检查是否磨损 2- 螺栓 25N·m 3- 张紧轮 4- 螺栓，8N·m+45° 5- 密封盖 6- 螺栓，50N·m+135° 7- 排气凸轮轴齿形皮带轮 8- 导向套 9- 进气凸轮轴齿形皮带轮 10- 螺栓，50N·m+135° 11-O 形环 12- 螺旋塞，20N·m 13- 间隔套 14- 导向轮 15- 螺栓，45N·m 16- 曲轴齿形皮带轮，齿形皮带轮和曲轴之间的接触面上不得有机油，只能安装在同一位置，拧出气缸体上上止点孔的螺旋塞，以 30N·m 的力矩拧紧螺栓

图 5-24

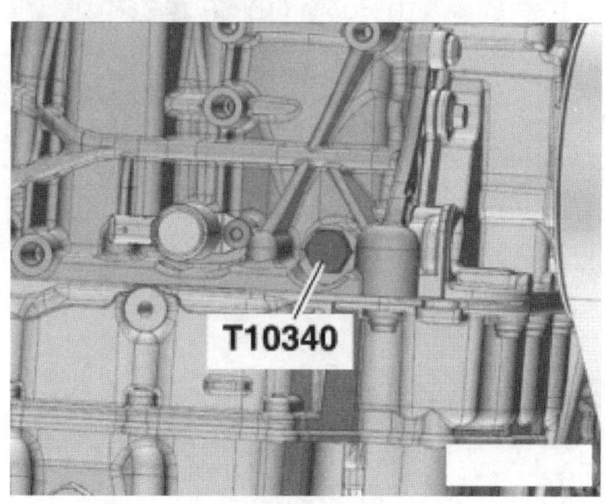

图 5-25

1. 所需要的专用工具和维修设备。

（1）扭力扳手 VAS 6583，如图 5-26。

VAS 6583

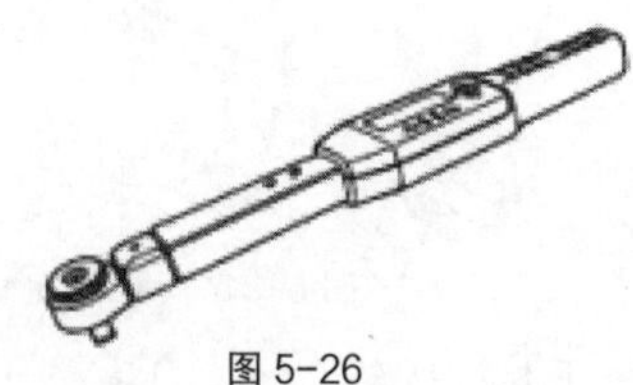

图 5-26

（2）带转接头 T10172/1 的固定工具 T10172，如图 5-27。

T10172

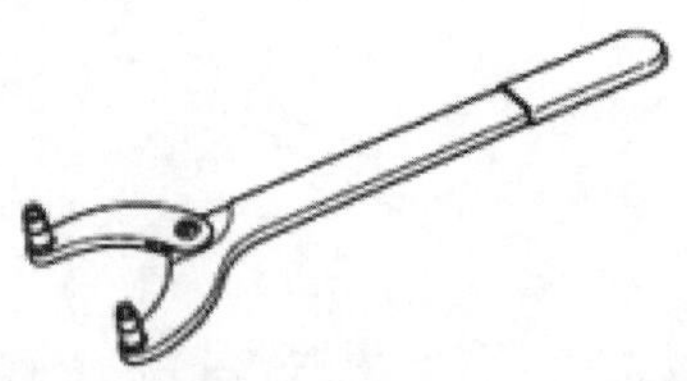

图 5-27

（3）固定销 T10340，如图 5-28。

T10340

图 5-28

（4）固定工具 3415N，如图 5-29。

3415N

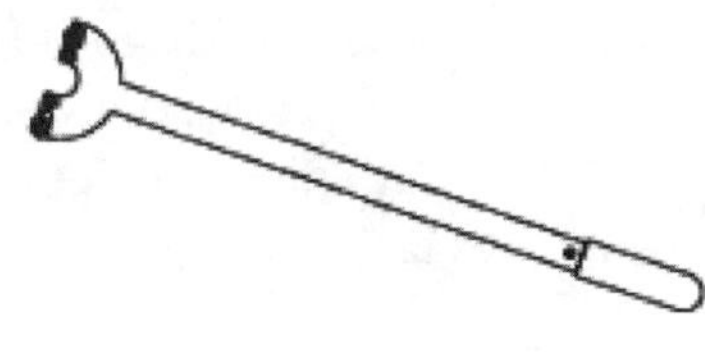

图 5-29

（5）梅花扳手，开口宽度 30-T10499，如图 5-30。

T10499

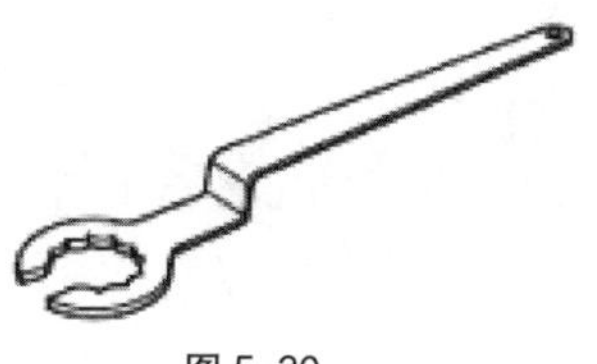

图 5-30

（6）扭力扳手接头 T10500，如图 5-31。

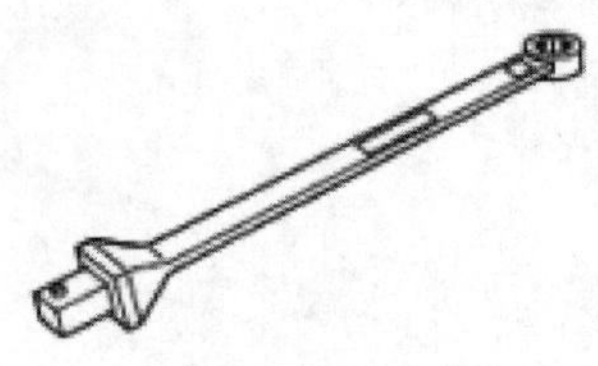

图 5-31

（7）安装工具 T10487（FT10487N）。

（8）火花塞扳手 3122 B，如图 5-32。

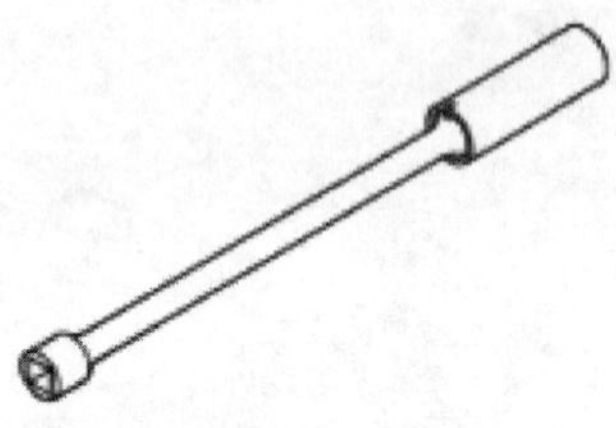

图 5-32

（9）凸轮轴固定装置 T10494（FT10494N），如图 5-33。

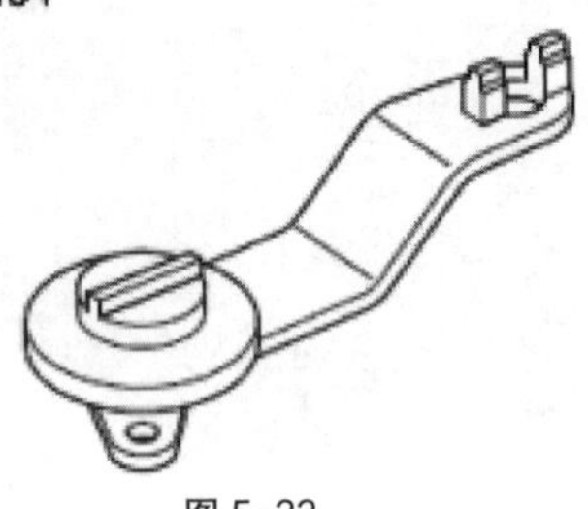

图 5-33

（10）千分表适配接头 T10170N，如图 5-34。

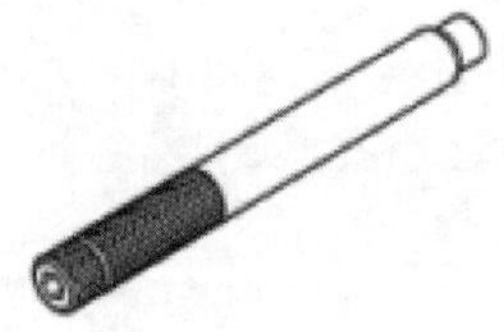

图 5-34

（11）加长件 FT10170/1T1，如图 5-35。

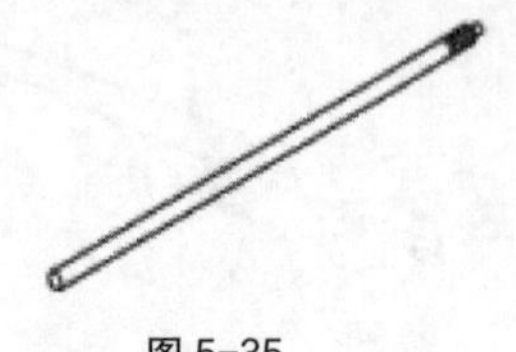

图 5-35

（12）千分表 VAS 6341，如图 5-36。

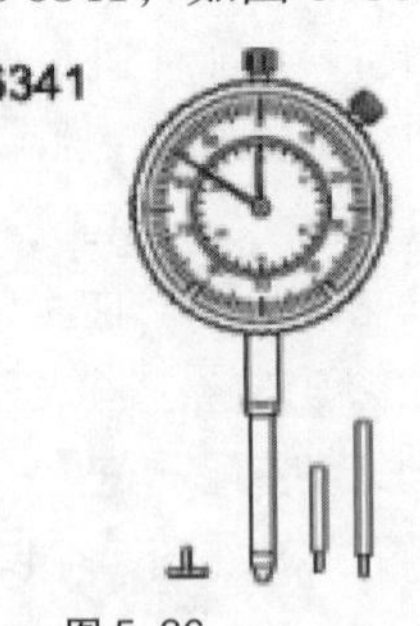

图 5-36

2. 拆卸。

（1）松开软管卡箍（如图 5-37 中 1、2），拆下空气导管。

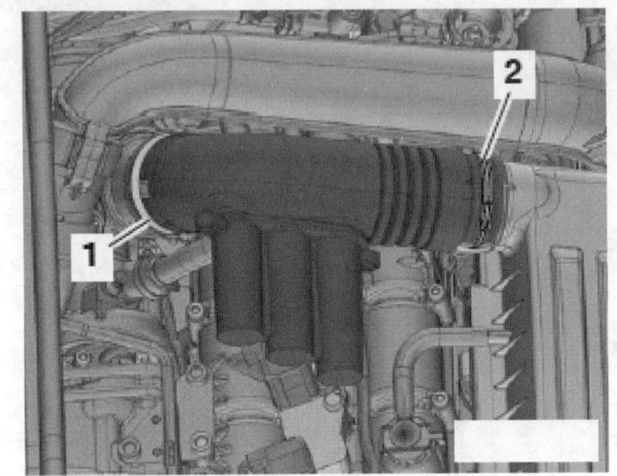

图 5-37

（2）脱开空气导管上的空气导流软管。

（3）脱开电气连接插头（如图 5-38 中 1）。

（4）松开卡子（如图 5-38 中箭头），取下空气导管。

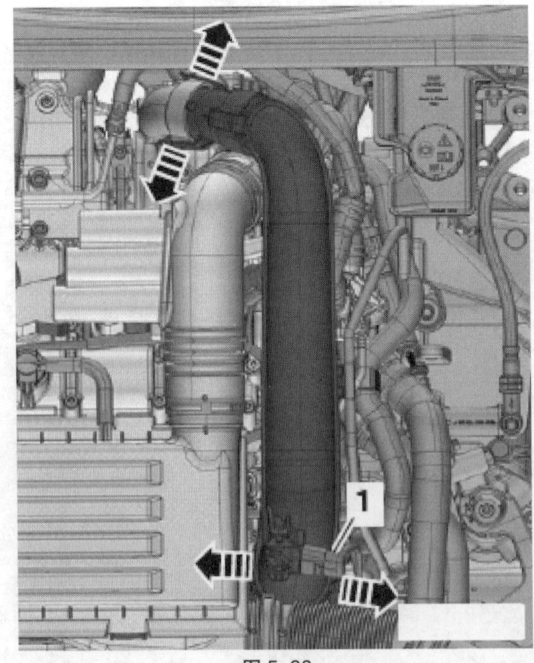

图 5-38

（5）按压解锁键，拆下软管（如图 5-39 中 1）。

（6）拧出螺栓（如图 5-39 中箭头），并取下曲轴箱通风装置。

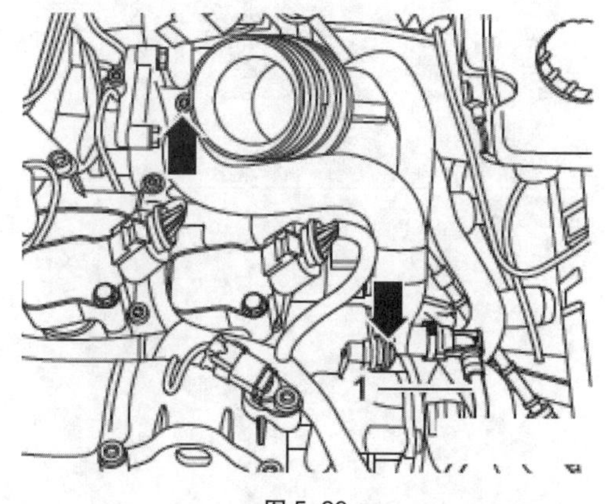

图 5-39

（7）脱出线束（如图 5-40 中箭头）。

（8）拧出螺栓（如图 5-40 中 1、3），取下冷却液泵齿形皮带护罩（如图 5-40 中 2）。

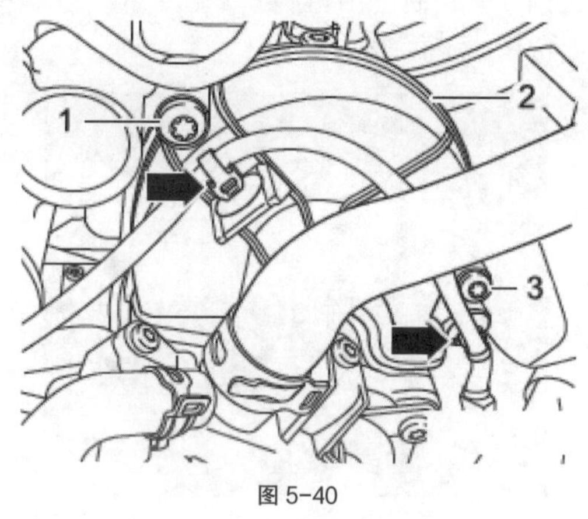

图 5-40

（9）拧出螺栓（如图 5-41 中箭头），取下密封盖（如图 5-41 中 1）。

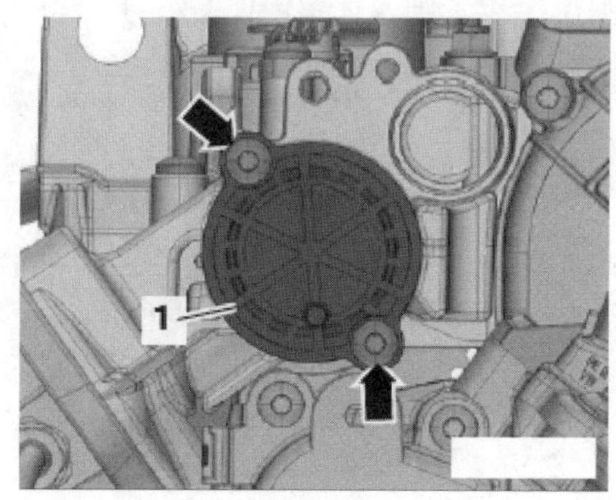

图 5-41

（10）脱开支架上的软管（如图 5-42 中 3）。

（11）拧出螺栓（如图 5-42 中 2）。

（12）松开夹子（如图 5-42 中箭头），取下上部齿形皮带护罩（如图 5-42 中 1）。

（13）排出冷却液。

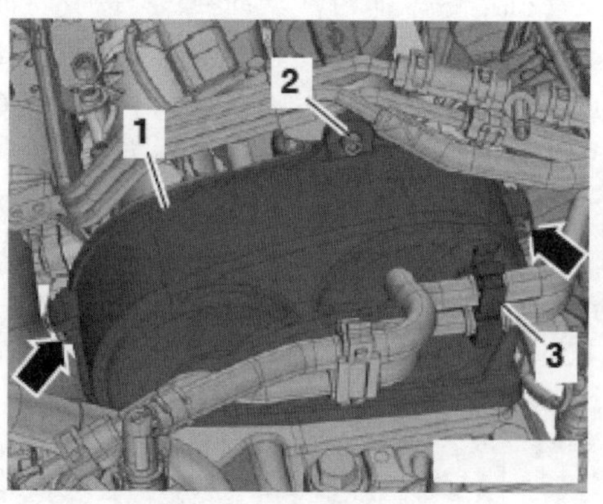

图 5-42

（14）拧出螺栓 A~D 并将冷却液调节器盖板（如图 5-43 中 1）压向一侧。

按如下所述，将曲轴转到上止点位置处：

①拆下第 1 缸带功率输出级的点火线圈。

②用火花塞扳手 3122 B 拆下第 1 缸火花塞。

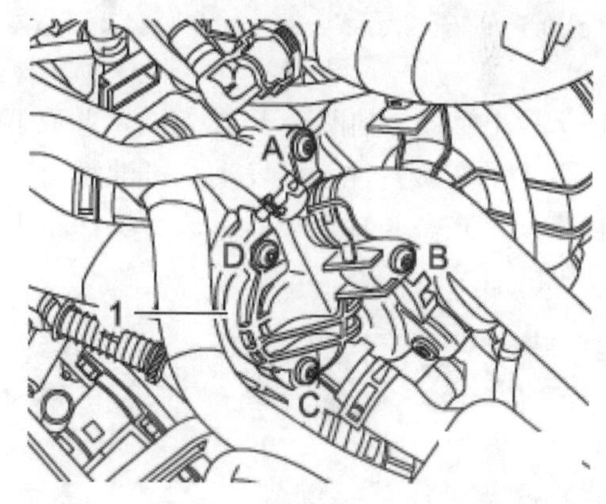

图 5-43

③将千分表适配接头 T10170N 旋入火花塞螺纹孔至限位位置。

④将带延长件 FT10170/1T1 的千分表 VAS 6341 插入千分表适配接头中，并拧紧锁止螺母，如图 5-44。沿发动机运转方向转动曲轴，直到第 1 缸上止点，并记下千分表指针位置。

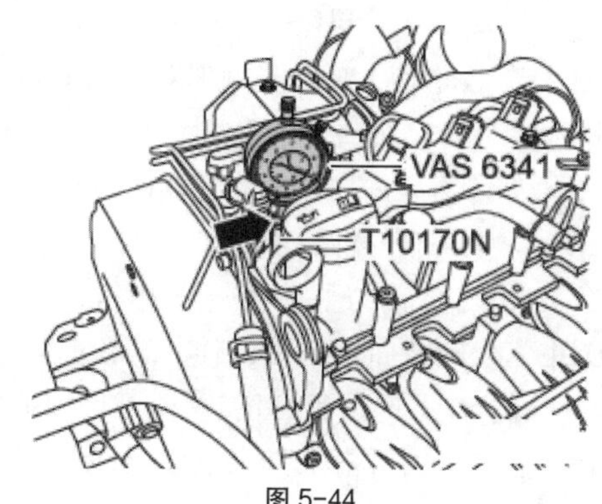

图 5-44

提示：如果曲轴转动超过上止点 0.01mm，则将曲轴逆着发动机运转方向再转动约 45°。接着将曲轴朝发动机运转方向转动到气缸 1 上止点位置。气缸 1 上止点允许的偏差：± 0.01mm。拧出气缸体上上止点孔的螺旋塞。将固定销 T10340 拧入气缸体中至限位位置，然后以 30N · m 的力矩拧紧。沿发动机运转方向旋转曲轴至限位位置。紧固销此时位于曲柄臂上。提示：固定销 T10340 只能沿发动机运转方向锁定曲轴，如图 5-45。

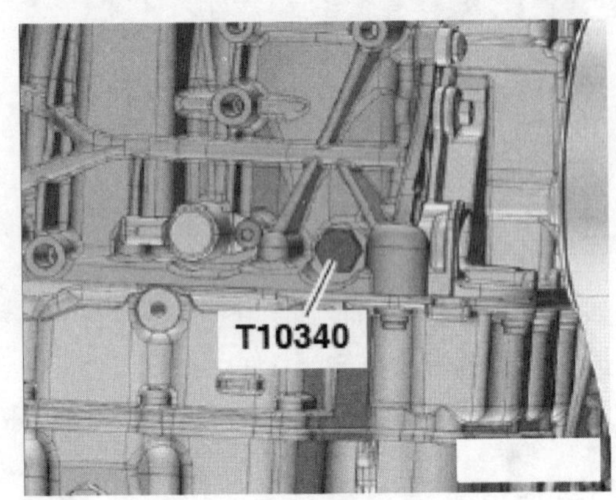

图 5-45

（15）拧出螺栓（如图 5-46 中箭头）并取下排气凸轮轴调节器上的盖板。注意：发动机机油溢出！为了保护齿形皮带，请在凸轮轴调节器下放一块抹布来吸收溢出的发动机机油。

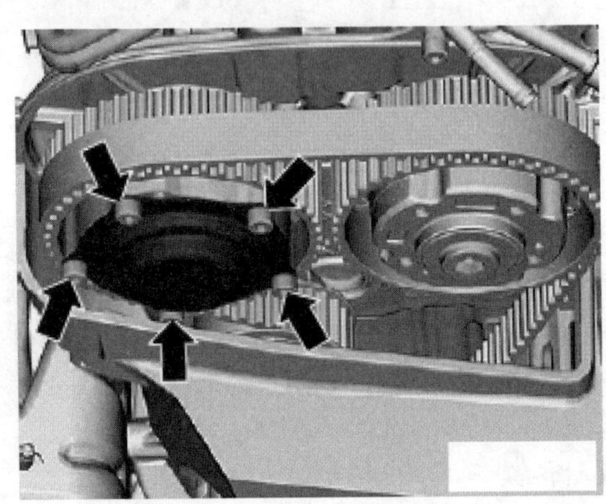
图 5-46

对于这两个凸轮轴，变速器侧不对称分布的凹槽（如图 5-46 中箭头）必须如图 5-46 位于上部。对于排气凸轮轴，凹槽（如图 5-47 中箭头）可以通过冷却液泵驱动轮的凹口够到。对于进气凸轮轴，凹槽必须位于凸轮轴中心上方。如果凸轮轴与上述情况不相符，请拧出固定销 T10340 并继续旋转曲轴一周，使其再次位于上止点位置。提示：凸轮轴固定装置 T10494（FT10494N）必须可以自行嵌入。不得用敲击工具来安装凸轮轴固定装置。

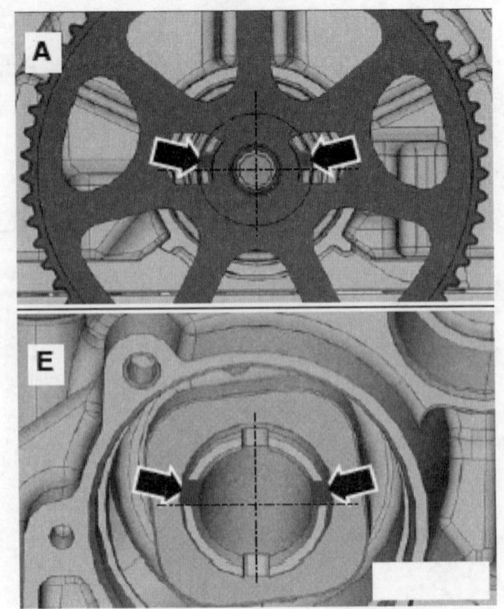

A- 排气凸轮轴　E- 进气凸轮轴
图 5-47

如果凸轮轴固定装置 T10494（FT10494N）不易自行嵌入，用安装工具 T10487（FT10487N）沿图 5-48 中箭头方向按压齿形皮带。

图 5-48

同时将凸轮轴固定装置 T10494（FT10494N）压入凸轮轴直至限位位置并用力拧紧螺栓（如图 5-49 中箭头）。

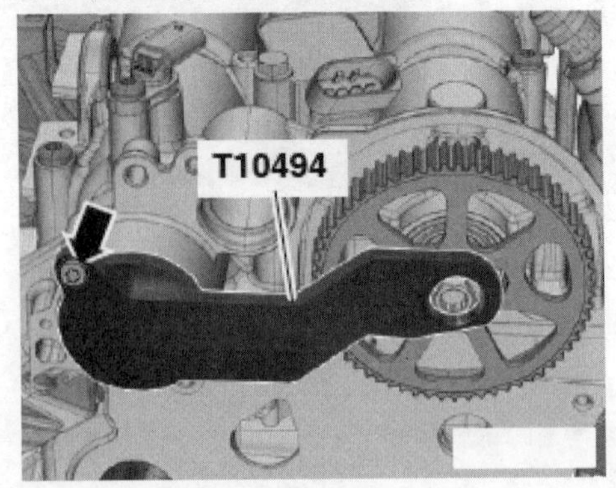

图 5-49

（16）拆下减震器。

（17）拧出螺栓（如图 5-50 中箭头），并取下齿形皮带下部护罩。

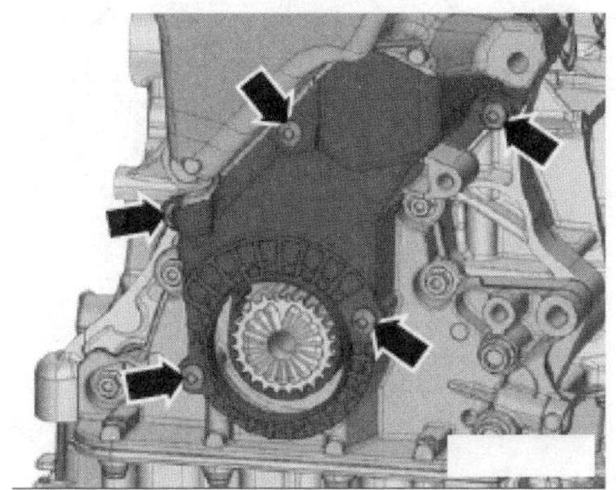

图 5-50

（18）使用带转接头 T10172/1 的固定工具 T10172 拧出进气侧凸轮轴齿轮上的螺旋塞（如图 5-51 中 1）。注意：可能损坏凸轮轴。凸轮轴固定装置 T10494（FT10494N）不得用作固定工具。

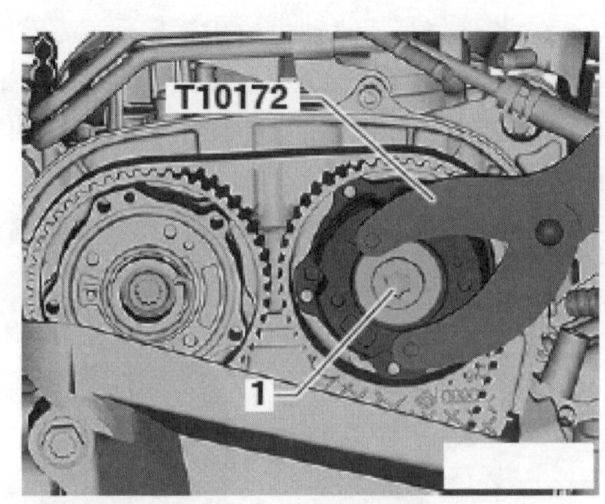

图 5-51

（19）使用带转接头 T10172/1 的固定工具 T10172 将螺栓（如图 5-52 中 1、2）松开大约一圈。

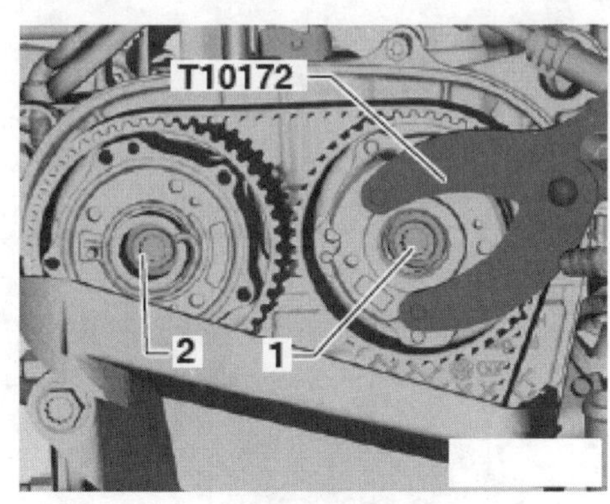

图 5-52

（20）用扭力扳手接头 T10500 松开螺栓（如图 5-53 中 1）。用梅花扳手 T10499 松开偏心轮（如图 5-53 中 2），使张紧轮松开。注意：颠倒已运行过的正时齿形皮带的运行方向，可能会造成损坏。在拆卸齿形皮带前，先用粉笔或记号笔标记运转方向，便于重新安装。

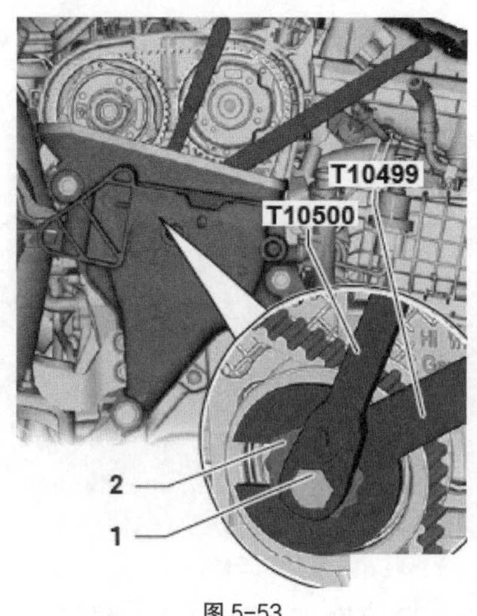

图 5-53

（21）取下齿形皮带。

（22）取下曲轴齿形皮带轮，如图 5-54。

图 5-54

3. 安装（调整正时）。

提示：更换需要继续旋转拧紧的螺栓。更换损坏的螺旋塞 O 形环。

（1）检查凸轮轴和曲轴的上止点位置：提示：第 1 缸活塞必须位于上止点，上止点允许的偏差：±0.01mm，如图 5-55。

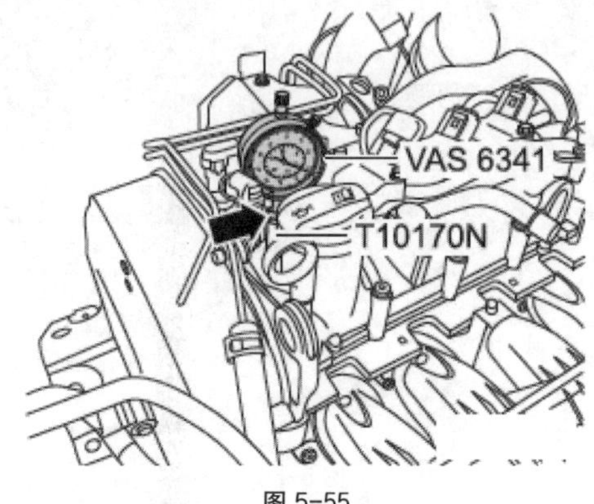

图 5-55

在凸轮轴壳体上安装凸轮轴固定装置 T10494（FT10494N）。注意：可能损坏凸轮轴。凸轮轴固定装置 T10494（FT10494N）不得用作固定工具，如图 5-56。

图 5-56

将固定销 T10340 拧入气缸体中至限位位置，然后以 30N·m 的力矩拧紧，如图 5-57。用固定销 T10340 将曲轴卡止在气缸 1 的活塞上止点处，使曲轴不能转动。

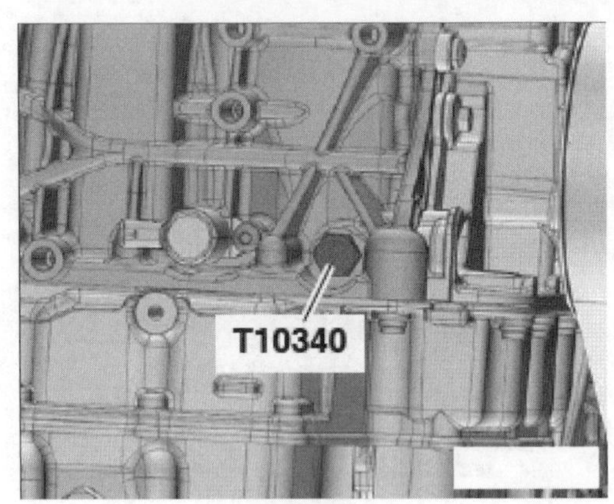

图 5-57

（2）拧入新的凸轮轴齿轮的螺栓（如图 5-58 中 1、2），但不拧紧。凸轮轴齿轮必须可以在凸轮轴上摆动但不得倾斜。

图 5-58

张紧轮的钢板凸耳（如图 5-59 中箭头）必须嵌入气缸盖的铸造凹槽中。

图 5-59

（3）在曲轴上安装曲轴齿形皮带轮。减震器和曲轴齿形皮带轮之间的接触面必须无机油且无油脂。曲轴齿形皮带轮的铣削面（如图 5-60 中箭头）必须与曲轴轴颈的铣削面对应。

（4）首先将齿形皮带按所做的标记置于曲轴齿形皮带轮上。

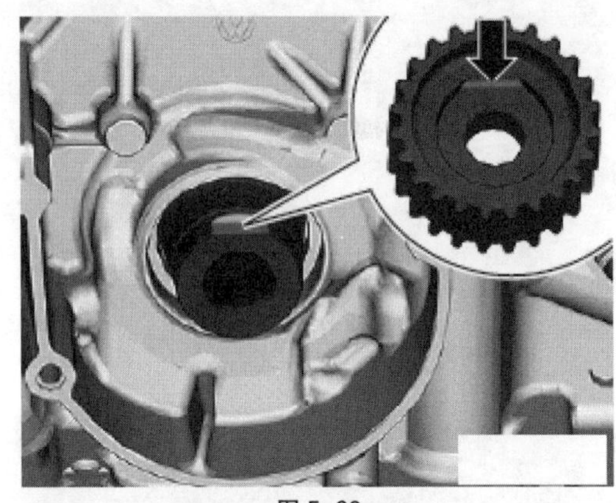

图 5-60

（5）安装齿形皮带下部护罩（如图 5-61 中箭头）。

（6）安装减震器。安装齿形皮带时请遵守顺序。

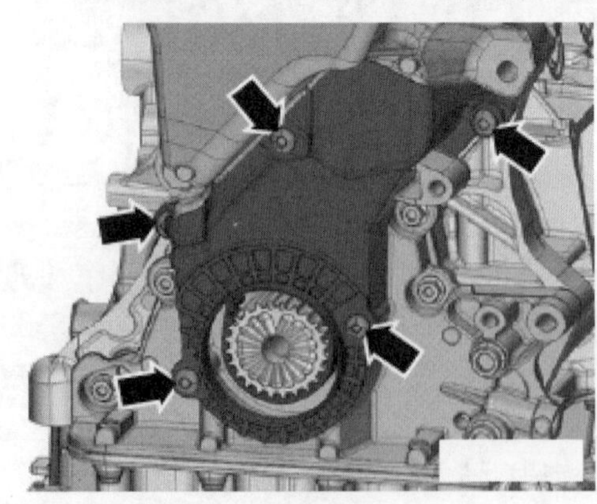

图 5-61

向上拉齿形皮带，依次置于导向轮（如图5-62中1）、张紧轮（如图5-62中2）以及排气凸轮轴齿轮（如图5-62中3）和进气凸轮轴（如图5-62中4）上。

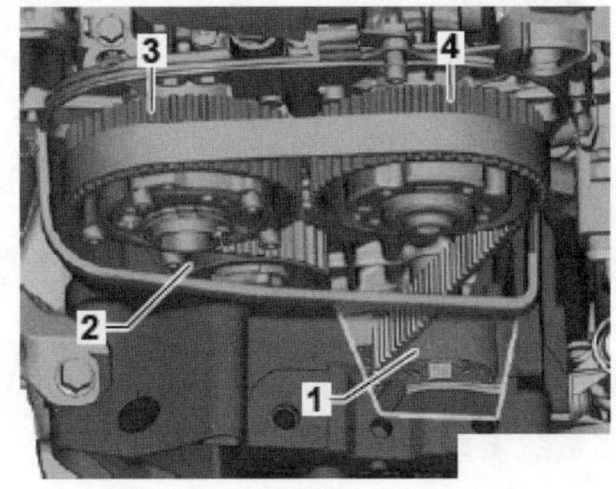

图5-62

用梅花扳手T10499沿图5-63中箭头方向旋转偏心轮（如图5-63中2），直至调节指针（如图5-63中3）位于调节窗口右侧大约10mm处。往回旋转偏心轮，使得调节指针准确地位于调节窗口中。注意：必须使用扭力扳手VAS 6583来拧紧！在扭力扳手VAS 6583上设置拧紧力矩时，必须输入扭力扳手接头T10500上规定的嵌入深度！让偏心轮保持在该位置并以25N·m的力矩拧紧螺栓（如图5-63中1），为此使用扭力扳手接头T10500以及扭力扳手VAS 6583。提示：如果发动机继续旋转或运转，可能导致调节指针（如图5-63中3）相对调节窗口的位置出现偏差。这对齿形皮带张紧无任何影响。

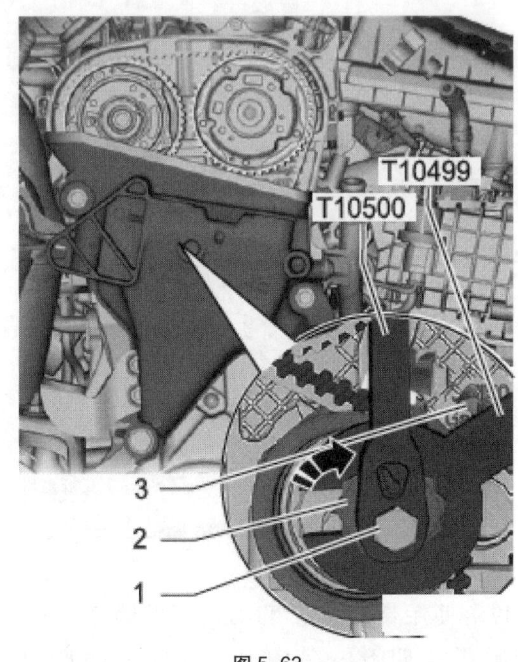

图5-63

（7）使用带转接头T10172/1的固定工具T10172以50N·m的力矩预拧紧螺栓（如图5-64中1、2）。

图5-64

（8）拧出固定销T10340，如图5-65。

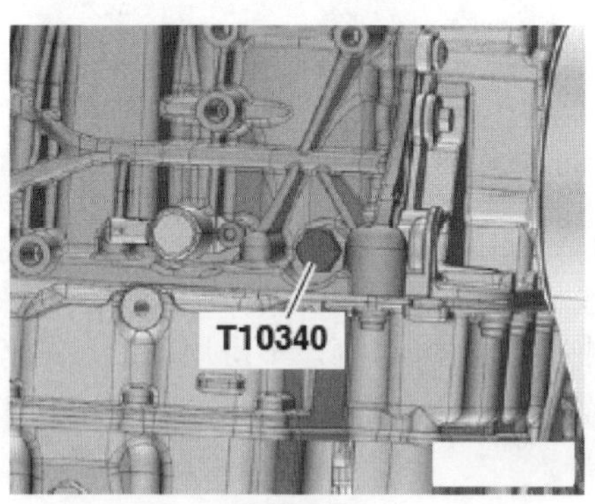

图5-65

（9）拧出螺栓（如图5-66中箭头）并取下凸轮轴固定装置T10494（FT10494N）。

图5-66

（10）检查正时：沿发动机运转方向将曲轴旋转2圈，检查凸轮轴和曲轴的上止点位置。

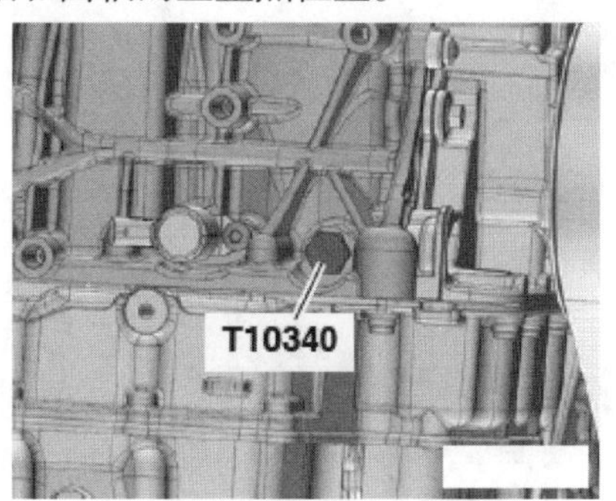

图5-67

提示：第 1 缸活塞必须位于上止点，上止点允许的偏差：±0.01mm。

（11）将固定销 T10340 拧入气缸体中至限位位置，然后以 30N·m 的力矩拧紧，如图 5-67。

（12）沿发动机运转方向继续旋转曲轴至限位位置。紧固销此时位于曲柄臂上。提示：固定销 T10340 只能沿发动机运转方向锁定曲轴。

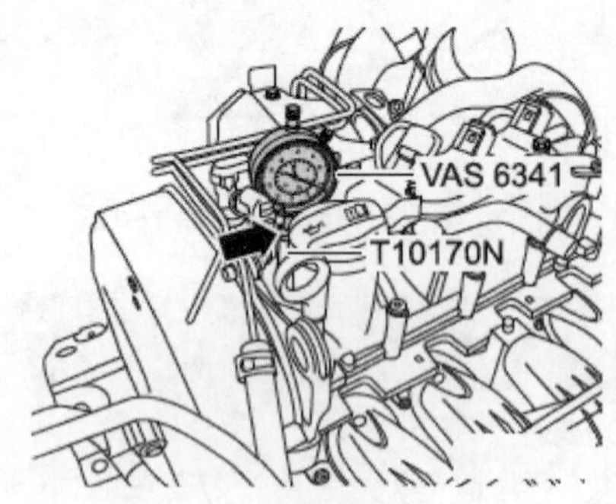

图 5-68

提示：凸轮轴固定装置 T10494（FT10494N）必须可以自行嵌入，如图 5-68。不得用敲击工具来安装凸轮轴固定装置。如果凸轮轴固定装置 T10494（FT10494N）不易自行嵌入。

（13）用安装工具 T10487（FT10487N）沿图 5-69 中箭头方向按压齿形皮带。

图 5-69

（14）在凸轮轴中压入凸轮轴固定装置 T10494（FT10494N）直至限位位置并用力拧紧螺栓（如图 5-70 中箭头）。

如果无法插入凸轮轴固定装置 T10494（FT10494N），则表明正时不正常，再次调整正时。

图 5-70

如果可以插入凸轮轴固定装置 T10494（FT10494N），则表明正时正常。拧出固定销 T10340，如图 5-71。

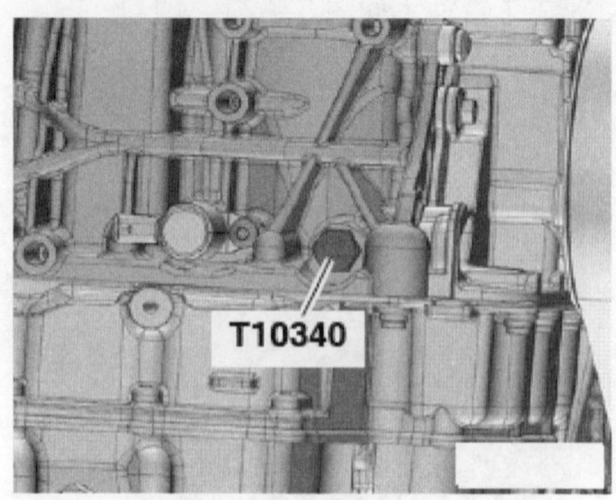

图 5-71

（15）拧出螺栓（如图 5-72 中箭头）并取下凸轮轴固定装置 T10494（FT10494N）。

图 5-72

（16）使用带转接头 T10172/1 的固定工具 T10172 以规定力矩拧紧螺栓（如图 5-73 中 1、2）。

图 5-73

（17）使用带转接头 T10172/1 的固定工具 T10172 拧紧螺旋塞（如图 5-74 中 1）。注意：可能损坏发动机。最后检查紧固销 T10340 和凸轮轴固定装置 T10494（FT10494N）是否已拆下。

（18）其余的组装以倒序进行。

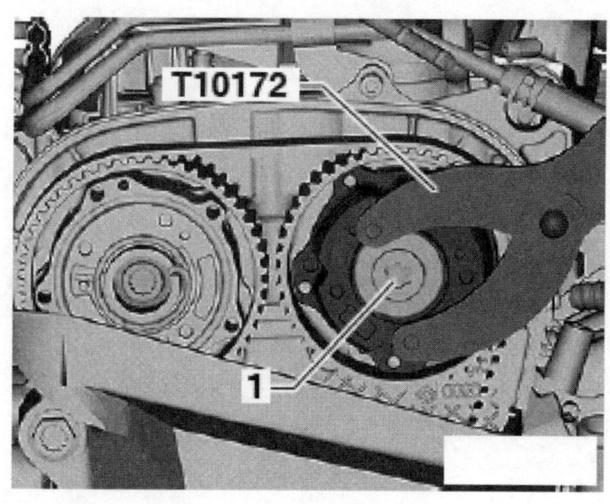

图 5-74

（二）检查正时

1. 所需要的专用工具和维修设备。

（1）固定销 T10340，如图 5-75。

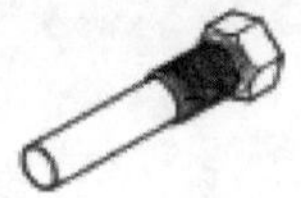

图 5-75

（2）扭矩扳手（5~50N·m）V.A.G1331，如图 5-76。

图 5-76

（3）火花塞扳手 3122B，如图 5-77。

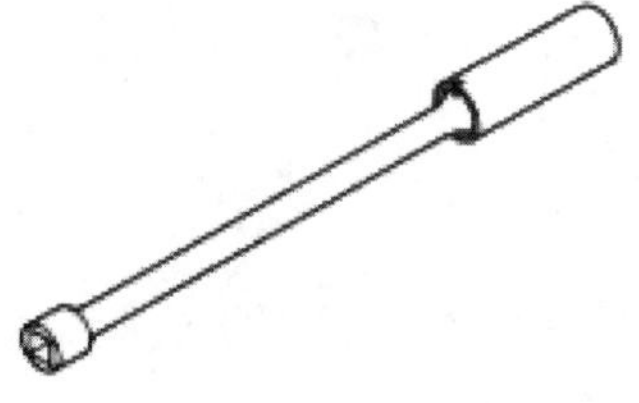

图 5-77

（4）凸轮轴固定装置 T10494（FT10494N），如图 5-78。

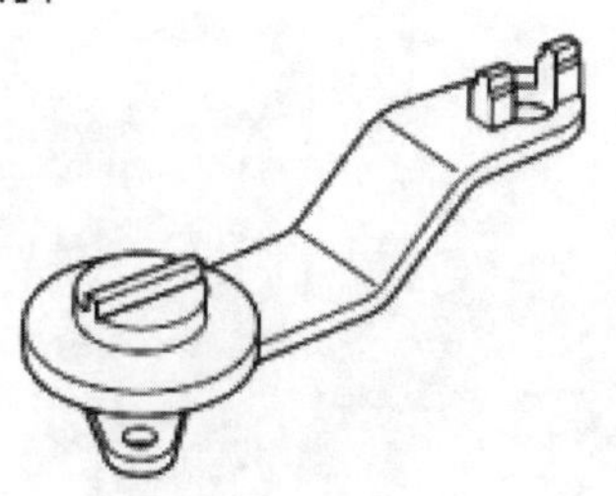

图 5-78

（5）千分表适配接头 T10170N，如图 5-79。

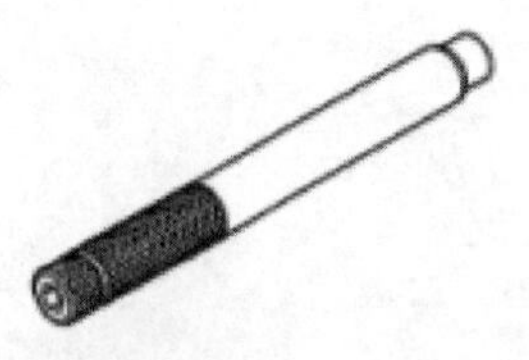

图 5-79

（6）加长件 FT10170/1T1，如图 5-80。

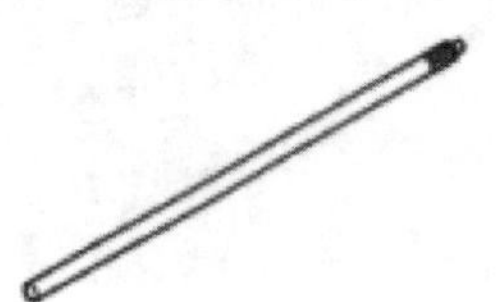

图 5-80

（7）千分表 VAS 6341，如图 5-81。

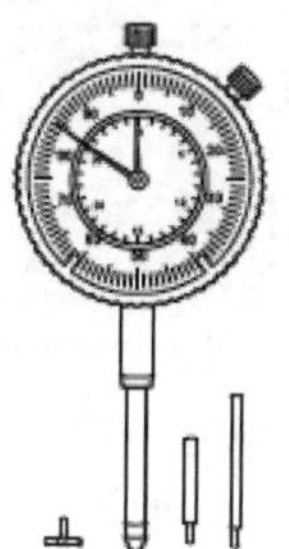

图 5-81

（8）安装工具 T10487（FT10487N）。

2. 操作步骤。

（1）松开软管卡箍（如图 5-82 中 1、2），拆下空气导管。

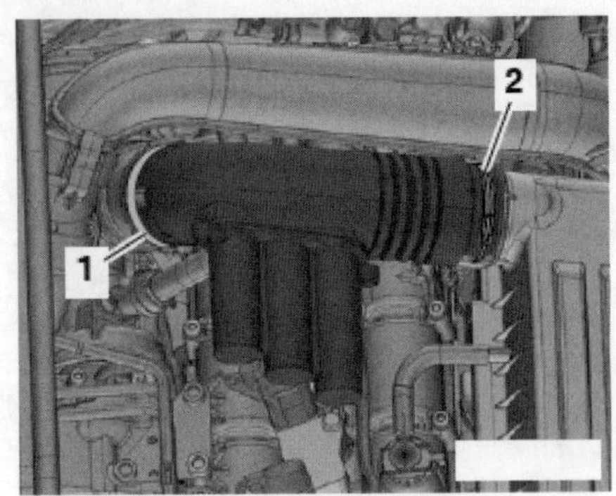

图 5-82

（2）脱开空气导管上的空气导流软管。

（3）脱开电气连接插头（如图 5-83 中 1）。

（4）松开卡子（如图 5-83 中箭头），取下空气导管。

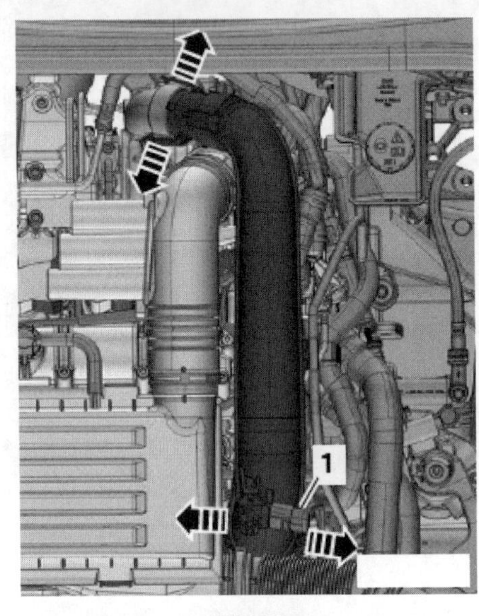

图 5-83

（5）按压解锁键，拔下软管（如图 5-84 中 1）。

（6）拧出螺栓（如图 5-84 中箭头），并取下曲轴箱通风装置。

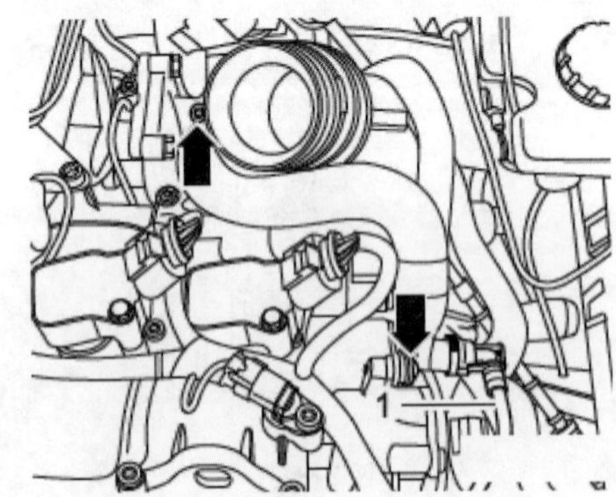

图 5-84

（7）脱开电线束（如图 5-85 中箭头）。

（8）拧出螺栓（如图 5-85 中 1、3），取下冷却液泵齿形皮带护罩（如图 5-85 中 2）。

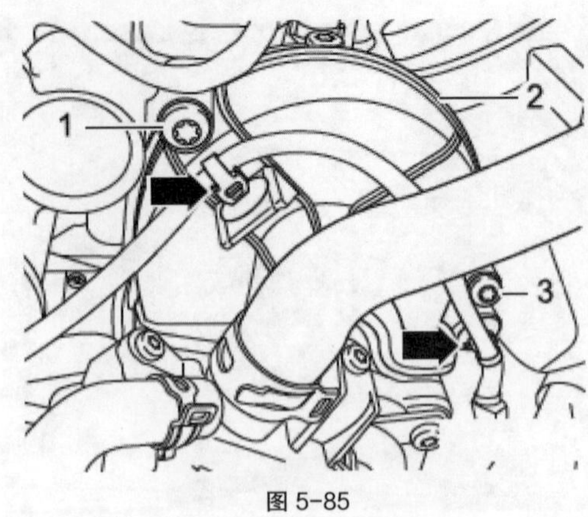

图 5-85

（9）拧出螺栓（如图 5-86 中箭头），取下密封盖（如图 5-86 中 1）。

（10）排出冷却液。

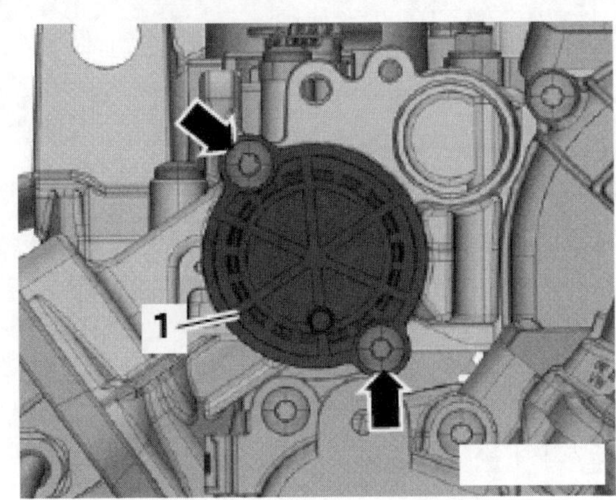

图 5-86

（11）拧出螺栓 A~D 并将冷却液调节器盖板（如图 5-87 中 1）压向一侧。

按如下所述，将曲轴转到上止点位置处：

①拆下第 1 缸带功率输出级的点火线圈。

②用火花塞扳手 3122B 拆下第 1 缸火花塞。

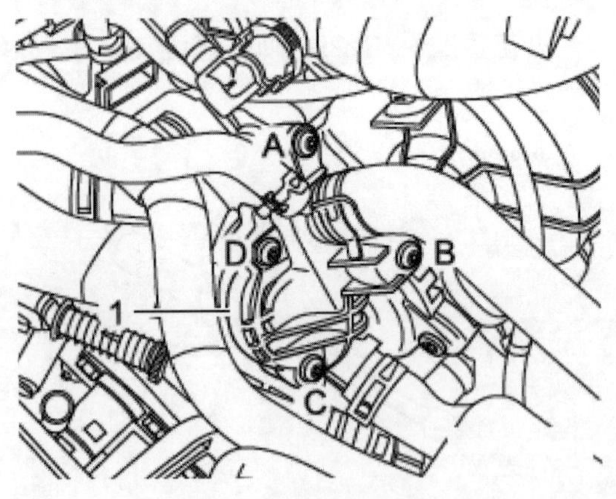

图 5-87

（12）将千分表适配接头 T10170N 旋入火花塞螺纹孔至限位位置。

（13）将带延长件 FT10170/1T1 的千分表 VAS6341 插入千分表适配接头中，并拧紧锁止螺母（如图 5-88 中箭头）。

（14）沿发动机运转方向转动曲轴，直到第 1 缸上止点，并记下千分表指针位置。

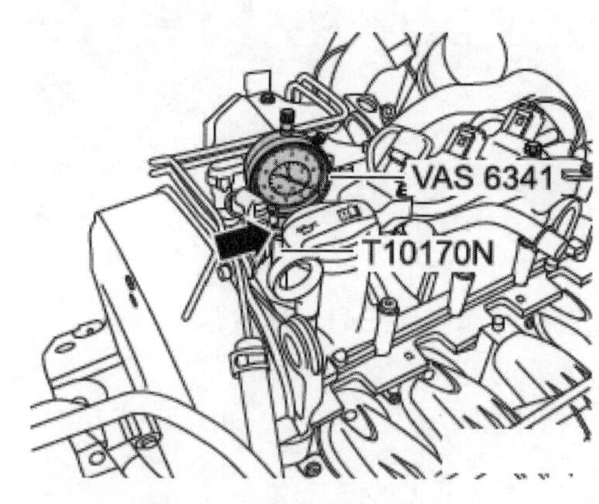

图 5-88

提示：如果曲轴转动超过上止点 0.01mm，则将曲轴逆着发动机运转方向再转动约 45°。接着将曲轴朝发动机运转方向转动到气缸 1 上止点位置。气缸 1 上止点允许的偏差：± 0.01mm。拧出气缸体上“上止点”孔的螺旋塞。将固定销 T10340 拧入气缸体中至限位位置，然后以 30N・m 的力矩拧紧。沿发动机运转方向旋转曲轴至限位位置。紧固销此时位于曲柄臂上。提示：固定销 T10340 只能沿发动机运转方向锁定曲轴，如图 5-89。

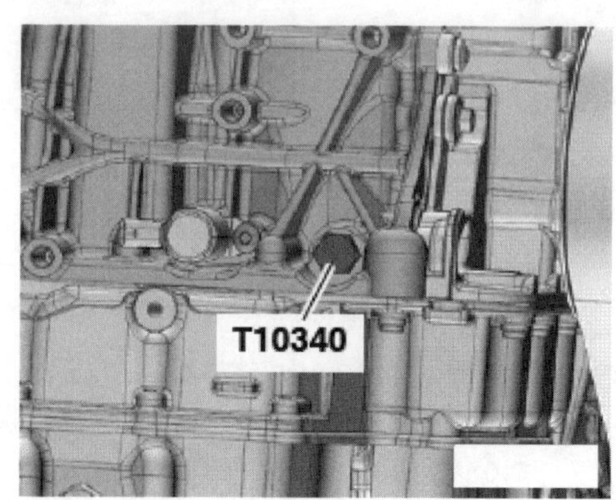

图 5-89

对于这两个凸轮轴，变速器侧不对称分布的凹槽（如图 5-90 中箭头）必须如图 5-90 位于中心上部。对于排气凸轮轴，凹槽（如图 5-90 中箭头）可以通过冷却液泵驱动轮的凹口够到。对于进气凸轮轴，凹槽位于凸轮轴中心上方。如果凸轮轴与上述情况不相符，请拧出固定销 T10340 并继续旋转曲轴一周，使其再次位于上止点位置。

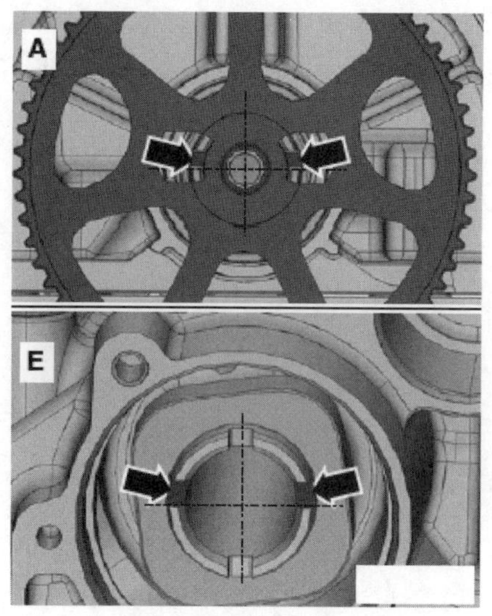

A- 排气凸轮轴　E- 进气凸轮轴

图 5-90

提示：凸轮轴固定装置 T10494（FT10494N）必须可以自行嵌入。不得用敲击工具来安装凸轮轴固定装置。如果凸轮轴固定装置 T10494(FT10494N)不易自行嵌入：

①脱开支架上的软管（如图 5-91 中 3）。

②拧出螺栓（如图 5-91 中 2）。

③松开固定夹（如图 5-91 中箭头），取下上部齿形皮带护罩（如图 5-91 中 1）。

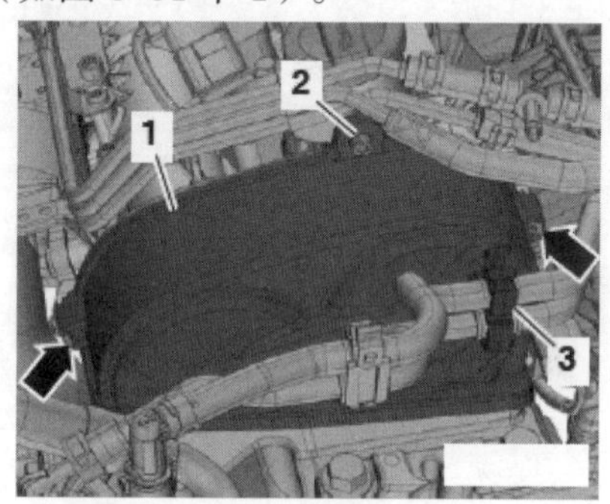

图 5-91

（15）用安装工具 T10487（ FT10487N）沿图 5-92 中箭头方向按压齿形皮带。

图 5-92

同时将凸轮轴固定装置 T10494（ FT10494N）推入凸轮轴直至限位位置。用力拧紧螺栓(如图 5-93 中箭头)。

如果凸轮轴固定装置无法插入，调整正时，从凸轮轴上取下齿形皮带。如果凸轮轴固定装置可以插入，正时正常。

图 5-93

注意：可能损坏发动机。最后检查固定销 T10340 和凸轮轴固定装置 T10494（FT10494N）是否已拆下。其余的组装以倒序进行。提示：更换通过继续旋转拧紧的螺栓。更换损坏的螺旋塞 O 形环。

三、车型

捷达 1.4L（1.4L CKAA），2013—2018 年。

捷达 1.6L（1.6L CPDA），2013—2018 年。

新宝来 1.6L（1.6L CSRA），2016—2018 年。

速腾 1.6L（1.6L CPDA），2015—2018 年。

高尔夫 1.6L（1.6L CSRA），2014—2018 年。

蔚领 1.6L（1.6L CSRA），2015—2018 年。

（一）正时齿形皮带装配

正时齿形皮带装配一览，如图 5-94。

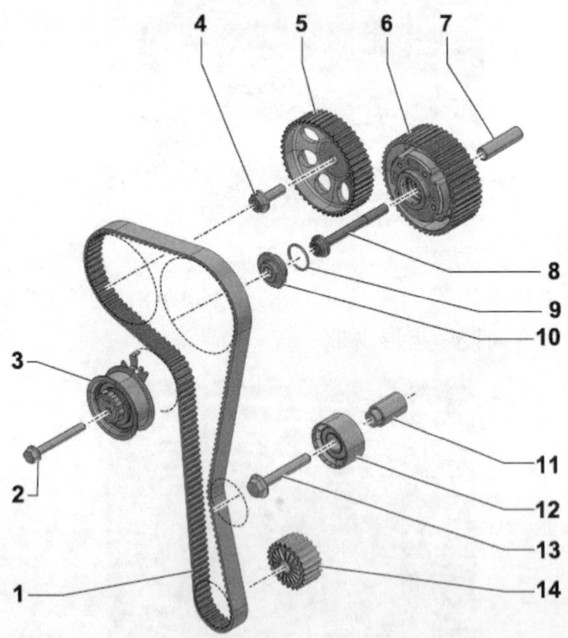

1- 正时齿形皮带，在拆卸之前用粉笔或记号笔记下转动方向，检查是否磨损 2- 螺栓，25N · m 3- 张紧轮 4- 螺栓，50N · m+ 继续旋转 90° 5- 排气凸轮轴正时齿形皮带轮 6- 进气凸轮轴正时齿形皮带轮 7- 导向套 8- 螺栓，50N · m+ 继续旋转 90° 9-O 形环 10- 螺旋塞，20N · m 11- 间隔套 12- 导向轮 13- 螺栓，20N · m+ 继续旋转 25° 14- 正时齿形皮带轮

图 5-94

提示：损坏时更换 O 形环。用 30N · m 的力矩拧紧螺栓（如图 5-95 中箭头）。

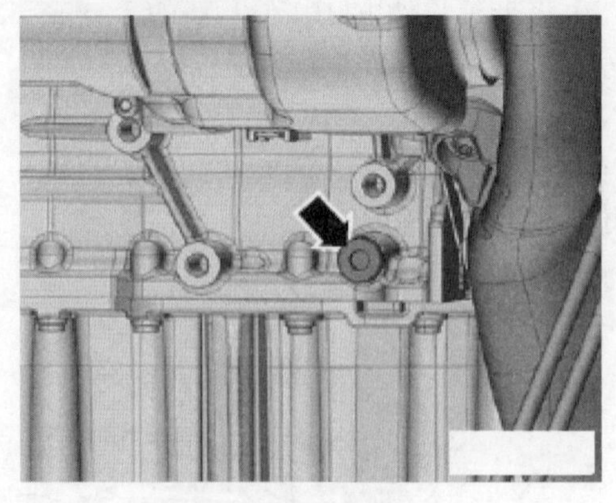

图 5-95

（二）拆卸和安装正时齿形皮带

1. 所需要的专用工具和维修设备。

（1）扭矩扳手 V.A.G1331，如图 5-96。

V.A.G 1331

图 5-96

（2）固定支架 T10172 以及转接头 T10172/1 和 T10172/2，如图 5-97。

T10172

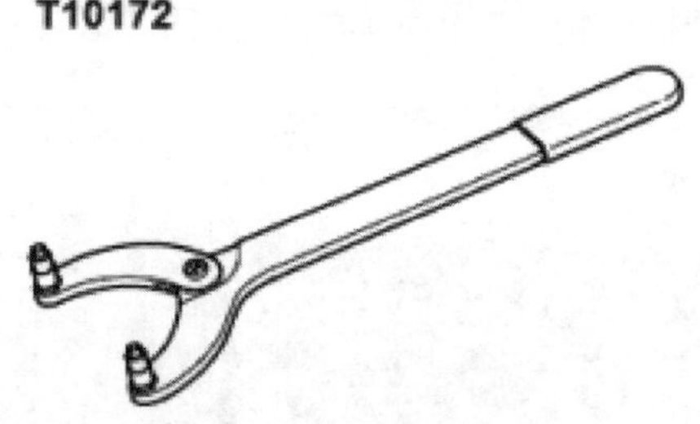

图 5-97

（3）固定螺栓 T10340，如图 5-98。

T10340

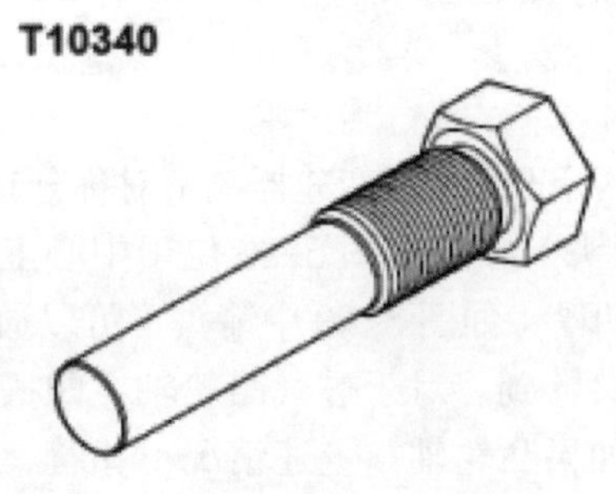

图 5-98

（4）扳手接头 T10500，如图 5-99。

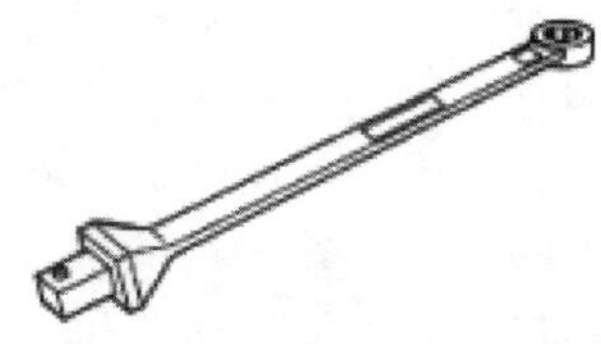

图 5-99

（5）梅花扳手 SW30 T10499，如图 5-100。

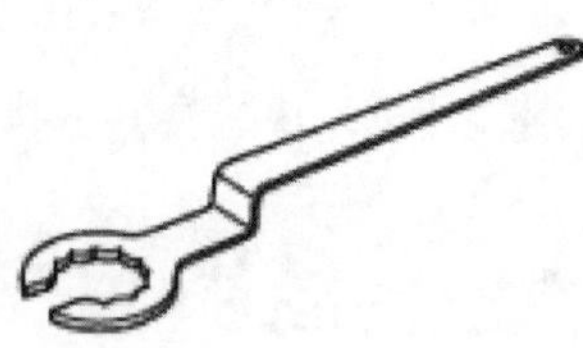

图 5-100

（6）火花塞扳手 3122B，如图 5-101。

图 5-101

（7）千分表 VAS 6079，如图 5-102。

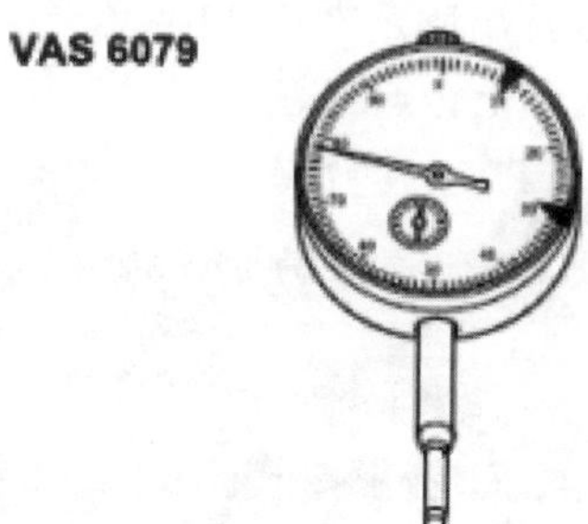

图 5-102

（8）千分表适配器 T10170N，如图 5-103。

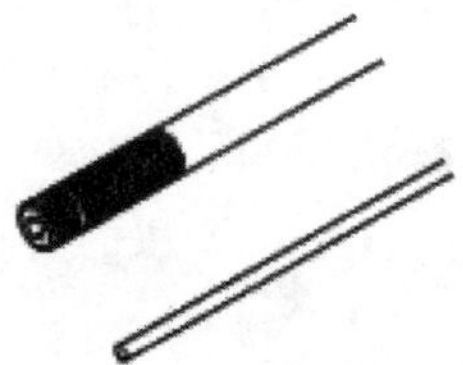

图 5-103

（9）凸轮轴固定装置 FT10477N1，如图 5-104。

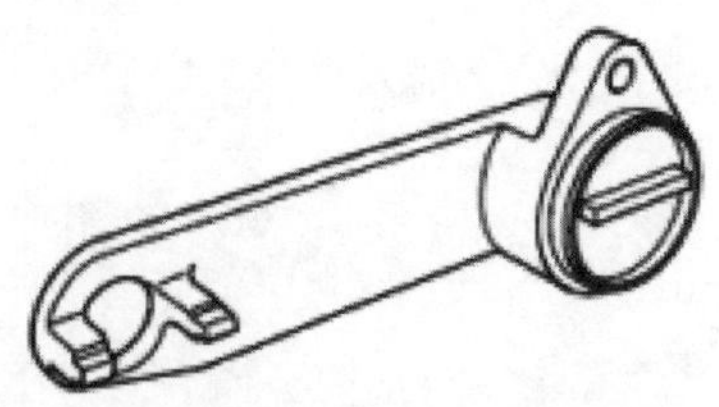

图 5-104

2. 拆卸。

（1）拆卸隔音垫。

（2）拆卸右前轮罩板前部件。

（3）拆卸空气滤清器。

（4）排出冷却液。

（5）拧出螺栓 A~D，接着将冷却液调节器盖板（如图 5-105 中 1）放置一侧。

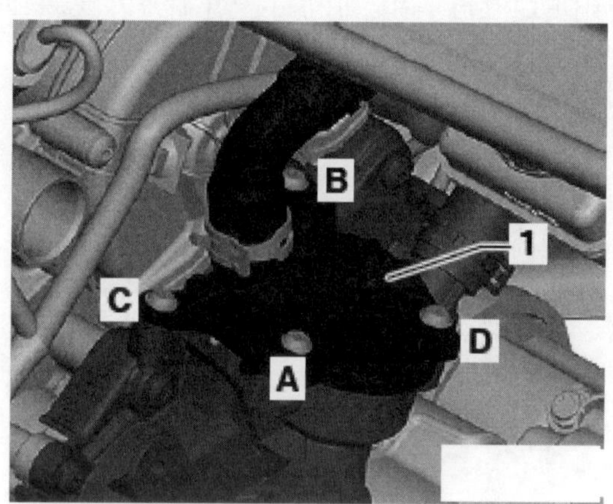

图 5-105

（6）脱开线束固定卡（如图 5-106 中箭头）。

（7）拧出螺栓（如图 5-106 中 1、3），取下冷却液泵齿形皮带护罩（如图 5-106 中 2）。

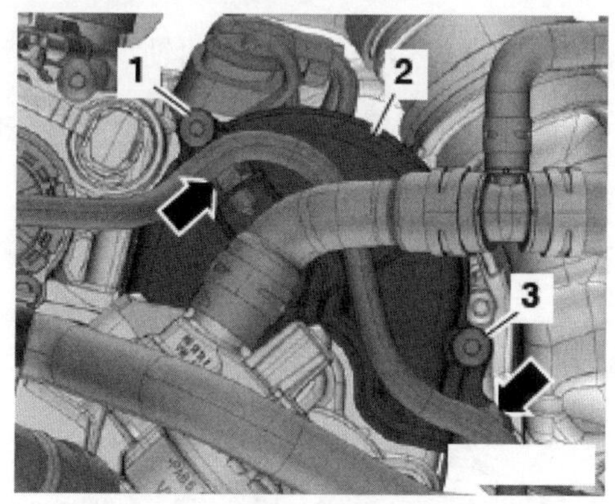

图 5-106

（8）拧出螺栓（如图 5-107 中箭头），并取下密封盖（如图 5-107 中 1）。

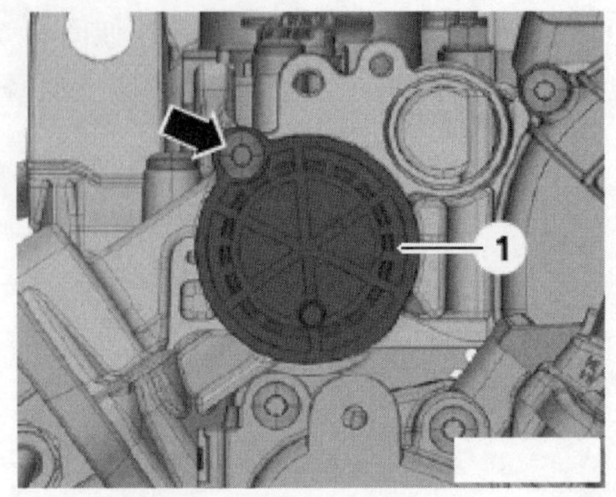

图 5-107

（9）拧出螺栓（如图 5-108 中 2），脱开固定卡（如图 5-108 中 3）。

（10）松开固定卡（如图 5-108 中箭头），取下上部正时齿形皮带护罩（如图 5-108 中 1）。按如下所述，将曲轴转到上止点位置处：

①拆卸第 1 缸带功率输出级的点火线圈。

②用火花塞扳手 3122B 拆下第 1 缸火花塞。

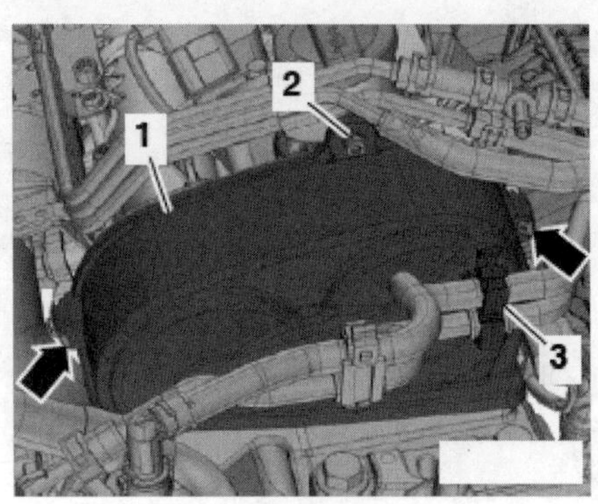

图 5-108

（11）将千分表适配接头 T10170N 旋入火花塞螺纹孔中直至极限位置。

（12）将带延长件 T10170N1 的千分表 VAS 6079 插入千分表适配接头中，并拧紧锁止螺母（如图 5-109 中箭头）。

（13）沿发动机运转方向转动曲轴，直到第 1 缸的上止点，并记下千分表指针位置。

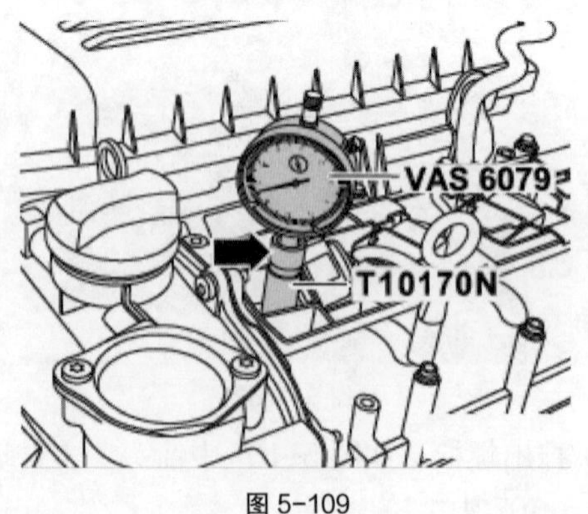

图 5-109

提示：如果曲轴转动超过上止点 0.01mm，则将曲轴沿发动机逆时针方向转动约 45°，再沿发动机运转方向转动到第 1 缸的上止点。

第 1 缸上止点的允许偏差：± 0.01mm。

①拧出气缸体上的“上止点”孔的螺旋塞。

②将固定螺栓 T10340 拧入气缸体中，直至限位位置，接着用 30N・m 的力矩拧紧。

③沿发动机运行方向转动曲轴，直至限位位置。固定螺栓 T10340 现在紧贴曲柄侧面。提示：固定螺栓 T10340 只能沿发动机运转方向固定曲轴，如图 5-110。

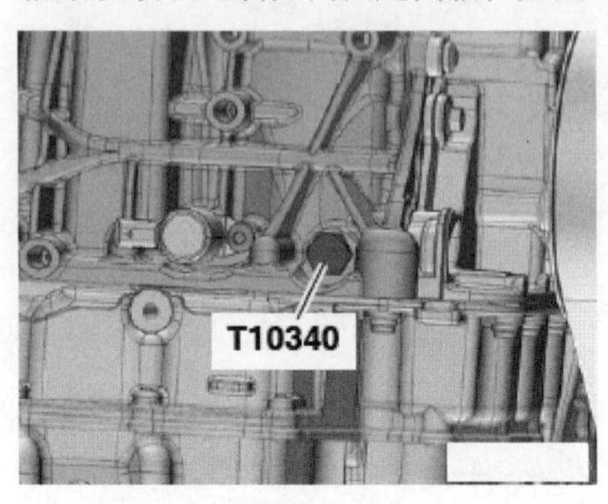

图 5-110

如图 5-111，飞轮侧的两个凸轮轴上，每个凸轮轴上各有两个不对称的凹槽（如图 5-111 中箭头）。对于排气凸轮轴，可以通过冷却液泵齿形皮带轮上的孔进入凸轮轴上两个不对称的凹槽。对于进气凸轮轴，凹槽在凸轮轴十字虚线上方。提示：凸轮轴有一对对称分布的凹槽和一对不对称分布的凹槽。在上止点位置处，不对称分布的凹槽必须在水平中线上方。如果凸轮轴的位置与上述不符，则拧出固定螺栓 T10340，接着继续转动曲轴一圈，再次转到上止点处。

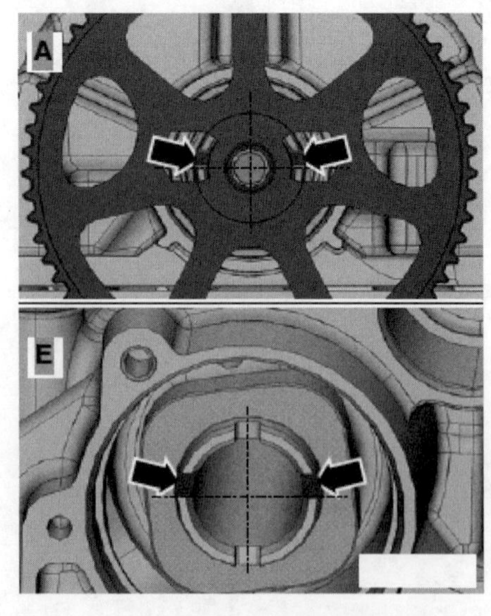

A- 排气凸轮轴　E- 进气凸轮轴

图 5-111

提示：必须可以轻易放入凸轮轴固定装置FT10477N1。不允许用敲击工具敲入凸轮轴固定装置。必须可以轻易放入凸轮轴固定装置FT10477N1，将凸轮轴固定装置FT10477N1插入凸轮轴内，并插到底，接着用力拧紧螺栓（如图5-112中箭头）。

图5-112

（14）拆卸减震器/曲轴皮带轮。

（15）拧出螺栓（如图5-113中箭头），并取下下部正时齿形皮带护罩。

图5-113

（16）用固定支架T10172固定进气凸轮轴齿形皮带轮，拧出螺旋塞（如图5-114中1）。注意：可能损坏凸轮轴。凸轮轴固定装置FT10477N1不能用作支撑架。

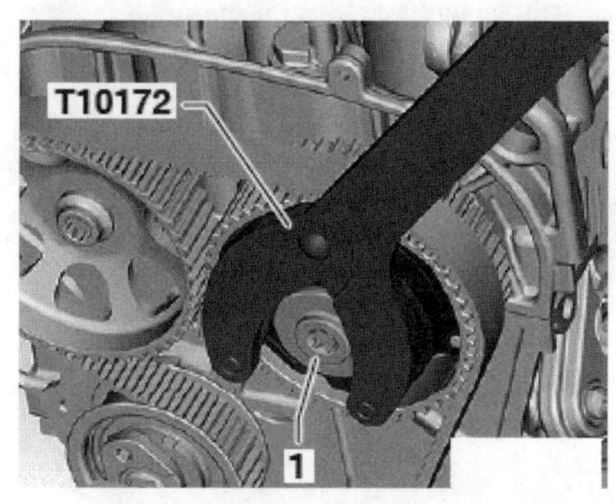

图5-114

用固定支架T10172固定凸轮轴齿形皮带轮，拧松螺栓（如图5-115中1、2）约1圈。

图5-115

用扳手接头T10500松开螺栓（如图5-116中1）。用梅花扳手SW30 T10499松开偏心轮（如图5-116中2），使张紧轮松开。注意：颠倒已运行过的正时齿形皮带的运行方向，可能会造成损坏。在拆卸正时齿形皮带前，用粉笔或记号笔标记运转方向，便于重新安装。

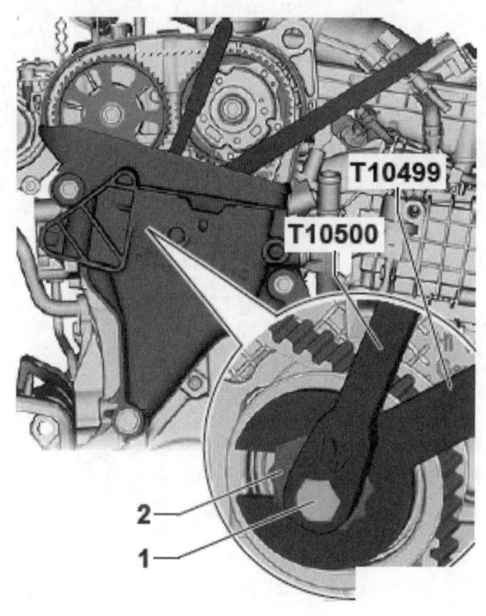

图5-116

（17）拆卸正时齿形皮带。

（18）沿图5-117中箭头方向取下正时齿形皮带轮（如图5-117中1）。

图5-117

3. 安装（调整配气相位）。

提示：更换需要继续旋转特定角度的螺栓。损坏时更换螺旋塞的 O 形环。

（1）检查凸轮轴和曲轴的上止点位置（如图 5-118），第 1 缸活塞必须位于上止点，上止点允许偏差：± 0.01mm。

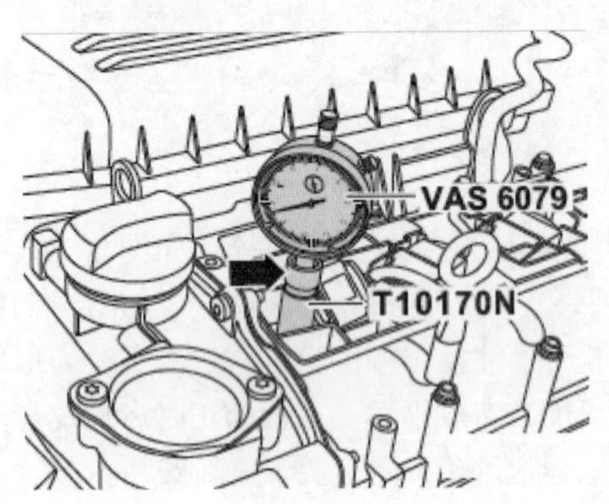

图 5-118

在凸轮轴箱上安装凸轮轴固定装置 FT10477N1。如图 5-119。注意：可能损坏凸轮轴。凸轮轴固定装置 FT10477N1 不得用作支撑架。

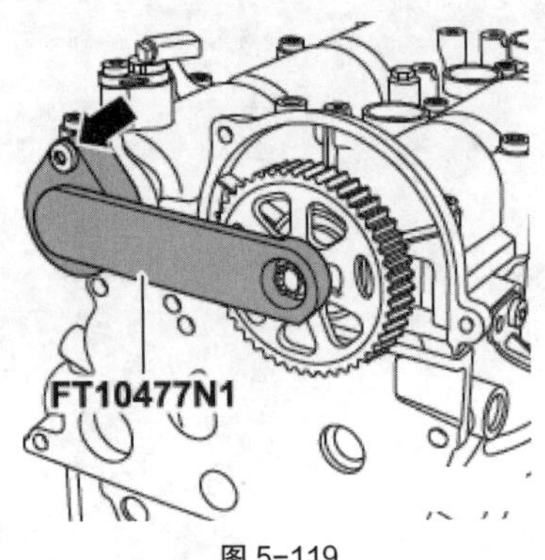

图 5-119

将固定螺栓 T10340 拧入气缸体中，直至限位位置，接着用 30N · m 的力矩拧紧，如图 5-120。用固定螺栓 T10340 将曲轴卡止在气缸 1 的活塞上止点处，使曲轴不能转动。

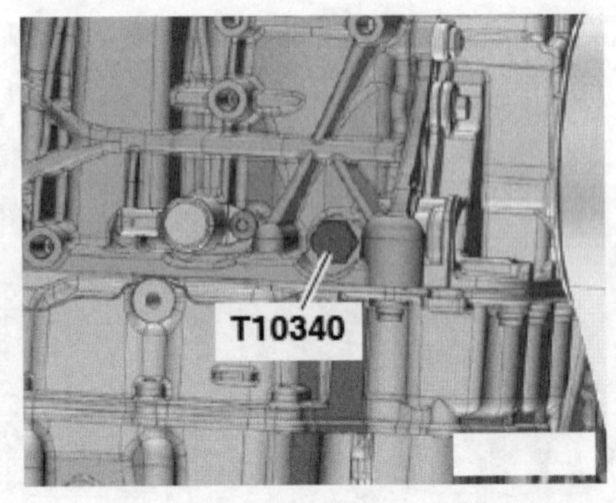

图 5-120

（2）拧入新的凸轮轴齿形皮带轮螺栓（如图 5-121 中 1、2），但不拧紧。凸轮轴上的齿形皮带轮必须能转动，但不得翻落。

图 5-121

张紧轮的凸缘（如图 5-122 中箭头）必须嵌入到气缸体的铸造凹坑中。

图 5-122

（3）将曲轴正时齿形皮带轮装到曲轴上。多楔皮带轮和曲轴正时齿形皮带轮之间的表面必须无机油、无油脂。曲轴正时齿形皮带轮上的铣削平面（如图 5-123 中箭头）必须与曲轴轴颈的铣削平面对应。注意安放正时齿形皮带的顺序。

图 5-123

向上拉正时齿形皮带，将其置于导向轮（如图 5-124 中 1）、张紧轮（如图 5-124 中 2）、排气凸轮轴齿形皮带轮（如图 5-124 中 3）和进气凸轮轴齿形皮带（如图 5-124 中 4）上。

图 5-124

用梅花扳手 T10499 沿图 5-125 中箭头方向转动张紧轮的偏心轮（如图 5-125 中 2），直至设定指针（如图 5-125 中 3）向右侧偏离设定窗口约 10 mm。沿图 5-125 中箭头相反的方向转动偏心轮，直到设置指针正好位于设置窗口。将偏心轮固定在这个位置，用扳手接头 T10500 和扭矩扳手 V.A.G1331 拧紧螺栓（如图 5-125 中 1）。提示：一旦继续转动发动机或运行发动机，可能会导致设定指针（如图 5-125 中 3）的位置与设定窗口有稍许偏差，这不会影响正时齿形皮带的张紧度。

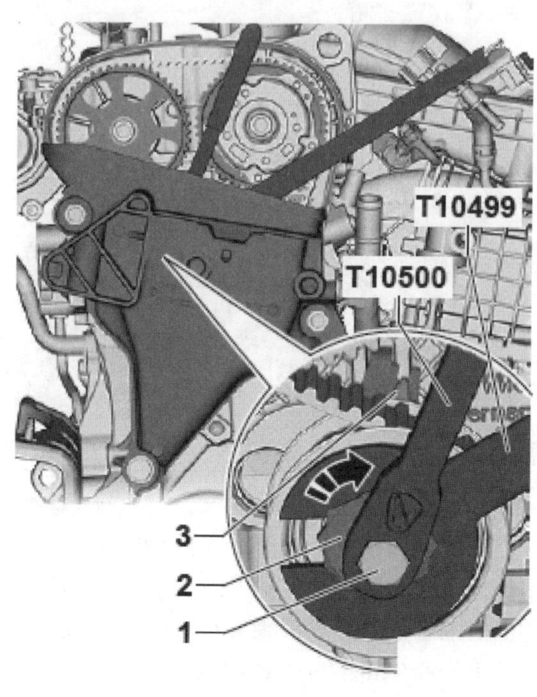

图 5-125

（4）用固定支架 T10172 固定凸轮轴正时齿形皮带轮，以 50N · m 的力矩拧紧螺栓（如图 5-126 中 1、2）。

图 5-126

（5）拧出固定螺栓 T10340。如图 5-127。

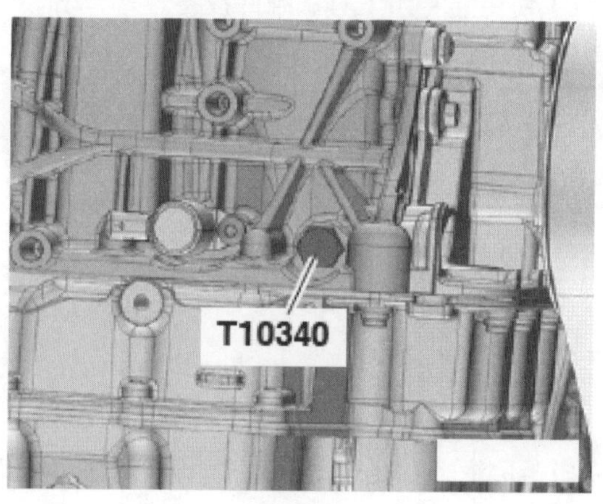

图 5-127

（6）拧出螺栓（如图 5-128 中箭头），取下凸轮轴固定装置 FT10477N1。

图 5-128

（7）安装下部正时齿形皮带护罩（如图 5-129 中箭头）。

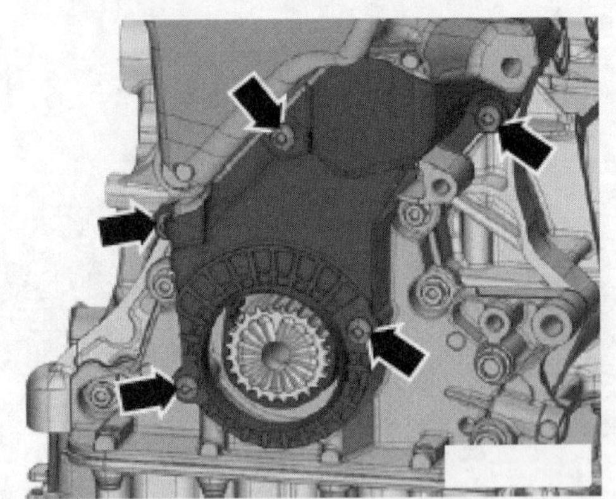

图 5-129

（8）安装减震器 / 曲轴皮带轮。

（9）检查配气相位。

4. 检查配气相位。

（1）使用的专用工具和维修设备。

①火花塞扳手 3122B，如图 5-130。

3122 B

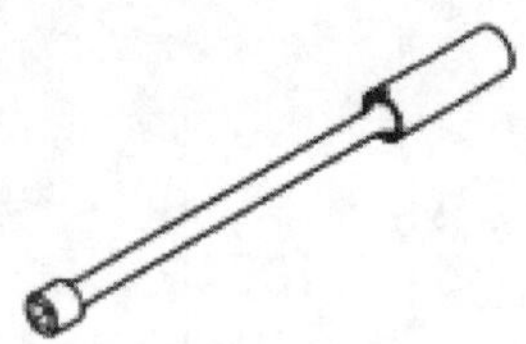

图 5-130

②扭矩扳手（5~50N · m）V.A.G1331，如图 5-131。

V.A.G 1331

图 5-131

③千分表 VAS6079，如图 5-132。

图 5-132

④千分表适配器 T10170N，如图 5-133。

T10170N

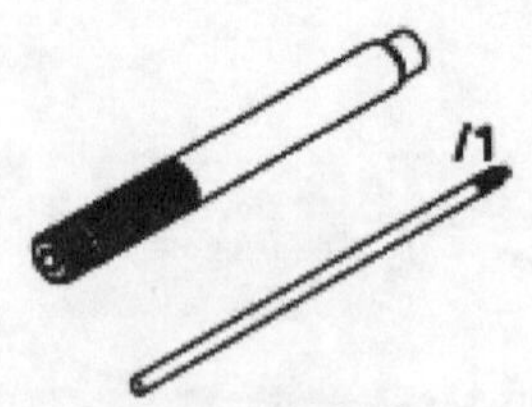

图 5-133

⑤凸轮轴固定装置 FT10477N1，如图 5-134。

FT10477N1

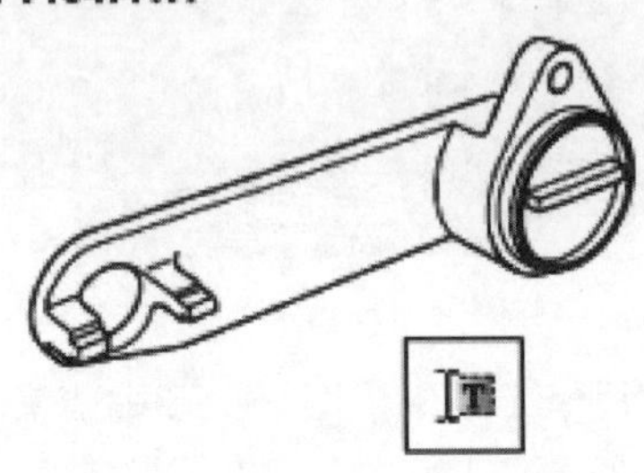

图 5-134

（2）操作步骤。

①拆卸隔音垫。

②拆卸右前轮罩板前部件。

③拆卸空气滤清器。

④排出冷却液。

⑤拧出螺栓 A~D，接着将冷却液调节器盖板（如图 5-135 中 1）放置一侧。

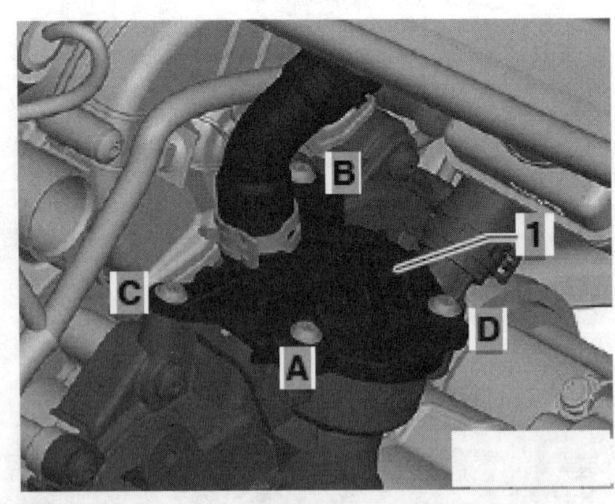

图 5-135

⑥脱开线束固定卡（如图 5-136 中箭头）。

⑦拧出螺栓（如图 5-136 中 1、3），取下冷却液泵齿形皮带护罩（如图 5-136 中 2）。

⑧拧出螺栓（如图 5-136 中箭头），并取下密封盖（如图 5-136 中 1）。

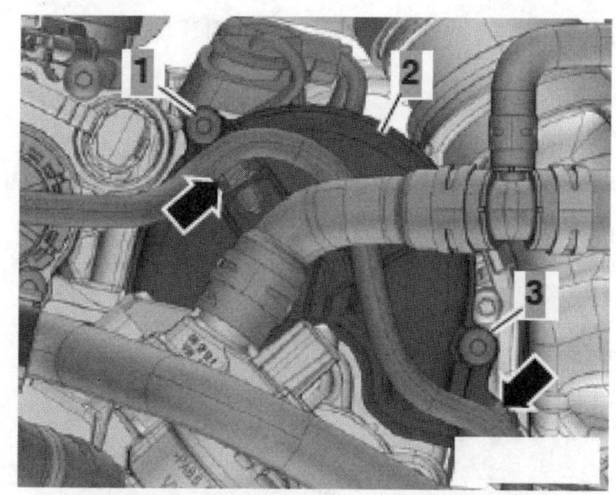

图 5-136

⑨拆卸第 1 缸带功率输出级的点火线圈。

⑩用火花塞扳手 3122B 拆下第 1 缸火花塞。

⑪将千分表适配接头 T10170N 拧入火花塞螺纹孔直至极限位置。

⑫将带延长件 T10170N1 的千分表 VAS6079 插入千分表适配接头中直至极限位置，并拧紧锁止螺母（如图 5-137 中箭头）。

⑬沿发动机运转方向转动曲轴，直至到达第 1 缸上止点，并记下千分表指针的位置。

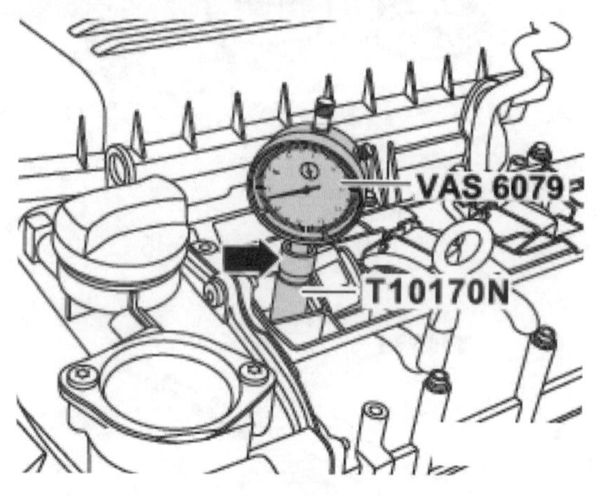

图 5-137

提示：如果曲轴转动超过上止点 0.01mm，则将曲轴逆时针转动约 45°，再接着将曲轴沿发动机运转方向转到第 1 缸上止点。气缸 1 上止点允许的偏差为 ±0.01mm。如图 5-138，飞轮侧的两个凸轮轴上，每个凸轮轴上各有两个不对称的凹槽（如图 5-138 中箭头）。对于排气凸轮轴，可以通过冷却液泵齿形皮带轮上的孔进入凸轮轴上的两个不对称凹槽（如图 5-138 中 A 的箭头）。对于进气凸轮轴，凹槽（如图 5-138 中 E 的箭头）在凸轮轴十字虚线上方。如果凸轮轴的位置与上述不符，则接着继续转动曲轴一圈，再次转到上止点处。提示：必须可以轻易放入凸轮轴固定装置 FT10477N1。不允许用敲击工具敲入凸轮轴固定装置。

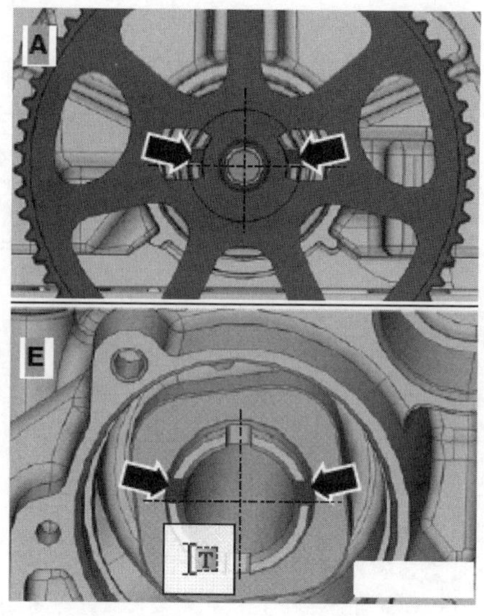

A- 排气凸轮轴　E- 进气凸轮轴

图 5-138

将凸轮轴固定装置 FT10477N1 插入凸轮轴的不对称凹槽内，直至限位位置。拧紧螺栓（如图 5-139 中箭头）。如果无法插入凸轮轴固定装置，调整配气相位，取下凸轮轴上的正时齿形皮带。如果可以插入凸轮轴固定装置，配气相位正常。

图 5-139

提示：更换需要继续旋转特定角度的螺栓。损坏时更换螺旋塞的 O 形环。

⑭拧出螺栓（如图 5-140 中箭头），取下凸轮轴固定装置 FT10477N1。

图 5-140

四、车型

速腾 2.0TSI GLi（2.0T CUGA），2016—2018 年。
高尔夫 2.0TSI GTI（2.0T CUGA），2016—2018 年。
迈腾 330TSI（1.8T CUFA），2017—2018 年。
迈腾 380TSI（2.0T CUGA），2017—2018 年。
CC 380TSI（2.0T CUGA），2018—2019 年。
探岳 380TSI（2.0T CUGA），2018—2019 年。

（一）凸轮轴正时链装配

凸轮轴正时链装配一览，如图 5-141。

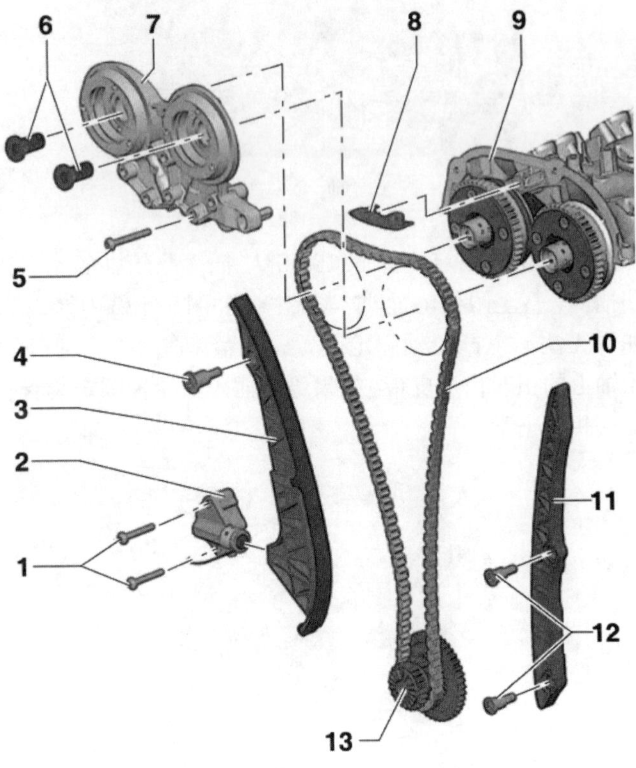

1- 螺栓，4N·m+ 90°　2- 正时链张紧器　3- 正时链张紧导轨　4- 导向螺栓，20N·m　5- 螺栓　6- 控制阀，左旋螺纹 35N·m　7- 轴承座　8- 凸轮轴正时链滑轨　9- 凸轮轴壳罩　10- 凸轮轴正时链　11- 凸轮轴正时链滑轨　12- 导向螺栓，20N·m　13- 三级链轮

图 5-141

如果装有张紧套，将其与螺栓（如图 5-142 中 1）一同拉入气缸盖中。

图 5-142

三级链轮安装位置：两面（如图 5-143 中箭头）必须相对。

图 5-143

（二）拆卸和安装凸轮轴正时链

1. 所需要的专用工具和维修设备。

（1）装配工具 T10352/2，如图 5-144。

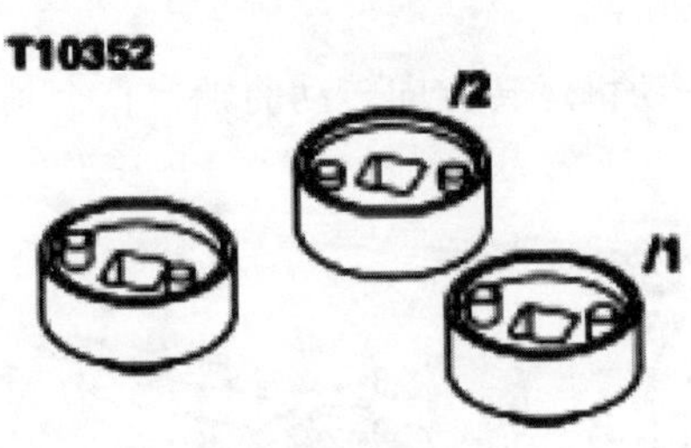

图 5-144

（2）固定支架 T10355，如图 5-145。

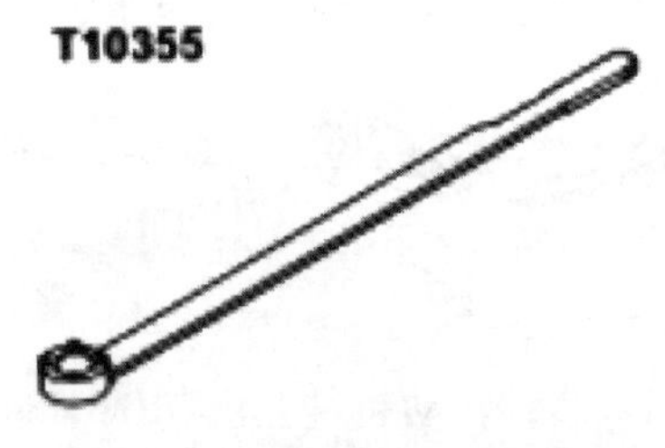

图 5-145

（3）定位销 T40011，如图 5-146。

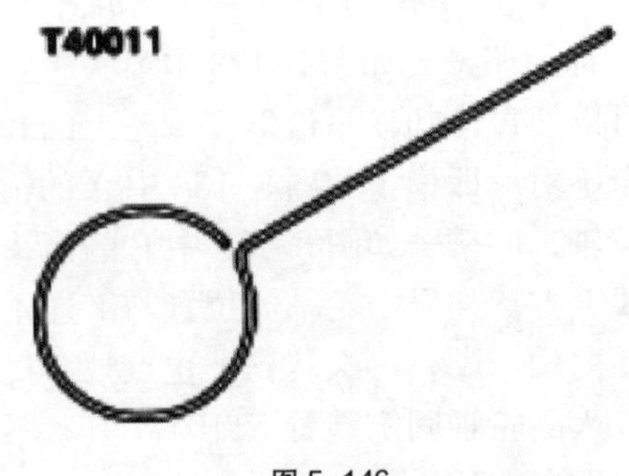

图 5-146

（4）装配杆 T40243，如图 5-147。

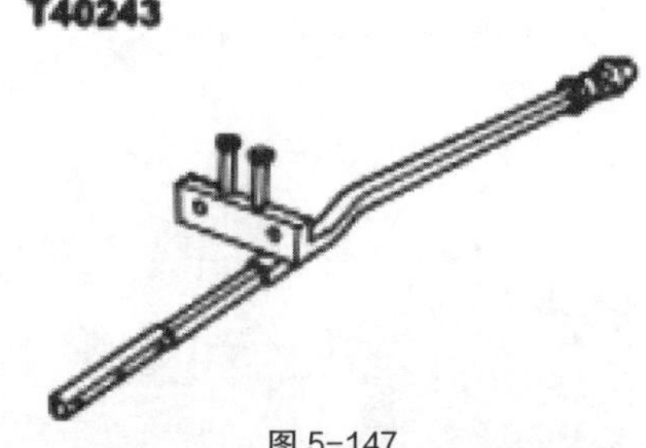

图 5-147

（5）定位工具 T40267，如图 5-148。

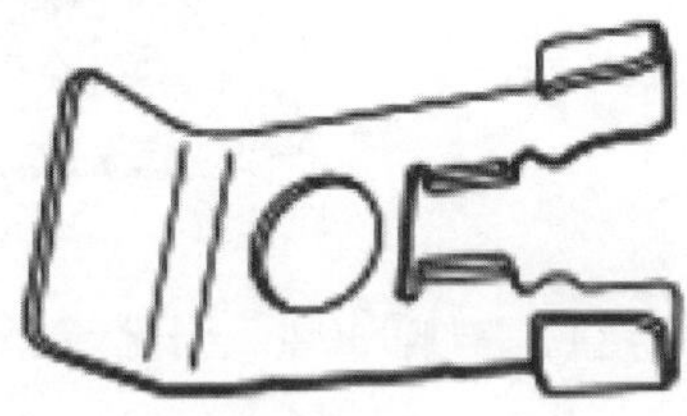

图 5-148

（6）凸轮轴固定装置 T40271，如图 5-149。

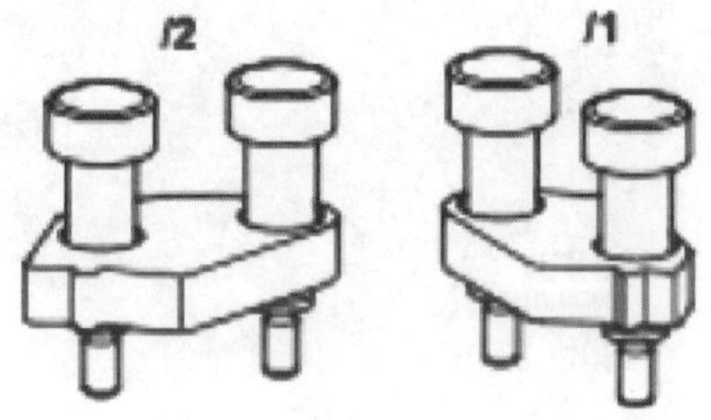

图 5-149

（7）装配工具 T40266，如图 5-150。

图 5-150

（8）装配工具 T10531。

（9）安装工具 T10531 的各部件，如图 5-151。

①定位件 T10531/1。

②张紧销 T10531/2。

③旋转工具 T10531/3。

④带肩螺母 T10531/4。

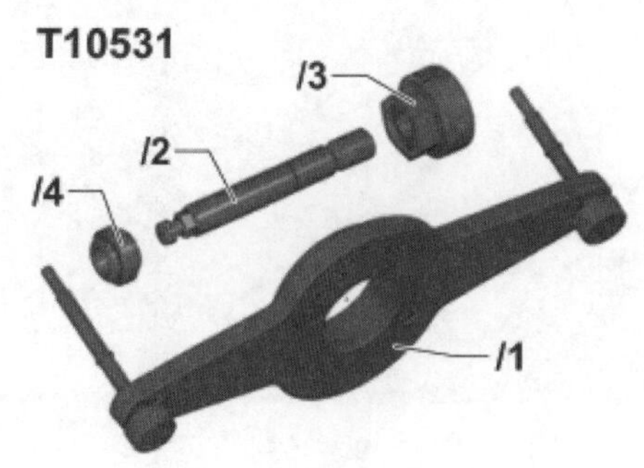

图 5-151

2. 拆卸。

（1）拆卸正时链上部盖板。

（2）拆卸隔音垫。

（3）拆卸右侧轮罩内板前部件。

（4）用固定支架 T10355 将减震器 / 曲轴皮带轮转入上止点位置。凸轮轴链轮的标记（如图 5-151 中 1）必须对准标记（如图 5-152 中 2、3）。减震器 / 曲轴皮带轮上的缺口和正时链下方盖板上的标记（如图 5-152 中箭头）必须相互对着。

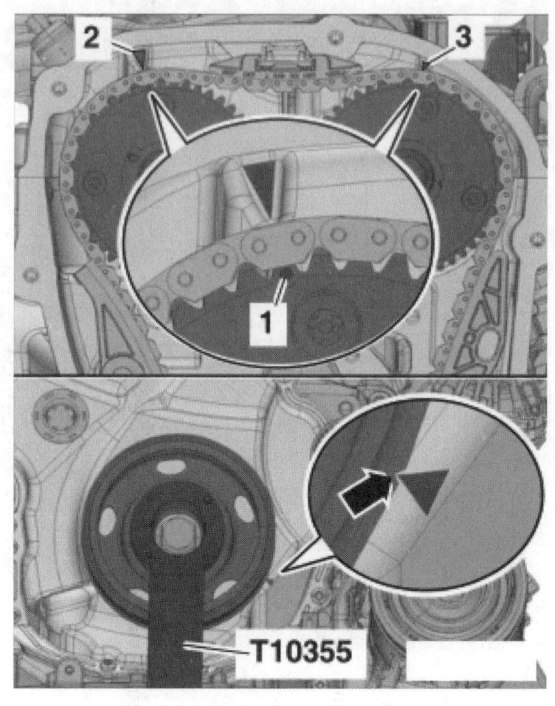

图 5-152

（5）拆卸正时链下部盖板。提示：控制阀是左旋螺纹。

（6）用装配工具 T10352/2 沿（如图 5-153 中箭头）方向拆下左侧和右侧的控制阀。

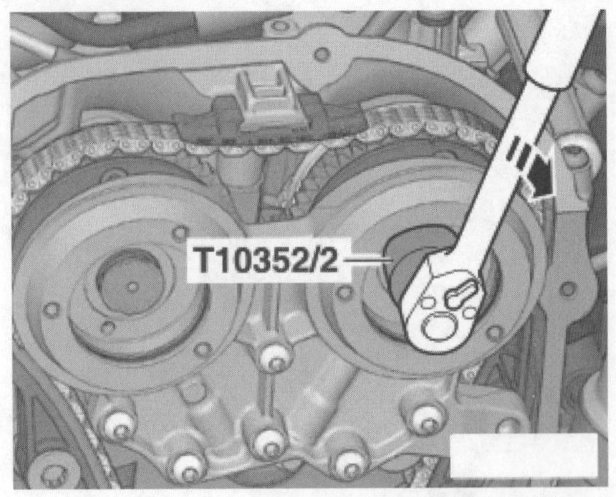

图 5-153

（7）拧下螺栓（如图 5-154 中箭头），取下轴承座。

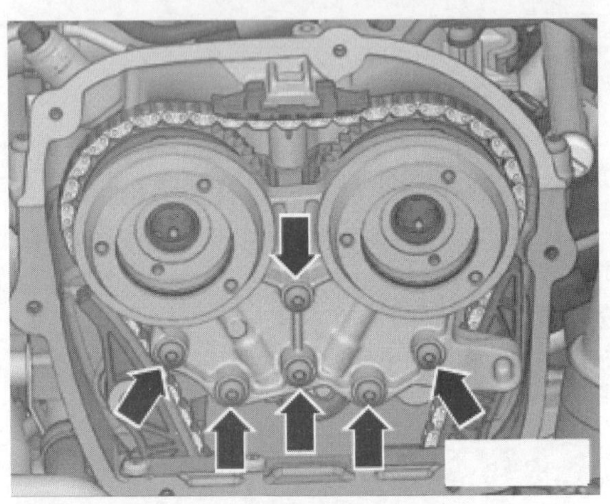
图 5-154

（8）拧出螺栓（如图 5-155 中箭头）。

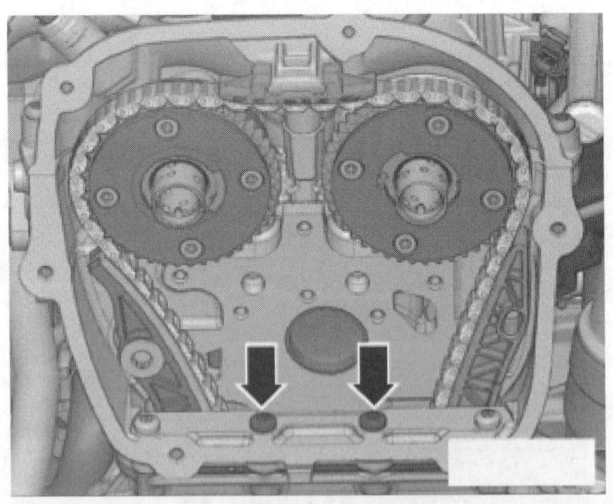
图 5-155

（9）拧入装配杆 T40243（如图 5-156 中箭头）。将链条张紧器的卡环（如图 5-156 中 1）压到一起并固定。将装配杆 T40243 沿图 5-156 中箭头方向缓慢地按压并固定。

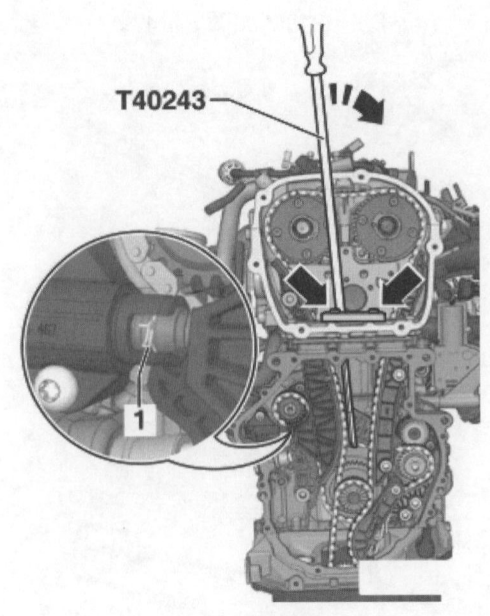

图 5-156

（10）用定位工具 T40267 固定链条张紧器，如图 5-157。

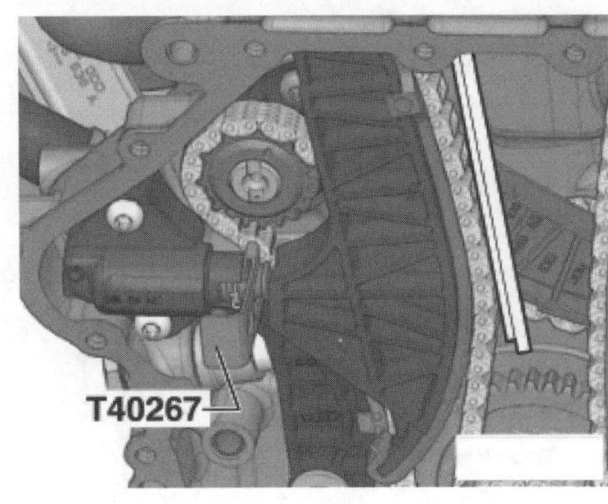

图 5-157

（11）拆卸装配杆 T40243。将凸轮轴固定装置 T40271/2 拧到气缸盖上并沿箭头方向推入链轮的啮合齿（如图 5-158 中 2）中。必要时用装配工具 T40266 转动进气凸轮轴（如图 5-158 中 1）。

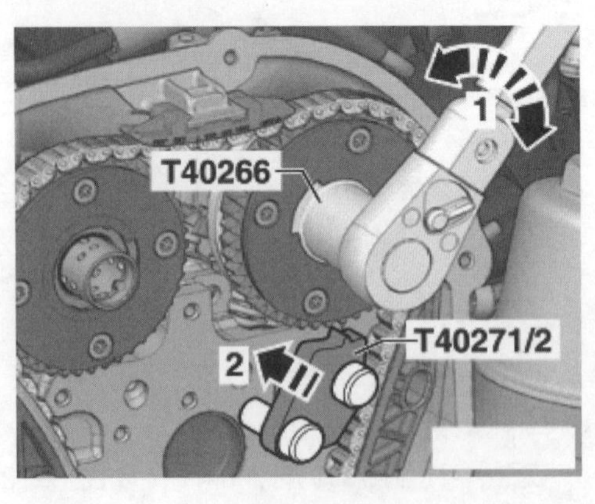

图 5-158

（12）将凸轮轴固定装置 T40271/1 拧到气缸盖上。接下来的工作步骤需要有另一位机修工协助。将排气凸轮轴用装配工具 T40266 沿箭头 A 方向固定。拧出螺栓（如图 5-159 中 1），将张紧轨（如图 5-159 中 2）向下推。将凸轮轴沿顺时针 A 继续旋转，直到凸轮轴固定装置 T40271/1 能够推入链轮啮合齿 C。

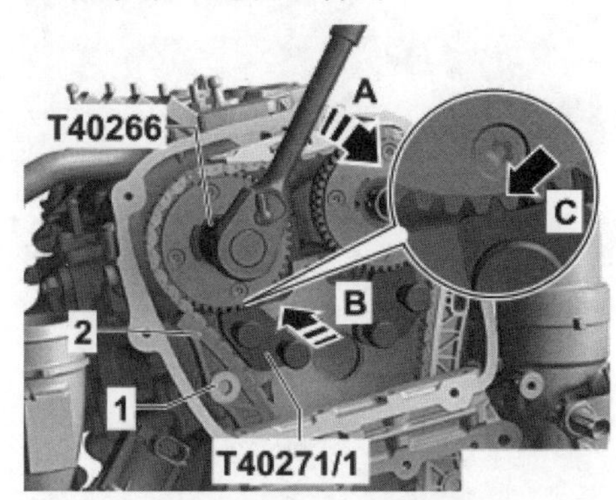

图 5-159

（13）拆卸滑轨（如图 5-160 中 1），为此用螺丝刀打开卡子（如图 5-160 中箭头），然后将滑轨向前推开。

图 5-160

（14）拧下螺栓（如图 5-161 中箭头），拆下链条张紧器（如图 5-161 中 1）。

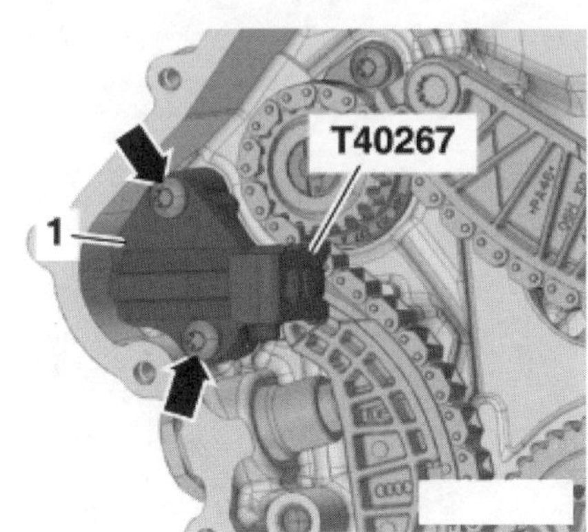

图 5-161

（15）沿图 5-162 中箭头方向按压机油泵的链条张紧器张紧卡箍并用定位销 T40011 卡住。拧出螺栓（如图 5-162 中 1）并拆下链条张紧器。

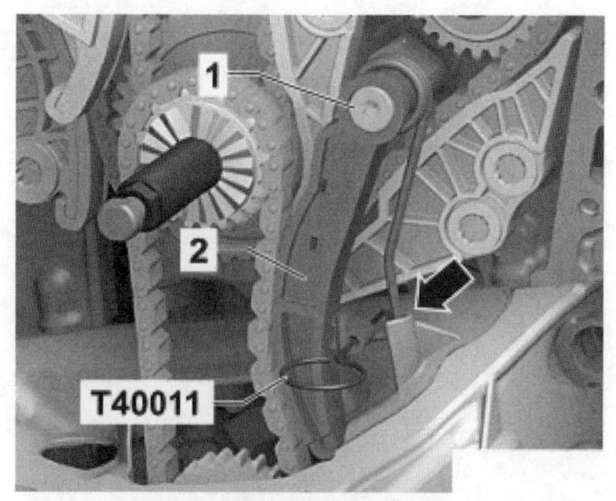

图 5-162

（16）拧出螺栓（如图 5-163 中 1），拆下滑轨（如图 5-163 中 2）。

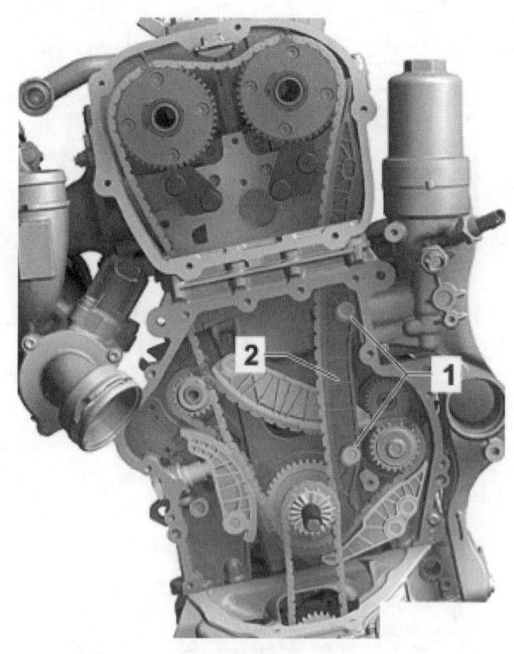

图 5-163

（17）将凸轮轴正时链从凸轮轴齿轮上取下并挂到凸轮轴的销轴上（如图 5-164 中箭头）。

图 5-164

（18）拆卸平衡轴正时链的链条张紧器（如图 5-165 中 1）。

图 5-165

（19）拧出螺栓（如图 5-166 中 1）。拆卸张紧轨（如图 5-166 中 2）以及滑轨（如图 5-166 中 3、4）。

图 5-166

（20）松开张紧销（如图 5-167 中 A），拧出张紧销（如图 5-167 中 B）。

图 5-167

（21）取出三级链轮，同时卸下机油泵驱动装置的正时链。

（22）取下凸轮轴正时链和平衡轴传动链。

3. 安装。

（1）检查曲轴的上止点，曲轴的平端（如图 5-168 中箭头）必须水平。如图 5-169，用防水记号笔在气缸体（如图 5-168 中 1）上做标记。

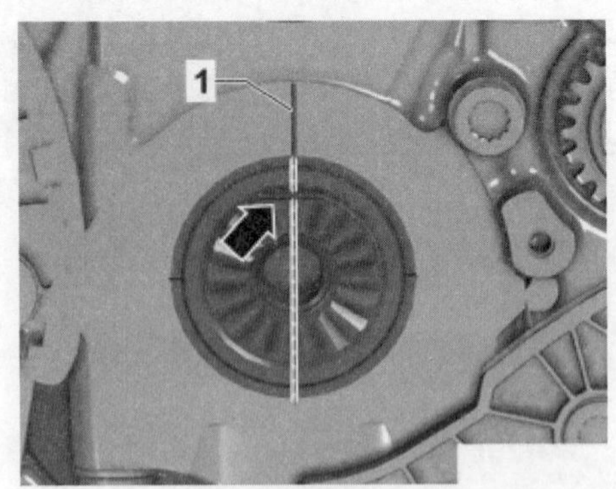

图 5-168

（2）用防水记号笔在三级链轮的齿（如图 5-169 中 1）上做标记（如图 5-169 中 2）。

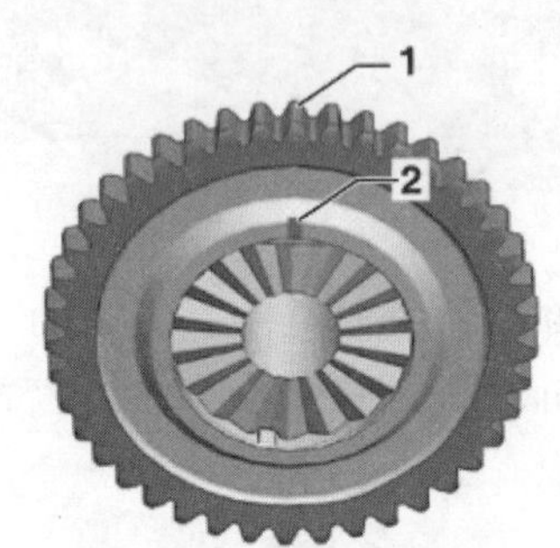

图 5-169

（3）将中间齿轮和平衡轴转至标记（如图 5-170 中箭头），螺栓（如图 5-170 中 1）不得松开。中间齿轮和平衡轴之间的标记很难看到。

图 5-170

（4）放上平衡轴传动链，将彩色链节（如图 5-171 中箭头）定位到链轮的标记上。

图 5-171

（5）安装滑轨（如图 5-172 中 1）并拧紧螺栓（如图 5-172 中箭头）。

图 5-172

（6）将带彩色链节的凸轮轴正时链（如图 5-173 中箭头）挂到凸轮轴销轴上。

图 5-173

（7）将机油泵驱动装置的正时链放到三级链轮上。沿图 5-174 中箭头方向将三级链轮向发动机侧翻转并插到曲轴上。标记（如图 5-174 中箭头）必须相对。

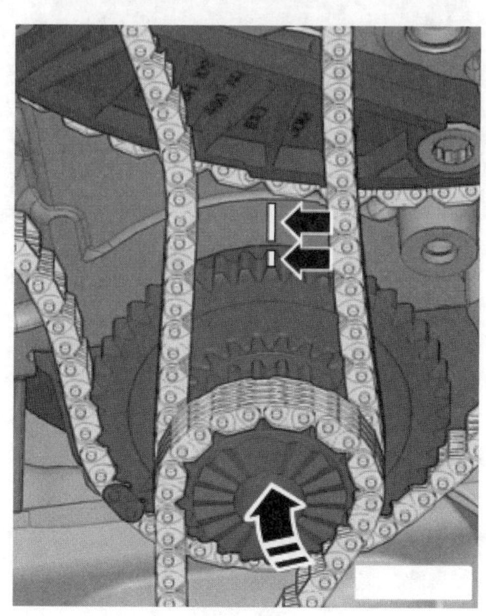
图 5-174

（8）将张紧销 T10531/2 拧入曲轴并用手拧紧。装上旋转工具 T10531/3。用手拧上带肩螺母 T10531/4。用开口宽度为 32 的开口扳手略微来回移动旋转工具，同时再拧紧带肩螺母，直到链轮牢固地装到曲轴啮合齿上。现在才拧紧夹紧螺栓（如图 5-175 中 A）。

图 5-175

（9）将平衡轴传动链的彩色链节（如图 5-176 中箭头）定位在三级链轮的标记上。安装张紧轨（如图 5-176 中 1）和滑轨（如图 5-176 中 2）。拧紧螺栓（如图 5-176 中 3）。

图 5-176

（10）安装链条张紧器（如图 5-177 中 1）。

图 5-177

（11）再次检查调整情况，彩色链节（如图 5-178 中箭头）必须对准链轮的标记。

图 5-178

（12）将凸轮轴正时链放到进气凸轮轴上，排气凸轮轴放到曲轴上。将彩色链节（如图 5-179 中箭头）定位到链轮的标记上。

图 5-179

（13）安装滑轨（如图 5-180 中 2）并拧紧螺栓（如图 5-180 中 1）。

图 5-180

（14）安装上部滑轨（如图 5-181 中 1）。

图 5-181

（15）接下来的工作步骤需要有另一位机修工协助。将排气凸轮轴用装配工具 T40266 沿图 5-182 中箭头 A 方向略微转动，并将凸轮轴固定装置 T40271/1 从链轮的啮合齿中推出（如图 5-182 中 B）。将凸轮轴沿箭头方向（如图 5-182 中 C）松开，直到正时链紧贴到滑轨（如图 5-182 中 1）上。将凸轮轴固定在这个位置，拧上张紧轨（如图 5-182 中 2）并拧紧螺栓（如图 5-182 中 3）。

图 5-182

（16）安装链条张紧器（如图 5-183 中 1）并拧紧螺栓（如图 5-183 中箭头）。

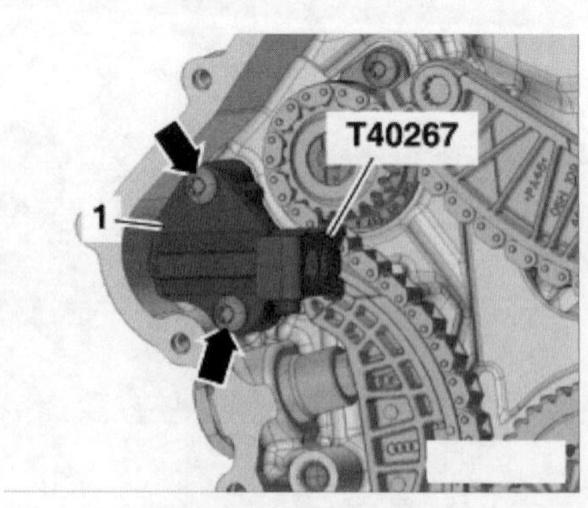

图 5-183

（17）安装链条张紧器（如图 5-184 中 2）。钢丝夹（如图 5-184 中箭头）必须在开口中紧贴油底壳上部件。紧固螺栓（如图 5-184 中 1）并去除固定销 T40011。

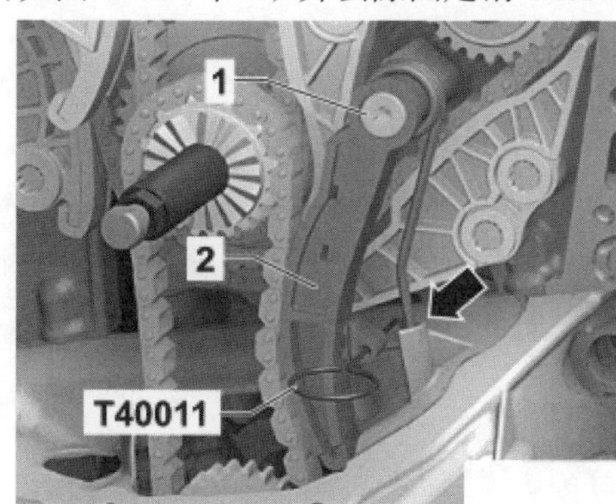

图 5-184

（18）将进气凸轮轴用装配工具 T40266 沿图 5-185 中箭头 1 方向转动，直到凸轮轴固定装置 T40271/2 可以从链轮的啮合齿中推出（如图 5-185 中 2）。松开凸轮轴。拆卸凸轮轴固定装置 T40271/1 和 T40271/2。

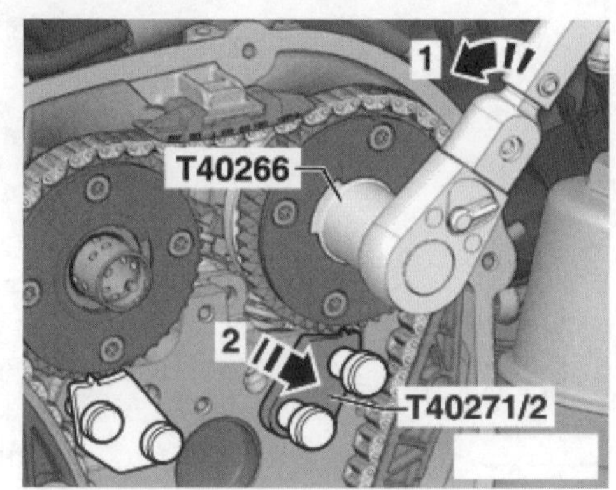

图 5-185

（19）拧入并拧紧螺栓（如图 5-186 中箭头）。

图 5-186

（20）用发动机机油润滑开孔（如图 5-187 中箭头）。

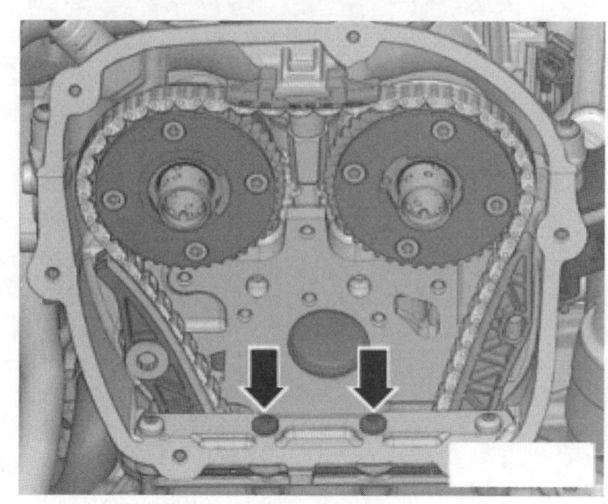

图 5-187

提示：不是每个轴承座上都装有张紧套（如图 5-188 中 1）。

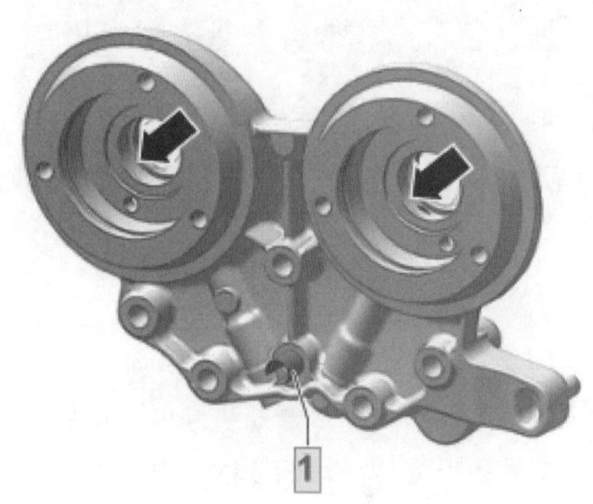

图 5-188

（21）套上轴承支架，此时不得倾斜。用手拧入螺栓（如图 5-189 中 1~6）。如果装有张紧套，将其与螺栓（如图 5-189 中 1）一同拉入气缸盖中。

图 5-189

（22）取下定位工具 T40267，如图 5-190。

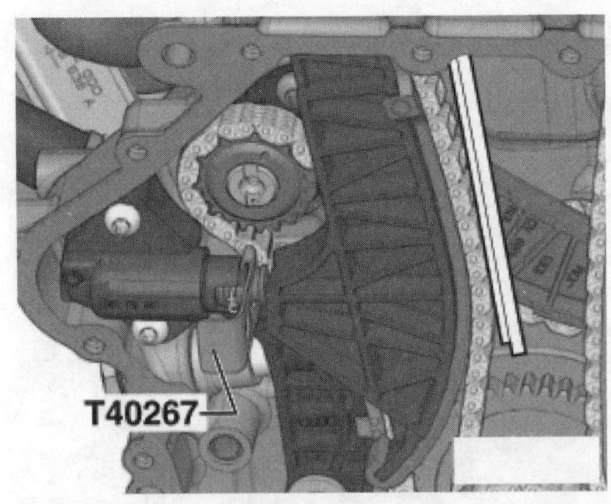

图 5-190

（23）拧紧用于轴承座的螺栓（如图 5-191 中箭头）。

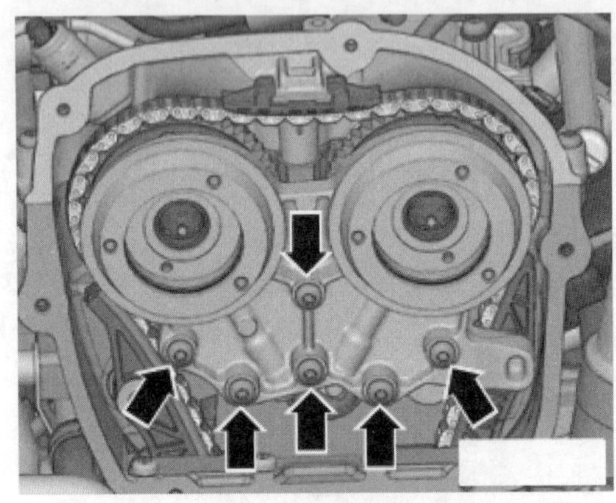
图 5-191

（24）安装控制阀。将发动机沿发动机转动方向旋转两次。提示：因为传动比的原因，有色的链节在发动机转动之后不再对齐。取下旋转工具并安装正时链下部盖板。提示：在安装减震器 / 曲轴皮带轮后才能通过继续旋转一定角度来拧紧螺栓（如图 5-192 中 1、4）。在安装减震器 / 曲轴皮带轮时，必须再次拧出螺栓。

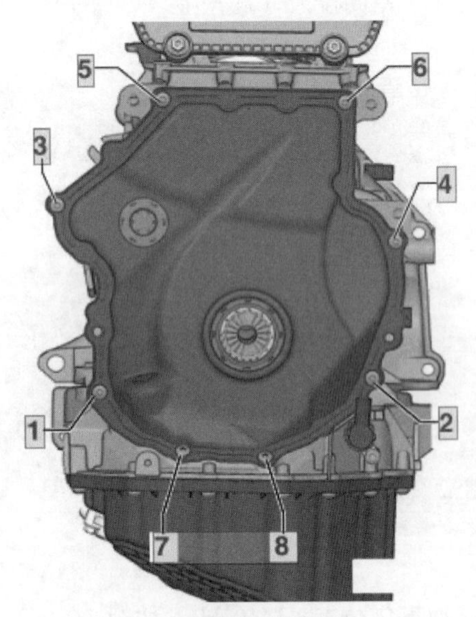

图 5-192

（25）安装减震器 / 曲轴皮带轮。

（26）安装正时链上部盖板。

（27）安装多楔皮带的张紧装置。

（28）安装多楔皮带。

（29）其他安装以倒序进行，安装过程中请注意以下事项：

在链条传动装置上操作后必须匹配发动机控制单元中的匹配值。为此打开点火开关，在车辆诊断测试仪上选择以下菜单项：

· 发动机电子装置

· 引导型功能

· 维修链条传动机构后的匹配

（三）平衡轴传动链安装

平衡轴传动链安装一览，如图 5-193。

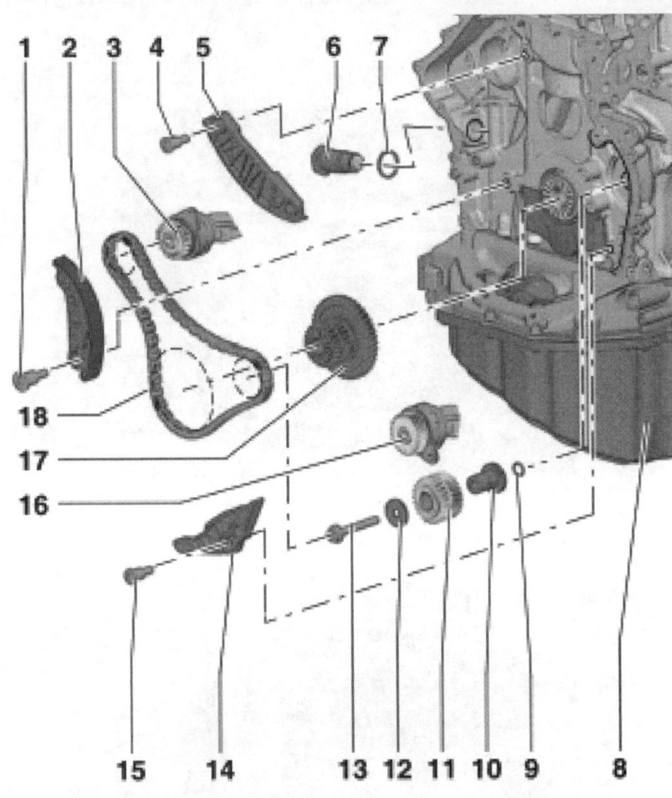

1- 导向螺栓，20N · m　2- 链条张紧器，用于正时链　3- 平衡轴，排气侧拆卸后必须更换　4- 导向螺栓，20N · m　5- 滑轨　6- 右侧凸轮轴正时链的 85N · m 涂敷防松剂后装入　7- 密封环　8- 气缸体　9-O 形圈，用发动机机油润滑　10- 传动链轮涂抹上发动机机油　11- 中间轮，如果螺栓松开过，则必须更换中间齿轮　12- 传动链轮　13- 螺栓，如果螺栓松开过，则必须更换中间齿轮　14- 滑轨　15- 导向螺栓，20N · m　16- 平衡轴　17- 三级链轮　18- 平衡轴传动链

图 5-193

轴承螺栓安装位置：

更换并用机油润滑 O 形圈（如图 5-194 中 1）。轴承螺栓的配合销（如图 5-194 中箭头）卡入气缸体孔中。

图 5-194

给轴承销涂敷润滑油。提示：务必更换中间齿轮。否则无法调整齿隙，发动机可能损坏。新的中间齿轮带一层油漆减磨覆层，在短时运行后会被磨去，这样齿隙便会自动调整。

中间齿轮拧紧顺序：

①用新的螺栓按如下方式拧紧。

②用扭矩扳手以 10N·m 的拧紧力矩预拧紧。

③旋转中间齿轮。中间齿轮不允许有间隙存在，否则松开并再次拧紧。

④用 25N·m 的拧紧力矩拧紧螺栓。

⑤用刚性扳手继续旋转 90°。

（四）拆卸和安装平衡轴传动链

拆卸和安装平衡轴传动链的工作步骤包含在拆卸和安装凸轮轴正时链的工作步骤中。

（五）检查正时链

提示：出现故障（如异响）时，如果怀疑原因在于凸轮轴正时链过长，可以如下所述检查正时链。

（1）拆卸右侧轮罩内板。

（2）取下密封塞（如图 5-195 中箭头）。必须更换密封塞。

图 5-195

（3）沿发动机转动方向转动减震器 / 曲轴皮带轮，直至链条张紧器活塞沿图 5-196 中箭头方向最大限度伸出。

图 5-196

（4）数出可见的活塞齿数。提示：可见齿数是指位于张紧器壳体右侧（如图 5-197 中箭头）的所有的齿。

图 5-197

如可见齿数不超过 6，则不可更换正时链。如可见齿数不少于 7，则必须更换正时链。

（六）检查配气相位

1. 所需要的专用工具和维修设备。

（1）千分表组件 VAS 6341，如图 5-198。

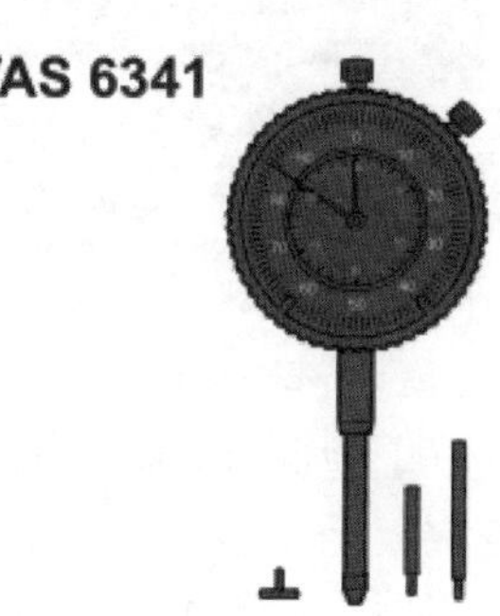

图 5-198

（2）千分表转接头 T10170 A，如图 5-199。

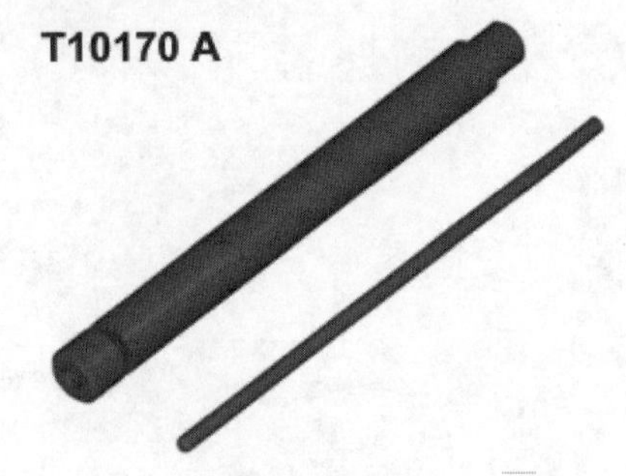

图 5-199

2. 工作步骤。

（1）拆卸正时链上部盖板。

（2）拆卸隔音垫（如图 5-200 中 1）。

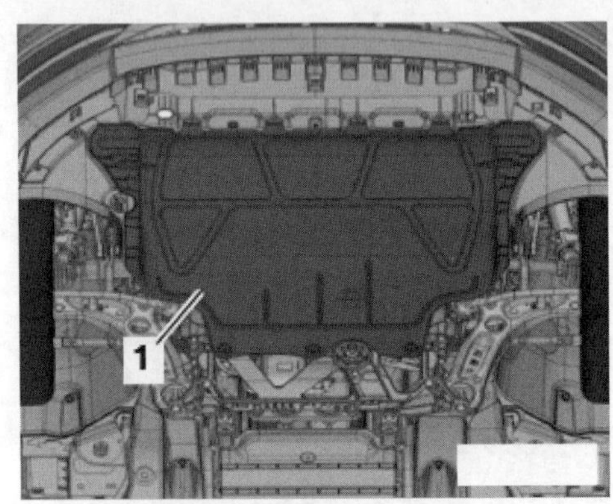

图 5-200

（3）拆卸右侧车轮和右侧轮罩内板前部件。

（4）用开口宽度为 24 的套筒扳手接头沿发动机运转方向转动减震器 / 曲轴皮带轮上的曲轴，直至标记（如图 5-201 中 1、2）几乎位于上方。

图 5-201

（5）拆卸气缸 1 的带功率输出级的点火线圈。

（6）用火花塞扳手 3122B 拆卸气缸 1 的火花塞。

（7）将千分表转接头 T10170/A 拧入火花塞螺纹内，直至极限位置。

（8）将千分表 VAS6341 用加强件 T10170A/1 插入到极限位置，用锁紧螺母（如图 5-202 中箭头）固定住。

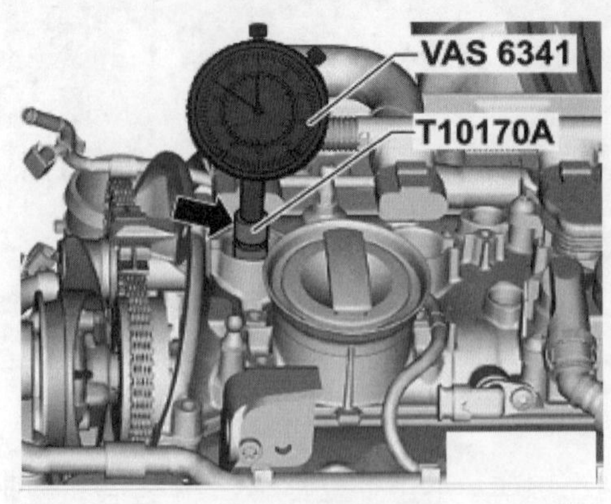

图 5-202

（9）缓慢地沿发动机转动方向旋转曲轴直至指针达到极限。在指针达到极限部位（指针回返点）时，活塞位于上止点。提示：使用棘轮和套筒扳手接头 SW24 转动减震器 / 曲轴皮带轮。如果曲轴转到上止点上，则必须将曲轴沿发动机转动方向再次转动 2 圈。请勿逆向转动发动机。减震器 / 曲轴皮带轮缺口必须对准正时链下盖板上的标记（如图 5-203 中箭头）。凸轮轴链轮的标记（如图 5-203 中 1）必须对准气缸盖上的标记（如图 5-203 中 2、3）。

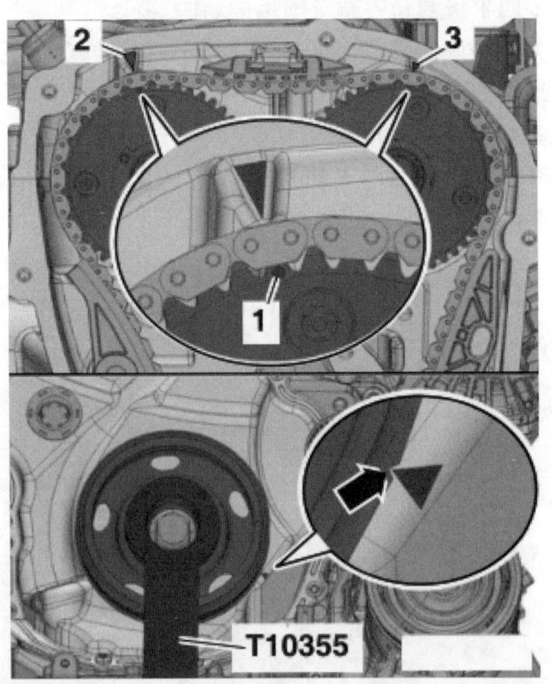

图 5-203

五、车型

一汽大众 CC 330TSI（2.0T DBFB），2018—2019 年。

（一）凸轮轴正时链装配

凸轮轴正时链装配一览，如图 5-204。

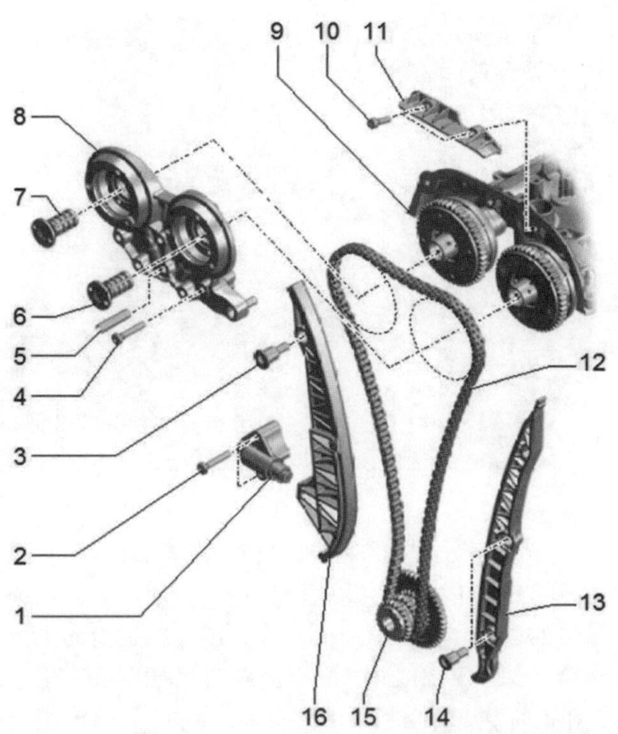

1-右侧凸轮轴正时链张紧器 2-螺栓，拆卸后更换，4N·m+90° 3-导向销，20N·m 4-螺栓 5-张紧套 6-控制阀 7-控制阀 8-轴承座 9-气缸盖罩 10-螺栓，9N·m 11-滑轨 12-凸轮轴正时链 13-凸轮轴正时链滑轨 14-导向螺栓，20N·m 15-曲轴链轮 16-张紧轨

图 5-204

（二）安装位置曲轴链轮

两面箭头必须相对，如图 5-205。

图 5-205

（三）从凸轮轴上取下凸轮轴正时链

1. 所需要的专用工具和维修设备。

（1）根据制造状态，装配工具 FT10352/3X/FT10352/4T、固定支架 FT10355M、定位销 T40011、装配杆 FT40243T、定位工具 T40267 和凸轮轴固定装置 T40271，如图 5-206。装配工具 FT10567X 如图 5-207。安装工具 T10531 的各部件：定位件 T10531/1、张紧销 T10531/2、旋转工具 T10531/3 和带肩螺母 T10531/4，如图 5-208。

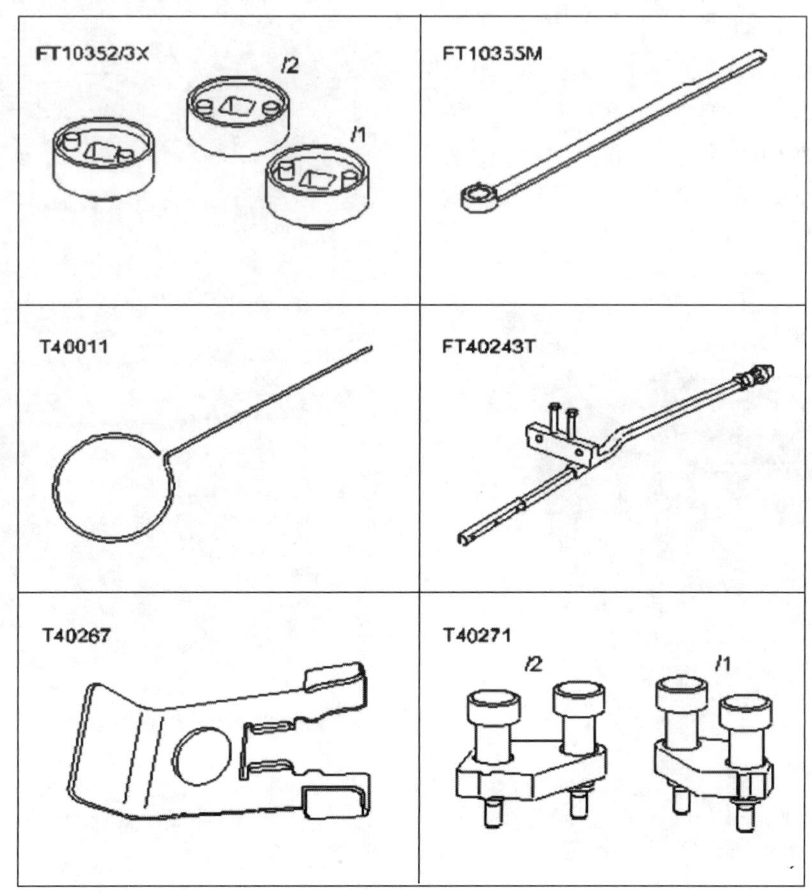

图 5-206

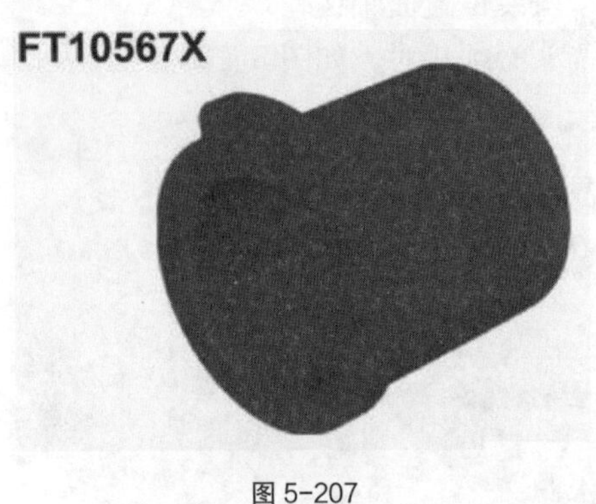

图 5-207

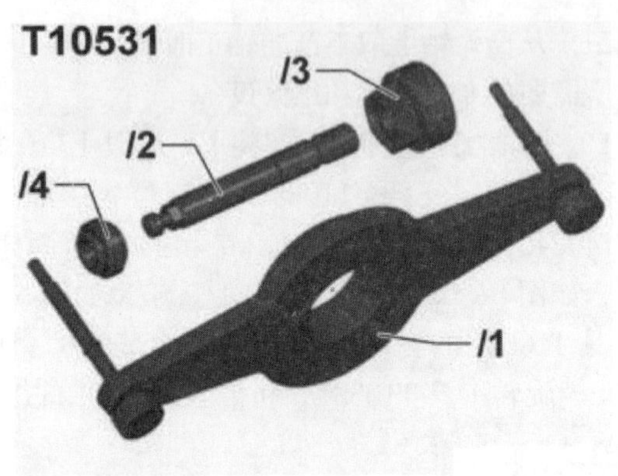

图 5-208

2. 拆卸方法。

（1）提示：控制阀为左旋螺纹。根据制造状态，可能安装了不同的控制阀。使用适当的装配工具 1。用装配工具 FT10352/3X/FT10352/4T 沿箭头方向拆下左右两侧的控制阀，如图 5-209。

图 5-209

（2）旋出螺栓（如图 5-210 中 1~6），同时小心地拆下轴承座且不得倾斜。

图 5-210

（3）用固定支架 FT10355M 将减震器转入上止点位置，如图 5-211 所示。凸轮轴链轮（在切口后面用圆点标记）的标记（如图 5-211 中 3）必须总是指向上方。减震器（如图 5-211 中 1）上的缺口（如图 5-211 中箭头）和正时链下方盖板上的箭头标记（如图 5-211 中 5）必须相互对着。拆卸正时链下部盖板。

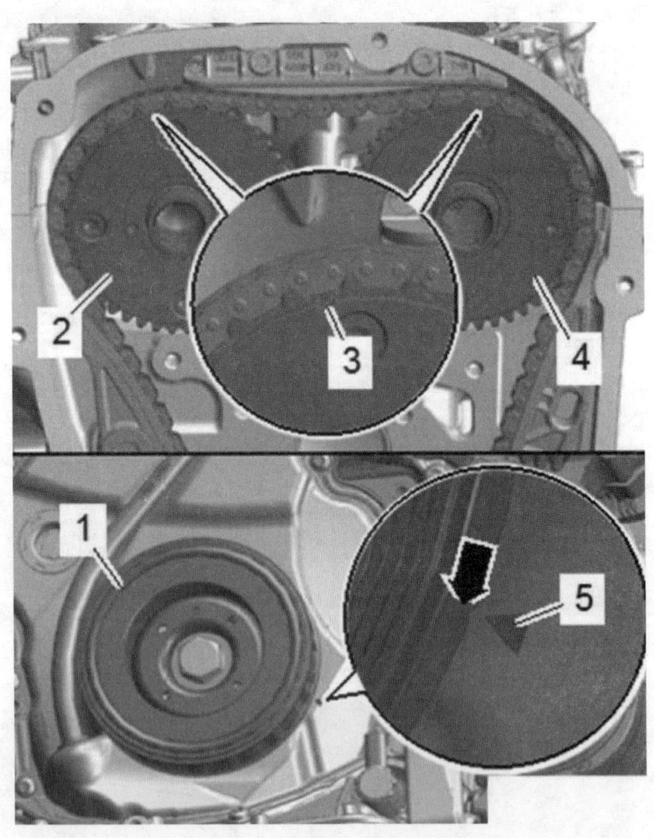

图 5-211

（4）拧出螺栓（如图 5-212 中箭头）。

图 5-212

（5）拧入装配杆 FT40243T（如图 5-213 中箭头）。将链条张紧器的卡环（如图 5-213 中 1）压到一起并固定。将装配杆 FT40243T 缓慢地沿图 5-213 中箭头方向按压并固定。

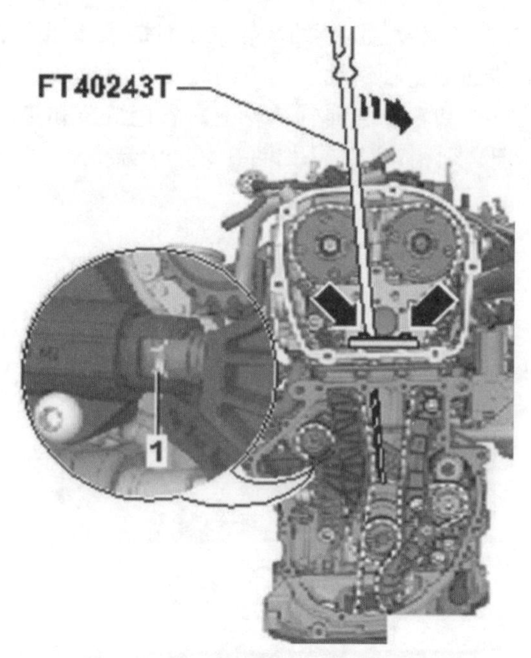

图 5-213

（6）用定位工具 T40267 固定链条张紧器。拆卸装配杆 FT40243T，如图 5-214。

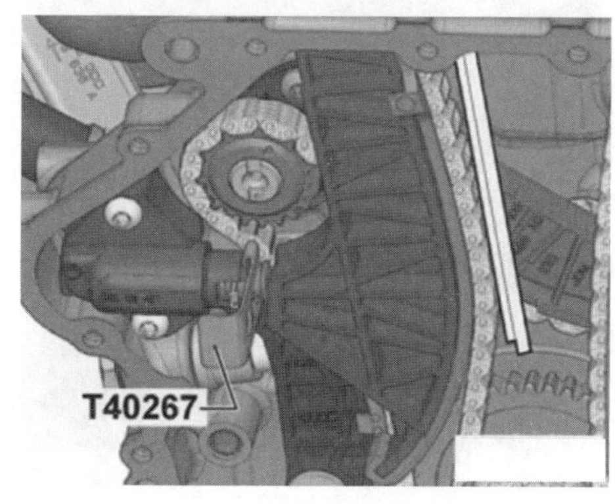

图 5-214

（7）将凸轮轴固定装置 T4027112 的 2 拧到气缸盖上，如图 5-215。沿箭头 A 方向将凸轮轴固定装置推入链轮的啮合齿中。如有必要，将进气凸轮轴用装配工具 FT10567X 的 1 来回轻微沿方向旋转（如图 5-215 中箭头 A）。

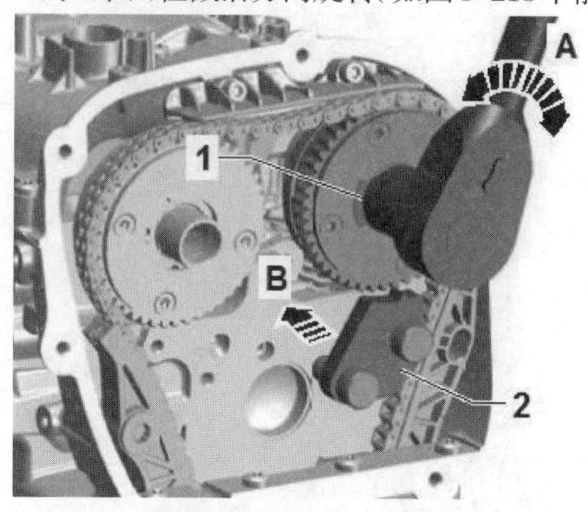

图 5-215

（8）旋出螺栓（如图 5-216 中箭头）并拆下滑轨（如图 5-216 中 1）。

图 5-216

（9）沿箭头方向按压机油泵的链条张紧器张紧卡箍并用定位销 T40011 卡住。拧出螺栓（如图 5-217 中 1）并拆下链条张紧器（如图 5-217 中 2）。将机油泵链条从曲轴链轮上拆下，向前拔出并向下放置在机油泵正时链轮上。

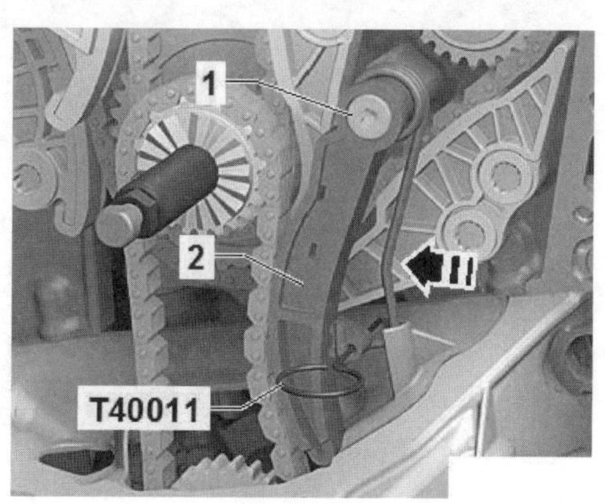

图 5-217

（10）旋出导向销（如图 5-218 中 1）并拆下滑轨（如图 5-218 中 2）。将凸轮轴正时链从凸轮轴齿轮上取下，并向下取出。

图 5-218

3. 安装凸轮轴正时链。

（1）前提条件：曲轴处于上止点；曲轴链轮上的 V 形开口指向凸轮轴链轮之间中心的假想垂直线（如图 5-219 中箭头）。曲轴链轮已用夹紧螺栓 T10531/2 卡住。

图 5-219

（2）处于上止点的凸轮轴链轮用凸轮轴固定装置 T40271/1 和 T40271/2 卡住。标记（如图 5-220 中箭头）必须相对。将排气凸轮轴上的标记略微向右错位。另外，用防水笔进行标记（在切口后面用圆点标记）。正时链部分遮盖住齿轮上的标记点，如图 5-220。

图 5-220

（3）将带彩色链节的凸轮轴正时链（如图 5-221 中箭头）挂到凸轮轴销轴上。将凸轮轴正时链放到进气凸轮轴、排气凸轮轴和曲轴链轮上。彩色链节和正时链轮上的标记必须相互对准（如图 5-222 中箭头）。

图 5-221

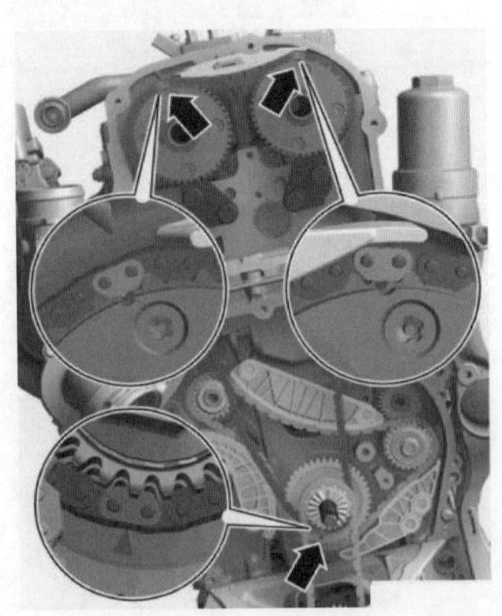
图 5-222

（4）安装滑轨（如图 5-223 中 2）并拧紧导向销（如图 5-223 中 1）。

图 5-223

（5）安装滑轨（如图 5-224 中 1），并拧紧螺栓（如图 5-224 中箭头）。

图 5-224

（6）接下来的工作步骤需要由另一位机修工协助。用装配工具 F10567X（如图 5-225 中 4）沿箭头 A 方向降低排气凸轮轴的预应力，将凸轮轴固定装置 T40271/1（如图 5-225 中 5）从链轮的啮合齿中拉出箭头（如图 5-225 中 B）并将凸轮轴置于静止位置。将排气凸轮轴沿箭头（如图 5-225 中 C）方向转动，直到正时链紧贴到滑轨（如图 5-225 中 3）上。将凸轮轴固定在这个位置，拧上张紧轨（如图 5-225 中 2）并拧紧螺栓（如图 5-225 中 1）。提示：若凸轮轴没有固定，在安装好张紧轨之前，正时链可能会跳齿。

图 5-225

（7）用装配工具 F10567X（如图 5-226 中 1）沿箭头（如图 5-226 中 A）方向降低进气凸轮轴的预应力，将凸轮轴固定装置 T40271/2（如图 5-226 中 2）从链轮的啮合齿中拉出箭头（如图 5-226 中 B）并将凸轮轴置于静止位置。拆卸凸轮轴固定装置 T40271/1 和 T40271/2。

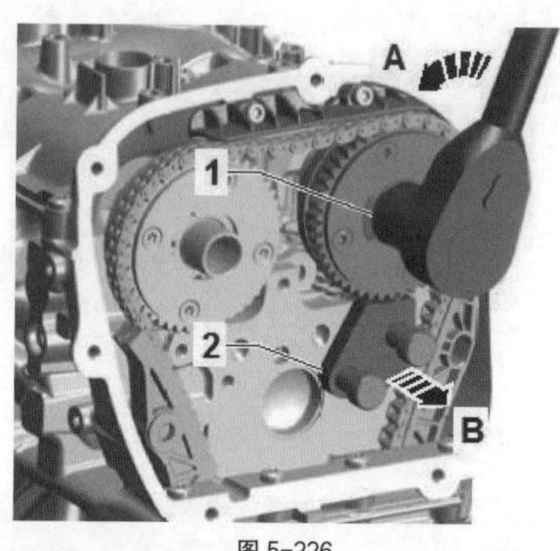

图 5-226

（8）拧入并拧紧螺栓（如图 5-227 中箭头）。

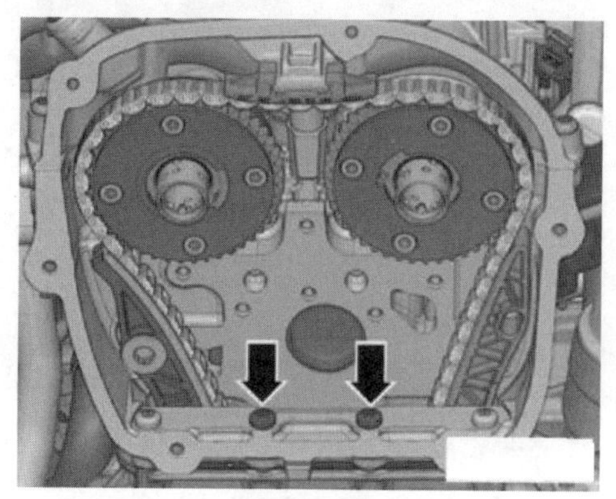

图 5-227

（9）重新使用轴承座之前必须略微回拉张紧套（如图 5-228 中 1）。张紧套必须和轴承座的气缸盖一侧齐平。用发动机机油润滑开孔（如图 5-228 中箭头）。

图 5-228

（10）套上轴承座，此时不得倾斜。用手拧入螺栓 1~6，如图 5-229。用螺栓将张紧套拧入气缸盖中。

图 5-229

（11）取下定位工具 T40267，如图 5-230。

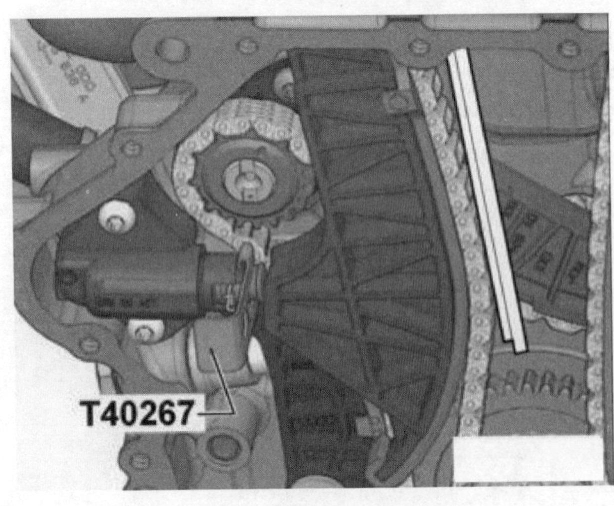

图 5-230

（12）拧紧轴承座上的螺栓。拧紧力矩和拧紧顺序。装上机油泵链条。安装链条张紧器（如图 5-231 中 2）并拧紧导向销（如图 5-231 中 1）。拆下定位销 T40011，钢丝夹必须在开口中（如图 5-231 中箭头）紧贴油底壳上部件。

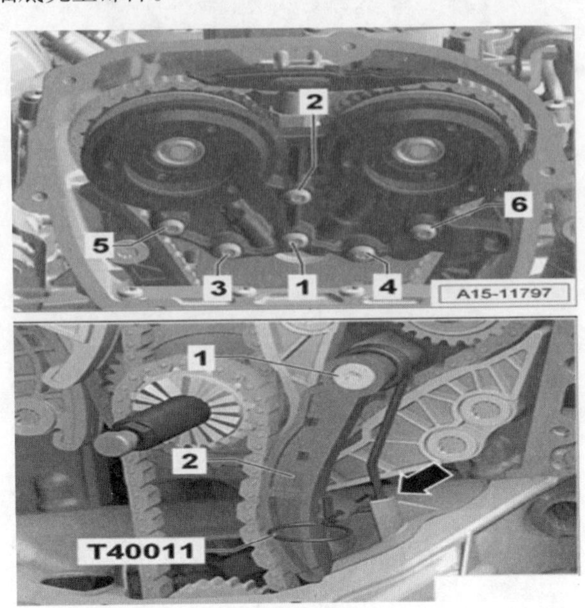

图 5-231

（13）检查设置：彩色链节和正时链轮上的标记必须相互对着（如图 5-232 中箭头），安装控制阀。

图 5-232

（14）安装旋转工具 T10531/3 和凸肩螺母 T10531/4，如图 5-233。将发动机沿发动机转动方向旋转两次。提示：因为传动比的原因，有色的链节在发动机转动之后不再对齐。

图 5-233

（15）取下旋转工具并安装正时链下部盖板。

（16）安装减震器。

（17）安装正时链上部盖板。

（18）安装多楔带的张紧装置。

（19）安装多楔带。

（20）其他安装以相反顺序进行，安装过程中请注意以下事项：完成对链条传动装置的作业后，必须匹配发动机控制单元中的匹配值。 打开点火开关并在车辆诊断测试仪上选择下列菜单项：

发动机控制单元功能；

引导型功能；

0001——维修链条传动装置后进行匹配。

（四）拆卸和安装凸轮轴正时链

1. 拆卸。

（1）前提条件：曲轴处于上止点；曲轴链轮上的 V 形开口指向凸轮轴链轮之间中心的假想垂直线箭头，如图 5-234。曲轴链轮已用夹紧螺栓 T10531/2 卡住。

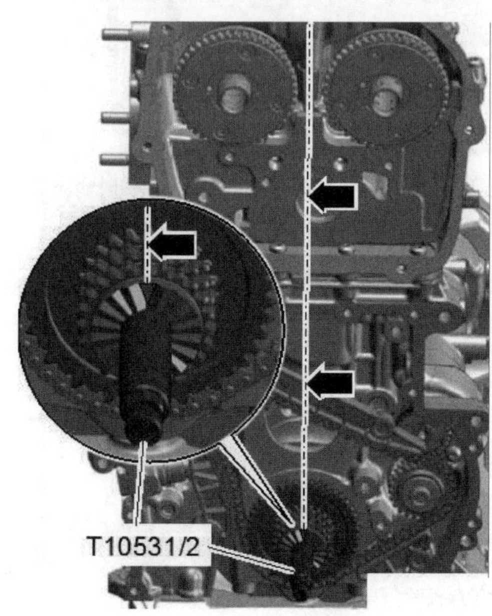

图 5-234

（2）拧出螺栓（如图 5-235 中 4），取下凸轮轴正时链的链条张紧器。拆卸平衡轴驱动链的链条张紧器（如图 5-235 中 3）。旋出导向销（如图 5-235 中 1、5）并拆下张紧轨（如图 5-235 中 2）和滑轨（如图 5-235 中 6）。取下平衡轴驱动链。

图 5-235

2. 安装。

（1）安装以倒序进行，同时要注意以下几点：

前提条件：曲轴处于上止点；曲轴链轮上的 V 形开口指向凸轮轴链轮之间中心的假想垂直线箭头，如图 5-236。曲轴链轮已用夹紧螺栓 T10531/2 卡住。如图 5-237，首先在平衡轴上套上平衡轴驱动链。彩色链节和正时链轮上的标记箭头必须相对。

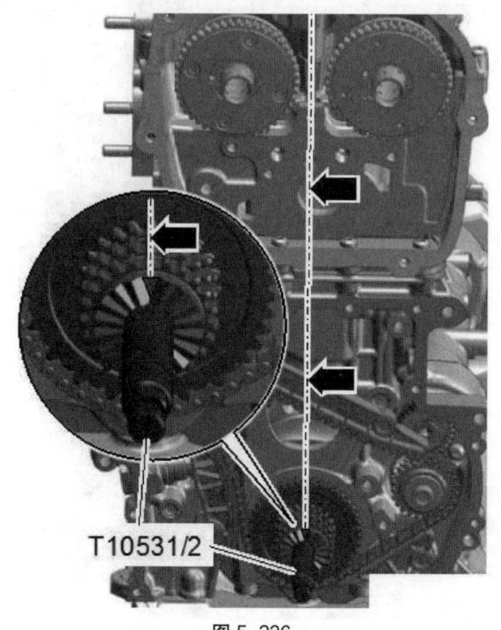

图 5-236

图 5-237

（2）安装滑轨（如图 5-238 中 1），并拧紧导向销（如图 5-238 中箭头）。

图 5-238

（3）如图 5-239，平衡轴驱动链的彩色链节（如图 5-239 中箭头）要和曲轴链轮上的标记位置一致。安装张紧轨（如图 5-239 中 2）并拧紧导向销（如图 5-239 中 1）。

图 5-239

（4）再次检查设置：彩色链节和正时链轮上的标记（如图 5-240 中箭头）必须相对。安装凸轮轴正时链。

图 5-240

（五）检查配气相位

1. 所需要的专用工具和维修设备。

（1）千分表组件，4 部分 VAS 6341，如图 5-241。

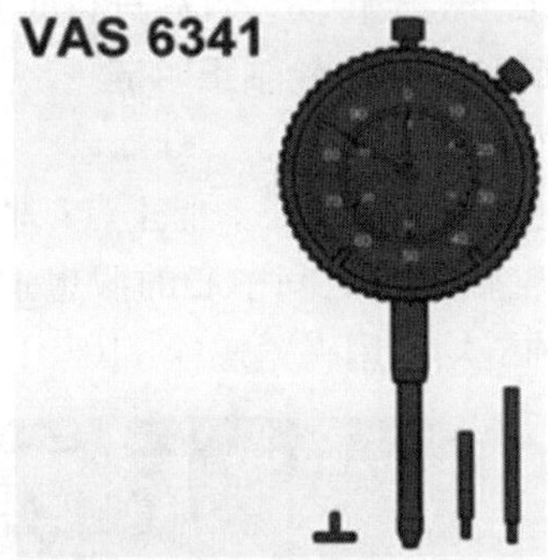

图 5-241

（2）千分表转接头 FT10170AG，如图 5-242。

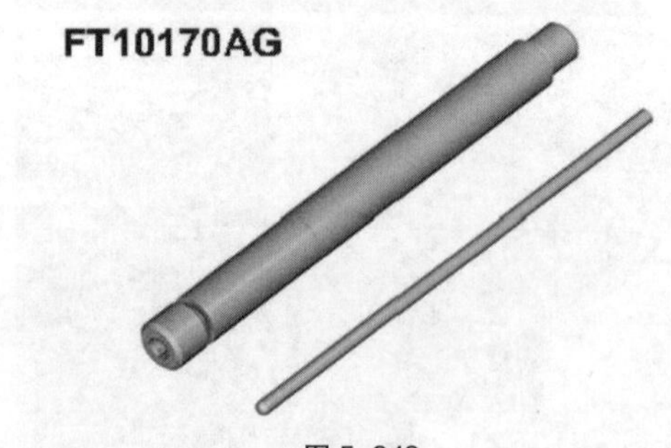

图 5-242

2. 检查配气相位。

（1）拆卸正时链上部盖板。

（2）用开口宽度为 24 的套筒扳手接头沿发动机运转方向转动减震器上的曲轴，直至标记（如图 5-243 中 1、2）几乎位于上方。拆卸气缸 1 的带功率输出级的点火线圈。

图 5-243

（3）用火花塞扳 F3122 BG 拆卸气缸 1 的火花塞。将千分表转接头 FT10170/AG 拧入火花塞螺纹内，直至极限位置。将千分表 VAS 6341 用加强件 FT1017DAJ1G 插入到极限位置，用锁紧螺母（如图 5-244 中箭头）固定住。缓慢地沿发动机转动方向旋转曲轴直至指针达到极限。在指针达到极限部位（指针回返点）时，活塞位于上止点。

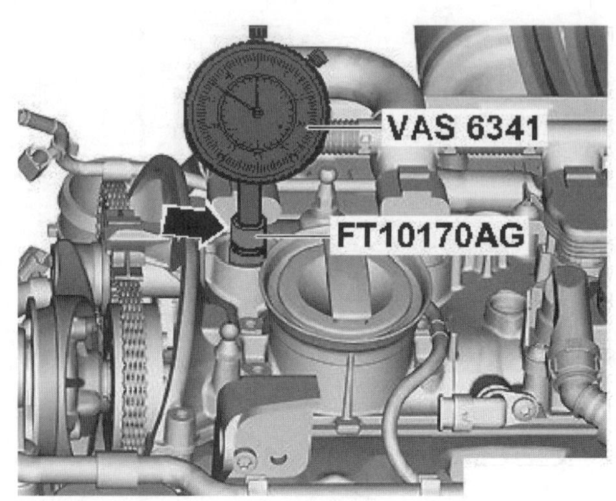

图 5-244

（4）提示：使用棘轮和套筒扳手接头 SW24 转动减震器。如果曲轴转到上止点上，则必须将曲轴再次沿发动机转动方向再次转动 2 圈。请勿逆向转动发动机。排气凸轮轴上的标记（如图 5-245 中 1）稍微向右错位。减震器缺口必须对准正时链下盖板上的标记（如图 5-245 中箭头）。凸轮轴链轮（在切口后面用圆点标记）的标记（如图 5-245 中 1）必须与气缸盖上的标记（如图 5-245 中 2、3）相对。

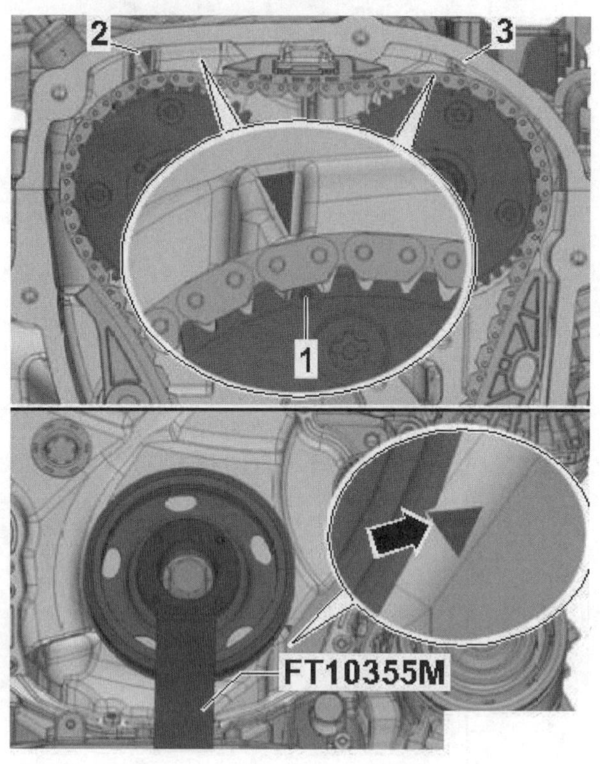

图 5-245

（5）提示：出现故障（如异响）时，如果怀疑原因在于凸轮轴正时链过长，可以如下所述检查正时链。拆卸右前轮罩板或轮罩板前部件。

（6）取下密封塞（如图 5-246 中箭头）。必须要换密封塞。沿发动机转动方向转动减震器，直至链条张紧器活塞沿箭头方向最大限度伸出。数出可见的活塞齿数。启示：可见齿数是指位于张紧器壳体右侧的所有的齿（如图 5-246 中箭头）。如可见齿数不超过 6，则不可更换正时链。如可见齿数不少于 7，则必须更换正时链。

图 5-246

六、车型

蔚领 1.5L（1.5L DLXA），2018—2019 年。

（一）检查正时

1. 所需要的专用工具和维修设备。

（1）扭力扳手（5~60N·m）Hazet 6290-1 CT 或 V.A.G1331、扳手 3415 或 S3415、定位销 CT10340 或 T10340、固定工具 CT80009 或 T80009、凸轮轴固定工具 CT10477 或 T10477、扭力扳手 Hazet 6294-1 CT，如图 5-247。

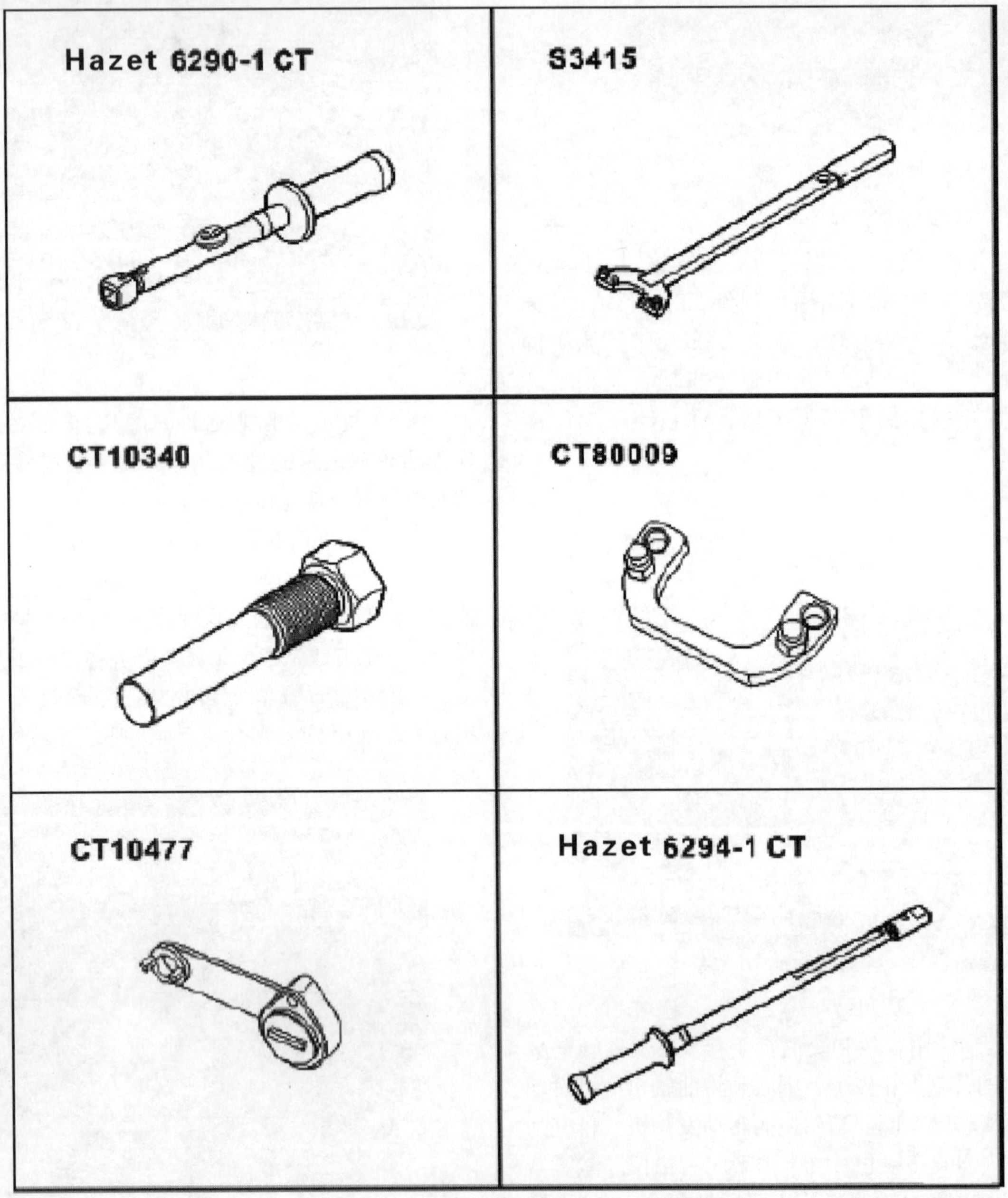

Hazet 6290-1 CT	S3415
CT10340	CT80009
CT10477	Hazet 6294-1 CT

图 5-247

（2）内 12 角套筒扳手 Hazet 900Z-21、棘轮头 Hazet 6404-1、棘轮头 HAZET 6403-1，如图 5-248。

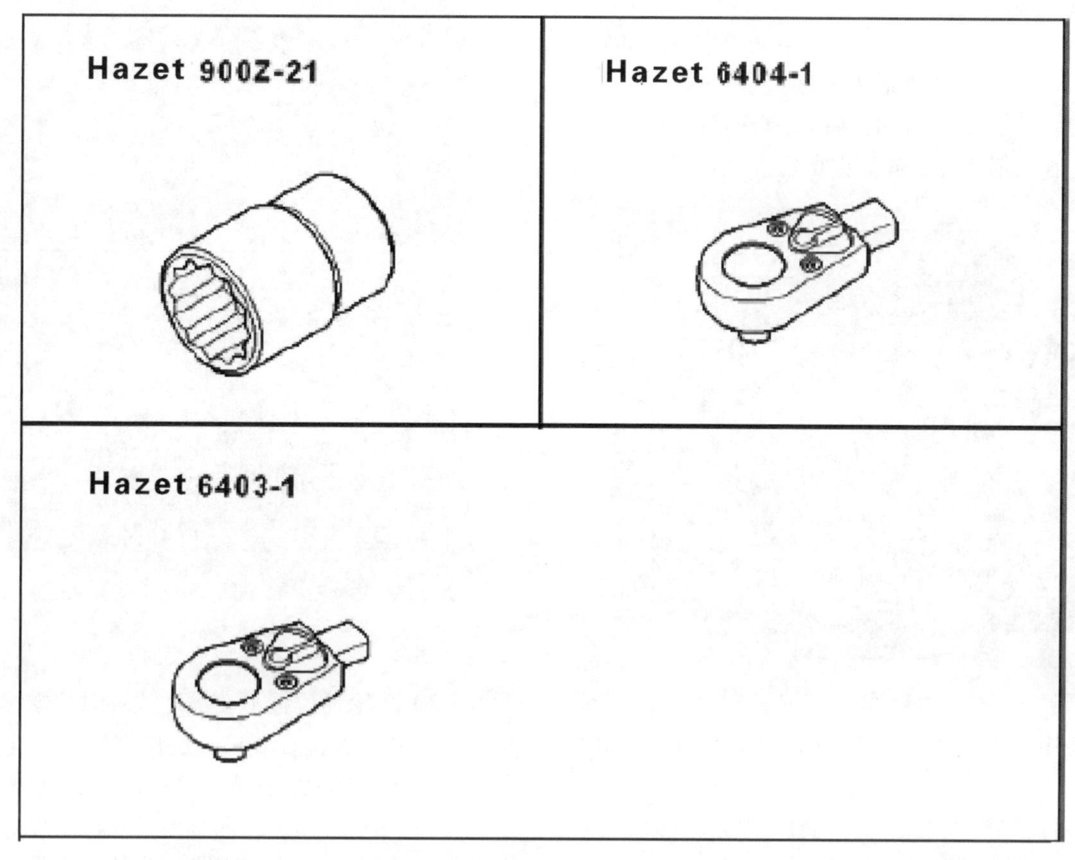

图 5-248

2. 拆卸。

（1）拆卸空气滤清器壳体。

（2）脱开线束固定卡子（如图 5-249 中箭头）。旋出螺栓（如图 5-249 中 1、3），取下冷却液泵正时齿形皮带盖罩（如图 5-249 中 2）。

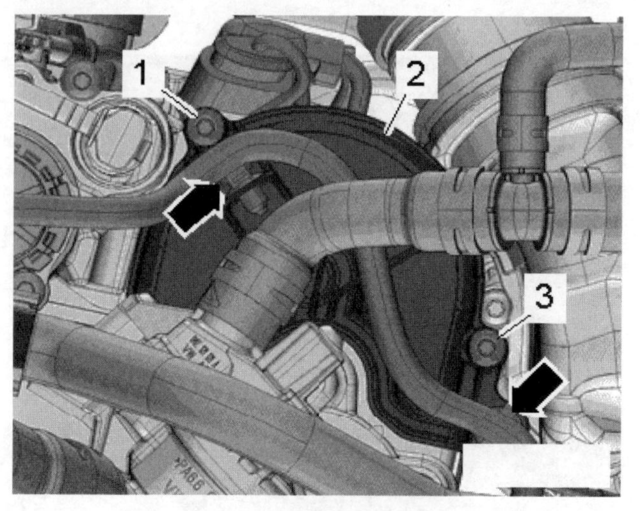

图 5-249

（3）旋出螺栓（如图 5-250 中箭头），拆下进气凸轮轴密封盖（如图 5-250 中 1）。将 1 缸活塞调整至上止点位置。

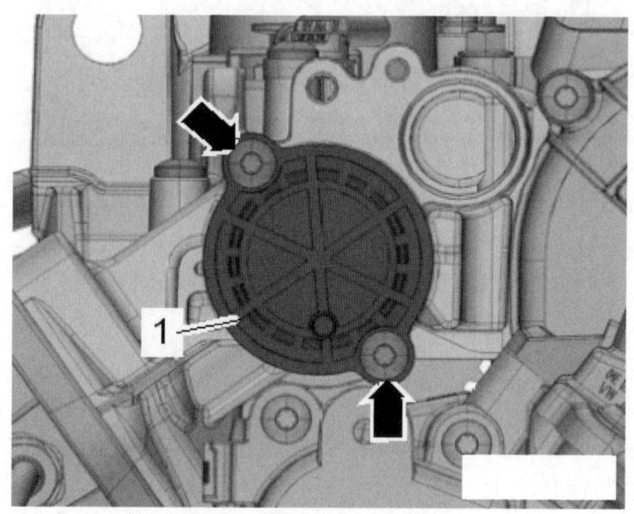

图 5-250

（4）将千分表适配器 T10170 或 T10170A 拧入火花塞中，如图 5-251。

（5）将延长件 T10170/1 或 T10170A/1 尽可能地插入千分表 V/35.1，并使用自锁螺母（如图 5-251 中箭头）将其固定到位。

（6）缓慢地以发动机工作时曲轴运转方向旋转曲轴，直至千分表 V/35.1 指针达到最大偏转位置。一旦指针达到最大偏转位置（若继续转动曲轴，千分表将以相反的方向回转），活塞则处于 1 缸上止点位置。

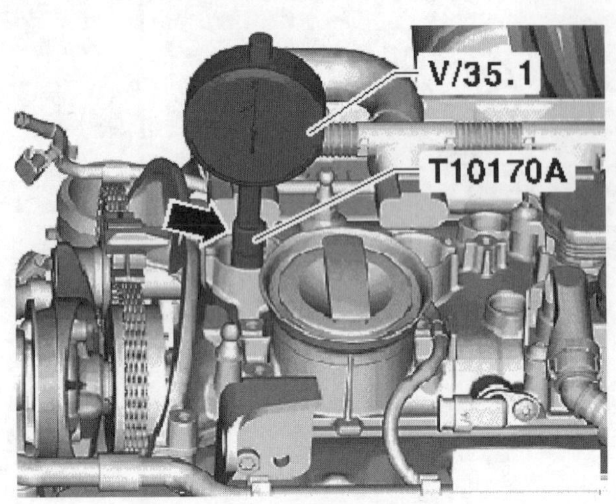

图 5-251

提示：使用扳手 3415 或 S3415 和固定工具 CT80009 转动曲轴。

（7）此时需要检查飞轮侧凸轮轴的状态是否满足下述要求。将凸轮轴置于上止点位置，如图 5-252。

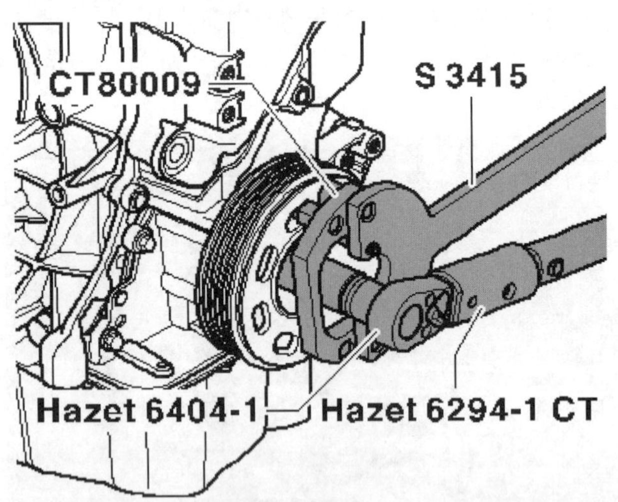

图 5-252

如图 5-253，变速器侧的两个凸轮轴上，每个凸轮轴上各有两个不对称的槽（如图 5-253 中箭头）。在排气凸轮轴上，可以通过冷却液泵齿形皮带轮上的孔看到凸轮轴上两个不对称的槽（如图 5-253 中箭头）。在进气凸轮轴上，凹槽（如图 5-253 中箭头）位于凸轮轴中部上方。

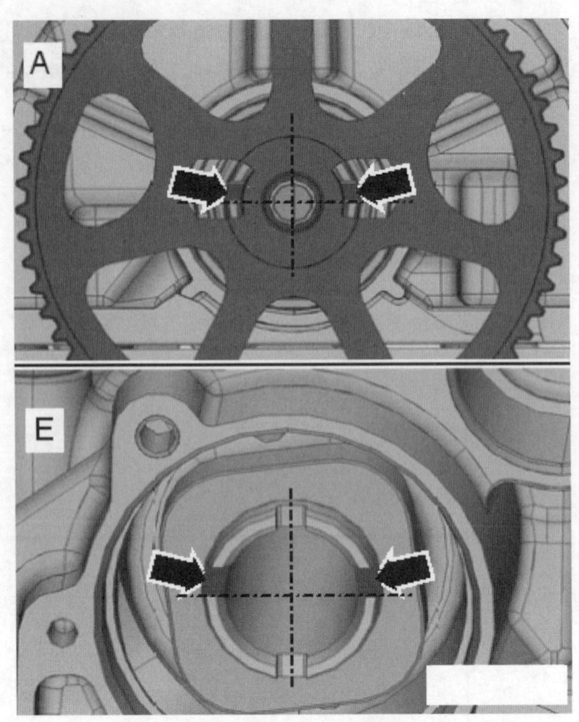

A. 排气侧 E. 进气侧

图 5-253

（8）凸轮轴位置不在描述位置时，继续转动曲轴，直至到达上止点位置要求。旋出气缸体上止点孔锁定螺栓。将定位销 CT10340 或 T10340 旋入至极限位置，并以 30N·m 的力矩拧紧，将曲轴沿发动机工作时的运转方向转至极限位置，此时定位销与曲轴臂充分接触。提示：此时定位销 CT10340 或 T10340 应该可以完全旋入至缸体。

（9）将凸轮轴固定工具 CT10477 或 T10477 安装至凸轮轴上，如图 4-254 所示。提示：凸轮轴固定工具 CT10477 或 T10477 必须能很容易放入安装位置。不能使用其他工具敲击凸轮轴固定工具，以使其能安装到位。

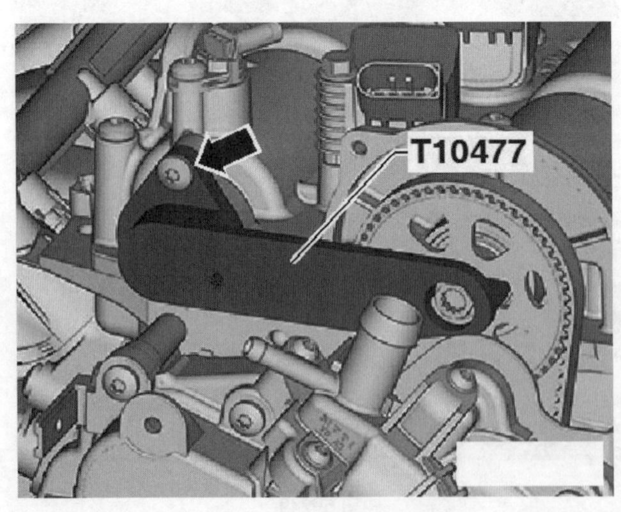

图 5-254

（10）用手沿图 5-255 中箭头方向按压正时齿形皮带。同时将凸轮轴固定工具 CT10477 或 T10477 插入凸轮轴内，直至止动位置。用手拧紧螺栓。

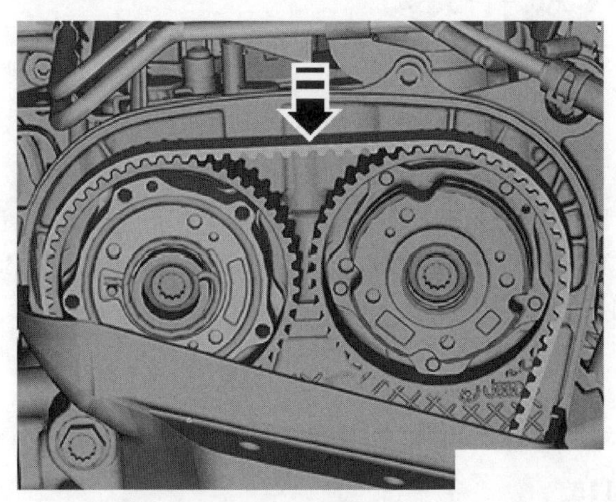

图 5-255

（11）如果无法插入凸轮轴固定工具 CT10477 或 T10477，取下凸轮轴上的正时齿形皮带。从凸轮轴上取下正时齿形皮带。再次调整正时。如果可以插入凸轮轴固定工具 CT10477 或 T10477，说明正时正常。注意：发动机损坏的危险。结束工作之前检查是否已经取下定位销 CT10340 或 T10340 和凸轮轴固定工具 CT10477 或 T10477。

（12）其余的安装以拆卸的相反顺序进行。

提示：

①更换采用角度控制方式拧紧的螺栓（如拧紧要求为 30N·m+ 继续旋转 90°）。

②锁定螺栓和 O 形圈损坏时须及时更换。

（13）加注冷却液。

（14）安装空气滤清器壳体。

第六章　上汽大众车系

一、车型

朗行 180 TSI（1.2T CYAA），2017—2019 年。

朗逸 180 TSI（1.2T CYAA），2015—2019 年。

（一）检查正时

1. 所需要的专用工具和维修设备。

（1）扭力扳手 Hazet 6290-1 CT 或 V.A.G1331、扳手 3415 或 S 3415、定位销 T10340 或 CT10340、固定工具 CT80009、凸轮轴固定工具 T10494、扭力扳手 Hazet 6294-1 CT，如图 6-1。

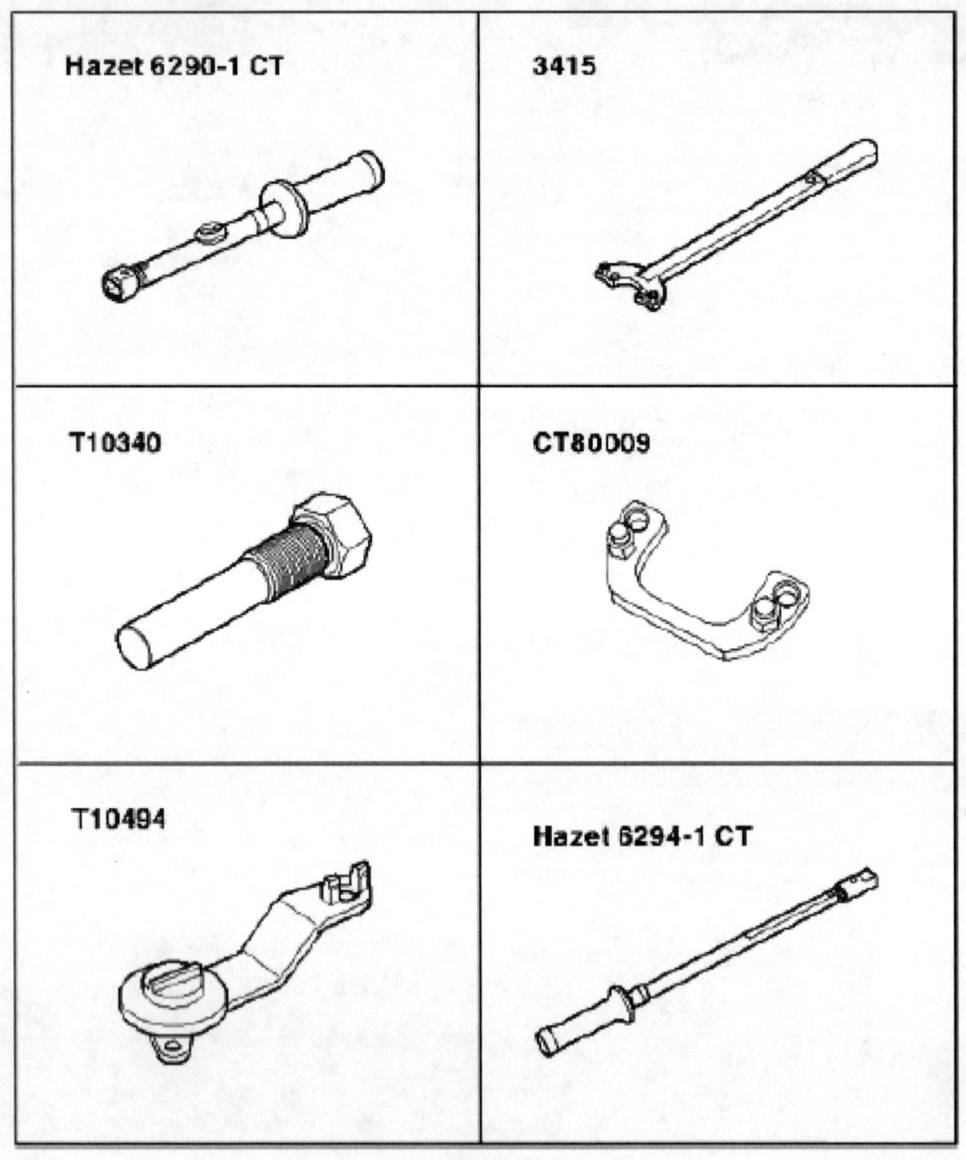

图 6-1

（2）固定工具 CT80012、棘轮头 Hazet 6404-1、棘轮头 Hazet 6403-1、内 12 角套筒扳手 Hazet 900Z-21，如图 6-2。

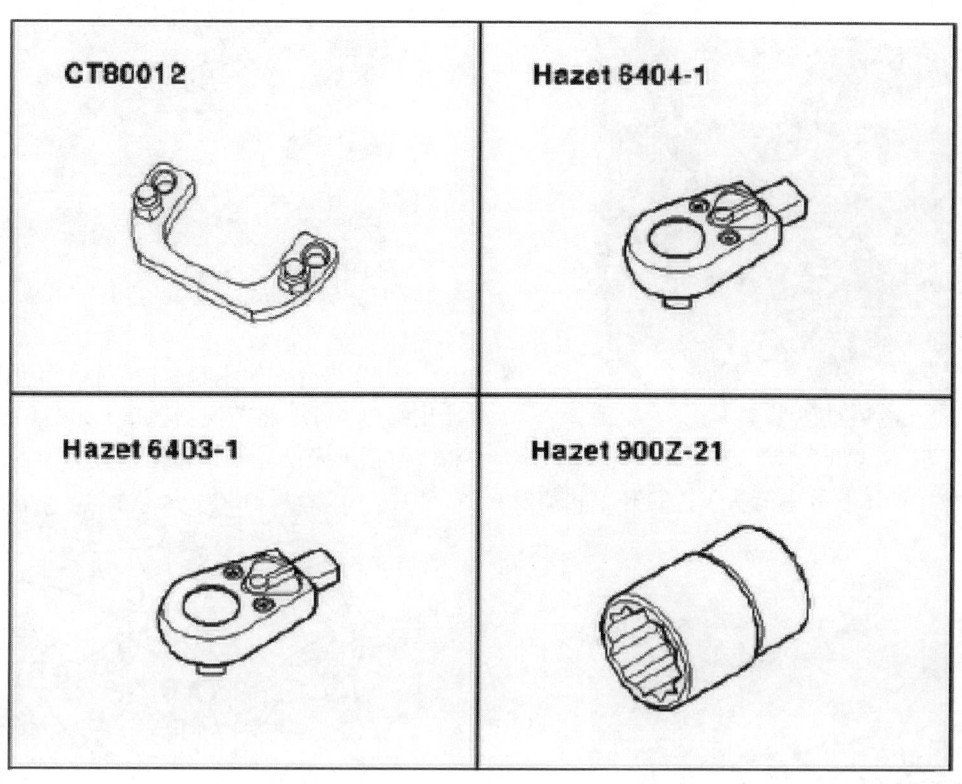

图 6-2

2. 拆卸。

（1）松开弹簧卡箍（如图 6-3 中 1、2），拆下空气导管。

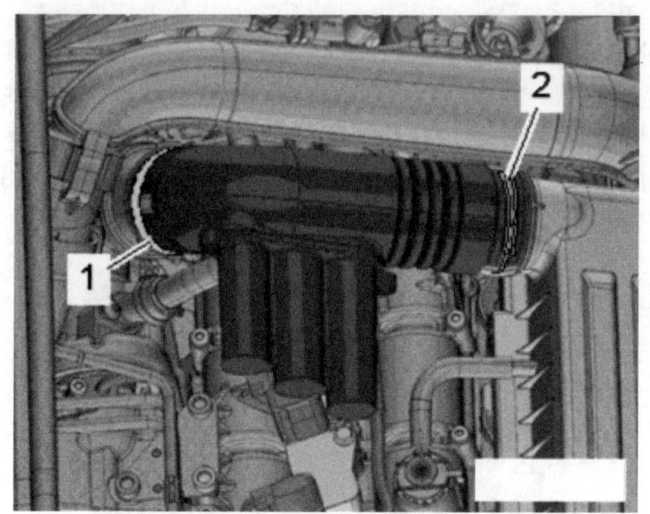

图 6-3

（2）拔下增压压力传感器 G31/ 进气温度传感器 2 G299 插头。

（3）将释放工具 CT10527 和 CT 10527/1 插入固定夹凸耳内侧（如图 6-4 中箭头）以松开固定夹，取下进气导管（如图 6-4 中 1）。

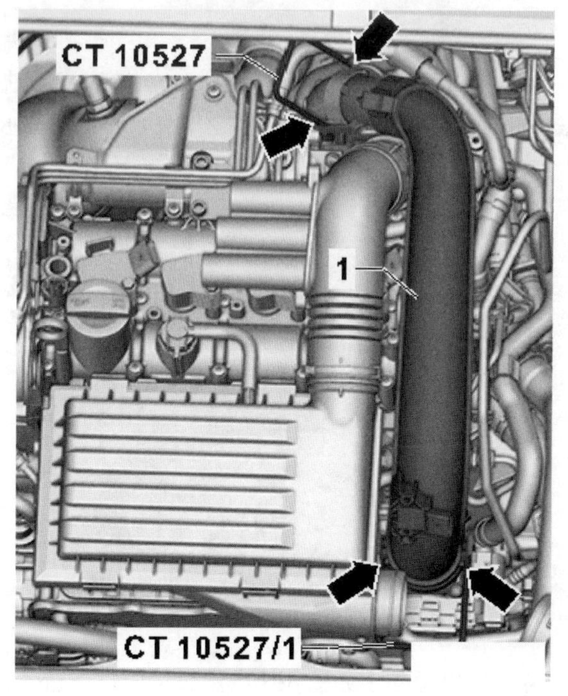

图 6-4

（4）按压开锁按钮，拔下活性炭罐电磁阀连接管（如图 6-5 中 1）。旋出螺栓（如图 6-5 中箭头），取下曲轴箱通风管。

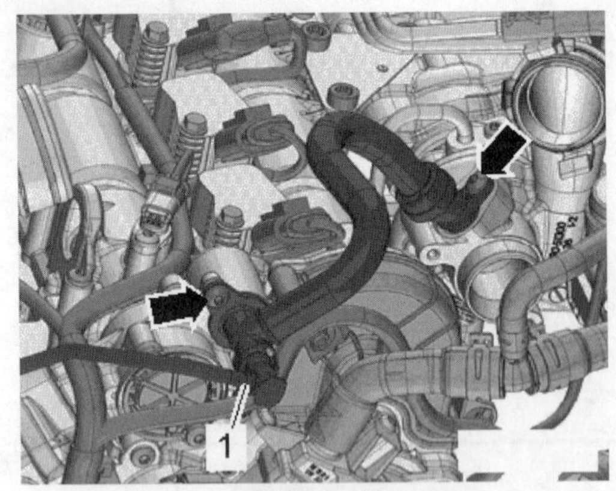

图 6-5

（5）旋出螺栓（如图 6-6 中箭头），脱开车厢蒸发器后的冷却液管。

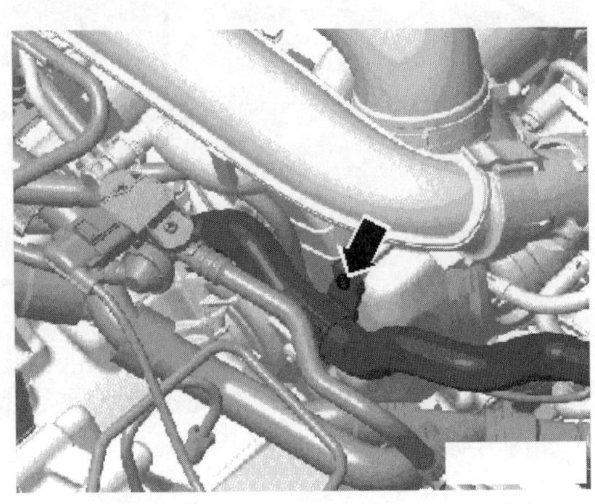
图 6-6

（6）脱开线束固定卡子（如图 6-7 中箭头）。旋出螺栓（如图 6-7 中 1、3），取下冷却液泵正时齿形皮带盖罩（如图 6-7 中 2）。

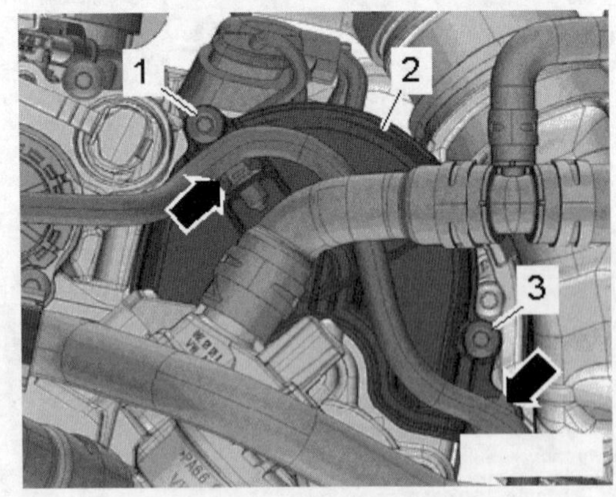

图 6-7

（7）旋出螺栓（如图 6-8 中箭头），拆下进气凸轮轴密封盖（如图 6-8 中 1）。排放冷却液。

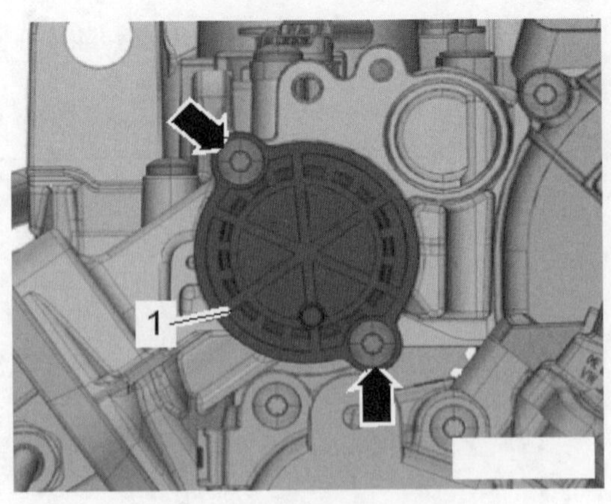

图 6-8

（8）松开弹簧卡箍，拔下软管（如图 6-9 中 1、2）。旋出螺栓 A~D，将节温器盖罩（如图 6-9 中 3）放置一旁。将 1 缸活塞及凸轮轴调整至上止点位置。

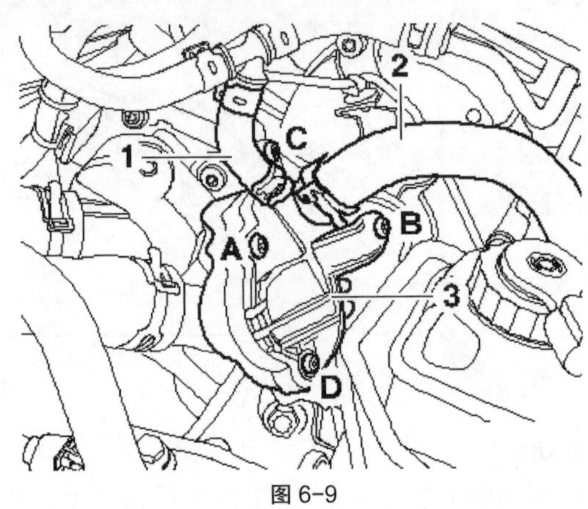

图 6-9

（9）将千分表适配器 T10170 或 T10170A 拧入火花塞中。将延长件 T10170/1 或 T10170A/1 尽可能地插入千分表 V/35.1，并使用自锁螺母（如图 6-10 中箭头）将其固定到位。缓慢地以发动机工作时曲轴运转方向旋转曲轴，直至千分表 V/35.1 指针达到最大偏转位置。一旦指针达到最大偏转位置（若继续转动曲轴，千分表将以相反的方向回转），活塞则处于 1 缸上止点，如图 6-10。

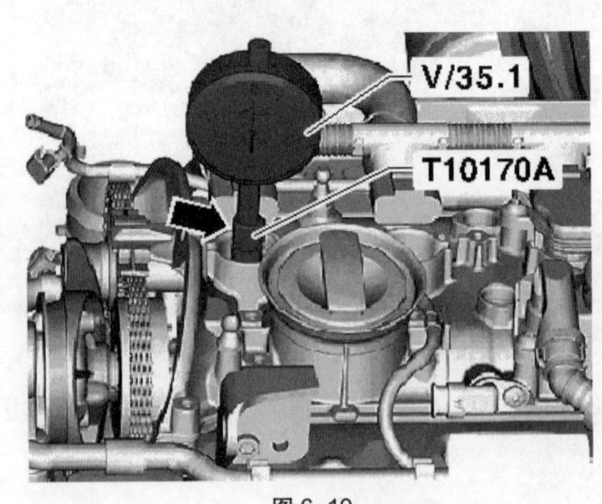

图 6-10

（10）提示：使用扳手 3415 或 S3415 和固定工具 CT80009 转动曲轴（如图 6-11）。

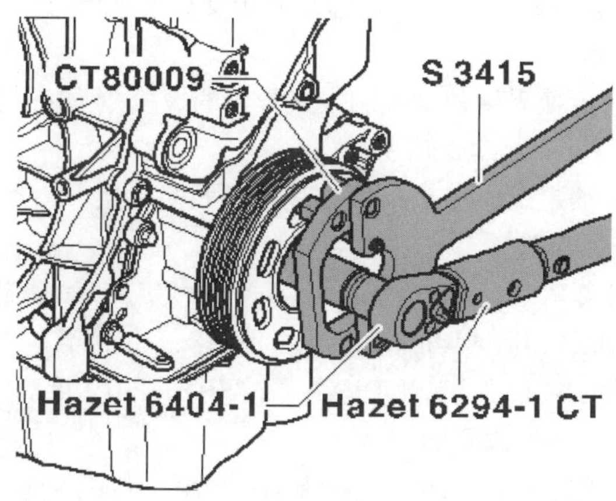

图 6-11

（11）使用扳手 3415 或 S 3415 和固定工具 CT80012 转动曲轴（如图 6-12）。此时需要检查飞轮侧凸轮轴的状态是否满足下述要求。

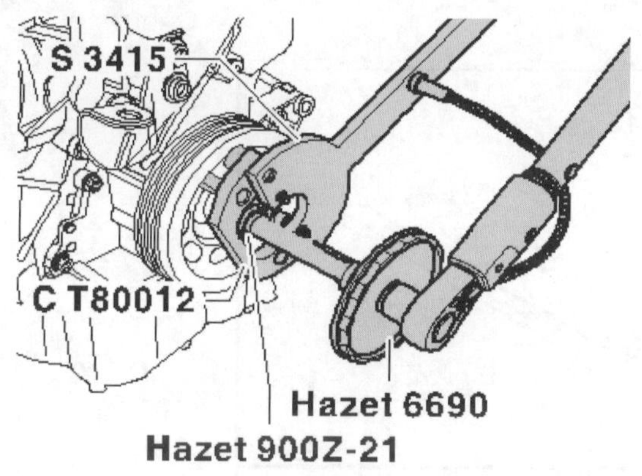

图 6-12

（12）如图 6-13，变速器侧的两个凸轮轴上，每个凸轮轴上各有两个不对称的槽（如图 6-13 中箭头）。在排气凸轮轴上，可以通过冷却液泵齿形皮带轮上的孔看到凸轮轴上两个不对称的槽（如图 6-13 中箭头）。在进气凸轮轴上，凹槽（如图 6-13 中箭头）位于凸轮轴中部上方。

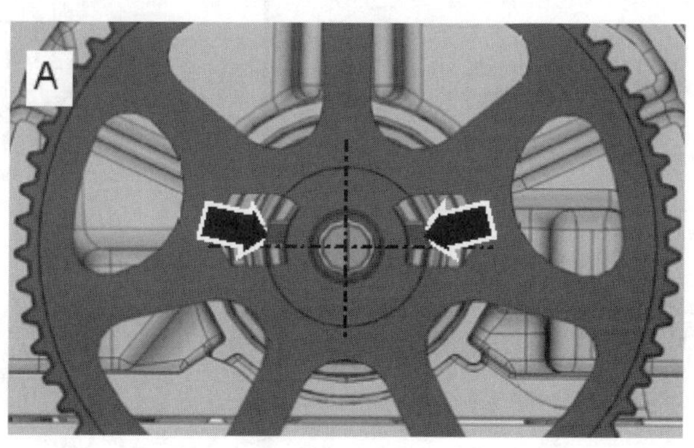

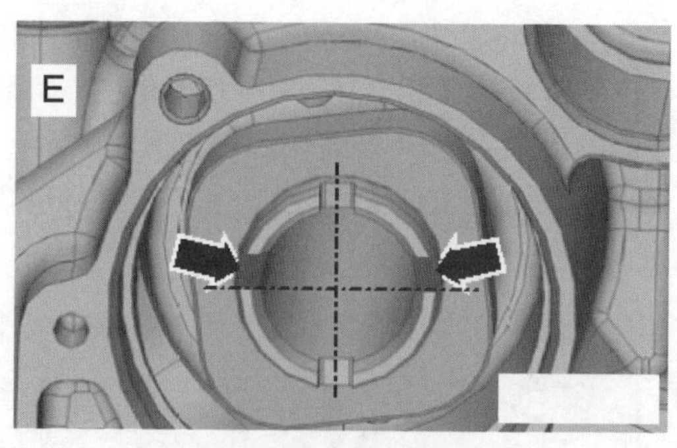

A- 排气侧　E- 进气侧

图 6-13

（13）凸轮轴位置不在描述位置时，继续转动曲轴，直至到达“上止点”位置要求。旋出气缸体上止点孔锁定螺栓。将定位销 T10340 或 CT10340 旋入至极限位置，并以 30N·m 的力矩拧紧，将曲轴沿发动机工作时的运转方向转至极限位置，此时定位销与曲轴臂充分接触。提示：此时定位销 T10340 或 CT10340 应该可以完全旋入至缸体。

（14）将凸轮轴固定工具 T10494 安装至凸轮轴上。提示：凸轮轴固定工具 T10494 必须能很容易放入安装位置。不能使用其他工具敲击凸轮轴固定工具，以使其能安装到位。

（15）如果凸轮轴固定工具 T10494 不能很容易地放入安装位置（如图 6-14），用手沿图 6-15 中箭头方向按压正时齿形皮带。

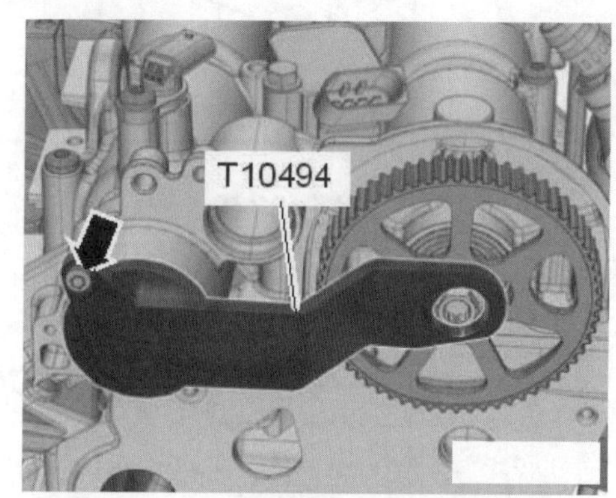

图 6-14

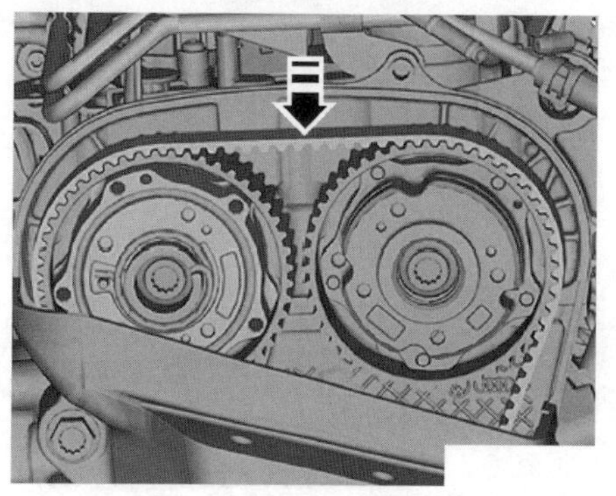

图 6-15

（16）同时将凸轮轴固定工具 T10494 插入凸轮轴内，直至止动位置，如图 6-16。用手拧紧螺栓（如图 6-16 中箭头）。如果无法插入凸轮轴固定工具 T10494，调整正时，取下凸轮轴上的正时齿形皮带。如果可以插入凸轮轴固定工具 T10494，正时正常。

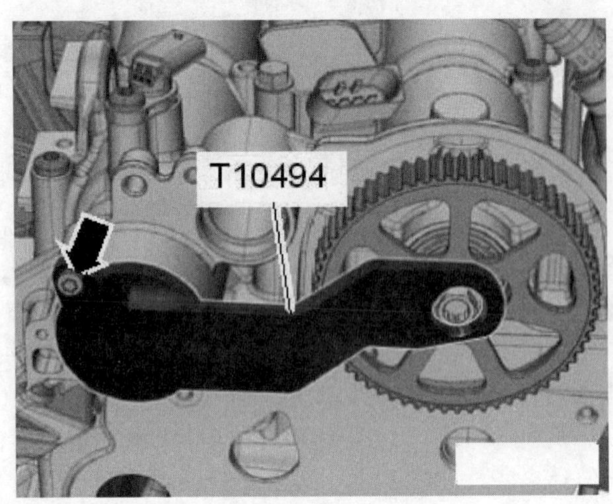

图 6-16

注意：发动机损坏的危险。结束工作之前检查是否已经取下定位销 T10340 或 CT10340 和凸轮轴固定工具 T10494。其余的安装以与拆卸的相反顺序进行。

提示：

· 更换采用角度控制方式拧紧的螺栓（如拧紧要求为 30N · m+ 继续旋转 90°）。

· 锁定螺栓和 O 形圈损坏时须及时更换。

二、车型

朗逸 PLUS 1.5L（1.5L DLWA），2018—2019 年。

POLO 1.5L（1.5L DLXA），2018—2019 年。

桑塔纳 1.5L（1.5L DLXA），2018—2019 年。

（一）检查正时

1. 所需要的专用工具和维修设备。

（1）扭力扳手（5~60N · m）Hazet 6290-1 CT 或 V.A.G1331、扳手 3415 或 S 3415、定位销 CT10340 或 T10340、固定工具 CT80009 或 T80009、凸轮轴固定工具 CT10477 或 T10477、扭力扳手 Hazet 6294-1 CT，如图 6-17。

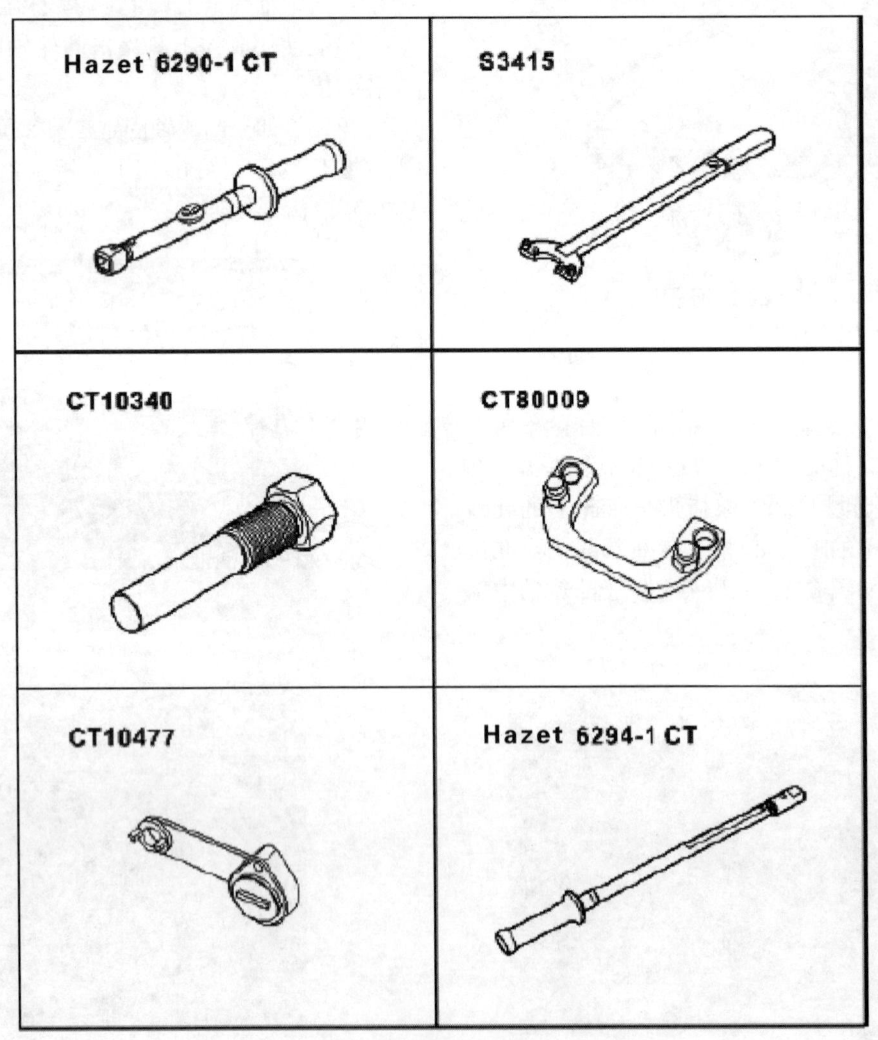

图 6-17

（2）内 12 角套筒扳手 Hazet 900Z-21、棘轮头 Hazet 6404-1、棘轮头 Hazet 6403-1，如图 6-18。

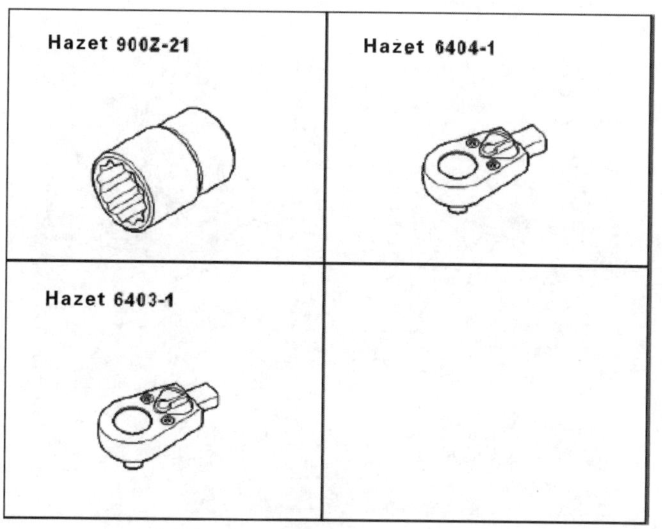

图 6-18

2. 拆卸。

（1）拆卸空气滤清器壳体。脱开线束固定卡子（如图 6-19 中箭头）。旋出螺栓（如图 6-19 中 1、3），取下冷却液泵正时齿形皮带盖罩（如图 6-19 中 2）。

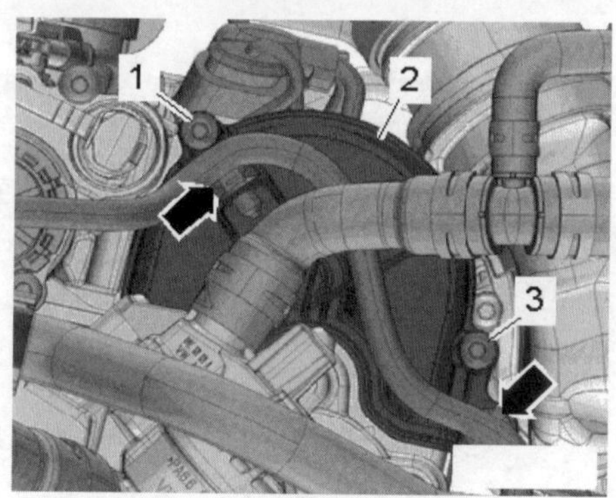

图 6-19

（2）旋出螺栓（如图 6-20 中箭头），拆下进气凸轮轴密封盖（如图 6-20 中 1）。将 1 缸活塞调整至上止点位置。

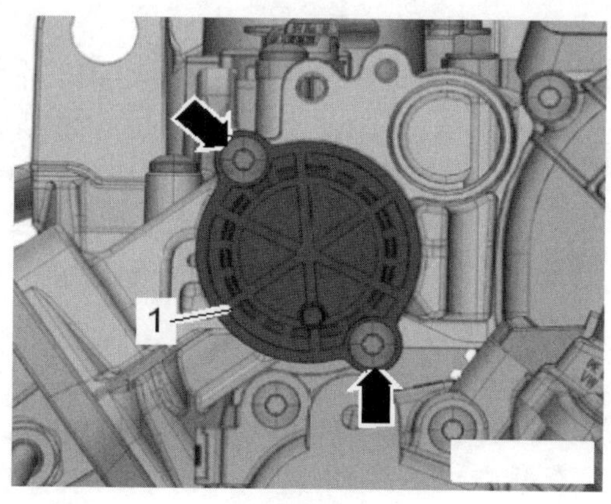

图 6-20

（3）将千分表适配器 T10170 或 T10170A 拧入火花塞中。将延长件 T10170/1 或 T10170A/1 尽可能地插入千分表 V/35.1，并使用自锁螺母（如图 6-21 中箭头）将其固定到位。缓慢地以发动机工作时曲轴运转方向旋转曲轴，直至千分表 V/35.1 指针达到最大偏转位置。一旦指针达到最大偏转位置（若继续转动曲轴，千分表将以相反的方向回转），活塞则处于 1 缸上止点。提示：使用扳手 3415 或 S 3415 和固定工具 CT80009 转动曲轴。

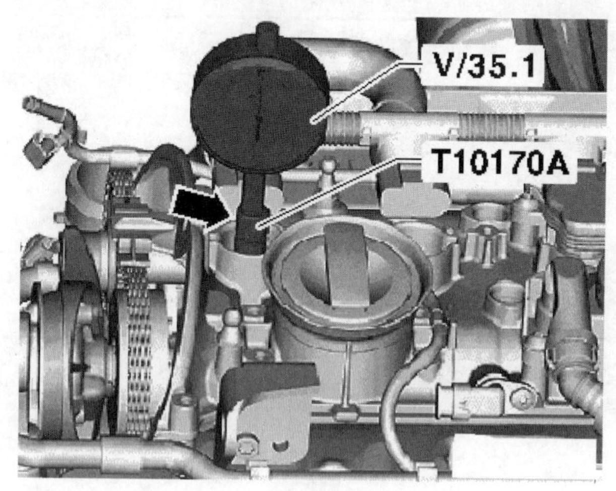

图 6-21

（4）此时需要检查飞轮侧凸轮轴的状态是否满足下述要求。将凸轮轴置于上止点位置，如图 6-22。

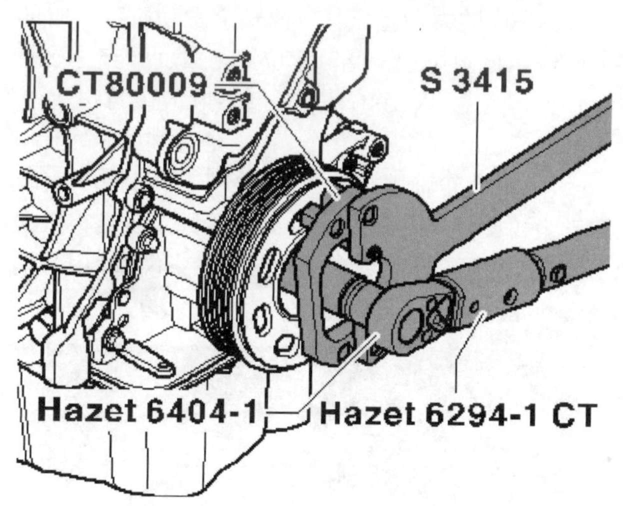

图 6-22

（5）如图 6-23，变速器侧的两个凸轮轴上，每个凸轮轴上各有两个不对称的槽（如图 6-23 中箭头）。在排气凸轮轴上，可以通过冷却液泵齿形皮带轮上的孔看到凸轮轴上两个不对称的槽（如图 6-23 中箭头）。在进气凸轮轴上，凹槽（如图 6-23 中箭头）位于凸轮轴中部上方。

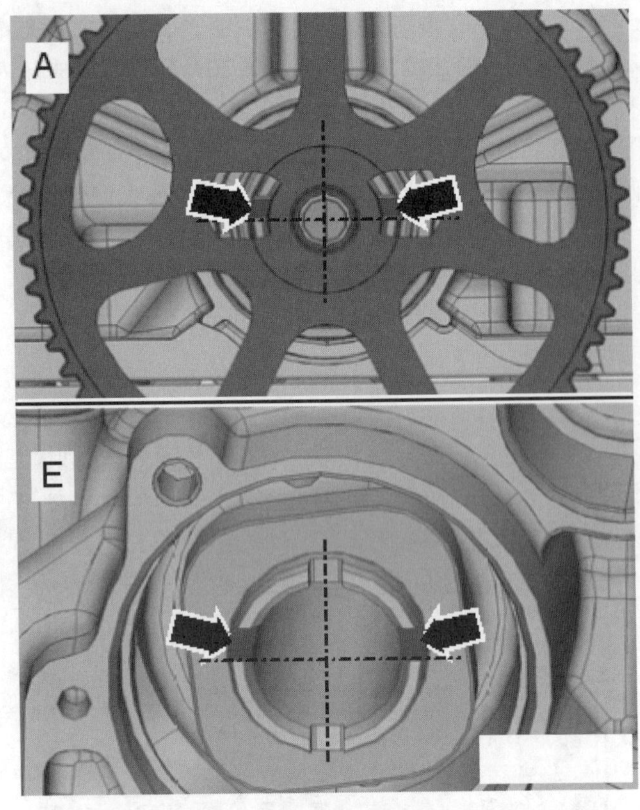

A- 排气侧　B- 进气侧
图 6-23

（6）凸轮轴位置不在描述位置时，继续转动曲轴，直至到达“上止点”位置要求。旋出气缸体上止点孔锁定螺栓。将定位销 CT10340 或 T10340 旋入至极限位置，并以 30N・m 的力矩拧紧，将曲轴沿发动机工作时的运转方向转至极限位置，此时定位销与曲轴臂充分接触。提示：此时定位销 CT10340 或 T10340 应该可以完全旋入至缸体。

（7）将凸轮轴固定工具 CT10477 或 T10477 安装至凸轮轴上（图 6-24）。提示：凸轮轴固定工具 CT10477 或 T10477 必须能很容易放入安装位置。不能使用其他工具敲击凸轮轴固定工具，以使其能安装到位。

图 6-24

（8）用手沿图 6-25 中箭头方向按压正时齿形皮带。同时将凸轮轴固定工具 CT10477 或 T10477 插入凸轮轴内，直至止动位置。

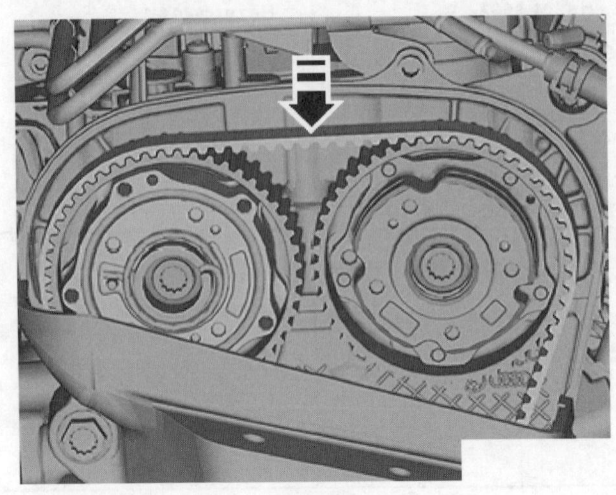
图 6-25

（9）用手拧紧螺栓（如图 6-26 中箭头）。如果无法插入凸轮轴固定工具 CT10477 或 T10477，取下凸轮轴上的正时齿形皮带。从凸轮轴上取下正时齿形皮带，进行调整正时。如果可以插入凸轮轴固定工具 CT10477 或 T10477，说明正时正常。

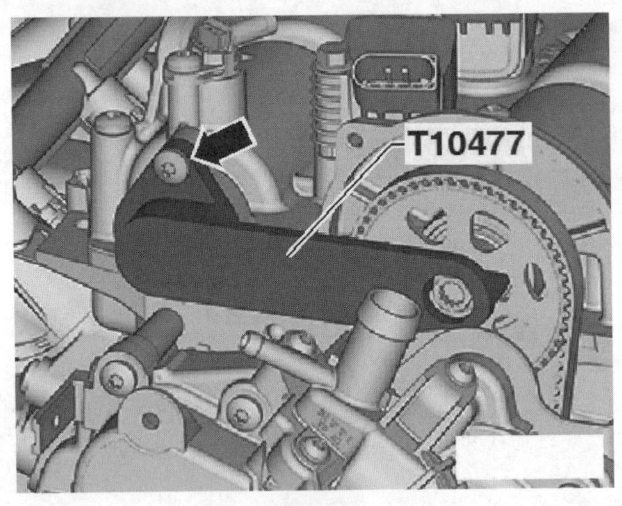

图 6-26

（10）注意：发动机损坏的危险。结束工作之前检查是否已经取下定位销 CT10340 或 T10340 和凸轮轴固定工具 CT10477 或 T10477。其余的安装以与拆卸的相反顺序进行。提示：更换采用角度控制方式拧紧的螺栓（如拧紧要求为 30N・m+ 继续旋转 90°）。锁定螺栓和 O 形圈损坏时须及时更换。

（11）加注冷却液。

（12）安装空气滤清器壳体。

三、车型

上汽大众途昂 530 V6（2.5T DDKA），2017—2019 年。

（一）凸轮轴正时链

凸轮轴正时链装配概览，如图 6-27。

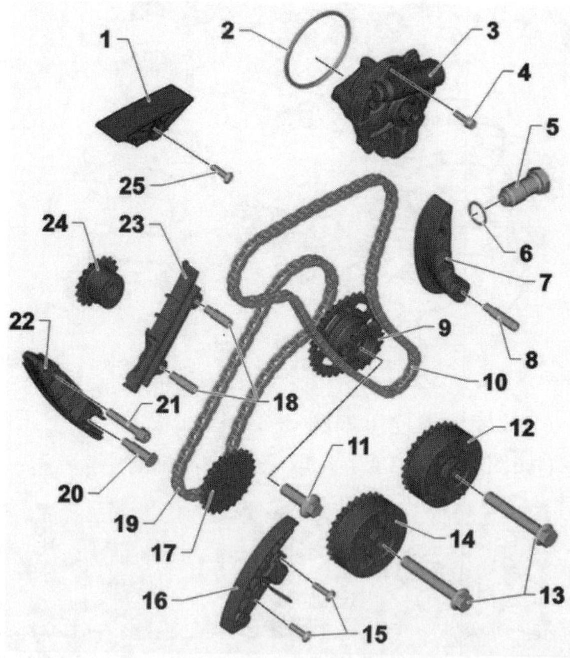

1- 导轨，用于凸轮轴正时链　2- 密封圈　3- 机油泵　4- 螺栓　5- 链条张紧器　6- 密封垫　7- 链条张紧器支架　8- 螺栓　9- 驱动链轮　10- 凸轮轴正时链，拆卸前用彩色笔标记转动方向　11- 螺栓　12- 排气凸轮轴调节器　13- 螺栓，在安装时，螺栓头周围的凸轮轴调节器接触区域必须干燥　14- 进气凸轮轴调节器　15- 螺栓　16- 链条张紧器　17- 驱动齿，集成在曲轴上，发动机位于 1 缸上止点时，曲轴上的驱动链轮的磨平齿必须与轴承盖和气缸体的接合缝对齐　18- 螺栓　19- 曲轴正时链，拆卸前用彩色笔标记转动方向　20- 螺栓　21- 螺栓　22- 导轨　23- 导轨　24- 高压泵传动轮　25- 螺栓

图 6-27

标记正时链：拆卸前用彩色笔标记转动方向，如图 6-28。

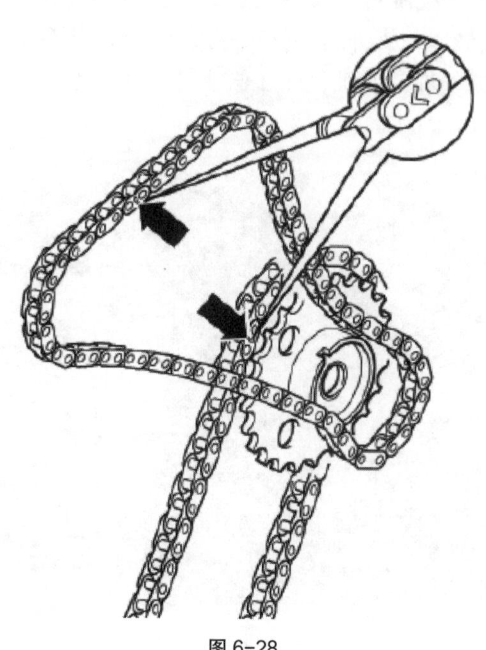

图 6-28

（二）拆卸和安装凸轮轴正时链

1. 所需要的专用工具和维修设备。

（1）扭力扳手（5~60N・m）Hazet 6290-1 CT 或 V.A.G1331、棘轮头 Hazet 6403-1、棘轮头 Hazet 6402、锁止工具 CT10363 或 T10363、定位扳手 CT10172 或 T10172、TORX 工具 Hazet 1557/32 或 V.A.G1766、凸轮轴锁止工具 CT80029，如图 6-29 和图 6-30。

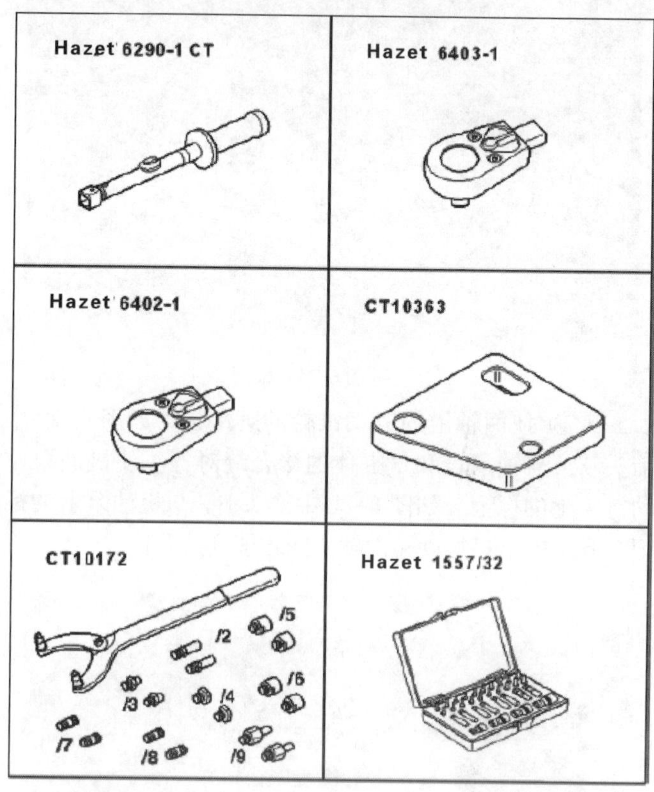

图 6-29

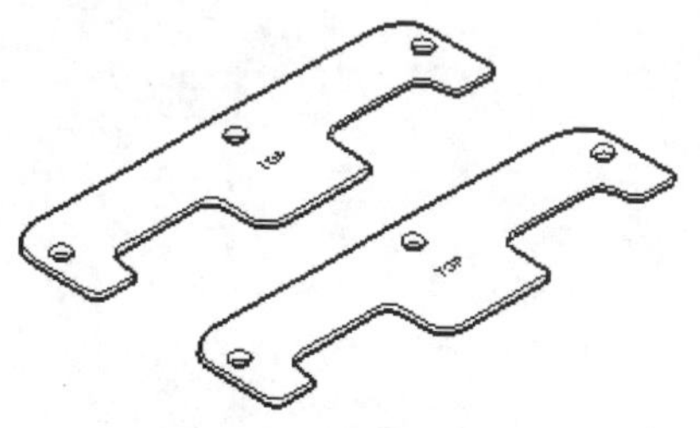

图 6-30

2. 拆卸。

（1）拆卸变速器。

（2）拆卸双质量飞轮。

（3）拆卸正时链上部盖板。

（4）拆卸油底壳。

（5）拆卸正时链下部盖板。

（6）使用定位扳手 CT10172 或 T10172 和连接工具 CT10172/1 或 T10172/1 沿发动机的运转方向（如图 6-31 中箭头 B）旋转皮带盘。

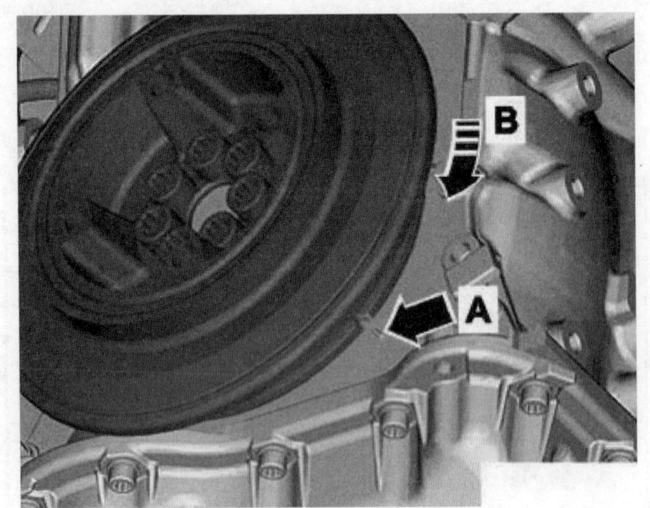

图 6-31

（7）使曲轴上的驱动链轮的磨平齿（如图 6-32 中箭头 A）与轴承盖和气缸体的接合缝对齐。使机油泵驱动链轮上的标记（如图 6-32 中箭头 B）与机油泵上的标记对齐。提示：每旋转曲轴 4 圈才能到达此位置。

图 6-32

（8）如图 6-33，凸轮轴 1 缸上的凸轮（如图 6-33 中 A）必须朝上相对。拆卸凸轮轴调节器。

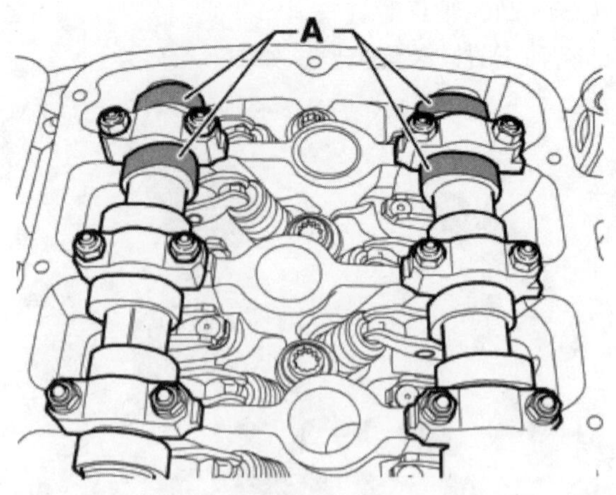

图 6-33

（9）旋出螺栓（如图 6-34 中 1、2），取下正时链导轨（如图 6-34 中 A）。取下凸轮轴正时链。

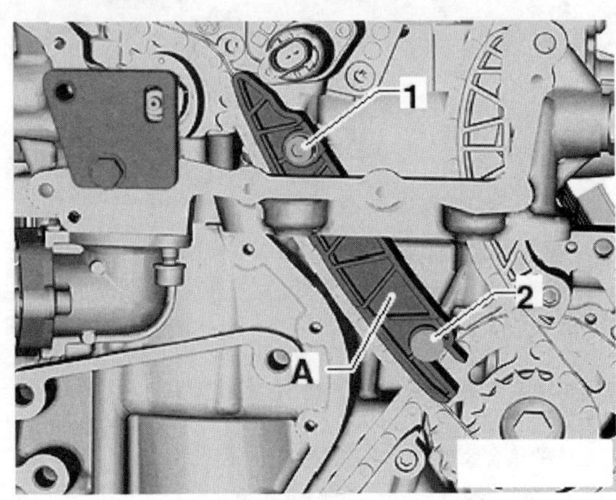

图 6-34

3. 安装。

（1）提示：更换密封圈。更换以角度控制方式（例如：30N・m+ 继续旋转 90°）拧紧的螺栓。更换涂有防松剂的螺栓。安装以与拆卸的相反顺序进行，同时注意下列事项：

前提条件：曲轴位于 1 缸上止点的位置（如图 6-35 中箭头 A）。

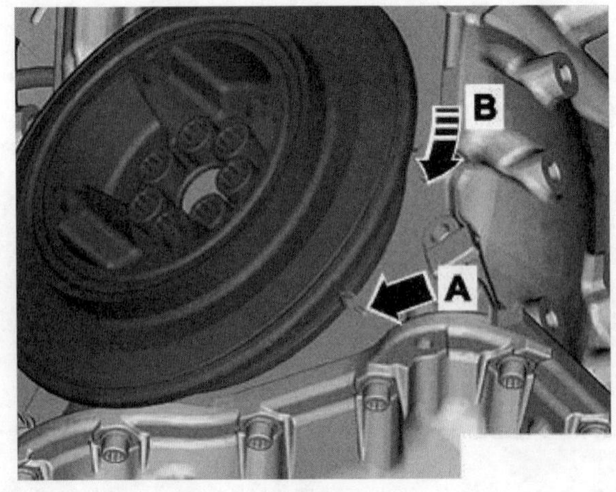

图 6-35

（2）高压泵传动链轮用锁止工具 CT10363 或 T10363 固定，如图 6-36。

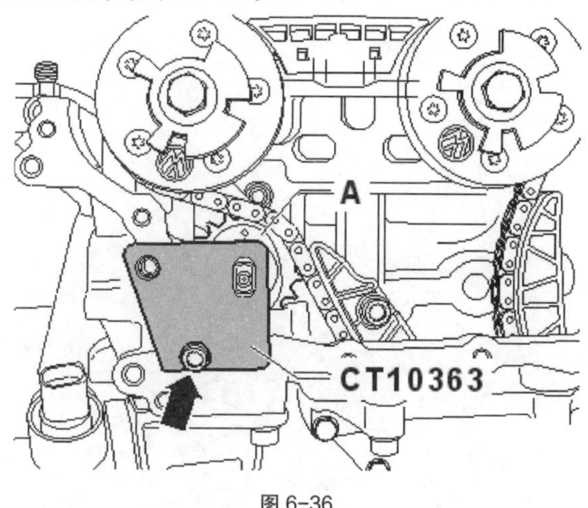

图 6-36

（3）凸轮轴已用凸轮轴锁止工具 CT80029 固定。从上方装入正时链，如图 6-37。

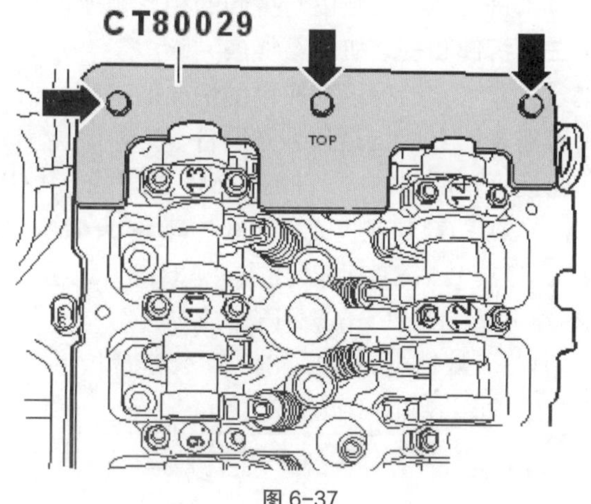

图 6-37

（4）安装导轨（如图 6-38 中 A），并且只拧紧螺栓（如图 6-38 中 2）。提示：铜色的正时链链节是用来协助安装的，必须将 3 个相邻的铜色链节按以下要求安装在机油泵链轮上。

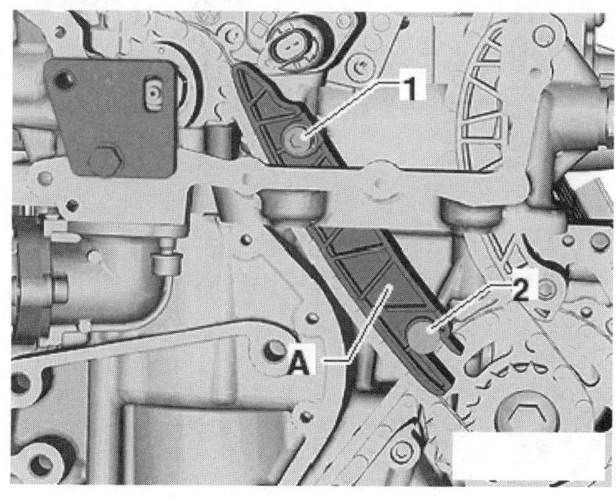

图 6-38

（5）将正时链安装到机油泵链轮上。机油泵链轮上的标记必须与中间的铜色链节（如图 6-39 中 A）对齐。

图 6-39

（6）将正时链安装到高压泵传动链轮上。高压泵传动链轮上的标记必须与铜色链节对齐，如图 6-40。

图 6-40

（7）拧紧导轨（如图 6-41 中 A）的螺栓（如图 6-41 中 1）。

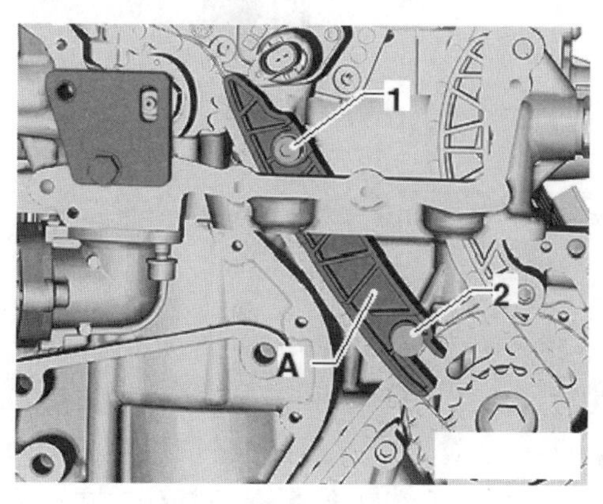

图 6-41

（8）如图 6-42，将进气凸轮轴调节器“24E”装入正时链中，使铜色链节与凸轮轴调节器上的标记对齐。用螺栓将进气凸轮轴调节器固定到进气凸轮轴上，并用手拧紧螺栓。将排气凸轮轴调节器“32A”装入正时链中，使铜色链节与凸轮轴调节器上的标记对齐。用螺栓将排气凸轮轴调节器固定到排气凸轮轴上，并用手拧紧螺栓。检查所有铜色链节相对调节标记的位置是否正确。提示：一旦旋转过曲轴后，铜色链节就不再与各标记对齐。

图 6-42

（9）安装凸轮轴正时链张紧器（如图 6-43 中箭头）。拧紧力矩：50N·m。拆下凸轮轴锁止工具 CT80029，并将新的凸轮轴调节器的固定螺栓拧紧至额定要求。拧紧力矩：60N·m+ 继续旋转 90°。

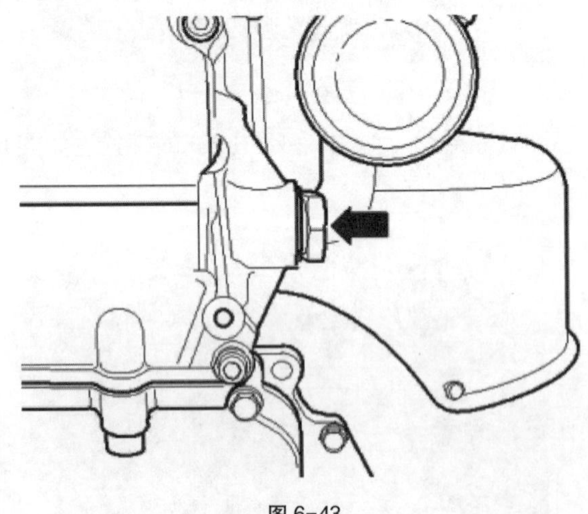

图 6-43

（10）提示：只可用扭力扳手（40~200N·m）Hazet 6292-1CT 或 V.A.G1332 和开口扳手 Hazet 645d-32 或 V.A.G1332/6 在凸轮轴处反向把持住，在松开或拧紧凸轮轴调节器的固定螺栓时，不要安装凸轮轴锁止工具 CT80029，如图 6-44。

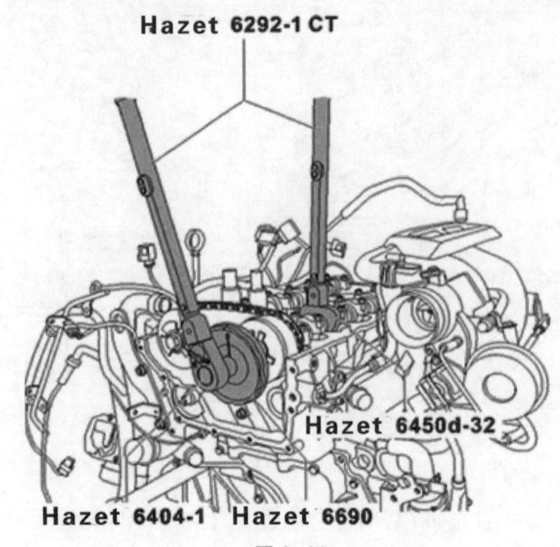

图 6-44

（11）进一步的安装以与拆卸的相反顺序进行。

（三）拆卸和安装机油泵链条

提示：只可在已拆下变速箱的情况下进行。

1. 所需要的专用工具和维修设备

扭力扳手（5~60N·m）Hazet 6290-1 CT 或 V.A.G1331、角度盘 HAZET 6690 或 V.A.G1756、棘轮头 Hazet 6403-1、TORX 工具 HAZET 1557/32 或 V.A.G1766、扭力扳手（40~200N·m）HAZET 6292-1 CT 或 V.A.G1332、棘轮头 Hazet 6404-1、棘轮头 HAZET 6402-1、定位扳手 CT10172 或 T10172，如图 6-45~ 图 6-47。

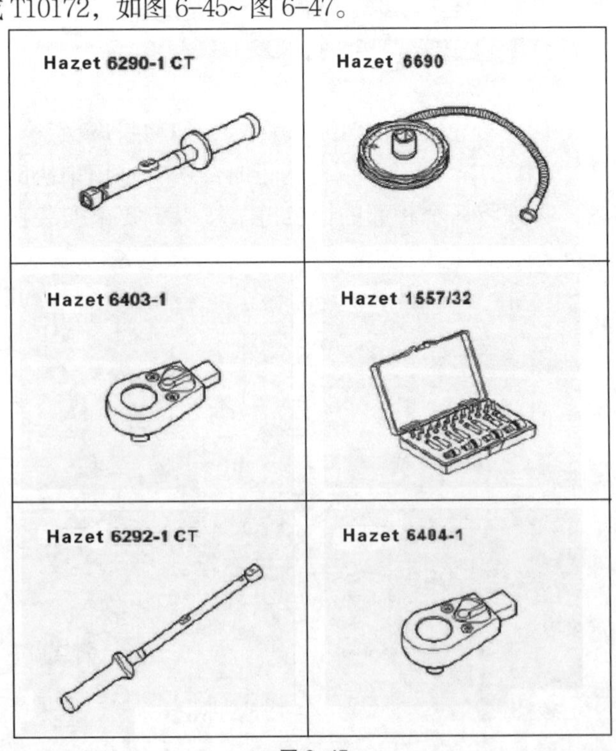

图 6-45

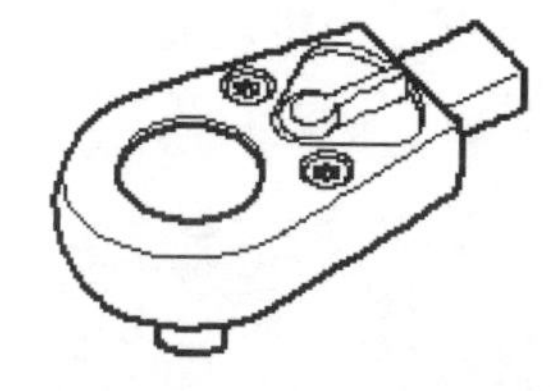

图 6-46

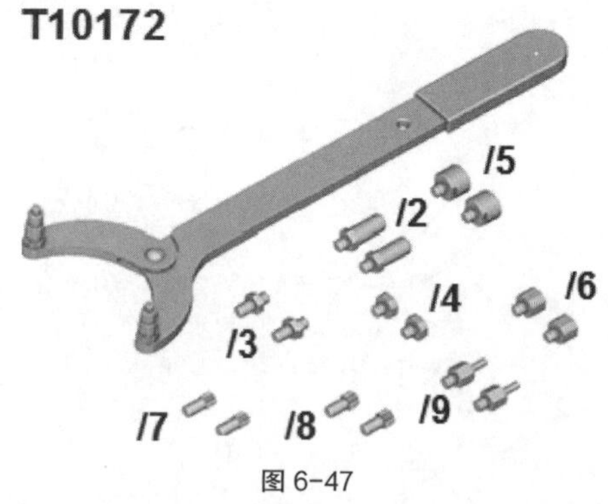

图 6-47

2. 拆卸。

对于所有的安装工作，特别是在空间狭窄的发动机舱中进行维修工作时，请注意下列说明：铺设各种管路（例如燃油、液压系统、活性炭罐、冷却液和制冷剂、制动液、真空管路）和导线时不要改变导线和管路的原始走向。为了避免损坏导线，应确保它们与所有的运动部件和发热部件之间有足够的间隙。

（1）拆卸正时链下部盖板。

（2）旋出凸轮轴正时链张紧器（如图 6-48 中箭头）。

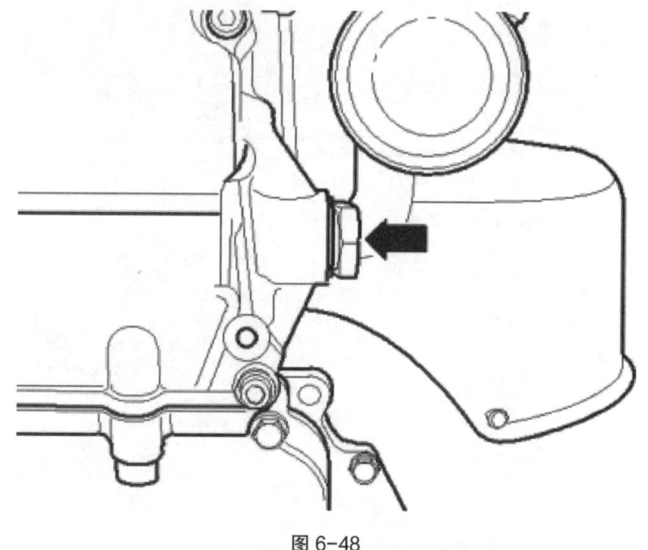

图 6-48

（3）旋出螺栓（如图 6-49 中箭头），拆下链条张紧器支架（如图 6-49 中 1）。

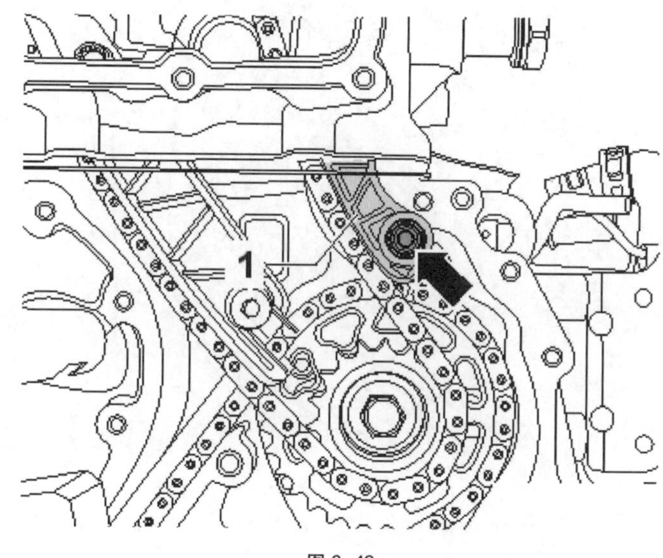

图 6-49

（4）将凸轮轴正时链从驱动链轮上拆下，并将其放置一旁。在曲轴上的驱动链轮的齿（如图 6-50 中箭头 A）与机油泵链条相对位置做出标记。在机油泵驱动链轮上的标记（如图 6-50 中箭头 B）与机油泵链条的相对位置做出标记，以便安装。

图 6-50

（5）使用定位扳手 CT10172 或 T10172 反向把持住减震盘 / 皮带轮。将链轮的螺栓（如图 6-51 中箭头）松开约 1 整圈。

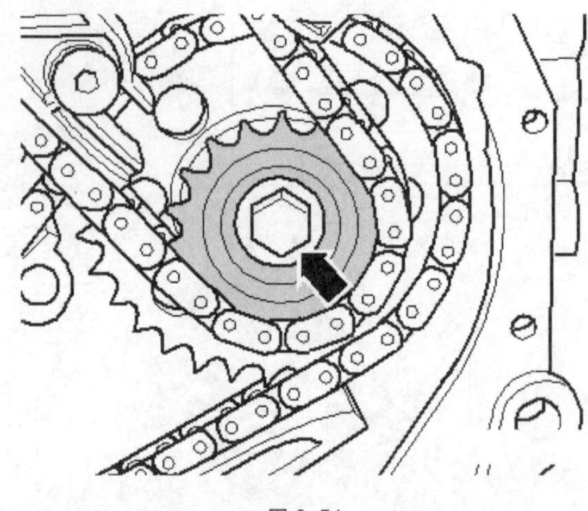

图 6-51

（6）用 3mm 内六角扳手（如图 6-52 中 A）锁定链条张紧导轨。旋出链条张紧导轨的螺栓（如图 6-52 中箭头）。

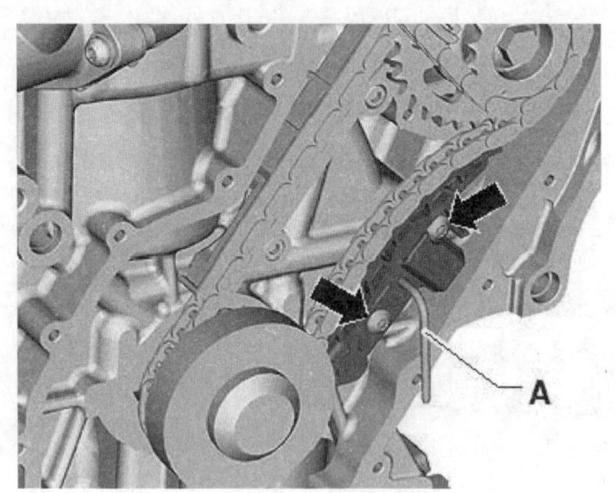

图 6-52

（7）标记链条运转方向。

（8）将机油泵链轮和机油泵链条一起取下。

3. 安装。

（1）将曲轴置于 1 缸上止点的位置。曲轴上的驱动链轮的磨平齿（如图 6-53 中箭头）必须与轴承盖和气缸体的接合缝对齐。

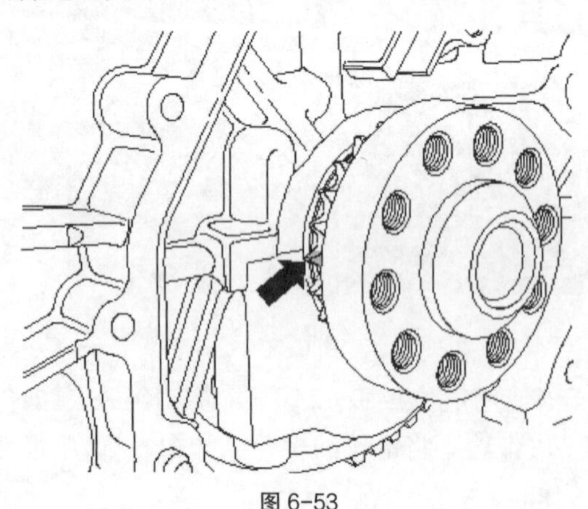

图 6-53

（2）现在旋转机油泵轴（如图 6-54 中 1），使平面侧（如图 6-54 中箭头）与机油泵上的标记（如图 6-54 中 2）对齐。提示：对于已经运转过的曲轴正时链，请注意运转方向的标记。将机油泵链条放入导轨中，并装在曲轴上。

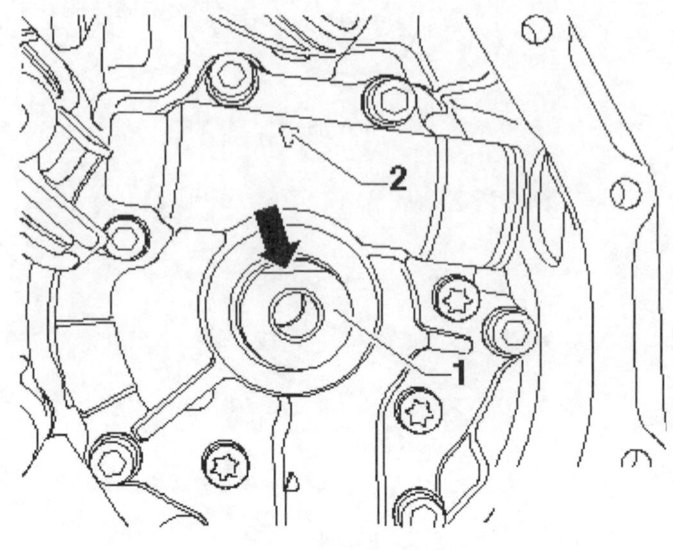

图 6-54

（3）将机油泵链条装入机油泵大链轮上，使带标记的孔（如图 6-55 中箭头 B）与机油泵上的标记对齐。将机油泵链轮安装到机油泵轴上，并用手拧紧新螺栓。提示：如果不能安装机油泵正时链轮，稍微转动机油泵轴。

图 6-55

（5）检查定位标记。曲轴上的驱动链轮的磨平齿（如图 6-57 中箭头 A）应与轴承盖和气缸体的接合缝对齐。机油泵驱动链轮上的标记（如图 6-57 中箭头 B）应与机油泵上的标记对齐。

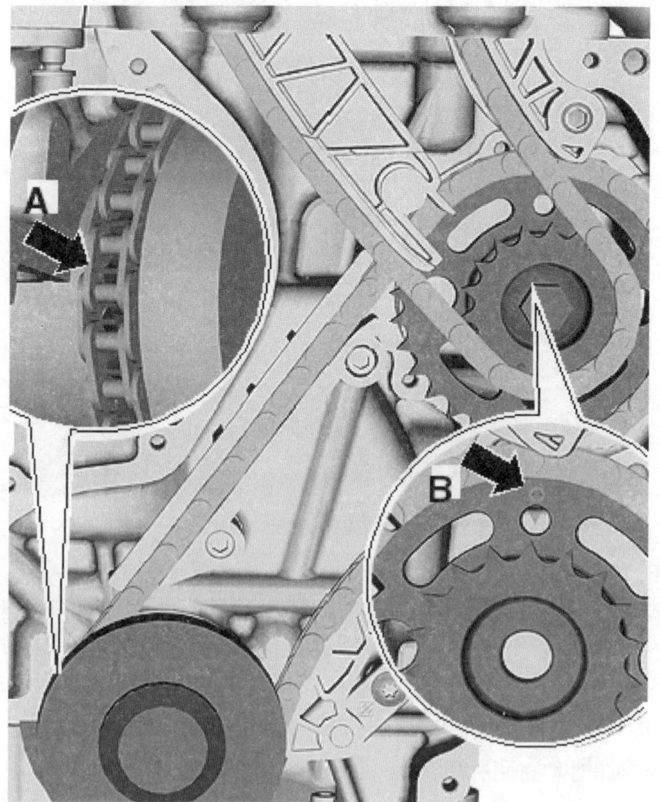

图 6-57

（6）使用定位扳手 CT10172 或 T10172 反向固定住皮带盘，并拧紧链轮的新螺栓（如图 6-57 中箭头）至额定要求。

（7）安装凸轮轴正时链。

（8）安装正时链下部盖板。

4. 检查正时。

（1）所需要的专用工具和维修设备。

①凸轮轴锁止工具 CT80029，如图 6-58。

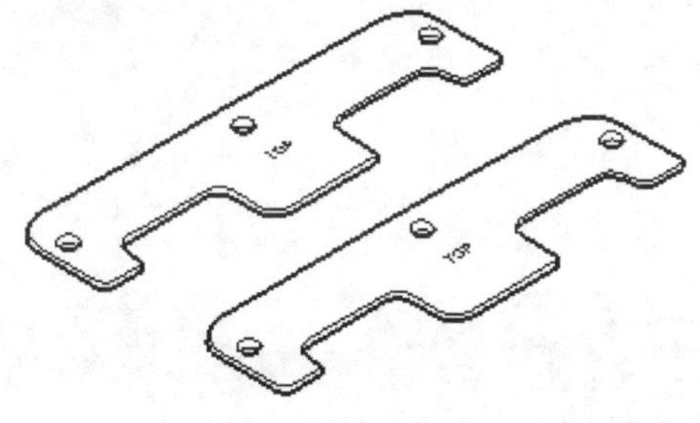

图 6-58

②定位扳手 CT10172 或 T10172，如图 6-59。

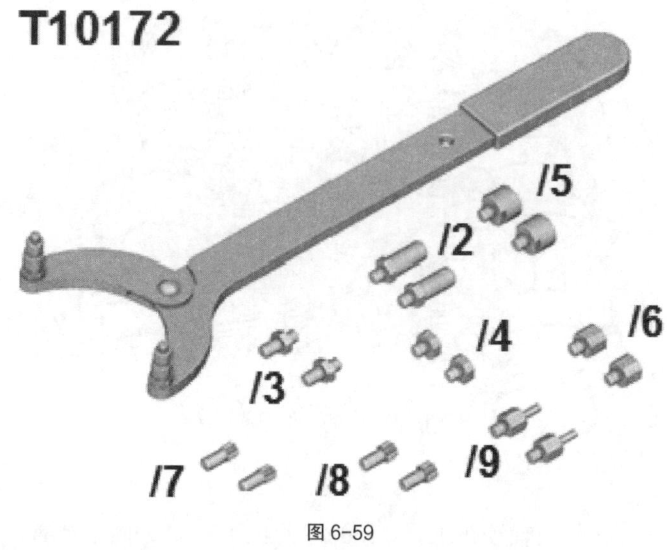

图 6-59

（2）测试步骤：

①拆卸发动机舱底部隔音板。

②拆卸气缸盖罩。

③用定位扳手 CT10172 或 T10172 和连接工具 CT10172/1 或 T10172/1 沿（如图 6-60 中箭头 B）方向旋转皮带盘，使皮带盘上的切口标记与密封法兰上的 1 缸上止点标记（如图 6-60 中箭头 A）对齐。

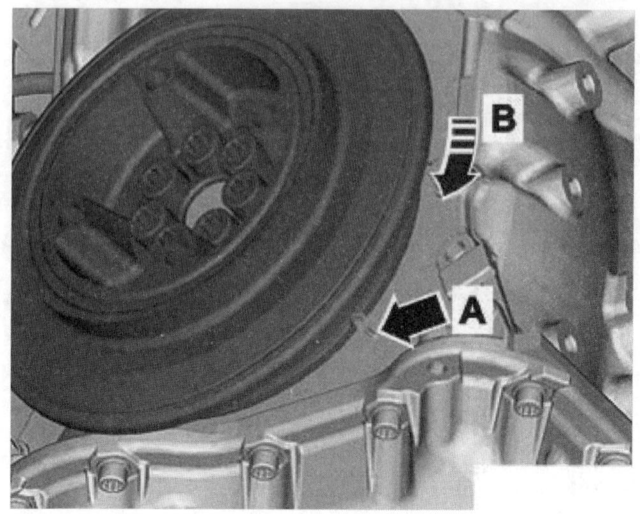

图 6-60

④如图 6-61，凸轮轴 1 缸上的凸轮（如图 6-61 中 A）必须朝上相对。

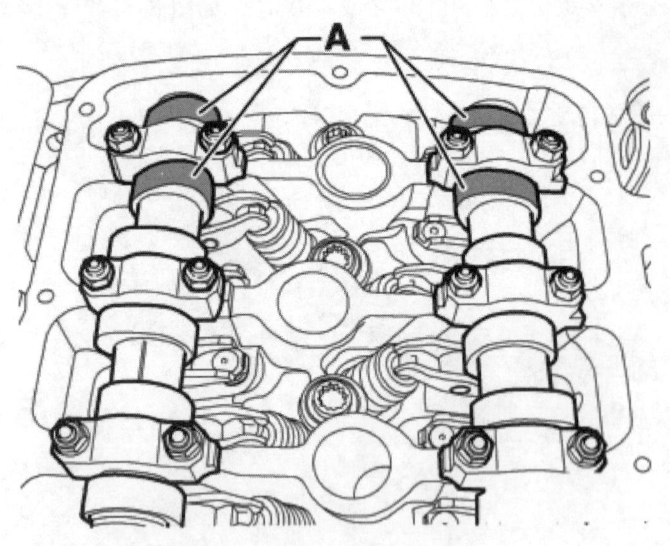

图 6-61

⑤凸轮轴锁止工具 CT80029 上的 TOP 标记向上放置。如图 6-62，将凸轮轴锁止工具 CT80029 插入两个凸轮轴的凹槽中，并用螺栓（如图 6-62 中箭头）固定。提示：由于凸轮轴调节器的功能，两个凸轮轴的凹槽可能不是完全水平。因此，在插入凸轮轴调整工具 CT80029 时，如有必要，使用扭力扳手（40~200N·m）Hazet 6292-1 CT 或 V.A.G1332 和开口扳手 Hazet 6450d-32 或 V.A.G1332/6 稍微转动凸轮轴。

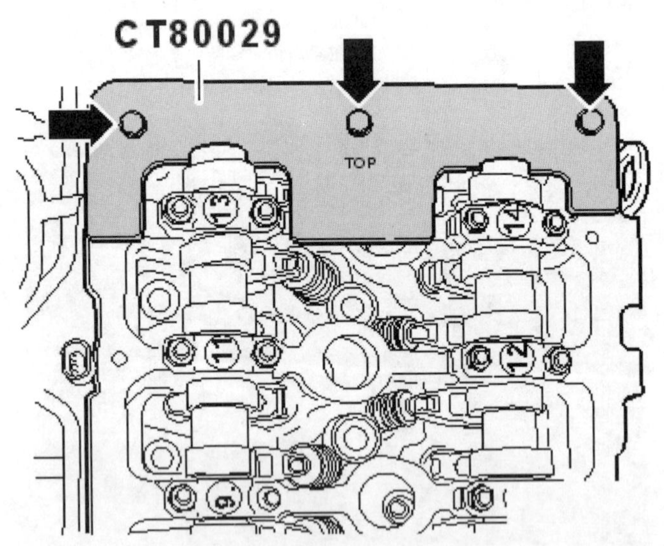

图 6-62

⑥如图 6-63，此时进气凸轮轴调节器上的标记“24E”（如图 6-63 中 1）与凸轮轴盖（大）上印有材料信息的长方形结构边缘（如图 6-63 中 2）几乎对齐，允许略有错位。

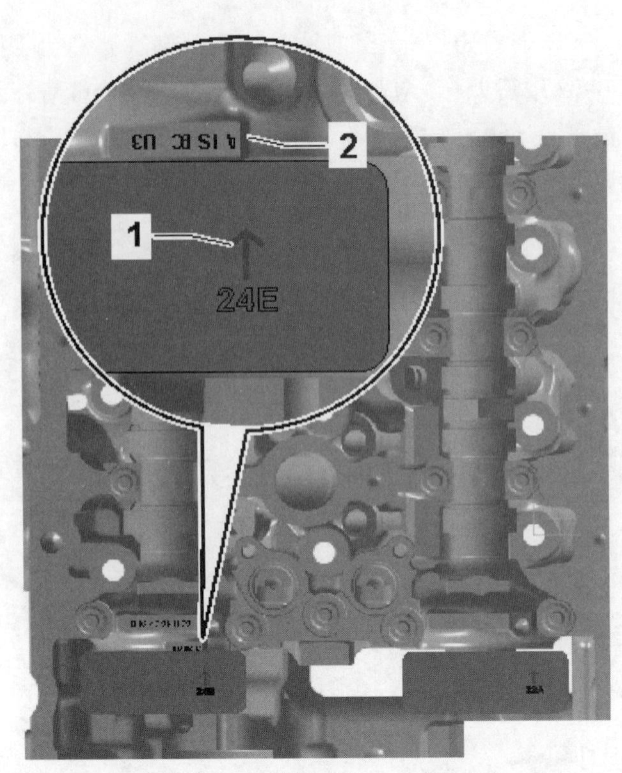

图 6-63

⑦排气凸轮轴调节器上的标记“32A→”（如图 6-64 中 1）与凸轮轴盖（大）螺栓孔壁面边缘（如图 6-64 中 2）几乎对齐，允许略有错位。进气凸轮轴调节器上的标记“24E”正对的齿与排气凸轮轴调节器上的标记“32A”正对的齿之间刚好有 16 个链节。如果不满足以上要求，调整气门正时。

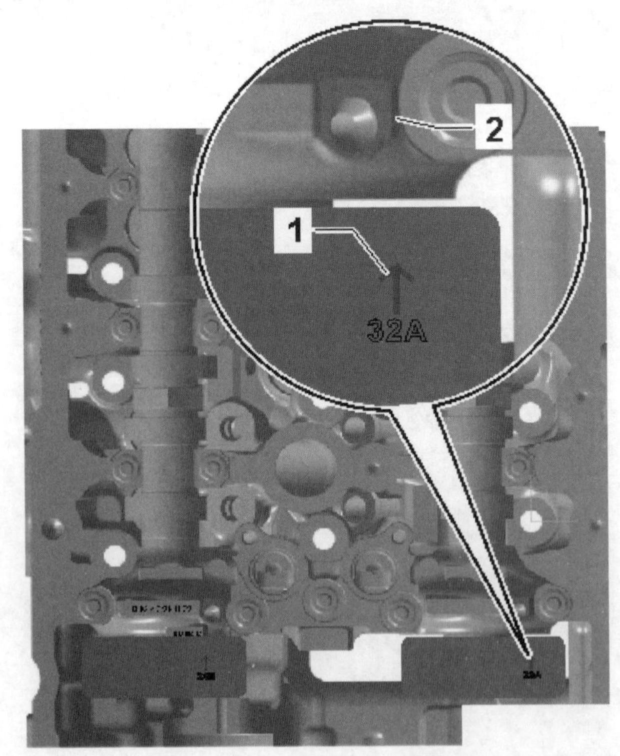

图 6-64

四、车型

上汽大众辉昂 480 V6（3.0T CREB），2017—2019 年。

（一）凸轮轴正时链

1. 左侧凸轮轴正时链，如图 6-65。

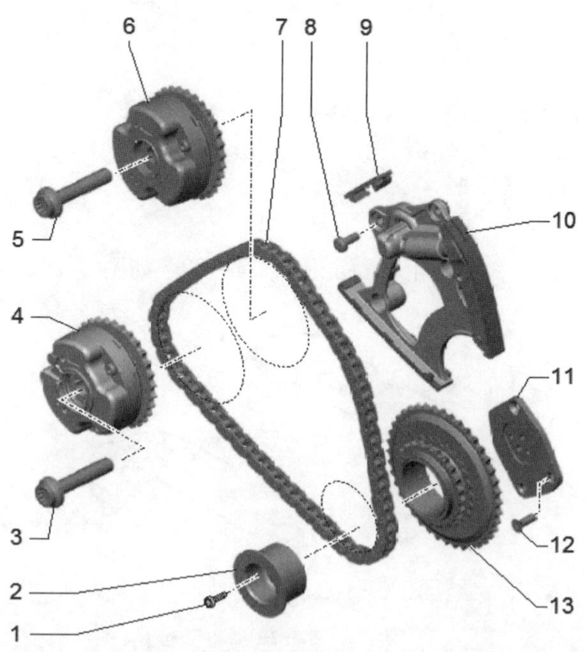

1- 螺栓　2- 轴承螺栓，用于左侧凸轮轴正时链的驱动链轮　3- 螺栓　4- 凸轮轴调节器，用于排气凸轮轴　5- 螺栓　6- 凸轮轴调节器，用于进气凸轮轴　7- 左侧凸轮轴正时链，为了能够重新安装，要用颜色标出转动方向　8- 螺栓　9- 滑块　10- 链条张紧器，用于左侧凸轮轴正时链　11- 轴承板，用于驱动链轮　12- 螺栓　13- 驱动链轮，用于左侧凸轮轴正时链

图 6-65

2. 右侧凸轮轴正时链，如图 6-66。

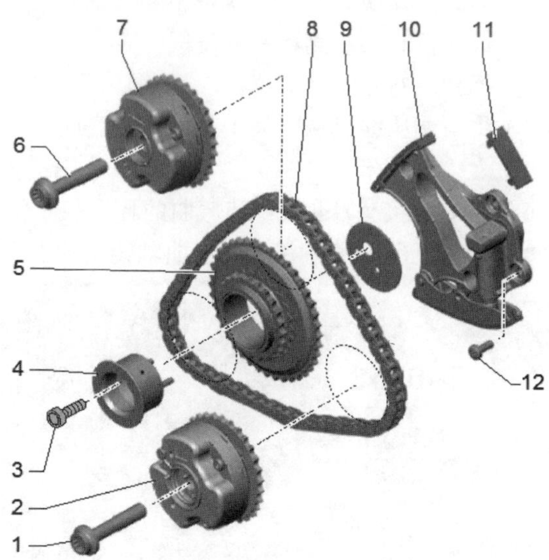

1- 螺栓　2- 凸轮轴调节器，用于排气凸轮轴　3- 螺栓　4- 轴承螺栓，用于右侧凸轮轴正时链的驱动链轮　5- 驱动链轮，用于右侧凸轮轴正时链　6- 螺栓　7- 凸轮轴调节器，用于进气凸轮轴　8- 右侧凸轮轴正时链，为了能够重新安装，要用颜色标出转动方向　9- 止推垫片，用于右侧凸轮轴正时链的驱动链轮　10- 链条张紧器，用于右侧凸轮轴正时链　11- 滑块　12- 螺栓

图 6-66

（二）正时驱动系统驱动链

正时驱动系统驱动链如图 6-67。

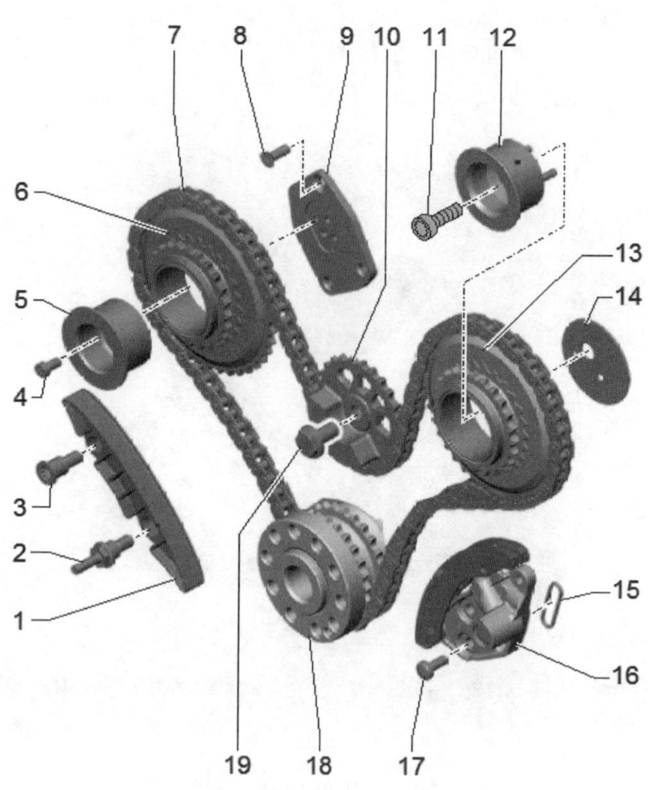

1- 滑轨　2- 螺栓　3- 螺栓　4- 螺栓　5- 轴承螺栓，用于左侧凸轮轴正时链的驱动链轮　6- 驱动链轮，用于左侧凸轮轴正时链　7- 驱动链，用于控制机构　8- 螺栓　9- 轴承板，用于左侧凸轮轴正时链的驱动链轮　10- 平衡轴的链轮，带变速器侧平衡重　11- 螺栓　12- 轴承螺栓，用于右侧凸轮轴正时链的驱动链轮　13- 驱动链轮，用于右侧凸轮轴正时链　14- 止推垫片，用于右侧凸轮轴正时链的驱动链轮　15- 密封件　16- 链条张紧器　17- 螺栓　18- 曲轴　19- 螺栓

图 6-67

右侧凸轮轴正时链驱动链轮轴承螺栓的安装位置，如图 6-68。

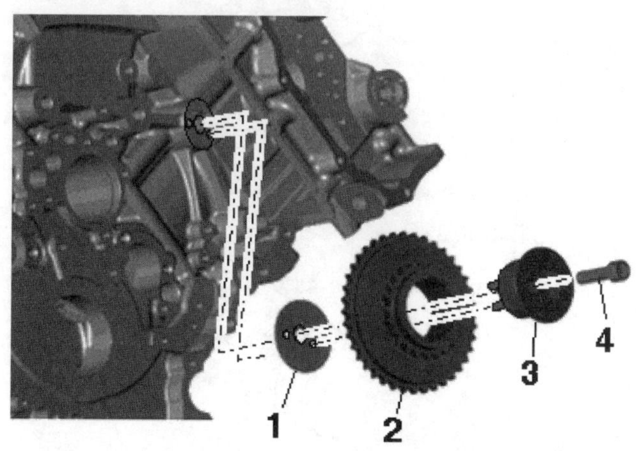

1- 止推垫片　2- 右侧凸轮轴正时链的驱动链轮　3- 右侧凸轮轴正时链驱动链轮轴承销　4- 螺栓

图 6-68

右侧凸轮轴正时链驱动链轮轴承销（如图6-68中3）内的固定销必须卡入止推垫片（如图6-68中1）的孔内和气缸体的孔内。

（三）机油泵驱动链

机油泵驱动链如图6-69。

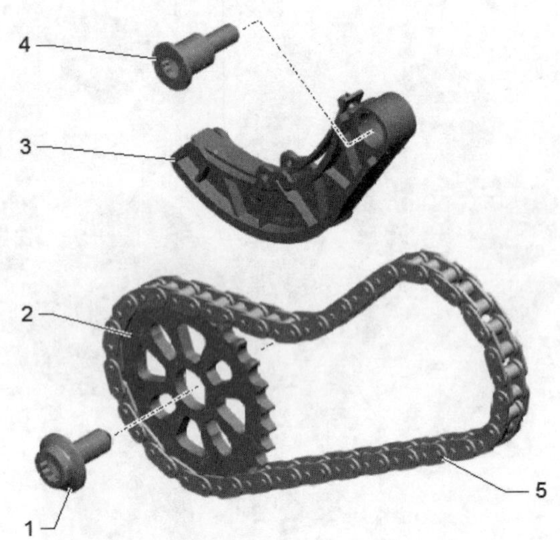

1-螺栓 2-驱动链轮，用于机油泵 3-链条张紧器，带滑轨 4-螺栓 5-驱动链，用于机油泵

图6-69

（四）从凸轮轴上拆下凸轮轴正时链

1. 所需要的专用工具和维修设备。

（1）适配接头T40058，如图6-70。

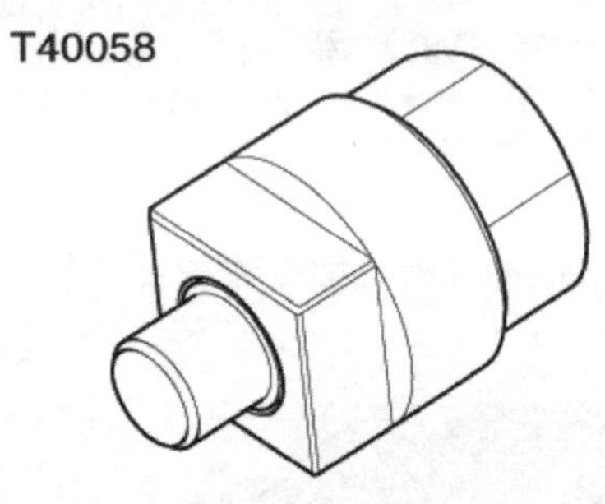

图6-70

（2）固定螺栓T40069，如图6-71。

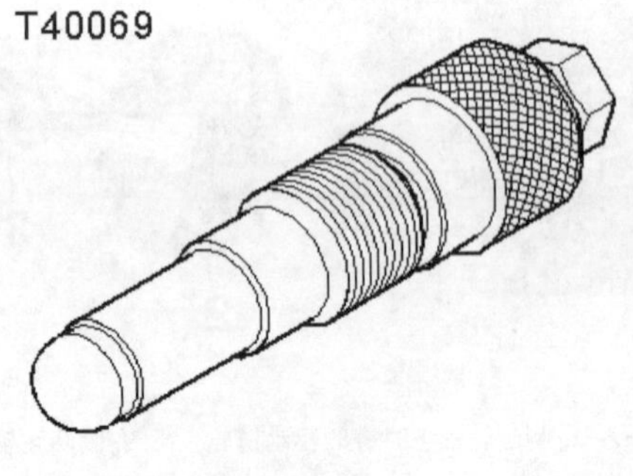

图6-71

（3）2个定位销T40071，如图6-72。

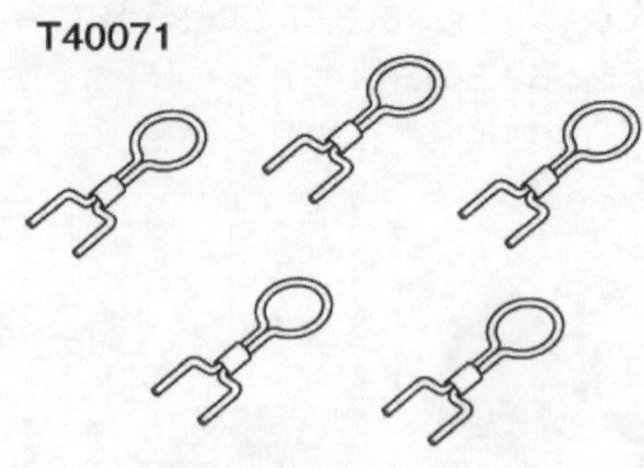

图6-72

（4）2个凸轮轴固定装置T40133，如图6-73。

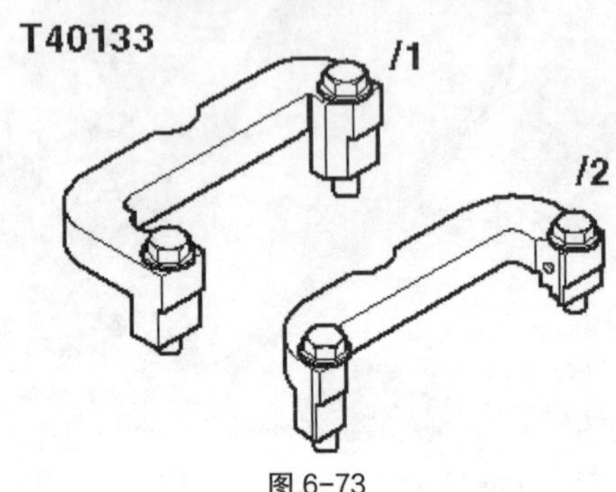

图6-73

2. 拆卸。

提示：在下面的描述中，凸轮轴正时链保留在发动机上。

即使您只在一个气缸盖上实施工作，但是均必须在两个气缸列上进行该工作步骤。

（1）拆卸拱顶横梁。

（2）拆卸正时链左侧和右侧盖板。

（3）拆卸左右侧气缸盖罩。

（4）将空调压缩机从支架上拆下，然后向前绑到高处 。

（5）用适配接头T40058和弯曲的环形扳手沿发动机转动方向（如图6-74中箭头）将曲轴转动到上止点。

图6-74

提示：转动发动机，使左侧（沿行驶方向）减震器上的小缺口（如图 6-75 中 1）与气缸体和梯形架之间的外壳接合线（如图 6-75 中 2）相对。这样稍后就可以方便地拧入固定螺栓 T40069。减震器上的标记仅仅是辅助工具。只有拧入固定螺栓 T40069 后，才能达到准确的上止点位置。

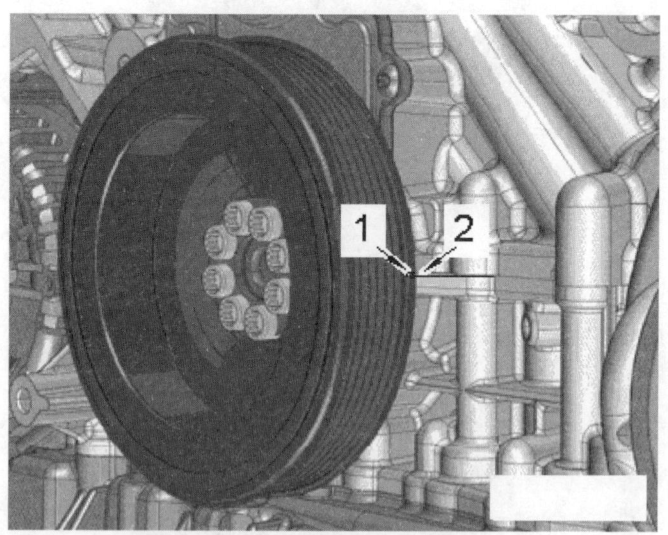

图 6-75

所有凸轮轴上的螺纹孔（如图 6-76 中箭头）都必须朝上。

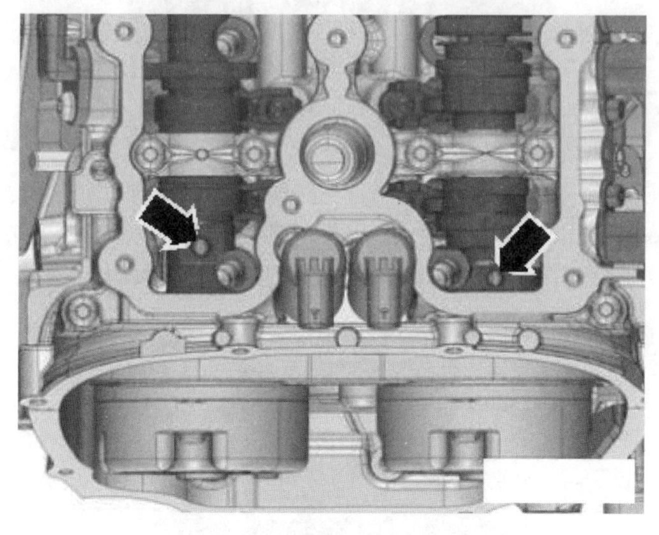

图 6-76

提示：当凸轮轴不在所述的位置时，将曲轴继续旋转一圈，然后再次转到上止点。

（6）气缸列 1（右）：将凸轮轴固定装置 T40133/1 安装到气缸盖上（如图 6-77 中箭头），然后用 25N · m 的力矩拧紧。

图 6-77

（7）气缸列 2（左）：将凸轮轴固定装置 T40133/2 安装到气缸盖上（如图 6-78 中箭头），然后用 25N · m 的力矩拧紧。

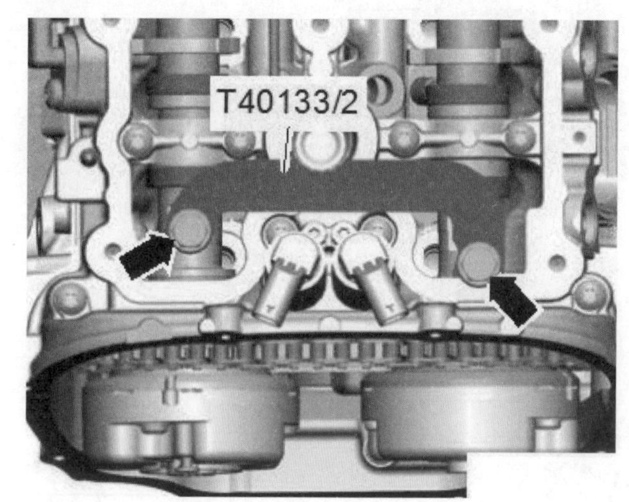

图 6-78

（8）两个气缸列的后续操作：将用于曲轴上止点标记的螺旋塞（如图 6-79 中箭头）从气缸体中拧出。

图 6-79

以 20N·m 的力矩将固定螺栓 T40069 拧入孔中；必要时稍微来回转动曲轴，以便完全对准螺栓，如图 6-80。

图 6-80

(9)气缸列 1(右)：用一把螺丝刀(如图 6-81 中 1)向内按压右侧凸轮轴正时链链条张紧器的滑轨到极限位置，用定位销 T40071 卡住链条张紧器。

图 6-81

提示：链条张紧器以油减震，因此必须缓慢地均匀用力压紧。注意：凸轮轴有损坏的危险。松开凸轮轴调节器或凸轮轴链轮螺栓时，绝不允许将凸轮轴固定装置 T40133 用作固定支架。为卡住相关的凸轮轴调节器，安装扳手 T40297 与环形扳手（如图 6-82 中 2）。松开进气侧凸轮轴调节器的螺栓（如图 6-82 中 1）。松开排气侧凸轮轴调节器螺栓（如图 6-82 中 3），为此同样要用扳手 T40297 顶住。

图 6-82

用颜色标记凸轮轴调节器的安装位置，以便重新安装。拧出螺栓（如图 6-83 中 1、2），取下两个凸轮轴调节器。

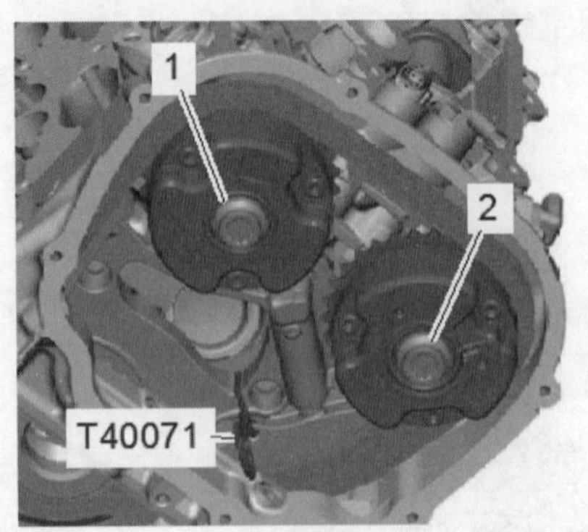

图 6-83

(10)气缸列 2(左)：用一把螺丝刀(如图 6-84 中 1)向内按压左侧凸轮轴正时链链条张紧器的滑轨到极限位置，用定位销 T40071 卡住链条张紧器。提示：链条张紧器以油减震，因此必须缓慢地均匀用力压紧。

图 6-84

为卡住相关的凸轮轴调节器，安装扳手 T40297 与环形扳手（如图 6-85 中 2）。松开排气侧凸轮轴调节器的螺栓(如图 6-85 中 1)。松开进气侧凸轮轴调节器螺栓（如图 6-85 中 3），为此同样要用扳手 T40297 顶住。

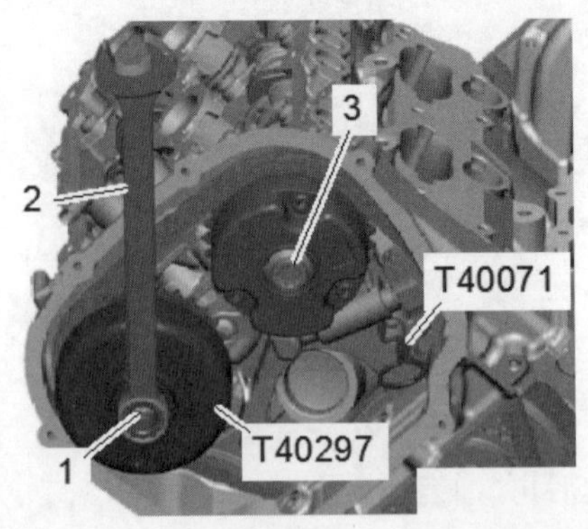

图 6-85

用颜色标记凸轮轴调节器的安装位置，以便重新安装。拧出螺栓（如图 6-86 中 1、2），取下两个凸轮轴调节器。

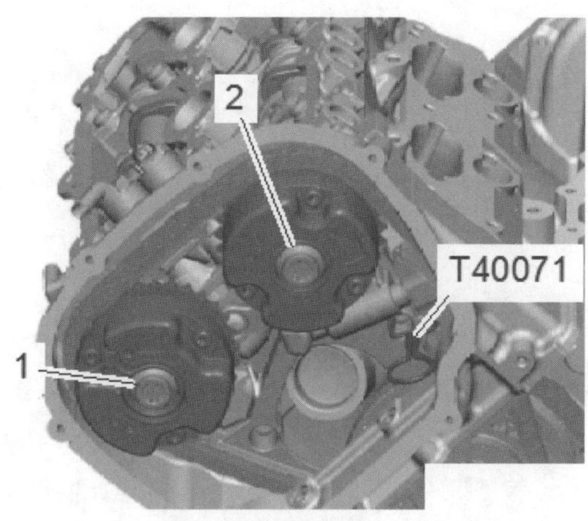

图 6-86

3. 安装。

提示：拆卸后更换那些拧紧时需要继续旋转一个角度的螺栓。注意：气门和活塞头有损坏的危险。在旋转凸轮轴时，活塞不允许停在上止点。

控制机构驱动链已安装。曲轴已用固定螺栓 T40069 固定在上止点位置，如图 6-87。

图 6-87

将凸轮轴固定装置 T40133/1 在气缸列 1（右侧）上，用 25N・m 的力矩拧紧（如图 6-88 中箭头）。

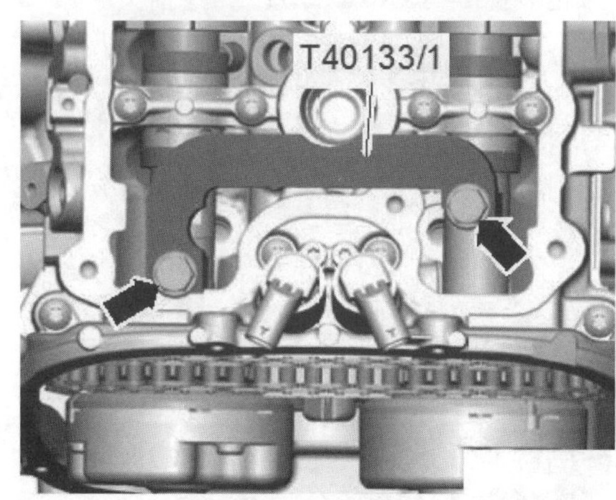

图 6-88

将凸轮轴固定装置 T40133/2 在气缸列 2（左侧）上用 25N・m 拧紧（如图 6-89 中箭头）。

图 6-89

（1）气缸列 1（右）。

注意：有损坏发动机的危险。在执行以下工作步骤时，才允许如下所述安装凸轮轴调节器。按照拆卸时所做标记重新安装凸轮轴调节器。凸轮轴调节器内的凹槽（如图 6-90 中 1 或 4）必须正对着所涉及的调节窗口（如图 6-90 中 2 或 3）。

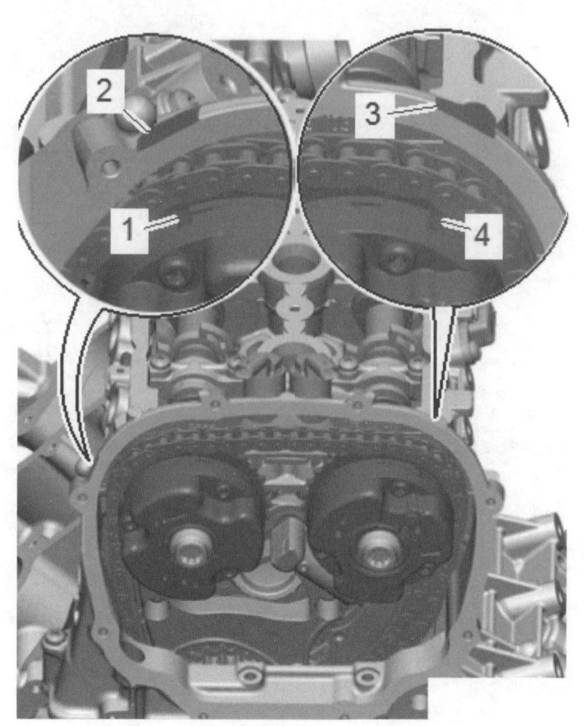

图 6-90

按照拆卸时所做标记重新安装凸轮轴调节器。将凸轮轴正时链放到驱动链轮和凸轮轴调节器上，并松松地拧入螺栓（如图 6-91 中 1、2）。两个凸轮轴调节器必须在凸轮轴上还能旋转并且不得翻转。拆除定位销 T40071。

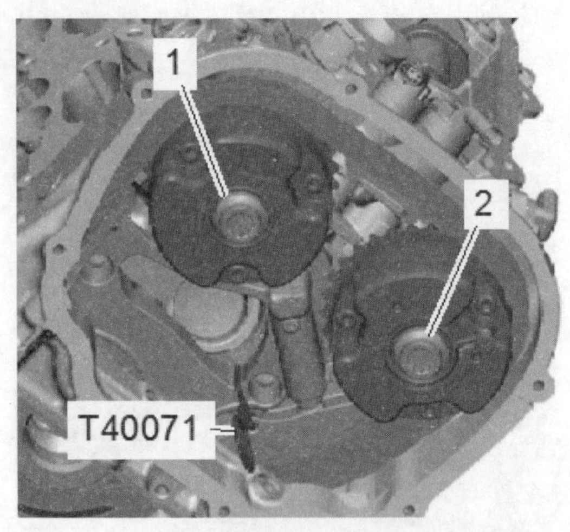

图 6-91

（2）气缸列 2（左）。

注意：有损坏发动机的危险。在执行以下工作步骤时，才允许如下所述安装凸轮轴调节器。按照拆卸时所做标记重新安装凸轮轴调节器。凸轮轴调节器内的凹槽（如图 6-92 中 1 或 4）必须正对着所涉及的调节窗口（如图 6-92 中 2 或 3）。

图 6-92

按照拆卸时所做标记重新安装凸轮轴调节器。将凸轮轴正时链放到驱动链轮和凸轮轴调节器上，并松松地拧入螺栓（如图 6-93 中 1、2）。两个凸轮轴调节器必须在凸轮轴上还能旋转并且不得翻转。拆除定位销 T40071。

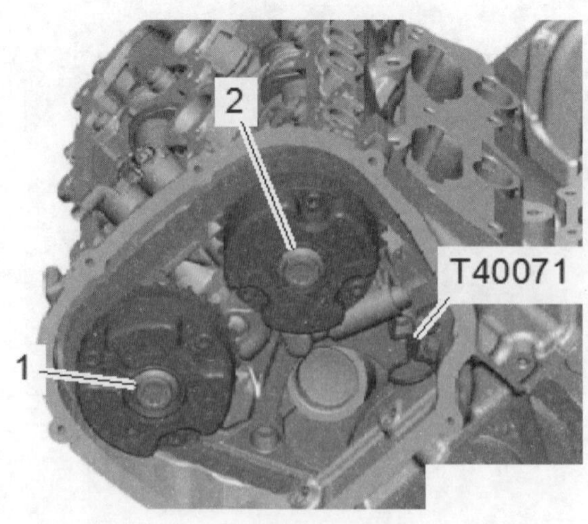

图 6-93

（3）气缸列 1（右）：将扳手 T40297 装到排气凸轮轴调节器上。将扭矩扳手 V.A.G1332 用插入工具 V.A.G1332/9 安装到扳手 T40297 上，如图 6-94。

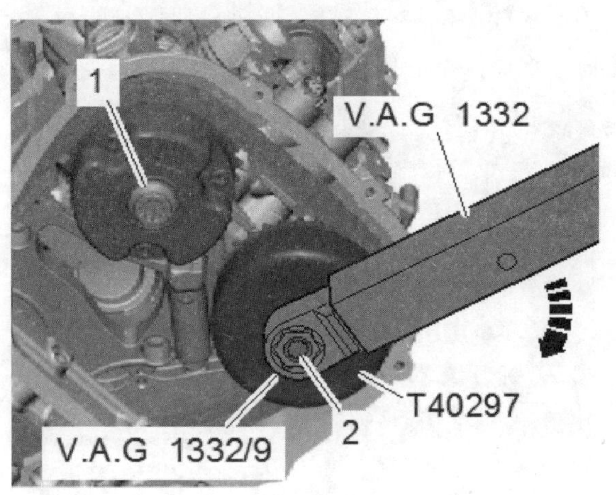

图 6-94

让另一位机械师用 40N · m 的力矩沿图 6-94 中箭头预紧凸轮轴调节器。在凸轮轴调节器仍旧保持预紧期间，拧紧螺栓，在凸轮轴 60N · m 上。取下扳手 T40297。拆除凸轮轴固定装置 T40133/1（如图 6-95 中箭头）。

图 6-95

（4）气缸列 2（左）：将扳手 T40297 装到进气凸轮轴调节器上。将扭矩扳手 V.A.G1332 用插入工具 V.A.G1332/9 安装到扳手 T40297 上。让另一位机械师用 40N・m 的力矩沿图 6-96 中箭头方向预紧凸轮轴调节器。在凸轮轴调节器仍旧保持预紧期间，拧紧螺栓，在凸轮轴 60N・m 上。

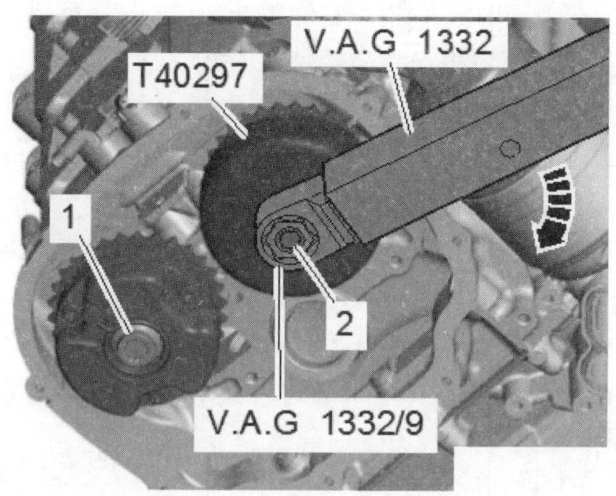

图 6-96

取下扳手 T40297。拆除凸轮轴固定装置 T40133/2（如图 6-97 中箭头）。

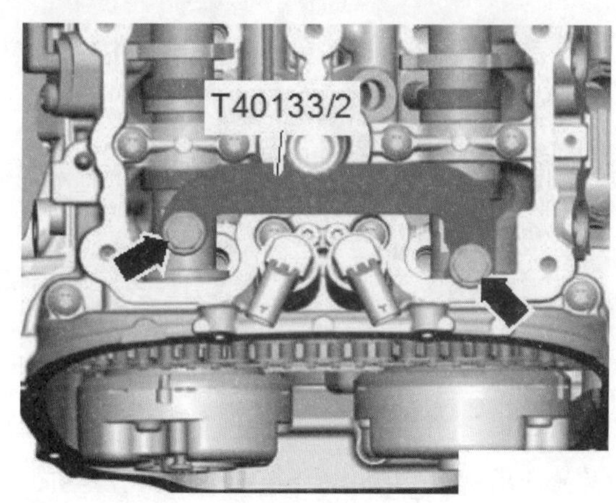

图 6-97

（5）气缸列 1（右）：拧紧右侧气缸盖上的凸轮轴调节器螺栓（如图 6-98）。

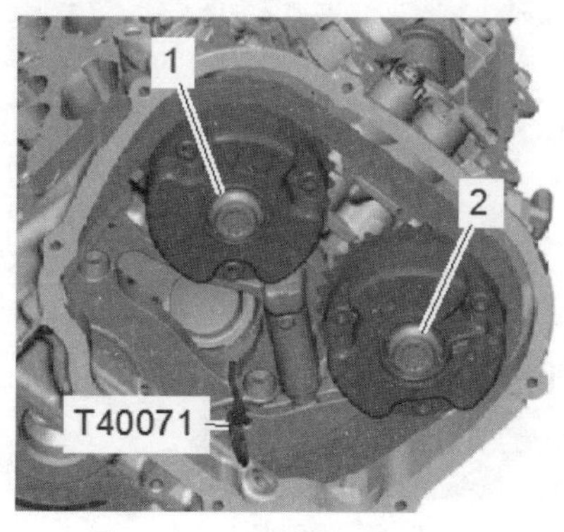

图 6-98

（6）气缸列 2（左）：拧紧左侧气缸盖上的凸轮轴调节器螺栓（图 6-99）。

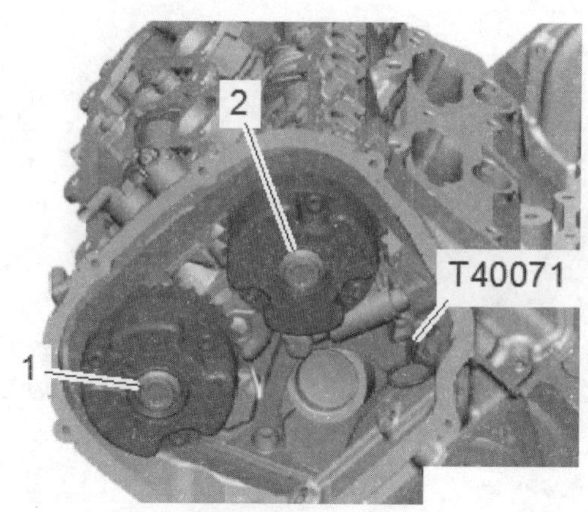

图 6-99

取下固定螺栓 T40069，如图 6-100。

图 6-100

将曲轴用适配接头 T40058 和弯曲的环形扳手沿发动机转动方向转动 2 圈（如图 6-101 中箭头），直至曲轴重新到达上止点。提示：如果意外转过了上止点，则必须将曲轴再次转回约 30°，重新转到上止点。

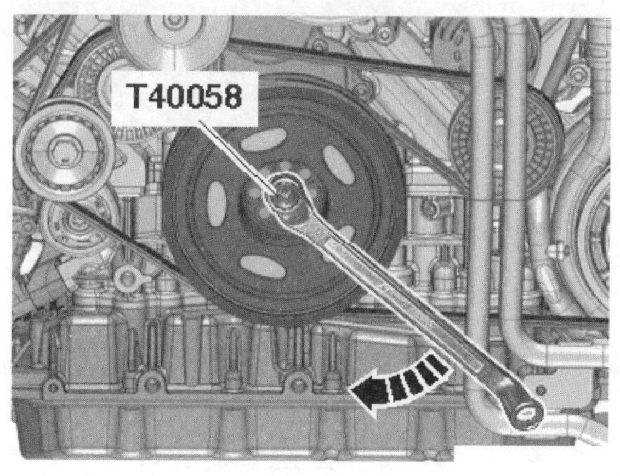

图 6-101

（7）气缸列 1（右）：将凸轮轴固定装置 T40133/1 安装在气缸盖上并拧紧（如图 6-102 中箭头）。拧紧力矩：25N・m。

图 6-102

（8）气缸列 2（左）：将凸轮轴固定装置 T40133/2 安装在气缸盖上并拧紧（如图 6-103 中箭头）。拧紧力矩：25N・m。

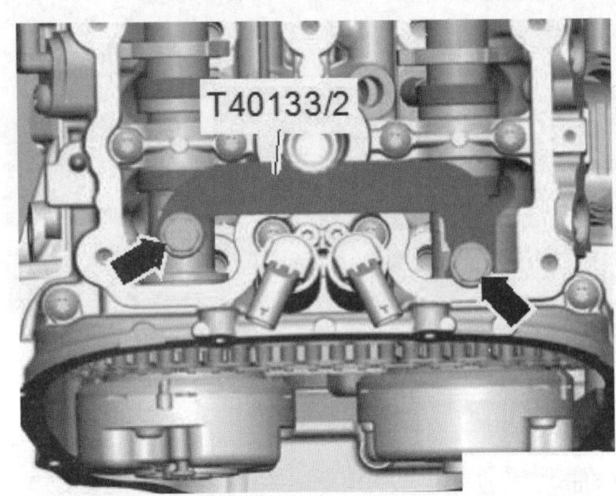

图 6-103

（9）两个气缸列的后续操作：将固定螺栓 T40069 直接拧入孔内，如图 6-104。

图 6-104

固定螺栓 T40069 必须卡入曲轴上的固定孔中，否则要重复调整。拆除两个气缸盖上的凸轮轴固定装置。取下固定螺栓。

其他安装以相反顺序进行，安装过程中请注意以下事项：

①安装气缸盖罩。

②安装正时链左侧和右侧盖板。

（五）拆卸和安装凸轮轴正时链

1. 拆卸。

变速器已拆卸。

（1）拆卸正时链下部盖板。

（2）从凸轮轴上取下凸轮轴正时链。注意：对于用过的凸轮轴正时链，转动方向相反时有损坏的危险。为了便于重新安装左侧和右侧凸轮轴正时链，用彩色箭头标记记下转动方向。不得通过冲窝、刻槽等对凸轮轴正时链做标记。

（3）拆除定位销 T40071，并取下左侧凸轮轴正时链，如图 6-105。

图 6-105

（4）拧出螺栓（如图 6-106 中 1、2），取下右侧链条张紧器。

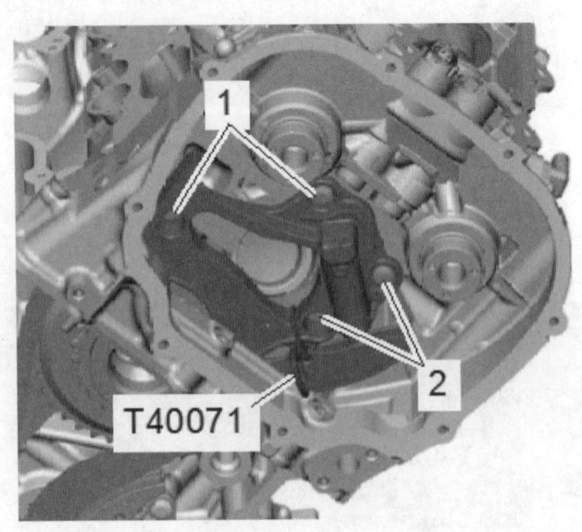

图 6-106

（5）沿箭头方向按压正时机构驱动链张紧器的滑轨，并用定位销 T40071 卡住链条张紧器。

（6）旋出驱动链轮的轴承销螺栓（如图 6-107 中 1）。

（7）拔下驱动链轮与轴承螺栓，将右侧凸轮轴正时链向上取出。

图 6-107

2. 安装。

提示：如果张紧件已被从链条张紧器中取出，那么请注意安装位置：壳体底部的孔指向链条张紧器，活塞指向张紧轨道。拆卸后更换那些拧紧时需要继续旋转一个角度的螺栓。注意：气门和活塞头有损坏的危险。在旋转凸轮轴时，活塞不允许停在上止点。

（1）按照拆卸时所做的标记将左侧凸轮轴正时链装到驱动链轮上，然后向上引到气缸盖上。

（2）向下按压左侧凸轮轴正时链条张紧器的滑轨，并用定位销 T40071 卡住链条张紧器，如图 6-108。

图 6-108

（3）按照拆卸时所做的标记将右侧凸轮轴正时链装到驱动链轮上，然后向上引到气缸盖上。

（4）安装驱动链轮。

（5）拧紧驱动链轮的轴承销螺栓（如图 6-109 中 1）。

（6）拆除定位销 T40071（如图 6-109 中箭头）。

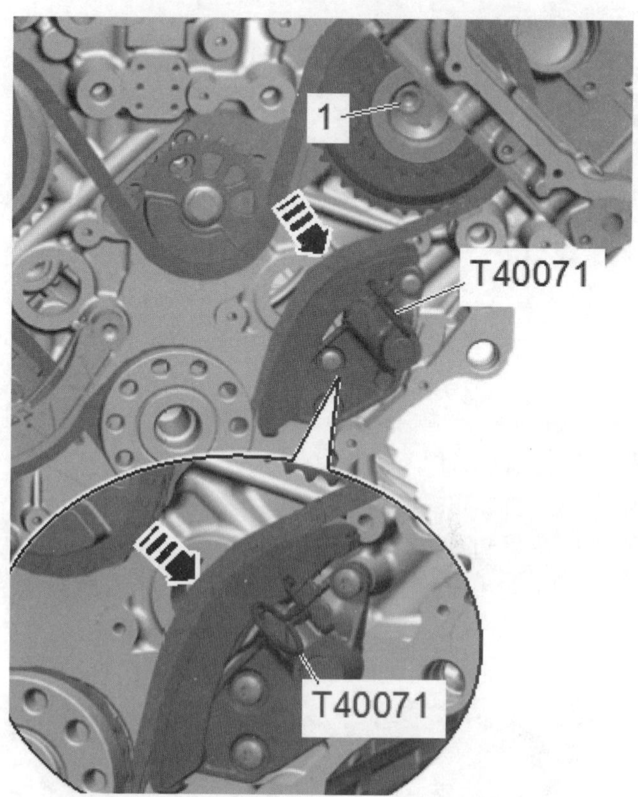

图 6-109

（7）在右侧气缸盖上装入链条张紧器。

（8）拧紧螺栓（如图 6-110 中 1、2）。

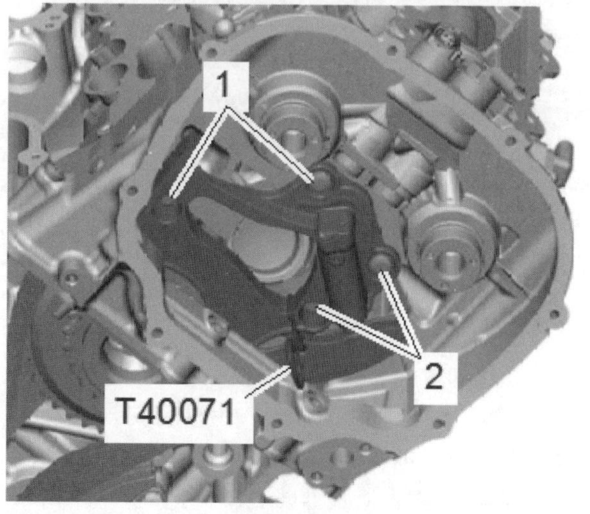

图 6-110

其他安装以相反顺序进行，安装过程中请注意以下事项：

①将凸轮轴正时链放到凸轮轴上。

②安装正时链的下部盖板。

（六）拆卸和安装控制机构驱动链

1. 所需要的专用工具和维修设备。

固定销 T40116，如图 6-111。

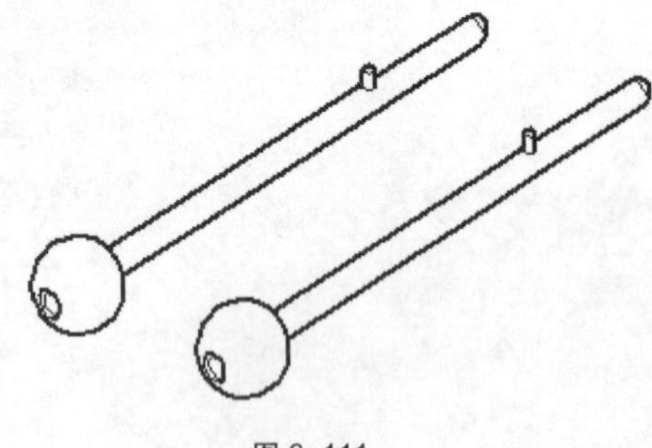

图 6-111

2. 拆卸。

变速器已拆卸。

（1）拆卸正时链的下部盖板。

（2）拆卸凸轮轴正时链。

（3）拧出螺栓（如图 6-112 中 1、2），取下链条张紧器。

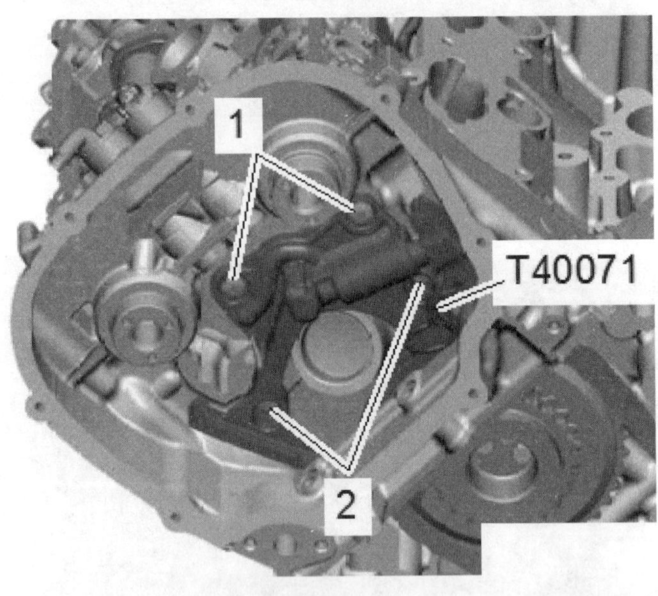

图 6-112

（4）拆卸取力器驱动链。注意：对于用过的驱动链，转动方向相反时有损坏的危险。为重新安装用颜色通过箭头标记驱动链的转动方向。

（5）旋出螺栓（如图 6-113 中 1）并取下滑轨。

（6）旋出螺栓（如图 6-113 中 2）并取下链条张紧器。

（7）取下控制机构驱动链。

图 6-113

3. 安装。

安装以倒序进行，同时要注意下列事项：提示：拆卸后更换那些拧紧时需要继续旋转一个角度的螺栓。曲轴已用固定螺栓 T40069 固定在上止点位置，如图 6-114。

图 6-114

（1）将平衡轴链轮用固定销 T40116 在“上止点”位置固定在链轮调节范围（如图 6-115 中箭头）内。

（2）根据拆卸时记下的标记把控制机构驱动链放到驱动链轮上。

图 6-115

（3）安装滑轨并拧紧螺栓（如图 6-116 中 1）。

（4）安装链条张紧器并拧紧螺栓（如图 6-116 中 2）。

图 6-116

固定销 T40116 必须大概处于平衡轴的链轮调节范围中部（如图 6-117 中箭头）。

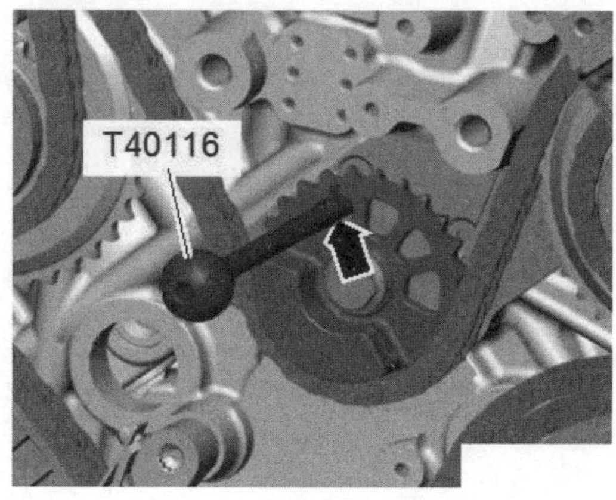

图 6-117

固定销绝不允许靠在左侧或右侧。必要时，将驱动链移动一个齿。

（5）安装取力器驱动链。

（6）安装凸轮轴正时链。

（7）安装正时链的下部盖板。

（七）拆卸和安装机油泵驱动链

1. 所需要的专用工具和维修设备。

定位销 T40071，如图 6-118。

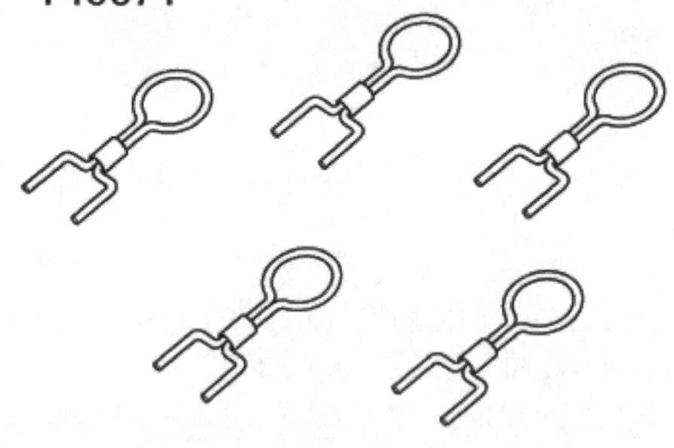

图 6-118

2. 拆卸。

变速器已拆卸。

（1）拆卸正时链下部盖板。

（2）将链条张紧器的弹簧用一个钳子向下压（如图 6-119 中箭头），并用定位销 T40071 固定住。注意！对于用过的驱动链，转动方向相反时有损坏的危险。为重新安装驱动链，用彩色箭头标记记下转动方向。不得通过冲窝、刻槽等对驱动链做标记。

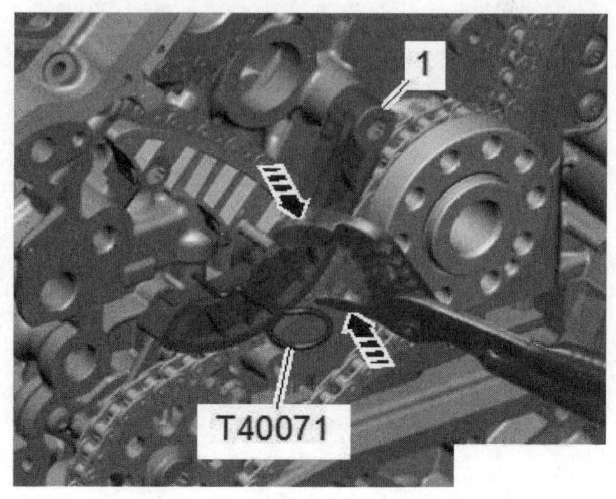

图 6-119

（3）拧出螺栓（如图 6-120 中 1），取下链条张紧器。

（4）拧出螺栓（如图 6-120 中 1），为此用一把螺丝刀（如图 6-120 中 2）固定住链轮。

（5）将驱动链和链轮取下。

图 6-120

3. 安装。

安装以倒序进行，同时要注意：安装正时链的下部盖板。

五、车型

朗逸 230TSI（1.4T CSTA），2014—2017 年。

朗逸 280TSI（1.4T CSSA），2017—2019 年。

途观 L 280TSI（1.4T CSSA），2017—2019 年。

帕萨特 280TSI（1.4T CSSA），2016—2019 年。

凌渡 230TSI（1.4T CSTA），2015—2018 年。

凌渡 280TSI（1.4T CSSA），2015—2019 年。

途观 280TSI（1.4T CSSA），2017—2019 年。

POLO 1.4TSI GTI（1.4T CSSA），2015—2019 年。

桑塔纳 230TSI（1.4T CSTA），2015—2018 年。

途安 L 280TSI（1.4T CSSA），2016—2019 年。

朗行 230TSI（1.4T CSTA），2014—2018 年。

朗境 230TSI（1.4T CSTA），2014—2018 年。

其正时校对方法与第五章中二、车型中的捷达 1.4T（1.4T CSTA），2015—2018 年方法相同，请参考其方法。

六、车型

朗逸 1.6（1.6L CSRA），2013—2017 年。

POLO 1.4（1.4L DAHA），2011—2018 年。

POLO 1.6（1.6L CSRA），2011—2018 年。

桑塔纳 1.4（1.4L CKAA），2013—2018 年。

桑塔纳 1.6（1.6L CPDA），2013—2018 年。

途安 L 1.6（1.6L CSRA），2018—2019 年。

朗行 1.6（1.6L CSRA），2014—2018 年。

朗境 1.6（1.6L CSRA），2014—2018 年。

其正时校对方法与第五章中三、车型中的捷达 1.4L（1.4L CKAA），2013—2018 年方法相同，请参考其方法。

七、车型

途观 L 330TSI（2.0T DBFC），2017—2019 年。

途昂 330TSI（2.0T DBFC），2017—2019 年。

其正时校对方法与第五章中五、车型中的一汽大众 CC 330TSI（2.0T DBFB），2018—2019 年方法相同，请参考其方法。

八、车型

途观 L 380TSI（2.0T CUGA），2017—2019 年。

凌渡 330TSI（1.8T CUFA），2015—2018 年。

凌渡 GTS（2.0T CUGA），2017—2019 年。

途昂 380TSI（2.0T CUGA），2017—2019 年。

途观 300TSI（1.8T CUFA），2017—2019 年。

辉昂 380TSI（2.0T CUHA），2017—2019 年。

其正时校对方法与第五章中四、车型中的速腾 2.0TSI GLi（2.0T CUGA），2016—2018 年方法相同，请参考其方法。

第七章　上汽斯柯达车系

一、车型

明锐 TSI 280（1.4T CSSA），2015—2019 年。

速派 TSI 280（1.4T CSSA），2016—2019 年。

柯珞克 TSI 280（1.4T CSSA），2018—2019 年。

昕动 TSI 230（1.4T CSTA），2014—2018 年。

野帝 TSI 280（1.4T CSSA），2018—2019 年。

其正时校对方法与第五章中二、车型中的捷达 1.4T（1.4T CSTA），2015—2018 年方法相同，请参考其方法。

二、车型

明锐 1.6（1.6L CSRA），2015—2018 年。

昕锐 1.4（1.4L CKAA），2013—2018 年。

昕锐 1.6（1.6L CPDA），2013—2018 年。

昕动 1.4（1.4L CKAA），2016—2018 年。

昕动 1.6（1.6L CPDA），2014—2018 年。

晶锐 1.4（1.4L DAHA），2015—2018 年。

晶锐 1.6（1.6L CSRA），2015—2018 年。

野帝 1.6（1.6L CSRA），2014—2018 年。

其正时校对方法与第五章中三、车型中的捷达 1.4L（1.4L CKAA），2013—2018 年方法相同，请参考其方法。

三、车型

柯迪亚克 TSI 330（2.0T DBFC），2018—2019 年。

其正时校对方法与第五章中五、车型中的一汽大众 CC 330TSI（2.0T DBFB），2018—2019 年方法相同，请参考其方法。

四、车型

柯迪亚克 TSI 380（2.0T CUGA），2018—2019 年。

柯迪亚克 TSI 300（1.8T CUFA），2017—2018 年。

速派 TSI 330（1.8T CUFA），2016—2019 年。

速派 TSI 380（2.0T CUGA），2016—2019 年。

其正时校对方法与第五章中四、车型中的速腾 2.0TSI GLi（2.0T CUGA），2016—2018 年方法相同，请参考其方法。

五、车型

明锐 1.5L（1.5L DLWA），2018—2019 年。

柯米克 1.5L（1.5L DLXA），2018—2019 年。

昕锐 1.5L（1.5L DLXA），2018—2019 年。

其正时校对方法与第六章中二、车型中的朗逸 PLUS 1.5L（1.5L DLWA），2018—2019 年方法相同，请参考其方法。

第八章　丰田车系

一、车型

一汽丰田新威驰 1.3L（1.3L　4NR-FE），2014—2018 年。

一汽丰田新威驰 1.5L（1.5L　5NR-FE），2014—2018 年。

一汽丰田新威驰 FS 1.3L（1.3L　4NR-FE），2017—2019 年。

一汽丰田新威驰 FS 1.5L（1.5L　5NR-FE），2017—2019 年。

（一）检查正时

1. 拆卸。

（1）拆卸正时链条盖总成。

（2）拆卸 1 号链条张紧器总成。

①将凸轮轴正时齿轮总成、排气凸轮轴正时齿轮总成和曲轴固定在如图 8-1 位置（20°　ATDC）。

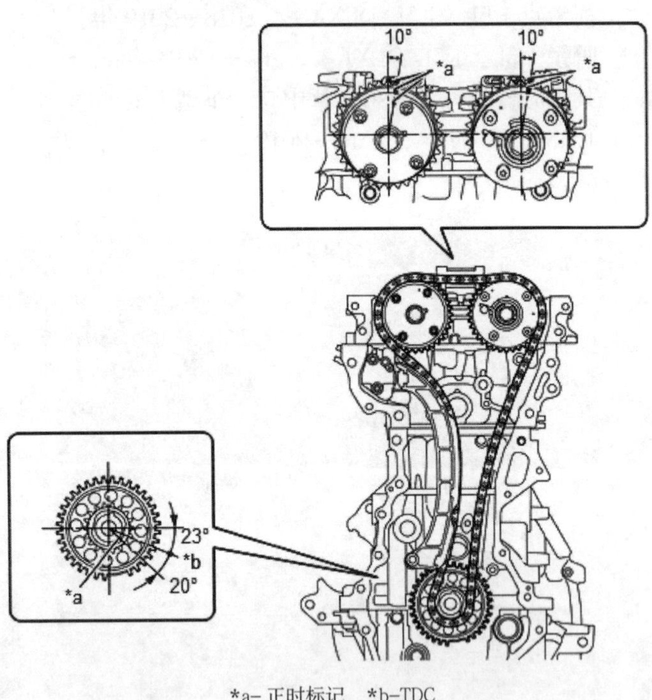

*a- 正时标记　*b-TDC

图 8-1

②向下推挡片以释放锁并推入柱塞，如图 8-2。

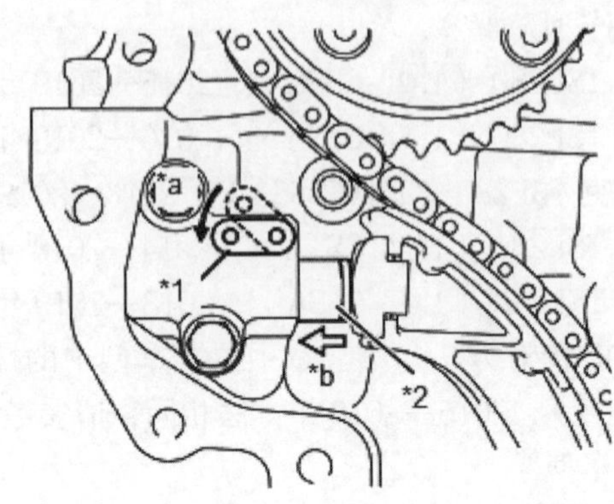

*1- 挡片　*2- 柱塞　*a- 向下推　*b- 推

图 8-2

③在柱塞推入端部的情况下向上拉挡片并锁止柱塞，如图 8-3。

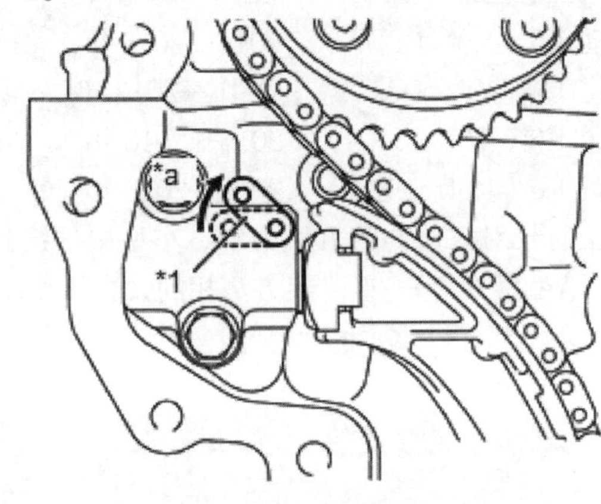

*1- 挡片　*a- 向上拉

图 8-3

④将直径为 3 mm 的销插入挡片的孔内，如图 8-4。

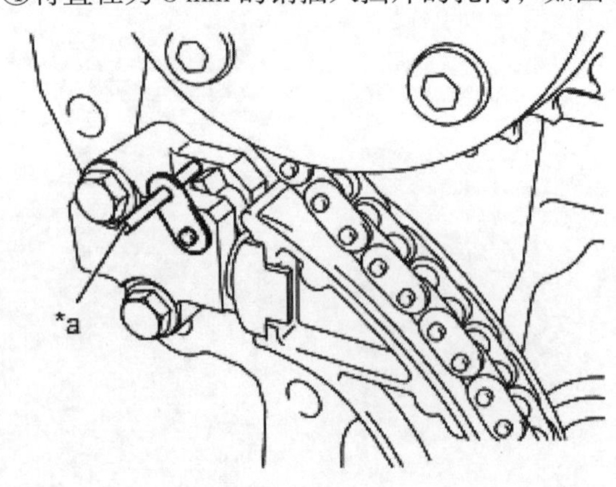

*a- 直径为 3 mm 的销

图 8-4

⑤从气缸盖分总成上拆下 2 个螺栓和 1 号链条张紧器总成，如图 8-5。

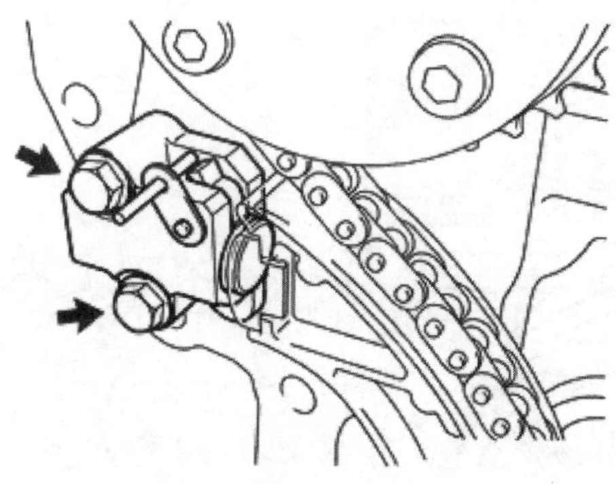

图 8-5

（3）拆卸 2 号链条振动阻尼器。

从凸轮轴轴承盖上拆下 2 个螺栓和 2 号链条振动阻尼器，如图 8-6。

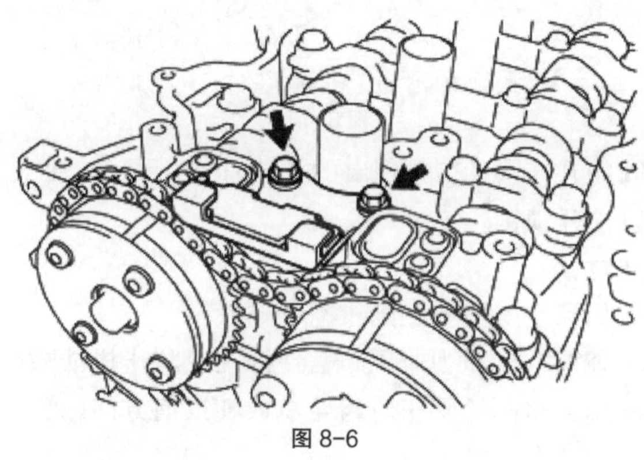

图 8-6

（4）拆卸正时链条张紧臂。

从气缸体分总成上拆下正时链条张紧臂，如图 8-7。

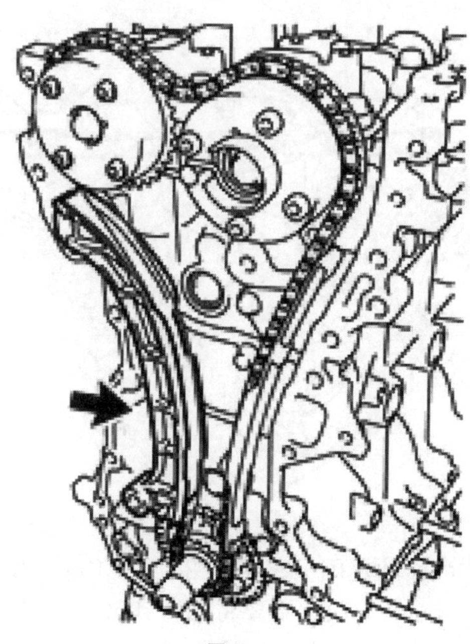

图 8-7

（5）拆卸链条分总成。

从凸轮轴正时齿轮总成、排气凸轮轴正时齿轮总成和曲轴上拆下链条分总成。

（6）拆卸正时链条导板。

从气缸盖分总成和气缸体分总成上拆下 2 个螺栓和正时链条导板，如图 8-8。

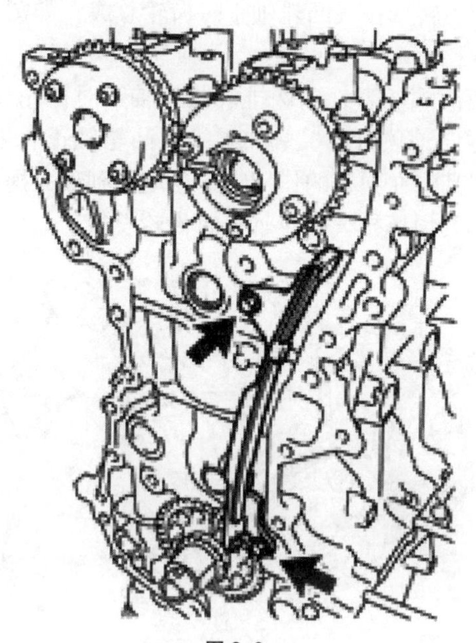

图 8-8

（7）检查排气凸轮轴正时齿轮总成。

检查排气凸轮轴正时齿轮总成的锁止情况。

①清洁凸轮轴轴承盖上的排气侧 VVT 油孔，用胶带或同等工具完全密封油孔以防止空气泄漏。

注意：确保完全密封油孔，因为由于密封不足而导致的漏气将影响锁销松开。

②如图 8-9，在密封油孔的胶带上刺一个孔。

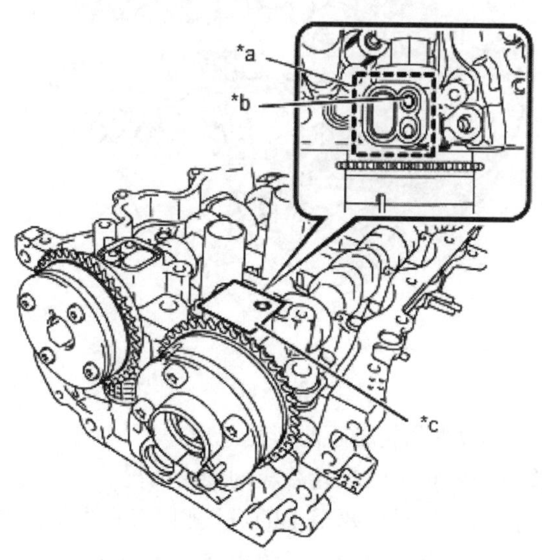

*a- 胶带密封区域　*b- 刺一个孔　*c- 胶带

图 8-9

③向在步骤②中刺出的孔施加约 200 kPa 的空气压力，以松开锁销。

注意：

· 如果空气泄漏，则重新粘贴胶带

· 施加空气压力时用布盖住油孔以防止机油喷出

④使用头部缠有保护胶带的螺丝刀，朝延迟方向（顺时针）用力转动排气凸轮轴正时齿轮总成，如图 8-10。

注意：

· 使用螺丝刀，确保排气凸轮轴正时齿轮总成保持在延迟方向（顺时针）。如果排气凸轮轴正时齿轮总成松开，则其将在弹簧的作用力下自动回到最大提前位置

· 不要损坏排气凸轮轴正时齿轮总成

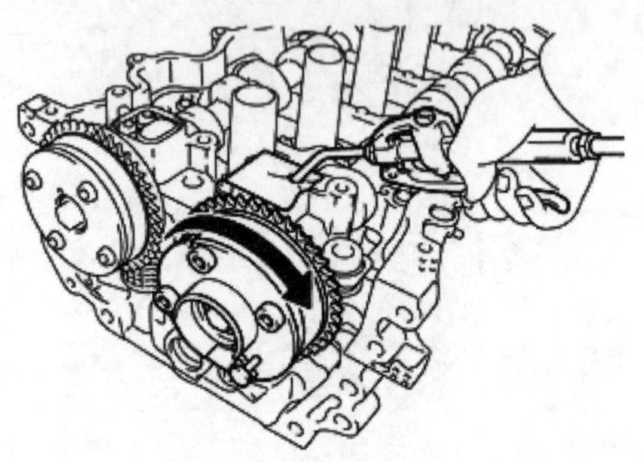

图 8-10

⑤使用头部缠有保护胶带的螺丝刀，在可移动范围（19° ~ 21°）内转动排气凸轮轴正时齿轮总成 2 或 3 次，但不要将其转到最大提前位置。确保排气凸轮轴正时齿轮总成转动平稳。

⑥从凸轮轴轴承盖上拆下胶带，如图 8-11。

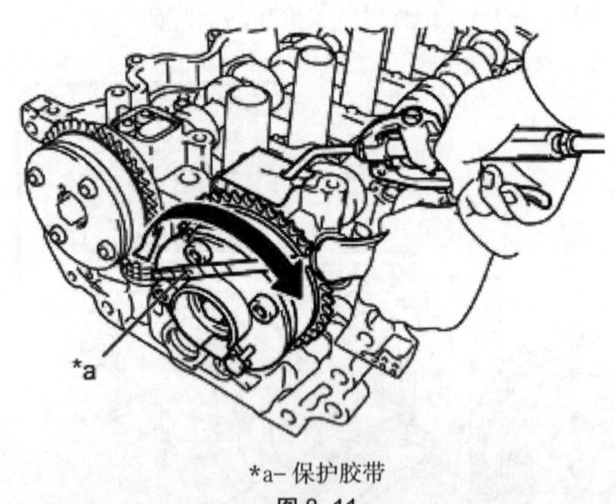

*a- 保护胶带

图 8-11

（8）检查凸轮轴正时齿轮总成。

检查凸轮轴正时齿轮总成的锁止情况。

①清洁凸轮轴轴承盖上的进气侧 VVT 油孔，用胶带或同等工具完全密封油孔以防止空气泄漏。

注意：确保完全密封油孔，因为由于密封不足而导致的漏气将影响锁销松开。

②如图 8-12，在密封油孔的胶带上刺一个孔。

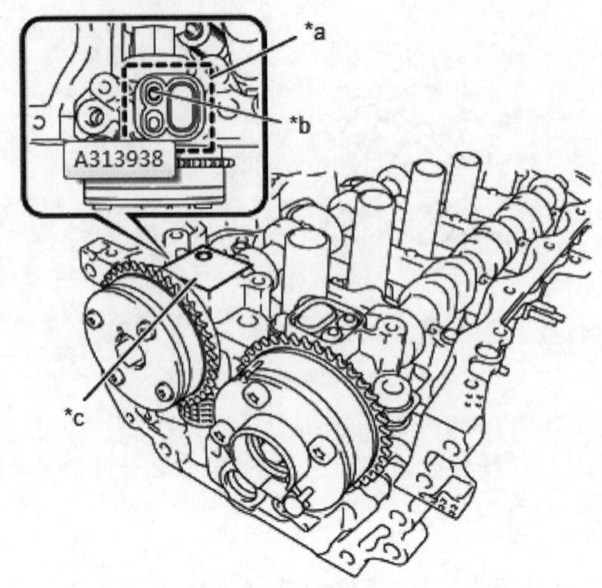

*a- 胶带密封区域　*b- 刺一个孔　*c- 胶带

图 8-12

③向在步骤 ② 中刺出的孔施加约 150kPa 的空气压力，以松开锁销。

注意：

· 如果空气泄漏，则重新粘贴胶带

· 施加空气压力时用布盖住油孔以防止机油喷出

④用力将凸轮轴正时齿轮总成朝提前方向（逆时针）转动，如图 8-13。

提示：凭借施加的空气压力，可能无须手动辅助即可使凸轮轴正时齿轮总成朝提前方向转动。

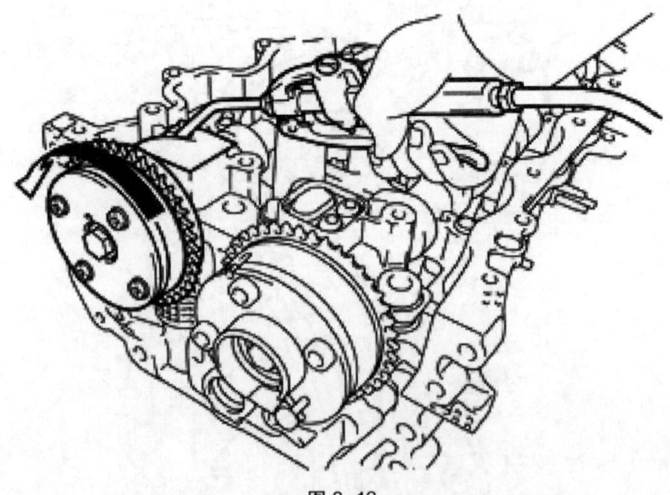

图 8-13

⑤在可移动范围（26.5° ~ 28.5°）内转动凸轮轴正时齿轮总成 2 或 3 次，不要将其转到最大延迟位置。确保凸轮轴正时齿轮总成转动平稳。

⑥从凸轮轴轴承盖上拆下胶带，如图 8-14。

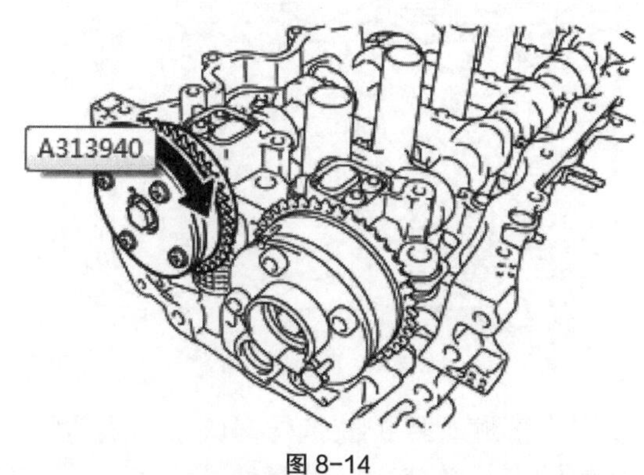

图 8-14

（9）拆卸排气凸轮轴正时齿轮总成。

固定 2 号凸轮轴的六角部分的同时拆下螺栓，然后从 2 号凸轮轴上拆下排气凸轮轴正时齿轮总成，如图 8-15。

注意：

·不要拆下另外 4 个螺栓

·从 2 号凸轮轴上拆下排气凸轮轴正时齿轮总成时，使其保持水平

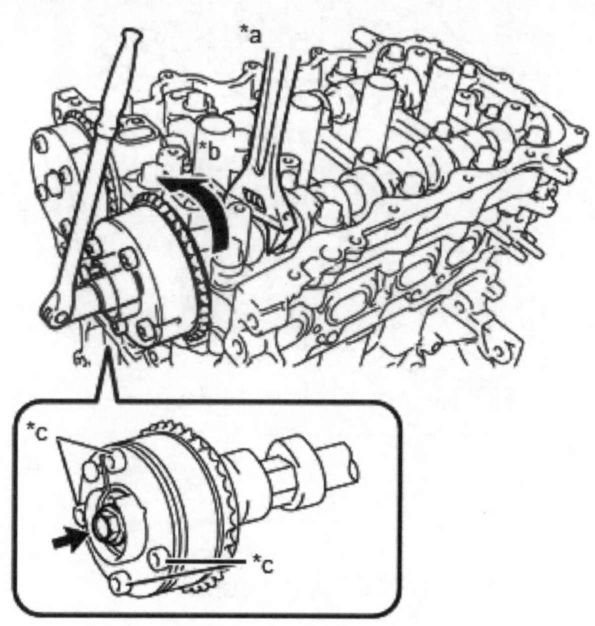

*a- 固定　*b- 转动　*c- 不要拆下

图 8-15

（10）拆卸凸轮轴正时齿轮总成。

固定凸轮轴的六角部分的同时拆下螺栓，然后从凸轮轴上拆下凸轮轴正时齿轮总成，如图 8-16。

注意：

·拆下凸轮轴正时齿轮总成前，确保锁销已松开

·不要拆下另外 4 个螺栓

·从凸轮轴上拆下凸轮轴正时齿轮总成时，使其保持水平

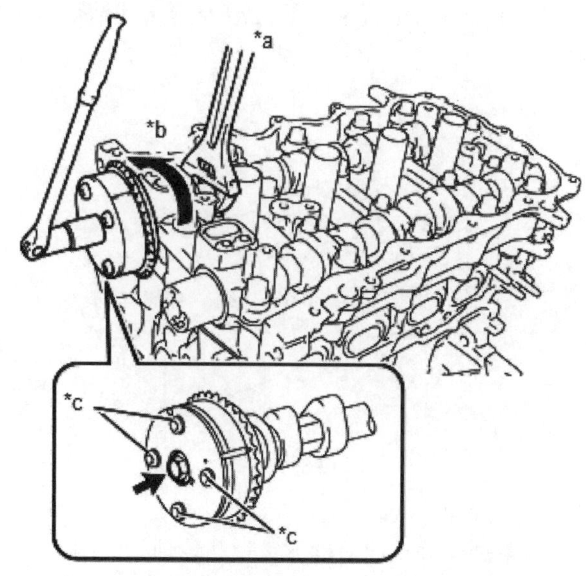

*a- 固定　*b- 转动　*c- 不要拆下

图 8-16

（11）拆卸凸轮轴轴承盖

①按图 8-17 顺序，均匀松开并从凸轮轴壳分总成上拆下 5 个螺栓。

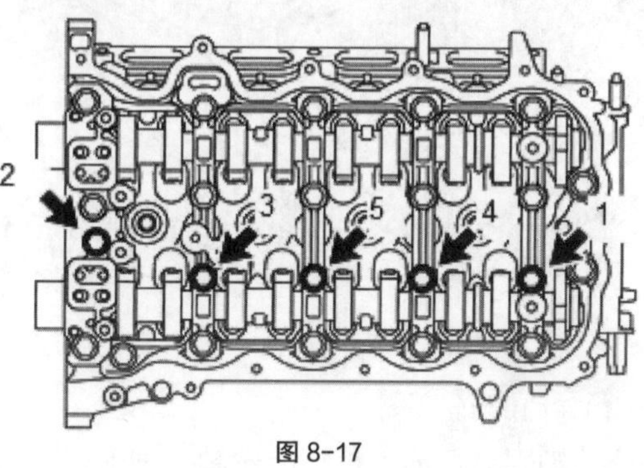

图 8-17

②按图 8-18 顺序均匀松开并从气缸盖分总成上拆下 15 个螺栓。

注意：保持凸轮轴水平的同时均匀拧松螺栓。

③从凸轮轴壳分总成上拆下 5 个凸轮轴轴承盖。

提示：

按正确的顺序摆放拆下的零件。

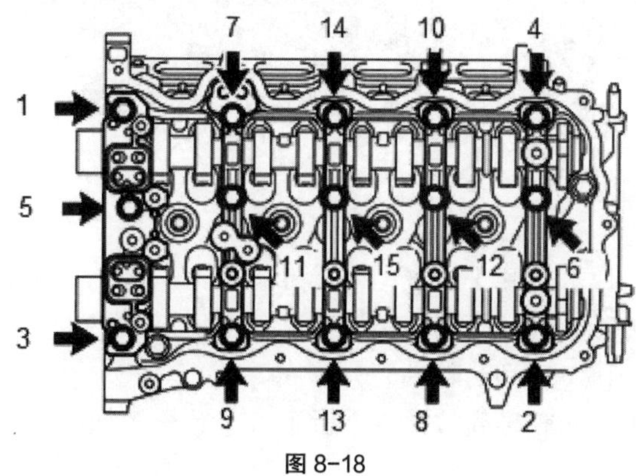

图 8-18

④从凸轮轴轴承盖上拆下机油控制阀滤清器，如图8-19。

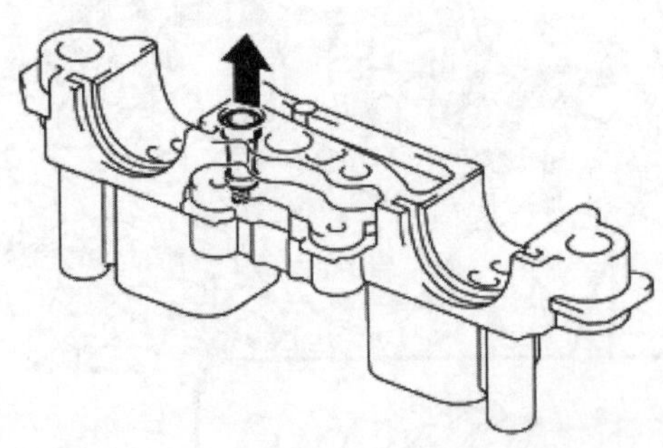

图 8-19

（12）拆卸 2 号凸轮轴。

从凸轮轴壳分总成上拆下 2 号凸轮轴，如图 8-20。

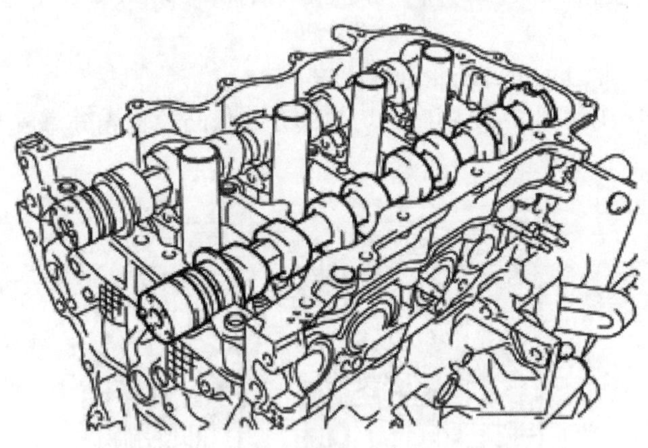

图 8-20

（13）拆卸凸轮轴。

从凸轮轴壳分总成上拆下凸轮轴，如图 8-21。

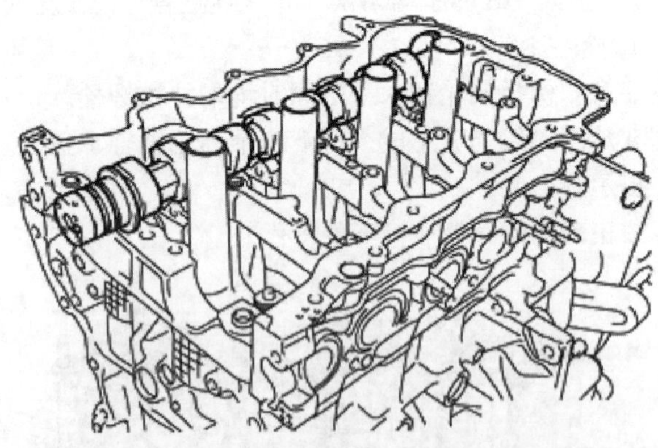

图 8-21

（14）拆卸 1 号气门摇臂分总成。

（15）拆卸气门间隙调节器总成。

（16）拆卸凸轮轴壳分总成。

①从凸轮轴壳分总成上拆下 3 个螺栓，如图 8-22。

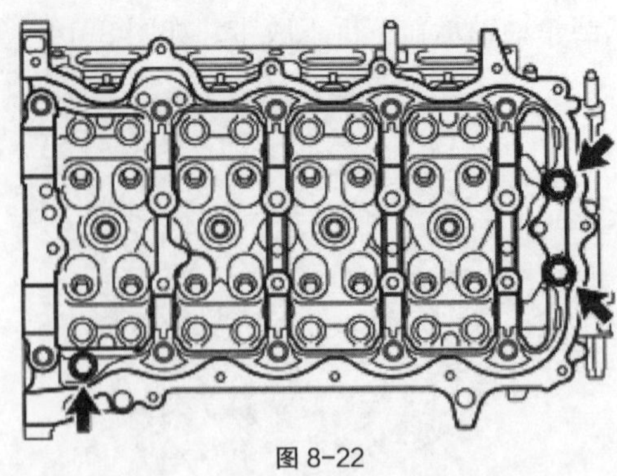

图 8-22

②使用头部缠有保护胶带的螺丝刀，撬动气缸盖分总成和凸轮轴壳分总成之间的部位，拆下凸轮轴壳分总成，如图 8-23。

注意：小心不要损坏气缸盖分总成和凸轮轴壳分总成的接触面。

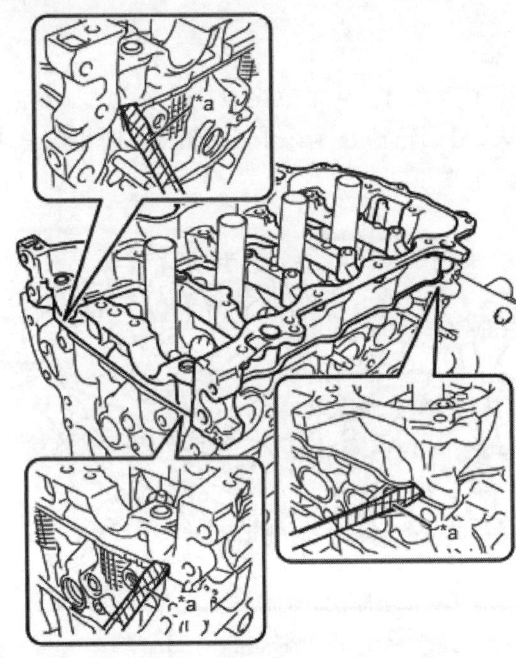

*a- 保护胶带

图 8-23

（17）检查 1 号气门摇臂分总成。

（18）检查气门间隙调节器总成。

2. 安装。

提示：更换凸轮轴、2 号凸轮轴、凸轮轴正时齿轮总成或排气凸轮轴正时齿轮总成后，执行“维修后检查”。

（1）安装气门间隙调节器总成。

（2）安装 1 号气门摇臂分总成。

（3）安装凸轮轴。

①清洁凸轮轴轴颈。

②在凸轮轴轴颈和凸轮轴壳分总成上涂抹一薄层发动机机油。

③将凸轮轴安装到凸轮轴壳分总成上，如图 8-24。

提示：更换凸轮轴后，执行“维修后检查”。

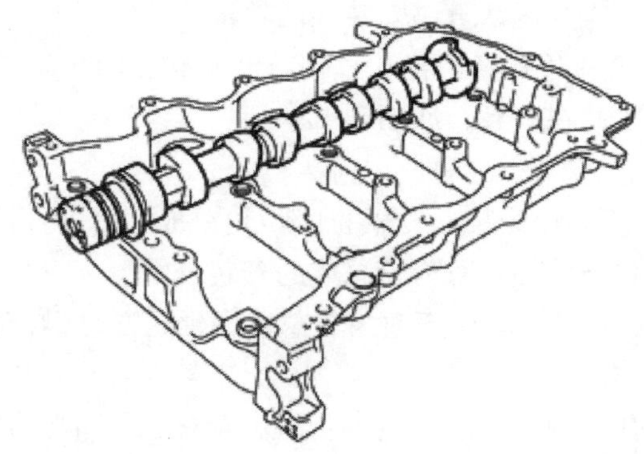

图 8-24

（4）安装 2 号凸轮轴，如图 8-25。

①清洁 2 号凸轮轴轴颈。

②在 2 号凸轮轴轴颈和凸轮轴壳分总成上涂抹一薄层发动机机油。

③将 2 号凸轮轴安装到凸轮轴壳分总成上。

提示：更换 2 号凸轮轴后，执行“维修后检查”。

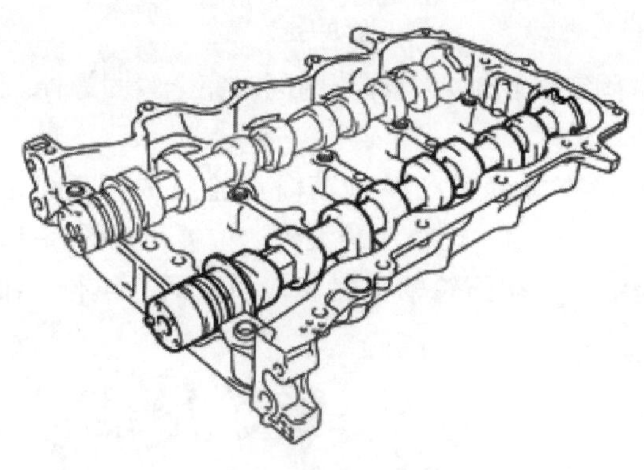

图 8-25

（5）安装凸轮轴轴承盖。

①检查并确认机油控制阀滤清器滤网上没有异物。

②将机油控制阀滤清器安装到凸轮轴轴承盖上，如图 8-26。

注意：安装机油控制阀滤清器时，不要触碰滤网。

③在凸轮轴轴承盖上涂抹发动机机油。

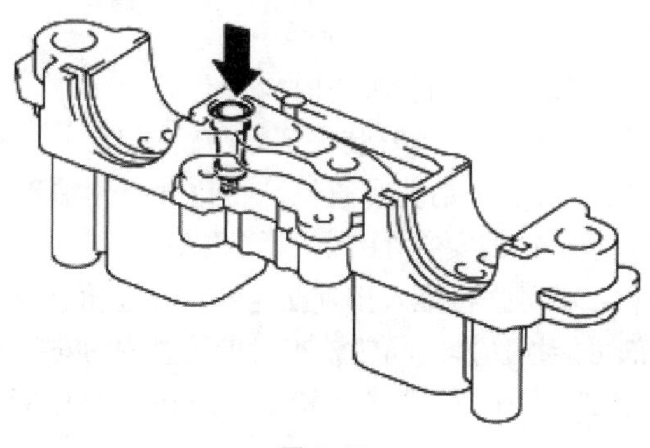

图 8-26

④暂时将 5 个凸轮轴轴承盖紧固到凸轮轴壳分总成上。

⑤按图 8-27 中顺序，完全紧固 5 个螺栓。扭矩：16N · m。

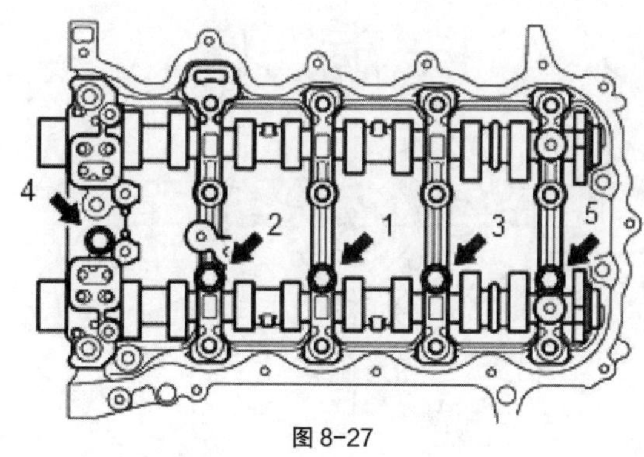

图 8-27

（6）安装凸轮轴壳分总成。

①确保将 1 号气门摇臂分总成安装到如图 8-28 位置。

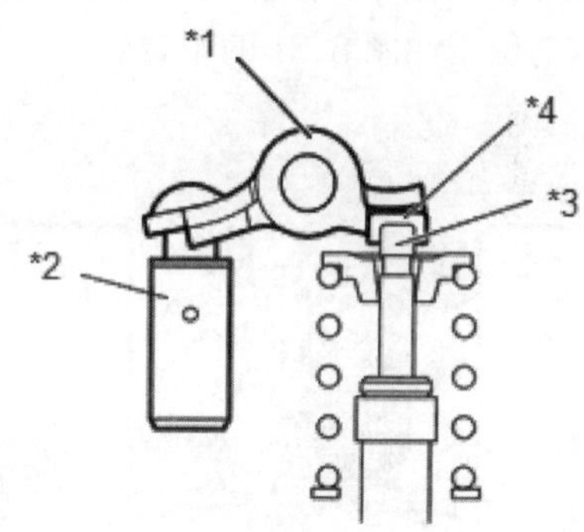

*1-1 号气门摇臂分总成　*2- 气门间隙调节器总成　*3- 气门　*4- 气门杆盖

图 8-28

② 如图 8-29，连续涂抹密封胶。

密封胶：丰田原厂黑密封胶、THREE BOND 1207B 或同等产品。

注意：

· 清除接触面的所有机油

· 涂抹密封胶后 3min 内安装凸轮轴壳分总成，并在 15min 内紧固螺栓

· 安装后至少 2h 内不要启动发动机

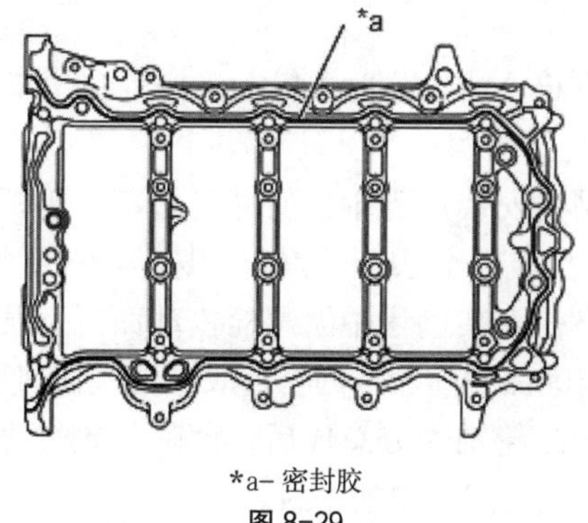

*a- 密封胶

图 8-29

③ 将曲轴固定在如图 8-30 位置（40° BTDC）。

注意：

安装凸轮轴壳分总成后，定位 1 号气缸时，顺时针转动曲轴。

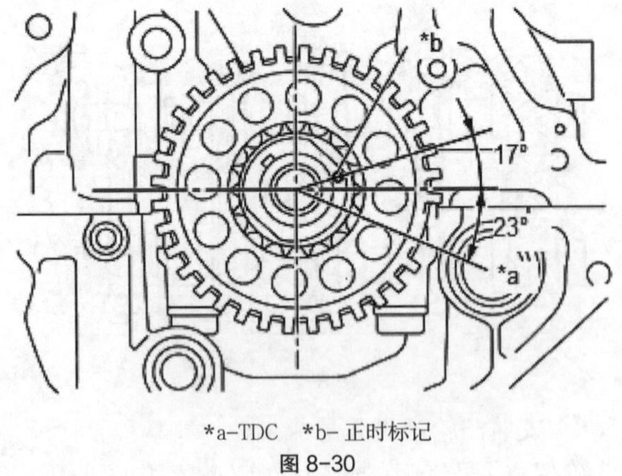

*a-TDC *b- 正时标记

图 8-30

④如图 8-31，固定凸轮轴和 2 号凸轮轴。提示：确保凸轮轴的直销位于如图 8-31 的位置。

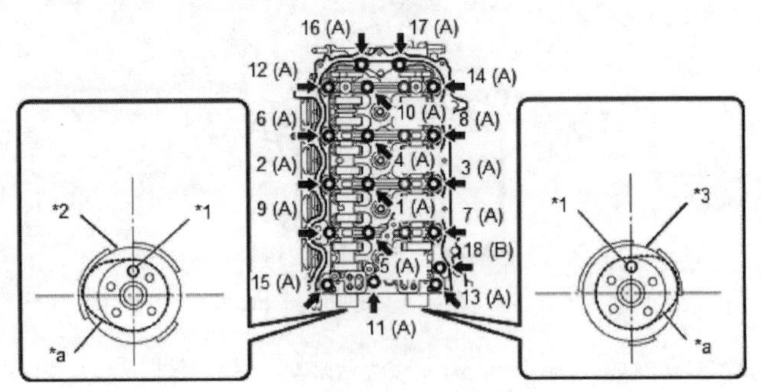

*1- 直销 *2- 凸轮轴 *3-2 号凸轮轴 *a-1 号气缸凸轮

图 8-31

⑤用 18 个螺栓按图 8-31 顺序将凸轮轴壳分总成安装到气缸盖分总成上。

螺栓长度如表 8-1。

表 8-1 螺栓长度

项目	长度 /mm
螺栓 A	70
螺栓 B	35

扭矩：30N · m。

注意：

· 安装凸轮轴壳分总成后，确保直销位于如图 8-31 位置

· 如果在安装过程中任何螺栓松动，则拆下凸轮轴壳分总成、清洁安装表面并重新涂抹密封胶

· 如果在安装过程中因螺栓松动而拆下凸轮轴壳分总成，则应确保先前涂抹的密封胶未进入任何机油通道

· 安装凸轮轴壳分总成后，擦除凸轮轴壳分总成和气缸盖分总成之间渗出的密封胶

（7）安装凸轮轴正时齿轮总成。

①检查并确认直销安装在凸轮轴上。

②通过对齐直销孔和直销将凸轮轴正时齿轮总成和凸轮轴安装在一起，如图 8-32。

注意：

· 不要用力推凸轮轴正时齿轮总成。否则直销顶部可能损伤凸轮轴正时齿轮总成的安装表面

· 不要使凸轮轴正时齿轮总成朝延迟方向（顺时针）转动

③用螺栓暂时将凸轮轴正时齿轮总成紧固至凸轮轴。

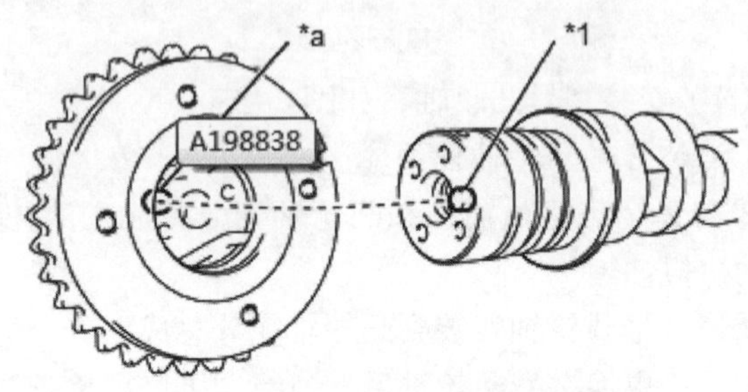

*1- 直销 *a- 直销孔

图 8-32

④ 固定凸轮轴六角部分的同时完全紧固螺栓。扭矩：54N · m。

⑤ 检查并确认凸轮轴正时齿轮总成可朝延迟方向（顺时针）移动并锁止在最大延迟位置，如图 8-33。

提示：更换凸轮轴正时齿轮总成后，执行“维修后检查”。

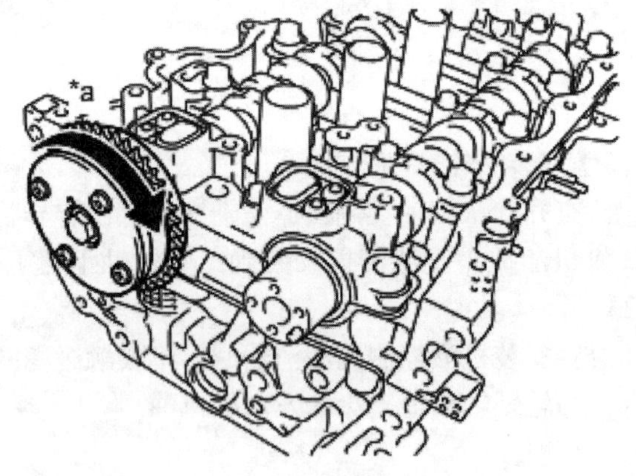

图 8-33

（8）安装排气凸轮轴正时齿轮总成。

①检查并确认直销安装在 2 号凸轮轴上。

② 通过对准直销孔和直销，将排气凸轮轴正时齿轮总成和 2 号凸轮轴安装在一起，如图 8-34。

注意：不可强行推入排气凸轮轴正时齿轮总成。否则直销顶部可能损伤排气凸轮轴正时齿轮总成的安装表面。

③用螺栓暂时将排气凸轮轴正时齿轮总成紧固至 2 号凸轮轴。

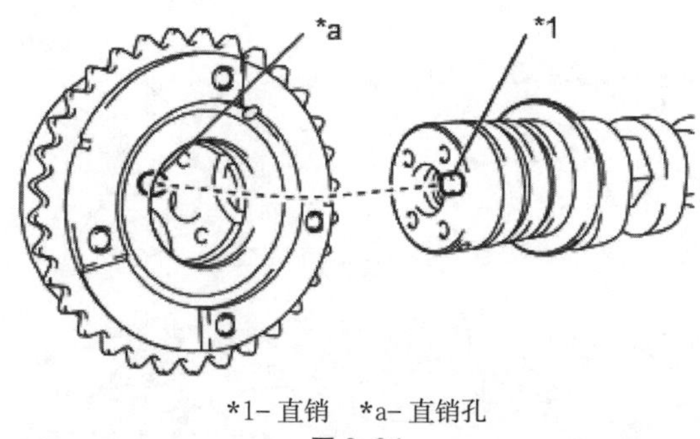

*1- 直销　*a- 直销孔

图 8-34

④ 固定 2 号凸轮轴的六角部分的同时完全紧固螺栓，如图 8-35。扭矩：54N · m。

⑤确保排气凸轮轴正时齿轮总成锁止。提示：更换排气凸轮轴正时齿轮总成后，执行“维修后检查”。

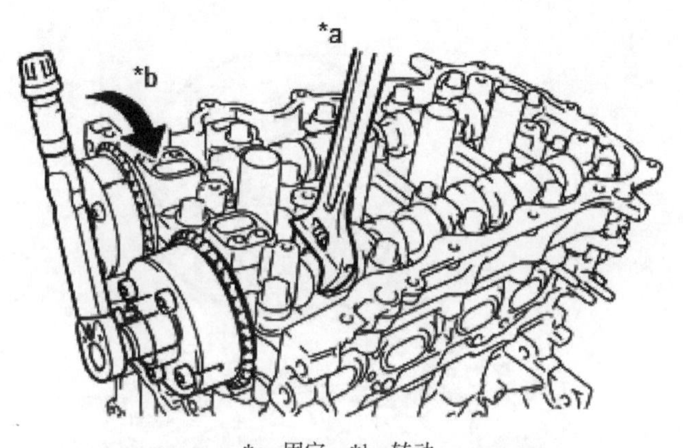

*a- 固定　*b- 转动

图 8-35

（9）安装正时链条导板。

用 2 个螺栓将正时链条导板安装到气缸盖分总成和气缸体分总成上。扭矩：10N · m。

（10）安装链条分总成。

①将曲轴固定在如图 8-36 位置（90°　ATDC）。提示：确保曲轴的正时标记位于如图 8-36 的位置。

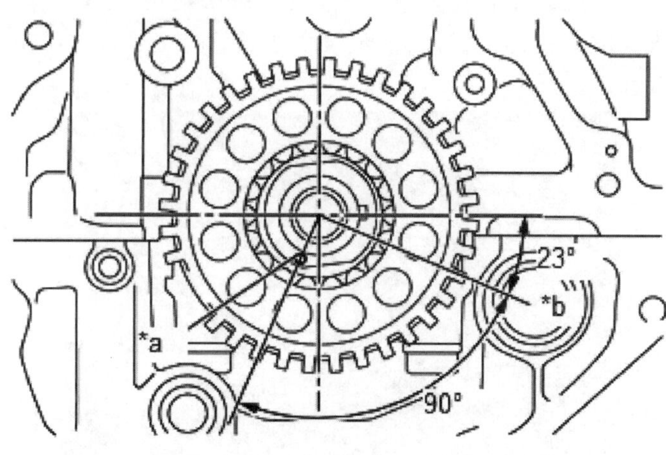

*a- 正时标记　*b-TDC

图 8-36

②将凸轮轴正时齿轮总成固定在如图 8-37 位置（24°　ATDC）。

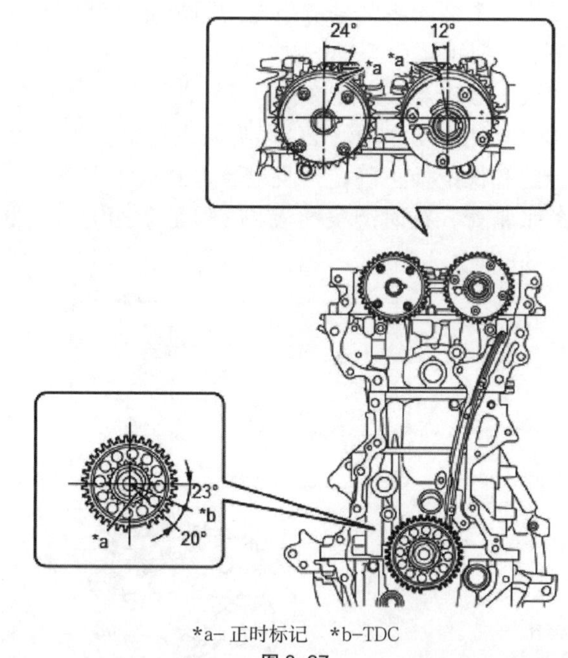

*a- 正时标记　*b-TDC

图 8-37

③将排气凸轮轴正时齿轮总成固定在如图 8-37 位置（12°　BTDC）。

④将曲轴固定在如图 8-38 位置（20°　ATDC）。

⑤将凸轮轴正时齿轮总成、排气凸轮轴正时齿轮总成和曲轴的正时标记与链条分总成的标记板对齐，并安装链条分总成。

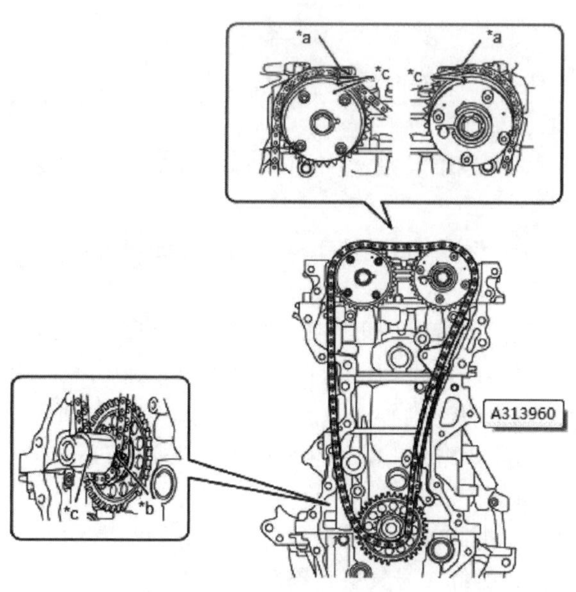

*a- 标记板（橙色）　*b- 标记板（黄色）　*c- 正时标记

图 8-38

（11）安装正时链条张紧臂。

将正时链条张紧臂安装到气缸体分总成上。

（12）安装 1 号链条张紧器总成。

①用 2 个螺栓将 1 号链条张紧器总成安装到气缸盖分总成上。扭矩：10N・m。

②用 2 个螺栓将 2 号链条振动阻尼器安装到凸轮轴轴承盖上。扭矩：10N・m。

③从 1 号链条张紧器总成上拆下直径为 3mm 的销。

④逆时针转动曲轴约 20°以将其设定至 TDC。确保正时标记和标记板正确定位且链条分总成牢固安装至正时链条张紧臂、正时链条导板和 2 号链条振动阻尼器，如图 8-39。

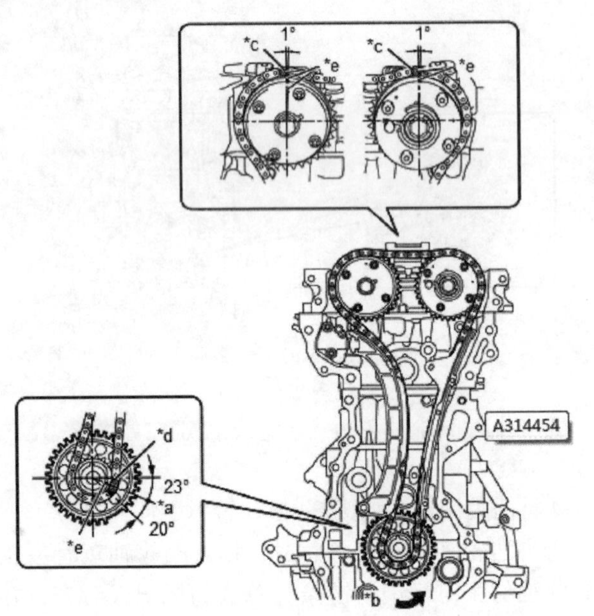

*a-TDC *b-转动 *c-标记板（橙色） *d-标记板（黄色） *e-正时标记

图 8-39

（13）安装正时链条盖总成。

二、车型

一汽丰田卡罗拉 1.6L（1.6L 1ZR-FE），2011—2018 年。

一汽丰田卡罗拉 1.8L（1.8L 2ZR-FE），2011—2018 年。

广汽丰田雷凌 1.6L（1.6L 1ZR-FE），2014—2016 年。

广汽丰田雷凌 1.8 GS（1.8L 2ZR-FE），2014—2018 年。

广汽丰田逸致 1.6L（1.6L 1ZR-FE），2011—2018 年。

广汽丰田逸致 1.8 GS（1.8L 2ZR-FE），2011—2018 年。

1. 拆卸。

（1）拆卸前围上外板分总成。

（2）拆卸 2 号气缸盖罩。

（3）拆卸点火线圈总成。

（4）断开 2 号通风软管。

滑动卡子并从气缸盖罩分总成上断开 2 号通风软管，如图 8-40。

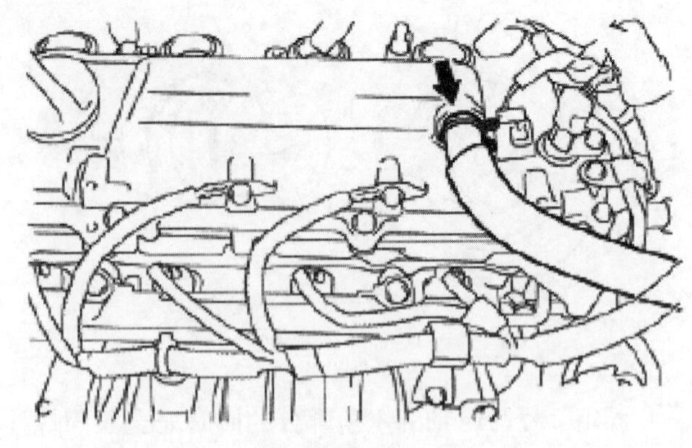

图 8-40

（5）断开发动机线束。

拆下 2 个螺栓并断开 5 个连接器、5 个卡夹和发动机线束，如图 8-41。

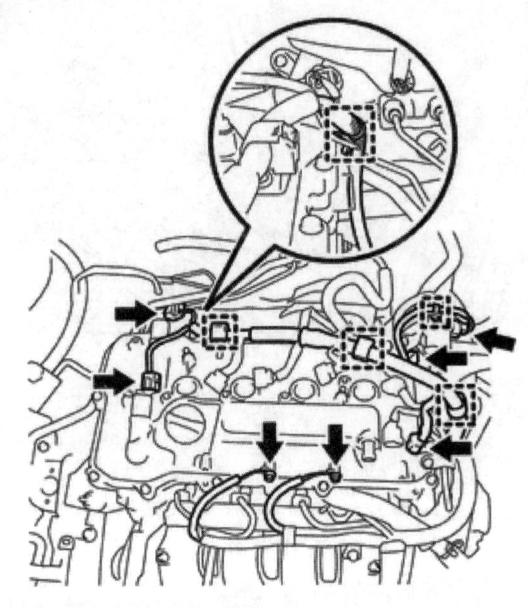

图 8-41

（6）拆卸空气管。

①滑动 3 个卡子并断开连接管软管接头、1 号燃油蒸气供给软管、2 号燃油蒸气供给软管和 1 号真空传输软管，如图 8-42。

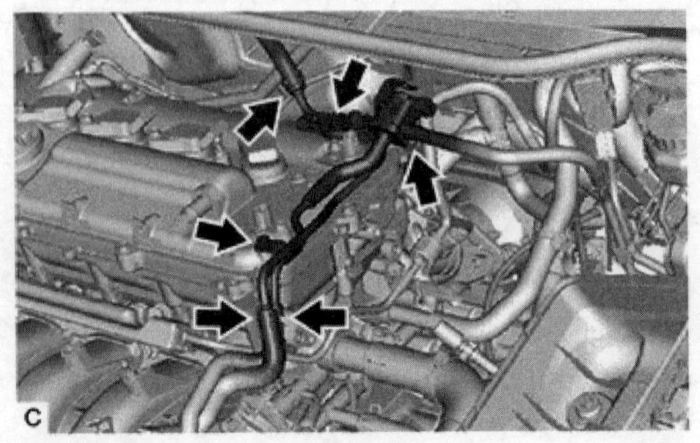

图 8-42

②拆下 2 个螺栓和空气管。

（7）拆卸气缸盖罩分总成。

（8）拆卸气缸盖罩衬垫。

（9）将 1 号气缸设定至 TDC/ 压缩。

①转动曲轴皮带轮直至其正时槽口（凹槽）与正时链条盖分总成的正时标记“0”对准，如图 8-43。

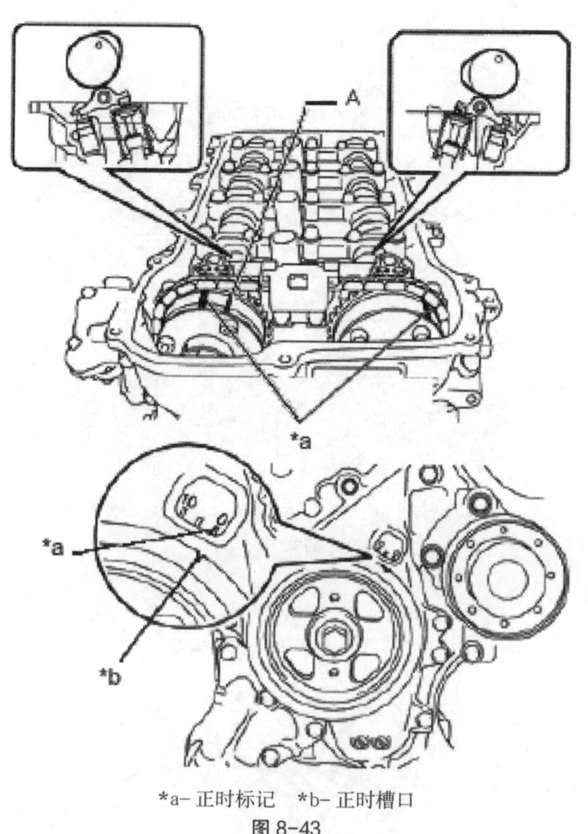

*a- 正时标记 *b- 正时槽口

图 8-43

②如图 8-43，检查并确认排气凸轮轴正时齿轮总成和凸轮轴正时齿轮总成上的正时标记朝上。如果没有对准，则转动曲轴 1 圈（360°）以对准图 8-43 中的正时标记。提示：“A”不是正时标记。

③将链条分总成上的油漆标记与凸轮轴正时齿轮总成和排气凸轮轴正时齿轮总成上的正时标记对准，如图 8-44。提示：“A”不是正时标记。

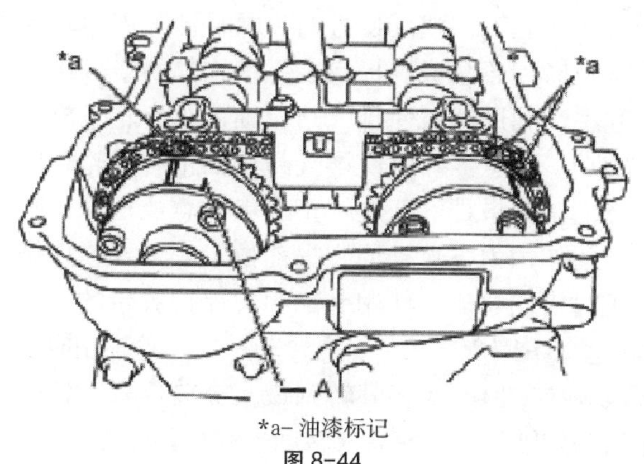

*a- 油漆标记

图 8-44

（10）拆卸 2 号链条振动阻尼器。

使用 SST，从凸轮轴轴承盖上拆下 2 个螺栓和 2 号链条振动阻尼器，如图 8-45。

图 8-45

（11）拆卸 1 号链条张紧器总成。

（12）拆卸排气凸轮轴正时齿轮总成。

①用扳手固定 2 号凸轮轴的六角部分时，用 SST 松开螺栓，如图 8-46。注意：不要拆下其他 4 个螺栓（“TORX”梅花螺栓）。如果拆下其中任一个，则更换排气凸轮轴正时齿轮总成。提示：由于空间不足，无法从排气凸轮轴正时齿轮总成上分别拆下螺栓。

*a- 固定 *b- 转动 *c- 螺栓

图 8-46

②用扳手固定凸轮轴的六角部分，并逆时针轻轻转动凸轮轴以松开链条分总成。注意：不要过度转动凸轮轴。提示：由于链条拉紧时无法拆下排气凸轮轴正时齿轮总成，因此务必松开链条分总成。

③拆下链条分总成时，水平拉出排气凸轮轴正时齿轮总成，然后向上安装螺栓，如图 8-47。

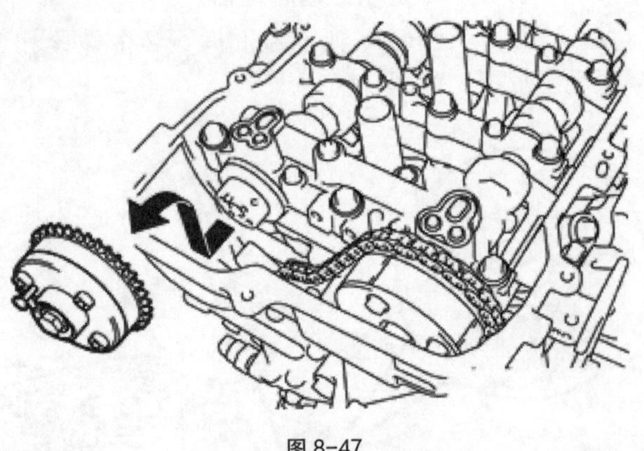

图 8-47

（13）检查排气凸轮轴正时齿轮总成。

①暂时安装排气凸轮轴正时齿轮总成。将螺栓插入排气凸轮轴正时齿轮总成。将 2 号凸轮轴上的直销与排气凸轮轴正时齿轮总成内的销孔对准，并用螺栓将排气凸轮轴正时齿轮总成暂时安装到 2 号凸轮轴上，如图 8-48。注意：在该步骤中，不要将链条分总成安装到排气凸轮轴正时齿轮总成上。安装排气凸轮轴正时齿轮总成时，不要使链条分总成干扰排气凸轮轴正时齿轮总成。

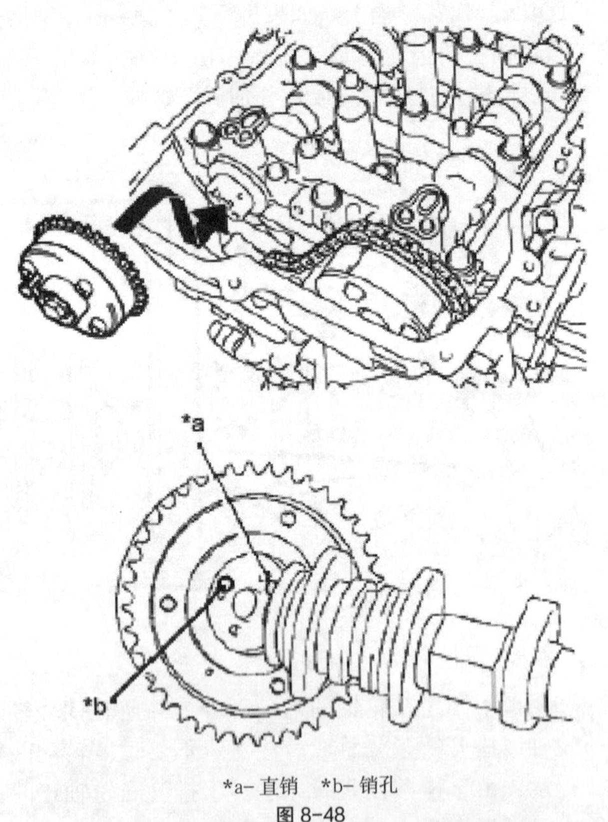

*a- 直销　*b- 销孔

图 8-48

②检查排气凸轮轴正时齿轮总成的锁止情况。检查并确认排气凸轮轴正时齿轮总成锁止。如果排气凸轮轴正时齿轮总成未按规定工作，则将其更换。

③检查排气凸轮轴正时齿轮总成的工作情况。提示：如果排气凸轮轴正时齿轮总成未按规定工作，则将其更换。如图 8-49，清洁凸轮轴轴承盖内的排气侧 VVT 油孔后，用胶带或同等工具完全密封油孔以防止空气泄漏。注意：确保完全密封油孔，因为由于密封不足而导致的漏气将影响锁销松开。如图 8-50，在覆盖油孔的胶带上钻一个孔。向在钻出的孔施加约 200 kPa 的空气压力，以松开锁销。

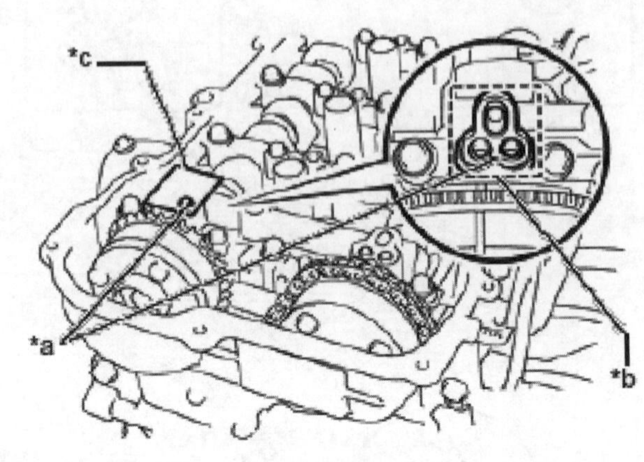

*a- 钻一个孔　*b- 胶带密封区域　*c- 胶带

图 8-49

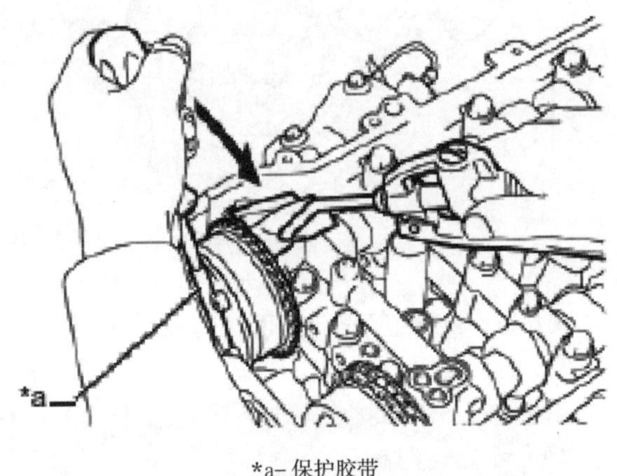

*a- 保护胶带

图 8-50

注意：如果空气泄漏，则重新粘贴胶带。施加空气压力时用布盖住油孔以防止机油喷出。使用头部缠有保护胶带的螺丝刀，朝延迟方向（顺时针）用力转动排气凸轮轴正时齿轮总成。提示：凭借施加的空气压力，可能无须手动辅助即可使排气凸轮轴正时齿轮总成朝延迟方向转动。注意：确保使排气凸轮轴正时齿轮总成朝向延迟方向。如果排气凸轮轴正时齿轮总成松开，则其将在弹簧的作用力下自动回到提前位置。不要损坏排气凸轮轴正时齿轮总成。使用头部缠有保护胶带的螺丝刀，在可移动范围（19° ~21°）内转动排气凸轮轴正时齿轮总成 2 或 3 次，但不要将其转到最大提前位置。检查并确认排气凸轮轴正时齿轮总成转动平稳，如图 8-51。

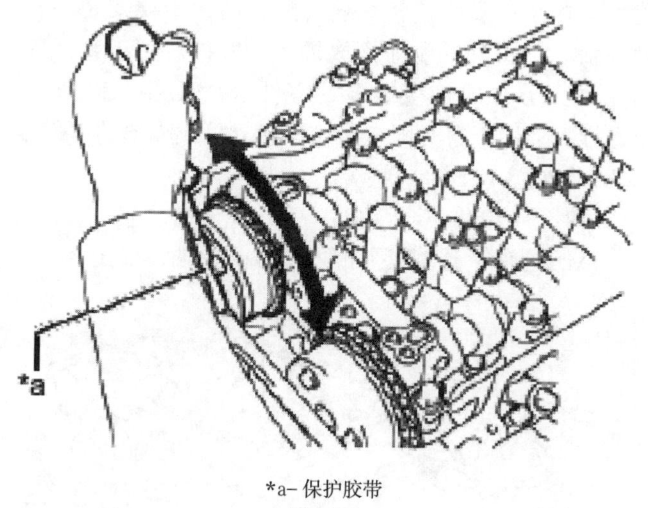

*a- 保护胶带

图 8-51

锁止排气凸轮轴正时齿轮总成。注意：检查并确认排气凸轮轴正时齿轮总成在最大提前位置锁止（其移动范围的最大提前位置）且无法再转动。从凸轮轴轴承盖上拆下胶带。

④拆下排气凸轮轴正时齿轮总成，如图 8-52。拆下暂时安装的排气凸轮轴正时齿轮总成。

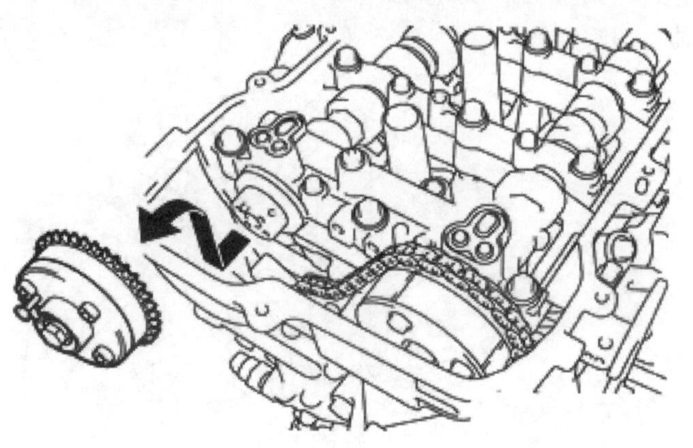

图 8-52

（14）检查凸轮轴正时齿轮总成。

检查凸轮轴正时齿轮总成的锁止情况。

①检查并确认凸轮轴正时齿轮总成锁止。如果凸轮轴正时齿轮总成未按规定工作，则将其更换。

②检查凸轮轴正时齿轮总成的工作情况。提示：如果凸轮轴正时齿轮总成未按规定工作，则将其更换。

③如图 8-53，清洁凸轮轴轴承盖内的进气侧 VVT 油孔后，用胶带或同等工具完全密封油孔以防止空气泄漏。注意：确保完全密封油孔，因为由于密封不足而导致的漏气将影响锁销松开。

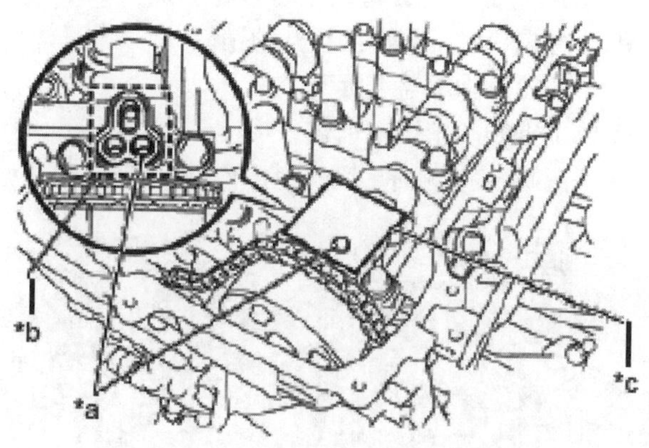

*a- 钻一个孔　*b- 胶带密封区域　*c- 胶带

图 8-53

④如图 8-53，在覆盖油孔的胶带上钻一个孔。

向在步骤④中钻出的孔施加约 150kPa 的空气压力，以松开锁销，如图 8-54。

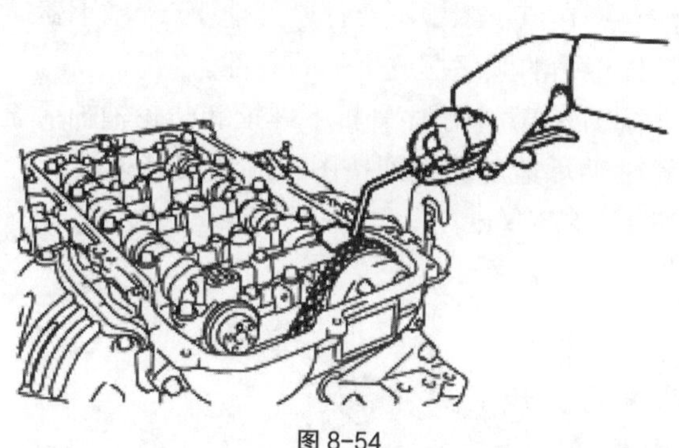

图 8-54

注意：如果空气泄漏，则重新粘贴胶带。施加空气压力时用布盖住油孔以防止机油喷出。

⑤用力将凸轮轴正时齿轮总成朝提前方向（逆时针）转动。提示：凭借施加的空气压力，可能无须手动辅助即可使凸轮轴正时齿轮总成朝提前方向转动。

⑥在可移动范围（20.5°~22.5°）内转动凸轮轴正时齿轮总成 2 或 3 次，不要将其转到最大延迟位置。检查并确认凸轮轴正时齿轮总成转动平稳，如图 8-55。

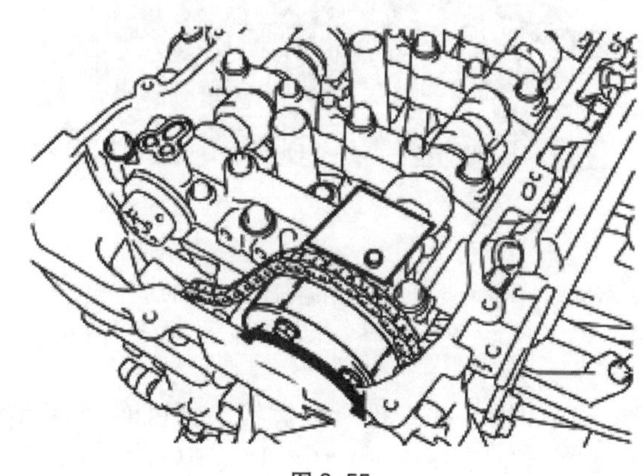

图 8-55

注意：不要锁止凸轮轴正时齿轮总成。如果凸轮轴正时齿轮总成锁止，则再次松开锁销。

⑦从凸轮轴轴承盖上拆下胶带。

（15）拆卸凸轮轴轴承盖。

①按图 8-56 中顺序，均匀地拧松并拆下 10 个螺栓。

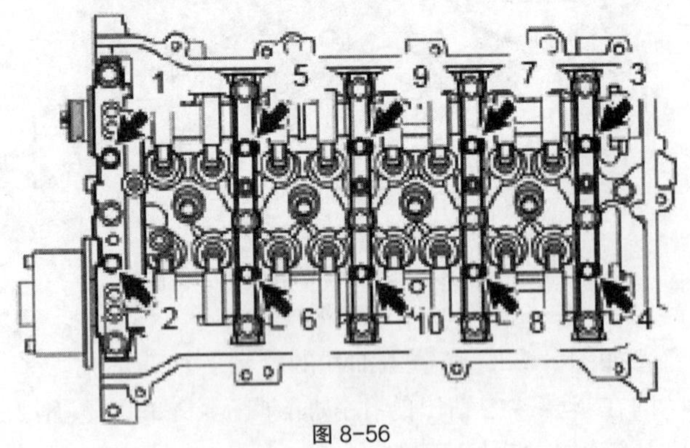

图 8-56

注意：在该步骤中不要拧松其他 15 个轴承盖螺栓。提示：按正确的顺序摆放拆下的零件。

②按图 8-57 中顺序，拆下螺栓和凸轮轴轴承盖。拆下凸轮轴轴承盖后，立即按图中顺序安装连接螺栓和隔垫。扭矩：27N·m。

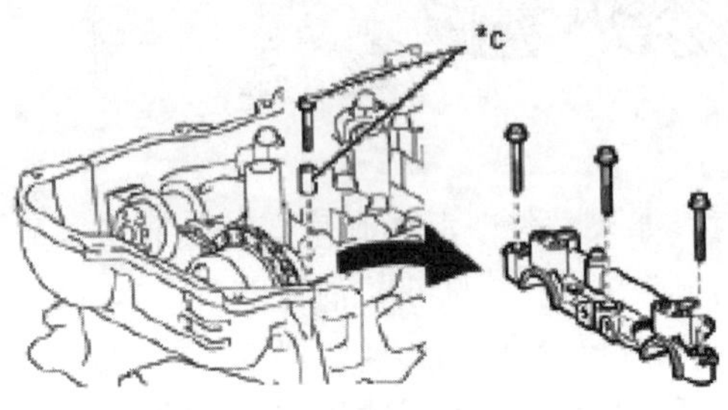

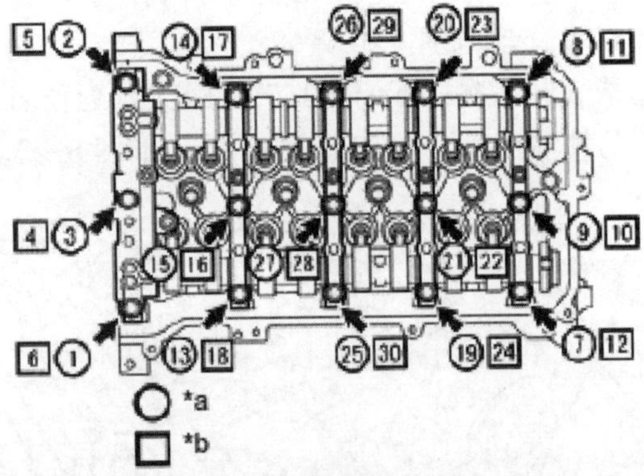

*a- 零件的拆卸顺序　*b- 暂时紧固凸轮轴壳分总成的连接螺栓和隔垫的安装顺序　*c- 连接螺栓和隔垫（用于暂时固定凸轮轴壳分总成）

图 8-57

注意：如果一次拧松所有螺栓，则可能剥离凸轮轴壳分总成和气缸盖分总成上的 FIPG，从而导致漏油。因此，确保一次将连接螺栓和隔垫安装到一个凸轮轴轴承盖上。提示：安装连接螺栓和隔垫时，不要安装凸轮轴轴承盖。按正确的顺序摆放拆下的零件。用于暂时固定凸轮轴壳分总成连接螺栓的零件号：91551-G0875（15 个螺栓）；用于暂时固定凸轮轴壳分总成隔垫的零件号：90387-12048（15 个隔垫）。

（16）拆卸 2 号凸轮轴。

从凸轮轴壳分总成上拆下 2 号凸轮轴，如图 8-58。

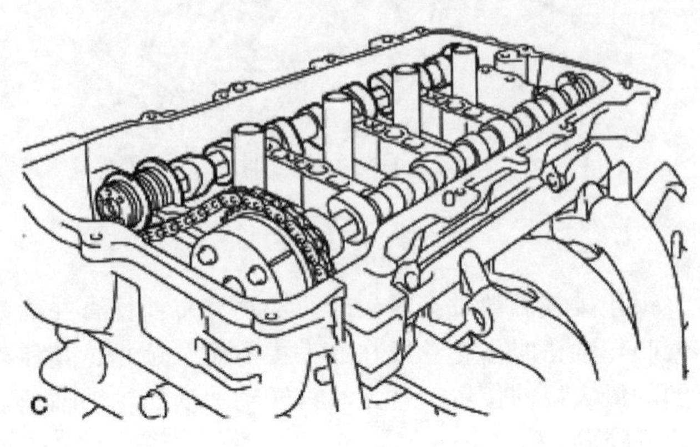

图 8-58

（17）拆卸凸轮轴。

①抬升链条分总成并从凸轮轴壳分总成上拆下凸轮轴，如图 8-59。

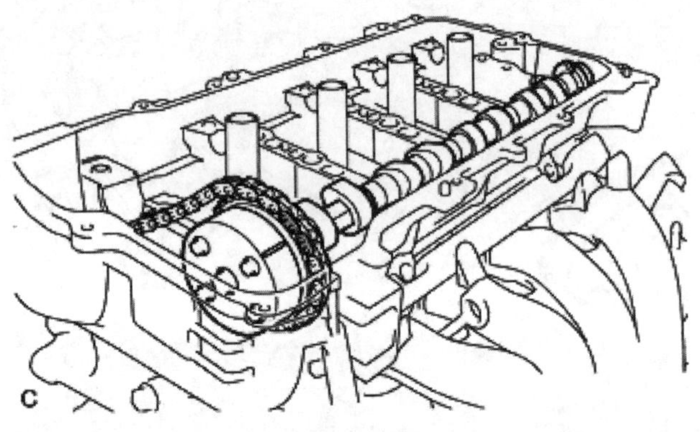

图 8-59

②使用细绳或类似物品悬挂链条分总成，如图 8-60。

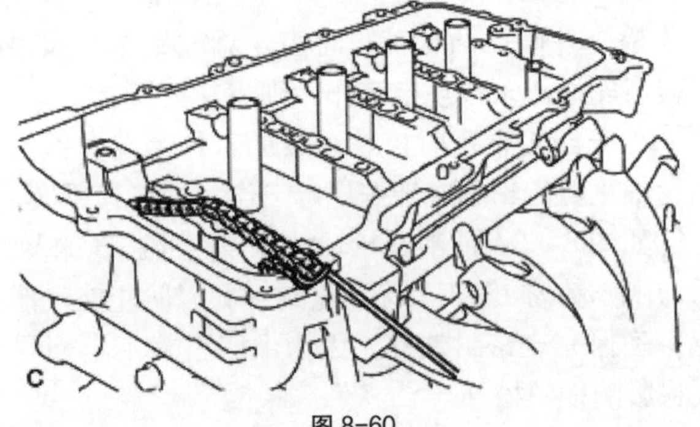

图 8-60

（18）拆卸凸轮轴正时齿轮总成。

①将凸轮轴的六角部分固定在软面台钳内。

②拆下螺栓和凸轮轴正时齿轮总成，如图 8-61。

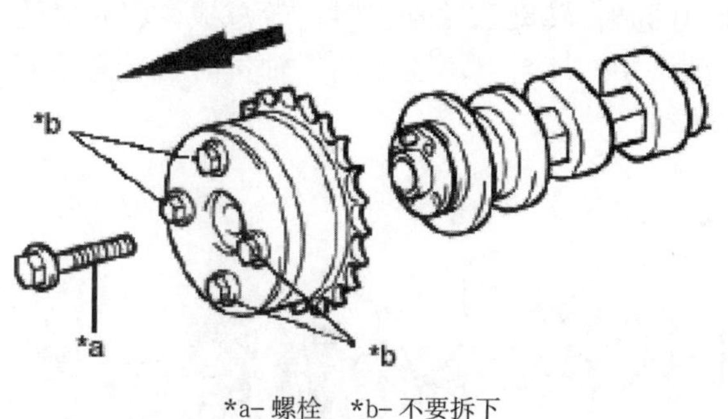

*a- 螺栓　*b- 不要拆下

图 8-61

注意：拆下凸轮轴正时齿轮总成前，确保锁销已松开。不要拆下其他 4 个螺栓。从凸轮轴上拆下凸轮轴正时齿轮总成时，使其保持水平。如果要重新使用凸轮轴正时齿轮总成，则务必在锁销松开的情况下使用。

（19）拆卸 1 号凸轮轴轴承。

从凸轮轴轴承盖上拆下 2 个 1 号凸轮轴轴承，如图 8-62。

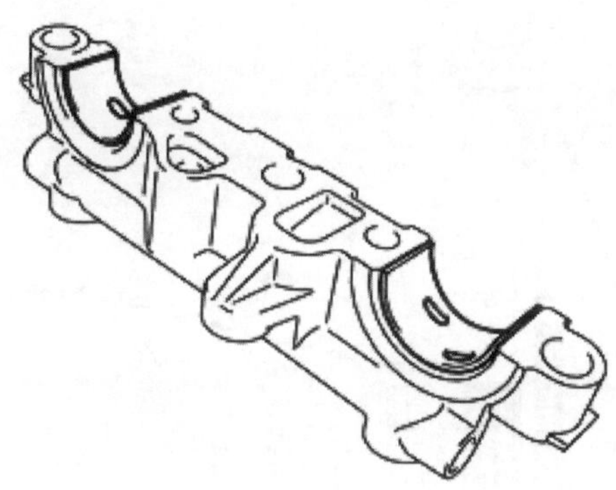

图 8-62

注意：按正确的顺序摆放拆下的零件。

（20）拆卸 2 号凸轮轴轴承。

从凸轮轴壳分总成上拆下 2 个 2 号凸轮轴轴承，如图 8-63。

图 8-63

注意：按正确的顺序摆放拆下的零件。

2. 安装

提示：更换凸轮轴、2 号凸轮轴、凸轮轴正时齿轮总成或排气凸轮轴正时齿轮总成后，执行“维修后检查”。

（1）安装 1 号凸轮轴轴承。

①清洁 2 个 1 号凸轮轴轴承的表面。注意：不要在 1 号凸轮轴轴承或接触面上涂抹发动机机油。

②将 2 个 1 号凸轮轴轴承安装到凸轮轴轴承盖上。

③使用游标卡尺，测量凸轮轴轴承盖边缘和 1 号凸轮轴轴承边缘之间的距离，如图 8-64。A 和 B 之间的差值：0.7mm 或更小。注意：通过测量尺寸 A 和 B，将 1 号凸轮轴轴承固定至凸轮轴轴承盖中心。

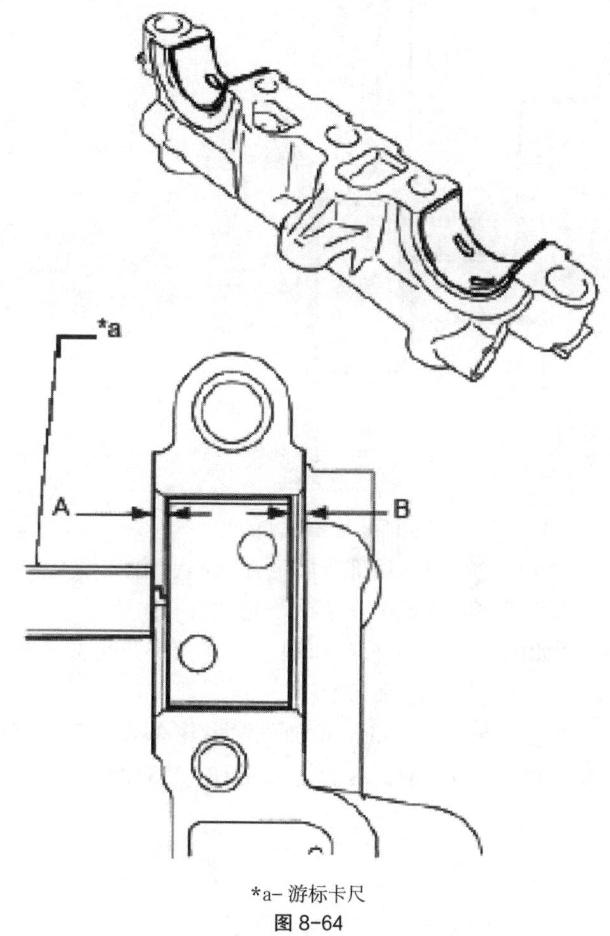

*a- 游标卡尺

图 8-64

（2）安装 2 号凸轮轴轴承。

①清洁 2 个 2 号凸轮轴轴承的表面。注意：不要在 2 号凸轮轴轴承或接触面上涂抹发动机机油。

②将 2 个 2 号凸轮轴轴承安装到凸轮轴壳分总成上。

③使用游标卡尺，测量凸轮轴壳分总成边缘和 2 号凸轮轴轴承边缘之间的距离。如图 8-65，尺寸 A：5~75 mm。注意：通过测量尺寸 A，将 2 号凸轮轴轴承固定至凸轮轴壳分总成中心。

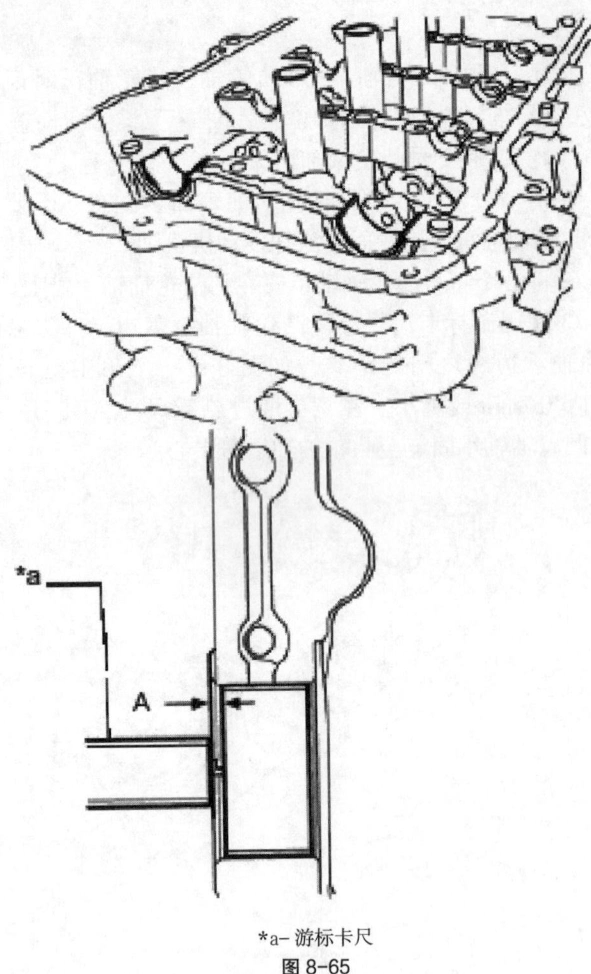

*a- 游标卡尺
图 8-65

（3）安装凸轮轴正时齿轮总成。

①将凸轮轴的六角部分固定在软面台钳内。

②检查并确认直销安装在凸轮轴上。

③如图 8-66，使直销和键槽错开，将凸轮轴正时齿轮总成和凸轮轴安装在一起。

注意：不要用力推凸轮轴正时齿轮总成。否则直销顶部可能损伤凸轮轴正时齿轮总成的安装表面。

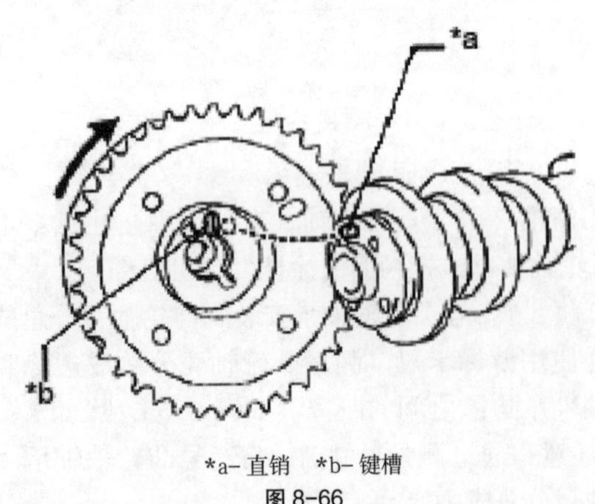

*a- 直销 *b- 键槽
图 8-66

④如图 8-67，在将凸轮轴正时齿轮总成轻轻压向凸轮轴的同时，转动凸轮轴正时齿轮总成。将直销进一步推入键槽中。注意：不要使凸轮轴正时齿轮总成朝延迟方向转动。

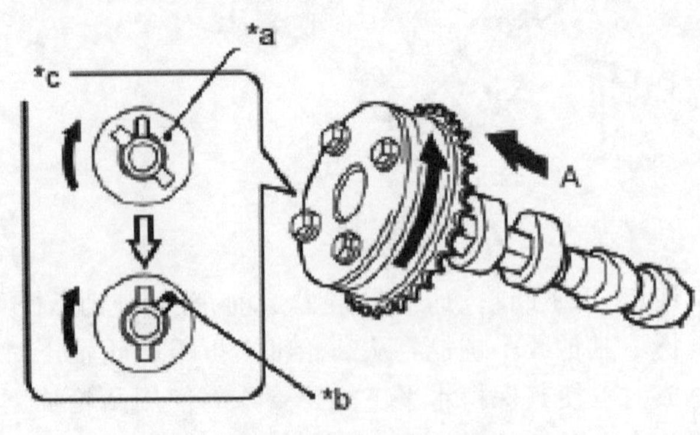

*a- 直销 *b- 键槽 *c- 视图 A
图 8-67

⑤检查并确认凸轮轴正时齿轮总成与凸轮轴法兰之间无间隙，如图 8-68。

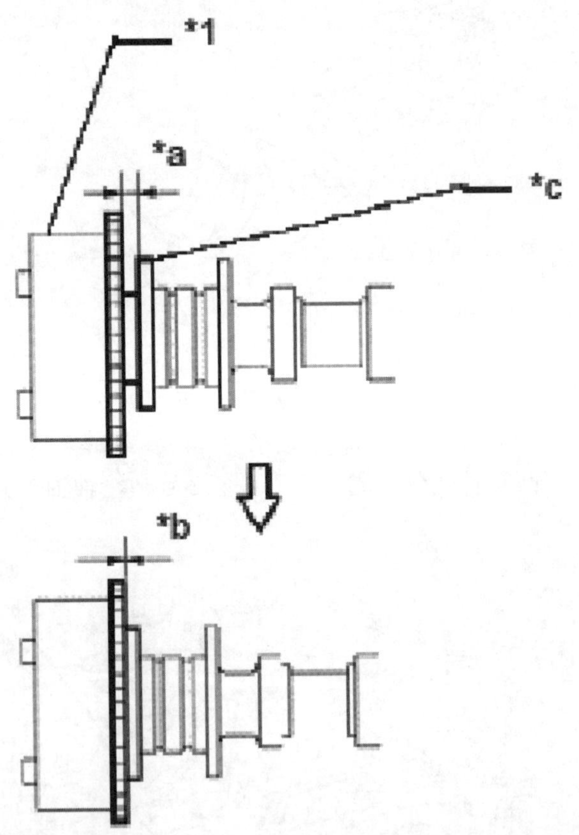

*1- 凸轮轴正时齿轮总成 *a- 间隙 *b- 无间隙 *c- 凸轮轴法兰
图 8-68

⑥在凸轮轴正时齿轮总成牢固到位的情况下紧固螺栓，如图 8-69。扭矩：54N · m。注意：紧固螺栓时，不要使凸轮轴正时齿轮总成转动。

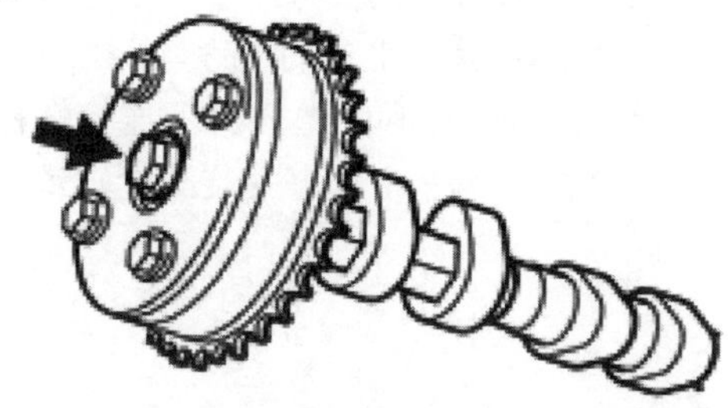

图 8-69

⑦检查并确认凸轮轴正时齿轮总成可朝延迟方向(顺时针)移动并锁止在最大延迟位置，如图 8-70。提示：更换凸轮轴正时齿轮总成后，执行“维修后检查”。

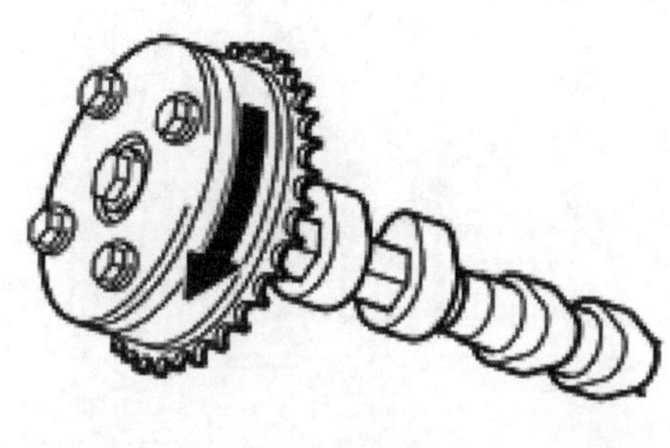

*a- 锁止

图 8-70

(4) 安装凸轮轴。

①确保将 1 号气门摇臂分总成安装到图中位置，如图 8-71。

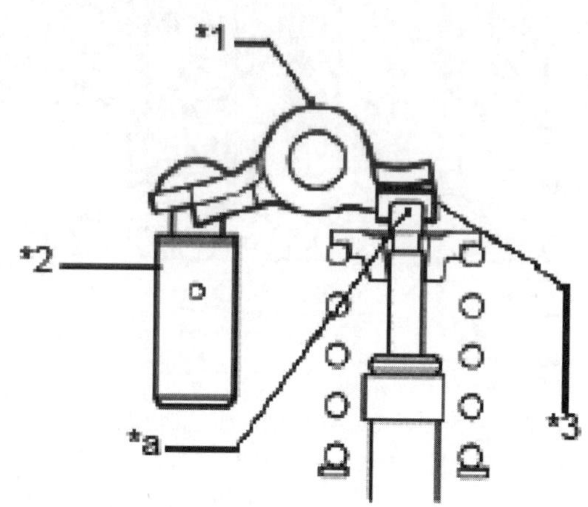

*1-1 号气门摇臂分总成 *2- 气门间隙调节器总成 *3- 气门杆盖 *a- 气门杆

图 8-71

②清洁凸轮轴轴颈。

③在凸轮轴轴颈、凸轮轴壳分总成和凸轮轴轴承盖上涂抹一薄层发动机机油。

④抬升链条分总成，将正时标记和油漆标记对准，并将凸轮轴安装到凸轮轴壳分总成上，如图 8-72。提示：更换凸轮轴后，执行“维修后检查”。

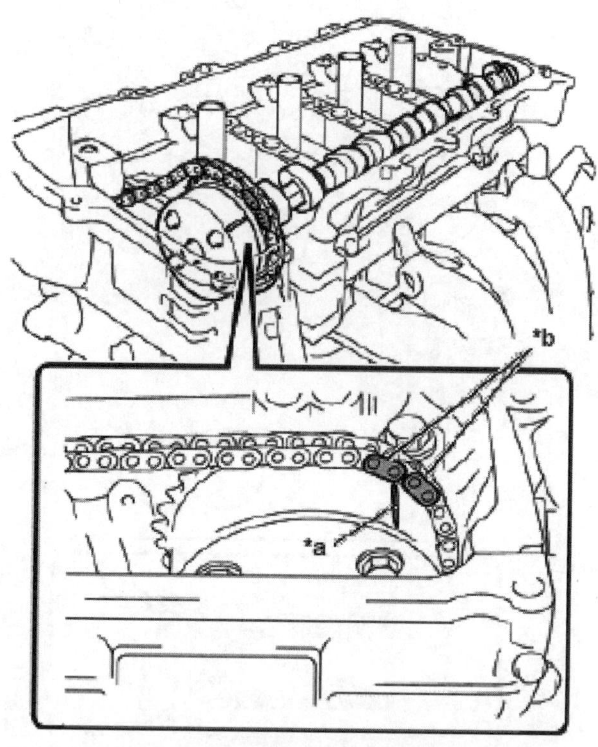

*a- 正时标记 *b- 油漆标记

图 8-72

(5) 安装 2 号凸轮轴。

①确保将 1 号气门摇臂分总成安装到如图 8-73 位置。

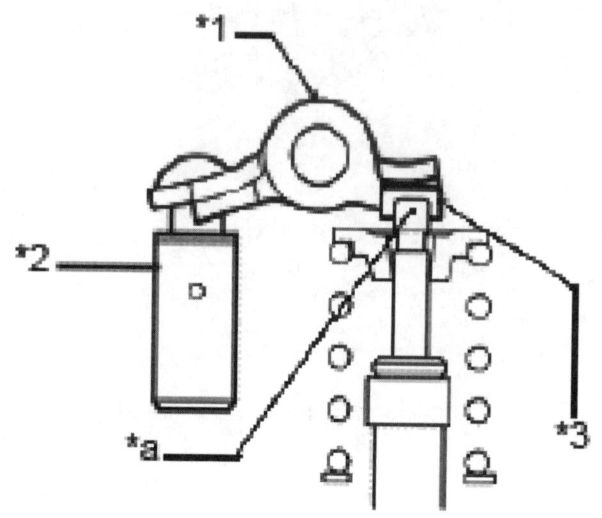

*1-1 号气门摇臂分总成 *2- 气门间隙调节器总成 *3- 气门杆盖 *a- 气门杆

图 8-73

②清洁 2 号凸轮轴轴颈。

③在 2 号凸轮轴轴颈和凸轮轴壳分总成上涂抹一薄层发动机机油。

④将 2 号凸轮轴安装到凸轮轴壳分总成上，如图 8-74。提示：更换 2 号凸轮轴后，执行“维修后检查”。

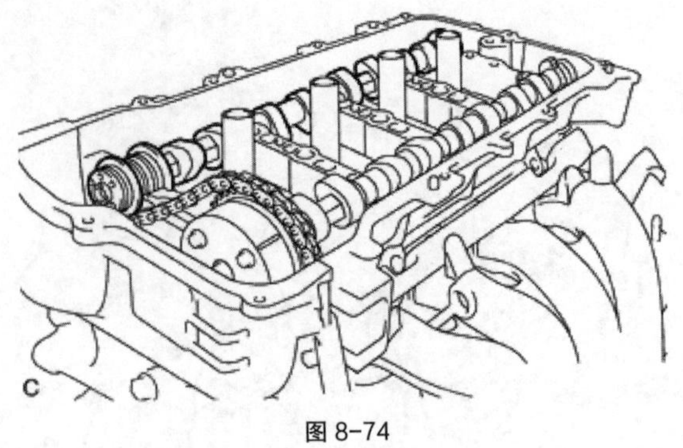

图 8-74

（6）安装凸轮轴轴承盖。

①检查凸轮轴轴承盖上的标记和编号，然后按图8-75中顺序拆下连接螺栓和隔垫。拆下连接螺栓和隔垫后，立即用螺栓按图8-75中顺序安装凸轮轴轴承盖。扭矩：27N · m。

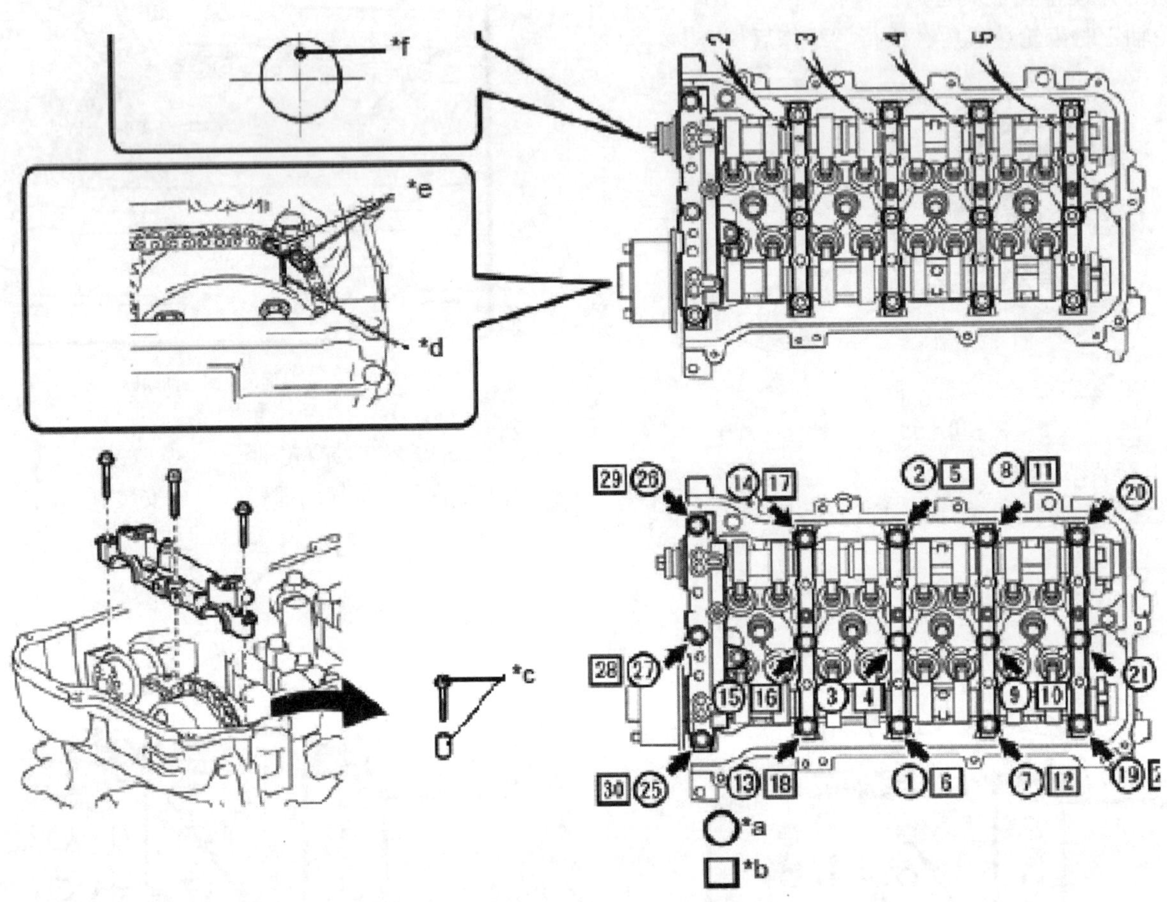

*a- 暂时紧固凸轮轴壳分总成的连接螺栓和隔垫的拆卸顺序　*b- 零件的安装顺序　*c- 连接螺栓和隔垫（用于暂时固定凸轮轴壳分总成）　*d- 正时标记　*e- 油漆标记　*f- 直销

图 8-75

注意：如果一次拧松所有螺栓，则可能剥离凸轮轴壳分总成和气缸盖分总成上的FIPG，从而导致漏油。因此，确保一次从一个凸轮轴轴承盖上拆下连接螺栓和隔垫。提示：确保凸轮轴的直销、正时标记和油漆标记方向，如图8-75。

②按图8-76中顺序，紧固10个螺栓。扭矩：16N · m。

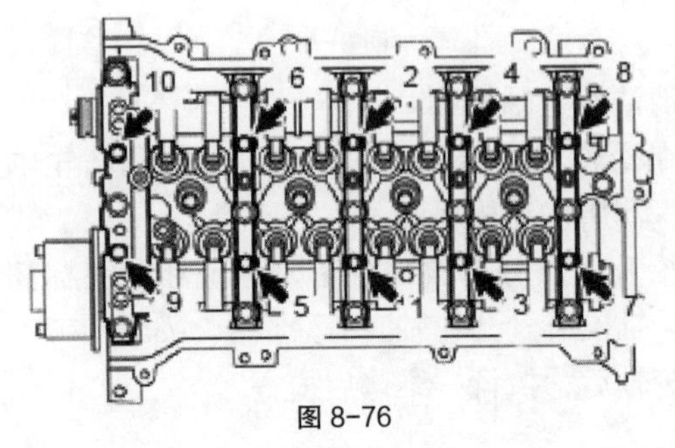

图 8-76

③再次检查各螺栓的扭矩。

（7）安装排气凸轮轴正时齿轮总成。

①用扳手固定凸轮轴的六角部分，并逆时针轻轻转动凸轮轴以松开链条分总成，如图 8-77。

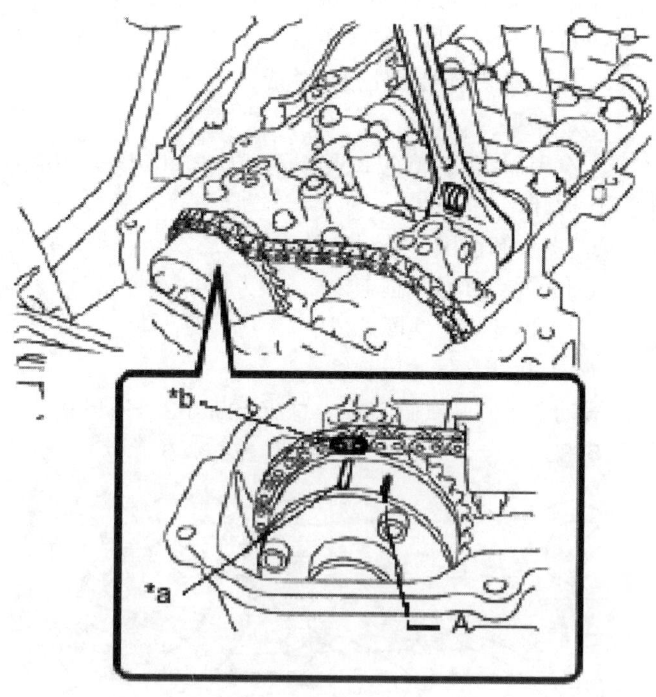

*a- 正时标记 *b- 油漆标记

图 8-77

②将螺栓插入排气凸轮轴正时齿轮总成。

③将油漆标记与正时标记对准以安装链条分总成。提示："A" 不是正时标记。注意：不要过度转动凸轮轴。在该步骤中不要将排气凸轮轴正时齿轮总成安装到 2 号凸轮轴上。确保仅将链条分总成安装到排气凸轮轴正时齿轮总成上。

④通过对准销孔和直销，将排气凸轮轴正时齿轮总成和 2 号凸轮轴安装在一起，如图 8-78。

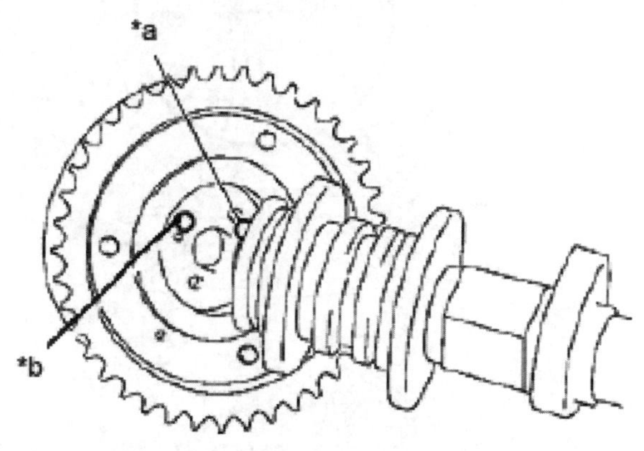

*a- 直销 *b- 销孔

图 8-78

注意：如果直销无法与销孔对准，则用扳手固定 2 号凸轮轴的六角部分，并轻轻将其转动以安装排气凸轮轴正时齿轮总成。不要过度转动 2 号凸轮轴。不可强行推入排气凸轮轴正时齿轮总成。否则直销顶部可能损伤排气凸轮轴正时齿轮总成的安装表面。

⑤使用 SST 和扳手，固定 2 号凸轮轴的六角部分并将排气凸轮轴正时齿轮总成安装到 2 号凸轮轴上，如图 8-79。

扭矩：

· 不使用 SST：54N · m

· 使用 SST：39N · m

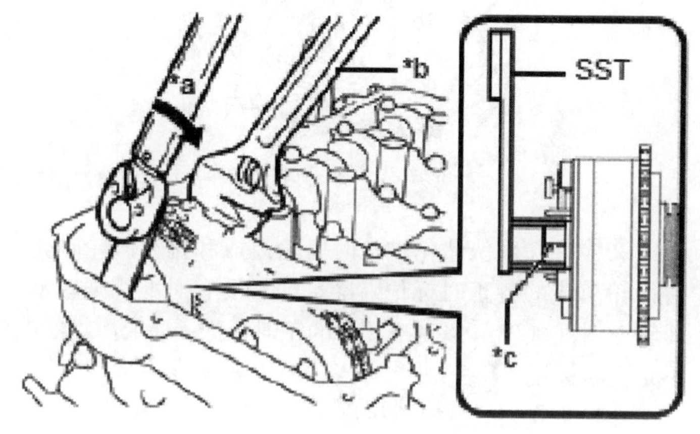

*a- 转动 *b- 固定 *c- 螺栓

图 8-79

提示：更换排气凸轮轴正时齿轮总成后，执行“维修后检查”。注意：使用力臂长度为 260mm 的扭矩扳手和力臂长度为 100mm 的 SST 时，可获得“使用 SST”扭矩值。SST 与扭矩扳手平行时，该扭矩值有效。

（8）安装 2 号链条振动阻尼器。

使用 SST，用 2 个螺栓将 2 号链条振动阻尼器安装到凸轮轴轴承盖上。

扭矩：

· 不使用 SST ：10N · m

· 使用 SST：5.5N · m

注意：使用力臂长度为 180mm 的扭矩扳手和力臂长度为 150mm 的 SST 时，可获得“使用 SST”扭矩值。SST 与扭矩扳手平行时，该扭矩值有效。

（9）安装 1 号链条张紧器总成。

（10）将 1 号气缸设定至 TDC/ 压缩。

①转动曲轴皮带轮直至其正时槽口（凹槽）与正时链条盖分总成的正时标记“0”对准，如图 8-80。

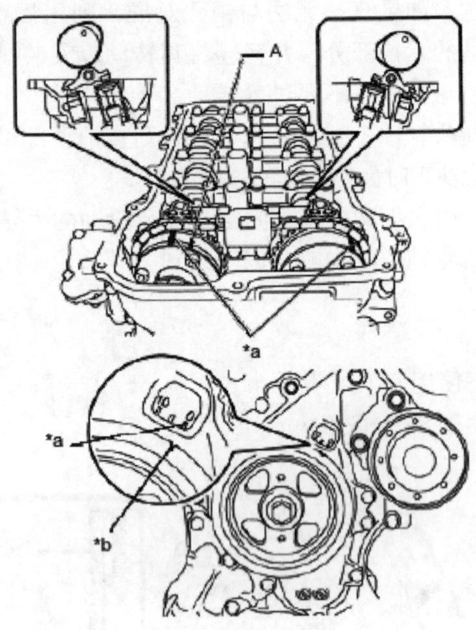

*a- 正时标记　*b- 正时槽口

图 8-80

②检查并确认凸轮轴正时齿轮总成和排气凸轮轴正时齿轮总成的各正时标记对准。如果没有对准，则转动曲轴 1 圈（360°）以对准图中的正时标记。提示："A"不是正时标记。

（11）安装气缸盖罩衬垫。

（12）安装气缸盖罩分总成。

（13）安装空气管。

①用 2 个螺栓安装空气管。扭矩：10N・m。

②连接连接管软管接头、1 号燃油蒸气供给软管、2 号燃油蒸气供给软管和 1 号真空传输软管，并滑动 3 个卡子以将其固定。

（14）连接发动机线束。

①用 2 个螺栓安装发动机线束，如图 8-81。扭矩：8.4N・m。

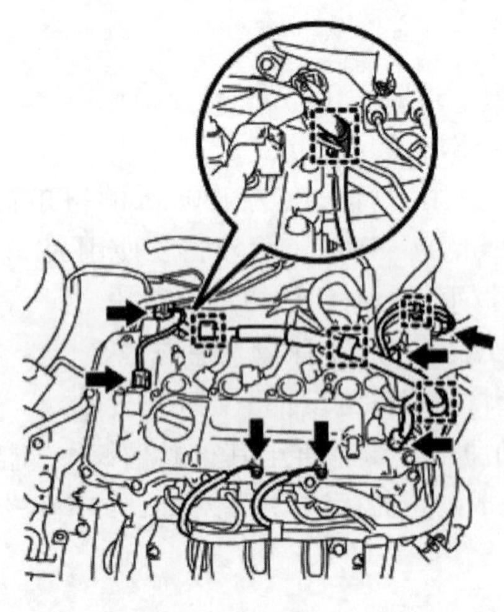

图 8-81

②连接 5 个连接器和 5 个卡夹。

（15）安装 2 号通风软管。

将 2 号通风软管连接到气缸盖罩分总成上并滑动卡子以将其固定。

（16）安装点火线圈总成。

（17）安装 2 号气缸盖罩。

（18）安装前围上外板分总成。

三、车型

广汽丰田雷凌 1.6L（1.6L 4ZR-FE），2014—2016 年。

1. 拆卸。

（1）拆卸前围上外板分总成。

（2）拆卸 2 号气缸盖罩。

（3）拆卸点火线圈总成。

（4）断开 2 号通风软管。

滑动卡子并从气缸盖罩分总成上断开 2 号通风软管，如图 8-82。

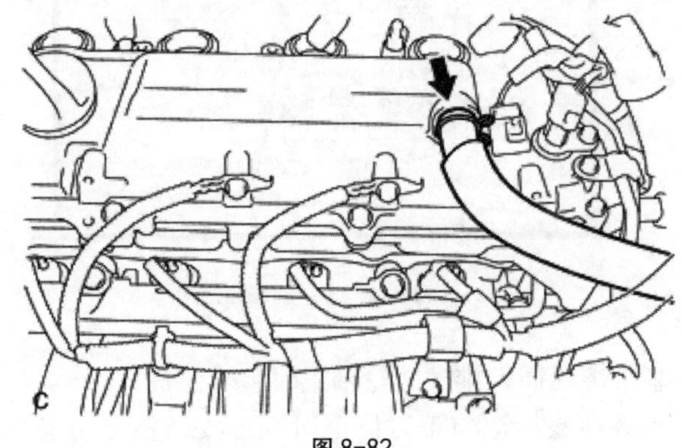

图 8-82

（5）断开发动机线束。

拆下 2 个螺栓并断开 5 个连接器、5 个卡夹和发动机线束，如图 8-83。

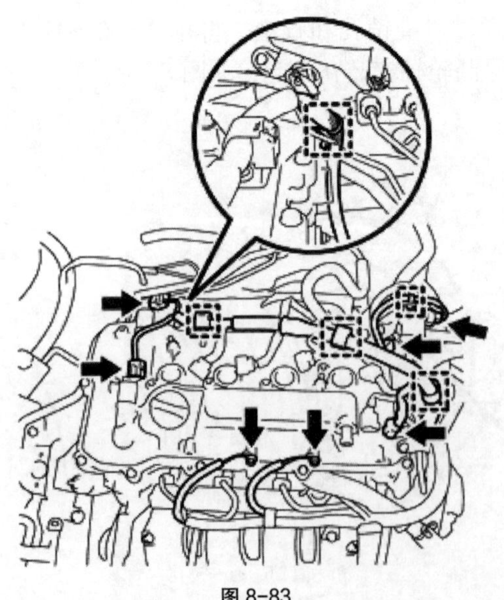

图 8-83

（6）拆卸空气管。

①滑动 3 个卡子并断开连接管软管接头、1 号燃油蒸气供给软管、2 号燃油蒸气供给软管和 1 号真空传输软管，如图 8-84。

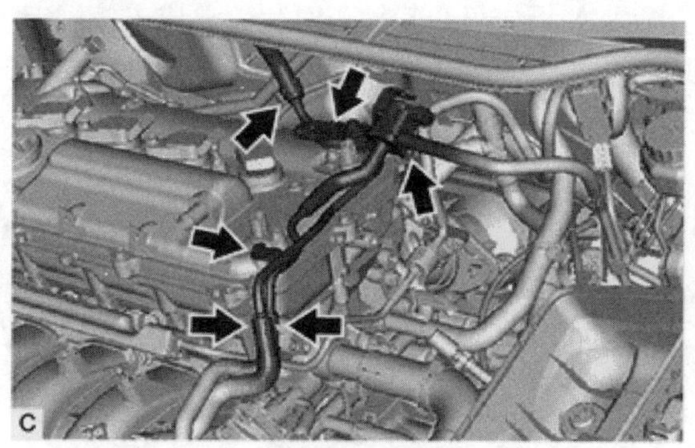

图 8-84

②拆下 2 个螺栓和空气管。

（7）拆卸气缸盖罩分总成。

（8）拆卸气缸盖罩衬垫。

（9）将 1 号气缸设定至 TDC/ 压缩。

①转动曲轴皮带轮直至其正时槽口（凹槽）与正时链条盖分总成的正时标记“0”对准，如图 8-85。

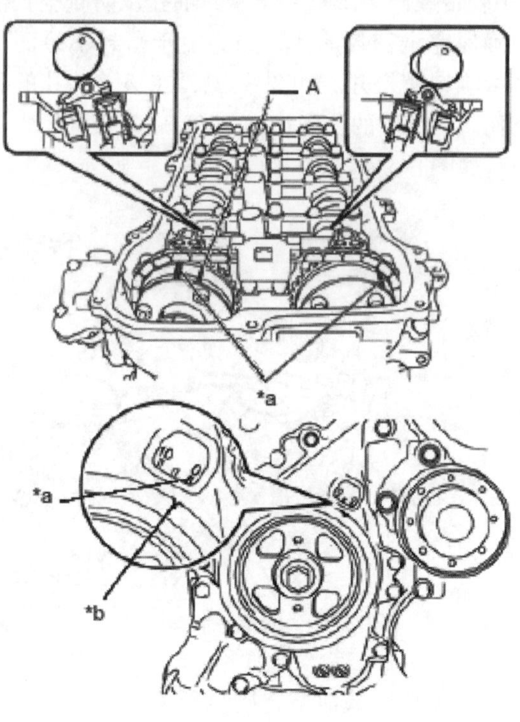

*a- 正时标记 *b- 正时槽口

图 8-85

②如图 8-85，检查并确认排气凸轮轴正时齿轮总成和凸轮轴正时齿轮总成上的正时标记朝上。如果没有对准，则转动曲轴 1 圈（360°）以对准图中所示的正时标记。提示：“A”不是正时标记。

③将链条分总成上的油漆标记与凸轮轴正时齿轮总成和排气凸轮轴正时齿轮总成上的正时标记对准，如图 8-86。提示：“A”不是正时标记。

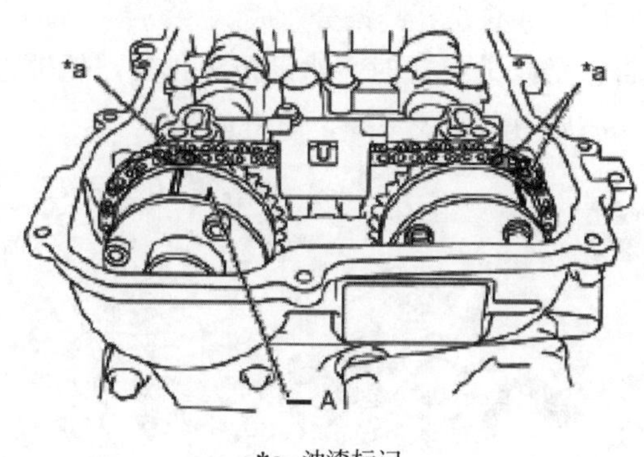

*a- 油漆标记

图 8-86

（10）拆卸 2 号链条振动阻尼器。

使用 SST，从凸轮轴轴承盖上拆下 2 个螺栓和 2 号链条振动阻尼器，如图 8-87。

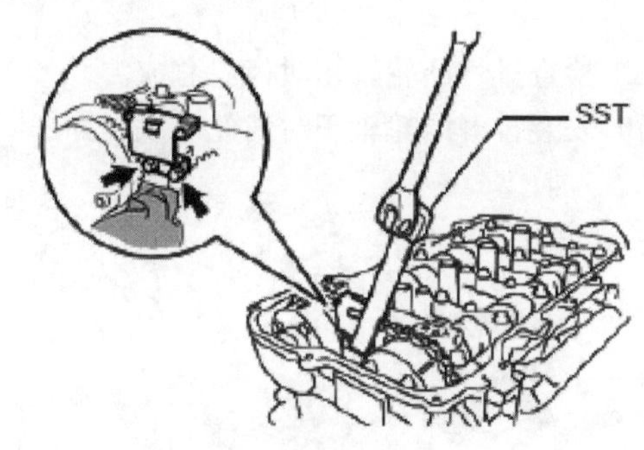

图 8-87

（11）拆卸 1 号链条张紧器总成。

（12）拆卸排气凸轮轴正时齿轮总成。

①用扳手固定 2 号凸轮轴的六角部分时，用 SST 松开螺栓，如图 8-88。注意：不要拆下其他 4 个螺栓（“TORX”梅花螺栓）。如果拆下其中任一个，则更换排气凸轮轴正时齿轮总成。提示：由于空间不足，无法从排气凸轮轴正时齿轮总成上分别拆下螺栓。

*a- 固定 *b- 转动 *c- 螺栓

图 8-88

②用扳手固定凸轮轴的六角部分，并逆时针轻轻转动凸轮轴以松开链条分总成。注意：不要过度转动凸轮轴。提示：由于链条拉紧时无法拆下排气凸轮轴正时齿轮总成，因此务必松开链条分总成。

③拆下链条分总成时，水平拉出排气凸轮轴正时齿轮总成，然后向上安装螺栓，如图 8-89。

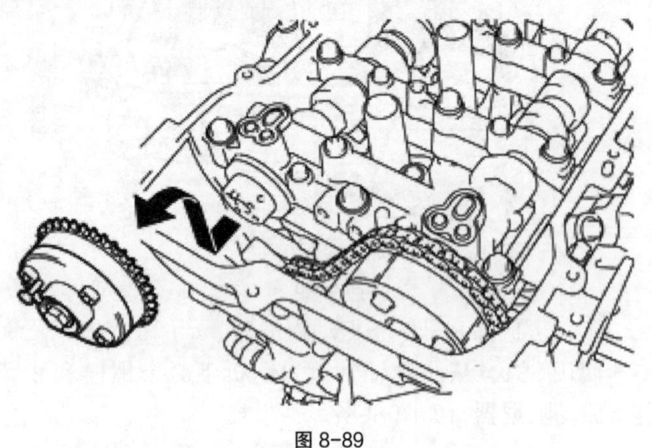

图 8-89

（13）检查排气凸轮轴正时齿轮总成。

①暂时安装排气凸轮轴正时齿轮总成，如图 8-90。

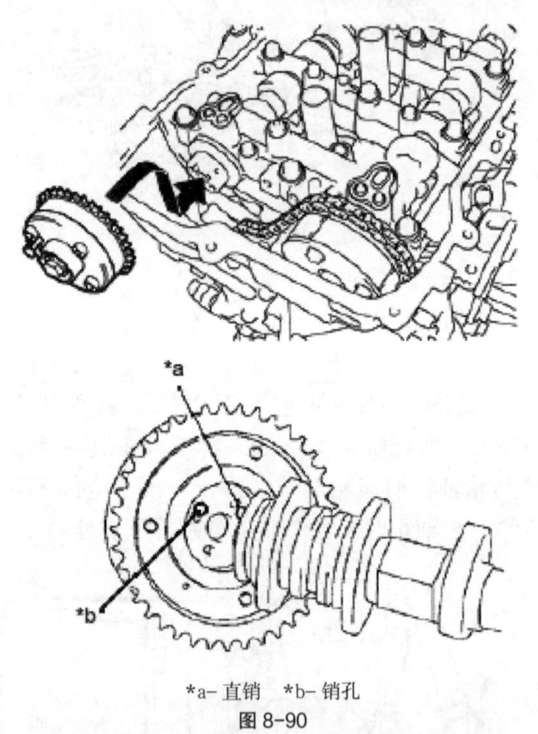

*a- 直销　*b- 销孔

图 8-90

将螺栓插入排气凸轮轴正时齿轮总成。将 2 号凸轮轴上的直销与排气凸轮轴正时齿轮总成内的销孔对准，并用螺栓将排气凸轮轴正时齿轮总成暂时安装到 2 号凸轮轴上。注意：在该步骤中，不要将链条分总成安装到排气凸轮轴正时齿轮总成上。安装排气凸轮轴正时齿轮总成时，不要使链条分总成干扰排气凸轮轴正时齿轮总成。

②检查排气凸轮轴正时齿轮总成的锁止情况。检查并确认排气凸轮轴正时齿轮总成锁止。如果排气凸轮轴正时齿轮总成未按规定工作，则将其更换。

③检查排气凸轮轴正时齿轮总成的工作情况，如图 8-91。提示：如果排气凸轮轴正时齿轮总成未按规定工作，则将其更换。

*a- 钻一个孔　*b- 胶带密封区域　*c- 胶带

图 8-91

如图 8-91，清洁凸轮轴轴承盖内的排气侧 VVT 油孔后，用胶带或同等工具完全密封油孔以防止空气泄漏。注意：确保完全密封油孔，因为由于密封不足而导致的漏气将影响锁销松开。如图 8-91，在覆盖油孔的胶带上钻一个孔。向钻出的孔施加约 200kPa 的空气压力，以松开锁销，如图 8-92。

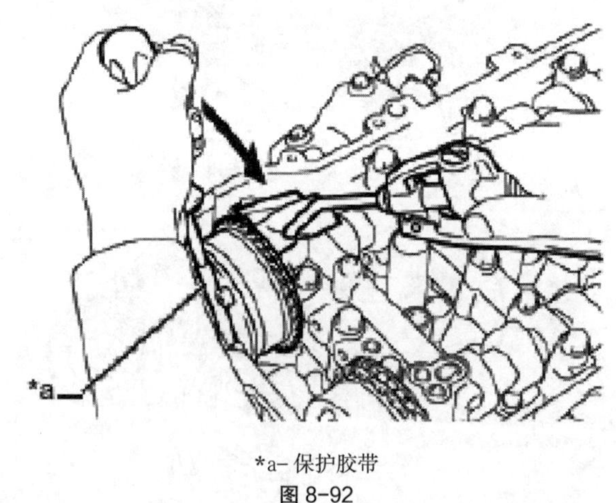

*a- 保护胶带

图 8-92

注意：如果空气泄漏，则重新粘贴胶带。施加空气压力时用布盖住油孔以防止机油喷出。使用头部缠有保护胶带的螺丝刀，朝延迟方向（顺时针）用力转动排气凸轮轴正时齿轮总成。提示：凭借施加的空气压力，可能无须手动辅助即可使排气凸轮轴正时齿轮总成朝延迟方向转动。注意：确保使排气凸轮轴正时齿轮总成朝向延迟方向。如果排气凸轮轴正时齿轮总成松开，则其将在弹簧的作用力下自动回到提前位置。不要损坏排气凸轮轴正时齿轮总成。使用头部缠有保护胶带的螺丝刀，在可移动范围（19° ~ 21°）内转动排气凸轮轴正时齿轮总成 2 或 3 次，但不要将其转到最大提前位置。检查并确认排气凸轮轴正时齿轮总成转动平稳，如图 8-93。

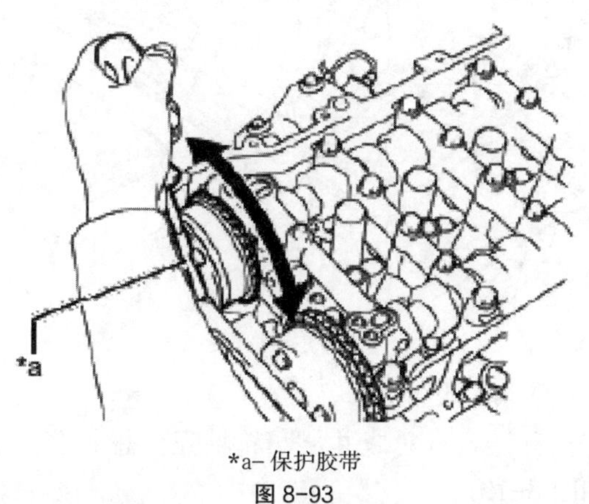

*a- 保护胶带

图 8-93

锁止排气凸轮轴正时齿轮总成。注意：检查并确认排气凸轮轴正时齿轮总成在最大提前位置锁止（其移动范围的最大提前位置）且无法再转动。从凸轮轴轴承盖上拆下胶带。

④拆下排气凸轮轴正时齿轮总成，如图 8-94。拆下暂时安装的排气凸轮轴正时齿轮总成。

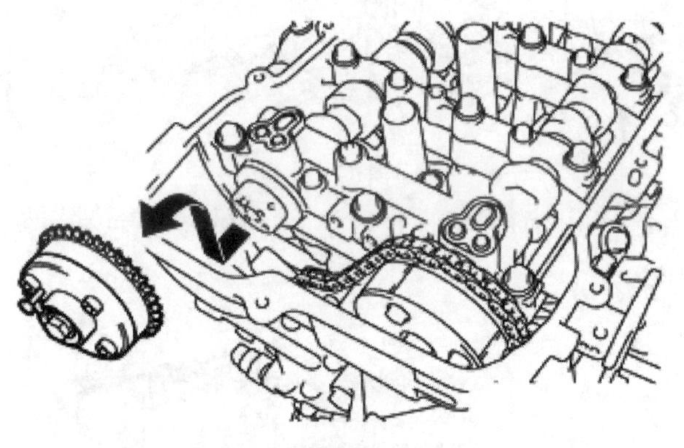

图 8-94

（14）检查凸轮轴正时齿轮总成。

①检查凸轮轴正时齿轮总成的锁止情况。检查并确认凸轮轴正时齿轮总成锁止。如果凸轮轴正时齿轮总成未按规定工作，则将其更换。

②检查凸轮轴正时齿轮总成的工作情况。提示：如果凸轮轴正时齿轮总成未按规定工作，则将其更换。如图 8-95，清洁凸轮轴轴承盖内的进气侧 VVT 油孔后，用胶带或同等工具完全密封油孔以防止空气泄漏。注意：确保完全密封油孔，因为由于密封不足而导致的漏气将影响锁销松开。

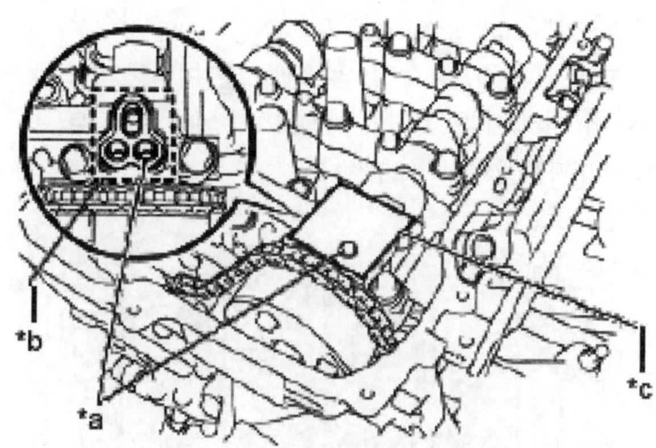

*a- 钻一个孔　*b- 胶带密封区域　*c- 胶带

图 8-95

如图 8-95，在覆盖油孔的胶带上钻一个孔。向钻出的孔施加约 150kPa 的空气压力，以松开锁销，如图 8-96。

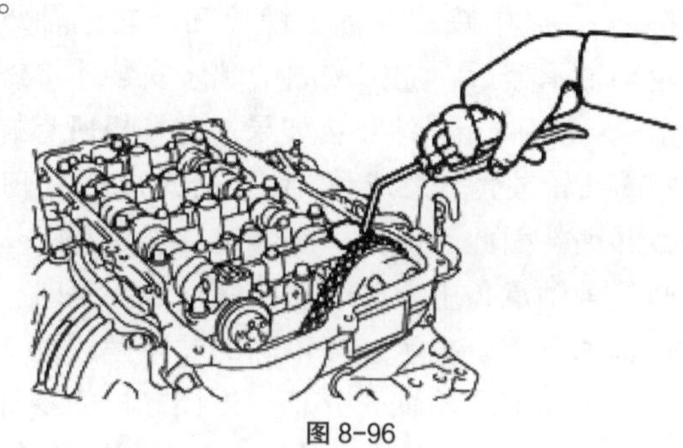

图 8-96

注意：如果空气泄漏，则重新粘贴胶带。施加空气压力时用布盖住油孔以防止机油喷出。用力将凸轮轴正时齿轮总成朝提前方向（逆时针）转动。提示：凭借施加的空气压力，可能无须手动辅助即可使凸轮轴正时齿轮总成朝提前方向转动。在可移动范围（20.5° ~22.5°）内转动凸轮轴正时齿轮总成 2 或 3 次，不要将其转到最大延迟位置。检查并确认凸轮轴正时齿轮总成转动平稳，如图 8-97。

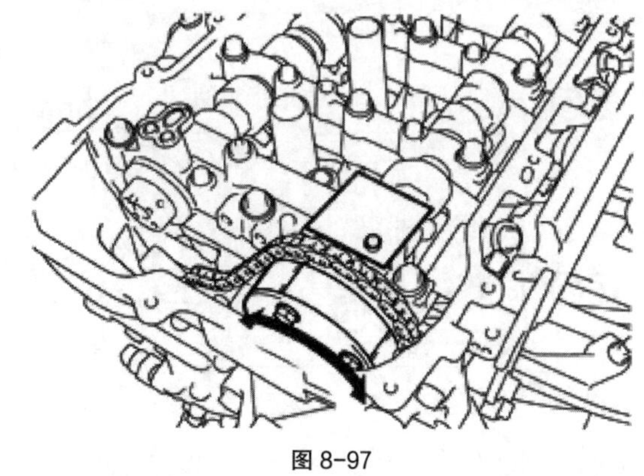

图 8-97

注意：不要锁止凸轮轴正时齿轮总成。如果凸轮轴正时齿轮总成锁止，则再次松开锁销。从凸轮轴轴承盖上拆下胶带。

（15）拆卸凸轮轴轴承盖。

①按图 8-98 中顺序，均匀地拧松并拆下 10 个螺栓。注意：在该步骤中不要拧松其他 15 个轴承盖螺栓。提示：按正确的顺序摆放拆下的零件。

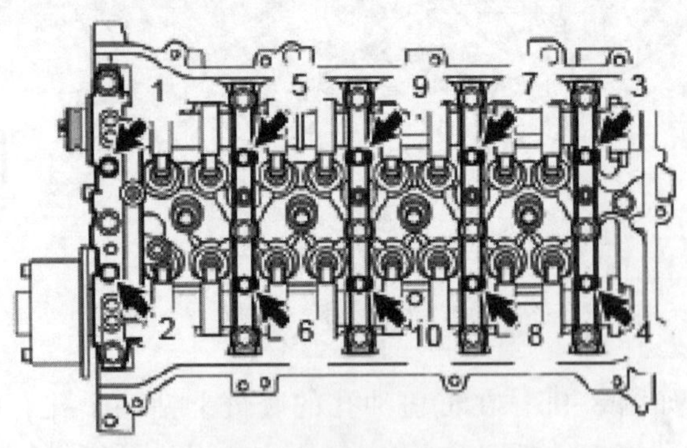

图 8-98

②按图 8-99 中顺序，拆下螺栓和凸轮轴轴承盖。拆下凸轮轴轴承盖后，立即按图中顺序安装连接螺栓和隔垫。扭矩：27N・m。注意：如果一次拧松所有螺栓，则可能剥离凸轮轴壳分总成和气缸盖分总成上的 FIPG，从而导致漏油。因此，确保一次将连接螺栓和隔垫安装到一个凸轮轴轴承盖上。安装连接螺栓和隔垫时，不要安装凸轮轴轴承盖。提示：按正确的顺序摆放拆下的零件。用于暂时固定凸轮轴壳分总成连接螺栓的零件号：91551-G0875（15 个螺栓）。用于暂时固定凸轮轴壳分总成隔垫的零件号：90387-12048（15 个隔垫）。

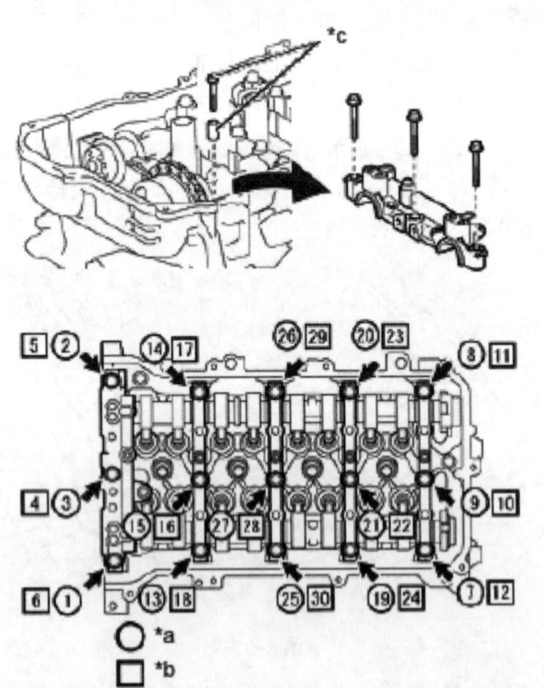

*a- 零件的拆卸顺序　*b- 暂时紧固凸轮轴壳分总成的连接螺栓和隔垫的安装顺序　*c- 连接螺栓和隔垫（用于暂时固定凸轮轴壳分总成）

图 8-99

（16）拆卸 2 号凸轮轴。

从凸轮轴壳分总成上拆下 2 号凸轮轴，如图 8-100。

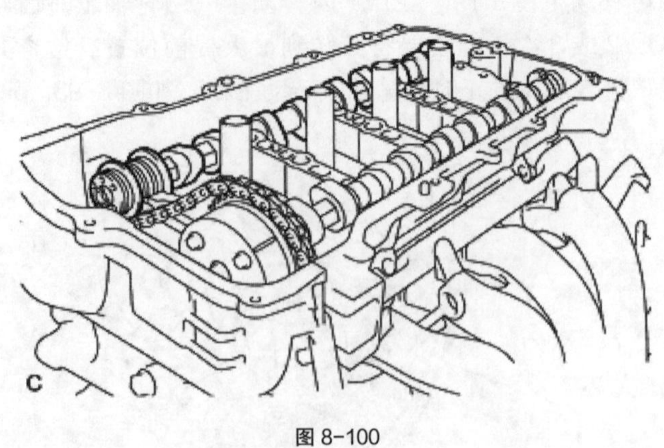

图 8-100

（17）拆卸凸轮轴。

①抬升链条分总成并从凸轮轴壳分总成上拆下凸轮轴，如图 8-101。

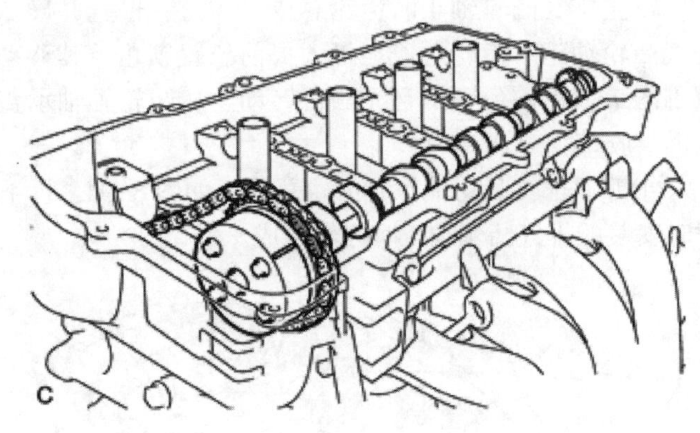

图 8-101

②使用细绳或类似物品悬挂链条分总成，如图 8-102。

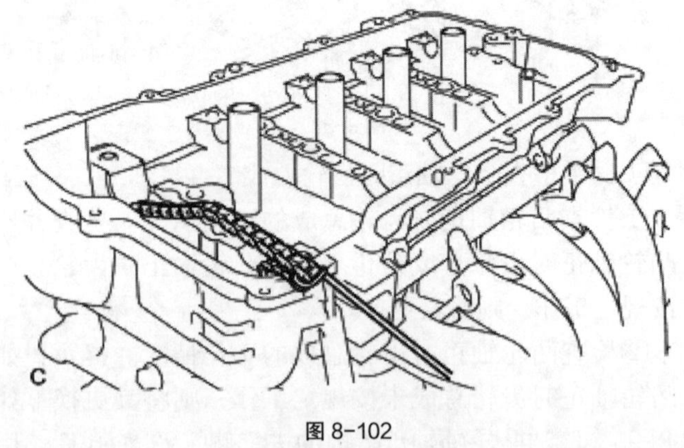

图 8-102

（18）拆卸凸轮轴正时齿轮总成。

①将凸轮轴的六角部分固定在软面台钳内。

②拆下螺栓和凸轮轴正时齿轮总成，如图 8-103。注意：拆下凸轮轴正时齿轮总成前，确保锁销已松开。

不要拆下其他 4 个螺栓。从凸轮轴上拆下凸轮轴正时齿轮总成时，使其保持水平。如果要重新使用凸轮轴正时齿轮总成，则务必在锁销松开的情况下使用。

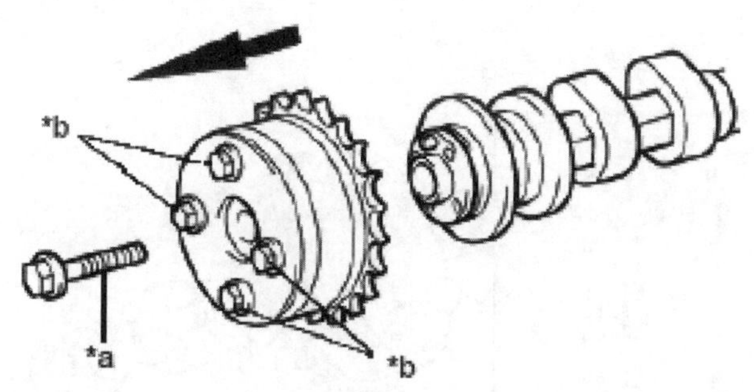

*a- 螺栓　*b- 不要拆下
图 8-103

（19）拆卸 1 号凸轮轴轴承。

从凸轮轴轴承盖上拆下 2 个 1 号凸轮轴轴承，如图 8-104。注意：按正确的顺序摆放拆下的零件。

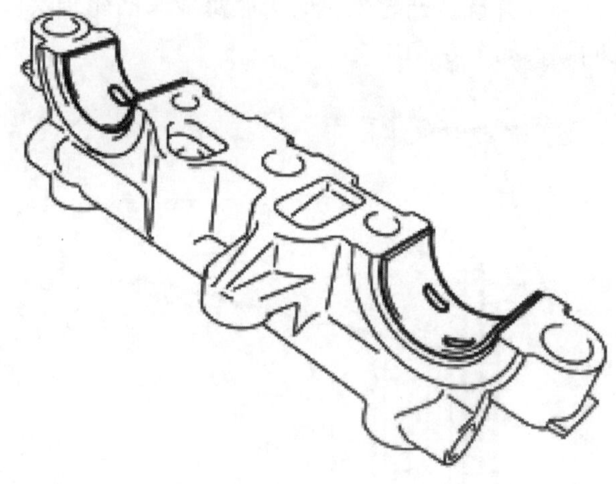
图 8-104

（20）拆卸 2 号凸轮轴轴承。

从凸轮轴壳分总成上拆下 2 个 2 号凸轮轴轴承，如图 8-105。注意：按正确的顺序摆放拆下的零件。

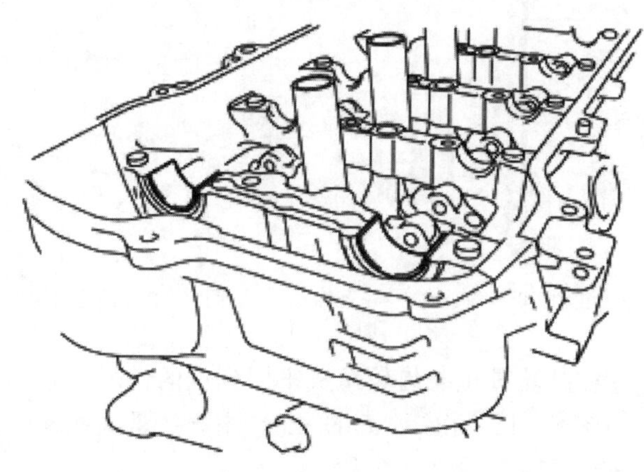
图 8-105

2. 安装。

提示：更换凸轮轴、2 号凸轮轴、凸轮轴正时齿轮总成或排气凸轮轴正时齿轮总成后，执行“维修后检查”。

（1）安装 1 号凸轮轴轴承。

①清洁 2 个 1 号凸轮轴轴承的表面。注意：不要在 1 号凸轮轴轴承或接触面上涂抹发动机机油。

②将 2 个 1 号凸轮轴轴承安装到凸轮轴轴承盖上。

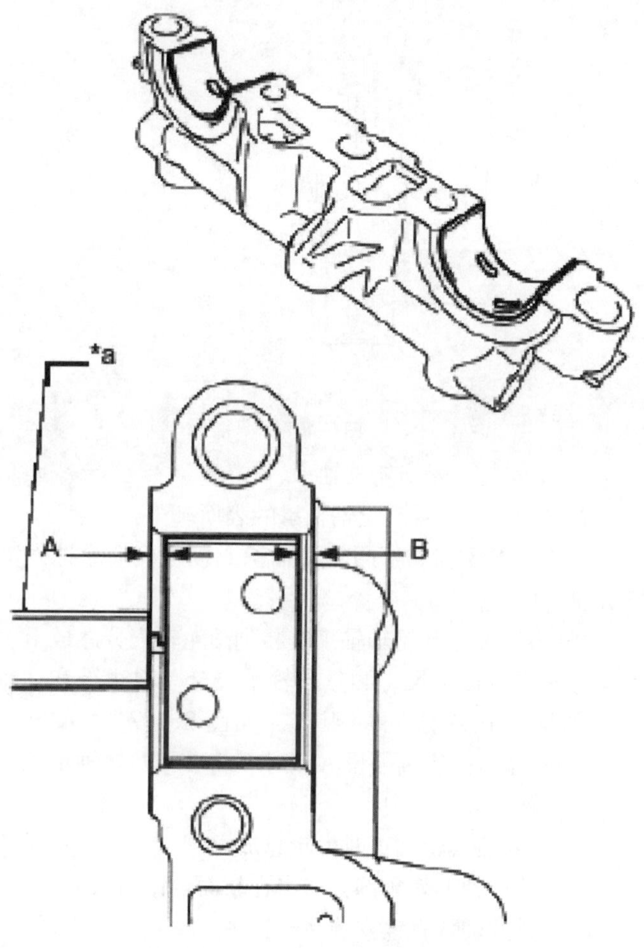

*a- 游标卡尺
图 8-106

③使用游标卡尺，测量凸轮轴轴承盖边缘和 1 号凸轮轴轴承边缘之间的距离，如图 8-106。A 和 B 之间的差值为 0.7mm 或更小。注意：通过测量尺寸 A 和 B，将 1 号凸轮轴轴承固定至凸轮轴轴承盖中心。

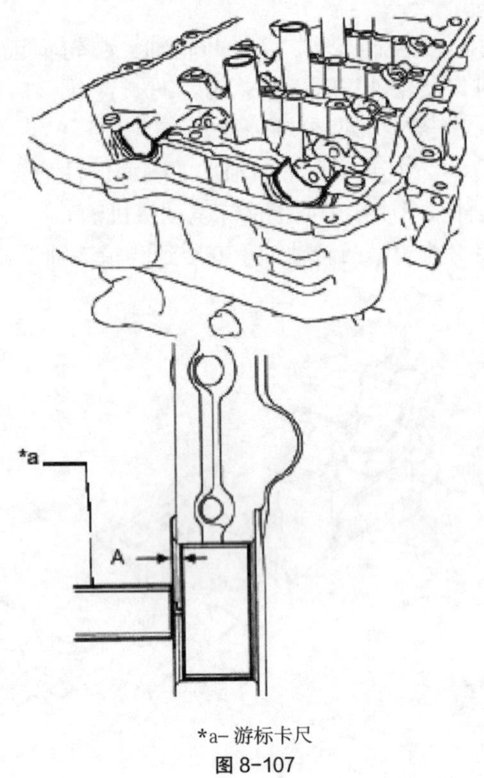

*a- 游标卡尺
图 8-107

（2）安装 2 号凸轮轴轴承。

①清洁 2 个 2 号凸轮轴轴承的表面。

注意：不要在 2 号凸轮轴轴承或接触面上涂抹发动机机油。

②将 2 个 2 号凸轮轴轴承安装到凸轮轴壳分总成上。

③使用游标卡尺，测量凸轮轴壳分总成边缘和 2 号凸轮轴轴承边缘之间的距离，如图 8-107。A 尺寸：5~75mm。注意：通过测量 A 尺寸，将 2 号凸轮轴轴承固定至凸轮轴壳分总成中心。

（3）安装凸轮轴正时齿轮总成。

①将凸轮轴的六角部分固定在软面台钳内。

②检查并确认直销安装在凸轮轴上。

③如图 8-108，使直销和键槽错开，将凸轮轴正时齿轮总成和凸轮轴安装在一起。注意：不要用力推凸轮轴正时齿轮总成，否则直销顶部可能损伤凸轮轴正时齿轮总成的安装表面。

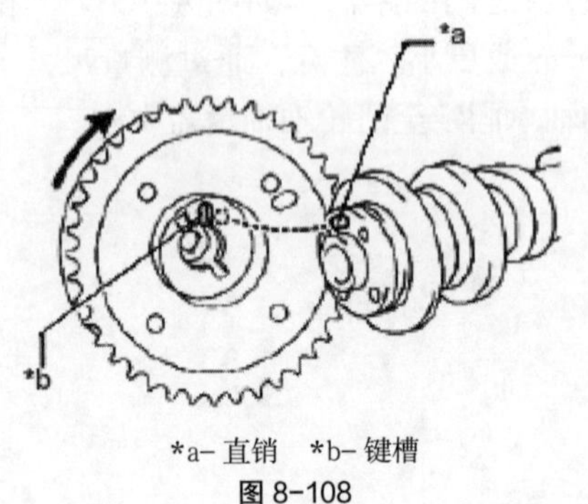

*a- 直销　*b- 键槽
图 8-108

④如图 8-109，在将凸轮轴正时齿轮总成轻轻压向凸轮轴的同时，转动凸轮轴正时齿轮总成。将直销进一步推入键槽中。注意：不要使凸轮轴正时齿轮总成朝延迟方向转动。

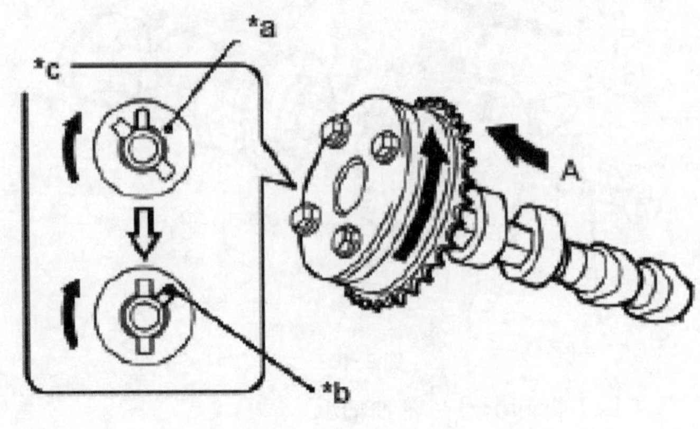

*a- 直销　*b- 键槽　*c- 视图 A
图 8-109

⑤检查并确认凸轮轴正时齿轮总成与凸轮轴法兰之间无间隙，如图 8-110。

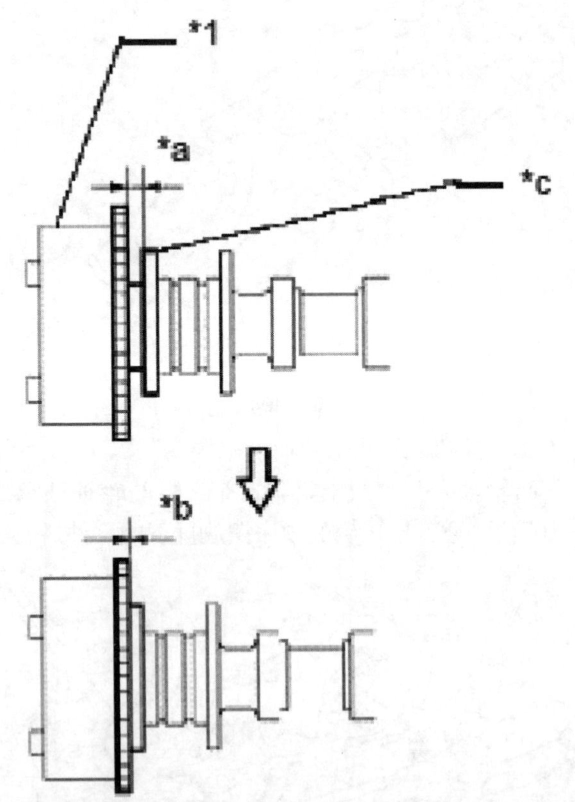

*1- 凸轮轴正时齿轮总成　*a- 间隙　*b- 无间隙　*c- 凸轮轴法兰
图 8-110

⑥在凸轮轴正时齿轮总成牢固到位的情况下紧固螺栓，如图 8-111。扭矩：54N · m。注意：紧固螺栓时，不要使凸轮轴正时齿轮总成转动。

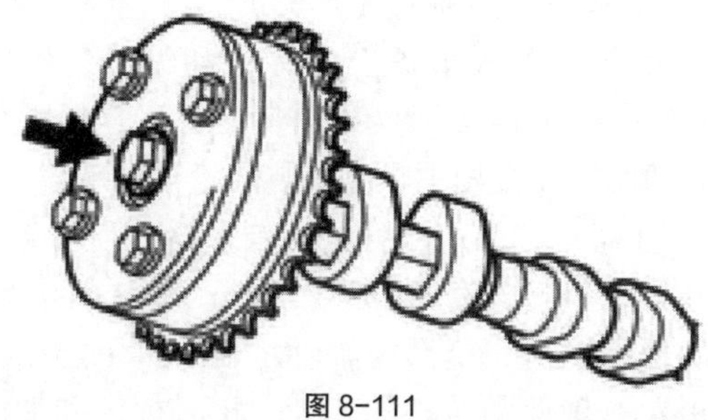

图 8-111

⑦检查并确认凸轮轴正时齿轮总成可朝延迟方向（顺时针）移动并锁止在最大延迟位置，如图 8-112。提示：更换凸轮轴正时齿轮总成后，执行“维修后检查”。

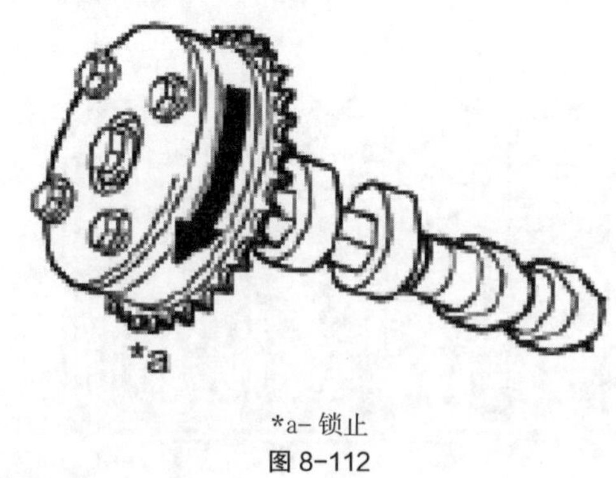

*a- 锁止

图 8-112

（4）安装凸轮轴。

①确保将 1 号气门摇臂分总成安装到如图 8-113 位置。

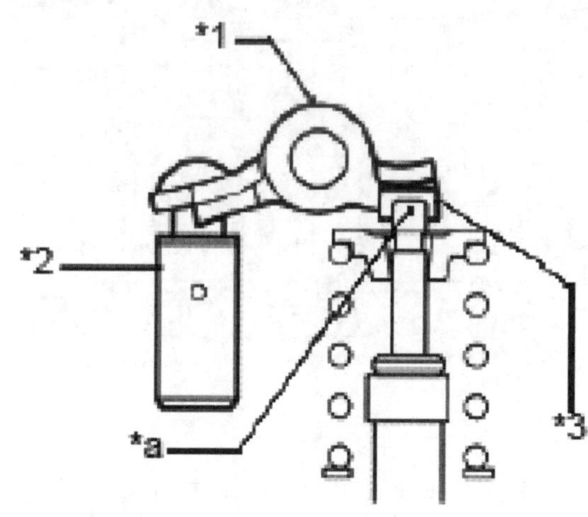

*1-1 号气门摇臂分总成 *2- 气门间隙调节器总成 *3- 气门杆盖 *a- 气门杆

图 8-113

②清洁凸轮轴轴颈。

③在凸轮轴轴颈、凸轮轴壳分总成和凸轮轴轴承盖上涂抹一薄层发动机机油。

④抬升链条分总成，将正时标记和油漆标记对准，并将凸轮轴安装到凸轮轴壳分总成上，如图 8-114。提示：更换凸轮轴后，执行“维修后检查”。

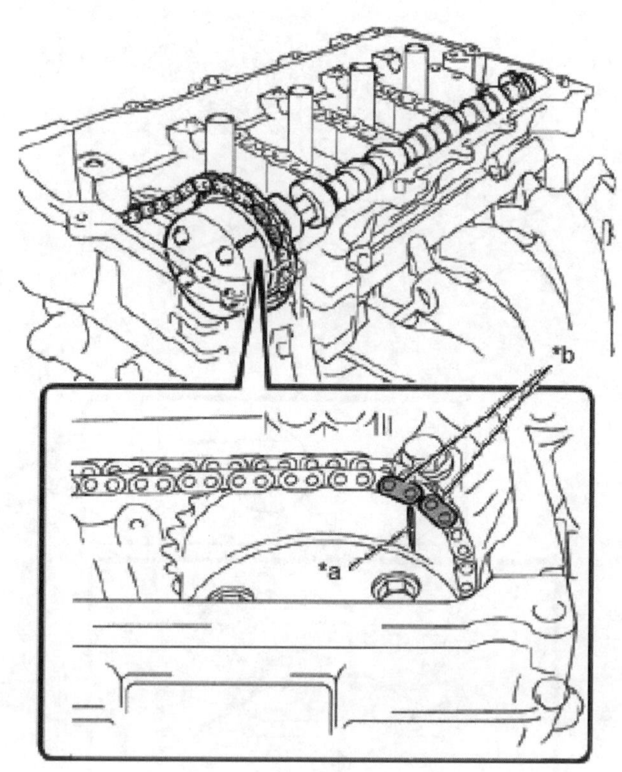

*a- 正时标记 *b- 油漆标记

图 8-114

（5）安装 2 号凸轮轴。

①确保将 1 号气门摇臂分总成安装到如图 8-115 位置。

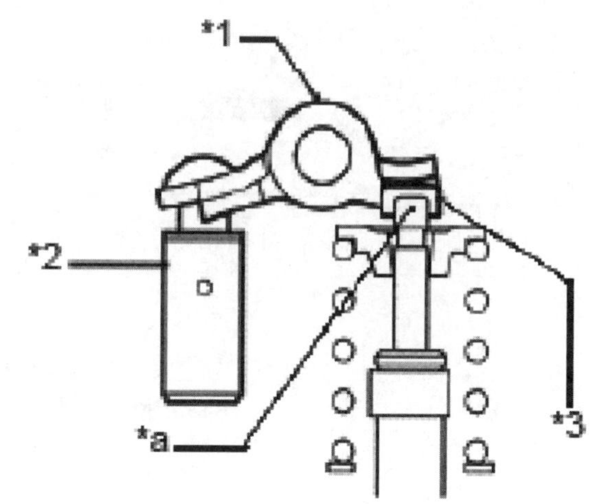

*1-1 号气门摇臂分总成 *2- 气门间隙调节器总成 *3- 气门杆盖 *a- 气门杆

图 8-115

②清洁 2 号凸轮轴轴颈。

③在 2 号凸轮轴轴颈和凸轮轴壳分总成上涂抹一薄层发动机机油。

④将2号凸轮轴安装到凸轮轴壳分总成上，如图8-116。提示：更换2号凸轮轴后，执行“维修后检查”。

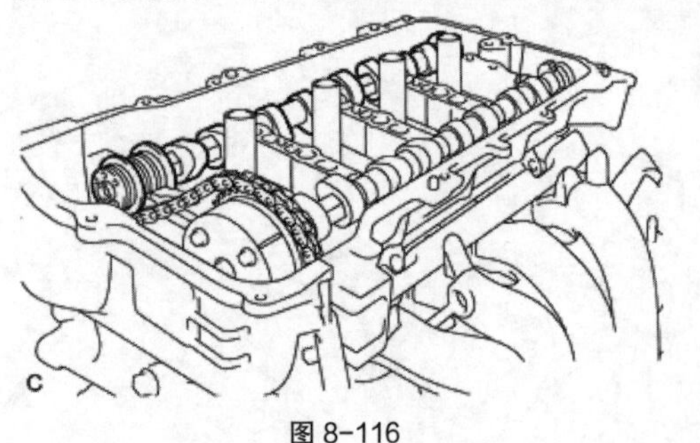

图 8-116

（6）安装凸轮轴轴承盖。

①检查凸轮轴轴承盖上的标记和编号，然后按图8-117中顺序拆下连接螺栓和隔垫。拆下连接螺栓和隔垫后，立即用螺栓按图中顺序安装凸轮轴轴承盖。扭矩：27N·m。注意：如果一次拧松所有螺栓，则可能剥离凸轮轴壳分总成和气缸盖分总成上的FIPG，从而导致漏油。因此，确保一次从一个凸轮轴轴承盖上拆下连接螺栓和隔垫。提示：确保凸轮轴的直销、正时标记和油漆标记方向如图8-117。

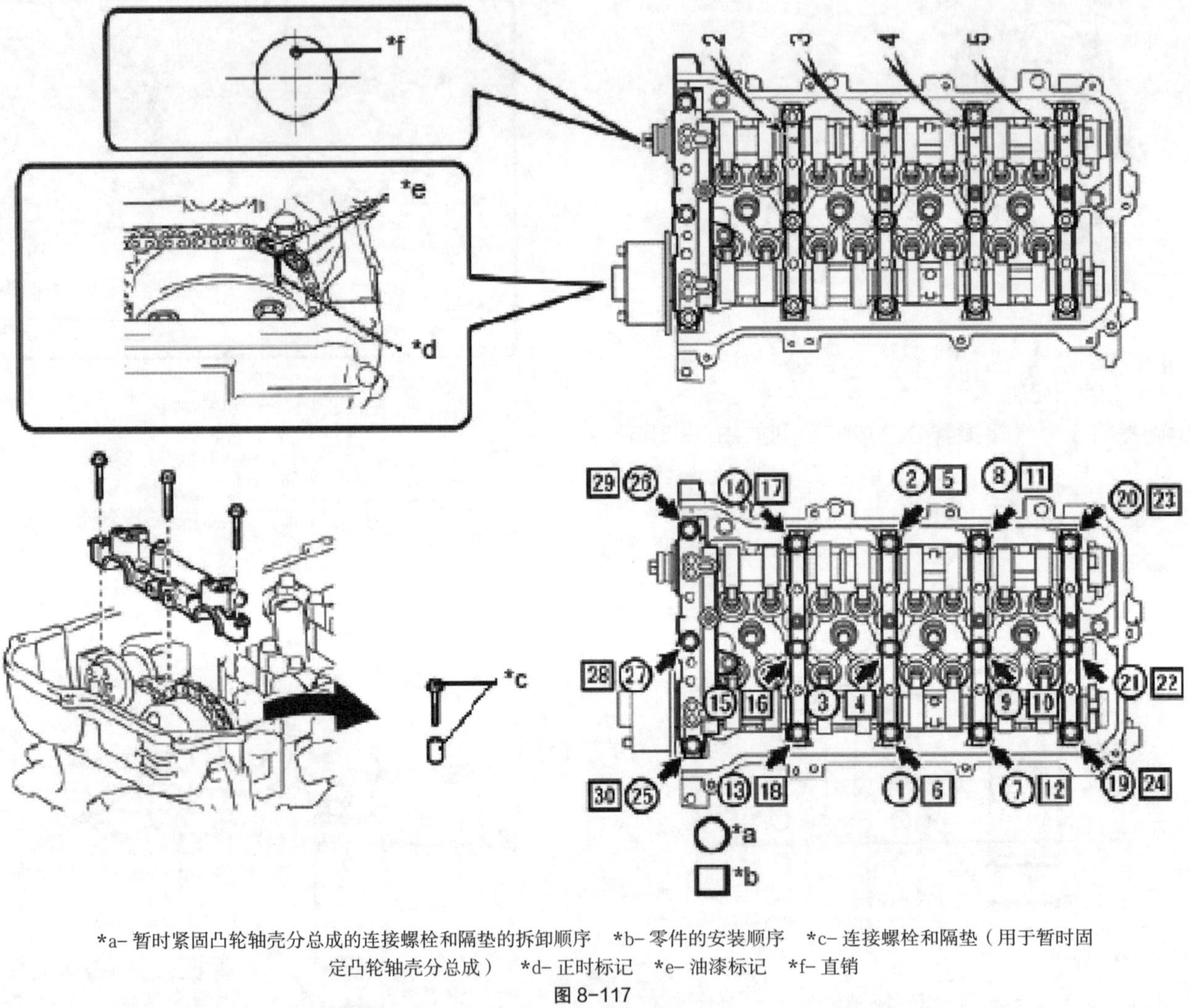

*a- 暂时紧固凸轮轴壳分总成的连接螺栓和隔垫的拆卸顺序　*b- 零件的安装顺序　*c- 连接螺栓和隔垫（用于暂时固定凸轮轴壳分总成）　*d- 正时标记　*e- 油漆标记　*f- 直销

图 8-117

②按图 8-118 中顺序，紧固 10 个螺栓。扭矩：16N・m。

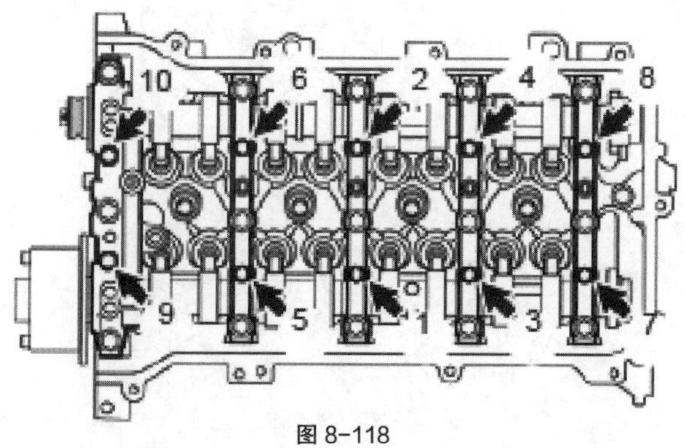

图 8-118

③再次检查各螺栓的扭矩。

（7）安装排气凸轮轴正时齿轮总成。

①用扳手固定凸轮轴的六角部分，并逆时针轻轻转动凸轮轴以松开链条分总成，如图 8-119。

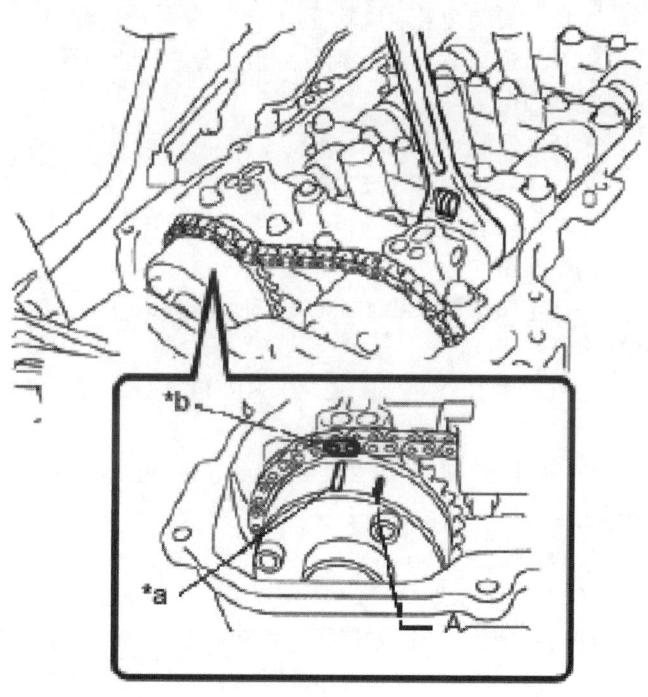

*a- 正时标记　*b- 油漆标记

图 8-119

②将螺栓插入排气凸轮轴正时齿轮总成。

③将油漆标记与正时标记对准以安装链条分总成。提示：“A”不是正时标记。注意：不要过度转动凸轮轴。在该步骤中不要将排气凸轮轴正时齿轮总成安装到 2 号凸轮轴上。确保仅将链条分总成安装到排气凸轮轴正时齿轮总成上。

④通过对准销孔和直销，将排气凸轮轴正时齿轮总成和 2 号凸轮轴安装在一起，如图 8-120。注意：如果直销无法与销孔对准，则用扳手固定 2 号凸轮轴的六角部分，并轻轻将其转动以安装排气凸轮轴正时齿轮总成。不要过度转动 2 号凸轮轴。不可强行推入排气凸轮轴正时齿轮总成。否则直销顶部可能损伤排气凸轮轴正时齿轮总成的安装表面。

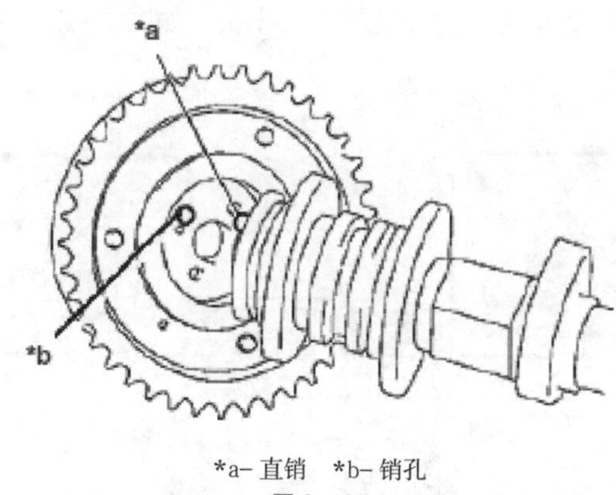

*a- 直销　*b- 销孔

图 8-120

⑤使用 SST 和扳手，固定 2 号凸轮轴的六角部分并将排气凸轮轴正时齿轮总成安装到 2 号凸轮轴上，如图 8-121。

扭矩：

・不使用 SST：54N・m

・使用 SST：39N・m

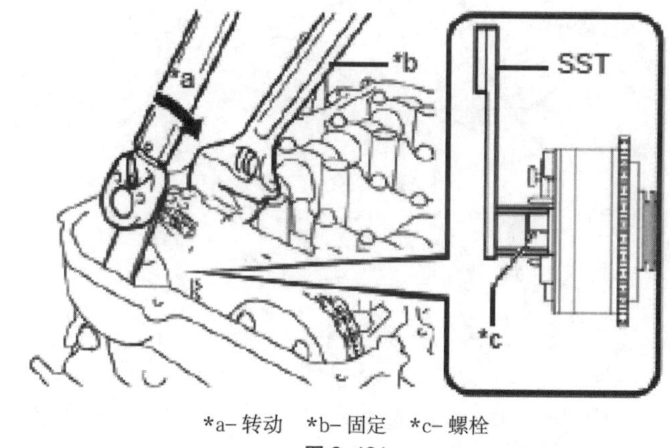

*a- 转动　*b- 固定　*c- 螺栓

图 8-121

提示：更换排气凸轮轴正时齿轮总成后，执行“维修后检查”。注意：使用力臂长度为 260mm 的扭矩扳手和力臂长度为 100mm 的 SST 时，可获得“使用 SST”扭矩值。SST 与扭矩扳手平行时，该扭矩值有效。

（8）安装 2 号链条振动阻尼器。

①使用 SST，用 2 个螺栓将 2 号链条振动阻尼器安装到凸轮轴轴承盖上。

扭矩：

・不使用 SST ：10N・m

・使用 SST ：5.5N・m

注意：使用力臂长度为 180mm 的扭矩扳手和力臂长度为 150mm 的 SST 时，可获得“使用 SST”扭矩值。

SST 与扭矩扳手平行时，该扭矩值有效。

（9）安装 1 号链条张紧器总成。

（10）将 1 号气缸设定至 TDC/ 压缩。

①转动曲轴皮带轮直至其正时槽口（凹槽）与正时链条盖分总成的正时标记“0”对准，如图 8-122。

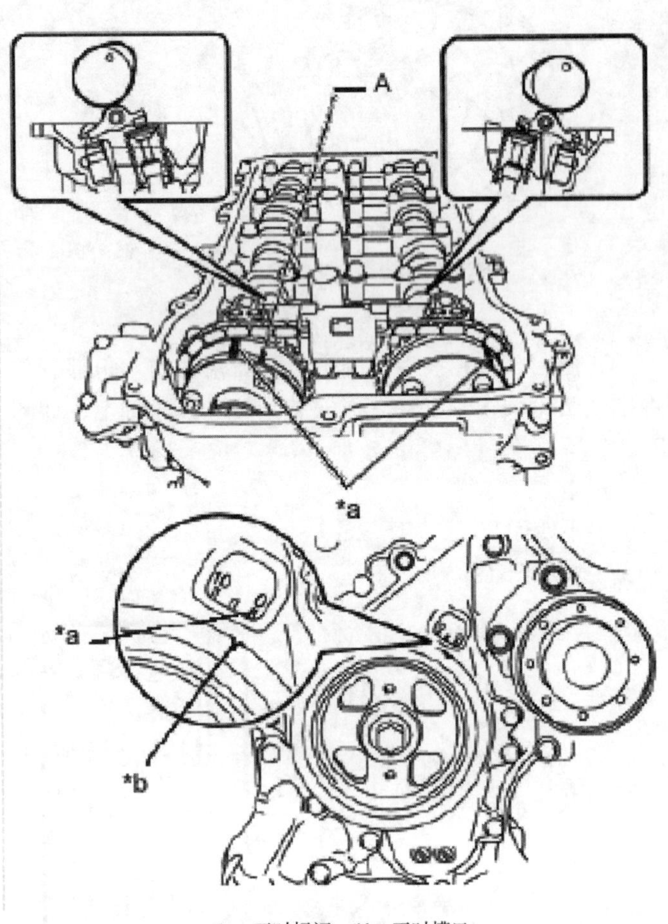

*a- 正时标记　*b- 正时槽口

图 8-122

②如图 8-123，检查并确认凸轮轴正时齿轮总成和排气凸轮轴正时齿轮总成的各正时标记对准。如果没有对准，则转动曲轴 1 圈（360°）以对准图中的正时标记。提示：“A”不是正时标记。

（11）安装气缸盖罩衬垫。

（12）安装气缸盖罩分总成。

（13）安装空气管。

①用 2 个螺栓安装空气管。扭矩：10N・m。

②连接连接管软管接头、1 号燃油蒸气供给软管、2 号燃油蒸气供给软管和 1 号真空传输软管，并滑动 3 个卡子以将其固定。

（14）连接发动机线束。

①用 2 个螺栓安装发动机线束，如图 8-123。扭矩：8.4N・m。

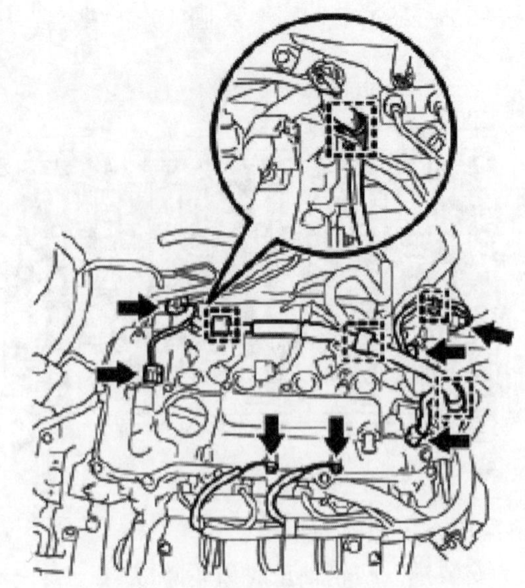

图 8-123

②连接 5 个连接器和 5 个卡夹。

（15）安装 2 号通风软管。

将 2 号通风软管连接到气缸盖罩分总成上并滑动卡子以将其固定。

（16）安装点火线圈总成。

（17）安装 2 号气缸盖罩。

（18）安装前围上外板分总成。

四、车型

一汽丰田荣放 RAV4 2.5L（2.5L 5AR-FE），2016—2019 年。

一汽丰田 RAV4 2.5L（2.5L 5AR-FE），2014—2016 年。

广汽丰田凯美瑞 2.5L（2.5L 5AR-FE），2012—2017 年。

1. 拆卸。

（1）事项。

注意：将发动机开关置于 OFF 位置后，断开蓄电池端子电缆前，可能需要等待一段时间。因此，继续工作前，确保阅读断开蓄电池端子电缆的注意事项。

（2）断开蓄电池负极端子电缆。注意：断开并重新连接电缆后，某些系统需要初始化。

（3）拆卸发动机后部右侧底罩。

（4）拆卸发动机 1 号盖分总成。

（5）拆卸空气滤清器盖分总成。

（6）拆卸空气滤清器壳。

（7）断开散热器储液罐总成。

（8）断开发动机线束。

断开连接器和卡夹，拆下螺栓和螺母并从发动机上断开发动机线束，如图 8-124。

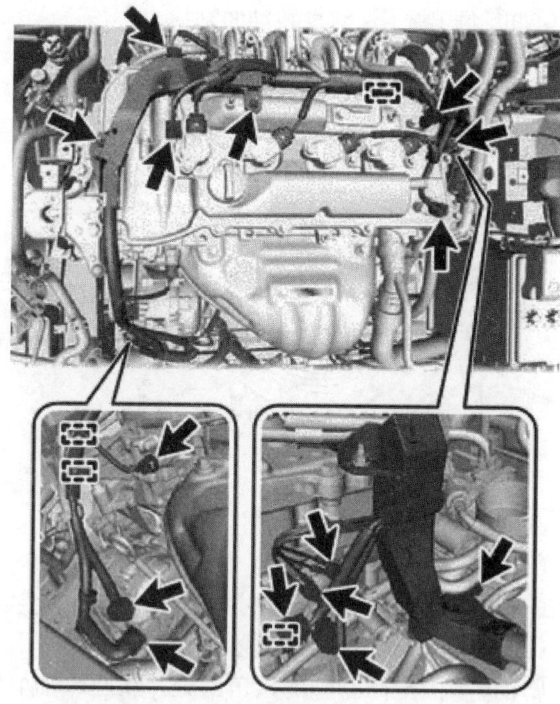

图 8-124

（9）拆卸点火线圈总成。

（10）拆卸曲轴位置传感器。

（11）拆卸气缸盖罩分总成。

（12）将 1 号气缸设定至 TDC/ 压缩。

①转动曲轴皮带轮，直至其正时槽口（凹槽）和正时链条盖的正时标记“0”对准，如图 8-125。

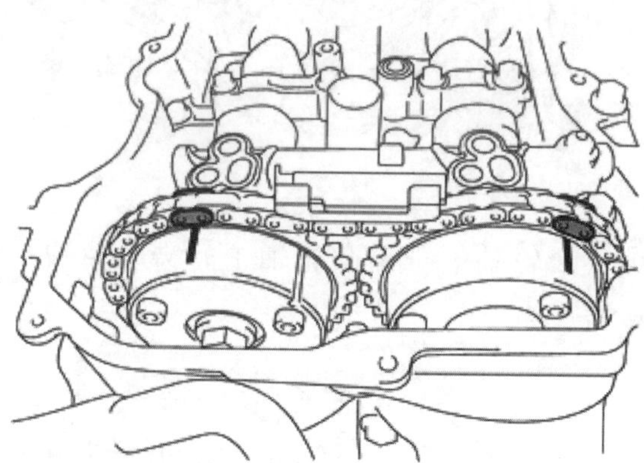

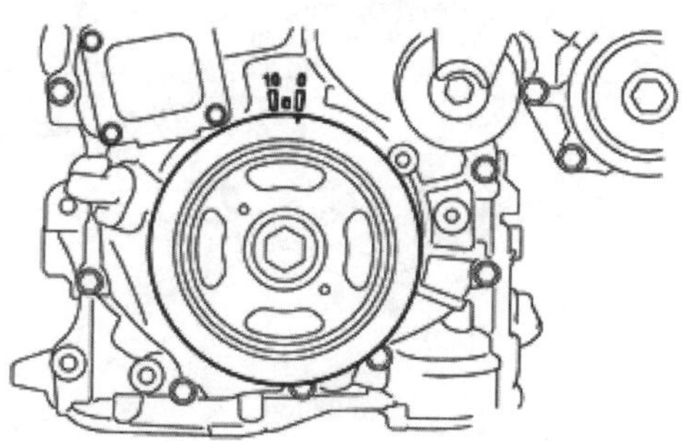

图 8-125

②检查并确认凸轮轴正时齿轮总成和排气凸轮轴正时齿轮总成的各装配标记与图中各装配标记对准。如果没有对准，则转动曲轴 1 圈（360°）以对准图中的正时标记。

③使链条上的油漆标记对准凸轮轴正时齿轮总成和排气凸轮轴正时齿轮总成的正时标记。

（13）拆卸正时链条盖板。

拆下正时链条盖板和衬垫 4 个螺栓，如图 8-126。

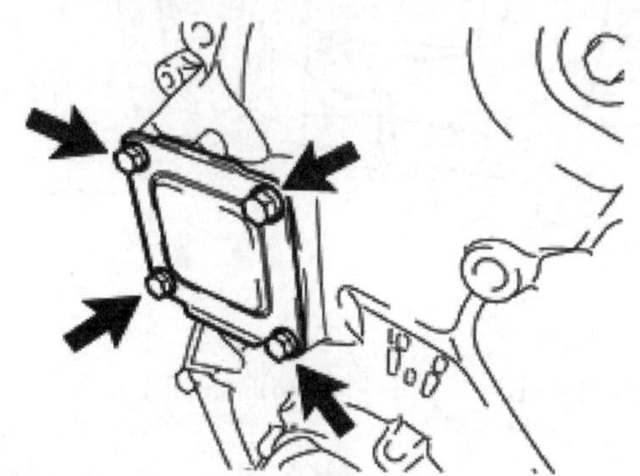

图 8-126

（14）拆卸 1 号链条张紧器总成。

①如图 8-127，顺时针转动曲轴约 10°。

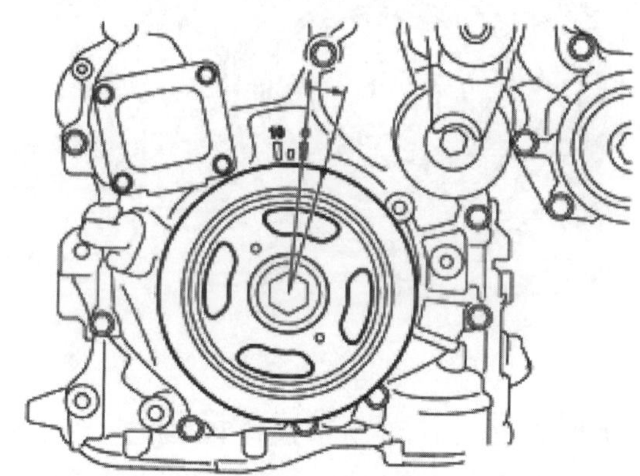

图 8-127

②如图 8-128，逆时针转动曲轴约 10°。

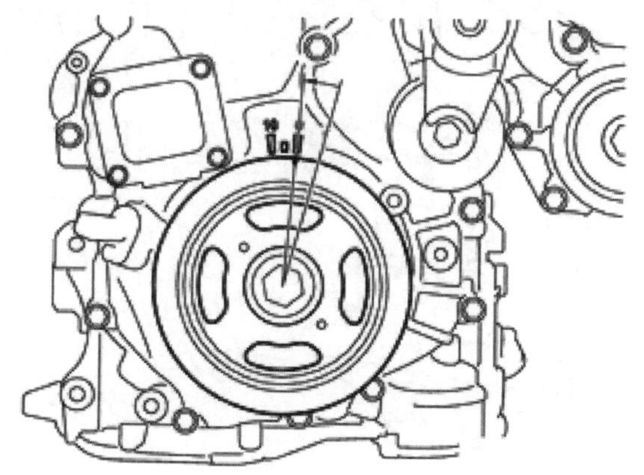

图 8-128

③如图 8-129，对准挡片和张紧器的孔，并将销插入挡片孔内以锁止张紧器。

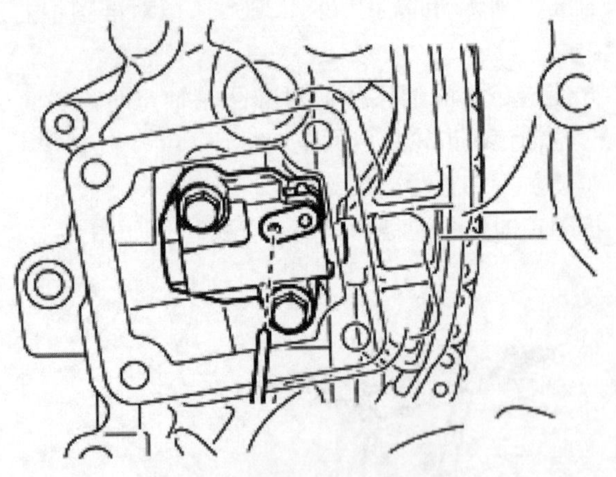

图 8-129

④如图 8-130，顺时针转动曲轴约 10°。

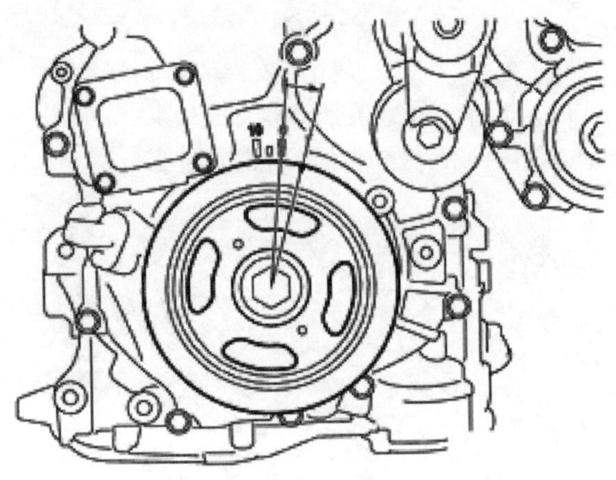

图 8-130

⑤如图 8-131，拆下 2 个螺栓和 1 号链条张紧器总成和衬垫。注意：确保不要将衬垫掉入正时链条盖内。

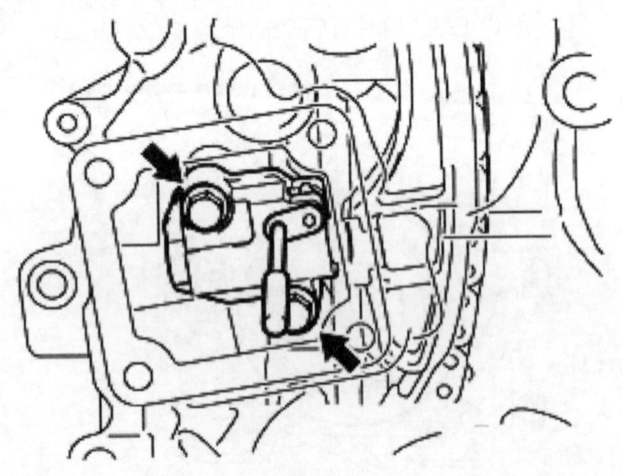

图 8-131

⑥如图 8-132，逆时针转动曲轴约 10°。

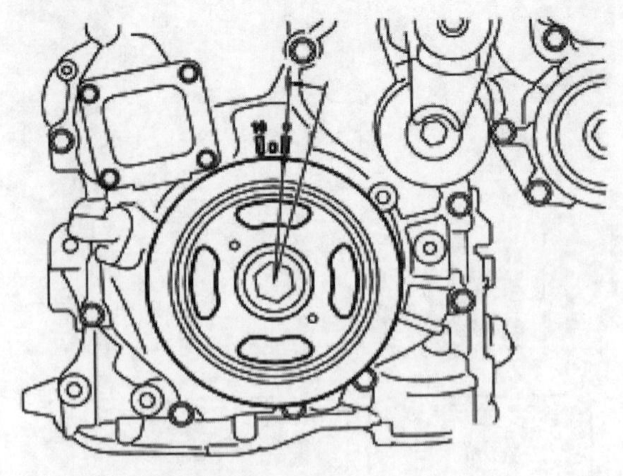

图 8-132

（15）拆卸正时链条导板。

（16）拆卸正时链条盖密封塞。

（17）拆卸凸轮轴正时齿轮总成。

①用扳手固定凸轮轴的六角部分并从凸轮轴上拆下螺栓，如图 8-133。注意：小心不要用扳手损坏凸轮轴壳分总成或火花塞套管。

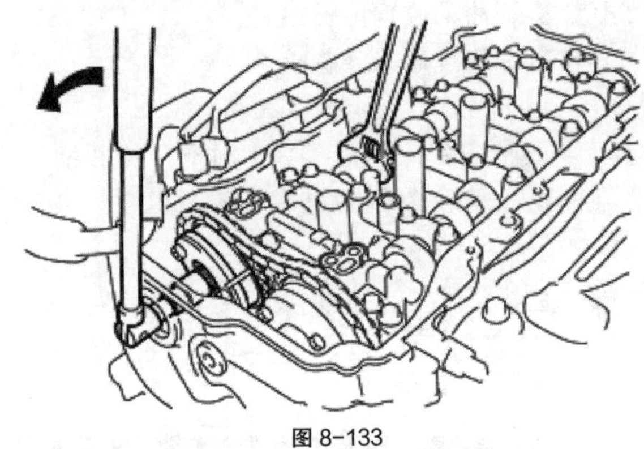

图 8-133

②从凸轮轴上分离凸轮轴正时齿轮总成，如图 8-134。

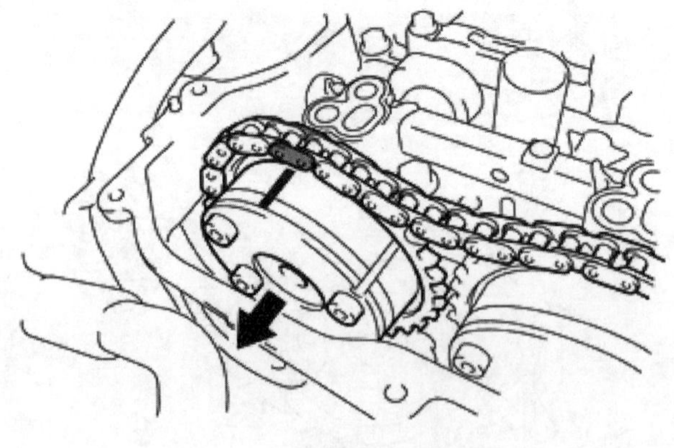

图 8-134

③从凸轮轴正时齿轮总成上拆下正时链条，并转动凸轮轴正时齿轮总成约 180°，如图 8-135。

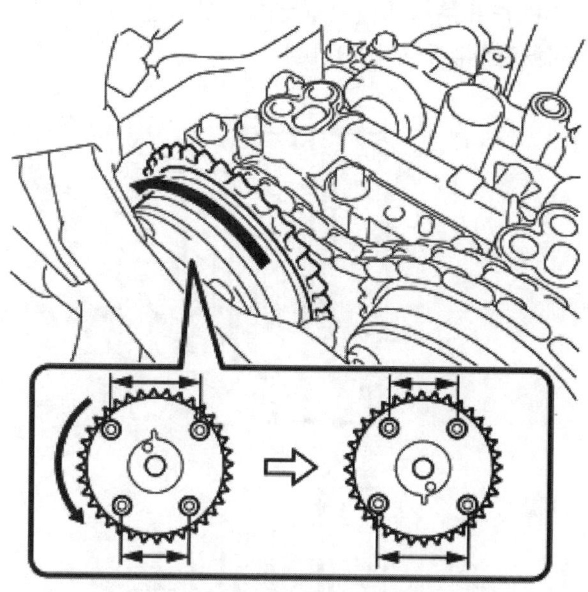

图 8-135

④拆下凸轮轴正时齿轮总成，如图 8-136。注意：不要拆解凸轮轴正时齿轮总成。

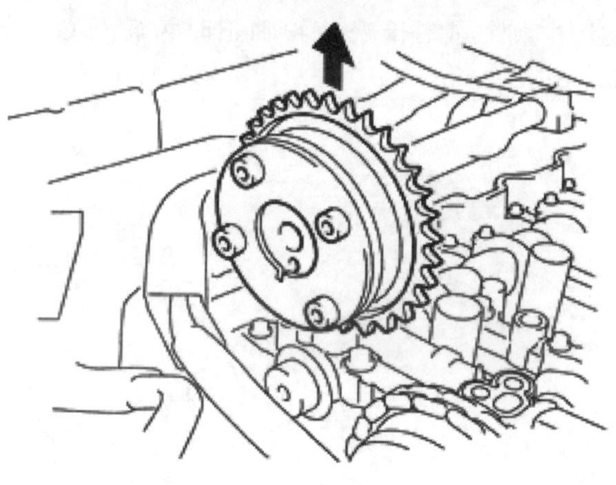

图 8-136

（18）拆卸凸轮轴轴承盖。

①按图 8-137 中顺序，分步拆下 11 个轴承盖螺栓。

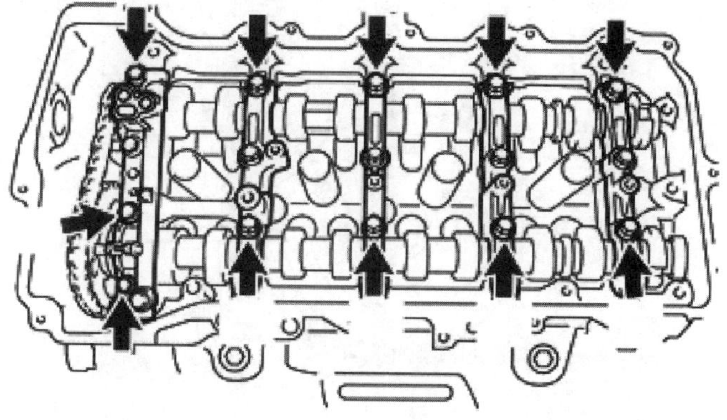

图 8-137

②按图 8-138 中顺序，分步拆下 10 个轴承盖螺栓。

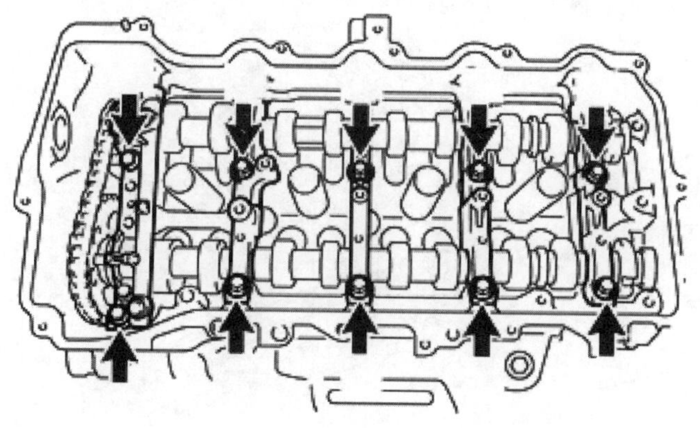

图 8-138

③拆下 5 个凸轮轴轴承盖。提示：按正确的顺序摆放拆下的零件。

（19）拆卸凸轮轴。

从凸轮轴壳分总成上拆下凸轮轴，如图 8-139。

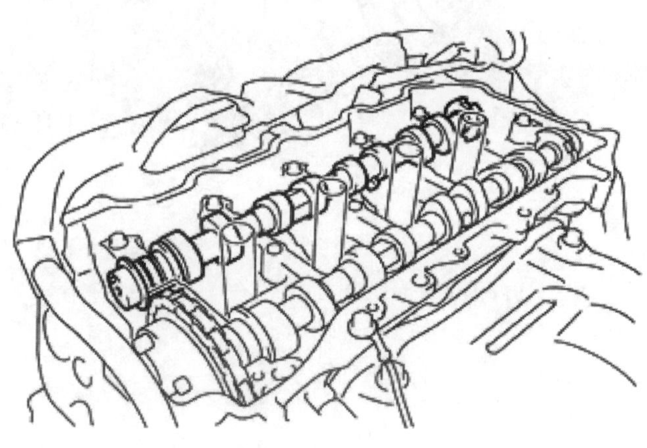

图 8-139

（20）拆卸 2 号凸轮轴。

①支撑链条并从凸轮轴壳分总成上拆下2号凸轮轴，如图 8-140。

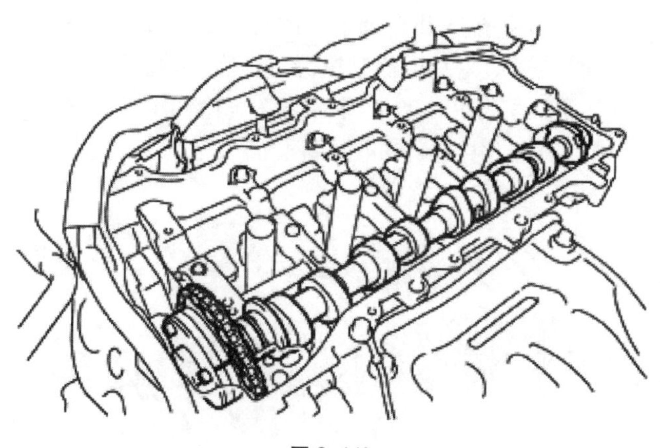

图 8-140

②如图 8-141，用细绳或同等工具悬挂链条。注意：小心不要将链条掉入正时链条盖内。

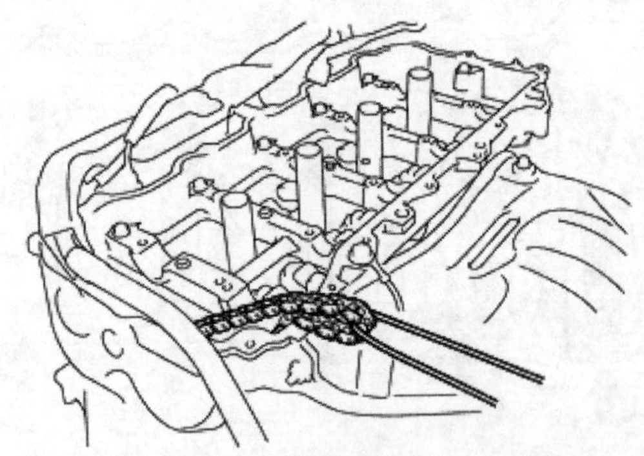

图 8-141

（21）拆卸排气凸轮轴正时齿轮总成。

拆下凸缘螺栓和排气凸轮轴正时齿轮总成，如图 8-142。注意：不要拆解排气凸轮轴正时齿轮总成。

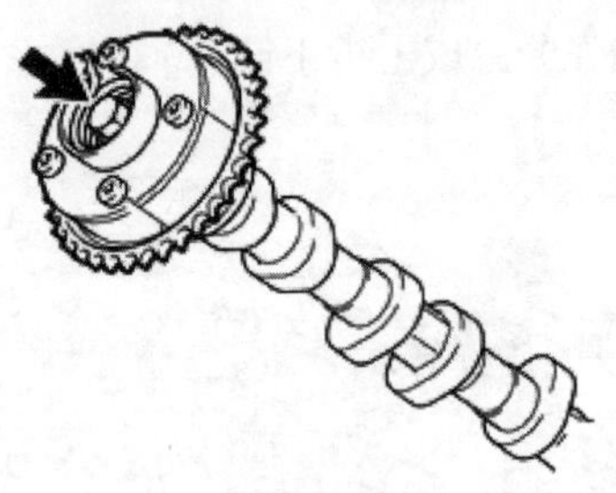

图 8-142

（22）拆卸机油控制阀滤清器。

（23）拆卸 1 号凸轮轴轴承。

（24）拆卸 2 号凸轮轴轴承。

2. 安装。

提示：更换凸轮轴、2 号凸轮轴、凸轮轴正时齿轮总成或排气凸轮轴正时齿轮总成后，执行“维修后检查”。

（1）安装 2 号凸轮轴轴承。

（2）安装 1 号凸轮轴轴承。

（3）安装机油控制阀滤清器。

（4）安装排气凸轮轴正时齿轮总成。提示：更换排气凸轮轴正时齿轮总成后，执行“维修后检查”。

①将 2 号凸轮轴的锁销和排气凸轮轴正时齿轮总成的锁销孔对准并接合，如图 8-143。

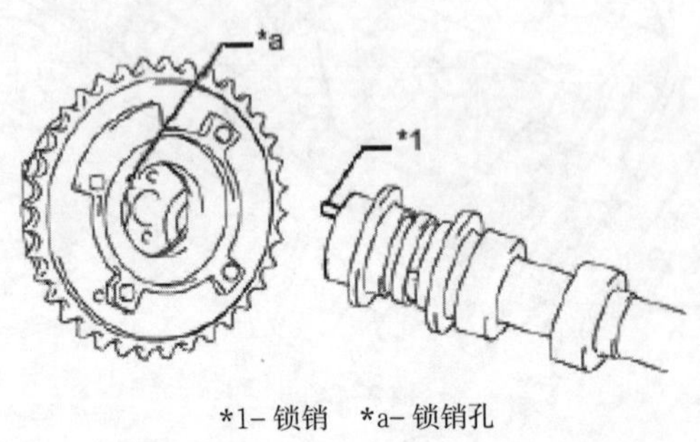

*1- 锁销　*a- 锁销孔

图 8-143

②检查并确认排气凸轮轴正时齿轮总成和凸轮轴法兰之间没有间隙，如图 8-144。

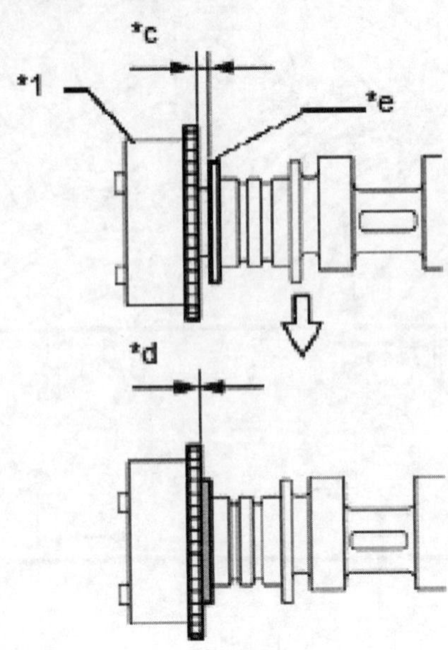

*1- 排气凸轮轴正时齿轮总成　*a- 错误　*b- 正确　*c- 有间隙　*d- 无间隙　*e- 凸轮轴法兰

图 8-144

③用螺栓固定排气凸轮轴正时齿轮总成，如图 8-145。扭矩：85N · m 。注意：不要拆解排气凸轮轴正时齿轮总成。

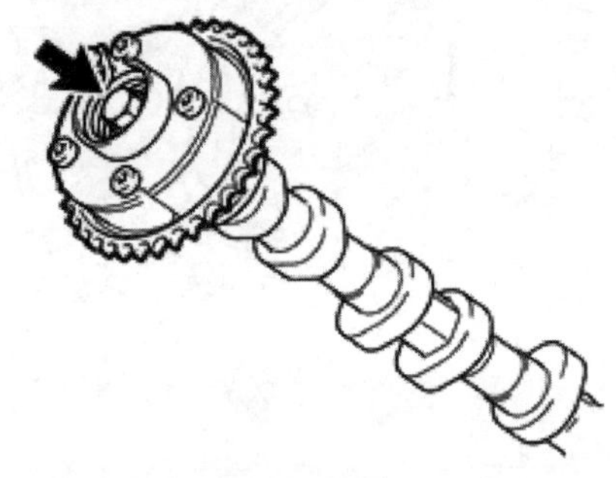

图 8-145

（5）将 1 号气缸设定至 TDC/ 压缩。

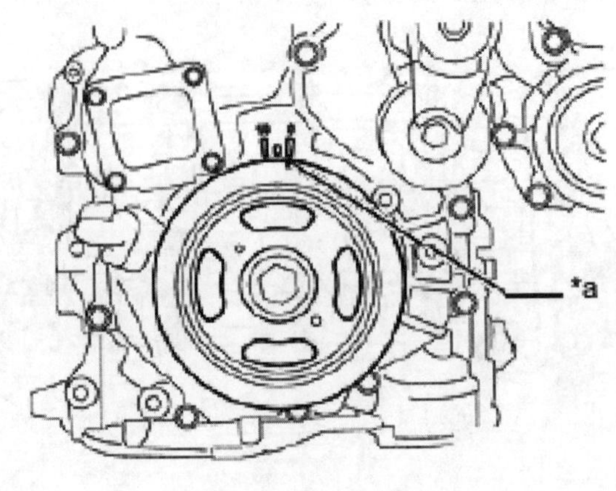

*a- 正时槽口（凹槽）

图 8-146

如图 8-146，转动曲轴皮带轮，直至其正时槽口（凹槽）和正时链条盖的正时标记“0”对准。

（6）安装 2 号凸轮轴。提示：更换 2 号凸轮轴后，执行“维修后检查”。

①确保气门摇臂按图安装，如图 8-147。

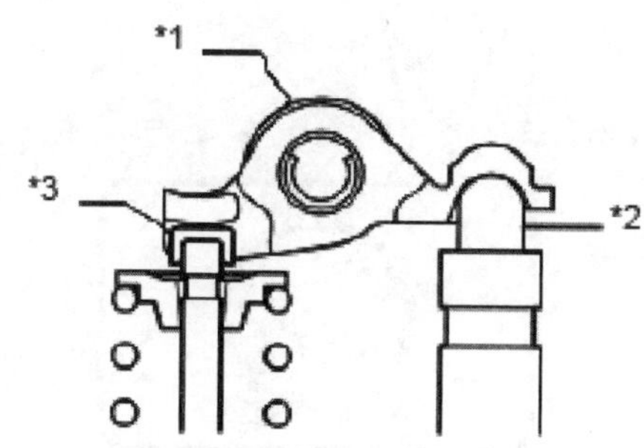

*1- 气门摇臂　*2- 气门间隙调节器　*3- 气门杆盖

图 8-147

②清洁凸轮轴轴颈。

③在凸轮轴轴颈、凸轮轴壳分总成和凸轮轴轴承盖上涂抹一薄层发动机机油。

④支撑链条并对准装配标记和油漆标记以安装 2 号凸轮轴，如图 8-148。

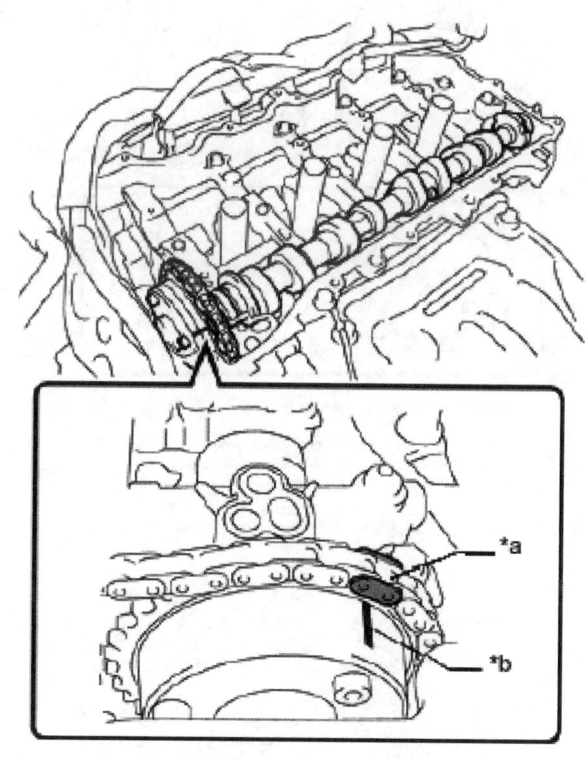

*a- 油漆标记　*b- 装配标记

图 8-148

（7）安装凸轮轴。提示：更换凸轮轴后，执行“维修后检查”。

①确保气门摇臂按图所示安装，如图 8-149。

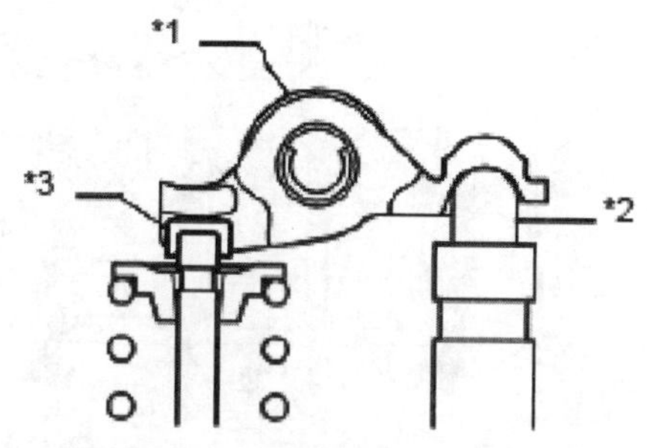

*1- 气门摇臂　*2- 气门间隙调节器　*3- 气门杆盖

图 8-149

②清洁凸轮轴轴颈。

③在凸轮轴轴颈、凸轮轴壳分总成和凸轮轴轴承盖上涂抹一薄层发动机机油。

④如图 8-150，将凸轮轴安装到凸轮轴壳分总成上。

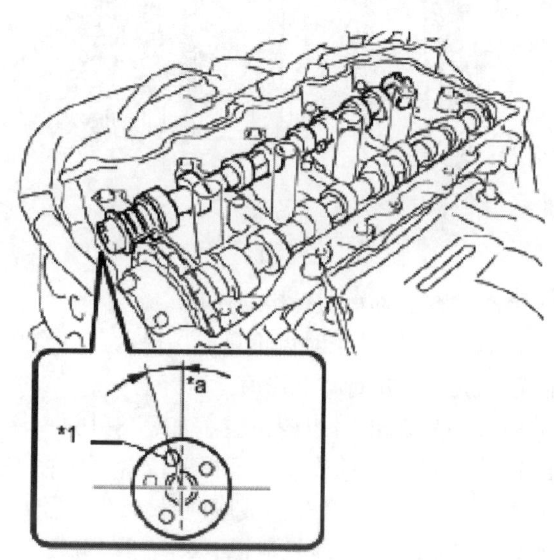

*1- 锁销　*a- 约 17°

图 8-150

（8）安装凸轮轴轴承盖。

①确认凸轮轴轴承盖上的标记和数字并将其分别置于正确的位置和方向，如图 8-151。

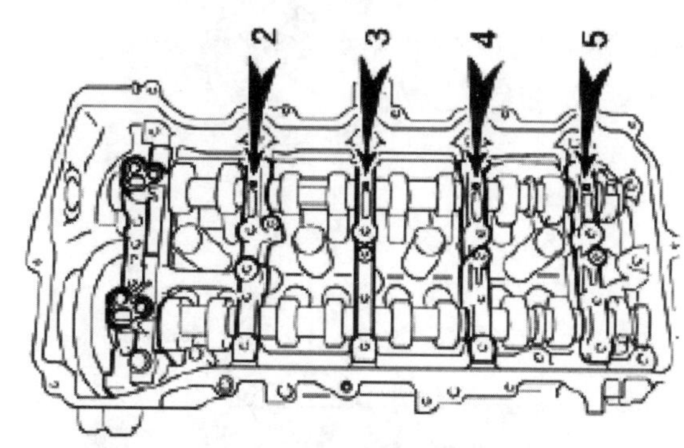

图 8-151

②按图 8-152 中顺序，分步均匀地紧固 10 个轴承盖螺栓。扭矩：27N·m。

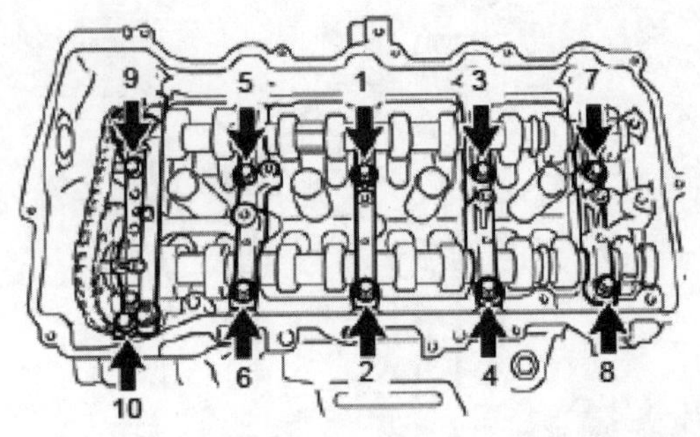

图 8-152

③按图 8-153 中顺序，分步均匀地紧固 11 个轴承盖螺栓。扭矩：16N・m。

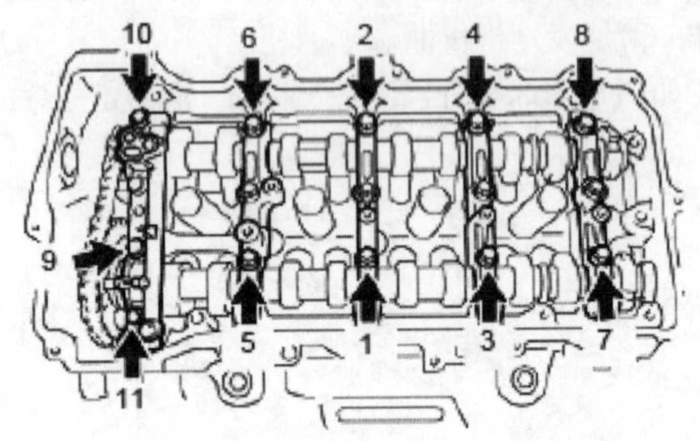

图 8-153

④再次检查各轴承盖螺栓的扭矩。

（9）安装凸轮轴正时齿轮总成。提示：更换凸轮轴正时齿轮总成后，执行"维修后检查"。

①检查凸轮轴正时齿轮位置，如图 8-154。注意：如果凸轮轴正时齿轮总成设定至提前位置，则在安装过程中不要使凸轮轴正时齿轮总成顺时针转动。

如果凸轮轴正时齿轮总成已转动至最大延迟位置，则在紧固凸轮轴正时齿轮总成前确保松开锁销并将凸轮轴正时齿轮总成设定至最大提前位置。

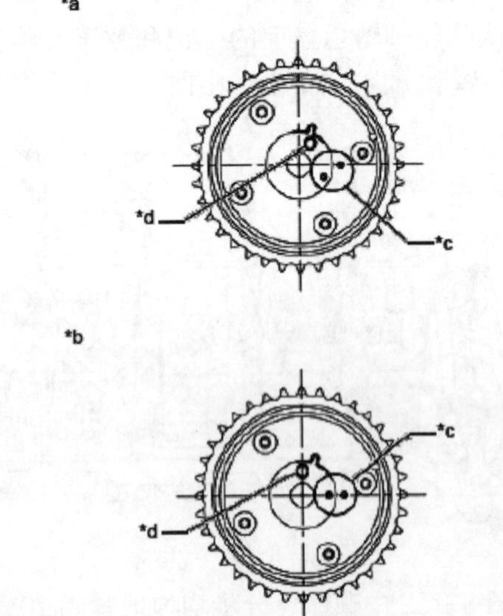

*a- 提前位置 *b- 延迟位置 *c- 定位标记 *d- 锁销孔

图 8-154

②如图 8-155，安装凸轮轴正时齿轮总成。

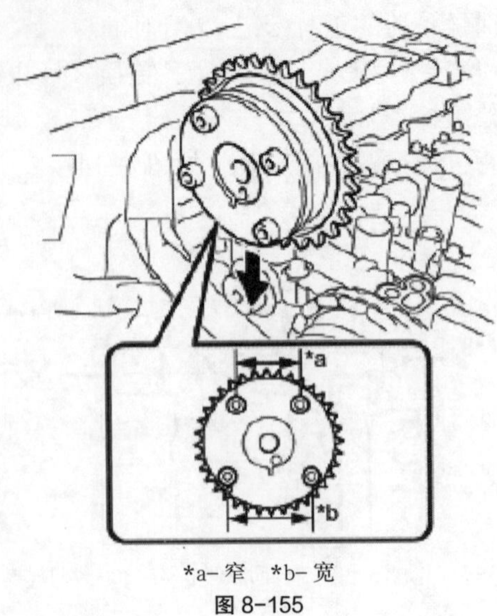

*a- 窄 *b- 宽

图 8-155

③逆时针转动凸轮轴正时齿轮总成约 180°，如图 8-156。

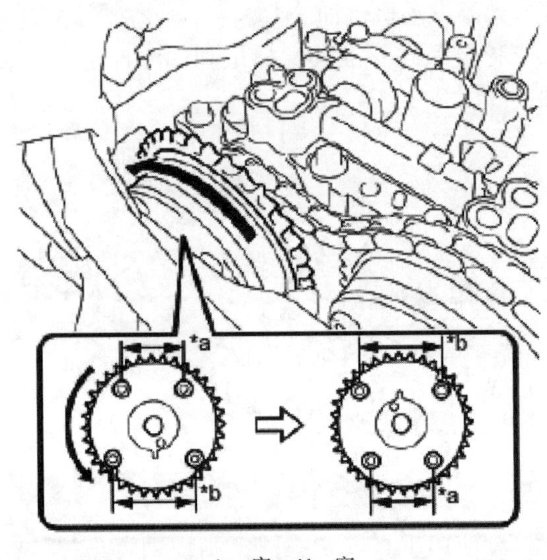

*a- 窄 *b- 宽

图 8-156

④对准油漆标记和装配标记以安装链条，如图 8-157。

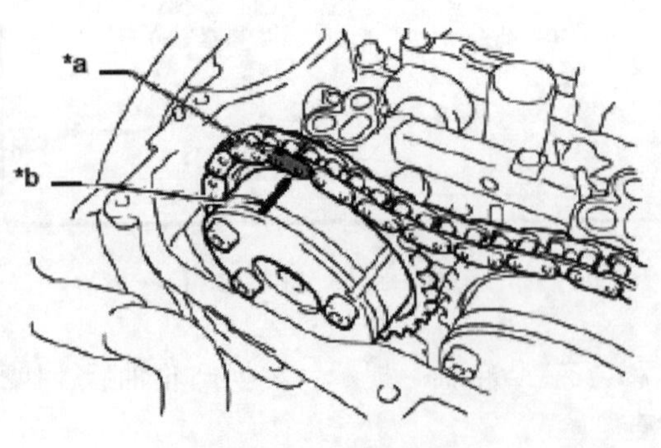

*a- 油漆标记 *b- 装配标记

图 8-157

⑤将凸轮轴的锁销和凸轮轴正时齿轮总成的锁销孔对准并接合，如图 8-158。

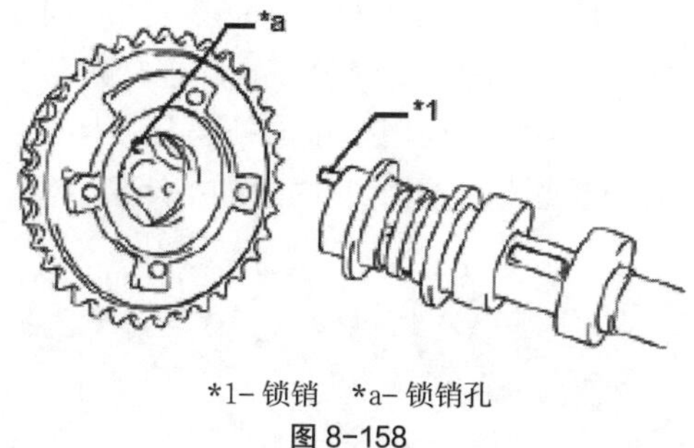

*1- 锁销 *a- 锁销孔

图 8-158

⑥检查并确认凸轮轴正时齿轮总成和凸轮轴法兰之间没有间隙，如图 8-159。

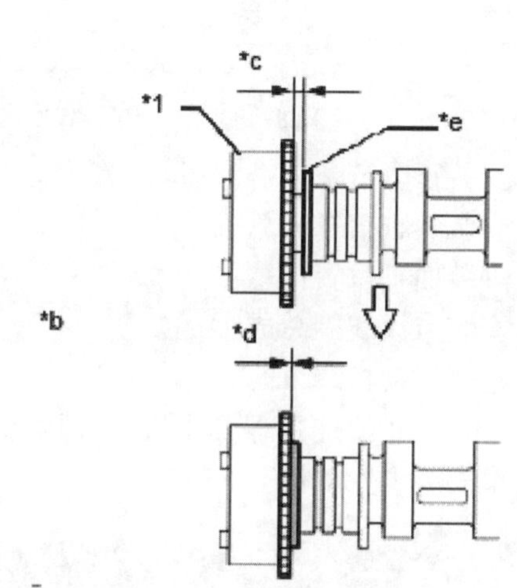

*1- 凸轮轴正时齿轮总成 *a- 错误 *b- 正确 *c- 有间隙 *d- 无间隙 *e- 凸轮轴法兰

图 8-159

⑦用手将凸轮轴固定到位，然后用手安装凸轮轴正时齿轮总成的安装螺栓。注意：不要使用任何工具安装螺栓。如果使用工具安装螺栓，则锁销将损坏。如果没有松开锁销，则将其松开，如图 8-160。

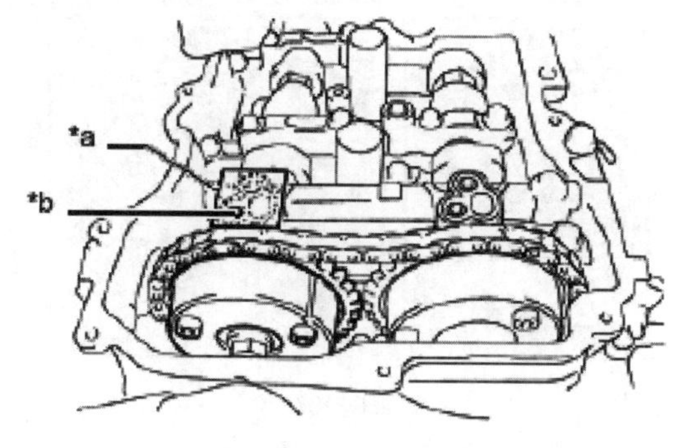

*a- 胶带密封区域 *b- 刺一个孔

图 8-160

清洁并去除凸轮轴轴承盖上的进气侧 VVT 油孔的油脂后，如图 8-160，用胶带或同等工具完全密封油孔以防止空气泄漏。注意：确保完全密封油孔，因为由于密封不足而导致的漏气将影响锁销松开。

如图 8-161，在遮盖油孔的胶带上刺一个孔。

向刺出的孔施加约 200kPa 的空气压力，以松开锁销，如图 8-161。注意：如果空气泄漏，则重新粘贴胶带。施加空气压力时用布盖住油孔以防止机油喷出。

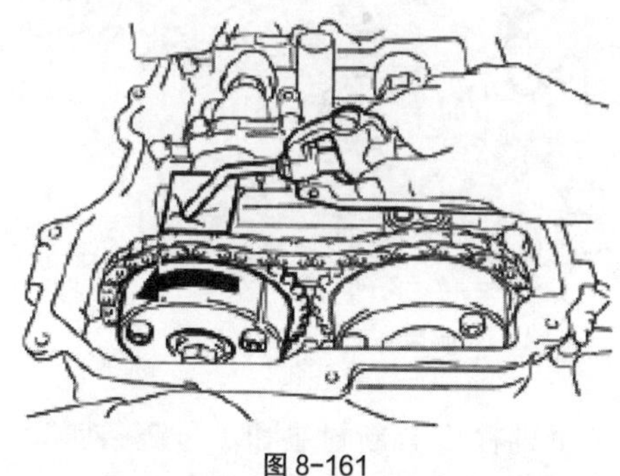

图 8-161

用力将凸轮轴正时齿轮总成朝提前方向（逆时针）转动。提示：凭借施加的空气压力，可能无须手动辅助即可使凸轮轴正时齿轮总成朝提前方向转动。从凸轮轴轴承盖上拆下胶带。

（10）使用扳手固定凸轮轴的六角部分，安装螺栓，如图 8-162。扭矩：85N · m。注意：小心不要用扳手损坏凸轮轴壳分总成或火花塞套管。

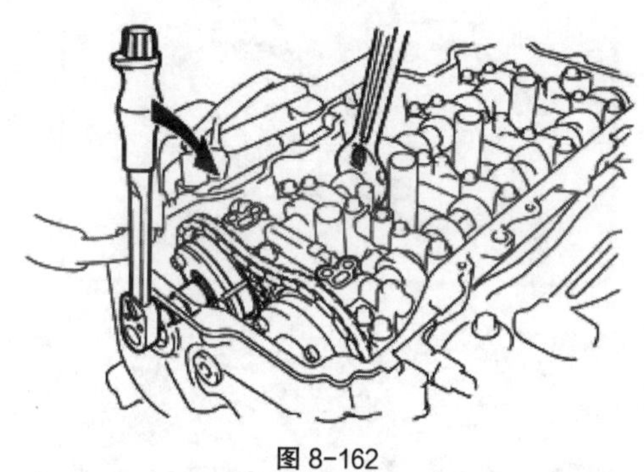

图 8-162

（11）检查并确认凸轮轴正时齿轮总成和排气凸轮轴正时齿轮总成的各装配标记与图 8-163 中各装配标记对准。

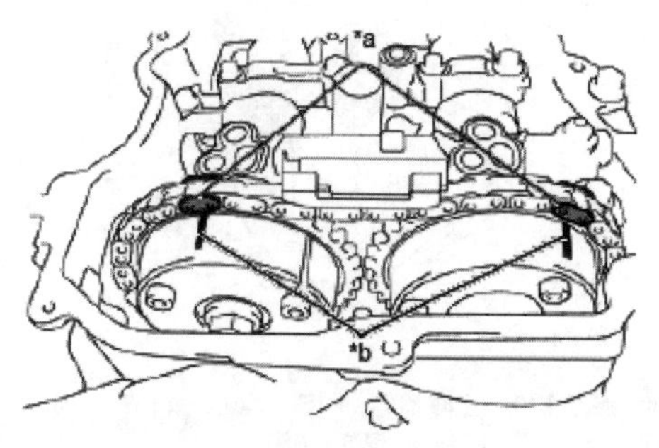

*a- 油漆标记 *b- 装配标记

图 8-163

（12）加注发动机机油。

（13）安装正时链条导板。

（14）安装 1 号链条张紧器总成。

①如图 8-164，顺时针转动曲轴约 10°。

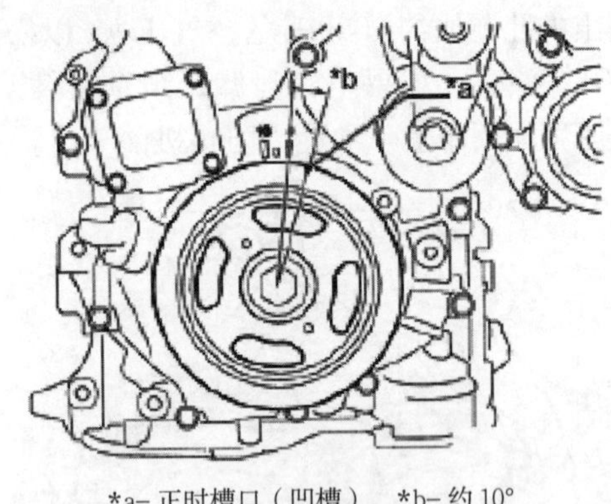

*a- 正时槽口（凹槽） *b- 约 10°

图 8-164

②用 2 个螺栓安装新衬垫和 1 号链条张紧器总成。扭矩：10N·m。注意：确保不要将衬垫掉入正时链条盖总成内。

③从挡片上拆下销。

（15）检查 1 号气缸至 TDC/ 压缩。

①转动曲轴皮带轮，直至其正时槽口（凹槽）和正时链条盖的正时标记“0”对准，如图 8-165。

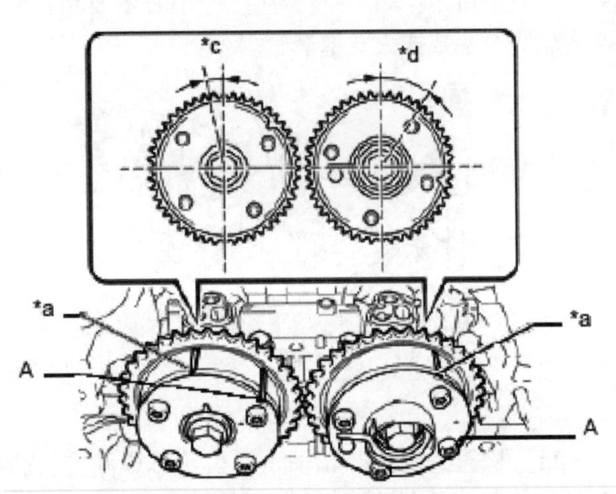

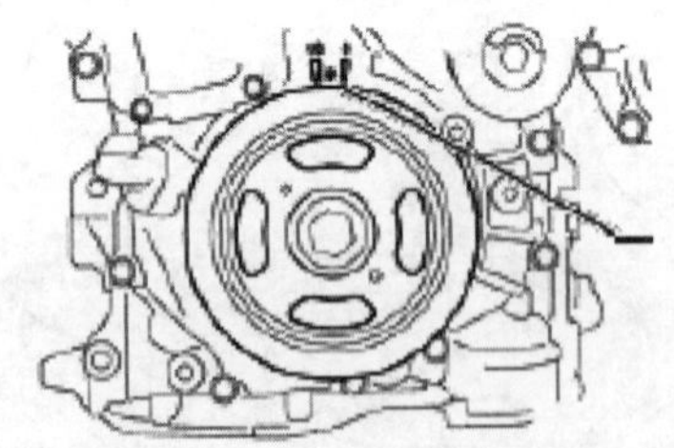

*a- 正时标记 *b- 正时槽口（凹槽） *c- 约 7° *d- 约 32°

图 8-165

②检查并确认凸轮轴正时齿轮的正时标记位于见图 8-166 中位置。如果没有对准，则转动曲轴 1 圈（360°）以对准正时标记。提示：“A”不是正时标记。

（16）安装正时链条盖板。

用 4 个螺栓安装新衬垫和正时链条盖板，如图 8-166。扭矩：10N·m。注意：使用 10mm 的连接螺母扳手紧固标示为“A”的螺栓。利用扭矩值补偿公式计算连接螺母扳手等工具与扭矩扳手配合使用时的扭矩值。

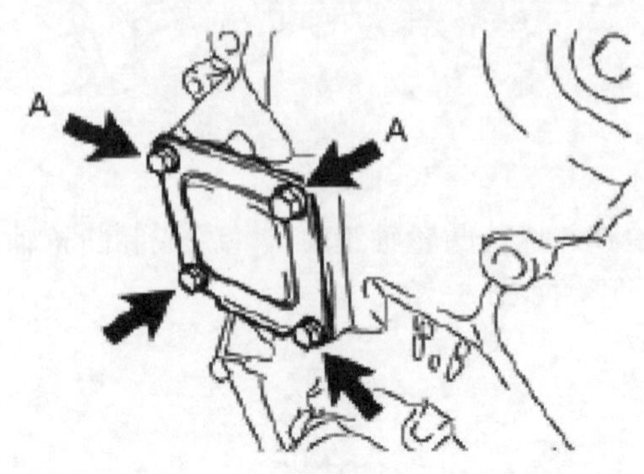

图 8-166

（17）安装正时链条盖密封塞。

（18）安装气缸盖罩分总成。

（19）安装曲轴位置传感器。

（20）安装点火线圈总成。

（21）连接发动机线束。

如图 8-167，连接连接器和卡夹，并用螺栓和螺母将发动机线束安装到发动机上。

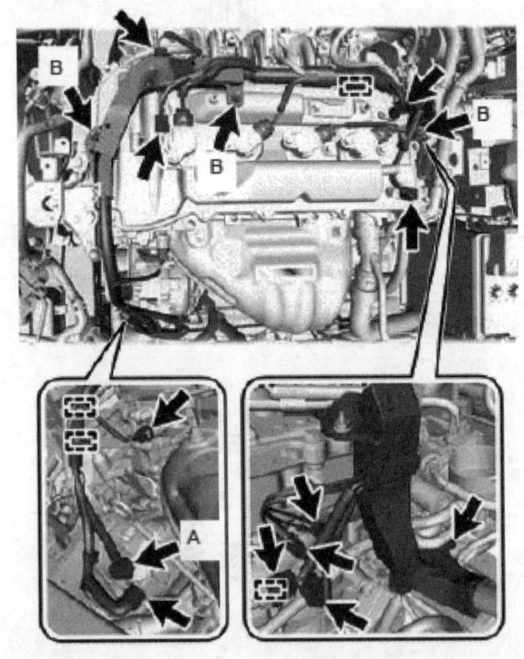

图 8-167

扭矩：

· 螺母 A：8N·m

· 螺母 B：7N·m

· 螺栓：10N·m

（22）连接散热器储液罐总成。

（23）安装空气滤清器壳。

（24）安装空气滤清器盖分总成。

（25）连接蓄电池负极端子电缆。注意：断开并重新连接电缆后，某些系统需要初始化。

（26）检查机油是否泄漏。

（27）安装发动机后部右侧底罩。

（28）安装发动机 1 号盖分总成。

五、车型

广汽丰田凯美瑞 2.0L（6AR-FSE），2015—2018 年。

（一）检查正时

1. 安装。

提示：更换凸轮轴、2 号凸轮轴、凸轮轴正时齿轮总成或排气凸轮轴正时齿轮总成后，执行“修理后进行检查”。

步骤：

（1）安装 2 号凸轮轴轴承。

（2）安装 1 号凸轮轴轴承。

（3）安装机油控制阀滤清器。

（4）安装排气凸轮轴正时齿轮总成。

①使用铝板夹住六角头部分以将 2 号凸轮轴固定到台钳上。注意：不要过度紧固台钳以防损坏 2 号凸轮轴。

② 将 2 号凸轮轴的锁销与排气凸轮轴正时齿轮总成的锁销孔对准并进行安装，如图 8-168。注意：小心不要损坏排气凸轮轴正时齿轮总成与 2 号凸轮轴锁销的接触面。

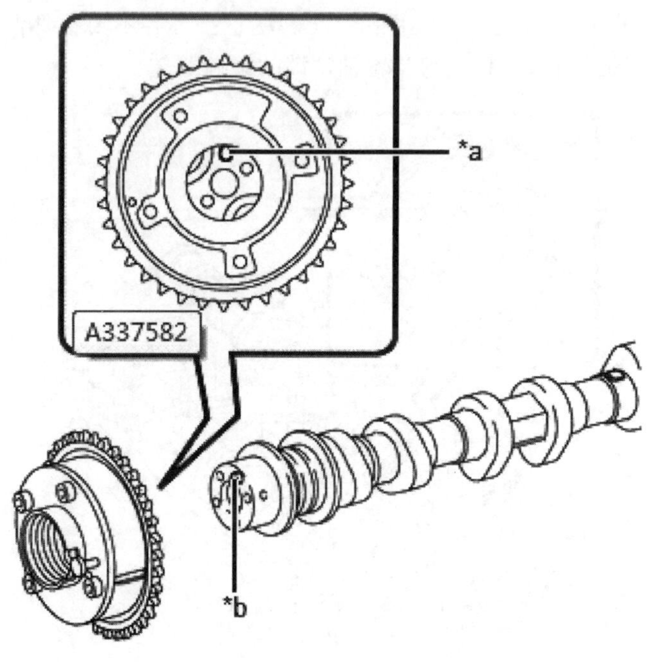

*a- 锁销孔 *b- 锁销

图 8-168

③ 检查并确认排气凸轮轴正时齿轮总成和 2 号凸轮轴法兰之间无间隙，如图 8-169。

④用螺栓固定排气凸轮轴正时齿轮总成，扭矩：85N·m。注意：不要拆解排气凸轮轴正时齿轮总成。提示：更换排气凸轮轴正时齿轮总成后，执行“修理后进行检查”。

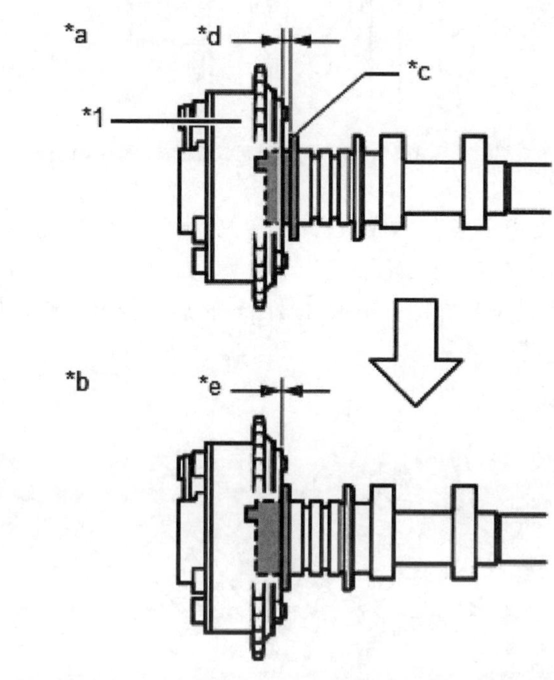

*1- 排气凸轮轴正时齿轮总成 *a- 错误 *b- 正确 *c-2 号凸轮轴法兰 *d- 有间隙 *e- 无间隙

图 8-169

（5）将 1 号气缸设定至 TDC/ 压缩。

转动曲轴皮带轮，直至皮带轮上的正时槽口（槽）与正时链条盖分总成的正时标记“0”对准，如图 8-170。

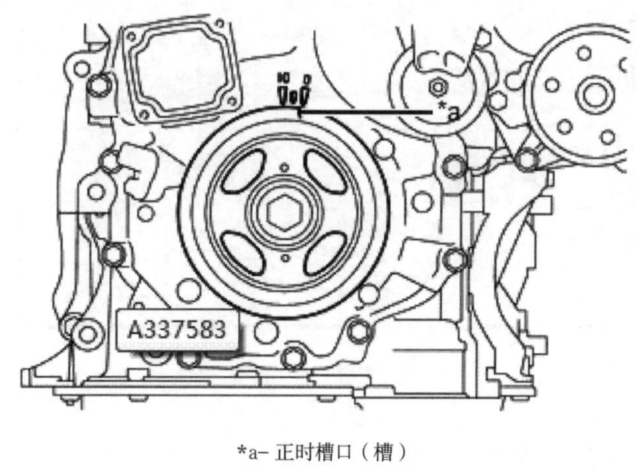

*a- 正时槽口（槽）

图 8-170

（6）安装 2 号凸轮轴。

①确保如图 8-171 安装 1 号气门摇臂分总成。

②清洁凸轮轴轴颈。

③在凸轮轴轴颈、凸轮轴壳分总成和凸轮轴轴承盖上涂抹一薄层发动机机油。

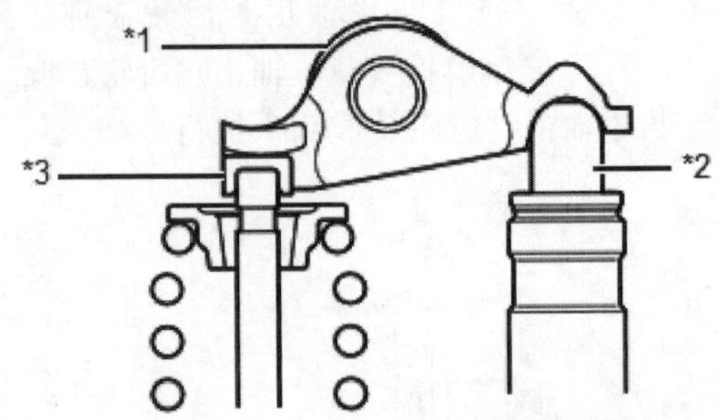

*1-1号气门摇臂分总成　*2-气门间隙调节器总成　*3-气门杆盖

图 8-171

④支撑链条分总成，对准正时标记和油漆标记并将2号凸轮轴安装到凸轮轴壳分总成上，如图8-172。提示："A"不是正时标记；更换2号凸轮轴后，执行"修理后进行检查"。

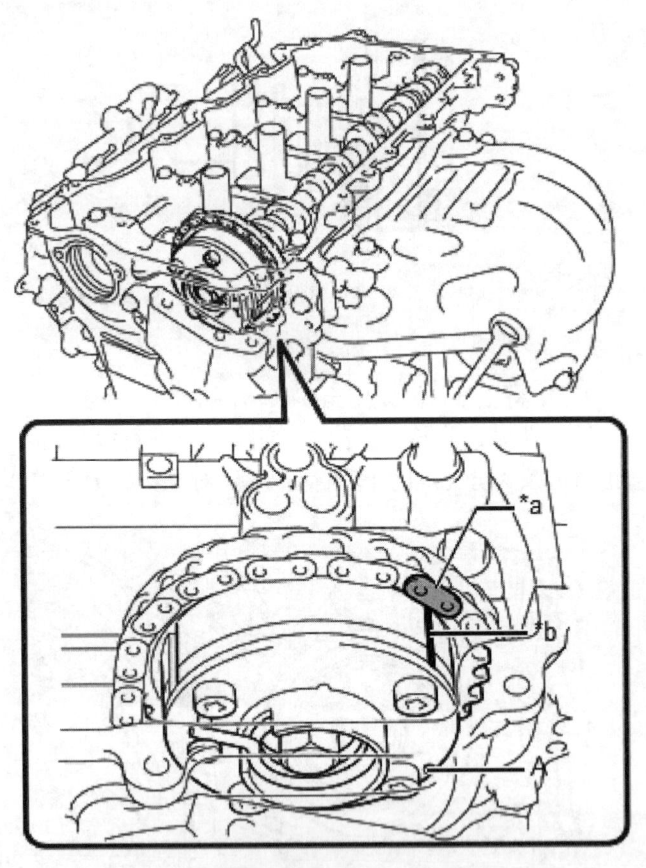

*a-油漆标记　*b-正时标记

图 8-172

（7）安装凸轮轴正时齿轮总成。

将链条分总成的油漆标记与凸轮轴正时齿轮总成的正时标记对准。然后安装凸轮轴正时齿轮总成，如图8-173。提示：更换凸轮轴正时齿轮总成后，执行"修理后进行检查"。

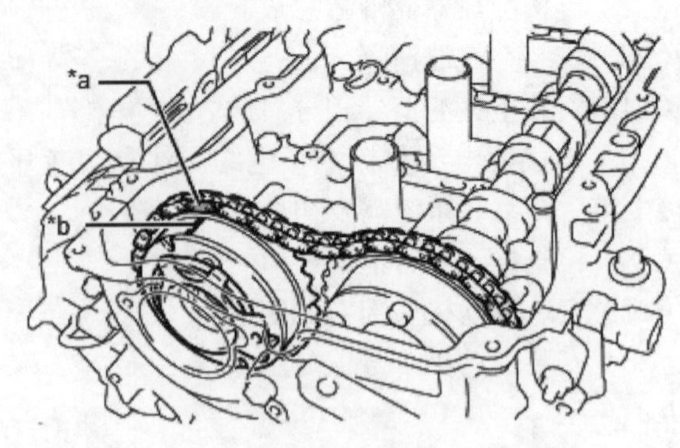

*a-油漆标记　*b-正时标记

图 8-173

（8）安装凸轮轴。

①确保如图8-174安装1号气门摇臂分总成。

②清洁凸轮轴轴颈。

③在凸轮轴轴颈和凸轮轴壳分总成上涂抹一薄层发动机机油。

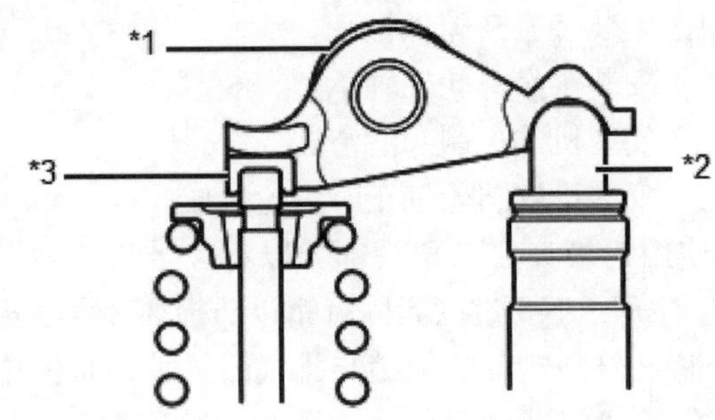

*1-1号气门摇臂分总成　*2-气门间隙调节器总成　*3-气门杆盖

图 8-174

④将凸轮轴的锁销和凸轮轴正时齿轮总成的锁销孔对准并进行安装，如图8-175。注意：小心不要损坏凸轮轴正时齿轮总成与凸轮轴锁销的接触面。

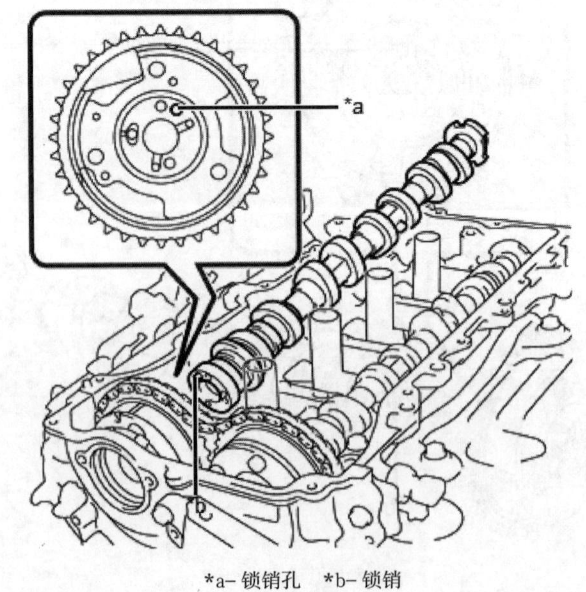

*a-锁销孔　*b-锁销

图 8-175

⑤如图 8-176，检查并确认凸轮轴正时齿轮总成与凸轮轴（A）部位之间无间隙。提示：更换凸轮轴后，执行“修理后进行检查”。

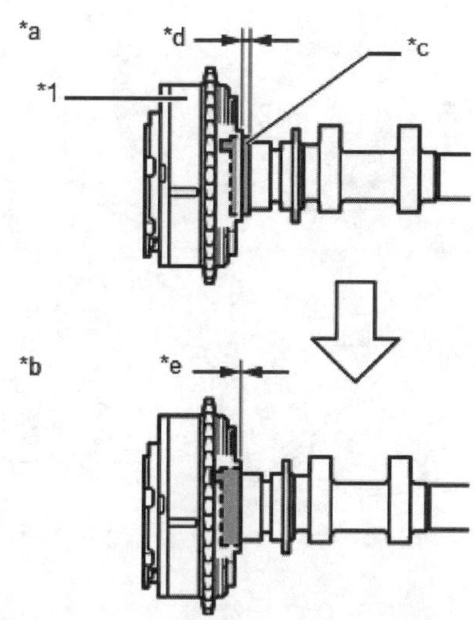

*1- 凸轮轴正时齿轮总成　*a- 错误　*b- 正确　*c- 凸轮轴（A）部位　*d- 有间隙　*e- 无间隙

图 8-176

（9）暂时安装凸轮轴正时齿轮螺栓。

①如图 8-177，在凸轮轴正时齿轮螺栓各部位上涂抹发动机机油。

②暂时安装凸轮轴正时齿轮螺栓。提示：确保将凸轮轴正时齿轮螺栓至少拧入 3 道螺纹。

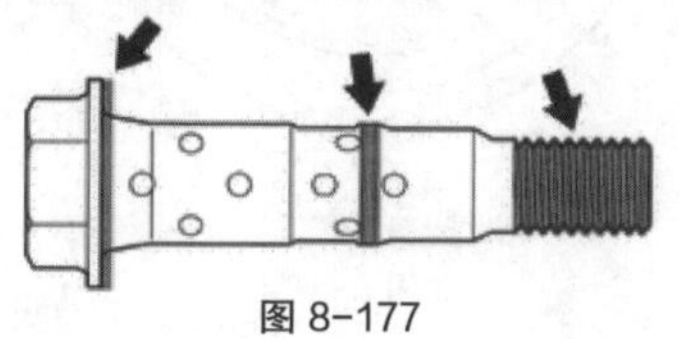

图 8-177

（10）安装凸轮轴轴承盖。

①将 1 号凸轮轴轴承盖、2 号凸轮轴轴承盖、3 号凸轮轴轴承盖和 4 号凸轮轴轴承盖放置到其相应的正确位置。

②按如图 8-178 顺序分步并均匀紧固 10 个螺栓。扭矩：27N · m。

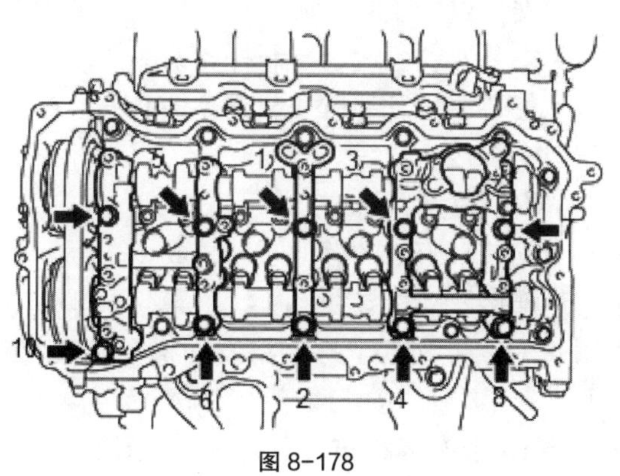

图 8-178

③按如图 8-179 顺序分步并均匀紧固 11 个螺栓。扭矩：16N · m。

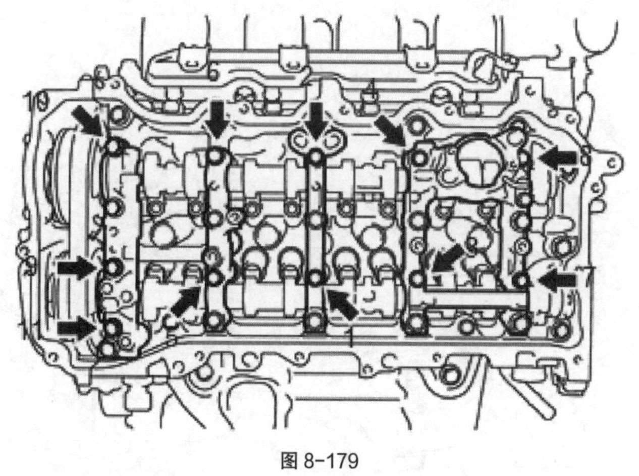

图 8-179

（11）紧固凸轮轴正时齿轮螺栓。

①如图 8-180，检查并确认链条分总成有些松弛。

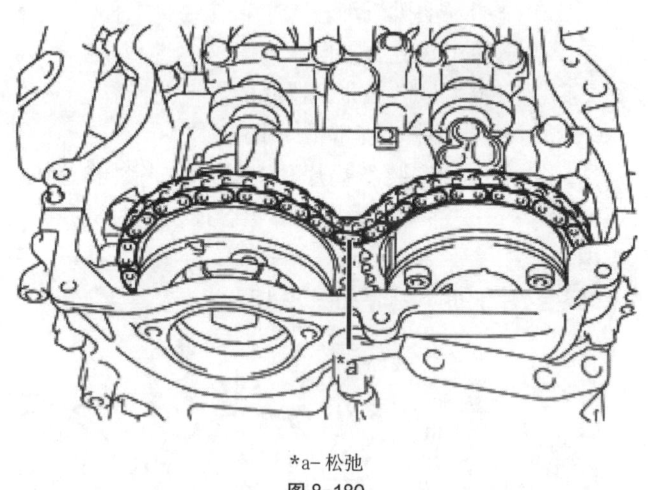

*a- 松弛

图 8-180

②用扳手固定凸轮轴的六角头部分，如图 8-181。

③紧固凸轮轴正时齿轮螺栓。扭矩：120N · m。注意：小心不要让扳手损坏气缸盖分总成或火花塞套管。

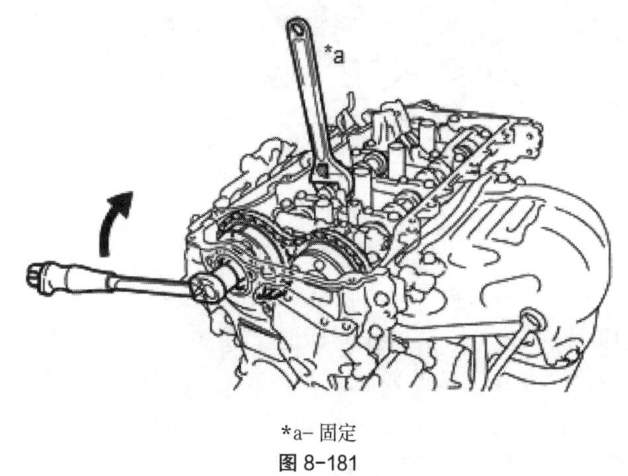

*a- 固定

图 8-181

④检查并确认链条分总成的油漆标记与凸轮轴正时齿轮总成和排气凸轮轴正时齿轮总成的正时标记对准，如图 8-182 所示。提示：“A”不是正时标记。

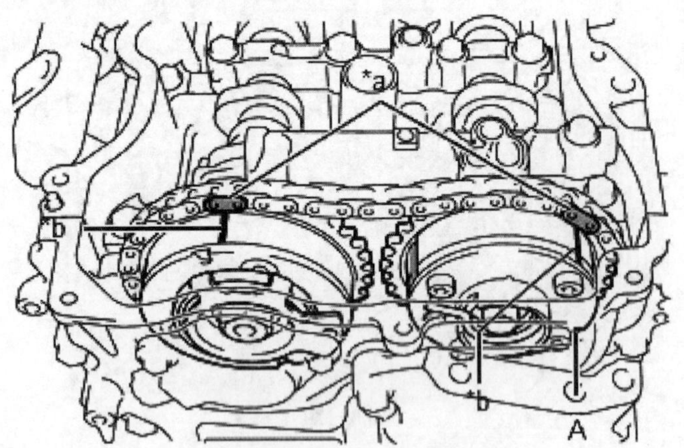

*a- 油漆标记　*b- 正时标记

图 8-182

（12）添加发动机机油。

（13）安装正时链条导向器。

（14）安装 1 号链条张紧器总成。

① 顺时针转动曲轴皮带轮约 15°。

②用 2 个螺栓安装新垫片和 1 号链条张紧器总成。扭矩：10N・m 。注意：确保垫片不会掉入正时链条盖分总成内。

③从挡片上拆下销，如图 8-183。

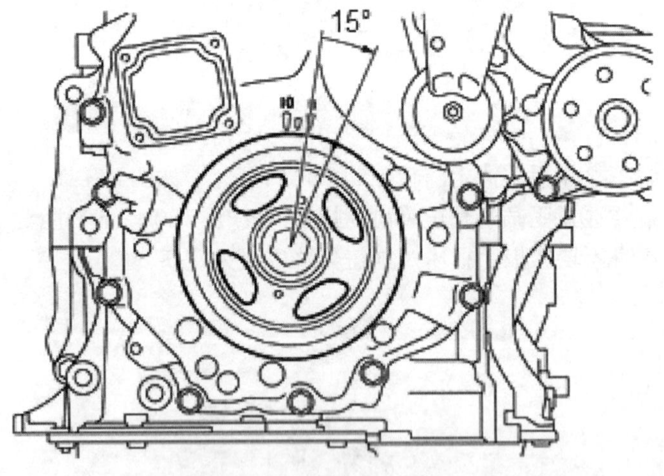

图 8-183

（15）将 1 号气缸设定至 TDC/ 压缩。

①转动曲轴皮带轮，直至皮带轮上的正时槽口（槽）与正时链条盖分总成的正时标记“0”对准。

②检查并确认凸轮轴正时齿轮总成和排气凸轮轴正时齿轮总成的各正时标记均如图 8-184 朝上。如果没有对准，则如图 8-184 转动曲轴 1 周（360°）以对准正时标记。

提示：“A”不是正时标记。

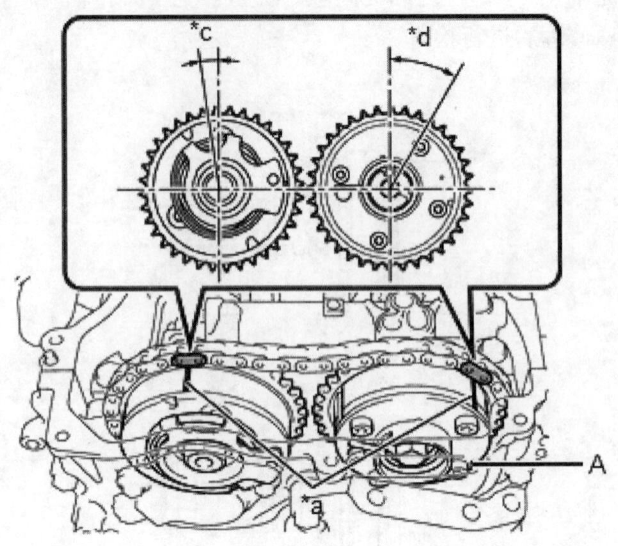

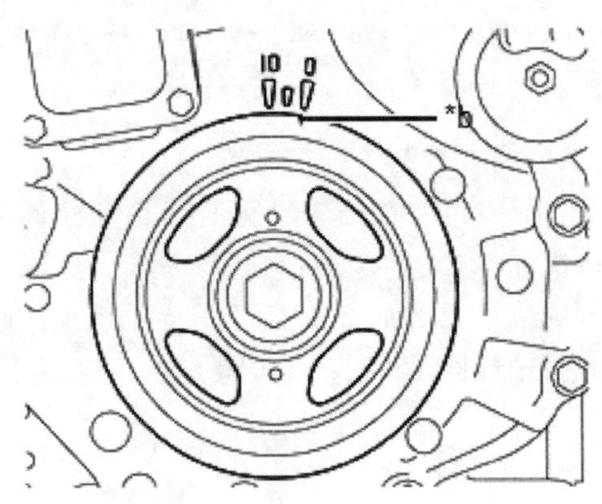

*a- 正时标记　*b- 正时槽口（槽）　*c- 约 7°　*d- 约 32°

图 8-184

（16）安装正时链条盖板。

用 4 个螺栓安装新垫片和正时链条盖板。扭矩：10N・m。

（17）安装凸轮轴正时机油控制电磁阀总成。

（18）安装气缸盖罩分总成。

（19）连接 2 号通风软管。

（20）安装点火线圈总成。

（21）安装发动机运动控制杆支架。

（22）安装 2 号发动机安装支撑件 RH。

（23）安装接地导线。

（24）安装真空泵总成。

（25）安装带密封的燃油泵分总成（高压）。

（26）连接发动机导线。

①用 4 个螺母和 5 个螺栓将发动机导线安装到发动机总成上。

②连接 18 个连接器和 8 个夹箍，如图 8-185。

③将加热器进水软管 A 安装到夹箍上。

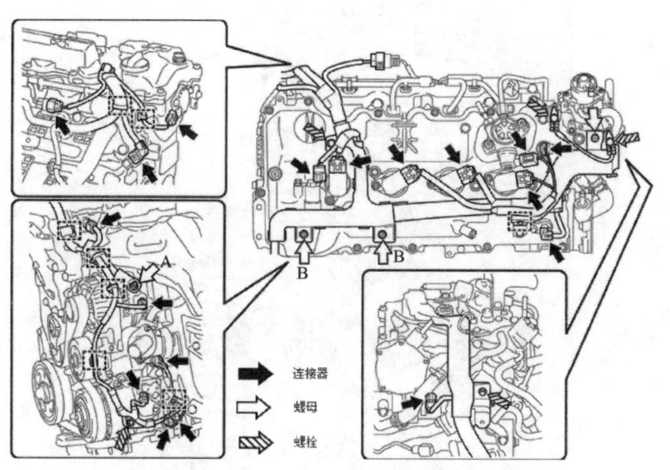

图 8-185

（27）安装空气滤清器壳分总成。

（28）安装空气滤清器滤芯分总成。

（29）安装带空气滤清器软管的空气滤清器盖。

（30）安装空气滤清器进气口总成。

（31）安装 1 号发动机盖分总成。

（33）将电缆连接到蓄电池负极端子上。注意：断开电缆后重新连接时，某些系统需要初始化。

（34）检查发动机机油是否泄漏。

（35）安装前翼子板挡泥板密封件 RH。

（36）安装发动机下盖 RH。

（37）安装前轮框加长板 RH。

（38）安装前轮 RH。扭矩：103N·m。

（39）工作情况检查。

六、车型

广汽丰田凯美瑞双擎（2.5L 4AR-FXE），2012—2017 年。

（一）检查正时

1. 拆卸。

（1）将 1 号气缸设定至“TDC/ 压缩”位置。暂时安装曲轴皮带轮螺栓。提示：“A”不是正时标记。顺时针旋转曲轴，使曲轴正时齿轮和凸轮轴正时齿轮的正时标记位于如图 8-186 位置，如果未对准正时标记，则再次顺时针旋转曲轴并对准正时标记。拆下曲轴皮带轮螺栓。

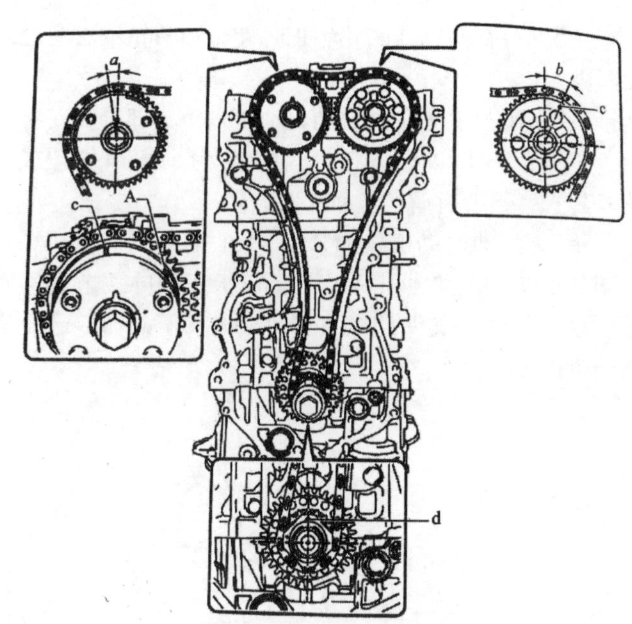

a- 约 7°　b- 约 32°　c- 正时标记，　d- 键

图 8-186

（2）拆下螺栓和正时链条导向器。

（3）拆卸 1 号链条张紧器总成。

①使柱塞略微伸出，然后旋转挡片以松开锁。如果锁松开，则将柱塞推入张紧器。

②顺时针移动挡片以设定锁，然后将锁插入挡片孔中。

③拆下 2 个螺栓、链条张紧器和垫片。

（4）拆下螺栓和链条张紧器滑块。

（5）拆卸链条总成。

（6）拆卸 1 号链条减震器。

（7）拆卸凸轮轴正时齿轮总成。用扳手固定凸轮轴的六角头部分，并拆下螺栓和凸轮轴正时齿轮，注意：不要让扳手损坏气缸盖或火花塞套管，不要拆解凸轮轴正时齿轮。

（8）拆卸凸轮轴正时链轮。用扳手固定凸轮轴的六角头部分，并拆下螺栓和凸轮轴正时链轮。注意：不要让扳手损坏气缸盖或火花塞套管。

2. 正时链安装。

（1）安装凸轮轴正时链轮。用扳手固定 2 号凸轮轴的六角头部分，并用螺栓安装凸轮轴正时链轮。扭矩：85N·M。注意：不要让扳手损坏气缸盖或火花塞套管。

（2）安装凸轮轴正时齿轮总成。

（3）检查凸轮轴正时齿轮位置。如果凸轮轴正时齿轮未设定到提前位置，则松开锁销并重置凸轮轴正时齿轮。

（4）对准并接合 1 号凸轮轴的锁销和凸轮轴正时齿

轮的销孔。

（5）检查并确认凸轮轴正时齿轮和凸轮轴法兰之间无间隙。

（6）用扳手固定1号凸轮轴的六角头部分，安装螺栓。扭矩：85N·M。注意：不要让扳手损坏气缸盖或火花塞套管，不要拆解凸轮轴正时齿轮。

（7）添加发动机机油，将50mL的发动机机油添加到图8-187中的机油孔中，如果已拆下间隙调节器，则必须添加机油。确保低压室和间隙调节器的油道已充满发动机机油。

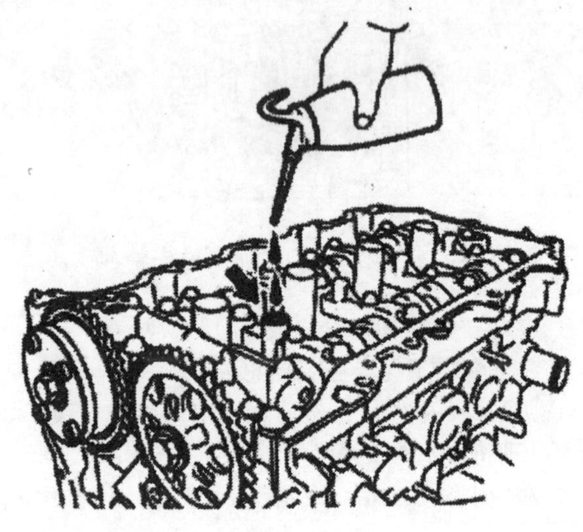

图8-187

（8）用2个螺栓安装链条减震器。扭矩：21N·m。

（9）将1号气缸设定至“TDC/压缩”位置。暂时安装曲轴皮带轮螺栓。逆时针旋转曲轴40°以将曲轴皮带轮键置于如图8-188位置。

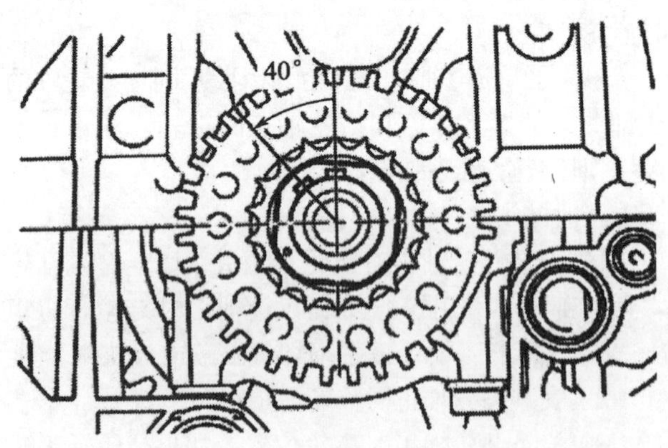

图8-188

（10）检在并确认凸轮轴正时齿轮的正时标记位于如图8-189所示位置，提示，“A”不是正时标记。

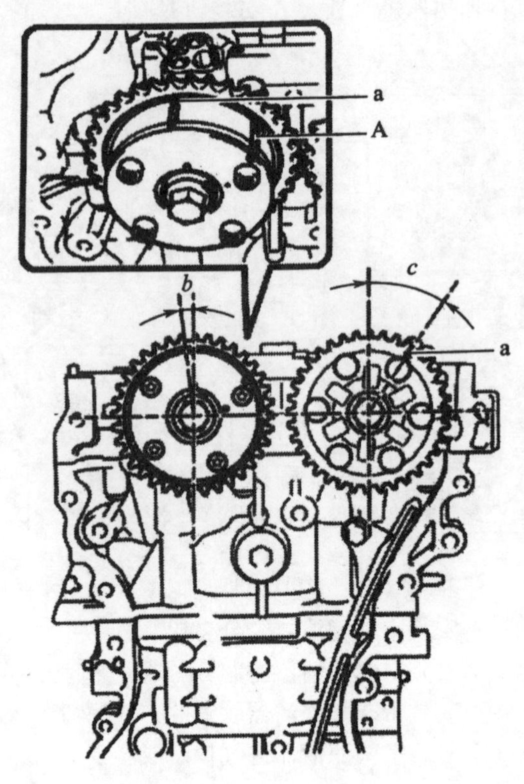

a-正时标记 b-约7° c-约32°

图8-189

（11）安装链条分总成。

（12）将链条置于凸轮轴正时齿轮和曲轴正时链轮上。确保链条的标记板不朝向发动机，不必将链条安装到齿轮的轮齿和链轮上。

（13）将链条的标记板（黄色或金色）和凸轮轴正时链轮的正时标记对准，并将链条安装凸轮轴正时链轮上，如图8-190。

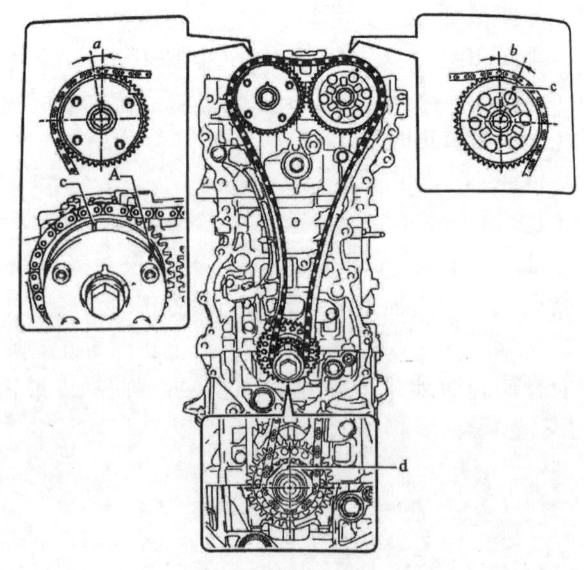

a-约7° b-约32° c-正时标记 d-曲轴皮带轮定位键

图8-190

（14）将链条的标记板（粉色或金色）和曲轴正时链轮的正时标记对准，并将链条安装到曲轴正时链轮上。做到凸轮轴正时链轮板（粉色或金色）曲轴正时链轮的上方以固定链条，将细绳系到曲轴正时链轮的上方以固定链条。

（15）用进气凸轮轴的六角头部分和扳手，逆时针旋转进气凸轮轴，使凸轮轴正时齿轮的正时标记和链条的标记板（黄色或金色）对准，并将链条安装到凸轮轴正时齿轮上。用扳手将进气凸轮轴固定到位，直到链条张紧器安装完成。

（16）拆下曲轴正时链轮的细绳，顺时针旋转曲轴，然后松开链条以安装链条张紧器滑块。确保链条牢固。

（17）用螺栓安装链条张紧器滑块。扭矩：21N・m。

（18）安装 1 号链条张紧器总成。

（19）用 2 个螺栓安装新垫片和链条张紧器，扭矩：10N・M。

（20）从挡片上拆下销。

（21）用螺栓安装正时链条导向器。扭矩：21N・M。

（22）将 1 号气缸设定至“TDC/ 压缩”位置。

①暂时安装曲轴皮带轮螺栓。

②顺时针旅转曲轴。

如图 8-188 位置能转曲轴，检查并确认曲轴正时链轮和凸轮轴正时齿轮的正时标记位于如图 8-189 位置。提示：“A”不是正时标记。

③拆下曲轴皮带轮螺栓标记。

七、车型

一汽丰田 RAV4 荣放 2.0L（2.0L 6ZR-FE），2016—2019 年。

一汽丰田 RAV4 2.0L（2.0L 6ZR-FE），2014—2016 年。

（一）检查正时

1. 拆卸。

（1）拆卸链条分总成。

（2）检查凸轮轴正时齿轮总成。

①检查凸轮轴正时齿轮总成的锁止情况。

②清洁并去除 1 号凸轮轴轴承盖上的进气侧 VVT 油孔的油脂后，如图 8-190，用胶带或同等工具完全密封油孔以防止空气泄漏。注意：确保彻底密封油孔，因为由于密封不足而导致的漏气将影响锁销松开。

③如图 8-191 所示，在遮盖油孔的胶带上刺一个孔。

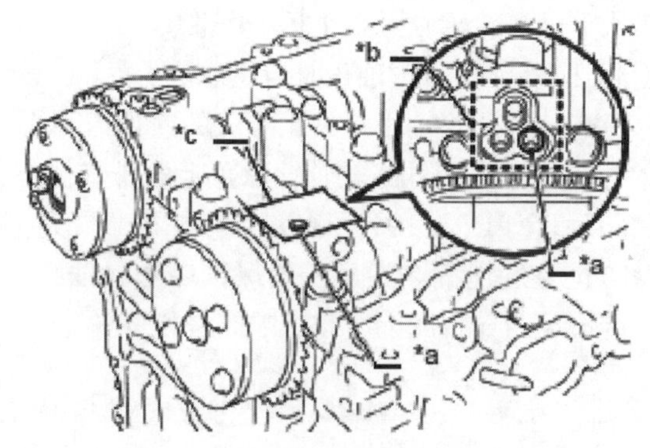

*a- 刺一个孔　*b- 胶带密封区域　*c- 胶带

图 8-191

④向刺出的孔施加约 150kPa 的空气压力，以松开锁销，如图 8-192。

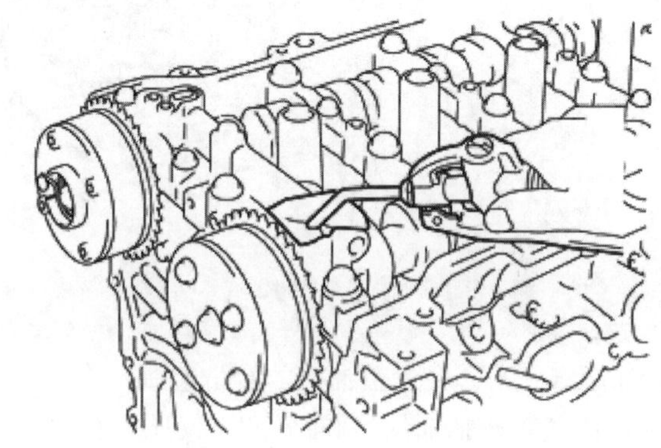

图 8-192

注意：

・如果空气泄漏，则重新粘贴胶带

・施加空气压力时用布盖住油孔以防止机油喷出

⑤用力将凸轮轴正时齿轮总成朝提前方向（逆时针）转动。提示：凭借施加的空气压力，可能无须辅助力即可使凸轮轴正时齿轮总成朝提前方向转动。确保凸轮轴正时齿轮总成转动平稳。

⑥在可移动范围（26.5° ~ 28.5°）内转动凸轮轴正时齿轮总成 2 或 3 次，不要将其转到最大延迟位置，如图 8-193。

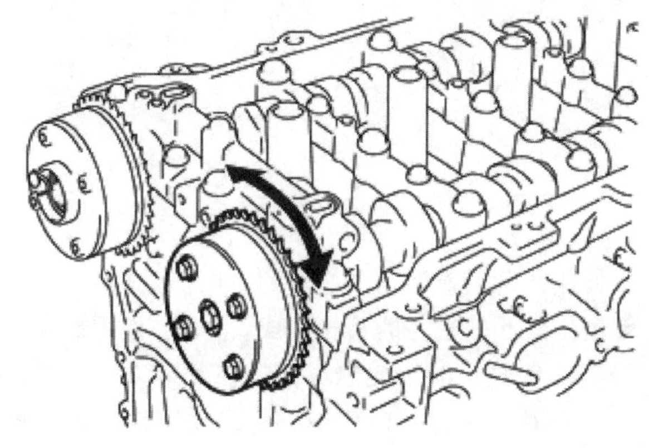

图 8-193

⑦从 1 号凸轮轴轴承盖上拆下胶带。

（3）检查排气凸轮轴正时齿轮总成。

①检查排气凸轮轴正时齿轮总成的锁止情况。

②清洁并去除 1 号凸轮轴轴承盖上的排气侧 VVT 油孔的油脂后，如图 8-194，用胶带或同等工具完全密封油孔以防止空气泄漏。注意：确保彻底密封油孔，因为由于密封不足而导致的漏气将影响锁销松开。

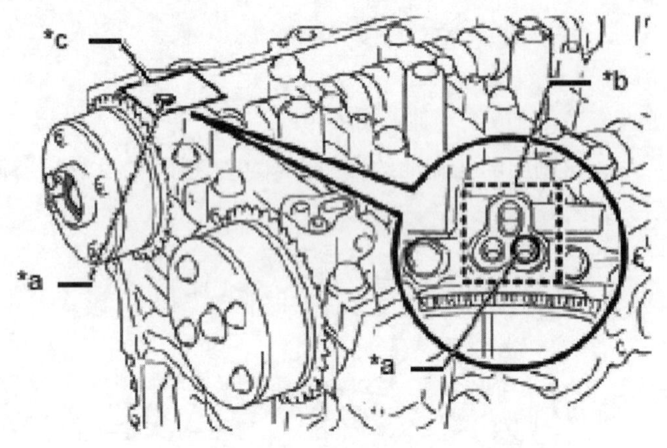

*a- 刺一个孔　*b- 胶带密封区域　*c- 胶带

图 8-194

③如图 8-195，在遮盖油孔的胶带上刺一个孔。

④向刺出的孔施加约 200kPa 的空气压力，以松开锁销。注意：如果空气泄漏，则重新粘贴胶带。施加空气压力时用布盖住油孔以防止机油喷出。

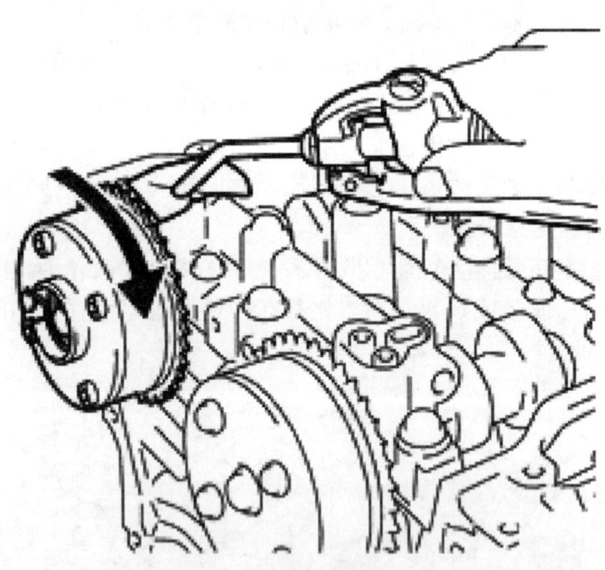

图 8-195

⑤使用头部缠有胶带的螺丝刀，朝延迟方向（顺时针）用力转动排气凸轮轴正时齿轮总成。注意：使用螺丝刀，确保排气凸轮轴正时齿轮总成保持在延迟方向。如果齿轮松开，则其将在弹簧的作用力下自动回到最大提前位置。不要损坏排气凸轮轴正时齿轮总成。

⑥使用头部缠有胶带的螺丝刀，在可移动范围（19° ~21°）内转动排气凸轮轴正时齿轮总成 2 或 3 次，但不要将其转到最大提前位置。确保排气凸轮轴正时齿轮总成转动平稳，如图 8-196。

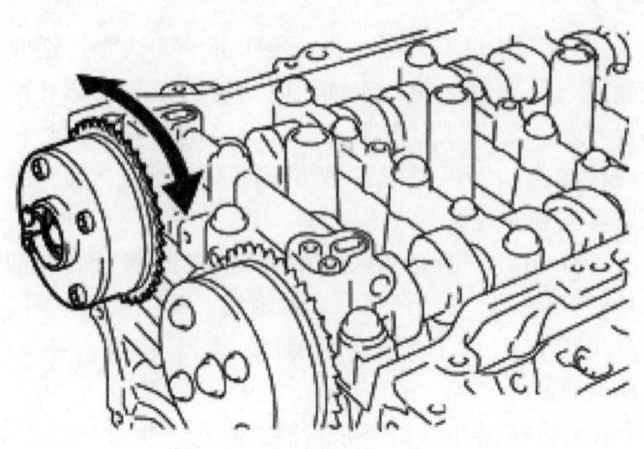

图 8-196

⑦从 1 号凸轮轴轴承盖上拆下胶带。

（4）拆卸凸轮轴正时齿轮总成。

固定凸轮轴的六角部分的同时拆下凸缘螺栓，然后拆下凸轮轴正时齿轮总成，如图 8-197、图 8-198。

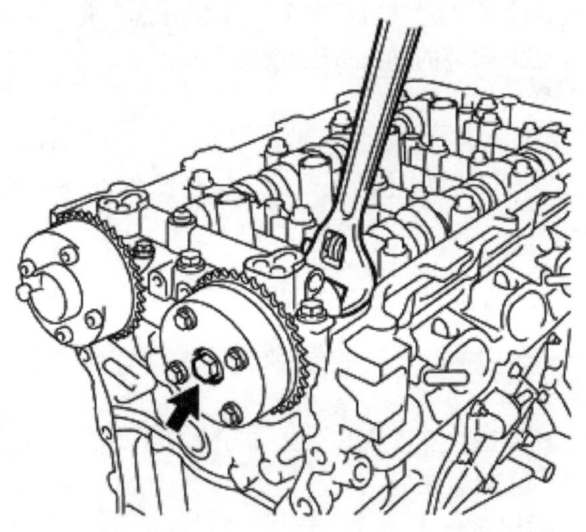

图 8-197

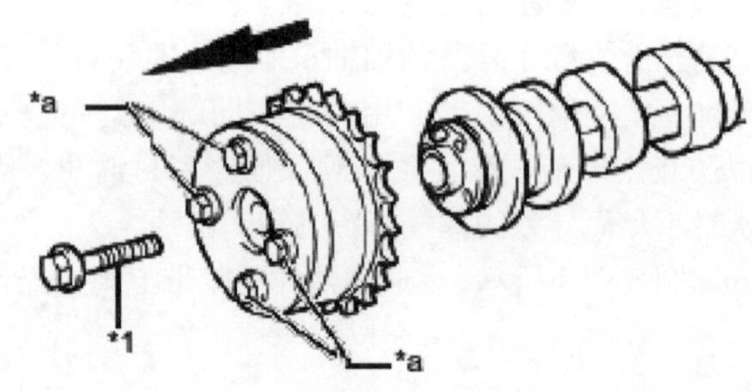

*1- 凸缘螺栓　*a- 不要拆下

图 8-198

拆下凸轮轴正时齿轮总成前，确保锁销已松开。不要拆下另外 4 个凸缘螺栓。从凸轮轴上拆下凸轮轴正时齿轮总成时，使其保持水平。

（5）拆卸排气凸轮轴正时齿轮总成。

固定 2 号凸轮轴的六角部分的同时拆下凸缘螺栓，然后拆下排气凸轮轴正时齿轮总成，如图 8-199、图 8-200。

图 8-199

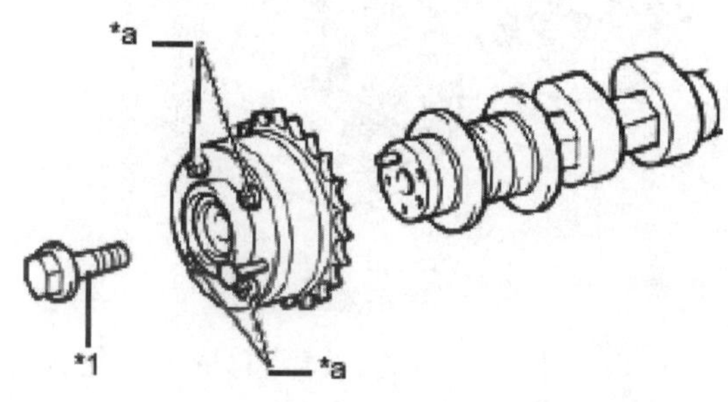

*1- 凸缘螺栓　*a- 不要拆下

图 8-200

不要拆下另外 4 个凸缘螺栓。从 2 号凸轮轴上拆下排气凸轮轴正时齿轮总成时，使其保持水平。

（6）拆卸凸轮轴轴承盖。

①按图 8-201 中顺序，均匀拧松并拆下 10 个轴承盖螺栓。

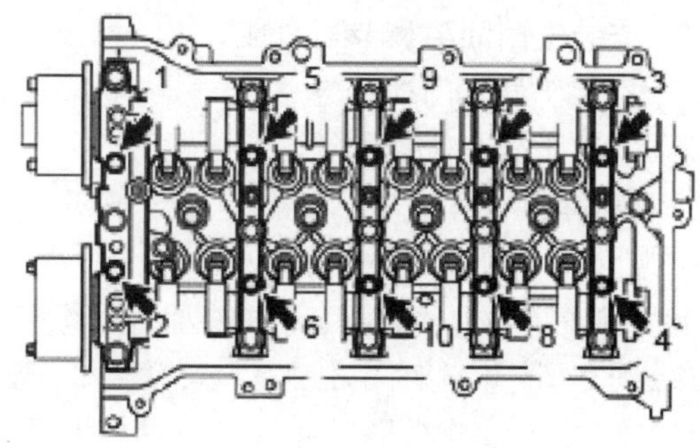

图 8-201

②按图 8-202 中顺序，均匀拧松并拆下 15 个轴承盖螺栓。

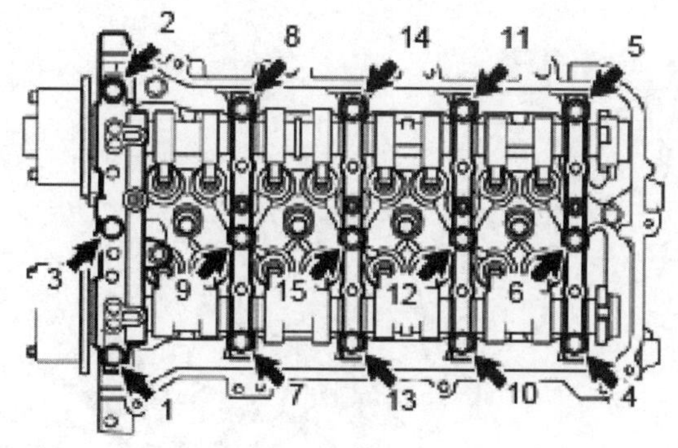

图 8-202

注意：保持凸轮轴水平的同时均匀拧松螺栓。

③拆下 5 个凸轮轴轴承盖。提示：按正确的顺序摆放拆下的零件。

（7）拆卸凸轮轴。

拆下凸轮轴，如图 8-203。

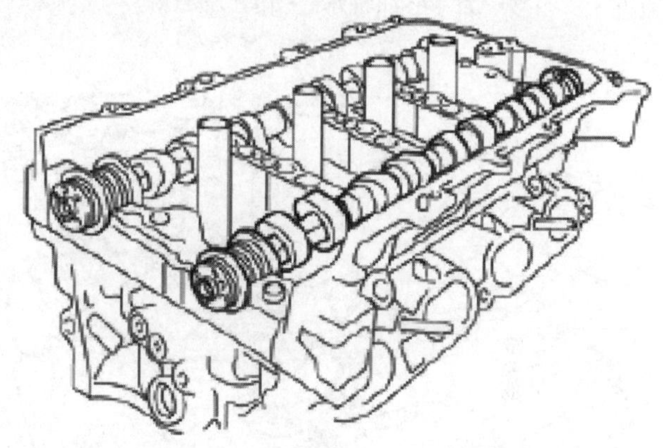

图 8-203

（8）拆卸 2 号凸轮轴。

拆下 2 号凸轮轴，如图 8-204。

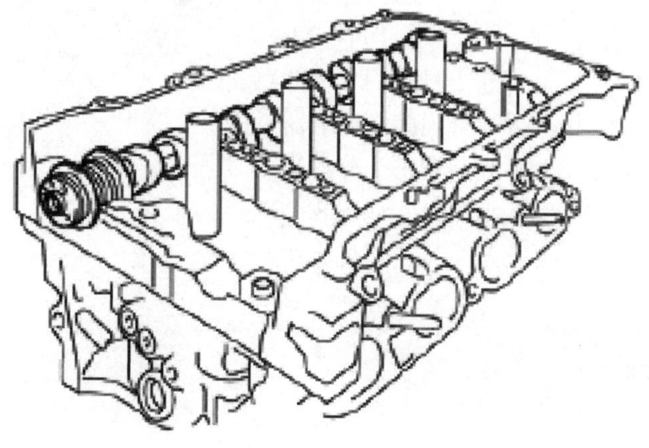

图 8-204

（9）拆卸 1 号凸轮轴轴承。
拆下 2 个 1 号凸轮轴轴承，如图 8-205。

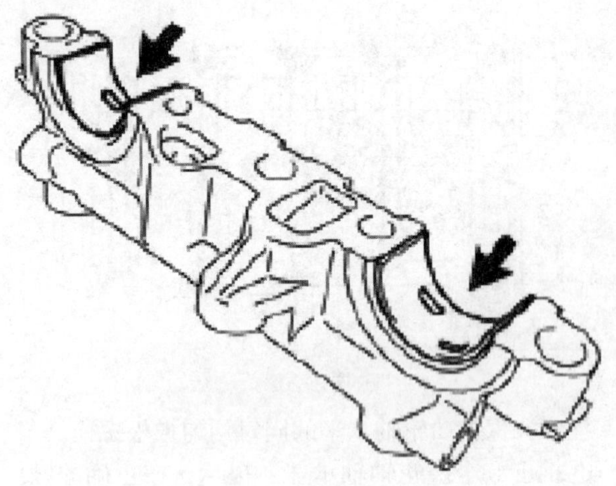

图 8-205

（10）拆卸 2 号凸轮轴轴承。
拆下 2 个 2 号凸轮轴轴承，如图 8-206。

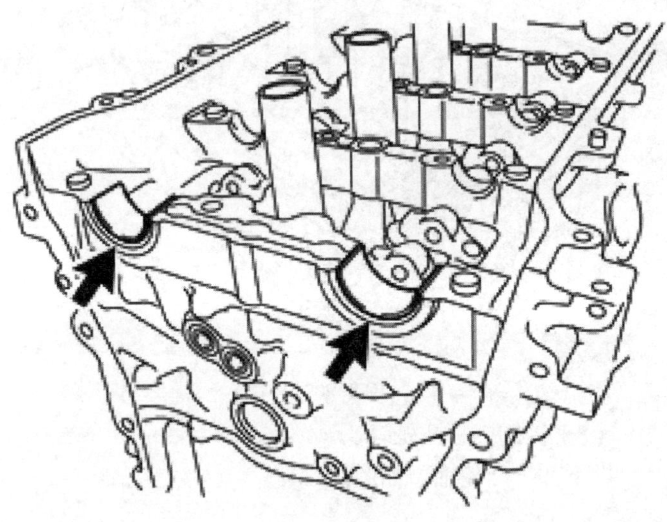

图 8-206

（11）拆卸 1 号气门摇臂分总成。

（12）拆卸气门间隙调节器总成。

（13）拆卸凸轮轴壳分总成。

①拆下 2 个螺栓，如图 8-207。

图 8-207

②使用螺丝刀撬动气缸盖分总成和凸轮轴壳分总成之间的部位，拆下凸轮轴壳分总成，如图 8-208。

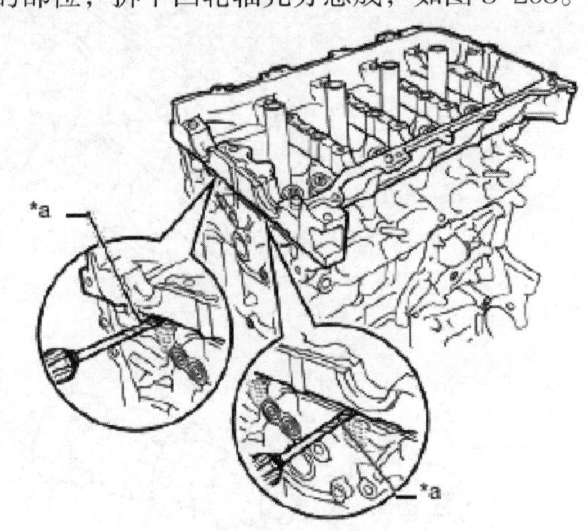

*a- 保护胶带
图 8-208

注意：小心不要损坏气缸盖分总成和凸轮轴壳分总成的接触面。提示：使用螺丝刀之前，请在螺丝刀头部缠上保护胶带。

（14）检查 1 号气门摇臂分总成。

（15）检查气门间隙调节器总成。

2. 安装。

提示：更换凸轮轴、2 号凸轮轴、凸轮轴正时齿轮总成或排气凸轮轴正时齿轮总成后，执行“维修后检查”。

（1）安装气门间隙调节器总成。

（2）安装 1 号气门摇臂分总成。

（3）安装 1 号凸轮轴轴承。

①清洁轴承的表面。

②安装 2 个 1 号凸轮轴轴承。

③使用游标卡尺，测量凸轮轴轴承盖边缘和凸轮轴轴承边缘间的距离，如图 8-209。尺寸 A-B 或 B-A：0~0.7mm。注意：通过测量尺寸 A 和 B 将轴承置于凸轮轴轴承盖的中央。

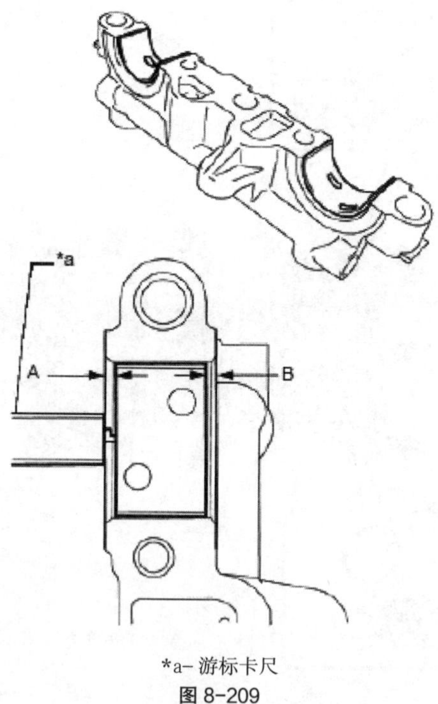

*a- 游标卡尺
图 8-209

（4）安装 2 号凸轮轴轴承。

①清洁轴承的双表面。

②安装 2 个 2 号凸轮轴轴承。

③使用游标卡尺，测量轴承盖边缘和凸轮轴轴承边缘间的距离。尺寸 A：5~75mm，如图 8-210。

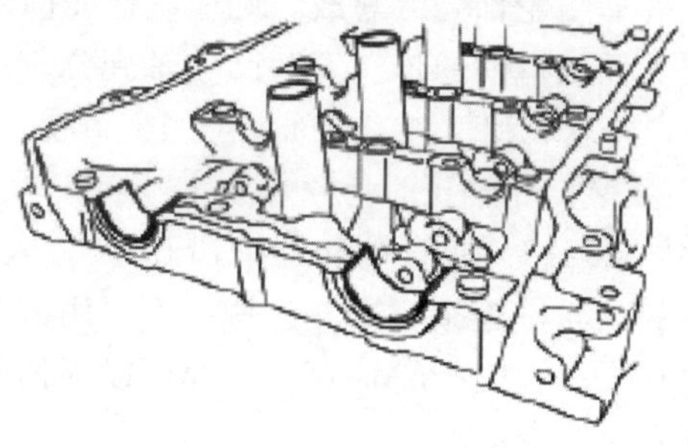

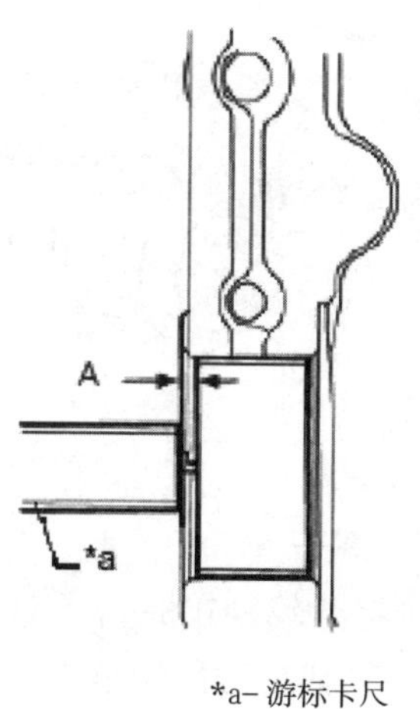

*a- 游标卡尺
图 8-210

注意：通过测量尺寸 A 将轴承置于凸轮轴轴承盖的中央。

（5）安装 2 号凸轮轴。提示：更换 2 号凸轮轴后，执行“维修后检查”。

①清洁凸轮轴轴颈。

②在凸轮轴轴颈和凸轮轴壳分总成上涂抹一薄层发动机机油。

③将 2 号凸轮轴安装到凸轮轴壳分总成上。

（6）安装凸轮轴。提示：更换凸轮轴后，执行“维修后检查”。

①清洁凸轮轴轴颈。

②在凸轮轴轴颈和凸轮轴壳分总成上涂抹一薄层发动机机油。

③将凸轮轴安装到凸轮轴壳分总成上。

（7）安装凸轮轴轴承盖。

①在凸轮轴轴承盖上涂抹一薄层发动机机油，如图 8-211。

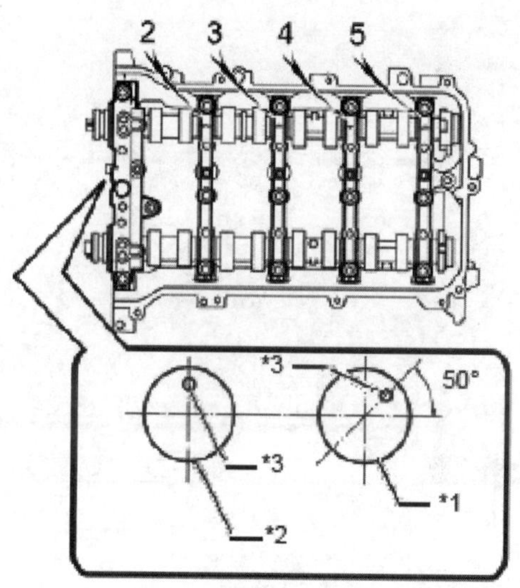

*1- 凸轮轴　*2-2 号凸轮轴　*3- 直销
图 8-211

②检查凸轮轴轴承盖上的标记和数字并将凸轮轴轴承盖置于正确的位置和方向。

③按图 8-212 中顺序安装 10 个螺栓。扭矩：16N·m。

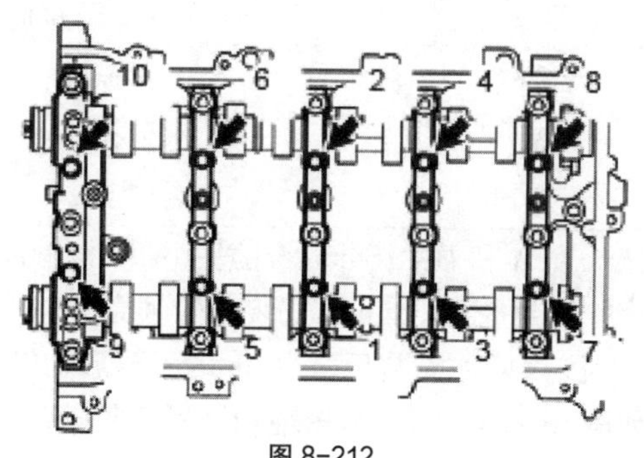

图 8-212

（8）安装凸轮轴壳分总成。

①确保将 1 号气门摇臂分总成安装到如图 8-213 位置。

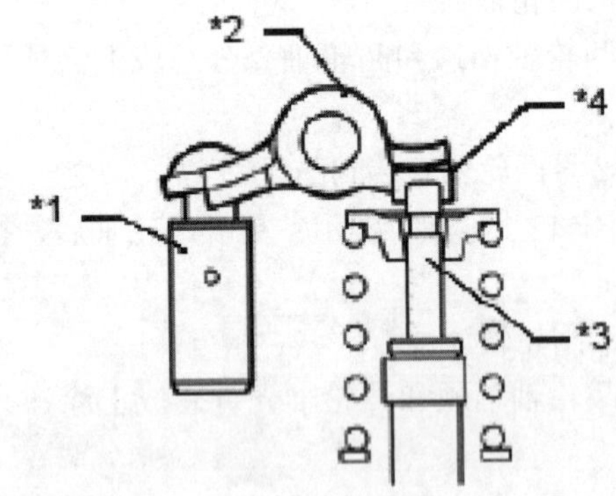

*1- 间隙调节器 *2-1 号气门摇臂总成 *3- 气门杆 *4- 气门杆盖

图 8-213

②如图 8-214，连续涂抹密封胶。

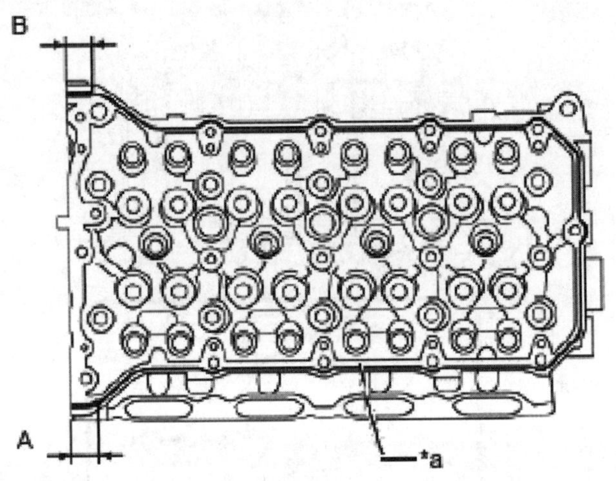

*a- 连续线

图 8-214

密封胶：丰田原厂黑密封胶、THREE BOND 1207B 或同等产品。

标准密封胶直径如表 8-2。

表 8-2

部位	规定状态 /mm
连续线	3.5~4.5
A	8.0
B	7.0

涂抹长度 A 和 B：15mm。注意：清除接触面的所有机油。涂抹密封胶后 3min 内安装凸轮轴壳分总成，并在 10min 内紧固螺栓。安装后至少 2h 内不要启动发动机。

③如图 8-215，固定凸轮轴和 2 号凸轮轴。

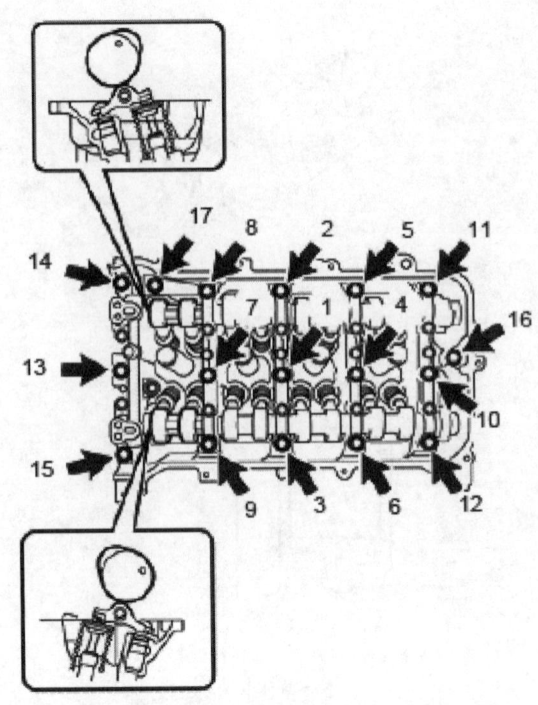

图 8-215

④用 17 个螺栓安装凸轮轴壳分总成，并按图 8-215 中顺序将其紧固。扭矩：27N · m。注意：安装凸轮轴壳分总成后，确保凸轮凸角位于如图 8-215 位置。如果在安装过程中任何螺栓松动，则拆下凸轮轴壳分总成、清洁安装表面并重新涂抹密封胶。如果在安装过程中因螺栓松动而拆下凸轮轴壳分总成，则应确保先前涂抹的密封胶未进入任何机油通道。安装凸轮轴壳分总成后，擦除凸轮轴壳分总成和气缸盖之间渗出的密封胶。

（9）安装凸轮轴正时齿轮总成。

①如图 8-216，使直销和键槽错开，将凸轮轴正时齿轮总成和凸轮轴连接起来。注意：不要用力推凸轮轴正时齿轮总成。否则凸轮轴直销顶部可能损伤凸轮轴正时齿轮总成的安装表面。

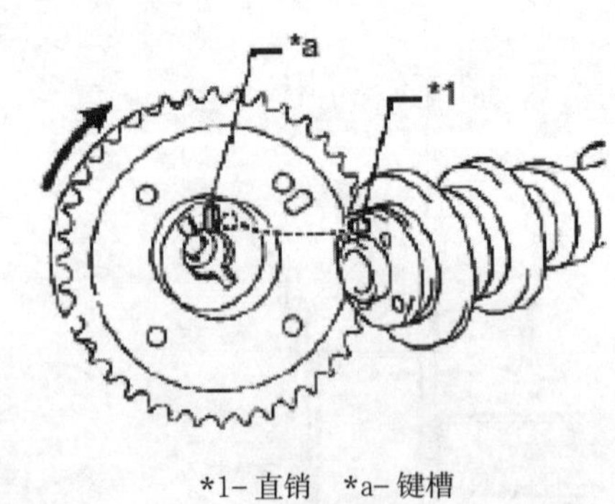

*1- 直销 *a- 键槽

图 8-216

②如图 8-217，在将凸轮轴正时齿轮总成轻轻压向凸轮轴的同时，转动凸轮轴正时齿轮总成。将直销进一步推入键槽中。

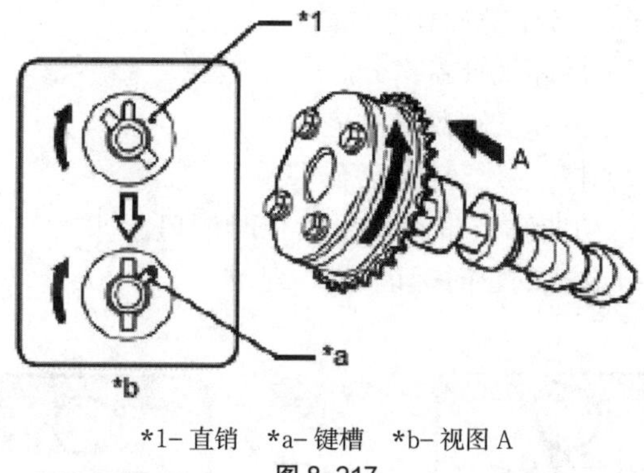

*1- 直销　*a- 键槽　*b- 视图 A

图 8-217

注意：不要使凸轮轴正时齿轮总成朝延迟方向（顺时针）转动。

③检查并确认凸轮轴正时齿轮总成和凸轮轴法兰之间没有间隙，如图 8-218。

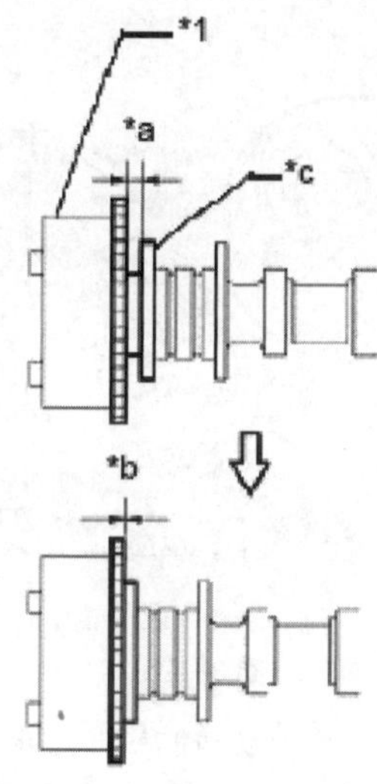

*1- 凸轮轴正时齿轮总成　*a- 有间隙　*b- 无间隙　*c- 凸轮轴法兰

图 8-218

④固定凸轮轴六角部分的同时紧固凸缘螺栓，如图 8-219。扭矩：54N・m。

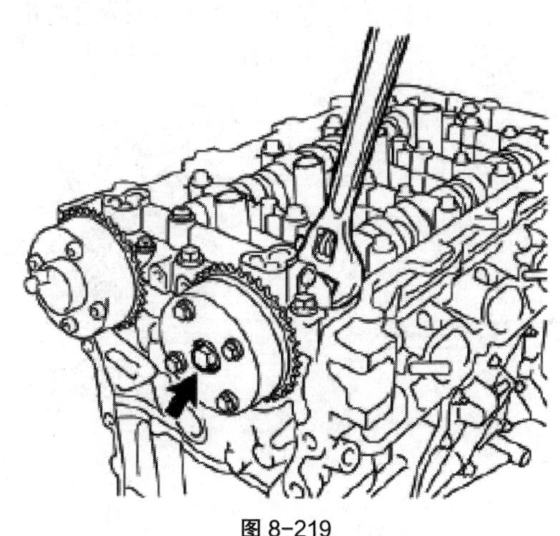
图 8-219

⑤检查并确认凸轮轴正时齿轮总成可朝延迟方向（顺时针）移动并锁止在最大延迟位置，如图 8-220。

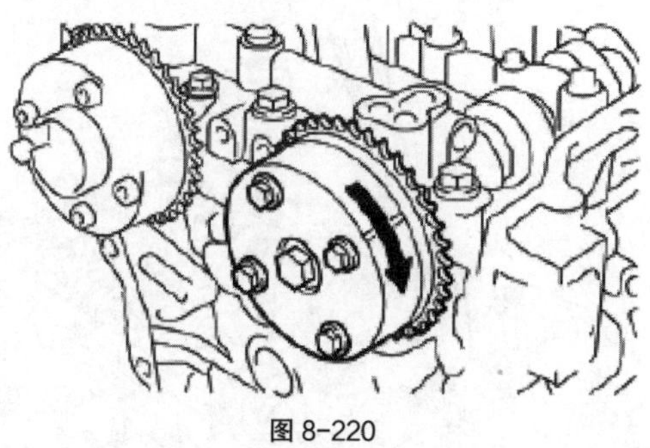
图 8-220

（10）安装排气凸轮轴正时齿轮总成。

①通过对准销孔和直销，将排气凸轮轴正时齿轮总成和 2 号凸轮轴连接起来，如图 8-221。注意：不可强行推入排气凸轮轴正时齿轮总成，否则凸轮轴直销顶部可能损伤排气凸轮轴正时齿轮总成的安装表面。

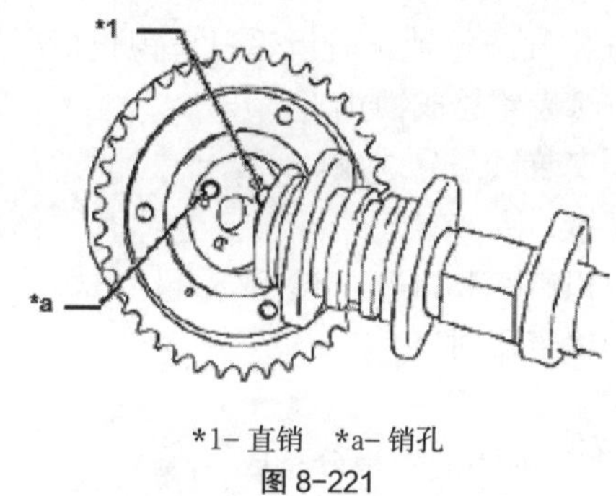

*1- 直销　*a- 销孔

图 8-221

②将排气凸轮轴正时齿轮总成轻轻压向 2 号凸轮轴并转动排气凸轮轴正时齿轮总成。将直销进一步推入销孔中。

③检查并确认排气凸轮轴正时齿轮总成和凸轮轴法兰之间没有间隙，如图 8-222。

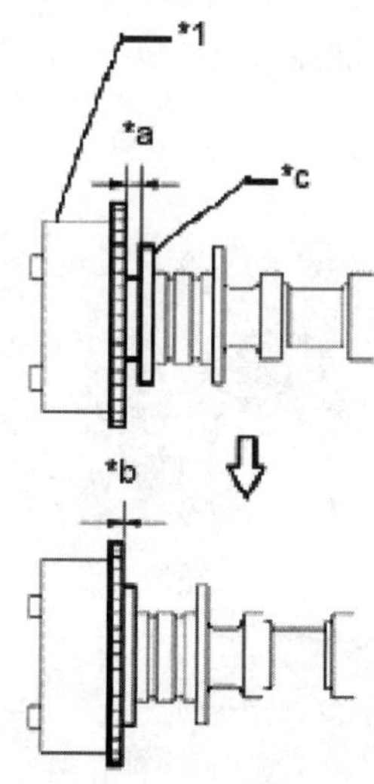

*1- 排气凸轮轴正时齿轮总成　*a- 有间隙　*b- 无间隙　*c- 凸轮轴法兰

图 8-222

④固定2号凸轮轴的六角部分的同时紧固凸缘螺栓，如图 8-223。扭矩：54N·m。

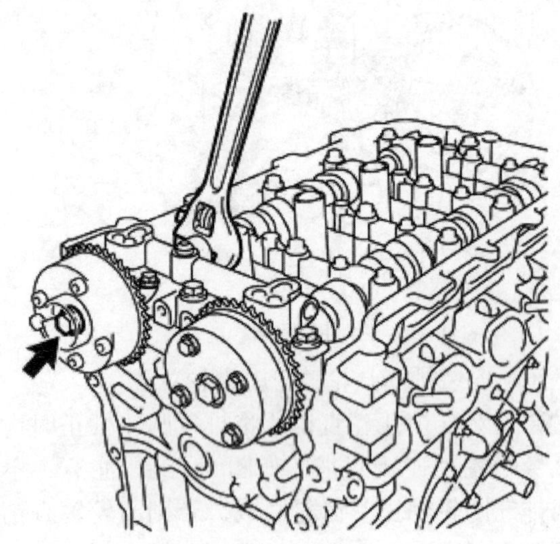
图 8-223

⑤检查排气凸轮轴正时齿轮总成锁止情况。确保排气凸轮轴正时齿轮总成锁止。

（11）安装链条分总成。

八、车型

广汽丰田雷凌1.8 GS(1.8L 7ZR-FE),2014—2019年。

（一）检查正时

1.拆卸。

（1）拆卸前围上外板分总成。

（2）拆卸 2 号气缸盖罩。

（3）拆卸点火线圈总成。

（4）拆卸带空气滤清器软管的空气滤清器盖。

（5）断开发动机线束。

（6）拆卸空气管。

①滑动 3 个卡子并断开连接软管接头、1 号燃油蒸汽供给软管、2号燃油蒸气供给软管和1号真空传输软管，如图 8-224。

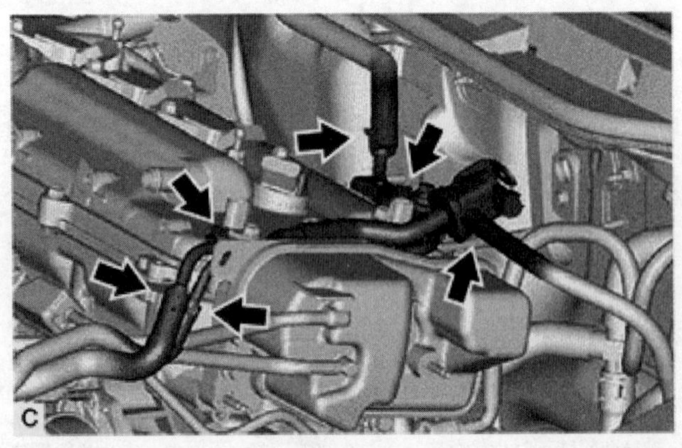

图 8-224

②拆下 2 个螺栓和空气管。

（7）拆卸气缸盖罩分总成。

（8）拆卸气缸盖罩衬垫。

（9）将 1 号气缸设定至 TDC/ 压缩。

①转动曲轴皮带轮直至其正时槽口（凹槽）与正时链条盖分总成的正时标记“0”对准。

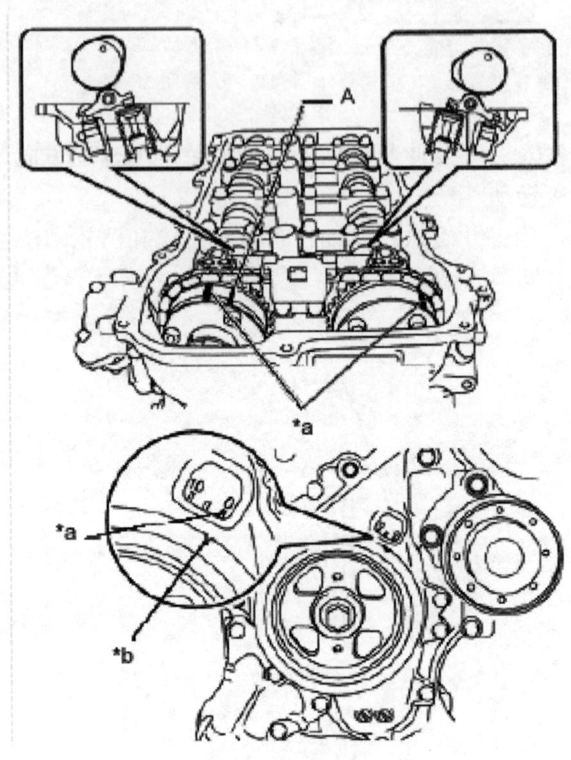

*a- 正时标记 *b- 正时槽口
图 8-225

②如图 8-225，检查并确认凸轮轴正时齿轮总成和排气凸轮轴正时齿轮总成的各正时标记对准。如果没有对准，则转动曲轴 1 圈（360°）以对准正时标记。提示：“A”不是正时标记。

③将链条分总成上的油漆标记与凸轮轴正时齿轮总成和排气凸轮轴正时齿轮总成上的正时标记对准，如图 8-226。提示：“A”不是正时标记。

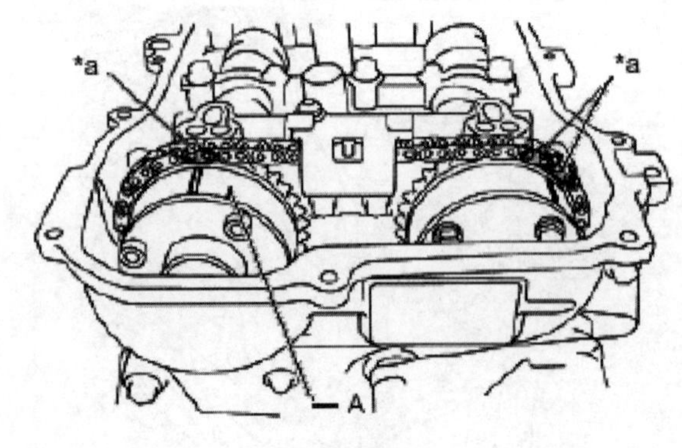

*a- 油漆标记
图 8-226

（10）拆卸2号链条振动阻尼器。

使用SST，从凸轮轴轴承盖上拆下2个螺栓和2号链条振动阻尼器。

（11）拆卸1号链条张紧器总成。

（12）拆卸排气凸轮轴正时齿轮总成。

①用扳手固定2号凸轮轴的六角部分时，用SST松开螺栓，如图8-227。

*a- 固定　*b- 转动　*c- 螺栓

图8-227

注意：不要拆下其他4个螺栓（"TORX"梅花螺栓）。如果拆下其中任一个，则更换排气凸轮轴正时齿轮总成。提示：由于空间不足，无法从排气凸轮轴正时齿轮总成上分别拆下螺栓。

②用扳手固定凸轮轴的六角部分，并逆时针轻轻转动凸轮轴以松开链条分总成。注意：不要过度转动凸轮轴。提示：由于链条拉紧时无法拆下排气凸轮轴正时齿轮总成，因此务必松开链条分总成。

③拆下链条分总成时，水平拉出排气凸轮轴正时齿轮总成，然后向上安装螺栓。

（13）检查排气凸轮轴正时齿轮总成。

①暂时安装排气凸轮轴正时齿轮总成，如图8-228。将螺栓插入排气凸轮轴正时齿轮总成。将2号凸轮轴上的直销与排气凸轮轴正时齿轮总成内的销孔对准，并用螺栓将排气凸轮轴正时齿轮总成暂时安装到2号凸轮轴上。注意：在该步骤中，不要将链条分总成安装到排气凸轮轴正时齿轮总成上。安装排气凸轮轴正时齿轮总成时，不要使链条分总成干扰排气凸轮轴正时齿轮总成。

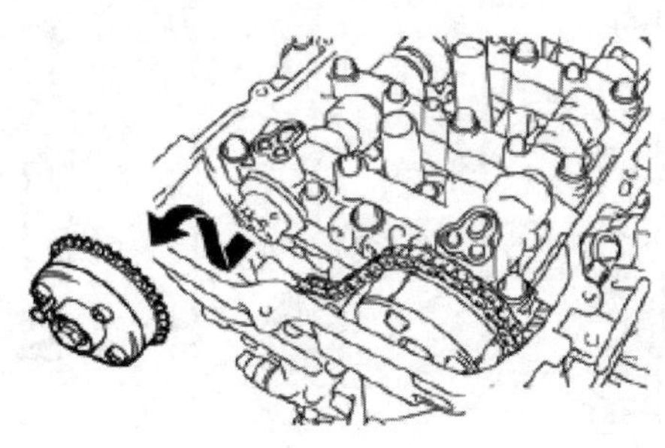

*a- 直销　*b- 销孔

图8-228

②检查排气凸轮轴正时齿轮总成的锁止情况。检查并确认排气凸轮轴正时齿轮总成锁止。如果排气凸轮轴正时齿轮总成未按规定工作，则将其更换。

③检查排气凸轮轴正时齿轮总成的工作情况。提示：如果排气凸轮轴正时齿轮总成未按规定工作，则将其更换。

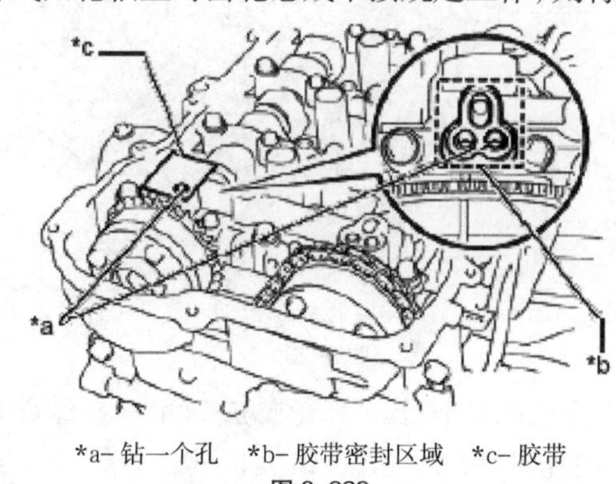

*a- 钻一个孔　*b- 胶带密封区域　*c- 胶带

图8-229

如图8-229，清洁凸轮轴轴承盖内的排气侧VVT油孔后，用胶带或同等工具完全密封油孔以防止空气泄漏。注意：确保完全密封油孔，因为由于密封不足而导致的漏气将影响锁销松开。如图8-229，在覆盖油孔的胶带上钻一个孔。向钻出的孔施加约200kPa的空气压力，以松开锁销。

注意：如果空气泄漏，则重新粘贴胶带。施加空气压力时用布盖住油孔以防止机油喷出。使用头部缠有保护胶带的螺丝刀，朝延迟方向（顺时针）用力转动排气凸轮轴正时齿轮总成，如图8-230。

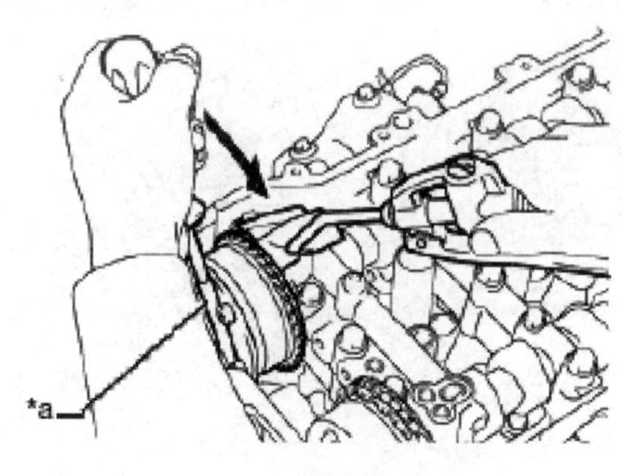

*a- 保护胶带

图8-230

注意：确保使排气凸轮轴正时齿轮总成朝向延迟方向。如果排气凸轮轴正时齿轮总成松开，则其将在弹簧的作用力下自动回到提前位置。不要损坏排气凸轮轴正时齿轮总成。提示：凭借施加的空气压力，可能无须手动辅助即可使排气凸轮轴正时齿轮总成朝延迟方向转动。使用头部缠有保护胶带的螺丝刀，在可移动范围（19°~21°）内转动排气凸轮轴正时齿轮总成2或3次，但不要将其转到最大提前位置。检查并确认排气凸轮轴正时齿轮总成转动平稳，如图 8-231。

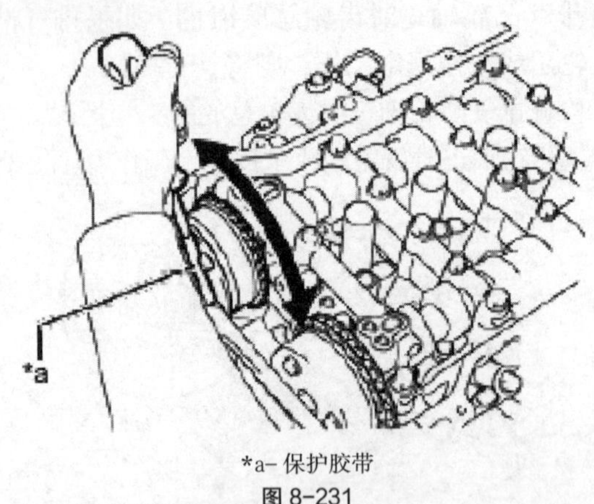

*a- 保护胶带

图 8-231

锁止排气凸轮轴正时齿轮总成。注意：检查并确认排气凸轮轴正时齿轮总成在最大提前位置锁止（其移动范围的最大提前位置）且无法再转动。从凸轮轴轴承盖上拆下胶带。

④拆下排气凸轮轴正时齿轮总成。拆下暂时安装的排气凸轮轴正时齿轮总成。

（14）检查凸轮轴正时齿轮总成。检查凸轮轴正时齿轮总成的锁止情况。

①检查并确认凸轮轴正时齿轮总成锁止。如果凸轮轴正时齿轮总成未按规定工作，则将其更换。

②检查凸轮轴正时齿轮总成的工作情况，如图 8-232。提示：如果凸轮轴正时齿轮总成未按规定工作，则将其更换。

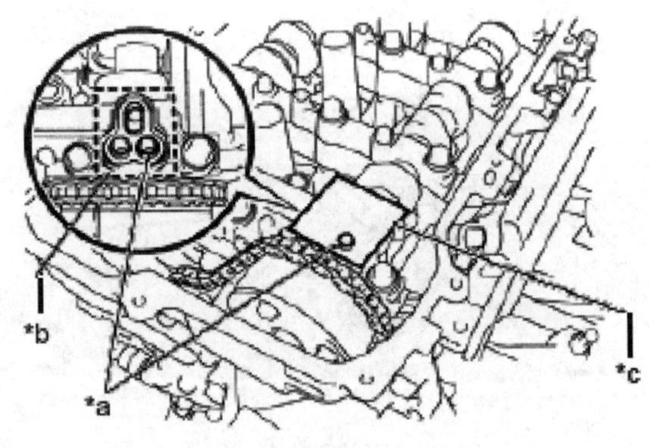

*a- 钻一个孔　*b- 胶带密封区域　*c- 胶带

图 8-232

③如图 8-232，清洁凸轮轴轴承盖内的进气侧 VVT 油孔后，用胶带或同等工具完全密封油孔以防止空气泄漏。注意：确保完全密封油孔，因为由于密封不足而导致的漏气将影响锁销松开。

④如图 8-232，在覆盖油孔的胶带上钻一个孔。

⑤向钻出的孔施加约 150kPa 的空气压力，以松开锁销，如图 8-233。

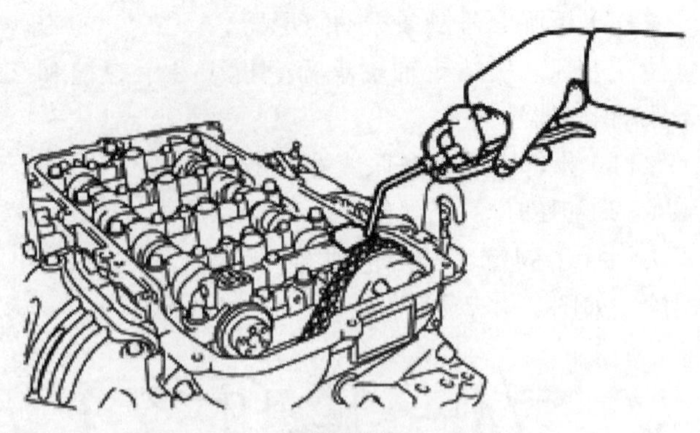

图 8-233

注意：如果空气泄漏，则重新粘贴胶带。施加空气压力时用布盖住油孔以防止机油喷出。

⑥用力将凸轮轴正时齿轮总成朝提前方向(逆时针）转动。

提示：凭借施加的空气压力，可能无须手动辅助即可使凸轮轴正时齿轮总成朝提前方向转动。

⑦在可移动范围（-5°~5°）内转动凸轮轴正时齿轮总成 2 或 3 次，不要将其转到最大延迟位置。检查并确认凸轮轴正时齿轮总成转动平稳。如图 8-234。

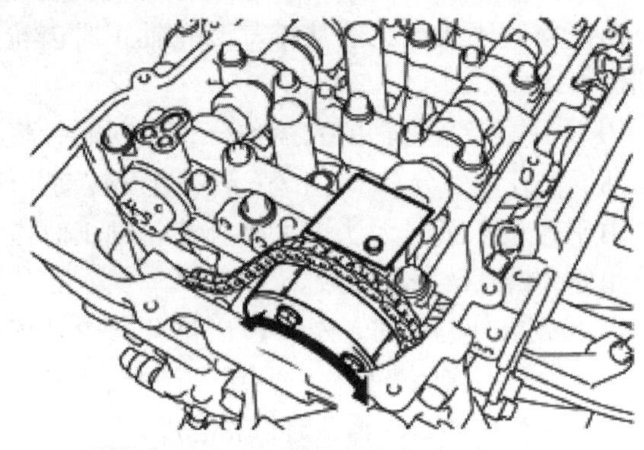

图 8-234

注意：不要锁止凸轮轴正时齿轮总成。如果凸轮轴正时齿轮总成锁止，则再次松开锁销。

⑧从凸轮轴轴承盖上拆下胶带。

（15）拆卸凸轮轴轴承盖。

①按图 8-235 中顺序，均匀地拧松并拆下 10 个螺栓。

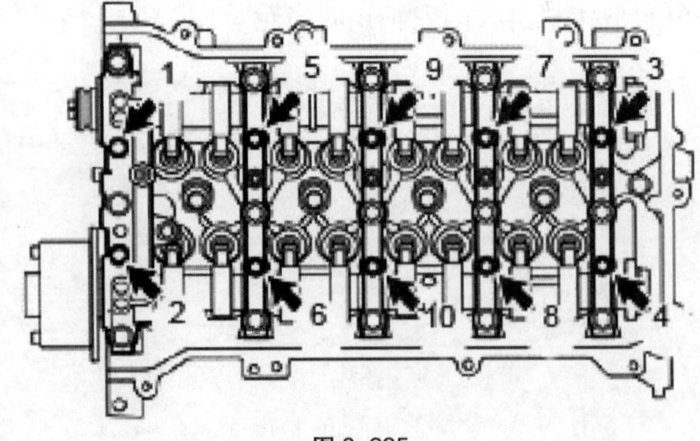

图 8-235

注意：在该步骤中不要拧松其他 15 个轴承盖螺栓。

提示：按正确的顺序摆放拆下的零件。

②按图 8-236 中顺序，拆下螺栓和凸轮轴轴承盖。拆下凸轮轴轴承盖后，立即按图中顺序安装连接螺栓和隔垫。扭矩：27N·m。

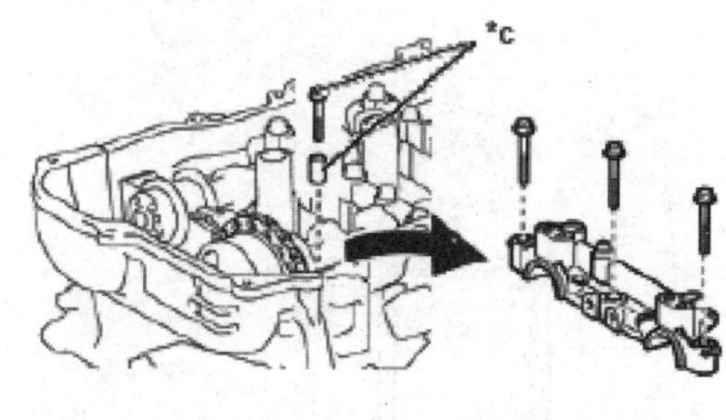

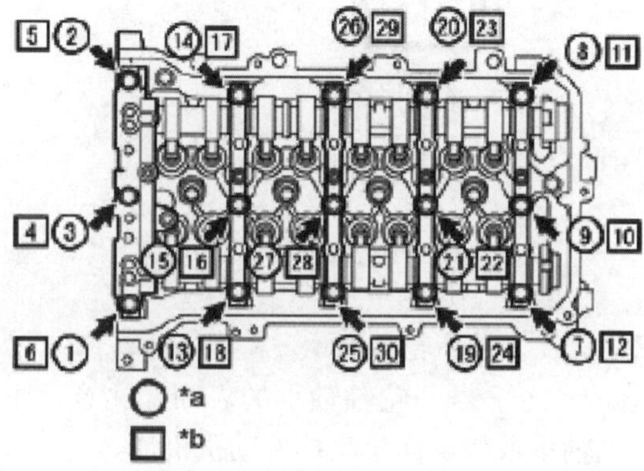

*a- 零件的拆卸顺序　*b- 暂时紧固凸轮轴壳分总成的连接螺栓和隔垫的安装顺序　*c- 连接螺栓和隔垫（用于暂时固定凸轮轴壳分总成）

图 8-236

注意：如果一次拧松所有螺栓，则可能剥离凸轮轴壳分总成和气缸盖分总成上的 FIPG，从而导致漏油。因此，确保一次将连接螺栓和隔垫安装到一个凸轮轴轴承盖上。安装连接螺栓和隔垫时，不要安装凸轮轴轴承盖。提示：按正确的顺序摆放拆下的零件。用于暂时固定凸轮轴壳分总成连接螺栓的零件号：91551-G0875（15 个螺栓）。用于暂时固定凸轮轴壳分总成隔垫的零件号：90387-12048（15 个隔垫）。

（16）拆卸 2 号凸轮轴。

从凸轮轴壳分总成上拆下 2 号凸轮轴，如图 8-237。

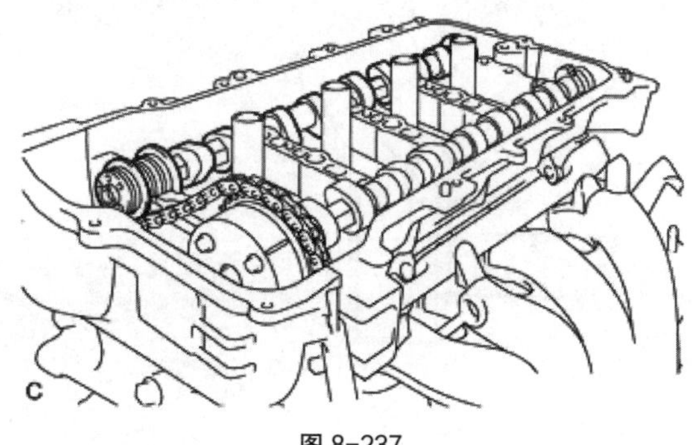

图 8-237

（17）拆卸凸轮轴。

①抬升链条分总成并从凸轮轴壳分总成上拆下凸轮轴，如图 8-238。

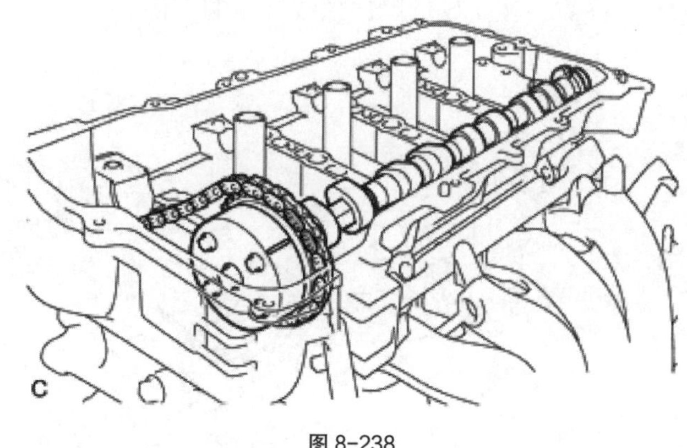

图 8-238

②使用细绳或类似物品悬挂链条分总成，如图 8-239。

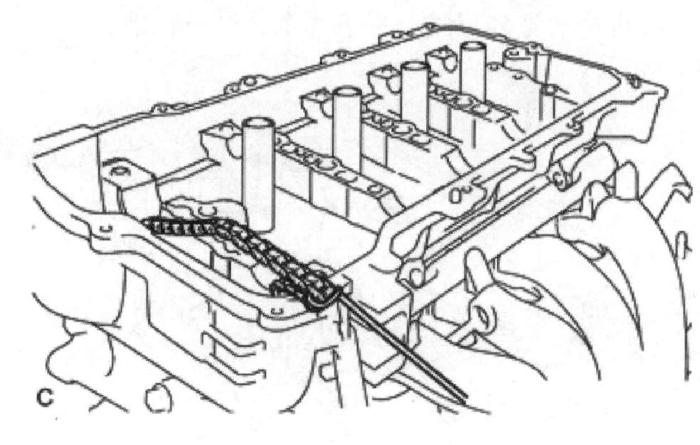

图 8-239

（18）拆卸凸轮轴正时齿轮总成

①将凸轮轴的六角部分固定在软面台钳内。

②拆下螺栓和凸轮轴正时齿轮总成，如图 8-240。

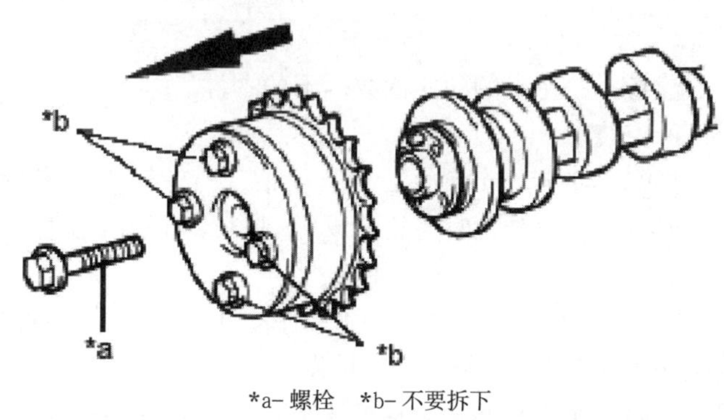

*a- 螺栓　*b- 不要拆下

图 8-240

注意：拆下凸轮轴正时齿轮总成前，确保锁销已松开。不要拆下其他 4 个螺栓。从凸轮轴上拆下凸轮轴正时齿轮总成时，使其保持水平。如果要重新使用凸轮轴正时齿轮总成，则务必在锁销松开的情况下使用。

（19）拆卸1号凸轮轴轴承。

从凸轮轴轴承盖上拆下2个1号凸轮轴轴承，如图8-241。注意：按正确的顺序摆放拆下的零件。

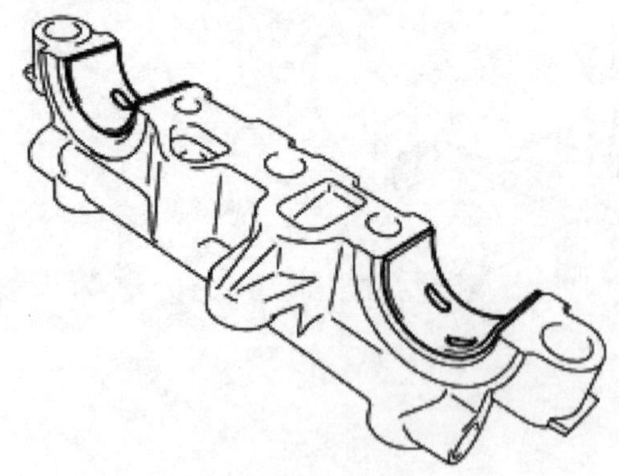

图 8-241

（20）拆卸2号凸轮轴轴承。

从凸轮轴壳分总成上拆下2个2号凸轮轴轴承，如图8-242。

图 8-242

注意：按正确的顺序摆放拆下的零件。

2. 安装。

提示：更换凸轮轴、2号凸轮轴、凸轮轴正时齿轮总成或排气凸轮轴正时齿轮总成后，执行“维修后检查”。

（1）安装1号凸轮轴轴承。

①清洁2个1号凸轮轴轴承的表面。注意：不要在1号凸轮轴轴承或接触面上涂抹发动机机油。

②将2个1号凸轮轴轴承安装到凸轮轴轴承盖上。

③使用游标卡尺，测量凸轮轴轴承盖边缘和1号凸轮轴轴承边缘之间的距离，如图8-243。A和B之间的差值：0.7mm或更小。注意：通过测量尺寸A和B，将1号凸轮轴轴承固定至凸轮轴轴承盖中心。

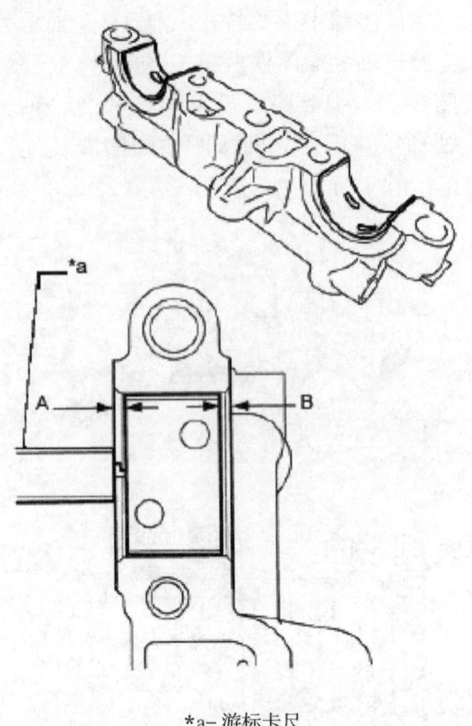

*a- 游标卡尺

图 8-243

（2）安装2号凸轮轴轴承。

①清洁2个2号凸轮轴轴承的表面。注意：不要在2号凸轮轴轴承或接触面上涂抹发动机机油。

②将2个2号凸轮轴轴承安装到凸轮轴壳分总成上。

③使用游标卡尺，测量凸轮轴壳分总成边缘和2号凸轮轴轴承边缘之间的距离，如图8-244。尺寸A：5~75mm。注意：通过测量尺寸A，将2号凸轮轴轴承固定至凸轮轴壳分总成中心。

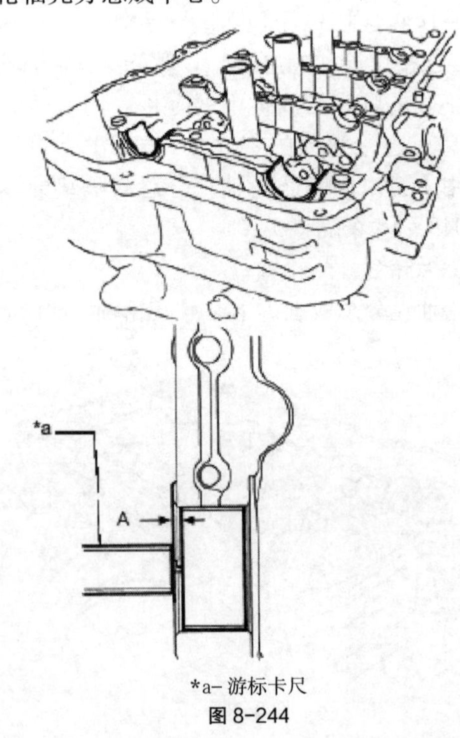

*a- 游标卡尺

图 8-244

（3）安装凸轮轴正时齿轮总成。

①将凸轮轴的六角部分固定在软面台钳内。

②检查并确认直销安装在凸轮轴上。

③如图 8-245，使直销和键槽错开，将凸轮轴正时齿轮总成和凸轮轴安装在一起。注意：不要用力推凸轮轴正时齿轮总成。否则直销顶部可能损伤凸轮轴正时齿轮总成的安装表面。

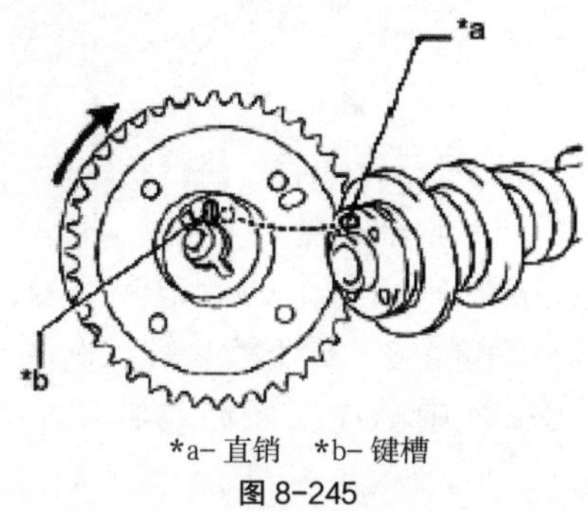

*a- 直销 *b- 键槽

图 8-245

④如图 8-246 所示，在将凸轮轴正时齿轮总成轻轻压向凸轮轴的同时，转动凸轮轴正时齿轮总成。将直销进一步推入键槽中。注意：不要使凸轮轴正时齿轮总成朝延迟方向转动。

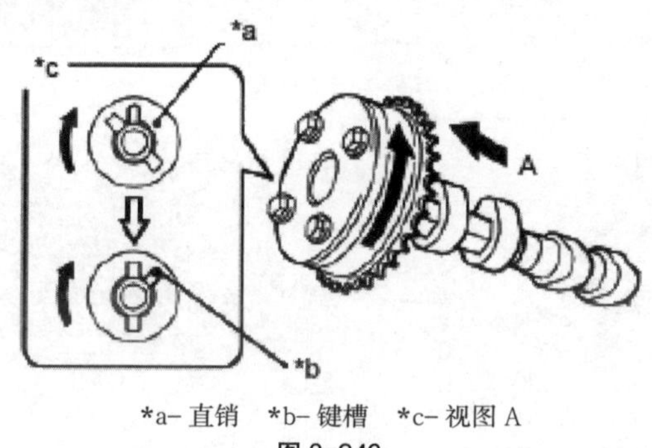

*a- 直销 *b- 键槽 *c- 视图 A

图 8-246

⑤检查并确认凸轮轴正时齿轮总成与凸轮轴法兰之间无间隙，如图 8-247。

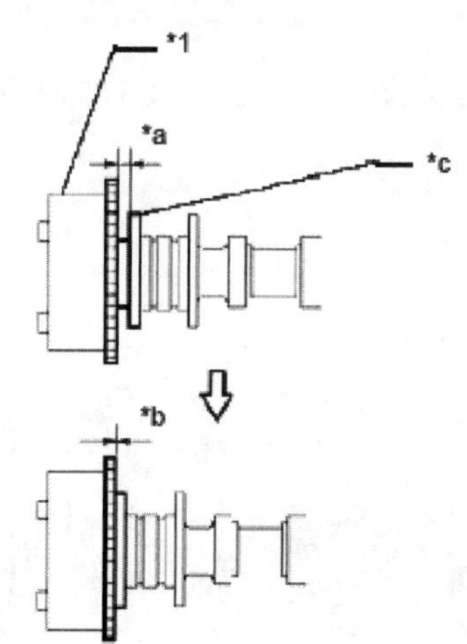

*1- 凸轮轴正时齿轮总成 *a- 间隙 *b- 无间隙 *c- 凸轮轴法兰

图 8-247

⑥在凸轮轴正时齿轮总成牢固到位的情况下紧固螺栓，如图 8-248。扭矩：54N · m。注意：紧固螺栓时，不要使凸轮轴正时齿轮总成转动。

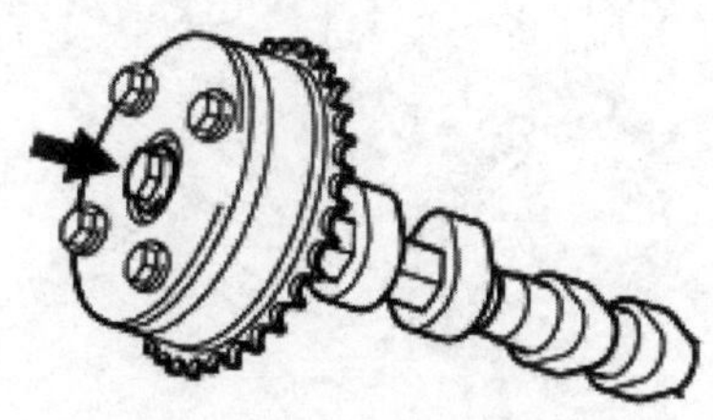

图 8-248

⑦检查并确认凸轮轴正时齿轮总成可朝延迟方向（顺时针）移动并锁止在最大延迟位置，如图 8-249。提示：更换凸轮轴正时齿轮总成后，执行“维修后检查”。

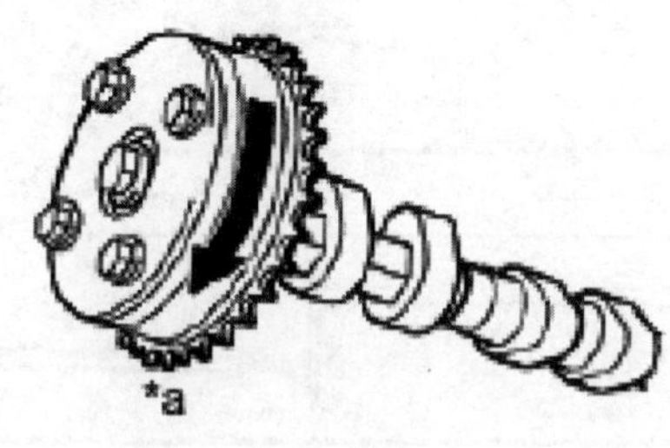

*a- 锁止

图 8-249

（4）安装凸轮轴。

①确保将 1 号气门摇臂分总成安装到如图 8-250 位置。

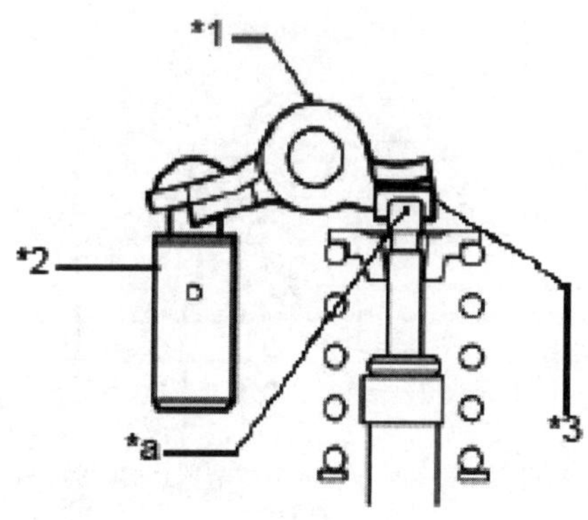

*1-1 号气门摇臂分总成 *2- 气门间隙调节器总成 *3- 气门杆盖 *a- 气门杆

图 8-250

②清洁凸轮轴轴颈。

③在凸轮轴轴颈、凸轮轴壳分总成和凸轮轴轴承盖上涂抹一薄层发动机机油。

④抬升链条分总成，将正时标记和油漆标记对准，并将凸轮轴安装到凸轮轴壳分总成上，如图 8-251。提示：更换凸轮轴后，执行“维修后检查”。

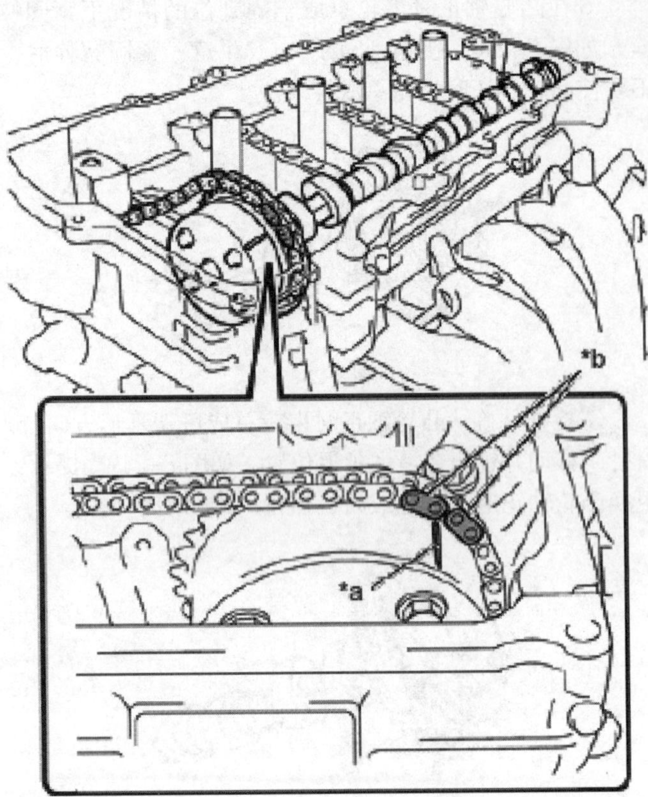

*a- 正时标记 *b- 油漆标记
图 8-251

（5）安装 2 号凸轮轴。

①确保将 1 号气门摇臂分总成安装到如图 8-252 位置。

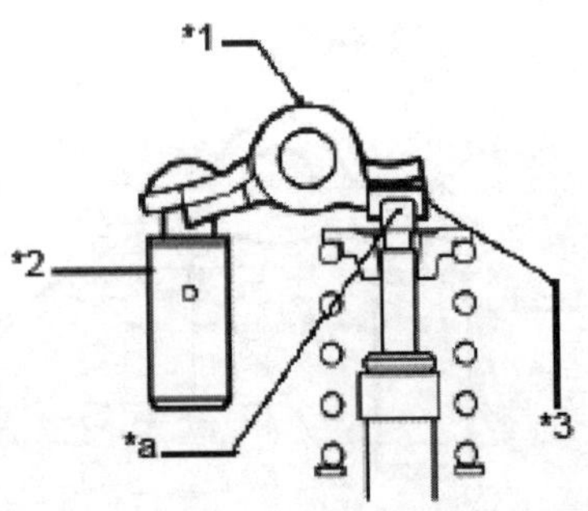

*1-1 号气门摇臂分总成 *2- 气门间隙调节器总成 *3- 气门杆盖 *a- 气门杆
图 8-252

②清洁 2 号凸轮轴轴颈。

③在 2 号凸轮轴轴颈和凸轮轴壳分总成上涂抹一薄层发动机机油。

④将 2 号凸轮轴安装到凸轮轴壳分总成上，如图 8-253。

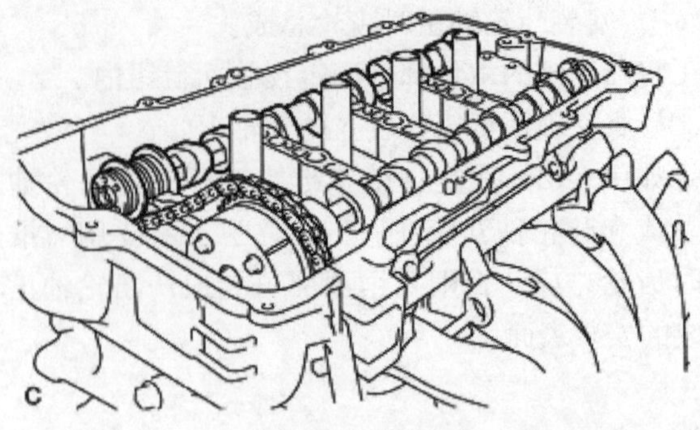

图 8-253

提示：更换 2 号凸轮轴后，执行“维修后检查”。

（6）安装凸轮轴轴承盖。

①检查凸轮轴轴承盖上的标记和编号，然后按顺序拆下连接螺栓和隔垫。拆下连接螺栓和隔垫后，立即用螺栓按图 8-254 中顺序安装凸轮轴轴承盖。扭矩：27N · m。

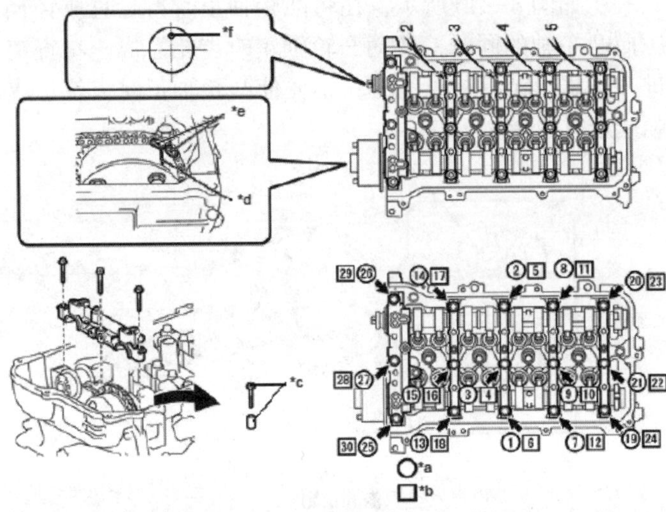

*a- 暂时紧固凸轮轴壳分总成的连接螺栓和隔垫的拆卸顺序 *b- 零件的安装顺序 *c- 连接螺栓和隔垫（用于暂时固定凸轮轴壳分总成） *d- 正时标记 *e- 油漆标记 *f- 直销
图 8-254

提示：确保凸轮轴的直销、正时标记和油漆标记方向如图 8-254。

②按图 8-255 中顺序，紧固 10 个螺栓。扭矩：16N · m。

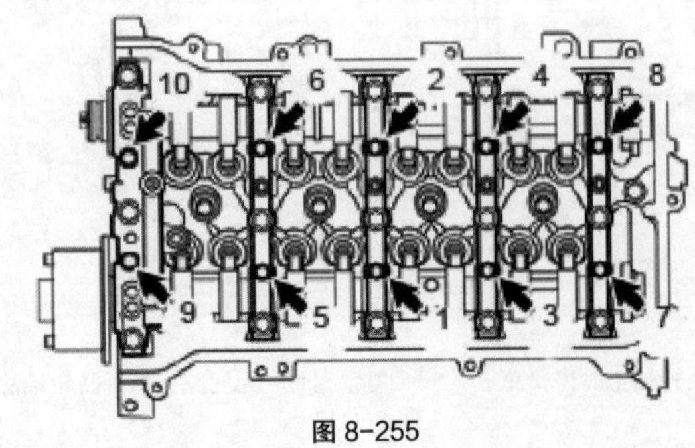

图 8-255

③再次检查各螺栓的扭矩。

（7）安装排气凸轮轴正时齿轮总成。

①用扳手固定凸轮轴的六角部分，并逆时针轻轻转动凸轮轴以松开链条分总成，如图 8-256。

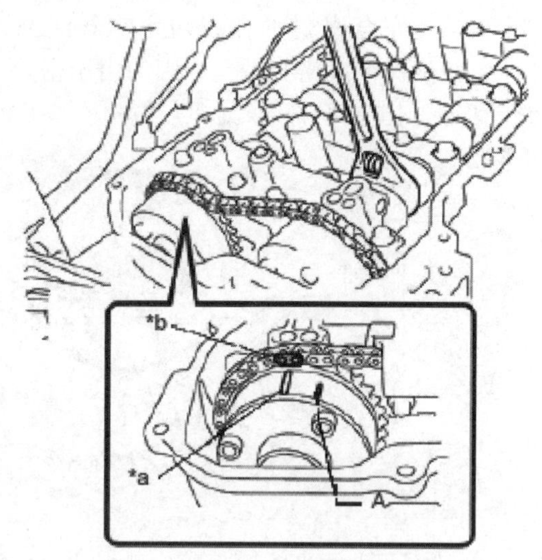

*a- 正时标记 *b- 油漆标记

图 8-256

②将螺栓插入排气凸轮轴正时齿轮总成。

③将油漆标记与正时标记对准以安装链条分总成。提示：“A”不是正时标记。注意：不要过度转动凸轮轴。在该步骤中不要将排气凸轮轴正时齿轮总成安装到 2 号凸轮轴上。确保仅将链条分总成安装到排气凸轮轴正时齿轮总成上。

④通过对准销孔和直销，将排气凸轮轴正时齿轮总成和 2 号凸轮轴安装在一起，如图 8-257。

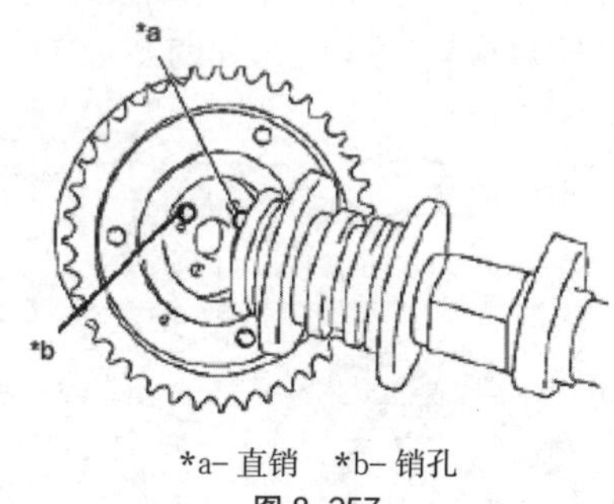

*a- 直销 *b- 销孔

图 8-257

注意：如果直销无法与销孔对准，则用扳手固定 2 号凸轮轴的六角部分，并轻轻将其转动以安装排气凸轮轴正时齿轮总成。不要过度转动 2 号凸轮轴。不可强行推入排气凸轮轴正时齿轮总成。否则直销顶部可能损伤排气凸轮轴正时齿轮总成的安装表面。

⑤使用 SST 和扳手，固定 2 号凸轮轴的六角部分并将排气凸轮轴正时齿轮总成安装到 2 号凸轮轴上，如图 8-258。扭矩：不使用 SST ：54N・m；使用 SST ：39N・m。

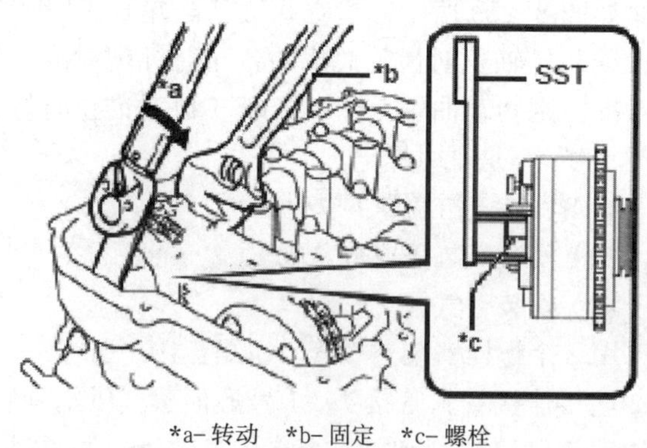

*a- 转动 *b- 固定 *c- 螺栓

图 8-258

注意：使用力臂长度为 260mm 的扭矩扳手和力臂长度为 100mm 的 SST 时，可获得“使用 SST”扭矩值。SST 与扭矩扳手平行时，该扭矩值有效。

（8）安装 2 号链条振动阻尼器。

使用 SST，用 2 个螺栓将 2 号链条振动阻尼器安装到凸轮轴轴承盖上。扭矩：不使用 SST 为 10N・m；使用 SST 为 5N・m。

注意：使用力臂长度为 180mm 的扭矩扳手和力臂长度为 150mm 的 SST 时，可获得“使用 SST”扭矩值。SST 与扭矩扳手平行时，该扭矩值有效。

（9）安装 1 号链条张紧器总成。

（10）将 1 号气缸设定至 TDC/ 压缩。

①转动曲轴皮带轮直至其正时槽口（凹槽）与正时链条盖分总成的正时标记“0”对准，如图 8-259。

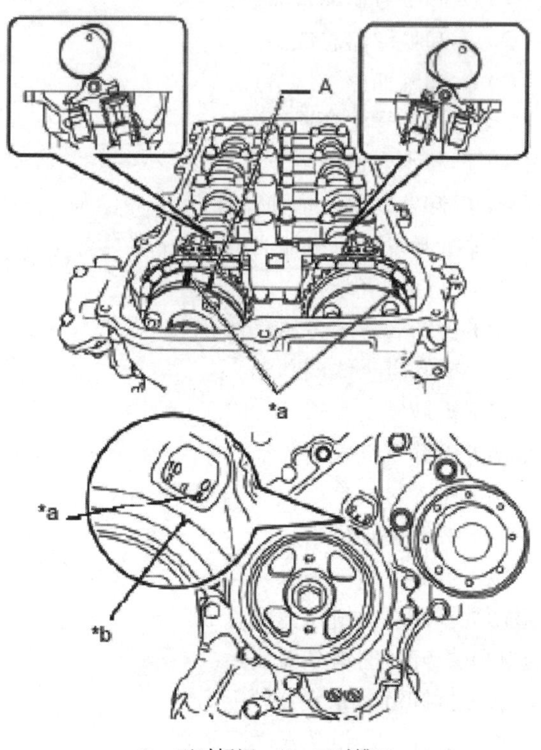

*a- 正时标记 *b- 正时槽口

图 8-259

②如图 8-259 所示，检查并确认凸轮轴正时齿轮总成和排气凸轮轴正时齿轮总成的各正时标记对准。如果没有对准，则转动曲轴 1 圈（360°）以对准正时标记。提示：“A”不是正时标记。

（11）安装气缸盖罩衬垫。

（12）安装气缸盖罩分总成。

（13）安装空气管。

①用 2 个螺栓安装空气管。扭矩：10N·m。

②连接连接管软管接头、1 号燃油蒸气供给软管、2 号燃油蒸气供给软管和 1 号真空传输软管，并滑动 3 个卡子以将其固定。

（14）连接发动机线束。

（15）安装带空气滤清器软管的空气滤清器盖。

（16）安装点火线圈总成。

（17）安装 2 号气缸盖罩。

（18）安装前围上外板分总成。

九、车型

广汽丰田雷凌双擎 1.8 H GS（1.8L 8ZR-FXE），2016—2019 年。

（一）正时检查

1. 拆卸。

（1）安装发动机至发动机台架。

（2）拆卸发动机吊架。

（3）拆卸燃油输油管分总成。

（4）拆卸 1 号输油管隔垫。

（5）拆卸喷油器总成。

（6）拆卸燃油蒸气供给管。

（7）拆卸 1 号水旁通管。

（8）拆卸水旁通软管。

（9）拆卸发动机机油油位计。

（10）拆卸发动机机油油位计导管。

（11）拆卸进气歧管。

（12）拆卸 3 号水旁通软管。

（13）拆卸点火线圈总成。

（14）拆卸气缸盖罩分总成。

（15）拆卸气缸盖罩衬垫。

（16）将 1 号气缸设定至 TDC/ 压缩。

（17）拆卸曲轴皮带轮。

（18）拆卸 1 号链条张紧器总成。

（19）拆卸正时链条盖分总成。

（20）拆卸正时链条盖油封。

（21）拆卸链条张紧器导板。

（22）拆卸 1 号链条振动阻尼器。

（23）拆卸 2 号链条振动阻尼器。

（24）拆卸链条分总成。

（25）检查凸轮轴正时齿轮总成。

①检查凸轮轴正时齿轮总成的锁止情况。

②清洁凸轮轴轴承盖上的进气侧 VVT 油孔后，用胶带或同等工具完全密封油孔以防止空气泄漏，如图 8-260。注意：确保彻底密封油孔，因为由于密封不足而导致的漏气将影响锁销松开。

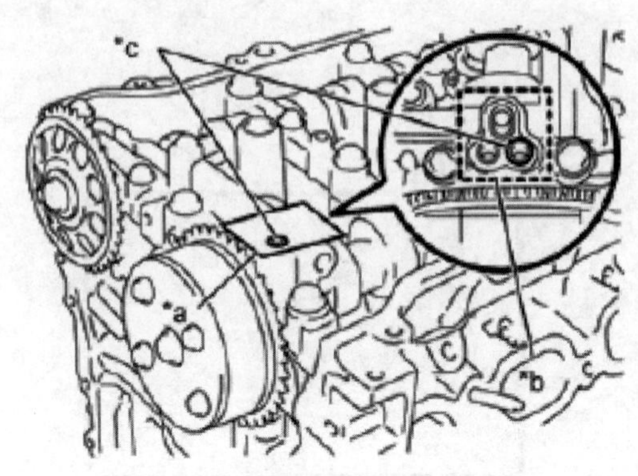

*a- 胶带　*b- 胶带密封区域　*c- 刺一个孔

图 8-260

③如图 8-260，在遮盖油孔的胶带上刺一个孔。

④向刺出的孔施加约 150kPa 的空气压力，以松开锁销。注意：如果空气泄漏，则重新粘贴胶带。施加空气压力时用布盖住油孔以防止机油喷出。

⑤用力将凸轮轴正时齿轮总成朝提前方向(逆时针)转动。提示：凭借施加的空气压力，可能无须辅助力即可使凸轮轴正时齿轮总成朝提前方向转动。

⑥在可移动范围（26.5° ~28.5°）内转动凸轮轴正时齿轮总成 2 或 3 次，不要将其转到最大延迟位置。确保凸轮轴正时齿轮总成转动平稳，如图 8-261。

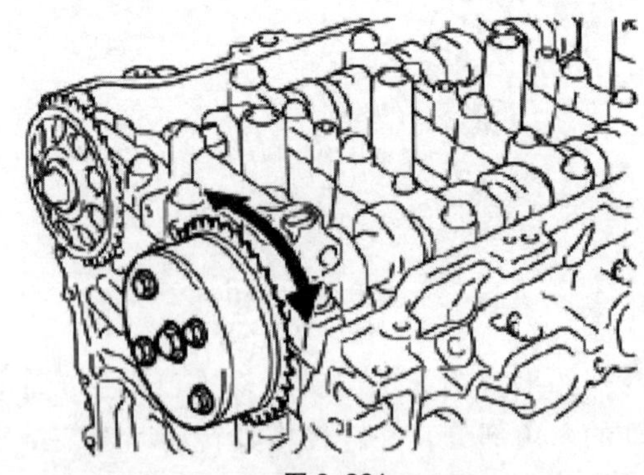

图 8-261

⑦从 1 号凸轮轴轴承盖上拆下胶带。

（26）拆卸凸轮轴正时齿轮总成。

（27）拆卸凸轮轴正时链轮。

（28）拆卸凸轮轴轴承盖。

（29）拆卸凸轮轴。

从凸轮轴壳分总成上拆下凸轮轴，如图 8-262。

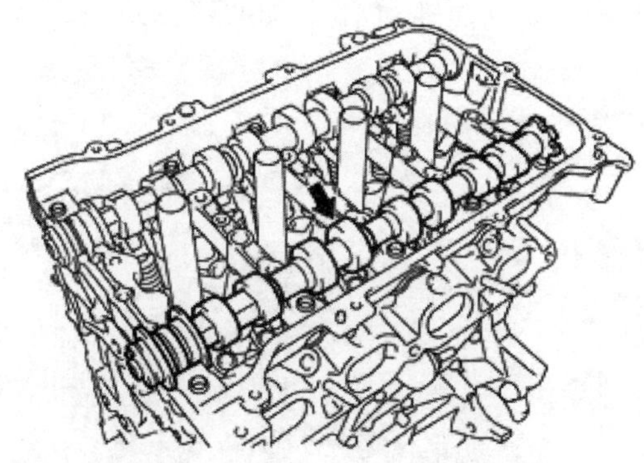
图 8-262

（30）拆卸 2 号凸轮轴。

从凸轮轴壳分总成上拆下 2 号凸轮轴，如图 8-263。

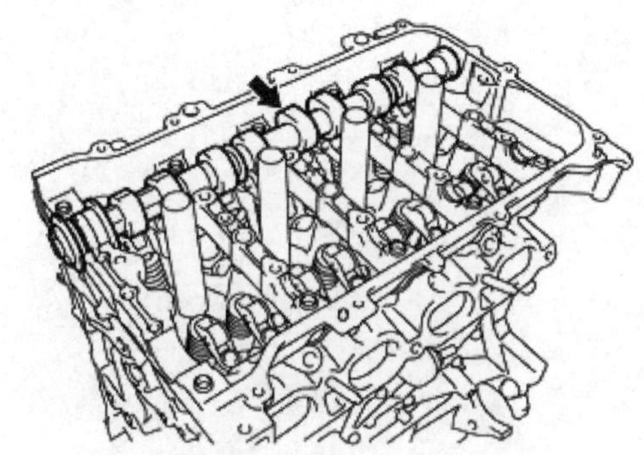
图 8-263

（31）拆卸凸轮轴壳分总成。

2. 安装

（1）安装 2 号凸轮轴。

①清洁 2 号凸轮轴轴颈。

②在 2 号凸轮轴轴颈、凸轮轴壳分总成和凸轮轴轴承盖上涂抹一薄层发动机机油。

③将 2 号凸轮轴安装到凸轮轴壳分总成上。

（2）安装凸轮轴。

①清洁凸轮轴轴颈。

②在凸轮轴轴颈、凸轮轴壳分总成和凸轮轴轴承盖上涂抹一薄层发动机机油。

③将凸轮轴安装到凸轮轴壳分总成上。

（3）安装凸轮轴轴承盖。

（4）安装凸轮轴壳分总成。

（5）安装凸轮轴正时链轮。

（6）安装凸轮轴正时齿轮总成。

（7）安装 1 号链条振动阻尼器。

（8）将 1 号气缸设定至 TDC/ 压缩。

（9）安装链条分总成。

（10）检查 1 号气缸 TDC/ 压缩。

（11）安装 2 号链条振动阻尼器。

（12）安装链条张紧器导板。

（13）安装正时链条盖油封。

（14）安装正时链条盖分总成。

（15）安装曲轴皮带轮。

（16）安装 1 号链条张紧器总成。

（17）安装气缸盖罩衬垫。

（18）安装气缸盖罩分总成。

（19）安装点火线圈总成。

（20）安装 3 号水旁通软管。

（21）安装进气歧管。

（22）安装发动机机油油位计导管。

（23）安装发动机机油油位计。

（24）安装水旁通软管。

（25）安装 1 号水旁通管

（26）安装燃油蒸气供给管。

（27）安装喷油器总成。

（28）安装 1 号输油管隔垫。

（29）安装燃油输油管分总成。

（30）安装发动机吊架。

（31）从发动机台架上拆下发动机。

十、车型

一汽丰田皇冠2.0T(2.0T 8AR-FTS),2015—2019年。

广汽丰田汉兰达 2.0T（2.0T 8AR-FTS），2015—2019 年。

1. 拆卸

（1）排空发动机机油。

（2）拆卸散热器总成。

（3）拆卸燃油泵总成（高压）。

（4）拆卸 PCV 软管。

（5）拆卸 4 号 PCV 软管。

（6）拆卸 3 号 PCV 软管。

（7）拆卸 2 号 PCV 软管。

（8）断开发动机线束。

①从 4 个点火线圈总成上断开 4 个连接器，如图 8-264。

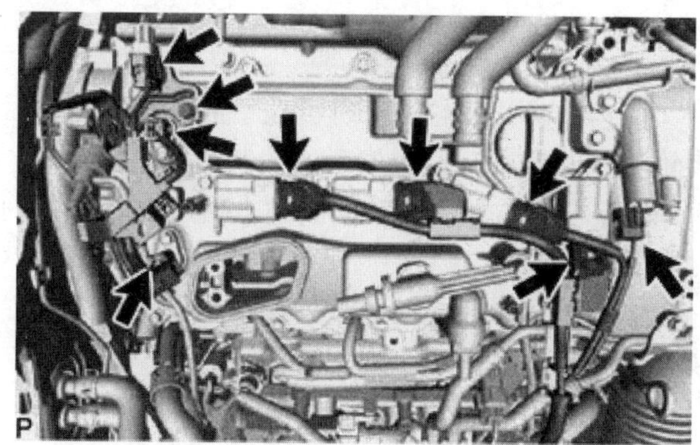

图 8-264

②从凸轮轴正时机油控制阀总成上断开连接器。

③从 2 个凸轮轴位置传感器上断开 2 个连接器。

④从空燃比传感器上断开连接器。

⑤拆下螺栓并从气缸盖罩分总成上断开线束卡夹支架。

(9) 断开 3 号和 4 号涡轮水软管。

(10) 拆卸 1 号涡轮水管分总成。

(11) 拆卸点火线圈总成。

(12) 拆卸真空泵总成。

(13) 拆卸气缸盖罩分总成。

(14) 将 1 号气缸设定至 TDC/ 压缩。

①转动曲轴，直至曲轴皮带轮总成的正时标记(凹槽)与正时链条盖总成的正时标记“0”对准，如图 8-265。

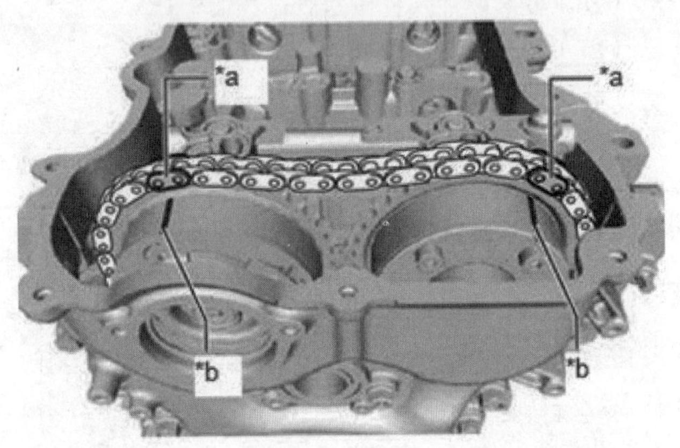

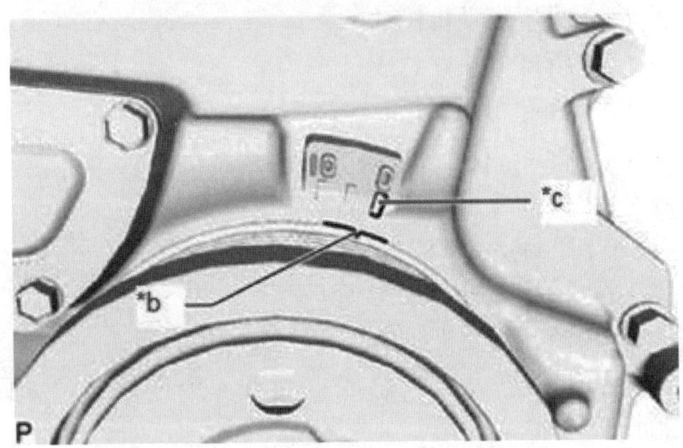

*a- 油漆标记　*b- 正时标记（凹槽）　*c- 正时标记“0”

图 8-265

②检查并确认凸轮轴正时齿轮总成和排气凸轮轴正时齿轮总成的各正时标记位于如图 8-265 位置。如果未位于如图 8-265 位置，则转动曲轴 1 圈（360°）以对准正时标记。

③将链条分总成上的油漆标记与凸轮轴正时齿轮总成和排气凸轮轴正时齿轮总成上的正时标记对准。

(15) 拆卸正时链条盖板。

(16) 拆卸 1 号链条张紧器总成。

①顺时针转动曲轴约 15°，如图 8-266。

*a- 约 15°

图 8-266

②逆时针转动曲轴约 15°，如图 8-267。

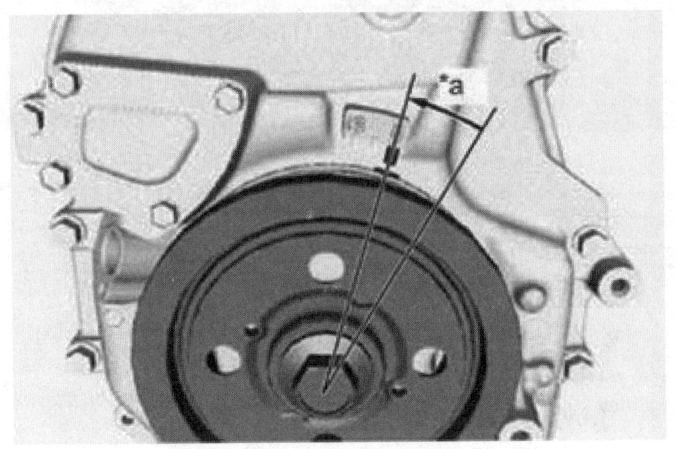

*a- 约 15°

图 8-267

③将挡片孔与 1 号链条张紧器总成对准，并将销插入挡片孔以锁止 1 号链条张紧器总成，如图 8-268。

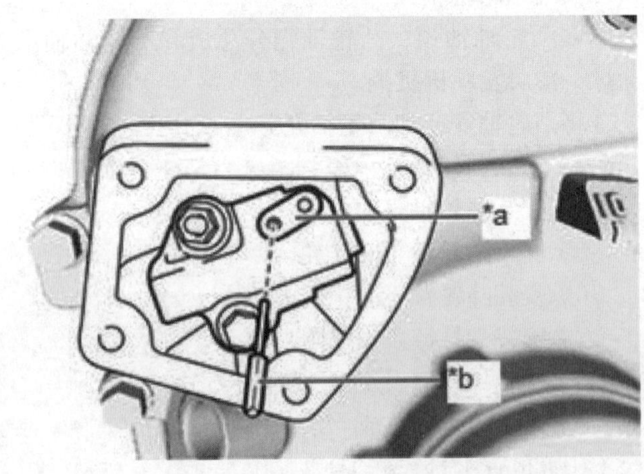

*a- 挡片　*b- 销

图 8-268

④顺时针转动曲轴约 15°，如图 8-269。

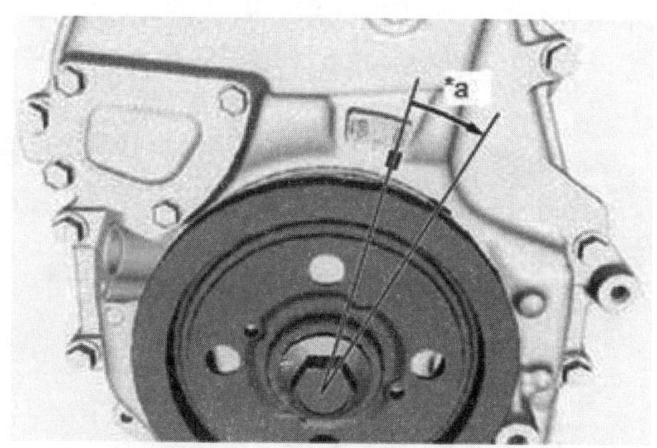

*a- 约 15°

图 8-269

⑤拆下螺栓和螺母，然后从气缸体分总成上拆下 1 号链条张紧器总成和衬垫，如图 8-270。注意：确保不要将衬垫掉入正时链条盖总成内。

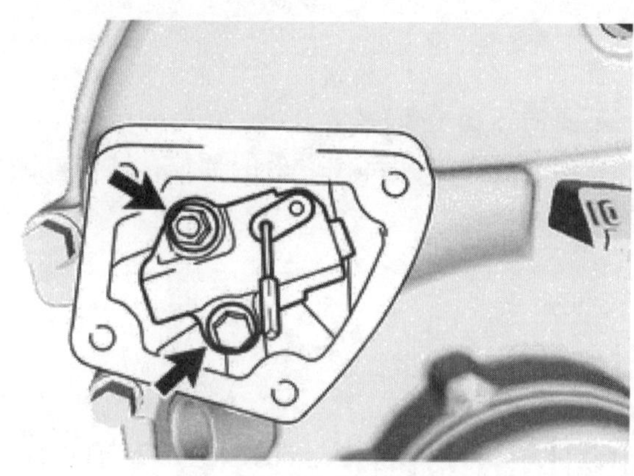
图 8-270

⑥逆时针转动曲轴约 15°，如图 8-271。

*a- 约 15°

图 8-271

（17）拆卸正时链条导板。

（18）拆卸凸轮轴正时机油控制电磁阀总成。

（19）拆卸凸轮轴正时齿轮螺栓。

用扳手固定凸轮轴的六角部分并从凸轮轴上拆下凸轮轴正时齿轮螺栓，如图 8-272。注意：小心不要用扳手损坏凸轮轴壳分总成或火花塞套管。

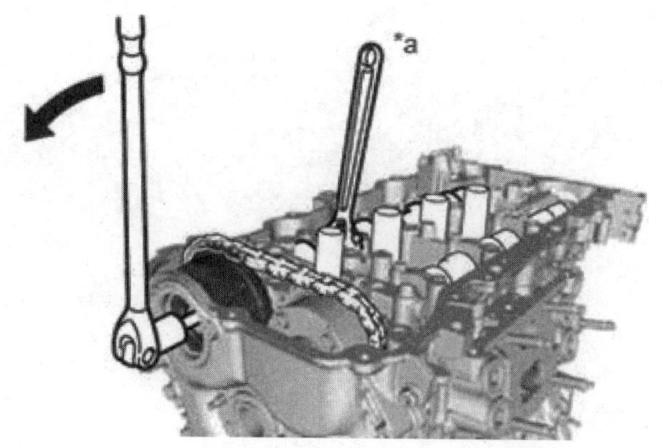

*a- 固定

图 8-272

（20）拆卸凸轮轴轴承盖。

①按图 8-273 中顺序，分步拆下 11 个轴承盖螺栓。

图 8-273

②按图 8-274 中顺序，分步拆下 10 个轴承盖螺栓。注意：确保水平固定凸轮轴的同时均匀松开轴承盖螺栓。

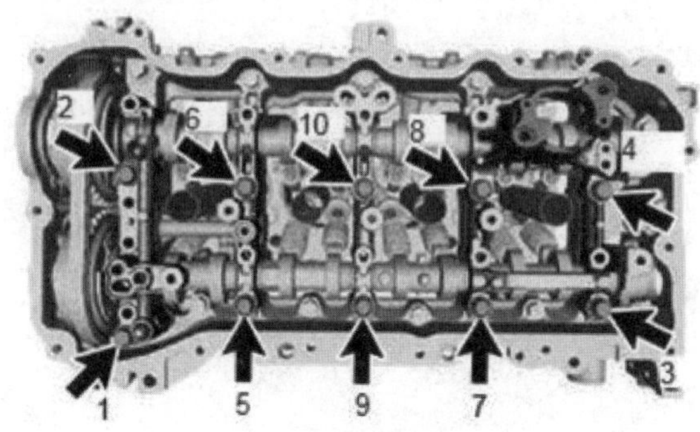

图 8-274

③从凸轮轴壳分总成上拆下 1 号、2 号、3 号和 4 号凸轮轴轴承盖。提示：按正确的顺序摆放拆下的零件。

（21）拆卸凸轮轴。

如图 8-275，抬高凸轮轴以将其从凸轮轴正时齿轮总成上拆下。注意：小心不要使扳手损坏凸轮轴或凸轮轴正时齿轮总成。

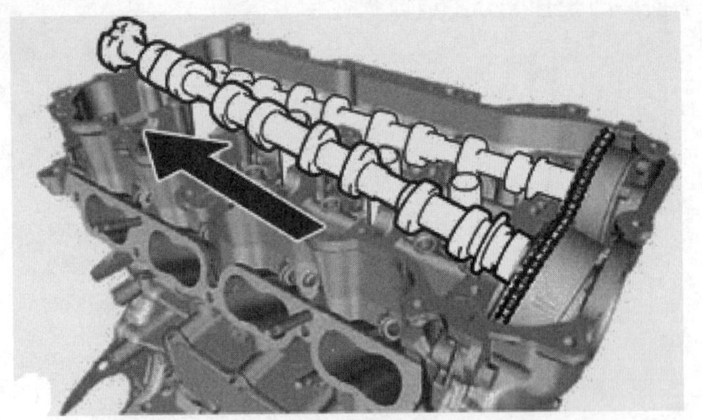

图 8-275

（22）拆卸凸轮轴正时齿轮总成。拆下凸轮轴正时齿轮总成，如图 8-276。

注意：

· 不要拆解凸轮轴正时齿轮总成

· 小心不要使扳手损坏凸轮轴正时齿轮总成

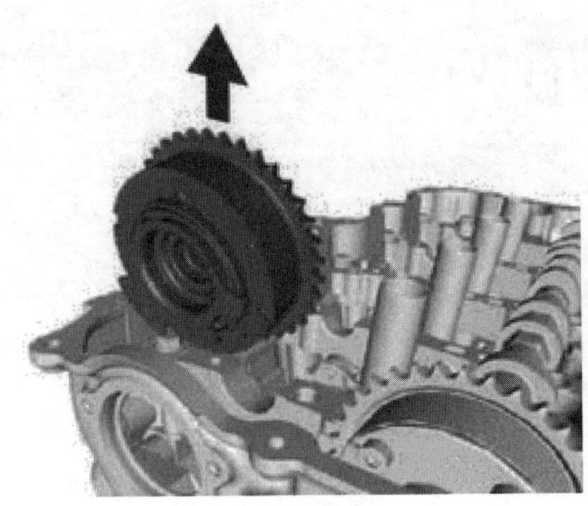

图 8-276

（23）拆卸 2 号凸轮轴。

①从凸轮轴壳分总成上拆下 2 号凸轮轴，如图 8-277。

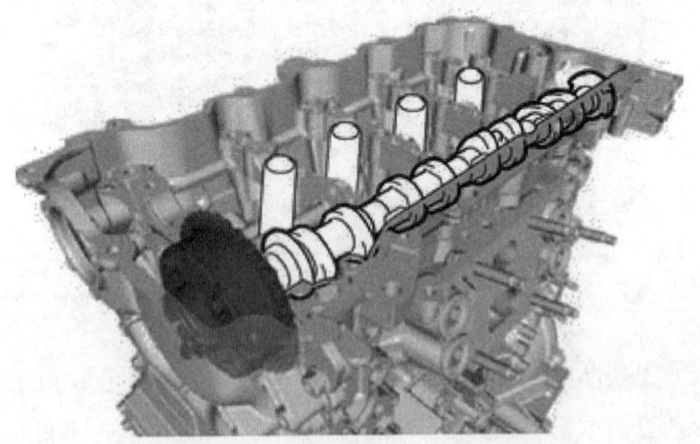

图 8-277

②如图 8-278，使用细绳或类似工具悬挂链条分总成。注意：小心不要掉落正时链条盖总成内部的链条分总成。

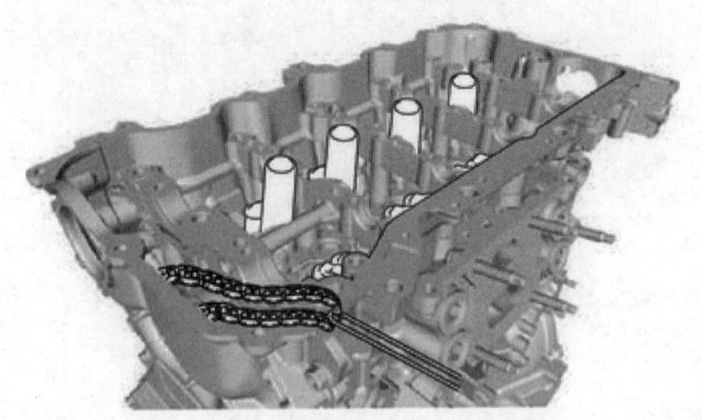

图 8-278

（24）拆卸排气凸轮轴正时齿轮总成。

①将 2 号凸轮轴固定在台钳的铝板间。如图 8-279 使用 SST，夹住六角部位，然后将 SST 和 2 号凸轮轴固定在台钳上。

注意：

· 不要损坏 2 号凸轮轴

· 切勿夹住除六角部位以外的部位，这样可能会导致损坏

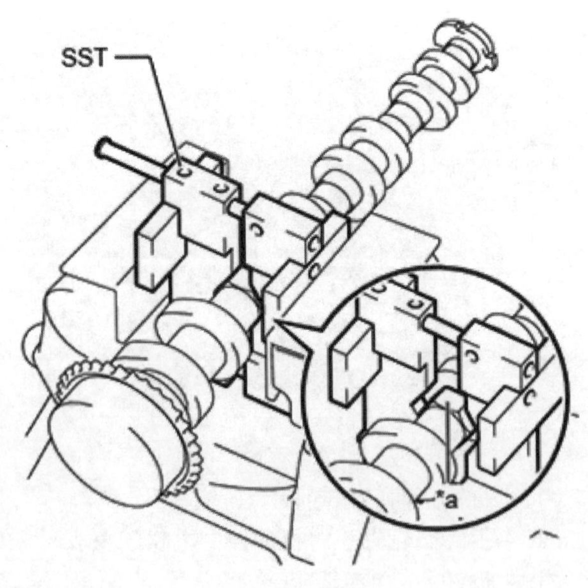

*a- 六角部位

图 8-279

②从 2 号凸轮轴上拆下螺栓和排气凸轮轴正时齿轮总成，如图 8-280。

图 8-280

注意：

· 小心不要损坏 2 号凸轮轴和排气凸轮轴正时齿轮总成

· 不要拆解排气凸轮轴正时齿轮总成

（25）拆卸机油控制阀滤清器。

（26）拆卸 1 号凸轮轴轴承。

（27）拆卸 2 号凸轮轴轴承。

（28）检查排气凸轮轴正时齿轮总成。

2. 安装

（1）安装 2 号凸轮轴轴承。

（2）安装 1 号凸轮轴轴承。

（3）安装机油控制阀滤清器。

（4）安装排气凸轮轴正时齿轮总成。提示：更换排气凸轮轴正时齿轮总成后，执行“维修后检查”。

①将 2 号凸轮轴固定在台钳的铝板间。如图 8-281，使用 SST 夹住六角部位，然后将 SST 和 2 号凸轮轴固定在台钳上。

注意：

· 不要损坏 2 号凸轮轴

· 切勿夹住除六角部位以外的部位，这样可能会导致损坏

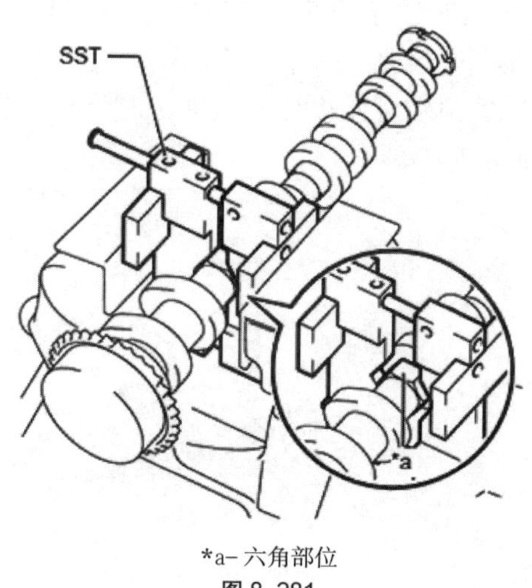

*a- 六角部位

图 8-281

②将 2 号凸轮轴的锁销与排气凸轮轴正时齿轮总成的锁销孔对准并将排气凸轮轴正时齿轮总成接合至 2 号凸轮轴，如图 8-282 所示。注意：不要强行按下排气凸轮轴正时齿轮总成。否则，2 号凸轮轴锁销的顶端可能损坏排气凸轮轴正时齿轮总成的密封表面，导致密封不佳。

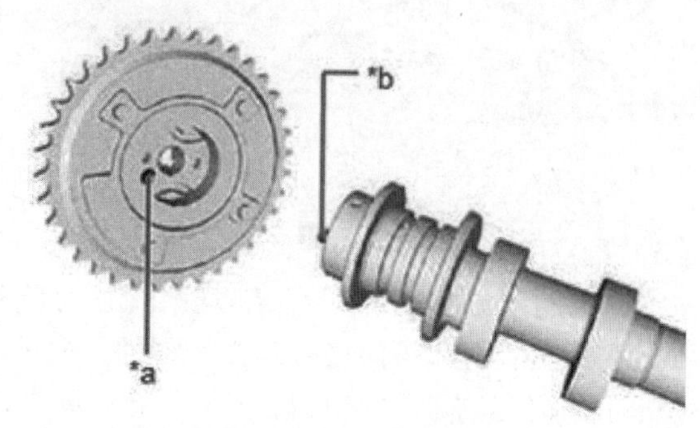

*a- 锁销孔　*b- 锁销

图 8-282

③检查并确认排气凸轮轴正时齿轮总成和 2 号凸轮轴法兰之间无间隙，如图 8-283。

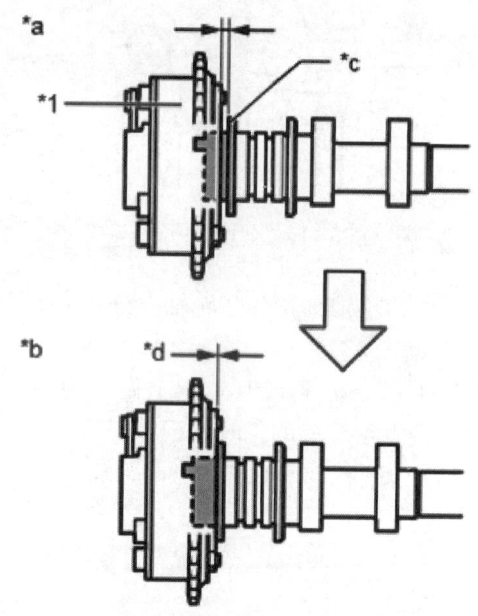

*1- 排气凸轮轴正时齿轮总成　*a- 错误　*b- 正确　*c-2 号凸轮轴法兰　*d- 无间隙

图 8-283

④用手将 2 号凸轮轴固定到位，然后用手安装排气凸轮轴正时齿轮总成的螺栓。

⑤紧固螺栓。扭矩：85N · m。

注意：

· 不要损坏 2 号凸轮轴和排气凸轮轴正时齿轮总成

· 不要拆解排气凸轮轴正时齿轮总成

（5）将 1 号气缸设定至 TDC/ 压缩。

①转动曲轴，直至曲轴皮带轮总成的正时标记（凹槽）与正时链条盖总成的正时标记“0”对准，如图 8-284。

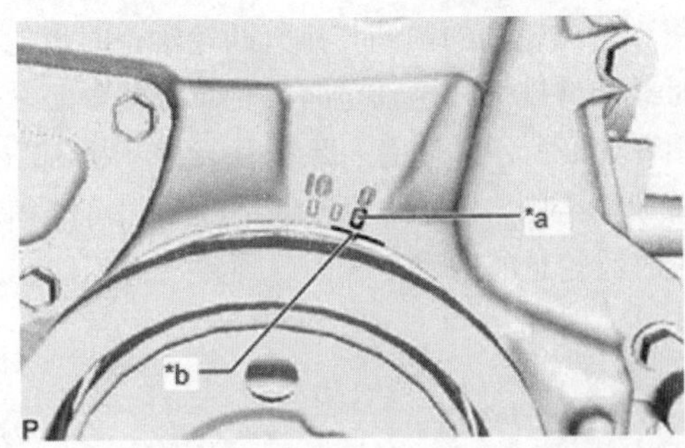

*a- 正时标记“0”　*b- 正时标记（凹槽）
图 8-284

（6）安装 2 号凸轮轴。

注意：在链条分总成拆下的情况下转动 2 号凸轮轴时，小心不要使活塞和阀门接触或损坏零件。提示：更换 2 号凸轮轴后，执行“维修后检查”。

①检查并确认将 1 号气门摇臂分总成安装到如图 8-285 位置。

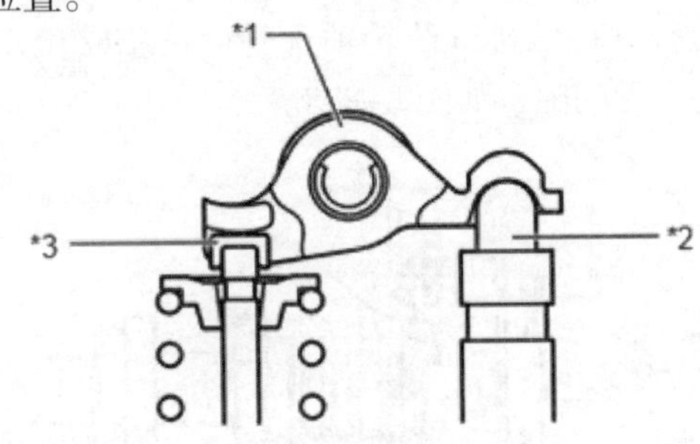

*1-1 号气门摇臂分总成　*2- 气门间隙调节器总成　*3- 气门杆盖
图 8-285

②在 2 号凸轮轴轴颈和凸轮轴壳分总成上涂抹一薄层发动机机油。

③将拆下链条分总成时在其上做的油漆标记与排气凸轮轴正时齿轮总成的正时标记（凹槽）对准，如图 8-286。然后安装 2 号凸轮轴和排气凸轮轴正时齿轮总成。

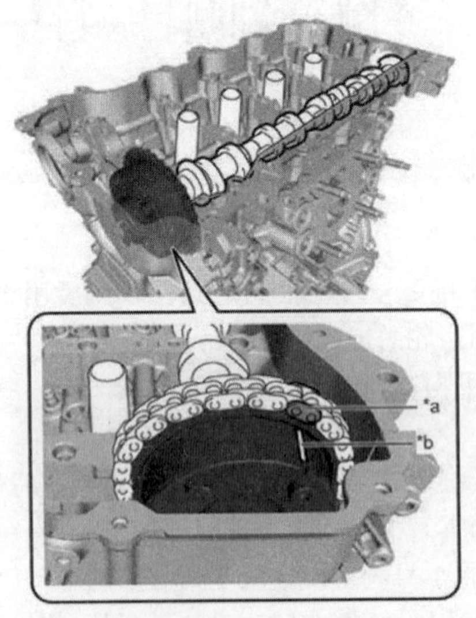

*a- 油漆标记　*b- 正时标记（凹槽）
图 8-286

（7）安装凸轮轴正时齿轮总成。将拆下链条分总成时在其上做的油漆标记与凸轮轴正时齿轮总成的正时标记（凹槽）对准，如图 8-287。然后安装凸轮轴正时齿轮总成。注意：不要拆解凸轮轴正时齿轮总成。

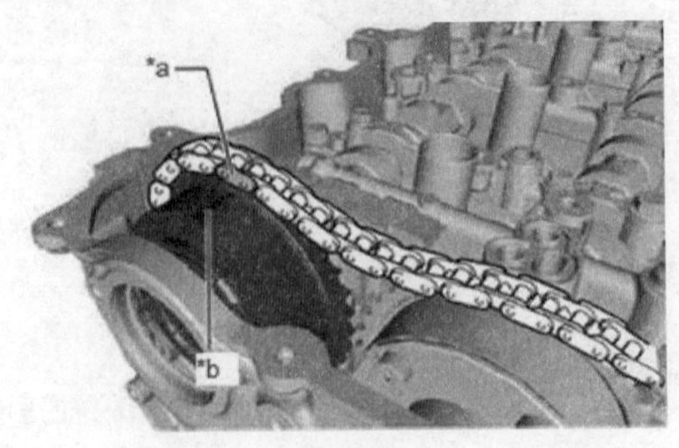

*a- 油漆标记　*b- 正时标记（凹槽）
图 8-287

（8）安装凸轮轴。注意：在链条分总成拆下的情况下转动凸轮轴时，小心不要使活塞和阀门接触或损坏零件。提示：更换凸轮轴后，执行“维修后检查”。

①检查并确认将 1 号气门摇臂分总成安装到如图 8-288 位置。

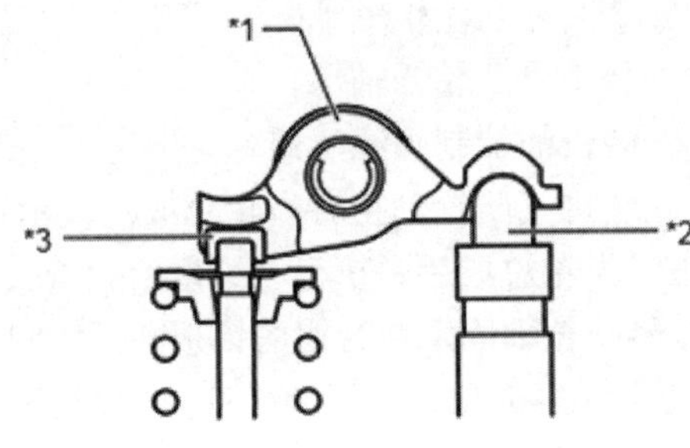

*1-1 号气门摇臂分总成　*2- 气门间隙调节器总成　*3- 气门杆盖
图 8-288

②在凸轮轴轴颈和凸轮轴壳分总成上涂抹一薄层发动机机油。

③将凸轮轴的锁销与凸轮轴正时齿轮总成的锁销孔对准并将凸轮轴正时齿轮总成接合至凸轮轴，如图 8-289。注意：不要强行按下凸轮轴正时齿轮总成。否则，凸轮轴锁销的顶端可能损坏凸轮轴正时齿轮总成的密封表面，导致密封不佳。

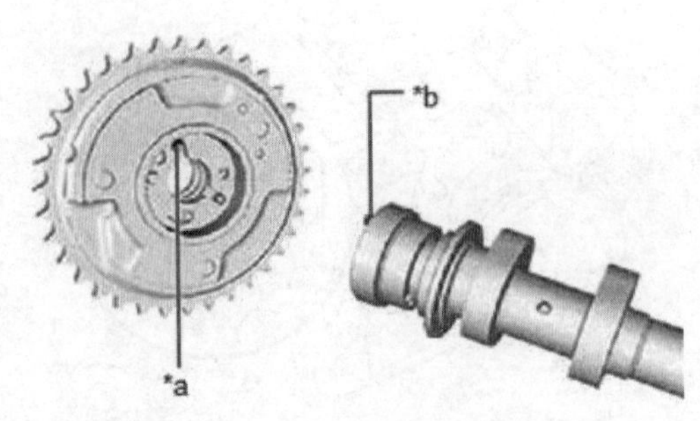

*a- 锁销孔　*b- 锁销
图 8-289

④检查并确认凸轮轴正时齿轮总成与图中指示的凸轮轴部位 A 之间无间隙，如图 8-290。

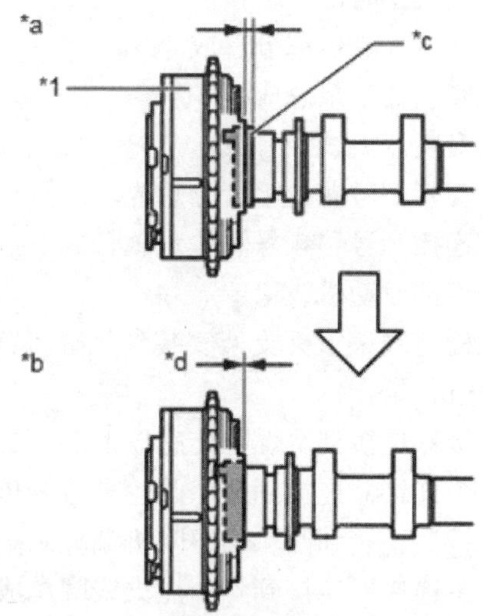

*1- 凸轮轴正时齿轮总成　*a- 错误　*b- 正确　*c- 凸轮轴部位 A　*d- 无间隙

图 8-290

（9）暂时安装凸轮轴正时齿轮螺栓。

①向图 8-291 中指示的凸轮轴正时齿轮螺栓部位涂抹发动机机油。

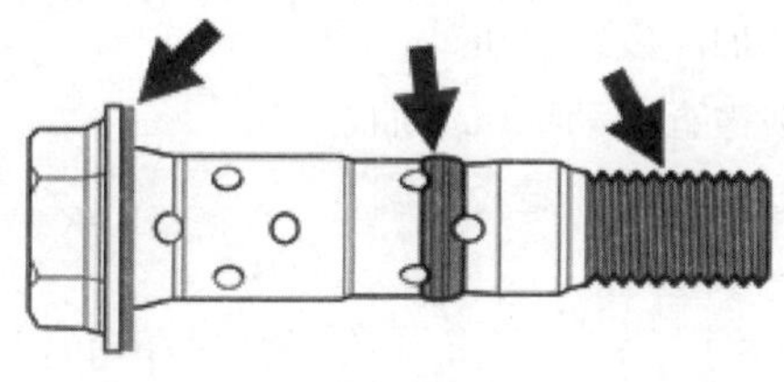

图 8-291

②将凸轮轴正时齿轮螺栓暂时安装到凸轮轴上。提示：暂时安装凸轮轴正时齿轮螺栓时，确保旋入约 2 个螺纹。

（10）安装凸轮轴轴承盖。

①将 1 号、2 号、3 号和 4 号凸轮轴轴承盖放在凸轮轴壳分总成上。

②按图 8-292 中顺序安装 10 个轴承盖螺栓。扭矩：27N · m。

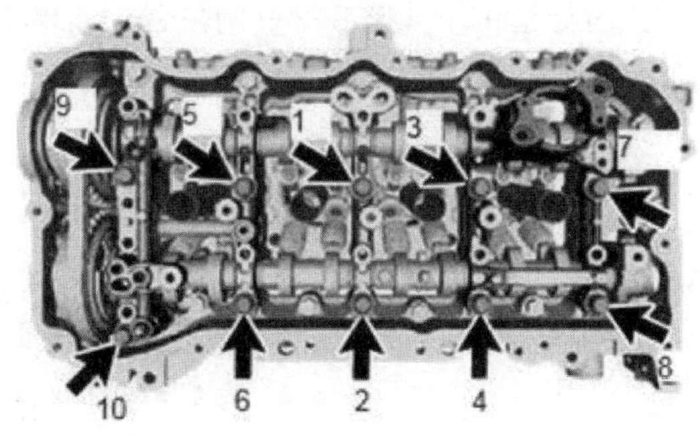

图 8-292

③按图 8-293 中顺序安装 11 个轴承盖螺栓。扭矩：16N · m。

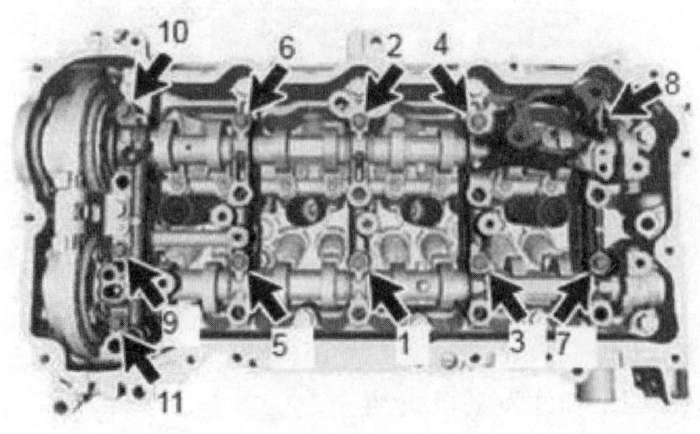

图 8-293

（11）紧固凸轮轴正时齿轮螺栓。

①检查并确认链条分总成松弛如图 8-294。

图 8-294

②用扳手固定凸轮轴的六角部位，如图 8-295。

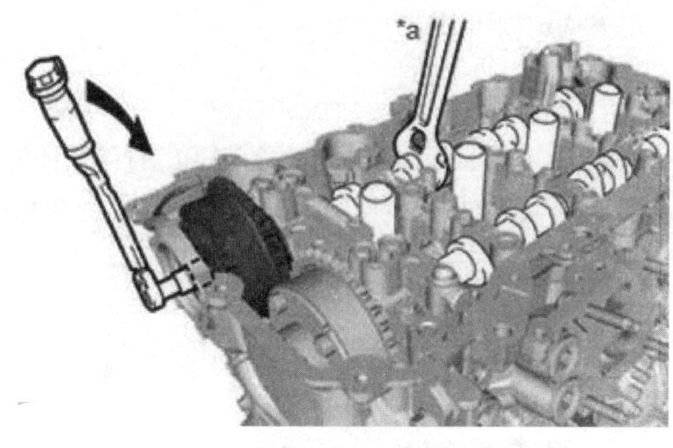

*a- 固定

图 8-295

③紧固凸轮轴正时齿轮螺栓。扭矩：120N · m。注意：小心不要用扳手损坏凸轮轴壳分总成或火花塞套管。

④检查并确认凸轮轴正时齿轮总成和排气凸轮轴正时齿轮总成的各正时标记（凹槽）与图 8-296 中各油漆标记对准。

*a- 油漆标记　*b- 正时标记（凹槽）
图 8-296

（12）加注发动机机油。

（13）安装凸轮轴正时机油控制电磁阀总成。

（14）安装正时链条导板。

（15）安装 1 号链条张紧器总成。

①顺时针转动曲轴约 15°，如图 8-297。

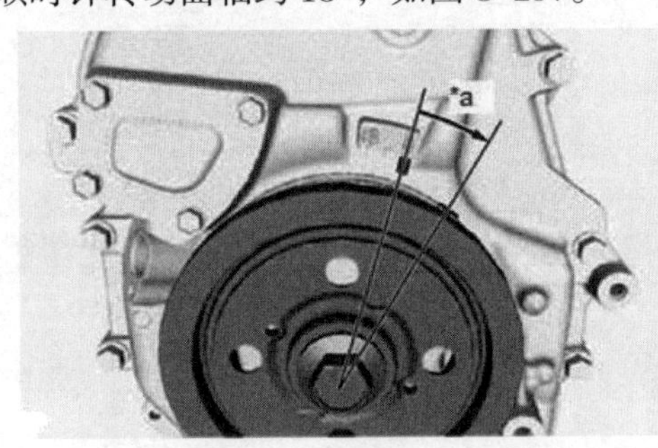

*a- 约 15°
图 8-297

②用螺母和螺栓将新衬垫和 1 号链条张紧器总成暂时安装到气缸体分总成上。注意：确保不要将衬垫掉入正时链条盖总成内。

③紧固螺母和螺栓。扭矩：10N · m。

④从挡片上拆下销。

（16）检查 1 号气缸至 TDC/ 压缩。

①转动曲轴，直至曲轴皮带轮总成的正时标记（凹槽）与正时链条盖总成的正时标记“0”对准，如图 8-298。

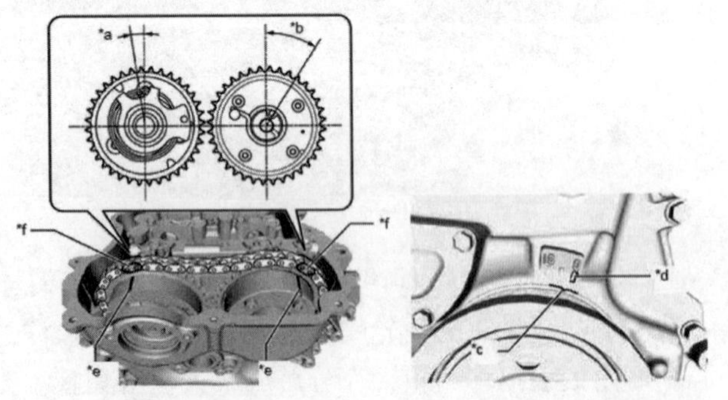

*a- 约 7°　*b- 约 32°　*c- 正时标记（凹槽）　*d- 正时标记“0”
*e- 正时标记（凹槽）　*f- 油漆标记
图 8-298

②检查并确认凸轮轴正时齿轮总成和排气凸轮轴正时齿轮总成的各正时标记（凹槽）与各油漆标记对准。

（17）安装正时链条盖板。

（18）安装气缸盖罩分总成。

（19）安装真空泵总成。

（20）安装点火线圈总成。

（21）安装 1 号涡轮水管分总成。

（22）连接 3 号和 4 号涡轮水软管。

（23）连接发动机线束。

①用螺栓将线束卡夹支架安装到气缸盖罩分总成上。扭矩：10N · m。

②将连接器连接到空燃比传感器上。

③将 2 个连接器连接到 2 个凸轮轴位置传感器上。

④将连接器连接到凸轮轴正时机油控制阀总成上。

⑤将 4 个连接器连接到 4 个点火线圈总成上。

（24）安装 2 号 PCV 软管。

（25）安装 3 号 PCV 软管。

（26）安装 4 号 PCV 软管。

（27）安装 PCV 软管。

（28）安装燃油泵总成（高压）。

（29）安装散热器总成。

（30）加注发动机机油。

（31）检查发动机机油油位。

（32）检查机油是否泄漏。

十一、车型

一汽丰田普拉多 2.7L（2.7L 2TR-FE），2015—2019 年。

进口丰田普拉多 2.7L（2.7L 2TR-FE），2010—2019 年。

检查正时：

1. 正时链条拆卸步骤。

（1）拆卸正时链条盖分总成。

（2）将 1 号气缸设定至 TDC / 压缩。

①暂时安装曲轴带轮螺栓。

②顺时针旋转曲轴，使曲轴正时齿轮和凸轮轴正时齿轮上的正时标记位于如图 8-299 的位置。如果正时标记没有对准，则再次顺时针旋转曲轴并对准正时标记。

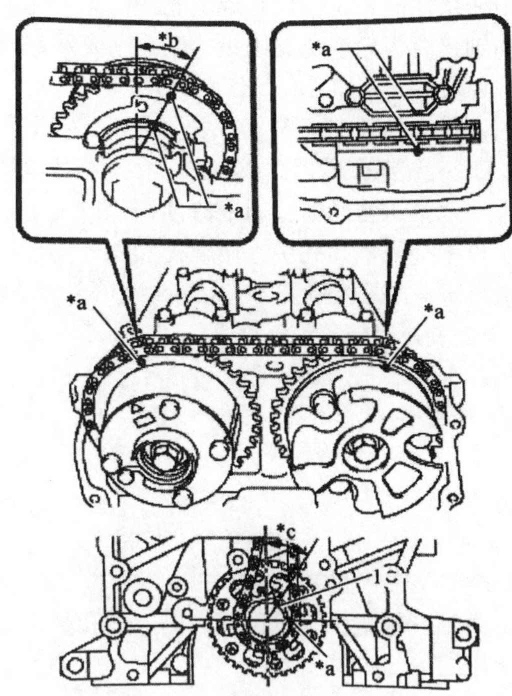

1- 曲轴带轮定位键　*a- 正时标记　*b- 约 13°　*c- 约 30°

图 8-299

③拆下曲轴带轮螺栓。

（3）拆卸正时链条导板。

（4）拆卸 1 号链条张紧器总成，注意拆下链条张紧器时，不要旋转曲轴，链条拆下需要旋转凸轮轴时，向右旋转曲轴 90°。向上移动挡片以解除锁止，并将柱塞推入张紧器。向下移动挡片以设定锁止，并将直径为 3.0mm 的杆插入挡片孔中，如图 8-300 拆下螺栓、螺母、链条张紧器和衬垫。

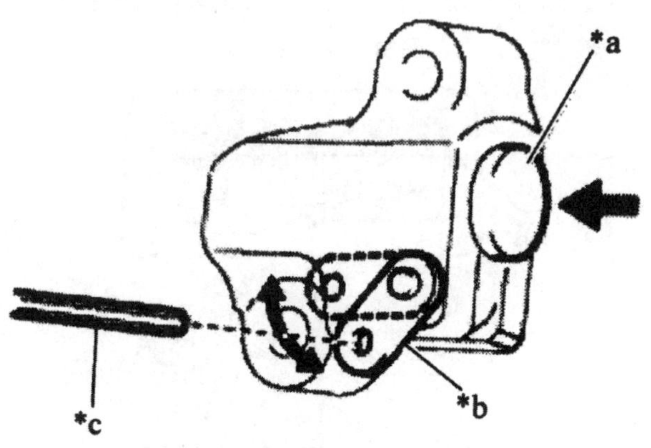

*a- 柱塞　*b- 挡片　*c- 六角扳手

图 8-300

（5）拆卸链条张紧器导板。

（6）拆卸链条振动阻尼器。

（7）拆卸链条分总成。

2. 正时链单元安装步骤。

（1）安装平衡轴正时链条。

①如图 8-301，对准标记板与链轮和齿轮上的正时标记，将链条安装到链轮和齿轮上。

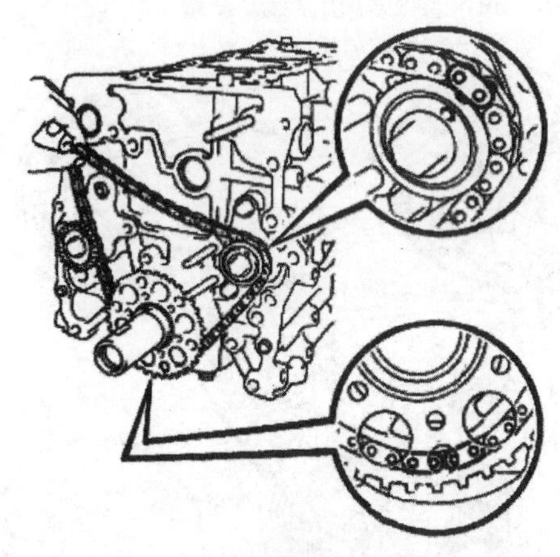

图 8-301

②将链条的另一个链节标记板与平衡轴主动齿轮的大正时标记后面对准，如图 8-302。

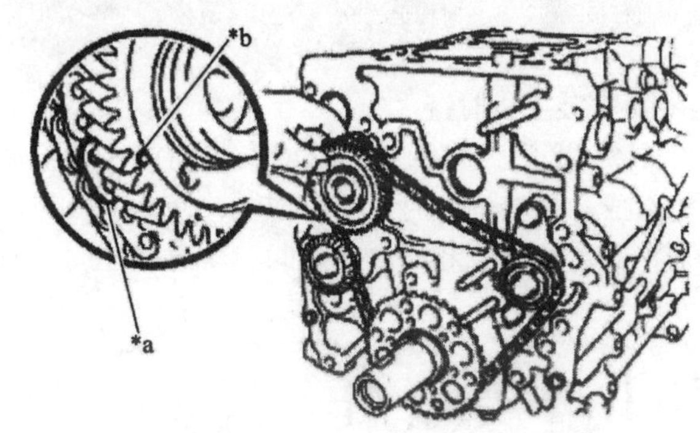

*a- 标记板（黄色）　*b- 大正时标记

图 8-302

③将平衡轴主动齿轮轴穿过平衡轴主动齿轮，使其插入止推板的孔中。

④将平衡轴主动齿轮的小正时标记与平衡轴正时齿轮的大正时标记对准，如图 8-303。

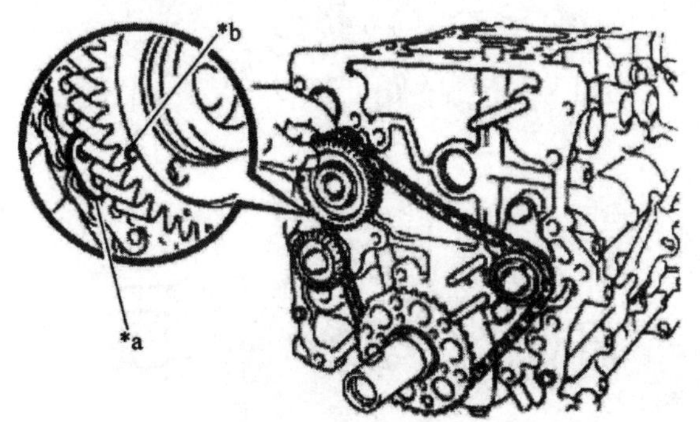

*a- 大正时标记　*b- 小正时标记　*c- 标记板（黄色）

图 8-303

⑤将螺栓安装到平衡轴主动齿轮上。拧紧力矩：25N·m。

⑥如图 8-304，检查并确认各正时标记与相应的链节标记对准。注意：检查并确认 1 号气缸在 TDC 且 1 号和 2 号平衡轴的配重在下止点。

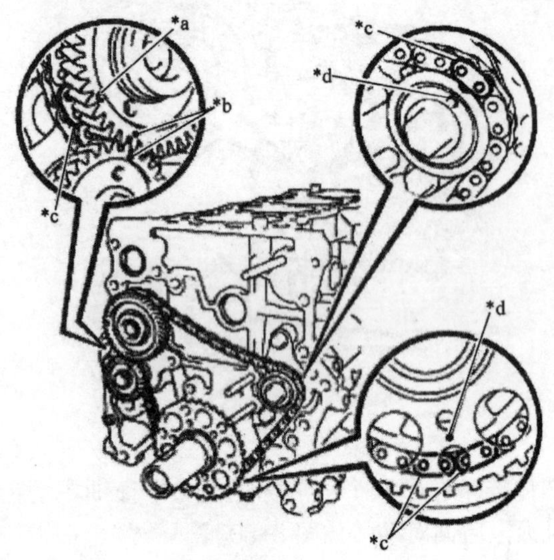

*a- 大正时标记 *b- 小正时标记 *c- 标记板（黄色） *d- 正时标记

图 8-304

（2）安装主正时链。

①如图 8-305，将链条分总成安装到排气凸轮轴正时齿轮总成和凸轮轴正时齿轮总成上，使标记板与排气凸轮轴正时齿轮总成和凸轮轴正时齿轮总成上的正时标记对准。

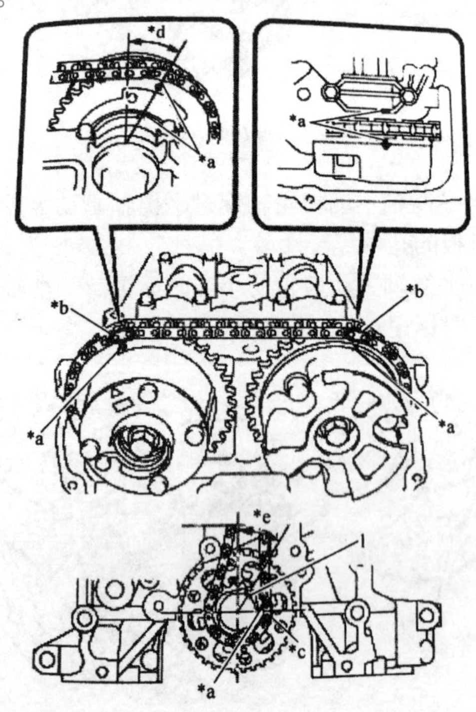

1- 曲轴带轮定位键 *a- 正时标记 *b- 标记板（粉色） *c- 标记板（黄色） *d- 约 13° *e- 约 30°

图 8-305

②用绳系住曲轴正时齿轮或链轮的链条分总成。将绳系在曲轴正时齿轮或链轮附近。注意：安装好链条张紧器后，必须解下绳。

（3）安装链条张紧器导板。拧紧力矩：21N·m。

（4）安装链条张紧器总成。向上移动挡片以解除锁止，并将柱塞推入张紧器。向下移动挡片以设定锁止，并将六角扳手插入挡片孔中，用螺栓和螺母安装新衬垫和链条张紧器。拧紧力矩：10N·m。

（5）安装正时链条盖分总成。

十二、车型

一汽丰田普拉多 3.5L（3.5L 7GR-FKS），2016—2019 年。

1. 拆卸步骤。

（1）将 1 号气缸设定至 TDC / 压缩。

①暂时安装带轮固定螺栓。

②将曲轴带轮定位键定位至右侧缸体孔径中心标记（TDC / 压缩），如图 8-306。

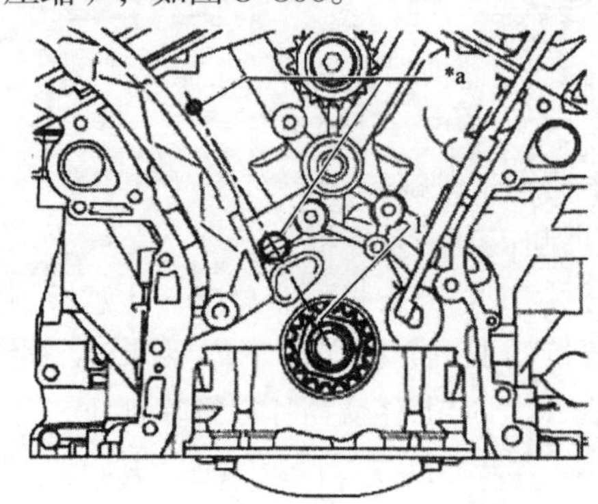

1- 曲轴带轮定位键 *a- 中心标记

图 8-306

③如图 8-307，检查并确认凸轮轴正时齿轮的正时标记与轴承盖上的正时标记对准。

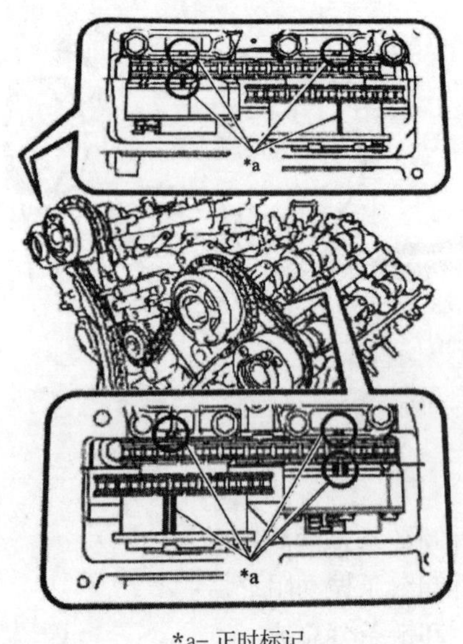

*a- 正时标记

图 8-307

如果没有对准，则转动曲轴 1 圈（360°），并如上所述对准正时标记。

（2）拆卸 1 号链条张紧器总成：向上移动挡片以解除锁止，并将柱塞推入张紧器。向下移动挡片以设定锁止，并将直径 1.27mm 的销插入挡片孔中。拆下 2 个螺栓和链条张紧器，如图 8-308。

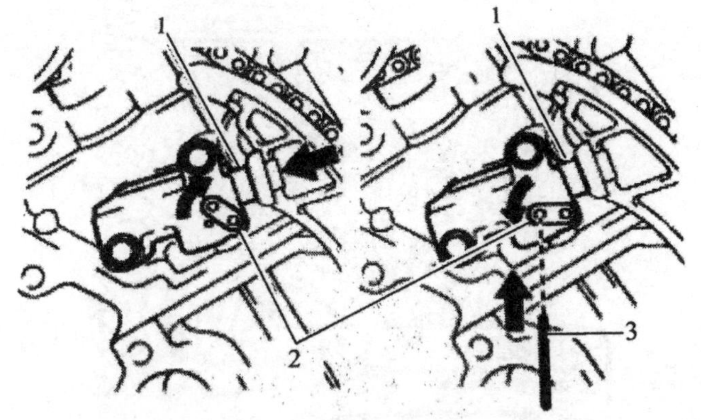

1- 柱塞　2- 挡片　3- 销
图 8-308

（3）拆卸链条张紧器导板。

（4）拆卸链条分总成。

①逆时针转动曲轴 10°以松开曲轴正时链轮链条，如图 8-309。

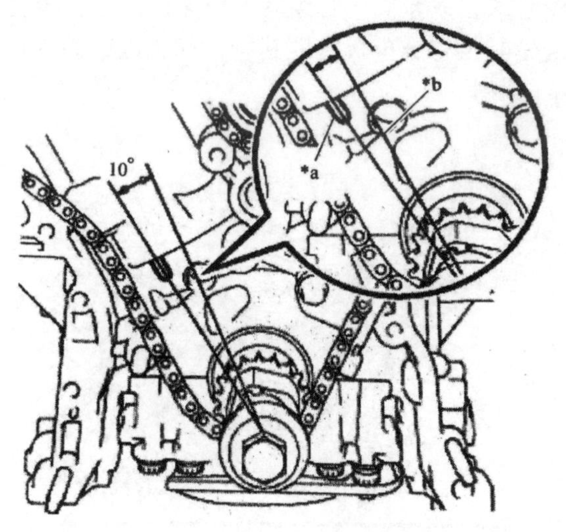

*a- 正时标记　*b- 中心线
图 8-309

②拆下带轮固定螺栓。

③从曲轴正时链轮上拆下链条，并将其置于曲轴上。

④顺时针转动凸轮轴正时齿轮总成（约 60°），使其位于如图 8-310 位置。务必松开气缸组间的链条。

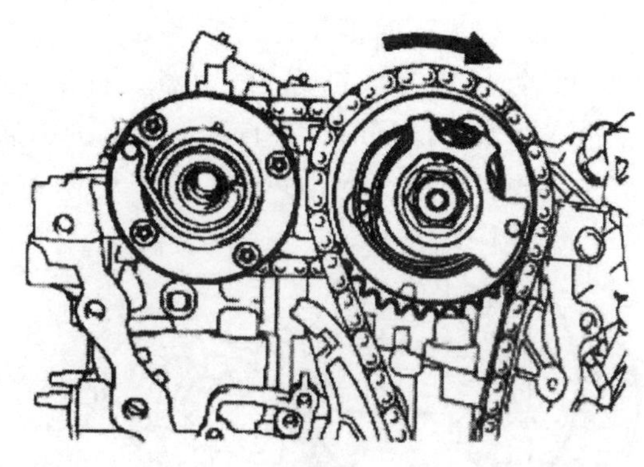
图 8-310

⑤拆下链条。

2. 安装。

（1）安装 B1 侧正时链条。

①用螺栓安装 2 号链条张紧器。拧紧力矩：21N・m。推入 2 号链条张紧器时，将直径 1.0mm 的销插入孔中以将张紧器固定到位，如图 8-311。

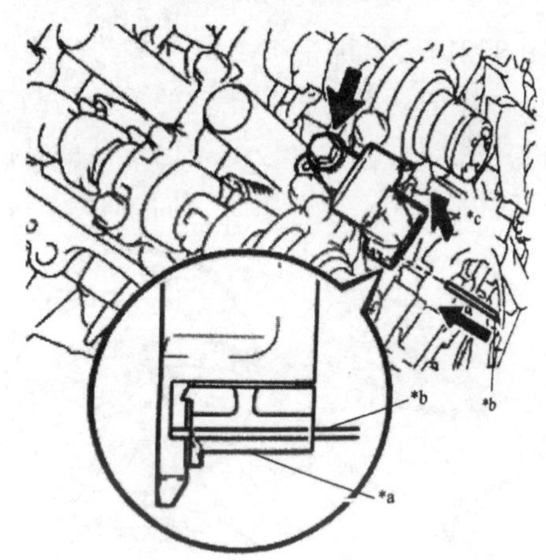

*a- 柱塞　*b- 销　*c- 推
图 8-311

②如图 8-312，将标记板（黄色）与凸轮轴总成的正时标记对准。将凸轮轴的锁销与凸轮轴正时齿轮总成的销孔对准。在 2 号链条分总成已安装的情况下，安装凸轮轴正时齿轮总成和排气凸轮轴正时齿轮总成。

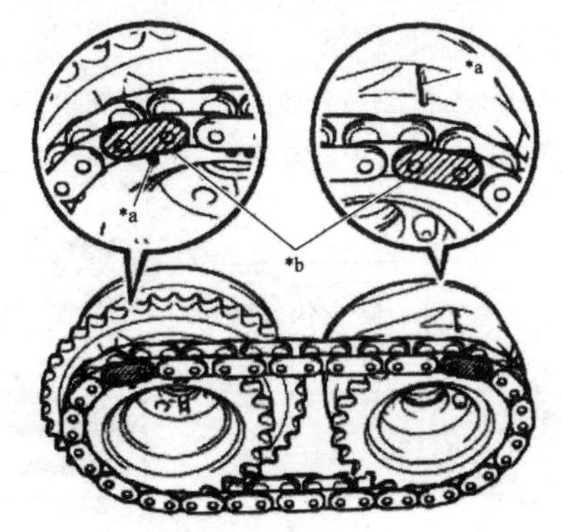

*a- 正时标记　*b- 标记板
图 8-312

（2）安装B2侧正时链条。

①用螺栓安装3号链条张紧器。拧紧力矩：2N·m。推入张紧器的同时，将直径1.0mm的销插入孔中以将张紧器固定到位，如图8-313。

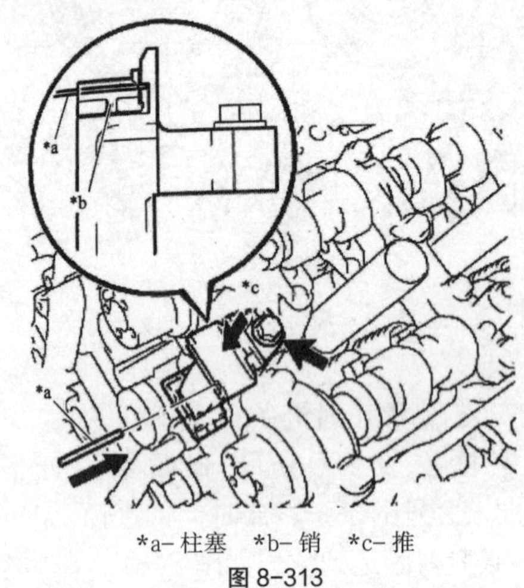

*a-柱塞 *b-销 *c-推

图8-313

②如图8-314，将标记板（黄色）与凸轮轴正时齿轮总成的正时标记对准。将凸轮轴的锁销与凸轮轴正时齿轮总成的销孔对准。在2号链条已安装的情况下，安装凸轮轴正时齿轮总成和左侧排气凸轮轴正时齿轮。

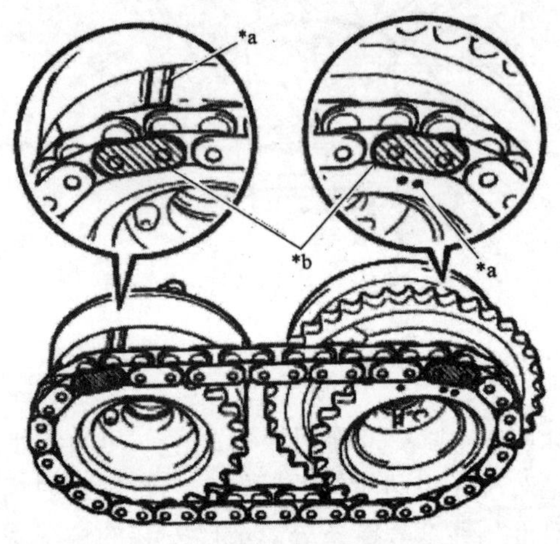

*a-正时标记 *b-标记板

图8-314

（3）安装主正时链条。

①检查并确认右侧气缸组上的凸轮轴正时齿轮位置，左侧气缸组和曲轴上的正时标记应位于如图8-315位置。

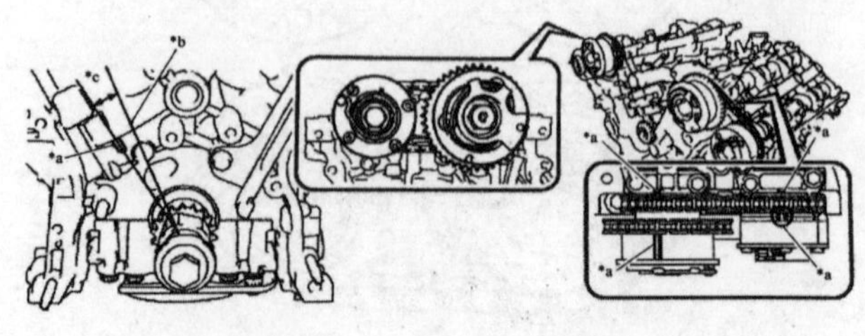

*a-正时标记 *b-中心线 *c-约10°

图8-315

②如图8-316，对准标记板和正时标记，并安装链条。凸轮轴标记板为黄色。

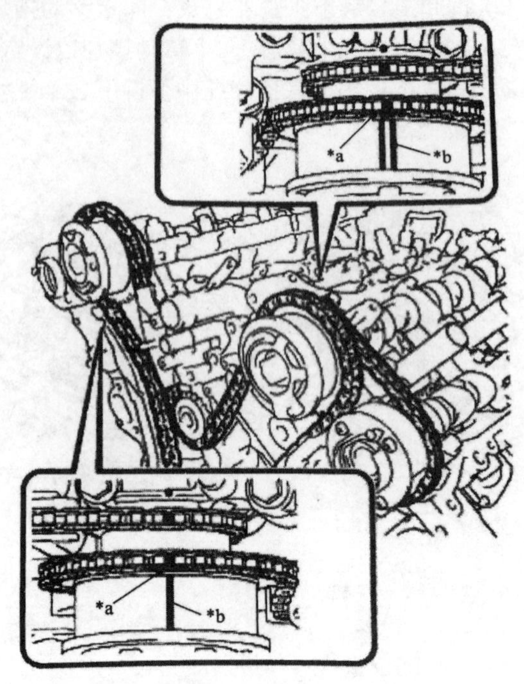

*a-标记板（黄色） *b-正时标记

图8-316

③链条置于曲轴的顶部。

④如图8-317，逆时针转动右侧气缸组的凸轮轴正时齿轮总成，以紧固气缸组间的链条。注意：重复使用张紧链轮时，将链条板对准其所在标记以紧固气缸组间的链条。

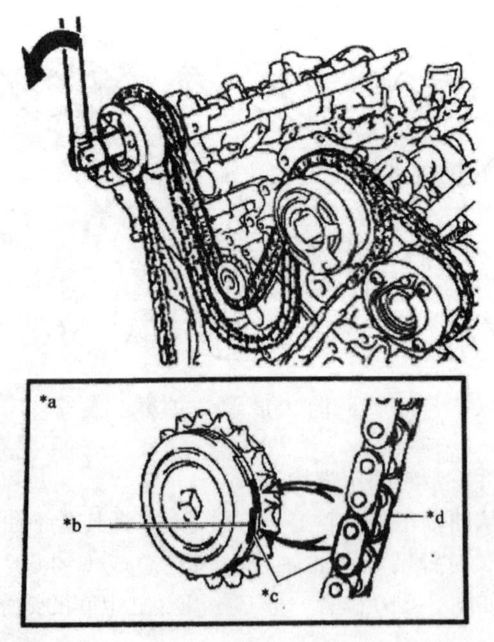

*a-重复使用张紧链轮时 *b-标记 *c-对准 *d-链条板 箭头-转动方向

图8-317

⑤如图 8-318，对准标记板和正时标记，并将链条安装到曲轴正时链轮上。曲轴标记板为黄色。

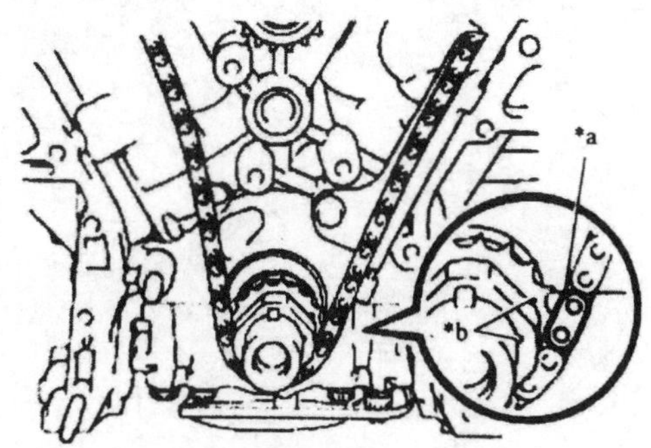

*a- 标记板（粉色） *b- 正时标记

图 8-318

⑥暂时安装带轮固定螺栓。

⑦顺时针转动曲轴 10°，将其定位至右侧缸体孔径中心线（TDC / 压缩），如图 8-319。

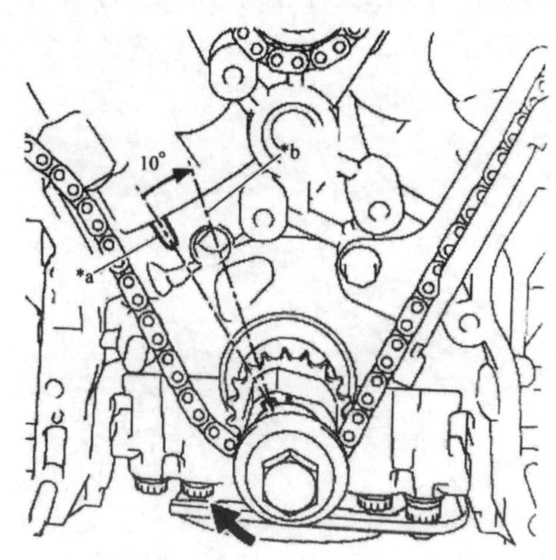

*a- 正时标记 *b- 中心线 箭头 - 转动方向

图 8-319

⑧安装链条张紧器导板。

⑨转动挡片以设定锁止，并将直径 1.27mm 的销插入挡片孔中。用 2 个螺栓安装 1 号链条张紧器。拧紧力矩：10N · m。拆下链条张紧器的锁销，如图 8-320。

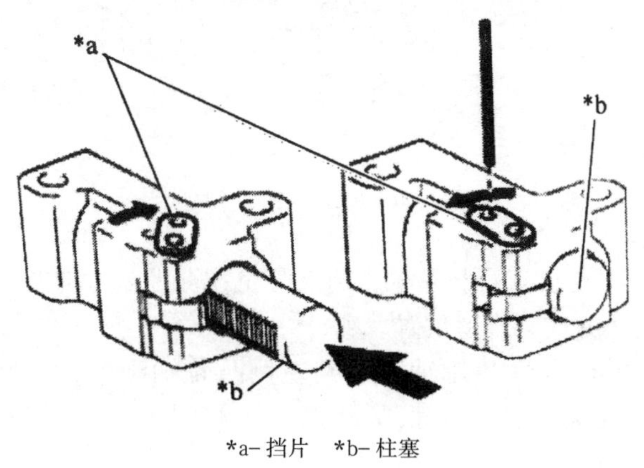

*a- 挡片 *b- 柱塞

图 8-320

⑩检查气门正时：检查凸轮轴正时标记。检查并确认各凸轮轴正时标记在如图 8-321 的位置。如果气门正时错位，则重新安装正时链条。拆下带轮固定螺栓。注意：从凸轮轴中心和各凸轮轴正时齿轮上的正时标记成一条直线的视点，检查各正时标记。如果从其他视点检查正时标记，则气门正时看上去可能错位。

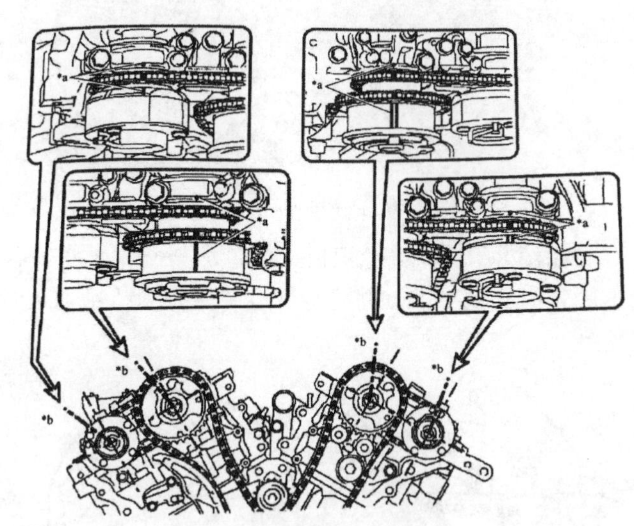

*a- 正时标记 *b- 视点

图 8-321

提示：进气凸轮轴，务必从标记 B、C 和 D 成一条直线的视点检查标记 A，如图 8-322。如果从其他视点检查标记，则可能无法正确检查这些标记。

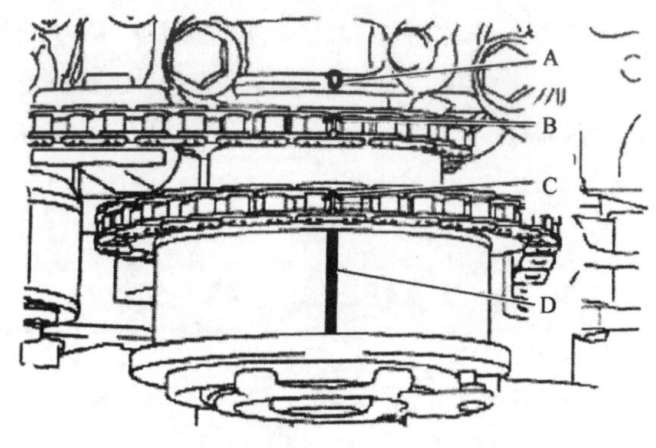

图 8-322

十三、车型

一汽丰田普拉多 4.0（4.0L 1GR-FE），2004—2015 年。

一汽丰田兰德酷路泽（LC200）4.0（4.0L 1GR-FE），2012—2018 年。

进口丰田 FJ 酷路泽 4.0（4.0L 1GR-FE），2007—2013 年。

检查正时：

1. 正时记号。

（1）安装 3 号凸轮轴。

①检查并确认槽口与正时链条盖上的正时标记“0”对准，如图 8-323。

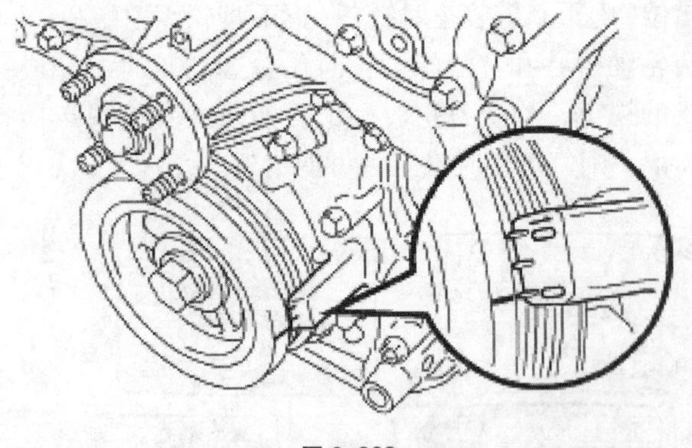

图 8-323

②如图 8-324，将标记板（黄色）与凸轮轴正时齿轮上的正时标记对准，并将 2 号链条安装到凸轮轴正时齿轮上。

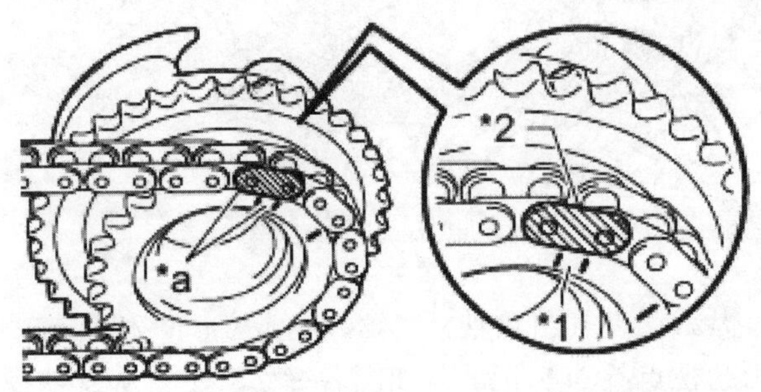

*1- 正时标记　*2- 标记板（黄色）　*a- 对准

图 8-324

③清洁左侧凸轮轴壳和凸轮轴轴颈并涂抹发动机机油。

④确保将 1 号气门摇臂分总成安装到如图 8-325 位置。

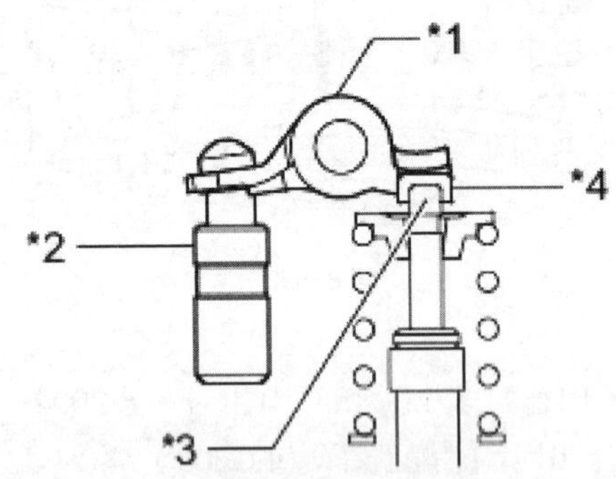

*1- 气门摇臂　*2- 间隙调节器　*3- 气门杆　*4- 气门杆盖

图 8-325

⑤将链条安装到 3 号凸轮轴上，然后将凸轮轴安装到左侧凸轮轴壳上，如图 8-326。提示：将链条放在凸轮轴正时齿轮上但不要使链轮的齿和链条接合。安装凸轮轴，使正时标记朝上。

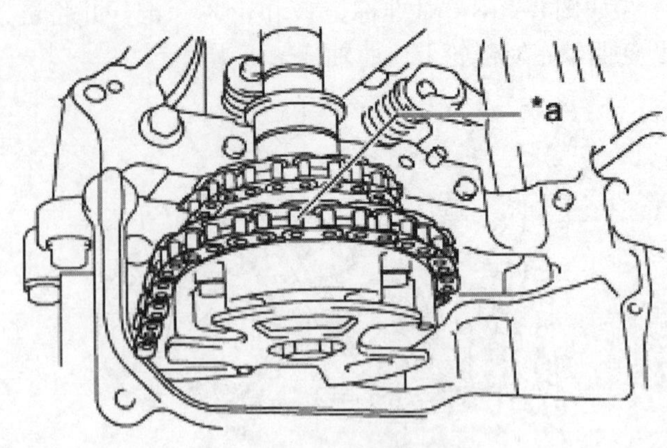

*a- 放在凸轮轴正时齿轮上

图 8-326

（2）安装 4 号凸轮轴。

①清洁左侧凸轮轴壳和凸轮轴轴颈并涂抹发动机机油。

②将 4 号凸轮轴从车辆前方穿过 2 号链条，将标记板（黄色）与正时标记对准并将 2 号链条安装到排气凸轮轴正时齿轮上，如图 8-327。

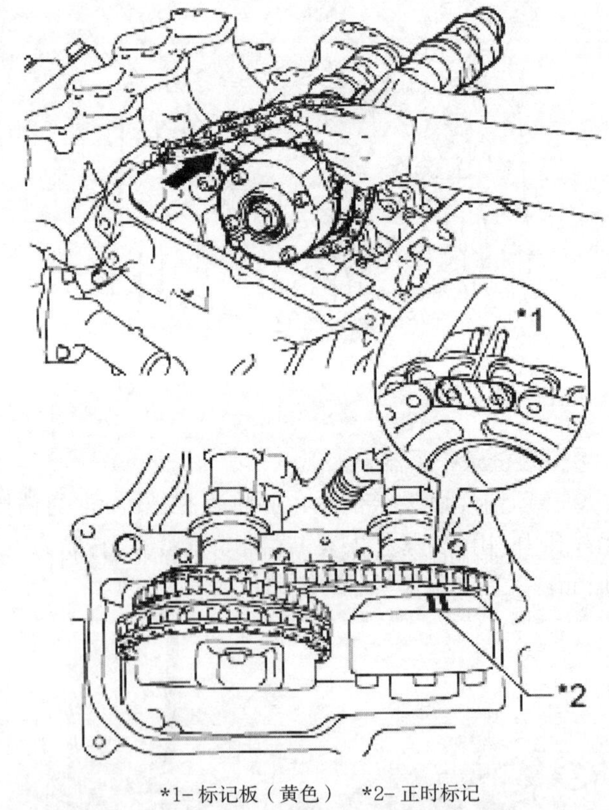

*1- 标记板（黄色）　*2- 正时标记

图 8-327

③提起 4 号凸轮轴，将 3 号链条张紧器总成穿过 2 号链条并放到合适位置。

④将 4 号凸轮轴安装到左侧凸轮轴壳上，然后用螺栓安装 3 号链条张紧器总成，如图 8-328。扭矩：21N · m。

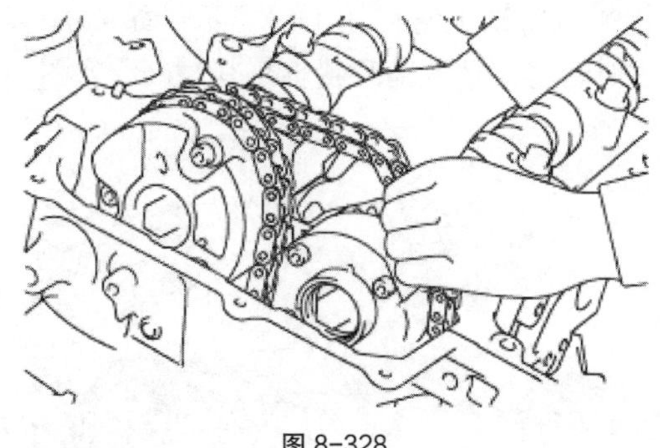

图 8-328

（3）连接链条分总成（B2）。

使凸轮轴正时齿轮和链条上的油漆标记对准，并将链条安装到凸轮轴正时齿轮上，如图 8-329。提示：如果油漆标记没有对准，则通过稍微转动凸轮轴将其对准。

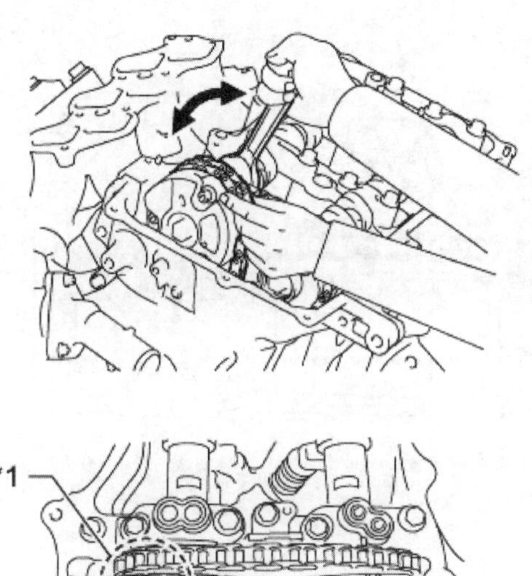

*1- 油漆记号

图 8-329

（4）安装凸轮轴。

①将曲轴顺时针转动至如图 8-330 的位置以便安装链条。提示：转动曲轴时，发动机机油可能从油孔中喷出。

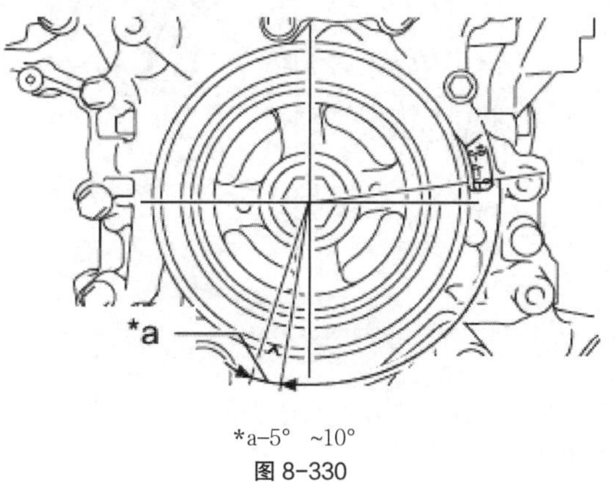

*a-5° ~10°

图 8-330

②如图 8-331，将标记板（黄色）与凸轮轴正时齿轮上的正时标记对准，并将 2 号链条安装到凸轮轴正时齿轮上。

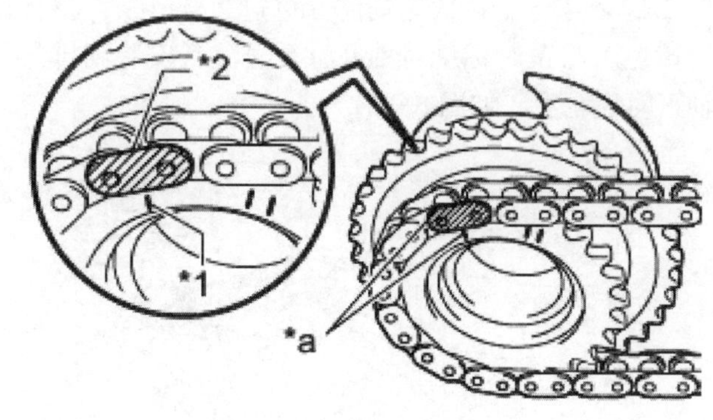

*1- 正时标记 *2- 标记板（黄色） *a- 对准

图 8-331

③清洁右侧凸轮轴壳和凸轮轴轴颈并涂抹发动机机油。

④确保将 1 号气门摇臂分总成安装到如图 8-332 所示位置。

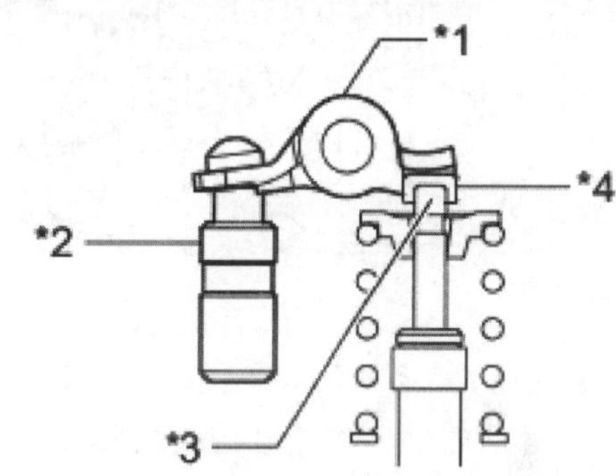

*1- 气门摇臂 *2- 间隙调节器 *3- 气门杆 *4- 气门杆盖

图 8-332

⑤将链条安装到凸轮轴上，然后将凸轮轴安装到右侧凸轮轴壳上，如图 8-333。提示：将链条放在凸轮轴正时齿轮上，但不要使链轮的齿和链条接合。安装凸轮轴，使正时标记朝上。

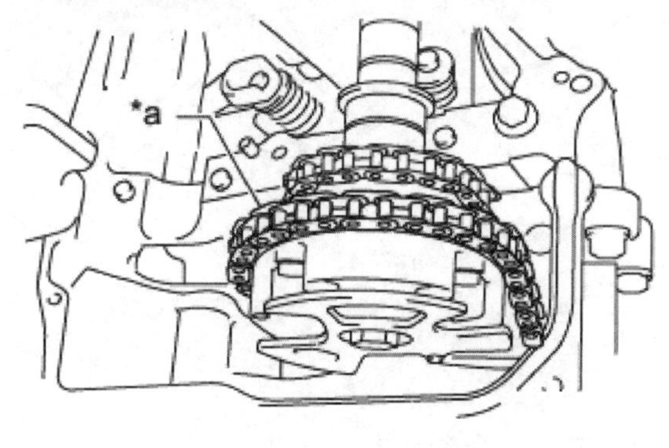

*a- 放在凸轮轴正时齿轮上

图 8-333

（5）安装 2 号凸轮轴。

①清洁右侧凸轮轴壳和凸轮轴轴颈并涂抹发动机机油。

②将 2 号凸轮轴从车辆前方穿过 2 号链条，将标记板（黄色）与正时标记对准并将 2 号链条安装到排气凸轮轴正时齿轮上，如图 8-334。

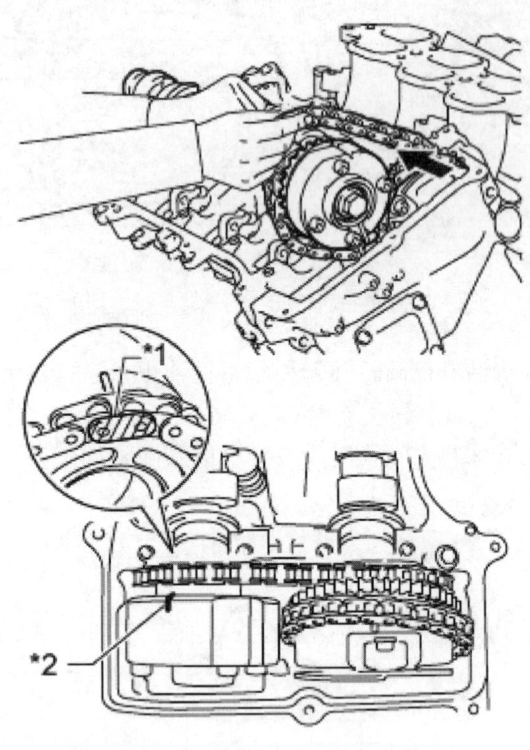

*1- 标记板（黄色） *2- 正时标记

图 8-334

③提起 2 号凸轮轴，将 2 号链条张紧器总成穿过 2 号链条并放到合适位置。

④将 2 号凸轮轴安装到右侧凸轮轴壳上，然后用螺栓安装 2 号链条张紧器总成，如图 8-335。扭矩：21N・m。

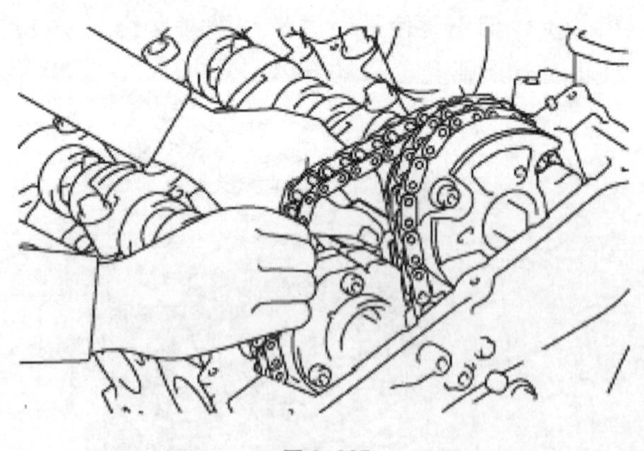

图 8-335

（6）连接链条分总成。

使凸轮轴正时齿轮和链条上的油漆标记对准，并将链条安装到凸轮轴正时齿轮上。提示：如果油漆标记没有对准，则通过稍微转动凸轮轴将其对准，如图 8-336。

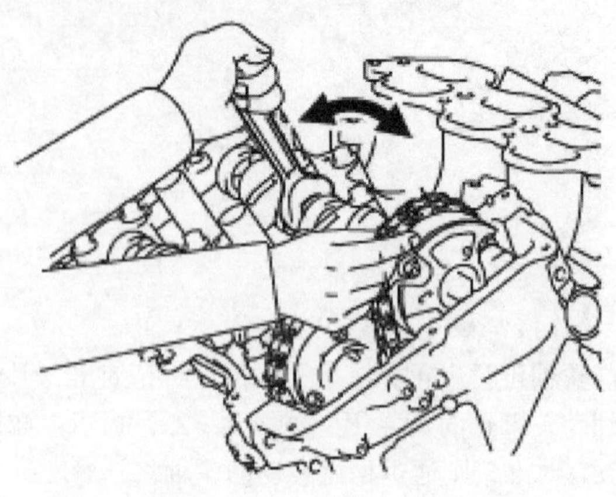

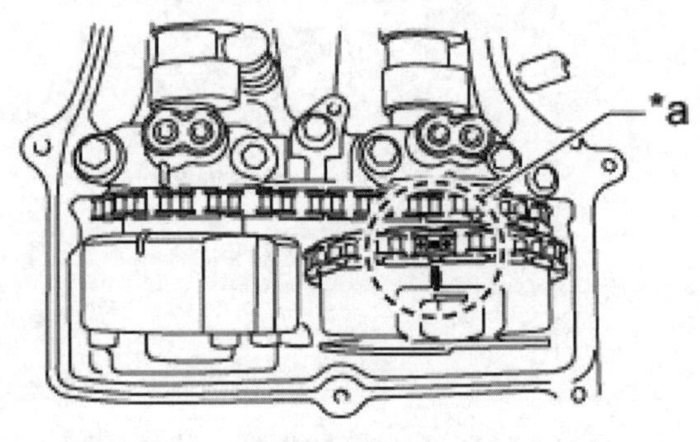

*a- 油漆标记

图 8-336

（7）安装 1 号链条张紧器总成。

①逆时针转动曲轴 30° 使其转过正时标记“0”，然后将其顺时针转动，将槽口与正时标记“0”对准，如图 8-337。

②稍微转动曲轴以张紧链条。提示：确保链条张紧器安装部位周围的链条有些松弛。

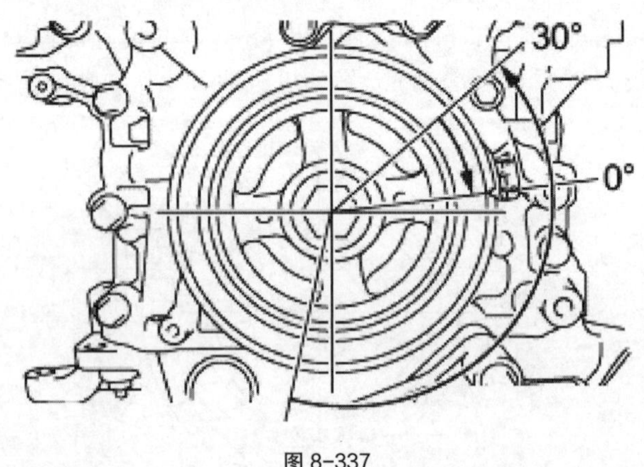

图 8-337

③如图 8-338，顺时针转动张紧器的挡片并推入张紧器的柱塞。

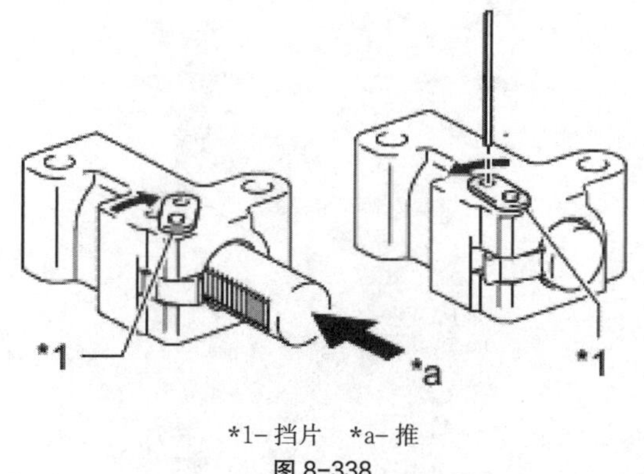

*1- 挡片　*a- 推

图 8-338

④逆时针转动张紧器的挡片时，将一根 1.27mm 的销插入挡片和张紧器的孔中以将挡片固定到合适位置。

⑤用 2 个螺栓安装链条张紧器。扭矩：10N・m。

⑥从 1 号链条张紧器上拆下销。

2. 检查气门正时。

（1）检查凸轮轴正时标记。注意：从与凸轮轴中心和各凸轮轴正时齿轮的正时标记成直线的视点检查各正时标记。如果从其他视点检查正时标记，则气门正时可能会出现错位。

（2）检查并确认各凸轮轴正时标记在如图 8-339 的位置。提示：进气凸轮轴，务必从标记 B、C 和 D 成一条直线的视点检查标记 A。如果从其他视点检查标记，则不能正确检查。

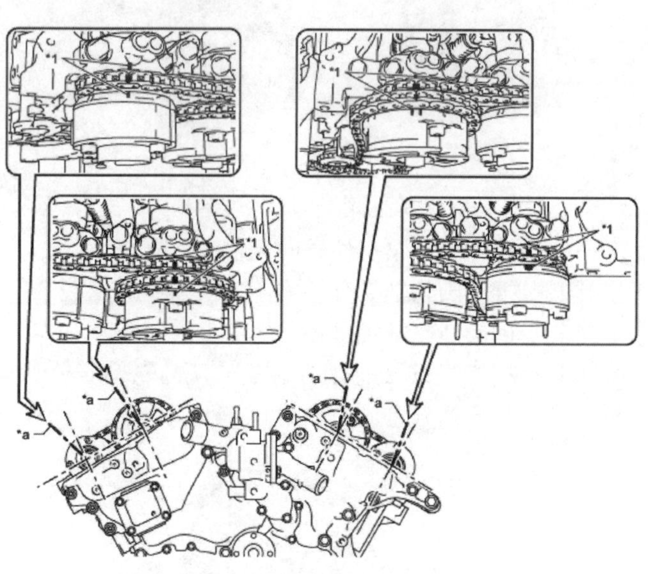

*1- 正时标记　*a- 视点

图 8-339

（3）如果气门正时错位，则重新安装正时链条。

（4）转动曲轴 2 圈，将 1 号气缸设定在 TDC/ 压缩并再次检查正时标记，如图 8-340。

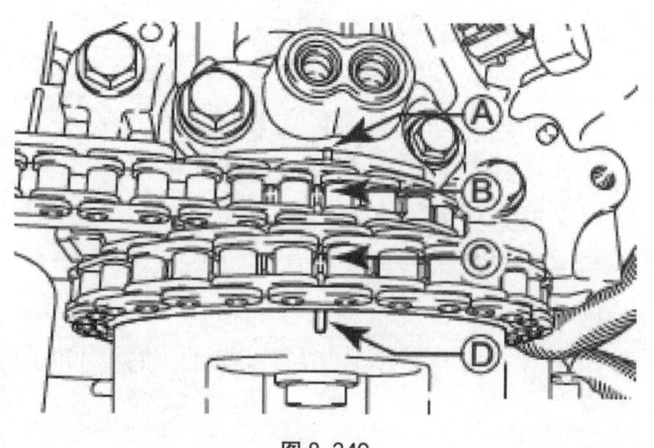

图 8-340

（5）安装正时链条盖板。

十四、车型

一汽丰田奕泽 2.0L（2.0L M20A），2018—2019 年。

广汽丰田 C-HR2.0L（2.0L M20A），2018—2019 年。

1. 拆卸。

（1）将发动机总成安装到发动机台架上。

（2）拆卸发动机吊架。

（3）拆卸多楔带张紧器总成。

（4）拆卸排气歧管 1 号隔热置。

（5）拆卸歧管撑条。

（6）拆卸排气歧管（TWC：前催化剂）。

（7）拆卸带电动机的节气门体总成。

（8）拆卸节气门体衬垫。

（9）拆卸 EGR 冷却器总成。

（10）拆卸 EGR 1 号管分总成。

（11）拆卸 EGR 阀总成。

（12）拆卸 3 号水旁通管。

（13）拆卸进气歧管撑条。

（14）断开 1 号燃油蒸气供给软管。

（15）拆卸进气歧管。

（16）拆卸进气歧管至气缸盖 1 号衬垫。

（17）断开燃油管分总成。

（18）拆卸 1 号燃油管分总成。

（19）拆卸燃油泵总成（高压）。

（20）拆卸点火线圈总成。

（21）拆卸发动机机油油位计导管。

（22）拆卸机油压力控制阀总成。

（23）拆卸凸轮轴位置传感器（进气侧）。

（24）拆卸凸轮轴位置传感器（排气侧）。

（25）拆卸凸轮轴正时机油控制电磁阀总成。

（26）拆卸带 EDU 的凸轮轴正时控制电动机总成。

（27）拆卸凸轮轴正时控制电动机 O 形圈。

（28）拆卸真空泵总成。

（29）拆卸曲轴皮带轮总成。

（30）拆卸气缸盖置分总成。

（31）拆卸火花塞套管衬垫。

（32）拆卸发动机右悬置支架。

（33）拆卸 2 号正时链条盖总成。

（34）拆卸正时链条盖油封。

（35）将 1 号气缸设定至 TDC（压缩）。

①暂时安装曲轴皮带轮螺栓。

②如图 8-341 所示，顺时针旋转曲轴并对准曲轴正时齿轮键。

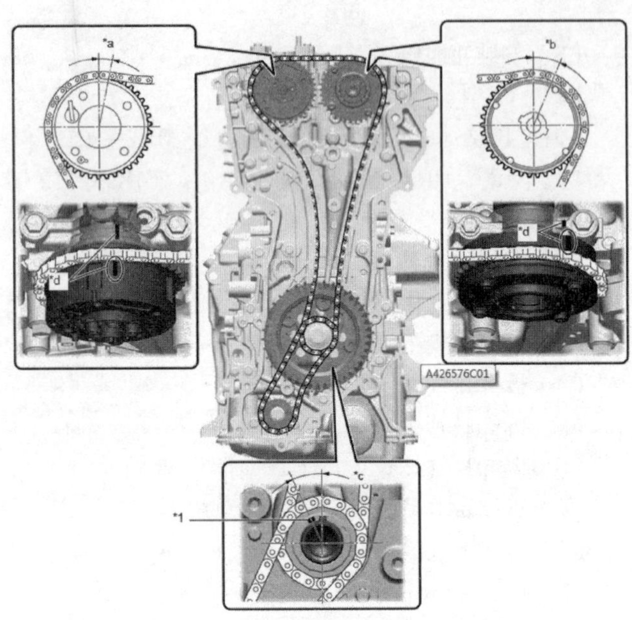

*1- 曲轴正时齿轮轮键　*a- 约 4.63°　*b- 约 33.07°　*c- 约 2.73°
*d- 正时标记
图 8-341

③检查并确认排气凸轮轴正时齿轮总成和凸轮轴正时齿轮总成上的正时标记，如图 8-341。

④拆下曲轴皮带轮螺栓。

提示：由于拆下曲轴皮带轮螺栓时排气凸轮轴分总成可能逆时针猛烈旋转，因此使用扳手来固定排气凸轮轴分总成的六角部位。

（36）拆卸油泵驱动链条分总成。

（37）拆卸 1 号链条张紧器总成。

（38）拆卸链条张紧器导板。

（39）拆卸链条分总成。

（40）拆卸 1 号链条振动阻尼器。

（41）拆卸排气凸轮轴正时齿轮总成。

（42）拆卸凸轮轴正时齿轮总成。

（43）拆卸正时链条盖总成。

①从凸轮轴壳分总成、气缸盖分总成、气缸体分总成、加强曲轴箱总成和机油泵总成上拆下 20 个螺栓和正时链条盖总成，如图 8-342。

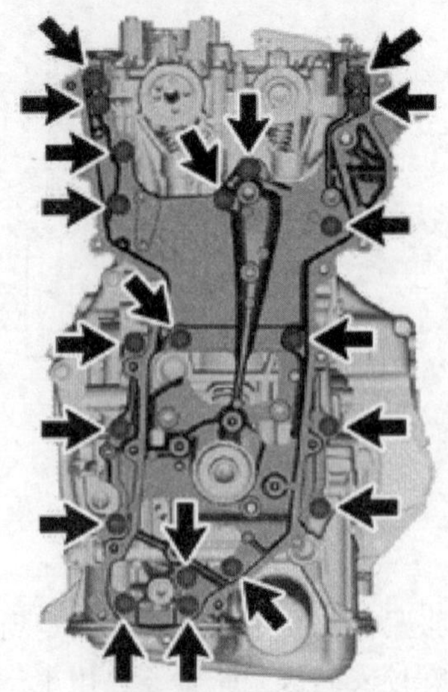

图 8-342

②使用头部缠有保护胶带的螺丝刀，撬动气缸盖分总成、凸轮轴壳分总成、气缸体分总成和加强曲轴箱总成之间的部位，从而拆下正时链条盖总成。小心不要损坏气缸盖分总成、凸轮轴壳分总成、气缸体分总成、加强曲轴箱总成和正时链条盖总成的接触面，如图 8-343。

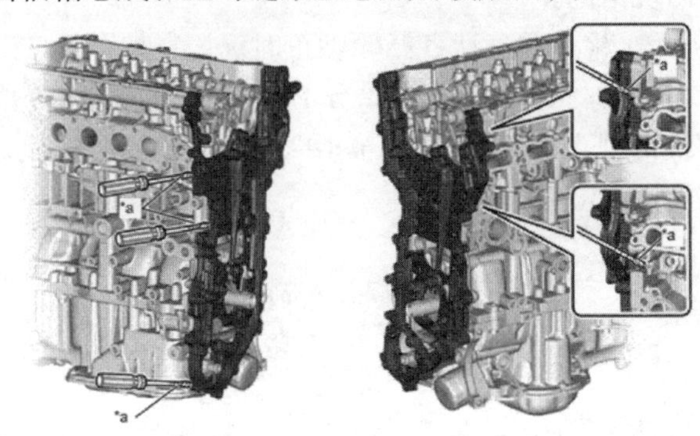

*a- 保护胶带
图 8-343

（44）拆卸燃油泵挺柱导向装置。

（45）拆卸凸轮轴壳分总成。

（46）拆卸凸轮轴轴承盖。

（47）拆卸进气凸轮轴分总成。从凸轮轴壳分总成上拆下进气凸轮轴分总成，如图 8-344。

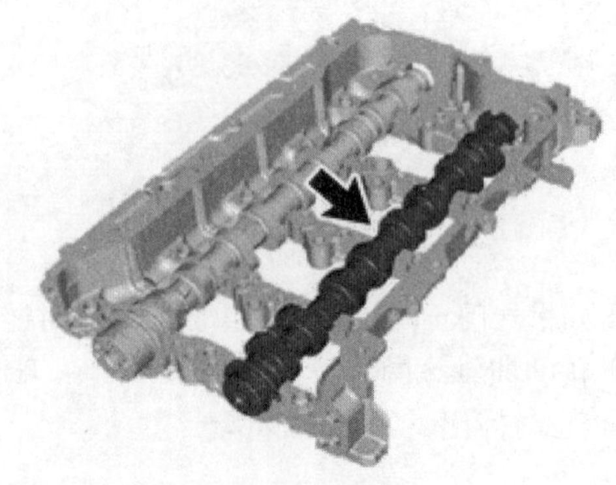

图 8-344

（48）拆卸排气凸轮轴分总成。从凸轮轴壳分总成上拆下排气凸轮轴分总成，如图 8-345。

图 8-345

2. 安装。

小心：此程序包括小头螺栓的安装。请参考基本维修提示中的小头螺栓部分，以识别小头螺栓。

（1）安装排气凸轮轴分总成。提示：更换排气凸轮轴分总成后，执行维修后检查。

①清洁凸轮轴轴颈和凸轮轴壳分总成。

②在凸轮轴轴颈和凸轮轴壳分总成上涂抹一薄层发动机机油。

③将排气凸轮轴分总成安装到凸轮轴壳分总成上。

（2）安装进气凸轮轴分总成。提示：更换进气凸轮轴分总成后，执行维修后检查。

①清洁凸轮轴轴颈、凸轮轴壳分总成和凸轮轴轴承盖。

②在凸轮轴轴颈、凸轮轴壳分总成和凸轮轴轴承盖上涂抹一薄层发动机机油。

③将进气凸轮轴分总成安装到凸轮轴壳分总成上。

（3）安装凸轮轴轴承盖。

（4）安装凸轮轴壳分总成。

（5）安装燃油泵挺柱导向装置。

（6）安装正时链条盖总成。

①清洁正时链条盖总成、气缸盖分总成、凸轮轴壳分总成、气缸体分总成和加强曲轴箱总成的接触面，并确认表面上无油液、湿气或其他异物，如图 8-346。

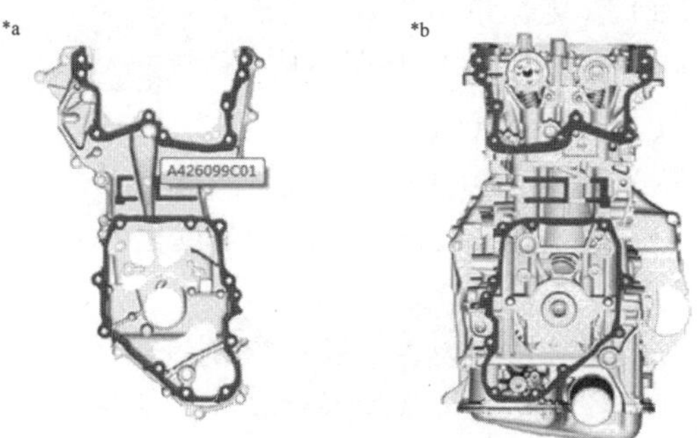

*a- 正时链条盖总成侧　*b- 发动机总成侧

图 8-346

②如图 8-347，给正时链条盖总成连续涂抹密封胶。

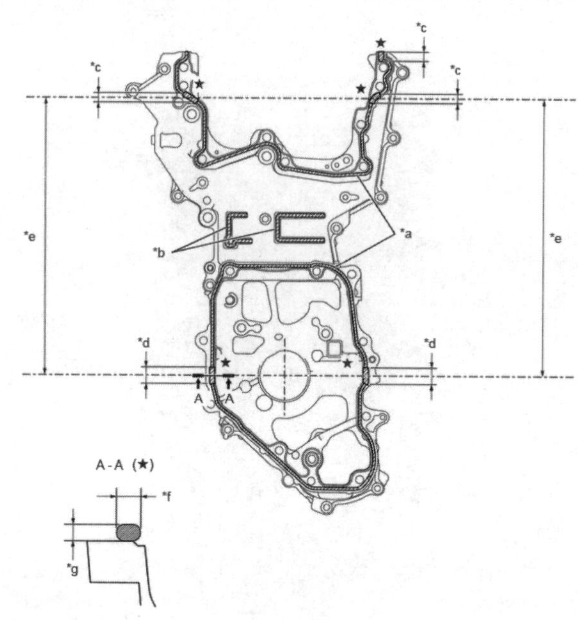

*a-2.5~3.5mm　*b-2.0~6.0mm　*c-10mm　*d-20mm　*e-344.2mm

*f-4.0~6.0mm　*g-3.0~4.0mm

图 8-347

密封胶：丰田原厂黑密封胶、THREE BOND 1207B 或同等产品。小心：涂抹密封胶前用非残留性溶剂清洁表面。在涂抹密封胶后 3min 内安装正时链条盖总成，并在 10min 内紧固螺栓。安装后至少 2h 内不要加注机油。安装后至少 2h 内不要启动发动机。确保密封胶各线条起始部位和末端的直径为 5 ± 2mm。

③用 20 个螺栓暂时安装正时链条盖总成。螺栓 A、B 长度为 30~45 mm，如图 8-348。小心：确保螺栓上没有机油。如果任一螺栓上有机油，则在安装前将其清洁。

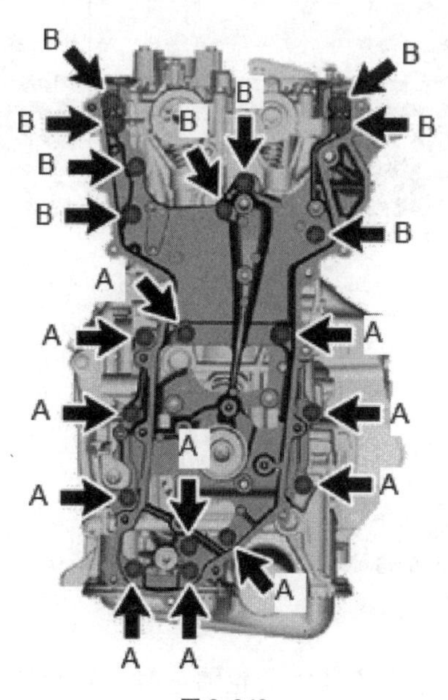

图 8-348

④按如图 8-349 顺序，紧固 20 个螺栓。扭矩：27N·m。

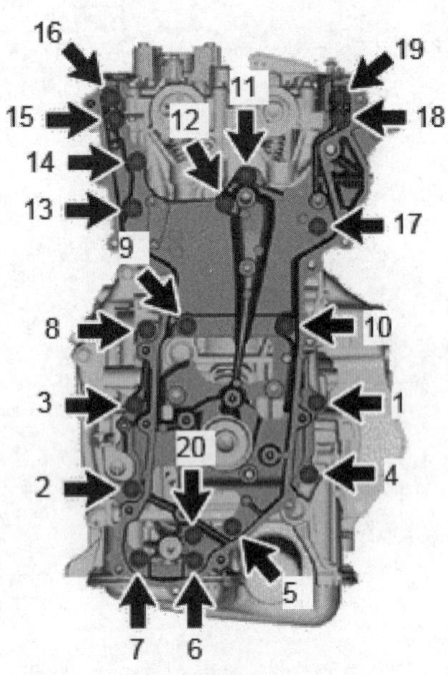

图 8-349

（7）安装凸轮轴正时齿轮总成。

（8）安装排气凸轮轴正时齿轮总成。

（9）将 1 号气缸设定至 TDC（压缩）。

①暂时安装曲轴皮带轮螺栓。

②如图 8-350，顺时针旋转曲轴并对准曲轴正时齿轮键。

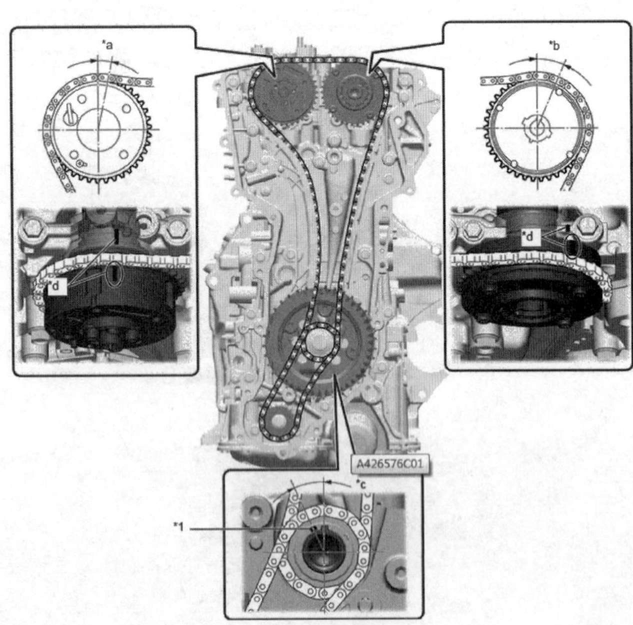

*1- 曲轴正时齿轮轮键 *a- 约 4.63° *b- 约 33.07° *c- 约 2.73°
*d- 正时标记

图 8-350

③检查并确认排气凸轮轴正时齿轮总成和凸轮轴正时齿轮总成上的正时标记，如图 8-350。

④拆下曲轴皮带轮螺栓。

提示：由于拆下曲轴皮带轮螺栓时排气凸轮轴分总成可能逆时针猛烈旋转，因此使用扳手来固定排气凸轮轴分总成的六角部位。

（10）安装 1 号链条振动阻尼器。

（11）安装链条分总成。

（12）安装链条张紧器导板。

（13）安装 1 号链条张紧器总成。

（14）安装机油泵驱动链条分总成。

（15）将 1 号气缸设定至 TDC（压缩）。

（16）安装 2 号正时链条盖总成。

（17）安装正时链条盖油封。

（18）安装火花塞套管衬垫。

（19）安装气缸盖罩分总成。

（20）安装曲轴皮带轮总成。

（21）安装真空泵总成。

（22）安装凸轮正时控制电机 O 形圈。

（23）安装带 EDU 的凸轮轴正时控制电动机总成。

（24）安装凸轮轴正时机油控制电磁阀总成。

（25）安装机油压力控制阀总成。

（26）安装发动机机油油位计导管。

（27）安装点火线圈总成。

（28）暂时安装燃油泵总成（高压）。

（29）暂时安装 1 号燃油管分总成。

（30）安装燃油泵总成（高压）。

（31）安装 1 号燃油管分总成。

（32）连接燃油管分总成。

（33）安装进气歧管至气缸盖 1 号衬垫。

（34）安装进气歧管。

（35）连接 1 号燃油蒸气供给软管。

（36）安装进气歧管撑条。

（37）安装 3 号水旁通管。

（38）安装 EGR 阀总成。

（39）安装 EGR 1 号管分总成。

（40）安装 EGR 冷却器总成。

（41）安装节气门体衬垫。

（42）安装带电动机的节气门体总成。

（43）安装排气歧管（TWC：前催化剂）。

（44）安装歧管撑条。

（45）安装排气歧管 1 号隔热件。

（46）安装多楔带张紧器总成。

（47）安装发动机吊架。

（48）从发动机台架上拆卸发动机总成。

十五、车型

广汽丰田凯美瑞 2.5HG 混动（2.5L A25B），2018—2019 年。

广汽丰田凯美瑞 2.5G（2.5L A25A），2018—2019 年。

广汽丰田凯美瑞 2.5Q（2.5L A25A），2018—2019 年。

广汽丰田凯美瑞 2.5S（2.5L A25A），2018—2019 年。

1. 拆卸方法。

（1）将发动机总成安装到发动机支架上。

（2）拆卸发动机吊架。

（3）拆卸 V 形皮带。

（4）拆卸 2 号发动机盖。

（5）拆卸带 V 形皮带的皮带张紧轮总成。

（6）拆卸正时齿轮盖隔热件。

（7）拆卸 3 号正时链条盖。

（8）拆卸 1 号排气歧管隔热件。

（9）拆卸歧管支撑件。

（10）拆卸排气歧管（TWC：前催化器）。

（11）拆卸带电机的节气门体总成。

（12）拆卸节气门体垫片。

（13）拆卸 EGR 冷却器总成。

（14）拆卸 1 号 EGR 冷却器支架。

（15）拆卸 1 号 EGR 管分总成。

（16）拆卸水软管连接器。

（17）拆卸 EGR 阀总成。

（18）拆卸 3 号水旁通管。

（19）拆卸 2 号水旁通管。

（20）拆卸进气歧管。

（21）拆卸 1 号进气歧管至气缸盖垫片。

（22）断开燃油管分总成。

（23）拆卸 1 号燃油管分总成。

（24）拆卸燃油泵总成（高压）。

（25）拆卸点火线圈总成。

（26）拆卸发动机机油油位计导管。

（27）拆卸机油压力控制阀总成。

（28）拆卸凸轮轴位置传感器（进气侧）。

（29）拆卸凸轮轴位置传感器（排气侧）。

（30）拆卸凸轮轴正时机油控制电磁阀总成。

（31）拆卸带 EDU 的凸轮轴正时控制电机总成。

（32）拆卸凸轮轴正时控制电机 O 形圈。

（33）拆卸真空泵总成。

（34）拆卸曲轴皮带轮总成。

（35）拆卸气缸盖罩分总成。

（36）拆卸火花塞套管垫片。

（37）拆卸发动机安装支架 RH。

（38）拆卸 2 号正时齿轮盖总成。

（39）拆卸正时链条盖油封。

（40）将 1 号气缸设定至 TDC。

①暂时安装曲轴皮带轮螺栓。

②顺时针旋转曲轴并对准曲轴正时齿轮键。

③检查并确认排气凸轮轴正时齿轮总成和凸轮轴正时齿轮总成的正时标记在如图 8-351 位置。

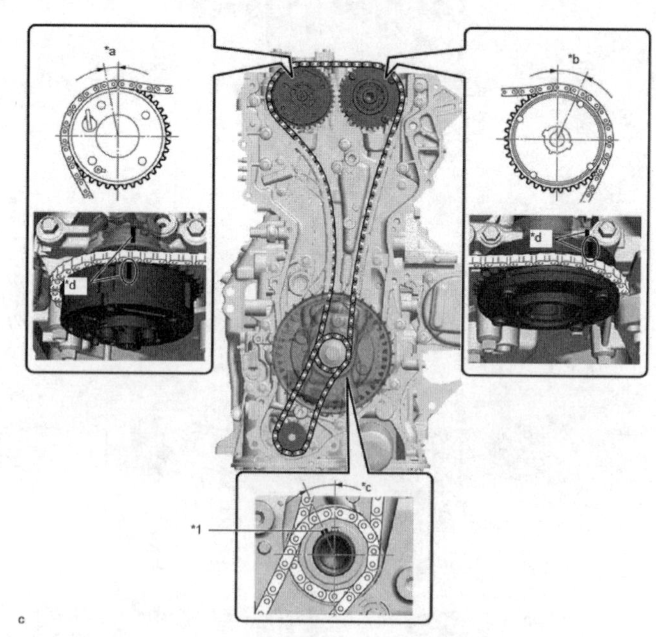

*1- 曲轴正时齿轮键　*a- 约 11.4°　*b- 约 23.7°　*c- 约 24.3°　*d- 正时标记

图 8-351

④拆下曲轴皮带轮螺栓。

提示：由于拆下曲轴皮带轮螺栓时 2 号凸轮轴可能会逆时针强烈转动，因此使用扳手固定 2 号凸轮轴的六角部分。

（41）拆卸机油泵驱动链条分总成。

（42）拆卸 1 号链条张紧器总成。

（43）拆卸链条张紧器滑块。

（44）拆卸链条分总成。

（45）拆卸 1 号链条减震器。

（46）拆卸排气凸轮轴正时齿轮总成。

（47）拆卸凸轮轴正时齿轮总成。

（48）拆卸正时链条盖总成。

①从凸轮轴壳分总成、气缸盖分总成、气缸体分总成、加强曲轴箱总成和油泵总成上拆下 19 个螺栓和正时链条盖总成，如图 8-352。

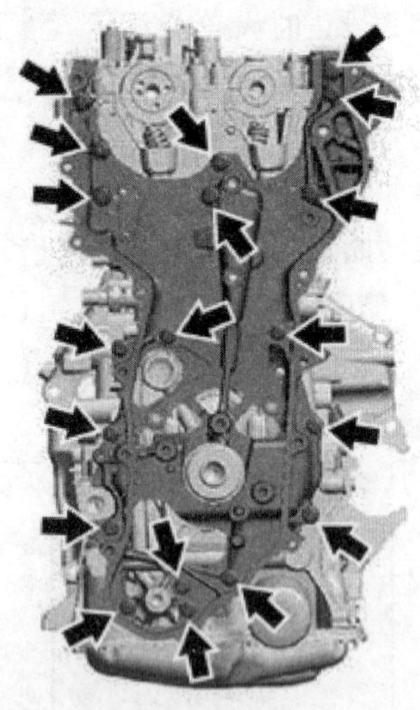

图 8-352

②通过用头部缠有保护带的螺丝刀撬动气缸盖分总成、凸轮轴壳分总成、气缸体分总成和加强曲轴箱总成之间拆下正时链条盖总成，如图 8-353。

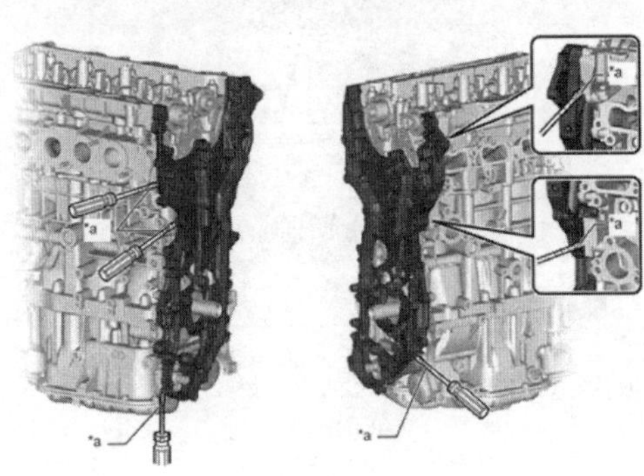

*a- 保护带

图 8-353

注意：小心不要损坏气缸盖分总成、凸轮轴壳分总成、气缸体分总成、加强曲轴箱总成和正时链条盖总成的接触面。

（49）拆卸燃油泵挺杆导向装置。

（50）拆卸凸轮轴壳分总成。

（51）拆卸凸轮轴轴承盖。

（52）拆卸凸轮轴。

①从凸轮轴壳分总成上拆下凸轮轴，如图 8-354。

图 8-354

（53）拆卸 2 号凸轮轴。从凸轮轴壳分总成上拆下 2 号凸轮轴，如图 8-355。

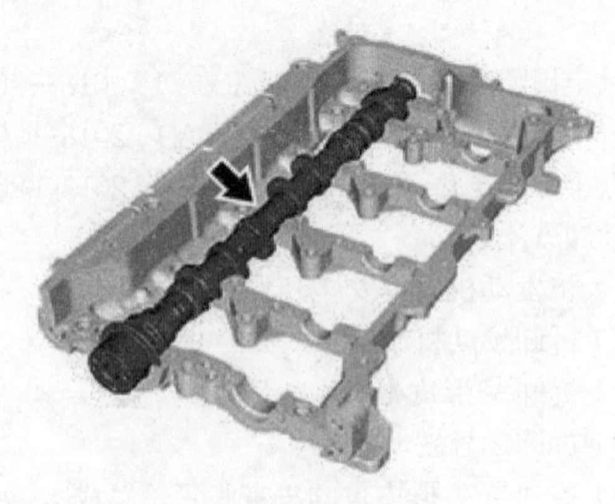

图 8-355

2. 安装。

（1）安装 2 号凸轮轴。提示：更换 2 号凸轮轴后，执行修理后进行检查。

①清洁凸轮轴轴颈和凸轮轴壳分总成。

②在凸轮轴轴颈和凸轮轴壳分总成上涂抹一薄层发动机机油。

③将 2 号凸轮轴安装到凸轮轴壳分总成上。

（2）安装凸轮轴。提示：更换凸轮轴后，执行修理后进行检查。

①清洁凸轮轴轴颈、凸轮轴壳分总成和凸轮轴轴承盖。

②在凸轮轴轴颈、凸轮轴壳分总成和凸轮轴轴承盖上涂抹一薄层发动机机油。

③将凸轮轴安装到凸轮轴壳分总成上。

（3）安装凸轮轴轴承盖。

（4）安装凸轮轴壳分总成。

（5）安装燃油泵挺杆导向装置。

（6）安装正时链条盖总成。

①清洁正时链条盖总成、气缸盖分总成、凸轮轴壳分总成、气缸体分总成和加强曲轴箱总成的接触面，确保没有油、湿气或其他异物，如图 8-356。

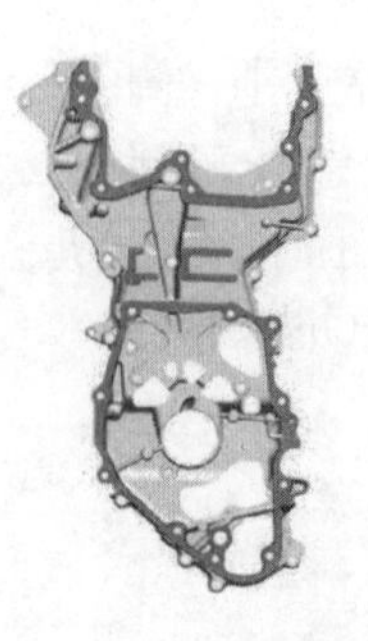

*a- 正时链条盖总成侧　*b- 发动机总成侧

图 8-356

②如图 8-357，在正时链条盖总成上连续涂抹密封材料。

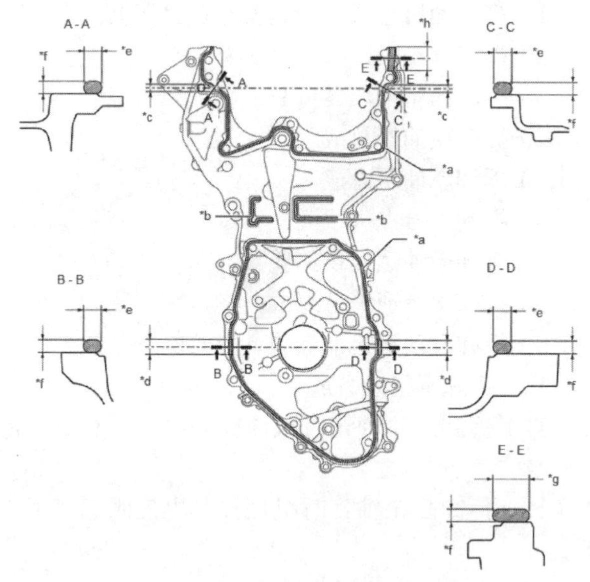

*a-2.5~3.5 mm　*b-2.0~6.0 mm　*c-10mm　*d-20mm　*e-4.0~6.0mm　*f-3.0~4.0mm　*g-8.0~10mm　*h-30mm

图 8-357

③密封材料：丰田纯正黑色密封材料、THREE BOND 1207B 或同类产品。注意：涂抹密封材料前用非残留性溶剂清洁表面。涂抹密封材料后在 3min 内安装正时链条盖总成，并在 10min 内紧固螺栓。安装后至少 2h 内不要添加机油。在安装后至少 2h 内不要启动发动机。确保密封材料的开始和末端的直径为 5 ± 2mm。

④用 19 个螺栓暂时安装正时链条盖总成。螺栓 A 长度为 30mm；螺栓 B 长度为 45mm。注意：确保螺栓上没有机油。如果发现任一螺栓上有机油，则安装前要进行清洁，如图 8-358。

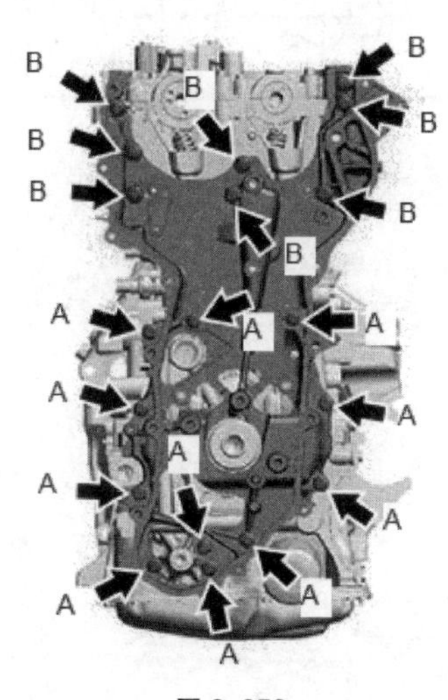

图 8-358

⑤按照如图 8-359 顺序紧固 19 个螺栓。扭矩：27N・m。

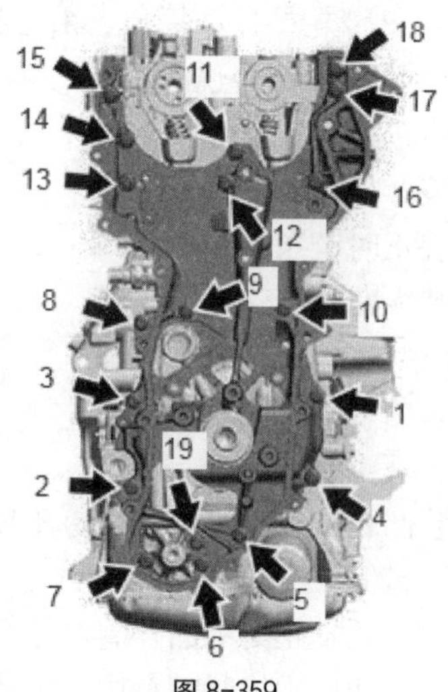

图 8-359

（7）安装排气凸轮轴正时齿轮总成。

（8）安装凸轮轴正时齿轮总成。

（9）将 1 号气缸设定至 TDC（压缩）。

（10）安装 1 号链条减震器。

（11）安装链条分总成。

（12）安装链条张紧器滑块。

（13）安装 1 号链条张紧器总成。

（14）安装机油泵驱动链条分总成。

（15）将 1 号气缸设定至 TDC（压缩）。

①暂时安装曲轴皮带轮螺栓。

②顺时针旋转曲轴并如图 8-360 对准曲轴正时齿轮键。

③检查并确认排气凸轮轴正时齿轮总成和凸轮轴正时齿轮总成的正时标记在如图 8-360 位置。

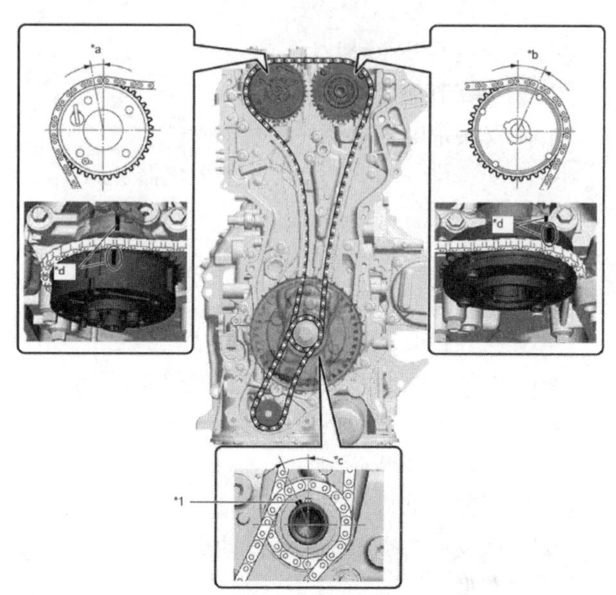

*1- 曲轴正时齿轮轮键　*a- 约 11.4°　*b- 约 23.7°　*c- 约 24.3°　*d- 正时标记

图 8-360

④拆下曲轴皮带轮螺栓。提示：由于拆下曲轴皮带轮螺栓时 2 号凸轮轴可能会逆时针强烈转动，因此使用扳手固定 2 号凸轮轴的六角部分。

（16）安装 2 号正时齿轮盖总成。

（17）安装正时链条盖油封。

（18）安装火花塞套管垫片。

（19）安装气缸盖罩分总成。

（20）安装曲轴皮带轮总成。

（21）安装真空泵总成。

（22）安装凸轮轴正时控制电机 O 形圈。

（23）安装带 EDU 的凸轮轴正时控制电机总成。

（24）安装凸轮轴正时机油控制电磁阀总成。

（25）安装机油压力控制阀总成。

（26）安装发动机机油油位计导管。

（27）安装点火线圈总成。

（28）暂时安装燃油泵总成（高压）。

（29）暂时安装 1 号燃油管分总成。

（30）安装燃油泵总成（高压）。

（31）安装 1 号燃油管分总成。

（32）连接燃油管分总成。

（33）安装 1 号进气歧管至气缸盖垫片。

（34）安装进气歧管。

（35）安装 2 号水旁通管。

（36）安装 3 号水旁通管。

（37）安装 EGR 阀总成。

（38）安装水软管连接器。

（39）安装 1 号 EGR 管分总成。

（40）安装 1 号 EGR 冷却器支架。

（41）安装 EGR 冷却器总成。

（42）安装节气门体垫片。

（43）安装带电机的节气门体总成。

（44）安装排气歧管（TWC：前催化器）。

（45）安装歧管支撑件。

（46）安装 1 号排气歧管隔热件。

（47）安装 3 号正时链条盖。

（48）安装正时齿轮盖隔热件。

（49）安装带 V 形皮带的皮带张紧轮总成。

（50）安装 2 号发动机盖。

（51）安装 V 形皮带。

（52）安装发动机吊架。

（53）从发动机支架上拆卸发动机总成。

十六、车型

广汽丰田雷凌 185T（1.2T 9NR-FTS），2017—2019 年。一汽丰田卡罗拉 1.2T（1.2T 9NR-FTS），2017—2019 年。

1. 拆卸。

（1）将发动机总成安装到发动机台架上。

（2）拆卸发动机吊架。

（3）拆卸涡轮增压器分总成。

（4）拆卸喷油器总成。

（5）拆卸燃油泵总成。

（6）拆卸 1 号点火线圈。

（7）拆卸燃油蒸气供给管。

（8）拆卸水旁通管分总成。

（9）拆卸发动机机油油位计导管。

（10）拆卸真空泵总成。

（11）拆卸凸轮轴正时机油控制电磁调总成（进气侧）。

（12）拆卸凸轮轴正时机油控制电磁阀总成（排气侧）。

（13）拆卸气缸盖罩分总成。

（14）拆卸气缸盖罩衬垫。

（15）拆卸火花塞套管衬垫。

（16）将 1 号气缸设定至 TDC/ 压缩。

①转动曲轴皮带轮，直至其切口与正时链条盖总成上的正时标记（TDC）对准。

②如图 8-361，检查并确认排气凸轮轴正时齿轮总成和凸轮轴正时齿轮总成上的正时标记均朝上。提示：如果正时标记未朝上，则转动曲轴 1 整圈（360°）并如上所述对准正时标记。

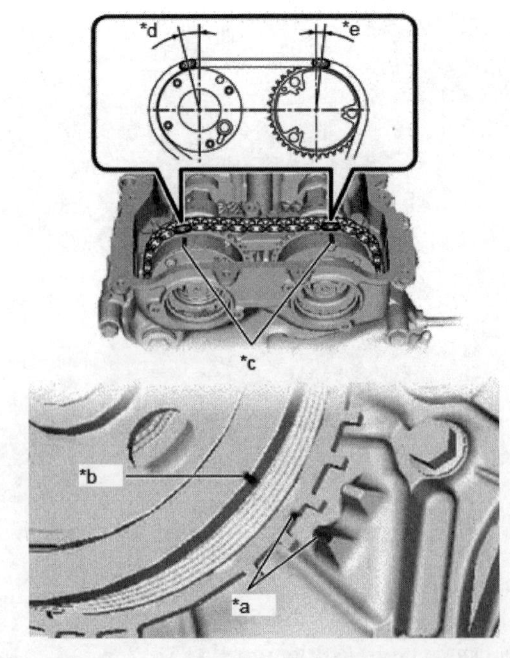

*a- 正时标记（TDC） *b- 切口 *c- 正时标记 *d-14.07° *e-5.93°

图 8-361

（17）拆卸曲轴皮带轮。

（18）拆卸发动机右悬置支架。

（19）拆卸正时链条盖总成。

①从发动机水泵总成上拆下 2 个螺栓。

②折下正时链条盖总成，如图 8-362。

图 8-362

（20）拆卸正时链条盖油封。

（21）拆卸进水管。

（22）拆卸 1 号链条张紧器总成。

（23）拆卸链条张紧器导板。

（24）拆卸正时链条导板。

（25）拆卸链条分总成。

①用扳手固定凸轮轴的六角部位并逆时针转动凸轮轴正时齿轮总成以松开排气凸轮轴正时齿轮总成与凸轮轴正时齿轮总成之间的链条分总成。

②链条分总成松开时，从凸轮轴正时齿轮总成上松开链条分总成，并将其置于凸轮轴正时齿轮总成上。确保从链轮上完全松开链条分总成。

③顺时针转动凸轮轴，使其回到原来位置，并拆下链条分总成，如图 8-363。

图 8-363

（26）拆卸凸轮轴正时齿轮总成。

（27）拆卸排气凸轮轴正时齿轮总成。

（28）拆卸凸轮轴轴承盖。

（29）拆卸凸轮轴。

从凸轮轴壳分总成上拆下凸轮轴，如图 8-364。

图 8-364

（30）拆卸 2 号凸轮轴。

从凸轮轴壳分总成上拆下 2 号凸轮轴，如图 8-365。

图 8-365

（31）拆卸机油控制阀滤清器。

（32）拆卸水阀。

（33）拆卸凸轮轴壳分总成。

①从凸轮轴壳分总成上拆下 4 个螺栓。

②使用头部缠有保护胶带的螺丝刀，撬动气缸盖分总成和凸轮轴壳分总成之间的部位以拆下凸轮轴壳分总成，如图 8-366。注意：小心不要损坏气缸盖分总成和凸轮轴壳分总成的接触面。

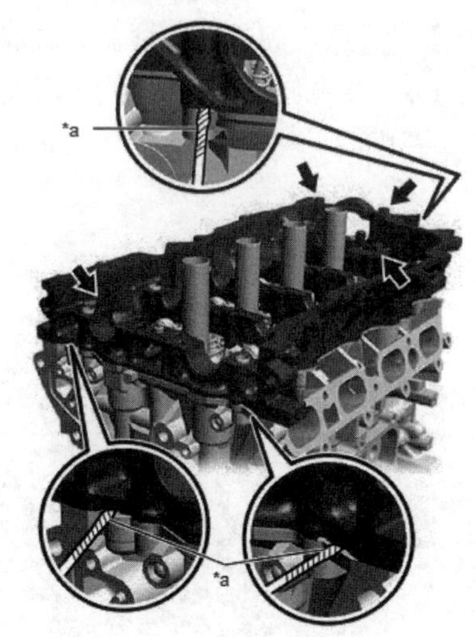

*a- 保护胶带

图 8-366

2. 安装。

（1）固定 1 号气门摇臂分总成。

确保将 1 号气门摇臂分总成安装到图 8-367 位置。

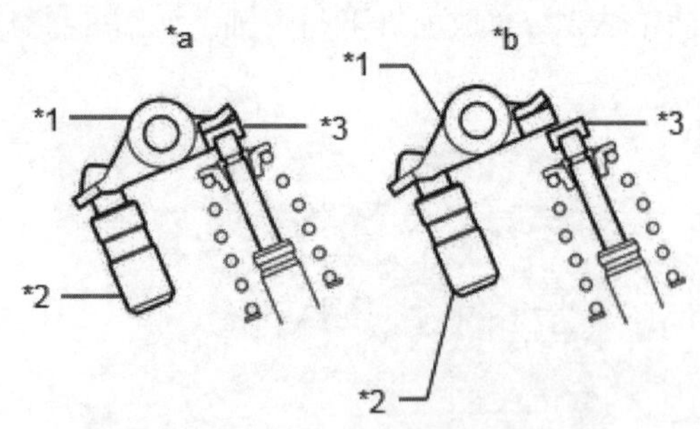

*1-1 号气门摇臂分总成 *2- 气门间隙调节器总成 *3- 气门杆盖 *a- 正确 *b- 错误

图 8-367

（2）安装凸轮轴壳分总成。

①如图 8-368，连续涂抹密封胶。密封胶：丰田原厂黑密封胶、THREE BOND 1207B 或同等产品密封胶直径：3.5~4.0mm。小心：清除接触面的所有机油。涂抹密封胶后 3min 内安装凸轮轴壳分总成，并在 15min 内紧固螺栓。安装后至少 2h 内不要启动发动机。

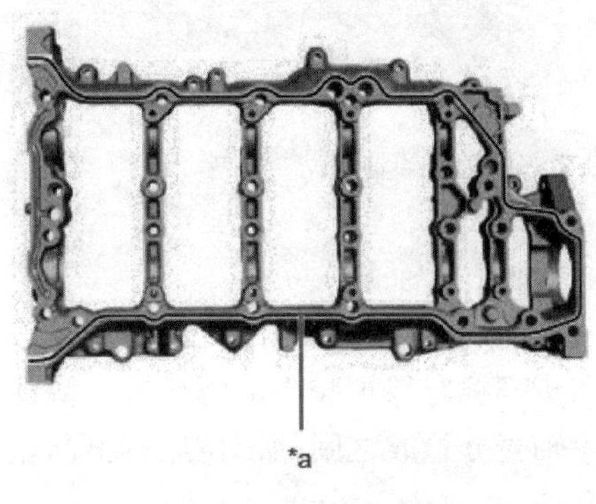

*a- 密封胶

图 8-368

②将凸轮轴壳分总成固定到气缸盖分总成。

③按如图 8-369 顺序，紧固 4 个螺栓。扭矩：28N・m。

图 8-369

（3）安装机油控制阀滤清器。

（4）安装 2 号凸轮油。

①清洁 2 号凸轮轴轴颈。

②在 2 号凸轮轴轴颈和凸轮轴壳分总成上涂抹一薄层发动机机油。

③将 2 号凸轮轴安装到凸轮轴壳分总成上。

（5）安装凸轮轴。

①清洁凸轮轴轴颈。

②在凸轮轴轴颈和凸轮轴壳分总成上涂抹一薄层发动机机油。

③将凸轮轴安装到凸轮轴壳分总成上。

（6）安装凸轮轴轴承盖。

（7）安装水阀。

（8）安装排气凸轮轴正时齿轮总成。

（9）安装凸轮轴正时齿轮总成。

（10）将 1 号气缸设定至 TDC/ 压缩。

检查并确认各正时标记位于 TDC/ 压缩，如图 8-370。

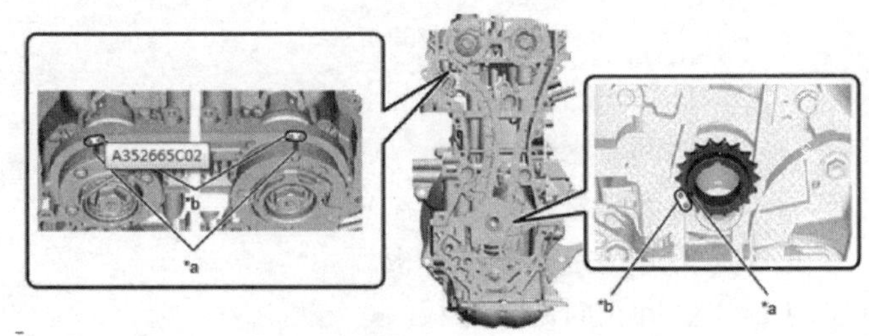

*a- 正时标记 *b- 标记板（金色）

图 8-370

（11）安装链条分总成。提示：安装链条分总成时，确保标记板背向发动机总成。将链条分总成穿过正时链条导板。

①暂时安装曲轴皮带轮固定螺栓。

②用 2 个螺栓将正时链条导板安装到气缸盖分总成和气缸体分总成上。扭矩：10N・m。

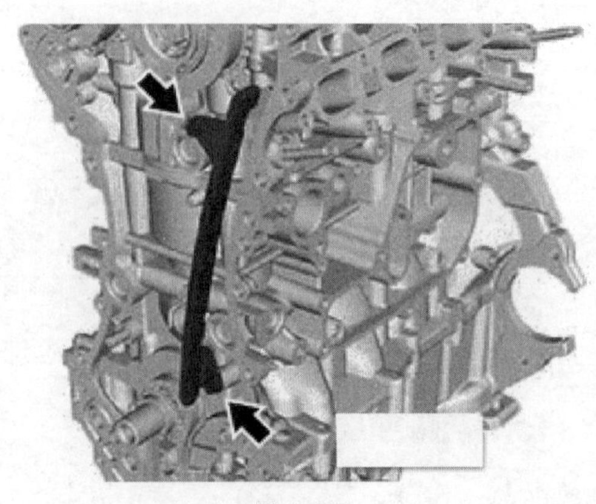

图 8-371

③如图 8-372，将标记板（金色）与正时标记对准并安装链条分总成。提示： 不要使链条分总成环绕在凸轮轴正时齿轮总成的链轮上。只可将其放置在链轮上。

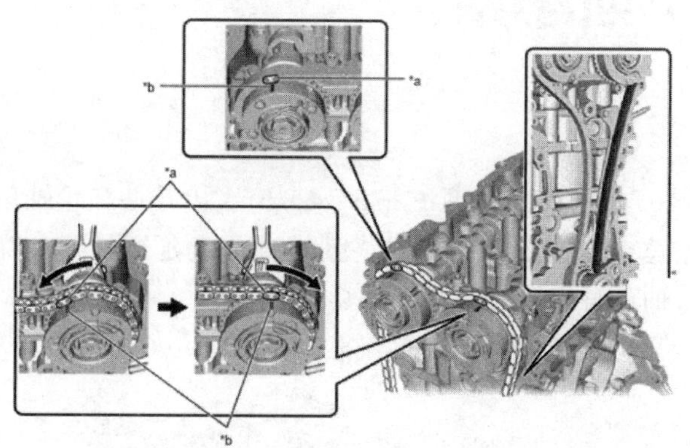

*a- 标记板（金色） *b- 正时标记

图 8-372

④用扳手固定凸轮轴的六角头部分，并顺时针转动凸轮轴正时齿轮总成。提示：为张紧链条分总成，顺时针缓慢转动凸轮轴正时齿轮总成，以防链条分总成错位。

⑤将标记板（金色）和正时标记对准并将链条分总成安装到曲轴正时链轮上。小心：曲轴标记跨越 3 个外连杆。使用中央标记板进行校准。

⑥从曲轴上拆下曲轴皮带轮固定螺栓，如图 8-373。

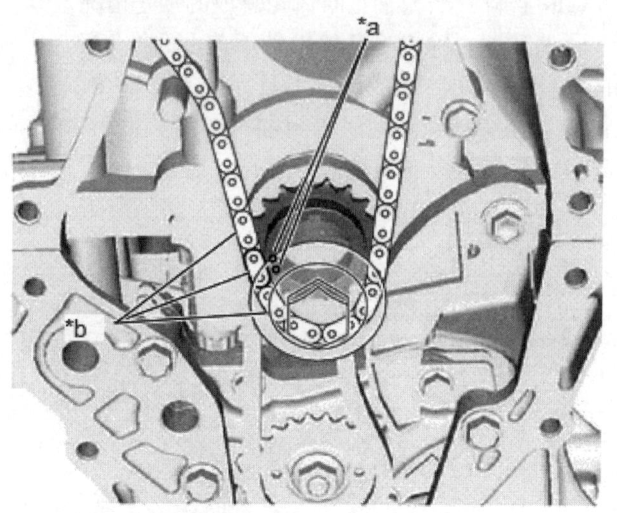

*a- 正时标记 *b- 标记板（金色）

图 8-373

（12）安装链条张紧器导板。

（13）安装 1 号链条张紧器总成。

（14）检查 1 号气缸 TDC/ 压缩。

（15）安装进水管。

（16）安装正时链条盖油封。

（17）安装正时链条盖总成。

（18）安装曲轴皮带轮。

（19）安装火花塞套管衬垫。

（20）安装气缸盖罩衬垫。

（21）加注发动机机油。

（22）安装气缸盖罩分总成。

（23）安装凸轮轴正时机油控制电磁调总成（排气侧）。

（24）安装凸轮轴正时机油控制电磁阀总成（进气侧）。

（25）安装真空泵总成。

（26）安装发动机机油油位计导管。

（27）安装水旁通管分总成。

（28）安装燃油蒸气供给管。

（29）安装 1 号点火线圈。

（30）安装燃油泵总成。

（31）安装喷油器总成。

（32）安装增压器分总成。

（33）安装发动机吊架。

（34）发动机台架上拆下发动机总成。

第九章　雷克萨斯车系

一、车型

雷克萨斯 NX300（2.0L 3ZR-FAE），2015—2019 年。

1. 拆卸。

（1）拆卸链条分总成。

（2）检查凸轮轴正时齿轮总成。

①检查凸轮轴正时齿轮总成的锁止情况。

②清洁并去除 1 号凸轮轴轴承盖上的进气侧 VVT 油孔的油脂后，如图 9-1，用胶带或同等工具完全密封油孔以防止空气泄漏。注意：确保彻底密封油孔，因为由于密封不足而导致的漏气将影响锁销松开。

③如图 9-1，在遮盖油孔的胶带上刺一个孔。

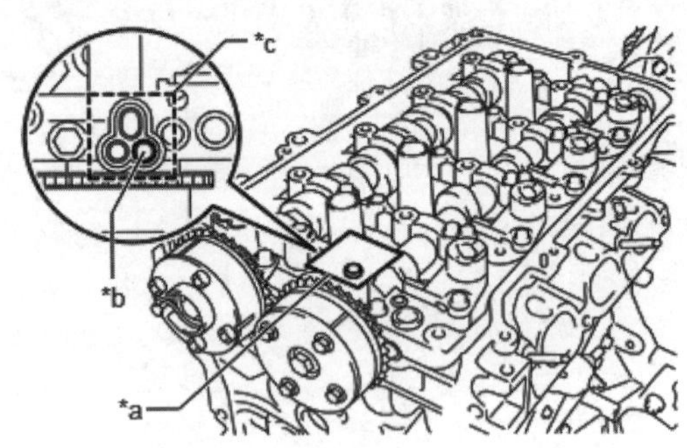

*a- 胶带　*b- 刺一个孔　*c- 胶带密封区域

图 9-1

④ 向刺出的孔施加约 150kPa 的压缩空气，以松开锁销。注意：

· 如果空气泄漏，则重新粘贴胶带

· 施加压缩空气时用布盖住油孔以防止机油飞溅

⑤用力将凸轮轴正时齿轮总成朝提前方向（逆时针）转动，如图 9-2。提示：凭借施加的空气压力，可能无须辅助力即可使凸轮轴正时齿轮总成朝提前方向转动。

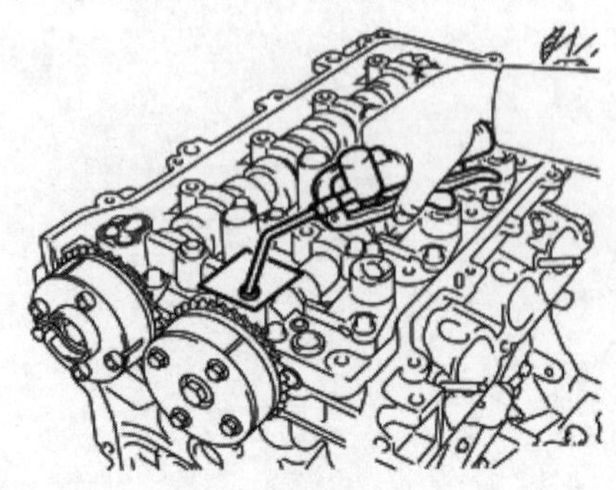

图 9-2

⑥ 在可移动范围（26.5° ~28.5°）内转动凸轮轴正时齿轮总成 2 或 3 次，不要将其转到最大延迟位置。确保凸轮轴正时齿轮总成转动平稳。

⑦从 1 号凸轮轴轴承盖上拆下胶带，如图 9-3。

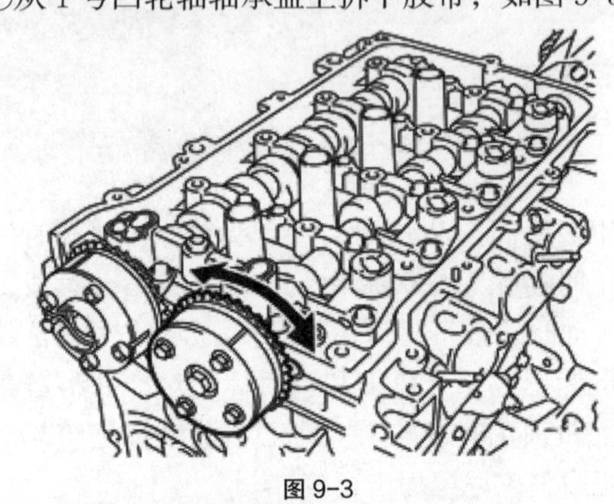

图 9-3

（3）检查排气凸轮轴正时齿轮总成。

①检查排气凸轮轴正时齿轮总成的锁止情况。

②清洁并去除 1 号凸轮轴轴承盖上的排气侧 VVT 油孔的油脂后，用胶带或同等工具完全密封油孔以防止空气泄漏。注意：确保彻底密封油孔，因为由于密封不足而导致的漏气将影响锁销松开。

③如图 9-4，在遮盖油孔的胶带上刺一个孔。

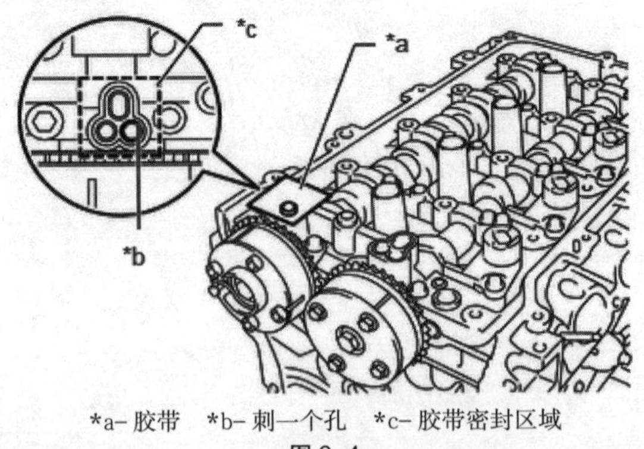

*a- 胶带　*b- 刺一个孔　*c- 胶带密封区域

图 9-4

④向刺出的孔施加约 200kPa 的压缩空气，以松开锁销。注意：

· 如果空气泄漏，则重新粘贴胶带

· 施加压缩空气时用布盖住油孔以防止机油飞溅

⑤使用头部缠有胶带的螺丝刀，朝延迟方向（顺时针）用力转动排气凸轮轴正时齿轮总成，如图 9-5。注意：

· 使用螺丝刀，确保排气凸轮轴正时齿轮总成保持在延迟方向。如果齿轮松开，则其将在弹簧的作用力下自动回到最大提前位置

· 不要损坏排气凸轮轴正时齿轮总成

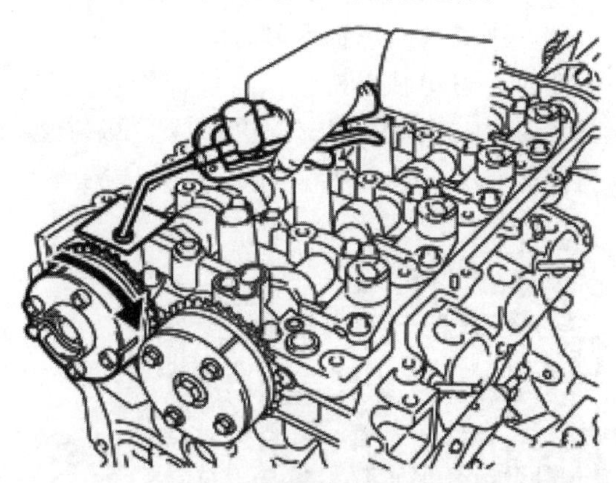

图 9-5

⑥使用头部缠有胶带的螺丝刀，在可移动范围（19° ~21° ）内转动排气凸轮轴正时齿轮总成 2 或 3 次，但不要将其转到最大提前位置。确保排气凸轮轴正时齿轮总成转动平稳。

⑦从 1 号凸轮轴轴承盖上拆下胶带，如图 9-6。

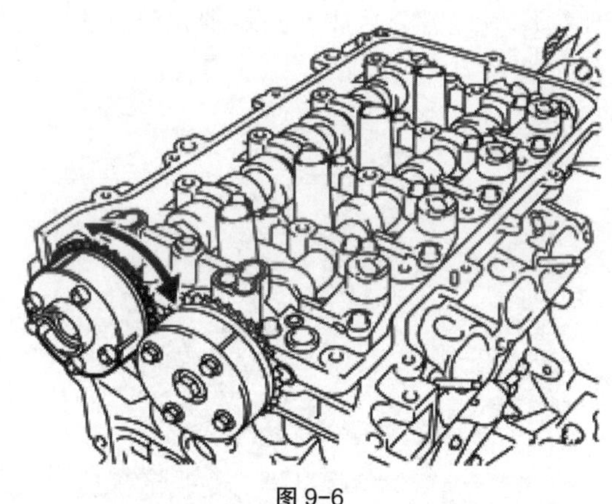

图 9-6

（4）拆卸凸轮轴正时齿轮总成。

固定凸轮轴的六角部分的同时拆下凸缘螺栓，然后拆下凸轮轴正时齿轮总成，如图 9-7。

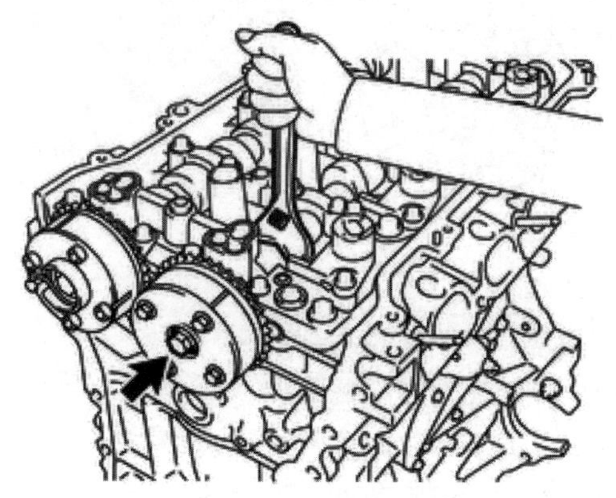

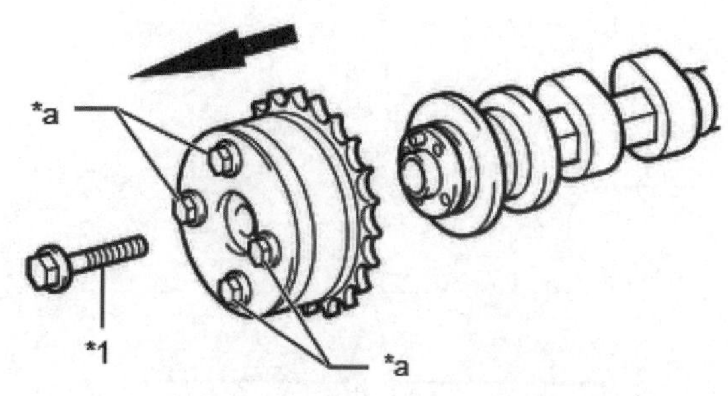

*1- 凸缘螺栓　*a- 不要拆下

图 9-7

注意：

· 拆下凸轮轴正时齿轮总成前，确保锁销已松开

· 确保不要拆下另外 4 个螺栓

· 从凸轮轴上拆下凸轮轴正时齿轮总成时，使其保持水平

（5）拆卸排气凸轮轴正时齿轮总成。

固定凸轮轴的六角部分的同时拆下凸缘螺栓，然后拆下排气凸轮轴正时齿轮总成，如图 9-8。

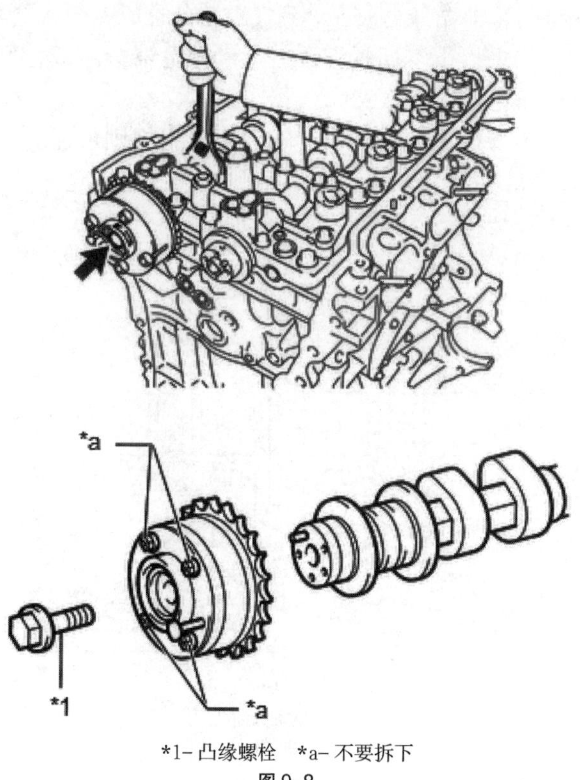

*1- 凸缘螺栓　*a- 不要拆下

图 9-8

注意：

· 确保不要拆下另外 4 个螺栓

· 从凸轮轴上拆下排气凸轮轴正时齿轮总成时，使其保持水平

（6）拆卸气门摇臂无效运动阻尼器分总成。

拆下 2 个螺栓和气门摇臂无效运动阻尼器分总成，如图 9-9。

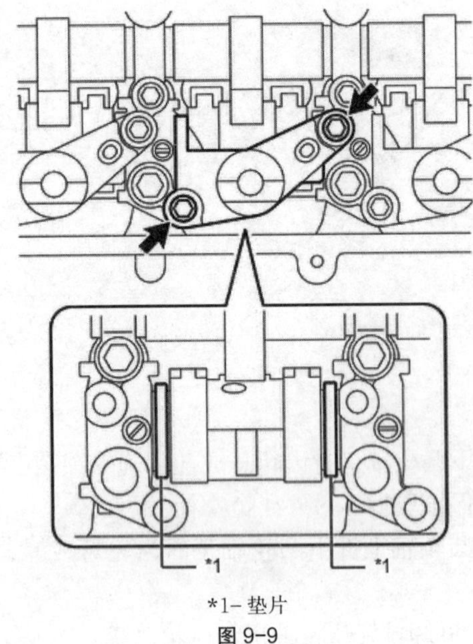

*1- 垫片

图 9-9

注意：

· 拆下或安装气门摇臂无效运动阻尼器分总成时，确保将凸轮轴壳分总成安装到气缸盖分总成上

· 如果拆下气门摇臂无效运动阻尼器分总成，则不要拆下凸轮轴壳分总成

· 不要拆下垫片。由于气门正时不规则可能导致发动机故障，因此如果拆下垫片，则更换凸轮轴壳分总成

（7）安装气门摇臂无效运动阻尼器分总成

①用2个螺栓安装气门摇臂无效运动阻尼器分总成，均匀紧固螺栓。扭矩：10N · m。

②向发动机机油孔中加注发动机机油，如图 9-10。

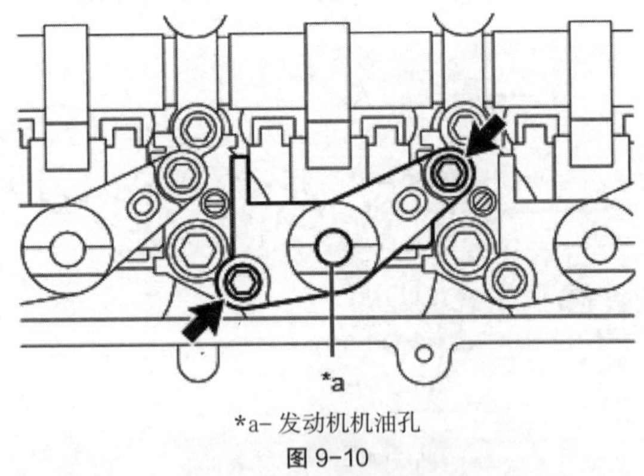

*a- 发动机机油孔

图 9-10

（8）拆卸凸轮轴壳分总成（图 9-11）。

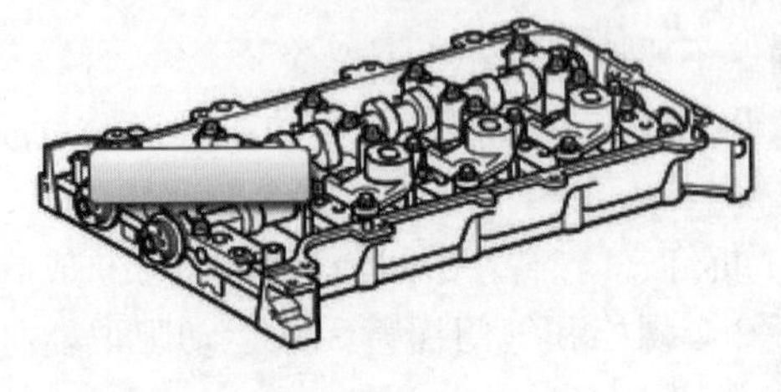

图 9-11

注意：

· 用组装单元（包括凸轮轴壳分总成、凸轮轴、凸轮轴轴承盖、气门摇臂轴和气门摇臂无效运动阻尼器分总成）更换凸轮轴壳分总成。不要拆解凸轮轴壳分总成。如果已拆解，则更换凸轮轴壳分总成

· 凸轮轴不可单独更换

①按图 9-12 中顺序均匀拧松并拆下 17 个螺栓。注意：保持凸轮轴壳分总成水平的同时均匀拧松螺栓。

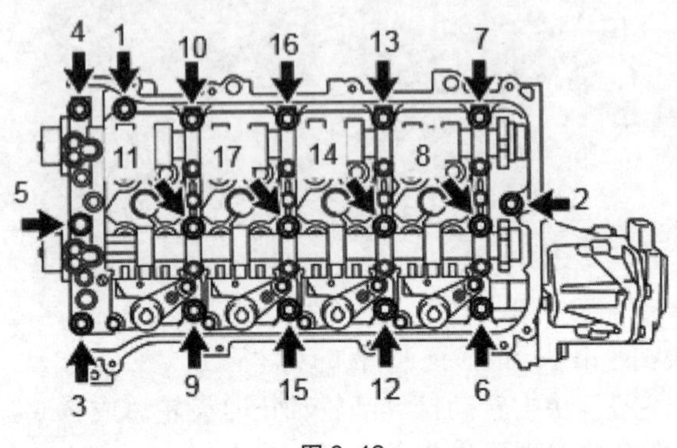

图 9-12

②使用螺丝刀撬动气缸盖分总成和凸轮轴壳分总成之间的部位，拆下凸轮轴壳分总成，如图 9-13。注意：小心不要损坏气缸盖分总成和凸轮轴壳分总成的接触面。提示：使用螺丝刀之前，请在螺丝刀头部缠上胶带。

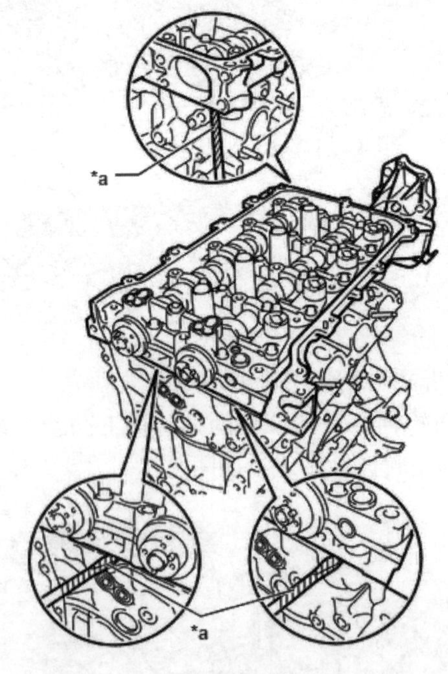

*a- 保护胶带

图 9-13

（9）拆卸 1 号气门摇臂分总成。

（10）拆卸气门间隙调节器总成。

（11）检查 1 号气门摇臂分总成。

（12）检查气门间隙调节器总成。

2. 安装。

（1）安装气门间隙调节器总成。

（2）安装 1 号气门摇臂分总成。

（3）安装凸轮轴壳分总成。提示：更换凸轮轴壳分总成后，执行“维修后检查”。

①确保将1号气门摇臂分总成安装到如图9-14位置。

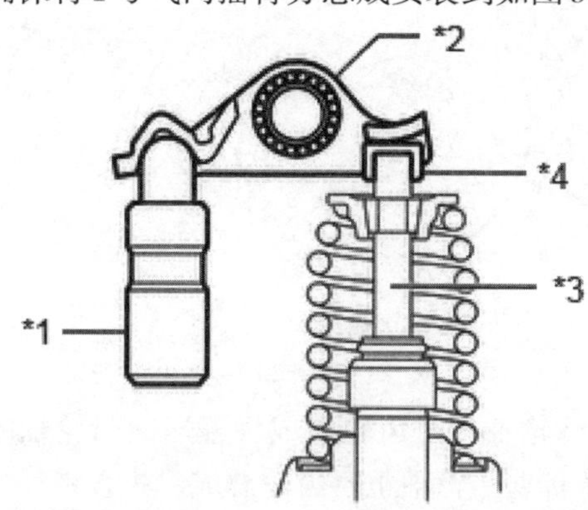

*1- 气门间隙调节器总成　*2-1 号气门摇臂分总成
*3- 气门杆　*4- 气门杆盖

图 9-14

②如图 9-14，连续涂抹密封胶。密封胶：丰田原厂黑密封胶、THREE BOND 1207B 或同等产品，如表 9-1。

表 9-1

部位	规定状态 / mm
连续线	3.5~4.5
A	8.0
B	7.0

涂抹长度 A 和 B：15mm。

注意：

· 清除接触面的所有机油

· 涂抹密封胶后 3min 内安装凸轮轴壳分总成，并在 10min 内紧固螺栓

· 安装后至少 2h 内不要启动发动机

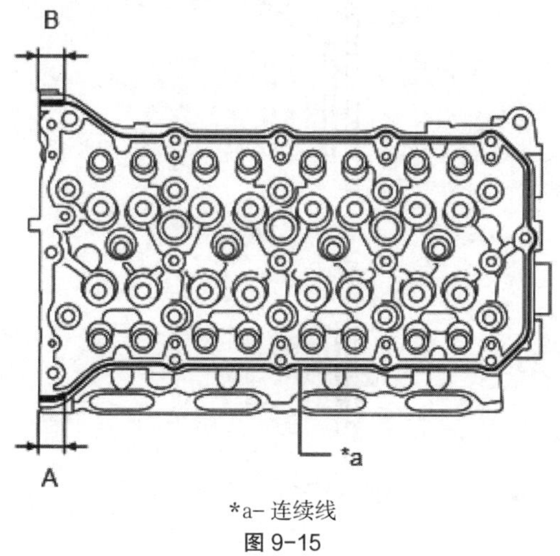

*a- 连续线

图 9-15

③如图 9-15，固定凸轮轴和 2 号凸轮轴。

④用 17 个螺栓安装凸轮轴壳分总成，并按图 9-16 中顺序将其紧固。扭矩：27N · m。

注意：

· 安装凸轮轴壳分总成后，确保凸轮凸角位于如图 9-16 位置

· 如果在安装过程中任何螺栓松动，则拆下凸轮轴壳分总成、清洁安装表面并重新涂抹密封胶

· 如果在安装过程中因螺栓松动而拆下凸轮轴壳分总成，则应确保先前涂抹的密封胶未进入任何机油通道

· 安装凸轮轴壳分总成后，擦除凸轮轴壳分总成和气缸盖分总成之间渗出的密封胶

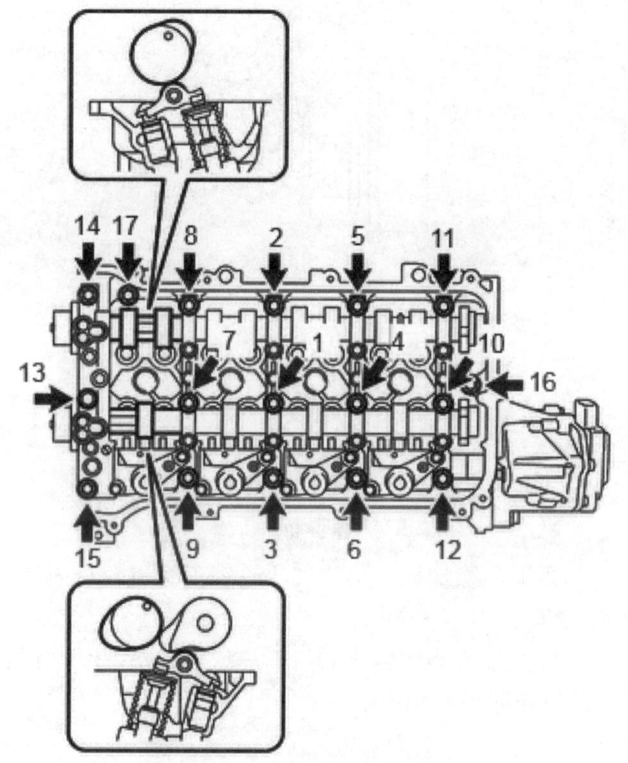

图 9-16

（4）安装排气凸轮轴正时齿轮总成。提示：更换排气凸轮轴正时齿轮总成后，执行“维修后检查”。

① 通过对准销孔和直销，将排气凸轮轴正时齿轮总成和凸轮轴放在一起。注意：不可强行推入排气凸轮轴正时齿轮总成。否则凸轮轴直销顶部可能损伤排气凸轮轴正时齿轮总成的安装表面。

②将排气凸轮轴正时齿轮总成轻轻按向凸轮轴，并转动排气凸轮轴正时齿轮总成。将销进一步推入孔中，如图 9-17。注意：确保不要使排气凸轮轴正时齿轮总成朝延迟方向（顺时针）转动。

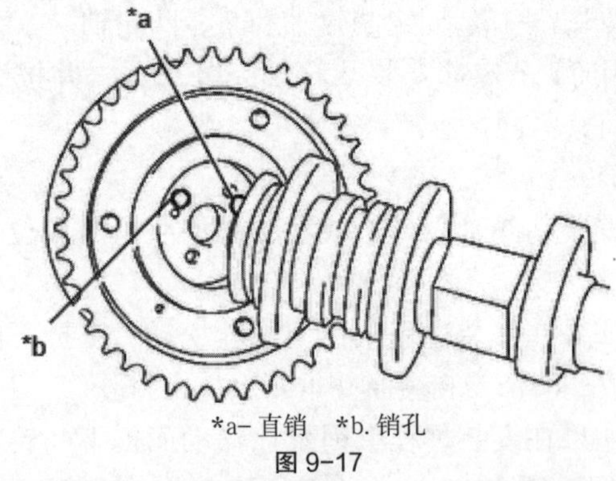

*a- 直销 *b. 销孔

图 9-17

③检查并确认排气凸轮轴正时齿轮总成和凸轮轴法兰之间没有间隙，如图 9-18。

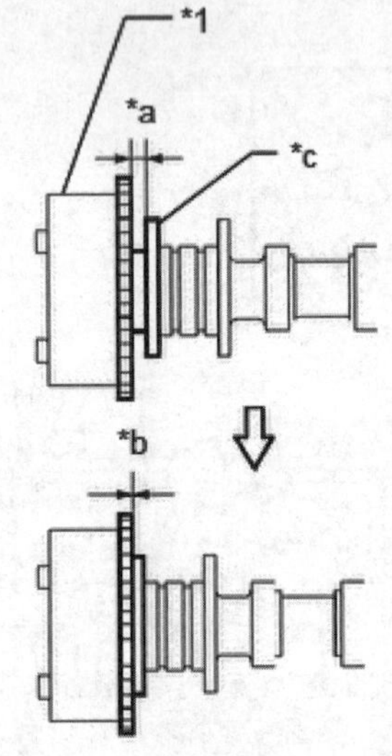

*1- 排气凸轮轴正时齿总成 *a- 间隙 *b- 无间隙 *c- 凸轮轴法兰

图 9-18

④紧固凸缘螺栓，将排气凸轮轴正时齿轮总成固定到位。扭矩：54N·m。

⑤检查排气凸轮轴正时齿轮总成锁止情况。确保排气凸轮轴正时齿轮总成锁止，如图 9-19。

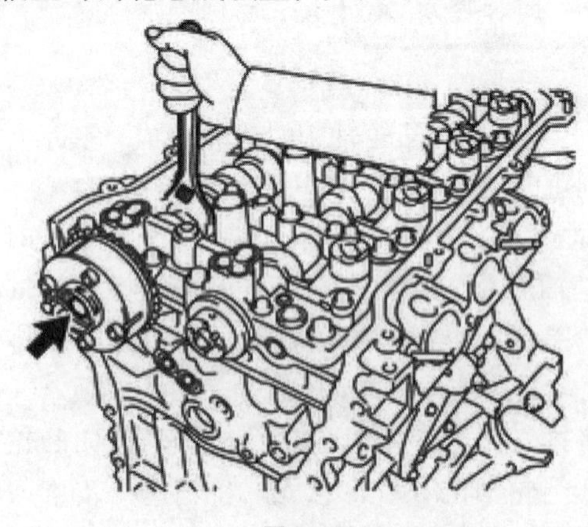

图 9-19

（5）安装凸轮轴正时齿轮总成。提示：更换凸轮轴正时齿轮总成后，执行“维修后检查”。

①如图 9-20，使直销和键槽错开，将凸轮轴正时齿轮总成和凸轮轴连接起来。注意：不要用力推凸轮轴正时齿轮总成。否则凸轮轴直销顶部可能损伤凸轮轴正时齿轮总成的安装表面。

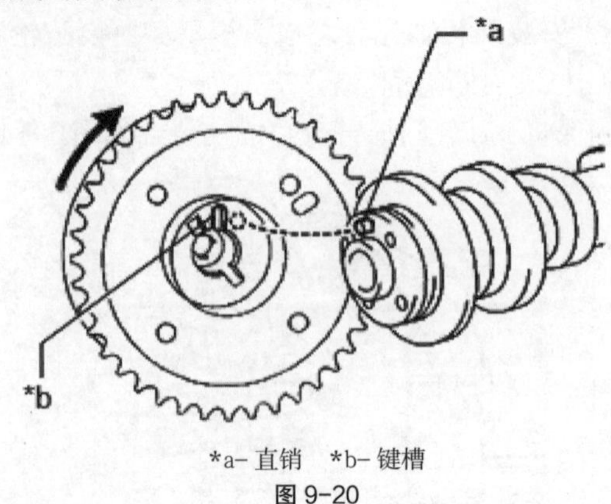

*a- 直销 *b- 键槽

图 9-20

②将凸轮轴正时齿轮总成轻轻压向凸轮轴的同时，如图 9-21 转动凸轮轴正时齿轮总成。将直销进一步推入键槽中。注意：不要使凸轮轴正时齿轮总成朝延迟方向（顺时针）转动。

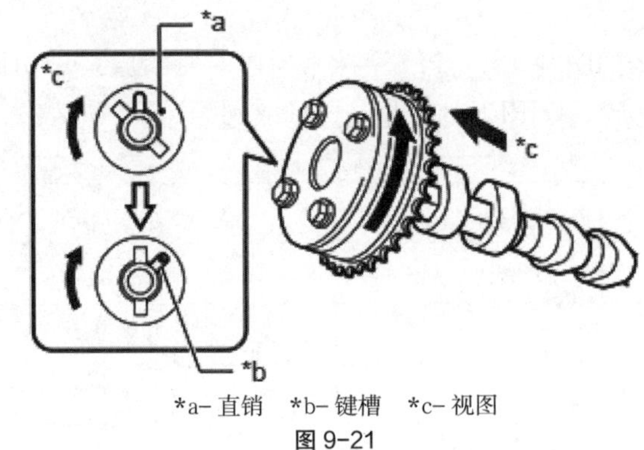

*a- 直销 *b- 键槽 *c- 视图

图 9-21

③检查并确认凸轮轴正时齿轮总成和凸轮轴法兰之间没有间隙，如图 9-22。

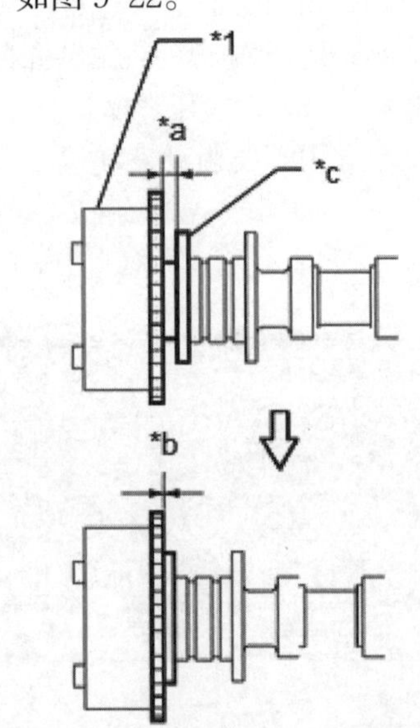

*1- 凸轮轴正时齿轮总成 *a- 间隙 *b- 无间隙 *c- 凸轮轴法兰

图 9-22

④使凸轮轴正时齿轮总成固定到位时，紧固凸缘螺栓，如图 9-23。扭矩：54N・m。

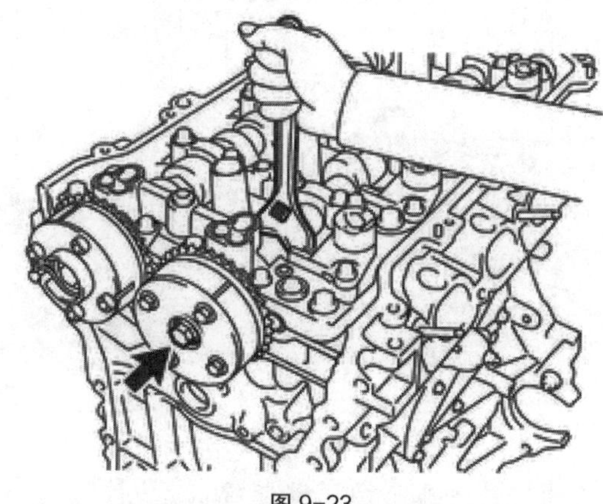

图 9-23

⑤检查并确认凸轮轴正时齿轮总成可朝延迟方向（顺时针）移动并锁止在最大延迟位置，如图 9-24。

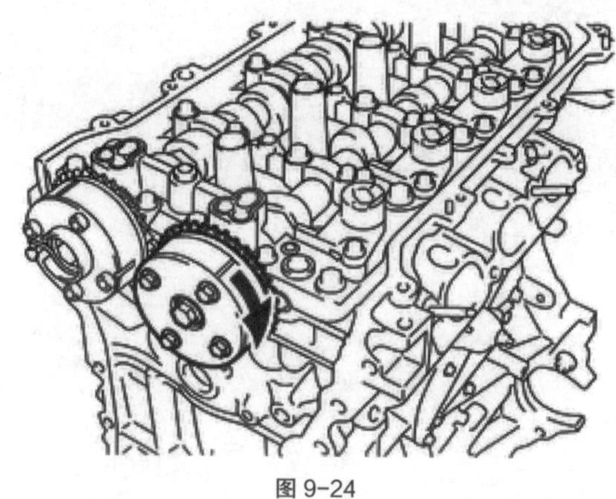

图 9-24

（6）安装链条分总成。

二、车型

雷克萨斯 NX300（2.0T 8AR-FTS），2018—2019 年。

雷克萨斯 NX200t（2.0T 8AR-FTS），2015—2017 年。

雷克萨斯 IS300（2.0T 8AR-FTS），2017—2019 年。

雷克萨斯 IS200t（2.0T 8AR-FTS），2015—2017 年。

雷克萨斯 GS300（2.0T 8AR-FTS），2017—2019 年。

雷克萨斯 GS200t（2.0T 8AR-FTS），2016—2017 年。

雷克萨斯 RX300（2.0T 8AR-FTS），2016—2019 年。

雷克萨斯 RC300（2.0T 8AR-FTS），2018—2019 年。

雷克萨斯 RC200t（2.0T 8AR-FTS），2016—2018 年。

1. 拆卸。

（1）排空发动机机油。

（2）拆卸燃油泵总成（高压）。

（3）拆卸发动机后部右侧底罩。

（4）拆卸风扇和发电机三角带。

（5）拆卸中间冷却器 2 号冷却水管。

①滑动软管卡子并从 2 号水旁通管上断开副散热器 6 号软管，如图 9-25。

②滑动软管卡子并从中间冷却器 2 号冷却水管上断开 1 号涡轮水软管。

③滑动软管卡子并从中间冷却器 2 号冷却水管上断开副散热器 1 号软管。

④拆下螺栓和中间冷却器 2 号冷却水管。

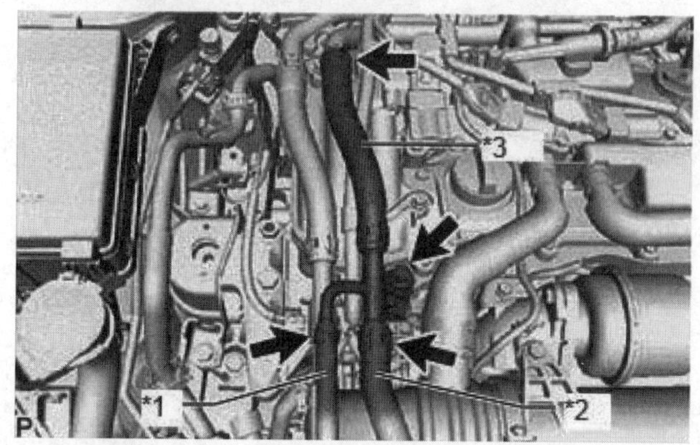

*1-1 号涡轮水软管　*2- 副散热器 1 号软管　*3- 副散热器 6 号软管

图 9-25

（6）拆卸中间冷却器 3 号冷却水管。

（7）拆卸点火线圈总成。

（8）断开发动机线束。

①断开 5 个连接器。

②拆下 3 个螺栓并断开发动机线束，如图 9-26。

图 9-26

（9）拆卸气缸盖罩分总成。

（10）拆卸真空泵总成。

（11）将 1 号气缸设定至 TDC/ 压缩。

①转动曲轴，直至曲轴皮带轮总成的正时标记（凹槽）与正时链条盖总成的正时标记“0”对准。

②检查并确认凸轮轴正时齿轮总成和排气凸轮轴正

时齿轮总成的各正时标记位置。如果未位于如图 9-27 位置，则转动曲轴 1 圈（360°）以对准图中的正时标记。

③将链条分总成上的油漆标记与凸轮轴正时齿轮总成和排气凸轮轴正时齿轮总成上的正时标记对准。

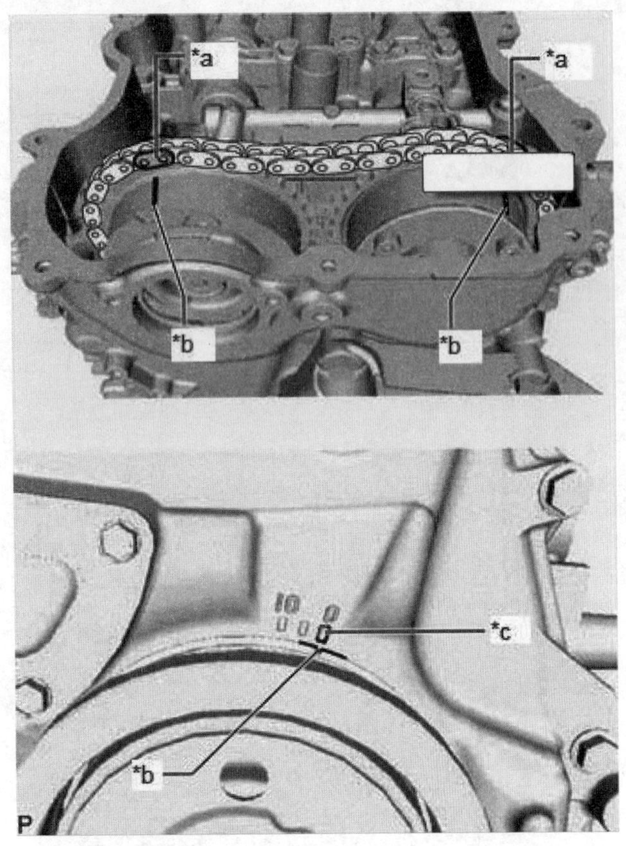

*a- 油漆标记　*b- 正时标记（凹槽）　*c- 正时标记“0”

图 9-27

（12）拆卸正时链条盖板。

（13）拆卸 1 号链条张紧器总成。

①顺时针转动曲轴约 15°，如图 9-28。

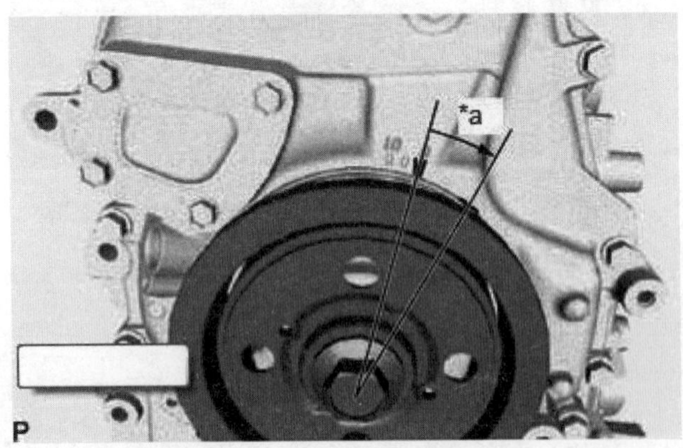

*a- 约 15°

图 9-28

②逆时针转动曲轴约 15°，如图 9-29。

*a- 约 15°

图 9-29

③将挡片孔与 1 号链条张紧器总成对准，并将销插入挡片孔以锁止 1 号链条张紧器总成，如图 9-30。

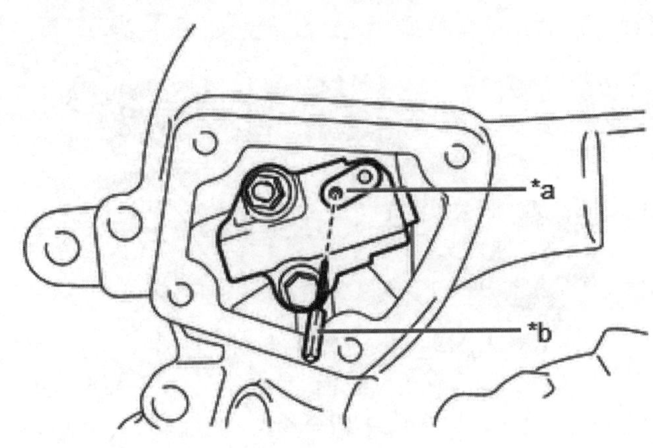

*a- 挡片　*b- 销

图 9-30

④顺时针转动曲轴约 15°，如图 9-31。

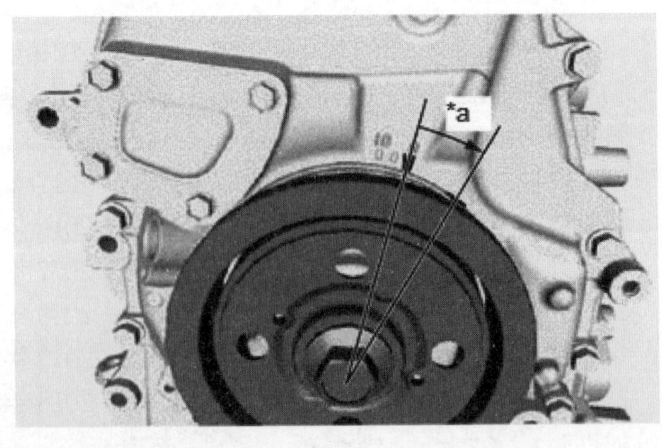

*a- 约 15°

图 9-31

⑤拆下螺栓、螺母、1 号链条张紧器总成和衬垫，如图 9-32。注意：确保不要将衬垫掉入正时链条盖总成内。

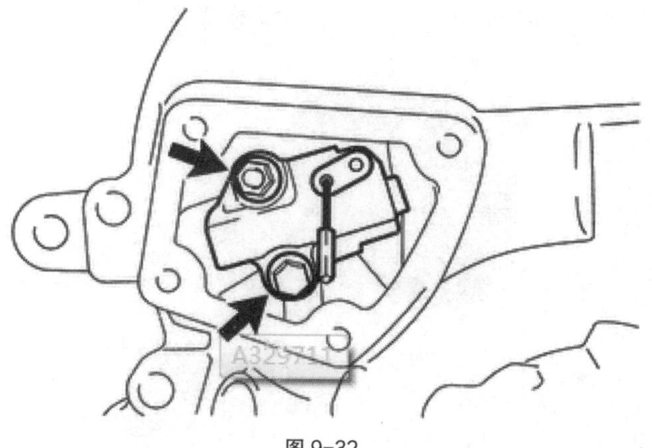

图 9-32

⑥逆时针转动曲轴约 15°，如图 9-33。

*a- 约 15°
图 9-33

（14）拆卸正时链条导板。

（15）拆卸凸轮轴正时机油控制电磁阀总成。

（16）拆卸凸轮轴正时齿轮螺栓。

用扳手固定凸轮轴的六角部分并从凸轮轴上拆下凸轮轴正时齿轮螺栓，如图 9-34。注意：小心不要用扳手损坏凸轮轴壳分总成或火花塞套管。

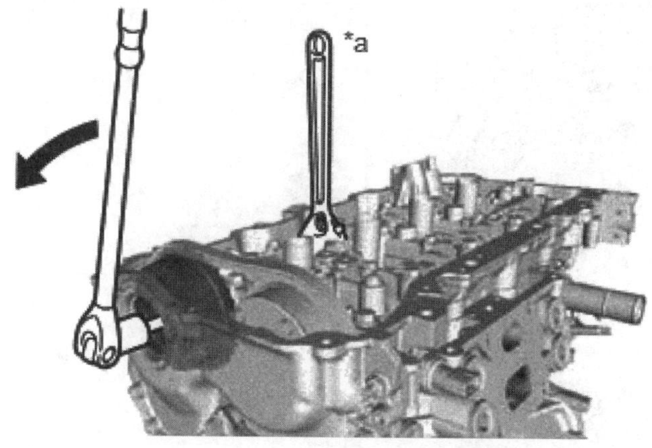

*a- 固定
图 9-34

（17）拆卸凸轮轴轴承盖。

①按图 9-35 中顺序，分步拆下 11 个轴承盖螺栓。

图 9-35

②按图 9-36 中顺序，分步拆下 10 个轴承盖螺栓。注意：确保水平固定凸轮轴的同时均匀松开轴承盖螺栓。

③拆下 4 个凸轮轴轴承盖。提示：按正确的顺序摆放拆下的零件。

图 9-36

（18）拆卸凸轮轴。

如图 9-37，抬高凸轮轴以将其从凸轮轴正时齿轮总成上拆下。注意：小心不要使扳手损坏凸轮轴或凸轮轴正时齿轮总成。

图 9-37

（19）拆卸凸轮轴正时齿轮总成。

拆下凸轮轴正时齿轮总成，如图 9-38。

注意：

- 不要拆解凸轮轴正时齿轮总成
- 小心不要使扳手损坏凸轮轴正时齿轮总成

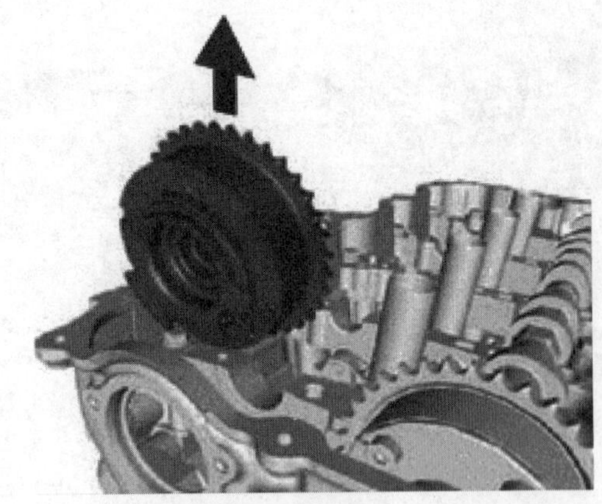

图 9-38

（20）拆卸 2 号凸轮轴。

①从凸轮轴壳分总成上拆下 2 号凸轮轴，如图 9-39。

图 9-39

②如图 9-40，使用细绳或类似工具悬挂链条分总成。注意：小心不要掉落正时链条盖总成内部的链条分总成。

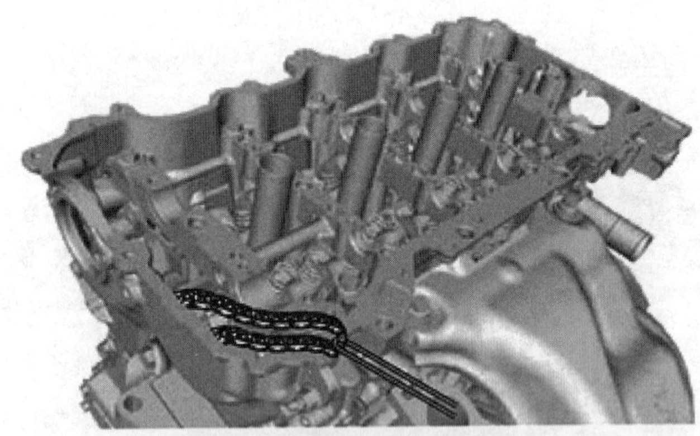

图 9-40

（21）拆卸排气凸轮轴正时齿轮总成。

①将 2 号凸轮轴固定在台钳的铝板间，如图 9-41。注意：不要损坏 2 号凸轮轴。

②拆下螺栓和排气凸轮轴正时齿轮总成。

注意：

· 小心不要损坏 2 号凸轮轴和排气凸轮轴正时齿轮总成

· 不要拆解排气凸轮轴正时齿轮总成

图 9-41

（22）拆卸机油控制阀滤清器。

（23）拆卸 1 号凸轮轴轴承。

（24）拆卸 2 号凸轮轴轴承。

（25）检查排气凸轮轴正时齿轮总成。

2. 安装。

（1）安装 2 号凸轮轴轴承。

（2）安装 1 号凸轮轴轴承。

（3）安装机油控制阀滤清器。

（4）安装排气凸轮轴正时齿轮总成。

· 带炭罐泵模块

· 不带炭罐泵模块

①将 2 号凸轮轴固定在台钳的铝板间。注意：不要损坏 2 号凸轮轴。

②将 2 号凸轮轴的锁销与排气凸轮轴正时齿轮总成的锁销孔对准并将排气凸轮轴正时齿轮总成接合至 2 号凸轮轴，如图 9-42。注意：不要强行按下排气凸轮轴正时齿轮总成。否则，2 号凸轮轴锁销的顶端可能损坏排气凸轮轴正时齿轮总成的密封表面，导致密封不佳。

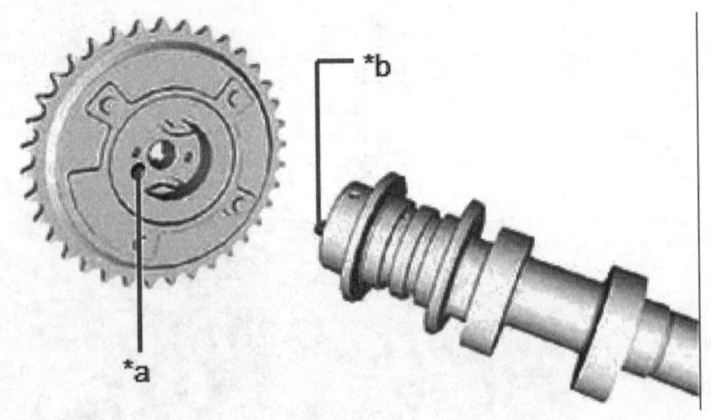

*a- 锁销孔　*b- 锁销

图 9-42

③检查并确认排气凸轮轴正时齿轮总成和 2 号凸轮轴法兰之间无间隙。

④用手将 2 号凸轮轴固定到位，然后用手安装排气

凸轮轴正时齿轮总成的螺栓。

⑤紧固螺栓。扭矩：85N·m。

注意：

·不要损坏 2 号凸轮轴和排气凸轮轴正时齿轮总成

·不要拆解排气凸轮轴正时齿轮总成，如图 9-43

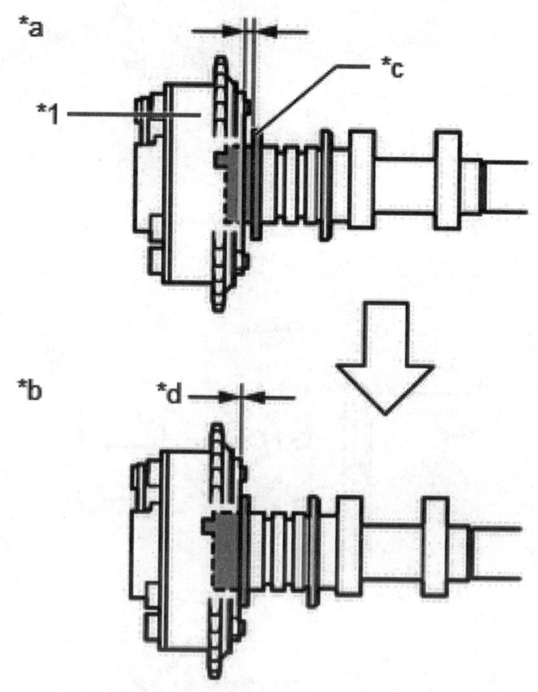

*1- 排气凸轮轴正时齿轮总成　*a- 错误　*b- 正确
*c-2 号凸轮轴法兰　*d- 无间隙
图 9-43

（5）将 1 号气缸设定至 TDC/ 压缩。

转动曲轴，直至曲轴皮带轮总成的正时标记（凹槽）与正时链条盖总成的正时标记“0”对准，如图 9-44。

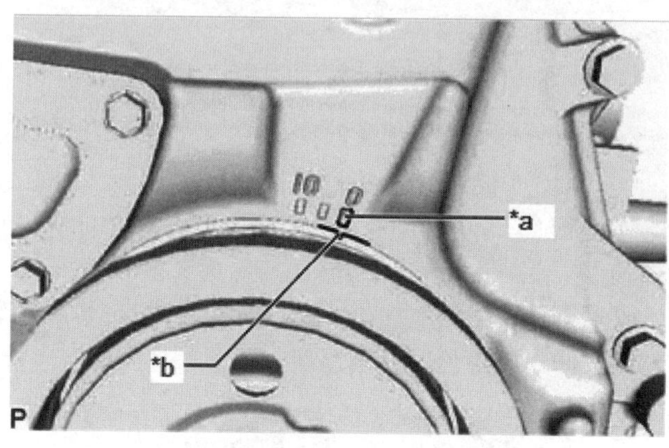

*a- 正时标记“0”　*b- 正时标记（凹槽）
图 9-44

（6）安装 2 号凸轮轴。注意：在链条分总成拆下的情况下转动 2 号凸轮轴时，小心不要使活塞和阀门接触或损坏零件。提示：更换 2 号凸轮轴后，执行“维修后检查”。

·带炭罐泵模块

·不带炭罐泵模块

①检查并确认将 1 号气门摇臂分总成安装到如图 9-45 位置。

②在 2 号凸轮轴轴颈和凸轮轴壳分总成上涂抹一薄层发动机机油。

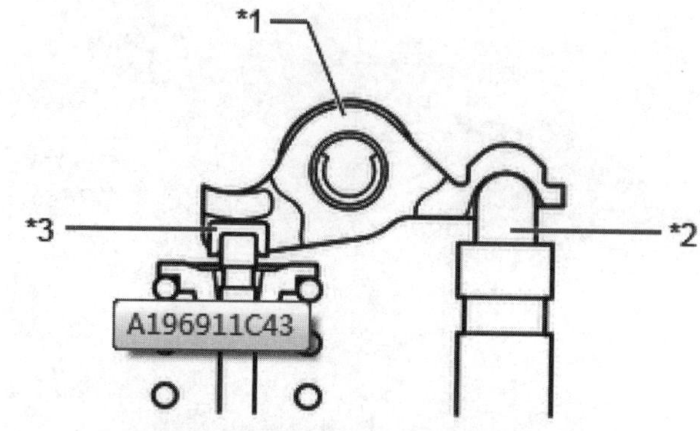

*1-1 号气门摇臂分总成　*2- 气门间隙调节器总成　*3- 气门杆盖
图 9-45

③将拆下链条分总成时在其上做的油漆标记与排气凸轮轴正时齿轮总成的正时标记对准。然后安装 2 号凸轮轴和排气凸轮轴正时齿轮总成，如图 9-46。

*a- 油漆标记　*b- 正时标记
图 9-46

（7）安装凸轮轴正时齿轮总成。提示：更换凸轮轴正时齿轮总成后，执行“维修后检查”。

·带炭罐泵模块

· 不带炭罐泵模块

将拆下链条分总成时在其上做的油漆标记与凸轮轴正时齿轮总成的正时标记对准。然后安装凸轮轴正时齿轮总成，如图 9-47。注意：不要拆解凸轮轴正时齿轮总成。

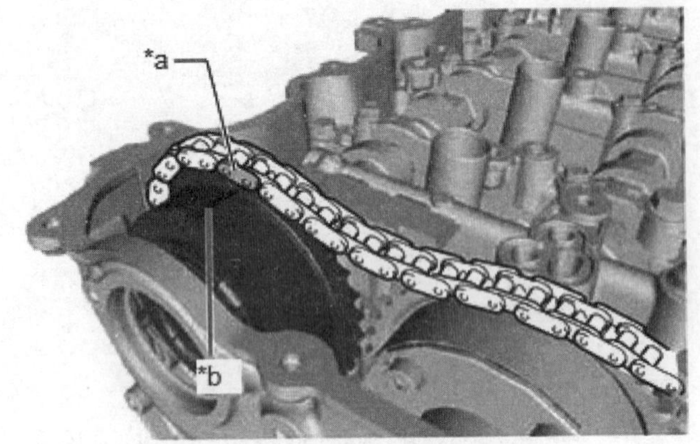

*a- 油漆标记 *b- 正时标记

图 9-47

（8）安装凸轮轴。注意：在链条分总成拆下的情况下转动凸轮轴时，小心不要使活塞和阀门接触或损坏零件。提示：更换凸轮轴后，执行“维修后检查”。

· 带炭罐泵模块

· 不带炭罐泵模块

①检查并确认将 1 号气门摇臂分总成安装到如图 9-48 位置。

②在凸轮轴轴颈和凸轮轴壳分总成上涂抹一薄层发动机机油。

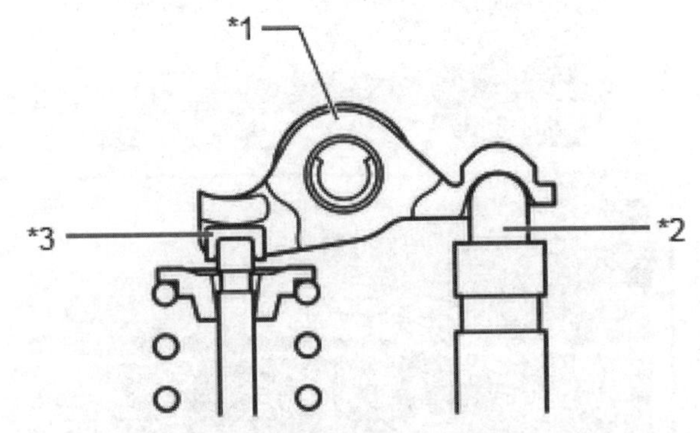

*1-1 号气摇臂分总成 *2- 气门间际调节器总成 *3- 气门杆盖

图 9-48

③将凸轮轴的锁销与凸轮轴正时齿轮总成的锁销孔对准并将凸轮轴正时齿轮总成接合至凸轮轴，如图 9-49。注意：不要强行按下凸轮轴正时齿轮总成。否则，凸轮轴锁销的顶端可能损坏凸轮轴正时齿轮总成的密封表面，导致密封不佳。

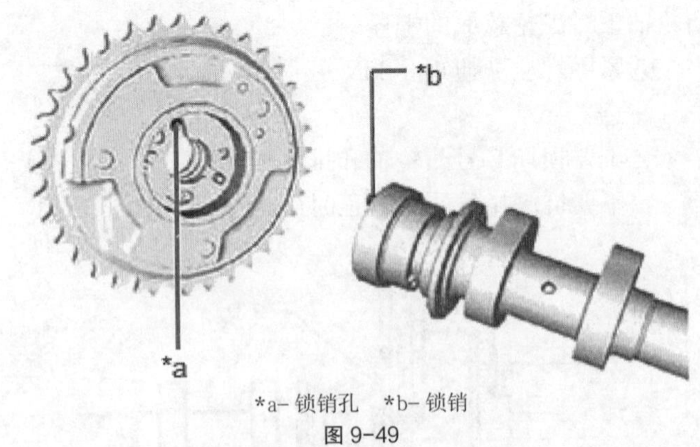

*a- 锁销孔 *b- 锁销

图 9-49

④检查并确认凸轮轴正时齿轮总成与图中指示的凸轮轴部位 A 之间无间隙，如图 9-50。

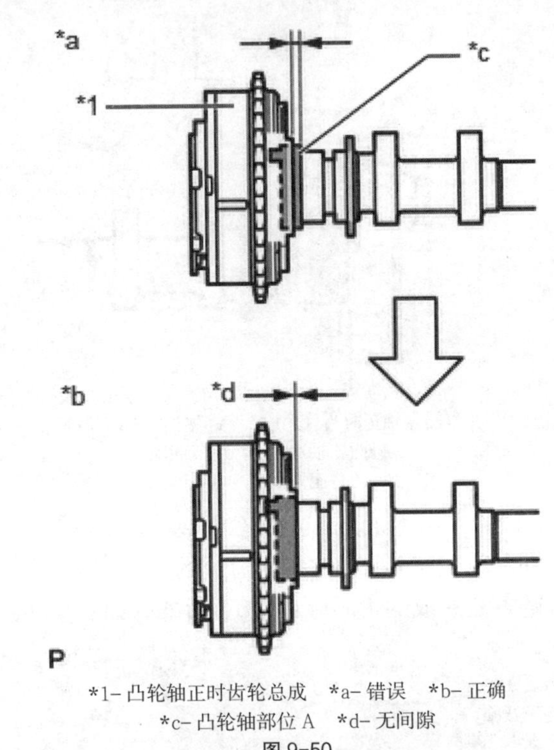

*1- 凸轮轴正时齿轮总成 *a- 错误 *b- 正确

*c- 凸轮轴部位 A *d- 无间隙

图 9-50

（9）暂时安装凸轮轴正时齿轮螺栓。

①向图 9-51 中的凸轮轴正时齿轮螺栓部位涂抹发动机机油。

②暂时安装凸轮轴正时齿轮螺栓。提示：暂时安装凸轮轴正时齿轮螺栓时，确保旋入约 2 个螺纹。

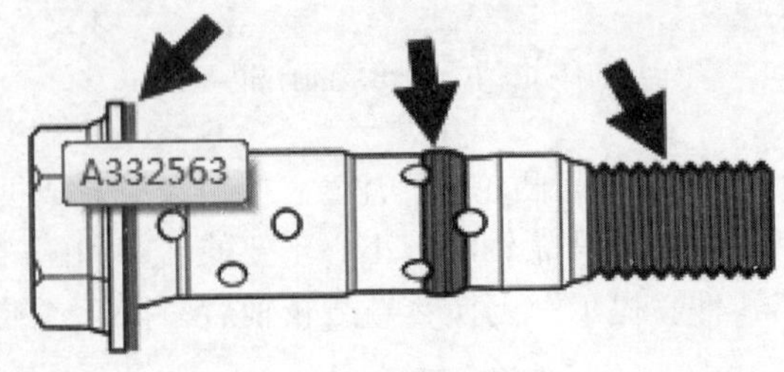

图 9-51

（10）安装凸轮轴轴承盖。

①按如图 9-52 顺序安装 10 个轴承盖螺栓。扭矩：27N·m。

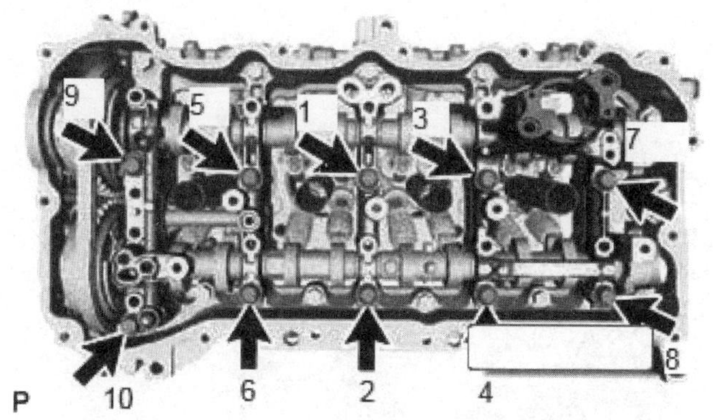

图 9-52

②按如图 9-53 顺序安装 11 个轴承盖螺栓。扭矩：16N·m。

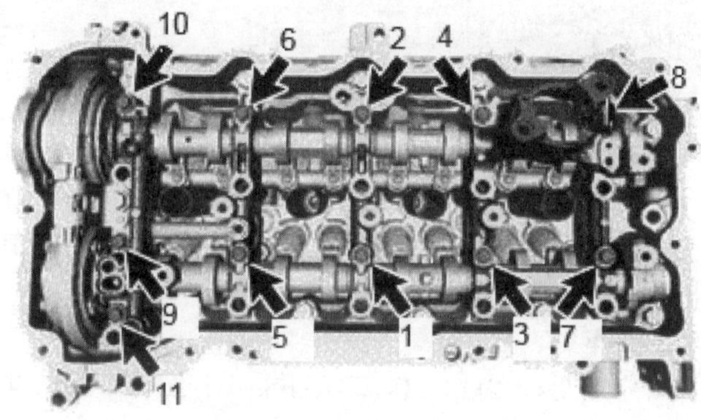

图 9-53

（11）紧固凸轮轴正时齿轮螺栓。

①检查并确认链条分总成如图 9-54 松弛。

图 9-54

②用扳手固定凸轮轴的六角部位。

③紧固凸轮轴正时齿轮螺栓，如图 9-55。扭矩：120N·m。注意：小心不要用扳手损坏凸轮轴壳分总成或火花塞套管。

*a- 固定
图 9-55

④检查并确认凸轮轴正时齿轮总成和排气凸轮轴正时齿轮总成的各正时标记与图中所示各油漆标记对准，如图 9-56。

*a- 油漆标记　*b- 正时标记
图 9-56

（12）加注发动机机油。

（13）安装凸轮轴正时机油控制电磁阀总成。

（14）安装正时链条导板。

（15）安装 1 号链条张紧器总成。

①顺时针转动曲轴约 15°，如图 9-57。

②用螺母和螺栓暂时安装新衬垫和 1 号链条张紧器总成。注意：确保不要将衬垫掉入正时链条盖总成内。

③紧固螺母和螺栓。扭矩：10N·m。

④从挡片上拆下销。

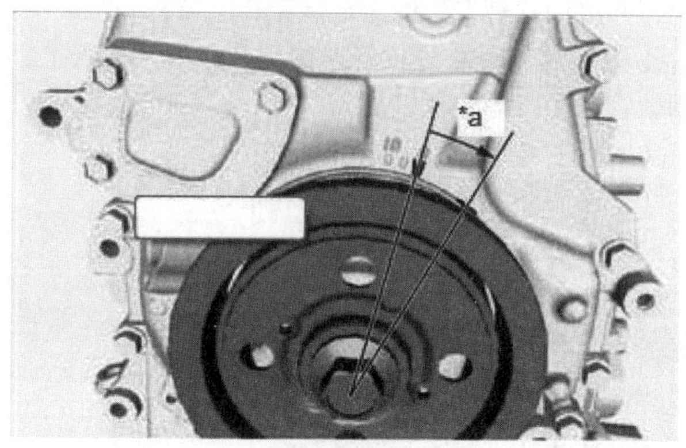

*a- 约 15°
图 9-57

（16）检查 1 号气缸至 TDC/ 压缩。

①转动曲轴，直至曲轴皮带轮总成的正时标记（凹槽）与正时链条盖总成的正时标记“0”对准，如图 9-58。

②检查并确认凸轮轴正时齿轮总成和排气凸轮轴正时齿轮总成的各正时标记与图 9-58 中各油漆标记对准。

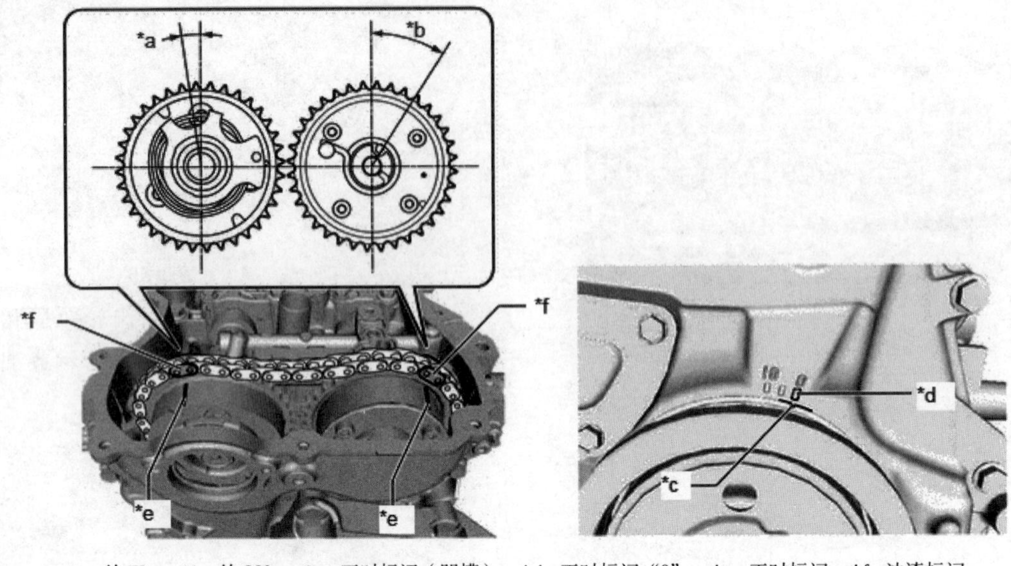

*a- 约 7°　*b- 约 32°　*c- 正时标记（凹槽）　*d- 正时标记“0”　*e- 正时标记　*f- 油漆标记

图 9-58

（17）安装正时链条盖板。

（18）安装真空泵总成。

（19）安装气缸盖罩分总成。

（20）连接发动机线束。

①用 3 个螺栓连接发动机线束。扭矩：8.0N・m。

②连接 5 个连接器。

（21）安装点火线圈总成。

（22）安装中间冷却器 3 号冷却水管。

（23）安装中间冷却器 2 号冷却水管。

①用螺栓安装中间冷却器 2 号冷却水管。扭矩：20N・m。

②将副散热器 1 号软管连接到中间冷却器 2 号冷却水管上，并滑动软管卡子以固定软管。

③将 1 号涡轮水软管连接到中间冷却器 2 号冷却水管上，并滑动软管卡子以固定软管。

④将副散热器 6 号软管连接到 2 号水旁通管上，并滑动软管卡子以固定软管。

（24）安装风扇和发电机三角带。

（25）安装发动机后部右侧底罩。

（26）安装燃油泵总成（高压）。

（27）加注发动机机油。

（28）检查发动机机油油位。

（29）检查机油是否泄漏。

三、车型

雷克萨斯 ES260（2.5L A25A-FKS，2018—2019 年。

雷克萨斯 ES300h（2.5L A25A-FKS，2018—2019 年。

正时校对方法与第八章丰田车系中十五、车型中的广汽丰田凯美瑞 2.5HG 混动（2.5L A25B），2018—2019 年相同，请参考其校对方法。

四、车型

雷克萨斯 ES200（2.0L 6AR-FSE），2015—2018 年。

正时校对方法与第八章丰田车系中五、车型中的广汽丰田凯美瑞 2.0L（6AR-FSE），2015—2018 年相同，请参考其校对方法。

第十章　本田车系

一、车型

广汽本田锋范 1.5L（1.5L L15B2），2015—2018 年。

（一）凸轮轴链条检查

（1）拆卸右前轮。

（2）拆卸发动机底盖。

（3）拆卸链条箱盖。

（4）检查凸轮轴链条。

①凸轮轴链条自动张紧器连杆长度。维修极限：23mm。

②如果长度超过维修极限，则更换凸轮轴链条。更换时，检查曲轴链轮、VTC 作动器和排气凸轮轴链轮上的轮齿是否磨损和损坏。如果有零件磨损或损坏，必要时，予以更换。

③检查凸轮轴链条自动张紧器上的机油通道是否阻塞。如果凸轮轴链条自动张紧器阻塞，予以更换，如图 10–1。

图 10–1

（5）安装所有拆下零件。

按照与拆卸相反的顺序安装零件。

（二）凸轮链条拆卸和安装

1. 拆卸。

注意：使凸轮轴链条远离磁场。

（1）拆卸右前轮。

（2）拆卸发动机底盖。

（3）拆卸传动皮带。

（4）拆卸传动皮带自动张紧器。

（5）检查凸轮轴正时。

（6）拆卸曲轴皮带轮。

（7）拆卸发动机侧支座。注意：不要拆下紧固发动机侧支座和发动机侧支座托架的螺栓。

（8）拆卸摇臂机油控制阀。

（9）移动线束托架。

①拆下线束夹（如图 10–2 中 A）。

②移动线束托架（如图 10–2 中 B）。

③断开搭铁电缆（如图 10–2 中 C）。

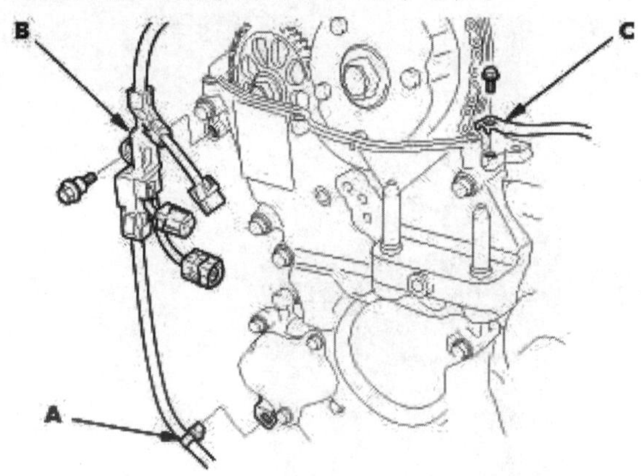

图 10–2

（10）拆卸凸轮轴链条箱。注意：如有必要，最多举升发动机约 30mm，确保不会损坏软管、电气线束和 / 或发动机支座，如图 10–3、图 10–4。

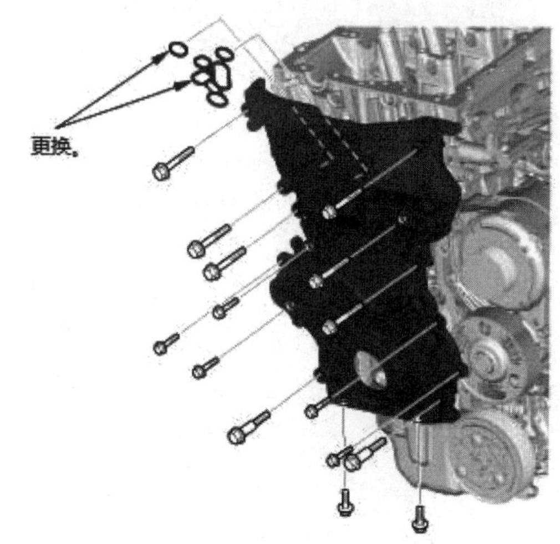

图 10–3

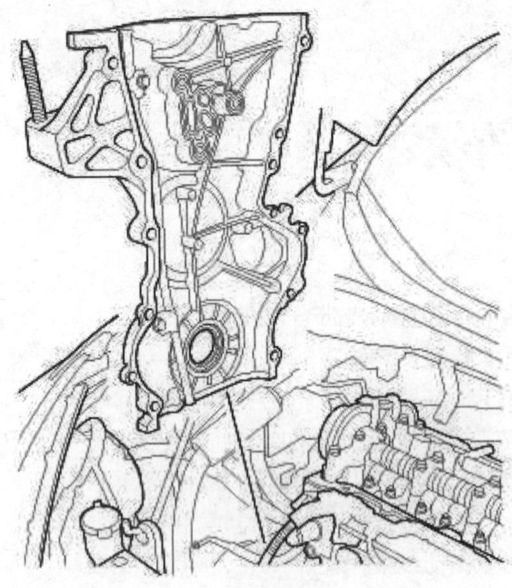

图 10-4

（11）拆卸凸轮轴链条自动张紧器。

①松松地安装曲轴皮带轮。

②逆时针旋转曲轴，以压缩凸轮轴链条自动张紧器，如图 10-5。

图 10-5

③逆时针旋转曲轴以便对齐锁（如图 10-6 中 A）和凸轮轴链条自动张紧器（如图 10-6 中 B）上的孔。

④将 1.0mm 直径销（如图 10-6 中 C）插入孔中。

⑤顺时针转动曲轴以固定销。注意：如果未对齐锁和凸轮轴链条自动张紧器的孔，继续逆时针旋转曲轴直至孔对齐，然后安装销。

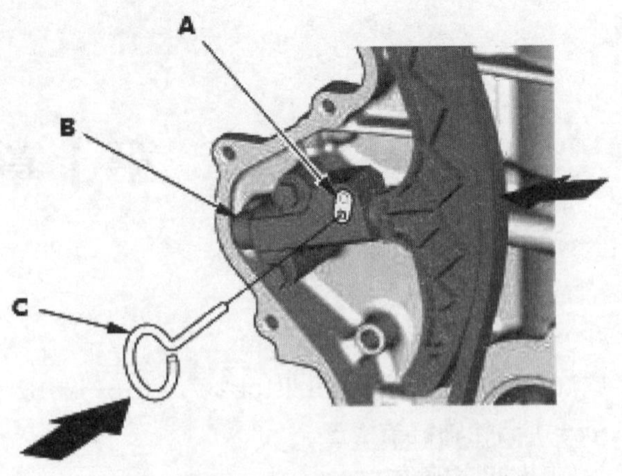

图 10-6

⑥拆下凸轮轴链条自动张紧器。

⑦拆下曲轴皮带轮，如图 10-7。

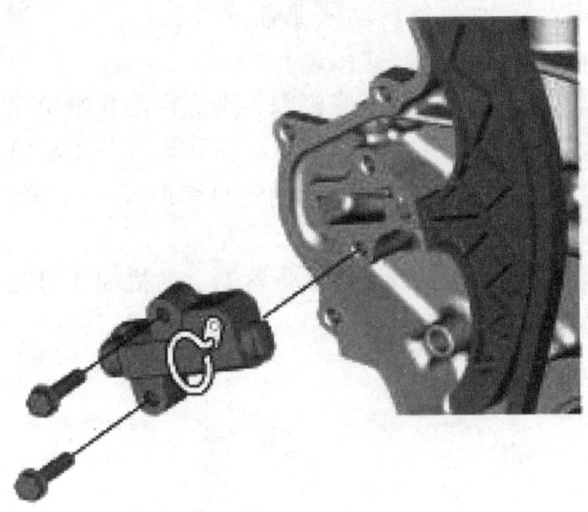

图 10-7

（12）拆卸凸轮轴链条导向，如图 10-8。

图 10-8

（13）拆卸凸轮轴链条导向和张紧器臂。

拆下凸轮轴链条导向（如图 10-9 中 A）和凸轮轴链条张紧器臂（如图 10-9 中 B）。

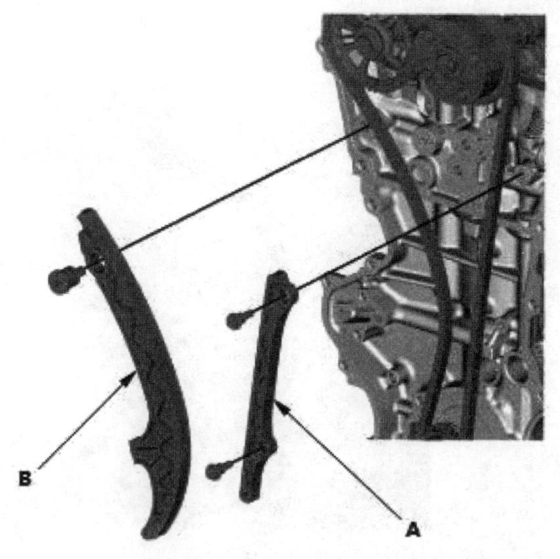

图 10-9

（14）拆卸凸轮轴链条。

2. 安装。

注意：使凸轮轴链条远离磁场。

（1）设置 1 号活塞在上止点位置。

①将曲轴置于上止点（TDC）。将曲轴链轮上的 TDC 标记（如图 10-10 中 A）与机油泵上的指针（如图 10-10 中 B）对齐。

②拆下曲轴链轮。

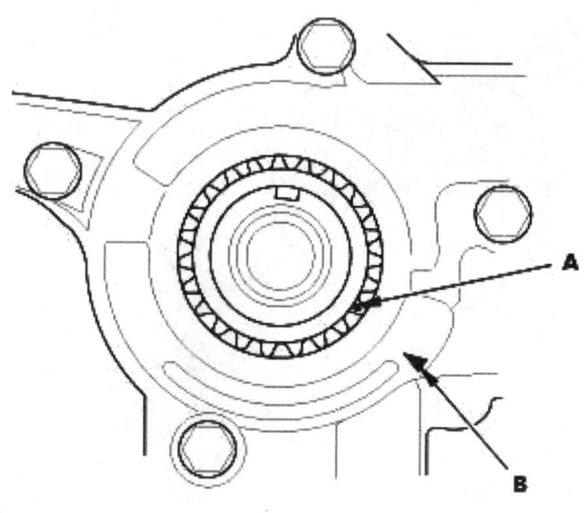

图 10-10

③将 5mm 直径销（如图 10-11 中 A）插入凸轮轴保养孔中。

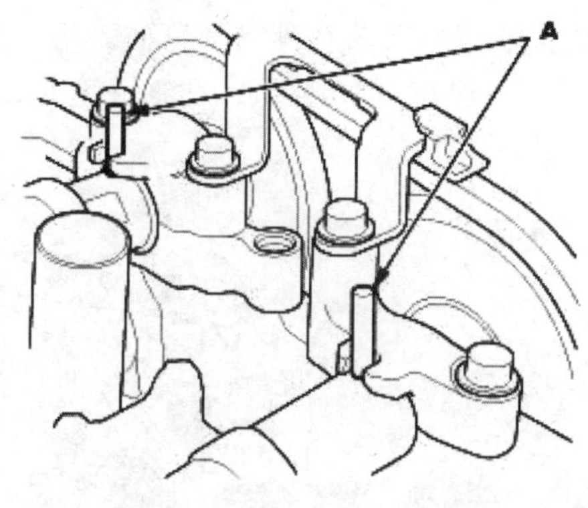

图 10-11

（2）安装凸轮轴链条。

①将凸轮轴链条安装在曲轴链轮上，使涂色的链节（如图 10-12 中 A）与曲轴链轮上的标记（如图 10-12 中 B）对准。

②将曲轴链轮安装到曲轴上。

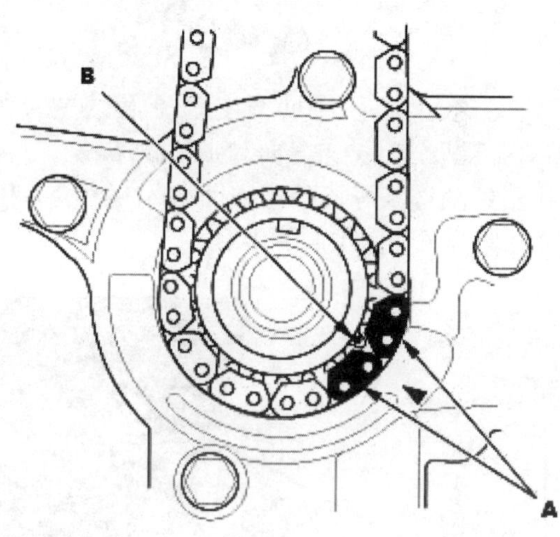

图 10-12

③将凸轮轴链条安装在 VTC 作动器链轮上，使彩色链节板（如图 10-13 中 A）与 VTC 作动器链轮上的标记（如图 10-13 中 B）对准。

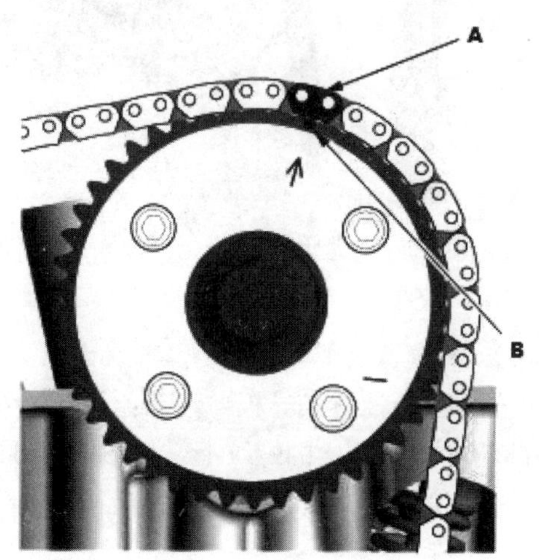

图 10-13

④将凸轮轴链条安装在排气凸轮轴链轮上，使彩色链节板（如图 10-14 中 A）与排气凸轮轴链轮上的标记（如图 10-14 中 B）对准。

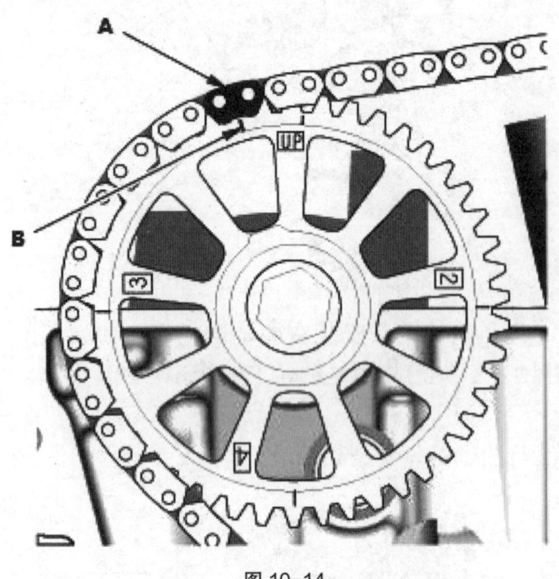

图 10-14

（3）安装凸轮轴链条导向和张紧器臂。

安装凸轮轴链条导向轨（如图 10-15 中 A）和凸轮轴链条张紧器臂（如图 10-15 中 B）。

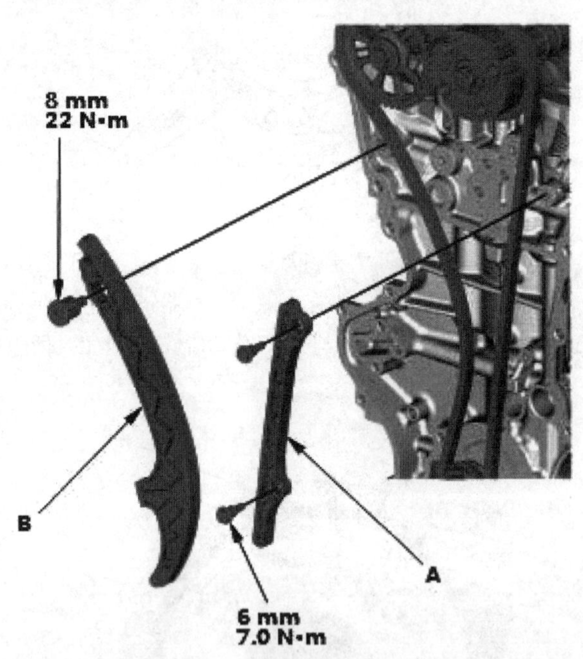

图 10-15

（4）安装凸轮轴链条导板。注意：将新的发动机机油涂抹到凸轮轴支架螺栓的螺纹上，如图 10-16。

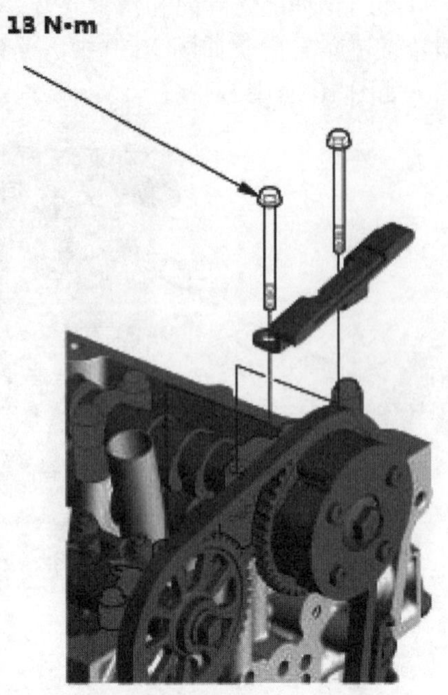

图 10-16

（5）安装凸轮轴链条自动张紧器。

①更换凸轮轴链条时，压缩凸轮轴链条自动张紧器。从拆卸过程中安装的凸轮轴链条自动张紧器上拆下销（如图 10-17 中 A）。逆时针转动板（如图 10-17 中 B）解除锁止状态，然后压下杆（如图 10-17 中 C），将第一个凸轮（如图 10-17 中 D）固定在齿条（如图 10-17 中 E）第一边缘位置。将 1.0mm 直径销插回到孔（如图 10-17 中 F）中。注意：如果没有如上所述放置凸轮轴链条自动张紧器，将会损坏凸轮轴链条自动张紧器。

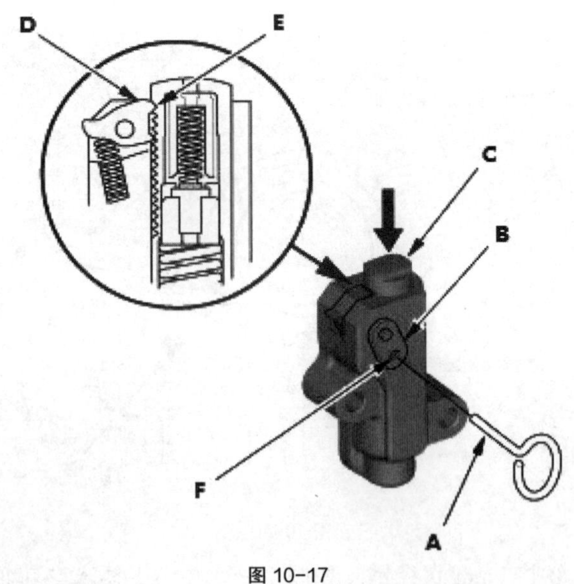

图 10-17

②安装凸轮轴链条自动张紧器，如图 10-18。

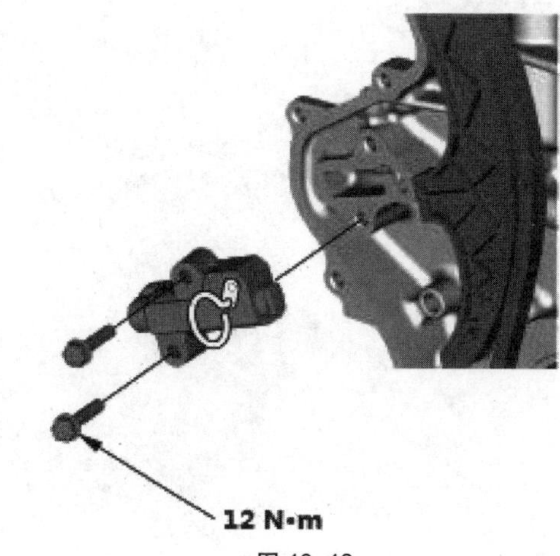

图 10-18

③拆下销，如图 10-19。

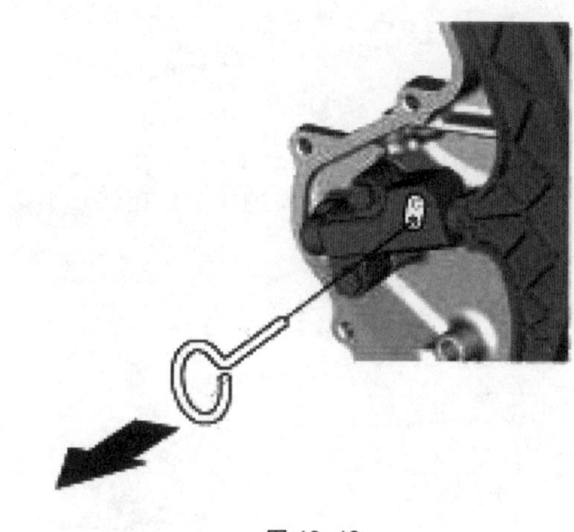
图 10-19

（6）拆卸销。

将直径 5mm 的销从凸轮轴维修孔中拆下，如图 10-20。

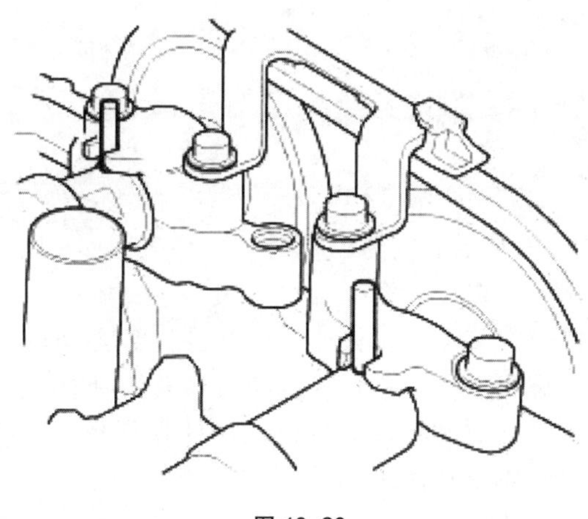
图 10-20

（7）安装凸轮轴链条箱。

①检查皮带轮端曲轴油封是否损坏。如果油封损坏，更换皮带轮端曲轴油封。

②将旧密封胶从凸轮链条箱接合面、螺栓和螺栓孔上清除。

③清洁并风干凸轮链条箱接合面。

④在凸轮链条箱的发动机气缸体接合面和螺栓孔内缘涂抹密封胶（P/N 08C70-K0334M）。涂抹密封胶后 4min 内安装零部件。注意：沿虚线（如图 10-21 中 A）涂抹直径约 2.5mm 的密封胶胶条。在发动机气缸体（如图 10-21 中 B）上表面接触区域涂抹直径 11mm、厚约 2.5mm 的密封胶。如图 10-21。如果涂抹密封胶后经过太长时间，清除旧的密封胶和残胶，然后重新涂抹新的密封胶。

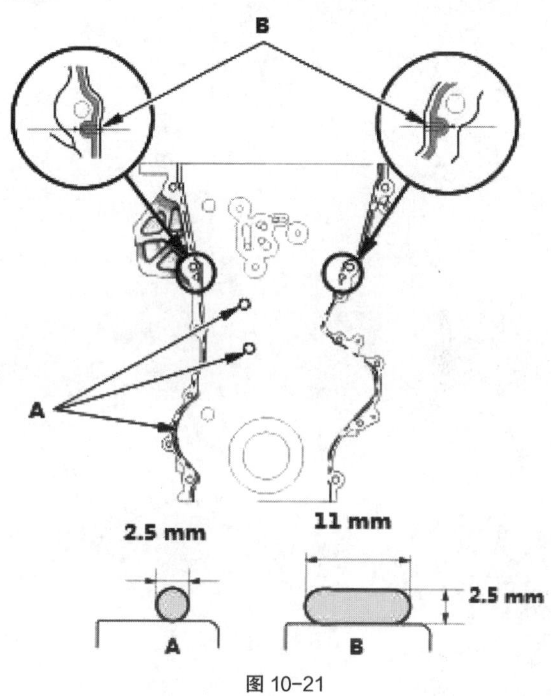

图 10-21

⑤在凸轮链条箱的油底壳接合面和螺栓孔内缘涂抹密封胶（P/N 08C70-K0334M）。涂抹密封胶后 4min 内安装零部件。注意：沿虚线（如图 10-22 中 A）涂抹直径约 2.5mm 的密封胶胶条。如果涂抹密封胶后经过太长时间，清除旧的密封胶和残胶，然后重新涂抹新的密封胶。

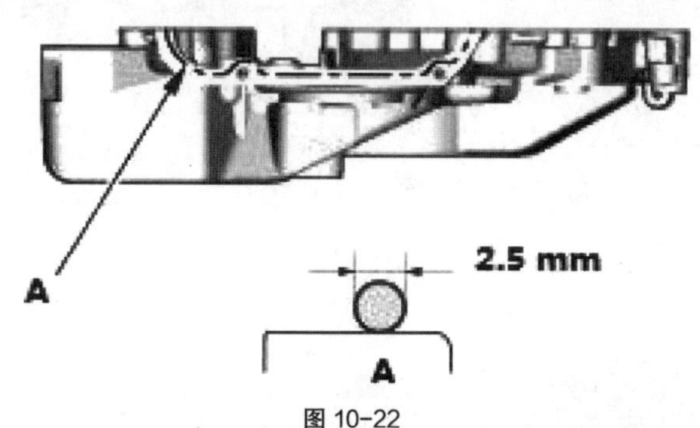

图 10-22

⑥在凸轮链条箱上安装新的 O 形圈。将凸轮链条箱的边缘固定到油底壳的边缘上，然后将凸轮链条箱安装到发动机气缸体上。清除油底壳和凸轮链条箱接合部位

多余的密封胶。注意：安装凸轮链条箱时，切勿将底面滑到油底壳安装表面上。在加注发动机机油前，至少等待30min。安装凸轮链条箱后，至少3h内不要运行发动机。

⑦将凸轮链条箱安装到发动机气缸体上。

⑧松松地安装定位螺栓（E），然后拧紧8mm螺栓（F）、6mm螺栓（G）和定位螺栓。

⑨清除曲轴上多余的机油，检查并确认皮带轮端曲轴油封唇口没有变形，如图10-23~图10-25。

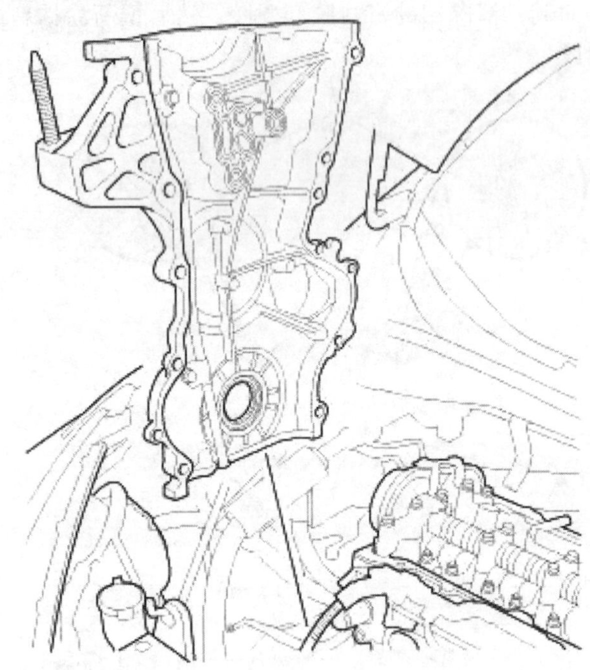

图10-23

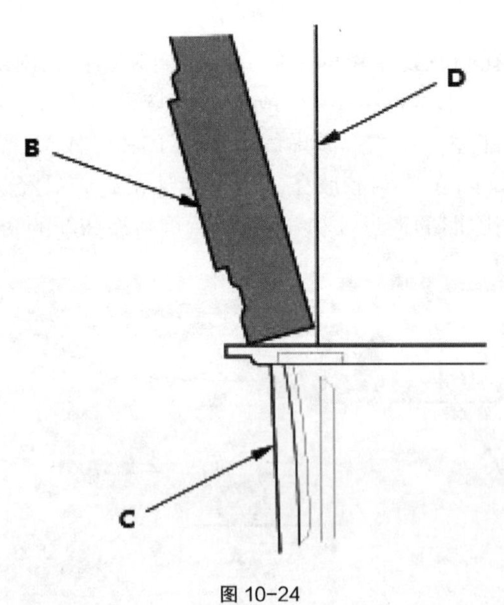

图10-24

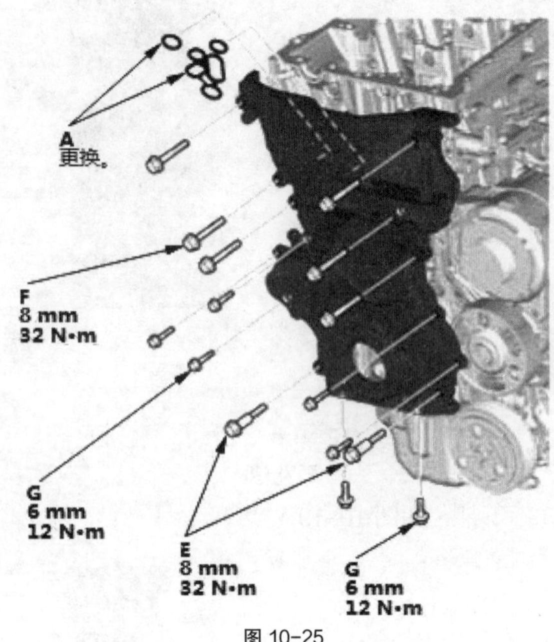

图10-25

（8）安装线束托架。

①安装线束夹（如图10-26中A）和线束托架（如图10-26中B）。

②连接搭铁电缆（如图10-26中C）。

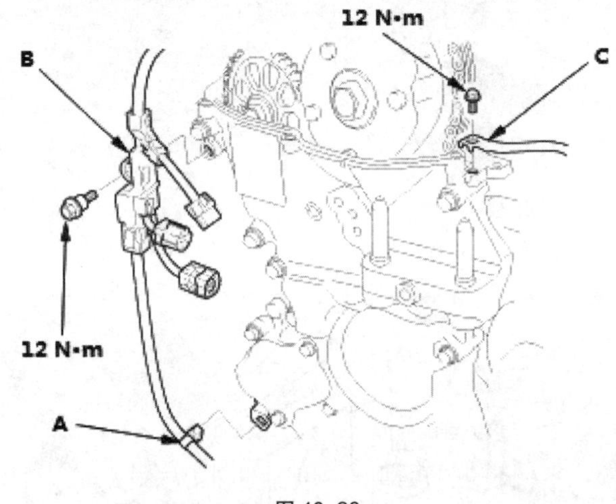

图10-26

（9）安装摇臂机油控制阀。

（10）安装气缸盖罩。

（11）安装发动机侧支座。注意：务必使用新的螺栓和新的螺母。如发动机侧支座安装步骤所述，松开变速器支座托架安装螺栓和螺母、扭杆安装螺栓，然后按正确顺序将其拧紧。

（12）安装曲轴皮带轮。

（13）安装传动皮带自动张紧器。

（14）安装传动皮带。

（15）安装发动机底盖。

（16）安装右前轮。

二、车型

广汽本田飞度 1.5L（1.5L L15B2），2014—2019 年。

广汽本田缤智 1.5L（1.5L L15B2），2015—2019 年。

（一）凸轮链条拆装和安装

1. 拆卸。

注意：使凸轮轴链条远离磁场。

（1）拆卸右前轮。

（2）拆卸发动机底盖。

（3）拆卸传动皮带。

（4）拆卸传动皮带自动张紧器。

（5）拆卸曲轴皮带轮。

（6）拆卸发动机侧支座。

（7）断开插接器（摇臂机油压力开关）。

①断开插接器（如图 10-27 中 A）。

② CVT：断开插接器（如图 10-27 中 B）。

③拆下线束夹（如图 10-27 中 C）和搭铁电缆（如图 10-27 中 D）。

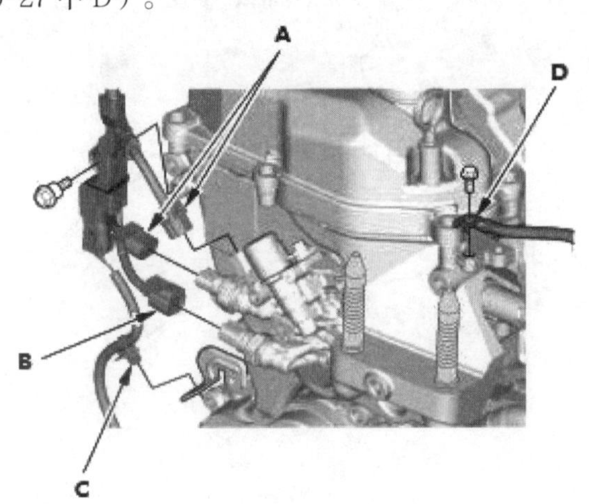

图 10-27

（8）拆卸摇臂机油控制阀。

（9）拆卸气缸盖罩。

（10）拆卸凸轮轴链条箱（如图 10-28）。

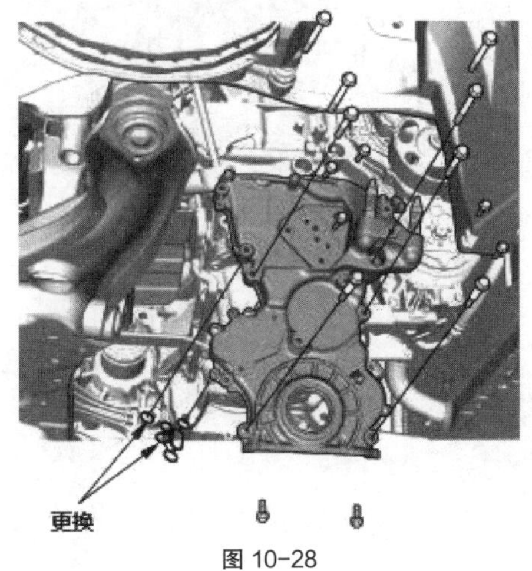

图 10-28

（11）拆卸凸轮轴链条自动张紧器。

①松松地安装曲轴皮带轮。

②逆时针转动曲轴以压缩凸轮轴链条自动张紧器，如图 10-29。

图 10-29

③逆时针旋转曲轴以将锁止（A）上的孔和凸轮轴链条自动张紧器（B）对齐，然后将直径 1.2 mm 的销（C）插入到孔中。顺时针转动曲轴以固定销。如图 10-30。

注意：如果锁止上的孔和凸轮轴链条自动张紧器未对齐，则继续再次逆时针旋转曲轴，直至对齐，然后安装销。

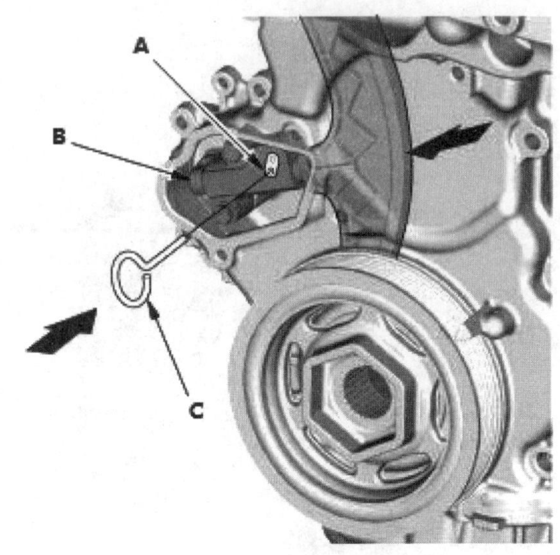

图 10-30

④拆下凸轮轴链条自动张紧器。

⑤拆下曲轴皮带轮，如图 10-31。

图 10-31

（12）拆卸凸轮轴链条导板（图 10-32）。

图 10-32

（13）拆卸凸轮轴链条导板和张紧器臂。

拆下凸轮轴链条导板（如图 10-33 中 A）和凸轮轴链条张紧器臂（如图 10-33 中 B）。

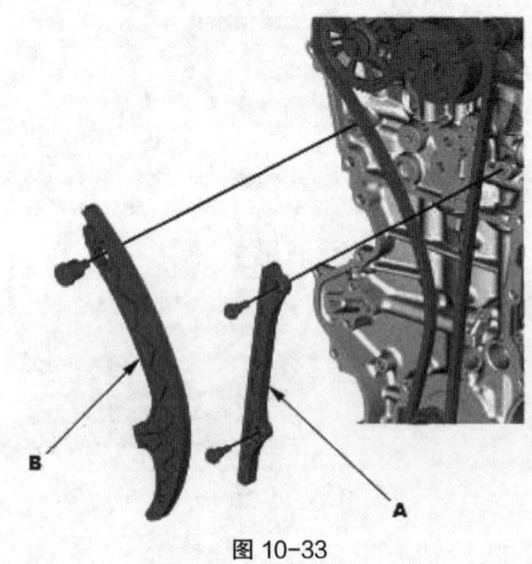

图 10-33

（14）拆卸凸轮轴链条。

2. 安装

注意：使凸轮轴链条远离磁场。

（1）设置上止点（曲轴侧）上的 1 号活塞。

①将凸轮轴设置到上止点（TDC）。将曲轴链轮上的 TDC 标记（如图 10-34 中 A）与油泵上的指针（如图 10-34 中 B）对齐。

②拆下曲轴链轮。

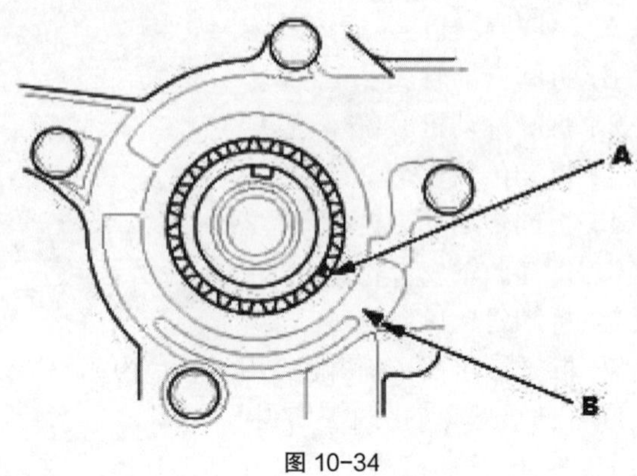

图 10-34

（2）插入销。

将直径 5mm 的销插入凸轮轴维修孔中，如图 10-35。

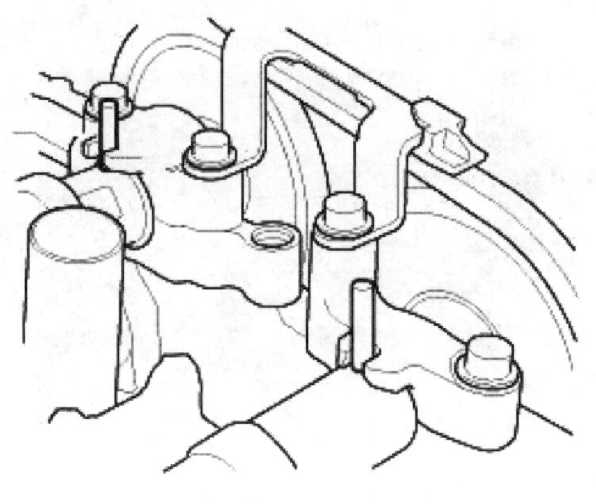

图 10-35

（3）安装凸轮轴链条。

①将凸轮轴链条安装到曲轴链轮上，有颜色的连杆片（如图 10-36 中 A）与曲轴链轮上的标记（如图 10-36 中 B）对齐。

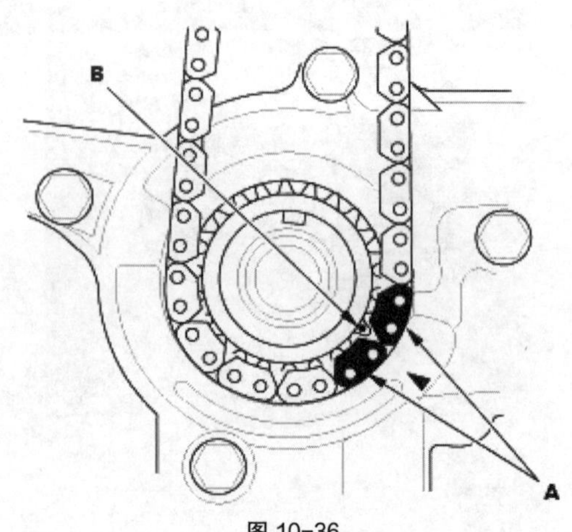

图 10-36

②将凸轮轴链条安装到 VTC 作动器链轮，有颜色的连杆片（如图 10-37 中 A）与 VTC 作动器链轮上的标记（如图 10-37 中 B）对齐。

图 10-37

③将凸轮轴链条安装到排气凸轮轴，有颜色的连杆片（如图 10-38 中 A）与排气凸轮轴链轮上的标记（如图 10-38 中 B）对齐。

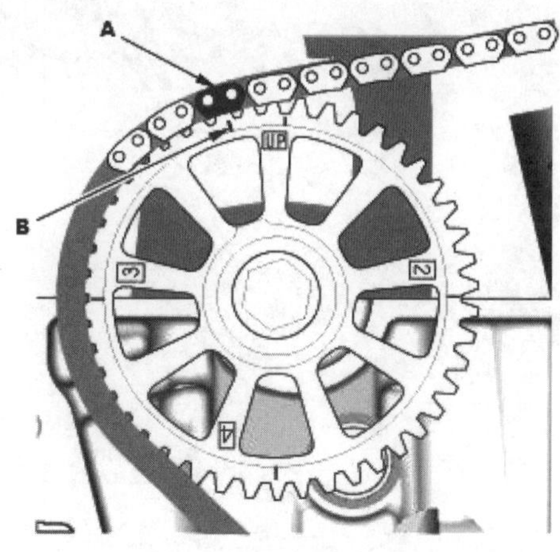

图 10-38

（4）安装凸轮轴链条导板和张紧器臂。

安装凸轮轴链条导板（如图 10-39 中 A）和凸轮轴链条张紧器臂（如图 10-39 中 B）。

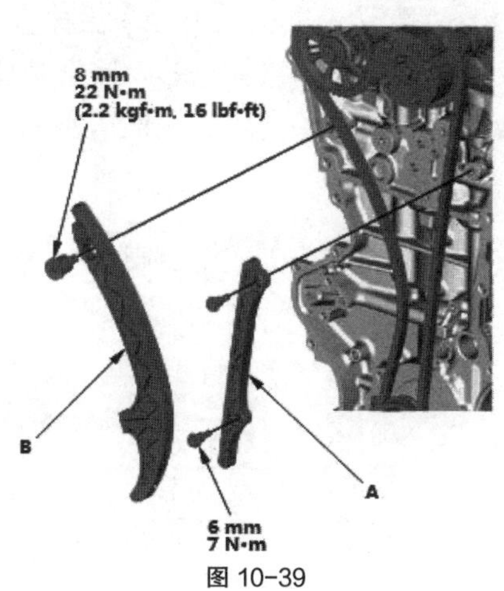

图 10-39

（5）拆卸销。

将直径 5mm 的销从凸轮轴维修孔中拆下，如图 10-40。

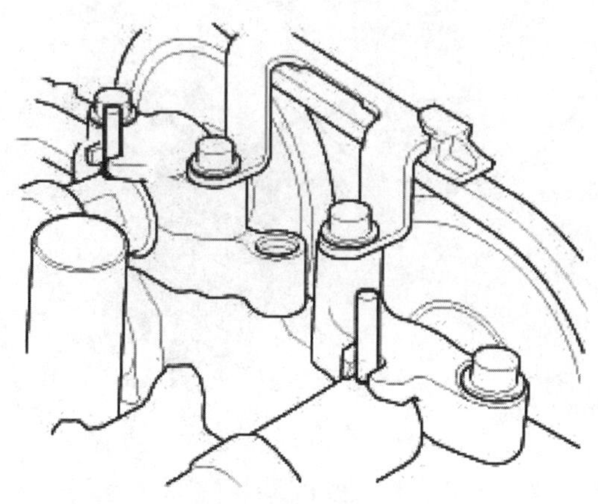

图 10-40

（6）安装凸轮轴链条导板，如图 10-41。

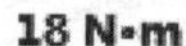

图 10-41

（7）安装凸轮轴链条自动张紧器。

①更换凸轮轴链条时，压缩凸轮轴链条自动张紧器。将在拆卸期间安装的销（如图 10-42 中 A）从凸轮轴链条自动张紧器上拆下。逆时针转动片（如图 10-42 中 B）以释放锁止，然后压下杆（如图 10-42 中 C），并将第一个凸轮（如图 10-42 中 D）设置到齿条（如图 10-42 中 E）的第一个边缘。将直径 1.2 mm 的销插回孔（如图 10-42 中 F）中。

注意：如果未按照描述设置凸轮轴链条自动张紧器，则凸轮轴链条自动张紧器将损坏。

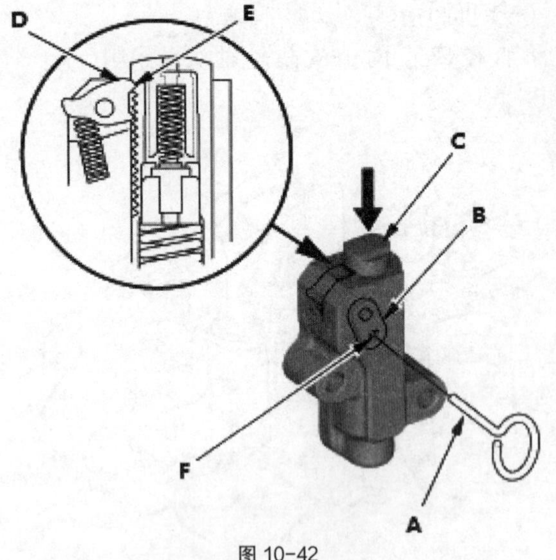

图 10-42

②安装凸轮轴链条自动张紧器。

③顺时针旋转凸轮轴链条张紧器滑块以压缩凸轮轴链条张紧器,并安装其余螺栓,然后将螺栓拧至规定扭矩,如图 10-43。

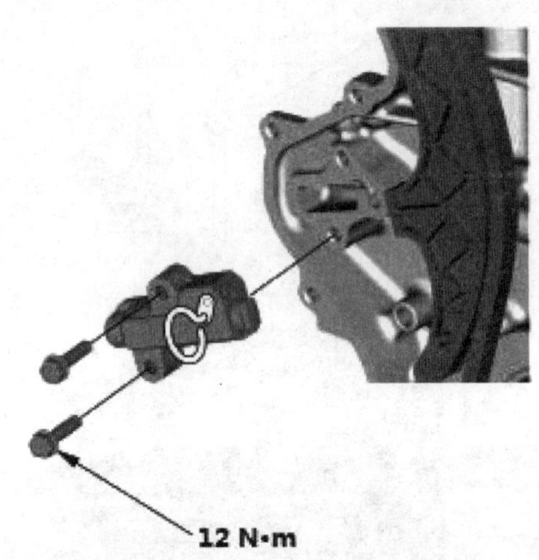

图 10-43

④将销从凸轮轴链条自动张紧器上拆下,如图 10-44。

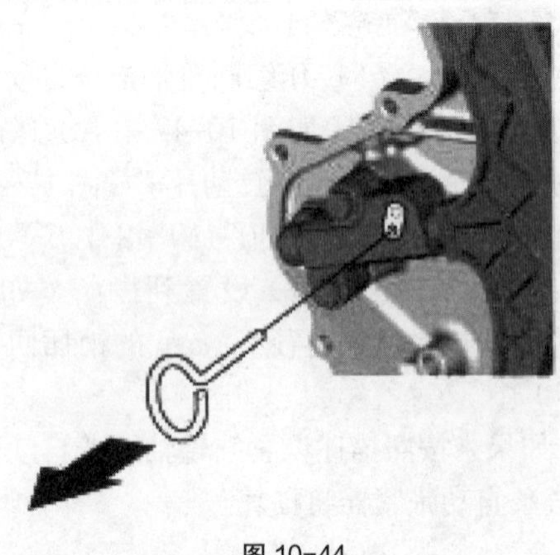
图 10-44

(8)安装凸轮轴链条箱。

①检查皮带轮端曲轴油封是否损坏。如果油封损坏,则更换皮带轮端曲轴油封。

②将所有旧的密封胶从链条箱接合面、螺栓和螺栓孔上清除。

③清洁并晾干链条箱接合面。

④在链条箱的发动机气缸体接合面和螺栓孔内缘涂抹密封胶(P/N 08C70-K0334M)。涂抹密封胶后 4min 内安装零部件。

注意:沿虚线(如图 10-45 中 A)涂抹直径约 2.5mm 的密封胶胶条,如图 10-45。在发动机气缸体(如图 10-45 中 B)的上表面接触区域涂抹直径约 11mm 的密封胶胶条。如果涂抹密封胶后经过太长时间,清除旧的密封胶和残胶,然后重新涂抹新的密封胶。

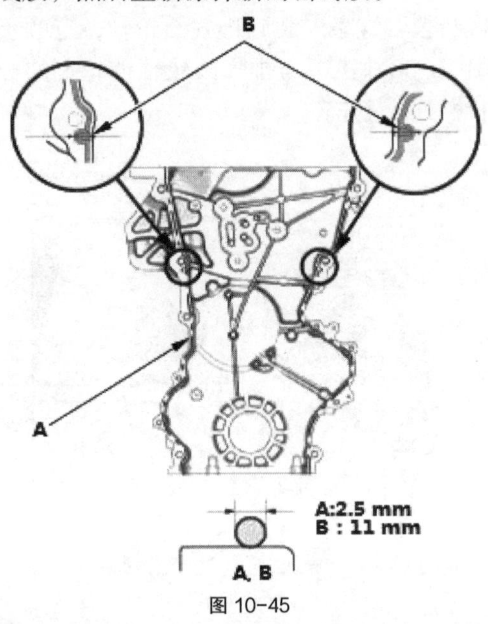

图 10-45

⑤在链条箱的油底壳接合面和螺栓孔内缘涂抹密封胶(P/N 08C70-K0334M)。涂抹密封胶后 4min 内安装零部件。

注意:沿虚线(如图 10-46 中 A)涂抹直径约 2.5mm 的密封胶胶条,如图 10-46。如果涂抹密封胶后经过太长时间,清除旧的密封胶和残胶,然后重新涂抹新的密封胶。

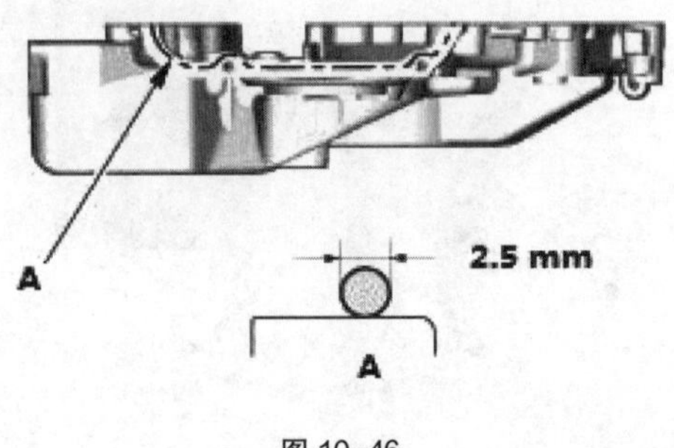

图 10-46

⑥在链条箱上安装新的O形圈（如图10-47中A）。将链条箱（如图10-48中B）的边缘与油底壳（如图10-48中C）的边缘对齐，然后将链条箱安装到发动机气缸体（如图10-48中D）上。清除油底壳和链条箱接合区域上多余的密封胶。

注意：安装链条箱时，切勿将底面滑到油底壳安装表面上。加注发动机机油前，至少等待30min。安装链条箱后，至少3h内不可运行发动机。

⑦将链条箱安装到发动机气缸体。

⑧松松地安装定位螺栓（如图10-47中E），然后紧固8mm螺栓（如图10-47中F）、6mm螺栓（如图10-47中G）和定位螺栓。

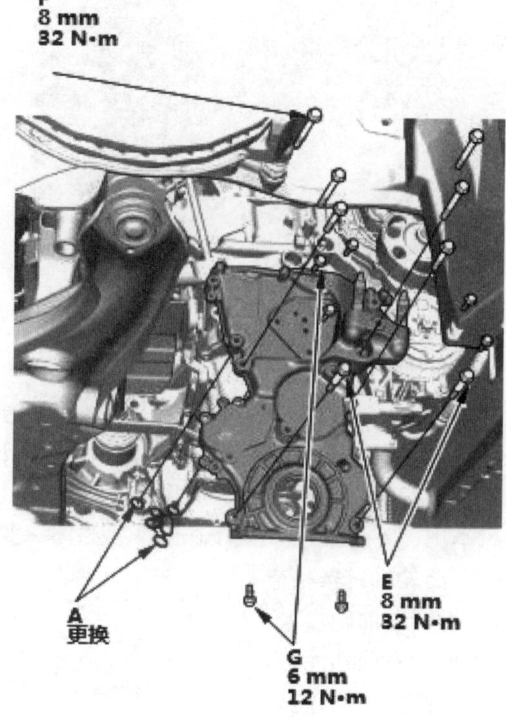

图10-47

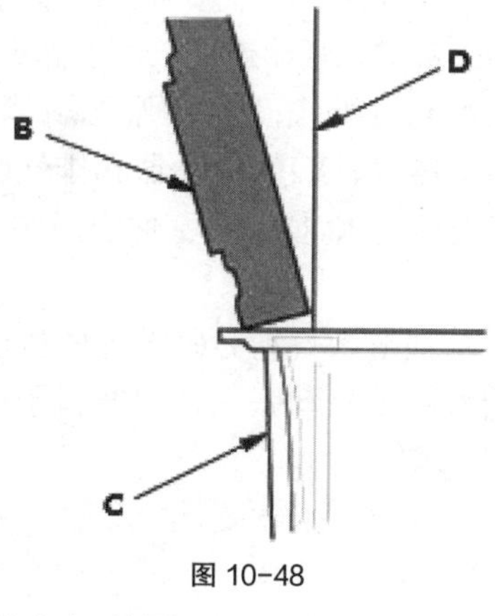

图10-48

（9）安装气缸盖罩。

（10）安装摇臂机油控制阀。

（11）连接插接器（摇臂机油压力开关）。

①连接插接器（如图10-49中A）。

② CVT：连接插接器（如图10-49中B）。

③安装线束夹（如图10-49中C）和搭铁电缆（如图10-49中D）。

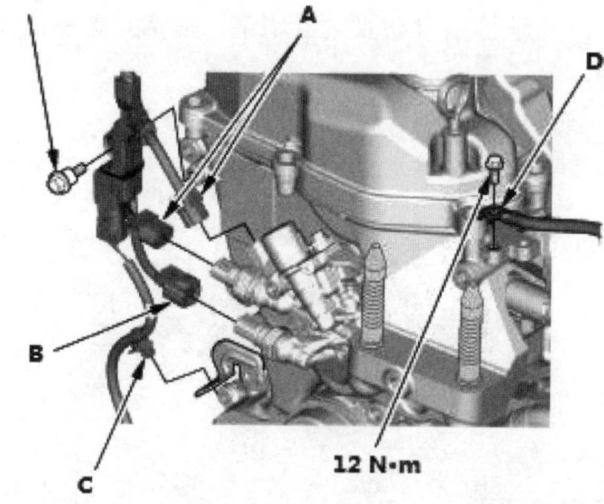

图10-49

（12）安装发动机侧支座。

（13）安装曲轴皮带轮。

（14）安装发动机底盖。

（15）安装传动皮带自动张紧器。

（16）安装传动皮带。

（17）安装右前轮。

（二）凸轮轴链条检查。

（1）拆卸右前轮。

（2）拆卸发动机底盖。

（3）拆卸链条箱盖（如图10-50）。

图10-50

（4）检查凸轮轴链条。

①测量凸轮轴链条自动张紧器杆的长度。

凸轮轴链条自动张紧器杆长度维修极限：23mm。

②如果长度超过维修极限，则更换凸轮轴链条。更换时，检查曲轴链轮上的齿、VTC 作动器和排气凸轮轴链轮是否磨损或损坏。如果有任何磨损和损坏，必要时进行更换。

③检查凸轮轴链条自动张紧器上的油道是否堵塞。如果凸轮轴链条自动张紧器堵塞，则将其更换，如图 10-51。

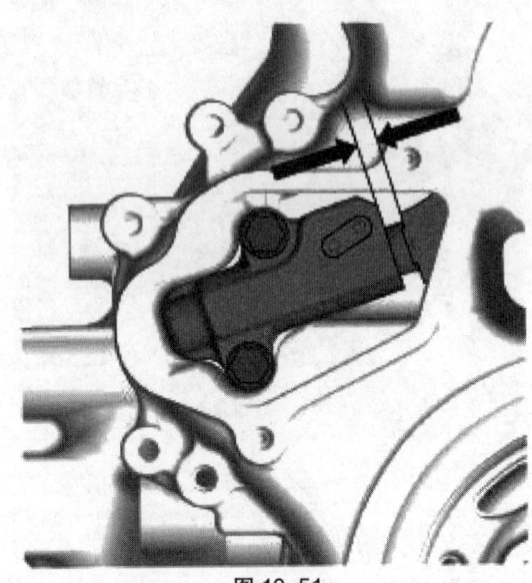

图 10-51

（5）安装链条箱盖。

①将所有旧的密封胶从链条箱盖接合面、螺栓和螺栓孔上清除。

②清洁并晾干链条箱盖接合面。

③在链条箱盖接合面和螺栓孔内缘涂抹密封胶（P/N 08C70-K0334M）。涂抹密封胶后 4min 内安装零部件。

注意：

沿虚线（如图 10-52 中 A）涂抹直径约 2.5mm 的密封胶胶条。

如果涂抹密封胶后经过太长时间，清除旧的密封胶和残胶，然后重新涂抹新的密封胶。

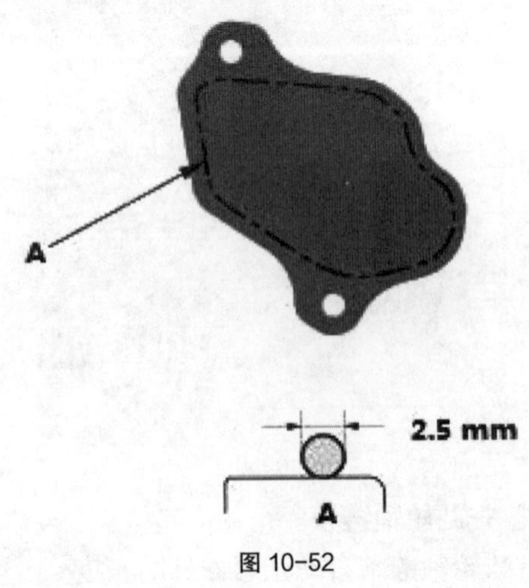

图 10-52

④安装链条箱盖。

注意：加注发动机机油前，至少等待 30min。

安装链条箱盖后，至少 3h 内不可运行发动机，如图 10-53。

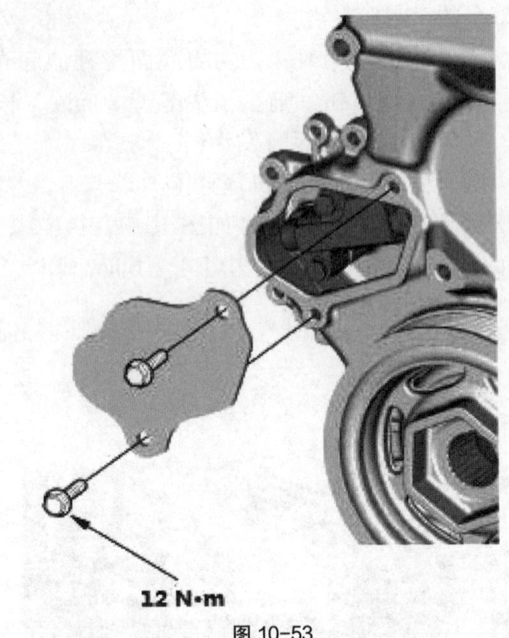

图 10-53

（6）安装所有拆下的零件。

①按与拆卸相反的顺序安装各个部件。

三、车型

东风本田哥瑞 1.5L（1.5L L15B5），2016—2019 年。

东风本田竞瑞 1.5L（1.5L L15B5），2017—2019 年。

东风本田 XR-V1.5L（1.5L L15B5），2015—2019 年。

（一）凸轮轴链条检查

（1）拆卸右前轮。

（2）拆卸右前挡泥板。

（3）拆卸链条箱盖。

（4）检查凸轮轴链条。

①测量凸轮轴链条自动张紧器连杆的长度。

凸轮轴链条自动张紧器连杆长度维修极限：23mm。

②如果长度超过维修极限，则更换凸轮轴链条。更换时，检查曲轴链轮、VTC 作动器和排气凸轮轴链轮上的轮齿是否磨损和损坏。如果有零件磨损或损坏，必要时，予以更换。

③检查凸轮轴链条自动张紧器上的机油通道是否阻塞。如果凸轮轴链条自动张紧器阻塞，予以更换，如图 10-54。

图 10-54

（5）安装所有拆下零件。

按照与拆卸相反的顺序安装零件。

（二）凸轮链条拆卸和安装

1. 拆卸。

注意：使凸轮轴链条远离磁场。

（1）拆卸右前轮。

（2）拆卸前挡泥板和发动机底盖。

（3）拆卸传动皮带。

（4）拆卸传动皮带自动张紧器。

（5）检查凸轮轴正时。

（6）拆卸曲轴皮带轮。

（7）拆卸发动机侧支座。

注意：不要拆下紧固发动机侧支座和发动机侧支座托架的螺栓。

（8）拆卸摇臂机油控制阀。

（9）移动线束托架。

①拆下线束夹（如图 10-55 中 A）。

②移动线束托架（如图 10-55 中 B）。

③断开搭铁电缆（如图 10-55 中 C）。

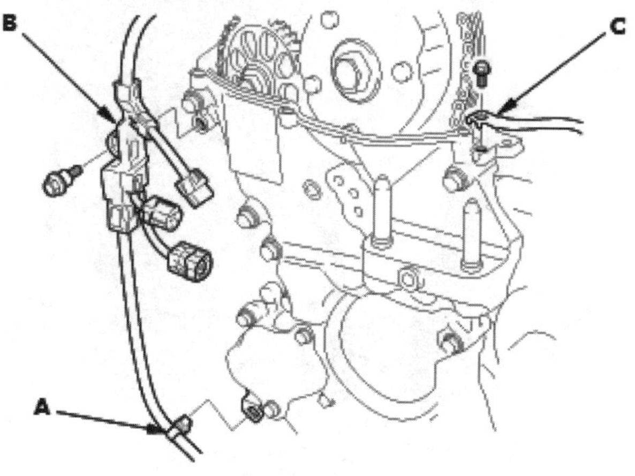

图 10-55

（10）拆卸凸轮轴链条箱。

注意：如有必要，最多举升发动机 30mm，确保不会损坏软管、电气线束和 / 或发动机支座，如图 10-56。

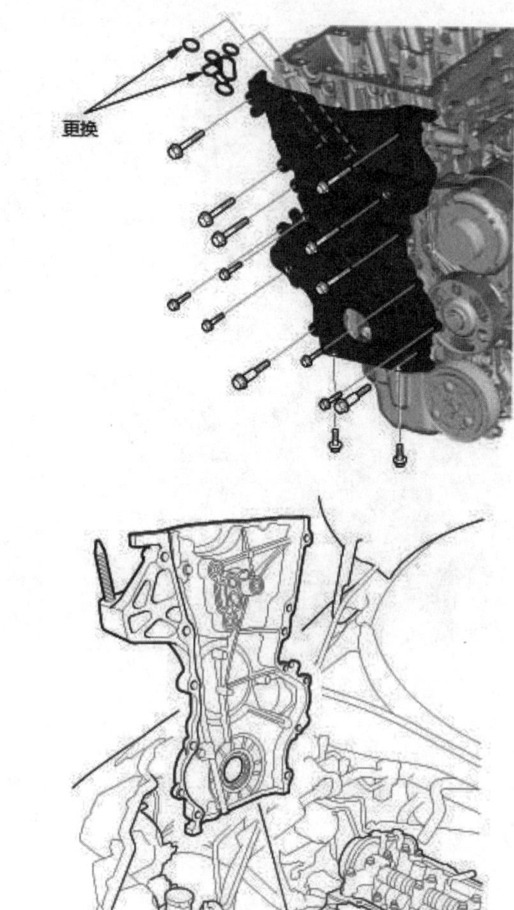

图 10-56

（11）拆卸机油油位管。

如有需要，拆下机油油位管，如图 10-57。

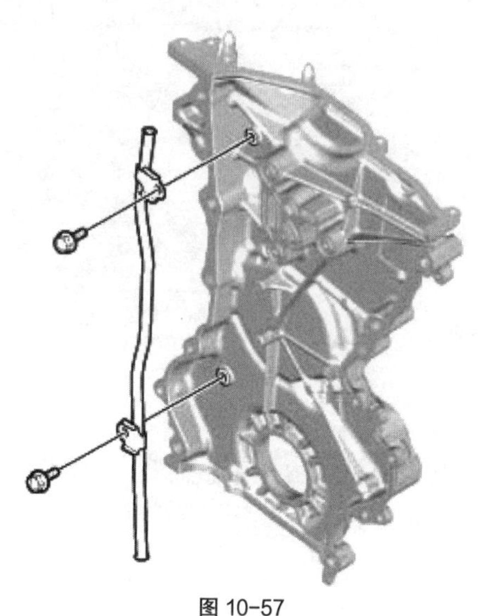

图 10-57

（12）拆卸凸轮轴链条自动张紧器。

①松松地安装曲轴皮带轮。

②逆时针旋转曲轴，以压缩凸轮轴链条自动张紧器，如图 10-58。

图 10-58

③逆时针旋转曲轴以便对齐锁（如图 10-59 中 A）和凸轮轴链条自动张紧器（如图 10-59 中 B）上的孔。

④将 1.0mm 直径销（如图 10-59 中 C）插入孔中。

⑤顺时针转动曲轴以固定销。

注意：如果未对齐锁和凸轮轴链条自动张紧器的孔，继续逆时针旋转曲轴直至孔对齐，然后安装销。

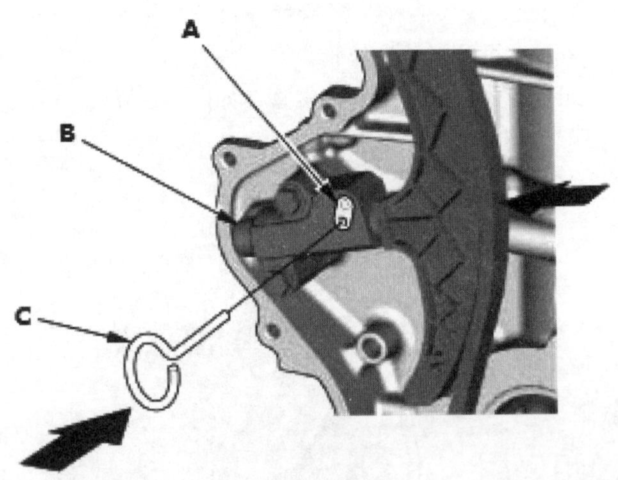

图 10-59

⑥拆下凸轮轴链条自动张紧器。

⑦拆下曲轴皮带轮，如图 10-60。

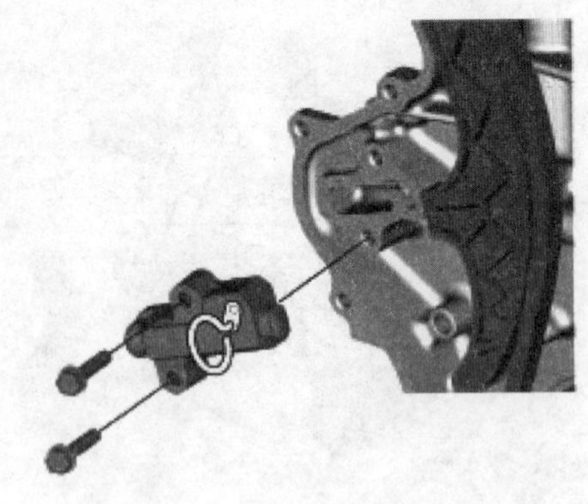

图 10-60

（13）拆卸凸轮轴链条导向（如图 10-61）。

图 10-61

（14）拆卸凸轮轴链条导向和张紧器臂。

拆下凸轮轴链条导向和（如图 10-62 中 A）和凸轮轴链条张紧器臂（如图 10-62 中 B）。

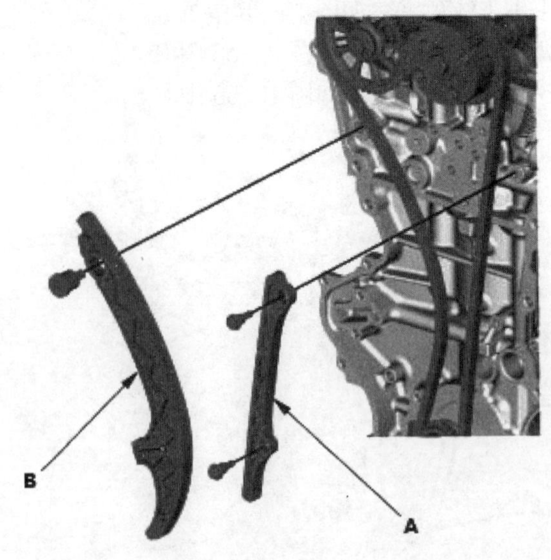

图 10-62

（15）拆卸凸轮轴链条。

2. 安装。

注意：使凸轮轴链条远离磁场。

（1）设置 1 号活塞在上止点位置。

①将曲轴置于上止点（TDC）。将曲轴链轮上的 TDC 标记（如图 10-63 中 A）与机油泵上的指针（如图 10-63 中 B）对齐。

②拆下曲轴链轮。

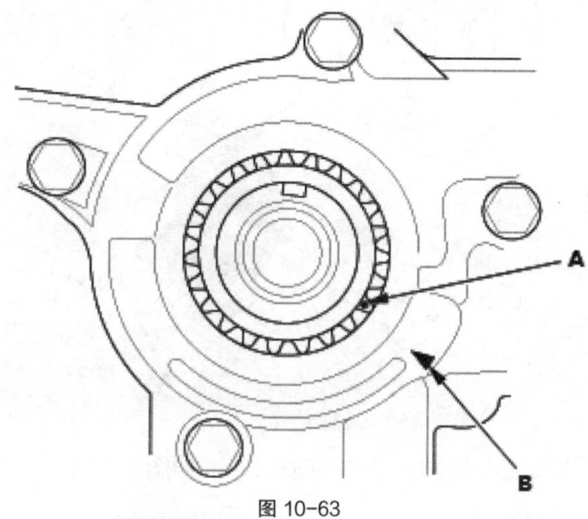

图 10-63

③将 5mm 直径销（如图 10-64 中 A）插入凸轮轴保养孔中。

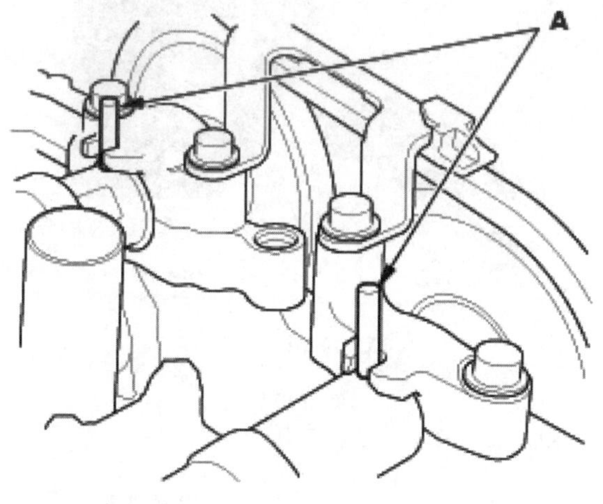

图 10-64

（2）安装凸轮轴链条。

①将凸轮轴链条安装在曲轴链轮上，使涂色的链节（如图 10-65 中 A）与曲轴链轮上的标记（如图 10-65 中 B）对准。

②将曲轴链轮安装到曲轴上。

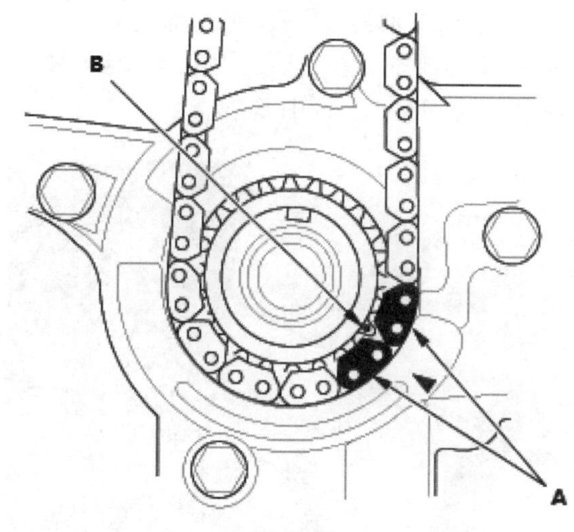

图 10-65

③将凸轮轴链条安装在 VTC 作动器链轮上，使彩色链节板（如图 10-66 中 A）与 VTC 作动器链轮上的标记（如图 10-66 中 B）对准。

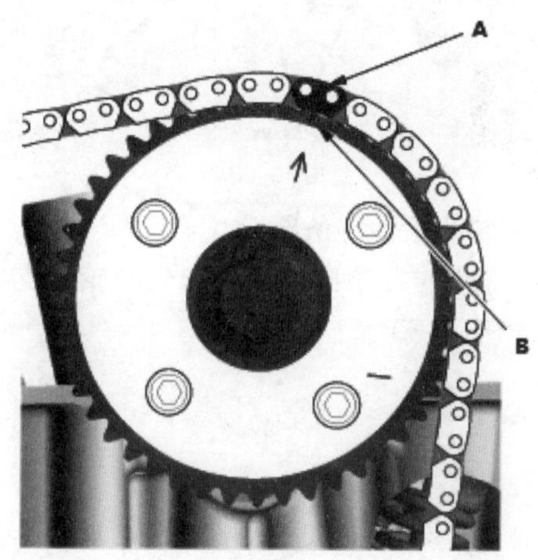

图 10-66

④将凸轮轴链条安装在排气凸轮轴链轮上，使彩色链节板（如图 10-67 中 A）与排气凸轮轴链轮上的标记（如图 10-67 中 B）对准。

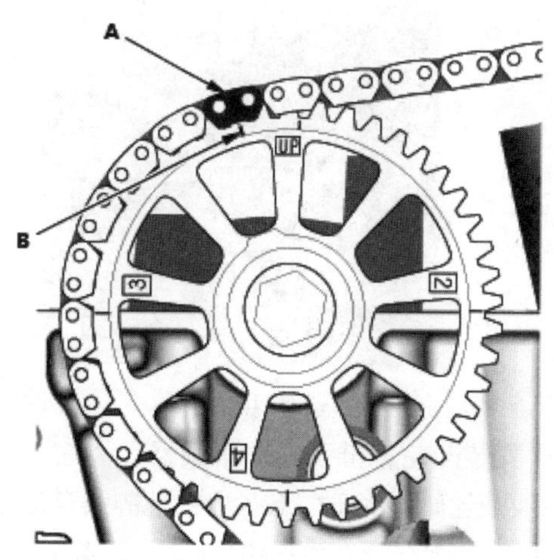

图 10-67

（3）安装凸轮轴链条导板和张紧器臂。

安装凸轮轴链条导板（如图 10-68 中 A）和凸轮轴链条张紧器臂（如图 10-68 中 B）。

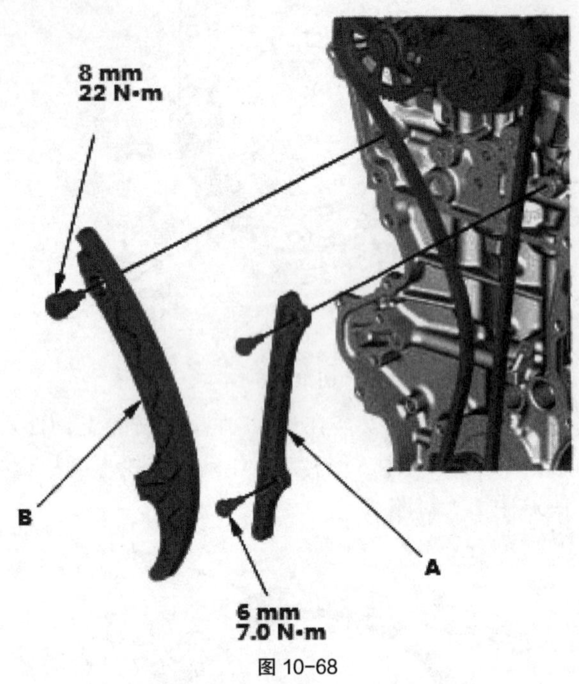

图 10-68

（4）安装凸轮轴链条导板。

注意：将新的发动机机油涂抹到凸轮轴支架螺栓的螺纹上，如图 10-69。

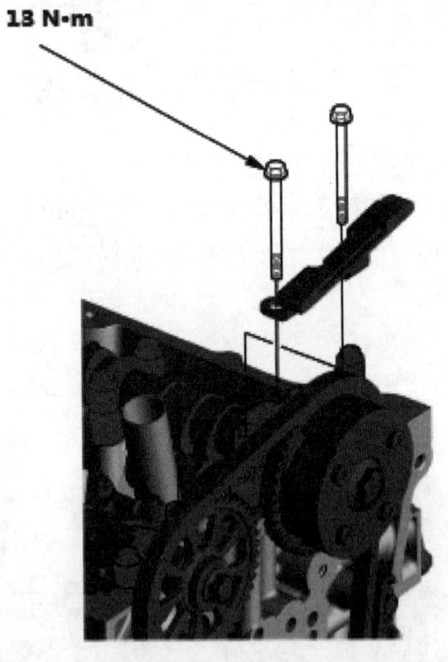

图 10-69

（5）安装凸轮轴链条自动张紧器。

①更换凸轮轴链条时，压缩凸轮轴链条自动张紧器。从拆卸过程中安装的凸轮轴链条自动张紧器上拆下销（如图 10-70 中 A）。逆时针转动板（如图 10-70 中 B）解除锁止状态，然后压下杆（如图 10-70 中 C），将第一个凸轮（如图 10-70 中 D）固定在齿条（如图 10-70 中 E）第一边缘位置。将 1.0mm 直径销插回到孔（如图 10-70 中 F）中。注意：如果没有如上所述放置凸轮轴链条自动张紧器，将会损坏凸轮轴链条自动张紧器。

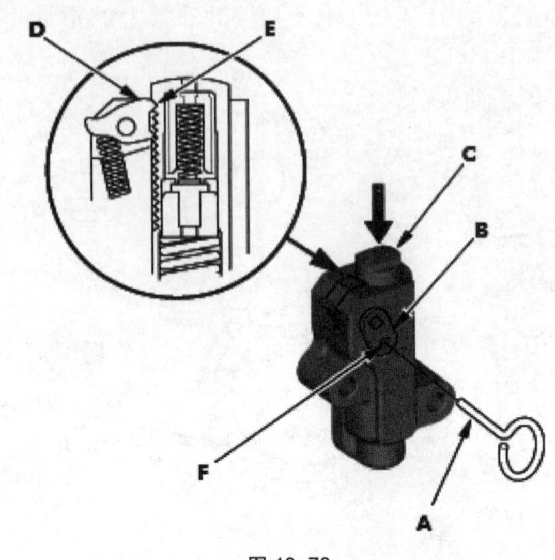

图 10-70

②安装凸轮轴链条自动张紧器，如图 10-71。

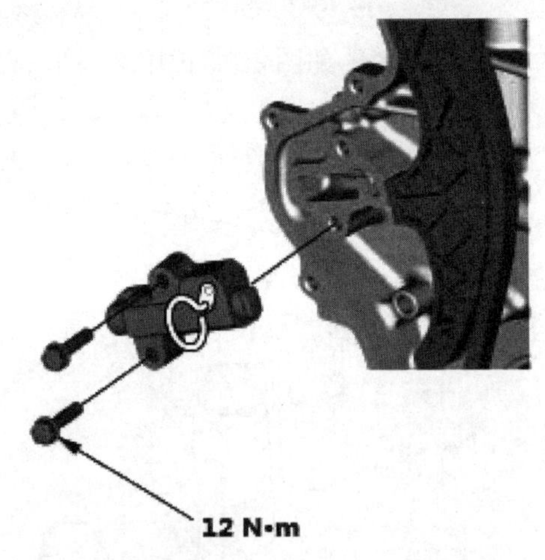

图 10-71

③拆下销，如图 10-72。

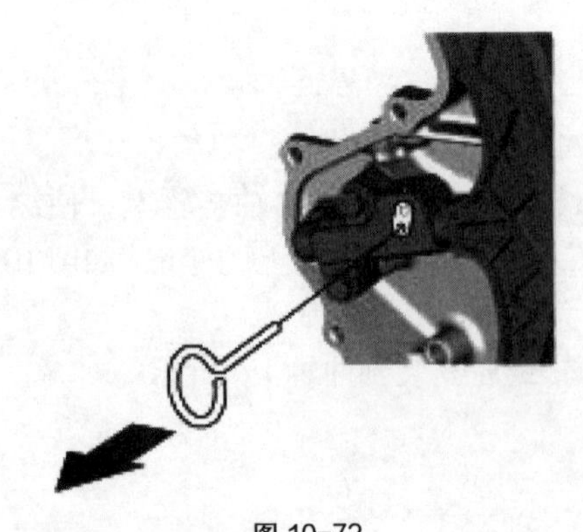

图 10-72

（6）拆卸销。

将直径 5mm 的销从凸轮轴维修孔中拆下，如图 10-73。

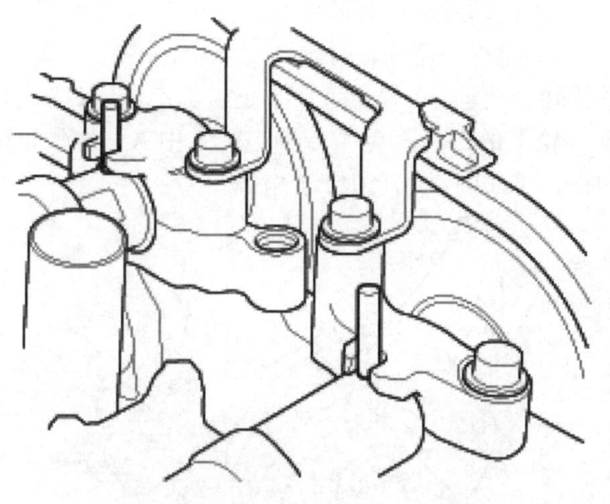

图 10-73

（7）安装机油油位管。

如果拆下了机油油位管，进行安装，如图 10-74。

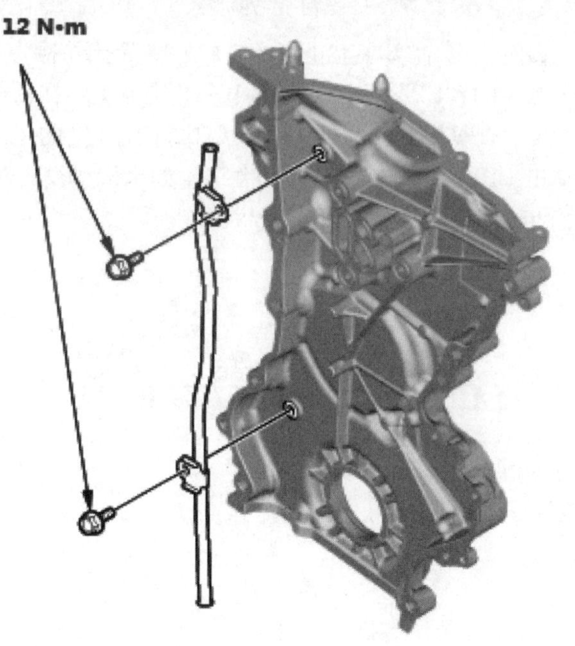

图 10-74

（8）安装凸轮链条箱。

①检查皮带轮端曲轴油封是否损坏。如果油封损坏，更换皮带轮端曲轴油封，如图 10-75。

②在发动机缸体、气缸盖、凸轮链条箱的油底壳接合面和螺栓孔的内螺纹上涂抹密封胶。

图 10-75

③安装新的 O 形圈（如图 10-76 中 A）到凸轮链条箱上。将凸轮链条箱（如图 10-76 中 B）的边缘放到油底壳（如图 10-76 中 C）的边缘，然后安装发动机气缸体（如图 10-76 中 D）上的凸轮链条箱。清除油底壳和凸轮链条箱结合面的多余的密封胶。

注意：安装凸轮链条箱时，不要将下表面倾斜到油底壳安装面上。

④将凸轮链条箱安装到发动机气缸体上。

⑤松松地安装定位螺栓（如图 10-76 中 E），然后拧紧 8mm 螺栓（如图 10-76 中 F）、6mm 螺栓（如图 10-76 中 G）和定位螺栓。

⑥清除曲轴上多余的油脂，检查并确认皮带轮和曲轴油封唇口没有变形。

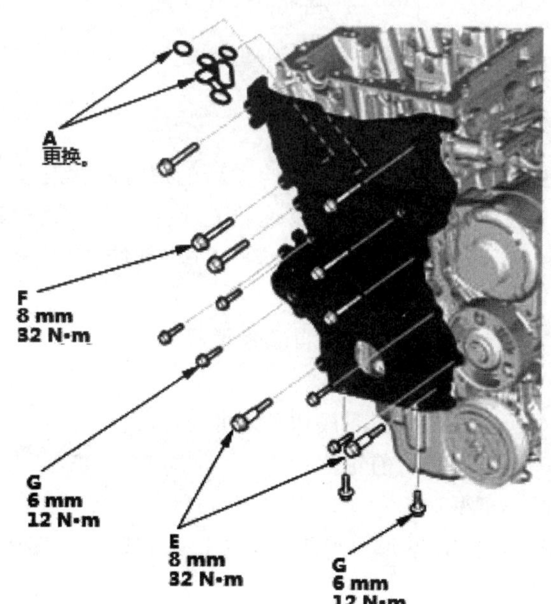

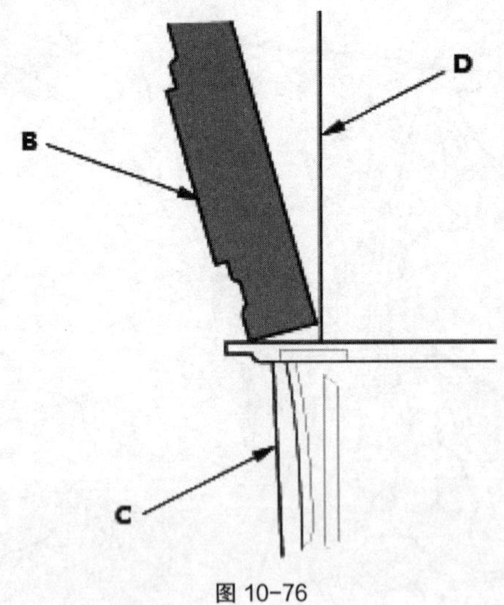

图 10-76

（9）安装线束托架。

①安装线束夹（如图 10-77 中 A）和线束托架（如图 10-77 中 B）。

②连接搭铁电缆（如图 10-77 中 C）。

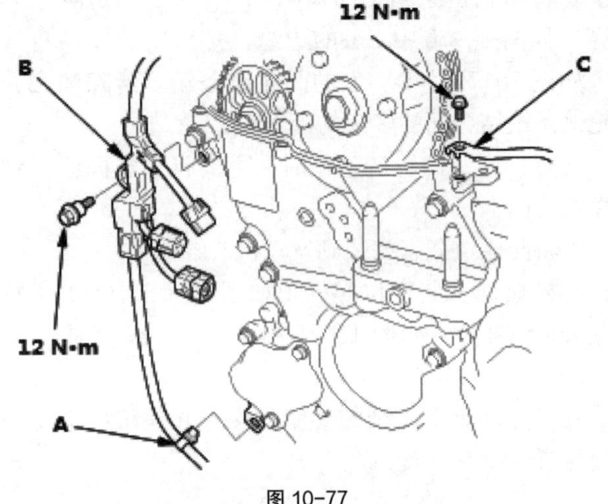

图 10-77

（10）安装摇臂机油控制阀。

（11）安装气缸盖罩。

（12）安装发动机侧支座。

注意：务必使用新的螺栓和新的螺母。如发动机侧支座安装步骤所述，松开变速器支座托架安装螺栓和螺母、扭杆安装螺栓，然后按正确顺序将其拧紧。

（13）安装曲轴皮带轮。

（14）安装传动皮带自动张紧器。

（15）安装传动皮带。

（16）安装前挡泥板和发动机底盖。

（17）安装右前轮。

四、车型

东风本田思域 220TURBO（1.5T L15B8），2016—2019 年。

（一）凸轮轴正时检查

（1）拆卸气缸盖罩。

（2）拆卸右前轮。

（3）拆卸发动机底盖。

（4）检查凸轮轴正时。

①转动曲轴，1 号位置在上止点位置（TDC）；使曲轴皮带轮上的白色标记（如图 10-78 中 A）与凸轮链条箱的指针（如图 10-78 中 B）对齐。

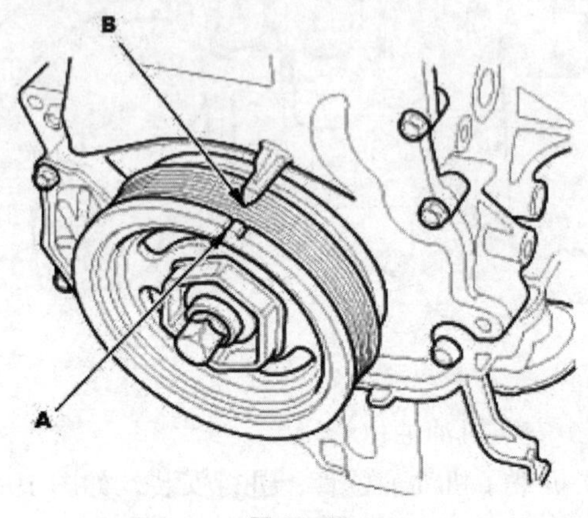

图 10-78

②使 1 号活塞在上止点（TDC）位置，并检查 VTC 执行器 A 的“UP”标记（如图 10-79 中 A）应在顶部。

③检查 VTC 执行器 A 和 VTC 执行器 B 上的 TDC 标记（如图 10-79 中 B），标记应对齐。如果记号没有对齐，拆下凸轮链条并重新正确安装凸轮链条。

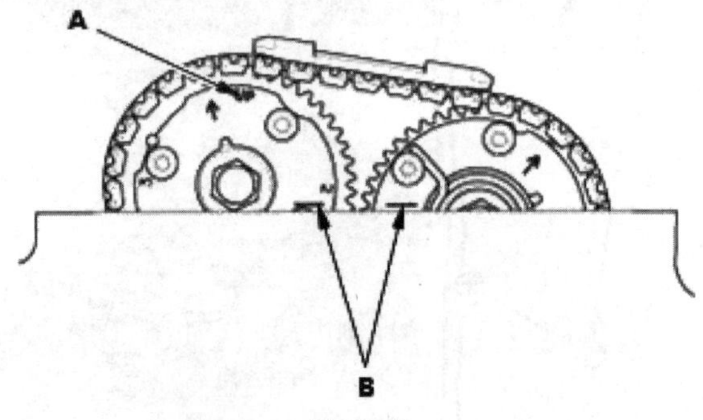

图 10-79

（5）安装所有拆下零件。

按照与拆卸相反的顺序安装零件。

（二）凸轮链条拆卸和安装

1. 拆卸。

注意：使凸轮轴链条远离磁场。

（1）拆卸右前轮。

（2）拆卸发动机底盖。

（3）拆卸传动皮带。

（4）设置 1 号活塞在上止点位置（曲柄侧）。

①转动曲轴，使曲轴皮带轮上的白色标记（如图 10-80 中 A）与凸轮链条箱的指针（如图 10-80 中 B）对齐。

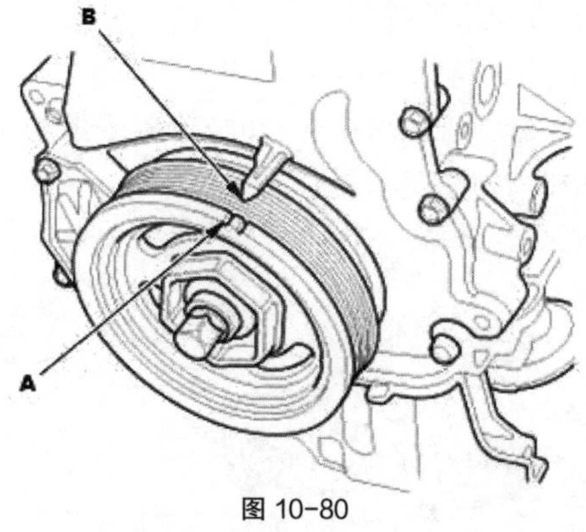

图 10-80

（5）拆卸曲轴皮带轮拆卸。

（6）拆卸传动皮带自动张紧器。

（7）拆卸标尺。

（8）拆卸气缸盖罩。

（9）移动膨胀罐。

注意：不要断开冷却水旁通软管。

（10）拆卸发动机侧支座。

（11）连接 VTC 机油控制电磁阀（如图 10-81 中 A）。

①断开连接器（如图 10-81 中 A）。

②拆下线束夹（如图 10-81 中 B）。

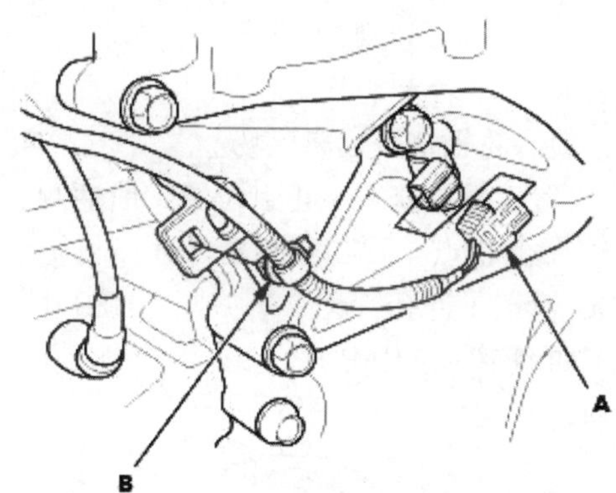

图 10-81

（12）拆卸 VTC 机油控制电磁阀（如图 10-81 中 A）。

（13）拆卸凸轮轴链条箱（图 10-82）。

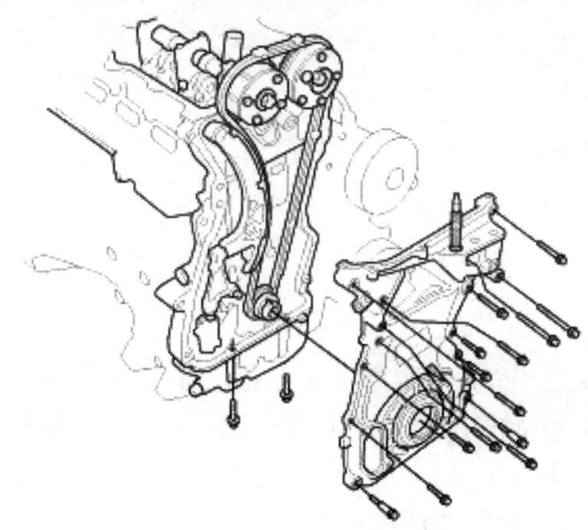
图 10-82

（14）设置 1 号活塞在上止点位置（凸轮侧）。

使 1 号活塞在上止点（TDC）位置。VTC 执行器（如图 10-83 中 A）的“向上”标记（如图 10-83 中 C）应在顶部。对齐 VTC 执行器（如图 10-83 中 A）和 VTC 执行器（如图 10-83 中 B）上的 TDC 标记（如图 10-83 中 D）。

注意：如果标记未对准，转动曲轴 360 度，并重新检查 VTC 执行器（如图 10-83 中 A）和 VTC 执行器（如图 10-83 中 B）记号。

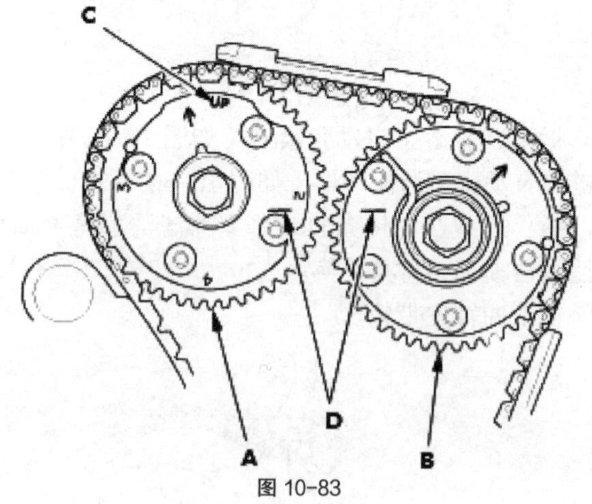

图 10-83

（15）拆卸凸轮链条自动张紧器。

①松松地安装曲轴皮带轮。

②逆时针转动曲轴，以压缩凸轮链条自动张紧器，如图 10-84。

图 10-84

③逆时针转动曲轴以对齐锁（如图 10-85 中 A）和凸轮链条自动张紧器（如图 10-85 中 B）的孔。

④将直径 1.2 mm 的销（如图 10-85 中 C）插入孔。

⑤顺时针转动曲轴，以固定销。

注意：如果锁和凸轮链条自动张紧器上的孔不能对齐，继续逆时针旋转曲轴直到孔对齐，然后安装销。

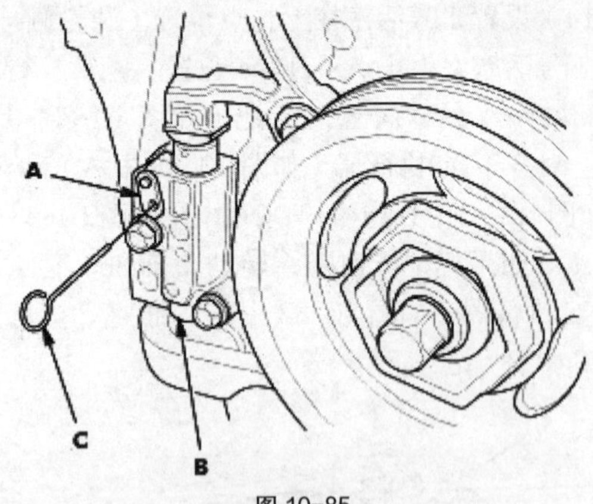

图 10-85

⑥拆下凸轮链条自动张紧器（如图 10-86 中 A）和凸轮链条自动张紧器滤清器（如图 10-86 中 B）。

注意：检查凸轮链条自动张紧器滤清器是否损坏。如果滤清器损坏，将其更换。

⑦拆下曲轴皮带轮。

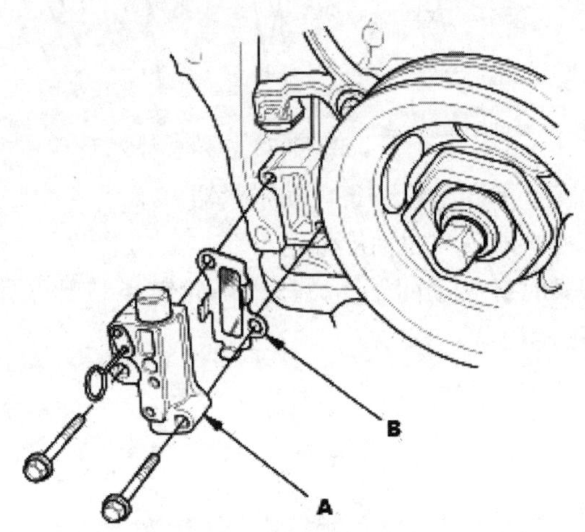

图 10-86

（16）拆卸凸轮轴链条导向（如图 10-87）。

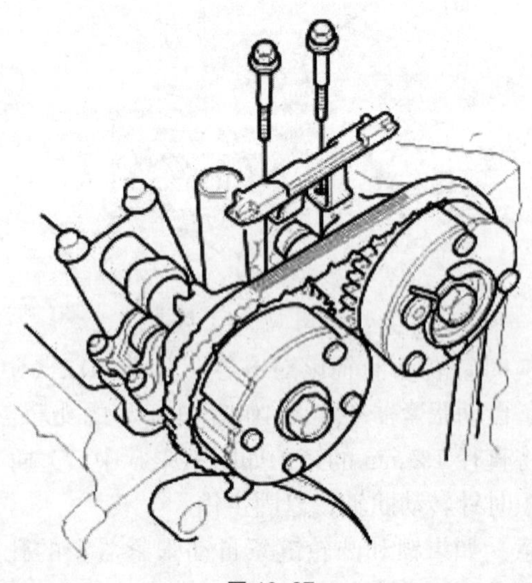
图 10-87

（17）拆卸凸轮链条。

①拆下凸轮链条导板（如图 10-88 中 A）、凸轮链条张紧器臂（如图 10-88 中 B）和凸轮链条张紧器分臂（如图 10-88 中 C）。

②拆下凸轮链条。

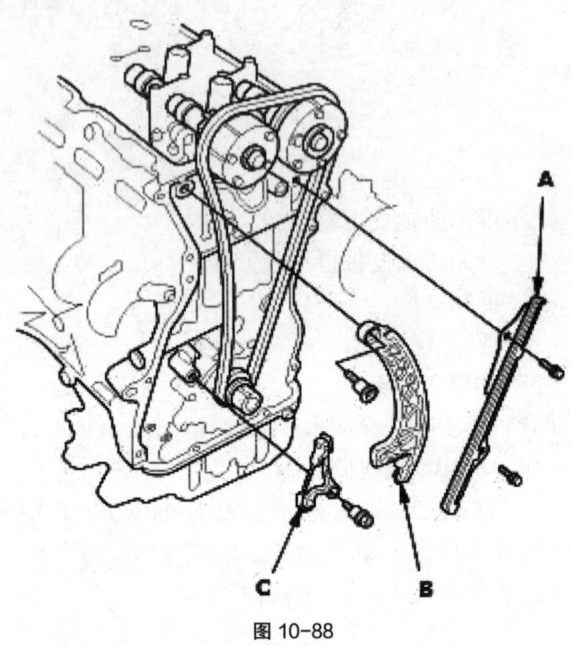

图 10-88

2. 安装。

注意：使凸轮轴链条远离磁场。

（1）设置 1 号活塞在上止点位置（曲柄侧）。

使曲轴在上止点（TDC）位置。对齐凸轮链条驱动链轮的 TDC 标记（冲孔标记）（如图 10-89 中 A）和油泵的标记（如图 10-89 中 B）。

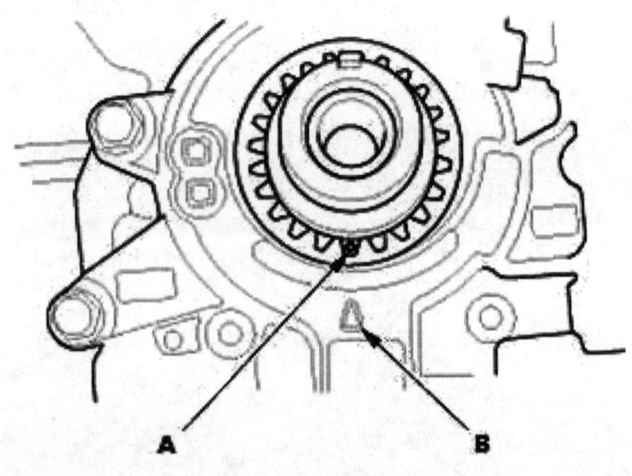

图 10-89

（2）设置 1 号活塞在上止点位置（凸轮侧）。

使 1 号活塞在上止点（TDC）位置。VTC 执行器（如图 10-90 中 A）的“向上”标记（如图 10-90 中 C）应在顶部，且对齐 VTC 执行器（如图 10-90 中 A）和 VTC 执行器（如图 10-90 中 B）的 TDC 标记（如图 10-90 中 D）。

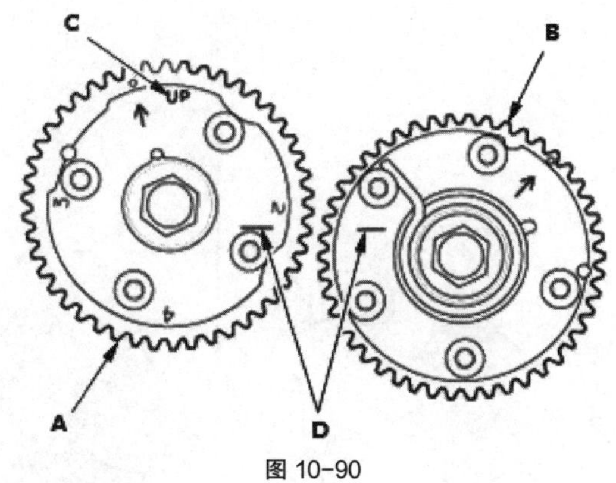

图 10-90

（3）插入销。

将直径 5mm 的销（如图 10-91 中 A）插入到曲轴保养孔内。

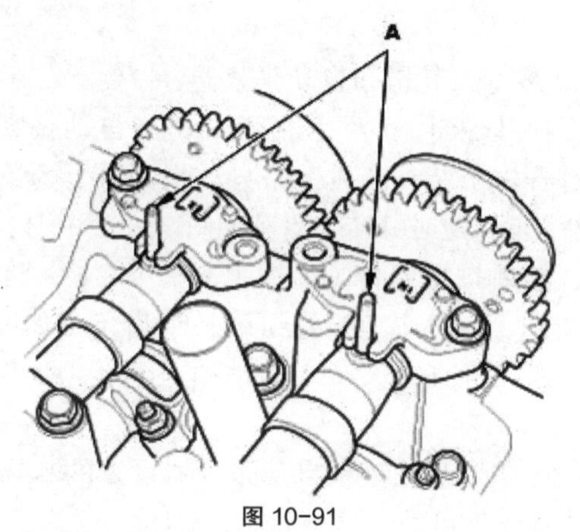

图 10-91

（4）安装凸轮链条。

①在凸轮链条驱动链轮上安装凸轮链条，将冲孔记号（如图 10-92 中 A）对齐标记的连扳（如图 10-92 中 B）的中心。

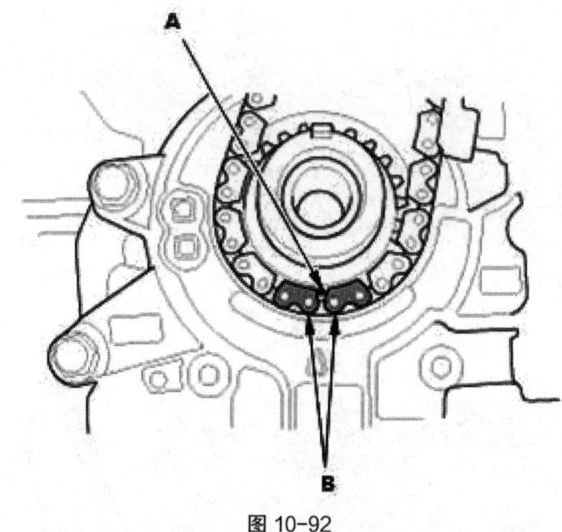

图 10-92

②在 VTC 执行器（如图 10-93 中 A） 和 VTC 执行（如图 10-93 中 B）上安装凸轮链条，将冲孔记号（如图 10-93 中 A）对齐标记的连扳（如图 10-93 中 B）的中心。

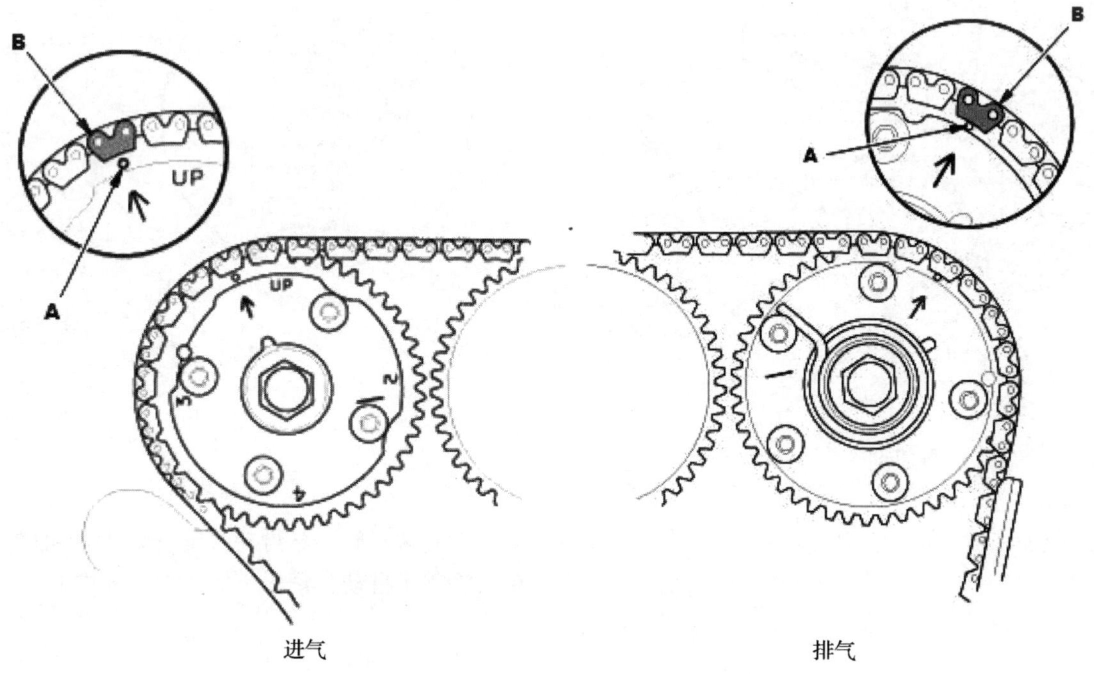

图 10-93

（5）安装凸轮链条张紧器臂、凸轮链条张紧器辅助臂和凸轮链条导板。

安装凸轮链条导板（如图 10-94 中 A）、凸轮链条张紧器臂（如图 10-94 中 B）和凸轮链条张紧器分臂（如图 10-94 中 C）。

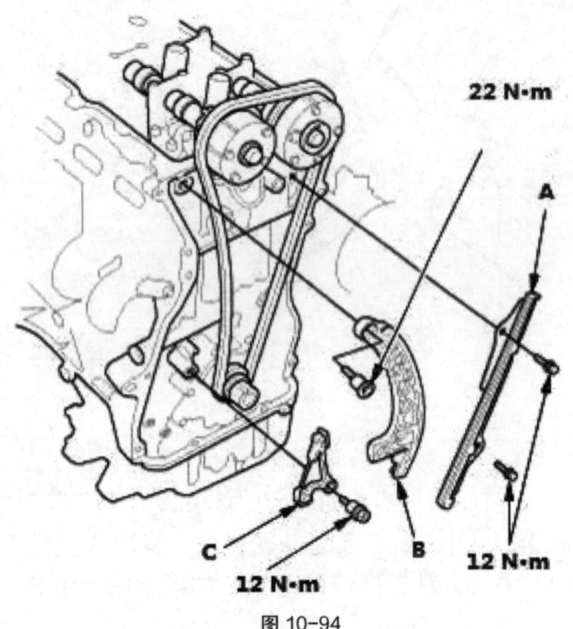

图 10-94

（6）安装凸轮轴链条导向（如图 10-95）。

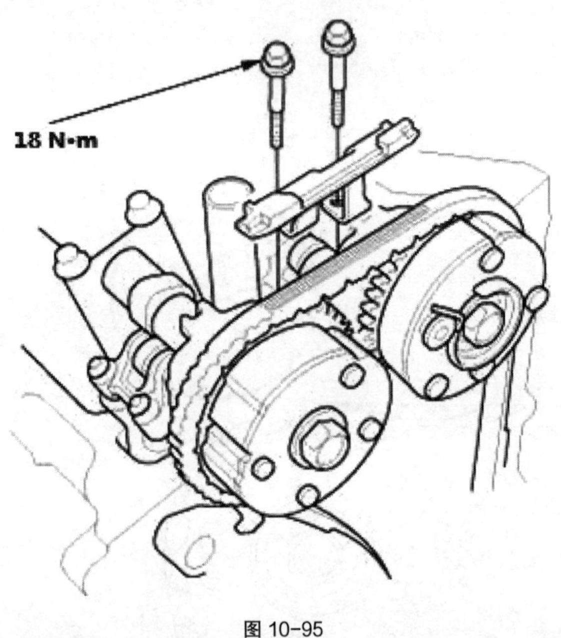

图 10-95

（7）拆卸销。

从凸轮轴保养孔拆下销（如图 10-96 中 A）。

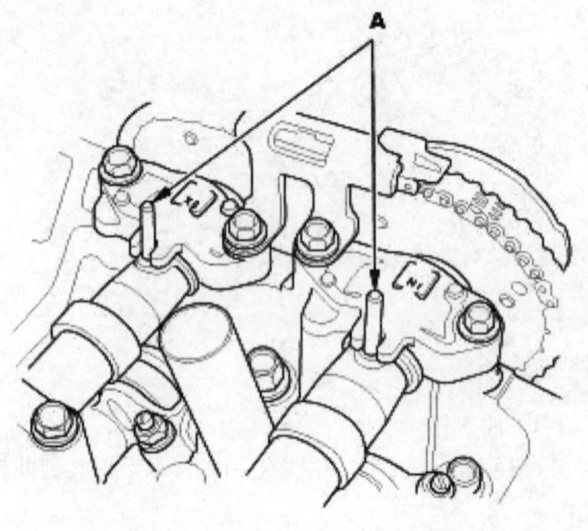

图 10-96

（8）安装凸轮链条自动张紧器。

①更换凸轮链条时，压缩凸轮链条自动张紧器。拆下拆卸过程中安装在凸轮链条自动张紧器上的销（如图 10-97 中 A）。逆时针转动盘（如图 10-97 中 B），以松开锁止，然后按压连杆（如图 10-97 中 C），将第一个凸轮（如图 10-97 中 D）放到第一个齿条（如图 10-97 中 E）边缘。将直径 1.2mm 的销插入到孔（如图 10-97 中 F）中。

注意：如果凸轮链条自动张紧器设置的和描述的不一样，凸轮链条自动张紧器会受到损坏。

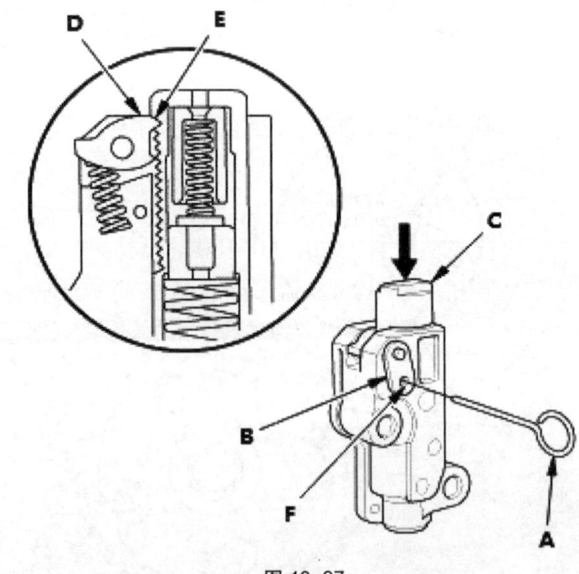

图 10-97

②安装凸轮链条自动张紧器滤清器(如图 10-98 中 A）和凸轮链条自动张紧器（如图 10-98 中 B）。

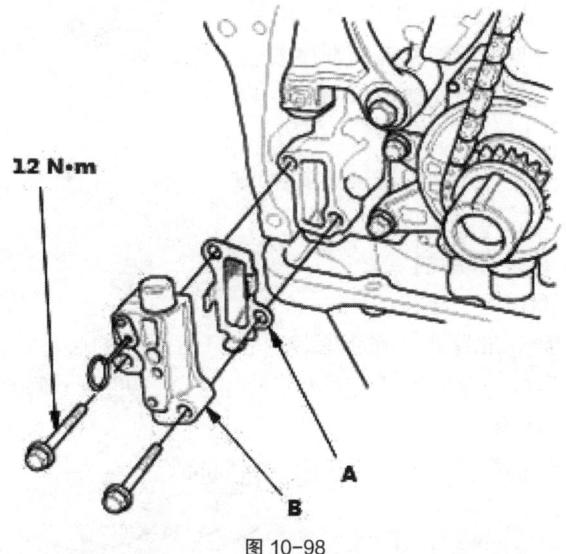

图 10-98

③从凸轮链条自动张紧器拆下销(如图 10-99 中 A)。

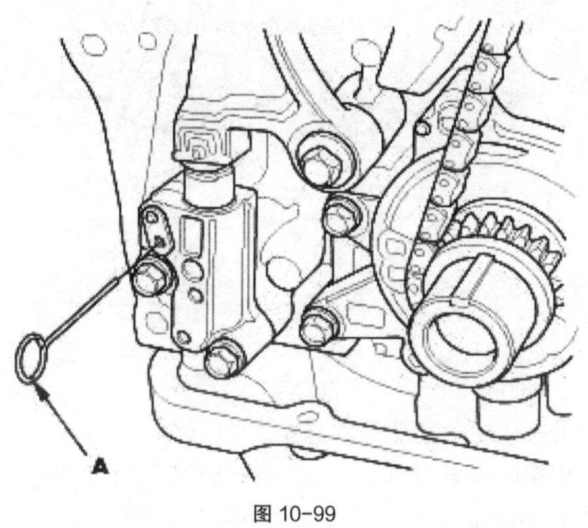

图 10-99

(9)安装凸轮链条箱。

①检查皮带轮端曲轴油封是否损坏。如果油封损坏，更换皮带轮端曲轴油封，如图 10-100。

②在发动机缸体、气缸盖、凸轮链条箱的油底壳接合面和螺栓孔的内螺纹上涂抹密封胶。

③将凸轮链条箱(如图 10-101 中 A)的边缘放到油底壳(如图 10-101 中 B)的边缘，然后安装发动机气缸体(如图 10-101 中 C)上的凸轮链条箱。清除油底壳和凸轮链条箱接合面的多余的密封胶。

注意：安装凸轮链条箱时，不要将下表面倾斜到油底壳安装面上。

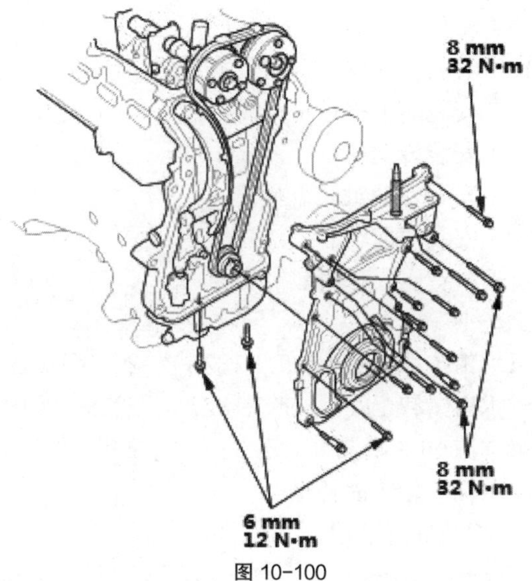

图 10-100

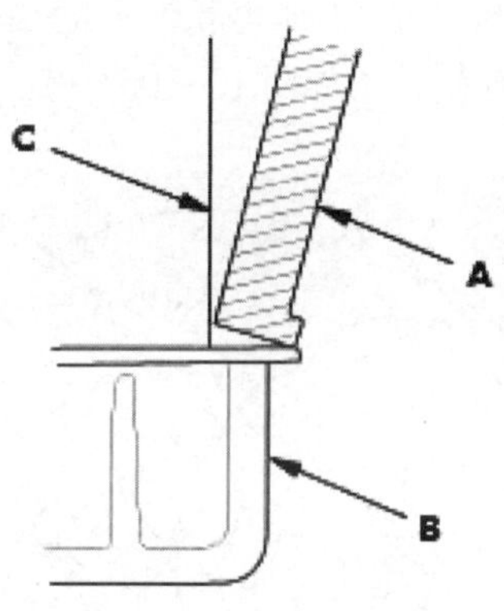

图 10-101

(10)安装 VTC 机油控制电磁阀(如图 10-102 中 A)。

(11)连接连接器(VTC 机油控制电磁阀如图 10-102 中 A)。

①安装线束夹(如图 10-102 中 A)。

②连接以下连接器(如图 10-102 中 B)。

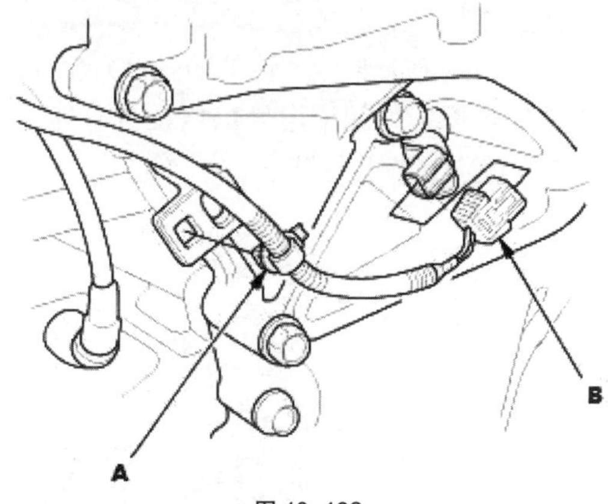

图 10-102

(12)安装发动机侧支座。

(13)安装膨胀罐。

(14)安装气缸盖罩。

（15）安装标尺。

（16）安装传动皮带自动张紧器。

（17）安装曲轴皮带轮。

（18）安装传动皮带。

（19）安装发动机底盖。

（20）安装右前轮。

（21）检查点火正时。

五、车型

东风本田杰德 1.8L（1.8L R18Z6），2014—2019 年。

广汽本田缤智 1.8L（1.8L R18Z7），2015—2019 年。

东风本田 XR-V1.8L（1.8L R18Z），2015—2019 年。

（一）凸轮轴正时检查

（1）拆卸气缸盖罩。

（2）检查凸轮轴正时。

①转动曲轴，使曲轴皮带轮上的白色标记（如图 10-103 中 A）与指针（如图 10-103 中 B）对齐。

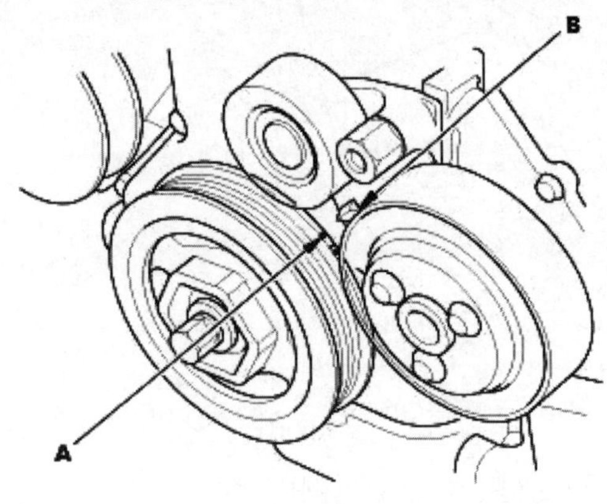

图 10-103

②检查 1 号活塞是否在上止点（TDC）位置。凸轮轴链轮上的“UP”标记（如图 10-104 中 A），应该在上部，凸轮轴链轮上的 TDC 槽 （如图 10-104 中 B）应和气缸盖的上部边缘对齐。

注意：如果标记未对准，转动曲轴 360°，并重新检查凸轮轴皮带轮标记。如果记号仍然没有对齐，拆下凸轮链条并重新正确安装凸轮链条。

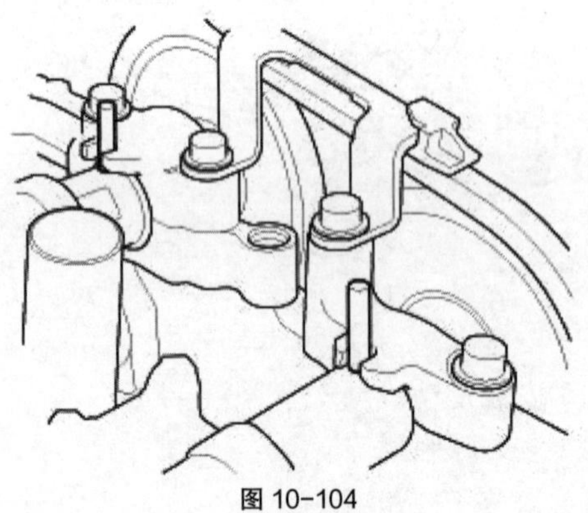

图 10-104

（3）安装所有拆下的零件。

按照与拆卸相反的顺序安装零件。

（二）凸轮链条拆卸和安装

1. 拆卸。

注意：使凸轮链条远离磁场。

（1）检查凸轮轴正时。

（2）拆卸油泵。

（3）检查凸轮链条。

测量张紧器体和张紧器杆的平面部分的底部之间的张紧器杆长度。如果长度大于使用极限，更换凸轮链条，如图 10-105。

张紧器杆长度使用极限：14.5mm。

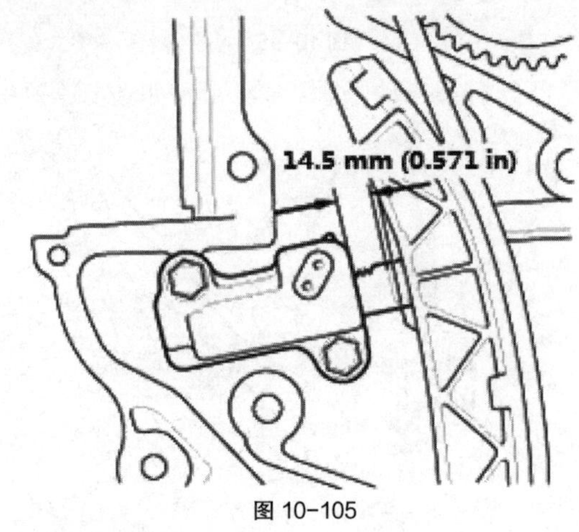

图 10-105

（4）拆卸凸轮链条自动张紧器。

①松松地安装曲轴皮带轮。

②逆时针转动曲轴，以压缩凸轮链条自动张紧器，如图 10-106。

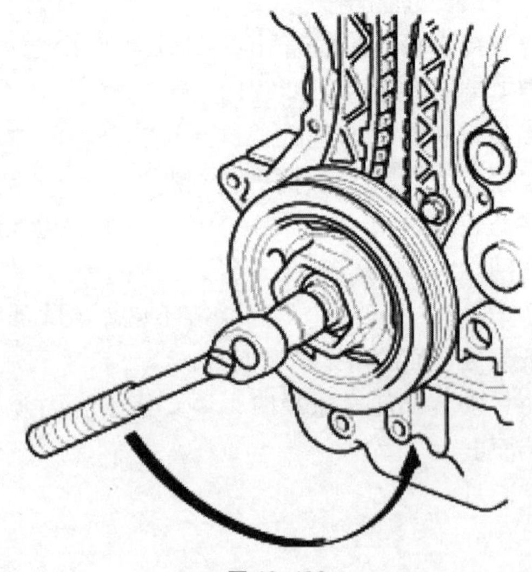

图 10-106

③逆时针转动曲轴以对齐锁（如图 10-107 中 A）和凸轮链条自动张紧器（如图 10-107 中 B）的孔。

④将直径 1.0mm 的销（如图 10–107 中 C）插入孔。

⑤顺时针转动曲轴，以固定销。

注意：如果锁和凸轮链条自动张紧器上的孔不能对齐，继续逆时针旋转曲轴直到孔对齐，然后安装销。

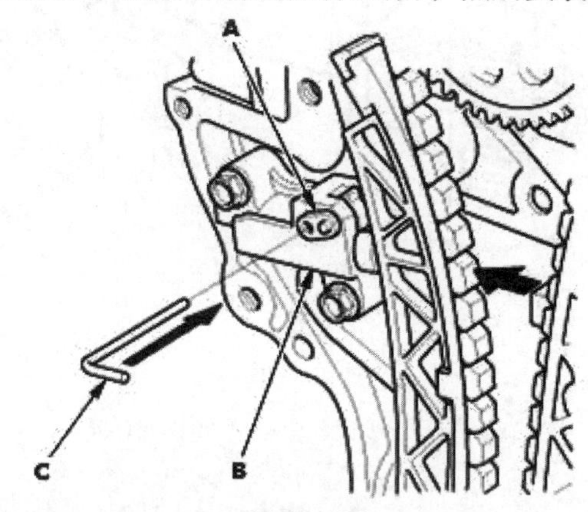

图 10–107

⑥拆下凸轮链条自动张紧器。

⑦拆下曲轴皮带轮，如图 10–108。

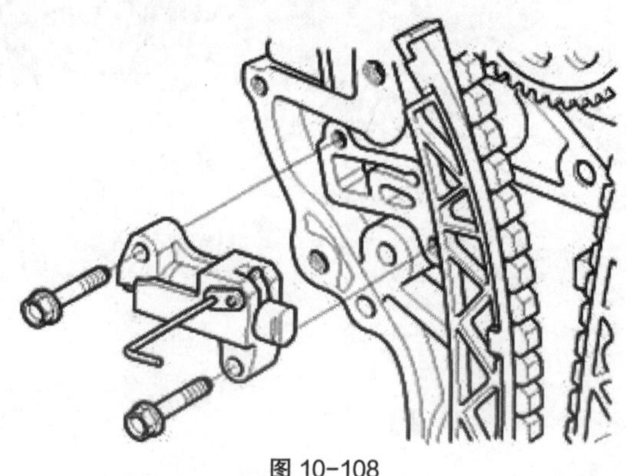

图 10–108

（5）拆卸凸轮链条。

①拆下凸轮链条导板（如图 10–109 中 A）和凸轮链条张紧器臂（如图 10–109 中 B）。

②拆下凸轮链条。

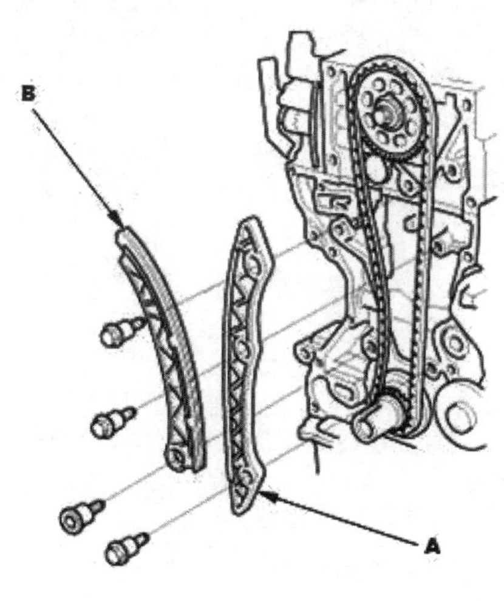

图 10–109

2. 安装。

注意：使凸轮链条远离磁场。

（1）设置 1 号活塞在上止点位置（曲柄侧）。

使曲轴在上止点（TDC）位置。对齐曲轴链轮的 TDC 标记（如图 10–110 中 A）和发动机体的标记（如图 10–110 中 B）。

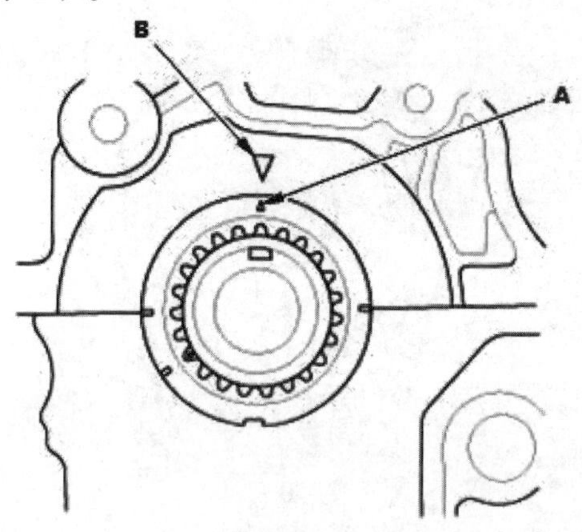

图 10–110

（2）设置 1 号活塞在上止点位置（凸轮侧）。

使凸轮轴在上止点位置。凸轮轴链轮上的“UP”标记（如图 10–111 中 A），应该在上部，凸轮轴链轮上的 TDC 槽（如图 10–111 中 B）应和气缸盖的上部边缘对齐。

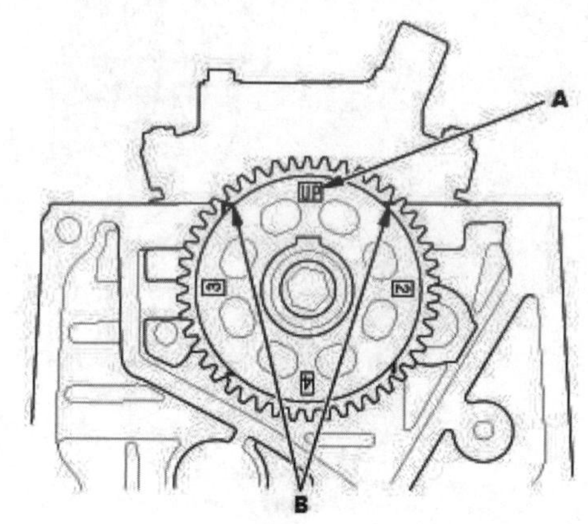

图 10–111

（3）安装凸轮链条。

①在曲轴链轮上安装凸轮链条，将标记了的板（如图 10–112 中 A）对齐曲轴链轮上的记号（如图 10–112 中 B）。

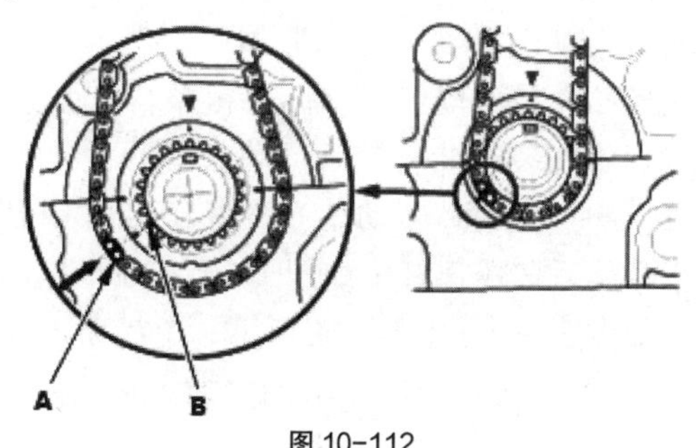

图 10–112

②在凸轮轴链轮上安装凸轮链条，将标记了的连扳（如图 10–113 中 A）对齐凸轮轴链轮上的记号（如图 10–113 中 B）。

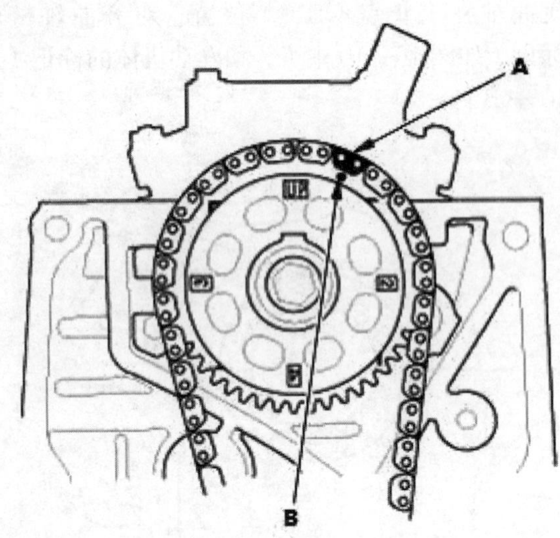

图 10–113

（4）安装凸轮链条导板和凸轮链条张紧器臂（图 10–114）。

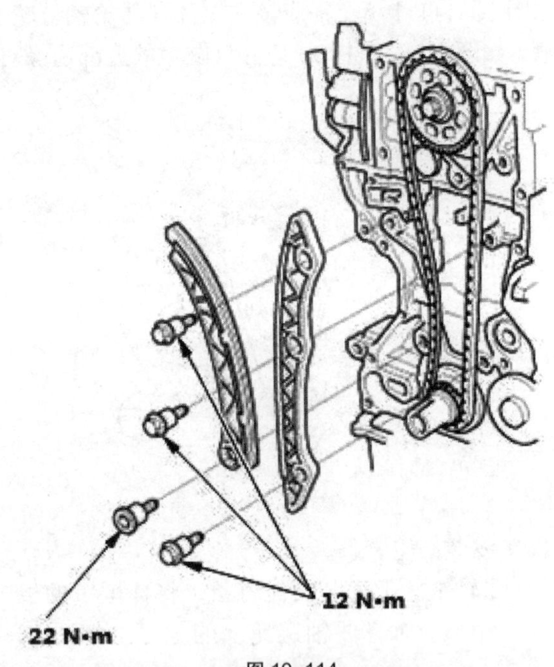

图 10–114

（5）安装凸轮链条自动张紧器。

①更换凸轮链条时，压缩凸轮链条自动张紧器。拆下拆卸过程中安装在凸轮链条自动张紧器上的销（如图 10–115 中 A）。逆时针转动盘（如图 10–115 中 B），以松开锁止，然后按压连杆（如图 10–115 中 C），将第一个凸轮（如图 10–115 中 D）放到第一个齿条（如图 10–115 中 E）边缘。将直径 1.0mm 的销插入到孔（如图 10–115 中 F）中。注意：如果凸轮链条自动张紧器设置的和描述的不一样，凸轮链条自动张紧器会受到损坏。

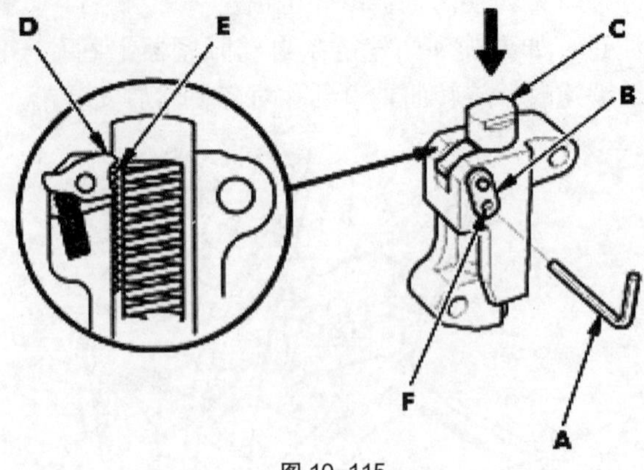

图 10–115

②安装凸轮链条自动张紧器，如图 10–116。

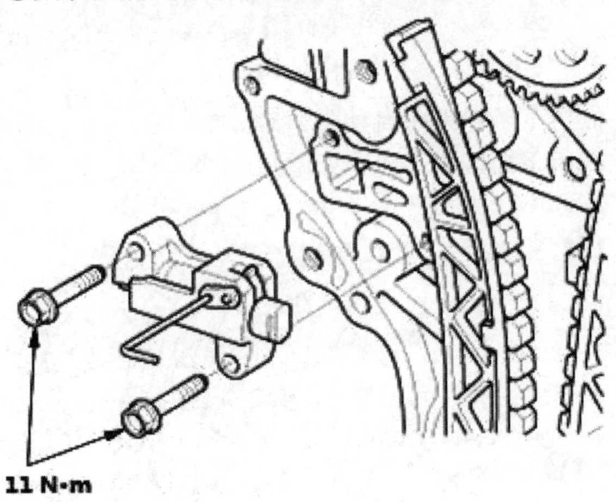

图 10–116

③拆下销，如图 10–117。

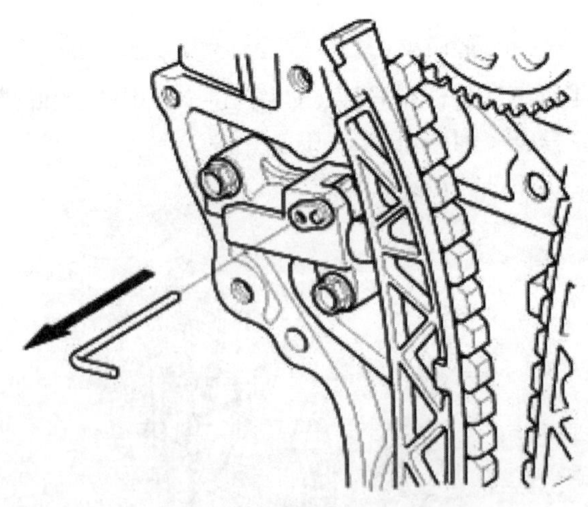

图 10–117

（6）安装油泵。

六、车型

广汽本田凌派 1.8L（1.8L R18Z5），2016—2019 年。

（一）凸轮轴正时检查

（1）拆卸气缸盖罩。

（2）检查凸轮轴正时。

①转动曲轴使其白色标记（如图 10-118 中 A）与指针（如图 10-118 中 B）对齐。

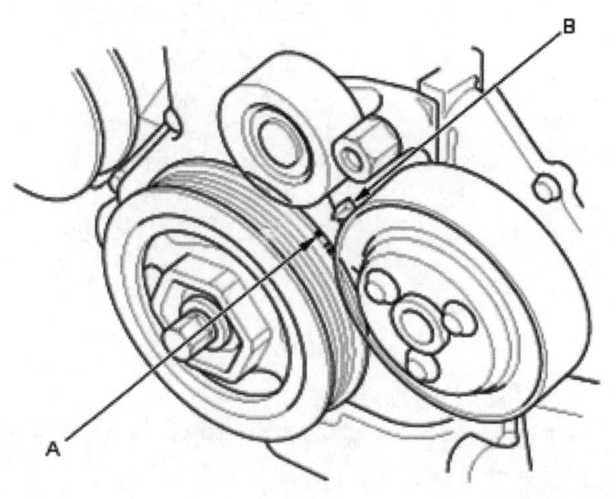

图 10-118

②使 1 号活塞在上止点（TDC）位置。凸轮轴链轮上的“UP”标记（如图 10-119 中 A）应在顶部。

③检查凸轮轴链轮上的 TDC 凹槽（如图 10-119 中 B），标记应与气缸盖的顶部边缘对齐。如果未对齐标记，拆下凸轮轴链条并重新正确安装凸轮轴链条。

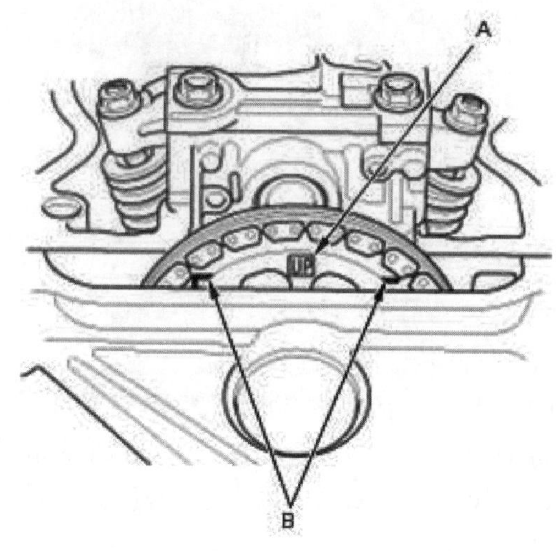

图 10-119

（3）安装所有拆下的部件。

按照与拆卸相反的顺序安装零件。

（二）凸轮链条拆卸和安装

1. 拆卸。

注意：使凸轮轴链条远离磁场。

（1）设置 1 号活塞在上止点位置（曲轴侧）。

①转动曲轴使其白色标记（如图 10-120 中 A）与指针（如图 10-120 中 B）对齐。

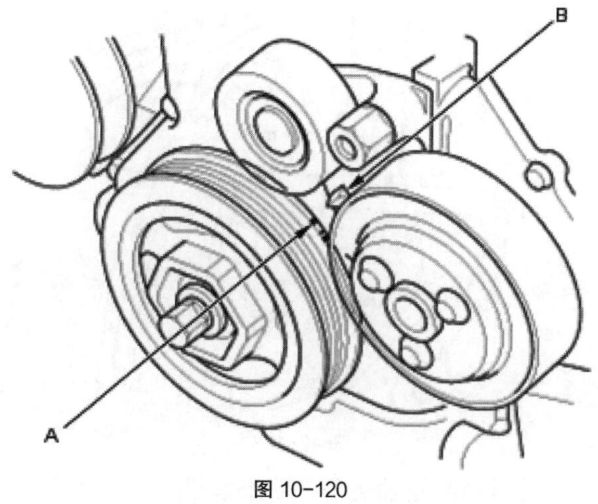

图 10-120

（2）拆卸气缸盖罩。

（3）设置 1 号活塞在上止点位置（凸轮侧）。

检查上止点（TDC）位置的 1 号活塞。凸轮轴链轮上的“UP”标记（如图 10-121 中 A）应在顶部，并且凸轮轴链轮上的 TDC 凹槽（如图 10-121 中 B）应与气缸盖的顶部边缘对齐。

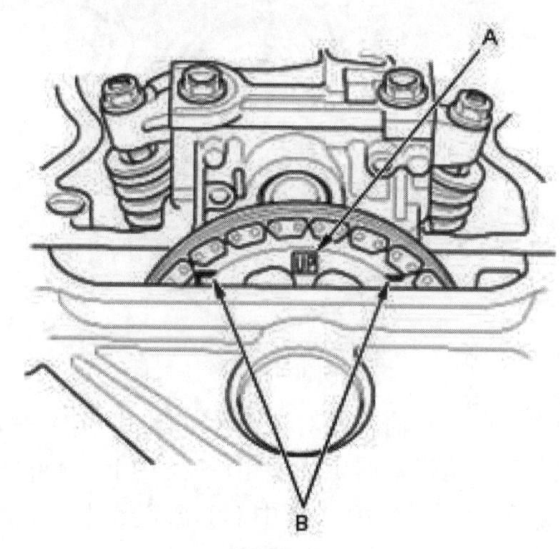

图 10-121

注意：如果标记未对准，转动曲轴 360°，并重新检查凸轮轴皮带轮标记。

（4）拆卸机油泵。

（5）检查凸轮轴链条。

①测量凸轮轴链条自动张紧器体和张紧器连杆平面部分底部之间的张紧器连杆长度。如果长度超出维修极限，则更换凸轮轴链条。

张紧器连杆长度维修极限：14.5mm（图 10-122）。

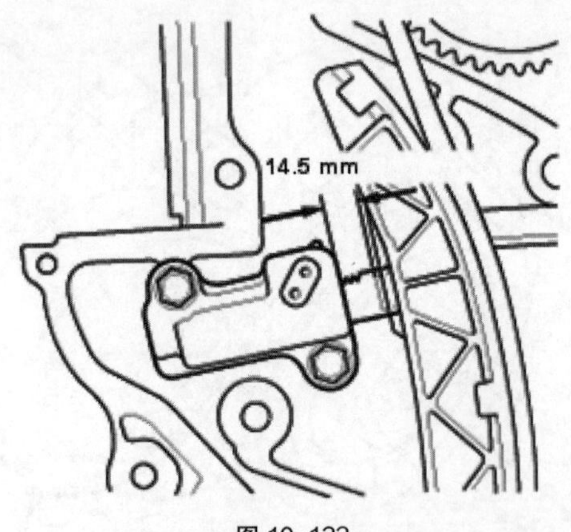

图 10-122

（6）拆卸凸轮轴链条自动张紧器。

松松地安装曲轴皮带轮。逆时针旋转曲轴，以压缩凸轮轴链条自动张紧器，如图 10-123。

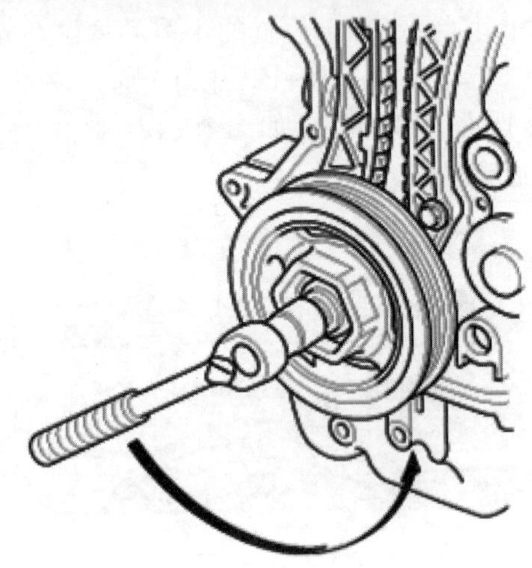
图 10-123

逆时针旋转曲轴以便对齐锁（如图 10-124 中 A）和凸轮轴链条自动张紧器（如图 10-124 中 B）上的孔。用 1.0mm 直径销（如图 10-124 中 C）插入孔中。顺时针转动曲轴以固定销。注意：如果未对齐锁和凸轮轴链条自动张紧器的孔，继续逆时针旋转曲轴直至孔对齐，然后安装销。

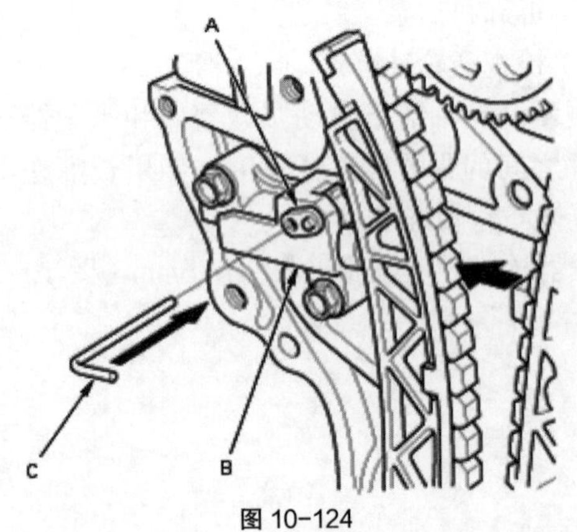

图 10-124

拆下凸轮轴链条自动张紧器。

拆下曲轴皮带轮，如图 10-125。

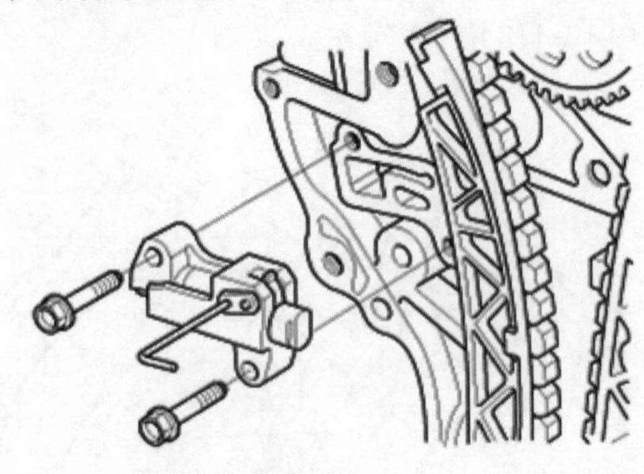
图 10-125

（7）拆卸凸轮轴链条。

拆下凸轮轴链条导板（如图 10-126 中 A）和凸轮轴链条张紧器臂（如图 10-126 中 B）。

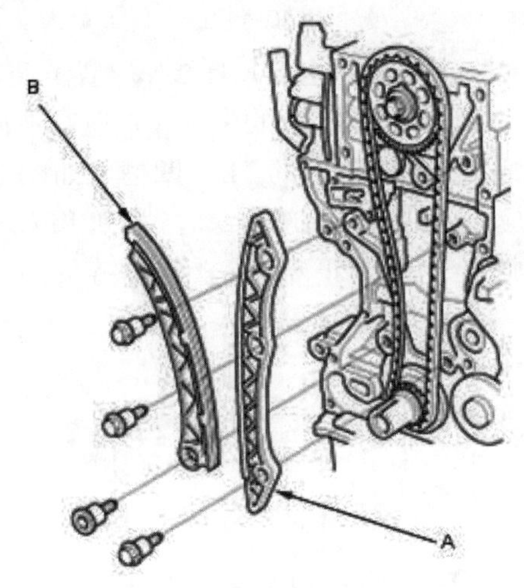

图 10-126

2. 安装。

注意：使凸轮轴链条远离磁场。

（1）设置 1 号活塞在上止点位置（曲轴侧）。

①将曲轴置于上止点（TDC）。将曲轴链轮上的 TDC 标记（如图 10-127 中 A）与发动机气缸体上的指针（如图 10-127 中 B）对准。

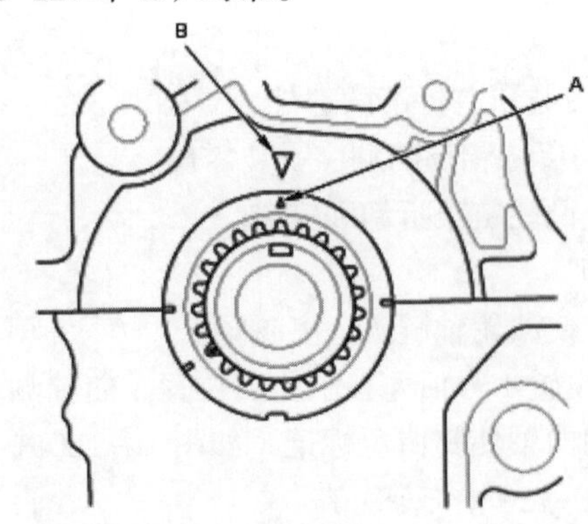

图 10-127

（2）设置1号活塞在上止点位置（凸轮侧）。

将凸轮轴设定到TDC。凸轮轴链轮上的“UP”标记(如图10–128中A）应在顶部，并且凸轮轴链轮上的TDC凹槽（如图10–128中B）应与气缸盖的顶部边缘对齐。

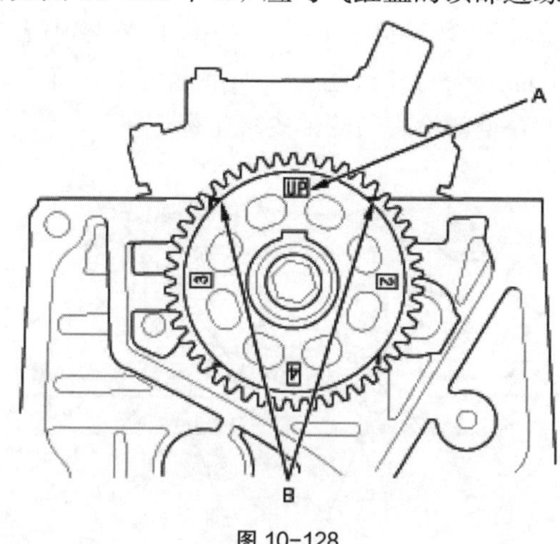

图10–128

（3）安装凸轮轴链条。

①将凸轮轴链条安装在曲轴链轮上，使涂色的链节（如图10–129中A）与曲轴链轮上的标记（如图10–129中B）对准。

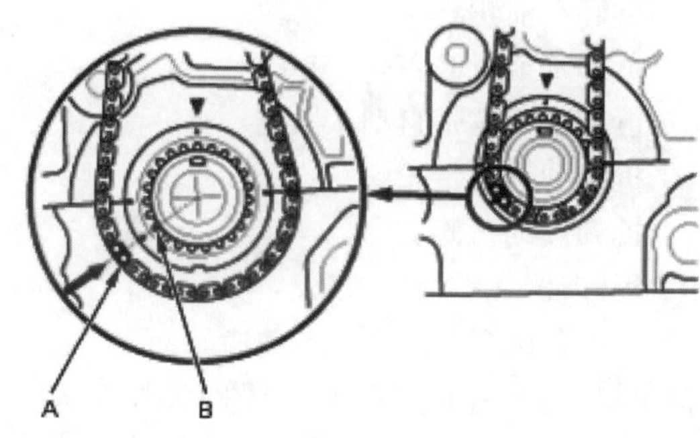

图10–129

②将凸轮轴链条安装在凸轮轴链轮上，使彩色链节板（如图10–130中A）与凸轮轴链轮上的标记（如图10–130中B）对准。

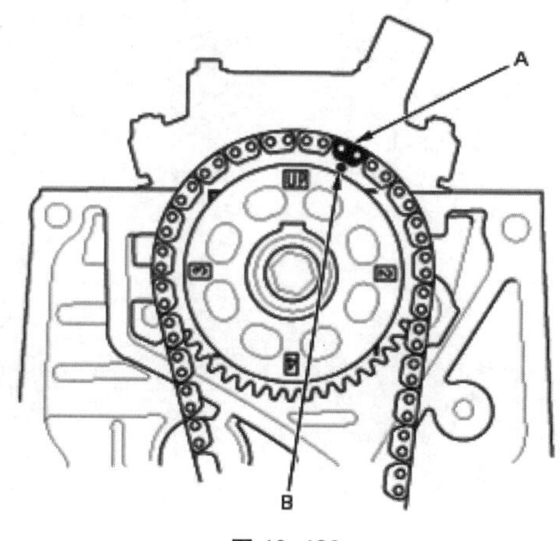

图10–130

（4)安装凸轮轴链条导板和凸轮轴链条张紧器臂(图10–131）。

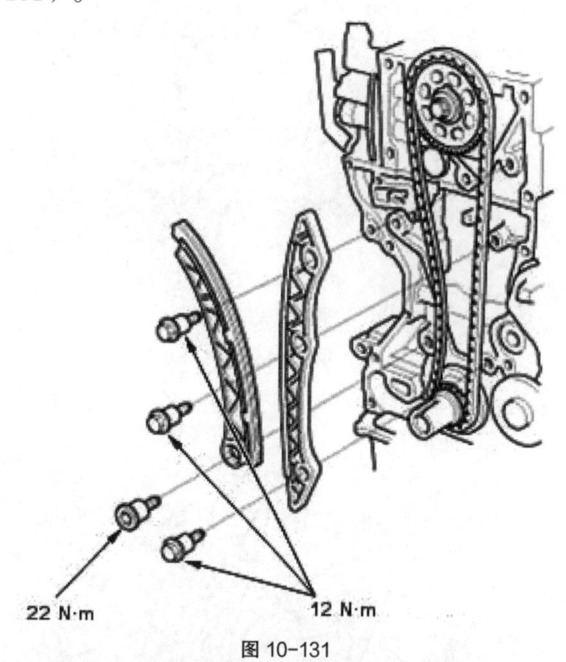

图10–131

（5）安装凸轮轴链条自动张紧器。

①更换凸轮轴链条时,压缩凸轮轴链条自动张紧器。从拆卸过程中安装的凸轮轴链条自动张紧器上拆下销(如图10–132中A）。逆时针转动板（如图10–132中B）解除锁止状态，然后压下杆（如图10–132中C），将第一个凸轮（如图10–132中D）固定在齿条（如图10–132中E）第一边缘位置。将1.0 mm直径销插回孔（如图10–132中F）中。

注意：如果没有如上所述放置凸轮轴链条自动张紧器，将会损坏凸轮轴链条自动张紧器。

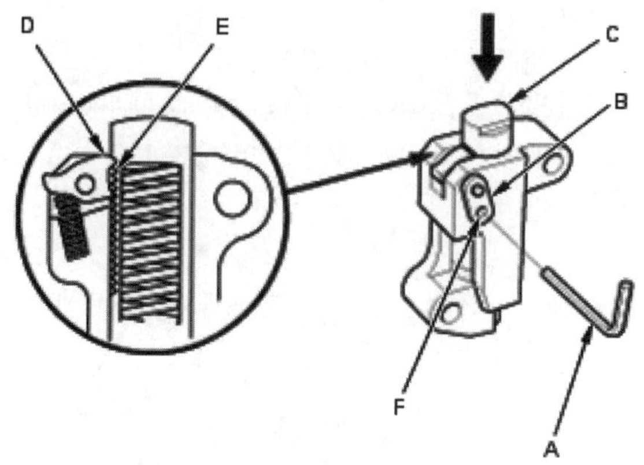

图10–132

②安装凸轮轴链条自动张紧器，如图10–133。

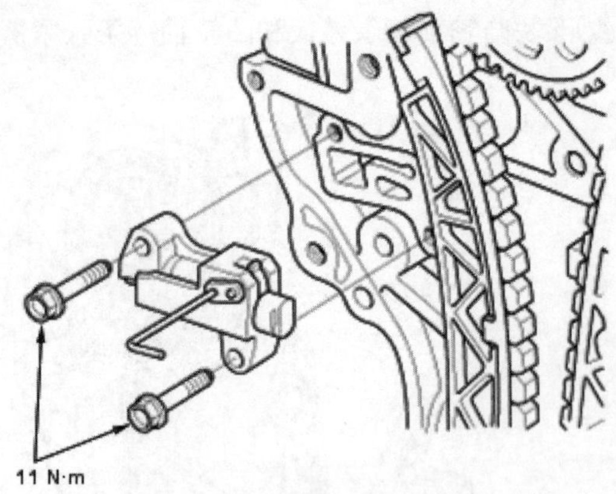

图 10-133

③从凸轮轴链条自动张紧器上拆下销，如图 10-134。

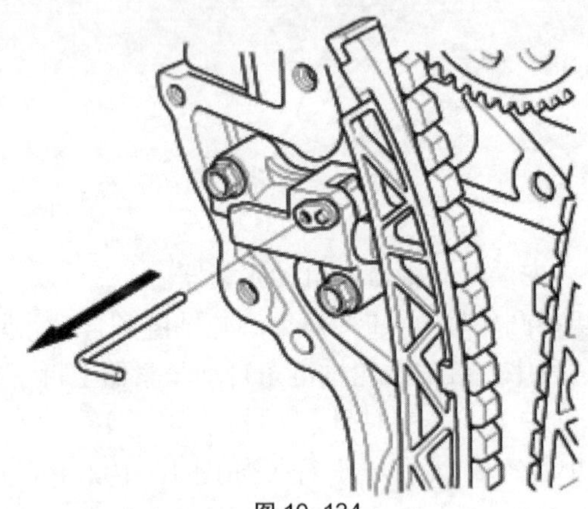
图 10-134

（6）安装机油泵。

七、车型

东风本田思铂睿 2.0L（2.0L R20Z8），2015—2019 年。

（一）凸轮链条拆卸和安装

1. 拆卸。

注意：使凸轮轴链条远离磁场。

（1）设置 1 号活塞在上止点位置（曲柄侧）。

①转动曲轴使其白色标记（如图 10-135 中 A）与指针（如图 10-135 中 B）对齐。

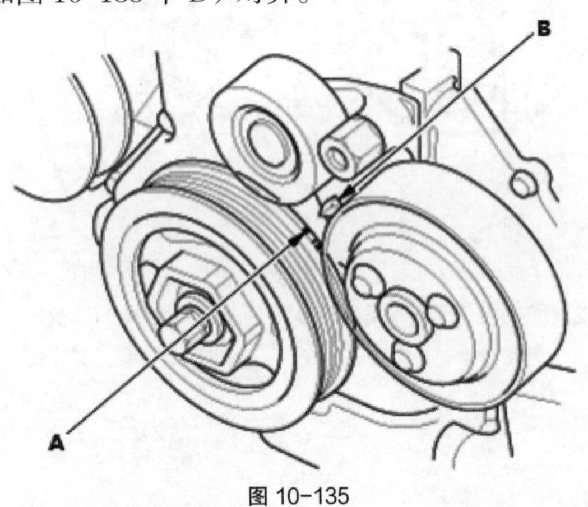

图 10-135

（2）拆卸气缸盖罩。

（3）设置 1 号活塞在上止点位置（凸轮侧）。

检查 1 号活塞是否在上止点（TDC）位置。凸轮轴链轮上的“向上”标记（如图 10-136 中 A），应该在上部，凸轮轴链轮上的 TDC 槽（如图 10-136 中 B）应和头部的上部边缘对齐。注意：如果标记未对准，转动曲轴 360°，并重新检查凸轮轴皮带轮标记。

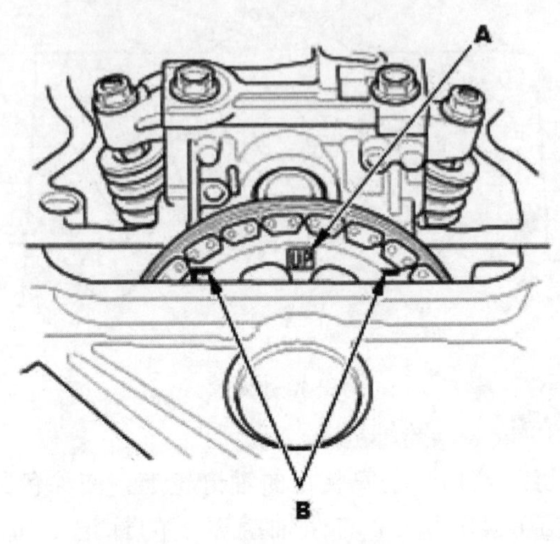

图 10-136

（4）拆卸右前轮。

（5）拆卸发动机底盖。

（6）拆卸传动皮带自动张紧器。

（7）拆卸曲轴皮带轮。

（8）拆卸发动机侧支座。

（9）拆卸油泵。

①断开 PCV 软管。

②拆下机油泵，如图 10-137、图 10-138。

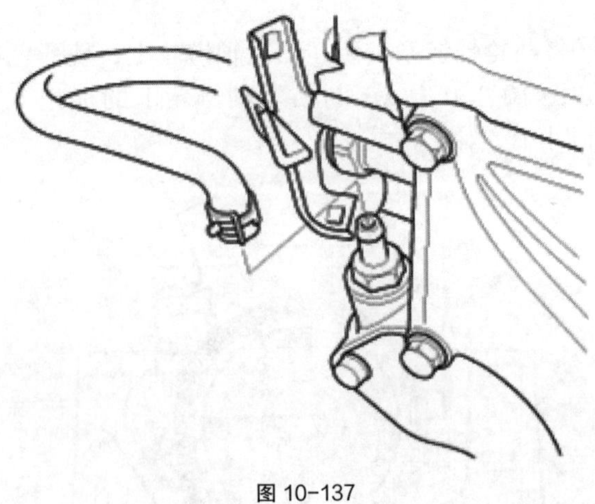
图 10-137

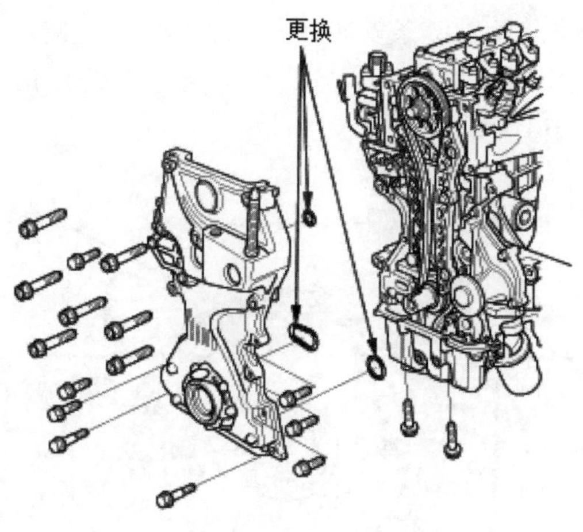

图 10-138

（10）检查凸轮链条。

测量张紧器体和凸轮链条自动张紧器杆的平面部分的底部之间的张紧器杆长度。如果长度大于使用极限，更换凸轮链条。

张紧器杆长度使用极限：14.5mm（如图 10-139）。

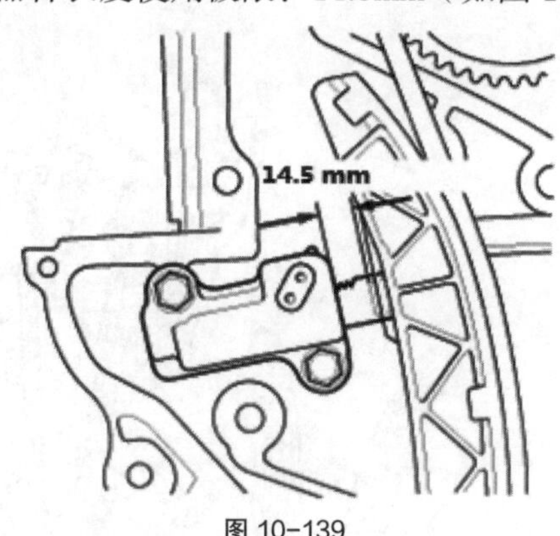

图 10-139

（11）拆卸凸轮轴链条自动张紧器。

①松松地安装曲轴皮带轮。

②逆时针旋转曲轴，以压缩凸轮轴链条自动张紧器，如图 10-140。

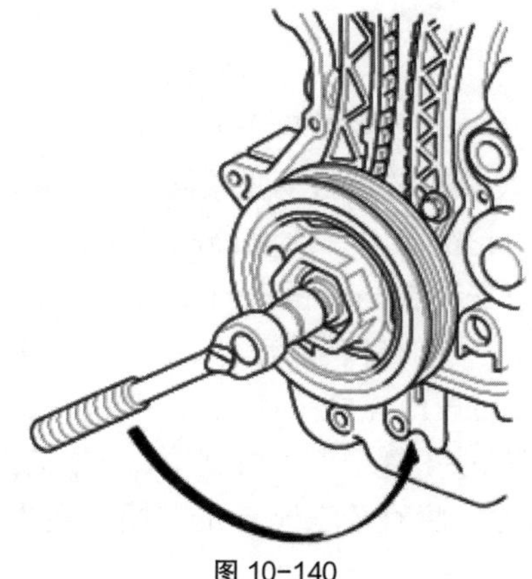
图 10-140

③逆时针旋转曲轴以便对齐锁（如图 10-141 中 A）和凸轮轴链条自动张紧器（如图 10-141 中 B）上的孔。

④将 1.0mm 直径销（如图 10-141 中 C）插入孔中。

⑤顺时针转动曲轴以固定销。

注意：如果未对齐锁和凸轮轴链条自动张紧器的孔，继续逆时针旋转曲轴直至孔对齐，然后安装销。

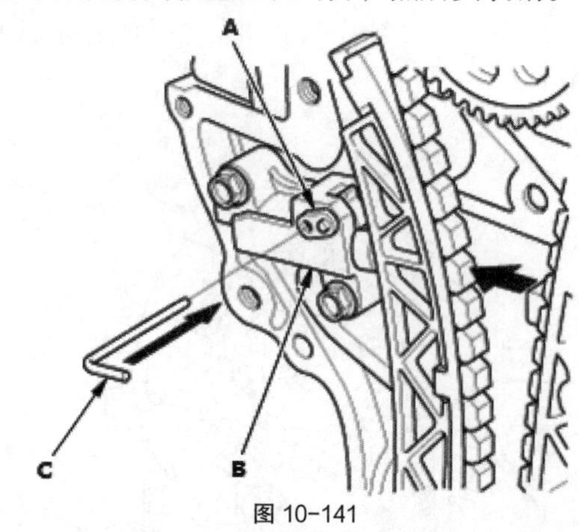

图 10-141

拆下凸轮轴链条自动张紧器。拆下曲轴皮带轮，如图 10-142。

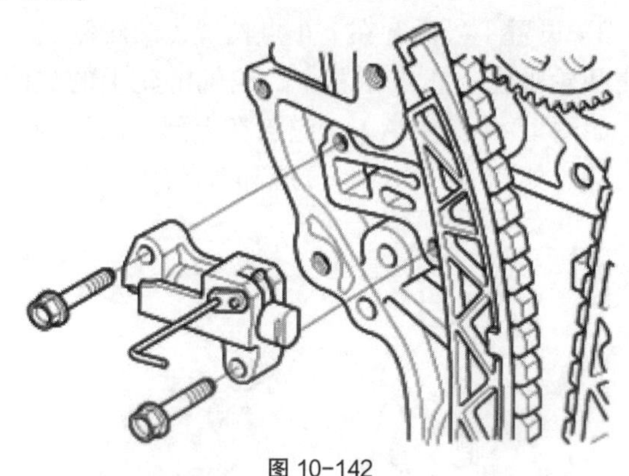
图 10-142

（12）拆卸凸轮链条。

①拆下凸轮链条导板（如图 10-143 中 A）和凸轮链条张紧器臂（如图 10-143 中 B）。

②拆下凸轮链条（如图 10-143 中 C）。

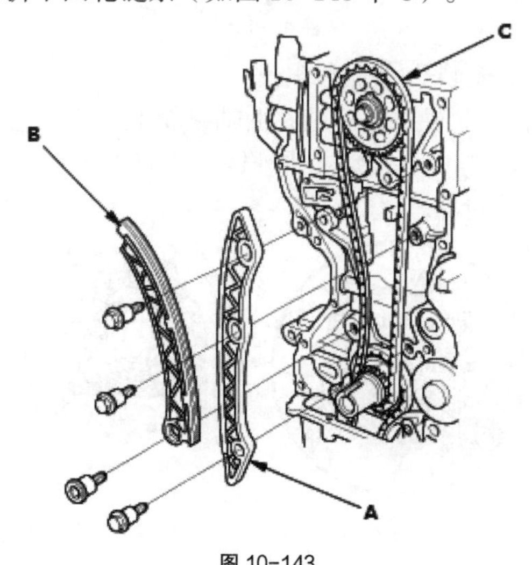

图 10-143

2. 安装。

注意：使凸轮轴链条远离磁场。

（1）设置 1 号活塞在上止点位置（曲柄侧）。

使曲轴在上止点（TDC）位置。对齐曲轴链轮的 TDC 标记（如图 10-144 中 A）和发动机体的标记（如图 10-144 中 B）。

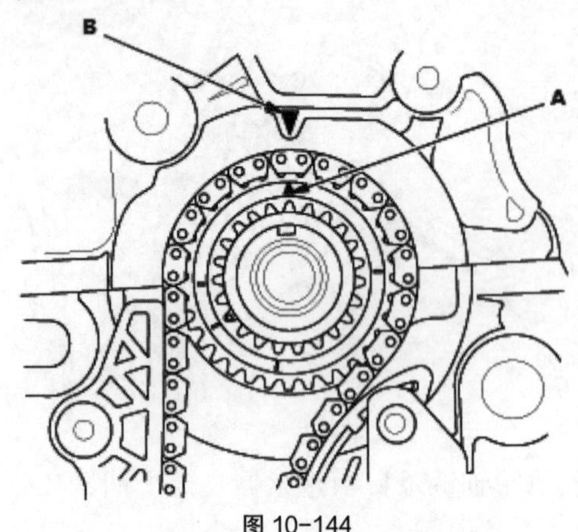

图 10-144

（2）设置 1 号活塞在上止点位置（凸轮侧）。

使凸轮轴在上止点位置。凸轮轴链轮上的“向上”标记（如图 10-145 中 A），应该在上部，凸轮轴链轮上的 TDC 槽（如图 10-145 中 B）应和头部的上部边缘对齐。

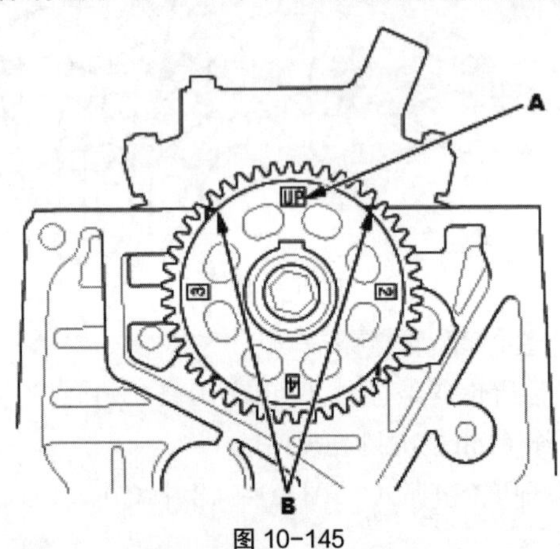

图 10-145

（3）安装凸轮轴链条。

①将凸轮轴链条安装在曲轴链轮上，使涂色的链节（如图 10-146 中 A）与曲轴链轮上的标记（如图 10-146 中 B）对准。

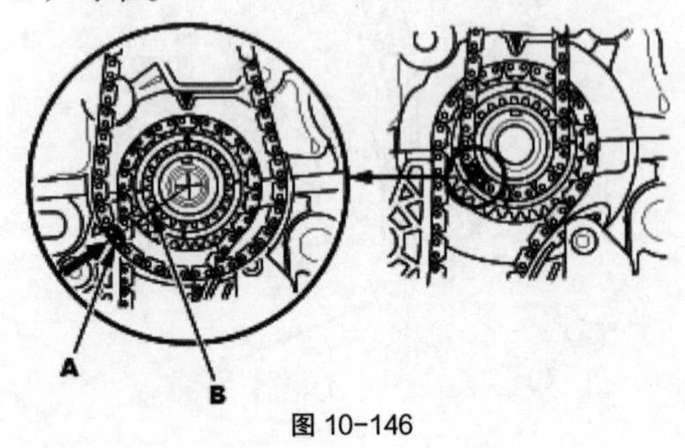

图 10-146

②将凸轮轴链条安装在凸轮轴链轮上，使彩色链节板（如图 10-147 中 A）与凸轮轴链轮上的标记（如图 10-147 中 B）对准。

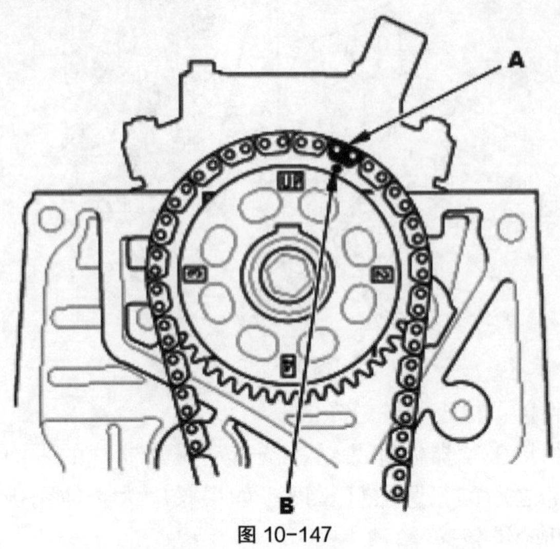

图 10-147

（4）安装凸轮链条张紧器臂和凸轮链条导板（图 10-148）。

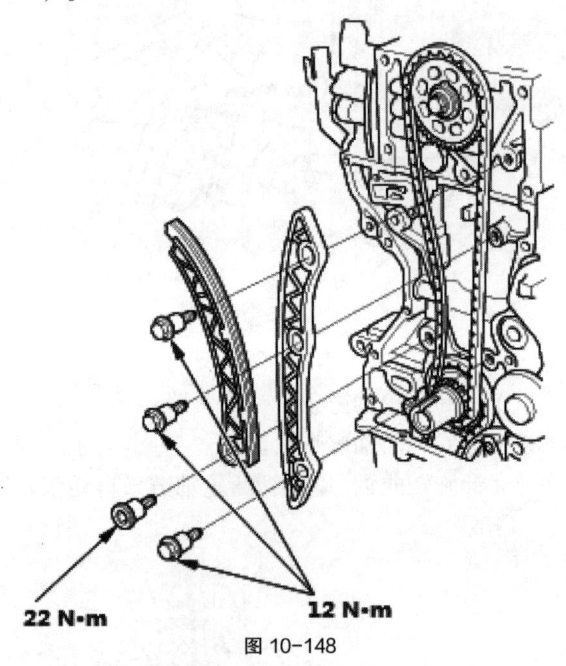

图 10-148

（5）安装凸轮链条自动张紧器。

①更换凸轮链条时，压缩凸轮链条自动张紧器。拆下拆卸过程中安装在凸轮链条自动张紧器上的销（如图 10-149 中 A）。逆时针转动盘（如图 10-149 中 B），以松开锁止，然后按压连杆（如图 10-149 中 C），将第一个凸轮（如图 10-149 中 D）放到第一个齿条（如图 10-149 中 E）边缘。将直径 1.0mm 的销插入到孔（如图 10-149 中 F）中。

注意：如果凸轮链条自动张紧器设置的和描述的不一样，凸轮链条自动张紧器会受到损坏。

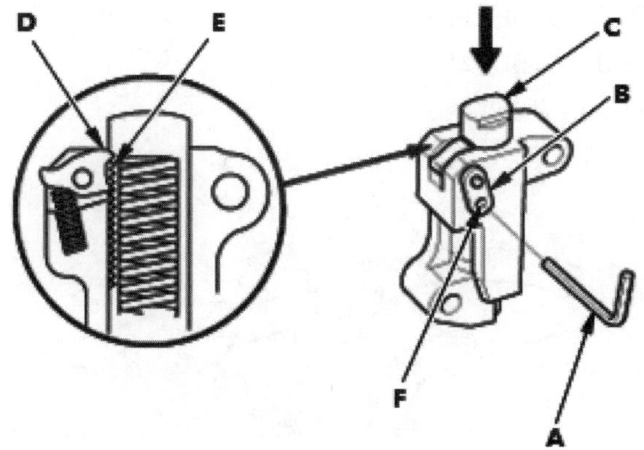

图 10-149

②安装凸轮链条自动张紧器，如图 10-150。

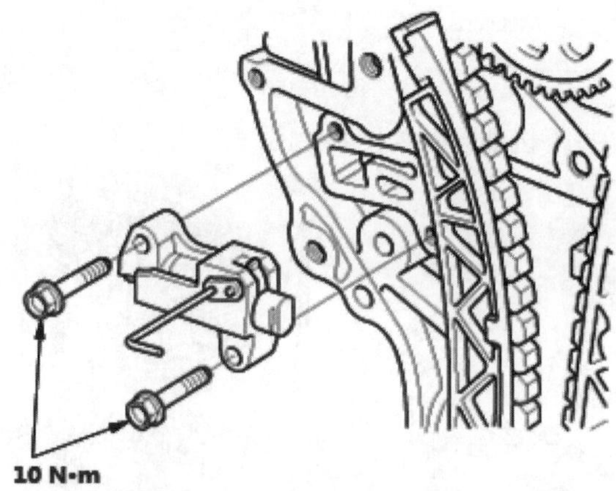

图 10-150

③从凸轮链条自动张紧器拆下销，如图 10-151。

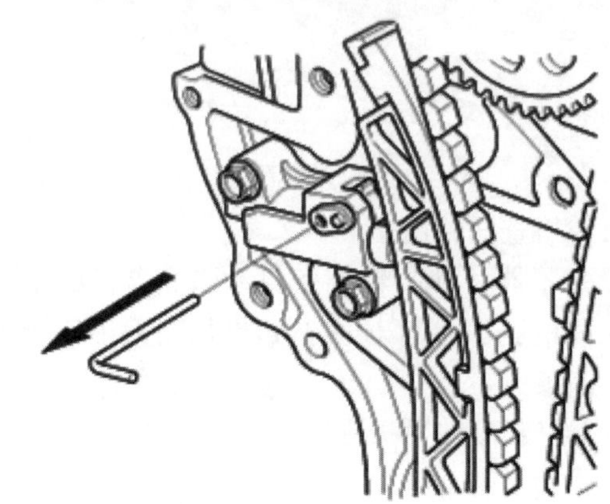
图 10-151

（6）安装油泵。

①在发动机缸体、链条箱的油底壳接合面和螺栓孔的内螺纹上涂抹密封胶。

②用新的 O 形圈（如图 10-152 中 C），在油底壳（如图 10-152 中 B）的边缘固定油泵（如图 10-152 中 A）的边缘。

③将机油泵安装到发动机气缸体（如图 10-152 中 D）上。

④松松地安装定位螺栓（如图 10-152 中 E），然后拧紧 8mm 螺栓（如图 10-152 中 F）、6mm 螺栓（如图 10-152 中 G）和定位螺栓。

⑤清除油底壳和机油泵接合面的多余的密封胶。

注意：安装机油泵时，不要将下表面倾斜到油底壳结合面上。

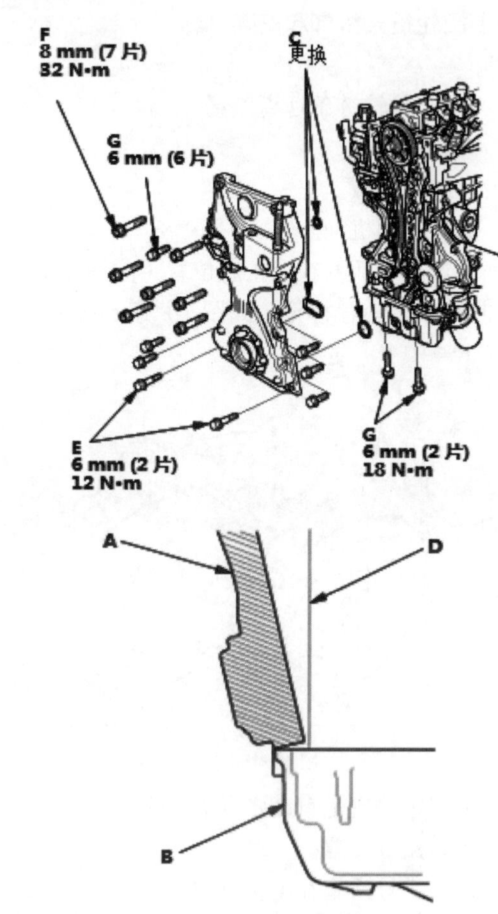

图 10-152

⑥连接 PCV 软管，如图 10-153。

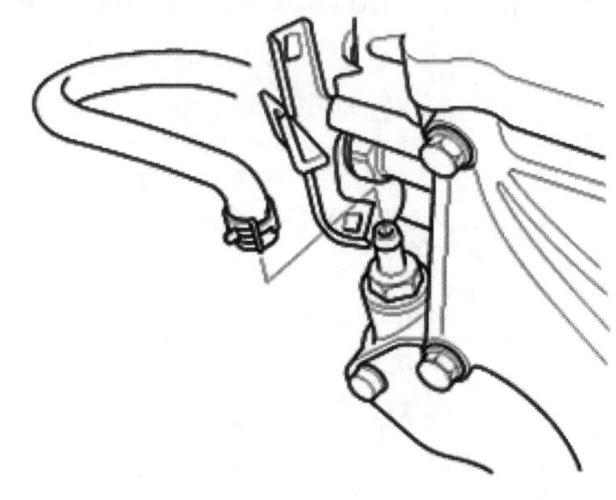
图 10-153

（7）安装发动机侧支座。

（8）安装曲轴皮带轮。

（9）安装传动皮带自动张紧器。

（10）安装发动机底盖。

（11）安装右前轮。

（12）安装气缸盖罩。

八、车型

东风本田 CR-V 2.0L（2.0L R20A7），2015—2017 年。

广汽本田雅阁 2.0L（2.0L R20A），2014—2017 年。

（一）凸轮链条拆卸和安装

1. 拆卸。

注意：使凸轮轴链条远离磁场。

（1）拆卸右前轮。

（2）拆卸挡泥板。

（3）拆卸发动机油。

（4）设置 1 号活塞在上止点位置（曲柄侧）。

转动曲轴使其白色标记（如图 10-154 中 A）与指针（如图 10-154 中 B）对齐。

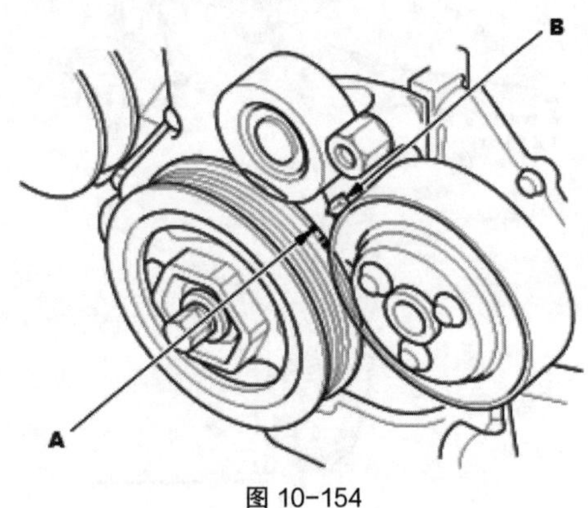

图 10-154

（5）拆卸传动皮带自动张紧器。

（6）拆卸气缸盖罩。

（7）设置 1 号活塞在上止点位置（凸轮侧）。

检查 1 号活塞是否在上止点（TDC）位置。凸轮轴链轮上的"向上"标记（如图 10-155 中 A），应该在上部，凸轮轴链轮上的 TDC 槽（如图 10-155 中 B）应和头部的上部边缘对齐。注意：如果标记未对准，转动曲轴 360°，并重新检查凸轮轴皮带轮标记。

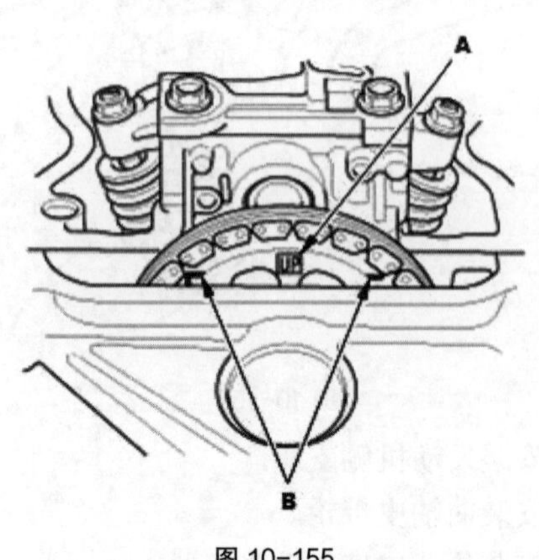

图 10-155

（8）拆卸曲轴皮带轮。

（9）拆卸发动机侧支座。

（10）拆卸油泵。

①断开 PCV 软管，如图 10-156。

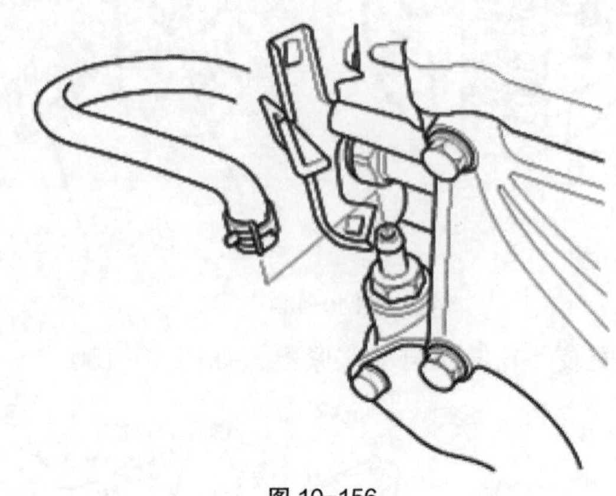
图 10-156

②拆下机油泵，如图 10-157。

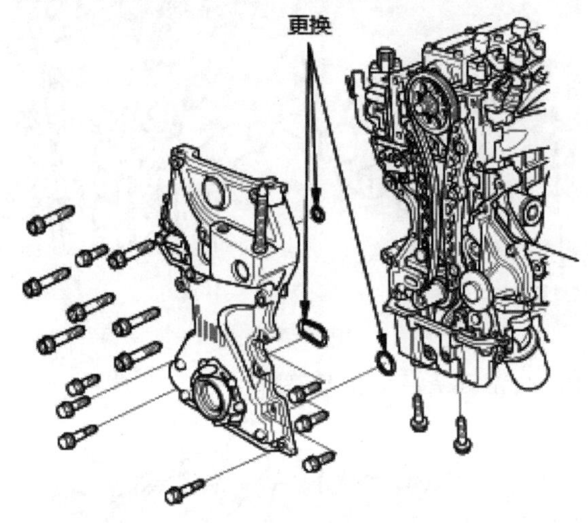

图 10-157

（11）检查凸轮链条。

测量张紧器体和凸轮链条自动张紧器杆的平面部分的底部之间的张紧器杆长度。如果长度大于使用极限，更换凸轮链条。

张紧器杆长度使用极限：14.5mm，如图 10-158。

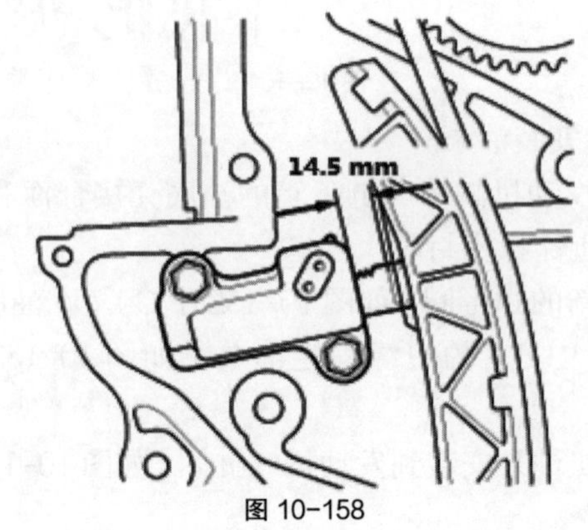

图 10-158

（12）拆卸凸轮轴链条自动张紧器。

①松松地安装曲轴皮带轮。

②逆时针旋转曲轴，以压缩凸轮轴链条自动张紧器，如图 10–159。

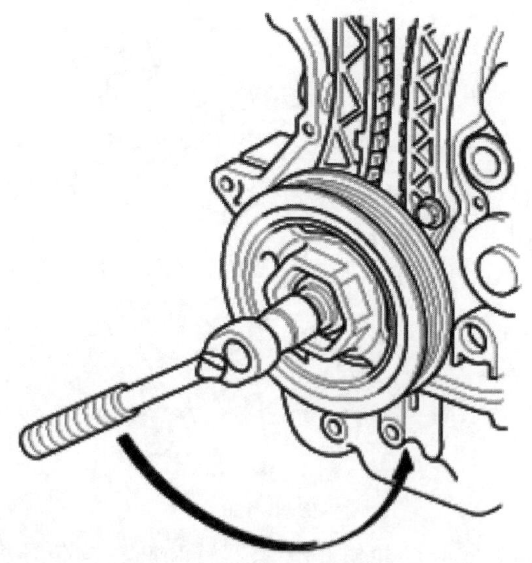

图 10–159

③逆时针旋转曲轴以便对齐锁（如图 10–160 中 A）和凸轮轴链条自动张紧器（如图 10–160 中 B）上的孔。

④将 1.0mm 直径销（如图 10–160 中 C）插入孔中。

⑤顺时针转动曲轴以固定销。

注意：如果未对齐锁和凸轮轴链条自动张紧器的孔，继续逆时针旋转曲轴直至孔对齐，然后安装销。

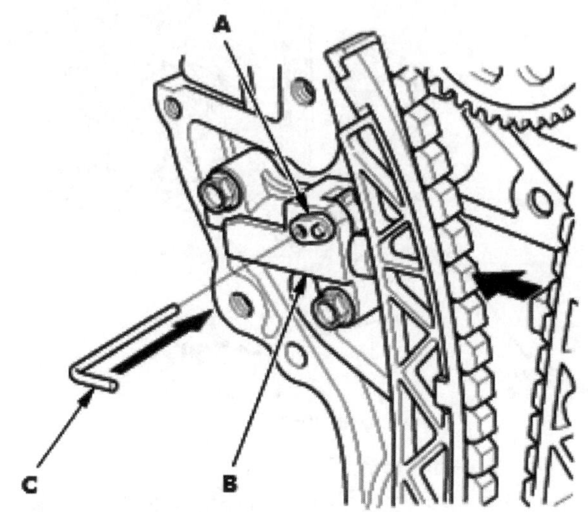

图 10–160

⑥拆下凸轮轴链条自动张紧器。

⑦拆下曲轴皮带轮，如图 10–161。

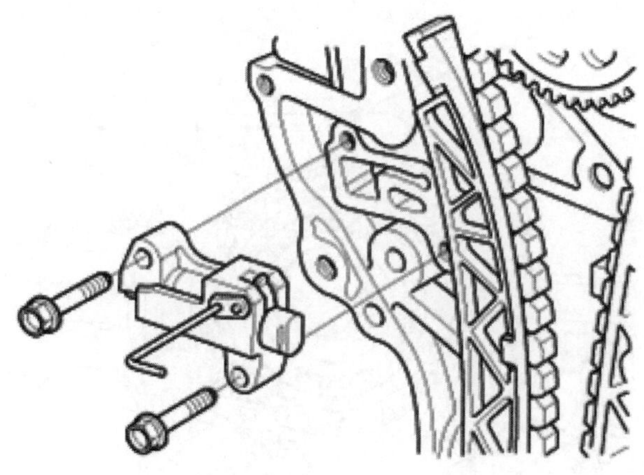

图 10–161

（13）拆卸凸轮链条。

①拆下凸轮链条导板（如图 10–162 中 A）和凸轮链条张紧器臂（如图 10–162 中 B）。

②拆下凸轮链条（如图 10–162 中 C）。

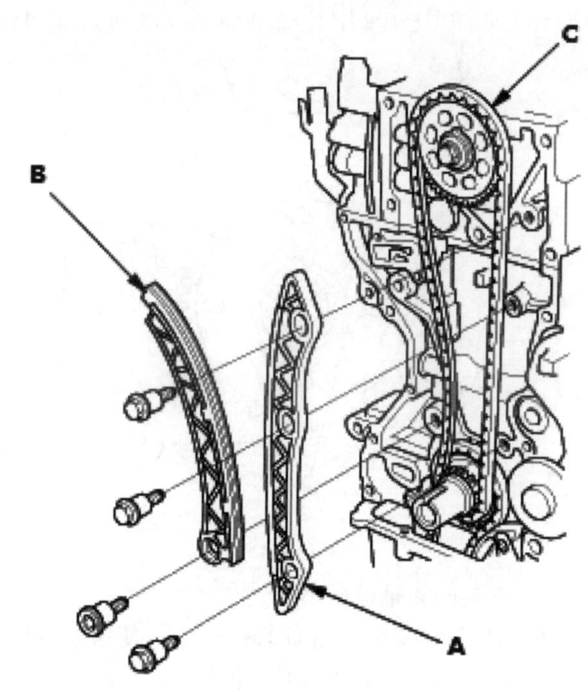

图 10–162

2. 安装。

注意：使凸轮轴链条远离磁场。

（1）设置 1 号活塞在上止点位置（曲轴侧）。

将曲轴置于上止点（TDC）。将曲轴链轮上的 TDC 标记（如图 10–163 中 A）与发动机气缸体上的指针（如图 10–163 中 B）对准。

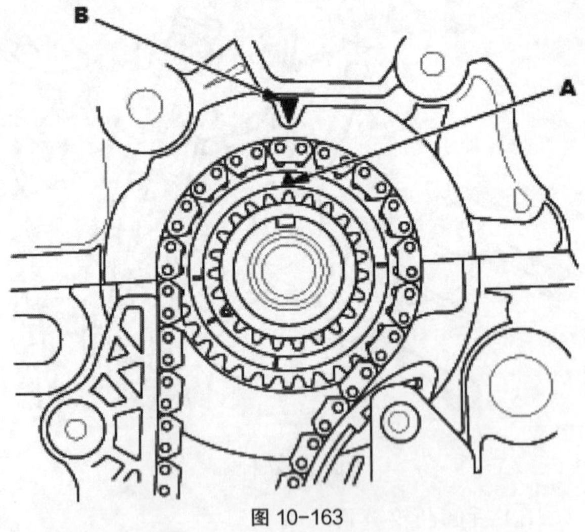

图 10-163

（2）设置 1 号活塞在上止点位置（凸轮侧）。

使凸轮轴在上止点位置。凸轮轴链轮上的“向上”标记（如图 10-164 中 A），应该在上部，凸轮轴链轮上的 TDC 槽（如图 10-164 中 B）应和头部的上部边缘对齐。

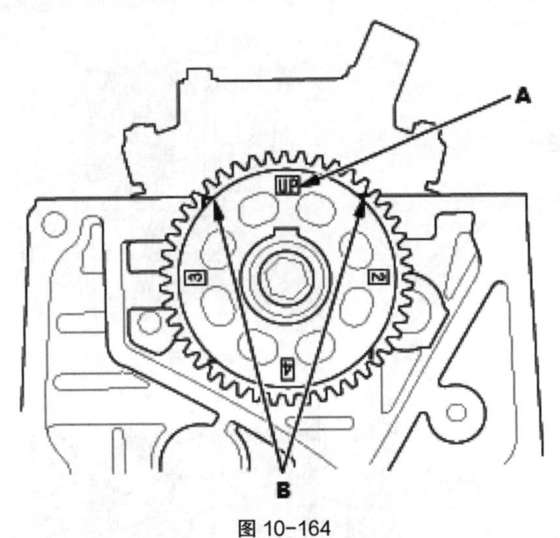

图 10-164

（3）安装凸轮轴链条。

①将凸轮轴链条安装在曲轴链轮上，使涂色的链节（如图 10-165 中 A）与曲轴链轮上的标记（如图 10-165 中 B）对准。

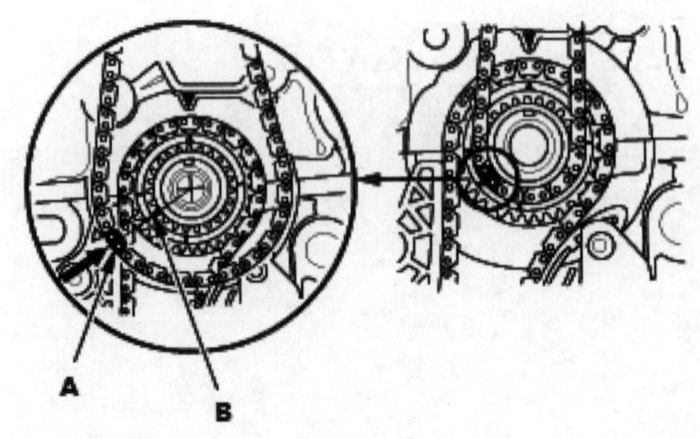

图 10-165

②将凸轮轴链条安装在凸轮轴链轮上，使彩色链节板（如图 10-166 中 A）与凸轮轴链轮上的标记（如图 10-166 中 B）对准。

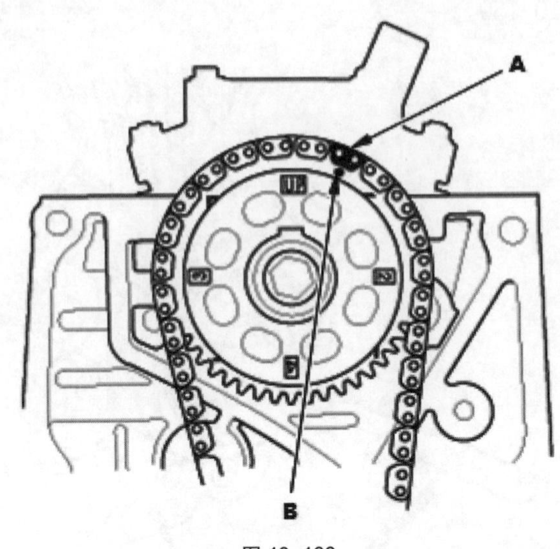

图 10-166

（4）安装凸轮链条张紧器臂和凸轮链条导板（图 10-167）。

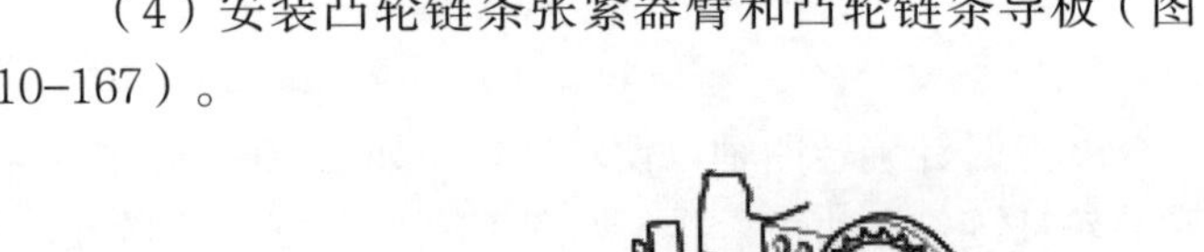

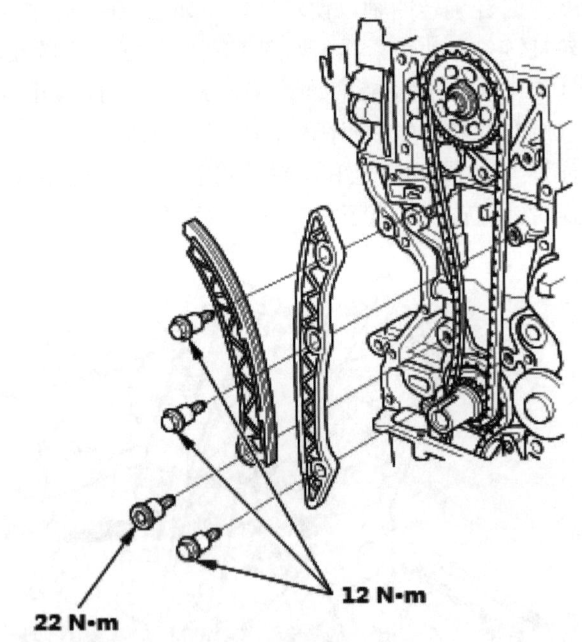

图 10-167

（5）安装凸轮链条自动张紧器。

①更换凸轮链条时，压缩凸轮链条自动张紧器。拆下拆卸过程中安装在凸轮链条自动张紧器上的销（如图 10-168 中 A）。逆时针转动盘（如图 10-168 中 B），以松开锁止，然后按压连杆（如图 10-168 中 C），将第一个凸轮（如图 10-168 中 D）放到第一个齿条（如图 10-168 中 E）边缘。将直径 1.0mm 的销插入到孔（如图 10-168 中 F）中。

注意：如果凸轮链条自动张紧器设置的和描述的不一样，凸轮链条自动张紧器会受到损坏。

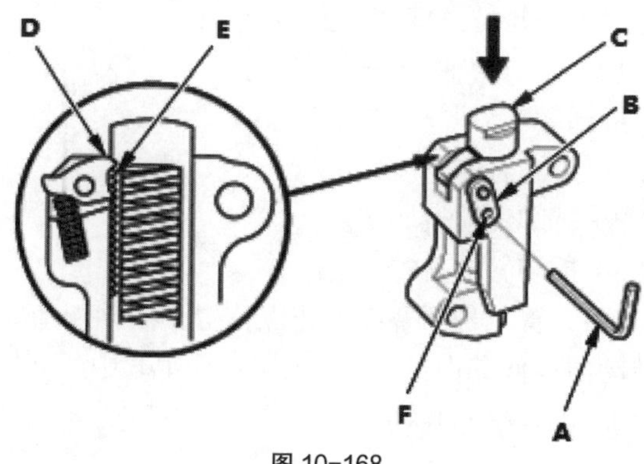

图 10-168

②安装凸轮链条自动张紧器，如图 10-169。

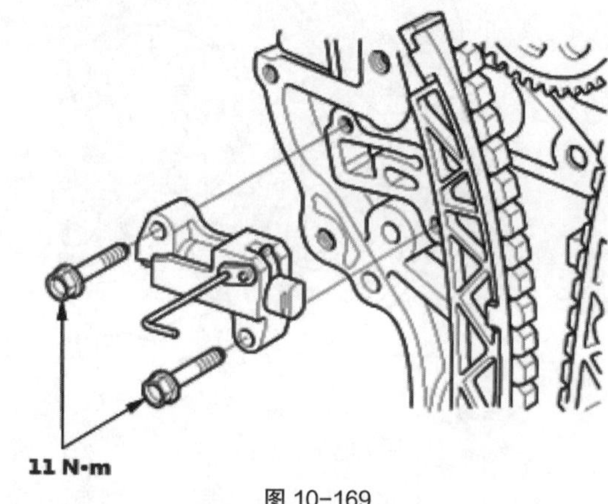

图 10-169

③从凸轮链条自动张紧器拆下销，如图 10-170。

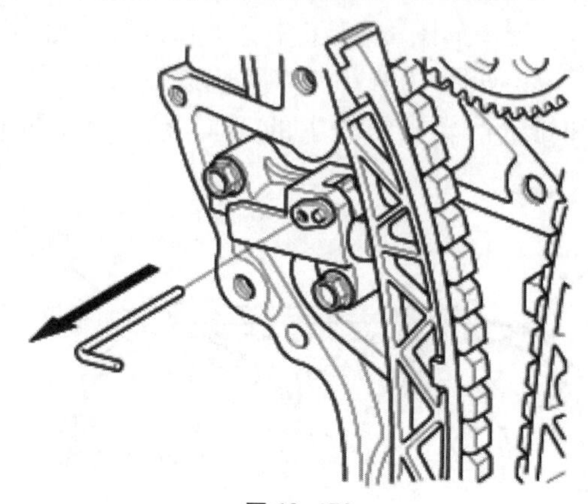
图 10-170

（6）安装油泵。

①在发动机缸体、油泵的油底壳接合面和螺栓孔的内螺纹上涂抹密封胶。

②用新的 O 形圈（如图 10-171 中 C），在油底壳（如图 10-171 中 B）的边缘固定油泵（如图 10-171 中 A）的边缘。

③将机油泵安装到发动机气缸体（如图 10-171 中 D）上。

④松松地安装定位螺栓（如图 10-171 中 E），然后拧紧 8mm 螺栓（如图 10-171 中 F）、6mm 螺栓（如图 10-171 中 G）和定位螺栓。

⑤清除油底壳和机油泵接合面的多余的密封胶。

注意：检查机油泵油封是否损坏。如果油封损坏了，更换油封。安装机油泵时，不要将下表面倾斜到油底壳的结合面上。

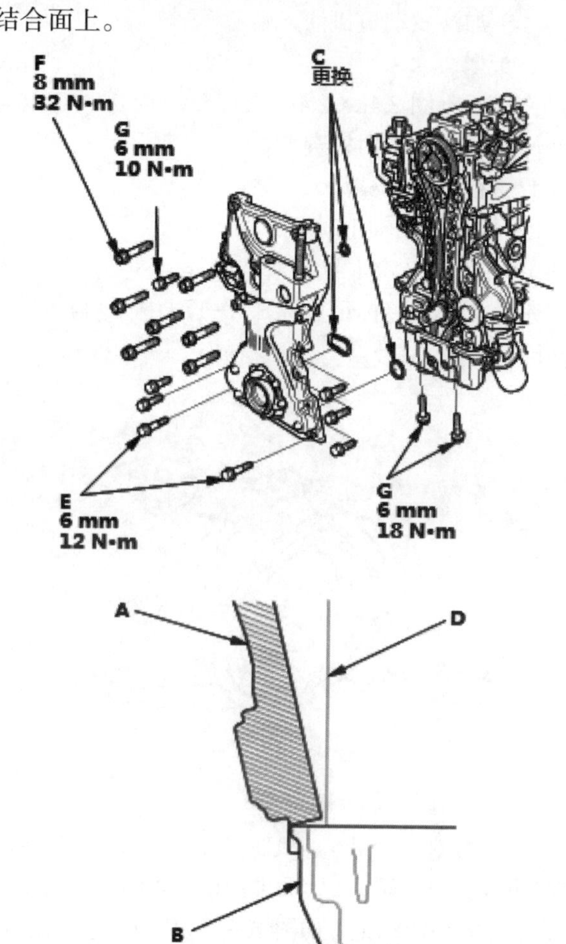

图 10-171

⑥连接 PCV 软管，如图 10-172。

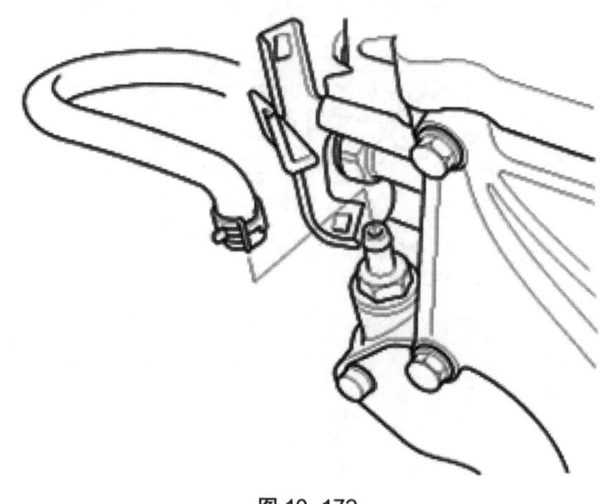
图 10-172

（7）安装发动机侧支座。

（8）安装曲轴皮带轮。

（9）安装传动皮带自动张紧器。

（10）安装挡泥板。

（11）安装右前轮。

（12）安装气缸盖罩。

（13）加注发动机机油。

九、车型

广汽本田雅阁 2.4L（2.4L K24W5），2014—2017 年。

（一）凸轮轴正时检查

（1）拆卸气缸盖罩。

（2）检查凸轮轴正时。

①转动曲轴，将 1 号活塞与上止点（TDC）对齐；曲轴皮带轮上的白色标记（如图 10-173 中 A）与指针（如图 10-173 中 B）对齐。

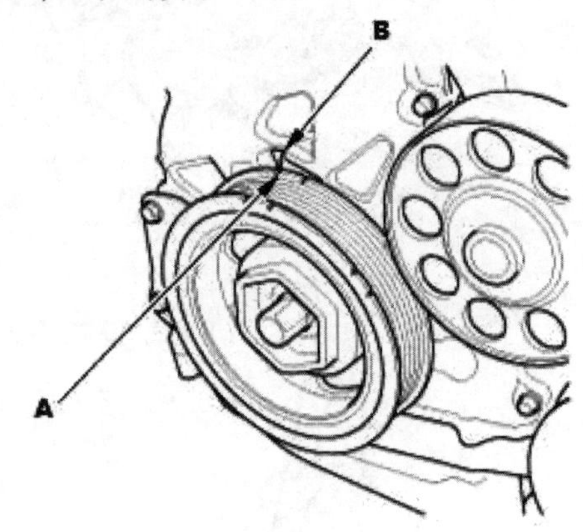

图 10-173

②1 号活塞在上止点（TDC）位置时，检查并确认 VTC 作动器上的冲印标记（如图 10-174 中 A）和排气凸轮轴链轮上的冲印标记（如图 10-174 中 B）应该在顶部。

③检查 VTC 作动器和排气凸轮轴链轮上的 TDC 标记（如图 10-174 中 C），标记应对齐。如果标记未对齐，拆下凸轮轴链条并重新正确安装凸轮轴链条。

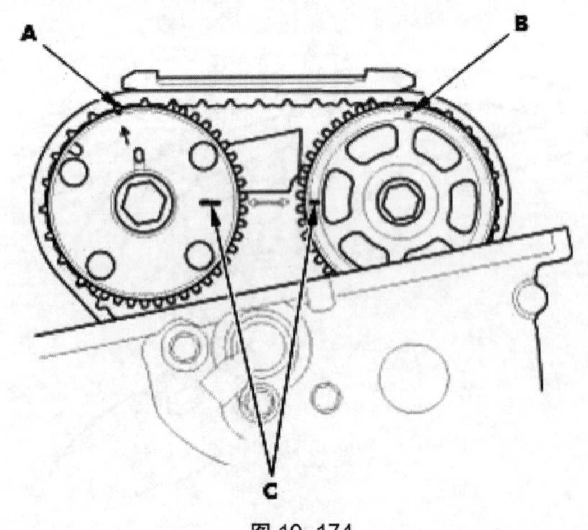

图 10-174

（3）安装所有拆下的部件。

按照与拆卸相反的顺序安装零件。

（二）凸轮链条拆卸和安装

注意：使凸轮轴链条远离磁场。

1. 拆卸。

（1）拆卸右前轮。

（2）拆卸发动机底盖。

（3）拆卸气缸盖罩。

（4）设置 1 号活塞在上止点位置（曲轴侧）。

转动曲轴使其白色标记（如图 10-175 中 A）与指针（如图 10-175 中 B）对齐。

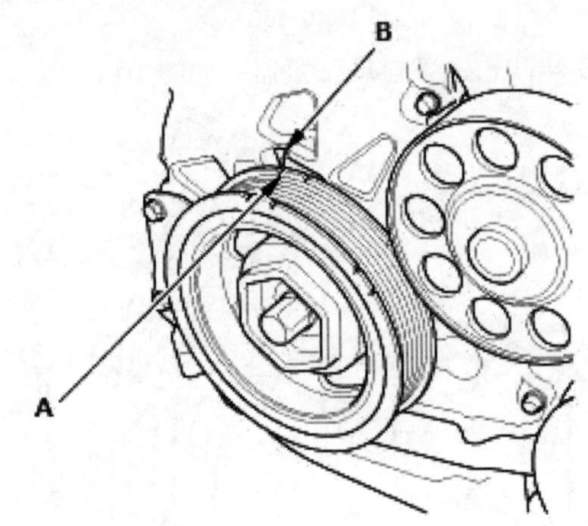

图 10-175

（5）设置 1 号活塞在上止点位置（凸轮侧）。

①使 1 号活塞在上止点（TDC）位置。VTC 作动器上的冲印标记（如图 10-176 中 A）和排气凸轮轴链轮上的冲印标记（如图 10-176 中 B）应该在顶部。对准 VTC 作动器和排气凸轮轴链轮上的 TDC 标记（如图 10-176 中 C）。

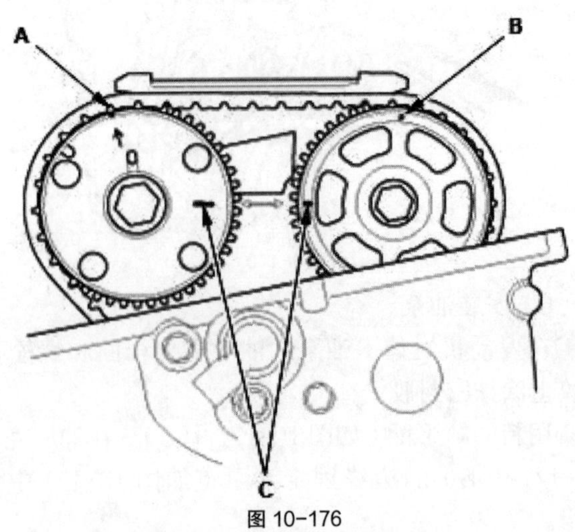

图 10-176

（6）拆卸 VTC 机油控制电磁阀。

（7）拆卸摇臂机油控制阀。

（8）拆卸曲轴皮带轮。

（9）拆卸发动机侧支座。

（10）拆卸凸轮轴链条箱。

拆下凸轮轴链条箱（如图 10–177 中 A）和隔垫（如图 10–177 中 B）。

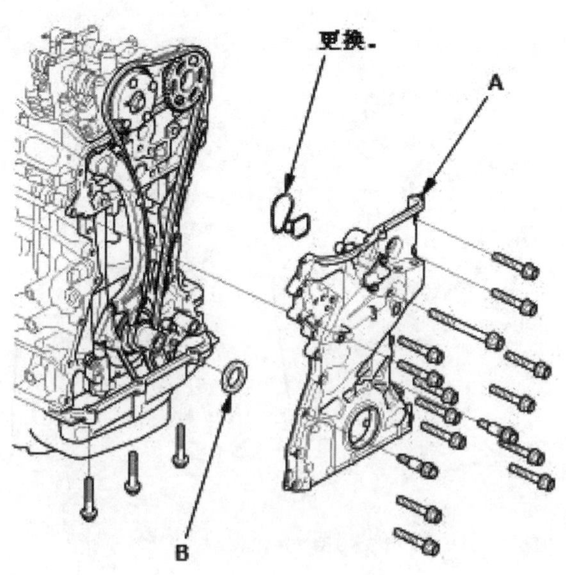

图 10–177

（11）拆卸凸轮轴链条自动张紧器。

①松松地安装曲轴皮带轮。

②逆时针旋转曲轴，以压缩凸轮轴链条自动张紧器，如图 10–178。

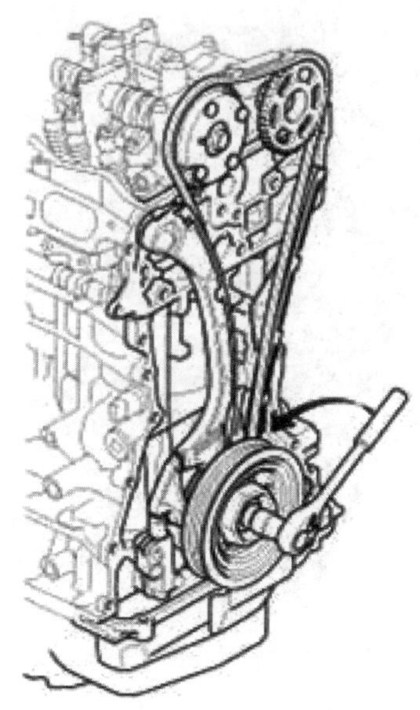
图 10–178

③逆时针旋转曲轴以便对齐锁（如图 10–179 中 A）和凸轮轴链条自动张紧器（如图 10–179 中 B）上的孔，然后将直径 1.2 mm 的销（如图 10–179 中 C）插入孔中。顺时针转动曲轴以固定销。注意：如果未对齐锁和凸轮轴链条自动张紧器的孔，继续逆时针旋转曲轴直至孔对齐，然后安装销。

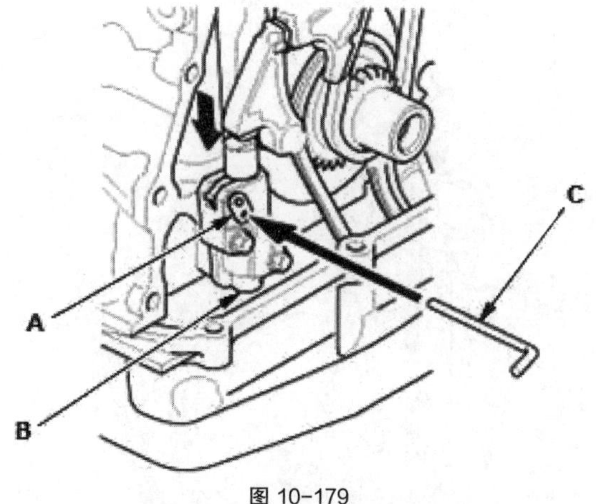

图 10–179

④拆下凸轮轴链条自动张紧器，如图 10–180。

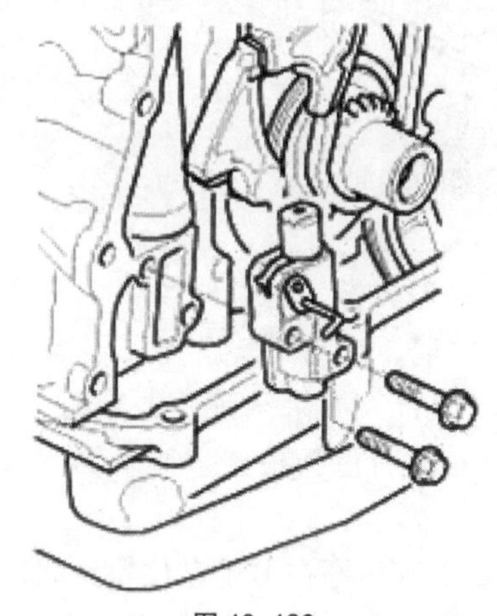
图 10–180

（12）拆卸凸轮轴链条导板（图 10–181）。

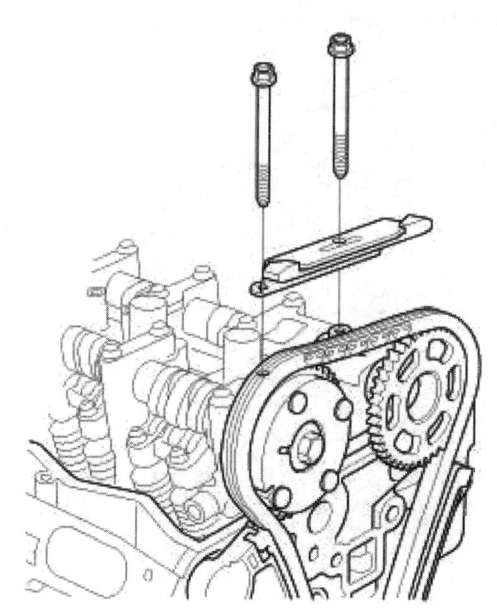
图 10–181

（13）拆卸凸轮轴链条导板 A、张紧器子臂和张紧器臂（如图 10-182）。

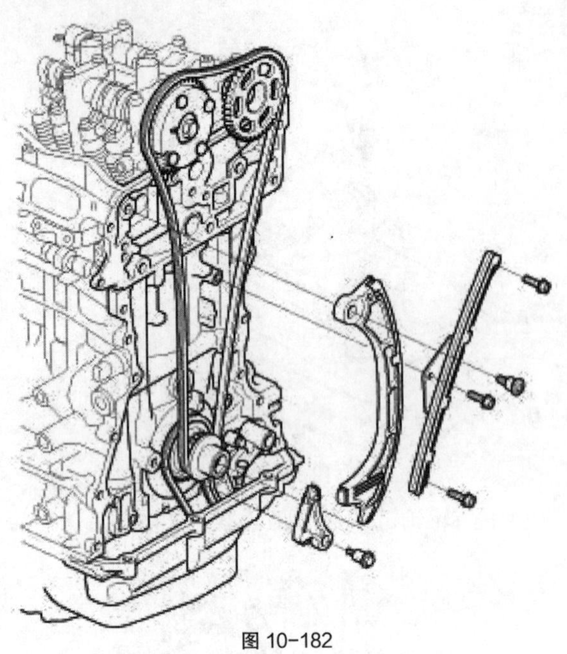

图 10-182

（14）拆卸凸轮轴链条。

2. 安装。

注意：使凸轮轴链条远离磁场。

执行该程序前，逆时针转动 VTC 作动器，检查并确认 VTC 作动器锁止。如果未锁止，顺时针转动 VTC 作动器直至停止，然后重新检查。如果仍然未锁止，更换 VTC 作动器。

（1）设置 1 号活塞在上止点位置（曲轴侧）。

将曲轴置于上止点（TDC）。将曲轴链轮上的 TDC 标记（如图 10-183 中 A）与发动机气缸体上的指针（如图 10-183 中 B）对准。

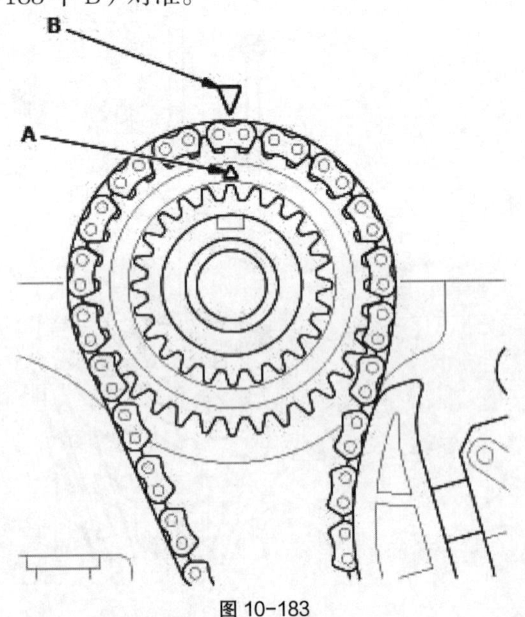

图 10-183

（2）设置 1 号活塞在上止点位置（凸轮侧）。

将凸轮轴设置在上止点位置。VTC 作动器上的冲印标记（如图 10-184 中 A）和排气凸轮轴链轮上的冲印标记（如图 10-184 中 B）应该在顶部。对准 VTC 作动器和排气凸轮轴链轮上的 TDC 标记（如图 10-184 中 C）。

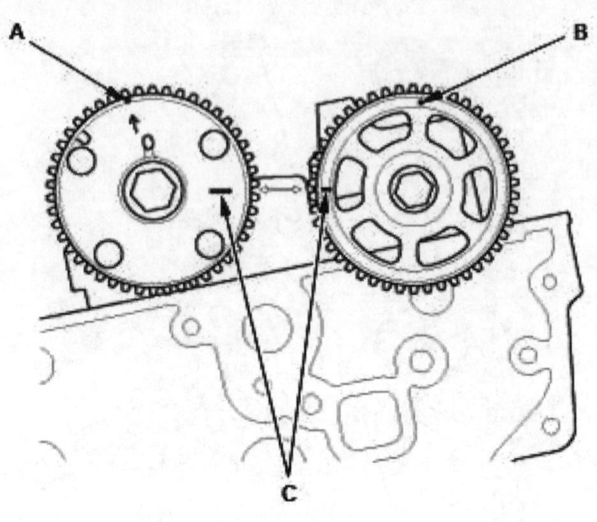

图 10-184

（3）安装凸轮轴链条。

①将凸轮轴链条安装在曲轴链轮上，使涂色的链节（如图 10-185 中 A）与曲轴链轮上的标记（如图 10-185 中 B）对准。

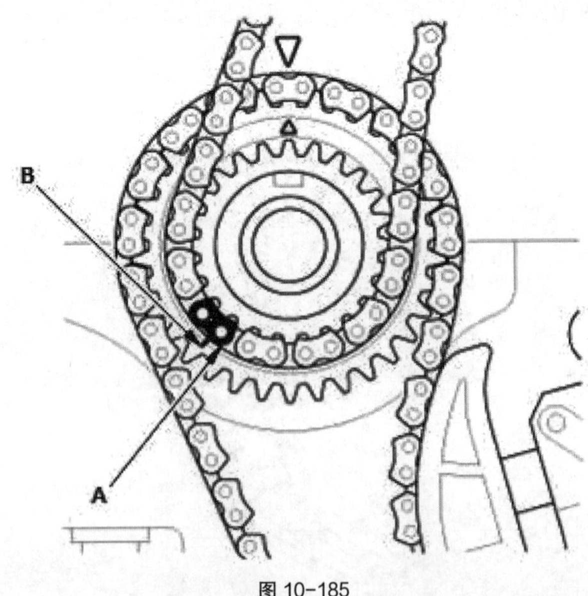

图 10-185

②将凸轮轴链条安装在 VTC 作动器和排气凸轮轴链轮上，使冲印标记（如图 10-186 中 A）与两个涂色的链节（如图 10-186 中 B）的中心对准。

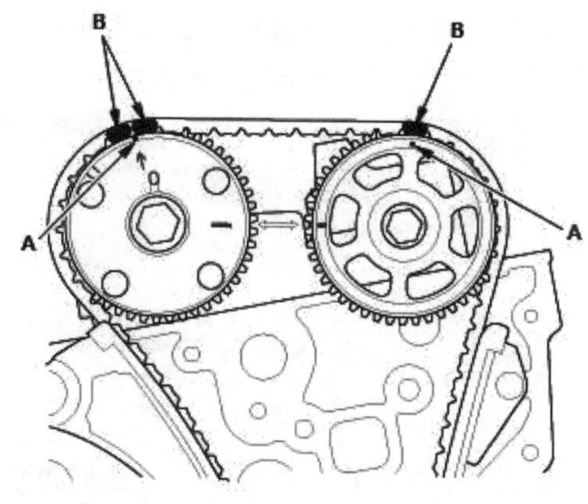

图 10-186

（4）安装凸轮轴链条导板 A、张紧器子臂和张紧器臂（如图 10-187）。

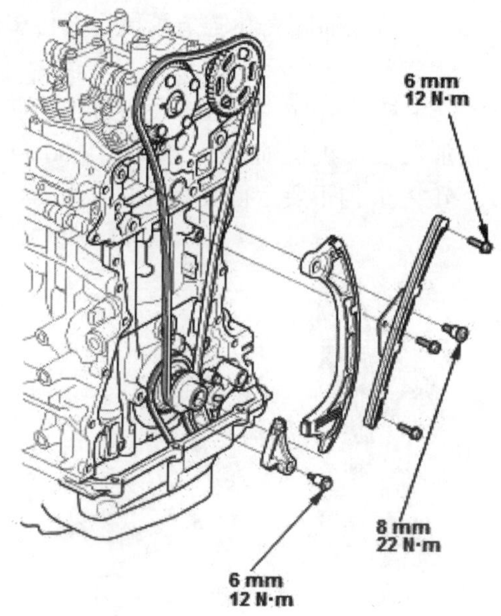

图 10-187

（5）安装凸轮轴链条导板（如图 10-188）。

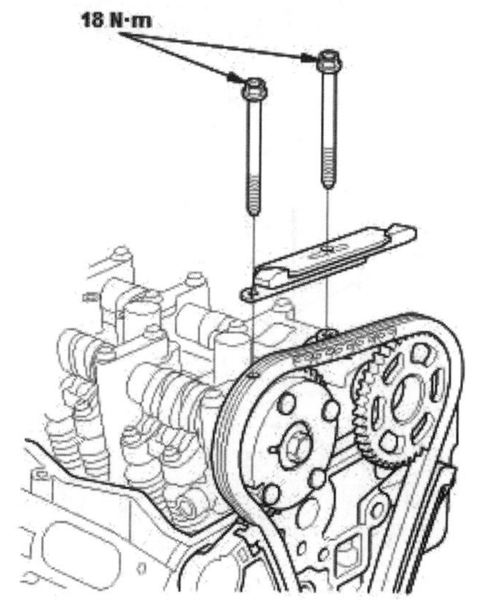

图 10-188

（6）安装凸轮轴链条自动张紧器。

①更换凸轮轴链条时，压缩凸轮轴链条自动张紧器。从拆卸过程中安装的凸轮轴链条自动张紧器上拆下销（如图 10-189 中 A）。逆时针转动板（如图 10-189 中 B）解除锁止状态，然后压下杆（如图 10-189 中 C），将第一个凸轮（如图 10-189 中 D）固定在齿条（如图 10-189 中 E）第一边缘位置。将 1.2mm 直径销插回到孔（如图 10-189 中 F）中。

注意：如果没有如上所述放置凸轮轴链条自动张紧器，将会损坏凸轮轴链条自动张紧器。

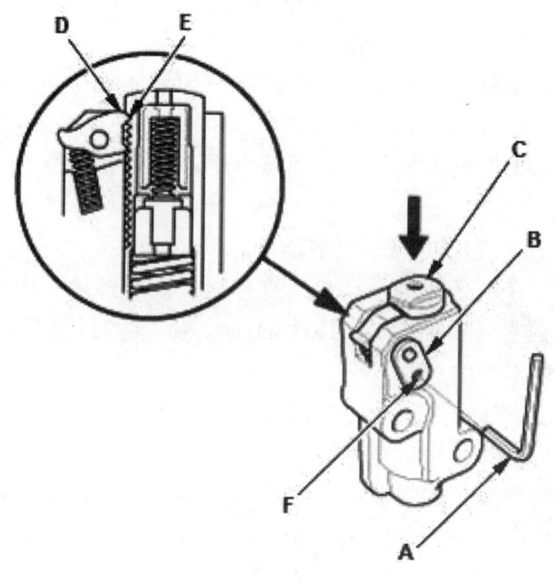

图 10-189

②安装凸轮轴链条自动张紧器，如图 10-190。

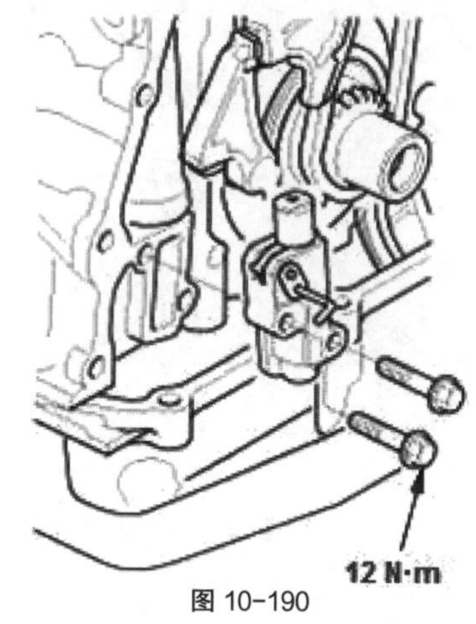

图 10-190

③从凸轮轴链条自动张紧器上拆下销，如图 10-191。

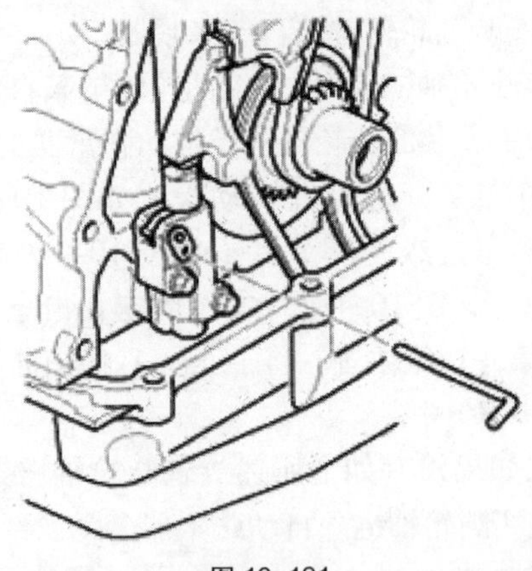

图 10-191

（7）安装凸轮轴链条箱。

①检查链条箱油封是否损坏。如果油封损坏，更换链条箱油封。

②将旧密封胶从链条箱接合面、螺栓和螺栓孔上清除。

③清洁并风干链条箱接合面。

④在链条箱的发动机气缸体接合面和螺栓孔内缘涂抹密封胶（P/N 08C70-K0334M）。涂抹密封胶后 4min 内安装零部件。

沿虚线（如图 10-192 中 A）和（如图 10-192 中 B）涂抹直径约 2.5mm 的密封胶胶条。

沿虚线（如图 10-192 中 C）涂抹直径约 3.0mm 的密封胶胶条。如果涂抹密封胶后经过太长时间，清除旧的密封胶和残胶，然后重新涂抹新的密封胶。

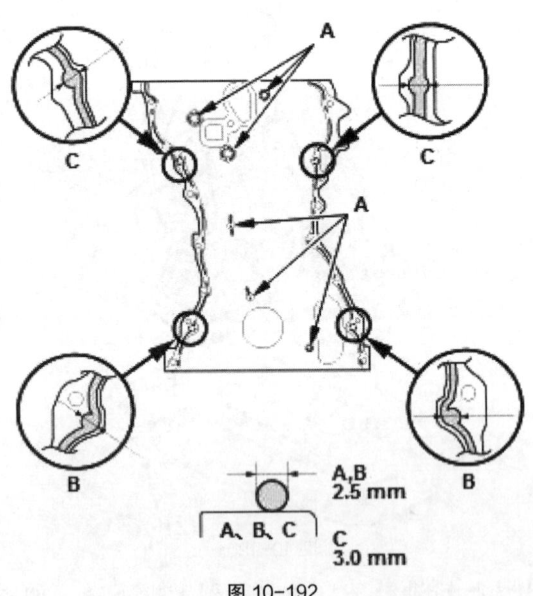

图 10-192

⑤在链条箱的油底壳接合面和螺栓孔内缘涂抹密封胶（P/N 08C70-K0334M）。涂抹密封胶后 4min 内安装零部件。

注意：沿虚线（如图 10-193 中 A）涂抹直径约 2.5mm 的密封胶胶条。如果涂抹密封胶后经过太长时间，清除旧的密封胶和残胶，然后重新涂抹新的密封胶。

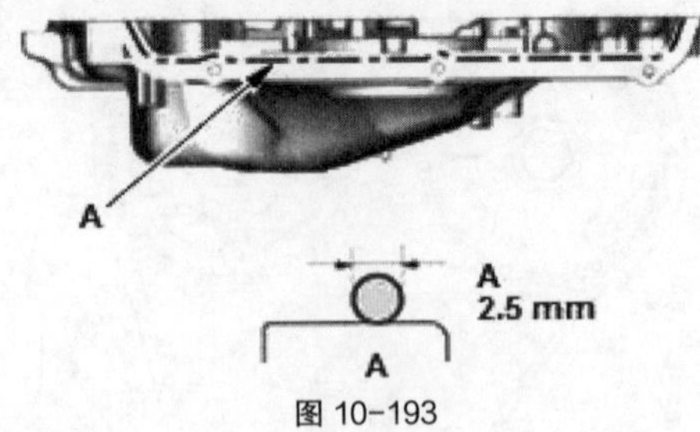

图 10-193

⑥安装隔圈（如图 10-194 中 A），然后将新的 O 形圈（如图 10-194 中 B）安装到链条箱上。将链条箱（如图 10-194 中 C）的边缘固定到油底壳（如图 10-195 中 D）的边缘上，然后将链条箱安装到发动机气缸体（如图 10-195 中 E）。清除油底壳和链条箱接合部位多余的密封胶。

注意：安装链条箱时，切勿将底面滑到油底壳安装表面上。在加注发动机机油前，至少等待 30min。安装链条箱后，至少 3h 内不要运行发动机。

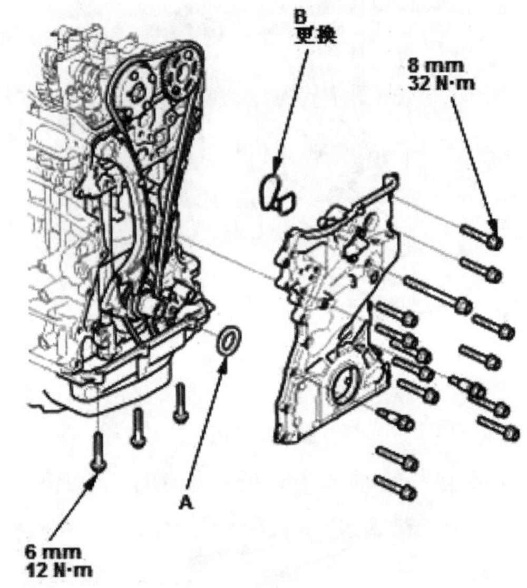

图 10-194

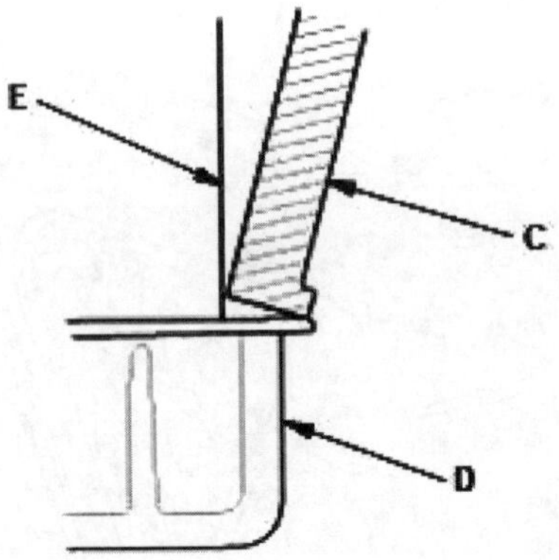

图 10-195

（8）安装发动机侧支座。

（9）安装曲轴皮带轮。

（10）安装摇臂机油控制阀。

（11）安装 VTC 机油控制电磁阀。

（12）安装气缸盖罩。

（13）安装发动机底盖。

（14）安装右前轮。

十、车型

广汽本田奥德赛 2.4L（2.4L K24W5），2015—2018 年。

（一）凸轮轴链条检查

（1）拆卸链条箱盖。

（2）检查凸轮轴链条。

①测量凸轮轴链条自动张紧器连杆的长度。

凸轮轴链条自动张紧器连杆长度维修极限：13.0mm。

②如果长度超过维修极限，则更换凸轮轴链条。更换时，检查曲轴链轮、VTC 作动器和排气凸轮轴链轮上的轮齿是否磨损和损坏。如果有零件磨损或损坏，必要时，予以更换。

③检查凸轮轴链条自动张紧器上的机油通道是否阻塞。如果凸轮轴链条自动张紧器阻塞，予以更换，如图 10-196。

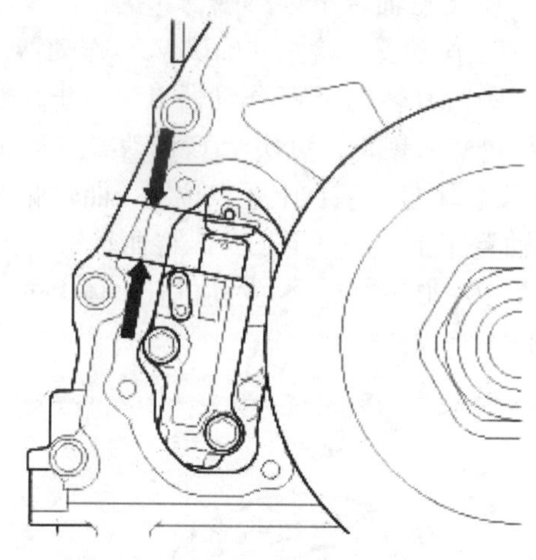

图 10-196

（3）安装所有拆下零件。

按照与拆卸相反的顺序安装零件。

（二）凸轮链条拆卸和安装

1. 拆卸。

注意：使凸轮轴链条远离磁场。

（1）拆卸右前轮。

（2）拆卸挡泥板。

（3）检查凸轮轴正时。

（4）拆卸 VTC 机油控制电磁阀。

（5）拆卸摇臂机油控制阀。

（6）拆卸曲轴皮带轮。

（7）拆卸发动机侧支座。

注意：不要拆下紧固发动机侧支座和发动机侧支座托架的螺栓。如果拆下了螺栓，则必须将发动机侧支座作为总成予以更换。

（8）拆卸凸轮轴链条箱。

拆下凸轮轴链条箱（如图 10-197 中 A）和隔垫（如图 10-197 中 B）。

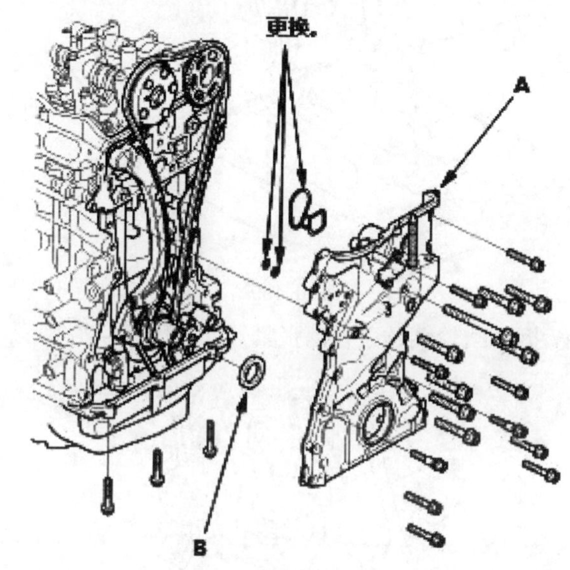

图 10-197

（9）拆卸凸轮轴链条自动张紧器。

①松松地安装曲轴皮带轮。

②逆时针旋转曲轴，以压缩凸轮轴链条自动张紧器，如图 10-198。

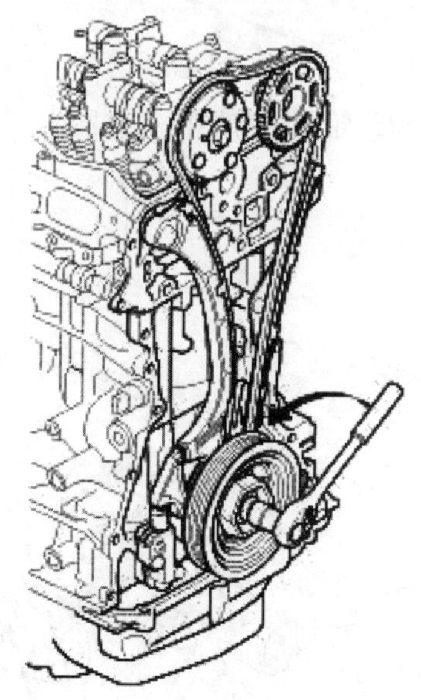

图 10-198

③逆时针旋转曲轴以便对齐锁（如图 10-199 中 A）

和凸轮轴链条自动张紧器（如图 10-199 中 B）上的孔。

④将 1.2mm 直径销（如图 10-199 中 C）插入孔中。

⑤顺时针转动曲轴以固定销。

注意：如果未对齐锁和凸轮轴链条自动张紧器的孔，继续逆时针旋转曲轴直至孔对齐，然后安装销。

⑥拆下曲轴皮带轮。

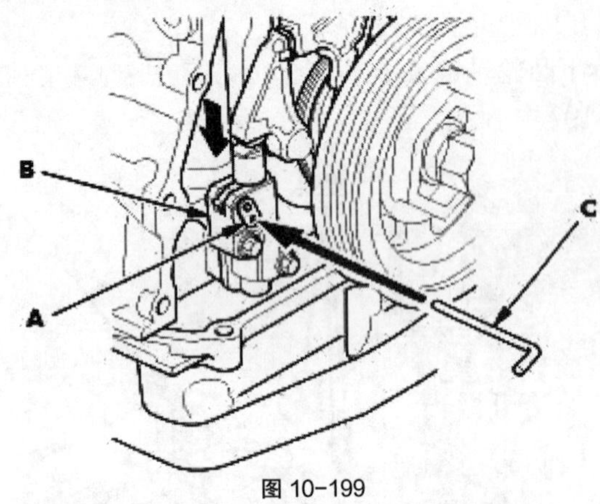

图 10-199

⑦拆下凸轮轴链条自动张紧器，如图 10-200。

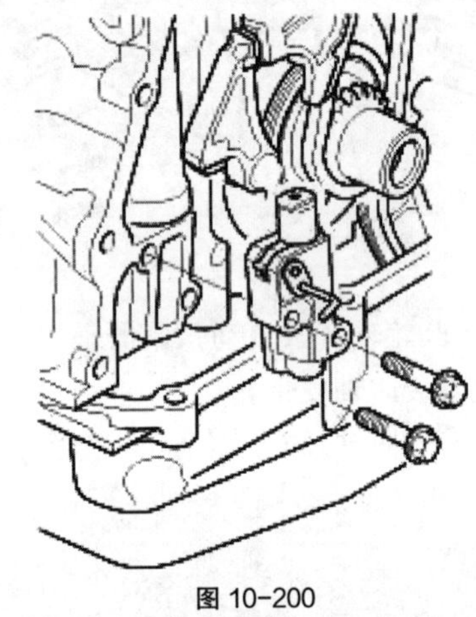
图 10-200

（10）拆卸凸轮轴链条导板（如图 10-201）。

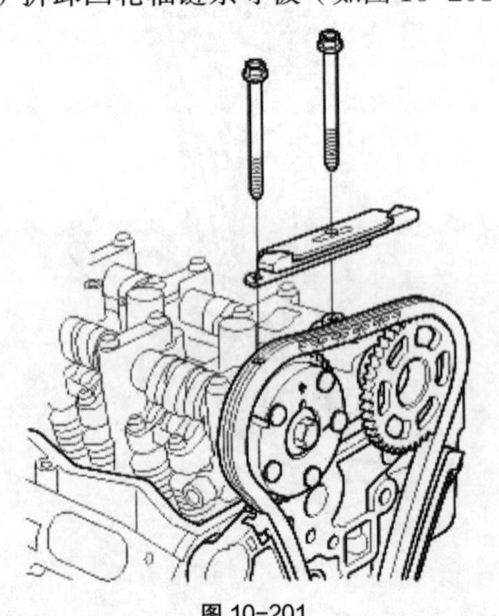
图 10-201

（11）拆卸凸轮轴链条。

①拆下凸轮轴链条导板（如图 10-202 中 A）、凸轮轴链条张紧器臂（如图 10-202 中 B）和凸轮轴链条张紧器子臂（如图 10-202 中 C）。

②拆下凸轮轴链条。

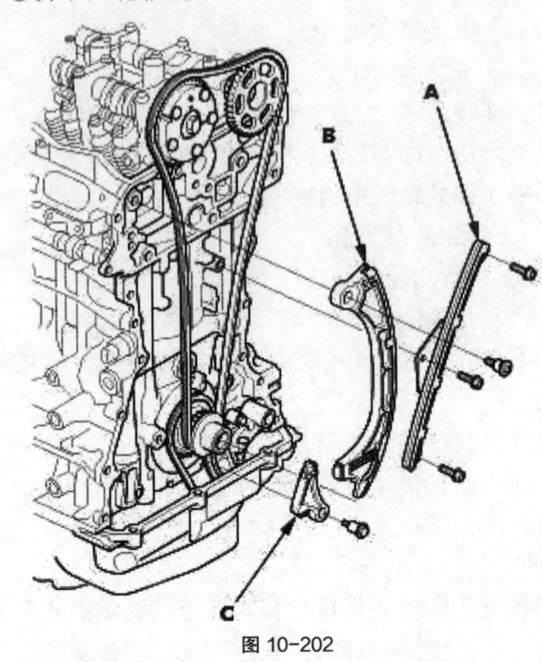

图 10-202

2. 安装。

注意：使凸轮轴链条远离磁场。执行该程序前，逆时针转动 VTC 作动器，检查并确认 VTC 作动器锁止。如果未锁止，顺时针转动 VTC 作动器直至停止，然后重新检查。如果仍然未锁止，更换 VTC 作动器。

（1）设置 1 号活塞在上止点位置（曲轴侧）。

将曲轴置于上止点（TDC）。将曲轴链轮上的 TDC 标记（如图 10-203 中 A）与发动机气缸体上的指针（如图 10-203 中 B）对准。

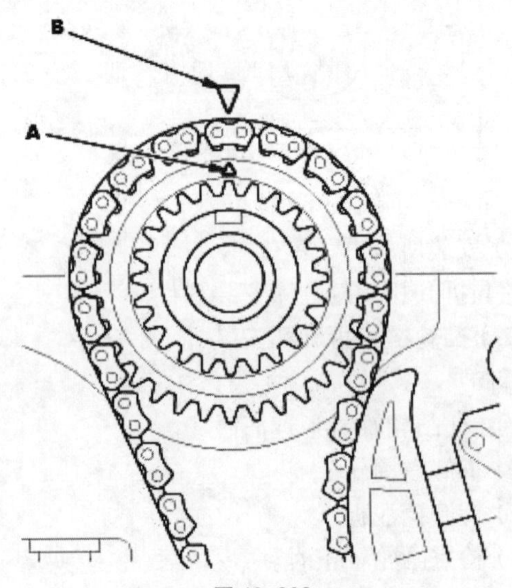

图 10-203

（2）设置 1 号活塞在上止点位置（凸轮侧）。

将凸轮轴设置在上止点位置。VTC 作动器上的冲印标记（如图 10-204 中 A）和排气凸轮轴链轮上的冲印标记（如图 10-204 中 B）应该在顶部。对准 VTC 作动器和排气凸轮轴链轮上的 TDC 标记（如图 10-204 中 C）。

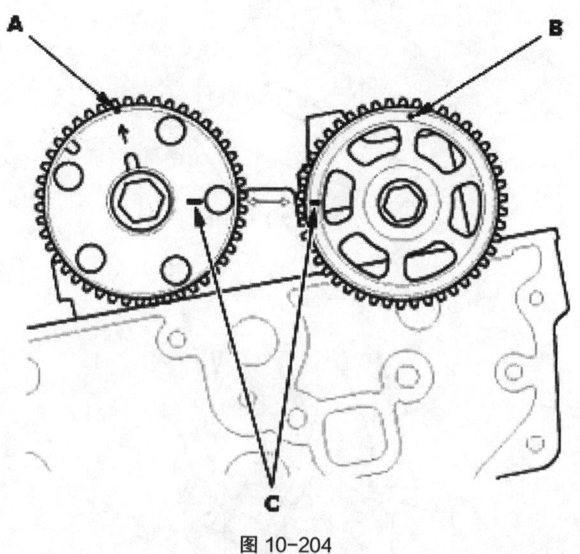

图 10-204

（3）安装凸轮轴链条。

①将凸轮轴链条安装在曲轴链轮上，使涂色的链节（如图 10-205 中 A）与曲轴链轮上的标记（如图 10-205 中 B）对准。

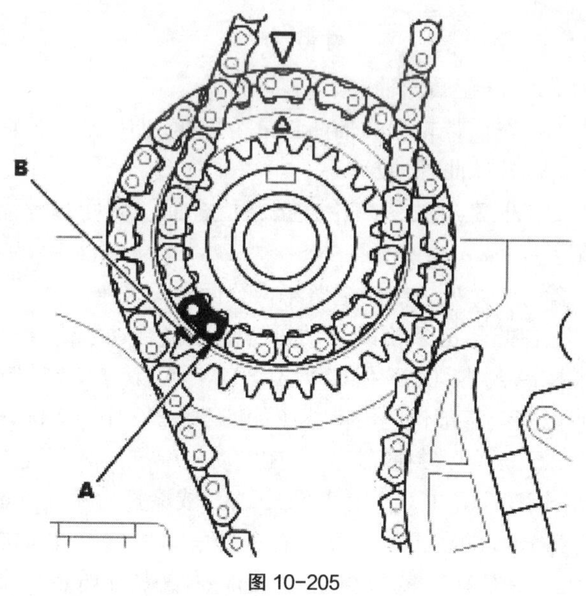

图 10-205

②将凸轮轴链条安装在 VTC 作动器和排气凸轮轴链轮上，使冲印标记（如图 10-206 中 A）与两个涂色的链节（如图 10-206 中 B）的中心对准。

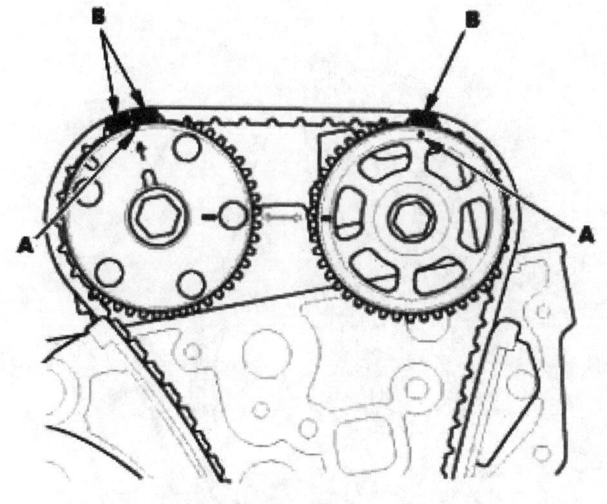

图 10-206

（4）安装凸轮轴链条导板。

注意：将新的发动机机油涂抹到凸轮轴支架螺栓的螺纹上，如图 10-207。

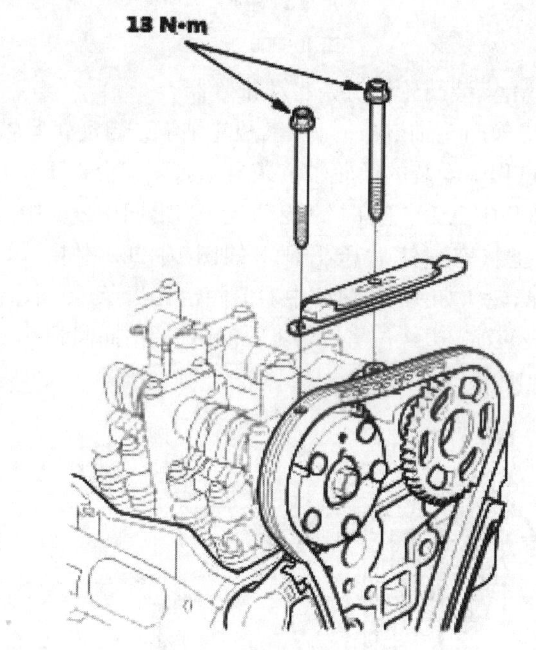

图 10-207

（5）安装凸轮轴链条导板和张紧器臂。

①安装凸轮轴链条导板（如图 10-208 中 A）、凸轮轴链条张紧器臂（如图 10-208 中 B）和凸轮轴链条张紧器子臂（如图 10-208 中 C）。

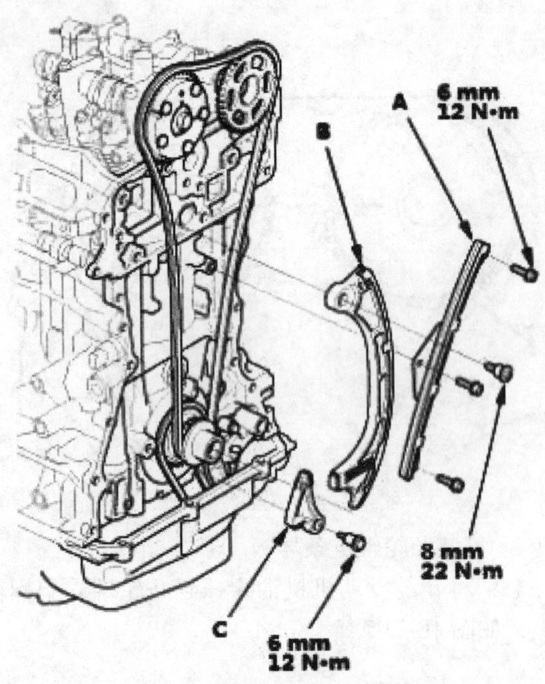

图 10-208

（6）安装凸轮轴链条自动张紧器。

①更换凸轮轴链条时，压缩凸轮轴链条自动张紧器。从拆卸过程中安装的凸轮轴链条自动张紧器上拆下销（如图 10-209 中 A）。逆时针转动板（如图 10-209 中 B）解除锁止状态，然后压下杆（如图 10-209 中 C），将第一个凸轮（如图 10-209 中 D）固定在齿条（如图 10-209 中 E）第一边缘位置。将 1.2 mm 直径销插回到孔（如图 10-209 中 F）中。

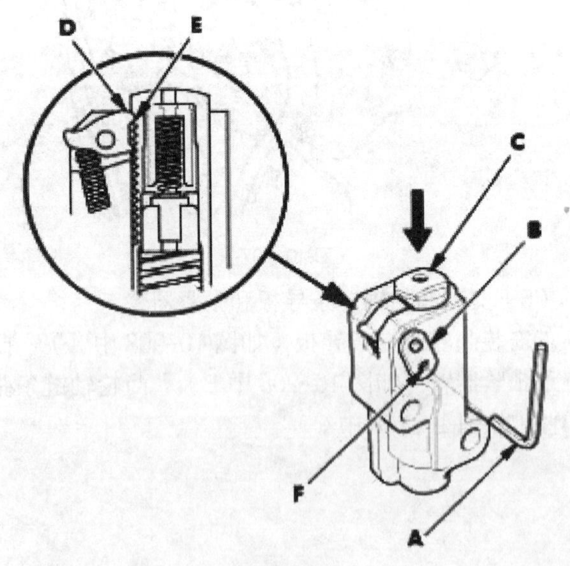

图 10-209

注意：如果没有如上所述放置凸轮轴链条自动张紧器，将会损坏凸轮轴链条自动张紧器。

②安装凸轮轴链条自动张紧器，如图 10-210。

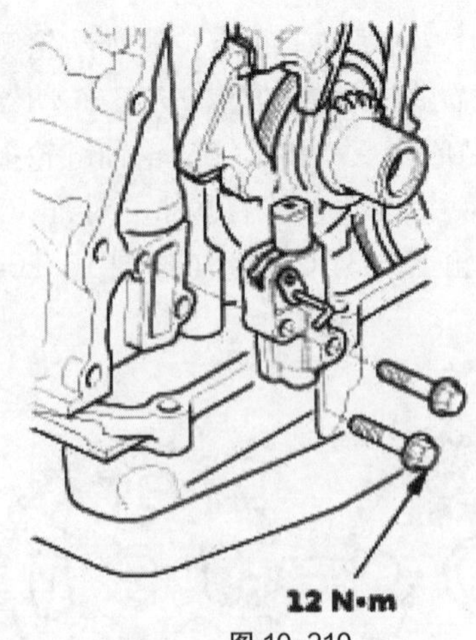

图 10-210

③拆下销，如图 10-211。

图 10-211

（7）安装凸轮轴链条箱。

①检查皮带轮端曲轴油封是否损坏。如果油封损坏，更换皮带轮端曲轴油封。

②将旧密封胶从凸轮链条箱接合面、螺栓和螺栓孔上清除。

③清洁并风干凸轮链条箱接合面。

④在凸轮链条箱的发动机气缸体接合面和螺栓孔内缘涂抹密封胶（P/N 08C70-K0334M）。涂抹密封胶后 4min 内安装零部件。沿虚线（如图 10-212 中 A）涂抹直径约 2.5mm 的密封胶胶条。在发动机气缸体和下气缸体（如图 10-212 中 B）上表面接触区域涂抹直径 11mm、厚约 2.5mm 的密封胶。在气缸盖和发动机气缸体（如图 10-212 中 C）上表面接触区域涂抹直径 11mm、厚约 5.0mm 的密封胶。如果涂抹密封胶后经过太长时间，清除旧的密封胶和残胶，然后重新涂抹新的密封胶。

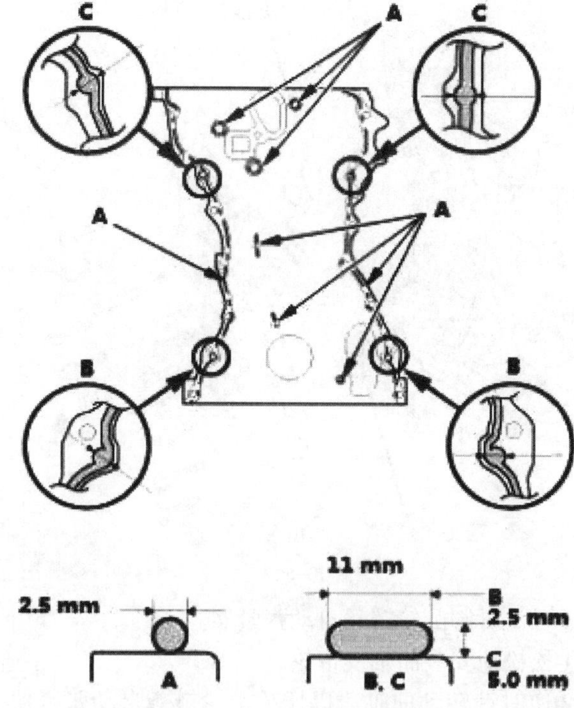

图 10-212

⑤在凸轮链条箱的油底壳接合面和螺栓孔内缘涂抹密封胶（P/N 08C70-K0334M）。涂抹密封胶后 4min 内安装零部件。注意：沿虚线（如图 10-213 中 A）涂抹直径约 3.5mm 的密封胶胶条，如图 10-213 中。

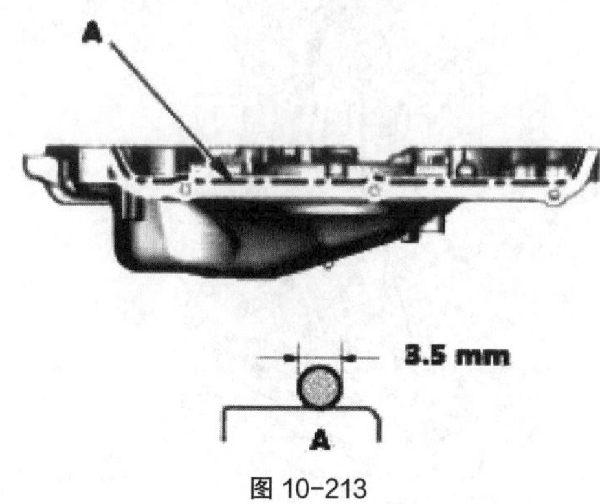

图 10-213

如果涂抹密封胶后经过太长时间，清除旧的密封胶和残胶，然后重新涂抹新的密封胶。

⑥安装隔圈（如图 10-214 中 A），然后将新的 O 形圈（如图 10-214 中 B）安装到凸轮链条箱上。将凸轮链条箱（如图 10-214 中 C）的边缘固定到油底壳（如图 10-214 中 D）的边缘上，然后将凸轮链条箱安装到发动机气缸体（如图 10-214 中 E）。清除油底壳和凸轮链条箱接合部位多余的密封胶。注意：安装凸轮链条箱时，切勿将底面滑到油底壳安装表面上。

在加注发动机机油前，至少等待 30min。

安装凸轮链条箱后，至少 3h 内不要运行发动机。

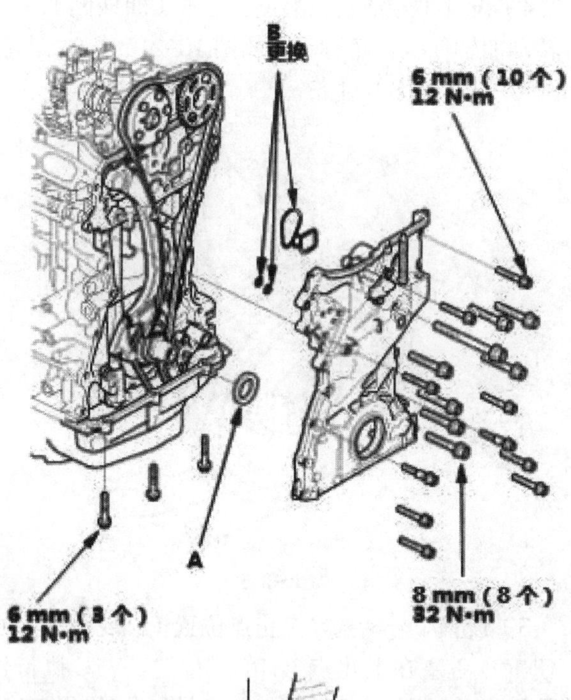

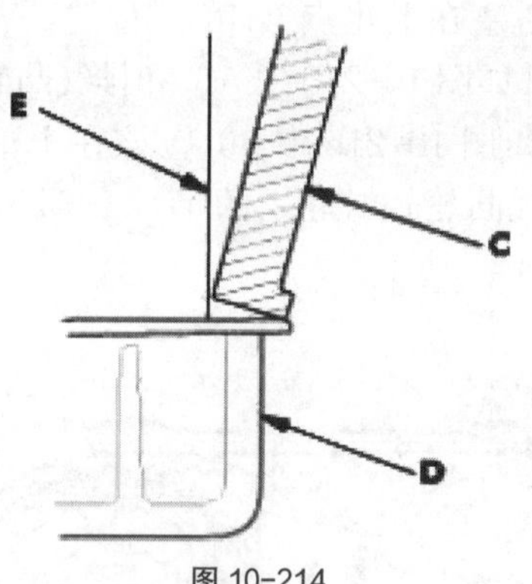

图 10-214

（8）安装发动机侧支座。

注意：如发动机侧支座安装步骤所述，松开变速器支座托架安装螺母、下扭杆安装螺栓和上扭杆安装螺栓，然后按正确顺序将其拧紧。

（9）安装曲轴皮带轮。

（10）安装摇臂机油控制阀。

（11）安装 VTC 机油控制电磁阀。

（12）安装气缸盖罩。

（13）安装挡泥板。

（14）安装右前轮。

十一、车型

东风本田思铂睿 2.4L（2.4L K24V4），2015—2019 年。

（一）凸轮链条拆卸和安装

1. 拆卸

注意：使凸轮轴链条远离磁场。

（1）拆卸右前轮。

（2）拆卸发动机底盖。

（3）拆卸气缸盖罩。

（4）设置 1 号活塞在上止点位置（曲柄侧）。

转动曲轴使其白色标记（如图 10-215 中 A）与指针（如图 10-215 中 B）对齐。

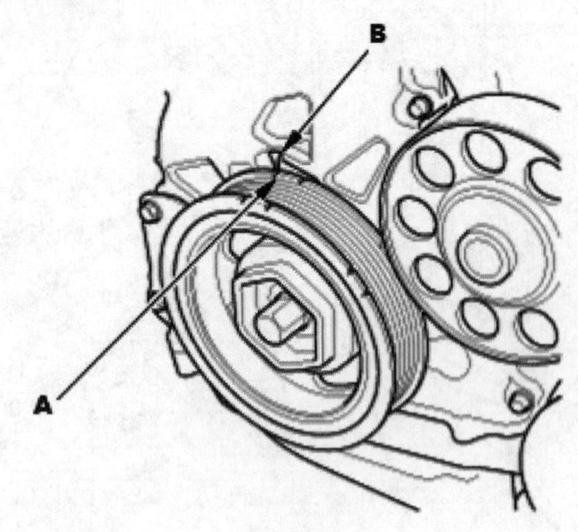

图 10-215

（5）设置 1 号活塞在上止点位置（凸轮侧）。

使 1 号活塞在上止点（TDC）位置。VTC 执行器上的冲孔标记（如图 10-216 中 A）和排气凸轮轴链轮上的冲孔标记（如图 10-216 中 B）应该在上部。对齐 VTC 执行器和排气凸轮轴链轮上的 TDC 记号（如图 10-216 中 C）。

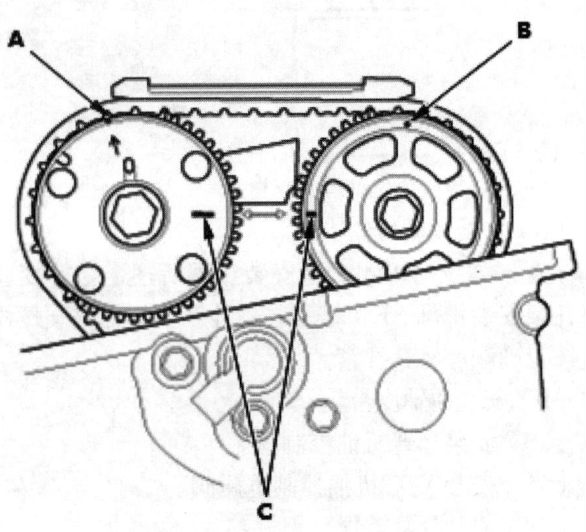

图 10-216

（6）拆卸 VTC 机油控制电磁阀。

（7）拆卸摇臂机油控制阀。

（8）拆卸曲轴皮带轮。

（9）拆卸发动机侧支座。

（10）拆卸凸轮轴链条箱。

拆下凸轮轴链条箱（如图 10-217 中 A）和隔垫（如图 10-217 中 B）。

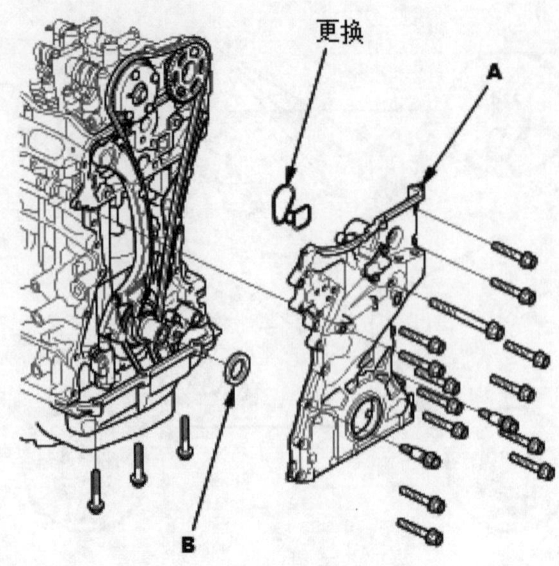

图 10-217

（11）拆卸凸轮链条自动张紧器。

①松松地安装曲轴皮带轮。

②逆时针转动曲轴，以压缩凸轮链条自动张紧器，如图 10-218。

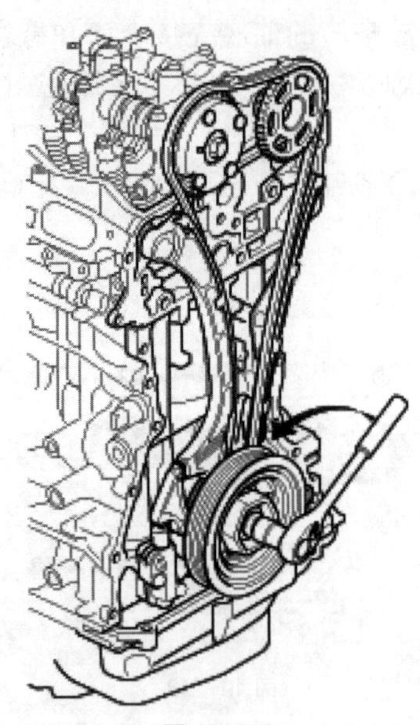

图 10-218

③逆时针转动曲轴，使锁（如图 10-219 中 A）和凸轮链条自动张紧器（如图 10-219 中 B）的孔对齐，将直径 1.2mm 的销（如图 10-219 中 C）插入孔中。顺时针转动曲轴，以固定销。注意：如果锁和凸轮链条自动张紧器上的孔不能对齐，继续逆时针旋转曲轴直到孔对齐，然后安装销。

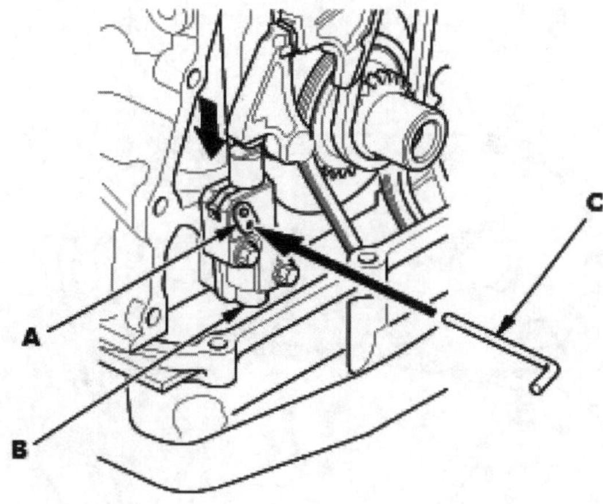

图 10-219

④拆下凸轮链条自动张紧器，如图 10-220。

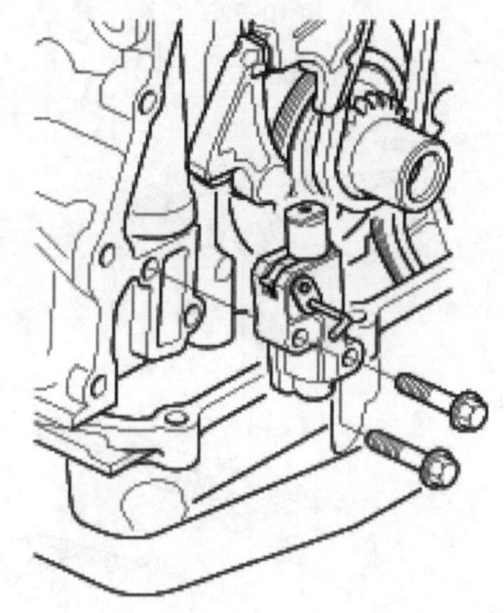

图 10-220

（12）拆卸凸轮轴链条导板（图 10-221）。

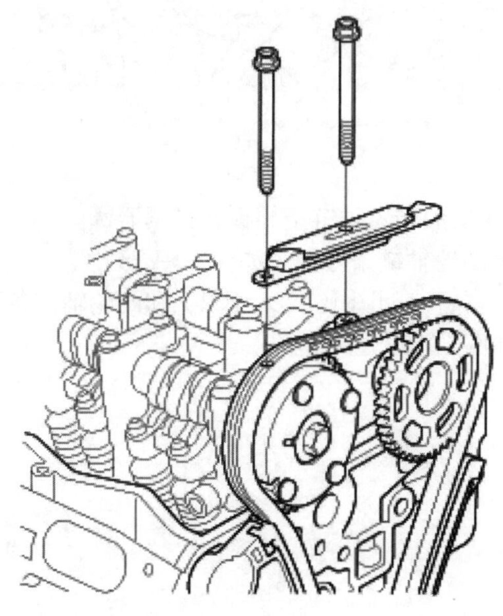

图 10-221

（13）拆卸凸轮链条导板和张紧器臂。

①拆下凸轮链条导板（如图 10-222 中 A）、凸轮链条张紧器臂(如图 10-222 中 B)和凸轮链条张紧器分臂(如图 10-222 中 C）。

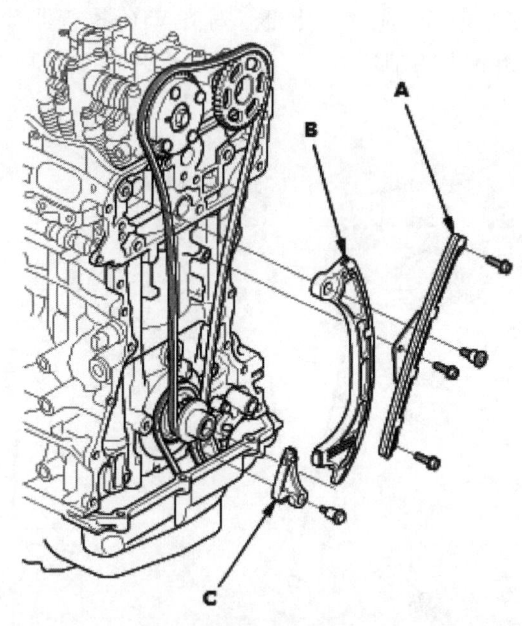

图 10-222

（14）拆卸凸轮轴链条。

2. 安装。

注意：使凸轮轴链条远离磁场。

执行该程序前，逆时针转动 VTC 作动器，检查并确认 VTC 作动器锁止。如果未锁止，顺时针转动 VTC 作动器直至停止，然后重新检查。如果仍然未锁止，更换 VTC 作动器。

（1）设置 1 号活塞在上止点位置（曲柄侧）。

使曲轴在上止点（TDC）位置。对齐曲轴链轮的 TDC 标记（如图 10-223 中 A）和发动机体的标记（如图 10-223 中 B）。

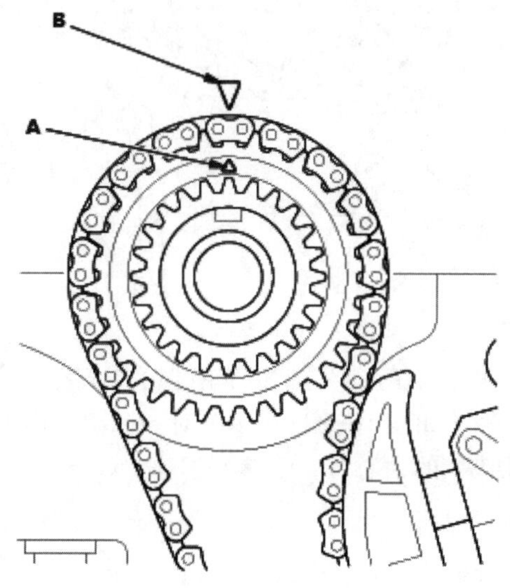

图 10-223

（2）设置1号活塞在上止点位置（凸轮侧）。

使凸轮轴在上止点位置。VTC执行器上的冲孔标记（如图10-224中A）和排气凸轮轴链轮上的冲孔标记（如图10-224中B）应该在上部。对齐VTC执行器和排气凸轮轴链轮上的TDC记号（如图10-224中C）。

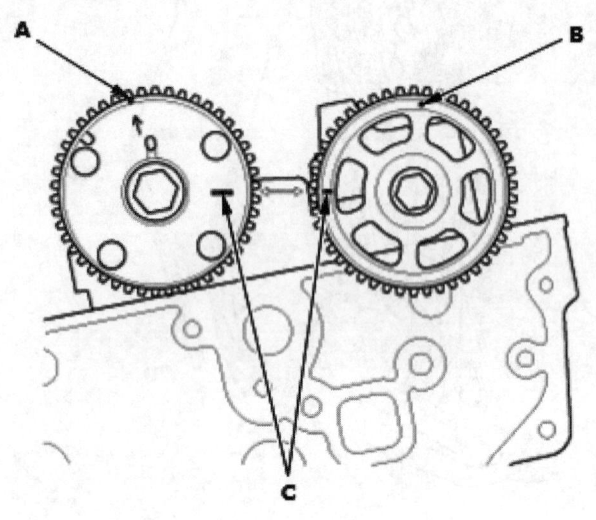

图10-224

（3）安装凸轮链条。

①在曲轴链轮上安装凸轮链条，将标记了的连扳（如图10-225中A）对齐曲轴链轮上的记号（如图10-225中B）。

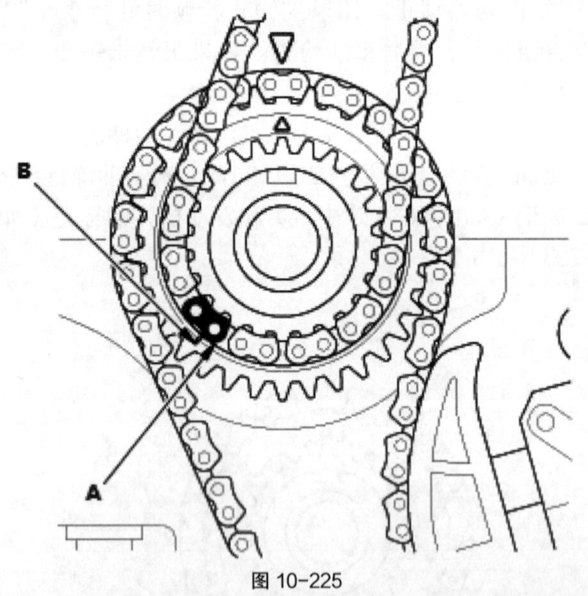

图10-225

②在VTC执行器和排气凸轮链轮上安装凸轮链条，将冲孔记号（如图10-226中A）对齐标记的连扳（如图10-226中B）的中心。

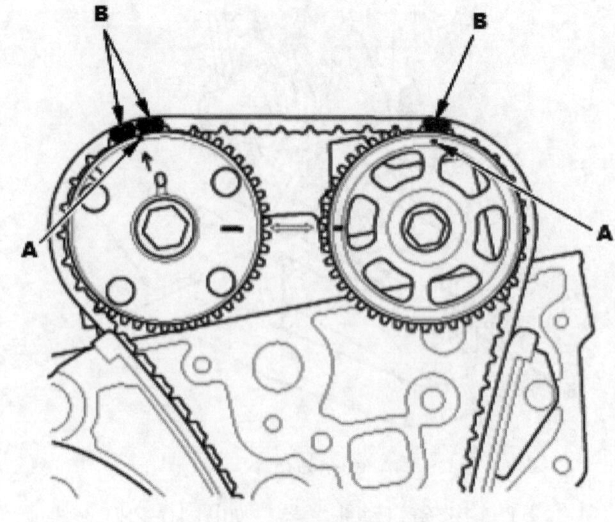

图10-226

（4）安装凸轮轴链条导板（图10-227）。

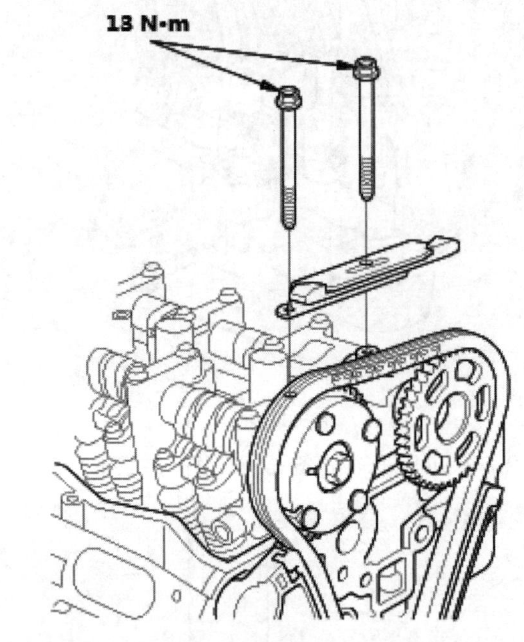

图10-227

（5）安装凸轮轴链条导板和张紧器臂。

安装凸轮轴链条导板（如图10-228中A）、凸轮轴链条张紧器臂（如图10-228中B）和凸轮轴链条张紧器子臂（如图10-228中C）。

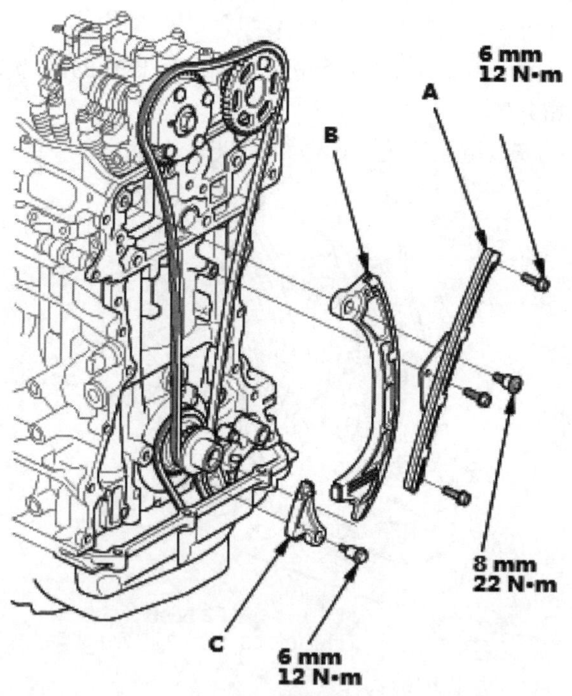

图 10-228

（6）安装凸轮链条自动张紧器。

①更换凸轮链条时，压缩凸轮链条自动张紧器。拆下拆卸过程中安装在凸轮链条自动张紧器上的销（如图 10-229 中 A）。逆时针转动盘（如图 10-229 中 B），以松开锁止，然后按压连杆（如图 10-229 中 C），将第一个凸轮（如图 10-229 中 D）放到第一个齿条（如图 10-229 中 E）边缘。将直径 1.2 mm 的销插入到孔（如图 10-229 中 F）中。

注意：如果凸轮链条自动张紧器设置的和描述的不一样，凸轮链条自动张紧器会受到损坏。

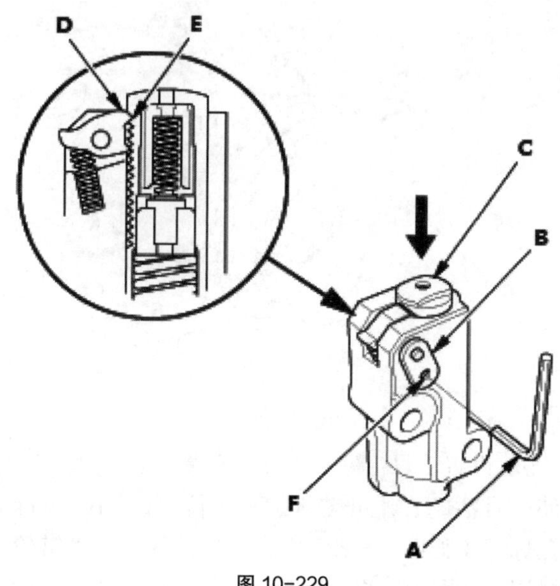

图 10-229

②安装凸轮链条自动张紧器，如图 10-230。

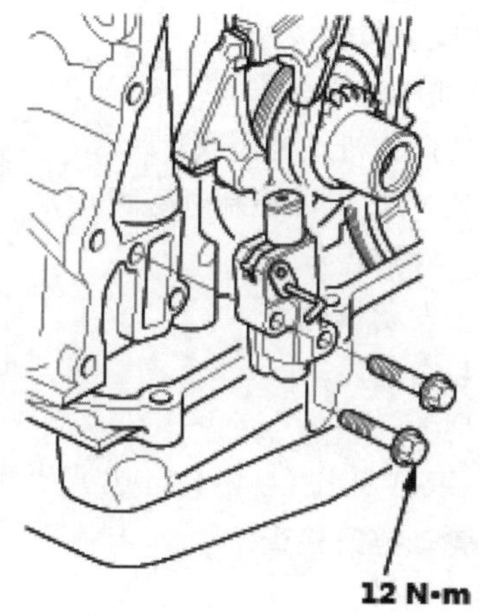

图 10-230

③从凸轮链条自动张紧器拆下销。

（7）安装凸轮链条箱。

①在发动机缸体、链条箱的油底壳接合面和螺栓孔的内螺纹上涂抹密封胶。

②安装隔垫（如图 10-231 中 A），然后在链条箱上安装新的 O 形圈（如图 10-231 中 B）。将链条箱（如图 10-232 中 C）的边缘放到油底壳（如图 10-232 中 D）的边缘，然后安装发动机气缸体（如图 10-232 中 E）上的链条箱。清除油底壳和链条箱接合面的多余的密封胶。

注意：安装链条箱时，不要将下表面倾斜到油底壳接合面上。

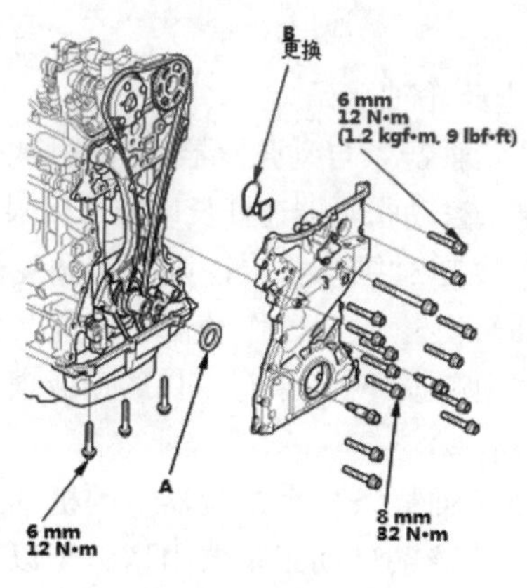

图 10-231

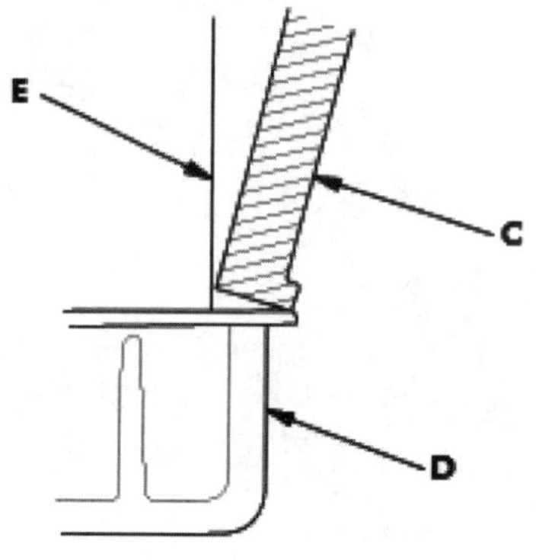

图 10-232

（8）安装发动机侧支座。

（9）安装曲轴皮带轮。

（10）安装摇臂机油控制阀。

（11）安装 VTC 机油控制电磁阀。

（12）安装气缸盖罩。

（13）安装发动机底盖。

（14）安装右前轮。

十二、车型

东风本田 CR-V 2.4L（2.4L K24V6），2015—2017 年。

（一）凸轮轴链条检查

（1）拆卸右前轮。

（2）拆卸挡泥板。

（3）拆卸链条箱盖（如图 10-233）。

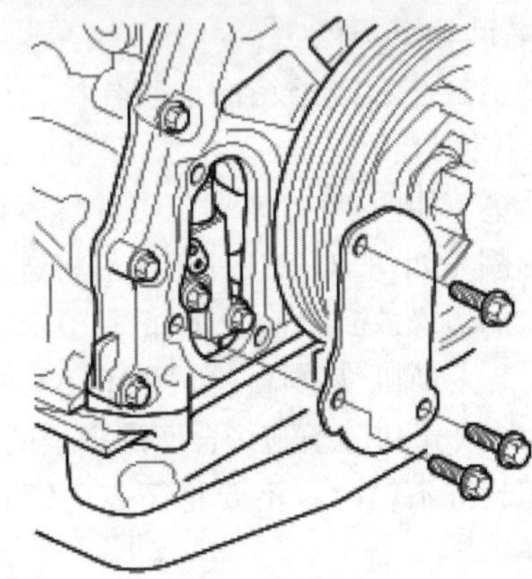

图 10-233

（4）检查凸轮轴链条。

①测量凸轮轴链条自动张紧器连杆的长度。

凸轮轴链条自动张紧器连杆长度维修极限：13.0mm。

②如果长度超过维修极限，则更换凸轮轴链条。更换时，检查曲轴链轮、VTC 作动器和排气凸轮轴链轮上的轮齿是否磨损和损坏。如果有零件磨损或损坏，必要时，予以更换。

③检查凸轮轴链条自动张紧器上的机油通道是否阻塞。如果凸轮轴链条自动张紧器阻塞，予以更换，如图 10-234。

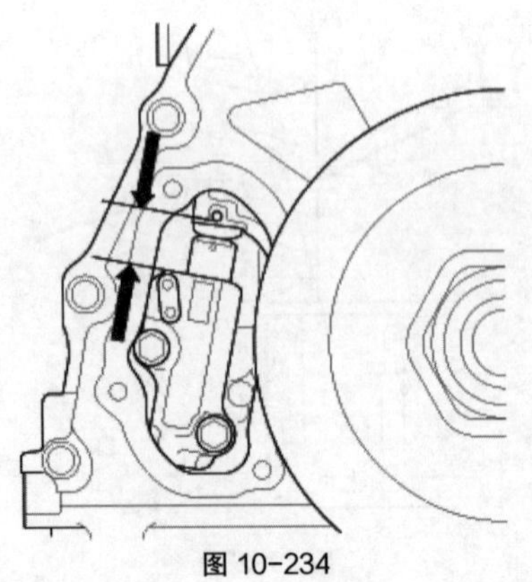

图 10-234

（5）安装链条箱盖。

①在链条箱盖的链条箱接合面和螺栓孔的内螺纹上涂抹密封胶。

②安装链条箱盖，如图 10-235。

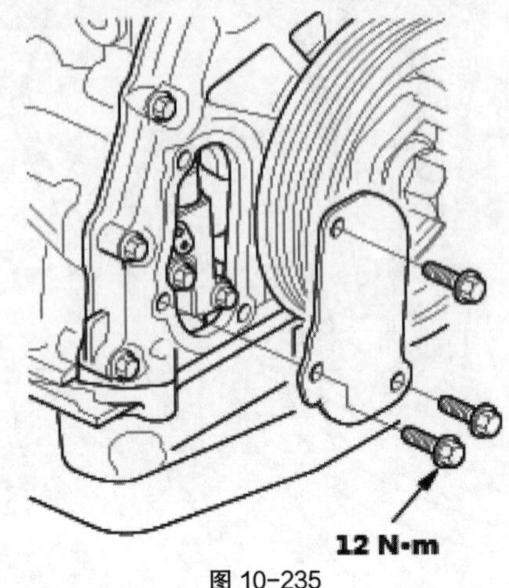

图 10-235

（6）安装挡泥板。

（7）安装右前轮。

（二）凸轮链条拆卸和安装

1. 拆卸

注意：使凸轮轴链条远离磁场。

（1）拆卸右前轮。

（2）拆卸挡泥板。

（3）拆卸气缸盖罩。

（4）设置 1 号活塞在上止点位置（曲柄侧）。

①转动曲轴使其白色标记（如图 10-236 中 A）与指针（如图 10-236 中 B）对齐。

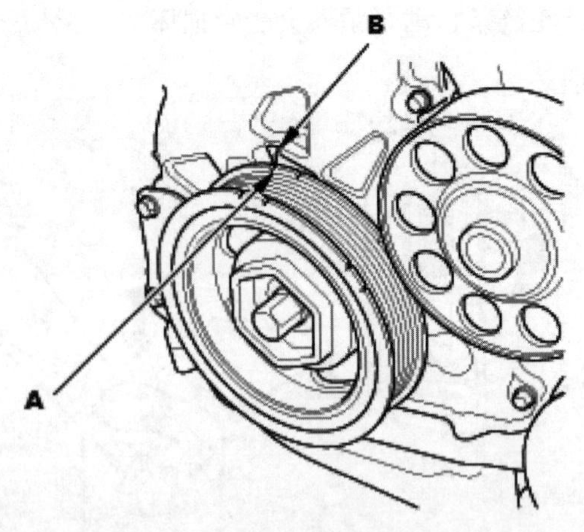

图 10-236

（5）设置 1 号活塞在上止点位置（凸轮侧）。

使 1 号活塞在上止点（TDC）位置。VTC 执行器上的冲孔标记（如图 10-237 中 A）和排气凸轮轴链轮上的冲孔标记（如图 10-237 中 B）应该在上部。对齐 VTC 执行器和排气凸轮轴链轮上的TDC记号（如图10-237中C）。

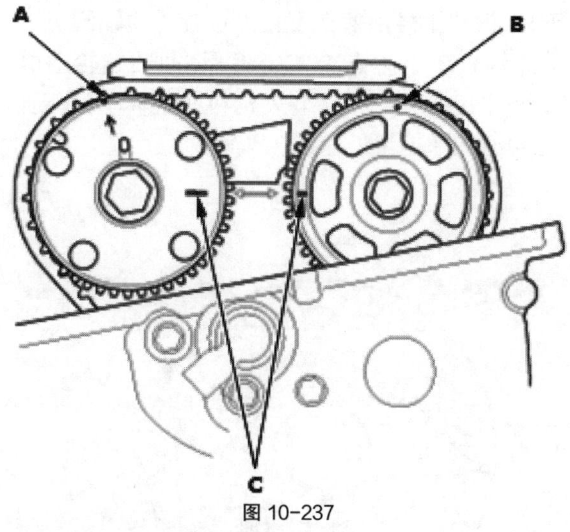

图 10-237

（6）拆卸 VTC 机油控制电磁阀。

（7）拆卸摇臂机油控制阀。

（8）拆卸曲轴皮带轮。

（9）拆卸发动机侧支座。

（10）拆卸凸轮轴链条箱。

拆下凸轮轴链条箱（如图 10-238 中 A）和隔垫（如图 10-238 中 B）。

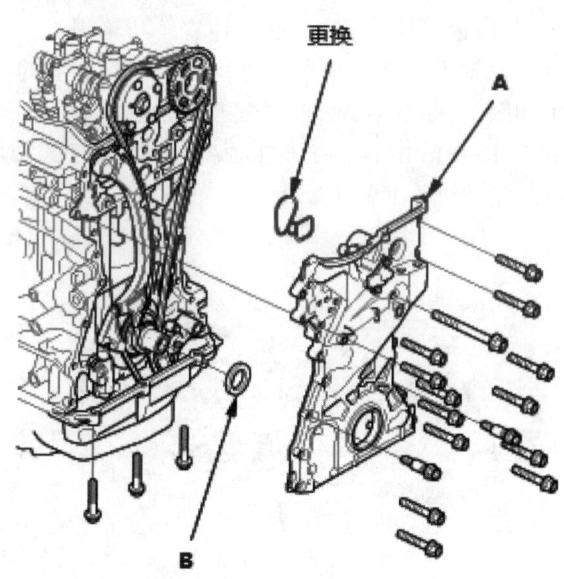

图 10-238

（11）拆卸凸轮链条自动张紧器。

①松松地安装曲轴皮带轮。

②逆时针转动曲轴，以压缩凸轮链条自动张紧器，如图 10-239。

图 10-239

③逆时针转动曲轴，使锁（如图 10-240 中 A）和凸轮链条自动张紧器（如图 10-240 中 B）的孔对齐，将直径 1.2mm 的销（如图 10-240 中 C）插入孔中。顺时针转动曲轴，以固定销。注意：如果锁和凸轮链条自动张紧器上的孔不能对齐，继续逆时针旋转曲轴直到孔对齐，然后安装销。

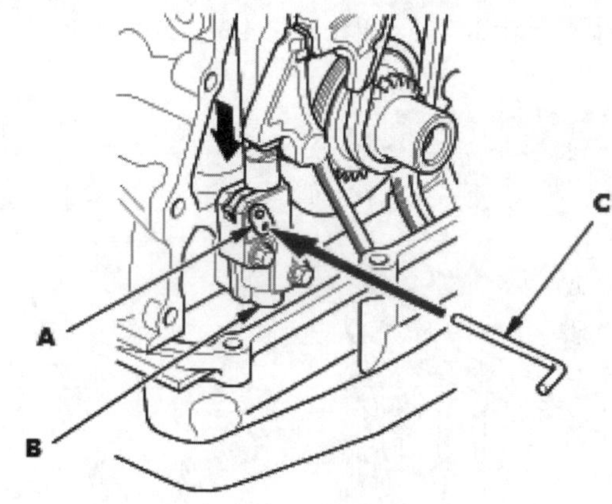

图 10-240

④拆下凸轮链条自动张紧器，如图 10-241。

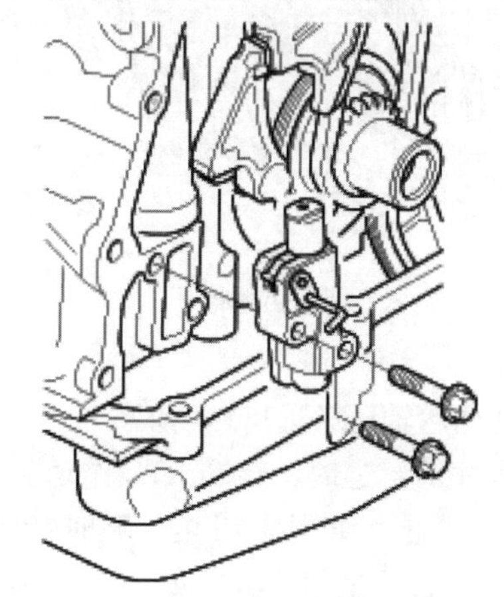
图 10-241

（12）拆卸凸轮轴链条导板（图 10-242）。

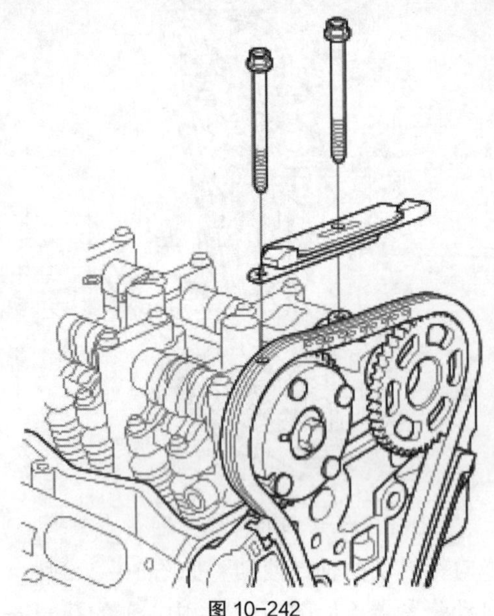
图 10-242

（13）拆卸凸轮链条。

①拆下凸轮链条导板（如图 10-243 中 A）、凸轮链条张紧器臂（如图 10-243 中 B）和凸轮链条张紧器分臂（如图 10-243 中 C）。

②拆下凸轮链条（如图 10-243 中 D）。

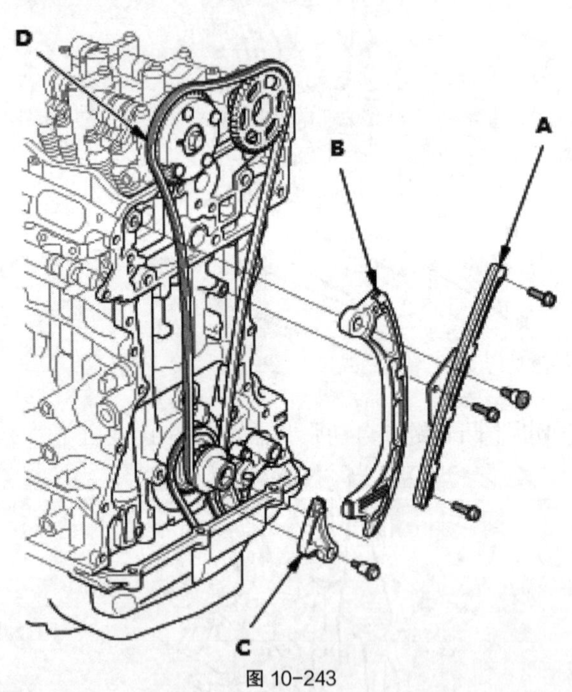

图 10-243

2. 安装。

注意：使凸轮轴链条远离磁场。

执行该程序前，逆时针转动 VTC 作动器，检查并确认 VTC 作动器锁止。如果未锁止，顺时针转动 VTC 作动器直至停止，然后重新检查。如果仍然未锁止，更换 VTC 作动器。

（1）设置 1 号活塞在上止点位置（曲轴侧）。

将曲轴置于上止点（TDC）。将曲轴链轮上的 TDC 标记（如图 10-244 中 A）与发动机气缸体上的指针（如图 10-244 中 B）对准。

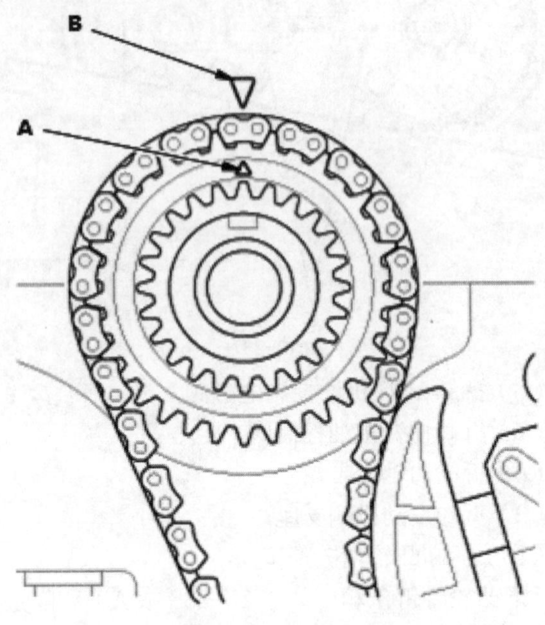

图 10-244

（2）设置 1 号活塞在上止点位置（凸轮侧）。

将凸轮轴设置在上止点位置。VTC 作动器上的冲印标记（如图 10-245 中 A）和排气凸轮轴链轮上的冲印标记（如图 10-245 中 B）应该在顶部。对准 VTC 作动器和排气凸轮轴链轮上的 TDC 标记（如图 10-245 中 C）。

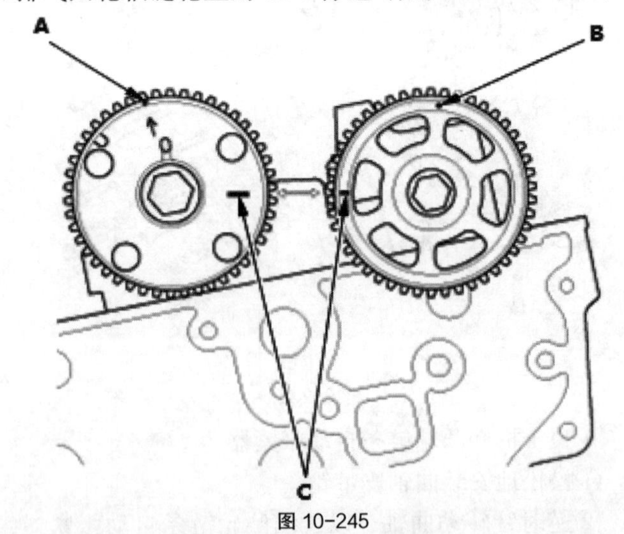

图 10-245

（3）安装凸轮链条。

①在曲轴链轮上安装凸轮链条，将标记了的连扳（如图 10-246 中 A）对齐曲轴链轮上的记号（如图 10-246 中 B）。

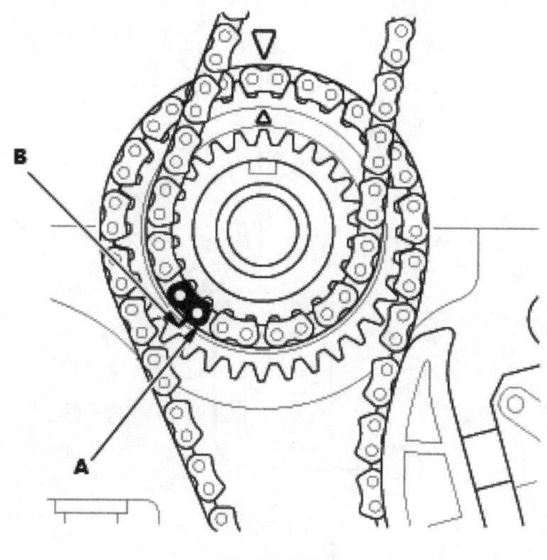

图 10-246

②在 VTC 执行器和排气凸轮链轮上安装凸轮链条，将冲孔记号（如图 10-247 中 A）对齐标记的连扳（如图 10-247 中 B）的中心。

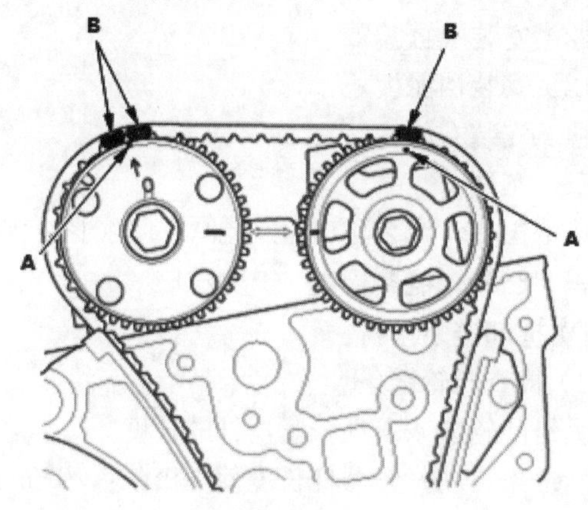

图 10-247

（4）安装凸轮轴链条导板。

注意：将新的发动机机油涂抹到凸轮轴支架螺栓的螺纹上，如图 10-248。

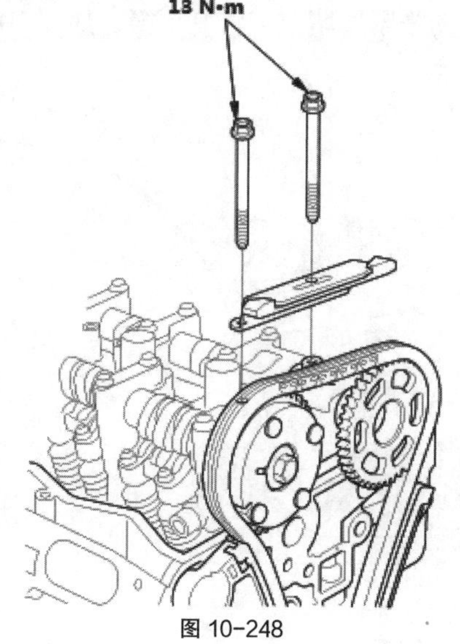

图 10-248

（5）安装凸轮链条导板 A、张紧器辅助臂和张紧器臂（图 10-249）。

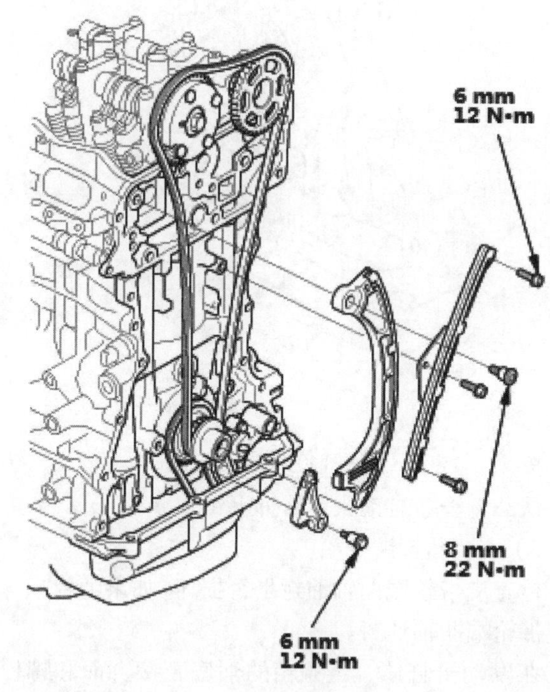

图 10-249

（6）安装凸轮链条自动张紧器。

①更换凸轮链条时，压缩凸轮链条自动张紧器。拆下拆卸过程中安装在凸轮链条自动张紧器上的销（如图 10-250 中 A）。逆时针转动盘（如图 10-250 中 B），以松开锁止，然后按压连杆（如图 10-250 中 C），将第一个凸轮（如图 10-250 中 D）放到第一个齿条（如图 10-250 中 E）边缘。将直径 1.2mm 的销插入到孔（如图 10-250 中 F）中。

注意：如果凸轮链条自动张紧器设置的和描述的不一样，凸轮链条自动张紧器会受到损坏。

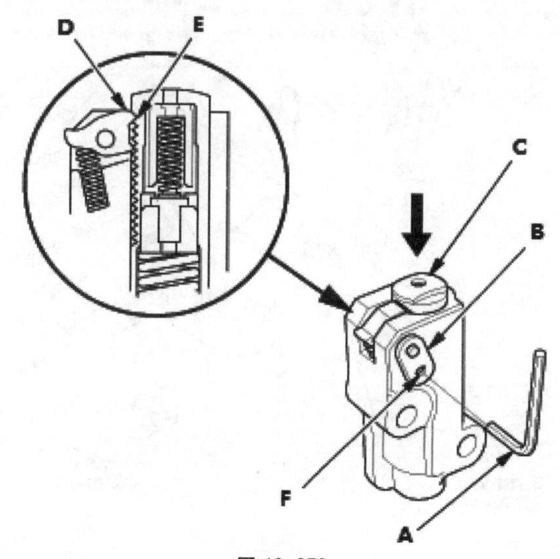

图 10-250

②安装凸轮链条自动张紧器，如图 10-251。

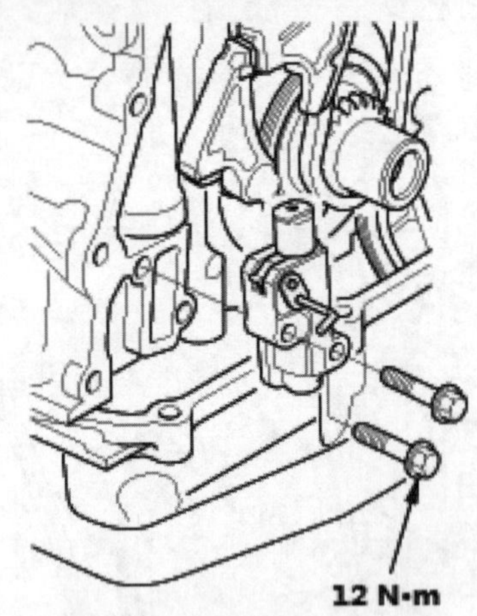

图 10-251

③从凸轮链条自动张紧器拆下销。

（7）安装凸轮链条箱。

①检查皮带轮端曲轴油封是否损坏。如果油封损坏，更换皮带轮端曲轴油封。

②在发动机缸体、链条箱的油底壳接合面和螺栓孔的内螺纹上涂抹密封胶。

③安装隔垫（如图 10-252 中 A），然后在链条箱上安装新的 O 形圈（如图 10-252 中 B）。将链条箱（如图 10-253 中 C）的边缘放到油底壳（如图 10-253 中 D）的边缘，然后安装发动机气缸体（如图 10-253 中 E）上的链条箱。清除油底壳和链条箱结合面的多余的密封胶。

注意：安装链条箱时，不要将下表面倾斜到油底壳的结合面上。

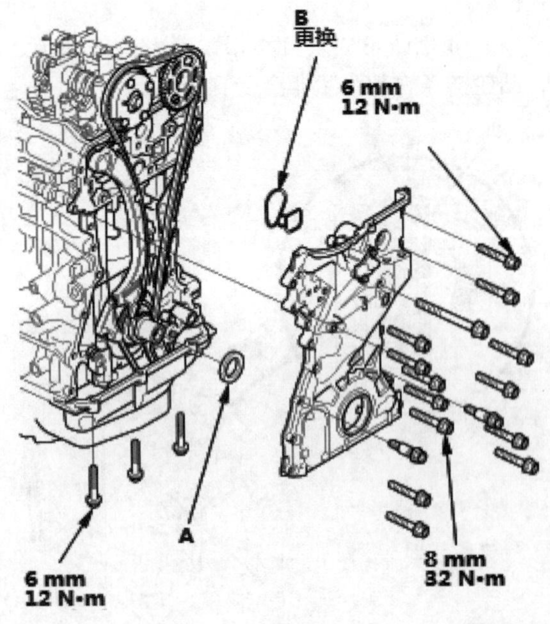

图 10-252

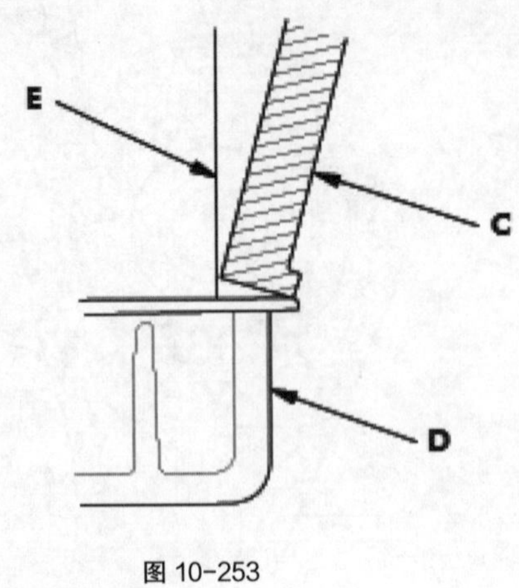

图 10-253

（8）安装发动机侧支座。

（9）安装曲轴皮带轮。

（10）安装摇臂机油控制阀。

（11）安装 VTC 机油控制电磁阀。

（12）安装气缸盖罩。

（13）安装挡泥板。

（14）安装右前轮。

十三、车型

东风本田艾力绅 2.4L（2.4L K24V6），2016—2019 年。

（一）凸轮轴链条检查

（1）拆卸链条箱盖。

（2）检查凸轮链条。

①测量凸轮链条自动张紧器杆的长度。

凸轮链条自动张紧器杆长度使用极限：26.6mm。

②如果长度大于使用极限，更换凸轮链条。更换时，检查曲轴链轮的齿、VTC 执行器和排气凸轮轴链轮是否磨损或损坏。如果任一磨损或损坏，若有必要，进行更换。

③检查凸轮链条自动张紧器的油道是否堵塞。如果凸轮链条自动张紧器堵塞，将其更换，如图 10-254。

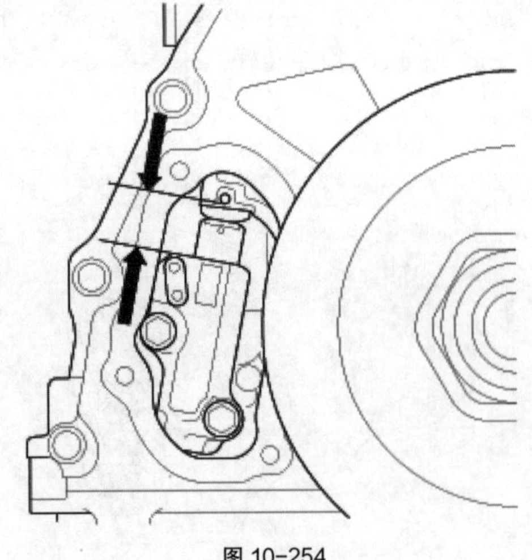

图 10-254

（3）安装所有拆下零件。

按照与拆卸相反的顺序安装零件。

（二）凸轮链条拆卸和安装

1. 拆卸。

注意：使凸轮轴链条远离磁场。

（1）拆卸右前轮。

（2）拆卸发动机底盖。

（3）检查凸轮轴正时。

（4）拆卸 VTC 机油控制电磁阀。

（5）拆卸摇臂机油控制阀。

（6）拆卸曲轴皮带轮。

（7）支撑发动机。

在油底壳下放置一个千斤顶和木块，以举升和支撑发动机。

（8）拆卸发动机侧支座。

注意：不要拆下紧固发动机侧支座和发动机侧支座托架的螺栓。如果拆下了螺栓，则必须将发动机侧支座作为总成予以更换。

（9）拆卸凸轮轴链条箱。

拆下凸轮轴链条箱（如图 10-255 中 A）和隔垫（如图 10-255 中 B）。

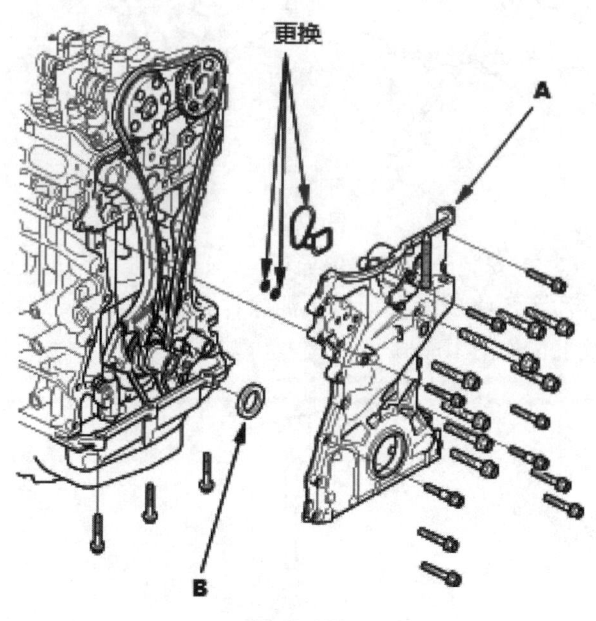

图 10-255

（10）松松地安装曲轴皮带轮。

（11）拆卸凸轮链条自动张紧器。

注意：拆下凸轮链条自动张紧器前，安装销。

（12）拆卸曲轴皮带轮。

（13）拆卸凸轮轴链条导板（如图 10-256）。

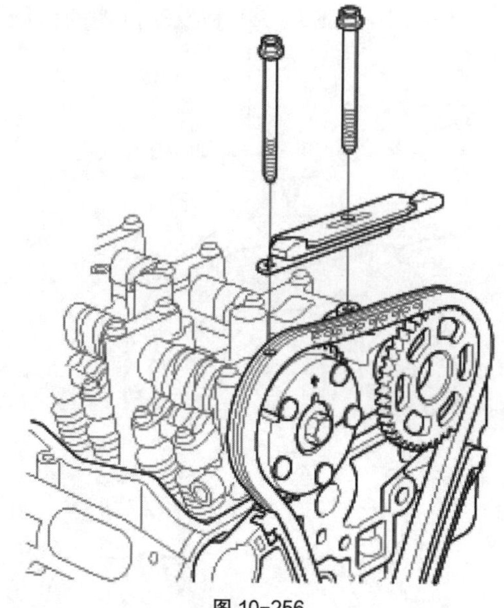

图 10-256

（14）拆卸凸轮轴链条。

①拆下凸轮轴链条导板（如图 10-257 中 A）、凸轮轴链条张紧器臂（如图 10-257 中 B）和凸轮轴链条张紧器子臂（如图 10-257 中 C）。

②拆下凸轮轴链条。

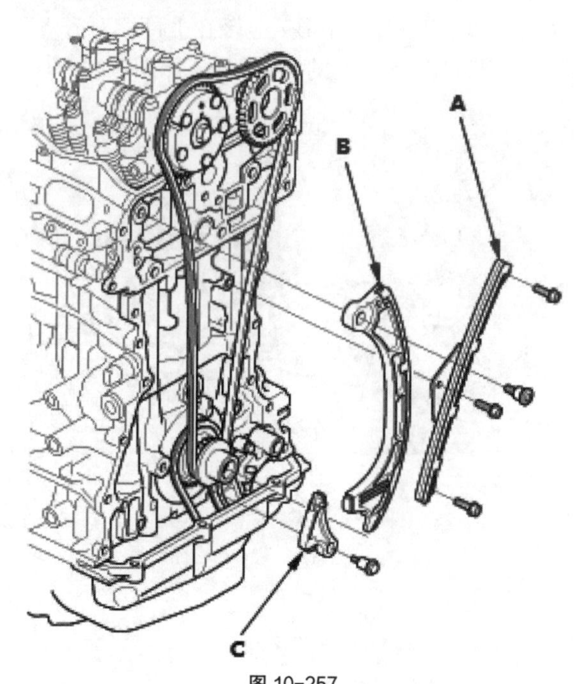

图 10-257

2. 安装

注意：使凸轮轴链条远离磁场。执行该程序前，逆时针转动 VTC 作动器，检查并确认 VTC 作动器锁止。如果未锁止，顺时针转动 VTC 作动器直至停止，然后重新检查。如果仍然未锁止，更换 VTC 作动器。

（1）设置 1 号活塞在上止点位置。

①使曲轴在上止点（TDC）位置。对齐曲轴链轮的

TDC 标记（如图 10-258 中 A）和发动机体的标记（如图 10-258 中 B）。

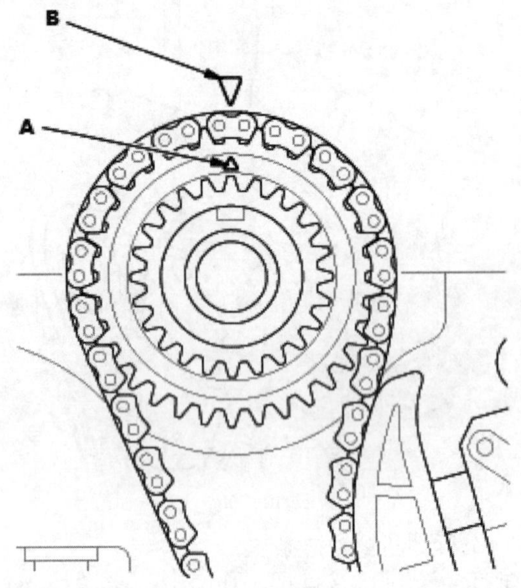

图 10-258

②使凸轮轴在上止点（TDC）位置。VTC 执行器上的冲孔标记（如图 10-259 中 A）和排气凸轮轴链轮上的冲孔标记（如图 10-259 中 B）应该在上部。对齐 VTC 执行器和排气凸轮轴链轮上的TDC记号(如图10-259中C)。

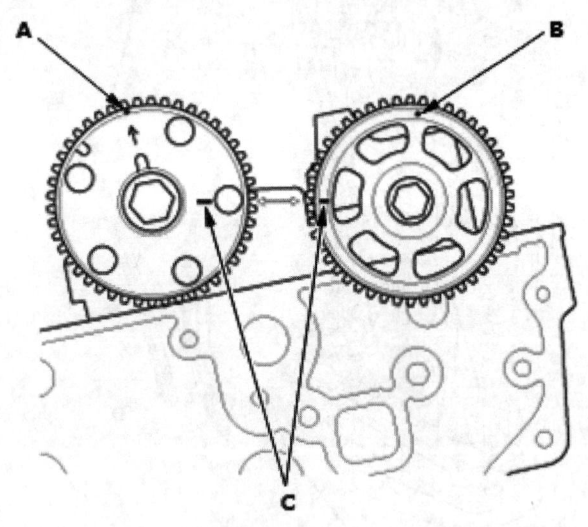

图 10-259

（2）安装凸轮轴链条。

①将凸轮轴链条安装在曲轴链轮上，使涂色的链节（如图 10-260 中 A）与曲轴链轮上的标记（如图 10-260 中 B）对准。

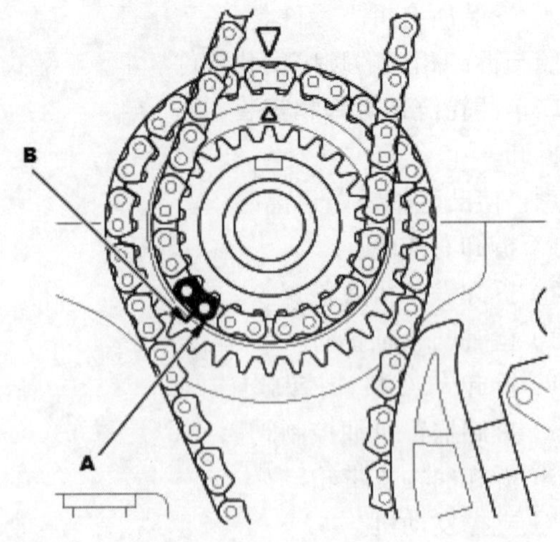

图 10-260

②将凸轮轴链条安装在 VTC 作动器和排气凸轮轴链轮上，使冲印标记（如图 10-261 中 A）与两个涂色的链节（如图 10-261 中 B）的中心对准。

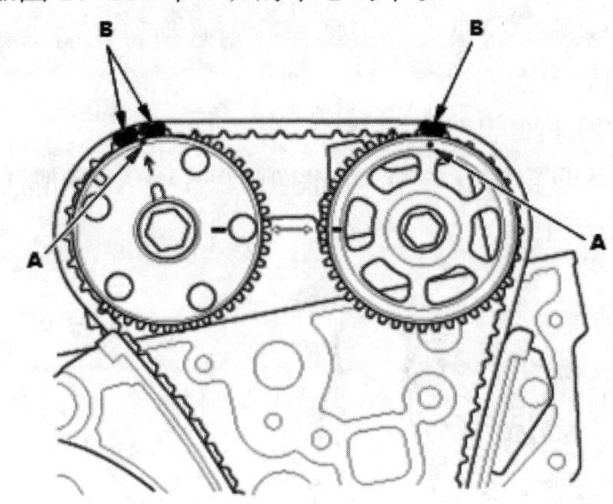

图 10-261

（3）安装凸轮轴链条导板。

注意：将新的发动机机油涂抹到凸轮轴支架螺栓的螺纹上，如图 10-262。

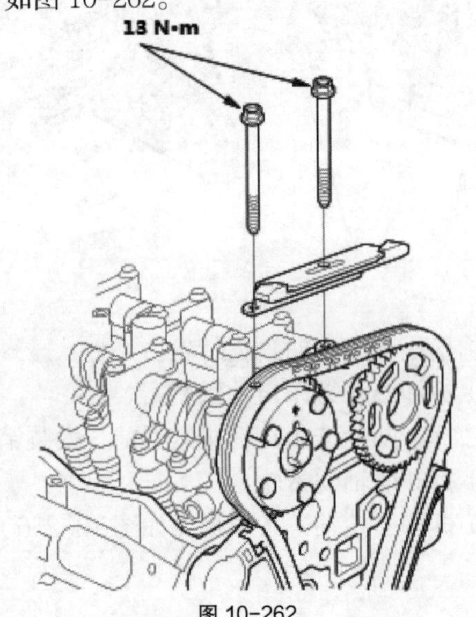

图 10-262

（4）安装凸轮轴链条导板（如图 10-263 中 A）和张紧器臂。

安装凸轮轴链条导板（如图 10-263 中 A）、凸轮轴链条张紧器臂（如图 10-263 中 B）和凸轮轴链条张紧器子臂（如图 10-263 中 C）。

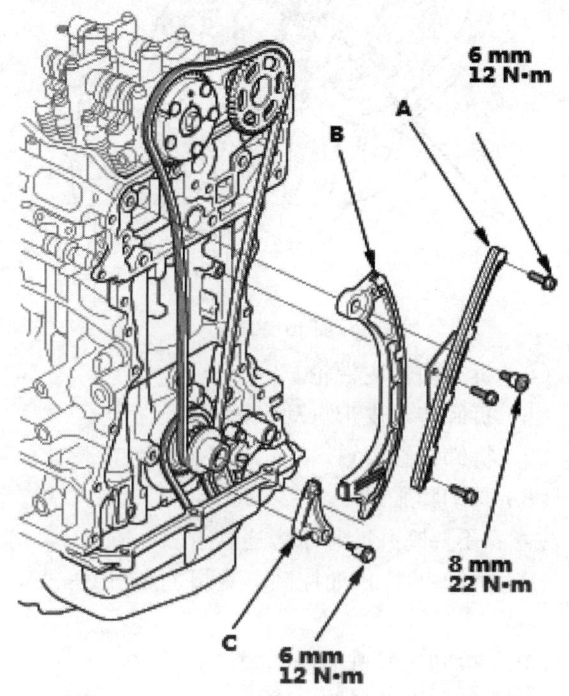

图 10-263

（5）安装凸轮链条自动张紧器。

注意：安装凸轮链条自动张紧器后，拆下销。

（6）安装凸轮链条箱。

①检查皮带轮端曲轴油封是否损坏。如果油封损坏，更换皮带轮端曲轴油封。

②在发动机缸体、凸轮链条箱的油底壳接合面和螺栓孔的内螺纹上涂抹密封胶。

③安装隔垫（如图 10-264 中 A），然后在链条箱上安装新的 O 形圈（如图 10-264 中 B）。将凸轮链条箱（如图 10-264 中 C）的边缘放到油底壳（如图 10-264 中 D）的边缘，然后安装发动机气缸体（如图 10-264 中 E）上的凸轮链条箱。

注意：安装凸轮链条箱时，不要将下表面倾斜到油底壳安装面上。

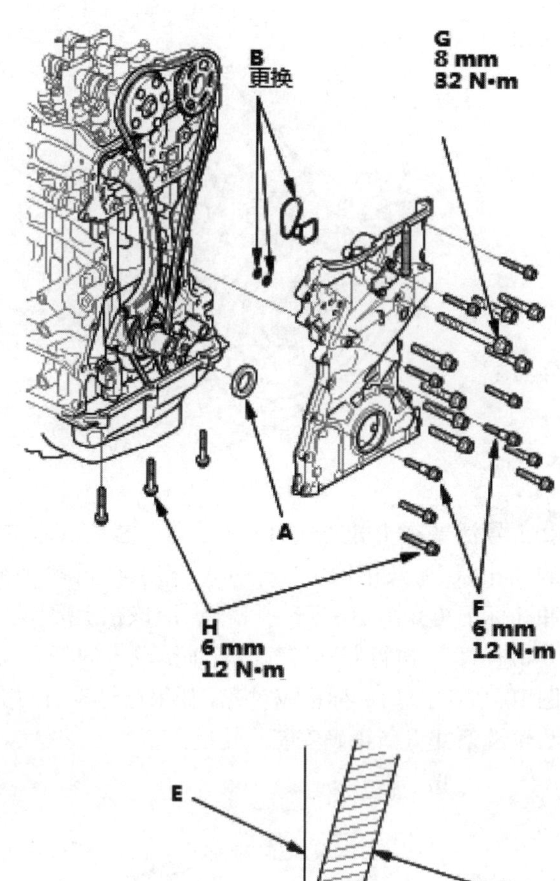

图 10-264

④松松地安装定位螺栓（如图 10-264 中 F），然后拧紧 8 mm 螺栓（如图 10-264 中 G），6 mm 螺栓（如图 10-264 中 H）。

⑤拧紧定位螺栓。

⑥清除曲轴上多余的油脂，检查并确认皮带轮和曲轴油封唇口没有变形。

⑦清除油底壳和凸轮链条箱结合面的多余的密封胶。

（7）安装发动机侧支座。

（8）安装曲轴皮带轮。

（9）安装摇臂机油控制阀。

（10）安装 VTC 机油控制电磁阀。

（11）安装气缸盖罩。

（12）安装发动机底盖。

（13）安装右前轮。

3. 检查凸轮轴正时

①转动曲轴，1 号位置在上止点位置（TDC）；使曲轴皮带轮上的白色标记（如图 10-265 中 A）与指针（如

图 10-265 中 B）对齐。

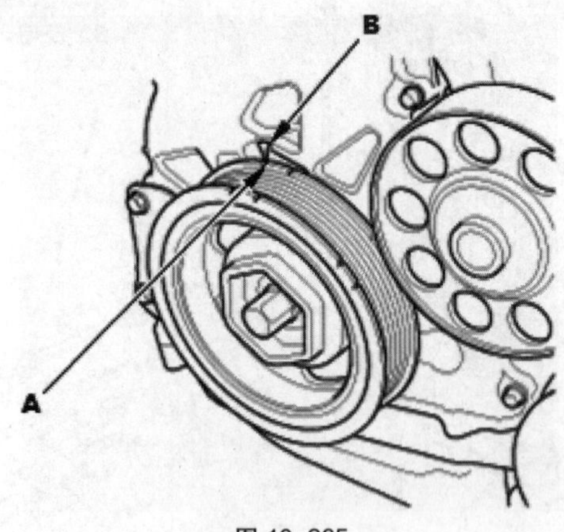

图 10-265

②1 号活塞在上止点（TDC）位置，检查 VTC 执行器上的冲孔标记（如图 10-266 中 A）和排气凸轮轴链轮上的冲孔标记（如图 10-266 中 B），应该在上部。

③检查 VTC 执行器和排气凸轮轴链轮上的 TDC 记号（如图 10-266 中 C），标记应对齐。如果记号没有对齐，拆下凸轮链条并重新正确安装凸轮链条。

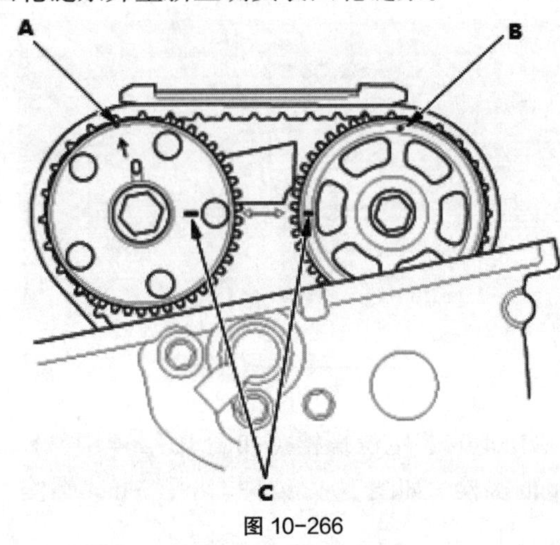

图 10-266

十四、车型

东风本田思域 180TURBO（1.0L P10A1），2016—2019 年。

（一）正时皮带拆卸、安装和检查

1. 拆卸。

注意：正时皮带和机油泵皮带应作为组件更换。

正时皮带。

（1）拆卸右前轮。

（2）拆卸发动机底盖。

（3）拆卸传动皮带。

（4）设置 1 号活塞在上止点位置（曲柄侧）。

转动曲轴，使曲轴皮带轮上的白色标记（如图 10-267 中 A）与正时皮带箱的指针（如图 10-267 中 B）对齐。

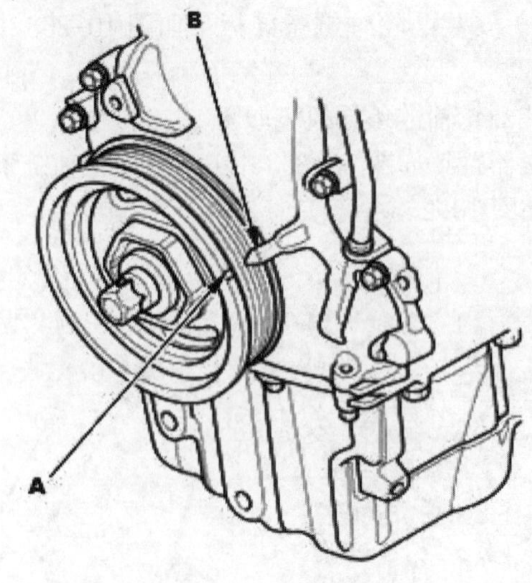

图 10-267

（5）拆卸曲轴皮带轮。

（6）拆卸传动皮带自动张紧器。

（7）拆卸气缸盖罩。

（8）移动膨胀罐。

注意：不要断开冷却水旁通软管。

（9）拆卸 VTC 机油控制电磁阀（如图 10-268 中 A/B）。

（10）拆卸摇臂机油控制阀。

（11）拆卸发动机侧支座。

（12）拆卸线束固定架。

①拆下线束固定架（如图 10-268 中 A）和线束支架（如图 10-268 中 B）。

②拆下并断开连接器（如图 10-268 中 C）。

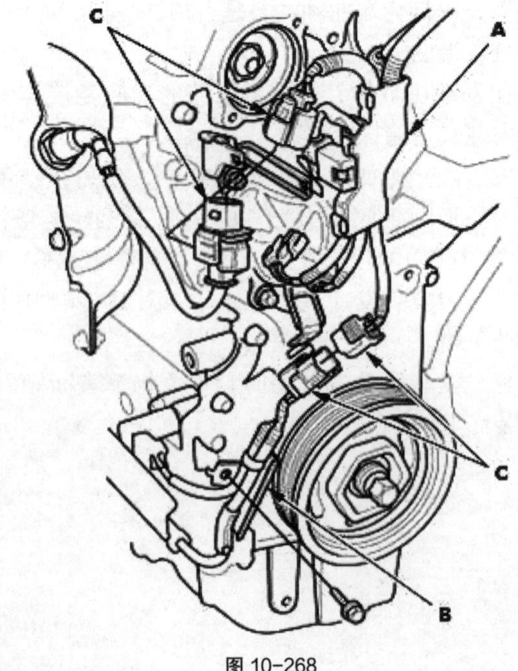

图 10-268

（13）拆卸标尺管（图 10-269）。

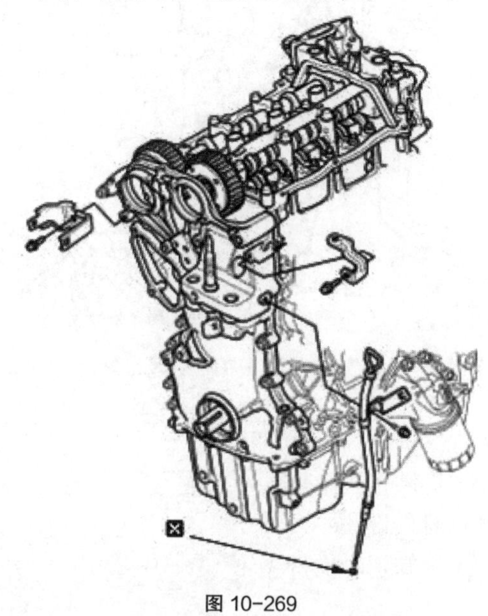

图 10-269

（14）拆卸正时皮带箱（图 10-270）。

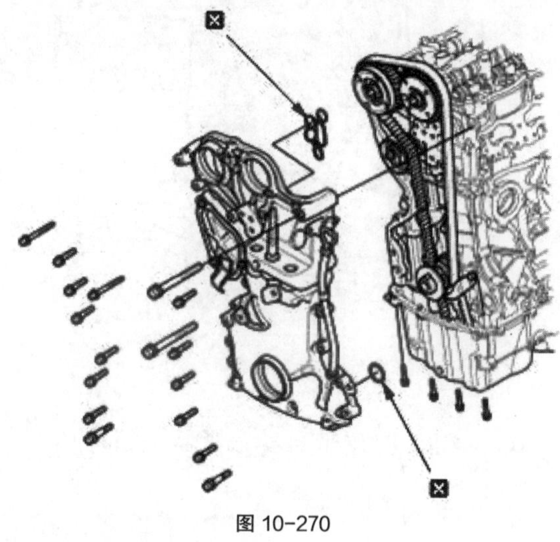

图 10-270

（15）设置 1 号活塞在上止点位置（凸轮侧）。

①检查凸轮轴的保养孔（如图 10-271 中 A）和凸轮轴固定架。

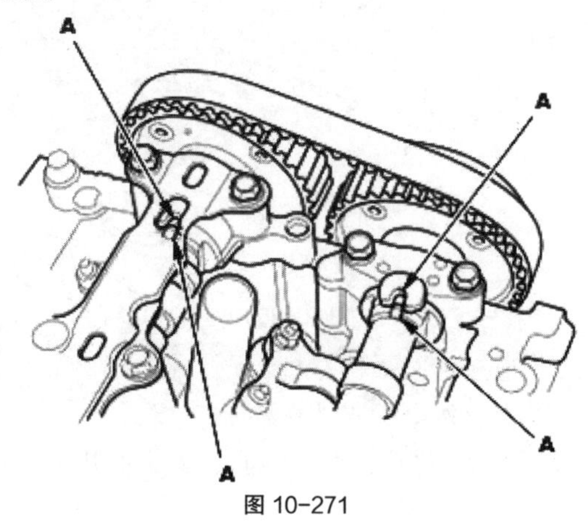

图 10-271

②检查 VTC 执行器（如图 10-272 中 A）和 1 号凸轮轴固定架表面的标记（如图 10-272 中 C），VTC 执行器（如图 10-272 中 B）和气缸盖表面的标记（如图 10-272 中 D）。

注意：如果标记未对准，转动曲轴 360°，并重新检查 VTC 执行器（如图 10-272 中 A/B）标记。

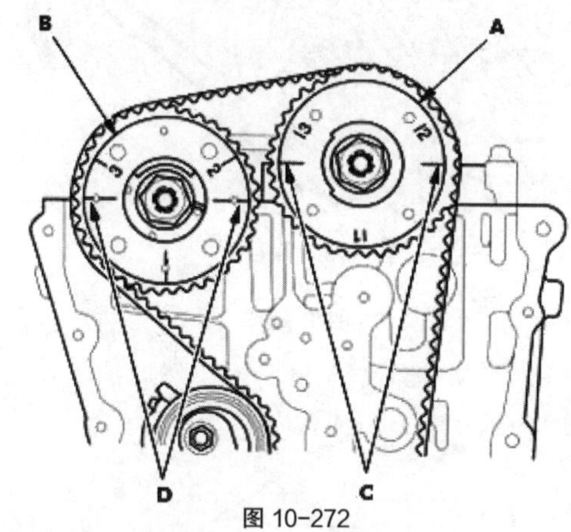

图 10-272

（16）拧松正时皮带自动张紧器。

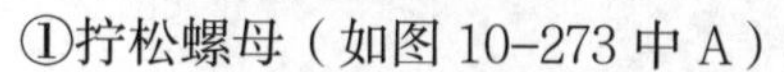

①拧松螺母（如图 10-273 中 A）。

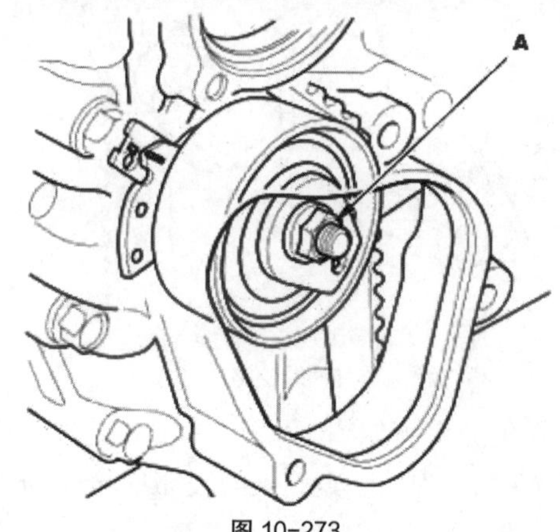

图 10-273

②松松地安装曲轴皮带轮。

③握住排气凸轮轴，如图 10-274。

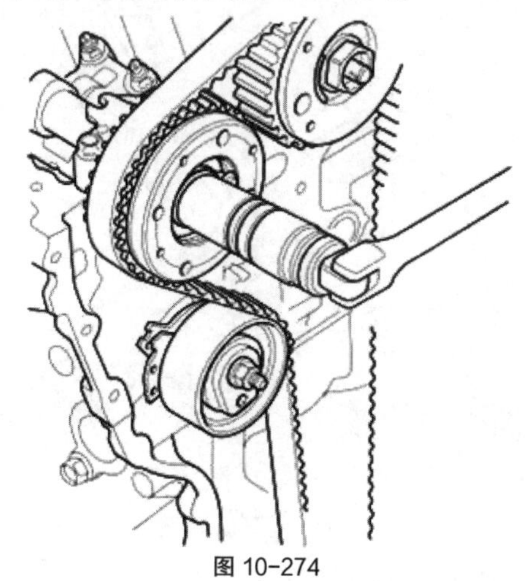

图 10-274

④逆时针转动曲轴，以压缩正时皮带自动张紧器，如图 10-275。

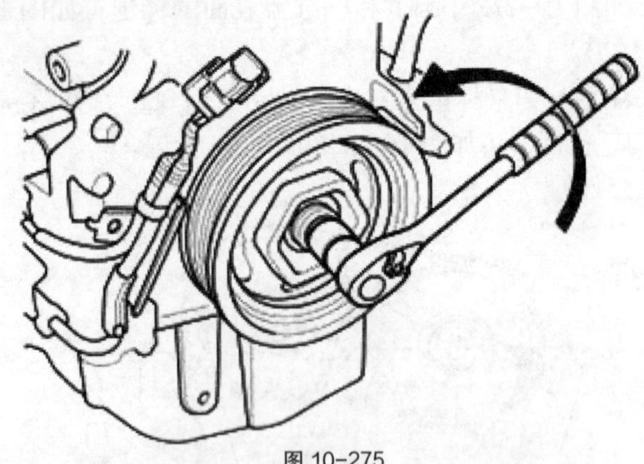

图 10-275

⑤对齐孔（如图 10-276 中 A），然后插入直径 3.0mm 销（如图 10-276 中 B）到孔内。

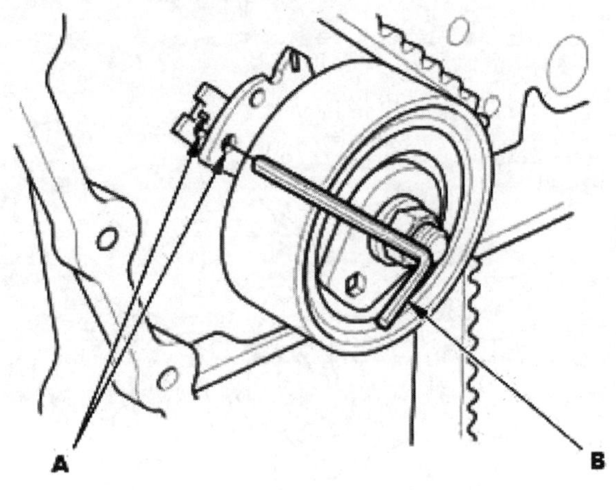

图 10-276

⑥用六角扳手（如图 10-277 中 B）逆时针转动调节器（如图 10-277 中 A）直到正时皮带完全松动，然后拧紧螺母（如图 10-277 中 C）。

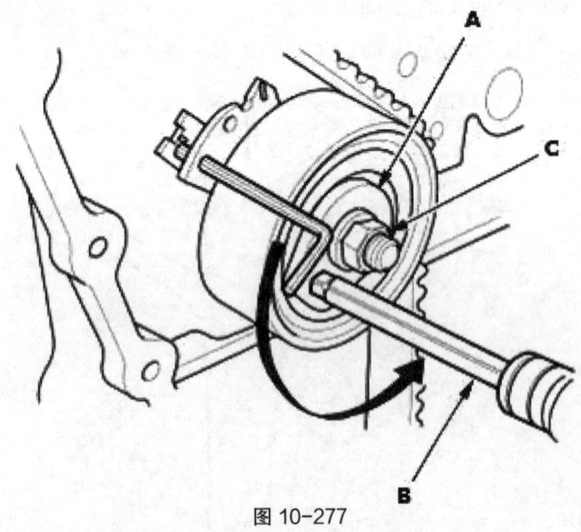

图 10-277

（17）拆卸正时皮带止动板（如图 10-278）。

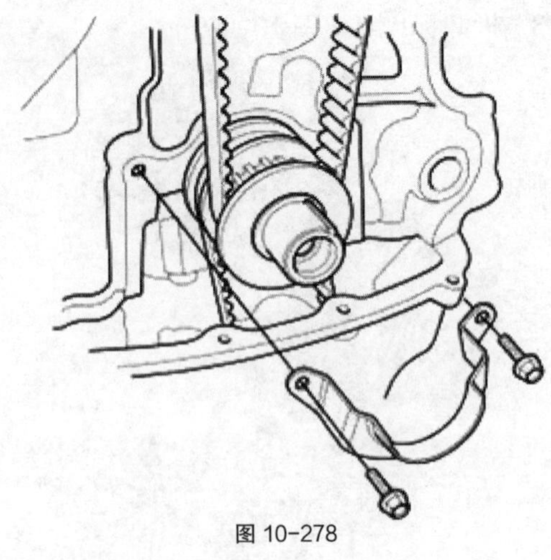

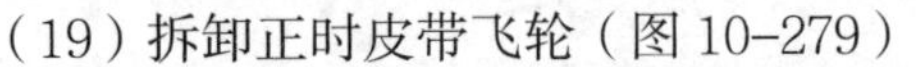

图 10-278

（18）拆卸正时皮带。

拆下正时皮带。

（19）拆卸正时皮带飞轮（图 10-279）。

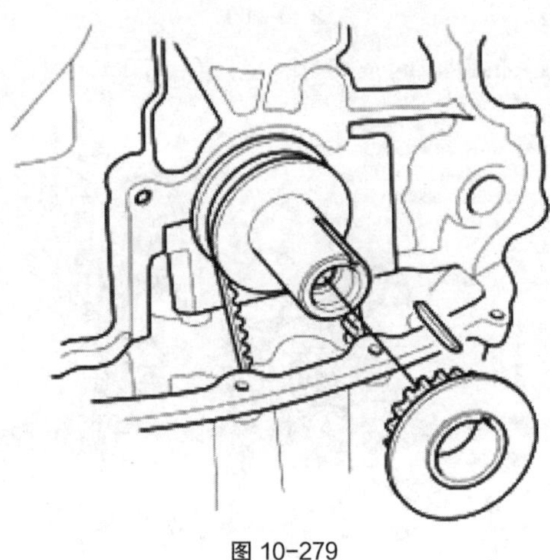

图 10-279

（20）拆卸正时皮带自动张紧器（如有必要）（图 10-280）。

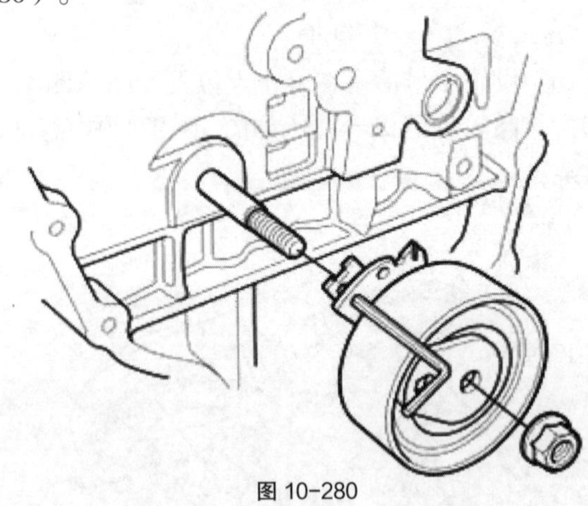

图 10-280

（21）连接辅助吊钩撑杆。

①拆下交流发电机安装螺栓。

②将辅助吊钩撑杆固定到交流发电机。如图 10-281。

07MAK-PY30100

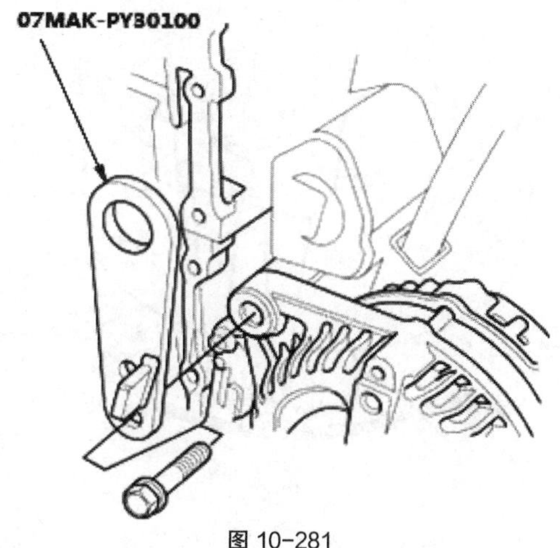

图 10-281

（22）安装发动机支撑吊钩。

注意：在挡风玻璃周围作业时要小心。

①拆下前减震器盖。

②按图 10-282、图 10-283 安装发动机支撑吊钩。

B
A
AAR-T1256-J00

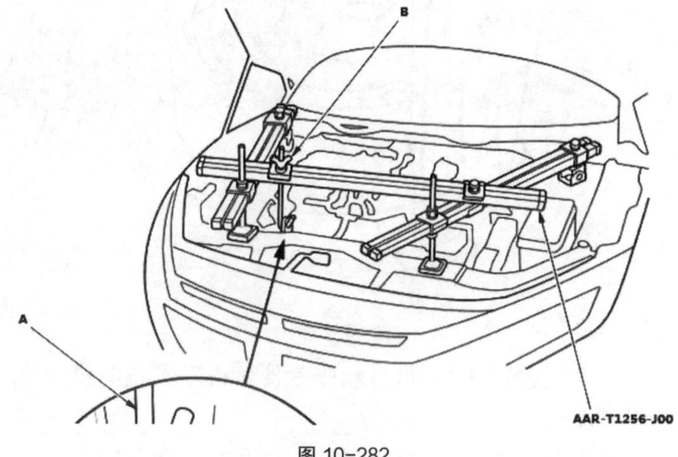

图 10-282

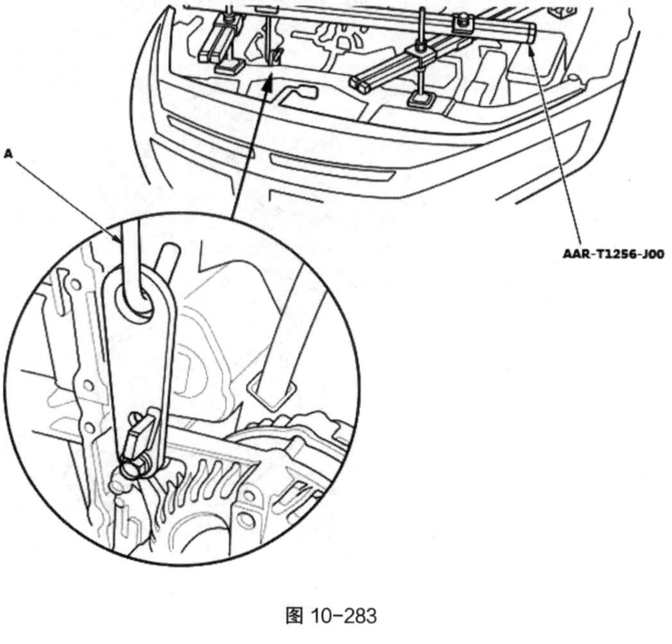

A
AAR-T1256-J00

图 10-283

③在辅助吊钩撑杆里将吊钩（如图 10-282、图 10-283 中 A）固定到槽孔。

④用手紧固蝶形螺母（如图 10-282、图 10-283 中 B），并举升和支撑发动机 / 变速器。

（23）拆卸油底壳。

（24）拆卸机油泵皮带和机油泵皮带飞轮（图 10-284）。

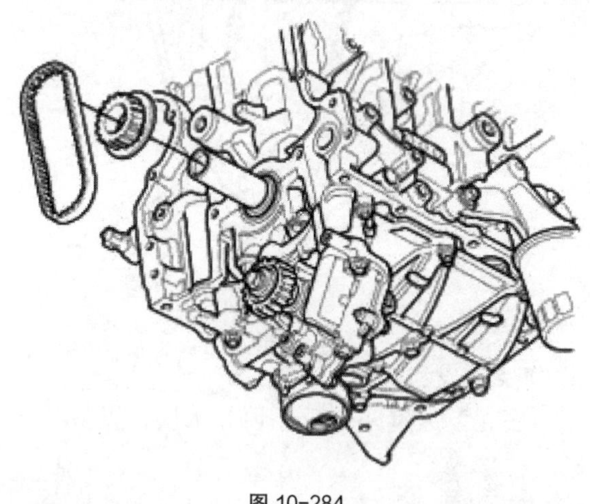

图 10-284

2. 安装。

注意：

如何读取规定扭矩。正时皮带和机油泵皮带应作为组件更换。

（1）安装机油泵皮带和机油泵皮带飞轮。

①安装机油泵皮带飞轮（如图 10-285、图 10-286 中 A）。

②按照顺序，安装机油泵皮带（如图 10-285 中 B）、驱动皮带轮、从动轮（如图 10-286 中 C）。

A
B

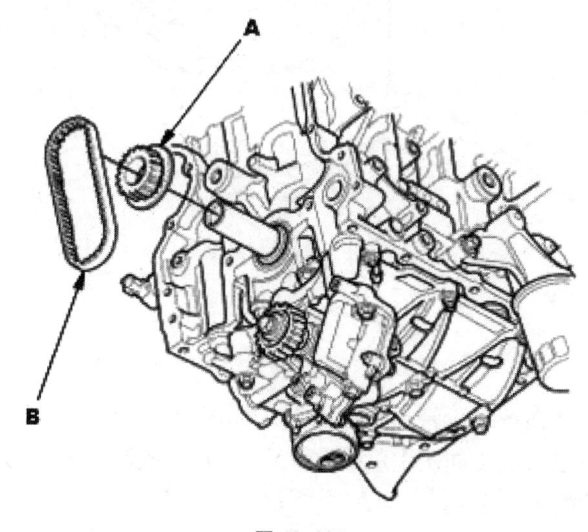

图 10-285

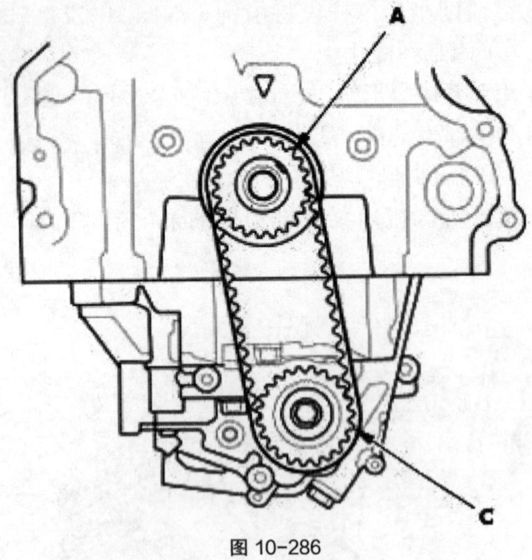

图 10-286

（2）安装油底壳。

（3）支撑发动机。

在油底壳下放置一个千斤顶和木块，以举升和支撑发动机。

（4）拆卸发动机支撑吊钩和辅助吊钩撑杆。

①将发动机斜在支撑吊钩和辅助吊钩撑杆拆下。

②安装前减震器盖。

（5）安装交流发电机，安装螺栓。

（6）插入销正时皮带自动张紧器（拆下了销时）。

①将正时皮带自动张紧器夹紧在虎钳上，如图 10-287。

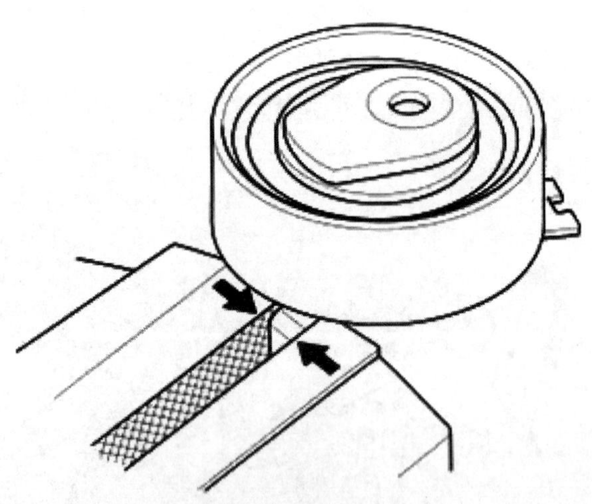
图 10-287

②在正时皮带自动张紧器（如图 10-288 中 B）上固定一把钳子（如图 10-288 中 A），并按照箭头方向慢慢转动钳子。

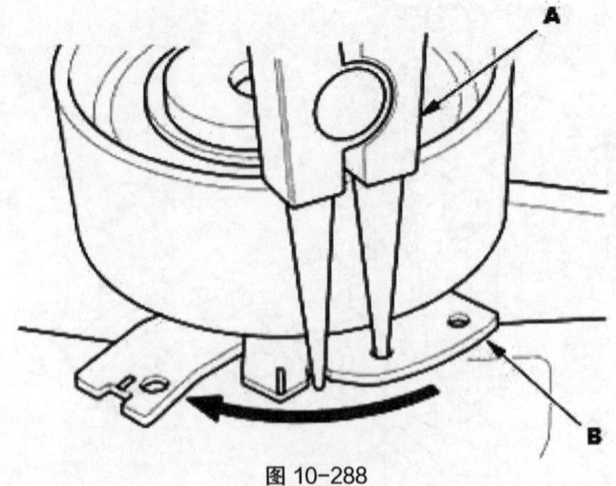

图 10-288

③将直径 3.0mm 的销（如图 10-289 中 A）插入孔。

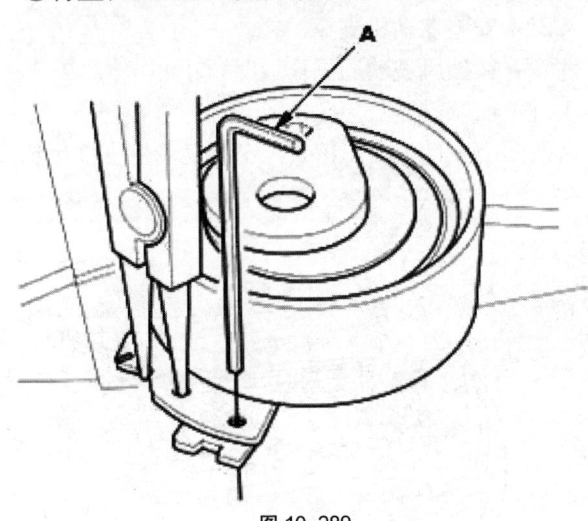

图 10-289

（7）安装正时皮带自动张紧器（拆下了正时皮带自动张紧器时）。

①安装正时皮带自动张紧器（如图 10-290 中 A）。

②松松地安装螺母（如图 10-290 中 B）。

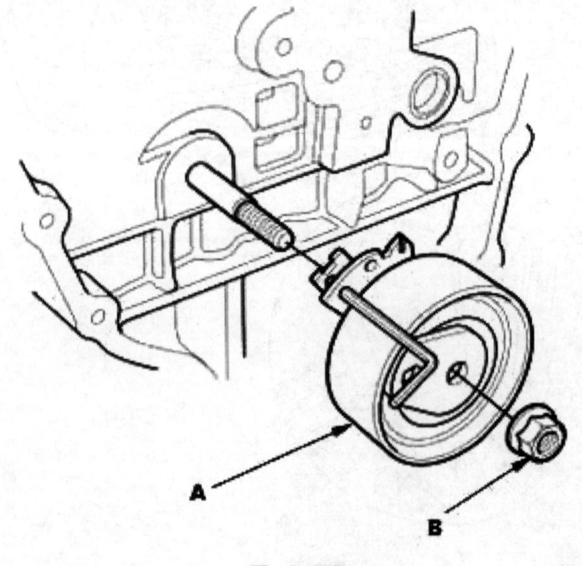

图 10-290

（8）安装正时皮带飞轮（图 10-291）。

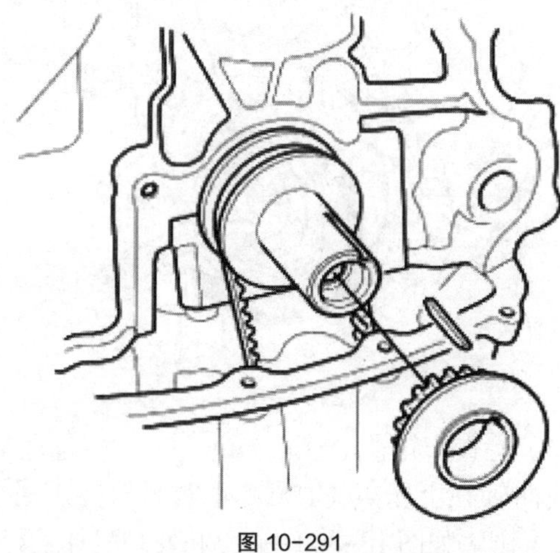

图 10-291

（9）设置 1 号活塞在上止点位置（曲柄侧）。

使曲轴在上止点（TDC）位置。对齐正时皮带飞轮的 TDC 标记（如图 10-292 中 A）和发动机体的标记（如图 10-292 中 B）。

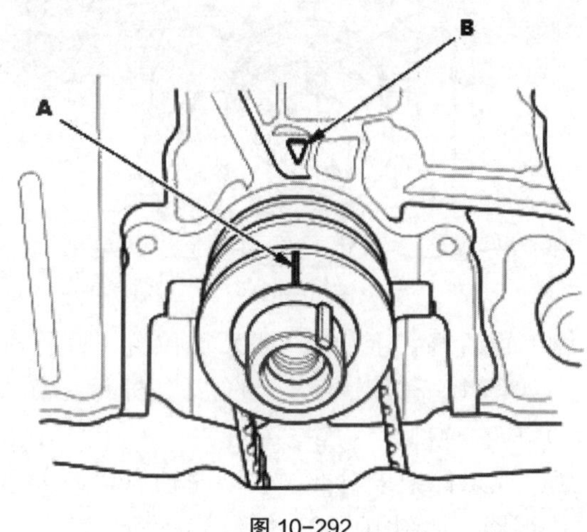

图 10-292

（10）插入销。

①对齐凸轮轴的保养孔（如图 10-293 中 A）和凸轮轴固定架。

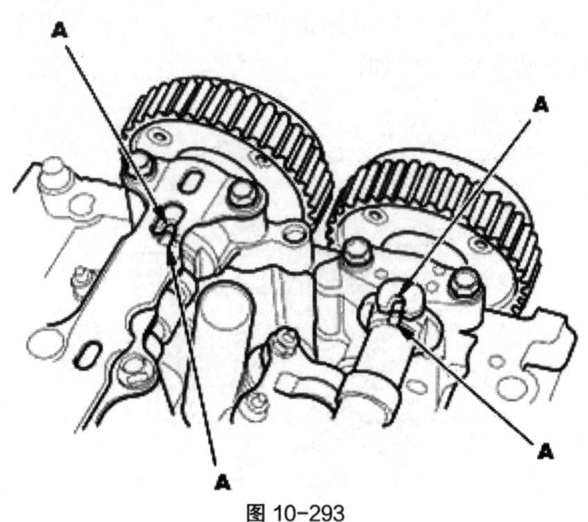

图 10-293

②将直径 5mm 的销（如图 10-294 中 A）插入到曲轴保养孔内。

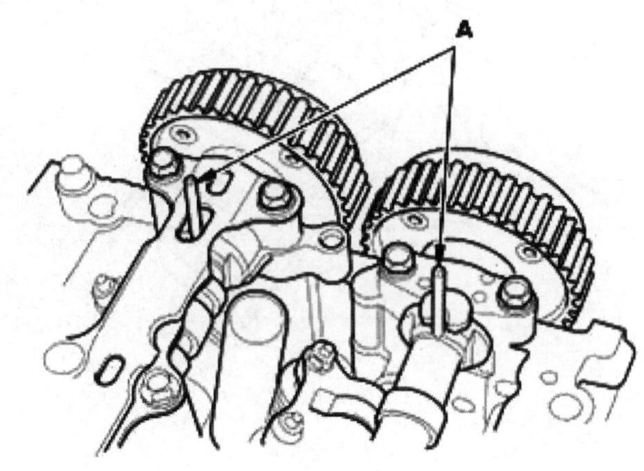

图 10-294

（11）安装正时皮带。

从驱动皮带轮开始，按逆时针顺序安装正时皮带。安装时，小心不要损坏正时皮带。

飞轮（如图 10-295 中 C）

VTC 执行器（如图 10-295 中 A）

VTC 执行器（如图 10-295 中 B）

正时皮带自动张紧器（如图 10-295 中 D）

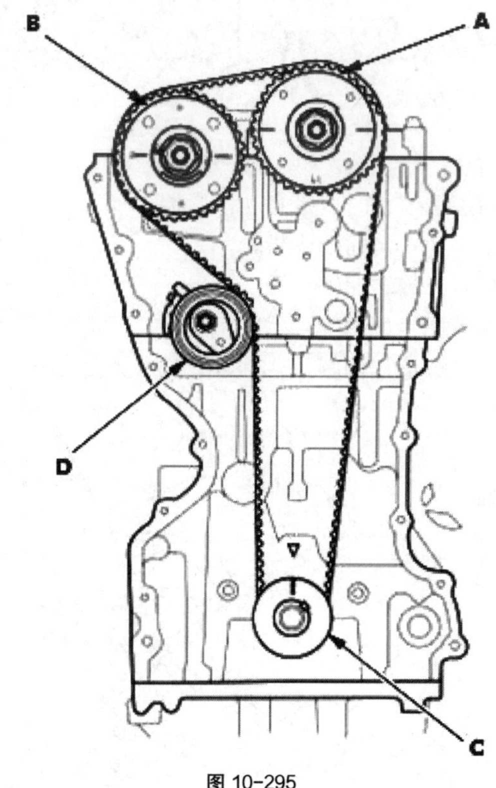

图 10-295

（12）安装正时皮带止动板（图 10-296）。

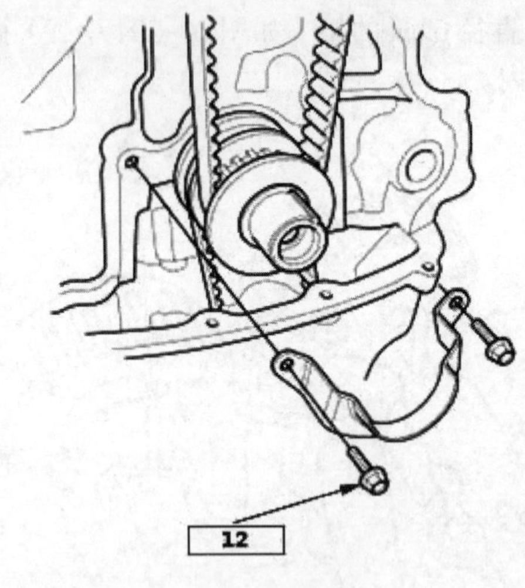

图 10-296

（13）拆卸销。

拆下销（如图 10-297 中 A）。

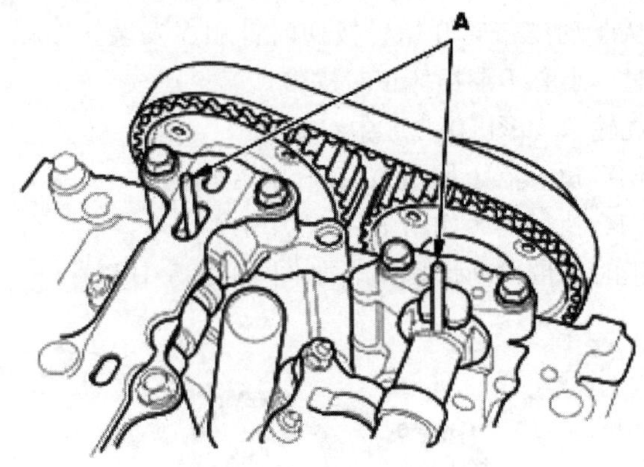

图 10-297

（14）调节正时皮带自动张紧器。

①松松地安装曲轴皮带轮。

②顺时针旋转曲轴 2 圈。

③拆下销（如图 10-298 中 A）。

④拧松螺母（如图 10-298 中 B）。

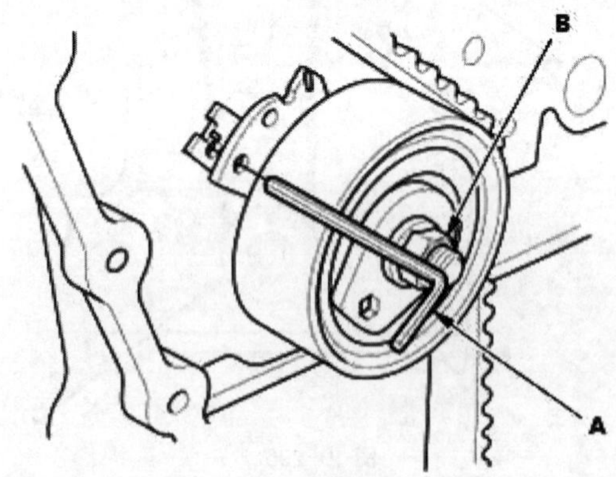

图 10-298

⑤逆时针转动调节器（如图 10-299 中 A），并对齐定位表（如图 10-299 中 B），拧紧螺母（如图 10-299 中 C）。

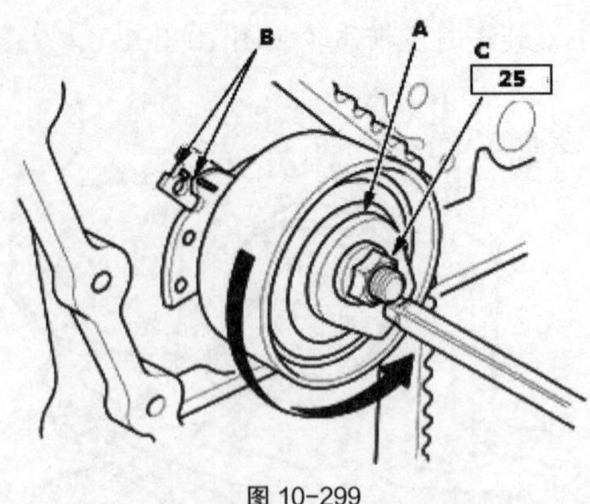

图 10-299

（15）检查凸轮轴正时。

①使曲轴在上止点（TDC）位置。对齐正时皮带飞轮的 TDC 标记（如图 10-300 中 A）和发动机体的标记（如图 10-300 中 B）。

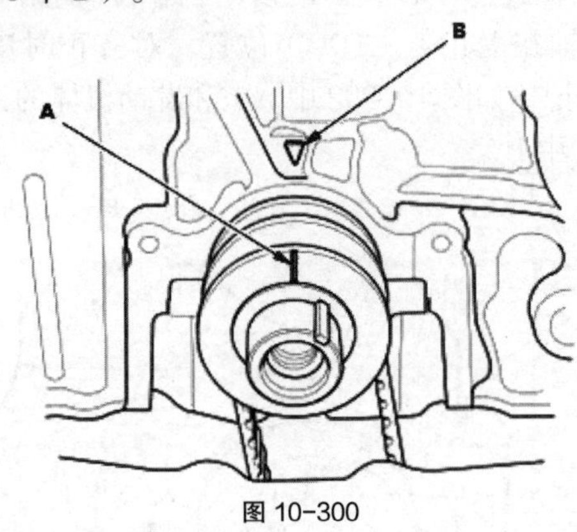

图 10-300

②使 1 号活塞在上止点（TDC）位置，并检查 VTC 执行器（如图 10-301 中 A/B）的“1”标记（如图 10-301 中 C）应在顶部。

注意：如果标记未对准，转动曲轴 360°，并重新检查 VTC 执行器（如图 10-301 中 A/B）标记。

③检查 VTC 执行器（如图 10-301 中 A）和 1 号凸轮轴固定架表面的标记（如图 10-301 中 D），VTC 执行器（如图 10-301 中 B）和气缸盖表面的标记（如图 10-301 中 E）。注意：如果标记仍未对齐，则拆下正时皮带并重新安装正时皮带到位。

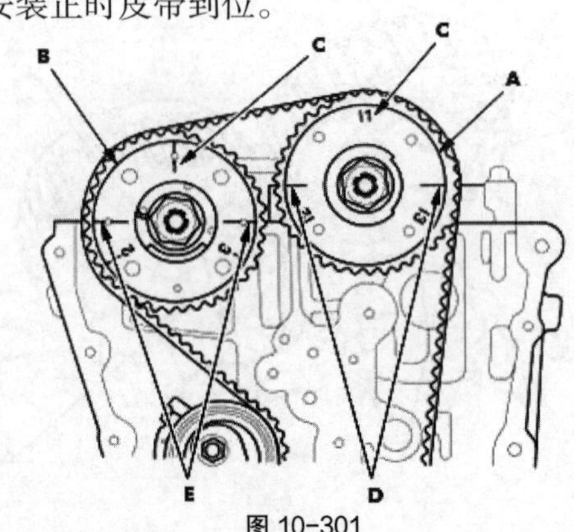

图 10-301

（16）安装正时皮带箱。

①检查皮带轮端曲轴油封是否损坏。如果油封损坏，更换皮带轮端曲轴油封。

②在发动机缸体、气缸盖、正时皮带箱的油底壳接合面和螺栓孔的内螺纹上涂抹密封胶。

③将正时皮带箱（如图 10-302、10-303 中 A）的边缘放到油底壳（如图 10-302、10-303 中 B）的边缘，然后安装发动机气缸体（如图 10-302、10-303 中 C）上的正时皮带箱。清除油底壳和正时皮带箱接合面的多余的密封胶。

注意：安装正时皮带箱时，不要将下表面倾斜到油底壳接合面上。

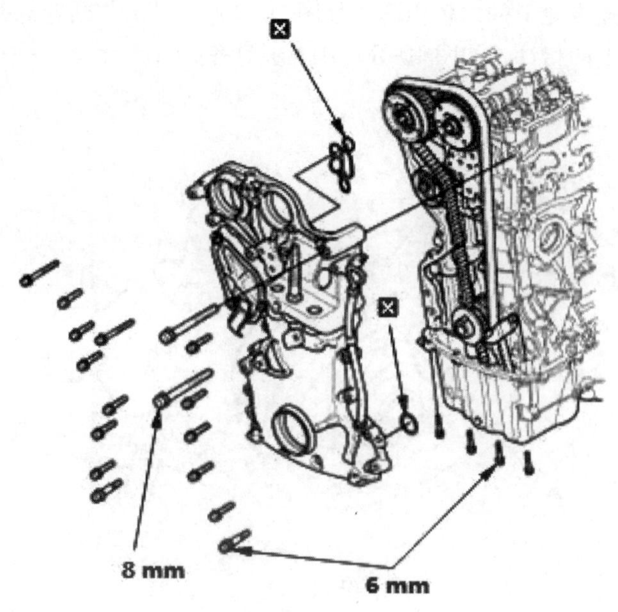

图 10-302

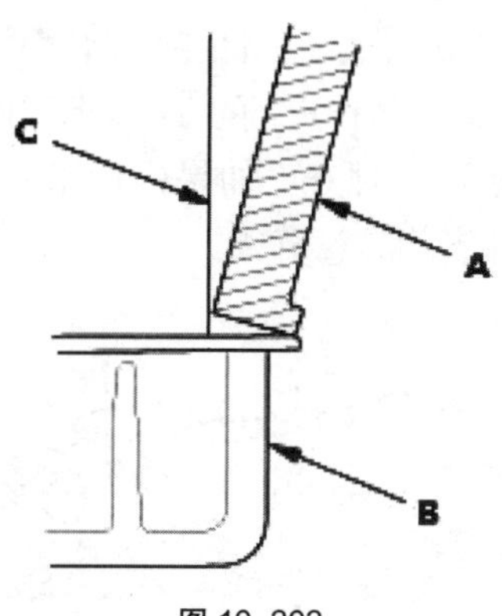

图 10-303

（17）安装标尺管如图 10-304。

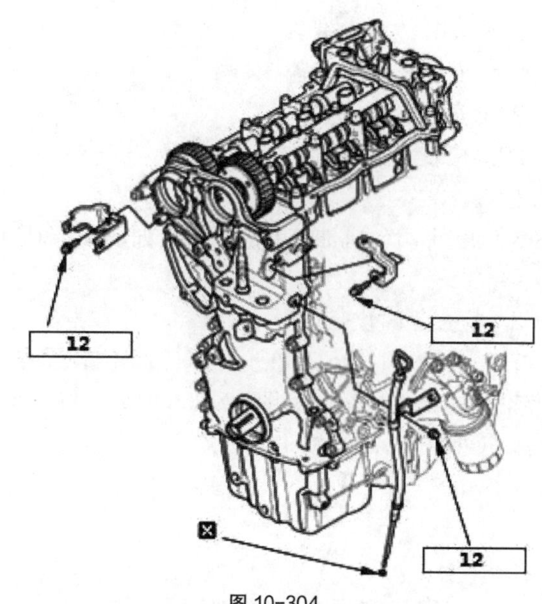

图 10-304

（18）安装线束固定架。

①连接和安装连接器（如图 10-305 中 A）。

②安装线束固定架（如图 10-305 中 B）和线束托架（如图 10-305 中 C）。

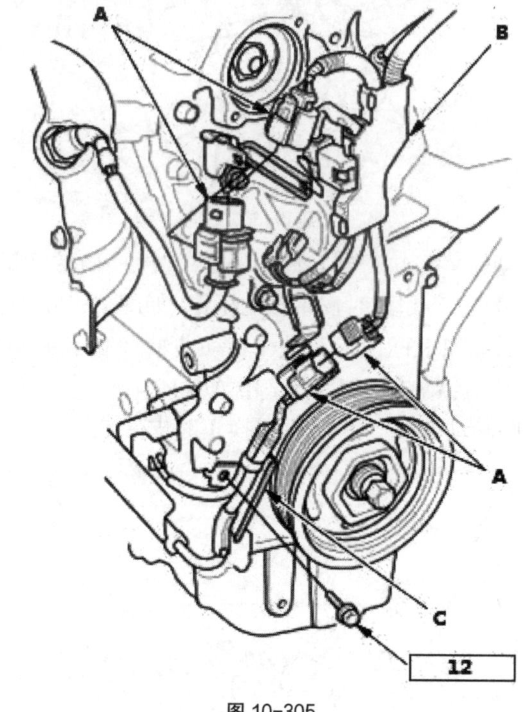

图 10-305

（19）安装发动机侧支座。

（20）安装摇臂机油控制阀。

（21）安装 VTC 机油控制电磁阀 A/B 。

（22）安装膨胀罐。

（23）安装气缸盖罩。

（24）安装传动皮带自动张紧器。

（25）安装曲轴皮带轮。

（26）安装传动皮带。

（27）安装发动机底盖。

（28）安装右前轮。

（29）检查点火正时。

3. 检查。

（1）拆卸 VTC 机油控制电磁阀（如图 10–306 中 A/B）。

（2）检查正时皮带。

①转动曲轴，1 号位置在上止点位置（TDC）；使曲轴皮带轮上的白色标记（如图 10–306 中 A）与正时皮带箱的指针（如图 10–306 中 B）对齐。

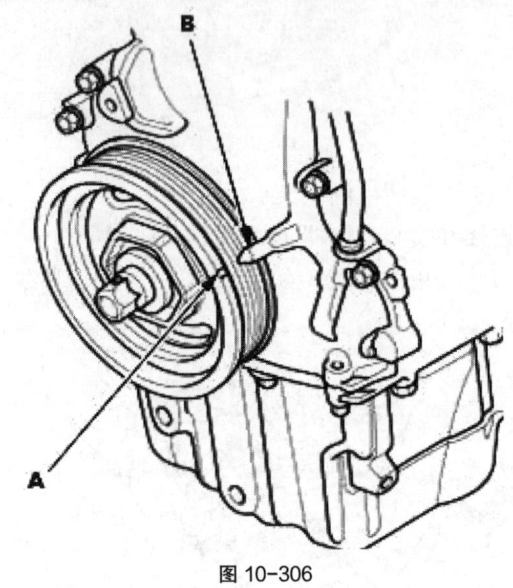

图 10–306

②检查 VTC 执行器（如图 10–307 中 A/B）的标记（如图 10–307 中 C）和正时皮带箱的标记（如图 10–307 中 D）。

注意：如果标记未对准，转动曲轴 360°，并重新检查 VTC 执行器（如图 10–307 中 A/B）标记。如果标记未对齐，则转动曲轴 360°，并更换正时皮带。

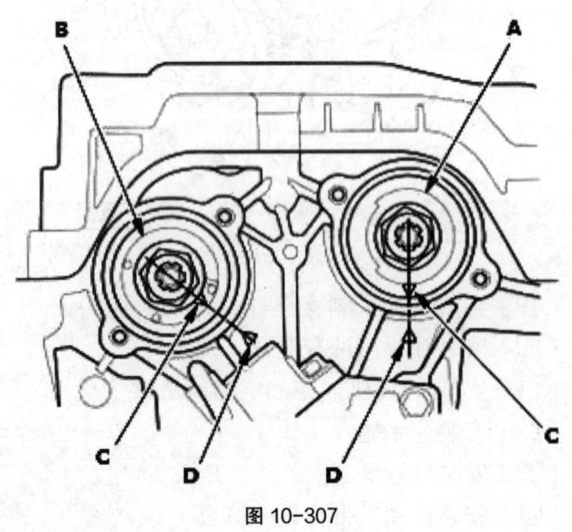

图 10–307

（3）安装所有拆下零件。

按照与拆卸相反的顺序安装零件。

十五、车型

东风本田 UR-V 240TURBO（1.5T L15BD），2017—2019 年。

广汽本田冠道 240 TURBO（1.5T L15BD），2017—2019 年。

（一）凸轮轴正时检查

（1）拆卸气缸盖罩。

（2）拆卸右前轮。

（3）拆卸发动机底盖。

（4）检查凸轮轴正时。

①转动曲轴让 1 号活塞与上止点（TDC）对齐；曲轴皮带轮上的白色标记（如图 10–308 中 A）与凸轮链条箱上的指针（如图 10–308 中 B）对齐。

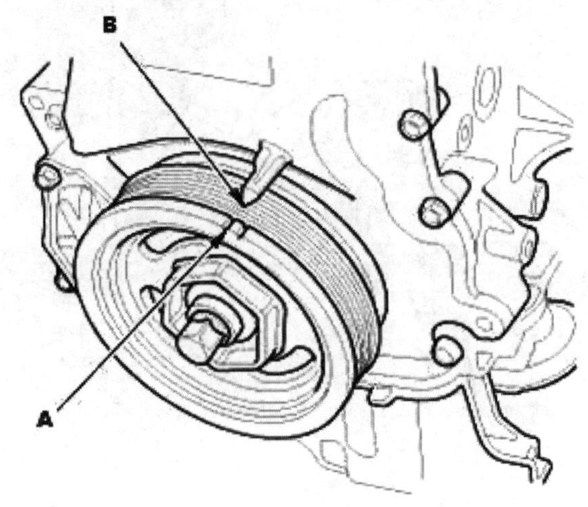

图 10–308

②当 1 号活塞位于上止点（TDC）时，检查 VTC 执行器（如图 10–308 中 A ）上的“UP”标记（如图 10–309 中 C）是否位于顶部。

③检查 VTC 执行器（如图 10–308 中 A） 和 VTC 执行器（如图 10–308 中 B）上的 TDC 标记 （如图 10–309 中 D），这些标记应对齐。如果标记未对齐，拆下凸轮链条并重新正确安装凸轮链条。

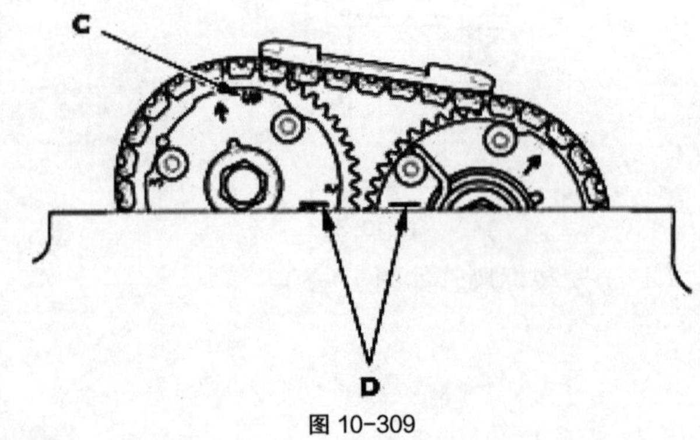

图 10–309

（5）安装所有拆下零件。

按照与拆卸相反的顺序安装零件。

（二）凸轮链条拆卸、安装和检查

1. 拆卸。

注意：使凸轮轴链条远离磁场。

（1）拆卸右前轮。

（2）拆卸发动机底盖。

（3）拆卸传动皮带。

（4）检查凸轮轴正时。

（5）拆卸曲轴皮带轮。

（6）拆卸传动皮带自动张紧器。

（7）拆卸标尺。

（8）拆卸发动机侧支座。

（9）断开连接器（VTC 机油控制电磁阀）。

①断开连接器（如图 10-310 中 A）。

②拆下线束夹（如图 10-310 中 B）。

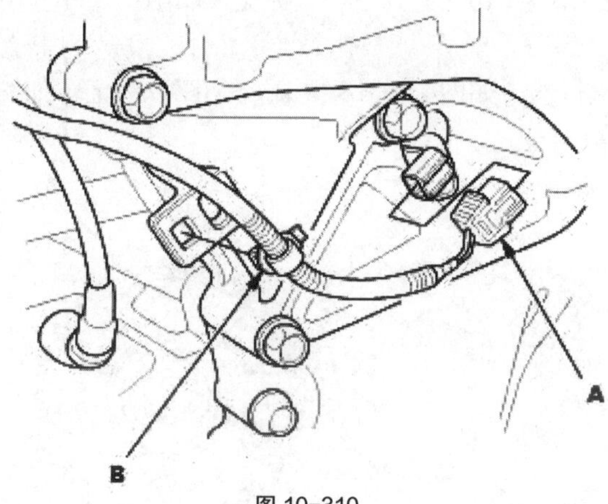

图 10-310

（10）拆卸 VTC 机油控制电磁阀（如图 10-310 中 A）。

（11）拆卸凸轮轴链条箱（图 10-311）。

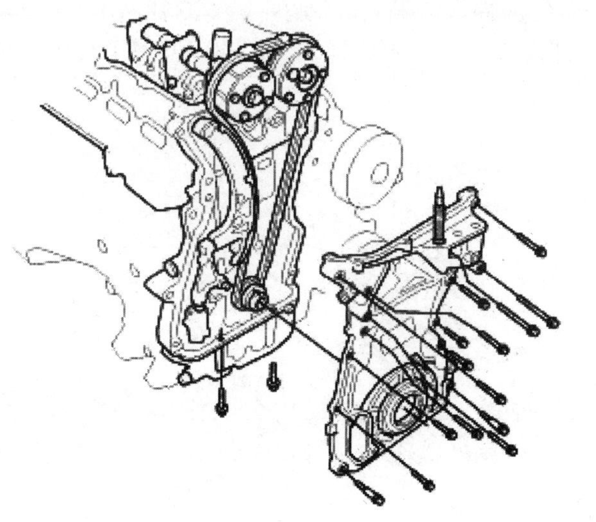

图 10-311

（12）拆卸凸轮链条自动张紧器。

①松松地安装曲轴皮带轮。

②逆时针转动曲轴，以压缩凸轮链条自动张紧器，如图 10-312。

图 10-312

③逆时针转动曲轴以对齐锁（如图 10-313 中 A）和凸轮链条自动张紧器（如图 10-313 中 B）的孔。

④将直径 1.2mm 的销（如图 10-313 中 C）插入孔。

⑤顺时针转动曲轴，以固定销。

注意：如果锁和凸轮链条自动张紧器上的孔不能对齐，继续逆时针旋转曲轴直到孔对齐，然后安装销。

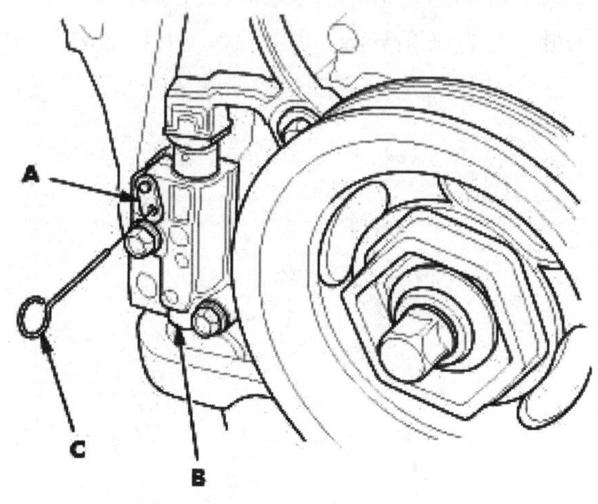

图 10-313

⑥拆下凸轮链条自动张紧器（如图 10-314 中 A）和凸轮链条自动张紧器滤清器（如图 10-314 中 B）。

注意：检查凸轮链条自动张紧器滤清器是否损坏。如果滤清器损坏，将其更换。

⑦拆下曲轴皮带轮。

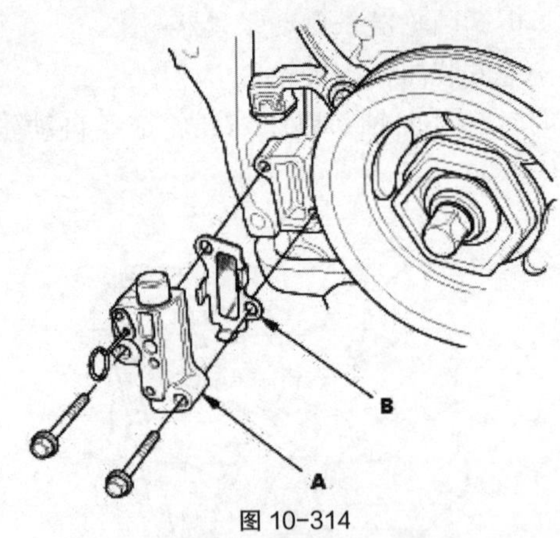

图 10-314

（13）拆卸凸轮轴链条导向（图 10-315）。

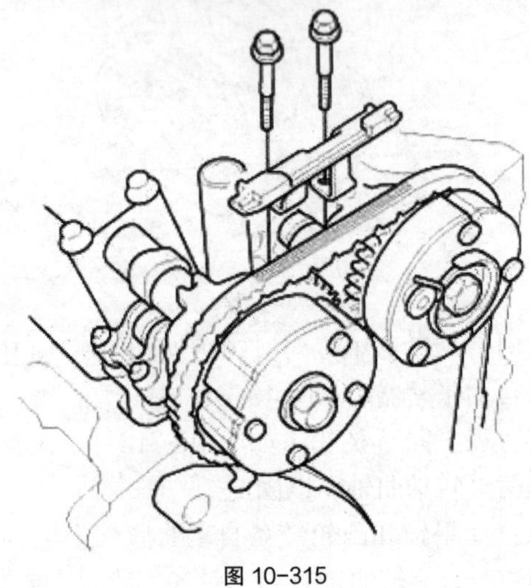
图 10-315

（14）拆卸凸轮链条。

①拆下凸轮链条导板（如图 10-316 中 A）、凸轮链条张紧器臂(如图10-316中B)和凸轮链条张紧器分臂(如图 10-316 中 C)。

②拆下凸轮链条。

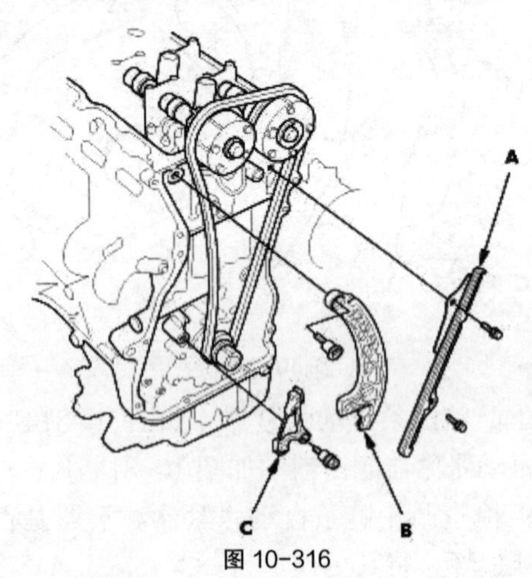

图 10-316

2. 安装

注意：如何读取扭矩规格。请让凸轮链条远离磁场。

（1）设置 1 号活塞在上止点位置（曲柄侧）。

使曲轴在上止点（TDC）位置。对齐凸轮链条驱动链轮的 TDC 标记（冲孔标记）（如图 10-317 中 A） 和油泵的标记（如图 10-317 中 B）。

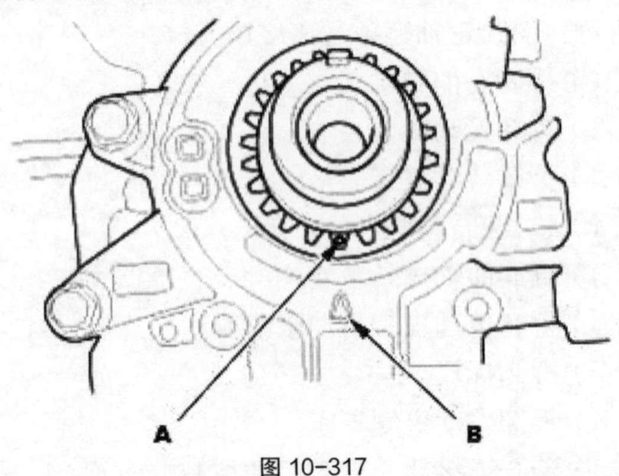

图 10-317

（2）设置 1 号活塞在上止点位置（凸轮侧）。

使 1 号活塞在上止点（TDC）位置。VTC 执行器（如图 10-318 中 A）的“向上”标记（如图 10-318 中 C）应在顶部，且对齐 VTC 执行器（如图 10-318 中 A）和 VTC 执行器（如图 10-318 中 B）的 TDC 标记（如图 10-318 中 D）。

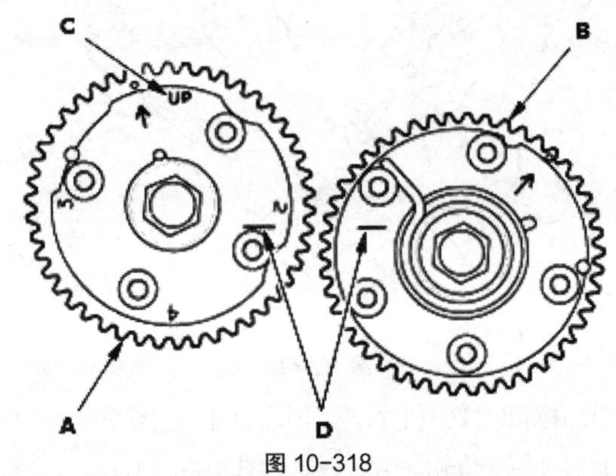

图 10-318

（3）插入销。

将直径 5mm 的销（如图 10-319 中 A）插入到曲轴保养孔内。

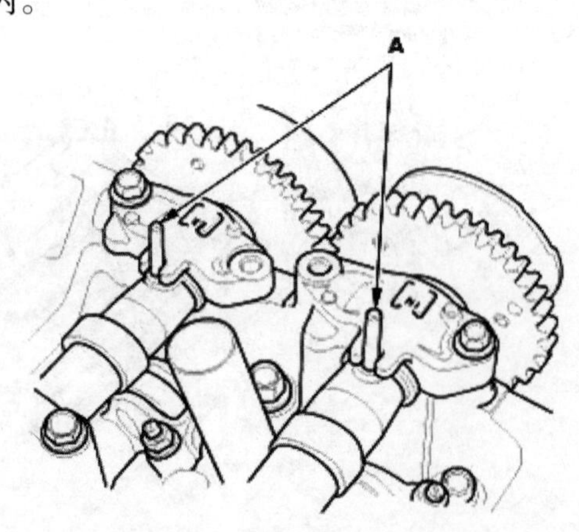

图 10-319

（4）安装凸轮链条。

①将冲击标记（如图 10-320 中 A）与彩色连接板（如图 10-320 中 B）的中心对齐，在凸轮链条驱动链轮上安装凸轮链条。

②将冲击标记（如图 10-321、图 10-322 中 C）与彩色连接板（如图 10-321、图 10-322 中 D）的中心对齐，在 VTC 执行器（如图 10-320 中 A）和 VTC 执行器（如图 10-320 中 B）上安装凸轮链条。

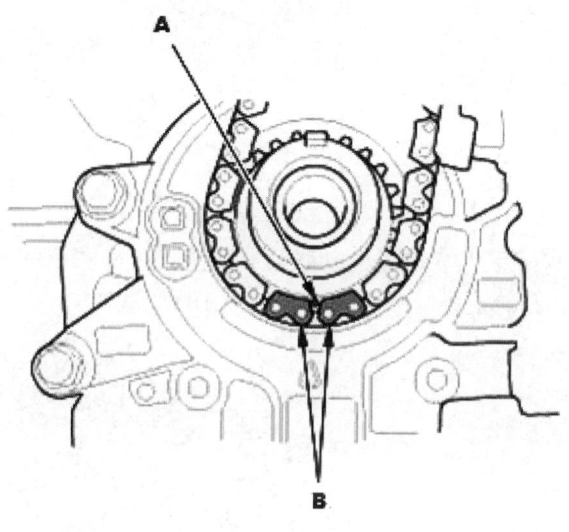

图 10-320

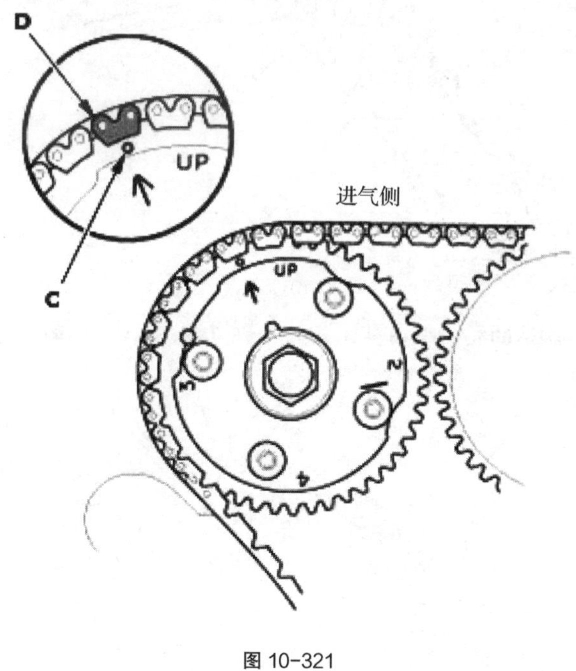

图 10-321

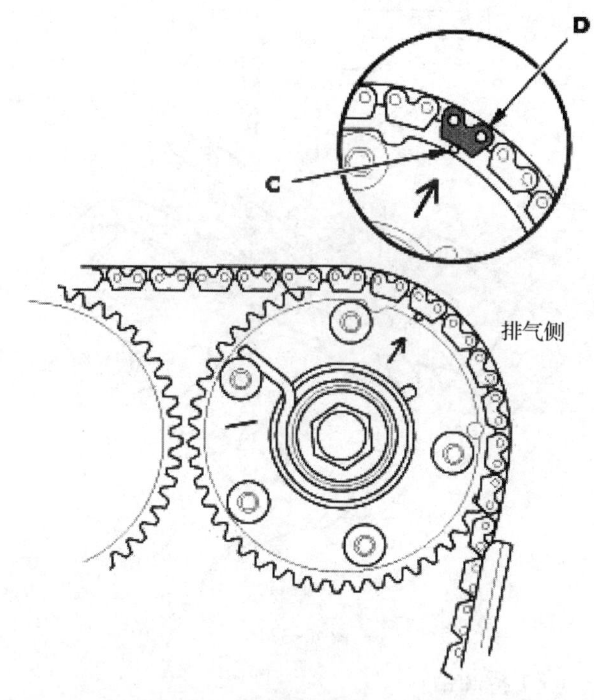

图 10-322

（5）安装凸轮链条张紧器臂、凸轮链条张紧器辅助臂和凸轮链条导板。

安装凸轮链条导板（如图 10-323 中 A）、凸轮链条张紧器臂（如图 10-323 中 B）和凸轮链条张紧器分臂（如图 10-323 中 C）。

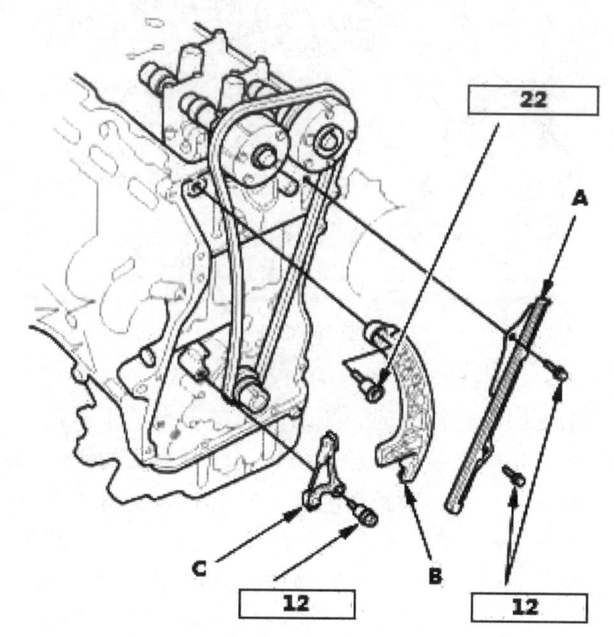

图 10-323

（6）安装凸轮轴链条导板（如图 10-324）。

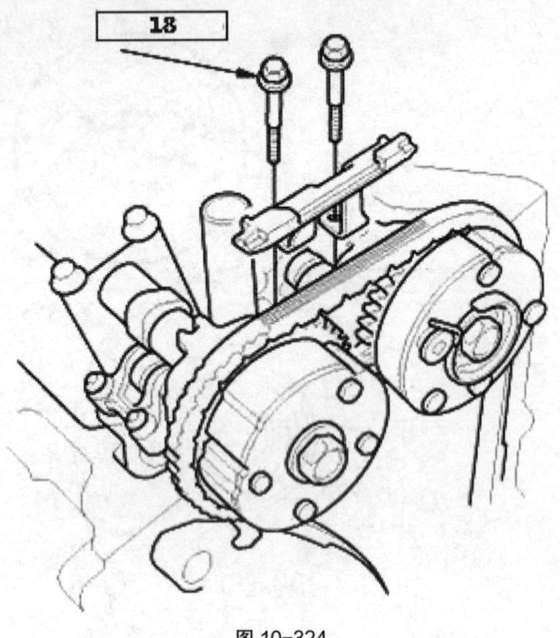

图 10-324

（7）拆卸销。

从凸轮轴保养孔拆下销（如图 10-325 中 A）。

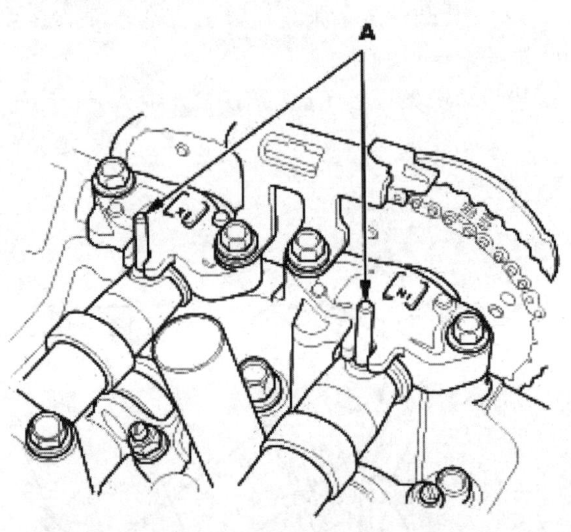

图 10-325

（8）安装凸轮链条自动张紧器。

①更换凸轮链条时，压缩凸轮链条自动张紧器。拆下拆卸过程中安装在凸轮链条自动张紧器上的销（如图 10-326 中 A）。逆时针转动盘（如图 10-326 中 B），以松开锁止，然后按压连杆（如图 10-326 中 C），将第一个凸轮（如图 10-326 中 D）放到第一个齿条（如图 10-326 中 E）边缘。将直径 1.2mm 的销插入到孔（如图 10-326 中 F）中。

注意：如果凸轮链条自动张紧器设置的和描述的不一样，凸轮链条自动张紧器会受到损坏。

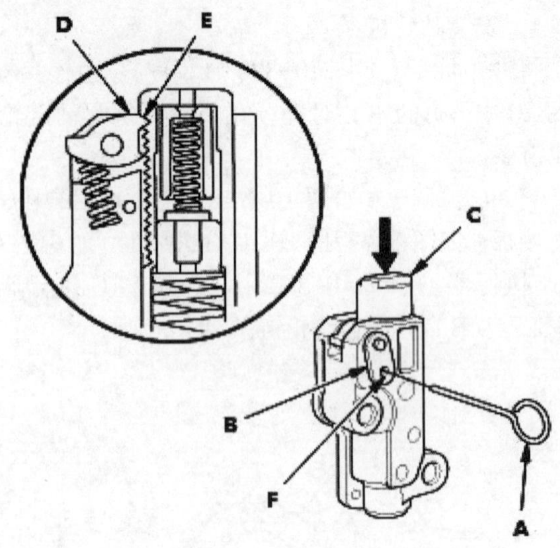

图 10-326

②安装凸轮链条自动张紧器滤清器（如图 10-327 中 A）和凸轮链条自动张紧器（如图 10-327 中 B）。

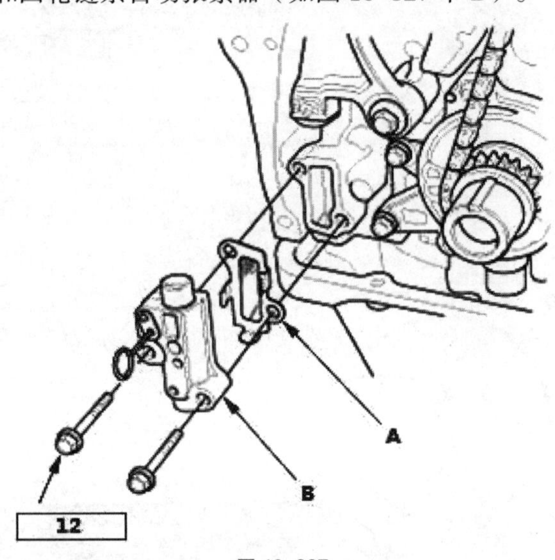

图 10-327

③从凸轮链条自动张紧器上拆下销(如图10-328中A)。

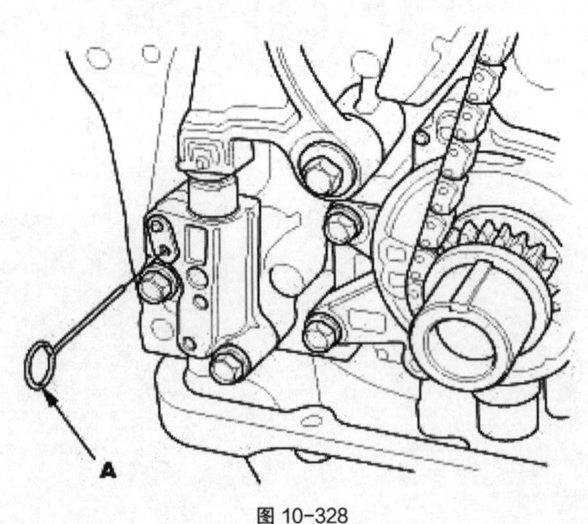

图 10-328

（9）安装凸轮链条箱。

①检查皮带轮端曲轴油封是否损坏。如果油封损坏，更换皮带轮端曲轴油封。

②在发动机缸体、气缸盖、凸轮链条箱的油底壳接合面和螺栓孔的内螺纹上涂抹密封胶。

③将凸轮链条箱（如图 10-329 中 A）的边缘放到油底壳（如图 10-329 中 B）的边缘，然后安装发动机气缸体（如图 10-329 中 C）上的凸轮链条箱。清除油底壳和凸轮链条箱结合面的多余的密封胶。

注意：安装凸轮链条箱时，不要将下表面倾斜到油底壳的安装面上。

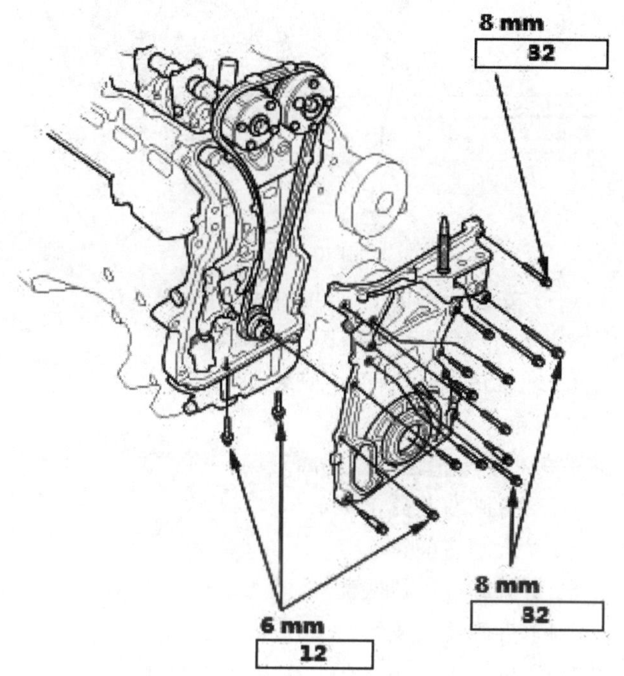

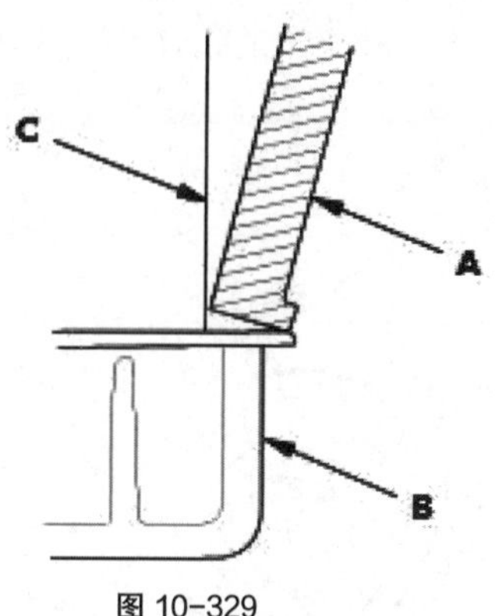

图 10-329

（10）安装 VTC 机油控制电磁阀。

（11）连接连接器（VTC 机油控制电磁阀 A）。

①安装线束夹（如图 10-330 中 A）。

②连接连接器（如图 10-330 中 B）。

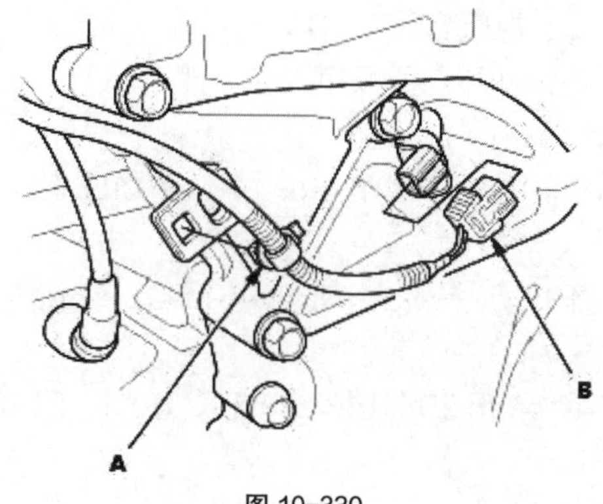

图 10-330

（12）安装发动机侧支座。

（13）安装气缸盖罩。

（14）安装标尺。

（15）安装传动皮带自动张紧器。

（16）安装曲轴皮带轮

（17）安装传动皮带。

（18）安装发动机底盖。

（19）安装右前轮。

（20）检查点火正时。

3. 检查

（1）拆卸右前轮。

（2）拆卸发动机底盖。

（3）拆卸链条箱盖。

（4）检查凸轮链条。

①测量凸轮链条自动张紧器杆的长度。

凸轮链条自动张紧器杆长度使用极限：23.9mm。

②如果长度大于使用极限，更换凸轮链条。更换时，检查凸轮链条驱动链轮的齿、VTC 执行器 A 和 VTC 执行器 B 是否磨损或损坏。如果任一磨损或损坏，若有必要，进行更换，如图 10-331。

③检查凸轮链条自动张紧器的油道是否堵塞。如果凸轮链条自动张紧器堵塞，将其更换。

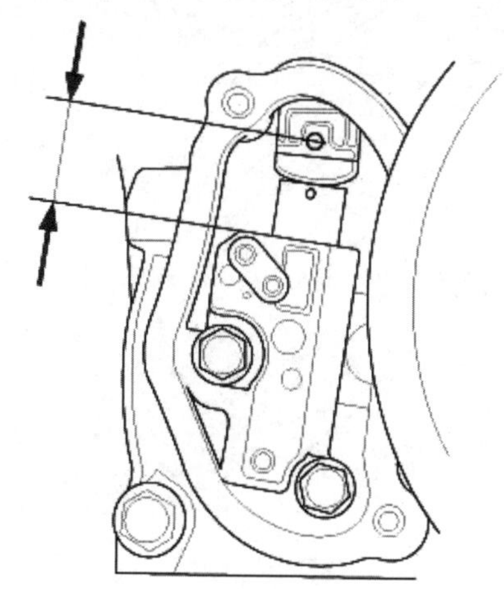

图 10-331

（5）安装所有拆下零件。

按照与拆卸相反的顺序安装零件。

十六、车型

东风本田杰德 210TURBO（1.5T L15BF），2017—2019 年。

东风本田 CR-V 240TURBO（1.5T L15BL），2017—2019 年。

东风本田 INSPIRE 260TURBO（1.5T L15BR），2018—2019 年。

广汽本田雅阁 230TURBO（1.5T L15BM），2018—2019 年。

广汽本田雅阁 260TURBO（1.5T L15BN），2018—2019 年。

其正时校对方法与十五、车型中的东风本田 UR-V 240TURBO（1.5T L15BD），2017—2019 年相似，请参阅其正时校对方法。

十七、车型

广汽本田冠道 370 TURBO（2.0T K20C3），2017—2019 年。

东风本田 UR-V 370TURBO（2.0T K20C3），2017—2019 年。

（一）凸轮轴正时检查

（1）拆卸气缸盖罩。

（2）拆卸右前轮。

（3）拆卸发动机底盖。

（4）检查凸轮轴正时。

①转动曲轴，将 1 号活塞与上止点（TDC）对齐；曲轴皮带轮上的白色标记（如图 10-332 中 A）与凸轮轴链条箱上的指针（如图 10-332 中 B）对齐。

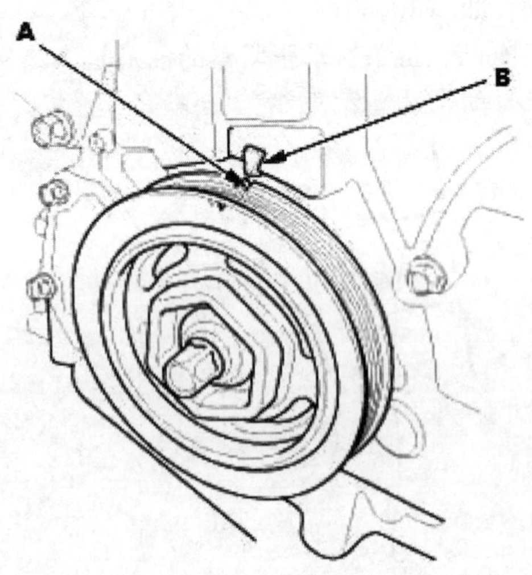

图 10-332

②1 号活塞在上止点（TDC）位置时，检查 VTC 作动器 B 上的“UP”标记（如图 10-333 中 C）应该在顶部。

③检查 VTC 作动器 A 和 VTC 作动器 B 上的 TDC 标记（如图 10-333 中 D），标记应对齐。VTC 作动器 B 上的 TDC 标记（如图 10-333 中 E）应与凸轮轴链条箱（如图 10-333 中 F）的顶部边缘对齐。如果标记未对齐，拆下凸轮轴链条并重新正确安装凸轮轴链条。

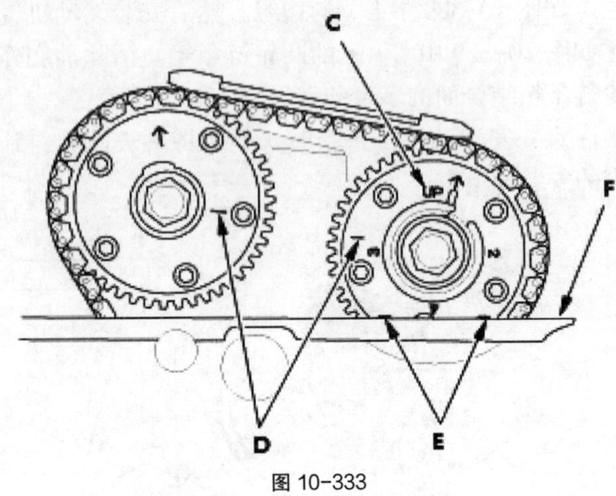

图 10-333

（5）安装所有拆下零件。

按照与拆卸相反的顺序安装零件。

（二）凸轮链条拆卸、安装和检查

1. 拆卸。

注意：使凸轮轴链条远离磁场。

（1）拆卸右前翼子板罩。

（2）拆卸右前轮。

（3）拆卸发动机底盖。

（4）拆卸传动皮带。

（5）设置 1 号活塞在上止点位置（曲柄侧）。

转动曲轴，使曲轴皮带轮上的白色标记（如图 10-334 中 A）与凸轮链条箱的指针（如图 10-334 中 B）对齐。

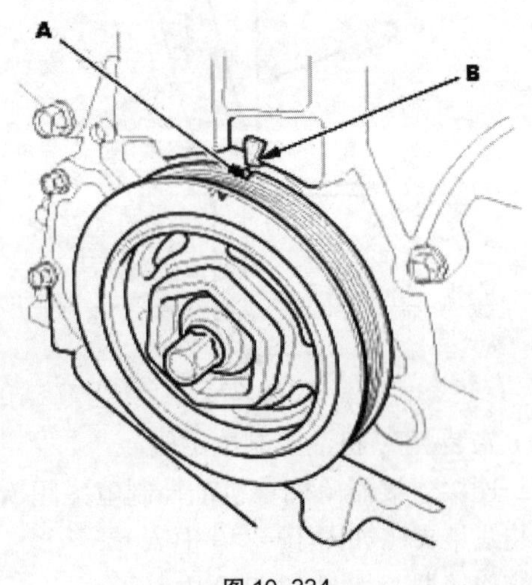

图 10-334

（6）拆卸曲轴皮带轮。

（7）拆卸传动皮带自动张紧器。

（8）拆卸传动皮带惰轮。

（9）拆卸气缸盖罩。

（10）拆卸发动机侧支座。

（11）拆卸摇臂机油控制阀。

（12)拆卸 VTC 机油控制电磁阀(如图 10-335 中A)。

（13）拆卸线束托架、线束支架和涡轮增压器旁通控制阀电磁管（如图 10-335 中 B）。

拆下线束托架（如图 10-335 中 A）和涡轮增压器旁通控制阀电磁管（如图 10-335 中 B）。

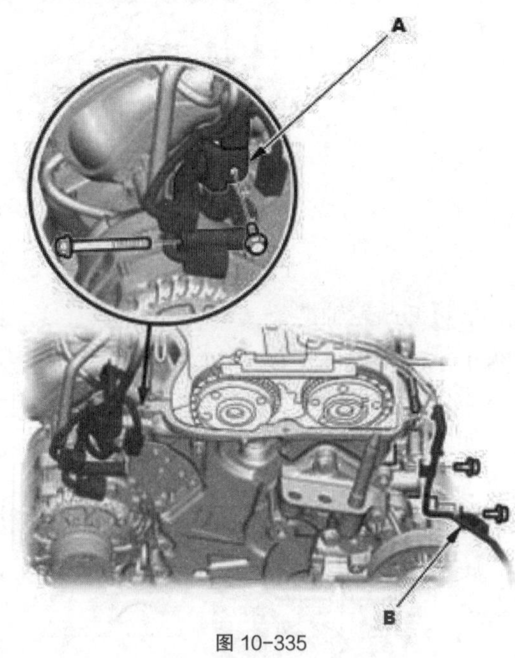

图 10-335

（14）拆卸发动机侧支座托架（图 10-336）。

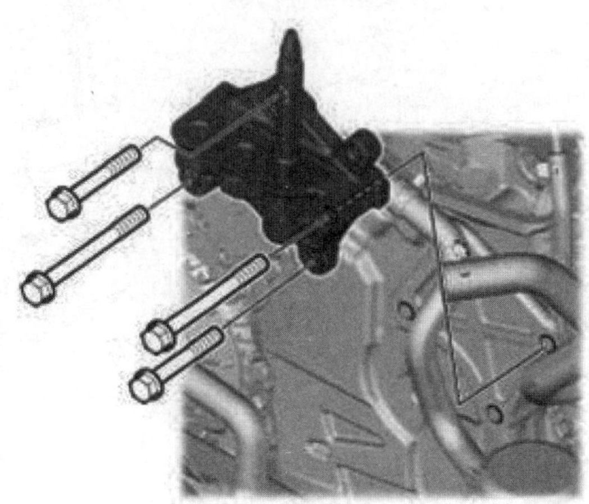

图 10-336

（15）拆卸凸轮轴链条箱。

拆下凸轮轴链条箱（如图 10-337 中 A）、销（如图 10-337 中 B）、隔圈（如图 10-337 中 C）和 O 形圈（如图 10-337 中 D）。

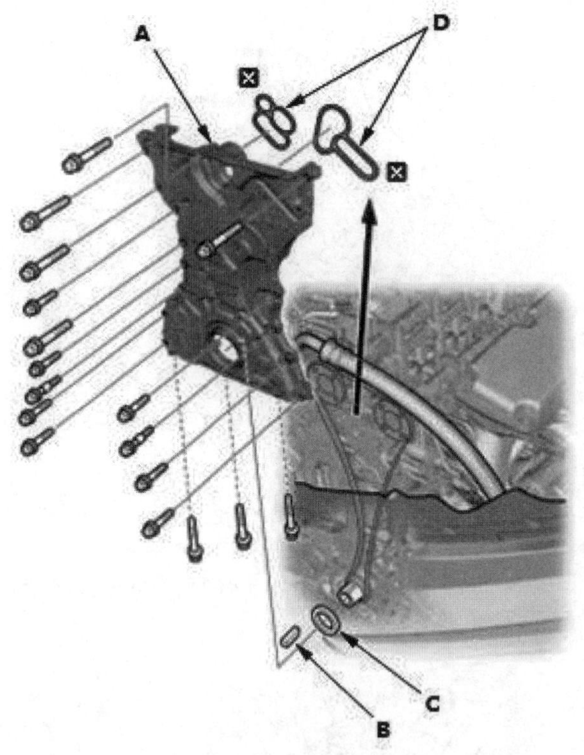

图 10-337

（16）设置 1 号活塞在上止点位置（凸轮侧）。

使 1 号活塞在上止点（TDC）位置。VTC 作动器 B 上的“UP”标记（如图 10-338 中 C）应在顶部。将 VTC 作动器 A 和 VTC 作动器 B 上的 TDC 标记（如图 10-338 中 D）对齐。VTC 作动器 B 上的 TDC 标记（如图 10-338 中 E）应与气缸盖（如图 10-338 中 F）的顶部边缘对齐。

注意：如果标记未对齐，旋转曲轴 360°，并重新检查 VTC 作动器 A 和 VTC 作动器 B 的标记。

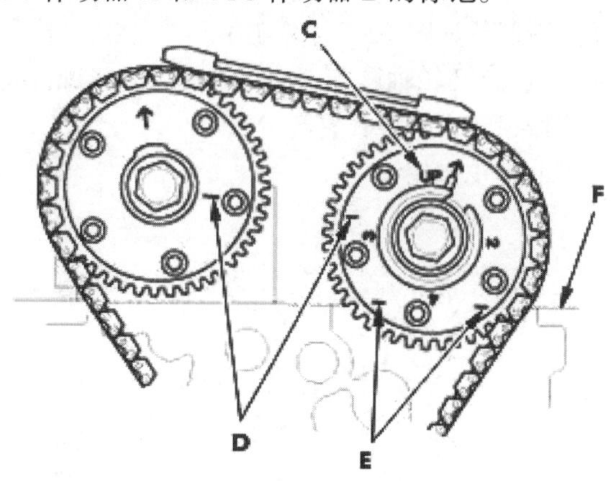

图 10-338

（17）拆卸凸轮轴链条自动张紧器。

①松松地安装曲轴皮带轮。

②逆时针旋转曲轴，以压缩凸轮轴链条自动张紧器。如图 10-339。

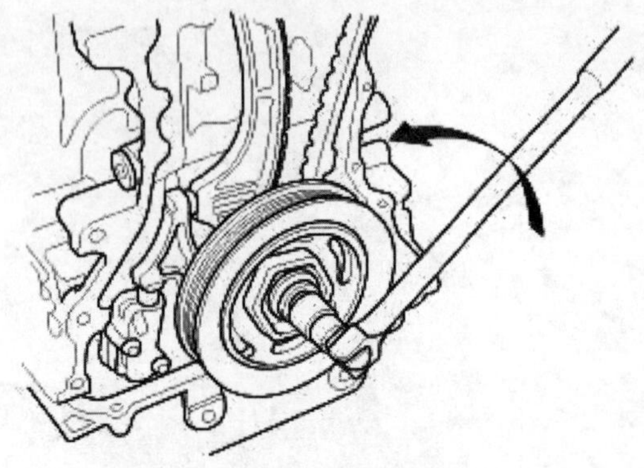
图 10-339

③逆时针旋转曲轴以便对齐锁（如图 10-340 中 A）和自动张紧器（如图 10-340 中 B）上的孔。

④将 1.2mm 直径销（如图 10-340 中 C）插入孔中。

⑤顺时针转动曲轴以固定销。

注意：如果未对齐锁和自动张紧器的孔，继续逆时针旋转曲轴直至孔对齐，然后安装销。

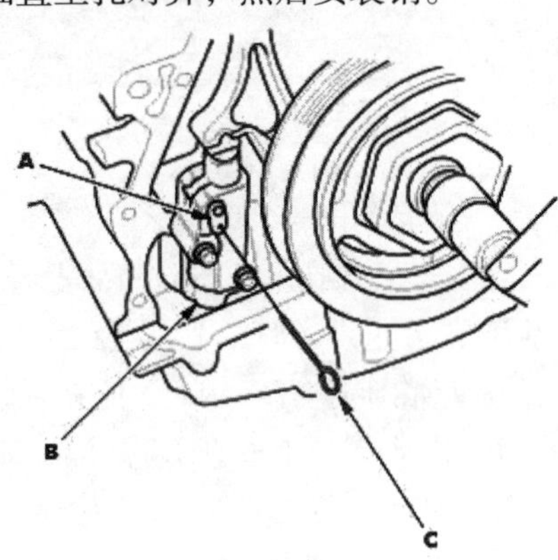

图 10-340

⑥拆下凸轮轴链条自动张紧器（如图 10-341 中 A）。

⑦从凸轮轴链条自动张紧器上拆下凸轮轴链条自动张紧器滤清器（如图 10-341 中 B）。

注意：检查凸轮轴链条自动张紧器滤清器是否损坏。如果滤清器损坏，则将其更换。

拆下曲轴皮带轮。

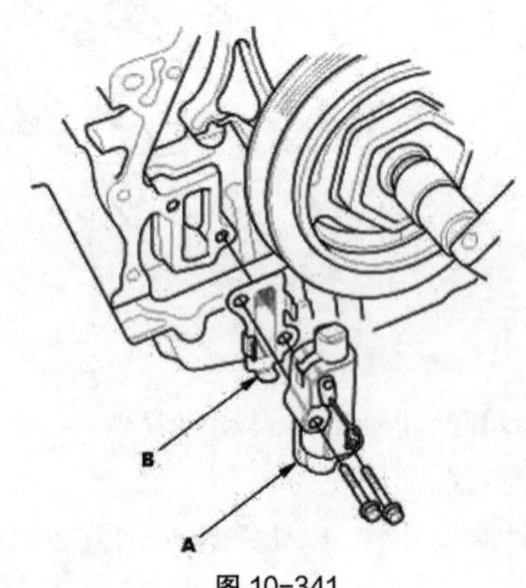

图 10-341

（18）拆卸凸轮轴链条导板（图 10-342）。

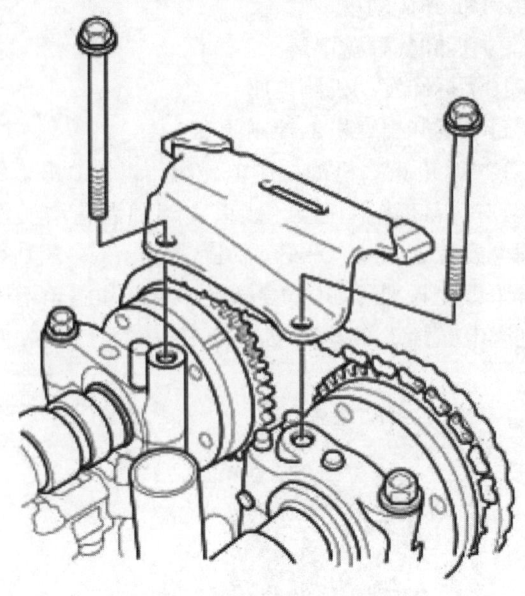
图 10-342

（19）拆卸凸轮轴链条。

①拆下凸轮轴链条导板（如图 10-343 中 A）、凸轮轴链条张紧器臂（如图 10-343 中 B）和凸轮轴链条张紧器子臂（如图 10-343 中 C）。

②拆下凸轮轴链条。

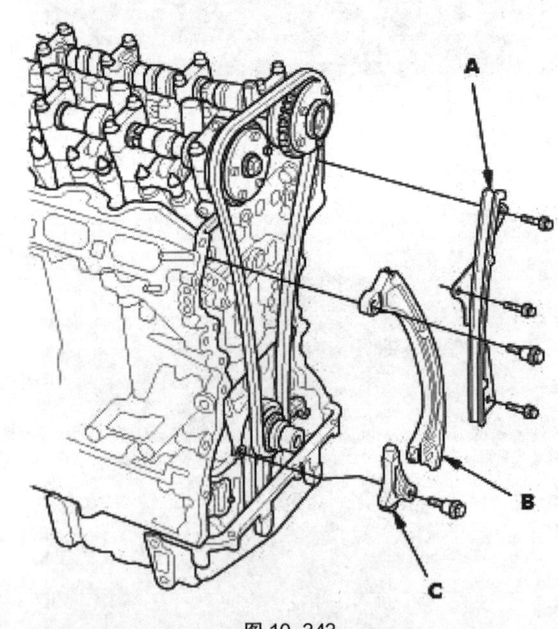

图 10-343

2. 安装。

注意：如何读取扭矩规格。请让凸轮链条远离磁场。

（1）设置 1 号活塞在上止点位置（曲柄侧）。

使曲轴在上止点（TDC）位置。对齐曲轴链轮的 TDC 标记（如图 10-344 中 A）和发动机体的标记（如图 10-344 中 B）。

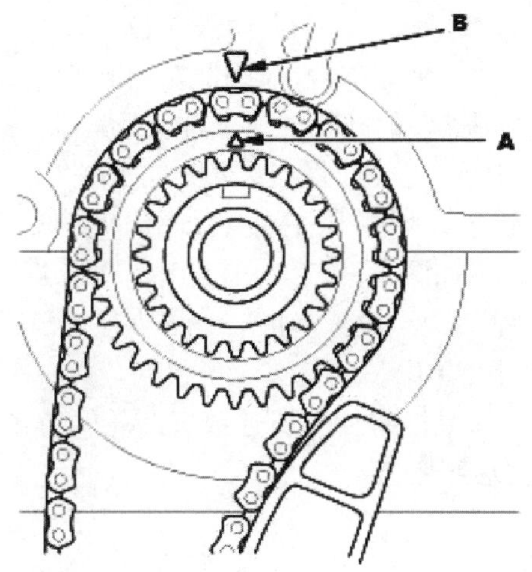

图 10-344

（2）设置 1 号活塞在上止点位置（凸轮侧）。

使 1 号活塞在上止点（TDC）位置。VTC 作动器 B 上的“UP”标记（如图 10-345 中 C）应在顶部。将 VTC 作动器 A 和 VTC 作动器 B 上的 TDC 标记（如图 10-345 中 D）对齐。VTC 作动器 B 上的 TDC 标记（如图 10-345 中 E）应与气缸盖（如图 10-345 中 F）的顶部边缘对齐。

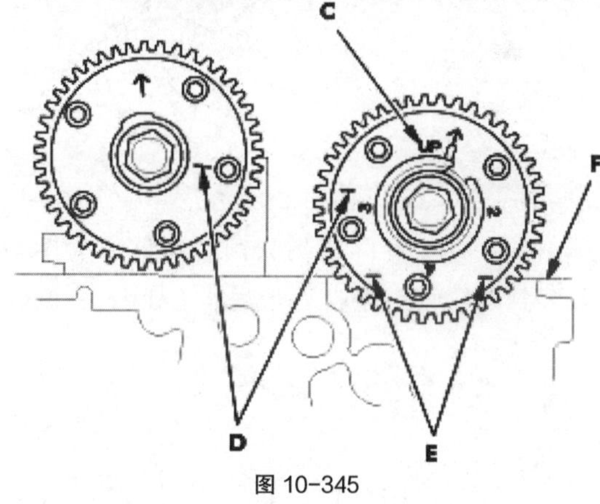

图 10-345

（3）插入销。

将直径 5mm 的销（如图 10-346 中 A）插入到曲轴保养孔内。

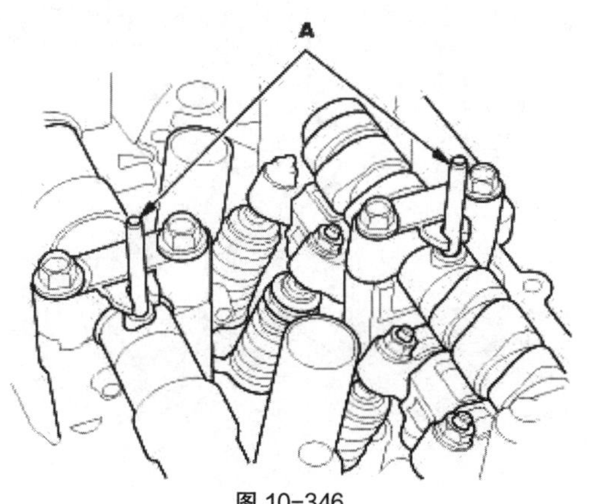

图 10-346

（4）安装凸轮轴链条。

①将凸轮轴链条安装在曲轴链轮上，使涂色的链节（如图 10-347 中 A）与曲轴链轮上的标记（如图 10-347 中 B）对准。

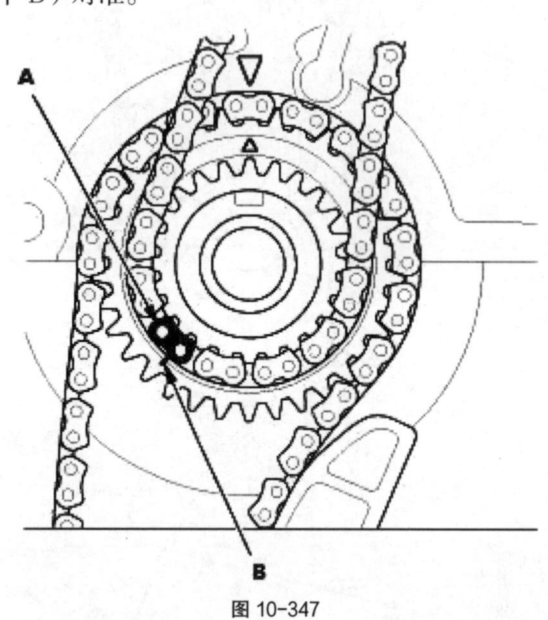

图 10-347

②将凸轮轴链条安装在 VTC 作动器 A 和 VTC 作动器 B 上，使冲印标记（如图 10-348 中 C）与两个涂色链节（如图 10-348 中 D）的中心对准。

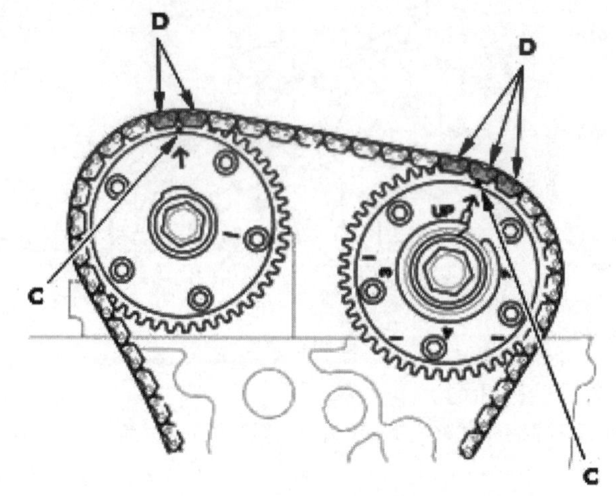

图 10-348

（5）安装凸轮轴链条张紧器臂、凸轮轴链条张紧器子臂和凸轮轴链条导板。

安装凸轮轴链条导板（如图 10-349 中 A）、凸轮轴链条张紧器臂（如图 10-349 中 B）和凸轮轴链条张紧器子臂（如图 10-349 中 C）。

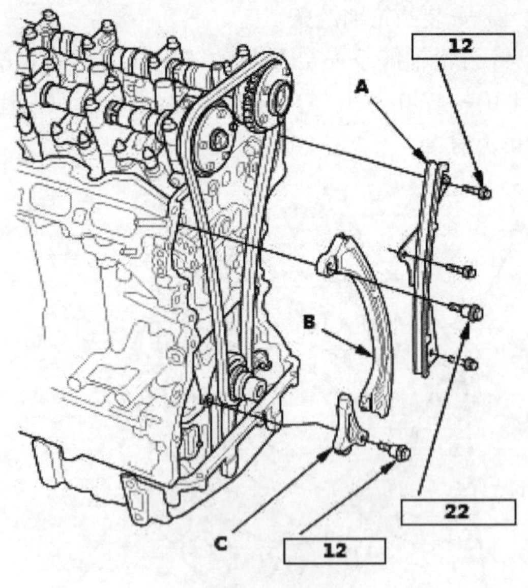

图 10-349

（6）安装凸轮轴链条导板（如图 10-350）。

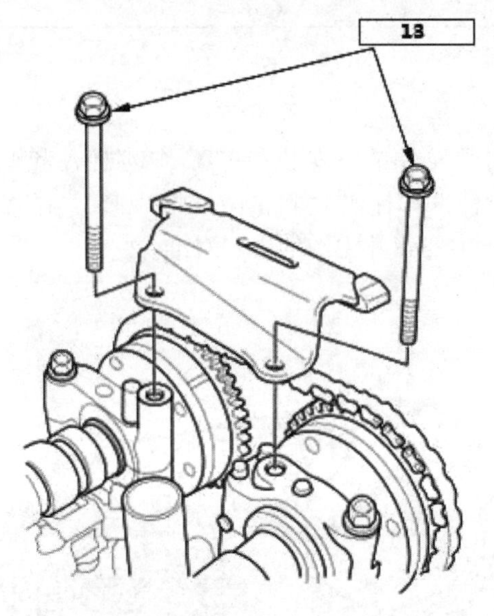

图 10-350

（7）拆卸销。

从凸轮轴保养孔拆下销（如图 10-351 中 A）。

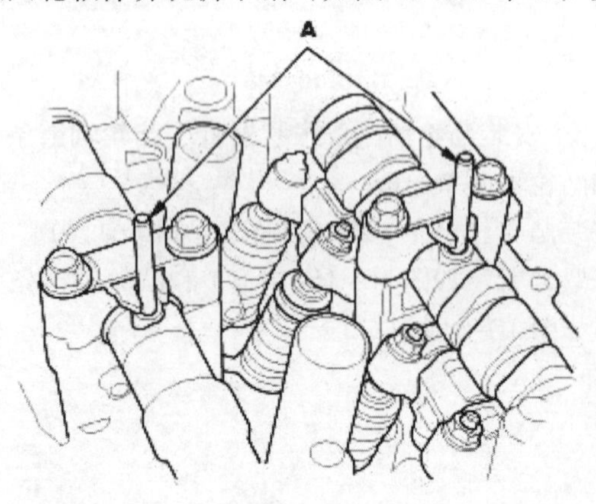

图 10-351

（8）安装凸轮轴链条自动张紧器。

①更换凸轮轴链条时，压缩凸轮轴链条自动张紧器。从拆卸过程中安装的凸轮轴链条自动张紧器上拆下销（如图 10-352 中 A）。逆时针转动板（如图 10-352 中 B）解除锁止状态，然后压下杆（如图 10-352 中 C），将第一个凸轮（如图 10-352 中 D）固定在齿条（如图 10-352 中 E）第一边缘位置。将 1.2mm 直径销插回到孔（如图 10-352 中 F）中。

注意：如果没有如上所述放置凸轮轴链条自动张紧器，将会损坏张紧器。

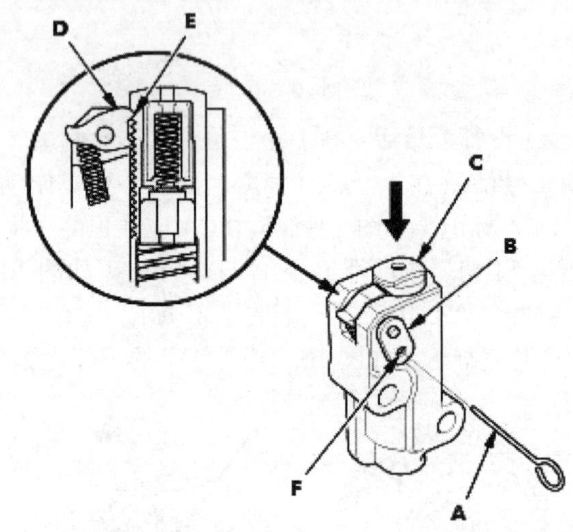

图 10-352

②将凸轮轴链条自动张紧器滤清器（如图 10-353 中 A）安装到凸轮轴链条自动张紧器（如图 10-353 中 B）上。

③安装凸轮轴链条自动张紧器。

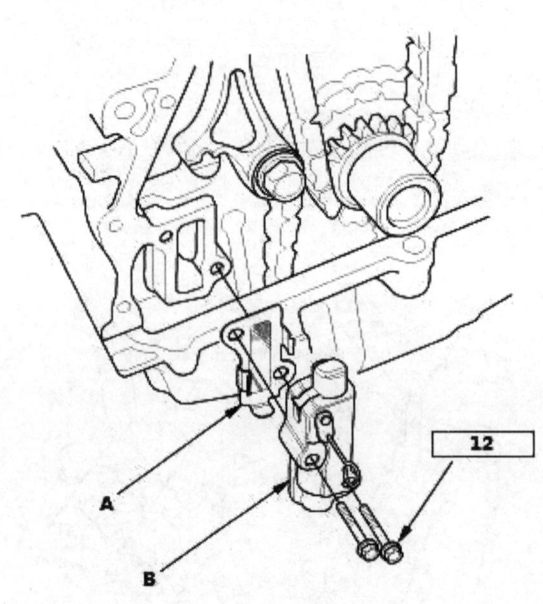

图 10-353

④从凸轮轴链条自动张紧器上拆下销（如图 10-354 中 A）。

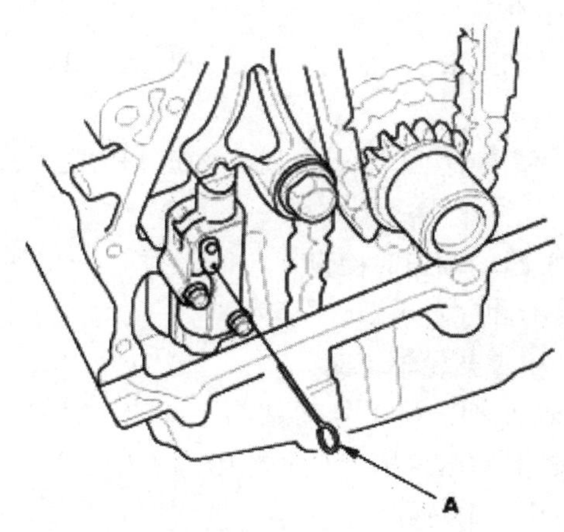

图 10-354

（9）安装凸轮链条箱。

①检查凸轮链条箱油封是否损坏。如果油封损坏了，更换凸轮链条箱油封。

②在气缸盖、发动机缸体、凸轮链条箱的油底壳接合面和螺栓孔的内螺纹上涂抹密封胶。

③安装隔垫（如图 10-355 中 A）和钥匙（如图 10-355 中 B），然后在链条箱上安装新的 O 形圈（如图 10-355 中 C）。将凸轮链条箱（如图 10-356 中 D）的边缘放到油底壳（如图 10-356 中 E）的边缘，然后安装发动机气缸体（如图 10-356 中 F）上的凸轮链条箱。清除油底壳和凸轮链条箱结合面的多余的密封胶。

注意：安装凸轮链条箱时，不要将下表面倾斜到油底壳安装面上。

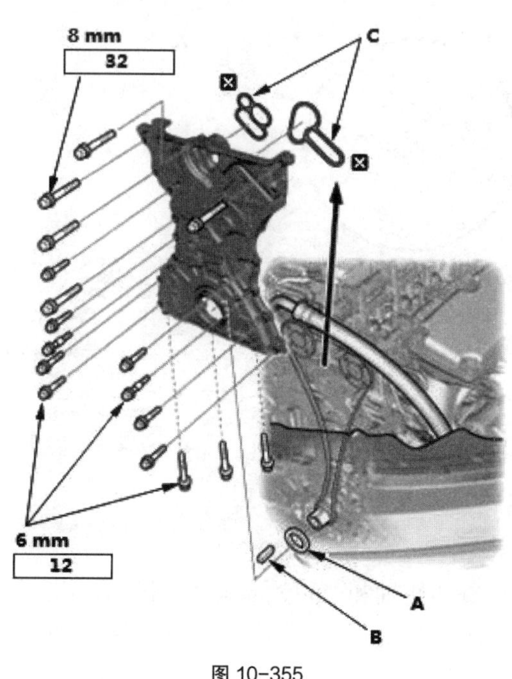

图 10-355

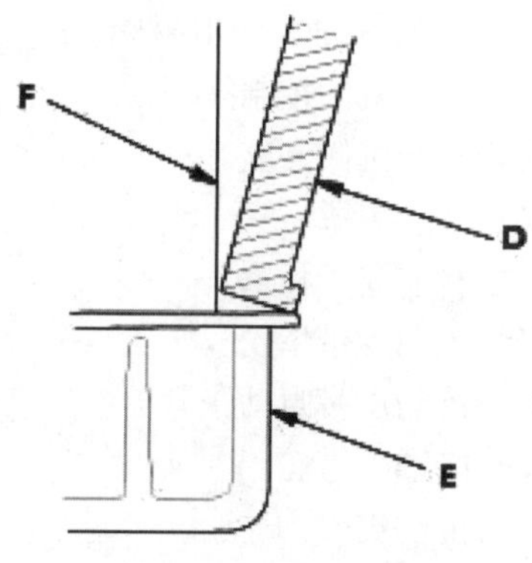

图 10-356

（10）安装发动机侧支座托架（图 10-357）。

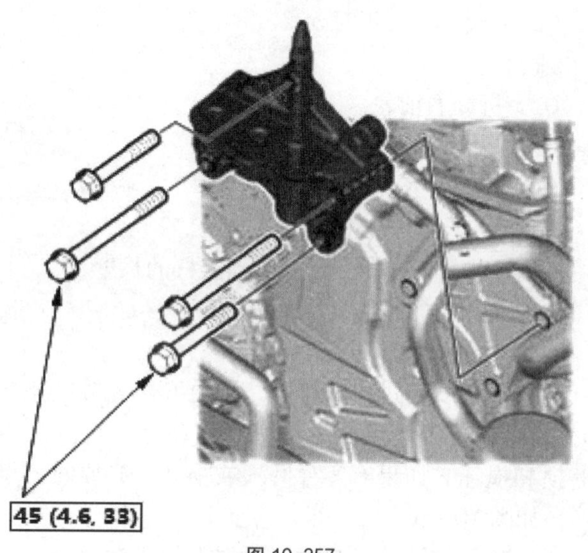

图 10-357

（11）安装线束托架、线束支架和涡轮增压器旁通控制阀电磁管。

安装线束托架（如图 10-358 中 A）和涡轮增压器旁通控制阀电磁管（如图 10-358 中 B）。

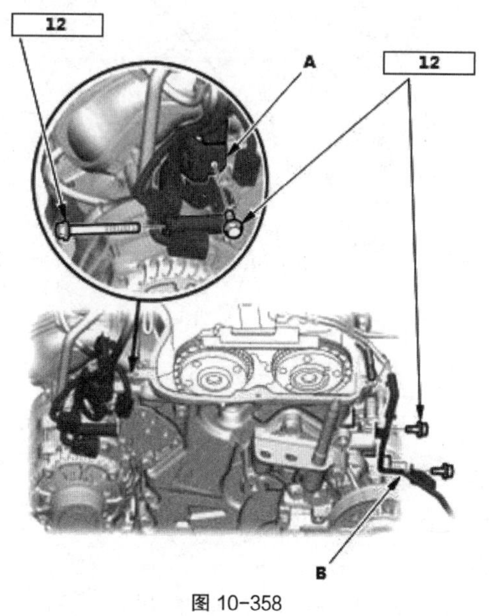

图 10-358

（12）安装 VTC 机油控制电磁阀。

（13）安装摇臂机油控制阀。

（14）安装发动机侧支座。

（15）安装气缸盖罩。

（16）安装右前翼子板罩。

（17）安装传动皮带惰轮。

（18）安装传动皮带自动张紧器。

（19）安装曲轴皮带轮。

（20）安装传动皮带。

（21）安装发动机底盖。

（22）安装右前轮。

（23）检查点火正时。

3. 检查。

（1）拆卸右前轮。

（2）拆卸发动机底盖。

（3）拆卸链条箱盖。

（4）检查凸轮轴链条。

①测量凸轮轴链条自动张紧器连杆的长度。

凸轮轴链条自动张紧器连杆长度。

维修极限：26.3mm。

②如果长度超过维修极限，则更换凸轮轴链条。更换时，检查 VTC 作动器 A 和 VTC 作动器 B 上的轮齿是否磨损和损坏。如果有零件磨损或损坏，必要时，予以更换，如图 10-359。

③检查凸轮轴链条自动张紧器上的机油通道是否阻塞。如果凸轮轴链条自动张紧器阻塞，予以更换。

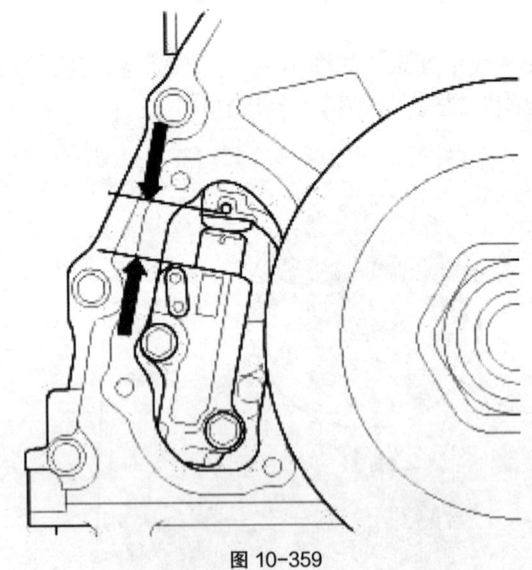

图 10-359

（5）安装所有拆下零件。

按照与拆卸相反的顺序安装零件。

十八、车型

东风本田思铂睿混动 2.0L（2.0L LFA11），2017—2019 年。

东风本田 INSPIRE 锐混动 2.0L（2.0L LFA11），2018—2019 年。

东风本田 CR-V 混动 2.0L（2.0L LFA11），2017—2019 年。

广汽本田雅阁混动 2.0L（2.0L LFA11），2016—2019 年。

（一）凸轮轴正时检查

（1）拆卸气缸盖罩。

（2）检查凸轮轴正时。

①转动曲轴，将 1 号活塞与上止点（TDC）对齐；曲轴皮带轮上的白色标记（如图 10-360 中 A）与指针（如图 10-360 中 B）对齐。

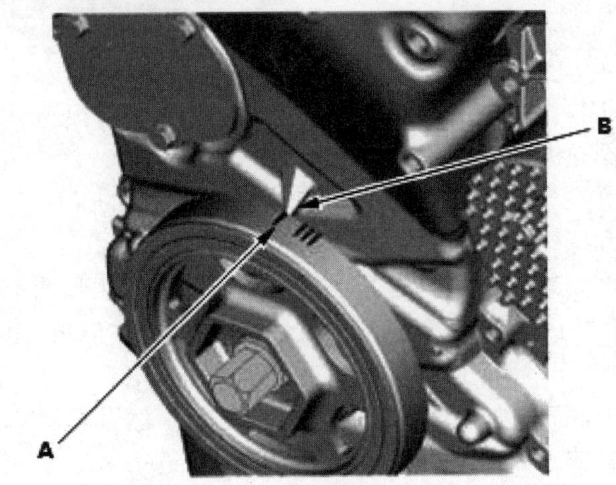

图 10-360

②检查上止点（TDC）位置的 1 号活塞。排气凸轮轴链轮上的“UP”标记（A）应在顶部，如图 10-361。

图 10-361

③检查凸轮轴和凸轮轴支架（如图 10-362 中 B）上的保养孔（如图 10-362 中 A），孔应对齐。如果孔未对齐，拆下凸轮轴链条并重新正确安装凸轮轴链条。

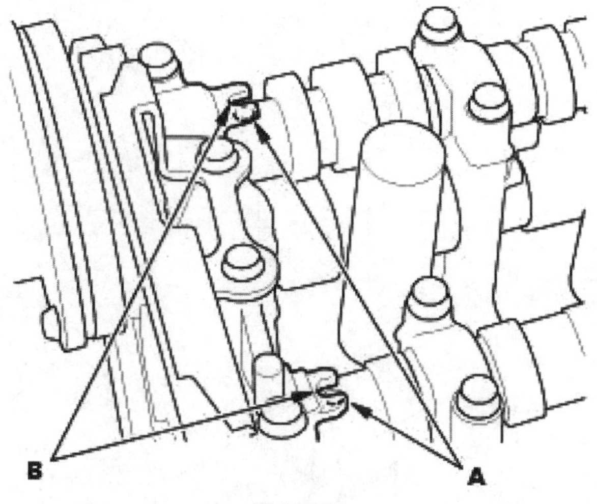

图 10-362

（3）安装所有拆下零件。

按照与拆卸相反的顺序安装零件。

（二）凸轮链条拆卸和安装

1. 拆卸。

注意：使凸轮轴链条远离磁场。

（1）拆卸右前轮。

（2）拆卸发动机底盖。

（3）拆卸气缸盖罩。

（4）设置 1 号活塞在上止点位置（曲柄侧）。

转动曲轴使其白色标记（如图 10-363 中 A）与指针（如图 10-363 中 B）对齐。

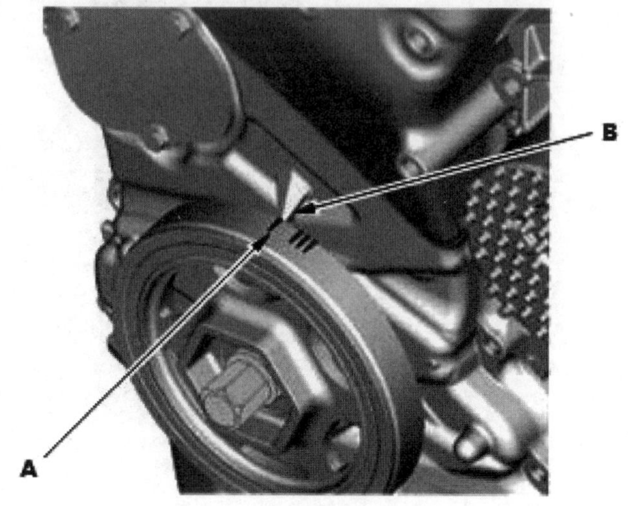

图 10-363

（5）设置 1 号活塞在上止点位置（凸轮侧）。

如图所示检查排气凸轮轴链轮上的“UP”标记（如图 10-364 中 A）。

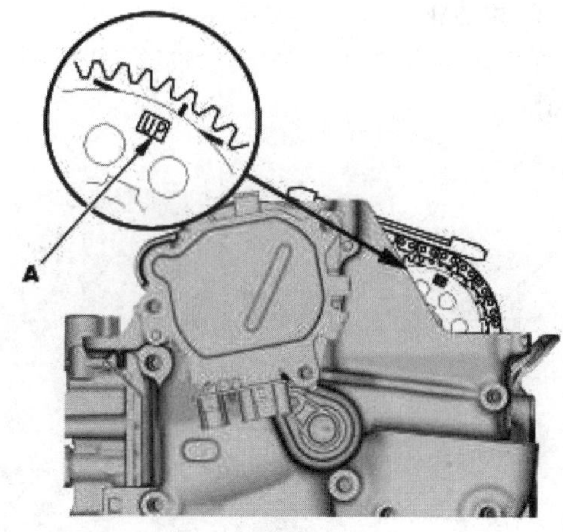

图 10-364

（6）拆卸曲轴皮带轮。

（7）拆卸油泵。

（8）对齐凸轮轴。

①松松地安装曲轴皮带轮。

②对齐 VTC 执行器的标记（如图 10-365 中 A）和凸轮链条导板 B 的标记（如图 10-365 中 C）。

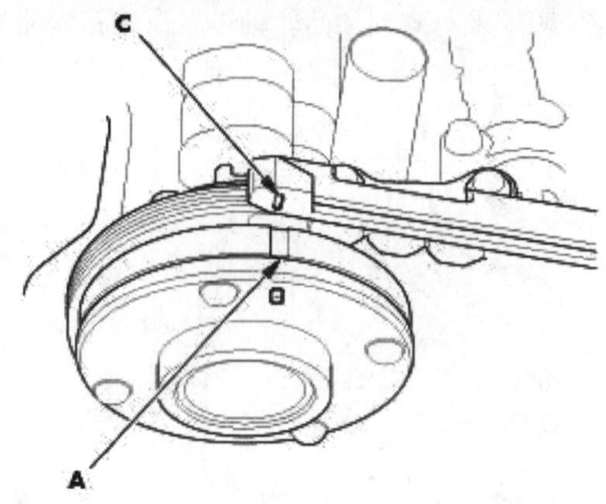

图 10-365

③对齐排气凸轮轴链轮的标记（如图 10-366 中 A）和凸轮链条导板 B 的标记（如图 10-366 中 C）。

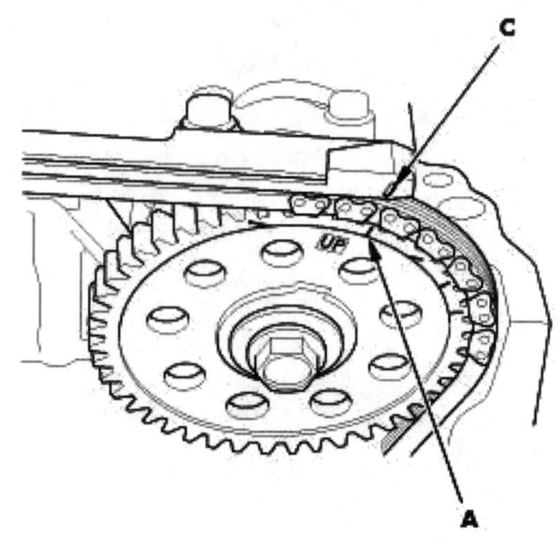

图 10-366

（9）拆卸凸轮轴链条自动张紧器。

①逆时针旋转曲轴，以压缩凸轮轴链条自动张紧器。如图 10-367。

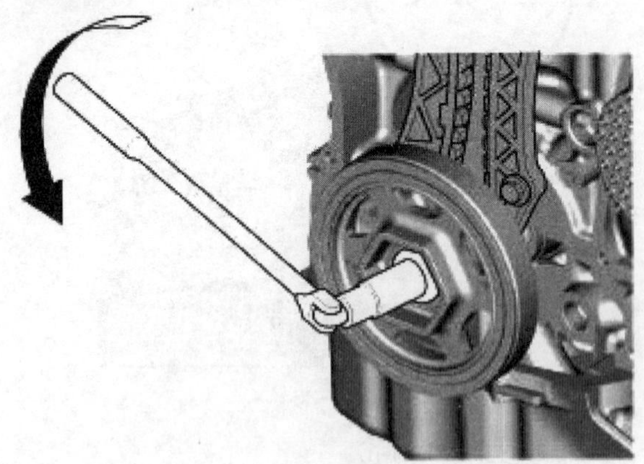

图 10-367

②逆时针旋转曲轴以便对齐锁（如图 10-368 中 A）和凸轮轴链条自动张紧器（如图 10-368 中 B）上的孔。

③将 1.2mm 直径销（如图 10-368 中 C）插入孔中。

④顺时针转动曲轴以固定销。

注意：如果未对齐锁和凸轮轴链条自动张紧器的孔，继续逆时针旋转曲轴直至孔对齐，然后安装销。

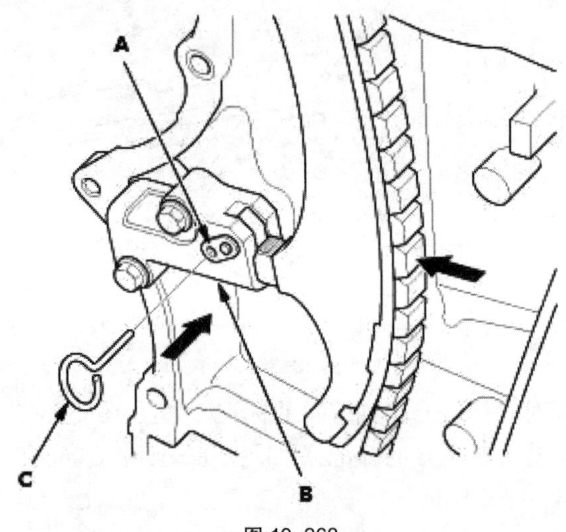

图 10-368

⑤拆下凸轮轴链条自动张紧器，如图 10-369。

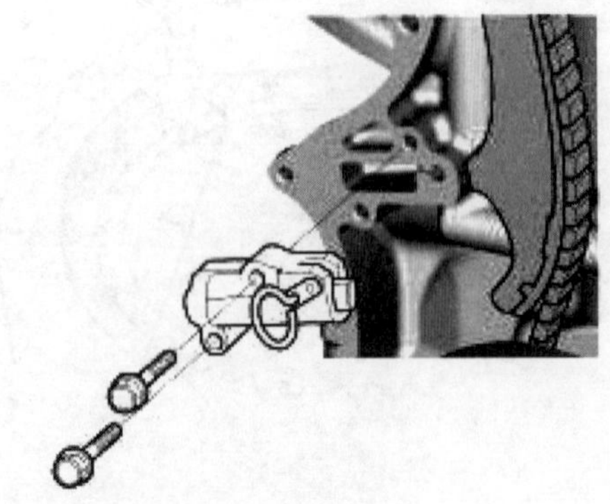

图 10-369

（10）拆卸曲轴皮带轮。

（11）拆卸凸轮轴链条导板 B（图 10-370）。

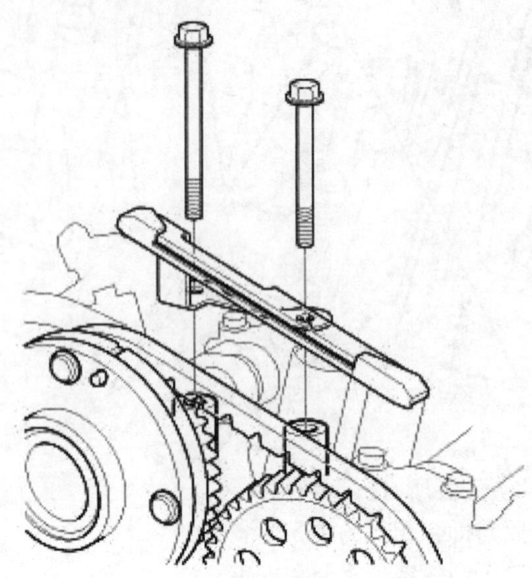

图 10-370

（12）拆卸凸轮轴链条导板 / 张紧器臂。

拆下凸轮轴链条导板（如图 10-371 中 A）和凸轮轴链条张紧器臂（如图 10-371 中 B）。

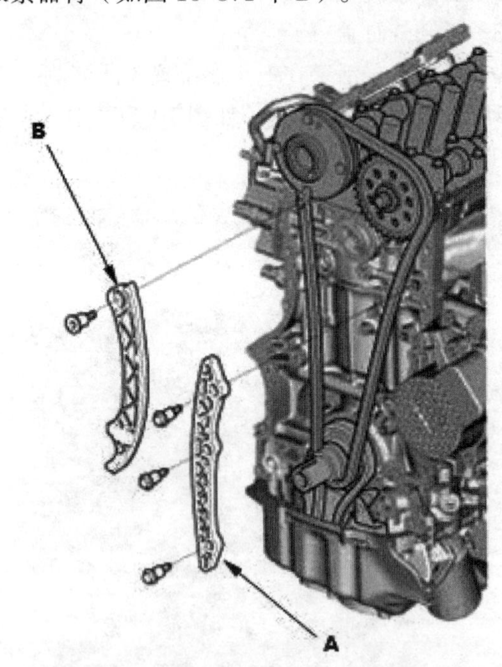

图 10-371

（13）拆卸凸轮轴链条。

2. 安装。

注意：使凸轮轴链条远离磁场。

（1）安装凸轮轴链条导板 B（如图 10-372）。

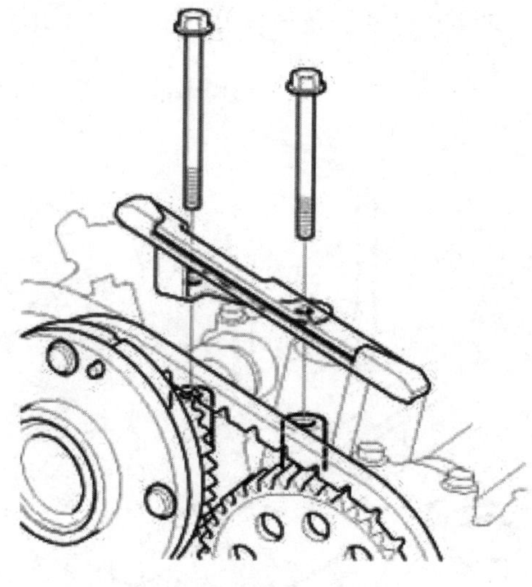

图 10-372

（2）对齐凸轮轴。

①对齐 VTC 执行器的标记（如图 10-373 中 A）和凸轮链条导板 B 的标记（如图 10-373 中 C）。

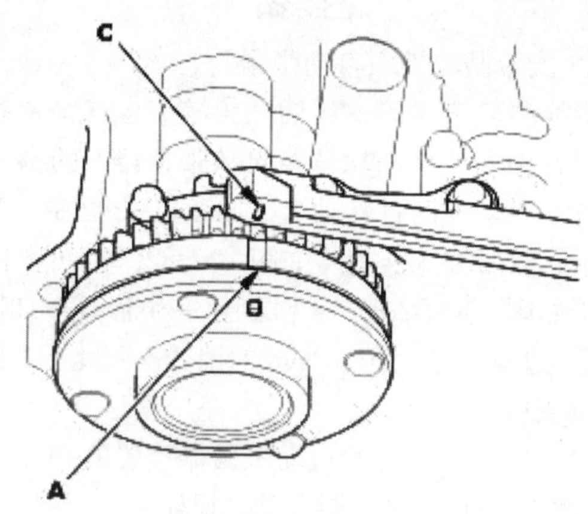

图 10-373

②对齐排气凸轮轴链轮的标记（如图 10-374 中 A）和凸轮链条导板 B 的标记（如图 10-374 中 C）。

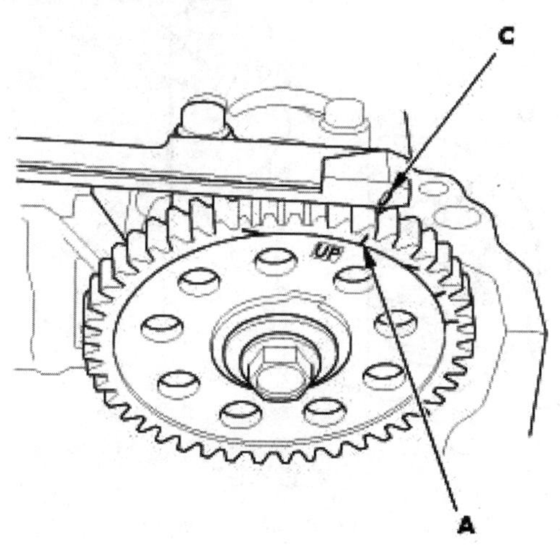

图 10-374

（3）拆卸凸轮轴链条导板 B（如图 10-375）。

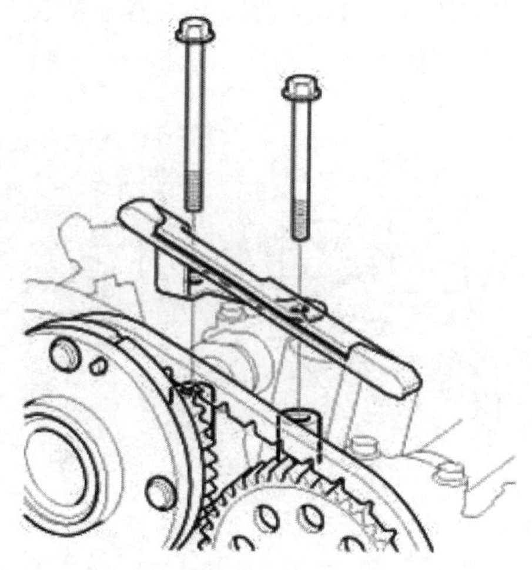

图 10-375

（4）设置 1 号活塞在上止点位置（曲柄侧）。

使曲轴在上止点（TDC）位置。对齐曲轴链轮的 TDC 标记（如图 10-376 中 A）和发动机体的标记（如图 10-376 中 B）。

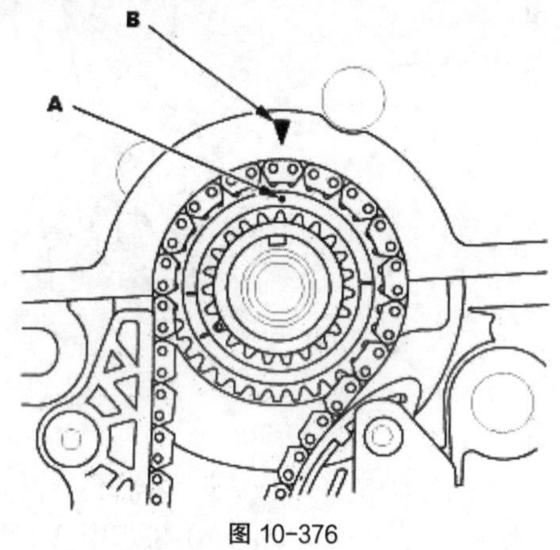

图 10-376

（5）安装凸轮轴链条。

①将曲轴链条安装到曲轴链轮上，使标记（如图 10-377 中 A）对准两个彩色板（如图 10-377 中 B）的中间。

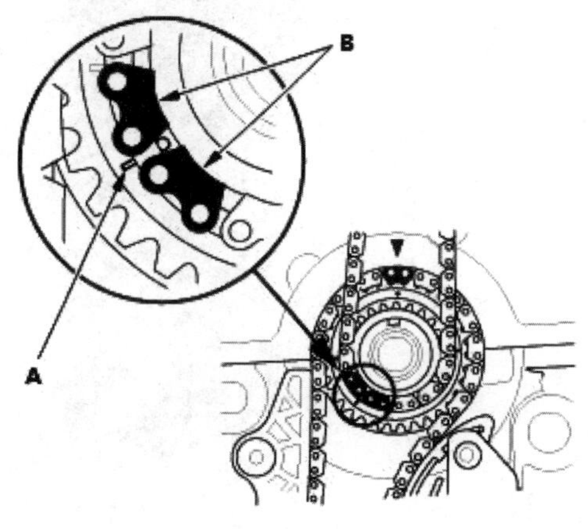

图 10-377

②将凸轮轴链条安装在 VTC 作动器上，使彩色链节板（如图 10-378 中 A）与 VTC 作动器上的标记（如图 10-378 中 B）对准。

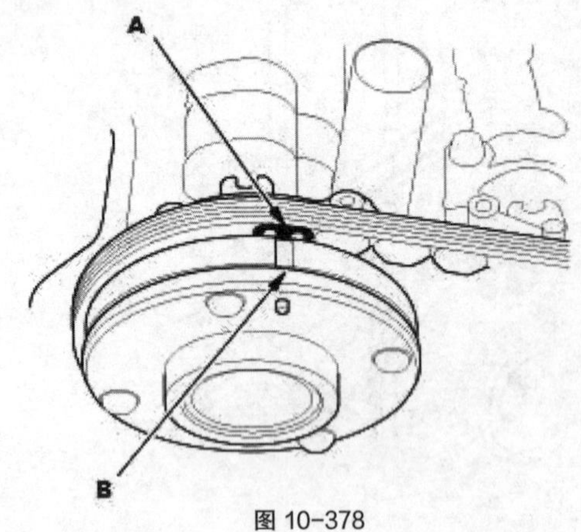

图 10-378

③将凸轮轴链条安装在排气凸轮轴链轮上，使标记（如图 10-379 中 A）与各个彩色板（如图 10-379 中 B）对准。

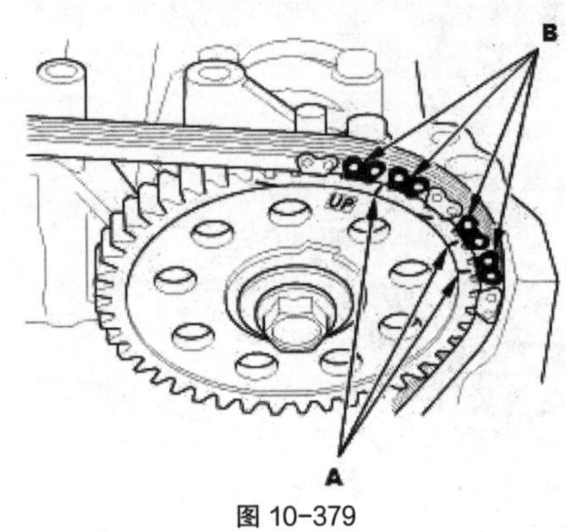

图 10-379

（6）安装凸轮轴链条导板 / 张紧器臂。

安装凸轮轴链条导板（如图 10-380 中 A）和凸轮轴链条张紧器臂（如图 10-380 中 B）。

a

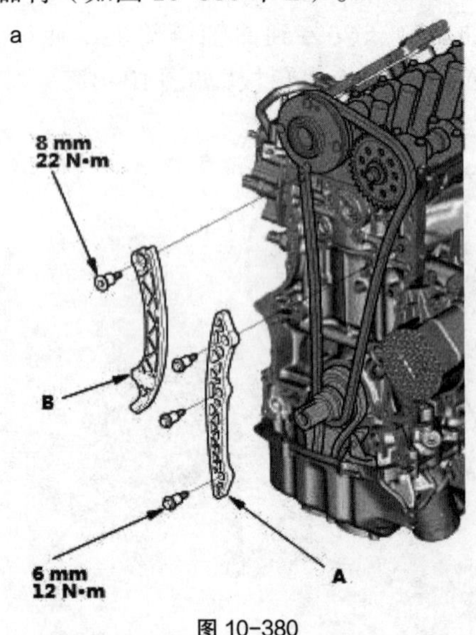

图 10-380

（7）安装凸轮轴链条导板 B（如图 10-381）。

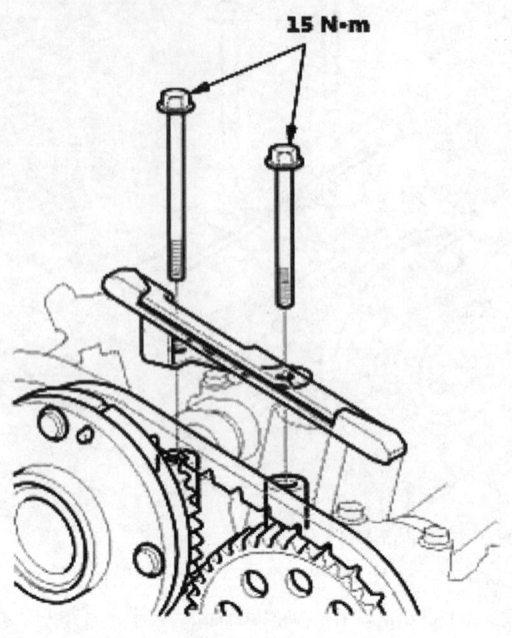

图 10-381

（8）安装凸轮链条自动张紧器。

①更换凸轮链条时，压缩凸轮链条自动张紧器。拆下拆卸过程中安装在凸轮链条自动张紧器上的销（如图 10-382 中 A）。逆时针转动盘（如图 10-382 中 B），以松开锁止，然后按压连杆（如图 10-382 中 C），将第一个凸轮（如图 10-382 中 D）放到第一个齿条（如图 10-382 中 E）边缘。将直径 1.2mm 的销插入到孔（如图 10-382 中 F）中。

注意：如果凸轮链条自动张紧器设置的和描述的不一样，凸轮链条自动张紧器会受到损坏。

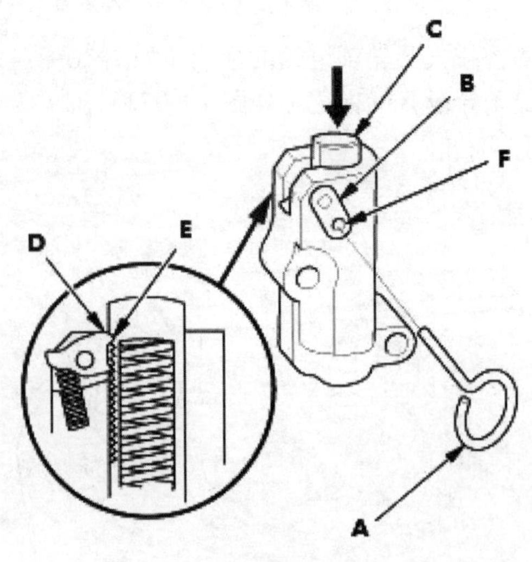

图 10-382

②安装凸轮链条自动张紧器，如图 10-383。

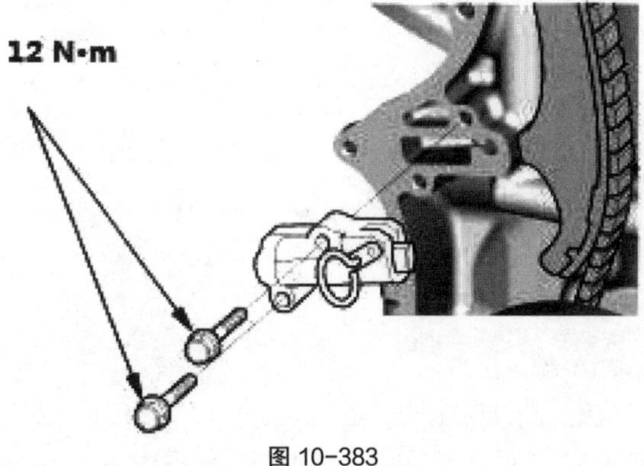

图 10-383

③从凸轮链条自动张紧器拆下销，如图 10-384。

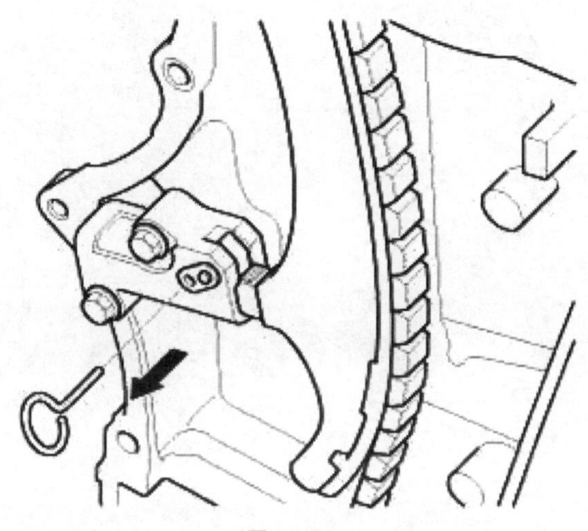

图 10-384

（9）位置检查凸轮轴。

①确保对齐 VTC 执行器的标记（如图 10-385 中 A）和凸轮链条导板 B 的标记（如图 10-385 中 C）。

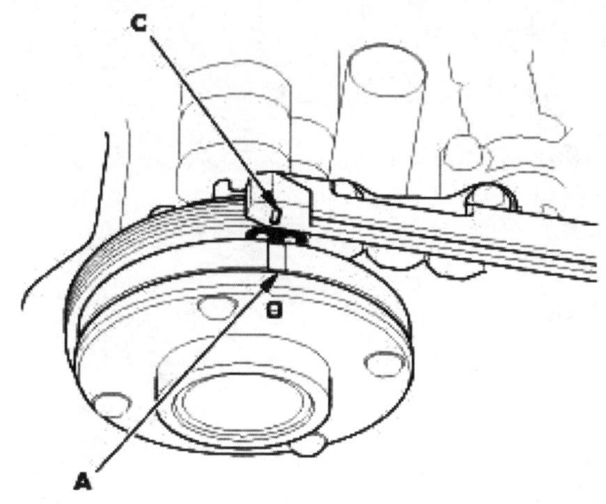

图 10-385

②确保对齐排气凸轮轴链轮的标记（如图 10-386 中 A）和凸轮链条导板 B 的标记（如图 10-386 中 C）。

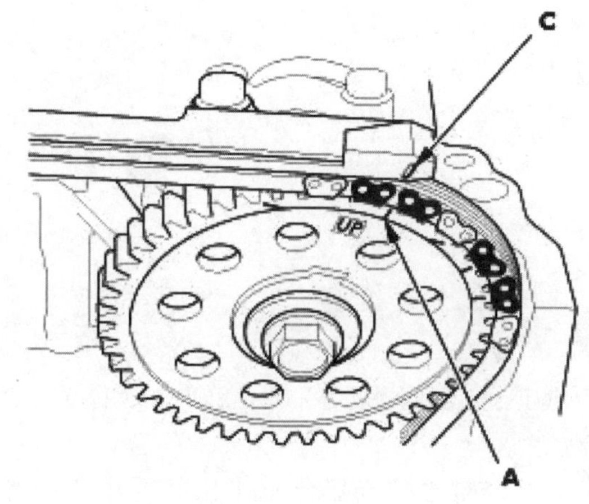

图 10-386

（10）安装油泵。

（11）安装右前轮。

（12）安装气缸盖罩。

（13）安装发动机底盖。

（14）安装右前轮。

第十一章　讴歌车系

一、车型

广汽讴歌 CDX 混动 2.0L（2.0L LFA11），2018—2019 年。

其正时校对方法与第十章本田车系中十八、车型中的东风本田思铂睿混动 2.0L（2.0L LFA11），2017—2019 年相同，请参考其校对方法。

二、车型

广汽讴歌 CDX 1.5T（1.5T L15B9），2016—2019 年。

其正时校对方法与第十章本田车系中五、车型中的东风本田思域 220TURBO（1.5T L15B8），2016—2019 年相同，请参考其校对方法。

第十二章　日产车系

一、车型

东风日产骊威 1.6L（1.6L HR16DE），2007—2018 年。

东风日产轩逸 1.6L（1.6L HR16DE），2007—2018 年。

东风日产新骐达 1.6L（1.6L HR16DE），2006—2018 年。

东风日产 LANNIA 蓝鸟 1.6L（1.6L HR16DE），2015—2018 年。

东风日产启辰 T60 1.6L（1.6L HR16DE），2018—2019 年。

东风日产启辰 D60 1.6L（1.6L HR16DE），2018—2019 年。

东风日产启辰 T70 1.6L（1.6L HR16DE），2015—2019 年。

东风日产启辰 M50V 1.6L（1.6L HR16DE），2017—2019 年。

东风日产启辰 R50 1.6L（1.6L HR16DE），2012—2016 年。

东风日产启辰 R50X 1.6L（1.6L HR16DE），2013—2016 年。

东风日产启辰 D50 1.6L（1.6L HR16DE），2012—2016 年。

（一）正时链条

正时链条分解图，如图 12-1。

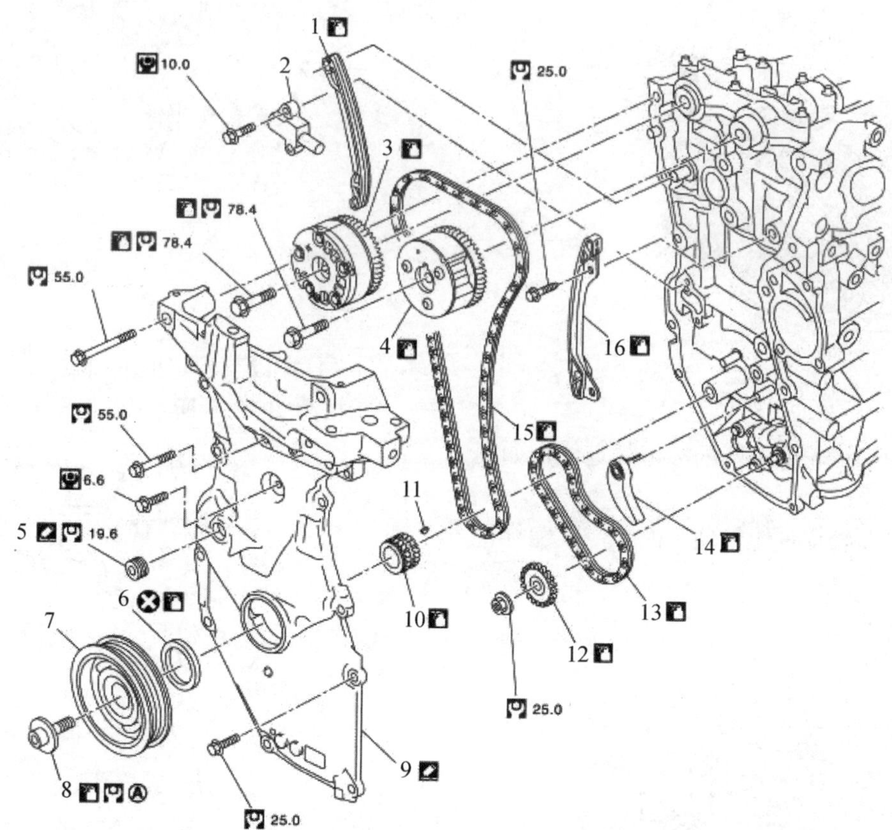

1- 正时链条松弛侧链条导轨　2- 正时链条张紧器　3- 凸轮轴链轮（排气）　4- 凸轮轴链轮（进气）　5- 插头　6- 前油封　7- 曲轴皮带轮　8- 曲轴皮带轮螺栓　9- 前盖　10- 曲轴链轮　11- 曲轴链轮键　12- 油泵链轮　13- 油泵驱动链条　14- 油泵驱动链条张紧器　15- 正时链条　16- 正时链条张紧侧链条导轨　A- 拧紧时遵守组装步骤　-N · m　-N · m　- 每次分解后务必更换　- 密封点　- 应使用机油润滑

图 12-1

（二）拆卸和安装

注意：文中所示的转动方向均表示从发动机前方看的方向。

1. 拆卸。

（1）拆下前车轮（右）。

（2）拆下前翼子板保护板（右侧）。

（3）排放发动机机油。

注：在发动机冷却后执行此步骤。

（4）拆下以下零件。

· 摇臂盖

· 驱动带

· 水泵皮带轮

（5）使用变速器千斤顶支撑发动机的底部，然后拆下发动机底座支架和隔垫（右）。

（6）按以下步骤将第 1 缸设定在压缩行程的上止点：

①顺时针转动曲轴皮带轮（如图 12-2 中 2），并将 TDC 标记（非油漆记号）（如图 12-2 中 A）对准前盖上的正时标记（如图 12-2 中 1）。如图 12-2 中 B 的白色油漆标记不用于维修。

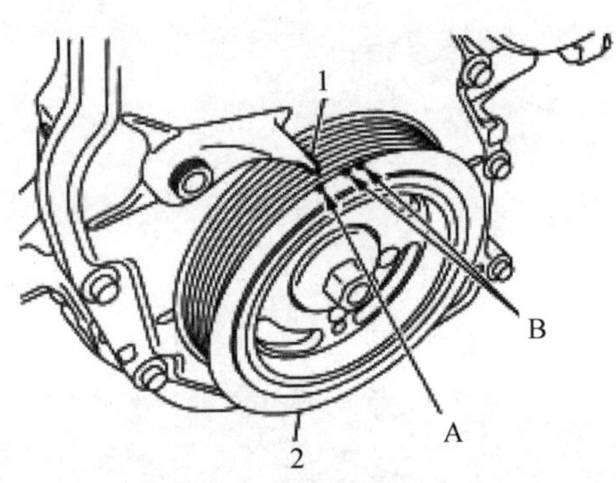

图 12-2

②检查每个凸轮轴链轮上的匹配标记都定位在如图 12-3 的位置。

若非如此，再将曲轴皮带轮转动一圈，使匹配标记在图中所示的位置。

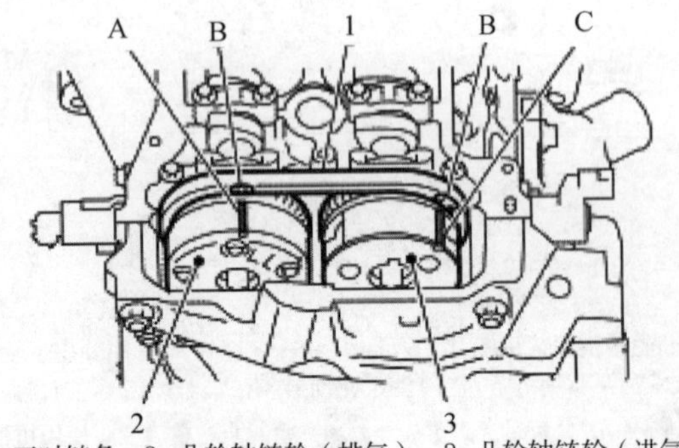

1- 正时链条 2- 凸轮轴链轮（排气） 3- 凸轮轴链轮（进气）
A- 匹配标记（外槽） B- 粉红色链节 C- 匹配标记（外槽）
图 12-3

（7）按照以下步骤拆下曲轴皮带轮：

①使用皮带轮固定器（通用维修工具）（如图 12-4 中 A）固定曲轴皮带轮。

②松开并拉出曲轴皮带轮螺栓。

注意：切勿拆下装配螺栓，因为它们将用作皮带轮拔具（SST：KV11103000）的支撑点。

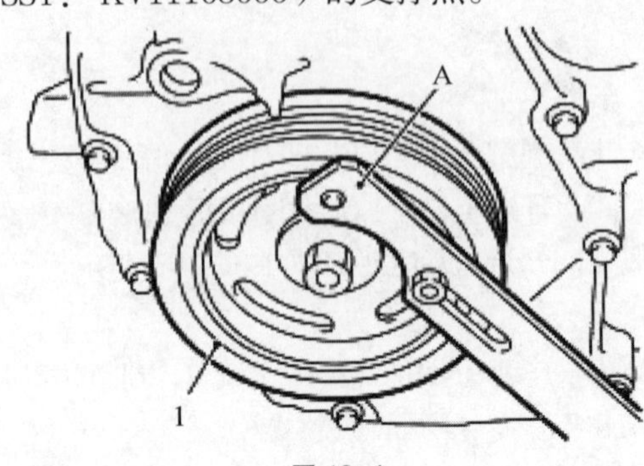

图 12-4

③ 在曲轴皮带轮的 M6 螺纹孔内安装皮带轮拔具（SST：KV11103000）（如图 12-5 中 A），然后拆下曲轴皮带轮。

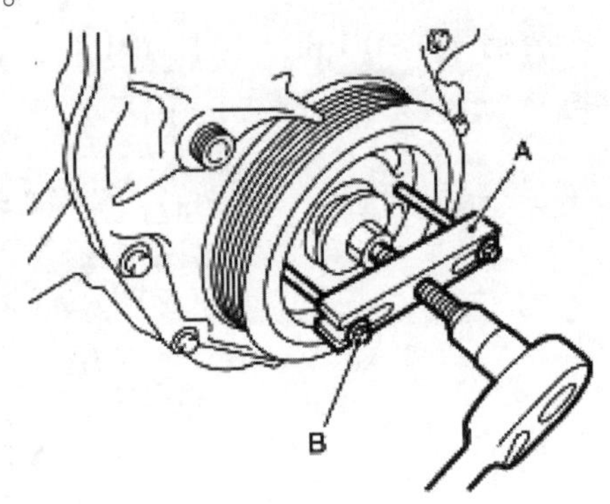

图 12-5

（8）按以下步骤拆下前盖：

①按照图 12-6 所示中 15 至 1 的顺序松开螺栓。

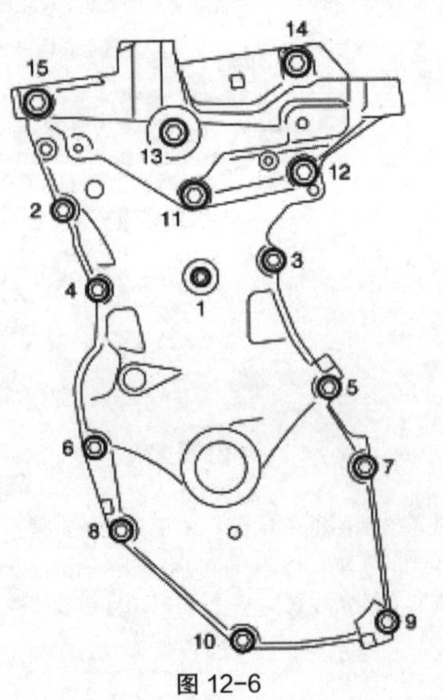

图 12-6

② 撬开图 12-7 中箭头位置来切开液态密封胶，然后拆下前盖。

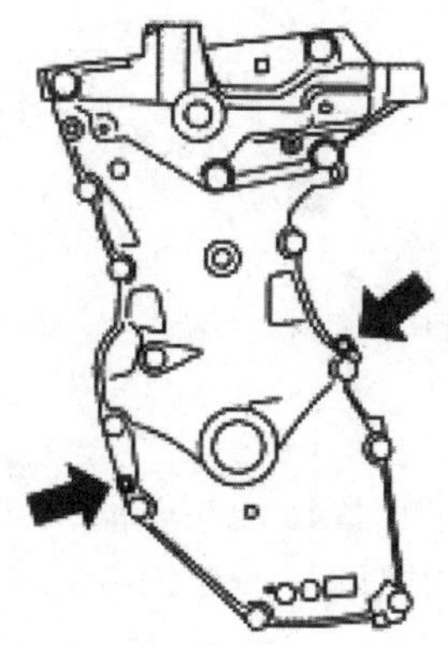

图 12-7

（9）从前盖上拆下前油封。

使用合适的工具将其举起后拆下。

注意：切勿损坏前盖。

（10）按以下步骤拆下正时链条张紧器。

①将正时链条张紧器操作杆完全往下推，然后将柱塞推入正时链条张紧器内。

将链条张紧器操作杆完全往下推即可释放凸耳。这样，柱塞就可以移动。

②拉起杆，使它的孔与主体上的孔的位置对齐。

将操作杆孔与主体孔的位置对齐时，柱塞就会被固定。

当柱塞棘齿的凸起部分和凸耳彼此相对时，两个孔的位置并没有对齐。此时，请稍微移动栓塞来使它们正确啮合并对齐这些孔。

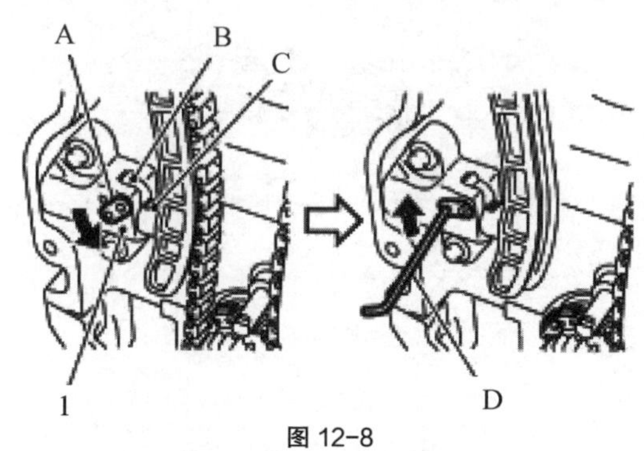

图 12-8

③将限位销通过操作杆插入主体的孔中，然后将操作杆固定在上方位置。

图 12-8 中为使用 2.5mm 六角扳手的范例。

④拆下正时链条张紧器。

（11）拆下正时链条张紧侧链条导轨和正时链条松弛侧链条导轨，如图 12-9 所示。

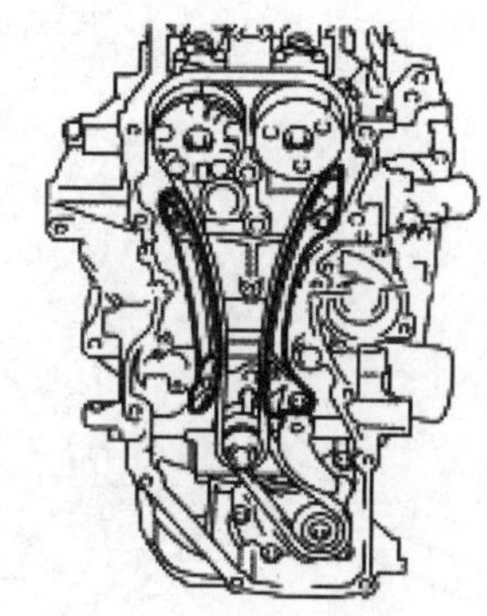

图 12-9

（12）拆下正时链条。

朝凸轮轴链轮（排气侧）拉动正时链条的松弛部分，然后拆下正时链条并从凸轮轴链轮（排气侧）侧开始拆下，如图 12-10。

注意：在正时链条拆下时，切勿旋转曲轴或凸轮轴，否则会导致气门和活塞之间相互碰撞。

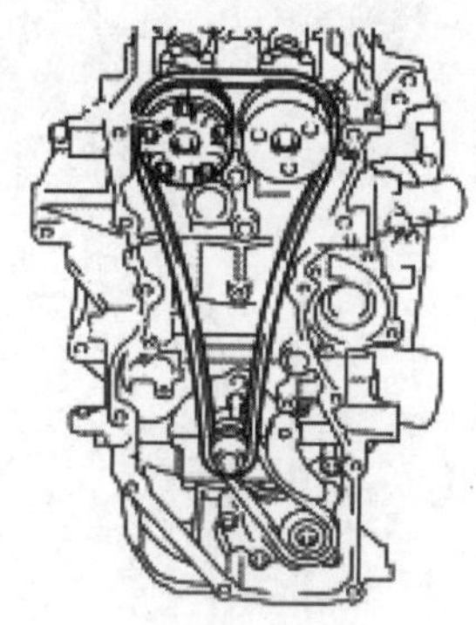

图 12-10

（13）按以下步骤，拆下与曲轴链轮和油泵驱动相关的零件。

①拆下油泵驱动链条张紧器 。

从轴和弹簧固定孔上拉出，如图 12-11。

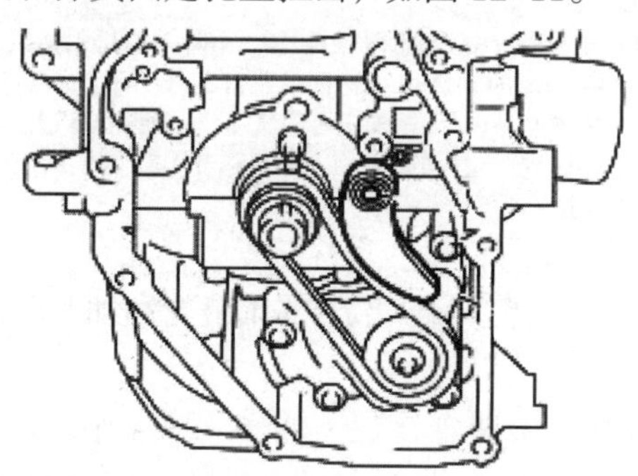

图 12-11

②用 TORX 套筒来固定油泵轴的顶部（尺寸：E8），然后松开油泵链轮螺母并将其拆下。

③同时拆下曲轴链轮，油泵驱动链条和油泵链轮，如图 12-12。

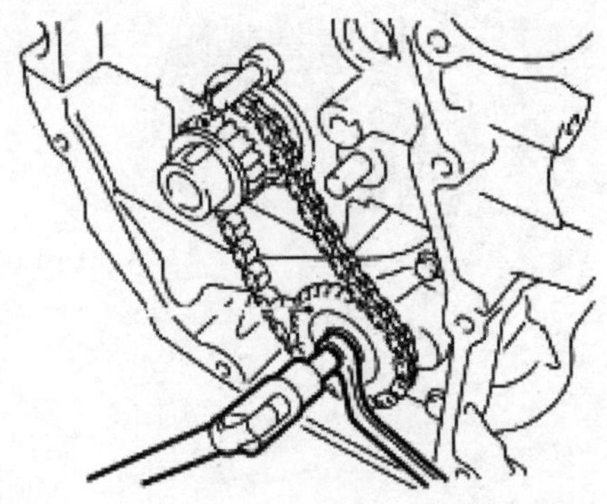

图 12-12

2. 安装。

注：图 12-13 中为已安装的部件，正时链条和相对应链轮匹配标记之间的关系。

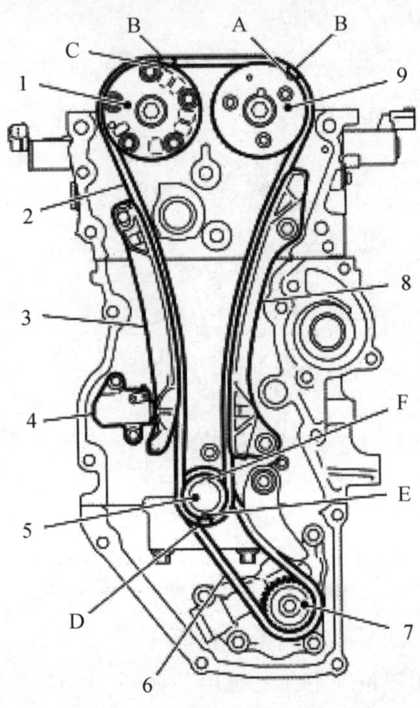

1- 凸轮轴链轮（排气） 2- 正时链条 3- 正时链条松弛侧链条导轨 4- 正时链条张紧器 5- 曲轴链轮 6- 油泵驱动链条 7- 油泵链轮 8- 正时链条张紧侧链条导轨 9- 凸轮轴链（进气） A- 匹配标记（外槽） B- 粉红色链节 C- 匹配标记（外槽） D- 橙色链节 E- 匹配标记（压印） F- 曲轴键（垂直向上）

图 12-13

（1）按以下步骤安装与曲轴链轮和油泵驱动相关的部件。

①同时安装曲轴链轮（如图 12-14 中 1），油泵驱动链条（如图 12-14 中 2）和油泵链轮（如图 12-14 中 3）。

安装曲轴链轮，使其无效齿轮部分（如图 12-14 中 A）朝向发动机背面。

安装油泵链轮，使它的凸起面朝向发动机前方。

注：与油泵驱动相关的零件上没有匹配标记。

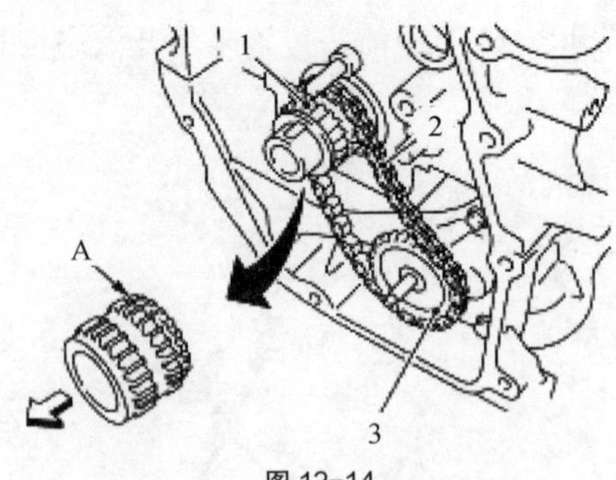

图 12-14

②用 TORX 套筒固定油泵轴的顶部（尺寸：E8），然后拧紧油泵链轮螺母，如图 12-15。

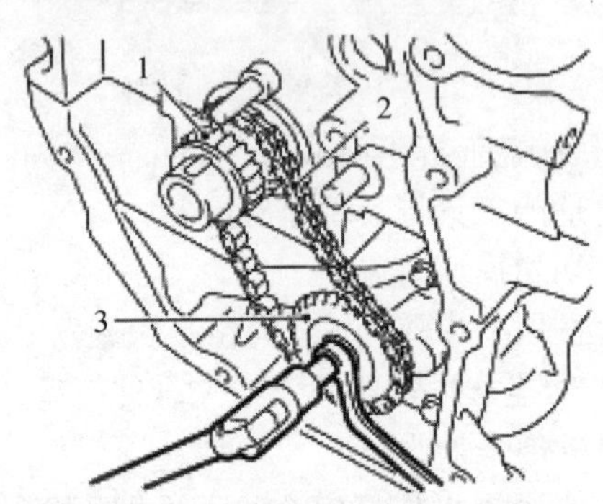

1- 曲轴链轮 2- 油泵驱动链条 3- 油泵链轮

图 12-15

③ 安装机油泵驱动链条张紧器（如图 12-16 中 1）。

将弹簧装入缸体前侧表面的固定孔（如图 12-16 中 A）的同时将本体插入轴（如图 12-16 中 B）内。

安装后检查张力是否施加在油泵驱动链条上。

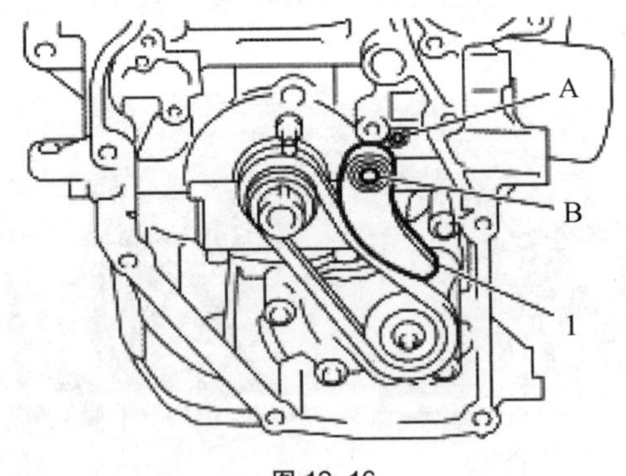

图 12-16

（2）按以下步骤安装正时链条。

对齐每个链轮和正时链条上的匹配标记来进行安装。

如果匹配标记没有对齐，请稍微转动凸轮轴来修正位置，如图 12-17。

注意：基于以下说明，在匹配标记对齐后，请用一手扶住使它们保持对齐。为避免错齿，在前盖安装前，切勿转动曲轴和凸轮轴。

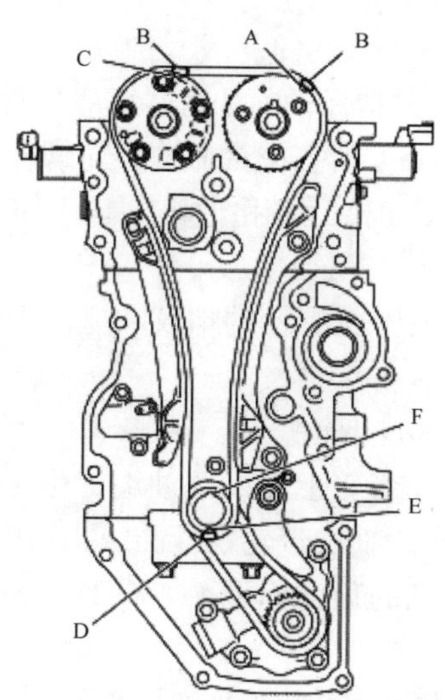

A- 匹配标记（外槽） B- 粉红色链 C- 匹配标记（外槽）
D- 橙色链节 E- 匹配标记（压印） F- 曲轴键（垂直向上）

图 12-17

（3）安装正时链条张紧侧链条导轨（如图 12-18 中 2）和正时链条松弛侧链条导轨（如图 12-18 中 1）。

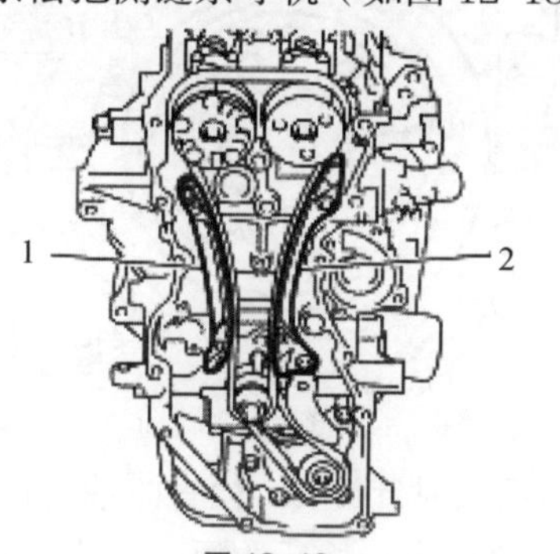

图 12-18

（4）安装正时链条张紧器（如图 12-19 中 1）。

使用限位销（如图 12-19 中 A）将柱塞固定在完全压缩的位置，然后安装。

安装正时链条张紧器后，用力拉出限位销。

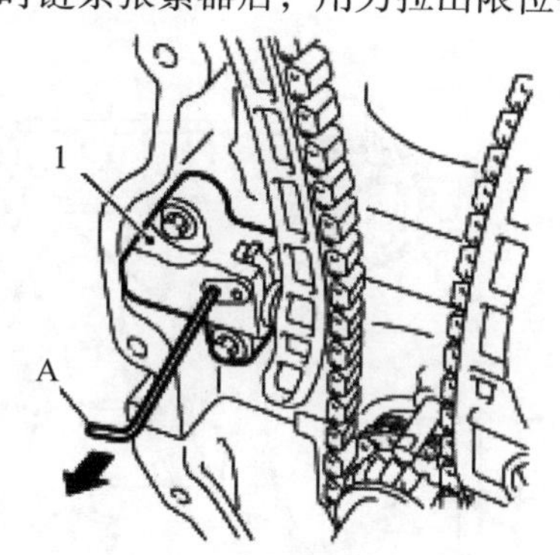

图 12-19

（5）再次检查正时链条和每个链轮的匹配标记位置。

（6）将前油封安装到前盖上。

（7）按以下步骤安装前盖。

①使用胶管挤压器（通用维修工具）以连续点状的方式涂抹液态密封胶到前盖上，如图 12-20。

涂抹正品密封胶（TB 1217H）或同等产品。

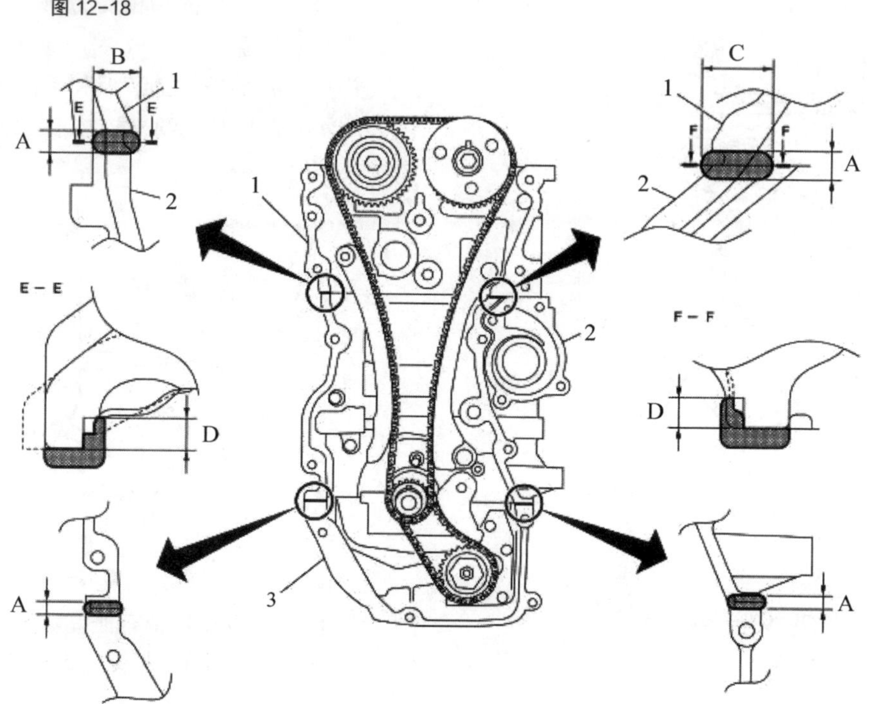

1- 缸盖 2- 缸体 3- 油底壳（上部） A-φ5mm B-11mm C-13mm D-6mm

图 12-20

②使用胶管挤压器（通用维修工具）以连续点状的方式涂抹液态密封胶到前盖上，如图 12-21。涂抹正品密封胶（TB 1217H）或同等产品。

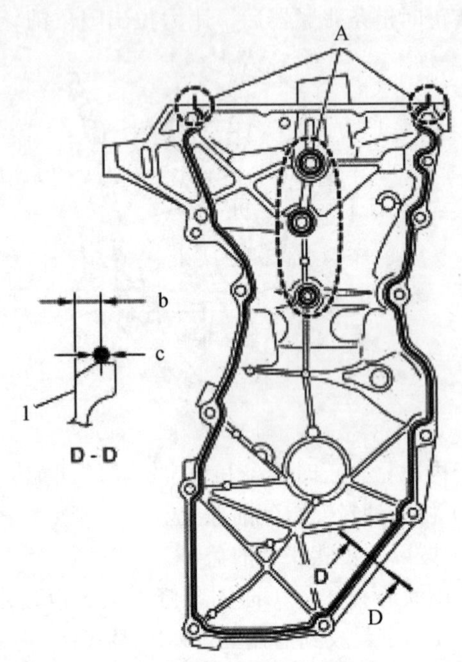

1- 前盖边缘　A- 液态密封胶涂抹区　B-40~56mm　C-ϕ30~40mm

图 12-21

③按图 12-22 的数字顺序拧紧螺栓。

④拧紧所有螺栓后，按图 12-22 中 1~15 的顺序将螺栓再次拧紧至规定扭矩。

注意：务必将溢出到表面的过多液态密封胶擦干净。

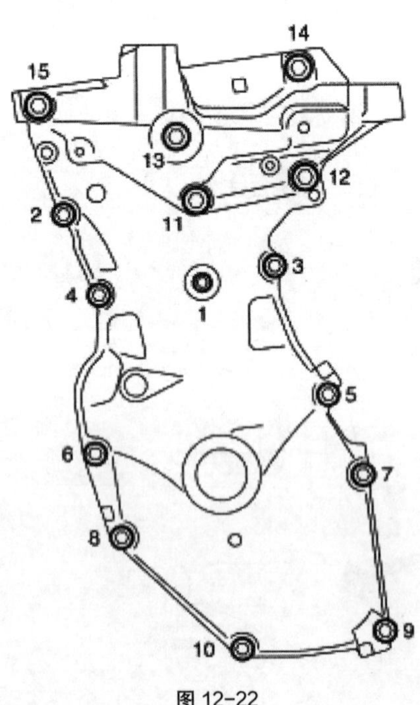

图 12-22

（8）通过对齐曲轴链轮键插入曲轴皮带轮。

在以塑料锤装上曲轴皮带轮时，请轻敲它的中心部位（非四周位置）。

注意：安装时请保护前油封唇缘部分避免任何损坏。

（9）按以下步骤拧紧曲轴皮带轮螺栓。

用皮带轮固定器（通用维修工具）固定曲轴皮带轮，并拧紧曲轴皮带轮螺栓。

①在曲轴皮带轮螺栓的螺纹和座面上涂抹新的发动机机油。

②拧紧曲轴皮带轮螺栓。

③在曲轴皮带轮上做一个油漆记号（如图 12-23 中 B），使其对齐曲轴皮带轮螺栓凸缘（如图 12-23 中 1）上 6 个容易识别的角度标记（如图 12-23 中 A 中的任一个）。

④再顺时针旋转 60°（角度拧紧）。

移动一个角度标记来检查拧紧角度。

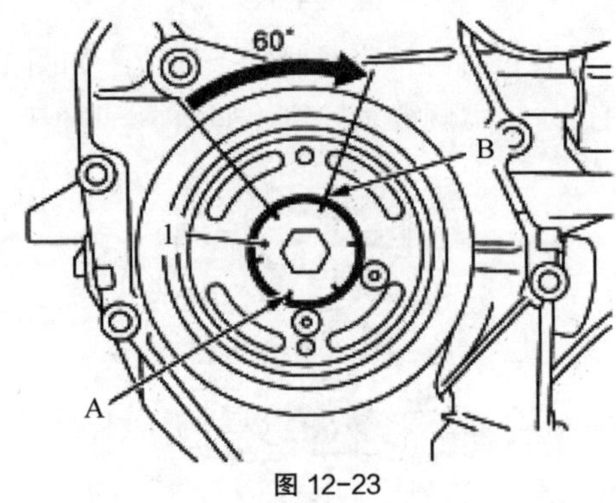

图 12-23

（10）用手顺时针旋转，检查曲轴是否可灵活转动。

（11）按照与拆卸相反的顺序安装。

（三）检查

检查正时链条的链节板和滚柱链节上是否有裂痕（如图 12-24 中 A）和过度磨损（如图 12-24 中 B）。如有必要，请更换正时链条。

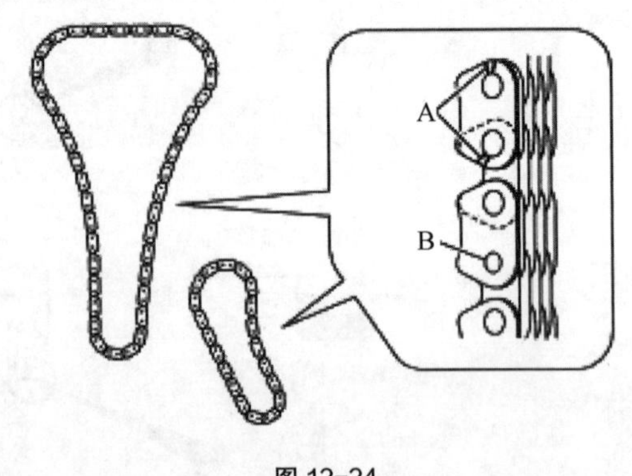

图 12-24

安装后，检查是否有泄漏。

以下是检查液体泄漏、润滑剂泄漏和排气泄漏的步骤。

启动发动机之前，请检查机油油位 / 液位（包括发动机冷却液和发动机机油）。如果低于指定的量，请加注到指定的液位。

按以下步骤检查是否有燃油泄漏。

将点火开关转到“ON”位置（发动机不启动）。在燃油管路中有燃油压力的情况下，检查连接部位是否有燃油泄漏。

启动发动机。提高发动机转速时，再次检查连接部位是否有燃油泄漏。

运转发动机检查是否有异常噪声和震动。

注：在拆卸/安装后，如果链条张紧器内的液压压力下降，松弛侧链条导轨可能会在发动机启动时或刚刚启动后产生敲击噪声。但是，这并非异常。噪声会在液压压力升高后消失。

彻底暖机后确认没有燃油或任何油/液（包括发动机机油和发动机冷却液）泄漏。

排放相关管路及软管中的空气（如冷却系统）。

发动机冷却后，再次检查油/液位（包括发动机机油和发动机冷却液）。如有必要，请加注到指定的液位。如表 12-1。

表 12-1

检查项目		发动机启动前	发动机运转	发动机停止后
发动机冷却液		液位	泄漏	液位
发动机机油		液位	泄漏	液位
变速器/变速驱动桥液	自动变速器车型和无级变速器车型	泄漏	液位/泄漏	泄漏
	MT 车型	液位/泄漏	泄漏	液位
其他油液 *		液位	泄漏	液位
燃油		泄漏	泄漏	泄漏
排气		—	泄漏	—

*：动力转向液、制动液等。

二、车型

东风日产新逍客 1.2T（1.2T HRA2DDT），2016—2019 年。

（一）正时链条分解

正时链条分解图，如图 12-25。

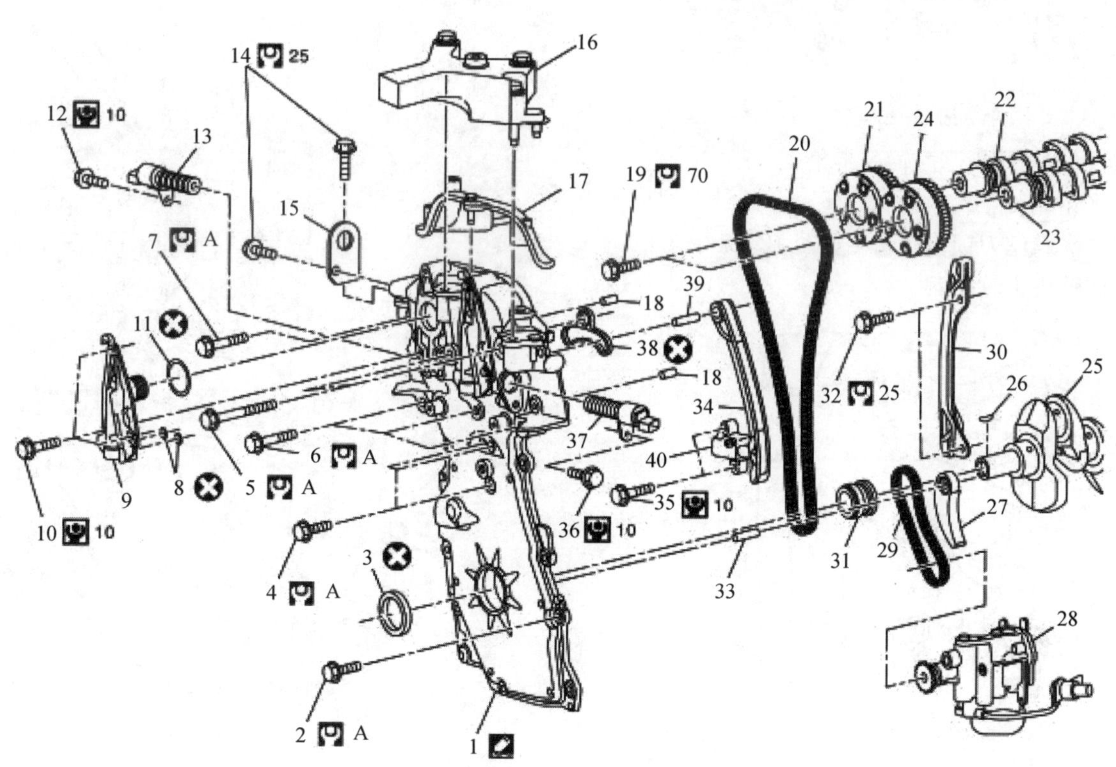

1-前盖 2-前盖螺栓 3-前油封 4-前盖螺栓 5-前盖螺栓 6-前盖螺栓 7-前盖螺栓 8-凸轮轴相位调整器注油孔盖衬垫 9-凸轮轴相位调整器注油孔盖 10-凸轮轴相位调整器注油孔盖螺栓 11-凸轮轴相位调整器注油孔盖密封垫 12-排气门正时控制电磁阀螺栓 13-排气门正时控制电磁阀 14-发动机吊环螺栓 15-发动机吊环 16-发动机固定支架（右侧） 17-摇臂盖 18-前盖定位销 19-凸轮轴链轮螺栓 20-正时链条 21-排气凸轮轴链轮 22-排气凸轮轴 23-进气凸轮轴 24-进气侧凸轮轴链轮 25-曲轴 26-曲轴链轮键 27-油泵驱动链条张紧器 28-油泵 29-油泵驱动链条 30-正时链条张紧侧链条导轨 31-油泵链轮 32-正时链条张紧侧链条导轨螺栓 33-油泵链条张紧器轴 34-正时链条松弛侧链条导轨 35-正时链条张紧器螺栓 36-进气门正时控制电磁阀螺栓 37-进气门正时控制阀 38-前盖密封 39-正时链条张紧侧链条导轨轴 40-正时链条张紧器 A-拧紧时请遵守安装步骤。[图标]-N·m [图标]-N·m [图标]-每次分解后务必更换 [图标]-密封点

图 12-25

（二）拆卸和安装

1.拆卸。

（1）拆卸以下零件：

摇臂盖

水泵皮带轮

惰辊

（2）拆卸。

·进气门正时控制电磁阀（如图 12-26 中 1）

·排气门正时控制电磁阀（如图 12-26 中 2）

·进气凸轮轴相位调整器注油孔盖（如图 12-26 中 3）

·排气凸轮轴相位调整器注油孔盖（如图 12-26 中 4）

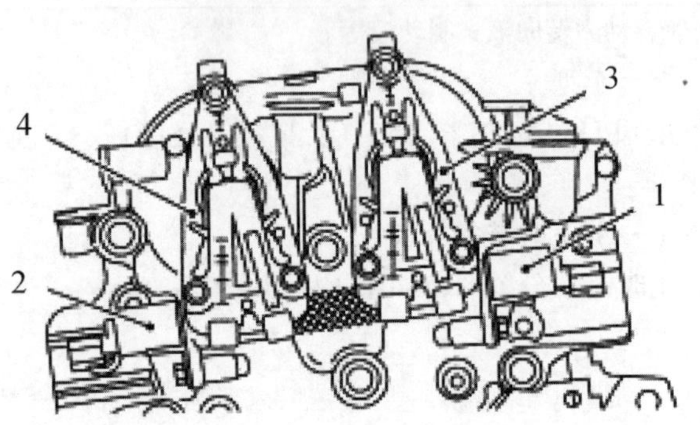

图 12-26

（3）按以下步骤拆下曲轴皮带轮。

①拆下飞轮盖。

②使用平头螺丝刀锁止飞轮（如图 12-27 中 1）。

③拆下曲轴皮带轮。

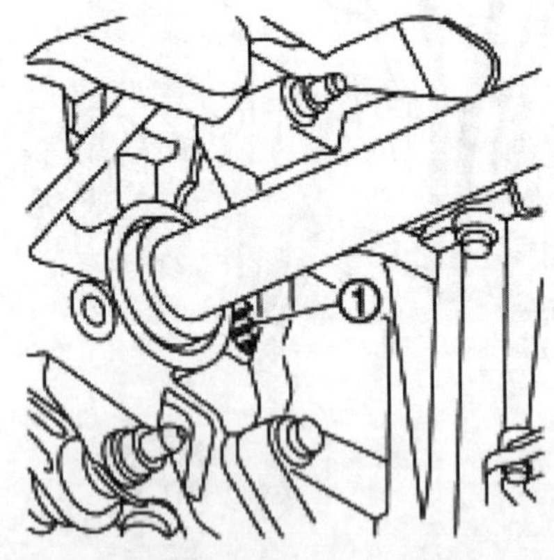

图 12-27

（4）按以下步骤拆下前盖。

拧紧时请遵守安装步骤。

①按图 12-28 的相反顺序松开螺栓。

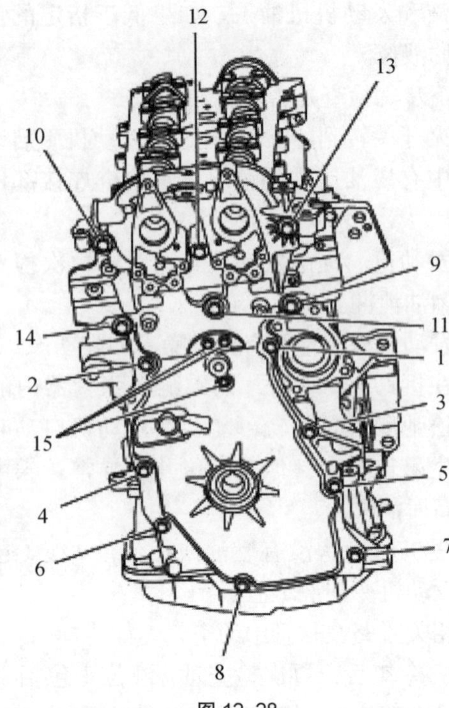

图 12-28

②使用平头螺丝刀分离前盖（如图 12-29 中 1）。

注意：小心不要损坏配合面。

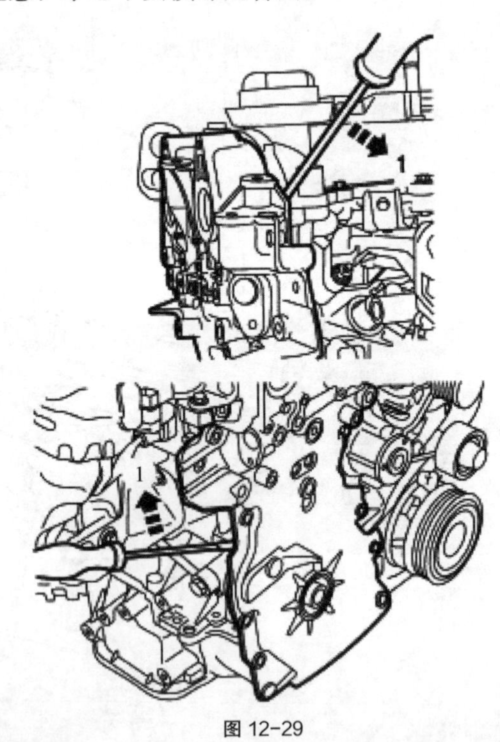

图 12-29

使用密封刮刀（SST：KV10111100）（如图12-30中1）拆下前盖。

注意：小心切勿损坏前盖。

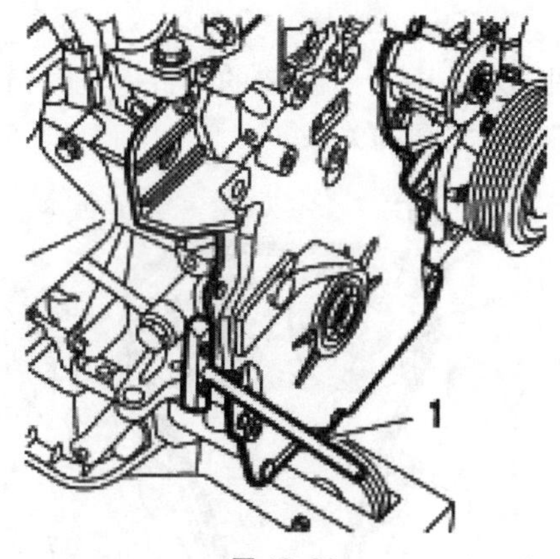

图 12-30

（5）从前盖上拆下前油封。

使用合适的软管将其举起后拆下。

注意：小心切勿损坏前盖。

（6）确认排气凸轮轴链轮上的标记（如图 12-31 中 1）和进气凸轮轴链轮上的标记（如图 12-31 中 2）位于的位置。

注：如果标记设定不正确，请转动发动机，直至标记位置与图示一致。

图 12-31

（7）按以下步骤拆下链条张紧器（如图 12-32 中 1）。

①将链条张紧器操作杆（如图 12-32 中 A）完全往下推，然后将柱塞（如图 12-32 中 C）推入张紧器内。

将链条张紧器操作杆完全往下推即可释放凸耳（如图 12-32 中 B）。这样，柱塞就可以移动。

② 拉起杆（如图 12-32 中 D），使它的孔与主体上的孔的位置对齐。

将操作杆孔与主体孔的位置对齐时，柱塞就会被固定。

当柱塞棘齿的凸起部分和凸耳彼此相对时，两个孔的位置并没有对齐。此时，请稍微移动栓塞来使它们正确啮合并对齐这些孔。

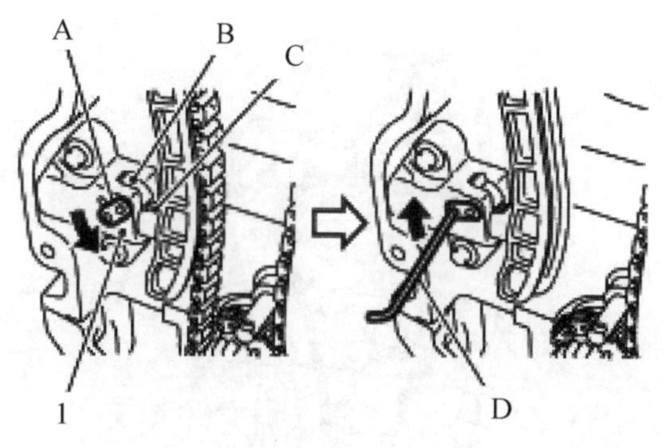

图 12-32

③将限位销通过操作杆插入主体的孔中，然后将操作杆固定在上方位置。

使用（如图 12-32 中 1）5mm 六角扳手的范例。

④拆下链条张紧器。

（8）拆下正时链条张紧侧链条导轨（如图 12-33 中 2）和正时链条松弛侧链条导轨（如图 12-33 中 1）。

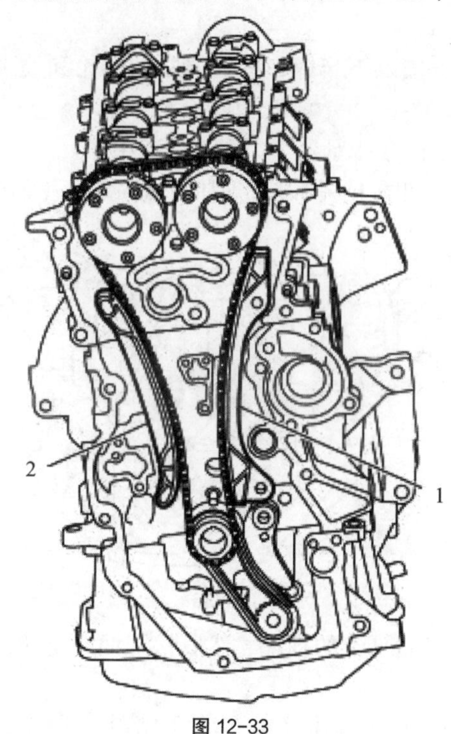

图 12-33

（9）拆下正时链条（如图 12-34 中 2 ）。

朝凸轮轴链轮（排气侧）（如图 12-34 中 1）拉动正时链条的松弛部分，然后拆下正时链条并从凸轮轴链轮（排气侧）侧开始拆下。

注意：在正时链条拆下时，切勿旋转曲轴或凸轮轴，否则会导致气门和活塞之间相互碰撞。

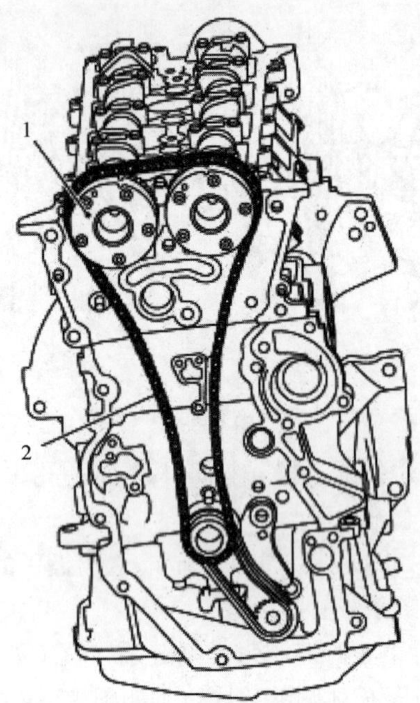

图 12-34

（10）按以下步骤，拆下与曲轴链轮和油泵驱动相关的零件。

①拆下链条张紧器（如图 12-35 中 1）。

从轴（如图 12-35 中 B）和弹簧固定孔（如图 12-35 中 A）上拉出。

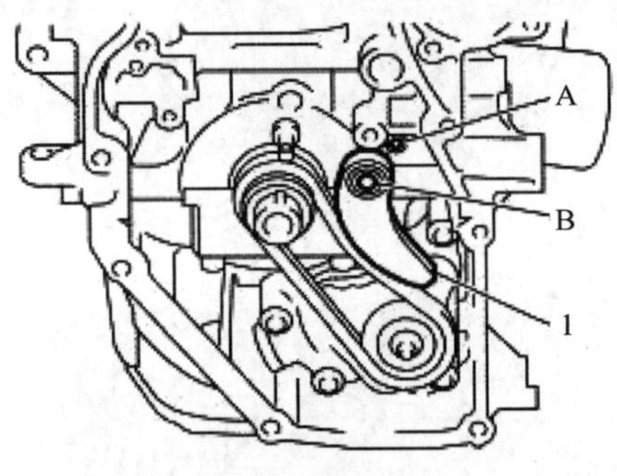

图 12-35

②固定油泵轴的顶端，然后松开油泵链轮螺母并拆下。

③同时拆下曲轴链轮（如图 12-36 中 1）、油泵驱动链条（如图 12-36 中 2）和油泵链轮（如图 12-36 中 3）。

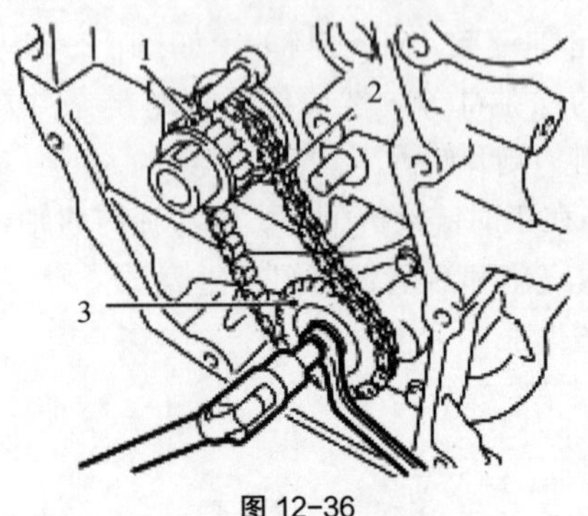

图 12-36

2. 安装。

注：图 12-37 中为已安装的部件，正时链条和相对应链轮匹配标记之间的关系。

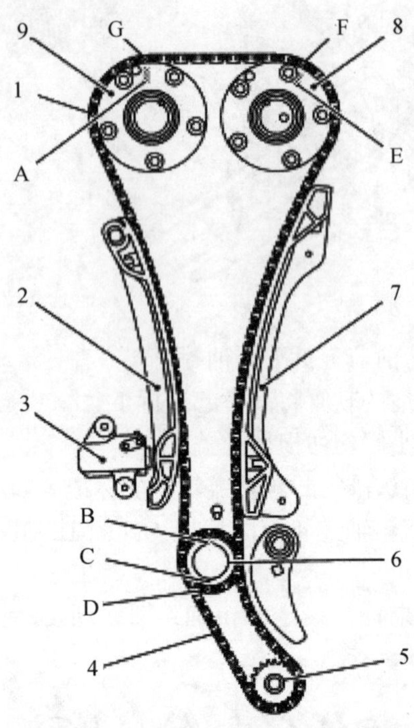

1- 正时链条 2- 正时链条松弛侧链条导轨 3- 链条张紧器 4- 油泵驱动链条 5- 油泵链轮 6- 曲轴链轮 7- 正时链条张紧侧链条导轨 8- 凸轮轴链轮（进气） 9- 凸轮轴链轮（排气） A- 匹配标记（外槽） B- 曲轴键（垂直向上） C- 配合标记（压印） D- 标色链节 E- 匹配标记（外槽） F- 标色链节 G- 标色链节

图 12-37

（1）按以下步骤安装与曲轴链轮和油泵驱动相关的部件。

①同时安装曲轴链轮（如图 12-38 中 1）、油泵驱动链条（如图 12-38 中 2）和油泵链轮（如图 12-38 中 3）。

安装曲轴链轮，使其无效齿轮部分（如图 12-38 中 A）朝向发动机背面。

安装油泵链轮，使它的六角面朝向（如图 12-38 中 B）发动机的前部。

注：与油泵驱动相关的零件上没有匹配标记。

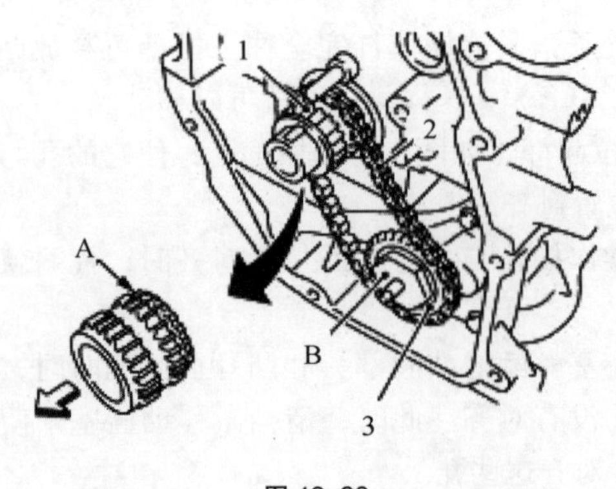

图 12-38

②固定油泵轴的顶端，然后拧紧油泵链轮螺母，如图 12-39。

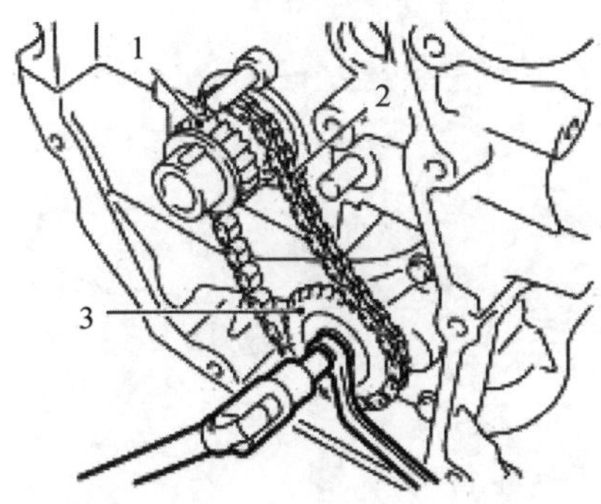

1- 曲轴链轮 2- 油泵驱动链条 3- 油泵链轮

图 12-39

③安装链条张紧器（如图 12-40 中 1）。

将弹簧装入缸体前侧表面的固定孔（如图 12-40 中 A）的同时将本体插入轴（如图 12-40 中 B）内。

安装后检查张力是否施加在油泵驱动链条上。

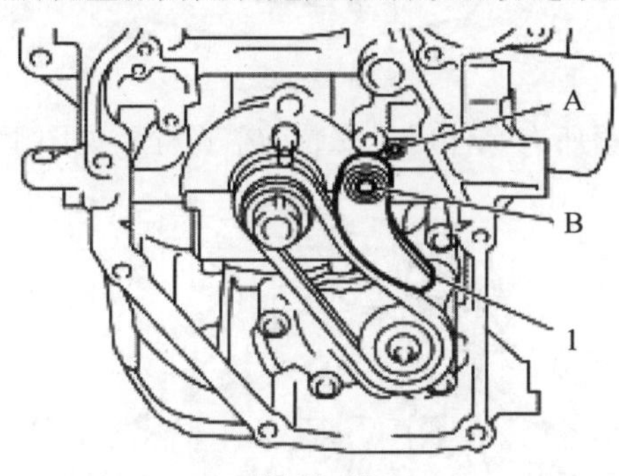

图 12-40

（2）按以下步骤安装正时链条，如图 12-41。

对齐每个链轮和正时链条上的匹配标记来进行安装。

如果匹配标记没有对齐，请稍微转动凸轮轴来修正位置。

注意：

基于以下说明，在配合标记对齐后，请用一手扶住使它们保持对齐。为避免错齿，在前盖安装前，切勿转动曲轴和凸轮轴。

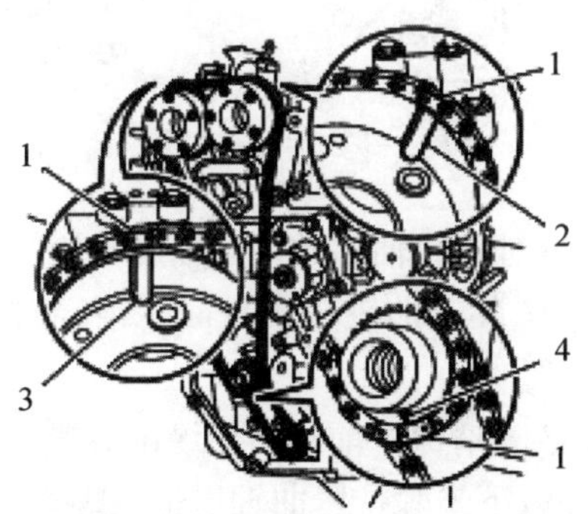

1- 标色链节 2-INT 匹配标记（外槽） 3-EXH 匹配标记（外槽）
4- 曲轴匹配标记（压印）

图 12-41

（3）安装正时链条张紧侧链条导轨（如图 12-42 中 2）和正时链条松弛侧链条导轨（如图 12-42 中 1）。

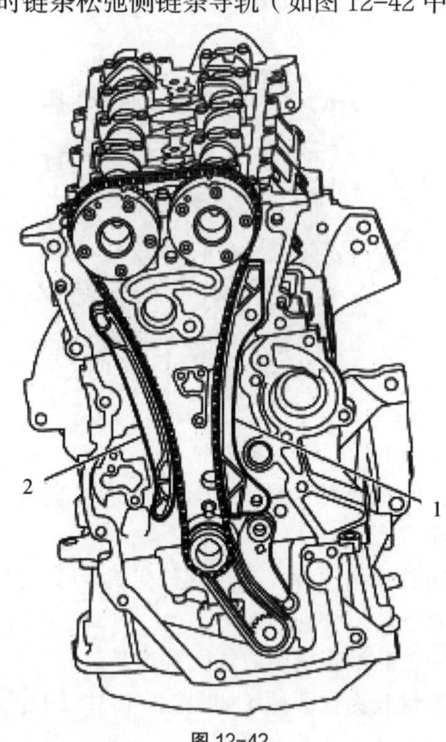

图 12-42

（4）安装链条张紧器（如图 12-43 中 1）。

使用限位销（如图 12-43 中 A）将柱塞固定在完全压缩的位置，然后安装。

在安装链条张紧器后，请用力拉出限位销。

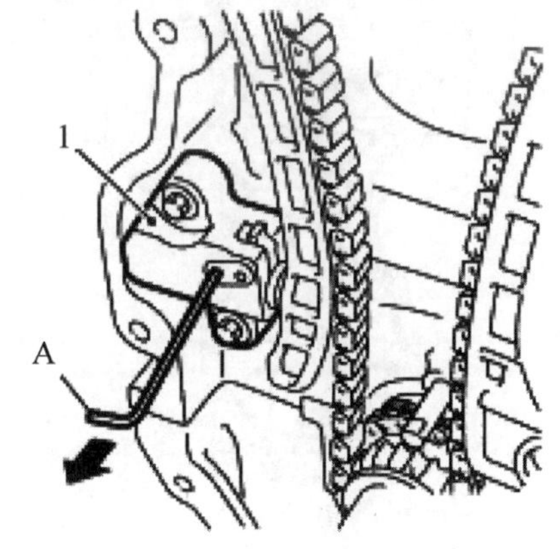

图 12-43

（5）再次检查正时链条和每个链轮的匹配标记位置。

（6）将前油封安装到前盖上。

（7）安装前盖密封。

注意：小心切勿损坏前盖。

（8）按以下步骤安装前盖。

①清洁前盖安装表面和发动机与前盖的接触面。

表面必须妥当，不得有任何液态密封胶、水或灰尘。

②使用胶管挤压器（通用维修工具）以连续点状的方式涂抹液态密封胶到前盖上。

液态密封胶涂抹区域请使用正品液态密封胶或同等产品（如图 12-44 中 1）。

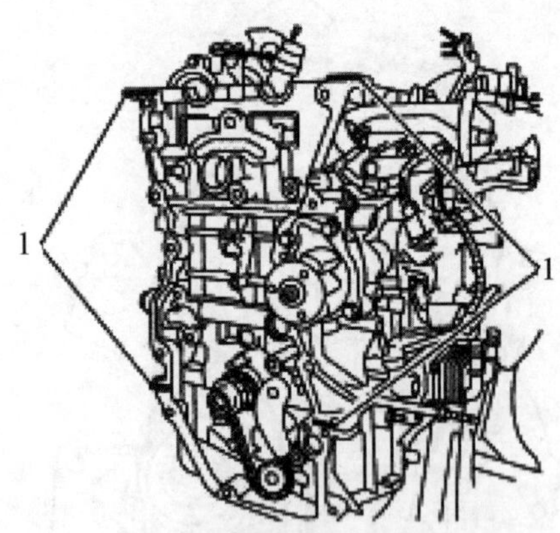

图 12-44

注意：涂抹过量的液态密封胶会在拧紧过程中造成零部件损坏。

③使用胶管挤压器（通用维修工具）以连续点状的方式涂抹液态密封胶到前盖上。

请使用正品液态密封胶或同等产品。

液态密封胶涂抹区域（如图 12-45 中 1）。

注：液态密封胶必须涂抹在距离正时盖内边缘的位置。

注意：涂抹过量的液态密封胶会在拧紧过程中造成零部件损坏。

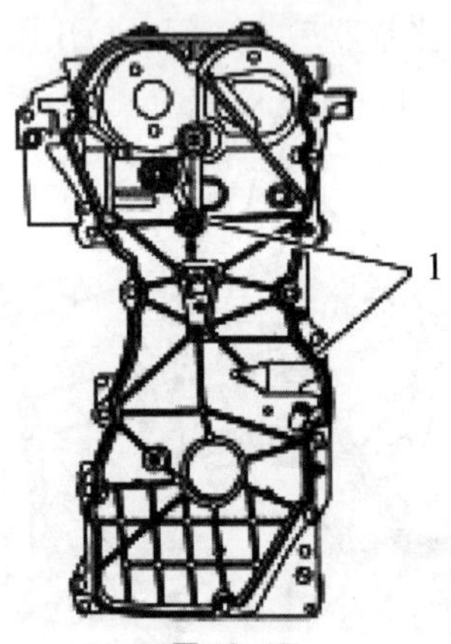

图 12-45

④按下列步骤如图 12-46 数字顺序拧紧螺栓。

（1）拧紧 1 号、2 号、3 号、4 号、5 号、6 号、7 号、8 号装配螺栓。

（2）拧紧 9 号、10 号、11 号、12 号、13 号、14 号装配螺栓。

注意：务必将溢出到表面的过多液态密封胶擦干净。

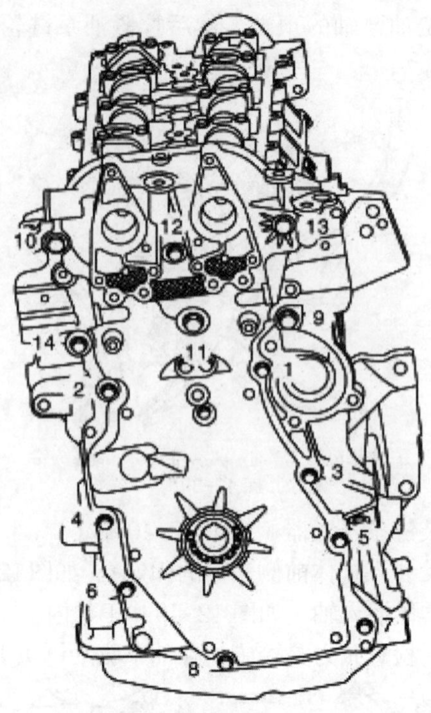

图 12-46

⑤拧紧所有螺栓后，安装前盖螺栓，如图 12-47。

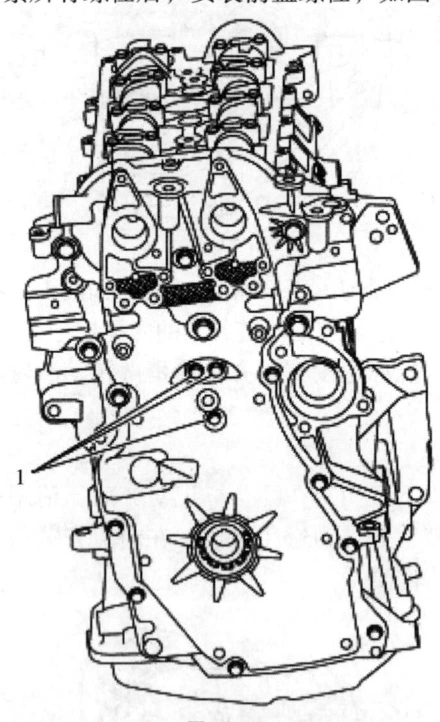

图 12-47

（9）通过对齐曲轴键插入曲轴皮带轮。

在以塑料锤装上曲轴皮带轮时，请轻敲它的中心部位（非四周位置）。

注意：安装时请保护前油封唇缘部分避免任何损坏。

（10）按以下步骤拧紧曲轴皮带轮螺栓。

使用平头螺丝刀锁止飞轮（如图 12-48 中 1）。

①在曲轴皮带轮螺栓的螺纹和座面上涂抹新的发动

机机油。

②拧紧曲轴皮带轮螺栓。

③ 再顺时针旋转 200°（角度拧紧）。

移动一个角度标记来检查拧紧角度。

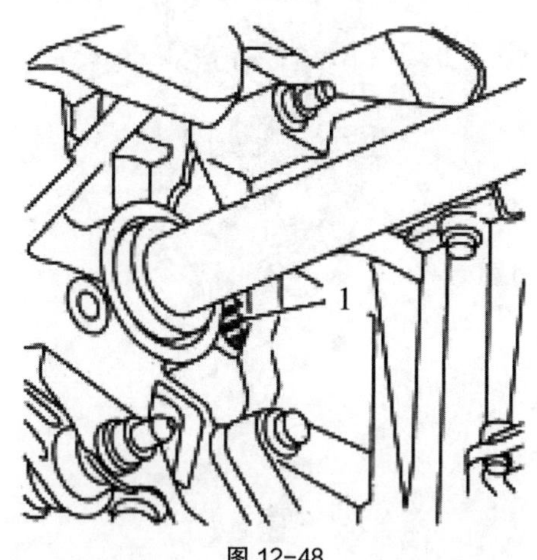

图 12-48

（11）用手顺时针旋转，检查曲轴是否可灵活转动。

（12）按照与拆卸相反的顺序安装。

（三）检查

检查正时链条的链节板和滚柱链节上是否有裂痕（如图 12-49 中 A）和过度磨损（如图 12-49 中 B）。

如有必要，请更换正时链条。

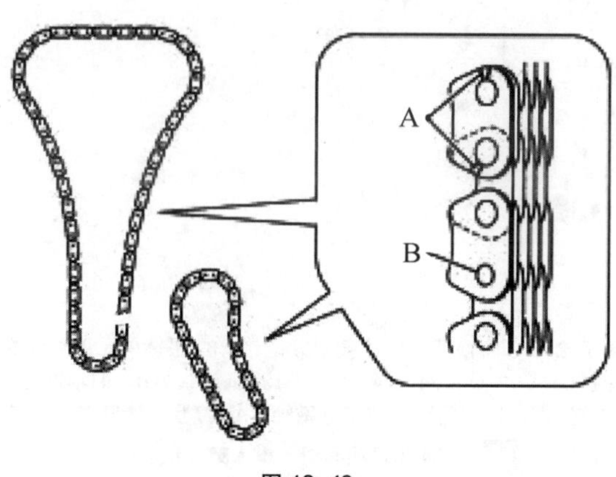

图 12-49

安装后，检查是否有泄漏。

以下是检查液体泄漏、润滑剂泄漏和排气泄漏的步骤。

启动发动机之前，请检查机油油位 / 液位（包括发动机冷却液和发动机机油）。如果低于指定的量，请加注到指定的液位。

按以下步骤检查是否有燃油泄漏。

将点火开关转到“ON”位置（发动机不启动）。在燃油管路中有燃油压力的情况下，检查连接部位是否有燃油泄漏。

启动发动机。提高发动机转速时，再次检查连接部位是否有燃油泄漏。

运转发动机检查是否有异常噪音和震动。

注：在拆卸 / 安装后，如果链条张紧器内的液压压力下降，松弛侧链条导轨可能会在发动机启动时或刚刚启动后产生敲击噪音。但是，这并非异常。噪音会在液压压力升高后消失。

彻底暖机后确认没有燃油或任何油 / 液（包括发动机机油和发动机冷却液）泄漏。

排放相关管路及软管中的空气（如冷却系统）。

发动机冷却后，再次检查油 / 液位（包括发动机机油和发动机冷却液）。如有必要，请加注到指定的液位，如表 12-2。

表 12-2

检查项目		发动机启动前	发动机运转	发动机停止后
发动机冷却液		液位	泄漏	液位
发动机机油		液位	泄漏	液位
变速器 / 变速驱动桥液	AT 和 CVT 车型	泄漏	液位 / 泄漏	泄漏
	MT 车型	液位 / 泄漏	泄漏	液位
其他油液 *		液位	泄漏	液位
燃油		泄漏	泄漏	泄漏
排气		—	泄漏	—

*：动力转向液、制动液等。

三、车型

东风日产新天籁 2.0L（2.0L MR20DD），2016—2019 年。

东风日产新逍客 2.0L（2.0L MR20DD），2016—2019 年。

东风日产奇骏 2.0L（2.0L MR20DD），2014—2019 年。

（一）正时链条分解

正时链条分解图，如图 12-50。

（二）拆卸和安装

1. 拆卸。

（1）排放发动机机油。

注意：在发动机冷却后执行此步骤。

（2）拆下摇臂盖。

（3）拆下驱动皮带。

（4）按以下步骤将 1 号气缸置于压缩行程的上止点。

①顺时针旋转曲轴带轮（如图 12-51 中 1），并将 TDC 标记（非油漆记号）（如图 12-51 中 B）对准前盖上的正时标记（如图 12-51 中 A）。

如图 12-51 中 C 白色油漆标记不用于维修。

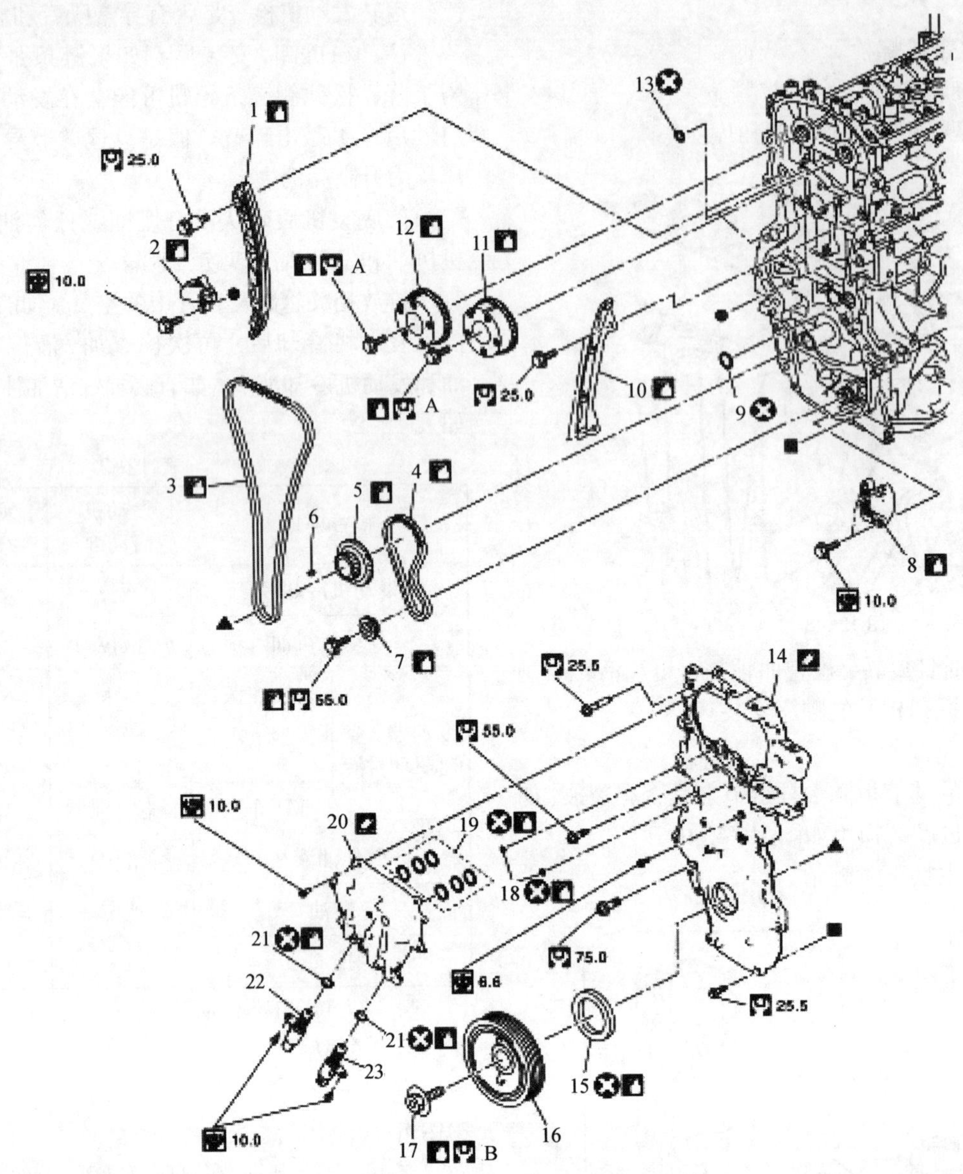

1- 松弛侧链条导轨　2- 正时链条张紧器　3- 正时链条　4- 平衡单元正时链条　5- 曲轴链轮　6- 曲轴键　7- 平衡单元链轮　8- 平衡单元正时链条张紧器　9-O 形圈　10- 正时链条张紧侧链条导轨　11- 凸轮轴链轮（进气）　12- 凸轮轴链轮（排气）　13-O 形圈　14- 前盖　15- 前油封　16- 曲轴带轮　17- 曲轴带轮螺栓　18-O 形圈　19-O 形圈　20-VTC 盖　21-O 形圈　22- 排气门正时控制电磁阀　23- 进气门正时控制电磁阀　A- 拧紧时请遵守安装步骤　B- 拧紧时请遵守安装步骤　– 每次分解后务必更换　–N · m　–N · m　– 密封点　– 应使用机油润滑　●▲■ – 指示该部分连接至与实际车辆相同位置的点

图 12-50

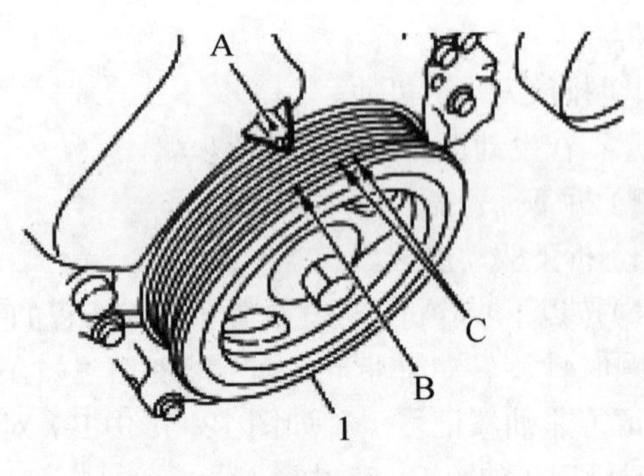

图 12-51

②同时，检查 1 号气缸的凸轮突起是否位于如图 12-52 的位置。

如果没有，转动曲轴带轮一圈（360°）对齐。

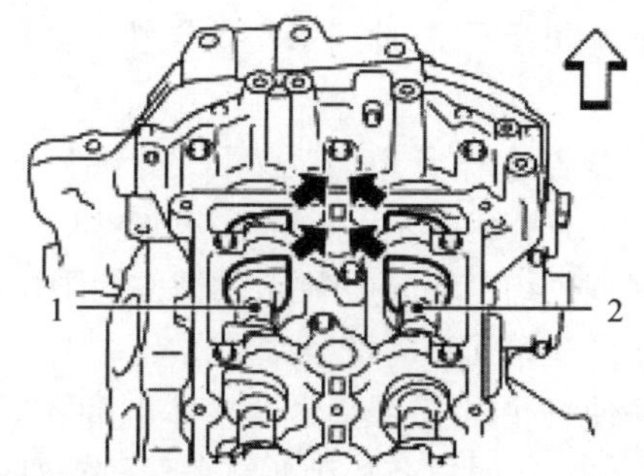

1- 凸轮轴（进气） 2- 凸轮轴（排气）
图 12-52

（5）按照以下步骤拆下曲轴带轮。

①用带轮固定器（通用维修工具）（如图 12-53 中 A）固定曲轴带轮（如图 12-53 中 1），松开曲轴带轮螺栓，并使螺栓座面偏离其原始位置 10mm。

注意：切勿拆下曲轴带轮螺栓，因为它们将用作带轮拔具（SST：KV11103000）的支撑点。

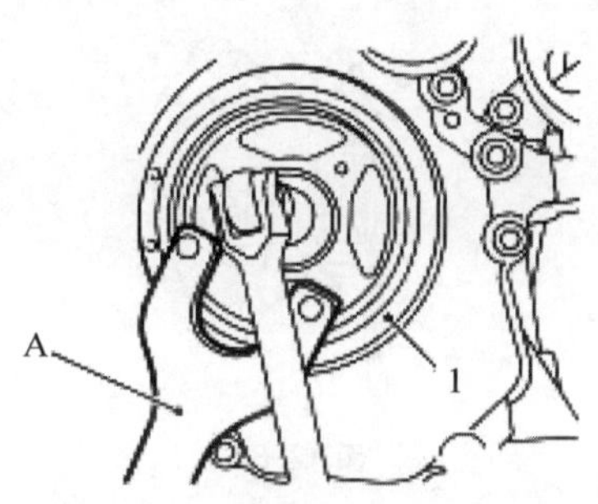

图 12-53

②在曲轴带轮的 M6 螺纹孔内安装带轮拔具（SST：KV11103000）（如图 12-54 中 A），然后拆下曲轴带轮（如图 12-54 中 1）。

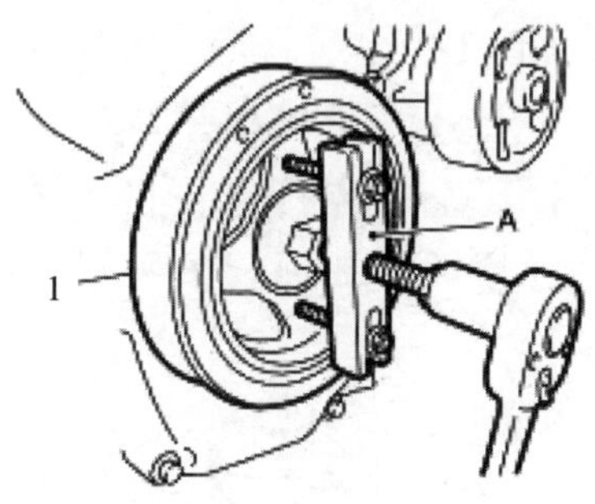

图 12-54

（6）拆下油底壳（下部）。

注：如果曲轴链轮和平衡单元部件没有拆下，则不需要该步骤。

（7）拆下进气门正时控制电磁阀和排气门正时控制电磁阀。

（8）拆下驱动皮带自动张紧器。

（9）拆下 VTC 盖。

按照图 12-55 中 8 至 1 的顺序松开装配螺栓。

注：松开时，不必考虑 6 号。

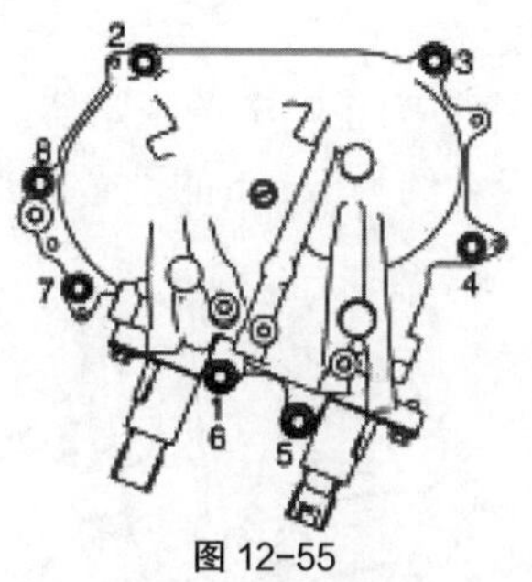

图 12-55

（10）按以下步骤拆下前盖。

①按照图 12-56 中 21 至 1 的顺序松开装配螺栓。

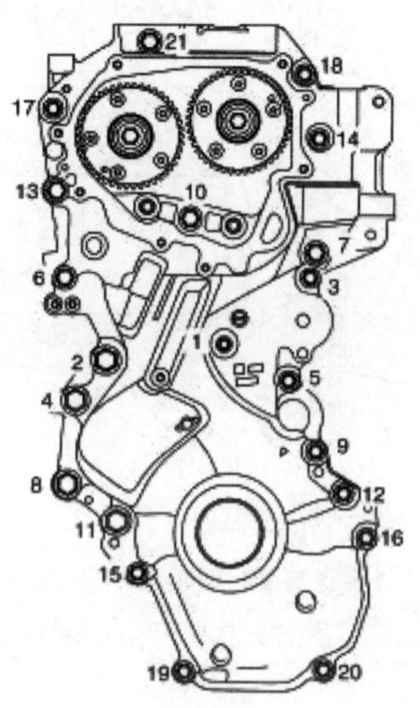

图 12-56

②撬开图 12-57 箭头位置来切割液态密封胶，然后拆下前盖。

注意：小心不要损坏配合面。相较于过去的类型，它在出货时涂抹有黏性更大的液态密封胶，所以不可以将它从图示位置以外的位置强制拆下。

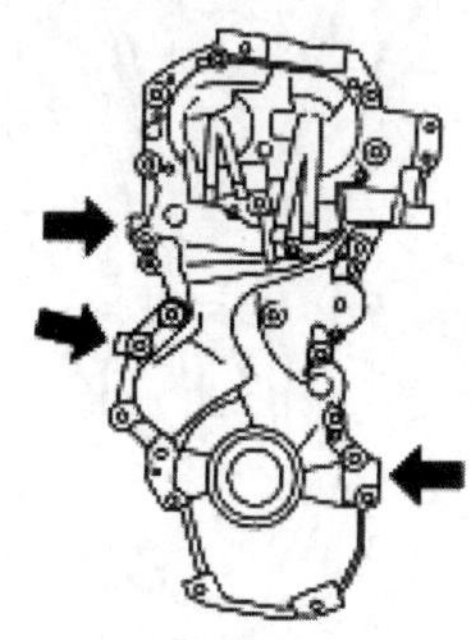
图 12-57

（11）从前盖上拆下前油封。

注意：小心切勿损坏前盖。

用螺丝刀撬起前油封。

（12）按以下步骤拆下正时链条张紧器。

①按下正时链条张紧器柱塞。

②将限位销（如图 12-58 中 A）插入主体孔内，然后按下柱塞并固定它。

如图 12-58 中 1 为正时链条张紧器。

注：使用直径大约为 15mm 的硬金属销作为限位器销。

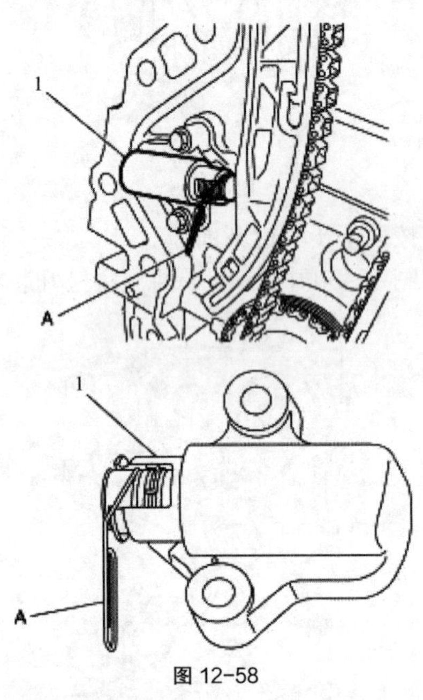

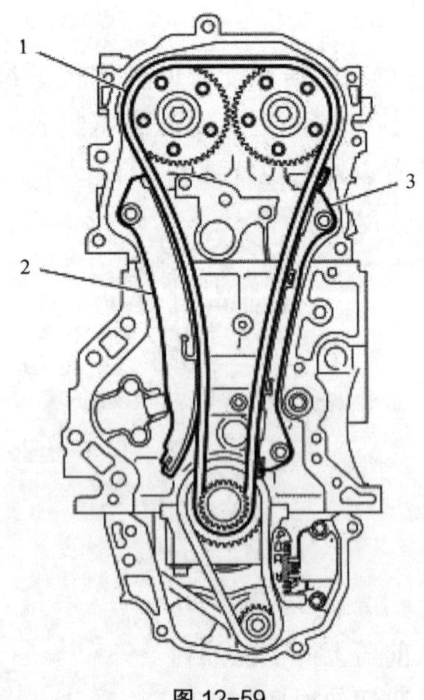

图 12-58

③拆下正时链条张紧器。

（13）拆下松弛导轨（如图 12-59 中 2）、正时链条张紧导轨（如图 12-59 中 3）和正时链条（如图 12-59 中 1）。

注意：拆卸正时链条后，切勿分别转动各曲轴或凸轮轴，否则会导致气门和活塞之间相互碰撞。

图 12-59

（14）用下列步骤拆下曲轴链轮和平衡单元驱动部件。

①向平衡机单元正时链条张紧器（如图 12-60 中 1）方向按下平衡机单元正时链条松弛导轨（如图 12-60 中 B）。

②在张紧器主体开口内插入限位器销（如图 12-60 中 A），以固定平衡单元正时链条松弛导轨。

注：用直径约 1.5mm 的硬金属销作为限位销。

③拆下平衡单元正时链条张紧器。

当无法使杆上的孔和张紧器主体上的孔对齐时，略微移动平衡单元正时链条松弛侧链条导轨来对齐这些孔。

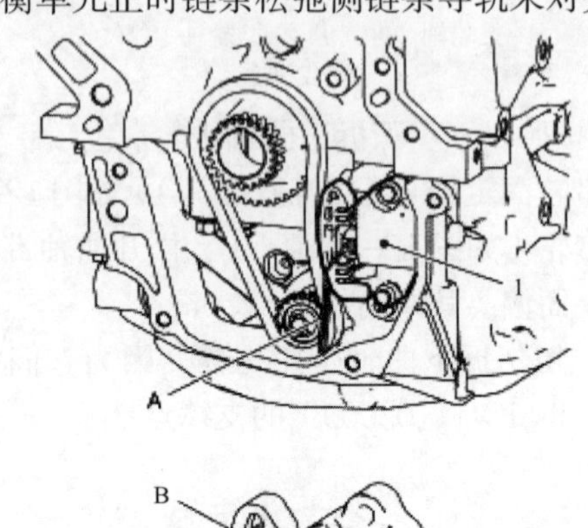

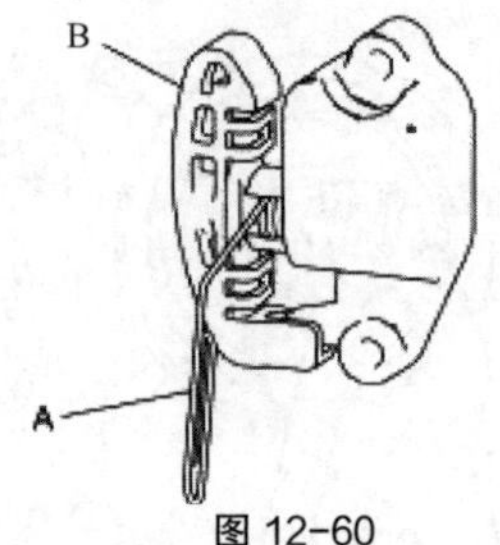

图 12-60

④抓住平衡轴的 WAF 部分（WAF：19mm），然后松开平衡单元链轮螺栓。

注意：用 WAF 部分固定平衡单元轴。切勿通过拧紧平衡单元正时链条来松开平衡单元链轮螺栓。

⑤作为一组拆下曲轴链轮，平衡单元链轮和平衡单元正时链条，如图 12-61。

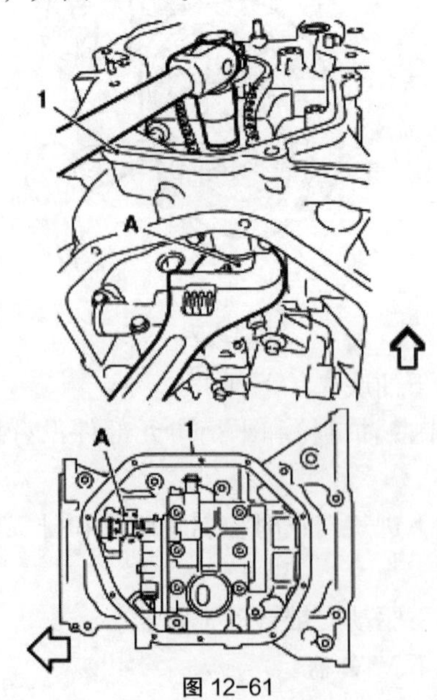

图 12-61

2. 安装。

注意：切勿重复使用 O 形圈。

注：图 12-62 中为已安装的部件、正时链条和相对应链轮匹配标记之间的关系。

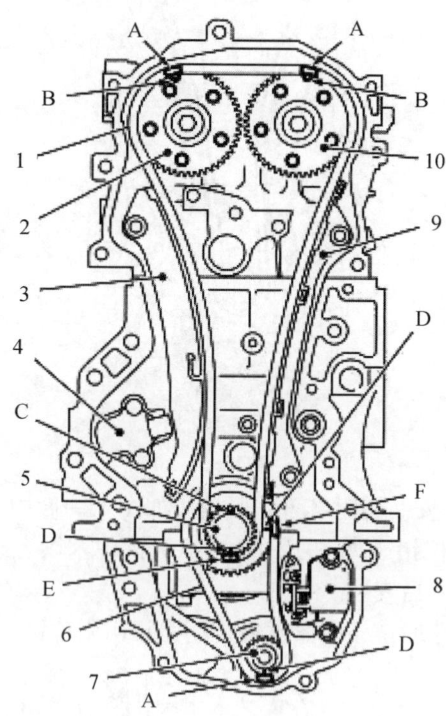

1- 正时链条 2- 凸轮轴链轮（排气） 3- 松弛侧链条导轨 4- 正时链条张紧器 5- 曲轴链轮 6- 平衡单元正时链条 7- 平衡单元链轮 8- 平衡单元正时链条张紧器 9- 正时链条张紧侧链条导轨 10- 凸轮轴链轮（进气）A- 匹配标记（深蓝色链节） B- 匹配标记（印记） C- 曲轴键位置（垂直朝上） D- 匹配标记（印记） E- 匹配标记（黄色链节） F- 匹配标记（白色链节）

图 12-62

凸轮轴链轮（进气）内有两个外槽，较宽的一个是匹配标记。

（1）检查曲轴键是否朝上。

（2）如果拆下正时链条张紧导轨（ 前盖侧），则将其安装到前盖上。

注意：根据声音或感觉检查接头状况。

（3）安装曲轴链轮（如图 12-63 中 2）、平衡单元链轮（如图 12-63 中 3）和平衡单元正时链条（如图 12-63 中 1）。

安装时对齐各链轮和平衡单元正时链条上的匹配标记。

如果这些匹配标记没有对齐，则略微转动平衡轴以修正位置。

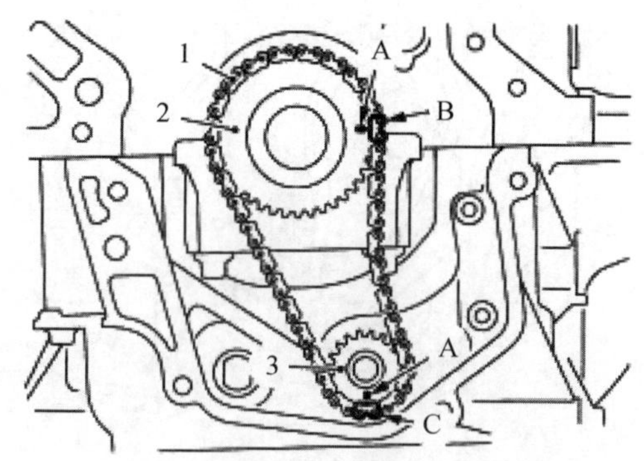

A- 匹配标记（印记） B- 匹配标记（白色链节）
C- 匹配标记（深蓝色链节）

图 12-63

注意：安装平衡单元正时链条后，检查各链轮的匹配标记位置。

（4）抓住平衡单元轴的 WAF 部分（WAF: 19mm）（如图 12-64 中 A），然后拧紧平衡轴链轮螺栓。

如图 12-64 中 1 为油底壳（上部）。

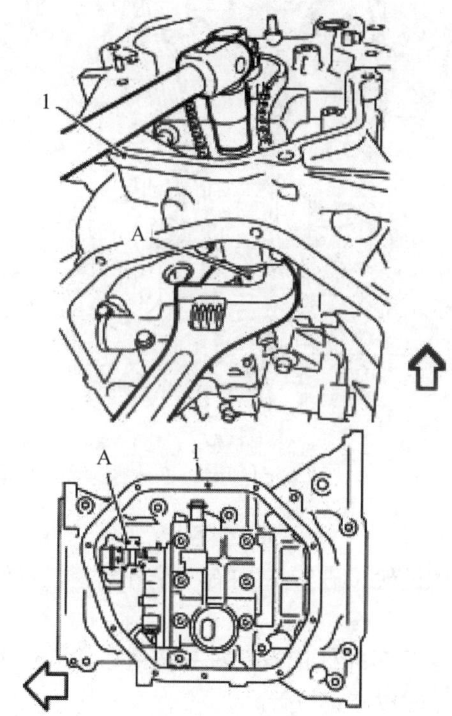

图 12-64

注意：用 WAF 部分固定平衡单元轴。切勿通过拧紧平衡单元正时链条来松开平衡单元链轮螺栓。

（5）安装平衡单元正时链条张紧器（如图 12-65 中 1）。

用限位销（如图 12-65 中 A）将柱塞固定在完全压缩位置，然后安装。

安装平衡单元正时链条张紧器后，拉出限位销。

再次检查平衡单元正时链条和各链轮的匹配标记位置。

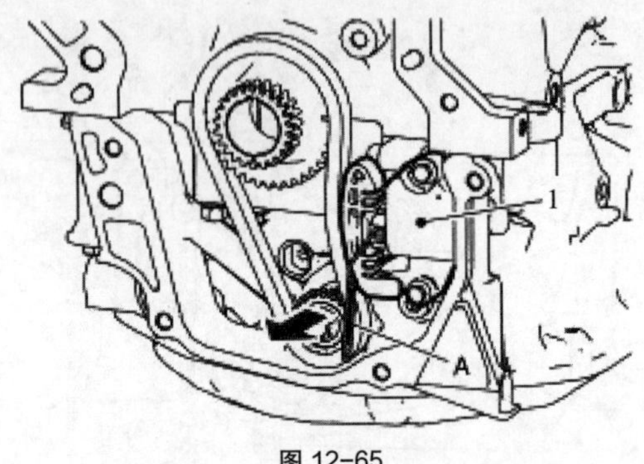

图 12-65

（6）对齐各链轮匹配标记与正时链条的匹配标记，如图 12-66。

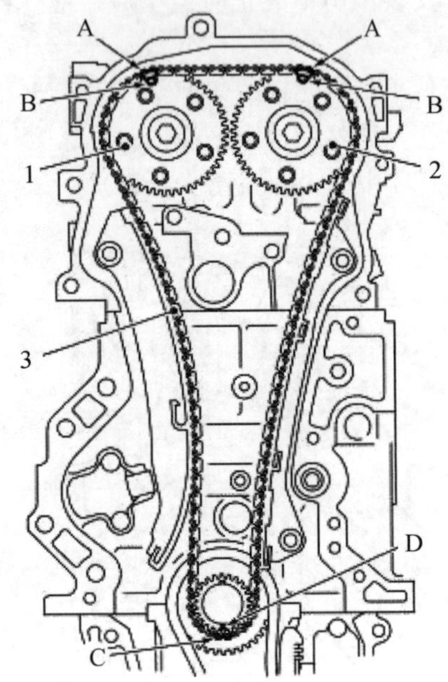

1- 凸轮轴链轮（排气） 2- 凸轮轴链轮（进气） 3- 正时链条 A- 匹配标记（深蓝色链节） B- 匹配标记（印记） C- 匹配标记（黄色链节） D- 匹配标记（印记）

图 12-66

凸轮轴链轮（进气）内有两个外槽，较宽的一个是匹配标记。

如果这些匹配标记没有对齐，请抓住六边形部位稍微转动凸轮轴以修正位置。

注意：安装正时链条后，再次检查各链轮和正时链条的匹配标记位置。

（7）拆下正时链条张紧导轨（如图 12-67 中 3）和松弛导轨（如图 12-67 中 2）。

如图 12-67 中 1 为正时链条。

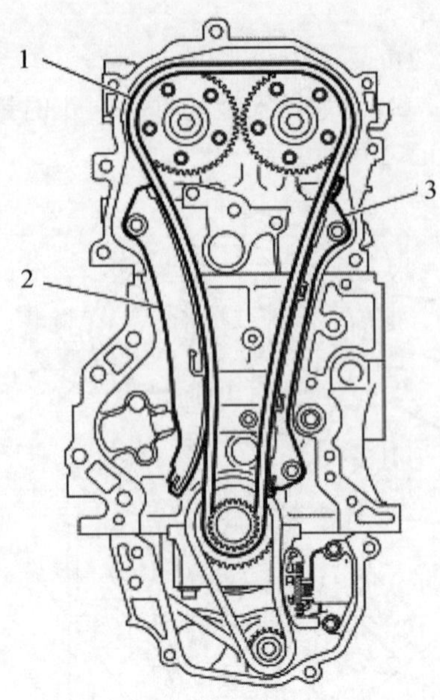

图 12-67

（8）安装正时链条张紧器（如图 12-68 中 1）。

用限位销（如图 12-68 中 A）将柱塞固定在完全压缩位置，然后安装。

安装正时链条张紧器后，用力拉出限位销。

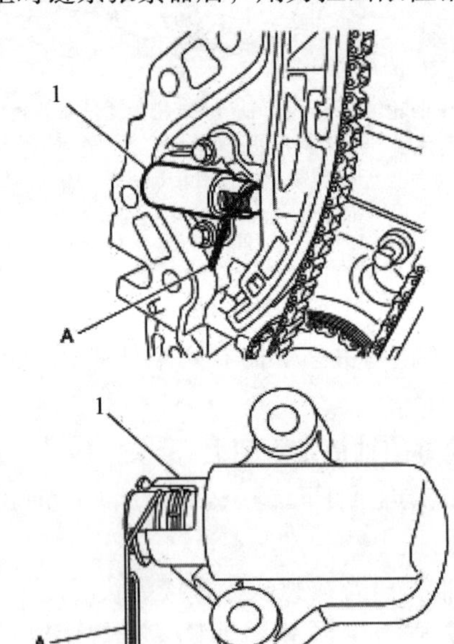

图 12-68

（9）再次检查正时链条和每个链轮的匹配标记位置。

（10）安装前油封。

（11）按以下步骤安装前盖。

①将新 O 形圈安装到缸体上。

注意：切勿重复使用 O 形圈。务必对齐 O 形圈。

②使用胶管挤压器（通用维修工具）以连续点状的方式在前盖（如图 12-69 中 2）上涂抹液态密封胶 A。

涂抹正品密封胶（Three Bond 1217H）或同等产品。

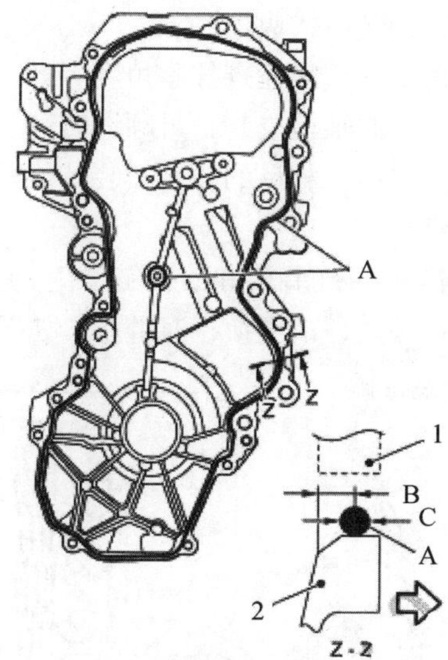

1-缸体、油底壳（下） B-40~56mm
C-ϕ34~44mm
图 12-69

③检查正时链条和各链轮的匹配标记是否仍然对齐。然后安装前盖。

注意：检查缸体上的 O 形圈安装是否正确。小心不要因与曲轴的前端干涉而损坏前油封。

④安装前盖，并按图中 1~21 的顺序拧紧装配螺栓。

⑤拧紧所有螺栓后，按图 12-70 的数字顺序重新拧紧至规定扭矩。

注意：务必擦除溢出的多余液态密封胶。

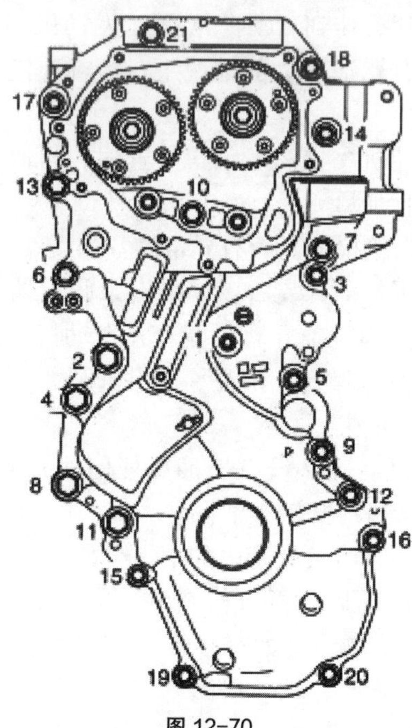

图 12-70

（12）根据下列说明安装 VTC 盖。

①如已拆下，将新的 O 形圈（如图 12-71 中 1）安装至 VTC 盖的凹槽（如图 12-71 中 2）。

注：如图 12-71 中安装 O 形圈。

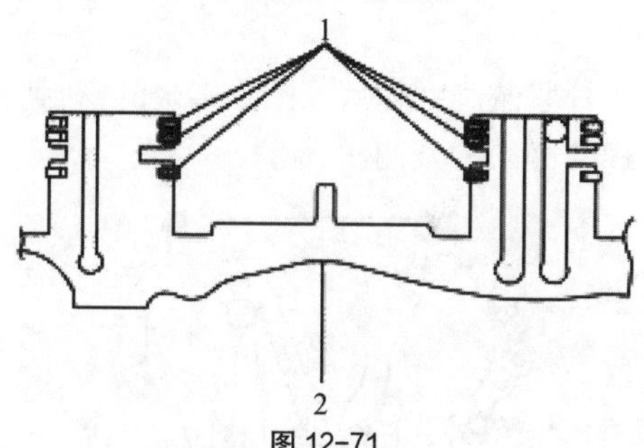

图 12-71

②均匀（无间断、无重叠）涂抹密封胶如图 12-72（Three Bond 1217H 或同等产品）位置。

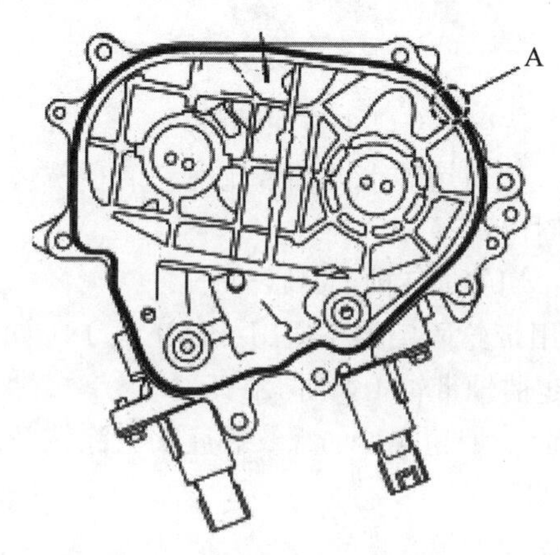

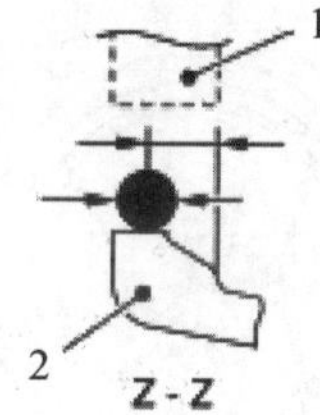

1-前盖 2-VTC 盖 A-密封胶涂抹的开端和末端
图 12-72

注意：在涂抹密封胶后的 5min 内进行安装。

注：密封胶涂抹位置的开端和末端的重叠应至少为 5mm。

③将 O 形圈安装到前盖如图 12-73 中 1 上。

注意：机油滤清器必须插入 O 形圈零件的末端。

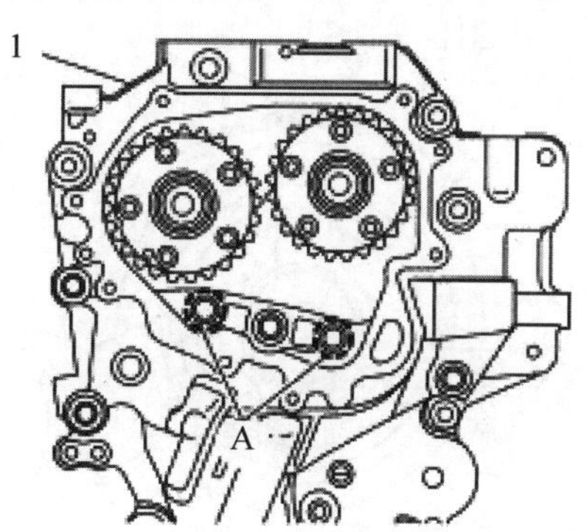

图 12-73

④按图 12-74 中 1~8 的顺序拧紧装配螺栓至规定扭矩。

注意：拧紧装配螺栓后，擦除多余的密封胶。

注：螺栓必须拧紧两次。

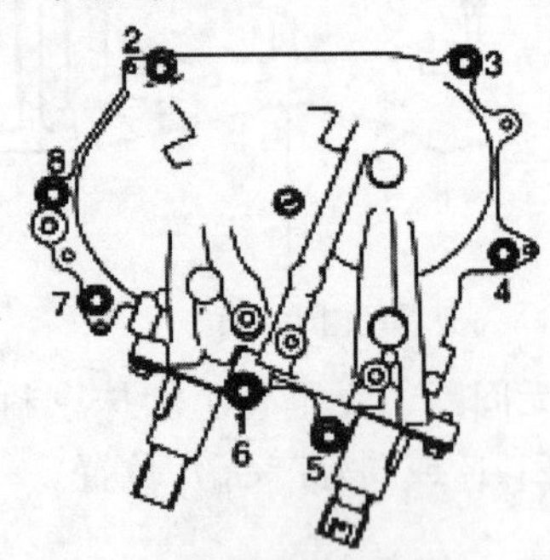

图 12-74

（13）按以下步骤安装曲轴带轮。

①在以塑料锤装上曲轴带轮时，请轻敲它的中心部位（非四周位置）。

注意：切勿损坏前油封唇部分。

②使用带轮固定器（通用维修工具）（如图 12-75 中 A）固定曲轴带轮（如图 12-75 中 1）。

③在曲轴带轮螺栓的螺纹和座面上涂抹新的发动机机油。

④拧紧曲轴带轮螺栓。

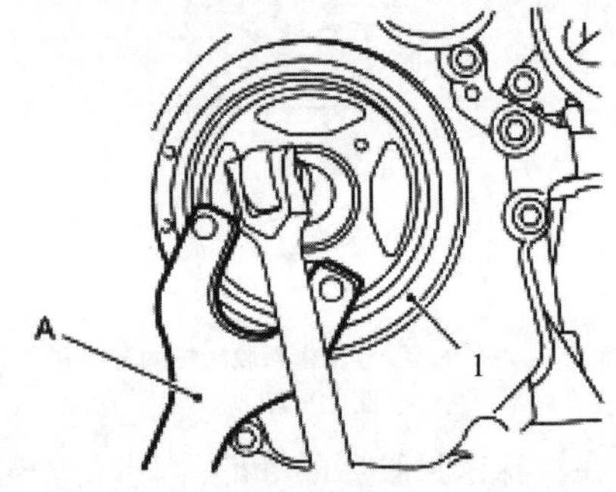

图 12-75

⑤在曲轴带轮（如图 12-76 中 2）上做一个油漆标记（如图 12-76 中 B），此标记需对齐曲轴带轮螺栓（如图 12-76 中 1）凸缘上 6 个容易识别的角度标记（如图 12-76 中 A）中的任一个。

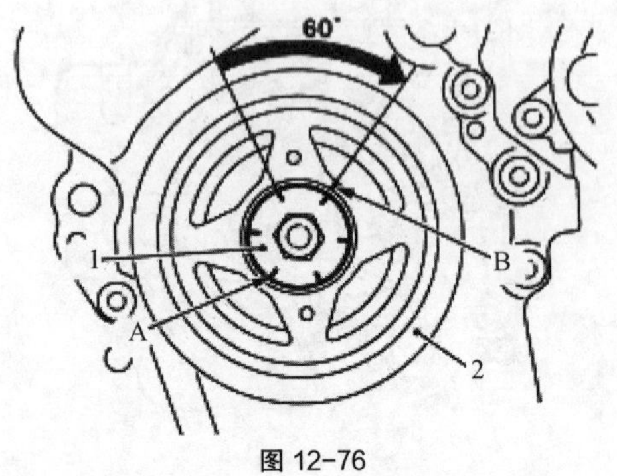

图 12-76

⑥再顺时针旋转 60°（角度拧紧）。

移动一个角度标记来检查拧紧角度。

⑦顺时针转动曲轴检查是否可顺滑转动。

（14）按照与拆卸相反的顺序安装其他零件。

（三）检查

检查正时链条的链节板和滚柱链节上是否有裂痕和过度磨损。如有必要，请更换正时链条，如图 12-77。

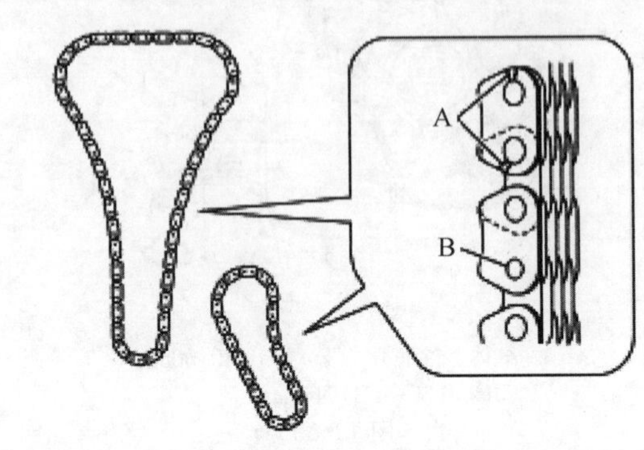

图 12-77

安装后，检查是否有泄漏。

以下是检查液体泄漏、润滑剂泄漏和排气泄漏的步骤。

启动发动机之前，请检查机油油位 / 液位（包括发动机冷却液和发动机机油）。如果低于指定的量，请加注到指定的液位。

按以下步骤检查是否有燃油泄漏。

将点火开关转到“ON”位置（发动机不启动）。在燃油管路中有燃油压力的情况下，检查连接部位是否有燃油泄漏。

启动发动机。提高发动机转速时，再次检查连接部位是否有燃油泄漏。

运转发动机检查是否有异常噪音和震动。

注：在拆卸 / 安装后，如果链条张紧器内的液压压力下降，松弛侧链条导轨可能会在发动机启动时或刚刚启动后产生敲击噪音。但是，这并非异常。噪音会在液压压力升高后消失。

彻底暖机后确认没有燃油或任何油 / 液（包括发动机机油和发动机冷却液）泄漏。

排放相关管路及软管中的空气（如冷却系统）。

发动机冷却后，再次检查油 / 液位（包括发动机机油和发动机冷却液）。如有必要，请加注到指定的液位，如表 12-3。

表 12-3

<table>
<tr><th colspan="2">检查项目</th><th>发动机
启动前</th><th>发动机
运转</th><th>发动机
停止后</th></tr>
<tr><td colspan="2">发动机冷却液</td><td>液位</td><td>泄漏</td><td>液位</td></tr>
<tr><td colspan="2">发动机机油</td><td>液位</td><td>泄漏</td><td>液位</td></tr>
<tr><td rowspan="2">变速器 / 变速驱动桥液</td><td>自动变速器车型和无级变速器车型</td><td>泄漏</td><td>液位 / 泄漏</td><td>泄漏</td></tr>
<tr><td>MT 车型</td><td>液位 / 泄漏</td><td>泄漏</td><td>液位</td></tr>
<tr><td colspan="2">其他油液 *</td><td>液位</td><td>泄漏</td><td>液位</td></tr>
<tr><td colspan="2">燃油</td><td>泄漏</td><td>泄漏</td><td>泄漏</td></tr>
<tr><td colspan="2">排气</td><td>—</td><td>泄漏</td><td>—</td></tr>
</table>

*：动力转向液、制动液等。

四、车型

东风日产新轩逸 1.8L（1.8L MRA8DE），2012—2019 年。

（一）正时链条分解

正时链条分解图，如图 12-78。

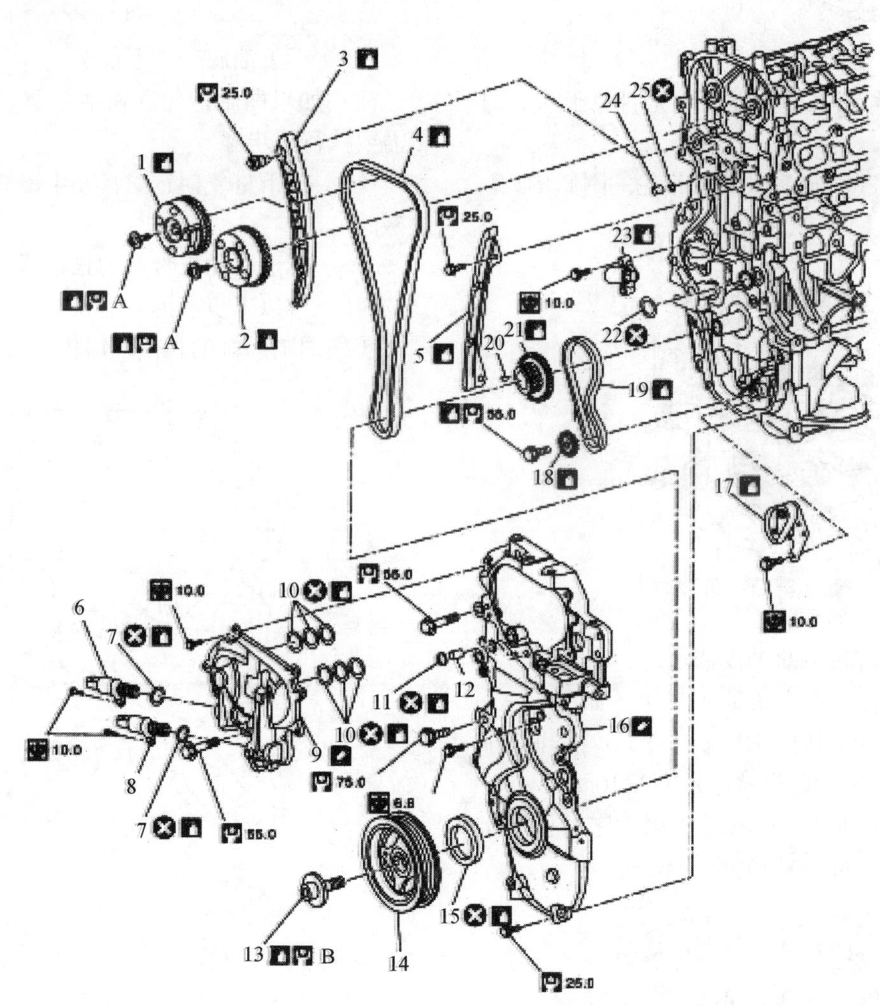

1- 凸轮轴链轮（排气） 2- 凸轮轴链轮（进气） 3- 正时链条松弛侧链条导轨 4- 正时链条 5- 正时链条张紧侧链条导轨 6- 气门正时控制电磁阀（排气） 7-O 形圈 8- 气门正时控制电磁阀（进气） 9-VTC 盖 10-O 形圈 11-O 形圈 12- VTC 机油滤清器 13- 曲轴皮带轮螺栓 14- 曲轴皮带轮 15- 前油封 16- 前盖 17- 油泵驱动链条张紧器 18- 油泵链轮 19- 油泵驱动链条 20- 曲轴键 21- 曲轴链轮 22-O 形圈 23- 正时链条张紧器 24-VTC 机油滤清器 25-O 形圈 A- 拧紧时遵守组装步骤 B- 拧紧时遵守组装步骤

图 12-78

（二）拆卸和安装

1. 拆卸。

（1）将发动机安装至发动机台架上。

（2）排放发动机机油。

（3）拆卸零件：进气歧管和摇臂盖。

（4）按以下步骤将1号气缸置于压缩行程的上止点。

①顺时针旋转曲轴皮带轮（如图12-79中1），并将TDC标记（非油漆记号）（如图12-79中B）对准前盖上的正时标记（如图12-79中A）。

如图12-79中C为白色油漆标记（不用于维修）。

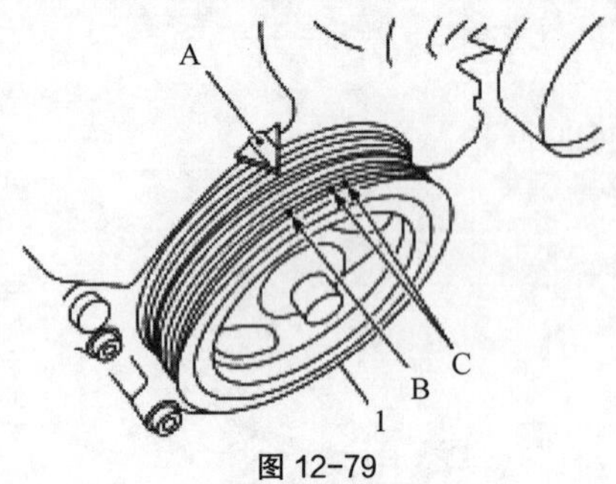

图12-79

②同时，检查1号气缸的凸轮突起是否位于箭头的位置。

如果没有，按图12-80转动曲轴皮带轮一圈（360°）并对齐。

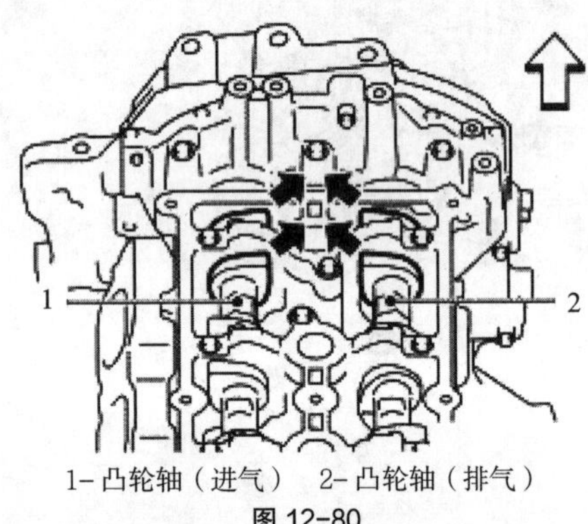

1-凸轮轴（进气） 2-凸轮轴（排气）

图12-80

（5）按照以下步骤拆下曲轴皮带轮。

①用皮带轮固定器（通用维修工具）（如图12-81中A）固定曲轴皮带轮（如图12-81中1），松开曲轴皮带轮螺栓，并使螺栓座面偏离其原始位置10mm。

注意：切勿拆下曲轴皮带轮螺栓，因为它们将用作皮带轮拔具（SST：KV11103000）的支撑点。

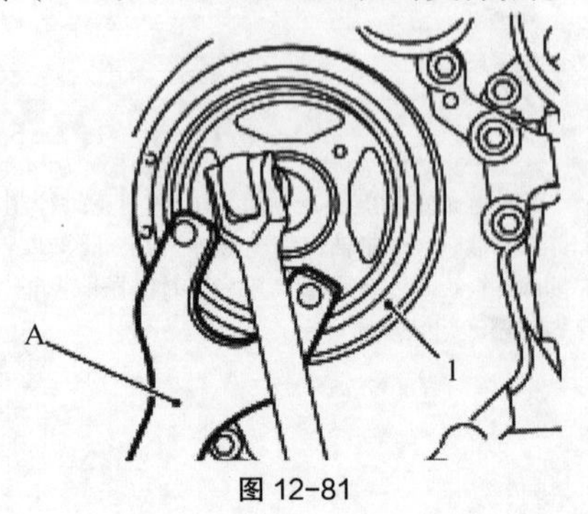

图12-81

②将皮带轮拔具（SST：KV11103000）装在曲轴皮带轮上的M6螺纹孔中，然后拆下曲轴皮带轮，如图12-82。

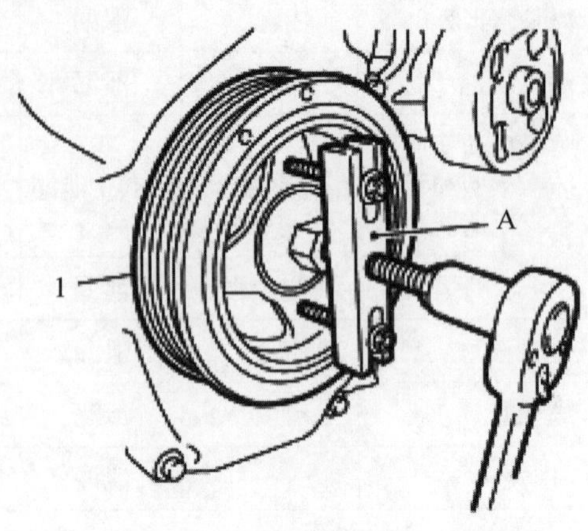

图12-82

（6）拆下油底壳（下部）。

注：如果曲轴链轮和机油泵驱动部件没有拆下，则不需要执行该步骤。

（7）拆下进气门正时控制电磁阀和排气门正时控制电磁阀。

（8）拆下驱动皮带自动张紧器。

（9）按以下步骤拆下前盖。

①按图12-83的相反顺序松开装配螺栓。

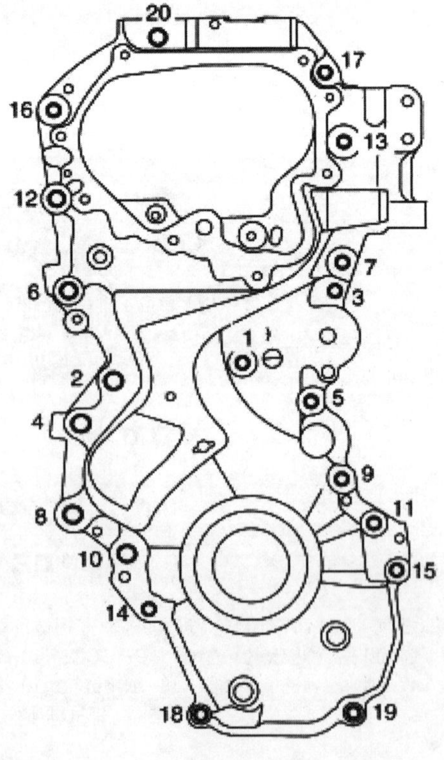

图12-83

②撬开如图12-84箭头位置来切割液态密封胶，然

后拆下前盖。

注意：小心不要损坏配合面。相较于过去的类型，它在出货时涂抹有黏性更大的液态密封胶，所以不可以将它从箭头位置以外的位置强制拆下。

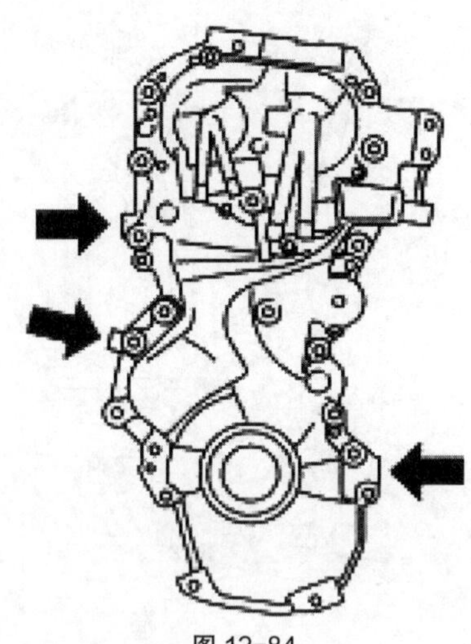
图 12-84

（10）从前盖上拆下前油封。

注意：小心切勿损坏前盖。

用螺丝刀撬起前油封。

（11）必要时，拆下气门正时控制盖。

按与图 12-85 的相反顺序松开装配螺栓。

注：拆卸时，请忽略顺序编号（如图 12-85 中 1）。

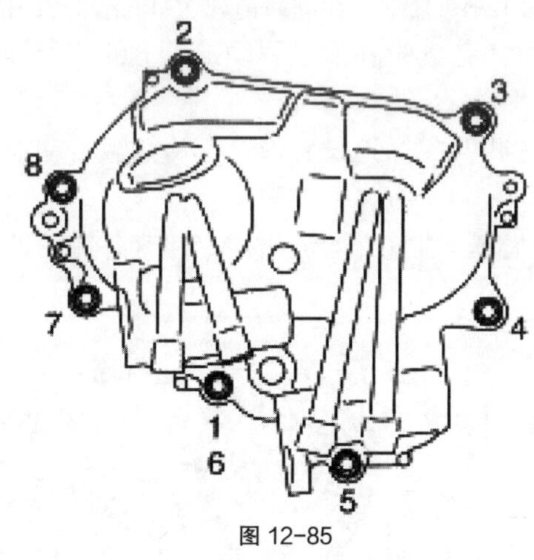

图 12-85

（12）按以下步骤拆下正时链条张紧器。

①按下正时链条张紧器柱塞后将铁丝（如图 12-86 中 A）（例如，卡子）插入顶部凹槽。

注：插入一根铁丝（例如，卡子）以牢固固定正时链条张紧器柱塞。

②拆下正时链条张紧器（如图 12-86 中 1）。

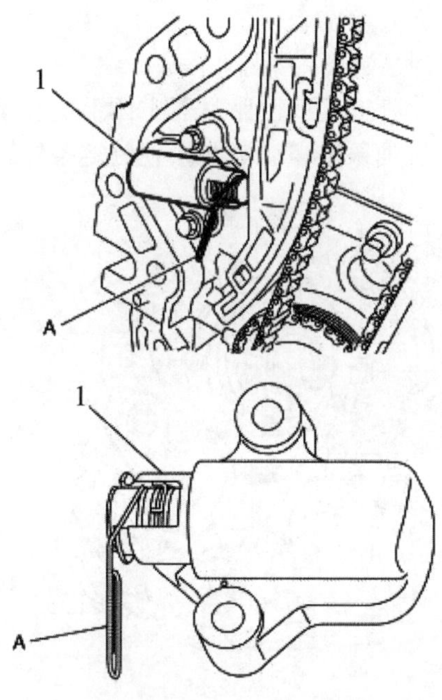

图 12-86

（13）拆下松弛侧链条导轨（如图 12-87 中 2）、张紧侧链条导轨（如图 12-87 中 3）和正时链条（如图 12-87 中 1）。

注意：拆卸正时链条后，切勿分别转动各曲轴或凸轮轴，否则会导致气门和活塞之间相互碰撞。

注：如果很难拆下正时链条，在拆下正时链条前先拆下凸轮轴链轮（排气）。

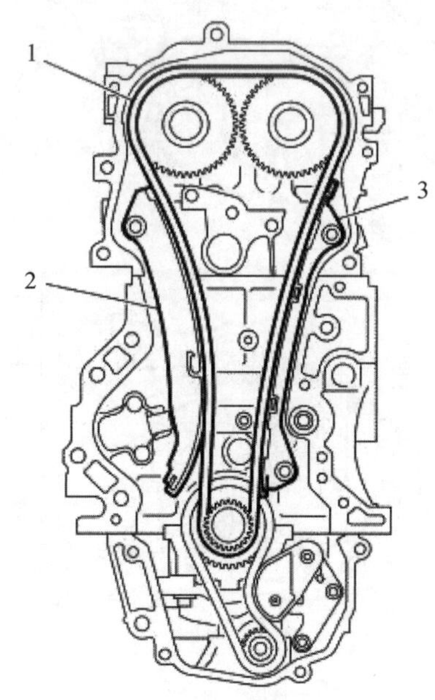

图 12-87

（14）按以下步骤拆下曲轴链轮和机油泵驱动部件。

①按图 12-88 的箭头方向按下油泵驱动链条张紧器（如图 12-88 中 1）。

②在主体孔（如图 12-88 中 B）内插入限位器销（如

图 12-88 中 A）。

③拆下油泵链条张紧器。

如果操作杆上的孔和张紧器主体上的孔没有对齐，请稍微移动机油泵链条张紧器松弛侧链条导轨对齐这些孔。

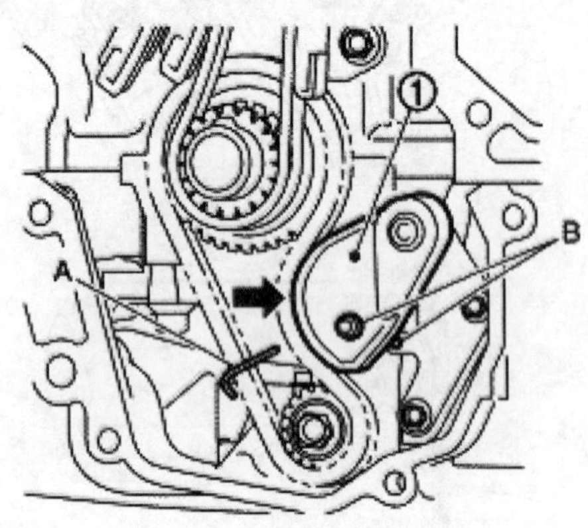

图 12-88

④抓住机油泵轴的 WAF 部分（WAF：10mm），然后松开机油泵链轮螺栓并将其拆下，如图 12-89。

注意：用 WAF 部分固定油泵轴。

切勿通过拧紧油泵驱动链条来松开油泵链轮螺栓。

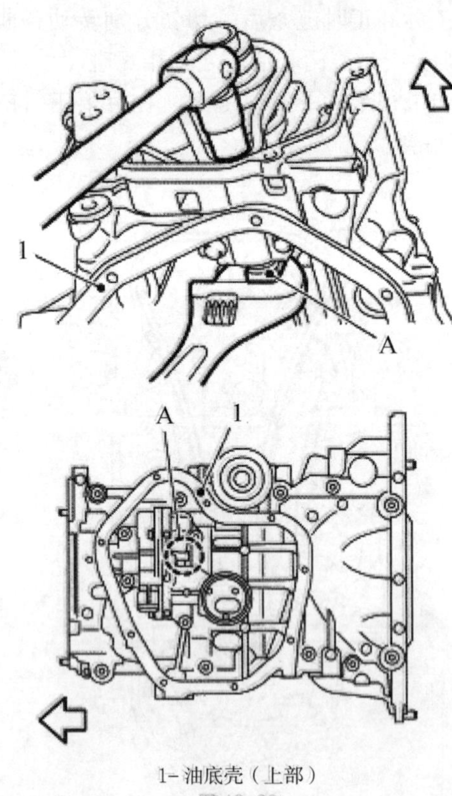

1- 油底壳（上部）
图 12-89

2. 安装。

注意：切勿重复使用 O 形圈。

注：图 12-90 中为已安装的部件、正时链条和相对应链轮匹配标记之间的关系。

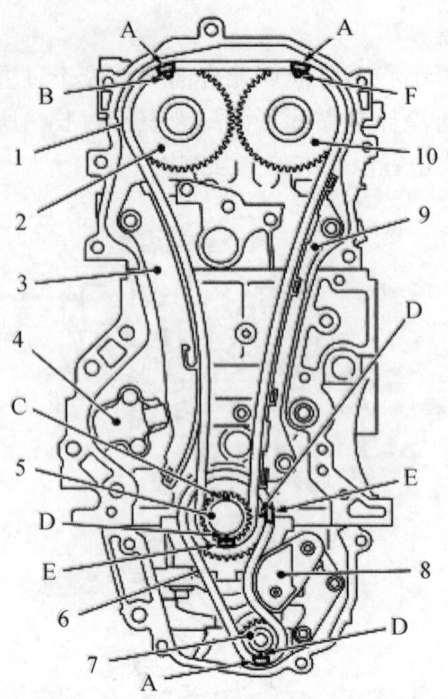

1- 正时链条 2- 凸轮轴链轮（排气） 3- 松弛导轨 4- 正时链条张紧器 5- 曲轴链轮 6- 油泵驱动链条 7- 油泵链轮 8- 油泵驱动链条张紧器 9- 张紧导轨 10- 凸轮轴链轮（进气） A- 匹配标记（深蓝色链节） B- 匹配标记（外槽） C- 曲轴键位置（垂直朝上） D- 匹配标记（印记） E- 匹配标记（铜链节） F- 匹配标记（外槽）
图 12-90

（1）检查曲轴键是否朝上。

（2）安装油泵驱动链条（如图 12-91 中 1）、曲轴链轮（如图 12-91 中 2）和油泵链轮（如图 12-91 中 3）。

通过对齐各链轮和油泵驱动链条上的匹配标记进行安装。

如果这些匹配标记没有对齐，请稍微转动油泵轴以修正位置。

注意：安装油泵驱动链条后，检查各链轮的匹配标记位置。

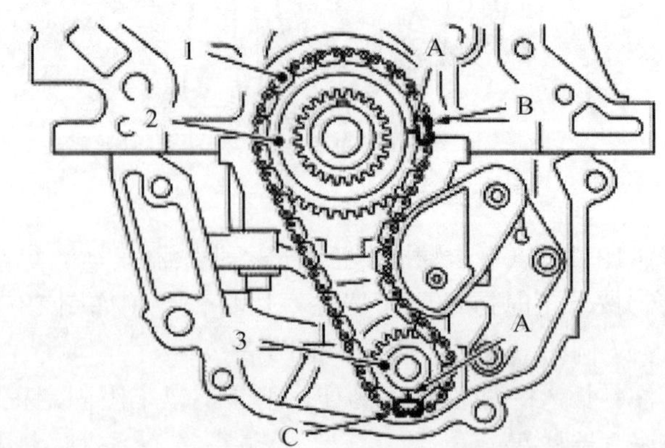

1- 驱动链条 2- 曲轴链轮 3- 油泵链轮
A- 匹配标记 （印记）B- 匹配标记（铜链节） C- 匹配标记（深蓝色链节）
图 12-91

（3）抓住油泵轴的 WAF 部分（WAF：10mm）（如图 12-92 中 A），然后拧紧油泵轴链轮螺栓。

注意：用 WAF 部分固定油泵轴。切勿通过拧紧油泵驱动链条来松开油泵轴链轮螺栓。

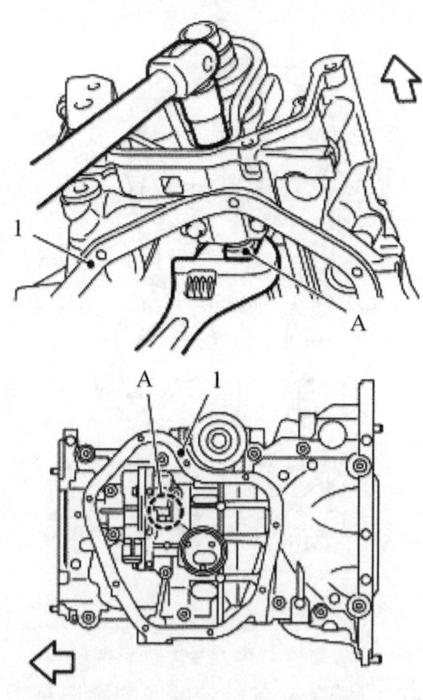

1- 油底壳（上部） A-WAF 部分

图 12-92

（4）安装机油泵链条张紧器（如图 12-93 中 1）。

用限位销（如图 12-93 中 A）将油泵张紧器面固定在完全压缩位置，然后安装。

安装油泵链条张紧器后，按箭头用力拉出限位销。

再次检查油泵驱动链条和各链轮的匹配标记位置。

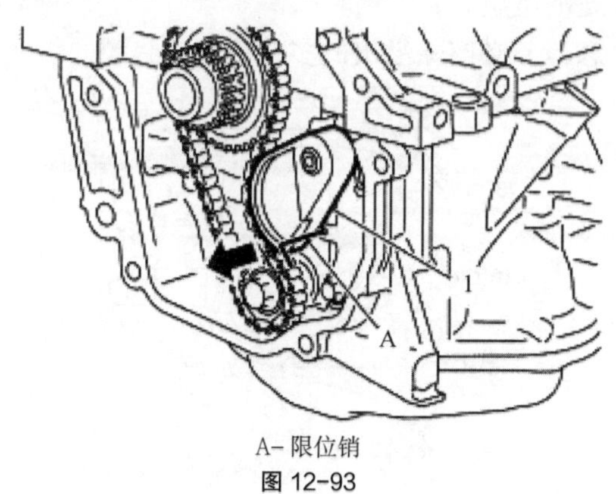

A- 限位销

图 12-93

（5）对齐各链轮匹配标记与正时链条的匹配标记，如图 12-94。

如果这些匹配标记没有对齐，请抓住六角形部位稍微转动凸轮轴以修正位置。

注意：安装正时链条后，再次检查各链轮和正时链条的匹配标记位置。

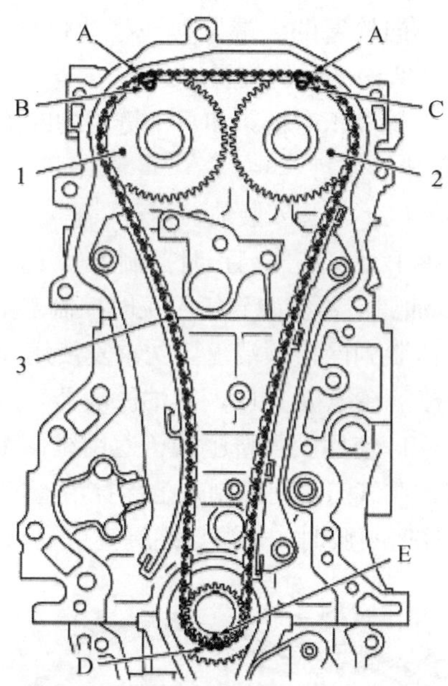

1- 凸轮轴链轮（排气） 2- 凸轮轴链轮（进气） 3- 正时链条
A- 匹配标记（深蓝色链节） B- 匹配标记（外槽） C- 匹配标记（外槽）
D- 匹配标记（铜链节） E- 匹配标记（印记）

图 12-94

（6）安装松弛侧链条导轨（如图 12-95 中 2）、张紧侧链条导轨（如图 12-95 中 3）和正时链条（如图 12-95 中 1）。

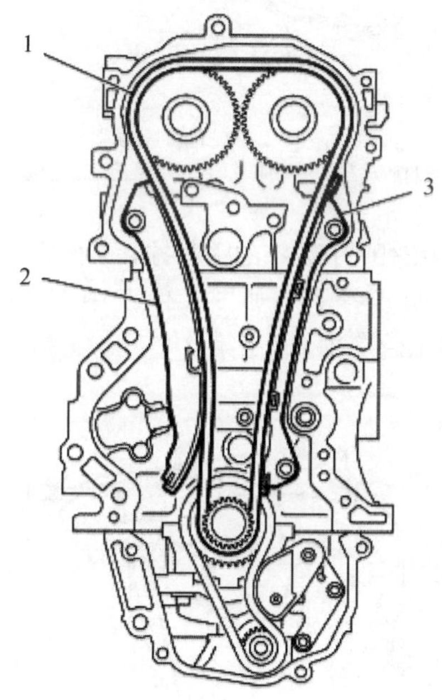

图 12-95

（7）安装正时链条张紧器。

用限位销将柱塞固定在完全压缩位置，然后安装。

安装正时链条张紧器后，用力拉出限位销。

注意：将张紧器安装在凸轮侧后，拉出锁止销。如果拉出锁止销后栓塞跳出且张紧器未安装到发动机上，切勿使用张紧器。重复使用凸轮侧的张紧器。

安装后，向栓塞的尖端拉起并移动棘轮夹并将张紧器定位在与柱塞槽平行的位置。

（8）再次检查正时链条和每个链轮的匹配标记位置。

（9）安装前油封。

（10）按以下步骤安装前盖。

①如已拆下，安装气门正时控制盖。

将 VTC 油滤清器安装到气门正时控制盖上。

注意：压装到网格顶端。切勿重复使用 VTC 油滤清器。废弃曾掉落在地板上的 VTC 油滤清器。请使用新品。

如图 12-96 使用胶管挤压器（通用维修工具）以连续点状的方式在气门正时控制盖上涂抹液态密封胶。

注：涂抹密封胶时，始端与终端应重叠 5mm 或以上。

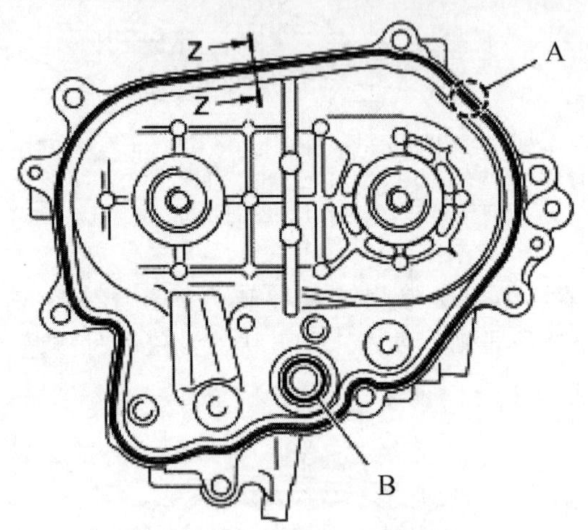

1- 前盖 2- 气门正时控制盖
A- 密封胶涂抹的始端和终端 B- 液态密封胶涂抹区
图 12-96

按照图 12-97 中数字的顺序拧紧装配螺栓。

注：分两步拧紧（如图 12-97 中 1）螺栓。顺序编号（如图 12-97 中 6）为第 2 步。

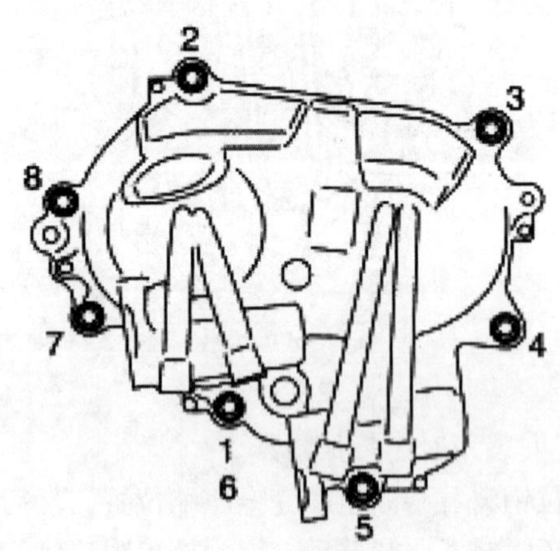

图 12-97

②将新 O 形圈安装到缸体上。

注意：务必对齐 O 形圈。

③使用胶管挤压器（通用维修工具）以连续点状的方式在前盖上涂抹液态密封胶（如图 12-98）。请使用原装密封胶或同等产品。

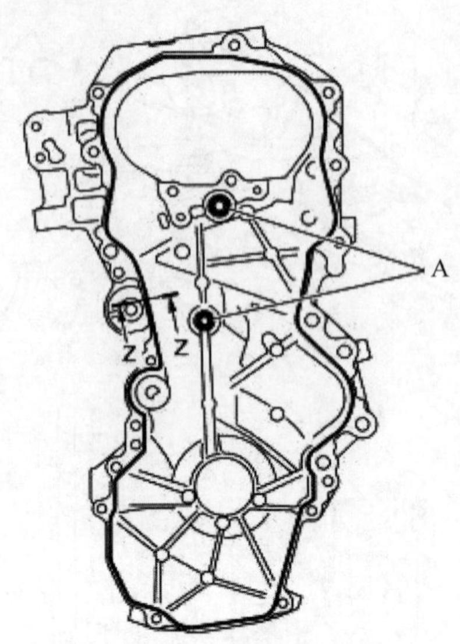

A- 液态密封胶涂抹区
图 12-98

④检查正时链条和各链轮的匹配标记是否仍然对齐。然后安装前盖。

注意：检查缸体上的 O 形圈安装是否正确。小心不要因与曲轴的前端干涉而损坏前油封。

⑤安装前盖，并按图中的数字顺序拧紧装配螺栓。

注意：应在涂抹液态密封胶后的 5min 内进行安装。

⑥在拧紧所有螺栓后，按图 12-99 的数字顺序重新拧紧至规定扭矩。

注意：务必擦除溢出的多余液态密封胶。

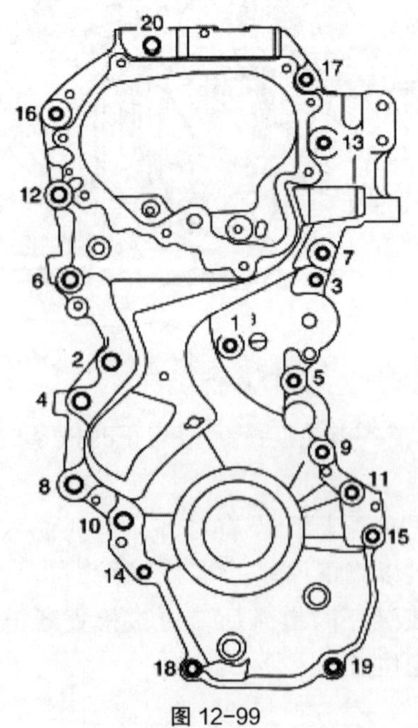

图 12-99

（11）按以下步骤安装曲轴皮带轮。

①在以塑料锤装上曲轴皮带轮时，请轻敲它的中心部位（非四周位置）。

注意：切勿损坏前油封唇部分。

②使用皮带轮固定器（通用维修工具）（如图 12-100 中 A）固定曲轴皮带轮（如图 12-100 中 1）。

③在曲轴皮带轮螺栓的螺纹和座面上涂抹新的发动机机油。

④拧紧曲轴皮带轮螺栓。

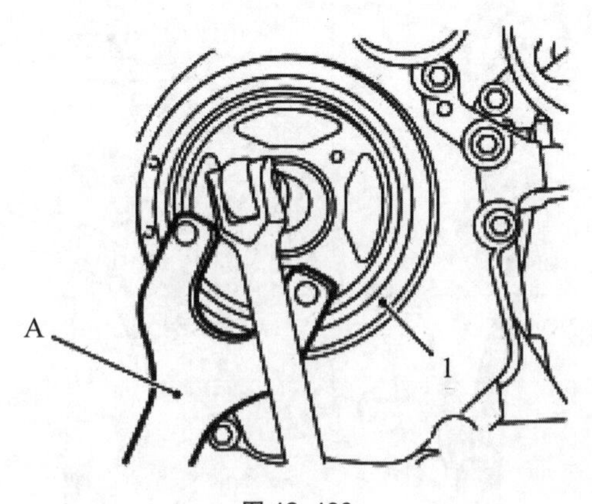

图 12-100

⑤在曲轴皮带轮（如图 12-101 中 2）上做一个油漆标记（如图 12-101 中 B），此标记需对其曲轴皮带轮螺栓（如图 12-101 中 1）凸缘上 6 个容易识别的角度标记（如图 12-101 中 A）中的任意一个。

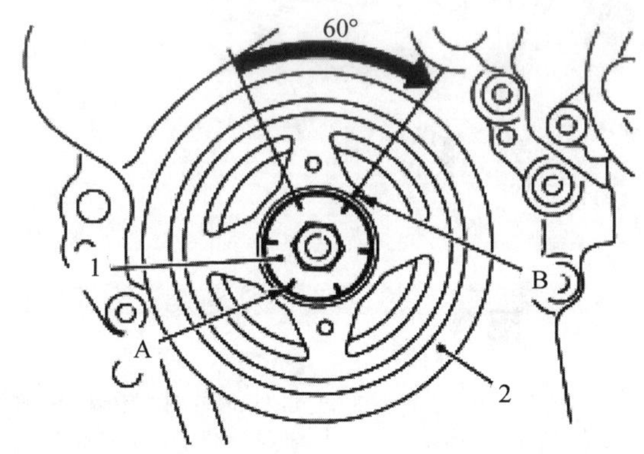

图 12-101

⑥再顺时针旋转 60°（角度拧紧）。

移动一个角度标记来检查拧紧角度。

⑦顺时针转动曲轴检查是否可顺滑转动。

（12）按照与拆卸相反的顺序安装其他零件。

（三）检查

检查正时链条的链节板和滚柱链节上是否有裂痕（如图 12-102 中 A）和过度磨损（如图 12-102 中 B）。

如有必要，请更换正时链条。

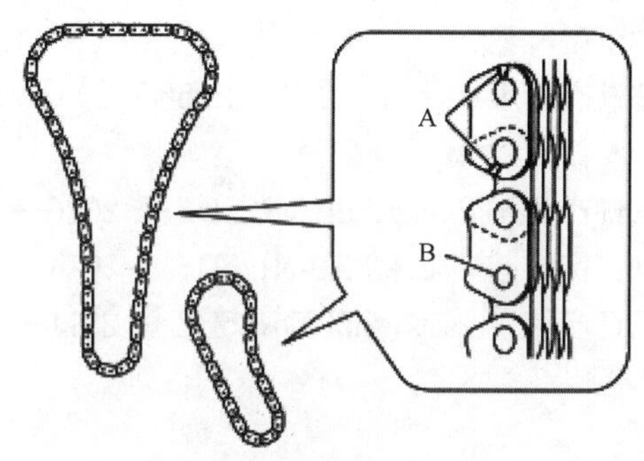

图 12-102

安装后，检查是否有泄漏。

以下是检查液体泄漏、润滑剂泄漏和排气泄漏的步骤。

启动发动机之前，请检查机油油位 / 液位（包括发动机冷却液和发动机机油）。如果低于指定的量，请加注到指定的液位。

按以下步骤检查是否有燃油泄漏。

将点火开关转到“ON”位置（发动机不启动）。在燃油管路中有燃油压力的情况下，检查连接部位是否有燃油泄漏。

启动发动机。提高发动机转速时，再次检查连接部位是否有燃油泄漏。

运转发动机检查是否有异常噪音和震动。

注：在拆卸 / 安装后，如果链条张紧器内的液压压力下降，松弛侧链条导轨可能会在发动机启动时或刚刚启动后产生敲击噪音。但是，这并非异常。噪音会在液压压力升高后消失。

彻底暖机后确认没有燃油或任何油 / 液（包括发动机机油和发动机冷却液）泄漏。

排放相关管路及软管中的空气（如冷却系统）。

发动机冷却后，再次检查油 / 液位（包括发动机机油和发动机冷却液）。如有必要，请加注到指定的液位，如表 12-4。

表 12-4

检查项目		发动机启动前	发动机运转	发动机停止后
发动机冷却液		液位	泄漏	液位
发动机机油		液位	泄漏	液位
变速器 / 变速驱动桥液	自动变速器车型和无级变速器车型	泄漏	液位 / 泄漏	泄漏
	MT 车型	液位 / 泄漏	泄漏	液位
其他油液 *		液位	泄漏	液位
燃油		泄漏	泄漏	泄漏
排气		—	泄漏	—

*：动力转向液、制动液等。

五、车型

东风日产新天籁 2.5L（2.5L QR25DE），2013—2018 年。

东风日产西玛 2.5L（2.5L QR25DE），2016—2018 年。

东风日产奇骏 2.5L（2.5L QR25DE），2014—2018 年。

东风日产楼兰 2.5L（2.5L QR25DE），2011—2018 年。

东风日产楼兰混动 2.5L（2.5L QR25DER），2015—2018 年。

郑州日产途达 2.5L（2.5L QR25DE），2018—2019 年。

（一）正时链条分解

正时链条分解图，如图 12-103。

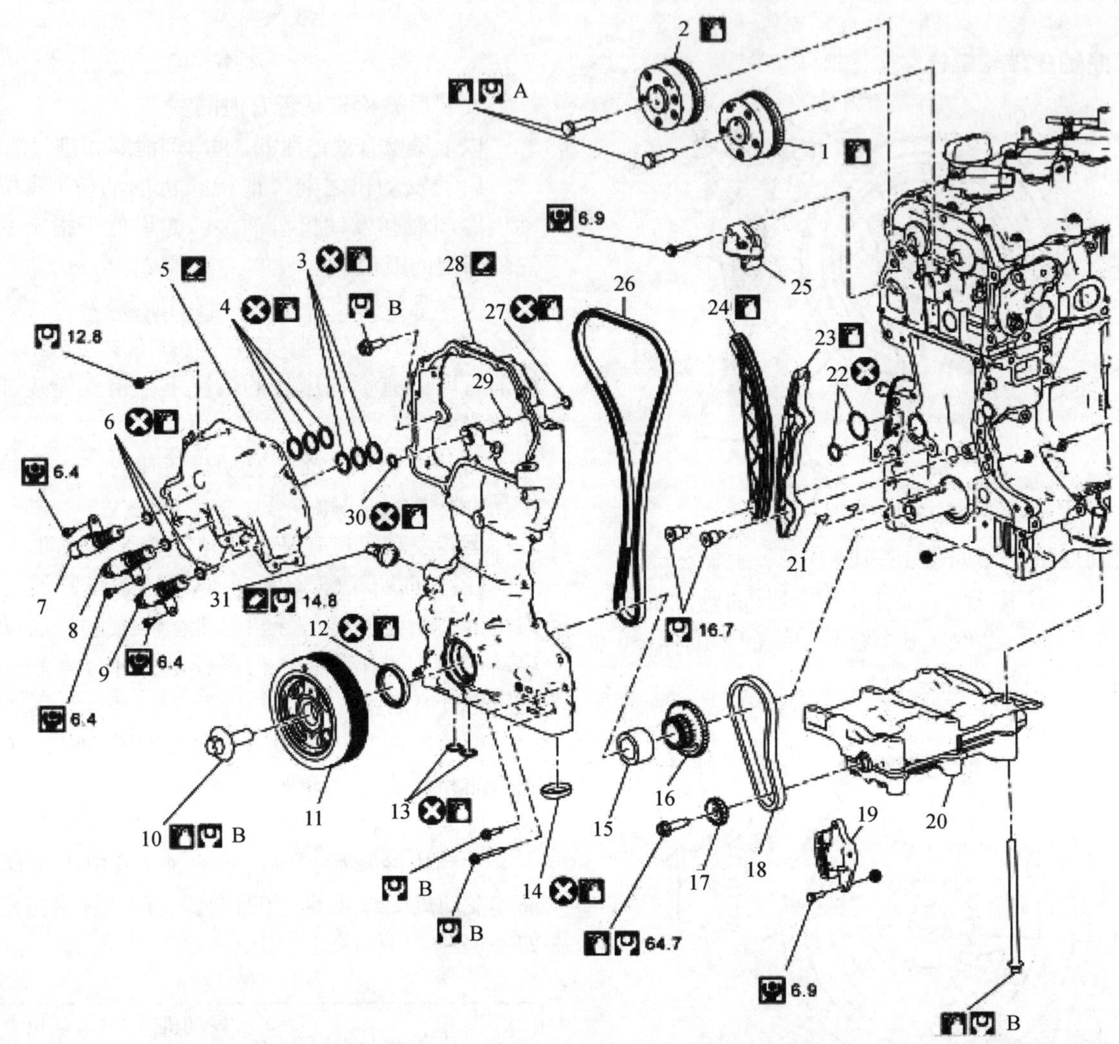

1- 凸轮轴链轮（排气） 2- 凸轮轴链轮（进气） 3-O 形圈 4-O 形圈 5- 气门正时控制盖 6-O 形圈 7- 中间进气门正时控制电磁阀 8- 进气门正时控制电磁阀 9- 排气门正时控制电磁阀 10- 曲轴皮带轮螺栓 11- 曲轴皮带轮 12- 前油封 13-O 形圈 14-O 形圈 15- 机油泵驱动隔套 16- 曲轴链轮 17- 平衡单元链轮 18- 平衡单元正时链条 19- 平衡单元正时链条张紧器 20- 平衡单元 21- 曲轴键 22-O 形圈 23- 正时链条张紧侧链条导轨 24- 正时链条松弛侧链条导轨 25- 链条张紧器 26- 正时链条 27-O 形圈 28- 前盖 29- 机油滤清器 30-O 形圈 31- 机油压力传感器 A- 拧紧时遵守组装步骤 B- 拧紧时遵守组装步骤

图 12-103

（二）拆卸和安装

1. 拆卸。

（1）拆下以下零件。

· PCV 软管

· 进气歧管

· 点火线圈

· 驱动皮带

· 驱动皮带自动张紧器

（2）拆卸发动机安装支架（右侧）。

（3）拆下摇臂盖。

（4）拆下油底壳（下）。

（5）拆下油底壳（上）和机油集滤器。

（6）拆下气门正时控制盖。

按与图 12-104 的相反顺序松开螺栓。

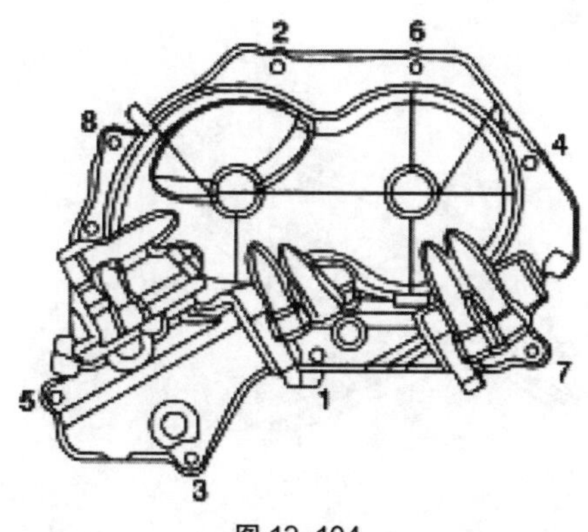

图 12-104

注：不要松开气门正时控制盖后面上的螺丝，如图12-105。

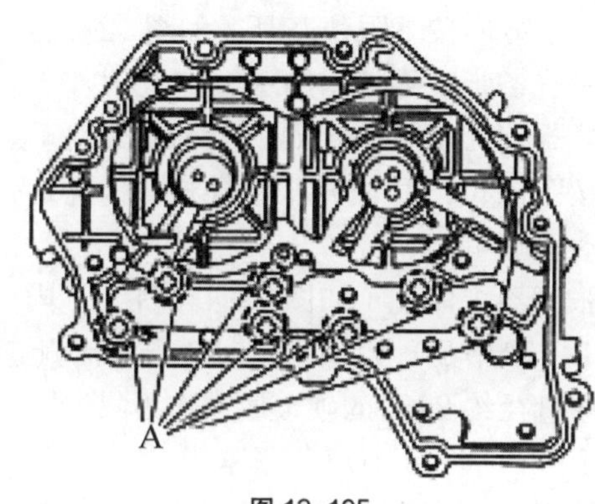

图 12-105

（7）通过前盖拉出凸轮轴链轮之间的链条导轨。

（8）按以下步骤将1号气缸置于压缩行程的上止点：拧紧时遵守组装步骤。

①顺时针旋转曲轴皮带轮（如图12-106中1），并将TDC标记（非油漆记号）（如图12-106中B）对准前盖上的正时标记（如图12-106中A）。油漆标记（如图12-106中C）（不用于维修）。

图 12-106

②同时，检查凸轮轴链轮上的匹配标记位置（如图12-107中A）。

若非如此，再将曲轴皮带轮转动一圈，使匹配标记在图中所示的位置。

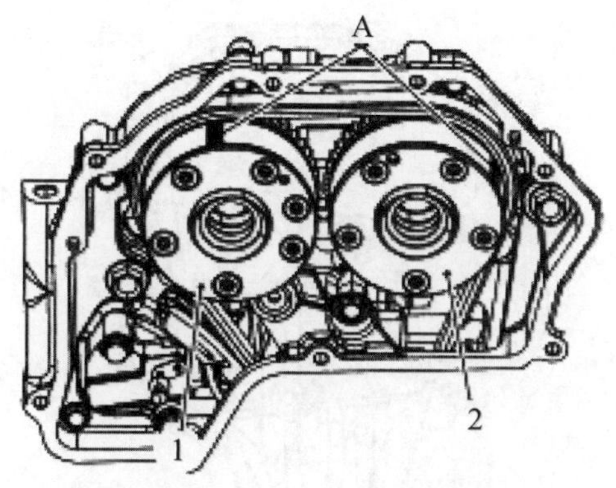

1- 凸轮轴链轮（进气） 2- 凸轮轴链轮（排气）

图 12-107

（9）按照以下步骤拆下曲轴皮带轮。

①用皮带轮固定器（通用维修工具）（如图12-108中A）固定曲轴皮带轮（如图12-108中1），松开曲轴皮带轮螺栓，并使螺栓座面偏离其原始位置10mm。

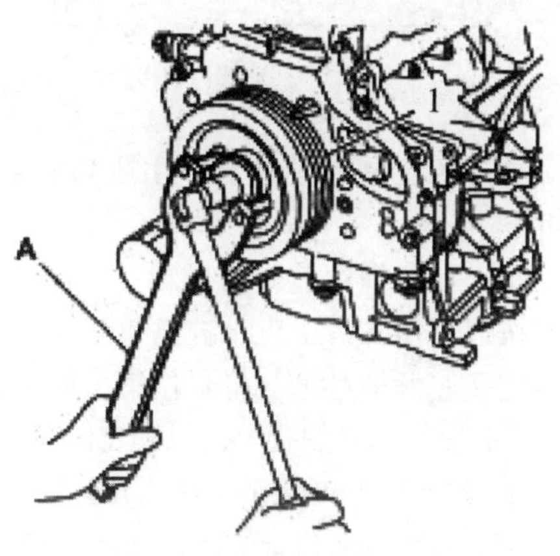

图 12-108

②在曲轴皮带轮的M6螺纹孔内安装皮带轮拔具（SST：KV11103000）（如图12-109中A），然后拆下曲轴皮带轮。

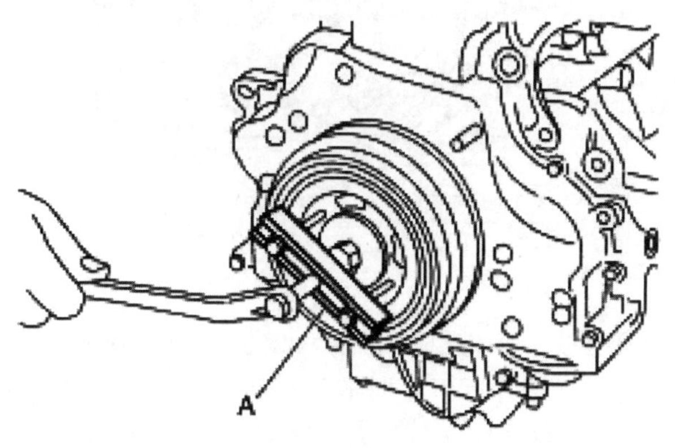

图 12-109

（10）按以下步骤拆下前盖。

按与如图12-110的相反顺序松开并拆卸装配螺栓。

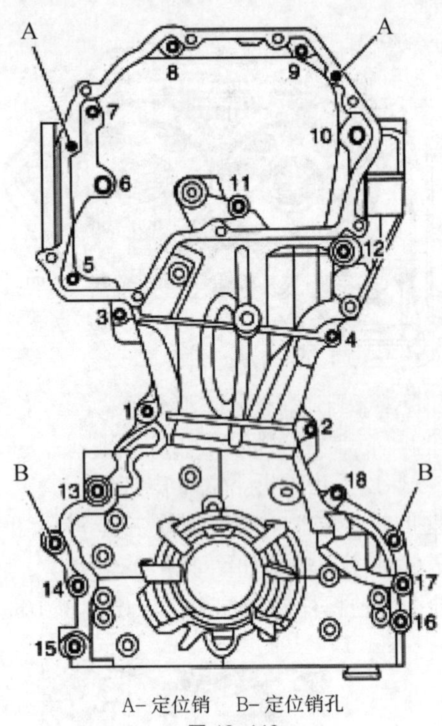

A- 定位销　B- 定位销孔

图 12-110

（11）如果需要更换前油封，用适当的工具进行提升并将其拆下。

注意：小心切勿损坏前盖。

（12）按以下步骤拆下正时链条和凸轮轴链轮。

①按下链条张紧器柱塞。将限位销（如图 12-111 中 A）插入链条张紧器体上的孔中，以固定链条张紧器柱塞并拆下链条张紧器（如图 12-111 中 1）。

注：使用直径大约 0.5mm 的硬金属销作为限位销。

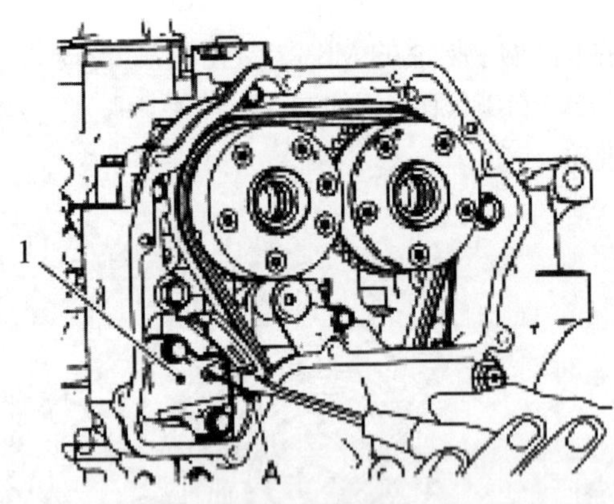

图 12-111

②用扳手固定凸轮轴的六角形部分。松开凸轮轴链轮装配螺栓并拆下正时链条和凸轮轴链轮，如图 12-112。

注意：在正时链条拆下时，切勿旋转曲轴或凸轮轴，否则会导致气门和活塞之间的相互碰撞。

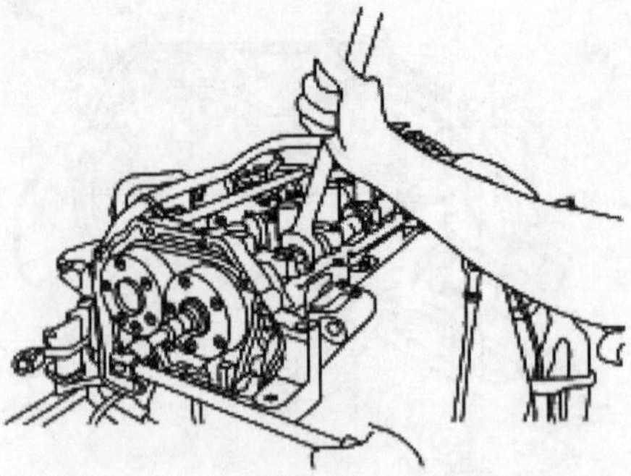

图 12-112

（13）拆下正时链条松紧导杆、正时链条张紧导板和机油泵驱动隔套。

（14）按以下步骤拆下平衡单元正时链条张紧器。

①朝所示方向按下限位凸耳（如图 12-113 中 A），以便将正时链条张紧导板（如图 12-113 中 B）。推向正时链条张紧器（机油泵）（如图 12-113 中 1）。

通过按下限位凸耳松开张紧导板。这样，张紧导板就可以移动。

②在张紧器主体孔（如图 12-113 中 C）内插入限位销（如图 12-113 中 D），以固定正时链条松弛侧链条导轨。

注：用直径约 2mm 的硬金属销作为限位销。

③拆下平衡单元正时链条张紧器。

当无法对齐杆上的孔和张紧器主体上的孔时，略微移动松弛侧链条导轨来对齐这些孔。

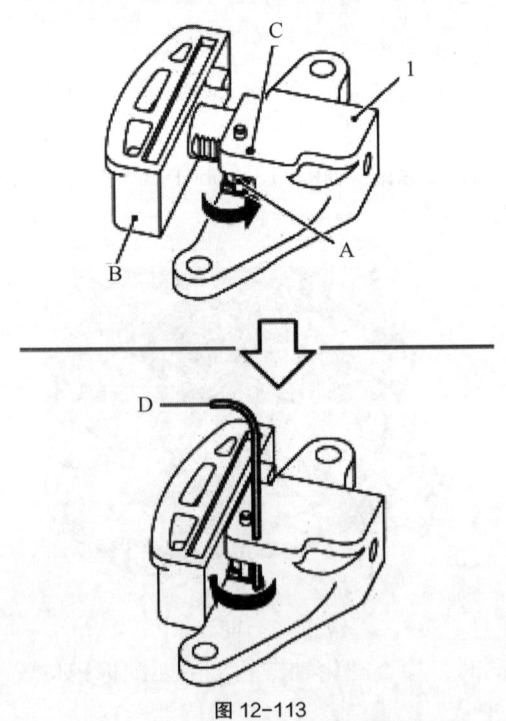

图 12-113

（15）拆下平衡单元正时链条和曲轴链轮。

（16）按与如图 12-114 的相反顺序松开安装螺栓，然后拆下平衡单元。

注意：切勿拆解平衡单元。

注：使用 TORX 套筒（尺寸 E14）。

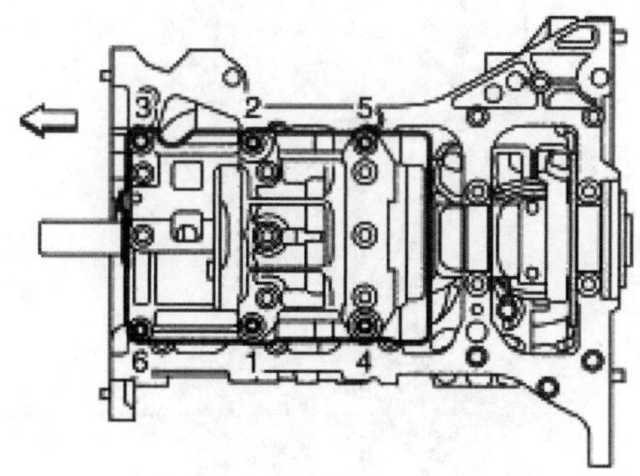

图 12-114

2. 安装

注意：切勿重复使用 O 形圈。

注：图 12-115 中为已安装的部件、正时链条和相对应链轮匹配标记之间的关系。

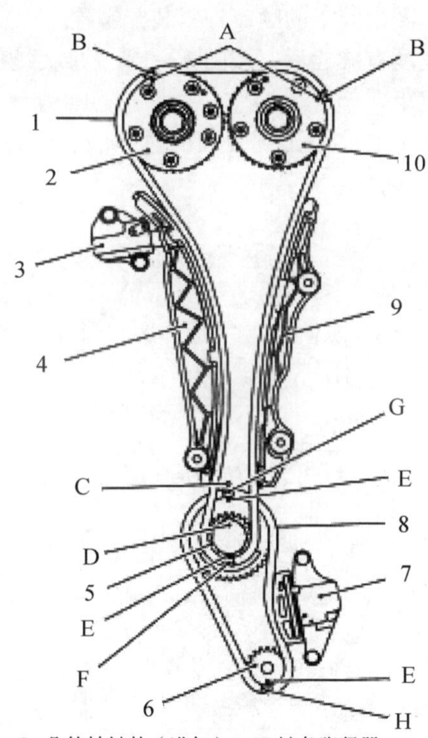

1- 正时链条 2- 凸轮轴链轮（进气） 3- 链条张紧器 4- 正时链条松弛侧链条导轨 5- 曲轴链轮 6- 平衡单元链轮 7- 平衡单元链条张紧器 8- 平衡单元正时链条 9- 正时链条张紧侧链条导轨 10- 凸轮轴链轮（排气） A- 匹配标记（外印线） B- 粉红色链节 C- 匹配标记（凸起） D- 曲轴键 E- 匹配标记（压印） F- 橙色链节 G- 黄色链节 H- 蓝色连杆

图 12-115

（1）检查曲轴键是否朝上。

（2）根据以下步骤按图 12-116 中数字顺序拧紧安装螺栓，然后安装平衡单元。

注意：如果重复使用安装螺栓，安装之前必须检查其外径。

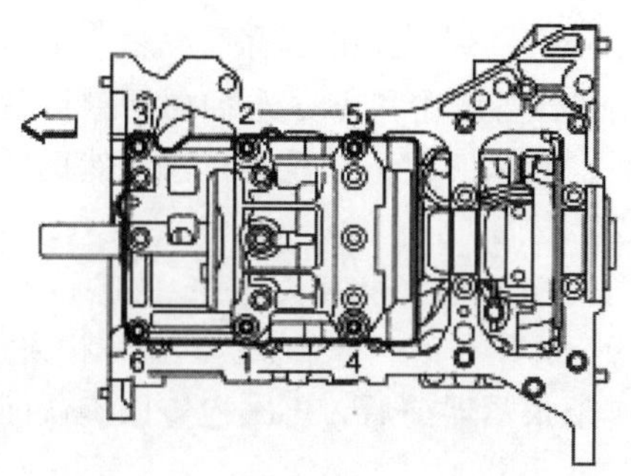

图 12-116

①在螺纹和固定螺栓的底面上涂抹新的发动机机油。

②拧紧 1~5 号螺栓。

③拧紧 6 号螺栓。

④顺时针拧紧 1~5 号螺栓 120°（角度拧紧）。

注意：使用角度扳手（SST：KV10112100）（如图 12-117 中 A）检查拧紧角度。切勿靠目视检查作出判断。

⑤将 6 号螺栓顺时针转动 90°（角度拧紧）。

⑥完全松开所有螺栓。

注意：在此步骤中，以相反顺序松开螺栓。

⑦重复步骤。

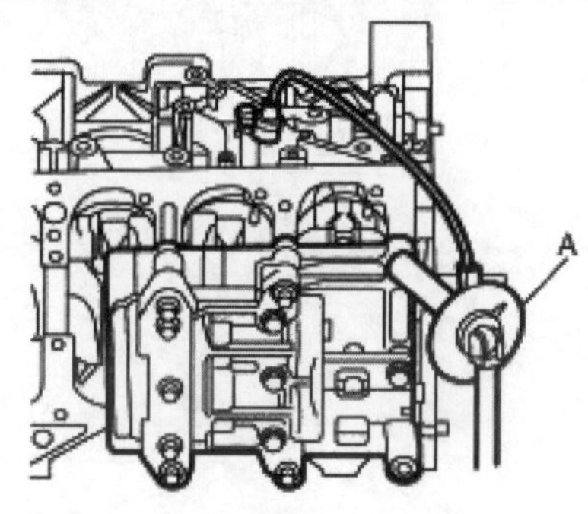

图 12-117

（3）安装曲轴链轮（如图 12-118 中 1）和平衡单元正时链条（如图 12-118 中 2）。

确认曲轴链轮与缸体上的匹配标记（如图 12-118 中 A）和顶部处的曲轴链轮汇合点（如图 12-118 中 C）放置在一起。

安装时对齐各链轮和平衡单元正时链条上的匹配标记。

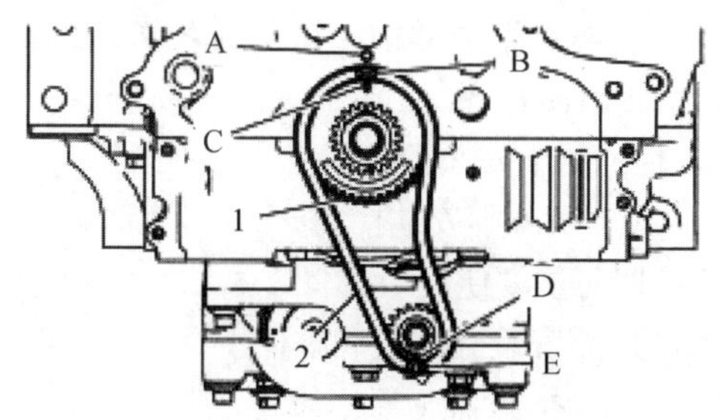

B- 匹配标记（黄色） D- 匹配标记 E- 匹配标记（蓝色）

图 12-118

（4）安装平衡单元正时链条张紧器。

注意不要让各链轮和正时链条的匹配标记打滑。

安装后，确认匹配标记没有打滑，然后拆下限位销并松开张紧器套筒。

（5）安装正时链条和相关零件。如图 12-119。

对齐每个链轮和正时链条上的匹配标记来进行安装。

安装链条张紧器前后，再次检查以确认匹配标记没有打滑。

安装链条张紧器后，拆下限位销，然后确认张紧器移动自由。

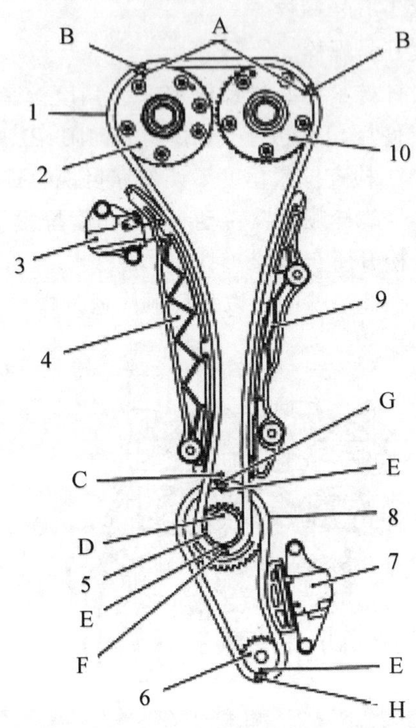

1- 正时链条　2- 凸轮轴链轮（进气）　3- 链条张紧器　4- 正时链条松弛侧链条导轨　5- 曲轴链轮　6- 平衡单元链轮　7- 平衡单元链条张紧器　8- 平衡单元正时链条　9- 正时链条张紧侧链条导轨　10- 凸轮轴链轮（排气）　A- 匹配标记（外印线）　B- 粉红色链节　C- 匹配标记（凸起）　D- 曲轴键　E- 匹配标记（压印）　F- 橙色链节　G- 黄色链节　H- 蓝色连杆

图 12-119

注意：基于以下说明，在匹配标记对齐后，请用一手扶住使它们保持对齐。为避免错齿，在前盖安装前，切勿转动曲轴和凸轮轴。

注：安装链条张紧器前，可更改各链轮上正时链条匹配标记位置以便对齐。

（6）在前盖上安装前油封。

（7）按以下步骤安装前盖。

注意：切勿重复使用 O 形圈。

①将 O 形圈安装到缸盖和缸体上。

②使用胶管挤压器（通用维修工具）以连续点状的方式涂抹液态密封胶到前盖上，如图 12-120。

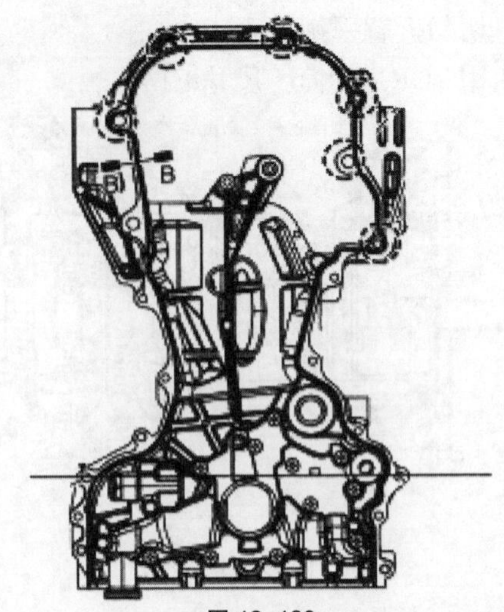

图 12-120

③检查正时链条和各链轮的匹配标记是否仍然对齐，然后安装前盖。

注意：小心不要因与曲轴的前端干涉而损坏前油封。

④按照图中数字的顺序拧紧装配螺栓。

⑤拧紧所有螺栓后，按图 12-121 的数字顺序重新拧紧至规定扭矩。

注意：务必将溢出到表面的过多液态密封胶擦干净以便安装油底壳。

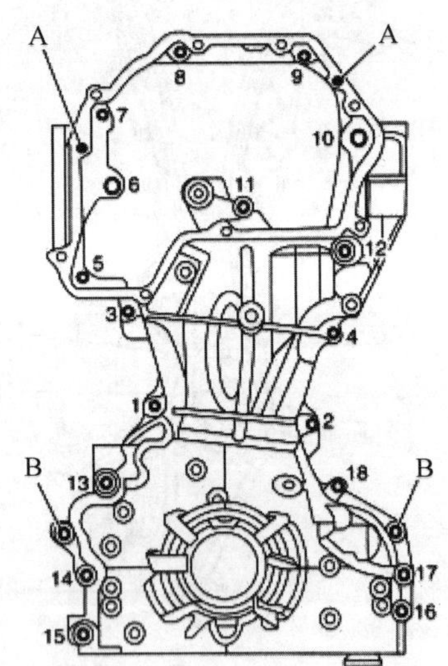

A- 定位销　B- 定位销孔

图 12-121

（8）安装凸轮轴链轮之间的链条导轨。

（9）按以下步骤安装气门正时控制盖。

①如有拆卸，将气门正时控制电磁阀安装到气门正时控制盖上。

②将新 O 形圈安装到气门正时控制盖后侧上的凸轮轴链轮（INT）插入点。

③将新的 O 形圈安装到前盖上。

④使用胶管挤压器（通用维修工具）以连续点状的

方式在气门正时控制盖上涂抹液态密封胶（如图 12-122 中 A）。

涂抹正品密封胶（Three Bond 1217H）或同等产品。

注意：应在涂抹液态密封胶后 5min 内进行安装。切勿重复使用 O 形圈。

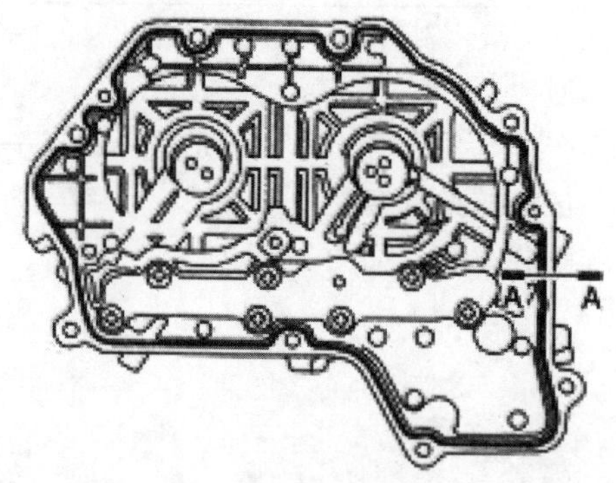

图 12-122

⑤按照图 12-123 中数字的顺序拧紧装配螺栓。

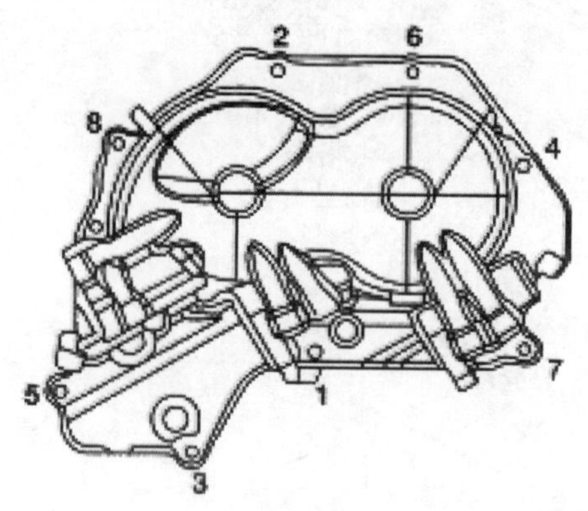

图 12-123

（10）通过对齐曲轴键插入曲轴皮带轮。

在以塑料锤装上曲轴皮带轮时，请轻敲它的中心部位（非四周位置）。

注意：安装时请保护前油封唇缘部分避免任何损坏。

（11）拧紧曲轴皮带轮螺栓，如图 12-124。

用皮带轮固定器（通用维修工具）固定曲轴皮带轮，并拧紧曲轴皮带轮螺栓。

按照以下步骤执行角度拧紧：

①在曲轴皮带轮螺栓的螺纹和座面上涂抹新的发动机机油。

②拧紧曲轴皮带轮螺栓。

③在曲轴皮带轮上做一个油漆记号，使其对齐螺栓凸缘上，6 个容易识别的角度标记中的任一个。

④再顺时针旋转 60°（角度拧紧）。

移动一个角度标记来检查拧紧角度。

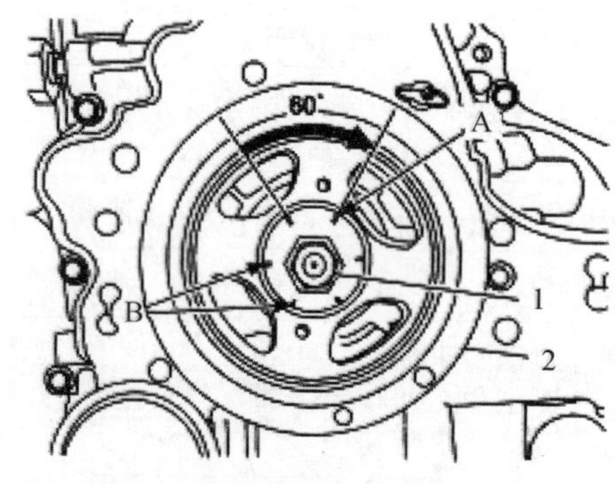

图 12-124

（12）按照与拆卸相反的顺序安装上所有拆卸的零件。

（三）检查

检查正时链条有无裂纹（如图 12-125 中 A）以及正时链条滚柱链节处有无过度磨损（如图 12-125 中 B）。

如有必要，请更换正时链条。

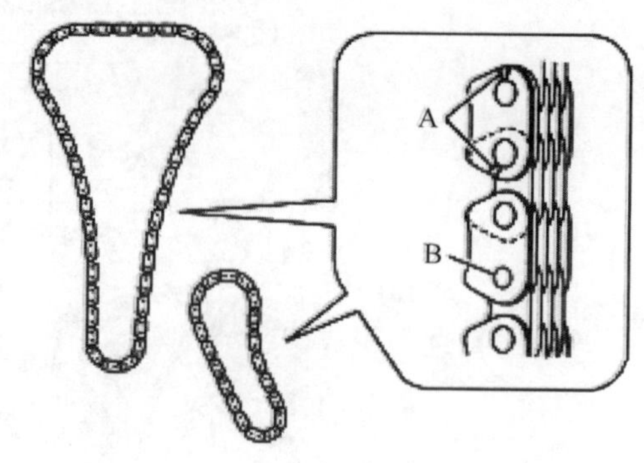

图 12-125

平衡单元安装螺栓外径：

· 测量两个位置的外径（d1、d2），如图 12-126

· 如果缩小出现在“A”范围内，则将其视为“d2”

· 如果超出极限（尺寸差别大），请用新零件予以更换

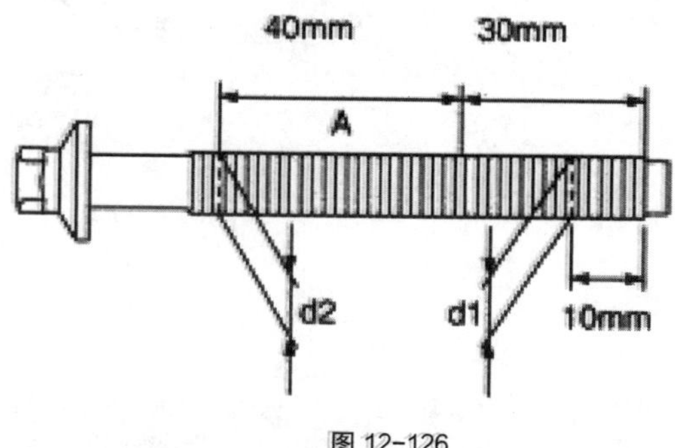

图 12-126

安装后检查，检查泄漏。

检查项目概要，如表 12-5。

表 12-5

检查项目		发动机启动前	发动机运转	发动机停止后
发动机冷却液		液位	泄漏	液位
发动机机油		液位	泄漏	液位
变速器 / 变速驱动桥液	自动变速器车型和无级变速器车型	泄漏	液位 / 泄漏	泄漏
	MT 车型	液位 / 泄漏	泄漏	液位
其他油液 *		液位	泄漏	液位

续表

检查项目	发动机启动前	发动机运转	发动机停止后
燃油	泄漏	泄漏	泄漏
排气	—	泄漏	—

*：动力转向液、制动液等。

六、车型

东风日产楼兰 3.5L（3.5L VQ35DE），2011—2014 年。

（一）正时链条分解

正时链条分解图，如图 12-127。

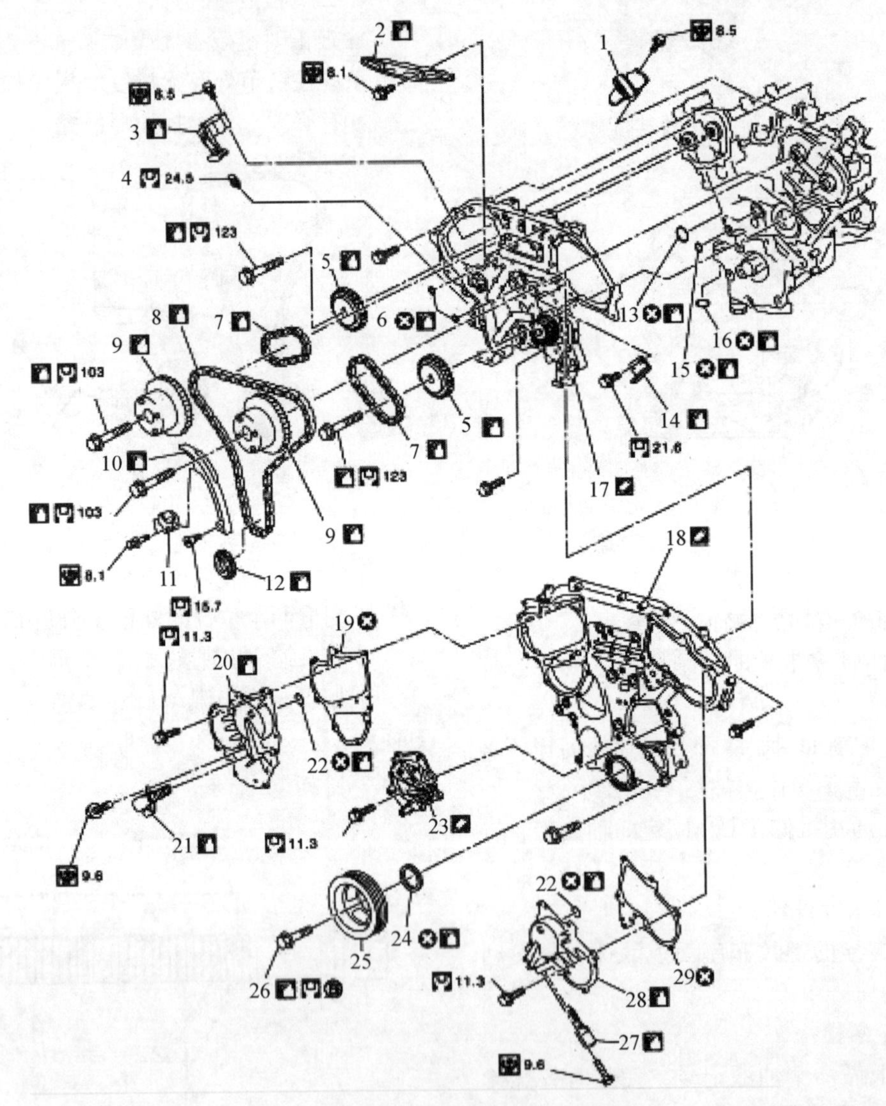

1- 正时链条张紧器（副）（气缸侧体 2） 2- 内链条导轨 3- 正时链条张紧器（副）（气缸侧体 1） 4- 机油温度传感器 5- 凸轮轴链轮（排气） 6-O 形圈 7- 正时链条（副） 8- 正时链条（主） 9- 凸轮轴链轮（进气） 10- 松弛侧链条导轨 11- 正时链条张紧器（主） 12- 曲轴链轮 13- 后正时链条箱 14- 张紧侧链条导轨 15-O 形圈 16-O 形圈 17-O 形圈 18- 前正时链条箱 19- 气门正时控制盖衬垫（气缸侧体 1） 20- 气门正时控制盖（气缸侧体 1） 21- 进气风门正时控制电磁阀（气缸侧体 1） 22- 密封圈 23- 水泵盖 24- 前油封 25- 曲轴皮带 26- 曲轴皮带轮螺栓 27- 进气风门正时控制电磁阀（气缸侧体 2） 28- 气门正时控制盖（气缸侧体 2） 29- 气门正时控制盖衬垫（气缸侧体 2）

图 12-127

（二）拆卸和安装

1. 拆卸。

（1）排放发动机机油。

（2）排出发动机中的冷却液。

（3）拆下进气歧管总管。

（4）拆下摇臂盖（气缸侧体 1 和 2）。

（5）拆下油底壳（上和下）和机油集滤器。

（6）拆下驱动皮带、惰轮皮带轮和支架。

（7）拆下动力转向油泵，无须断开管路，并暂时将其固定在一边。

（8）从前正时链条箱上拆卸它们的支架来分离发动机线束。

（9）拆下气门正时控制盖。

按与图 12-128 的相反顺序松开装配螺栓。

注意：轴在内部与凸轮轴链轮（进气）中心孔相连。拆卸时，请保持其水平直至完全断开。

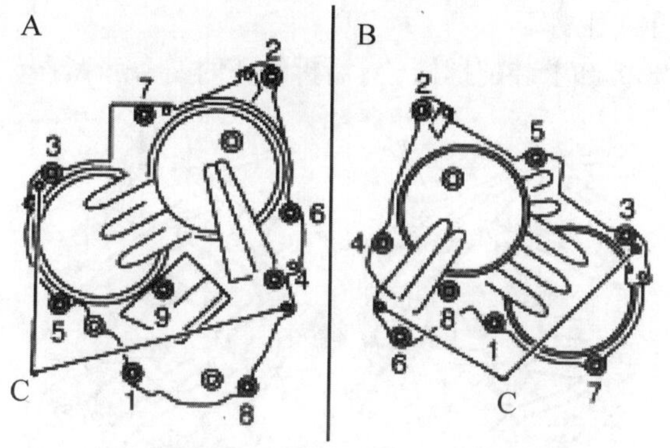

A- 气缸侧体 1　B- 气缸侧体 2　C- 定位销孔

图 12-128

（10）操作 1 号气缸位于压缩冲程上止点。

①顺时针旋转曲轴皮带轮将正时标记（无色槽沟线）对准正时指示器，如图 12-129。

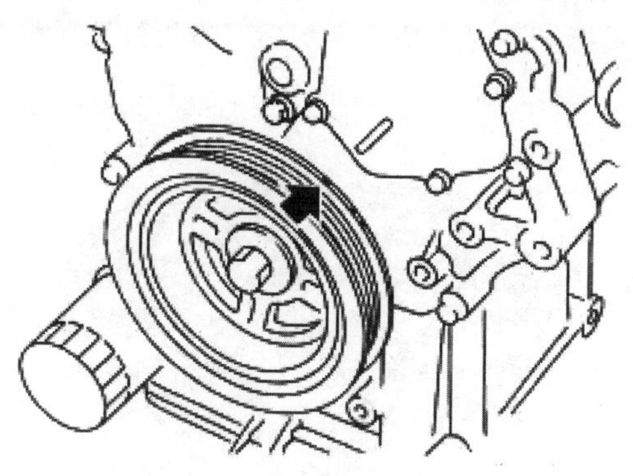

图 12-129

②确认 1 号气缸（气缸侧体 1 发动机前端）上的进气和排气凸轮前端在图中所示位置上，如图 12-130。

如果没有，请按如图 12-130 旋转曲轴一圈（360°）并对齐。

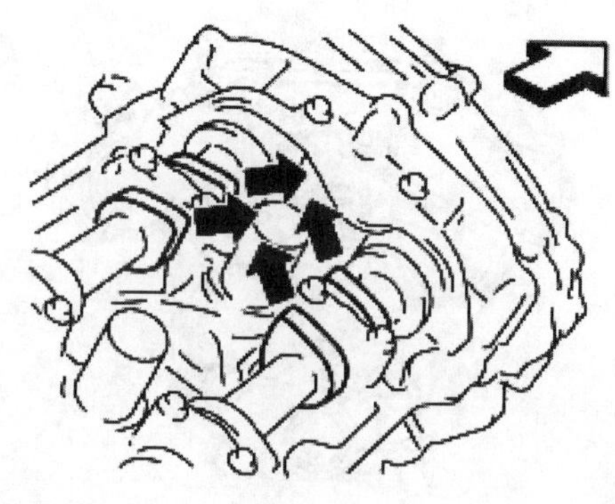

图 12-130

（11）拆下曲轴皮带轮。

①用皮带轮夹具（通用维修工具）（如图 12-131 中 A）固定曲轴。

如图 12-131 中 1 为曲轴皮带轮。

②松开曲轴皮带轮螺栓，并确定离开螺栓原位 10mm 的螺栓座表面，如图 12-131 中。

注意：切勿拆卸曲轴皮带轮螺栓，因为它还能用于支撑合适的拔具。

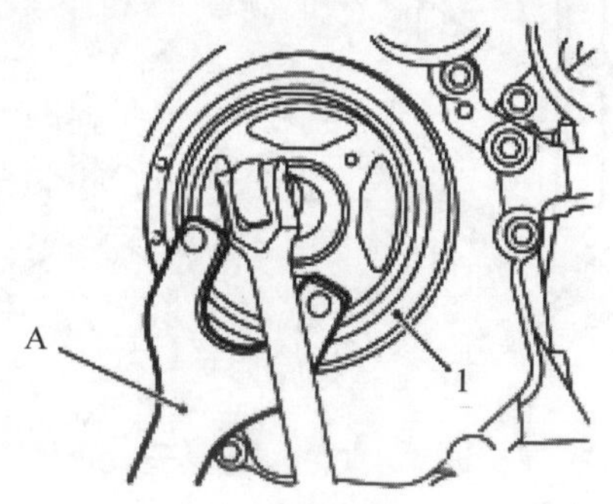

图 12-131

③在曲轴皮带轮孔上放置合适的拔具凸起，并拉出曲轴皮带轮，如图 12-132。

注意：切勿将合适的拔具凸起放置在曲轴皮带轮上，否则会损坏内缓冲器。

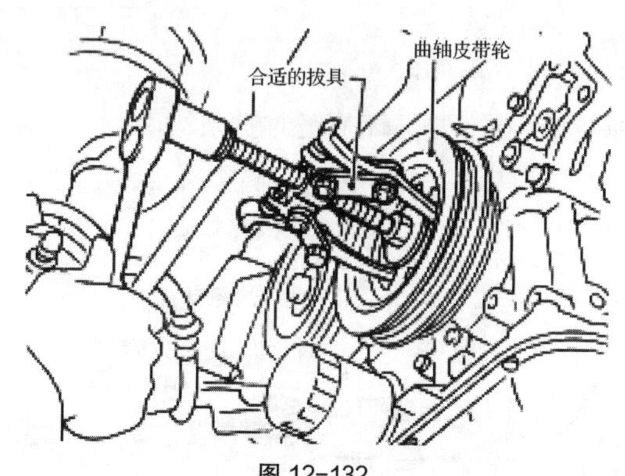

图 12-132

（12）拆卸前正时链条箱。

①按与如图 12-133 所示的相反顺序松开装配螺栓。

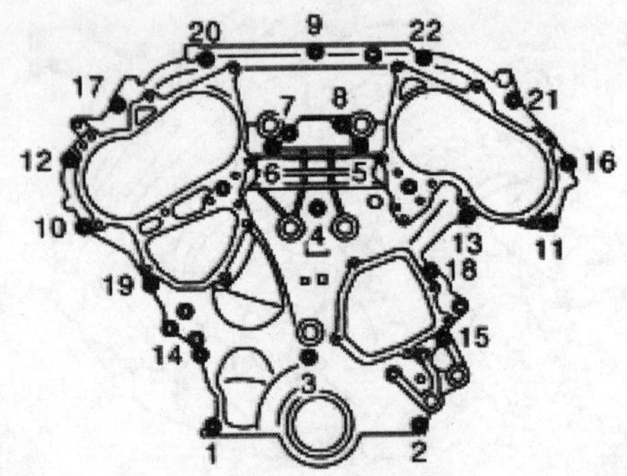

图 12-133

②将合适的工具（如图 12-134 中 A）插入前正时链条箱顶部的槽口。

③如图 12-134，移动工具撬开链条箱。

使用密封刮刀（SST：KV10111100）切割密封胶，以便拆卸。

注意：切勿使用螺丝刀或类似工具。拆卸后，仔细处理前正时链条箱，使之不会因负载而翘起、倾斜或弯曲。

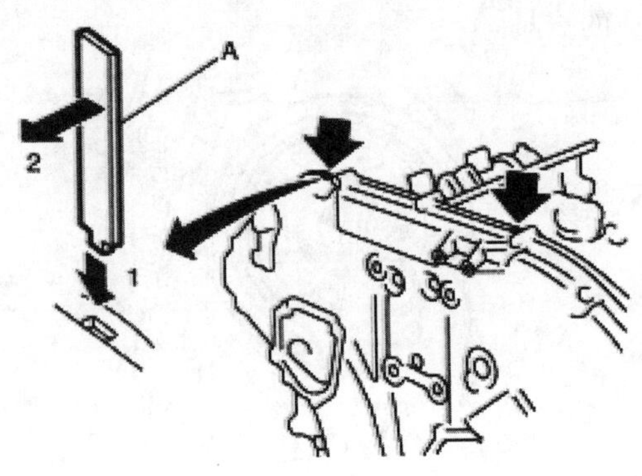

图 12-134

（13）从前正时链条箱上拆下水泵盖。

使用密封刮刀（SST：KV10111100）切割密封胶，以便拆卸。

（14）使用合适的工具从前正时链条箱上拆下前油封，如图 12-135。

使用螺丝刀进行拆卸。

注意：小心不要损坏前正时链条箱。

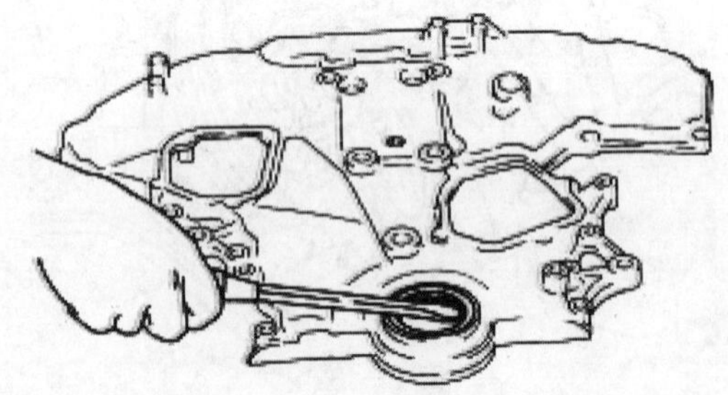
图 12-135

（15）从后正时链条箱上拆下 O 形圈（如图 12-136 中 1）。

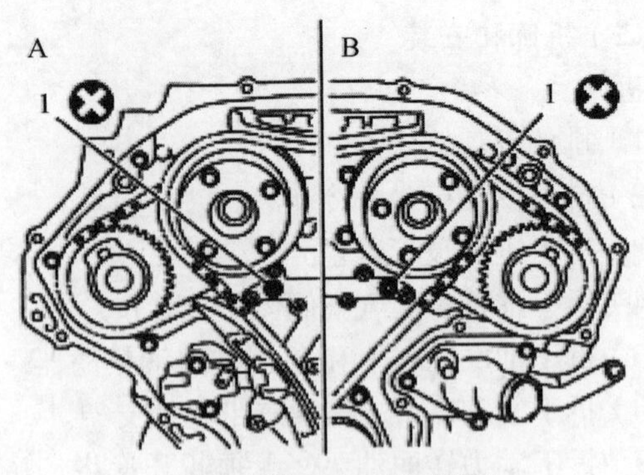

A- 气缸侧体 1　B- 气缸侧体 2

图 12-136

（16）拆卸正时链条张紧器（主）。

①拆下装配螺栓（如图 12-137 中 1）。

②慢慢松开上装配螺栓（如图 12-137 中 2），然后转动装配螺栓上的正时链条张紧器（主）（如图 12-137 中 3），使柱塞（如图 12-137 中 4）完全伸长。

注：即使柱塞完全伸出，它也不会从正时链条张紧器（主）上掉下。

③拆卸上装配螺栓，然后拆卸正时链条张紧器（主）。

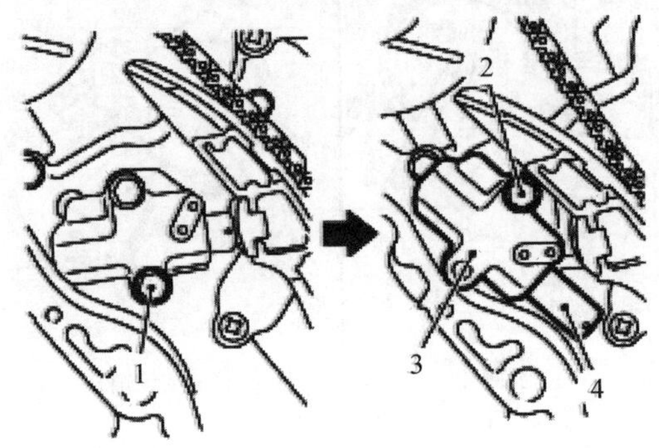

图 12-137

（17）拆下内链条导轨（如图 12-138 中 1）、张紧导板（如图 12-138 中 3）和松紧导杆（如图 12-138 中 2）。

注：拆卸正时链条（主）后可以拆卸张紧导板。

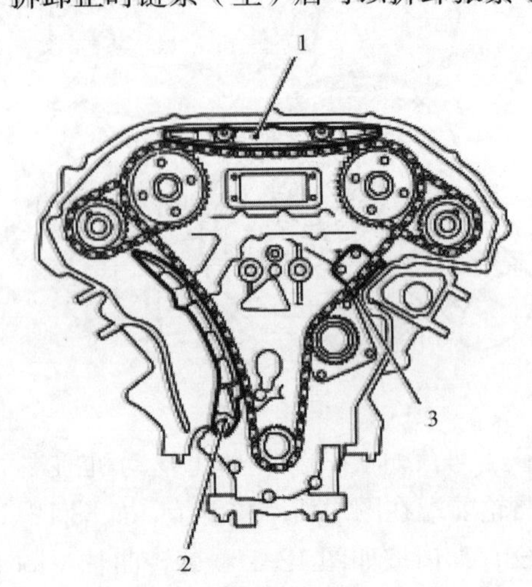

图 12-138

（18）拆卸正时链条（主）和曲轴链轮，如图 12-139。

注意：拆卸正时链条张紧器（主）后，不要分别旋转曲轴和凸轮轴，否则气门会碰撞活塞盖。

（19）拆下正时链条（副）和凸轮轴链轮。

①在气缸侧体 1（如图 12-139 中 A）和气缸侧体 2（如图 12-139 中 C）正时链条张紧器（副）（如图 12-139 中 1）上安装合适的定位销（如图 12-139 中 B）。

注：使用直径大约为 0.5mm 的硬金属销作为限位销。关于拆卸正时链条张紧器（副）。

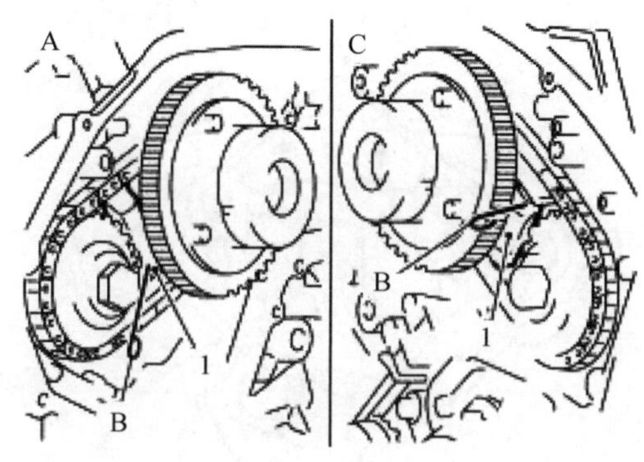

图 12-139

②拆下凸轮轴链轮（进气和排气）装配螺栓。

使用扳手固定凸轮轴的六边形部分来松开装配螺栓，如图 12-140。

注意：切勿松开装配螺栓，而固定凸轮轴六边形以外的其他部分或张紧正时链条。

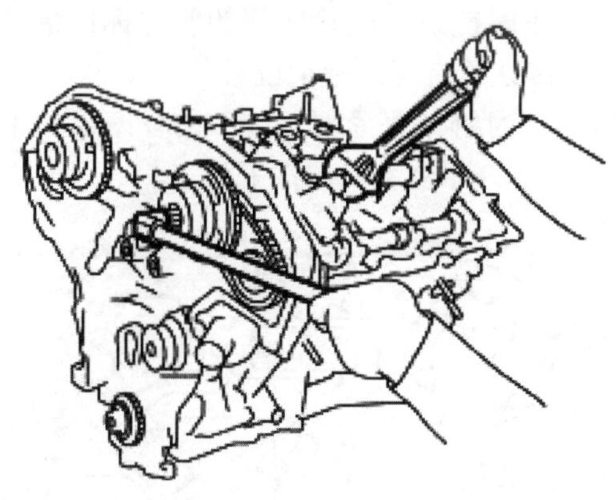
图 12-140

③将正时链条（副）与凸轮轴链轮一起拆卸。

稍微转动凸轮轴固定正时链条张紧器（副）侧的正时链条松紧度。

将 0.5mm 厚的金属或树脂板插入正时链条和正时链条张紧器柱塞（导板）（如图 12-141 中 E）之间。从导管槽沟松开正时链条，将正时链条（副）（如图 12-141 中 2）与凸轮轴链轮一起拆卸。

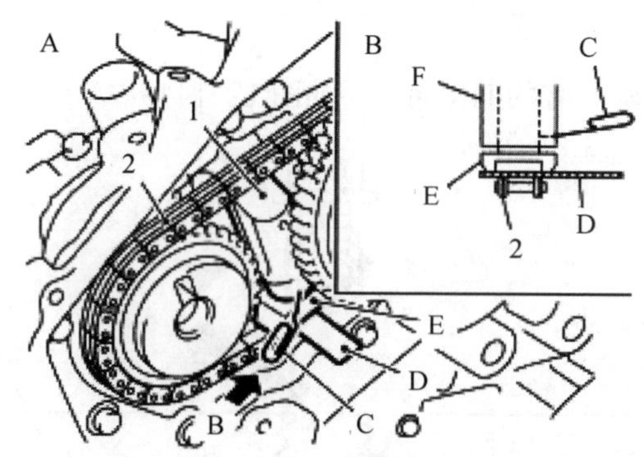

1- 正时链条张紧器（副） A- 气缸侧体 1 B- 视图 B C- 限位器销 D- 板 F- 正时链条张紧器（主体）

图 12-141

注意：拆卸正时链条（副）时小心柱塞不要脱落。因为正时链条张紧器（副）的柱塞会在操作时移动，导致固定限位器销脱落。

注：凸轮轴链轮（进气）是用于正时链条（主）和正时链条（副）的二合一结构链轮。

如图 12-142 中是气缸侧体 1 的示例。

当处理凸轮轴链轮（进气）时，请小心操作，避免振动凸轮轴链轮。切勿松开螺栓（如图 12-142 中 A）。

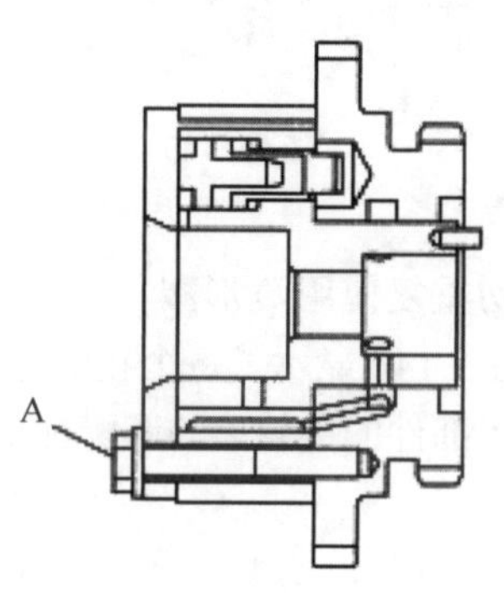

图 12-142

（20）如有必要，从缸盖上拆下正时链条张紧器（副）。

拆下已装好限位销的正时链条张紧器（副）。

（21）使用刮刀从前正时链条箱和对面的配合面上清除所有旧密封胶遗留痕迹，如图 12-143。

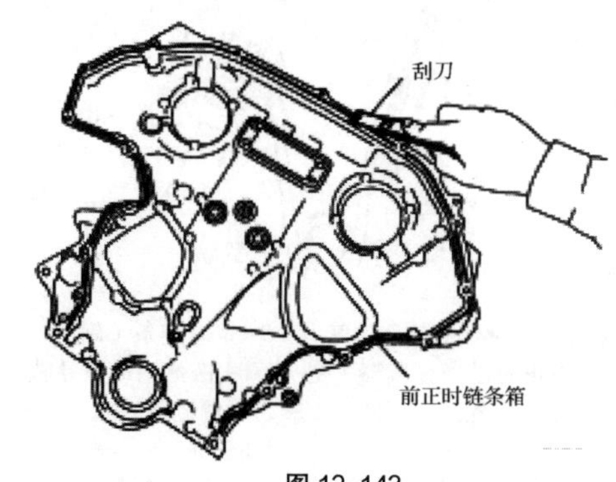

图 12-143

从螺栓孔（如图 12-144 中 B）和螺纹上清除旧的密

封胶。

清除附着的旧密封胶（如图 12-144 中 A）。

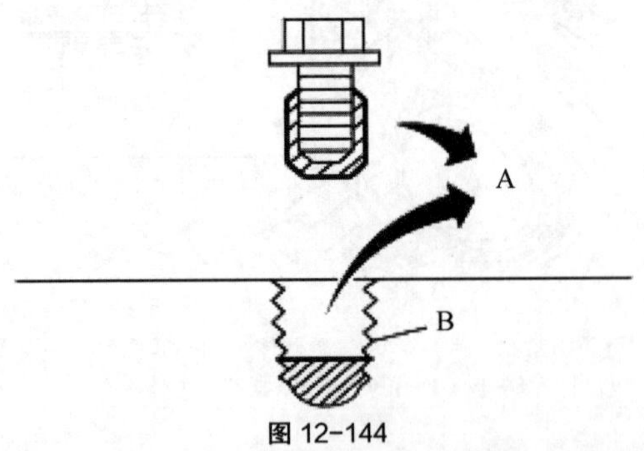

图 12-144

（22）使用刮刀除去油泵盖上的所有旧密封胶，如图 12-145。

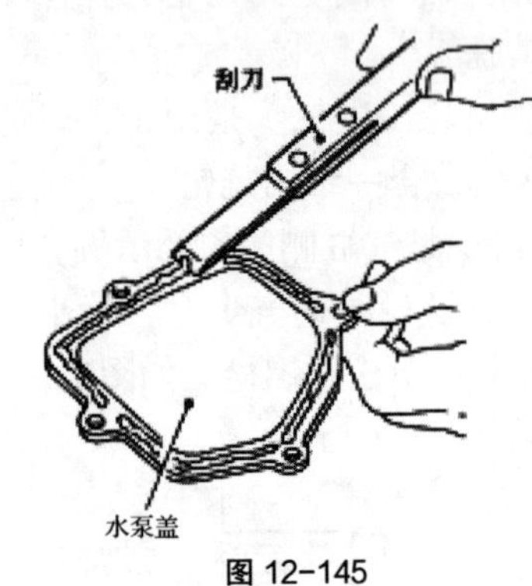

图 12-145

2. 安装

注意：切勿重复使用 O 形圈。

注：如图 12-146 显示了每个正时链条上的匹配标记和相应地安装了部件的链轮上的匹配标记之间的关系。

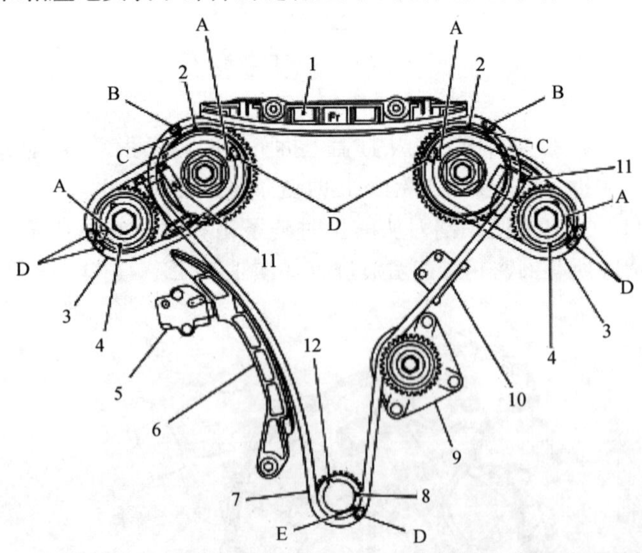

1- 内链条导轨 2- 凸轮轴链轮（进气） 3- 正时链条（副） 4- 凸轮轴链轮（排气） 5- 正时链条张紧器（主） 6- 松弛侧链条导轨 7- 正时链条（主） 8- 曲轴链轮 9- 水泵 10- 张紧侧链条导轨 11- 正时链条张紧器（副） 12- 曲轴键

A- 匹配标记 B- 匹配标记（粉色链节） C- 匹配标记（冲孔） D- 匹配标记（橙色链节） E- 匹配标记（有缺口）

图 12-146

（1）如果已拆卸，请将正时链条张紧器（副）安装到缸盖上。

安装已装有限位器销和新 O 形圈的正时链条张紧器（副）。

（2）确认定位销（如图 12-147 中 A）和曲轴键（如图 12-147 中 1）定位（1 号气缸处于压缩上止点）。

凸轮轴定位销：在每个气缸侧体的缸盖面朝上侧曲轴键，在气缸侧体 1 的缸盖侧。

注意：小直径侧的孔必须用作进气侧定位销孔，不要识别错（忽略大直径侧）。

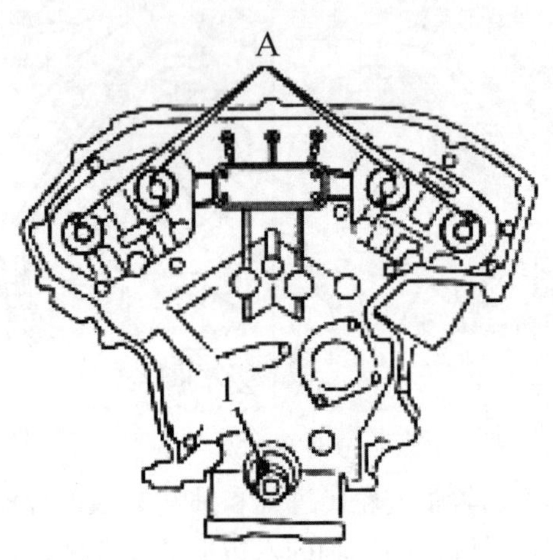

图 12-147

（3）安装正时链条（副）和凸轮轴链轮（进气和排气）。

注意：正时链条和链轮之间的匹配标记很易错位，安装时重复确认所有匹配标记位置。

①按下正时链条张紧器（副）的柱塞，并用限位器销（如图 12-148 中 A）保持按下状态。

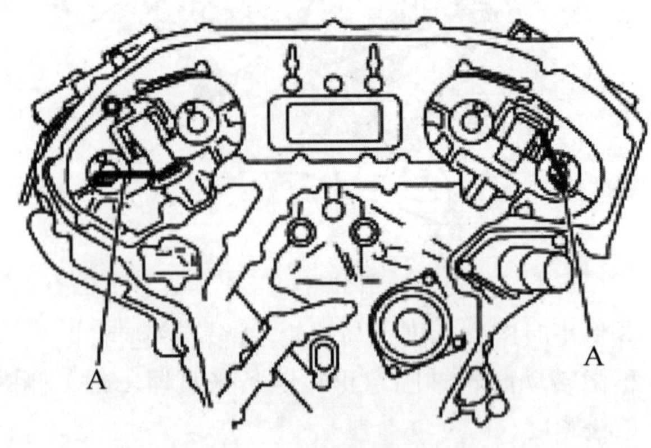

图 12-148

② 安装正时链条（副）和凸轮轴链轮（进气和排气）。

注：图 12-149 说明了气缸侧体 1（后视图）。

将正时链条（副）（橙色链节）上的匹配标记对准凸轮轴链轮（进气和排气）（冲孔）上的标记，并进行安装。

注：凸轮轴链轮（进气）的匹配标记位于凸轮轴链轮（副）的背面。有两种类型的匹配标记，圆形和椭圆形。它们应分别用于气缸侧体 1 和气缸侧体 2。

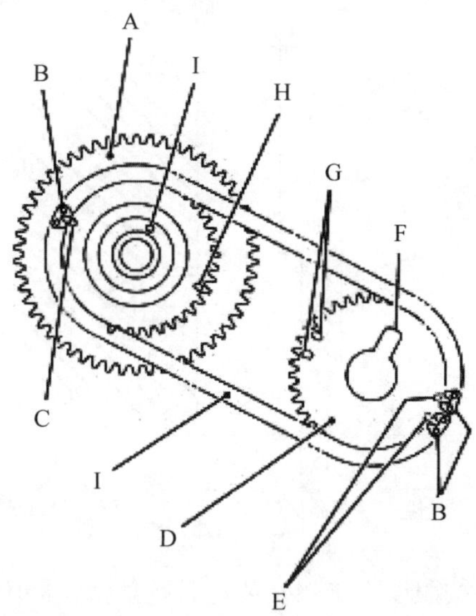

A- 凸轮轴链轮（进气）背面 B- 橙色链节 C- 匹配标记（圆圈） D- 凸轮轴链轮（排气）背面 E- 匹配标记（前面上的 2 个圆圈） F- 定位销槽 G- 匹配标记（前面上的 2 个椭圆） H- 匹配标记（椭圆） I- 定位销孔，气缸侧体 1 使用圆形，气缸侧体 2 使用椭圆形

图 12-149

对齐凸轮轴上定位销与链轮上的槽或孔，并安装。

在进气侧，将凸轮轴前端的定位销对准凸轮轴链轮背面的定位销孔，并进行安装。

在排气侧，将凸轮轴前端的定位销对准凸轮轴链轮上的定位销孔，并进行安装。

如果每个配合标记的位置和每个定位销的位置在配合零件上不匹配，请用扳手或同等工具握住凸轮轴的六边形部位进行微调。

凸轮轴链轮的装配螺栓必须在下一步中拧紧。用手拧紧它们足以避免定位销错位。

安装时和安装后很难通过目视检查匹配标记的错位。要使匹配更容易，请提前用油漆在链轮齿的顶部和延伸管路上做配合标记（如图 12-150 中 A），匹配标记（橙色链节）（如图 12-150 中 B）。

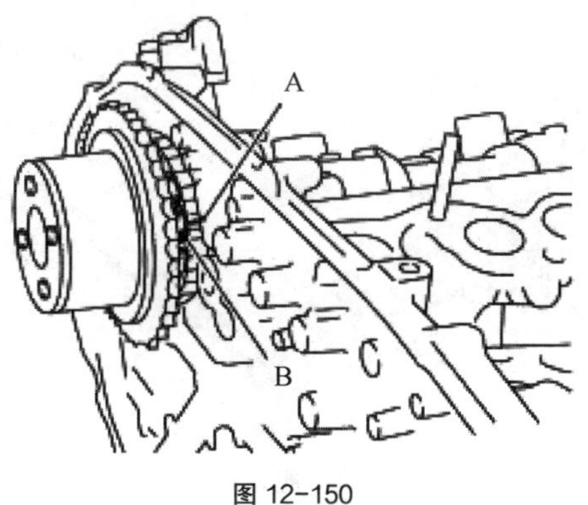

图 12-150

③确认配合标记已对齐后，拧紧凸轮轴链轮装配螺栓，如图 12-151。

用扳手固定凸轮轴的六角部分，以拧紧装配螺栓。

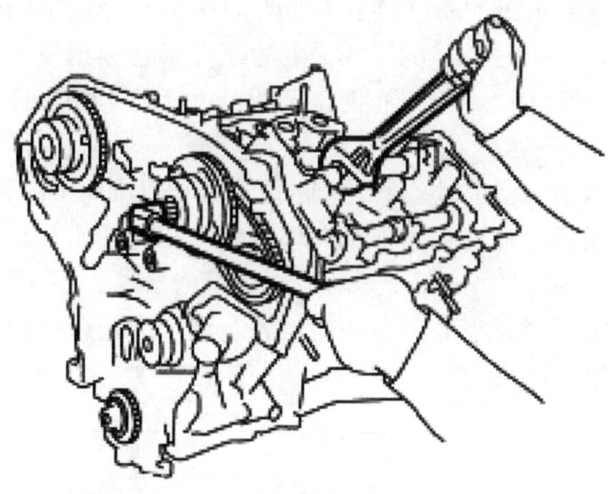

图 12-151

④从正时链条张紧器（副）（如图 12-152 中 1）上拉出限位器销（如图 12-152 中 B），如图 12-152。

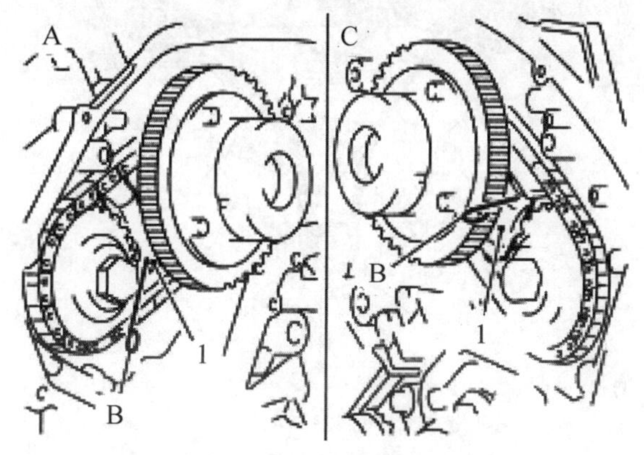

A- 气缸侧体 1 B- 限位器销 C- 气缸侧体 2

图 12-152

（4）安装张紧导板。

（5）安装正时链条（主）。

①安装曲轴链轮（如图 12-153 中 1）。

确认曲轴链轮上的配合标记朝向发动机前端。

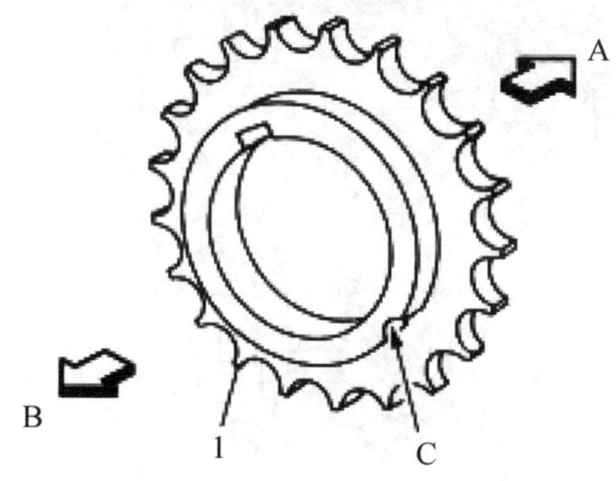

A- 曲轴侧 B- 发动机前端 C- 匹配标记（前侧） 1- 曲轴链轮

图 12-153

②安装正时链条（主）。

安装正时链条（主）时，使凸轮轴链轮（进气）（如图12-154中1）上的配合标记（凹点）（如图12-154中B）对准正时链条的粉红链节（如图12-154中A），同时曲轴链轮（如图12-154中2）上的配合标记（槽口）（如图12-154中C）对准正时链条的橙色标记（如图12-154中D）。

当很难将正时链条（主）的配合标记对准每个链轮时，请使用扳手握住六边形部分慢慢转动凸轮轴使其与配合标记对齐。

定位时，小心避免正时链条（副）的配合标记定位发生错位。

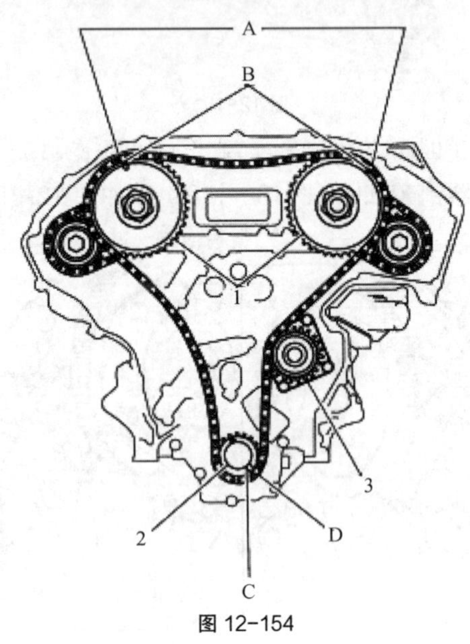

图12-154

（6）安装内链条导轨（如图12-155中1）和松紧导杆（如图12-155中2）。

3.张紧侧链条导轨

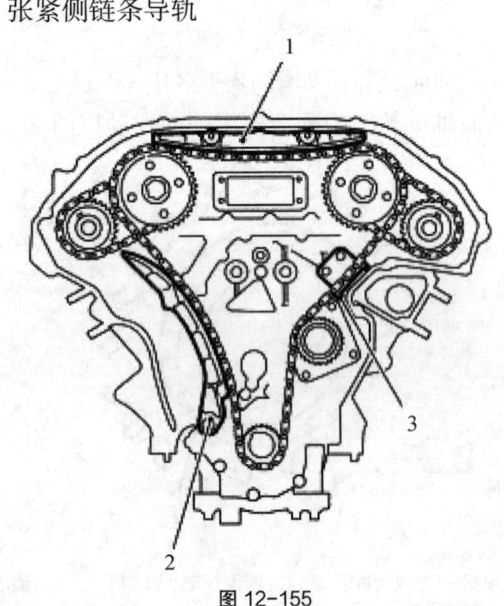

图12-155

注意：切勿过度拧紧松弛侧链条导轨装配螺栓（如图12-156中2）。把装配螺栓拧紧到规定扭矩时，螺栓座下面出现缝隙（如图12-156中A）是正常的。

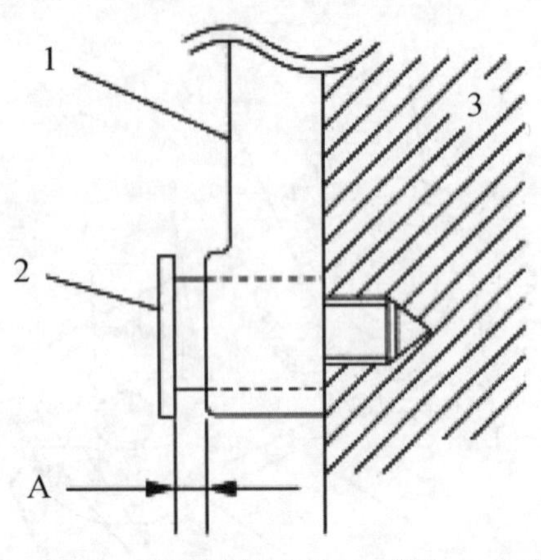

A-缝隙　1-松弛侧链条导轨　2-螺栓　3-缸体

图12-156

（7）按照以下步骤安装正时链条张紧器（主）。

①向上拉出柱塞限位器凸耳（图12-157中A）（或向下转动杆）以拆卸柱塞棘齿（图12-157中D）上的限位器凸耳。

注：柱塞限位器凸耳和杆（图12-157中C）是同步的。

②向张紧器中压入柱塞。

③使柱塞限位器凸耳与棘齿端啮合，在完全压紧的位置按住柱塞。

④从杆孔中将销（图12-157中E）插入张紧器孔（图12-157中B）中以固定杆体。

杆零件和限位器是同步的。因此，在这种情况下可固定柱塞。

注：图12-158中是使用直径为1.2mm的细改锥作为限位销。

⑤安装正时链条张紧器（主）（图12-158中1）。

彻底清除正时链条张紧器（主）背面和安装表面上的污垢及异物。

⑥安装后将限位销（图12-158中A）拉出，然后松开柱塞。

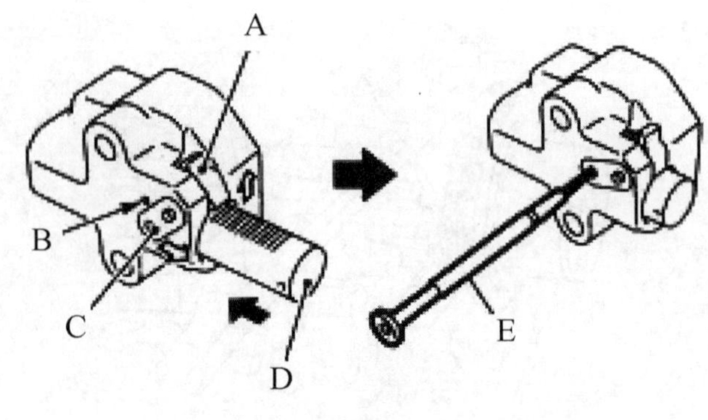

图12-157

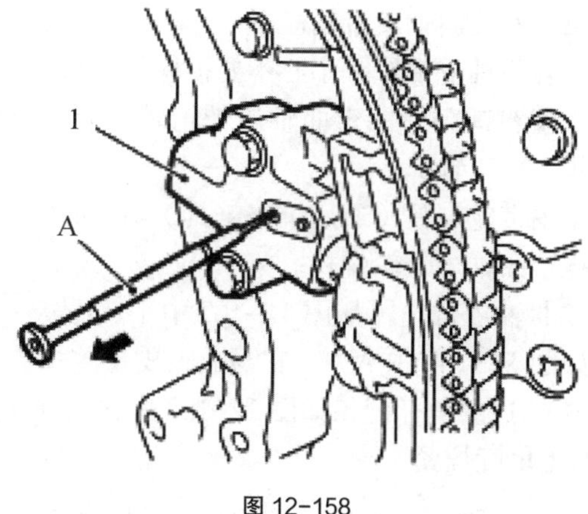

图 12-158

（8）再次确认每个链轮和各正时链条上的配合标记都没有错位。

（9）将新 O 形圈安装到后正时链条箱上，如图 12-159。

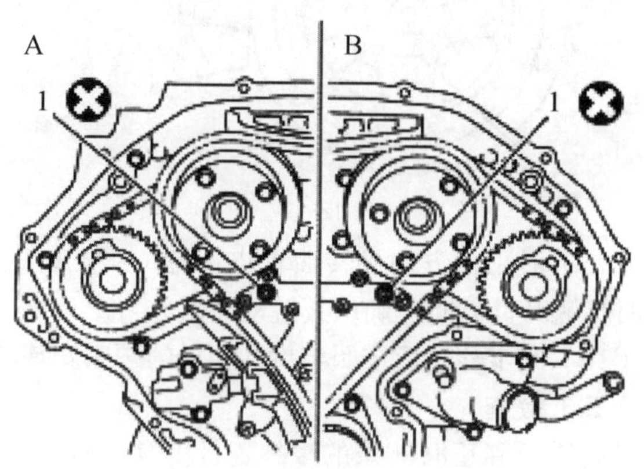

A- 气缸侧体 1　B- 气缸侧体 2
图 12-159

（10）将新的前油封安装到前正时链条箱上。

在油封唇和防尘封唇上涂抹新发动机机油。

安装时如图 12-160 确定每个密封唇的方向。

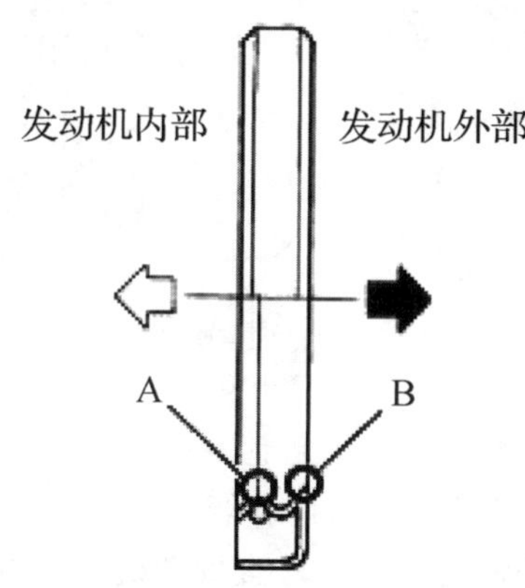

A- 油封唇　B- 防尘封唇
图 12-160

使用适当的冲头（外径：60mm），压下固定油封，直至与前正时链条箱端面齐平，如图 12-161。

确认箍簧到位，密封唇还未翻转。

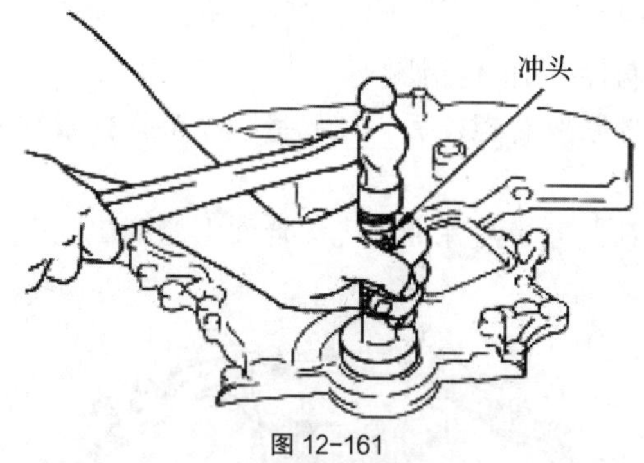

图 12-161

（11）在前正时链条箱上安装水泵盖。

用管压缩器（通用维修工具）将密封胶连续地涂抹到水泵盖（如图 12-162 中 1）。请使用正品密封胶或同等产品。

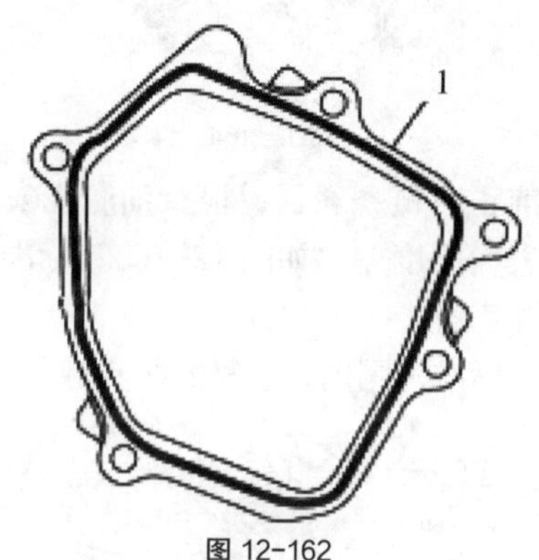

图 12-162

（12）安装前正时链条箱。

①如图 12-163，用管路压缩机（通用维修工具）在前正时链条箱背面涂抹连续的密封胶。

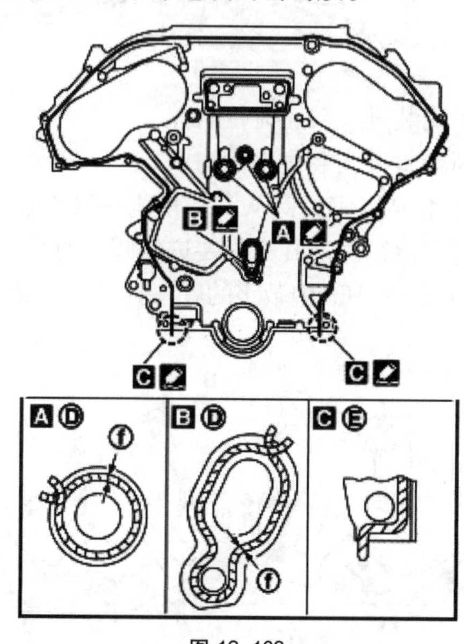

图 12-163

②安装前正时链条箱，使它的定位销孔适合后正时链条箱上的定位销。

③按照如图 12-164 的数字顺序拧紧装配螺栓到规定扭矩。

有两种类型的装配螺栓。

④拧紧所有螺栓后，按数字顺序重新拧紧它们至规定扭矩。

注意：务必清除油底壳配合面上泄漏出的多余的密封胶。

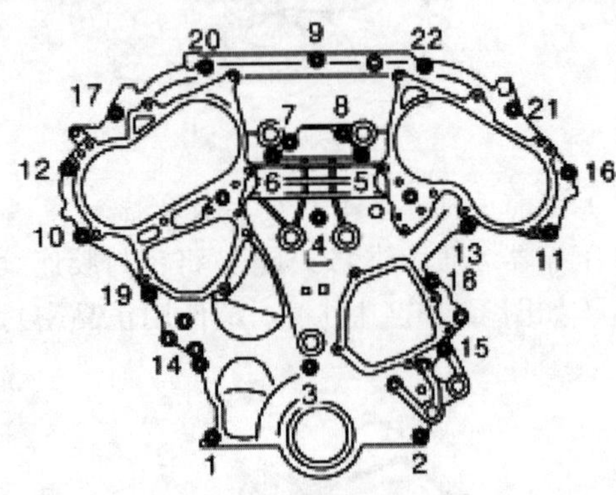

图 12-164

⑤安装前正时链条箱后，检查油底壳安装表面以下零件之间的表面高度差，如图 12-165。标准前正时链条箱到后正时链条箱：-0.14~0.14mm。

如果不在标准范围内，重复安装步骤。

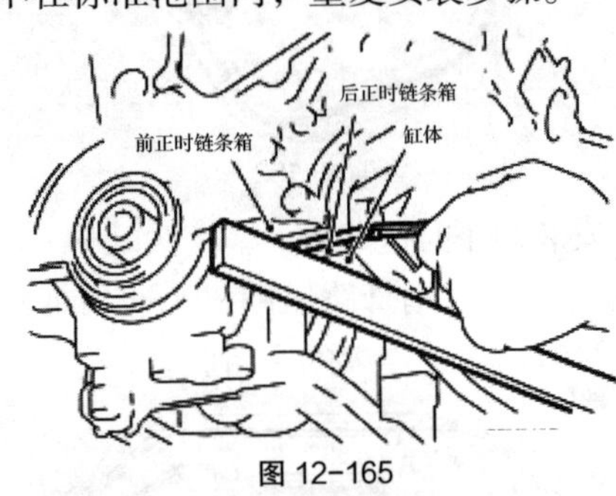

图 12-165

（13）安装进气门正时控制盖。

①将新密封圈安装到轴槽沟中。

②小心不要将密封圈从安装槽沟中移开，将前正时链条箱上的定位销对准孔来安装进气阀正时控制盖。

③按照图 12-166 中数字的顺序拧紧装配螺栓。

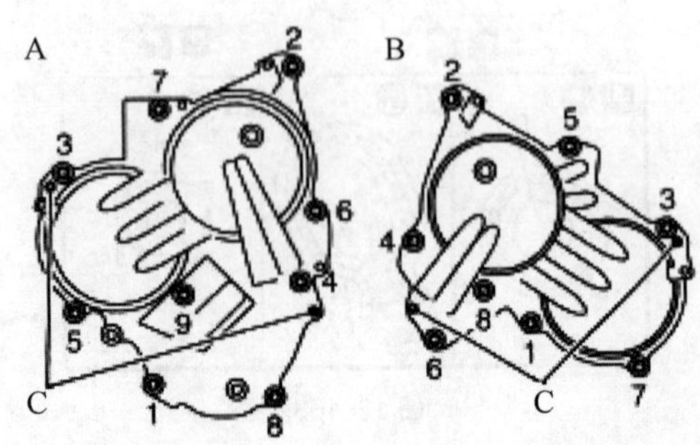

A- 气缸侧体 1　B- 气缸侧体 2　C- 定位销孔

图 12-166

（14）安装曲轴皮带轮。

①安装曲轴皮带轮，小心不要损坏前油封。

使用塑料锤敲下固定曲轴皮带轮时，请敲击其中央位置（非边缘位置）。

②用皮带轮夹具（通用维修工具）固定曲轴。

③拧紧曲轴皮带轮螺栓。

④在曲轴皮带轮（如图 12-167 中 1）上做一个油漆标记（如图 12-167 中 A），它与曲轴皮带轮螺栓（如图 12-167 中 2）的角标记（如图 12-167 中 B）对齐。拧紧螺栓 90°（角度拧紧）。

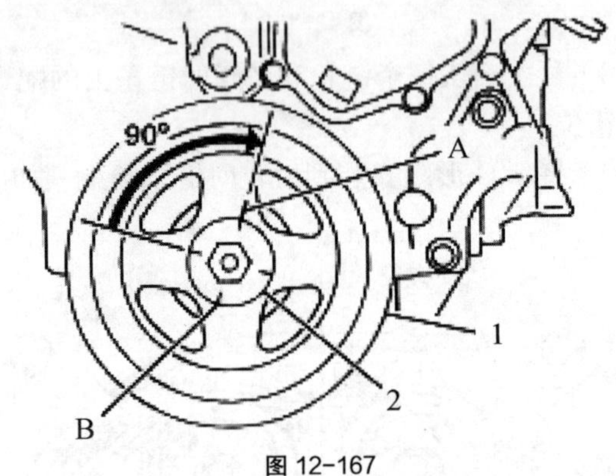

图 12-167

（15）沿正常方向旋转曲轴皮带轮（从发动机前端查看时是顺时针方向）确认其转动灵活。

（16）此步骤之后按照与拆卸相反的顺序安装。

（三）检查

检查连板和正时链条的滚柱连杆上是否有裂纹和过度磨损。按需更换正时链条，如图 12-168。

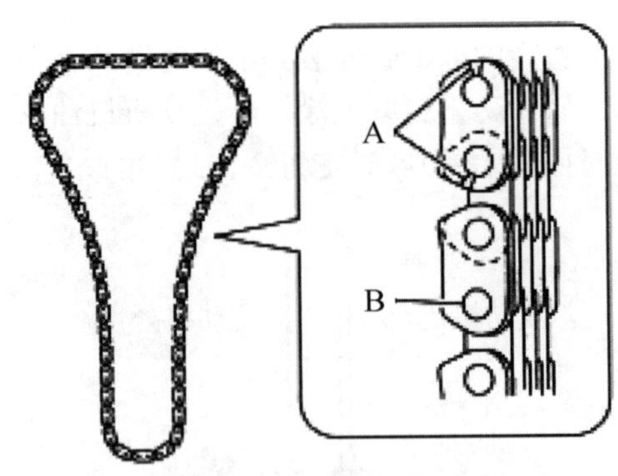

A- 破裂　B- 磨损

图 12-168

安装后检查，检查有无泄漏。

以下步骤用于检查液体和润滑油是否泄漏。

启动发动机之前，请检查发动机冷却液和发动机机油的油 / 液面高度。如果少于所需量，请加注到规定位置。

使用以下步骤检查是否有燃油泄漏。

转动发动机开关到“ON”位置（发动机停止时）。当油压作用于油管时，检查连接处有无燃油泄漏。

启动发动机。发动机加速时，再次检查连接处有无漏油。

运转发动机检查是否有异常噪声和震动。

注：如果拆卸 / 安装后链条张紧器内的液压降低，在发动机启动时或刚刚启动完松弛侧链条导轨会产生非常大的噪音。但是，这并不指示异常。液压升高后噪音会停止。

彻底暖机后确认没有任何燃油 / 油液（包括发动机机油和发动机冷却液）泄漏。

从适用的管路(如冷却系统中的)管道和软管中放气。

发动机冷却下来后，重新检查油 / 液面高度（包括发动机机油和发动机冷却液）。如有必要，请重新加注到规定液面高度，如表 12-6。

表 12-6

<table>
<tr><th colspan="2">检查项目</th><th>发动机
启动前</th><th>发动机
运转</th><th>发动机
停止后</th></tr>
<tr><td colspan="2">发动机冷却液</td><td>液位</td><td>泄漏</td><td>液位</td></tr>
<tr><td colspan="2">发动机机油</td><td>液位</td><td>泄漏</td><td>液位</td></tr>
<tr><td rowspan="2">变速器 / 变速驱动桥液</td><td>AT 和 CVT 车型</td><td>泄漏</td><td>液位 / 泄漏</td><td>泄漏</td></tr>
<tr><td>MT 车型</td><td>液位 / 泄漏</td><td>泄漏</td><td>液位</td></tr>
<tr><td colspan="2">其他油液 *</td><td>液位</td><td>泄漏</td><td>液位</td></tr>
<tr><td colspan="2">燃油</td><td>泄漏</td><td>泄漏</td><td>泄漏</td></tr>
<tr><td colspan="2">排气</td><td>—</td><td>泄漏</td><td>—</td></tr>
</table>

*：动力转向液、制动液等。

第十三章　英菲尼迪车系

一、车型

英菲尼迪 Q50 3.7L（3.7L　VQ37VHR），2014—2018 年。

英菲尼迪 Q60 3.7L（3.7L　VQ37VHR），2014—2016 年。

英菲尼迪 Q60S 3.7L（3.7L　VQ37VHR），2013 年。

英菲尼迪 QX70 3.7L（3.7L　VQ37VHR），2013—2018 年。

（一）正时链条分解

正时链条分解图如图 13-1。

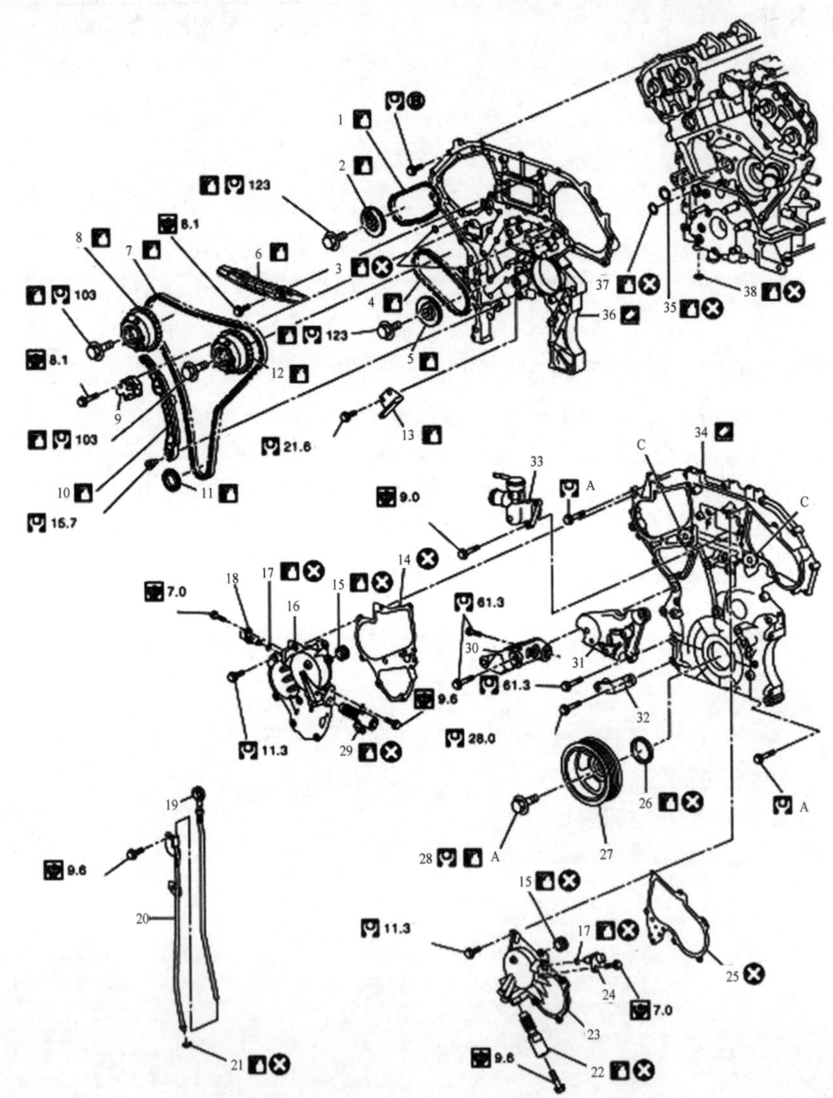

1- 正时链（次级）　2- 凸轮轴链轮（排气）　3-O 形圈　4- 正时链（次级）　5- 凸轮轴链轮（排气）　6- 内链条导轨　7- 正时链（初级）　8- 凸轮轴链轮（进气）（气缸列 1）　9- 正时链条张紧器（次级）　10- 松弛导轨　11- 曲轴链轮　12- 凸轮轴链轮（进气）（气缸列 2）　13- 张紧导轨　14- 进气正时控制阀密封盖（气缸列 1）　15- 密封圈　16- 进气正时控制阀盖（气缸列 1）　17-O 形圈　18- 凸轮轴位置传感器（相位）（气缸列 1）　19- 油位计　20- 油位计导轨　21-O 形圈　22- 进气阀正时控制电磁阀（气缸列 2）　23- 进气正时控制阀盖（气缸列 2）　24- 凸轮轴位置传感器（相位）（气缸列 2）　25- 进气正时控制阀密封盖（气缸列 2）　26- 前油封　27- 曲轴皮带轮　28- 曲轴皮带轮螺栓　29- 进气阀正时控制电磁阀（气缸列 1）　30- 动力转向油泵支架　31- 惰轮支架　32- 交流发电机支架　33- 出水口（前）　34- 前正时链箱　35- 后正时链箱　36-O 形圈　37-O 形圈　38-O 形圈

图 13-1

（二）拆卸和安装

1.拆卸。

（1）释放燃油压力。

（2）断开蓄电池电缆。

（3）用电动工具拆下发动机罩。

（4）拆卸散热器储液罐。

（5）拆卸空气管道和空气滤清器外壳组件（RH和LH）。

（6）使用电动工具拆卸发动机底盖。

（7）从散热器排出发动机冷却液。警告：必须在发动机冷机的时候执行这个步骤。不要将发动机冷却液洒在传动带上。

（8）拆卸散热器软管（上部和下部）。

（9）排放机油。警告：必须在发动机冷机的时候执行这个步骤。

（10）拆卸散热器冷却风扇组件。

（11）拆卸传动带。

（12）通过从前正时链箱中拆卸支架来分离发动机安全带。

（13）拆卸进气歧管收集器。

（14）拆卸燃油管安装螺栓。

（15）拆卸油位计和油位计导轨。

（16）保持管道的连接同时从支架上拆下 A/C 压缩机，并暂时将其固定在一边。

（17）保持管道的连接同时从支架上拆下动力转向油泵，并暂时将其固定在一边。

（18）拆卸动力转向油泵支架。

（19）拆卸惰轮、传动带自动张紧器和支架。

（20）拆卸交流发电机和发电机支架。

（21）拆卸水管。

（22）拆卸凸轮轴位置传感器（相位），如图 13-2。

（23）拆卸进气阀正时控制盖和垫圈。

①断开进气门正时控制电磁阀线束连接器。

②按与图 13-3 中相反顺序松开安装螺栓。

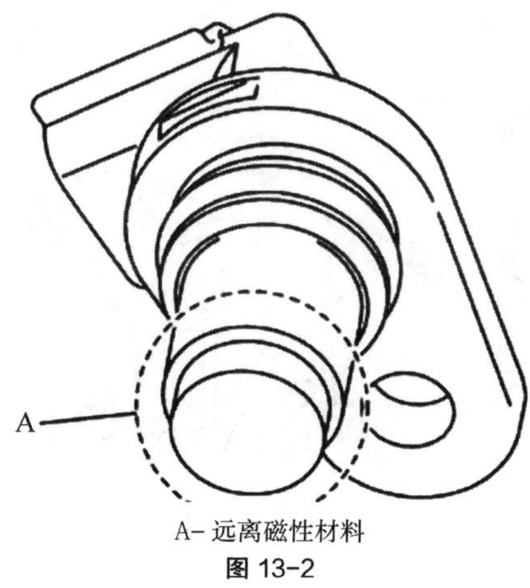

A- 远离磁性材料

图 13-2

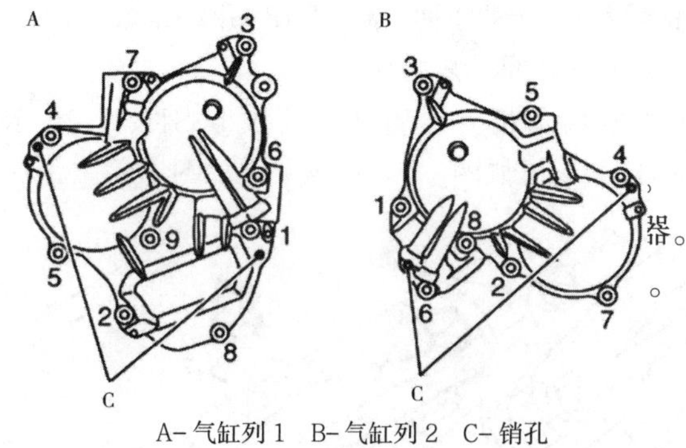

A- 气缸列 1　B- 气缸列 2　C- 销孔

图 13-3

警告：轴与凸轮轴链轮（进气）中心孔内部连接。拆除时，保持水平状态，直到完全断开。

③轴在内部与凸轮轴链轮（进气中心孔啮合）。通过直拉，这样就不会倾斜可以使啮合脱离。

（24）必要时，拆卸进气阀正时控制电磁阀。警告：进气阀正时控制电磁阀不可重复使用。除非需要，千万不要拆卸。

（25）拆卸摇杆盖（气缸列 1 和气缸列 2）。

（26）操作获得 1 号气缸压缩行程 TDC。

①顺时针旋转曲轴皮带轮以对准正时标记（开槽）（没有颜色的线）具有定时指示器，如图 13-4。

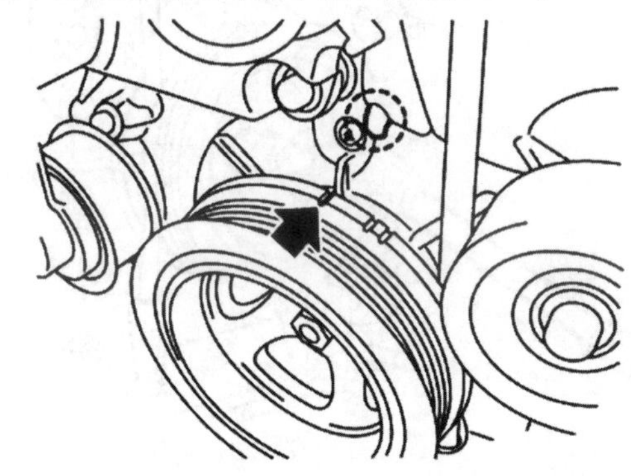

图 13-4

②检查 1 号气缸（发动机前部）上的排气凸轮（气缸列 1）的一侧如图 13-5。

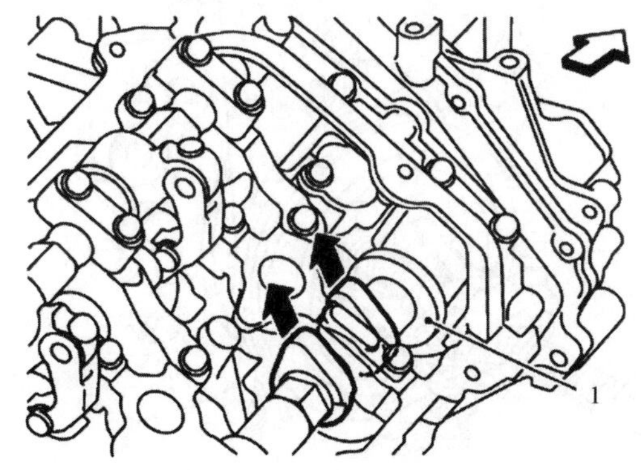

1- 排气凸轮轴（气缸列 1）

图 13-5

如果没有，转动曲轴一圈（360°）并对准如图13-5。

（27）拆卸曲轴皮带轮。

①拆卸后盖板并设置环形挡块［SST：KV10118600（J-48641）］（如图13-6中A），如图13-6。

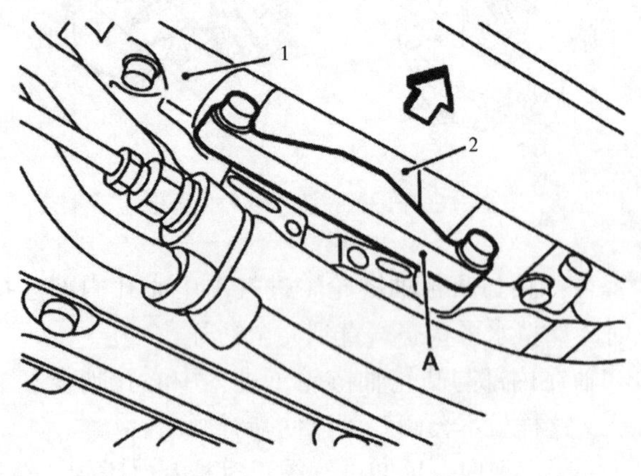

1- 油盘（上部） 2- 驱动板

图 13-6

②松开曲轴皮带轮螺栓并旋转螺栓座面距其原始位置10mm，如图13-7。警告：千万不要拆卸曲轴皮带轮螺栓，因为它用于合适的拉杆支撑点。

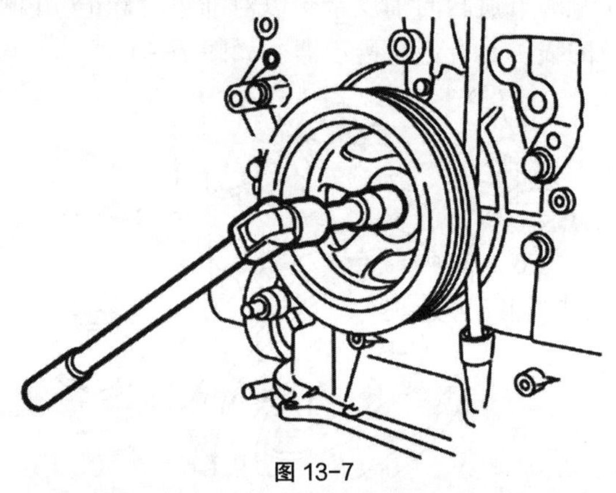

图 13-7

③在曲轴皮带轮的孔上放置合适的拉动工具并拉动曲轴皮带轮，如图13-8。警告：千万不要在曲轴皮带轮外围安装合适的拉动工具，因为这会损坏内部阻尼器。

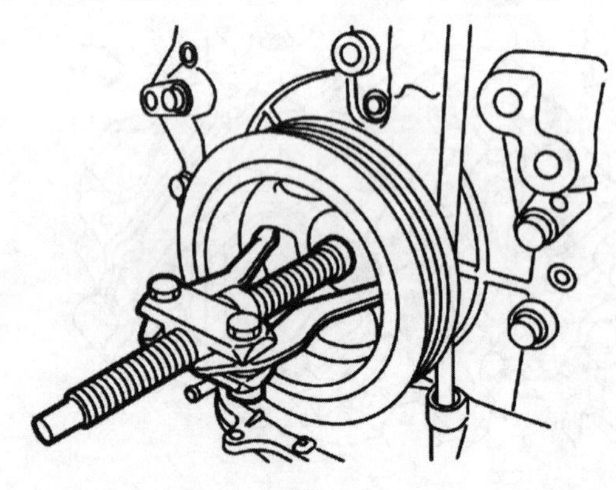

图 13-8

（28）拆卸油盘（下部）。

（29）用动力工具松开油盘（上部）前面的两个安装螺栓，如图13-9。

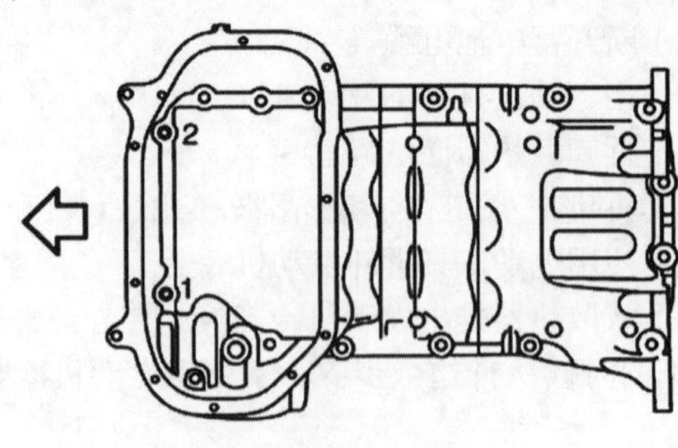

图 13-9

（30）拆卸前正时链箱。

①按与图13-10中相反的顺序松开安装螺栓。

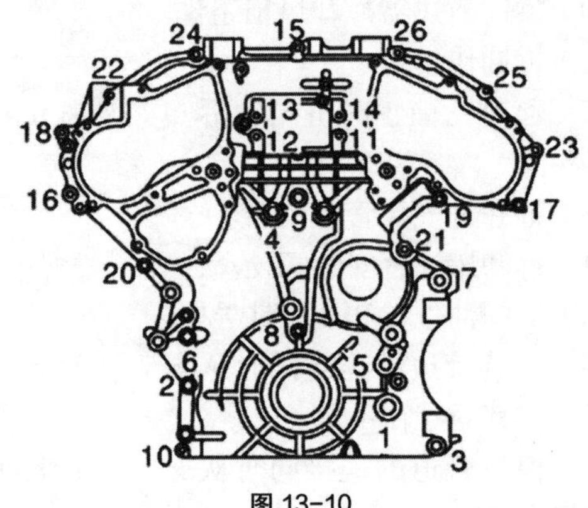

图 13-10

②在前正时链条箱顶部的凹槽中插入合适的工具(如图13-11中A)。

③通过移动如图13-11的合适工具来撬开箱子。使用密封切割器［SST：KV10111100（J-37228）］切割液体用于拆卸的垫圈。

警告：不要使用螺丝刀或类似的物品。

拆卸后，小心地处理前正时链箱，它不能在负载下倾斜或翘曲。

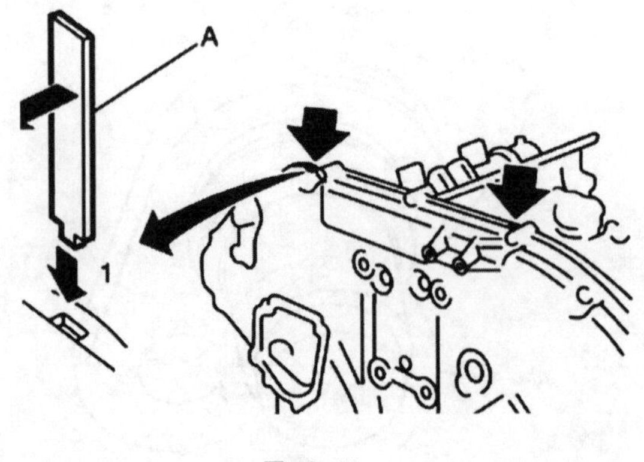

图 13-11

（31）使用合适的工具从前正时链条箱中拆卸前油封，如图 13-12。

使用螺丝刀进行拆卸。

警告：切勿损坏前正时链条箱。

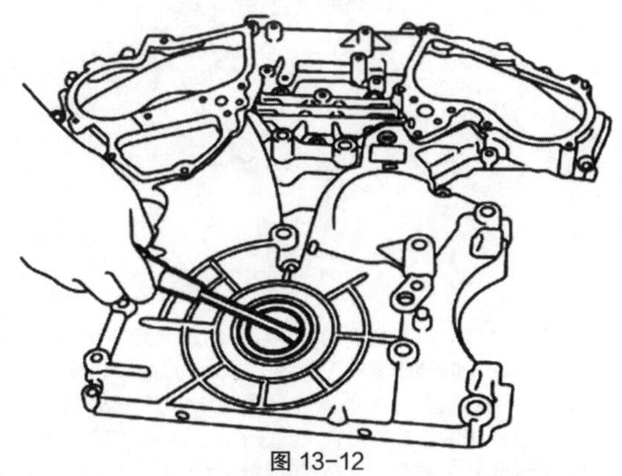

图 13-12

（32）从后正时链条箱中拆卸O形环（如图13-13中1）。

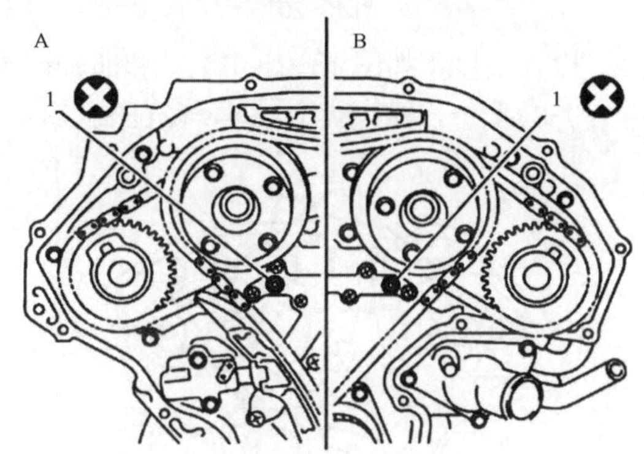

A- 气缸列 1　B- 气缸列 2

图 13-13

（33）拆卸正时链条张紧器（初级）（如图13-14中1）。

①拆卸下安装螺栓（如图 13-14 中 A）。

②慢慢松开上部安装螺栓（如图 13-14 中 B），然后转动正时上部安装螺栓上的链条张紧器（初级），以便柱塞（如图 13-14 中 C）完全膨胀。

注：即使柱塞完全膨胀，它也不会从正时链条张紧器（初级）壳体上掉下来。

③拆卸上部安装螺栓，然后拆卸正时链条张紧器（初级）。

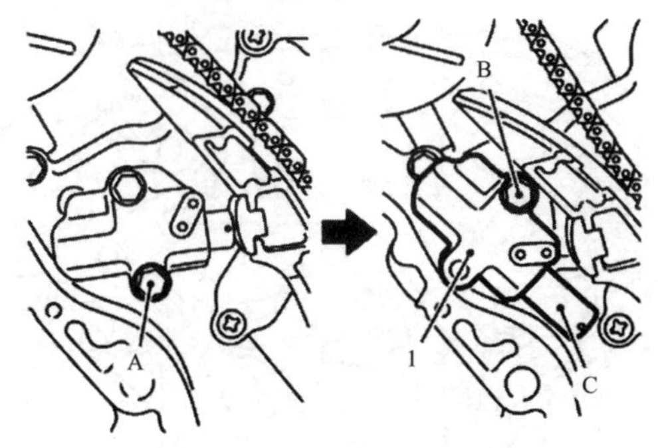

图 13-14

（34）拆卸内部链条导轨（如图 13-15 中 1）、松弛导轨（如图 13-15 中 2）和张紧器导轨（如图 13-15 中 3）。

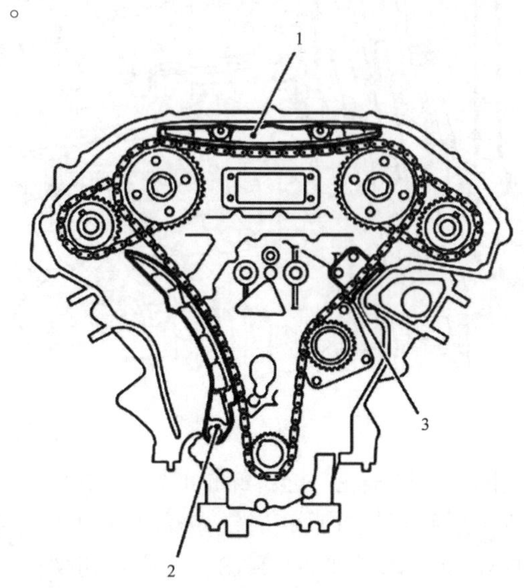

图 13-15

（35）拆卸正时链（初级）和曲轴链轮。警告：在拆卸正时链（初级）后，千万不要单独转动曲轴和凸轮轴或阀门，以免撞击活塞头。

（36）拆卸正时链（次级）和凸轮轴链轮。

①将合适的止动销（C）插入到正时链张紧器（次级），如图 13-16。

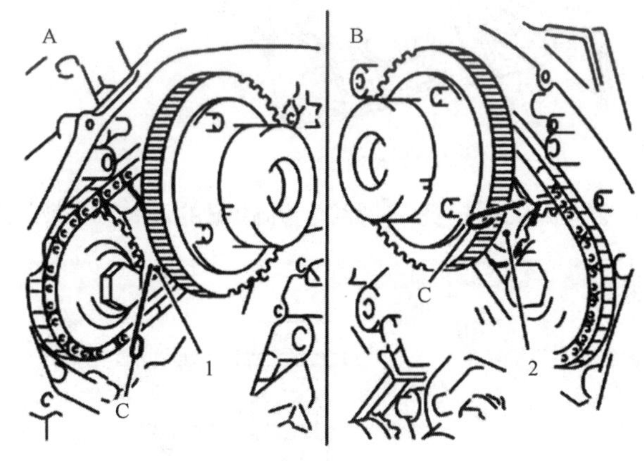

A- 气缸列 1　B- 气缸列 2

图 13-16

②拆卸凸轮轴链轮（排气）安装螺栓。

用扳手固定凸轮轴（排气）的六边形部分来松开安装螺栓。

③拆卸凸轮轴链轮（进气）安装螺栓。固定六边形部分（位于日志 1 和 2 之间），用扳手松开驱动轴（如图 13-17 中 A）的安装螺栓。

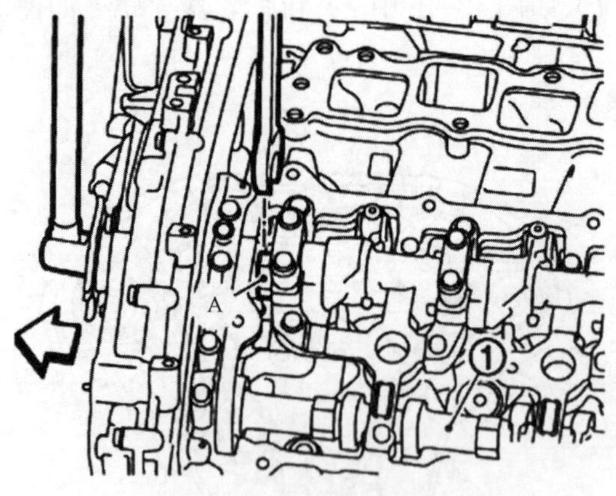

图 13-17

④连同凸轮轴链轮一起拆卸正时链（次级）。

（37）用刮刀把前后正时链条箱和油盘（上部）上的旧液体垫圈刮掉，如图 13-18。警告：切勿让垫片碎片进入油盘。

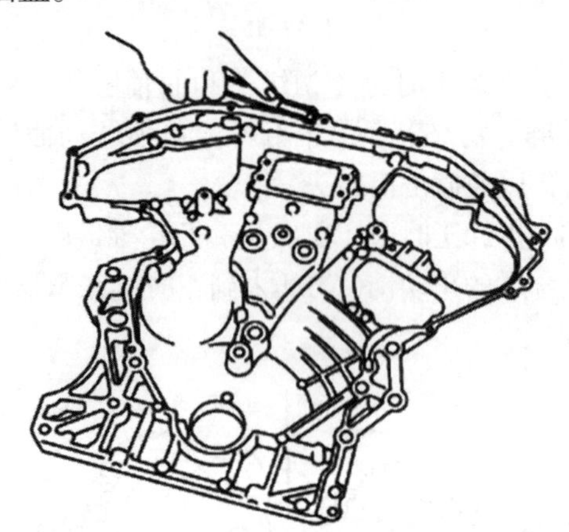
图 13-18

（38）从螺栓孔和螺纹上拆卸旧的液体垫圈，如图 13-19。

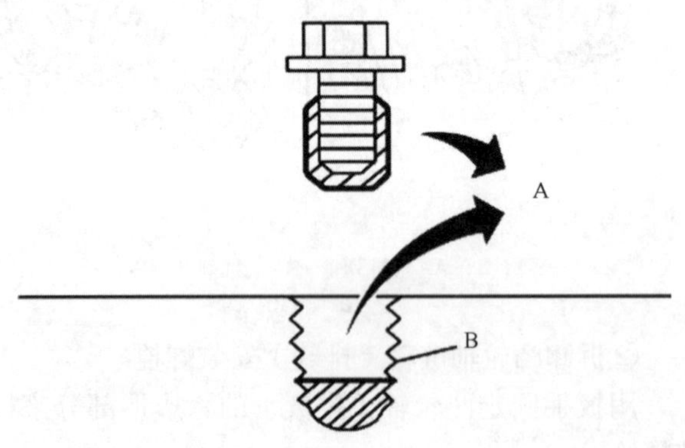

A- 拆卸卡住的旧液体垫圈　B- 螺栓孔
图 13-19

2. 安装。

警告：不要重复使用 O 形环。

注：图 13-20 显示了安装部件时正时链上的匹配标记与对应的正时链轮匹配标记之间的关系。

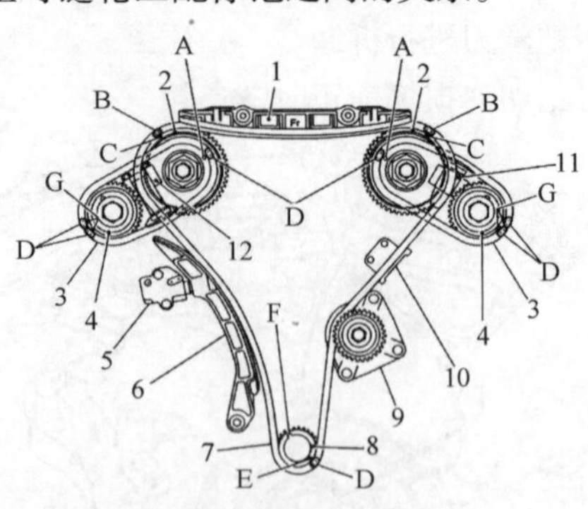
1- 内部链条导轨　2- 凸轮轴链轮（进气）　3- 正时链（次级）　4- 凸轮轴链轮（排气）　5- 正时链张紧器（次级）　6- 松弛导轨　7- 正时链（初级）　8- 曲轴链轮　9- 水泵　10- 张紧器导轨　11- 正时链张紧器（次级）（气缸列 2）　12- 正时链张紧器（次级）（气缸列 1）　A- 匹配标记（打孔）（背侧）　B- 匹配标记（黄色链节）　C- 匹配标记（打孔）　D- 匹配标记（橙色链节）　E- 匹配标记（缺口）　F- 曲轴键　G- 匹配标记（打孔）
图 13-20

（1）检查销钉（如图 13-21 中 A）和曲轴键（如图 13-21 中 1）是否位于图中位置（1 号气缸压缩 TDC 时）。

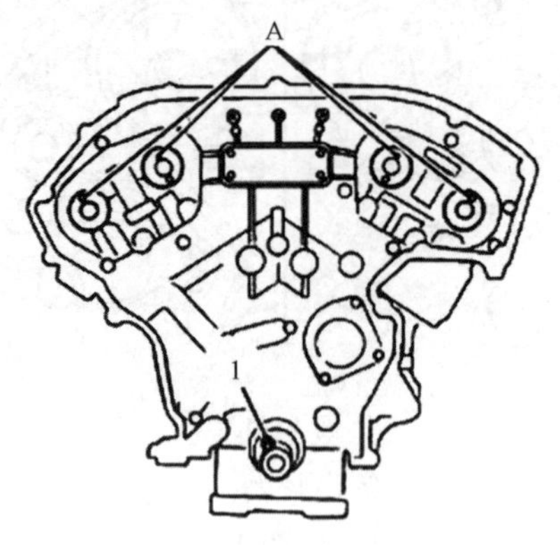

图 13-21

（2）安装正时链（次级）和凸轮轴链轮。

警告：

正时链条与链轮之间的匹配标记容易打滑。在安装过程中重复确认所有匹配的标记位置。

①推动正时链条张紧器（次级）的柱塞并用塞子销（如图 13-22 中 A）插入。

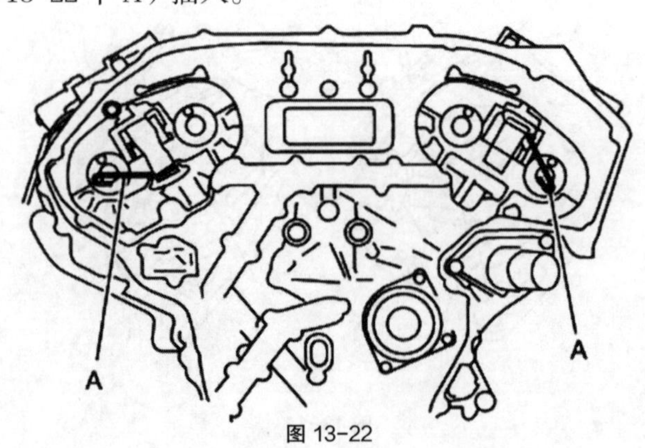

图 13-22

②安装正时链（次级）和凸轮轴链轮。

注：图 13-23 显示了气缸列 1（后视图）。

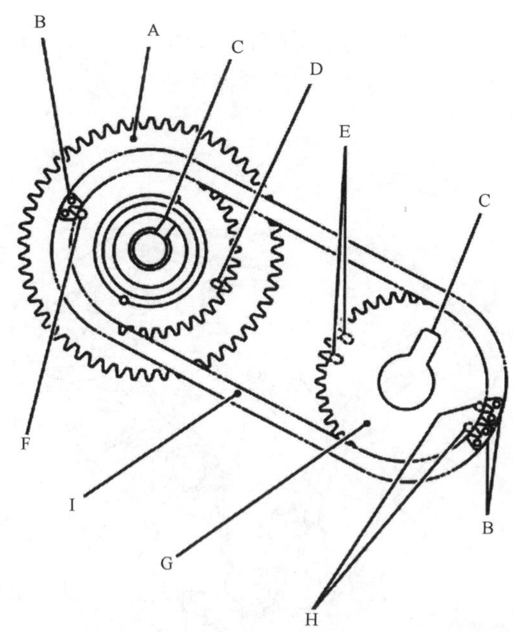

A- 凸轮轴链轮（进气）后端面　B- 橙色链节　C- 销槽　D- 匹配标记（椭圆形）　E- 匹配标记（2 个椭圆形：正面）　F- 匹配标记（圆）　G- 凸轮轴链轮（排气）后端面　H- 匹配标记（2 个椭圆形：正面）　I- 正时链（次级）

图 13-23

对齐正时链（次级）上的匹配标记（橙色链节）与进排气凸轮轴链轮上的打孔标记，并安装它们。

注: 凸轮轴链轮（进气）的匹配标记在凸轮轴链轮（次级）的后端面。

有两种类型的匹配标记 : 圆和椭圆类型。它们应该分别用于气缸列 1 和气缸列 2。气缸列 1 用圆形，气缸列 2 用椭圆形。

根据气缸列的位置而不同，凸轮轴链轮（进气）的形状（信号盘的方向）有变化，如图 13-24。

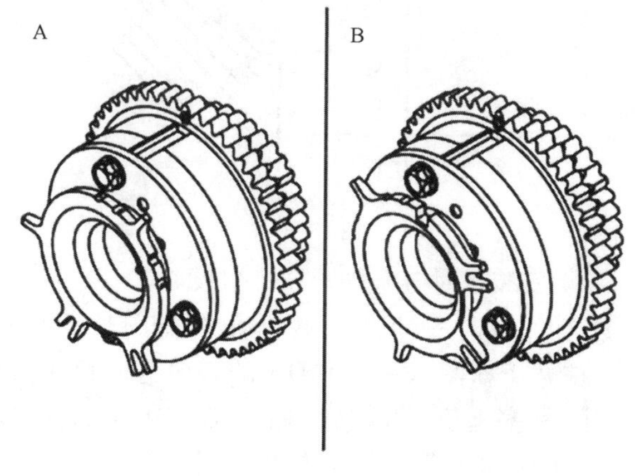

A- 气缸列 1　B- 气缸列 2

图 13-24

将凸轮轴销钉与链轮上的销槽对准，并安装它们。

如果每个匹配标记和每个销钉的位置与匹配部件不匹配，则用扳手或相当的工具固定住六边形部分的位置来进行调整。

下一步必须拧紧凸轮轴链轮的安装螺栓。用手把它们拧紧足以防止销钉脱落。

安装期间和安装之后可能很难在视觉上检查匹配标记的位置。为了使匹配更容易，用油漆在链轮齿顶部和延长线做匹配标记，如图 13-25 所示。

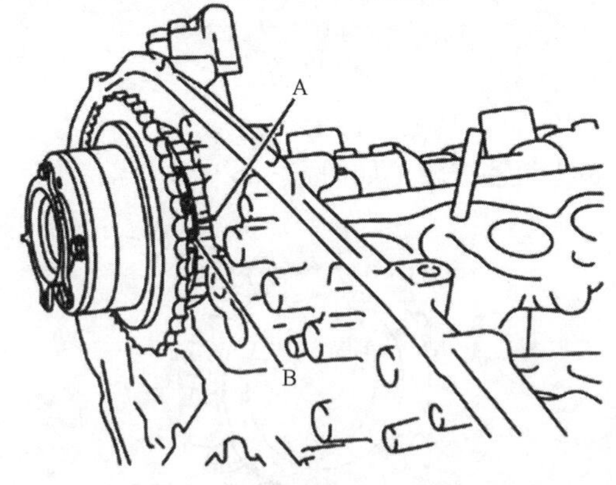

图 13-25

③拧紧凸轮轴链轮（排气）安装螺栓。

在六角形部分使用扳手固定然后安装凸轮轴（排气）螺栓。

④在确认匹配标记对齐后，拧紧凸轮轴链轮（进气）安装螺栓。

固定六边形部分（位于日志 1 和 2 之间），用扳手松开驱动轴（如图 13-26 中 A）的安装螺栓。

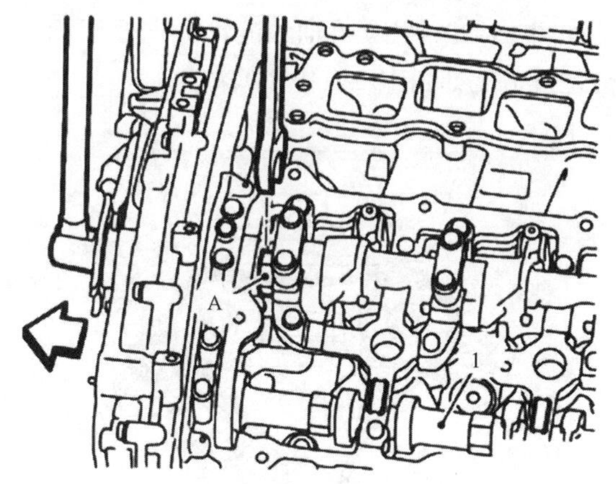

1- 凸轮轴（排气）（气缸列 2）

图 13-26

警告：在进气口侧用扳手将驱动轴的六边形部分固定住，小心不要让扳手造成与其他零件干涉。

⑤从正时链条张紧器（次级）中拉出止动销（如图 13-27 中 C）。

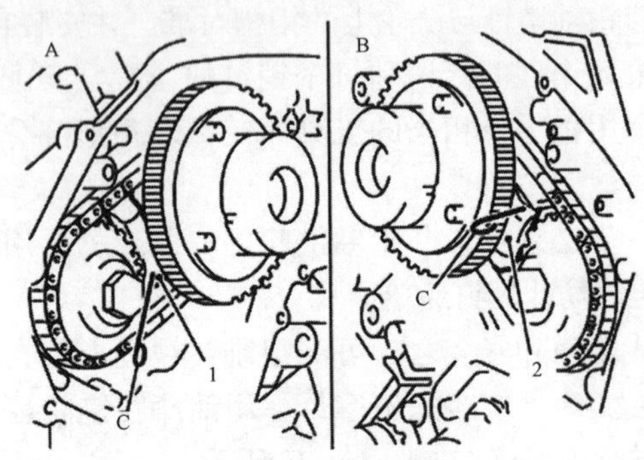

A- 气缸列 1　B- 气缸列 2

图 13-27

（3）安装正时链（初级）。

①安装曲轴链轮（如图 13-28 中 1）。

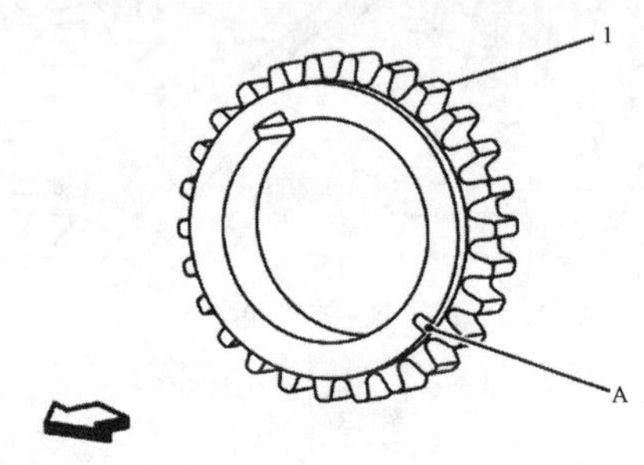

A- 匹配标记（前面）

图 13-28

检查发动机前部曲轴链轮面上的匹配标记。

②安装正时链（初级）。

安装正时链（初级），以便匹配标记凸轮轴链轮（进气）（如图 13-29 中 1）上的（冲孔）（如图 13-29 中 B）对准正时链上的黄色链节（如图 13-29 中 A），而匹配标记（缺口）（如图 13-29 中 C）在曲轴链轮（如图 13-29 中 2）上与橙色链节（如图 13-29 中 D）对齐。

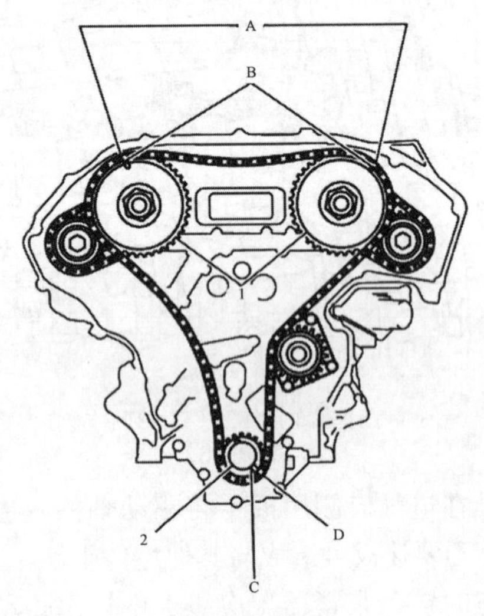

图 13-29

当很难对准正时链的匹配标记（初级）和每个链轮，使用扳手在六角形部分上逐渐转动驱动轴使其与匹配标记对齐。

（4）安装内部链条导轨（如图 13-30 中 1）、松弛导轨（如图 13-30 中 2）和张紧器导轨（如图 13-30 中 3）。

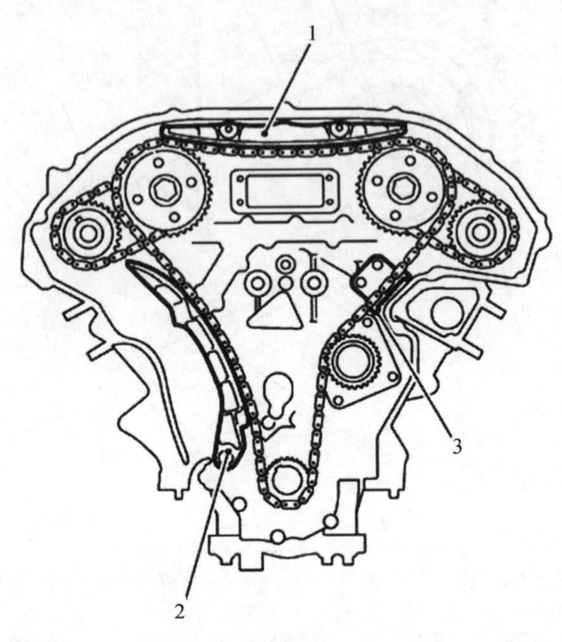

图 13-30

警告：不要过紧拧紧松弛导轨安装螺栓（如图 13-31 中 1）。安装螺栓按规格拧紧，在螺栓座下存在间隙（如图 13-31 中 A），这是正常的。

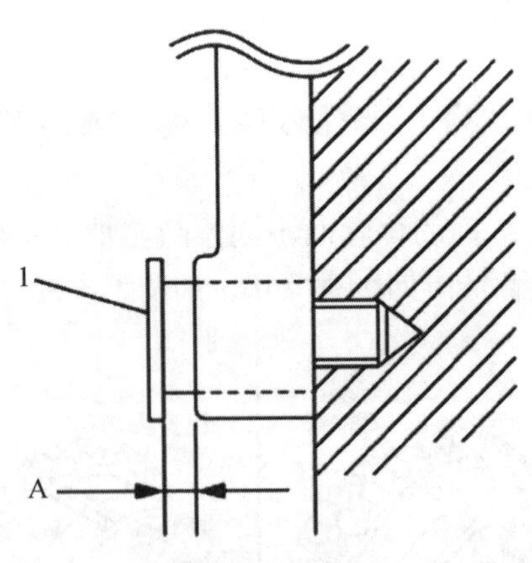

图 13-31

（5）安装正时链条张紧器（初级）。

①向上（或向下）拉动柱塞止动片（如图 13-32 中 A），以便从柱塞（如图 13-32 中 D）的棘轮上拆卸柱塞塞止动片。注：柱塞止动片和杠杆（如图 13-32 中 C）是同步的。

②将柱塞推入张紧器壳体的内部。

③用棘轮顶端压柱塞止动片，将柱塞保持在完全压缩位置。

④为了固定柱杆，将止动销（如图 13–32 中 E）通过柱杆孔插入张紧器壳体孔（如图 13–32 中 B）。柱杆部件和柱塞止动片是同步的。因此，柱塞在此条件下被固定。

注：图中显示了使用 1.2mm 直径的细螺丝刀作为止动销的示例。

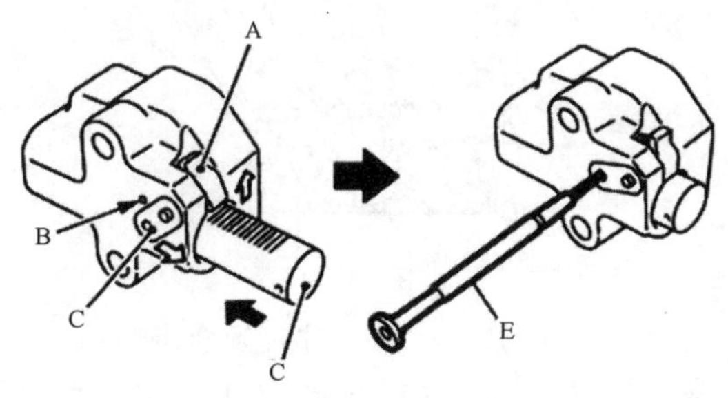

图 13–32

⑤安装正时链条张紧器（初级）（如图 13–33 中 1）。完全清除正时链条张紧器（初级）的背部和安装表面的灰尘和脏污。

⑥安装后拉出塞销（如图 13–33 中 A），然后释放柱塞。

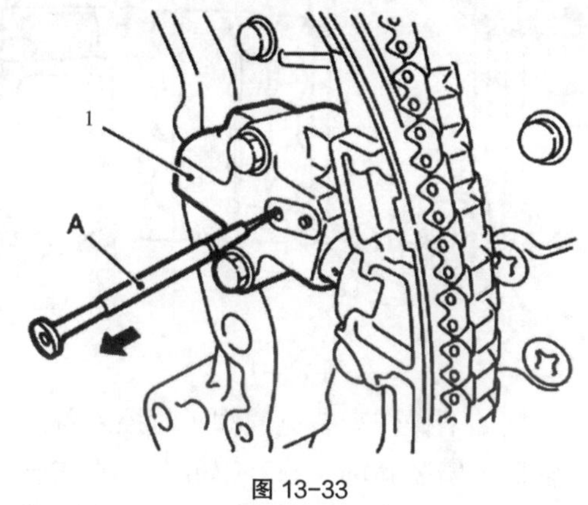

图 13–33

（6）再次检查链轮和正时链条上的匹配标记是否有滑出对齐位置。

（7）在后正时链条箱上安装新的 O 形环（如图 13–34 中 1）。警告：不要重复使用 O 形环。

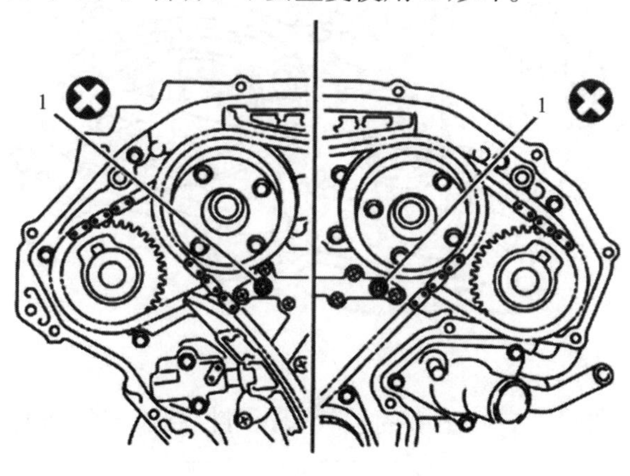

图 13–34

（8）在前正时链条箱上安装新的前油封，如图 13–35。

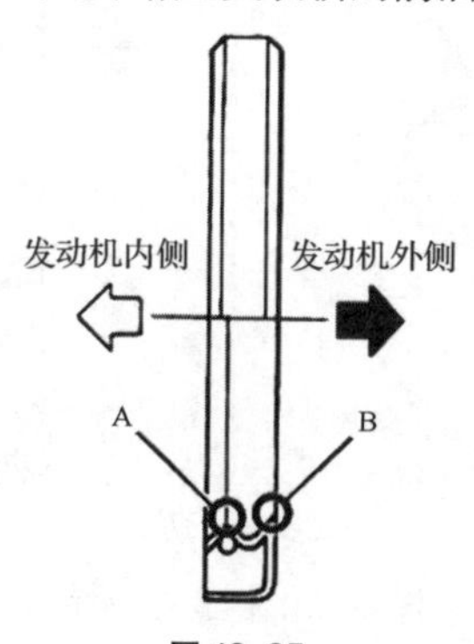

图 13–35

使用新的发动机油涂抹在油封唇（如图 13–35 中 A）和灰尘密封唇上（如图 13–35 中 B）。每个密封唇都如图 13–35 所示方向安装。使用合适的套筒（外径：60mm）（如图 13–36 中 A），压配合油封，直到它与前正时链箱外壳端面平齐。

检查箍环是否就位，密封唇是否倒置。

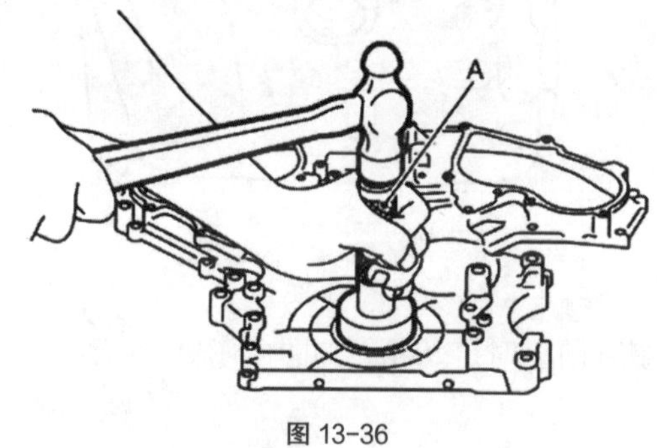

图 13–36

（9）安装前正时链条箱。

在安装到后正时链箱的过程中，检查 O 形环是否停留在适当的位置。

①用打胶机将连续的液体胶打到前正时链条箱背面，如图 13–37。

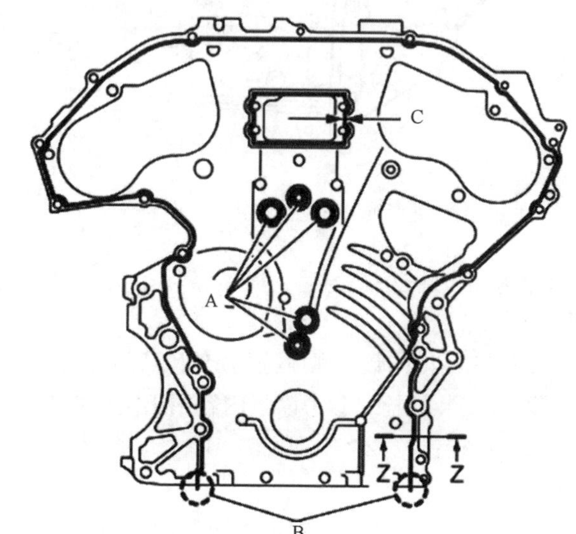

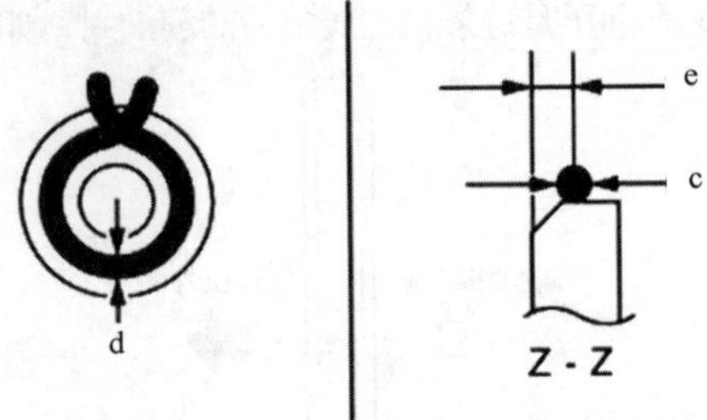

c-ϕ3.4~4.4mm　d-ϕ2.6~3.6mm　e-4.0~5.6mm

图 13-37

②将液体胶涂抹在如图 13-38 所示的油底壳（上部）的上表面。

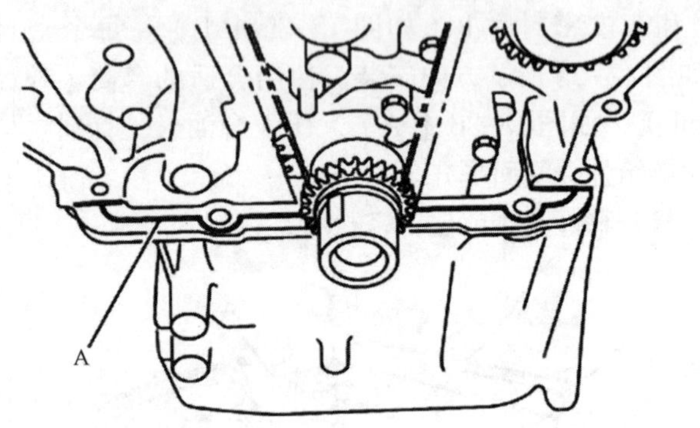

A-ϕ4.0 ~ 5.0mm

图 13-38

③组装前正时链条箱，如图 13-39。

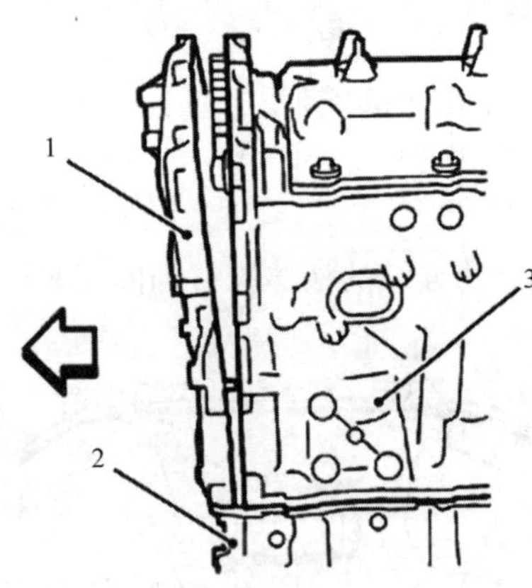

1-前正时箱　2-油盘（上部）　3-缸体

图 13-39

④将前正时链条箱与后正时链条箱上的销钉一起安装到其销钉孔上。

⑤按图 13-40 的数字顺序按指定扭矩紧固安装螺栓。有两种安装螺栓。参考以下内容用于定位螺栓。

M10 螺栓：1、2、3、4、5、6、7，拧紧力矩：55N·m。

M6 螺栓：除以上外，拧紧力矩：12.7N·m。

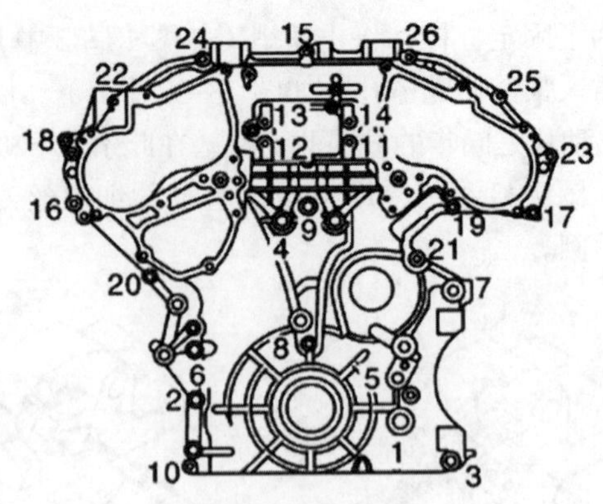

图 13-40

⑥所有螺栓拧紧后，重新拧紧到指定扭矩。

警告：请务必擦拭掉与油盘（上部）表面配合时任何过量的液体胶。

⑦按图 13-41 中显示的顺序在油底壳（上部）前面安装两个安装螺栓。

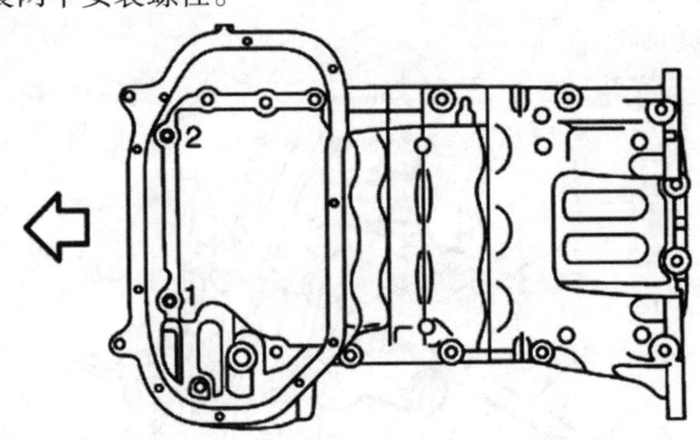

图 13-41

（10）按如下操作安装进气阀正时控制盖。

①在轴槽中安装新的密封环（如图 13-42 中 1）。警告：更换密封圈时，用新的密封圈替换所有的密封圈。注：该图 13-42 显示了气缸列 2 的一个示例。

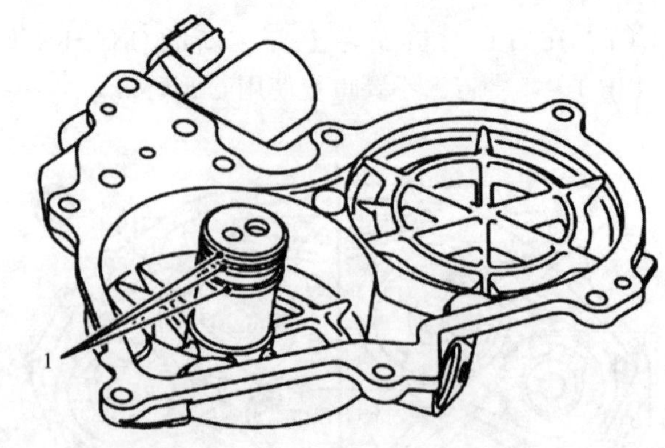

图 13-42

②将带有新垫圈的进气阀正时控制盖安装到前正时链箱上。

警告：将轴的两个轴孔和进气侧凸轮轴链轮的中心

对准，然后插入它们。

不要将密封环从轴槽中脱落。

③小心不要从安装槽移动密封圈，用销孔对准前正时链壳上的销钉（如图 13-43 中 C）安装进气阀正时控制盖。

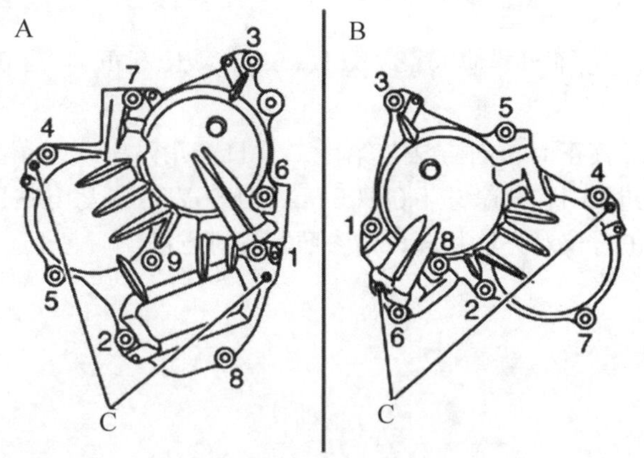

A- 气缸列 1　B- 气缸列 2

图 13-43

④按图 13-43 中数字顺序拧紧安装螺栓。在所有螺栓拧紧之后，将第 1 号螺栓拧紧到规定扭矩。

（11）安装油盘（下部）。

（12）安装摇杆盖（气缸列 1 和气缸列 2）。

（13）安装曲轴皮带轮。

①使用环形挡圈固定曲轴［SST：KV10118600（J-48641）］。

②安装曲轴皮带轮，注意不要损坏前油封。当用塑料锤子压装曲轴皮带轮时，轻敲它的中心部分（不是圆周）。

③拧紧曲轴皮带轮螺栓。

④拧紧螺栓 90°（一个标记）（如图 13-44 中 B）。在曲轴皮带轮（如图 13-44 中 2）上的匹配标记（如图 13-44 中 A）与曲轴皮带轮螺栓（如图 13-44 中 1）的匹配标记（如图 13-44 中 C）对齐。

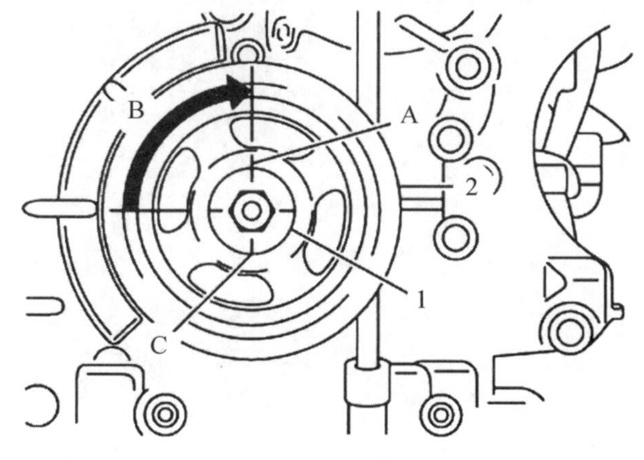

图 13-44

⑤将曲轴皮带轮沿正常方向旋转（从前面看时顺时针方向）以确认其转动顺畅。

（14）安装动力转向油泵支架和惰轮支架。

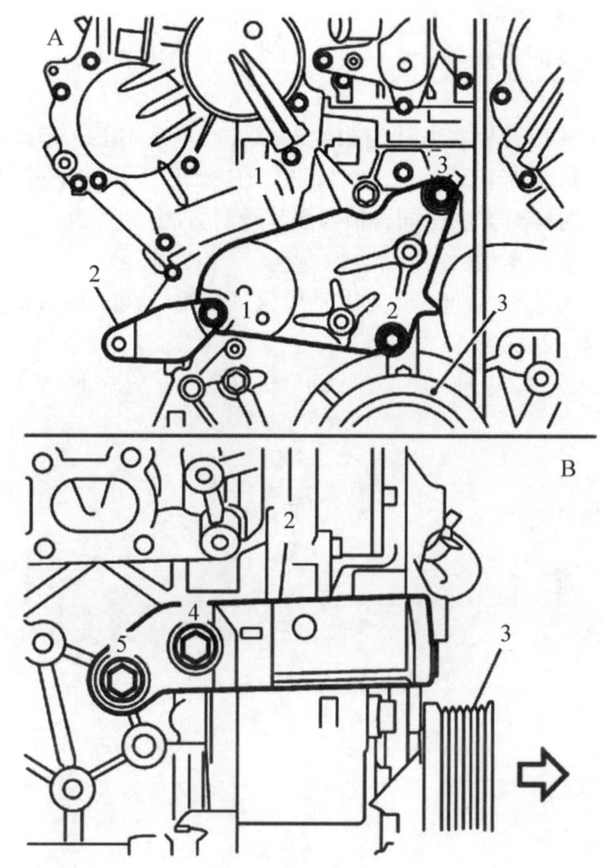

1- 惰轮支架　2- 动力转向泵支架　3- 曲轴皮带轮　A- 发动机前侧
B- 发动机右侧

图 13-45

按如图 13-45 数字顺序将安装零件螺栓紧固到规定扭矩。

（15）对于以下操作，按照拆除相反顺序执行其他步骤。

二、车型

东风英菲尼迪 Q50L 2.0T（2.0T　M274930），2015—2019 年。

英菲尼迪 Q60 2.0T（2.0T　M274930），2017—2019 年。

英菲尼迪 Q70L 2.0T（2.0T　M274930），2019 年。

其正时校对方法与第一章奔驰车系中二、车型中的北京奔驰 C180L（W205）（1.6L　M274.910），2014—2018 年正时校对方法相同，请参照其校对方法。

三、车型

英菲尼迪 QX30 1.6T（1.6T　M270910），2016—2019 年。

英菲尼迪 QX30 2.0T（2.0T　M270920），2017—2019 年。

其正时校对方法与第一章奔驰车系中一、车型中的A180（W176）（1.6L　M270.910），2012—2018年正时校对方法相同，请参照其校对方法。

四、车型

英菲尼迪QX60 混动 2.5T（2.5T　QR25），2016—2019年。

其正时校对方法与第十二章日产车系中五、车型中的东风日产新天籁 2.5L（2.5L　QR25DE），2013—2018年正时校对方法相同，请参照其校对方法。

五、车型

英菲尼迪Q50 混动 3.5L（3.5L　VQ35HEV），2014—2018年。

英菲尼迪Q70L 混动 3.5L（3.5L　VQ35HEV），2013—2018年。

英菲尼迪QX60 3.5L（3.5L　VQ35），2014—2018年。

其正时校对方法与第十二章日产车系中六、车型中的东风日产楼兰 3.5L（3.5L　VQ35DE），2011—2014年正时校对方法相同，请参照其校对方法。

六、车型

英菲尼迪QX80 5.6L（5.6L　VK56DE），2013—2019年

其正时校对方法与第十二章日产车系中八、车型中的进口日产途乐 5.6L（5.6L　VK56VD），2016—2018年正时校对方法相同，请参照其校对方法。

第十四章　斯巴鲁车系

一、车型

斯巴鲁 XV 2.0i（2.0L　FB20），2013—2018 年。

斯巴鲁森林人 2.0i（2.0L　FB20），2013—2018 年。

（一）拆卸和安装

1. 拆卸。

（1）正时链条（右）。

注：更换单个零件时，必须在发动机总成已装载在车上时操作。

①拆下链罩。

②使用 ST 并转动曲轴，将曲轴链轮、右进气凸轮轴链轮和右排气凸轮轴链轮的对齐标记对准图 14-1 双 AVCS 车型或图 14-2 单 AVCS 车型中的位置。

注: 如果对齐标记与图 14-1 或图 14-2 中的位置对准，则曲轴键位于 6 点钟位置。

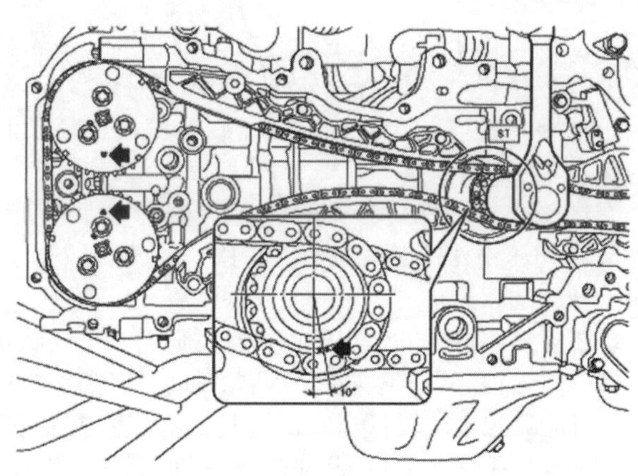

图 14-1

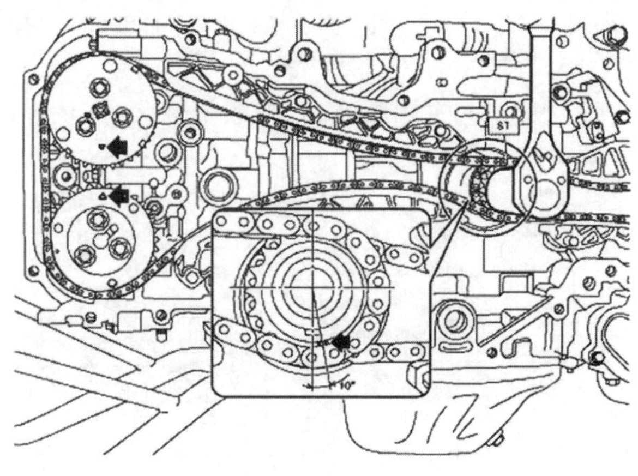

图 14-2

③按下右链条张紧器杆（如图 14-3），将 2.5mm 直径的限位器销或 2.5mm 直径的六角头扳手插入右链条张紧器的限位器销孔中，固定柱塞（如图 14-3 中 A）。

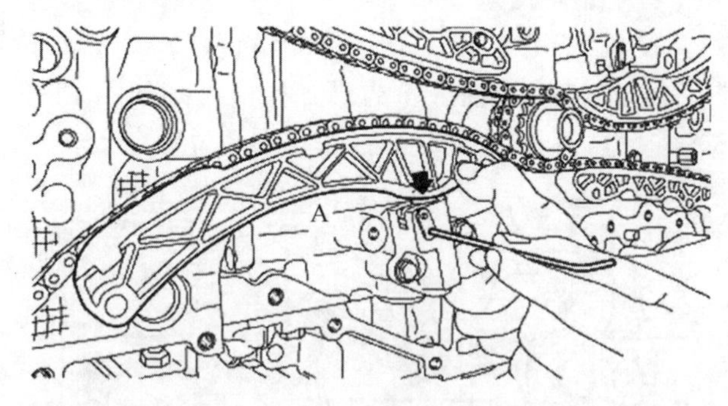

图 14-3

④拆下右链条张紧器（图 14-4），然后拆下右链条张紧器杆（如图 14-4 中 A)。

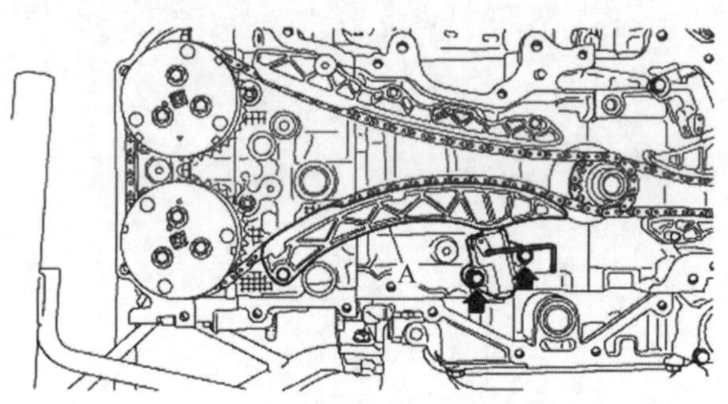

图 14-4

⑤拆下右链条导向装置（图 14-5），然后拆下右正时链条（如图 14-5 中 A）。

注意：如果未安装右正时链条，则右进气凸轮轴和右排气凸轮轴保持在零升程位置。凸轮轴上的所有凸轮均不会压下滚子摇臂（进气门和排气门）。此情况下，所有气门保持没有升起的状态。

右正时链条拆下的情况下，可独立旋转右进气凸轮轴和右排气凸轮轴。当进气门和排气门同时上升时，气门头会相互接触，可能导致气门挺杆弯曲。不要将其转至零升程范围（可用手轻微转动的范围）以外。

注：为避免与左侧混淆，请按顺序保管拆下的零件。

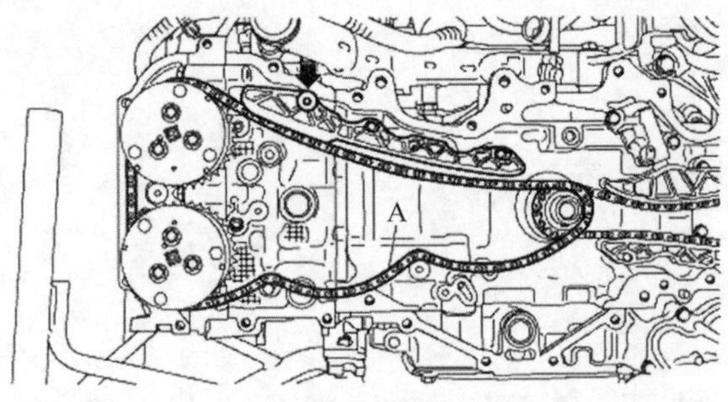

图 14-5

（2）正时链条（左）。

①拆下正时链条（右）。

②使用 ST 并转动曲轴，将曲轴键、左进气凸轮轴链轮和左排气凸轮轴链轮的对齐标记对准如图 14-6 双 AVCS 车型或图 14-7 单 AVCS 车型中的位置。

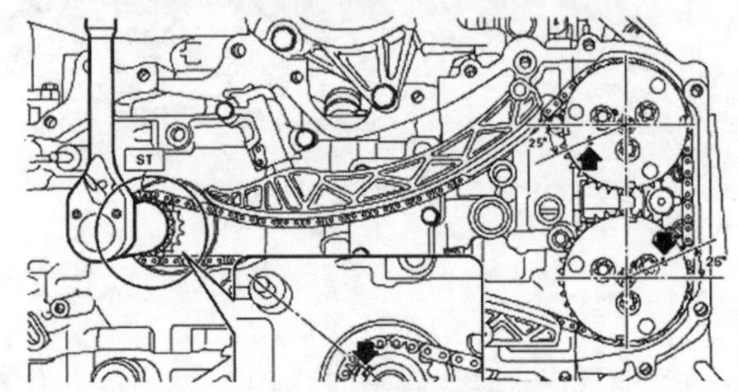

图 14-6

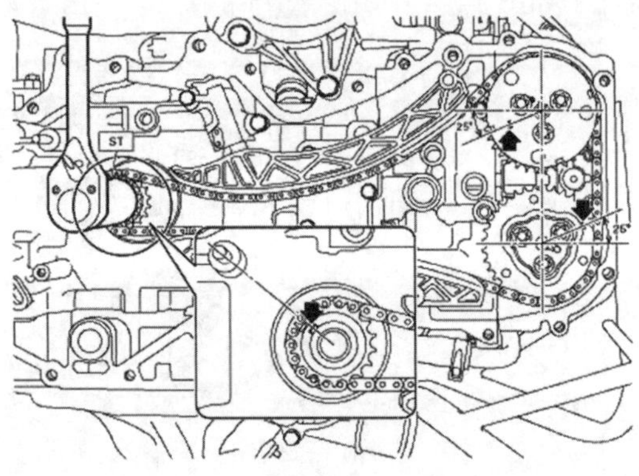

图 14-7

③按下左链条张紧器杆（图 14-8），将 2.5 mm（森林人车型为 1.3mm）直径的限位器销或 2.5mm（森林人车型为 1.3mm）直径的六角头扳手插入左链条张紧器的限位器销孔中，固定柱塞（如图 14-8 中 A）。

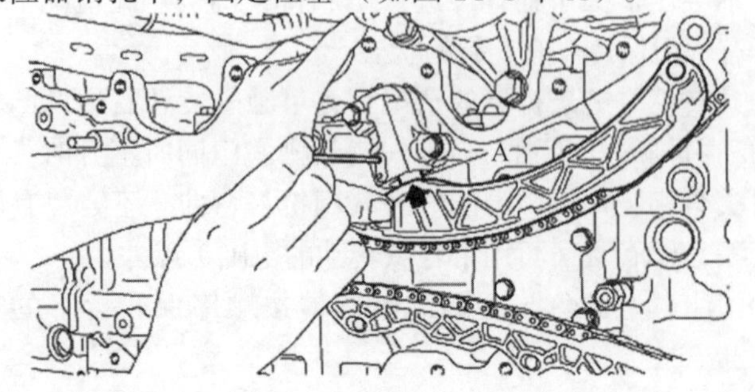

图 14-8

④拆下左链条张紧器（图 14-9），然后拆下左链条张紧器杆（如图 14-9 中 A）。

⑤拆下左缸体的O形图（如图 14-10）。

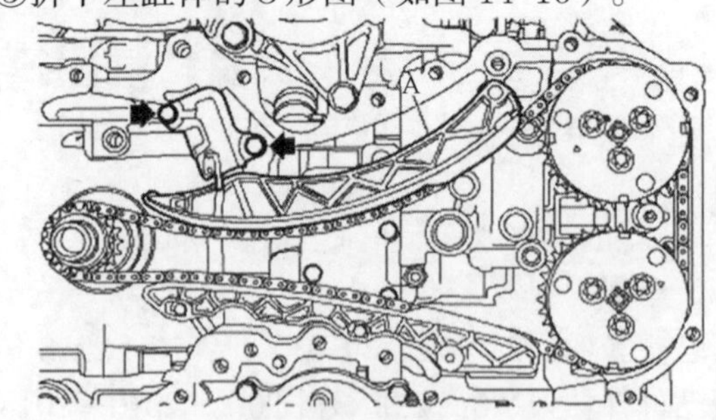

图 14-9

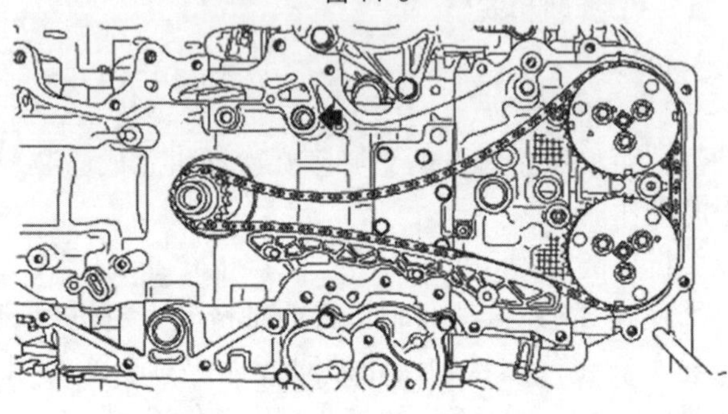

图 14-10

⑥拆下左链条导向装置，然后拆下左正时链条（如图 14-11 中 A）。

注意：如果未安装左正时链条，则左排气凸轮轴保持在零升程位置。左排气凸轮轴上的所有凸轮均不会压下滚子摇臂（排气门）。此情况下，排气门保持没有升起的状态。

左进气凸轮轴保持在升起位置。左进气凸轮轴上的所有凸轮均压下滚子摇臂（进气门）。此情况下，进气门保持升起的状态。

左正时链条拆下的情况下，可独立旋转左进气凸轮轴和右排气凸轮轴。当转动左排气凸轮轴时，气门头会相互接触，可能导致气门挺杆弯曲，如上所述。不要将左排气凸轮轴转至零升程范围（可用手轻微转动的范围）以外。

1 号活塞和 4 号活塞位于 TDC 附近。如果转动左进气凸轮轴，气门和活塞可能会接触，从而导致气门挺杆弯曲。此时不要转动左进气凸轮轴。

注：为避免与右侧混淆，请按顺序保管拆下的零件。

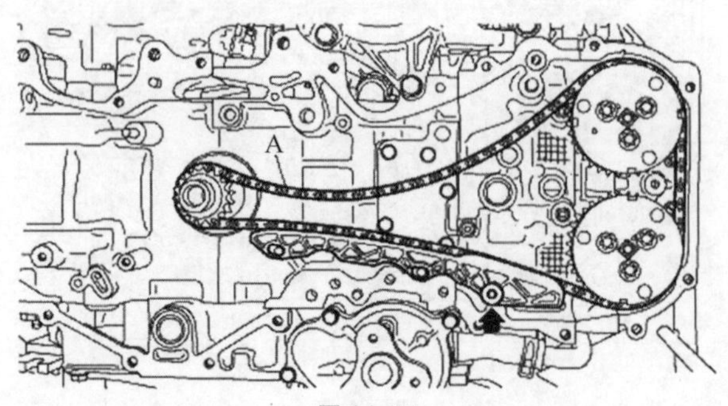

图 14-11

⑦使用 ST 并将曲轴顺时针转动约 200°，使曲轴链轮的对齐标记对准图 14-12 的位置。

注意：

需要执行此步骤将所有活塞移至气缸中间位置，防止气门和活塞相互接触。

切勿逆时针转动，因为气门和活塞可能会接触。顺时针转动曲轴链轮对齐标记到图 14-12 位置附近后，只有在精确调整对齐标记时，才可逆时针转动。

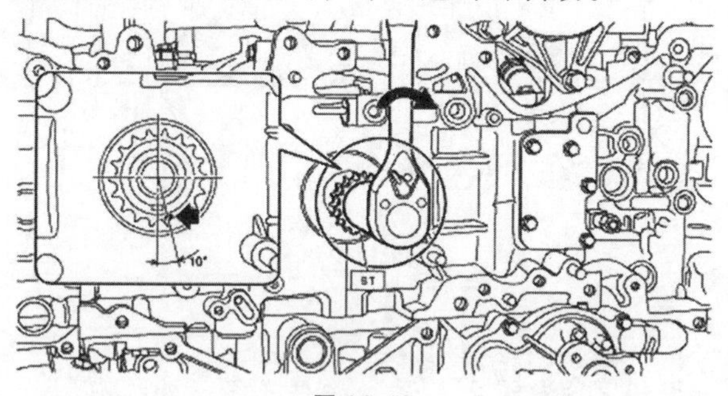

图 14-12

⑧使用 ST 并将左进气凸轮轴链轮转动约 180°，使左进气凸轮轴链轮的对齐标记对准图 14-13 或图 14-14 的位置（零升程位置）。

注意：如此操作后，当进气门和排气门同时上升时，气门头会相互接触，可能导致气门挺杆弯曲。不要将左进气凸轮轴和左排气凸轮轴转至零升程范围（可用手轻微转动的范围）以外。

ST1　18355AA000 皮带轮扳手。

ST2　18334AA030 皮带轮扳手销套。

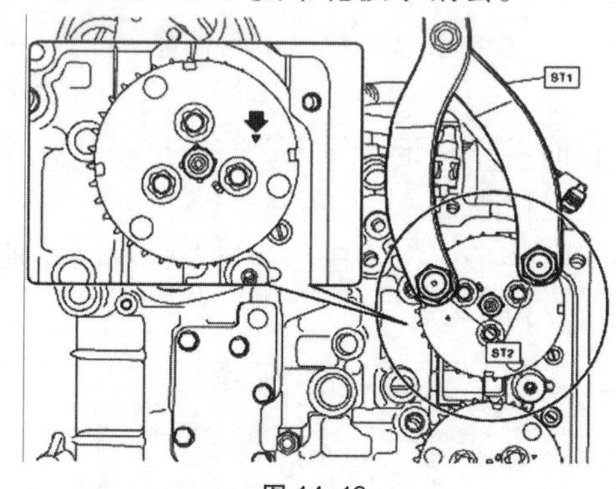

图 14-13

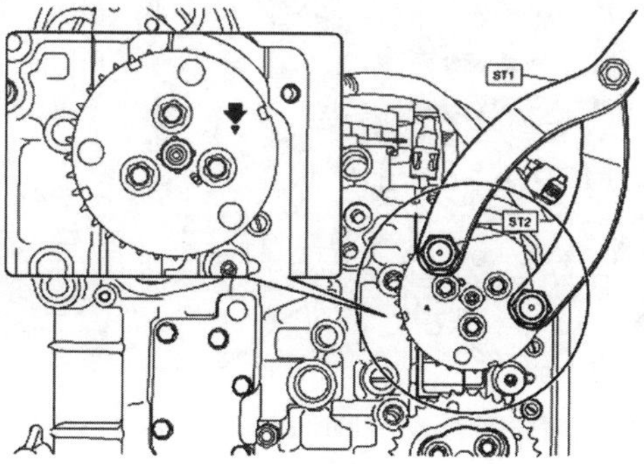

图 14-14

2. 安装。

（1）正时链条（左）。

注意在安装过程中不要让异物进入组装的部件，也不要让异物落在上面。

在正时链条的所有部件上涂抹机油。

①准备安装左链条张紧器。

a. 按箭头方向移动连接板（如图 14-15 中 A）以压入柱塞（如图 14-15 中 B）。

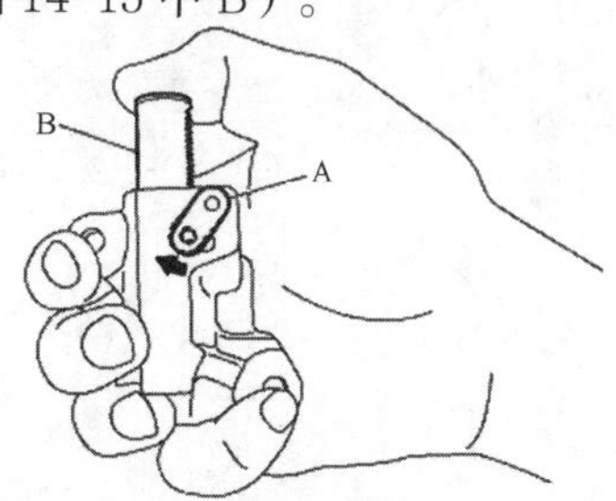

图 14-15

b. 用 2.5mm（森林人车型为 1.3mm）直径的限位器销或 2.5mm（森林人车型为 1.3mm）直径六角头扳手插入限位器销孔，固定柱塞。

注：如果连接板上的限位器销孔和链条张紧器上的限位器销孔没有对准，则检查柱塞齿条（如图 14-16 中 A）的首个槽口是否与限位器齿（如图 14-16 中 B）啮合。如果没有啮合，则稍稍缩回柱塞以使柱塞齿条（如图 14-16 中 A）的首个槽口与限位器齿（如图 14-16 中 B）啮合。

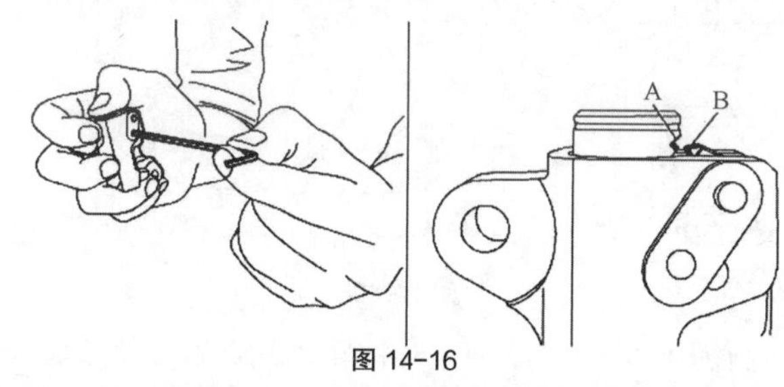

图 14-16

②检查曲轴链轮是否位于如图 14-17 的位置。如果未对准，则使用 ST 转动曲轴以将曲轴链轮对齐标记对准如图 14-17 的位置。

注：需要执行此步骤以防气门和活塞在下一步中相互接触。

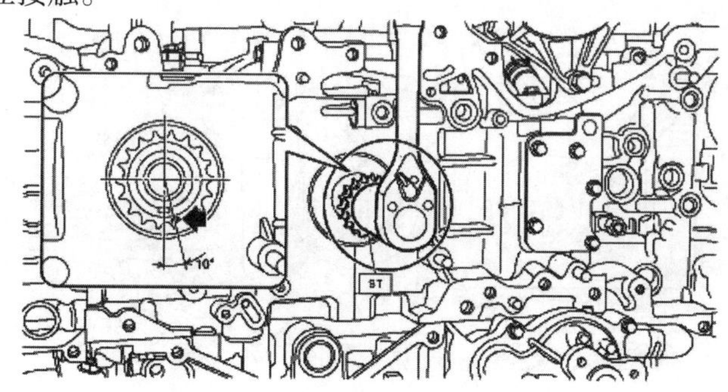

图 14-17

③使用ST并转动左进气凸轮轴链轮，将对齐标记对准如图14-18或图14-19中的位置。注意：当进气门和排气门同时上升时，气门头会相互接触，可能导致气门挺杆弯曲。请勿转动左排气凸轮轴。

ST1　18355AA000 皮带轮扳手。

ST2　18334AA030 皮带轮扳手销套。

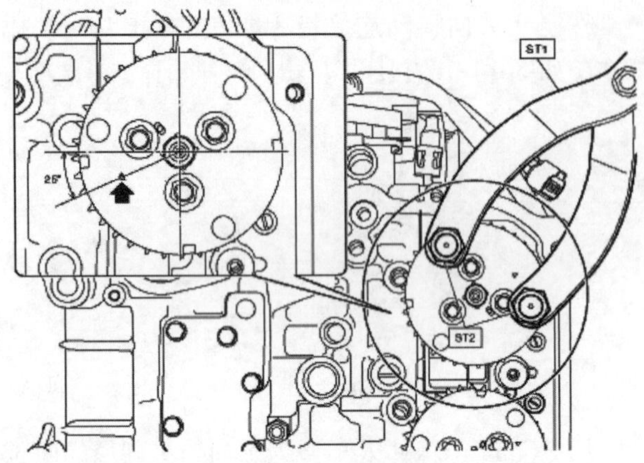

图 14-18

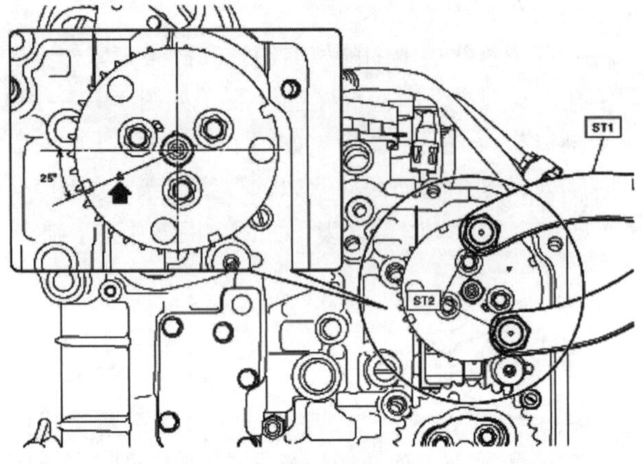

图 14-19

④使用ST并将曲轴逆时针转动约200°，使曲轴键的对齐标记对准如图14-20的位置。

注意：切勿顺时针转动，因为气门和活塞可能会接触。逆时针转动曲轴把键带到如图14-20位置附近后，只有在精确调整键位置时，才可顺时针转动。

ST　18252AA000 曲轴座。

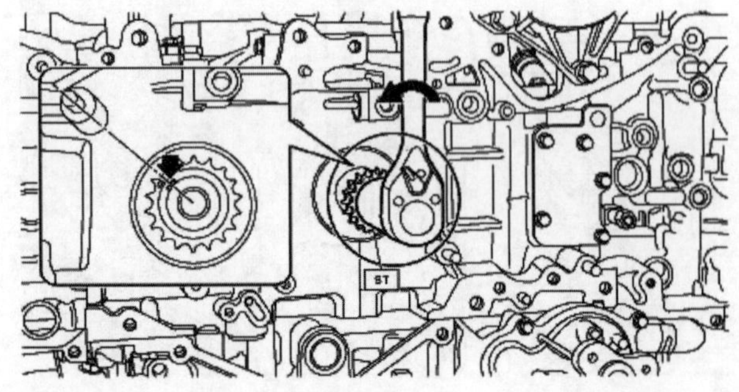

图 14-20

⑤将左排气凸轮轴链轮的对齐标记对准如图14-21或如图14-22中的位置。

注意：为防止气门损坏，请仅在零升程范围（可用手轻微转动的范围）内转动左排气凸轮轴链轮。

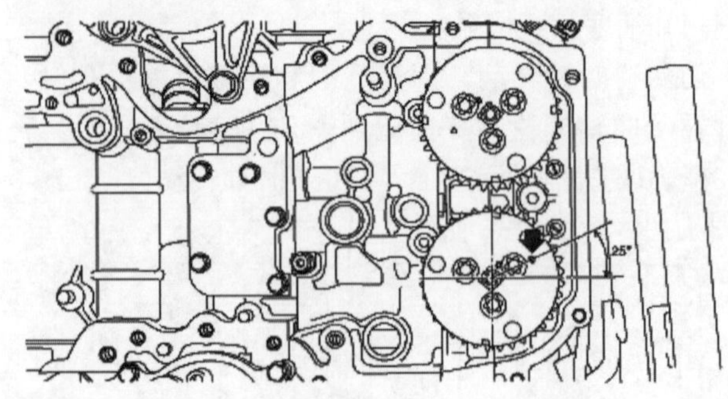

图 14-21

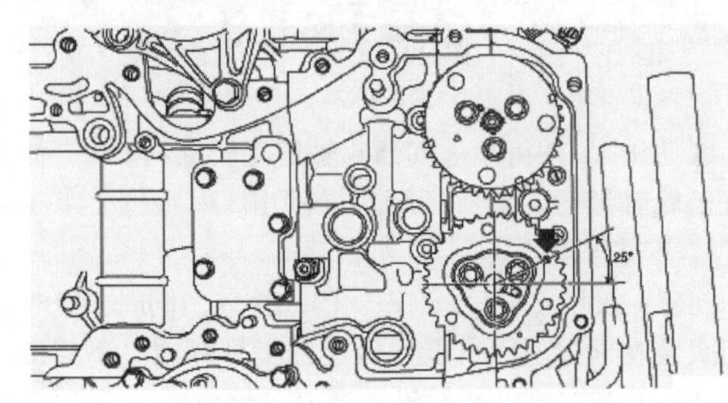

图 14-22

⑥安装左正时链条和左正时链条导向装置，如图14-23或图14-24。

a. 把正时链条标记（蓝色）与曲轴链轮的对齐标记相匹配。

b. 将正时链条标记（粉色）与左进气凸轮轴链轮的正时标记位置相匹配。

c. 将正时链条标记（粉色）与左排气凸轮轴链轮的正时标记位置相匹配。

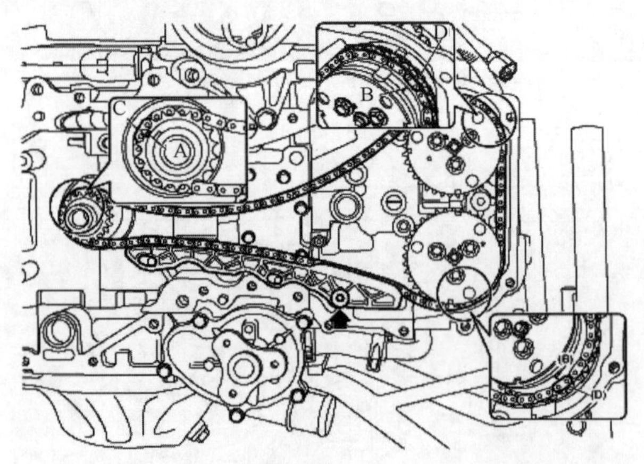

A- 对齐标记　B- 正时标记　C- 蓝色　D- 粉色

图 14-23

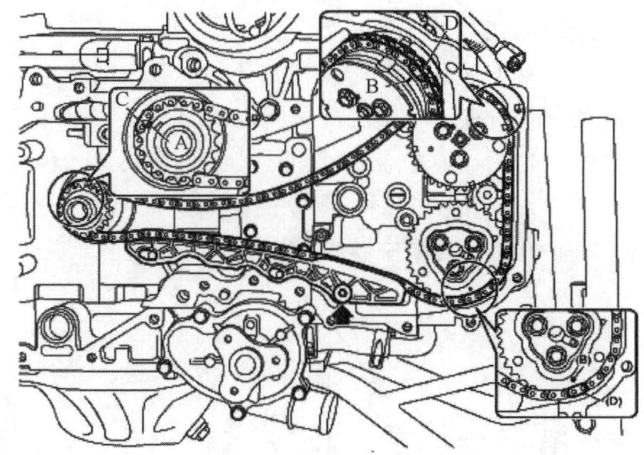

A- 对齐标记　B- 正时标记　C- 蓝色　D- 粉色

图 14-24

⑦将 O 形圈安装到缸体（如图 14-25 中左）内。

注：使用新 O 形圈。

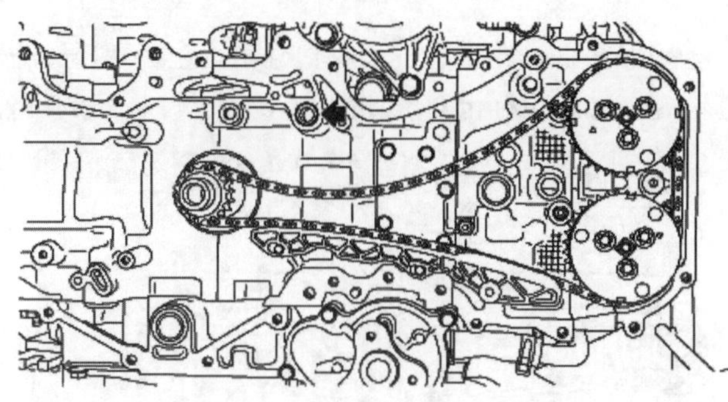
图 14-25

⑧安装左链条张紧器杆（如图 14-26 中 A）和左链条张紧器。

拧紧扭矩：6.4N·m。

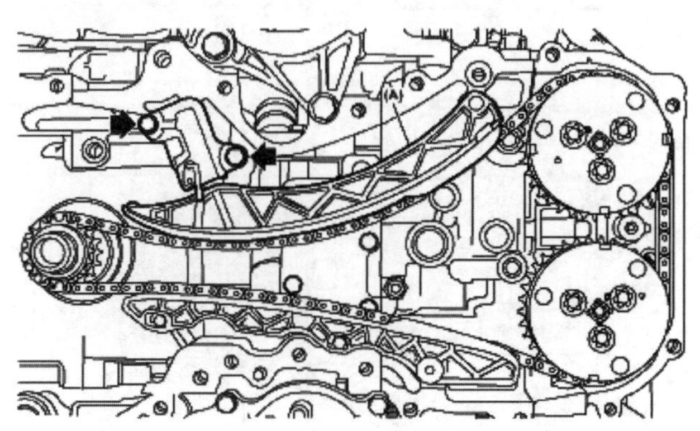

图 14-26

⑨从左链条张紧器中拉出限位器销，如图 14-27 或图 14-28。

注意：请在拉出限位器销之前确认下列项目。

正时链条标记(蓝色)与曲轴链轮的对齐标记相匹配。

正时链条标记（粉色）与左进气凸轮轴链轮的正时标记位置相匹配。

正时链条标记（粉色）与左排气凸轮轴链轮的正时标记位置相匹配。

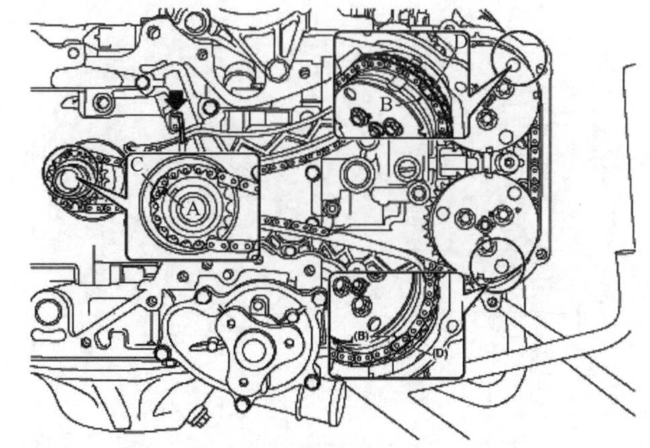

A- 对齐标记　B- 正时标记　C- 蓝色　D- 粉色

图 14-27

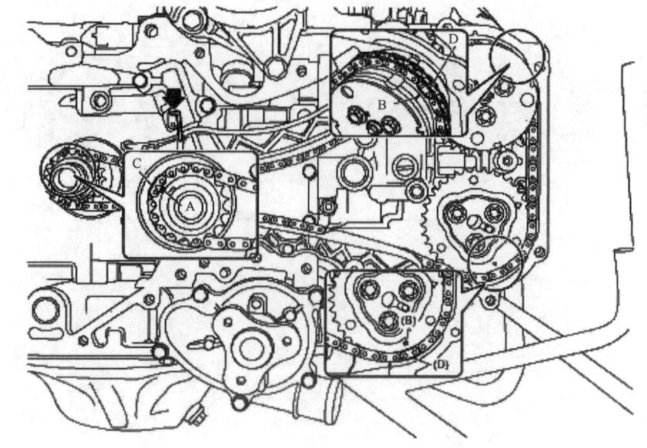

A- 对齐标记　B- 正时标记　C- 蓝色　D- 粉色

图 14-28

⑩使用 ST，顺时针转动曲轴，并确保没有异常状况，如图 14-29。

注意：始终确保执行此确认。

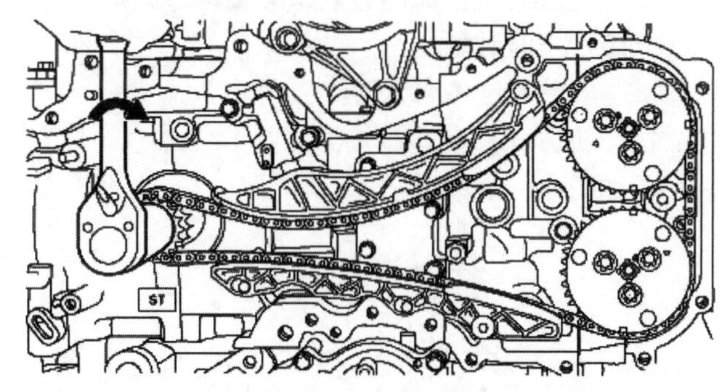

图 14-29

⑪使用 ST 并转动曲轴，将曲轴链轮、左进气凸轮轴链轮和左排气凸轮轴链轮的对齐标记对准如图 14-30 或

图 14-31 中的位置。

注：如果对齐标记与如图 14-30 或图 14-31 中的位置对准，则曲轴键位于 6 点钟位置。

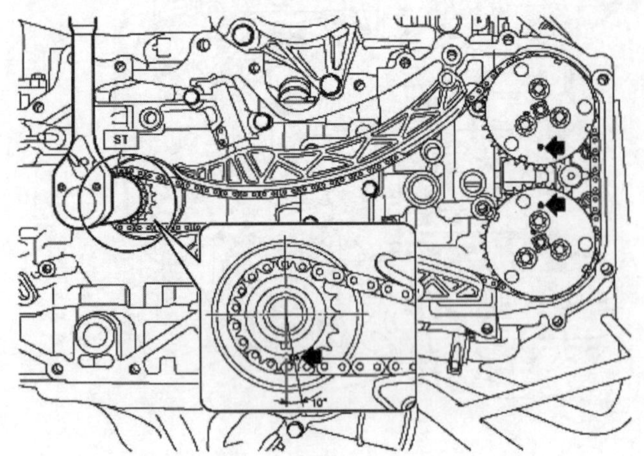

图 14-30

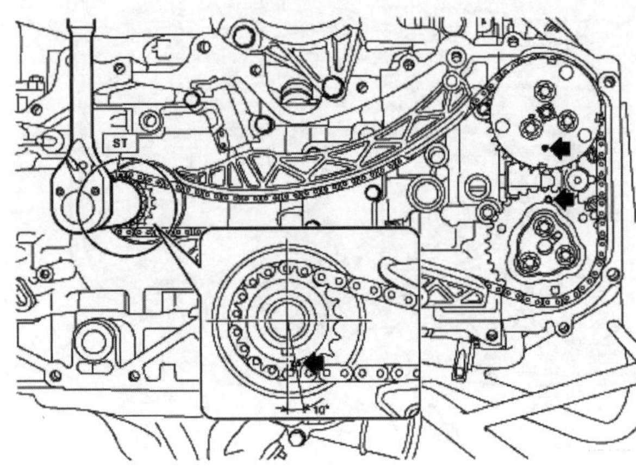

图 14-31

⑫安装右正时链条。

（2）正时链条（右）。

注意在安装过程中不要让异物进入组装的部件，也不要让异物落在上面。

在正时链条的所有部件上涂抹机油。

①安装左正时链条。

②准备安装右链条张紧器。

a. 按箭头方向移动连接板（如图 14-32 中 A）以压入柱塞（如图 14-32 中 B）。

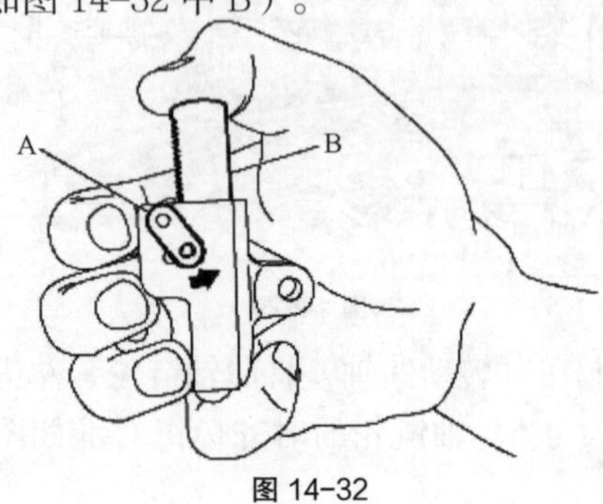

图 14-32

b. 用 2.5 mm 直径的限位器销或 2.5mm 直径六角头扳手插入限位器销孔，固定柱塞。

注：如果连接板上的限位器销孔和链条张紧器上的限位器销孔没有对准，则检查柱塞齿条（如图 14-33 中 A）的首个槽口是否与限位器齿（如图 14-33 中 B）啮合。如果没有啮合，则稍稍缩回柱塞以使柱塞齿条（如图 14-33 中 A）的首个槽口与限位器齿（如图 14-33 中 B）啮合。

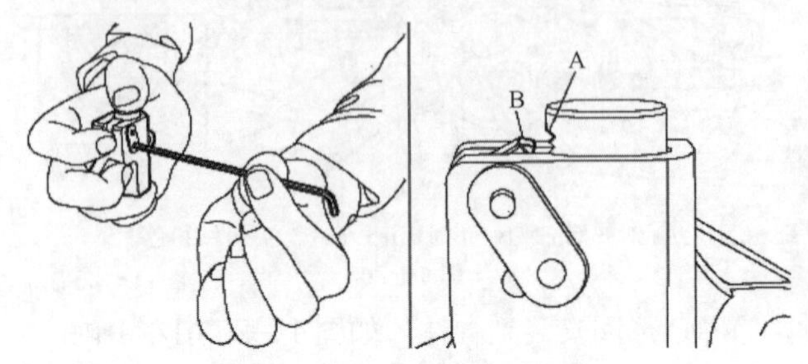

图 14-33

③确保曲轴链轮、进气凸轮轴链轮（左）和排气凸轮轴链轮（左）的定位标记对准如图 14-34 或图 14-35 的位置。

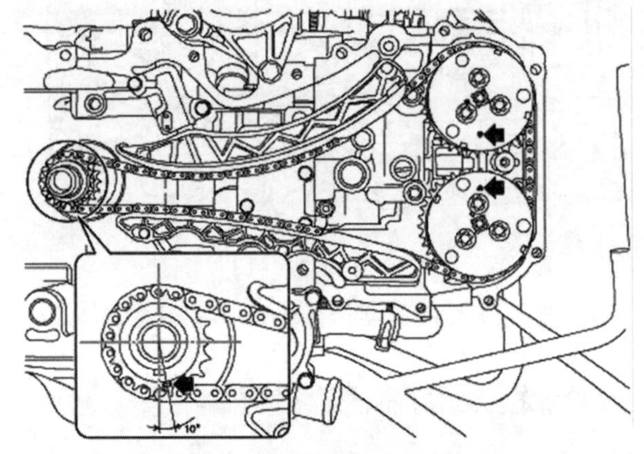

图 14-34

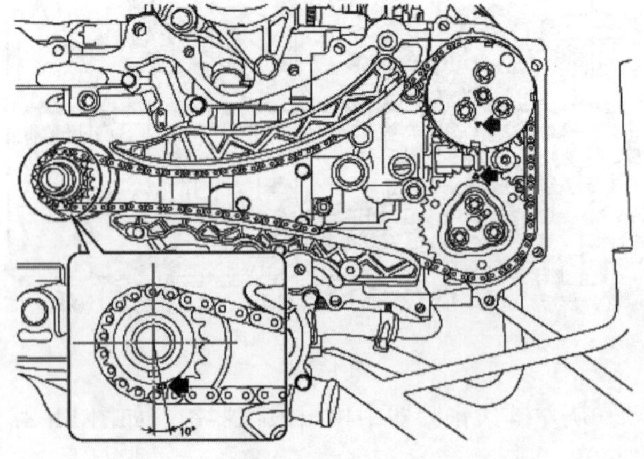

图 14-35

④将右进气凸轮轴链轮和右排气凸轮轴链轮的对齐标记对准图 14-36 或图 14-37 中所示的位置。

注意：为防止气门损坏，请仅在零升程范围（可用手轻微转动的范围）内转动右进气凸轮轴链轮和右排气凸轮轴链轮。

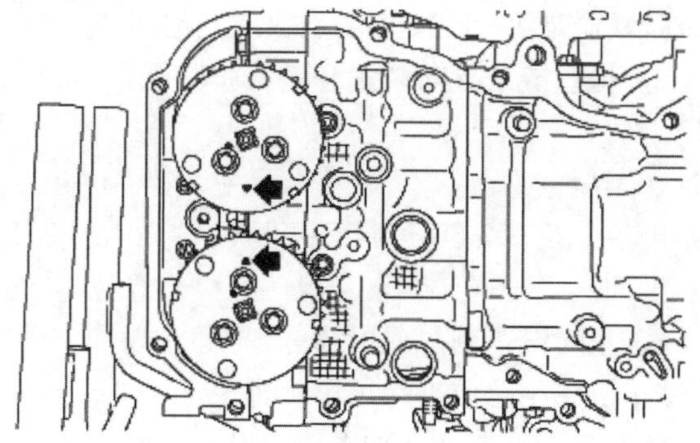

图 14-36

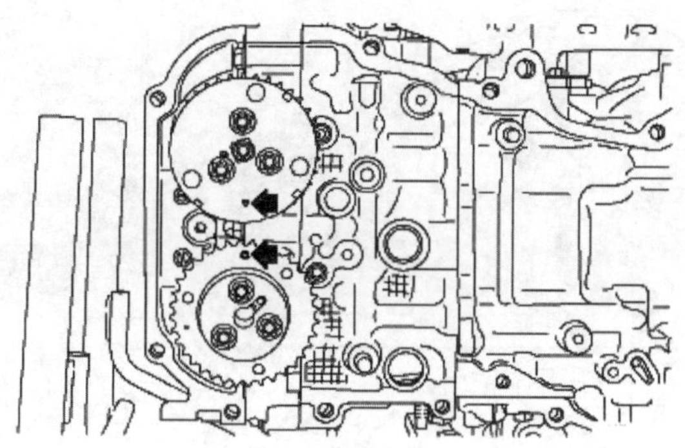

图 14-37

⑤安装右正时链条和右正时链条导向装置，如图 14-38、图 14-39。

a. 把正时链条标记（蓝色）与曲轴链轮的对齐标记相匹配。

b. 将正时链条标记（粉色）与右进气凸轮轴链轮的正时标记位置相匹配。

c. 将正时链条标记（粉色）与右排气凸轮轴链轮的正时标记位置相匹配。

d. 安装右正时链条导向装置。

拧紧扭矩：6.4N·m。

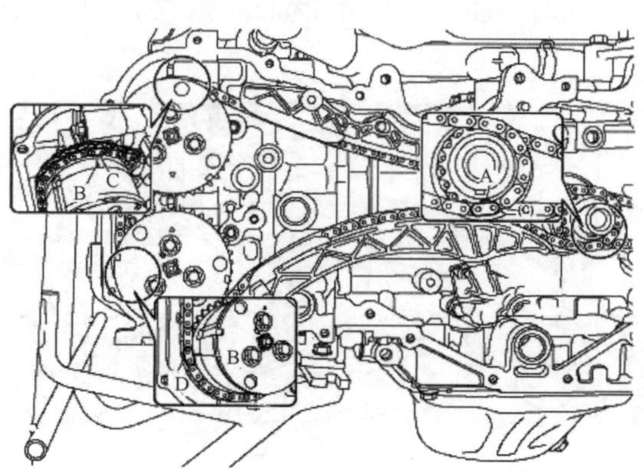

A- 对齐标记　B- 正时标记　C- 蓝色　D- 粉色

图 14-38

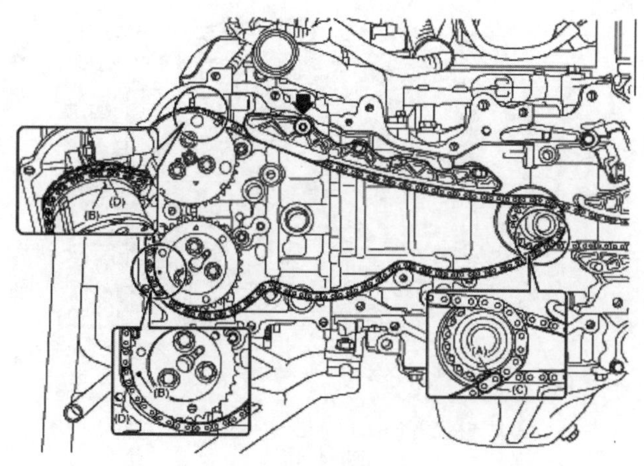

A- 对齐标记　B- 正时标记　C- 蓝色　D- 粉色

图 14-39

⑥安装右链条张紧器杆（如图 14-40 中 A）和右链条张紧器。

拧紧扭矩：6.4N·m。

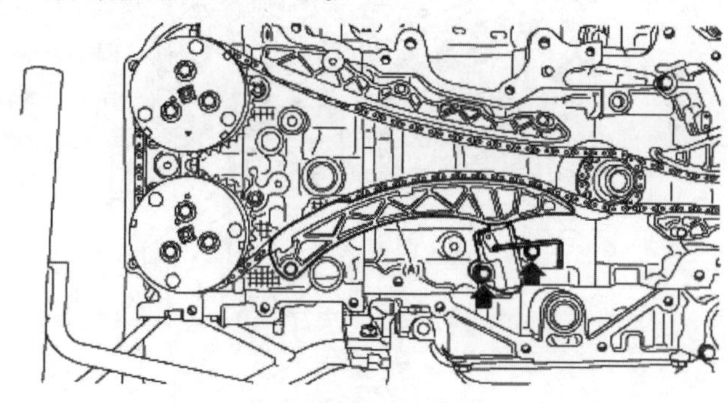

图 14-40

⑦从右链条张紧器中拉出限位器销，如图 14-41 或图 14-42 所示。

注意：请在拉出限位器销之前确认下列项目。

正时链条标记(蓝色)与曲轴链轮的对齐标记相匹配。

正时链条标记（粉色）与右进气凸轮轴链轮的正时标记位置相匹配。

正时链条标记（粉色）与右排气凸轮轴链轮的正时标记位置相匹配。

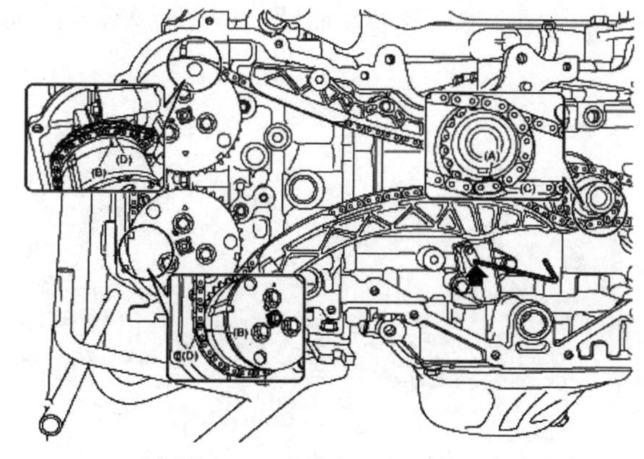

A- 对齐标记　B- 正时标记　C- 蓝色　D- 粉色

图 14-41

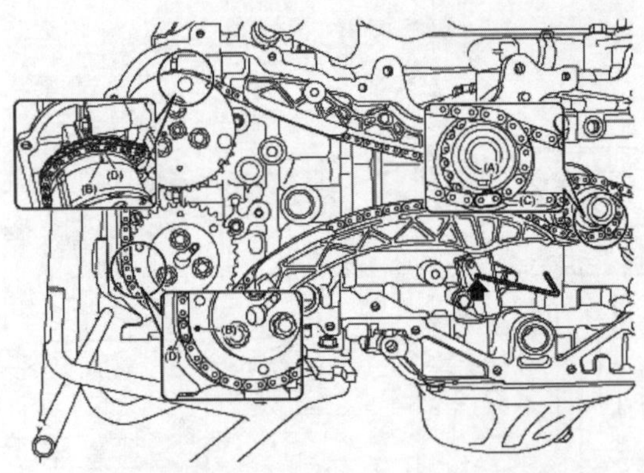

A- 对齐标记　B- 正时标记　C- 蓝色　D- 粉色

图 14-42

⑧确保凸轮轴链轮和曲轴链轮的定位标记对准如图 14-43 或图 14-44 的位置。

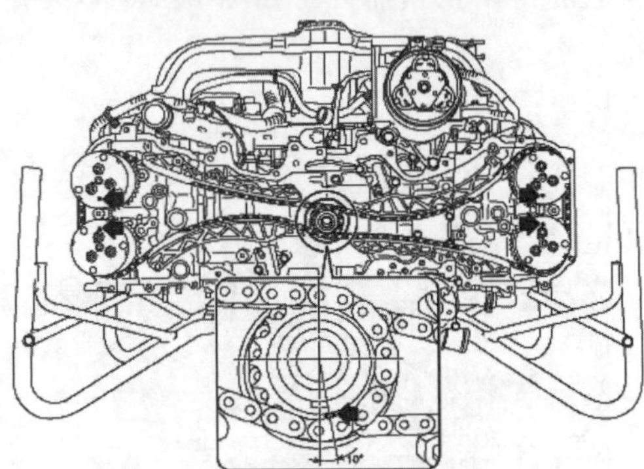

图 14-43

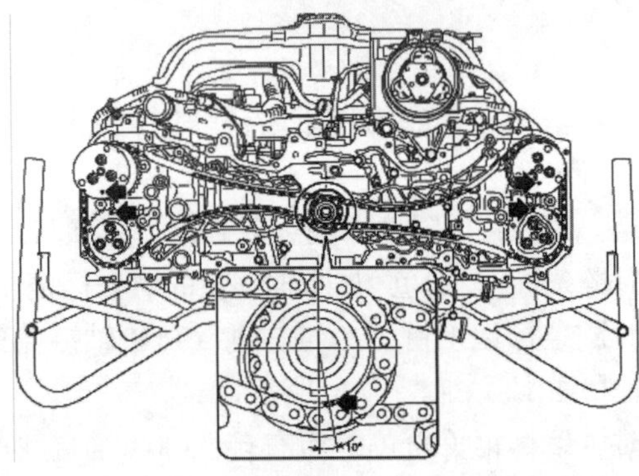

图 14-44

⑨使用 ST，顺时针转动曲轴，并确保没有异常状况，如图 14-45。

注意：始终确保执行此确认。

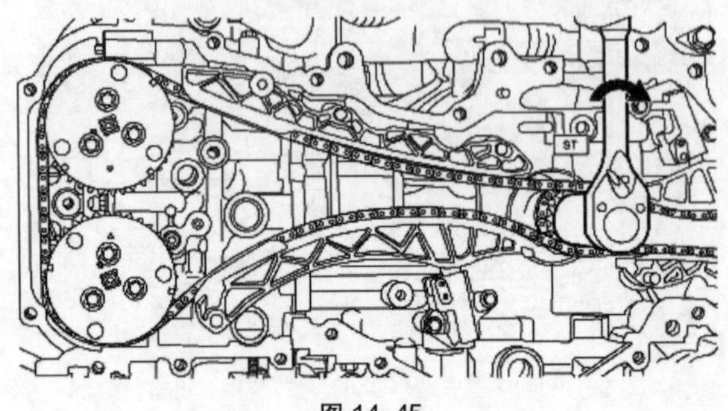

图 14-45

⑩安装链罩。

（二）检查

（1）检查正时链条、链条导向装置、链条张紧器杆和链条张紧器是否存在变形、裂纹或其他损坏。

（2）检查链条导向装置和链条张紧器杆是否存在异常磨损。

二、车型

斯巴鲁 BRZ（ZC6）2.0i（2.0L FA20），2013—2017 年。

1. 拆卸。

（1）正时链罩副总成拆卸。

（2）链条副总成拆卸（第 1 排）。

①将 SST 装至曲轴，如图 14-46。

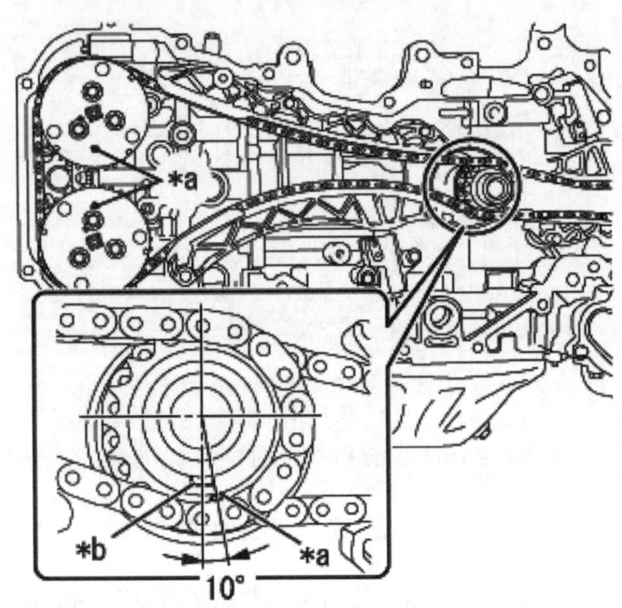

*a- 定位标记　*b- 钥匙

图 14-46

②使用 SST 转动曲轴，对准曲轴正时链轮、凸轮轴正时进气齿轮总成（如图 14-47 中右）和凸轮轴正时排气齿轮总成（如图 14-47 中右）的定位标记。

注：此时，曲轴正时链轮键面向下方。

图 14-47

③如图 14-48 所示按下链条张紧器滑块并通过将直径为 2.5mm 的六角头扳手插入 1 号链条张紧器总成的孔和限位板中以固定柱塞。

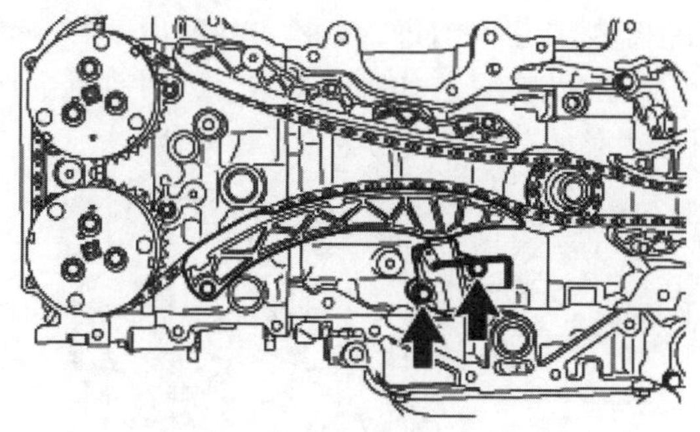

图 14-48

④拆下两个螺栓并拆下 1 号链条张紧器总成。

⑤拆下链条张紧器滑块，如图 14-49。

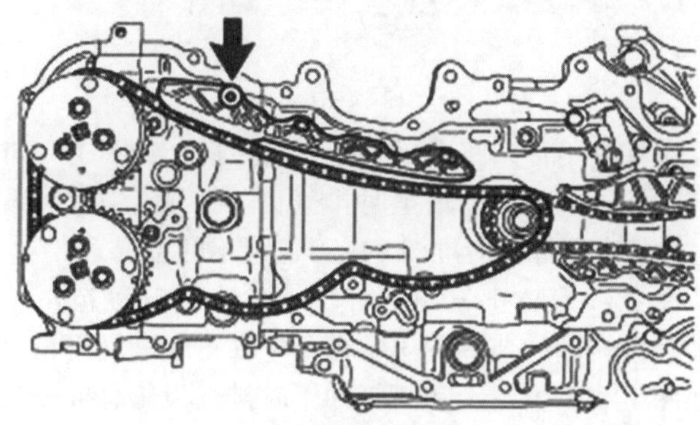

图 14-49

⑥拆下螺栓并拆下 1 号链条减震器。

⑦拆下链条副总成。

注意：当拆下链条副总成时，气门头会相互接触且气门挺杆可能会弯曲。请勿将进气凸轮轴（如图 14-50 中右）和排气凸轮轴（如图 14-50 中右）转至零升程范围（可用手轻微转动的范围）以外。

注：必须按安装位置整理拆下的零件。

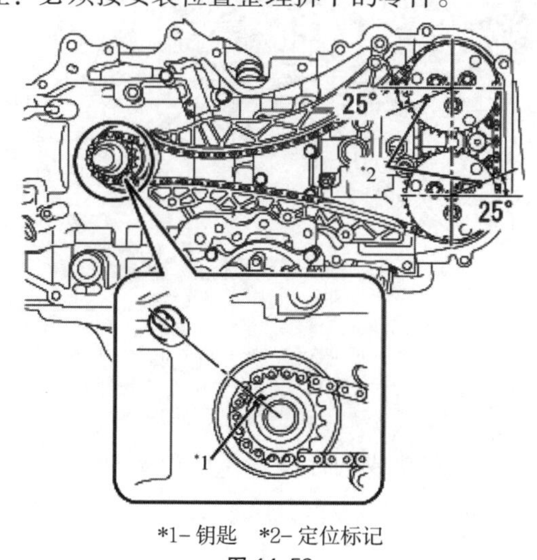

*1- 钥匙　*2- 定位标记

图 14-50

（3）链条副总成拆卸（第 2 排）。

①将 SST 装至曲轴。

②使用 SST 转动曲轴，对准曲轴正时链轮、凸轮轴正时进气齿轮总成（如图 14-51 中左）和凸轮轴正时排气齿轮总成（如图 14-51 中左）的定位标记。

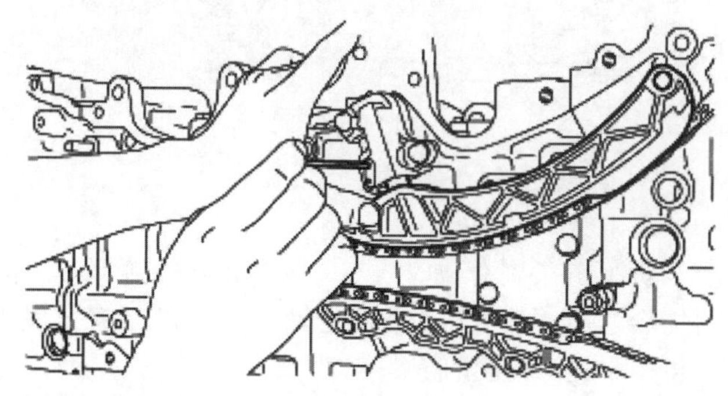

图 14-51

③如图 14-52 所示推动链条张紧器滑块并通过将金属丝（直径大约为 1mm）插入 2 号链条张紧器总成的孔和限位板中以固定柱塞。

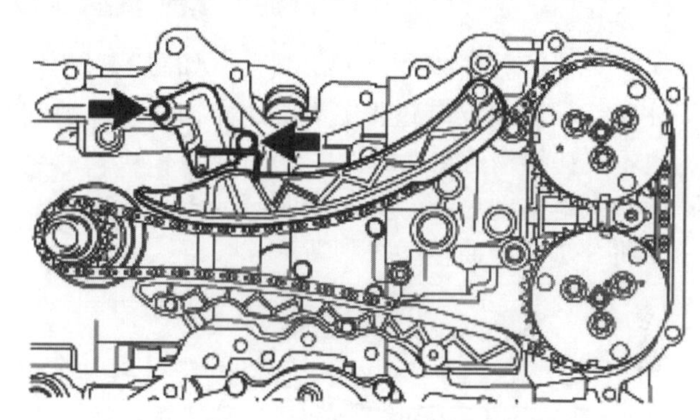

图 14-52

④拆下两个螺栓并拆下 2 号链条张紧器总成，如图 14-53。

⑤拆下链条张紧器滑块。

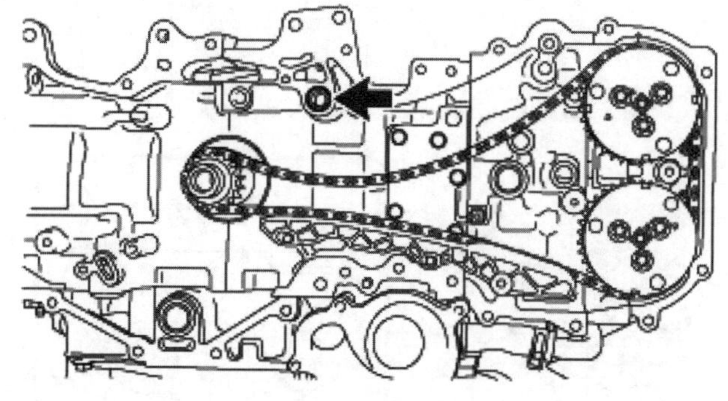

图 14-53

⑥从缸体（第 2 排）上拆下 O 形圈，如图 14-54。

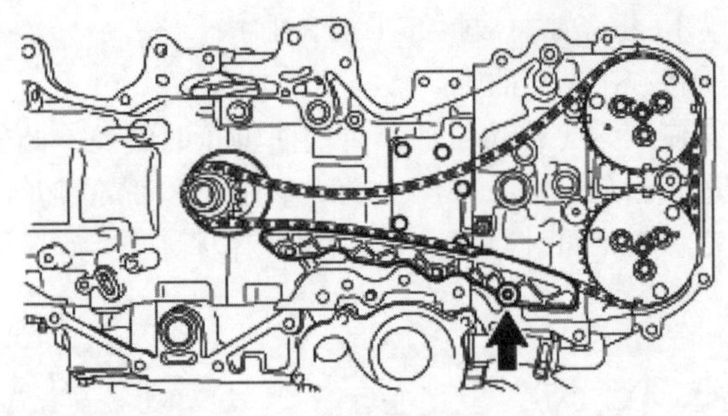

图 14-54

⑦拆下螺栓并拆下 1 号链条减震器。

⑧拆下链条副总成。

当拆下链条副总成时，气门头会相互接触且气门挺杆可能会弯曲。请勿将排气凸轮轴（左）转至零升程范围（可用手轻微转动的范围）以外。

此时，1 号活塞和 4 号活塞位于压缩行程的 TDC 附近。如果转动左进气凸轮轴，气门和活塞可能会接触，从而导致气门挺杆弯曲。请勿转动进气凸轮轴（左）。

注：必须按安装位置整理拆下的零件。

⑨从曲轴上拆下 SST。

2. 安装。

（1）链条副总成安装（第 2 排），如图 14-55。

注意：注意在安装过程中不要让异物进入组装的部件，也不要让异物落在上面。

注：在链条副总成的所有部件上涂抹机油。

①将 SST 装至曲轴。

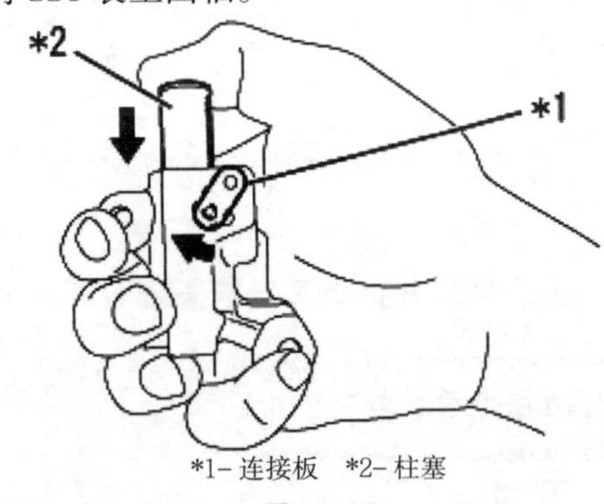

*1- 连接板　*2- 柱塞

图 14-55

②按箭头方向移动连接板并压入柱塞，如图 14-56 所示。

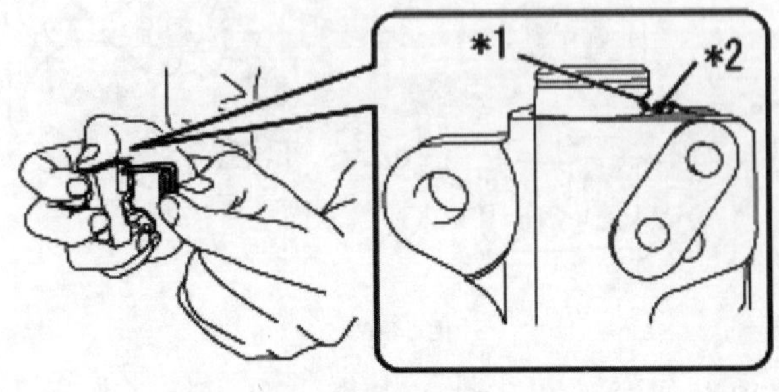

*1- 齿条的首个槽口　*2- 限位器齿

图 14-56

③将金属丝（直径约为 1 mm）插入限位器销孔中以固定柱塞，如图 14-57。

注：如果连接板上的限位器销孔和链条张紧器总成上的限位器销孔没有对准，则检查柱塞齿条的首个槽口是否与限位器齿啮合。如果没有啮合，则稍稍缩回柱塞以使柱塞齿条的首个槽口与限位器齿啮合。

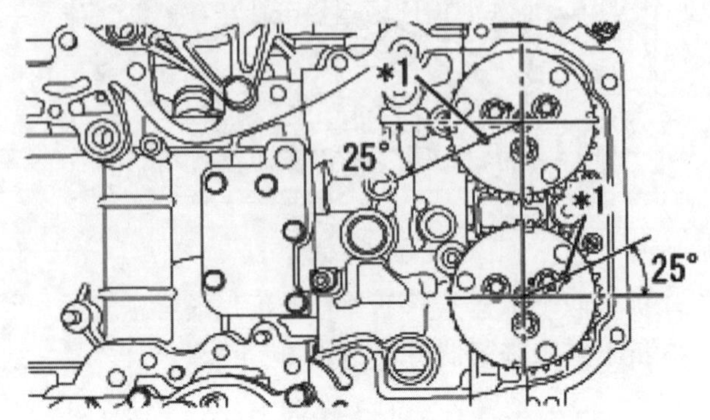

*1- 定位标记

图 14-57

④使用 SST，将凸轮轴正时进气齿轮总成（如图 14-58 中左）和凸轮轴正时排气齿轮总成（如图 14-58 中左）的定位标记对准图 14-58 中所示的位置。

注意：为防止气门损坏，请仅在零升程范围（可用手轻微转动的范围）内转动凸轮轴正时进气齿轮总成（如图 14-58 中左）和凸轮轴正时排气齿轮总成（如图 14-58 中左）。

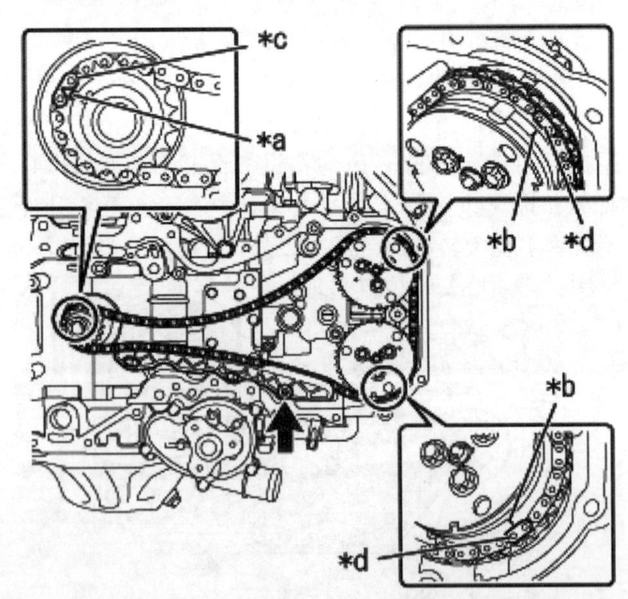

*a- 定位标记　*b- 正时标记

*c- 标记板（蓝色）　*d- 标记板（粉色）

图 14-58

a. 将链条副总成的标记板（蓝色）对准曲轴正时链轮的定位标记位置。

b. 将链条副总成的标记板（粉色）对准凸轮轴正时

进气齿轮总成（左）的正时标记位置。

c.将链条副总成的标记板（粉色）对准凸轮轴正时排气齿轮总成（左）的正时标记位置。

⑤在1号链条减震器螺栓的滑动表面涂抹机油。

⑥用螺栓安装1号链条减震器，如图14-59。

标准值：拧紧扭矩6.4N·m。

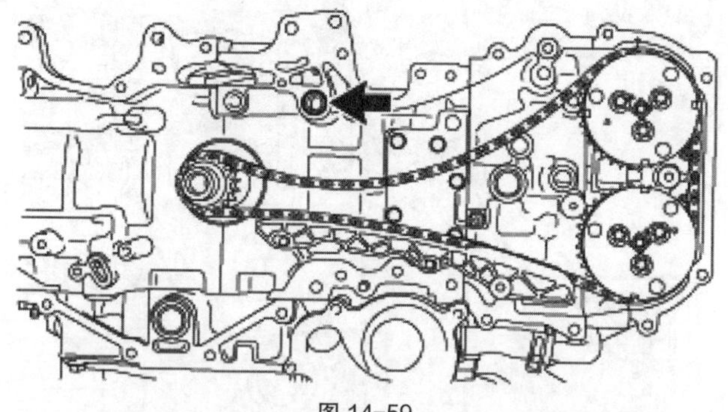

图 14-59

⑦将新的O形圈装至缸体（第2排），如图14-60。

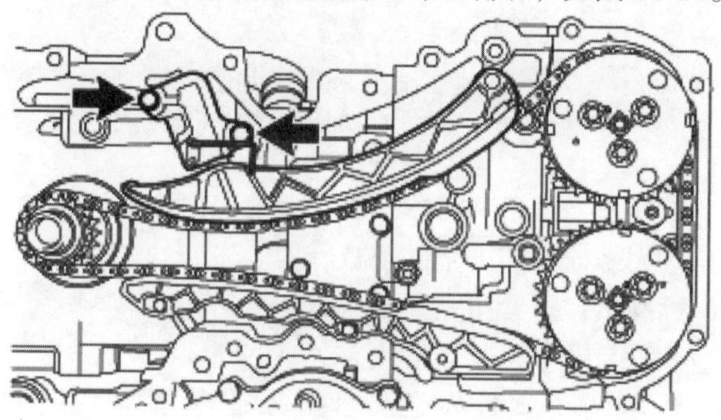

图 14-60

⑧安装链条张紧器滑块。

⑨用两个螺栓安装2号链条张紧器总成。

标准值：拧紧扭矩6.4N·m。

⑩请确保链条副总成安装正确，如图14-61。

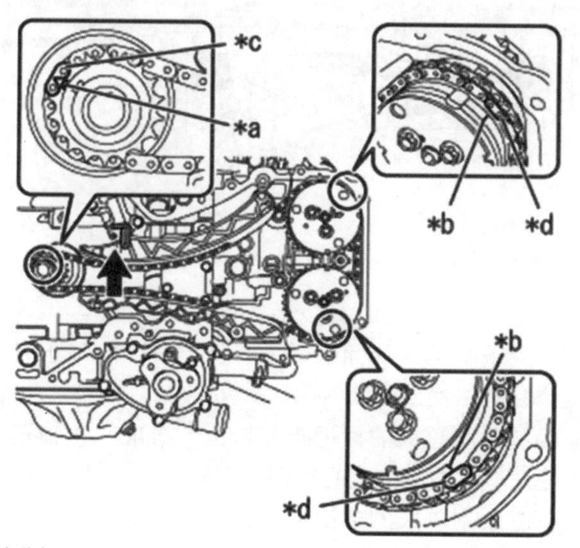

*a-定位标记　*b-正时标记　*c-标记板（蓝色）　*d-标记板（粉色）

图 14-61

a.链条副总成的标记（蓝色）对准曲轴正时链轮的定位标记位置。

b.链条副总成的标记板（粉色）对准凸轮轴正时进气齿轮总成（左）的正时标记位置。

c.链条副总成的标记板（粉色）对准凸轮轴正时排气齿轮总成（左）的正时标记位置。

⑪从2号链条张紧器总成拉出金属丝。

注：推动链条张紧器滑块并压入2号链条张紧器总成的柱塞以拉出金属丝。

⑫将SST装至曲轴。

⑬顺时针转动曲轴，并确保没有异常状况。

注意：始终确保执行此确认。

⑭从曲轴上拆下SST。

（2）链条副总成安装（第1排）。

注意：注意在安装过程中不要让异物进入组装的部件，也不要让异物落在上面。

注：在链条副总成的所有部件上涂抹机油。

①将SST装至曲轴。

②按箭头方向移动连接板并压入柱塞，如图14-62。

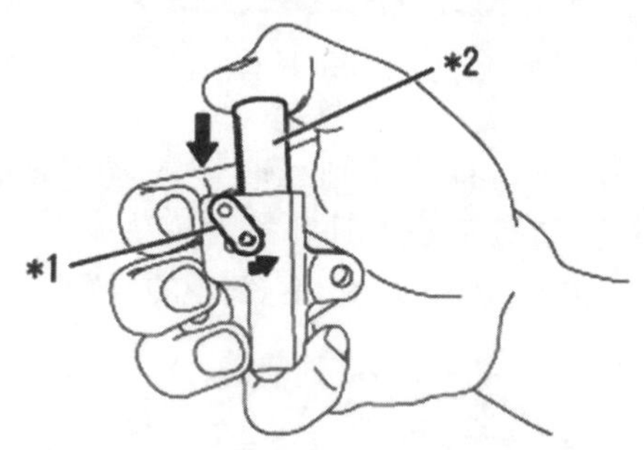

*1-连接板　*2-柱塞

图 14-62

③将直径为2.5 mm的六角头扳手插入限位器销孔中以固定柱塞，如图14-63。

注：如果连接板上的限位器销孔和链条张紧器总成上的限位器销孔没有对准，则检查柱塞齿条的首个槽口是否与限位器齿啮合。如果没有啮合，则稍稍缩回柱塞以使柱塞齿条的首个槽口与限位器齿啮合。

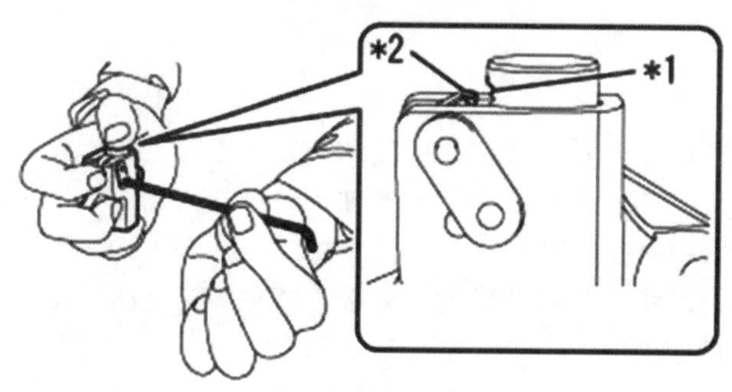

*1-齿条的首个槽口　*2-限位器齿

图 14-63

④使用 SST 转动曲轴，对准曲轴正时链轮、凸轮轴正时进气齿轮总成（如图 14-64 中左）和凸轮轴正时排气齿轮总成（如图 14-64 中左）的定位标记。

注：如果标记对准图中的位置，则曲轴键面向下。

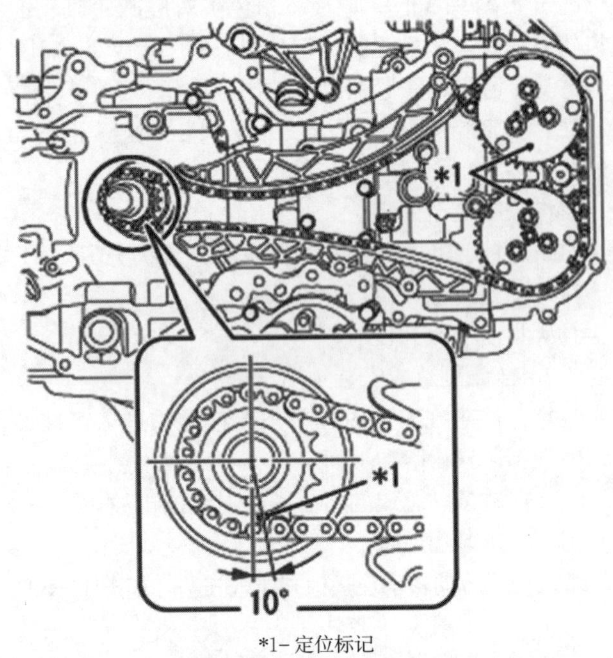

*1- 定位标记

图 14-64

⑤使用 SST，将凸轮轴正时进气齿轮总成（如图 14-65 中右）和凸轮轴正时排气齿轮总成（如图 14-65 中右）的定位标记对准如图 14-65 中的位置。

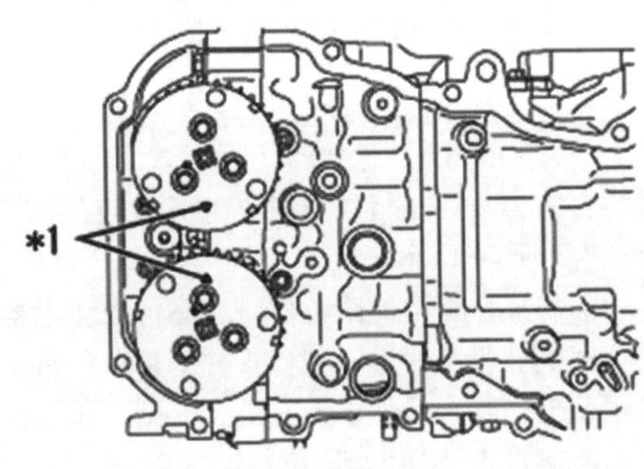

*1- 定位标记

图 14-65

注意：为防止气门损坏，请仅在零升程范围（可用手轻微转动的范围）内转动凸轮轴正时进气齿轮总成（如图 14-66 中右）和凸轮轴正时排气齿轮总成（如图 14-66 中右）。

a. 将链条副总成的标记板（蓝色）对准曲轴正时链轮的定位标记位置，如图 14-66。

b. 将链条副总成的标记板（粉色）对准凸轮轴正时进气齿轮总成（右）的正时标记位置。

c. 将链条副总成的标记板（粉色）对准凸轮轴正时排气齿轮总成（右）的正时标记位置。

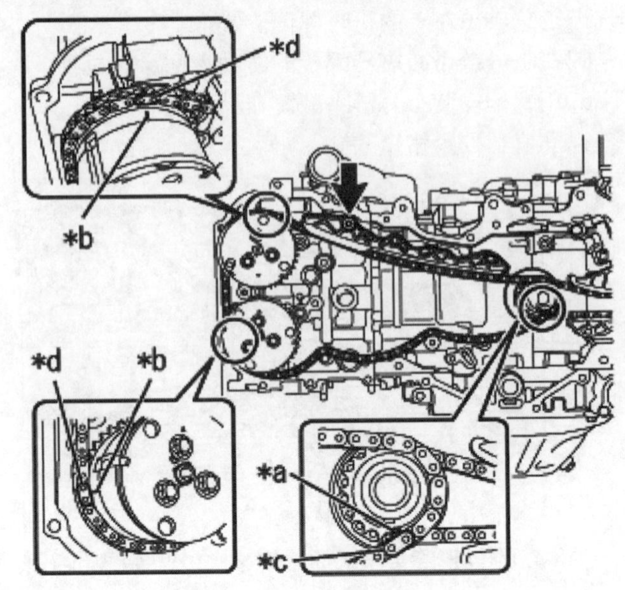

*a- 定位标记　*b- 正时标记

*c- 标记板（蓝色）　*d- 标记板（粉色）

图 14-66

⑥在 1 号链条减震器螺栓的滑动表面涂抹机油。

⑦用螺栓安装 1 号链条减震器。

标准值：拧紧扭矩 6.4N・m

⑧安装链条张紧器滑块。

⑨用两个螺栓安装 1 号链条张紧器总成，如图 14-67 所示。标准值：拧紧扭矩 6.4N・m。

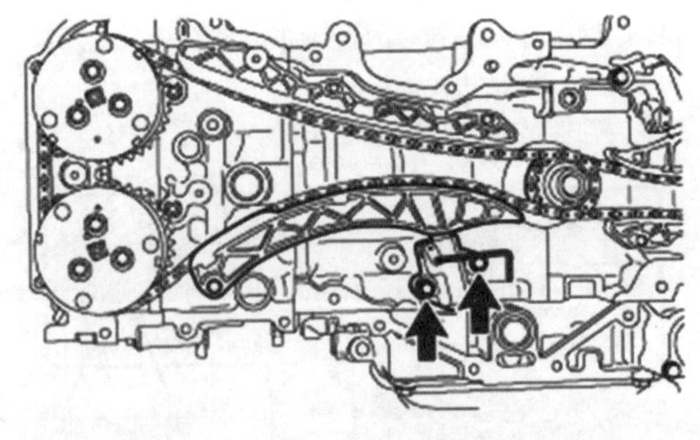

图 14-67

⑩请确保链条副总成安装正确。

a. 链条副总成的标记板（蓝色）对准曲轴正时链轮的定位标记位置，如图 14-68。

b. 链条副总成的标记板（粉色）对准凸轮轴正时进气齿轮总成（右）的正时标记位置。

c. 链条副总成的标记板（粉色）对准凸轮轴正时排气齿轮总成（右）的正时标记位置。

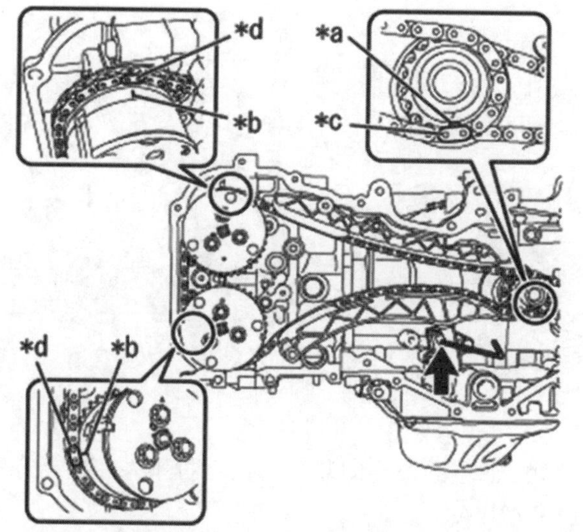

*a- 定位标记　*b- 正时标记　*c- 标记板（蓝色）　*d- 标记板（粉色）

图 14-68

⑪从 1 号链条张紧器总成拉出六角扳手。

⑫将 SST 装至曲轴。

⑬顺时针转动曲轴，并确保没有异常状况。

注意：始终确保执行此确认。

⑭从曲轴上拆下 SST。

（3）正时链罩副总成安装。

三、车型

斯巴鲁森林人 2.5i（2.5L FB25），2011—2018 年。

斯巴鲁力狮 2.5i（2.5L FB25），2016—2019 年。

斯巴鲁傲虎 2.5i（2.5L FB25），2013—2019 年。

1. 拆卸。

（1）正时链条（右）拆卸。

注：更换单个零件时，必须在发动机总成已装载在车上时操作。

①拆下链罩。

②使用 ST 并转动曲轴，将曲轴链轮、右进气凸轮轴链轮和右排气凸轮轴链轮的定位标记对准如图 14-69 的位置。

注：如果定位标记与图中的位置对准，则曲轴键位于 6 点钟位置。

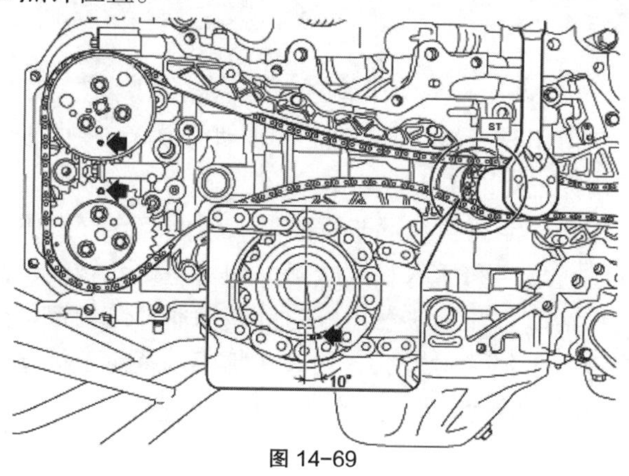

图 14-69

③按下右链条张紧器杆，将 2.5 mm 直径的限位器销或 2.5 mm 直径的六角头扳手插入右链条张紧器的限位器销孔中，固定柱塞（如图 14-70 中 A）。

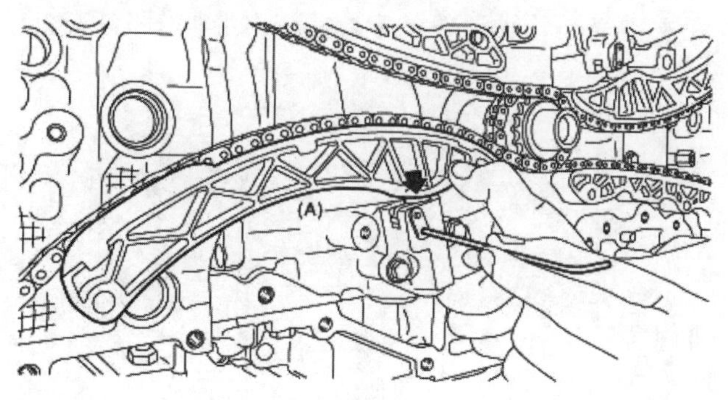

图 14-70

④拆下右链条张紧器，然后拆下右链条张紧器杆（如图 14-71 中 A）。

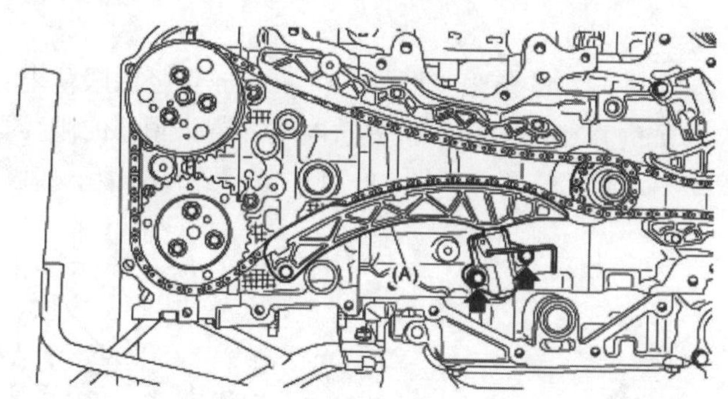

图 14-71

⑤拆下右链条导向装置，然后拆下右正时链条（如图 14-72 中 A）。

注意：如果未安装右正时链条，则右进气凸轮轴和右排气凸轮轴保持在零升程位置。凸轮轴上的所有凸轮均不会压下滚子摇臂（进气门和排气门）。此情况下，所有气门保持没有升起的状态。右正时链条拆下的情况下，可独立旋转右进气凸轮轴和右排气凸轮轴。当进气门和排气门同时上升时，气门头会相互接触，可能导致气门挺杆弯曲。不要将其转至零升程范围（可用手轻微转动的范围）以外。

注：为避免与左侧混淆，请按顺序保管拆下的零件。

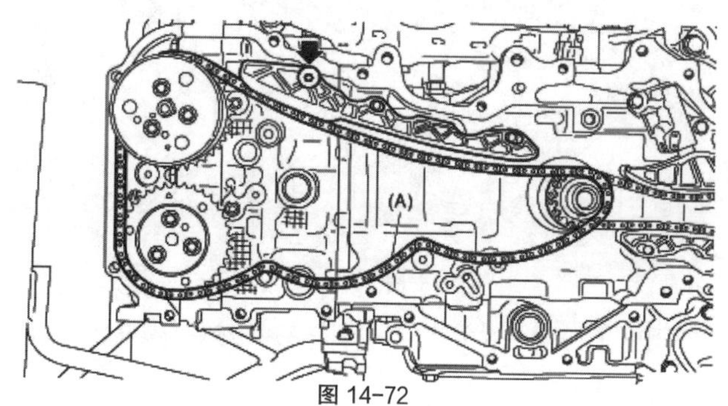

图 14-72

（2）正时链条（左）拆卸。

①拆下正时链条（右）。

②使用 ST 并转动曲轴，将曲轴键、左进气凸轮轴链轮和左排气凸轮轴链轮的定位标记对准如图 14-73 的位置。

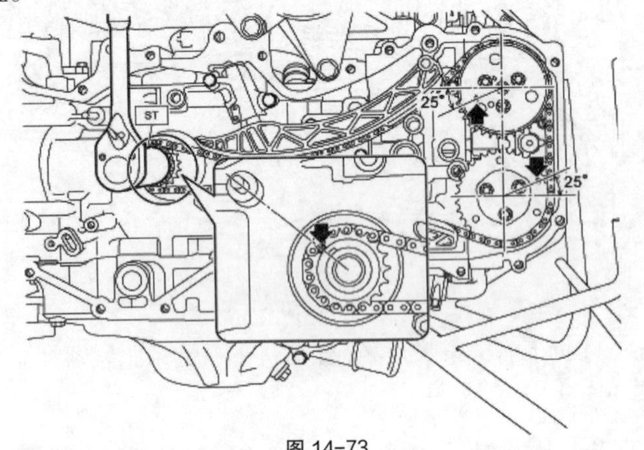

图 14-73

③按下左链条张紧器杆，将 1.3mm 直径的限位器销或 1.3mm 直径的六角头扳手插入左链条张紧器的限位器销孔中，固定柱塞（如图 14-74 中 A）。

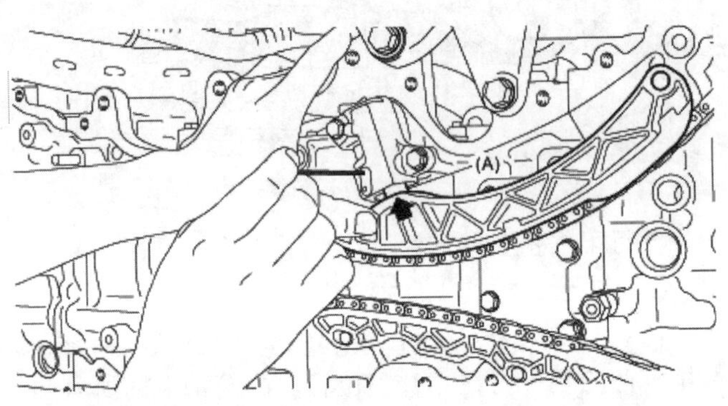

图 14-74

④拆下左链条张紧器，然后拆下左链条张紧器杆（如图 14-75 中 A）。

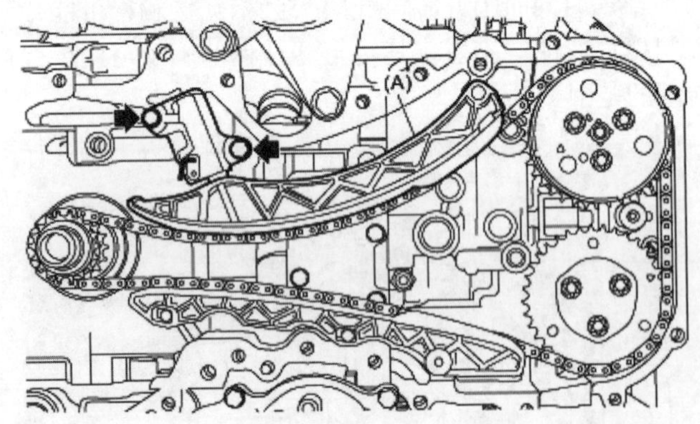

图 14-75

⑤拆下缸体（如图 14-76 中左）的 O 形圈。

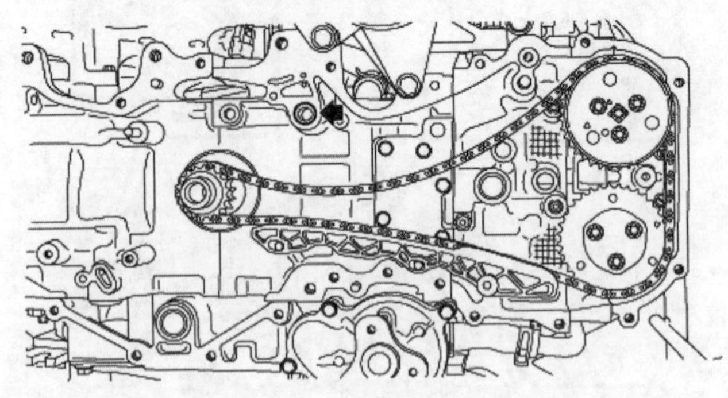

图 14-76

⑥拆下左链条导向装置，然后拆下左正时链条（如图 14-77 中 A）。

注意：如果未安装左正时链条，则左排气凸轮轴保持在零升程位置。左排气凸轮轴上的所有凸轮均不会压下滚子摇臂（排气门）。此情况下，排气门保持没有升起的状态。左进气凸轮轴保持在升起位置。左进气凸轮轴上的所有凸轮均压下滚子摇臂（进气门）。左正时链条拆下的情况下，可独立旋转左进气凸轮轴和右排气凸轮轴。当转动左排气凸轮轴时，气门头会相互接触，可能导致气门挺杆弯曲，如上所述。不要将左排气凸轮轴转至零升程范围（可用手轻微转动的范围）以外。

1 号活塞和 4 号活塞位于 TDC 附近。如果转动左进气凸轮轴，气门和活塞可能会接触，从而导致气门挺杆弯曲。此时不要转动左进气凸轮轴。

注：为避免与右侧混淆，请按顺序保管拆下的零件。

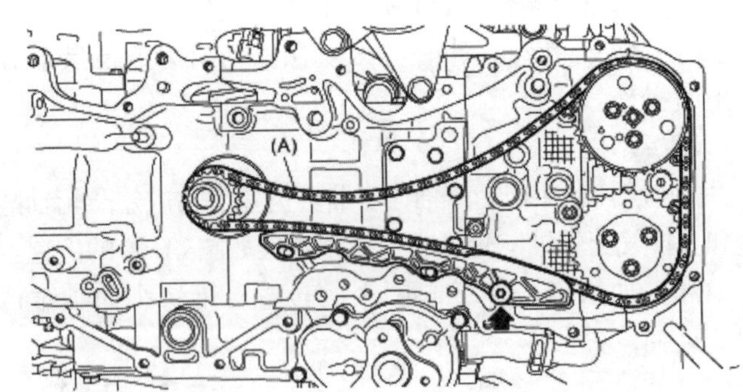

图 14-77

⑦使用 ST 并将曲轴顺时针转动约 200°，使曲轴链轮的定位标记对准图 14-78 中的位置。

注意：需要执行此步骤将所有活塞移至气缸中间位置，防止气门和活塞相互接触。切勿逆时针转动，因为气门和活塞可能会接触。顺时针转动曲轴链轮定位标记到图中所示位置附近后，只有在精确调整定位标记时，才可逆时针转动。

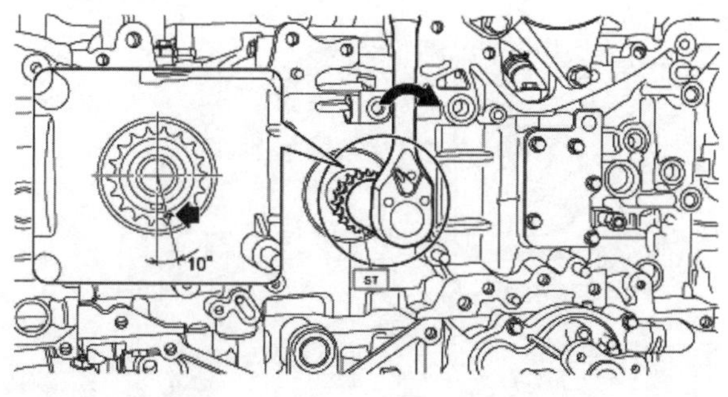

图 14-78

⑧使用 ST 并将左进气凸轮轴链轮顺时针转动约 180°，使左进气凸轮轴链轮的定位标记对准如图 14-79 的位置（零升程位置）。

注意：如此操作后，当进气门和排气门同时上升时，气门头会相互接触，可能导致气门挺杆弯曲。不要将左进气凸轮轴和左排气凸轮轴转至零升程范围（可用手轻微转动的范围）以外。小心进行操作，因为 ST 易于脱落。

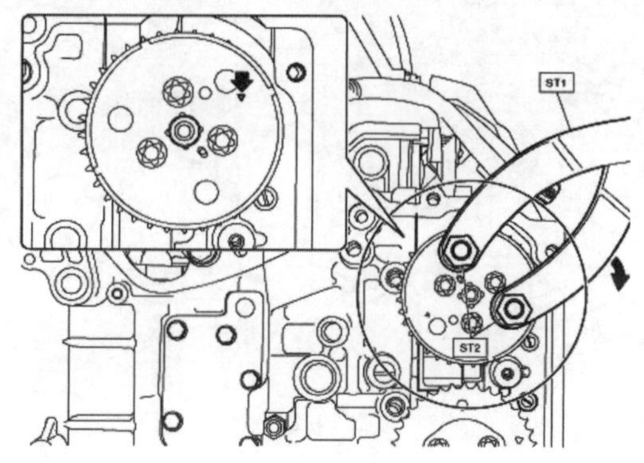

图 14-79

2. 安装。

（1）正时链条（左）安装。

注意：在安装过程中不要让异物进入组装的部件，也不要让异物落在上面。在正时链条的所有部件上涂抹机油。

①准备安装左链条张紧器。

a. 按箭头方向移动连接板（如图 14-80 中 A）以压入柱塞（如图 14-80 中 B）。

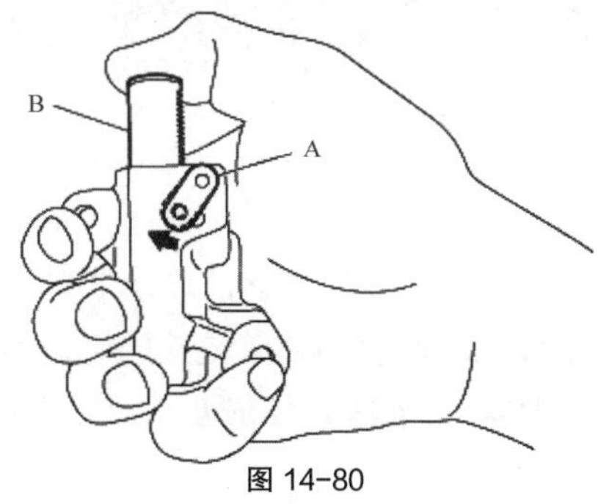

图 14-80

b. 用 1.3mm 直径的限位器销或 1.3mm 直径六角头扳手插入限位器销孔，固定柱塞。

注：如果连接板上的限位器销孔和链条张紧器上的限位器销孔没有对准，则检查柱塞齿条（如图 14-81 中 A）的首个槽口是否与限位器齿（如图 14-81 中 B）啮合。如果没有啮合，则稍稍缩回柱塞以使柱塞齿条（如图 14-81 中 A）的首个槽口与限位器齿（如图 14-81 中 B）啮合。

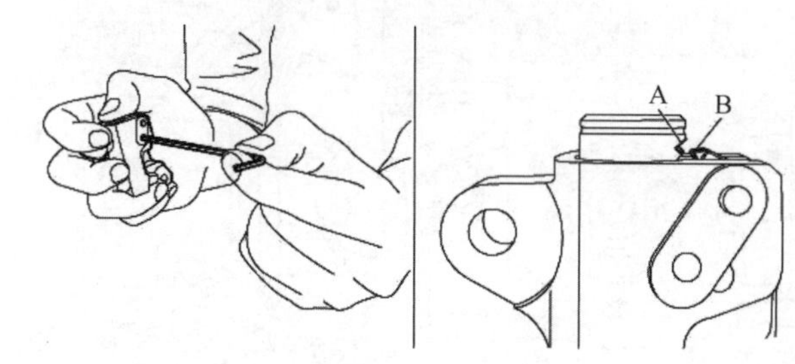

图 14-81

②检查曲轴链轮是否位于图中所示的位置。如果未对准，则使用 ST 转动曲轴以将曲轴链轮定位标记对准如图 14-82 的位置。

需要执行此步骤以防气门和活塞在下一步中相互接触。

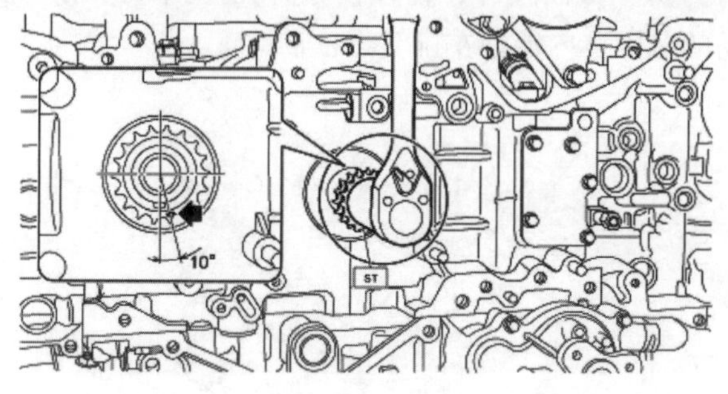

图 14-82

③使用 ST 并转动左进气凸轮轴链轮，将定位标记对准如图 14-83 的位置。

注意：当进气门和排气门同时上升时，气门头会相互接触，可能导致气门挺杆弯曲。请勿转动左排气凸轮轴，小心进行操作，因为 ST 易于脱落。

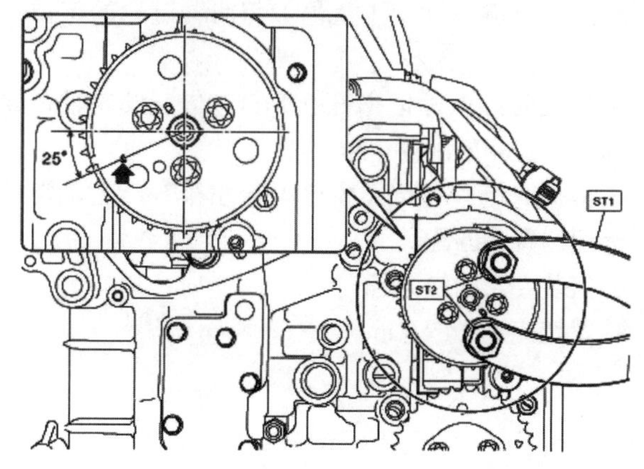

图 14-83

④使用 ST 并将曲轴逆时针转动约 200°，使曲轴键的定位标记对准如图 14-84 的位置。

注意：切勿顺时针转动，因为气门和活塞可能会接触。逆时针转动曲轴把键带到图中位置附近后，只有在精确调整键位置时，才可顺时针转动。

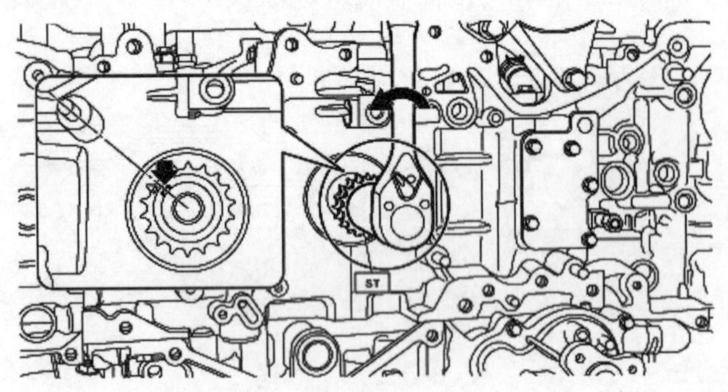

图 14-84

⑤将左排气凸轮轴链轮的定位标记对准如图 14-85 的位置。

为防止气门损坏，请仅在零升程范围（可用手轻微转动的范围）内转动左排气凸轮轴链轮。

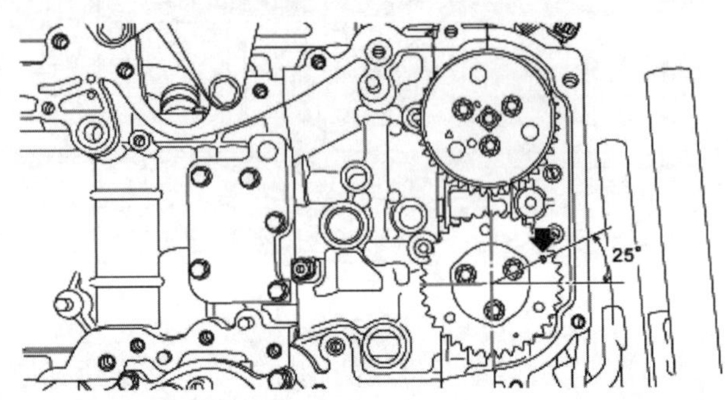

图 14-85

⑥安装左正时链条和左正时链条导向装置，如图 14-86。

a. 把正时链条标记（蓝色）与曲轴链轮的定位标记相匹配。

b. 将正时链条标记（粉色）与左进气凸轮轴链轮的正时标记位置相匹配。

c. 将正时链条标记（粉色）与左排气凸轮轴链轮的正时标记位置相匹配。

d. 安装左正时链条导向装置。

拧紧扭矩：6.4N·m。

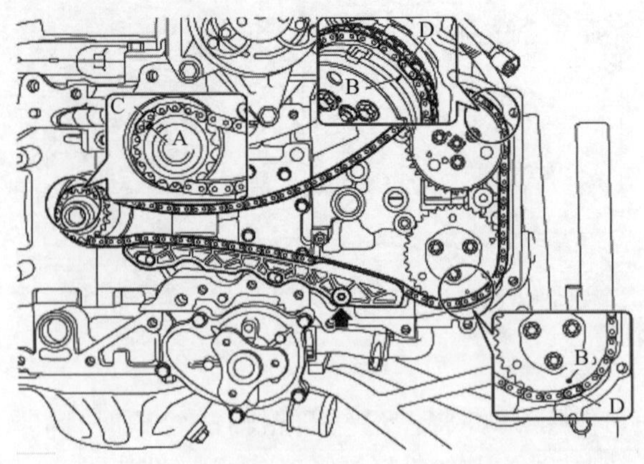

A- 定位标记　B- 正时标记　C- 蓝色　D- 粉色

图 14-86

⑦将 O 形圈安装到缸体（如图 14-87 中左）内。

注：使用新 O 形圈。

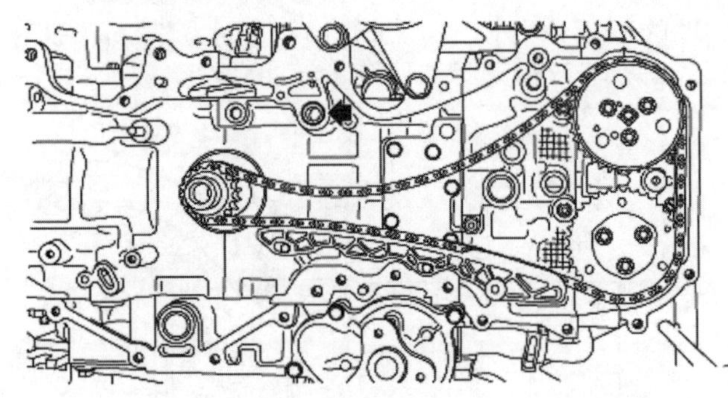

图 14-87

⑧安装左链条张紧器杆（如图 14-88 中 A）和左链条张紧器。

拧紧扭矩：6.4N·m。

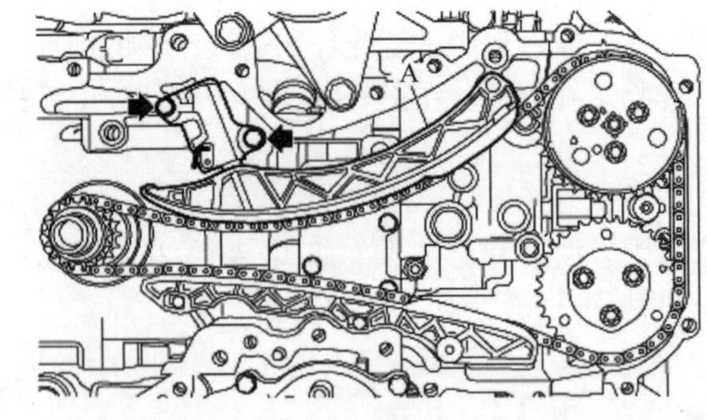

图 14-88

⑨从左链条张紧器中拉出限位器销，如图 14-89。

注意：请在拉出限位器销之前确认下列项目。

正时链条标记（蓝色）与曲轴链轮的定位标记相匹配。

正时链条标记（粉色）与左进气凸轮轴链轮的正时标记位置相匹配。

正时链条标记（粉色）与左排气凸轮轴链轮的正时

标记位置相匹配。

注：如果不能拆下限位器销，则按图 14-90 抬起左链条张紧器杆进行拆下。

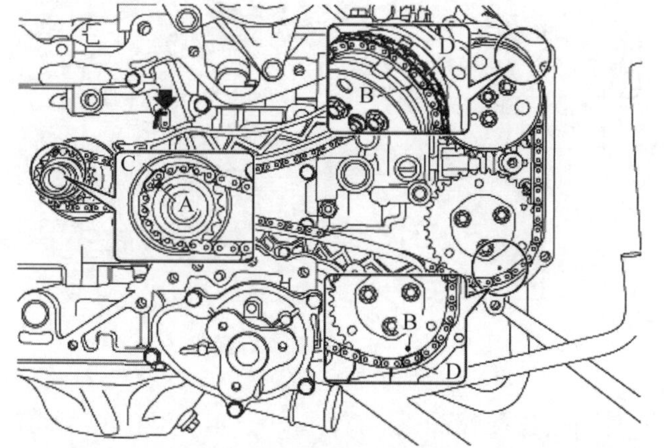

A- 定位标记 B- 正时标记 C- 蓝色 D- 粉色

图 14-89

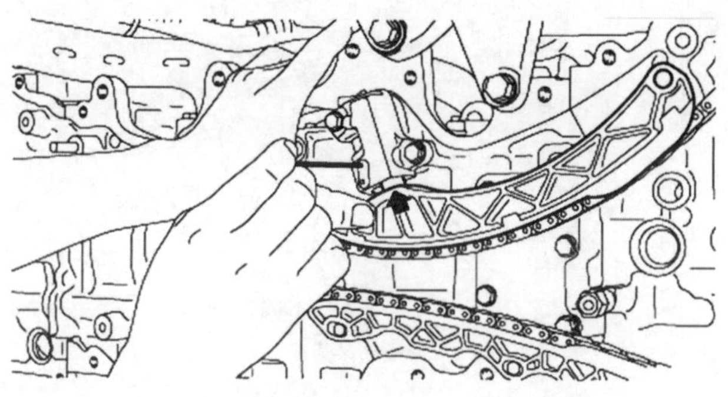

图 14-90

⑩使用 ST，顺时针转动曲轴，并确保没有异常状况，如图 14-91。

注意：始终确保执行此确认。

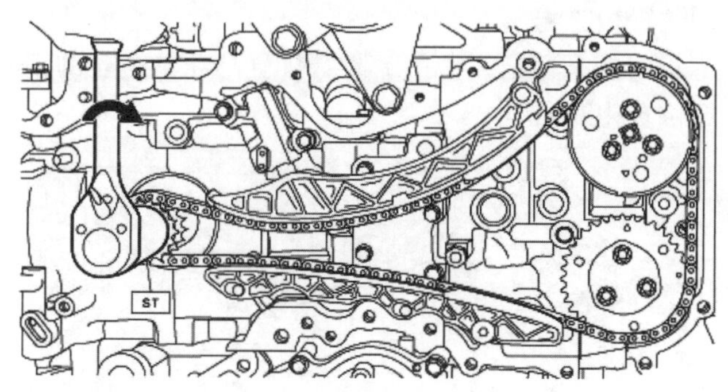

图 14-91

⑪使用 ST 并转动曲轴，将曲轴链轮、左进气凸轮轴链轮和左排气凸轮轴链轮的定位标记对准图 14-92 中所示的位置。

注：如果定位标记与图中所示的位置对准，则曲轴键位于 6 点钟位置。

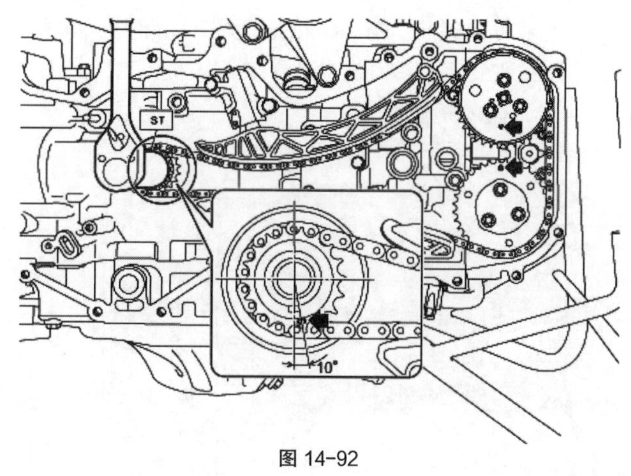

图 14-92

⑫安装右正时链条。

（2）正时链条（右）安装。

注意：在安装过程中不要让异物进入组装的部件，也不要让异物落在上面。在正时链条的所有部件上涂抹机油。

①安装左正时链条。

②准备安装右链条张紧器。

a. 按箭头方向移动连接板（如图 14-93 中 A）以压入柱塞（如图 14-93 中 B）。

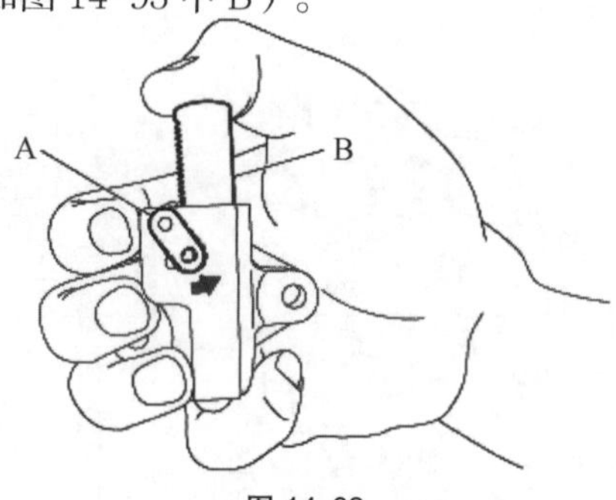

图 14-93

b. 用 2.5mm 直径的限位器销或 2.5 mm 直径六角头扳手插入限位器销孔，固定柱塞。

注：如果连接板上的限位器销孔和链条张紧器上的限位器销孔没有对准，则检查柱塞齿条（如图 14-94 中 A）的首个槽口是否与限位器齿（如图 14-94 中 B）啮合。如果没有啮合，则稍稍缩回柱塞以使柱塞齿条（如图 14-94 中 A）的首个槽口与限位器齿（如图 14-94 中 B）啮合。

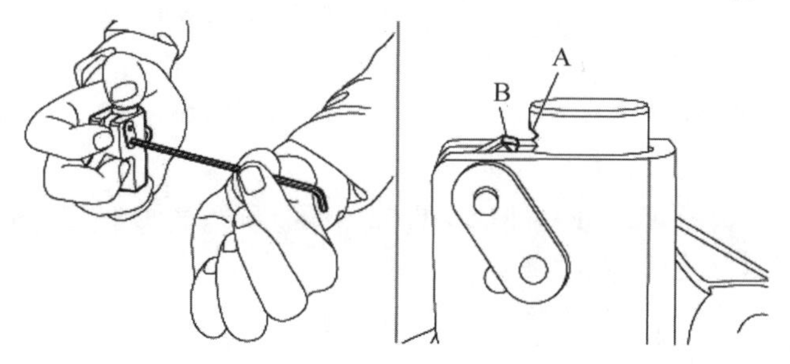

图 14-94

③确保曲轴链轮、进气凸轮轴链轮(如图14-95中左)和排气凸轮轴链轮(如图14-95中左)的定位标记对准如图14-95中的位置。

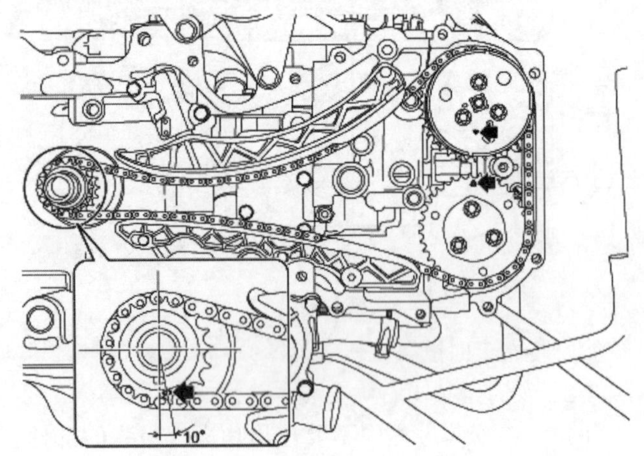

图 14-95

④将右进气凸轮轴链轮和右排气凸轮轴链轮的定位标记对准如图14-96的位置。

注意：为防止气门损坏，请仅在零升程范围(可用手轻微转动的范围)内转动右进气凸轮轴链轮和右排气凸轮轴链轮。

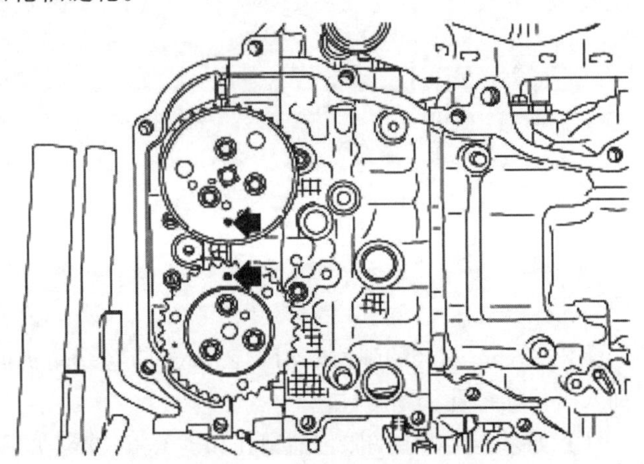

图 14-96

⑤安装右正时链条和右正时链条导向装置，如图14-97所示。

a. 把正时链条标记(蓝色)与曲轴链轮的定位标记相匹配。

b. 将正时链条标记(粉色)与右进气凸轮轴链轮的正时标记位置相匹配。

c. 将正时链条标记(粉色)与右排气凸轮轴链轮的正时标记位置相匹配。

d. 安装右正时链条导向装置。

拧紧扭矩：6.4N·m。

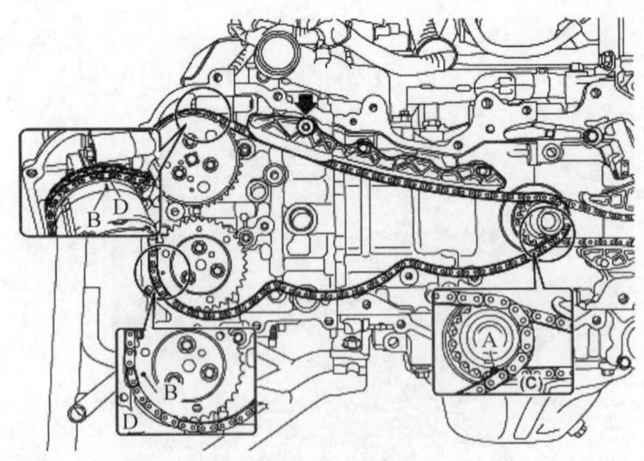

A- 定位标记 B- 正时标记 C- 蓝色 D- 粉色

图 14-97

⑥安装右链条张紧器杆(如图14-98中A)和右链条张紧器。

拧紧扭矩：6.4 N·m

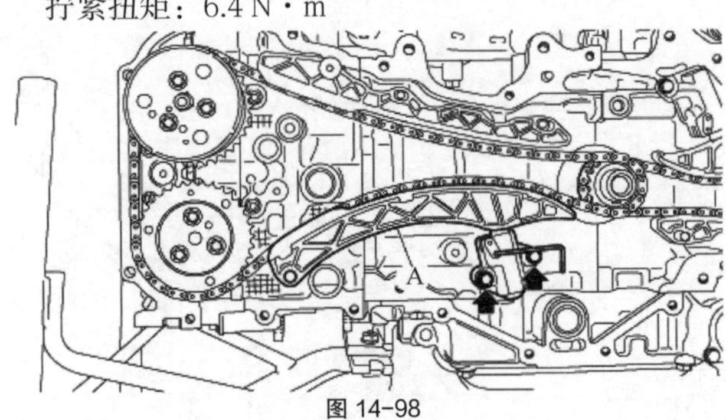

图 14-98

⑦从右链条张紧器中拉出限位器销，如图14-99所示。

注意：请在拉出限位器销之前确认下列项目。

正时链条标记(蓝色)与曲轴链轮的定位标记相匹配。

正时链条标记(粉色)与右进气凸轮轴链轮的正时标记位置相匹配。

正时链条标记(粉色)与右排气凸轮轴链轮的正时标记位置相匹配。

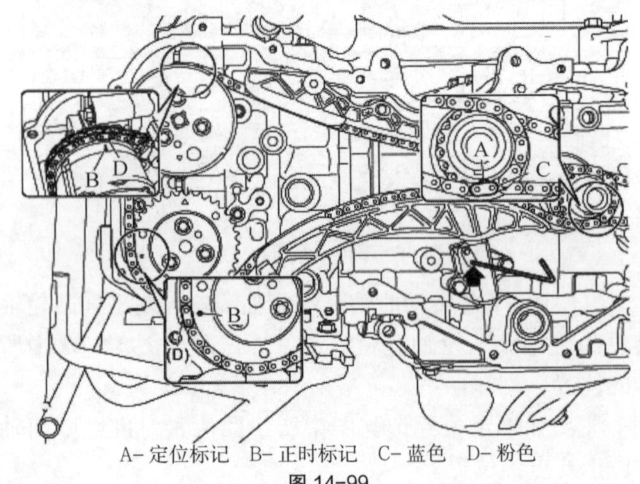

A- 定位标记 B- 正时标记 C- 蓝色 D- 粉色

图 14-99

⑧确保凸轮轴链轮和曲轴链轮的定位标记对准如图 14-100 的位置。

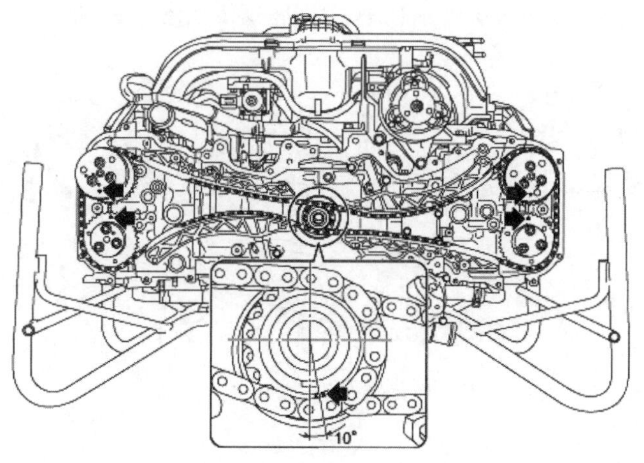

图 14-100

⑨使用 ST，顺时针转动曲轴，并确保没有异常状况，如图 14-101。

注意：始终确保执行此确认。

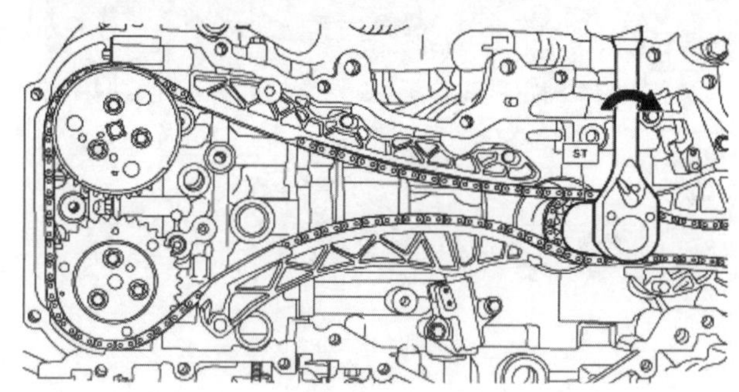

图 14-101

⑩安装链罩。

3. 检查。

（1）检查正时链条、链条导向装置、链条张紧器杆和链条张紧器是否存在变形、裂纹或其他损坏。

（2）检查链条导向装置和链条张紧器杆是否存在异常磨损。

四、车型

斯巴鲁森林人 2.0 XT（2.0T　FA20T），2013—2019 年。

斯巴鲁力狮 2.0 DIT（2.0T　FA20T），2016—2018 年。

斯巴鲁傲虎 2.0 DIT（2.0T　FA20T），2016—2018 年。

1. 拆卸。

（1）正时链条（右）拆卸。

注：更换单个零件时，必须在发动机总成已装载在车上时操作。

①拆下链罩。

②使用 ST 并转动曲轴，将曲轴链轮、右进气凸轮轴链轮和右排气凸轮轴链轮的定位标记对准图 14-102 中的位置。

注：如果定位标记与图 14-102 中的位置对准，则曲轴键位于 6 点钟位置。

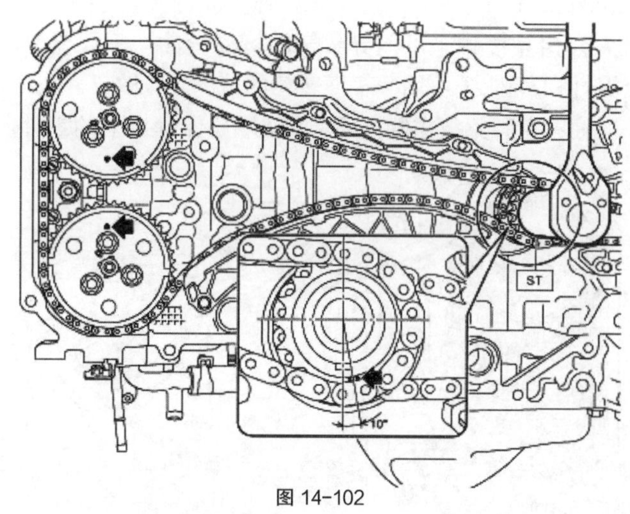

图 14-102

③按下右链条张紧器杆，将 2.5mm 直径的限位器销或 2.5mm 直径的六角头扳手插入右链条张紧器的限位器销孔中，固定柱塞（如图 14-103 中 A）。

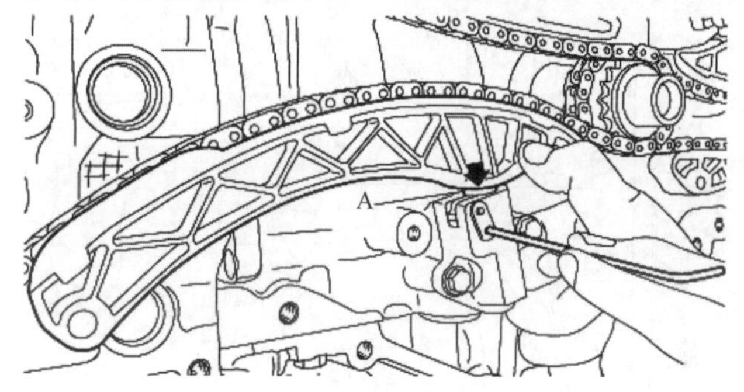

图 14-103

④拆下右链条张紧器，然后拆下右链条张紧器杆（如图 14-104 中 A）。

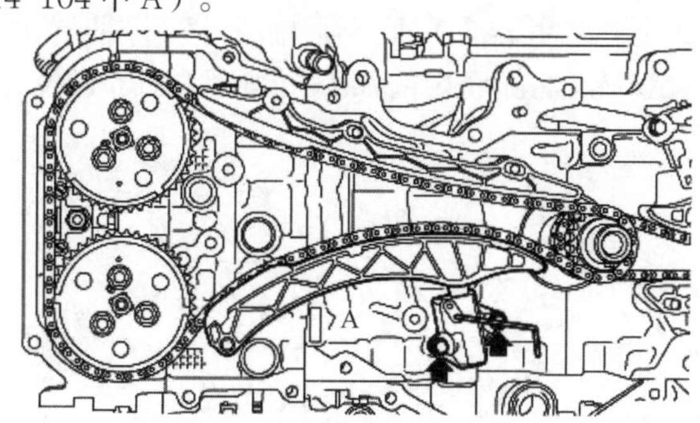

图 14-104

⑤拆下右链条导向装置，然后拆下右正时链条（如图 14-105 中 A）。

注意：如果未安装右正时链条，则右进气凸轮轴和右排气凸轮轴保持在零升程位置。凸轮轴上的所有凸轮均不会压下滚子摇臂（进气门和排气门）。此情况下，所有气门保持没有升起的状态。

右正时链条拆下的情况下，可独立旋转右进气凸轮轴和右排气凸轮轴。当进气门和排气门同时上升时，气门头会相互接触，可能导致气门挺杆弯曲。不要将其转至零升程范围（可用手轻微转动的范围）以外。

注：为避免与左侧混淆，请按顺序保管拆下的零件。

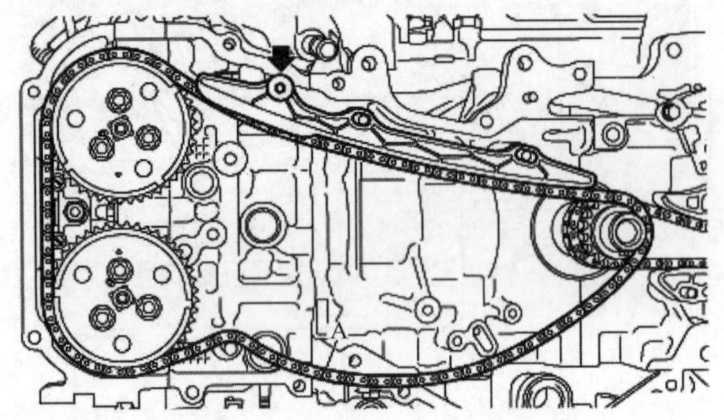

图 14-105

⑥从右前凸轮轴盖上拆下右链条导向装置，如图 14-106。

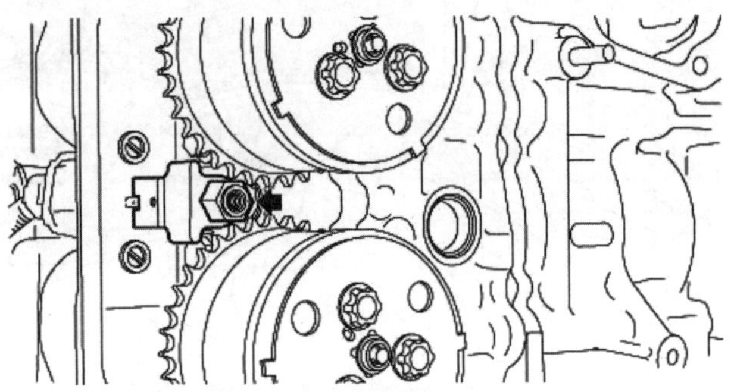

图 14-106

（2）正时链条（左）拆卸。

①拆下正时链条（右）。

②使用 ST 并转动曲轴，将曲轴键、左进气凸轮轴链轮和左排气凸轮轴链轮的定位标记对准如图 14-107 的位置。

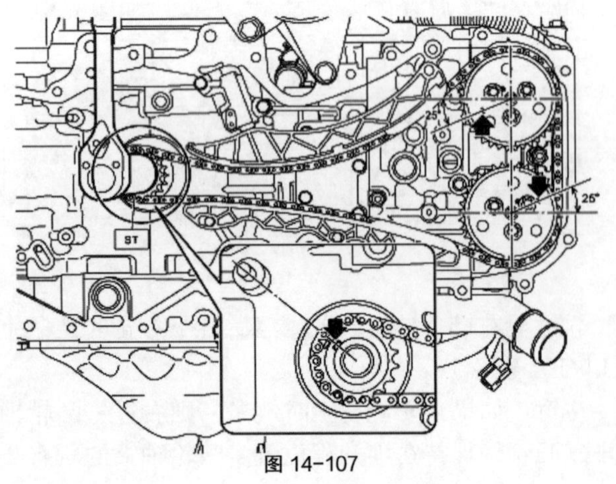

图 14-107

③按下左链条张紧器杆，将 1.3mm 直径或以下（卡子等）的限位器销或 1.3mm 直径的六角头扳手插入左链条张紧器的限位器销孔中，固定柱塞（如图 14-108 中 A）。

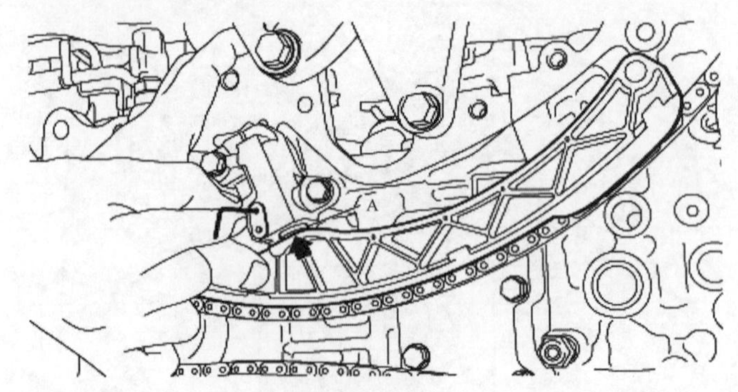

图 14-108

④拆下左链条张紧器，然后拆下左链条张紧器杆（如图 14-109 中 A）。

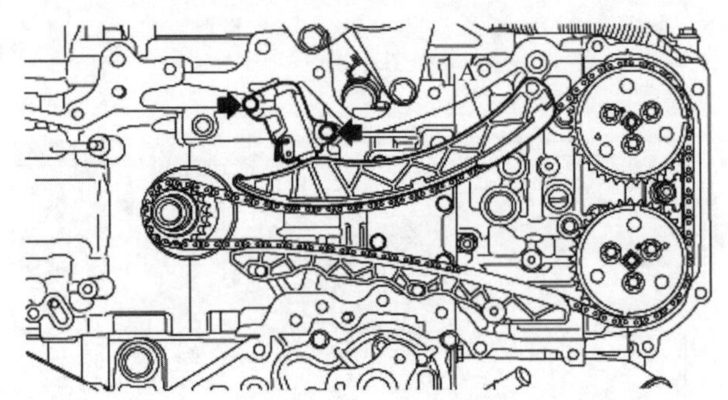

图 14-109

⑤拆下缸体（如图 14-110 中左）的 O 形圈。

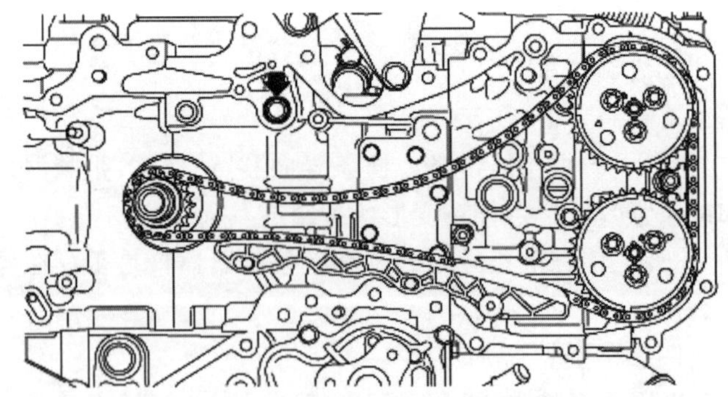

图 14-110

⑥拆下左链条导向装置，然后拆下左正时链条（如图 14-111 中 A）。

注意：如果未安装左正时链条，则左排气凸轮轴保持在零升程位置。左排气凸轮轴上的所有凸轮均不会压下滚子摇臂（排气门）。在此情况下，排气门保持没有升起的状态。左进气凸轮轴保持在升起位置。左进气凸轮轴上的所有凸轮均压下滚子摇臂（进气门）。

左正时链条拆下的情况下，可独立旋转左进气凸轮轴和右排气凸轮轴。当转动左排气凸轮轴时，气门头会相互接触，可能导致气门挺杆弯曲。如上所述，不要将左排气凸轮轴转至零升程范围(可用手轻微转动的范围)以外。

1 号活塞和 4 号活塞位于 TDC 附近。如果转动左进气凸轮轴，气门和活塞可能会接触，从而导致气门挺杆弯曲。此时不要转动左进气凸轮轴。

注意：为避免与右侧混淆，请按顺序保管拆下的零件。

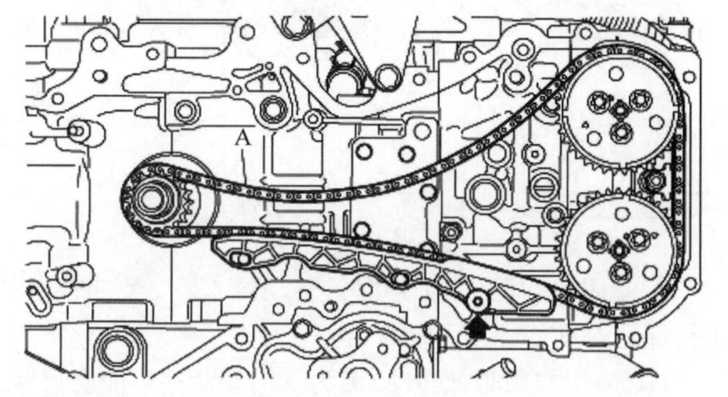

图 14-111

⑦使用 ST 并将曲轴顺时针转动约 200°，使曲轴链轮的定位标记对准图 14-112 中的位置。

注意：需要执行此步骤将所有活塞移至气缸中间位置，防止气门和活塞相互接触。

切勿逆时针转动，因为气门和活塞可能会接触。顺时针转动曲轴链轮定位标记到图 14-112 中位置附近后，只有在精确调整定位标记时，才可逆时针转动。

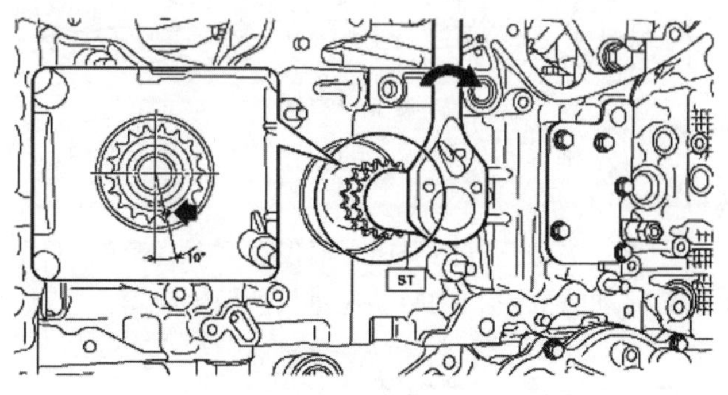

图 14-112

⑧使用 ST 并将左进气凸轮轴链轮转动约 130°，使左进气凸轮轴链轮的定位标记对准如图 14-113 的位置（零升程位置）。

注意：如此操作后，当进气门和排气门同时上升时，气门头会相互接触，可能导致气门挺杆弯曲。不要将左进气凸轮轴和左排气凸轮轴转至零升程范围（可用手轻微转动的范围）以外。小心进行操作，因为 ST 易于脱落。

注：进气凸轮轴（左）带有 3 个用于高压燃油泵的峰值驱动部分。因此存在可用手轻微转动的零升程范围。

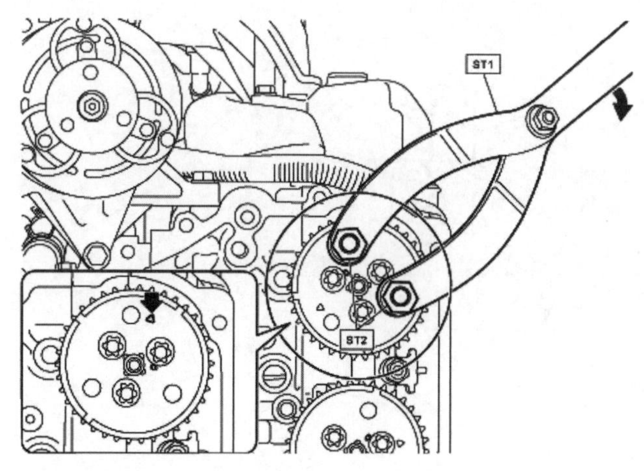

图 14-113

⑨从左前凸轮轴盖上拆下左链条导向装置，如图 14-114。

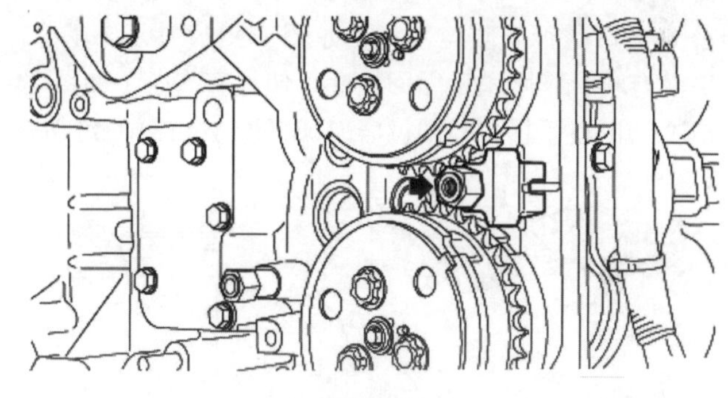

图 14-114

2. 安装。

（1）正时链条（左）安装。

注意：在安装过程中不要让异物进入组装的部件，也不要让异物落在上面。在正时链条的所有部件上涂抹机油。

①将左链条导向装置安装到左前凸轮轴盖上，如图 14-115。

拧紧扭矩：6.4N · m。

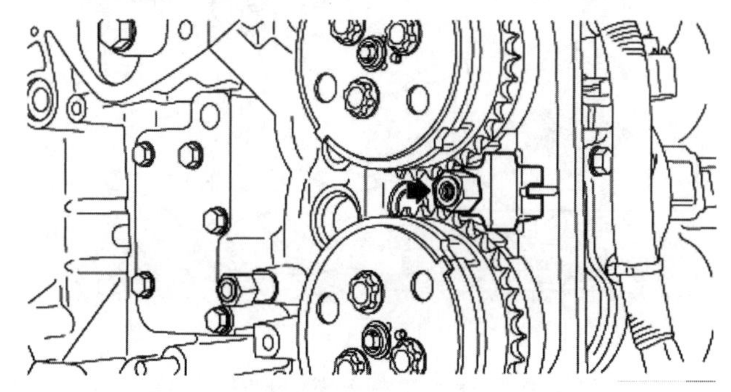

图 14-115

②准备安装左链条张紧器。

a. 按箭头方向移动连接板（如图 14-116 中 A）以压入柱塞（如图 14-116 中 B）。

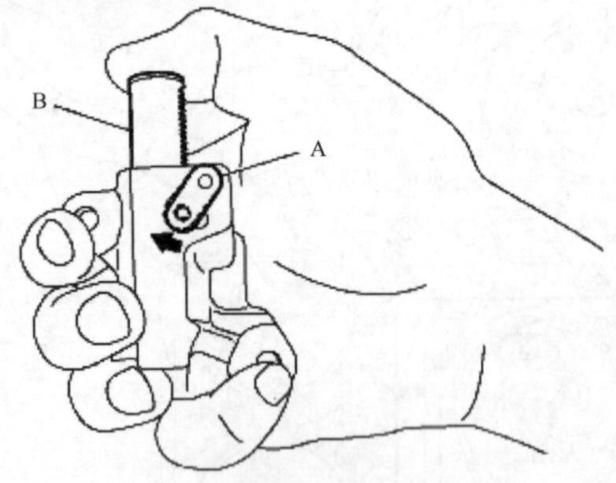

图 14-116

b. 用 1.3mm 直径或以下（卡子等）的限位器销或 1.3mm 直径六角头扳手插入限位器销孔，固定柱塞。

注：如果连接板上的限位器销孔和链条张紧器上的限位器销孔没有对准，则检查柱塞齿条（如图 14-117 中 A）的首个槽口是否与限位器齿（如图 14-117 中 B）啮合。如果没有啮合，则稍稍缩回柱塞以使柱塞齿条（如图 14-117 中 A）的首个槽口与限位器齿（如图 14-117 中 B）啮合。

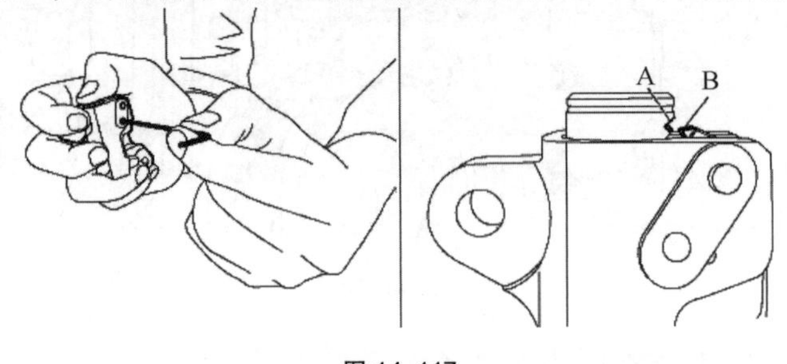

图 14-117

③检查曲轴链轮是否位于图 14-118 中的位置。如果未对准，则使用 ST 转动曲轴以将曲轴链轮定位标记对准图 14-118 中的位置。

注：需要执行此步骤以防气门和活塞在下一步中相互接触。

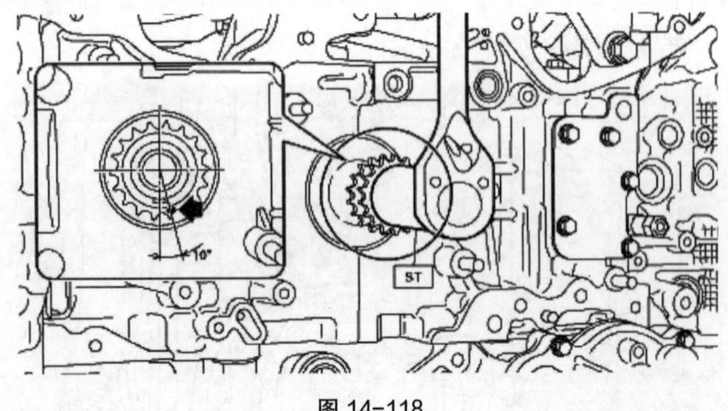

图 14-118

④使用 ST 并转动左进气凸轮轴链轮，将定位标记对准图 14-119 中的位置。

注意：当进气门和排气门同时上升时，气门头会相互接触，可能导致气门挺杆弯曲。请勿转动左排气凸轮轴。小心进行操作，因为 ST 易于脱落。

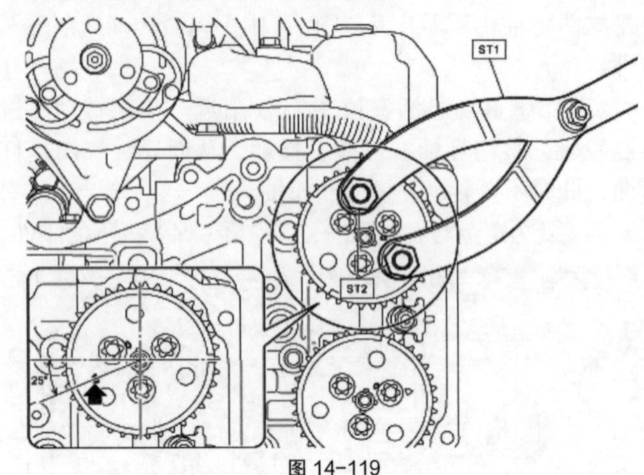

图 14-119

⑤使用 ST 并将曲轴逆时针转动约 130°，使曲轴键的定位标记对准如图 14-120 的位置。

注意：切勿顺时针转动，因为气门和活塞可能会接触。逆时针转动曲轴把键带到如图 14-120 位置附近后，只有在精确调整键位置时，才可顺时针转动。

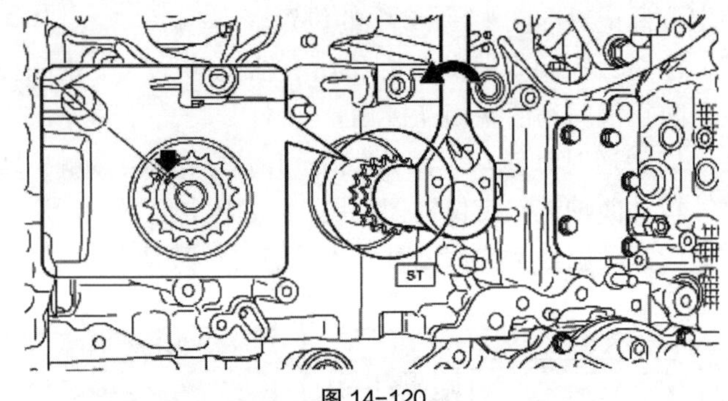

图 14-120

⑥将左排气凸轮轴链轮的定位标记对准如图 14-121 的位置。

注意：为防止气门损坏，请仅在零升程范围（可用手轻微转动的范围）内转动左排气凸轮轴链轮。

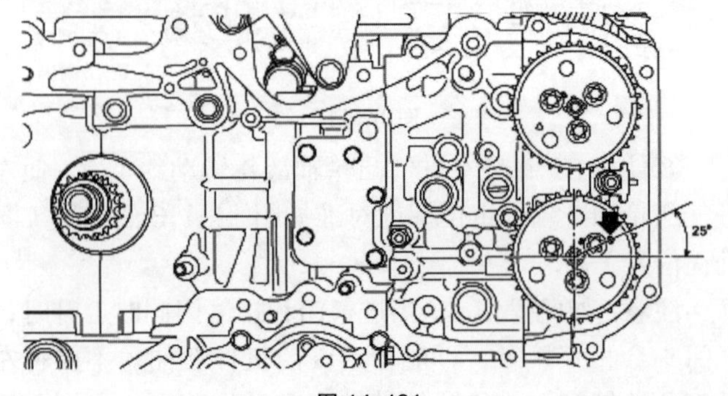

图 14-121

⑦安装左正时链条和左正时链条导向装置，如图 14-122。

a. 把正时链条标记（蓝色）与曲轴链轮的定位标记相匹配。

b. 将正时链条标记（粉色）与左进气凸轮轴链轮的正时标记位置相匹配。

c. 将正时链条标记（粉色）与左排气凸轮轴链轮的正时标记位置相匹配。

d. 安装左正时链条导向装置。

拧紧扭矩：6.4N・m。

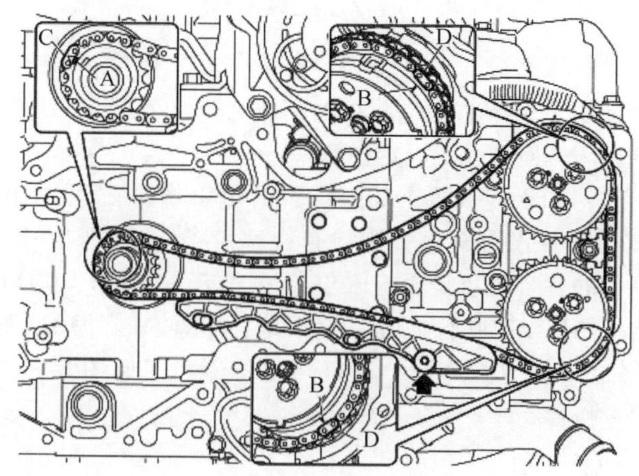

A- 定位标记　B- 正时标记　C- 蓝色　D - 粉色

图 14-122

⑧将 O 形圈安装到缸体（如图 14-123 中左）内。

注：使用新 O 形圈。

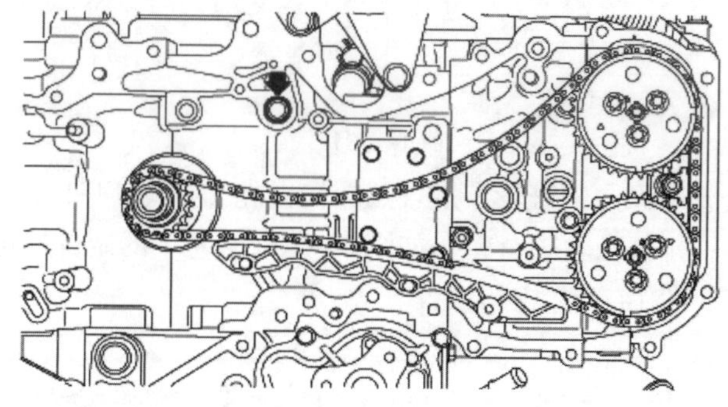

图 14-123

⑨安装左链条张紧器杆（如图 14-124 中 A）和左链条张紧器。

拧紧扭矩：6.4N・m。

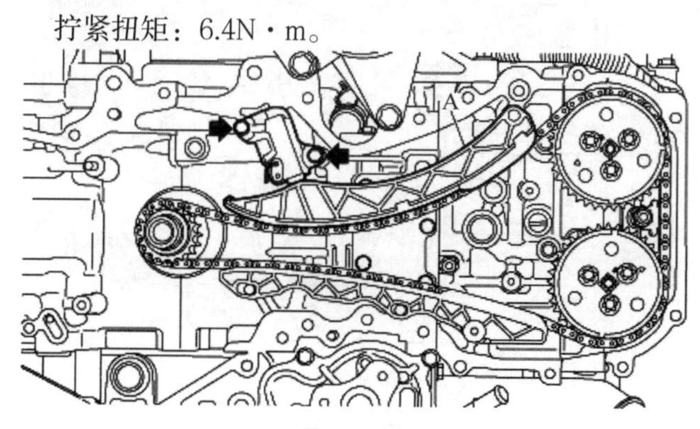

图 14-124

⑩从左链条张紧器中拉出限位器销，如图 14-125。

注意：请在拉出限位器销之前确认下列项目，如图 14-126。

正时链条标记(蓝色)与曲轴链轮的定位标记相匹配。

正时链条标记（粉色）与左进气凸轮轴链轮的正时标记位置相匹配。

正时链条标记（粉色）与左排气凸轮轴链轮的正时标记位置相匹配。

注：如果不能拆下限位器销，则按图所示抬起左链条张紧器杆进行拆下。

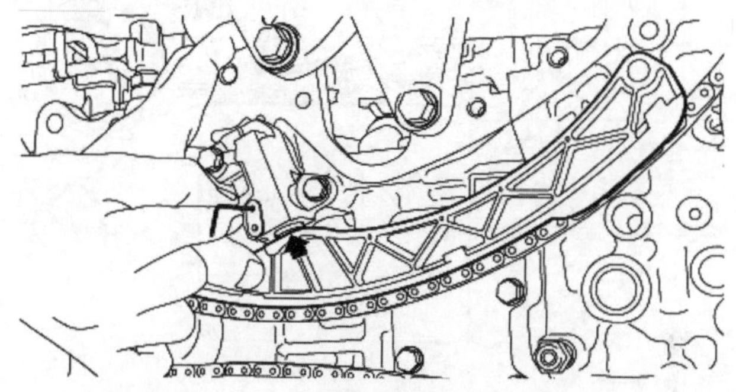

图 14-125

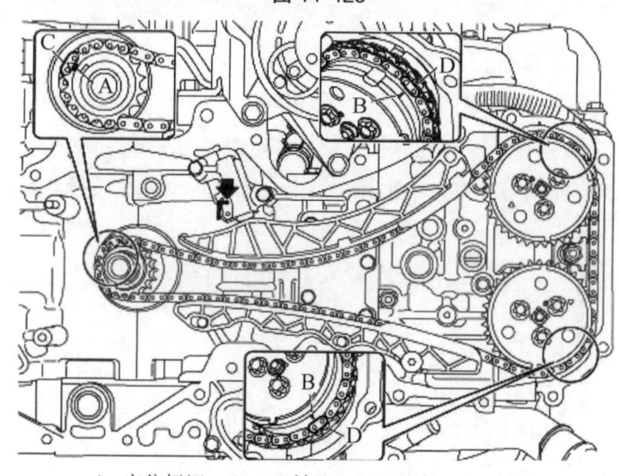

A- 定位标记　B- 正时标记　C- 蓝色　D- 粉色

图 14-126

⑪使用 ST，顺时针转动曲轴，并确保没有异常状况，如图 14-127。

注意：始终确保执行此确认。

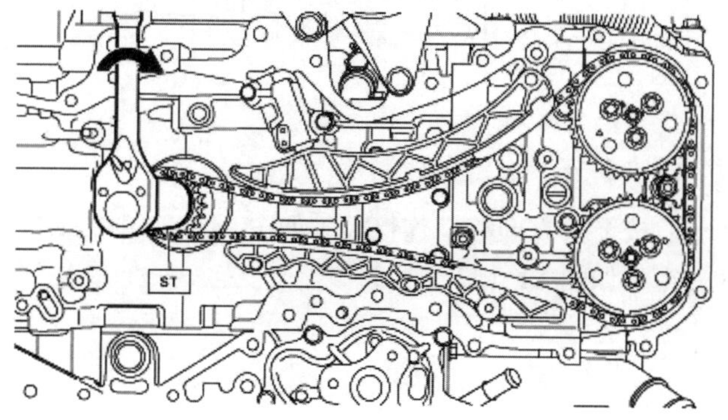

图 14-127

⑫使用 ST 并转动曲轴，将曲轴链轮、左进气凸轮轴链轮和左排气凸轮轴链轮的定位标记对准图 14-128 中的位置。

注：如果定位标记与图 14-128 中的位置对准，则曲轴键位于 6 点钟位置。

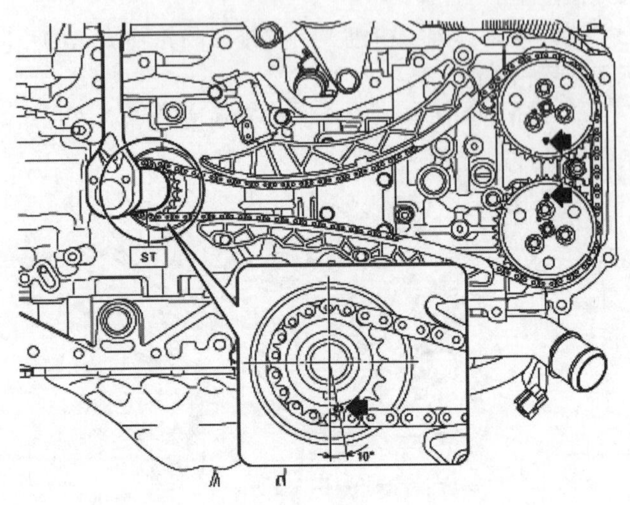

图 14-128

⑬安装右正时链条。

（2）正时链条（右）安装。

注意在安装过程中不要让异物进入组装的部件，也不要让异物落在上面。在正时链条的所有部件上涂抹机油。

①安装左正时链条。

②将右链条导向装置安装到右前凸轮轴盖上，如图 14-129。

拧紧扭矩：6.4N · m。

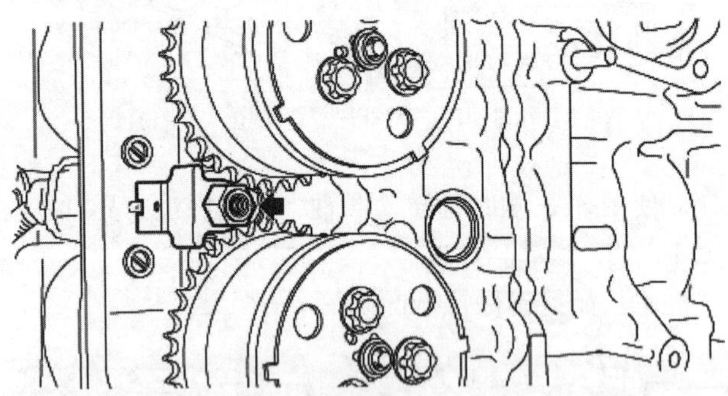

图 14-129

③准备安装右链条张紧器。

a. 按箭头方向移动连接板（如图 14-130 中 A）以压入柱塞（如图 14-130 中 B）。

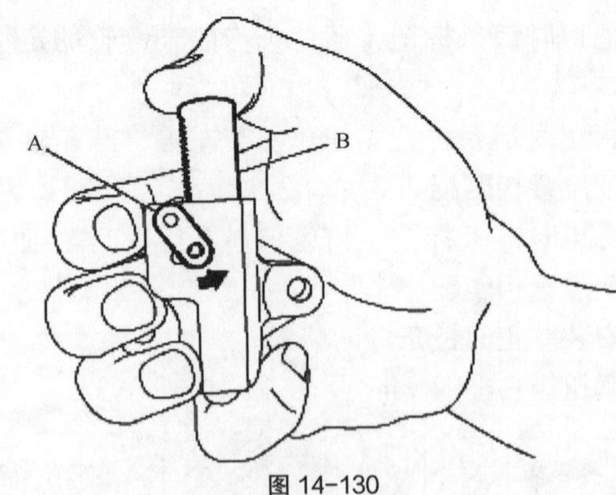

图 14-130

b. 用 2.5mm 直径的限位器销或 2.5mm 直径六角头扳手插入限位器销孔，固定柱塞。

注：如果连接板上的限位器销孔和链条张紧器上的限位器销孔没有对准，则检查柱塞齿条（如图 14-131 中 A）的首个槽口是否与限位器齿（如图 14-131 中 B）啮合。如果没有啮合，则稍稍缩回柱塞以使柱塞齿条（如图 14-131 中 A）的首个槽口与限位器齿（如图 14-131 中 B）啮合。

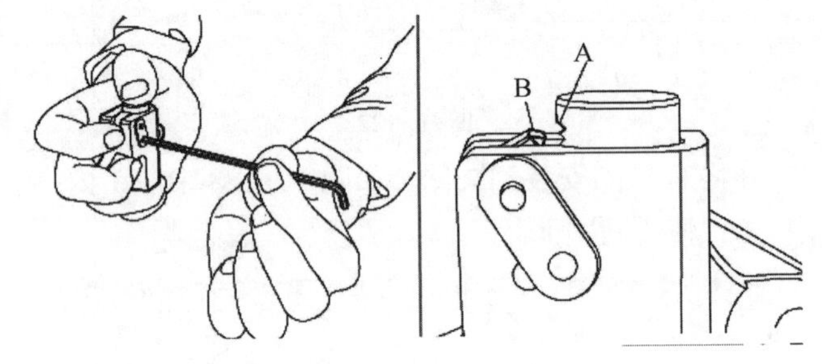

图 14-131

④确保曲轴链轮、进气凸轮轴链轮（如图 14-132 中左）和排气凸轮轴链轮（如图 14-132 中左）的定位标记对准如图 14-132 中的位置。

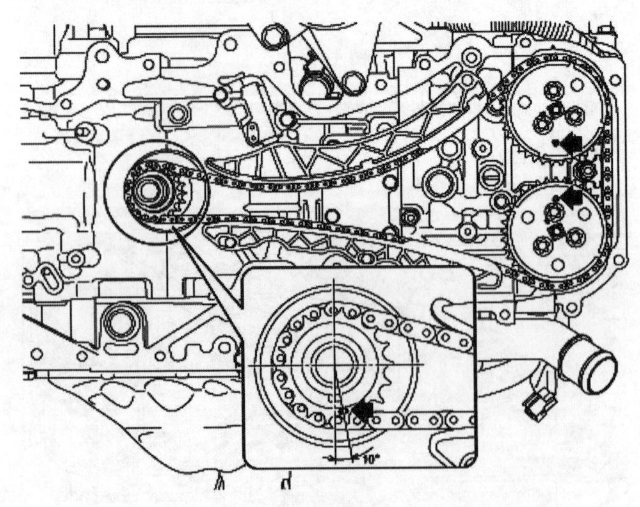

图 14-132

⑤将右进气凸轮轴链轮和右排气凸轮轴链轮的定位标记对准图 14-133 中的位置。

注意：为防止气门损坏，请仅在零升程范围（可用手轻微转动的范围）内转动右进气凸轮轴链轮和右排气凸轮轴链轮。

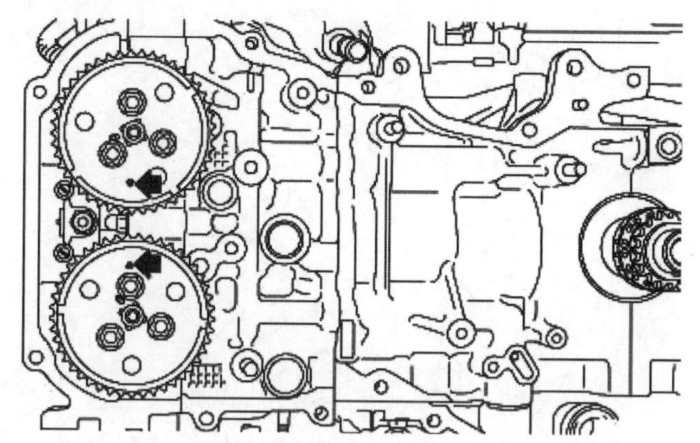

图 14-133

⑥安装右正时链条和右正时链条导向装置，如图 14-134。

a. 把正时链条标记（蓝色）与曲轴链轮的定位标记相匹配。

b. 将正时链条标记（粉色）与右进气凸轮轴链轮的正时标记位置相匹配。

c. 将正时链条标记（粉色）与右排气凸轮轴链轮的正时标记位置相匹配。

d. 安装右正时链条导向装置。

拧紧扭矩：6.4N·m。

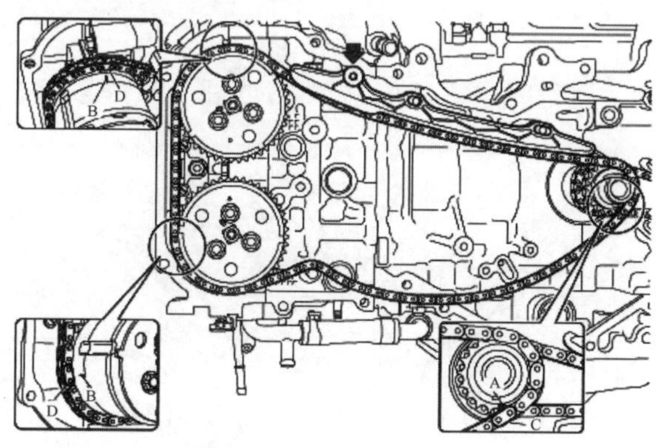

A- 定位标记　B- 正时标记　C- 蓝色　D- 粉色

图 14-134

⑦安装右链条张紧器杆（如图 14-135 中 A）和右链条张紧器。

拧紧扭矩：6.4N·m。

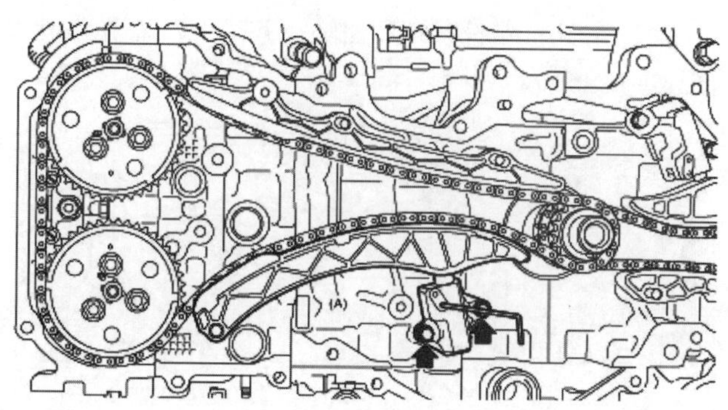

图 14-135

⑧从右链条张紧器中拉出限位器销。

注意：请在拉出限位器销之前确认下列项目，如图 14-136。

正时链条标记(蓝色)与曲轴链轮的定位标记相匹配。

正时链条标记（粉色）与右进气凸轮轴链轮的正时标记位置相匹配。

正时链条标记（粉色）与右排气凸轮轴链轮的正时标记位置相匹配。

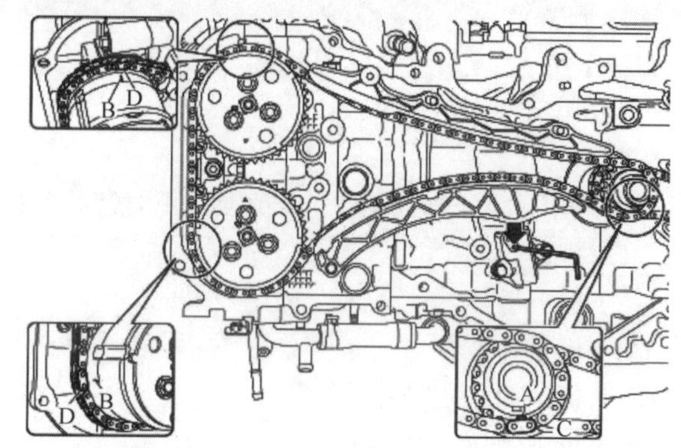

A- 定位标记　B- 正时标记　C- 蓝色　D- 粉色

图 14-136

⑨确保凸轮轴链轮和曲轴链轮的定位标记对准如图 14-137 的位置。

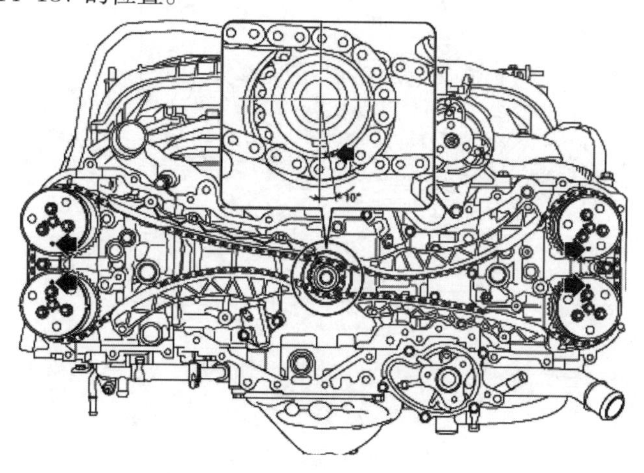

图 14-137

⑩使用 ST，顺时针转动曲轴，并确保没有异常状况，如图 14-138 所示。

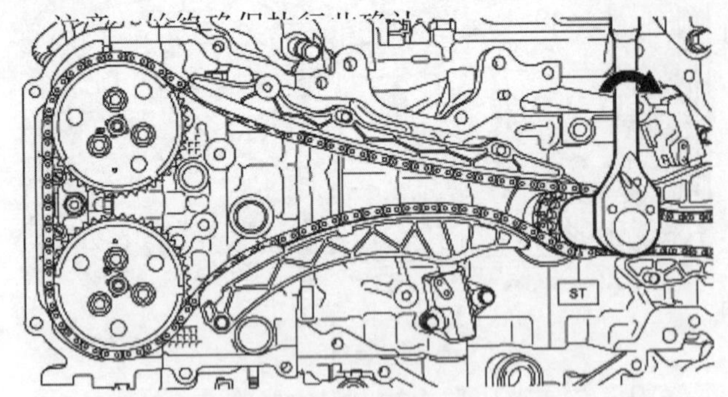

图 14-138

⑪安装链罩。

3. 检查。

（1）检查正时链条、链条导向装置、链条张紧器杆和链条张紧器是否存在变形、裂纹或其他损坏。

（2）检查链条导向装置和链条张紧器杆是否存在异常磨损。

五、车型

2017 年斯巴鲁傲虎 H6D0。

1. 拆卸。

注意：拆下后分离各零件，以免混合正时链条部件。

（1）排出机油。

（2）拆下散热器。

（3）拆下 V 形带。

（4）拆下曲轴皮带轮。

（5）拆下链罩。

（6）拆下链条张紧器（如图 14-139 中右）。

注意：拆下链条张紧器（如图 14-139 中右）时，用手握持柱塞以使其不会飞出。

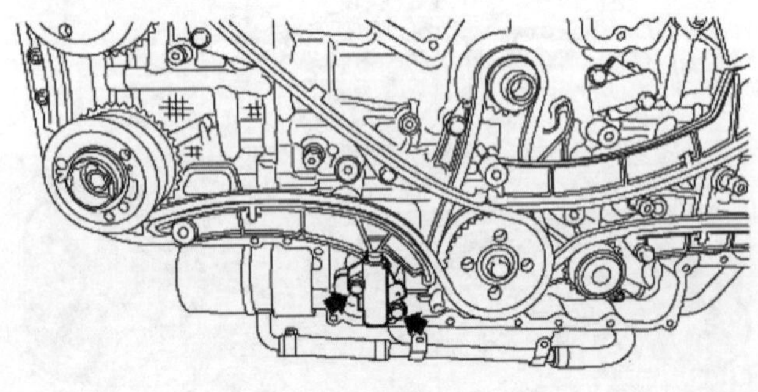

图 14-139

（7）拆下链条导向装置（如图 14-140 中右：凸轮之间）。

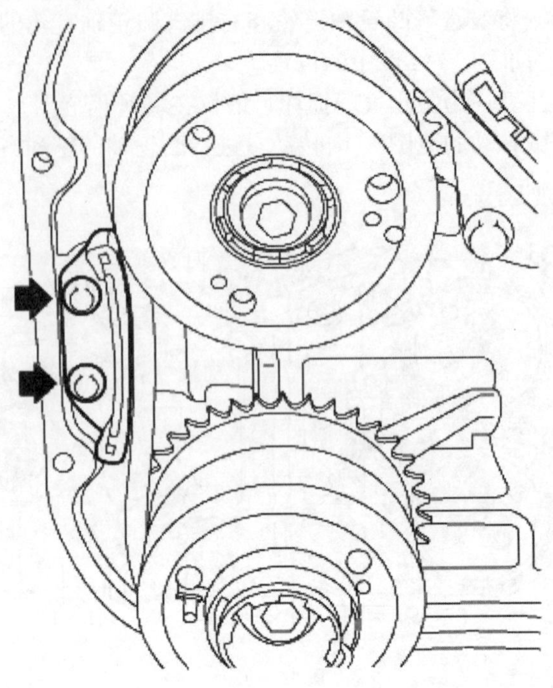

图 14-140

（8）拆下链条张紧器杆（如图 14-141 中右）。

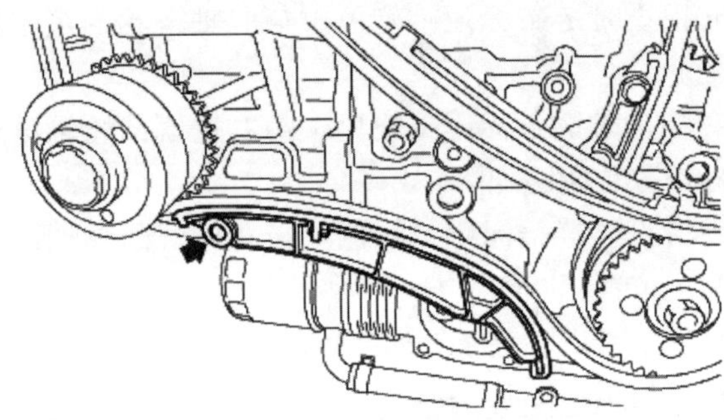

图 14-141

（9）拆下链条导向装置（如图 14-142 中右）。

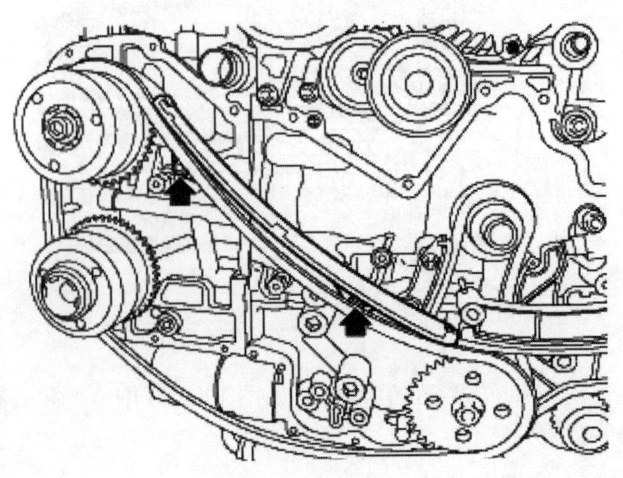

图 14-142

（10）拆下正时链条（右）。

（11）拆下链条张紧器（如图 14-143 中左）。

注：拆下链条张紧器（如图 14-143 中左）时，用手握持柱塞以使其不会飞出。

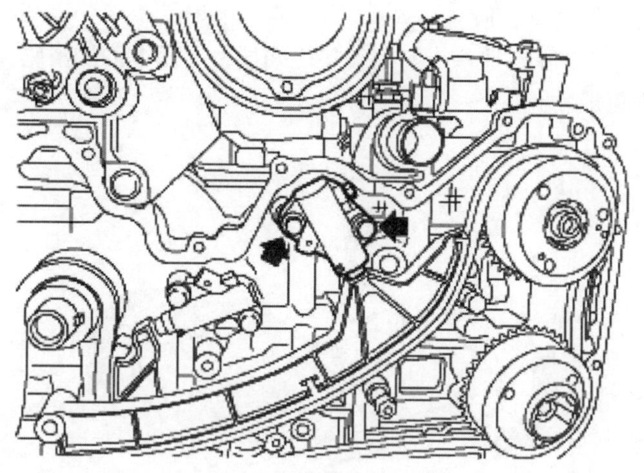

图 14-143

（12）拆下链条导向装置（如图 14-144 中左：凸轮之间）。

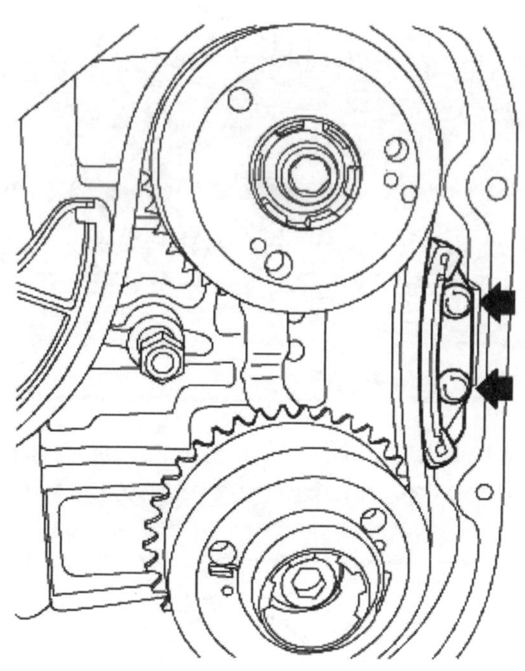

图 14-144

（13）拆下链条张紧器杆（如图 14-145 中左）。

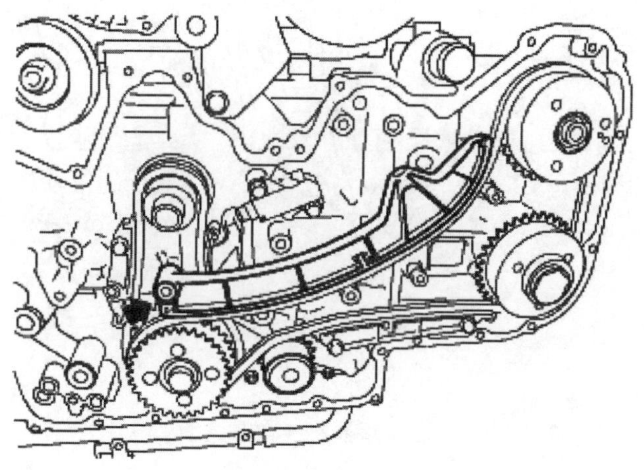

图 14-145

（14）拆下链条导向装置（如图 14-146 中左）。

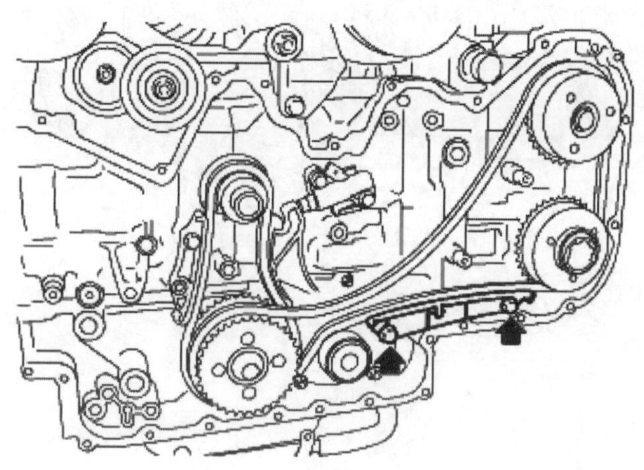

图 14-146

（15）拆下正时链条（左图）。

（16）拆下链条张紧器（如图 14-147 中左）。

注：拆下链条张紧器（如图 14-147 中左）时，用手握持柱塞以使其不会飞出。

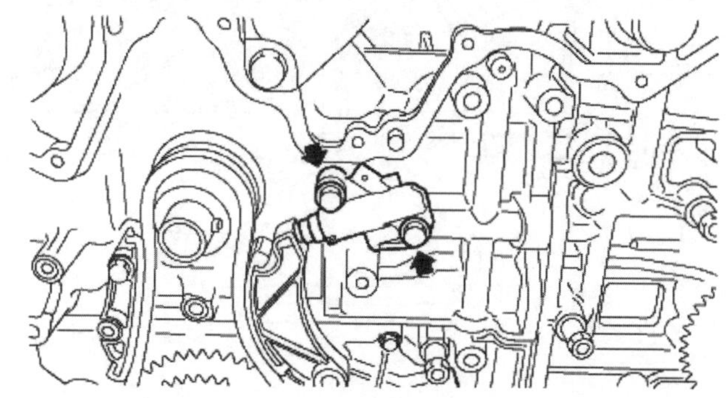

图 14-147

（17）拆下链条导向装置（如图 14-148 中左）。

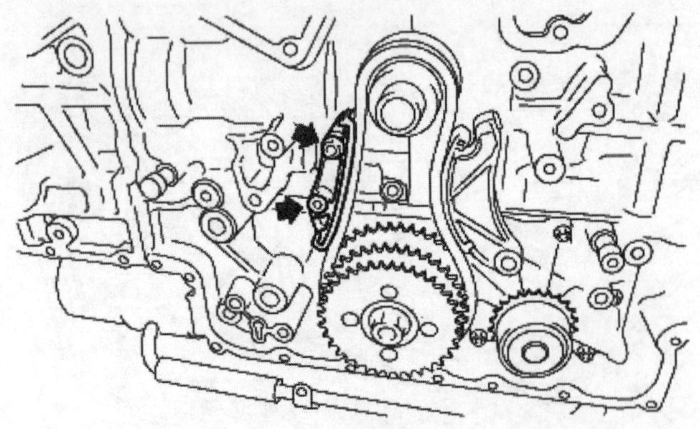

图 14-148

（18）拆下链条张紧器杆（如图 14-149 中左）。

图 14-149

（19）使用ST，锁住惰轮链轮，并松开惰轮链轮螺栓。

（20）拆下惰轮链轮螺栓，然后拆下惰轮链轮和正时链条（如图 14-150 中左）。

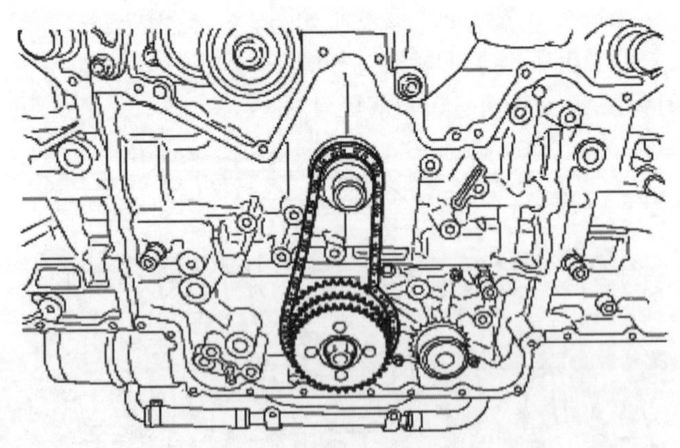

图 14-150

2. 安装。

注意在安装过程中不要让异物进入组装的部件，也不要让异物落在上面。在正时链条的所有部件上涂抹机油。

（1）准备安装链条张紧器。

①将螺丝、弹簧销和柱塞插入张紧器体。

②如图 14-151，当用手从上方握持链条张紧器时，逆时针转动橡胶垫。

注：除去柱塞头与橡胶垫之间接触表面上的润滑脂，以免滑动。

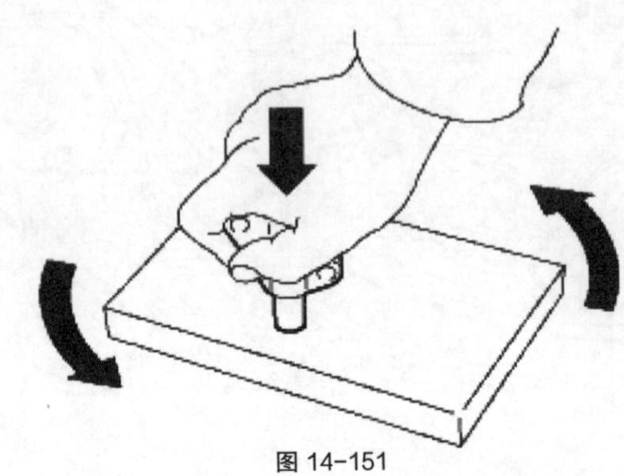

图 14-151

③将限位器销插入链条张紧器体的孔内。

（2）将机油泵轴顶销的位置对准 6 点钟位置，如图 14-152。

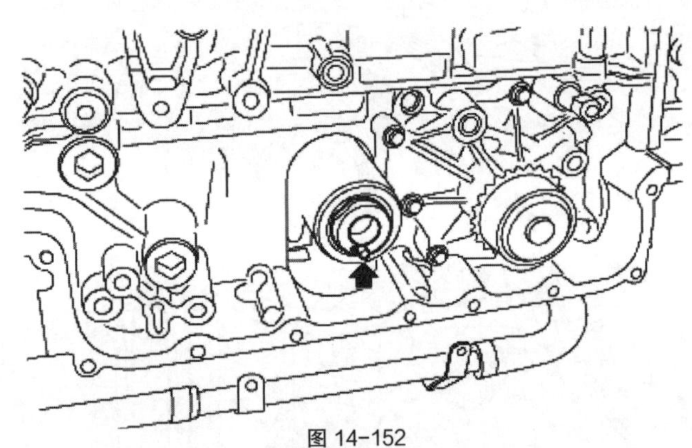

图 14-152

（3）使用 ST，将曲轴链轮上的“向上标记”与 9 点钟位置对齐，如图 14-153。ST 18252AA000 曲轴座。

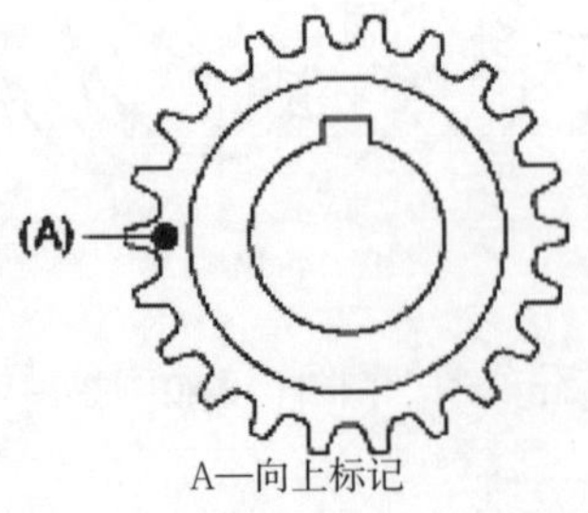

图 14-153

（4）将进气凸轮轴链轮与 12 点钟位置对齐，如图

14-154。

ST 499977500 凸轮轴链轮扳手。

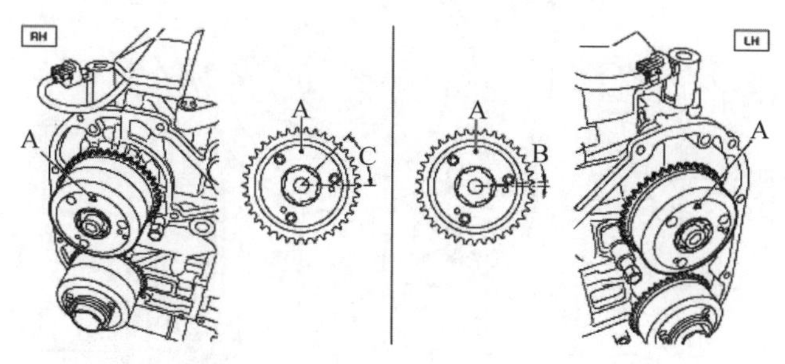

A- 将标记（向上标记）位置与 12 点钟位置对齐　B-6°　C-47°

图 14-154

（5）将排气凸轮轴链轮与 12 点钟位置对齐，如图 14-155。

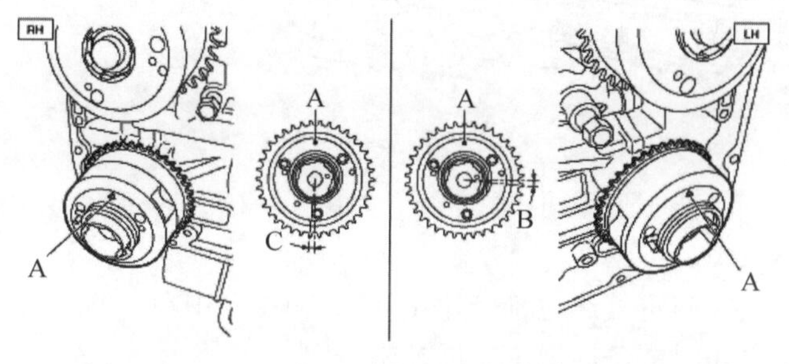

A- 将标记（向上标记）位置与 12 点钟位置对齐　B-5.5°　C-3.5°

图 14-155

（6）使用 ST，将曲轴链轮上的“向上标记”与 12 点钟位置对齐，如图 14-156。

1 号活塞定位于 TDC。

在完成正时链条的安装前，不要转动曲轴和凸轮轴链轮。

此时，曲轴链轮键在 3 点钟位置。

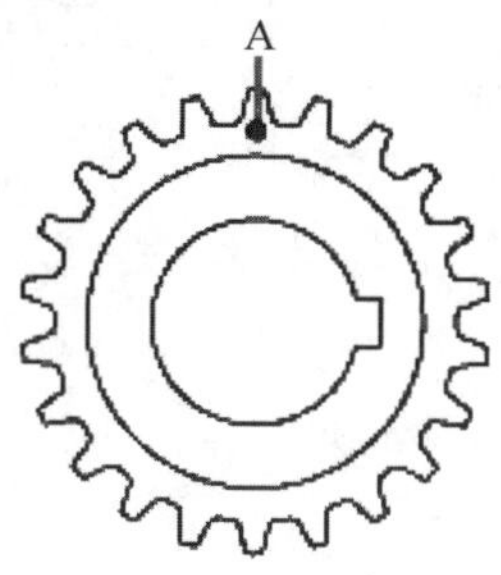

A- 向上标记

图 14-156

（7）安装链条导向装置（如图 14-157 中左）。

拧紧扭矩：16N・m。

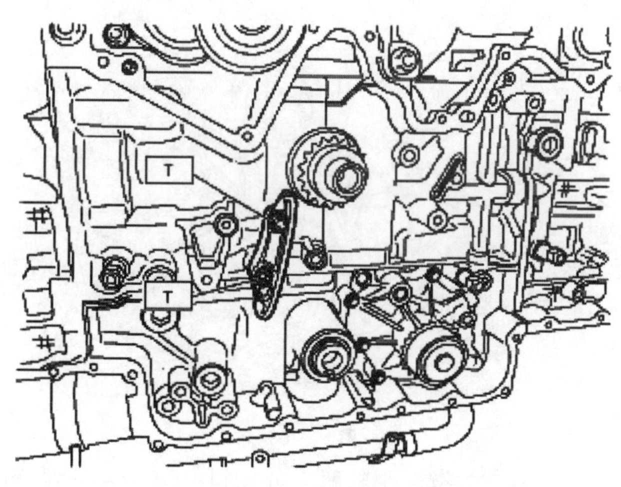

图 14-157

（8）安装惰轮链轮和正时链条（主），如图 14-158。

①把正时链条标记（金色）与惰轮链轮的正时标记位置相匹配。

②把惰轮链轮正时标记与 6 点钟位置对齐，然后安装惰轮链轮和正时链条。

③确保正时链条标记（金色）位于曲轴链轮上的 12 点钟位置。

④使用 ST，锁住惰轮链轮，并安装惰轮链轮螺栓。

拧紧扭矩：120N・m。

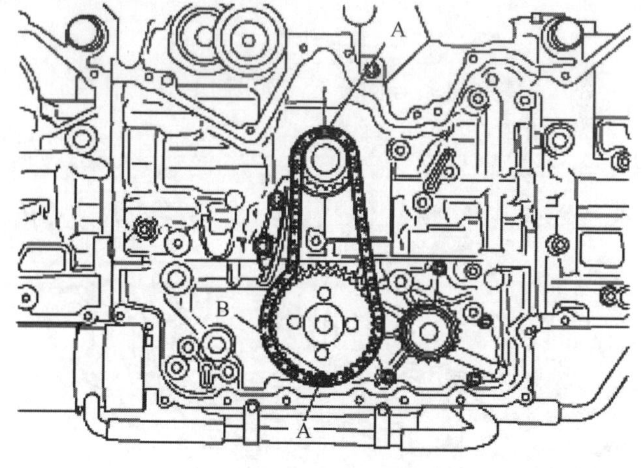

A- 金色　B- 正时标记

图 14-158

（9）安装链条张紧器杆（如图 14-159 中左）。

拧紧扭矩：16N・m。

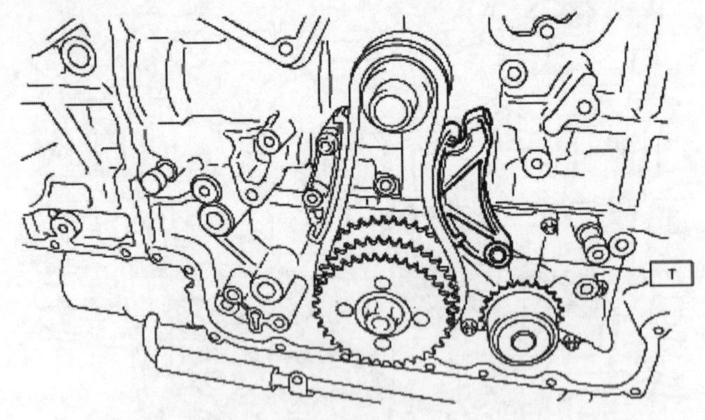

图 14-159

（10）安装链条张紧器（如图 14-160 中左）并拉出限位器销。

注：正时链条（如图 14-160 中左）将布线完毕。

拧紧扭矩：16N·m。

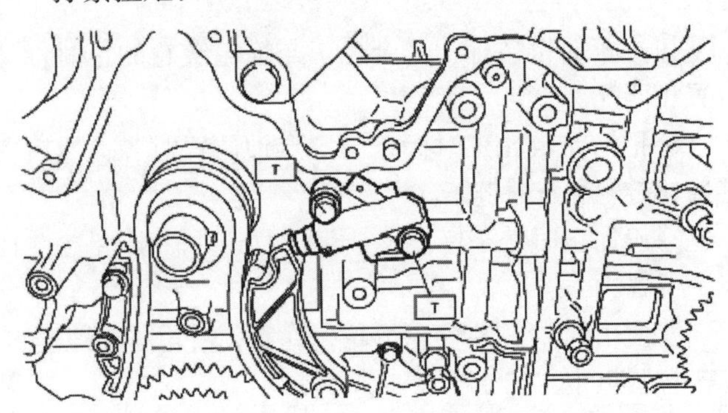

图 14-160

（11）安装链条导向装置（如图 14-161 中左）。

拧紧扭矩：16N·m。

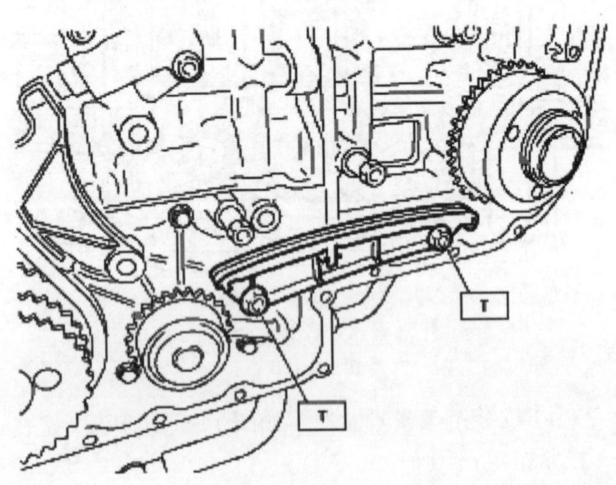

图 14-161

（12）安装链条导向装置（如图 14-162 中左：凸轮之间）。

拧紧扭矩：6.4N·m

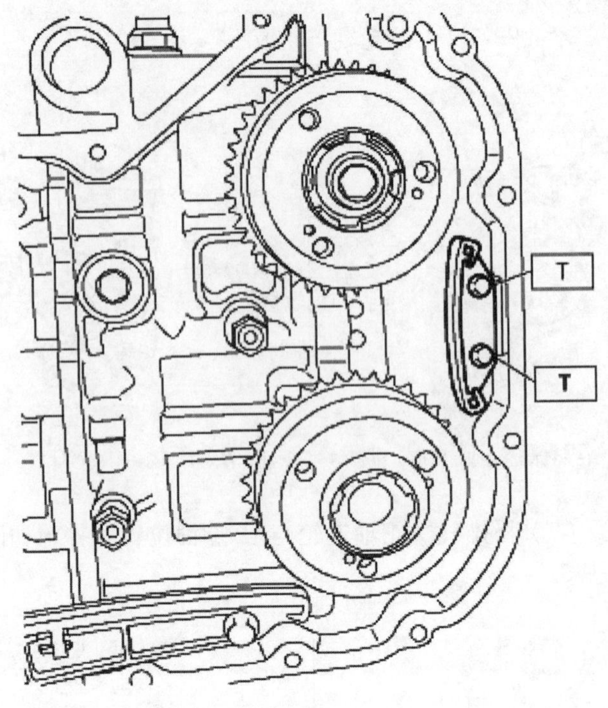

图 14-162

（13）安装正时链条（如图 14-163 中左）。如图 14-163。

①将进气凸轮轴链轮（如图 14-163 中左）的正时标记与正时链条标记（蓝色）相匹配。

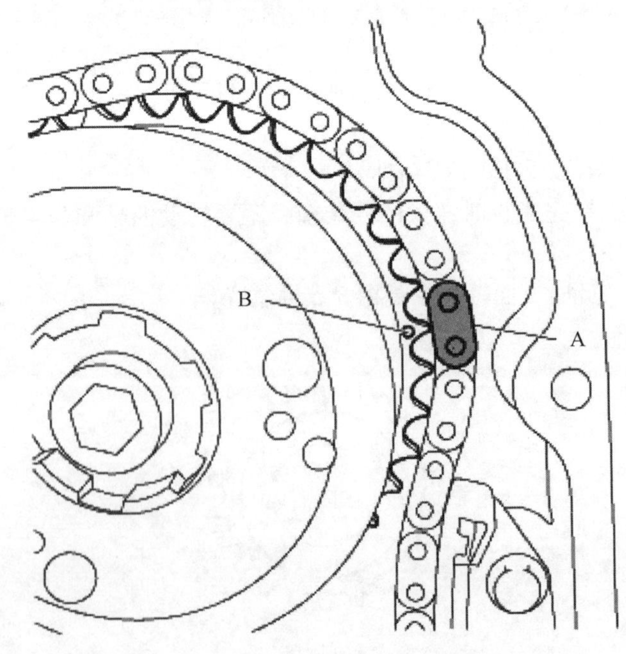

A- 蓝色　B- 正时标记

图 14-163

②将排气凸轮轴链轮（如图 14-164 中左）的正时标记与正时链条标记（蓝色）相匹配。

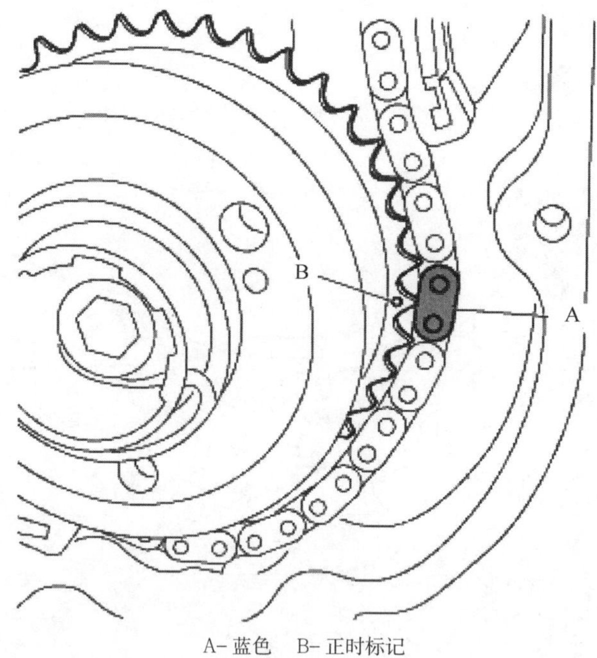

A- 蓝色　B- 正时标记
图 14-164

③将正时链条安装到水泵链轮，如图 14-165。

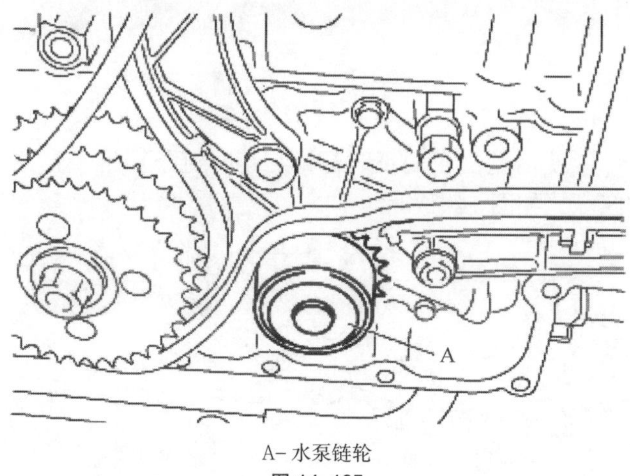

A- 水泵链轮
图 14-165

④使惰轮链轮的正时标记与正时链条标记（金色）相匹配，如图 14-166。

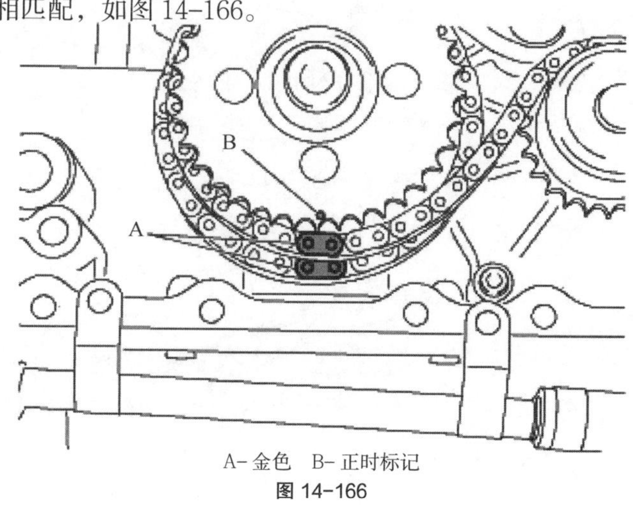

A- 金色　B- 正时标记
图 14-166

（14）安装链条张紧器杆（图 14-167）。

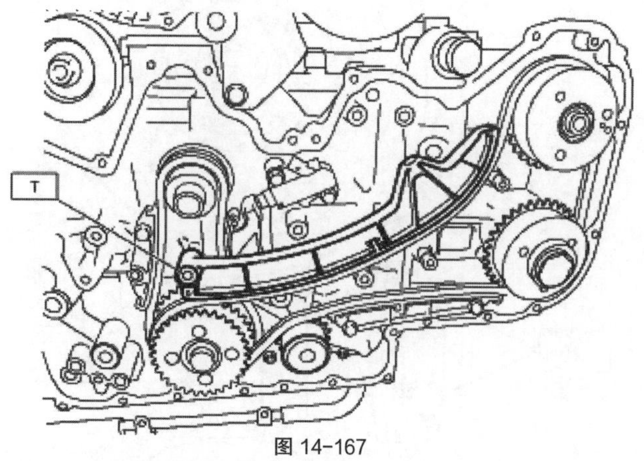

图 14-167

（15）安装链条张紧器（图 14-168）并拉出限位器销。请确保在链条张紧器壳体的侧面装有螺栓。

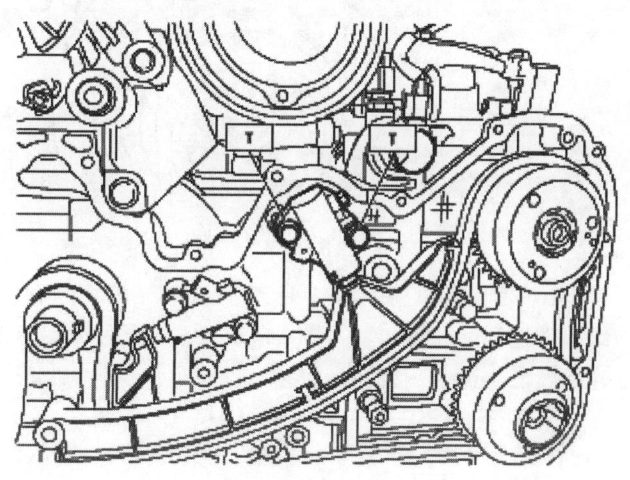

图 14-168

（16）安装链条导向装置（图 14-169）。

拧紧扭矩：16N · m。

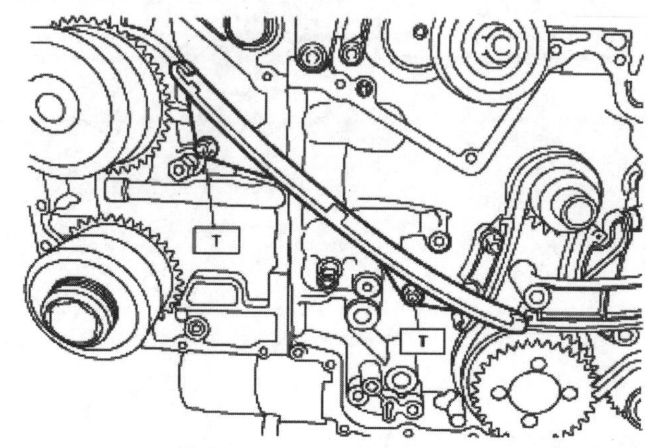

图 14-169

（17）安装链条导向装置（如图 14-170 中右：凸轮之间）。

拧紧扭矩：6.4N · m。

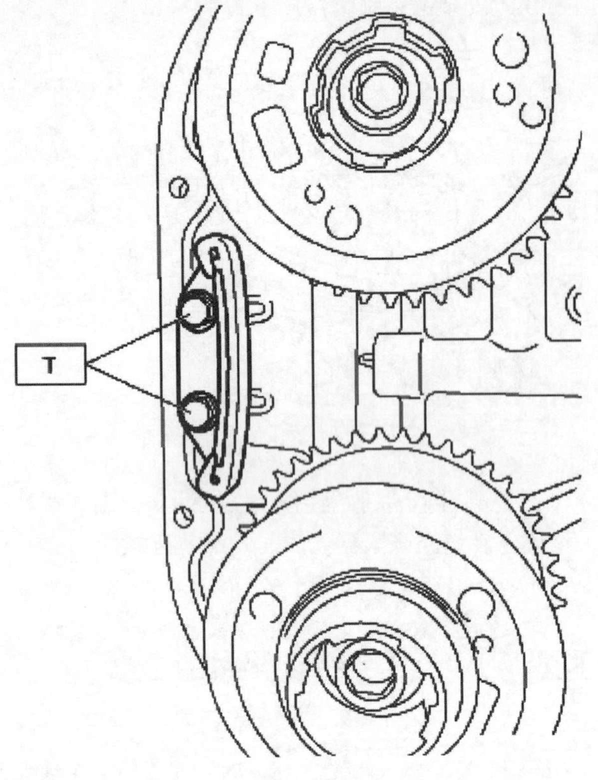

图 14-170

（18）安装正时链条。

①将进气凸轮轴链轮（图 14-171）的正时标记与正时链条标记（蓝色）相匹配。

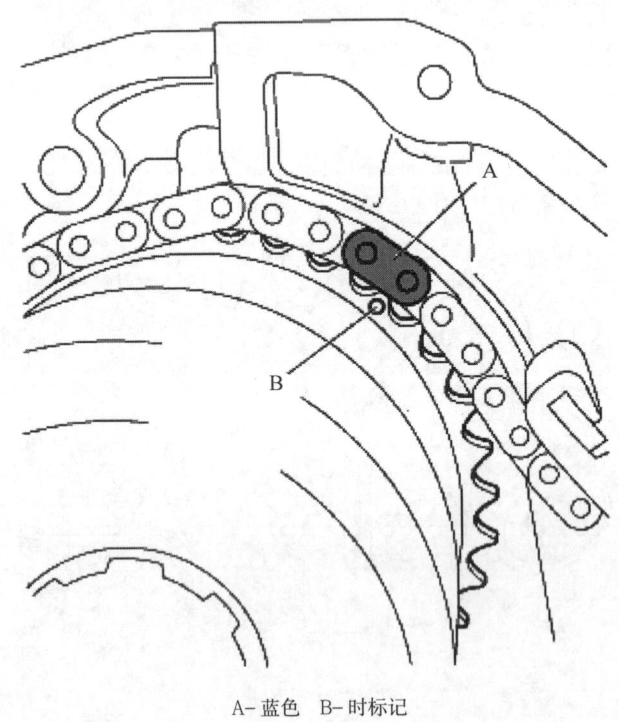

A- 蓝色　B- 时标记

图 14-171

②将排气凸轮轴链轮（图 14-172）的正时标记与正时链条标记（蓝色）相匹配。

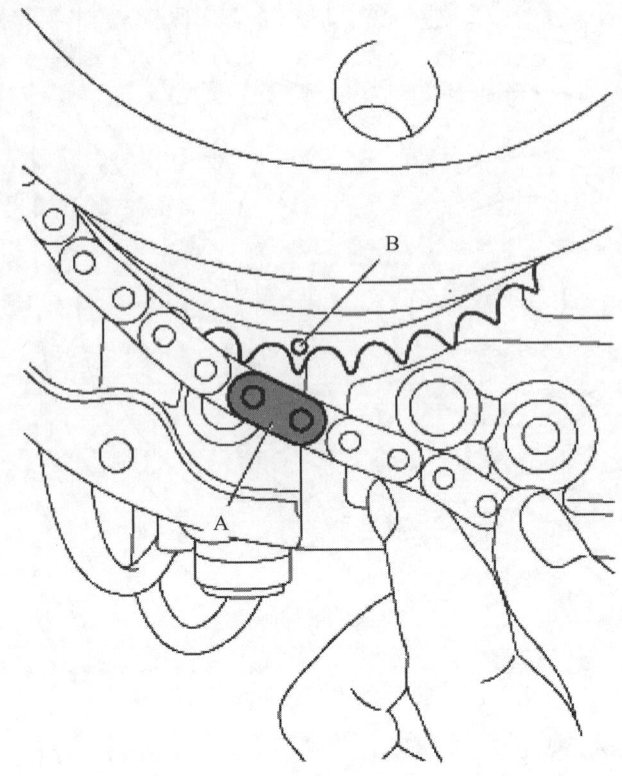

A- 蓝色　B- 正时标记

图 14-172

③使惰轮链轮的正时标记与正时链条标记（金色）相匹配，如图 14-173。

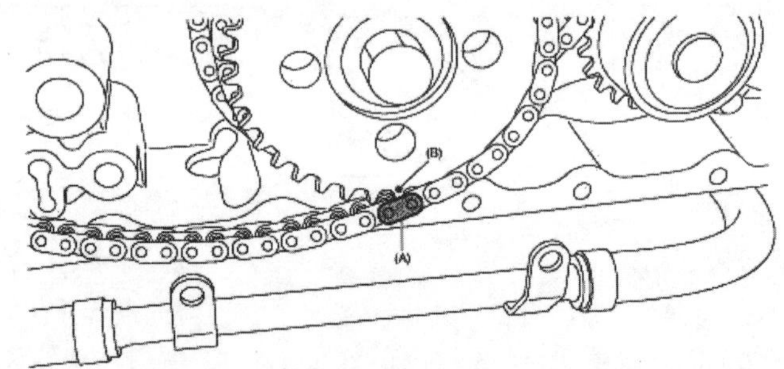

A- 金色　B- 正时标记

图 14-173

（19）安装链条张紧器杆（如图 14-174 中右）。拧紧扭矩：16N·m。

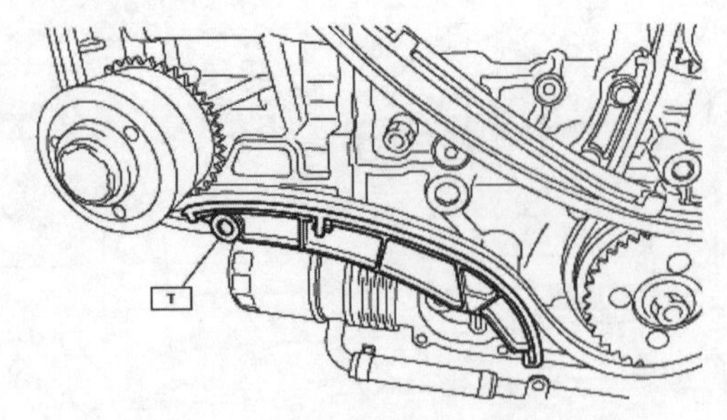

图 14-174

（20）安装链条张紧器（图 14-175）并拉出限位器销。

注：正时链条将布线完毕。

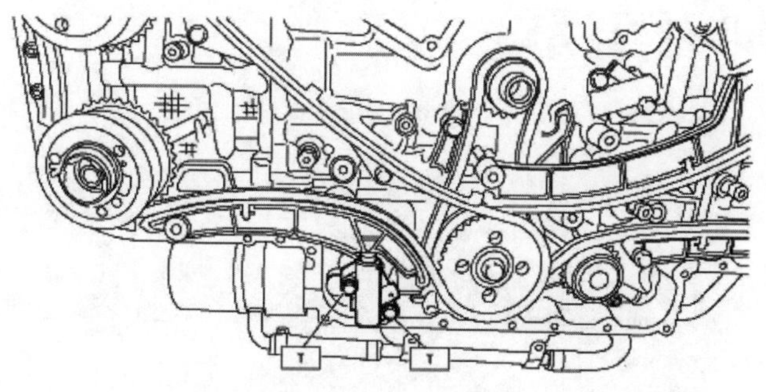

图 14-175

（21）安装后，进行下列确认。

注意：始终确保执行此确认。

①请确保惰轮链轮的正时标记与 3 个正时链条标记（金色）对齐。

②确保曲轴链轮上的 12 点钟位置与正时链条（主）标记（金色）对齐。

③请确保左侧凸轮轴链轮正时标记与正时链条标记（蓝色）对齐。

④请确保右侧凸轮轴链轮正时标记与正时链条标记（蓝色）对齐。

⑤确保所有螺栓都拧紧至规定的扭矩。

（22）使用 ST，朝发动机转动方向旋转曲轴，并确保没有异常状况。

注意：始终确保执行此确认。

（23）安装链罩。

（24）安装曲轴皮带轮。

（25）安装 V 形带。

（26）加注机油。

（27）请确保链罩配合面无漏油。

（28）安装散热器。

第十五章　别克车系

一、车型

上海通用别克威朗 1.5S（1.5L　L3G），2015—2018 年。

上海通用别克威朗轿跑 1.5S（1.5L　L3G），2016—2019 年。

上海通用别克威朗 20T（1.5T　LFV），2015—2018 年。

上海通用别克威朗 GS 20T（1.5T　LFV），2016—2019 年。

上海通用别克君威 20T（1.5T　LFV），2017—2019 年。

上海通用别克君越 20T（1.5T　LFV），2016—2019 年。

上海通用别克昂科威 20T（1.5T　LFV），2015—2019 年。

（一）凸轮轴正时链条的调整

1. 专用工具。

· EN-45059 角度测量仪

· EN-51367 凸轮轴定位器

· EN-51397-1 正时链条固定器

· EN-51397-2 正时链条固定器

2. 拆卸程序。

（1）拆卸空气滤清器总成的更换（1.4L LE2）、空气滤清器总成的更换（1.5L　L3G）。

（2）拆下凸轮轴盖的更换（1.4L LE2）、凸轮轴盖的更换（1.5L L3G）。

（3）拆卸前轮罩衬板的更换。

（4）将发动机调整到气缸 1 燃烧行程的上止点（TDC）位置。朝发动机旋转方向转动曲轴，直到标记（如图 15-1 中 1、2）在一条线上。在曲轴扭转减震器螺栓（如图 15-1 中 3）处转动。

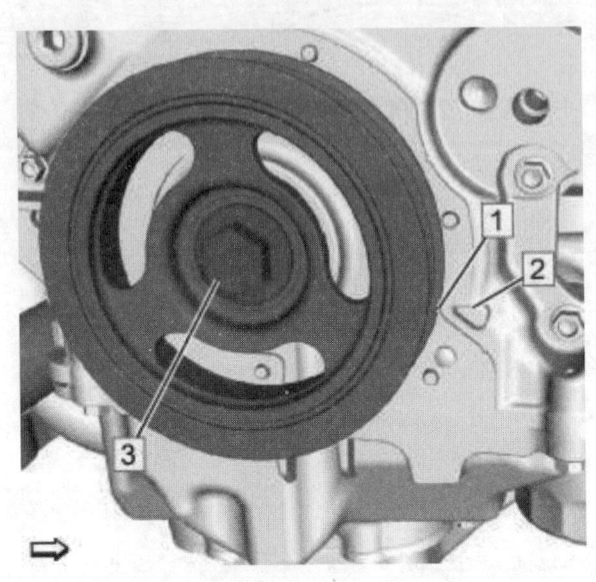

图 15-1

（5）安装 EN-51367 固定工具（如图 15-2 中 1）。注意：凸轮轴位置执行器上的标记必须位于约 12 点钟位置。

（6）如果可以安装 EN-51367 固定工具（如图 15-2 中 1），表明发动机正时调整正确。

（7）如果不能安装 EN-51367 固定工具（如图 15-2 中 1），则转动曲轴，直到可以安装 EN-51367 固定工具。

图 15-2

（8）检查曲轴的位置。曲轴必须设置达上止点［曲轴扭转减震器上的箭头（如图 15-3 中 1）和箭头（如图 15-3 中 2）］。

（9）如果箭头（如图 15-3 中 1、2）未对齐，则将发动机设置至上止点，参见步骤（2）。

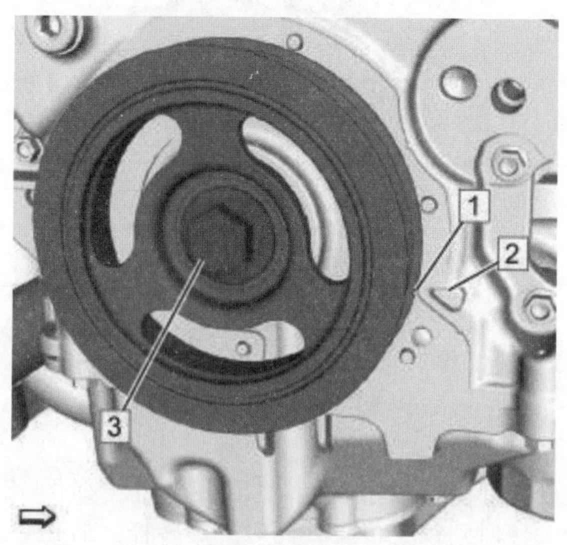

图 15-3

（10）拆下 EN-51367 固定工具（如图 15-4 中 1）。

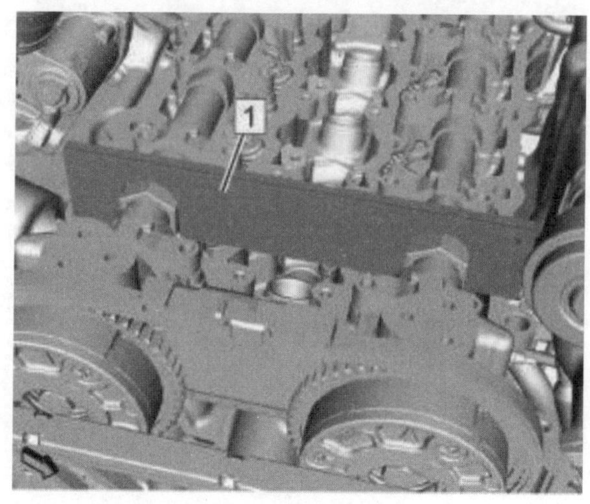

图 15-4

（11）拆下正时链条上导板的更换。

（12）举升并顶起车辆。

（13）从发动机前盖（如图 15-5 中 3）上拆下发动机前盖孔塞（如图 15-5 中 1）。

（14）拆下密封圈（如图 15-5 中 2）。

图 15-5

（15）将 EN-51397-2 固定器（如图 15-6 中 2）预安装到凸轮轴正时链条（如图 15-6 中 3）的进气侧。

（16）将 EN-51397-1 固定器（如图 15-6 中 5）安装到凸轮轴正时链条的排气侧。

（17）用手牢牢拧紧拨轮（如图 15-6 中 1、4）。告诫：参见有关紧固件的告诫。

（18）将螺栓（如图 15-6 中 6）紧固至 5N · m。

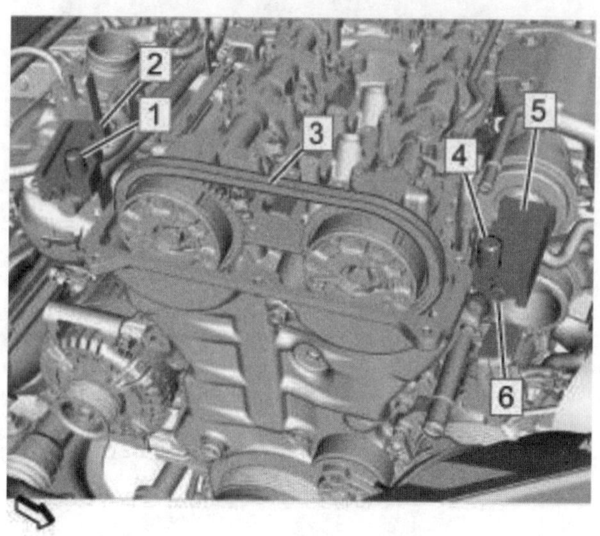

图 15-6

注意：步骤（21）中①～⑤ 将解释张紧器设计 1 的原理。

（19）检查安装正时链条张紧器的发动机前盖孔塞孔（如图 15-7 中 2）。

（20）通过杆（如图 15-7 中 3）来识别正时链条张紧器设计 1。

（21）通过释放卡扣（如图 15-7 中 1）来识别正时链条张紧器设计 2。

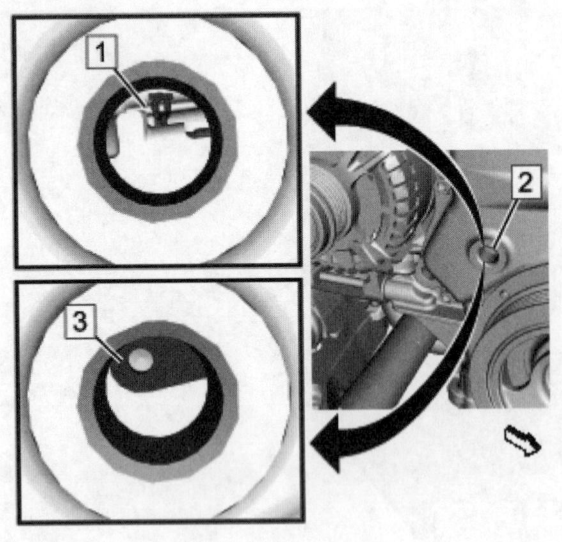

图 15-7

①略微解除活塞(如图 15-8 中 2)的张力,直到杆(如图 15-8 中 1)可以通过朝箭头方向旋转杆(如图 15-8 中 3)而解锁。

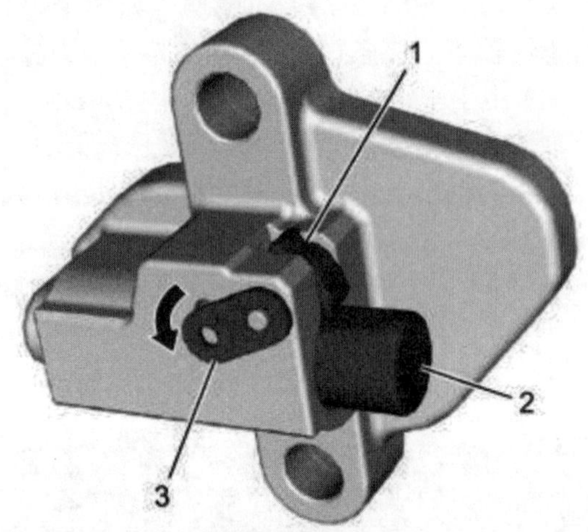

图 15-8

②将活塞(如图 15-9 中 1)整个推回,直至张紧器杆(如图 15-9 中 2)不可锁止在该位置。

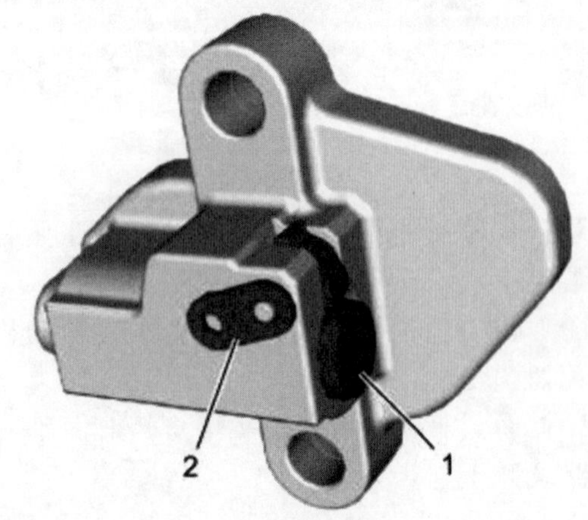

图 15-9

③松开活塞(如图 15-10 中 1)的张力,直到 3 个棘爪松开。听到咔嗒声表明 3 个棘爪已松开。

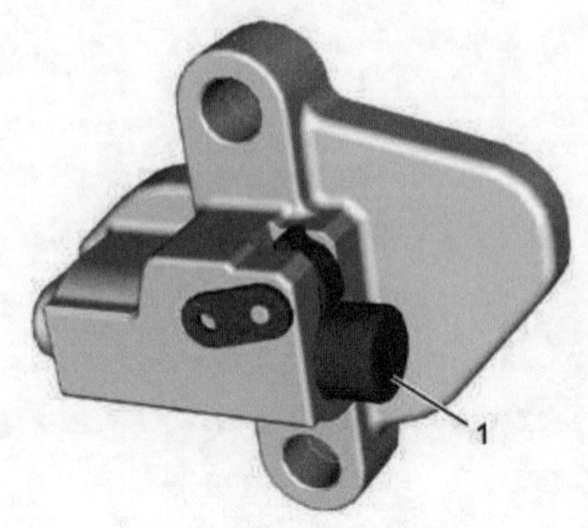

图 15-10

④向活塞施加张力,直到旋转杆(如图 15-11 中 1)转回到锁止位置,此时,旋转杆上的孔与张紧器壳体上的孔对齐。

⑤使用合适的固定销(如图 15-11 中 2)将杆固定在此位置。

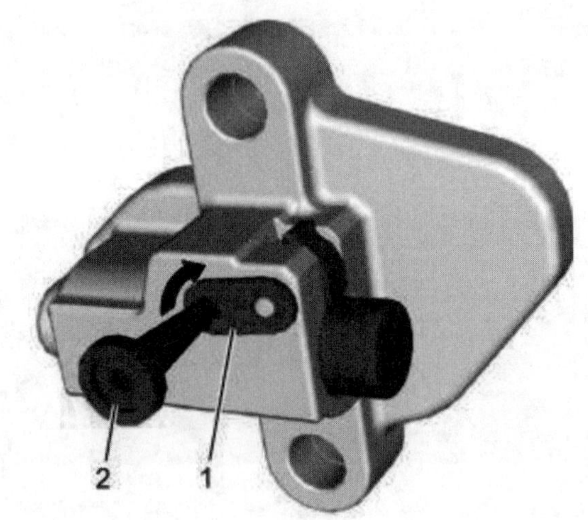

图 15-11

注意:需要另一名技术人员。

告诫:紧固力必须轻轻施加在扳手上。用力过大将导致正时链条重叠,造成严重的发动机损坏。

(22)将一个适合的扳手(如图 15-12 中 1)安装到进气凸轮轴上。

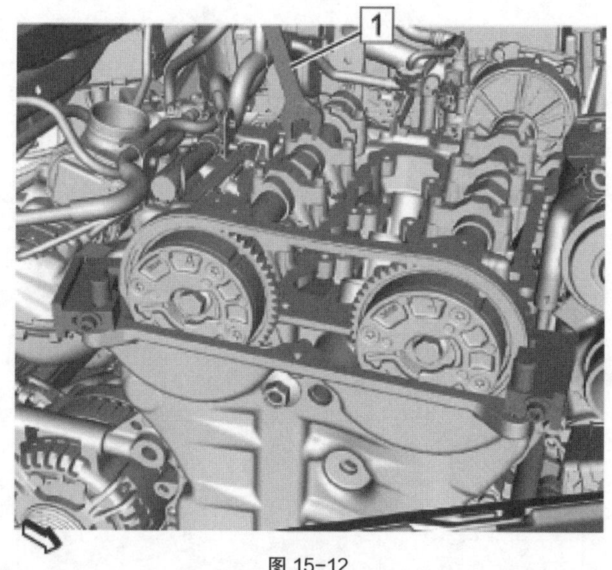

图 15-12

注意：使用张紧器设计 1 旋转进气凸轮轴时，请遵循步骤（21）中①~⑤。

（23）略微地顺时针转动进气凸轮轴，向链条张紧器施加张力。

（24）拆下扳手。

注意：正时链条张紧器现在有了锁定位置（如图 15-13 中 1）。下列步骤针对张紧器设计。

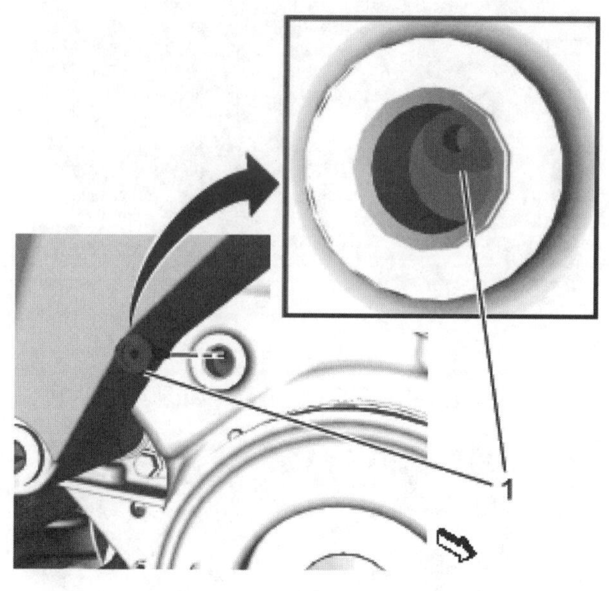

图 15-13

（25）使用合适的 3mm 固定销来固定正时链条张紧器。

（26）将 EN-51397-2 固定器（如图 15-14 中 1）固定到凸轮轴正时链条的进气侧。

（27）将 EN-51397-2 固定器的螺栓（如图 15-14 中 2）紧固至 5N・m。

图 15-14

注意：正时链条可以在两个凸轮轴位置执行器之间上下移动，如图 15-15。

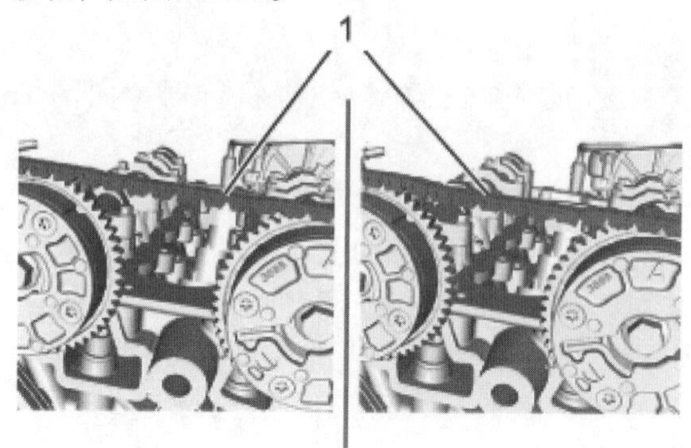

图 15-15

（28）检查链条松弛度，如果未达到足够松的程度，则参考步骤（20）~（26）详细的链条张紧器说明进行操作。向链条张紧器施加、解除张紧力。

（29）拆下并报废进气凸轮轴位置执行器螺栓（如图 15-16 中 1）。注意：凸轮轴正时链条将由 EN-51397-1 固定器进行固定。

（30）拆下进气凸轮轴位置执行器（如图 15-16 中 2）。

图 15-16

（31）调整凸轮轴位置执行器，直到可以安装 EN-51367 固定工具（如图 15-17 中 1）。

图 15-17

3. 安装程序。

（1）安装排气凸轮轴位置执行器（如图 15-18 中 1）。

（2）重新调节凸轮轴，直到定位销（如图 15-18 中 2）与凸轮轴（如图 15-18 中 3）接合。

注意：使用一个适合的工具固定住凸轮轴。

告诫：参见有关紧固件的告诫、专用工具。

（3）安装排气凸轮轴位置执行器螺栓（如图 15-18 中 4）并紧固。

①第一遍紧固至 20N・m。

②最后一遍利用 EN-45059 量表再紧固 90°。

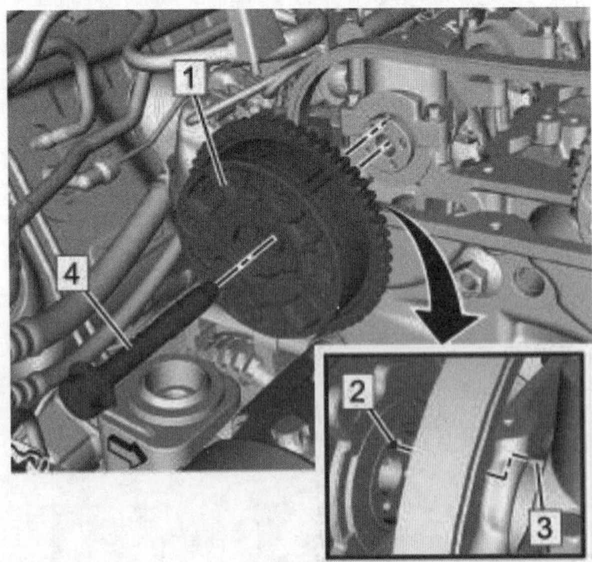

图 15-18

（4）凸轮轴位置执行器上的标记（如图 15-19 中 2）必须位于约 12 点钟位置。

图 15-19

（5）松开螺栓（如图 15-20 中 6）。

（6）松开螺栓（如图 15-20 中 1、4）。

（7）拆下 EN-51397-2 固定器（如图 15-20 中 2）。

（8）拆下 EN-51397-1 固定器（如图 15-20 中 5）。

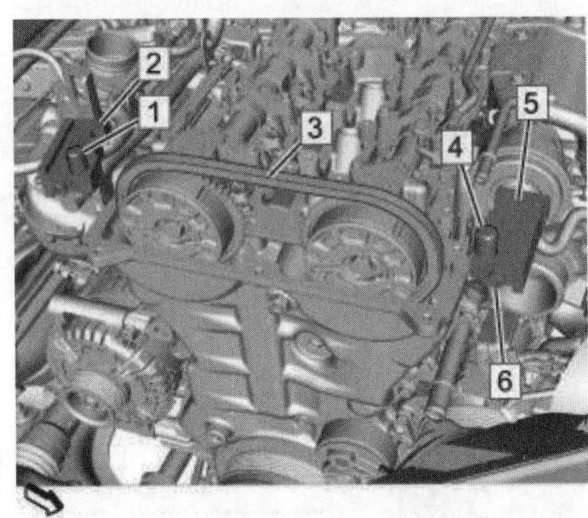

图 15-20

（9）拆下 EN-51367 固定工具（如图 15-21 中 1）。

图 15-21

注意：下列步骤针对张紧器设计 1。

（10）将销钉从正时链条张紧器（如图 15-22 中 1）上拆下。

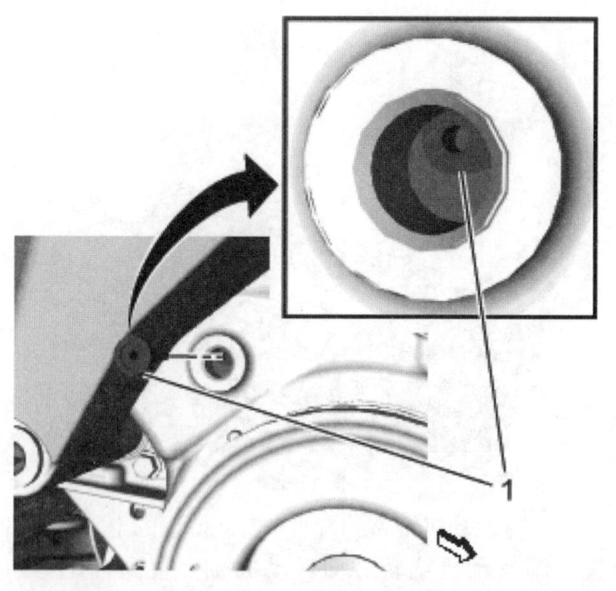

图 15-22

（11）通过曲轴扭转减震器螺栓（如图 15-23 中 2）朝发动机旋转方向将曲轴转动 720°。

（12）将发动机调整到气缸 1 燃烧行程的上止点（TDC）位置。朝发动机旋转方向转动曲轴，直到标记（如图 15-23 中 1、2）在一条线上。在曲轴扭转减震器螺栓（如图 15-23 中 3）处转动。

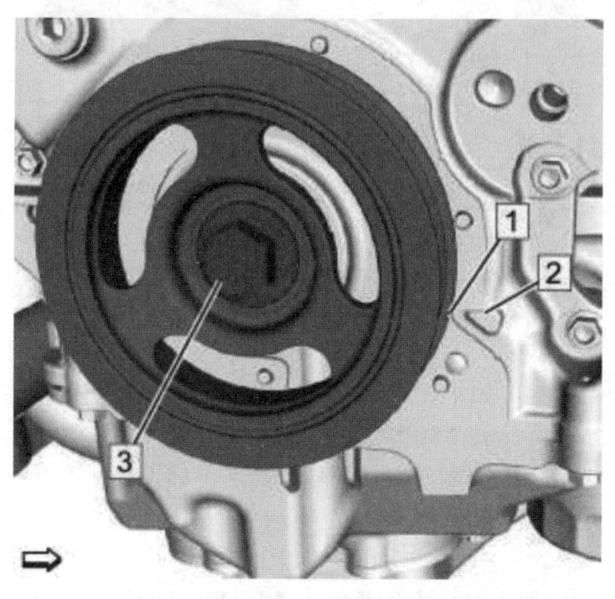

图 15-23

（13）安装 EN-51367 固定工具（如图 15-24 中 1）。

（14）如果可以安装 EN-51367 固定工具（如图 15-24 中 1），表明发动机正时调整正确。

（15）拆下 EN-51367 固定工具（如图 15-24 中 1）。

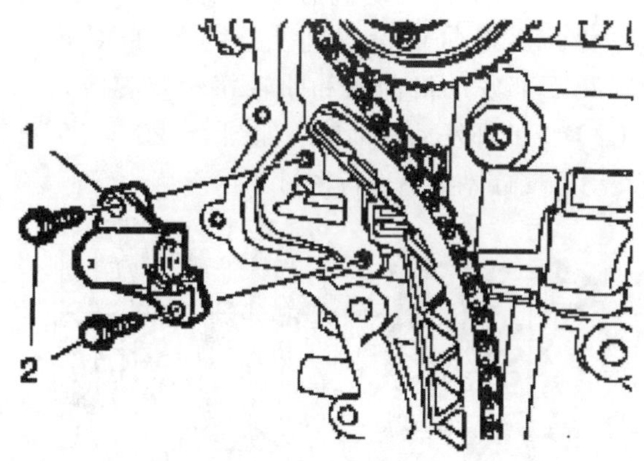

图 15-24

（16）安装密封圈（如图 15-25 中 2）。

（17）安装发动机前盖孔塞（如图 15-25 中 1）并紧固至 50N·m。

图 15-25

（18）降低车辆。

（19）安装正时链条上导板的更换。

（20）安装前轮罩衬板的更换。

（21）安装凸轮轴盖的更换（1.4L LE2）、凸轮轴盖的更换（1.5L L3G）。

（22）安装空气滤清器总成的更换（1.4L LE2）、空气滤清器总成的更换（1.5L L3G）。

二、车型

上海通用别克新君越混动 30H（1.8L LKN），2016—2018 年。

（一）凸轮轴正时链条的调整

1. 专用工具。

EN-51148 凸轮轴固定工具。

2. 拆卸程序。

（1）拆下下部发动机前盖。发动机前盖的更换。

注意：要将曲轴设置到上止点（TDC），必须重新安装下部发动机前盖和曲轴扭转减震器。

（2）将下部发动机前盖（如图 15-26 中 1）重新安装到发动机气缸体，不进行密封。

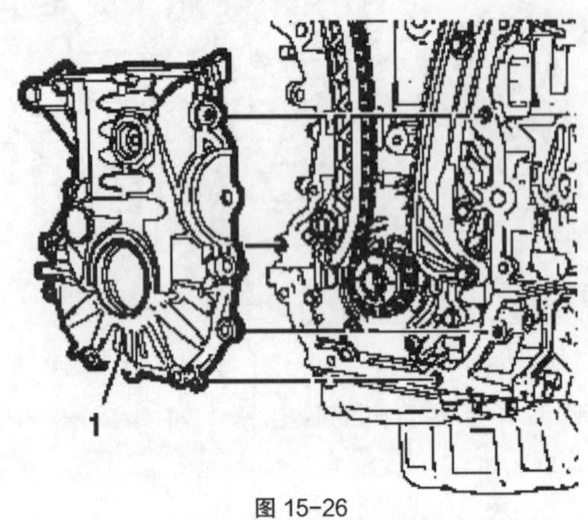

图 15-26

（3）安装 4 个发动机前下盖螺栓（如图 15-27 中 1），用手紧固。

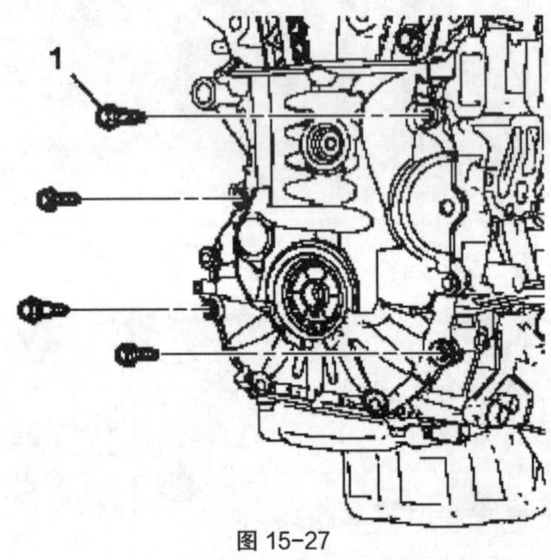

图 15-27

（4）安装曲轴扭转减震器（如图 15-28 中 2）。

（5）安装曲轴扭转减震器螺栓（如图 15-28 中 1）。

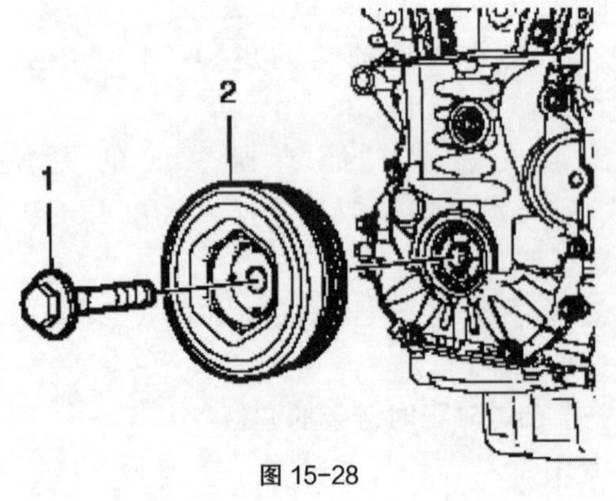

图 15-28

（6）拆下正时链条上导板螺栓（如图 15-29 中 2）。

（7）拆下正时链条上导板（如图 15-29 中 1）。

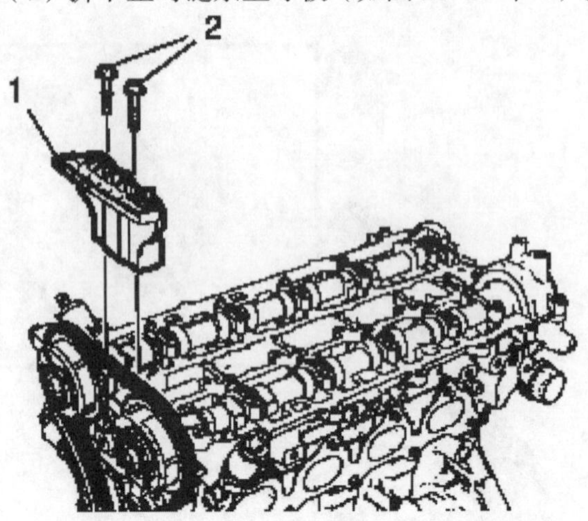

图 15-29

（8）将发动机调整到气缸 1 燃烧行程的上止点（TDC）位置。朝发动机旋转方向转动曲轴，直到标记（如图 15-30 中 2、3）在一条线上。在曲轴扭转减震器螺栓（如图 15-30 中 1）处转动。

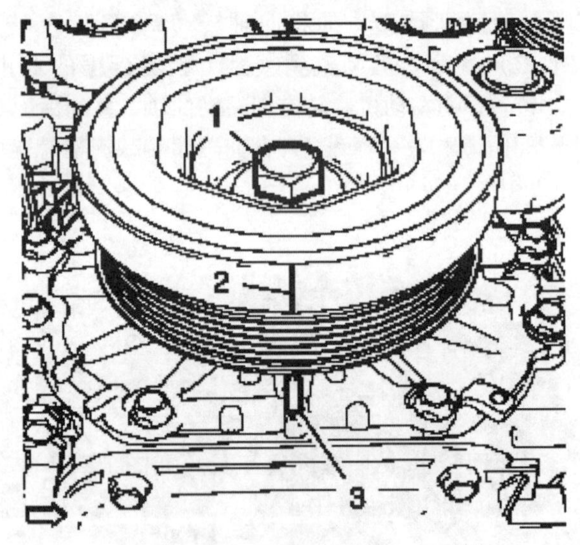

图 15-30

注意：如果 EN-51148 固定工具未正确安装，则将曲轴再旋转 360°。

（9）将 EN-51148 固定工具（如图 15-31 中 1）安装到凸轮轴和气缸盖。

①紧固中间的螺栓（如图 15-31 中 3）。

②紧固 2 个外部螺栓（如图 15-31 中 2、4）。

（10）再次拆下下部发动机前盖和曲轴扭转减震器。

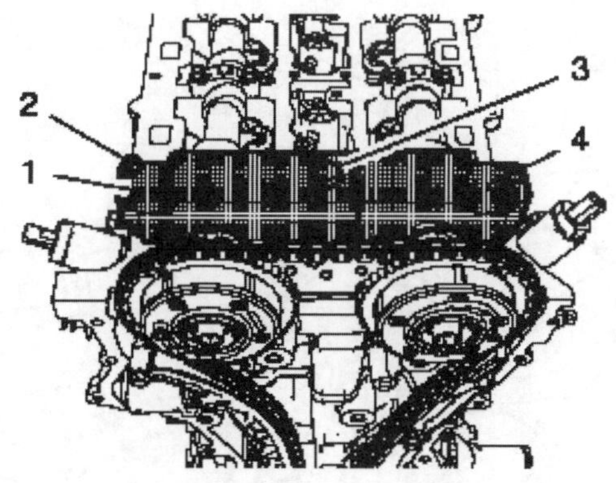

图 15-31

（11）检查曲轴的位置。曲轴必须设置到上止点（TDC），曲轴链轮上的箭头（如图 15-32 中 1）和机油泵上的箭头（如图 15-32 中 2）必须对齐。

（12）如果箭头（如图 15-32 中 1、2）未对齐，则用 4 个螺栓安装下部发动机前盖，并安装曲轴扭转减震器。将发动机设置到上止点（TDC），参见步骤（8）。

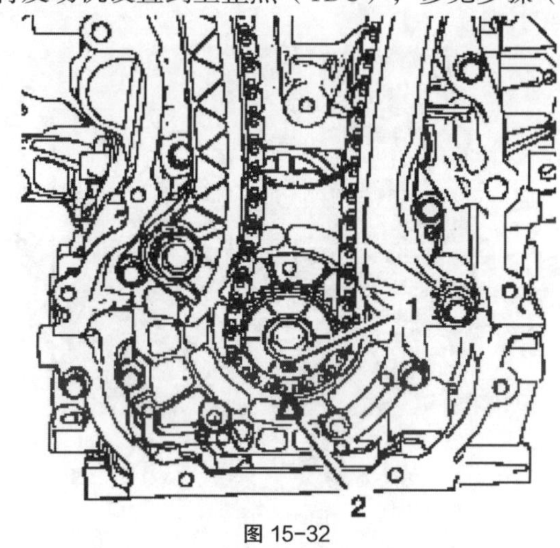

图 15-32

（13）按箭头方向推动左侧正时链条导板（如图 15-33 中 2）。

（14）用 2mm 钻头或同等工具（如图 15-33 中 3）固定张紧器（如图 15-33 中 1）。

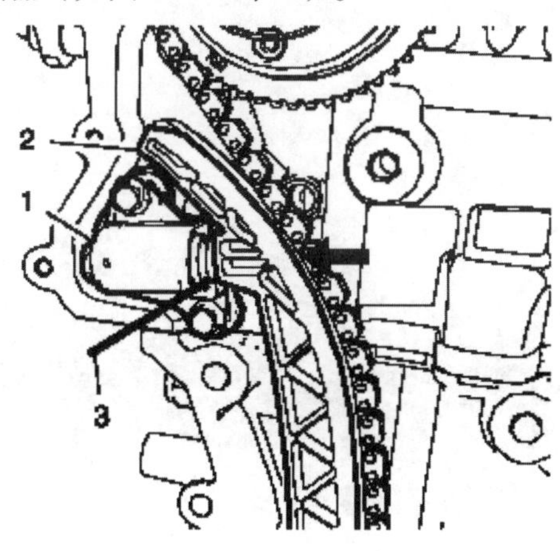

图 15-33

（15）拆下 2 个正时链条张紧器螺栓（如图 15-34 中 2）。

（16）拆下正时链条张紧器（如图 15-34 中 1）。

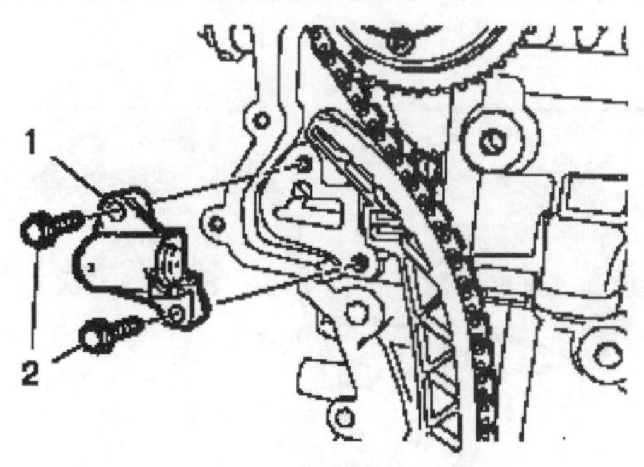

图 15-34

（17）拆下正时链条（如图 15-35 中 1）以及曲轴链轮（如图 15-35 中 2）。

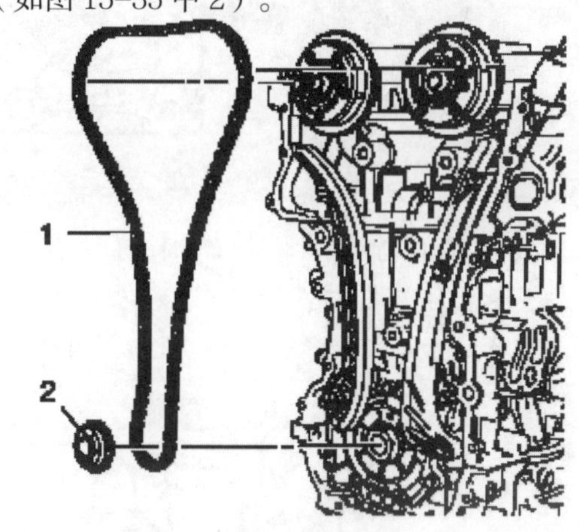

图 15-35

3. 安装程序

（1）确保将发动机调整至气缸 1 的上止点（TDC），且使用 EN-51148 固定工具固定凸轮轴。

注意：注意链条标记。

（2）安装正时链条（如图 15-36 中 1）以及曲轴链轮（如图 15-36 中 2）。

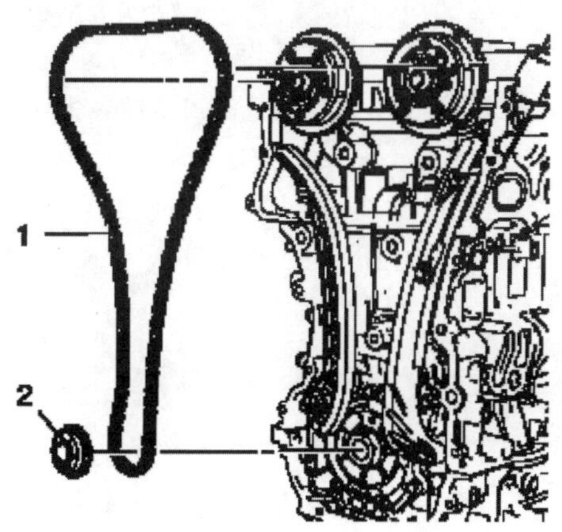

图 15-36

（3）确保彩色链节（如图 15-37 中 3）正对于机油泵上的箭头。

（4）确保彩色链节（如图 15-37 中 1、2）正对于凸轮轴位置调节器执行器上的标记。

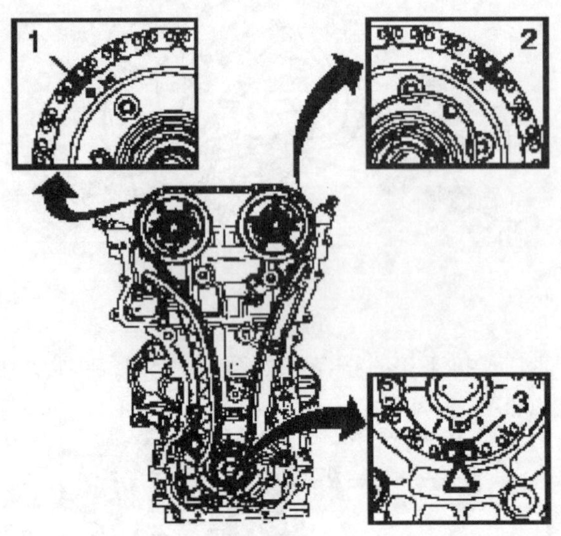

图 15-37

（5）安装正时链条张紧器（如图 15-38 中 1）。

告诫：参见有关紧固件的告诫。

（6）安装 2 个正时链条张紧器螺栓（如图 15-38 中 2），并紧固至 10N · m。

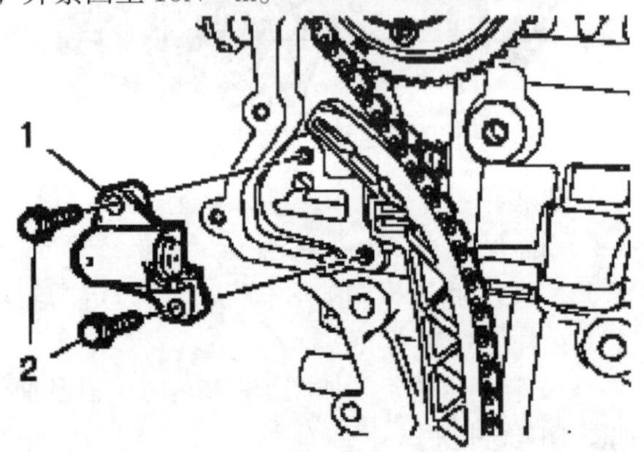

图 15-38

（7）按箭头方向推动左侧正时链条导板（如图 15-39 中 2）。

（8）将 2mm 钻头或同等工具（如图 15-39 中 3）从张紧器（如图 15-39 中 1）上拆下。

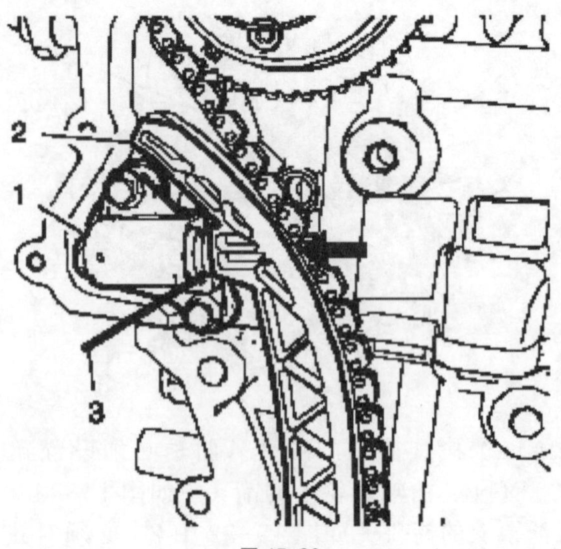

图 15-39

（9）拆下中间螺栓 （如图 15-40 中 3）和 2 个外部螺栓（如图 15-40 中 2、4），并拆下 EN-51148 固定工具（如图 15-40 中 1）。

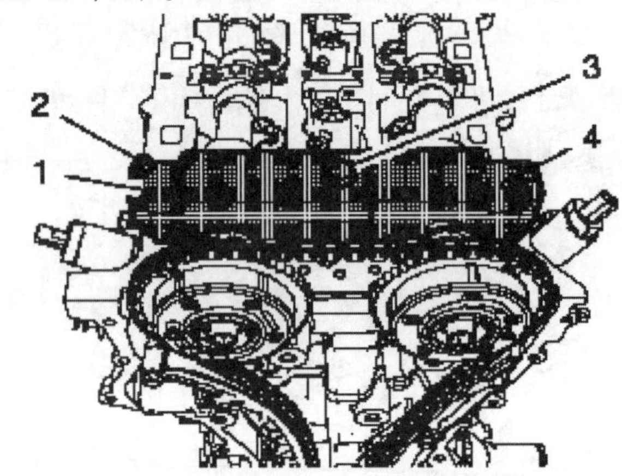

图 15-40

（10）安装正时链条上导板（如图 15-41 中 1）。

（11）安装上正时链条导板螺栓（如图 15-41 中 2），并紧固至 7N · m。

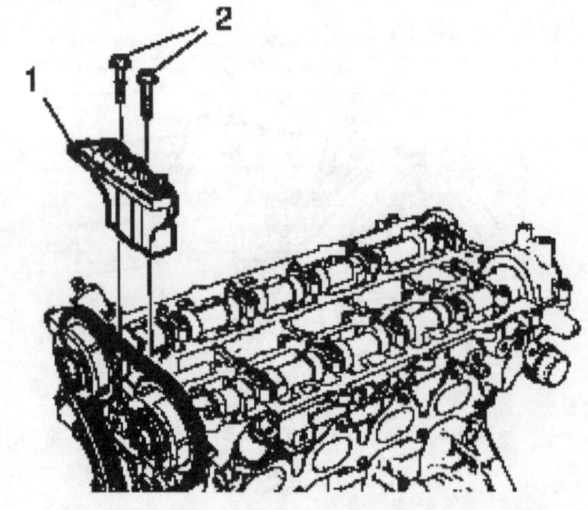

图 15-41

（12）检查曲轴、凸轮轴和凸轮轴位置执行器调节器的位置。

①用 4 个螺栓安装下部发动机前盖，并安装曲轴扭转减震器。

②通过曲轴扭转减震器螺栓向发动机旋转的方向将曲轴旋转 720°。

③将发动机调整至气缸 1 燃烧行程的上止点（TDC）。朝发动机旋转方向转动曲轴，直到标记（如图 15-42 中 2、3）在一条线上。在曲轴扭转减震器螺栓（如图 15-42 中 1）处转动。

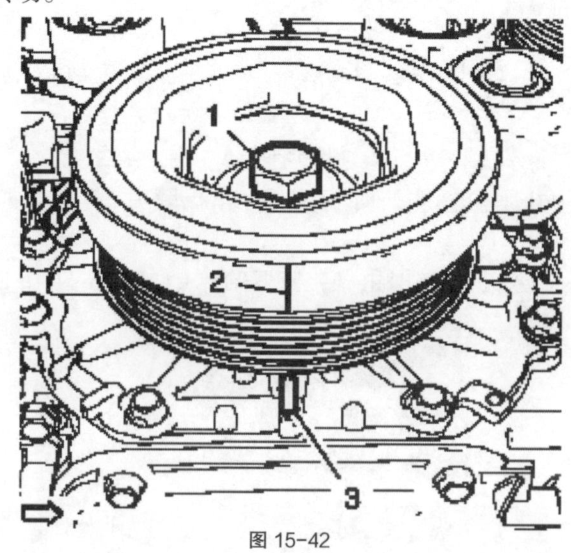

图 15-42

④将 EN-51148 固定工具（如图 15-43 中 1）安装到凸轮轴和气缸盖。

a. 紧固中间的螺栓（如图 15-43 中 3）。

b. 紧固 2 个外部螺栓（如图 15-43 中 2、4）。

⑤如果可以安装 EN-51148 固定工具，表明发动机正时调节正确。

⑥拆下中间螺栓（如图 15-43 中 3）和 2 个外部螺栓（如图 15-43 中 2、4），并拆下 EN-51148 固定工具（如图 15-43 中 1）。

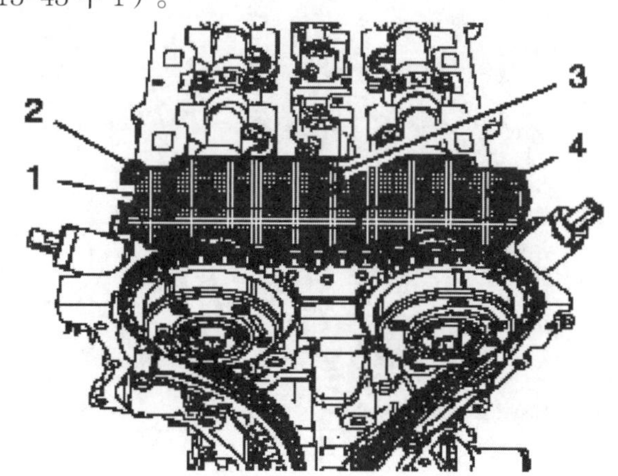

图 15-43

（13）拆下曲轴扭转减震器和下部发动机前盖。

（14）安装下部发动机前盖。

三、车型

上海通用别克昂科拉 18T（1.4T LFF），2017—2019 年。

上海通用别克英朗 18T（1.4T LFF），2014—2017 年。

上海通用别克凯越 1.5L（1.5L L2B），2013—2017 年。

上海通用别克英朗 1.5L（1.5L L2B），2015—2017 年。

（一）凸轮轴正时链条链轮和张紧器的更换

1. 专用工具。

EN-50244 发动机飞轮锁止工具。

2. 拆卸程序。

（1）拆下发动机前盖。参见带机油泵的发动机前盖的更换。

（2）拆下启动机。参见启动机的更换。

（3）安装 EN-50244 发动机飞轮锁止工具，确保工具齿与飞轮齿或自动变速器挠性盘齿完全啮合，如图 15-44。

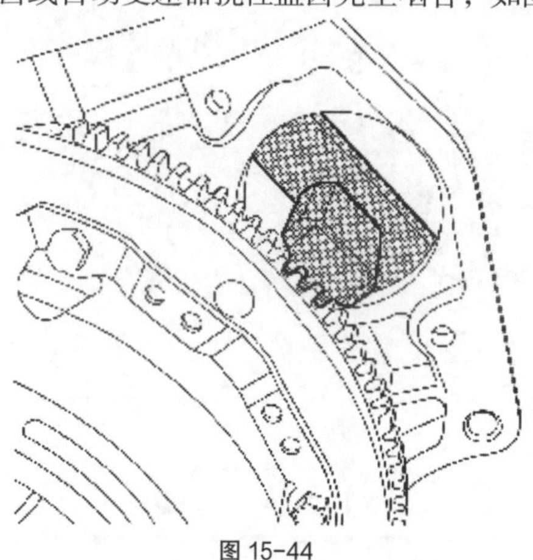
图 15-44

（4）将凸轮轴位置执行器调节器螺栓（如图 15-45 中 1）松开几丝。

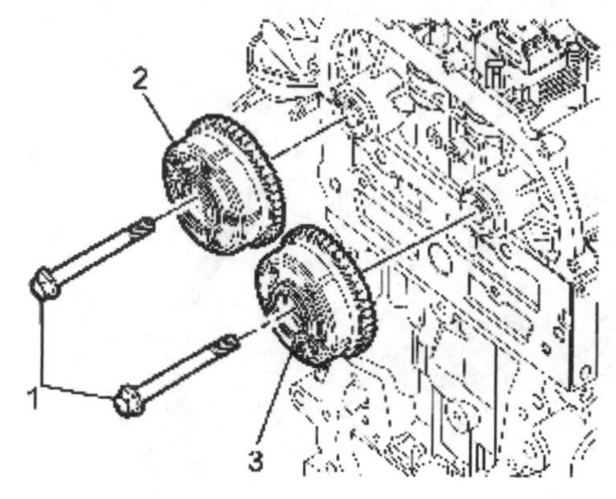

图 15-45

（5）将正时链条张紧器活塞按压至最大位置，安装正时链条张紧器锁止工具，使正时链条张紧器锁止，如图 15-46。

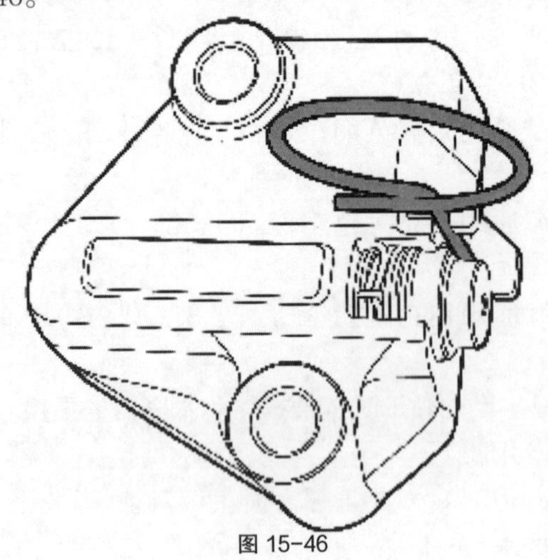

图 15-46

（6）松开并拆下正时链条张紧器螺栓（如图 15-47 中 1）。

（7）拆下正时链条张紧器（如图 15-47 中 2）和衬垫（如图 15-47 中 3）。

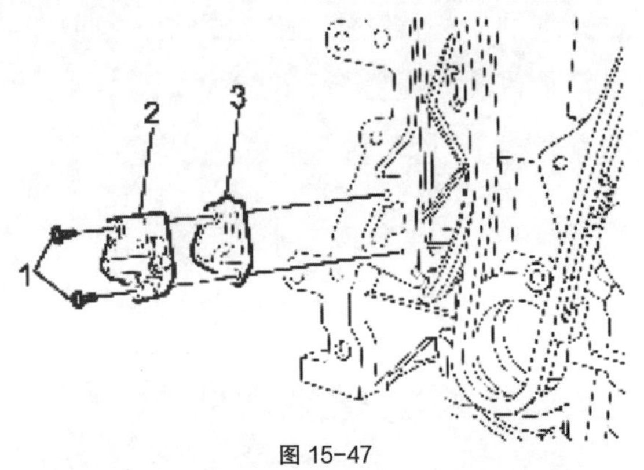

图 15-47

（8）拆下凸轮轴正时链条（如图 15-48 中 1）。

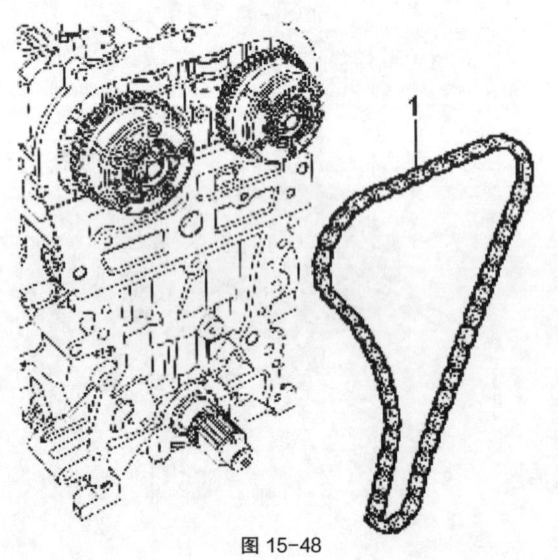

图 15-48

（9）拆下正时链条上导板螺栓（如图 15-49 中 1）。

（10）拆下正时链条上导板（如图 15-49 中 2）。

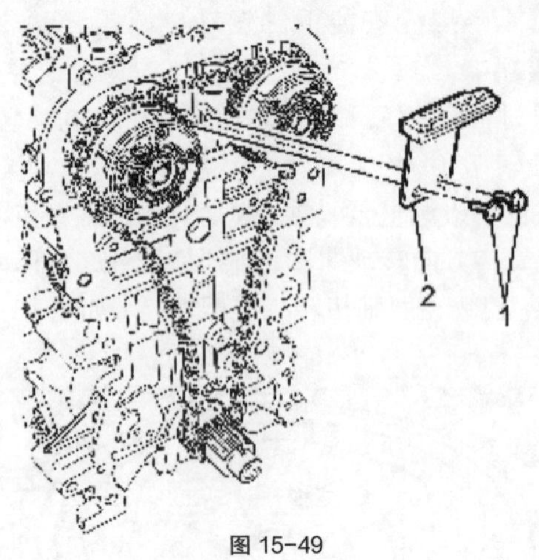

图 15-49

（11）拆下正时链条张紧器蹄片螺栓（如图 15-50 中 1）。

（12）拆下正时链条张紧器蹄片（如图 15-50 中 2）。

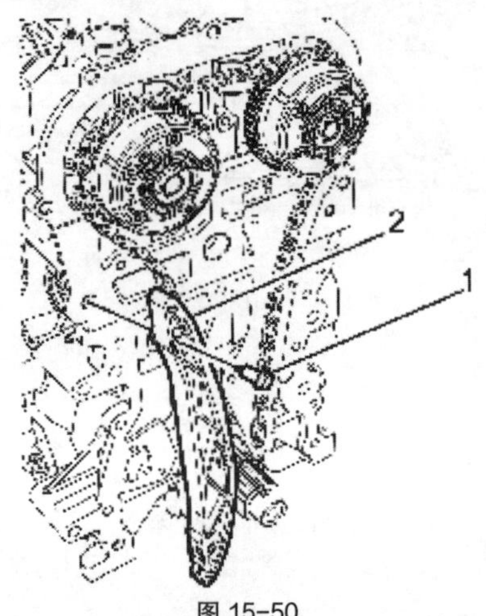

图 15-50

（13）拆下正时链条导板螺栓（如图 15-51 中 1）。

（14）拆下正时链条导板（如图 15-51 中 2）。

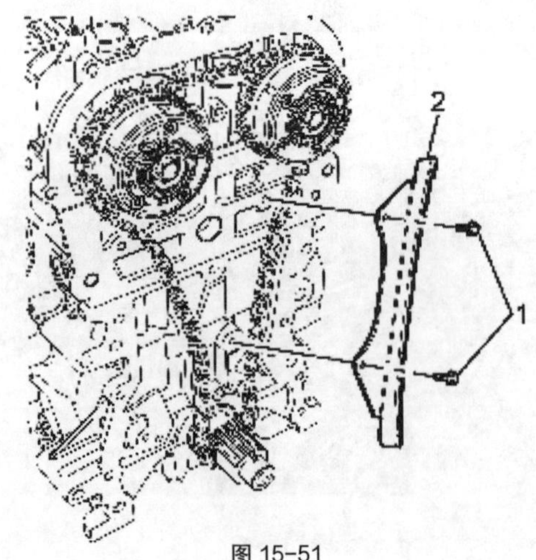

图 15-51

（15）拆下凸轮轴位置执行器调节器螺栓（如图 15-52 中 1）。

（16）拆下进气凸轮轴位置执行器调节器（如图 15-52 中 2）和排气凸轮轴位置执行器调节器（如图 15-52 中 3）。

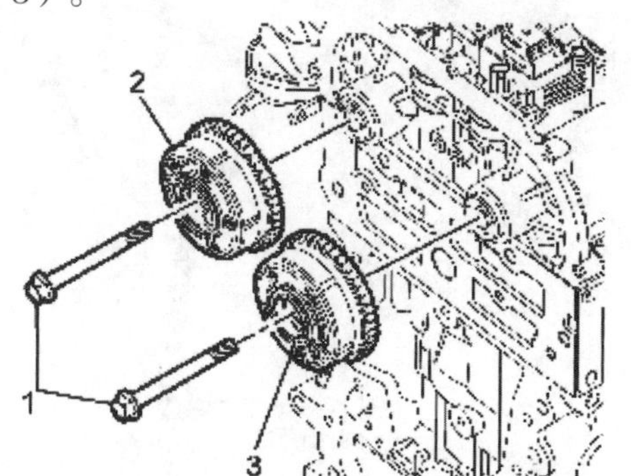

图 15-52

（17）拆下曲轴链轮（如图 15-53 中 1）。

（18）必要时拆下曲轴上的月牙键。

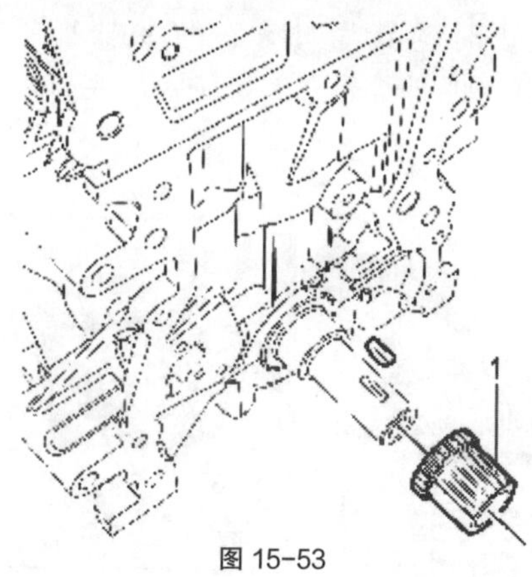

图 15-53

3. 安装程序。

（1）必要时安装曲轴月牙键。

（2）将曲轴链轮（如图 15-54 中 1）齿侧朝向发动机气缸体，使曲轴链轮键槽对准曲轴月牙键，将曲轴链轮（如图 15-54 中 1）推入到位。

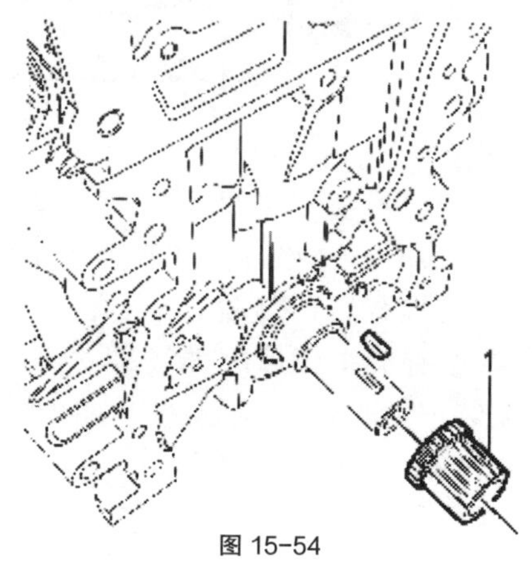

图 15-54

（3）将凸轮轴位置执行器调节器对准凸轮轴端部定位销，安装进气凸轮轴位置执行器调节器（如图 15-55 中 2）和排气凸轮轴位置执行器调节器（如图 15-55 中 3）。

（4）安装凸轮轴位置执行器调节器螺栓（如图 15-55 中 1）并用手紧固。

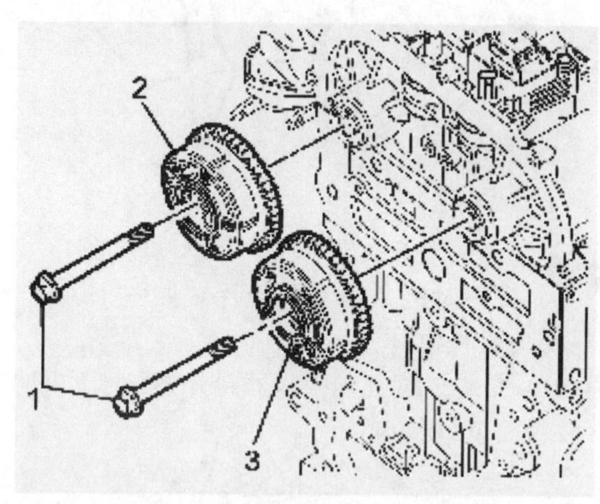

图 15-55

（5）将正时链条上导板（如图 15-56 中 2）安装到发动机气缸体上。

（6）安装正时链条上导板螺栓（如图 15-56 中 1）并紧固至 10N · m。

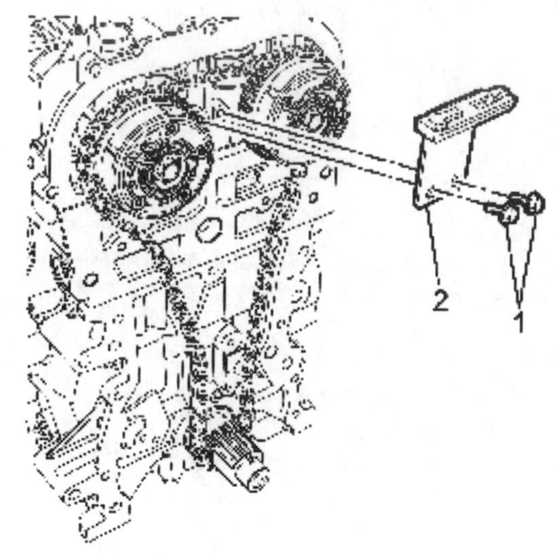

图 15-56

（7）将正时链条导板（如图 15-57 中 2）安装到发动机气缸体上。

（8）安装正时链条导板螺栓（如图 15-57 中 1）并紧固至 10N · m。

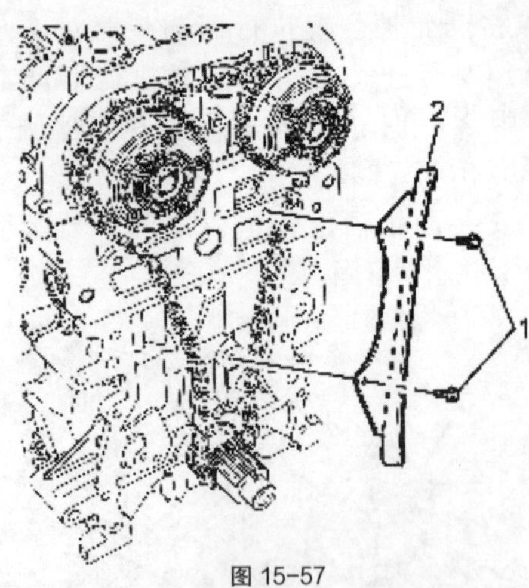

图 15-57

（9）将正时链条张紧器蹄片（如图 15-58 中 2）安装到发动机气缸体上。

（10）安装正时链条张紧器蹄片螺栓（如图 15-58 中 1）并紧固至 10N · m。

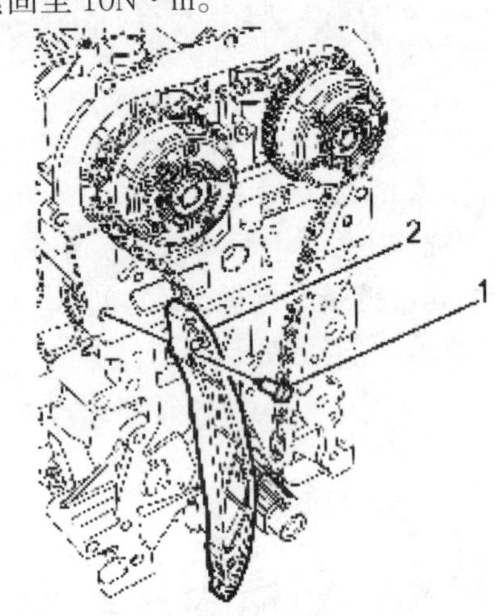

图 15-58

（11）沿发动机旋转方向将曲轴移动到 1 号气缸上止点（TDC）位置，使曲轴链轮正时标记位于如图 15-59 的 6 点钟位置。

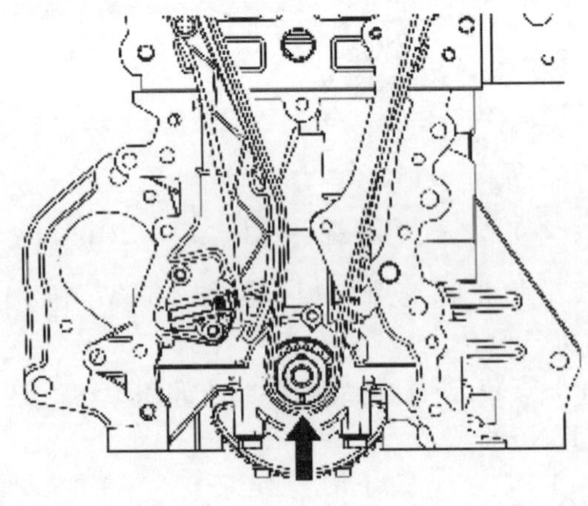
图 15-59

（12）安装凸轮轴正时链条（如图 15-60 中 1）。

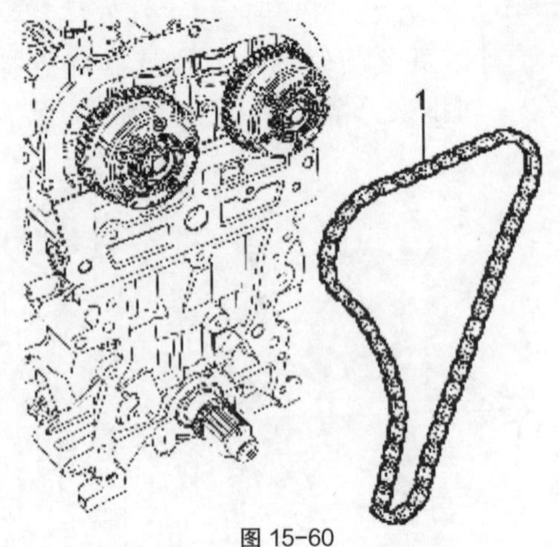

图 15-60

（13）如图 15-61，将正时链条安装到进气和排气凸轮轴位置执行器调节器、正时链条导板、正时链条张紧器蹄片和曲轴链轮上。

（14）确保凸轮轴位置执行器调节器正时标记对准于彩色正时链节（如图 15-61 中 1）。

（15）确保曲轴链轮正时标记对准彩色正时链节（如图 15-61 中 2）。

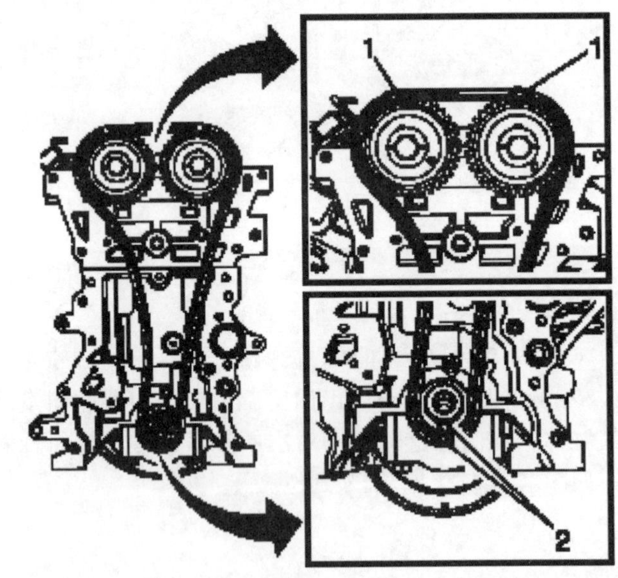

图 15-61

（16）使用新衬垫（如图 15-62 中 3）将正时链条张紧器（如图 15-62 中 2）安装到发动机气缸体上，使张紧固活塞对准张紧器蹄槽。

告诫：参见有关紧固件的告诫。

（17）安装正时链条张紧器螺栓（如图 15-62 中 1）并紧固至 10N · m。

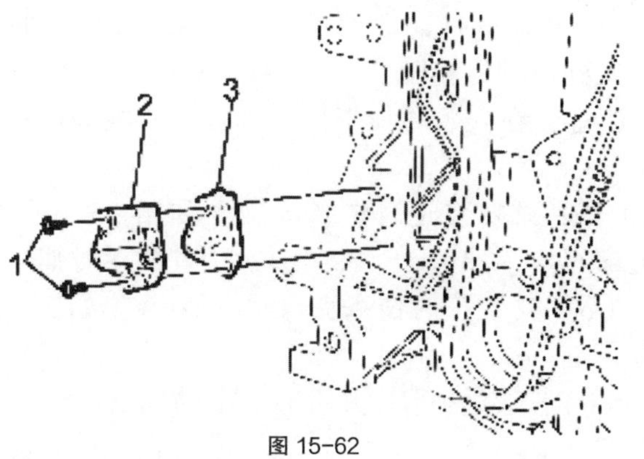

图 15-62

（18）拔出张紧器锁止工具，使凸轮轴正时链条张紧，如图 15-63。

（19）确认正时链条安装正确。

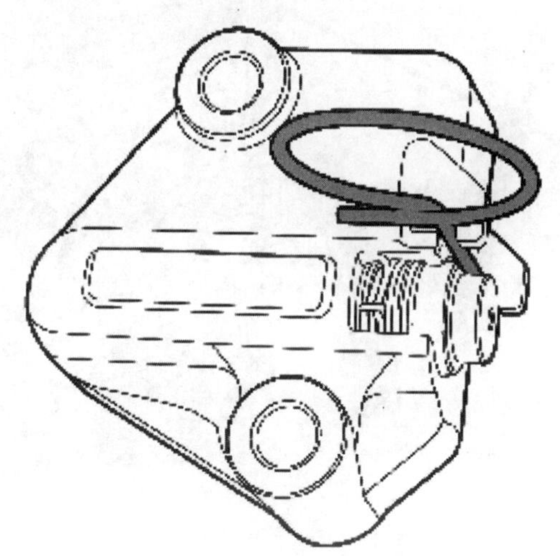
图 15-63

（20）安装 EN-50244 发动机飞轮锁止工具，确保工具齿与飞轮齿或自动变速器挠性盘齿完全啮合，如图 15-64。

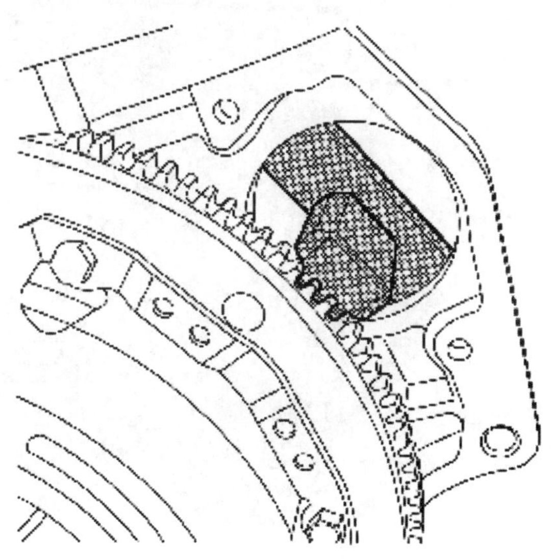
图 15-64

（21）安装新的凸轮轴位置执行器调节器螺栓（如图 15-65 中 1）并紧固至 55N·m。

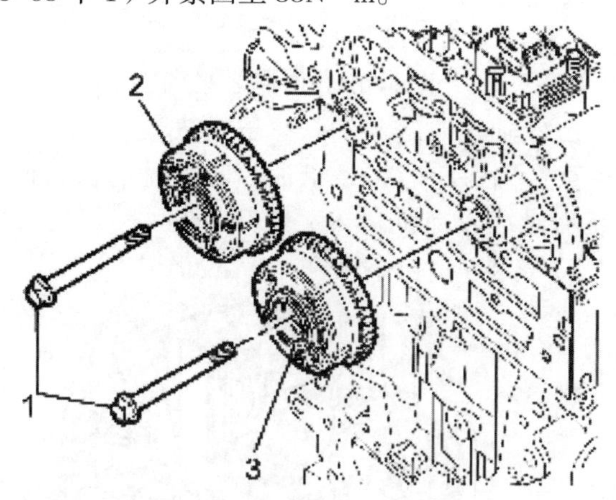

图 15-65

（22）安装发动机前盖（如图 15-66 中 3）。参见带机油泵的发动机前盖的更换。

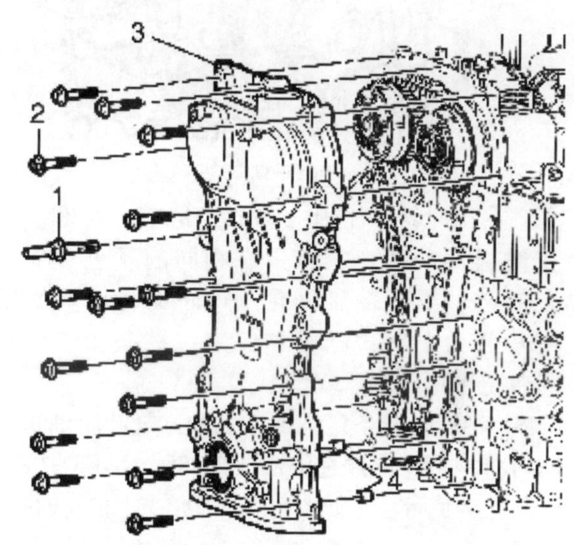

图 15-66

（23）拆下 EN-50244 发动机飞轮锁止工具。

（24）安装启动机。参见启动机的更换。

四、车型

上海通用别克昂科威 28T（2.0T LTG），2014—2019 年。

上海通用别克君威 28T（2.0T　LTG），2017—2019 年。

上海通用别克君越 28T（2.0T　LTG），2016—2019 年。

上海通用别克 GL8 28T（2.0T　LTG），2017—2019 年。

上海通用别克 GL8 25S（2.5L　LCV），2017—2019 年。

（一）凸轮轴正时链条和张紧器的安装

1. 专用工具。

· EN 45059 角度测量仪

· EN 50837 正时链条张紧器收缩工具

2. 凸轮轴正时链条和张紧器的安装。

注意：确保正时链条机油喷嘴转动时槽口向上，并且喷嘴对准发动机缸体上的凸舌。

（1）安装正时链条机油喷嘴，如图 15-67。

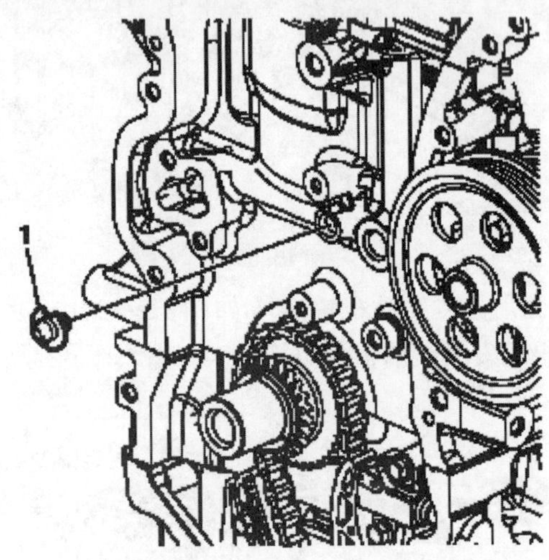

图 15-67

注意：正时链条上有 3 节彩色链节。对准于执行器上正时标记的两个链节具有相同的颜色。唯一颜色的正时链节对准曲轴链轮上的正时标记。使用下面的程序将链节对准执行器。定位链条，使得能够看见彩色链节。

（2）将正时链条包绕到进气和排气凸轮轴执行器上，同时将一节相同颜色的链节（如图 15-68 中 2）对准排气凸轮轴执行器（如图 15-68 中 3）上的正时标记。

注意：进气执行器所对应的相同颜色链节在最初时将不对准于进气执行器正时标记，唯一颜色的正时链节也不对准于曲轴链轮正时标记。

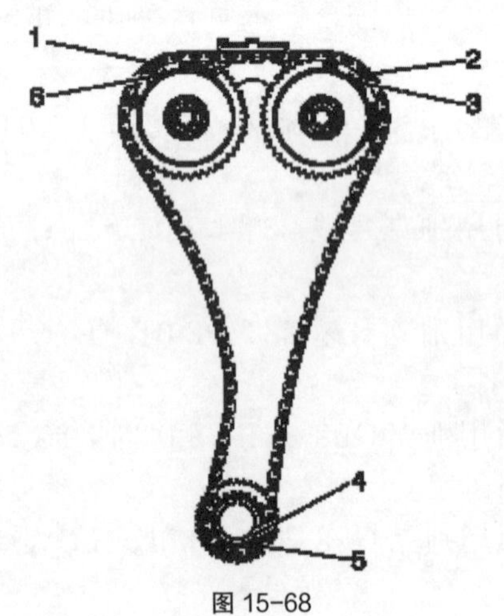

图 15-68

（3）确保曲轴键处于 12 点钟位置。将曲轴链轮包绕到曲轴链轮上。

注意：在安装导板螺栓并进行最终紧固前进行正时。

（4）只安装正时链条导板（如图 15-69 中 2）和上部螺栓（如图 15-69 中 1），并用手拧紧。

（5）安装正时链条张紧器枢轴臂（如图 15-69 中 3）。

（6）安装枢轴臂，并用手拧紧。

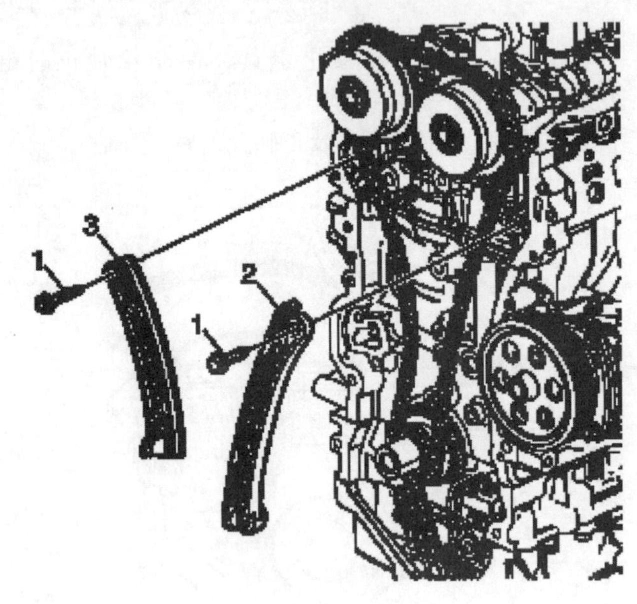

图 15-69

（7）使用适合的工具逆时针转动曲轴，使曲轴链轮（如图 15-70 中 1）上的正时标记对准唯一颜色的正时链节（如图 15-70 中 2）。

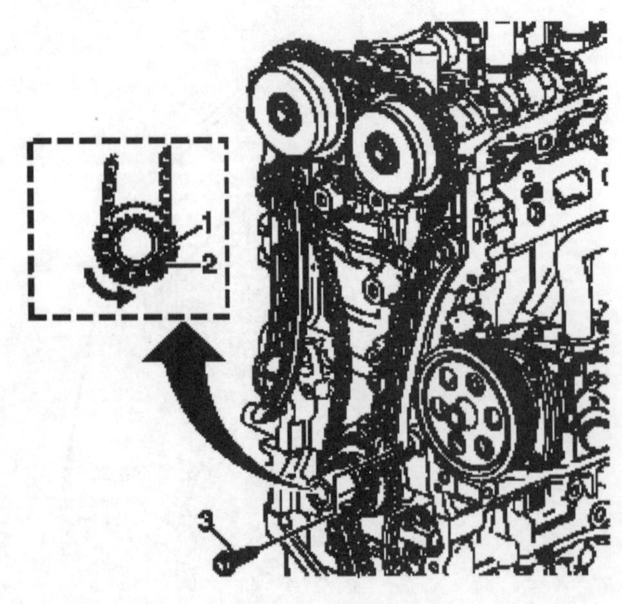

图 15-70

注意：需要连续逆时针方向转动曲轴，以保持正时对准。确保排气凸轮轴执行器上的对准标记始终对准于相应的相同颜色正时标记。

（8）将固定正时链条导板的下端旋转到安装位置，并安装下部螺栓（如图 15-70 中 3）。

（9）将正时链条导板上、下部螺栓紧固至 25N·m。

注意：已完成了排气凸轮轴执行器和曲轴链轮的正时。逆时针旋转凸轮轴时，用手在正时链条导板之间施加或释放压力，使链条滑动或停止滑动。

（10）使用适合的工具逆时针转动进气凸轮轴，直到进气执行器（如图 15-71 中 2）上的正时标记对准相应的相同颜色正时链节（如图 15-71 中 1）。保持进气凸轮轴上的张紧力，直到正时链条张紧器能够安装和启用。

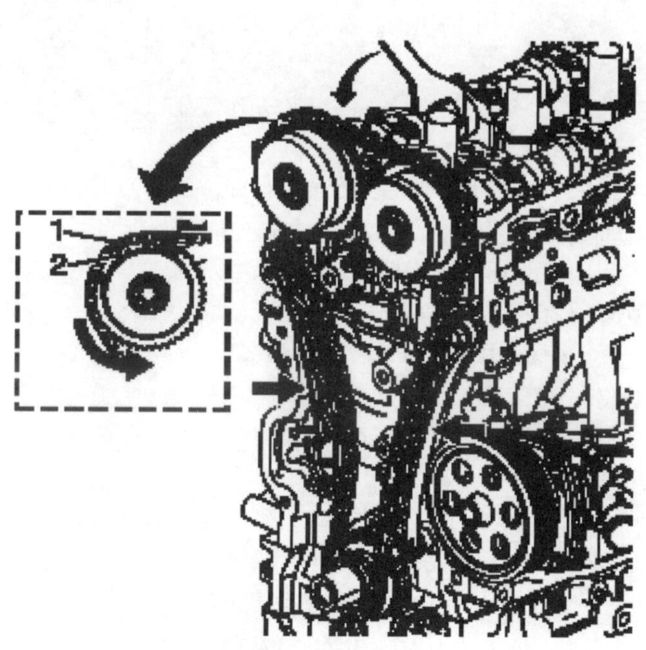

图 15-71

注意：安装前，确保安装了 EN-50837 收缩工具，并且张紧器锁定在压缩状态。

（11）在正时链条张紧器上安装新的正时链条张紧器衬垫。

（12）保持进气凸轮轴执行器的正时定位，同时安装正时链条张紧器（如图 15-72 中 2）和螺栓（如图 15-72 中 1），并紧固至 25N·m。

图 15-72

（13）将枢轴臂螺栓拧紧至 25N·m。

（14）拆下 EN-50837 收缩工具。

（15）确认正时链条上的正时链节正确对准于正时标记。

①相同颜色的正时链节对准凸轮轴执行器上相应的正时标记。

②唯一颜色的链节对准曲轴链轮上的正时标记。

（16）否则，重复必要的部分程序以对准正时标记。

（17）安装正时链条导板（如图 15-73 中 1）和螺栓（如图 15-73 中 2、3）并用手拧紧。

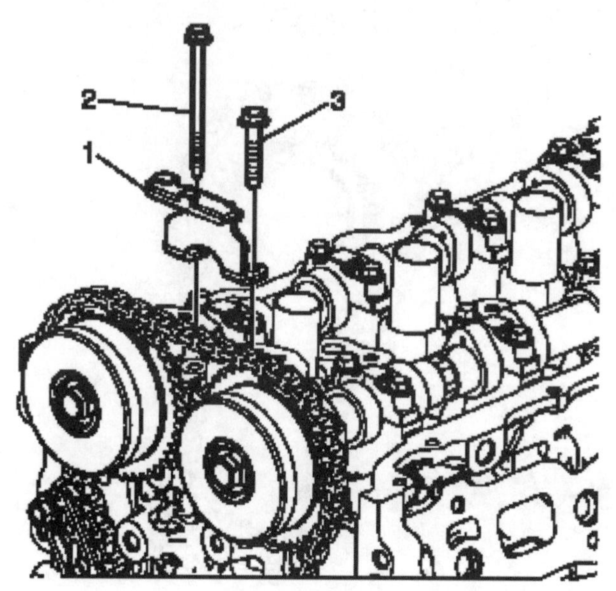

图 15-73

（18）按顺序分两遍将凸轮轴前盖螺栓紧固至10N·m，如图15-74。

注意：转动曲轴将使张紧器啮合，使正时链条收紧。

（19）顺时针方向稍稍转动曲轴。如果正时链条在执行器上跳齿，则重复执行程序，对准正时标记。

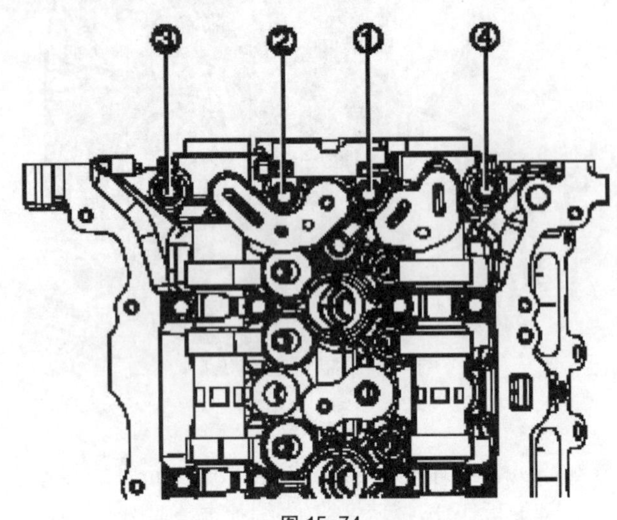

图15-74

注意：

由于沿顺时针方向进行了轻微旋转，所有链条标记可能比执行器和链轮标记稍稍提前，因此也需要对准。

由于曲轴链轮和平衡轴链轮尺寸的差别，在曲轴旋转时链条上的正时标记不会每次正好对上。当安装正时链条时应确保链轮上的标记能恰好对准。

（20）确认平衡链条上的正时链节正确对准于正时标记。

①正时链节（如图15-75中1）对准曲轴链轮（如图15-75中2）上的正时标记。

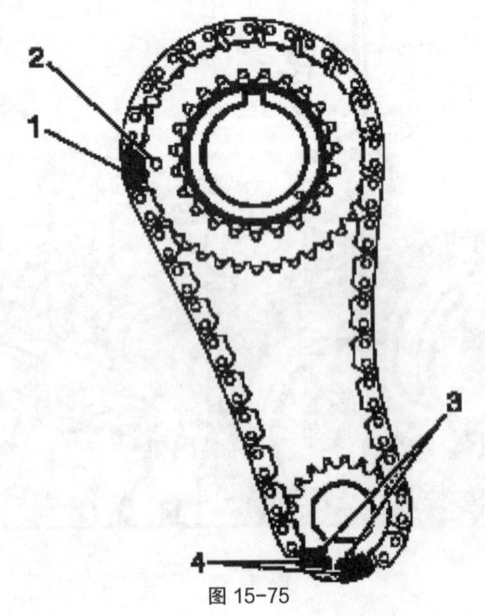

图15-75

②相邻正时链节（如图15-75中4）对准扭转减震器从动链轮上的两个正时标记（如图15-75中3）。

注意：由于沿顺时针方向进行了轻微旋转，所有链条标记可能比执行器和链轮标记稍稍提前，因此也需要对准。

（21）确认正时链条上的正时链节正确对准于正时标记。

①相同颜色的正时链节对准凸轮轴执行器上相应的正时标记。

②唯一颜色的链节对准曲轴链轮上的正时标记。

（22）否则，重复必要的部分程序以对准正时标记。

五、车型

上海通用别克君越2.4L（2.4L LAF），2011—2015年。

上海通用别克君威GS 2.0T（2.0T LDK），2015—2017年。

上海通用别克君威2.0L（2.0L LTD），2009—2015年。

上海通用别克君越2.0T（2.0T LDK），2010—2015年。

上海通用别克GL8 2.4L（2.4L LE5），2011—2017年。

上海通用别克GL8豪华2.4L（2.4L LAF），2013—2017年。

1.发动机凸轮轴正时链条和张紧器更换的拆卸步骤。

（1）拆下1缸火花塞，顺时针转动曲轴，使1缸火花塞处于排气行程上止点位置。

（2）拆下凸轮轴盖和发动机前盖。

（3）拆下正时链条上的导板螺栓和导板，如图15-76。

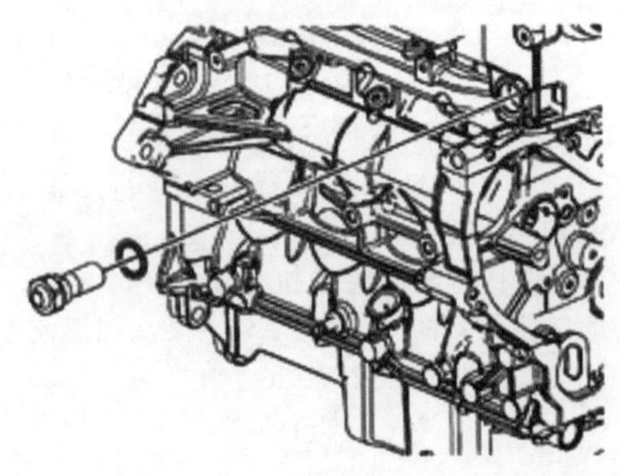
图15-76

（4）拆下正时链条张紧器。

（5）在排气凸轮轴六角处安装一个 24mm 的扳手，固定住凸轮轴，将排气凸轮轴执行器从凸轮轴正时链条上拆下。

（6）拆下正时链条张紧器导板螺栓和导板，如图 15-77。

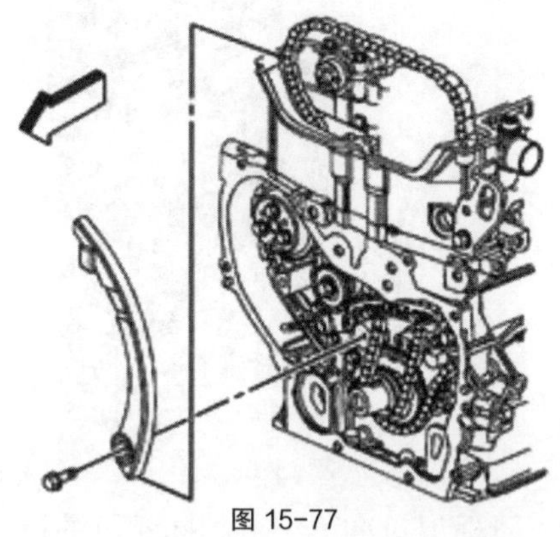

图 15-77

（7）拆下正时链条导板检修孔塞，如图 15-78。

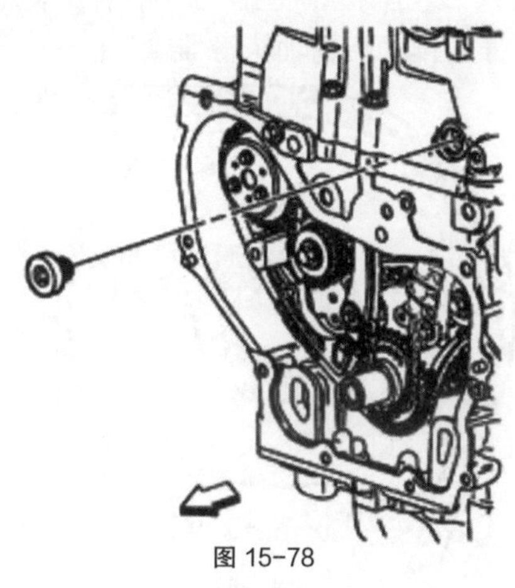

图 15-78

（8）拆下正时链条导板螺栓和导板，如图 15-79。

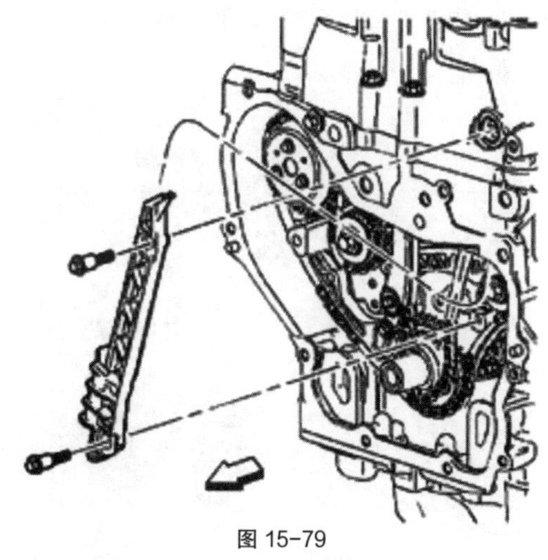

图 15-79

（9）用和拆排气凸轮轴相同的方法拆下进气凸轮轴执行器，然后拆下正时链条。

（10）拆下外部摩擦垫圈（如图 15-80 中 1），确保曲轴齿轮正时标记（如图 15-80 中 2）处于 5 点位置且曲轴键位于 12 点钟位置，拆下曲轴链轮和内侧摩擦垫圈（部分装备）。

注：只有拆下外部摩擦垫圈后才能看到曲轴齿轮正时标记。

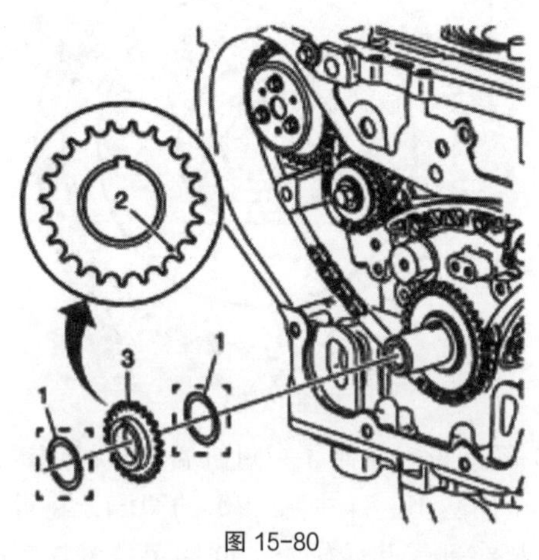

图 15-80

2. 发动机凸轮轴正时链条和张紧器更换的安装方法。

（1）确保进气凸轮轴槽口位于 5 点钟位置（如图 15-81 中 2），排气凸轮轴槽口位于 7 点钟位置，1 缸活塞位于上止点位置。

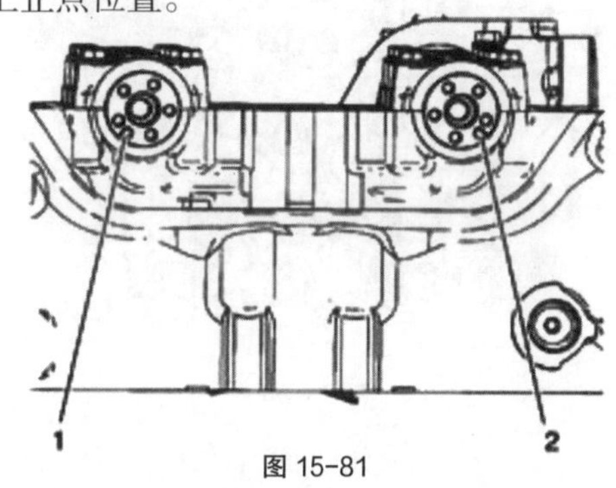

图 15-81

（2）安装内部摩擦垫圈，曲轴链轮，正时标记（如图 15-82 中 2）应在 5 点钟位置且朝外，安装外部摩擦垫圈（如图 15-82 中 1）。

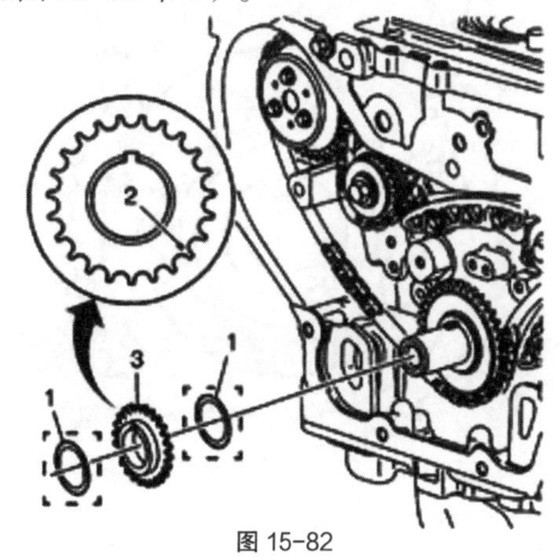

图 15-82

（3）正时链条上有 3 个彩色链节，两个链节是一样颜色，其余一个是特殊颜色，将进气凸轮轴执行器对准有特殊颜色的链节，如图 15-83。

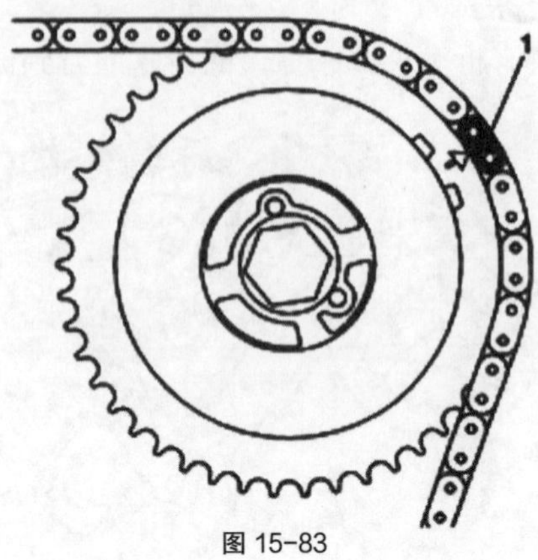

图 15-83

（4）降下正时链条，穿过缸盖开口，使链条围绕在缸体凸台（如图 15-84 中 1、2）的两侧，将进气凸轮轴执行器安装在进气凸轮轴上，并用手拧紧进气凸轮轴执行器螺栓。

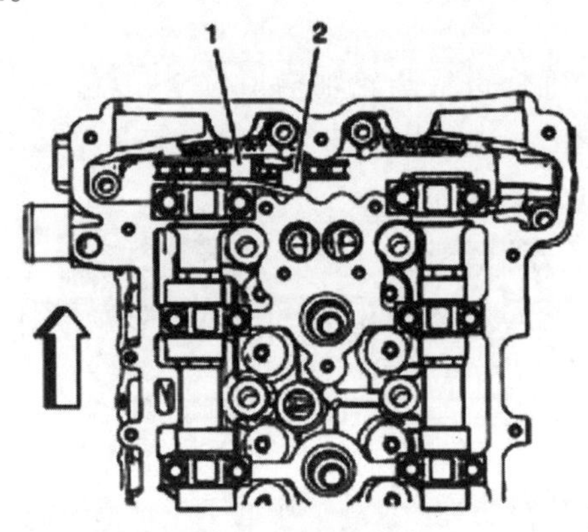

图 15-84

（5）将正时链条绕在曲轴链轮上，将第一节相同颜色的链节对准曲轴链轮上的正时标记，约在 5 点钟位置，如图 15-85。

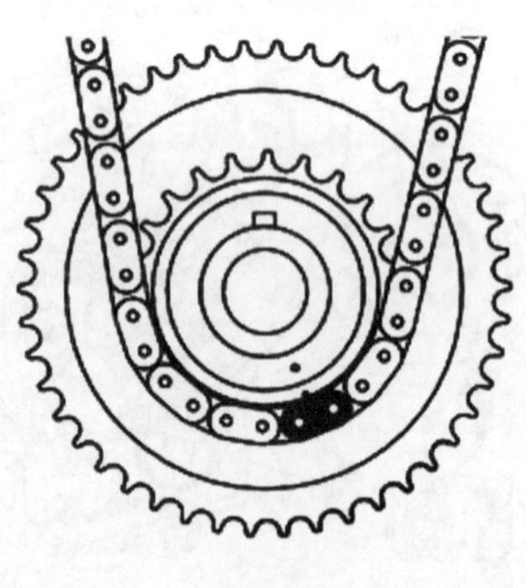
图 15-85

（6）顺时针转动曲轴，调整链条间隙，切勿转动进气凸轮轴。穿过气缸盖开口安装正时链条导板，并将螺栓坚固至 10N · m，如图 15-86。

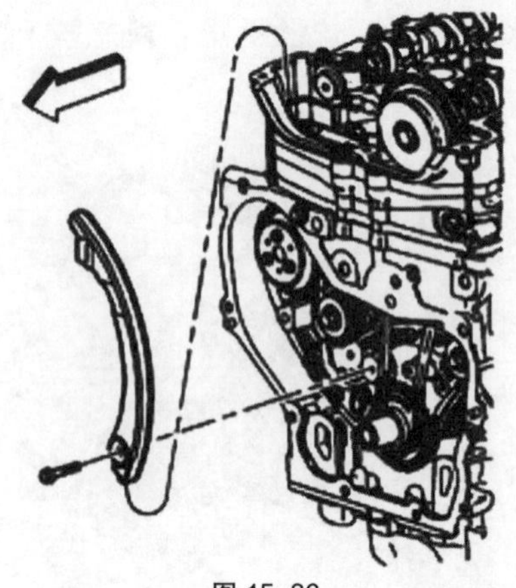
图 15-86

（7）正时标记对准第二节相同颜色的链节（图 15-87），用 24mm 扳手转动凸轮轴约 45°，直到凸轮轴执行器定位销进入凸轮轴槽，将排气凸轮轴安装至排气凸轮轴上，用手拧紧排气凸轮轴执行器螺栓。

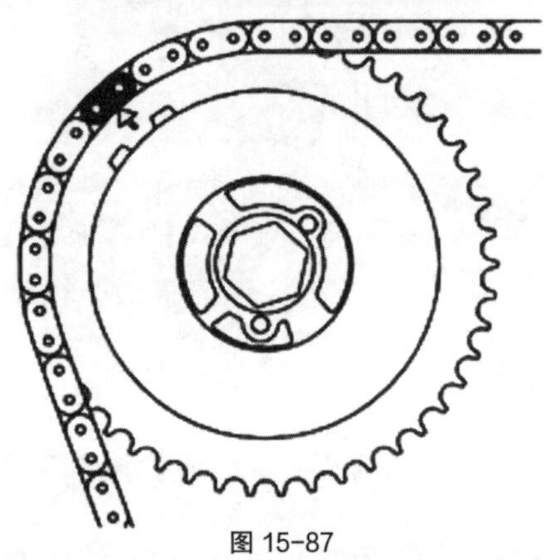
图 15-87

（8）确认彩色链节与相应正时标记对准。

（9）安装正时链条导板和螺栓，将螺栓坚固至 10N · m，如图 15-88。

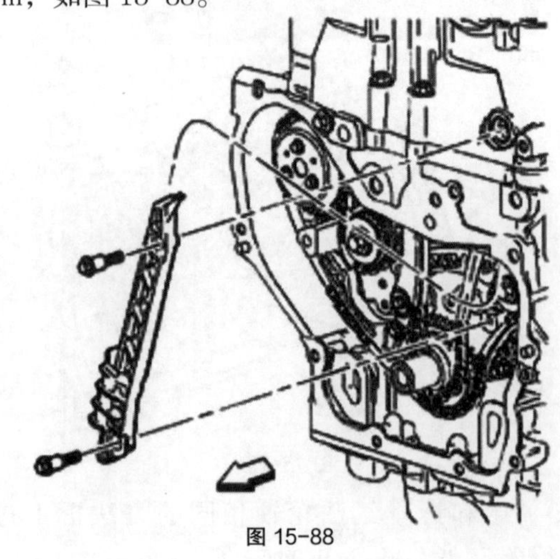
图 15-88

（10）安装正时链条上的导板和螺栓，将螺栓坚固至10N·m，如图15-89。

图15-89

（11）重置正时链条张紧器。

①拆下卡环，将活塞从张紧器主体上拆下。

②安装EN-45027-2工具（如图15-90中2）至台钳中。

③将活塞缺口端安至EN-45027-2工具（如图15-90中2）。

④使用EN-45027-2工具（如图15-90中1），将棘爪气缸转入活塞内。

⑤将活塞安装至张紧器主体，安装卡环。

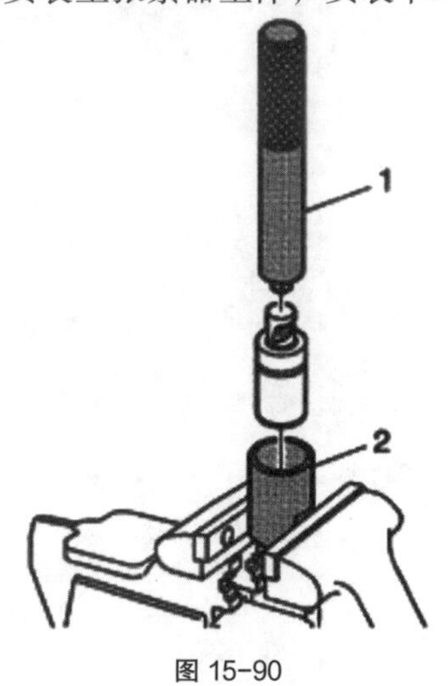

图15-90

（12）检查张紧器密封件是否损坏，并清除张紧器螺纹孔中的碎屑污物。

（13）安装正时链条张紧器，并紧固至75N·m。

（14）压缩2mm后松开正时链条张紧器。

注意：使用端部带有橡胶的合适工具，松开正时链条张紧器。将工具向下穿入凸轮传动腔并置于凸轮链条上。然后对角向下剧烈晃动，这将释放棘爪中的锁止机构。

（15）安装EN-48953锁止工具（如图15-91中1）并将螺栓紧固至气缸盖内10N·m，用扭矩扳手和角度仪将凸轮轴执行器螺栓紧固至30N·m+100°。

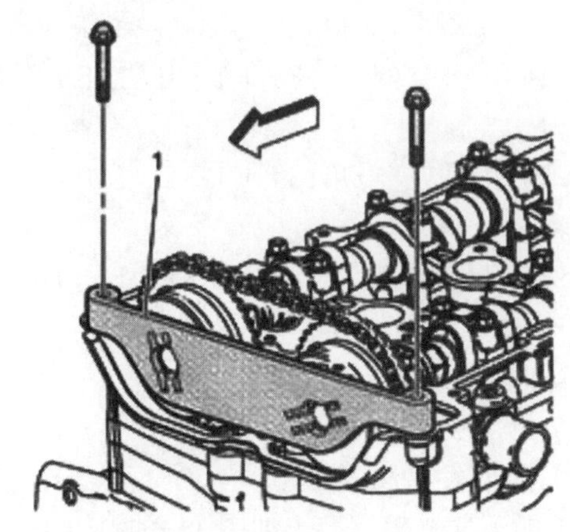

图15-91

（16）拆下EN-48953锁止工具，安装正时链条机油喷嘴，将螺栓紧固至10N·m，如图15-92。

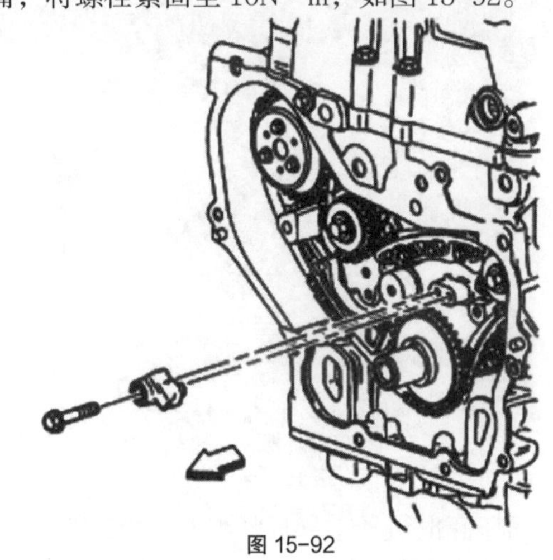

图15-92

（17）涂抹密封胶，安装检修孔螺塞，如图15-93。

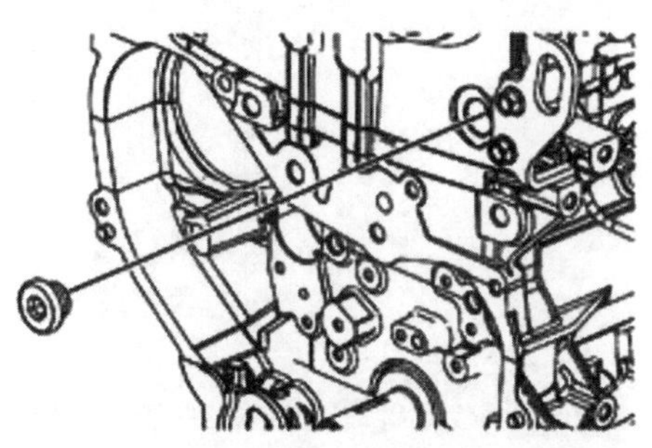

图15-93

（18）安装发动机前盖，安装凸轮轴盖，安装1缸火花塞。

六、车型

上海通用别克英朗 15T（1.0T　LJI），2018—2019 年。

上海通用别克阅朗 15T（1.0T　LJI），2018—2019 年。

上海通用别克阅朗 18T（1.3T　LI6），2018—2019 年。

上海通用别克英朗 18T（1.3T　LI6），2018—2019 年。

上海通用别克 GL6 18T（1.3T　LI6），2018—2019 年。

1. 拆卸程序。

（1）拆下凸轮轴盖。

（2）拆下发动机前盖。

（3）拆下气缸盖堵塞（如图 15-94 中 1），以接近正时链条左右导板的螺栓。

图 15-94

（4）拆下正时链条上导板紧固件（如图 15-95 中 1），然后拆下正时链条上导板（如图 15-95 中 2）。

注意：使张紧器柱塞复位，检查操作是否正确。

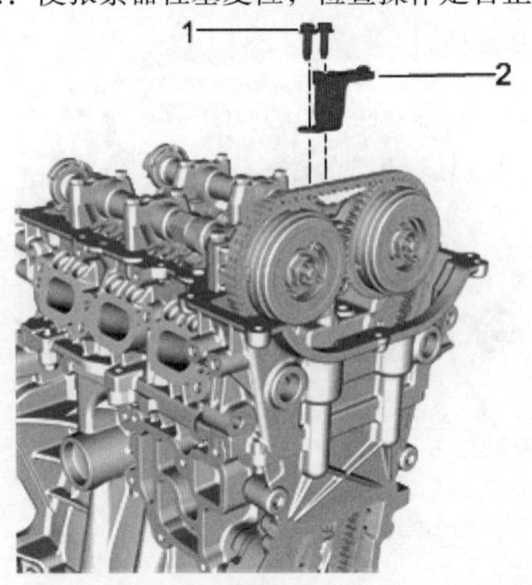

图 15-95

（5）拆下正时链条张紧器紧固件（如图 15-96 中 1）、张紧器（如图 15-96 中 2）和衬垫（如图 15-96 中 3）。

注意：报废衬垫。

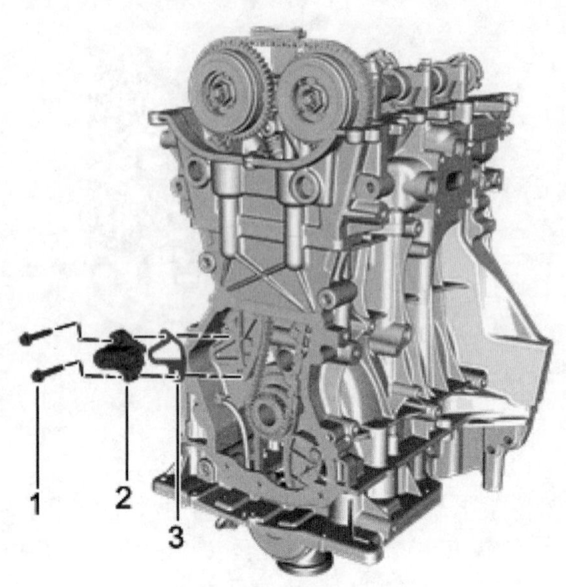

图 15-96

（6）拆下正时链条（如图 15-97 中 1）。

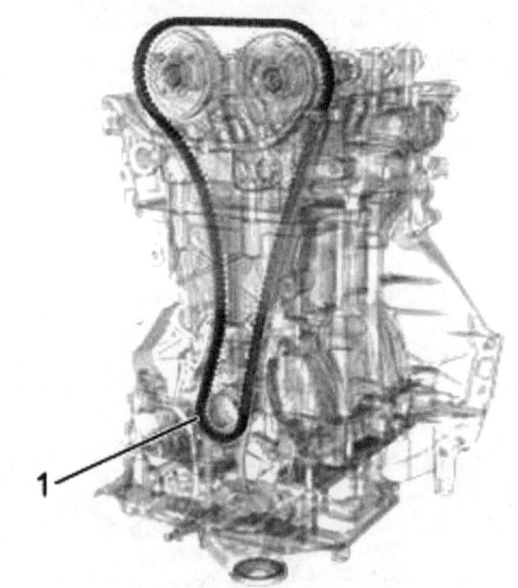

图 15-97

（7）关于凸轮轴正时链条、机油喷嘴、链轮和张紧器的清洁与检查。

2. 安装程序。

注意：确保正时链条机油喷嘴清洁，没有碎屑。

确保执行器正时标记和曲轴链轮键槽处于 12 点钟位置。

确保正确的正时链节对准正时标记。执行器正时链节具有相同颜色，曲轴链轮正时链节具有唯一颜色。

（1)将第一个正时链节对准进气执行器正时标记(如图 15-98 中 1）。将第二个正时链节对准排气执行器正时标记（如图 15-98 中 2）。将最后一个正时链节对准曲轴链轮正时标记（如图 15-98 中 3）。

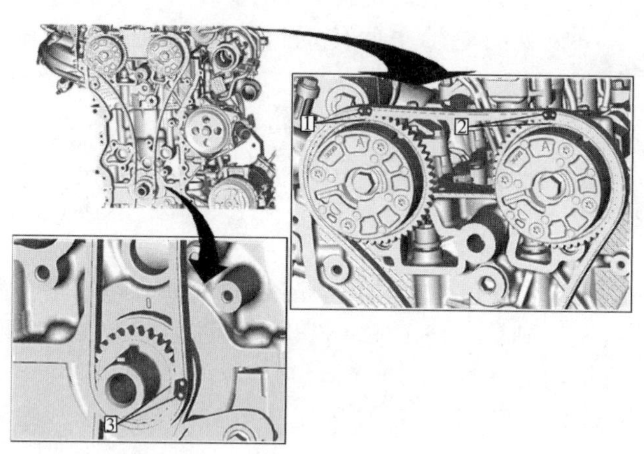

图 15-98

（2）注意：安装前，确保张紧器完全缩回。根据张紧器的型号，压下并锁止柱塞的程序不同。定位正时链条张紧器（如图 15-99 中 2）和衬垫（如图 15-99 中 3），然后用手初步拧紧紧固件（如图 15-99 中 1）。紧固至 10N · m。注意：安装新的衬垫。

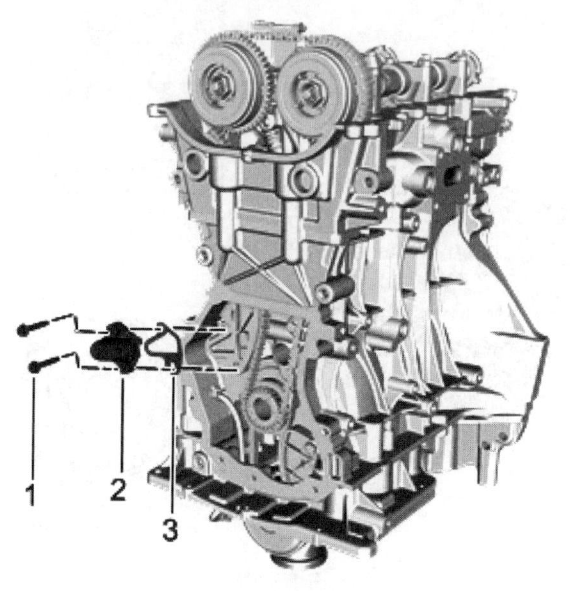

图 15-99

（3）如果张紧器的前部有一个杆，则按下杆上的“down（向下）”以压下柱塞。将合适的工具插入张紧器体的孔中，使柱塞保持在缩进位置。

（4）如果张紧器有一个固定卡扣，则按下卡扣以压下柱塞。将合适的工具插入张紧器体的孔中，使柱塞保持在缩进位置。

（5）定位正时链条上导板（如图 15-100 中 2），然后用手初步拧紧紧固件（如图 15-100 中 1）。紧固至 10N · m。

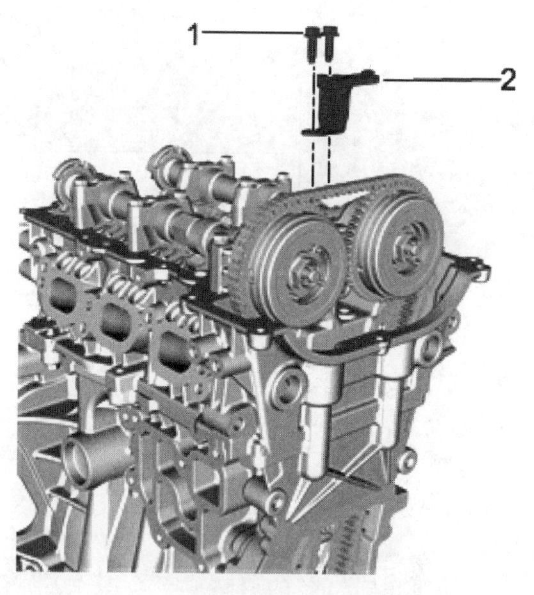

图 15-100

（6）接合正时链条张紧器。

（7）安装气缸盖堵塞（如图 15-101 中 1），紧固至 75N · m。

图 15-101

（8）检查正时链条标记，确认它们在正时链条张紧器接合后仍对齐，如图 15-102。

图 15-102

（9）安装发动机前盖。

（10）安装凸轮轴盖。

七、车型

上海通用别克凯越 15N（1.3L　LI5），2018—2019 年。

LI5 发动机正时链条的调整或更换操作，如图 15-103。

图 15-103

（1）调整曲轴，使内花键处于向上水平位置。

（2）调整链轮，使正时标记处于如图 15-103 位置（用扳手或安装 EN-52495 工具以稳定凸轮轴）。

（3）安装正时链条，确保所有正时标记准确对应。

（4）安装两侧链条导轨。

（5）安装张紧器及垫片。

（6）安装上部链条导板。

（7）检查正时是否正确安装。

八、车型

进口通用昂科雷 3.6L（3.6L LLT），2012—2018 年。

（一）凸轮轴正时链条部件的安装

1. 次级凸轮轴中间传动链条的安装左侧步骤 1（图 15-104）。

（1）左侧进气和排气凸轮轴。

凸轮轴的转动应该无须超过 10°。利用凸轮轴中的六角头铸件转动凸轮轴，以安装 EN-48383 固定工具。

在安装任何凸轮轴传动链条前，所有的凸轮轴都必须锁定到位。将 EN-48383－1 固定工具安装到左侧凸轮轴的后部。

确保 EN-48383－1 固定工具完全就位于凸轮轴上。

专用工具：EN-48383 凸轮轴固定工具。

（2）曲轴链轮。

注意：使用 EN-48589 套筒，确保曲轴在第一阶段正时位置时，曲轴链轮正时标记（如图 15-104 中 3）对准机油泵盖（如图 15-104 中 4）上的第一阶段正时标记。

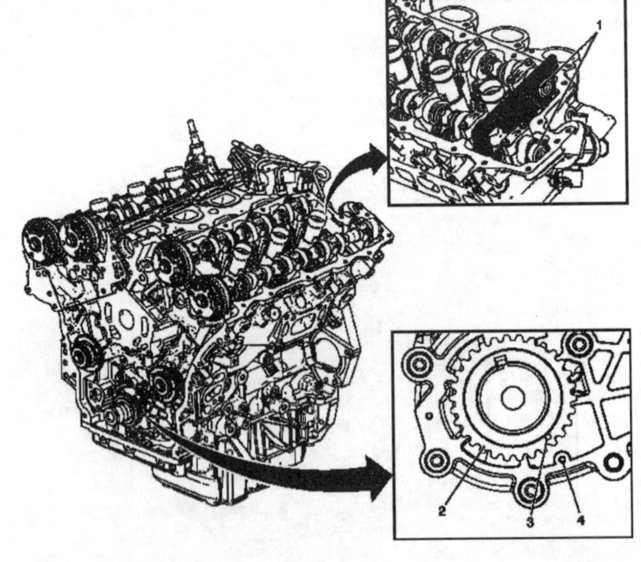

图 15-104

2. 次级凸轮轴中间传动链条的安装左侧步骤 2（图 15-105）。

注意：确保在执行该步骤时使用了左侧（L）凸轮轴位置执行器链轮的圆形定位标记。

（1）左侧次级凸轮轴传动链条。

将左侧次级凸轮轴传动链条套在左侧凸轮轴中间传动链条惰轮的内侧链轮上，使凸轮轴传动链条的正时链节（如图15-105中2）对准左侧凸轮轴中间传动链条惰轮外侧链轮中的对准检修孔（如图15-105中3）。

将次级凸轮轴传动链条套在两个左侧（L）执行器传动链轮上。

将左侧（L）进气凸轮轴位置执行器链轮的圆形定位标记（如图15-105中5）对准凸轮轴传动链条正时链节。

将左侧（L）排气凸轮轴位置执行器链轮的圆形定位标记（如图15-105中6）对准凸轮轴传动链条正时链节。

对准后，确保左侧（L）凸轮轴位置执行器链轮的正时标记之间有10个链节（如图15-105中4）。

注意：一旦将下部正时链节对准后，可以使用一个小平口起子穿过惰轮链轮的对准检修孔，这有助于使传动链条保持到位。

（2）凸轮轴传动链条正时。

（3）对准检修孔。

（4）左侧（L）凸轮轴位置执行器链轮正时标记之间的10个链节。

（5）左侧（L）进气凸轮轴位置执行器链轮圆形定位标记。

（6）左侧（L）排气凸轮轴位置执行器链轮圆形定位标记。

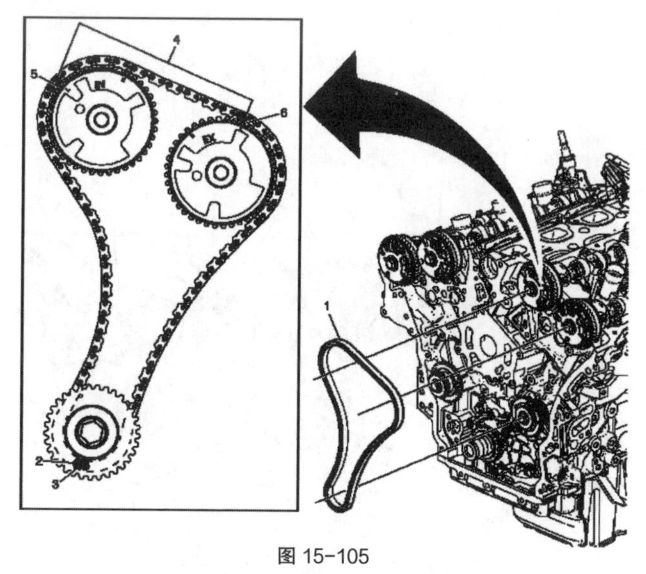

图15-105

3.次级凸轮轴传动链条导板和支撑板的安装左侧（图15-106）。

（1）左侧次级凸轮轴传动链条支撑板。

（2）左侧次级凸轮轴传动链条支撑板螺栓。

紧固至25N·m。

（3）左侧次级凸轮轴传动链条导板。

（4）左侧次级凸轮轴传动链条导板螺栓。

紧固至25N·m。

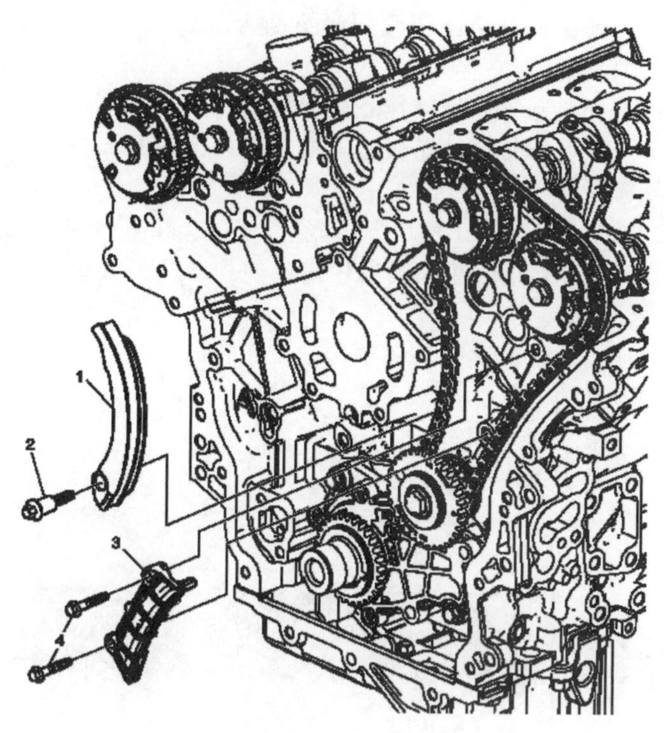

图15-106

4.次级凸轮轴传动链条张紧器的安装左侧（图15-107）。

（1）左侧次级凸轮轴传动链条张紧器柱塞。

使用EN－45027张紧器工具重新设置左侧次级凸轮轴传动链条张紧器柱塞。

将左侧次级凸轮轴传动链条张紧器柱塞安装到张紧器体中。

将柱塞压进张紧器体，把EN-46112张紧器收紧销插入左侧次级凸轮轴传动链条张紧器体侧面的检修孔中，使左侧次级凸轮轴传动链条张紧器锁止。

缓慢地卸去左侧次级凸轮轴传动链条张紧器的压力。左侧次级凸轮轴传动链条张紧器应保持压缩状态。

专用工具：

EN-45027张紧器工具。

EN-46112张紧器收紧销。

（2）左侧次级凸轮轴传动链条张紧器衬垫。

注意：确保左气缸盖上的左侧次级凸轮轴传动链条张紧器安装面上没有毛刺或瑕疵，否则可能会降低新的左侧次级凸轮轴传动链条张紧器衬垫的密封性能。

（3）左侧次级凸轮轴传动链条张紧器。

（4）左侧次级凸轮轴传动链条张紧器螺栓。

将链条张紧器放置到位，然后松弛地将螺栓安装到气缸体上。

确认传动链条张紧器衬垫凸舌（如图 15-107 中 5）位置正确。

分两遍紧固传动链条张紧器螺栓。

在释放传动链条张紧器之前，确认正时标记处于正确位置。

拉出 EN－46112 张紧器收紧销销钉（如图 15-107 中 6）并松开张紧器柱塞，使传动链条张紧器释放。

确认左侧次级凸轮轴传动链条正时标记对准。

紧固力矩：

第一遍紧固至 5N·m。

第二遍紧固至 25N·m。

（5）传动链条张紧器衬垫凸舌。

（6）EN－46112 销钉。

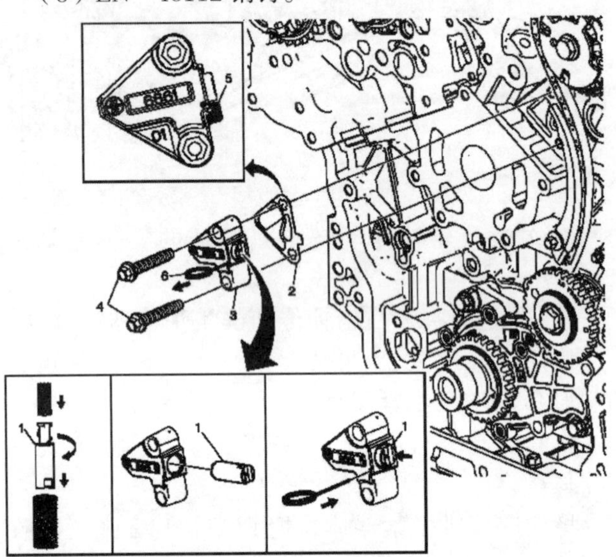

图 15-107

5. 初级凸轮轴中间传动链条的安装（如图 15-108）。

（1）初级凸轮轴传动链条。

将初级凸轮轴传动链条套在各凸轮轴中间传动链条惰轮的大链轮和曲轴链轮上。

左侧凸轮轴中间传动链条惰轮正时标记（如图 15-108 中 2）应对准凸轮轴传动链条正时链节（如图 15-108 中 3）。

右侧凸轮轴中间传动链条惰轮正时标记（如图 15-108 中 4）应对准凸轮轴传动链条正时链节（如图 15-108 中 5）。

曲轴链轮正时标记（如图 15-108 中 7）应对准凸轮轴传动链条正时链节（如图 15-108 中 6）。

（2）左侧凸轮轴中间传动链条惰轮正时标记。

（3）凸轮轴传动链条正时链节。

（4）右侧凸轮轴中间传动链条惰轮正时标记。

（5）凸轮轴传动链条正时链节。

（6）凸轮轴传动链条正时链节。

（7）曲轴链轮正时标记。

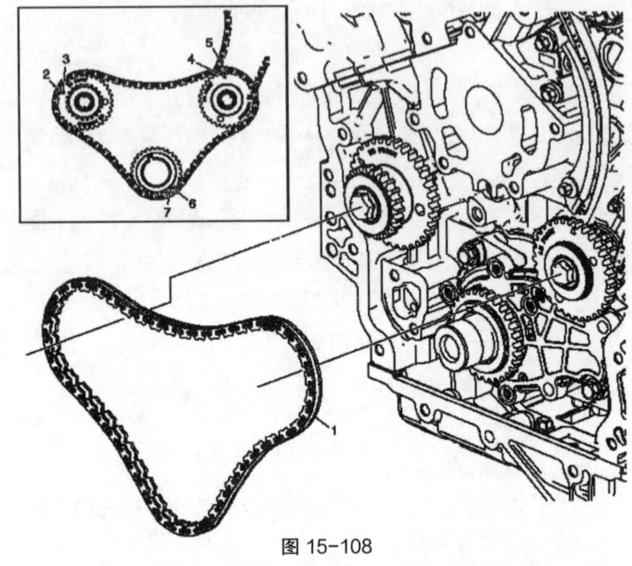

图 15-108

6. 初级正时链条导板的安装下侧和上侧（图 15-109）。

（1）初级凸轮轴传动链条下导板。

（2）初级凸轮轴传动链条下导板螺栓。

紧固力矩：25N·m。

（3）上侧初级凸轮轴传动链条导板。

（4）上侧初级凸轮轴传动链条导板螺栓。

紧固：25N·m。

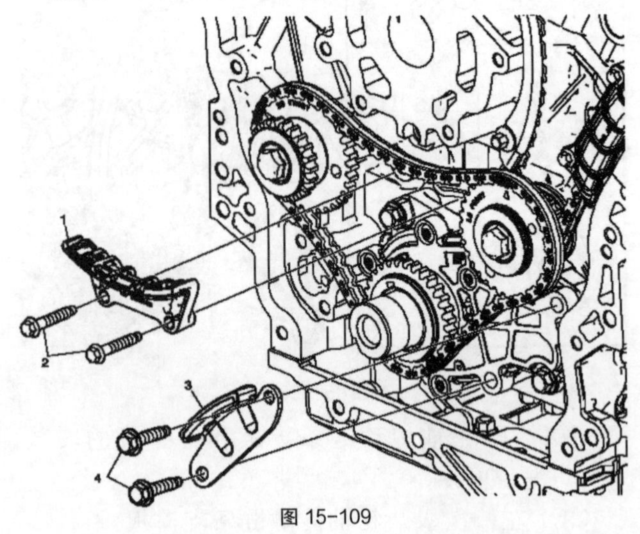

图 15-109

7. 初级凸轮轴中间传动链条张紧器的安装（图 15-110）。

（1）初级凸轮轴传动链条张紧器柱塞。

使用EN－45027张紧器工具重新设置初级凸轮轴传动链条张紧器柱塞。

将初级凸轮轴传动链条张紧器柱塞安装到张紧器体中。

将柱塞压进张紧器体，把EN-46112张紧器收紧销插入初级凸轮轴传动链条张紧器体侧面的检修孔中，使初级凸轮轴传动链条张紧器锁止。

缓慢地松开初级凸轮轴传动链条张紧器。初级凸轮轴传动链条张紧器应保持压缩状态。

专用工具：

EN-45027张紧器工具。

EN－46112张紧器收紧销。

关于当地同等工具，参见专用工具。

（2）初级凸轮轴传动链条张紧器衬垫。

注意：确保发动机气缸体上的初级凸轮轴传动链条张紧器安装面上没有毛刺或瑕疵，否则可能会降低新的初级凸轮轴传动链条张紧器衬垫的密封性能。

（3）初级凸轮轴传动链条张紧器。

（4）初级凸轮轴传动链条张紧器螺栓。

将传动链条张紧器放置到位，然后松弛地将螺栓安装到气缸体上。

确认传动链条张紧器衬垫凸舌（如图15-110中1）位置正确。

分两遍紧固传动链条张紧器螺栓。

在释放传动链条张紧器之前，确认正时标记处于正确位置。

拉出EN－46112销钉（如图15-110中2）并松开张紧器柱塞，使传动链条张紧器释放。

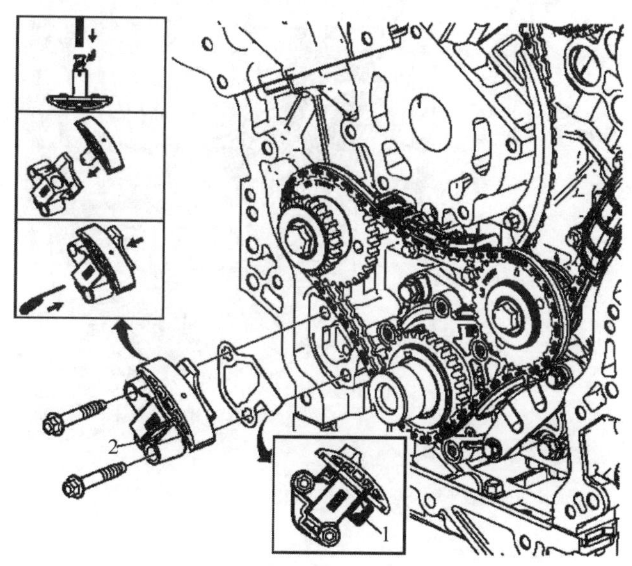

图15-110

确认初级和左侧次级凸轮轴传动链条正时标记是否对准。

紧固力矩：

・第一遍紧固至5N・m。

・第二遍紧固至25N・m。

（5）传动链条张紧器衬垫凸舌。

（6）EN－46112销钉。

8.第1阶段定位位置至第2阶段定位位置（如图15-111）。

预备程序：将EN 48383-1从左侧凸轮轴的后部拆下。

（1）曲轴链轮。

使用EN－48589曲轴旋转座，将曲轴和曲轴链轮从第1阶段定位位置（如图15-111中1）向第2阶段定位。

位置（如图15-111中2）旋转115°曲轴转角，以便安装右侧次级凸轮轴传动链条部件。专用工具：EN-48589曲轴旋转座。

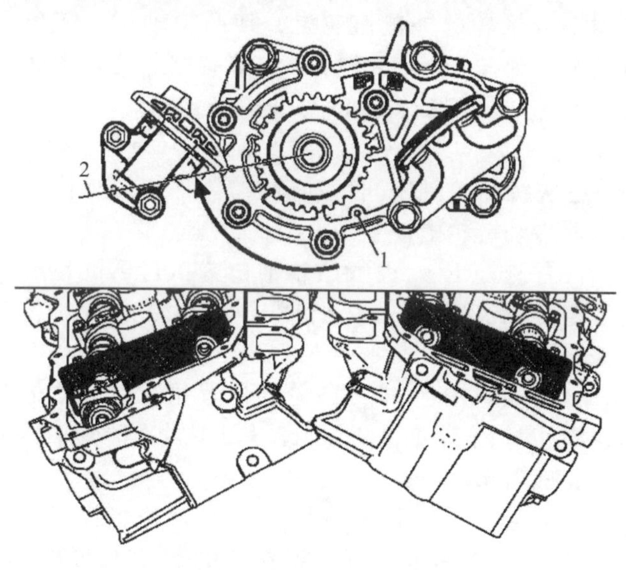

图15-111

（2）左侧进气和排气凸轮轴。

将EN-48383-2固定工具安装到左侧凸轮轴的后部。

确保EN-48383-2固定工具完全就位于凸轮轴上。

注意：凸轮轴的转动应该无须超过10°。利用凸轮轴中的六角头铸件转动凸轮轴，以安装EN-48383-2固定工具。在安装任何凸轮轴传动链条前，所有的凸轮轴都必须锁定到位。

专用工具：EN-48383曲轴旋转工具。

（3）右侧进气和排气凸轮轴。

将 EN-48383-3 固定工具安装到右侧凸轮轴的后部。

确保 EN-48383-3 固定工具完全就位于凸轮轴上。

注意：凸轮轴的转动应该无须超过 10°。利用凸轮轴中的六角头铸件转动凸轮轴，以安装 EN-48383-3 固定工具。在安装任何凸轮轴传动链条前，所有的凸轮轴都必须锁定到位。

专用工具：EN-48383 曲轴旋转工具。

（4）第一阶段定位位置。

（5）第二阶段定位位置。

9. 次级凸轮轴中间传动链条的安装右侧（图 15-112）。

注意：确保在执行该步骤时使用了右侧（R）凸轮轴位置执行器链轮的三角形定位标记。

（1）右侧次级凸轮轴中间传动链条。

注意：确保曲轴在第 2 阶段正时传动装配位置。

将次级凸轮轴中间传动链条套在右侧凸轮轴中间传动链条惰轮的外侧链轮上，使凸轮轴传动链条正时链节（如图 15-112 中 2）对准右侧凸轮轴中间传动链条惰轮内侧链轮上的对准检修孔（如图 15-112 中 3）。

将次级凸轮轴中间传动链条套在两个右侧（R）执行器传动链轮上。

将右侧（R）进气凸轮轴位置执行器链轮的三角形定位标记（如图 15-112 中 5）对准凸轮轴传动链条正时链节。

将右侧（R）排气凸轮轴位置执行器链轮的三角形定位标记（如图 15-112 中 1）对准凸轮轴传动链条正时链节。

对准后，确保右侧（R）凸轮轴位置执行器链轮的正时标记之间有 10 个链节（如图 15-112 中 4）。

在右侧凸轮轴中间传动链条惰轮上的凸轮轴传动链条正时链节与各个右侧凸轮轴位置执行器链轮上的凸轮轴传动链条正时链节之间应有 22 个链节。

（2）凸轮轴传动链条正时链节。

（3）对准检修孔。

（4）右侧（R）凸轮轴位置执行器链轮正时标记之间的 10 个链节。

（5）右侧（R）进气凸轮轴位置执行器链轮三角形定位标记。

（6）右侧（R）排气凸轮轴位置执行器链轮三角形定位标记。

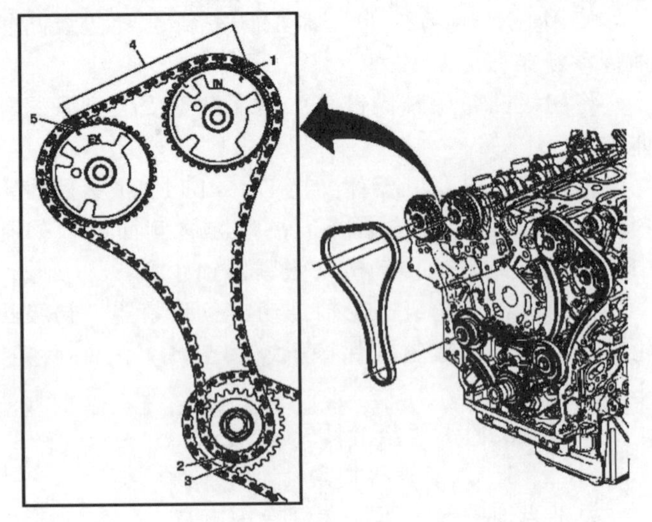

图 15-112

10. 次级凸轮轴传动链条导板和支撑板的安装右侧（图 15-113）。

（1）右侧次级凸轮轴传动链条导板。

（2）右侧次级凸轮轴传动链条导板螺栓。

紧固力矩：25N・m。

（3）右侧次级凸轮轴传动链条支撑板。

（4）右侧次级凸轮轴传动链条支撑板螺栓。

紧固力矩：25N・m。

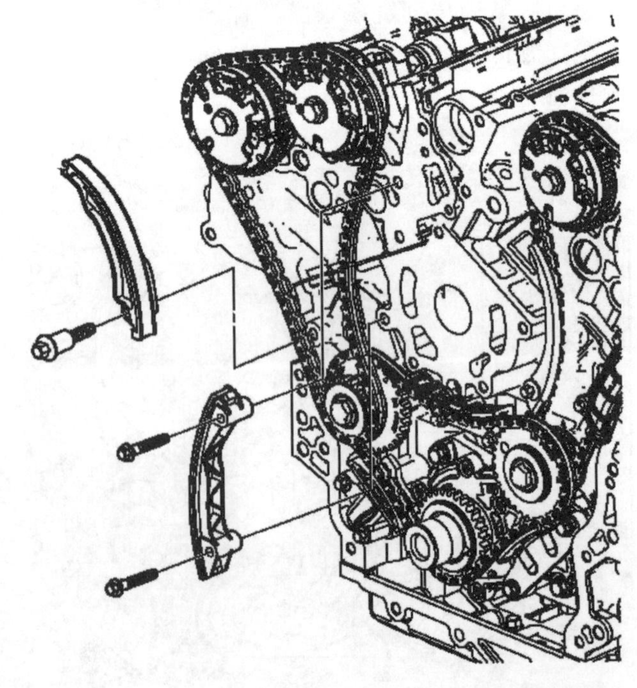
图 15-113

11. 次级凸轮轴传动链条张紧器的安装右侧（图 15-114）。

（1）右侧次级凸轮轴传动链条张紧器柱塞。

使用EN－45027张紧器工具重新设置右侧次级凸轮轴传动链条张紧器柱塞。

将右侧次级凸轮轴传动链条张紧器柱塞安装到张紧器体中。

将柱塞压进张紧器体，把EN-46112张紧器收紧销插入右侧次级凸轮轴传动链条张紧器体侧面的检修孔中，使右侧次级凸轮轴传动链条张紧器锁止。

缓慢地卸去右侧次级凸轮轴传动链条张紧器上的压力。右侧次级凸轮轴传动链条张紧器应保持压缩状态。

专用工具：

EN-45027张紧器工具。

EN－46112张紧器收紧销。

（2）右侧次级凸轮轴传动链条张紧器衬垫。

注意：确保右侧气缸盖上的右侧次级凸轮轴传动链条张紧器安装面上没有毛刺或瑕疵，否则会降低新的右侧次级凸轮轴传动链条张紧器衬垫的密封性能。

（3）右侧次级凸轮轴传动链条张紧器。

（4）右侧次级凸轮轴传动链条张紧器螺栓。

将右侧次级传动链条张紧器放置到位，然后松弛地将螺栓安装到气缸体上。

确认右侧次级传动链条张紧器衬垫凸舌（如图15-114中1）位置正确。

分两遍紧固传动链条张紧器螺栓。

在释放传动链条张紧器之前，确认正时标记处于正确位置。

拉出EN－46112销钉（如图15-114中2）并松开张紧器柱塞，使右侧次级传动链条张紧器释放。

确认所有初级和次级凸轮轴传动链条正时标记是否对准。

紧固力矩：

第一遍紧固至5N·m。

第二遍紧固至25N·m。

（5）右侧次级传动链条张紧器衬垫凸舌。

（6）EN-46112销钉。

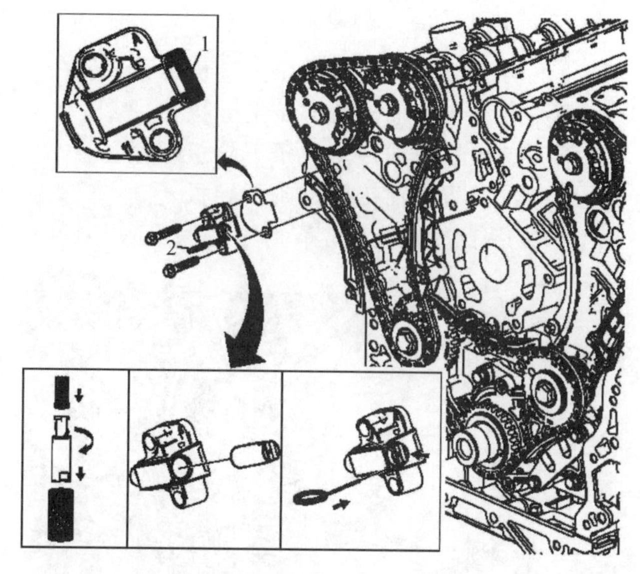

图15-114

（二）凸轮轴正时链条部件的拆卸

1.次级凸轮轴传动链条部件的拆卸右侧（图15-115）。

（1）右侧次级凸轮轴传动链条张紧器螺栓。

（2）右侧次级凸轮轴传动链条张紧器。

（3）右侧次级凸轮轴传动链条张紧器衬垫。

注意：废弃衬垫。

（4）右侧次级凸轮轴传动链条支撑板螺栓。

（5）右侧次级凸轮轴传动链条支撑板。

（6）右侧次级凸轮轴传动链条导板螺栓。

（7）右侧次级凸轮轴传动链条导板。

（8）右侧次级凸轮轴传动链条。

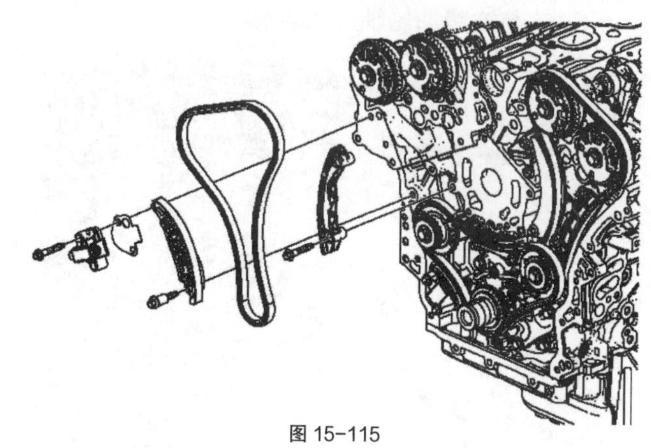

图15-115

2.初级凸轮轴传动链条部件的拆卸（图15-116）。

（1）初级凸轮轴传动链条张紧器螺栓。

（2）初级凸轮轴传动链条张紧器。

（3）初级凸轮轴传动链条张紧器衬垫。

注意：废弃衬垫。

（4）初级凸轮轴传动链条上导板螺栓。

（5）初级凸轮轴传动链条上导板。

（6）初级凸轮轴传动链条下导板螺栓。

（7）初级凸轮轴传动链条下导板。

（8）初级凸轮轴传动链条。

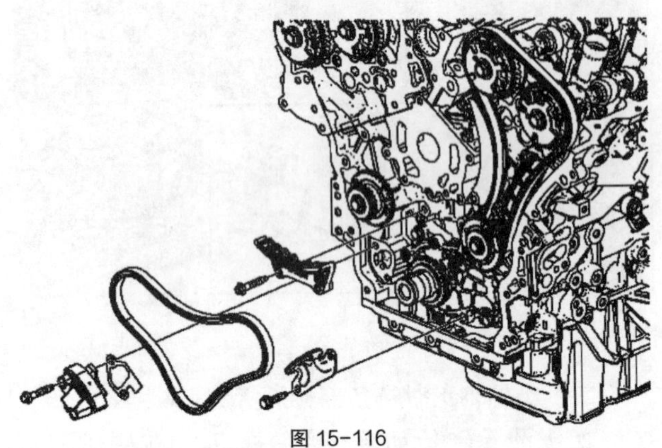

图 15-116

3.次级凸轮轴传动链条部件的拆卸左侧（图 15-117）。

（1）左侧次级凸轮轴传动链条张紧器螺栓。

（2）左侧次级凸轮轴传动链条张紧器。

（3）左侧次级凸轮轴传动链条张紧器衬垫。

注意：废弃衬垫。

（4）左侧次级凸轮轴传动链条支撑板螺栓。

（5）左侧次级凸轮轴传动链条支撑板。

（6）左侧次级凸轮轴传动链条导板螺栓。

（7）左侧次级凸轮轴传动链条导板。

（8）左侧次级凸轮轴传动链条。

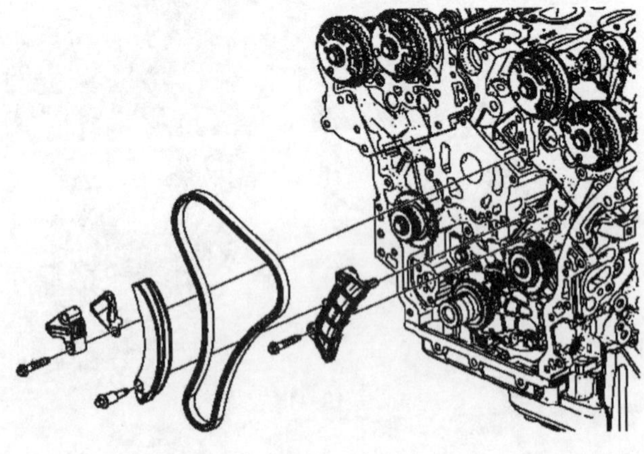

图 15-117

（三）正时链条定位

1.凸轮轴位置执行器正时标记（图 15-118）。

（1）右侧进气凸轮轴位置执行器识别符。

（2）右侧（R）进气凸轮轴位置执行器正时标记三角形。

（3）左侧（L）进气凸轮轴位置执行器正时标记圆形。

（5）排气凸轮轴位置执行器识别符。

（6）右侧（R）排气凸轮轴位置执行器正时标记三角形。

（7）左侧（L）排气凸轮轴位置执行器正时标记圆形。

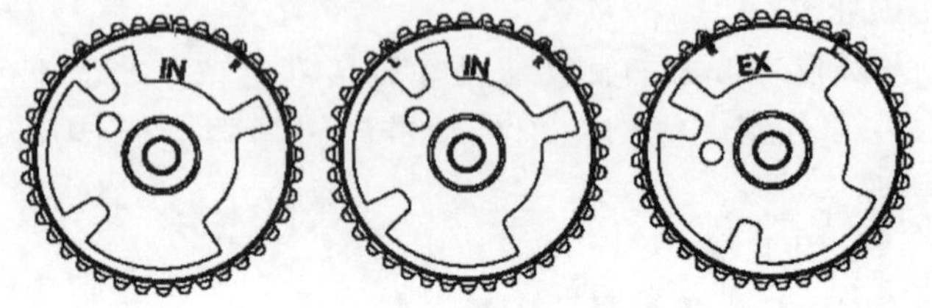

图 15-118

2.第一阶段（图 15-119）。

（1）左侧（L）进气凸轮轴位置执行器正时标记圆形。

（2）左侧进气次级凸轮轴正时传动链条正时链节。

（3）左侧排气次级凸轮轴正时传动链条正时链节。

（4）左侧（L）排气凸轮轴位置执行器正时标记圆形。

（5）左侧次级凸轮轴正时传动链条。

（6）左侧初级凸轮轴中间传动链条链轮的初级凸轮轴传动链条正时链节。

（7）初级凸轮轴传动链条的左侧初级凸轮轴中间传动链条链轮正时标记。

（8）左侧初级凸轮轴中间传动链条链轮。

（9）左侧初级凸轮轴中间传动链条链轮的左侧次级凸轮轴正时传动链条正时链节——位于链轮中的孔后。

（10）左侧次级凸轮轴正时传动链条正时链节的左侧初级凸轮轴中间传动链条链轮正时窗。

（11）初级凸轮轴传动链条。

（12）曲轴链轮的初级凸轮轴传动链条正时链节。

（13）曲轴链轮正时标记。

（14）曲轴链轮。

（15）右侧初级凸轮轴中间传动链条链轮。

（16）右侧初级凸轮轴中间传动链条链轮的初级凸轮轴传动链条正时链节。

（17）右侧初级凸轮轴中间传动链条链轮正时标记。

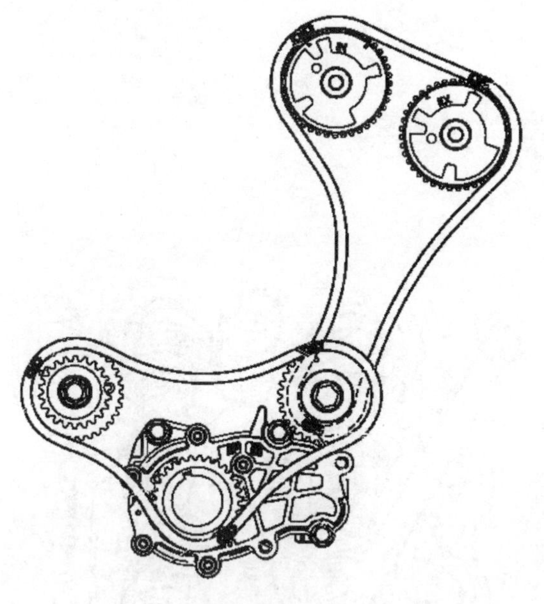

图 15-119

3. 第二阶段（图 15-120）。

（1）左侧（L）进气凸轮轴位置执行器正时标记圆形。

（2）左侧进气次级凸轮轴正时传动链条正时链节。

（3）左侧排气次级凸轮轴正时传动链条正时链节。

（4）左侧（L）排气凸轮轴位置执行器正时标记圆形。

（5）左侧次级凸轮轴正时传动链条。

（6）左侧初级凸轮轴中间传动链条链轮的初级凸轮轴传动链条正时链节。

（7）初级凸轮轴传动链条的左侧初级凸轮轴中间传动链条链轮正时标记。

（8）左侧初级凸轮轴中间传动链条链轮。

（9）左侧初级凸轮轴中间传动链条链轮的左侧次级凸轮轴正时传动链条正时链节位于链轮中的孔后。

（10）左侧初级凸轮轴中间传动链条链轮正时窗。

（11）初级凸轮轴传动链条。

（12）曲轴链轮的初级凸轮轴传动链条正时链节。

（13）曲轴链轮正时标记。

（14）曲轴链轮。

（15）右侧初级凸轮轴中间传动链条链轮。

（16）右侧初级凸轮轴中间传动链条链轮的初级凸轮轴传动链条正时链节。

（17）初级凸轮轴传动链条的右侧初级凸轮轴中间传动链条链轮正时标记。

（18）右侧次级凸轮轴正时传动链条的右侧初级凸轮轴中间传动链条链轮正时标记 / 窗。

（19）右侧初级凸轮轴中间传动链条链轮的右侧次级凸轮轴正时传动链条正时链节。

（20）右侧次级凸轮轴正时传动链条。

（21）右侧（R）排气凸轮轴位置执行器正时标记三角形。

（22）右侧排气次级凸轮轴正时传动链条正时链节。

（23）右侧进气次级凸轮轴正时传动链条正时链节。

（24）右侧（R）进气凸轮轴位置执行器正时标记三角形。

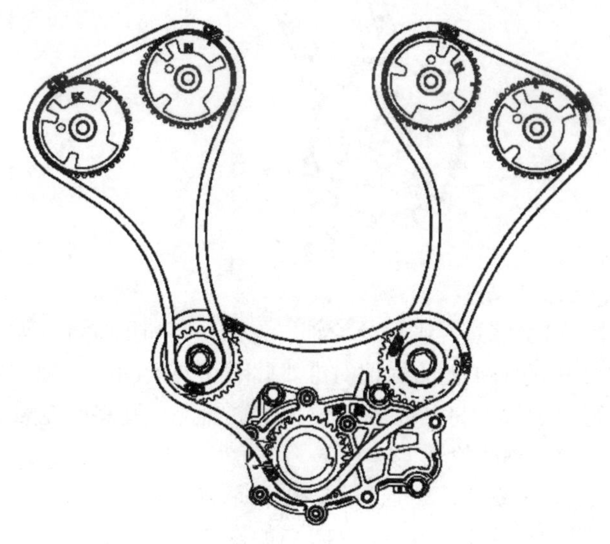

图 15-120

第十六章　雪佛兰车系

一、车型

进口雪佛兰科迈罗 3.6（Camaro）（3.6L　LFX），2012—2016 年。

1. 左侧凸轮轴安装程序（图 16-1）。

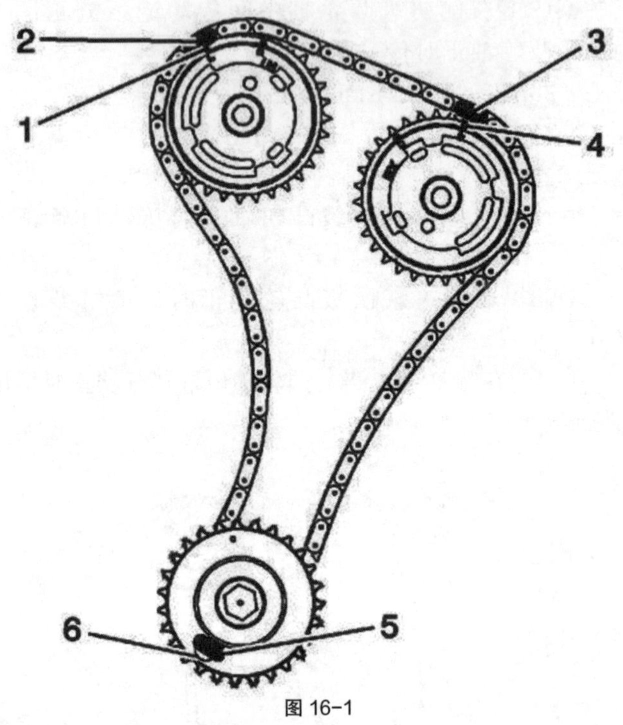

图 16-1

安装方法：

（1）注意：确保凸轮轴位置执行器和正时链条如图 16-1 中的 1~4 上的标记对准。此时切勿紧固凸轮轴位置执行器螺栓。将凸轮轴定位在气缸盖上，并将凸轮轴执行器装配到凸轮轴上。

（2）安装凸轮轴和凸轮轴轴承盖。

（3）拆下 EN -48313，如图 16-2。注意：用开口扳手固定住凸轮轴六角头，防止凸轮轴 / 发动机旋转。

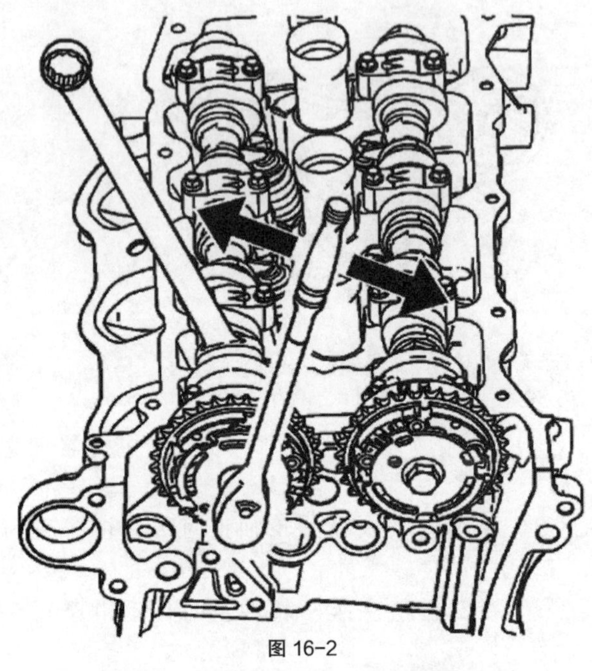
图 16-2

（4）安装并紧固凸轮轴位置执行器。

（5）安装进气凸轮轴位置执行器电磁阀。

（6）安装凸轮轴传感器。

（7）安装曲轴平衡器。

（8）安装凸轮轴盖。

（9）安装下进气歧管。

2. 右侧凸轮轴安装程序（图 16-3）。

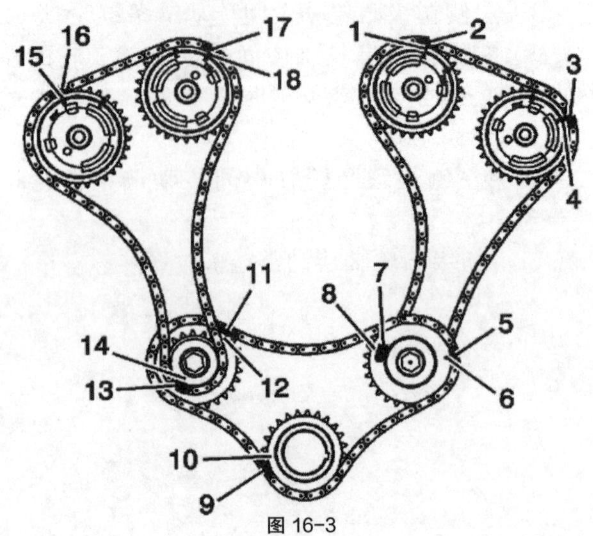

图 16-3

安装方法：

（1）注意：确保凸轮轴位置执行器和正时链条如图 16-3 中 15 ~ 18 上的标记对准。此时切勿紧固凸轮轴位置执行器螺栓。将凸轮轴定位在气缸盖上，并将凸轮轴执行器装配到凸轮轴上。

（2）安装凸轮轴和凸轮轴轴承盖。

（3）拆下 EN-48313，如图 16-4。注意：用开口扳手固定住凸轮轴六角头，防止凸轮轴 / 发动机旋转。

（4）安装曲轴平衡器。

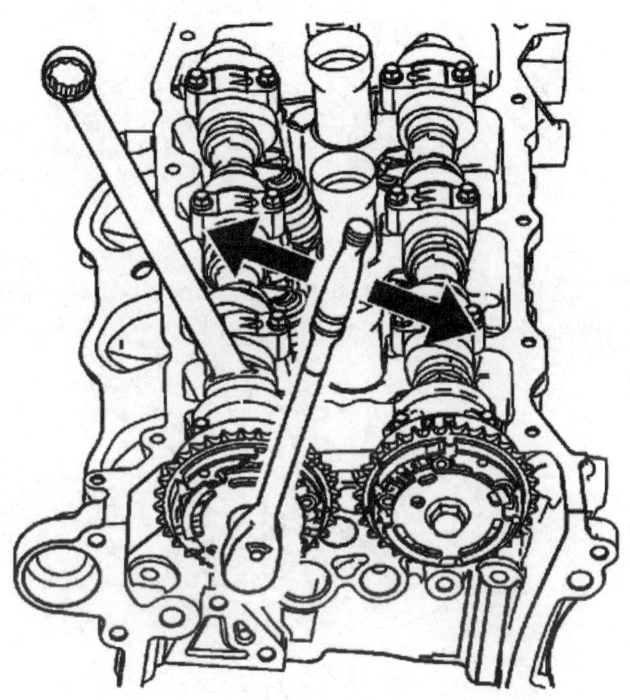

图 16-4

（5）安装并紧固凸轮轴位置执行器。

（6）安装进气凸轮轴位置执行器电磁阀。

（7）安装凸轮轴传感器。

（8）安装凸轮轴盖。

（9）安装下进气歧管。

二、车型

上汽通用雪佛兰科鲁兹 1.6T（1.6T　LLU），2011—2013 年。

上汽通用雪佛兰迈锐宝 1.6T（1.6T　LLU），2012—2016 年。

（一）凸轮轴正时部件

凸轮轴正时部件总成图如图 16-5。

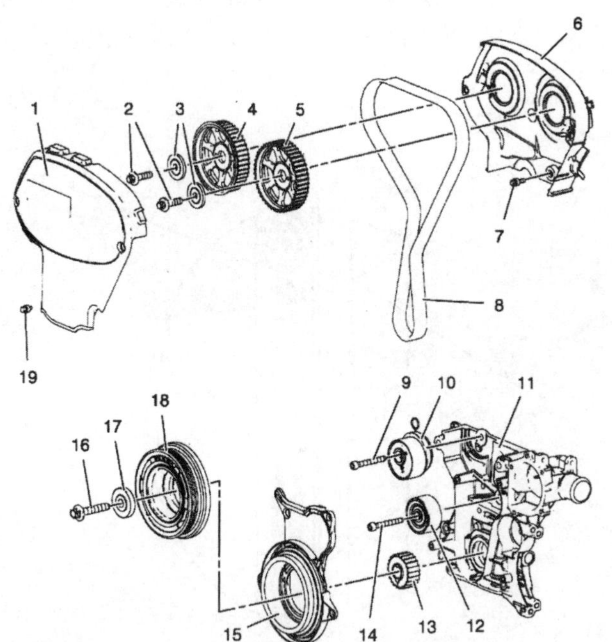

1- 正时皮带上前盖　2- 凸轮轴链轮螺栓　3- 凸轮轴链轮垫圈　4- 凸轮轴进气链轮　5- 凸轮轴排气链轮　6- 正时皮带后盖　7- 正时皮带后盖螺栓　8- 正时皮带　9- 正时皮带张紧器螺栓　10- 正时皮带张紧器　11- 发动机前盖（机油泵总成）　12—正时皮带惰轮　13- 曲轴链轮　14- 正时皮带惰轮螺栓　15- 正时皮带下前盖　16- 曲轴平衡器螺栓　17- 曲轴平衡器垫圈　18- 曲轴平衡器　19- 正时皮带前上盖螺栓

图 16-5

（二）正时皮带的更换

1. 拆卸方法。

（1）拆下空气滤清器总成，拆下正时皮带前上盖。

（2）拆下前舱防溅罩。

（3）拆下传动皮带张紧器。

（4）将发动机旋转至 1 缸压缩行程上止点（如图 16-6 中 1）的位置。

1- 上止点

图 16-6

（5）准备好 EN-6340 锁止工具的右半部分。拆下 2 个螺栓（如图 16-7 中 2）。拆下前板（如图 16-7 中 1）。

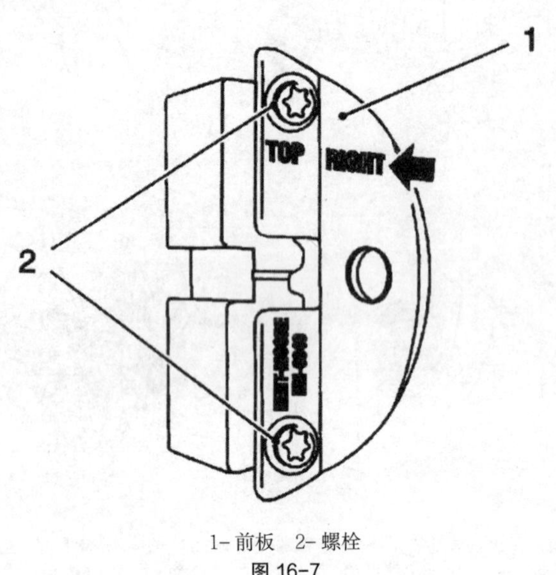

1- 前板　2- 螺栓

图 16-7

（6）将 EN-6340 锁止工具（如图 16-8 中 1、2）插入凸轮轴链轮内。注意：标记（如图 16-8 中 3）在 EN-6340 锁止工具（如图 16-8 中 1、2）上必须对准。

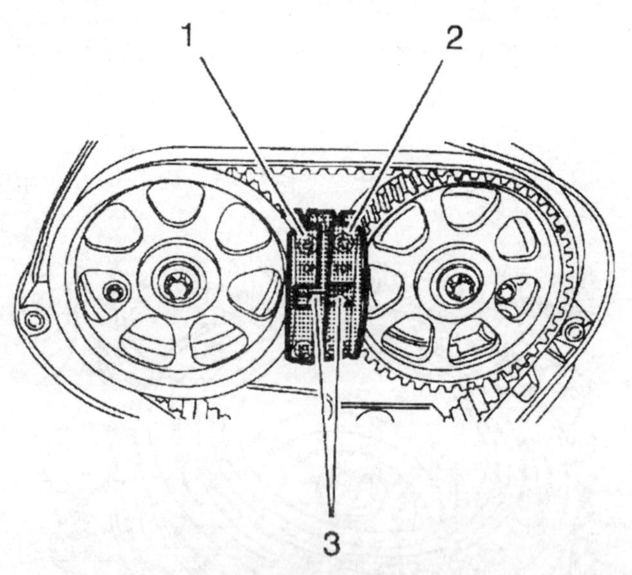

1、2-EN-6340 锁止工具　3- 标记

图 16-8

（7）拆下螺栓（如图 16-9 中 1）。

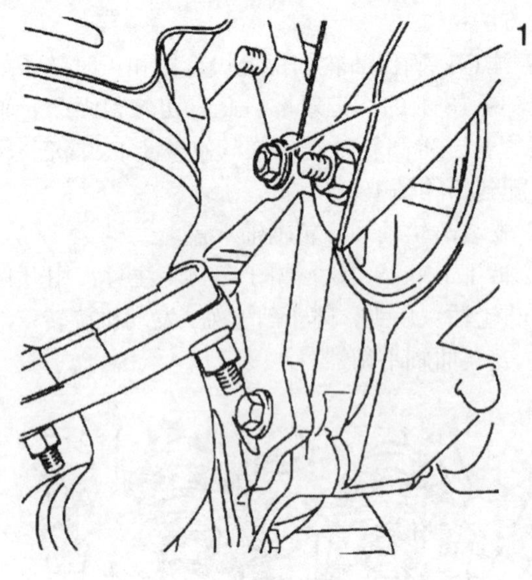

1- 螺栓

图 16-9

（8）安装 EN-6625 锁止装置（如图 16-10 中 2）以固定曲轴，安装螺栓（如图 16-10 中 1）。

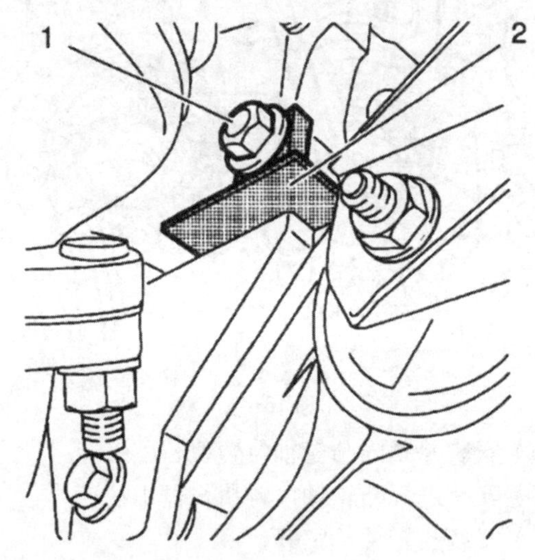

1- 螺栓　2-EN-6625 锁止装置

图 16-10

（9）拆下曲轴皮带轮。

（10）拆下正时皮带前下盖。

（11）安装 EN-6333 锁销（如图 16-11 中 3），使用专用工具（如图 16-11 中 1），沿箭头所指方向向正时皮带张紧滚柱（如图 16-11 中 2）施加张紧力，固定住正时皮带张紧器，让其不动。

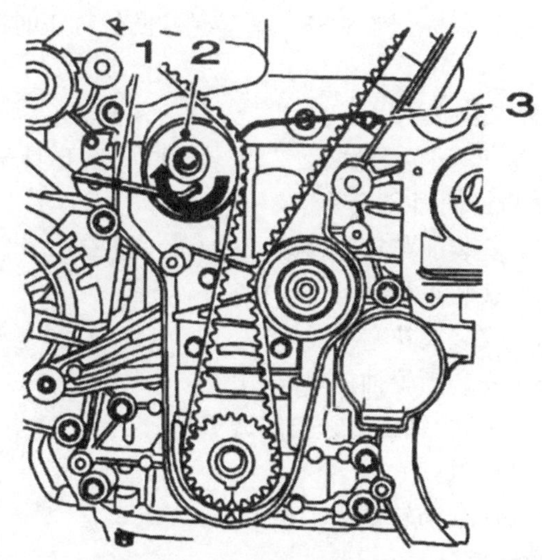

1- 专用工具　2- 正时皮带张紧滚柱　3-EN-6333 锁销

图 16-11

（12）拆下正时皮带（如图 16-12 中 1）。

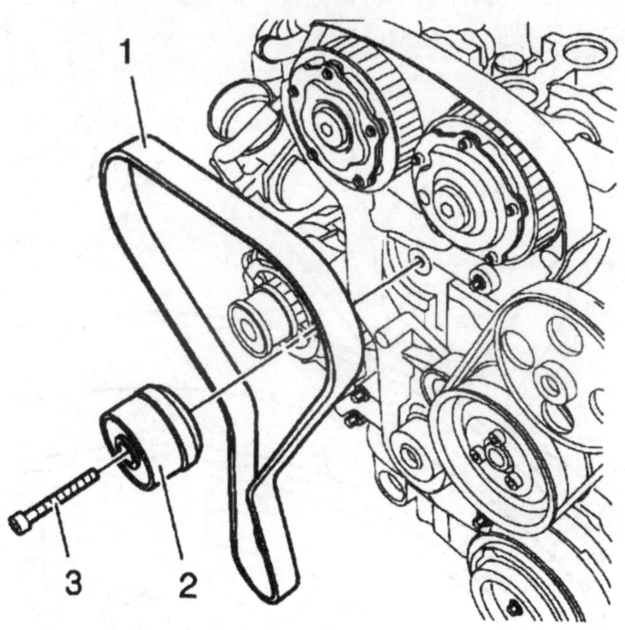

1- 正时皮带　2- 正时皮带张紧器　3- 螺栓

图 16-12

2. 安装方法。

（1）装入正时皮带，如图 16-12。

（2）使用专用工具（如图 16-11 中 1），沿箭头所指方向向正时皮带张紧器（如图 16-11 中 2）施加张紧力。拆下 EN-6333 锁销（如图 16-11 中 3）。

（3）释放正时皮带张紧器的张紧力。

注意：正时皮带张紧器自动移至正确位置。

（4）拆下 EN-6340 锁止工具。

（5）检查凸轮轴链轮位置。

①沿发动机旋转方向，用曲轴平衡器螺栓转动曲轴 720°。

②将 EN-6340 锁止工具插入凸轮轴链轮。

注意：记录凸轮轴链轮的标记。

（6）检查曲轴位置。

注意：正时皮带主动齿轮与机油泵壳体必须对准，如图 16-13。

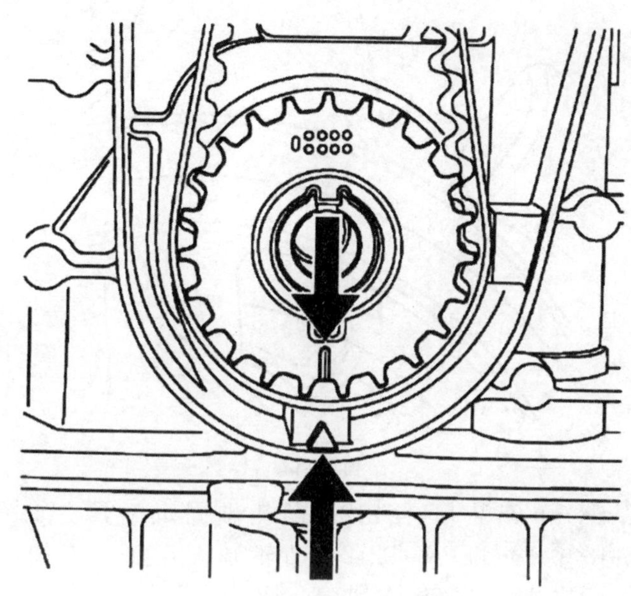

图 16-13

（7）安装正时皮带前下盖。

（8）安装曲轴皮带轮。

（9）拆下螺栓（如图 16-12 中 1），拆下 EN-6625 锁止装置（如图 16-12 中 2）以固定曲轴。

（10）安装螺栓（如图 16-11 中 1），并紧固至 70N·m。

（11）安装传动皮带张紧器。

（12）安装前舱防溅罩。

（13）拆下 EN-6340 锁止工具。

（14）安装正时皮带前上盖。

（15）安装空气滤清器总成。

三、车型

上汽通用雪佛兰迈锐宝 2.0L（2.0L　LTD），2012—2016 年。

上汽通用雪佛兰迈锐宝 2.4L（2.4L　LAF），2012—2016 年。

（一）正时链条检查

1. 专用工具。

EN-49212 凸轮轴固定工具。

2. 拆卸程序。

（1）拆下凸轮轴盖。

（2）拆下火花塞。

（3）拆下正时链条上导板。

（4）拆下前轮罩衬板。

（5）旋转曲轴平衡器标记（如图 16-14 中 1） 至机油泵壳体标记（如图 16-14 中 2）。

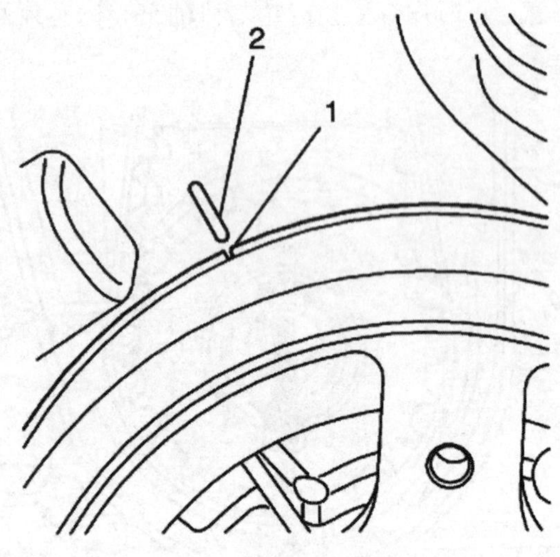

图 16-14

（6）安装 EN-49212-1 凸轮轴固定工具（如图 16-15 中 1） 和 EN-49212-2 凸轮轴固定工具（如图 16-15 中 2）并固定凸轮轴。

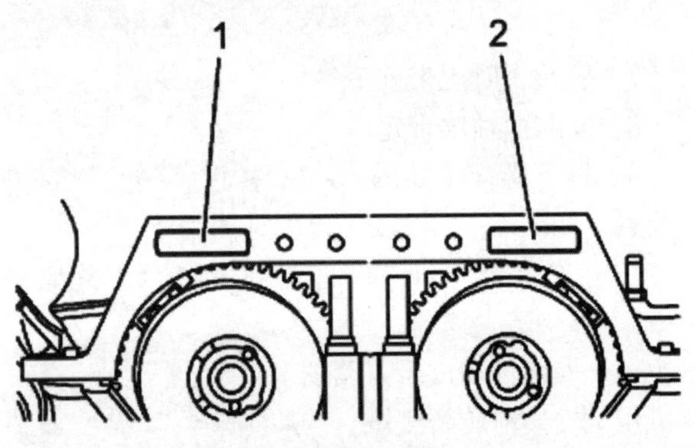

图 16-15

（7）记下 EN-49212-1 凸轮轴固定工具（如图 16-16 中 2） 和 EN-49212-2 凸轮轴固定工具（如图 16-16 中 1）的标记之间的端 - 端连接器计数。正时链条必须有 29 个端 - 端连接器以保证调整正确。

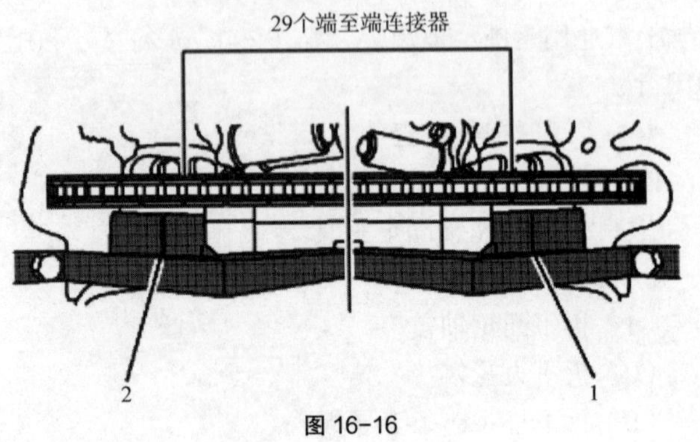

图 16-16

（8）如果标记未对齐，请参见“凸轮轴正时链条的调节”。

3. 安装程序。

（1）拆下 EN-49212-1 凸轮轴固定工具和 EN-49212-2 凸轮轴固定工具。

（2）安装前车轮罩衬板。

（3）安装正时链条上导板。

（4）安装火花塞。

（5）安装凸轮轴盖。

（二）凸轮轴正时链条的调节

1. 专用工具。

EN-49212 凸轮轴固定工具。

2. 拆卸程序。

（1）拆下正时链条张紧器。

（2）拆下正时链条上导板。

（3）旋转曲轴平衡器标记（如图 16-17 中 1）至机油泵壳体标记（如图 16-17 中 2）。

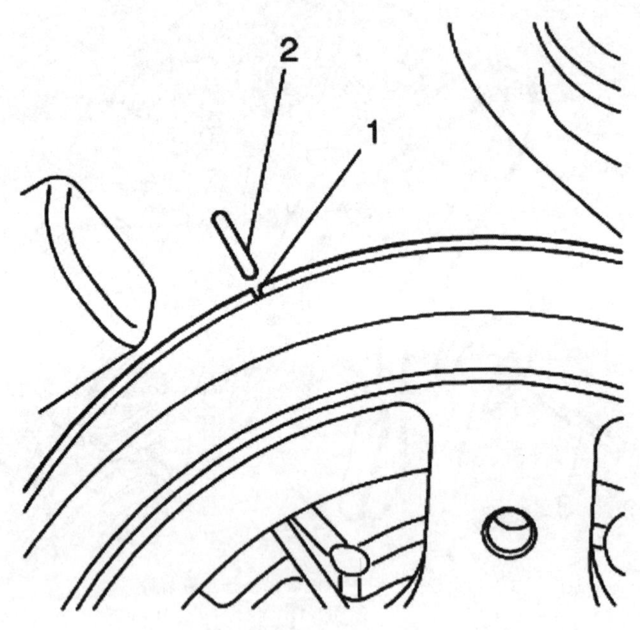

图 16-17

（4）拆下排气凸轮轴位置执行器。

（5）如果调整不正确，则从进气凸轮轴位置执行器（如图 16-18 中 1）上松开正时链条，并将进气凸轮轴逆时针旋转至 EN-49212-2 凸轮轴固定工具（如图 16-18 中 2）。

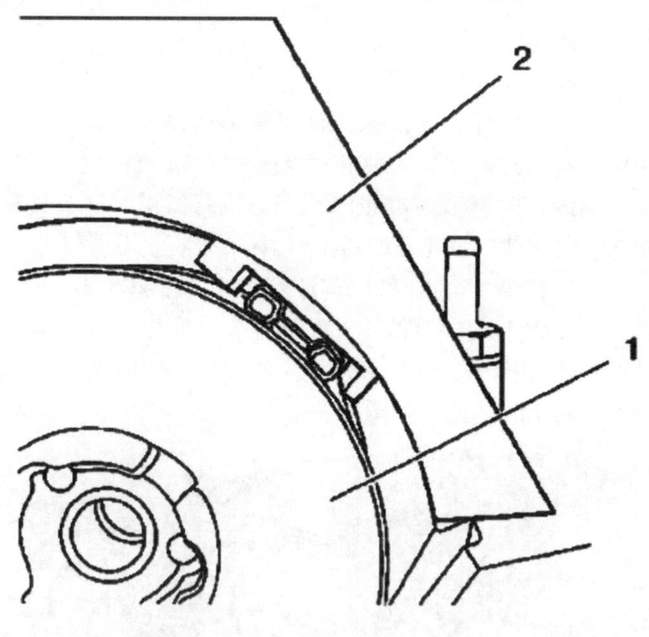

图 16-18

3. 安装程序。

（1）将正时链条安装至进气凸轮轴位置执行器上，如图 16-19。

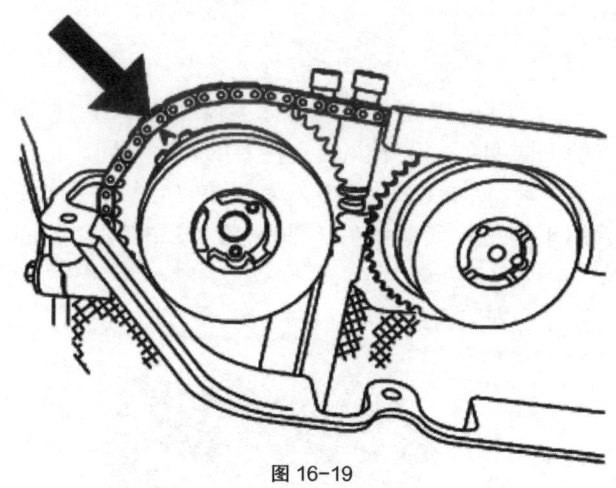

图 16-19

（2）安装排气凸轮轴位置执行器。

①记下进气凸轮轴位置执行器与排气凸轮轴位置执行器上标记之间的凸轮轴正时链条端 - 端连接器计数。

②正时链条有 29 个端 - 端连接器以保证调整正确。

③装配过程中必须拉紧正时链条。

④顺时针方向旋转凸轮轴以便安装排气凸轮轴位置执行器。

⑤安装排气凸轮轴位置执行器并用凸轮轴内的紧固件固定。

（3）使用 EN-49212-1 凸轮轴固定工具固定排气凸轮轴。完成后，重复检查安装过程。告诫：此部件配备扭矩屈服型紧固件。安装此部件时，安装新扭矩屈服型紧固件。未更换扭矩屈服型紧固件会导致车辆或部件损坏。

（4）紧固进气凸轮轴位置执行器至 30N · m+100°。

（5）紧固排气凸轮轴位置执行器至 30N · m+100°。

（6）拆下 EN-49212 凸轮轴固定工具。

（7）顺时针转动曲轴并将曲轴平衡螺栓旋至 720°。

（8）检查曲轴和凸轮轴的位置。

（9）安装正时链条上导板。

（10）安装正时链条张紧器。

四、车型

上汽通用雪佛兰科沃兹 325T（1.0T　LJI），2019 年。

上汽通用雪佛兰沃兰多 530T（1.3T　LI6），2018—2019 年。

1. 拆卸程序。

（1）拆下凸轮轴盖。

（2）拆下发动机前盖。

（3）拆下气缸盖堵塞（如图 16-20 中 1），以接近正时链条左右导板的螺栓。

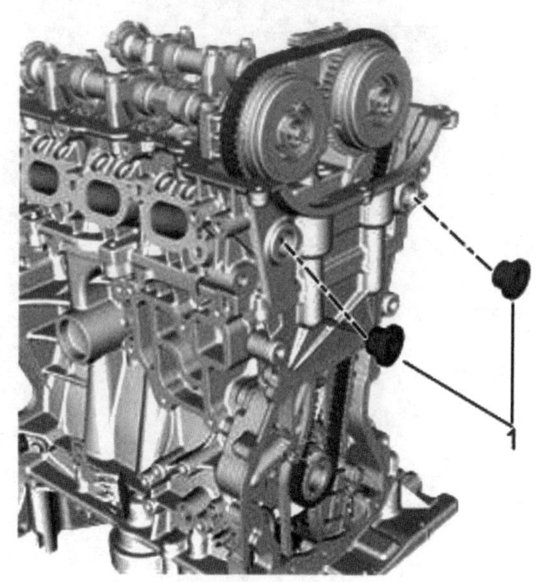

图 16-20

（4）拆下正时链条上导板紧固件（如图 16-21 中 1），然后拆下正时链条上导板（如图 16-21 中 2）。

注意：使张紧器柱塞复位，检查操作是否正确。

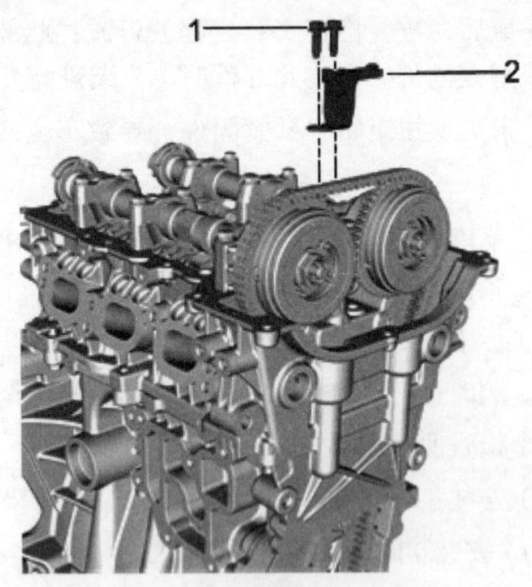

图 16-21

（5）拆下正时链条张紧器紧固件（如图 16-22 中 1）、张紧器（如图 16-22 中 2）和衬垫（如图 16-22 中 3）。

注意：报废衬垫。

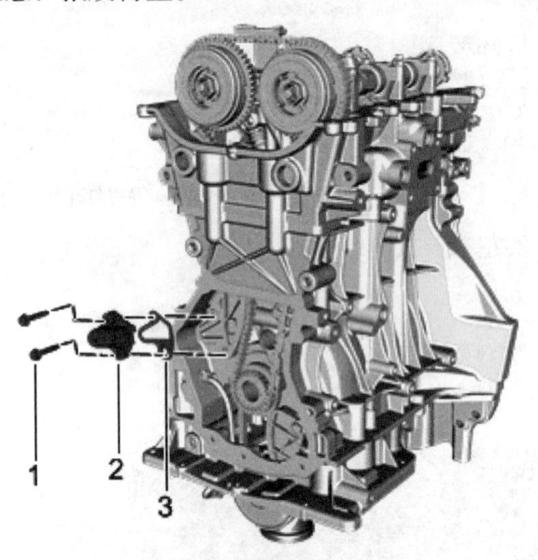

图 16-22

（6）拆下正时链条（如图 16-23 中 1）。

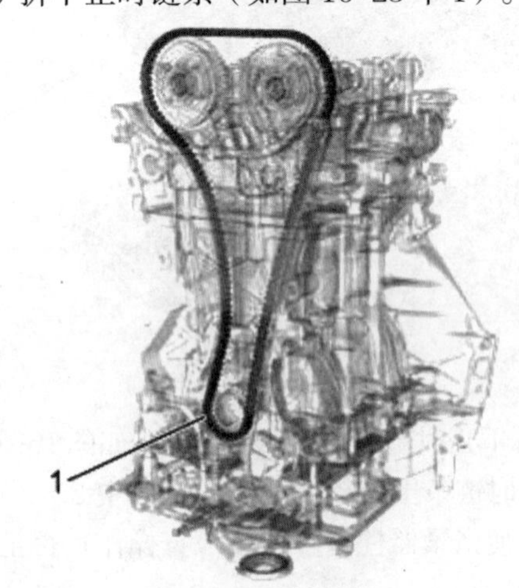

图 16-23

（7）关于凸轮轴正时链条、机油喷嘴、链轮和张紧器的清洁与检查。

2. 安装程序。

注意：确保正时链条机油喷嘴清洁，没有碎屑。确保执行器正时标记和曲轴链轮键槽处于 12 点钟位置。确保正确的正时链节对准正时标记。执行器正时链节具有相同颜色，曲轴链轮正时链节具有唯一颜色。

（1）将第一个正时链节对准进气执行器正时标记（如图 16-24 中 1）。将第二个正时链节对准排气执行器正时标记（如图 16-24 中 2）。将最后一个正时链节对准曲轴链轮正时标记（如图 16-24 中 3）。

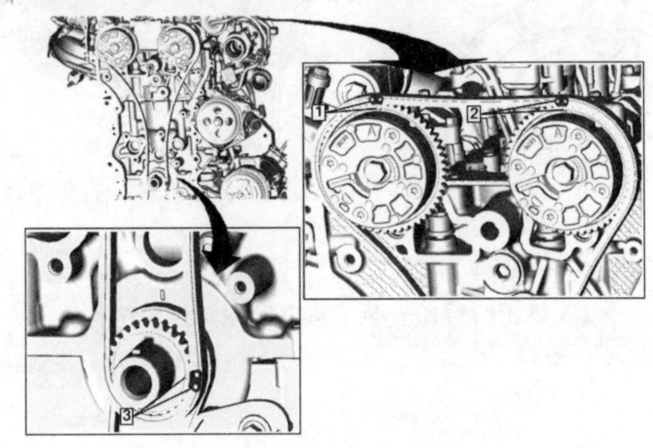

图 16-24

（2）注意：安装前，确保张紧器完全缩回。根据张紧器的不同型号，压下并锁止柱塞的程序不同。定位正时链条张紧器（如图 16-25 中 2）和衬垫（如图 16-25 中 3），然后用手初步拧紧紧固件（如图 16-25 中 1）。紧固至 10N · m。

注意：安装新的衬垫。

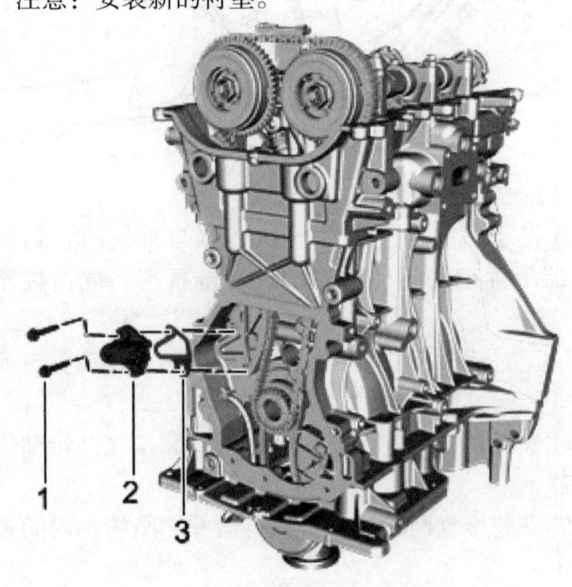

图 16-25

（3）如果张紧器的前部有一个杆，则按下杆上的“down（向下）”以压下柱塞。将合适的工具插入张紧器体的孔中，使柱塞保持在缩进位置。

（4）如果张紧器有一个固定卡扣，则按下卡扣以压下柱塞。将合适的工具插入张紧器体的孔中，使柱塞保持在缩进位置。

（5）定位正时链条上导板（如图 16-26 中 2），然后用手初步拧紧紧固件（如图 16-26 中 1）。紧固至 10N·m。

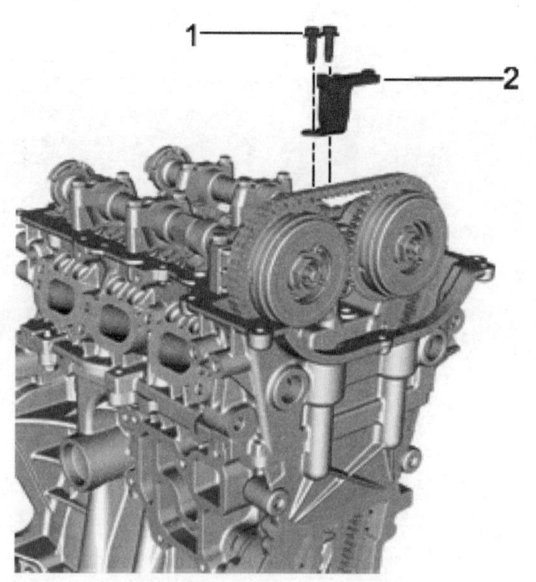

图 16-26

（6）接合正时链条张紧器。

（7）安装气缸盖堵塞（如图 16-27 中 1），紧固至 75N·m。

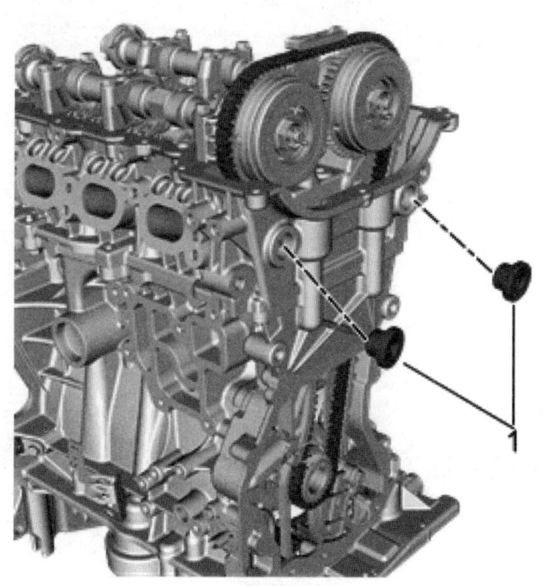

图 16-27

（8）检查正时链条标记，确认它们在正时链条张紧器接合后仍对齐，如图 16-28。

图 16-28

（9）安装发动机前盖。

（10）安装凸轮轴盖。

五、车型

上汽通用雪佛兰科鲁兹 320（1.5L L3G），2015—2018 年。

上汽通用雪佛兰迈锐宝 1.5T（1.5T LFV），2017 年。

上汽通用雪佛兰迈锐宝 530T（1.5T LFV），2018—2019 年。

上汽通用雪佛兰迈锐宝 XL 1.5T（1.5T LFV），2016—2017 年。

上汽通用雪佛兰迈锐宝 XL 530T（1.5T LFV），2018 年。

正时校对方法与第十五章上海通用车系中一、车型中的上海通用别克威朗 1.5S（1.5L L3G），2015—2018 年相同，请参考其正时校对方法。

六、车型

上汽通用雪佛兰迈锐宝 XL 530H（1.8L LKN），2016—2019 年。

其正时校对方法与第十五章上海通用车系中二、车型中的上海通用别克新君越混动 30H（1.8L LKN），2016—2018 年相同，请参照其校对方法。

七、车型

上汽通用雪佛兰创酷 1.4T（1.4T LFF），2014—2017 年。

上汽通用雪佛兰创酷 330T（1.4T LFF），2018 年。

上汽通用雪佛兰赛欧 1.5L（1.5L L2B），2015—2018 年。

上汽通用雪佛兰乐风 RV 1.5L（1.5L L2B），2016—2018 年。

上汽通用雪佛兰科沃兹 1.5L（1.5L L2B），2016—

2019 年。

其正时校对方法与第十五章上海通用车系中三、车型中的上海通用别克昂科拉 18T （1.4T　LFF），2017—2019 年相同，请参照其校对方法。

八、车型

上汽通用雪佛兰探界者 550T（2.0T　LTG），2017—2019 年。

上汽通用雪佛兰迈锐宝 XL 5535（2.5L LCV），2016—2019 年。

其正时校对方法与第十五章上海通用车系中四、车型中的上海通用别克昂科威 28T（2.0T　LTG），2014—2019 年相同，请参照其校对方法。

第十七章　凯迪拉克车系

一、车型

上汽通用凯迪拉克 XT5 25T（2.0T　LTG），2016—2018 年。

上汽通用凯迪拉克 XT5 28T（2.0T　LTG），2016—2018 年。

上汽通用凯迪拉克 XTS 28T（2.0T　LTG），2013—2018 年。

上汽通用凯迪拉克 ATS-L 28T（2.0T　LTG），2014—2018 年。

上汽通用凯迪拉克 CT6 28T（2.0T　LTG），2014—2018 年。

其正时校对方法与第十五章上海通用车系中四、车型中的上海通用别克昂科威 28T（2.0T　LTG），2014—2019 年相同，请参照其校对方法。

二、车型

上汽通用凯迪拉克 CT6 40T（3.0T　LGW），2016—2018 年。

（一）正时链条定位图（图 17-1）

1. 凸轮轴位置执行器正时标记。

（1）右侧（R）排气凸轮轴位置执行器正时标记——三角形。

（2）右侧排气凸轮轴位置执行器识别符。

（3）右侧进气凸轮轴位置执行器正时标记——圆形。

（4）右侧进气凸轮轴位置执行器识别符。

（5）左侧（L）进气凸轮轴位置执行器正时标记——圆形。

（6）左侧进气凸轮轴位置执行器识别符。

（7）左侧排气凸轮轴位置执行器识别符。

（8）左侧排气凸轮轴位置执行器正时标记——三角形。

图 17-1

2. 第一阶段（图 17-2）。

（1）左侧（L）进气凸轮轴位置执行器正时标记——圆形。

（2）左侧进气正时传动链条正时链节。

（3）左侧排气正时传动链条正时链节。

（4）左侧（L）排气凸轮轴位置执行器正时标记——三角形。

（5）左侧正时传动链条。

（6）机油泵正时链条正时链节。

（7）机油泵正时链条正时标记。

（8）机油泵链轮。

（9）机油泵正时链条。

（10）正时链条曲轴链轮正时标记。

（11）正时链条曲轴链轮正时链节。

（12）曲轴链轮。

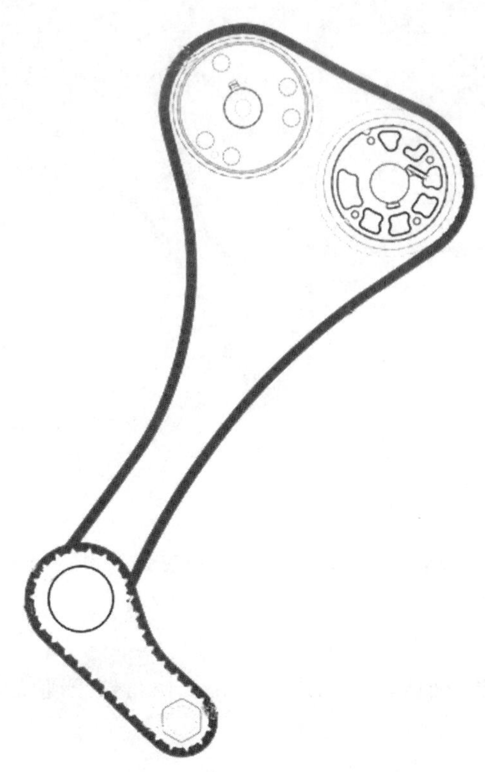

图 17-2

3. 第二阶段（图 17-3）。

(1)左侧进气凸轮轴位置执行器正时标记——圆形。

（2）左侧进气正时传动链条正时链节。

（3）左侧排气正时传动链条正时链节。

（4）左侧排气凸轮轴位置执行器正时标记——三角形。

（5）左侧正时传动链条。

（6）机油泵正时链条正时链节。

（7）机油泵正时链条正时标记。

（8）机油泵链轮。

（9）机油泵正时链条。

（10）正时链条曲轴链轮正时标记。

（11）正时链条曲轴链轮正时链节。

（12）曲轴链轮。

（13）右侧正时传动链条。

（14）右侧排气正时传动链条正时链节。

（15）右侧排气凸轮轴位置执行器正时标记——三角形。

（16）右侧进气凸轮轴位置执行器正时标记——三角形。

（17）右侧进气凸轮轴正时传动链条正时链节。

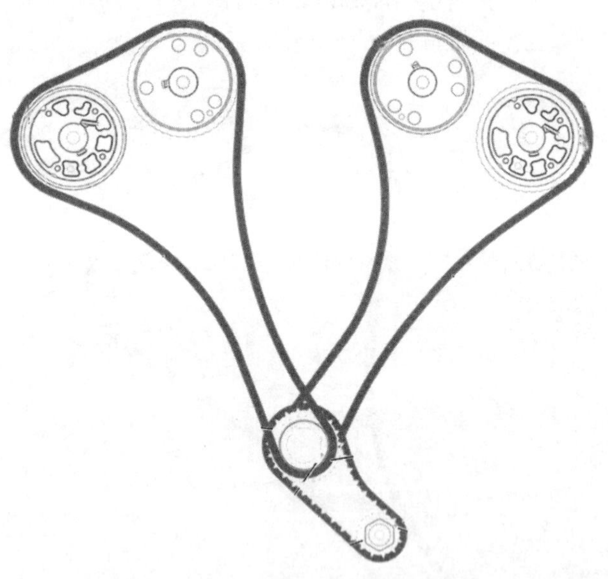

图 17-3

（二）凸轮轴正时链条部件的安装

1. 左正时链条导板的安装（图 17-4）。

（1）正时链条导板——左侧。

注意：确认指定的进气和排气执行器正确就位。有指定的右侧和左侧执行器。

（2）正时链条导板螺栓。

紧固力矩 :25N・m。

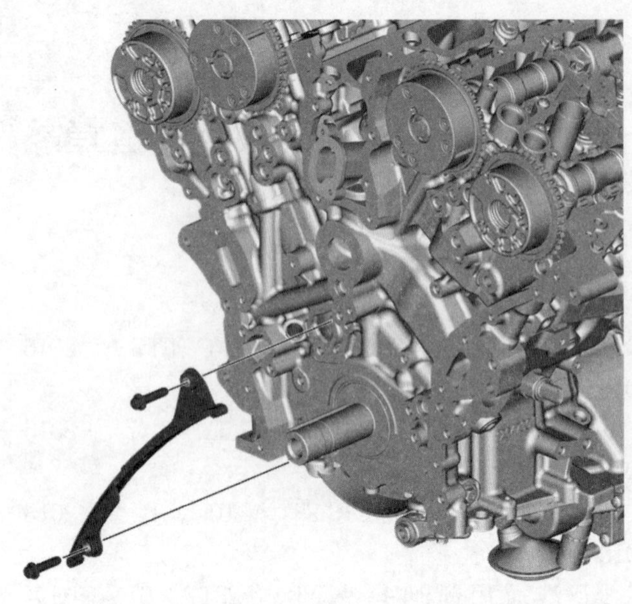

图 17-4

2. 左正时链条的安装（图 17-5）。

（1）正时链条（左侧）。

将曲轴链轮预装配到左正时链条（如图 17-5 中 1）。

固定正时链条的同时，将曲轴链轮安装到曲轴上。

将正时链条引导至导板，不要搁置在塑料侧肋条上。

在凸轮轴的六角形铸件上使用开口扳手，以转动凸轮轴，这将辅助正时标记的对准。

凸轮轴执行器链轮区域可能有多个标志。找到执行器体表面上的（L）。正确的正时标记可以是竖直位于链轮齿内侧并与（L）标识符（如图 17-5 中 2 或 3）对齐的圆形或三角形。

将左侧（L）排气凸轮轴位置执行器链轮的圆形或三角形定位标记（如图 17-5 中 3）对准凸轮轴传动链条正时链节。

将左侧（L）进气凸轮轴位置执行器链轮的圆形或三角形定位标记（如图 17-5 中 2）对准凸轮轴传动链条正时链节。

（2）曲轴正时链轮正时标记。

（3）正时链条链节。

（4）左侧进气执行器正时链轮正时标记。

（5）左侧排气执行器正时链轮正时标记。

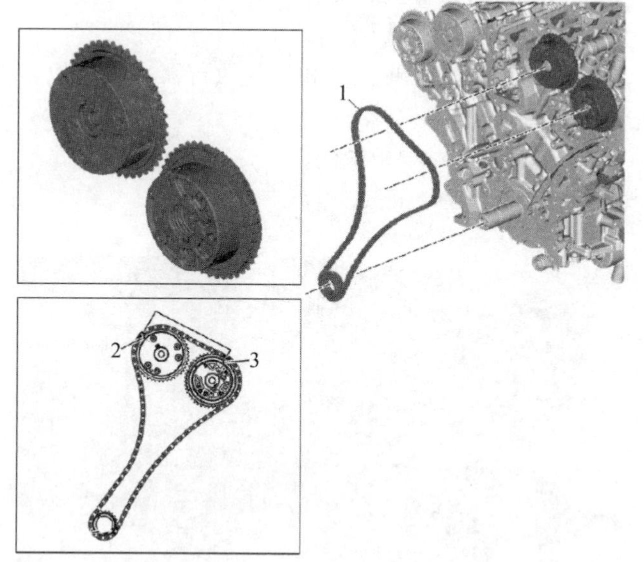

图 17-5

3. 左侧正时链条导板和正时链条张紧器的安装（图 17-6）。

（1）正时链条导板（左侧）。

（2）正时链条导板螺栓。

紧固力矩：25N · m。

（3）正时链条张紧器衬垫。

注意：确保在左气缸盖的左侧正时链条张紧器安装表面上，无任何可能对新的左侧正时链条张紧器衬垫的密封造成影响的毛刺或缺陷。

（4）正时链条张紧器（左侧）。

警告：正时链条张紧器柱塞受到较大张力，必须在拆卸或安装正时链条张紧器时使用张紧器收紧销将其固定。未能固定正时链条张紧器柱塞可能会导致其在强力作用下弹出，造成人身伤害。

用拇指重置正时链条张紧器柱塞，并用 EN-52234 或 1/8 钻头将其固定。

将柱塞压进张紧器体，把 EN-52234 或 1/8 钻头插入右正时链条张紧器体侧面的检修孔中，使右正时链条张紧器锁止。

缓慢释放右侧正时链条张紧器上的压力。右侧正时链条张紧器应保持压缩状态。

专用工具：

EN-52234 正时链条张紧器固定销。

（5）正时链条张紧器螺栓。

将链条张紧器安放到位，并将螺栓松弛地安装到气缸体上。

紧固正时链条张紧器螺栓。

在释放传动链条张紧器之前，确认正时标记处于正确位置。

通过拔出合适的工具，松开正时链条张紧器柱塞。

通过参见正时链条定位图，第一阶段确认左侧正时链条的正时标记是否对准。

紧固力矩：25N · m。

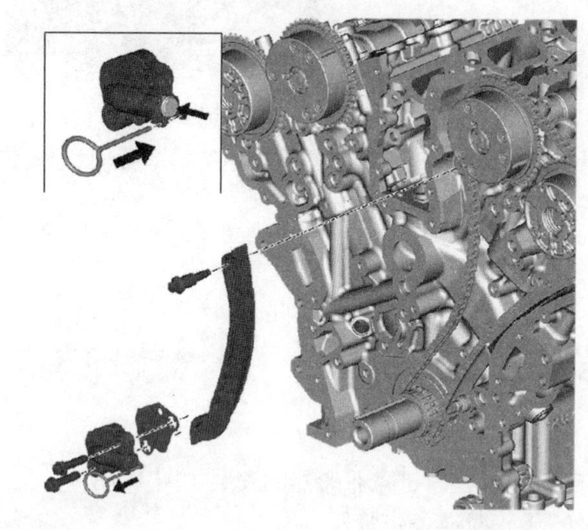

图 17-6

4. 机油泵正时链条的安装（图 17-7）。

（1）机油泵正时链条。

使用链轮和正时链条上的正时标记，预装配曲轴链轮、机油泵链轮和正时链条。

正时链条正时标记（如图 17-7 中 1）应对准正时链条正时链节（如图 17-7 中 2）。

正时链条正时标记（如图 17-7 中 3）应对准正时链条正时链节（如图 17-7 中 4）。

首先将预装配的总成安装到曲轴上，同时固定两个链轮的正时链条。

将机油泵链轮安装到机油泵上，确认与 D 平面接合。

安装机油泵链轮螺栓。

（2）机油泵传动装置螺栓。

按顺序紧固。

· 第一遍 :15N · m

· 最后一遍 :110°

（3）正时链条正时链节。

（4）曲轴链轮正时标记。

（5）正时链条正时链节。

（6）机油泵链轮正时标记。

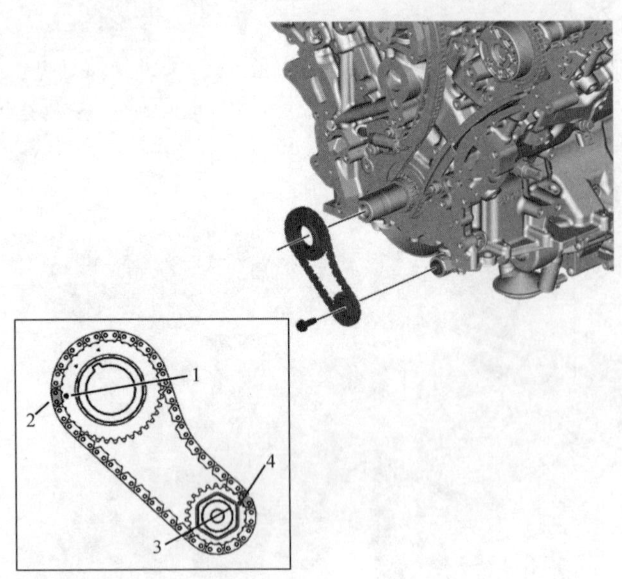

图 17-7

5. 机油泵正时链条张紧器的安装（图 17-8）。

（1）正时链条张紧器。

程序：用手折叠机油泵正时张紧器并安装 EN-52234 或 1/8 钻头将其固定到位。

专用工具：EN-52234 正时链条张紧器固定销。

（2）正时链条张紧器螺栓。

将链条张紧器安放到位，并将螺栓松弛地安装到气缸体上。

紧固正时链条张紧器螺栓。

在释放传动链条张紧器之前，确认正时标记处于正确位置。

通过拔出合适的工具，松开传动链条张紧器。

紧固力矩：25N·m。

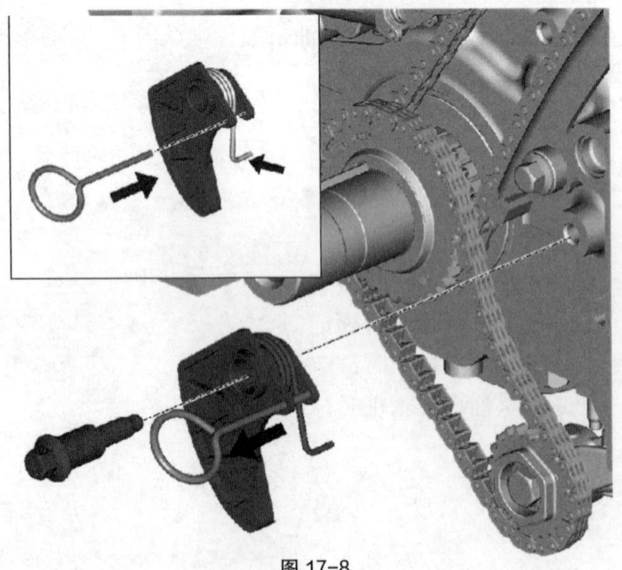

图 17-8

6. 右正时链条导板的安装（图 17-9）。

（1）正时链条导板（右侧）。

注意：确认指定的进气和排气执行器正确就位。有指定的右侧和左侧执行器。

（2）正时链条导板螺栓。

紧固力矩：25N·m。

图 17-9

7. 右正时链条的安装（图 17-10）。

（1）正时链条（右侧）。

程序：

将曲轴链轮预装配到右正时链条（如图 17-10 中 1）。

固定正时链条的同时，将曲轴链轮安装到曲轴上。

将正时链条引导至导板，不要搁置在塑料侧肋条上。

在凸轮轴的六角形铸件上使用开口扳手，以转动凸轮轴，这将辅助正时标记的对准。

凸轮轴执行器链轮区域可能有多个标志。找到执行器体表面上的（R）。正确的正时标记可以是竖直位于链轮齿内侧并与（R）标识符（如图 17-10 中 2 或 3）对齐的圆形或三角形。

将右侧（R）排气凸轮轴位置执行器链轮的圆形或三角形定位标记（如图 17-10 中 3）对准凸轮轴传动链条正时链节。

将右侧（R）进气凸轮轴位置执行器链轮的圆形或三角形定位标记（如图 17-10 中 2）对准凸轮轴传动链条正时链节。

（2）曲轴正时链轮正时标记。

（3）正时链条链节。

（4）右侧进气执行器正时链轮正时标记。

（5）右侧排气执行器正时链轮正时标记。

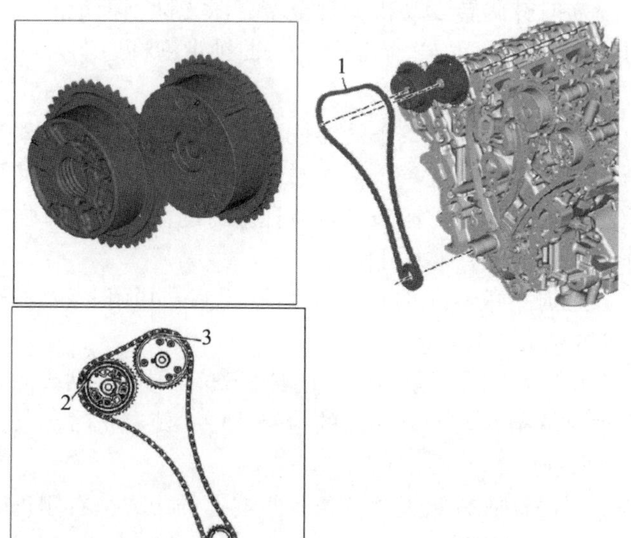

图 17-10

8. 右侧正时链条导板和正时链条张紧器的安装（图 17-11）。

（1）正时链条导板（右侧）。

（2）正时链条导板螺栓。

紧固力矩：25N・m。

（3）正时链条张紧器衬垫。

注意：确保在右气缸盖的右侧正时链条张紧器安装表面上，无任何可能对新的右侧正时链条张紧器衬垫的密封造成影响的毛刺或缺陷。

（4）正时链条张紧器（右侧）。

警告：正时链条张紧器柱塞受到较大张力，必须在拆卸或安装正时链条张紧器时使用张紧器收紧销将其固定。未能固定正时链条张紧器柱塞可能会导致其在强力作用下弹出，造成人身伤害。

用拇指重置正时链条张紧器柱塞，并用 EN-52234 或 1/8 钻头将其固定。

将柱塞压进张紧器体，把 EN-52234 或 1/8 钻头插入右正时链条张紧器体侧面的检修孔中，使右正时链条张紧器锁止。

缓慢释放右侧正时链条张紧器上的压力。右侧正时链条张紧器应保持压缩状态。

专用工具：EN-52234 正时链条张紧器固定销。

（5）正时链条张紧器螺栓。

将链条张紧器安放到位，并将螺栓松弛地安装到气缸体上。

紧固正时链条张紧器螺栓。

在释放传动链条张紧器之前，确认正时标记处于正确位置。

通过拔出合适的工具，松开正时链条张紧器柱塞。

通过参见正时链条定位图——第二阶段，确认左侧正时链条的正时标记是否对准。

紧固力矩：25N・m。

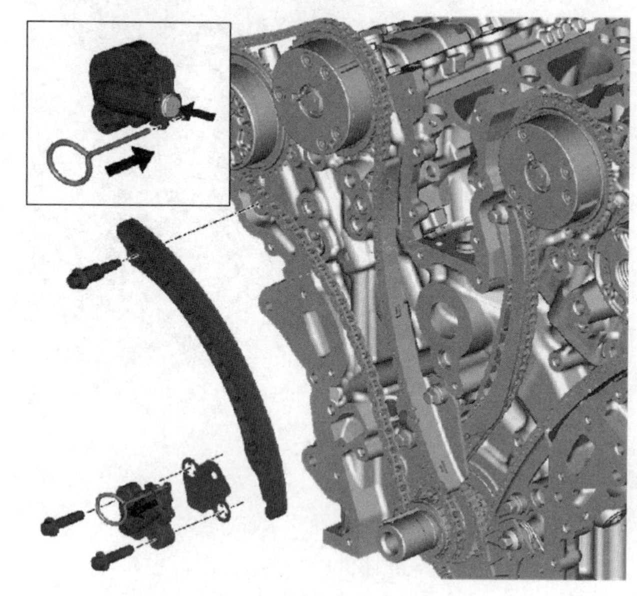

图 17-11

（三）凸轮轴正时链条部件的拆卸

1. 右正时链条部件的拆卸（图 17-12）。

顺时针旋转发动机，直至带有激光蚀刻标记的右侧缸组凸轮轴平面与气缸盖垂直。曲轴键槽将处于大约 3 点钟位置。

警告：正时链条张紧器柱塞受到较大张力，必须在拆卸或安装正时链条张紧器时使用张紧器收紧销将其固定。未能固定正时链条张紧器柱塞可能会导致其在强力作用下弹出，造成人身伤害。

用拇指重置正时链条张紧器柱塞，并用 EN-52234 或 1/8 钻头将其固定。

将柱塞压进张紧器体，把 EN-52234 或 1/8 钻头插入右正时链条张紧器体侧面的检修孔中，使右正时链条张紧器锁止。

缓慢释放右侧正时链条张紧器上的压力。右侧正时链条张紧器应保持压缩状态。

专用工具：EN-52234 正时链条张紧器固定销。

（1）正时链条张紧器螺栓。

（2）正时链条张紧器（右侧）。

（3）正时链条张紧器衬垫。

注意：拆下并报废衬垫。

（4）正时链条导板螺栓。

（5）正时链条导板（右侧）。

（6）正时链条（右侧）。

（7）正时链条导板螺栓。

（8）曲轴链轮。

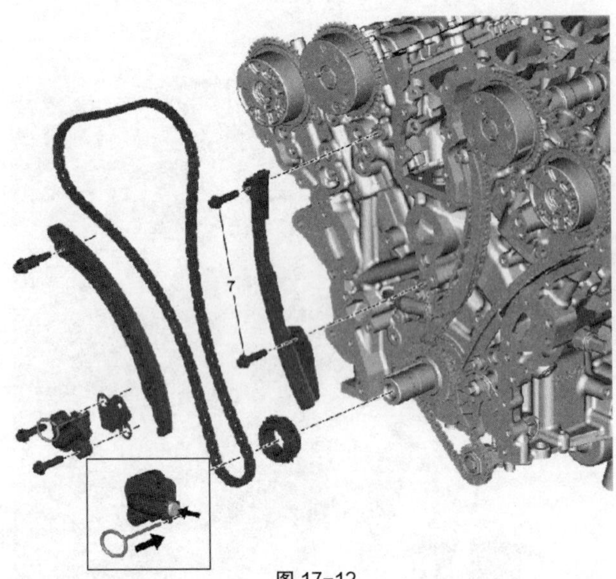

图 17-12

2. 机油泵正时链条部件的拆卸（图 17-13）。

（1）正时链条张紧器螺栓。

（2）正时链条张紧器。

用手折叠机油泵正时张紧器并安装 EN–52234 或 1/8 钻头将其固定到位。

专用工具：EN–52234 正时链条张紧器固定销。

（3）机油泵传动装置螺栓。

（4）机油泵链轮。

（5）机油泵正时链条。

（6）曲轴链轮。

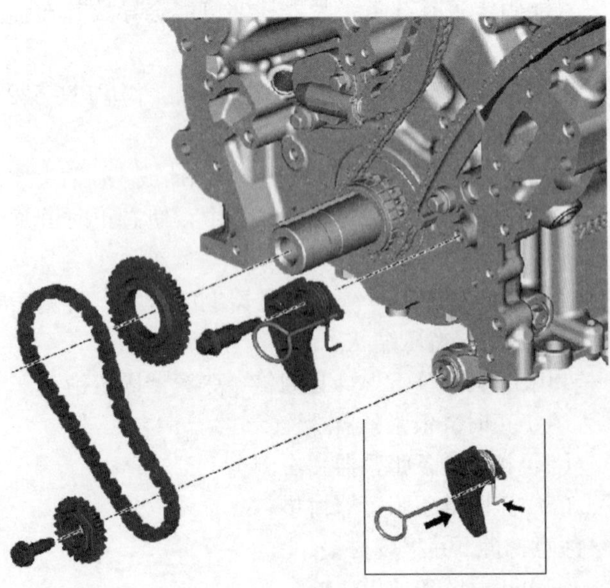

图 17-13

3. 左正时链条部件的拆卸（图 17-14）。

逆时针旋转发动机，直至带有激光蚀刻标记的左侧缸组凸轮轴平面与气缸盖垂直。曲轴键槽将处于大约 11 点钟位置。

警告：正时链条张紧器柱塞受到较大张力，必须在拆卸或安装正时链条张紧器时使用张紧器收紧销将其固定。未能固定正时链条张紧器柱塞可能会导致其在强力作用下弹出，造成人身伤害。

用拇指重置正时链条张紧器柱塞，并用 EN–52234 或 1/8 钻头将其固定。

将柱塞压进张紧器体，把 EN–52234 或 1/8 钻头插入右正时链条张紧器体侧面的检修孔中，使右正时链条张紧器锁止。

缓慢释放右侧正时链条张紧器上的压力。右侧正时链条张紧器应保持压缩状态。

专用工具：EN–52234 正时链条张紧器固定销。

（1）正时链条张紧器螺栓。

（2）正时链条张紧器（左侧）。

（3）正时链条张紧器衬垫。

注意：拆下并报废衬垫。

（4）正时链条导板螺栓。

（5）正时链条导板（左侧）。

（6）正时链条（左侧）。

（7）曲轴链轮。

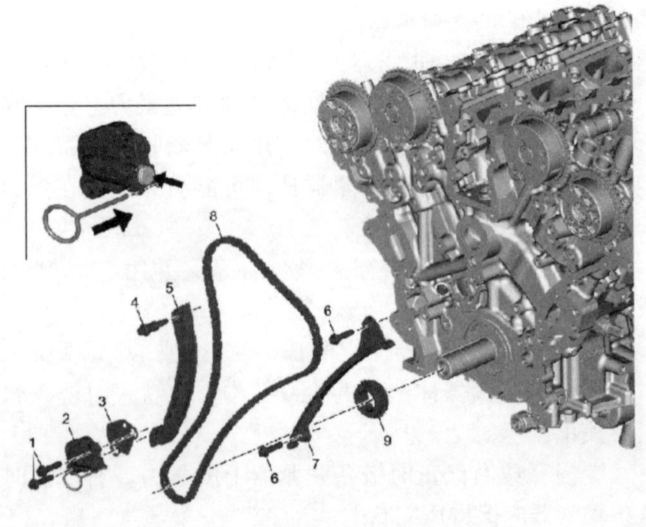

图 17-14

三、车型

上汽通用凯迪拉克 XT4 28T（2.0T　LSY），2018—2019 年。

上汽通用凯迪拉克 CT6 28T（2.0T　LSY），2019 年。

1. 专用工具。

在安装 LSY 发动机正时链条时，需使用如图 17-15 的专用工具，分别为：

（1）EN-955-A 锁定销。

（2）EN-45059A 角度计。

（3）EN-52461 凸轮轴相位固定工具。

（4）EN-52461-10050T 相位固定器适配器。

（5）EN-52462 凸轮轴固定工具。

（6）EN-52476 曲轴固定工具。

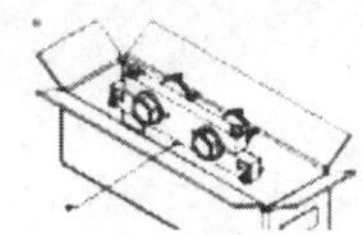

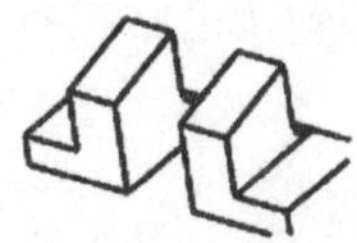

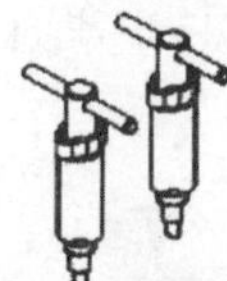

图 17-15

2. 发动机正时安装步骤（车下）。

（1）安装张紧器到发动机上（图 17-16），两颗螺栓的扭矩为 15N·m。

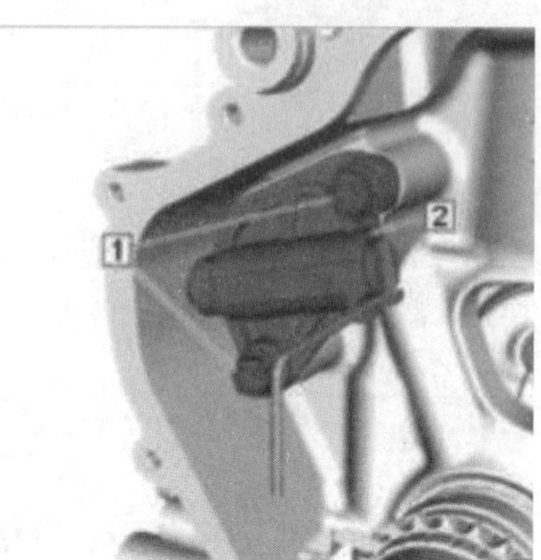

图 17-16

（2）安装链条导板和螺栓（图 17-17），3 颗螺栓的扭矩为 15N·m。

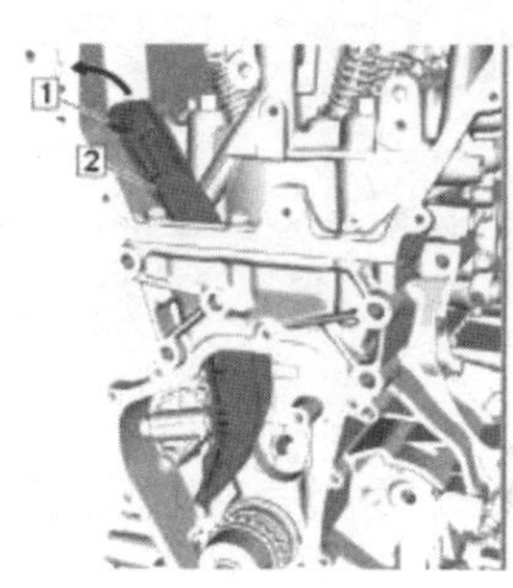

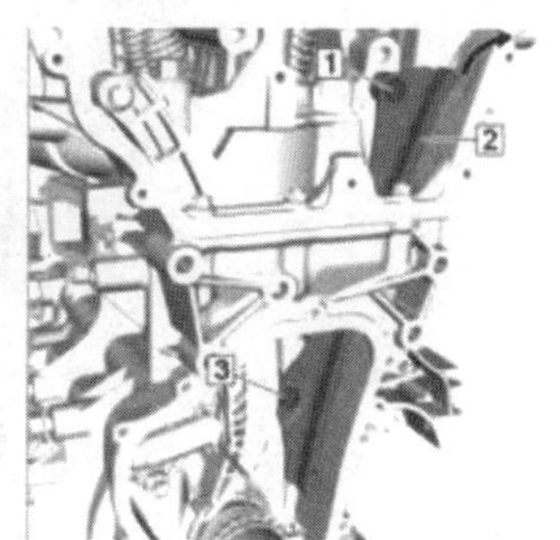

图 17-17

（3）安装正时链条（如图 17-18 中 3）和曲轴链轮（如图 17-18 中 5），安装排气凸轮轴链轮（如图 17-18 中 4）和螺栓（如图 17-18 中 1），手动紧固即可。需注意链条上的白色标记只用于标识，不用于正时。

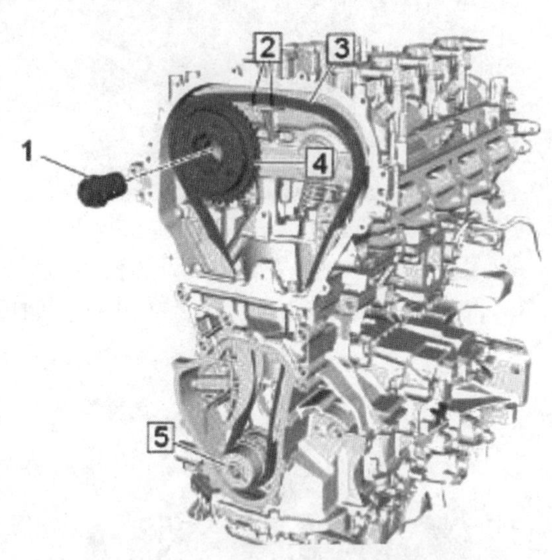

图 17-18

（4）安装 EN-52476 曲轴固定工具锁定飞轮，转动曲轴，使得工具的正时销刚好穿过曲轴飞轮的定位孔，如图 17-19。

图 17-19

（5）安装进气凸轮轴链轮（如图 17-20 中 2），安装顶部的导板，用动拧紧链轮螺栓（如图 17-20 中 3）。

图 17-20

（6）拆卸气门室罩盖顶部的两个螺栓，如图 17-21。

图 17-21

（7）通过螺栓孔检查凸轮轴的位置，双凸轮轴的槽孔应该在 12 点钟方向（如图 17-22 中 1）。

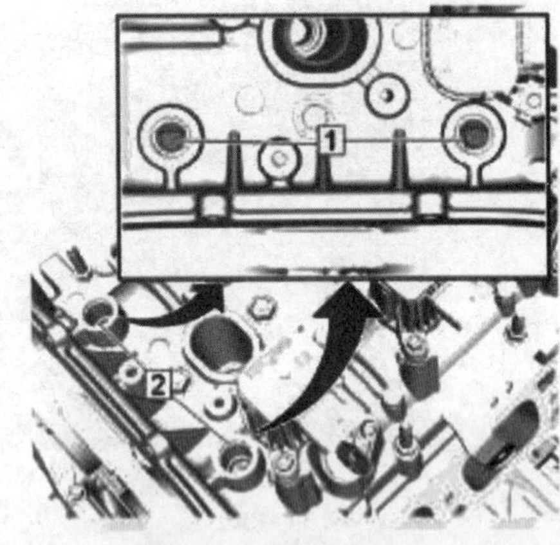

图 17-22

（8）安装凸轮轴固定工具 EN-52462，如果无法正确安装调整位置直到安装正常。放置固定工具 EN-52462，锁定凸轮轴，如图 17-23。

图 17-23

（9）组装专用工具（如图 17-24 中 2）（EN-52461）到适配器（如图 17-24 中 3）上拧紧螺栓（如图 17-24 中 1、4）。

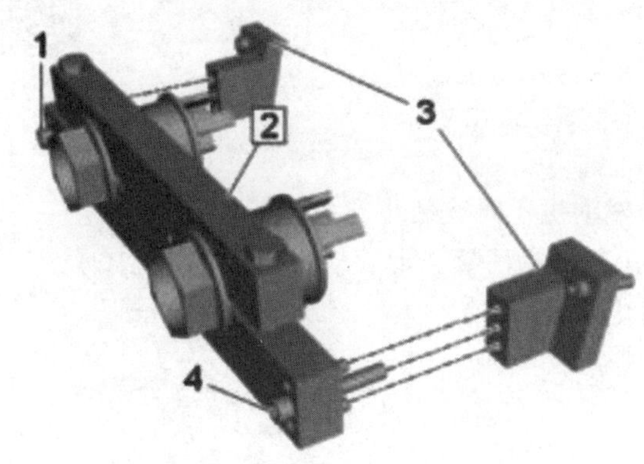

图 17-24

（10）安装 EN-52461 凸轮轴相位器到发动机上，拧紧螺栓（如图 17-25 中 1、2）。

图 17-25

（11）拆卸掉 EN-52476 曲轴固定工具的定位销，如图 17-26。

图 17-26

（12）使专用工具的定位销插入到进排气执行器上，确保专用工具安装到位，如图 17-27。

图 17-27

（13）顺时针拧紧凸轮轴螺栓，扭矩为 20N・m。拧紧螺栓（如图 17-28 中 1）到 20N・m，二次拧紧进气凸轮轴螺栓，扭矩为 50N・m+28°。以相同的方法紧固排气凸轮轴，扭矩为 50N・m+28°。需使用开口扳手固定专用工具的螺栓（如图 17-28 中 2），避免链条直接受伤。

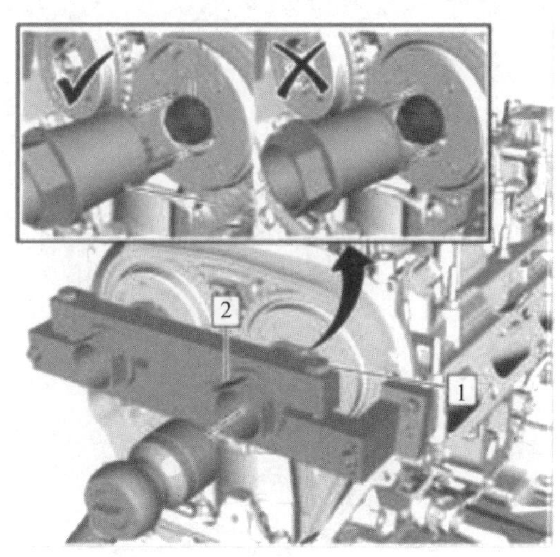

图 17-28

（14）松开专用工具的相位定位器，确保工具安装在发动机上，如图 17-29。

图 17-29

（15）旋松定位工具，按图 17-30 拆下专用工具。

图 17-30

（16）通过曲轴皮带螺栓将曲轴旋转 720°，直到工具上的正时线对齐。

（17）安装专用工具 EN-52462-5，检查工具是否可以正常到位，如果可以安装进去说明正时正常，否则重复上述步骤进行安装。

（18）从发动机上拆下凸轮轴定位工具。

（19）安装凸轮轴盖密封螺栓。

第十八章　福特车系

一、车型

长安福特翼博（2013—2018 年），发动机 1.0L EcoBoost（90kW）。

长安福特全新福克斯（2015—2018 年），发动机 1.0L EcoBoost（90kW）。

1. 专用工具 / 通用设备

（1）带千分表的固定夹具，如图 18-1。

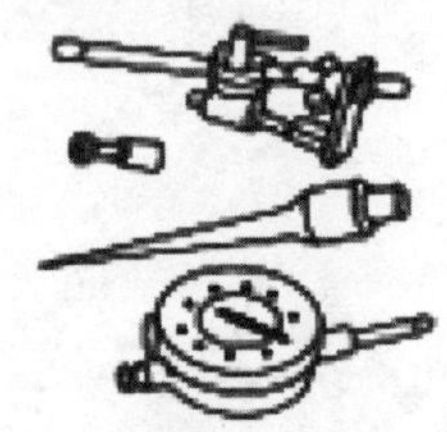

图 18-1

（2）万用法兰夹紧扳手，如图 18-2。

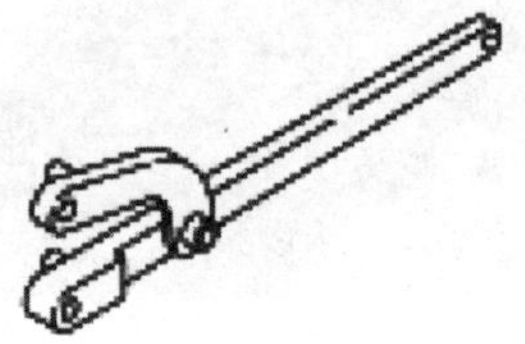

图 18-2

（3）锁止工具，如图 18-3。

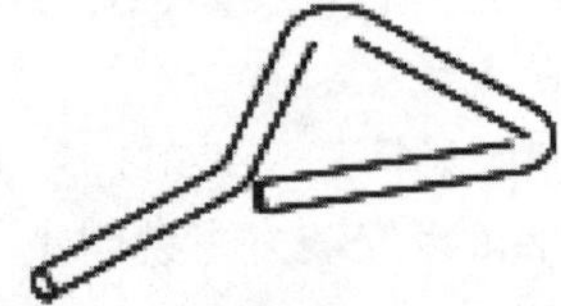

图 18-3

（4）安装板，如图 18-4。

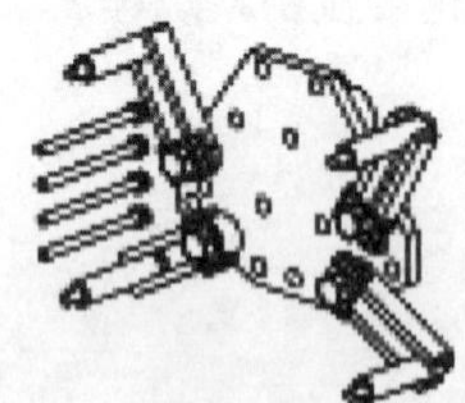

图 18-4

（5）曲轴锁止工具，如图 18-5。

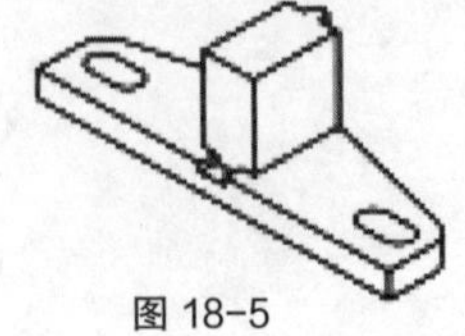

图 18-5

（6）前盖密封件安装工具，如图 18-6。

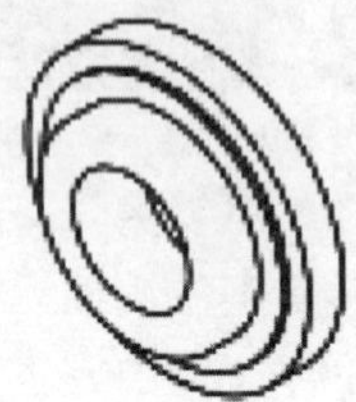

图 18-6

（7）曲轴 TDC 正时销，如图 18-7。

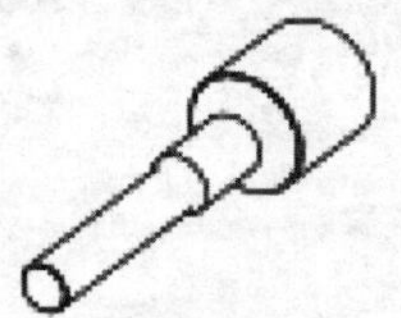

图 18-7

（8）凸轮轴定位工具，如图 18-8。

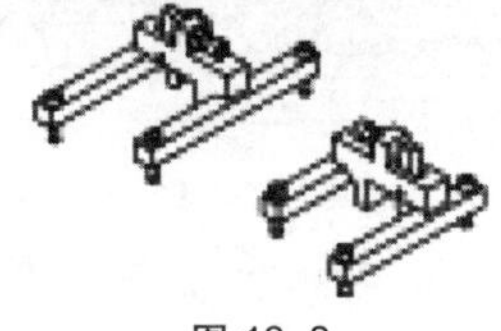

图 18-8

（9）可变凸轮轴正时锁止工具，如图 18-9。

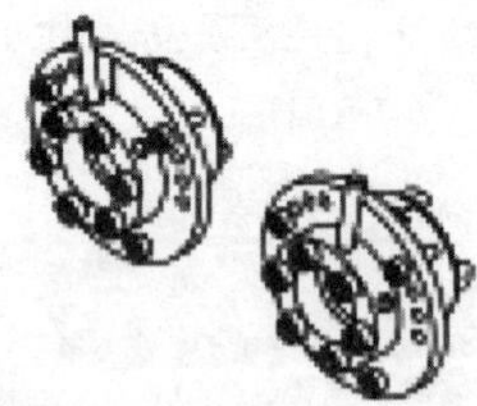

图 18-9

（10）扭矩放大器，如图 18-10。

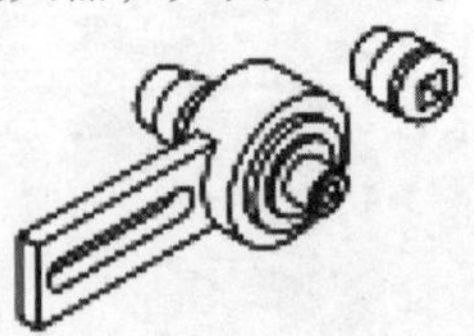

图 18-10

（11）303-1611 适配器，如图 18-11。

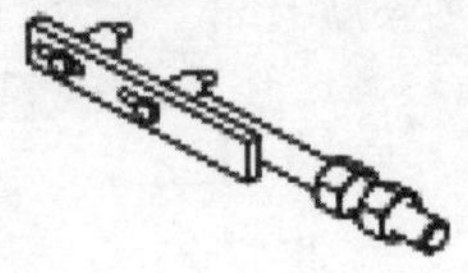

图 18-11

（12）扭矩放大器适配器，如图 18-12。

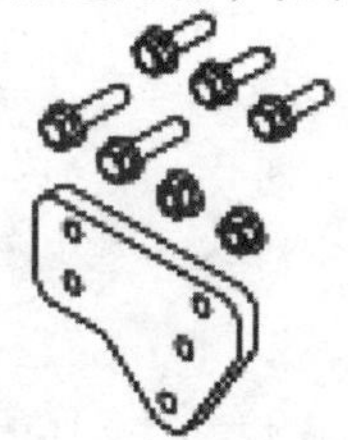

图 18-12

（13）前盖密封件安装工具，如图 18-13。

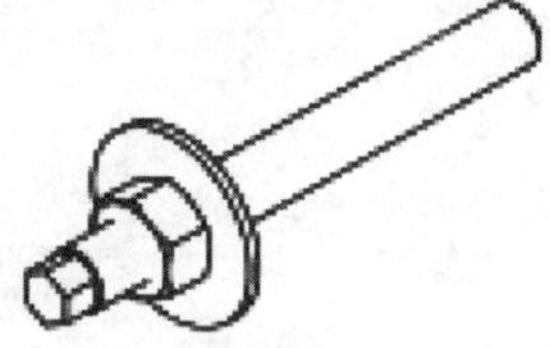

图 18-13

（14）火花塞套筒，如图 18-14。

图 18-14

（15）机油滤清器扳手，如图 18-15。

图 18-15

（16）曲轴定位销，如图 18-16。

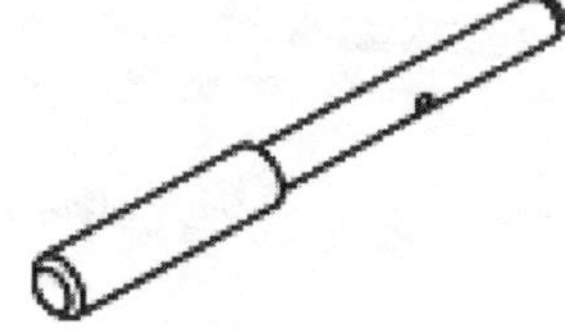

图 18-16

（17）Teflon 密封件安装工具套件，如图 18-17。

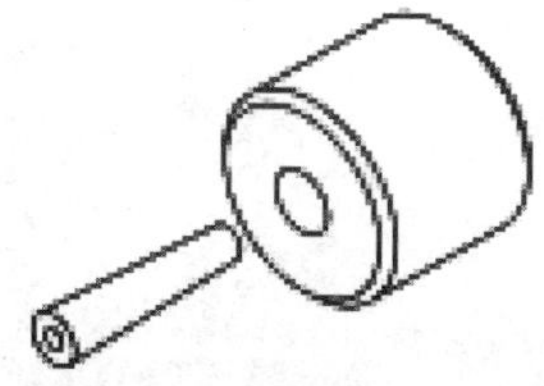

图 18-17

（18）举升支架、举升吊架、台架、塑料刮刀、梅花套筒、管夹拆装器和活塞环压缩器。

2. 以上车型及所装备的发动机正时对准

步骤如下：

（1）新曲轴后油封承载器配有定位套筒，安装后必须把定位套筒移除。确保安装新的螺栓。安装所有螺栓并用手拧紧（图 18-18），然后再最后拧紧。注意：确保结合面干净，无异物。扭矩：10N・m。

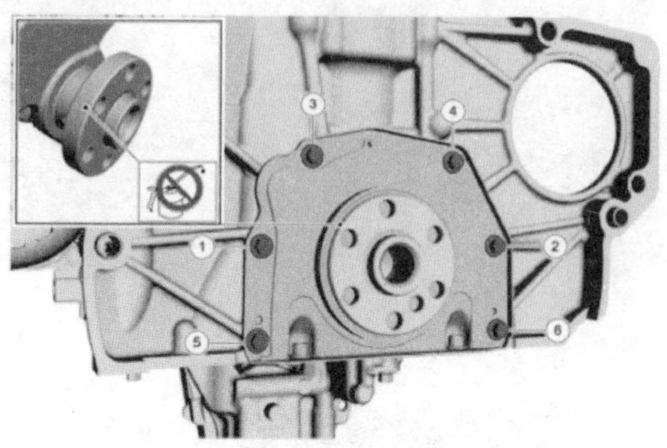

图 18-18

（2）安装如图 18-19 中螺栓。扭矩：23N・m。

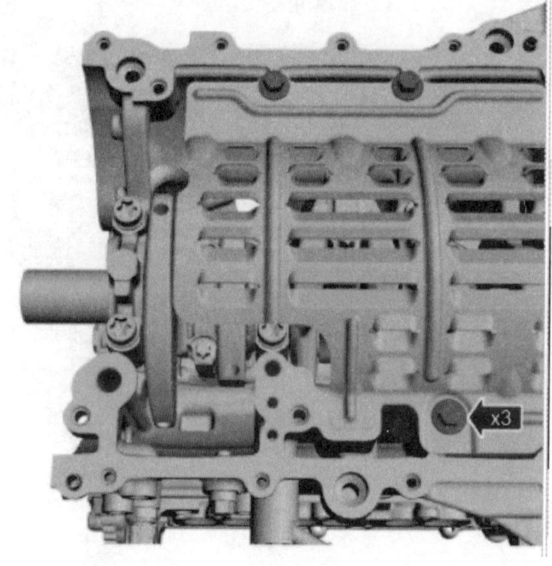

图 18-19

（3）安装如图 18-20 中螺栓。扭矩：23N・m。

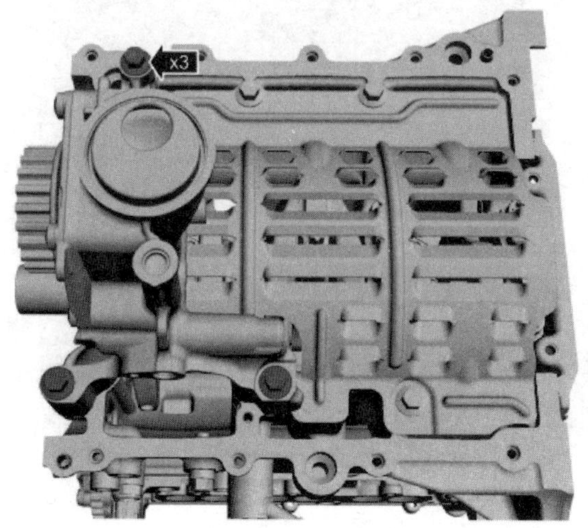

图 18-20

（4）注意：确保组件安装在拆卸前标记的位置。如果安装新部件，请确定零件号，如图 18-21~ 图 18-24。

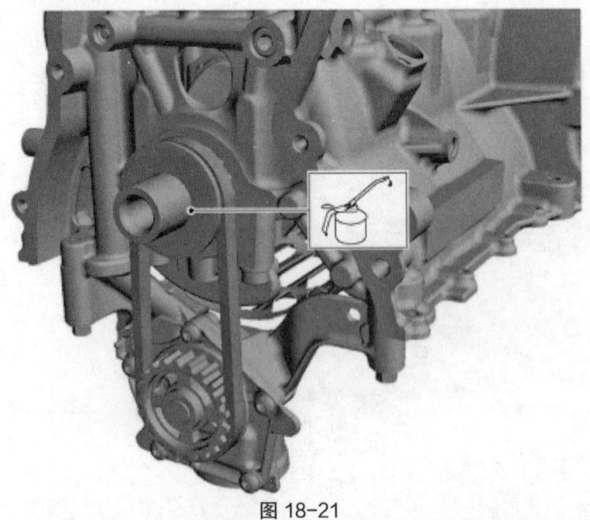

图 18-21

图 18-22

图 18-23

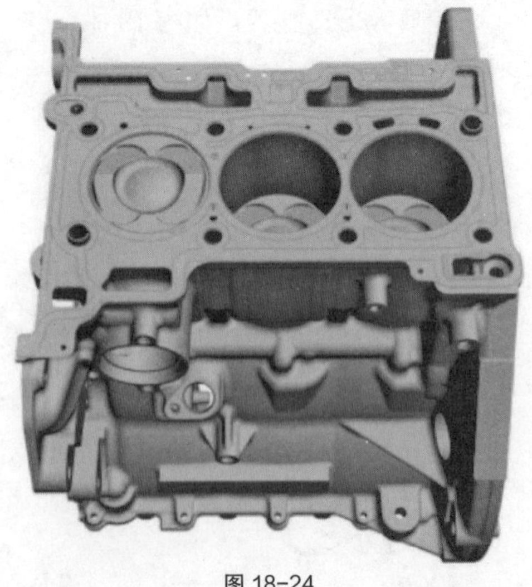

图 18-24

（5）确保没有油液出现在气缸盖螺栓螺纹中。确保安装新的螺栓，如图 18-25。安装所有螺栓并用手拧紧，然后再最后拧紧。通用设备：梅花套筒。

扭矩：

· 1 级：10N · m

· 2 级：40N · m

· 3 级：松开 45°

· 4 级：30N · m

· 5 级：90°

· 6 级：90°

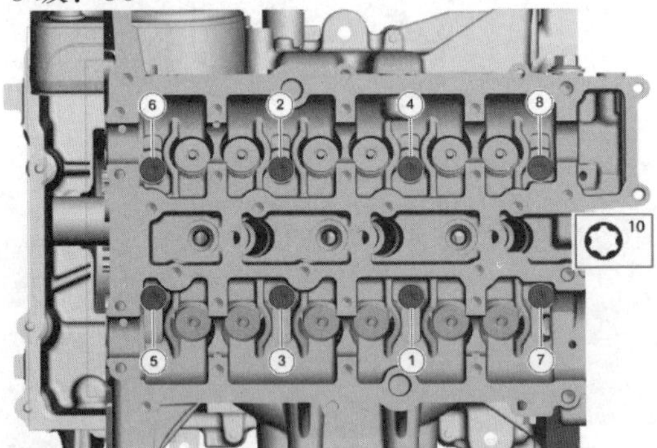

图 18-25

（6）使用建议的维修工具：303-1653 套筒，火花塞拧紧如图 18-26 中箭头螺栓。可使用所示工具或市场

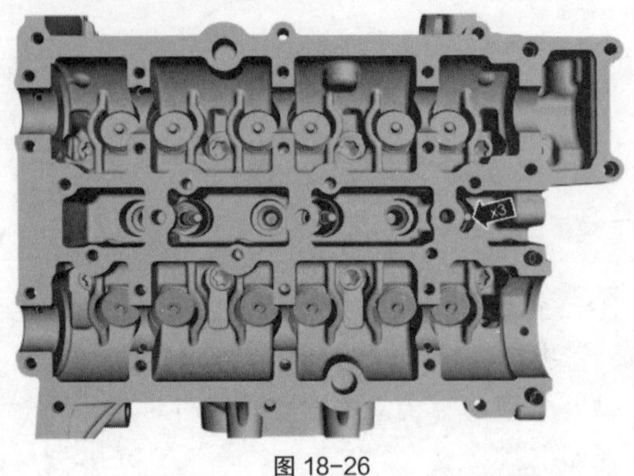

图 18-26

上的同类工具。拧紧扭矩：13N·m。

注意：确保部件安装于拆卸时所标注的位置上。必须用清洁的机油润滑部件，如图 18-27。

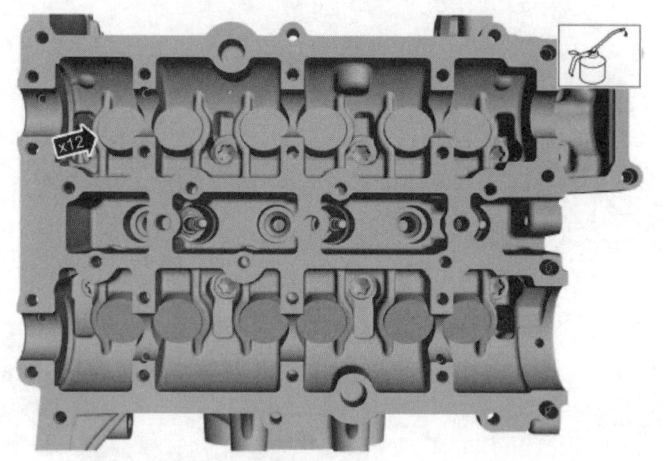

图 18-27

注意：确保接合面干净，无异物。部件必须在涂上密封胶 5min 之内装上。在以下时间内完成此步骤：5min。材料：密封胶（WSK-M2G348-A5），如图 18-28。

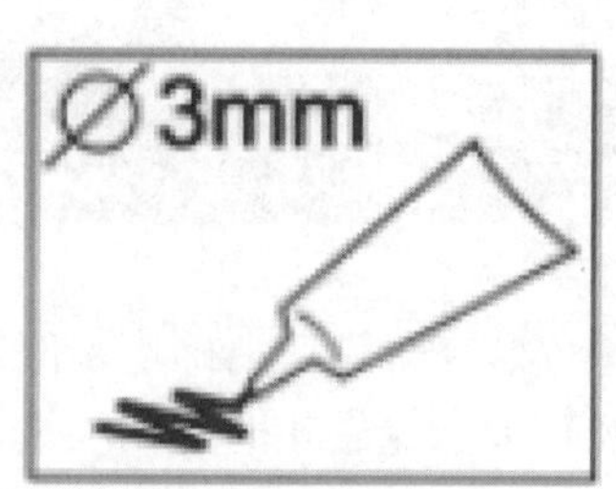

图 18-28

注意：确保接合面干净，无异物。部件必须在涂上密封胶 5min 之内装上。以下时间内完成此步骤：5min。材料：密封胶（WSK-M2G348-A5），如图 18-29。

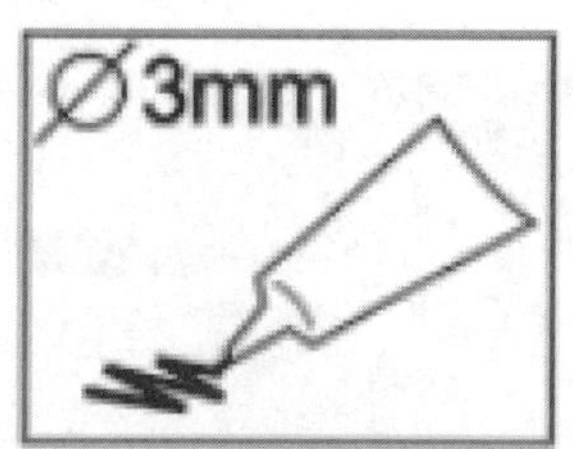

图 18-29

注意：确保部件安装于拆卸时所标注的位置上。确保安装新的螺栓，如图 18-30。必须用清洁的机油润滑轴承。大约在发动机的第 1 个气缸的气门重叠位置，安装凸轮轴。安装所有螺栓并用手拧紧，然后再最后拧紧。同时旋转两圈拧紧每个螺栓。拧紧扭矩：10N·m。

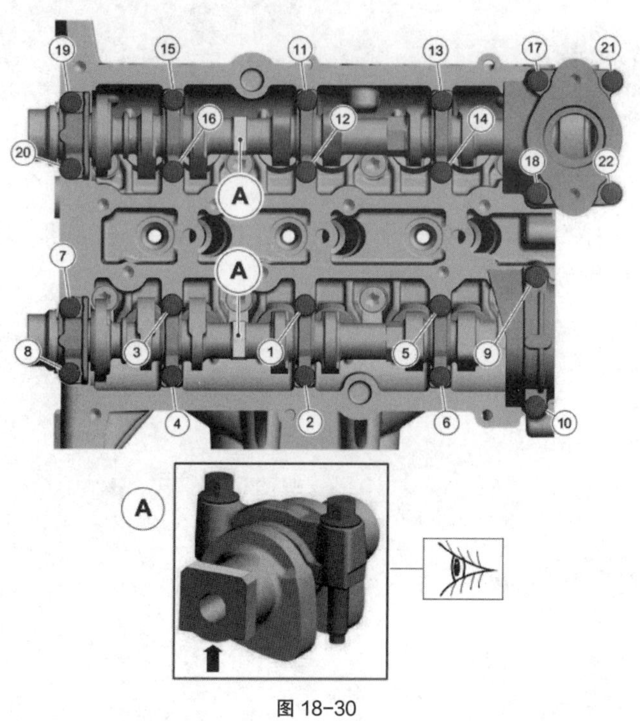

图 18-30

（7）测量气门间隙，必要时通过安装新的气门挺杆以进行调节。请格外小心，切勿损坏啮合面。仅顺时针旋转曲轴。旋转曲轴直到 1 号活塞在上止点前（BTDC）大约 35°，如图 18-31。使用建议的维修工具：205-072 万用法兰夹紧扳手，可使用所示工具或市场上的同类工具。

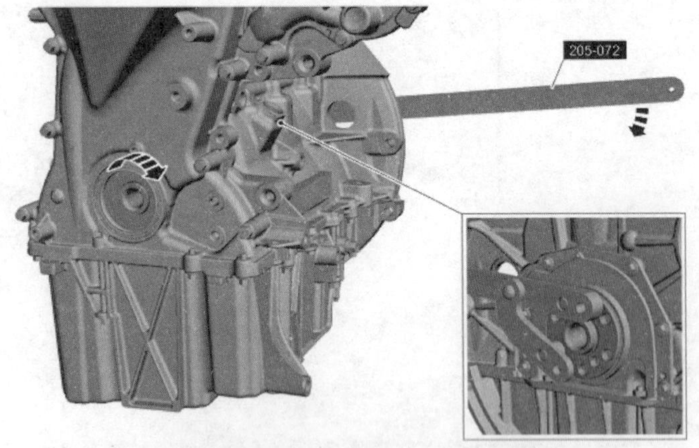

图 18-31

（8）拆卸盲孔螺栓，如图 18-32。

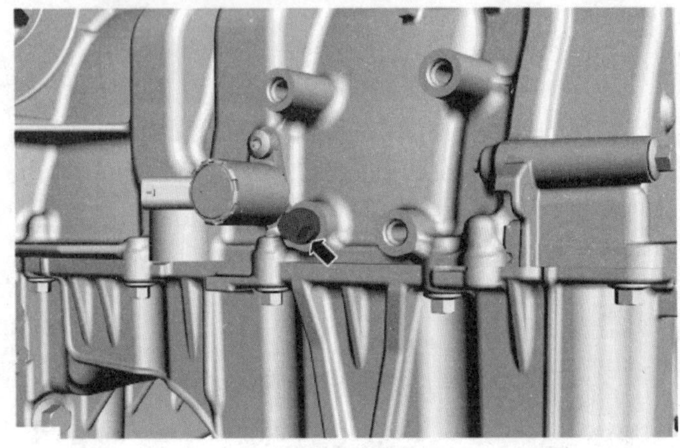

图 18-32

（9）安装曲轴 TDC 专用工具 303-1604 正时销，如图 18-33。

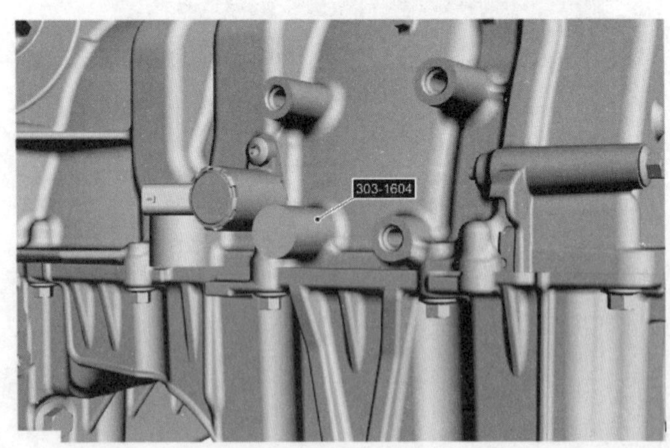

图 18-33

请格外小心，切勿损坏啮合面。仅顺时针旋转曲轴。缓慢旋转曲轴直到曲轴停止。使用建议的维修工具：205-072 万用法兰夹紧扳手，如图 18-34。可使用所示工具或市场上的同类工具。

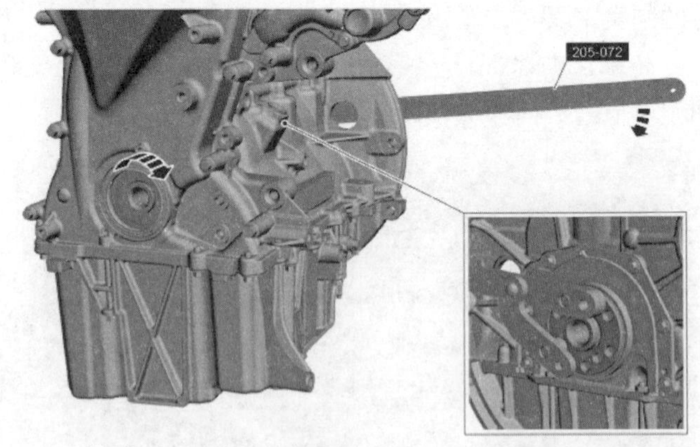

图 18-34

（10）安装凸轮轴专用工具：303-1605 定位工具，如图 18-35。注意：在此阶段，仅用手指拧紧螺栓。拧紧扭矩：10N・m。

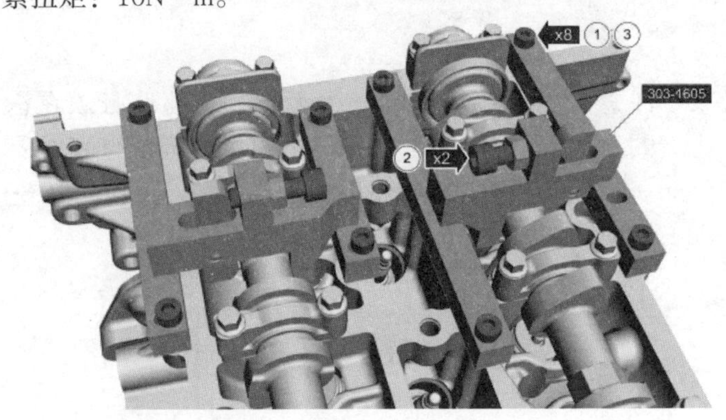

图 18-35

注意：如果安装新部件，请确定零件号。

（11）安装可变凸轮轴正时专用工具 303-1606 锁止工具，如图 18-36。注意：确保安装标记已对齐并指向 12 点钟位置。

图 18-36

注意：确保安装新的螺栓，如图 18-37。在此阶段，仅用手指拧紧螺栓。

（12）拆下可变凸轮轴正时专用工具：303-1606 锁止工具，如图 18-38。

注意：如果安装新部件，请确定零件号。请确保正

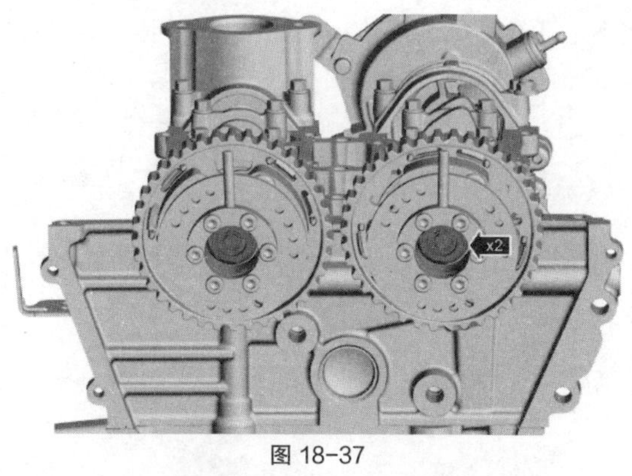

图 18-37

图 18-38

确安装部件。必须用清洁的机油润滑部件，如图 18-39。

图 18-39

警告：张紧装置位于弹簧压紧装置下。小心处理张紧装置。未遵循这些说明，可能会造成人身伤害。把图 18-40 中箭头所示螺栓拧紧，拧紧扭矩：26N·m。

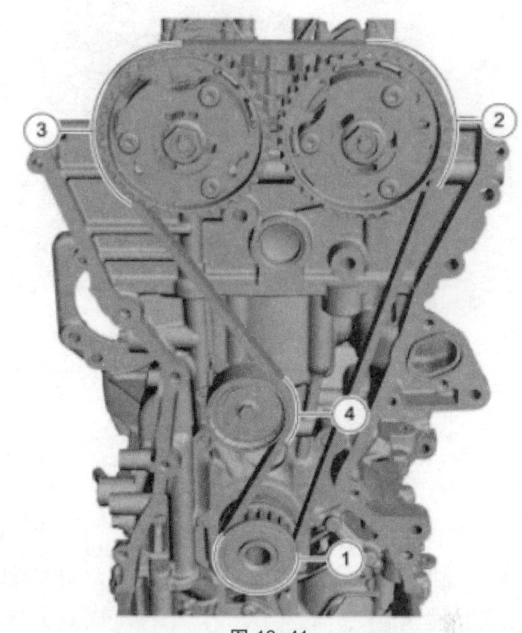
图 18-40

注意：如果安装新部件，请确定零件号。链条部分如图 18-41。

图 18-41

警告：张紧装置位于弹簧压紧装置下。小心处理张紧装置。未遵循这些说明，可能会造成人身伤害。拆下专用工具 303-1054 锁止工具，正时皮带张紧器，如图 18-42。

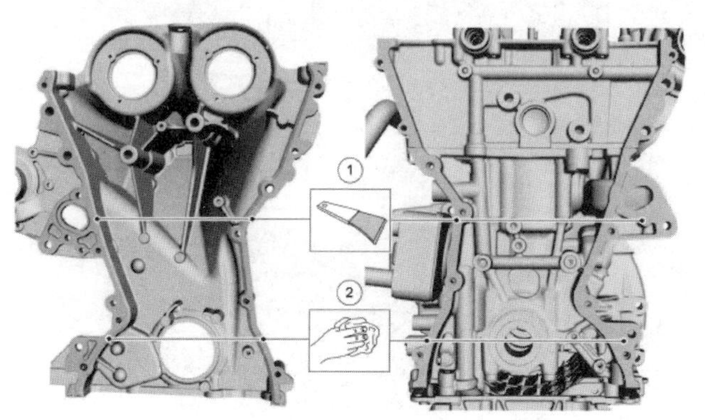

图 18-42

注意：确保接合面干净，无异物。通用设备：塑料刮刀材料：Primer H-BW / CU7J-BNDRT-AA/CA，如图 18-43 和图 18-44。

图 18-43

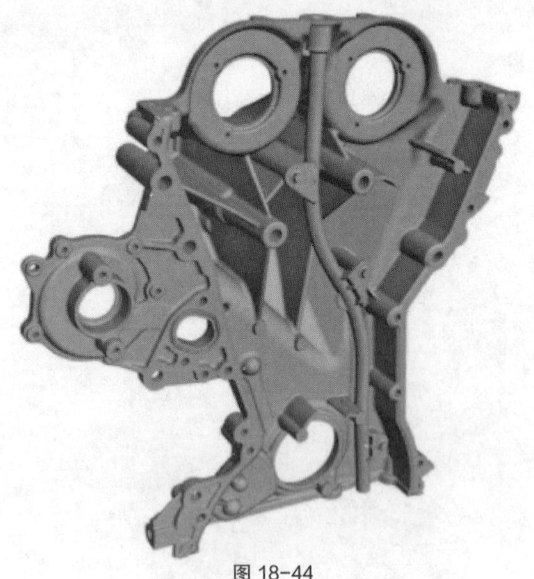

图 18-44

注意：组件必须在涂上密封胶 10min 之内装上。在以下时间内完成此步骤：10min。材料：硅密封胶（WSE-M4G323-A4），如图 18-45。

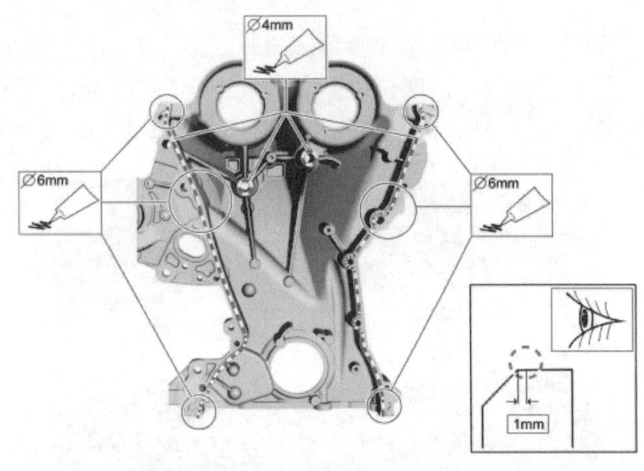

图 18-45

注意：组件必须在涂上密封胶 10min 之内装上。在以下时间内完成此步骤：10min。材料：硅密封胶（WSE-M4G323-A4），如图 18-46。

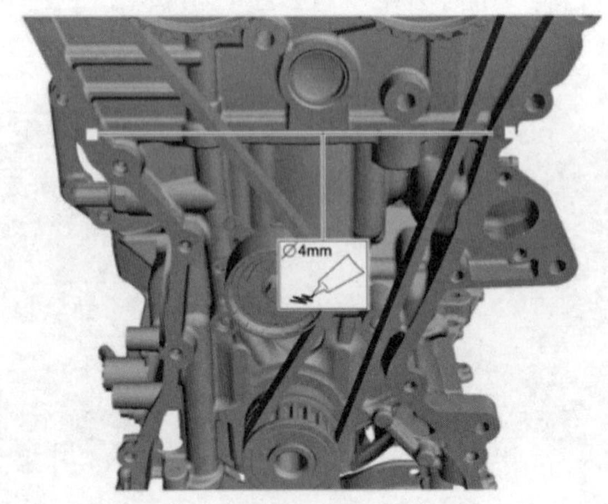

图 18-46

注意：确保安装新的不同长度的螺栓，如图 18-47。

①扭矩：

- 1-2：M6×60：5N・m
- 3-6：M10×95：10N・m
- 7-16：M6×60：5N・m

②扭矩：

- 3-6：40N・m
- 3-4：70N・m
- 5-6：70N・m
- 1-2：9N・m
- 7-16：15N・m

③扭矩：

- 3-4：90°
- 5-6：90°
- 1-2：90°
- 7-16：90°

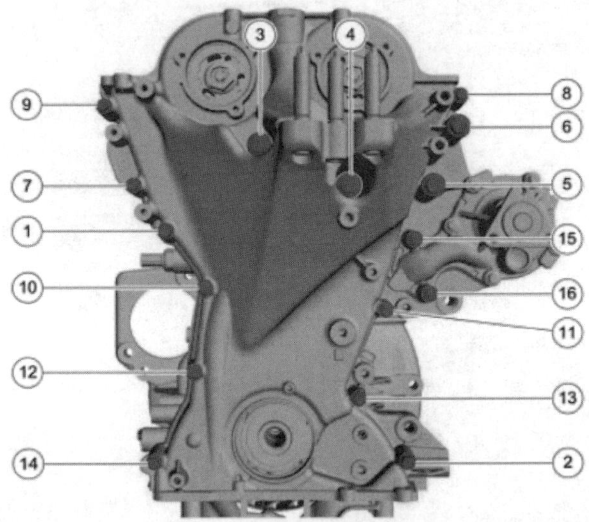

图 18-47

请格外小心，不要损坏密封件。注意：使用新的密封件。在此阶段，仅用手指拧紧螺栓。使用专用维修工具：303-1603 安装工具，前盖密封件，303-1636 安装工具，

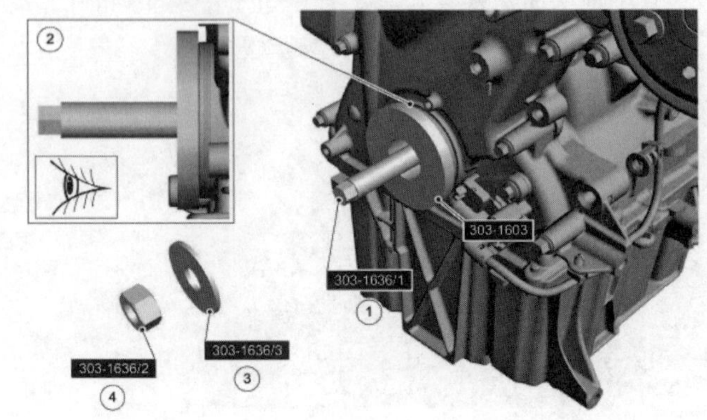

图 18-48

前盖密封件。请确保正确定位密封件。拆下专用工具：303-1603 安装工具，前盖密封件，303-1636 安装工具，如图 18-48。

拧紧如图 18-49 中螺栓。拧紧扭矩：10N·m。

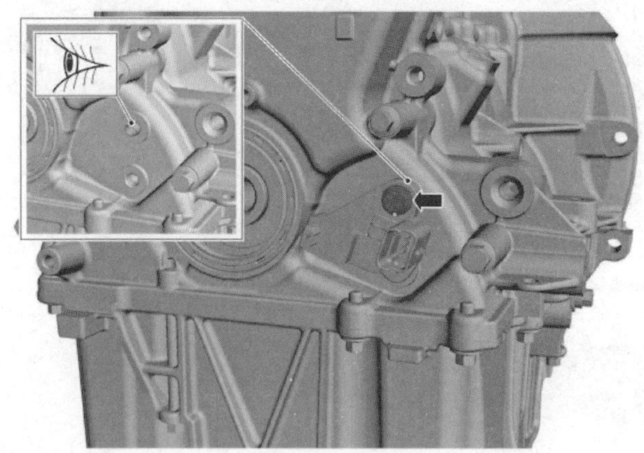

图 18-49

（13）安装可变凸轮轴正时专用工具 303-1606 锁止工具，如图 18-50。拧紧扭矩：10N·m。

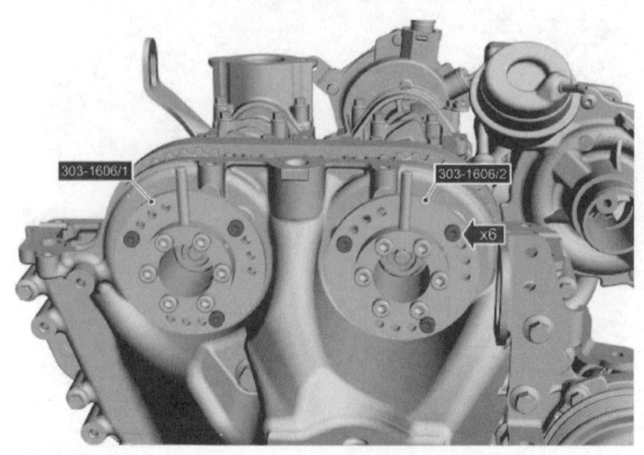

图 18-50

（14）按图 18-51 箭头所示转动直到受到阻力。螺栓扭矩：15N·m。

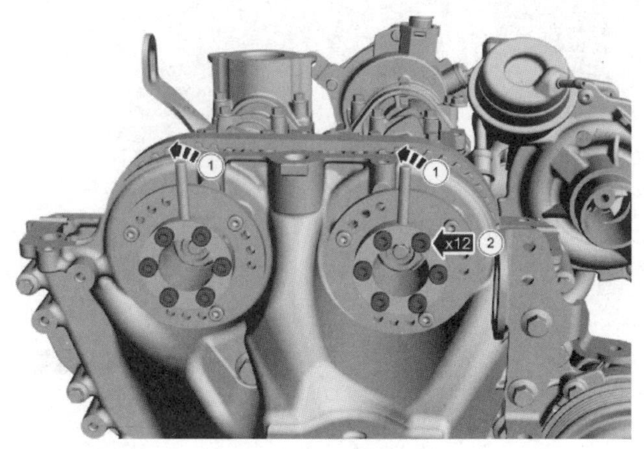

图 18-51

（15）使用开口扳手防止部件转动，拧紧如图 18-52 箭头所示螺栓。拧紧扭矩：30N·m。

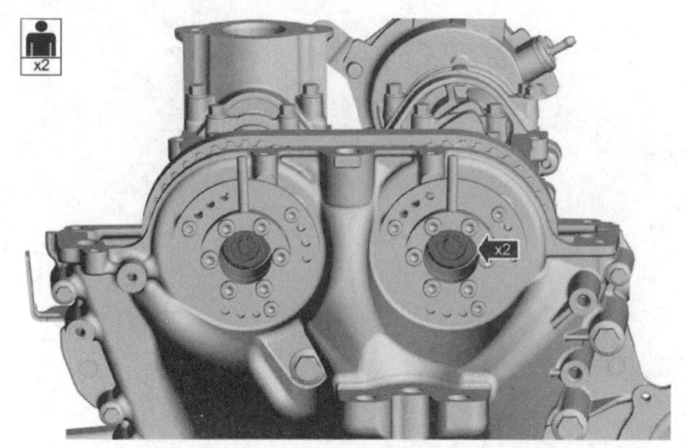

图 18-52

（16）拆下凸轮轴专用工具 303-1605 定位工具，如图 18-53。

图 18-53

（17）使用开口扳手防止部件转动，拧紧如图 18-54 螺栓。

扭矩：

·1 级：50N·m

·2 级：95N·m

·3 级：45°

图 18-54

（18）确保安装一个新摩擦垫圈，如图 18-55。确保安装新的螺栓。在此阶段，仅用手指拧紧螺栓。

图 18-55

（19）安装曲轴专用工具 303-732 定位销，拧紧如图 18-56 中箭头所示螺栓。

扭矩：

· 1 级：25N · m

· 2 级：70N · m

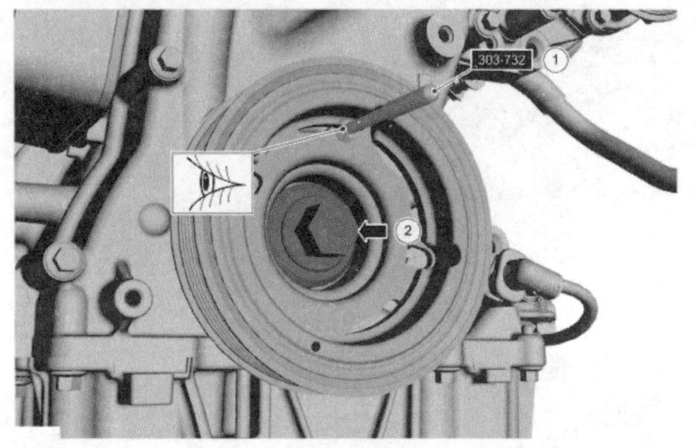

图 18-56

（20）拆下曲轴专用工具 303-732 定位销，如图 18-57。

图 18-57

（21）安装专用工具：303-1611-02 和 303-1611 适配器，扭矩放大器，如图 18-58。扭矩：24N · m。

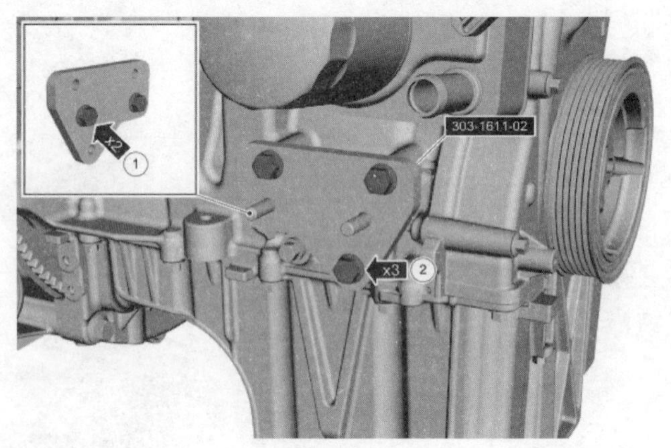

图 18-58

（22）安装专用工具 303-1611-01 和 03-1611 适配器，如图 18-59。扭矩：24N · m。

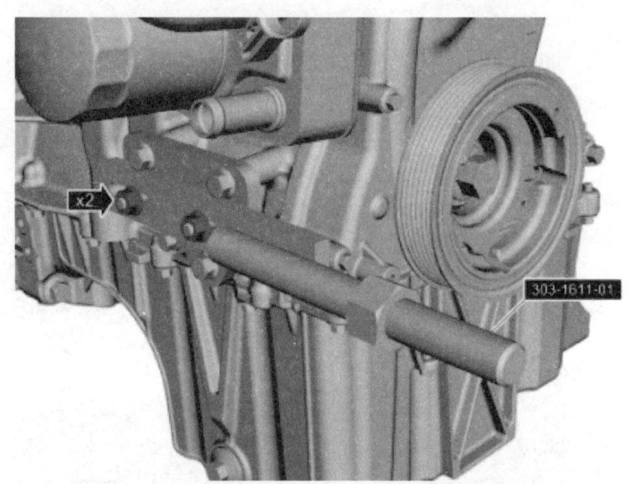

图 18-59

注意：在此阶段，只用手指拧紧螺母。安装专用工具 303-1611 扭矩放大器，如图 18-60。扭矩：60N · m。

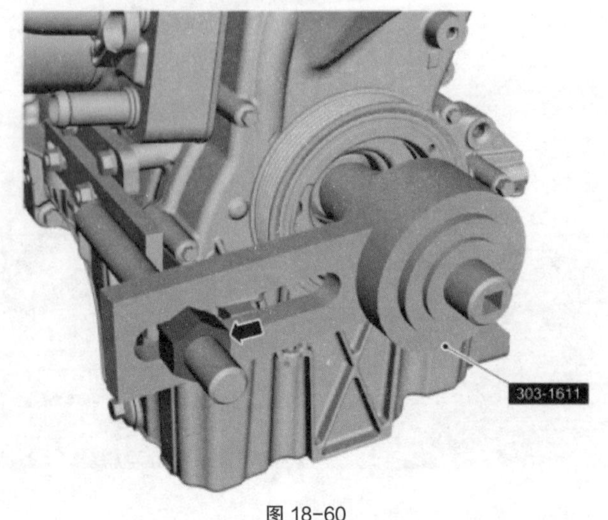

图 18-60

按图 18-61 箭头方向转动扳手。

图 18-61

拆下专用工具 303-1611 扭矩放大器，如图 18-62。

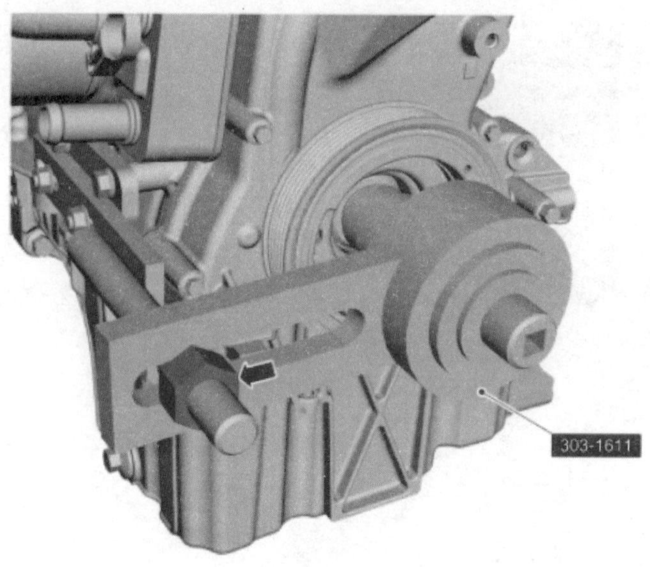

图 18-62

（23）拆下曲轴专用工具 303-732 定位销，如图 18-63。

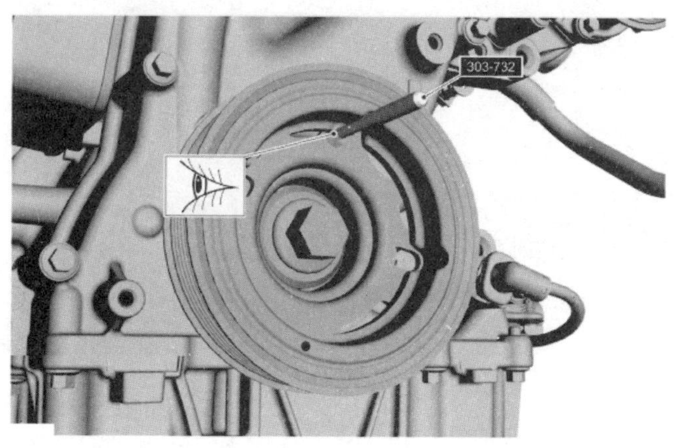

图 18-63

（24）拆下曲轴 TDC 专用工具 303-1604 正时销，如图 18-64。

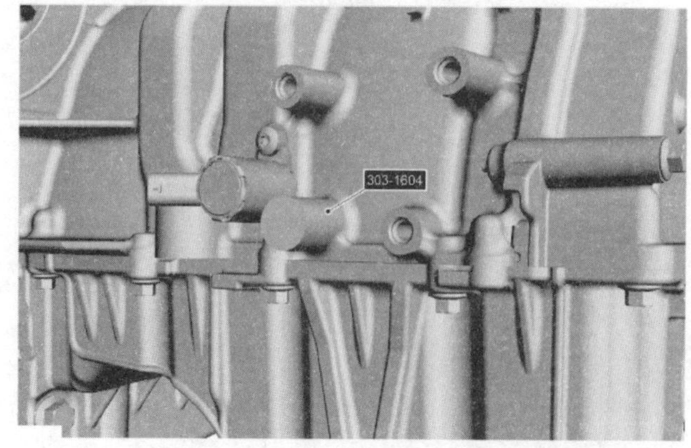

图 18-64

（25）拆下可变凸轮轴正时专用工具 303-1606 锁止工具，如图 18-65。

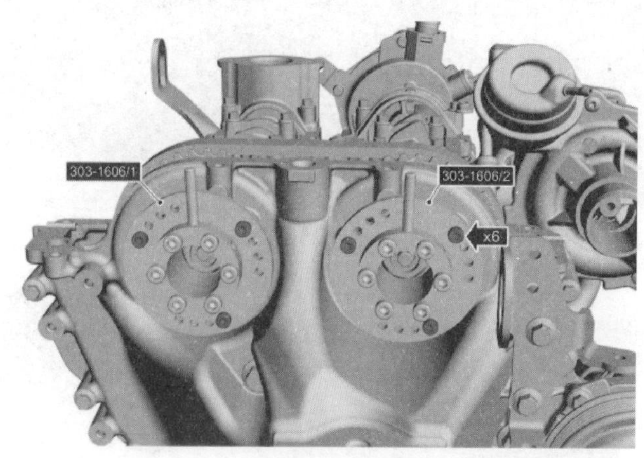

图 18-65

（26）仅顺时针旋转曲轴。旋转曲轴$1\frac{3}{4}$圈直到 1 号活塞在上止点前大约 45°，如图 18-66。

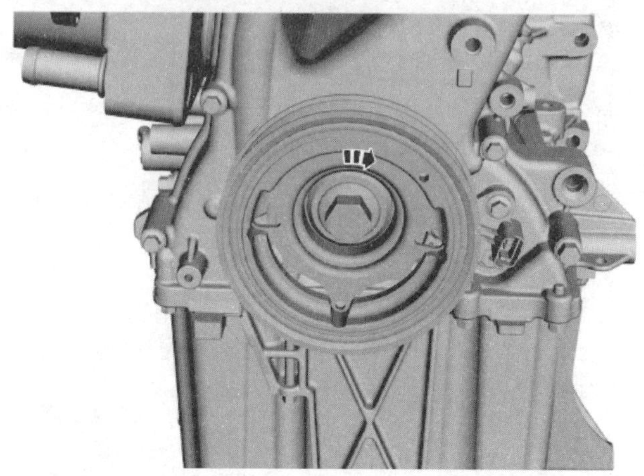
图 18-66

（27）安装曲轴 TDC 专用工具 303-1604 正时销，如图 18-67。

（28）仅顺时针旋转曲轴。缓慢旋转曲轴直到曲轴停止，如图 18-68。

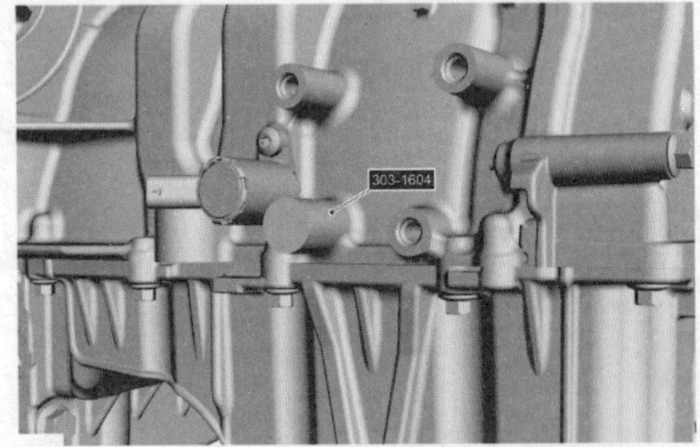

图 18-67

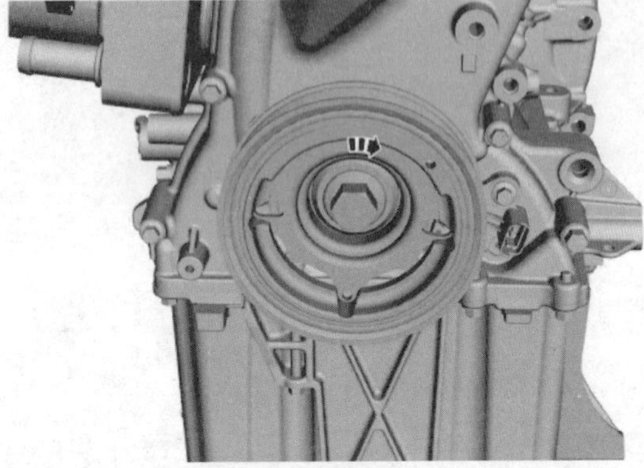
图 18-68

（29）注意：只有气门正时正确时，才可安装专用工具。安装曲轴专用工具 303-732 定位销，说明正时正确，如图 18-69。拆下曲轴专用工具 303-732 定位销。

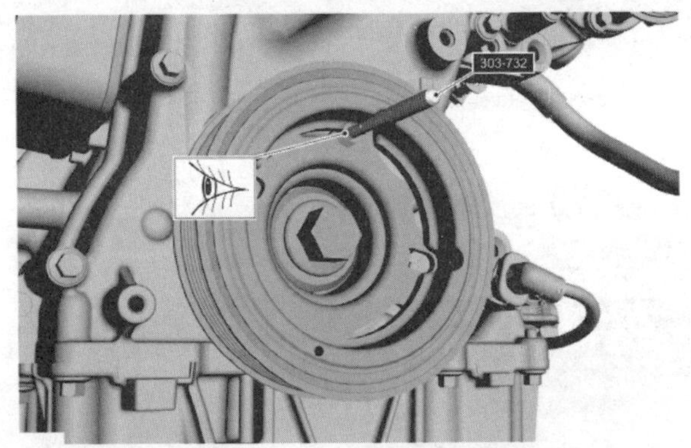

图 18-69

（30）拆下曲轴 TDC 专用工具 303-1604 正时销，如图 18-70。

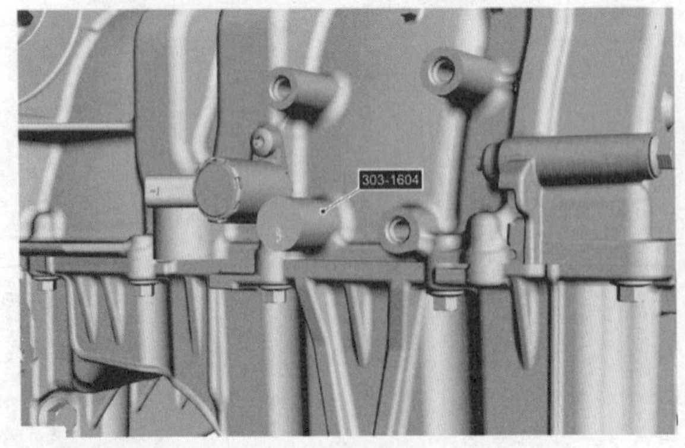

图 18-70

（31）拧紧如图 18-71 中螺栓。扭矩：20N·m。

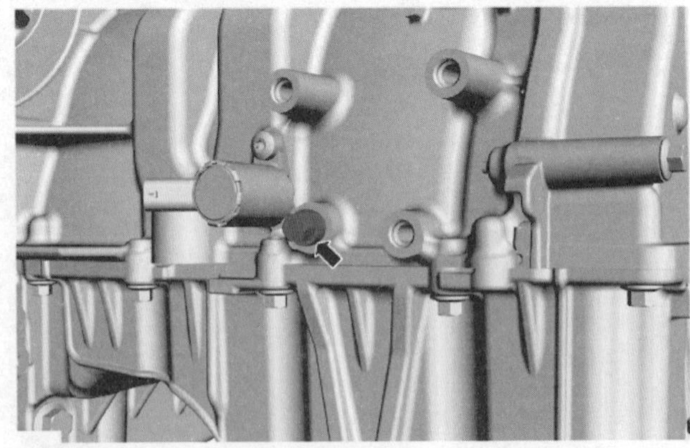
图 18-71

（32）拆下专用工具：303-1611-01 和 303-1611 适配器，如图 18-72。

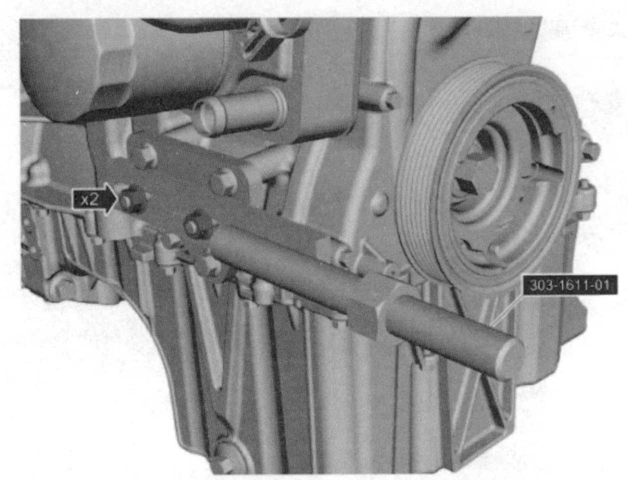

图 18-72

（33）拆下专用工具：303-1611-02 和 303-1611 适配器，扭矩放大器，如图 18-73。

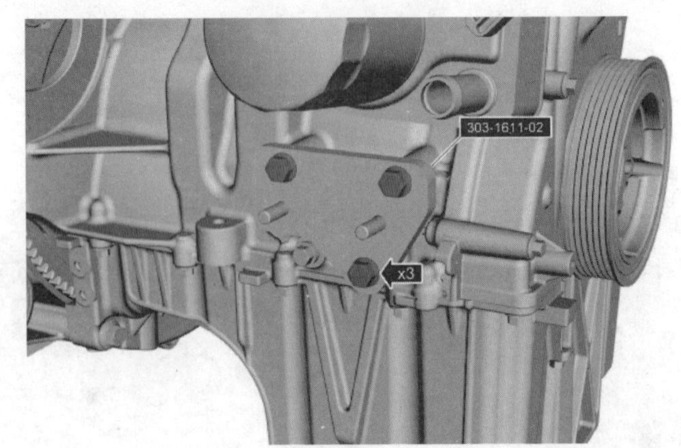

图 18-73

注意：确保接合面干净，无异物。通用设备：塑料刮刀。材料：Primer H-BW / CU7J-BNDRT-AA/CA，如图 18-74。

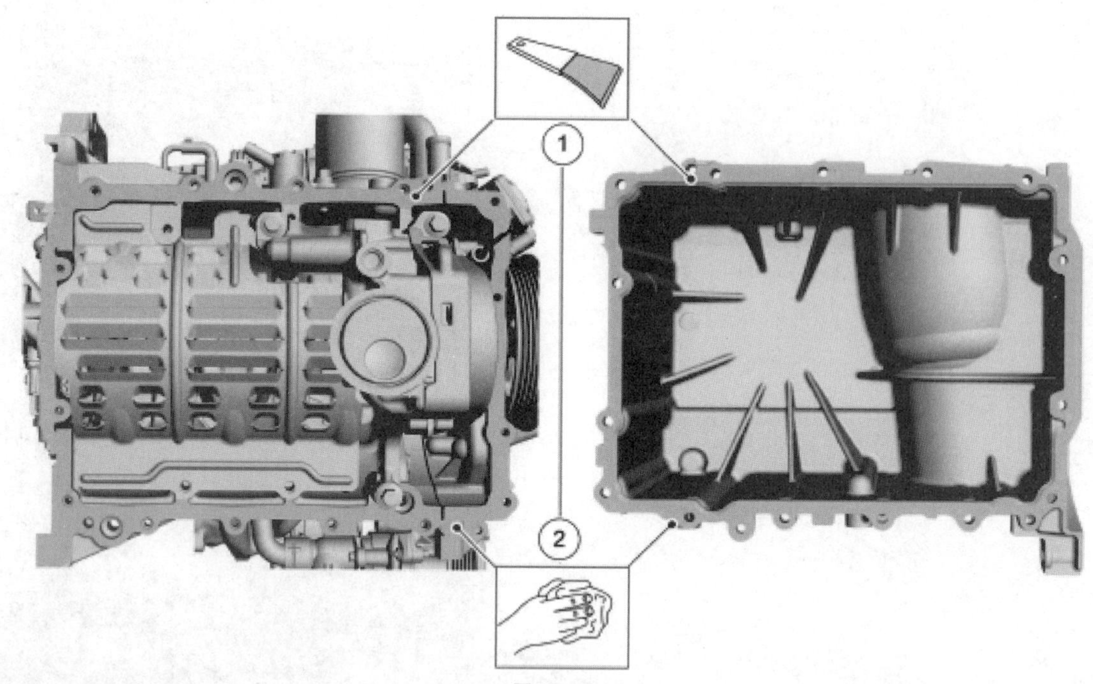

图 18-74

注意：组件必须在涂上密封胶 10min 之内装上。在以下时间内完成此步骤：10min。材料：硅密封胶（WSE-M4G323-A4），如图 18-75。

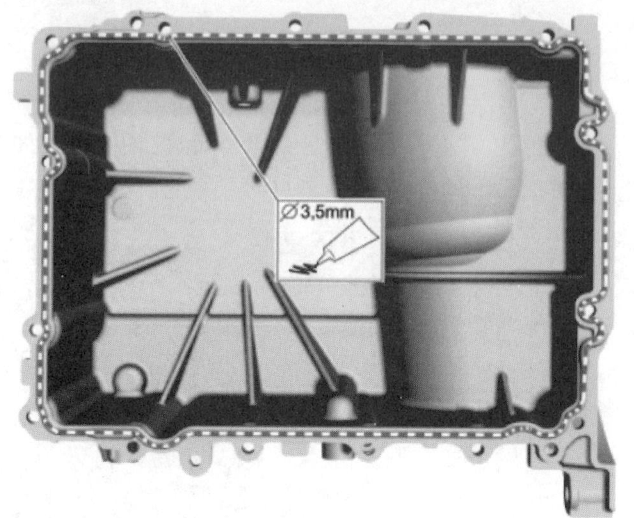

图 18-75

注意：确保安装新的不同长度的螺栓，如图 18-76。

①扭矩：

· 1-2：M6×20：10N · m
· 3：M6×75：10N · m
· 4-6：M6×20：10N · m
· 7：M6×75：10N · m
· 8-11：M6×20：10N · m
· 12-13：M6×100：10N · m
· 14：M6×75：10N · m
· 15：M6×20：10N · m

②扭矩：

· 1-2：10N · m
· 3：10N · m
· 4-6：10N · m
· 7：10N · m
· 8-11：10N · m
· 12-13：10N · m
· 14：10N · m
· 15：10N · m

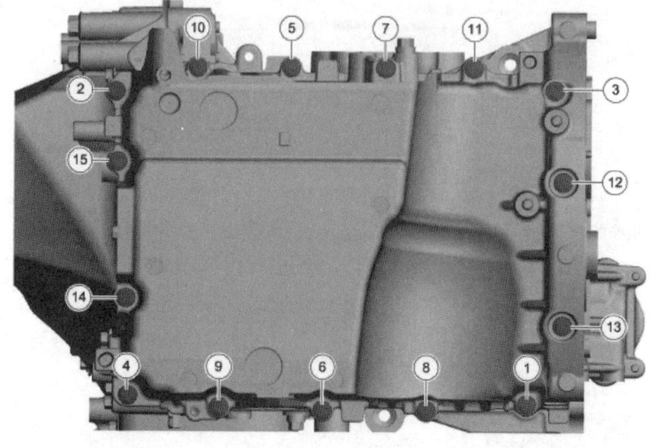

图 18-76

（34）拧紧如图 18-77 中箭头，扭矩：25N · m。

二、车型

嘉年华（2009—2012 年），发动机型号：1.3LZ6-

BZ/1.5L Z6-BZ。

1. 专用工具 / 通用设备

（1）安装工具，曲轴后密封件，如图 18-77。

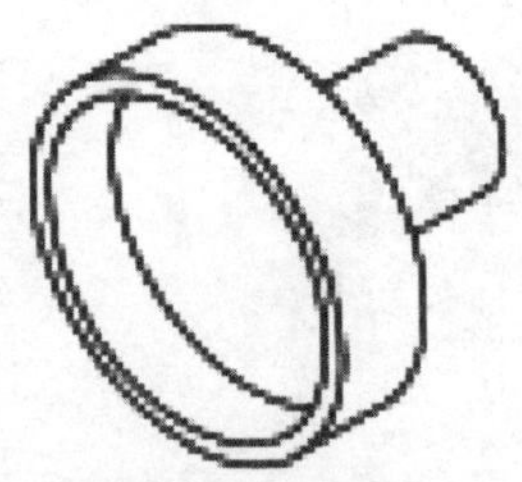

图 18-77

（2）套筒，火花塞，如图 18-78。

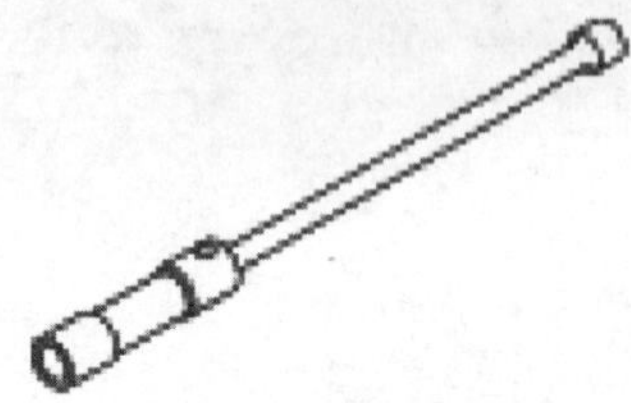

图 18-78

（3）安装工具，时规盖密封件，如图 18-79。

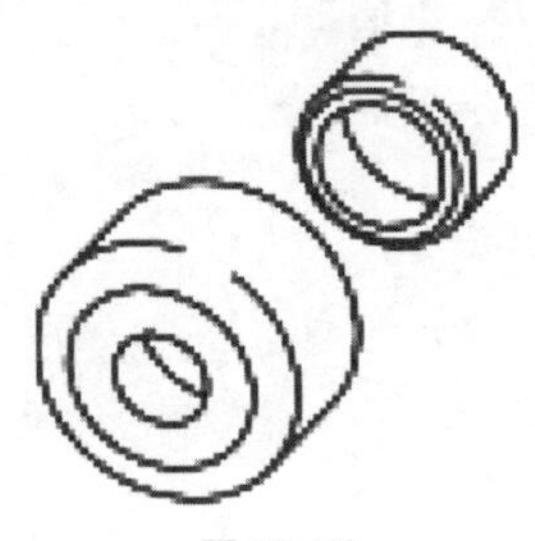

图 18-79

（4）活塞环压缩器

2. 发动机正时对准步骤。

（1）确保将这些部件安装至拆卸时如图 18-80 的位置。扭矩：9N・m。

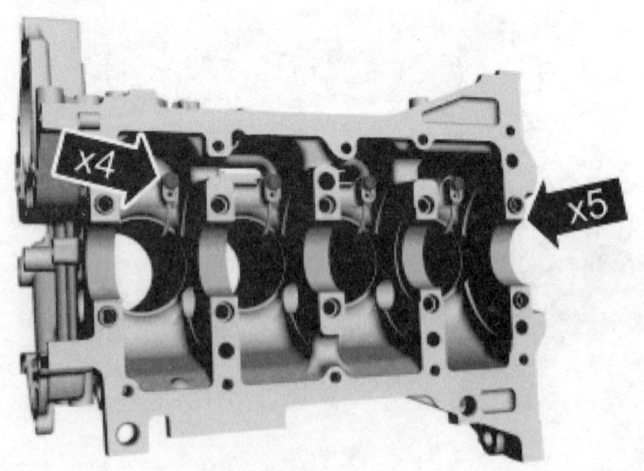

图 18-80

（2）确保将这些部件安装至拆卸时如图 18-81 的位置。

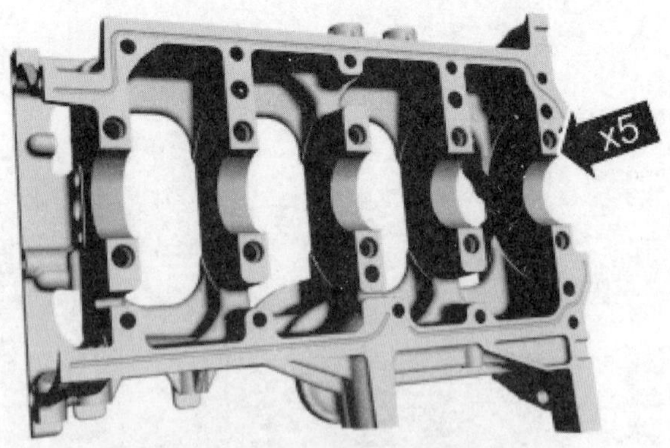

图 18-81

（3）确保将这些部件安装至拆卸时如图 18-82 的位置。

图 18-82

（4）确保接合面干净且没有杂质。

注意：组件必须在涂上密封胶 5min 之内装上。如图 18-83 和图 18-84。材料：硅密封胶（WSE-M4G323-A4）。

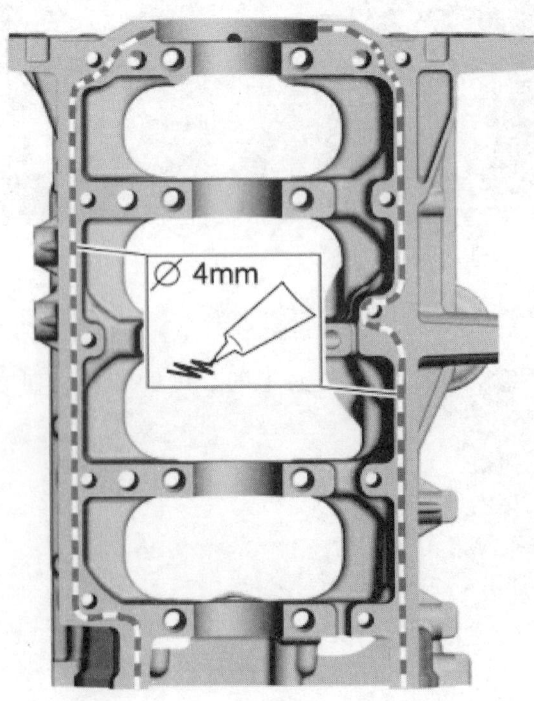

图 18-83

①扭矩：

1-10：级 1 为 25N·m，级 2 为 45°

·11-20：22N·m

②松开：

10-1：3 圈

③扭矩：

·1-10：级 1 为 25N·m，级 2 为 45°

图 18-84

（5）确保将这些部件安装至拆卸时如图 18-85 的位置。

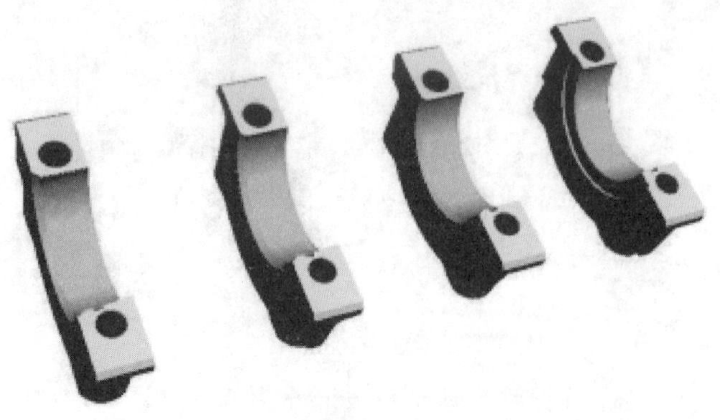

图 18-85

（6）确保将这些部件安装至拆卸时如图 18-86 的位置。

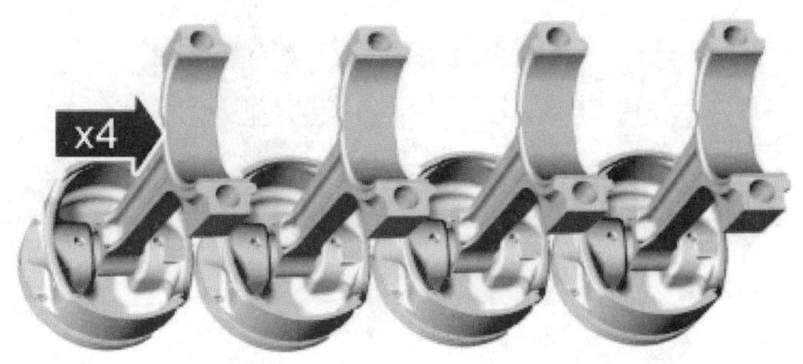

图 18-86

（7）确保将这些部件安装至拆卸时如图 18-87 的位置。

通用设备：活塞环压缩器。

扭矩：级 1 为 25N·m，级 2 为 90° 。

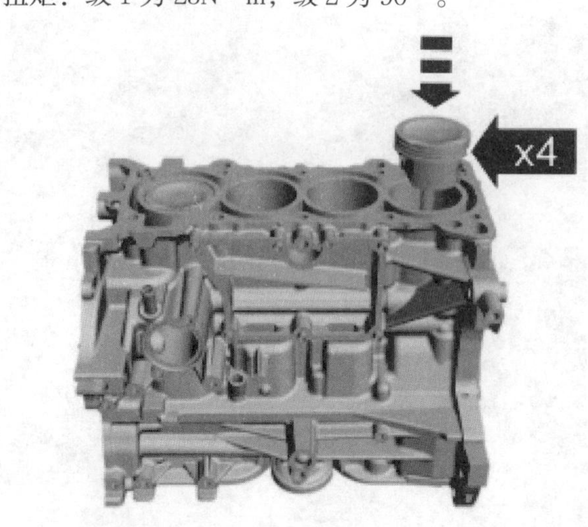

图 18-87

（8）注意：O 形密封圈未损坏时可重新使用。如图 18-88。扭矩：9N·m。

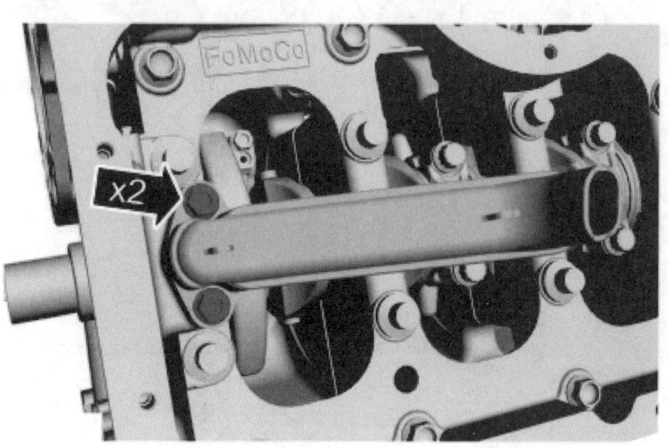

图 18-88

扭矩：22N·m，如图 18-89。

图 18-89

（9）确保接合面干净且没有杂质。

组件必须在涂上密封胶 5min 之内装上，如图 18-90 和图 18-91。材料：硅密封胶（WSE-M4G323-A4）。扭矩：9N·m。

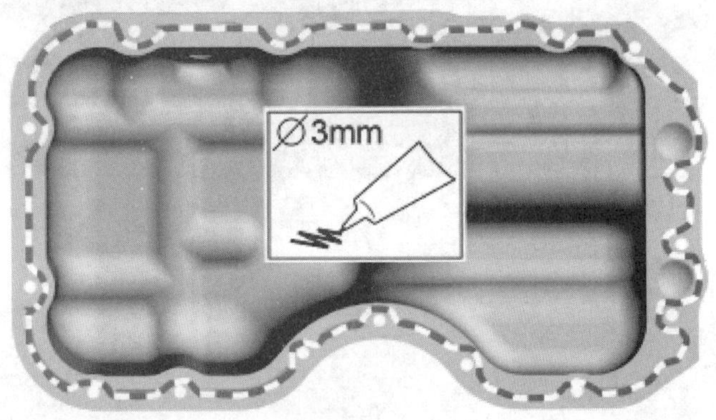

图 18-90

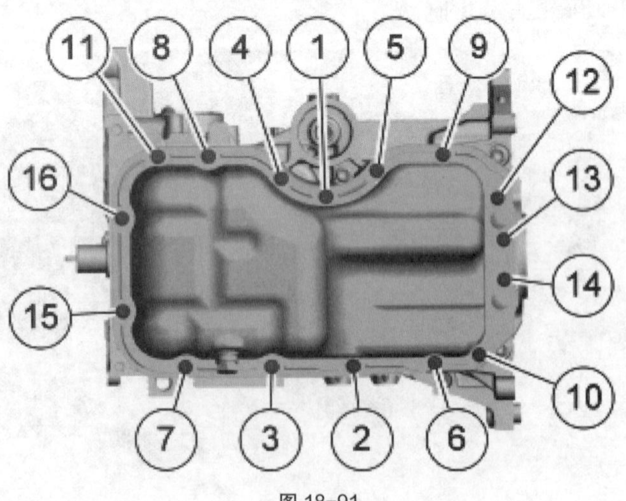

图 18-91

（10）如果气缸盖螺栓超过规定长度，则必须安装 1 个新的螺栓，如图 18-92。

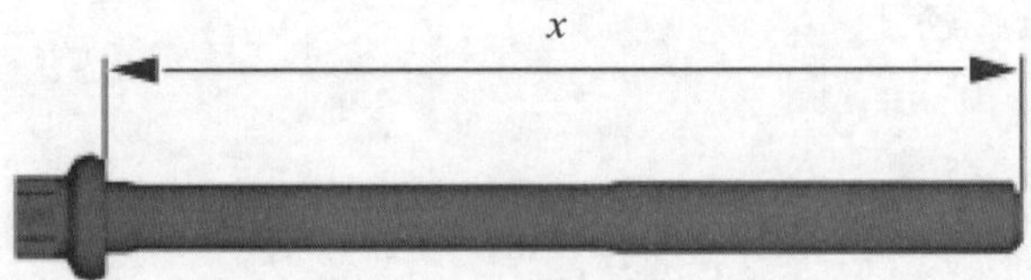

图 18-92

（11）确保没有油液出现在气缸盖螺栓螺纹中。

注意：确保接合面干净且没有异物，如图 18-93。

扭矩：

·级 1：20N·m

·级 2：90°

·级 3：90°

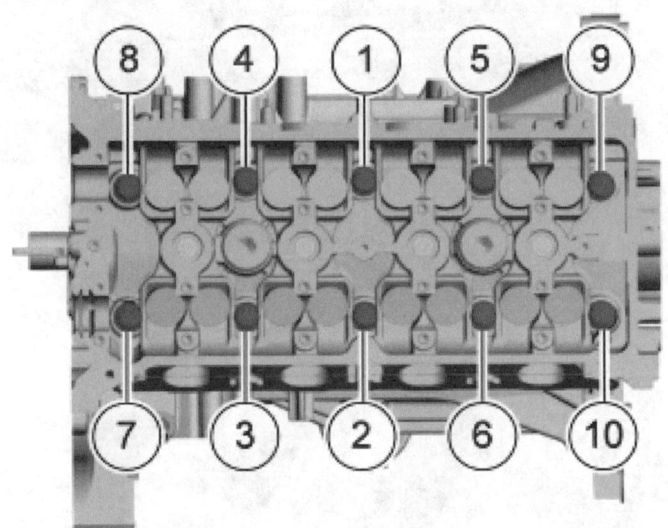

图 18-93

（12）确保将这些部件安装至拆卸时如图 18-94 和图 18-95 的位置。扭矩：13N·m。

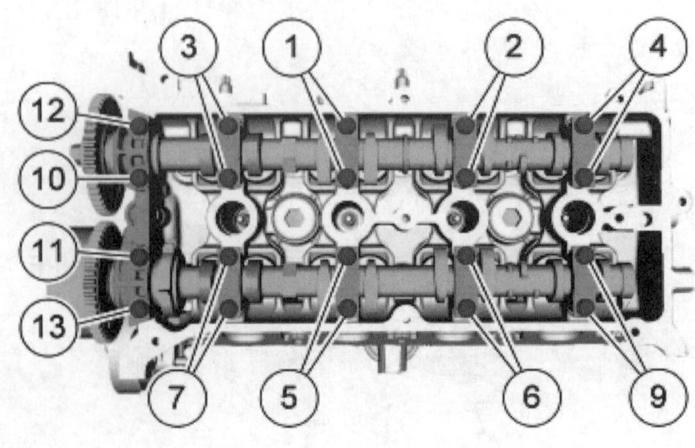

图 18-94

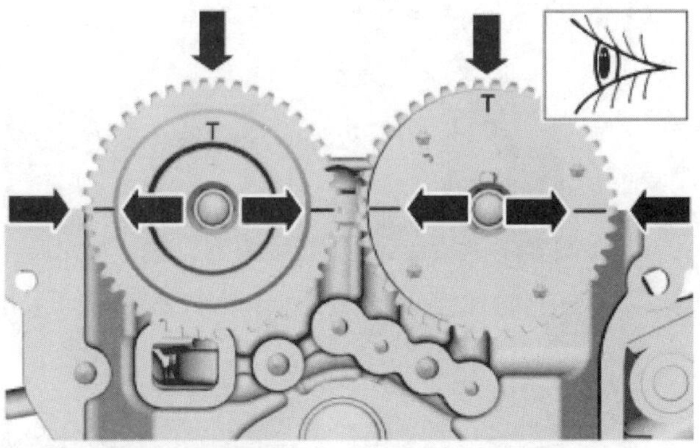

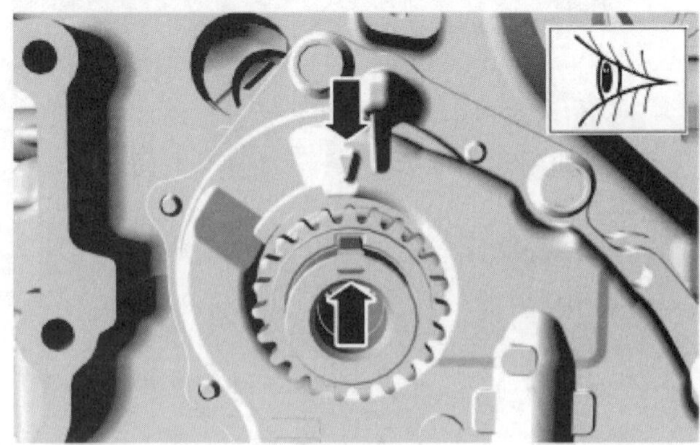

图 18-95

扭矩：22N · m，如图 18-96。

图 18-96

扭矩：9N · m，如图 18-97。

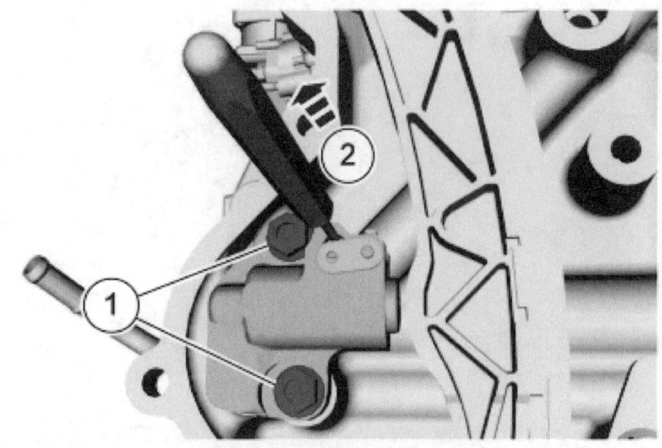

图 18-97

（13）密封圈未损坏时可重新使用。注意：确保接合面干净且没有杂质，如图 18-98。

注意：组件必须在涂上密封胶 5min 之内装上。材料：硅密封胶（WSE-M4G323-A4）。

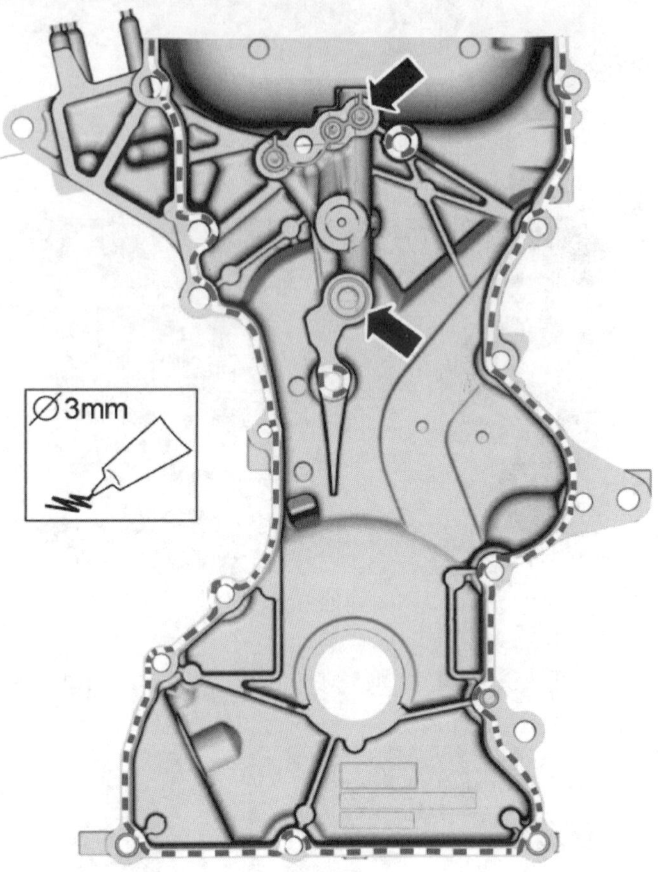

图 18-98

扭矩（图 18-99）：

· 1-8：22N · m

· 9：9N · m

· 10-18：22N · m

· 7、11、16：45N · m

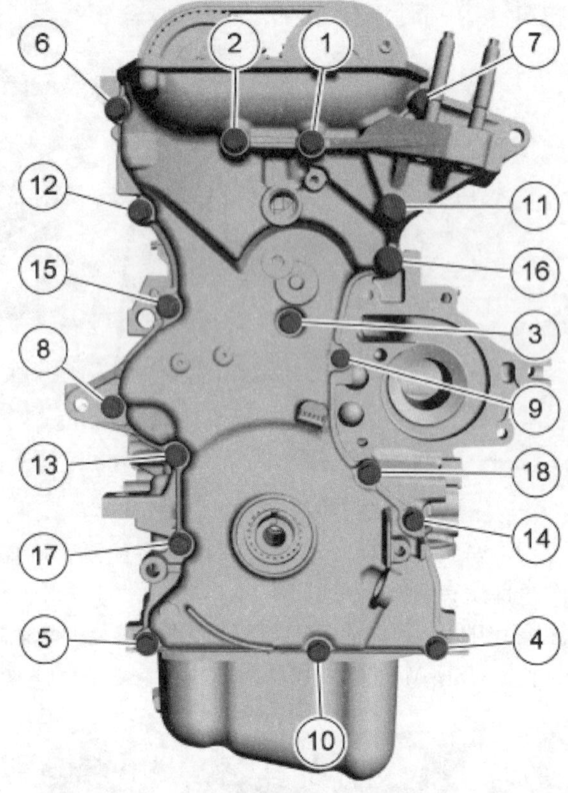

图 18-99

（14）使用专用维修工具：303-501 安装工具，时规盖密封件，如图 18-100。

图 18-100

（15）x=max0.5mm

使用专用维修工具：303-437 安装工具，曲轴后密封件，如图 18-101。

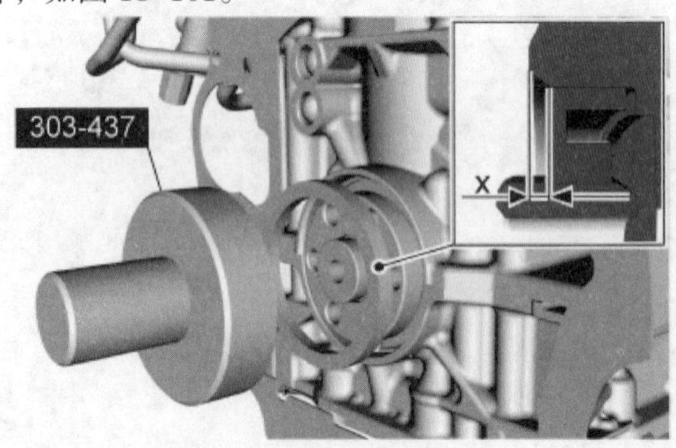

图 18-101

（16）材料：硅密封胶（WSE-M4G323-A4），如图 18-102。

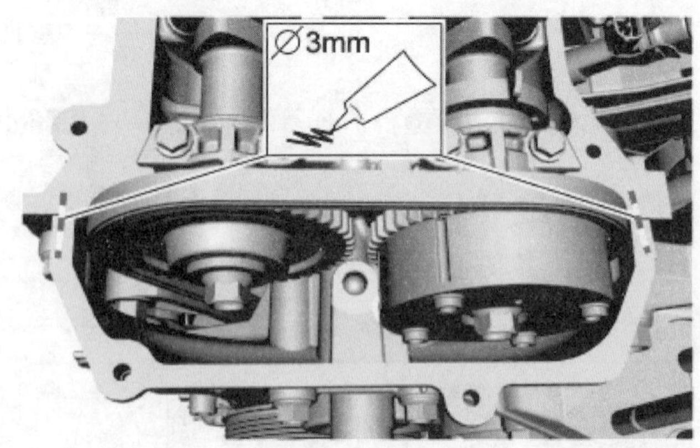

图 18-102

（17）使用专用维修工具：303-499 套筒，火花塞。扭矩（图 18-103）：

· 1-10：9N · m

· 11：19N · m

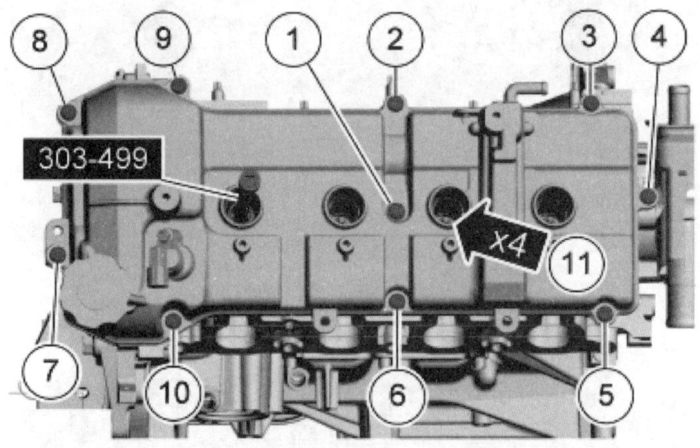

图 18-103

（18）密封圈未损坏时可重新使用，如图 18-104。扭矩：36N · m。

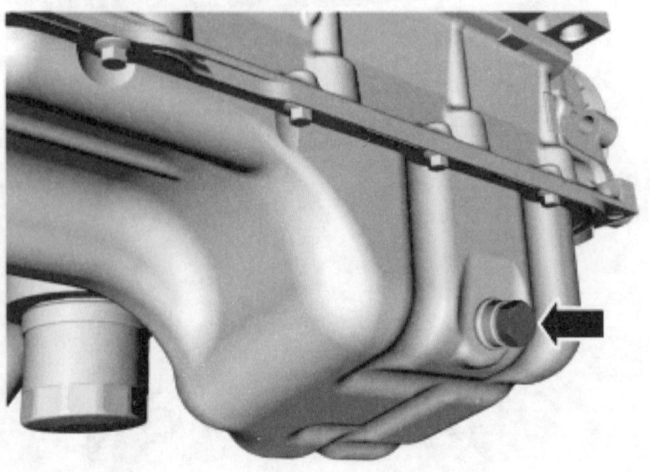
图 18-104

三、车型

福睿斯（2012—2018 年自动挡车型），发动机型号：1.5L Duratec-16V Ti-VCT（81kW）-Sigma。

1. 专用工具 / 通用设备。

（1）正时皮带张紧器锁止工具，如图 18-105。

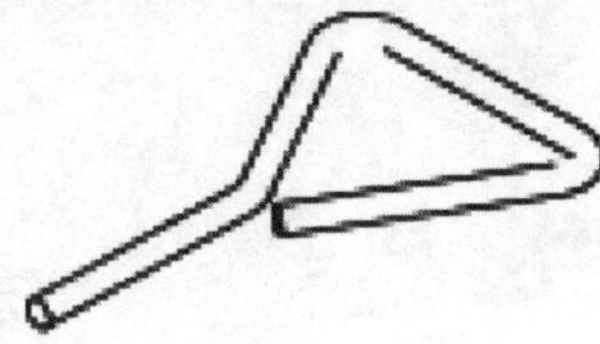

图 18-105

（2）可变凸轮轴正时液压控制装置锁止工具，如图 18-106。

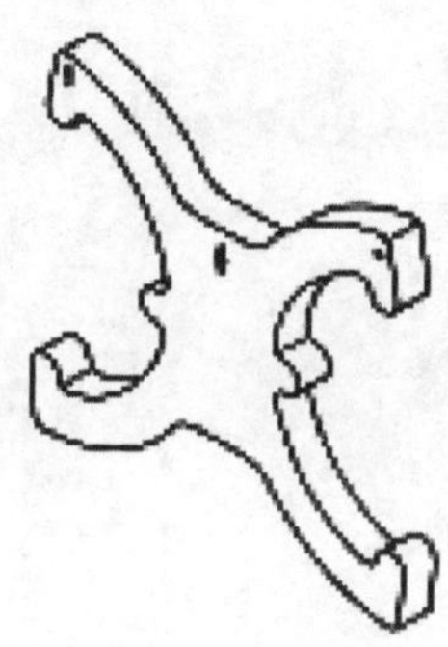

图 18-106

（3）曲轴减震器定位工具，如图 18-107。

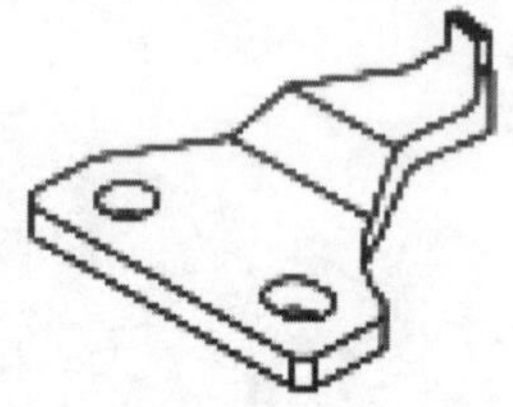

图 18-107

（4）曲轴前密封件定位器 / 安装工具，如图 18-108。

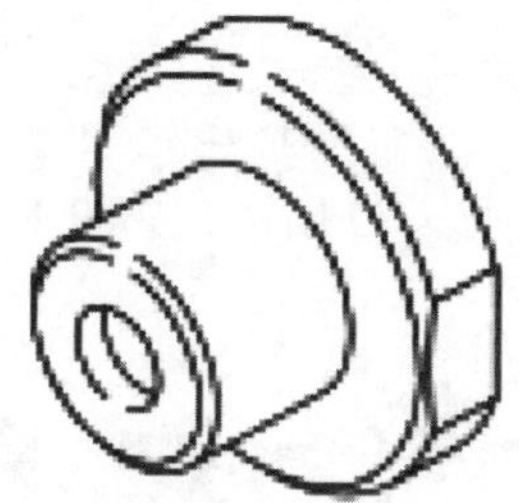

图 18-108

（5）凸轮轴定位板，如图 18-109。

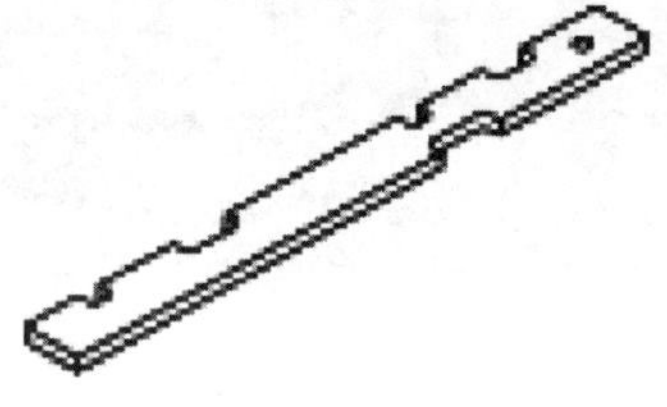

图 18-109

（6）气缸盖螺栓套筒，如图 18-110。

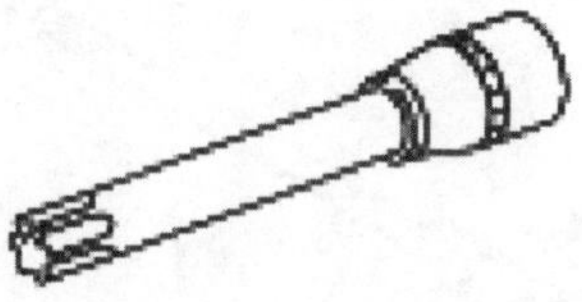

图 18-110

（7）飞轮锁止工具，如图 18-111。

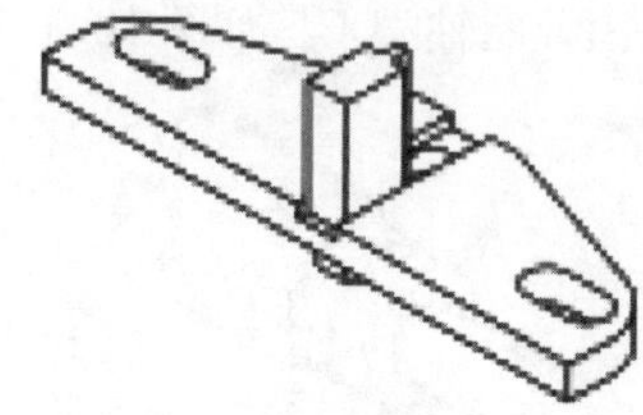

图 18-111

（8）曲轴密封件安装工具，如图 18-112。

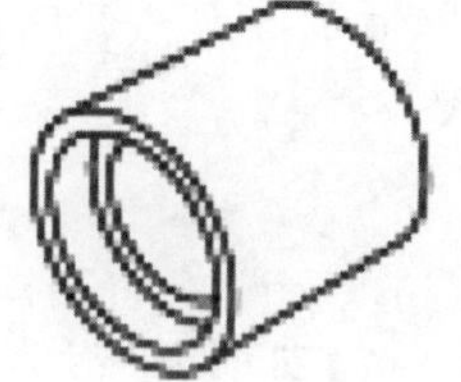

图 18-112

（9）安装支架，如图 18-113。

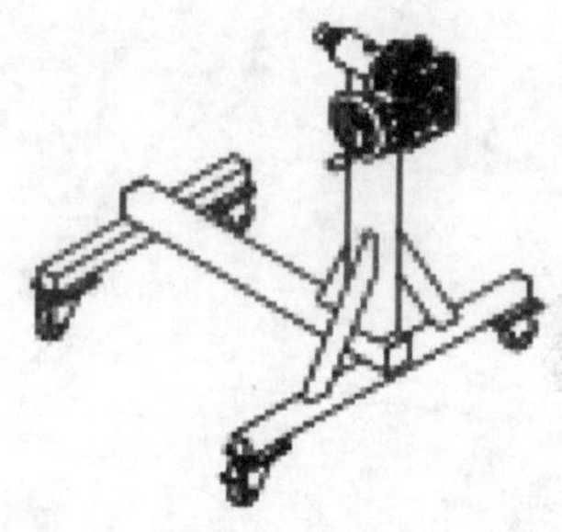

图 18-113

（10）303-435 安装托架，如图 18-114。

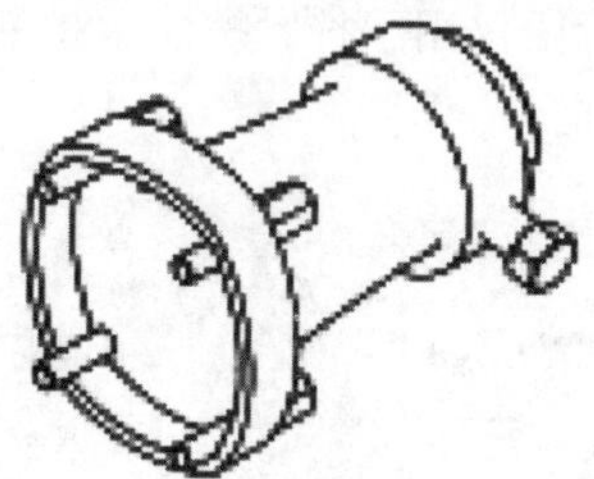

图 18-114

（11）303-435-06 安装板，如图 18-115。

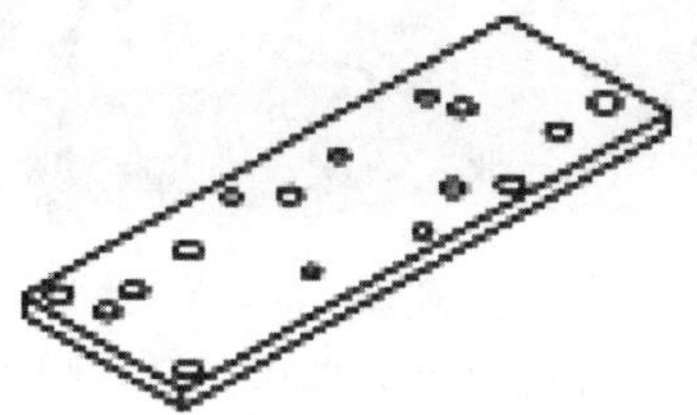

图 18-115

（12）火花塞套筒，如图 18-116。

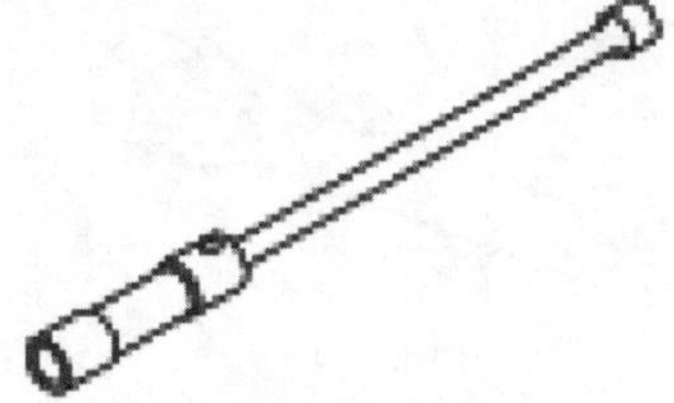

图 18-116

（13）正时销，曲轴 TDC，如图 18-117。

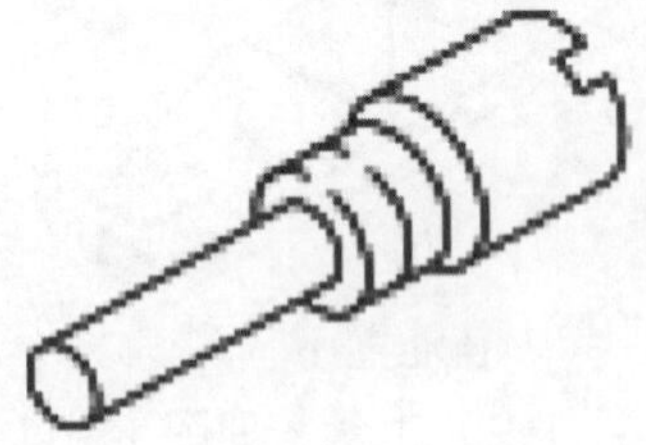

图 18-117

（14）圆头钢尺。

（15）孔径规。

2. 安装。

（1）扭矩 10N · m，如图 18-118。

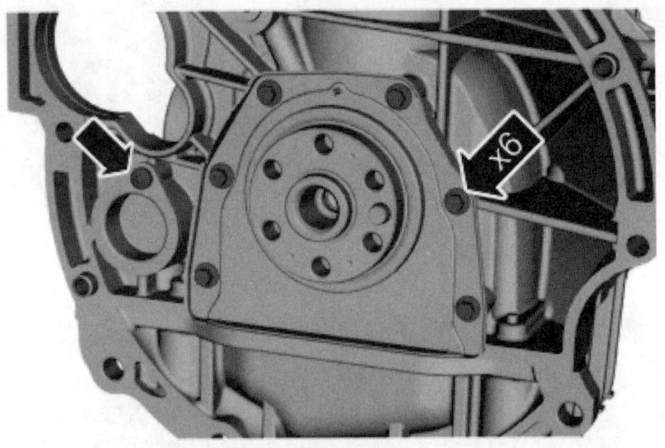

图 18-118

（2）在此阶段仅用手拧紧螺栓。注意不同长度的螺栓。如图 18-119。

图 18-119

（3）确保元件已校准。通用设备：圆头钢尺。如图 18-120。

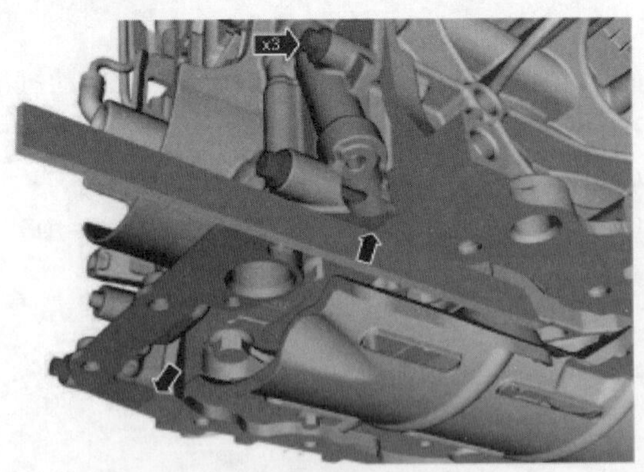

图 18-120

①扭矩：11N · m，如图 18-121。

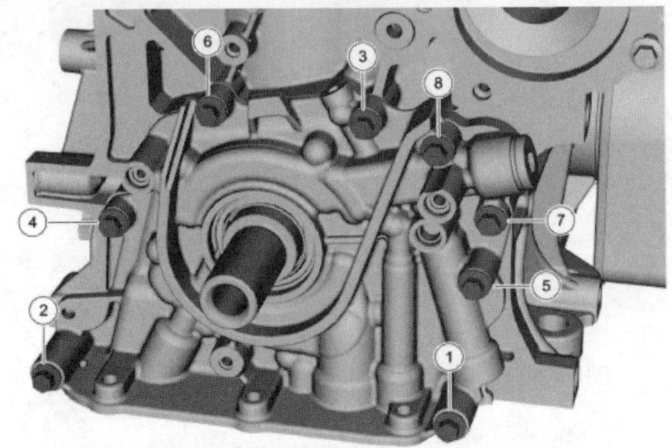

图 18-121

②扭矩：10N · m，如图 18-122。

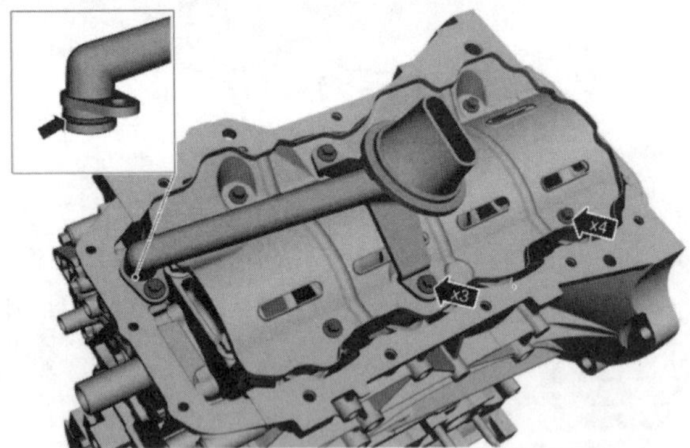

图 18-122

（4）安装 M8 × 20 插销，如图 18-123。

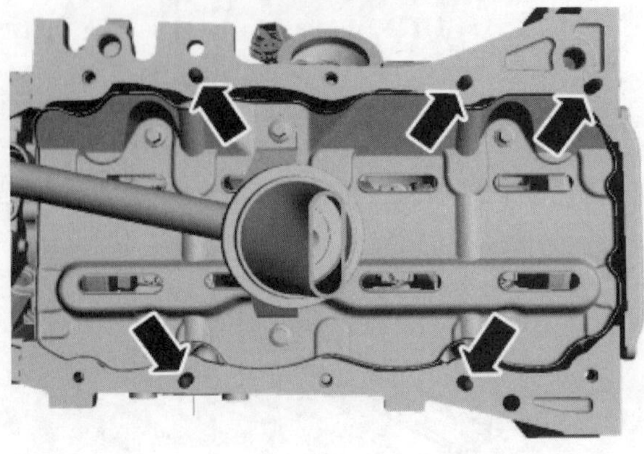

图 18-123

（5）组件必须在涂上密封胶 10min 之内装上。材料：硅密封胶（WSE-M4G323-A4）。如图 8-124。

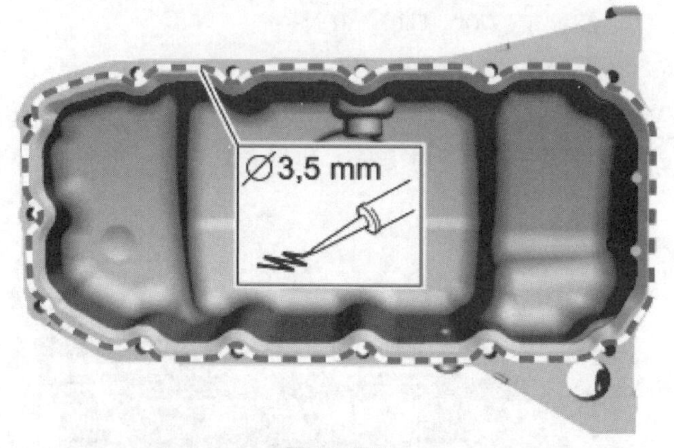

图 18-124

（6）在此阶段仅用手拧紧螺栓。

（7）拆卸插销并安装固定螺栓，如图 18-125。通用设备：圆头钢尺。

扭矩：

· 螺栓 1-13：19N · m

· 螺栓 14：27N · m

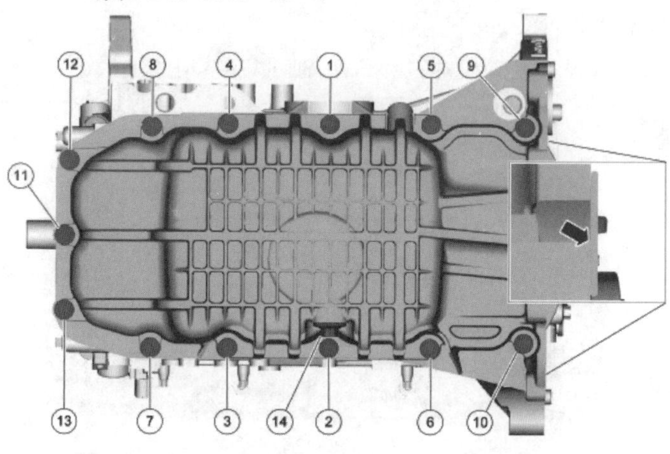

图 18-125

（8）拆卸盲孔螺栓，如图 18-126。

图 18-126

（9）仅顺时针旋转曲轴。旋转曲轴，直到撞到特殊工具使其停止。如图 18-127。

安装专用工具：303-748 锁止工具，曲轴。

图 18-127

（10）使用专用维修工具：303-395 安装工具，曲轴密封件。如图 18-128。

材料：发动机油 SAE 5W-30（WSS-M2C913-C）。

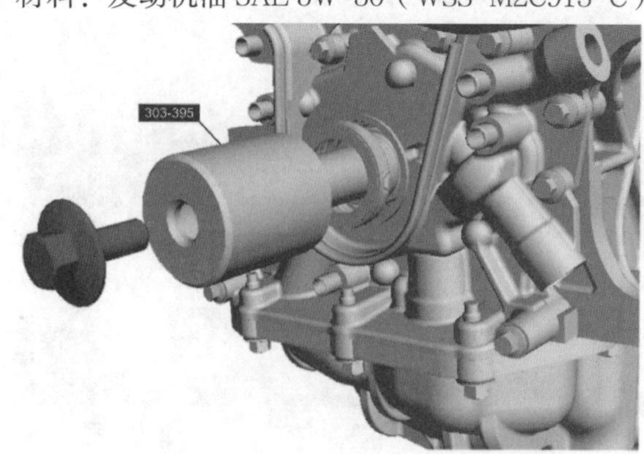

图 18-128

①扭矩：10N · m。

②扭矩：18N · m。如图 18-129。

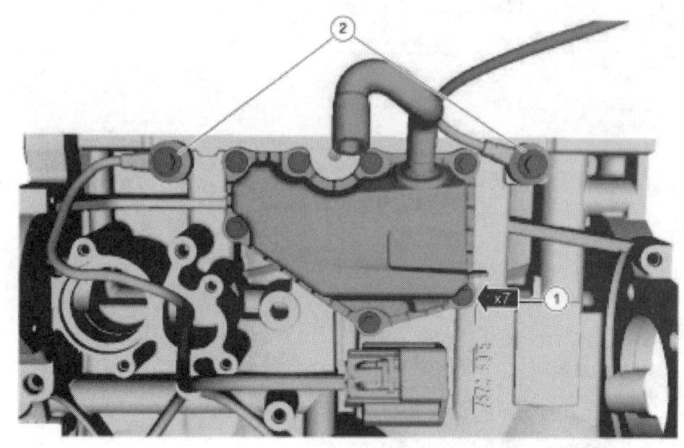

图 18-129

（11）确保没有油液存在于气缸盖螺栓的螺纹孔内。确保安装新的螺栓。

使用专用维修工具：303-392 套筒，气缸盖螺栓。如图 18-130。

扭矩：

· 级 1：5N · m

· 级 2：15N · m

· 级 3：35N · m

· 级 4：75°

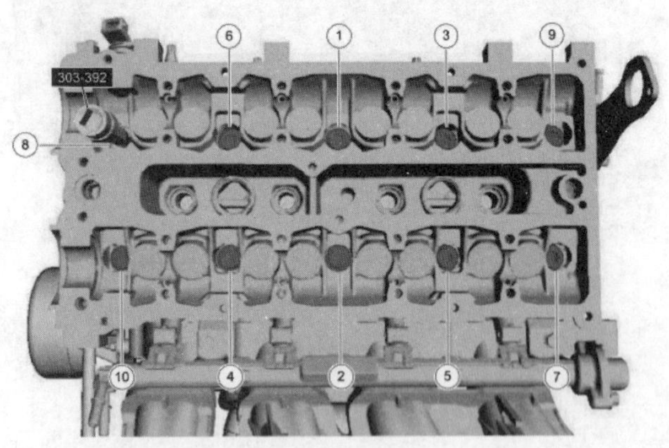

图 18-130

（12）确保这些元件安装在拆卸前如图 18-131 标注的位置。

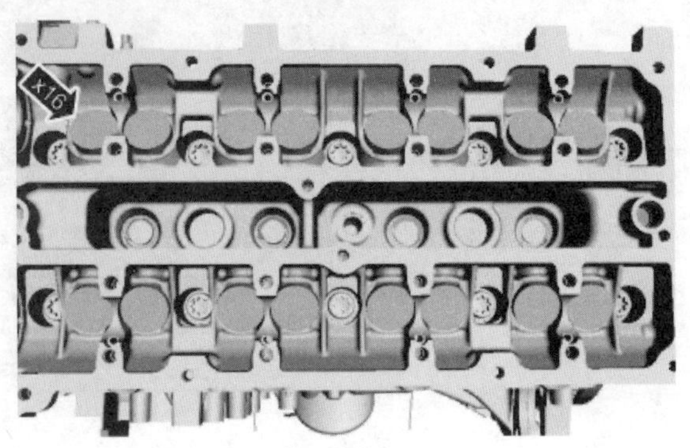

图 18-131

（13）组件必须在涂上密封胶 5min 之内装上，如图 18-132。材料：密封胶（WSK-M2G348-A5）。

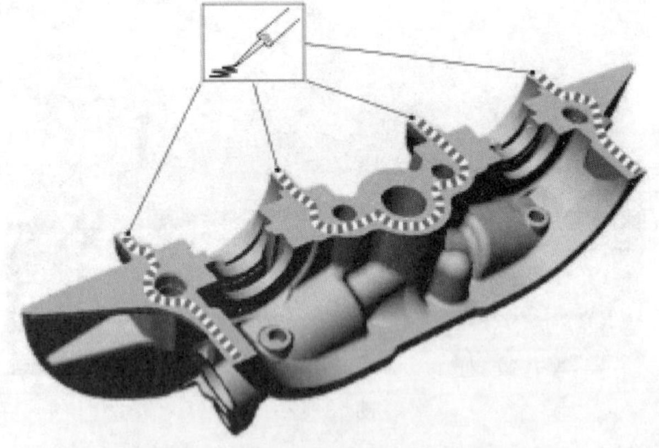

图 18-132

（14）确保凸轮轴和凸轮轴轴承盖安装在原来的位置上。

在凸轮轴盖表面涂抹干净机油，如图 18-133。

材料：发动机油 SAE 5W-30（WSS-M2C913-C）。安装凸轮轴，与 4 号活塞重叠。

均匀地拧紧螺栓，一次半圈，直到凸轮轴轴承盖位于相对气缸盖上。

①螺栓 1-16，扭矩：7N · m。

②螺栓 17-20，扭矩：10N · m。

③螺栓 1-16，扭矩：45°。

④螺栓 17-19，扭矩：70°。

⑤螺栓 18-20，扭矩：53°。

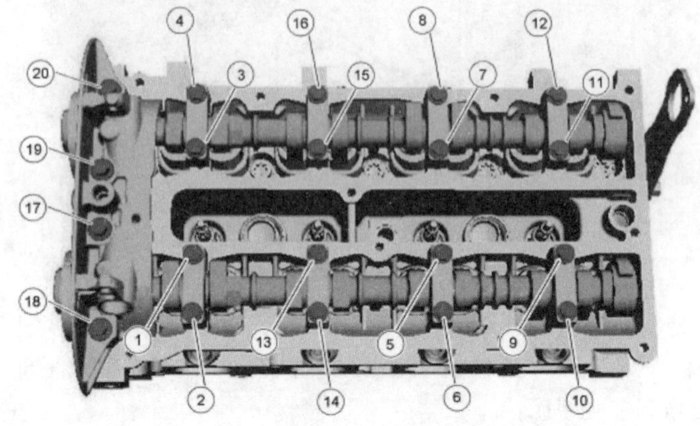

图 18-133

（15）请确保已安装新的部件。

使用专用维修工具：303-318 定位器 / 安装工具，曲轴前密封件，如图 18-134。

材料：发动机油 SAE 5W-30（WSS-M2C913-C）。

图 18-134

（16）确保安装新的螺栓。扭矩：10N · m。如图 18-135。

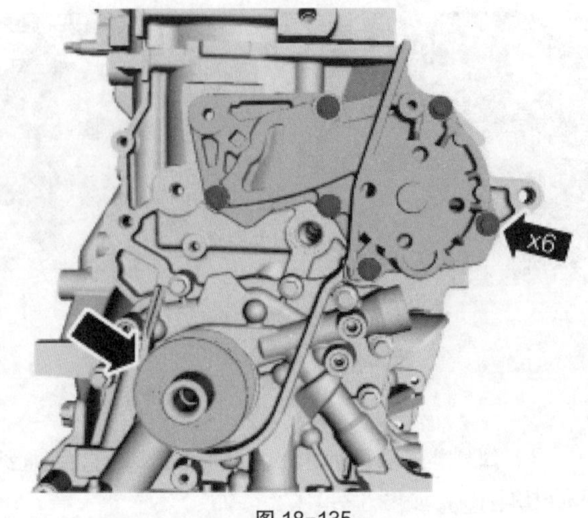

图 18-135

（17）安装专用工具：303-376B 定位板，凸轮轴。如图 18-136。

图 18-136

（18）用开口扳手和六角螺栓，固定凸轮轴，以防止其转动。

可变阀正时（VVT）定时记号必须位于 12 点钟位置。如图 18-137。

安装专用工具：303-1097 锁止工具，可变凸轮轴正时液压控制装置。扭矩：25N·m。

图 18-137

（19）拆下专用工具：303-1097 锁止工具，可变凸轮轴正时液压控制装置，如图 18-138。

图 18-138

（20）拆下专用工具：303-376B 定位板，凸轮轴，如图 18-139。

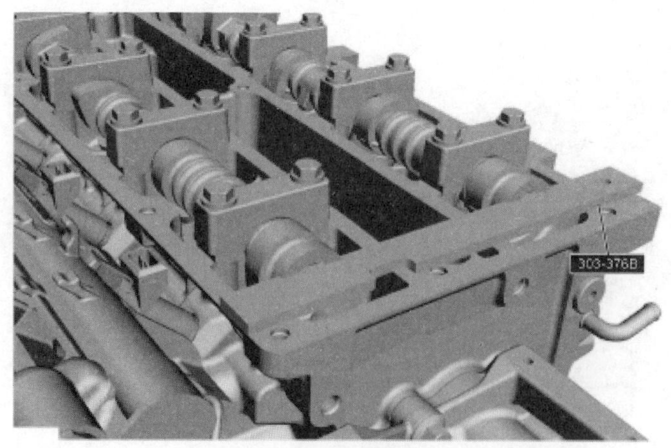

图 18-139

（21）用开口扳手和六角螺栓固定凸轮轴，以防止其转动。扭矩：75°，如图 18-140。

图 18-140

（22）安装专用工具：303-376B 定位板，凸轮轴。如图 18-141。

图 18-141

（23）注意：只有气门正时正确时，才可安装专用工具。如果专用工具不能安装，按照之前步骤重复调整。如果通过调整气门正时无法安装特殊工具，将所有凸轮轴轴承盖螺栓松开 2 圈并插入特殊工具。如图 18-142。

图 18-142

（24）拆下专用工具：303-376B 定位板，凸轮轴。如图 18-143。

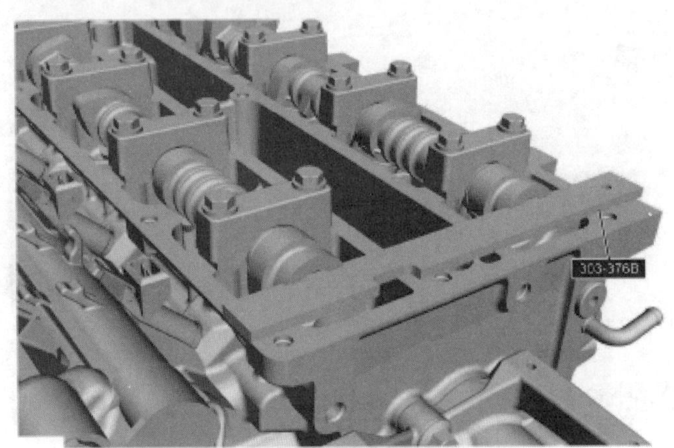

图 18-143

（25）均匀的拧紧螺栓，一次半圈，直到凸轮轴轴承盖位于相对气缸盖上。如图 18-144。

螺栓 1-16，扭矩：7N·m。

螺栓 1-16，扭矩：45°。

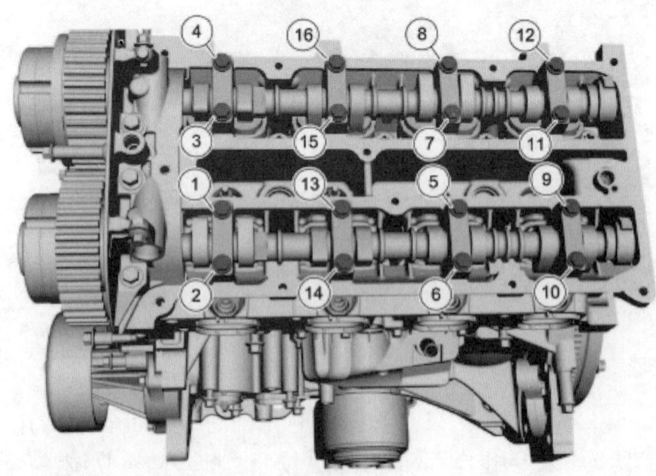

图 18-144

（26）用开口扳手和六角螺栓，固定凸轮轴，以防止其转动。扭矩：16N·m。如图 18-145。

图 18-145

（27）安装专用工具：303-1097 锁止工具，可变凸轮轴正时液压控制装置。如图 18-146。

图 18-146

（28）警告：操作压缩弹簧时，需格外小心。

装卸正时皮带，顺时针，启动 VVT。扭矩：25N·m。如图 18-147。

图 18-147

（29）警告：操作压缩弹簧时，需格外小心。拆下专用工具：303-1054 锁止工具，正时皮带张紧器。如图 18-148。

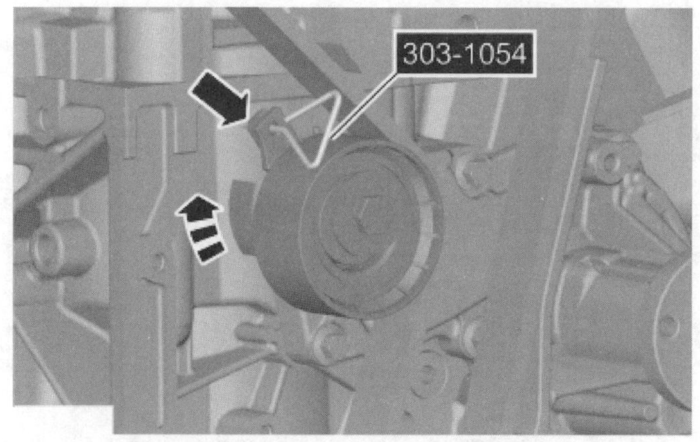

图 18-148

（30）a=81mm，螺栓 M14×80，如图 18-149。通用设备：孔径规。

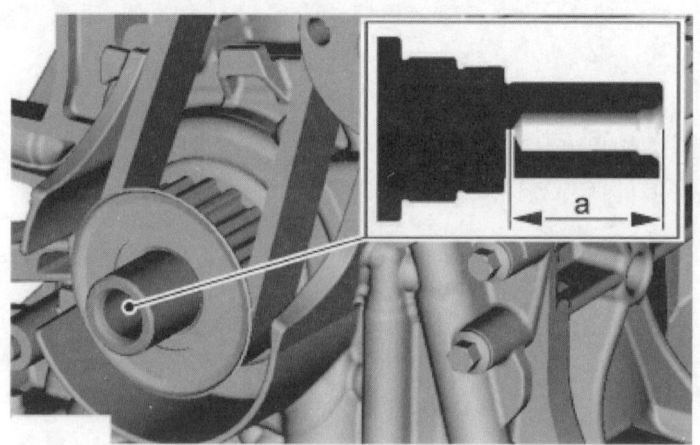

图 18-149

（31）安装专用工具：303-1550 定位工具，曲轴减震器。

安装专用工具：303-1550 定位工具，曲轴减震器。确保安装一个新螺栓。注意：在此阶段，只用手指拧紧螺栓。如图 18-150。

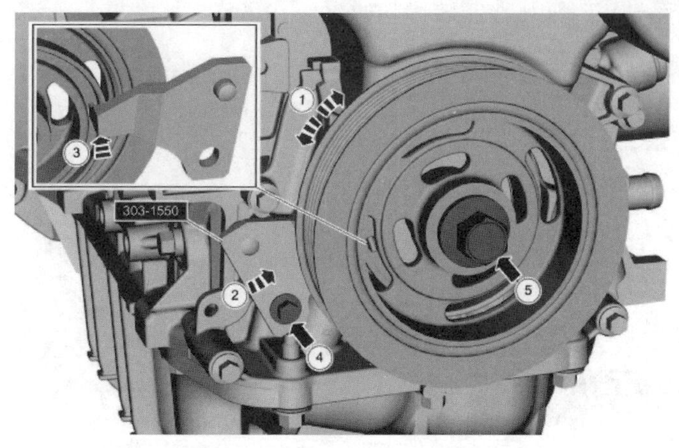

图 18-150

（32）拆下专用工具：303-1550 定位工具，曲轴减震器。如图 18-151。

图 18-151

① M14 扭矩：

· 级 1：100N · m

· 级 2：90°

② M14 扭矩：15°。如图 18-152。

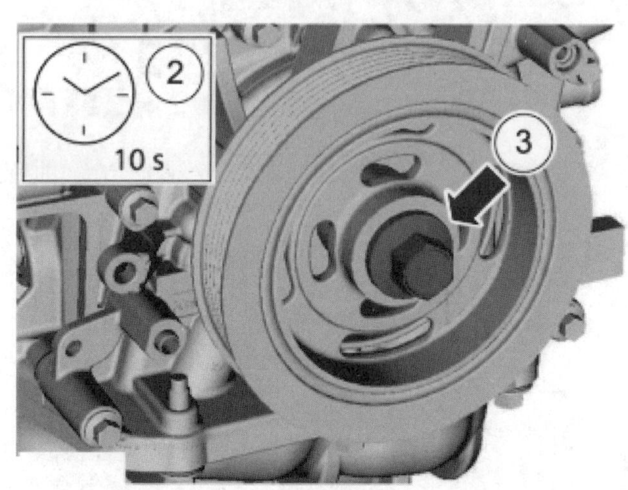

图 18-152

（33）拆下专用工具：303-507 正时销，曲轴 TDC。如图 18-153。

图 18-153

（34）拆下专用工具：303-1097 锁止工具，可变凸轮轴正时液压控制装置。如图 18-154。

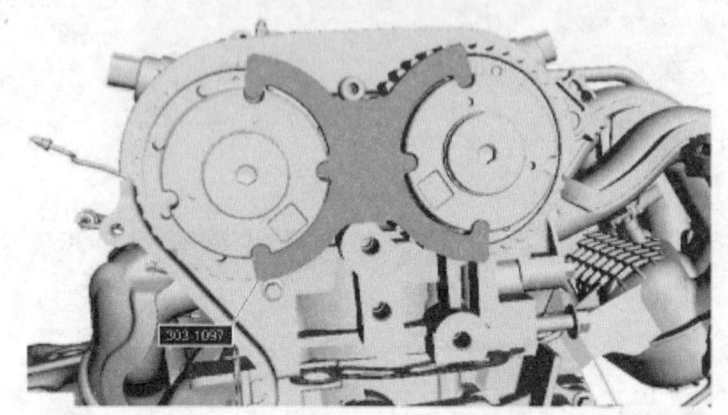

图 18-154

（35）仅顺时针旋转曲轴。旋转曲轴大约$1\frac{3}{4}$圈。如图 18-155。

图 18-155

（36）安装专用工具：303-507 正时销，曲轴 TDC。如图 18-156。

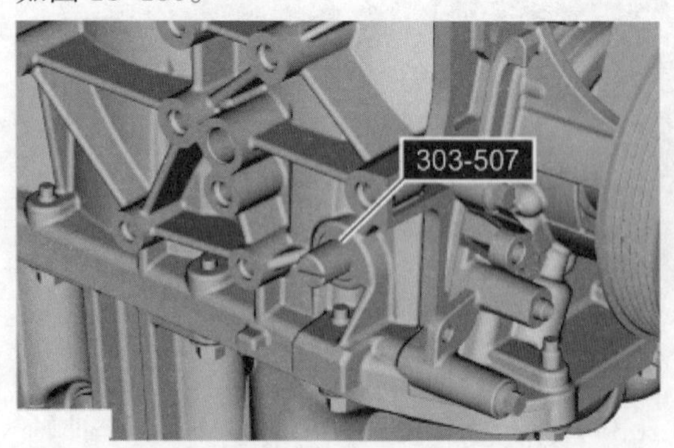

图 18-156

（37）仅顺时针旋转曲轴。旋转曲轴直至抵住专用工具，如图 18-157。

图 18-157

（38）只有气门正时正确时，才可安装专用工具，如图 18-158。

如果专用工具不能被安装，重复之前步骤。安装专用工具：303-1097 锁止工具，可变凸轮轴正时液压控制装置。

图 18-158

（39）拆下专用工具：303-1097 锁止工具，可变凸轮轴正时液压控制装置。如图 18-159。

图 18-159

（40）拆下专用工具：303-507 正时销，曲轴 TDC。如图 18-160。

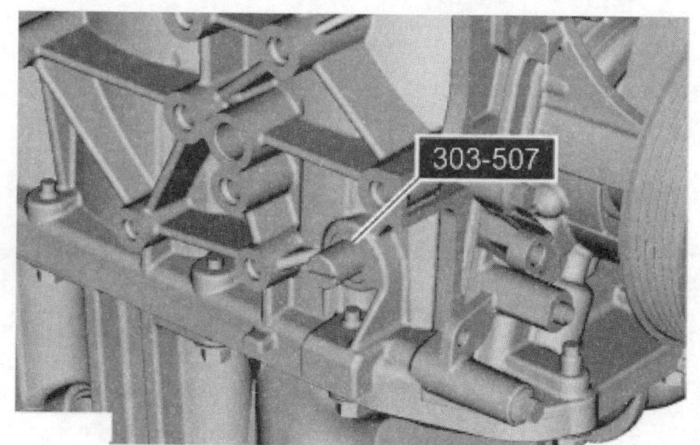

图 18-160

（41）安装盲孔螺栓扭矩：20N · m，如图 18-161。

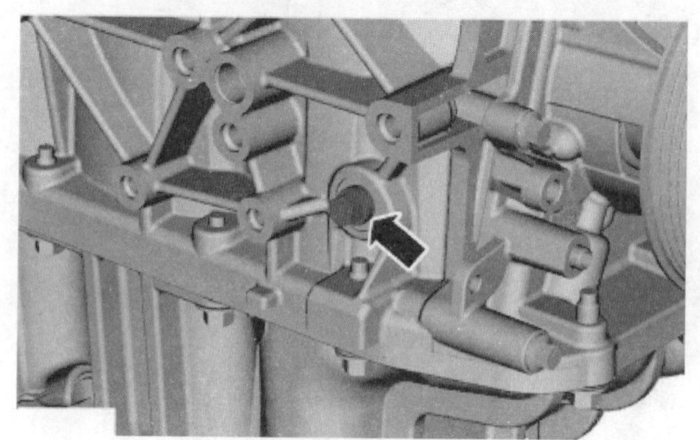
图 18-161

（42）使用专用维修工具：303-499 套筒，火花塞。如图 18-162。

扭矩：15N · m。

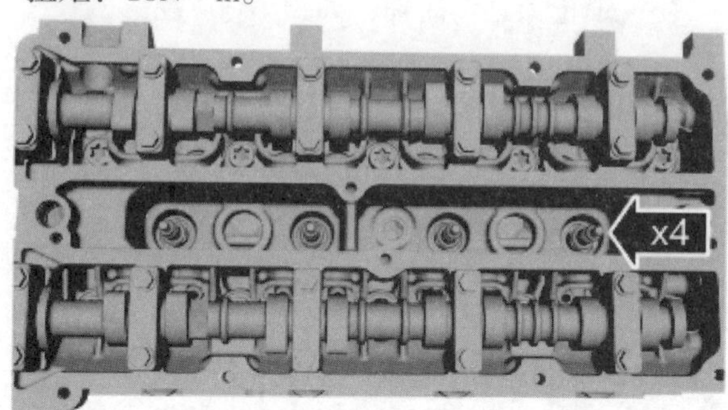

图 18-162

（43）确保结合面干净，无异物。将螺栓 1 旋转 3~4 圈进入。Bolts 2-12 扭矩：10N · m。如图 18-163。

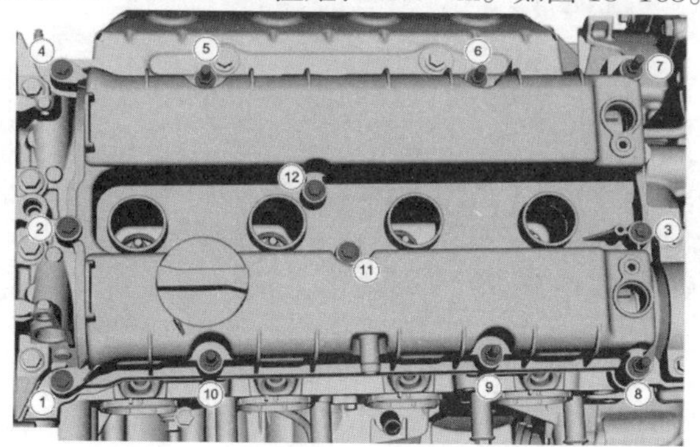

图 18-163

四、车型

翼虎（2015—2018 年），发动机型号：1.5L 的 EcoBoost（110kW）-I4/1.5L 的 EcoBoost（132kW）-I4。

全新福克斯（2015—2018 年），发动机型号：1.5L 的 EcoBoost（110kW）-I4/1.5L 的 EcoBoost（132kW）-I4。

金牛座（2015—2018 年），发动机型号：1.5L 的 EcoBoost（110kW）-I4/1.5L 的 EcoBoost（132kW）-I4。

新蒙迪欧（2015—2018 年）发动机型号：1.5L 的 EcoBoost（110kW）-I4/1.5L 的 EcoBoost（132kW）-I4。

翼虎（2012—2014 年），发动机型号：1.6L 的 EcoBoost（132kW）-Sigma。

以上车型发动正时对准步骤如下：

1. 专用工具 / 通用设备。

（1）带千分表的固定夹具，如图 18-164。

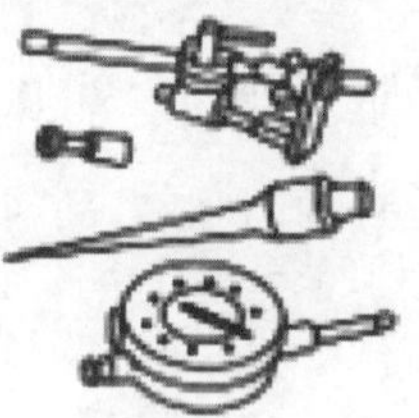
图 18-164

（2）折叠式落地起重机，如图 18-165。

图 18-165

（3）固持工具，飞轮，如图 18-166。

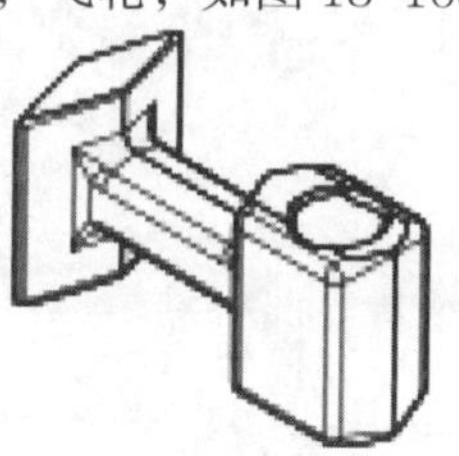
图 18-166

（4）锁止工具，可变凸轮轴正时液压控制装置，如图 18-167。

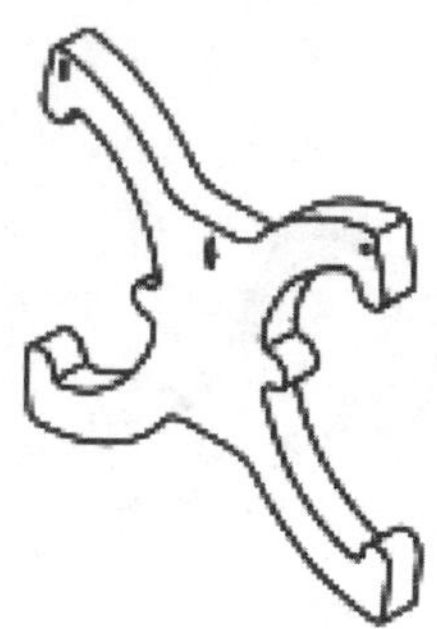
图 18-167

（5）发动机起吊装置。

（6）安装工具，凸轮轴密封件，如图 18-168。

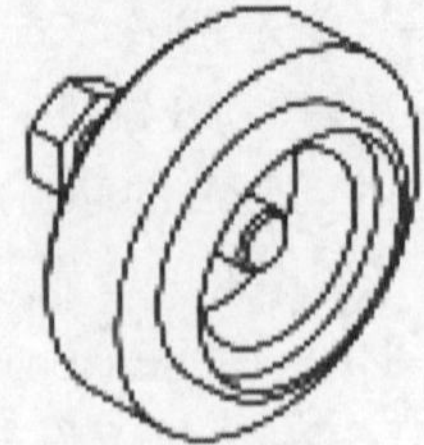

图 18-168

（7）定位工具，曲轴减震器，如图 18-169。

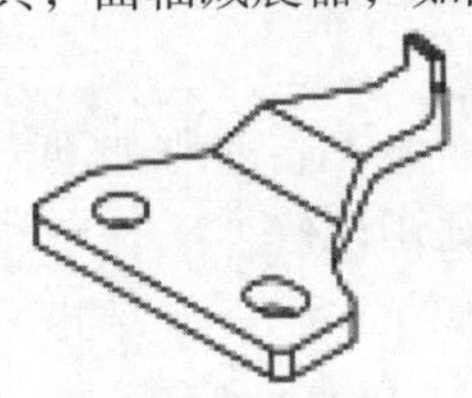

图 18-169

（8）定位工具，凸轮轴，如图 18-170。

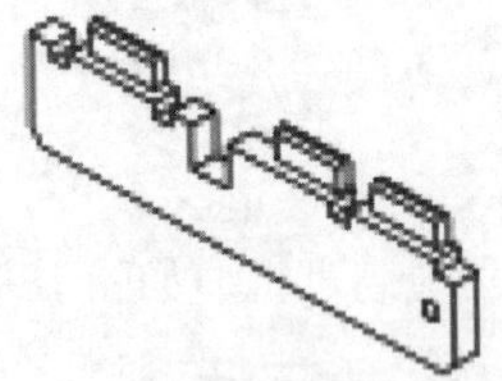

图 18-170

（9）筛选器，Teflon 密封件，如图 18-171。

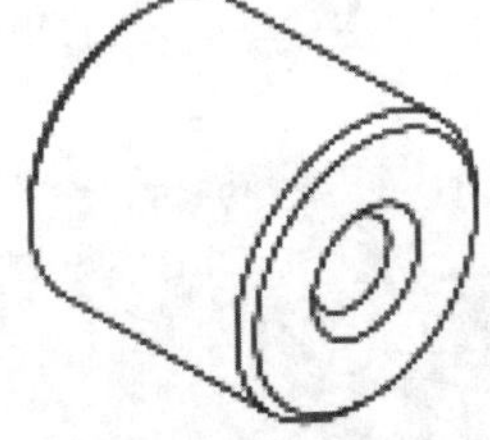

图 18-171

（10）安装工具，曲轴减震器，如图 18-172。

图 18-172

（11）安装工具，前盖油封，如图 18-173。

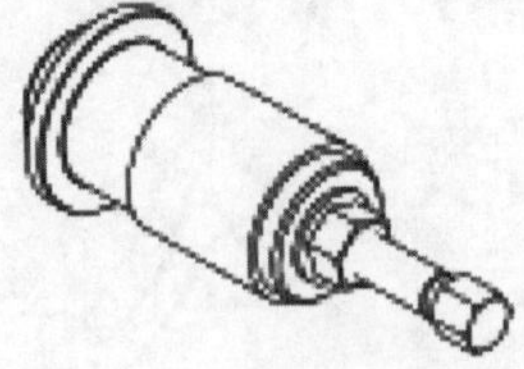

图 18-173

（12）303-393 适配器，如图 18-174。

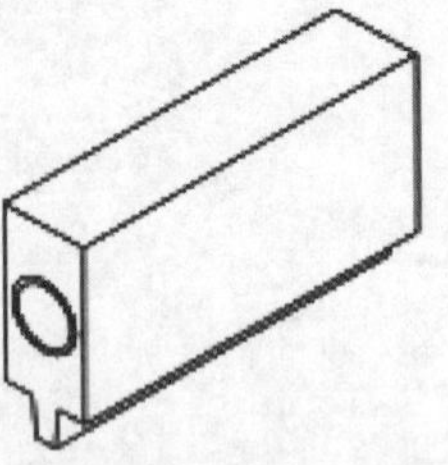

图 18-174

（13）锁止工具，飞轮，如图 18-175。

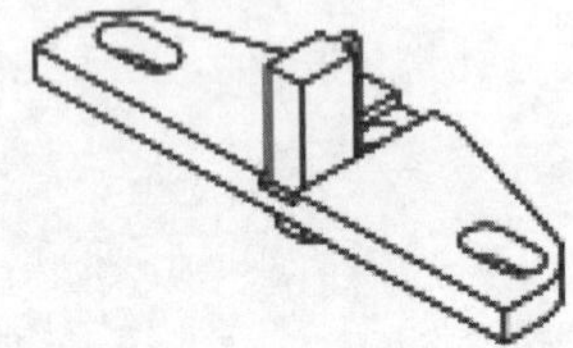

图 18-175

（14）安装工具，曲轴前油封，如图 18-176。

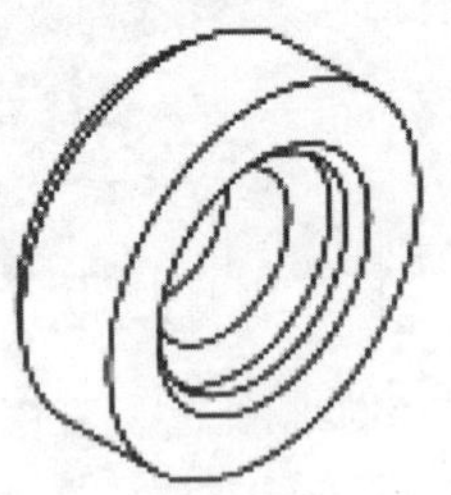

图 18-176

（15）锁止工具，曲轴，如图 18-177。

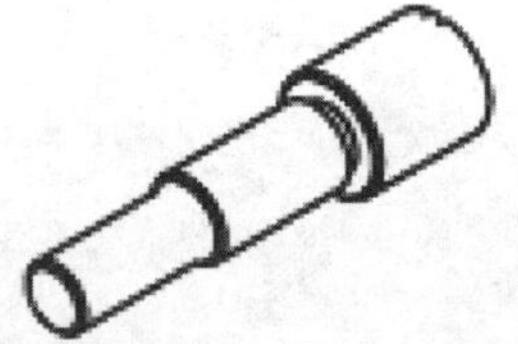

图 18-177

2. 发动机正时对准步骤。

（1）使用干净的发动机机油润滑主轴承横梁螺栓螺纹，如图 18-178。

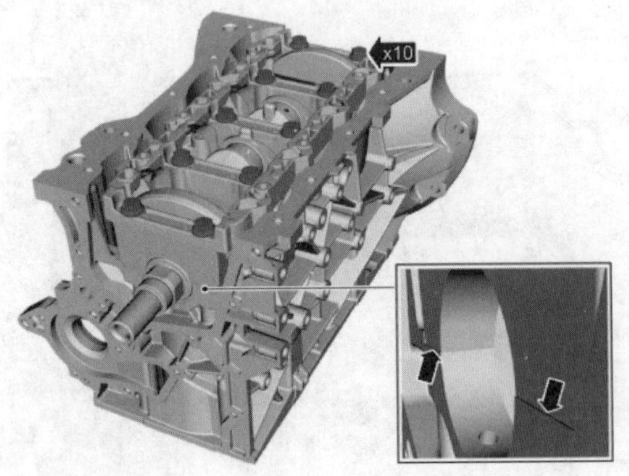

图 18-178

注意：确保安装新的螺栓。

注意：在此阶段，仅用手指拧紧螺栓。

（2）确保安装新的螺栓，如图 18-179。

扭矩：

· 级 1：30N · m

· 级 2：50N · m

· 级 3：45°

· 级 4：45°

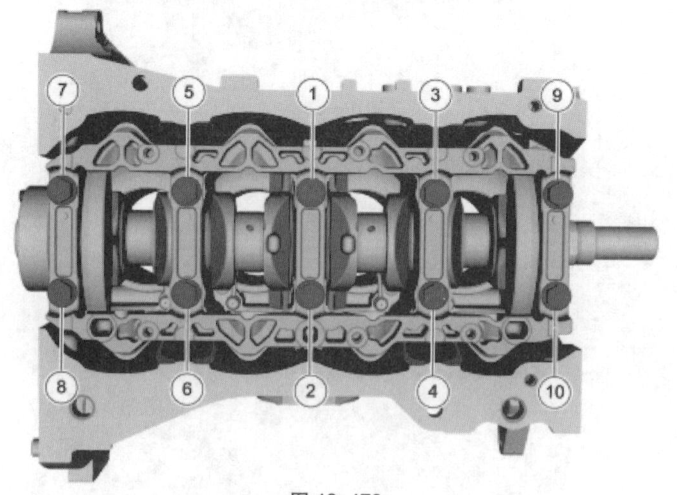

图 18-179

（3）将曲轴放在气缸体后部，如图 18-180。

将带有夹紧装置的刻度盘归零。

使用专用维修工具：100-002（TOOL-4201-C）带千分表的固定夹具。

将曲轴移到气缸体的前部。记录并注解轴端余隙。

可接受的曲轴轴端余隙为 0.12~0.43mm。如果曲轴轴端余隙超过规定范围，必要时安装新的零件。

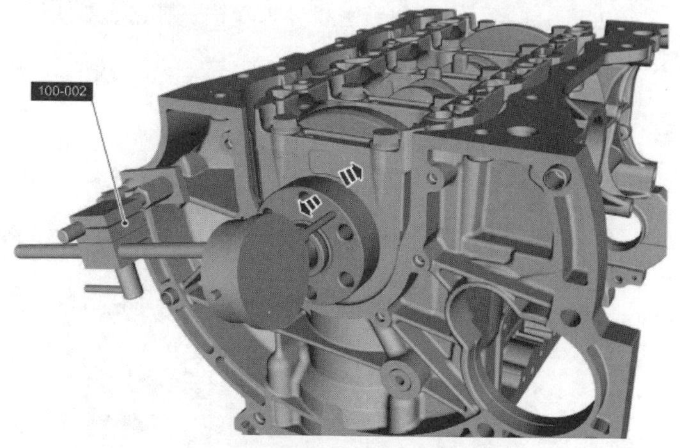

图 18-180

（4）必须用清洁的机油润滑部件，如图 18-181。

注意：如果重复使用连杆轴承，须将其按照拆卸时所作记录，按照原来的方向，安装在原来的位置。

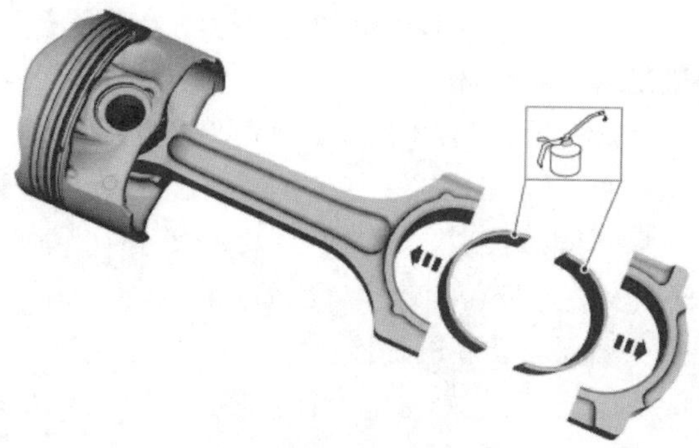
图 18-181

（5）注意：上部和下部压缩环的上侧配有识别标记，如图 18-182。

注意：箭头面向发动机的前部。

①上部压缩环间隙位置。

②下部压缩环间隙位置。

③上部油控制段活塞环开口间隙位置。

④扩张器环间隙位置。

⑤下部油控制段活塞环开口间隙位置。

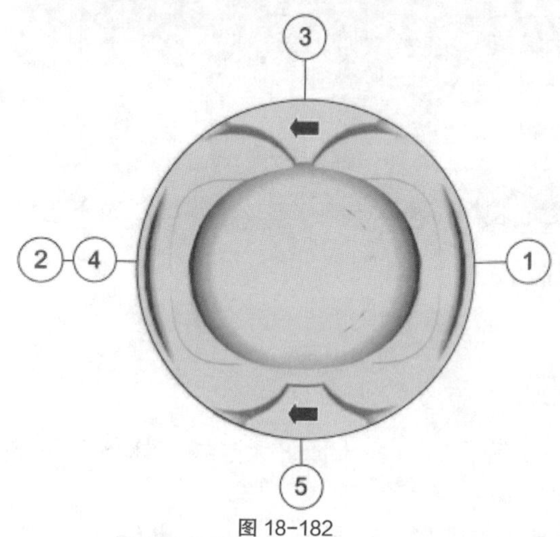

图 18-182

（6）注意：确保方向箭头指向发动机前方，如图 18-183。

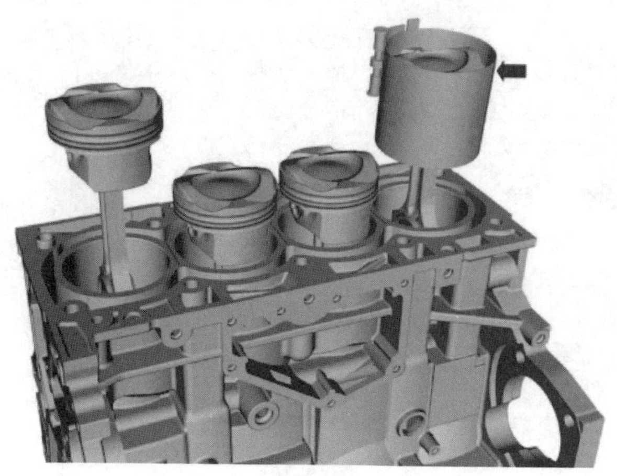
图 18-183

注意：确保部件安装于拆卸时所标注的位置上。

通用设备：活塞环压缩器。

（7）确保部件安装于拆卸时所标注的位置上。

注意：首先，在气缸 1 和 4 的连杆上安装连杆盖和螺栓，然后紧固。接着，将曲轴旋转 180° 并在气缸 2 和 3 的连杆上安装连杆盖和螺栓，然后紧固。

注意：确保安装新的螺栓。

（8）注意：安装好每个连杆盖之后，转动机轴以验证正常运转，如图 18-184。

扭矩：

·级 1：18N·m

·级 2：45°

·级 3：45°

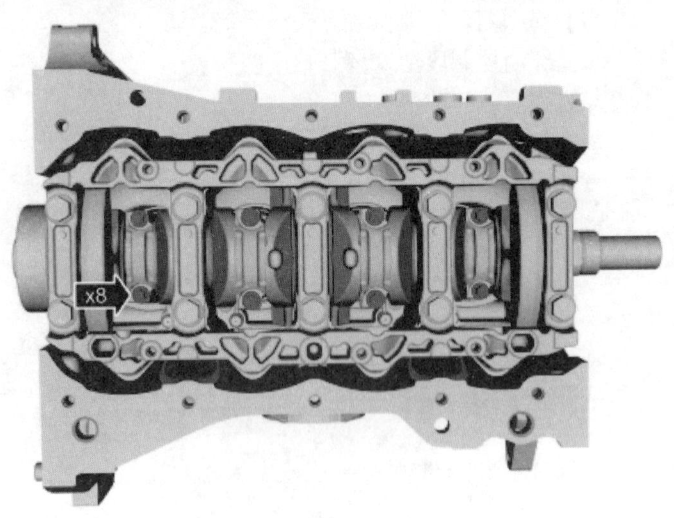

图 18-184

（9）确保接合面干净，无异物。如图 18-185、图 18-186。

注意：新曲轴后油封承载器配有定位套筒，安装后必须把定位套筒移除。

扭矩：10N·m。

图 18-185

图 18-186

（10）注意：不同长度的螺栓。

注意：安装所有螺栓并用手拧紧，然后再最后拧紧，如图 18-187。

扭矩：10N·m。

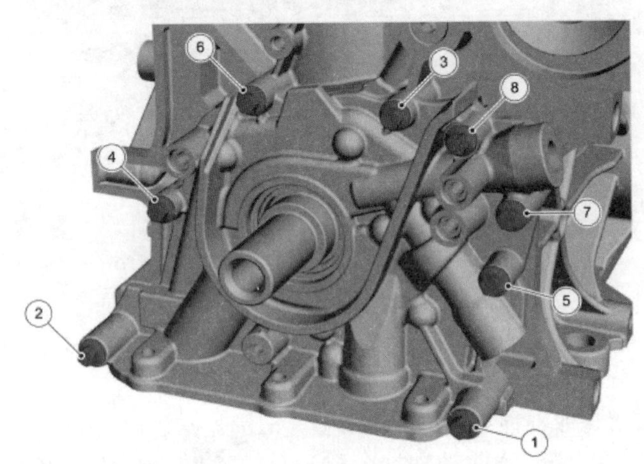

图 18-187

（11）注意：如果 O 形密封环未受损，则应重新使用。扭矩：9N·m，如图 18-188。

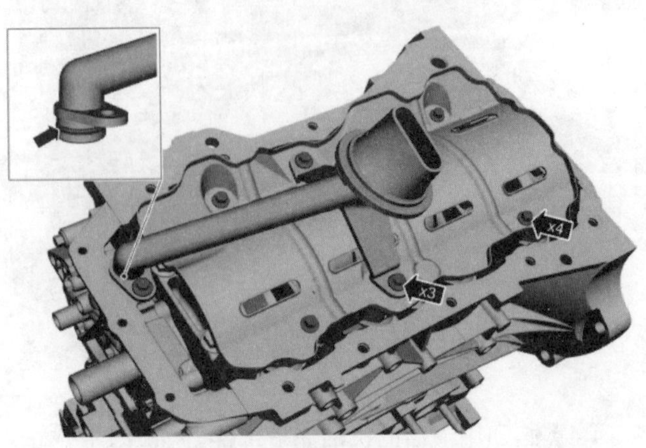

图 18-188

（12）确保接合面干净，无异物。

①安装以下项目：2 个 M8×20 studs，如图 18-189。

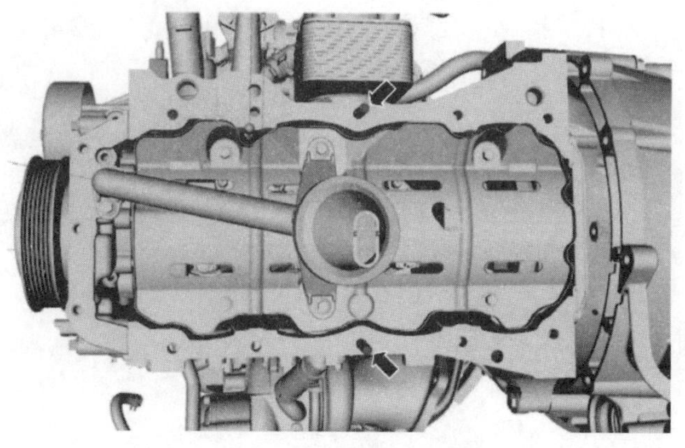

图 18-189

确保接合面干净，无异物，如图 18-190。

注意：部件必须在涂上密封胶 5min 之内装上。

材料：硅密封胶（WSE-M4G323-A4）。

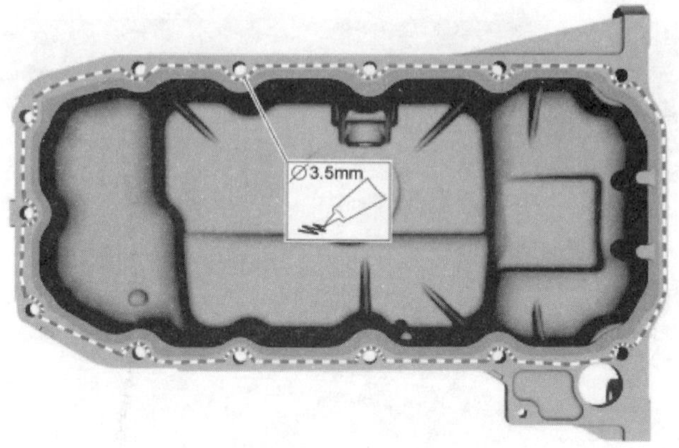

图 18-190

②拆卸以下项目：2 个 M8×20 studs，如图 18-191。

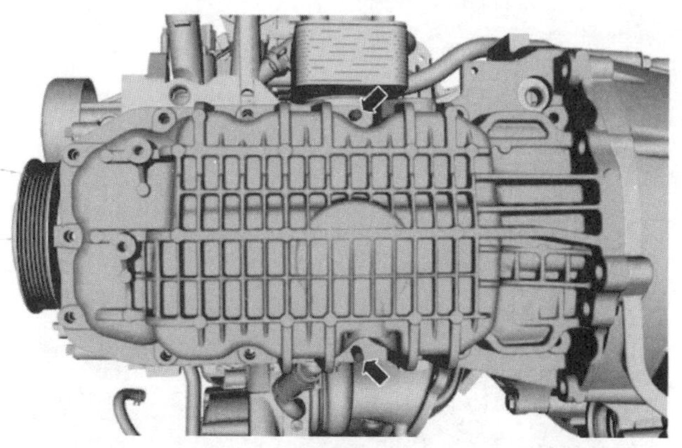

图 18-191

（13）通用设备：圆头钢尺，如图 18-192。

扭矩：

· 1-13：19N · m

· 14：27N · m

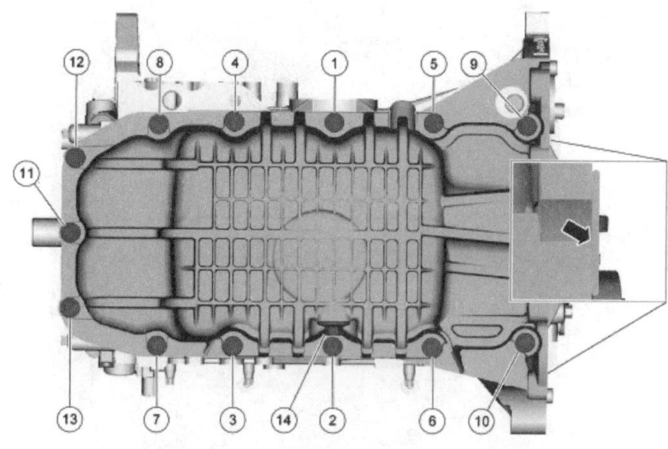

图 18-192

（14）使用专用维修工具：303-395 安装工具，曲轴密封件，如图 18-193。

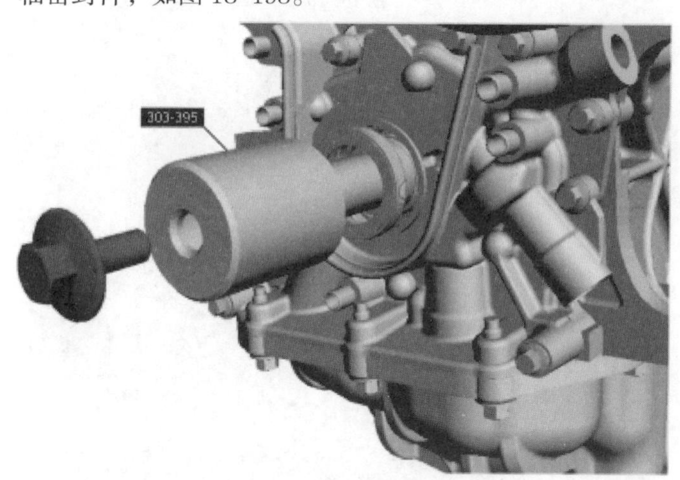

图 18-193

扭矩：55N · m，如图 18-194。

图 18-194

（15）注意：确保安装新的部件。

扭矩：14N · m，如图 18-195。

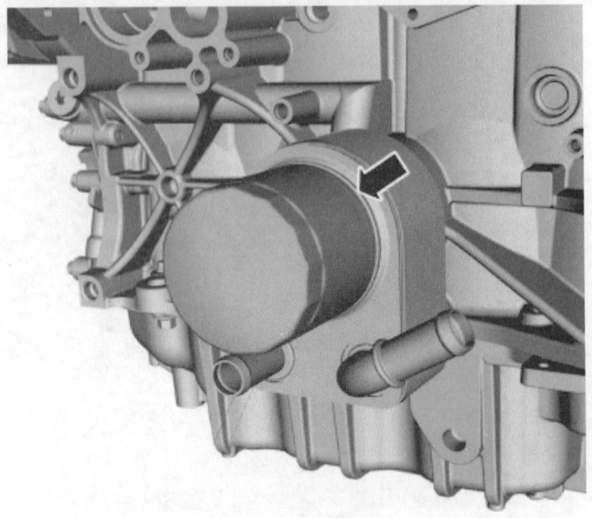

图 18-195

（16）扭矩：

·1-3：6N·m

·4-8：6N·m

·1-8：10N·m

如图 18-196。

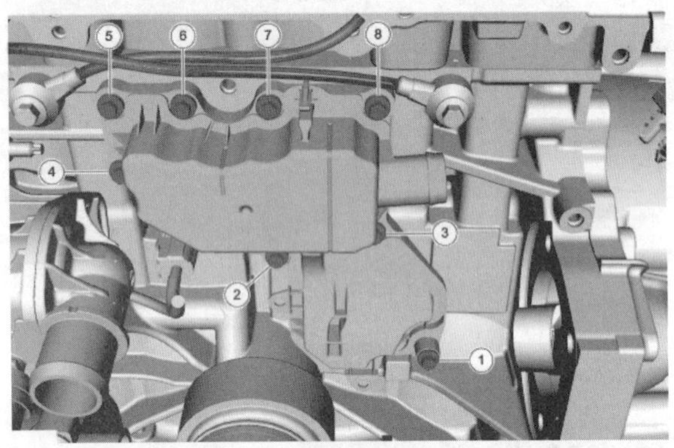

图 18-196

扭矩：4N·m，如图 18-197。

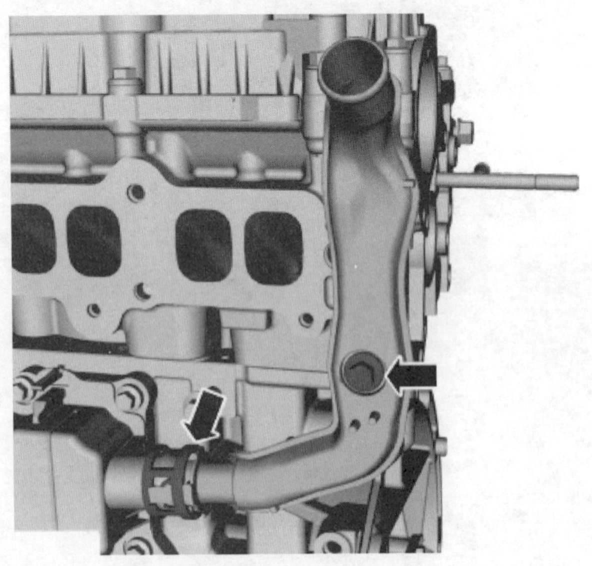

图 18-197

（17）拆卸盲孔螺栓，如图 18-198。

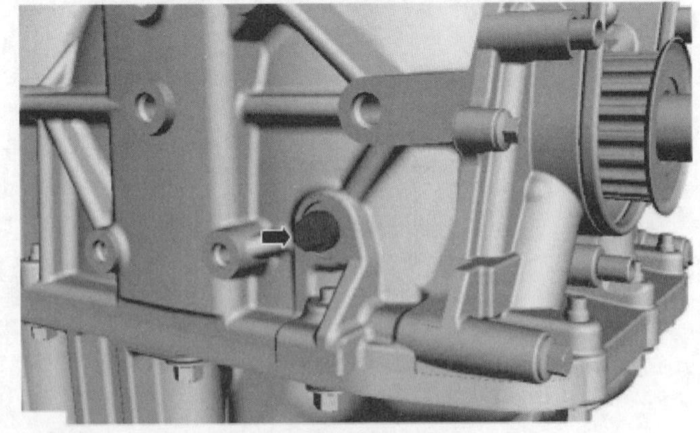

图 18-198

（18）仅顺时针旋转曲轴，如图 18-199。

缓慢旋转曲轴直到曲轴停止。安装专用工具：303-748 锁止工具，曲轴。

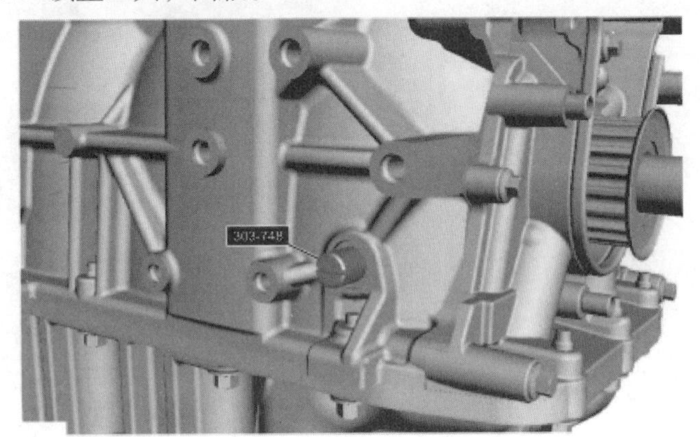

图 18-199

（19）确保安装新的螺栓，如图 18-200。

确保没有油液出现在气缸盖螺栓螺纹中。

扭矩：

·级 1：5N·m

·级 2：15N·m

·级 3：35N·m

·级 4：90°

·级 5：90°

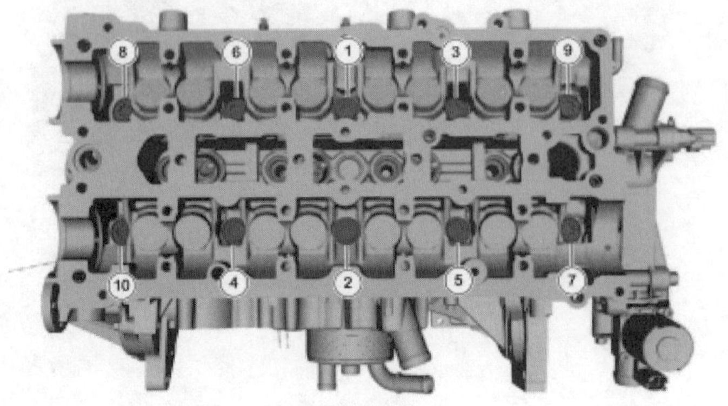

图 18-200

（20）注意：如果O形密封环未受损，则应重新使用，如图 18-201。

图 18-201

（21）确保接合面干净，无异物。如图 18-202。注意：部件必须在涂上密封胶 5min 之内装上。材料：法兰封剂（WSS-M2G348-A11）。

图 18-202

（22）确保部件安装于拆卸时所标注的位置上，如图 18-203。

确保安装新的螺栓。

注意：必须用清洁的机油润滑部件。

大约在第四缸气门重叠位置处安装凸轮轴。

扭矩：

· 1-16：级 1 为 7N · m，级 2 为 45°

· 17、18：级 3 为 10N · m，级 4 为 70°

· 19、20：级 5 为 10N · m，级 6 为 53°

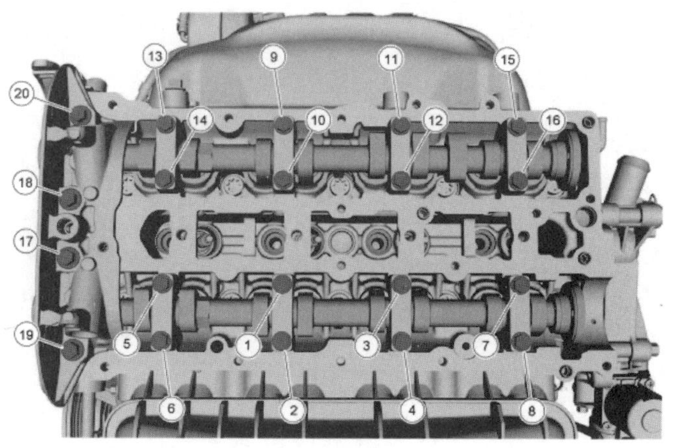

图 18-203

（23）用发动机机油涂上凸轮轴轴颈和凸轮轴油封密封唇口。如图 18-204。

使用专用维修工具：303-318 定位器 / 安装工具，曲轴前密封件。

图 18-204

（24）安装专用工具：303-1552 定位工具，凸轮轴。如图 18-205、图 18-206。

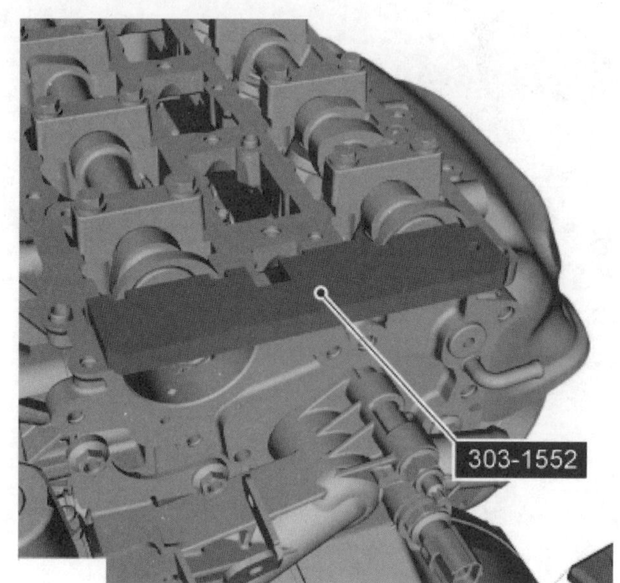

图 18-205

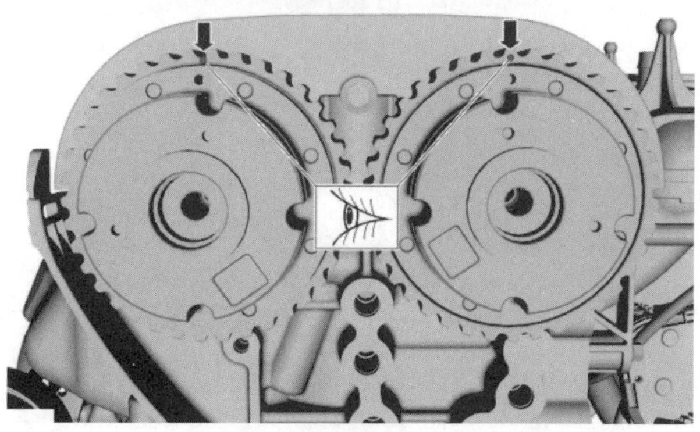

图 18-206

（25）使用开口扳手防止部件转动，如图 18-207。

安装专用工具：303-1097 锁止工具，可变凸轮轴正时液压控制装置。

扭矩：25N・m。

拆下专用工具：303-1097 锁止工具，可变凸轮轴正时液压控制装置。

图 18-207

（26）拆下专用工具：303-1552 定位工具，凸轮轴，如图 18-208。

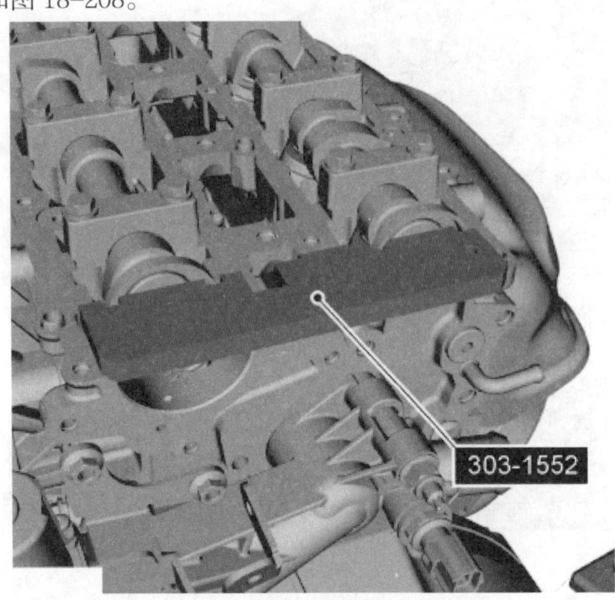

图 18-208

（27）使用开口扳手防止部件转动，如图 18-209。

扭矩：75°。

图 18-209

（28）安装专用工具：303-1552 定位工具，凸轮轴，如图 18-210。

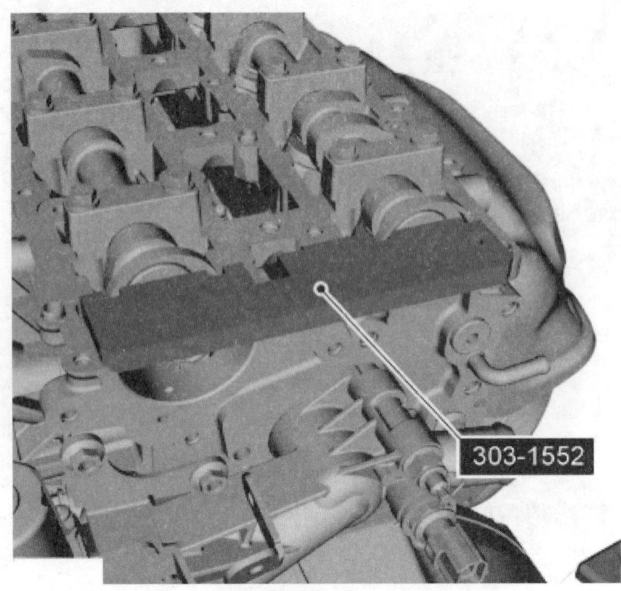

图 18-210

（29）注意：只有气门正时正确时，才可安装专用工具，如图 18-211。

安装专用工具：303-1097 锁止工具，可变凸轮轴正时液压控制装置。

图 18-211

（30）使用开口扳手防止部件转动。扭矩：16N・m。如图 18-212。

图 18-212

（31）确保接合面干净，无异物。如图 18-213。

注意：部件必须在涂上密封胶 5min 之内装上。材料：法兰封剂（WSS-M2G348-A11）。

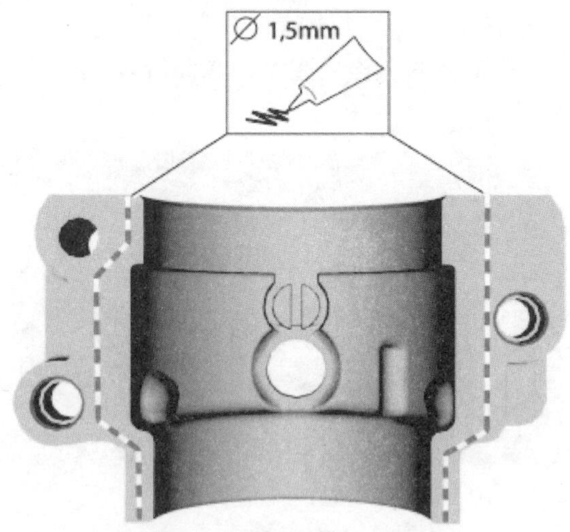

图 18-213

扭矩：10N·m，如图 18-214。

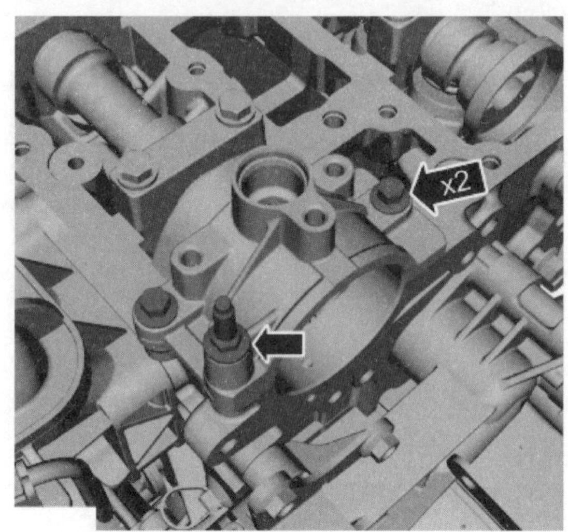

图 18-214

（32）注意：确保接合面干净，无异物，如图 18-215。

注意：部件必须在涂上密封胶 5min 之内装上。材料：法兰封剂（WSS-M2G348-A11）。

图 18-215

①扭矩（图 18-216）：

· 1-8：4N·m

· 1-8：14N·m

· 9、10：11N·m

图 18-216

②扭矩（图 18-217）：

· 级 1：5N·m

· 级 2：9N·m

· 级 3：10N·m

图 18-217

③扭矩（图 18-218、图 18-219）：

· 1-6：10N·m

· 7：25N·m

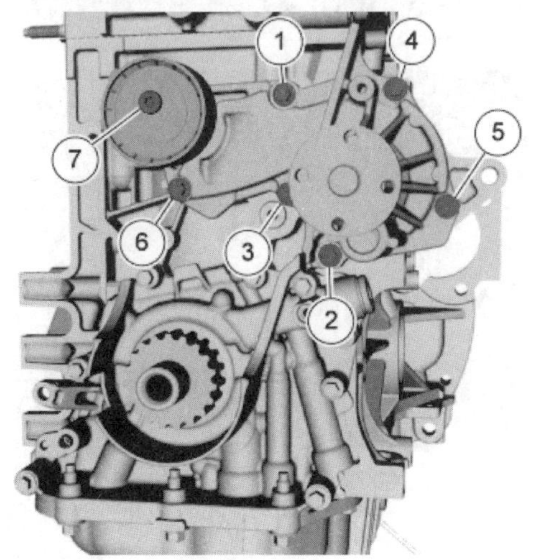

图 18-218

图 18-219

（33）警告：张紧装置位于弹簧压紧装置下。小心处理张紧装置。未遵循这些说明，可能会造成人身伤害。如图 18-220、18-221。

图 18-220

图 18-221

（34）安装专用工具：303-1550 定位工具，曲轴减震器，如图 18-222。

使用专用维修工具：303-1550 定位工具，曲轴减震器。注意：在此阶段，仅用手指拧紧螺栓。

确保安装新的螺栓。注意：在此阶段，仅用手指拧紧螺栓。

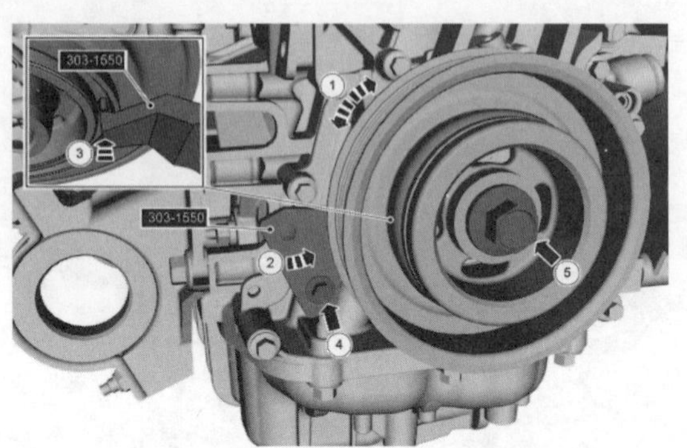

图 18-222

（35）拆下专用工具：303-1550 定位工具，曲轴减震器，如图 18-223。

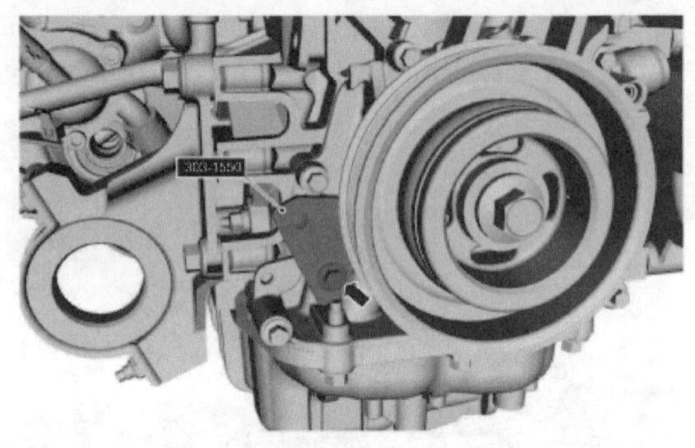

图 18-223

扭矩（图 18-224）：

· 级 1：100N · m

· 级 2：90°

· 级 3：等候 10s

· 级 4：15°

图 18-224

（36）拆下专用工具：303-748 锁止工具，曲轴，如图 18-225。

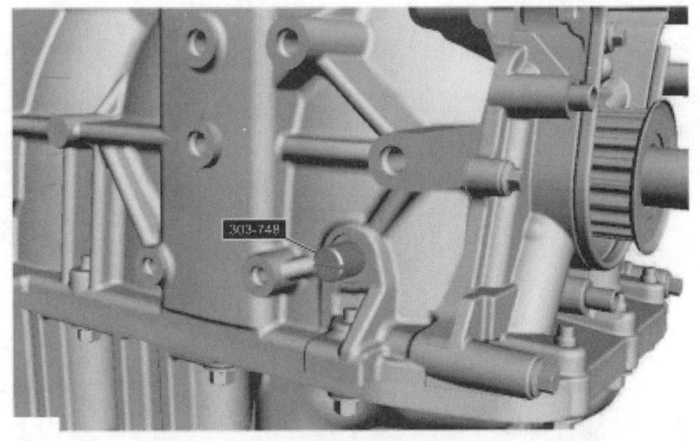

图 18-225

（37）拆下专用工具：303-1097 锁止工具，可变凸轮轴正时液压控制装置，如图 18-226。

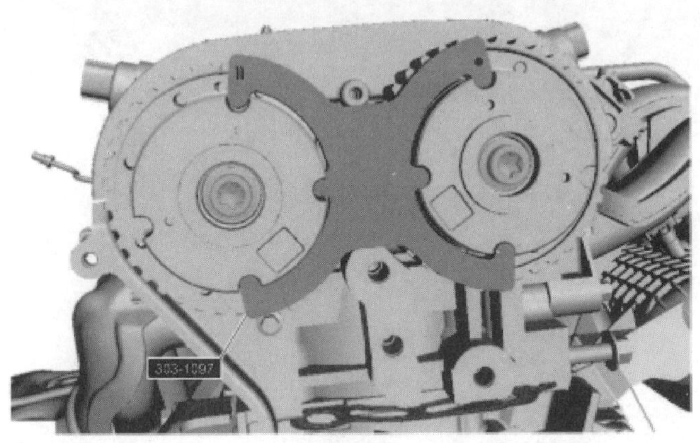

图 18-226

（38）仅顺时针旋转曲轴。旋转曲轴$1\frac{3}{4}$圈直到个号活塞在上止点前大约 45°，如图 18-227。

图 18-227

（39）安装专用工具：303-748 锁止工具，曲轴，如图 18-228。

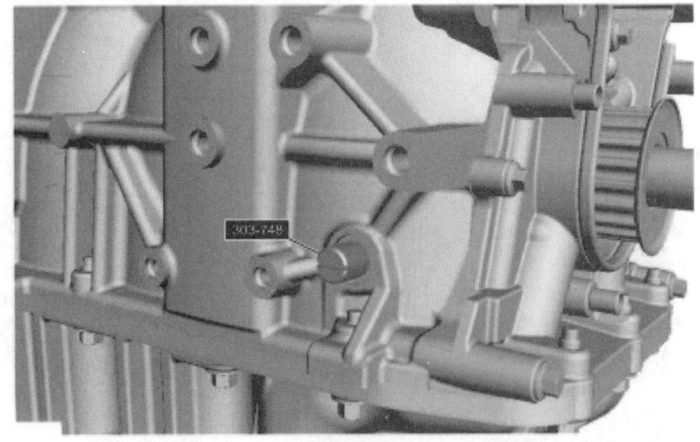

图 18-228

（40）仅顺时针旋转曲轴。缓慢旋转曲轴直到曲轴停止，如图 18-229。

图 18-229

（41）注意：只有气门正时正确时，才可安装专用工具，如图 18-230。

①安装专用工具：303-1097 锁止工具，可变凸轮轴正时液压控制装置。

②拆下专用工具：303-1097 锁止工具，可变凸轮轴正时液压控制装置。

图 18-230

（42）拆下专用工具：303-748 锁止工具，曲轴，如图 18-231。

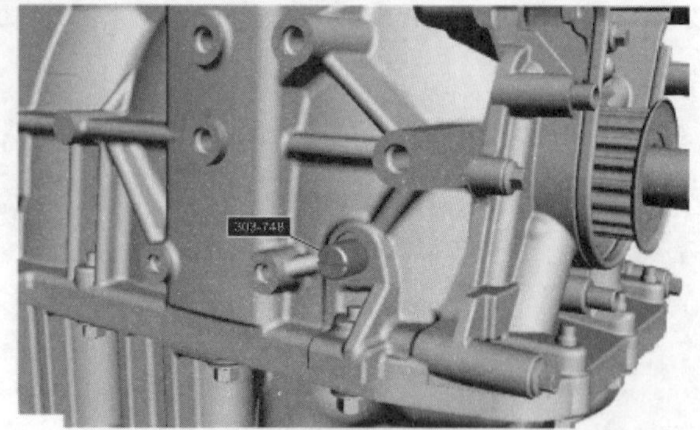

图 18-231

扭矩（图 18-232）：20N·m。

图 18-232

（44）注意：不同长度的螺栓，如图 18-233。

注意：安装所有螺栓并用手拧紧，然后再最后拧紧。扭矩：55N·m。

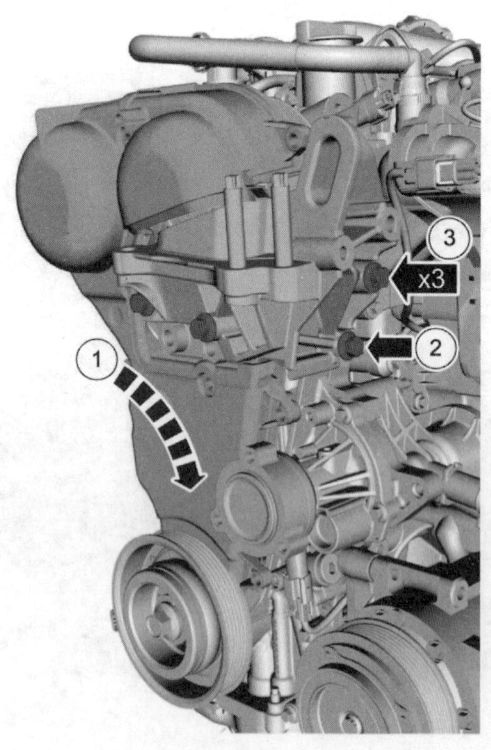

图 18-233

①扭矩：10N·m。

②扭矩：10N·m。

③扭矩：10N·m。

注意：在此阶段，仅用手指拧紧螺栓。如图 18-234。

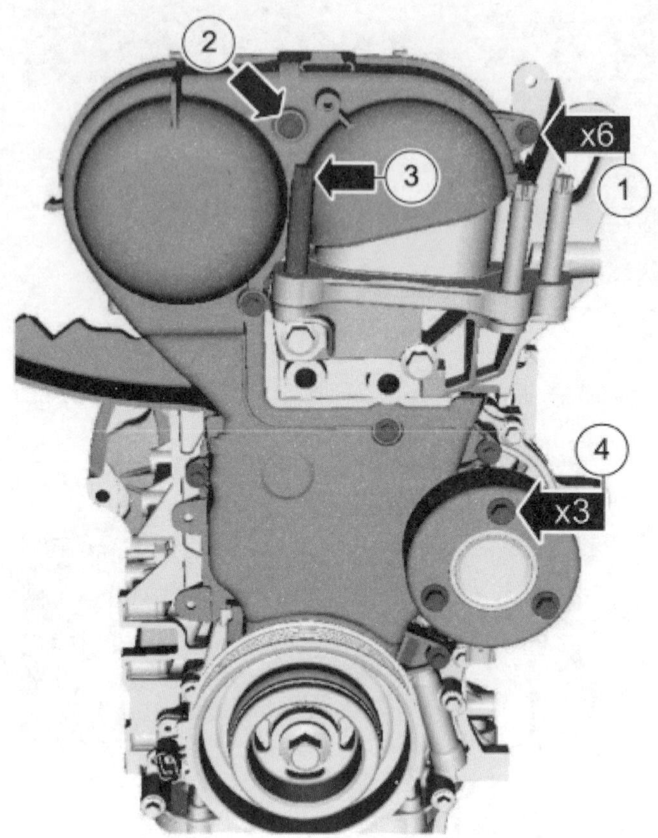

图 18-234

扭矩（图 18-235）：10N·m。

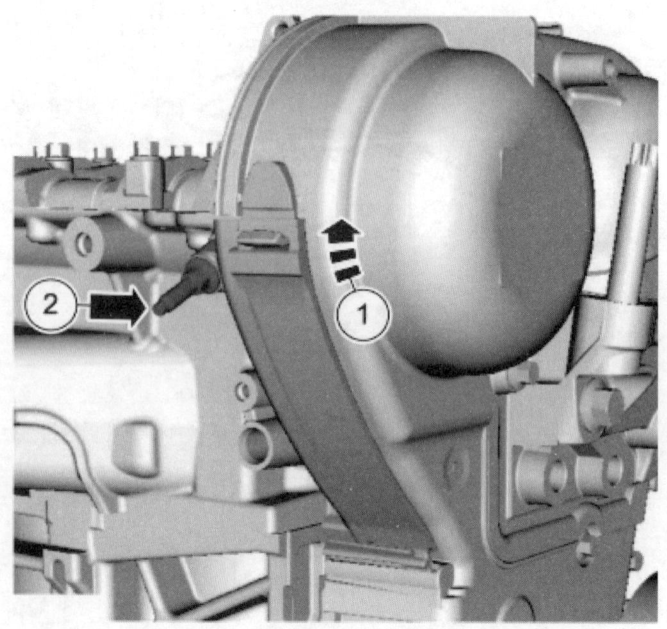

图 18-235

扭矩（图 18-236）：8N·m。

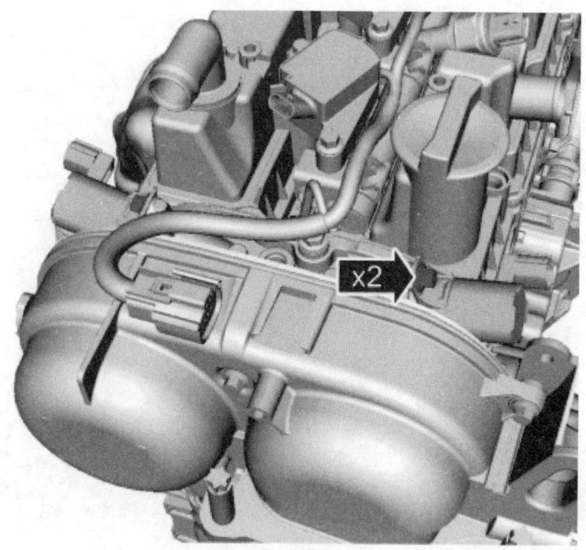

图 18-236

五、车型

新福克斯（2012—2017 年），发动机型号：1.6L 的 Duratec-16V Ti-VCT（92kW）-Sigma。

嘉年华（2012—2014 年），发动机型号：1.5L 的 Duratec-16V Ti-VCT（81kW）-Sigma。

翼博（2013—2016 年），发动机型号：1.5L 的 Duratec-16V Ti-VCT（81kW）-Sigma。

福睿斯（2012—2018 年），手动挡车型，发动机型号：1.5L 的 Duratec-16V Ti-VCT（81kW）-Sigma。

1. 专用工具 / 通用设备。

（1）303-1054 锁止工具，正时皮带张紧器，如图 18-237。

图 18-237

（2）303-1097 锁止工具，可变凸轮轴正时液压控制装置，如图 18-238。

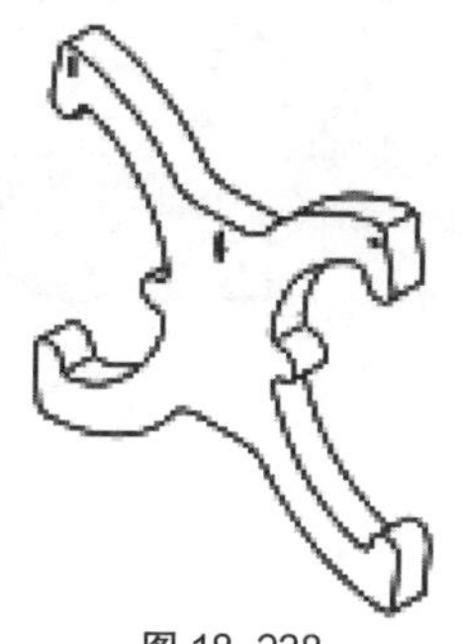

图 18-238

（3）303-318 定位器 / 安装工具，曲轴前密封件，如图 18-239。

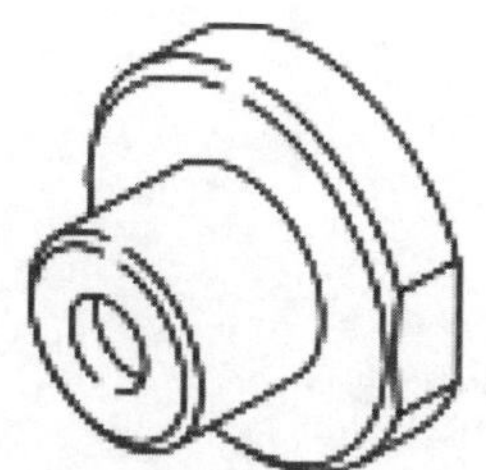

图 18-239

（4）303-376B 定位板，凸轮轴，如图 18-240。

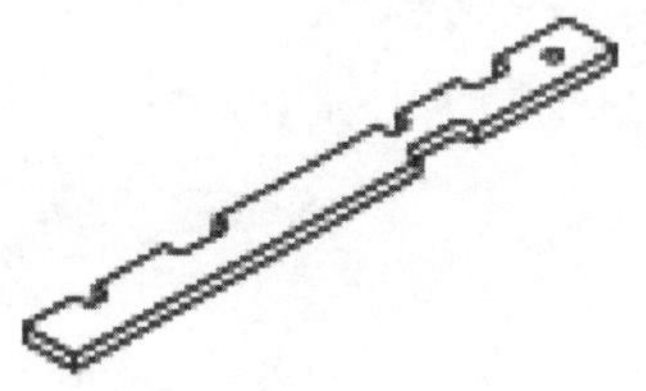

图 18-240

（5）303-395 安装工具，曲轴密封件，如图 18-241。

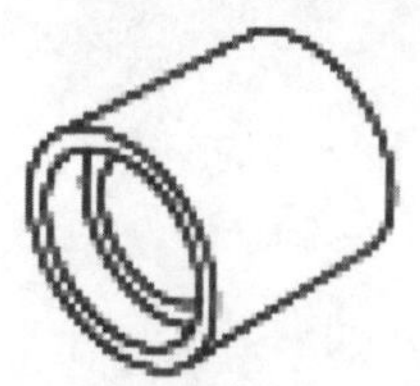

图 18-241

（6）303-748 锁止工具，曲轴，如图 18-242。

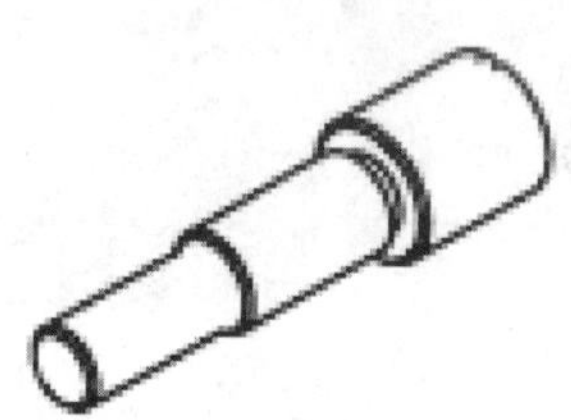

图 18-242

（7）圆头钢尺。

2. 发动机正时对准步骤。

（1）确保接合面洁净且无异物。

注意：新曲轴后油封承载器配有定位套筒，安装后必须把定位套筒移除。如图 18-243。扭矩：10N·m。

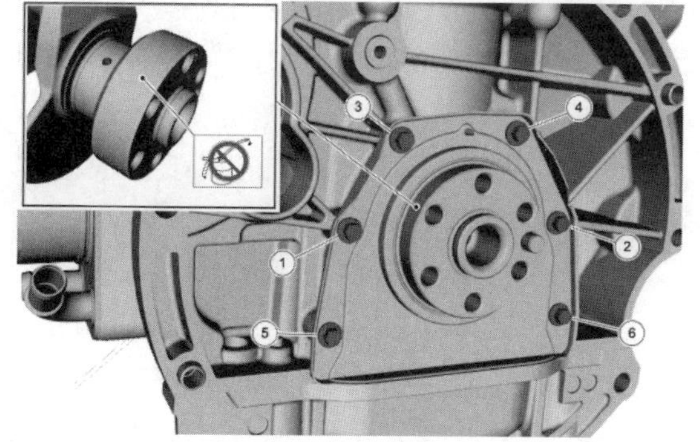

图 18-243

（2）注意：在此阶段仅用手拧紧螺栓。注意：螺栓的不同长度。如图 18-244。

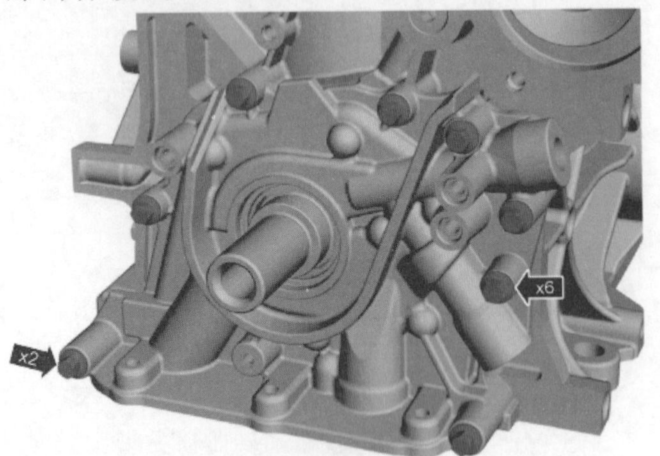

图 18-244

（3）注意：确保元件已校准。如图 18-245。通用设备：圆头钢尺。

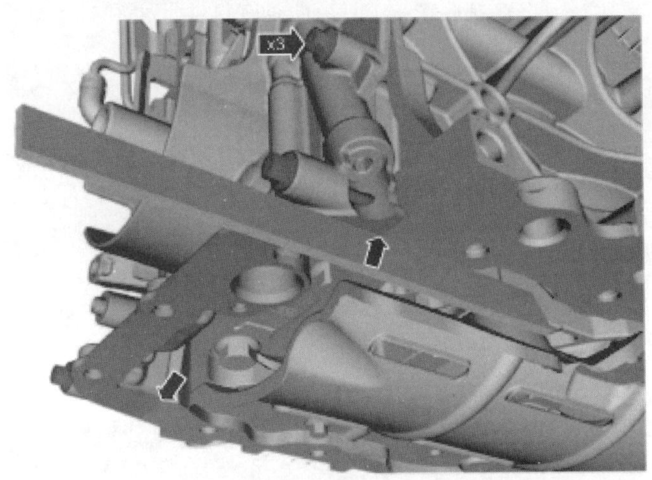

图 18-245

扭矩（图 18-246）：10N·m。

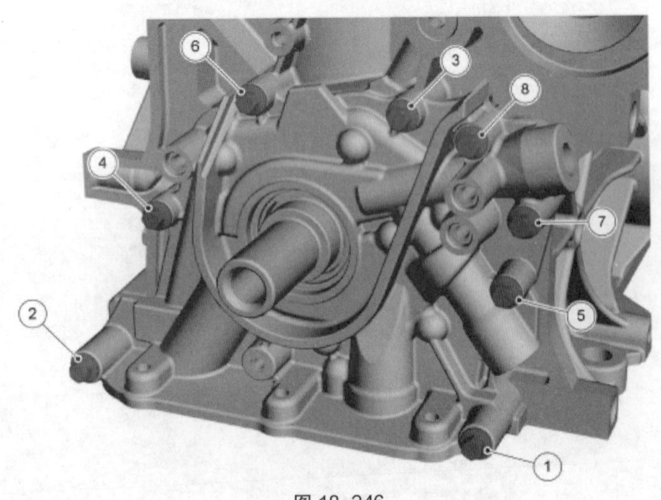

图 18-246

（4）使用专用维修工具：303-395 安装工具，曲轴密封件，如图 18-247。

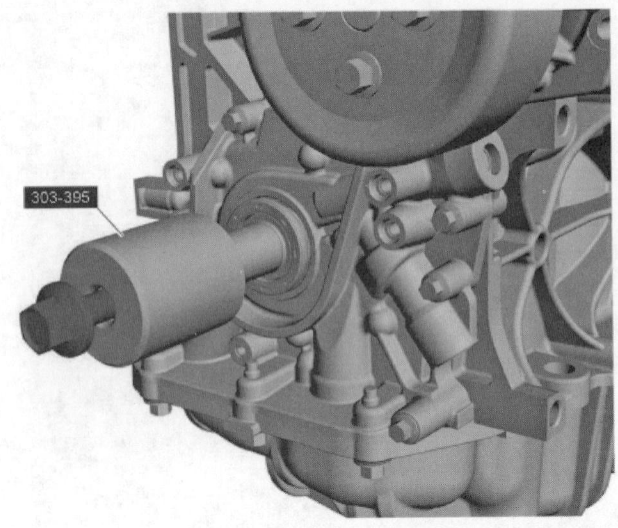

图 18-247

（5）注意：只要 O 形密封未损害即可重复使用，如图 18-248。扭矩：10N·m。

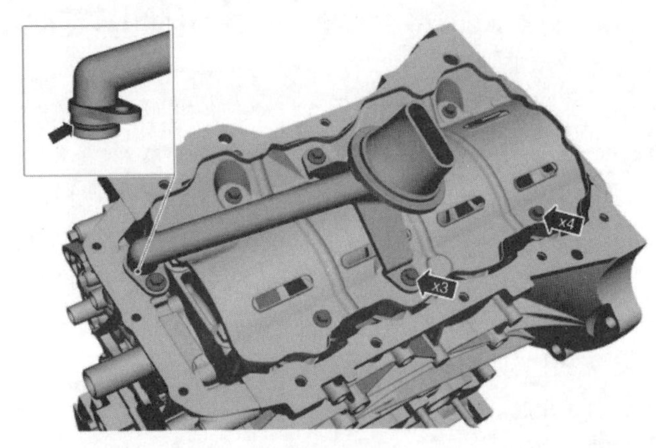

图 18-248

注意：确保接合面洁净且无异物。

（6）安装以下项目：2 个 M8×20 双头螺柱，如图 18-249。

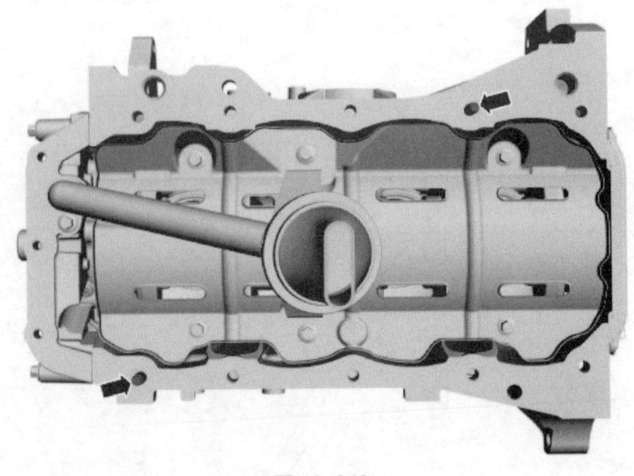

图 18-249

注意：确保接合面洁净且无异物。

（7）注意：元件必须在涂上密封胶 5min 之内装上。如图 18-250。材料：硅密封胶（WSE-M4G323-A4）。

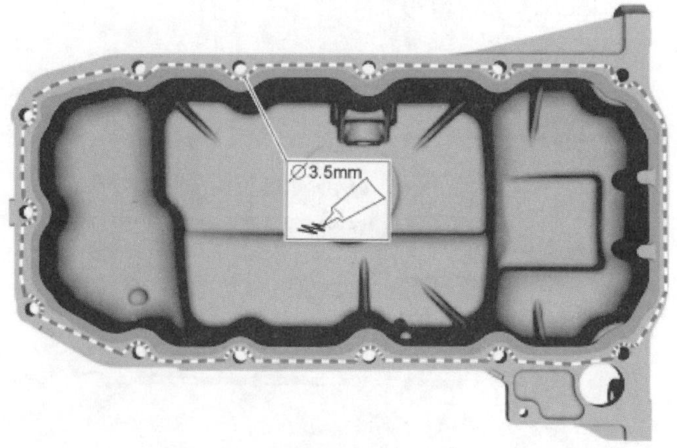

图 18-250

（8）拆卸以下项目：2 个 M8×20 双头螺柱，如图 18-251。

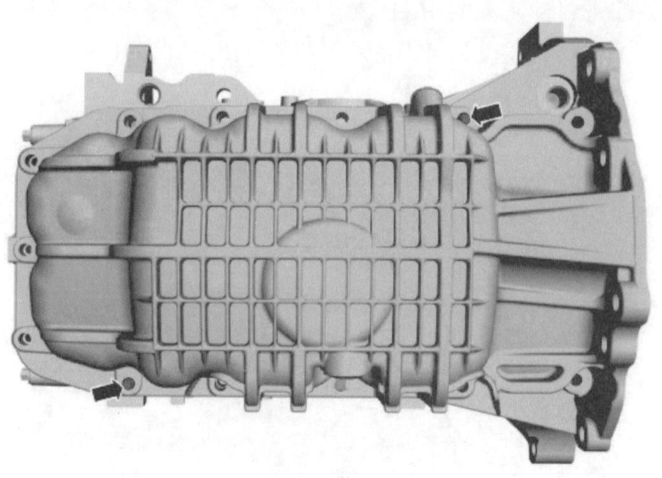

图 18-251

（9）螺栓 1-13：扭矩为 19N·m，如图 18-252。

注意：密封圈未损坏时可重复使用。螺栓 14：扭矩为 28N·m。

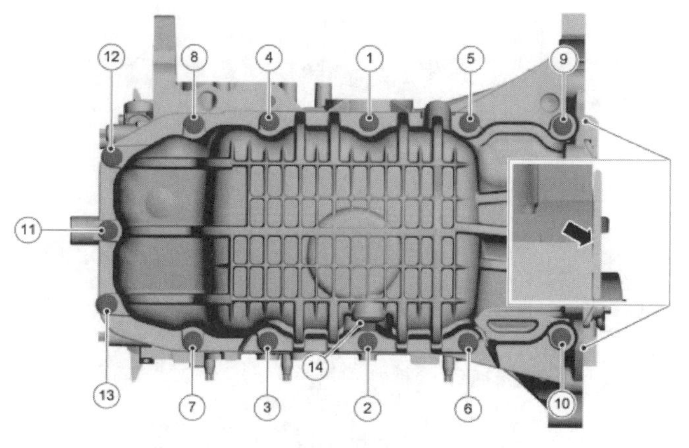

图 18-252

（10）拆卸盲孔螺栓，如图 18-253。

图 18-253

（11）仅顺时针旋转曲轴，旋转曲轴。直到撞到特殊工具使其停止，如图 18-254。

安装专用工具：303-748 锁止工具，曲轴。

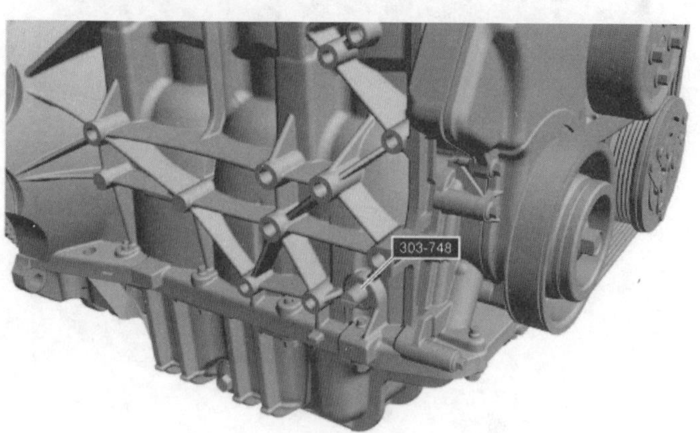

图 18-254

（12）确保没有油液出现在气缸盖螺栓螺纹孔中。确保新螺栓已安装。如图 18-255。

扭矩：

·级 1：5N·m

·级 2：15N·m

·级 3：35N·m

·级 4：75°

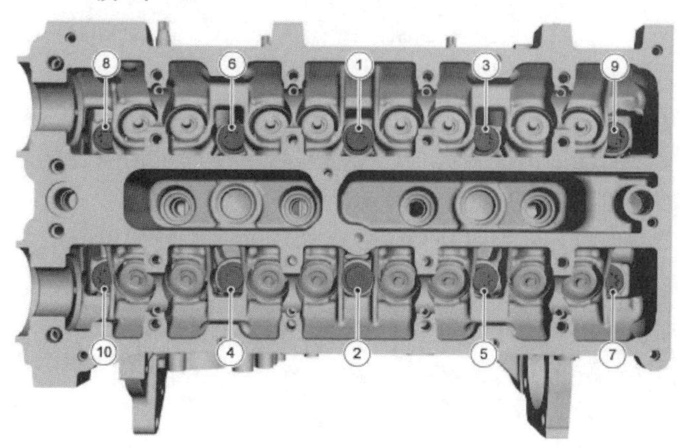

图 18-255

（13）注意：确保这些元件安装在拆卸前如图 18-256、图 18-257 标注的位置。

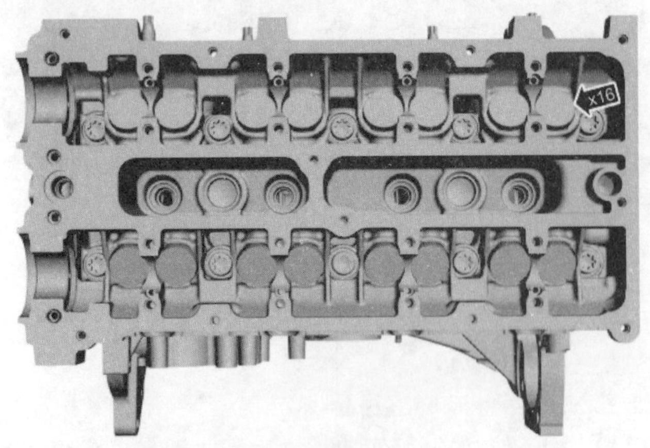

图 18-256

图 18-257

（14）注意：元件必须在涂上密封胶 5min 之内装上，如图 18-258。材料：密封胶（WSK-M2G348-A5）。

图 18-258

（15）确保凸轮轴和凸轮轴轴承盖安装在原来的位置上。

（16）确保新螺栓已安装。将洁净的机油涂到凸轮轴盖和 VVT 桥轴承表面。如图 18-259。

材料：发动机油 SAE 5W-30（WSS-M2C913-C）。

大约在第四缸阀门重叠位置处安装凸轮轴 / 均匀地拧紧螺栓，一次半圈，直到凸轮轴轴承盖和 VVT 桥处于相对气缸盖的方位。

螺栓 1-16：扭矩为 7N·m。

螺栓 17-20：扭矩为 10N·m。

螺栓 1-16：扭矩为 45°。

螺栓 17、19：扭矩为 70°。

螺栓 18、20：扭矩为 53°。

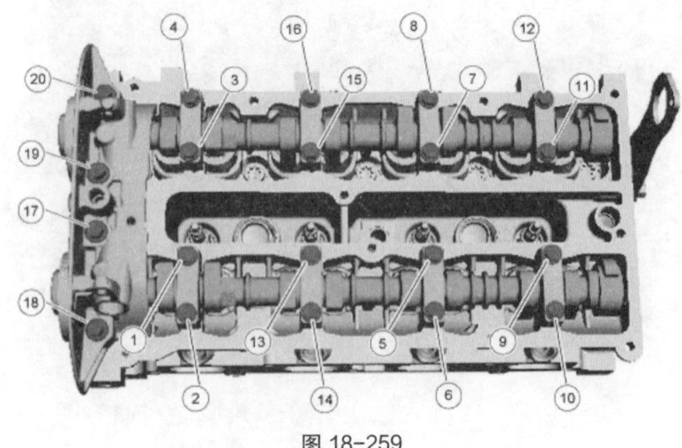

图 18-259

（17）调整气门间隙。

使用专用维修工具：303-318 定位器 / 安装工具，曲轴前密封件。如图 18-260。

材料：发动机油 SAE 5W-30（WSS-M2C913-C）。

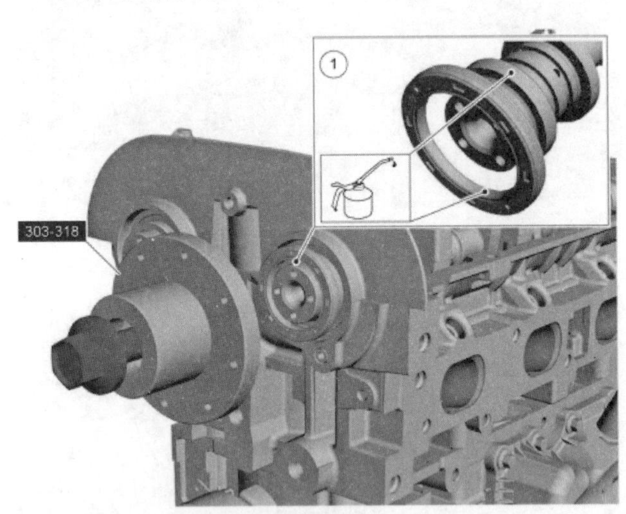

图 18-260

扭矩（图 18-261）：9N·m。

图 18-261

（18）确保新螺栓已安装，如图 18-262，扭矩：10N · m。

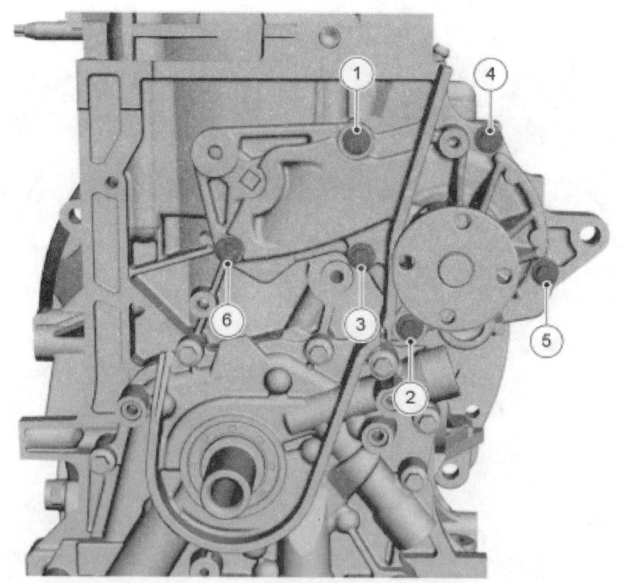

图 18-262

扭矩（图 18-263、图 18-264）：25N · m。

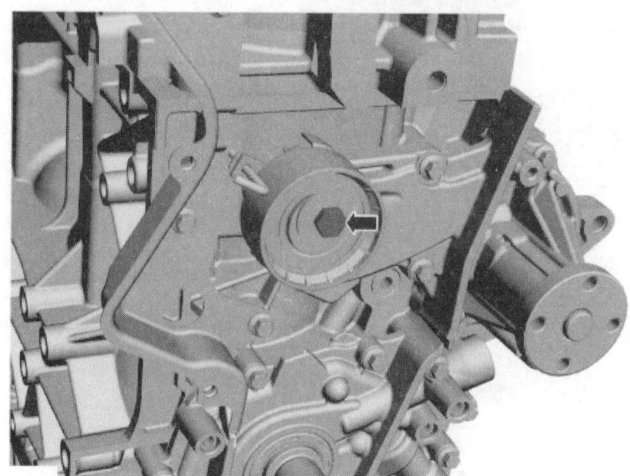
图 18-263

图 18-264

（19）安装专用工具：303-376B 定位板，凸轮轴，如图 18-265。

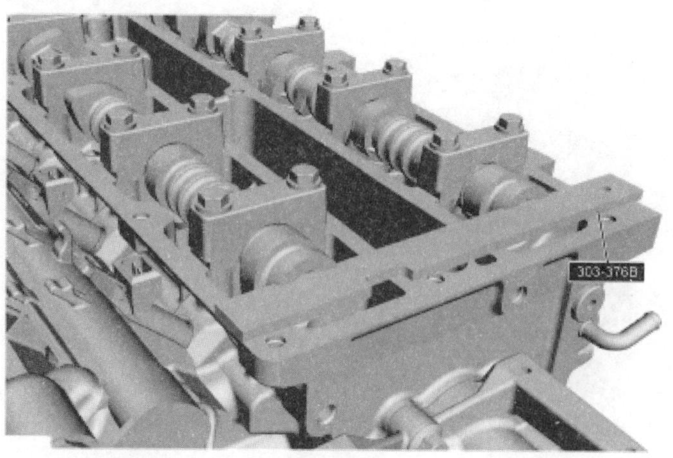

图 18-265

使用开口扳手固定住凸轮轴六脚形边，以防凸轮轴转动。可变阀（VVT）定时记号必须位于 12 点钟位置。安装专用工具：303-1097 锁止工具，可变凸轮轴正时液压控制装置，如图 18-266。扭矩：25N · m。

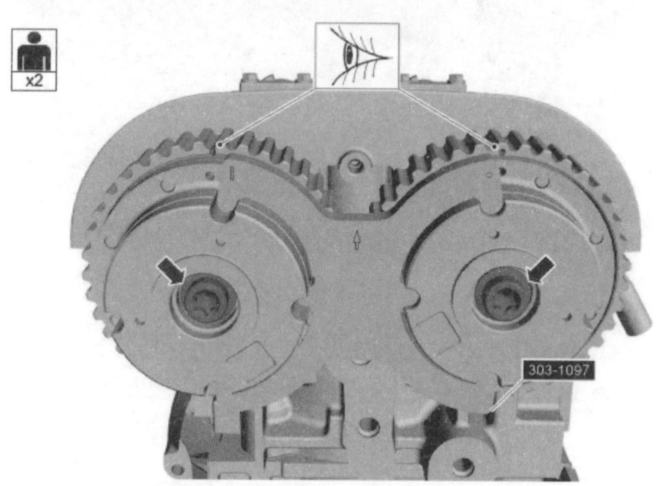

图 18-266

（20）拆下专用工具：303-1097 锁止工具，可变凸轮轴正时液压控制装置，如图 18-267。

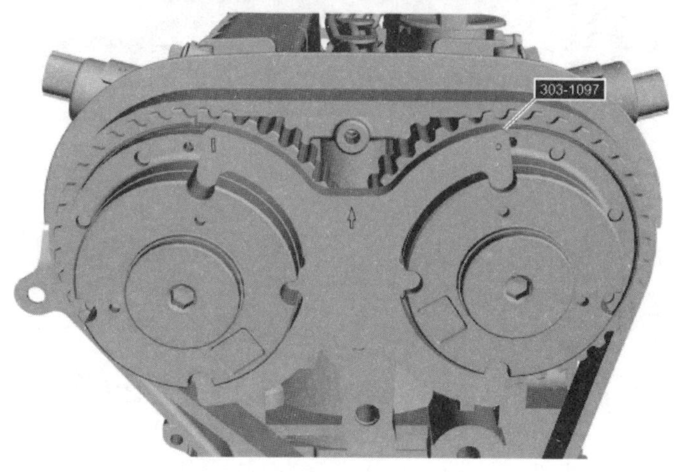

图 18-267

（21）拆下专用工具：303-376B 定位板，凸轮轴，如图 18-268。

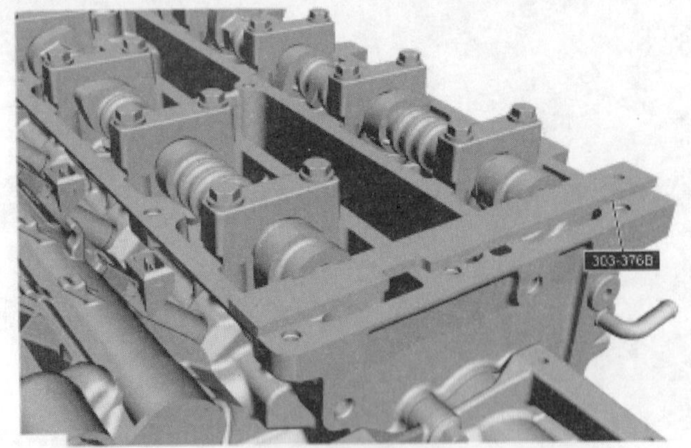

图 18-268

（22）使用开口扳手固定住凸轮轴六脚形边，以防凸轮轴转动，如图 18-269。扭矩：75°。

图 18-269

（23）安装专用工具：303-376B 定位板，凸轮轴，如图 18-270。

图 18-270

注意：只有阀定时正确时，才可安装专用工具。

如果专用工具不能安装，按照之前步骤重复调整。安装专用工具：303-1097 锁止工具，可变凸轮轴正时液压控制装置。

（24）拆下专用工具：303-1097 锁止工具，可变凸轮轴正时液压控制装置，如图 18-271。

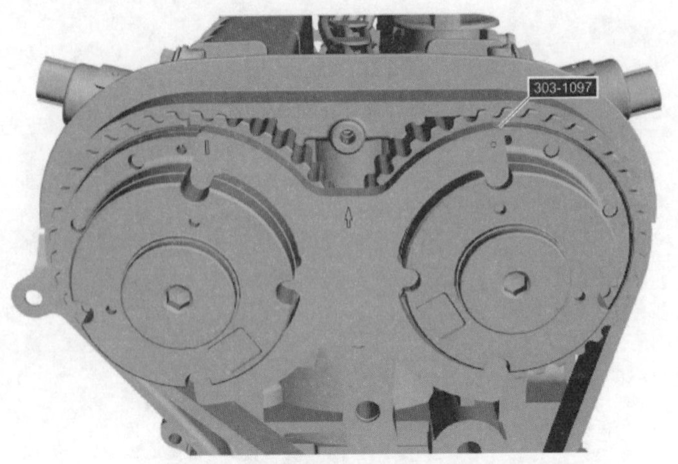

图 18-271

（25）拆下专用工具：303-376B 定位板，凸轮轴，如图 18-272。

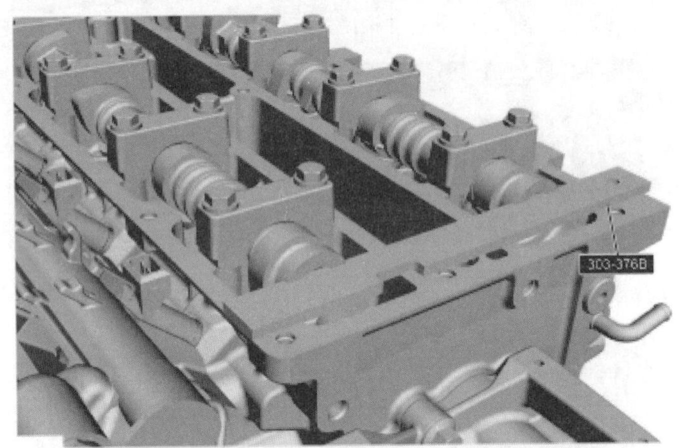

图 18-272

（26）使用开口扳手固定住凸轮轴六脚形边，以防凸轮轴转动，如图 18-273。扭矩：16N · m。

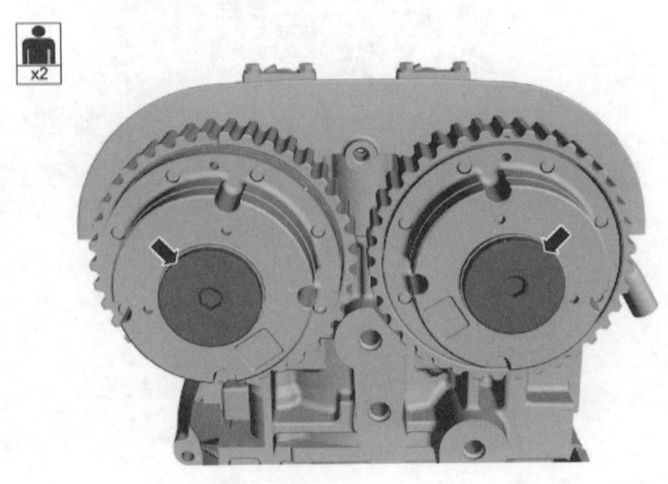

图 18-273

（27）安装专用工具：303-1097 锁止工具，可变凸轮轴正时液压控制装置，如图 18-274、图 18-275。

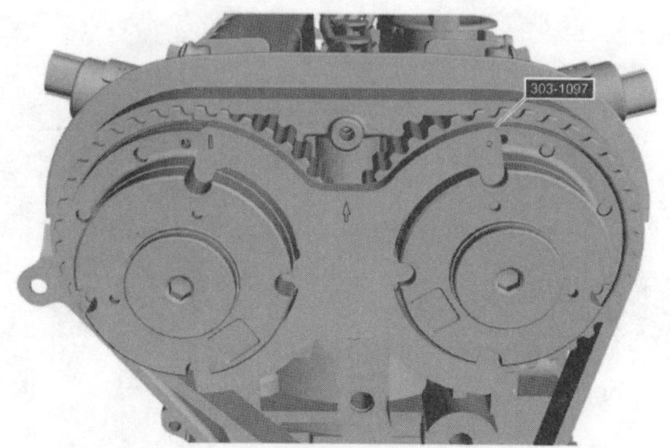

图 18-274

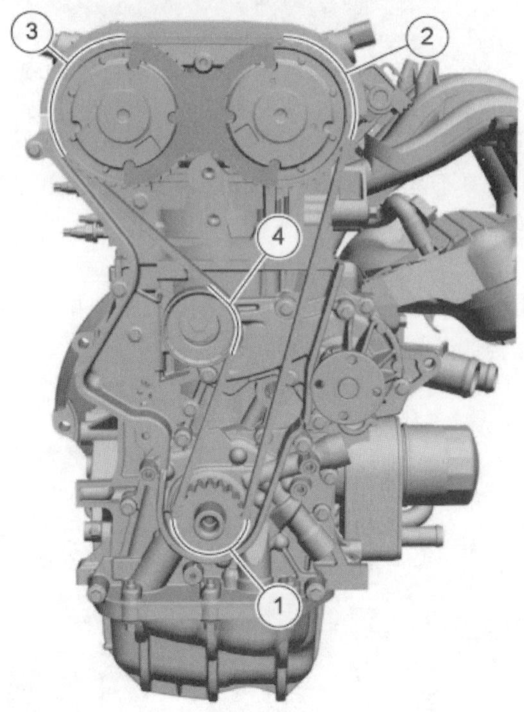

图 18-275

（28）警告：当处理压缩弹簧时，请格外小心。拆下专用工具：303-1054 锁止工具，正时皮带张紧器，如图 18-276。

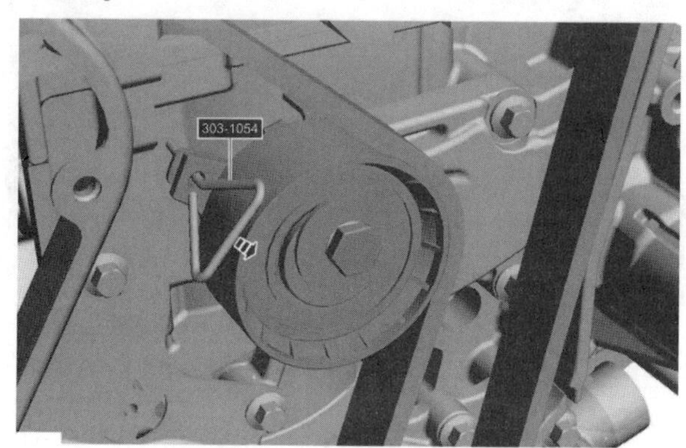

图 18-276

扭矩（图 18-277）：9N · m。

图 18-277

（29）确保安装新的螺栓，如图 18-278。

①扭矩：

· 级 1：100N · m

· 级 2：90°

②扭矩：15°。

图 18-278

（30）拆下专用工具：303-748 锁止工具，曲轴，如图 18-279。

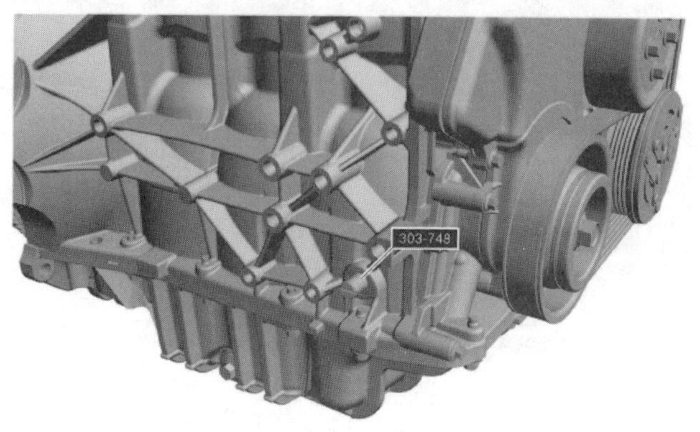

图 18-279

（31）拆下专用工具：303-1097 锁止工具，可变凸轮轴正时液压控制装置，如图 18-280。

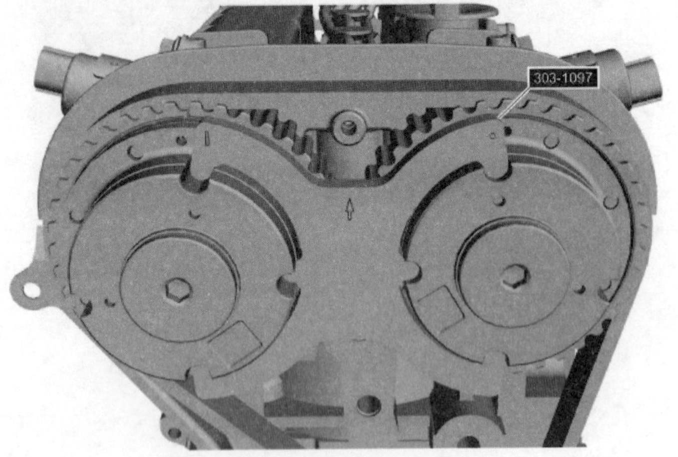

图 18-280

（32）仅顺时针旋转曲轴。旋转曲轴大约$1\frac{3}{4}$圈，如图 18-281。

图 18-281

（33）安装专用工具：303-748 锁止工具，曲轴，如图 18-282。

图 18-282

（34）仅顺时针旋转曲轴。旋转曲轴，直到撞到特殊工具使其停止，如图 18-283。

图 18-283

注意：只有阀定时正确时，才可安装专用工具。如果专用工具不能被安装，重复之前步骤。

（35）安装专用工具：303-1097 锁止工具，可变凸轮轴正时液压控制装置，如图 18-284。

拆下专用工具：303-1097 锁止工具，可变凸轮轴正时液压控制装置。

图 18-284

（36）拆下专用工具：303-748 锁止工具，曲轴，如图 18-285。

图 18-285

扭矩（图 18-286）：20N·m。

图 18-286

（37）注意：安装所有螺栓并用手拧紧，然后再最后拧紧，如图 18-287。

①扭矩：55N·m。

②扭矩：10N·m。

图 18-287

扭矩（图 18-288）：10N·m。

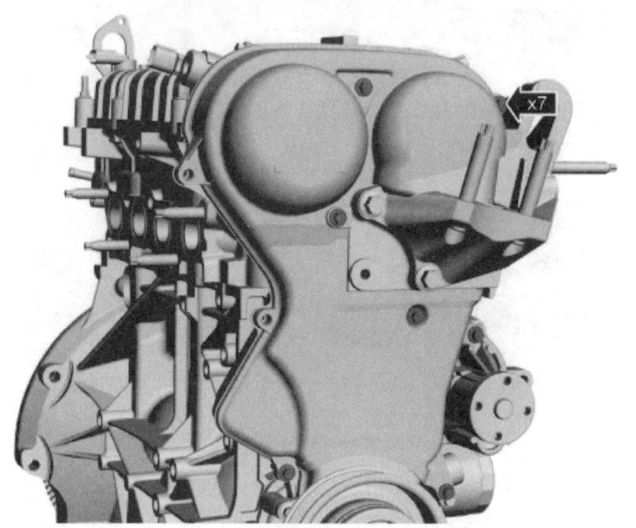

图 18-288

六、车型

蒙迪欧（2004—2007 年），发动机型号：2.0L 的 Duratec-HE（107kW）-MI4。

经典福克斯（2005—2013 年），发动机型号：1.8L 的 Duratec-HE（92kW）-MI4。

经典福克斯（2005—2013 年），发动机型号：2.0L 的 Duratec-HE（107kW）-MI4。

新福克斯（2012—2015 年），发动机型号：2.0L 的 Duratec-HE（125kW）-MI4。

蒙迪欧致胜（2007—2013 年），发动机型号：2.0L 的 Duratec-HE（107kW）-MI4。

蒙迪欧致胜（2007—2013 年），发动机型号：2.3L 的 Duratec-HE（118kW）-MI4。

麦克斯（2007—2012 年），发动机型号：2.3L 的 Duratec-HE（118kW）-MI4。

1. 专用工具 / 通用设备。

（1）205-072 万用法兰夹紧扳手，如图 18-289。

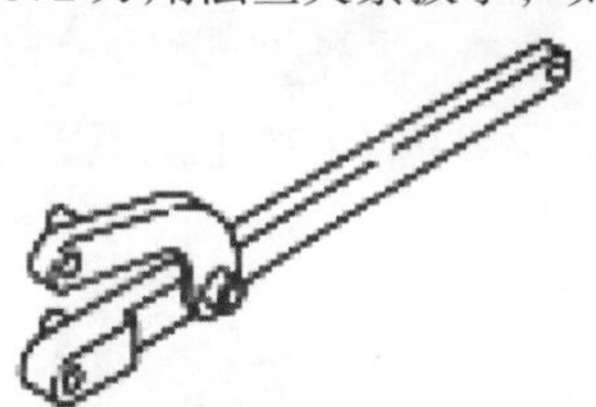

图 18-289

（2）205-072-01/205-072 适配器，如图 18-290。

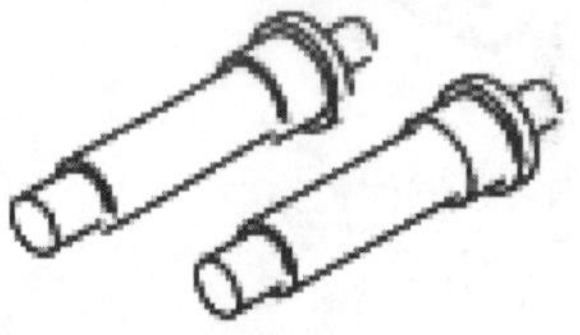

图 18-290

（3）205-072-02/205-072 适配器，如图 18-291。

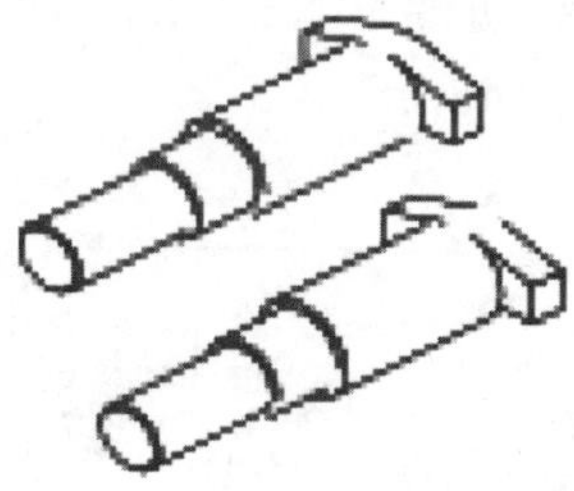

图 18-291

（4）303-376B/A 定位板，凸轮轴，如图 18-292。

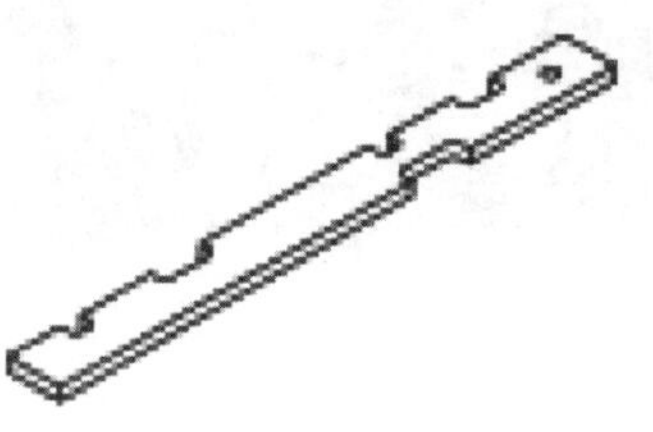

图 18-292

（5）303-509 拆卸工具，减震器轮毂，如图 18-293。

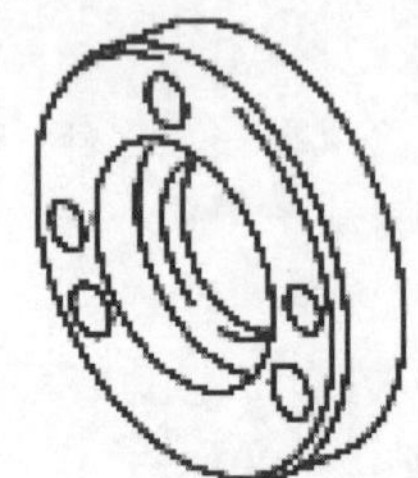

图 18-293

（6）303-699 扳手，机油滤清器，如图 18-294。

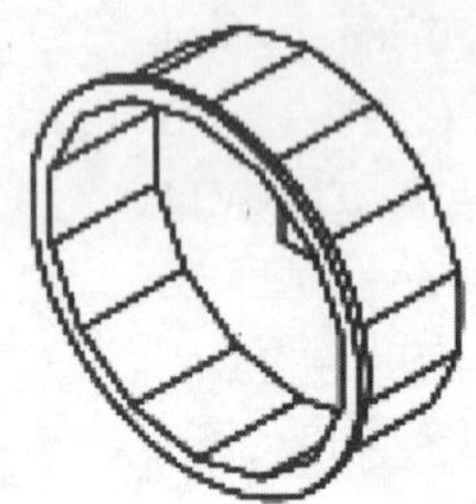

图 18-294

（7）303-748/303-507 锁止工具，曲轴，如图 18-295。

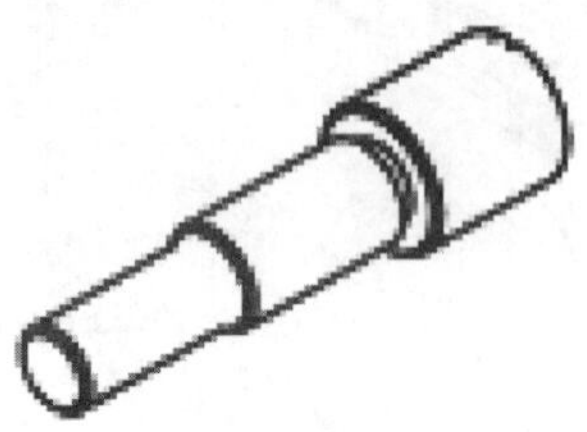

图 18-295

（8）活塞环压缩器。

（9）2mm 打孔器。

2. 发动机正时对准步骤。

（1）确保这些部件均安装到拆除时记下的位置上。

材料：发动机油 SAE 5W-30（WSS-M2C913-B），如图 18-296、图 18-297。

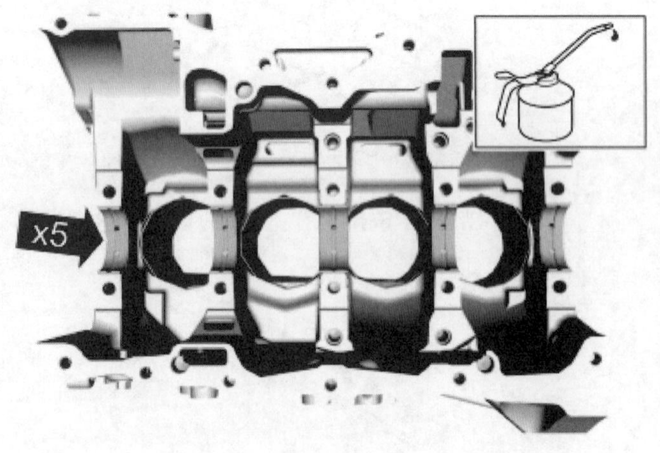

图 18-296

图 18-297

（2）确保这些部件均安装到拆除时标注的位置上。

材料：发动机油 SAE 5W-30（WSS-M2C913-B），如图 18-298。

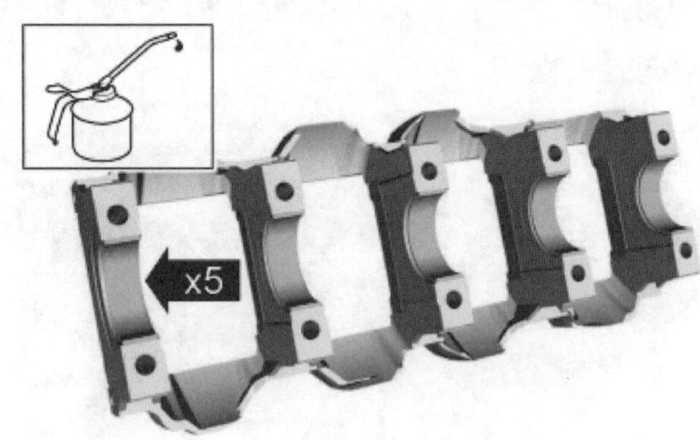

图 18-298

确保新螺栓均已安装。

扭矩（如图 18-299）：

· 级 1：5N · m

· 级 2：25N · m

· 级 3：90°

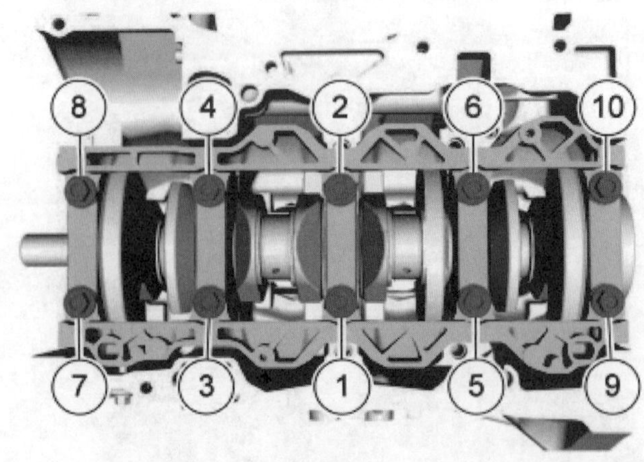

图 18-299

（3）确保这些部件均安装到拆除时标注的位置上。

材料：发动机油 SAE 5W-30（WSS-M2C913-B），

如图 18-300。

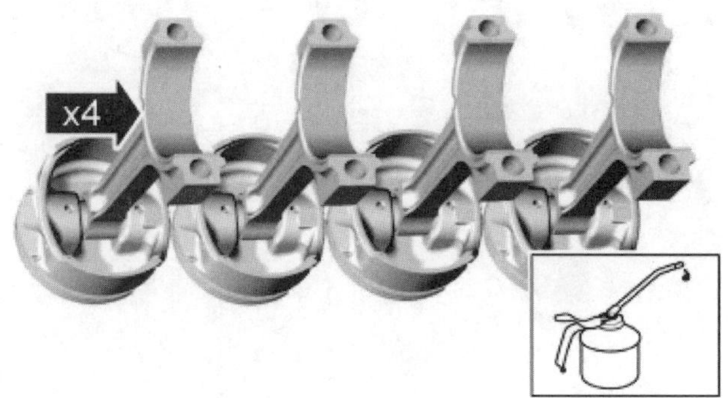

图 18-300

（4）确保这些部件均安装到拆除时标注的位置上。

通用设备：活塞环压缩器。

材料：发动机油 SAE 5W-30（WSS-M2C913-B），如图 18-301。

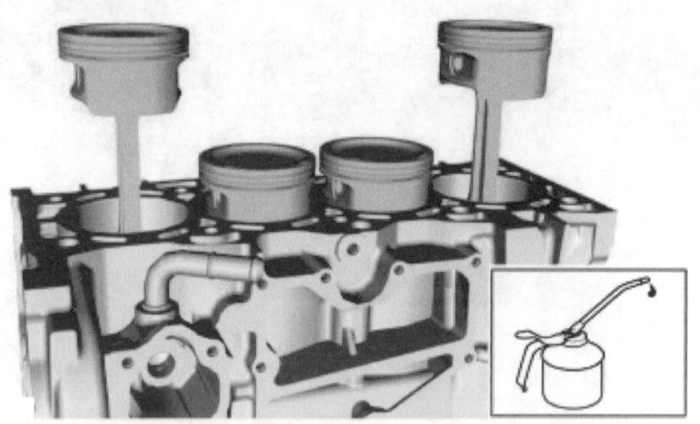

图 18-301

（5）确保这些部件均安装到拆除时标注的位置上。

材料：发动机油 SAE 5W-30（WSS-M2C913-B），如图 18-302。

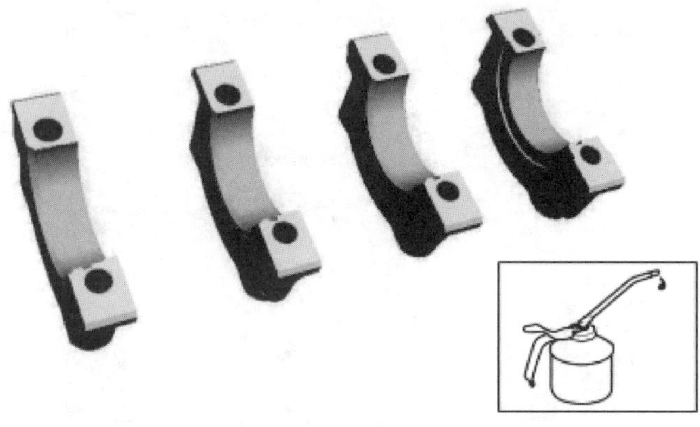

图 18-302

如果连杆螺栓长度超过 45mm，必须安装一个新连杆螺栓。

（6）确保这些部件均安装到拆除时记下的位置上，如图 18-303。

扭矩：

· 级 1：29N · m

· 级 2：90°

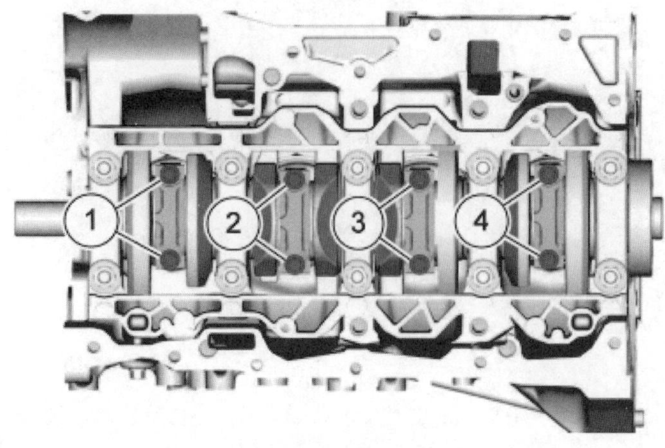

图 18-303

（7）新曲轴后油封承载器配有定位套筒，安装后必须把定位套筒移除。

扭矩（图 18-304）：10N · m。

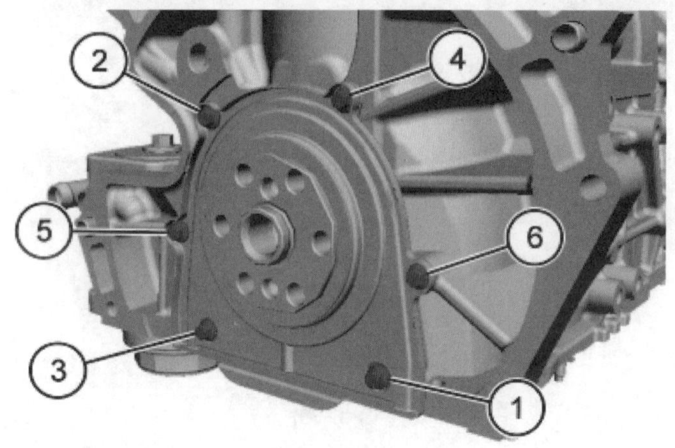

图 18-304

扭矩（图 18-305）：

· 级 1：10N · m

· 级 2：23N · m

图 18-305

（8）确保安装一个新的摩擦垫圈，如图 18-306。

图 18-306

扭矩：10N·m。

（9）使用专用维修工具：205-072 万用法兰夹紧扳手，205-072-01 适配，如图 18-307。

扭矩：25N·m。

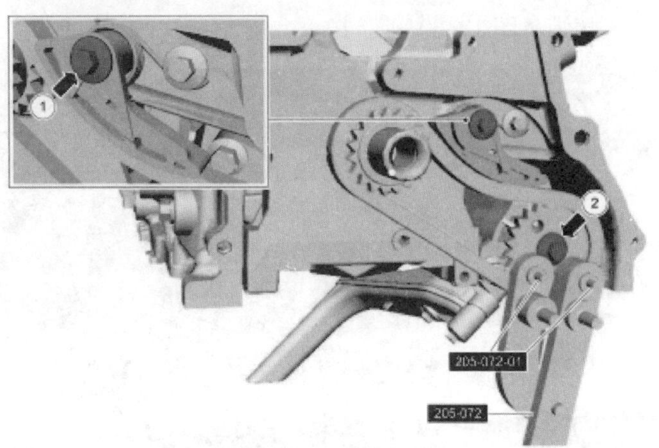

图 18-307

材料：硅密封胶（WSE-M4G323-A4），如图 18-308。

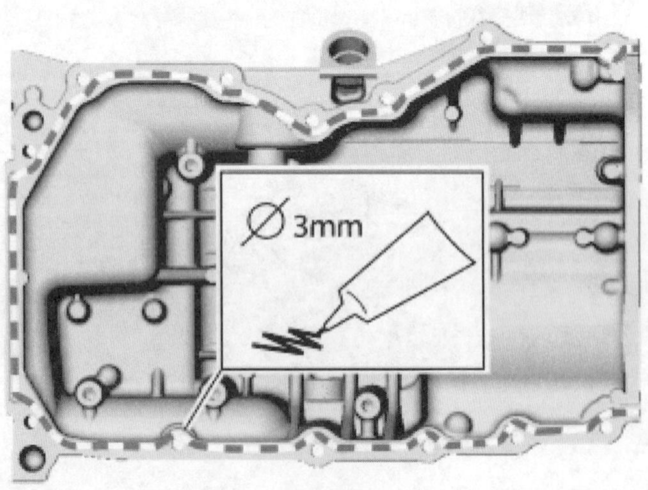

图 18-308

扭矩（图 18-309）：25N·m。

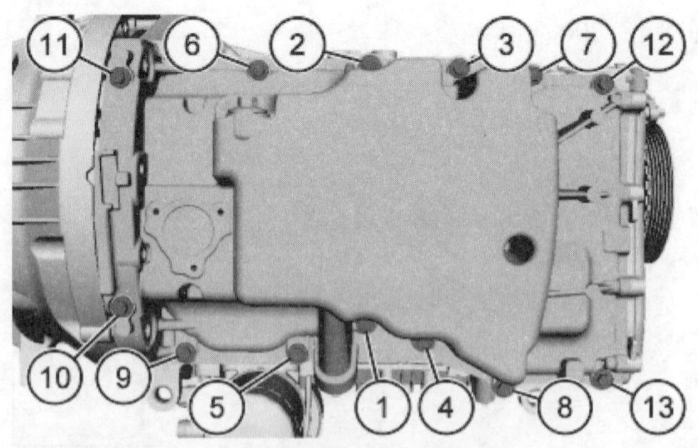

图 18-309

（10）使用专用维修工具：303-699 扳手，机油滤清器，如图 18-310。扭矩：17N·m。

图 18-310

（11）仅顺时针旋转曲轴。

①转动曲轴直至一号活塞接近上止点（TDC）大约 20mm。如图 18-311、图 18-312。

图 18-311

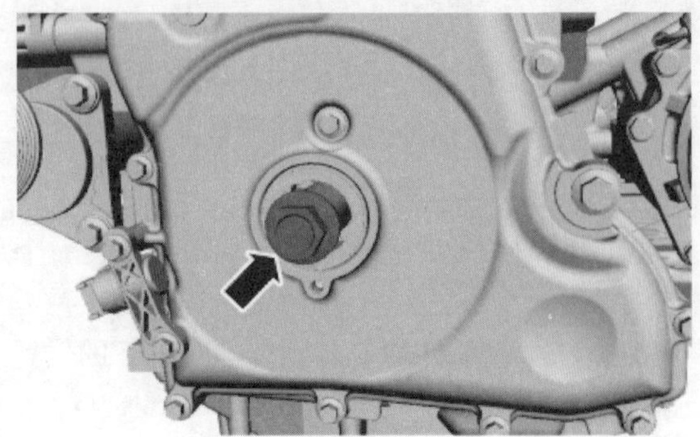

图 18-312

（12）确保新螺栓均已安装，如图 18-313。

扭矩：

·级 1：5N·m

·级 2：15N·m

·级 3：45N·m

·级 4：90°

·级 5：90°

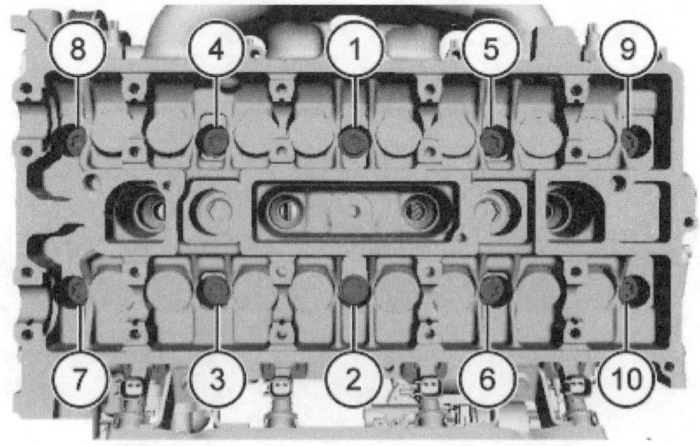

图 18-313

确保凸轮轴和凸轮轴轴承盖安装在原来的位置上。

注意：大约在阀门重叠位置第四缸处安装曲轴。

（13）给曲轴轴承盖上油。

材料：齿轮/变速器油 SAE 85W-90（SQ-M2C9002-AA），如图 18-314。

扭矩：

·级 1：7N·m

·级 2：16N·m

图 18-314

（14）安装专用工具：303-376B 定位板，凸轮轴，如图 18-315。

（15）通用设备：2mm 打孔器，如图 18-316。扭矩：10N·m。

图 18-315

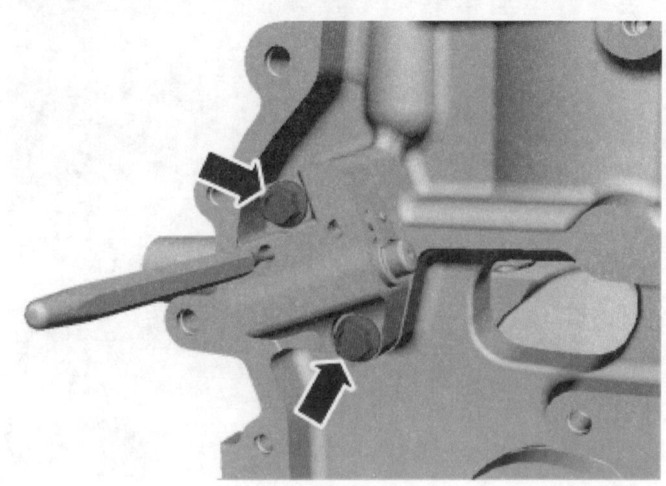

图 18-316

扭矩（图 18-317）：10N·m。

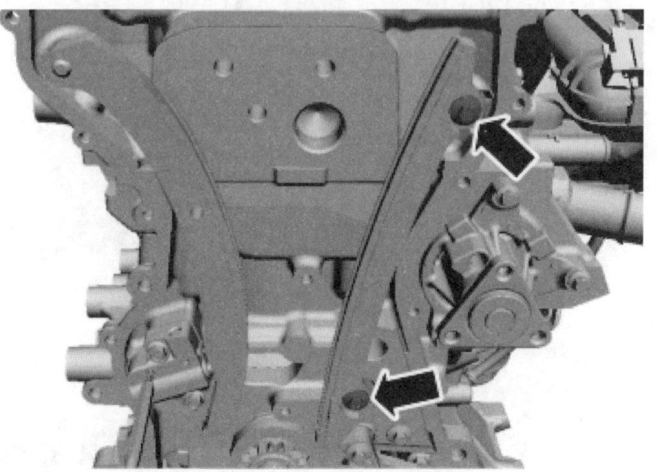

图 18-317

（16）在此阶段仅用手拧紧螺栓，如图 18-318、图 18-319。

（17）用开口扳手和六角螺栓，固定凸轮轴，以防

图 18-318

图 18-319

止其转动。如图 18-320。扭矩：72N·m。

图 18-320

材料：硅密封胶（WSE-M4G323-A4），如图 18-321。

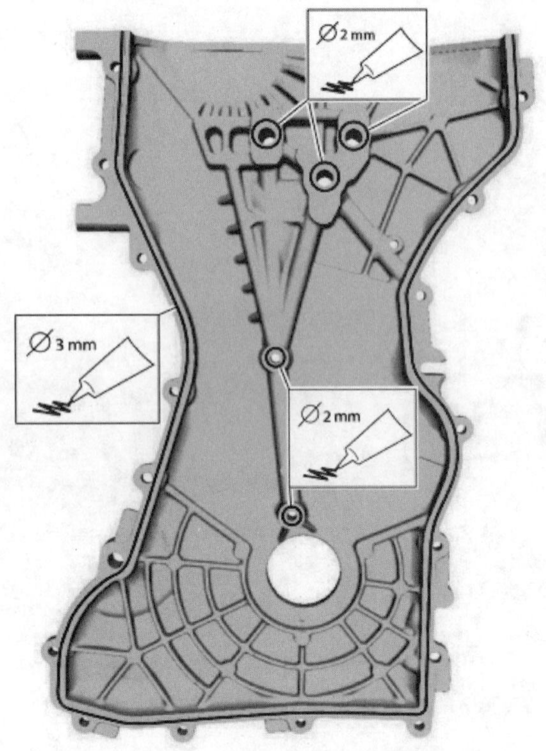

图 18-321

扭矩（如图 18-322）：

·1-8：10N·m

·9：48N·m

·10-19：10N·m

·20-22：48N·m

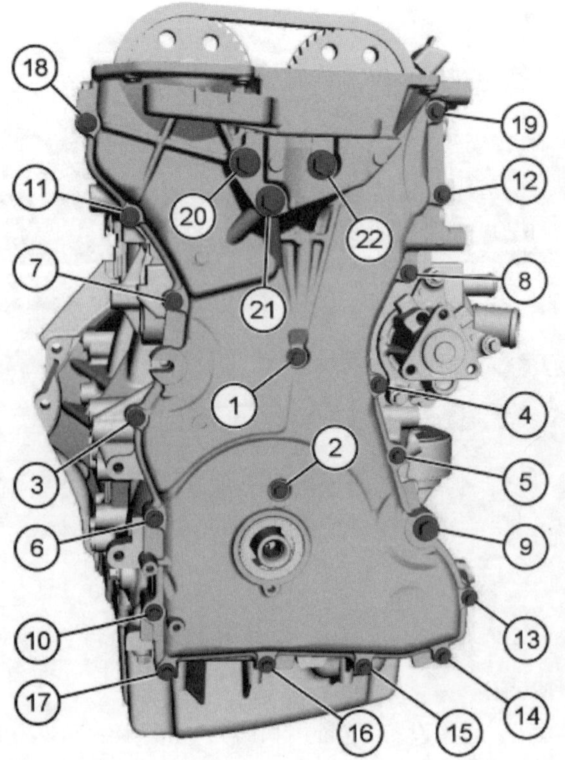

图 18-322

（18）确保安装一个新摩擦垫圈，如图 18-323。

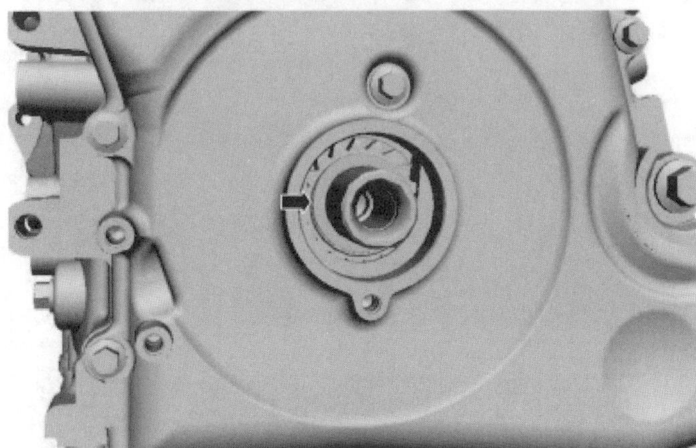

图 18-323

（19）使用专用维修工具：303-509 拆卸工具，减震器轮毂，如图 18-324。

图 18-324

（20）拆下盲孔螺栓，如图 18-325。

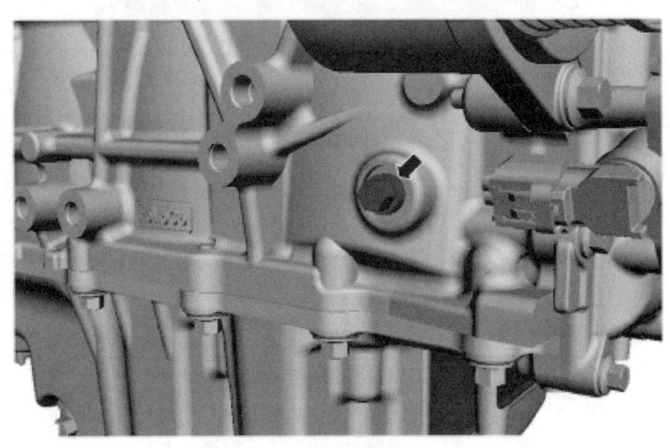

图 18-325

（21）安装专用工具：303-748 曲轴锁止工具，如图 18-326。

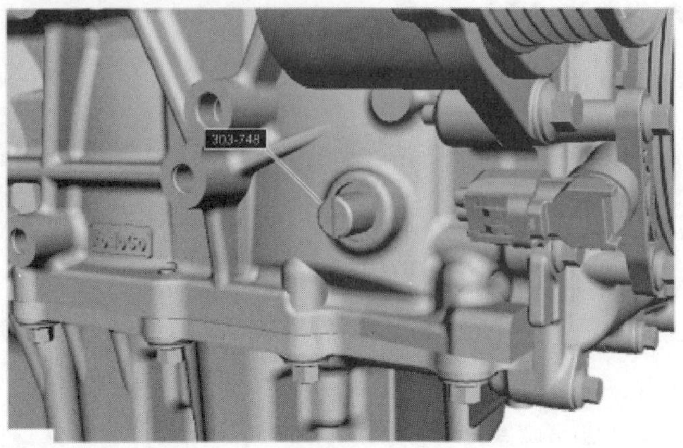

图 18-326

（22）仅顺时针旋转曲轴，如图 18-327。

转动曲轴直至它与专用工具接触。

图 18-327

（23）丢弃曲轴皮带轮固定螺栓，如图 18-328。

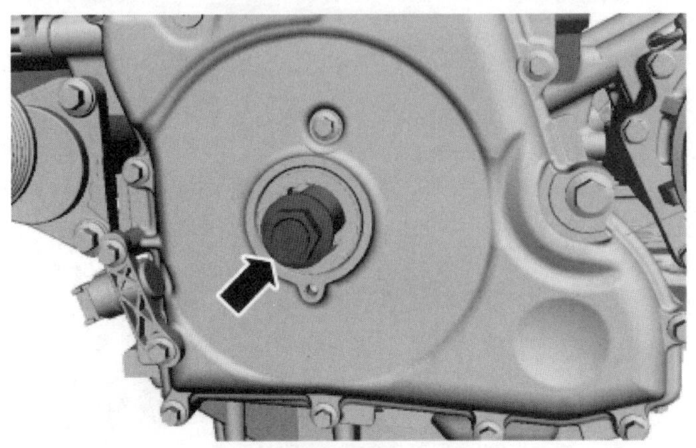

图 18-328

（24）在此阶段，只用手指拧紧螺栓，如图 18-329。螺栓 M6×18mm。

图 18-329

（25）确保安装 1 个新螺栓。

使用专用维修工具：205-072 万用法兰夹紧扳手、205-072-02 适配器，如图 18-330、图 18-331。

扭矩：

·级 1：100N·m

·级 2：90°

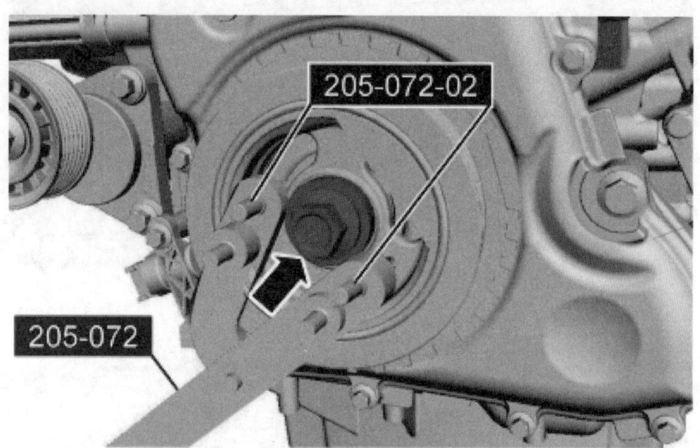

图 18-330

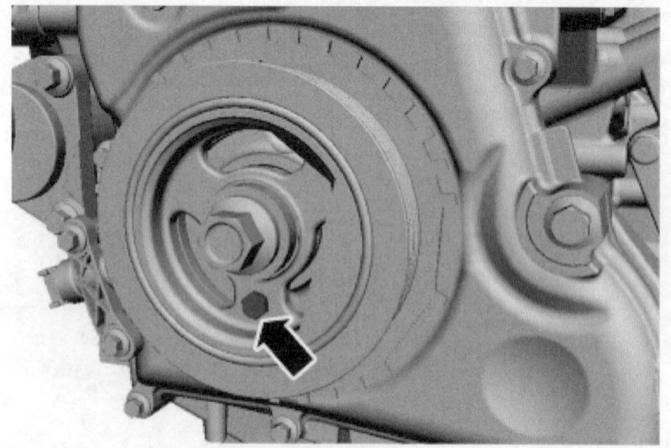

图 18-331

（26）拆下专用工具：303-748 曲轴锁止工具，如图 18-332、图 18-333。

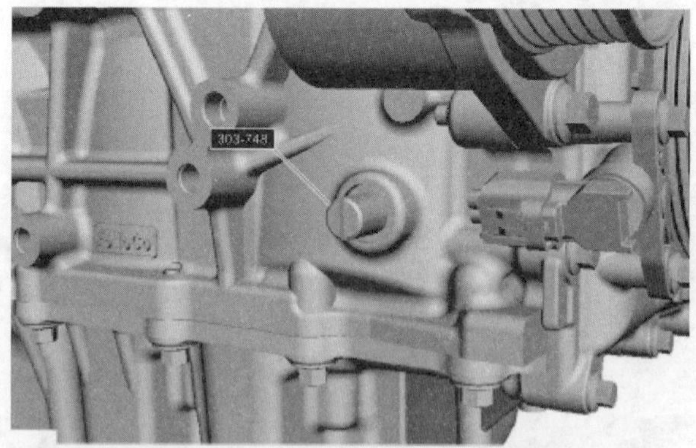

图 18-332

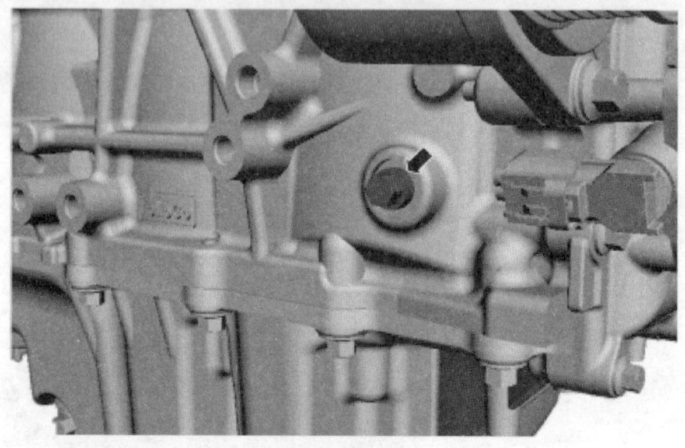

图 18-333

（27）拆下专用工具：303-376B 凸轮轴定位板，如图 18-334。

图 18-334

材料：硅密封胶（WSE-M4G323-A4），如图 18-335。

图 18-335

扭矩（图 18-336）：10N·m。

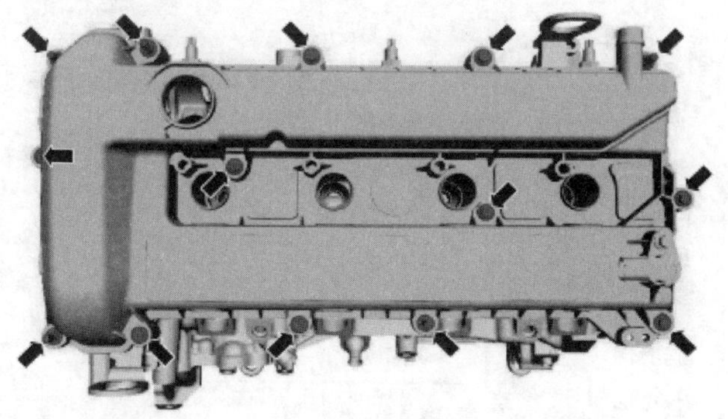

图 18-336

七、车型

蒙迪欧致胜（2009—2012 年），发动机型号：2.0L 的 EcoBoost（149kW）-MI4/2.0L 的 EcoBoost（177kW）-MI4。

新蒙迪欧（2012—2018 年），发动机型号：2.0L 的 EcoBoost（149kW）-MI4/2.0L 的 EcoBoost（177kW）-MI4。

翼虎（2013—2018 年），发动机型号：2.0L 的 EcoBoost（177kW）-MI4。

金牛座（2015—2018 年），发动机型号：2.0L 的 EcoBoost（184kW）-MI4。

锐界（2015—2018 年），发动机型号：2.0L 的 EcoBoost（184kW）-MI4。

发动机基本零件号：6L084。

1. 专用工具 / 通用设备。

（1）205-072 万用法兰夹紧扳手，如图 18-337。

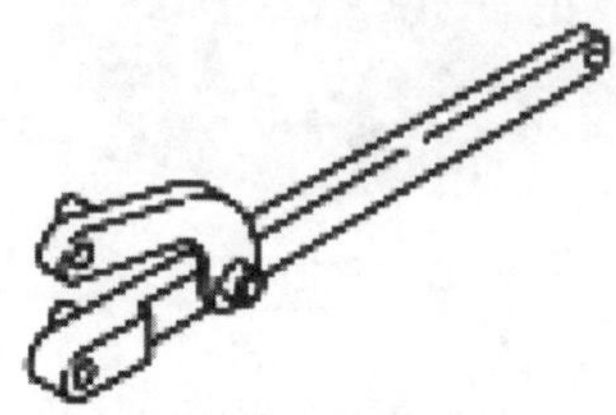

图 18-337

（2）205-072-01 适配器，如图 18-338。

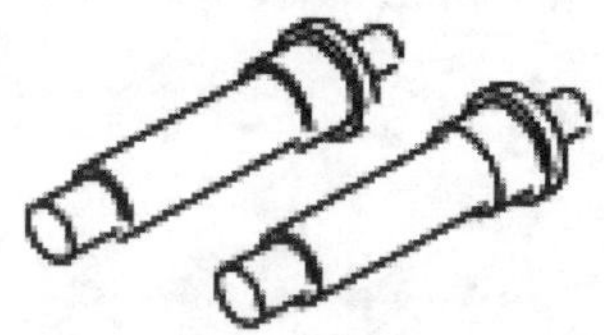

图 18-338

（3）303-1504 定位工具，凸轮轴，如图 18-339。

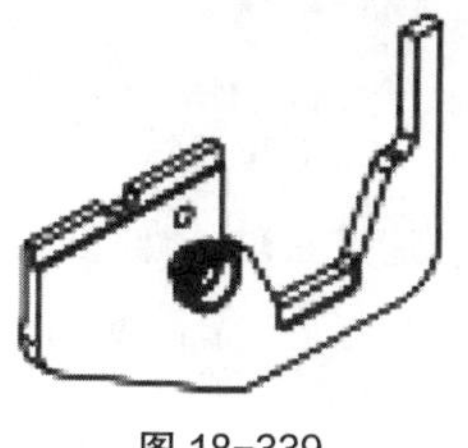

图 18-339

（4）303-1565 定位工具，凸轮轴，如图 18-340。

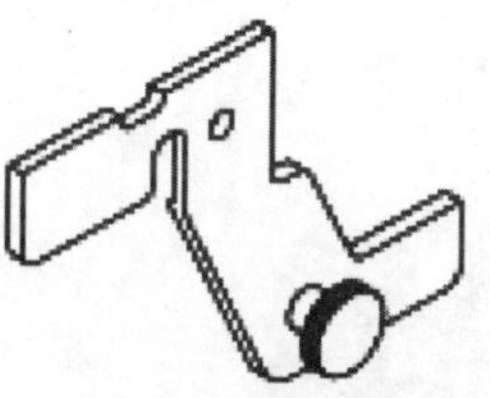

图 18-340

（5）303-499 套筒，火花塞，如图 18-341。

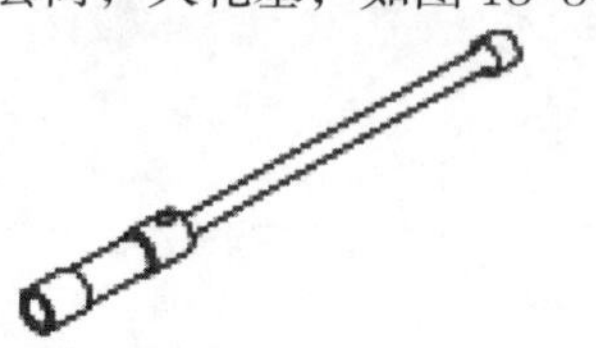

图 18-341

（6）303-509 拆卸工具，减震器轮毂，如图 18-342。

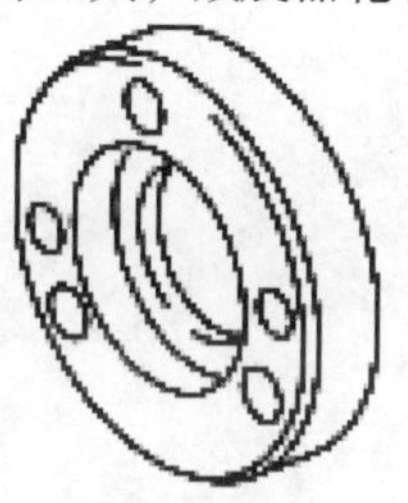

图 18-342

（7）303-748（2009—2012 年）、303-507（2013—2018 年），如图 18-343。

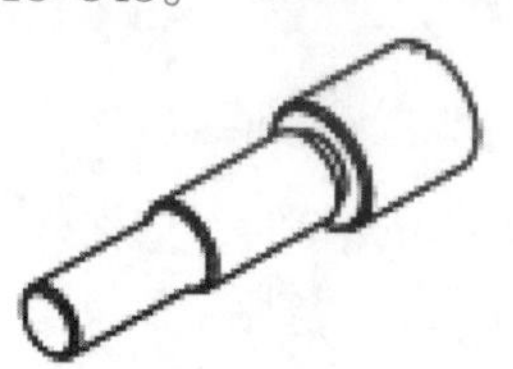

图 18-343

（8）锁止工具，曲轴。

（9）圆头钢尺。

（10）2mm 打孔器。

2. 发动机正时对准步骤。

（1）请确保已安装新的部件。

新曲轴后油封承载器配有定位套筒，安装后必须把定位套筒移除，如图 18-344。扭矩：10N·m。

图 18-344

（2）确保安装 1 个新摩擦垫圈，如图 18-345。

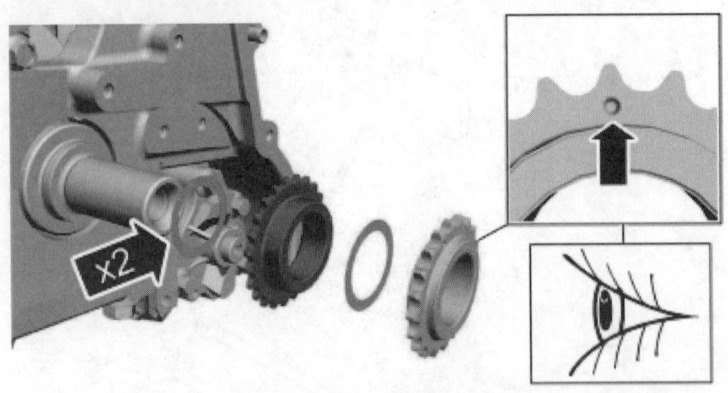

图 18-345

扭矩（图 18-346）：

・级 1：10N・m

・级 2：20N・m

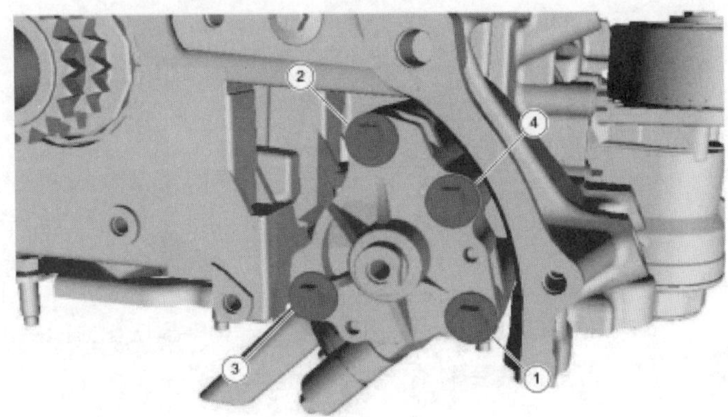

图 18-346

（3）当处理压缩弹簧时，请格外小心。

①扭矩：10N・m。

②扭矩：10N・m。

③使用专用维修工具：205-072 万用法兰夹紧扳手、205-072-01 适配器。扭矩（图 18-347）：25N・m。

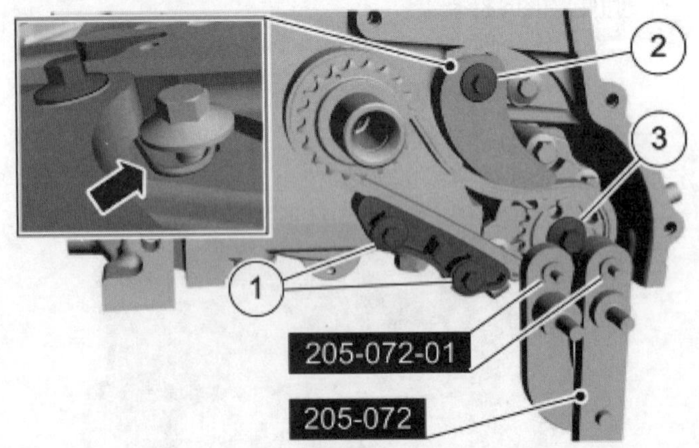

图 18-347

（4）材料：硅密封胶（WSE-M4G323-A4），如图 18-348。

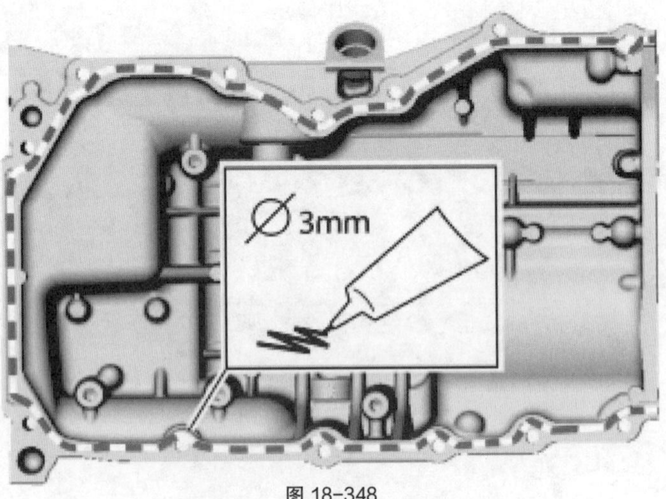

图 18-348

确保元件已校准。

（5）在此阶段仅用手拧紧螺栓。

通用设备：圆头钢尺。扭矩：20N・m。如图 18-349。

图 18-349

（6）仅顺时针旋转曲轴，如图 18-350。

转动曲轴直至 1 号活塞接近上止点（TDC）大约 20mm。

图 18-350

（7）安装。

扭矩（图 18-351）：

· 级 1：7N · m

· 级 2：15N · m

· 级 3：55N · m

· 级 4：90°

· 级 5：90°

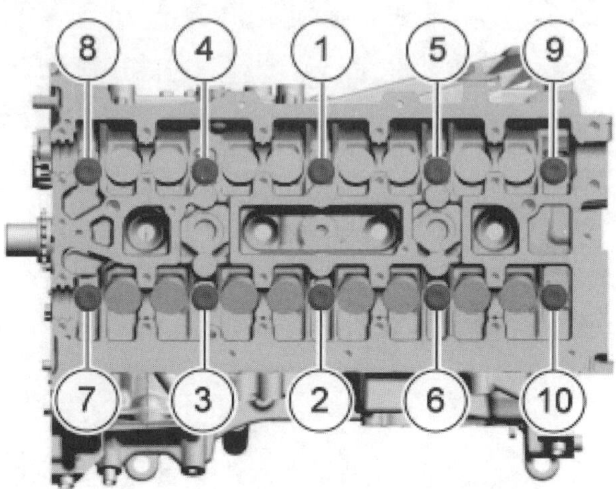

图 18-351

2011 年 5 月（含）之前生产的车辆。确保组件安装于拆卸时所标注的位置上。大约在发动机的第四个气缸的气门重叠位置，安装凸轮轴。同时旋转两圈拧紧每个螺栓。

（8）材料：发动机油 SAE 5W-30（WSS-M2C913-C）。

扭矩（图 18-352）：

· 级 1：7N · m

· 级 2：16N · m

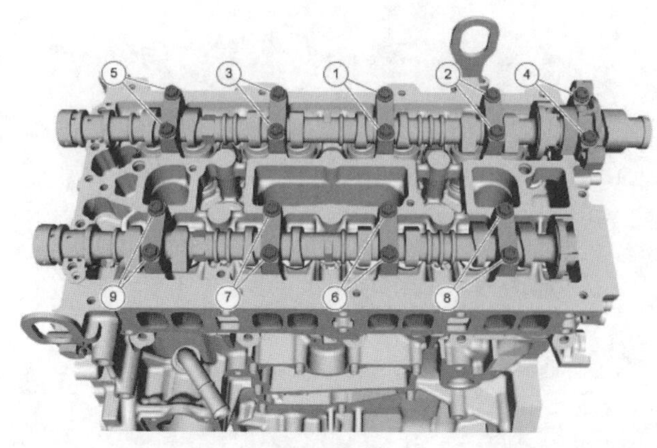

图 18-352

（9）安装专用工具：303-1504 定位工具，凸轮轴，如图 18-353。

图 18-353

2011 年 5 月之后生产的车辆，确保组件安装于拆卸时所标注的位置上。大约在发动机的第 4 个气缸的气门重叠位置，安装凸轮轴。同时旋转两圈拧紧每个螺栓。

（10）材料：发动机油 SAE 5W-30（WSS-M2C913-C）。

扭矩（图 18-354）：

· 级 1：7N · m

· 级 2：16N · m

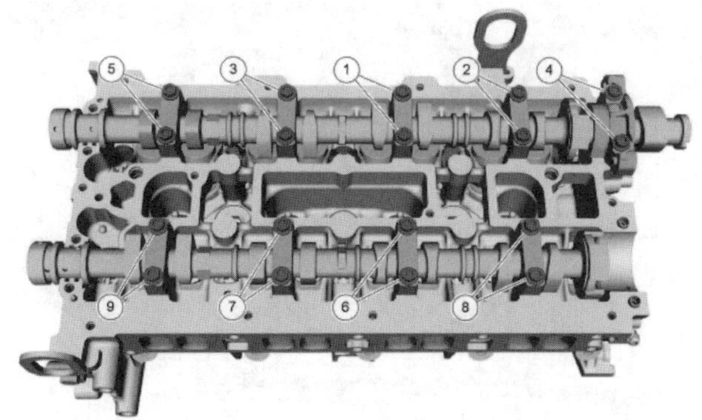

图 18-354

（11）安装专用工具：303-1565 定位工具，凸轮轴，如图 18-355。

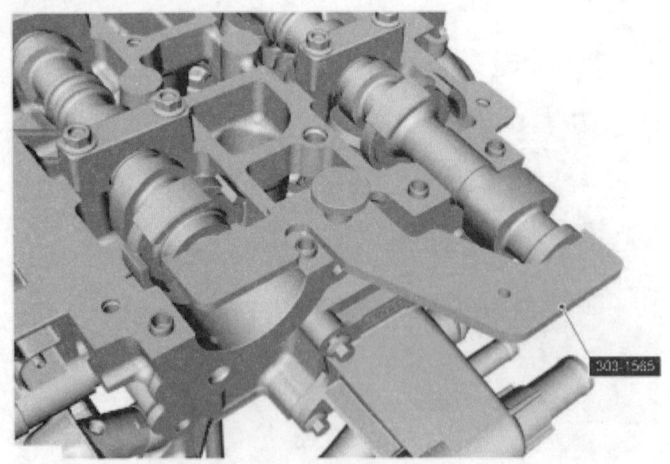

图 18-355

（12）所有车辆。同时旋转两圈拧紧每个螺栓，如图 18-356。

扭矩：

·级 1：7N·m

·级 2：16N·m

图 18-356

（13）确保组件安装于拆卸时所标注的位置上。

扭矩（图 18-357）：10N·m。

图 18-357

扭矩（图 18-358）：10N·m。

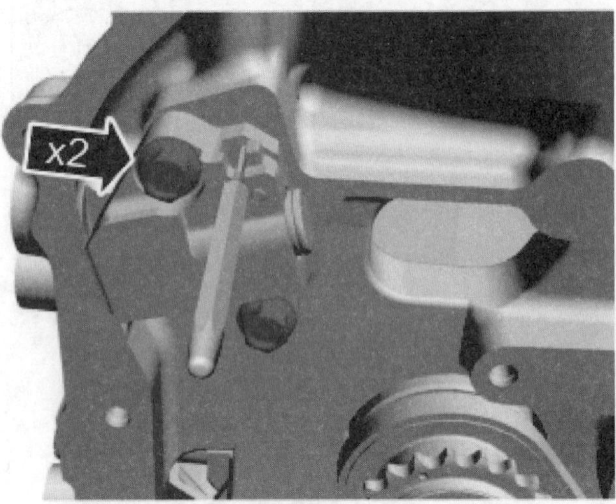

图 18-358

扭矩（图 18-359）：10N·m。

图 18-359

（14）确保组件安装于拆卸时所标注的位置上，如图 18-360。

注意：在此阶段仅用手拧紧螺栓。

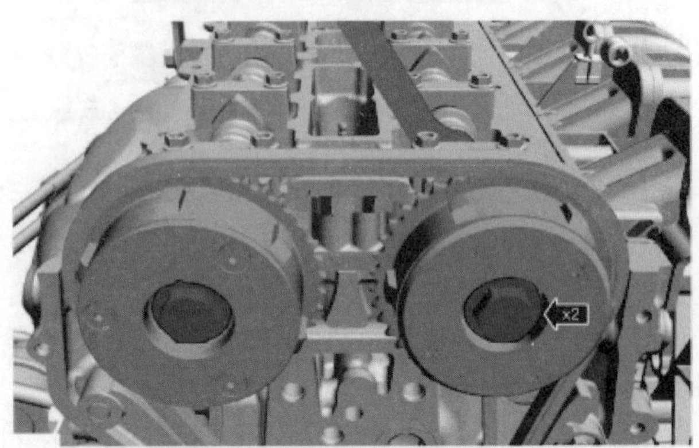

图 18-360

（15）通用设备：2mm 打孔器，如图 18-361。

图 18-361

（16）使用开口扳手固定住凸轮轴六脚形边，以防凸轮轴转动，如图 18-362。

扭矩：

·级 1：40N·m

·级 2：60°

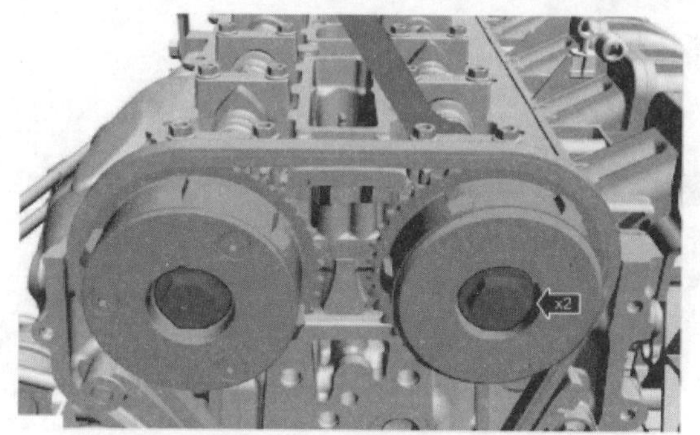

图 18-362

（17）安装所有螺栓并用手拧紧，然后再最后拧紧，如图 18-363。

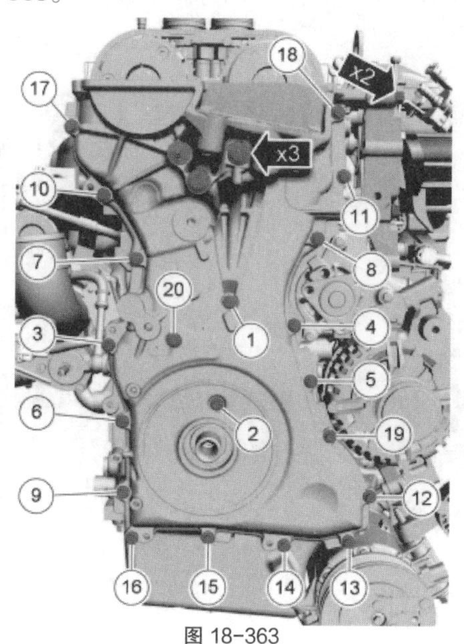

图 18-363

①扭矩：1-20：10N·m。

②扭矩：24N·m。

③扭矩：47N·m。

如图 18-364。

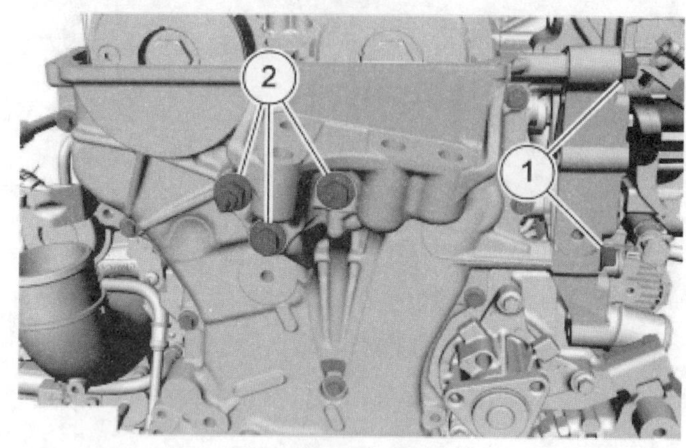

图 18-364

（18）确保安装一个新摩擦垫圈，如图 18-365。

图 18-365

（19）使用专用维修工具：303-509 拆卸工具，减震器轮毂，如图 18-366。

图 18-366

扭矩（图 18-367）：7N·m。

图 18-367

（20）安装专用工具：303-748 锁止工具，曲轴，如图 18-368。

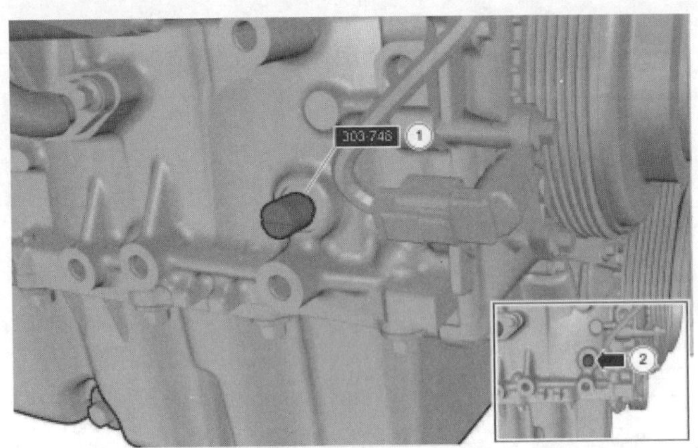

图 18-368

（21）仅顺时针旋转曲轴。

缓慢旋转曲轴直到曲轴停止。如图 18-369、图 18-370。使用专用维修工具：303-748 锁止工具，曲轴。

图 18-369

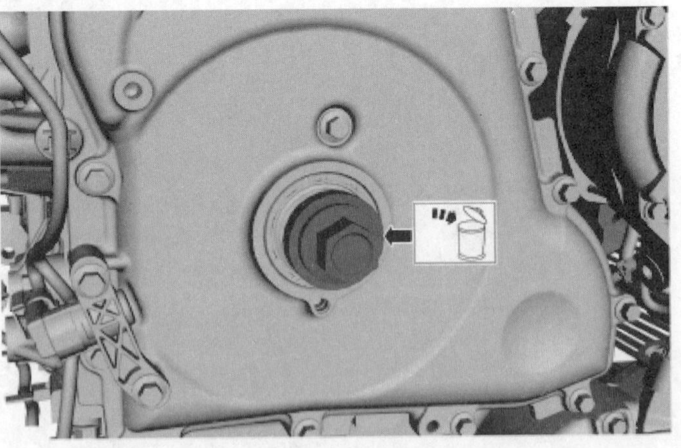

图 18-370

（22）确保部件与安装标记定位，如图 18-371。

扭矩：

·级 1：100N·m。

·级 2：90°

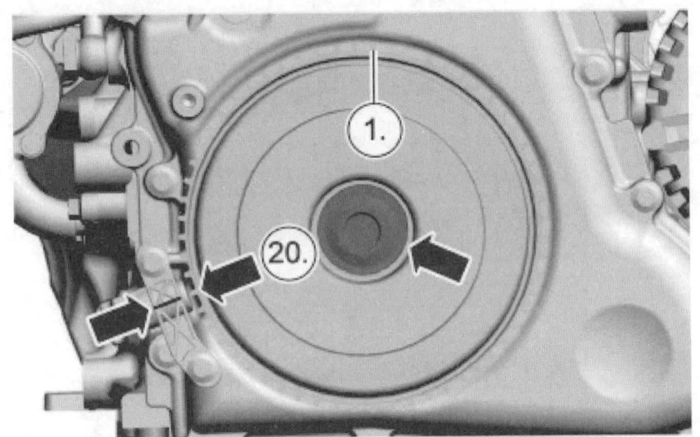

图 18-371

（23）拆下专用工具：303-748 锁止工具，曲轴，如图 18-372。

图 18-372

2011 年 5 月（含）之前生产的车辆。

（24）拆下专用工具：303-1504 定位工具，凸轮轴，如图 18-373。

图 18-373

2011 年 5 月之后生产的车辆。

（25）拆下专用工具：303-1565 定位工具，凸轮轴，如图 18-374。

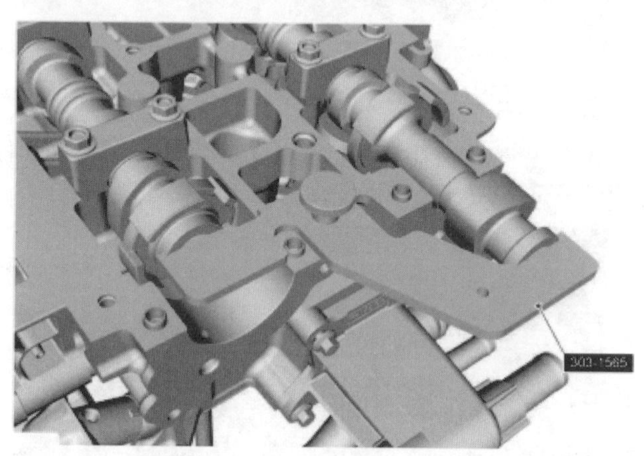

图 18-374

所有车辆。

（26）仅顺时针旋转曲轴，如图 18-375。

图 18-375

（27）安装专用工具：303-748 锁止工具，曲轴，如图 18-376。

图 18-376

（28）缓慢旋转曲轴直到曲轴停止，如图 18-377。使用专用维修工具：303-748 锁止工具，曲轴。

图 18-377

2011 年 5 月（含）之前生产的车辆。

（29）只有气门正时正确时，才可安装专用工具，如图 18-378。

安装专用工具：303-1504 定位工具，凸轮轴。

拆下专用工具：303-1504 定位工具，凸轮轴。

图 18-378

2011 年 5 月之后生产的车辆。

（30）注意：只有气门正时正确时，才可安装专用工具，如图 18-379。

安装专用工具：303-1565 定位工具，凸轮轴。

拆下专用工具：303-1565 定位工具，凸轮轴。

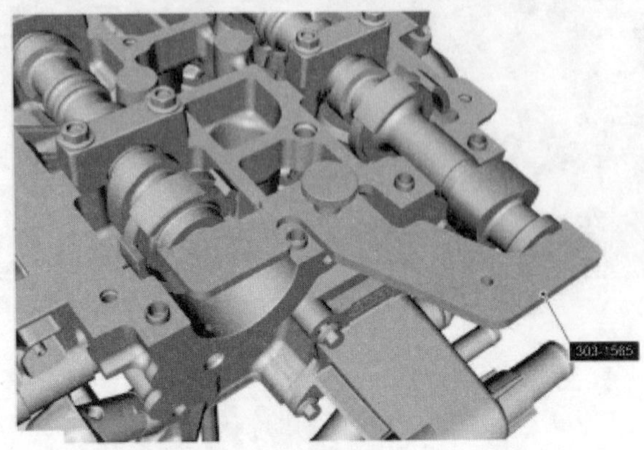

图 18-379

（31）使用开口扳手固定住凸轮轴六脚形边，以防凸轮轴转动，如图 18-380。

扭矩：63N·m。

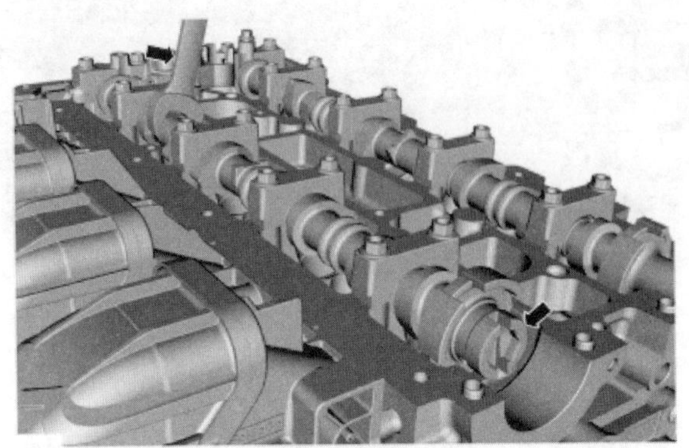

图 18-380

（32）部件必须在涂上密封胶 10min 之内装上，如图 18-381。

材料：密封胶（WSK-M2G348-A7）。

图 18-381

（33）同时旋转两圈拧紧每个螺栓，如图 18-382。

扭矩：

·级 1：7N·m

·级 2：16N·m

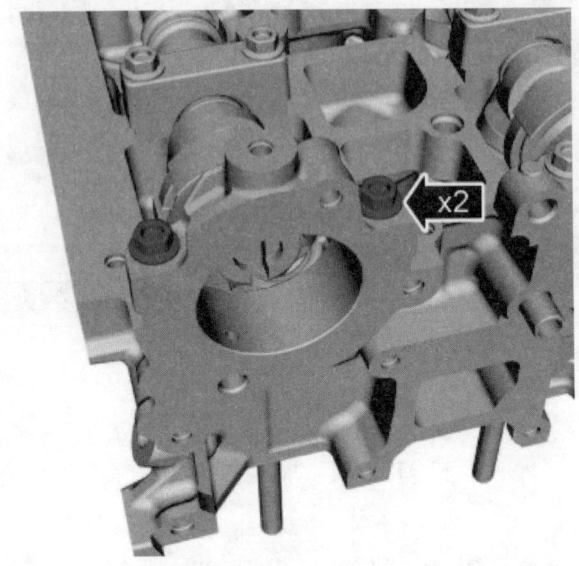

图 18-382

所有车辆。

（34）拆下专用工具：303-748 锁止工具，曲轴，如图 18-383。扭矩：20N·m。

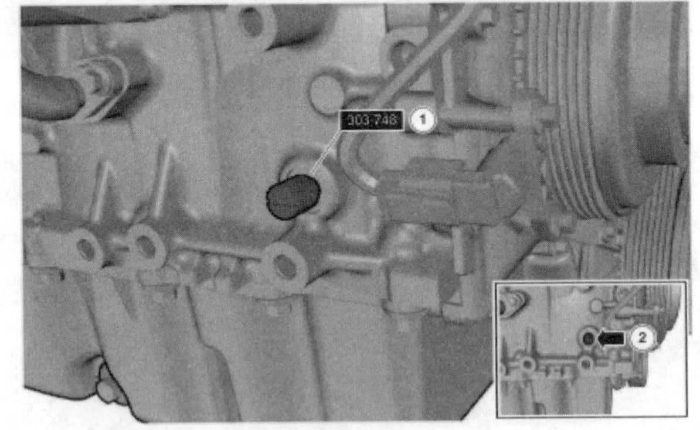

图 18-383

（35）使用专用维修工具：303-499 套筒，火花塞，如图 18-384。扭矩：12N·m。

图 18-384

（36）衬垫可反复使用，除非已损坏，如图 18-385。扭矩：10N·m。

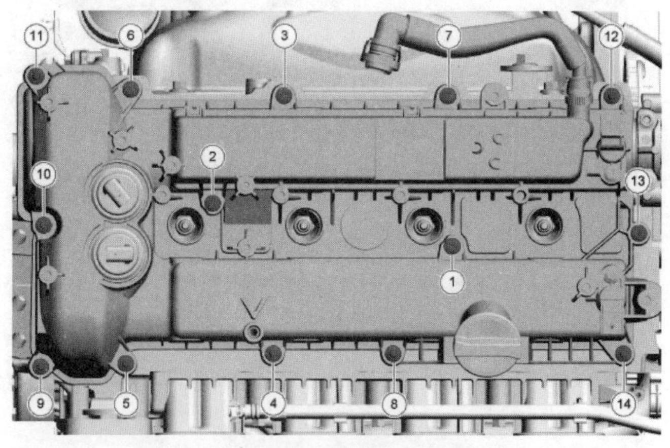

图 18-385

八、车型

锐界（2015—2018 年），发动机型号：2.7L 的 EcoBoost（238kW）。

金牛座（2015—2018 年），发动机型号：2.7L 的 EcoBoost（238kW）。

1. 专用工具 / 通用设备。

（1）T80T-4000-W 手柄，如图 18-386。

图 18-386

（2）303-1246 发动机撑杆，如图 18-387。

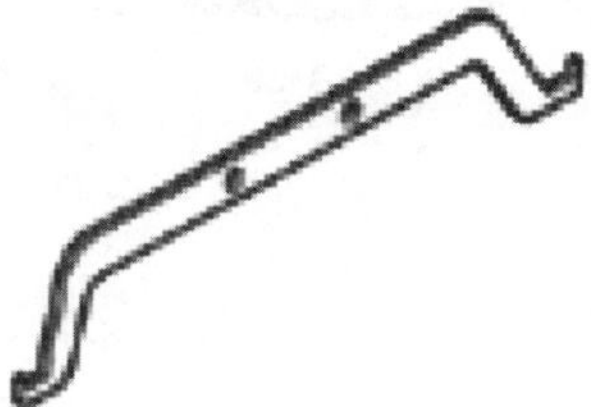
图 18-387

（3）303-1247VCT 火花塞管密封拆卸工具和安装工具，如图 18-388。

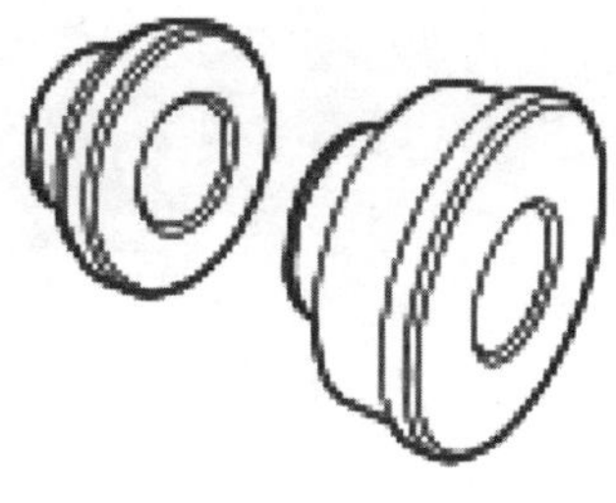
图 18-388

（4）303-1248 凸轮轴固持工具，如图 18-389。

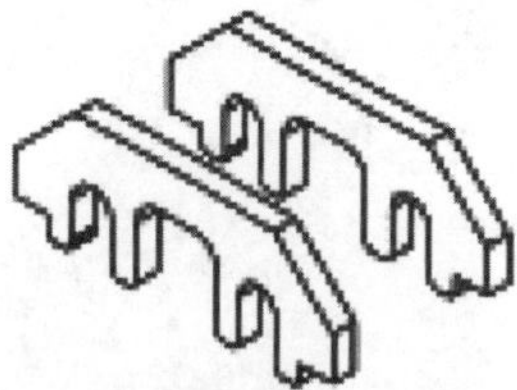
图 18-389

（5）303-1250 密封件安装工具，后主，如图 18-390。

图 18-390

（6）303-1531 安装工具，前曲轴密封件和阻尼件，如图 18-391。

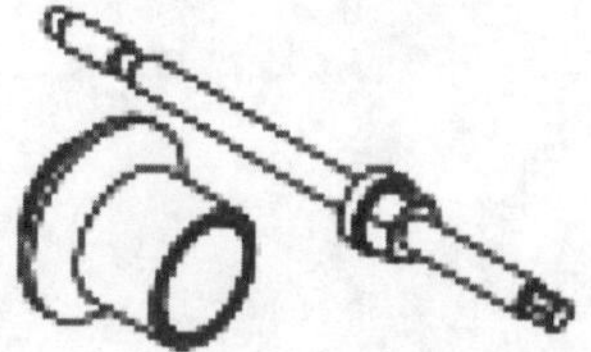
图 18-391

（7）303-1633 拆卸工具，滚轮摇臂从动件，如图 18-392。

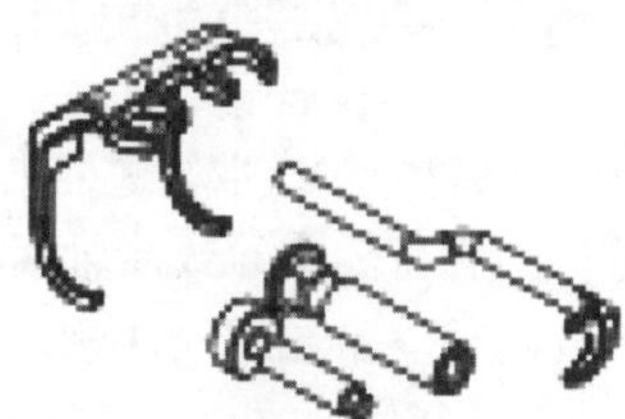
图 18-392

（8）303-1634 吊环，如图 18-393。

图 18-393

（9）303-335（T88T-6701-A）安装工具，前盖油封，如图 18-394。

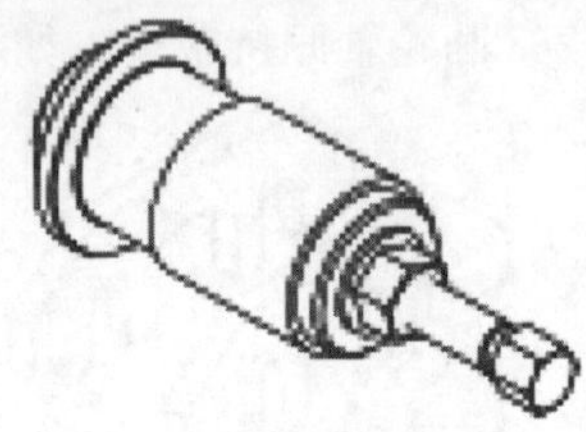

图 18-394

（10）举升吊架。

（11）台架。

（12）管夹拆装器。

（13）一字螺丝刀。

（14）活塞环压缩器。

（15）老虎钳。

（16）老虎钳钳夹保护器。

2. 发动机正时对准步骤。

（1）曲轴链轮两面均印有正时标记。安装链轮时可让任一面朝外。安装曲轴链轮，如图 18-395。

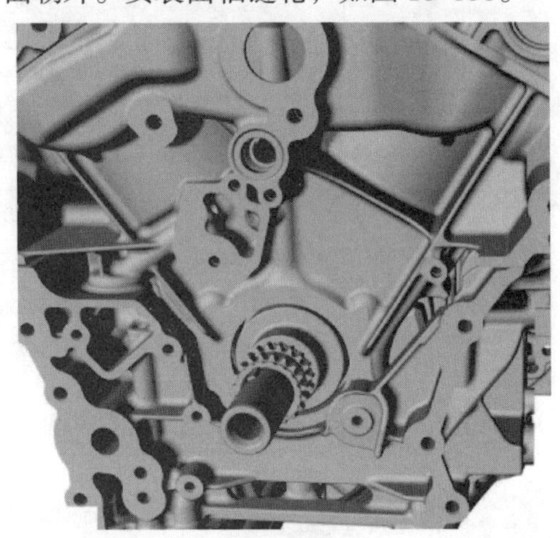

图 18-395

（2）仅利用原装曲轴皮带轮螺栓来旋转曲轴。如果未按此说明操作，有可能会导致曲轴损坏并造成发动机故障。安装原装曲轴皮带轮螺栓并顺时针旋转曲轴，直至锁孔处于 9 点钟位置，如图 18-396、图 18-397。

图 18-396

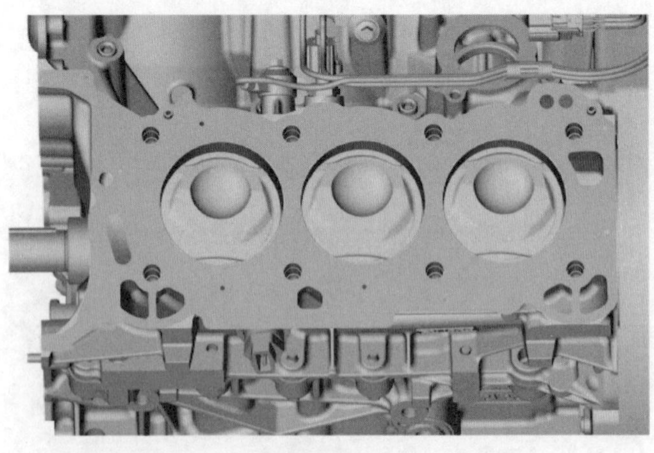

图 18-397

（3）扭矩（图 18-398）：

· 级 1：20N · m

· 级 2：松开 2 圈

· 级 3：50N · m

· 级 4：180°

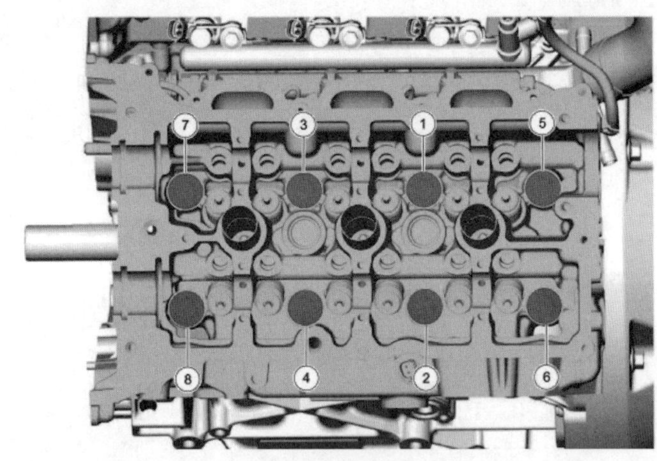

图 18-398

（4）检查 O 形圈，若有损坏，请更换，如图 18-399。

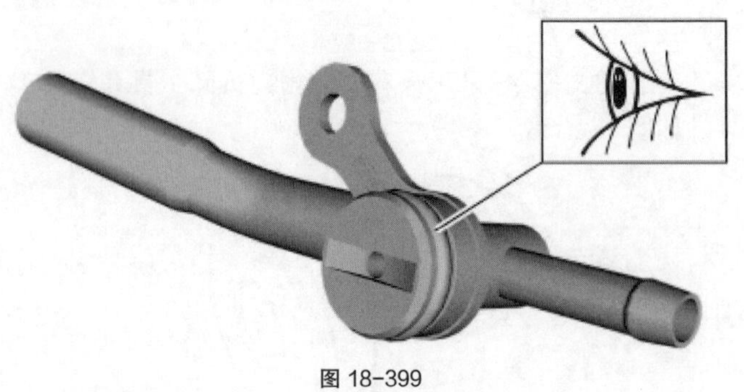

图 18-399

（5）扭矩：10N·m。通用设备：管夹拆装器，如图 18-400。

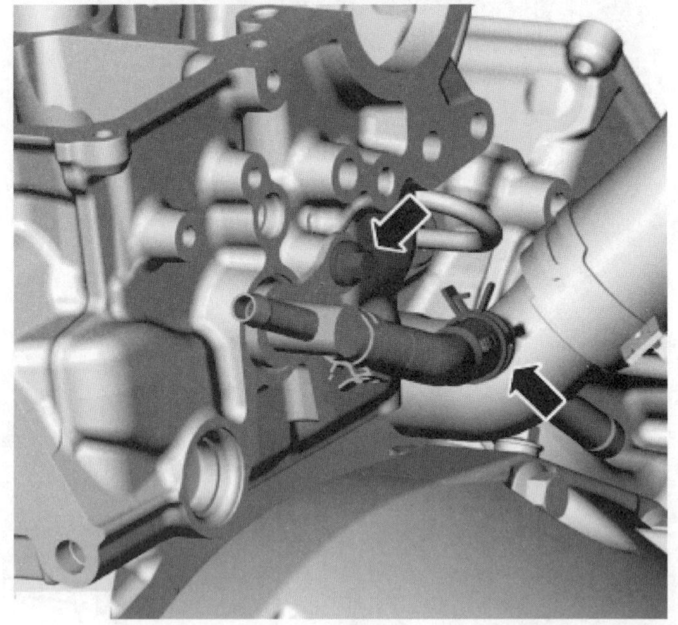

图 18-400

（6）此时切勿安装凸轮轴滚子从动件。滚子从动件将在后续步骤中安装。如果在安装凸轮轴前安装滚子从动件，在拧紧凸轮轴时，凸轮轴盖可能变形，从而导致发动机上部发出噪音或者发动机严重损坏。

注意：如果要重新安装原始液压间隙调节器，必须在其初始位置安装它们。

使用清洁的发动机机油润滑液压间隙调节器。材料：发动机油 SAE 5W-30- 半合成（WSS-M2C946-B1），如图 18-401。

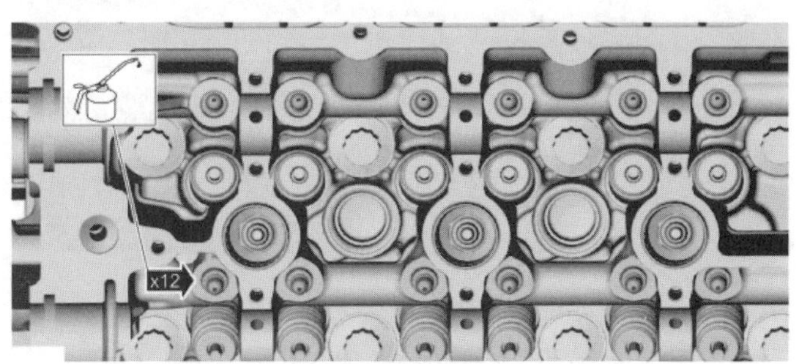

图 18-401

（7）安装前，使用清洁的发动机机油润滑凸轮轴。在空挡位置安装进气和排气凸轮轴。如图 18-402，对齐 D 槽。

材料：发动机油 SAE 5W-30 半合成（WSS-M2C946-B1）。

（8）此时请勿紧固，如图 18-403、图 18-404。

扭矩（图 18-405）：15N·m。

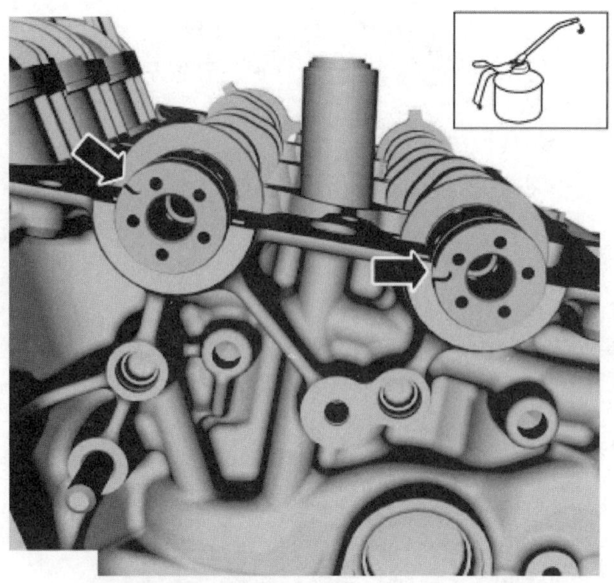

图 18-402

图 18-403

图 18-404

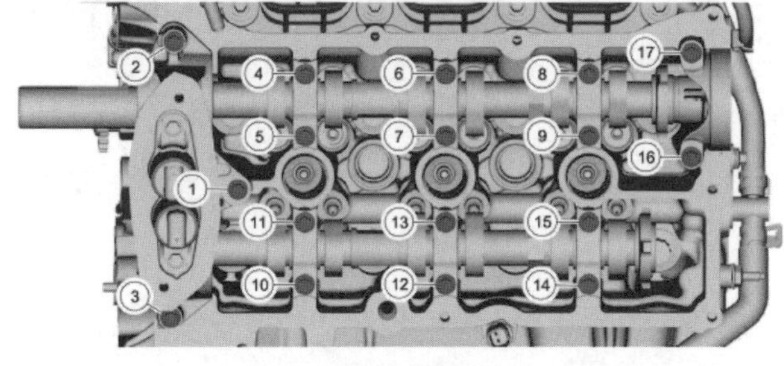

图 18-405

（9）VCT 装置拥有 2 个正时标记，一个三角形标记和一个圆形标记。在装卸 LH 侧时，请使用圆形标记。安装 VCT 单元。检查 VCT 装置上的圆形正时标记是否处于 10 点钟方向（进气）和 12：30 方向（排气）（图 18-

406）。

安装专用工具：303-1248 凸轮轴固持工具。

扭矩：

·级 1：40N·m。

·级 2：松开 360°

·级 3：50N·m

·级 4：90°

拆下专用工具：303-1248 凸轮轴固持工具，如图 18-407。

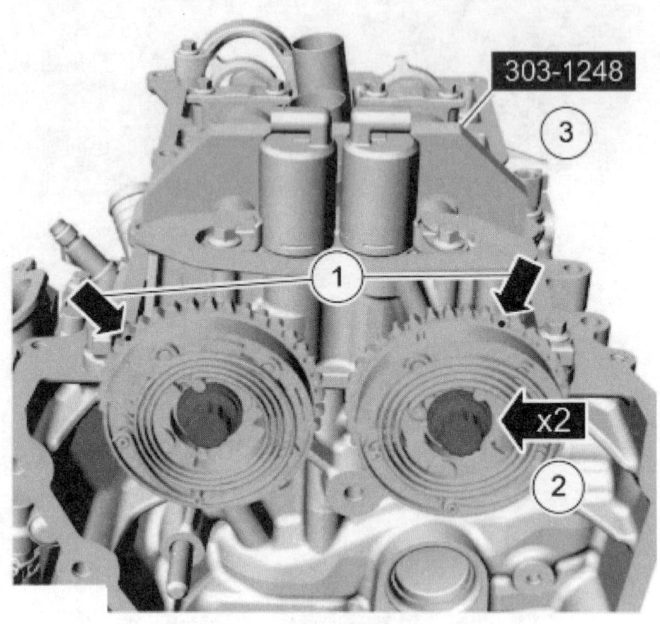

图 18-406

图 18-407

（10）扭矩（图 18-408）：

·级 1：20N·m

·级 2：松开 2 圈

·级 3：50N·m

·级 4：180°

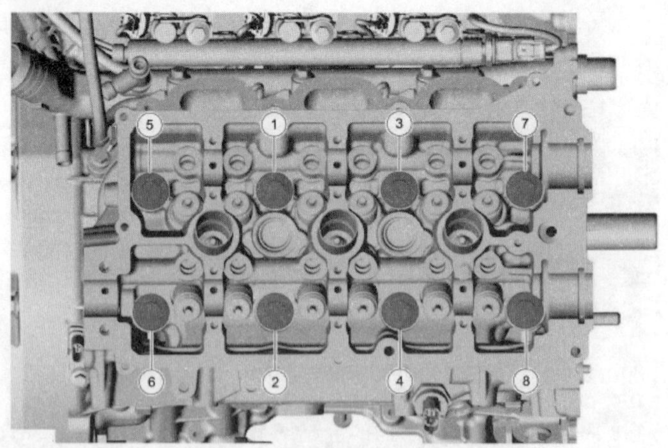

图 18-408

（11）检查 O 形圈，若有损坏，请更换，如图 18-409。

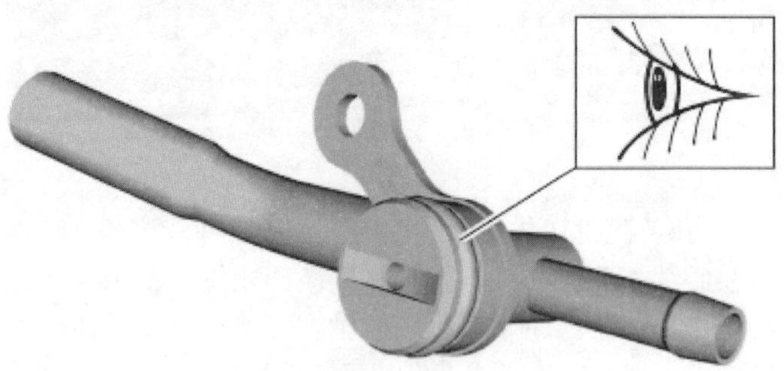

图 18-409

（12）扭矩：10N·m 通用设备：管夹拆装器，如图 18-410。

图 18-410

此时切勿安装凸轮轴滚子从动件。滚子从动件将在后续步骤中安装。如果在安装凸轮轴前安装滚子从动件，在拧紧凸轮轴时，凸轮轴盖可能变形，从而导致发动机上部发出噪音或者发动机严重损坏。

注意：如果要重新安装原始液压间隙调节器，必须在其初始位置安装它们。使用清洁的发动机机油润滑液压间隙调节器。

（13）材料：发动机油 SAE 5W-30 半合成（WSS-M2C946-B1），如图 18-411。

图 18-411

（14）安装前，使用清洁的发动机机油润滑凸轮轴。在空挡位置安装进气和排气凸轮轴。如图 18-412，对齐 D 槽。材料：发动机油 SAE 5W-30 半合成（WSS-M2C946-B1）。

图 18-412

（15）此时请勿紧固，如图 18-413、图 18-414。

图 18-413

图 18-414

扭矩（图 18-415）：15N · m。

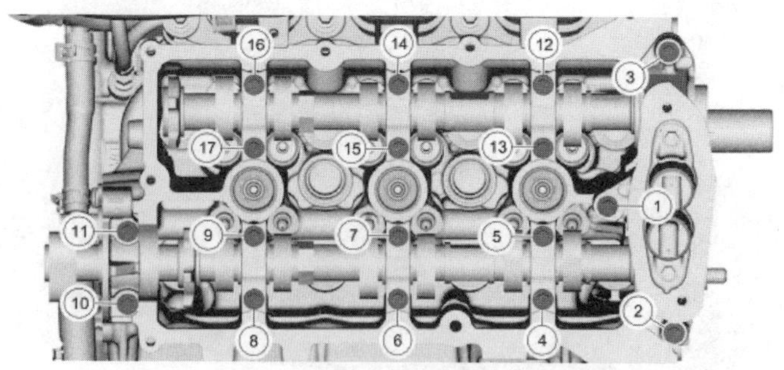

图 18-415

（16）VCT 装置拥有 2 个正时标记，一个三角形标记和一个圆形标记。在装卸 RH 侧时，请使用三角形标记。安装 VCT 单元。检查 VCT 装置上的三角形正时标记是否处于 2 点钟方向（进气）和 11 点钟方向（排气）（图 18-416）。安装专用工具：303-1248 凸轮轴固持工具。

扭矩：

· 级 1：40N · m

· 级 2：松开 360°

· 级 3：50N · m

· 级 4：90°

拆下专用工具：303-1248 凸轮轴固持工具。

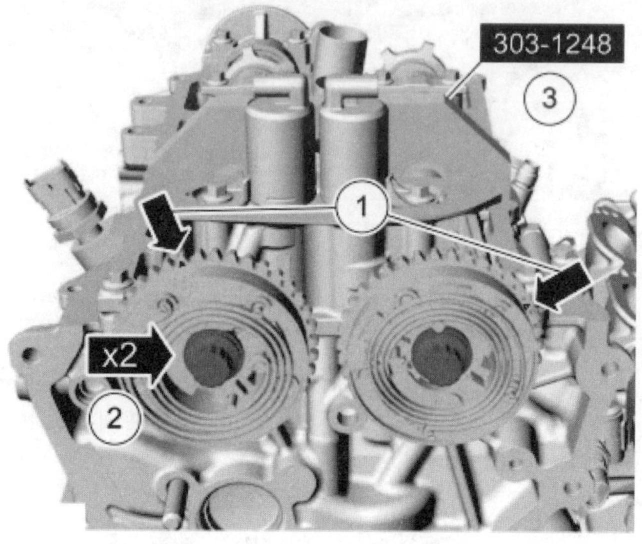

图 18-416

（17）为机油泵加注机油。向机油泵中加注 2 汤匙干净的发动机机油，并手动旋转机油泵，如图 18-417。

扭矩：

· 级 1：10N · m

· 级 2：45°

（18）使用原装曲轴皮带轮螺栓顺时针旋转曲轴，直至锁孔处于 11 点钟位置，如图 18-418。

（19）VCT 装置拥有 2 个正时标记，一个三角形标

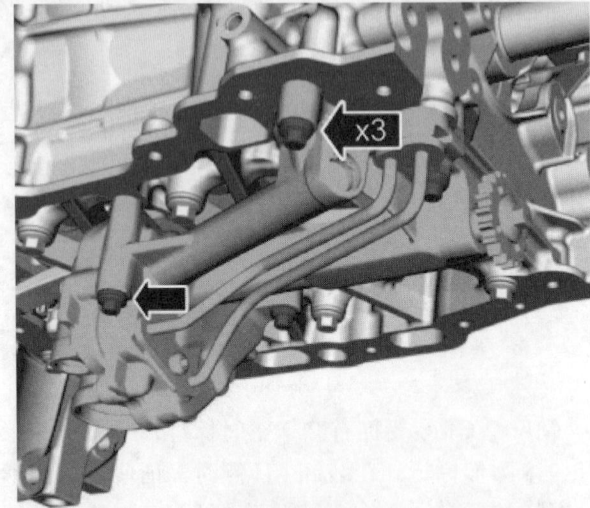

图 18-417

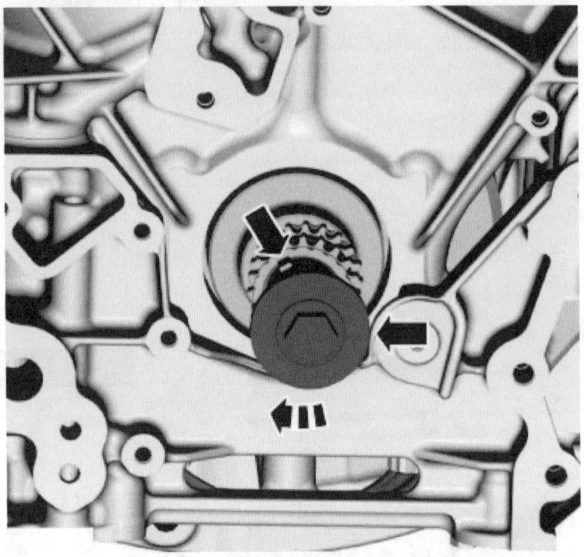

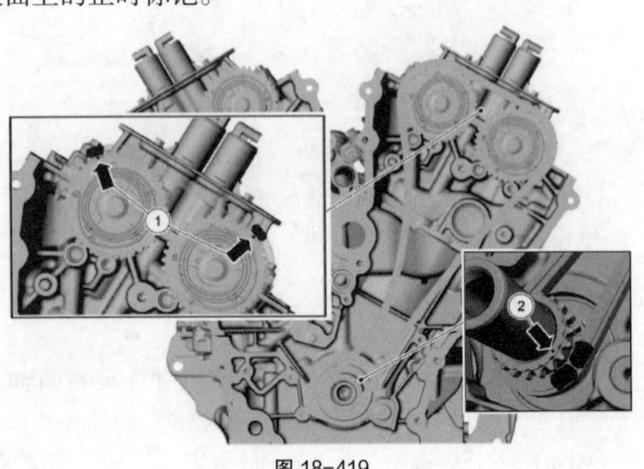

图 18-418

记和一个圆形标记。在装卸 LH 侧时，请使用圆形标记，如图 18-419。

将单色链节对准 LH 装置上的圆形正时标记来安装 VCT 正时链。安装双色链节，以便将其对准曲轴链轮外表面上的正时标记。

图 18-419

扭矩：10N·m。如图 18-420~ 图 18-422。

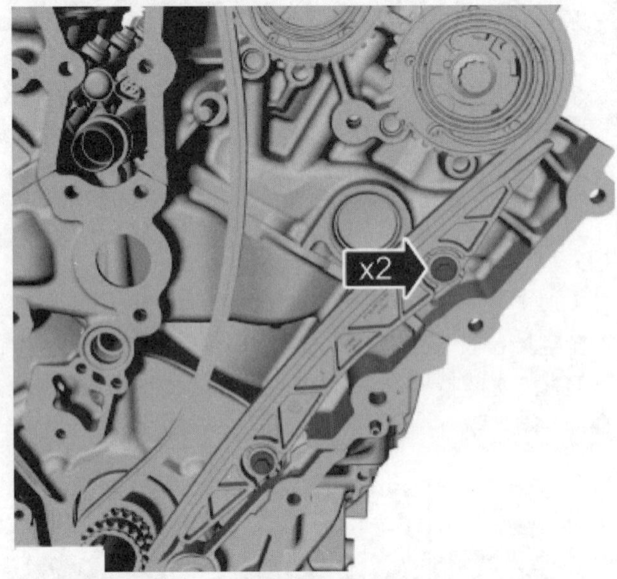

图 18-420

图 18-421

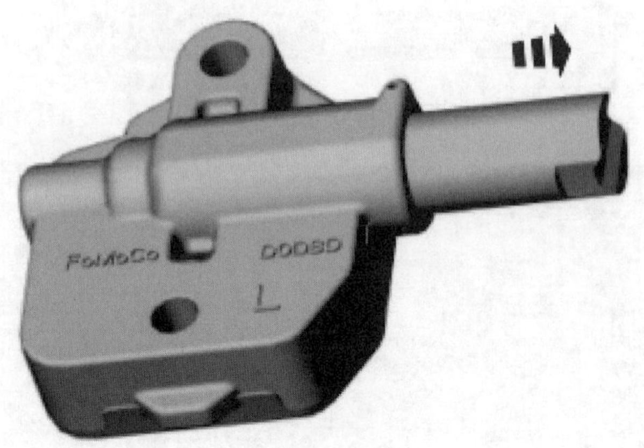

图 18-422

（20）使用钳口保护装置或者使用干净毛巾盖住钳口以防张紧器棘轮机构的表面损坏，如图 18-423。

①将张紧器缸体的尾部的平面装入老虎钳中。

②使用扁平刃螺丝刀轻轻下压张紧器棘轮装置的端部。

· 通用设备：老虎钳

· 通用设备：老虎钳钳夹保护器

· 通用设备：一字螺丝刀

③顺时针旋转螺丝刀大约一圈。

④当张紧器棘轮装置锁紧时，可以听到“咔嗒”声。

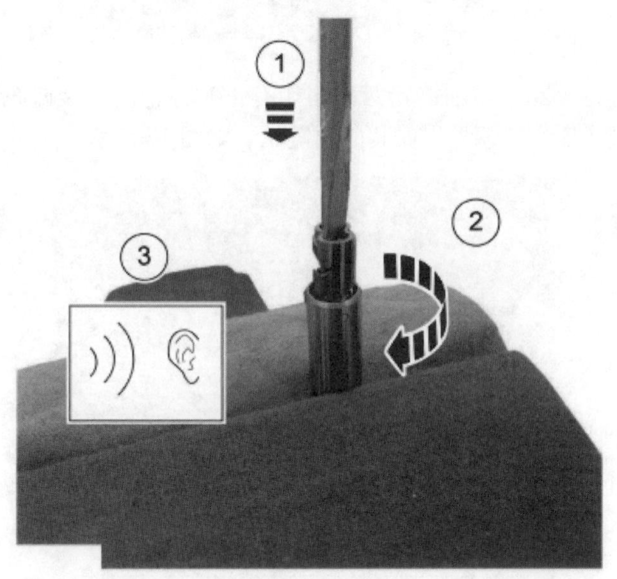

图 18-423

（21）将张紧器缸体滑入张紧器外壳中，直至其接触到孔底。张紧器缸体的肩部将与外壳的顶部齐平，如图 18-424。

图 18-424

（22）将张紧器缸体紧紧地按入张紧器外壳中，直至张紧器缸体的肩部位于外壳顶部下方约 3mm 处。将固定销装入外壳的孔中，以便将张紧器缸体锁在缩回位置，如图 18-425。

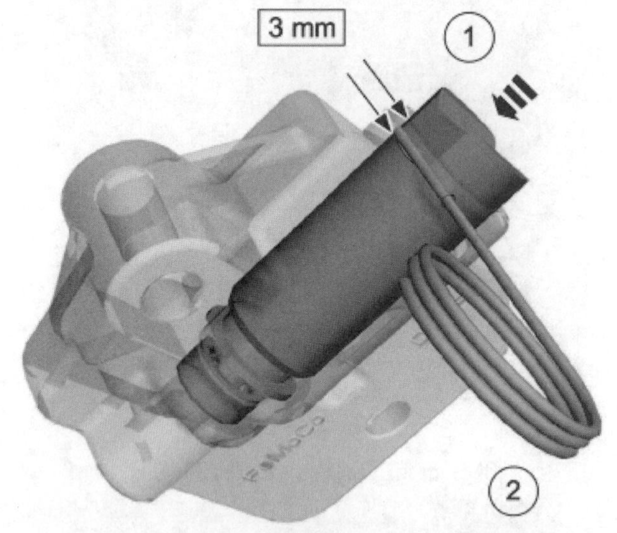

图 18-425

放置 LH 正时链张紧器使张紧器臂正确环住张紧器的端部。

（23）安装螺栓。

扭矩：10N·m 拆下固定销，以便将张紧器缸体伸出，并按压正时链张紧器臂。如图 18-426、图 18-427。

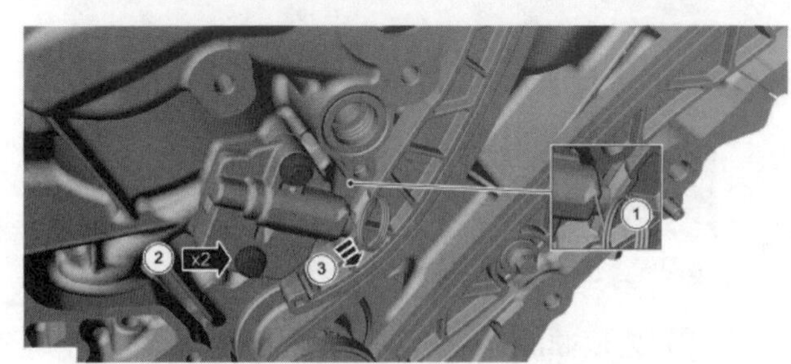

图 18-426

图 18-427

扭矩（图 18-428）：10N · m。

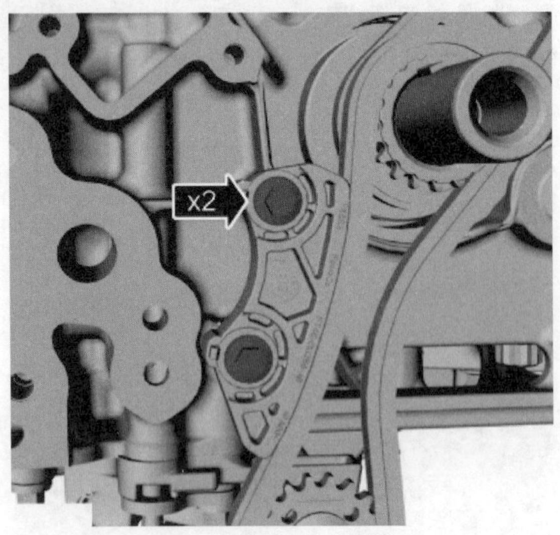

图 18-428

扭矩：10N · m 卸下销栓。如图 18-429。

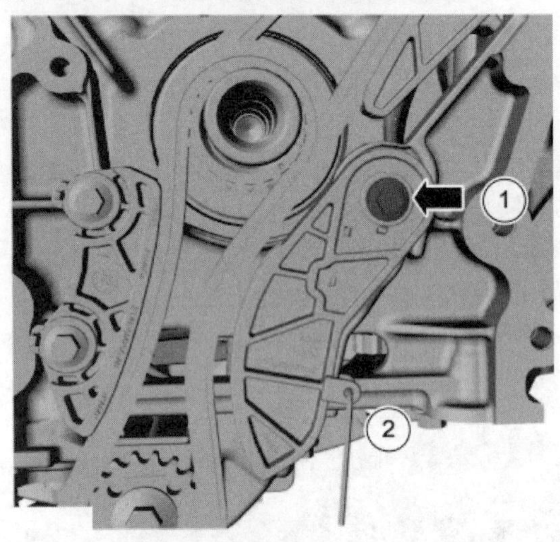

图 18-429

（24）必须顺时针旋转曲轴一圈（360°），否则会导致凸轮轴正时不正确。

顺时针旋转曲轴一圈（360°）。在 11 点钟方向放置一个曲轴链轮锁孔。如图 18-430、图 18-431。

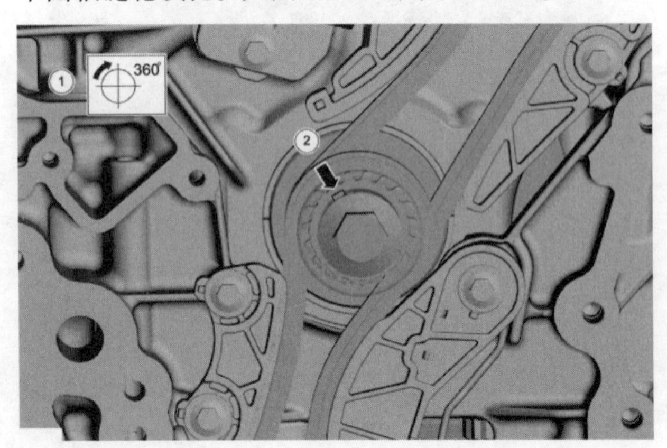

图 18-430

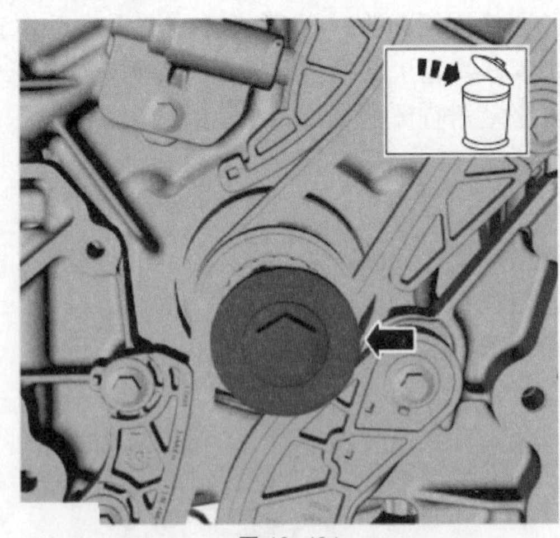

图 18-431

（25）曲轴链轮两面均印有正时标记。安装链轮时可让任一面朝外。安装曲轴链轮。如图 18-432。

图 18-432

（26）VCT 装置拥有 2 个正时标记，一个三角形标记和一个圆形标记。在装卸 RH 侧时，请使用三角形标记。将单色链节对准 RH 装置上的三角形正时标记来安装 VCT 正时链。安装双色链节以便它们对准曲轴链轮上的正时标记。如图 18-433~ 图 18-435。

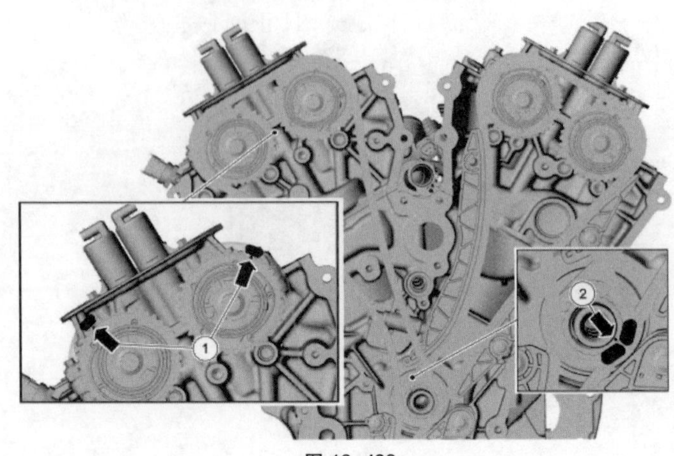

图 18-433

扭矩：10N·m。

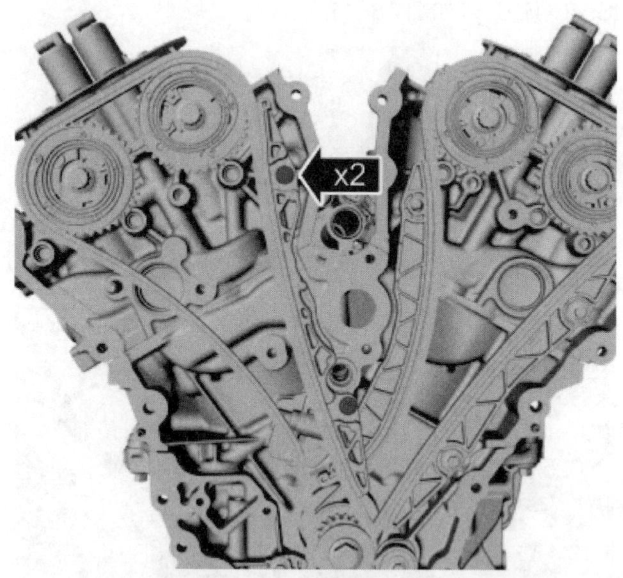

图 18-434

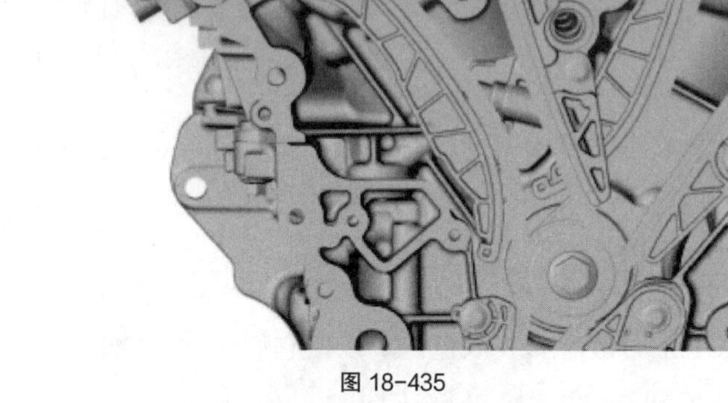
图 18-435

（27）将张紧器缸体滑出 RH 正时链张紧器外壳，如图 18-436。

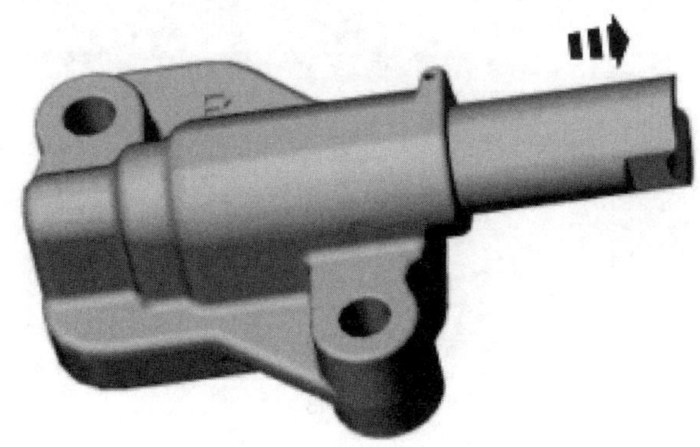
图 18-436

（28）使用钳口保护装置或者使用干净毛巾盖住钳口以防张紧器棘轮机构的表面损坏。如图 18-437。

①将张紧器缸体的尾部的平面装入老虎钳中。

②使用扁平刃螺丝刀轻轻下压张紧器棘轮装置的端部。

·通用设备：老虎钳

·通用设备：老虎钳钳夹保护器

·通用设备：一字螺丝刀

③顺时针旋转螺丝刀大约一圈。

④当张紧器棘轮装置锁紧时，可以听到“咔嗒”声。

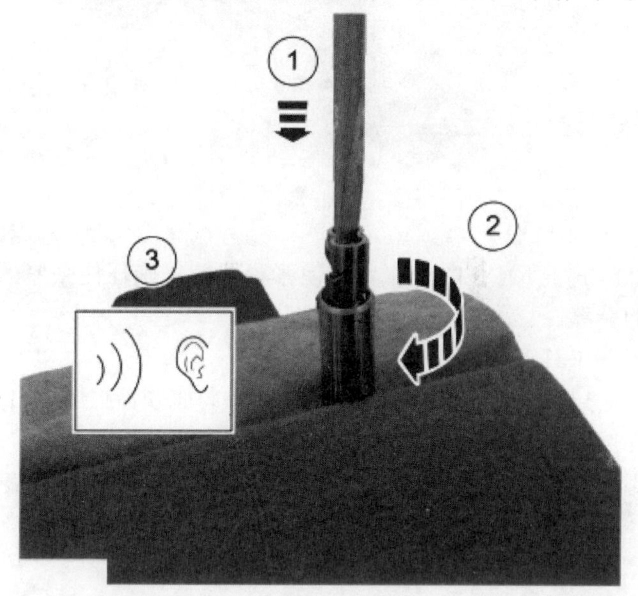

图 18-437

（29）将张紧器缸体滑入张紧器外壳中，直至其接触到孔底。张紧器缸体的肩部将与外壳的顶部齐平。如图 18-438。

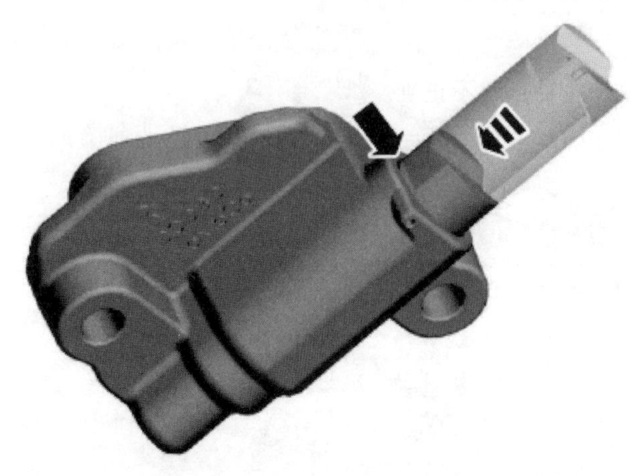
图 18-438

（30）将张紧器缸体紧紧地按入张紧器外壳中，直至张紧器缸体的肩部位于外壳顶部下方约 3mm 处。将固定销装入外壳的孔中，以便将张紧器缸体锁在缩回位置，如图 18-439。

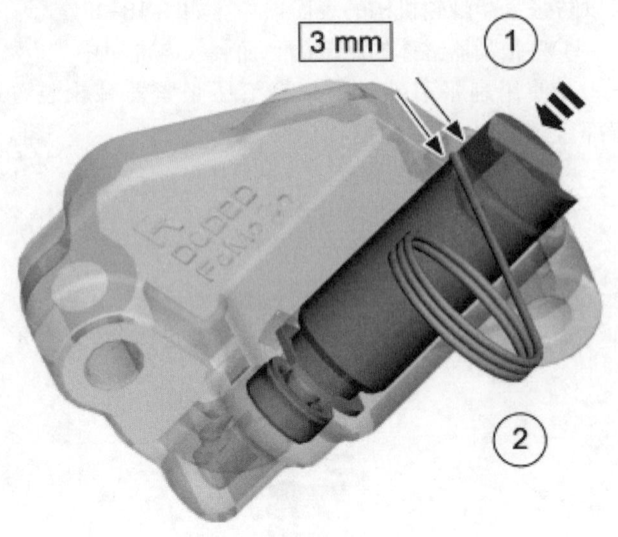

图 18-439

放置 RH 正时链张紧器使张紧器臂正确环住张紧器的端部。

（31）安装螺栓。

扭矩：10N·m 拆下固定销，以便将张紧器缸体伸出，并按压正时链张紧器臂，如图 18-440、图 18-441。

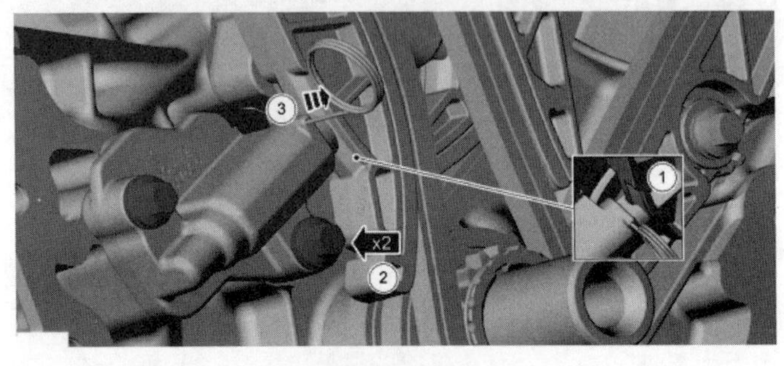

图 18-440

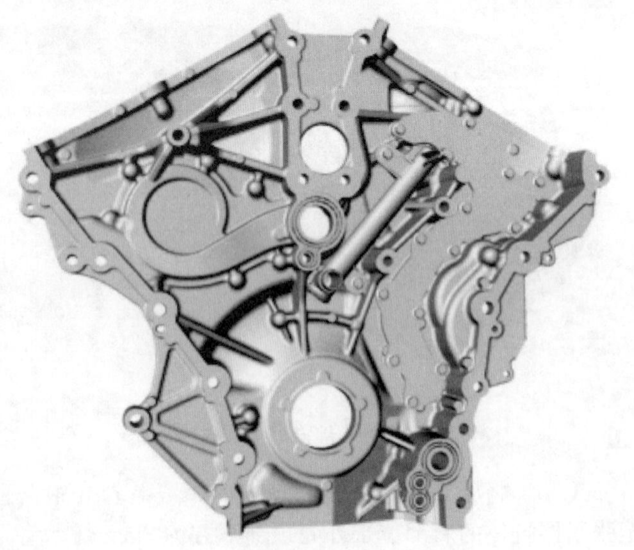

图 18-441

（32）材料：发动机油 SAE 5W-30 半合成（WSS-M2C946-B1），如图 18-442。

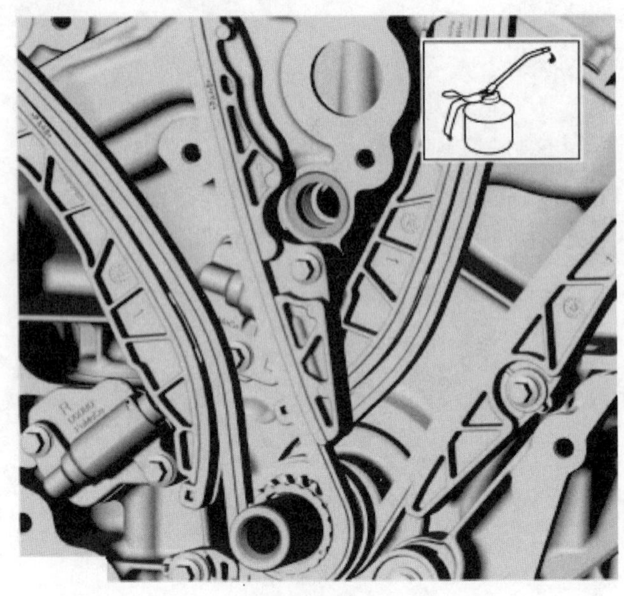

图 18-442

（33）若未使用 Motorcraft® 高性能发动机 RTV 硅胶，可能会导致机油泡沫过多，进而严重损坏发动机。

注意：发动机前盖必须在涂覆密封剂的 10min 内安装，螺栓必须在涂覆密封剂的 15min 内安装并拧至 2~5N·m。螺栓必须在涂抹密封剂 60min 内得到最终拧紧。如不能遵循该程序将来可能造成漏油。在气缸体套与气缸体和气缸盖与气缸体的连接区域上涂抹 9mm 的 Motorcraft® 高性能发动机 RTV 硅胶珠。

材料：RTV 硅密封胶（WSE-M4G323-A6），如图 18-443。

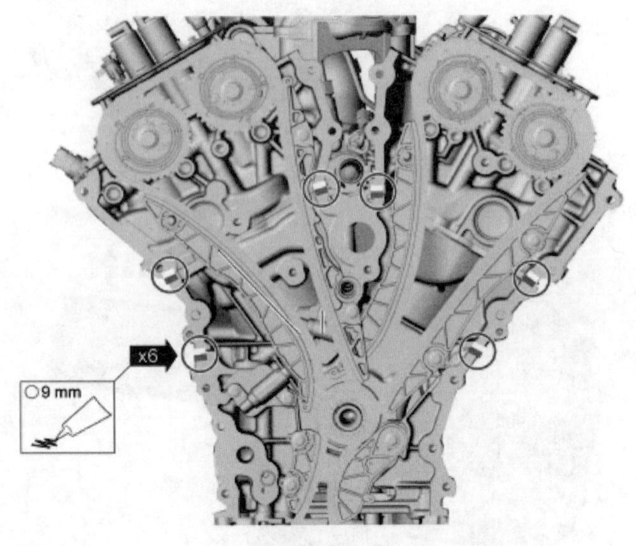

图 18-443

（34）若未使用 Motorcraft® 高性能发动机 RTV 硅胶，

可能会导致机油泡沫过多，进而严重损坏发动机。

注意：发动机前盖必须在涂抹密封剂的 10min 内安装，螺栓必须在涂抹密封剂的 15min 内安装并拧至 2~5N·m。螺栓必须在涂抹密封剂 60min 内得到最终拧紧。如不能遵循该程序将来可能造成漏油。在发动机前盖密封面（包括内侧螺栓突出部）上涂抹 4.5mm 大小的 Motorcraft® 高性能发动机 RTV 硅胶珠。

材料：RTV 硅密封胶（WSE-M4G323-A6），如图 18-444。

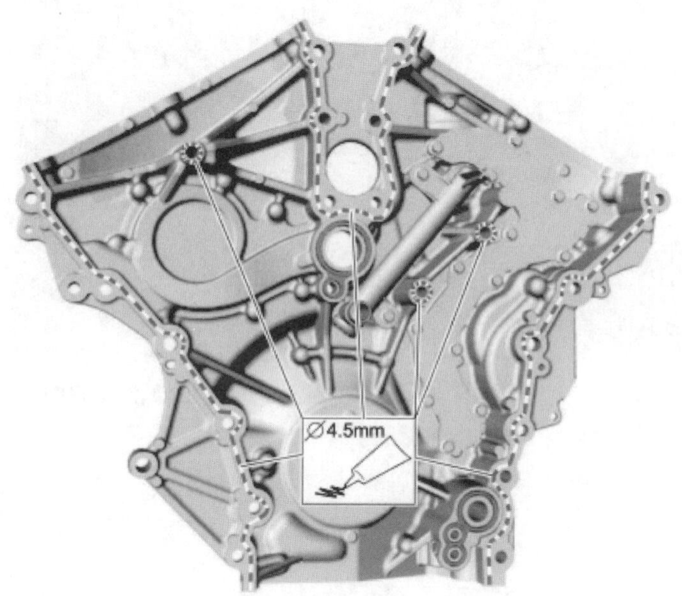

图 18-444

（35）扭矩（如图 18-445）

·级 1：将螺栓 1-11 拧 -24N·m

·级 2：将螺栓 12-13 拧 -48N·m

·级 3：将螺栓 14-21 拧 -24N·m

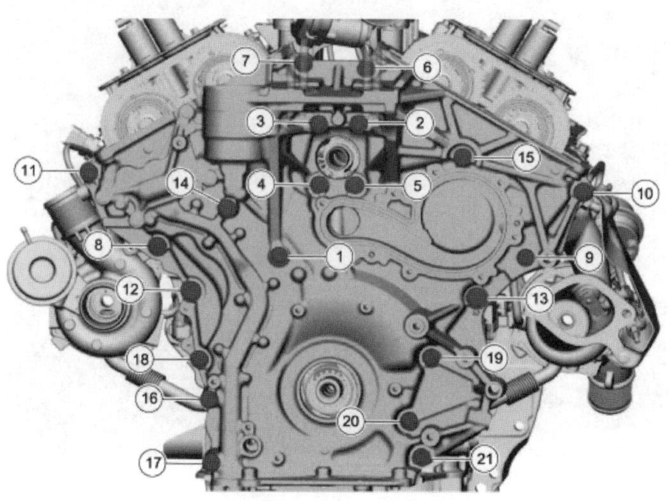

图 18-445

（36）材料：发动机油 SAE 5W-30 半合成（WSS-M2C946-B1），如图 18-446。

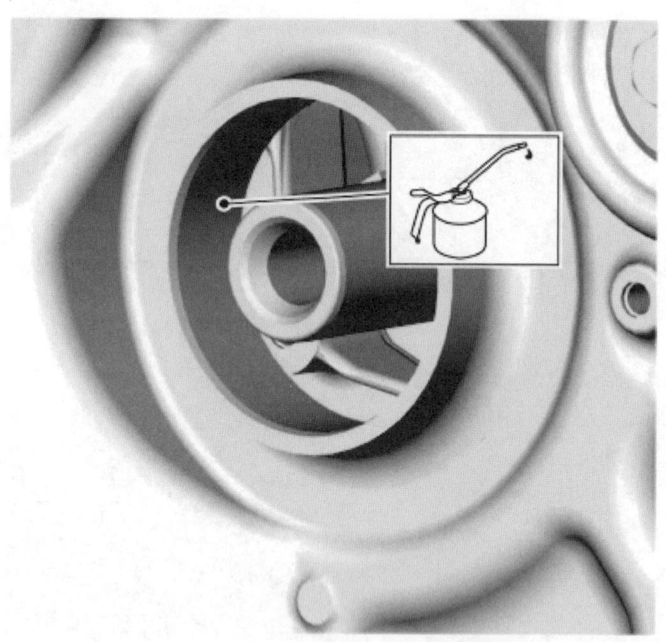

图 18-446

（37）利用专用工具，安装新的曲轴前油封。

使用专用维修工具：303-335（T88T-6701-A）安装工具，前盖油封；303-1531 安装工具，前曲轴密封件和阻尼件。如图 18-447。

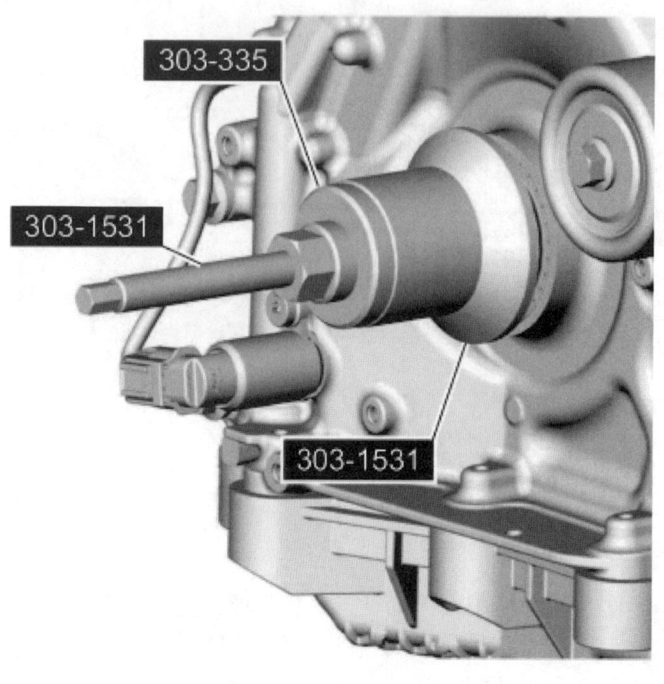

图 18-447

（38）材料：发动机油 SAE 5W-30 半合成（WSS-M2C946-B1），如图 18-448。

图 18-448

（39）材料：发动机油 SAE 5W-30 半合成（WSS-M2C946-B1），如图 18-449。

图 18-449

（40）使用专用工具，安装曲轴带轮。

使用专用维修工具：303-335（T88T-6701-A）安装工具，前盖油封；303-1531 安装工具，前曲轴密封件和阻尼件。如图 18-450。

图 18-450

（41）使用通用皮带轮固定器（如 OTC 4754 或类似工具）。使用通用皮带轮固定器，安装并拧紧新的曲轴皮带轮螺栓，如图 18-451。

扭矩：

· 级 1：225N · m
· 级 2：松开 360°
· 级 3：35N · m
· 级 4：270°

图 18-451

（42）顺时针旋转曲轴皮带轮螺栓来放置凸轮轴凸角使其顶上待安装凸轮轴滚子从动件，如图 18-452。

骤，如图 18-454。

图 18-452

（43）安装专用工具：303-1633 拆卸工具，滚轮摇臂从动件，顺时针拧动特殊工具的手柄来压下阀门和弹簧，如图 18-453。

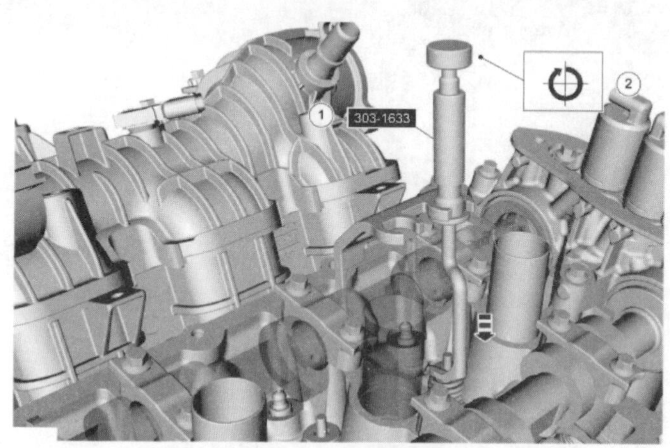

图 18-453

（44）材料：发动机油 SAE 5W-30 半合成（WSS-M2C946-B1），拆下专用工具：303-1633 拆卸工具，滚轮摇臂从动件。针对其余凸轮轴滚子从动件重复上述步骤，如图 18-454。

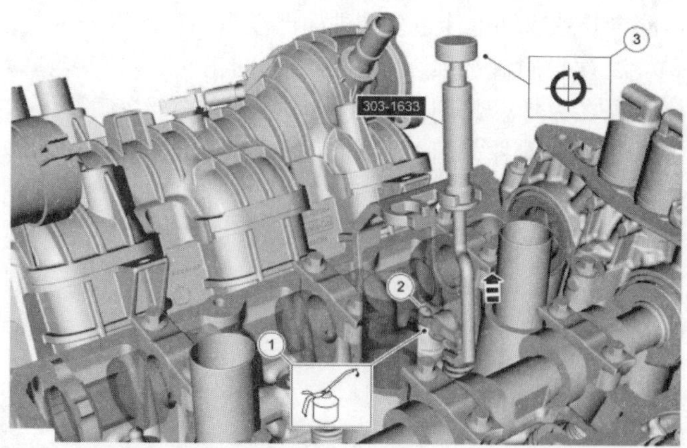

图 18-454

（45）注意：只有在拆卸了受损的密封件时，才需要安装新的密封件。使用专用维修工具：205-153（T80T-4000-W）手柄；303-1247 VCT 火花塞管密封拆卸工具和安装工具。如图 18-455、图 18-456。

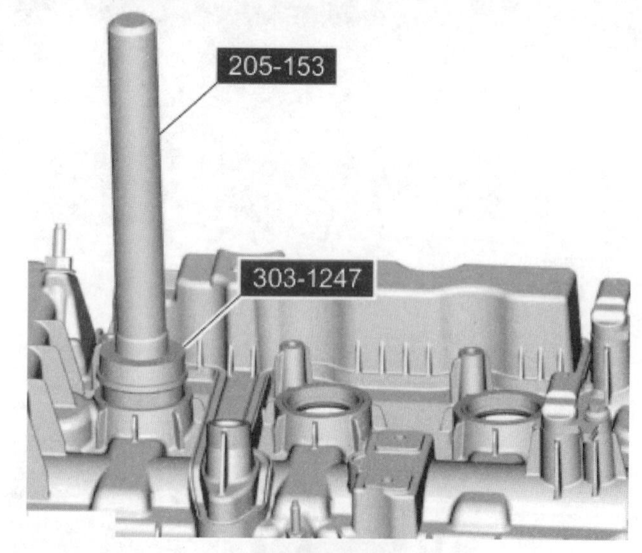

图 18-455

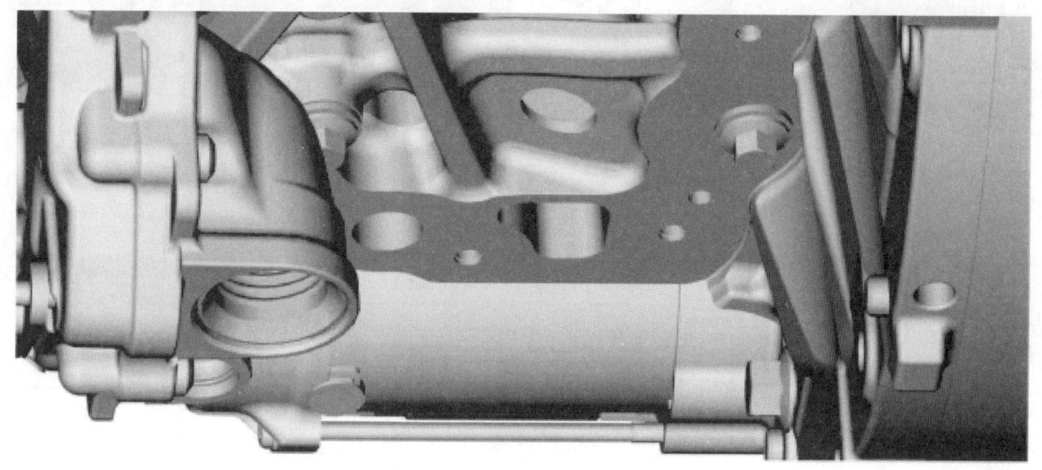

图 18-456

（46）若未使用 Motorcraft® 高性能发动机 RTV 硅胶，可能会导致机油泡沫过多，进而严重损坏发动机。

注意：油盘必须在涂抹密封剂的 10min 内安装，螺栓必须在涂抹密封剂的 15min 内安装并拧至 2~5N·m。螺栓必须在涂抹密封剂 60min 内得到最终拧紧。如不能遵循该程序将来可能造成漏油。在新油盘上涂抹 4.5mm 大小的 Motorcraft® 高性能发动机 RTV 硅胶珠。

材料：RTV 硅密封胶（WSE-M4G323-A6）在新油盘上的发动机前盖与其缸体的连接区域涂抹 9mm 大小的 Motorcraft® 高性能发动机 RTV 硅胶珠。

材料：RTV 硅密封胶（WSE-M4G323-A6）检查曲轴通风通道确保涂抹的任何密封剂不会堵塞它们，如图 18-457。

（47）扭矩（图 18-458）：

·级 1：3.5N·m

·级 2：10N·m

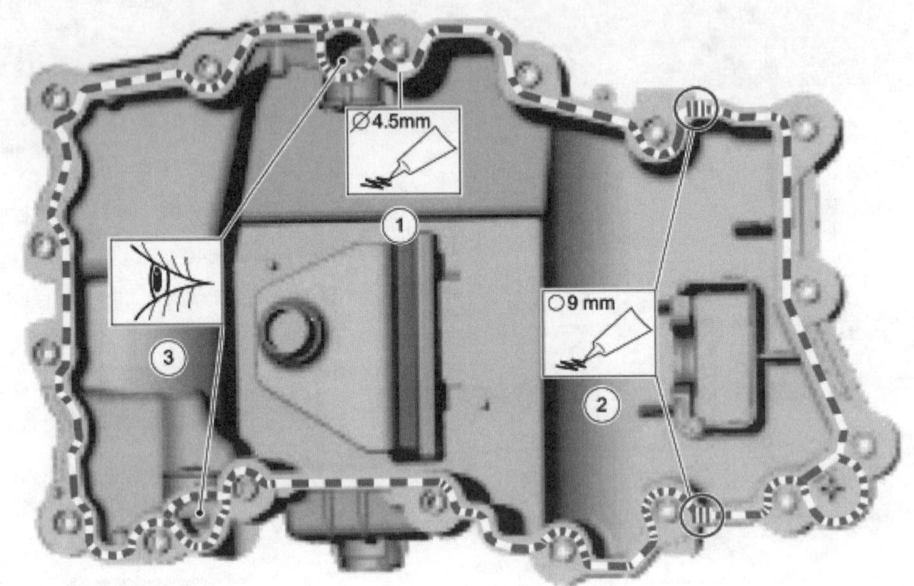

图 18-457

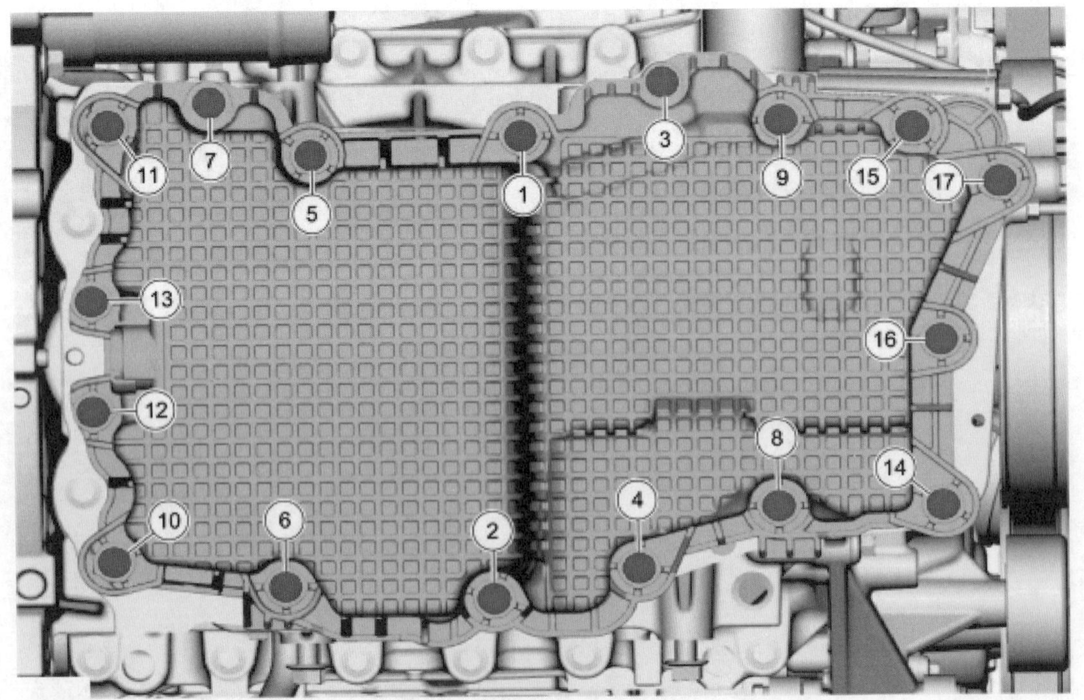

图 18-458

第十九章　林肯车系

一、车型

林肯 MKC 2.0T（2.0T GTDI），2014—2019 年。

林肯 MKZ 2.0T（2.0T GTDI），2017—2019 年。

林肯 MKX 2.0T（2.0T GTDI），2015—2019 年。

其正时校对方法与第十八章福特车系中七、车型中的新蒙迪欧（2012—2018 年），发动机型号：2.0L 的 EcoBoost（149kW）-MI4/2.0L 的 EcoBoost（177kW）-MI4 相同，请参照其正时校对方法。

二、车型

林肯 MKX 2.7T（2.7T GTDI），2015—2019 年。

其正时校对方法与第十八章福特车系中八、车型中的锐界（2015—2018 年），发动机型号：2.7L 的 EcoBoost（238kW）相同，请参照其正时校对方法。